RECUEIL ALPHABÉTIQUE

DES

QUESTIONS DE DROIT

QUI SE PRÉSENTENT LE PLUS FRÉQUEMMENT

DANS LES TRIBUNAUX.

ERRATA.

TOME III, *pag.* 337, *col.* 1, *lig.* 19, *au lieu de* tit. 20, définit. 19, *lisez:* tit. 19, définit. 15.

Pag. 364, *col.* 2, *lig.* 18, *au lieu de* exercer, *lisez:* exerce.

Pag. 528, *col.* 2, *ligne* 25, *au lieu de* la partie contradictoire, *lisez:* la partie non-contradictoire.

VERSAILLES, I. JACOB, IMPRIMEUR DE LA PRÉFECTURE, etc., etc.

RECUEIL ALPHABÉTIQUE

DES

QUESTIONS DE DROIT

QUI SE PRÉSENTENT LE PLUS FRÉQUEMMENT

DANS LES TRIBUNAUX;

OUVRAGE DANS LEQUEL SONT FONDUS ET CLASSÉS LA PLUPART DES PLAIDOYERS ET RÉQUISITOIRES DE L'AUTEUR, AVEC LE TEXTE DES ARRÊTS DE LA COUR DE CASSATION QUI S'EN SONT ENSUIVIS.

TROISIÈME ÉDITION, CORRIGÉE ET AUGMENTÉE.

PAR *M. MERLIN, ancien Procureur-Général à la Cour de Cassation.*

TOME QUATRIÈME.

JAC. — PÉTIT.

A PARIS,

CHEZ { GARNERY, LIBRAIRE, RUE DU POT-DE-FER, F. S.-G. N.° 14.
ALPH. GARNERY, LIBRAIRE, RUE DE LA HARPE, N.° 50.

M. DCCCXX.

RECUEIL ALPHABÉTIQUE

DES

QUESTIONS DE DROIT

QUI SE PRÉSENTENT LE PLUS FRÉQUEMMENT DANS LES TRIBUNAUX.

JACHÈRES. *V.* les articles *Assolement* et *Banon.*

JEU DE FIEF. — *Doit-on considérer comme seigneuriales et par suite comme abolies par la loi du 17 juillet 1793, les redevances qualifiées de cens, qu'un seigneur s'était réservées en aliénant une portion de son fief, lorsque, par cette aliénation, il avait fait, soit ce qu'on appelait dans la coutume de Paris, un jeu de fief irrégulier ou excessif, soit ce qui, dans les coutumes de Loudunois, de Tours, du Maine et d'Anjou, était connu sous la dénomination de dépié de fief?*

Si l'on pouvait encore juger cette question d'après l'ancienne jurisprudence de la cour de cassation, dont on trouvera l'exposé et les preuves sous les mots *Rente foncière, Rente seigneuriale*, §. 13 et 14, nous dirions encore, comme dans la première édition de cet ouvrage :

Il faut distinguer : ou le seigneur dominant avait usé, avant l'abolition du régime féodal, des droits que lui donnait, soit l'irrégularité, soit l'excès du jeu de fief; ou il n'en avait pas usé.

Au premier cas, c'est-à-dire, si le seigneur dominant avait fait déclarer le jeu de fief nul, et si, en conséquence, il avait exigé de l'acquéreur par bail à cens, la foi-hommage et les droits de mutation, comme il les eût exigés d'un acquéreur par vente, la rente, quoique qualifiée de *cens* ou de rente *seigneuriale*, n'a jamais été qu'une redevance foncière, et par conséquent elle n'est pas abolie par la loi du 17 juillet 1793.

Pourquoi, dans ce cas, la rente n'est-elle pas véritablement censuelle? Parce qu'elle n'est pas récognitive de la seigneurie directe. Comment le serait-elle en effet? Par l'irrégularité ou l'excès du jeu de fief, le soi-disant bailleur à cens a perdu, sur le fonds qu'il a concédé, toute espèce de seigneurie; le concessionnaire de ce fonds est devenu, comme le bailleur, vassal immédiat du seigneur dominant de celui-ci; et l'on sent bien qu'il n'a pas pu être à la fois vassal et censitaire, qu'il n'a pas pu posséder comme censive un fonds qu'il tenait réellement en fief.

Tel est le résultat de la doctrine de M. Henrion, dans ses *Dissertations féodales*, §. 47 et 48. — « Le jeu de fief, (dit-il), fait descendre la partie aliénée sous la mouvance de celle qui est demeurée entre les mains du seigneur; et le preneur, devenu son vassal, ou son censitaire, tient de lui en fief ou en censive. — Si l'aliénation est faite par la voie de l'inféodation, la partie aliénée forme un véritable fief, qui se partagera noblement dans la succession du propriétaire, et qui lui confère toutes les prérogatives de la féodalité, comme il lui en impose toutes les charges. — Si le jeu de fief est par bail à cens, l'héritage dont la nobilité est demeurée dans les mains du seigneur, n'est dans celles du preneur, qu'une simple roture, qui se partagera roturièrement, et qui n'est assujettie qu'aux droits et devoirs censuels. — Tels sont les effets que produit le jeu de fief, lorsqu'il est parfaitement conforme aux dispositions de la loi territoriale. — Mais si le vœu de la loi n'est pas scrupuleusement rempli, alors plus de jeu de fief; par conséquent le bail à fief ou à cens n'est autre chose qu'une aliénation ordinaire. Par conséquent, le seigneur dominant du fief ainsi aliéné, doit conserver sur ce fief, et sa dominité, et tous les droits attachés à la mouvance immédiate : telle est en effet la peine du jeu de fief irrégulier. — La loi méprisée efface du contrat, et la réserve de la mouvance, et la clause d'arroturement. L'objet aliéné conserve sa nature féodale et son ancienne dépendance. Le seigneur dominant peut exiger l'hommage du preneur, même le quint, si l'aliénation est faite moyennant des deniers d'entrée; et à l'avenir, il continuera de percevoir ce droit de quint aux mutations par vente, et celui de relief aux mutations collatérales ».

Dubost, dans sa *Jurisprudence du conseil sur la matière des amortissemens et francs-fiefs*, tom. 2, pag. 250, établit également qu'en cas d'excès dans le jeu de fief par bail à cens, « le cens que le vassal s'est réservé, n'est qu'un *cens mort*, n'emportant ni lods et ventes ni directe, une simple rente foncière qui ne peut représenter la mouvance et la directe qui ont passé au dominant par la réception de la foi et des droits seigneuriaux, parce que les droits seigneuriaux ne peuvent appartenir qu'à celui qui, lors de l'ouverture du fief, est le seigneur immédiat; et que l'héritage ne peut être tenu de deux seigneurs *in solidum*. C'est sur ce principe qu'il a été jugé par les arrêts et décisions ci-devant rapportés, que l'acquéreur devait le droit de franc-fief ».

Même doctrine dans le *Traité des matières féodales et censuelles* par Hervé, tom. 3, pag. 383 : « Le premier et le principal effet du jeu de fief qui sort des termes de la coutume, est de donner ouverture aux profits de quint ou de rachat, suivant la nature de l'aliénation, et de rendre l'acquéreur co-vassal du vendeur. Il résulte de là que la redevance seigneuriale ou censuelle que le vendeur ou bailleur s'est réservée, se trouve n'être qu'une simple redevance foncière, ou dégénérée dans cette redevance, si l'excès du jeu de fief ne s'est complété que successivement ».

Au second cas, c'est-à-dire, si le seigneur dominant n'avait pas usé, avant l'abolition du régime féodal, du droit qu'il avait de faire annuller le jeu de fief, et de traiter l'acquéreur par bail à cens comme son vassal immédiat, cet acquéreur est demeuré ce qu'il devait être d'après son titre : il est demeuré censitaire de son bailleur; et par conséquent la rente censuelle dont son titre le grevait, n'a pas pu survivre à la loi du 17 juillet 1793. — Écoutons encore M. Henrion, article *Jeu de fief*, §. 52 : l'approbation donnée par le seigneur dominant à un bail à cens irrégulier en couvre tout le vice, et désormais cette aliénation produira tous les effets d'un bail à cens exactement conforme à la disposition de la coutume..... Inutilement le preneur réclamerait-il le bénéfice de la loi qui déclare nulles l'imposition du cens et la réserve de la directe censuelle; inutilement dirait-il que l'immeuble ayant conservé sa nature féodale, il veut tenir en fief et avec toutes les prérogatives de la féodalité. Ce n'est pas en sa faveur que la loi prononce la nullité du jeu de fief; cette nullité, purement relative, ne peut être opposée que par le seigneur dominant; toutes les fois qu'il se tait; et à plus forte raison, lorsqu'il approuve le bail à cens, le censitaire lié par la convention qu'il a souscrite, doit la respecter et la suivre. »

Mais l'avis du conseil d'Etat, du 13 messidor an 13 ne permet plus de s'attacher à cette distinction; et l'on doit aujourd'hui, dans le premier cas comme dans le second, regarder le cens réservé par le jeu de fief irrégulier, comme aboli par la loi du 17 juillet 1793. *V.* le *Répertoire de jurisprudence*, au mot *Cens*, §. 8.

JOURS FÉRIÉS. — §. I. *Le délai de l'opposition aux jugemens par défaut, court-il pendant les vacances et les fêries ?*

V. le plaidoyer rapporté à l'article *Opposition aux jugemens par défaut*, §. 10.

§. II. *Quelle était, avant la loi du 18 novembre 1814, l'autorité des dispositions des anciennes lois qui défendaient toute espèce de travail mécanique les jours de dimanche et de fête, spécialement pendant le service divin.*

« Le procureur-général expose que le tribunal de police du canton de Guise a rendu, le 3 avril 1807, un jugement qui n'a pas été attaqué dans le terme fatal par la partie intéressée, mais dont la loi scandaleusement violée sollicite hautement l'annullation.

» Le 17 mars 1807, l'adjoint du maire de la commune de Guise a fait signifier au sieur Lhoste, propriétaire, demeurant au faubourg Chantreine de la même commune, un exploit contenant, « 1.° qu'en contravention à l'ordre » de la nature, aux lois divines et humaines, » anciennes et modernes, politiques et religieuses, au mépris des autorités constituées, » sans permission comme sans nécessité, ledit » sieur Lhoste avait, le dimanche 8 dudit mois » de mars, pendant les heures des offices et de service divin, employé à des œuvres serviles ses » ouvriers et domestiques à la tête desquels il » se trouvait, en les faisant bêcher et fouir la » terre dans un héritage qui borde le canal du » moulin, à la vue et proximité de la terrasse » et des remparts servant à la promenade des » habitans; — 2.° Que, sur l'observation faite » audit sieur Lhoste, qu'une pareille conduite » était scandaleuse et répréhensible, il a semblé » braver et provoquer les autorités constituées » par sa réponse, en assimilant le travail servile » d'un simple particulier aux travaux publics » commandés par la nécessité, l'urgence, pour » la splendeur de l'empire, entrepris et consommés sous les yeux, la direction et avec » l'approbation des ministres ».

» A la suite de cet exposé et par le même exploit, l'adjoint du maire a cité le sieur Lhoste devant le tribunal de police, pour se voir condamner à une amende de la valeur de trois journées de travail, avec impression et affiche du jugement.

» Le sieur Lhoste s'est présenté sur cette citation, et a dit « qu'à la vérité, il avait fait travailler, le jour indiqué, pour la plantation » d'arbres dans ses propriétés; mais qu'il ne » l'avait fait que parce que le sieur Adiaut de » Saint-Quentin, qui les lui avait vendus, avait » accompagné la voiture; et qu'il était forcé » de retourner chez lui, tellement qu'il n'avait » eu de libre que la journée du dimanche 8 » mars; pourquoi il ne croyait pas être passible » d'aucune peine ».

» Là-dessus, jugement par lequel, « considérant que les dimanches et fêtes doivent » être observés, et que les citoyens doivent » s'abstenir de toute œuvre servile, surtout » pendant l'heure du service divin, sauf les » cas urgens et en obtenant préalablement la » permission des autorités constituées administratives; que, dans l'espèce, outre que le » cas n'est point urgent, c'est que la travail a » été fait sans permission »; le tribunal de police, sans citer ni transcrire le texte d'aucune loi, condamne le sieur Lhoste à une amende de la valeur de trois journées de travail et aux dépens.

» En prononçant ainsi, ce tribunal a violé formellement l'art. 162 du Code des délits et des peines, du 3 brumaire an 4, lequel veut, à peine de nullité, que le tribunaux de police insèrent dans leurs jugemens les termes des lois qu'ils appliquent.

» Mais ce n'est pas tout: il a encore commis un excès de pouvoir, en punissant d'une peine arbitraire une action qui en soi n'avait rien de répréhensible, et qui même était expressément autorisée par un arrêté du gouvernement.

» En effet, l'arrêté du gouvernement du 7 thermidor an 8, après avoir déclaré, art. 1, que *les jours de décadi sont les seuls jours fériés reconnus par l'autorité nationale*, ajoute: — Art. 2. *L'observation des jours fériés n'est d'obligation que pour les autorités constituées, les fonctionnaires publics et les salariés du gouvernement.* — Art. 3. *Les simples citoyens ont le droit de pourvoir à leurs besoins et de vaquer à leurs affaires, tous les jours, en prenant du repos suivant leur volonté, la nature et l'objet de leur travail.*

» Et il ne faut pas croire que la loi du 18 germinal an 10, organique du concordat du 26 messidor an 9, ait dérogé à ces dispositions. Le seul changement qu'elle y a fait, c'est qu'elle a substitué les dimanches aux décadis; c'est qu'elle a voulu que les dimanches fussent désormais, comme les décadis l'avaient été jusqu'alors, les seuls jours fériés reconnus par l'autorité nationale. Du reste, elle a maintenu, pour les dimanches, la liberté dont l'arrêté du 7 thermidor an 8 avait décidé que les citoyens devaient jouir les décadis, de vaquer à leurs travaux ordinaires, ni plus ni moins que les autres jours. Et la preuve en résulte de la manière dont elle s'est exprimée dans son 57.e article: *le repos des fonctionnaires publics*, a-t-elle dit, *sera fixé au dimanche.*

» Ce considéré, il plaise à la cour, vu l'art. 88 de la loi du 27 ventôse an 8, et les autres lois ci-dessus citées, casser et annuller, dans l'intérêt de la loi, le jugement du tribunal de police de canton de Guise, du 3 avril 1807, dont expédition est ci-jointe; et ordonner qu'à la diligence de l'exposant, l'arrêt à intervenir sera imprimé et transcrit sur les registres dudit tribunal.

— » Fait au parquet, le 17 juillet 1809. *Signé* Merlin.

» Ouï le rapport de Charles-François Oudot, juge, et Giraud, pour le procureur-général;

» Vu l'art. 162, du Code des délits et des peines, 7.e alinéa; l'art. 156 du même Code, les art. 1, 2 et 3 de l'arrêté du gouvernement, du 7 thermidor an 8; et l'art. 57 de la loi du 18 germinal an 10, organique du concordat du 26 messidor an 9;

» Attendu que le tribunal de police du canton de Guise, département de l'Aisne, en ne citant pas le texte de la loi qu'il a appliquée, a contrevenu à la disposition de l'art. 162 du Code des délits et des peines ci-dessus transcrite;

» Attendu qu'une conséquence du principe de la liberté des cultes, consacrée par les constitutions de l'empire, est que les citoyens ont le droit de travailler lorsqu'ils le jugent à propos; qu'ils ne doivent compte qu'à leur conscience, de la transgression des règles de discipline du culte catholique qui prescrivent de s'abstenir de tout travail les dimanches et fêtes; — Attendu que le gouvernement, pour conserver aux citoyens, dans toute leur latidude, les droits qui résultent du principe de la liberté des cultes, a cru devoir déclarer expressément, dans son arrêté du 7 thermidor an 8, qu'ils ont celui *de pourvoir à leurs besoins et de vaquer à leurs affaires tous les jours* indistinctement, *en prenant du repos suivant leur volonté, la nature et l'objet de leur travail*; et a restreint l'obligation d'observer les jours fériés aux seuls membres des autorités constituées, aux fonctionnaires publics et à ses salariés;

» Que la loi organique du concordat n'a point dérogé à ces dispositions; qu'elle les a au contraire évidemment confirmées en substituant le dimanche au décadi, par ces seules expressions de l'art. 57 de la loi: *le repos des fonctionnaires publics sera fixé au dimanche*;

» Qu'il en résulte que le tribunal de Guise, en punissant d'une peine arbitraire une action qui n'est pas qualifiée délit par la loi, et qui même était autorisée par un acte du gouvernement, a commis un double excès de pouvoir qu'il est indispensable de réprimer;

» La cour casse et annulle.......

» Fait et jugé à l'audience publique de la cour de cassation, section criminelle, le 3 août 1809 ».

V. le *Répertoire de Jurisprudence*, aux mots *fête et tribunal de police.*

§. III. *Un arrêté par lequel un préfet ou un maire, avant la loi du 18 novembre 1814, défendait, sous une peine quelconque, aux citoyens de travailler les jours de dimanche ou de fête, était-il obligatoire pour les tribunaux?*

V. l'article *Préfet*, §. 4.

Au surplus, *V.* les articles *Douanes*, §. 6; *Protêt*, §. 3; et *Garde-Champêtre*, §. 2.

JUGES. *V. Appel, Attribution de juridiction, Cassation, Chose jugée, Connexité, Dernier ressort, Directeur du jury, Excès de pouvoir, Hiérarchie judiciaire, Homme de loi, Incompétence, Jugement, Récusation, Réglement de juges, Sections de Tribunaux et Tribunaux.*

JUGE D'INSTRUCTION. *Règles sur la prévention entre deux juges d'instruction saisis en même temps de la connaissance d'un crime ou d'un délit.*

V. l'article *Délit*, §. 9.

JUGE DE PAIX. *V.* l'article *Justice de paix.*

JUGE-SUPPLÉANT. *V.* les articles *Sections de Tribunaux*, §. 2; et *Tribunal de commerce*, §. 4.

JUGEMENT. — §. I. *La fausseté de la date d'un jugement en emporte-t-elle la nullité?*

Je trouve l'affirmative établie par l'un des motifs d'un arrêt de la cour de cassation du 13 pluviôse an 8, portant annullation, sur la demande du sieur Boisteau contre la veuve Daniel et son fils, d'un jugement du tribunal civil du département de la Meurthe, daté du 1.er thermidor an 5;

« Vu (y est-il dit), l'art. 8 du tit. 26 de l'ordonnance de 1667; et attendu que le jugement attaqué a été daté du 1.er thermidor an 5, quoiqu'il soit justifié qu'à l'audience de ce jour, il a été ordonné un rapport pour être fait le 4 du même mois; que ce jugement n'a donc pas été arrêté et prononcé ledit jour 1.er thermidor an 5; d'où il suit qu'on n'a pu lui donner cette date, sans contrevenir formellement à l'article de l'ordonnance de 1667 ci-dessus cité;

» Attendu en outre, etc......

» Par ces motifs, le tribunal casse le jugement attaqué ».

Il est permis de douter que la cour de cassation jugeât encore de même, si la question se représentait, même pour des jugemens rendus sous l'empire de l'ordonnance de 1667.

Sans contredit, le jugement dont il s'agissait dans cette espèce, avait violé l'art. 8 du tit. 26 de cette ordonnance; mais était-ce une raison pour le casser? Non : il ne pouvait résulter de là qu'une ouverture de requête civile, puisque, d'une part, l'article cité de l'ordonnance n'attache pas la peine de nullité à l'infraction de la défense qu'il renferme; et que, de l'autre, par l'art. 3 de la loi du 4 germinal an 2, « la disposition de l'art. 3 de la loi du 27 novembre-1.er décembre 1790, qui, jusqu'à la formation d'un Code unique de lois civiles, ne permet de casser les jugemens pour violation de formes, *que lorsqu'il s'agit de formes prescrites sous peine de nullité*, demeure restreinte aux formes déterminées par les lois antérieures à 1789, qui ne sont pas encore abrogées ».

§. II. *Un jugement rendu sous les lois des 16-24 août 1790 et 3 brumaire an 2, pourrait-il être annullé, pour n'avoir pas été prononcé à l'audience, le jour même où il a été délibéré et arrêté?*

Il est certain qu'en ce cas, il y a contravention manifeste à une disposition de la loi du 22 novembre-1.er décembre 1790, que renouvelle, en ces termes, l'art. 10 de la loi du 3 brumaire an 2 : « Les juges des tribunaux (porte cet article), pourront, comme par le passé, se retirer dans une salle voisine, pour l'examen des pièces; *mais immédiatement après cet examen*, ils rentreront à l'audience, pour y.... *prononcer le jugement* ».

Et il n'est pas besoin d'ajouter que la violation de cet article forme une ouverture de cassation; l'art. 2 de la loi du 4 germinal an 2 est là-dessus trop formel, pour qu'il soit possible d'élever à cet égard le moindre doute.

Aussi trouvons-nous dans le Bulletin de la cour de cassation, un arrêt du 3 brumaire an 5, qui le décide ainsi, en cassant un jugement du tribunal de district de Lille, du 28 mars 1793, « attendu qu'il résulte de sa teneur, qu'il a été délibéré et fixé à la chambre du conseil le 28 mars, et prononcé seulement à l'audience du lendemain 29 mars.... ».

C'est ce qu'a encore décidé un arrêt du 4 frimaire an 8, en cassant deux jugemens du tribunal civil du département des Deux-Nèthes.

Le premier de ces deux jugemens avait été arrêté le 14 frimaire, et prononcé le 16 frimaire an 5. Le second avait été arrêté le 8 germinal suivant, et prononcé à l'audience du 21 du même mois. Le sieur Verchain s'étant pourvu en cassation contre l'un et l'autre, l'arrêt cité a statué en ces termes sur sa demande :

« Vu l'art. 10 de la loi du 3 brumaire an 2...

» Considérant que le jugement interlocutoire rendu par le tribunal civil du département des Deux-Nèthes, avait été arrêté le 14 frimaire an 5, et prononcé à l'audience publique, le 15 du même mois; que le jugement définitif du même tribunal avait été arrêté le 8 germinal suivant, et n'a été prononcé qu'à l'audience du 21 du même mois; qu'un jugement n'a d'existence légale que du jour de sa prononciation à l'audience, et qu'il doit être prononcé publiquement, immédiatement après la délibération des juges qui l'ont arrêté; que les deux jugemens dont il s'agit, n'ayant été prononcés à l'audience publique, que quelques jours après qu'ils avaient été arrêtés, présentent une contravention à l'art. 10 de la loi du 3 brumaire an 2;

» Par ces motifs, le tribunal casse et annulle les jugemens rendus par le tribunal civil du département des Deux-Nèthes, les 16 frimaire et 21 germinal an 5; renvoie les parties, etc. ».

Il a cependant été rendu depuis un arrêt contraire, sur le recours du sieur Aerden contre un jugement du tribunal de première instance d'Anvers, du 14 pluviôse an 9, confirmatif d'un jugement intervenu dans une justice de paix, en faveur de la régie des douanes.

Le sieur Aerden attaquait le jugement du tribunal d'Anvers, par un moyen qu'il tirait de la circonstance que ce jugement n'avait pas été prononcé à l'audience, le même jour qu'il avait été délibéré et arrêté par les juges. « Il est, en effet, énoncé dans ce jugement (disait-il), que le commissaire du gouvernement ayant donné ses conclusions à l'audience du 12 pluviôse, le tribunal, *après avoir vu les pièces*, et par conséquent après s'être retiré dans la chambre du conseil pour délibérer, *arrêta le même jour un jugement dont il différa la prononciation* au jour dont il porte la date, c'est-à-dire, au 14 du même mois. Or, de là, résulte évidemment une contravention formelle à l'art. 10 de la loi du 3 brumaire an 2 ».

Mais par arrêt de la section civile du 24 ventôse an 11, rendu au rapport de M. Cochard, la requête du sieur Aerden a été rejetée,

« Attendu que les jugemens ne prenant date que du jour où ils sont prononcés, et les arrêtés particuliers *de délibéré* ne pouvant en conséquence influer en rien sur leur véritable date, il est indifférent que les juges du tribunal civil d'arrondissement d'Anvers aient arrêté celui qu'ils ont rendu dans cette affaire, le 12 pluviôse an 5, et qu'il n'ait été prononcé ensuite à l'audience, que le 14 suivant ».

Qu'il y ait dans cette manière de juger, plus d'équité et de raison que dans la disposition illimitée de la loi du 4 germinal an 2, qui attachait l'irrémissible peine de nullité à toute inobservation ou violation de formes prescrites par les lois émanées des assemblées nationales; c'est ce qui ne peut être révoqué en doute. Mais était-il permis aux magistrats qui composaient alors la cour de cassation, de mettre ainsi l'équité et la raison à la place d'une loi expresse et impérative?

Du reste, l'autorité de cet arrêt n'affaiblit pas ceux des 3 brumaire an 5 et 4 frimaire an 8. En général, un arrêt qui casse par un moyen de forme, prouve beaucoup plus en faveur de ce moyen, que ne prouve contre, un arrêt de rejet. Les arrêts de rejet sont quelquefois déterminés par des motifs que la sagesse et la justice des magistrats les obligent de taire : les arrêts de cassation ne sont jamais que l'application littérale de la loi.

§. III. *Un jugement est-il nul, lorsqu'un des juges qui y ont pris part, n'avait pas assisté, soit à toutes les audiences où la cause a été plaidée, soit à toutes les séances où s'en est fait le rapport?*

Lorsqu'en 1666, Louis XIV voulut qu'au jugement des procès de sa parente qui portait le titre de *Mademoiselle*, pût assister le conseiller Bérulle, membre du grand conseil, quoique, pendant l'absence de ce magistrat, on y eût employé trois vacations entières, il donna à cet effet des lettres-patentes qui lui en accordèrent le pouvoir; et encore y mit-il la condition, que ce qui avait été lu pendant son absence, serait préalablement relu avec lui. Ces lettres-patentes furent enregistrées au grand conseil, le 3 juin 1666; elles sont citées par Brillon, dans son Dictionnaire des arrêts, au mot *Opinion*, n.° 8.

Il fut donc alors reconnu bien solennellement par le législateur, que, pour pouvoir opiner dans une affaire, il faut avoir assisté, soit à toutes les audiences où elle a été plaidée, soit à toutes les séances où s'en est fait le rapport.

M. le chancelier d'Aguesseau a rappelé cette règle au parlement de Grenoble, par une lettre du 26 septembre 1744.

Les lois nouvelles, loin de déroger à ces sages maximes, leur ont imprimé une autorité plus imposante encore. Et c'est ce qu'a fait implicitement, entre autres, l'art. 13 de la loi du 27 novembre-1.er décembre 1790, institutive de la cour de cassation.

Aussi la cour de cassation a-t-elle annullé tous les jugemens qui lui ont été dénoncés comme rendus par des juges qui n'avaient pas assisté à tous les débats dont ces jugemens avaient été précédés.

Parmi les innombrables arrêts qu'elle a rendus à ce sujet, il en est de bien remarquables, par la sévérité avec laquelle ils appliquent le principe dont il s'agit.

Le tribunal civil du département des Deux-Nèthes avait entendu, le 29 ventôse an 6, les plaidoiries d'une affaire qu'il avait à juger entre Jean-Bernard Piéters et Adrien-Liévin Gyzelinck; et après avoir ordonné qu'il en serait délibéré, il s'était retiré dans la chambre du conseil, où, le même jour, il avait arrêté un jugement qu'il n'avait prononcé qu'à l'audience suivante, tenue le 2 germinal.

A cette audience se trouvèrent trois juges qui n'avaient pas assisté aux plaidoiries du 29 ventôse.

Jean-Bernard Piéters, condamné par ce jugement, en demanda la cassation, sur le fondement qu'il avait été prononcé en présence de juges qui n'avaient pas entendu les parties.

Il s'élevait contre sa demande une considération bien forte : c'est que la prononciation du jugement n'était que de pure forme, et que le jugement avait été délibéré et arrêté par tous les juges qui avaient assisté aux plaidoiries.

Néanmoins la rigueur de la loi l'emporta sur cette considération; et par arrêt du 26 vendémiaire an 8, rendu au rapport de M. Bayard, il a été statué en ces termes :

« Vu l'art. 14 du tit. 2 de la loi du 24 août 1790.....;

» Attendu 1.° qu'il est constant que le jugement attaqué, qui a été prononcé le 2 germinal an 6, avait été arrêté à la chambre du conseil, le 29 ventôse précédent; et que trois des juges, qui ont assisté à l'audience du 2 germinal, ne faisaient point partie de ceux qui avaient arrêté le jugement, le 29 ventôse;

» Attendu 2.° qu'un jugement n'a d'existence légale, que le jour où il a été prononcé; et que, par conséquent, le jugement attaqué doit être considéré comme ayant été rendu le 2 germinal, et conséquemment par des juges qui n'avaient pas entendu les parties; en quoi il y a contravention à l'art. 14 du tit. 2 de la loi du 24 août 1790;

» Par ces motifs, le tribunal casse, etc. ».

Voici une autre espèce dans laquelle le même principe a été consacré avec bien de la précision.

Le tribunal correctionnel de Louhans avait rendu, le 23 frimaire an 8, après plusieurs jours de débats et d'examen, un jugement auquel avaient assisté des juges qui n'avaient pas été présens à toutes les audiences précédentes.

Sur l'appel qu'en avaient respectivement interjeté le sieur Guyot, partie condamnée, et le sieur Puvis, partie plaignante, ce jugement avait été réformé en faveur du sieur Guyot seul, par un autre du tribunal criminel de Saône-et-Loire, du 11 pluviôse de la même année.

Le sieur Puvis s'est pourvu en cassation; et le 26 messidor an 8, il est intervenu à la section criminelle, sur mes conclusions, un arrêt qui porte : « Considérant que les juges qui ont rendu le jugement correctionnel, n'avaient pas assisté à toutes les audiences consacrées à l'instruction de cette affaire, et que conséquemment ils ont, par leur concours à ce jugement, commis un excès de pouvoir que le tribunal criminel n'a pu tolérer, sans se l'approprier... Le tribunal casse et annulle, etc. ».

C'est ce qu'a encore décidé un arrêt du 26 prairial an 10, rapporté avec le plaidoyer sur lequel il a été rendu, à l'article *Dévolution coutumière*, §. 1.

Voici un dernier arrêt qui met le sceau à cette jurisprudence; il a été rendu le 7 thermidor an 11, au rapport de M. Vergès, dans une espèce que son prononcé fera suffisamment connaître :

« Vu l'art. 14 du tit. 2 de la loi du 24 août 1790, et l'art. 10 de la loi du 3 brumaire an 2;

» Considérant que la loi, en accordant aux parties la faculté de se défendre, a évidemment reconnu que les juges qui n'auraient pas entendu la défense, ne pourraient pas coopérer au jugement;

» Que l'art. 10 de la loi du 3 brumaire an 2, veut aussi que le jugement soit *prononcé* par les juges qui, d'après les plaidoiries, le rapport et l'examen des pièces, s'il y a lieu, ont été mis en état d'apprécier les moyens des parties;

» Que cependant le président du tribunal de commerce de Perpignan a prononcé le jugement attaqué, à l'audience du 5 frimaire an 10, quoiqu'il n'eût pas assisté aux plaidoiries, quoiqu'il n'eût entendu aucune des parties, quoiqu'il n'eût pas par conséquent les documens que la loi exige pour prononcer en connaissance de cause;

» Le tribunal casse le jugement rendu par le tribunal de commerce de Perpignan, le 5 frimaire an 10... » (1).

C'est donc une maxime bien constante, qu'un juge vicie, par sa présence, le jugement à la délibération ou prononciation duquel il prend part, sans avoir assisté à toutes les plaidoiries dont ce jugement a été précédé; et c'est ce que déclare expressément l'art. 7 de la loi du 20 avril 1810, relative à l'administration de la justice : « les arrêts (porte-t-il), qui ne sont pas rendus par le nombre de juges prescrit, ou qui ont été rendus par des *juges qui n'ont pas assisté à toutes les audiences de la cause*, ou qui n'ont pas été rendus publiquement, ou qui ne contiennent pas les motifs, sont déclarés nuls ».

V. ci-après, §. 20.

(1) *V.* encore l'arrêt du 22 octobre 1807, rapporté dans le *Répertoire de jurisprudence*, au mot *Jugement*, §. 1, n. 8.

§. IV. 1.° *Les formalités qui, de la part des juges ou du ministère public, doivent précéder ou accompagner, soit la délibération, soit la prononciation d'un jugement, sont-elles censées omises, lorsque le jugement même n'en fait pas mention expresse ?*

2.° *Y a-t-il, à cet égard, quelque distinction à faire entre les jugemens des tribunaux civils et ceux des conseils de guerre ?*

I. François Charday et Jeanne Renard, sa femme, demandaient la cassation d'un jugement du tribunal de district de Pont-l'Evêque, du 22 vendémiaire an 2, sur le fondement que le ministère public n'avait pas été entendu sur l'affaire qui en était l'objet.

On leur opposait les déclarations du président et du commissaire national, par lesquelles il était attesté que celui-ci avait été présent et avait donné ses conclusions à l'audience, quoique le jugement n'en fît pas mention.

Mais le 29 fructidor an 3, arrêt par lequel,

« Considérant qu'en principe, un jugement doit porter la preuve que les formalités de la loi ont été remplies; qu'elle ne peut être suppléée par des preuves extérieures, encore moins par des preuves testimoniales ni des certificats qui sont sans valeur aux yeux de la loi; que l'art. 3 du tit. 8 de la loi du 24 août 1790 ne se contente pas de la présence du commissaire national, il veut qu'il soit entendu dans les causes des femmes mariées; et que rien ne constate dans le jugement qu'il ait été entendu;

» Le tribunal casse, etc. ».

C'est sur le même principe qu'est fondé un arrêt du 4 fructidor an 11, ainsi conçu:

« Le commissaire du gouvernement expose que le tribunal civil de l'arrondissement de Furnes a rendu, le 15 frimaire an 10, entre le receveur de l'enregistrement de cette commune, et le cit. Carton, notaire, un jugement en dernier ressort, qui viole ouvertement l'art. 65 de la loi du 22 frimaire an 7.

» En effet, ce jugement a été rendu sans rapport préalablement fait par l'un des juges.

» A ces causes, l'exposant requiert qu'il plaise au tribunal de cassation, vu l'art. 65 de la loi du 22 frimaire an 7, et l'art. 88 de la loi du 27 ventôse an 8, casser et annuller, pour l'intérêt de la loi seulement, le jugement dont il s'agit, et ordonner qu'à la diligence de l'exposant, le jugement à intervenir sera imprimé et transcrit sur les registres du tribunal civil de l'arrondissement de Furnes... *Signé* Merlin.

» Ouï le rapport du cit. Coffinhal, l'un des juges, etc.;

» Vu la cinquième partie de l'art. 65 du tit. 9 de la loi du 22 frimaire an 7;

» Et attendu que le jugement dont il s'agit, a été rendu sans rapport préalablement fait par l'un des juges;

» Le tribunal, faisant droit sur le réquisitoire, casse et annulle... ».

Un arrêt semblable a été rendu, le 19 décembre 1809, au rapport de M. Audier-Massillon, sur le recours de la veuve d'Hattot-Deshayes contre un jugement rendu par le tribunal civil d'Yvrée, le 22 juin 1807, en faveur de la régie de l'enregistrement:

« Vu (porte-t-il), l'art. 65 de la loi du 22 frimaire an 7;

» Et attendu que la forme des jugemens rendus en matière d'enregistrement, étant réglée par des lois particulières qui n'ont point été abrogées par le Code de procédure, l'art. 1030 et les autres dispositions de ce Code ne sont pas applicables à ces matières; que les formes constitutives des jugemens doivent être constatées par les jugemens mêmes, et que leur omission en opère la nullité;

» Attendu qu'il ne résulte pas du jugement du 27 juin 1807, qu'il ait été rendu sur le rapport d'un juge et sur les conclusions du procureur-général, ainsi qu'il est prescrit par l'art. 65 de la loi du 22 frimaire an 7;

» La cour casse... ».

V. le Répertoire de jurisprudence, au mot *Formalités*, n.° 2.

II. Sur la seconde question, *V.* le plaidoyer du 15 janvier 1814, rapporté à l'article *Information*.

§. V. 1.° *Est-il nécessaire que les jugemens rendus en matière de recouvrement de revenus publics, à la poursuite de la régie de l'enregistrement et des domaines, soient précédés d'un rapport ?*

2.° *Que doit-on décider à l'égard d'un jugement qui est rendu sans rapport, dans une affaire où un notaire est poursuivi par la régie de l'enregistrement, en exécution de la loi du 22 frimaire an 7, pour un fait qu'il prétend être indépendant de sa qualité, et que le tribunal répute tel ?*

3.° *Les jugemens rendus, soit en matière d'enregistrement, soit en matière de recouvrement de revenus publics, peuvent-ils être précédés de plaidoiries, soit de la part de la régie de l'enregistrement et des domaines, soit de la part de ses adversaires ?*

4.° *La défense de plaider, dans ces affaires, emporte-t-elle celle d'y prendre des conclusions verbales ?*

5.° *Cette défense a-t-elle lieu dans les affaires qui, intentées d'abord par la régie pour recouvrement de revenus publics, sont ensuite poursuivies par les préfets qui y interviennent à raison de la contestation élevée sur le fond du droit?*

I. Sur la première question, *V.* le plaidoyer et l'arrêt du 3 pluviôse an 10, rapportés à l'article *Rente foncière*, §. 10.

II. La seconde question s'est présentée dans l'espèce suivante :

En octobre 1806, le sieur Séguy de Fontigny présente au ministre des finances une pétition tendante à obliger le sieur Pérignon, notaire, de représenter un acte sous seing-privé qui est déposé entre ses mains et contient la vente faite à son profit par le sieur Lacher et les sieur et dame Tancarville, d'une maison située à Paris.

Le ministre renvoie cette pétition à l'administration de l'enregistrement.

Le 16 février 1807, un vérificateur de l'enregistrement se présente chez le sieur Pérignon, et lui demande copie de l'acte, avec payement des droits.

Le notaire répond qu'il est dépositaire d'un paquet cacheté, portant cette inscription : *Ce paquet m'a été remis de confiance par MM. Fontigny et Tancarville, pour n'être ouvert qu'en leur présence. A Paris, le 6 juin 1791.*

Le vérificateur dresse procès-verbal de ces faits, et l'administration de l'enregistrement se pourvoit devant le tribunal civil du département de la Seine pour faire ordonner l'ouverture du paquet, à l'effet d'établir la perception des droits dont le trésor public se trouverait frustré, si ce paquet restait clos.

Le sieur Pérignon répond que ce n'est pas comme notaire, mais comme particulier et à titre de confiance, qu'il a reçu le dépôt du paquet; et que l'administration de l'enregistrement n'a aucune qualité pour exiger l'ouverture de l'enveloppe.

Le 18 juin 1807, jugement qui le décide ainsi.

Mais l'administration de l'enregistrement se pourvoit en cassation; et par arrêt du 23 décembre 1809, au rapport de M. Vallée,

« Vu les art. 54 et 65 de la loi du 22 frimaire an 7; et attendu, 1.° que M.e Pérignon était notaire public au moment où le préposé de la régie lui a demandé la représentation de l'acte dont il est dépositaire;

» 2.° Que toute affaire poursuivie en conséquence des dispositions de la loi du 22 frimaire an 7, doit être jugée sur le rapport d'un juge; et que, dans l'espèce, le jugement a été rendu sans rapport préalable; qu'ainsi, il y a, dans le jugement attaqué, violation des art. 54 et 65 de la loi de frimaire an 7;

» La cour casse... ».

III. Sur les trois autres questions, *V.* le plaidoyer du 15 avril 1810, rapporté aux mots *Rente foncière*, *Rente seigneuriale*, §. 16, n.° 2.

§. VI. *Un jugement rendu sections réunies, par un tribunal divisé en sections, est-il valable?*

V. l'article *Sections de tribunaux*, §. 1.

§. VII. 1.° *Le nombre de dix juges est-il nécessaire pour statuer sur l'appel d'un jugement d'instruction rendu sous l'empire de l'ordonnance de 1670, dans une matière où il peut échoir peine afflictive?*

2.° *L'est-il pour statuer sur une affaire commencée dans la forme criminelle, sous l'empire de l'ordonnance de 1670, lorsque, par l'effet des changemens arrivés dans l'état de la procédure, il ne peut plus y avoir lieu à peine afflictive?*

V. le plaidoyer du 17, et l'arrêt du 18 germinal an 11, rapportés à l'article *Sections de tribunaux*, §. 2.

§. VIII. *En quels cas et en quel nombre des hommes de loi peuvent-ils concourir à un jugement?*

V. l'article *Bail*, §. 8, et l'article *Homme de loi.*

§. IX. 1.° *Les jugemens d'arbitres font-ils foi de leurs dates, contre les parties entre lesquelles ils sont rendus?*

2.° *Quel égard doit-on avoir à un acte qualifié jugement, par lequel des ci-devant arbitres déclarent que la date apposée par eux à leur jugement proprement dit, n'est pas véritable?*

V. l'article *Date*, §. 5.

§. X. *De l'interprétation des jugemens.*

V. l'article *Interprétation.*

§. XI. *La partie qui a obtenu un jugement auquel son adversaire a acquiescé, peut-elle s'en désister, malgré celui-ci?*

V. le plaidoyer du 6 fructidor an 10, rapporté à l'article *Opposition (tierce)*, §. 3.

§. XII. *Les jugemens rendus, par erreur, en dernier ressort, peuvent-ils être attaqués par appel, ou ne peuvent-ils l'être que par cassation?*

« Le commissaire du gouvernement près le tribunal de cassation expose qu'il se croit obligé, pour le maintien des principes régulateurs de la hiérarchie judiciaire, de requérir l'annullation de deux jugemens qui empiètent, l'un sur les attributions des tribunaux d'appel, l'autre sur l'autorité du tribunal de cassation lui-même.

» Dans le fait, Pierre et Joseph Laumain, frères, vivaient ensemble et en communauté, dans la ville de Moulins-en-Gilbert, département de la Nièvre.

» Joseph Laumain avait eu de son mariage avec Jeanne Lefebvre, plusieurs enfans, dont un garçon, nommé Joseph, et quatre filles, nommées Lazarette, Pierrette, Françoise et Jeanne.

» Pendant leur communauté, Joseph Laumain et Jeanne Lefebvre marièrent leur fille Françoise à François Martin; et par le contrat de mariage passé le 20 décembre 1773, ils lui constituèrent en dot une somme de 150 livres, et un trousseau évalué 30 livres.

» Au moyen de cette constitution dotale, François Laumain renonça à leur succession future, au profit de son frère Joseph Laumain.

» Celui-ci fut, en même temps et par le même contrat, institué héritier universel de son père et de sa mère, à la charge, 1.° d'acquitter, à leur décès, ce qui pourrait se trouver encore dû de la constitution dotale; 2.° de fournir et de payer à chacune de trois autres filles, une dot de la même valeur.

» Enfin, il fut stipulé que, dans le cas où Françoise Laumain ou ses sœurs ne voudraient pas se tenir à leurs dots ainsi réglées, elles demeureraient réduites à leur légitime; et, pour cet effet, les biens actuels du père et de la mère furent évalués 900 livres.

» Jeanne Lefebvre, femme Laumain, et son mari sont morts, la première le 4 juillet 1775, le second le 20 août 1783.

» Lazarette et Pierrette Laumain n'ont point été mariées, et sont mortes dans l'intervalle du décès de leur mère à celui de leur père.

» L'autre fille, Jeanne Laumain, s'est mariée en février 1786, avec Sébastien Monny.

» Du mariage de Françoise Laumain avec François Martin, est née Jeanne Martin, qui a épousé Jean Collet en 1793.

» Le 9 frimaire an 6, Joseph Laumain, Jean Collet et sa femme, Jeanne Laumain et Sébastien Monny, son mari, ont fait assigner Pierre Laumain, leur oncle et grand oncle, au tribunal civil du département de la Nièvre, à fin de partage de la communauté qui avait existé entre lui et Joseph Laumain, leur père et aïeul, et qui s'était disaient-ils, continuée avec eux.

» Divers incidens, et notamment des saisies-arrêts ont suivi cette assignation; et il a été statué sur le tout par un jugement du tribunal civil de Moulins-en-Gilbert, du 11 fructidor an 9.

» Par ce jugement, *rendu en premier et dernier ressort*, les demandeurs ont été déboutés des fins de leur exploit introductif d'instance et il a été accordé à Pierre Laumain main-levée des saisies-arrêts pratiquées à leur requête, avec 50 francs de dommages-intérêts.

» Le 4.° jour complémentaire suivant, Jean Collet, Sébastien Monny et leurs femmes ont interjetté appel de ce jugement.

» La cause portée à l'audience du tribunal d'appel de Bourges, Pierre Laumain a soutenu que le jugement étant qualifié *en dernier ressort*, les appelans devaient, par cela seul, être déclarés non-recevables.

» Mais par jugement contradictoire du 20 prairial an 10, le tribunal d'appel de Bourges a rejeté la fin de non-recevoir de Pierre Laumain, et a ordonné aux parties d'instruire au fond.

» Les motifs de ce jugement sont, — « Que » les juridictions sont d'ordre public; que le » pouvoir de juger en premier ou dernier » ressort n'est pas arbitraire, mais en raison de » l'intérêt que la cause présente à juger; qu'ainsi, » en quelques termes que le jugement soit con- » çu, il est toujours en premier ressort, s'il s'a- » git d'un objet indéterminé ou excédant 1,000 » fr.; — Qu'un tel jugement qualifié en dernier » ressort, peut être considéré comme contenant » simple erreur ou excès de pouvoir; qu'au pre- » mier cas, cette disposition se trouve dans la » classe ordinaire des décisions qui peuvent être » réformées par la voie d'appel; — Qu'au se- » cond, elle est radicalement nulle; comme éma- » nant d'officiers sans caractère, et dès-lors ne » peut lier ni les parties, ni le tribunal formant » le second dégré de juridiction; — Qu'à la vé- » rité, l'excès de pouvoir rend le juge coupable, » et peut faire encourir une peine que le tribu- » nal d'appel serait sans doute incompétent » pour prononcer; mais que cet objet qui tient » à l'ordre public, n'a rien de commun avec le » droit qu'ont les parties d'appeler, et les tribu- » naux d'appel de connaître de tout jugement » dont l'intérêt est indéterminé ou excède 1000 » francs; que l'opinion contraire tendrait à lais- » ser aux premiers juges le droit de passer à » leur gré les limites marquées par la loi, as- » surer à des jugemens vicieux et nuls l'exécu- » tion pleine et entière sur le principal et les dé- » pens, gêner la voie d'appel même, priver les » parties du deuxième dégré de juridiction, » quand leur éloignement, pauvreté ou igno- » rance empêcherait leur recours en cassation; » et que la jurisprudence de tous les tribunaux » et de tous les temps a consacré la maxime » que l'appel d'un jugement qualifié par erreur » en dernier ressort, était recevable, sans qu'il

» fût besoin de recourir en cassation; — Qu'à la » vérité, un jugement du tribunal de cassation, » du 1.er nivôse an 10, décide qu'un tel appel » ne peut être reçu; mais qu'il est possible que » des circonstances particulières aient nécessité » cette décision; qu'au surplus, le tribunal du » Cher se fera toujours un devoir de proclamer » hautement son respect pour celui de cassa- » tion, en exposant avec franchise, une opinion » qui n'est pas la sienne, que la hiérarchie des » tribunaux, les principes connus de celui du » Cher, écarteront sans doute l'idée d'un pou- » voir qui rivalise, et ne laisseront appercevoir » que des juges amis de la vérité, et la cherchant » de bonne foi ».

» Sans contredit, le tribunal civil de Moulins-en-Gilbert avait excédé ses pouvoirs et violé l'art. 3 du tit. 4 de la loi du 24 août 1790, en prononçant en dernier ressort sur une demande en partage d'une communauté dont la valeur n'était pas déterminée, quoique, dans le fait, elle n'excédât peut-être pas 1,000 francs.

» Aussi n'y a-t-il aucun doute que son jugement n'eût été cassé, s'il eût été déféré, dans le terme fixé par la loi, au tribunal suprême, et c'est ce qui oblige l'exposant d'en requérir d'office l'annullation.

» Mais de cela même que ce jugement était sujet à cassation, il suit nécessairement qu'il n'était pas susceptible d'appel; et cette considération devait lier les mains du tribunal de Bourges.

» On sait bien que la loi n'abandonne pas aux caprices des premiers juges le droit de prononcer en dernier ressort ou à la charge de l'appel; elle a au contraire fixé avec précision les cas où ils pourraient et devraient prononcer, soit de l'une, soit de l'autre manière.

» Mais elle a aussi déterminé quel est le *pouvoir*, à qui appartient le droit de faire rentrer dans les limites de leurs attributions, les juges qui les transgressent en décidant en dernier ressort des contestations sur lesquelles ils ne peuvent statuer qu'à la charge de l'appel.

» Ce *pouvoir* est le tribunal de cassation. L'art. 2 de la la loi du 1.er décembre 1790 lui attribue, et n'attribue qu'à lui, le droit *de prononcer sur toutes les demandes en cassation contre les jugemens rendus en dernier ressort;* la même disposition se retrouve littéralement dans l'art. 65 de l'acte constitutionnel du 22 frimaire an 8; et ces expressions, *jugemens rendus en dernier ressort*, sont trop générales, trop illimitées pour ne pas embrasser tous les jugemens ainsi qualifiés, sans distinguer si c'est bien ou mal-à-propos que les tribunaux de qui ils sont émanés, leur ont donné cette qualification.

» Que la loi ainsi entendue, comme elle doit l'être, puisse donner lieu à quelques inconvéniens, ce n'est point là ce qui doit occuper les magistrats. Les inconvéniens d'une loi ne peuvent être appréciés, il n'y peut être apporté remède, que par le législateur; et les magistrats sortent des bornes de leur mission, ils usurpent l'autorité législative, toutes les fois que, pour prêter à une loi, un sens contraire à ses termes, ils s'appuient sur les inconvéniens qu'elle entraînerait, selon eux, dans le sens opposé.

» On sait, d'ailleurs, que les prétendus inconvéniens qu'a relevés le tribunal d'appel de Bourges dans les motifs de son jugement, n'avaient pas, en l'an 5, paru assez graves au conseil des cinq-cents, pour adopter le projet de résolution qui lui avait été présenté dans ses séances des 25 prairial et 25 thermidor, et qui tendait à soumettre à l'appel les jugemens mal-à-propos qualifiés en dernier ressort.

» On sait au contraire que le même conseil avait, dans sa séance du 13 vendémiaire an 7, et d'après un rapport qui lui avait été fait le 15 pluviôse an 6, pris une résolution ainsi conçue: *tout jugement dont le dispositif annoncera qu'il a été rendu en dernier ressort, ne pourra être attaqué que par la voie de cassation.*

» On sait aussi que cette résolution ayant été portée au conseil des anciens, les commissaires choisis pour l'examiner, en proposèrent l'approbation à la séance du 4 frimaire suivant, et que, si elle n'a pas été effectivement approuvée, la faute n'en est qu'aux événemens qui ont empêché le conseil des anciens d'en terminer la discussion.

» Du reste, la jurisprudence du tribunal de cassation n'a jamais varié sur ce point. Dès le principe de son institution il a prouvé par des jugemens sans nombre, qu'il regardait les tribunaux d'appel comme incompétens pour connaître des décisions indûment qualifiées de jugemens en dernier ressort. Il a encore jugé de même les 15 ventôse, 14 floréal et 4 prairial an 6, c'est-à-dire, à des époques où le corps législatif agitait la question de savoir s'il convenait ou non de déroger à sa jurisprudence. Et c'est ce qu'il a encore décidé en l'an 10, par deux jugemens de rejet, l'un du 1.er nivôse, au rapport du cit. Liborel, l'autre du 13 thermidor, au rapport du cit. Delacoste.

» Le tribunal d'appel de Bourges se fonde encore, dans ses motifs, sur l'ancienne jurisprudence qui avait, dit-il, *consacré la maxime, que l'appel d'un jugement qualifié par erreur en dernier ressort, était recevable, sans qu'il fût besoin de recourir en cassation.* Mais cette assertion n'est rien moins qu'exacte.

» Il est vrai que l'art. 35 de l'édit d'ampliation des présidiaux, du mois de mars 1551, avait permis aux parties condamnées par sentences indûment qualifiées de présidiales, d'en relever *appel au parlement;* et que cette faculté avait été à la fois confirmée et réglée par un autre édit du mois d'octobre 1554.

» Mais il avait été dérogé à ces lois par une déclaration du 27 décembre 1574, donnée en interprétation de l'art. 17 de l'ordonnance de Moulins: « Voulons et ordonnons (portait-elle), que » dorénavant les juges présidiaux déclareront et » spécifieront dans leurs sentences et jugemens » de dernier ressort, tant civils que criminels, » qu'ils sont donnés en dernier ressort.....; ce » faisant, défendons à nos cours de parlement de » recevoir aucun appelant desdites sentences et » jugemens, et aux maîtres des requêtes ordinaires de notre hôtel ou autres ayant la garde » des sceaux de nos chancelleries, en expédier » aucun relief d'appel; et si, par inadvertance, » surprise ou autrement, aucuns desdits reliefs » d'appels étaient expédiés, enjoignons à tous » huissiers ou sergens auxquels ils seront présentés, qu'auparavant les exécuter, ils les présentent auxdits juges présidiaux desquels lesdits jugemens seront donnés, ès-assemblées à » la chambre du conseil; lesquels, vérification » préalablement faite si lesdits jugemens sont » donnés en dernier ressort, le déclareront, en » feront acte signé de leur greffier au dos dudit » relief d'appel; après laquelle déclaration, nous » défendons très-expressément à tous huissiers » et sergens l'exploiter, à nosdites cours de parlement lever aucunes contraintes contre les » greffiers desdits présidiaux, pour leur faire » apporter les procès ès-greffes de nosdites » cours, soit *sous prétexte de vérifier s'ils sont » des cas de l'édit*, ou autrement.... ».

» Ces dispositions avaient même été confirmées par l'art. 26 du tit. 2 de l'ordonnance de 1737, concernant les réglemens de juges, lequel voulait qu'en cas de conflit entre un parlement et un présidial, pour savoir si celui-ci avait compétemment jugé en dernier ressort, les parties fussent tenues de se pourvoir au grand conseil.

» Elles étaient, à la vérité, devenues sans objet dans les derniers temps qui ont précédé la révolution, et cela par l'effet de l'entière refonte du système de la présidialité, opérée par l'édit du mois d'août 1777.

» Suivant cet édit, les présidiaux devaient, ainsi qu'y sont encore tenus les tribunaux criminels spéciaux, commencer par rendre, sur chaque affaire qu'ils regardaient comme présidiale, un jugement par lequel ils se déclaraient compétens pour la juger en dernier ressort; et ce jugement était soumis à l'appel au parlement.

» Mais la loi du 24 août 1790 n'imposant pas la même règle aux tribunaux de première instance, pour les cas où ils se croient fondés à juger en dernier ressort, il est évident qu'elle est censée s'en référer aux lois antérieures à l'année 1777, pour déterminer par quelle voie pourront être attaqués les jugemens qualifiés en dernier ressort qui émaneront des tribunaux de première instance.

» Ce considéré, il plaise au tribunal de cassation, vu l'art. 88 de la loi du 27 ventôse an 8, l'art. 5 du tit. 4 de la loi du 24 août 1790, l'art. 2 de la loi du 1.er décembre suivant, et l'art. 65 de l'acte constitutionnel, casser et annuller, pour l'intérêt de la loi et sans préjudice du droit des parties intéressées, 1.° le jugement du tribunal civil de l'arrondissement de Moulins-en-Gilbert, du 11 fructidor an 9, comme ayant, par excès de pouvoir, statué en dernier ressort sur une contestation dont l'objet n'avait pas une valeur déterminée par les pièces; 2.° le jugement du tribunal d'appel de Bourges, du 20 prairial an 10, comme ayant également, par excès de pouvoir, reçu l'appel d'un jugement qualifié en dernier ressort; et ordonner qu'à la diligence de l'exposant, le jugement de cassation à intervenir sera imprimé et transcrit, tant sur les registres du tribunal civil de l'arrondissement de Moulins-en-Gilbert, que sur ceux du tribunal d'appel de Bourges.... *Signé* Merlin.

» Ouï le rapport d'Yves-Nicolas-Marie Gandon.... ;

» Vu l'art. 2 de la loi du 1.er décembre 1790 et l'art. 65 de l'acte constitutionnel;

» Considérant que la généralité de ces deux articles investit exclusivement le tribunal de cassation du pouvoir de prononcer sur le recours exercé contre des jugemens rendus en dernier ressort; qu'aucune loi ne permet l'appel d'un jugement en dernier ressort; et qu'ainsi, les tribunaux d'appel n'ont pas reçu le pouvoir d'admettre les appels de semblables jugemens, à l'effet d'examiner si les tribunaux d'arrondissement ont pu les prononcer en dernier ressort; d'où il résulte que le jugement du 20 prairial an 10 contient un double excès de pouvoir;

» Vu pareillement l'art. 5 du tit. 4 de la loi du 24 août 1790, qui règle la compétence des tribunaux de première instance pour prononcer en dernier ressort aux actions qui ont pour objet un principal de 1,000 francs, ou un revenu déterminé de 50 francs, soit en rente, soit par prix de bail;

» Considérant que, dans l'espèce, la demande en partage d'une communauté avait pour objet une valeur indéterminée, et qu'ainsi, le jugement du 11 fructidor an 9 a commis un excès de pouvoir en déboutant de cette demande en dernier ressort;

» Le tribunal, faisant droit sur le réquisitoire du commissaire du gouvernement, casse et annulle, pour excès de pouvoir, dans l'intérêt de la loi et sans préjudice du droit des parties intéressées, le jugement du 20 prairial an 10, rendu par le tribunal d'appel séant à Bourges, et celui du 11 fructidor an 9, rendu par le tribunal de l'arrondissement de Moulins-en-Gilbert....

» Fait et prononcé à l'audience du tribunal de cassation, section civile, le 23 brumaire an 11.... ».

Cette jurisprudence est réformée par l'art. 452 du Code de procédure civile : « Seront sujets à l'appel (porte cet article), les jugemens qualifiés en dernier ressort, lorsqu'ils auront été rendus par des juges qui ne pouvaient prononcer qu'en première instance ».

§. XIII. *Avant le Code de procédure civile, était-ce par cassation ou par appel que devait être attaqué un jugement qui, par la nature ou par la valeur de son objet, eût dû être rendu en dernier ressort, et qui cependant l'avait été, par erreur, à la charge de l'appel?*

La voie de cassation était incontestablement la seule recevable, si par son institution, le tribunal qui avait rendu le jugement, ne pouvait le rendre qu'en dernier ressort. C'est ce que j'ai établi dans un plaidoyer du 11 pluviôse an 9, rapporté à l'article *Appel*, §. 1, n. 11.

J'ai avancé dans le même plaidoyer, que c'était au contraire par la voie d'appel que l'on devait se pourvoir, lorsque le jugement était émané d'un tribunal institué pour juger certaines matières en dernier ressort, et pour en juger d'autres à la charge de l'appel.

C'est ce qu'avait, en effet, décidé depuis peu un arrêt rendu dans une affaire sur laquelle je m'étais expliqué en ces termes :

» Le cit. Rosières avait passé, du 2 vendémiaire au 6 frimaire an 7, vingt-un contrats notariés de vente ou d'échange de différens immeubles dépendans du domaine de *la Feuillade*, dont il s'était déclaré propriétaire.

» Dans chacun de ces actes, il avait figuré et stipulé en son propre nom ; il y était dit demeurant à Tassin, *aujourd'hui dans son domaine de la Feuillade;* et une clause expresse portait que l'acquéreur entrerait en possession du bien dont il faisait l'acquisition, du jour du contrat, *en toute propriété et fruits, et en jouirait tout ainsi que le vendeur et ses auteurs en avaient joui.*

» Le receveur du bureau de Mornant, ayant enregistré ces actes, s'est apperçu que le cit. Rosières n'avait pas soumis à cette formalité, le titre en vertu duquel la propriété du domaine de la Feuillade était passée sur sa tête.

» Il parait qu'il en a fait l'observation au cit. Rosières lui-même, et qu'il lui a en même-temps demandé le triple droit auquel l'art. 30 de la loi du 9 vendémiaire an 6 assujettit tout acte sous seing-privé, translatif de la propriété ou de l'usufruit d'immeubles qui n'a pas été enregistré dans les trois mois de sa date, et avant qu'il en fût fait usage en justice ou devant notaire.

» Il paraît aussi que, pour écarter cette demande, le cit. Rosières s'est fait passer par l'ancien propriétaire du domaine de la Feuillade, le 26 ventôse an 7, c'est-à-dire, plus de trois mois après le dernier même des vingt-un actes dont nous avons parlé, un contrat de vente notarié de ce même domaine, dont il avait déjà aliéné une partie par ces vingt-un actes.

» C'était un moyen assez mal imaginé pour couvrir la fraude du cit. Rosières, ou plutôt c'était le moyen le plus efficace qu'il pût employer pour le mettre à découvert; car il était bien absurde de représenter le cit. Rosières acquérant en ventôse an 7, de l'ancien propriétaire du domaine de la Feuillade, des immeubles qu'il avait lui-même vendus à différens particuliers, dans l'intervalle du 2 vendémiaire au 6 frimaire précédent, et sans qu'il parût aucune trace de rétrocession de ces mêmes immeubles de la part des acquereurs à l'ancien propriétaire.

» Aussi le receveur du bureau de Mornant n'a-t-il pas balancé à dresser procès-verbal de la fraude commise par le cit. Rosières, et à faire assigner celui-ci au tribunal civil du département du Rhône, en payement du triple droit qu'il avait encouru d'après l'art. 30 de la loi du 9 vendémiaire an 5....

» Assurément tout concourait à provoquer contre le cit. Rosières, la condamnation à laquelle concluait la régie de l'enregistrement. Cependant, par un de ces hasards qu'on ne peut expliquer qu'en prêtant à des magistrats l'intention de frustrer le trésor national de ses droits les plus légitimes, par jugement du 17 ventôse an 8, le cit. Rosières a été déchargé des poursuites dirigées contre lui, sur le ridicule prétexte que la régie de l'enregistrement n'avait pas prouvé que le cit. Rosières eût acquis par acte sous seing-privé, avant d'acquérir par contrat public ; — Comme si l'existence de l'acte sous seing-privé n'était pas suffisamment démontrée par les vingt-un contrats du 2 vendémiaire au 6 frimaire an 7, dans lesquels le cit. Rosières parle et agit en propriétaire absolu, par conséquent en acquéreur par acte antérieur à leurs dates! — Comme si pour détruire l'effet de ces vingt-un contrats, tous revêtus de la plus grande authenticité, il suffisait au cit. Rosières d'alléguer que le notaire s'est trompé en les rédigeant, et que c'est par erreur qu'il l'y a qualifié de propriétaire?

» Disons-le avec l'assurance que donne la profonde et intime conviction, le tribunal civil du département du Rhône a violé, de la manière la plus scandaleuse, et l'art. 30 et l'art. 33 de la loi du 9 vendémiaire an 6; et c'en est assez sans doute pour provoquer l'annullation de son jugement.

» Mais ce n'est pas tout : son jugement est encore nul, parce qu'il n'est rendu qu'*en premier ressort*, tandis qu'aux termes de l'art. 2 de la loi du 11 septembre 1790, les tribunaux de première instance doivent juger en dernier ressort toutes les contestations relatives aux impositions indirectes.

» Dans ces circonstances et par ces considérations, nous estimons qu'il y a lieu d'admettre le recours de la régie.

On voit qu'en concluant ainsi, je n'avais apperçu, relativement aux affaires d'impôts indirects, aucune difficulté sur la question proposée en tête de ce paragraphe.

La section des requêtes la trouva également facile à résoudre, mais dans un sens contraire au mien. Par arrêt du 11 brumaire an 9, au rapport de M. Lachèze, la régie fut déclarée *non-recevable dans sa demande en cassation*, « Attendu (y est-il dit) que le jugement attaqué est taxativement déclaré rendu en premier ressort, et que le tribunal de cassation ne peut connaître que des jugemens en dernier ressort ».

La question s'est représentée l'année suivante à la même section; elle y a subi un examen plus mûr, et la décision en a été toute différente.

La veuve Lecomte demandait la cassation d'un jugement par défaut du tribunal civil de l'arrondissement de Vendôme, du 29 vendémiaire an 10, qui la condamnait à payer à la régie de l'enregistrement un supplément de droit de mutation avec doublement.

Parmi les différens moyens qu'elle employait, il en était un qui, bien loin de justifier sa demande, semblait, au contraire, d'après l'arrêt du 11 brumaire an 9, devoir la faire déclarer non-recevable : elle le tirait de ce que le tribunal de Vendôme n'avait prononcé qu'en *premier ressort*.

Sans contredit, cette manière de prononcer était en contravention à l'art. 65 de la loi du 22 frimaire an 7, lequel veut, en renouvelant la disposition de l'art. 2 de la loi du 11 septembre 1790, que les tribunaux prononcent en premier et dernier ressort sur toutes les contestations relatives au droit d'enregistrement.

Mais cette contravention, à qui appartenait-il de la réprimer? Ce n'est, disait-on, qu'à la cour d'appel d'Orléans. La cour de cassation n'est instituée que pour connaître des jugemens en dernier ressort : elle ne peut donc pas connaître d'un jugement qui n'est rendu qu'à la charge de l'appel; et l'on doit considérer comme rendu à la charge de l'appel, tout jugement qui déclare formellement ne prononcer qu'*en prêmier ressort*.

Nonobstant ces raisons, auxquelles l'arrêt du 11 brumaire an 9 paraissait prêter un puissant appui, la grande majorité des juges s'est déterminée pour l'admission de la requête; et la cause portée à la section civile, le jugement du tribunal de Vendôme y a été cassé le 6 vendémiaire an 11.

Le 17 vendémiaire an 12, la section des requêtes s'est encore trouvée saisie de la même question.

Il s'agissait d'un jugement du tribunal civil de l'arrondissement de Lyon, du 7 germinal an 11, qui, en statuant *en premier ressort* sur une demande formée par la régie de l'enregistrement contre le sieur Cremieu, en payement d'un droit de mutation montant à 543 francs 12 centimes, l'en avait déboutée avec dépens.

Du premier abord, l'affaire a paru épineuse, et elle a été mise en délibéré.

Mais par arrêt du 24 du même mois, la requête de la régie a été admise.

C'était aussi la jurisprudence de l'ancien tribunal de cassation. Je trouve dans son Bulletin civil, un arrêt du 2 nivôse an 7, qui, sur le rapport de M. Verges et les conclusions de M. Lefessier, casse un jugement du tribunal civil du département de la Haute-Garonne du 19 ventôse an 6, « Attendu que, quoique dans la cause il s'agit d'une contestation relative à la perception d'un impôt indirect, le tribunal civil du département de la Haute-Garonne a néanmoins déclaré qu'il jugeait en premier ressort; qu'il a par conséquent violé l'art. 2 de la loi du 7-11 septembre 1790; que ce tribunal a établi deux degrés de juridiction, tandis que la loi n'en établit qu'un dans cette partie ».

Mais comment pouvait-on accorder cette jurisprudence avec celle que confirmait d'une manière si positive l'arrêt du 23 brumaire an 11, rapporté dans le §. précédent? Si la voie d'appel n'était pas ouverte contre un jugement rendu incompétemment en dernier ressort, comment la voie de cassation pouvait-elle l'être contre un jugement rendu mal à propos à la charge de l'appel?

La chose eût été inexplicable, si la jurisprudence établie par les arrêts des 2 nivôse an 7, 14 floréal an 10, 6 vendémiaire an 11 et 24 vendémiaire an 12, avait été commune à toutes les matières susceptibles d'être jugées en premier et dernier ressort.

Mais 1.° elle ne s'étendait pas au-delà des matières d'impôts indirects. Dans l'espèce de chacun des quatre arrêts que je viens de rappeler, il était question de droits d'enregistrement, et il n'y était pas question d'autre chose. — Il y a plus. Lors de l'arrêt du 14 floréal an 10, tous les juges sont unanimement convenus que si l'objet litigieux n'eût pas été un impôt indirect, il y aurait eu lieu sans difficulté à déclarer la demande en cassation non-recevable.

2.° La différence qu'il y a, à cet égard, entre les impôts indirects et les matières ordinaires, est très-sensible.

Dans les matières ordinaires, il peut y avoir et il y a fréquemment des doutes sur la compétence des tribunaux d'arrondissement pour juger en dernier ressort. Il faut donc que ces tribunaux s'expliquent eux-mêmes sur ce point; et la manière dont ils le font, doit provisoirement déterminer la voie à prendre pour attaquer leurs jugemens. C'est ainsi qu'avant l'édit du mois d'août 1777, les sentences des présidiaux qui ne portaient pas la clause du dernier ressort, étaient sujettes à l'appel, quoique, de fait, elles fussent dans le premier cas de l'édit (1); et qu'au contraire, on ne pouvait en appeler, lorsqu'elles portaient cette clause, quoique, de fait, elles n'eussent dû prononcer qu'à la charge de l'appel.

Mais dans les affaires d'impôts indirects, les tribunaux d'arrondissement ne peuvent jamais juger qu'en dernier ressort. Il n'y a là ni circonstances ni incidens qui puissent changer ou modifier leur compétence. En un mot, ils sont, dans ces affaires, et ils sont essentiellement, juges souverains. On doit donc, lorsque par méprise ils ne prononcent qu'en premier ressort, les assimiler à des tribunaux de police ou criminels qui s'oublieraient jusqu'à prononcer dans la même forme; et comme les jugemens de ceux-ci ne pourraient, malgré un pareil vice de rédaction, être attaqués par la voie d'appel, il en doit être de même des jugemens de ceux-là.

Ainsi, avant le Code de procédure civile, l'assertion consignée dans le plaidoyer du 11 pluviôse an 9, rapporté sous le mot *Appel*, était vraie pour les matières ordinaires; elle n'était fausse que pour les affaires d'impôts indirects.

Mais le Code de procédure civile la condamne pour toutes les matières indistinctement : « Ne seront recevables (porte l'art. 453 de ce Code), les appels des jugemens rendus sur des matières dont la connaissance en dernier ressort appartient aux premiers juges, mais qu'ils auraient omis de qualifier, ou qu'ils auraient qualifiés en premier ressort ».

§. XIV. 1.° *Quelle est en France, l'autorité d'un jugement rendu par un tribunal étranger?*

2.° *Peut-il y être déclaré exécutoire contre le Français qui l'a provoqué, en se constituant demandeur devant une juridiction étrangère, et qui a été condamné sur les conclusions reconventionnelles de son adversaire?*

3.° *Y produit-il au moins l'exception de chose jugée contre la nouvelle action que le Français voudrait intenter en France?*

4.° *Y a-t-il, à cet égard, quelque particularité dans les affaires qui tiennent au commerce maritime?*

5.° *Le jugement rendu en pays étranger, soit en faveur d'un Français et contre un étranger, soit entre étrangers, doit-il, sans nouvelle discussion de l'affaire au fond, être déclaré exécutoire en France sur les biens qu'y possède la partie condamnée?*

6.° *Y a-t-il, à cet égard, quelque différence entre les sentences arbitrales et les jugemens des tribunaux?*

I. Les quatre premières questions font la matière du plaidoyer suivant, que j'ai prononcé à l'audience de la cour de cassation, section civile, le 18 pluviôse an 12.

« La cause sur laquelle vous avez à statuer, doit son origine à un contrat d'affrétement passé au Havre, le 29 frimaire an 6, entre le cit. Spohrer, négociant en cette ville, et Niels Moë, négociant à Christiansand, en Norwège, armateur du navire danois le *Bock*.

» Cinq clauses sont particulièrement à remarquer dans ce contrat. 1.° Jens Sorensen, capitaine du navire le *Bock*, se rendra de Morlaix à Messine, avec une cargaison qui lui sera livrée à Morlaix même; et il prendra à Messine, une autre cargaison pour la ramener au Havre. 2.° Avant de se rendre à Messine, il touchera à Naples : là, il se présentera chez les négocians Raymond et Piatty; s'ils l'en requièrent dans les vingt-quatre heures, il déchargera sa cargaison en tout ou en partie, et il transportera à Messine celle qu'ils lui fourniront en remplacement. 3.° Niels Moë garantira la propriété de la cargaison, tant pour aller en Sicile, que pour le retour au Havre. 4.° Le capitaine s'oblige de signer à Messine, ou sur les lieux où il prendra son chargement, une charte-partie et des connaissemens simulés, pour la destination de Hambourg. 5.° Le frêt ne sera exigible qu'après le retour du navire au Havre.

» A peine sorti du port de Morlaix, le navire le *Bock* est pris par le corsaire français le *Dangereux*, et conduit à Naples, où, par un jugement du chargé d'affaires du gouvernement français, du 20 germinal an 6, il est déclaré de bonne prise quant à la cargaison.

» Raymond et Piatty, que la charte-partie du 29 frimaire vous a déjà indiqués comme les correspondans du cit. Spohrer à Naples, traitent de cette cargaison avec le capitaine du corsaire, et s'en rendent acquéreurs pour le compte du cit. Spohrer.

» Ensuite, prenant la qualité de *cessionnaires*

(1) Lange, *Praticien français*, liv. 1, chap. 7. Pollet, *Recueil d'arrêts du parlement de Douay*, part. 3, §. 3.

du corsaire, ils se pourvoient, *au nom* de celui-ci, devant le chargé d'affaires du gouvernement français, tant pour faire condamner le capitaine Jens Sorensen à continuer sa route pour Messine, que pour divers autres objets relatifs à la charte-partie du 29 frimaire.

» Le 7 floréal an 6, jour correspondant au 27 avril 1798, jugement par lequel, *considérant que ces difficultés sont d'une nature à ne pouvoir être jugées que par le tribunal de commerce de cette ville, seul juge compétent* DES ÉTRANGERS, *en matière de commerce*, le chargé d'affaires renvoie les deux parties à s'y pourvoir.

» Raymond et Piatty n'avaient pas attendu ce jugement pour faire citer le capitaine Jens Sorensen au *tribunal suprême de commerce de Naples*.

» Ils l'y avaient fait citer, non comme cessionnaires purs et simples du corsaire capteur, mais comme fondés de pouvoirs et commissionnaires du cit. Spohrer. — Et dès le 21 avril 1798, ils y avaient obtenu un jugement, qui, *vu le contrat d'affrétement....*, ordonnait que le capitaine Jens Sorensen *eût à décharger promptement de son bâtiment, le chargement de miel et de cuirs désigné dans la supplique, et consigné à la maison Raymond et Piatty; et qu'autrement, il serait procédé au séquestre de son bâtiment.* — Le 25 avril 1798, second jugement du même tribunal, qui ordonne l'exécution du précédent, et ajoute que, le déchargement du miel et des cuirs effectué à Naples, le capitaine Jens Sorensen sera tenu de conduire le surplus de sa cargaison à Messine.

» Cependant le capitaine regardant la charte-partie du 29 frimaire an 6, comme résolue par la prise de son navire, fait ses dispositions pour un autre voyage.

» Le 5 mai 1798, Raymond et Piatty obtiennent contre lui un troisième jugement, qui lui fait défenses de partir, et ordonne que sa patente ne lui sera pas expédiée.

» Le 14 du même mois, sur les réclamations du capitaine contre ces deux derniers jugemens, il en intervient un quatrième, qui lui enjoint de partir pour Messine, en exécution de la charte-partie, *à la charge par la maison Raymond et Piatty de se soumettre à lui payer son frêt, dans le cas où il n'en serait pas rempli au Havre par Spohrer.*

» Le 9 juin suivant, cinquième jugement, encore provoqué par le capitaine, qui lui réitère l'injonction de partir pour Messine, mais en même temps déclare qu'il n'y sera tenu qu'autant que Raymond et Piatty lui auront préalablement donné caution de l'indemniser de toutes pertes et frais, dans le cas où il viendrait à être pris par les Anglais.

» Le 4 juillet de la même année, sixième jugement qui, *vu les pièces de la nouvelle demande de la maison Raymond et Piatty, chargée des pouvoirs de Jean Spohrer* et attendu le refus de cette maison de satisfaire aux deux jugemens précédens, *déclare le contrat d'affrétement dissous.*

» Le 9 du même mois, septième jugement qui condamne Raymond et Piatty, *au nom qui résulte des actes*, à payer au capitaine Jens Sorensen, la somme de 20,075 livres tournois *due pour cause du nolis convenu dans le contrat d'affrétement.*

» Des mesures sont prises immédiatement après ce jugement, pour contraindre Raymond et Piatty à l'exécuter.

» Ceux-ci payent, en conséquence, comme contraints et sous protestation de réserver tous leurs droits, ainsi que ceux de leur commettant.

» Le 4 ventôse an 9, le cit. Spohrer, informé que Niels Moë et le capitaine Jens Sorensen ont des créances à exercer sur une maison du Havre, forme opposition entre les mains de cette maison; et en conséquence, les fait citer, au domicile du commissaire du gouvernement, à comparaître devant le tribunal de commerce de cette ville, pour s'y voir condamner à la restitution des sommes que le capitaine avait indûment reçues de ses commissaires à Naples, et aux dommages-intérêts qu'il a soufferts par l'inexécution de la charte-partie.

» Niels Moë et Jens Sorensen se sont présentés sur cette citation, et ont excipé, tant de la chose jugée à Naples, que de l'exécution donnée par Raymond et Piatty aux jugemens rendus en l'an 6, par le tribunal de commerce de cette ville. — Le cit. Spohrer s'est retranché sur l'art. 121 de l'ordonnance de 1629.

» Le 29 vendémiaire an 10, jugement du tribunal de commerce du Havre, qui statue, par deux motifs séparés, sur les deux chefs des conclusions du cit. Spohrer.

» Sur le premier, c'est-à-dire, sur la demande en restitution des sommes payées à Sorensen par Raymond et Piatty, il considère que le cit. Spohrer ne rapporte que la preuve d'un payement de 12,807 livres 10 sous; que cette somme est précisément celle qui, d'après le jugement du commissaire français à Naples, était due par le corsaire capteur au capitaine Sorensen; que Raymond et Piatty, en la payant au capitaine Sorensen, ne l'ont payée qu'au nom du corsaire capteur, et non en celui du cit. Spohrer, ni de ses deniers; qu'ainsi, le cit. Spohrer n'a aucune action pour la répéter; et que, par suite, il est non-recevable.

» Sur le second chef, c'est-à-dire, sur la demande en dommages-intérêts à raison de l'inexécution de la charte-partie, le tribunal de commerce considère, — « Que le capitaine Sorensen a été délié de ses obligations, par le » jugement du tribunal suprême de commerce » à Naples, en date du 4 juillet 1798; — Que » la cour suprême du commerce de Naples

» ayant prononcé sur la question que le cit. » Spohrer soumet de nouveau au tribunal, son » jugement doit être regardé comme irrévo- » cable pour lui : — 1.° Parce que c'est Spohrer » lui-même qui, par le ministère de ses corres- » pondans, a saisi ce tribunal de la contesta- » tion, et y a traduit le capitaine Sorensen; ce » qui est prouvé au procès, et est essentiel à » observer; — 2.° Parce qu'il paraît constant, » aux yeux du tribunal, que le cit. Spohrer a » exécuté ce jugement, en payant ou faisant » payer les condamnations prononcées contre » lui, ainsi que l'articule le capitaine; — Que » l'art. 121 de l'ordonnance de 1629 n'est point » applicable à cette cause, puisqu'il ne s'agit » pas de mettre à exécution en France un ju- » gement rendu par un tribunal étranger, ce » qui serait attenter aux droits de souveraineté » nationale ; mais seulement d'un jugement » qui a été exécuté dans le lieu même où il » a été rendu, entre un Français demandeur » et un étranger défendeur, tous deux justicia- » bles, en cette circonstance, du tribunal qui » a prononcé, et que la légation française elle- » même a déclaré compétent, en y renvoyant » les parties ; — Que ce jugement n'est opposé » par Niels Moë et le capitaine Sorensen, que » pour prouver que la question a été contradic- » toirement débattue et définitivement jugée, » que la charte-partie a été dissoute par auto- » rité de justice, et que ni l'un ni l'autre ne » doivent plus être de nouveau inquiétés devant » les tribunaux français, pour raison de ladite » charte-partie ». — En conséquence, le tri- bunal de commerce déclare le cit. Spohrer non- recevable dans son deuxième, comme dans son premier chef de demandes.

» Le cit. Spohrer appelle de ce jugement ; et le 26 ventôse an 10, le tribunal d'appel de Rouen déclare qu'il a été bien jugé sur le pre- mier chef, par le même motif qui a déterminé le tribunal de commerce; et sur le second, « attendu qu'en droit, une partie ne peut re- » mettre en question contre l'autre, les points » de contestation sur lesquels elle a précé- » demment fait statuer; et que le cit. Spohrer » ne peut exciper de l'incompétence du tribu- » nal de Naples, ni invoquer, à l'appui de son » action, le bénéfice de l'art. 121 de l'ordon- » donnance de 1629, dans la circonstance où » tout a été consommé par l'autorité d'un ju- » gement de la légation française, qui, à dé- » faut de pourvoi, a acquis aujourd'hui la » force de chose irrévocablement jugée ».

» C'est de ce jugement que le cit. Spohrer vous demande la cassation : deux moyens vous sont proposés à l'appui de son recours, et ils consistent à dire, l'un, que le tribunal d'appel de Rouen a enfreint les lois qui garantissent l'inviolabilité des contrats; l'autre, que le même tribunal a contrevenu, par une fausse interpré- tation, à l'art. 121 de l'ordonnance du mois de janvier 1629.

» Le premier de ces deux moyens est essen- tiellement subordonné au second, et d'ailleurs il n'attaque pas directement la décision qui vous est dénoncée; ainsi, inutile de nous en occuper, et toute notre attention doit se fixer sur le deuxième moyen.

» Il vous présente à décider la question de savoir si l'on peut opposer en France au cit. Spohrer les jugemens rendus contre lui par le tribunal de commerce de Naples.

» Mais, s'il en faut croire Niels Moë, vous n'avez pas besoin d'aborder cette question pour rejeter le recours de son adversaire : cette ques- tion, il est vrai, a été résolue à l'avantage de Niels Moë, mais elle ne l'a été que surabon- damment : les juges du Havre et de Rouen avaient, pour prononcer en faveur de Niels Moë, d'autres motifs que les jugemens du tri- bunal de commerce de Naples; et dans le fait ils ont décidé qu'abstraction faite de ces juge- mens, le cit. Spohrer était encore non-receva- ble, parce que le contrat d'affrétement du 29 frimaire an 6 avait été rompu, de plein droit, par la prise et par la confiscation du navire le *Bock*.

» Dans quelle partie de leurs jugemens, les tribunaux du Havre et de Rouen ont-ils donc décidé ce que leur prête Niels Moë? Ces juge- mens, nous les avons lus et relus plusieurs fois, et nous n'y avons rien trouvé de ce que Niels Moë leur fait dire, relativement à la demande du cit. Spohrer en dommages-intérêts pour cause de l'inexécution du contrat d'affrétement; nous n'y avons pas trouvé un seul mot qui se rapportât à la prétendue rupture de ce contrat par l'effet de la prise et de la confiscation du navire le *Bock*; nous y avons vu au contraire que, sur cette partie de la contestation, ils se sont uniquement fondés sur les jugemens du tribunal de commerce de Naples; nous y avons vu que, regardant la question de la rupture du contrat d'affrétement comme tranchée par ces jugemens, ils ont cru ne pouvoir pas s'en occu- per eux-mêmes; nous y avons vu qu'ils ont écarté cette question par la seule exception de la chose jugée à Naples.

» Rien ne peut donc nous dispenser de vous offrir le résultat de l'examen que nous avons fait de cette exception; et sur ce point, il se présente d'abord une observation qu'il importe de ne pas perdre de vue.

» C'est que la charte-partie du 29 frimaire an 6 avait été passée au Havre, et qu'en la sous- crivant au Havre, Niels Moë s'était soumis de plein droit à la juridiction du tribunal de com- merce du Havre. Cela résulte de l'art. 18 du tit. 12 de l'ordonnance de 1673, lequel veut que *les assignations pour le commerce maritime*, *soient données par-devant les juges et consuls des lieux où les contrats auront été passés.*

» C'était donc en France, c'était au Havre même, que Niels Moë, d'une part, et le cit. Spohrer, de l'autre, s'étaient obligés, par leur contrat d'affrétement, de plaider sur les contestations qui pourraient naître entre eux de ce contrat.

» Sans doute, il ne s'ensuit point de là que, s'ils avaient plaidé volontairement devant un autre tribunal français que celui du Havre, ils pussent, l'un ou l'autre, arguer d'incompétence le jugement qui y serait intervenu. D'un tribunal français à un autre tribunal français, il ne peut y avoir, en cette matière, qu'une incompétence, *relative*; et c'est un principe universellement reçu, que l'incompétence relative se couvre par le consentement exprès ou tacite des parties plaidantes.

» Mais que devons-nous décider par rapport aux jugemens émanés d'un tribunal absolument étranger aux deux parties?

» Vous savez ce que porte, à cet égard, l'art. 121 de l'ordonnance de 1629: « Les jugemens rendus, contrats ou obligations reçues » ès-royaumes et souverainetés étrangères, » *pour quelque cause que ce soit*, n'auront *aucune* hypothèque ni *exécution* en notre » royaume; ainsi tiendront les contrats lieu de » simples promesses; et nonobstant les jugemens, nos sujets contre lesquels ils ont été » rendus, *pourront de nouveau débattre leurs* » *droits comme entiers* par-devant nos officiers».

» Que cette disposition ait encore force de loi en France, malgré la défaveur dans laquelle y a été long-temps l'ordonnance de 1629, c'est ce qui paraît avoir été reconnu, dans notre espèce, tant en première instance qu'en cause d'appel; il aurait été impossible, en effet, d'élever là-dessus aucune difficulté sérieuse.

» D'abord, il n'est point permis de douter que l'ordonnance de 1629 n'ait été enregistrée au parlement de Rouen. A la vérité, on ne la trouve point dans le Recueil des édits enregistrés en cette cour, mais c'est parce que ce recueil ne remonte qu'à l'année 1643; et une preuve bien claire qu'elle est, dans la ci-devant Normandie, considérée comme loi proprement dite, c'est que Roupnel de Chenilly, conseiller au parlement de Rouen, en a inséré plusieurs fragmens dans la compilation qu'il a placée à la suite de ses Observations sur le Commentaire de Pesnelle, *des édits, ordonnances et arrêts de réglemens sur les matières contenues dans plusieurs articles de la coutume et sur d'autres qui y ont rapport.*

» Du reste, il est certain, et plusieurs fois, à vos audiences, nous avons eu occasion de le prouver par de longs détails qu'il serait inutile de répéter aujourd'hui, que l'ordonnance de 1629 fait encore loi dans toutes celles de ses dispositions auxquelles il n'a été dérogé ni par une désuétude générale, ni par des lois contraires.

» Et de là naît la conséquence que nous devons encore considérer comme obligatoire, l'article 121 de cette ordonnance; car cet article n'est que l'expression de l'une des maximes les plus anciennes, les plus constamment observées et les plus irréfragables de notre droit public; et jamais, comme l'attestent les officiers du parquet du tribunal d'appel de Rouen, par un certificat du 1.er nivôse an 12 qui est sous vos yeux, jamais l'autorité de cet article n'a été contestée *dans les divers tribunaux supérieurs de la ci-devant province de Normandie.*

» Vous savez d'ailleurs que c'est précisément sur cet article que s'est fondé le ci-devant conseil privé pour casser, le 18 mars 1748, un arrêt du parlement de Paris, du 4 septembre 1744, qui avait donné hypothèque en France au contrat de mariage de la princesse de Carignan, passé à Turin le 22 octobre 1714.

» La princesse de Carignan ne manquait pas, dans cette espèce, de soutenir que l'art. 121 de l'ordonnance de 1629 n'était pas une loi proprement dite; elle rapportait même des actes de notoriété des avocats et procureurs-généraux des parlemens d'Aix, de Bordeaux et de Grenoble, qui attestaient que la disposition de cet article n'était pas observée dans leurs ressorts respectifs. — Mais ses adversaires lui opposaient, par l'organe du célèbre d'Héricourt (1), un jugement rendu par la commission établie pour les affaires de Law, contre deux Anglais nommés Sarpe et Waple. Ceux-ci, disaient-ils, *en vertu d'un arrêt de la cour souveraine de Londres et d'un acte passé en conséquence devant les notaires de la même ville, s'étant présentés en France pour être payés sur les biens que Law y avait acquis, il a été ordonné qu'ils ne viendraient en ordre qu'après tous les créanciers hypothécaires, et dans la classe des chirographaires.* — « La même question (continuaient-ils) » s'est élevée par-devant la commission établie » pour les affaires du feu prince de Carignan et » de ses créanciers, par rapport aux sieurs Facio, banquiers à Turin; et il y est intervenu » un jugement contradictoire, du 11 mars 1726, » par lequel il fut ordonné que les Facio seraient » payés sur les biens de France, de leurs créances contractées en France; et que, pour celles » contractées en Piémont, ils seraient tenus de » se pourvoir en Piémont. — Il est donc démontré (ce sont toujours les termes de d'Héricourt), que l'ordonnance de 1629 subsiste dans » toute sa force, du moins en ce qui concerne » la disposition de l'art. 121, puisque le conseil » du roi s'y conforme dans ses jugemens ».

(1) *Œuvres posthumes de d'Héricourt*, tom. 2, pag. 143.

» Ajoutons encore avec Denizart, au mot *Paréatis*, que le chancelier d'Aguesseau opposa imperturbablement le même article à tous les efforts du duc de Bavière, pour faire exécuter en France un jugement de la chambre des finances de Munich, du 24 mars 1749, rendu contre le prince de Grimberghen, sujet français. *Le paréatis*, dit Denizart, *fut constamment refusé, comme contraire aux principes consacrés par l'ordonnance de* 1629, *que ce grand magistrat a toujours regardée comme loi du royaume.*

» Mais ce n'est pas seulement par des exemples, ce n'est pas seulement par des arrêts du conseil, ce n'est pas seulement par la conduite du plus illustre chef qu'ait eu en France l'ancienne magistrature, c'est encore par une loi proprement dite, c'est par la déclaration du 9 avril 1747, concernant les décrets des biens situés en Lorraine, que nous devons prouver que l'art. 121 de l'ordonnance de 1629 n'a jamais perdu, parmi nous, son autorité première. La déclaration du 9 avril 1747 débute en ces termes : « Par notre édit du » mois de juillet 1738, nous avons ordonné » que les contrats et actes publics passés en » Lorraine, emporteraient hypothèque sur les » terres situées dans nos Etats, *et que les jugemens des tribunaux de ce pays seraient pareillement exécutés dans l'étendue de notre » domination :* à quoi nous nous étions portés » d'autant plus volontiers, que par un édit du » mois de juin précédent, notre très-cher frère » et beau-père le roi de Pologne, duc de Lorraine, avait donné le même *privilége* aux actes » reçus par nos officiers publics et aux jugemens » rendus dans nos tribunaux ». Ainsi, c'était par *privilége* que les jugemens émanés des tribunaux français, s'exécutaient ci-devant dans la Lorraine; c'était par *privilége* que les jugemens émanés des tribunaux lorrains, s'exécutaient ci-devant en France. — Or, point de *privilége* sans un titre qui l'ait établi; point de *privilége* qui ne suppose une règle générale à laquelle il fait exception. Donc la règle générale est que les jugemens rendus en pays étranger; n'ont aucune exécution en France : donc la règle générale est que l'art. 121 de l'ordonnance de 1629 fait loi dans tout le territoire français.

» Aussi, dans l'espèce actuelle, le tribunal de commerce du Havre, et après lui le tribunal d'appel de Rouen, n'ont-ils parlé de l'art. 121 de l'ordonnance de 1629, que comme d'une loi véritablement existante.

» Mais, tout en le reconnaissant comme loi, ces tribunaux n'en ont pas moins fait valoir contre le cit. Spohrer les jugemens rendus à Naples en l'an 6.

» Quels ont donc été leurs motifs, pour s'écarter ainsi d'une loi à laquelle ils rendaient eux-mêmes hommage ?

» Les juges du Havre se sont fondés sur quatre circonstances qui leur ont paru devoir faire exception à la règle générale. — Premièrement, ont-ils dit, le cit. Spohrer n'a plaidé devant le tribunal de commerce de Naples, qu'en exécution du jugement rendu le 7 floréal an 6, par le chargé d'affaires du gouvernement français; et ce jugement n'a jamais été réformé; les délais pour en provoquer la réformation, sont même expirés depuis long-temps. — En second lieu, c'est le cit. Spohrer lui-même qui, par l'organe de ses commissionnaires Raymond et Piatty, s'est constitué demandeur devant le tribunal de commerce de Naples. — Troisièmement, le cit. Spohrer a acquiescé aux jugemens de ce tribunal, il les a pleinement exécutés, en payant, par les mains de Raymond et Piatty, les sommes auxquelles il était condamné envers Jens Sorensen. — Quatrièmement enfin, il ne s'agit pas ici de savoir si l'on peut exécuter en France des jugemens rendus par un tribunal étranger, mais seulement de savoir si l'on peut en France tirer de ces jugemens une exception de chose jugée contre une demande sur laquelle ils ont prononcé en dernier ressort, et qui, ayant été suivie de payement, doit être mise au rang des affaires irrévocablement terminées.

» De ces quatre circonstances, il y en a une, et c'est la troisième, qui évidemment ne peut pas justifier le jugement du tribunal d'appel de Rouen, puisqu'il est prouvé, de la manière la plus authentique, que Raymond et Piatty n'ont payé que comme contraints et sous protestation; et c'est sans doute parce que la preuve de ce fait a été mise sous les yeux du tribunal d'appel de Rouen, qu'il n'a pas employé dans ses motifs, comme l'avait fait le tribunal de commerce du Havre, le prétendu acquiescement du cit. Spohrer aux jugemens de Naples.

» La première circonstance n'est ni plus exacte en fait, ni plus concluante en logique.

» 1.° Il n'est pas vrai que le cit. Spohrer n'ait fait, en se pourvoyant au tribunal de commerce de Naples, qu'exécuter une disposition du jugement du 7 floréal an 6. Déjà nous avons vu que le 7 floréal an 6 correspondait au 27 avril 1798; or, dès le 21 avril 1798, le cit. Spohrer avait saisi le tribunal de commerce de Naples, de sa demande à ce que le capitaine Sorensen fût contraint de mettre à la voile pour Messine; le cit. Spohrer n'avait donc pas attendu que le chargé d'affaires le renvoyât au tribunal de commerce de Naples, pour s'y pourvoir; il ne s'y est donc pas pourvu en exécution du jugement du chargé d'affaires; le jugement du chargé d'affaires ne rend donc pas la condition du cit. Spohrer pire qu'elle ne l'est par elle-même, d'après la circonstance que c'est de son propre mouvement qu'il a eu recours au tribunal de commerce de Naples, pour contraindre Sorensen à partir.

» 2.° Le jugement du 7 floréal an 6 n'a été, de la part du chargé d'affaires, qu'une déclaration de son défaut de pouvoir pour obliger Sorensen de mettre à la voile pour Messine ; et ce défaut de pouvoir n'était que trop réel. Le chargé d'affaires du gouvernement français n'avait à Naples aucune force coactive contre les étrangers : à la souveraineté napolitaine seule appartenait le droit et le pouvoir de contraindre Sorensen à prendre, dans le port de Naples, une cargaison destinée pour Messine. Le chargé d'affaires n'a donc fait, par son jugement du 7 floréal an 6, qu'indiquer aux parties qui se présentaient devant lui, l'autorité en qui résidait la force qu'il n'avait pas ; et certainement il n'a pas ôté, par là, à ces parties le droit qu'elles pouvaient avoir respectivement de revenir contre les décisions de cette autorité, soit dans le cas où elle excéderait les bornes de sa compétence, soit dans celui où elle violerait les règles de la justice distributive.

» 3.° Enfin, tout ce que l'on pourrait conclure du jugement du 7 floréal an 6, c'est que le tribunal de commerce de Naples a prononcé compétemment entre les parties. Or, nous verrons bientôt que la question de savoir si le tribunal de commerce de Naples a prononcé compétemment, n'a rien de commun avec la question de savoir si ses jugemens peuvent être opposés en France au cit. Spohrer.

» Cette seconde question n'est donc pas décidée par le jugement du 7 floréal an 6; elle était donc parfaitement entière, lorsqu'elle s'est présentée aux tribunaux du Havre et de Rouen.

» Nous devons donc écarter absolument la première, comme la troisième des circonstances sur lesquelles sont motivés les jugemens attaqués par le cit. Spohrer, et ne nous attacher qu'à la seconde et à la quatrième. — Elles nous présentent trois questions, une de fait et deux de droit.

» D'abord, dans le fait, est-il vrai que Spohrer se soit constitué, devant le tribunal de commerce de Naples, demandeur sur tous les objets qui ont fait la matière des jugemens de ce tribunal ? — Ensuite, dans le droit, le tribunal de commerce de Naples était-il compétent pour prononcer sur tous ces objets ? — Enfin, dans le droit encore, en supposant que le tribunal de commerce de Naples ait prononcé compétemment, quelle doit être l'autorité de ses jugemens en France ? — Telles sont les trois questions que nous sommes appelés à résoudre.

» Sur celle de fait, vous avez remarqué que Spohrer, par l'organe de ses commissionnaires Raymond et Piatty, ne s'est adressé au tribunal de commerce de Naples, qu'à deux fins : 1.° pour faire condamner le capitaine Jens Sorensen à décharger de son navire et à mettre à terre la partie de son chargement qu'il s'était obligé de conduire à Naples ; 2.° pour le faire condamner à conduire le surplus à Messine.

» Vous avez remarqué qu'en formant ces deux demandes contre le capitaine Jens Sorensen, Spohrer les appuyait sur le contrat d'affrètement passé entre lui et le commettant de ce navigateur.

» Vous avez remarqué enfin, que c'est en défendant à ces deux demandes, que Sorensen s'est lui-même constitué reconventionnellement demandeur à ce que Raymond et Piatty se rendissent cautions de Spohrer pour le payement de son frêt, à ce qu'ils se déclarassent personnellement responsables des risques de guerre qu'il pourrait courir dans la traversée de Naples à Messine; et à ce que, faute par eux de satisfaire à l'une et à l'autre prétention, le contrat d'affrètement fût déclaré résolu.

» Ainsi, sur notre question de fait, il est un point très-constant : c'est que Spohrer n'était, devant le tribunal de commerce de Naples, que défendeur au chef de la contestation qui tendait à savoir si l'on pouvait exiger de lui, pour l'exécution du contrat d'affrètement, des conditions auxquelles il ne s'était pas soumis par ce contrat ; c'est que le tribunal de commerce de Naples n'a été saisi de ce chef de contestation, que par le fait de Sorensen et sur ses demandes reconventionnelles.

» Mais à cette question de fait succède une première question de droit : le tribunal de commerce de Naples était-il compétent pour statuer, tant sur les demandes principales de Spohrer, que sur les demandes reconventionnelles de Sorensen ?

» Qu'il le fût pour statuer sur les demandes principales de Spohrer, c'est ce qu'on ne peut raisonnablement mettre en problême. — Sans doute, Spohrer aurait pu porter ces demandes devant le juge du lieu où avait été passé le contrat d'affrètement ; c'est-à-dire, devant le tribunal de commerce du Havre ; il y était autorisé, comme nous l'avons vu, par l'art. 18 du tit. 12 de l'ordonnance de 1673. Mais il pouvait aussi, d'après les principes du droit commun à tous les peuples, faire assigner Sorensen devant le juge du lieu où le contrat devait recevoir son exécution. *Contraxisse* (dit la loi 21, *de actionibus et obligationibus*, au digeste), *unusquisque in eo loco intelligitur, in quo ut solveret se obligavit.* Or, c'était à Naples que Sorensen s'était obligé de conduire une partie de son chargement. Sorensen pouvait donc, surtout se trouvant à Naples, même être assigné devant les juges napolitains, pour se voir condamner à y charger les marchandises qu'il y avait en effet conduites. Il pouvait aussi, par la même raison, être assigné devant les mêmes juges, pour se voir condamner à conduire le surplus de son chargement dans un autre lieu de la domination napolitaine, c'est-à-dire, à Messine. — Et il fallait bien que Spohrer le traduisît devant les juges du pays où il le rencontrait : eux seuls pouvaient assurer efficacement l'exécution de son contrat; et si, pour obtenir cette exécution, il eût été obligé de recourir au tribunal du Havre, le capitaine Sorensen aurait eu tout le temps de lui échapper.

» Mais si le tribunal de commerce de Naples était compétent pour statuer sur les demandes principales de Spohrer, comment ne l'aurait-il pas été également pour statuer sur les demandes reconventionnelles de Sorensen? Les demandes reconventionnelles de Sorensen n'étaient que des exceptions opposées à l'action de Spohrer; et il est de principe que la compétence pour l'action, entraîne nécessairement la compétence pour les exceptions, comme le droit de condamner renferme nécessairement celui d'absoudre: *nemo qui condemnare potest* (dit la loi 37, *de regulis juris*, au digeste), *non absolvere non potest*.

» Disons-le donc sans hésiter, le tribunal de commerce de Naples n'a point transgressé les bornes de sa juridiction, en prononçant sur les demandes reconventionnelles de Sorensen; et il ne nous reste plus qu'à examiner si, d'après cela, ses jugemens peuvent avoir en France l'autorité de la chose jugée.

» Cette question revient, en d'autres termes, à celle-ci: l'autorité de la chose jugée dérive-t-elle du droit des gens, ou ne tire-t-elle sa force que du droit civil? — Si elle dérive du droit des gens, point de doute qu'elle ne puisse, en France, être invoquée contre un Français condamné en pays étranger. Mais si c'est le droit civil qui l'a créée, point de doute qu'elle ne soit illusoire en France, à l'égard des jugemens rendus même compétemment en pays étranger contre un Français.

» C'est une maxime universellement reçue, qu'un jugement passé en chose jugée, élève en faveur de la partie qui l'a obtenu, une présomption *juris et de jure* que cette partie était bien fondée, soit dans la demande, soit dans la défense sur laquelle ce jugement lui a donné gain de cause. Ce n'est pas qu'en soi, l'action de la partie adverse en subsiste moins; ce n'est pas que la partie adverse soit, de plein droit, privée de l'exercice de l'action qu'elle avait avant le jugement. Non, mais cette action sera paralysée, elle perdra tout son effet par l'exception de la chose jugée: *si in judicio* (dit Justinien, §. 5, *de exceptionibus*, aux Institutes), *tecum actum fuerit, sive in rem, sive in personam, nihilominùs obligatio durat; et ideò ipso jure de eâdem re adversus te agi potest: sed debes per exceptionem rei judicatæ adjuvari*.

» L'exception de chose jugée est donc un bienfait de la loi, mais de quelle loi? De la loi civile sans doute; et c'est ce que Justinien explique, dans le §. 7 du même titre. Après avoir passé en revue plusieurs espèces d'exceptions, et notamment celle de la chose jugée, il dit qu'elles ont été introduites, les unes par les *lois*, ou par les actes qui en tiennent lieu, les autres par l'autorité du préteur: *quarum quædam ex legibus vel ex iis quæ legis vicem obtinent, vel ex ipsius prætoris jurisdictione substantiam capiunt*.

» Dira-t-on que, par ces mots, *vel legibus vel ex iis quæ legis vicem obtinent*, Justinien veut désigner le droit naturel ou le droit des gens, comme le droit civil? Mais si nous nous reportons au titre *de jure naturali, gentium et civili*, nous y verrons qu'il entend par loi, *quod populus romanus, senatorio magistratu interrogante, veluti consule, constituebat*; qu'il entend par actes tenant lieu de loi, les plébiscistes, les sénatus-consultes, les constitutions impériales, les édits des préteurs, et que c'est à la collection de ces lois, de ces plébiscistes, de ces sénatus-consultes, de ces constitutions impériales, de ces édits du préteur, qu'il attribue la dénomination de *droit civil*.

» Mais si c'est la loi civile qui a introduit l'exception de chose jugée, bien sûrement cette exception ne peut pas, en France, s'appliquer à des jugemens rendus dans une souveraineté étrangère, le droit civil ne communique point ses effets d'une nation à l'autre; l'autorité publique dont chaque souverain est investi, ne s'étendant point au-delà de son territoire, celle des magistrats qu'il institue, est nécessairement renfermée dans les mêmes limites; et par conséquent, les actes émanés de ces officiers, doivent perdre sur la frontière toute leur *force civile*.

» Ainsi, la prescription étant une manière d'acquérir qui appartient entièrement au droit civil, les étrangers non naturalisés ne peuvent jamais s'en prévaloir contre un citoyen. La loi des douze tables l'avait ainsi réglé chez les Romains; contre les étrangers, disait-elle, le droit d'agir est éternel: *adversus hostes æterna auctoritas esto*; et à ce sujet, Cicéron, dans le premier livre de ses *Offices*, remarque que, dans l'ancienne latinité, le mot *hostis* était synonyme d'étranger: *apud majores nostros hostis dicebatur, quem nunc peregrinum dicimus; indicant 12 tabulæ: adversus hostes æterna auctoritas esto*. — Pothier assure d'ailleurs, dans son *Traité des prescriptions*, n.° 20, que, parmi nous, comme chez les Romains, les étrangers sont incapables de prescrire (1).

» Ainsi, l'hypothèque étant, suivant l'expression de Cujas (sur la loi 5, D. *de justitiâ et jure*), une obligation qui dérive du droit civil, *hæc obligatio efficax ex jure prætorio*, il est impossible qu'un acte passé en pays étranger, produise jamais hypothèque sur des biens situés en France; et c'est ce que décide expressément, comme vous le savez, l'art. 121 de l'ordonnance de 1629.

(1) Mais *V.* le *Répertoire de jurisprudence*, au mot *Prescription*, sect. 1, §. 8.

» Mais ce qui, dans cet article, mérite singulièrement notre attention, c'est qu'il fait marcher de pair, c'est qu'il place absolument sur la même ligne, l'hypothèque et la chose jugée; c'est que, de même qu'il refuse hypothèque en France aux contrats passés en pays étranger, de même aussi il ne permet pas que des jugemens rendus en pays étranger, puissent recevoir en France aucune *exécution*, ni empêcher les citoyens français de *débattre de nouveau leurs droits, comme entiers*, devant les juges nationaux; c'est enfin qu'il ne fait, à cet égard, aucune distinction entre le cas où le Français condamné en pays étranger, y avait plaidé comme demandeur, et le cas où il n'avait fait que se défendre.

» Voulons-nous au surplus une preuve irrécusable qu'il n'y a en effet aucune différence entre ces deux cas; et que l'ordonnance de 1629 prive de toute autorité en France les jugemens rendus en pays étranger, même contre un Français demandeur? Nous la trouverons dans les traités qui ont, sur ce point, excepté quelques Etats étrangers de la règle générale; car il est bien évident que, si la règle générale n'était pas telle que nous l'annonçons, il n'eût pas été nécessaire d'y déroger par des conventions diplomatiques; et qu'en y dérogeant pour certains pays, on l'a confirmée pour les pays non exceptés. Or, voici ce que porte le traité d'alliance conclu à Soleure, le 28 mai 1777, entre le gouvernement français et les cantons helvétiques: « Comme il peut arriver fréquemment que » les sujets de S. M. et ceux du corps helvétique que contractent des mariages, fassent des acquisitions, ou se lient par des sociétés, obligations ou contrats quelconques, dont il peut » résulter des contestations ou des procès, il est » convenu que, toutes les fois que des particuliers des deux nations auront entre eux quelque » affaire litigieuse, *le demandeur sera obligé de poursuivre son action par devant les juges naturels du défendeur*......, et que les » jugemens définitifs, en matière civile, rendus » par des tribunaux souverains, seront exécutés réciproquement selon leur forme et » teneur, dans les Etats de S. M. et ceux du » corps helvétique, comme s'ils avaient été » rendus dans le pays où se trouvera, après » ledit jugement, la partie condamnée ».

» Une observation qui ne doit pas nous échapper sur cette stipulation, c'est qu'elle ne fait que répéter, en d'autres termes, celle qui se trouvait déjà consignée dans le traité passé à Arau, entre les mêmes parties, le 1.er juin 1658, dix-neuf ans après la publication de l'ordonnance de 1629. De là, en effet, il suit évidemment qu'elle n'a été jugée nécessaire, et qu'elle n'a été faite que pour déroger, en faveur des Suisses qui auraient des procès contre des Français, à la défense contenue dans l'ordonnance de 1629, d'exécuter en France les jugemens rendus contre des Français en pays étranger.

» Et comment y a-t-elle dérogé? en déclarant d'une part, que le Français demandeur contre un Suisse, serait obligé d'intenter son action devant les tribunaux helvétiques; et de l'autre, que les jugemens rendus devant les tribunaux helvétiques contre un Français demandeur, seraient exécutés en France, comme s'ils eussent été rendus en France même.

» Donc, de droit commun, et d'après la disposition générale et illimitée de l'ordonnance de 1629, les jugemens rendus en pays étranger contre un Français demandeur, n'ont pas plus d'autorité en France, que les jugemens rendus en pays étranger contre un Français défendeur. Donc il n'importe, en cette matière, que les juges étrangers aient ou n'aient pas été compétens pour prononcer entre un Français et son adversaire. Donc, dans tous les cas, les jugemens émanés des tribunaux étrangers, sont sans force en France. Donc, en aucun cas, ils ne peuvent donner lieu en France à l'exception de chose jugée.

» Nous n'ignorons pas que Boullenois, dans son *Traité des statuts réels et personnels*, tom. 1, pag. 646, n'admet ce principe que pour le cas où le Français a plaidé en pays étranger comme défendeur, et qu'il le rejette pour le cas où c'est comme demandeur que le Français a paru devant une juridiction étrangère. Mais pour le rejeter dans ce second cas, il est obligé d'aller jusqu'à dire que l'art. 121 de l'ordonnance de 1629 ne fait pas loi; il convient donc que son système est en opposition avec l'art. 121 de l'ordonnance de 1629; il confirme donc lui-même notre opinion, tout en la combattant.

» Au surplus, non-seulement l'art. 121 de l'ordonnance de 1629 s'explique là-dessus dans des termes qui ne laissent prise à aucune distinction; non-seulement la généralité de sa disposition exclut tout moyen plausible d'en excepter le cas où le tribunal étranger qui aurait condamné un Français, aurait été compétent pour le juger, mais la jurisprudence des arrêts n'a jamais varié à cet égard; et c'est dans ce sens général, c'est dans ce sens illimité, qu'elle a constamment appliqué l'article dont il s'agit.

» Un particulier de Ribemont en Picardie, se trouvant à Mons en Haynaut, pays alors étranger à la France, est arrêté à la requête d'un habitant de cette ville, qui se prétend son créancier; et par là, il se trouve, d'après les dispositions des chartes générales de la province, soumis à la juridiction des juges locaux, sur le point de savoir s'il est ou n'est pas son débiteur, et si la dette est ou n'est pas exigible. Il ne nie pas devoir, mais il représente qu'il a des saisies entre les mains, qu'il ne peut pas payer, et que conséquemment il n'a pas pu être arrêté légalement. Condamné à payer, nonobstant cette défense, et à garder prison, jusqu'à ce qu'il ait payé effectivement ou donné caution, il prend ce dernier parti, et, sa caution reçue, il obtient sa liberté. De retour en France, il se pourvoit devant le juge de Ribemont, et y renouvelle sa demande en nullité de son emprisonnement, avec dommages-intérêts. Le créancier de Mons comparaît, et demande son renvoi devant le juge de son pays. Sentence qui le déboute. Appel au parlement de Paris, où le créancier soutient que Mons étant une *ville d'arrêt*, comme le sont en France, Reims et plusieurs autres communes, il a pu, en faisant arrêter son débiteur à Mons même, le rendre justiciable des juges du Haynaut; que par conséquent les juges du Haynaut ont prononcé compétemment; et que par une conséquence ultérieure, on n'a pas pu renouveler, devant un tribunal français, la demande sur laquelle ils avaient légitimement statué. — Par arrêt du 17 janvier 1630, rapporté, dans l'ordre de sa date, au journal des audiences, la sentence du juge de Ribemont est confirmée; et néanmoins le parlement, évoquant le principal, condamne le Français au payement de la somme dont il est redevable, déduction faite de 300 liv., qu'il retiendra pour ses dommages-intérêts. — Voilà une espèce où bien évidemment on ne pouvait pas arguer d'incompétence, le jugement rendu contre un Français en pays étranger. Cependant l'arrêt considère ce jugement comme non avenu, et prononce de nouveau, en adjugeant au Français une demande en nullité d'emprisonnement et des dommages-intérêts dont il avait été débouté à Mons.

» En 1733, Henri Cretet, habitant de la partie savoyarde du Pont-Beauvoisin, fait au profit de Cretet de la Perousse, son fils, négociant à Paris, un billet à ordre de 4,000 liv., payable en 1735. — Cretet de la Perousse passe son ordre à Archambaut et compagnie de Lyon. — Henri Cretet étant décédé, Archambaut et compagnie font assigner sa veuve, qui était en même temps son héritière, à la juridiction consulaire de Chambéry, pour se voir condamner à leur payer le montant du billet. — La veuve Crétet se défend par la circonstance que le billet n'exprimait pas en quoi la valeur en avait été fournie. Elle conclut de là que le billet n'était pas négociable par un simple ordre, et que ses adversaires sont sans action. — Le 6 août 1736, sentence qui rejette cette exception et condamne la veuve. — Celle-ci étant pareillement décédée, François Cretet, son fils et son héritier, interjette appel de la sentence des consuls, au sénat de Chambéry, qui, par arrêt du 22 août 1737, l'infirme et déclare Archambaut et compagnie non-recevables. — Quelque temps après, Archambaut et compagnie découvrent en France, des biens appartenant à François Cretet. Alors ils transportent le billet de 4,000 livres à Vernet et Paut, de Lyon. — Vernet et Paut font assigner François Cretet à la conservation de Lyon, en payement de la valeur du billet. — François Cretet comparaît sur leur assignation, et leur oppose l'arrêt du sénat de Chambéry. — Vernet et Paut mettent en cause Archambaut et compagnie, qui, à leur tour, appellent en garantie Cretet de la Perousse, leur endosseur. — La cause en cet état, les porteurs du billet et les garans soutiennent que l'arrêt du sénat de Chambéry ne peut pas faire loi en France, contre des Français. — Là dessus, sentence de la conservation de Lyon, du 19 août 1740, qui condamne François Cretet à payer la valeur du billet à Vernet et Paut. — François Cretet en appelle; mais par arrêt rendu au rapport de M. Formé, en 1743, l'appellation est mise au néant. — Assurément, dans cette espèce, le sénat de Chambéry avait prononcé compétemment, puisque la veuve Cretet et son fils n'avaient plaidé devant lui que comme défendeurs, que tous deux étaient ses justiciables, à raison de leur domicile, et que c'était devant lui seul que les demandeurs Archambaut et compagnie avaient pu, quoique Français, les faire assigner. Cependant, disent Denizart, au mot *paréatis*, n.º 26, et les nouveaux éditeurs de son Recueil, aux mots *Exécution en matière civile*, §. 4, l'arrêt de 1743, sur le seul fondement que l'ordonnance de 1629 refuse toute autorité en France aux jugemens rendus en pays étranger contre des Français, a décidé qu'Archambaut et compagnie pouvaient venir par nouvelle action devant les juges nationaux, et faire statuer par nouveau jugement sur leurs prétentions, comme si l'arrêt de Chambéry n'eût pas existé.

» L'espèce suivante n'est pas moins remarquable. — Emmanuel-Ignace, prince de Nassau, avait épousé à Paris, au mois de mai 1711, Charlotte de Mailly de Nesle. Les commencemens du mariage semblaient annoncer une concorde durable; mais dès l'année 1715, le prince de Nassau, se livrant au dernier excès de la jalousie, avait rendu plainte en adultère contre sa femme. Dix-neuf années de calme avaient succédé à ce premier emportement; mais en 1734, nouvel accès de jalousie et seconde plainte en adultère devant le lieutenant-criminel du châtelet de Paris. Dans l'intervalle, la princesse de Nassau était accouchée du prince Maximilien, le 1.er novembre 1722; mais le père étant décédé le 11 août 1735, dans le feu de cette procédure, avait fait un testament par lequel, paraissant oublier qu'il avait un fils, il avait institué son héritière, Jeanne-Baptiste de Nassau, chanoinesse de Mons, sa sœur. — Comme le prince Maximilien tenait en même temps à la France, par sa naissance et par sa famille maternelle, et à l'Allemagne, par son agnation et par ses droits à la branche catholique de Nassau, ce double intérêt souleva contre lui deux sortes d'adversaires, dont les vues tendaient également à lui ravir son état pour s'emparer de sa fortune. Effectivement, s'il était légitime, il succédait aux biens de sa mère en France, aux biens et aux Etats de sa maison en Allemagne; s'il était bâtard, il était également inhabile à succéder dans les deux pays. — Maximilien réclama d'abord le patrimoine de son père en Allemagne. Sur le refus des princes de sa maison de le reconnaître, la question de sa légitimité fut portée au conseil aulique; et le 3 octobre 1746, un arrêt de ce conseil le débouta de toutes ses prétentions, comme fils adultérin. — Et certes, on ne pouvait pas dire que cet arrêt eût été rendu incompétemment; car, par cela seul que le conseil aulique avait été légalement saisi de la demande de Maximilien en délaissement des biens de son père, situés en Allemagne, il l'avait été nécessairement aussi de l'exception d'illégitimité que lui opposaient ses adversaires. A la vérité, il n'eût pas pu connaître de l'état de Maximilien, sur une action principale qui eût été dirigée devant lui à cet effet, parce que Maximilien était né et domicilié en France; mais il avait pu en connaître incidemment à la pétition d'hérédité de Maximilien; et il n'avait fait, en y statuant, qu'user du pouvoir que la loi 3, C. *de judiciis,* attribue à tout juge de connaître des questions d'état incidentes aux causes de sa compétence, quoique d'ailleurs il soit incompétent pour en connaître par action principale. Poursuivons. — Le 17 janvier 1748, une mort prématurée enleva le prince Maximilien. Il laissait une veuve, une fille et un fils, Charles-Nicolas-Henri-Othon. La veuve fut nommée tutrice. — Au nombre des biens qui composaient la succession du prince Emmanuel, était la terre de Villers-Sire-Nicole, située en France, dans la province du Haynaut. La princesse Jeanne-Baptiste, instituée son héritière par le testament dont on a parlé, en avait disposé en faveur des demoiselles Vesterloo. — La veuve tutrice, attendu la nullité manifeste de ces dispositions faites au préjudice de son mari, s'adressa au parlement de Douay, et y obtint un arrêt qui lui permit de se mettre en possession de cette terre. Le tuteur des demoiselles Vesterloo forma opposition à cet arrêt, sur le fondement de la prétendue illégitimité du prince Maximilien. Premier arrêt le 30 janvier 1749, qui, en adjugeant la provision à la veuve tutrice, ordonna, avant faire droit sur la propriété, que les parties contesteraient plus amplement. Le 30 novembre, deuxième arrêt interlocutoire, portant que le tuteur serait tenu d'accorder ou de contester pleinement l'état et la filiation du prince Maximilien. Enfin, le 19 juin 1749, arrêt définitif, sur les conclusions du ministère public, qui, faute par ce même tuteur, d'avoir satisfait aux précédens, déclare Maximilien avoué et reconnu fils d'Emmanuel-Ignace de Nassau; faisant droit au principal, adjuge à la princesse tutrice, la propriété et jouissance de la terre de Villers-Sire-Nicole. Cet arrêt a eu sa pleine et entière exécution, et les mineurs ont été mis en possession de cette terre. — Telle était donc alors la position des mineurs : un arrêt du conseil aulique avait déclaré leur père illégitime; un arrêt du parlement de Douay avait jugé le contraire : dépouillés de leur patrimoine en Allemagne, en vertu du premier arrêt, le second les avait ressaisis d'une partie de leurs biens en France. — Cependant le marquis de Nesle, leur grand oncle maternel, fondé sans doute sur l'autorité de l'arret du conseil aulique, refusait obstinément de reconnaître leur état. En conséquence, par exploit du 15 septembre 1755, il fut assigné au châtelet de Paris, pour se voir condamner à déclarer que Maximilien était fils légitime d'Emmanuel-Ignace de Nassau, prince de Siégen, et de Charlotte de Mailly de Nesle; sinon, que le jugement à intervenir vaudrait cette reconnaissance. — Le 31 janvier 1756, il intervint, après dix audiences et sur délibéré, une sentence qui, sans s'arrêter aux requête, demande incidente, et fins de non-recevoir du marquis de Nesle, dont il est débouté, faisant droit sur les demandes du tuteur, « déclare Maximilien-Guillaume-Adolphe, » prince d'Orange et de Nassau, père des mi» neurs, fils légitime d'Emmanuel-Ignace, prince » de Nassau et du Saint-Empire, et de Char» lotte de Mailly de Nesle, son épouse, et neveu » du marquis de Nesle; ordonne que, dans le » jour, le marquis de Nesle sera tenu de passer » et signer au greffe acte de cette reconnaissance; » sinon, que la sentence en tiendra lieu; le con» damne en 100,000 liv. de dommages et inté» rêts et en tous les dépens, et ordonne que la » sentence sera imprimée, publiée et affichée, et » envoyée partout où besoin sera ». — Ce jugement solennel ne fût pas suffisant pour vaincre l'obstination du marquis de Nesle; il en interjeta appel au parlement. La cause fut de nouveau plaidée à la grand'chambre, pendant huit audiences. L'arrêt qui intervint, conformément aux conclusions de M. l'avocat-général Joly de Fleury, *confirma la sentence et ordonna qu'elle serait imprimée et affichée et envoyée partout où besoin serait, jusqu'à concurrence de mille exemplaires.* — « On voit (dit le cit. Henrion, dans le *Recueil de jurisprudence française*, imprimé à Paris, en 1789, tome 1, page 48, d'après lequel nous rapportons ces jugemens célèbres), « on voit » dans cette affaire, un prince d'origine alle» mande, mais né en France et regnicole, dé» claré bâtard adultérin, par un jugement du » conseil aulique, et, comme tel, dépouillé du » patrimoine de son père dans l'Empire, et ce» pendant déclaré légitime et habile à succéder, » par deux arrêts des tribunaux de France, dont

» un du parlement de Paris, rendu sur la plus » ample contestation, et d'après la contradiction » la plus vive. — Tel est donc (continue le cit. » Henrion) le principe qui décide toutes les af- » faires de cette espèce. — Les jugemens des » cours étrangères, et rendus entre étrangers, » s'exécutent en France, sans nouvel examen, » et sur un simple *paréatis;* mais veut-on se pré- » valoir d'un pareil jugement contre un naturel » français? à l'instant son autorité s'évanouit, » il n'y a plus de jugement, et le français peut » demander que la question soit de nouveau dis- » cutée devant ses juges naturels ».

» Voici d'autres arrêts non moins formels, qui sont émanés du parlement d'Aix.

» En 1703, Diègue-Nunès Pereira, Portugais, domicilié à Lisbonne, menacé par l'inquisition, quitte subitement cette ville. Joseph Pimenta, Portugais comme lui, le fait assigner devant les juges de Lisbonne, et obtient par défaut un jugement qui le condamne à lui payer une somme équipollente à 400,000 livres de notre monnaie.—Le 21 avril 1704, le lieutenant de l'amirauté de Marseille, sur la requête de Joseph Pimenta, permet d'exécuter ce jugement sur des effets appartenans à Pereira, et soumis à la juridiction de ce tribunal.—Pereira qui, dans l'intervalle, était venu s'établir à Bayonne, et qui avait fait sa déclaration d'y vouloir resider, conformément à des lettres-patentes accordées aux Portugais par Henri II, Henri III et Louis XIV, Pereira reclame contre les saisies pratiquées en exécution de l'ordonnance du lieutenant de l'amirauté de Marseille; et il obtient au parlement de Bordeaux un arrêt qui lui acco. de des défenses d'exécuter contre lui aucun jugement étranger. Alors un conflit de juridiction s'élève entre le parlement de Bordeaux et le parlement d'Aix. — Le 17 décembre 1708, arrêt du conseil, qui renvoye les parties en cette dernière cour. — En conséquence, on plaide en cette dernière cour, sur la question de savoir si le lieutenant de l'amirauté de Marseille a pu permettre en France l'exécution du jugement de Lisbonne. — Par arrêt du 28 juin 1710, le parlement d'Aix infirme le paréatis accordé par le lieutenant de l'amirauté de Marseille, renvoye les parties devant la sénéchaussée de la même ville, et par là, dit le président Debaisieux en son Recueil, page 215, décide qu'*on ne peut exécuter en France, contre des étrangers qui y sont réfugiés, les jugemens rendus dans une monarchie étrangère, mais qu'il faut venir par nouvelle action contre eux.* Voilà encore une espèce où certainement le juge étranger avait prononcé compétemment; néanmoins sur le seul fondement que le condamné avait acquis un domicile en France avant sa condamnation, et qu'il était par là devenu *sujet* de la monarchie française, il a été jugé que sa condamnation était sans force en France.

» Le même principe a encore déterminé l'arrêt suivant, qui est rapporté par Julien, sur les statuts de Provence, tome 2, page 444. — Après avoir établi qu'un Français ne peut pas même de son consentement, plaider valablement devant des juges étrangers; après avoir confirmé ce principe par la doctrine de Brodeau sur Louet, lettre D, §. 49, qui se fonde sur *ce que c'est une loi de l'État inviolable, que le droit de souveraineté ne se divise point;* Julien ajoute: « C'est ce qui fut jugé par arrêt du parlement » du 22 décembre 1732, prononcé par M. le » premier président Lebret, en faveur d'An- » toine Alamelle, negociant du lieu de Vau- » gine, pour qui je plaidais, contre Febrier et » Laugier, du lieu de Camaret, dans le comté » Vénaissin, et Fauque, du lieu de Gont en » Provence. Il s'agissait entre ces parties d'une » société, pour un commerce de laine, qui » avait été contractée en cette province, dans » le lieu de Vaugine. Alamelle s'était pourvu » pardevant les juges du comté Vénaissin, et » toutes les parties y avaient procédé. Rebuté » par la longueur des procédures, il fit assigner, » pardevant le lieutenant-général au siége d'Aix, » toutes ces parties qui étaient domiciliées en » différens ressorts. Febrier, Laugier et Fauque, » déclinèrent la juridiction du lieutenant d'Aix, » et demandèrent leur renvoi pardevant les juges » du comté Venaissin. Ils furent deboutés de leur » déclinatoire, par sentence du 29 juillet 1732. » Ils appelèrent de cette sentence pardevant la » cour, où ils soutenaient qu'ils avaient dû » être assignés pardevant les juges de leur do- » micile, suivant la règle, *actor sequitur forum* » *rei;* qu'il y avait une instance pendante par- » devant les officiers de Camaret, et qu'ils ne » pouvaient avoir deux procès pour le même » fait. Alamelle répondait qu'il s'agissait d une » société contractée en Provence; qu'il était » Français, aussi bien que Fauque, l'une de ses » parties. Il rappelait les Maximes que nous ve- » nons d'établir, disant qu'il n'avait pas été en » son pouvoir de reconnaître pour ses juges ceux » d'une souveraineté étrangère, et que l'instance » portée pardevant les officiers de Camaret, » pouvait si peu lui être opposée, qu'un juge- » ment même n'est point exécutoire en France, » quand il a été rendu par des juges d'une mo- » narchie étrangère. Sur ces raisons, par arrêt » du 22 décembre 1732, la sentence fut confir- » mée avec amende et dépens ».

» Vous voyez, C. M., que, dans cette espèce, on a été jusqu'à regarder comme nulles en France, comme ne pouvant y produire aucun effet, pas même une fin de non-procéder, pas même une exception de litispendance, des procédures faites à la requête d'un Français dans une juridiction étrangère, et cependant compétente, à raison du domicile qu'avaient dans son ressort deux des trois parties contre lesquelles il s'était pourvu. Vous voyez qu'on ne s'est pas arrêté à la fin de non-recevoir qui semblait devoir résulter contre le Français, de ce qu'il avait lui-même saisi le tribunal étranger de sa demande; et que, par là, on a consacré bien formellement le principe, que rien de tout ce qui se fait ou se juge, même compétemment, dans les juridictions étrangères, ne peut, en France, être d'aucun effet ni produire aucune exception contre des Français.

» C'est ce que le même parlement a encore décidé, de la manière la plus positive, dans deux espèces qui nous ont été conservées par Emérigon, *Traité des assurances*, ch. 12, sect. 20: « J'ai déjà observé (dit-il) que les jugemens » rendus par les tribunaux étrangers, ne sont » en France d'aucun poids contre les Français, » et qu'il faut que la cause y soit de nouveau » décidée. D'où il suit que le jugement de con» fiscation (d'un navire assuré), prononcée par » un tribunal ennemi, n'est ni une preuve que » le véritable *pour compte* ait été caché, ni un » titre que les assureurs puissent alléguer pour » se dispenser de payer la perte. Telle est notre » jurisprudence. — En 1743, Arnaud Lamai» guière et Bernard Laparade, négocians à » Bayonne firent assurer à Marseille, de sortie de » Bayonne jusqu'à Cadix, 8,000 liv., sur les facul» tés et marchandises qui seraient chargées dans » le vaisseau le *St.-Bernard*, capitaine Bernard » Laparade, Français de nation, moyennant la » prime de 2 pour 100. Nous étions alors en paix » avec l'Angleterre, qui était en guerre avec » l'Espagne. — Le navire partit vuide de Bayonne; » il relâcha à St.-Sébastien, port d'Espagne, où » il reçut un chargement de fer, pour compte » des assurés. Ayant remis à la voile, il fut pris » par un vaisseau de guerre anglais, qui le con» duisit à Gibraltar. Jugement de la vice-amirau» té de Gibraltar, rendu le 1.er juin 1744, qui re» lâcha le vaisseau, comme appartenant à des » Français, et déclara de bonne prise les mar» chandises, *comme appartenant à des Espagnols*. » — Les assureurs attaqués disaient, entre autres » choses, qu'on les avait trompés; qu'au lieu de » charger à Bayonne des marchandises propres » à des Français, on était allé à St.-Sébastien » prendre un chargement espagnol; que ce vice, » qui leur avait été dissimulé et qui avait été la » cause de la confiscation, était authentiqué par » le jugement de Gibraltar; qu'ainsi, ils ne ré» pondaient point de la perte. — Les assurés » pour qui j'écrivais, répondaient 1.° que le ju» gement n'était d'aucun poids en France; 2.° » que la clause de *faire échelle*, avait permis au » capitaine d'aller prendre son chargement à » S.-Sébastien; 3.° que la propriété française était » justifiée par le connaissement; qu'ainsi, le ju» gement de confiscation était injuste; qu'en un » mot, les assureurs ne rapportaient pas la preuve » du contraire. — Sentence du 16 avril 1745, » qui condamna les assureurs au payement des » sommes assurées. Arrêt du 15 juin 1746, au » rapport de M. Ravel, qui confirma cette sen» tence ». — L'autre espèce, que rapporte Emérigon, est en tout point semblable à la première, et elle a été jugée de même, par arrêt du 22 juin 1746, confirmatif d'une sentence du 7 août 1645.

» Dans ces deux affaires, on ne pouvait sûrement pas dire que les jugemens de confiscation, rendus par des tribunaux anglais, l'eussent été incompétemment. Il est universellement reconnu que c'est aux juges de la nation qui a fait une prise en mer, à prononcer sur la validité ou l'illégitimité de cette prise. Pourquoi donc ces jugemens ont-ils été considérés par le parlement d'Aix, comme insuffisans pour justifier les faits qu'ils énonçaient, et qu'ils avaient pris pour base de leurs dispositions? Emérigon nous le dit en termes exprès: c'est parce que *les jugemens rendus par les tribunaux étrangers, ne sont en France d'aucun poids contre les Français, et qu'il faut que la cause y soit de nouveau décidée*; c'est conséquemment, comme nous l'avons établi, parce que ces jugemens n'ont pas en France, et contre des Français, l'autorité de la chose jugée.

» Qu'importe donc que, dans notre espèce, il n'y ait pas de contraintes exercées contre Spohrer, pour parvenir à l'exécution des jugemens de Naples? Qu'importe que l'on s'y borne à tirer de ces jugemens une exception de chose jugée contre la nouvelle action que Spohrer prétend intenter en France contre Niels Moë?

» Dire, avec les tribunaux du Hâvre, et de Rouen, que l'art. 121 de l'ordonnance de 1629 ne fait que dépouiller les jugemens rendus en pays étranger, de toute force exécutoire en France, et que du reste ces jugemens produisent en France l'exception de la chose jugée, comme s'ils étaient émanés d'une juridiction nationale, n'est-ce pas tout à la fois limiter arbitrairement la signification indéfinie du terme *exécution*, et méconnaître le véritable esprit, c'est trop peu dire, le texte formel de l'article dont il s'agit?

» L'art. 121 dit-il seulement que les jugemens rendus en pays étranger, ne seront pas exécutoires en France par la saisie des meubles, par le décret des immeubles, par l'emprisonnement de la personne de l'individu condamné? Non: il dit en général, que ces jugemens n'auront *aucune exécution* en France; et assurément ces mots *aucune exécution* excluent toutes les manières possibles de donner en France un effet quelconque à de pareils jugemens.

» Or, faire résulter de ces jugemens une exception de chose jugée, c'est indubitablement leur donner l'effet de rendre non-recevable une action qui peut, en elle-même, être très-bien fondée; et leur donner un effet aussi important, aussi considérable, qu'est-ce autre chose que de violer la loi qui leur refuse toute espèce d'*exécution ?*

» Pour nous convaincre de plus en plus de cette vérité, faisons bien attention à l'ensemble de l'art. 121.

» Il commence par déclarer que les jugemens rendus et les contrats passés en pays étranger, *pour quelque cause que ce soit*, n'auront *aucune hypothèque ni exécution en France.*

» Ensuite, il modifie cette disposition par rapport aux contrats; il veut que les contrats reçus en pays étranger, par les officiers publics des lieux, aient en France l'effet d'actes sous seing privé: *ains tiendront les contrats lieu de simples promesses.*

» Mais par rapport aux jugemens, point de modification: *et nonobstant lesdits jugemens, nos sujets contre lesquels ils auront été rendus, pourront de nouveau débattre leurs droits* COMME ENTIERS, *devant nos officiers.* — C'est bien dire que ces jugemens sont absolument sans effet; c'est bien dire qu'on ne peut pas même les assimiler à des décisions arbitrales; c'est bien dire qu'ils ne produisent pas l'exception de chose jugée; car pour que l'on puisse *débattre comme entiers* des droits sur lesquels un jugement a statué, il faut nécessairement qu'il ne passe pas en chosse jugée, il faut nécessairement qu'il soit réputé non-avenu.

» La dernière resssource de Niels Moë est de dire que la disposition de l'ordonnance de 1629 n'a pas lieu à l'égard des jugemens rendus en matière de commerce maritime. Quelle serait donc la raison de les en excepter?

» C'est, dit Niels Moë, parce que le commerce maritime tient au droit des gens. — Mais c'est aussi du droit des gens que dépendent les lettres de change, les billets à ordre, toutes les conventions. Cependant, si un Français essuie en pays étranger une condamnation judiciaire, pour raison d'une lettre de change, d'un billet à ordre, d'une convention quelconque, cette condamnation ne pourra pas être exécutée en France Pourquoi en serait-il autrement d'une condamnation pour cause de commerce maritime?

» C'est, dit encore Niels Moë, parce qu'en fait de contrats relatifs au commerce maritime la compétence des juges se détermine par des règles particulières; c'est parce qu'en plusieurs cas prévus par l'ordonnance de la marine de 1681, les étrangers sont obligés de plaider en France sur l'exécution de ces sortes de contrat; c'est conséquemment parce qu'il n'y a nulle raison pour que, par réciprocité, les Français ne soient pas également tenus de plaider pour ces sortes de contrats, devant les tribunaux étrangers.

» Mais quelle est donc la question qui nous occupe? — Ce n'est pas celle de savoir si c'est compétemment ou incompétemment qu'a prononcé le tribunal de commerce de Naples; nous avons établi qu'il était à cet égard très-compétent. — Ce n'est pas non plus celle de savoir si l'on peut en France, exécuter contre un Français un jugement rendu contre lui dans une juridiction étrangère, incompétente, et qu'il n'avait pas reconnue; une pareille question n'en a jamais été une, et il serait trop absurde de prétendre que l'art. 121 de l'ordonnance de 1629 n'eût été fait que pour la décider négativement. — Mais il s'agit de savoir si des jugemens rendus compétemment en pays étranger contre des Français, ont en France l'autorité de la chose jugée: or, nous avons démontré qu'ils ne l'ont pas; nous l'avons démontré par la généralité de la disposition de l'ordonnance de 1629; nous l'avons démontré par le rapprochement de cette disposition avec les traités diplomatiques qui ont été faits pour la modifier en faveur de quelques nations; nous l'avons démontré par trois arrêts du parlement de Paris, par deux arrêts du parlement de Douay, par quatre arrêts du parlement d'Aix.

» Pour nous en convaincre mieux encore, s'il est possible, faisons une hypothèse. Un Français porteur d'une obligation souscrite à son profit par un Anglais, ne trouvant en France aucun bien appartenant à son débiteur, a pris le parti de le faire assigner devant les juges d'Angleterre. Ces juges ont rejeté sa demande et l'ont condamné aux dépens. L'Anglais fait taxer les dépens qu'il a obtenus, et vient en France pour en poursuivre le recouvrement. Que feront les tribunaux français? A coup sûr, ils feront ce que fit le chancelier d'Aguesseau par rapport au jugement rendu à Munich, en 1749, contre le prince de Grimberghem: ils refuseront toute exécution au jugement rendu en Angleterre. Et cependant on ne peut pas dire qu'il y ait dans ce jugement l'ombre d'incompétence.

» Mais supposons qu'après ce jugement, le Français condamné en Angleterre, découvre en France une propriété ou une créance appartenante à son débiteur anglais; qui est-ce qui osera lui contester le droit de saisir cette créance, cette propriété, et de faire, par ce moyen, assigner son débiteur anglais devant une juridiction nationale, pour y plaider de nouveau la question jugée en Angleterre? Ne serait-ce pas, en effet, une inconséquence et une véritable contradiction que de regarder le jugement d'Angleterre comme formant obstacle à une nouvelle action en France sur le fond, tandis qu'on serait forcé de le considérer comme un vain chiffon, relativement aux dépens qu'il prononce? Comment pourrait-il avoir l'autorité de la chose jugée pour un objet, tandis qu'il ne l'aurait pas pour l'autre? Aussi avez-vous vu qu'en 1743, dans l'affaire d'Archambaut contre Cretet, la conservation de Lyon et le parlement de Paris n'ont fait aucune difficulté de juger de nouveau une contestation dans laquelle le premier avait succombé à Chambéry où il s'était porté demandeur, et de condamner le second, quoique absous par les juges de son domicile.

» Il importe donc peu, dans notre espèce, qu'il soit question de commerce maritime. Tout ce qui peut résulter de là, c'est que les juges de Naples étaient compétens pour connaître de l'exécution de la charte-partie du 29 frimaire an 6. Mais nulle conséquence à tirer de leur compétence à l'exécution de leurs jugemens dans le territoire français : ce sont deux points qui n'ont rien de commun ensemble; et vous n'avez pas oublié que le parlement d'Aix l'a ainsi jugé, même en matière de commerce maritime, par deux arrêts des 15 et 22 juin 1746.

» Enfin, non-seulement l'art. 121 de l'ordonnance de 1629 n'excepte pas de sa disposition les jugemens rendus en matière de commerce maritime, mais il s'oppose formellement à ce qu'ils en soient exceptés : *pour quelque cause que ce soit*, dit-il; et assurément ces expressions sont trop générales, pour qu'on puisse les restreindre par une exception quelconque. — On ne peut pas d'ailleurs supposer que le législateur les eût perdues de vue, lorsqu'il a rédigé l'ordonnance du commerce de 1673 et celle de la marine de 1681; et de ce qu'il n'y a dérogé ni par l'une ni par l'autre loi, il s'ensuit nécessairement qu'il a laissé subsister dans toute son étendue, pour le commerce de mer comme pour le commerce de terre, la disposition de l'art. 121 de l'ordonnance de 1629.

» Que cette disposition puisse apporter des entraves aux relations commerciales des Français avec les étrangers, c'est ce que nous n'avons pas à examiner. Si effectivement il peut en résulter de pareils inconvéniens, le gouvernement est là pour y pourvoir, soit par la proposition d'une loi nouvelle, soit par des négociations avec les puissances étrangères : sur ce point comme sur tous ceux qui sont de ce ressort exclusif, reposons-nous avec confiance sur sa sagesse; notre devoir à nous, est de faire respecter les lois telles qu'elles existent et tant qu'elles existent.

» Par ces considérations, nous estimons qu'il y a lieu de casser et annuller le jugement du tribunal d'appel de Rouen, du 26 ventôse an 10 ».

Sur ces conclusions, arrêt du 18 pluviôse an 12, au rapport de M. Busschop, qui,

« Vu l'art. 121 de l'ordonnance du mois de janvier 1629..... ;

» Considérant que les expressions générales de cet article ne souffrent aucune exception, soit relativement à la nature de l'affaire qui a été portée devant un tribunal étranger, soit relativement à la qualité en laquelle un Français y a été partie ; qu'ainsi, on ne peut, pour l'application dudit article, admettre de distinction, soit entre le cas où l'affaire sur laquelle est intervenu un jugement étranger, est commerciale ou purement civile, soit que le Français y ait été demandeur, défendeur ou partie intervenante; mais que la loi refuse indirectement toute force exécutoire, en France, aux jugemens étrangers;

» Que ledit article ayant voulu de plus que, nonobstant un jugement étranger, le Français contre lequel il aurait été rendu, puisse de nouveau débattre ses droits *comme entiers*, il s'ensuit qu'un jugement étranger ne peut pas même opérer contre le Français l'effet de la chose jugée, puisque cette exception le priverait nécessairement de la faculté qui lui est formellement réservée par la loi, de débattre de nouveau ses droits comme entiers;

» Considérant que, dans l'espèce actuelle, par son jugement du 4 germinal an 10, le tribunal d'appel de Rouen a écarté la demande formée par le cit. Spohrer contre Niels Moë et Jens Sorensen, sous prétexte que la contestation que présentait ladite demande, ayant été vidée par un jugement du tribunal de commerce de Naples, du 4 juillet 1798, le cit. Spohrer ne pouvait plus les reproduire devant les tribunaux de France; qu'en statuant ainsi, le tribunal de Rouen a contrevenu aux dispositions dudit art. 121 de l'ordonnance de 1629, qui conserve aux Français condamnés par des jugemens étrangers, la faculté de débattre de nouveau leurs droits devant les tribunaux de France;

» Que, quoiqu'un jugement du 7 floréal an 6, rendu par le chargé d'affaires de la république française près la cour de Naples, ait renvoyé les parties devant le tribunal de commerce de cette ville, pour faire statuer sur les mêmes difficultés que le cit. Spohrer a reproduites devant les tribunaux du Hâvre et d'appel de Rouen, cette circonstance ne peut pas excuser ladite contravention, puisque le chargé d'affaires de France n'a pas pu ni voulu soustraire aux tribunaux français la connaissance des contestations que l'ordonnance de 1629 leur attribue dans les cas prévus par son art. 121 ci-dessus cité; et que, si l'action que, par le ministère de ses commissionnaires, le cit. Spohrer a intentée devant le tribunal de commerce de Naples, pouvait être regardée comme une exécution dudit jugement de renvoi du 7 floréal an 6, cette exécution ne pourrait pas avoir plus d'effet que n'aurait une demande spontanée et volontairement introduite par un Français devant un tribunal étranger, ce qui ne peut pas non plus, d'après les considérations ci-dessus énoncées, faire fléchir les dispositions générales du susdit art. 121 de l'ordonnance de 1629;

» Par ces motifs...., casse et annulle le jugement rendu par le tribunal d'appel de Rouen, le 26 ventôse an 10.... ».

II. La 5.e question, uniquement relative aux jugemens rendus en pays étranger, soit en faveur d'un français contre un étranger, soit entre étrangers, n'était nullement controversée dans notre ancienne jurisprudence: on y tenait pour constant que ces jugemens devaient être exécutés en France, sur *pareatis* délivrés sans examen préalable du fond; et un grand nombre d'arrêts avaient jugé, il y en avait même un de la cour de cassation, du 7 janvier 1806, qui avait déclaré en termes exprès, *que la disposition de l'art.* 121 *de l'ordonnance de* 1629 *ne s'appliquait qu'aux jugemens rendus en pays étranger entre un étranger et un français* (1).

J'avais d'abord pensé (avec M. Malleville, dans son *analyse raisonnée du Code civil*, art. 2123; avec M. Pigeau, *traité de la procédure civile*, tome 2, page 3 ; avec M. Carré, *analyse raisonnée du Code de procédure*, tome 2, page 179; avec M. Berriat de Saint-Prix, *Cours de procédure*, page 45, 3.e édition; et enfin, avec M. Mourre, alors procureur-général de la cour d'appel de Paris, dans des conclusions du 16 décembre 1809, que je rapporterai ci-après, n.° 3) que ni l'art. 2123 du Code civil ni l'art. 546 du Code de procédure, n'avaient dérogé à cette jurisprudence et c'est d'après cette manière de les entendre, que j'avais raisonné, tant dans les conclusions sur lesquelles a été rendu l'arrêt de la cour de cassation du 7 janvier 1806, que dans d'autres du 27 août 1812 (2).

Mais la question que je n'avais, je l'avoue, que légèrement effleurée, a été tout récemment soumise à une discussion approfondie qui a amené un tout autre résultat.

En 1783, contrat de société entre le sieur Holker, négociant français, et le sieur Parker, citoyen des États-Unis d'Amérique, pour l'exécution d'un marché par lequel ils s'étaient chargés de fournitures à faire à l'armée du gouvernement américain.

Dans la suite et avant que le compte de cette association soit réglé et soldé, le sieur Parker se retire en France.

Le sieur Holker le fait assigner devant le tribunal de commerce de Paris.

Le sieur Parker excipe de sa qualité d'étranger, non domicilié en France; et par jugement, confirmé sur l'appel en 1811, il obtient son renvoi devant les tribunaux américains.

En conséquence, le sieur Holker se pourvoit devant la *cour de circuit* de Boston, et y obtient, le 14 mai 1814, un jugement contradictoire qui condamne le sieur Parker à lui payer 539,949 dollars.

Mais ne pouvant faire exécuter cette condamnation en Amérique, parce que le sieur Parker n'y possède aucun bien, et qu'il continue de résider en France, le sieur Holker se rend à Paris, où, sur sa simple requête à laquelle est jointe une expédition du jugement de Boston, le président du tribunal de première instance du département de la Seine, rend une ordonnance qui déclare ce jugement exécutoire.

De là des saisies-arrêts entre les mains des débiteurs du sieur Parker.

Le sieur Parker, en demande la nullité, 1.° parce qu'un jugement rendu dans une souveraineté étrangère, ne peut être exécuté en France sur la simple ordonnance du président d'un tribunal de première instance; qu'il ne pourrait l'être, aux termes des art. 2123 et 2128 du Code civil et de l'art. 546 du Code de procédure, qu'en vertu d'un jugement par lequel le tribunal lui-même l'aurait déclaré exécutoire; et que le tribunal ne pourrait le déclarer exécutoire, qu'après une nouvelle discussion de l'affaire au fond; 2.° parce qu'il a pris, en Amérique, pour faire réformer le jugement de la cour de circuit de Boston, les voies de droit établies par les lois du pays.

Le 18 août 1815, jugement par lequel,

« Attendu, en droit, que les jugemens rendus régulièrement en pays étranger, par les autorités établies à cet effet, règlent les droits des parties entre lesquelles ces jugemens ont été rendus et qui se trouvaient soumises à leur juridiction; que, si ces jugemens ne peuvent pas être exécutés de plein droit en France, c'est par la raison que les juges qui les avaient rendus, n'avaient pas de caractère pour en ordonner l'exécution aux officiers ministériels français; que l'art. 121 de l'ordonnance de 1629 n'a rien de contraire à ces principes, et établit seulement, en faveur des regnicoles, une exception (de *débattre leurs droits, comme entiers*, devant les tribunaux de France) qui ne peut être étendue aux étrangers;

» Attendu, en fait, que Parker est étranger, et qu'il peut d'autant moins invoquer le bénéfice de l'art. 121 de l'ordonnance, qu'en cette qualité d'étranger, il a, dans l'affaire actuelle, décliné la juridiction des tribunaux français, et demandé et obtenu du tribunal de commerce et de la cour royale de Paris, son renvoi devant ses juges naturels, par lesquels, d'après ce renvoi, a été rendu le jugement du mois de mai 1814, que Holker veut aujourd'hui faire déclarer exécutoire en France; . . . . .

» Attendu, enfin, que ce jugement est régulier et définitif;

» Le tribunal déclare ledit jugement exécutoire, à l'effet seulement par Holker qui l'a ob-

(1) *Répertoire de jurisprudence*, au mot *Jugement*, §. 8.

(2) *Ibid.*, au mot *Souveraineté*, §. 6.

tenu, d'exercer tous les actes conservatoires, notamment de prendre inscription hypothécaire; mais suspend tous les actes d'exécution, même de forme, tels que saisies-arrêts, durant le délai de quatre mois, pendant lequel Parker justifiera des actes par lesquels il allègue qu'il aurait attaqué le jugement du 14 mai par les voies de droit autorisées en Amérique ».

Le sieur Parker appelle de ce jugement à la cour royale de Paris; et le 27 août 1816, arrêt ainsi conçu :

« Attendu que les jugemens rendus par les tribunaux étrangers, n'ont pas d'effet ni d'autorité en France; que cette règle est sans doute plus particulièrement applicable en faveur des regnicoles, auxquels le roi et ses officiers doivent une protection spéciale; mais que le principe est absolu et peut être invoqué par toutes personnes sans distinction, étant fondé sur l'indépendance des états;

» Que l'ordonnance de 1629, dans le début de son art. 121, pose le principe dans sa généralité, lorsqu'elle dit que *les jugemens rendus ès royaumes et souverainetés étrangères, pour quelque cause que ce soit, n'auront aucune exécution* dans le royaume de France; et que le Code civil, art. 2123, donne à ce principe la même latitude, lorsqu'il déclare que l'hypothèque ne peut résulter des jugemens rendus en pays étranger, qu'autant qu'ils ont été déclarés exécutoires par un tribunal français, ce qui n'est pas une affaire de pure forme, comme autrefois les concessions des *paréatis* d'un ressort à l'autre, pour les jugemens rendus dans l'intérieur du royaume; mais ce qui suppose, de la part des tribunaux français, une connaissance de cause et un examen sérieux de la justice du jugement représenté, comme la raison le demande, et qu'il s'est toujours pratiqué en France, selon le témoignage de nos anciens auteurs;

» Qu'il peut résulter de là un inconvénient, lorsque le débiteur, comme on prétend qu'il est arrivé dans l'espèce, transporte sa fortune et sa personne en France, en conservant son domicile dans son pays natal; que c'est au créancier à veiller, mais qu'aucune considération ne peut faire fléchir un principe sur lequel repose la souveraineté des gouvernemens, et qui, quel que soit le cas, doit conserver toute sa force;

» La cour, faisant droit sur l'appel, met l'appellation et ce dont est appel au néant; émendant, décharge l'appelant des condamnations contre lui prononcées; au principal, sans s'arrêter à l'exception de chose jugée qu'on prétend faire résulter du jugement rendu par le tribunal américain, ordonne que, devant le tribunal de première instance, composé d'autres juges que ceux dont a été appelé, Holker déduira les raisons sur lesquelles son action est fondée, pour être débattues par Parker, et être sur le tout statué en connaissance de cause par lesdits juges, sauf l'appel en la cour; et cependant, attendu que Holker en ce moment n'a pas de titre, fait main-levée de toutes les saisies-arrêts et oppositions par lui formées, ainsi que des inscriptions hypothécaires par lui prises; ordonne que, nonobstant lesdites oppositions et saisies-arrêts, tous débiteurs videront leurs mains en celles de Parker, comme aussi que les inscriptions seront radiées de tous registres; et condamne Holker aux dépens.... ».

Le sieur Holker se pourvoit en cassation et soutient que cet arrêt porte atteinte à la chose jugée par celui de 1811 qui avait renvoyé le sieur Parker devant ses juges naturels; qu'il viole les principes du droit des gens sur la matière; qu'il applique à faux l'art. 121 de l'ordonnance de 1629; et qu'il contrevient aux art. 2123 et 2128 du Code civil, ainsi qu'à l'art. 546 du Code de procédure.

A ces moyens de cassation, le sieur Parker oppose une consultation de MM. Grappe, Darrieux, Tripier et Billecoq, dans laquelle on lit, entr'autres choses, ce qui suit :

« Le demandeur en cassation invoque l'art. 2123 du Code civil, qui porte que *l'hypothèque ne peut résulter des jugemens rendus en pays étranger, qu'autant qu'ils ont été déclarés exécutoires par un tribunal français;* et voici comment il raisonne : la loi, dit-il, accorde au jugement étranger l'effet de l'hypothèque, sous la seule condition qu'il sera déclaré exécutoire par un tribunal français. Or, déclarer un jugement exécutoire, ce n'est pas rendre un jugement nouveau. Donc le tribunal français ne juge pas; donc sa mission est purement passive dans la délivrance du mandat d'exécution.

» Le sieur Holker fortifie sa thèse par l'analogie que, suivant lui, la loi établit entre les jugemens étrangers et les décisions arbitrales pour lesquelles l'ordonnance d'exécution est donnée sans examen du fond.

» Pour quiconque examine de près cette argumentation, il est évident qu'elle ne repose que sur une équivoque et sur une simple querelle de mots.

» Et d'abord, faisons remarquer que la règle tracée par l'art. 2123, est générale; qu'elle ne distingue pas entre les jugemens rendus entre étrangers, de ceux rendus entre français et étrangers, ni les jugemens rendus en faveur de ces derniers de ceux rendus contre eux. Le législateur ne considère que l'extranéité du pouvoir dont ils sont l'ouvrage, et nullement les qualités accidentelles des parties qui y ont figuré; la disposition les embrasse, les régit tous; donc il faut dire, ou avec le sieur Holker, que le jugement rendu en pays étranger, *contre un français*, sera exécuté en France sur simple *paréatis;* ou avec nous, que le jugement rendu contre un étranger, au profit d'un français, ne sera déclaré exécutoire par nos tribunaux qu'en connaissance de cause.

» L'analogie entre les jugemens étrangers et les décisions arbitrales, n'est pas plus exacte.

» Ces décisions sont de véritables jugemens nationaux, moyennant la simple ordonnance d'exécution dont le juge les revêt (loi du 24 août 1790).

» Il n'en est pas de même des jugemens rendus en pays étranger par des officiers que les parties n'ont pas investis d'une juridiction volontaire, et en qui nos lois ne reconnaissent pas une juridiction publique.

» Aussi le législateur n'a-t-il garde de les confondre dans la même disposition.

» Il dit, des décisions arbitrales, qu'elles seront revêtues de l'*ordonnance judiciaire d'exécution*.

» Il dit, des jugemêns étrangers, qu'ils *n'auront d'effet qu'autant qu'ils auront été déclarés exécutoires par* UN TRIBUNAL FRANÇAIS.

» Ce n'est pas sans dessein qu'il s'explique successivement sur ces deux sortes d'actes : ce n'est pas ici une répétition oiseuse de la même idée : la locution change, parce que la pensée n'est pas la même : au premier cas, la loi n'exige qu'une simple ordonnance d'exécution que le président du tribunal délivre, dès qu'il en est requis; au second cas, c'est au tribunal entier que le jugement est soumis.

» Or, un tribunal n'agit jamais passivement : il ne procède que par délibération; et *délibérer*, c'est faire acte de libre volonté. c'est *juger*.

» Il y a donc jugement dans l'acte par lequel le tribunal français déclare exécutoire dans le royaume, une décision rendue en pays étranger; et tout jugement suppose, non-seulement la faculté, mais le devoir d'examiner ».

Par arrêt du 19 avril 1819, au rapport de M. Poiriquet, et après deux longs délibérés,

« Sur la contravention a la chose jugée par l'arrêt de 1811, attendu que la demande formée, en 1816, par Holker, n'avait pas la même cause que celle sur laquelle il avait été statué par l'arrêt de 1811; qu'ainsi, il n'y a pas contravention à l'art. 1351 du Code civil;

» Sur la contravention à l'art. 121 de l'ordonnance de 1629, attendu que l'ordonnance de 1629 disposait en termes absolus et sans exception, que les jugemens étrangers n'auraient pas d'exécution en France; et que ce n'est que par le Code civil et par le Code de procédure que les tribunaux français ont été autorisés à les déclarer exécutoires; qu'ainsi, l'ordonnance de 1629 est ici sans application;

» Sur la contravention aux art. 2123 et 2128 du Code civil et 546 du Code procédure, attendu que ces articles n'autorisent pas les tribunaux à déclarer les jugemens rendus en pays étranger, exécutoires en France sans examen; qu'une semblable autorisation serait aussi contraire à l'institution des tribunaux, que l'aurait été celle d'en accorder ou d'en refuser l'exécution arbitrairement et à volonté; que cette autorisation, qui d'ailleurs porterait atteinte au droit de souveraineté du gouvernement français, a été si peu dans l'intention du législateur, que, lorsqu'il a dû permettre l'exécution sur simple *paréatis,* des jugemens rendus par des arbitres revêtus du caractère de juges, il a eu le soin de ne confier la faculté de délivrer l'ordonnance d'*exequatur* qu'au président, et non pas au tribunal, parce qu'un tribunal ne peut prononcer qu'après délibération, et ne doit accorder, même par défaut, les demandes formées devant lui, que si elles se trouvent justes et bien vérifiées (art. 116 et 150 du Code de procédure);

» Attendu, enfin, que le Code civil et le Code de procédure ne font aucune distinction entre les divers jugemens rendus en pays étranger, et permettent aux juges de les déclarer tous exécutoires; qu'ainsi, ces jugemens, lorsqu'ils sont rendus contre des français, étant incontestablement sujets à examen sous l'empire du Code civil, comme ils l'ont toujours été, on ne pourrait pas décider que tous les autres doivent être rendus exécutoires autrement qu'en connaissance de cause, sans ajouter à la loi et sans y introduire une distinction arbitraire, aussi peu fondée en raison qu'en principe;

» Qu'il suit de là qu'en rejetant l'exception de chose jugée qu'on prétendrait faire résulter d'un jugement rendu en pays étranger, et en ordonnant que le demandeur déduira les raisons sur lesquelles son action est fondée, pour être débattues par Parker, et être statué sur le tout en connaissance de cause, la cour royale a fait une juste application des art. 2123 et 2128 du Code civil, et 546 du Code de procédure;

» Par ces motifs, la cour rejette le pourvoi.... ».

III. Reste à savoir si, en fait de jugemens rendus en pays étranger, il y a quelque différence entre ceux qui ont été rendus par des tribunaux, et ceux qui l'ont été par des arbitres du choix des parties.

Cette question s'est présentée dans l'espèce suivante.

Le 1.er mai 1793, les sieurs Lecouteulx de Canteleu, Laurent Lecouteulx et Henry Chériot font à Paris un acte sous seing-privé par lequel ils s'associent *en commendite et par actions*, jusqu'au 30 juin 1799, pour l'établissement d'une maison de commerce à New-Yorck, dans les Etats-Unis de l'Amérique.

Il est convenu, entr'autres choses, par cet acte, que la société sera gérée en Amérique par le sieur Chériot; qu'en cas de décès de l'un des sieurs Lecouteulx, les actions qu'ils sont tenus de garder pendant la durée de l'association, seront conservées par le survivant, lequel représentera l'intérêt et les droits du défunt au nom de ses héritiers; et que, si, pendant la durée de la société ou après son expiration, il survient des difficultés entre les parties, elles seront soumises à des arbitres choisis dans le commerce.

Le sieur Laurent Lecouteulx meurt en 1794.

Le 9 nivôse an 9, le sieur Lecouteulx de Canteleu et les tuteurs d'Augustin-Louis Lecoulteux, fils unique et héritier de Laurent Lecoulteux, passent devant notaires à Paris une procuration par laquelle ils chargent le sieur Dupont de terminer tous les différends existans entre eux et le sieur Chériot, au sujet de l'acte de société du 1.er mai 1793, et à cet effet de transiger, compromettre, plaider, appeler, etc.

Le 24 septembre 1801, le sieur Dupont, usant des pouvoirs qui lui sont donnés par cette procuration, et le sieur Chériot, signent devant John Wikes, notaire à New-Yorck, un compromis par lequel ils nomment *pour arbitres et amiables compositeurs*, les sieurs Louis Simond et Joseph Thibaud, *tous deux négocians* à New-Yorck, pour statuer en dernier ressort et sans appel ni recours en cassation, sur tous les différends des parties.

Le 8 mars 1802, les sieurs Simond et Thibaud, procédant en leur qualité *d'arbitres et amiables compositeurs*, rendent un jugement qui contient différentes condamnations contre le sieur Lecoulteux de Canteleu, tant en son nom que comme chargé par l'art. 27 de l'acte de société, des intérêts du sieur Laurent Lecouteulx, décédé; et conformément à une clause du compromis, ils en déposent une minute à la chancellerie du consulat français à New-Yorck, et une autre dans l'étude du notaire John Wikes.

Le 22 ventôse an 10 (13 mars 1802), le sieur Chériot fait assigner le sieur Lecouteulx de canteleu, au domicile du sieur Dupont, à New-Yorck, devant le consul de France en cette ville, pour voir homologuer le jugement arbitral.

Le sieur Dupont se présente sur cette assignation, et demande qu'il soit sursis à l'homologation du jugement.

Le 6 germinal suivant (27 mars 1802), le consul français, *exerçant les fonctions judiciaires en vertu de la loi du mois de juin* 1778, et assisté de deux assesseurs qui ont, à cet effet, prêté serment entre ses mains, *conformément à la même loi*, rend un jugement par lequel, « attendu que le jugement arbitral dont il s'agit, est régulier; que les arbitres n'ont point excédé les pouvoirs qui leur avaient été donnés, et qu'il n'y a aucune raison valable pour en différer l'homologation »; il homologue « ledit jugement arbitral, pour être exécuté selon sa forme et teneur; en conséquence, ordonne que ledit jugement sera expédié par le chancelier faisant fonctions de greffier, avec le présent, pour le tout ne faire qu'un seul et même jugement; et attendu qu'il s'agit d'une contestation sur titre écrit, et en vertu de l'art. 30 de la loi du mois de juin 1778, ordonne que le présent sera exécuté nonobstant opposition ou appellation ».

Le 15 germinal an 10 (5 avril 1802), le sieur Lecouteulx de Canteleu et les tuteurs du mineur Augustin-Louis Lecouteulx, poursuite et diligence du sieur Dupont, leur fondé de pouvoirs, font signifier au sieur Chériot un acte d'appel de ce jugement *devant les juges qui en doivent connaître.*

Le 7 fructidor an 10, le sieur Chériot obtient, sur requête, et fait signifier au sieur Lecouteulx de Canteleu, une ordonnance du président du tribunal de 1.ere instance du département de la Seine, qui lui permet de faire exécuter le jugement arbitral du 8 mars 1802, homologué par celui du consul de France à New-Yorck, le 27 du même mois.

Le 22 vendémiaire an 11, le sieur Lecouteulx de Canteleu fait signifier au sieur Chériot un acte par lequel il proteste de nullité contre cette ordonnance, et déclare y former opposition, en ce qu'elle autorise l'exécution en France d'un jugement arbitral rendu par des étrangers contre un français et au profit d'un étranger.

Le sieur Chériot ne s'arrête pas à cette protestation, et envoie un huissier au domicile du sieur Lecouteulx de Canteleu, pour y pratiquer une saisie mobilière.

Le sieur Lecouteulx de Canteleu se refusant à l'ouverture des portes, le sieur Chériot le fait assigner en référé, conformément à l'art. 5 du tit. 8 de la loi du 24 avril 1790, devant le commissaire du gouvernement près le tribunal de première instance du département de la Seine.

Ce magistrat renvoie les parties, *en état de référé*, à l'audience du tribunal.

Le 15 nivôse an 11, jugement qui, « faisant droit sur le référé, et considérant 1.° que la saisie et exécution encommencée à la requête de Chériot sur Lecouteulx de Canteleu, est faite en vertu d'une décision arbitrale, rendue en pays étranger et par des arbitres étrangers entre Chériot, naturalisé dans le même pays, Lecouteulx de Canteleu et consorts, citoyens français, demeurant en France; 2.° qu'il s'agit de savoir si les lois de la république française sur l'exécution des jugemens arbitraux, sont applicables à la décision arbitrale dont il s'agit, ou si les parties intéressées ne doivent pas être appelées pour être statué sur cette question, ce qui, dans tous les cas, ne peut donner lieu qu'à une action principale, dont le tribunal ne peut connaître en état de référé; renvoie les parties à se pourvoir au principal, toutes choses demeurant en état, et cependant ordonne que la garnison, si aucune y a, sera tenue de se retirer; sinon et faute de ce faire, autorise Lecouteulx et consorts à la faire expulser en la manière accoutumée.

Les choses en cet état, le sieur Chériot fait assigner le sieur Lecouteulx de Canteleu au tribunal de commerce de Paris, pour se voir condamner à déposer le montant des lettres de change qu'il a tirées sur lui en exécution du jugement arbitral du 8 mars 1802.

Le sieur Lecouteulx de Canteleu oppose à cette demande les mêmes moyens qu'il a déjà fait valoir devant le tribunal civil du département de la Seine, et excipe du jugement de ce tribunal du 15 nivôse an 11.

Le 4 vendémiaire an 12, jugement par lequel le tribunal de commerce se déclare incompétent, et renvoie les parties devant le tribunal civil du département de la Seine.

Quelque temps après, le sieur Chériot anticipe, devant la cour de Rennes, l'appel interjeté le 15 germinal an 10, par le sieur Lecouteulx de Canteleu et le mineur Lecouteulx du jugement du consulat de France à New-Yorck, du 6 du même mois, et conclud à ce que cet appel soit rejeté à fin de non-recevoir.

Le sieur Lecouteulx de Canteleu et le mineur Lecouteulx répondent que leur appel n'a plus d'objet, parce que le sieur Chériot a renoncé au bénéfice du jugement du 6 germinal an 10; qu'il y a renoncé, d'abord par son recours aux tribunaux de Paris; ensuite, par son acquiescement aux jugemens des 15 nivôse an 11 et 4 vendémiaire an 12; qu'en conséquence, il ne peut y avoir lieu que de renvoyer les parties à suivre l'effet de ces deux derniers jugemens.

Le 6 frimaire an 14, arrêt qui statue ainsi sur les débats.

« Y a-t-il lieu à prononcer sur l'appel de l'ordonnance d'homologation du 6 germinal an 10? Dans le cas de l'affirmative, les appelans doivent-ils être déclarés non-recevables?

« La cour, considérant que la demande d'homologation portée par Chériot au tribunal de première instance de Paris, et les jugemens des 15 nivôse an 11 et 14 vendémiaire an 12, n'ont pu anéantir l'appel pendant en la cour; et que les appelans ont eux-mêmes conclu à ce qu'il y fût fait droit, par leur dénoncé du 9 germinal an 13, postérieur aux jugemens dont ils excipent par leurs conclusions verbales;

» Considérant qu'une ordonnance d'homologation ou d'*exequatur*, ne peut pas être considérée comme un véritable jugement susceptible d'être immédiatement réformé par la voie de l'appel;

» Considérant que, dans le cas même où il serait question d'appliquer à la cause les dispositions de l'ordonnance de 1629, il en résulterait encore qu'il n'y avait pas lieu à prendre la voie de l'appel;

» Sans s'arrêter aux exceptions proposées par les appelans dans leurs conclusions prises à l'audience, dit qu'il y a lieu à prononcer sur leur appel de l'ordonnance d'homologation du 6 germinal an 10; et faisant droit, les a déclarés non-recevables dans ledit appel et les a condamnés en l'amende et aux dépens ».

Le sieur Chériot fait signifier cet arrêt au sieur Lecouteulx de Canteleu, avec un nouveau commandement qui bientôt est suivi d'un procès-verbal tendant à saisie-exécution.

Là dessus, demande en référé, renvoi à l'audience du tribunal de première instance de Paris; et le 20 août 1806, jugement ainsi conçu :

» Attendu que sur les contraintes exercées contre le sieur Lecouteulx à la requête du sieur Chériot, en vertu d'un jugement arbitral rendu à New-Yorck le 8 mars 1802, le tribunal, par son jugement rendu contradictoirement entre les parties le 15 nivôse an 11, par les motifs qui y sont exprimés, a renvoyé les parties à se pourvoir; et cependant a ordonné par provision que toutes choses demeureraient en état, et que la garnison, si aucune avait été établie, serait tenue de se retirer;

« Attendu que, l'arrêt de la cour de Rennes, du 6 frimaire an 14, n'a aucune disposition qui puisse porter atteinte au jugement dudit jour 15 nivôse, lequel subsiste en son entier;

» Attendu que, suivant les lois de l'empire français, tous jugemens rendus en pays étranger, soit par des tribunaux ordinaires, soit par des arbitres, entre un français et un étranger, ne sont pas exécutoires en France, et que le français est toujours admis à débattre ses droits, comme entiers, devant les juges de son territoire; d'où il suit que le jugement arbitral dont il s'agit, ne forme pas un titre en faveur du sieur Chériot; qu'il ne lui donne que le pouvoir de se pourvoir par action principale, pour soumettre ses demandes aux juges de l'empire français, seuls compétens pour en connaître;

» Attendu que c'est au préjudice des défenses provisoires prononcées par le jugement dudit jour 15 nivôse, que le sieur Chériot a, d'un côté, continué les poursuites et contraintes contre mon dit sieur Lecouteulx, et de l'autre, formé des oppositions entre les mains de plusieurs de ses débiteurs, locataires et autres ses redevables;

» Le tribunal, au principal, renvoie les parties à se pourvoir devant les juges de l'empire français qui doivent en connaître, à l'effet par elles de débattre devant eux, comme entiers, leurs droits et prétentions; et cependant dès-à-présent, ordonne que son jugement dudit jour 15 nivôse an 11, par les motifs qui y sont exprimés et qui sont de nouveau adoptés, continuera d'être exécuté selon sa forme et teneur;

en conséquence, fait itératives défenses audit Chériot, etc.; comme aussi autorise, nonobstant les oppositions dudit Chériot, ledit sieur Lecouteulx à toucher des mains de tous trésoriers, caissiers etc., toutes les sommes qui peuvent lui être dues;

» Et sera le présent jugement exécuté par provision, comme *ordonnance de référé*, nonobstant appel et sans y préjudicier ».

Le sieur Chériot appelle de ce jugement et de celui du 15 nivôse an 11.

Sur cet appel, les sieurs Lecouteulx soutiennent en première ligne, par leurs écritures signifiées, que la sentence arbitrale est entachée de nullités qui devraient, eût-elle été rendue en France, la faire déclarer comme non-avenue, et que le consul de France à New-Yorck était incompétent pour l'homologuer; et ce n'est que subsidiairement qu'ils invoquent l'art. 121 de l'ordonnance de 1629.

Mais à l'audience, ils se restreignent à leur moyen subsidiaire, tel qu'il a été, disent-ils, accueilli par le jugement du 20 août 1806; et ils concluent à ce qu'*en adoptant purement et simplement les motifs des premiers juges*, il plaise à la cour d'appel confirmer ce jugement et celui du 19 nivôse an 11.

Le 27 juillet 1807, arrêt qui pose en ces termes les questions à juger:

« 1.° Une décision arbitrale rendue en pays étranger, par des arbitres étrangers, en faveur d'un étranger contre un français, est-elle ou non exécutoire en France?

» 2.° L'homologation de cette décision pouvait-elle être prononcée par le consul français en pays étranger; et cette homologation donne-t-elle à cette décision un caractère suffisant pour la rendre exécutoire en France?

» 3.° Le français doit-il être admis à débattre ses droits comme entiers devant les juges français, avant qu'il soit passé à aucune exécution contre lui »?

Et après avoir posé des questions ultérieures sur lesquelles l'arrêt ne s'explique pas, « la cour, faisant droit sur l'appel des jugemens rendus les 15 nivôse an 11 et 20 août dernier; adoptant les motifs des premiers juges, met l'appellation au néant, ordonne que ce dont est appel, sortira son plein et entier effet ».

Recours en cassation contre cet arrêt, de la part du sieur Chériot.

« Deux moyens de cassation (ai-je dit à l'audience de la section des requêtes, le 15 juillet 1812) vous sont proposés par le demandeur: fausse application de l'art. 121 de l'ordonnance de 1629, et contravention à l'autorité de la chose jugée.

» Le demandeur fonde le premier de ces moyens sur un point de fait et sur un point de droit.

» Et d'abord, vous dit-il, dans le fait, il n'est pas constaté que les arbitres nommés par le compromis du 24 novembre 1801, soient étrangers. Leurs noms attestent qu'ils sont nés français; et s'ils sont nés français, l'art. 17 du Code civil veut qu'ils soient présumés l'être encore, nonobstant l'établissement de commerce qu'ils ont à New-Yorck. On ne peut donc pas regarder le jugement arbitral du 8 mars 1802, comme rendu par des juges étrangers contre des français. L'art. 121 de l'ordonnance de 1629 ne s'applique donc pas à ce jugement.

» Mais c'est comme étrangers que sont désignés, dans l'arrêt attaqué, les arbitres dont il s'agit; et nous ne voyons nulle part que, soit en première instance, soit en cause d'appel, le demandeur ait prétendu que ces arbitres fussent français C'est donc comme étrangers que nous devons les considérer ici. Soutenir devant vous que l'arrêt attaqué leur en suppose gratuitement la qualité, c'est entreprendre de vous faire juger une question qui n'est pas de votre ressort.

» En second lieu, vous dit le demandeur, la disposition de l'art. 121 de l'ordonnance de 1629 est, dans le droit, inapplicable au jugement arbitral du 8 mars 1802, 1.° précisément parce que c'est un jugement arbitral; 2.° parce qu'il a été homologué par un jugement du consul de France à New-Yorck, du 6 germinal an 10; 3.° parce que l'exécution en a été permise à Paris par une ordonnance du président du tribunal de première instance du département de la Seine, du 7 fructidor de la même année.

» De ces trois raisons, nous commencerons par écarter, quant à présent, la seconde et la troisième.

» En effet, si le jugement arbitral du 8 mars 1802 était radicalement nul, la nullité n'en serait couverte, ni par l'ordonnance du président du tribunal de première instance du département de la Seine, du 7 fructidor an 10, ni par le jugement d'homologation du consul de France à New-Yorck, du 6 germinal précédent.

» Elle ne le serait point par l'ordonnance du président du tribunal de la Seine, et la raison en est évidente: c'est que cette ordonnance n'a fait que déclarer exécutoire le jugement arbitral du 8 mars 1802, et qu'elle a été frappée d'opposition par M. Lecouteulx de Canteleu; c'est qu'aux termes de l'art. 1028 du Code de procédure civile, lequel n'a fait, à cet égard, qu'ériger en loi votre jurisprudence, la nullité d'un acte indûment qualifié *jugement arbitral*, peut être demandée incidemment à l'opposition formée à *l'ordonnance d'exécution devant le tribunal* du président duquel est émanée cette ordonnance.

» Elle ne l'est point par le jugement d'homologation du consul de France à New-Yorck, parce qu'il est décidé souverainement, par l'arrêt de la Cour de Rennes, du 6 frimaire an 14, que ce jugement *ne peut pas être considéré comme un véritable jugement susceptible d'être immédiatement réformé par la voie de l'appel*, et que cette voie peut d'autant moins être prise pour le faire réformer, qu'il est question, entre les parties, de savoir si l'on peut *appliquer à la cause les dispositions de l'ordonnance de 1629*; ce qui signifie clairement que, si les dispositions de l'ordonnance de 1629 sont applicables à la cause, ce jugement n'en peut pas empêcher l'application, ce qui signifie clairement que, dans cette hypothèse, ce jugement ne doit être considéré que comme l'ordonnance *d'exequatur*, dont il est parlé dans l'art. 1028 du Code de procédure civile; ce qui signifie clairement enfin que ce jugement doit tomber de lui-même, s'il est décidé en définitive que l'art. 121 de l'ordonnance de 1629 s'applique au jugement arbitral du 8 mars 1802.

» Et qu'on ne dise pas que M. Lecouteulx de Canteleu n'a pas formé opposition à ce jugement; qu'on ne dise pas que, dès-lors ce jugement subsiste dans toute sa force.

» Comment M. Lecouteulx de Canteleu aurait-il pu former opposition à ce jugement? ce jugement avait été rendu contradictoirement avec lui; et l'on sait assez que l'opposition ne peut jamais atteindre un jugement contradictoire. M. Lecouteulx de Canteleu n'avait donc, pour faire réformer ce jugement, que la voie de l'appel. Eh bien! cette voie, il l'a prise; et la cour de Rennes a jugé qu'il ne pouvait pas la prendre; elle l'a jugé, sachant très-bien, puisqu'elle avait sous les yeux le jugement d'homologation du 6 germinal an 10, que ce jugement n'avait pas été rendu sur la seule requête du sieur Chériot; elle l'a par conséquent jugé, sachant très-bien que ce jugement n'était point passible d'opposition; et par une conséquence ultérieure, elle n'a pu le juger, que parce qu'il était dans son opinion, que pour faire tomber ce jugement, il suffirait de prouver qu'il rentrait dans les dispositions de l'art. 121 de l'ordonnance de 1629.

» Qu'en cela, elle ait mal jugé; qu'en cela, elle ait erronément confondu les ordonnances *d'exequatur* rendues sur simples requêtes, avec les jugemens contradictoires d'homologation, cela peut être; mais son arrêt n'a été ni annullé ni même attaqué; il fait donc loi entre les parties; il demeure donc irrévocablement décidé entre les parties, que, si la nullité du jugement arbitral du 8 mars 1802 est prononcée par l'art. 121 de l'ordonnance de 1629, cette nullité n'est pas couverte par le jugement d'homologation du 6 germinal an 10.

» Mais il reste à savoir si l'art. 121 de l'ordonnance de 1629 est applicable au jugement arbitral du 8 mars 1802; et sur cette question, il vous paraîtra peut-être difficile de partager l'opinion du tribunal de première instance et de la cour d'appel de Paris.

» Que porte l'art. 121 de l'ordonnance de 1629? « Les jugemens rendus, contrats ou obligations reçues ès royaumes et souverainetés étrangères, pour quelque cause que ce soit, n'auront aucune hypothèque ni exécution en notre royaume; ains tiendront les contrats lieu de simples promesses; et, nonobstant les jugemens, nos sujets contre lesquels ils ont été rendus, pourront, de nouveau, débattre leurs droits comme entiers par-devant nos officiers ».

» Vous voyez, Messieurs, que le législateur distingue, dans les actes faits en pays étrangers, entre ce qui appartient à la puissance publique et ce qui ne dépend que de la volonté privée des parties.

» Ce qui ne dépend que de la volonté privée des parties, il le maintient, parce que la volonté privée des parties n'est circonscrite par aucune borne locale, parce qu'elle est maîtresse partout; mais ce qui appartient à la puissance publique, il l'annulle quant à la France, parce que la puissance publique expire sur les limites de son territoire, parce que l'effet ne peut pas s'étendre plus loin que sa cause.

» Dans les contrats passés devant notaires en pays étrangers, la volonté privée des parties concourt avec la puissance publique : l'une forme l'obligation; l'autre la rend exécutoire. En conséquence, que fait le législateur? Il sépare l'ouvrage de la puissance publique d'avec l'ouvrage de la volonté privée des parties; il détruit l'un et conserve l'autre; il veut que l'obligation ne soit pas exécutoire en France, mais il veut en même-temps qu'elle y tienne lieu de simple promesse.

» Dans les jugemens au contraire, la volonté privée des parties n'est comptée pour rien, la puissance publique agit seule; et voilà pourquoi le législateur veut que les jugemens rendus en pays étrangers, soient considérés, en France, comme non-avenus.

» Mais, de là même, ne résulte-t-il pas que, par les mots *jugemens rendus ès royaumes et souverainetés étrangères*, la loi n'entend que les jugemens qui doivent toute leur existence à la puissance publique de ces royaumes, de ces souverainetés, c'est-à-dire, les jugemens émanés des tribunaux de ces souverainetés, de ces royaumes? N'en résulte-t-il pas que ces jugemens sont les seuls que la loi déclare comme non-avenus en France? N'en résulte-t-il pas que la loi conserve toute leur force en France aux décisions arbitrales rendues en pays étrangers?

» Pour que cette conséquence pût être critiquée, il faudrait deux choses : il faudrait que les arbitres fussent de véritables juges, et que leurs décisions fussent des jugemens proprement dits.

» Or, 1.° il est certain que les arbitres ne sont pas de véritables juges; qu'ils ne tiennent point leur mission de la puissance publique du lieu où ils la remplissent, qu'ils ne la doivent qu'à la volonté des parties, et qu'ils ne sont eux-mêmes que des hommes privés. *Arbitri compromissarii*, dit Cujas sur la loi 2, D. *de judiciis* (1), *nec notionem, nec jurisdictionem habent; privati sunt*. Mornac, sur la loi 1, D. *de receptis qui arbitrium*, observe que les arbitres ne sont pas des juges, mais des singes de juges : *non judices, sed simiæ judicum*. Et Lafond, sur l'art. 125 de la coutume de Vermandois, remarque qu'un arbitre n'est que *domesticus disceptator*. Enfin, Brodeau sur Louet, lettre H, §. 25, dit que « les arbitres, en la fonction et l'expédi» tion de l'arbitrage, sont considérés comme » personnes particulières et privées » ;

» 2.° Il est également certain que les décisions arbitrales ne sont pas de véritables jugemens. Cujas, sur la loi 1, D. *de receptis qui arbitrium* (2), le dit en toutes lettres : *horum propriè judicium non est*; c'est même ce que déclare expressément la loi 13, §. 5, D. *de his qui notantur infamiâ*. Il y avait, chez les romains, des jugemens qui, de plein droit, notaient d'infamie ceux contre lesquels ils étaient rendus : tels étaient, comme nous l'apprend la loi première du titre cité, ceux qui intervenaient à la suite des actions directes *pro socio, tutelæ, depositi, mandati*. Mais quelquefois ces actions, au lieu d'être portées devant les juges, étaient soumises à des arbitres; et alors, les condamnations que les arbitres prononçaient contre ceux à la charge de qui elles étaient intentées, emportaient-elles infamie? non, répond la loi 13, §. 5, parce qu'une décision arbitrale n'est pas un véritable jugement : *ex compromisso arbiter infamiam non facit, quia non per omnia sententia est*. Ainsi, dit Godefroy sur ce texte, *sententia arbitri vim et affectum sententiæ non habet*. D'où vient cela, *cur?* parce que la fonction de l'arbitre n'est pas, comme celle des juges, une fonction publique : *arbitri munus non est publicum ut judicis*.

» C'est d'ailleurs ce que vous avez décidé formellement sur le recours en cassation du sieur Merlino contre un arrêt de la cour d'appel d'Aix, du 12 fructidor an 10, qui avait déclaré nulle une inscription hypothécaire prise le 14 messidor an 9, en vertu d'une sentence arbitrale du même jour, non encore homologuée.

» Le sieur Merlino prétendait que, par cet arrêt, la cour d'appel d'Aix avait violé l'art. 3 de la loi du 11 brumaire an 7, qui permettait de prendre inscription en vertu de toute *condamnation judiciaire*. La sentence arbitrale du 14 messidor an 9, disait-il, était une *condamnation judiciaire*, même avant qu'elle fût homologuée. J'ai donc pu prendre inscription en vertu de cette sentence. Mais par arrêt du 25 prairial an 11, au rapport de M. Lombard-Quincieux, vous avez maintenu l'arrêt attaqué par le sieur Merlino, « Attendu que, pour que le créancier » puisse prendre inscription dans les registres » du conservateur des hypothèques, il faut » qu'il ait une hypothèque conventionnelle, » ou judiciaire, ou légale, acquise; que la dé» cision des arbitres, du 14 messidor an 9, » n'ayant pas été homologuée, comme le » prescrit l'art. 13 du tit 4 de l'ordonnance » du commerce de 1673, ne peut pas être con» sidérée comme un condamnation judiciaire » dont est résulté une hypothèque; d'où il » suit que le tribunal d'appel séant à Aix, en » déclarant nulle l'inscription prise par Mer» lino, en vertu de cette décision d'arbitres » nommés volontairement, loin de contrevenir » à la loi, s'y est conformée ».

» Et il n'est pas inutile de remarquer que l'art. 2123 du Code civil consacre formellement cette jurisprudence : après avoir dit que « l'hy» pothèque judiciaire résulte des *jugemens en fa» veur de celui qui les a obtenus* », il ajoute : « Les décisions arbitrales n'emportent hypo» thèque qu'autant qu'elles sont revêtues de » l'ordonnance judiciaire d'exécution » ; expressions qui sont évidemment synonymes de celles-ci : « Les décisions arbitrales n'acquièrent le » caractère de jugemens, que par l'ordonnance » judiciaire qui les déclare exécutoires; avant » cela, elles n'ont de jugemens que le nom, » elles ne l'ont même que très-improprement, » elles n'en ont ni la vertu ni les effets ».

» Mais si les décisions arbitrales ne sont pas par elles-mêmes, des jugemens véritables, si ce n'est que par un abus de mots qu'on leur donne la dénomination de *jugemens*, sous quel prétexte voudrait-on les comprendre dans la disposition de l'art. 121 de l'ordonnance de 1629?

» Sans doute, si une décision arbitrale rendue dans un pays étranger, y a été revêtue par un juge de ce pays, d'une ordonnance d'exécution, elle ne pourra pas être exécutée, dans le territoire français, en vertu de cette ordonnance. Sans doute elle ne pourra pas, même revêtue de cette ordonnance, servir de titre pour prendre une inscription hypothécaire dans le territoire français.

» Mais quel obstacle y aura-t-il à ce que la partie en faveur de laquelle cette décision aura été rendue, la présente à un juge français, pour la faire revêtir d'une ordonnance d'exécution? Quel obstacle y aura-t-il à ce qu'un juge français la déclare exécutoire?

» Très-certainement un juge français peut déclarer reconnu et exécutoire en France, un contrat passé en pays étranger. Eh bien! une décision arbitrale rendue en pays étranger, est-elle autre chose qu'un contrat? n'est-elle pas

(1) Tome 9, édition de Naples, page 129.

(2) Tome 10, page 395.

la conséquence du compromis, par suite duquel les arbitres l'ont rendue? ne se lie-t-elle pas essentiellement à ce compromis? ne fait-elle pas, avec ce compromis, un seul et même corps? que serait-elle sans ce compromis? Elle ne serait qu'un vain chiffon, elle ne serait rien. C'est le compromis qui lui donne l'être, c'est du compromis qu'elle tire toute sa substance, elle n'existe que par le compromis; elle a donc comme le compromis, le caractère de contrat; et dans l'exacte vérité, elle n'est que l'exécution du mandat que les parties ont confié aux arbitres; elle n'est même, à proprement parler, qu'une convention que les parties ont souscrite par les mains de ceux-ci, sur tout lorsque, comme dans notre espèce, les arbitres ont été investis par les parties de la qualité et des pouvoirs *d'amiables compositeurs*.

» Une décision arbitrale qu'auraient rendue en France des arbitres étrangers, serait-elle valable? Oui, elle le serait incontestablement; et sur quoi, en effet, pourrait-on se fonder pour la déclarer nulle? Le choix des arbitres est parfaitement libre. L'étranger peut donc, comme le citoyen, être l'objet de ce choix. Et dans le fait, nous voyons qu'encore que la loi 19, *C. de Judæis*, déclarât les juifs incapables de toutes fonctions publiques, la loi 8 du même titre voulait que les sentences arbitrales auxquelles ils auraient concouru, fussent exécutées par les juges ordinaires.

» Une décision arbitrale que des français auraient rendue dans un pays étranger, où le compromis les aurait autorisés à se transporter pour cet effet, serait-elle valable? et pour quoi ne le serait-elle pas? Les arbitres n'ont point de territoire circonscrit par la loi. Ils peuvent donc remplir leur mission partout où ils le jugent à propos; ils peuvent donc notamment la remplir hors du territoire français, lorsque les parties consentent de les y suivre pour etablir devant eux leurs moyens respectifs de défense.

» Mais si une décision arbitrale peut être rendue en France par des arbitres étrangers, si elle peut être rendue hors de France par des arbitres français, comment pourrait-on regarder comme nulle une décision arbitrale rendue par des arbitres étrangers hors de France?

» Serait-elle nulle, parce qu'elle est l'ouvrage d'arbitres étrangers? non, puisque, si ces arbitres étrangers l'avaient rendue en France, il serait impossible d'en contester la validité.

» Serait-elle nulle, parce qu'elle a été rendue hors de France? non, puisque, si des arbitres français l'avaient rendue hors de leur patrie, elle n'en serait pas moins valable que s'ils l'eussent rendue dans leur patrie même.

» Elle n'est donc nulle, ni à raison de la qualité des arbitres, ni à raison du lieu où elle a été rendue; elle est donc valable sous tous les rapports.

» Et de là, la conséquence nécessaire que, par l'arrêt attaqué, la cour d'appel de Paris a, non-seulement fait une fausse application de l'art. 121 de l'ordonnance de 1629, mais encore violé les art. 2 et 4 du tit. 1.er de la loi du 24 août 1790 et l'art. 3 de la loi du 27 ventôse an 8, lesquels, à l'époque de la décision arbitrale du 8 mars 1802, commandaient, comme le fait encore aujourd'hui le Code de Procédure civile, l'exécution de toutes les décisions arbitrales qui n'étaient ni entachées de nullité, ni sujettes à l'appel, ni attaquées par cette voie, lorsqu'elles y étaient sujettes.

» Il devient inutile, d'après cela, de nous occuper du deuxième moyen de cassation du demandeur. Et d'ailleurs ce moyen ne nous paraît nullement fondé.

» Il ne l'est point, en tant qu'il a pour objet d'établir que l'arrêt attaqué contrevient au jugement d'homologation du consul de France, à New-Yorck, du 6 germinal an 10; car nous avons démontré que l'arrêt de la cour de Rennes, du 6 frimaire an 14, avait paralysé ce jugement.

» Il ne l'est point, en tant qu'il a pour objet d'établir que l'arrêt attaqué contrevient à l'ordonnance *d'exequatur* du 7 fructidor an 10; car cette ordonnance avait été frappée d'une opposition formelle par M. Lecouteulx de Canteleu; et c'est par suite de cette opposition, qu'ont été rendus les jugemens contradictoires des 15 nivôse an 11 et 20 août 1806. A la vérité, ces jugemens n'énoncent pas en termes exprès qu'ils statuent sur cette opposition; ils ne reçoivent pas, en termes exprès, M. Lecouteulx de Canteleu opposant à l'ordonnance du 7 fructidor an 10. Mais ce qu'ils ne font pas en termes exprès, ils le font virtuellement. Eh! Qu'importe le mot, là où l'on trouve la chose?

» Du reste, la futilité du deuxième moyen de cassation n'atténue en rien la force du premier; et nous estimons en conséquence qu'il y a lieu d'admettre la requête du demandeur ».

La requête en cassation a été admise en effet, par arrêt du 15 juillet 1812, au rapport de M. Lasaudade.

L'affaire portée à la section civile, les sieurs Lecouteulx se sont attachés principalement à distinguer les sentences arbitrales rendues en matière ordinaire, d'avec celles qui interviennent en matière de commerce fait en société. Dans les premières, ont-ils dit, les arbitres peuvent n'avoir pas véritablement le caractère de juges; mais ils l'ont certainement dans les secondes; car c'est de la loi qu'ils tiennent leur pouvoir; aussi ne sont-ils pas, comme dans l'arbitrage volontaire, sujets à révocation. Leurs décisions sont donc des jugemens proprement dits, et dès-lors, nul prétexte pour qu'étant rendues en pays étrangers, elles ne soient pas soumises à la disposition de l'art. 121 de l'ordonnance de 1629. Enfin, il y a un arrêt de la cour de cassation, du 7 floréal an 5, qui casse un jugement arbitral, par le seul motif que, quoique rendu en France, il l'avait été par un arbitre étranger.

Le sieur Chériot a répondu que les arbitres forcés n'ont pas plus que les arbitres volontaires le caractère de juges; que la preuve en est que, dans les matières de société commerciale, comme dans les affaires civiles ordinaires, les décisions arbitrales ne sont rien par elles-mêmes, et qu'elles ne tirent leur force que de l'ordonnance *d'exequatur* dont elles sont revêtues; que l'arrêt de la cour de cassation, du 25 prairial an 11, a décidé nettement que, faute de cette ordonnance, elles n'emportent point hypothèque, et que par conséquent elles ne sont pas des jugemens proprement dits; qu'à la vérité, les arbitres, en matière de société, ne sont pas révocables; que leur non-révocabilité tient à des principes étrangers à la question actuelle; qu'elle a été introduite dans l'intérêt du commerce, et pour la plus prompte expédition des affaires; que leurs décisions ne changent pas pour cela de nature; que, dans l'espèce sur laquelle avait été rendu l'arrêt du 7 floréal an 5, il s'agissait de biens communaux; que la décision arbitrale qu'il avait annullée, était bien l'ouvrage d'un *tiers-arbitre étranger;* mais que ce n'était point l'extranéité de ce sur-arbitre qui avait motivé l'arrêt; que l'arrêt ne s'était fondé que sur deux circonstances: l'une, que ce sur-arbitre n'entendait pas la langue française, et n'avait jugé que par un interprète, ce qui était (porte le bulletin de la cour de cassation) *contraire aux lois qui veulent avoir, dans les jugemens, l'ouvrage de juges seuls;* l'autre, que ce même sur-arbitre avait prononcé seul et sans le concours des arbitres qu'il avait été appelé à départager.

M. le procureur-général Mourre, en portant la parole sur cette affaire, a d'abord écarté tous les moyens que les défendeurs opposaient à la demande en cassation; et il a établi, en reproduisant les conclusions qu'il avait données en 1809 sur une cause du même genre, devant la cour d'appel de Paris, que l'art. 121 de l'ordonnance de 1629 ne pouvait s'appliquer ni aux décisions arbitrales rendues en matière civile ordinaire, ni aux décisions arbitrales rendues en matière de société.

Mais venant ensuite à la question de savoir si l'arrêt attaqué par le sieur Chériot, devait être cassé; il a conclu pour la négative, parce que cet arrêt ne faisait que confirmer deux jugemens rendus *en état de référé*, et qui, par conséquent, quels que fussent leurs motifs, ne pouvaient pas avoir jugé, d'une manière définitive et absolue, que la sentence arbitrale du 8 mars 1802 fût sujette à révision au fond de la part des tribunaux français; qu'à la vérité, celui du 20 août 1806 renvoyait *les parties à se pourvoir devant les juges français, à l'effet par elles, de débattre devant eux, comme entiers, leurs droits et prétentions;* mais que ces expressions ne pouvaient pas y être entendues dans le sens que leur donne l'art. 121 de l'ordonnance de 1629; qu'autrement, il y eût eu contradiction dans ce jugement.

En conséquence, par arrêt du 31 juillet 1815, au rapport de M. Chabot, et après un délibéré,

« Attendu, 1.° que les deux jugemens qui ont été confirmés par l'arrêt dénoncé, sont intervenus sur des référés renvoyés à l'audience, et qui avaient pour unique objet les saisies-oppositions faites par le demandeur; que ces deux jugemens ont été déclarés statuer en *état de référé;* qu'ainsi, ils ne devaient statuer, et qu'en effet, ils n'ont statué que sur les saisies-oppositions, et non pas sur la question principale de savoir si la disposition de l'art. 121 de l'ordonnance de 1629 était applicable à une *décision* arbitrale rendue en pays étranger;

» Que le premier jugement du 15 nivôse an 11 a décidé formellement que cette question *ne peut donner lieu qu'à une action principale, dont le tribunal ne peut connaître en état de référé;* qu'en conséquence, il a renvoyé, au principal, les parties à se pourvoir, toutes choses demeurant en état, et cependant a ordonné que la garnison établie dans la maison du défendeur, serait tenue de se retirer;

» Que le second jugement du 20 août 1806 ne juge rien autre chose par son dispositif, puisqu'il ordonne que celui du 15 nivôse an 11, par les motifs qui y sont exprimés et qui sont de nouveau adoptés, continuera d'être exécuté suivant sa forme et teneur; puisqu'il fait itérativement défenses au demandeur de faire et continuer aucunes poursuites en vertu du jugement arbitral, jusqu'à ce qu'il en ait été autrement ordonné; et que, s'il avait décidé réellement que ce jugement ne pouvait être exécuté en France, il eût été évidemment inutile de prohiber les poursuites en vertu de ce jugement; qu'il eût été même contradictoire d'ajouter, *jusqu'à ce qu'il en ait été autrement ordonné*, les poursuites ne pouvant plus désormais avoir lieu qu'en vertu d'un nouveau jugement rendu par un tribunal français, sur le fond des contestations;

» Que d'ailleurs l'arrêt dénoncé ayant adopté purement et simplement les deux jugemens, contiendrait une contradition manifeste, si le deuxième, par son dispositif, tranchait la question principale, puisque, d'une part, il a décidé, en confirmant le premier jugement, que cette question principale ne pouvait donner lieu qu'à une action principale, laquelle ne pouvait être jugée en état de référé; puisque, d'autre part, il aurait décidé, en confirmant le second jugement, que la question principale ne devait pas donner lieu à une action principale, et qu'elle avait pu être jugée en état de référé;

» Qu'il résulte donc nécessairement des termes et du dispositif des deux jugemens et de l'arrêt, combinés les uns avec les autres, que les parties ont été renvoyées à se pourvoir au principal sur la question de savoir si la disposition de l'art. 121 de l'ordonnance de 1629 est applicable à la décision arbitrale du 8 mars 1802, et que *leurs droits respectifs à cet égard sont entiers*;

» Attendu 2.° que l'arrêt dénoncé n'a violé aucune loi, en décidant, sur le référé, que dans l'état où se trouvait la contestation, et avant qu'il eût été statué au principal sur le mérite de la décision arbitrale qui était attaquée, le demandeur n'avait pas le droit de faire, en vertu de cette décision, des saisies-oppositions;

» Attendu 3.° qu'il n'y a pas eu identité de cause dans l'arrêt de la cour de Rennes, et dans l'arrêt dénoncé;

» Par ces motifs, la cour, vidant le délibéré, rejette le pourvoi... ».

On voit que cet arrêt ne porte aucune espèce d'atteinte à la doctrine que j'avais établie devant la section des requêtes, et qui avait déterminé l'arrêt d'admission du 15 juillet 1812.

Au surplus, la cour d'appel de Paris elle-même avait adopté cette doctrine, par un arrêt postérieur de deux ans, à celui qu'attaquait le sieur Chériot. Voici les faits.

Le sieur Vouchez, Français, s'était associé avec les sieurs Coopman et Nadeau, Français comme lui, et le sieur Lannes, Américain, pour le service de la nourriture des prisonniers français en Angleterre.

Des contestations s'étant élevées entre le sieur Vouchez et le sieur Lannes, ils les soumettent, par un compromis signé à Londres, le 2 juillet 1801, à trois arbitres anglais, sous un dédit de 30,000 livres sterling.

Le 31 août suivant, les arbitres rendent, à Londres, une sentence par laquelle ils déclarent le sieur Lannes en avance de 22,144 livres, et condamnent le sieur Vouchez à les lui rembourser; mais attendu que le sieur Vouchez avait cautionné le sieur Lannes pour une somme de 24,234 livres, en sus de ses fournitures, ils défendent au sieur Lannes de poursuivre contre le sieur Vouchez l'effet de cette condamnation, tant qu'il n'aura pas éteint les créances cautionnées par celui-ci.

Cette sentence reste ignorée du sieur Vouchez, qui était alors à Paris; mais elle est communiquée au sieur Lannes, qui, sans la faire homologuer, suivant l'usage d'Angleterre, à la cour de la chancellerie, se rend à Paris, fait entendre au sieur Vouchez que le compromis n'a pas eu de suite, et l'engage à régler ses comptes avec lui à l'amiable.

Le sieur Vouchez commet effectivement, pour traiter avec le sieur Lannes, le sieur Étienne-Jacques Morice, qui, très-peu au courant de l'affaire, le constitue débiteur de celui-ci d'une somme de 39,212 livres sterling, pour laquelle il lui délègue, par acte du 28 juillet 1804, des fonds dus à son commettant par le trésor public.

Le sieur Vouchez meurt dans ces entrefaites: le sieur Lannes n'en poursuit pas moins le payement de la délégation et du réglement de compte. Mais la sentence arbitrale parvient à la connaissance de la veuve et des associés français du sieur Vouchez, et ils l'opposent au sieur Lannes, en demandant la nullité du réglement de compte et de la délégation qui s'en est ensuivie.

Le sieur Lannes répond que cette sentence n'ayant pas été homologuée à la cour de la chancellerie de Londres, est restée *informe*; que d'ailleurs elle ne peut pas, d'après l'art. 121 de l'ordonnance de 1629 et l'art. 2123 du Code civil, avoir en France l'autorité de la chose jugée.

Le sieur Coopman, le sieur Nadeau et la veuve Vouchez répliquent que, si la sentence arbitrale est encore *informe*, à défaut d'homologation, elle peut être régularisée; que le défaut d'homologation peut bien empêcher qu'elle ne soit exécutoire, même en Angleterre; mais qu'il ne la vicie point; que, quoique rendue en pays étranger, elle n'en doit pas moins avoir tout son effet en France, soit parce que le sieur Lannes est étranger et qu'il ne peut conséquemment pas se prévaloir pour la faire réviser au fond par les tribunaux français, d'un privilége que l'art. 121 de l'ordonnance de 1629 n'accorde qu'aux Français (1); soit parce que ce droit de révision ne s'étend pas jusqu'aux contrats, ni par suite jusqu'aux décisions arbitrales, qui ne sont que des conventions faites à l'avance par le ministère d'arbitres.

Sur ces débats, il intervient, au tribunal de première instance de Paris, les 4 août et 27 décembre 1808, des jugemens interlocutoires dont les deux parties se rendent respectivement appelantes.

La cause portée à l'audience de la première chambre de la cour d'appel, M. le procureur-général Mourre a dit qu'il s'agissait de déterminer quels devaient être, sur des fonds dont le gouvernement français était débiteur, l'influence d'une décision arbitrale rendue à Londres; que l'art. 121 de l'ordonnance de 1629 avait établi, à cet égard, une règle fixe qui, si elle n'était pas reconnue pour loi dans les parlemens qui ne

(1) *V.* ci-devant, n. 2.

n'avaient pas enregistrée librement, était au moins exécutée partout comme principe de droit commun; que, d'après cet article, quand un jugement était rendu dans un pays étranger, et qu'on voulait s'en prévaloir en France, on faisait cette distinction : ou la partie condamnée était un étranger, ou c'était un Français; que, si c'était un étranger, il suffisait d'un *paréatis* du grand sceau; que, si c'était un Français, il avait le droit de débattre de nouveau son affaire, et de la remettre en jugement (Brillon, aux mots *Etranger* et *Paréatis*; Serres, *Institutes*, liv. 1, tit. 11).

« Il aurait été à désirer (a continué M. Mourre) que le Code civil nous donnât quelques principes sur la matière; il ne s'en est expliqué qu'au titre des *Hypothèques*, art. 2123. Voici ce qu'on y lit......

» Tout cela posé, que faut-il penser du jugement arbitral rendu à Londres, le 31 août 1801?

» C'est le sieur Lannes, étranger, qui ne veut pas le reconnaître; et c'est le sieur Vouchez, français, ou, ce qui est la même chose, sa veuve qui le représente à titre universel, qui veut ramener le sieur Lannes aux dispositions de cette sentence. Qui peut empêcher les tribunaux français de la reconnaître? Qui peut les empêcher de la déclarer exécutoire? La veuve Vouchez y conclut formellement.

» Sans doute, s'il s'agissait d'un jugement proprement dit et d'un Français condamné, celui-ci pourrait encore débattre ses droits devant les tribunaux français. Nous ne pensons pas que l'art. 2123 du Code civil ait dérogé à cette antique maxime, que le Français n'est justiciable que des tribunaux de sa nation. Cet article nous paraît devoir être restreint au cas où il s'agit d'un étranger ayant des biens en France, et contre lequel on veut agir en vertu d'un jugement émané d'une juridiction étrangère.

» Dans l'espèce, c'est un étranger, c'est le sieur Lannes qui seul voudrait écarter la sentence arbitrale. Il est non-recevable sous deux rapports, 1.° parce qu'il est étranger; 2.° parce que le jugement n'est pas émané d'une autorité publique, mais d'une autorité volontairement créée, qui a pris sa force et son pouvoir dans le compromis, dont la décision n'est que la suite d'une soumission, ou, en d'autres termes, la conséquence et le résultat d'un engagement volontairement souscrit.

» Sous le premier rapport, et par cela seul que le sieur Lannes est étranger, on pourrait lui opposer, non-seulement une sentence arbitrale, mais même des jugemens émanés de l'autorité publique, pourvu qu'on ne les fît pas exécuter sous le sceau d'une domination étrangère. Il suffisait, en ce cas, qu'on obtînt anciennement un *paréatis*, et il suffit aujourd'hui qu'on fasse déclarer les jugemens exécutoires par un tribunal français.

» Sous le second rapport, et attendu qu'on excipe, contre le sieur Lannes, d'une sentence arbitrale, il y a, dans la nature des choses, un motif de plus pour que les tribunaux français regardent la contestation comme jugée, et qu'ils ordonnent l'exécution du jugement.

» D'où vient, en effet, que, dans tous les temps, on a regardé comme non-avenus les jugemens rendus contre un Français dans une juridiction étrangère? Ce n'est pas seulement à cause du droit d'indépendance et de souveraineté; c'est par l'effet d'un sentiment qui porte un caractère particulier, et qui s'attache plus directement à la personne du sujet. La sollicitude du souverain qui veille sans cesse sur les individus, les accompagne dans les pays étrangers. Là, elle s'arme pour eux d'une utile méfiance; là, elle craint l'influence des préventions locales, elle craint que le Français, placé, pour ainsi dire, tout nu sur une terre étrangère, n'y ressente les atteintes de l'intrigue, de la fortune, du crédit. Elle craint du moins que le magistrat, qui n'est ni le juge ni le protecteur naturel de la partie, n'examine sa cause avec quelque indifférence, et que l'inattention seule ne produise une injustice.

» Mais pour la sentence arbitrale, ce motif s'évanouit. Le juge est du choix de la partie. Elle a connu ses principes, ses sentimens, son désir de lui rendre une bonne justice. Elle s'est décidée, non parce qu'il était de telle nation ou de telle autre, mais parce qu'elle l'a cru juste et éclairé. Elle a eu recours, non à l'autorité, mais à la sagesse. Elle lui a donné elle-même le pouvoir dont elle avait besoin : le compromis est le mandat, la sentence n'en est que l'exécution.

» De quoi se plaindrait donc la partie condamnée, quand même ce serait un Français? A quel titre pourrait-elle demander qu'il lui fût permis de débattre de nouveau ses droits et de les remettre en jugement? Les hommes qui l'ont jugée, n'exerçaient pas une juridiction territoriale. Ils pouvaient rendre leur sentence dans un lieu comme dans un autre. L'autorité qu'ils ont exercée, n'avait rien de civil ni de politique : elle appartenait toute entière au droit des gens.

» Si le droit de se faire juger par des arbitres, appartient au droit des gens, leurs décisions doivent-être reconnues chez tous les peuples, et les tribunaux doivent s'empresser d'en ordonner l'exécution.. ...

» Nous ne disons pas que la décision des arbitres n'est soumise à aucune formalité; mais nous pensons que celle dont il s'agit dans la cause, quoique signée à Londres, doit-être reconnue en France, et qu'il n'y a aucune difficulté d'en ordonner l'exécution.

» Qu'oppose le sieur Lannes à des idées aussi simples, et à des principes si importans, qu'il serait vraiment malheureux de les méconnaître?

» Il observe que la sentence arbitrale n'a point été homologuée à Londres. C'est un point de fait dont nous avons cru inutile d'entretenir la cour; car cette homologation, si elle avait eu lieu, n'aurait aucun empire sur le territoire français; et il faudrait toujours procéder en France, en vertu d'une autorisation émanée de nos tribunaux.

» Le sieur Lannes observe encore qu'il aurait pu proposer à Londres ses moyens de nullité, et faire valoir particulièrement cette clause du compromis qui oblige seulement la partie condamnée à payer un dédit, en cas d'inexécution.

» Quant aux nullités, le sieur Lannes peut s'en plaindre devant vous, comme il l'aurait pu faire devant les tribunaux anglais : nous n'avons rien vu dans sa défense qui puisse faire naître l'idée que les arbitres anglais aient irrégulièrement procédé.

» Quant au dédit, il est de 30,000 livres sterling, c'est-à-dire, de 720,000 livres tournois.

» En point de fait, le sieur Lannes ne gagnerait rien à se placer dans cette stipulation secondaire du compromis.

» En point de droit, s'il formait une demande expresse à cet égard, nous examinerions quelle est la valeur de la clause, si elle est aggravante, ou s'il est permis de la considérer comme alternative et résolutoire.

» Que reste-t-il donc au sieur Lannes en point de droit? C'est d'articuler contre la sentence, des erreurs, omissions ou faux emplois. Ce moyen est toujours proposable; mais il faut des articulations précises; et ce n'est point une demande de cette nature qui est aujourd'hui soumise à la décision de la cour ».

Sur ces conclusions, arrêt du 16 décembre 1809, par lequel,

« La cour, statuant sur les différens appels des jugemens rendus par le tribunal civil de Paris, les 4 août et 27 décembre 1808, ensemble sur les demandes et conclusions;

» Considérant, sur le fond, 1.° en ce qui touche la décision arbitrale du 31 août 1801, qu'une pareille décision rendue en pays étranger, mais appartenant au droit des gens, comme n'étant que la conséquence et le résultat d'une convention primitive et libre des parties, peut sans contredit être exécutée en France, pourvu qu'elle soit déclarée exécutoire par un tribunal français;

» 2.° En ce qui touche la délégation du 28 juillet 1804, que la procuration donnée par Jean Vouchez, le 4 juillet 1803, ne conférait pas le pouvoir d'anéantir la décision arbitrale du 31 août 1801, et de faire un nouveau compte; que le compte qui a été fait avec Etienne-Jacques Morice, n'est point appuyé sur des erreurs, omissions, faux et doubles emplois, mais sur des bases arbitraires et en opposition directe avec la décision arbitrale; que Morice et Lannes, loin d'articuler des griefs raisonnables contre cette décision, ont gardé le silence le plus absolu sur la chose jugée;

» A mis et met les appellations et les jugemens dont les parties sont respectivement appelantes, au néant, émendant, évoquant le principal et y faisant droit, déclare exécutoire la décision arbitrale du 31 août 1801, dûment enregistrée à Paris; en conséquence, ordonne qu'elle sera exécutée selon sa forme et teneur, et qu'à cet effet, elle demeurera déposée au greffe de la cour; déclare la délégation du 28 juillet 1804 nulle et de nul effet; en conséquence, autorise lesdits Coopman et Nadeau, en leur qualité d'associés et liquidateurs de la compagnie Vouchez, à toucher et retirer du trésor public ladite somme de 1,853,922 francs; et néanmoins ordonne que préalablement lesdits Coopman et Nadeau donneront, suivant leur offre, bonne et suffisante caution à Lannes, jusqu'à la concurrence de la somme de 22,144 liv. sterling, laquelle caution sera et demeurera déchargée en proportion des payemens qui seront justifiés avoir été faits par Jean Vouchez et ses ayant-droit, sur les 24,274 livres sterlings par lui cautionnés pour ledit Lannes, et ce aux termes de la décision arbitrale..... ».

§. XV. *Doit-on, en France, regarder comme ayant l'autorité de la chose jugée, les sentences et les arrêts rendus dans un pays étranger où, soit par l'effet d'une loi locale, soit par un usage particulier, mais sans convention de souverain à souverain, on attribue cette autorité aux jugemens émanés des tribunaux français?*

Non; et pour le prouver, nous n'avons besoin que de rappeler ce que d'Héricourt, à l'endroit cité dans le paragraphe précédent, n.° 1, disait, en 1748, pour repousser l'argument que tirait la princesse de Carignan, du fait que les contrats passés en France emportaient hypothèque en Piémont. Voici ses termes :

« Quels que puissent être les usages de Piémont, ils ne peuvent point influer sur la contestation : il suffit que nos lois rejettent l'hypothèque des contrats passés en pays étranger. Personne n'ignore que l'hypothèque est un droit réel, qui se règle par la loi du lieu où l'on veut l'exercer.

» Mais, dit-on, que deviendra le droit de réciprocité qui doit avoir lieu entre deux Etats voisins, si l'on rejette en France l'hypothèque des contrats passés en Piémont; pendant qu'en Piémont on donne hypothèque aux contrats passés en France?

» Pour faire tomber cette remarque, il suffit d'expliquer ce qui doit être entendu par la réciprocité, et quelles sont ses bornes.

» La règle de la réciprocité prend sa source dans la convention des souverains, et cette convention en fait la base : mais on n'en peut tirer des conséquences qui attaquent l'indépendance des différens souverains.

» Son effet se borne à ce qu'on appelle le *droit de représailles*, c'est-à-dire, à refuser aux Piémontais en France, ce que la loi de Piémont refuse aux Français...

» Mais la règle de la réciprocité qui s'observe entre les nations, ne peut obliger les magistrats français à accorder aux Piémontais, contre les lois de l'Etat, tous les droits qu'on accorde aux étrangers en Piémont, à moins que les deux souverains ne soient convenus de la réciprocité, par un traité conclu entre eux, comme on a fait pour les hypothèques entre la France et la Lorraine.

» S'il en était autrement, le souverain cesserait de l'être dans ses Etats, dès qu'il serait obligé d'accorder aux sujets d'un autre Etat, dans son territoire, tout ce que le souverain de cet autre Etat y accorde aux étrangers.

» Ainsi, il y a beaucoup de nations qui ne connaissent point le droit d'aubaine; les sujets de ces Etats peuvent-ils s'en prétendre affranchis en France, où ce droit est en vigueur, parce qu'on ne le pratique point chez eux à l'égard des étrangers? Ainsi, un commerce est interdit en France, mais il est permis dans un autre Etat; est-ce une raison pour que les sujets de cet autre Etat viennent le faire en France, malgré nos lois?

» Comme ces interdictions subsistent en France, c'est bien une raison pour que dans les autres pays, on distingue les Français des autres étrangers, et qu'on leur refuse les faveurs que nous refusons en France aux étrangers. C'est ce qu'on appelle *le droit de représailles*, qui dérive de la réciprocité; ce qui n'a rien de contraire à la souveraineté de la France.

» C'est une matière de négociation entre les deux souverains. Ils doivent balancer les avantages qui peuvent leur revenir de la réciprocité. Quand ils la trouvent égale aux deux peuples, ils l'établissent entre les deux Etats, comme on a fait dans le traité d'Utrecht, pour établir la réciprocité de l'exemption du droit d'aubaine entre la France et l'Angleterre. Mais quand un Etat est plus grand que l'autre, ils l'établissent (communément) entre l'un des deux, et une partie de l'autre Etat, proportionnée pour la grandeur; (c'est ainsi que, par le traité du 21 janvier 1718, entre la France et la Lorraine, la réciprocité d'hypothèque et d'exécution des contrats et des jugemens avait été stipulée, d'une part, pour tous les Etats du duc de Lorraine, et de l'autre, pour la généralité de Metz seulement). La représaille est de droit, et chaque souverain peut l'exercer dans ses Etats, comme il lui plaît; mais la réciprocité, dont l'effet s'étend au droit et à la police d'un autre Etat, est de convention; et elle ne peut s'établir que par un traité entre les deux souverains.

» Sans cela, un petit Etat serait le maître de se procurer tels avantages qu'il lui plairait dans un grand Etat : il n'aurait qu'à accorder aux sujets de ce grand Etat, les droits et les priviléges qu'il voudrait procurer aux siens dans un grand Etat ».

§. XVI. *Avant la réunion du pays de Liége à la France, les jugemens rendus en France, contre des Liégeois demandeurs, avaient-ils, dans le pays de Liége, l'autorité de la chose jugée? — Ont-ils du moins acquis cette autorité par l'effet de la réunion des deux Etats, opérée depuis leur prononciation?*

V. l'article *Réunion*.

§. XVII. *La loi qui refuse toute exécution en France, aux jugemens rendus en pays étranger contre des Français, empêche-t-elle qu'on ne produise en France une enquête que la partie adverse d'un Français a fait faire devant des juges étrangers, sans commission préalable des juges nationaux?*

V. l'article *Tribunal de commerce*.

§. XVIII. *Quelle est, dans un pays, en matière de prises maritimes, l'autorité des jugemens rendus dans un autre pays?*

V. le plaidoyer et l'arrêt du 19 décembre 1809, rapportés aux mots *Prises maritimes*, §. 3.

§. XIX. 1.° *Quelle est en France, d'après le traité de commerce du 11 janvier 1787, l'autorité des jugemens rendus par les tribunaux russes, entre deux Français, se disputant, comme héritiers d'un Français mort en France, des biens mobiliers qui se trouvent en Russie?*

2.° *Un jugement qui prononce sur la légitimité ou l'illégitimité d'un enfant, sur la validité ou nullité d'un mariage, a-t-il l'autorité de la chose jugée hors de la souveraineté dans laquelle il a été rendu?*

3.° *Les tribunaux français peuvent-ils annuller un divorce prononcé par jugement en pays étranger?*

Ces questions que j'avais renvoyées, dans la seconde édition de ce recueil, à l'article *Succession*, §. 13, sont traitées dans le *Répertoire de jurisprudence*, au mot *Jugement*, §. 7 *bis* (dans les *additions* qui forment le tome 15 de la 4.e édition).

§. XX. *Un jugement est-il nul, lorsqu'au lieu de rappeler le fait et les conclusions des parties, il se réfère, à cet égard, à un jugement antérieur dont il est la suite? — Est-il nul, lorsqu'il est rendu dans une autre section et au rapport d'un autre magistrat que le jugement interlocutoire qui l'a précédé? — Est-il nul, faute de mention de l'ordonnance qui a subrogé le rapporteur à un autre précédemment nommé? — Est-il nul, lorsqu'il a été prononcé à un long intervalle des plaidoiries ou des rapports, sans qu'il apparaisse d'aucune remise?*

V. le plaidoyer et l'arrêt rapportés au mot *Mariage*. §. 8.

§. XXI. *Un jugement qui énonce qu'il a été rendu tel jour, après avoir entendu les parties et le ministère public, fait-il foi par lui-même, que c'est ce jour-là que les parties ont plaidé et que le ministère public a donné ses conclusions? La preuve résultant de cette énonciation, que tous les juges nommés dans le jugement, ont entendu les plaidoiries des parties et les conclusions du ministère public, peut-elle être détruite par des extraits du plumitif qui énoncent que les plaidoiries ont eu lieu à des audiences antérieures, auxquelles n'assistaient pas quelques-uns des juges nommés dans le jugement? Peut-elle l'être, en matière de cassation, par les aveux de la partie en faveur de laquelle le jugement a été rendu?*

V. le plaidoyer et l'arrêt du 21 novembre 1809, rapportés aux mots *Inscription hypothécaire*, §. 2.

§. XXII. 1.° *Les jugemens rendus sous la loi du 24 août 1790, qui ne contiennent pas, en termes précis, les questions sur lesquelles ils statuent, sont-ils nuls?*

2.° *La voie de la cassation est-elle toujours nécessaire pour que l'on puisse déclarer nul un jugement en dernier ressort, auquel manque une des formes essentiellement constitutives des jugemens?*

V. les articles *Appel*, §. 9; et *Union de créanciers*, §. 2.

§. XXIII. 1.° *Peut-on attaquer par la voie de la cassation un jugement en dernier ressort rendu sur requête non-communiquée?*

2.° *La voie de la cassation est-elle ouverte contre un jugement en dernier ressort par défaut, tant que dure le délai de l'opposition à ce jugement?*

V. le plaidoyer du 28 mars 1810, rapporté au mot *Serment*.

§. XXIV. *L'obligation imposée aux juges, de citer et transcrire dans leurs jugemens, les lois pénales qu'ils appliquent aux crimes et aux délits, est-elle suffisamment remplie par la citation et transcription des lois qui déterminent, par des dispositions générales, la nature des peines que ces juges peuvent prononcer?*

V. l'article *Tribunal de police*, §. 11.

§. XXV. *Y a-t-il des cas où l'annullation d'un jugement prononcée par la cour de cassation, pour excès de pouvoir, sur le réquisitoire du procureur-général précédé d'un ordre du ministre de la justice, profite ou nuit aux parties intéressées?*

V. l'article *Ministère public*, §. 10, n. 2.

Au surplus, V. *Interlocutoire*, *Préparatoire*, *Loi*, §. 18; *Appel*, *Avoué*, *Cassation*, *Contrariété de jugemens*, *Requête civile*, *Restitution en entier*, non bis in idem, *Faux*, *Déclaration de jugement commun*, *Rapport*, *Délibéré*, *Dernier ressort*(1), *Désistement*, *Exécution des jugemens*, *Exécution parée*, *Interprétation de jugement*, *Motifs des jugemens*, *Opinion*, *Partage d'opinions*, *Sections des tribunaux*, *Signature*, §. 4; *Tribunal d'appel*, *Tribunal correctionnel*, *Tribunal de commerce*, *Tribunal de police*, *Justice de paix*, *Pouvoir judiciaire*, *Conclusions du ministère public*, *Prorogation de juridiction* et *Serment*.

JUGEMENT DE DÉFENSE. *Sous l'empire de l'ordonnance de 1667, les tribunaux d'appel pouvaient-ils accorder des défenses provisoires contre un jugement rendu en première instance, d'après un titre authentique, et contenant la clause d'exécution nonobstant appel?*

« Le commissaire du gouvernement près le tribunal de cassation expose que, pour faire cesser un abus qui commence à s'introduire dans quelques tribunaux d'appel, il croit devoir requérir, en vertu de l'art. 88 de la loi du 27 ventôse an 8, l'annullation d'un jugement de celui de Riom, en date du 7 vendémiaire dernier.

» Dans le fait, par contrat notarié du 5 nivôse an 7, Antoine-Joseph Artis-Thiézac, Marie-Charlotte Martel, son épouse, Armand-Samuel Marescot, général de division, inspecteur-général des fortifications de la république, leur gendre, et Cécile-Françoise-Charlotte-Rosalie Artis-Thiézac, son épouse, leur fille, ont vendu

(1) A ce qui est dit sous ces mots, §. 11, il faut ajouter ce que contient, sur la même question, le plaidoyer du 18 avril 1810, rapporté à l'article *Rente foncière, Rente seigneuriale*, §. 16.

à Pierre Estieu, homme de loi à Murat, les domaines de Rivière et de la Garde, situés dans les communes de Thiézac et de Vic, arrondissement d'Aurillac, département du Cantal.

Le prix de cette vente a été fixé à la somme de 83,968 francs, dont 4,000 payés comptant, et le surplus stipulé payable en quatre années, à raison de 20,000 francs par an, sauf que le dernier terme ne serait que de 19,968 francs; *à la charge toutefois par les vendeurs, de faire l'emploi de la totalité dudit prix en biens fonds dégagés d'hypothèques*, conformément au contrat de mariage de la dame Marescot, l'une des venderesses, et cela pour la sûreté de ses père et mère.

» Il a été convenu en même temps, que *les vendeurs ne pourraient être forcés à faire ledit emploi qu'au troisième terme, et que, s'il n'était fait plutôt, ils s'obligeaient de donner bonne et valable caution, à leur domicile, pour la garantie dudit emploi, lors du premier payement.*

» Il paraît que les deux premiers termes ont été payés à leurs échéances.

» Le 11 ventôse an 11, le général Marescot et son épouse, en présence et du consentement du cit. et de la dame Artis, ont acheté du cit. Laurent, le domaine de Deffant, situé dans l'arrondissement d'Auxerre, département de l'Yonne. La dame Marescot a accepté cette acquisition pour remploi des biens vendus en l'an 7 au cit. Estieu; et, de leur côté, le cit. et la dame Artis ont déclaré être satisfaits de ce remploi.

» Après avoir fait transcrire le contrat d'acquisition au bureau des hypothèques d'Auxerre, et s'être fait délivrer, par le conservateur, un certificat constatant qu'il n'existait aucune inscription hypothécaire sur le domaine de Deffaut, le général Marescot, son épouse, le cit. et la dame Artis ont fait faire au cit. Estieu un commandement de payer les deux derniers termes du prix de la vente du 5 nivôse an 7.

» Le cit. Estieu a formé opposition à ce commandement. Il a prétendu 1.° que le remploi fait par le contrat du 6 ventôse an 11, n'était pas suffisant pour assurer son acquisition, et prévenir tout recours de la part du cit. et de la dame Artis, qui cependant l'avaient accepté; 2.° que, quoique les domaines de la Rivière et de la Garde lui eussent été vendus francs d'impositions antérieures, il avait été obligé de payer 54 fr. pour les contributions arriérées de l'an 6; 3.° qu'il existait en ses mains une saisie-arrêt, pratiquée par un cit. Canauche-Miramont, pour une rente foncière de 100 livres, créée à son profit par un bail à cens de 1743.

» Par jugement du 25 thermidor an 11, « attendu que l'acte du 11 ventôse dernier contient un remploi accepté par la dame Marescot, en présence et du consentement de ses père et mère, parties capables pour le contester; — Attendu que le certificat du conservateur des hypothèques atteste qu'il n'y a aucune inscription contre les vendeurs du fonds acquis en remploi; — Attendu que les demandeurs offrent de rembourser la somme de 54 francs, en rapportant par Estieu la preuve légale du payement de cette somme, en leur acquit, au percepteur de l'an 6; — Attendu que les demandeurs offrent de donner caution solvable de rapporter les sommes qui pourront être dues par suite de la saisie-arrêt faite ès mains dudit Estieu; — Le tribunal (civil de l'arrondissement d'Aurillac) déclare le remploi fait par l'acte du 6 ventôse dernier, bon et valable; condamne Marescot, Artis et leurs épouses, à payer, suivant leurs offres, à Estieu, la somme de 54 francs, en justifiant par lui....; ce faisant, sans s'arrêter à l'opposition formée par Estieu, au commandement à lui fait, de laquelle il est débouté, ordonne que les poursuites commencées seront continuées, à la charge, par les demandeurs, de donner caution solvable de rapporter les sommes qui pourront être dues à Canauche-Miramont, par suite de la saisie-arrêt...; *et attendu que les demandeurs sont fondés en titres authentiques, ordonne que le présent jugement sera exécuté par provision, nonobstant l'appel, conformément à l'art. 15 du tit. 17 de l'ordonnance de 1667* ».

» Le cit. Estieu a appelé de ce jugement; et le 7 vendémiaire an 12, il a obtenu, sur une simple requête non communiquée, un jugement par lequel le tribunal d'appel de Riom lui a permis d'intimer ses adversaires, *toutes choses demeurant en état.*

» C'est ce jugement que l'exposant se croit obligé de dénoncer au tribunal suprême. L'annullation en est, non-seulement commandée, mais en quelque sorte prononcée de plein droit, par l'ordonnance de 1667.

» Les art. 14 et 15 du tit. 17 de cette loi déterminent les cas où les sentences de provision seront exécutoires nonobstant l'appel; et parmi ces cas, se trouve expressément compris celui où *il y a contrats, obligations ou promesses reconnues.* Vient ensuite l'art. 16, qui défend aux *cours de parlement et autres cours, et à tous autres juges, de donner des défenses ou surséances en aucun des cas exprimés aux précédens articles; et si aucunes étaient obtenues*, ajoute le même article, *nous les avons dès-à-présent déclarées nulles, et voulons que sans y avoir égard, et sans qu'il soit besoin d'en demander main-levée, les sentences soient exécutées, nonobstant tous jugemens, ordonnances ou arrêts contraires; et que les parties qui auront présenté les requêtes à fin de défenses ou de surséance, et les procureurs qui les auront signées, ou qui en auront fait demande en l'audience ou autrement, soient condamnés chacun en 100 livres d'amende, applicable, moitié à la partie, et l'autre moitié aux pauvres, lesquelles amendes ne pourront être remises ni modérées.*

» On sait bien que la disposition de cet article a souffert, dans l'ancien ordre judiciaire, des infractions très-fréquentes. Mais ces infractions n'ont été, ni assez générales, ni assez multipliées pour abroger la loi ; elles ont d'ailleurs été réprimées par un arrêt de réglement du parlement de Paris, auquel ressortissait la ci-devant province d'Auvergne. Cet arrêt qui a été rendu le 28 août 1783, « fait défenses aux procureurs, » sous telle peine qu'il appartiendra, de présenter des requêtes et d'obtenir des arrêts de » défenses ou surséance contre l'exécution des » sentences et jugemens intervenus en matière » civile, dans les cas ci-après exprimés, savoir... » 2.° sur des condamnations portées par des » sentences dont il n'y a point eu d'appel, ou » qui seraient exécutoires nonobstant l'appel, le » tout, s'il s'agit des obligés personnellement ou » leurs héritiers et ayant cause, autres que les » tiers-détenteurs, et s'il n'y a point incompé» tence évidente ».

» Ce considéré, il plaise au tribunal de cassation, vu l'art. 88 de la loi du 27 ventôse an 8, et les dispositions ci-dessus rappelées de l'ordonnance de 1667, casser et annuller, pour l'intérêt de la loi, le jugement rendu par le tribunal d'appel de Riom, le 7 vendémiaire an 12; et ordonner qu'à la diligence de l'exposant, le jugement de cassation à intervenir sera imprimé et transcrit sur les registres dudit tribunal..... *Signé* Merlin.

» Ouï le rapport du cit. Vergès, l'un des juges.... ;

» Vu les art. 15 et 16 du tit. 17 de l'ordonnance de 1667 ;

» Considérant que le tribunal civil de l'arrondissement d'Aurillac, lors du jugement par lui rendu le 25 thermidor an 11, sur le fond de la contestation, a rejeté l'opposition formée par le cit. Estieu, aux commandemens dirigés contre lui par le cit. Marescot et consorts, et a ordonné la continuation des poursuites ;

» Que ce tribunal a reconnu que le cit. Marescot et ses consorts étaient porteurs de titres authentiques contre le cit. Estieu ;

» Qu'il a reconnu, en outre, que ces titres établissaient la demande en payement d'une partie du prix de la vente faite par le cit. Marescot et consorts à Estieu, le 5 nivôse an 7;

» Que ce tribunal n'a eu aucun égard à l'exception que le cit. Estieu indiquait de l'insuffisance du remploi convenu lors du contrat dudit jour, 5 nivôse an 7;

» Qu'il a ordonné, sous ces rapports, que son jugement serait exécuté par provision, nonobstant l'appel, conformément à l'art. 11 de l'ordonnance de 1667;

» Que néanmoins le tribunal d'appel séant à Riom, a rendu à l'audience du 7 vendémiaire an 12, sur la seule demande du cit. Estieu, un jugement qui a permis à ce dernier de citer le cit. Marescot et ses consorts au 27 brumaire suivant, *toutes choses jusqu'à ce demeurant en état ;*

» Que les moyens employés par le cit. Estieu, pour obtenir ce jugement de surséance, étaient les mêmes que ceux qu'il avait déjà fait valoir infructueusement devant les juges de première instance, sur le fond de la contestation ;

» Que le principal de ces moyens était pris de ce que, quoique lors de la vente authentique faite le 5 nivôse an 7, il eût été convenu que les vendeurs feraient le remploi du prix de cette vente, l'acquisition par eux faite postérieurement, était néanmoins insuffisante à cet égard;

» Considérant que le tribunal d'appel séant à Riom a bien été saisi, par l'appel du cit. Estieu, du droit de prononcer sur les moyens que toutes les parties pouvaient respectivement faire valoir pour faire maintenir ou pour faire réformer le jugement définitif de première instance ; — Que ce tribunal, avant d'exercer ce droit, n'a pu s'arroger celui de surseoir arbitrairement l'exécution provisoire du jugement définitif de première instance rendu à la suite d'une discussion contradictoire, sur les titres et les exceptions des parties;

» Qu'en ordonnant cette surséance, le tribunal d'appel séant à Riom a violé les art. 15 et 16 du tit. 17 de l'ordonnance de 1667, ci-dessus transcrits;

» Le tribunal, faisant droit sur le réquisitoire du commissaire du gouvernement près le tribunal de cassation, et procédant en exécution de l'art. 88 de la loi du 27 ventôse an 8, casse, pour l'intérêt de la loi seulement, le jugement rendu par le tribunal d'appel séant à Riom, le 7 vendémiaire an 12, pour contravention aux art. 15 et 16 du tit. 17 de l'ordonnance de 1667; ordonne qu'à la diligence du commissaire du gouvernement près le tribunal de cassation, le présent jugement sera imprimé et transcrit sur les registres du tribunal d'appel séant à Riom.

» Fait et prononcé à l'audience du tribunal de cassation, section civile, le 18 pluviôse an 12.... ».

JUIFS. — §. I. *Des billets sous seing-privé souscrits au profit des Juifs de la ci-devant Alsace.*

V. l'article *Arrêt de réglement*, §. 1.

§. II. *De la forme dans laquelle les Juifs doivent prêter serment.*

V. l'article *Serment*, §. 2.

JURIDICTION. *Sur la distinction entre les actes de juridiction volontaire et ceux de juridiction contentieuse, V.* l'article *Assignation*, §. 13.

JURY. — §. I. *Quels sont les cas où les juges peuvent proposer au jury des questions relatives à des délits purement correctionnels? — Quels sont ceux où, d'après la déclaration du jury, ils peuvent prononcer les peines que les lois infligent aux délits de cette nature?*

« Le procureur-général expose que, le 31 août 1807, la cour de justice criminelle du département de la Gironde a rendu un arrêt contre lequel la partie intéressée ne s'est pas pourvue dans le délai fatal; mais qui, violant la loi dans une de ses dispositions les plus importantes, doit être annullé dans l'intérêt de la loi elle-même.

» Toute la France retentit encore du procès sur lequel cet arrêt a statué : c'est celui qui avait donné lieu, contre le sieur Ponterie Escot et son fils, à une accusation de crime d'homicide et d'attentat à la liberté individuelle, prétendu commis dans la personne de Charles-Hilaire Dehap, jeune homme qu'ils avaient surpris dans le lit de Cécile Ponterie-Escot, fille de l'un, et sœur de l'autre.

» Cette accusation ayant subi, devant la cour de justice criminelle du département de la Gironde, un débat public et solennel, les questions suivantes ont été posées par le président, et remises par lui au jury de jugement : — « *Premier délit.* 1.° Est-il constant que, dans » la nuit du 26 au 27 février dernier, il a été » commis des excès et violences, sur la per» sonne de Charles-Hilaire Dehap fils, dans la » maison de Meynard, commune de Prigon» rieu? — 2.° Est-il constant que Charles-Hi» laire Dehap est mort deux jours après de » l'effet desdits excès et violences? — 3.° Pon» terie père est-il convaincu d'avoir *commis cet* » *homicide?* — 4.° L'a-t-il commis volontaire» ment et à dessein? — 5.° L'a-t-il commis dans » le cas d'une légitime défense? — 6.° L'a-t-il » commis avec préméditation? — 7.° Ponterie » fils a-t-il commis cet homicide volontairement » et à dessein, etc. — *Second délit.* 1.° Est-il » constant que, dans la nuit du 26 au 27 février » dernier, il a été commis envers Charles-Hi» laire Dehap, un attentat à la liberté indivi» duelle, en le retenant de force et pendant » plusieurs heures, dans l'intérieur de la mai» son de Meynard, commune de Prigonrieu? » — 2.° Ponterie père est-il convaincu d'avoir » commis cet attentat à la liberté individuelle? » — 3.° L'a-t-il commis volontairement et à » dessein? — 4.° Ponterie fils est-il convaincu » de l'avoir commis? — 5.° L'a-t-il commis » volontairement et à dessein? — *Troisième* » *délit.* 1.° Est-il constant que, dans la nuit du » 26 au 27 février dernier, Charles-Hilaire De» hap a été lié et garrotté dans la maison de » Meynard? — 2.° Ponterie père est-il con» vaincu de l'avoir lié et garrotté? — 3.° A-t-il » commis ce délit volontairement et à dessein? » 4.° Ponterie fils est-il convaincu d'avoir lié et » garrotté Charles-Hilaire Dehap? — 5.° A-t-il » commis ce délit volontairement et à dessein »?

» Sur ces questions, le jury a donné une déclaration unanime qui porte, — « Qu'il est cons» tant que, du 26 au 27 février dernier, il a » été commis au Meynard, commune de Pri» gonrieu, sur la personne de Charles-Hilaire » Dehap, fils, des violences et des excès; — » Qu'il est constant que Charles-Hilaire Dehap, » est mort deux jours après de l'effet des vio» lences et des excès commis sur sa personne; » — Que Jean-Jacques Meynardie-Ponterie-Es» cot, père, est convaincu d'avoir commis cet » homicide; — Que l'accusé n'a pas commis » cet homicide volontairement et à dessein; — » Que Pierre-François Meynardie-Ponterie-Es» cot, fils, n'est pas convaincu d'avoir commis » cet homicide; — Qu'il n'est pas constant que, » du 26 au 27 février dernier, il ait été commis, » envers Hilaire Dehap, un attentat contre la » liberté individuelle, en le retenant de force » et pendant plusieurs heures, dans l'intérieur » de la maison de Meynard, commune de Pri» gonrieu; — Qu'il est constant que, du 26 au » 27 février dernier, Charles-Hilaire Dehap, » fils, a été lié et garrotté dans l'intérieur de la » maison de Meynard, commune de Prigon» rieu; — Que Jean-Jacques Meynardie-Ponte» rie-Escot, père, est convaincu d'avoir com» mis ce délit; — Que l'accusé a commis ce » délit volontairement et à dessein; — Qu'il est » constant que Pierre-François Meynardie-Pon» terie-Escot, fils, a lié et garrotté Charles-Hi» laire Dehap, fils; — Qu'il n'a pas commis ce » délit volontairement et à dessein ».

» D'après cette déclaration, il est intervenu, sur-le-champ, une ordonnance du président, qui a acquitté les sieurs Ponterie-Escot, père et fils, de l'accusation des crimes de meurtre et d'attentat à la liberté individuelle. Par la même ordonnance, il a été dit que le sieur Ponterie-Escot, fils, serait, à l'instant même, mis en liberté.

» Mais à l'égard du sieur Ponterie-Escot, père, la cour de justice criminelle a prononcé en ces termes : — « Considérant que, si Ponte» rie, père, n'est pas déclaré coupable d'avoir, » volontairement et à dessein, commis l'homi» cide sur la personne de Dehap, il est néan» moins, par la *même déclaration*, *convaincu* » *des excès et violences qui ont causé cet homi*» *cide*; — Considérant que le jury a pareille-

» ment déclaré Ponterie-Escot, père, convaincu » d'avoir *volontairement* et à *dessein* lié et garrotté Dehap, fils; — Considérant que, par » *l'effet de ces ligatures*, Dehap fils a eu les » *parties de ses membres* sur lesquelles les liens » portaient, *les unes meurtries, les autres déchirées*, ainsi que *cela résulte des débats* et » du *rapport écrit de l'officier de santé*; ce qui » constitue un *délit prévu par les art.* 13 et 14 » du tit. 2 de la loi du 22 juillet 1791, dont » l'application doit être faite par la cour, aux » termes de l'art. 434 du Code des délits et des » peines; — Considérant que des dommages et » intérêts sont légitimement dus; — La cour, » déclare Jean-Jacques Meynardie-Ponterie-» Escot, père, agriculteur-propriétaire, habitant la commune de Prigonrieu, canton de » la Force, arrondissement de Bergerac, département de la Dordogne, *coupable d'avoir,* » *hors le cas d'une légitime défense, et excuse* » *suffisante, blessé jusqu'à effusion de sang, le* » *sieur Charles-Hilaire Dehap; pour réparation* » *de quoi, condamne* Ponterie-Escot, père, à » une *année d'emprisonnement* dans la maison » de correction, *en* 1000 *francs d'amende,* » *et* 25,000 *francs de dommages et intérêts* envers le sieur et dame Dehap, père et mère » dudit sieur Charles-Hilaire Dehap, applicables, de leur consentement, aux hospices de » Bergerac; et *aux dépens* liquidés envers le » trésor public à la somme de 3,204 fr. 34 c.; » et envers les sieur et dame Dehap, à la somme » de 657 fr. 23 c., au payement desquels dommages et intérêts, dépens et amende, Ponterie-Escot sera contraignable par corps ».

» En prononçant ainsi, la cour de justice criminelle a commis un double excès de pouvoir : elle a, d'une part, violé la déclaration du jury; et, de l'autre, elle y a ajouté. Elle a fait plus encore : elle a, même en supposant qu'elle ait pu ajouter à la déclaration du jury, fait une fausse application des art. 13 et 14 du tit. 2 de la loi du 22 juillet 1791.

» 1.° Elle a violé la déclaration du jury, en disant « que si Ponterie, père, n'est pas déclaré » coupable d'avoir, volontairement et à dessein, » commis l'homicide sur la personne de Dehap, » il est néanmoins, par la déclaration, con» vaincu des excès et violences qui ont causé » cet homicide ». — De la manière dont le jury s'était expliqué sur les *excès et violences*, il résulte évidemment qu'il les avait confondus avec l'*homicide*. Ainsi, en déclarant que le sieur Ponterie-Escot, père, n'avait pas commis l'homicide volontairement et à dessein, il l'avait nécessairement acquitté de l'accusation d'avoir commis les excès et violences qui avaient causé la mort de Charles-Hilaire Dehap. La cour de justice criminelle a donc fait entrer dans les élémens de la condamnation qu'elle a prononcée contre le sieur Ponterie-Escot, père, un fait dont le jury avait déclaré celui-ci non coupable.

» 2.° La cour de justice criminelle a ajouté à la déclaration du jury, et elle y a ajouté en ce qui concerne le fait de *garrottage*.

» Ce fait, isolé et considéré en lui-même, ne pouvait pas être imputé à délit; et il le pouvait d'autant moins que, d'après les articles précédens de la déclaration du jury, il n'était plus possible, ni de le présenter comme un excès et une violence exercés volontairement et à dessein sur la personne de Charles-Hilaire Dehap, puisqu'à cet égard, le sieur Ponterie-Escot, père, était déclaré non-coupable, ni de l'identifier avec l'attentat à la liberté individuelle du nommé Charles-Hilaire Dehap, puisqu'à cet égard, le sieur Ponterie-Escot était déclaré non-convaincu. — Aussi la déclaration du jury ne dit-elle pas que le fait du garrottage ait été, de la part du sieur Ponterie-Escot, père, l'effet d'un dessein de nuire; ce qui le dépouille nécessairement de toute criminalité et le met à couvert de toute espèce de peine.

» Mais la cour de justice criminelle s'est permis de suppléer, sur ce point essentiel, à la déclaration du jury : elle a dit qu'il résultait » *des débats et du rapport écrit de l'officier de* » *santé*, que, par l'effet de ces ligatures, Dehap, fils, avait eu les parties de ses membres » sur lesquelles les liens portaient, les unes » meurtries, les autres déchirées; ce qui constitue (a-t-elle ajouté), un délit prévu par les » art. 13 et 14 du tit. 2 de la loi du 22 juillet » 1791, dont l'application doit être faite par » la cour, aux termes de l'art. 434 du Code des » délits et des peines ».

» Sans doute, les cours de justice criminelle peuvent et doivent appliquer aux délits de police correctionnelle qui se rencontrent dans les procès soumis à leur examen, les peines infligées par les lois à ces sortes de délits. Mais dans quel cas? Dans celui-là seul où, de la déclaration du jury, il résulte, non-seulement que les faits qualifiés de délits par les lois correctionnelles, sont constans, et que l'accusé en est auteur, mais encore que l'accusé les a commis dans une intention criminelle. Tel est le sens de l'art. 434 du Code des délits et des peines; jamais il n'a été entendu autrement, et il suffit de le lire, il suffit de le comparer avec les articles qui le précèdent, pour se convaincre de l'impossibilité de lui donner une autre signification.

» 3.° Mais supposons pour un moment que la cour de justice criminelle ait pu prendre sur elle d'ajouter à la déclaration du jury, que, par le fait du garrottage de Charles-Hilaire Dehap, celui-ci avait eu les parties de ses membres sur lesquelles les liens avaient porté, *les unes meurtries, les autres déchirées* : aurait-elle pu, pour cela, appliquer à ces meurtrissures, à ces déchiremens, les dispositions pénales des art. 13 et 14 du tit. 2 de la loi du 22 juillet 1791? — Non certainement.

» Ces articles ne punissent correctionnellement ceux qui *auraient blessé ou même frappé des citoyens*, que lorsqu'ils l'ont fait *hors le cas d'une légitime défense et sans excuse suffisante*. — Or, non-seulement l'arrêt dont il s'agit, ne déclare pas que c'est *hors le cas d'une légitime défense et sans excuse suffisante*, que le sieur Ponterie-Escot, père, a *meurtri* et *déchiré les parties des membres* de Charles-Hilaire Dehap, sur lesquelles ont porté les liens dont il l'a garrotté; mais il ne pourrait pas le déclarer, sans se mettre en opposition avec la décision du jury, sur les faits d'excès, de violence et d'attentat à la liberté individuelle.

» Ce considéré, il plaise à la cour, vu l'art. 88 de la loi du 27 ventôse an 8 et l'art. 456 du Code des délits et des peines, du 3 brumaire an 4, casser et annuller, dans l'intérêt de la loi, l'arrêt de la cour de justice criminelle du département de la Gironde, ci-dessus mentionné, et dont expédition est ci-jointe; et ordonner qu'à la diligence de l'exposant, l'arrêt à intervenir sera imprimé et transcrit sur les registres de ladite cour.

» Fait au parquet, le 4 février 1809. *Signé* Merlin.

» Oui le rapport de M. Carnot...... ;

» Vu les art. 228, 378, 434 et 556 du Code des délits et des peines;

» Et attendu que le Code du 3 brumaire an 4 ayant prohibé, par l'art. 228, de dresser acte d'accusation pour autres délits que pour ceux emportant peines afflictives ou infamantes, et n'ayant autorisé, par l'art. 378, les présidens des cours de justice criminelle qu'à poser au jury des questions sur les faits repris en l'acte d'accusation, il en résulte qu'il ne peut jamais être posé régulièrement au jury, que des questions qui tendent à établir un fait dont la culpabilité déclarée peut emporter peine afflictive ou infamante;

» Attendu que l'observation rigoureuse de ces deux actes du Code est prescrite à peine de nullité;

» Que cependant le président de la cour de justice criminelle du département de la Gironde a posé, sur la troisième série, des questions relatives au simple fait du garrottage d'un individu, qui, par lui seul et isolé de toutes circonstances apparentes, ne pouvait constituer un délit à réprimer par une peine afflictive ou infamante;

» Que la question de savoir si le prévenu s'était rendu coupable de ce garrottage volontairement et à dessein, ne changeait ni ne pouvait changer la nature du délit, ni le faire rentrer dans les dispositions du Code pénal;

» Qu'il y a donc eu violation ouverte des art. 228 et 378 du Code, dans la position des questions de la troisième série;

» Que néanmoins et malgré l'acquittement de Ponterie-Escot, relativement au crime d'homicide et d'attentat à la liberté individuelle de Dehap, dont il était prévenu, sur la première et deuxième série, la cour de justice criminelle du département de la Gironde, se fondant sur les dispositions de l'art. 434 du Code, a condamné le prévenu en une année d'emprisonnement correctionnel, en des dommages-intérêts envers les plaignans et aux frais de la procédure;

» Que la cour de justice criminelle du département de la Gironde a fait, en le jugeant ainsi, fausse application de l'art. 434 sous un double rapport: 1.° en faisant reposer l'application de cet article sur une déclaration de jury qui devait être considérée comme non-avenue, puisqu'elle portait sur des questions qui n'auraient pas dû lui être soumises; 2.° sur ce que l'art. 434 n'est applicable qu'au cas où le fait se trouvant dépouillé par la déclaration du jury, des circonstances qui le faisaient rentrer dans les dispositions du Code pénal, le laisse dans la classe des délits de police correctionnelle, ou de simples contraventions de police;

» Que ce serait en effet contrarier tout le système du Code, que de faire l'application de l'art. 434, au cas où il n'aurait été posé au jury des questions que sur un simple délit de police ou de police correctionnelle, puisqu'on ne pouvait le faire qu'en supposant que de pareilles questions peuvent être soumises au jury, tandis que les art. 228 et 378 en renferment la défense la plus expresse;

» Attendu que la cour de justice criminelle du département de la Gironde a encore commis un troisième excès de pouvoir, en ajoutant à la déclaration du jury qu'elle pouvait seule consulter, et en allant puiser dans l'instruction et dans les débats des circonstances aggravantes pour fonder la condamnation qu'elle a prononcée contre le prévenu; car les faits sont tout entiers dans le domaine du jury; et quand il a donné sa déclaration, elle doit être seule consultée pour l'application de la peine ou pour l'acquittement du prévenu. Cela résulte évidemment, en effet, de la combinaison des art. 424 et 428 du Code, et de la nature même de l'institution du jury;

» Qu'ainsi, et quand la cour de justice criminelle du département de la Gironde aurait été autorisée à poser une série de questions relatives au garrottage dont était prévenu Ponterie-Escot, il aurait suffi que les circonstances aggravantes de ce délit, n'eussent pas été déclarées à la charge du prévenu, pour que la cour de justice criminelle ne pût rechercher, dans les entrailles de la procédure, des circonstances qui puissent la rendre passible de peines correctionnelles;

» Attendu que la cour de justice criminelle du département de la Gironde pouvait d'autant moins se le permettre, que le jury avait déclaré, en point de fait, que, si le prévenu s'était rendu coupable d'homicide pour excès et violences, il n'avait pu agir volontairement et à dessein; de sorte qu'il était vrai de dire, d'après la déclaration du jury, qu'à la vérité, Ponterie-Escot s'était bien rendu coupable des excès et violences qui avaient occasionné les blessures et la mort de Dehap, qui en avaient été la suite, mais qu'il n'en résultait aucune preuve de culpabilité;

» Que néanmoins c'est, en supposant que le garrottage dont Ponterie-Escot était déclaré convaincu avait occasionné à Dehap des blessures et meurtrissures faites volontairement et à dessein, que la cour de justice criminelle a fondé la condamnation qu'elle a prononcée contre le prévenu; de sorte que, non-seulement la cour de justice criminelle de la Gironde a ajouté à la déclaration du jury, en supposant que le garrottage a occasionné des blessures et meurtrissures; mais que même elle s'est mise en contradiction directe avec cette déclaration, en supposant toujours que ces blessures et meurtrissures avaient été faites volontairement;

» Mais, attendu que Ponterie-Escot n'a pas déclaré pourvoi contre cet arrêt; qu'en conséquence, il a passé en force de chose jugée pour ce qui le concerne, il n'y a lieu de prononcer son annullation que dans l'intérêt de la loi;

» Par ces motifs, la cour casse et annulle, dans l'intérêt de la loi seulement, la position des questions sur la troisième série, et par suite, l'arrêt de la cour de justice criminelle du département de la Gironde, du 31 août 1807, dans la disposition par laquelle, prenant égard à la déclaration faite par le jury sur cette troisième série, et y ajoutant des faits prétendus résultans de l'instruction et des débats, il a été fait application à Ponterie-Escot des dispositions de l'art. 434 du Code du 3 brumaire an 4, et prononcé en conséquence contre ce prévenu, un emprisonnement correctionnel, des dommages-intérêts, et une condamnation aux frais de la procédure.

» Ainsi jugé à l'audience de la section criminelle de la cour de cassation, le 10 février 1809.... ».

V. le plaidoyer du 27 octobre 1809, rapporté au mot *Délit*, §. 2, n. 2.

§. II. *Peut-on admettre dans un jury, des jurés qui sont parens entre eux?*

« Dans un procès porté devant la cour de justice criminelle du département de l'Aveyron, les jurés de jugement avaient été régulièrement nommés par le sort, et légalement acceptés. — Ils avaient, en cette qualité, après avoir fait la promesse requise, pris leur place à la première séance dans laquelle plusieurs témoins avaient été entendus, et les débats commencés. — A l'entrée de la seconde séance, le procureur-général avait requis, et les juges avaient ordonné, malgré l'opposition de l'accusé et de son défenseur, en annullant les débats, commencés, que deux jurés qui y avaient assisté, en cette qualité, se retireraient et seraient remplacés sur-le-champ, *pour motif de parenté existant entre eux au degré prohibé.* — Cet arrêt avait été exécuté; le remplacement avait eu lieu. — Violation des art. 418 et 484 du Code des délits et des peines, du 3 brumaire an 4. — La cour de cassation a prononcé (le 10 février 1809), l'arrêt suivant:

» Ouï, le rapport de M. Delacoste....., — Vu l'art. 456 du Code des délits et des peines, du 3 brumaire an 4, n. 6; et les art. 418 et 484 du même Code; — Attendu qu'il est constaté par les pièces du procès, par le procès-verbal des séances, et même par l'arrêt attaqué, que le jury de jugement avait été organisé dans les formes prescrites par la loi; que les jurés absens et récusés avaient été remplacés au commencement de la séance tenue le 15 décembre dernier, au matin, pour l'ouverture des debats; que les jurés non récusés par l'accusé, de lui légalement connus et acceptés, avaient pris leur place, fait la promesse requise et assisté aux débats; que, dès-lors, ces jurés ne pouvaient plus être changés ni rejetés par les juges, qu'ils étaient acquis à l'accusé, comme au ministère public; — Attendu que la cour de l'Aveyron, en annullant les débats qui avaient eu lieu à cette séance, a ordonné que deux des jurés qui y avaient assisté en cette qualité, se retireraient et seraient remplacés sur-le-champ, pour motif de parenté au degré prohibé, existant entre eux: — Qu'aucune loi néanmoins n'établit d'exclusion ni d'incompatibilité entre les jurés; que les exclusions sont de droit étroit, et ne peuvent être induites par analogie; que l'accusé a été ainsi illégalement privé des jurés qu'il avait acceptés; que les débats commencés, ont été anéantis sans motif légal et par excès de pouvoir; qu'il y a eu tout à la fois violation de l'art. 418 du Code cité, et dont l'exécution a été réclamée par l'accusé, et fausse application de l'art. 484 du même Code; — Par ces motifs, la cour casse et annulle les débats, la déclaration du jury de jugement et l'arrêt rendu le 16 décembre dernier par la cour de justice criminelle du département de l'Aveyron..... ». (*Bulletin criminel de la cour de cassation*).

§. III, 1.° *Y a-t-il nullité, lorsqu'au moyen des interruptions qu'a éprouvées le débat, les jurés ont communiqué au dehors, avant de se réunir dans leur chambre pour donner leur déclaration?*

2.° *La déclaration d'un jury portant que l'accusé est coupable d'avoir commis le crime dont il s'agit, soit de telle, soit de telle manière, est-elle suffisante pour asseoir une condamnation?*

V. l'article *Complice*, §. 4.

§. IV. 1.° *Les cours d'assises peuvent-elles, dans le cas prévu par l'art. 352 du Code d'instruction criminelle, motiver les arrêts qui déclarent que les jurés se sont trompés au fond?*

2.° *Un pareil arrêt peut-il être cassé, sur le seul fondement qu'il est mal motivé?*

3.° *Peut-il y avoir une erreur préjudiciable à l'accusé d'un crime de faux par supposition de personne, dans la déclaration du jury qui le reconnaît coupable de faux par supposition de nom?*

Le 9 décembre 1813, arrêt de la chambre d'accusation de la cour de Bourges, ainsi conçu:

« La cour, considérant qu'il résulte des pièces de l'instruction, que Louis Fradet, conscrit réfractaire, né en la commune de Mouhers, canton de Neuvy, pour échapper à toutes poursuites, est parvenu à obtenir de Julien Saulnier la dispense définitive de service militaire de ce dernier et son extrait de naissance, et qu'il a pris le faux nom de Saulnier dans la commune de Moulins, canton de Livroux, arrondissement de Chateauroux, où il est resté 27 mois, et y a contracté mariage, sous le faux nom de Julien Saulnier, alors décédé, avec la fille de Jean-Baptiste Pallnot, devant l'officier de l'état civil de cette commune, le 12 mai dernier; ce qui constitue un faux par supposition de personne dans l'acte de célébration de son mariage;

» Et considérant qu'il existe les charges les plus graves contre Louis Fradet, que c'est par son fait et en produisant à l'officier de l'état civil, l'acte de naissance de Julien Saulnier et les actes de décès des père et mère de ce dernier, qu'il savait ne pas lui appartenir et qu'il s'était frauduleusement procurés; que c'est en le trompant ainsi, que le faux a été commis dans l'acte de célébration de son mariage; ce qui le constitue complice de ce faux par supposition de personne en écriture authentique, crime prévu par les art. 145, 49 et 60 du Code pénal;

» Ordonne la mise en accusation dudit Louis Fradet à raison de la complicité ci-dessus déterminée de faux commis dans l'acte de célébration de son mariage, du 12 mai dernier, et le renvoie à la cour d'assises du département de l'Indre pour y être jugé suivant la loi ».

Le 16 mars 1814, déclaration du jury portant que « l'accusé est coupable d'avoir, le 12 mai dernier, contracté mariage, sous le nom supposé de Julien Saulnier avec Marie-Anne Pallnot, devant l'officier civil de la commune de Moulins, canton de Levroux, et d'avoir ainsi provoqué ledit officier public à commettre, par supposition de personne, ledit faux dans l'exercice de ses fonctions, en lui présentant différens actes de naissance et de décès qui ont servi à commettre ledit faux, sachant qu'ils devaient y servir, et ayant par conséquent et avec connaissance aidé et assisté ledit officier public dans les faits qui ont préparé et consommé ledit faux ».

Immédiatement après la lecture de cette déclaration, arrêt par lequel, « la cour, unanimement convaincue que les jurés se sont trompés dans leur déclaration sur le fond du procès, en disant que le faux faisant l'objet de l'accusation portée contre Louis Fradet, a été commis par supposition de personne, et non par supposition de nom, tandis que le contraire résulte de l'instruction et des débats, déclare qu'il est sursis au jugement du procès; en conséquence, renvoie l'affaire à la session prochaine de la cour d'assises du département de l'Indre, pour être soumise à un nouveau jury ».

Recours en cassation contre cet arrêt, de la part du ministère public.

« Deux reproches (ai-je dit à l'audience de la section criminelle, le 21 avril 1814) sont faits à l'arrêt qui est, en ce moment, soumis à votre examen. On vous dit d'abord qu'il est motivé, et qu'il ne devait pas l'être. On ajoute qu'il est en opposition avec l'arrêt de la cour de Bourges qui a mis Louis Fradet en accusation; et qu'ainsi, il viole l'autorité de la chose jugée.

» Le premier de ces reproches n'est fondé, ni en droit, ni en fait.

» En droit, un arrêt qui, dans le cas prévu par l'art. 352 du Code d'instruction criminelle, exprimerait les motifs qu'aurait la cour d'assises pour déclarer qu'il y a erreur dans la délibération du jury, ne violerait ni cet article ni aucune autre disposition législative. Une loi n'est violée, que lorsqu'on omet ce qu'elle prescrit, ou que l'on fait ce qu'elle défend; et elle ne peut l'être, ni quand elle ne défend pas ce qui a été fait, ni quand elle ne prescrit pas ce qui a été omis.

» En fait, l'arrêt dont il s'agit, se borne à indiquer le point dans lequel la cour d'assises pense que les jurés se sont trompés; il se borne à déclarer que le faux a été commis, non par supposition de personne, mais par supposition de nom; et s'il ajoute que cela résulte de l'instruction et des débats, si cette addition doit être considérée comme un véritable motif, du moins c'est un motif inhérent à la déclaration même de la cour d'assises; c'est un motif qui se suppléerait de lui-même dans la déclaration de la cour d'assises, s'il n'y était pas exprimé ; c'est par conséquent un motif tout-à-fait surabondant; et par conséquent encore, c'est, d'après la règle *quod abundat non vitiat*, un motif dont l'expression ne pourrait pas vicier cette déclaration. quand même, en thèse générale, il serait défendu, à peine de nullité, de motiver une déclaration de cette nature.

» Le second reproche est plus exact en fait, mais n'est pas mieux fondé en droit.

» De ce que Louis Fradet était accusé par l'arrêt de la cour de Bourges, du 9 décembre 1813, d'un faux commis par supposition de personne, il ne s'ensuit nullement que le jury, et par conséquent la cour d'assises (dans le cas prévu par l'art. 352), ne fussent pas compétens pour le déclarer coupable d'un faux commis par une simple supposition de nom. Les arrêts de mise en accusation n'ont l'autorité de la chose jugée qu'à l'effet de saisir les cours d'assises de la connaissance des faits imputés aux accusés; et dès qu'une fois les cours d'assises sont saisies de la connaissance de ces faits, c'est au jury, c'est à elles-mêmes (dans le cas prévu par l'art. 352), à décider si ces faits sont constans, et à y ajouter ou en retrancher telles ou telles circonstances. L'art. 345 est là dessus très-formel.

» Mais en écartant ainsi les deux reproches faits par le réclamant à l'arrêt qu'il attaque, nous avons à examiner s'il ne s'élève pas contre ce même arrêt un reproche plus sérieux.

» L'art. 352 n'autorise les cours d'assises à surseoir au jugement et à renvoyer à la session suivante, que lorsqu'elles sont convaincues *que les jurés se sont trompés au fond;* et il paraît assez naturel de croire que, pour qu'elles fassent légitimement usage de ce pouvoir, il est de toute nécessité qu'à leurs yeux, les jurés se soient trompés au préjudice de l'accusé, ou en d'autres termes, que les jurés leur aient paru errer, soit en déclarant l'accusé coupable, tandis qu'elles le trouvent innocent, soit en rattachant à son crime des circonstances qu'elles n'y aperçoivent pas, et qui, si elles existaient, devraient aggraver sa peine.

» Or, dans notre espèce, la cour d'assises du département de l'Indre n'a pensé, ni que les jurés se fussent trompés en déclarant Louis Fradet complice d'un faux en écriture authentique commis par un officier public; ni qu'ils se fussent trompés en rattachant à sa complicité une circonstance qui dût le faire condamner à une peine plus grave que celle qu'il avait réellement encourue.

» Elle a bien dit que Louis Fradet ne lui paraissait pas complice du faux qu'un officier public avait commis en écriture authentique *par supposition de personne;* mais elle a dit en même temps qu'il lui paraissait complice du faux qu'un officier public avait commis en écriture authentique *par supposition de nom;* et il est évident que cela revenait au même pour Louis Fradet, puisque la complicité dont la cour d'assises le reconnaissait coupable, emportait la même peine que celle dont il avait été déclaré coupable par le jury; puisque, dans un cas comme dans l'autre, Louis Fradet devait, d'après les articles 145 et 146 du Code pénal, subir la peine des travaux forcés à perpétuité.

» Dès-lors, la cour d'assises pouvait-elle dire que les jurés s'étaient trompés au préjudice de Louis Fradet? Dès-lors, lui était-il permis de faire usage, en faveur de Louis Fradet, d'un pouvoir que la loi ne lui accordait que pour empêcher qu'il ne subît une peine plus grave que ne le comportait son crime?

» La négative paraîtrait, au premier abord, ne devoir souffrir aucune difficulté.

» Mais un peu de réflexion fait bientôt sentir que c'est l'opinion contraire qui doit prévaloir.

» Il n'importe pas seulement à l'ordre public qu'un coupable ne subisse pas une peine plus grave que celle qui est infligée par la loi à son crime : il lui importe aussi que la peine que le coupable a encourue, lui soit appliquée à raison du crime même qu'il a commis, et qu'on ne le punisse pas comme auteur ou complice d'un autre crime que celui dont il a souillé ses mains.

» Ainsi, quoique la peine de mort doive également atteindre l'assassin par violence et l'assassin par empoisonnement, il importe cependant à l'ordre public que le crime de l'un ne soit pas confondu, dans l'application, avec le crime de l'autre; il importe cependant à l'ordre public que l'on ne punisse pas comme coupable d'assassinat par empoisonnement, celui qui a véritablement commis un assassinat, mais qui l'a commis par violence; et réciproquement.

» Et dès-là, si le jury se trompe en déclarant coupable d'assassinat par violence, l'accusé qui a commis un assassinat par empoisonnement, ou coupable d'assassinat par empoisonnement, l'accusé qui a commis un assassinat par violence, quel obstacle y aurait-il à ce que la cour d'assises, reconnaissant l'erreur du jury, fît usage du pouvoir qui lui est conféré par l'art. 352, de surseoir au jugement et de renvoyer l'affaire à la session prochaine?

» L'obstacle serait-il dans le texte de l'art. 352? Non, puisque cet article porte indéfiniment sur tous les cas où le jury *s'est trompé au fond;* et que certainement il y a erreur *au fond*, lorsque le jury se méprend sur le caractère du crime commis par l'accusé.

» L'obstacle serait-il dans l'esprit de l'art. 352? pas davantage, puisque cet article, par cela seul qu'il est général, a évidemment pour objet de faciliter la réparation de toutes les erreurs qui peuvent égarer le jury, non seulement au préjudice personnel de l'accusé, mais encore au préjudice de la société, en tant qu'elle est intéressée à ce qu'il ne soit point infligé de peine arbitraire, et par conséquent à ce que chaque crime ne soit puni que tel qu'il a été commis.

» Cela posé, il est clair que l'arrêt de la cour d'assises du département de l'Indre, du 16 mars dernier, n'a fait qu'une juste application de l'art. 352. Louis Fradet était déclaré par le jury, convaincu d'un crime de faux par supposition de personne; et la cour d'assises ne le trouvait convaincu que d'un crime de faux par supposition de nom. La cour d'assises a donc dû, comme elle l'a fait, déclarer que le jury s'était trompé.

» Elle a même eu, pour le déclarer effectivement, un motif de plus qu'il ne peut s'en présenter dans les cas ordinaires. Elle a dû envisager les suites qu'aurait l'erreur du jury sur le mariage que Louis Fradet avait contracté avec Marie-Anne Palluot.

» L'erreur du jury subsistant, Marie-Anne Palluot pourrait, d'après l'art. 180 du Code civil, faire annuller son mariage *ab initio*, parce qu'elle l'aurait contracté avec un autre homme que celui qu'elle serait censée avoir voulu épouser.

» Au lieu que, si cette erreur est réparée, Marie-Anne Palluot se trouvera avoir épousé Louis Fradet, sachant qui il était réellement, et avec pleine connaissance qu'il se cachait sous le nom de Julien Saulnier.

» A la vérité, si, par le résultat de la délibération du nouveau jury auquel l'affaire est renvoyée, Louis Fradet est déclaré complice d'un faux commis en écriture authentique par un officier public, et en conséquence condamné à la peine des travaux forcés à perpétuité, qui emporte la mort civile, le mariage dont il s'agit, se trouvera dissous, aux termes de l'art. 25 du Code civil, à compter du jour où la condamnation aura été exécutée.

» Mais autre chose est qu'un mariage soit dissous, autre chose est qu'il soit nul dès son principe; et il peut y avoir, quant aux intérêts civils, de très-grandes différences entre l'une et l'autre hypothèse.

» Par ces considérations, nous estimons qu'il y a lieu de rejeter le recours en cassation du procureur criminel du département de l'Indre ».

Arrêt du 21 avril 1814, au rapport de M. Oudart, par lequel,

« Attendu 1.° qu'aucune disposition ne défend aux cours d'assises de motiver les ordonnances qu'elles peuvent rendre dans le cas prévu par l'art. 351 du code d'instruction criminelle; que ces cours ne sont assujéties à aucune formule; que, même à l'égard des jurés, la peine de nullité n'est pas encourue, lorsqu'ils se sont écartés des formules, si d'ailleurs leur déclaration est claire et répond à tout ce qui était mis en question;

» 2.° Que les arrêts rendus en exécution des art. 231 et suivans du même Code, n'ont l'autorité de la chose jugée, que quant à la mise en accusation et au renvoi de l'accusé devant la cour d'assises; que cette cour peut et doit s'assurer s'il existe des circonstances atténuantes ou aggravantes non exprimées dans l'arrêt de mise en accusation, déclarer, lorsqu'il y a lieu, que le jury s'est trompé au fond; décider, en droit que le fait qui fait le sujet de la mise en accusation, est ou non défendu par la loi; et en conséquence condamner l'accusé ou l'absoudre;

» 3.° Qu'il a été déclaré par le jury que Louis Fradet s'est marié avec Marie-Anne Palluot, sous le nom supposé de Julien Saulnier, et qu'il a provoqué sciemment l'officier de l'état civil à commettre ce crime de faux, en lui remettant des actes, qui l'ont déterminé à employer son ministère; qu'une telle déclaration ne laisse rien à désirer sur le fait et la culpabilité qui sont seuls de la compétence du jury; que la question si le faux a été commis par supposition de nom seulement, ou tout à la fois par supposition de nom et de personne, est une question de droit sur laquelle il appartenait à la cour elle-même de prononcer, et qui n'a pas dû être renvoyée à l'examen d'un second jury;

» 4.° Que Louis Fradet, en usurpant pour lui et ses enfans, les actes, les droits et l'état de Julien Saulnier, en se substituant à la personne de Julien Saulnier, à la face de l'officier de l'état civil, de son épouse environnée de ses parens, devant quatre témoins, dans un lieu public, après avoir fait publier à plusieurs reprises, qu'il était réellement Julien Saulnier, ne peut pas avoir commis le crime de faux par supposition de nom seulement;

» 5.° Qu'au surplus, le crime de faux par supposition de personne et le crime de faux par supposition de nom, sont punis des mêmes peines par les art. 145 et 146 du Code pénal; qu'en effet, l'officier de l'état civil ayant constaté comme vrai, que Julien Saulnier épousait Marie-Anne Palluot, tandis que l'individu était Louis Fradet, celui-ci, pour avoir sciemment provoqué l'officier public à constater comme vrai, un fait qui était faux, et pour lui avoir procuré les actes qui l'ont déterminé à passer le contrat, est atteint de la peine portée par l'art. 146, la même qui est portée par l'art. 145;

» 6.° Attendu néanmoins que la cour d'assises, en manifestant son avis que le faux a été commis par supposition de nom et en déclarant que le jury s'était trompé au fond, n'a pas dit qu'elle s'était déterminée par ce seul motif; qu'elle peut donc avoir été touchée par d'autres considérations et les avoir passées sous silence, parce qu'elle aura donné trop de confiance au motif qu'elle a exprimé;

» Par ces motifs, la cour rejette le pourvoi ».

JUSTICE DE PAIX. — §. I. *Les juges de paix peuvent-ils connaître en première instance, d'une demande formée par un domestique contre son maître, en restitution de meubles et effets servant à son usage personnel, et de titres qui lui appartiennent? — Quel est le sens de l'article de la loi du 24 août 1790, qui attribue aux juges de paix la connaissance des engagemens respectifs des maîtres et domestiques?*

Ces deux questions se sont présentées à l'audience de la section des requêtes de la cour de cassation, le 22 frimaire an 9, sur une demande en cassation formée par la veuve Arnoudet, contre le sieur Salomon.

« Le tribunal civil du département de Vaucluse (ai-je dit, en concluant sur cette affaire), a décidé par le jugement (du 17 pluviôse an 8), dont on vous demande la cassation, que la justice de paix du canton de Pernes était incompétente pour connaître en première instance, d'une demande formée par la veuve Arnoudet, contre les héritiers du cit. Perrin, son ancien maître, et par laquelle elle concluait à ce qu'ils fussent condamnés 1.° à lui payer une somme de 2,000 francs pour vingt années de gages, à raison de 100 fr. par chaque année; 2.° à lui restituer un billet de 900 fr. qu'elle prétendait avoir été souscrit à son profit par le défunt, et avoir été enveloppé sous les scellés apposés sur les effets et papiers de celui-ci, à la requête des héritiers; 3.° à lui restituer, en outre, une somme de 192 fr., ses papiers de famille, son lit, ses effets personnels, et différens meubles qu'elle soutenait lui appartenir, et dont elle donnait la nomenclature, tous objets qui, suivant elle, avaient été, comme le billet de 900 fr., mis sous la main des héritiers, au moyen des scellés qu'ils avaient fait apposer et lever en son absence.

» La compétence de la justice de paix n'aurait pu éprouver aucune contestation, si la demande eût été bornée aux 2,000 francs prétendus pour gages de vingt années de services; car l'art. 10 du tit. 3 de la loi du 24 août 1790 veut que les juges de paix connaissent des gages des domestiques et des salaires des gens de travail, à quelque somme que ces gages et salaires puissent monter.

» Il n'y aurait pas eu plus de difficulté, si la demande de la veuve Arnoudet ne se fût pas étendue au-delà du billet de 900 fr.; car elle ne concluait pas au payement de ce billet, mais seulement à ce qu'il lui fût remis; et dès-là, il y avait lieu à l'application de l'art. 5 de la loi du 6 pluviôse an 2.

» Il est vrai que du premier abord, cette loi paraît n'avoir été faite que pour les circonstances où l'on se trouvait alors, et n'être applicable qu'aux titres existans sous des scellés apposés sur les effets et papiers des personnes détenues par mesure de sûreté générale.

» Mais quand on a rapproché les unes des autres toutes les dispositions de cette loi, on demande convaincu que, si les circonstances dans lesquelles elle a été faite en ont été la cause occasionnelle; son objet ne laisse pas d'être plus étendu, et qu'elle doit s'appliquer au temps présent comme au temps de sa publication.

» C'est ce qui résulte surtout du dernier article, de l'article même qu'invoque la demanderesse, et qui porte : « Tous détenteurs ou dé» positaires de titres, papiers et contrats de » rente réclamés, qui ne se trouvent pas sous » les scellés, sont tenus de les remettre à la » première réquisition du propriétaire ou fondé » de pouvoirs. En cas de retard ou refus, ils y » seront condamnés dans les vingt-quatre heures, » sur simple citation, par le juge de paix, en» semble aux dommages-intérêts que ce retard » ou refus aurait occasionnés, et en une amende » qui ne pourra excéder le quart de leur im» position mobilière ».

» Cette disposition est, comme l'on voit, indéfinie; elle embrasse tous les cas où des titres peuvent se trouver entre les mains d'un tiers, et où celui-ci refuse ou diffère de les remettre à la personne qui en est propriétaire. Dans tous ces cas, elle veut que la restitution en soit ordonnée par le juge de paix; et elle charge le juge de paix de l'ordonner dans les vingt-quatre heures, sur une simple citation.

» Sans doute, si, sur la citation, il s'élevait une question de propriété entre le demandeur en restitution d'un titre, et celui qui s'en trouverait détenteur, le juge de paix ne pourrait la juger en première instance, que dans le cas où l'objet de ce titre n'excéderait pas 100 francs.

» Mais tant que le détenteur ne conteste pas la propriété du demandeur en restitution, le juge de paix est compétent, à quelque valeur que puisse monter le titre; et l'on conçoit très-bien pourquoi le législateur l'a ainsi voulu : c'est qu'en pareil cas, il importe de réprimer, avec la plus grande promptitude, la mauvaise foi du détenteur, et de remettre le demandeur en possession de son titre.

» Ce n'est pas qu'aujourd'hui le juge de paix puisse encore condamner à l'amende le détenteur coupable de refus ou de retard. Cette amende ne peut plus, d'après les dispositions du Code des délits et des peines du 3 brumaire an 4, être prononcée que par le tribunal de police ou par le tribunal correctionnel; et elle a cela de commun avec l'amende plus forte qu'a établie la loi du 8 fructidor an 3, contre tout dépositaire refusant de remettre le dépôt qui lui a été consé. Mais comme toute personne lésée par un délit, a le choix d'en poursuivre la réparation par plainte ou par action privée, il est évident que le juge de paix, considéré comme tel, peut encore aujourd'hui, comme avant le Code des délits et des peines, connaître civilement des demandes en restitution de titres, et même condamner le détenteur de mauvaise foi ou de mauvaise volonté aux dommages-intérêts résultans de son refus ou de son retard.

» Il n'est donc pas douteux, nous le répétons, que la demanderesse n'ait pu agir, comme elle l'a fait devant le juge de paix du canton de Pernes, tant pour la restitution de son billet de 900 fr., que pour le payement de ses gages.

» La même observation s'applique à ses papiers de famille, dont elle a prétendu que les héritiers Perrin se trouvaient pareillement détenteurs.

» Mais a-t-elle pu également se pourvoir devant ce juge, pour se faire restituer la somme de 192 francs, les effets et les meubles qu'elle soutenait lui appartenir, et avoir laissés dans la maison de son ancien maître, lorsque les héritiers l'en avaient expulsée?

» Elle l'a pu, suivant elle, et parce que la loi investit le juge de paix du droit de connaître de *l'exécution des engagemens respectifs des maîtres et des domestiques ou gens de travail*, et parce que, dans les engagemens que le maître contracte envers le domestique qu'il prend à son service, entre nécessairement l'obligation de lui rendre à sa sortie, les effets et l'argent dont ce dernier se trouvera alors propriétaire, et qui sont de nature à suivre sa personne.

» Mais est-ce bien là ce que la loi entend par *engagemens respectifs des maîtres et des domestiques?*

» Une chose bien certaine, c'est qu'en employant ces termes, l'assemblée constituante n'a entendu attribuer aux juges de paix que la connaissance des différends qui pourraient s'élever entre un maître et son domestique, à raison du temps pour lequel l'un aurait loué les services de l'autre.

» Vous savez qu'à la campagne, les domestiques et les gens de travail ne s'engagent pas indéfiniment, mais toujours pour un temps limité, et le plus communément pour un an, pour six mois, ou seulement pour un travail déterminé, tel qu'une moisson à recueillir, ou des semailles à faire.

» En s'engageant ainsi, ils contractent envers leur maître l'obligation de le servir pendant tout le temps convenu, comme le maître, de son côté, contracte envers eux l'obligation de les employer et de les salarier pendant tout ce temps.

» De là, l'art. 1 du tit. 17 de l'ordonnance de Charles IX, du 4 février 1567, renouvelé par la déclaration de Henri III, du 21 novembre 1577, par une ordonnance du lieutenant de police de Paris, du 16 octobre 1720, et par un arrêt du parlement de Rouen, du 26 juin 1722, qui défend aux domestiques engagés à temps, de quitter le service de leurs maîtres avant l'expiration de leurs engagemens, et qui interdit à toute personne de prendre à son service un domestique sortant d'une autre maison, s'il n'est porteur d'un congé.

» C'est à ces réglemens que se réfère la disposition de l'art. 10 du tit. 3 de la loi du 24 août 1790, sur laquelle s'appuie ici la demanderesse; et l'objet de cette disposition n'est que de rendre le tribunal de paix juge en première instance des dommages-intérêts qu'un maître et son domestique peuvent se demander respectivement, pour l'inexécution de l'obligation qu'ils ont contractée l'un envers l'autre, sur la durée du service loué par celui-ci à celui-là.

» Par ces considérations, nous estimons qu'il y a lieu de rejeter la requête de la demanderesse ».

Ainsi jugé le 22 frimaire an 9, au rapport de M. Gandon,

« Attendu que l'art. 10 du tit. 3 de la loi du 24 août 1790 ne donne aux juges de paix, de compétence pour prononcer sur les engagemens respectifs des maîtres et des domestiques, qu'autant que ce qui est réclamé à titre de semblables engagemens, tient nécessairement aux rapports de domesticité;

» Que, pour rendre un jugement conforme au principe qu'on vient d'énoncer, le département de Vaucluse n'a eu besoin d'interpréter aucunes lois, mais seulement de les appliquer;

» Que le décret du 6 pluviôse an 2, fait pour assurer le recouvrement d'objets échappés aux scellés, est absolument étranger aux domestiques qui prétendent avoir porté chez leurs maîtres des obligations de grande valeur ».

On voit par ce dernier motif, que la cour n'a pas adopté l'interprétation que j'avais donnée à la loi du 6 pluviôse an 2.

§. II. *La juridiction des juges de paix est-elle prorogeable?*

V. l'article *Prorogation de juridiction.*

§. III. *Les juges de paix peuvent-ils connaître des dégradations commises par un usufruitier pendant sa jouissance, comme de celles que peut commettre un fermier pendant son bail?*

V. l'article *Usufruit*, §. 6.

§. IV. *Les tribunaux de première instance peuvent-ils prononcer des condamnations quelconques contre les juges de paix, pour des faits relatifs à leurs fonctions?*

« Le procureur-général expose qu'il est

chargé par le gouvernement de requérir, pour excès de pouvoir et dans l'intérêt de la loi, l'annullation de deux jugemens du tribunal de première instance de Gênes. — Voici les faits.

» En 1800, Jean Mora, domicilié à Campomarone, canton de Saint-Quilico, meurt à Gênes, pendant le blocus de cette ville, laissant un fils mineur, Joseph Mora, sous la puissance de son aïeul paternel.

» En 1808, l'aïeul paternel étant aussi décédé, un conseil de famille est convoqué à Gênes devant le sieur Pellegrini, juge de paix du quartier de la Madeleine; et par une délibération du 10 août de la même année, il confère la tutelle de Joseph Mora à sa mère, engagée dans les liens d'un second mariage.

» Le 19 septembre suivant, l'aïeule paternelle et deux oncles du mineur font assigner le sieur Pellegrini, juge de paix du quartier de la Madeleine, la tutrice et quelques membres du conseil de famille, devant le tribunal de première instance de Gênes, pour voir déclarer nulle la délibération du 10 août, attendu que Jean Mora n'étant décédé à Gênes que par suite d'une résidence accidentelle et momentanée, ce n'était pas devant le juge de paix du quartier de la Madeleine, mais bien devant celui du canton de Saint-Quilico, que le conseil de famille avait dû être convoqué pour nommer un tuteur à son fils.

» Le 28 octobre de la même année, jugement qui donne défaut contre le sieur Pellegrini, juge de paix du canton de la Madeleine, et quelques-uns des autres défendeurs, et le joint au fond pour y être statué par le jugement à rendre avec les défendeurs comparaissans.

» Le 12 juillet 1809, second jugement qui admet les demandeurs à la preuve des faits qu'ils ont articulés pour établir que Jean Mora était encore domicilié à Campomarone, à l'époque de son décès.

» Enfin, le 14 août 1810, troisième jugement qui, en déclarant nulle, d'après les enquêtes, la délibération du conseil de famille du 10 août 1808, condamne aux dépens tous les défendeurs, n'excepte de cette condamnation que la mère du mineur Joseph Mora, et par conséquent y comprend le sieur Pellegrini, juge de paix du quartier de la Madeleine, l'un des assignés défaillans.

» Le 27 mai 1811, ce jugement a été signifié au sieur Pellegrini en même temps qu'aux autres défendeurs; et le sieur Pellegrini, n'ayant pas cru devoir en appeler, il devient important, pour l'ordre public, que la cour annulle elle-même ce jugement, ainsi que celui du 28 octobre 1808.

» En effet, ce n'était pas comme particulier, c'était comme juge de paix, que le sieur Pellegrini avait présidé à la délibération du conseil de famille qui avait conféré à la veuve de Jean Mora, la tutelle de son fils.

» Dès-lors, ce n'était point par une action ordinaire que le sieur Pellegrini pouvait être poursuivi pour avoir présidé à cette délibération : il ne pouvait l'être que par la prise à partie.

» Or, d'une part, il n'a été rempli, à l'égard du sieur Pellegrini, aucune des formalités requises, en matière de prise à partie, par les art. 510, 511 et 515 du Code de procédure civile.

» De l'autre, le tribunal de première instance de Gênes n'était compétent, ni pour permettre la prise à partie du sieur Pellegrini, ni pour la juger. *La prise à partie contre le juge de paix*, est-il dit dans l'art. 509 du Code de procédure civile, *sera portée à la cour d'appel du ressort.*

» Ainsi, en matière de prise à partie, les juges de paix sont affranchis de la juridiction des tribunaux de première instance; et par conséquent les tribunaux de première instance excèdent leurs pouvoirs, toutes les fois que, soit en remplissant, soit sans avoir rempli préalablement, les formalités requises pour la prise à partie, ils prononcent des condamnations personnelles contre des juges de paix, à raison des actes qu'ils ont faits dans l'exercice de leurs fonctions.

» Ce considéré, il plaise à la cour, vu l'art. 80 de la loi du 27 ventôse an 8; les art. 510, 511 et 515 du Code de procédure civile; et l'art. 509 du même Code; annuller, comme contenant excès de pouvoir, 1.° la disposition du jugement du tribunal de première instance de Gênes, du 28 octobre 1808, qui donne défaut contre le sieur Pellegrini, juge de paix du quartier de la Madeleine de la même ville; 2.° la disposition du jugement du même tribunal, du 14 août 1810, qui condamne le même juge de paix aux dépens; et ordonner qu'à la diligence de l'exposant, l'arrêt à intervenir sera imprimé et transcrit sur les registres dudit tribunal.

» Fait au parquet, le 27 juillet 1812. *Signé* Merlin.

» Ouï le rapport de M. le conseiller Brillat-de-Savarin.....;

» Vu l'art. 510 du Code de procédure civile et l'art. 509 du même Code.....;

» Attendu que le sieur Pellegrini n'ayant paru à la délibération de la famille Mora, relative à la tutelle de Joseph, qu'en sa qualité de juge de paix, la citation qui lui a été donnée à ce sujet, n'a pu être qu'une véritable prise à partie; qu'ainsi, il n'aurait pu être cité qu'en la cour d'appel, et après permission préalable; qu'ainsi la citation qui lui a été donnée et la condamnation qui a suivi, est infectée d'une double nullité, en ce que le tribunal de première instance de Gênes était incompétent, et qu'en le supposant même compétent, il n'aurait été régulièrement saisi, qu'autant qu'il aurait préalablement autorisé cette citation ; d'où il suit que la loi a été violée ;

» La cour, faisant droit sur le réquisitoire de M. le procureur-général, casse et annulle, tant la citation du 19 septembre 1808, que les trois jugemens qui ont suivi ; et ce dans l'intérêt de la loi. ».

» Prononcé à l'audience publique de la cour de cassation, section des requêtes, le 29 juillet 1812 ».

Au surplus, *V.* les articles *Douanes*, §. 6; *Grains*; *Greffier*, *Huissier de justice de paix*; *Hiérarchie judiciaire*, *Injure* et *Taxe d'entretien des routes*.

KAYSERSBERG (statut de la dévolution de). *V. Wissembourg*, n. 2.

LÉGATAIRE. — §. I. *De l'hypothèque du légataire sur les biens de l'héritier qui ont passé dans les mains d'un tiers-acquéreur.*

On a vu dans le *Répertoire de jurisprudence*, au mot *Légataire*, §. 6, que, dans les coutumes de nantissement, le tiers-détenteur des biens d'un défunt aliénés par l'héritier, ne pouvait pas être poursuivi en déclaration d'hypothèques par le légataire d'une somme d'argent ; et les raisons qui y avaient fait établir cette jurisprudence, en nécessitaient, sous la loi du 11 brumaire an 7, l'extension à tout le territoire français, pour le cas où, conformément à cette loi, l'acquéreur qui avait acheté de l'héritier, avait fait transcrire son contrat au bureau des hypothèques, avant que le légataire eût fait inscrire son titre.

Mais n'en était-il pas autrement, lorsqu'il s'agissait d'un legs d'une somme de deniers subordonné à un autre legs consistant en immeubles, qui en était chargé par le testament ?

Cette question s'est présentée au grand conseil de Malines en 1714. Voici le fait :

Le 23 mars 1655, la dame de la Chaux, domiciliée à Gand, a fait un testament par lequel elle a légué au prince de Steenhuyse (qui n'était point son héritier *ab intestat*) la terre de Hesteert, régie par la coutume d'Audenarde. Après cette disposition, elle a ajouté : « Voulant que, venant ledit seigneur à posséder et jouir paisiblement de toute ladite terre et seigneurie de Hesteert, il sera tenu et obligé de fournir et payer, dès-lors en avant, sur ladite terre, à demoiselle Jeanne d'Ursel, ma petite nièce et bien-aimée filleule, une rente annuelle de 1000 florins par an, rédimible au denier 16. Et au cas que ledit seigneur vînt à rencontrer de l'opposition ou empêchement en cette miènne disposition, de quel chef ou de quel côté que ce soit, mon intention est qu'en ce cas, ledit seigneur sera excusé du fournissement et payement de ladite rente au profit de ma petite nièce, et ce à la proportion que lui sera disputé ce mien légat de ladite terre d'Hesteert ».

Cette disposition a eu son effet. Le prince de Steenhuyse a joui de son legs et a payé à la demoiselle d'Ursel la rente de 1000 florins qui en était la charge.

A la mort du prince de Steenhuyse, ses affaires se sont trouvées en mauvais ordre et sa succession a été abandonnée. Question de savoir si la demoiselle d'Ursel a hypothèque pour sa rente sur la terre d'Hesteert ?

On disait, pour la négative, que le droit commun des Pays-Bas avait abrogé toutes les hypothèques tacites du droit romain ; qu'il n'importait que le legs de 1000 florins eût été une charge concomitante de celui de la terre d'Hesteert, parce que cette charge n'avait pas empêché que le prince de Steenhuyse ne devînt propriétaire absolu de son legs ; que cette propriété une fois fixée sur sa tête, la demoiselle d'Ursel n'avait pu avoir contre lui qu'une action personnelle ; et que tout cela résultait du principe établi par les lois romaines, que le legs fait *sub modo* ne laisse pas d'être pur et simple (1).

Ces raisons l'emportèrent d'abord ; et par arrêt rendu le 6 décembre 1714, le grand conseil de Malines débouta la demoiselle d'Ursel de sa demande en collocation par ordre d'hypothèque sur les deniers provenans de la terre de Hesteert.

Mais la demoiselle d'Ursel s'étant pourvue en révision, il est intervenu, le 16 septembre 1718, un autre arrêt par lequel le premier a été *redressé*, et la légataire colloquée en ordre d'hypothèque à compter du jour de la mort de la testatrice.

Coloma qui rapporte cet arrêt, à la date du jour où il a été rendu, ne cache pas qu'il a opiné, dans la révision, contre la demoiselle d'Ursel. *Mais la plupart des juges*, dit-il, *inclinèrent pour elle*. Ils se fondaient sur la loi 1, C. *communia de legatis*, qui donne tout à la fois l'action réelle et l'action hypothécaire à celui au profit duquel le testateur a chargé un légataire d'un legs subordonné au sien ; ils ajoutaient que la coutume d'Audenarde accordant l'action réelle aux légataires, après qu'ils ont obtenu délivrance de l'héritier, on devait croire, par parité de raison, qu'elle leur donnait également l'action hypothécaire ; « enfin, que la rente en question était une rente réservative, si point *specificè*, du moins *genericè*, et une charge inhérente et concomitante du legs de la terre d'Hesteert, sur laquelle elle avait été assignée, selon la doctrine de Wamès, cent. 4, cons. 34 ; de Méan, sur la coutume de Liége, tom. 2, observ.

(1) *V.* le *Répertoire de jurisprudence*, à l'article *Mode*.

142; de Loiseau, *du déguerpissement*, liv. 4, ch. 5, n. 18 et 19 ».

Au surplus, *V.* l'article *Séparation des patrimoines*, §. I.

§. II. *En cas de contestation sur la validité du testament, la provision est-elle due à l'héritier ou au légataire?*

Sur cette question (que j'ai déjà traitée dans le *Répertoire de jurisprudence*, au mot *Légataire*, §. 6), la coutume de Lorraine nous offrait avant le Code civil, une disposition expresse: « Si le testament (disait-elle, tit. 11, art. 18), en tout est impugné et débattu de nullité, pendant le procès d'entre l'héritier et le légataire, l'héritier demeure saisi des biens de l'hoirie, en donnant bonne et suffisante caution de satisfaire aux legs et charges du testament ».

Mais voulons-nous avoir, sur toute cette matière, une règle générale et fixe? écoutons les lois romaines.

Elles nous disent que, si l'héritier légitime attaque le testament par un vice de forme *extérieure*, le juge sera le maître d'accorder la possession provisoire, soit à l'héritier légitime, soit à l'héritier institué, selon que le droit de l'un ou de l'autre lui paraîtra le plus apparent (1).

Mais elles nous disent aussi que, s'il n'y a pas un vice de forme apparent, si le testament paraît revêtu de toutes les solennités extérieures; si l'héritier légitime ne l'attaque que par la prétérition, l'incapacité ou quelque autre vice intrinsèque, le juge alors n'est plus le maître, la loi lui commande d'ordonner l'exécution provisoire du testament, de mettre provisoirement l'héritier institué en possession de l'hérédité (2).

Le bons sens nous indique le motif de cette distinction. Lorsqu'on attaque un testament par un vice de forme extrinsèque, la volonté du testateur est incertaine, puisqu'il est incertain si l'on a observé les formalités qui peuvent seules constater cette volonté aux yeux de la loi. C'est pour cela que la loi, au lieu d'ordonner au juge d'accorder la possession provisoire à l'héritier institué, le laisse le maître de l'accorder, soit à l'héritier institué, soit à l'héritier légitime, suivant que le vice de forme est plus ou moins apparent.

Mais, quand il n'y a aucun vice de forme extérieure dans le testament, la volonté du testateur est légalement certaine. La loi n'en demande pas davantage pour l'exécution provisoire du testament, *disponat testator et erit lex*. On a beau alléguer alors des incapacités: la loi veut que le juge s'en tienne provisoirement au titre, en attendant qu'on examine si le testateur ou l'héritier sont incapables, l'un de tester, l'autre de recueillir. La raison en est qu'il y a une volonté certaine, et qu'il n'y a qu'une incapacité alléguée; que l'incapacité de tester ou de recueillir n'est pas une qualité naturelle à l'homme; que c'est une qualité accidentelle, qui, par conséquent, ne peut être présumée; qu'on doit donc supposer que le testateur a eu la faculté de tester, et que l'héritier a la faculté de recueillir, jusqu'à ce qu'on ait rapporté une preuve claire et indubitable de l'incapacité de l'un ou de l'autre.

§. III. *En quel cas le légataire était-il tenu, avant le Code civil, d'acquitter la dette hypothéquée sur le fonds qui composait son legs, sans aucun recours contre l'héritier?*

J'ai remarqué deux de ces cas dans le *Répertoire de jusisprudence*, article *Légataire*, §. 7, *des charges des legs particuliers*.

Il y en avait, avant l'abolition des coutumes de nantissement, un troisième qui ne pouvait cependant se présenter que dans le très-petit nombre de celles où les rentes hypothéquées par dessaisine et saisine, tenaient nature du fonds sur lequel l'hypothèque était assise (1).

Ceci s'éclaircira par une espèce que nous trouvons dans les arrêts du conseil souverain de Brabant, recueillis par Wynantz, §. 181.

Titius achète un domaine; il paye la moitié du prix, et retient le surplus à titre de constitution de rente. Le contrat est réalisé par œuvres de loi, suivant la forme usitée dans les Pays-Bas. Quelque temps après, Titius fait un testament: il ordonne le partage de ses biens entre son frère et sa sœur, ses seuls héritiers présomptifs; mais il lègue au premier, hors part et à titre de préciput, le domaine qu'il avait acheté.

Après sa mort, question de savoir si la rente constituée par le contrat d'acquisition, est à la charge du frère seulement, ou si la sœur doit en supporter la moitié?

On dit en faveur du frère, que le défunt n'ignorait pas la rente pour laquelle sa terre était hypothéquée; et qu'en pareil cas, les lois

---

(1) *Si cancellatum, vel abolitum, vel ex quâcumque suæ formæ parte vitiatum appareat, si in primâ figurâ sine omni vituperatione non appareat, vel depositionibus testium legitimi numeri vallatum non sit, et contradictor extiterit.....; ei possessio acquiratur qui potiora ex legitimis modis jura ostenderit.* Loi 3, C, *De edicto divi Adriani tollendo.*

(2) *Quamvis quis se filium defuncti præteritum esse alleget, aut falsum vel inofficiosum testamentum, vel servus defunctus esse dicatur, tamen scriptus heres in possessionem mitti solet.* Loi 2, C, même titre.

(1) *V.* le *Répertoire de jurisprudence*, aux mots *Rente constituée*, §. 11.

romaines obligent l'héritier de décharger le légataire.

La sœur répond que la disposition de ces lois ne doit être admise que pour les dettes une fois payées, qu'elle n'est susceptible d'aucune application aux rentes, et que telle est la doctrine de Vinnius, sur les Institutes, §. 5, *de legatis*; de Tulden, sur le Code, titre *de legatis*, n. 8; et de Mudœus, Traité *de pignoribus*, n. 2 et 3.

Le frère réplique que cette doctrine est vraie quant aux rentes purement foncières et irrédimibles, mais qu'elle ne peut pas être étendue aux rentes constituées à prix d'argent. Il cite pour garans de cette distinction, Wesel sur les ordonnances d'Utrecht, art. 20, n. 42; Voët sur le digeste, titre *de legatis*, n. 27; et Barry, *de successionibus*, titre *de legatis* 4, liv. 9, n. 11.

Sur le rapport du procès, dit Wynantz, nous avons tous pensé, le 29 mai 1716, que, suivant les mœurs du Brabant (et il en faut dire autant des autres coutumes qui ont, à cet égard, le même esprit), l'héritier n'est pas tenu de décharger le légataire d'une rente hypothéquée sur le bien légué, quoique le testateur n'ait pas ignoré cette hypothèque.

En effet, continue Wynantz, il n'en est pas de nos rentes, comme de celles de la plupart des autres pays. Dès qu'elles sont munies d'une hypothèque, nous les regardons comme réelles; elles prennent la nature du fonds hypothéqué. Si ce fonds est un fief, on les répute féodales. S'il est tenu en roture, elles suivent les lois des biens roturiers. Lorsqu'il est question de les partager en succession, c'est à la coutume du lieu où ce même fonds est situé, qu'on s'attache uniquement. On les saisit réellement, on les décrète avec les mêmes solennités que s'il s'agissait du décret d'un héritage. En un mot, nous ne mettons aucune différence entre ces rentes et celles qui sont purement foncières.

D'après cela (c'est toujours Wynantz qui parle), quelle application peut avoir, à nos rentes constituées, la doctrine de Wesel, de Voët, de Barry, et de tous les auteurs qui, comme eux, ont écrit pour des coutumes où l'hypothèque ne fait pas perdre aux rentes leur personnalité?

C'est ainsi, conclut le magistrat cité qu'ont raisonné tous les juges : *Ità omnium calculo tractatum.*

§. IV. *Avant le Code civil, le légataire universel était-il, comme l'héritier pur et simple, tenu indéfiniment des dettes et obligations du défunt? était il, comme l'héritier pur et simple, soumis à la règle*, QUEM DE EVICTIONE TENET ACTIO, EUNDEM AGENTEM REPELLIT EXCEPTIO?

V. le plaidoyer et l'arrêt du 1.er germinal an 11, rapportés à l'article *Requête civile*, §. 7.

§. V. — 1.° *Des domestiques sont-ils capables de legs universels de la part de leur maître? — Le legs universel fait par un maître au profit de ses domestiques, est-il réductible?*

2.° *La disposition par laquelle un testateur lègue l'universalité de ses biens à trois personnes, pour être partagée entre elles par tiers, forme-t-elle un legs universel? — Ce legs est-il sujet à délivrance de la part de l'héritier* ab intestat, *lorsque cet héritier n'est pas du nombre de ceux à qui la loi accorde une réserve? — Le concours des conditions requises pour qu'il y ait lieu au droit d'accroissement entre les co-légataires, est-il nécessaire pour que le legs de l'universalité des biens à plusieurs personnes, soit réputé universel?*

V. le plaidoyer et l'arrêt du 18 octobre 1809, rapportés au mot *Testament*, §. 12.

§. VI. *Dans le concours du légataire universel de la personne qui eût succédé à un émigré, à l'époque de son émigration, s'il n'y avait pas eu de confiscation, et de l'héritier légitime de cette personne, à qui est due la préférence pour les biens dont la remise est ordonnée par l'art. 2 de la loi du 5 décembre 1814?*

V. l'article *Héritier*, §. 6.

Au surplus, *V.* les articles *Legs*, *Testament*, *Avantage entre époux*, §. 9; *Héritier*, *Institution d'héritier*, *Légitime*, §. 2; *Paternité* et *Payement*, §. 3.

LÉGITIME (1). — §. I. *Le légitimaire est-il, d'après les lois romaines, saisi, de plein droit, de la portion que ces lois lui défèrent?*

J'ai prouvé dans le *Répertoire de jurisprudence*, article *Légitime*, que le légitimaire n'est pas saisi de plein droit, et cela paraît incontestable quant à la *possession*.

En est-il de même quant à la *propriété*? Il m'est échappé dans le §. 1 de la deuxième *section* de cet article, quelques expressions qui sembleraient le supposer. Mais dans la deuxième *section*, j'ai clairement distingué ces deux points qui, en effet, diffèrent singulièrement l'un de l'autre. J'y ai établi que le légitimaire ne peut pas intenter complainte, avant d'avoir pris possession des biens assignés pour sa légitime; mais

(1) Je n'ai pas besoin d'avertir que tout ce que je vais dire sur cette matière, quoique rédigé *au temps présent*, ne se réfère qu'à notre ancienne législation, de laquelle il naît encore tous les jours des difficultés sans nombre.

qu'il peut intenter son action contre un tiers-acquéreur, même sans avoir préalablement discuté l'héritier; ce qui prouve que la propriété lui est transmise de plein droit par l'ouverture de la succession qui lui doit une légitime. *V.* ci-après, §. 8.

§. II. *Dans la coutume d'Auvergne, la simple réception d'un legs emportait-elle, de la part de celui à qui il était fait, renonciation à toute demande en supplément de légitime dans la succession du testateur?*

M. Bergier, dans ses Notes sur Ricard (tome 1, à la fin), rapporte un arrêt qui paraît avoir jugé l'affirmative. Voici ses termes :

« Robert Jouvenel et Jeanne Raby, de Nonette, avaient trois enfans : Marie-Madeleine, qui épousa le sieur Bonfils, et qui était représentée par le sieur Dumazel; Jeanne Jouvenel, femme du sieur Andraud; et Marie qui mourut sans postérité.

» Par le contrat de mariage de Marie-Madeleine Jouvenel, du 4 novembre 1725, son père et sa mère l'instituèrent leur héritière universelle, à la charge de payer 4,300 liv. à chacun de leurs enfans nés et à naître : savoir, 3000 livres pour biens maternels, et le surplus pour biens paternels, y compris 100 livres pour leur trousseau.

» Jeanne Jouvenel se maria, le 1.er octobre 1747, après la mort de son père et de sa mère; et elle se constitua en dot *la somme de* 1,200 *livres pour biens paternels, à laquelle elle avait été dotée et légitimée par le contrat de mariage de sa sœur aînée, du* 3 *novembre* 1723, *et* 100 *livres pour les meubles* : c'étaient les termes du contrat.

» Elle se constitua de plus sa portion dans pareille somme, à laquelle Marie Jouvenel, sa sœur, décédée sans postérité, avait été *appannée* : son contrat de mariage ne contenait aucune renonciation.

» Par exploit du 15 novembre 1776, elle forma une demande en partage.

» On lui opposa qu'elle n'aurait eu à prétendre qu'une légitime, et non une portion héréditaire, si elle n'avait pas pensé que la légitime en deniers qui lui avait été destinée, était au-dessus de ce qu'elle aurait pu espérer de droit. La dame Andraud se réduisit alors à un supplément de légitime; elle fit valoir l'arrêt de Menayde (1), la loi *generaliter*, et la jurisprudence des pays de droit écrit.

» Malgré cela, et quoiqu'il n'y eût eu, de sa part, aucune renonciation expresse au supplément de légitime, une sentence de la sénéchaussée de Riom, du 13 mars 1779, rejeta sa demande; et cette sentence a été confirmée par arrêt du mois d'août 1782.

» Un des principaux moyens qu'on opposait à la dame Andraud, était tiré de l'art. 50 du tit. 12 de la coutume d'Auvergne, aux termes duquel celui qui accepte un legs du défunt, ou qui autrement agrée ses dispositions, est tenu de les garder et accomplir.

» Cet arrêt a jugé bien précisément que, dans la coutume d'Auvergne, il n'est pas besoin de renonciation expresse au supplément de légitime, de la part de celui qui accepte la disposition faite pour lui en tenir lieu; et qu'il suffit qu'il ne se réserve pas ce supplément, pour qu'il soit non-recevable à le demander ensuite. Mais ce préjugé ne doit pas être tiré à conséquence, pour les pays de droit écrit, où la loi *generaliter* exige la renonciation expresse pour exclure le supplément de légitime ».

L'observation de M. Bergier est très-juste, mais elle ne va pas assez loin. Si l'arrêt qu'il rapporte, a jugé ce qu'il lui prête, il faut dire que cet arrêt a mal jugé, et que, dans la coutume d'Auvergne, comme partout ailleurs, le légataire à qui il est dû un supplément de légitime, n'est pas censé y renoncer, par cela seul qu'il approuve les dispositions du testateur, soit en recevant le legs qu'il lui a fait, soit autrement.

Que porte en effet l'art. 50 du tit. 12 de la coutume d'Auvergne? Rien autre chose que plusieurs lois romaines dont on trouvera les dispositions dans le *Répertoire de jurisprudence*, au mot *Legs*, sect. 7, n. 2. On ne peut donc pas en tirer, contre la demande en supplément de légitime, une fin de non-recevoir que les lois romaines ont elles-mêmes rejetée expressément.

§. III. *La renonciation formelle au supplément de légitime peut-elle avoir lieu, sans qu'on se serve du mot* RENONCER, *et même sans qu'il soit parlé expressément du* SUPPLÉMENT DE LÉGITIME?

Non, il est des circonstances où d'autres termes peuvent établir cette renonciation. C'est ce qu'a jugé la section civile de la cour de cassation, dans l'espèce que voici.

Louise Definod se maria en 1750 à Guillaume Peysson. Joseph-Ignace Definod, son père, et Claudine Blanchard, sa mère, lui constituèrent en dot, pour son droit de légitime dans leur succession, un trousseau assez considérable et une somme de 15,000 livres, dont 7,500 livres furent payées comptant, le surplus stipulé payable après leur mort. Ils déclarèrent néanmoins *qu'ils n'entendaient point faire renoncer leur fille à un supplément de légitime, si tant est*

(1) *V.* le *Répertoire de jurisprudence*, au mot *Légitime*, sect. 4, §. 3.

qu'elle en pût espérer avec raison dans la fortune qu'ils laisseraient à leur décès. Quelque temps auparavant, ils avaient fait un testament par lequel ils avaient institué Jean-Claude Definod, leur fils, héritier universel.

Louise Definod eut de son mariage sept enfans, quatre fils et trois filles. Ce fut Joseph Definod, leur aïeul, qui en prit soin, après la mort de leur père. Il se chargea spécialement de l'éducation de Joseph Peysson, et le mit en pension au collége de Nantua.

Son projet était, lorsque son neveu aurait terminé ses humanités, de le faire graduer. Dans la crainte d'être prévenu par la mort, il voulut assurer l'exécution de sa volonté dans un codicille par lequel il chargea Definod, son fils et son héritier, d'*achever l'éducation de Joseph*, et de le tenir *à ses frais* à Dijon ou à Montpellier, à son choix, jusqu'à ce qu'il fût gradué.

Dans ce même codicille, l'aïeul de Joseph apposa la condition qu'il ne pourrait exiger de sa mère les intérêts de sa légitime paternelle, jusqu'à ce qu'il fût gradué, et y déclara *que ce qu'il avait fait et ce qu'il faisait en faveur dudit Joseph, devait être considéré comme un supplément de dot et de légitime qu'il donnait à sa mère.*

Les mêmes charges et les mêmes conditions furent stipulées le 7 janvier 1769, dans le contrat de mariage de Jean-Claude Definod, par lequel son père et sa mère confirmèrent l'institution d'héritier qu'ils avaient précédemment faite en sa faveur.

Enfin, Joseph-Ignace Definod, ne voulant pas apparemment que l'on pût abuser de ce que la quotité de la dépense dont il chargeait son héritier, relativement à l'éducation de Joseph, n'était pas déterminée, expliqua son intention à ce sujet, dans un acte qu'il fit souscrire par son fils et son petit-fils, le 23 octobre 1772, et dont il remit à chacun d'eux un double. Il y réitéra les clauses, conditions et *déclarations* énoncées dans son codicille.

Il paraît que, fidèle à la volonté de son père, Jean-Claude Definod n'a rien négligé pour perfectionner l'éducation de Joseph Peysson.

Cependant, Catherine Blanchard mourut en 1772.

Joseph-Ignace Definod ne survécut que deux ans à sa femme : il décéda le 10 janvier 1774.

Alors il fut question de savoir si Louise Definod était remplie de ses droits légitimaires.

S'il en faut croire Jean-Pierre Definod, il fut le premier à provoquer le réglement et la liquidation des deux successions; mais Louise Definod n'hésita pas à reconnaître qu'elle n'avait plus rien à réclamer ; elle en fit sa déclaration le 26 mars 1774, par une quittance ainsi conçue : « J'ai reçu de mon frère 150 livres à compte des intérêts courans, de la somme de 7,500 livres, qu'il me reste de mes droits paternels et maternels, à forme (c'est-à-dire, en conformité) de mon contrat de mariage : de laquelle somme de 7,500 livres je me contente pour le surplus desdits droits, ainsi qu'il a été réglé entre nous cejourd'hui ; sans préjudice néanmoins des intérêts à échoir. A Belley, etc. ».

Cette quittance fut suivie de quatorze autres, toutes écrites de la main de Louise Definod, et toutes confirmatives de la *volonté*, du *consentement* exprimé par la première.

La dernière était du 11 avril 1786 : Louise Definod y déclarait son frère libéré envers elle du *restant des droits tant paternels que maternels, dont elle le tenait quitte.*

Mais le 25 mai 1793, elle souscrivit, en faveur de ses enfans, une démission de biens dans laquelle furent compris les *droits résultans de son contrat de mariage de* 1750.

Elle mourut l'année suivante.

Le 29 ventôse an 4, ses enfans ont demandé le supplément de légitime qui, suivant eux, appartenait à sa succession.

Le sieur Definod a soutenu qu'ils étaient non-recevables dans cette demande; et il a fondé sa fin de non-recevoir sur la quittance du 26 mars 1774.

Le 23 prairial an 5, jugement par lequel,

« Considérant que l'action en supplément de légitime, d'après les lois anciennes, est toujours ouverte, lorsqu'il n'y a pas été *expressément* renoncé; que la loi du 18 pluviôse an 5 porte la même disposition, et qu'elle exige, art. 16, une *renonciation expresse* à l'action en supplément, pour qu'elle soit interdite; que cette renonciation expresse n'est pas consignée dans la quittance du 26 mars, 1774, et ne peut être suppléée par de prétendus équivalens;

Le tribunal (civil du département de l'Ain), sans s'arrêter à la fin de non-recevoir, ordonne que la valeur des successions dont il s'agit, sera vérifiée, à l'effet de reconnaître s'il est dû un supplément de légitime aux enfans, du chef de Louise Definod, leur mère ».

Appel de la part du sieur Definod ; et le 27 thermidor an 7, jugement du tribunal civil du département du Jura, qui déclare les enfans Peysson non-recevables, sur le fondement « que la quittance du 26 mars 1774 emportait un traité sur les droits paternels et maternels de Louise Definod, un désistement d'iceux, et une renonciation à l'avantage qu'ils pouvaient présenter ».

Les enfans Peysson se sont pourvus en cassation contre ce jugement.

« La quittance du 26 mars 1774, disaient-ils, n'est pas un *traité;* elle n'exprime pas de *désistement*, elle ne contient pas de *renonciation.* — Un *traité!* c'est une quittance qui n'est signée que de Louise Definod. — Un *désistement des droits paternels et maternels !* Louise Definod a-t-elle dit qu'elle se désistât de quelque chose ? Recevait-elle une obole, pour renoncer à la moitié de sa légitime ? Une mère pauvre, chargée de sept enfans, peut-elle avoir eu la pensée d'abdiquer un droit qu'elle tenait de la nature, du vœu de sa mère, de la volonté de son père, et de son contrat de mariage ? — Abdique-t-on sa légitime, le patrimoine de sept enfans, pour ajouter à la fortune d'un frère opulent, institué héritier universel, et riche encore par son industrie et son état ? — Certes, l'abandon eût été volontaire; mais se prive-t-on volontairement d'un droit acquis, d'une ressource nécessaire, pour dépouiller ainsi les sept enfans dont on est la mère ? — Une *renonciation à l'avantage que pouvaient présenter les droits paternels et maternels !* Où peut-on voir un désistement, une renonciation ? — Louise Definod reçoit l'intérêt de 7,500 livres. — Les 7,500 livres lui étaient dues, aux termes de son contrat de mariage. — Elle se contente des 7,500 livres, pour être remplie des droits résultans de son contrat de mariage : *pour le surplus desdits droits.* — Le *surplus* DESDITS DROITS est un relatif aux droits dont on vient de parler. Il faut mettre en accord ce relatif avec l'antécédent, la syntaxe le demande, et la raison le veut. Or l'antécédent est ainsi déterminé : « J'ai reçu de mon frère 150 » livres, à compte des intérêts courans de la » somme de 7,500 livres, qui me restent de mes » droits paternels et maternels, *à forme de* (ou » suivant) *mon contrat de mariage* ». — Les droits *résultans du contrat de mariage !* Voilà donc l'antécédent. — Par conséquent, Louise Definod s'est contentée de 7,500 livres pour le *surplus desdits droits* résultans de son contrat de mariage. — *Surplus* est dans la quittance, avec un sens qui se rapporte aux droits dérivatifs du contrat de mariage. — La construction de la phrase est vicieuse grammaticalement; mais le solécisme ne présente pas le sens d'un désistement, d'une renonciation, d'un sacrifice de la légitime acquise. — Et une faute contre la syntaxe, n'aura pas l'effet magique de dépouiller une veuve et ses enfans du supplément de légitime que la loi maintient, si sa renonciation n'est pas claire, formelle et expresse. — Une rédaction amphybologique, équivoque et douteuse, s'entend selon l'acception la plus douce et la plus équitable : *in dubiis, benigniora præferenda sunt.* L'ambiguité s'interpréterait en faveur de la légitime; le doute ne peut pas produire l'exclusion de la demande en supplément. — La loi prévient et garantit le légitimaire de tous les inconvéniens d'une phrase louche, puisque, pour l'exclusion de la demande en supplément, elle veut une renonciation *expresse.*

» Le jugement rendu par le tribunal du Jura, viole la loi du 18 pluviôse, art. 15 : car il n'y avait certainement pas de renonciation *expresse;* et cette loi n'admet pas de renonciation par induction; elle veut une renonciation formelle, explicite, expresse.

» La quittance dit que Louise Definod se contente de 7.500 livres, pour ses droits constitués par le contrat de mariage, *pour le surplus* des droits paternels et maternels, *à forme de son contrat de mariage, ainsi qu'il a été réglé entre nous cejourd'hui.*

» Quel réglement a-t-on fait ? A-t-on rappelé la clause du contrat de mariage, qui réservait à Louise l'action en supplément de légitime ? A-t on composé sur cette réserve ? Le frère et la sœur ont-ils transigé ? Au-delà des 15,000 livres assurées par le contrat de mariage, le frère a-t-il donné une obole ? Non.

» Oh ! mais, dit le frère, ma maison a été ouverte à mes neveux; j'ai traité quelques-uns d'eux comme mes propres enfans. J'ai subvenu aux études de l'un; un autre a vécu à ma table; tous ont eu des secours; et voilà le supplément de légitime dont ma sœur était contente.

» Eh quoi ! un frère, un oncle, riche de presque toute la fortune des auteurs communs, ne doit-il pas à sa sœur et à ses neveux les procédés de l'attachement et de la bienveillance ? Pour prétendre au supplément de légitime, fallait-il avoir été chassé de sa maison ?

» Sans doute que la tendresse de la mère voulait ménager aux enfans l'amitié de leur oncle. Mais a-t-elle pensé que, pour cela, elle dût les exhéréder ? Devait-elle faire cette injure à son frère, cet outrage à ses enfans ? L'affection de la sœur, n'était-ce pas le prix de l'attachement du frère ? Comment a-t il osé dire qu'il lui fallait encore de l'argent ? Voudrait-il faire entendre que le sacrifice de la légitime était le seul témoignage de reconnaissance, qui, de la part de ses neveux, pût lui plaire ?

» L'ame se soulève contre de telles objections. Il ne faut ni trop accueillir ni trop repousser le sentiment que fait naître une défense aussi sordide. Revenant à la loi, nous devons en reprendre toute l'impartialité; et de la hauteur d'où elle considère les choses et les personnes, elle tranche la difficulté qui nous occupe, par cette règle générale : point d'exclusion du supplément de légitime, sans renonciation *expresse.*

» Ici, point de renonciation expresse : donc il faut casser le jugement qui donne à un solécisme la force et l'autorité d'une renonciation ».

« L'examen des *solécismes*, des *fautes contre la syntaxe* (répondaient les enfans Peysson), appartient exclusivement au domaine des grammairiens, des hommes de lettres, de l'institut national, etc. — La solution des *questions grammaticales* n'est ni du ressort ni de la compétence du tribunal de cassation.

» Quant aux dispositions de la loi du 18 pluviôse an 5, qui ordonnent que la réception de la légitime ne préjudiciera pas à l'action en *supplément, à moins qu'il n'y ait été expressément renoncé* après l'ouverture de la succession, elles ne sont point introductives d'un droit nouveau, elles ne sont que déclaratives et confirmatives des *anciennes lois* sur le réglement des droits légitimaires, ainsi que s'en explique l'art. 15.

» Or, ces anciennes lois, et notamment la loi 35, §. 2, C. *de inofficioso testamento*, ne se servent pas du mot *Renoncer*, mais bien de ceux-ci : *Je me contente, je suis satisfait.* — *Nisi hoc specialiter, sive in apochâ, sive in transactione, scripserit quòd contentus relictâ vel datâ parte, de eo quod deest nullam habeat quæstionem.* Or, ces expressions, *je me contente, je suis satisfait*, sont bien plus énergiques que celles, *je renonce.*

» En effet, qu'un légitimaire déclare *qu'il renonce*, il ne s'ensuit pas nécessairement qu'il soit *content* et *satisfait;* car divers motifs peuvent l'engager à renoncer, quoiqu'il n'ait pas reçu la totalité de ses droits. Mais celui qui se déclare *content* et *satisfait*, qui *tient quitte* l'héritier universel, renonce nécessairement.

» Cependant, nos législateurs modernes ont craint, et avec juste raison, que les intérêts des citoyens ne fussent compromis par des discussions purement grammaticales, ou par quelques-unes de ces subtilités trop souvent éparses dans les lois romaines; et voilà pourquoi ils n'ont point exigé, pour interdire au légitimaire l'action en *supplément*, qu'il eût déclaré *être content, satisfait, et qu'il ne manquait rien à sa portion.* Ils ont pensé que *la renonciation expresse* devait suffire; la présomption légale étant que celui qui *renonce, est content et satisfait.*

» De là ce mot *renonciation* adopté par la loi du 18 pluviôse an 5, pour exprimer la déclaration qui opère une fin de non-recevoir contre le légitimaire. — Mais ces mots, *renoncer, je renonce*, sont-ils *sacramentels, exclusifs* de toute autre expression, et *impérieusement* exigés par la loi pour *caractériser* une renonciation? Non, sans doute. Supposer à la loi une intention aussi ridicule, aussi puérile, c'est la calomnier. La renonciation n'est pas un mystère religieux et surnaturel dont l'efficacité soit attachée à telles ou telles lettres, à telles ou telles syllables, qui ne peuvent être remplacées par d'autres. Et lorsque la loi a exigé une *renonciation expresse*, le bon sens et la raison disent qu'elle n'a entendu et qu'elle n'a pu entendre autre chose, sinon qu'il fût *clair, certain, hors de doute*, que le légitimaire a voulu renoncer.

» Aussi, l'auteur des *Traités du droit français à l'usage des pays*, qui, comme le Bugey, ressortissaient au ci-devant *parlement de Dijon*, tome 6, page 474, après avoir dit que la renonciation par laquelle une fille est *exclue* de tout supplément de légitime, ne se présume point, a grand soin d'ajouter : « *Il faut que le* terme » *renonciation* soit employé, *ou quelque autre* » *de même force, également intelligible, et à la* » *portée de tous les esprits* ».

» Ne perdons pas de vue, d'ailleurs, que la quittance donnée le 26 mars 1774, par Louise Definod, à son frère, semble avoir été calquée sur les propres termes de la loi 35, §. 2, C. *de inofficioso testamento*, invoquée par les enfans Peysson; circonstance qui a servi de motif au tribunal d'appel pour les déclarer *non-recevables* dans leur demande en supplément de légitime. Cette loi présente l'espèce d'un enfant à qui son père a donné ou laissé moins que la légitime, *minùs legitimâ portione.* Elle décide que, dans ce cas, la quittance pure et simple fournie par l'enfant, après le décès de son père, ne préjudicie point à l'action en supplément, *nullum sibi facere præjudicium;* — Mais que, si l'enfant a écrit spécialement dans sa quittance, *si hoc specialiter scripserit in apochâ*, ou s'il a été réglé et convenu entre l'héritier universel et lui, *vel pactus fuerit*, qu'il est content de ce qui lui a été donné ou laissé, et qu'il ne lui manque plus rien pour le remplir, *quòd contentus relictâ vel datâ parte, de eo quod deest nullam habeat quæstionem*, toute action en supplément doit être rejetée, et l'enfant doit être condamné à exécuter le jugement que son père avait porté sur ce qui lui était dû : *tunc enim, omni exclusâ querelâ, paternum amplecti compellatur judicium.*

» Or, c'est précisément ce qui est écrit dans la quittance de Louise Definod, *scripsit in apochâ:* DE LAQUELLE SOMME DE 7,500 LIVRES JE ME CONTENTE, *contentus relictâ vel datâ parte;* POUR LE SURPLUS DE MES DROITS PATERNELS ET MATERNELS, *de eo quod deest nullam habeat quæstionem;* AINSI QU'IL A ÉTÉ RÉGLÉ ENTRE NOUS, *vel pactus fuerit.* — Il est impossible de trouver une hypothèse qui s'adapte plus parfaitement au texte de la loi. Les juges d'appel ont donc eu raison de rejeter l'action en supplément de légitime : *tunc enim, omni exclusâ querelâ, paternum amplecti compellatur judicium* ».

Sur ces raisons, arrêt du 3 messidor an 9, au rapport de M. Borel, qui, conformément aux conclusions de M. Lecoutour, rejette la demande en cassation,

« Attendu que les juges du tribunal civil du département du Jura ont prononcé sur un fait, savoir, que les actes souscrits par Louise Definod, contenaient, non-seulement la reconnaissance de réception de légitime, mais aussi en termes suffisans, la renonciation à un supplément de légitime; que leur jugement n'a violé aucune des dispositions de la loi 35, §. 2, C.

de inofficioso testamento, mais a, au contraire, appliqué ses dispositions, en concluant des termes dans lesquels sont conçues les reconnaissances de ladite Louise Definod, le consentement spécial donné par un légitimaire à la fixation de sa légitime et sa soumission au jugement paternel, tel que l'a prévu ladite loi dans ses dernières expressions, *paternum amplectitur judicium;*

» Attendu que la loi du 18 pluviôse an 5, consacre les mêmes principes que ceux développés dans la loi romaine; et que le jugement attaqué ne renferme aucune violation de cette dernière loi, mais a appliqué ses dispositions au fait par lui reconnu ».

§. IV. *Les avantages et gains de survie stipulés par le contrat de mariage de deux époux, sont-ils sujets au retranchement de la légitime des enfans nés du mariage qui a suivi ce contrat?*

Une demande en supplément de légitime paternelle a été dirigée par Catherine Saint-Martin, femme Moreau, et Françoise Saint-Martin, femme Sicard, contre François Saint-Martin, leur frère aîné, institué héritier universel par le testament de Martial Saint-Martin, leur père commun, décédé avant les lois nouvelles sur les successions.

François Saint-Martin a déclaré s'abstenir de l'hérédité de son père, pour s'en tenir à la donation qu'il avait reçue par son contrat de mariage; et un jugement du tribunal civil du département de Lot-et-Garonne, du 13 floréal an 7, lui a donné acte de cette déclaration.

Le 12 thermidor suivant, les femmes Moreau et Sicard ont renouvelé leur demande contre Michel Saint-Martin, leur frère puîné, comme devenu héritier par l'abstention de François; et contre Marie Gandon, leur mère, comme donataire de l'usufruit de la part de leur père dans la société d'acquêts qui avait existé entre eux pendant leur mariage.

A cette demande, deux fins de non-recevoir ont été opposées, l'une par Michel Saint-Martin, l'autre par Marie Gandon.

Michel Saint-Martin a dit: je ne suis point héritier, je n'en ai ni pris la qualité, ni fait acte quelconque; votre action est donc bien mal à propos dirigée contre moi. (*V. Héritier*, §. 1).

Marie Gandon a ajouté: je suis, à la vérité, usufruitière de la part de mon mari dans la société d'acquêts que j'ai contractée avec lui en l'épousant, mais je le suis par l'effet d'une disposition de mon contrat de mariage qui n'est pas sujette au retranchement de la légitime. Vous êtes donc non-recevable à mon égard.

Le 22 floréal an 8, jugement du tribunal civil du département de Lot et Garonne, qui, sans s'arrêter à ces deux moyens, « ordonne que, par experts convenus ou nommés d'office, il sera procédé à la consistance, fixation et liquidation de la succession paternelle, *tant en propres qu'acquêts*, pour en délaisser une légitime aux femmes Moreau et Sicard, tant sur l'une que sur l'autre, à la charge par elles de rapporter à la masse ce qu'elles ont reçu ».

Appel de la part de Marie Gandon, mais inutilement: le 14 thermidor an 9,

« Considérant que, quoiqu'il soit vrai de dire qu'on est époux avant d'être père, il ne l'est pas également que les droits acquis aux époux par leurs contrats de mariage, soient antérieurs à ceux des enfans qui en proviennent, et doivent leur être préférés, parce que le but du mariage étant la procréation des enfans, leur intérêt est nécessairement dans toutes les conventions d'un acte auquel ils doivent la vie;

» Considérant que la légitime est due franche et quitte de toute charge et condition; que le payement n'en peut être différé sous aucun prétexte; qu'elle doit être prise sur tous les biens dont le défunt est mort saisi et vêtu; que ces principes universellement reconnus, ne peuvent être détruits par l'objection des droits d'un tiers acquis avant la naissance des enfans, parce que la légitime est plus favorable que tous les droits, comme il paraît dans l'espèce que nous présente l'art. 35 de l'ordonnance de 1731 »;

La cour d'appel d'Agen confirme le jugement de première instance.

Marie Gandon se pourvoit en cassation, et soutient qu'en soumettant à l'action des légitimaires le droit d'usufruit qui lui est assuré par son contrat de mariage, sur la part de son mari dans les acquêts de leur société, la cour d'appel d'Agen a violé les lois romaines, qui veulent que les dettes du défunt soient distraites de la masse des biens soumis à la légitime: *legitima est quota bonorum, bona non intelliguntur nisi deducto ære alieno.*

« Que l'on doive (ai-je dit, en concluant sur cette affaire), considérer comme *dettes* toutes les dispositions à titre onéreux, que le défunt a faites d'une partie de son patrimoine, c'est une vérité incontestable. Mais que, relativement à la légitime, la clause du contrat de mariage de Saint-Martin père et de Marie Gandon, par laquelle ils se sont fait donation réciproque de l'usufruit de leur portion d'acquêts, puisse être envisagée, de la part du premier, comme une disposition à titre onéreux en faveur de la seconde, c'est un paradoxe qui pouvait être excusable avant l'ordonnance de 1731, à cause de la diversité des opinions des jurisconsultes sur la nature des gains de survie conventionnels et réciproques, mais qui depuis ne peut plus être sérieusement proposé.

» En effet, l'art. 34 de l'ordonnance de 1731 assujettit au retranchement de la légitime, toutes les donations indistinctement. « Il faut remarquer (dit Furgole sur cet article), que » le législateur parle généralement de toutes » sortes de donations; et par conséquent celles » qui sont faites en contrat de mariage, sont » sujettes au retranchement.... L'article suivant ne permet pas d'en douter, puisqu'il y » assujettit même la dot ».

» Pour sentir combien cette doctrine est à la fois juste et conforme aux principes, il ne faut que supposer un cas qui n'est pas extrêmement rare : celui où deux époux, en se mariant, se font donation mutuelle de tous leurs biens. Si, dans ce cas, la donation ne forme qu'un contrat à titre onéreux, les enfans n'auront donc pas de légitime sur les biens du premier mourant? A coup sûr, on n'oserait pas la leur contester; et cependant il faut aller jusques là, pour critiquer, d'une manière conséquente, le jugement du tribunal d'appel d'Agen; car il en est de la partie comme du tout. Si la donation d'une partie des biens cesse, relativement à la légitime, d'être considérée comme une libéralité, par cela seul qu'elle est faite en contrat de mariage et qu'elle est mutuelle, il n'y a pas de raison que l'on n'attribue pas la même nature à la donation universelle, lorsqu'à l'avantage d'avoir été faite par contrat de mariage, elle réunira celui de la réciprocité.

» Observons bien que, dans notre espèce, c'est véritablement comme donataire, que Marie Gandon jouit de l'usufruit de la part d'acquêts de son mari; car ni la loi ni l'usage n'assignent cet usufruit à l'époux survivant; le survivant n'y a droit qu'autant qu'on le lui a donné par une disposition expresse; et cette disposition ne peut, d'après cela, avoir, aux yeux de la loi, d'autre caractère que celui d'une donation proprement dite. Comment donc un pareil usufruit ne serait-il pas sujet au retranchement de la légitime?

» Boucher-d'Argis, dans son *Traité des gains nuptiaux*, ch. 18, examine, dans toutes ses branches, la question de savoir *si les gains nuptiaux et de survie sont réductibles pour la légitime des enfans?* Voici sa réponse. « Le douaire préfix, » en ce qu'il excède le coutumier, n'a plus, à » certains égards, la faveur du douaire; il n'est » considéré que comme une donation en faveur » de mariage; et la portion de ce douaire donnée au-delà de la quotité coutumière, est réductible pour la légitime des enfans..... Et à » plus forte raison, tous les autres avantages stipulés par le contrat de mariage, comme préciput, *donations mutuelles*, etc., sont-ils réductibles pour la légitime, puisqu'ils n'ont pas » la faveur du douaire, et que ce ne sont que des » donations ordinaires, qui ne sont pas préférables à la légitime.... L'augment préfix de dot, » en ce qu'il excède le coutumier, ne forme pas » beaucoup de difficulté; car il n'est considéré » en cette partie que comme une donation ordinaire, et est réductible pour la légitime des » enfans..... Pour ce qui est des donations » de survie et autres gains nuptiaux *qui ne sont* » *fondés que sur la convention expresse des parties, ils sont sans contredit réductibles pour la* » *légitime*. — A l'égard du *contre-augment* et des » autres gains nuptiaux et de survie qui peuvent » avoir lieu en faveur du mari survivant, s'ils » sont préfix, ils sont pareillement réductibles » pour la légitime, en ce qu'ils excèdent les coutumiers ». — A la page 324, l'auteur, revenant sur toutes ces propositions présente une objection qu'on lui a faite pendant l'impression de son ouvrage, et qui est ainsi conçue. — « Un » traité de mariage est un traité semblable aux » autres. Les conventions qui y sont stipulées, » sont de véritables créances qui n'entrent point » dans la masse de l'hoirie. Lors d'un mariage, » l'augment est convenu et réglé comme une donation; souvent il est le prix, quand il excède » le coutumier, ou d'un âge peu assorti, ou » d'une naissance peu distinguée; en un mot, » il est toujours regardé comme une convention » ou une créance, et non jamais comme une » donation, et cela à quelque somme qu'il soit » porté ». Boucher d'Argis répond : — « On » pourrait dire du douaire préfix et de toutes » les autres conventions matrimoniales, qu'ils » ne sont point réductibles pour la légitime, à » quelque somme qu'ils se montent, et cela » fondé sur ce que ce sont des conventions essentielles du mariage, qui forment plutôt des » créances que des conventions. Néanmoins il » est certain que le douaire préfix qui excède » le coutumier, et tous les autres avantages » considérables, quoique convenus par le contrat de mariage, sont réductibles, quand ils » préjudicient à la légitime des enfans. Il serait » facile d'appuyer cette proposition d'un grand » nombre d'autorités; mais pour ne pas se jeter » dans une trop longue dissertation, on se contentera de rapporter ici ce qu'en a dit Lebrun, en son *Traité des successions*, liv. 2, » ch. 3, sect. 5, n. 7 ». Et en effet, Lebrun établit, en termes exprès, que le retranchement de la légitime s'exerce sur toutes les *conventions* qui, dans un contrat de mariage, *dégénèrent en libéralité*; car, dit-il, puisque l'on compte dans la masse des biens sujets à la légitime, les donations faites avant le mariage, *à plus forte raison doit-on avoir égard à celles qui sont faites lors d'un mariage dont on a eu sujet d'espérer des enfans auxquels on a dû pourvoir*.

» A ces principes et à ces autorités, Marie Gandon oppose dans sa requête un passage de Ricard, un autre de Lebrun, et deux arrêts du parlement de Bordeaux.

» Mais d'abord, ce que dit Ricard, ne peut

être ici d'aucune considération : cet auteur allait jusqu'à considérer comme contrats onéreux, et comme telles exemptes du retranchement de la légitime, toutes les donations mutuelles, même hors contrat de mariage; doctrine visiblement fausse, et qu'a formellement condamnée l'art. 20 de l'ordonnance de 1731, en assujettissant à l'insinuation *les donations mutuelles, quand même elles seraient entièrement égales.*

» A l'égard de Lebrun, vous venez de voir que, s'il affranchit du retranchement de la légitime, les clauses des contrats de mariage qui n'excèdent point les termes d'une convention proprement dite, il ne pense pas à beaucoup près, de même relativement à celles *qui dégénèrent en libéralité*. Or, on ne peut nier que tel soit le caractère des stipulations qui, réciproques ou non, donnent au survivant des avantages que ne lui attribuent ni la loi ni l'usage.

» Et voyez où conduirait, dans l'espèce actuelle, une opinion contraire? Rien moins qu'à priver les enfans de Marie Gandon, tant qu'elle vivra, de tout droit de légitime sur la majeure partie de la fortune de leur père; car, il est reconnu au procès que leur père n'avait presque rien lorsqu'il s'est marié, et que la presque totalité de sa succession consiste en *acquêts*.

» Quant aux deux arrêts du parlement de Bordeaux, que cite Marie Gandon (1), pour en apprécier le bien ou mal jugé, il faudrait en connaître les véritables espèces; il faudrait surtout savoir si les contrats de mariage qu'ils avaient pour objet, n'avaient pas été passés avant l'ordonnance de 1731, ce qui ne paraît pas même douteux par rapport au premier, puisqu'on le fait remonter au 5 avril 1732.

» Du reste, quand le jugement attaqué aurait contrevenu à la jurisprudence du parlement de Bordeaux, il ne résulterait certainement point de là un moyen de cassation. Il y aurait bien plutôt lieu de le casser, s'il eût jugé conformément à cette prétendue jurisprudence, c'est-à-dire, en d'autres termes, s'il eût jugé contre la disposition générale et indéfinie de l'art. 34 de l'ordonnance de 1731.

» Par ces considérations, nous estimons qu'il y a lieu de rejeter la requête de Marie Gandon, et de la condamner à l'amende de 150 fr. ».

Arrêt du 21 floréal an 10, au rapport de M. Vermeil, section des requêtes, qui adopte ces conclusions, — « Attendu que la donation, même mutuelle, faite entre époux, par contrat de mariage, au profit du survivant des deux, ne peut être assimilée à des dettes contractées par le défunt, pour valeurs à lui fournies, lesquelles dettes doivent être, avant tout, prélevées sur la succession, sauf ensuite à prendre, sur la masse restante, la légitime; que c'est ici un acte de libéralité sujet, comme tous les autres actes de ce genre, au retranchement pour supplément de légitime; que, s'il en était autrement, il dépendrait d'un père de priver ses enfans de cette portion sacrée de son patrimoine, en disposant au profit de son épouse, en cas de survie, de la totalité de ses biens ».

§. V. *Lorsque, dans une succession régie par la jurisprudence qui était en vigueur avant la loi du 21 janvier 1793, l'un des enfans, donataire universel de son père, doit fournir la légitime à ses frères et à ses sœurs, par retranchement sur sa donation, peut-il retenir la portion qu'il aurait dans cette légitime, s'il se portait légitimaire comme eux, et que le donataire fût un étranger?*

Cette question a été jugée au parlement de Paris, en 1784.

Jeanne Harriègue, veuve de Jean de Gua, domiciliée dans le ci-devant Languedoc, avait eu sept enfans; mais à sa mort, il ne lui en restait plus que trois, le sieur Gua de Villepeyroux, l'abbé de Gua, et Anne de Gua, représentée tant par la dame d'Arnave, que par le sieur la Baume d'Angély.

Jeanne Harriègue était morte après avoir fait une donation universelle au sieur Gua de Villepeyroux, qui avait transmis ses droits à la dame d'Arnave. L'abbé de Gua demandait sa légitime sur cette donation, et il s'agissait de la composer.

Comme il n'y avait que trois enfans, leurs légitimes devaient emporter le tiers de la donation; et celle de chacun en particulier consistait dans le tiers de ce tiers, c'est-à-dire, dans un neuvième des objets donnés.

---

(1) Voici dans quels termes elle les citait dans sa requête :

« La jurisprudence constante du parlement de Bordeaux a rejeté les demandes des légitimaires, tendant à ébrécher l'usufruit des acquêts, réservé en faveur de l'époux survivant.

» Arrêt du 5 avril 1732, à la deuxième chambre des enquêtes, au rapport de M. Delancre, au profit de M. Brivazac, conseiller au même parlement, contre Bernard Labarthe et Catherine Lamarchandon, son épouse. Ceux-ci demandaient un supplément de légitime avec les intérêts du jour du décès des père et mère respectivement. Voici les termes de l'arrêt : « La cour a » ordonné et ordonne que, par les arbitres qui procé» deront à la liquidation de ladite légitime, il sera fait » distinction des propres dudit feu Léonard Brivazac, » et des acquêts de sa société avec feue Marie Deyral, » *et sur lesquels acquêts ladite légitime et intérêts* » *d'icelle ne pourront être prétendus par lesdits Labarthe* » *et Lamarchandon, son épouse, que du jour du décès* » *de ladite Deyral, attendu l'usufruit desdits acquêts,* » *stipulé en faveur de ladite Deyral, par son contrat de* » *mariage* ».

» Il y eut pareil arrêt en 1769, au rapport de M. Navarre, en faveur de Jean et André Dubordieu, contre Jeanne Dubordieu, épouse de Jean Dussaut ».

Mais l'abbé de Gua prétendait qu'au lieu d'un neuvième, il lui revenait un sixième, parce que, selon lui, le sieur Gua de Villepeyroux ne pouvait pas réunir à sa qualité de donataire, celle de légitimaire, et que par conséquent il ne devait pas entrer dans le partage de la légitime.

Cette prétention était directement contraire à l'art. 34 de l'ordonnance de 1731. Il porte : « Si un ou plusieurs des donataires, qui souffrent le retranchement des donations à eux faites, sont du nombre des enfans du donateur qui auraient eu droit de se faire *délivrer* leur légitime, sans lesdites donations, ils pourront *retenir* les biens à eux donnés, jusqu'à *concurrence* de leur légitime, et ne seront tenus des autres que pour l'excédent ».

Auraient eu droit de se faire délivrer : ils n'ont donc pas ce droit ? Non sans doute, puisqu'ils sont saisis par la donation ; ils ne peuvent que *retenir*, dit l'ordonnance.

Mais que retiendront-ils ? Ils retiendront *les biens à eux donnés jusqu'à concurrence de* LEUR *légitime*. Ils ont donc une légitime, puisque cette légitime est *leur*.

Le sieur Villepeyroux, donataire universel, possédait donc implicitement et *de fait* dans sa donation, sa légitime : mais il fallait qu'il en eût la possession *de droit*, et c'était celle-là qu'on lui contestait dans la personne de la dame d'Arnave.

Mais cette contestation était visiblement mal fondée. Aussi, par arrêt du 31 janvier 1784, rendu à la seconde chambre des enquêtes, de grands commissaires, la dame d'Arnave a été admise à retenir, dans les biens donnés, la part qu'elle aurait eue dans la légitime, si elle se fût portée légitimaire elle-même, et que le donataire eût été un étranger.

§. VI. *Peut-on forcer un légitimaire à imputer dans la portion à laquelle il est réduit, ce que son père lui a donné pour l'engager à souscrire une transaction avec ses frères et ses sœurs, relativement à des biens contestés entre eux ?*

Cette question a été agitée, en 1785, à la grand'chambre du parlement de Paris.

Le sieur Saint-Didier, fils cadet, avait été institué héritier par le testament de sa mère. Comme elle avait presque épuisé sa succession par différens legs, avec prohibition de la falcidie, il craignit d'accepter purement et simplement une hérédité qui, selon toute apparence, ne lui eût pas même laissé sa légitime intacte.

Dans ces circonstances, il fit, en 1761, avec son père, qui stipulait, tant pour lui, que pour le capitaine Saint-Didier, son fils aîné, un traité ou pacte de famille, par lequel il fut convenu, après avoir balancé les intérêts respectifs, et apprécié les forces de la succession, que le sieur Saint-Didier, fils cadet, accepterait l'hérédité maternelle, et consentirait à l'entière exécution du testament, sous la foi des différentes conventions stipulées entre eux dans ce traité.

Le sieur Saint-Didier père, à qui la jouissance était léguée, promit aussi, pour ce qui le concernait, l'exécution du même testament, et voulut bien *s'obliger, en faveur des sacrifices que faisait son fils cadet, de lui payer les intérêts annuels d'une légitime maternelle*, qu'on fixa, *pour le moment, sur le pied de* 10,000 *liv.*

La mort du père fit naître des contestations. Il avait institué le capitaine Saint-Didier son héritier, et donné à Saint-Didier, cadet, 25,000 liv. pour sa légitime paternelle. Lorsqu'il fut question de composer la masse de la succession, le capitaine prétendit que l'abbé devait y rapporter une somme de 28,000 livres, qu'il avait reçue du père commun, pour les intérêts convenus dans le traité de famille. Sa raison était que tout ce qui est donné par le père durant sa vie, est censé n'être donné qu'en avancement d'hoirie, et est par conséquent sujet à rapport.

Saint-Didier cadet résista à cette prétention ; mais par sentence des requêtes du palais, du 5 septembre 1783, il fut condamné.

Appel de sa part au parlement. Il a fait valoir l'extrême faveur qui est attachée à des pactes de famille ; la circonstance que, dans le traité de 1761, le père commun avait contracté et s'était fait fort pour le capitaine ; que celui-ci ayant, dans la suite, recueilli, à titre d'héritier, la succession de son père, il était tenu de tous ses faits, et ne pouvait plus quereller ses arrangemens. Il ajoutait qu'à la vérité, le rapport est légal et a lieu de droit ; mais que la disposition expresse du père le fait cesser ; en sorte que s'il prohibe le rapport, ou ce qui est la même chose, s'il prend la précaution de lier son héritier à l'exécution de l'engagement qu'il contracte envers l'un de ses autres enfans, alors il ne peut plus y avoir lieu au rapport ; qu'ainsi, le capitaine était d'abord non-recevable ; — Qu'au fond, la règle du rapport n'a lieu que lorsqu'il s'agit d'une libéralité pure et faite dans la seule vue de donner ; qu'au contraire, lorsqu'il est question d'un avantage que le père fait à l'un de ses enfans dans une transaction, dans un pacte de famille, dans une espèce de traité à forfait, où la famille a transigé sur des prétentions qui pouvaient être un sujet de doute et de division, alors le père est regardé comme ayant donné, non par pure libéralité, mais en vue de terminer une contestation incertaine et fâcheuse, ce qui suffit pour exclure le rapport ; que Saint-Didier, cadet, ayant couru des risques par l'acceptation pure et simple qu'il avait faite, on ne pouvait pas lui envier que ce rapport eût été compensé par un avantage particulier.

Par arrêt rendu le 1.er juillet 1785, la sentence a été infirmée, et le capitaine Saint-Didier a été débouté de sa demande en imputation des 28,000 livres.

§. VII. *Quand le légitimaire a reçu à compte de sa portion, un legs en argent, peut-il demander son supplément en corps héréditaires; ou le payement de sa légitime doit-il être complété en même nature de biens qu'il a été commencé?*

Entre ces deux partis, le deuxième est celui qui a en sa faveur le plus grand nombre d'autorités.

J'ai cité dans le *Répertoire de jurisprudence*, article *Légitime*, sect. 9, §. 2, plusieurs arrêts qui l'ont adopté.

Il est aussi appuyé par un acte de notoriété du parquet du parlement de Grenoble, du 4 juillet 1750.

Salviat dans sa *Jurisprudence du parlement de Bordeaux, pages* 339 *et* 341, assure que telle était également la jurisprudence du parlement de Bordeaux. « Cette règle (ajoute-t-il), souffre cependant une exception en faveur de la fille dotée, à qui le père et la mère n'ont rien laissé de nouveau dans le testament, et ont déclaré au contraire qu'ils voulaient qu'elle se contentât de la dot à elle constituée. Si cette fille n'a pas fait de renonciation aux droits à échoir, elle ne sera pas tenue de répudier sa dot, pour demander sa légitime en corps héréditaires, et le rapport des actes de la famille sans lesquels il est impossible de la fixer. Un arrêt de 1738 l'a jugé ainsi, et a de plus permis à la fille de légitimer en corps héréditaires sur les biens de sa mère, quoiqu elle eût reçu en argent, du vivant de la mere la dot qui lui avait été constituée; mais la permission ne lui en a été accordée qu'à la charge qu'elle ne pourrait exiger en corps héréditaires, que ce qui devait lui revenir au-dessus de ce qu'elle avait perçu. En 1752 et 1758, il fut rendu deux arrêts pareils. — Mais si la dot constituée n'a pas été reçue du vivant de celui qui l'a faite, et qu'elle ne l'ait été qu'après l'ouverture du droit de légitime, temps où la fille peut opter entre sa constitution et sa légitime de droit, elle a couvert son privilége. — Il en sera de même si le père et la mère lui ont fait un legs : elle suivra la loi commune, et sera tenue de le répudier, pour légitimer en corps héréditaires; ou si elle accepte, de se contenter du supplément. Plusieurs arrêts de notre parlement ont encore jugé cette nouvelle question ».

J'ai osé, à l'endroit cité du Répertoire, m'élever contre cette jurisprudence; et l'arrêt de la cour de cassation que je vais rapporter dans le §. 8, a décidé qu'en effet elle n'était justifiée par aucune disposition du droit romain.

§. VIII. *L'action en payement de la légitime, forme-t-elle, pour la fille qui, en se mariant, se la constitue en dot, un fonds dotal proprement dit; et en conséquence est-il, en pays de droit écrit, défendu à son mari de renoncer à cette action, moyennant une somme de deniers?*

Cette question, qui tient essentiellement à la nature de l'action en payement de la légitime, s'est présentée à la section civile de la cour de cassation, dans l'espèce suivante.

En 1758, décès de Gaspard Decurtil, après avoir fait un testament par lequel il avait institué Anne Pélisson, sa femme, son héritière fiduciaire, avec faculté de choisir elle-même un héritier parmi ses enfans, et légué à chacun de ceux-ci une somme de 1,400 livres, pour lui tenir lieu de légitime.

Ces enfans étaient au nombre de cinq : Laurent, Marie-Marguerite, Agathe-Charlotte, Marie et Justine.

La succession, entièrement régie par le droit écrit, consistait en immeubles, en effets mobiliers et en créances.

Peu de temps après, Laurent, Marie-Marguerite et Agathe-Charlotte Decurtil meurent en bas âge. Les deux filles qui restaient, Justine et Marie, et Anne Pélisson, leur mère, se trouvent, de plein droit, leurs héritières, chacune pour une part virile.

Le 8 août 1767, Marie Decurtil, encore mineure, épouse Etienne Coste, et se constitue en dot *tous ses biens présens et à venir.*

Le 6 juin 1768. Etienne Coste donne quittance à Anne Pélisson, sa belle-mère, des 1,400 livres qui avaient été léguées à Marie Decurtil, par son père, pour lui tenir lieu de légitime.

Marie Decurtil n'intervient point dans cette quittance; Etienne Coste la signe seul, comme maître des droits de son épouse.

Le 15 janvier 1776, Justine Decurtil, femme Tranchant, choisie héritière universelle par sa mère, en vertu de la faculté que lui en avait conféré le testament de 1758, paye à Etienne Coste, une somme de 1,050 livres pour la part revenant à son épouse, dans les successions du frère et des deux sœurs décédés.

Mais Etienne Coste, en touchant cette somme, proteste, par sa quittance même, contre l'insuffisance de l'objet qu'il reçoit, et même contre la quittance qu'il a passée à sa belle-mère le 6 juin 1768.

Du reste, Marie Decurtil ne paraît pas plus dans cette quittance, que dans la précédente.

Au mois de juillet de la même année, Etienne Coste et son épouse se pourvoient en justice contre Justine Decurtil et son mari, pour les faire condamner à leur payer, à titre de légitime, un douzième dans la succession de Gaspard Decurtil, et leur part héréditaire dans le douzième qui avait appartenu à chacun des frère et sœurs décédés.

Le 17 septembre 1776, sentence par défaut, qui leur adjuge leurs conclusions, et ordonne en conséquence qu'il sera procédé, par experts à la composition de la masse des biens de Gaspard Decurtil: manière de prononcer qui a lieu toutes les fois qu'il s'agit de procéder à la distraction d'un supplément de légitime en corps héréditaires, comme toutes les fois qu'il n'est question que de fournir ce supplément en deniers, parce que, dans un cas comme dans l'autre, il faut toujours commencer par connaître au juste la consistance et la valeur des biens.

Ni Justine Decurtil, ni Tranchant, son mari, n'ont attaqué cette sentence, soit par opposition, soit par appel.

Mais à peine était-elle rendue, que Tranchant et son épouse ont fait offrir extrajudiciairement à Marie Decurtil et à Etienne Coste, son mari, une somme de 1,200 livres, pour tout ce qui pouvait leur rester dû, tant du chef de Gaspard Decurtil, père, que du chef du frère et des sœurs décédés.

Le 13 août 1777, Etienne Coste reçoit cette somme; il la reçoit seul et sans le concours de son épouse; il la reçoit *pour tout supplément revenant à Marie Decurtil*, dans les successions dont on vient de parler; et c'est comme maître des droits de son épouse, qu'il en donne quittance pardevant notaires.

Marie Decurtil, devenue veuve d'Etienne Coste, a attaqué cette quittance, comme excédant les pouvoirs d'un mari sur les fonds dotaux de son épouse.

Le 17 nivôse an 3, jugement du tribunal de district de Vienne, département de l'Isère, qui la déclare non-recevable.

Appel, et le 8 thermidor an 6, jugement du tribunal civil du département du Rhône, qui, « *Attendu l'incapacité du mari pour aliéner le fonds dotal de sa femme*, déclare nulle la quittance du 13 août 1777, et condamne les mariés Tranchant à relâcher, *en corps héréditaires, conformément à la loi du 18 pluviôse an 5*, à Marie Decurtil, un supplément de légitime dans la succession de Gaspard Decurtil, son père, de Laurent Decurtil, son frère, et de Marie-Marguerite et Agathe-Charlotte Decurtil, ses sœurs, avec restitution des fruits, à compter du décès de Gaspard Decurtil ».

Recours en cassation de la part de Tranchant et de son épouse. — Arrêt de la section des requêtes qui l'admet.

La cause portée à l'audience de la section civile, il s'est agi de savoir, d'abord, si le tribunal civil du département du Rhône avait violé quelque loi, en déclarant nulle la quittance du 13 août 1777.

« Le premier pas à faire (ai-je dit), doit avoir pour objet de s'assurer quelle est la loi d'après laquelle la quittance doit être jugée; et à cet égard, il paraît constant, d'un côté, que les biens composant la succession de Gaspard Decurtil, sont situés dans le ci-devant Dauphiné; de l'autre, que Marie-Decurtil et son premier mari, Etienne Coste, avaient leur domicile matrimonial dans le ci-devant Lyonnais.

» Nous disons d'abord que les biens composant la succession de Gaspard Decurtil, sont situés dans le ci-devant Dauphiné; et nous le disons, non pas précisément parce que la chose a été ainsi articulée devant le tribunal civil du Rhône, par les demandeurs, sans contradiction de la part de Marie Decurtil; mais surtout, parce que Marie Decurtil l'a reconnu elle-même, en portant son action en supplément de légitime devant le juge de Roussillon, qui bien constamment ressortissait au ci-devant bailliage de Vienne, dépendant du ci-devant parlement de Grenoble.

» Nous disons ensuite que Marie Decurtil et son premier mari, Etienne Coste, avaient leur domicile matrimonial dans le ci-devant Lyonnais: et quoi qu'en disent les demandeurs, il ne peut exister là-dessus aucune difficulté sérieuse, soit parce que le contrat de mariage de ces deux époux porte soumission de leur part aux lois et usages de cette contrée, soit parce que le jugement attaqué déclare, en point de fait, qu'Etienne Coste y a été constamment domicilié.

» Or, entre la loi du lieu où était fixé le domicile matrimonial de Marie Decurtil, et la loi du lieu où était ouverte la succession sur laquelle il lui appartenait une action en supplément de légitime, la différence est très-grande par rapport à l'aliénation des biens dotaux.

» Par la première, c'est-à-dire, par la loi qui régit le ci-devant Lyonnais, le mari ne peut pas, à la vérité, aliéner les biens dotaux de son épouse, sans son consentement; mais avec son consentement, il le peut sans difficulté; ainsi l'a réglé la déclaration du 21 avril 1664, pour les ci-devant provinces de Lyonnais, Forèz, Maconnais et Beaujolais.

» Par la deuxième, c'est-à-dire, par la loi qui régit le ci-devant Dauphiné, le mari ne peut pas, même avec le consentement de son épouse, aliéner ses biens dotaux. C'est ce qui résulte de l'extension qu'a donnée à la loi *Julia*, l'ordonnance de l'empereur Justinien, placée sous le titre *de rei uxoriæ actione*, au Code, ordonnance qui est encore en pleine vigueur dans l'ancien ressort du parlement de Grenoble.

» De savoir maintenant quelle est de ces deux lois, celle qui doit être prise pour règle dans le jugement à porter sur la validité ou l'invalidité de la quittance du 13 août 1777, c'est une des *questions mixtes* les plus difficiles et les plus controversées qui puissent se présenter dans les tribunaux.

» D'un côté, le président Bouhier, dans ses *Observations sur la coutume de Bourgogne*, soutient que l'on doit mettre au rang des statuts personnels, toute loi qui détermine la capacité ou l'incapacité du mari, d'aliéner les biens dotaux de son épouse, avec ou sans le concours de celle-ci.

» De l'autre, Boullenois, dans son *Traité des statuts réels et personnels*, tome 1, pages 214 et suivantes, cherche à prouver qu'une pareille loi ne peut appartenir qu'à la classe des statuts réels.

» Froland, dans ses *Mémoires sur les statuts*, ch. 21, développe toutes les raisons qui s'élèvent pour et contre l'une et l'autre opinion; il les trouve respectivement si pressantes et si également décisives, qu'il ne peut s'empêcher de reconnaître qu'il ne sait où il en est, et que de quelque côté qu'il se tourne, il ne voit que des écueils et des précipices. Il finit pourtant par se rallier à l'avis de la personnalité du statut dont il s'agit.

» Enfin, Chorier, dans sa *Jurisprudence de Guy-Pape*, liv. 4, sect. 1, art. 3, pense, comme Boullenois, que ce statut est purement réel; et il confirme son opinion par un arrêt du parlement de Grenoble, du 16 mars 1688, qui a déclaré nulle la vente d'un fonds dotal, situé en Dauphiné, faite conjointement par un mari et une femme domiciliés en Lyonnais.

» Si nous étions forcés de prendre un parti entre ces deux opinions, de grands détails et d'immenses développemens deviendraient nécessaires, et leur nécessité serait pour nous un titre certain à votre indulgence; mais une circonstance vient heureusement nous dispenser de cette discussion : c'est que, dans l'espèce qui nous occupe, la femme n'avait pas consenti à l'acte contre lequel elle a depuis réclamé.

» De là, en effet, il résulte que, soit que l'on juge cet acte par la loi du domicile matrimonial, soit qu'on le juge par la loi du lieu où sont situés les biens, le sort en sera incontestablement le même, puisque l'une et l'autre loi s'accordent à regarder comme nulle, toute aliénation que le mari fait sans le consentement de son épouse des immeubles qu'elle lui a apportés en dot.

» Aussi les deux parties finissent-elles, en dernière analyse, par convenir que, dans le Lyonnais comme dans le Dauphiné, le mari ne peut pas, de son propre chef, aliéner les fonds dotaux de sa femme.

» Elles conviennent également que, s'il est entré des meubles dans la constitution dotale, le mari peut les aliéner, parce qu'il en est véritablement propriétaire, sauf à en répondre personnellement envers son épouse et ses héritiers.

» Mais de ces deux principes, constans par eux-mêmes et avoués de part et d'autre, quel est celui qu'on doit appliquer à l'acte par lequel un mari renonce, moyennant une somme de deniers, au supplément de légitime qui était dû à son épouse, sur une succession composée de meubles et de biens-fonds ? C'est là que gît toute la difficulté de cette partie de la cause.

» Il est d'abord certain qu'une pareille renonciation équipolle à l'aliénation que ferait le mari, de l'action en supplément de légitime qui appartient à son épouse.

» Ainsi, la question se réduit véritablement à savoir si l'action en supplément de légitime qu'une femme a le droit d'exercer sur une succession composée d'immeubles et d'effets mobiliers, peut, lorsqu'elle fait partie de la dot de cette femme, être vendue ou autrement aliénée par son mari ?

» Les premières idées qui se présentent sur cette question, paraissaient, ou plutôt sont effectivement, très-simples.

» La légitime doit être payée des propres biens du défunt, *ex ipsâ substantiâ patris*, dit la loi 36, C. *de inofficioso testamento*; aussi tous les auteurs conviennent-ils qu'on doit la fournir en fonds héréditaires, et qu'on n'est pas recevable à en offrir l'estimation en deniers. C'est aussi ce qui a été jugé par une foule d'arrêts qu'il serait aussi long qu'inutile de rappeler ici.

» Cette règle ne doit cependant pas s'entendre à la lettre. Quand le défunt n'a laissé que de l'argent comptant, il est certain que l'héritier n'est pas obligé de fournir la légitime en immeubles; cela serait même contraire à la loi que nous venons de citer; car la légitime étant une quote des biens que l'on aurait eus *ab intestat*, il faut que le payement en soit fait avec ces biens mêmes, quels qu'ils soient. — Par la même raison, il est clair que, si, comme dans notre espèce, le défunt a laissé des immeubles et des effets mobiliers, le légitimaire est obligé de recevoir, comme il a droit d'exiger, des deux espèces de biens pour la portion qui lui est due.

» Ainsi, à la mort de son père, Marie Decurtil a été en droit d'exiger, de l'héritière universelle qu'il avait instituée, le douzième des immeubles, comme le douzième des meubles qui se trouvaient dans la succession.

» Et en se constituant en dot, quelques années après, tous ses biens présens, elle s'est évidemment constitué en dot le droit qu'elle avait sur le douzième des immeubles, comme sur le douzième des meubles de son père.

» Cela posé, il est clair que, si Etienne Coste, son mari, n'eût traité, par sa quittance du 13 août 1777, que de sa légitime mobilière, cette quittance serait, sous le rapport de sa validité intrinsèque, à l'abri de toute atteinte; et que Marie Decurtil ne pourrait en revenir que par la voie de la rescision.

» Mais de là même ne résulte-t-il pas aussi qu'Etienne Coste n'a pas pu, par cette quittance, traiter de la légitime immobilière de son épouse, où, en d'autres termes, aliéner le droit qu'elle avait sur le douzième des immeubles de la succession paternelle?

» Non, répondent les demandeurs, parce que la défense faite au mari d'aliéner les fonds dotaux de son épouse, ne porte que sur les biens immeubles dont elle a été mise réellement et actuellement en possession, parce que cette défense n'empêche pas le mari d'aliéner l'action que son épouse peut avoir pour se faire délivrer ou délaisser un immeuble possédé ou détenu par un tiers, parce que, dans l'espèce, Marie Decurtil ne possédant pas réellement et actuellement, lors de son mariage, le douzième des immeubles de la succession de son père, elle n'a pas pu en investir réellement et actuellement son mari, Etienne Coste; qu'elle n'a, par conséquent, transmis à Etienne Coste, par sa constitution dotale, que l'action qu'elle avait pour se faire délivrer ce douzième d'immeubles; et que par suite, ce douzième d'immeubles n'a jamais acquis, dans les mains d'Etienne Coste, le caractère de fonds dotal.

» Toutes ces assertions, il faut en convenir, ne s'accordent, ni avec les principes généralement reçus sur la nature des actions; ni avec les principes particuliers à l'action en payement de la légitime.

» En thèse générale, la nature des actions se détermine par leur objet. Ainsi, dit l'art. 1 du tit. 4 de la coutume de Berry, *sous le nom de meubles sont compris les noms et actions compétans à meubles; et sous le nom d'immeubles, les noms et actions compétans à immeubles.* Et c'est ce qu'enseignent notamment Tiraqueau, *de retractû gentilitio*, §. 1, glose 7, n. 16; et Gayl, liv. 2, observ. 11, n. 10.

» Cette doctrine, il est vrai, souffre quelques difficultés, relativement aux actions purement personnelles, les auteurs qui l'ont examinée d'après les dispositions du droit romain, soutiennent que l'on ne doit pas assimiler aux immeubles les actions purement personnelles qui tendent à obtenir la délivrance d'un bien fonds; et parmi eux figure éminemment Voët, qui, dans son Commentaire sur le digeste, titre *de rerum divisione*, n. 21, prouve aussi clairement qu'on puisse le désirer, que celui qui n'a qu'une action personnelle pour se faire délivrer un immeuble, ne peut pas être considéré comme possesseur de cet immeuble. C'est même ce que décide expressément la loi 15, §. 4, *Qui satisdare cogantur*, relativement à la dispense de la caution *judicatum solvi*, qui est accordée au possesseur d'immeubles dans le ressort du tribunal où il plaide en qualité de demandeur.

» Mais tous les auteurs, sans exception, conviennent que l'on doit mettre au rang des immeubles, les actions réelles qui tendent, soit à la délivrance, soit au délaissement d'un bien-fonds; et c'est ce qui résulte de la loi 15, D. *de regulis juris*, ainsi que de la loi 52, D. *de acquirendo rerum dominio.*

» Ainsi, l'action en délivrance d'un immeuble légué par testament, est réputée immobilière, parce qu'elle est à la fois réelle et personnelle; et voilà pourquoi les lois romaines décident expressément que la propriété de la chose léguée passe directement et de plein droit, de la tête du défunt sur celle du légataire, bien que, pour en obtenir la possession, le légataire soit obligé de s'adresser à l'héritier.

» Or, telle est précisément la nature de l'action qui tend à faire délivrer la légitime à un enfant. — Elle est personnelle, dans ce sens qu'elle peut être intentée contre l'héritier, quand même il aurait aliéné tous les biens du défunt. — Mais elle est aussi réelle, puisqu'elle peut être intentée directement contre les tiers-acquéreurs. Ecoutons Lebrun, *Traité des successions*, liv. 2, ch. 2, sect. 12, n. 16: « Il semble que » le légitimaire ne peut pas évincer le tiers-détenteur, que l'héritier ou les donataires n'aient » été trouvés insolvables par une discussion.... » Cependant il faut dire le contraire, et le légitimaire peut s'adresser directement à ce tiers-» détenteur; *parce qu'il a un droit réel sur l'hé-» ritage qui lui appartient pour partie*, et la part » se faisant au légitimaire par voie de partage » et par jet de lots, ni plus ni moins, à propor-» tion que s'il était héritier ».

» C'est aussi ce qu'enseigne le président Favre, dans son Code, titre *de inofficioso testamento*, déf. 32: *non factæ excussionis exceptio*, dit-il, *non obstat filio legitimam portionem adversùs tertium possessorem vindicanti, quoniam cùm legitima sit quota bonorum, ferè est ut implicitam dominii quæstionem contineat. Alioqui minùs juris haberet legitimarius quam legatarius quilibet, quem constat habere etiam dominii vindicationem* (l. 1, C. *Communia de legatis*), *in quâ actione non timere eum exceptionem non factæ excussionis; quod tamen absurdum esset*; et il n'est pas inutile de remarquer qu'il en a été ainsi jugé au parlement de Grenoble, par un arrêt du 15 février 1780 (1).

» Nous trouvons aussi dans le *Journal du palais de Toulouse*, tom. 2, pag. 3 *du Supplément*, un arrêt du parlement de Languedoc, du mois de juillet 1742, qui juge, en termes exprès, que « le légitimaire peut agir par vindication, et » suivant les biens sujets à sa légitime contre un » tiers-acquéreur »; et l'arrêtiste ajoute: *Le légitimaire est saisi de droit, à cause qu'il peut légitimer en corps héréditaires.*

» Debaisieux, dans son *Recueil d'arrêts du*

(1) *V.* le *Répertoire de jurisprudence*, article *Légitime*, sect. 10.

parlement de Provence, pag. 471, dit également que les légitimaires ne sont pas « obligés de dis- » cuter l'héritier, parce qu'ils agissent par vin- » dication *à quocumque possessore*, comme ayant » droit *in re*, lequel droit est incomparablement » plus fort et plus avantageux que la simple hy- » pothèque » ; et il cite, à l'appui de sa doctrine, un arrêt du 12 janvier 1696, rendu dans la chambre qu'il présidait.

» Julien, dans son *Commentaire sur les statuts de Provence*, tom. 2, pag. 517, combat cette opinion dans un point : il soutient que le légitimaire ne peut agir contre le tiers-possesseur, qu'après avoir discuté les biens existans dans l'hérédité : mais, du reste, il s'accorde parfaitement avec les auteurs que nous venons de citer, sur la nature de l'action appartenante au légitimaire. Voici ses termes : « L'action du légi- » timaire, pour sa légitime ou le supplément, » sur les biens de l'hérédité, dure trente ans. Ce » n'est pas une action hypothécaire qu'un créan- » cier exerce sur le bien aliéné par son débiteur. » *Le légitimaire est portionnaire et propriétaire* » *des biens de l'hérédité à concurrence de sa lé-* » *gitime*. Il a une action appelée *condictio ex* » *lege* ou *personalis in rem scripta*, comme l'ont » remarqué Peregrinus, *de fideicommissis*, art. » 66, n. 153; Merlinus, *de legitimâ*, liv. 3, » tit. 4, quest. 6; et Despeisses, tom. 2, pag. » 313. Et cette action, *qui est une sorte de re-* » *vendication*, dure trente ans contre les tiers- » possesseurs des biens héréditaires, comme l'a » remarqué Julien dans ses mémoires, titre » *Pignus*, fol. 5 : *Patroni nostri vulgò sentiunt* » *competere legitimario vindicationem intrà* 30 » *annos contrà tertium possessorem et pro totâ* » *legitimâ*. Il rapporte un arrêt du 16 février » 1583, qui le juge ainsi contre des tiers-posses- » seurs : la même chose fut jugée par l'arrêt » du 18 juin 1691, rapporté par Decormis, » tom. 2, cent. 2, ch. 31 ».

» Il est donc bien constant que tout légitimaire a, pour se faire délivrer sa légitime, une action réelle, et que par conséquent il est, de plein droit, saisi par la mort de son père, sinon de la possession, au moins de la propriété des biens de celui-ci jusqu'à la concurrence de sa portion légale.

» C'est précisément ce qu'établit Furgole dans sa quest. 37 sur les donations : « La légitime (dit- » il, n. 13), appartient tellement aux enfans, » d'abord après la mort du défunt, qu'elle est » censée séparée par le ministère de la loi, même » avant que la demande en ait été formée..... » La propriété de la légitime (dit-il encore, » n. 16), passe sur la tête des enfans, au mo- » ment du décès de leur père ou mère, non- » seulement pour le fonds, mais encore pour » les fruits ».

» Furgole va plus loin encore : ce qu'il vient de dire de la propriété, il le dit également, n. 22, de la *possession*; et il soutient, avec Lebrun, qu'en vertu de la maxime, *le mort saisit le vif*, la possession du père passe de plein droit au légitimaire.

» Mais nous n'avons pas besoin de nous arrêter à cette dernière opinion, contre laquelle d'ailleurs il s'élève de puissantes autorités. Il suffit, sans aller aussi loin, de nous tenir à ces principes universellement reconnus, que l'action en délivrance de la légitime est réelle; qu'elle peut s'intenter contre le tiers-acquéreur: et qu'elle a sa source dans le droit de propriété qui passe immédiatement de la tête du défunt sur celle du légitimaire.

» Or, que résulte-t-il de ces principes, relativement à notre espèce? Une chose fort simple : c'est que Marie Decuttil était, à l'époque de son mariage avec Etienne Coste, propriétaire, à titre de légitime, du 12.e des immeubles de son père; qu'ainsi, en se constituant en dot tous ses biens présens et à venir, elle a nécessairement imprimé à ce 12.e la qualité de fonds dotal; et que, par une conséquence ultérieure, Etienne Coste n'a pas pu, de son chef, aliéner ce 12.e, comme il a prétendu le faire par sa quittance du 13 août 1777.

» C'est effectivement ce qu'a décidé le jugement du tribunal civil du Rhône, du 8 thermidor an 6; et c'est en vain que l'on oppose à sa décision la loi 16, D. *de fundo dotali*.

» Que résulte-t-il de ce texte? Rien autre chose, si ce n'est que la défense faite au mari, par la loi *Julia*, d'aliéner le fonds dotal, emporte celle de le laisser prescrire par un tiers pendant le mariage; qu'ainsi, le fonds dotal, quoique possédé de bonne foi par un tiers, durant l'espace de dix ou vingt années, n'en peut pas moins être revendiqué par la femme devenue veuve; mais que, si la prescription a commencé avant le mariage, elle continue contre la femme mariée, sauf son recours contre son mari, dans le cas où, à l'époque de sa constitution dotale, il serait encore resté à celui-ci un temps moral pour agir contre le tiers-possesseur.

» Les demandeurs prétendent inférer de cette dernière disposition, que le fonds apporté en dot n'est inaliénable, de la part du mari, que lorsque le mari a été réellement et actuellement investi par son épouse, au moment de la constitution dotale; hors ce cas, disent-ils, la constitution dotale ne donne au mari que le droit d'agir contre le tiers-possesseur; mais ce droit, il peut le perdre en ne l'exerçant pas; et la loi dont il s'agit, décide en effet qu'il le perd par un silence prolongé pendant le temps requis pour prescrire; donc, concluent les demandeurs, le droit d'agir en revendication contre un tiers-possesseur, n'a pas, dans les mains du mari, le caractère d'un fonds dotal; donc le mari peut aliéner ce droit par un acte exprès, puisque tout ce qui peut être prescrit, peut être aliéné; donc le jugement attaqué a contrevenu à la loi dont il est question; donc il doit être cassé.

» Les demandeurs parleraient plus juste, s'ils disaient que le jugement attaqué contrevient au motif qu'il leur plaît de prêter à la loi; car ce n'est qu'avec ce motif qu'il se trouve en opposition; or, quand ce motif serait véritablement celui de la loi 16, *de fundo dotali*, ce ne serait certainement pas une raison pour casser le jugement du tribunal civil du Rhone. Pour qu'un jugement en dernier ressort puisse être cassé, il faut qu'il contrevienne expressément, non pas aux motifs présumés, mais au texte littéral d'une loi.

» Il est d'ailleurs bien aisé de sentir que la disposition de la loi 16, *de fundo dotali*, de laquelle argumentent les demandeurs, n'est nullement basée sur le motif qu'ils imaginent. Le véritable, le seul motif de cette disposition, c'est que la loi *Julia* n'a interdit que l'aliénation du fonds dotal, qui proviendrait du fait du mari; *sola tamen voluntaria est alienatio*, dit Voët, sur le titre cité, n. 2, *quam vetet lex Julia de fundo dotali*; et cela est si vrai, que sa défense ne s'étend pas à l'aliénation nécessaire, telle qu'est, par exemple, celle qui s'opère par la licitation, dans le cas d'un partage provoqué par le co-possesseur par indivis, et auquel le mari n'a donné les mains que forcément; ainsi que le déclarent formellement la loi dernière, C. *de fundo dotali*, la loi dernière, C. *communi dividundo*, et la loi pénultième, C. *de prædiis et aliis rebus minorum*. — Or, quand la prescription du fonds dotal a commencé avant le mariage, ce n'est point par le fait du mari que s'opère l'aliénation qui en résulte; sans doute, le mari pourrait l'empêcher en agissant contre le tiers-possesseur; mais ne pas empêcher un tiers de continuer de posséder, ce n'est pas mettre ce tiers en possession; ne pas arrêter le cours de la prescription, ce n'est pas un fait prohibé par la loi *Julia*; c'est au contraire l'absence d'un fait; la loi *Julia* ne s'oppose donc pas à l'achèvement de la prescription commencée avant le mariage; et c'est uniquement parce qu'elle ne s'y oppose pas, que la loi 16, *de fundo dotali*, ne laisse à la femme, dans cette hypothèse, qu'une action en indemnité contre son mari. — Mais qu a de commun avec notre espèce, la loi 16, *de fundo dotali*, ainsi expliquée et réduite à son sens naturel? Assurément, rien; et les inductions que les demandeurs en ont tirées, prouvent seulement qu'il a fallu de grands efforts d'imagination pour attaquer le jugement du tribunal civil du Rhône; ce qui, en d'autres termes, signifie bien clairement que ce jugement ne donne aucune prise à la cassation.

» A défaut de loi, ou si l'on veut, à l'appui d'une loi mal entendue et appliquée plus mal encore, les demandeurs invoquent l'autorité de Serres, dans ses *Institutions au droit français*, pag. 193. — Mais que dit ce jurisconsulte? *Puisqu'il n'y a que l'aliénation du fonds dotal qui soit défendue par la loi, il s'ensuit que le mari est le maître absolu des sommes, actions, obligations ou hypothèques dotales, et qu'il peut les aliéner, comme il trouve à propos.* Voilà qu'elles sont les expressions de Serres; et bien sûrement, par ce mot *actions*, il n'entend pas les actions assimilées par les lois elles-mêmes aux immeubles dont elles ont pour objet ou le délaissement ou la délivrance; il ne peut entendre par ce mot, que les actions tendantes à obtenir, ou le payement d'une somme d'argent, ou le délaissement d'effets mobiliers, ou même, si l'on veut, la délivrance d'immeubles sur lesquels on n'a pas encore *jus in re*, mais seulement *jus ad rem*; en un mot, les actions absolument mobilières par leur objet, ou purement personnelles par leur nature. Et la preuve que c'est là tout ce que veut dire Serres, c'est qu'il fonde son assertion sur deux textes du droit romain dans lesquels il n'est question que d'argent, *pecuniâ*, et de simples créances, *nominibus*, donnés en dot par la femme à son mari. Ces textes sont la loi 5, D. *de impensis in res dotales factis*, et la loi 2, C. *de obligationibus et actionibus*.

» C'est aussi la seule chose qui résulte de l'arrêt du parlement de Toulouse, que cite cet auteur, voici dans quels termes: « Par arrêt du » 11 août 1705, il a été jugé que le mari dont » la femme s'était constituée en dot tous ses » biens, avait pu valablement traiter et transiger des droits de sa femme, quoiqu'elle fût » mineure lors de la transaction, et qu'il fût » même question d'un compte tutélaire » — Il est bien évident que le résultat d'un compte tutélaire ne pouvait être que des restitutions à faire en argent à la femme, par celui qui avait géré sa tutelle; l'action sur laquelle le mari avait transigé dans cette espèce, n'était donc qu'une action mobilière.

» Mais, disent les demandeurs, et c'est ici que se présente, sous son deuxième point de vue, le moyen de cassation qu'ils tirent du fond de la cause, il n'est pas vrai que Marie Decurtil ait apporté en dot à son mari une action tendante à se procurer des immeubles; ou du moins, il n'est pas vrai qu'à l'époque où son mari a renoncé à cette action, elle eût encore des immeubles pour objet; elle n'était plus alors qu'une action mobilière; et en voici la preuve. — Etienne Coste avait, dès le 6 juin 1768, c'est-à-dire, plus de neuf ans avant la signature de la quittance dont il s'agit au procès, reçu la somme de 1,400 liv. que Gaspard Decurtil avait léguée à Marie Decurtil, pour lui tenir lieu de légitime. — Il est vrai qu'alors Marie Decurtil était encore mineure, et que même elle n'est point intervenue dans la reconnaissance qu'en a donnée

Etienne Coste. — Mais ce qu'a fait Etienne Coste le 6 juin 1768, Marie Decurtil l'a ratifié en majorité, puisqu'en se pourvoyant avec son mari, en juillet 1776, contre les demandeurs, elle a offert de leur tenir compte, sur sa légitime, des 1,400 livres qu'avait reçues ce dernier. — Marie Decurtil doit donc être considérée comme ayant reçu elle-même en majorité, le legs de 1,400 livres que son père lui avait laissé pour sa légitime. — Or, continuent les demandeurs, il est d'une jurisprudence constante que, quand le légitimaire a reçu, à compte de sa portion, un legs de deniers que le défunt lui avait laissé, il ne peut plus demander son supplément en corps héréditaires; en sorte que le payement doit être complété en même nature de biens qu'il a été commencé. — C'est ce qu'enseignent Despeisses et Bretonnier; c'est ce qu'ont jugé plusieurs arrêts du parlement de Grenoble, et c'est ce que porte un acte de notoriété délivré par les magistrats du parquet de ce dernier tribunal, le 4 juillet 1750. — Le tribunal civil du Rhône a donc violé cette jurisprudence, en considérant comme immobilière, et en assimilant à un fonds dotal proprement dit, l'action qui restait à Marie Decurtil, après le payement qui lui avait été fait en 1768, pour son supplément de légitime. Il l'a également violée, en condamnant les demandeurs à fournir ce supplément en corps héréditaires.

» Ainsi raisonnent les demandeurs; et certes, si la contravention à la doctrine de quelques auteurs, à la décision de plusieurs arrêts, à la jurisprudence enfin plus ou moins constante des anciens tribunaux d'une contrée, pouvait former un moyen légal de cassation; le jugement du tribunal civil du Rhône ne pourrait pas résister aux attaques qui lui sont portées de ce chef, et vous ne pourriez pas vous dispenser de l'anéantir.

» Mais ce n'est pas pour faire respecter les opinions des auteurs, ce n'est pas pour maintenir les maximes arbitraires qu'ont pu introduire dans leurs ressorts les anciennes cours de justice, que la loi a remis entre vos mains l'exercice suprême du pouvoir judiciaire; elle ne vous l'a remis que pour la venger elle-même des atteintes qu'elle pourrait recevoir par les jugemens qui vous seraient dénoncés; et le droit redoutable de les casser, elle vous a dit formellement qu'elle ne vous le déléguait que pour l'exercer en cas de *contravention expresse* à sa volonté souveraine.

» Qu'importe donc que Despeisses, Bretonnier et les arrêts autrefois rendus par le parlement de Grenoble ne soient pas d'accord avec le jugement du tribunal civil du Rhône? L'essentiel est que ce jugement ne contienne rien qui, sur le point dont il est ici question, viole expressément une disposition véritablement législative.

» Et non-seulement, on ne saurait citer aucune disposition législative qui contrarie ce jugement, mais nous dirons hardiment avec un magistrat que l'Europe compte au rang des plus profonds jurisconsultes, avec le président Favre, dans son Traité *de erroribus pragmaticorum*, décade 14, §. dernier, et décade 15, §. 2, qu'il n'y a rien de plus contraire aux principes de la législation romaine, que l'opinion de Despeisses, de Bretonnier, et du ci-devant parlement de Grenoble (1)....

» Nous pouvons encore joindre à son autorité celle de Dejuin, dans le Journal du palais de Toulouse, tome 1, page 395; voici comment il s'explique : « Le 17 juillet 1763, entre Artagne et Jeanne Artagne sa sœur, mariée avec » Rouede, *moi rapporteur*, sur l'appel du sénéchal d'Auch, jugé que ladite Jeanne aura un » sixième des biens de feu Artagne, père commun, nonobstant qu'elle eût reçu 53 livres, » à compte du legs de 100 livres que son père » lui avait léguées ». — Il convient que cette décision est contraire à l'avis du président Maynard, liv. 7, chap. 6, lequel est conforme à la jurisprudence du parlement de Grenoble, invoquée ici par les demandeurs. Mais il observe que l'auteur de l'Abrégé du Recueil de Maynard lui-même a condamné cet avis; et il justifie l'arrêt qu'il rapporte, par cette raison simple, mais décisive : *la légitime et le supplément étant une quote des biens dont le légitimaire est vrai maître, il n'est pas raisonnable qu'il en soit déchu indirectement et s'il n'y a consenti par un accord ou renonciation expresse.*

» Il y a assurément plus de sens et de logique dans ce peu de mots, que dans la supposition à laquelle on est obligé de recourir pour étayer l'opinion contraire : car, vous l'avez vu, on est obligé de supposer que le fils, en recevant un à compte en deniers sur la légitime, est censé avoir vendu à l'héritier le droit qu'il avait de prendre sa portion légale en nature. Une pareille fiction, nous osons le dire, répugne aux vrais principes, et blesse la saine raison.

» Bien loin donc d'avoir mérité des reproches, le tribunal civil du Rhône n'a mérité que des éloges, en jugeant, comme il l'a fait, que la réception d'un legs en deniers, n'ôte pas au légitimaire le droit de demander en corps héréditaires, le supplément de sa légitime; et nous vous proposerons avec confiance de maintenir son jugement, non pas précisément parce qu'il est calqué sur une disposition expresse de la loi du 18 pluviôse an 5, mais parce que cette loi n'est elle-même que l'écho des vrais principes

(1) Je ne rappelle pas ici les raisons sur lesquelles Favre motive sa doctrine : elles sont analysées dans le *Répertoire de jurisprudence*, article *Légitime*, sect. 9, §. 2.

qui régissaient avant 1789, la matière des légitimes.

» Nous estimons, en conséquence, qu'il y a lieu de rejeter la requête en cassation et de condamner les demandeurs à l'amende ».

Arrêt du 1.er fructidor an 9, au rapport de M. Coffinhal, conforme à ces conclusions : il est motivé sur ce « qu'en décidant que Marie Decurtil aurait dû être partie dans l'acte du 13 août 1777, le jugement attaqué n'a violé aucune loi; qu'il s'agissait, dans cet acte, de ses droits immobiliers dans la succession de son père et dans celle de ses frères décédés, et de la priver de l'effet de la sentence du 17 septembre 1776, rendue avec elle et à son profit; que la jurisprudence, d'après laquelle le légitimaire était obligé de recevoir le supplément en argent, lorsqu'il avait accepté le payement de sa légitime en argent, n'était point, en fait, opposée à Marie Decurtil qui n'avait été partie dans aucun acte, et dont le contrat de mariage ne donnait aucun pouvoir spécial au mari sur ses biens; qu'en droit, la jurisprudence n'oblige pas même les tribunaux, lorsqu'elle n'est pas fondée sur une loi, et qu'il peut y être dérogé par eux sans exposer leurs jugemens à la cassation ».

§. IX. *Est-il dû une légitime à un ex-religieux sur les biens que son père et sa mère, morts depuis l'abolition des vœux monastiques, avaient donnés entre-vifs et par contrat de mariage, pendant qu'il était engagé dans le cloître?*

Le 21 septembre 1788, contrat de mariage du sieur Desforges de Caulière : son père et sa mère lui font, par cet acte, *donation entre-vifs, permanente et irrévocable, en avancement d'hoirie et de leur future succession, de la terre et seigneurie de Caulière, d'un contrat de constitution de rente au principal de 64,000 livres dû par.... , ensemble de tous leurs autres biens meubles et immeubles, or, argent, billets, dettes et généralement de tout ce qui se trouvera leur appartenir au jour de leur décès*; à la charge 1.° de l'usufruit qu'ils s'en réservent, 2.° de payer, après le décès du dernier vivant, de l'un d'eux, une pension viagère de 600 livres à leur fille, *chanoinesse du chapitre de Poulangy*.

Le 22 novembre 1793, mort du donataire; laissant deux enfans mineurs.

Les donateurs décèdent à leur tour, l'un en 1807, l'autre en 1808.

Les enfans du donataire se mettent en possession de tous les biens dont se composent leurs successions.

Mais bientôt, leur tante, ex-chanoinesse, se prévalant des lois qui l'ont rendue à la vie civile, les fait assigner en liquidation et délivrance de sa légitime dans l'une et l'autre hérédité.

Ils lui répondent qu'à l'époque du contrat de mariage de leur père, elle était incapable de succéder; et qu'entamer, sous le prétexte que son incapacité a cessé depuis, une donation qui, dans son principe, était, de sa part, à l'abri de toute action en retranchement, ce serait supposer aux nouvelles lois un effet rétroactif.

Le 15 février 1813, jugement du tribunal de première instance d'Amiens, qui accueille la demande de l'ex-chanoinesse.

Appel de la part des enfans du donataire.

Pendant que cet appel se poursuit devant la cour royale d'Amiens, l'ex-chanoinesse meurt, après avoir institué Élizabeth Melin, femme Maillefert, sa légataire universelle : celle-ci reprend l'instance.

Le 17 août 1814, arrêt qui infirme en quelques points le jugement dont est appel, mais en maintient la disposition principale,

« Attendu que, pour décider si un enfant légitime a droit à une portion héréditaire ou légitimaire dans les successions de ses père et mère, c'est uniquement l'époque de l'ouverture de ces successions qu'il faut consulter;

» Que, s'il est vrai que l'ex-chanoinesse de Poulangy était, aux termes de l'art. 95 de la coutume d'Amiens, privée du droit de succéder à ses père et mère et à ses autres parens, il est vrai aussi que ce droit lui a été restitué par les lois des 5 brumaire et 17 nivôse an 2, intervenues pendant la vie de ses père et mère, qui ne sont décédés qu'en 1807 et 1808; d'où il suit que l'incapacité dont elle a été frappée, n'a été que temporaire, et avait entièrement cessé avant l'ouverture des successions de ses père et mère;

» Que, cessant la donation de tous biens présens et à venir faite le 21 septembre 1788, par les sieur et dame Desforges de Caulière à leur fils aîné, en faveur de son mariage...., l'ex-chanoinesse de Poulangy aurait eu incontestablement le droit de prendre, dans la succession de ses père et mère, une part égale à celle de ses autres frères et sœurs;

» Que l'art. 1.er de la loi du 18 pluviôse an 5 ayant ordonné que les dispositions irrévocables de leur nature légitimement stipulées en ligne directe, avant la loi du 7 mars 1793, auraient leur plein et entier effet, *conformément aux anciennes lois*, tant sur les successions ouvertes jusqu'au jour de ladite loi que sur celles qui s'ouvriraient à l'avenir, il s'ensuit que la donation du 21 septembre 1788 doit être maintenue sous les conditions et modifications auxquelles elle était soumise par les lois existantes à l'époque où elle a été faite;

» Que, d'après les art. 34, 35, 36, 37 et 38 de l'ordonnance des donations de 1731, les donations, même celles faites par contrat de mariage en ligne directe, étaient sujettes au retranchement pour fournir la légitime aux enfans, en cas d'insuffisance de tous les biens libres dans la succession;

» Que le droit de faire retrancher des donations les portions suffisantes pour fournir la légitime, n'appartient pas seulement aux enfans existans et capables de succéder à l'époque des donations, mais encore aux enfans qui étaient nés depuis lesdites donations, s'ils étaient capables de succéder à l'époque de l'ouverture de la succession de leur père ou mère;

» Qu'il résulte de là qu'encore que l'ex-chanoinesse de Poulangy fût, à cause de sa profession religieuse, incapable de succéder à ses père et mère, à l'époque de la donation du 21 septembre 1788, il suffit qu'elle ait été capable de leur succéder à l'époque de l'ouverture de leurs successions, pour qu'elle ait droit de demander le retranchement de la donation, pour être remplie de sa légitime;

» Que cela résulte, non-seulement de l'art. 1.er de la loi du 18 pluviôse an 5, mais aussi des art. 14 et 15 de la même loi, et encore des art. 5 et 8 de la loi du 3 vendémiaire an 4 ».

Les enfans du donataire se pourvoient en cassation contre cet arrêt.

L'affaire portée à l'audience de la section des requêtes, j'y ai donné des conclusions, le 17 janvier 1815, pour l'admission de leur recours; et elle a été prononcée en effet, par arrêt du même jour, au rapport de M. Vallée.

Mais dès le même jour, j'ai senti, j'ai même déclaré à plusieurs personnes, que je m'étais trompé; et je me suis mis en devoir de remanier mes conclusions pour les présenter à la section civile dans un sens tout opposé, lorsque la discussion s'y ouvrirait contradictoirement.

Les voici, telles que je les aurais prononcées, si les événemens postérieurs n'y avaient mis obstacle.

« L'arrêt qui vous est dénoncé, reconnaît qu'à l'époque de la donation faite au sieur Desforges de Caulière par son contrat de mariage, la sœur du donataire était engagée dans les liens de la profession religieuse, et que par conséquent elle était exclue de toute action en retranchement de cette donation, pour des droits légitimaires qu'elle était alors incapable d'exercer.

» Mais il n'en décide pas moins que cette donation est sujette à retranchement pour la légitime de la sœur du donataire; et ses motifs sont que le donataire, en acceptant la donation, n'a été investi de la propriété des biens qui y étaient compris, que sous la condition que lui imposait l'ordonnance de 1731, d'en détacher une portion suffisante pour fournir la légitime aux autres enfans des donateurs; que l'ordonnance de 1731 ne distinguait pas, à cet égard, entre les enfans nés avant et les enfans nés depuis la donation; qu'il était dans son esprit de ne pas distinguer davantage entre les enfans qui, à l'époque de la donation, étaient capables de succéder, et ceux qui ne le deviendraient que postérieurement; qu'ainsi, la sœur du donataire s'étant trouvée, par l'effet des lois nouvelles, capable de succéder à son père et à sa mère, lorsqu'ils sont décédés en 1807 et 1808, il ne peut y avoir aucun prétexte pour lui contester le droit de prendre sa légitime sur la donation.

» En raisonnant ainsi, l'arrêt attaqué fait-il une juste application de l'ordonnance de 1731; ou n'attribue-t-il pas aux lois nouvelles qui ont rendu à la sœur du donataire, la capacité de succéder dont l'avait privée sa profession religieuse, un effet rétroactif; et par là, ne viole-t-il pas l'art. 2 du Code civil? Telle est la question que nous avons à examiner.

» Mais cette question est subordonnée à une autre: c'est de savoir si, en supposant que l'arrêt attaqué donnât un effet rétroactif aux lois dont il s'agit, cette rétroactivité ne serait pas expressément autorisée, ou plutôt formellement commandée, comme le fait entendre cet arrêt même, soit par les art. 5 et 8 de la loi du 3 vendémiaire an 4, soit par les art. 1, 14 et 15 de la loi du 18 pluviôse an 5? Car si tel était le vœu, soit de l'une, soit de l'autre de ces deux lois, il devrait l'emporter même sur l'art. 2 du Code civil, qui n'établit qu'un principe, à la vérité, bien général, mais qui n'en doit pas moins, comme vous l'avez jugé le 13 décembre 1809, au rapport de M. Liborel (1), céder aux dispositions spéciales des lois antérieures non rapportées, qui y sont contraires.

» Or, que nous disent, sur cette matière, les deux lois sur lesquelles s'appuie la cour royale d'Amiens dans la dernière partie de ses motifs?

» Celle du 3 vendémiaire an 4 n'a, comme vous le savez, qu'un seul objet: c'est de régler le mode d'exécution du décret du 9 fructidor an 3, portant abolition de l'effet rétroactif que les lois des 5 brumaire et 17 nivôse an 2 s'étaient donné à elles-mêmes jusqu'au 14 juillet 1789.

» Elle commence par ordonner la restitution des biens que cet effet rétroactif avait fait sortir des mains des légitimes possesseurs; puis, par commisération pour les ex-religieux et ex-religieuses, elle fait, art 5, une exception ainsi conçue: « Les partages faits entre la république » et les personnes déchues, qui étaient ci-devant religieux ou religieuses, qui n'avaient » que des *portions légitimaires* ou des dots à » réclamer, sont maintenus.... Sont également maintenus les partages entre des héritiers et des ci-devant religieux ou religieuses, » qui n'ont recueilli, en vertu des lois des 5

(1) *V.* le *Répertoire de jurisprudence*, au mot *Loi*, §. 9.

» brumaire et 17 nivôse, que des *portions légitimaires* ».

» Que résulte-t-il de cet article? deux choses seulement: la première, qu'il y avait des ex-religieux et ex-religieuses qui, en vertu de la loi du 18 vendémiaire an 2, par laquelle ils avaient été réintégrés dans le droit de succéder, avaient eu des *droits légitimaires* à réclamer dans des successions ouvertes pendant l'effet rétroactif des lois des 5 brumaire et 17 nivôse, mais à qui, par suite de cet effet rétroactif qui avait détruit toutes les donations entre-vifs faites depuis le 14 juillet 1789, il avait été assigné en partage des portions héréditaires intégrales; la seconde, qu'il y en avait d'autres à qui ce même effet rétroactif n'avait procuré que des portions légitimaires.

» Ces portions légitimaires, sur quels biens avaient-ils eu droit de les prendre, ou les avaient-ils prises effectivement? était-ce sur des biens qui avaient été donnés entre-vifs à leurs frères ou sœurs, ou même à des étrangers, pendant qu'ils étaient liés par leurs vœux solennels? était-ce sur des biens dont la donation entre-vifs avait précédé leur profession religieuse? la loi ne le dit pas. On ne peut donc ici rien conclure, ni de l'une, ni de l'autre de ses deux dispositions; ses deux dispositions laissent donc notre question entière.

» L'art. 8 de la même loi s'occupe du sort des enfans qui, de simples légitimaires qu'ils étaient avant les lois des 5 brumaire et 17 nivôse an 2, étaient devenus héritiers par la rétroactivité de ces lois; et il veut qu'en perdant la qualité d'héritiers, et en reprenant celle de légitimaires, ils puissent *retenir en biens héréditaires, et proportionnellement sur chaque espèce de biens*, le montant de leur légitime. Puis il ajoute : « la disposition du présent article s'applique pareillement aux légitimaires » dont les droits ont été ouverts, soit avant » le 14 juillet 1789, soit depuis le 5 floréal dernier », jour du décret qui a suspendu l'effet rétroactif des lois des 5 brumaire et 17 nivôse.

» Mais quel rapport y a-t-il entre tout cela et la question qui nous occupe actuellement? parler des légitimaires d'une manière générale, ce n'est certainement pas dire que les ex-religieux, lorsqu'ils auront une légitime à retenir ou à réclamer, la prendront sur des biens qui ont été donnés irrévocablement à une époque où la loi les excluait de toute succession.

» Les mêmes observations s'appliquent aux art. 14 et 15 de la loi du 18 pluviôse an 5. Car ces articles ne font que modifier l'art. 8 de la loi du 3 vendémiaire an 4. Ils le maintiennent pour les légitimaires qui étaient devenus héritiers en vertu de l'effet rétroactif des lois des 5 brumaire et 17 nivôse an 2; et ils l'abrogent, tant pour les légitimaires dont les droits étaient ouverts avant le 14 juillet 1789, que pour les légitimaires dont les droits ne se sont ouverts que depuis les lois des 5 brumaire et 17 nivôse an 2. Mais assurément de ce que les légitimaires en général peuvent ou ne peuvent pas retenir ou réclamer leur légitime en biens héréditaires, il ne s'ensuit pas que les ex-religieux, lorsqu'ils ont droit à une légitime, puissent la prendre sur une donation entre-vifs qui a été faite pendant qu'ils étaient incapables de succéder.

» Quant à l'art. 1.er de la même loi, il n'est ici, en quelque sorte, qu'une arme à deux tranchans : si, d'un côté, de ce qu'il veut que « les avantages, prélèvemens, préciputs, donations entre-vifs, institutions contractuelles » et autres dispositions irrévocables de leur nature, légitimement stipulées en ligne directe » avant la publication de la loi du 7 mars » 1793..., aient *leur plein et entier effet*, » *conformément aux anciennes lois*, tant sur les » successions ouvertes jusqu'à ce jour, que sur » celles qui s'ouvriront à l'avenir », on peut inférer, avec la cour royale d'Amiens, que la donation du 21 septembre 1788 ne doit être exécutée que conformément à l'ordonnance de 1731, sous l'empire de laquelle a été passé le contrat de mariage qui l'a stipulée, et par conséquent qu'à la charge de fournir la légitime à la sœur du donataire; de l'autre côté, aussi, on peut dire que, dès que *l'effet* de cette donation doit être *plein et entier* d'après les *anciennes lois*, il est impossible que les lois nouvelles concourent avec les lois anciennes pour régler cet effet; il est impossible que les lois nouvelles ôtent rien à la *plénitude* de cet effet, et retranchent rien de son *intégrité*; il est impossible, en un mot, que la donation ne soit pas exécutée de la même manière qu'elle l'eût été, si les successions des donateurs s'étaient ouvertes sous l'empire des anciennes lois, et par conséquent que les personnes à qui les anciennes lois refusaient toute action pour en distraire quelque chose, soient admises à se prévaloir des lois nouvelles pour y faire la moindre distraction.

» Il faut donc ici abandonner les lois spéciales invoquées subsidiairement par l'arrêt de la cour royale d'Amiens, et nous renfermer dans l'examen des autres motifs de cet arrêt.

» Que la donation du 21 septembre 1788 ait été soumise, dès son principe, à un retranchement éventuel pour fournir la légitime à ceux des frères et sœurs du donataire qui étaient nés auparavant, et qui, à cette époque, étaient capables de succéder;

» Qu'elle ait également été soumise, dès son principe, au même retranchement pour fournir la légitime à ceux des frères et sœurs du donataire qui pourraient naître dans la suite, et qui se trouveraient capables de succéder, au moment, où les successions des donateurs viendraient à s'ouvrir;

» Ce sont là deux vérités aussi constantes que palpables.

» Mais de là s'ensuit-il que ceux des enfans des donateurs qui étaient nés avant la donation, mais qui, à l'époque de la donation, étaient incapables de succéder, peuvent, en vertu des lois nouvelles qui ont fait cesser leur incapacité, réclamer une légitime sur des biens que la loi du temps de la donation affranchissait, à leur égard, de toute espèce de retranchement éventuel?

» Oui, dit-on: car il en est de la capacité de succéder comme de la naissance; et puisque l'enfant né après la donation, n'a pas moins droit de légitime que s'il était né antérieurement, il faut bien qu'il en soit de même de l'enfant qui, incapable de succéder à l'époque de la donation, n'en est devenu capable qu'après.

» Une preuve, peut-on ajouter, qu'en cette matière, la loi assimile la capacité de succéder survenue après la donation, à la naissance qui suit la donation, c'est que personne n'oserait nier qu'il ne soit dû, sur les biens donnés, une légitime à l'enfant naturel qui, à l'époque de la donation, était incapable de succéder, mais qui, après la donation, a été légitimé par mariage subséquent.

» Voilà des argumens spécieux; mais sont-ils concluans?

» Pourquoi l'enfant qui naît après la donation, a-t-il droit au retranchement de la légitime, ni plus ni moins que s'il était né auparavant? Parce que le donataire a été averti par la loi du temps de la donation, qu'il devrait une légitime à tous les enfans du donateur, et que la loi ne faisant, sur ce point, aucune distinction entre les enfans nés et les enfans à naître, il a dû s'attendre à la même action de la part de ceux-ci que de la part de ceux-là.

» Pourquoi l'enfant naturel qui était né avant la donation, et qui, à l'époque de la donation, était incapable de succéder, acquiert-il, par sa légitimation postérieure et par la cessation de son incapacité qui en est le résultat, un droit incontestable au retranchement de la légitime? parce que la loi du temps de la donation lui offrait la chance de la légitimation par mariage subséquent; parce que le donataire a été averti par cette loi qu'un mariage subséquent pourrait le légitimer.

» Dans ces deux cas, la loi du temps de la donation agit seule; elle seule confère le droit au retranchement de la légitime; elle seule en règle l'exercice, comme la quotité.

» Mais si vous allez plus loin, si, de ce qui se pratique dans ces deux cas, vous inférez qu'il en doit être de même dans celui où, comme dans notre espèce, l'incapacité de succéder, au lieu de cesser par l'effet qu'a produit après la donation, une cause qui existait dès l'époque de la donation même, ne cesse que par l'effet d'une loi postérieure, que faites-vous? Une véritable rétroactivité. Car il y a manifestement rétroactivité, toutes les fois qu'en vertu d'une loi qui n'est survenue qu'après une donation irrévocable de sa nature, vous neutralisez cette donation, soit en tout, soit en partie.

» Direz-vous que le donataire a dû s'attendre à une loi nouvelle qui, changeant les règles des successions, rendrait successibles à l'époque du décès du donateur, des personnes qui ne l'étaient pas à l'époque de la donation?

» Mais avec un pareil principe, la défense de faire rétroagir les lois, ne serait plus, en matière de donation, qu'un mot vide de sens; et il est évident que si, comme on n'en peut douter, cette défense est applicable aux lois qui concernent les donations, comme aux lois qui concernent toute autre matière, elle suppose nécessairement le principe contraire, savoir, que le donataire contracte sur la foi de la législation du temps où la donation lui est faite; principe qui conduit directement et immédiatement à la conséquence, que la donation ne peut être ni résolue ni diminuée par la survenance d'une législation différente.

» Tout le monde est aujourd'hui d'accord que la quotité de la légitime à prendre sur les donations faites sous l'empire de l'ancienne loi, par des personnes mortes sous le Code civil, ne doit pas être réglée par le Code civil, mais par l'ancienne loi. Cependant on pourrait tout aussi bien, sur la quotité de la légitime, que sur la question de savoir s'il y a lieu à légitime ou non, dire que le donataire a dû s'attendre à une loi nouvelle.

» Les filles normandes ont fait, après la loi du 8 avril 1791, la même objection à leurs frères donataires entre-vifs (quoiqu'ils eussent renoncé aux successions des donateurs ouvertes postérieurement à cette loi), pour les obliger au rapport des donations qu'ils avaient reçues sous l'empire de la coutume de Normandie. La coutume, disaient-elles, vous oblige à ce rapport en faveur de vos co-successibles. A la vérité, nous n'étions pas vos co-successibles à l'époque des donations; mais nous le sommes aujourd'hui par l'effet de la loi du 8 avril 1791; et dès-lors, nous sommes, à votre égard, de la même condition que des frères mâles qui vous seraient survenus après les donations. — Que répondaient les donataires? S'il nous était survenu des frères mâles après les donations, nous leur en devrions le rapport, parce que telle est la condition qui nous a été imposée par la coutume au moment où les donations nous ont été faites, parce que ce serait la coutume elle-même qui les eût associés à nous dans la qualité de successibles. Mais vous, de qui tenez-vous cette qualité? ce n'est point de la coutume qui a présidé à nos donations; c'est uniquement d'une loi nouvelle; et une loi nouvelle ne peut pas rétroagir à notre préjudice. — Et qu'avez-vous, Messieurs, prononcé sur ces contestations? Par trois arrêts des 12 nivôse et 11 ventôse an 12 et 4 mai 1807, vous avez maintenu des arrêts de la cour d'appel de Rouen qui avaient débouté les filles normandes; et vous les avez maintenus, *attendu que, la coutume tenant, elles n'auraient pas pu, n'étant pas héritières, faire prononcer la révocabilité de donations qui étaient irrévocables de leur nature* (1).

» Le système des filles normandes a été renouvelé en Piémont, après la publication du Code civil, par des filles qui avaient été mariées et dotées sous les *constitutions* du pays, et que les *constitutions* du pays avaient, par cette raison, exclues des successions de leurs pères et mères. Mais il n'a pas eu plus de succès en Piémont qu'il n'en avait eu en Normandie; et le 15 décembre 1807, au rapport de M. Pajon, vous avez jugé qu'un arrêt de la cour d'appel de Turin, du 15 mars 1806, *en décidant que la donation faite à Gaspard Bolla, par son contrat de mariage et à une époque lors de laquelle les filles piémontaises n'avaient aucune réclamation à exercer sur la succession de leurs pères et mères, lorsqu'elles avaient été convenablement dotées, lui avait conféré un droit irrévocable de sa nature, n'a proclamé qu'une doctrine conforme à tous les principes; et qu'en conséquence, il en a justement conclu que les dispositions du Code civil ne lui étaient pas applicables, nonobstant le décès du père commun, survenu postérieurement à sa publication.*

» C'est encore en se fondant sur le prétexte que tout donataire entre-vifs, tout héritier contractuel, doit s'attendre aux retranchemens qui pourront être ordonnés par des lois postérieures à sa donation ou à son institution, que le sieur Wirion père est venu, après la mort de son fils, arrivée en 1810, réclamer sur la succession de celui-ci qu'une donation mutuelle, stipulée par un contrat de mariage du 6 ventôse an 6, assurait toute entière à sa veuve, le droit de légitime ou réserve que le Code civil attribue à l'ascendant. Mais quel a été le sort de cette réclamation? Un arrêt de la cour d'appel de Paris, du 3 août de la même année, l'a proscrite; et cet arrêt a été maintenu par un arrêt contradictoire de la section civile, du 18 mai 1812, *attendu qu'un droit acquis d'une manière irrévocable, ne peut être altéré, en tout ni en partie, par une législation qui lui est postérieure.*

» Enfin, le même principe a encore déterminé l'arrêt que vous avez rendu, le 9 juillet 1812, au rapport de M. Botton de Castellamonte, et sur nos conclusions, dans une affaire où une fille naturelle née en 1783, et authentiquement reconnue à la même époque par le sieur Leclerc, son père, mort en 1809, prétendait distraire d'une donation mutuelle de tous biens présens et à venir, que son père avait faite par contrat de mariage, en 1785, la portion que le Code civil réserve aux enfans naturels légalement reconnus.

» Dans cette affaire, la position de la fille naturelle avait été, tant à l'époque de la donation de 1785, qu'à celle de la mort de son père, la même qu'était, dans notre espèce, la position de la chanoinesse de Poulangy, tant à l'époque de la donation de 1788, qu'à celle de l'ouverture des successions de ses père et mère. Comme la chanoinesse de Poulangy, la fille naturelle avait été, à l'époque de la donation dont elle demandait le retranchement, incapable de succéder à son père; et cette incapacité n'avait depuis cessé à l'égard de la fille naturelle, que de la même manière qu'elle avait depuis cessé à l'égard de la chanoinesse de Poulangy. Car ce n'était point par l'effet d'une cause déjà existante à l'époque de la donation de 1785; ce n'était point par un mariage subséquent, qui, d'après la législation de cette époque, aurait pu la légitimer; c'était tout simplement par l'effet d'une loi postérieure, que la fille naturelle était devenue capable de recueillir une portion des biens de son père.

» Or, qu'avez-vous décidé sur la prétention de la fille naturelle? Vous avez maintenu l'arrêt de la cour d'appel de Paris qui l'avait rejetée; et vous avez déclaré qu'en la rejetant, la cour d'appel de Paris avait *fait la plus juste application de l'art. 2 du Code civil*, qui prohibe toute rétroactivité dans les lois (1).

» Vous avez donc, par là même, jugé à l'avance que le même article est violé par l'arrêt de la cour royale d'Amiens qui accueille la prétention de la chanoinesse de Poulangy.

» Voilà, Messieurs, comment nous avons raisonné devant la section des requêtes; voilà sur quel fondement nous avons conclu, devant cette section, à l'admission du recours sur lequel vous avez aujourd'hui à statuer.

» Mais, nous devons le dire, à peine l'arrêt qui a prononcé cette admission, était-il rendu, que déjà nous regrettions de l'avoir provoqué. Une réflexion qui nous était échappée auparavant, nous a frappés tout-à-coup; et nous avons senti qu'il y avait une différence essentielle entre les espèces sur lesquelles avaient été rendus vos arrêts des 12 nivôse et 11 ventôse an 12, 4 mai et 15 décembre 1807, 8 mai et 9 juillet 1812, et le cas où se trouvait la dame de Caulière.

(1) *Répertoire de jurisprudence*, aux mots *Démission de biens*, n. 5.

(1) *Ibid.*, au mot *Réserve*, sect. 6, n. 8.

» En effet, lorsqu'avaient été faites les donations entre-vifs contre lesquelles réclamaient les filles normandes et piémontaises, le père du général Wirion et la fille naturelle née en 1783, les donataires n'avaient ni pu ni dû prévoir que la législation générale de leur pays serait un jour bouleversée au point, soit de rendre successibles des personnes qui, à cette époque, ne l'étaient nullement, soit d'affecter une portion indisponible à des personnes qui n'avaient alors aucun droit légitimaire à exercer; et par conséquent on n'avait pas pu supposer que ces donations eussent été tacitement grevées d'un retranchement à titre de légitime ou de réserve.

» Au lieu qu'en 1788, quelque formelle que fût la disposition de la coutume d'Amiens qui excluait les religieuses de tout droit successif, il était possible que, sans qu'elle fût abrogée, la dame de Caulière recouvrât, par un bref de sécularisation obtenu du vivant de son père et de sa mère, la capacité de leur succéder, et par suite de demander sa légitime sur la succession de l'un et de l'autre. Cette possibilité, justifiée pour les religieux en général, par les monumens de l'ancienne jurisprudence que nous avons retracés à votre audience du 22 janvier 1812, dans l'affaire de la dame Rebecqui (1), était même d'autant plus apparente pour la dame de Caulière en particulier, que les exemples de pareilles sécularisations n'étaient pas rares relativement aux chanoinesses de chapitres nobles.

» Le frère de la dame de Caulière a donc dû, en acceptant la donation dont son père et sa mère l'avaient gratifié en le mariant, prévoir que sa sœur pourrait un jour rentrer dans le siècle.

» Dès-là, nul doute qu'il ne doive être considéré comme s'étant tacitement assujetti à lui fournir une légitime, ce cas échéant; dès-là, par conséquent, nécessité de maintenir l'arrêt attaqué. C'est à quoi nous concluons ».

Telles étaient les conclusions que j'avais préparées pour la section civile. Les circonstances m'ont mis hors d'état d'en faire usage; mais le résultat n'en a pas moins été le même.

Par arrêt du 20 novembre 1815, au rapport de M. Minier,

« Attendu que la dame de Caulière, ex-chanoinesse de Poulangy, a été relevée de ses vœux et rendue à la vie civile par les lois publiées en l'an 2; que, par ces lois, elle a été appelée à recueillir les successions qui s'ouvriraient à son profit, postérieurement à la promulgation de la loi du 5 brumaire an 2 (2);

(1) *Ibid.*, au mot *Légitimation*, sect. 2, §. 2, n. 8.

(2) Ce n'est pas la loi du 5 brumaire an 2, mais celle du 18 vendémiaire précédent, qui a rendu aux ex-religieux la capacité de succéder.

» Attendu que les père et mère de la dame de Caulière ne sont décédés qu'en 1807 et 1808; et que, s'ils étaient morts sans avoir antérieurement disposé, elle aurait eu droit de prendre, dans leurs successions, une part égale à celle de chacun de ses frères et sœurs;

» Attendu qu'au moyen de la donation faite au profit de son frère aîné, par son contrat de mariage, donation de sa nature irrévocable, et maintenue par l'art. 1.er de la loi du 18 pluviôse an 5, pour être exécutée conformément aux lois anciennes, la dame de Caulière ne pouvait plus réclamer sa part héréditaire dans les successions de ses père et mère, mais seulement sa légitime par voie de distraction;

» Attendu que sa réclamation, à cet égard, était justifiée par l'ordonnance de 1731, et notamment par l'art. 36 de cette même loi;

» Attendu qu'aux termes dudit art. 36, le donataire de 1788 était assujetti à fournir indéfiniment la légitime dans la succession des père et mère donateurs, à tous les enfans capables de la réclamer au moment de leur décès; que cette obligation formait une charge inhérente à la donation faite à son profit, et qui en était inséparable;

» Attendu que de là il résulte que la dame de Caulière, ex-chanoinesse de Poulangy, était bien fondée à réclamer sa légitime par voie de distraction sur la donation faite à son frère en 1788; et que, par suite, l'arrêt qui a adjugé cette légitime à la femme Maillefert, sa légataire universelle, qui la représentait en cette qualité, a saisi le véritable esprit des lois précitées, fait une juste application des dispositions de l'ordonnance de 1731, et notamment de l'art. 36 de cette loi, et qu'il n'y a point de rétroactivité dans les dispositions qu'il renferme;

» Par ces motifs, la cour rejette le pourvoi ».

Il est à regretter que cet arrêt ne fasse pas sentir dans sa rédaction, la raison particulière et décisive qui en distingue l'espèce de celle des arrêts de l'an 12, de 1807 et de 1812 que j'avais cités devant la section des requêtes.

Au surplus, *V.* les articles *Payement*, §. 3; et *Tiers coutumier*.

LÉGITIMITÉ. — §. I. *Peut-on prouver par témoins les circonstances qui établissent ou font présumer juridiquement la légitimité d'un enfant né avant le Code civil et sous l'empire des lois sardes?*

Cette question s'est présentée à la section des requêtes de la cour de cassation, le 21 nivôse an 9.

Georges Léger avait été admis, par un jugement du tribunal civil du département du Mont-Blanc, à prouver par témoins qu'il était fils de Jacques Ducoudray-Blancheville, et de Marguerite de Viry, son épouse, tous deux domiciliés dans la ci-devant Savoie; qu'il était né deux mois après la célébration de leur mariage; que sa naissance avait été tenue secrète, pour épargner à sa mère le déshonneur de l'avoir conçu avant d'être mariée; que, dans cette vue, on l'avait fait baptiser sous un nom supposé; qu'à cela près, son père et sa mère lui avaient donné tous les soins de la paternité; et qu'ils avaient, jusqu'à leur mort, manifesté, dans un grand nombre d'occasions, qu'ils le regardaient comme leur fils.

Marie-Antoine-Félix Lescheraine, héritier de Jacques Ducoudray-Blancheville, avait appelé de ce jugement au tribunal civil du département de l'Isère; mais comme ce jugement était purement préparatoire, le tribunal civil du département de l'Isère avait, conformément à la loi du 3 brumaire an 2, déclaré son appel non-recevable.

En conséquence, Georges Léger avait procédé à son enquête, et il était, d'après cela, intervenu au tribunal civil du département du Mont-Blanc, un jugement définitif qui avait déclaré Georges Léger, fils légitime de Jacques Ducoudray-Blancheville et de Marguerite de Viry.

Sur l'appel du sieur Lescheraine, le tribunal civil du département de l'Ain a cru devoir examiner préliminairement la question de savoir si la preuve testimoniale était admissible de la part de Georges Léger; et le 29 germinal an 8, il l'a décidée pour la négative, en déclarant Georges Léger non-recevable dans ses fins et conclusions.

Georges Léger s'est pourvu en cassation contre ce jugement. Il l'a présenté d'abord comme violant la maxime du droit romain, *pater est quem nuptiæ demonstrant*, maxime, disait-il, qu'on ne saurait nier avoir force de loi dans le département du Mont-Blanc, puisque le §. 9 du tit. 22 du livre 3 des *Constitutions* sardes du 7 avril 1770, veut que, dans la décision des procès, *le droit commun* soit observé à défaut des ordonnances, des statuts locaux et de la jurisprudence des arrêts.

« Il n'y a nul doute (ai-je observé dans mes conclusions sur cette affaire), que, lorsque la mère est connue et qu'elle est mariée, son mari ne doive être regardé comme le père de l'enfant qu'elle met au monde. C'est-là le sens et l'objet de la loi invoquée par le demandeur; et cette maxime est sans contredit le fondement le plus solide de l'état des hommes, le lien le plus sacré de la société.

» Mais le demandeur était-il, lorsqu'il s'est présenté devant le tribunal dont il attaque le jugement, dans le cas de réclamer l'application de cette loi? Deux grandes raisons s'élèvent pour la négative.

» D'abord, le demandeur ne rapportait aucune preuve authentique qu'il eût reçu le jour de Marguerite de Viry, épouse de Jacques Ducoudray-Blancheville. — Il offrait bien de le prouver par témoins; mais par là même, il reconnaissait qu'il ne pouvait invoquer la loi *pater est*, qu'à l'aide de la preuve testimoniale. — Ce n'est donc pas d'avoir violé la loi *pater est*, que le demandeur peut accuser le tribunal de l'Ain; il ne peut l'accuser que de ne l'avoir pas admis à faire preuve par témoins du fait sans lequel cette loi ne pouvait, sous aucun rapport, lui être applicable; et c'est un point que nous nous réservons de discuter tout à l'heure.

» En second lieu, s'il en faut croire le demandeur, il n'y avait que deux mois que Marguerite de Viry était mariée, lorsqu'elle accoucha clandestinement; mais de là même il résulte qu'il ne peut pas s'appliquer la maxime, *pater est quem nuptiæ demonstrant* : ainsi le décident expressément la loi 11, D. *de statu hominum*, et la loi 7, §. 2, D. *de suis et legitimis heredibus*.

» Ce n'est pas qu'il ne puisse se rencontrer certaines circonstances où le mari doit être réputé le père de l'enfant dont sa femme accouche dans les six premiers mois; mais ce n'est point par l'effet de la loi *pater est*, c'est par l'effet de la présomption qui naît des familiarités qu'ont eues le mari et la femme avant le mariage; et comme cette présomption n'est consacrée par aucune loi, il est impossible qu'un jugement qui l'a rejetée dans un cas donné, puisse jamais être cassé en ce chef, puisque jamais en ce chef il n'a pu contrevenir expressément à une loi quelconque ».

Pour second moyen de cassation, Georges Léger soutenait que le tribunal de l'Ain avait violé les dispositions des lois romaines, en rejetant la preuve par témoins des faits qu'il avait articulés pour établir sa filiation.

« Mais (disais-je sur ce moyen), ne peut-on pas répondre qu'au contraire, il les eût violées, s'il eût admis ce genre de preuve? Les jurisconsultes romains, quoique naturellement portés à donner aux dépositions des témoins le même effet qu'aux actes les plus solennels, regardaient cependant la preuve testimoniale comme insuffisante dans les questions d'état; ils pensaient qu'il était dangereux de faire dépendre la destinée d'une famille, son repos, sa sûreté, de l'ignorance ou de [illegible] d'un témoin passionné, surpris ou corrompu. La loi 2, C. *de testibus*, nous offre un monument bien précieux de cette doctrine.

» Il ne faut cependant pas conclure de ce texte, que la preuve par témoins soit indistinctement inadmissible dans les questions d'état; on peut même faire voir, par plusieurs passages du Code et du Digeste, que le droit romain l'admettait en certaines circonstances.

» La loi 6, C. *de fide instrumentorum*, assure que la légitimité d'un enfant ne reçoit aucune atteinte par la perte du titre qui constate authentiquement sa naissance et sa filiation : *Statum tuum, natali professione perditá, mutilatum non esse certi juris est.*

» La loi 9, C. *de nuptiis*, est encore plus positive : elle décide que l'enfant dont l'état n'est prouvé ni par un contrat de mariage passé par écrit entre son père et sa mère, ni par une déclaration faite au moment de sa naissance dans les registres publics, ne laisse pas d'être légitime, si son père et sa mère ont été mariés, et qu'il soit né d'eux au vu et su des voisins et d'autres personnes.

» Ces dispositions ne sont pas contraires à la loi 2, C. *de testibus* : celle-ci ne rejette pas indistinctement la preuve testimoniale, et celles-là ne veulent point qu'on l'admette dans toutes sortes de circonstances; il faut donc modifier et expliquer ces textes les uns par les autres. Dans la loi 2, C. *de testibus*, l'empereur Alexandre distingue trois sortes de preuves dans les questions d'état, les actes, les indices, les témoins : *defende causam tuam INSTRUMENTIS ET ARGUMENTIS quibus potes; soli enim testes ad ingenuitatis probationem non sufficiunt.* Il décide nettement que les témoins ne peuvent pas suffire pour faire une preuve certaine, lorsqu'ils sont seuls, *soli testes;* mais il ne dit pas que leurs dépositions seront rejetées, lorsqu'elles seront soutenues, ou par la foi des actes, ou par la force des indices; il fait même entendre très-clairement le contraire.

» Il suffit donc, pour faire recevoir la preuve testimoniale, que les faits soient accompagnés d'un commencement de preuve qui fortifie et garantisse, en quelque sorte, la foi des témoins qu'on veut faire entendre. Il n'est pas absolument nécessaire que ce commencement de preuve soit par écrit; il peut se rencontrer des présomptions, des indices, et certain assemblage de circonstances qui n'ont pas moins de force que les écrits, lorsque la vérité n'en est pas contestée. Ainsi, le commencement de preuve qu'on exige en cette matière, est un adminicule quelconque, mais tel que l'enquête venant ensuite à s'y joindre, il puisse en résulter une preuve convaincante et complète.

» Or, dans l'espèce, le tribunal d'appel a jugé, en point de fait, que Georges Léger n'avait en sa faveur, ni un commencement de preuve par écrit assez bien caractérisé, ni des présomptions assez fortes et assez nombreuses, pour faire cesser les dangers de la preuve testimoniale. Il n'a donc pas violé les lois romaines, en rejetant la preuve par témoins des faits articulés par Georges Léger; il n'a fait au contraire qu'en appliquer la disposition générale, qui veut que les témoins seuls ne puissent pas faire preuve complète dans les questions d'état; il n'a fait que juger que Georges Léger n'était pas dans l'exception mise par le droit romain lui-même à cette disposition; et ce dernier point, il l'a jugé par des motifs puisés, non dans une loi mal entendue ou mal appliquée, mais dans des faits pour l'appréciation desquels il n'avait pas d'autre guide que sa conscience, et qui, par leur nature, ne peuvent jamais devenir, devant vous, la matière d'une discussion régulière ».

» Dans ces circonstances et par ces considérations, nous estimons qu'il y a lieu de rejeter la requête en cassation et de condamner le demandeur à l'amende ».

Arrêt du 21 nivôse an 9, au rapport de M. Rataud, conforme aux conclusions,

« Attendu qu'il n'y a point eu de contravention, soit aux lois romaines, soit aux dispositions des constitutions sardes, citées par le demandeur; qu'il résulte bien des unes et des autres, que la preuve testimoniale peut être admise en matière de réclamation d'état; mais qu'il en résulte aussi que cette preuve ne suffit pas seule, et qu'elle ne doit pas être admise, ou sans des commencemens de preuves par écrit, ou sans de fortes présomptions; que ces principes avoués par le demandeur, n'ont pas été méconnus par les juges dont le jugement est attaqué, puisqu'ils n'ont pas décidé que la preuve testimoniale ne pouvait point être admise pour décider la filiation; mais seulement jugé que, dans l'espèce, il n'y avait pas eu lieu de l'admettre, parce qu'il ne se trouvait point en faveur du réclamant, soit des écrits, soit des indices, assez forts; que l'appréciation des circonstances et des présomptions appartient exclusivement à la conscience des juges, et qu'il en résulte de simples points de fait qu'ils ont le droit de décider irrévocablement;

» Attendu qu'en supposant que le demandeur eût pu être déclaré fils légitime de Jacques-Ducoudray Blancheville, comme né postérieurement à la célébration de son mariage avec Marguerite de Viry, il n'y pas lieu d'examiner la question, puisqu'il n'a pas été reconnu que ladite de Viry fût la mère du réclamant ».

§. II. — 1.° *Est-ce par désaveu de paternité que doivent procéder les héritiers du mari, lorsqu'un enfant né de sa femme pendant le mariage, mais qui n'a ni titre ni possession d'état, se présente pour réclamer les droits d'enfant légitime? — Si, au lieu d'attendre qu'il les traduise en justice, ils prennent le parti de lui signifier un désaveu, se soumettent-ils par là au délai fatal dans lequel l'art. 318 du Code civil exige que le désaveu soit suivi d'une action en justice? — Cette action est-elle intentée en temps utile, par le seul effet de la citation en conciliation dans le délai fatal, lorsque cette citation est suivie d'un ajournement donné peu de jours après, mais hors de ce délai?*

2.° *Est-ce par le Code civil ou par l'ancienne jurisprudence, que doit se régler le mode de preuve de la légitimité d'un enfant né avant la promulgation de l'un et sous l'empire de l'autre?*

3.° *Y a-t-il, à cet égard, des différences entre le Code civil et l'ancienne jurisprudence? — Sous l'ancienne jurisprudence, le mari pouvait-il méconnaître l'enfant dont accouchait sa femme, séparée de lui de corps et de biens pour mauvais traitemens, et domiciliée à dix lieues de sa propre demeure? — Le pouvait-il, lorsque le jugement de séparation de corps et de biens avait été précédé, de sa part, du reproche qu'il avait fait à sa femme de mener une vie scandaleuse? — Le pouvait-il, lorsque la naissance de l'enfant lui avait été celée, lorsque l'enfant avait été inscrit sur les registres publics, comme fils de père et mère inconnus, lorsque l'enfant avait en conséquence passé les premières années de sa vie sans état; lorsque sa femme, en se déclarant, par un acte postérieur, mère de l'enfant, en avait attribué la paternité à un tiers, qui l'avait lui-même reconnue?*

Le 20 décembre 1776, mariage entre Jean Brunet et Catherine Bouyer, tous deux domiciliés à Perignac.

En 1787, Catherine Bouyer se pourvoit devant le siége royal de Cognac, en séparation de corps, pour sévices et mauvais traitemens.

Jean Brunet ne nie pas les faits, mais il soutient qu'ils ont été provoqués par la soustraction que son épouse lui a faite d'une partie de sa fortune, à l'aide de fausses clefs, et par la débauche dans laquelle cette femme vit avec plusieurs hommes, notamment avec le sieur Brudieu, vicaire de la paroisse de Chirac, dont il rapporte une lettre qui en contient la preuve. En conséquence, il demande qu'elle soit déclarée non-recevable, et se réserve contre elle l'accusation d'adultère.

Le 1.er août 1789, arrêt du parlement de Paris, qui, statuant sur l'appel d'une sentence du premier juge, ordonne que Catherine Bouyer sera et demeurera séparée de corps et de biens, condamne Jean Brunet à lui restituer ses apports, et sur le surplus des conclusions respectives, met les parties hors de cour.

Par suite de cet arrêt, Catherine Bouyer va demeurer dans le hameau de Chez-Ligéron, commune de Beigne, à dix lieues du domicile de son mari, et à trois quarts de lieue de la commune de Brand, dont le sieur Brudieu est curé. Peu de temps après, elle quitte Chez-Ligéron, et va partager l'habitation du sieur Brudieu.

Le 14 septembre 1793, elle fait prononcer son divorce, et le 20 frimaire an 2, elle prend le sieur Brudieu pour époux.

Ce nouveau mariage est précédé d'un contrat dans lequel le sieur Brudieu et Catherine Bouyer reconnaissent que Joséphine-Catherine-Madeleine, née à Chevanceau, et inscrite le 18 juin 1791, sur les registres de l'état civil de cette paroisse, comme née de père et mère inconnus, est leur fille; et ils déclarent que leur intention est de la légitimer.

Le 3 germinal an 4, décès de Jean Brunet.

Le 12 prairial suivant, traité sous seing-privé entre le sieur Brudieu, stipulant pour Catherine Bouyer, son épouse, et le sieur Foucaud, l'un des héritiers de Jean Brunet, se faisant fort de ses co-héritiers, sur la liquidation des droits de Catherine Bouyer. Il est dit dans cet acte, que *Jean Brunet est décédé sans enfans, attendu* (c'est le sieur Brudieu qui parle), *que la fille qu'a eue ladite Bouyer avant son mariage, est ma fille et la sienne, comme nous l'avons reconnu par notre contrat de mariage.*

Le 27 février 1806, le sieur Laforêt-Lacoinche, parent de Catherine Bouyer, présente au juge de paix une pétition tendante à la convocation d'un conseil de famille, composé de trois parens maternels, et de trois parens du côté de Jean Brunet, autres néanmoins que ses neveux, à l'effet de reconnaître que Joséphine est fille de celui-ci, et prendre en conséquence telle délibération qu'il appartiendra.

Mais le conseil de famille assemblé, le sieur Laforêt-Lacoinche déclare qu'ayant pris lecture de l'acte de naissance de Joséphine, il se désiste de sa proposition.

Les parens, de leur côté, « déclarent à l'unanimité, qu'ils n'ont jamais eu connaissance que Catherine Bouyer soit devenue enceinte; qu'ils sont certains particulièrement qu'elle ne l'a point été pendant sa demeure avec Jean Brunet; qu'il est présumable que Joséphine est un enfant trouvé, objet de l'adoption de ladite Bouyer et du sieur Brudieu, son second mari, si toutefois celui-ci n'est pas son père, comme l'opinion publique le désigne; que, sous ces différens rapports, et n'étant point parens de cet enfant, ils ne peuvent que se renfermer dans leur déclaration ».

Le 24 mars suivant, le sieur Brudieu et Catherine Bouyer passent, devant notaire, un acte portant « que la justice et la religion leur imposent l'obligation de déclarer et d'attester que Joséphine est réellement la fille légitime de Jean Brunet et de ladite Bouyer; que c'est à ce titre qu'elle lui a donné ses soins; que, si, lors de ses couches, elle affecta de les tenir secrètes autant que possible, c'était pour se soustraire à la vengeance de Brunet ».

Le 17 avril de la même année, cet acte est notifié aux neveux de Jean Brunet, avec sommation de restituer à Joséphine les biens qui composent la succession de son père.

Le 21 mai, les neveux de Jean Brunet font

signifier au sieur Brudieu et à Catherine Bouyer, un acte par lequel ils exposent « qu'il est ridicule que la dame Bouyer veuille aujourd'hui *les troubler dans la possession des biens de leur oncle,* et faire passer cette fille, née a douze ou quinze lieues du domicile de Jean Brunet et de parens inconnus, pour la fille du sieur Jean Brunet... ; qu'ils ont toujours ignoré si la dame Bouyer avait donné des soins à l'enfance de cette inconnue; qu'ils ignorent pourquoi elle exigea du sieur Brudieu qu'il la reconnût pour sa fille : que tous ces faits, étrangers aux requérans, font présumer que cette fille inconnue a été recueillie par la dame Bouyer dans quelque hospice civil, et que ce n'est que parce que Jean Brunet est mort avec une fortune honnête, que la dame Bouyer se dit faussement la mère de cet enfant, et veût faire croire qu'elle en est accouchée pendant son mariage avec Jean Brunet; qu'à l'époque où la dame Bouyer fait remonter la naissance de cette fille, il y avait long-temps que le sieur Brunet et la dame Bouyer ne vivraient plus ensemble; que mille raisons physiques et légales excluent toute idée de paternité de la part de Jean Brunet en 1791; que, quoi qu'il en soit, les requérans ont le plus grand intérêt à repousser les prétentions mensongères et immorales de la dame Bouyer, et à *désavouer* la fille inconnue qu'elle voudrait faire passer pour la fille de leur oncle; que ce n'est que *pour se conformer au vœu des articles* 316, 317 *et* 318 *du Code civil*, qu'ils se sont déterminés à faire signifier le présent acte à la dame Bouyer; qu'ils ne craignent rien des demandes de la dame Bouyer; et qu'ils prendront volontiers l'initiative dans cette affaire, quoique la loi semble vouloir que, dans ces sortes de matières, et pour que les héritiers du mari prennent l'initiative, la maternité de l'enfant soit au moins reconnue, et qu'ici il n'y ait ni père ni mère indiqués par l'acte de naissance; mais que cette initiative ne pouvant leur préjudicier en rien, ils la prennent sans crainte et avec confiance; — C'est pourquoi (ajoutent-ils), ils déclarent à la dame Catherine Bouyer qu'ils ne reconnaissent en rien, ni pour rien, Joséphine-Catherine-Madeleine-Eugénie, soit comme fille de Jean Brunet, leur oncle, soit comme fille de la dame Bouyer et qu'*attendu ce désaveu formel de leur part*, ils entendent combattre les prétentions de cette fille, ou celles de la dame Bouyer, se disant faussement sa mère, dans tous les tribunaux. Les requérans déclarent, en outre, à la dame Bouyer que, *ne voulant pas être constitués en demeure,* le présent acte sera suivi, dans le plus court délai, d'une action en justice, dirigée contre un tuteur *ad hoc,* qui sera nommé de suite à la fille inconnue.

Le 10 juin, les héritiers de Jean Brunet convoquent un conseil de voisins pour nommer à Joséphine un tuteur contre lequel ils puissent diriger leur désaveu.

La tutelle est déférée au sieur Brudieu.

Le 15 du même mois, ils font citer le sieur Brudieu devant le bureau de paix, pour se concilier sur la demande qu'ils se proposent d'intenter contre lui :

Le 21, procès-verbal de non-conciliation.

Le 23, les neveux de Jean Brunet font assigner le sieur Brudieu, en sa qualité de tuteur de Joséphine, et Catherine Bouyer, devant le tribunal civil de l'arrondissement de Saintes, « pour voir dire que défenses seront faites à Joséphine de prendre la qualité de fille, soit de Jean Brunet, soit de Catherine Bouyer, et qu'ils seront, en leur qualité de neveux et plus proches héritiers collatéraux de Jean Brunet, renvoyés de toutes demandes qu'elle pourrait former ».

Joséphine, par l'organe de son tuteur et de Catherine Bouyer, oppose aux héritiers une fin de non-recevoir qu'elle fait résulter de ce que l'ajournement n'a pas été donné dans le mois du désaveu, conformément à l'art. 318 du Code civil.

Au fond, elle soutient que la paternité de Jean Brunet est prouvée par la reconnaissance de Catherine Bouyer, consignée dans l'acte notarié du 24 mars, et qu'étant née pendant le mariage de Catherine Bouyer avec Jean Brunet lui-même, elle est nécessairement fille de celui-ci : *pater est quem nuptiæ demonstrant.* En conséquence, elle conclut à ce que, sans avoir égard au désaveu ni à la demande des neveux de Jean Brunet, le tribunal les condamne à lui délaisser la succession de son père, et ordonne que son acte de naissance sera réformé.

Subsidiairement elle offre de prouver par témoins, « 1.° qu'elle est née à Chevanceau, chez la dame Gendre, le 18 juin 1791, de la dame Bouyer, alors épouse de Jean Brunet; 2.° qu'elle fut baptisée, le même jour, à Chevanceau, et enregistrée sous le nom de père et mère inconnus; 3.° qu'elle fut ensuite, par les ordres et aux frais de la dame Bouyer, mise d'abord chez la femme Morice, ensuite chez la femme Ardoin, à Chevanceau; 4.° qu'en août 1792, la dame Bouyer fut elle-même la retirer des mains de la Gendre, à qui la femme Ardoin l'avait remise; 5.° enfin, que, depuis cette époque, la dame Bouyer l'a toujours conservée chez elle, et lui a constamment et publiquement donné tous les soins de la maternité ».

Le 21 juillet 1807, jugement par lequel, sans s'arrêter à la fin de non-recevoir et aux faits articulés par Joséphine, « attendu qu'il est vraisemblable que Joséphine n'est qu'un enfant adopté par la Bouyer, lors de son mariage avec Brudieu, d'autant que cette femme a toujours été stérile pendant sa cohabitation, soit avec son premier, soit avec son second mari; que des actes du fait seul de la Bouyer, après que son divorce l'avait rendue étrangère à la famille Brunet, et qui ne peuvent être considérés que comme des monumens de la turpitude et des désordres de la Bouyer et de Brudieu, ne peuvent être des commencemens de preuve capables de déterminer la justice à admettre une preuve testimoniale, tendante à faire entrer dans la famille Brunet un individu sans acte de naissance, dont la possession d'état et les titres sont contraires à sa prétention; le tribunal renvoie les héritiers Brunet de la demande formée contre eux, et fait défenses à Joséphine de prendre le nom et la qualité de fille de Jean Brunet et de Catherine Bouyer ».

Sur l'appel de ce jugement, Joséphine reproduit sa fin de non-recevoir : elle soutient que l'action des héritiers Brunet n'a été formée qu'après l'expiration du délai fatal; qu'il s'agit d'un désaveu et non d'une défense à une réclamation; que les héritiers Brunet ont eux-mêmes déterminé la nature de leur action, en signifiant un désaveu le 21 mai 1806; qu'ils sont par conséquent demandeurs en désaveu, et que suivant l'art. 318 du Code civil, l'action devait être formée dans le mois, à peine de déchéance; que l'on ne peut argumenter de la citation en conciliation au bureau de paix, parce qu'aux termes de la loi du 6 mars 1791, toutes les affaires qui intéressent l'ordre public, sont dispensées du préliminaire de la conciliation; qu'ainsi cet acte était inutile et n'a pas pu interrompre la prescription d'un mois déterminée par le Code.

Au fond, elle soutient qu'elle est fille de Catherine Bouyer; que cette première proposition est prouvée par la déclaration même de sa mère. « Qui jamais (dit-elle), produisit, pour établir la preuve de la maternité, des titres plus forts, des circonstances plus frappantes, des faits plus décisifs? A la vérité, je suis dépourvue du premier, du plus puissant de tous les titres, d'un acte de naissance qui constate ma filiation. Mais dépendit-il de moi de me le procurer? Et si, par l'effet d'un crime ou d'une faiblesse inexcusable, on a supprimé la preuve de mon état, dans le moment où je n'avais d'autres armes que les pleurs de l'enfance, peut-on m'ôter le droit de chercher à présent quels sont les auteurs de mes jours? J'existe; donc j'eus un père et une mère. Le titre de ma naissance ne les désigne pas; en les cherchant, je ne me donne pas de nouveaux parens; je fixe seulement sur la tête de deux individus, la paternité qui auparavant planait sur toutes les têtes, sans se reposer sur aucune. Mais, avant de chercher mon père, je dois trouver ma mère. La loi m'autorise à cette recherche, parce que la maternité ne peut jamais être douteuse ni incertaine, *mater certa*. Or, cette mère n'est point incertaine; elle m'a recueillie dès ma naissance, elle m'a prodigué ses soins, elle m'a traitée publiquement comme sa fille, et enfin elle m'a reconnue pour telle dans son contrat de mariage avec Brudieu. A la vérité, elle a eu la faiblesse de déclarer que j'étais aussi la fille de Brudieu; mais cette déclaration ne peut nuire à mon état. — C'est un principe adopté par tous les auteurs, que la déclaration des père et mère peut bien assurer l'état de leurs enfans, mais qu'elle ne peut jamais le détruire. (Loi 1, §. 12, D. *de agnoscendis et alendis liberis;* loi 29, §. 1, D. *de probationibus;* Lebrun; *Traité des successions*, liv. 1, ch. 4; d'Aguesseau, tom. 3, p. 183). — Il faut donc diviser la déclaration de Catherine Bouyer. On doit la croire, lorsqu'elle dit que Joséphine est sa fille; mais on doit la rejeter, lorsqu'elle atteste que cette fille n'est pas celle de son mari. — Ne voudrait-on prendre cette déclaration que pour un commencement de preuve par écrit? Cela suffirait pour me faire admettre à la preuve testimoniale des faits que j'ai articulés devant le premier juge. — J'aurais encore un autre commencement de preuve par écrit dans le partage du 12 prairial an 4, dans la quittance que Richoux, officier de santé, a donnée à Catherine Bouyer, d'une somme de 120 liv. pour l'avoir accouchée, et enfin dans la pétition du sieur Forêt-Lacoinche, qui m'a reconnue pour sa parente. — La maternité prouvée, mon état est assuré. La loi *pater is est quem nuptiæ demonstrant*, vient me couvrir de son égide. Cette loi est sévère; mais elle est juste, mais elle doit être inviolable; et, suivant MM. Talon et d'Aguesseau, on ne doit admettre contre cette règle d'autre exception que celle de l'impossibilité physique de la réunion des deux époux. — Il est vrai que, dans les derniers temps, on avait essayé d'admettre une autre exception, résultante de l'impossibilité morale. MM. Gilbert de Voisins, Joly de Fleury et de Saint-Fargeau avaient essayé d'introduire cette nouvelle exception; mais ils n'avaient pu y réussir. M. Séguier lui-même en fit le reproche à M. l'avocat-général Gilbert, lors de l'arrêt de Rougemont, en l'année 1765. — Ici, le mariage n'était point dissous; la séparation de corps prononcée en 1789, en avait seulement relâché les nœuds. Née en 1791, je suis donc l'enfant du mariage, et par conséquent la fille légitime du mari. — Aucune impossibilité physique de la réunion de mon père et de ma mère, ne peut m'être opposée; ils ne demeuraient qu'à 10 lieues l'un de l'autre. — Quant à l'impossibilité morale, elle n'était point admise avant le Code civil. Mais je ne puis être jugée par les dispositions de ce Code; mes droits étaient acquis avant son émission; ce serait lui donner un effet rétroactif ».

Les héritiers Brunet répondent à la fin de non-recevoir par deux moyens : — 1.° Nous avons, disent-ils, cité en conciliation avant l'expiration du mois, et cette citation a interrompu la prescription. — 2.° Il ne s'agit point ici d'un désaveu, mais d'une défense à une réclamation d'état, pour laquelle la loi n'a introduit aucun délai fatal. Le désaveu que nous avons signifié, étant un acte inutile, ne peut produire l'effet de faire courir contre nous un délai fatal que la loi n'a établi que pour le seul cas où l'enfant, étant en possession de son état, est inquiété par son père ou les héritiers de son père qui veulent l'en dépouiller.

Au fond, ils soutiennent que « rien ne prouve que Joséphine soit fille de Catherine Bouyer; qu'elle n'a pour elle ni titre ni possession d'état; qu'elle n'a pas même de commencement de preuve par écrit, parce que la déclaration de la mère est suspecte de fraude, ayant le même intérêt que la fille dans la contestation actuelle; que cette déclaration, faite par une femme divorcée, pour introduire un enfant dans la famille d'un homme qui lui était devenu étranger, ne mérite aucune foi; qu'elle ne peut d'ailleurs être divisée, et que, si elle prouve que Joséphine est fille de la Bouyer, elle prouve en même temps qu'elle est née de Brudieu, et non pas de Jean Brunet; qu'ainsi, la réclamante, n'ayant pour elle ni titre ni possession d'état de fille légitime de Jean Brunet, mais au contraire une possession d'état de fille naturelle de Joseph Brudieu et de Catherine Bouyer, ne peut jamais être écoutée dans sa réclamation ». — Passant ensuite à la question de savoir si, en supposant la maternité prouvée, Joséphine doit nécessairement être déclarée fille légitime de Jean Brunet, par la seule raison qu'elle serait née avant le divorce, ils soutiennent que la cause doit être jugée par les principes du Code civil, qui admet l'exception d'impossibilité morale, parce que l'action n'étant qu'une réclamation d'état, doit être soumise à l'empire des lois existantes à l'époque où elle a été intentée; qu'en supposant même que cette action doive être réglée par l'ancienne jurisprudence, le résultat en serait le même, puisqu'avant le Code civil, différens arrêts, notamment ceux de Gabrielle Pérault ou *la belle épicière*, de Rougemont et de Bauce, avaient admis l'exception d'impossibilité morale, et consacré l'indivisibilité du titre des réclamans.

Par arrêt du 29 juillet 1808, sections réunies,

« Considérant que Joséphine, partie de Boncenne, n'a point d'acte de naissance qui lui attribue la qualité de fille légitime de feu Jean Brunet, puisque l'acte de naissance qu'elle présente, la dite fille *de père et mère inconnus*; qu'elle n'a pas non plus la possession d'état de fille légitime de Jean Brunet, puisqu'au contraire il est constant que, jusqu'au moment où s'est élevée la contestation, elle a été en possession du nom et de l'état de *Joséphine Brudieu*, fille de *Joseph Brudieu*;

» Considérant que, sous ce rapport, et quel qu'ait été l'ordre de la procédure, le caractère principal, l'essentiel de la contestation, est celui d'une réclamation d'état de la part de ladite Joséphine, puisque la maternité de Catherine Bouyer n'a pu être contestée par les parties de Bréchard que dans ses rapports avec la paternité attribuée à Jean Brunet;

» Considérant que le Code civil ne limite dans aucun délai la défense des familles contre une réclamation d'état. Qu'au surplus, quand il s'agirait d'un désaveu, l'action se trouverait formée en temps utile de la part des parties de Bréchard, puisque lesdites parties de Bréchard ont cité celles de Boncenne en bureau de paix huit jours avant l'expiration du mois, à compter du 21 mai 1806; que les lois qui restreignent l'exercice d'une action dans un délai déterminé, ne font qu'exprimer l'effet ordinaire des prescriptions; et qu'aux termes de la loi du 24 août 1790, et de l'art. 2245 du Code civil, la citation en conciliation devant le bureau de paix, interrompt la prescription du jour de sa date, lorsqu'elle est suivie d'ajournement;

» Considérant que les premiers actes par lesquels Catherine Bouyer, l'une des parties de Boncenne, ait reconnu Joséphine pour la fille née de ses liaisons avec Brudieu, sont le contrat et l'acte de son mariage avec Brudieu; que de pareils actes peuvent d'autant moins tirer à conséquence et produire un effet quelconque vis-à-vis des parties de Bréchard, que ladite Catherine Bouyer était alors personne libre et devenue, par son divorce, étrangère à Jean Brunet et à sa famille; qu'une pareille reconnaissance n'eût pu être opposée à la famille Brunet, lors même que Catherine Bouyer eût été dans les simples termes de l'arrêt qui avait prononcé sa séparation de corps d'avec Jean Brunet, puisque, d'après l'art. 14 de la loi du 12 brumaire an 2, alors en vigueur, les enfans nés hors mariage de personnes séparées de corps par jugement, étaient appelés à recueillir les mêmes droits que les autres enfans naturels, pourvu que leur naissance fût postérieure à la demande en séparation, ce qui présuppose une reconnaissance de la part des père et mère, et par conséquent le droit qu'ont eu Catherine Bouyer et Joseph Brudieu de reconnaître Joséphine pour leur enfant, et de lui conférer l'état dans la possession duquel ils l'ont élevée depuis leur mariage;

» Considérant que, par les mêmes motifs, la mention faite par Brudieu, dans l'acte du 12 prairial an 4, que *Joséphine est la fille née de Catherine Bouyer*, ainsi qu'ils l'ont déclaré par leur acte de mariage, ne peut être opposée aux parties de Bréchard; qu'on ne peut non plus se prévaloir contre lesdites parties de Bréchard, de la quittance de l'accoucheur Richou, encore vivant, et de la convocation faite par Laforêt-

Lacoinche, parent de Catherine Bouyer, d'un conseil de famille, puisque ces actes sont émanés de parties étrangères à la contestation;

» Considérant d'ailleurs que la preuve testimoniale de la maternité de Catherine Bouyer ne peut être invoquée contre les parties de Bréchard, pour en induire la paternité de Jean Brunet, si les parties de Bréchard sont autorisées, même dans le cas où la maternité serait constante, à prouver que Brunet n'était pas le père de Joséphine, et si cette preuve se trouve légalement acquise par les faits constans au procès et par les circonstances de la cause;

» Considérant que l'art. 325 du Code civil autorise les parties de Bréchard à faire cette preuve par tous moyens propres à l'établir;

» Considérant que, soit d'après les principes anciens, soit d'après les principes du Code civil, celui qui vient réclamer l'état d'enfant légitime, ne peut se prévaloir de la maternité de la femme séparée de corps de son mari, lorsqu'au fait de séparation de corps se joignent des circonstances qui prouvent qu'aucun rapprochement n'a pu avoir lieu entre les époux à l'époque présumée de la conception;

» Considérant qu'à l'époque présumée de la conception de Joséphine, non-seulement Catherine Bouyer était séparée de corps d'avec Jean Brunet, mais qu'elle vivait à une distance considérable de la demeure de son mari, auprès de Brudieu; que ces faits, constans au procès, ne permettent pas de supposer un rapprochement entre Jean Brunet et Catherine Bouyer, rapprochement que l'art. 14 de la loi du 12 brumaire an 2 rendrait inutile; qu'ils le permettent d'autant moins, qu'ils acquièrent une nouvelle force par la circonstance de l'exaspération qui divisait les époux, par le recel de la naissance de l'enfant établi sur les registres de l'état civil comme né de père et mère inconnus, par les actes produits de la part de Joséphine, et enfin par la possession d'état conforme à ces actes;

» Considérant néanmoins que les parties de Bréchard ne peuvent être fondées à contester la maternité de Catherine Bouyer que dans ses rapports avec la réclamation faite par Joséphine de l'état de fille légitime de Jean Brunet; que leurs droits à cet égard ne peuvent excéder les bornes de leur intérêt légitime, et que les premiers ne pouvaient, d'après le caractère et l'objet de la contestation, porter aucune atteinte aux droits respectifs, soit de Catherine Bouyer, soit de Joséphine, résultant de la déclaration faite par ladite Catherine Bouyer, dans son acte de mariage avec Brudieu, que ladite Joséphine est fille d'elle dite Bouyer et dudit Brudieu;

» Considérant enfin que, d'après les motifs pris de l'art. 14 de la loi du 12 brumaire an 2, la paternité de Jean Brunet ne peut s'induire de la maternité de la Bouyer; et que, par la disposition de l'art. 325 du Code civil même, la maternité prouvée, on peut prouver que l'enfant n'est pas celui du père; que, dans le cas présent, toutes les circonstances excluent la prétendue paternité de Jean Brunet, sans que les parties de Bréchard aient besoin d'autres preuves;

» La cour (d'appel de Poitiers), sans s'arrêter aux fins de non-recevoir proposées par la partie de Boncenne, ayant aucunement égard à l'appel interjeté par ladite partie de Boncenne du jugement rendu par le tribunal de première instance de l'arrondissement de Saintes, dudit jour 21 juillet 1807, dit qu'il a été mal jugé par ledit jugement, dans le chef qui fait défenses à la mineure Joséphine de prendre la qualité de fille de Catherine Bouyer, nommément bien appelé par ladite partie de Boncenne: émendant, corrigeant quant à ce, et faisant ce que les premiers juges auraient dû faire, permet à ladite Joséphine de prendre les titre et qualité de fille de ladite Catherine Bouyer; et quant au surplus dudit jugement, relativement aux titre et qualité de fille de feu Jean Brunet, dit qu'il a été bien jugé par ledit jugement..... ».

Joséphine se pourvoit en cassation contre cet arrêt.

« Contravention aux art. 317 et 318 du Code civil; violation des lois romaines et du décret du 19 floréal an 2, qui consacrent le principe, *is pater est quem nuptiæ demonstrant;* fausse application de l'art. 14 de la loi du 12 brumaire an 2: tels sont (ai-je dit à l'audience de la section des requêtes, le 8 novembre 1809), les moyens de cassation qui vous sont proposés dans cette affaire majeure.

» Le premier offre à votre examen deux questions d'un grand intérêt: — L'une, principale, si les neveux de Jean Brunet ont été obligés, sous peine de déchéance, de faire assigner la demanderesse en justice dans le mois qui a suivi la signification de l'acte par lequel ils lui avaient dénié la qualité de fille de leur oncle; — L'autre, subsidiaire, si, par l'effet de la citation qu'ils lui ont donnée, dans le mois, devant le bureau de paix, et qui a été suivie d'une assignation dans les premiers jours du mois subséquent, ils sont censés l'avoir fait assigner en temps utile.

» La première question ne pourrait être résolue qu'en faveur de la demanderesse, si l'on devait juger de l'obligation des neveux de Jean Brunet, par la conduite qu'ils ont tenue.

» Les neveux de Jean Brunet ont signifié à la demanderesse, le 21 mai 1806, un désaveu de sa prétendue qualité de fille de leur oncle. Cette signification était-elle nécessaire de leur part? Il est bien à croire qu'ils la regardaient comme telle. Et que devaient-ils faire d'après cette opinion? L'art. 318 du Code civil le leur disait clairement: « Tout acte extrajudiciaire contenant le désaveu de la part du mari ou de ses » héritiers, sera comme non-avenu, s'il n'est

» suivi, dans le délai d'un mois, d'une action
» en justice dirigée contre un tuteur *ad hoc*
» donné à l'enfant, et en présence de la mère ».

» Mais si les neveux de Jean Brunet ont fait, en signifiant un désaveu, ce qu'ils n'étaient pas tenus de faire; si ce désaveu n'a été, de leur part, qu'un acte surabondant, ce désaveu a-t-il pu les soumettre à une prescription qui, par elle-même, ne pouvait pas les atteindre?

» Non sans doute. La prescription ne dépend pas de la voie que l'on prend pour introduire une action qui peut être introduite par une autre voie : une partie ne peut pas se soumettre, par l'emploi d'une forme purement facultative, à une prescription qu'elle n'aurait pas encourue, si elle eût usé du droit qu'elle avait de s'abstenir de cette forme. En un mot, la prescription par laquelle la loi punit celui qui n'a pas fait ce qu'elle lui commandait dans un délai déterminé, ne peut pas frapper celui qui a fait surabondamment, hors de ce délai, ce que la loi ne lui commandait pas. Aussi voyons-nous que la nécessité d'une assignation dans le mois, en cas de désaveu, n'est établie par l'art. 318, que comme une suite de la nécessité du désaveu même, dans les délais fixés par les art. 316 et 317; et de là il suit évidemment que l'assignation en justice, dans le mois de la signification du désaveu, devient superflue, lorsque la signification du désaveu, dans les délais fixés par les art. 316 et 317, est inutile; ou en d'autres termes, lorsque le mari ou ses héritiers peuvent contester l'état de l'enfant sans prendre la voie du désaveu.

» Or, dans notre espèce, y avait-il, pour les héritiers Brunet, nécessité de désavouer la demanderesse dans les délais fixés, non pas par l'art. 316 qui ne concerne que le mari, mais par l'art. 317?

» Rappelons-nous les faits capitaux de la cause.

» La demanderesse est inscrite au moment de sa naissance, le 18 juin 1791, comme fille de père et mère inconnus. — Le 20 frimaire an 2, Joseph Brudieu et Catherine Bouyer, ci-devant épouse de Jean Brunet, et qui a cessé de l'être par un divorce, lequel ne remonte qu'au 1.er février 1793; la reconnaissent pour leur fille. Elle est en conséquence élevée comme fille de Joseph Brudieu et de Catherine Bouyer. — Le 24 mars 1805, Joseph Brudieu et Catherine Bouyer déclarent, devant notaire, qu'elle est bien fille de celle-ci, mais non pas de celui-là, et que Jean Brunet est son véritable père. — Le 17 avril suivant, ils font signifier cette déclaration aux neveux de Jean Brunet.

» Que voyons-nous dans cette série de faits? Un enfant qui n'a, ni le titre légal d'enfant légitime de Jean Brunet, puisqu'il n'a pas été inscrit comme tel dans les registres publics, ni la possession d'état qui pourrait suppléer à ce titre, puisqu'il n'a jamais été reconnu, soit par Jean Brunet, soit par aucun parent de son côté. C'est donc un enfant qui vient réclamer, contre les héritiers de Jean Brunet, un état que l'on a cherché à lui procurer par la déclaration notariée du 24 mars 1806, mais qu'il n'a pas encore réellement, un état pour lequel lui manque toujours le titre voulu par la loi, un état dont il n'est pas en possession.

» Mais en pareil cas, est-ce par désaveu que doivent procéder, soit le mari de la mère de l'enfant, soit ses héritiers? non. — La voie du désaveu n'est nécessaire, que dans le cas où l'enfant a pour lui, soit un titre, soit une possession constante; que dans le cas où les héritiers du mari sont obligés de se constituer demandeurs pour faire réformer son titre, ou pour faire cesser sa possession. — Mais elle est inutile, lorsque l'enfant, dépourvu à la fois de possession et de titre, se constitue lui-même demandeur contre les héritiers du mari, et prétend conquérir sur eux un état qu'il n'a point. — C'est la distinction que faisait M. Tronchet, à la séance du conseil d'État, du 29 fructidor an 10 : « Quand les héritiers sont demandeurs (disait-» il), et qu'ils veulent faire déclarer illégitime
» un enfant couvert par la présomption légale
» de paternité, il est bon de leur accorder un
» délai; et alors, deux mois suffisent. S'ils sont
» défendeurs, et que l'enfant vienne réclamer
» contre eux son état, il est impossible de limi-
» ter leurs droits par un délai ».

» Cette distinction, il est vrai, n'est pas écrite littéralement dans le Code civil; mais elle est dans son esprit; et il ne faut, pour nous en convaincre, que comparer les textes où il est question du désaveu, avec ceux où il s'agit de la réclamation d'état.

» L'art. 313 porte que « le mari ne pourra.....
» désavouer l'enfant, même pour cause d'adul-
» tère, à moins que la naissance ne lui ait été
» cachée; auquel cas, il sera admis à proposer
» tous les moyens propres à justifier qu'il
» n'en est pas le père ». — Ainsi, dans le cas du désaveu, c'est-à-dire, lorsque le désaveu est nécessaire, parce que l'enfant a été inscrit sur les registres publics, comme fils du mari de sa mère, quoiqu'à l'insu de ce dernier, et à une distance assez considérable de son domicile pour qu'il soit présumé n'en avoir pas eu connaissance, il ne suffit pas que l'accouchement ait été caché au mari, pour que l'enfant soit déclaré illégitime : il faut encore que le mari ait fait déclarer sa femme coupable d'adultère. Et pourquoi faut-il alors le concours de ces deux conditions? Parce que l'enfant a un titre qui le dispense de toute autre preuve; parce qu'il est défendeur; parce que le mari de sa mère attaque son état; parce que le mari de sa mère est demandeur, et que *actoris est probare*.

» En est-il de même dans le cas de la réclamation d'état, c'est-à-dire, lorsque l'enfant, dépourvu de titre et de possession, est réduit à se constituer demandeur contre le mari ou ses héritiers? Non; l'art. 325 ne charge alors le mari ou ses héritiers que d'une *preuve contraire*, et il déclare formellement que cette « preuve con» traire pourra se faire par tous les moyens pro» pres à établir que le réclamant n'est pas l'en» fant de la mère qu'il prétend avoir, ou même, » *la maternité prouvée*, qu'il n'est pas l'enfant » du mari de la mère ». — Ainsi, comme le disait M. Tronchet, dans la discussion qui a précédé l'adoption de cet article, « les héritiers » peuvent opposer à la réclamation toutes les » circonstances qui la combattent. Il leur sera » donc permis de soutenir que la preuve de la » maternité ne justifie pas que l'enfant appar» tienne au père, parce que le père était ab» sent ». — « Ils pourront (ajoutait le chef du » gouvernement), opposer les circonstances des » quelles il résulte que le mari a ignoré l'accou» chement », quoique d'ailleurs la mère n'ait été ni accusée ni convaincue d'adultère. Enfin, disait encore M. Tronchet, « ils doivent être admis à faire » valoir toutes les exceptions, et il convient de » laisser une grande latitude aux tribunaux ». — Et pourquoi alors accorde-t-on tant de facilités aux héritiers du mari pour combattre la réclamation de l'enfant? C'est parce que, pour nous servir des termes de M. Bigot-Préameneu, dans l'*exposé des motifs*, « lorsque l'enfant n'a » ni possession constante, ni titre, ou lorsqu'il » a été inscrit, soit sous de faux noms, soit » comme né de père et mère inconnus, il en » résulte une présomption très-forte qu'il n'ap» partient point au mariage ».

» Il est donc bien démontré que les articles du Code civil, dans lesquels il est parlé du désaveu, ne sont pas applicables au cas où l'enfant n'a ni titre ni possession constante, où il réclame un droit qu'il n'a point encore, où le mari et ses héritiers ne font que se défendre contre sa réclamation. — Donc, en ce cas, ni le mari ni ses héritiers ne sont obligés de recourir au désaveu; donc, en ce cas, s'ils emploient la forme du désaveu, ils ne l'emploient que par surabondance; donc, en ce cas, ni les délais dans lesquels doit être formé le désaveu, ni celui dans lequel le désaveu doit être suivi d'une assignation en justice, ne peuvent courir contre eux.

» Mais, dit la demanderesse, ce cas n'est point celui dans lequel je me suis trouvée à l'époque où les héritiers Brunet m'ont fait signifier leur désaveu. J'avais alors un titre qui constatait authentiquement mon état. Catherine Bouyer m'avait reconnue pour sa fille, par le contrat de son second mariage, du 20 frimaire an 2; elle avait réitéré cette reconnaissance par l'acte notarié du 24 mars 1806; et elle n'avait pas pu constater par là que j'étais sa fille, sans constater en même temps que j'étais la fille de l'époux à qui elle était encore unie au moment de ma conception.

» Cet argument est déjà réfuté par un texte du Code civil, que nous avons eu l'honneur de mettre sous vos yeux. L'art. 323 qui porte précisément sur le cas où un enfant réclame une filiation qui n'est prouvée, ni par son acte de naissance, ni par une possession constante, déclare que la preuve contraire à cette réclamation, « pourra se faire par tous les moyens pro» pres à établir que le réclamant n'est pas l'en» fant de la mère qu'il prétend avoir, ou » même, *la maternité prouvée*, qu'il n'est pas » l'enfant du mari de la mère ». — Et que résulte-t-il de ces termes, *la maternité prouvée?* — Bien évidemment il en résulte que, si un enfant dont l'acte de naissance est muet sur l'état qu'il réclame, et qui n'est pas en possession de cet état, vient à acquérir la preuve qu'il doit le jour à l'épouse de celui dont il se prétend le fils, la procédure ne change pas pour cela de caractère; qu'elle continue toujours d'être une procédure en réclamation d'état; et que les règles concernant la procédure en réclamation d'état, ne font point, pour cela, place aux règles concernant la procédure en désaveu. — Bien évidemment il en résulte que les règles concernant la procédure en désaveu, sont strictement renfermées dans le cas où l'enfant méconnu par le mari ou par les héritiers du mari de sa mère, a, dans son acte de naissance, un titre qui constate sa filiation. — Bien évidemment il en résulte que, si les preuves qu'un enfant, inscrit comme né de père et mère inconnus, vient à recueillir sur la maternité (et c'est précisément notre espèce), peuvent lui fournir des moyens pour réclamer sa filiation contre le mari ou les héritiers du mari de sa mère, du moins elles ne peuvent pas le placer à leur égard dans la position d'un défendeur, ni par conséquent leur imposer, soit l'obligation de lui signifier un désaveu dans un délai fatal, soit l'obligation de faire, dans un autre délai, suivre ce désaveu d'une assignation en justice.

» C'est donc bien véritablement par surabondance que les héritiers Brunet ont fait signifier un désaveu à la demanderesse; et de là, la conséquence nécessaire, qu'ils ne pourraient pas être déchus de l'opposition qu'ils ont formée par cette voie à la réclamation de la demanderesse, pour n'en avoir pas saisi la justice dans le mois de la signification de ce désaveu.

» Mais après tout, et ceci va répondre à notre deuxième question, supposât-on que les héritiers Brunet n'eussent eu qu'un mois, après la signification de ce désaveu, pour en porter la connaissance devant la justice, la demanderesse n'en serait pas plus avancée: car le mois n'était pas encore expiré (il s'en fallait même, de huit jours), lorsqu'ils ont fait citer la demanderesse en conciliation; et dès le lendemain du procès-verbal de non conciliation, ils l'ont assignée devant le tribunal civil de l'arrondissement de Saintes.

» Or, l'art. 2245 du Code civil porte que « la » citation en conciliation devant le bureau de » paix, interrompt la prescription, du jour de » sa date, lorsqu'elle est suivie d'une assigna» tion en justice donnée dans les délais de » droit »; et c'est ce que réglait pareillement l'art. 6 du tit. 10 de la loi du 24 août 1790, sauf qu'il n'exigeait pas que l'ajournement fût donné *dans les délais de droit* à la suite de la citation en conciliation, pour que cette citation eût l'effet interruptif qu'il lui attribuait. — Les héritiers Brunet auraient donc, au besoin, interrompu, par leur citation en conciliation du 13 juin 1806, la prescription d'un mois qui, dans le système de la demanderesse, aurait été, sans cela, encourue par eux le 22 du même mois.

» Cependant la demanderesse insiste encore, et elle appelle à son secours deux objections.

» D'abord, dit-elle, l'art. 318 du Code civil exige textuellement *une action en justice* intentée dans le mois de la signification du désaveu, et ne peut conséquemment pas être censé vouloir que ce délai puisse être prolongé par une citation devant le bureau de paix.

» Pourquoi donc serait-il censé ne pas le vouloir? En établissant une prescription d'un mois contre l'action en désaveu de paternité, l'art. 318 du Code civil ne déroge, ni aux règles générales sur la manière d'interrompre la prescription, ni aux règles générales sur les cas où l'on est censé avoir intenté une action dans tel délai. Il se réfère donc nécessairement à ces règles, il est donc nécessairement modifié par l'art. 2245.

» Une loi du 17 germinal an 2 avait dit : « ceux qui ont à exercer des *actions* en rabatte» ment de decret contre des adjudications par » décrets antérieurs à la publication de la loi » du 25 août 1792, *ne pourront les former que* » *d'ici au* 1.er *vendémiaire prochain, exclu*» *sivement;* après l'expiration de ce terme, » aucune demande en rabattement ne pourra » être admise; le délai ci-dessus courra contre » les pupilles et mineurs, sauf leur recours » contre leurs tuteurs et curateurs ». — Assurément cette disposition était bien aussi impérative, pour la nécessité de *former l'action* en rabattement avant le 1.er vendémiaire an 3, que peut l'être l'art. 318 du Code civil pour la nécessité de *porter l'action en justice* dans le mois de la signification du désaveu. — Cependant, par arrêt du 22 nivôse an 4, la cour a jugé, en cassant une jugement contraire du 5 nivôse an 3, que Jean-François Trettens était censé avoir intenté son action en rabattement de décret, avant le 1.er vendémiaire an 3, par cela seul, qu'il avait cité son adversaire en conciliation le deuxième jour complémentaire an 2.

» Une loi du 19 floréal an 6 portait, art. 2, que « *l'action* en rescision pour cause de lésion » contre les ventes faites depuis le 1.er janvier » 1791, jusqu'à la publication de la loi du 14 » fructidor an 3, ne serait plus recevable après » l'expiration de l'année qui suivait la publi» cation de la présente ». — Cependant, par arrêt du 13 vendémiaire an 11, au rapport de M. Cassaigne, vous avez maintenu un arrêt de la cour d'appel de Paris, du 28 nivôse an 10, qui avait jugé que les sieurs Bron et Ory étaient censés avoir intenté leur action en rescision contre le sieur Schultz, dans l'année de la publication de la loi du 19 floréal an 6, par cela seul que, le 25 floréal an 7, quelques jours seulement avant l'expiration de cette année, ils avaient cité le sieur Schultz en conciliation; et vous l'avez maintenu par la considération « que » l'art. 6 du tit. 10 de la loi du 24 août 1790, » en statuant que la citation au bureau de paix » à l'effet d'interrompre la prescription, dispose » en général et pour tous les cas; que cette » disposition ne peut recevoir d'exception que » par une dérogation expresse et spéciale; que » l'art. 7 de la loi du 19 floréal an 6 ne contient » point de dérogation à cette disposition géné» rale; qu'en réglant que l'action dont elle fixe » la durée, ne sera recevable si elle n'est exer» cée dans l'an qu'elle prescrit, cette loi ne fait » qu'exprimer l'effet ordinaire de toute pres» cription; qu'enfin, il n'y est pas dit que la » citation au bureau de paix n'aura pas l'effet de » proroger l'action; qu'on ne peut donc, sous » aucun rapport, trouver dans le jugement at» taqué, une contravention expresse à cette » loi, ni une fausse application de celle du 24 » août 1790 ».

» Mais, objecte en second lieu la demanderesse, la citation en conciliation que les héritiers Brunet m'ont fait donner le 13 juin 1806, n'était point nécessaire, elle était inutile, et conséquemment elle ne pouvait produire aucun effet. Elle était inutile, et par l'objet du litige et par ma qualité de mineure : par l'objet du litige, car il s'agissait d'une question d'état, c'est-à-dire, d'une question d'ordre public; et l'art. 18 de la loi du 6 mars 1791 déclarait expressément que, dans les affaires qui intéresseraient *la nation, les communes et l'ordre public,* on se pourvoirait directement devant les tribunaux, sans comparution préalable devant le bureau de paix; par ma qualité de mineure, car l'art. 48 du Code de procédure civile dispense de la citation en conciliation les actions à former entre parties incapables de transiger; et cet article n'établit pas un droit nouveau, on en retrouve l'esprit dans l'art. 16 de la loi du 6 mars 1791, qui veut qu'aucun citoyen ne soit admis à représenter une partie devant le bureau de paix, s'il n'est *revêtu des pouvoirs suffisans pour transiger*. — Reprenons les deux branches de cette objection.

» Les questions d'état, dit-on, appartiennent à l'ordre public. Donc toutes les affaires dans lesquelles est agitée une question d'état, sont dispensées du préliminaire de la conciliation, par la loi du 6 mars 1791.

» Mais qu'entend la loi du 6 mars 1791, par *les affaires qui intéressent l'ordre public?* Elle désigne, par ces mots, les affaires dans lesquelles le ministère public est ou seule ou principale partie, les affaires dans lesquelles l'intérêt public tient le premier rang; et telles ne sont assurément pas les affaires dans lesquelles il s'agit de savoir si tel enfant est ou n'est pas né de tel mariage, si telle personne est ou n'est pas membre de telle famille. Dans celles-ci, la loi veille sans doute pour l'intérêt de la société, mais elle n'y veille que secondairement; c'est l'intérêt des particuliers, c'est l'intérêt des familles qui l'occupe en première ligne. *Primario spectat utilitatem privatorum, et secundario publicam.* Aussi voyons-nous que, dans ces affaires, la loi admet des fins de non-recevoir, tant en faveur de ceux qui contestent ou réclament un état, qu'à leur préjudice; ce qu'elles ne feraient certainement pas, ce qu'elles ne pourraient même pas faire régulièrement, si ces affaires intéressaient véritablement *l'ordre public*, dans le sens de la loi du 6 mars 1791 : *privatorum pactis juri publico derogari non potest.*

» La loi du 6 mars 1791 attache sûrement aux termes, *affaires qui intéressent l'ordre public*, le même sens que la loi du 24 août 1790, dont elle n'est qu'un appendice. Or, ces termes dans quel sens la loi du 24 août 1790 les emploie-t-elle? Nous l'apprenons par la manière dont elle s'exprime, tit. 8, art. 5 : « Les commissaires du roi, chargés de tenir la main à » l'exécution des jugemens, poursuivront d'office cette exécution dans toutes les dispositions » qui *intéressent l'ordre public* ». Et il est bien clair que, dans ce texte, les mots *intéressent l'ordre public*, ne se refèrent qu'aux jugemens qui ont pu être et ont été rendus à la poursuite du ministère public. Il est bien clair qu'en vertu de l'article dont ces mots font partie, le ministère public n'aurait pas pu, sous la loi du 24 août 1790, comme il ne pourrait pas encore aujourd'hui, poursuivre d'office l'exécution d'un jugement rendu entre des particuliers sur une question de paternité.

» Enfin, l'art. 83 du Code de procédure civile ordonne la communication au ministère public, 1.° des affaires qui *concernent l'ordre public....;* 2.° de celles *qui concernent l'état des personnes et les tutelles.* Les affaires *qui concernent l'état des personnes*, ne sont donc pas comprises, par leur nature, dans celles *qui concernent l'ordre public.* S'il en était autrement, le Code de procédure civile renfermerait un pléonasme.

» Les mineurs, dit-on encore, ne peuvent pas transiger : donc la loi du 6 mars 1791 dispensait du préliminaire de la conciliation, toutes les affaires dans lesquelles des mineurs avaient intérêt. Donc l'art. 49 du Code de procédure civile, par lequel sont *dispensées du préliminaire de la conciliation, les affaires qui intéressent...... les mineurs*, n'est pas introductif d'un droit nouveau; donc cette disposition était obligatoire même avant le 1.er janvier 1807, époque de la mise en activité du Code de procédure civile.

» Mais si les mineurs ne peuvent pas transiger par eux-mêmes, ils le peuvent du moins par l'organe de leurs tuteurs, autorisés à cet effet par une délibération du conseil de famille. Rien n'empêchait donc, avant le Code de procédure civile, avant que l'art. 49 de ce Code en eût disposé autrement, qu'un tuteur ne citât ou ne fût cité en conciliation devant le bureau de paix; rien n'empêchait donc qu'en comparaissant devant le bureau de paix, il n'écoutât les propositions conciliatoires qu'on pouvait lui faire, et qu'il ne les soumît ensuite à un conseil de famille, pour les accepter ou les rejeter; rien n'empêchait donc alors que les affaires dans lesquelles un mineur était partie, ne fussent soumises à la règle générale qui commandait l'épreuve de la conciliation dans toutes les affaires non exceptées par la loi.

» Nous disons que telle était la règle générale: et en effet, les art. 2 et 5 du tit. 10 de la loi du 24 août 1790 voulaient expressément *qu'aucune action principale* ne fût *reçue au civil*, s'il n'y avait préalablement citation devant le bureau de paix et procès-verbal de non-conciliation. Ces mots *aucune action principale*, excluaient manifestement toute exception. Depuis, il est vrai, la loi du 6 mars 1791 a excepté les affaires qui intéresseraient *la nation, les communes et l'ordre public*, ou qui seraient *de la compétence des juges de commerce ;* mais elle s'est arrêtée là : elle n'a pas étendu l'exception jusqu'aux affaires des mineurs; elle a donc laissé les affaires des mineurs sous l'empire de la règle générale. — Les héritiers Brunet ne pouvaient donc pas se dispenser de citer la demanderesse en conciliation. — Ils auraient donc intenté leur action en désaveu dans le délai fixé par l'art. 318 du Code civil, si un désaveu avait été nécessaire de leur part. — Le premier moyen de cassation de la demanderesse est donc dénué de toute espèce de fondement.

» Le second moyen nous présente la question de savoir si, au fond, la cour de Poitiers a violé la loi romaine dans laquelle est écrite cette grande maxime, *is pater est quem nuptiæ demonstrant*, et le décret du 19 floréal an 2, qui rappelle cette loi comme ayant toujours fait partie des *principes de notre législation.*

» Mais avant de nous expliquer sur cette question, il faut en examiner une autre qui lui est nécessairement préalable : c'est celle de savoir si la réclamation d'état de la demanderesse a dû être jugée d'après le droit romain, ou si elle a dû l'être d'après le Code civil.

» Car si cette réclamation avait dû être jugée d'après le Code civil, non-seulement il serait inutile de la discuter ici dans ses rapports avec le droit romain, mais il ne serait pas possible d'élever le plus léger doute sur la nécessité de maintenir l'arrêt de la cour de Poitiers.

» En effet, nous avons déjà vu que, par l'art. 325 du Code civil, les tribunaux sont, relativement aux réclamations d'état faites par des enfans qui n'ont ni titre ni possession constante, investis de la plus grande latitude de pouvoir; et que, même pour juger qu'un enfant dont la maternité est prouvée autrement que par un acte de naissance, n'est pas le fils du mari de sa mère, ils peuvent s'attacher à tous les faits que leur conscience leur indique comme propres à justifier un pareil jugement.

» Or, telle serait précisément, dans cette hypothèse, la position de la demanderesse. — La demanderesse, qui n'a été inscrite sur les registres publics que comme fille de père et mère inconnus, la demanderesse qui n'a jamais reçu de celui qu'elle nomme son père, le moindre traitement de paternité, qui même n'en a jamais été connue, que jamais on n'a cherché à lui faire connaître, dont on a au contraire cherché et réussi, tout le temps qu'il a vécu, à lui dérober la connaissance; la demanderesse trouverait dans l'art. 325 du Code civil, une barrière contre laquelle viendraient se briser tous les efforts qu'elle fait pour obtenir la cassation de l'arrêt qui la relègue dans la classe des enfans adultérins.

» Examinons donc si c'est réellement d'après le Code civil, qu'a dû être jugée la question d'état sur laquelle cet arrêt a statué.

» Le Code civil n'existait pas encore, le projet n'en était même pas encore conçu, lorsque la demanderesse a reçu la vie; la demanderesse a reçu la vie sous l'empire des anciennes lois; dès-lors, n'est-ce pas aux anciennes lois à déterminer le mode de preuve d'après lequel on doit juger de qui elle l'a reçue?

» La négative ne souffrirait aucune espèce de difficulté, si le mode de preuve d'un fait appartenait à ce que les jurisconsultes appellent *ordinatoria litis*, c'est-à-dire, à l'instruction, à la forme de procéder : car il est de principe que l'instruction et le mode de procéder dépendent, non de la loi du temps où l'action a pris naissance, mais de la loi du temps où elle s'exerce : « tout ce qui touche à l'instruction des affaires, » tant qu'elles ne sont pas terminées (est-il dit » dans le célèbre arrêté du gouvernement du » 5 fructidor an 9), se règle d'après les formes » nouvelles, sans blesser le principe de non- » rétroactivité, que l'on n'a jamais appliqué » qu'au fond du droit ». — Et voilà pourquoi nous n'avons pas hésité à ne raisonner que d'après le Code civil, dans la discussion du premier moyen de la demanderesse, lequel ne concerne que la forme de procéder sur les actions en désaveu de paternité.

» Mais, est-ce à l'instruction, est-ce à la forme de procéder, qu'appartient le mode d'une preuve d'un fait? Oui et non; il faut distinguer.

» Dans le mode de preuve d'un fait, on doit discerner deux choses : l'admissibilité de ce mode, et la manière de procéder à la preuve, après que tel mode de preuve a été reconnu ou jugé admissible.

» Sans contredit, lorsqu'une preuve testimoniale, par exemple, est jugée ou reconnue admissible, on ne doit, pour régler la forme de l'enquête, consulter que la loi du temps où l'enquête même se fait : Pourquoi? Parce que la forme d'une enquête ne tient qu'à l'instruction, parce qu'elle est purement *ordinatoria litis.*

» Mais s'agit-il de savoir si la preuve testimoniale est admissible ou non? Alors, ce n'est plus une question de procédure, c'est une question qui doit avoir la plus grande influence sur le fond; c'est un point que les jurisconsultes appellent *decisorium litis;* et par conséquent alors, ce n'est pas à la loi du temps où l'action s'exerce, que l'on doit s'arrêter : la loi du temps où l'action a pris naissance, la loi du temps où se sont passés les faits qui sont la source de l'action, est la seule que l'on doit consulter. S'arrêter, dans ce cas, à la loi du temps où l'action s'exerce, ce serait la faire rétroagir; car il y a nécessairement rétroactivité, toutes les fois qu'on applique au fond une loi qui n'existait pas encore au moment où l'action est née.

» Aussi avez-vous rejeté, le 18 novembre 1806, au rapport de M. Pajon, la demande du sieur Canosio en cassation d'un arrêt par lequel la cour de Turin avait admis, postérieurement à la promulgation du Code civil qui la prohibait, la preuve testimoniale de faits passés sous l'empire des lois sardes qui la permettaient.

» Et pourquoi les mêmes principes ne nous conduiraient-ils pas ici à dire que ce n'est pas le Code civil, que c'est la loi du temps de la naissance de la demanderesse, qui doit ici nous servir de boussole?

» Il se présente cependant, à cet égard, une difficulté assez spécieuse, et la voici : si la demanderesse réclamait, non l'état de fille légitime, mais l'état de fille naturelle de Jean Brunet, pourrait-elle employer le mode de preuve qui était autorisé par la loi du temps de sa naissance? Non certainement : elle serait soumise à la loi actuelle qui *n'admet pas la recherche de la paternité non avouée* ; et, à défaut de reconnaissance de son prétendu père, elle serait déclarée non-recevable. Comment donc pourrait-elle être admise à prouver sa filiation légitime, par les voies autorisées à l'époque de sa naissance ?

» L'argument paraît d'abord insoluble, mais quelques explications le feront disparaître.

» Un enfant naturel, qui, né sous l'empire des anciennes lois, forme aujourd'hui une demande en déclaration de paternité, peut se trouver dans trois positions différentes : ou son père est mort depuis la publication de la loi du 12 brumaire an 2 ; ou il était mort avant la publication de cette loi, mais depuis celle de la loi du 4 juin 1793 ; ou enfin, il était mort avant cette dernière époque.

» Au premier cas, il est non-recevable, s'il ne représente un acte authentique par lequel son père l'a reconnu. A la vérité, la loi sous l'empire de laquelle il est né, l'autorisait à prouver sa filiation par de simples indices ; il pouvait alors dire au premier venu : « Vous avez fréquenté ma mère, vous avez eu des familiarités avec elle, donc je suis votre fils ». — Mais cette même loi ne lui donnait action contre son père, que pour des alimens. La loi du 12 brumaire an 2 a fait plus en sa faveur : elle lui a accordé des droits successifs dont elle a renvoyé la fixation au Code civil ; mais elle y a mis une condition : plus rigoureuse, à cet égard, que l'ancienne jurisprudence, elle a voulu qu'il ne fût admis à prouver sa filiation, que par une reconnaissance authentique de son père ; en cela, elle a sans doute rétroagi ; mais elle a cru pouvoir compenser, par l'avantage dont elle gratifiait l'enfant, le tort qu'elle lui faisait en lui imposant un mode de preuve plus difficile ; et comme l'état de l'enfant est indivisible, comme il ne peut pas, à défaut de reconnaissance, être réputé fils de tel père à l'effet d'obtenir de lui des alimens, lorsqu'il ne peut pas l'être à l'effet de lui succéder, il a bien fallu, même pour les alimens, le priver du mode de preuve que la loi sous laquelle il est né, lui aurait permis de faire valoir, s'il s'était pourvu avant l'abrogation de cette loi. — La cour l'a ainsi jugé le 26 mars 1806, au rapport de M. Ruperou, en faveur de Jacques Marthe contre la fille Linstruiseur, « attendu qu'il résulte.... de la loi du 12 brumaire an 2, qu'à compter de la publication de » cette loi, toute recherche de la paternité non » reconnue est abolie, non-seulement par rapport aux droits successifs, mais même relativement aux alimens pour l'enfant aux frais de » gésine et aux dommages-intérêts pour la mère, » par la raison que la paternité étant indivisible, » un homme ne peut pas être père pour un cas, » et ne peut pas l'être pour un autre ».

» Dans la seconde hypothèse, c'est-à-dire, si le père est mort avant la publication de la loi du 12 brumaire an 2, mais après celle de la loi du 4 juin 1793, qui a posé le principe de la successibilité des enfans naturels, l'enfant n'a, pour établir sa filiation, ni toutes les facilités qu'il aurait trouvées dans la jurisprudence sous laquelle il est né, ni toutes les difficultés qu'oppose la loi du 12 brumaire an 2, à ceux dont les pères sont morts depuis sa publication. L'art. 8 de cette loi porte que, « pour être admis à l'exercice des droits ci-dessus dans la » succession de leurs pères décédés, les enfans » nés hors du mariage, seront tenus de prouver » leur possession d'état..., preuve (qui) ne » pourra résulter que de la représentation d'é- » crits publics ou privés du père, ou de la suite » des soins donnés à titre de paternité et sans » interruption, tant à leur entretien qu'à leur » éducation ». — Ainsi, la loi du 12 brumaire an 2 rétroagit dans ce cas comme dans le précédent ; mais elle ne le fait également que parce qu'elle appelle l'enfant né hors du mariage, à des droits successifs auxquels il ne pourrait pas aspirer d'après la loi du temps de sa naissance.

» Reste le troisième cas, celui où le père est décédé avant la publication de la loi du 12 brumaire an 2. Alors, l'enfant naturel n'a point de droits successifs à exercer, il ne peut réclamer que des alimens ; et comme il ne participe pas aux bienfaits de la nouvelle loi, il n'est pas non plus assujetti, pour la preuve de sa filiation, aux nouveaux modes qu'elle établit ; il peut justifier sa filiation par tous les genres de preuve qu'autorisait la loi sous laquelle il est né. — C'est ce que la cour a jugé, au rapport de M. Audier-Massillon, dans l'espèce que voici. — Le nommé Lavarde, se disant fils naturel de Jacques-Philippe Dethoury, mort en 1780, demande à ses héritiers une pension alimentaire. Les héritiers nient sa filiation ; il en offre la preuve, mais il ne représente, ni acte de reconnaissance, ni écrit quelconque de son prétendu père ; il n'articule même pas que son prétendu père lui ait donné, à titre de paternité, les soins non interrompus qui, suivant l'art. 8 de la loi du 12 brumaire an 2, peuvent, à l'égard des enfans dont les pères sont morts depuis la loi du 4 juin 1793, suppléer au défaut de reconnaissance authentique ou sous seing-privé ; en un mot, il se borne à offrir la preuve des faits que l'ancienne jurisprudence regardait comme suffisans. — Le tribunal civil du département du Calvados le déclare non-recevable, « attendu, (dit-il), que l'art. 8 de la loi » du 12 brumaire an 2, n'admet plus d'autres » preuves que celles résultant d'écrits publics ou » privés du père, ou de la suite des soins donnés » à titre de paternité et sans interruption ». — Lavarde appelle de ce jugement au tribunal civil du département de la Manche, qui le confirme le 9 fructidor an 7. — Il se pourvoit en cassation ; et le 14 thermidor an 8, arrêt qui casse ce jugement, « attendu que l'art. 8 de la loi du 12 bru-

» maire an 2, n'exige des preuves écrites ou une » suite de soins donnés à titre de paternité et » sans interruption, que de ceux des enfans nés » hors du mariage, qui réclament des droits suc » cessifs dans la succession de leurs pères et autres » ouvertes depuis l'époque déterminée par les » nouvelles lois, et qu'elle n'a rien changé aux » droits acquis sur les successions qui avaient été » ouvertes avant ce temps; qu'il s'agissait au » procès d'une demande en alimens réclamés par » un enfant naturel sur la successsion d'un père » décédé avant cette époque; et qu'en écartant » cette demande, sur le fondement que la preuve » offerte n'avait pas le caractère exigé par la loi » du 12 brumaire, le tribunal civil du dépar- » tement de la Manche a confondu la nouvelle » législation avec l'ancienne, fait une fausse ap- » plication de la loi du 12 brumaire an 2, et créé » une fin de non-recevoir qui n'était autorisée » par aucune loi ».

» Vous voyez donc, Messieurs, que, si les enfans naturels dont les pères sont morts depuis la publication des lois des 4 juin 1793 et 12 brumaire an 2, sont privés de l'avantage de prouver leur filiation par les voies qu'autorisait la loi sous laquelle ils sont nés, c'est par une raison qui leur est tout-à-fait particulière, c'est par l'effet de l'impossibilité de les réputer enfans pour un objet et non enfans pour un autre. Vous voyez donc que cette raison particulière cessant à l'égard des enfans naturels dont les pères sont morts avant la publication de la loi du 4 juin 1793, le principe général qui veut que la loi sous l'empire de laquelle s'est passé un fait, en règle seule le mode de preuve, reprend toute sa force et toute son intensité. Vous voyez donc que l'argument tiré du mode de preuve de la filiation des enfans naturels, qui, du premier abord, paraissait devoir renverser ce principe, ne fait au contraire que la consolider et l'affermir. Il ne peut donc plus rester de doute sur la nécessité où nous sommes, quant au mode de preuve de la filiation de la demanderesse, de fermer le Code civil, et de recourir aux lois antérieures.

» Ces lois, quelles sont-elles? Ce sont le décret de la convention nationale, du 19 floréal an 2, et le droit romain.

» Le décret du 19 floréal an 2 n'a été, il est vrai, rendu et publié qu'environ trois ans après la naissance de la demanderesse. Mais comme il ne contient qu'une disposition déclarative du droit préexistant, comme il est, par cette raison, applicable aux enfans déjà nés, aussi bien qu'aux enfans à naître, il devient nécessaire de l'examiner ici. — Il est ainsi conçu : « La Convention » nationale, après avoir entendu le rapport de » son comité de législation sur l'exposé qui lui a » été fait, que l'officier public de la commune » de Paris a refusé de recevoir la déclaration faite » par une citoyenne, que l'enfant dont elle est » devenue mère, est d'un autre que son mari; » considérant qu'il est dans les principes de notre » législation, que la loi ne reconnaît d'autre père » que celui qui est désigné par le mariage; qu'une » déclaration contraire est immorale, et qu'une » mère ne saurait être admise à disposer à son » gré de l'état des enfans de son mari; approuve » le refus fait par l'officier public de la commune » de Paris, de recevoir une semblable déclara- » tion; et décrète que l'acte de naissance énoncé » dans celui fait par le commissaire de la section » de Chalier, le 23 pluviôse, n.° 85, sera rédigé » sans faire mention de cette déclaration; et que » si elle a été insérée sur le registre de la section, » elle y sera rayée ».

» Que doit-on, que peut-on, conclure de ce décret? que la règle du droit romain, *is pater est quem nuptiæ demonstrant*, EST DANS LES PRINCIPES DE NOTRE LÉGISLATION? D'accord. Que cette règle n'est limitée par aucune exception? Ce serait une absurdité. — Ce décret ne porte que sur un cas particulier : et l'unique chose qu'il décide, c'est que la seule déclaration d'une mère ne suffit pas pour priver son enfant des avantages de la légitimité; c'est que la seule déclaration d'une mère ne suffit pas pour faire cesser, à l'égard de son enfant, la règle générale qui veut que, dans le mariage, la preuve de la maternité emporte la preuve de la paternité. — Il n'est donc pas, il ne peut donc pas être, dans l'intention du décret du 19 floréal an 2, d'assujettir à cette règle générale tous les cas possibles, même celui où l'impuissance du mari à l'époque de la conception de l'enfant serait légalement constatée, même celui où la conception de l'enfant se reporterait à une époque où le mari se serait trouvé au delà des mers, même celui où elle se reporterait à une époque antérieure au mariage, etc. Le décret du 19 floréal an 2 a donc nécessairement laissé subsister les exceptions par lesquelles le droit romain avait limité cette règle.

» Voyons donc quelles étaient ces exceptions.

» Ulpien, dans la loi 6, D. *de his qui sui vel alieni juris sunt*, les fixe en ces termes : « Nous » appelons fils, celui qui est né du mari et de sa » femme : *filium eum definimus qui ex viro et* » *uxore ejus nascitur*. Mais si un mari a été ab- » sent, par exemple, pendant dix ans, et qu'à » son retour, il trouve chez lui un enfant âgé » d'un an, nous pensons avec Julien, que cet en- » fant n'appartient pas au mari : *sed si fingamus* » *abfuisse maritum, verbi gratiâ per decennium,* » *reversus anniculum invenisse in domo suâ,* » *placet nobis Julianus sententia hunc non esse* » *mariti filium*. Il ne faut cependant pas, dit en- » core Julien, écouter celui qui, ayant demeuré » sans interruption avec sa femme, ne voudrait » pas reconnaître l'enfant qu'elle a mis au » monde : *non tamen ferendum Julianus ait eum* » *qui cum uxore suâ assiduè moratus, nolit*

» *filium agnoscere quasi non suum.* Mais je » pense, et c'est aussi l'avis de Scévola, que, » s'il est prouvé que le mari a été quelque temps » sans partager le lit de sa femme, soit par quel» que infirmité qui lui est survenue, soit par une » autre cause, ou s'il est organisé de manière à » ne pouvoir pas se reproduire, on ne doit pas » regarder comme son fils l'enfant dont sa femme » accouche, même dans sa maison, et à la con» naissance des voisins : *sed mihi videtur, quod » et Scevola probat, si constet maritum aliquan» diù cum uxore non concubuisse, infirmitate » interveniente vel aliâ causâ, vel si eâ valetu» dine paterfamilias fuit ut generare non pos» sit, hunc qui in domo natus est, vicinis scien» tibus, filium non esse* ».

» Ainsi, deux exceptions à la règle, *is pater est quem nuptiæ demonstrant* : l'accouchement de la femme à une époque qui suppose l'enfant conçu pendant l'absence du mari; l'accouchement de la femme pendant qu'elle demeure avec son mari, mais avec son mari physiquement incapable d'engendrer, n'importe que cette incapacité provienne, ou d'une infirmité accidentelle, ou d'une autre cause, *vel aliâ causâ*, ou d'un vice qui affecte les organes de la génération.

» Nous disons que cette loi n'établit que deux exceptions, et nous le disons avec un des plus grands magistrats qui ont illustré l'ancien barreau français, avec M. d'Aguesseau dans son plaidoyer du 15 juin 1693, sur l'affaire de Vinantes. — On a cependant prétendu, devant la cour de Poitiers, dans un discours qui a été rendu public, que M. d'Aguesseau s'était trompé; et qu'au lieu de deux exceptions, la loi citée en établit trois, savoir, « 1.° l'absence, *si fingamus » abfuisse*; 2.° l'abstinence du devoir conjugal » pour maladie accidentelle ou pour toute autre » raison, *si constet non concubuisse, infirmitate » interveniente vel aliâ causâ*; 3.° l'impuissance » naturelle, *vel si eâ valetudine fuit ut generare » non possit* ». — Mais il est clair que ce qu'on appelle, dans ce discours, la deuxième et la troisième exception, n'en forme qu'une générique, celle de l'incapacité physique d'engendrer. — Le sens de la loi est donc que, pour déterminer la juste application de la présomption de paternité qui résulte de l'accouchement de la femme pendant le mariage, il faut distinguer deux cas : — Ou le mari n'habitait pas avec sa femme à l'époque de la naissance de l'enfant, et il était au contraire éloigné d'elle depuis long-temps : alors la présomption cesse. — Ou le mari, à l'époque de la conception de l'enfant, habitait avec sa femme, et alors était-il capable de se reproduire? L'enfant lui appartient. Ne l'était-il pas? L'enfant lui est étranger.

» Au surplus, il importe ici très-peu que l'on voie là trois exceptions, ou qu'il n'y en ait réellement que deux, puisqu'il ne peut être ici question que de la première; puisque c'est uniquement sur la non cohabitation de Jean Brunet avec Catherine Bouyer, à l'époque où celle-ci est devenue enceinte, et sur le jugement de séparation de corps dont elle était la suite, que la cour de Poitiers s'est fondée pour rejeter la réclamation de la demanderesse.

» Examinons donc si l'on peut appliquer à notre espèce la première des exceptions dont il s'agit.

» On ne le pourrait certainement pas, si l'on devait regarder comme limitatif, l'exemple que donne la loi : *si fingamus abfuisse maritum, verbi gratiâ, per decennium, reversus anniculum invenisse in domo suâ.* Dans cette hypothèse, pour que l'enfant né dans l'absence du mari, pût être jugé adultérin, il faudrait que l'absence du mari eût duré huit ans et trois mois avant la conception de l'enfant; et comme, dans notre espèce, il ne s'est écoulé que treize mois et demi entre la séparation de Catherine Bouyer d'avec son mari, et la conception de la demanderesse, il est clair que, si tel est le sens de la loi, l'absence de Jean Brunet, à l'époque de la conception de la demanderesse, ne peut pas être un motif suffisant pour juger celle-ci adultérine.

» Mais on sent assez qu'interpréter ainsi la loi, ce serait abuser de ses expressions. Si la loi exigeait impérieusement un intervalle de huit ans et trois mois entre l'éloignement du mari et la conception de l'enfant, elle n'indiquerait pas ce terme par forme d'exemple, *verbi gratiâ*; elle l'indiquerait d'une manière absolue.

» Il est vrai que, dans la loi 1, §. 14, D. *de agnoscendis et alendis liberis*, le même jurisconsulte, Ulpien, en parlant encore de l'absence du mari comme d'une cause qui l'autorise à désavouer l'enfant de sa femme, se sert des expressions *longo tempore*, expressions qui, dans le langage des lois romaines, désignent ordinairement un espace de dix années, comme le prouve notamment la parfaite synonymie qui existe, dans un grand nombre de textes, entre la prescription qu'ils appellent *longi temporis*, et la prescription de dix ans.

» Mais il faut bien prendre garde à l'objet et à la marche de cette loi. — Elle commence par rappeler les deux dispositions du sénatus-consulte Plancinien : l'une par laquelle la femme qui se trouvait enceinte au moment de son divorce, était obligée de notifier sa grossesse à son mari, dans les trente jours; l'autre, qui obligeait le mari, aussitôt que cette notification lui avait été faite, ou d'envoyer des gardiens à la femme pour la surveiller jusqu'à son accouchement, ou de lui faire signifier une protestation contenant qu'il n'était point l'auteur de sa grossesse. — Elle ajoute que, si le mari ne fait ni l'un ni l'autre, il sera tenu de reconnaître l'enfant: *Pœna autem mariti ea est, ut nisi custodes præmiserit, aut contrà denunciaverit, non esse ex se prægnantem, cogatur maritus partum agnoscere.* — Cependant, continue-t-elle dans le §. cité, de ce que le mari n'a pas opposé un désaveu formel à la notification que la femme lui a faite de sa grossesse, il ne faut pas toujours conclure que l'enfant est de lui, quoique provisoirement il soit tenu de le nourrir : *Idem Julianus scribit, si, uxore denunciante se prægnantem, maritus non negaverit, non utique suum illi partum effici, cogendum tamen alere.* Supposons un homme qui, après une longue absence, trouve sa femme enceinte, et qui la répudie par cette raison même : parce qu'il aura négligé quelques-unes des choses que prescrit en pareil cas le sénatus-consulte, faudra-t-il regarder comme son fils l'enfant dont accouchera la femme? Non, cela serait injuste : *cæterùm esse satis injuriosum ait, si quis longo tempore abfuerit, et reversus uxorem prægnantem invenerit et idcircò rejecerit, si quid ex his quæ senatus-consulto continentur, omiserit, suum heredem ei nasci.*

» Maintenant dira-t-on que, dans ce texte, les expressions *longo tempore abfuerit,* désignent une absence de dix années?

» D'abord, quand il serait possible de les entendre dans ce sens, on pourrait tout au plus en conclure que, dans le cas particulier sur lequel porte la loi, il faut toute la faveur d'une aussi longue absence pour dispenser le mari de l'obligation qu'il a contractée, par son silence, de reconnaître l'enfant de sa femme; et que cette dispense doit lui être refusée, si l'absence n'a pas duré dix ans.

» Ensuite, ce qui prouve que les expressions *longo tempore* ne sont pas, dans cette loi, synonymes de dix ans, c'est qu'ainsi entendues, elles mettraient cette loi tirée, comme nous l'avons déjà vu, des écrits d'Ulpien, en contrariété avec la loi 6, D. *de his qui alieni vel sui juris sunt,* dont le même jurisconsulte est auteur. — Dans celle-ci, en effet, il est bien parlé d'une absence de dix ans, *si fingamus abfuisse maritum, verbi gratiâ, per decennium;* mais il y est dit en outre que le mari trouve à son retour un enfant âgé d'un an; ce qui ne suppose qu'un intervalle de neuf ans entre l'époque de l'éloignement du mari et celle de l'accouchement de la femme; au lieu que la loi 1, D. *de agnoscendis et alendis liberis,* si les termes *longo tempore* y désignaient un espace de dix ans, exigerait que dix ans se fussent écoulés entre l'éloignement du mari et le moment où, à son retour, il trouverait sa femme, non pas accouchée depuis un an, mais encore enceinte; ce qui formerait un intervalle excédant d'une année et plusieurs mois, celui dont la loi 6, D. *de his qui alieni vel sui juris sunt,* donne l'exemple.

» Il faut donc dire, si l'on veut mettre ces deux lois d'accord entre elles, si l'on veut mettre leur auteur commun d'accord avec lui-même, que, dans l'une, les termes *longo tempore abfuerit* désignent une absence qui, pour être réputée longue, n'a pas besoin d'avoir duré dix ans; et que, dans l'autre, l'exemple d'une absence de dix ans, par cela seul qu'il n'est proposé que comme exemple, n'est pas exclusif d'une absence d'une moindre durée.

» Mais cette absence à quel terme doit-on la fixer pour qu'elle puisse autoriser le mari à désavouer l'enfant de sa femme?

» La première des lois que nous venons de citer, la loi 6, D. *de his qui alieni vel sui juris sunt,* nous fournira là-dessus de grandes lumières.

» Elle met, comme nous l'avons vu, deux cas en opposition l'un avec l'autre : celui où le mari peut désavouer l'enfant de sa femme, et celui où il n'y est pas recevable.

» Il peut désavouer l'enfant, dit-elle, lorsqu'au moment où sa femme est accouchée, il y avait neuf ans, par exemple, qu'il était absent : *si fingamus abfuisse maritum, verbi gratiâ, per decennium, reversus anniculum invenisse in domo suâ.* — Il ne peut pas le désavouer, lorsqu'il n'a pas cessé de demeurer avec sa femme : *non tamen ferendum eum qui cum uxore suâ assiduè moratus, nolit filium agnoscere quasi non suum.*

» Assurément, si, dans le premier cas, il était indispensablement nécessaire, pour fonder le désaveu du mari, que son absence eût précédé de neuf ans la naissance de l'enfant, la loi n'exigerait point, dans le second cas, pour repousser le désaveu, que le mari eût demeuré sans interruption avec sa femme.

» Comment donc concilier ces deux parties de la loi? Il n'est, pour y parvenir, qu'un seul moyen raisonnable : c'est de dire que le mari ne peut pas, à la vérité, méconnaître l'enfant de sa femme, lorsqu'il demeurait avec elle dans le temps où elle a conçu ou peut être censée avoir conçu cet enfant; mais qu'il le peut, lorsque son absence remonte à un temps plus reculé, comme à onze ou douze mois avant l'accouchement.

» C'est ce qu'enseigne en effet Menochius, *de arbitrariis judiciis*, liv. 2, cent. 1, §. 89, n. 33 : *et cùm exempli causâ*, dit-il, *de decennio locutus sit Ulpianus, idem dici potest de nato post decimum vel undecimum mensem à die quo abesse cœpit vir.*

» Gayl, liv. 2, obs. 97, n. 20, établit la même chose : *limitatur, si maritus diù peregrè absens fuerit, puta diutiùs anno;* et il s'appuie sur la loi 6, D. *de his qui alieni vel sui juris sunt :* preuve manifeste qu'à ses yeux, cette loi, en proposant pour exemple une absence qui a devancé de neuf ans l'accouchement de la femme, range même l'absence qui n'a duré, avant cette époque, que l'espace d'une année, parmi les moyens de faire cesser la présomption légale de paternité.

» Et c'est aussi ce que fait entendre clairement Bartole, dans son Commentaire sur la même loi. « Cette loi (dit-il), est remarquable, » et voici ce qu'elle entend. Celui-là est réputé » fils légitime qui naît du mari et de la femme » également propres à remplir le but du mariage, » pourvu qu'ils habitent ensemble. *Hæc est notabilis lex, et hoc intendit : ille dicitur filius » legitimus qui ex viro et uxore ad matrimonium et generandum habilibus,* SIMUL HABITANTIBUS, *constante matrimonio, nascitur* ».

» Voët, sur le digeste, liv. 1, tit. 6, n. 8, dit également que, pour qu'un enfant soit jugé légitime, nonobstant la déclaration de sa mère qui le présente comme adultérin, il faut que sa mère ait habité avec son mari à l'époque présumée de la conception : *ne sic quidem adulterinum præsumemus partum, sed magis in dubio genitum à marito, quoties ille, durante eo tempore quo partus concipi potuit, uxori cohabitaverit.*

» Mais que doit-on entendre, en cette matière, par une absence de onze mois, d'un an, de plusieurs années? Doit-on regarder comme absent, à l'effet d'imposer silence à la règle, *is pater est quem nuptiæ demonstrant*, le mari qui n'est, comme Jean Brunet l'était dans notre espèce, éloigné de sa femme que de dix lieues? Ou faut-il qu'il y ait, entre son habitation et celle de sa femme, une distance beaucoup plus considérable?

» M. d'Aguesseau, dans son plaidoyer du 15 juin 1693, voulait que la distance fût telle, qu'il en résultât une impossibilité physique que le mari eût habité avec sa femme au temps de la conception de l'enfant. Mais ce serait à tort qu'on invoquerait en faveur de sa doctrine l'arrêt qui fut rendu le même jour sur ses conclusions. — Dans l'espèce de cet arrêt, le sieur de Vinantes prouvait bien que, pendant les mois d'avril, mai et juin 1689, il avait été éloigné de vingt lieues de la maison de campagne où il avait laissé sa femme; mais conclure de là, comme il le prétendait, que l'enfant dont sa femme était accouchée sept mois après son retour, était illégitime, il ne le pouvait pas raisonnablement. « Son absence (disait M. d'Aguesseau), a commencé au mois de mars; elle a fini au mois » de juin. Depuis son départ jusqu'à la naissance » de l'enfant, il n'y a qu'environ dix mois : » depuis son retour, il y a sept mois entiers » d'intervalle. Dans l'un et l'autre cas, les » lois ont décidé qu'un enfant pouvait naître » légitime ».

» M. Joly de Fleury, dans l'affaire de Charles de la Plissionnière, professait, le 29 février 1712, le même principe que M. d'Aguesseau. Charles de la Plissionnière demeurait en Flandre, et Elizabeth Bouillon, sa femme, à Paris. M. l'avocat-général soutint qu'il n'y avait pas, de l'habitation du mari à celle de la femme, une distance assez considérable pour former, de la part du premier, une impossibilité physique à ce qu'il se fût trouvé près de sa femme à l'époque de la conception de l'enfant; et l'arrêt jugea l'enfant légitime. Mais il y avait dans cette affaire une circonstance qui la distinguait essentiellement de notre espèce : il était prouvé que Charles de la Plissionnière revenait de temps en temps à Paris; et dans notre espèce, non-seulement il n'est pas prouvé, mais la demanderesse n'a pas même offert de prouver, elle n'a pas même articulé, que, depuis que Catherine Bouyer avait quitté Jean Brunet, l'un d'eux se fût une seule fois rapproché d'un pas de la demeure de l'autre.

» Ce qu'avaient soutenu M. d'Aguesseau en 1693, et M. Joly de Fleury, en 1712; l'art. 312 du Code civil l'a érigé en loi expresse, mais pour quels enfans? Pour les enfans qui, inscrits au moment de leur naissance, comme nés de père et mère inconnus, et élevés comme tels, parviennent ensuite à découvrir et constater qu'ils doivent le jour à une femme mariée? Non. Ce n'est pas pour eux qu'est fait l'art. 312; et la preuve en est que l'art. 325 permet d'argumenter contre eux de tous les faits desquels il peut moralement résulter que le mari de leur mère n'est pas leur père. L'art. 312 ne concerne donc que les enfans inscrits, au moment de leur naissance, comme nés d'un mariage légitime; il ne pourrait donc pas être invoqué par la demanderesse, quand même la demanderesse serait née sous le Code civil.

» Nous conviendrons au surplus que l'opinion de M. d'Aguesseau et de M. Joly de Fleury avait prévalu dans l'ancienne jurisprudence; que l'ancienne jurisprudence s'appliquait même au cas sur lequel porte l'art. 325 du Code civil, même au cas où il s'agissait d'un enfant inscrit en naissant, comme fils de père et mère inconnus; et que l'art. 325 du Code civil, en établissant le contraire pour ce cas, a fait une innovation. C'est ce que démontre clairement l'observation du tribunat sur cet article même, que le conseil d'Etat lui avait fait communiquer, et qu'il a proposé, en l'approuvant, de rédiger tel qu'il est aujourd'hui : « d'après... l'examen de cet » article (a-t-il dit), la section a pensé que » l'unique objet de sa disposition était de changer la jurisprudence sur un cas particulier » facile à prévoir. On cite un exemple : un individu qui n'a ni possession ni titre, réclame » contre une famille à laquelle il prétend appartenir. Que fait-il d'abord? Il demande que sa » réclamation soit jugée relativement à la personne qu'il dit sa mère, et dont il soutient être » né durant le mariage. Si le jugement sur la » maternité ne lui est point favorable, il ne va

» pas plus loin; il sait que, par là, tout est décidé : car dès qu'il n'est point l'enfant, de la femme, il ne peut l'être du mari; il ne serait tout au plus que bâtard adultérin. S'il parvient au contraire à faire juger que cette femme est sa mère, il lui suffit, *d'après la jurisprudence encore existante*, d'opposer, par rapport au père, la maxime, *pater is est quem nuptiæ demonstrant* ».

» Mais cette jurisprudence, en tant qu'elle s'appliquait aux enfans nés pendant l'absence du mari, était-elle fondée sur les lois romaines? Non : elle était plutôt une extension, ou, si l'on veut, un perfectionnement de ces lois, que leur conséquence. Les lois romaines ne s'expliquaient pas sur le caractère que devait avoir l'absence du mari, pour autoriser celui-ci à désavouer l'enfant de sa femme; et bien loin d'exiger, pour cela, que l'absence du mari fût telle, qu'il en résultât une impossibilité physique de rapprochement entre lui et sa femme au moment de la conception de l'enfant, elles ne déclaraient le mari, lorsqu'il était constitué et organisé de manière à pouvoir devenir père, non-recevable à désavouer l'enfant de sa femme, que lorsqu'il avait demeuré assidûment auprès de sa femme elle-même, *assiduè moratus*.

» Aussi, parmi les auteurs qui ont écrit d'après les seules lois romaines, en trouvons-nous un grand nombre qui contredisent ouvertement l'opinion de M. d'Aguesseau et de M. Joly de Fleury.

» Menochius, à l'endroit déjà cité, demande si la règle *is pater est*, reçoit son application au cas où la femme demeure hors de la maison maritale, n'importe que ce soit dans la même commune ou dans une autre; et il répond que oui, mais il y met cette condition : pourvu qu'il soit prouvé que le mari fréquentait l'habitation de sa femme. *Extenditur* 2.° *procedere etiamsi mulier habitaret extrà domum mariti, si modo ad eam maritus accedere solebat.* Et il cite, comme embrassant la même doctrine, Decius, Barbatia, Alexandre, le cardinal de Paléote et Jason.

» Le même auteur, dans son Traité *de præsumptionibus*, liv. 6, §. 53, n. 9, revient encore sur cette opinion, et il y persiste. *Cessat*, dit-il, *præsumptio ex lege* filium, *quandò non constat quòd maritus, tempore conceptionis illius partûs, accederet ad uxorem extrà domum habitantem; sicuti hunc accessum probare debet, qui asserit natum illum esse mariti filium.* C'est, ajoute-t-il, ce qu'enseignent Salicetti, sur la loi dernière, D. *de probationibus*; Abbas, sur le ch. *Per tuas* aux décrétales, *de probationibus*; Paul de Castres, liv. 5, cons. 115; Alciat, rep. 389; et Petra, *de fideicommissis*, quest. 11, n. 400.

» Leyser, célèbre professeur de l'université de Vittemberg, dans ses *Meditationes ad pandectas*, titre *de partu agnoscendô*, n. 5, se moque des auteurs cités par Gayl, suivant lesquels le mari serait tenu de reconnaître pour son enfant, celui dont serait accouchée la femme qui, chassée de chez lui sans jugement préalable de séparation, se serait retirée dans un mauvais lieu : *etiamsi maritus uxorem absque judicio Ecclesiæ dimiserit illaque posteà in lupanari existat.* Ce sont là, dit-il, des extensions excessives de la présomption de paternité qui résulte du mariage : *nimiæ sunt profectò istæ ampliationes.*

» Il existe même dans les monumens de l'ancienne jurisprudence française, des arrêts qui ont adopté cette doctrine, dans un cas fort approchant de notre espèce, dans celui où l'enfant né pendant l'absence du mari, ne pouvait invoquer pour preuve de sa filiation qu'un acte qui, pris en entier et tel qu'il était, le désignait comme le fruit d'un commerce adultérin. — En voici notamment deux qui sont très-positifs.

» Marie Carneville épouse, en 1738, Antoine Lemarié, demeurant à Chauni près Pontoise. En 1741, elle quitte furtivement son mari, et va s'établir à Barneville près Rouen, à dix-huit lieues de distance de la maison maritale : là, elle vit publiquement comme femme de Jean-Baptiste Bance. Quatre enfans naissent pendant leur cohabitation, et tous quatre sont inscrits sur les registres publics comme fils légitimes de Jean-Baptiste Bance et de Marie Carneville. — En 1774, Antoine Lemarié meurt à Chauni. Marie Carneville se présente, comme l'a fait dans notre espèce Catherine Bouyer, pour faire liquider ses droits dans la communauté. Comme Catherine Bouyer, elle transige avec les héritiers du mari; et dans cette transaction, il est dit, comme dans l'acte du 12 prairial an 4 qui est sous vos yeux, qu'Antoine Lemarié est mort sans enfans. Quinze mois après, les quatre enfans inscrits sur les registres de la paroisse de Barneville, comme enfans légitimes de Jean-Baptiste Bance et de Marie Carneville, se pourvoient, contre les héritiers collatéraux d'Antoine Lemarié, en délaissement de sa succession. Nous prouvons, disent-ils, par nos actes de naissance, que nous sommes fils de Marie Carneville; ces mêmes actes prouvent donc qu'Antoine Lemarié est notre père. On ne pourrait opposer à cette preuve qu'une impossibilité physique de rapprochement entre Antoine Lemarié et Marie Carneville; mais cette impossibilité physique, d'où la ferait-on résulter? De la distance qu'il y avait de l'habitation de Marie Carneville à celle d'Antoine Lemarié? Mais cette distance n'était que de 18 lieues. — Cependant, par arrêt du 11 juin 1779, conforme aux conclusions de M. l'avocat général Séguier, le parlement de Paris les déclare non-recevables, et leur fait défenses de prendre le nom de Lemarié.

» En 1741, Marie Suzanne épouse Pierre Guérin, demeurant à Saint-Julien de Mailloc, en Normandie. En 1742, elle disparaît, déguise son nom sous celui de Marie Crépin, sa mère, et après avoir erré quelques temps, se fixe dans la paroisse Crique-bœuf-la-Montagne, à huit lieues du domicile de son mari. En 1750, elle accouche, dans cette paroisse, d'un enfant qu'elle fait inscrire comme fils de Louis Suzanne et de Marie Crépin, et qu'elle élève sous le simple nom de *Bonhomme*. En 1754, elle perd son mari, et traite avec ses héritiers, comme s'il n'avait pas laissé d'enfans. En 1776, elle marie *Bonhomme*, et par le contrat de mariage, elle déclare que son véritable nom est Marie Suzanne; qu'elle est veuve de Pierre Guérin, et que Bonhomme est son fils légitime. En conséquence, Bonhomme se pourvoit contre les héritiers collatéraux de Pierre Guérin, demande qu'en qualité de seul fils légitime de celui-ci, ils soient condamnés à lui abandonner sa succession, et subsidiairement offre la preuve par témoins de faits qui indiquent que Marie Suzanne est véritablement sa mère, comme elle l'a déclaré en le mariant. — M. l'avocat-général de Grécourt, portant la parole sur cette affaire à l'audience de la grand'chambre du parlement de Rouen, dit que, « loin de trouver un commencement de preuve » par écrit en faveur de Bonhomme, on ne voit » qu'une preuve de bâtardise, puisqu'il a été » baptisé comme fils de Marie Crépin; qu'en » supposant que Marie Crépin soit Marie Suzanne, cet extrait ne prouverait que son incontinence, puisque Bonhomme *ne demande* » *pas à prouver que la prétendue Marie Suzanne ait vu ni fréquenté son mari depuis* » *qu'elle l'avait quitté en* 1742 ». — En conséquence, arrêt du 12 août 1779, qui rejette la réclamation de Bonhomme, et lui fait défenses de porter le nom de Guérin.

» Quelle est, messieurs, la conséquence de tous ces détails? C'est que la cour de Poitiers a pu, sans violer aucune loi, juger que la distance de dix lieues qui séparait Catherine Bouyer de Jean Brunet à l'époque de la conception de la demanderesse, pouvait faire cesser la maxime, *is pater est*, surtout dans la circonstance où la demanderesse n'articulait pas et n'offrait pas de prouver qu'à l'époque de sa conception, Jean Brunet eût vu et fréquenté Catherine Bouyer. Mais à combien plus forte raison la cour de Poitiers a-t-elle pu juger ainsi, d'après toutes les autres circonstances qui, dans notre espèce, repoussaient l'application de cette maxime!

» 1.° Catherine Bouyer n'avait quitté son mari qu'en exécution d'un arrêt qui l'en avait séparée de corps et de biens. — A la vérité, ce n'était pas son mari qui avait provoqué cet arrêt; à la vérité, cet arrêt n'avait prononcé la séparation que pour cause de mauvais traitemens; à la vérité, notre espèce diffère, sous ce rapport, de celle des deux arrêts du parlement de Paris, du 9 mai 1693 et du 1.er décembre 1701, qui ont jugé bâtards adultérins des enfans conçus depuis la séparation prononcée, pour cause d'adultère, entre leur mère et son mari. — Mais nous ne devons pas oublier qu'en défendant à la demande de son épouse en séparation de corps pour mauvais traitemens, Jean Brunet avait excipé de l'inconduite de celle-ci, et qu'il en avait rapporté, entre autres preuves, une lettre qu'il avait interceptée et qu'elle avait reçue de Joseph Brudieu, alors vicaire de la paroisse de Chirac, depuis curé de celle de Brand, et actuellement deuxième mari de cette femme. — Et sans doute, il ne devait pas, après une pareille défense suivie d'un pareil résultat, exister moins d'aigreur entre Jean Brunet et Catherine Bouyer, que si leur séparation eût été prononcée pour cause d'adultère.

» 2.° Catherine Bouyer avait celé la naissance de la demanderesse, non-seulement à son mari, mais même à tout le public qui l'environnait dans sa nouvelle habitation. Elle avait été faire ses couches à six lieues plus loin, et elle avait fait baptiser la demanderesse comme fille de père et mère inconnus.

» 3.° Le secret que Catherine Bouyer avait mis dans la naissance de la demanderesse, elle l'avait également mis dans les trois premières années de son éducation.

» 4.° En épousant Joseph Brudieu, le 20 frimaire an 2, Catherine Bouyer avait reconnu la demanderesse pour fille de Joseph Brudieu lui-même.

» 5.° En traitant, le 12 prairial an 4, par l'organe de Joseph Brudieu, avec les héritiers de son premier mari, Catherine Bouyer avait expressément déclaré que son premier mari était mort sans enfans.

» 6.° En protestant par l'acte du 24 mars 1806, contre la paternité qu'elle avait attribuée à la demanderesse par le contrat de son second mariage, elle avait été forcée de convenir que, *lors de ses couches, elle avait affecté de les tenir secrètes;* et par quel motif? *pour se soustraire à la vengeance de son mari:* comme si son mari eût pu dans le cas où il eût découvert son accouchement, avoir d'autre vengeance à exercer sur elle, que d'avoir trahi la foi conjugale! Comme si, en avouant qu'elle avait lieu de craindre la vengeance de son mari, elle n'avait pas nécessairement avoué que l'enfant à qui elle avait donné le jour, était le fruit d'un adultère!

» La réunion de toutes ces circonstances qui, d'après l'art. 325 du Code civil, serait si décisive contre un enfant né sous l'empire de ce Code, serait-elle donc impuissante contre un enfant né sous l'empire des anciennes lois?

» Elle le serait, nous l'avons déjà dit, dans l'opinion de ceux qui, ajoutant à la loi 6, D. *de his qui alieni vel sui juris sunt*, regardent la règle, *is pater est*, comme exclusive de toute présomption contraire qui n'a point pour fondement une impossibilité physique de cohabitation au temps de la conception de l'enfant.

» Mais elle ne l'est pas, elle ne peut pas l'être, dans l'opinion de ceux qui, s'attachant au texte de cette loi, n'y lisent que ce qu'elle contient réellement,

» Menochius, à l'endroit déjà cité de son Recueil *de arbitrariis casibus*, n. 65, enseigne que la présomption de légitimité qui résulte contre le mari, de ce que la femme a conçu et est accouchée pendant le mariage, peut être détruite par le concours de plusieurs présomptions contraires, bien que chacune de celles-ci, considérée à part, ne soit pas assez forte pour l'emporter sur elle : *Declaratur tertio ut non procedat, quandò contra hanc conjecturam aliæ plures urgerent; nam et si singulæ, per se consideratæ, sunt hâc unâ infirmiores, attamen junctæ simul huic prævalere debent.* — Et il cite Ancharanus qui, dans son conseil 225, établit que, *quandò concurrit assertio parentum, tractatus et fama viciniæ, spurium aliquem presumi.* — Il cite Alexandre qui décide, liv. 7, cons. 88, n. 8, *illum spurium, non autem natum ex viro præsumi, quem adulter domi retinuit, pro quo legitimationis privilegium obtinuit, quem legitimatum heredem fecit, et contra quem fama erat eum spurium esse.* — Il cite comme tenant la même doctrine, Balde, sur la loi 6, D. *de his qui alieni vel sui juris sunt;* Corneus, liv. 3, cons. 1; Jason, cons. 125; et Alciat, *de præsumptionibus*, règle 3, prés. 37, n.° 5; — Et il termine en répétant que, *et si singulis per se consideratis præsumptionibus, illa una quæ nascitur ex causâ matrimonii, sit cæteris fortior, non tamen fortior est omnibus illis simul colligatis.*

» Déjà vous avez vu ce que dit sur le même sujet le célèbre Leyser, dans ses *Meditationes ad pandectas*, titre *de partu agnoscendo.* Permettez-nous d'y ajouter ce qu'il en dit encore sous le titre *de præsumptionibus*, n. 4. — Après avoir établi que l'on ne peut mettre au rang des présomptions *juris et de jure*, celle de filiation légitime que forme la naissance d'un enfant à l'ombre d'un mariage, après l'avoir démontré par le texte même de la loi 6, D. *de his qui alieni vel sui juris sunt*, qui admet le mari à combattre cette présomption par la preuve de son impuissance naturelle ou accidentelle, et par celle de son absence au temps de la conception (ce qu'elle ne pourrait pas faire si cette présomption était *juris et de jure*, puisque, dans ce cas, elle exclurait toute preuve contraire); il ajoute que les causes énoncées dans la loi citée, ne sont pas les seules qu'un mari puisse faire valoir pour désavouer avec succès les enfans de sa femme, et qu'il peut encore se défendre par d'autres moyens qui sont abandonnés à la conscience du juge : *nec legitima istiusmodi nativitas solum ex causis quæ in lege* 6 de his qui alieni vel sui juris sunt, *oppugnari potest; admittuntur et alia argumenta pro arbitrio prudentis judicis.* C'est ce que prouve, continue-t-il, une réponse de la faculté de droit d'Helmstadt, du mois d'août 1719 (1).

» En résumant toute cette partie de notre discussion, vous voyez, Messieurs, qu'à la vérité, la demanderesse ne doit pas être jugée d'après les dispositions du Code civil; mais que les lois romaines ne lui sont pas plus favorables; que ces lois, par cela seul qu'elles ne définissent pas le caractère de l'absence dont elles font, pour le mari, un moyen de défense contre la légitimité de l'enfant mis au monde par sa femme pendant qu'il était éloigné d'elle, se refusent à toute espèce d'ouverture de cassation que l'on pourrait chercher à tirer de leur texte; que les auteurs et les arrêts se contredisent sur la question de savoir si cette absence doit, pour autoriser un juste désaveu, être telle qu'il en résulte une impossibilité physique, ou seulement une impossibilité morale, de cohabitation à l'époque de la conception de l'enfant; mais que c'est précisément de leur contradiction, que dérive la nécessité de laisser subsister les arrêts qui jugent cette question, soit dans un sens soit dans l'autre.

» Le deuxième moyen de cassation de la demanderesse ne mérite donc pas plus de considération que le premier. — Un mot sur le troisième, et nous finissons.

» La loi du 12 brumaire an 2, après avoir dit, art. 13, qu'il serait accordé aux enfans adulté-

(1) Cette réponse est ainsi conçue : — « La présomption légale qui milite en faveur de la légitimité, est combattue (dans l'espèce proposée), par des argumens et des indices beaucoup plus forts. De ce nombre sont les circonstances suivantes : que traduite en justice, avant le décès de son mari, comme prévenue d'adultère, la demanderesse a pris la fuite; qu'il est prouvé par deux témoins assermentés, que le mari a déclaré n'avoir plus eu de commerce avec sa femme, long-temps avant la procédure criminelle qui a été intentée contre elle, et cela à cause du soupçon que lui avaient fait naître les liaisons de sa femme avec d'autres personnes; que le mari a également déclaré à ces mêmes témoins, qu'il n'était pas le père de l'enfant dont sa femme pourrait accoucher tôt ou tard; que, dans un testament qu'il a fait depuis, il a déclaré que sa femme s'était rendue coupable d'adultère; que, sans faire aucune mention d'un enfant posthume, il a institué héritière universelle sa fille unique; que la femme a caché sa grossesse après le décès du mari, et qu'elle ne l'a annoncée ni au tuteur de l'enfant légitime, ni aux parens du mari...; qu'après la naissance de l'enfant prétendu posthume, elle n'en a rien dit pendant plus d'un an; que même, dans l'interrogatoire qu'elle a subi dans la procédure criminelle, lorsqu'on lui a demandé quels enfans elle avait de son mari, elle n'a fait aucune mention du posthume, et n'a indiqué que les deux filles; enfin, qu'à cause de l'état de démence dans lequel elle était tombée depuis, elle a demandé l'abolition de son crime, en offrant de payer une amende de 250 écus ».

rins, dans la succession de leur père et de leur mère, le tiers de ce qu'ils y auraient pris, s'ils eussent été légitimes, ajouta-t-il art. 14 : « néan- » moins, s'il s'agit de la succession de personnes » séparées de corps par jugement ou acte au- » thentique, les enfans nés hors du mariage, » exerceront tous les droits de successibilité » énoncés dans l'art. 1.er, pourvu que leur nais- » sance soit postérieure à la demande en sépa- » ration ».

» Et de cette disposition, qui était en pleine vigueur au moment où Joseph Brudieu et Catherine Bouyer ont reconnu la demanderesse pour leur fille, la cour de Poitiers a conclu que l'un et l'autre avaient eu le droit de la reconnaître en effet, et *de lui conférer l'état* d'enfant adultérin *dans la possession duquel ils l'avaient élevée durant leur mariage*.

» Qu'y a-t-il à reprocher à cette conséquence?

» Elle serait vicieuse sans doute, si elle allait jusqu'à dire que Joseph Brudieu et Catherine Bouyer, en reconnaissant la demanderesse pour leur enfant adultérin, lui avaient imprimé irrévocablement cet état, et lui avaient ôté tous les moyens qu'elle eût pu avoir d'ailleurs de reconquérir celui d'enfant légitime de Jean Brunet. — Mais la cour de Poitiers n'a pas été jusques-là : elle s'est bornée à dire que, par cette reconnaissance, Joseph Brudieu et Catherine Bouyer avaient mis la demanderesse qui, jusqu'alors, n'avait pas eu d'état, puisqu'elle avait été baptisée comme fille de père et mère inconnus, en possession de l'état d'enfant adultérin; et elle n'a fait en cela qu'énoncer une vérité incontestable.

» L'erreur de la demanderesse, dans la critique qu'elle fait de ce raisonnement, vient de ce qu'elle confond la possession avec le droit; et il est bien sensible que ce sont deux choses toutes différentes. — La demanderesse a été mise, par la reconnaissance dont il s'agit, en possession de l'état d'enfant adultérin, et c'est ce qu'a dit la cour de Poitiers. — Mais elle a conservé le droit de sortir de cet état, en prouvant, si elle en eût eu les moyens, qu'elle était fille légitime de Jean Brunet; et la cour de Poitiers n'a pas dit le contraire. — La cour de Poitiers a donc parfaitement raisonné d'après l'art. 14 de la loi du 12 brumaire an 2. — Mais il y a plus : quand elle aurait pris cet article pour base d'un faux raisonnement, quelle ouverture de cassation en résulterait-il pour la demanderesse? Aucune. Ce serait un mauvais motif à retrancher de son arrêt, et son arrêt se soutiendrait toujours par ses autres motifs.

» Par ces considérations, nous estimons qu'il y a lieu de rejeter la requête de la demanderesse, et de la condamner à l'amende ».

Arrêt du 9 novembre 1809, sur délibéré, au rapport de M. Cochard, qui,

« Attendu, sur le premier moyen, que, dans la supposition où l'action intentée par les héritiers de Jean Brunet contre le tuteur de Joséphine, serait une véritable action en désaveu de paternité, telle qu'elle est spécifiée dans l'art. 317 du Code civil, le délai d'un mois dans lequel elle aurait dû être introduite, aux termes de l'art. 318 du même Code, aurait été prorogé par la citation légale au bureau de conciliation dirigée par lesdits héritiers contre ledit tuteur;

» D'où il suit que la fin de non-recevoir résultant de la prescription et opposée par celui-ci contre l'exercice de ladite action après le délai d'un mois, ne pouvait être admise; et qu'en la rejetant, la cour d'appel de Poitiers n'a pu violer aucune loi;

» Attendu, sur le second moyen, qu'en rejetant également l'acte reçu de notaire le 15 mars 1806, par lequel Catherine Bouyer, mère de ladite Joséphine, déclare qu'elle est fille légitime de Jean Brunet, par la raison qu'elle est née constant son mariage avec celui-ci, ladite cour n'a pu contrevenir à la maxime, *is pater est quem nuptiæ demonstrant*, dont la jurisprudence des anciens tribunaux avait toujours fort sagement subordonné l'application à la nature des faits et des circonstances caractéristiques des différentes espèces qui se présentaient à juger;

» Et que, bien que la loi du 19 floréal an 2 ait été rendue dans l'esprit de cette maxime, elle doit néanmoins être entendue comme elle l'a toujours été dans le sens suivant lequel elle maintient toutes les exceptions que l'ancienne jurisprudence avait admises, puisqu'elle ne les abroge par aucune de ses dispositions; d'où il suit encore qu'en décidant, d'après les faits et les circonstances du procès, que ladite Joséphine ne pouvait être la fille légitime dudit Jean Brunet, ladite cour n'a pu contrevenir ni à ladite maxime, ni à ladite loi du 19 floréal an 2;

» Qu'elle n'aurait de même pu contrevenir davantage aux lois nouvelles, quand même elles auraient pu et dû servir de base à sa décision, puisque Joséphine ayant été inscrite sur le registre de naissance comme née de père et mère inconnus, n'ayant d'ailleurs jamais eu la possession d'état de fille légitime de Jean Brunet, ayant au contraire été constamment élevée dans le domicile, sous les yeux et comme fille de Joseph Brudieu, dont elle portait le nom, la cour d'appel de Poitiers aurait pu, sans violer l'art. 323 du Code civil, admettre, ou rejeter à son gré la preuve des faits articulés par ledit Brudieu, sous sa qualité de tuteur, et avec d'autant plus de raison que l'art. 325 lui donnait, à cet égard, la latitude de déclarer que ladite Joséphine, quoique fille de ladite Catherine Bouyer, n'était pas fille de Jean Brunet, son premier mari;

» Attendu enfin, sur le troisième, que le cas

prévu par l'art. 14 de la loi du 12 brumaire an 2, étant absolument étranger à l'espèce, sa juste ou sa fausse application à l'espèce devient indifférente, et ne peut conséquemment vicier l'arrêt attaqué;

» Par ces motifs, rejette le pourvoi.... ».

§. III. *Doit-on ranger dans la classe des enfans légitimes, celui qui est né d'un mariage contracté, avant le Code civil, entre un homme libre et une femme déjà mariée, et dont le mari était erronément supposé mort, — 1.° Quoiqu'il ne se fût pas écoulé un an entre la célébration de ce mariage et la disparition du mari de la femme; — 2.° Quoique la prétendue mort de celui-ci n'eût été alors constatée ni par un acte de décès, ni par un acte judiciaire; — 3.° Quoique la célébration de ce mariage n'ait pas été précédée des publications de bans prescrites par les lois?*

Cette question que j'avais d'abord compté pouvoir traiter ici, avec d'autres qui sont indiquées ailleurs, le sera à l'article *Mariage*, §. 8.

§. IV. *Un enfant conçu avant et né pendant le mariage de son père et de sa mère, est-il censé, même envers les tiers, avoir été légitime du moment de sa conception?*

V. l'article *Succession*, §. 13.

§. V. 1.° *Les enfans nés pendant l'émigration de leurs père et mère précédemment mariés, sont-ils légitimes et successibles?*

2.° *En général, les enfans nés après la mort civile de leur père, sont-ils légitimes et habiles à succéder aux parens qu'ils ont de son chef?*

3.° *Le sont-ils notamment si le mariage dont ils sont les fruits, n'a été contracté qu'après la mort civile de leur père?*

4.° *Le sont-ils, si leur mère a ignoré, en épousant leur père, qu'il fût mort civilement?*

5.° *Quelle était, sur ce dernier point, la législation de la france avant le Code civil?*

6.° *La disposition du Code civil qui, lorsqu'un mariage nul a été contracté de bonne foi par l'un des époux, déclare les enfans légitimes même à l'égard de l'époux de mauvaise foi et de sa famille, est-elle applicable au cas où la nullité du mariage provient de la mort civile de l'une des parties contractantes?*

7.° *En tout cas, est-elle applicable, comme loi, aux mariages contractés avant le Code civil?*

I. Sur la première question, *V.* l'article *émigré*, §. 15, et le n.° suivant.

II. Les six autres ont été, avec celles qui sont indiquées sous le mot *erreur*, §. 4, agitées devant la cour de cassation, dans une affaire célèbre.

Au mois d'avril 1799, un mariage est contracté à Francfort, entre Jean-François-Albert-Gaspard Grimod d'Orsay, né français et inscrit en France sur la liste des émigrés, et Éléonore de Franquemont, née à Louisbourg, pays de Wirtemberg.

En 1800, le sieur Grimod d'Orsay obtient du gouvernement une permission provisoire de rentrer en France; et il vient s'établir à Paris, avec son épouse.

Le 15 pluviôse an 9, naissance d'Alfred-Gillon Grimod d'Orsay, leur fils.

Le 10 vendémiaire an 10, la dame de Trazegnies, domiciliée dans le département du Pas-de-Calais, tante du sieur Grimod d'Orsay, père, fait un testament par lequel elle institue le sieur Duval son légataire universel.

Elle meurt le 8 frimaire suivant.

Le sieur Duval, regardant le mineur Alfred-Gillon Grimod d'Orsay, comme devenu, par la mort civile de son père, héritier légitime de la dame de Trazegnies, sa grande-tante, lui fait nommer un tuteur *ad hoc* pour assister à l'inventaire.

L'inventaire fait contradictoirement avec ce tuteur, le sieur Duval obtient de lui, par acte du 1.er ventôse an 9, la délivrance de son legs universel.

Le 20 messidor an 10, il fait, conjointement avec ce même tuteur, comme représentant Alfred-Gillon Grimod d'Orsay, *seul héritier de la dame de Trazegnies, sa grande-tante*, citer le sieur Wanier devant le bureau de paix, pour se concilier sur la demande qu'ils se proposent de former contre lui en représentation de la bibliothèque de la défunte.

Le 4 thermidor suivant, il comparaît devant le juge de paix, tant en son nom que comme fondé de pouvoir du tuteur du mineur Grimod d'Orsay, pour se concilier sur cette demande.

Le 17 fructidor an 13, transaction entre le sieur Duval et le sieur Grimod d'Orsay père, sur le testament de la dame de Trazegnies. Par cet acte, le sieur Grimod d'Orsay approuve le testament de sa tante et consent qu'il soit exécuté au profit du sieur Duval, lequel, de son côté, lui abandonne divers objets dépendans de la succession.

Le 23 du même mois, le sieur Grimod d'Orsay père obtient un brevet d'amnistie qui le réintègre dans la qualité et les droits de français.

Le 21 pluviôse suivant, il ratifie la transaction du 17 fructidor.

Au mois d'avril 1809, les sieur et dame Grimod d'Orsay renouvellent, devant le maire du 2.e arrondissement de Paris, le mariage qu'ils ont contracté à Francfort en 1799, et reconnaissent Alfred-Gillon Grimod d'Orsay pour leur fils.

Le 6 août 1810, le sieur Houel de la Tour est nommé tuteur d'Alfred Grimod d'Orsay, et chargé par le conseil de famille de prendre, au nom de son mineur, la qualité d'héritier bénéficiaire de la dame de Trazegnies, de demander la nullité de l'acte du 1.er ventôse an 10 portant délivrance du legs universel, et de poursuivre, tant contre le sieur Duval que contre les tiers acquéreurs de celui-ci, le délaissement de tous les biens de la succession.

Le sieur Duval et les tiers-acquéreurs assignés à ces fins devant le tribunal de première instance de Saint-Omer, soutiennent que le mineur Alfred-Gillon Grimod d'Orsay est non-recevable, parce qu'étant né d'un mariage contracté pendant la mort civile de son père, et sa naissance ayant eu lieu pendant cette même mort civile, il n'a pas pu succéder à la dame de Trazegnies, décédée à une époque où cette même mort civile durait encore.

Le 8 août 1811, jugement qui rejette cette fin de non-recevoir.

Le sieur Duval et les tiers-acquéreurs appellent de ce jugement.

Le 12 février 1812, arrêt de la cour de Douay, ainsi conçu :

« Dans le droit, il s'est agi de savoir si le mineur d'Orsay était habile à se porter héritier de la dame de Trazegnies à l'époque du décès de celle-ci, et si le sieur Duval n'était pas non-recevable à lui contester cette qualité, sous prétexte qu'elle aurait été par lui reconnue.

» Considérant que le sieur d'Orsay père, étant mort civilement par son inscription sur la liste des émigrés lors de la mort de la dame de Trazegnies, sa tante, arrivée le 8 frimaire an 10, il a été incapable de lui succéder;

» Considérant qu'étant dans l'état de mort civile, lors de son mariage avec la demoiselle de Franquemont, en Allemagne, et lors de la naissance de son fils à Paris, le 15 pluviôse an 9, cet enfant était également incapable de succéder à sa grande-tante, parce que, dans cet état de mort civile, il n'a pu donner à son fils, une existence civile et une capacité de succéder qu'il n'avait pas lui-même;

» Considérant aussi que le mineur d'Orsay ne peut se prévaloir de la prétendue qualité d'héritier qui lui aurait été donnée par le sieur Duval, en lui demandant la délivrance de son legs universel, parce que ce n'est pas la reconnaissance des parties, mais la loi seule qui fait les héritiers; et que le mineur d'Orsay ne l'étant pas, il n'a pu le devenir par quelque reconnaissance ou que que autre acte que ce fût;

» Que le mineur Alfred se prévaut vainement de la bonne foi de sa mère, parce que cette bonne foi, en la supposant même existante, a bien pu conférer le droit de légitimité et celui de succéder dans la ligne de sa mère; mais qu'elle n'a point pu lui conférer le droit de successibilité dans la ligne de son père avant l'obtention de l'amnistie, qui seule a rendu le père et le fils à la vie civile; d'où il suit que le mineur d'Orsay est non-recevable dans son action en pétition d'hérédité, ainsi que dans ses conclusions prises contre les tiers-acquéreurs;

» La cour a mis et met l'appellation et ce dont a été appelé au néant; émendant, sans avoir égard aux exceptions proposées par le tuteur du mineur d'Orsay, dont il est débouté, le déclare non-recevable dans toutes ses demandes, tant à l'égard de Duval que des tiers-acquéreurs ».

Le tuteur d'Alfred-Gillon Grimod d'Orsay s'est pourvu en cassation contre cet arrêt; et sa requête a été admise, *contre les conclusions de M. l'avocat-général Daniels.*

L'affaire portée à la section civile, je m'en suis chargé; et après en avoir fait l'examen le plus approfondi, j'ai cru ne pouvoir embrasser d'autre opinion que celle qu'avait professée à l'audience de la section des requêtes, le savant magistrat que je viens de citer.

J'ai en conséquence préparé des conclusions tendantes au rejet de la demande en cassation; et quoique les événemens politiques survenus depuis, m'aient mis hors d'état de les prononcer, je n'en crois pas moins devoir les retracer ici, non assurément par une sotte envie de mettre mon opinion personnelle sur la question principale, en opposition avec celle qui a prévalu, mais parce que, sur cette question même qui peut se reproduire souvent à l'égard des mariages contractés par des morts civilement par condamnation, il importe que le pour et le contre soient bien connus.

« La cour d'appel de Douay a-t-elle violé quelque loi, en jugeant que le sieur Duval était recevable à contester au mineur Alfred-Gillon Grimod d'Orsay, la capacité de succéder à la dame de Trazegnies? A-t-elle violé quelque loi, en jugeant que le mineur Alfred-Gillon Grimod d'Orsay était incapable, au moment du décès de la dame de Trazegnies, de recueillir sa succession? Telles sont les deux questions qui se présentent, dans cette affaire, à l'examen de la cour.

» Sur la première, le demandeur invoque plusieurs textes du Code civil et des lois romaines, desquels il prétend induire que le sieur Duval, en reconnaissant, par divers actes de l'an 10, le mineur Alfred-Gillon Grimod d'Orsay pour héritier légitime de la dame de Trazegnies, s'était fermé la porte à toute espèce de réclamation contre cette qualité.

» Mais d'abord, quand les textes du Code civil, quand les textes des lois romaines que cite ici le demandeur, seraient aussi positifs qu'il le soutient, quand on pourrait, en thèse générale, tirer de ces textes la conséquence qu'il cherche à en faire résulter, quel moyen de cassation lui fourniraient-ils contre l'arrêt qu'il attaque?

» Le Code civil n'existait encore, ni à l'époque où s'est ouverte la succession de la dame de Trazegnies, ni aux époques où le sieur Duval a reconnu que la dame de Trazegnies avait pour héritier légitime le mineur Alfred-Gillon Grimod d'Orsay. Il est donc impossible que le Code civil ait été violé par la disposition de l'arrêt attaqué, qui écarte la fin de non-recevoir dont le demandeur se faisait un rempart contre l'exception du sieur Duval; et ici s'applique avec la plus grande justesse, un arrêt du 2 décembre 1807, par lequel, en rejetant, au rapport de M. Oudart, une demande en cassation formée contre un arrêt de la cour d'appel de Paris qui avait annullé un mariage illégalement contracté en 1794, nonobstant les nombreuses ratifications dont il avait été suivi de la part de l'époux qui l'attaquait, vous avez déclaré qu'*antérieurement au Code civil, aucune loi ne prescrivait aux tribunaux de déclarer l'époux non-recevable à demander l'annullation de son mariage, lorsque cet acte avait été suivi de ratification et de cohabitation.*

» Quant aux lois romaines; elles n'ont jamais eu d'autorité législative, elles n'ont jamais été considérées que comme *raison écrite*, dans le lieu où s'est ouverte la succession de la dame de Trazegnies, c'est-à-dire, dans le département du Pas-de-Calais, dans la ci-devant province d'Artois. C'est ce qu'atteste Maillart, sur la coutume de cette province, pag. 173, édition de 1756; et il n'est point de vérité plus notoire. Ce serait donc bien vainement que le demandeur parviendrait à établir une contrariété entre l'arrêt qu'il attaque et les textes du droit romain qu'il y oppose : cette contrariété, si elle existait réellement, serait ici absolument insignifiante.

» Mais d'ailleurs que disent les textes du Code civil, que disent les textes des lois romaines, que le demandeur oppose à l'arrêt dont il se plaint?

» Les textes du Code civil qu'il oppose à cet arrêt, sont relatifs, les uns aux actions en nullité de mariages, les autres, au désaveu de la paternité et à l'effet de l'aveu judiciaire.

» Les premiers sont évidemment ici sans application; et il y en a deux raisons également péremptoires. D'abord, il n'est pas question d'une demande en nullité du mariage qui a été contracté, en 1799, entre le sieur Grimod d'Orsay père et la demoiselle de Franquemont; il n'est ici question que de savoir si l'enfant issu de ce mariage, est ou n'est pas habile à succéder; et il est certain que, pour être recevable à contester la capacité de succéder d'un enfant, il n'est pas toujours nécessaire d'être recevable à contester la légitimité du mariage auquel il doit le jour.

» Par exemple, le Code civil, après avoir dit, art. 184, que tout mariage contracté, soit entre deux personnes dont l'une est déjà mariée, soit entre deux parens au degré prohibé, *peut être attaqué par tous ceux qui y ont intérêt*, ajoute, art. 187 : *Dans tous les cas où, conformément à l'art. 184, l'action en nullité peut être intentée par tous ceux qui y ont intérêt, elle ne peut l'être par les parens collatéraux, ou par les enfans nés d'un autre mariage, du vivant des deux époux, mais seulement lorsqu'ils y ont un intérêt né et actuel.*

» Ainsi, qu'un homme déjà marié épouse une autre femme, qu'un parent épouse sa parente au degré prohibé : tant que les deux époux vivront, les parens collatéraux de l'un et de l'autre seront sans action pour demander la nullité de leur mariage.

» Mais que, pendant la vie des deux époux, il s'ouvre une succession collatérale au profit de l'un d'eux; que cet époux se trouvant, n'importe par quelle cause, incapable de la recueillir, l'enfant issu de son mariage, se présente pour la recueillir à sa place : est-ce que les parens collatéraux qu'il exclurait, s'il était admis, ne seront pas recevables à lui dire : « Vous » devez le jour à un mariage nul, vous êtes » étranger à notre famille, nous ne pouvons » pas vous reconnaître »? Et si on leur objectait que, par-là, ils attaquent indirectement un mariage qu'il ne leur est pas encore permis de critiquer, très-certainement ils pourraient répondre, et ils répondraient victorieusement : « Nous n'attaquons pas, nous ne faisons » que nous défendre : et si nous ne pouvions » pas aujourd'hui vous repousser comme issu » d'un mariage nul, si, tant que ce mariage » durera de fait, nous étions non-recevables à » vous opposer le vice de votre naissance, que » deviendrait donc le droit que nous avons incontestablement de vous opposer ce vice, si » le mariage auquel vous devez le jour, durait » encore de fait pendant 30 ans? Dans ce cas, » vous auriez prescrit contre nous le droit que » nous avons de vous exclure; la succession » que vous venez prendre à notre préjudice, » vous serait acquise incommutablement; et » au grand scandale de la loi, à la honte de la » morale publique, le fruit d'une union sacrilége emporterait dans le tombeau le patrimoine des héritiers légitimes ».

» Il n'y a donc point de conséquence à tirer des règles concernant le droit d'attaquer directement un mariage, aux règles concernant le droit d'exciper contre l'enfant issu d'un mariage, de son incapacité personnelle.

» En second lieu, quels sont, parmi les articles du Code civil qui sont relatifs aux demandes en nullité de mariages, ceux dont se prévaut ici le demandeur?

» Ce sont les art. 180, 181, 182 et 183; et que disent ces articles?

» Ils disent bien que la nullité d'un mariage pour défaut de consentement des époux, ne peut être demandée que par les époux eux-mêmes, ou par celui des deux époux dont le consentement a été arraché par la violence ou déterminé par une erreur dans la personne. Ils disent bien que la demande en nullité d'un mariage ne peut être demandée pour défaut de consentement des pères et mères, que par les pères et mères eux-mêmes, ou par celui des époux qui avait besoin de leur consentement. Ils disent bien que l'action en nullité fondée sur le défaut de consentement des pères et mères, ne peut plus être intentée ni par les époux ni par les pères et mères, toutes les fois que le mariage a été approuvé par ceux dont le consentement était nécessaire, ou lorsqu'il s'est écoulé une année sans réclamation de leur part, depuis qu'ils ont eu connaissance du mariage. Ils disent bien que cette action ne peut plus être intentée par l'époux, lorsque, sans réclamation de sa part, il s'est écoulé une année depuis qu'il a atteint l'âge compétent pour se marier sans autre consentement que le sien propre.

» Mais dans tout cela, que voyons-nous? des nullités purement relatives, qui sont couvertes par la renonciation que les parties à qui elles appartiennent, font au droit de s'en prévaloir, par la ratification que ces parties donnent au mariage à qui elles pourraient les opposer.

» Que de pareilles nullités ne puissent plus être reproduites par celui qui y a renoncé, rien de plus naturel, rien de plus simple. Que fait la partie intéressée, en renonçant à des nullités de cette nature? Elle se reporte nécessairement à l'instant même où le mariage a été contracté: elle approuve nécessairement le mariage dans son principe; elle se met nécessairement dans la même position que si elle avait, dès le principe, consenti au mariage. Cela résulte de la règle de droit, *omnis ratihabitio retrotrahitur ad initium et mandato comparatur;* et dès-là, il est clair qu'après avoir reconnu le mariage postérieurement à sa célébration, elle ne peut pas plus en demander la nullité, qu'elle ne le pourrait après y avoir consenti au moment où il a été célébré.

» Mais s'agit-il de nullités absolues? s'agit-il de nullités qui ont leur fondement dans des obstacles pour la levée desquels le consentement des parties est impuissant? Alors, le consentement donné après la célébration du mariage ne peut pas avoir un effet qu'il n'aurait pas, s'il l'avait précédé. Donné avant le mariage, il ne lierait pas, il pourrait être rétracté: il ne peut donc pas non plus lier, il peut donc également être rétracté, lorsqu'il est donné après le mariage.

» Ainsi, un second mariage a-t-il été contracté avant la dissolution du premier? Un mariage a-t-il été contracté entre un ascendant et un descendant légitime ou naturel? Un mariage a-t-il été contracté entre un frère et une sœur, entre une belle-sœur et un beau-frère? Dans tous ces cas, dit l'art. 184 du Code civil, l'action en nullité est ouverte, non-seulement aux tiers qui y ont intérêt, non-seulement au ministère public, mais encore aux époux eux-mêmes qui l'ont contracté, et qui, après l'avoir contracté librement et en pleine connaissance de cause, après l'avoir ratifié par une longue et paisible cohabitation, sont autorisés, ou pour mieux dire, obligés de rétracter le consentement qu'ils y ont donné.

» Or, la nullité dont la loi frappe un mariage contracté par une personne morte civilement, est-elle moins absolue que la nullité dont la loi frappe un mariage contracté, soit entre deux personnes dont l'une est déjà mariée, soit entre un ascendant et un descendant, soit entre un frère ou beau-frère et une sœur ou belle-sœur? Non assurément. L'une ne peut pas plus que l'autre, être levée par le consentement des parties privées. L'une est, tout aussi bien que l'autre, de droit public. La partie privée qui a reconnu le mariage vicié par l'une, peut donc, comme la partie privée qui a reconnu le mariage vicié par l'autre, rétracter sa reconnaissance et faire déclarer le mariage nul.

» Ainsi, quand on pourrait, en thèse générale, argumenter de l'action en nullité d'un mariage, à l'exception d'incapacité de l'enfant né de ce mariage, les art. 180, 181, 182 et 183 du Code civil ne pourraient encore fournir ici au demandeur, nous ne dirons pas un moyen de cassation contre l'arrêt qu'il attaque, mais même un argument tant soit peu plausible pour établir que cet arrêt a mal jugé.

» Quant au texte du Code civil qui est relatif au désaveu de la paternité, que peut-il signifier ici? Quoi! de ce que l'art. 316 du Code civil attribue à l'aveu tacite que fait un mari de sa paternité, un effet absolu et irrévocable, on prétendra conclure que le sieur Duval n'a pas pu révoquer en 1810, la reconnaissance qu'il avait faite erronément, en 1802, de la qualité d'héritier du mineur Grimod d'Orsay! On prétendra en conclure que la cour de Douay, en jugeant cette reconnaissance révocable et valablement révoquée, a violé l'art. 316 du Code civil!

» Que l'aveu fait par un mari de sa paternité, le rende non-recevable à la méconnaître, cela est tout simple. Il ne s'agit point là d'une question de droit, il s'agit d'une question de fait, et de quel fait encore? d'un fait personnel au mari, d'un fait sur lequel la loi établit déjà contre le mari une présomption suffisante pour l'en convaincre, d'un fait qui, par le concours de la présomption de la loi avec l'aveu du mari, prend nécessairement le caractère d'une vérité irréfragable.

» Mais de savoir si l'enfant issu d'un mariage contracté en état de mort civile, est capable de succéder, ce n'est pas une question de fait, c'est une pure question de droit; et le Code civil ne dit nulle part que celui qui, par erreur de droit, et autrement que par une transaction, a reconnu pour capable de succéder une personne qui ne l'était pas, ne peut plus revenir contre sa reconnaissance.

» Reste l'art. 1356 du Code civil qui est relatif à l'aveu judiciaire; et il est vrai que cet article, comme vous l'expose le demandeur, déclare que *l'aveu judiciaire fait pleine foi contre celui qui l'a fait, qu'il ne peut être révoqué, à moins qu'on ne prouve qu'il a été la suite d'une erreur de fait, et qu'il ne pourrait être révoqué sous prétexte d'une erreur de droit.*

» Il est vrai aussi qu'au premier aspect, et toujours en supposant que le Code civil doive ici servir de règle, cet article paraît applicable à la reconnaissance que le sieur Duval a faite de la qualité d'héritier de la dame de Trazegnies, dans la personne du mineur Grimod d'Orsay.

» En effet, c'est en jugement que cette reconnaissance a d'abord été faite; car elle l'a été devant un juge de paix; elle l'a été par la demande que le sieur Duval a formée devant ce juge, à ce qu'il fût nommé au mineur Grimod d'Orsay, un tuteur contre lequel il pût intenter son action en délivrance de legs universel; et quoique la nomination d'un tuteur ne soit, de la part d'un juge de paix, qu'un acte de juridiction volontaire, la demande qui tend à cette nomination, n'en est pas moins un acte judiciaire proprement dit; les reconnaissances que peut renfermer cette demande au profit du mineur qui en est l'objet, n'en sont pas moins des reconnaissances judiciaires proprement dites.

» Mais sans examiner si l'on peut, en thèse générale, appliquer à de pareilles reconnaissances, la disposition de l'art. 1356 du Code civil qui est relative à l'aveu judiciaire; sans examiner si, en disant que *l'aveu judiciaire est la déclaration que fait en justice la partie ou son fondé de pouvoir spécial*, l'art. 1356 du Code civil ne limite pas sa disposition à la déclaration qui est faite en justice sur un point de fait litigieux; sans examiner si cette disposition ne doit pas, d'après la rubrique du chapitre dont elle fait partie, se rapporter uniquement *à la preuve des obligations et à celle du payement;* sans examiner si, en agissant contre une personne en qualité d'héritière d'une autre, on n'est pas plutôt censé lui supposer cette qualité que la lui reconnaître; sans examiner si ce ne serait pas ici le cas de dire, avec le président Favre (sur la loi 36, D. *familiæ erciscundæ*), *non tam fateri quàm supponere adversarium esse sibi coheredem videtur;* sans examiner tout cela, nous dirons que du moins l'art. 1356 du Code civil défend de diviser l'aveu judiciaire; et que ce serait diviser ici la prétendue reconnaissance du sieur Duval, que d'en faire résulter, comme le fait le demandeur, une fin de non-recevoir contre l'opposition du sieur Duval à ce que le mineur Grimod d'Orsay soit admis à contester, en qualité d'héritier de la dame de Trazegnies, le legs universel dont la dame de Trazegnies l'a gratifié.

» En effet, le sieur Duval, en annonçant, par sa demande tendante à ce qu'il fût nommé un tuteur au mineur Grimod d'Orsay, qu'il voulait intenter contre le mineur Grimod d'Orsay, considéré comme héritier de la dame de Trazegnies, une action en délivrance de son legs universel, annonçait en même-temps qu'il était dans son intention que son legs universel fût pleinement exécuté. Il était censé dire au mineur Grimod d'Orsay : « vous êtes héritier de la dame de » Trazegnies, mais je suis son légataire uni- » versel. Je vous reconnais, ou plutôt je vous » suppose héritier de la dame de Trazegnies; » mais je ne vous reconnais, ou plutôt je ne » vous suppose tel, qu'afin que vous me fassiez » la délivrance de mon legs; il m'importe peu » que la délivrance de mon legs me soit faite » par vous ou par tout autre; mais je m'adresse » à vous, parce que je vous crois héritier; et » je n'agis contre vous en cette qualité, que » pour faire valoir mes droits de légataire ».

» Et aujourd'hui, le mineur Grimod d'Orsay vient, à son tour, dire au sieur Duval : « vous » n'êtes point légataire universel, et je suis hé- » ritier; vous n'êtes point légataire universel, » parce que le titre qui vous a conféré cette » qualité, est nul; et je suis héritier, parce que » vous m'avez reconnu pour tel » ! Assurément c'est bien là diviser la reconnaissance du sieur Duval; c'est bien prendre dans la reconnaissance du sieur Duval, ce qu'elle a d'avantageux pour le mineur Grimod d'Orsay, et en rejeter ce qu'elle a de contraire à ses intérêts; c'est bien là faire ce que défend l'art. 1356 du Code civil.

» Que peuvent, d'après cela, signifier ici les autres reconnaissances que le demandeur oppose au sieur Duval?

» L'acte notarié du 1.er ventôse an 9, par lequel le mineur Grimod d'Orsay a, comme héritier de la dame de Trazegnies, accordé au sieur Duval la délivrance de son legs, renferme sans doute, de la part du sieur Duval, une sorte de reconnaissance de la qualité qu'il lui conteste aujourd'hui.

» Mais, 1.° cette reconnaissance n'est point *judiciaire;* et ni l'art. 1356 ni les deux articles précédens du paragraphe de *l'aveu de la partie,* ne s'expliquent sur les effets de l'aveu consigné dans un acte notarié. Sans doute, s'il s'agit d'un fait reconnu par cet acte, cet acte fait pleine foi contre la partie qui l'a souscrit. Mais s'il s'agit d'un point de droit, si, par cet acte, l'une des deux parties a reconnu l'autre pour capable de succéder, tandis qu'elle ne l'était pas, où est le texte du code civil qui défend à la partie qui s'est ainsi trompée dans un acte notarié, de revenir contre son erreur?

» 2.° Cette reconnaissance ne peut pas plus être divisée contre le sieur Duval, que celle qui résulte de ses démarches devant le juge de paix pour faire nommer un tuteur au mineur Grimod d'Orsay; et certainement le demandeur la divise, en la séparant de la reconnaissance que l'acte du 1.er ventôse an 9 renferme en même-temps, au profit du sieur Duval, de sa qualité de légataire universel de la dame de Trazegnies.

» Les mêmes réponses s'appliquent aux reconnaissances que le demandeur prétend faire résulter de la citation en conciliation que le sieur Duval a fait donner au sieur Wanier, le 26 messidor an 10, conjointement avec le mineur Grimod d'Orsay, en sa qualité d'*héritier de la dame de Trazegnies*, et de sa comparution devant le bureau de paix, le 4 thermidor suivant, tant en son nom que comme fondé de pouvoir du tuteur du mineur Grimod d'Orsay, en la même qualité.

» D'une part, ces prétendues reconnaissances ne sont nullement judiciaires; car le juge de paix ne siége pas comme juge dans le bureau de conciliation; il n'y siége que comme médiateur; et cela est si vrai qu'aux termes de l'art. 54 du Code de procédure civile, *les conventions des parties insérées au procès-verbal* de conciliation, n'ont que la *force d'obligation privée*; cela est si vrai que, le 22 décembre 1806, au rapport de M. Bailly et sur nos conclusions, vous avez décidé, en maintenant un arrêt de la cour d'appel de Liége attaqué par la dame Albrechts, que l'on ne peut pas prendre une inscription hypothécaire en vertu d'un billet sous seing-privé reconnu devant un juge de paix siégeant en bureau de conciliation.

» D'un autre côté, ces prétendues reconnaissances, fussent-elles judiciaires, seraient indivisibles, comme celles qui les ont précédées. Car le sieur Duval ne procédait conjointement avec le mineur Grimod d'Orsay considéré comme héritier, que parce que le mineur Grimod d'Orsay procédait conjointement avec lui considéré comme légataire universel; et du moment que le mineur Grimod d'Orsay a cessé de reconnaître le sieur Duval comme légataire universel, le sieur Duval a pu cesser de le reconnaître pour héritier.

» Ainsi tombent, ainsi disparaissent tous les argumens que le demandeur cherche à tirer du Code civil.

» Ceux qu'il tire des lois romaines, sont-ils mieux fondés? Comment le seraient-ils? les lois romaines, qu'il vous cite, se retrouvent tout entières dans deux des textes du Code civil que nous venons de discuter. Il ne peut donc pas espérer de celles-là les ressources que ceux-ci lui refusent.

» Comme l'art. 183 du Code civil, la loi 5, C. *de nuptiis*, déclare que le père qui a une fois approuvé le mariage contracté à son insçu par sa fille, ne peut, ni le faire déclarer nul, ni contester la qualité de son petit-fils à l'enfant qui en est issu; et si la cour de Douay n'a ni violé ni pu violer l'un, en rejetant la fin de non-recevoir que le demandeur opposait devant elle au sieur Duval, il est bien évident que, par le rejet de cette fin de non-recevoir, elle n'a ni violé ni pu violer l'autre.

» Comme l'art. 1356 du Code civil, la loi 1, §. 1, D. *de interrogationibus in jure faciendis*, déclare que *ad probationes sufficiunt ea quæ ab adversâ parte expressa fuerint apud judices*; et non-seulement elle ne peut pas, par elle-même, fournir contre l'arrêt attaqué, une ouverture de cassation qui évidemment ne résulte pas de l'art. 1356 du Code civil; mais elle est expliquée, dans le corps de droit romain dont elle fait partie, par une autre loi, par la loi 37, D. *Familiæ erciscundæ*, qui repousse victorieusement, qui réduit en poudre, cette prétendue ouverture de cassation.

» La loi 37, D. *Familiæ erciscundæ*, décide que, par cela seul que, vous supposant mon co-héritier dans une succession qui m'est échue, je vous ai fait assigner en partage de cette succession, je ne suis pas censé vous avoir reconnu pour mon co-héritier, parce qu'autre chose est supposer, autre chose est reconnaître; et qu'en conséquence, je puis, en découvrant mon erreur, revenir sur mes pas et vous écarter du partage auquel je vous ai appelé moi-même.

» Nous ne répéterons pas ici, messieurs, tout ce que les défendeurs vous ont dit pour justifier l'application de cette loi à l'espèce actuelle; mais nous croyons devoir mettre sous vos yeux les détails d'une affaire dans laquelle les principes qui motivent la décision de cette loi, ont dicté un arrêt qui va bien plus loin que celui dont on vous demande aujourd'hui la cassation..... (1).

» Vous voyez, messieurs, que, dans cette espèce, Charles le Duchat, en faisant cause commune avec des parens que, par erreur de droit, il regardait comme ses co-héritiers, en procédant ainsi conjointement avec eux contre des adversaires qui ne devaient être que les siens, n'avait mis aucune condition, aucune réserve, aux actes de procédure par lesquels il était supposé avoir renoncé, en leur faveur, au droit

(1) *V.* l'arrêt du 27 juillet 1691, rapporté dans le *Répertoire de jurisprudence*, §. 1.

qu'il avait de les exclure, et les avoir associés à sa qualité d'héritier, ainsi qu'à tous les avantages qui y étaient attachés; et qu'ainsi, pour donner tout leur effet aux reconnaissances implicites qui résultaient de là à leur profit, il n'était pas besoin de les diviser.

» Ici, au contraire, le sieur Duval, tout en reconnaissant le mineur Grimod d'Orsay pour héritier de la dame de Trazegnies, lui demandait la délivrance de son legs universel; il ne peut donc pas être supposé avoir voulu renoncer, en faveur du mineur Grimod d'Orsay, au droit qu'il avait, par sa qualité de légataire universel, de réduire la qualité d'héritier du mineur Grimod d'Orsay à un vain titre; il ne peut donc pas être supposé avoir voulu renoncer, en faveur du mineur Grimod d'Orsay, au droit qu'il avait de l'exclure de la succession de la dame de Trazegnies. Le mineur Grimod d'Orsay ne pourrait donc pas exciper contre lui de cette reconnaissance, sans la diviser et par conséquent sans la détruire.

» Et dès-là, si Charles le Duchat a été admis par le parlement de Metz, à dénier à ses consorts une qualité qu'il leur avait supposée à son préjudice, à combien plus forte raison la cour de Douay a-t-elle pu admettre le sieur Duval à contester au mineur Grimod d'Orsay une qualité qu'il lui avait supposée sans intérêt et d'une manière qui empêchait le mineur Grimod d'Orsay d'en tirer aucun avantage?

» En dernière analyse, le premier moyen de cassation du demandeur doit être écarté, et parce qu'il ne repose que sur des textes qui, ou n'ont jamais eu l'autorité de lois dans le département du Pas-de-Calais, ou ne l'avaient pas encore à l'époque des actes auxquels le demandeur les applique; et parce que ces textes, quand ils pourraient être invoqués ici comme lois, ne contiennent pas un mot dont on puisse raisonnablement argumenter en faveur de la fin de non-recevoir proscrite par l'arrêt attaqué.

» Mais il nous reste à examiner si, par l'arrêt attaqué, la cour de Douay n'a pas violé les lois relatives à la capacité de succéder.

» Sur cette question, le demandeur se bornait, dans son mémoire en cassation, à soutenir qu'en jugeant le mineur d'Orsay incapable de recueillir une succession ouverte pendant l'inscription de son père sur la liste des émigrés, sur le fondement qu'il est né d'un mariage que son père avait contracté dans le même intervalle, avait violé les lois qui, dans le cas où un mariage se trouve nul par l'incapacité de l'un des époux, attribuent à la bonne foi de l'autre époux l'effet de légitimer les enfans nés de leur union.

» Et par là, il reconnaissait bien clairement que le mariage dont est issu le mineur d'Orsay, était nul dans son principe, par l'effet de la mort civile de son père, il reconnaissait bien clairement qu'issu d'un mariage nul par l'effet de la mort civile de son père, et mort civilement lui-même dès sa naisance, le mineur d'Orsay ne pouvait pas, en thèse générale, être admis à succéder; il reconnaissait bien clairement que le mineur d'Orsay ne pouvait être admis à succéder, qu'à la faveur de la bonne foi de sa mère.

» Mais depuis, le demandeur a publié une consultation dans laquelle on soutient pour lui que toutes ces reconnaissances implicites sont autant d'erreurs de droit.

» Nous avons donc à examiner d'abord, s'il est vrai qu'au moment où a été contracté le mariage auquel le mineur d'Orsay doit le jour, le père du mineur d'Orsay était mort civilement; s'il est vrai qu'alors, le mariage contracté par un homme mort civilement, était nul; s'il est vrai que l'enfant né d'un homme mort civilement, est lui-même frappé de mort civile dès sa naissance; s'il est vrai que l'enfant né en état de mort civile, par suite de la mort civile dont son père se trouve frappé, est par cela seul incapable de succéder.

» Et ce ne sera qu'après avoir discuté ces quatre points préliminaires, que nous devrons nous occuper de l'influence qu'a pu avoir sur l'état et les droits du mineur d'Orsay, la bonne foi dans laquelle on prétend qu'était sa mère à l'époque de son mariage.

» Que le père du mineur d'Orsay ait contracté, en état de mort civile, le mariage auquel celui-ci doit le jour, c'est une vérité qui porte sa preuve avec elle-même.

» Le père du mineur d'Orsay était, au moment de la célébration de son mariage, inscrit sur la liste des émigrés.

» Y avait-il été inscrit à tort ou avec raison? C'est ce qu'il n'appartient pas aux tribunaux de juger. Il y était inscrit de fait; il était donc émigré aux yeux des tribunaux. L'art. 1.er de la loi du 12 ventôse an 8 est là-dessus très-formel.

» Mais il y a plus: l'autorité administrative elle-même, n'avait pas pu se dispenser de l'inscrire sur cette liste : elle y avait été forcée par les dispositions d'une loi rigoureuse, injuste, tant que l'on voudra, mais qu'elle devait respecter et exécuter.

» En effet, que vous dit-on pour prouver que le père du mineur Grimod d'Orsay n'avait pas pu être traité, en France, comme émigré?

» On vous dit qu'il était sorti de France et s'était retiré en Allemagne avec son père, avant 1789; que son père avait contracté, en 1790, un second mariage avec une princesse allemande; que, la même année, il avait obtenu, de l'empereur Léopold, un diplôme de comte du Saint-Empire; qu'il avait fait enregistrer ce diplôme, en 1792, à la chambre impériale de Wetzlaer, et que, par là, il avait été naturalisé allemand.

» Mais 1.° où a-t-on vu que la naturalisation du père dans un pays étranger, emporte la naturalisation du fils dans le même pays? Où a-t-on vu que le père, en rompant les liens qui l'attachent à sa patrie, rompt, de plein droit, les liens qui y attachent également son fils?

» 2.° Quand le père du mineur d'Orsay aurait été expressément compris dans la prétendue naturalisation de son père en Allemagne, qu'en résulterait-il?

» La loi du 25 brumaire an 3 disait bien, tit. 1.er, art. 2, n. 7, que *les Français établis ou naturalisés en pays étranger, antérieurement au 1.er juillet 1789*, ne seraient point *réputés émigrés*. Mais cette disposition était inapplicable à un établissement, à une naturalisation, qui ne datait que de 1792, ou tout au plus de 1790.

» 3.° Il est vrai que, par l'art. 3 du même titre de la même loi, les Français absens avant le 1.er juillet 1789, et n'ayant point d'établissement en pays étranger, antérieur à cette époque, étaient également affranchis des peines de l'émigration; mais le même article ajoutait: « Ils » seront néanmoins assimilés aux émigrés, s'ils » se sont retirés, depuis les hostilités commen- » cées, sur le territoire des puissances en guerre » contre la France, ou si, n'ayant point, avant » l'époque desdites hostilités, habité d'autre » territoire que celui des puissances en guerre » contre la France, ils se sont retirés depuis dans » les électorats et évêchés du Rhin, dans les » cercles intérieurs de l'empire, ou dans le » cercle de Bourgogne »; et par cette disposition, le père du mineur d'Orsay qui, de l'aveu du demandeur, a toujours habité, pendant la guerre de la révolution, les cercles intérieurs de l'empire d'Allemagne, se trouvait nettement rangé dans la classe des émigrés, nonobstant l'antériorité de sa sortie de France au 14 juillet 1789.

» 4.° Il est vrai enfin que le père du mineur d'Orsay était encore en bas âge, lorsqu'à la suite de son père et avant le 14 juillet 1789, il s'est retiré en Allemagne.

» Mais de trois choses l'une: ou il avait quatorze ans accomplis, à l'époque de la publication de la loi du 28 mars 1793; ou il était, à cette même époque, au-dessous de quatorze ans, et au-dessus de dix; ou il était alors âgé de moins de dix ans.

» Au premier cas, il a été réputé émigré du moment où a paru la loi du 28 mars 1793.

» Au second cas, il a encouru les peines de l'émigration, faute d'être rentré en France dans les trois mois de la publication de cette loi.

» Au troisième cas, il a encouru les mêmes peines, faute d'être rentré en France dans les trois mois de l'accomplissement de sa dixième année.

» Tout cela résulte de l'art. 2 du tit. 1.er de la loi citée, lequel, dans les exceptions qu'il fait en faveur des enfans, ne comprend que 1.° ceux *qui, au jour de la promulgation de la loi du 28 mars 1793, n'étaient pas âgés de quatorze ans, pourvu qu'ils soient rentrés en France dans les trois mois du jour de ladite promulgation*; 2.° ceux *qui, ayant moins de dix ans à l'époque de la promulgation de la loi du 28 mars 1793, seront rentrés en France dans les trois mois du jour où ils auront atteint l'âge de dix ans accomplis*.

» Ainsi, rien d'illégal, rien que de conforme à la loi, dans l'inscription du père du mineur d'Orsay sur la liste des émigrés.

» Mais s'il était émigré, il était nécessairement en état de mort civile: ainsi l'avait déclaré textuellement l'art. 1.er de la loi du 28 mars 1793.

» Il était donc mort civilement, lorsqu'il a épousé à Francfort la demoiselle de Franquemont.

» Il l'était donc encore, lorsqu'est né son fils; car il n'a été rendu à la vie civile que le 23 fructidor an 13, et son fils était né dès le 15 pluviôse an 9.

» Ainsi, sur le premier point, nulle difficulté.

» Il n'y en a pas davantage sur le second.

» Sans doute, avant la révolution, le mariage que contractait un mort civilement, n'était pas absolument nul: il ne produisait pas d'effets civils, mais il liait les parties de manière que, tant que l'une et l'autre vivait, ni l'une ni l'autre ne pouvait se remarier avec une personne tierce.

» Et voilà pourquoi l'art. 6 de la déclaration du 26 novembre 1639 se bornait à exclure *de toute succession, comme incapables, les enfans procréés par ceux qui se marieraient après avoir été condamnés à mort, même par défaut, si, avant leur décès, ils n'avaient été remis au premier état, suivant les lois*. Voilà pourquoi cet article ne déclarait pas nuls les mariages contractés en état de mort civile.

» D'où venait, dans notre ancien droit, cet effet qu'avait le mariage contracté en état de mort civile, de former, entre les parties, un empêchement dirimant à tout mariage ultérieur?

» C'est que, dans notre ancien droit, le mariage était considéré par la loi civile elle-même, sous deux rapports distincts: comme sacrement et comme contrat civil; c'est qu'elles n'annullaient que comme contrat civil, et qu'elles laissaient subsister comme sacrement, le mariage formé entre deux personnes dont l'une était morte civilement...... (1).

(1) *V.* les conclusions qui précèdent l'arrêt de cassation du 16 mai 1808, rapporté dans le *Répertoire de jurisprudence*, au mot *Mariage*, sect. 3, §. 4, n. 3.

» Mais aux yeux de nos lois actuelles, le mariage n'est plus qu'un contrat civil : elles ne le dépouillent pas sans doute du caractère de sacrement que lui impriment, relativement au for intérieur, les cérémonies religieuses qui, entre époux catholiques, en suivent la célébration devant l'officier public; mais ce n'est pas sous cet aspect qu'elles le considèrent; sous cet aspect, il n'est pas de leur ressort. Elles ne peuvent donc plus le maintenir comme sacrement, alors qu'elles l'annullent comme contrat civil.... (1).

» Aussi l'avis du conseil d'Etat du 18 fructidor an 13, approuvé le 26 du même mois, reconnait-il bien clairement que les mariages contractés par les émigrés amnistiés, ne sont valables qu'autant que la célébration en est postérieure au sénatus-consulte du 6 floréal an 10..... (2).

» Aussi avez-vous cassé, le 16 mai 1808, au rapport de M. Liborel, et sur nos conclusions, un arrêt de la cour d'appel de Liége, qui avait débouté la demoiselle Marotte de sa demande en nullité du mariage qu'elle avait contracté en Allemagne, le 16 mars 1796, pendant son émigration, avec le sieur Grillon, émigré comme elle (3).

» Dans cette espèce, Messieurs, vous ne vous êtes pas arrêtés à une objection que faisait valoir le sieur Grillon et que vous reproduisent ici les conseils du demandeur.

» Le sieur Grillon prétendait que son mariage devait être jugé valable en France, par la raison que ni lui ni la demoiselle Marotte n'étaient morts civilement dans le pays où ils l'avaient contracté, c'est-à-dire, en Allemagne; par la raison que, valable dans le pays où ils l'avaient contracté, il devait être valable partout.

» Mais, avons-nous dit, raisonner ainsi, c'est se jouer de tous les principes, c'est fronder les maximes les plus constantes du droit public..... (4).

» Voyons maintenant, s'il est vrai, comme le demandeur lui-même le reconnaissait par son premier mémoire en cassation, et que l'enfant né d'un homme mort civilement doit lui-même être considéré comme mort civilement dès sa naissance, et que l'enfant né en état de mort civile, par suite de la mort civile dont son père se trouve frappé au moment de sa conception, est, par cela seul, incapable de succéder.

» Sur ces deux points, les nouveaux conseils du demandeur conviennent que l'on doit raisonner à l'égard de l'enfant né d'un mariage contracté pendant la mort civile du père, comme à l'égard de l'enfant né d'un mariage contracté avant la mort civile du père, mais conçu seulement après que le père a encouru la mort civile.

» Si donc nous établissons que l'enfant conçu par un père mort civilement, qui s'était marié avant sa mort civile, naît lui-même en état de mort civile et incapable de succéder, nous aurons, par cela seul, établi que l'on ne peut considérer que comme mort civilement, que comme incapable de succéder, dès sa naissance, l'enfant qui naît d'un mariage contracté par un père frappé de mort civile.

» Or, la première de ces deux propositions est démontrée par deux textes célèbres du droit romain.

» Vous savez que, dans le droit romain, la captivité emportait la mort civile; mais que le captif, en retournant dans sa patrie, était réintégré, *jure postliminii*, dans tous ses droits de citoyen.

» D'après ce principe, la loi 25, D. *de captivis et de postliminio*, demande quel est l'état de l'enfant que deux époux ont mis au monde pendant la captivité dans laquelle ils sont tombés après la célébration de leur mariage; et elle répond, d'après un rescrit des empereurs Sévère et Antonin, que cet enfant n'est point né légitime; que cependant il le deviendra, si son père et sa mère viennent à rentrer avec lui dans leur patrie; mais qu'il restera bâtard, si, son père mourant en captivité, il ne peut rentrer qu'avec sa mère : *Severus et Antoninus rescripserunt : si uxor cum marito ab hostibus capta sit, et ibidem ex marito enixa sit, si reversi fuerint, justos esse et parentes et liberos, et filium in potestate patris, quemadmodum si jure postliminii reversus sit. Quòd si cum matre solâ revertatur, quasi sine marito natus, spurius habebitur.*

» Le rescrit des empereurs Sévère et Antonin sur lequel est fondée cette loi, se retrouve textuellement dans la loi première, C. *de postliminio*, et en voici les termes : *Ex duobus captivis sarmacia nata, patris originem itâ secuta videtur, si ambo parentes in patriam redüssent. Quanquàm enim jure proprio postliminium habere non possit, quæ capta non est, tamen parentum restitutio reddet patri filiam; qui cùm ab hostibus interfectus sit, matris conditionem quæ secum filiam duxit, videtur necessariò secuta. Nam fictio legis corneliæ quæ legitimo apud hostes defuncto constituit heredes, ad eam quæ illic suscepta est, non pertinet; cùm eo tempore quo captus est, diem suum obiisse existimetur.*

» Quatre choses à remarquer dans cette loi.

» 1.° L'enfant né pendant la captivité dans laquelle son père et sa mère sont tombés après la célébration de leur mariage, n'a par lui-

(1) *Ibid.*
(2) *Ibid.*
(3) *Ibid.*
(4) *Ibid.*

même et personnellement aucun droit au *postliminium*, parce que le *postliminium* n'a lieu qu'en faveur de ceux qui ont été pris par les ennemis, et que l'enfant né chez les ennemis, ne peut pas être considéré comme ayant été pris par eux : *jure proprio postliminium habere non potest quæ capta non est.*

» 2.° Mais il serait dur pour un père et une mère rétablis par le *postliminium* dans tous leurs droits de citoyens, de voir rejeter par la loi et la patrie un enfant à qui ils ont donné le jour pendant leur captivité. Cette considération engage le législateur à ordonner que la restitution du père et de la mère dans leurs droits de cité rejaillira sur leur fille : *Tamen parentum restitutio reddet patri filiam*; et, dans ce cas, l'enfant suit, non-seulement la condition, mais encore l'origine de son père, *patris originem*, c'est-à-dire qu'il acquiert dans la patrie et dans la famille de son père, les mêmes droits que s'il y avait reçu le jour.

» 3.° Que serait-ce donc si le père et la mère ne retournaient pas dans leur patrie? La réponse se présente d'elle-même. On vient de voir que l'enfant ne peut acquérir les droits de cité et de famille dans la patrie de son père et de sa mère, que par la communication qu'une loi bienfaisante et sage fait à sa personne du droit de *postliminium* dont ils jouissent en y rentrant : *Quanquàm enim jure proprio postliminium habere non possit....., tamen parentum restitutio reddet patri filiam.* Donc le père et la mère ne jouissant pas du droit de *postliminium*, lorsqu'ils ne rentrent pas dans leur patrie, l'enfant qu'ils ont eu dans une terre étrangère, ne peut pas non plus en recueillir les avantages : donc l'enfant né pendant la captivité de son père et de sa mère, ne peut devenir citoyen et membre de la famille de son père, que par le retour simultané de son père et de sa mère dans leur patrie : *ex duobus captivis sarmacia nata patris originem ità secuta videtur, si* AMBO *parentes in civitatem rediissent.*

» 4.° Mais voici une autre hypothèse. Le pere peut mourir chez l'ennemi, et la mère revenir seule. Dans ce cas, quel sera le sort de l'enfant né pendant leur captivité, qui arrivera dans leur patrie avec sa mère? Il suivra, dit la loi, et il suivra nécessairement la condition de sa mère seulement. Ainsi, la loi ne veut pas qu'il jouisse des mêmes avantages que si le père vivait encore et revenait avec lui. Elle lui donne bien la qualité de citoyen par rapport à la mère; mais relativement au père, elle lui refuse jusqu'au titre d'enfant légitime, parce qu'aux termes de la loi Cornelia, tout homme qui mourait captif, était supposé avoir cessé de vivre dès le premier moment de sa captivité, ce qui emportait une impossibilité légale d'avoir des enfans à cette époque, et faisait considérer comme n'ayant jamais existé par rapport à lui, ceux de ses enfans dont cette époque avait devancé la naissance : *Parentum restitutio reddet patri filiam, qui cùm ab hostibus interfectus sit, matris duntaxat conditionem quæ filiam secùm duxit, videtur necessariò secuta. Nam fictio legis corneliæ quæ legitimo apud hostes defuncto constituit heredes, ad eam quæ illic suscepta est, non pertinet, cùm eo tempore quo captus est, diem suum obiisse existimetur.*

» De tout cela il résulte clairement que la mort civile du père au moment de la naissance de l'enfant, se communique à l'enfant lui-même; et que, tant que le père reste en état de mort civile, l'enfant né dans le même état, n'a, aux yeux de la loi, aucune espèce d'existence; qu'il n'est, pour la famille de son père, qu'un étranger; qu'il est par conséquent incapable de recueillir aucune succession dans la famille de son père.

» C'est effectivement ce qu'enseignent tous nos auteurs, ce qu'ont perpétuellement jugé tous les tribunaux.

» Argon dans ses *Institutions au droit français*, tom. 2, pag. 9, dit que l'enfant né après la condamnation du père à une peine emportant la mort civile, est incapable de succéder à ses parens collatéraux.

» Denizart, aux mots *Mort civile*, n.° 18, après avoir dit que « les enfans qui naissent depuis la » condamnation à la mort civile de leur père ou » mère, sont légitimes », ce qui ne peut s'entendre que d'une légitimité dépourvue de tout effet civil, ajoute : « Mais ils sont incapables » de succéder à leurs parens, parce qu'un tronc » mort, disent les auteurs, ne peut pas pro- » duire des branches vives. Cela a été ainsi jugé » par arrêt du mois de février 1745, confir- » matif d'une sentence du Châtelet ».

» Cependant le demandeur vous cite Denizart comme établissant, au n.° 23 du même article, une doctrine toute différente.

» Mais d'abord, ce qu'on lit sous le n.° 23, n'appartient pas à Denizart : c'est, comme l'annoncent les deux crochets entre lesquels est placé ce numéro, l'ouvrage de son additionnaire Varicourt, écrivain généralement décrié par les nombreuses inepties dont il a grossi le recueil de son auteur.

» Ensuite, que dit Varicourt dans cette addition? Le demandeur ne vous le cite qu'en partie; voici ses propres termes : « Il a été » dit ci-dessus, n.° 18, que les enfans nés de » personnes mortes civilement, ne pouvaient » succéder à leurs parens; cependant les au- » teurs décident que les enfans des condamnés » à mort succèdent à leur ayeul par une sub- » rogation légale, non comme exerçant les » droits de leur père, mais comme petits-enfans » de l'ayeul, et entrant dans le degré de leur » père, dont ils prennent la place. Voyez,

» à ce sujet, l'arrêt du 24 mars 1603, rapporté » tout au long liv. 10 des plaidoyers de Servin. »

« Qu'est-ce qu'entend ici Varicourt par *les enfans des condamnés à mort?* Entend-il les enfans des condamnés à mort, nés ou conçus avant la condamnation de leur père? Entend-il les enfans nés ou conçus après?

» Dans le premier sens, sa doctrine n'aurait rien que d'exact. Dans le second, elle ferait véritablement, comme le soutient le demandeur, exception au principe posé par Denizart, que les *enfans nés de personnes mortes civilement, ne peuvent pas succéder à leurs parens.*

» Mais quel est de ces deux sens celui dans lequel a écrit cet auteur? N'en doutons point, c'est le premier; et c'est ce qu'il nous apprend lui-même par ces mots : *Voyez, à ce sujet, l'arrêt du 24 mars 1603, rapporté tout au long livre 10 des plaidoyers de Servin.*

» En effet, dans l'espèce de cet arrêt, que nous avons vérifié avec le plus grand soin dans le Recueil des plaidoyers de M. l'avocat-général Servin (1), il s'agissait d'enfans qu'un condamné à mort par contumace avait eus avant sa condamnation; et il est, dès-lors, bien évident que cet arrêt, en les admettant à succéder, non à leur ayeul, comme le fait entendre Varicourt, mais à leur oncle paternel, qui avait seul recueilli la succession de leur ayeul, n'a porté aucune atteinte au principe, que les enfans nés de personnes mortes civilement, sont incapables de succéder aux parens de leur père.

» Est-il vrai, au surplus, comme le prétend le demandeur, que ce principe, si clairement proclamé par les deux textes du droit romain dont nous venons de vous offrir l'analyse, est en opposition diamétrale avec d'autres textes du même droit? Est-il vrai que ce principe est détruit par la loi 3, D. *de interdictis et relegatis;* par la loi 7, D. *de his qui sui vel alieni juris sunt;* par la loi dernière, D. *undè legitimi,* et par la loi 1, §. 10, D. *de suis et legitimis heredibus?*

» Non, Messieurs, et vous allez voir que le demandeur fait de ces lois une très-fausse application.

» La loi 3, D. *de interdictis et relegatis,* dit bien que les enfans ne perdent, par la mort civile de leur père, que ce qui aurait dû leur revenir de son chef, s'il était mort dans la jouissance de ses droits de cité, c'est-à-dire, sa succession, ses affranchis et les autres droits du même genre : *eum qui civitatem amitteret, nihil aliud juris adimere liberis, nisi quod ab ipso perventurum esset ad eos, si intestatus in civitate moreretur, hoc est, hereditatem ejus et libertos, et si quid aliud in hoc genere reperiri potest;* mais qu'ils conservent tout ce qui leur appartient, non du chef de leur père, mais par droit de famille, par droit de cité, ou par la nature des choses : *quæ verò, non à patre, sed à genere, à civitate, à rerum naturâ tribuerentur, ea manere eis incolumia;* qu'ainsi, ils succèdent à leurs frères; qu'ils ont droit à la tutelle et à la succession de leurs agnats : *itaque et fratres fratribus fore legitimos heredes, et agnatorum tutelas et hereditates habituros;* et pourquoi? Parce que ce n'est pas de leur père qu'ils tiennent ses droits, parce qu'ils ne les tiennent que de ces ayeux : *non enim hæc patrem, sed majores ejus eis dedisse.*

» Mais de quels enfans est-il question dans cette loi? Des enfans nés depuis la mort civile du père? Point du tout : il n'y est question que des enfans qui, au moment où le père a été retranché du nombre des citoyens, existaient déjà et jouissaient déjà de leurs droits de famille. La loi fait marcher de front, et par conséquent rapporte au même temps, la perte que le père fait de ses droits de cité, et la perte qu'il fait essuyer à ses enfans de la succession qu'il leur aurait transmise, s'il était mort citoyen : *cum qui amitteret civitatem, nihil aliud juris adimere liberis, quàm quod ab ipso perventurum esset ad res, si in civitate moreretur.* Elle déclare donc que les enfans perdent tout droit à la succession de leur père, à l'instant même où leur père est frappé de mort civile; elle n'a donc en vue que les enfans qui existent déjà, lorsque leur père est frappé de mort civile; elle ne s'occupe donc pas des enfans qui naîtront après la mort civile de leur père.

» La loi 7, D. *de his qui sui vel alieni juris sunt,* ne peut pas être et n'a jamais été entendue dans un autre sens : si le père, dit-elle, est condamné à une peine qui emporte la mort civile, le fils prend sa place dans la famille de l'ayeul : *si quâ pœnâ pater fuerit affectus, ut vel civitatem amittat, vel servus pœnæ efficiatur, sinè dubio nepos filii loco succedit.* Il est évident qu'il ne s'agit là que du fils qui était né avant la mort civile du père; et c'est ce que dit nettement Brunneman, dans son commentaire sur ce texte: *quandò aliquis habet filiumfamilias et ex eo nepotem, tunc si filius ob delictum deportetur, nepos procul dubio in locum filii succedit, ità ut avus eum instituere heredem vel exheredare teneatur.*

» La loi dernière, D. *undè legitimi,* et la loi 1, §. 10, D. *de suis et legitimis heredibus,* disent que les enfans nés après la mort, la captivité ou la déportation de leur père, *nati post mortem patris, vel post captivitatem, sive deportationem,* jouissent entre eux des droits de consanguinité et succèdent les uns aux autres. Mais cela ne peut s'entendre que des enfans qui, sans être nés antérieurement à la mort, à la capti-

(1) Liv. 2, §. 66, édition de 1630.

vile ou à la déportation de leur père, étaient conçus auparavant. La chose est évidente pour les enfans que la loi dit être nés après la mort de leur père; car s'ils n'avaient pas été conçus avant sa mort, ils ne seraient pas ses enfans. Il en est nécessairement de même des enfans que la loi dit être nés après la captivité ou la déportation de l'auteur de leurs jours. Et comment cette loi pourrait-elle être entendue autrement, tandis que les deux textes cités du titre *de captivis et de postliminio*, établissent clairement que l'enfant conçu après la captivité de son père, est, par lui même, étranger à sa famille, et qu'il ne peut entrer dans la famille de son père, que par le retour de son père et de sa mère dans leur patrie?

» Mais, au surplus, voici une autre loi romaine qui lève, à cet égard, toute espèce de doute.

» Une femme institue son fils héritier, et le charge, en cas qu'il vienne à mourir sans enfans, de rendre sa succession à son frère. L'héritier institué se marie, et est ensuite condamné à la déportation. Dans cet état, il lui naît des enfans de son mariage. Question de savoir si l'existence de ces enfans à l'époque de sa mort naturelle, fait faillir la condition du fidéicommis. La loi 17, §. 5, D. *ad senatusconsultum trebellianum*, répond qu'il faut distinguer entre les enfans conçus avant la déportation et les enfans conçus après; que les premiers empêchent l'ouverture du fidéicommis; mais que les seconds n'y font point obstacle, parce que leur père n'existant plus aux yeux de la loi, et la loi ne le connaissant plus, ils sont censés être nés d'un autre que de lui: *rogaverat quædam mulier filium suum ut, si sine liberis decessisset, restitueret hereditatem fratri suo. Is posteà deportatus in insulâ liberos susceperat. Quærebatur an fidéicommissi conditio defecisset. Nos igitur hoc dicemus : conceptos quidem ante deportationem, licet posteà edantur, efficere ut conditio deficiat; post deportationem verò susceptos, quasi ab alio non prodesse.*

» Il serait, d'après cela, fort indifférent que l'art. 277 de la coutume de Normandie renfermât une disposition contraire. Ce ne serait qu'une exception locale au droit commun, et l'on ne pourrait en tirer ici aucune conséquence.

» Mais la vérité est que cet article, en disant que *les enfans des condamnés et confisqués ne laisseront de succéder à leurs parens, tant en ligne directe que collatérale, pourvu qu'ils soient conçus lors de la succession échue*, n'entend pas déclarer successibles les *enfans des condamnés et confisqués*, qui ne sont nés ou n'ont été conçus que postérieurement à la mort civile de leur père; et que sa disposition a toujours été restreinte aux *enfans des condamnés et confisqués* nés ou conçus avant que leur père fût retranché de la société; et c'est ce qu'atteste Basnage sur cet article même : « Tous les enfans d'un con» damné et confisqué (dit-il), ne sont pas habiles » à succéder..... ceux qui seraient conçus depuis » la condamnation.... ne pourraient rien de» mander (1) ».

» Le même auteur, après s'être ainsi expliqué, se fait cette question : « les enfans d'un » homme condamné à mort ou banni à perpé» tuité, issus d'un mariage contracté depuis la » condamnation, sont-ils capables de succéder » avec les autres enfans nés avant la condam» nation, ou au préjudice des héritiers colla» téraux »? et voici sa réponse : « Tous nos » auteurs conviennent que la condamnation qui » emporte une mort civile, est un empêche» ment au mariage *quoad effectus civiles*; et bien » que le mariage soit bon, et que les enfans qui » en sont issus, soient légitimes, néanmoins ils » sont incapables de succéder; et c'est en cette » rencontre que l'on peut dire que *non omnis* » *filius est patris heres*; le nom de fils et d'hé» ritier n'est pas seulement un nom de na» ture, mais aussi de justice et de loi; de sorte » que, pour succéder à son père, il ne suffit » pas d'être son enfant naturel, il faut aussi » l'être suivant la loi. Louet, Brodeau, Mornac » et Le Bret ont rapporté plusieurs arrêts qui » l'ont jugé de la sorte, quoique le condamné » eût obtenu des lettres de commutation de » peine, parce que la commutation de peine » n'ôtait point l'effet de la condamnation, et » la bonne foi de l'un des conjoints ne suffisait » pas pour rendre les enfans capables de suc» céder; ce qui a été jugé, non-seulement en » faveur des enfans issus du premier mariage

(1) C'est même (comme l'a fort bien remarqué M.e Mailhe, défenseur du sieur Duval, dans le mémoire aussi savant que lumineux qu'il a publié dans cette affaire, sous le nom de M.e Odillon-Barrot, son digne successeur) ce qui résulte clairement des circonstances auxquelles a été due l'insertion de l'article dont il s'agit, dans la coutume de Normandie. Les voici, telles que les retrace Richer dans son *Traité de la mort civile* :

« L'ancienne coutume de Normandie, chap. d'*Assise*, portait que *les enfans à ceux qui sont damnés* (condamnés) *n'auraient rien aux fiefs et échoites qui à eux dussent venir; car aucun qui soit engendré de sang damné, ne peut avoir, comme hoir, aucune succession d'héritage*. On avait étendu cette disposition même *aux enfans nés avant le délit* : mais cet usage fut trouvé injuste et trop rigoureux; et le parlement de Rouen l'abrogea par un arrêt solennel du 26 août 1558, donné, toutes les chambres assemblées, sur les conclusions du procureur-général, et sur enquêtes faites par Turbes. Cet arrêt, avec les moyens des parties, est inséré dans le Coutumier général de France, après la coutume de Normandie, dans laquelle on a réformé l'article qui vient d'être cité, en cette manière : *Les enfans des condamnés et confisqués ne laisseront de succéder à leurs parens, pourvu qu'ils soient conçus avant la succession* (échue) ».

» du condamné, mais aussi en faveur des héritiers collatéraux ».

» Le demandeur reconnaît l'existence des arrêts que cite ici Basnage ; mais il prétend que ce qu'ils ont jugé relativement à la succession du condamné, ne s'étend point aux successions de ses parens collatéraux : il prétend que les enfans conçus après la condamnation de leur père à une peine emportant la mort civile, sont, quoiqu'incapables de succéder à leur père lui-même, capables de succéder aux parens qu'ils ont de son côté; et il invoque un arrêt du parlement de Paris, du 6 juillet 1637, qui l'a ainsi jugé.

» Il est très-vrai que cet arrêt a admis à succéder à un frère consanguin de leur père, les enfans nés d'un mariage qu'un condamné à mort par contumace avait contracté postérieurement à sa condamnation; et qu'il les y a admis nonobstant un arrêt précédent du 13 février 1625, qui les avait déclarés incapables de succéder à leur père même.

» Mais cet arrêt était trop étrange, il heurtait trop ouvertement les premiers principes, pour faire jurisprudence; et à peine était-il rendu, que le législateur a cru devoir interposer son autorité pour empêcher qu'on n'en rendît de semblables à l'avenir. De là, l'art. 6 de l'ordonnance du 26 novembre 1639, qui déclare *incapables de toutes successions les enfans procréés par ceux qui se marient après avoir été condamnés à mort, même par les sentences rendues par défaut, si, avant leur décès, ils n'ont été remis au premier état, suivant les lois.*

» Aussi Bretonnier, dans ses observations sur Henrys, liv. 6, quest. 6, après avoir retracé, avec son auteur, l'arrêt du 6 juillet 1637, comme jugeant que les enfans nés d'un mariage contracté en état de mort civile, succèdent aux parens collatéraux de leur père, ajoute-t-il : « mais aujourd'hui la jurisprudence est changée » au moyen de l'ordonnance de 1639, qui déclare les enfans procréés par ceux qui se » marient après avoir été condamnés à mort » par défaut, incapables de toutes successions, » aussi bien que leur postérité ».

» A la suite de l'arrêt du 6 juillet 1637, qui a été si hautement et si promptement condamné par le législateur, le demandeur vous en cite un autre du 5 juillet 1746, qui, s'il faut l'en croire, a été bien plus loin, et a jugé, contre ce qu'avaient constamment décidé même les arrêts antérieurs à l'ordonnance de 1639, que l'enfant né d'un mariage contracté en état de mort civile, succède à son propre père.

» Mais s'il avait bien lu Denizart, d'après lequel il vous le cite, si surtout il avait bien médité les conclusions de M. l'avocat-général Gilbert qui l'ont provoqué, il se serait probablement abstenu de vous en parler.

» Dans le fait, le 5 avril 1735, sentence de la juridiction de Bourg, qui condamne Antoine Desverneys à la peine de mort par contumace.

» Le 28 du même mois, et avant que cette sentence soit exécutée par effigie, Antoine Desverneys épouse publiquement à Lyon Adrienne Decolouy.

» Le 5 octobre suivant, la sentence de condamnation à mort est exécutée par effigie à Bourg.

» Le 13 du même mois, l'épouse d'Antoine Desverneys accouche d'une fille qui est nommée Etiennette.

» Cette fille meurt peu de temps après; et alors, s'élève la question de savoir à qui appartient la succession d'Antoine Desverneys, succession qui est unanimement reconnue avoir été ouverte par sa mort civile.

» La mère d'Antoine Desverneys la réclame, comme plus proche parente.

» L'épouse d'Antoine Desverneys soutient au contraire qu'elle lui est dévolue en sa qualité d'héritière d'Etiennette Desverneys sa fille, qui, dit-elle, a été héritière de son père et m'a par conséquent transmis tous ses droits.

» La mère d'Antoine Desverneys réplique que son fils était mort civilement à l'époque de la célébration de son mariage, et que, dès-lors, la fille qu'il a eue de son mariage n'a pas pu lui succéder. Elle ajoute que le mariage de son fils est nul dans la forme, et elle en appelle comme d'abus.

» L'épouse d'Antoine Desverneys réplique, à son tour, que son mari n'a pas été frappé de mort civile par le seul effet de sa condamnation; qu'il ne l'a été et n'a pu l'être que par l'exécution en effigie de sa condamnation même; et que telle est la disposition expresse de l'art. 29 du tit. 17 de l'ordonnance de 1670; qu'ainsi, il jouissait encore de tous ses droits civils, non-seulement à l'époque de son mariage, mais encore à celle de la conception de sa fille. Du reste, elle répond victorieusement à tous les moyens d'abus de sa belle-mère.

» Là-dessus, M. l'avocat-général Gilbert commence par écarter les moyens d'abus et prouver qu'il ne manque rien à la forme du mariage dont il s'agit, pour en assurer la validité. Il examine ensuite, ce sont les propres termes de Denizart, « si ce mariage est bon » quant au for extérieur et s'il peut produire » des effets civils; et il fait voir que cette question » dépend du point de savoir si la seule con- » damnation à mort emporte la mort civile, » ou s'il ne faut pas que le jugement ait été » exécuté. *La mort civile*, dit-il, *est l'état d'un* » *homme qui est retranché de la société et qui* » *ne peut plus contracter avec elle. Cela posé,* » *comment veut-on qu'un jugement prononcé* » *dans le secret d'une chambre criminelle, fasse* » *connaître à la société qu'elle ne peut plus con-* » *tracter avec le condamné? Il faut donc qu'elle* » *en soit instruite, que le jugement ait été rendu*

» *public; or, il ne peut l'être que par l'exécution;* et par conséquent la mort civile ne peut » commencer que *du jour de l'exécution du jugement, soit par contumace, soit autrement.* » En un mot (continue Denizart), ce magistrat » dit que le tit. 17 de l'ordonnance de 1670 » devait régler la matière en question; et sur » ses conclusions, il est intervenu arrêt le 5 » juillet 1746 », qui a prononcé en ces termes: *La cour faisant droit sur l'appel comme d'abus interjeté par les parties de Daugy* : (les héritiers de la mère d'Antoine Desverneys), *dit qu'il n'y a abus...; en tant que touche l'appel simple..; évoquant le principal et y faisant droit, condamne les parties de Daugy à rendre compte à la partie de Simon* (la mère d'Etiennette Desverneys), *des biens de la succession d'Antoine Desverneys, à l'affirmer véritable, etc.*

» Vous voyez, Messieurs, qu'il s'en faut beaucoup que cet arrêt ait jugé qu'Étiennette Desverneys avait succédé à son père, quoique son père se fût marié et l'eût conçue en état de mort civile; qu'au contraire, elle n'a été jugée avoir succédé à son père et en avoir transmis la succession à sa mère, que parce que son père n'était encore mort civilement, ni au moment où il s'était marié, ni au moment où il l'avait conçue.

» Mais voici quelque chose de plus encore.

» Postérieurement à l'exécution par effigie de la sentence qui l'avait condamné à mort, et dans l'intervalle du 29 novembre 1739 au 30 novembre 1747, Antoine Desverneys avait eu d'autres enfans de la femme qu'il avait épousée avant cette exécution.

» Antoine Desverneys étant mort, en 1752, sans avoir purgé sa contumace, ses enfans réclamèrent, à titre d'héritiers, divers immeubles qui lui avaient appartenu avant sa condamnation, et que leur mère avait aliénés, comme héritière de leur sœur Étiennette.

» Les tiers-acquéreurs soutinrent qu'ils étaient non-recevables, parce que, nés d'un père qui avait encouru la mort civile avant leur conception, et par conséquent frappés comme lui de mort civile dès leur naissance, ils n'étaient ni ne pouvaient être ses héritiers.

» Les enfans d'Antoine Desverneys ne contestèrent pas directement le principe sur lequel était fondée cette fin de non-recevoir; mais ils nièrent que leur père eût jamais encouru la mort civile; et à l'appui de leur dénégation, ils produisirent un certificat du greffier de Bourg constatant qu'il n'existait dans son greffe aucune trace de l'exécution par effigie du jugement de condamnation porté contre leur père en 1735.

» Le 14 fructidor an 8, jugement du tribunal de première instance de Lyon, qui, accueillant la fin de non-recevoir des tiers-acquéreurs, déclare *les demandeurs sans droit et sans qualité.*

» Et sur l'appel, arrêt du 6 floréal an 11, qui, attendu qu'il résulte de l'arrêt du parlement de Paris du 5 avril 1746 et d'autres pièces produites par les tiers-acquéreurs, des preuves suffisantes que le jugement de condamnation de 1735 a été exécuté par effigie le 5 octobre de la même année, et que par conséquent *Antoine Desverneys est mort en état de mort civile*, dit qu'il a été bien jugé.

» Recours en cassation de la part des enfans d'Antoine Desverneys; et le 26 thermidor an 12, arrêt contradictoire, au rapport de M. Cochard et après un long délibéré, qui rejette ce recours, attendu, entr'autres motifs, que les preuves de l'exécution par effigie du jugement de 1735, *se montraient dans le degré le plus capable de convaincre dans le cas actuel, où la condamnation même de Desverneys a donné lieu à un arrêt célèbre qui a fixé la jurisprudence sur le point de savoir de quelle époque datait la mort civile; où il serait absurde de supposer que le parlement de Paris se fût occupé du soin de fixer l'époque de la mort civile d'Antoine Desverneys, sans que sa condamnation et son exécution eussent été constantes; où Antoine Desverneys a vu sa succession contestée et adjugée devant lui, sans y opposer la moindre réclamation; où Henri, l'un de ses enfans, né avant la mort d'Étiennette sa sœur et par conséquent habile à lui succéder conjointement avec sa mère, n'a cependant point réclamé sa portion, parce qu'il était né après la mort civile encourue par son père* (1).

» Par cet arrêt, Messieurs, vous avez bien formellement reconnu, vous avez bien solennellement proclamé, le principe que la mort civile du père se communique à l'enfant conçu et né pendant que le père est dans cet état, et que l'enfant conçu et né pendant la mort civile du père, est incapable de toute succession.

» Mais, s'écrie le demandeur, peut-on ainsi assimiler les effets de la mort civile qui résulte de l'émigration, aux effets de la mort civile opérée par une condamnation à des peines afflictives ou infamantes?

» Pourquoi non? où la loi ne distingue pas, nous ne pouvons pas distinguer. Mais d'ailleurs veut-on une preuve sans réplique, qu'il en est, à cet égard, des enfans nés pendant la mort civile dont leur père a été frappé par son émigration, comme des enfans nés pendant la mort civile dont leur père a été frappé par une condamnation judiciaire? il n'y a qu'à bien peser les termes dans lesquels l'avis du conseil d'état, du 8 thermidor an 10, approuvé le 9 du même mois, répond à la question de savoir *si les prévenus d'émigration non rayés définitivement, dont le décès a précédé* la publication du sénatus-consulte du 6 floréal de la même année, *peuvent être amnistiés.* « Le conseil d'état (y est-il dit),

(1) *V.* l'article *Succession*, §. 11.

pense que l'amnistie ayant été principalement accordée en faveur des familles des émigrés, il est tout-à-fait conforme à l'esprit du sénatus-consulte, d'étendre la grâce aux héritiers, quand la mort a mis le prévenu lui-même hors d'état d'en profiter. S'il eût vécu, il serait rentré dans les biens dont l'art. 17 du sénatus-consulte fait remise aux amnistiés; comment refuser la même grâce à ses enfans républicoles *et nés avant l'émigration?* — Pourquoi n'y a-t-il que les enfans *nés avant l'émigration* qui soient admis à faire amnistier la mémoire de leur père émigré? c'est évidemment parce qu'eux seuls sont Français; c'est évidemment parce qu'eux seuls composent, aux yeux de la loi, la famille de leur père; c'est évidemment parce que la loi ne reconnaît pas ceux qui sont nés pendant l'émigration.

» Mais ouvrons le procès-verbal de la discussion qui a eu lieu, au conseil d'état, les 6 et 14 thermidor an 9, sur l'art. 10 du Code civil, et nous en verrons jaillir de nouveaux traits de lumière qui achèveront de dissiper tous les doutes...... (1).

» Disons donc, en résumant toute cette partie de notre discussion, que le père du mineur Grimod d'Orsay était mort civilement à l'époque du mariage qu'il a contracté à Francfort en 1799; que ce mariage était nul; qu'issu d'un mariage nul et mort lui-même civilement dès sa naissance, le mineur Grimod d'Orsay a été, dès sa naissance, doublement incapable de succéder.

» A la vérité, le sieur Grimod d'Orsay père, rendu à ses droits de cité, et la demoiselle de Franquemont ont réparé, par un mariage célébré solennellement à Paris en 1809, la nullité de celui qu'ils avaient contracté, en 1799, à Francfort; à la vérité, ils ont, par ce mariage, légitimé les enfans qu'ils avaient eus précédemment de leur union illégale.

» Mais la nullité de leur premier mariage n'a pu être réparée par le second que pour l'avenir; elle n'a pas pu l'être pour le passé; et le seul effet de la légitimation qui est résultée du second mariage, pour le mineur Grimod d'Orsay, c'est que le mineur Grimod d'Orsay doit être traité comme s'il était né du second mariage, comme si le second mariage, au lieu de suivre sa naissance, l'avait précédée, en un mot, comme si, au lieu de naître en 1801, il était né en 1810.

» Or, si le mineur Grimod d'Orsay n'était né qu'en 1810, très-certainement il ne pourrait pas se porter héritier de la dame de Trazegnies qui est morte en 1802.

» Sur tout cela, MM., il ne peut rester dans vos esprits aucune ombre de difficulté. Nous n'avons donc plus qu'à nous fixer sur la dernière branche du second moyen de cassation du demandeur, c'est-à-dire, sur la partie de ce moyen par laquelle le demandeur prétend que la demoiselle Franquemont ayant épousé le sieur Grimod d'Orsay père en 1799, dans la bonne foi qu'il jouissait de tous ses droits civils, le mariage de 1799 doit, quoique nul en soi, produire en faveur de l'enfant qui en est issu, les mêmes effets que s'il eût été valable; et que, par suite, cet enfant doit être admis à succéder même à ses parens paternels qui sont morts depuis sa naissance.

» Réduit à ces termes, le second moyen de cassation du demandeur présente deux questions: l'une, si l'on peut présumer que la demoiselle de Franquemont ignorait, au moment où elle a épousé, à Francfort, le sieur Grimod d'Orsay père, l'état de mort civile dans lequel il se trouvait par rapport à la France, sa patrie; l'autre, si, cette ignorance supposée, il en doit résulter, pour les enfans issus de ce mariage, la capacité de succéder même aux parens de leur père.

» De ces deux questions, la cour de Douay a laissé la première indécise, et elle ne s'est occupée que de la seconde. Sans apprécier les raisons de droit qui se présentaient en foule pour lui démontrer que la demoiselle de Franquemont n'avait pas pu, en épousant à Francfort le père du mineur Grimod d'Orsay, croire de bonne foi qu'elle épousait, soit un Français naturalisé allemand, soit un Français jouissant en France de tous les droits civils, la cour de Douay a raisonné dans la supposition contraire; et c'est d'après cette supposition, toute gratuite qu'elle est, que nous devons juger son arrêt: c'est d'après cette supposition, que nous devons examiner si son arrêt viole quelque loi.

» A entendre le demandeur: il viole les lois romaines, les décrétales et le Code civil.

» Mais d'abord, ni les lois romaines, ni les décrétales ne disent, à beaucoup près, ce que le demandeur leur fait dire.

» Les lois romaines que le demandeur vous cite, sont la loi 57, §. 1, D. *de ritu nuptiarum*, et la loi 4, C. *de incestis et inutilibus nuptiis.*

» La première de ces lois ne décide qu'un cas particulier. Flavia Tertulla avait été, très-jeune encore, mariée par sa grand'mère à un de ses oncles. Ignorant que le mariage était prohibé entre l'oncle et la nièce, elle avait vécu pendant quarante ans dans une union paisible avec celui qu'elle regardait comme son mari; et elle en avait eu un grand nombre d'enfans. Son prétendu mari mort, l'état de ses enfans fut contesté, et la question fut soumise aux empereurs Marcus et Lucius. Quelle fut leur réponse? *Movemur et temporis diuturnitate quo ignara juris in matrimonio avunculi tui fuisti, et quòd*

(1) *V.* le *Répertoire de jurisprudence*, au mot *Mariage*, sect. 3, §. 1, n. 3.

ab aviâ tuâ collocata es, et numero liberorum vestrorum. Idcircò quæ cùm hæc omnia concurrant, confirmamus statum liberorum vestrorum in eo matrimonio quæsitorum, quod antè annos quadraginta contractum est, perindè atque si legitimè concepti fuissent. Par là, les empereurs Marcus et Lucius décidèrent-ils que la seule ignorance dans laquelle avait été Flavia Tertulla, de l'empêchement légal qui s'opposait à son mariage avec son oncle, suffisait pour légitimer ses enfans? Non, et il s'en faut beaucoup : ils firent entendre au contraire que, s'il n'y avait eu pour ses enfans que cette circonstance, ses enfans auraient dû être traités comme bâtards; et ce qui ne permet pas d'en douter, c'est qu'ils déclarèrent formellement que ses enfans ne devaient, non pas être, de plein droit, réputés légitimes, mais déclarés tels par un acte spécial de la puissance souveraine, qu'à raison du concours de cette circonstance avec trois autres; savoir, la longue durée du mariage; le grand nombre des enfans et l'autorité de l'aïeule sur la foi de laquelle Flavia Tertulla s'était mariée : *quæ cùm hæc omnia in unum concurrant, confirmamus statum liberorum vestrorum.*

» La loi 4, C. *de incestis et inutilibus nuptiis*, porte que tout mariage contracté au mépris des lois prohibitives, rend les époux indignes des libéralités qu'ils se sont respectivement faites en cette qualité, et que ces libéralités doivent être confisquées au profit de l'État, à moins que les époux n'aient été entraînés à se marier ainsi par une erreur dont ils n'ont pu se préserver, ou par la faiblesse de leur âge; et qu'ils ne se soient quittés, aussitôt après la découverte de leur erreur ou à leur majorité : *qui contrà legum præcepta vel contrà mandata constitutionesque principum, nuptias fortè contraxerit, nihil ex eodem matrimonio, sive antè nuptias donatum, sive deinceps quoquo modo datum fuerit, consequatur; idque totum quod ab alterius liberalitate in alterum processerit, ut indigno indignæve sublatum, fisco vindicari sancimus : exceptis tàm fœminis quàm viris qui aut errore acerrimo, non affectato insimulatove, neque ex vili causâ decepti sunt, aut ætatis lubrico lapsi; quos tamen legis nostræ laqueis eximi placuit, si, aut errore comperto, aut ubi ad legitimos pervenerint annos, conjunctionem hujusmodi sine ullâ procrastinatione diremerint.* Il résulte bien de cette loi, que la bonne foi et la minorité des époux illégalement mariés, suffit pour soustraire à la confiscation les libéralités qu'ils se sont faites à l'occasion de leur mariage. Mais cette loi dit-elle, fait-elle même entendre, que les enfans nés de leur union, seront réputés légitimes? Pas un mot de cela : elle ne s'occupe d'eux ni directement, ni indirectement; et l'on sent assez que cette loi mettant sur la même ligne la bonne foi et la minorité des époux mariés illégalement, on ne pourrait pas en conclure que les enfans nés d'un mariage nul contracté de bonne foi, dussent être réputés légitimes, sans en tirer la même conséquence pour les enfans nés d'un mariage nul contracté de mauvaise foi, mais en minorité; ce qui serait absurde.

» Que cette loi et la 57e, D. *de ritu nuptiarum*, aient fourni aux rédacteurs des décrétales, l'idée d'attribuer à la bonne foi des époux mariés illégalement l'effet de légitimer les fruits de leur union; c'est ce qu'on ne saurait nier; mais que ces lois elles-mêmes aient été aussi loin, c'est ce qu'il est impossible de soutenir sérieusement.

» Eh! comment le pourrait-on, tandis que nous trouvons dans la loi 3, C. *soluto matrimonio*, un rescrit de l'empereur Antonin qui décide formellement le contraire. La nommée Hostilia, femme libre, avait épousé le nommé Eros, esclave qu'elle croyait libre comme elle. Quelque temps après la célébration du mariage, Eros fut recherché par son maître, et un jugement le déclara esclave. Le mariage se trouvant annullé par ce jugement, d'après la loi générale qui déclarait les esclaves incapables de se marier, Hostilia s'adressa à l'empereur Antonin pour savoir si et contre qui elle pourrait répéter sa dot, et quel devait être l'état de ses enfans. Que répondit l'empereur? Vous avez contre le maître d'Eros une action *de peculio* pour le recouvrement de votre dot; mais vos enfans, quoique libres et ingénus comme vous, parce qu'ils suivent la condition de leur mère, sont au rang des bâtards : *si ignorans statum Erotis, ut liberum duxisti, et dotem dedisti, isque posteà servus est judicatus; dotem ex peculio recipies.... Filii autem tui, ut ex liberâ nati, incerto tamen patre spurii ingenui intelliguntur.*

» Il est donc bien démontré que l'arrêt attaqué par le mineur d'Orsay, n'est, sous aucun rapport, en opposition avec le droit romain.

» Voyons maintenant si nous le trouverons en opposition avec les décrétales.

» Le demandeur vous en cite deux textes : le chapitre *cùm inter*, et le chapitre *ex tenore*, du titre *qui filii sint legitimi.*

» Mais d'abord que décide le chapitre *cùm inter?* Rien autre chose, si ce n'est qu'un mariage ayant été célébré publiquement et sans contradiction de la part de l'église, les enfans qui en sont nés, doivent jouir de tous les droits de la légitimité, et succéder à leur père, quoique, dans la suite, la découverte d'un empêchement qui s'opposait à ce mariage, en ait fait prononcer la nullité : *cùm inter L. virum et T. mulierem divortii sententia canonicè sit prolata, filii eorum non debent exindè sustinere jacturam, cùm parentes eorum publicè, sine contradictione ecclesiæ, inter se contraxisse noscantur. Ideòque sancimus, ut filii eorum quos antè divortium habuerunt, et qui concepti fuerunt antè latam sententiam, non minùs habeantur legitimi et quòd in bona paterna hereditario jure succedant; et de parentum facultatibus nutriantur.*

» L'homme et la femme dont il est parlé dans cette décrétale, ignoraient tous deux, au moment où ils s'étaient mariés, l'empêchement que les lois canoniques mettaient à leur mariage; ils étaient tous deux de bonne foi; et d'ailleurs, ni l'un ni l'autre n'était incapable de se marier; ni l'un ni l'autre n'était réputé mort aux yeux de la loi; il n'existait entre eux qu'une incapacité relative. Cette décrétale ne peut donc pas être violée par un arrêt qui juge qu'elle n'est pas applicable aux enfans nés d'un mariage contracté entre un homme mort civilement, qui connaissait son incapacité absolue de se marier, et une femme qui est présumée l'avoir ignorée, et qu'elle ne donne pas à ces enfans le droit de réclamer, comme prenant la place de leur père, une succession à laquelle leur père est, par sa mort civile, incapable de prétendre.

» Ensuite, que porte le chapitre *ex tenore?* Un homme déjà marié et sachant que son épouse vivait encore, avait épousé publiquement une femme qui le croyait libre. De ce mariage, était né un enfant nommé R., qui avait épousé la nommée G., et était mort laissant un fils en bas-âge. Question de savoir à qui appartient la succession de R. La veuve de celui-ci la réclame au nom de son pupille. Les parens collatéraux de R. lui répondent que cette succession se compose des biens laissés par le père de R.; et que R. ayant été lui-même incapable de les recueillir, parce qu'il était issu d'une union adultérine, il n'a pas pu les transmettre à son fils. La question est soumise au pape Innocent III; et par la décrétale dont il s'agit, ce pontife déclare que le père de R. est né légitime, par le seul effet de la bonne foi de sa mère : *ex tenore litterarum vestrarum nobis innotuit quòd cùm G. vidua hereditatem quondam R., mariti sui sibi et pupillo filio suo restitui postulasset, pars adversa petitionem ejus excluderet, pro eo quòd R., maritum ipsius viduæ de adulterio genitum asserebat..... Intelligentes quòd pater prædicti R. matrem ipsius in facie ecclesiæ ignorantem quòd ipse aliam sibi matrimonialiter copulasset, duxerit in uxorem; et dùm ipsa conjux ipsius legitima putaretur, dictum R. suscepit ex eâdem, in favorem prolis potiùs declinamus, memoratum R. legitimum reputantes.*

» Par là, sans doute, il est décidé que l'état d'un enfant né d'un mariage putatif, est indivisible; et que, dès que, par la bonne foi de sa mère, il est réputé légitime, il ne peut pas être réputé illégitime par la mauvaise foi de son père.

» Mais résulte-t-il de cette décision, que, si le père était mort civilement à l'époque de la célébration du mariage putatif, l'enfant né de ce mariage, pourra recueillir, dans la famille de son père, des successions dont son père luimême serait exclu, s'il y prétendait?

» Il est évident que non. La mort civile étant inconnue au droit canonique, et le droit canonique n'admettant d'autres empêchemens au mariage que ceux qui étaient établis par les lois de l'église, la décrétale *ex tenore* n'a pu ni prévoir, ni décider, même implicitement, une question de cette nature. Elle ne s'explique que sur un seul cas : sur celui où un homme habile à succéder à ses parens, mais incapable de se marier, épouse de mauvaise foi une femme qui le prend de bonne foi pour mari; elle ne s'explique pas, elle ne peut pas s'expliquer sur les effets que devrait produire, relativement au droit de succéder dans la famille du mari, un mariage qui serait contracté entre un homme mort civilement, quoique capable de se marier suivant les lois canoniques, et une femme qui le regardait comme jouissant de tous les droits civils; et dès qu'elle est muette à cet égard, comment la cour de Douai aurait-elle pu la violer par la manière dont elle a réglé, dans notre espèce, les effets d'un pareil mariage?

» Elle n'aurait pu la violer en effet, qu'autant que la légitimité canonique d'un enfant entraînerait de plein droit et nécessairement sa capacité de succéder aux familles de son père et de sa mère. Mais déjà nous avons vu Basnage établir, sur l'art. 277 de la coutume de Normandie, que l'on ne peut pas argumenter de l'un à l'autre, et qu'un enfant pouvant être légitime aux yeux de l'église, sans l'être aux yeux de la loi, « c'est en cette rencontre que l'on peut » dire que *non omnis filius est patris heres* ». Déjà nous avons vu l'ordonnance de 1639 consacrer expressément cette doctrine, en déclarant *incapables de toutes successions*, les enfans nés de mariages tenus secrets, les enfans légitimés par des mariages contractés *in extremis*, les enfans nés de mariages contractés par des condamnés à mort, quoiqu'elle reconnaisse ellemême ces mariages pour valables quant au sacrement.

» Il faudrait donc, pour pouvoir tirer ici de la décrétale *ex tenore*, nous ne disons pas un moyen de cassation bien fondé, mais un moyen de cassation susceptible d'un sérieux examen, déplacer cette décrétale de sa sphère, l'étendre à des objets qui lui sont étrangers, et de loi purement canonique qu'elle est, en faire une loi civile.

» Nous savons bien que la jurisprudence de nos anciens tribunaux avait adopté cette décrétale pour les matières civiles, comme pour les matières canoniques; et qu'en conséquence, elle admettait à succéder même à leurs parens paternels, les enfans nés d'un mariage putatif dans lequel la mère seule avait été de bonne foi.

» Mais 1.° cette jurisprudence avait-elle érigé la décrétale *ex tenore* en loi civile proprement dite? Nullement. Les tribunaux n'ont jamais eu le pouvoir de faire des lois; ils n'ont jamais pu, en adoptant par leurs jugemens certaines maximes que la loi n'avait pas expressément reconnues, imprimer à ces maximes d'autre caractère que celui d'usages; et tout le monde sait que de la contravention à des usages, il ne peut jamais résulter une ouverture de cassation.

» 2.° La jurisprudence de nos anciens tribunaux appliquait-elle la décision de la décrétale *ex tenore* au cas où un mariage avait été contracté entre deux personnes dont l'une était frappée d'une mort civile ignorée de l'autre; et en faisait-elle résulter, pour les enfans issus de ce mariage, le droit de succéder, soit à l'époux mort civilement, soit à sa famille?

» M. l'avocat-général Servin, lors de l'arrêt du 24 mars 1603, que nous avons déjà cité, présentait la négative comme indubitable.

» Dans l'espèce de cet arrêt, il s'agissait de savoir si les enfans nés du mariage contracté par Jean de Bermondet, avec Marguerite de la Jomont, étaient capables de succéder à Gauthier de Bermondet, leur oncle.

» Pour établir qu'ils ne l'étaient pas, on disait que leur père s'était marié après avoir essuyé, comme accusé d'inceste, une procédure dans le cours de laquelle il avait avoué son crime; qu'à la vérité, il s'était évadé de prison et n'avait été condamné par contumace que postérieurement à la célébration de son mariage, et à la niassance de ses enfans; mais que, d'après la règle de droit, *confessus pro judicato habetur*, sa condamnation devait être censée avoir été prononcée dès le jour où son crime avait été constaté par son aveu.

» Les enfans de Jean de Bermondet répondaient qu'en matière criminelle, l'aveu du coupable n'équivalait pas à sa condamnation; que par conséquent leur père n'avait pas encore, au moment de la célébration de son mariage, encouru la servitude de peine ou mort civile; qu'il ne l'avait même pas encore encourue au moment de leur naissance; qu'en tout cas, la bonne foi de leur mère, qui ignorait, en se mariant, le crime et l'aveu de leur père, devait les faire réputer légitimes relativement à la famille de leur père, tout aussi bien que relativement à la famille de leur mère.

» Là-dessus, M. l'avocat-général Servin s'est expliqué en ces termes : « la mort civile pou-
» vant empêcher Jean de Bermondet de se
» marier, le mariage qu'il aurait pu contracter,
» depuis la servitude de peine, aurait été nul,
» si (tellement) que les enfans venans d'icelui,
» quand bien leur état pourrait être confirmé
» pour être dits enfans venus d'un mariage
» contracté par leur mère ignorante la qualité
» de son mari, n'auraient néanmoins pu suc-
» céder aux biens que leur père aurait eus, s'il
» n'eût été serf de peine...... et partant la pre-
» mière et presque unique et principale ques-
» tion de la cause est de savoir si Jean de Ber-
» mondet a été serf de peine, lorsqu'il s'est
» marié..... ».

» M. Servin a ensuite prouvé que la mort civile de Jean de Bermondet ne pouvait dater que du jour de sa condamnation; qu'ainsi, il s'était marié et était devenu père, jouissant de tous ses droits civils; que, dès-lors, il n'y avait aucun prétexte pour contester à ses enfans les biens qu'ils réclamaient; et l'arrêt du 24 mars 1603 l'a ainsi jugé.

» Mais il est permis de croire, d'après la manière dont M. Servin s'était énoncé sur le cas hypothétique de la mort civile encourue avant le mariage, que le parlement de Paris aurait, dans ce cas, prononcé tout autrement.

» La question s'est représentée, dans ce cas même, en 1632.

» Le 23 décembre 1605, Jacob Briay, né au bourg de Gournay-sur-Aronde, bailliage de Clermont en Beauvoisis, fait profession religieuse dans le couvent des Jacobins de Beauvais.

» Peu de temps après, il quitte son monastère, et cachant son état sous un habit laïc, il se retire à Soursoy, en Champagne, où il se fait maître d'école.

» Là, après des publications de bans tant à Soursoy qu'à Gournay, il épouse en 1607, Claudine Potage qui le rend père de deux enfans.

» En 1613, il passe avec Geneviève Danielle, sa mère, un contrat par lequel celle-ci, le considérant comme libre, lui rend compte de sa part dans la succession de son père décédé depuis sa profession.

» En 1616, il souscrit devant notaires un acte par lequel il révèle son état de religieux profès. Cela fait, il abandonne sa femme et ses enfans.

» La même année, Claudine Potage se pourvoit, en qualité de tutrice de ses enfans, contre Geneviève Danielle, sa belle-mère, pour la faire condamner à lui délaisser une maison provenant de la succession du père de son prétendu mari. Geneviève Danielle ne comparaissant pas, le juge ordonne une enquête sur l'origine de cette maison. Claudine Potage fait entendre ses beaux-frères, qui, en la reconnaissant pour épouse de Jacob Briay, attestent unanimement que la maison qu'elle réclame, provient effectivement de leur père commun. En conséquence, Geneviève Danielle est condamnée par provision à laisser jouir Claudine Potage et ses enfans de la maison dont il s'agit.

» En 1630, Claudine Potage fait assigner Claire Véron, fille d'un second mariage et héritière de Geneviève Danielle, pour se voir condamner à lui délivrer son douaire, suivant la coutume de Clermont, et à lui *faire partage, comme tutrice naturelle et légitime des enfans Briay son mari et d'elle, des biens délaissés par Geneviève Danielle, sa mère, aïeule de ses enfans.*

» Claire Véron répond que Jacob Briay était religieux; qu'il n'a pas pu se marier; que son mariage (s'il a été réellement contracté, ce qu'elle nie), est nul; que les enfans qui en sont nés, sont incapables de succéder; que leur mère n'a pas pu, en le contractant, ignorer l'état de son mari; que d'ailleurs eût-elle été de bonne-foi, et ses enfans dussent-ils, par cette raison, être déclarés légitimes, ils ne pourraient encore rien réclamer dans la succession de leur aïeule paternelle.

» Claudine Potage réplique que ce n'est pas après une possession d'état de femme légitime, continuée pendant 23 ans et affermie par des actes passés, par des jugemens rendus avec la famille de son mari, qu'on peut être recevable à lui en contester le titre; que, si Jacob Briay était religieux profès, lorsqu'elle l'a épousé, elle l'a ignoré et dû ignorer, d'après toutes les précautions qui avaient été prises pour donner la plus grande publicité à son mariage; qu'ainsi, sa bonne foi doit assurer à ses enfans, dans la succession de leur aïeule maternelle, les mêmes droits que si leur père eût été habile à se marier; et qu'elle doit, par la même raison, lui assurer à elle-même, dans cette succession, les mêmes droits de douaire que si son mariage était valable.

» Par arrêt du 20 décembre 1632, le parlement de Paris déboute Claudine Potage *de sa demande, fins et conclusions tant de douaire que de reddition de compte et partage; et néanmoins pour aucunes causes et considérations, adjuge à ses enfans par forme de provision alimentaire et par usufruit, leur vie durant seulement, la jouissance d'une maison et de cinq quartiers de terre assis à Gournay.*

» Dans cette espèce, la bonne foi de Claudine Potage était trop évidemment démontrée, pour que l'on pût sérieusement la révoquer en doute.

» Pourquoi donc Claudine Potage n'a-t-elle obtenu, ni le douaire qu'elle reclamait pour elle-même, ni la part héréditaire qu'elle prétendait au nom de ses enfans, dans la succession de leur aïeule maternelle?

» Pour le douaire il y en a une raison bien simple: c'est que le douaire n'était dû à la femme, par l'art. 157 de la coutume de Clermont, que sur les biens échus au mari avant sa mort, par les successions de ses ascendans; et que Jacob Briay n'ayant ni succédé ni pu succéder à sa mère, n'avait pu transmettre à Claudine Potage aucun droit de cette nature sur des biens qui jamais ne lui avaient appartenu; c'est que la bonne foi de Claudine Potage ne pouvait pas faire considérer comme ayant appartenu à Jacob Briay, des biens qu'il avait été incapable d'acquérir.

» Mais quant à la part héréditaire des enfans dans la succession de leur aïeule maternelle, il ne pouvait y avoir, pour la leur refuser, d'autre motif que le principe établi par M. l'avocat-général Servin, lors de l'arrêt du 24 mars 1603, savoir, que Jacob Briay étant mort civilement à l'époque de son mariage, n'avait pas pu transmettre aux enfans qui en étaient nés, des droits de famille qu'il avait perdus.

» Aussi Bardet, qui avait vu rendre cet arrêt, le rapporte-t-il, tome 2, liv. 1, chap. 5, comme jugeant que le *mariage d'un religieux profès ne peut avoir aucun effet, et que, sous prétexte de bonne foi, les enfans ne peuvent être réputés légitimes* (ce qui s'entend à l'effet de succéder à leurs parens paternels).

» Et Bourjon, dans son *Droit commun de la France*, tome 1, page 17, édition de 1770, part de là pour faire remarquer la différence qu'il y a entre le mariage qu'une femme contracte de bonne foi avec un prêtre séculier et le mariage qu'une femme contracte de bonne foi avec un religieux profès. Il ne fait aucune difficulté à reconnaître que les enfans nés du premier, succèdent à tous leurs parens, sans distinction; et en effet, leur père jouissant des droits civils, rien n'empêche qu'il ne les leur transmette au moyen de la bonne foi de leur mère. Mais, continue-t-il, *la bonne foi de la femme dans la célébration d'un mariage avec un religieux, ne peut donner aux enfans la capacité de succéder à leurs aïeux paternels*, et c'est ce qu'a jugé l'*arrêt du 10 décembre 1632, rapporté par Bardet* (1).

---

(1) M. Maillhe, dans le mémoire déjà cité, invoquait un arrêt semblable qui avait été rendu long-temps auparavant.

Voici en quels termes le rapporte Louet, lettre E, §. 8:

« Le mardi 26 juin 1582, fut plaidée une cause....., en laquelle on révoquait l'état de deux enfans issus de Renée Charbonnière-le-Masson, fille du premier maître-d'hôtel du roi François, laquelle ayant fait mourir son mari par poison, fut condamnée à être brûlée toute vive.... Elle obtint par faveur lettres de commutation.... Elle se remaria avec Jean Nicole, médecin en la basse Bretagne... De ce mariage elle a eu deux enfans. *Agitur de successione matris*, entre les enfans du premier et du second lit.

» Ceux du premier lit lui disent: *Defunctam matrem civiliter mortuam, matrimonium contrahere non potuisse, nec ex tali matrimonio liberos nec heredes dici.* — Les enfans du second lit se défendaient de la bonne foi de leur père...; que *sufficit bona fides patris, vel matris, ut filii dicantur legitimi*, suivant la Glose du chapitre *ex tenore*....

» La cause appointée au conseil, et l'arrêt qui s'en ensuivit, prononcé en robes rouges, le 14 août 1585,

» Les défendeurs vous ont cité un passage de Lebrun, *Traité des successions*, liv. 1, ch. 2, sect. 3, n. 22, 23 et 24, dans lequel cet auteur, établissant la même différence entre les enfans nés d'un mariage contracté de bonne foi par une femme avec un prêtre séculier ou un homme déjà marié, et les enfans nés d'un mariage contracté de bonne foi par une femme avec un condamné à mort par contumace, enseigne qu'à l'égard de ceux-ci, la bonne foi de leur mère les rend bien capables de succéder tant à elle qu'aux parens de son côté, mais qu'elle laisse subsister, relativement aux successions de leur père et de leurs parens paternels, toute l'incapacité dont les frappe la loi.

» Les défendeurs vous ont encore cité un passage du *Traité du contrat de mariage* de Pothier, n. 440, dans lequel ce savant jurisconsulte professant absolument la même doctrine, dit que, par la bonne foi de la femme qui a épousé un mort civilement, dans une ignorance absolue de son état, *les enfans nés de ce mariage, ont les droits d'enfans légitimes et peuvent succéder à leur mère et à leurs parens maternels; mais que ces enfans ne peuvent ni succéder aux biens de leur père, qui sont acquis au fisc, ni avoir les droits de famille dans la famille de leur père, puisque leur père les ayant perdus avant qu'ils fussent au monde, n'a pu les leur communiquer.*

» Enfin, les défendeurs vous ont cité l'arrêt de 1772, qui, en reconnaissant légitimes, à cause de la bonne foi de leur mère, les enfans nés d'un mariage que le sieur Fortin, religieux profès, avait contracté à la Martinique, les déclare incapables de succéder à leur aïeul et à leur oncle paternels; et nous devons vous rappeler l'énergique précision avec laquelle le défenseur de leurs adversaires (M.e Ducastel, qui depuis a figuré avec distinction dans l'une de nos assemblées nationales) combattait leur prétention : « Tout religieux (disait-il) est mort civilement; son mariage est donc sans effet civil;
» et si la bonne foi de la mère peut légitimer
» les enfans, ces enfans du moins ne peuvent
» succéder à leurs collatéraux paternels, *parce*
» *que le profès n'ayant plus de famille, n'en*
» *peut donner une à ses enfans,* ni leur trans-
» mettre un droit de succéder qu'il n'a plus lui-
» même (1) ».

» Mais à toutes ces autorités, on peut opposer (ce que le demandeur ne fait pourtant pas, et ce qu'il est de notre devoir de faire pour lui) un arrêt du 25 mars 1709, qu'on trouve au *Journal des audiences*, dans l'ordre de sa date.

» Voici les termes dans lesquels le rapporte le rédacteur de ce recueil. — « *Mariage d'un*
» *condamné à mort qui décède après les cinq*
» *ans, ne produit d'effets civils; secùs s'il était*
» *mort dans les cinq ans, ou s'il avait purgé la*
» *contumace avant sa mort. — Enfans d'un*
» *condamné à mort par contumace décédé après*
» *les cinq ans, sans avoir purgé, sont incapa-*
» *bles de successions, tant directes que collaté-*
» *rales. — Si le crime seul et la peine peut être*
» *prescrit, ou si l'on peut être retabli dans le*

---

par lequel les enfans du second lit ont été exclus de la succession de leur mère ».

Et Brodeau, sur cet arrêt, n. 5, observe que « la condamnation qui emporte mort civile, est un obstacle légitime au mariage, pour ce qui est des effets civils, sans que la bonne foi de l'un ou de l'autre des conjoints puisse servir. Et bien (ajoute-t-il) que, par le droit de nature et des gens, et par la loi de grâce, ceux qui sont morts civilement, les bannis à perpétuité du royaume, les serfs et toute autre sorte de personnes, soient capables de mariage, ce ne peut être que pour le sacrement, *et non quoad actus et effectus civiles*; et les enfans issus de tels mariages, *bien qu'ils soient légitimes, ne sont point capables de succéder à leur père* condamné avant son mariage... ».

M. Maillhe répondait ensuite, en ces termes, à un arrêt de la même cour, du 4 février 1689, par lequel (disait on) *il fut jugé que la bonne foi d'une femme qui avait épousé un chevalier profès de l'ordre de Malte, était seule suffisante pour autoriser les enfans à porter le nom et les armes de la famille de leur père.*

« Si l'on avait lu avec quelque attention, les circonstances de cet arrêt, dans le *Journal des Audiences* où l'on annonce l'avoir puisé, on aurait vu que, du mariage du chevalier, il était resté un enfant qui portait le nom et les armes de son père; qu'après la mort du chevalier, les parens de ce dernier avaient contesté ce droit à l'enfant; qu'une sentence l'avait « confirmé
» dans ce droit de porter le nom et les armes de sondit
» père, que sur l'appel de cette sentence était inter-
» venu un arrêt confirmatif, rendu contradictoirement,
» *mais consenti par tous les parens du chevalier*; que,
» quelque temps après, Gaspard de Pond, frère du
» chevalier, et oncle de certains mineurs, enfans d'un
» autre frère de ce chevalier, se fit déclarer tuteur à
» ces enfans mineurs, aussi neveux du défunt cheva-
» lier, à la charge que lesdits mineurs reprendraient
» l'instance, et que lui fournirait tous les frais, sans
» espérance de les pouvoir répéter contre eux; que,
» sur ce fondement, *ayant voulu contester l'état de*
» *l'enfant du défunt chevalier de Malte, on lui opposa*
» *l'arrêt* précédemment remarqué, qui avait été *rendu*
» *avec le père de ces mineurs et avec lui,* auparavant
» qu'il fût leur tuteur; de sorte qu'il intervint sentence
» qui débouta les demandeurs, et sur l'appel, arrêt
» qui confirma la sentence ».

» On voit que, d'une part, il ne fut question dans ces deux arrêts, que du nom et des armes du père, et de l'état de l'enfant, et nullement du droit de succéder; que, d'une autre part, la justice n'eut qu'à sanctionner par le premier de ces arrêts, et qu'à maintenir, par le second, l'accord des parties ou le consentement donné *par tous les parens du chevalier* ».

(1) *Répertoire de jurisprudence*, au mot *Légitimité*, sect. 1, §. 1, n. 6.

» *droit de cité? — Enfans peuvent-ils prescrire » le crime de leur père, pour assurer leur état? » — Bonne foi d'un des contractans suffit pour » procurer des effets civils dans un mariage qui » n'en produirait pas lui-même.* — Le lundi 25 » mars 1709, en l'audience de la grand'chambre, les questions portées par les propositions ci-dessus, ont été agitées, et il y a été » donné une décision solennelle par arrêt intervenu sur les conclusions de M. le Nain, avocat-général. — La cause avait été plaidée les » vendredis précédens, par Me. Guyot de Chesne, » Me. Regnard et Me. Charpentier, avocats. — » Là-dessus M. l'avocat-général a dit qu'il s'agissait d'une succession collatérale, avenue à » demoiselle..... (*le nom en blanc*), et qu'on » lui disputait, parce son père s'était marié » étant condamné à mort par contumace, et » sentence exécutée par effigie, ce qui la rendait incapable de successions; que la première question était en ce que le mariage » s'était fait dans les cinq années de la contumace; que cela, à la vérité, ne rendait pas le » mariage *ab initio* incapable d'effets civils, » mais parce que cela dépendait de l'événement; que, si le condamné ayant contracté » mariage dans les cinq ans, mourait dans les » cinq ans, ou mourait ayant purgé la contumace, nul doute que le mariage aurait produit des effets civils, mais étant décédé après » les cinq années, sans s'être représenté, la » contumace a été acquise; donc le mariage ne » doit point avoir d'effets civils; — que la seconde question était en ce qu'il s'agissait, non » de la succession du père même condamné à » mort, qui était (disait-on) le cas de l'ordonnance de 1639, mais d'une succession collatérale, dont la fille du condamné à mort » n'était point incapable suivant un arrêt du » 6 juillet 1647; mais trois réponses : la première, nulle différence dans le principe, » parce qu'un condamné à mort qui décède » après les cinq ans, perd le droit de cité; — » 2.° que l'arrêt est mal daté dans le Journal » des audiences, il est de 1637 et est ainsi rapporté de 1637 dans Bardet et dans Henrys : » or l'ordonnance de 1639 est venue depuis, » qui dit, *toutes successions*. — 3.° Ce serait un » arrêt solitaire qui est contre les principes; — » que la troisième question regardait la prescription que l'on prétendait être acquise; » qu'à la vérité, si la prescription de 30 ans » avait été acquise par le défunt, la question » serait plus difficile, quoiqu'on pût dire que » si l'on prescrit la peine du crime, on ne prescrit point pour acquérir le droit de cité; » mais qu'étant mort avant la prescription acquise, son état fixé par sa mort ne peut plus » changer, et les héritiers ne peuvent prescrire; autrement, la loi serait inutile, puisqu'elle cesserait après 30 ans; — mais que, » si, dans la règle, ce mariage ne pouvait avoir » d'effets civils par rapport au père, la bonne » foi de la mère qui était prouvée dans le fait, » suffisait pour rendre les enfans capables d'effets » civils; que, si les mariages non valablement » contractés quand il y avait bonne foi, ne laissaient pas de produire des enfans légitimes, » à plus forte raison un mariage qui, par lui-même, n'aurait point produit des effets civils, devait en produire par la bonne foi d'un » des deux contractans, quoique l'ordonnance » ne porte point d'exception, parce qu'elle est » de droit. — Ainsi, M. l'avocat-général a conclu à adjuger la succession à la fille; et sur » ce, est intervenu l'arrêt susdaté, conforme » aux conclusions ».

» Cet arrêt est-il aussi contraire qu'il le paraît au premier aspect, à la doctrine de M. l'avocat-général Servin, aux arrêts de 1632 et de 1772, à l'opinion de Lebrun; à celle de Bourjon et de Pothier?

» Pour qu'il le soit en effet, il faut que, dans l'espèce sur laquelle il a été rendu, il se soit agi de la succession d'un parent collatéral du condamné à mort. Car s'il s'y était agi de la succession d'un parent collatéral de la mère, cet arrêt, loin de combattre les autorités que nous venons de passer en revue, serait en parfaite harmonie avec elles.

» Mais comment savoir de quel côté provenait la succession qui, suivant le *journal des audiences*, a été adjugée par cet arrêt, à la fille du condamné, en considération de la bonne foi de sa mère? Le *journal des audiences* n'en dit rien : il nous laisse, à cet égard, dans la plus profonde ignorance.

» Cependant il était pour nous un moyen de suppléer au silence de ce recueil : c'était de recourir à la minute de l'arrêt du 25 mars 1709; nous l'avons fait; et la minute de cet arrêt nous a appris,

» Qu'il s'agissait de la succession d'Etienne Deschamps;

» Que cette succession était disputée entre la demoiselle Claude Deschamps, fille de René-Gabriel Deschamps et de Claude Blose, d'une part; Louis Letellier, Anne Deleyne, son épouse, Anne-Marguerite Boucher-Ternes, Augustin Conol, Marie-Anne Bazin, de l'autre;

» Qu'une sentence des requêtes du palais, du 13 août 1706, avait ordonné que, dans la huitaine, les adversaires de la demoiselle Claude Deschamps lui communiqueraient leurs titres de filiation pour établir leur prétendue qualité d'héritiers d'Etienne Deschamps; à défaut de quoi et ce temps passé, la demoiselle Claude Deschamps serait mise en possession de toute la succession litigieuse;

» Qu'une seconde sentence du 11 mars 1707, faute par les adversaires de la demoiselle Claude

Deschamps, d'avoir fait ce qui leur était enjoint par la première, avait adjugé définitivement à celle-ci la totalité de la succession d'Etienne Deschamps;

» Que les adversaires de la demoiselle Claude Deschamps avaient appelé de ces deux sentences;

» Qu'à cet appel ils avaient joint, d'abord un appel comme d'abus *de la célébration du mariage de défunt René-Gabriel Deschamps, écuyer, seigneur de Namps, et demoiselle Claude Blosse*, père et mère de la demoiselle Claude Deschamps, *célébré en la paroisse de sainte Marine, le 12 janvier* 1660; ensuite un autre appel comme d'abus *de la dispense de domicile accordée par le grand-vicaire de M. le cardinal de Retz, lors archevêque de Paris, énoncée dans l'acte de célébration de mariage dudit jour* 12 *janvier* 1660; et qu'ils avaient, en conséquence, conclu.....; que la dame Claude Blosse était intervenue sur ces deux appels comme d'abus, pour défendre le mariage qu'elle avait contracté avec le père de la demoiselle Claude Deschamps, et qu'elle avait été reçue partie intervenante en qualité de *veuve dudit défunt René-Gabriel Deschamps, écuyer, seigneur de Namps.*

» Voilà tout ce que nous a appris la minute de l'arrêt.

» Etonnés de n'y rien rencontrer qui se rapportât à la condamnation à mort par contumace que le journal des audiences assure avoir été prononcée contre René-Gabriel Deschamps avant son mariage, nous avons eu recours aux minutes des deux sentences des requêtes du palais des 13 août 1706 et 11 mars 1707; et nous les avons trouvées également muettes sur ce point important.

» Du reste, voici les termes du dispositif de l'arrêt : « La cour reçoit la partie de charpentier (Claude-Blosse, veuve Deschamps) partie intervenante; ayant aucunement égard à son intervention, en tant que touche l'appel comme d'abus, dit qu'il n'y a abus; et sur les appellations simples, a mis et met les appellations et ce, en ce que, par lesdites sentences, l'on a adjugé aux parties de Regnard (la demoiselle Claude Deschamps et son mari) la totalité de la succession de défunt Etienne Deschamps; émendant quant à ce, déclare les parties de Regnard habiles à succéder en la succession dudit défunt Etienne Deschamps, pour les parts et portions à elle appartenant; les sentences au résidu sortissant effet; condamne les parties de Guyot des Chesnes, (Letellier et consorts) en l'amende de l'appel comme d'abus, et en la moitié des dépens, l'autre moitié compensée ».

» En rapprochant tout cela des faits qui sont consignés dans l'extrait du plaidoyer de M. l'avocat-général Le Nain rapporté au *journal des audiences*, on voit clairement qu'il s'agissait de la succession d'un parent collatéral de René-Gabriel Deschamps, qui, après avoir été condamné à mort par contumace, avait épousé Claude Blosse, le 12 janvier 1660.

» Et dès-là, nul doute que, si l'arrêt du 25 mars 1709 a véritablement eu pour motif la bonne foi avec laquelle on prétendait que Claude Blosse avait épousé René-Gabriel Deschamps, il n'y ait, entre cet arrêt et les autorités que nous rappelions tout-à-l'heure, une contrariété manifeste, une opposition inconciliable.

» Est-il donc bien vrai que tel ait été le motif de cet arrêt?

» Que ce motif ait déterminé les conclusions de M. l'avocat-général Le Nain en faveur de la demoiselle Claude Deschamps, nous voulons bien le supposer sur la parole du rédacteur du *journal des audiences*, quoique nous puissions appliquer ici ce qu'écrivait M. le chancelier d'Aguesseau, le 20 avril 1737 (1), à un magistrat du parlement de Bretagne : « le *journal des audiences* du parlement de Paris où vous avez pris ce qu'il me fait dire dans la cause de..., n'est pas un garant bien sûr des maximes que l'auteur de ce journal y met dans la bouche des avocats-généraux. Les précis qu'il y rapporte de leurs plaidoyers, sont ordinairement assez mal faits. Quoiqu'il rencontre *quelquefois* bien dans les maximes qu'il leur fait avancer, l'ouvrage n'en mérite pas pour cela plus de confiance ».

» Mais que le même motif ait déterminé l'arrêt, c'est ce que ne peuvent croire, ni Richer, dans son *Traité de la mort civile*, p. 248, ni Bourjon, dans son *droit commun de la France*, tome 1, page 16.

» Et ce qui nous confirme dans la même idée, ce qui nous porte à penser que l'arrêt est fondé sur une circonstance très-particulière, sur la circonstance que le jugement de condamnation par contumace rendu contre René-Gabriel Deschamps, n'avait jamais été exécuté par effigie, et que, par suite, René-Gabriel Deschamps n'avait été frappé de mort civile, ni lorsqu'il s'était marié, ni depuis, quoique le rédacteur du *journal des audiences* affirme le contraire, c'est que l'arrêt dit, en propres termes, c'est qu'il dit à deux reprises différentes, que René-Gabriel Deschamps était mort gentilhomme : *défunt René-Gabriel Deschamps, écuyer;* qualité qu'il eût certainement perdue, si, avant sa mort naturelle, il eût encouru la mort civile.

» Eh! comment supposer que, si la condamnation à mort prononcée par contumace contre René-Gabriel Deschamps, avait été exécutée par effigie, il eût pu être jugé que Claude Blosse

(1) OEuvres de M. d'Aguesseau, tome 8, page 585.

l'avait épousé dans une ignorance probable de son état de mort civile? « Si l'on excusait (dit » Richer, au sujet de cet arrêt même) l'igno- » rance d'une chose annoncée juridiquement à » toute la société, les précautions prises par » l'ordonnance (de 1670) pour rendre ces sortes » de jugemens publics et notoires, seraient inu- » tiles; et tous ceux qui sont morts civilement, » jouiraient de tous les avantages de la vie ci- » vile : il leur suffirait de s'éloigner du lieu où » ils auraient été condamnés, et sous prétexte » de la bonne foi de ceux avec qui ils contrac- » teraient, on serait obligé de regarder comme » bons et valables tous les actes qu'ils passe- » raient; ce qui rendrait les lois sans exécu- » tion ».

» Ajoutons que, dans le fait, la dame Claude Blosse aurait été d'autant moins recevable à se prévaloir de sa prétendue bonne foi, qu'elle avait épousé René-Gabriel Deschamps, non-seulement hors du domicile de celui-ci, mais même hors de son propre domicile; que cela résulte de la dispense de domicile qu'elle et son mari avaient obtenue à cet effet du grand vicaire de l'archevêque de Paris, dispense qui alors eût été inutile, si le mariage eut dû être célébré dans le domicile de la femme, le concours des deux curés n'ayant été jugé nécessaire que plus de cinquante-un ans après (1); dispense d'ailleurs qui ne pouvait être accordée que par le souverain, ainsi que l'ont jugé depuis plusieurs arrêts, notamment celui du parlement de Rennes, du 23 février 1778 (2).

» Mais, après tout, quand nous supposerions avec le rédacteur du *Journal des Audiences*, qu'il a été jugé par l'arrêt du 25 mars 1709, que la bonne-foi de la mère rend les enfans d'un mort civilement capables de succéder à leurs collatéraux paternels, quel avantage résulterait-il de là pour le demandeur?

» Le demandeur serait sans doute fondé à soutenir que l'ancienne jurisprudence n'était pas aussi constante pour l'opinion contraire, que le soutiennent les défendeurs.

» Mais précisément de ce que l'ancienne jurisprudence aurait varié sur ce point, il s'ensuivrait évidemment que la cour de Douay n'ayant eu, dans notre espèce, d'autre guide à suivre que l'ancienne jurisprudence, aurait eu le choix parfaitement libre entre les deux manières dont l'ancienne jurisprudence aurait appliqué le principe de la décrétale *ex tenore* aux mariages contractés par des morts civilement.

» Quelle est la conséquence de tous ces détails? C'est que l'arrêt attaqué par le demandeur, ne peut être annullé, ni comme violant les lois romaines, puisqu'au contraire il se trouve en parfaite harmonie avec elles; ni comme violant les décrétales, puisqu'elles ne disposent que sur les effets de la juste ignorance d'un empêchement canonique, et que d'ailleurs elles n'ont jamais eu d'autorité législative dans le département du Pas-de-Calais; ni enfin, comme étant en opposition avec l'ancienne jurisprudence, puisqu'il est au moins douteux si l'ancienne jurisprudence qui, au surplus, ne serait pas une loi dont la violation emportât nullité, n'était pas, sur la matière spéciale qui nous occupe, absolument et unanimement d'accord avec cet arrêt.

» Maintenant abordons l'art. 202 du Code civil, et voyons si, comme le prétend le demandeur, la cour de Douay a violé cet article.

» Cet article fait suite à l'art. 201, lequel porte que *le mariage qui a été déclaré nul, produit néanmoins les effets civils, tant à l'égard des époux qu'à l'égard des enfans, lorsqu'il a été contracté de bonne-foi.*

» Et il déclare que, *si la bonne foi n'existe que de la part de l'un des deux époux, le mariage ne produit les effets civils qu'en faveur de cet époux et des enfans issus du mariage.*

» Ainsi, il érige nettement en loi civile, la décision de la décrétale *ex tenore* qui n'était, par elle-même, qu'une loi ecclésiastique; et il rend obligatoire pour les tribunaux, une maxime dont précédemment ils pouvaient se jouer, parce qu'elle n'était fondée pour eux que sur la raison écrite.

» Mais d'abord, il ne dispose ainsi que pour l'avenir; et dès-là, quand il serait applicable à une espèce semblable à la nôtre qui se présenterait au sujet d'une succession ouverte depuis sa promulgation, il ne pourrait certainement pas motiver la cassation d'un arrêt par lequel il a été jugé qu'il n'avait pas habilité le mineur Grimod d'Orsay à recueillir une succession dont sa promulgation n'a pas précédé, mais au contraire a suivi l'ouverture.

» Sans doute, si, avant la promulgation de cet article, il eût existé une loi proprement dite qui lui eût servi de modèle, et que cette loi, quoique moins claire, moins expresse, eût toujours été entendue et exécutée dans le sens qu'il a consacré, il pourrait, il devrait même recevoir à l'espèce actuelle, la même application qu'il recevrait à une espèce née sous son empire.

» Mais, d'un côté, au lieu d'une loi proprement dite antérieure à cet article, nous ne trouvons ici qu'une maxime de pure jurisprudence.

» D'un autre côté, nous venons de voir que cette maxime, loin d'être uniformément entendue, loin d'être constamment appliquée, avant le Code civil, dans le sens que lui donne

(1) *V.* le *Répertoire de jurisprudence*, au mot *Mariage*, sect. 4, §. 2, n. 5.

(2) *Ibid.*, au mot *Dispense*, §. 3.

ici le demandeur, était, à cette époque, sinon généralement du moins le plus communément, entendue et appliquée dans le sens opposé.

» Dès-lors, comment pourrait-on argumenter ici de l'art. 202 du Code civil, comme d'une loi violée par la cour de Douay? on ne le pourrait qu'en donnant à cet article un effet rétroactif, on ne le pourrait qu'en violant l'art. 2 de ce Code.

» En second lieu, bien loin que, par l'art. 202 du Code civil, les enfans nés d'un mariage contracté entre un homme mort civilement et une femme qui ignorait son état, soient déclarés habiles à succéder aux parens paternels de leur père; le contraire résulte évidemment, et de la place que cet article occupe dans le Code civil, et des termes dans lesquels il est conçu, et de la nature même des choses.

» L'art. 202 est placé à la fin du chap. 4 du tit. 5 du liv. 1.er du Code.

» Le tit. 5 est celui *du mariage*.

» Il est divisé en huit chapitres dont trois seulement sont à remarquer ici, le premier, le second et le quatrième.

» Le premier traite *des qualités et conditions requises pour pouvoir contracter mariage*, et il les réduit à quatre points: âge compétent, consentement libre, absence d'engagement dans un mariage antérieur, absence de parenté ou d'alliance à certains degrés: toutes dispositions qui annoncent clairement que ce chapitre ne détermine les *qualités et* les *conditions requises pour pouvoir contracter mariage*, que relativement aux personnes jouissant des droits civils; toutes dispositions qui annoncent clairement que les personnes jouissant des droits civils, sont les seules qu'a en vue ce chapitre.

» Le second traite *des formalités relatives à la célébration du mariage*; et il est bien évident que ce n'est encore que pour les personnes jouissant des droits civils, qu'il règle ces formalités.

» Le troisième traite *des demandes en nullité de mariage*; et de toutes les dispositions qu'il contient, il n'en est pas une seule qui ne se réfère, soit au chap. 1.er, soit au chap. 2.

» Au chap. 1.er se réfèrent les dispositions relatives aux demandes en nullité de mariage pour défaut d'âge compétent, pour défaut de consentement libre, pour défaut de dissolution préalable d'un mariage antérieurement contracté par l'un des deux époux, pour parenté ou alliance au degré d'ascendant et de descendant, pour parenté ou alliance au degré de frère et de sœur, pour parenté au degré d'oncle et de nièce, de tante et de neveu.

» Au chap. 2 se réfèrent les dispositions relatives aux demandes en nullité de mariage pour défaut de publicité et pour défaut de qualité dans l'officier public devant lequel les époux se sont unis.

» Et c'est en terminant toutes ces dispositions, que le même chap. 4 prévoit, art. 201 et 202, le cas où les demandes en nullité qu'il vient de parcourir, atteindraient un mariage contracté de bonne foi.

» Comment, dès-lors, les art. 201 et 202 pourraient-ils se rapporter au cas où la nullité d'un mariage provient de la mort civile de l'un des époux?

» Ils s'y rapporteraient sans doute, si la nullité résultant de la mort civile de l'un des époux, était au nombre de celles dont s'occupe le chapitre dont ils font partie. Mais cette nullité n'entrant pour rien dans le cadre du chap. 4, il est bien évident qu'on ne peut pas lui appliquer les deux articles qui forment la clôture de ce chapitre.

» On le peut d'autant moins, que, dans la discussion du Code au conseil d'état, le législateur a hautement manifesté l'intention de ne pas comprendre cette nullité dans le chap. 4.

» Dans le projet de ce chapitre, tel qu'il fut présenté au conseil d'état le 5 vendémiaire an 10, il y avait un article (c'était le 7.e) ainsi conçu: « la nullité résultant de ce qu'un mariage aurait » été contracté par une personne frappée de con- » damnation emportant mort civile, peut être » réclamée par l'autre époux ».

» Sur cet article, on observa d'abord qu'il limitait trop le droit de réclamer contre le mariage qu'il avait pour objet, qu'un pareil mariage étant nul d'une nullité absolue, le droit de l'attaquer devait nécessairement appartenir à tous ceux qui y avaient intérêt.

» Et là dessus, le premier consul dit: *l'article paraît supposer un mariage quelconque de la part d'un mort civilement; il serait donc possible que ce mariage subsistât, s'il n'était pas attaqué. Ainsi, il vaut mieux ne pas parler de ces sortes de mariages.*

» En conséquence, l'article fut retranché; et par là, il fut décidé nettement que l'on ne pourrait appliquer les dispositions du chap. 4, ni à la nullité du mariage contracté par un mort civilement, ni, par une suite nécessaire, à l'erreur de la personne qui, en épousant un mort civilement, aurait cru épouser une personne jouissant de ses droits civils.

» Et en effet, pour peu qu'on y réfléchisse, on sentira que le législateur n'aurait pas pu, sans inconséquence, regarder une pareille erreur comme possible.

» Le Code civil n'admet d'autre mort civile que celle qui résulte d'une condamnation judiciaire; et il ne la fait opérer que du jour où la condamnation judiciaire dont elle est un accessoire, a été exécutée publiquement.

» Or, du moment qu'est exécuté publiquement un jugement de condamnation à une peine emportant la mort civile, il est censé connu de tout le monde, il n'est permis à qui que ce soit de l'ignorer, et nul n'en peut prétexter l'ignorance. *Facti ignorantia ità demùm cuique non nocet, si non ei summa negligentia objiciatur; quid enim si omnes in civitate sciant quod ille solus ignorat* (dit la loi 9, §. 2, D. *de juris et facti ignorantiâ*)?

» Le Code civil n'a donc ni dû ni pu prévoir le cas où un condamné à une peine emportant la mort civile, tromperait, sur son état, une personne qui l'épouserait de bonne foi; il n'a donc pu considérer ce cas que comme une hypothèse chimérique et sur lequel il n'y avait rien à régler.

» Et c'est ce qui explique le silence du chap. 4 sur ce cas.

» On objecterait inutilement que, dans la discussion de ce chapitre au conseil d'état, il a été dit par M. Réal, au sujet de l'art. 7 et avant qu'il fût retranché, que *l'état des enfans du mort civilement pourrait cependant être assuré par la bonne foi de l'autre époux.*

» L'observation de M. Réal est tombée d'elle-même avec l'article sur lequel elle était faite: l'art. 7 ayant été retranché, l'observation a laquelle il avait donné lieu, est devenue sans objet; et il a été, dès-lors, inutile de la soumettre à une discussion qui, en prouvant qu'elle portait sur un cas purement idéal, l'aurait fait disparaître.

» Plus vainement objecterait-on que M. Tronchet, en répondant à M. Réal, a dit que *les effets de cette bonne foi sont une exception à la règle générale; qu'au surplus, ils sont bornés à celui des deux époux qui a été trompé et à ses enfans.*

» Tout ce qu'on peut conclure de là, c'est que M. Tronchet et peut-être aussi M. Réal avaient en vue une bonne foi qui aurait eu pour base, non l'ignorance de la condamnation de l'un des époux à une peine emportant la mort civile, mais le changement que cet époux aurait fait de son nom pour se marier.

» Dans cette hypothèse, sans doute, l'époux trompé peut alléguer sa bonne foi.

» Mais, 1.° il demeure toujours constant que cette hypothèse n'est pas prévue, et par conséquent n'est pas réglée, par le chap. 4 ni par l'art. 202 qui fait partie de ce chapitre.

» 2.° Dans cette hypothèse, quel peut être l'effet de la bonne foi de l'époux trompé par le changement de nom de l'époux mort civilement? assurément cette bonne foi ne peut pas donner aux enfans le droit de succéder dans une famille à laquelle l'époux mort civilement s'est dit faussement appartenir. La famille à laquelle l'époux mort civilement s'est dit faussement appartenir, ne peut pas, par la seule vertu d'un mensonge, cesser d'être étrangère aux enfans de cet époux.

» Cette bonne foi ne peut pas non plus donner aux enfans le droit de succéder dans la véritable famille de l'époux mort civilement; car, à l'égard de cette famille, l'époux du mort civilement n'a pas pu être trompé; il a dû savoir, par la publicité de la condamnation, que le condamné était retranché de cette famille.

» Mais oublions tous les argumens que nous fournit contre le système du demandeur en cassation, la place qu'occupe l'art. 202 du Code civil dans ce Code même: supposons cet article applicable à la nullité résultant de la mort civile de l'un des époux, comme à la nullité résultant de tout autre empêchement au mariage; et voyons si, des termes dans lesquels il est conçu, on pourra raisonnablement inférer que, par la bonne foi de l'époux du mort civilement, les enfans sont habiles à succéder, soit aux ascendans, soit aux parens collatéraux de celui-ci. Voyons si, en raisonnant de la sorte, on n'irait pas contre la nature même des choses.

» *Si la bonne foi n'existe que de la part de l'un des époux, le mariage ne produit les effets civils qu'en faveur de cet époux, et des enfans issus du mariage.* Tels sont les termes de l'art. 202.

» Sans contredit il en résulte, en l'appliquant aux enfans issus du mariage contracté entre un mort civilement et une femme qui ignorait la mort civile de son époux, que ces enfans sont légitimes à l'égard de leur père comme à l'égard de leur mère.

» Mais de ce qu'ils sont légitimes à l'égard de leur père, s'ensuit-il qu'ils peuvent succéder aux ascendans et aux parens collatéraux de leur père même?

» C'est comme si l'on demandait: de ce que les enfans nés du mariage d'un bâtard, sont légitimes à l'égard de leur père, comme ils le sont à l'égard de leur mère, s'ensuit-il qu'ils doivent jouir dans la famille naturelle de leur père, de tous les avantages attachés à la légitimité?

» Car quelle différence y a-t-il, par rapport aux droits de famille, entre un bâtard et un mort civilement, lorsqu'ils se marient tous deux? il n'y en a qu'une, mais elle est très-insignifiante. Le bâtard n'a jamais eu de parens aux yeux de la loi; le mort civilement en a eu, mais il les a perdus. Le premier n'a jamais tenu à aucune famille; le second est retranché, par la loi, de la famille dans laquelle la nature l'avait placé.

» Si donc, comme on n'en peut douter, les enfans légitimes d'un bâtard n'ont aucun droit de succéder dans la famille naturelle de leur père, il en doit nécessairement être de même des enfans d'un mort civilement qui sont légitimés par la bonne foi de leur mère.

» Pour mettre cette vérité dans un nouveau jour, remontons à la cause de la légitimité des enfans nés d'un mariage dont la nullité a été justement ignorée de la mère.

» Cette cause est dans une fiction que fait la

loi en considération de la bonne foi de la mère des enfans.

» Mais cette fiction en quoi consiste-t-elle? La loi feint-elle que le père n'était pas, au moment du mariage, dans l'état qui formait un empêchement à ce qu'il se mariât? non : elle feint seulement que leur père a pu se marier nonobstant cet empêchement; et elle le feint, parce que cet empêchement était ignoré.

» Ainsi, lorsqu'un homme déjà engagé dans les liens d'un mariage, en contracte un second avec une femme qui le croit libre, la loi, pour légitimer les enfans nés de ce second mariage, ne feint pas que leur père n'était pas marié au moment où il a épousé leur mère; car si elle le feignait, elle serait obligée de priver la première femme de tous ses droits nuptiaux; mais elle feint et elle feint seulement, que leur père, quoique déjà marié, a pu se marier encore; et elle le feint, parce que leur mère ignorait le mariage de leur père.

» Ainsi, lorsqu'un frère épouse sa sœur qui ignore les liens du sang existans entre elle et lui, la loi, pour légitimer les enfans nés de leur mariage, ne feint pas que leur mère n'était pas la sœur de leur père; car si elle le feignait, elle serait obligée d'abolir tous rapports de consanguinité entre leur père et leur mère; elle serait obligée notamment de les déclarer incapables de succéder l'un à l'autre *ab intestat*. Mais elle feint, et elle feint seulement, que leur père, quoique frère de leur mère, a pu l'épouser; et elle le feint, parce que leur mère ignorait sa qualité de sœur de leur père.

» Et par la même raison, lorsqu'il s'agit des enfans nés d'un mariage contracté par un homme mort civilement avec une femme qui le croyait en pleine jouissance des droits civils, la loi ne feint pas que le père n'était pas mort civilement, lorsqu'il s'est marié : elle feint seulement qu'il a pu se marier, quoique mort civilement, parce que la mère ignorait sa mort civile.

» La fiction de la loi ne tombe donc pas sur la mort civile du père; elle ne tombe donc que sur l'empêchement que la mort civile apportait au mariage; elle n'empêche donc pas que le père ne soit considéré comme mort civilement, lorsqu'il s'est marié; elle ne peut donc pas donner aux enfans les droits qu'ils auraient dans la famille de leur père, si leur père n'était pas mort civilement.

» Eh! conçoit-on que la bonne foi de la mère pût ainsi placer dans la famille qui a été celle de leur père, avant sa mort civile, des enfans à qui cette famille est devenue, par cette même mort civile, absolument étrangère?

» La bonne foi de la femme qui a épousé un bâtard, le croyant légitime, ferait-elle entrer ses enfans dans la famille naturelle de leur père, conférerait-elle à ses enfans le droit d'y succéder! non certes : et pourquoi la bonne foi de la femme qui a épousé un mort civilement, aurait-elle plus d'effet?

» Ce n'est que par le père que les enfans peuvent entrer dans sa famille. Si le père n'a point de famille, ou s'il a cessé d'avoir celle que la nature lui avait donnée, les enfans ne peuvent pas être de meilleure condition que lui; et comme la bonne foi de leur mère ne peut pas créer pour eux une famille qui n'a jamais existé, elle ne peut pas davantage recréer pour eux une famille qui n'existe plus.

» Voyez d'ailleurs à quelle absurdité nous conduirait le système du demandeur en cassation! Il nous conduirait à dire que la bonne foi de la mère donne aux enfans d'un mort civilement, sur les biens des ascendans et des parens collatéraux de leur père, des droits qu'elle ne peut pas leur donner sur les biens de leur père lui-même.

» En effet, les enfans, quoique légitimes à l'égard de leur père, ne peuvent cependant pas lui succéder. Ils ne peuvent pas lui succéder dans les biens qui lui appartenaient avant sa mort civile; car, par sa mort civile, sa succession a été ouverte quant à ces biens; et le mariage qu'il a contracté depuis, n'a pas pu dépouiller de cette succession, ceux que la loi en avait saisis. Ils ne peuvent pas non plus lui succéder dans les biens qu'il a pu acquérir pendant sa mort civile; car ces biens appartiennent au fisc par droit de déhérence. Ainsi, la bonne foi de leur mère, tout en leur assurant une légitimité parfaite et indivisible, ne peut cependant pas les habiliter à succéder, en quoi que ce soit, à leur père.

» Et elle les habiliterait à succéder à leurs aïeux ou à leurs collatéraux paternels! Cela serait, il faut en convenir, d'une étrange bizarrerie; cela blesserait souverainement la raison; et tant qu'on ne trouvera pas une disposition aussi sauvage consignée, en caractères lumineux, dans le texte précis et formel d'une loi positive, jamais il ne sera permis de la supposer, jamais il ne sera permis de la suppléer.

» Ce n'est pas tout. Si le système du demandeur en cassation pouvait être admis, il en résulterait une paralysation journalière des mesures que le législateur a cru devoir prendre contre les français qui se font naturaliser en pays étranger sans l'autorisation du gouvernement.

» Suivant l'art. 6 du décret du 6 août 1811, tout français naturalisé en pays étranger sans l'autorisation du gouvernement, encourt la perte de tous ses biens qui sont confisqués, et il devient incapable de succéder en France; en sorte qu'il est, à proprement parler, considéré en France comme mort civilement. L'art. 7 établit même que sa mort civile n'a pas besoin d'être prononcée par un jugement, et qu'elle a tellement son effet du jour de la naturalisation, que le même jugement qui constate sa naturalisation, doit déclarer que la succession à laquelle il aurait eu droit, s'il fût demeuré français, appartient au regnicole qui se trouve, après lui, le plus habile à succéder.

» Du reste, il est bien évident que les enfans qui naissent d'un français après sa naturalisation en pays étranger sans l'autorisation du gouvernement, ne naissent pas français; et qu'ils sont, comme leur père, incapables de recueillir en France aucune succession.

» Eh bien! dans le système du demandeur en cassation, toutes ces dispositions pourraient être neutralisées par la bonne foi d'une femme qui, épousant en Russie un ci-devant français naturalisé dans ce pays sans la permission du gouvernement, aurait cru épouser un français actuel. Dans le système du demandeur en cassation, non seulement les enfans nés d'un pareil mariage, seraient français et capables de succéder en France à leurs parens paternels, mais la femme elle-même pourrait exercer tous ses droits nuptiaux sur les successions des parens de son mari.

» Mais alors que deviendraient les dispositions du décret du 26 août 1811? Elles seraient absolument illusoires. Car il n'est pas de français illégalement naturalisé en Russie, qui ne pût, en s'y mariant, toutes les précautions propres à faire croire que sa femme a ignoré son état; et qui, par là, ne parvînt à assurer à ses enfans en France des droits de successibilité et de famille que la loi leur a justement refusés.

» Tout s'élève donc contre le système du demandeur, même en le jugeant d'après l'art. 202 du Code civil; et c'est assez dire que son recours doit être rejeté. Nous y concluons ».

Ces conclusions auraient-elles amené, si elles avaient pu être mises sous les yeux de la cour de cassation, un autre résultat que celui qu'ont obtenu celles de M. le procureur-général Mourre qui y étaient directement contraires, et que l'on peut voir dans le *journal des audiences* de cette cour, 1816, pages 69 à 73?

Je n'ai pas la présomption de m'en flatter: mais je crois pouvoir dire que le plaidoyer de M. Mourre ne m'a pas fait changer d'opinion.

Quoi qu'il en soit, voici l'arrêt qui a été rendu sur cette affaire, le 15 janvier 1816 (1), époque remarquable pour une question de cette nature, et qui néanmoins, si je dois ajouter foi à quelques renseignemens particuliers, n'a pas passé de toutes voix.

« Ouï le rapport de M. Cassaigne....;

» Vu l'art. 202 du Code civil;

» Considérant que la bonne foi de l'un des époux a, de tout temps, constitué la légitimité des enfans issus dans le mariage putatif, sur quelque motif qu'ait été fondée la nullité du mariage; d'où il suit que l'art. 202 du Code civil n'a fait que rappeler les principes de la matière;

» Considérant qu'il a toujours été également de principe que la légitimité des enfans est indivisible, et que la légitimité est la source de la successibilité, hors les cas exceptés par des lois contraires;

» Qu'il n'existe aucune loi qui ait séparé la successibilité de la légitimité dans les cas où, par la bonne foi de l'un des époux, le mariage contracté pendant la mort civile de l'autre, rend légitimes les enfans qui en proviennent; qu'il y a par conséquent lieu d'appliquer à ce cas le principe de la successibilité, comme à tous les autres qu'aucune loi n'excepte;

» Considérant que la bonne foi de la dame d'Orsay a été alléguée dans la cause; que l'existence de cette bonne foi présentait une question préjudicielle que la cour de Douay ne s'est pas dissimulée, et qu'elle n'a écartée que par une décision contraire aux principes ci-dessus rappelés; que, par suite, son arrêt renferme une violation directe de ces principes et de l'art. 202 qui les consacre;

» La cour casse et annulle l'arrêt de la cour royale de Douay, du 22 février 1812.... ».

§. VI. *Un jugement qui prononce la légitimité ou l'illégitimité d'un enfant, a-t-il l'autorité de la chose jugée hors de la souveraineté dans laquelle il a été rendu?*

V. le *Répertoire de jurisprudence*, à l'endroit indiqué ci-dessus, article *Jugement*, §. 19.

§. VII. 1.° *Les enfans auxquels deux époux divorcés ont donné le jour, après leur divorce, sont-ils légitimes?*

2.° *Le sont-ils, si, lors de leur conception, l'un des époux a ignoré le divorce qui avait été prononcé en son absence, sur la demande de l'autre?*

3.° *L'enfant qui était né d'eux avant le divorce, est-il recevable à contester la légitimité de ses frères ou sœurs nés depuis, après avoir, sur les instances du survivant des père et mère communs, reconnu que celui-ci ignorait, lors de leur conception, la dissolution de son mariage?*

4.° *L'acte contenant cette reconnaissance, peut-il être annullé, sous le prétexte qu'il n'est pas revêtu des formalités requises pour la validité des donations entre-vifs?*

(1) J'ignore pourquoi le *Journal des Audiences de la cour de cassation* date cet arrêt du 22 novembre 1816: le fait est qu'il est daté, sur la *minute* même, du 15 janvier de cette année; qu'il porte la même date dans le *plumitif*; et que c'est aussi sous cette date qu'il est rapporté dans le *Bulletin* des arrêts de la section civile.

5.° *Peut-il l'être, sous le prétexte qu'il n'est ni fait double ni souscrit des enfans au profit desquels il a été passé?*

6.° *Peut-il l'être, sous le prétexte qu'équipollant à une renonciation partielle à la succession de l'époux prédécédé, il n'a pas été fait au greffe?*

7.° *Peut-il l'être, sous le prétexte que, relativement à la succession du dernier mourant des époux, il a l'effet d'une cession de droits successifs non encore ouverts?*

I. Je me suis expliqué sur la première question dans les conclusions du 1.er messidor an 11, qui sont rapportées au mot *divorce*, §. 6; et je n'ai pas hésité à reconnaître qu'elle devait être résolue négativement.

II. Les six autres questions ont été agitées depuis peu devant la cour royale de Douay.

En novembre 1791, mariage entre François-Ernest-Joseph Destombes, négociant à Roubaix, et Sabine-Joseph Wacrenier. De cette union naît une fille, nommée Augustine-Pauline.

En 1793, le sieur Destombes disparaît. On le croit assez généralement sorti du territoire français; cependant son nom échappe à la liste des émigrés.

Le 12 brumaire an 3, la dame Destombes, munie d'un certificat du conseil général de la commune, attestant l'émigration de son mari, comparaît devant l'officier de l'état civil, et le requiert de prononcer son divorce conformément à la loi du 23 vendémiaire précédent.

Le divorce est prononcé en effet dans la forme réglée par cette loi, c'est-à-dire, sans citation ni instruction ni jugement préalable.

Environ deux ans après, le sieur Destombes, revient auprès de sa femme qui le reçoit sans difficulté, et continue d'habiter avec lui.

Le 1.er fructidor an 5, un officier de santé présente à l'officier de l'état civil « un enfant du » sexe féminin dont vient d'accoucher Sabine » Wacrenier, *épouse divorcée* de François-» Ernest-Joseph Destombes, laquelle lui a dé-» claré que cet enfant, à qui elle entend donner » les noms de Florine-Joseph, provient des » œuvres dudit François-Ernest-Joseph Des-» tombes ». L'acte de naissance est rédigé littéralement d'après cette déclaration, hors la présence du père et par conséquent sans qu'il le signe.

Le 25 brumaire an 7, le sieur Destombes, accompagné de deux témoins, fait inscrire sur les registres de l'état civil, une fille qu'il nomme Aimée-Rosine-Joseph, et dont il déclare que Sabine-Joseph Wacrenier, *son épouse en légitime mariage*, est accouchée la veille; et il signe l'acte de naissance calqué sur sa déclaration.

L'année suivante, il fait inscrire dans les mêmes termes, un troisième enfant qu'il nomme Théodore-Joseph.

Au mois d'avril 1807, les sieur et dame Destombes, se qualifiant d'*époux divorcés*, règlent, par-devant notaire, le partage de leur communauté.

Le 13 juillet de la même année, Sabine-Joseph Wacrenier meurt. Son acte de décès la qualifie d'*épouse divorcée de François-Ernest-Joseph Destombes.*

Le 21 octobre 1814, la fille née avant le divorce, remet à son père, une déclaration ainsi conçue :

« Je soussignée, Pauline Destombes, fille majeure *et unique de légitime mariage*, de présent à Ipres, déclare que, d'après avoir accepté les comptes que m'a rendus mon père, en sa qualité de père, de tuteur, nous sommes convenus de ce qui suit :

» Que mondit père me remettra pour toutes prétentions envers lui, ainsi que pour celles qui pourraient m'être dues pour la part de défunte ma mère, la somme de 3000 francs, et reconnaissant le testament qui a été passé par le notaire Doutreligne, et promettant de reconnaître mon frère et mes sœurs Florine-Joseph et Rosine-Joseph pour héritiers égaux avec moi dans toutes les successions et héritances qui pourront nous échoir, tant du côté de notre père que de notre mère, promettant d'en passer acte en forme dans le délai de dix jours, et déclare...... mes habits, j'ai aussi reçu de mon père un billet de 600 francs, payable fin de décembre 1815, lequel en remplacement d'une reconnaissance qu'il m'a faite dans le courant de janvier dernier, lequel je promets de lui remettre de suite.

» Ipres, ce 21 octobre 1814. *Signé* Pauline Destombes ».

Quelques mois après, Augustine-Pauline Destombes se retire à Dieppe. Son père va l'y trouver; et là, elle signe et lui remet une nouvelle déclaration dont voici les termes :

« Je soussignée Augustine-Pauline Destombes, fille majeure, demeurant à Dieppe, déclare avoir pris connaissance du divorce qui a été demandé par *sa défunte mère*, à l'absence de son père; lequel divorce fut accordé à *sadite mère et* prononcé sur sa déclaration et de quelques ignorans témoins, qu'ils ont dit que sondit père était émigré; sur quoi ils se trompaient, puisqu'il avait été pris par une patrouille ennemie et conduit en prison comme espion. Son père étant rentré chez lui, *ignorant ce qui s'était passé*, sa mère le reçut comme si rien n'eût été fait, ont continué de vivre ensemble, et il leur est né à la suite, ces trois enfans appelés Florine Joseph, Rosine Joseph et Théodore Joseph, *lesquels je reconnais pour mes deux sœurs et ledit Théodore pour mon frère*, auxquels je promets de leur laisser part égale avec moi dans les successions, héritances qui pourront nous écheoir, tant du côté de notre père que de celui de notre mère; je m'engage en outre, que, si l'on peut trouver un moyen d'annuller ce divorce qui a été prononcé sur la déclaration ou prétendue preuve mal fondée dans le temps révolutionnaire, je promets de consentir et de souscrire à tout ce qui sera fait pour rendre la légitimité à mes sœurs et à mon frère susnommés.

» Approuvé l'écriture ci-dessus. Dieppe, le 22 mars 1815. *Signé* Pauline Destombes ».

Le 18 janvier 1817, décès du sieur Destombes.

Augustine-Pauline épouse le sieur Dhébécourt; et après avoir vécu quelque temps en bonne intelligence avec ses sœurs et son frère, elle les fait assigner devant le tribunal de première instance de Lille, pour voir dire qu'il sera procédé entre elle et eux au partage de la succession de leur mère commune, dans les proportions réglées par la loi pour le cas où des *enfans naturels* se trouvent en concurrence avec un enfant légitime.

Les assignés consentent au partage; mais ils demandent, en produisant l'acte du 22 mars 1815, qu'il y soit procédé également et par quart.

La dame Dhébécourt oppose à cet acte, qu'il ne peut pas effacer le vice de leur naissance; que d'ailleurs il est nul, et parcequ'il n'est pas revêtu de la forme d'une donation entre-vifs, et parce qu'il porte sur des *successions à échoir*.

Le 19 mars 1819, jugement par lequel le tribunal de Lille,

« Considérant que les défendeurs sont nés après que le divorce de leurs père et mère a été prononcé pour cause d'émigration; que conséquemment ils sont nés hors mariage, et ne peuvent réclamer, dans la succession de leur mère, les droits que la loi accorde aux enfans légitimes;

» Mais attendu que, par acte sous seing-privé, en date du 22 mars 1815, enregistré à Lille, le 8 décembre 1818, la demanderesse étant majeure et maîtresse de ses droits, a reconnu les défendeurs pour ses frères et sœurs, et a promis de les admettre à un partage égal avec elle;

» Attendu que cette promesse d'une part égale, est un acte de justice que la demanderesse, pour les raisons qu'elle explique elle-même, s'est crue obligée d'exercer envers les défendeurs qui sont nés du même père et de la même mère qu'elle, et qui, quoique divorcés, paraissent avoir cohabité de bonne foi, à cause que leur divorce avait été prononcé dans des temps difficiles et sur un faux motif;

» Attendu que cette promesse de part égale, présente un pacte de famille, une convention de partage, une renonciation, de la part de la demanderesse, à l'avantage que la loi lui donnait dans la succession de la mère commune; et que, dès lors, cette promesse n'est pas une donation sujette aux formalités prescrites par l'art. 931 du Code civil, avec d'autant plus de raison qu'elle n'est pas le fruit d'une pure libéralité, mais l'acquit d'une dette naturelle;

» Attendu que, s'il est vrai que cette promesse de part égale ne parle que des successions à échoir, et que, si sous ce rapport, elle ne peut lier la demanderesse, comme étant prohibée par la loi, il n'est pas moins certain qu'en recherchant, comme le veut l'art. 1156 du Code, l'intention de la demanderesse, on doit présumer que son intention a été au moins de partager également avec les défendeurs la succession alors ouverte de la mère commune;

» Donne acte à la demanderesse du consentement donné par les défendeurs au partage de la succession de Sabine-Joseph Wacrenier, mère commune des parties; ordonne que ce partage se fera par quart, conformément à la promesse dudit jour 22 mars 1815..... »

La dame Dhébécourt appelle de ce jugement, et ajoutant aux moyens qu'elle a fait valoir en première instance contre l'acte du 22 mars 1815, elle soutient que cet acte est encore nul, 1.° parce qu'il n'a pas été fait double et qu'il n'est souscrit que par elle; 2.° parce que, s'il pouvait, comme l'ont dit les premiers juges, être considéré comme *une renonciation, de sa part, à l'avantage que la loi lui donnait dans la succession de la mère commune*, cette renonciation n'ayant pas été passée au greffe, conformément à l'art. 784 du Code civil, ne pourrait être d'aucun effet.

L'affaire en cet état, les adversaires de la dame Dhébécourt m'ont adressé le mémoire qu'elle avait publié à l'appui de son appel, et m'ont prié d'y répondre, s'il y avait lieu, par une consultation.

Voici la réponse que j'y ai faite, le 15 octobre 1819.

« Première proposition. *La dame Dhébécourt est non-recevable à contester la légitimité de ses frère et sœurs.*

» Le soussigné, qui ne connaît presque les faits de la cause que par le mémoire de la dame Dhébécourt, ignore si cette proposition a déjà fait la matière d'une discussion entre les parties; mais si elle est ici mise en avant pour la première fois, les intimés n'en sont pas moins recevables à la faire valoir devant la cour royale de Douay, parce qu'elle ne forme pas, de leur part, une demande nouvelle, mais seulement un nouveau moyen à l'appui des conclusions qu'ils ont prises en première instance.

» Il importerait peu du reste qu'ils n'eussent pas appelé, et qu'ils ne se fussent pas réservé, par leurs premières conclusions sur l'appel, la faculté d'appeler incidemment du jugement du tribunal de première instance de Lille, en ce qu'il y est dit, *qu'ils sont nés après que le divorce de leurs père et mère avait été prononcé pour cause d'émigration, et par conséquent hors mariage, et ne peuvent réclamer dans la succession de leur mère les droits que la loi accorde aux enfans légitimes.*

» Ce n'est pas dans son dispositif, ce n'est que dans ses motifs que ce jugement s'exprime ainsi; et l'on sait que ce n'est pas dans les motifs d'un jugement, mais uniquement dans son dispositif que réside l'autorité de la chose jugée.....

» Ainsi, nul obstacle à ce que les intimés soient admis à soutenir, en cause d'appel la proposition ci-dessus énoncée, savoir que leur sœur est non-recevable à contester leur légitimité.

» Il n'est pas besoin de s'étendre sur la faveur que méritent des fins de non-recevoir de cette nature. Nos livres sont remplis d'arrêts qui prouvent que les cours souveraines les ont toujours acceuillies avec empressement.

» Eh! quelle fin de non-recevoir fut jamais plus favorable que celle qui tend à imposer silence à une fille qui, pour une poignée d'argent, vient, en soutenant que son père et sa mère, après avoir été mariés légalement, ont vécu sciemment dans un honteux concubinage, offrir le spectacle le plus choquant pour les mœurs et pour l'honnêteté publique?

» Cette fin de non-recevoir résulte de l'acte sous seing-privé du 22 mars 1815.

» La dame Dhébécourt a reconnu par cet acte, et elle a reconnu en pleine majorité,

» Que le sieur Destombes avait ignoré, en rentrant en France à la suite des événemens qui l'en avaient éloigné involontairement en 1793, que son épouse eut, pendant son absence, fait rompre, par un divorce coloré du faux prétexte de son émigration, le mariage qui les unissait;

» Que son épouse *l'avait reçu, comme si rien n'eût été fait;*

» Et qu'en conséquence, il s'était continué entre eux une cohabitation, de laquelle étaient nés les trois enfans à qui elle dispute aujourd'hui le titre de légitimes.

» Que cette reconnaissance, si elle est en bonne forme (ce qu'on examinera ci-après), doive faire pleine foi contre la dame Dhébécourt, cela est incontestable.

» Il ne reste donc plus qu'à savoir si, d'après le fait établi par cette reconnaissance, que le sieur Destombes a ignoré, lors de la conception des intimés, que leur mère avait fait dissoudre, par un divorce prononcé pendant son absence, le mariage précédemment contracté entre elle et lui, la dame Dhébécourt est recevable à contester à ses frères et sœurs les avantages de la légitimité?

» Or, sur cette question, il est un principe constant: c'est que le mariage putatif produit, en faveur des enfans, les mêmes effets civils que le mariage réel.

» A la vérité, les lois anciennes n'appliquaient ce principe, et les art. 201 et 202 du Code civil n'en faisaient également l'application qu'au mariage qui a été vicié, dans son principe, par un empêchement dirimant, ignoré des deux époux ou de l'un d'eux.

» Mais d'où vient leur silence sur le mariage qui, contracté valablement dans son principe, a été ensuite dissous par un divorce que l'une des parties a provoqué à l'insu de l'autre, et qu'elle a tenu caché à celle-ci pendant leur cohabitation postérieure?

» Il vient uniquement de ce que les anciennes lois ne connaissaient pas, et que le Code civil ne connaît pas davantage cette espèce anomale de divorce, qui a eu lieu en France pendant quelques années, par suite de l'émigration; c'est qu'en s'occupant du mariage putatif, ni les anciens, ni les nouveaux législateurs n'admettaient la possibilité d'un divorce provoqué par l'un des époux sans appeler l'autre, prononcé à l'insu de celui-ci, et exécuté sans que l'acte ou le jugement lui en fût signifié.

» Comment donc suppléer au silence des lois anciennes et du Code civil sur un cas aussi extraordinaire? La loi 12, *De legibus*, va nous l'apprendre: *Non possunt omnes articuli sigillatim aut legibus, aut senatusconsultis comprehendi; sed cùm in aliquâ causâ sententia eorum manifesta est, is qui jurisdictioni præest ad similia procedere atque ità jus dicere debet.*

» Or, n'y a-t-il pas identité parfaite entre le mariage putatif, dont parlent les anciennes lois et le Code civil, et le mariage putatif dont il est ici question? ne peut-on pas même argumenter à *fortiori* de l'un à l'autre?

» Dans le premier cas, il n'y a point eu de mariage, il n'y en a eu qu'une ombre; mais comme le disait M. d'Aguesseau, le nom du mariage est si saint, si puissant, que son ombre seule, jointe à la bonne foi de l'un des époux, suffit pour en couvrir le vice originel en faveur des enfans, et pour faire supposer qu'il a été contracté valablement, quoique dans la réalité la célébration en soit nulle.

» Dans le second cas, au contraire, il a existé un mariage véritable, et dont la validité primitive n'est pas contestée; et il ne s'agit, pour légitimer les enfans, que de donner à la bonne foi de l'un des époux, l'effet de le faire supposer non dissous. Or, il est bien plus facile de supposer un mariage valable, non dissous *ex post facto*, que de supposer un mariage nul, valablement contracté *ab initio*.

» Pour éluder un moyen aussi péremptoire.

la dame Dhébécourt viendra-t-elle arguer d'erreur la reconnaissance qu'elle a signée elle-même, de la bonne foi avec laquelle son père a continué après sa rentrée en France, de cohabiter avec sa mère.

» Ce serait, de sa part, une vaine tentative; car sa propre reconnaissance est bien hautement confirmée par la conduite même de son père qui, dans les actes de naissance de sa fille Rosine et de son fils Théodore, les a fait inscrire, en signant ces actes, comme nés en légitime mariage. Pouvait-il donc manifester plus clairement l'opinion dans laquelle il était que leur mère était encore son épouse? et s'il n'en eût pas été fortement convaincu, n'aurait-il pas employé, pour assurer à ses enfans la légitimité qu'il se faisait un devoir de leur reconnaître, les moyens si simples, si faciles que la loi lui offrait pour faire cesser l'obstacle qui s'y serait opposé?

» Inutile d'objecter que la naissance de ces deux enfans avait été précédée de celle de Florine-Joseph qui avait été inscrite, le premier fructidor an 5, sur le registre de l'état civil comme née d'époux divorcés.

» La dame Dhébécourt convient elle-même que l'acte de naissance de Florine-Joseph n'est point signé du sieur Destombes. Et comment prouvera-t-elle que le sieur Destombes en a eu connaissance, soit au temps dont il porte la date, soit à celui de la conception des deux autres enfans? bien évidemment cette preuve n'est pas recevable de sa part, puisqu'elle tendrait à détruire ce que la dame Dhébécourt a volontairement reconnu, et que tout aveu même extrajudiciaire fait foi lorsqu'il est constaté par écrit; c'est la conséquence de l'art. 1355 du Code; d'ailleurs une pareille preuve est certainement hors de la portée de l'appelante.

» Prétendra-t-elle qu'elle résulte de l'acte du mois d'avril 1807, par lequel le sieur Destombes a réglé avec son épouse le partage de la communauté? mais si l'on peut inférer de cet acte qu'à l'époque où il fut passé, le sieur Destombes n'ignorait pas le divorce du 12 brumaire an 3, il n'en résulte nullement qu'il l'ait connu plusieurs années auparavant et notamment aux époques assez reculées alors auxquelles se reportait la conception des trois enfans. On doit même, en bonne logique, en tirer une conséquence toute contraire, puisque s'il eût connu plutôt la dissolution de la communauté, il n'en aurait vraisemblablement pas différé autant le partage.

» Au surplus, s'il était vrai que, par l'acte du 22 mars 1815, elle eût faussement reconnu que son père avait ignoré au temps de la conception de ses frère et sœurs le divorce qui le rendait étranger à sa ci-devant épouse, il le serait aussi que cette fausse reconnaissance n'aurait pas été, de sa part, l'effet d'une erreur; il le serait aussi qu'elle l'aurait faite sciemment; il le serait aussi par conséquent qu'elle n'aurait fait cette prétendue fausse reconnaissance que pour revêtir d'une couleur honorable le consentement qu'elle donnait à ce que ses frère et sœurs jouissent des avantages de la légitimité.

» Et de là même, résulterait nécessairement la conséquence qu'elle serait non recevable à prouver la fausseté de cette reconnaissance, puisque cette reconnaissance supposée vraie, serait pour ses frère et sœurs, un titre irréfragable de légitimité, et que, supposée fausse, elle ne pourrait être considérée que comme un moyen (indirect sans doute, mais très-licite et très-légal, comme on le prouvera tout-à-l'heure) de remplir, envers ses frère et sœurs, un devoir écrit dans les lois éternelles de la nature.

» Deuxième proposition. *L'acte du 22 mars 1815 ne peut pas être annullé, sous le prétexte qu'il n'est pas revêtu des formalités requises pour la validité des donations entre-vifs.*

» Quels sont les actes qui doivent, à peine de nullité, être passés devant notaire, et dont le contenu doit, sous les mêmes peines, être expressément accepté par ceux qui doivent en profiter?

» Ce sont, dit l'art. 931 du Code civil, les actes portant *donation*. Eux seuls sont soumis aux dispositions de cet article et des suivans; et c'est parce que ces articles ne sont applicables qu'aux actes qui annoncent expressément l'intention de donner, que l'on tient depuis long-temps pour maxime incontestable qu'ils n'atteignent pas les donations déguisées.

» Or, l'acte du 22 mars 1815 *porte-t-il donation?* il est évident que non. Ce n'est point comme exerçant une libéralité, ce n'est point comme disposant à titre gratuit, c'est uniquement comme remplissant un devoir sacré, comme rendant hommage à une vérité constante que la dame Dhébécourt s'exprime dans cet acte. Cet acte ne peut donc pas être annullé à défaut des formalités prescrites pour la validité des donations entre-vifs.

» Mais, dit la dame Dhébécourt, si l'on veut absolument appliquer cet acte à la succession de ma mère, il faut bien dire qu'il équivaut à une renonciation gratuite d'une partie de mes droits à cette succession en faveur des intimés; or, qu'est-ce qu'une renonciation gratuite en faveur de quelqu'un, si ce n'est une donation expresse?

» Qu'en thèse générale, une renonciation quelconque ait, pour celui qui en profite, l'effet d'une donation, cela n'est pas douteux: *Juris sui renunciatio donationis speciem in se involvit*, dit VOET, sur le digeste, titre *de constitutionibus principum*, n.° 22. Mais de là s'ensuit-il que toute donation doit être faite dans la forme des donations entre-vifs? non certes.

» Et la preuve en est que, pour renoncer, par exemple, à une créance que l'on a sur quelqu'un, il suffit de lui en remettre le titre.

» La preuve en est que, par arrêt du 3 décembre 1813, la cour de cassation a jugé, en maintenant un arrêt de la cour d'appel de Dijon, que des acquéreurs de biens devenus nationaux par confiscation, ne pouvaient pas rétracter les actes par lesquels ils s'étaient désistés gratuitement, au profit des anciens propriétaires, quoique ces actes n'eussent été revêtus d'aucune forme particulière, et qu'ils n'eussent eu pour cause que le *sentiment d'équité naturelle qui les avait déterminés* (1).

» La preuve en est surtout dans la manière dont s'exprime l'art. 780 du Code civil. — « La » *donation*, vente ou transport que fait de ses » droits successifs un des co-héritiers, soit à un » étranger, soit à tous ses co-héritiers, soit à » quelques-uns d'eux, emporte, de sa part, » acceptation de la succession. — Il en est de » même, 1.° de la renonciation même gratuite » que fait un des héritiers au profit d'un ou » plusieurs de ses co-héritiers, etc. »

» Voilà bien la *renonciation même gratuite* à des droits successifs, mise en opposition avec la donation de ces mêmes droits.

» Ce qui suppose manifestement que l'on peut renoncer gratuitement en faveur de quelqu'un, sans qu'il y ait *donation* dans la forme.

» Ce qui, par conséquent, suppose avec non moins d'évidence, qu'il n'y a pas nécessité de revêtir une renonciation gratuite de la forme extérieure d'une donation entre-vifs.

» Enfin, il faut toujours en revenir à cette maxime reconnue par tous les jurisconsultes, que, comme le dit M. Toullier, dans son *droit civil français*, tom. 5, page 199 : « Les dona» tions indirectes même d'immeubles, ne sont » point astreintes à la nécessité d'être passées » devant notaires avec minute. Ce ne sont point » des actes de donations proprement dites ».

» Eh! quelle force n'ajoute pas à ces raisons l'arrêt de la cour de cassation que l'on trouve dans le *Journal des audiences de cette cour*, 1814, page 447?

» Le sieur Toustin avait quatre enfans, dont deux étaient émigrés. Il meurt en l'an 7, laissant un testament par lequel, comptant sur la loyauté de ses deux fils regnicoles, il appelle leurs frères à partager avec eux sa succession, quoiqu'ils en soient écartés par leur mort civile.

» Les deux émigrés rentrent en France quatre ans après, en vertu du sénatus-consulte du 6 floréal an 10; et dociles à la volonté de leur père, autant qu'aux lois de l'honneur, leurs frères font avec eux le partage de la succession paternelle par portions égales.

» Sur ce partage, rédigé en acte public le 7 janvier 1808, le receveur de l'enregistrement ne perçoit d'abord qu'un droit fixe.

» Mais bientôt la régie réclame un droit proportionnel, sur le fondement que ce prétendu partage n'était qu'une donation déguisée, que les frères regnicoles avaient faite à leurs frères émigrés, des parts auxquelles ils n'avaient aucun droit.

» Jugement qui rejette la réclamation de la régie, « Attendu que, si les frères Toustin, de» meurés en France, n'étaient pas obligés civi» lement à partager avec leurs frères émigrés, » ils en étaient tenus naturellement, par les » lois de l'honneur et de la délicatesse, et par » leur respect pour les dernières volontés de » leur père; et qu'ainsi l'acte de 1808 n'était » pas une *donation* qui ne s'entend que d'une » libéralité faite par le seul plaisir de donner; » mais un véritable partage auquel les enfans, » restés en France, avaient pu d'autant mieux » admettre leurs frères, que nul n'est tenu de » faire usage d'un droit ouvert à son profit ».

» La régie se pourvoit en cassation, et dénonce ce jugement comme violant des dispositions de la loi du 22 frimaire an 7, qui soumettent les mutations, et notamment celles qui se font par donation, au droit proportionnel d'enregistrement.

» Mais par arrêt du 3 août 1814, au rapport de M. Poriquet, — « Attendu que les frères » Toustin restés en France, n'étaient pas for» cés d'opposer à leurs frères émigrés les effets » de la mort civile prononcée contre eux, par » les lois relatives à l'émigration; que renoncer » au bénéfice d'un droit introduit en sa faveur, » ce n'est pas toujours faire un acte de pure » libéralité; que, dans l'espèce actuelle, les » frères Toustin restés en France, ont acquitté » une obligation naturelle, en obéissant aux » lois de l'honneur, de la délicatesse et aux der» nières volontés de leur père; qu'ainsi c'était » avec raison que la régie n'avait originaire» ment réclamé sur cet acte que le payement » d'un droit fixe, comme aussi c'est avec raison » que le tribunal de Saint-Yrieix, en considé» rant l'acte du 7 janvier 1808, comme un vé» ritable partage, a déchargé les défendeurs du » payement du droit et double droit....., par » ces motifs, la cour rejette le pourvoi.....».

» Il résulte clairement de cet arrêt que, si la régie de l'enregistrement venait demander aux intimés un droit proportionnel de quatre pour cent, sous le prétexte que l'acte du 22 mars 1815 serait une donation que la dame Dhébécourt leur eût faite, ils pourraient la repousser, en disant qu'en signant cet acte, elle ne leur a rien donné, qu'elle n'a fait que reconnaître un fait de bonne foi, qu'ils eussent été

(1) Recueil de M. Sirey, 1814, pag. 85.

recevables à prouver de toute autre manière ; et que se soumettre à une obligation naturelle, de laquelle son propre honneur lui défendait de s'écarter.

» Mais dès-lors, comment la dame Dhébécourt pourrait-elle être écoutée, quand elle vient soutenir que cet acte est nul, parce qu'il n'est pas revêtu de la forme d'une donation ? si cet acte n'est pas considéré comme une donation, dans l'intérêt de la régie de l'enregistrement, dont les prétentions, lorsqu'elles sont fondées sur le texte de la loi, trouvent toujours tant de faveur auprès de la cour de cassation, à quel propos le serait-il dans l'intérêt de la dame Dhébécourt ?

» Et, dans le fait, a-t-on jamais réputé donation, soit relativement au fisc, soit relativement aux droits respectifs des particuliers, un acte par lequel un débiteur renonce gratuitement et par délicatesse, à une exception que la loi civile lui fournit contre une dette naturelle ? s'est-on jamais avisé, par exemple, de réputer donation et de soumettre aux formes prescrites par les art. 931 et suivans du Code civil, le payement volontaire que fait un héritier *ab intestat* de legs dont le défunt l'a chargé par un testament nul dans la forme ?

» Troisième proposition. *L'acte du 22 mars 1815 ne peut pas être annullé sous le prétexte qu'il n'a pas été fait au greffe du tribunal de Lille.*

L'acte du 22 mars 1815, dit la dame Drion Dhébécourt, n'est, de ma part, dans le système des intimés, qu'une renonciation à une partie de mes droits dans la succession de ma mère ; or, aux termes de l'art. 784 du Code civil, *la renonciation à une succession ne peut être faite qu'au greffe du tribunal de première instance dans l'arrondissement duquel la succession s'est ouverte, sur un registre particulier tenu à cet effet.*

» Mais 1.° l'acte du 22 mars 1815 a un objet bien plus étendu que le partage de la succession de la mère : il reconnaît implicitement la légitimité des frère et sœurs de la dame Dhébécourt, et il la reconnaît par cela seul qu'il contient la reconnaissance d'un fait de bonne foi dont elle est la conséquence nécessaire.

» 2.° Quand cet acte ne serait, de la part de la dame Dhébécourt qu'une renonciation à une partie de ses droits dans la succession maternelle, il ne pourrait pas encore être annullé en vertu de l'art. 784 du Code civil.

» En effet de quelle renonciation s'agit-il dans cet article ? uniquement de la renonciation absolue, c'est-à-dire, de la déclaration par laquelle un successible abdique tous ses droits à une succession qui lui est échue.

» Et pourquoi l'art. 784 veut il que cette déclaration soit faite au greffe ? parce qu'étant faite, comme l'observe M. Toullier, tome 4 page 333, pour *avertir les créanciers qu'ils n'ont plus d'action à exercer contre lui, et les parens plus éloignés que la succession leur est dévolue, elle doit être publique.*

» Mais à coup sûr, ce n'est ni pour abdiquer tous ses droits à la succession maternelle, ni pour avertir les créanciers de cette succession qu'ils n'ont plus d'action à exercer contre la dame Dhébécourt, ni pour informer les parens plus éloignés de la mère que cette succession leur est dévolue, qu'a été fait l'acte du 22 mars 1815.

» Cet acte n'était donc pas soumis aux formes prescrites par l'art. 784 du Code civil.

» Cet acte, appliqué à la succession maternelle, est bien, si l'on veut, une renonciation d'une partie des droits successifs de la dame Dhébécourt au profit de ses frère et sœurs ; mais cette espèce de renonciation n'appartient pas à la rubrique *de la renonciation aux successions* dont l'art. 784 forme le commencement ; elle appartient à la rubrique précédente de *l'acceptation*, et cela est si vrai qu'elle fait, sous cette rubrique, l'objet de l'art. 780 qui décide *qu'elle emporte acceptation de la succession.*

» Enfin, comment peut-on sérieusement soutenir qu'une déclaration qui rend héritier celui qui la fait, est soumise aux formes prescrites pour dépouiller de la qualité d'héritier celui que la loi appelle à la prendre ?

» Quatrième proposition. *L'acte du 22 mars 1815 ne peut pas être annullé, sous le prétexte que les intimés ne l'ont pas souscrit et qu'il n'est pas fait double.*

» La dame Dhébécourt nie-t-elle que l'acte du 22 mars 1815 soit signé d'elle ? non : comment, dès-lors, cet acte ne la lierait-il pas ?

» Quel besoin avaient les intimés de le souscrire, pour le rendre obligatoire à leur profit ? cela eut été nécessaire sans doute, s'il formait un contrat synallagmatique ; mais les intimés ne se sont obligés à rien par cet acte, cet acte était tout entier en leur faveur ; il n'était donc pas nécessaire qu'ils y parlassent eux-mêmes et qu'ils le souscrivissent.

» L'art. 1325 du Code civil exige, à la vérité, que les obligations synallagmatiques, sous seing-privé, soient faites doubles ; mais par cela seul qu'il prescrit cette forme pour les obligations synallagmatiques, il en dispense les obligations ou reconnaissances unilatérales, aussi un arrêt de la cour d'appel d'Aix, du 12 juillet 1813, a-t-il jugé valable, quoique non faite double, la décharge donnée par un mandant à son mandataire, du compte que l'un avait à exiger de l'autre (1).

(1) Recueil de M. Sirey, 1814, part. 2, pag 234.

» Cinquième proposition. *L'acte du 22 mars 1815 ne peut pas être écarté de la cause, sous le prétexte qu'il ne porte que sur les successions à échoir, tant du côté du père que du côté de la mère.*

» Sans contredit, en thèse générale, tout acte qui traite de successions non encore ouvertes, est nul; cela est écrit en toutes lettres dans l'art. 1130 du Code civil.

» Mais cette règle n'est applicable qu'au cas où les successions non encore ouvertes sont l'objet direct et principal de l'acte, et ce cas n'est pas celui de la cause.

» Quel est en effet l'objet direct de l'acte du 22 mars 1815? il est de reconnaître que le sieur Destombes a ignoré en se réunissant à la mère commune des parties, le divorce qu'elle avait fait prononcer en son absence.

» Et ce point une fois établi, il en résulte nécessairement que les frère et sœurs de la dame Dhébécourt, ont été conçus dans la bonne foi, où était leur père, que leur mère était encore son épouse, il en résulte nécessairement par une conséquence ultérieure, qu'ils doivent être considérés comme légitimes, quoique d'ailleurs la dame Dhébécourt se borne par ignorance de droit, à déclarer qu'elle concourra de son côté à tous les moyens qui pourront être employés pour *leur faire rendre la légitimité.*

» Dès-lors, tout ce que l'acte ajoute relativement aux successions à échoir du chef des père et mère, n'est plus qu'une explication surabondante. L'acte n'en parlerait pas du tout, que les droits des intimés à ces successions n'en seraient pas moins constans. Leur qualité de successibles dans l'une et l'autre ligne, devient la conséquence nécessaire et forcée de la reconnaissance de la bonne foi dans laquelle leur père les a conçus, puisque de cette reconnaissance résulte nécessairement celle de leur légitimité.

» Qu'importerait, d'après cela, que l'acte du 22 mars 1815 ne parlât pas nommément de la succession de la mère? encore une fois, la reconnaissance de la bonne foi du père entraîne nécessairement la légitimité des intimés, et dès qu'ils sont légitimes, leur droit au partage égal de la succession de la mère ne peut plus être contesté.

» Enfin, fallût-il aller jusqu'à supposer que l'ignorance dans laquelle était le sieur Destombes du divorce du 12 brumaire an 3, n'a pas rendu légitimes les enfans nés de sa cohabitation postérieure avec leur mère, l'acte du 22 mars 1815 n'en devrait pas moins être considéré comme un consentement donné par la dame Dhébécourt à ce qu'ils partagent au moins, avec elle et par portions égales, la succession de leur mère commune.

» Est-il vrai, en effet, que l'acte ne parle pas de cette succession? Est-il vrai qu'il ne la comprend pas, dans ses dispositions, sous les termes : *successions qui pourront nous échoir, tant du côté de notre père que du côté de notre mère?*

» *On doit, dans les conventions*, dit l'art. 1156 du Code civil, *rechercher quelle a été la commune intention des parties contractantes, plutôt que s'arrêter au sens littéral des termes.*

» Or, conçoit-on que la dame Dhébécourt eût reconnu ses frère et sœurs pour ses co-héritiers dans les successions à échoir, sans les reconnaître en même temps pour tels, dans les successions déjà échues?

» On le concevrait sans doute, si l'objet direct de l'acte était de céder aux intimés des droits éventuels à des successions futures. Mais, on l'a déjà dit, tel n'était point l'objet direct de l'acte du 22 mars 1815. Cet acte tendait directement à constater la bonne foi dans laquelle le père commun avait donné le jour aux intimés; et cette bonne foi constatée, il y aurait eu de la contradiction à n'en faire dériver pour les intimés que la capacité de recueillir les *successions à échoir* de leurs parens paternels et maternels; il aurait été absurde d'exclure des effets de cette bonne foi, la succession déjà échue de la mère.

» Du reste, il n'est pas étonnant que, dans l'intention de la dame Dhébécourt, comme dans celle de son père à qui elle a remis l'acte du 22 mars 1815, la succession de la mère fût encore, à cette époque, une succession à échoir. Le père en avait l'usufruit; la dame Dhébécourt n'en jouissait donc pas encore; et qui ne sait que, dans le langage vulgaire, et pour ceux qui sont étrangers aux règles de la jurisprudence, une succession n'est censée échue qu'au moment où s'ouvre le droit d'en jouir?

» Mais après tout, il est bien inutile de s'arrêter à cette discussion; elle ne pourrait être de quelque utilité que dans le cas où les intimés ne seraient pas jugés légitimes par l'effet de la bonne foi de leur père, sur laquelle l'acte du 22 mars 1815 ne peut laisser aucun doute, et il est impossible que ce cas se réalise ».

Sur ces moyens développés et mis dans un nouveau jour par M. Martin fils, avocat des intimés, arrêt, à l'audience solennelle du 15 novembre 1819, ainsi conçu :

« En droit, 1.° les trois enfans nés après la prononciation du divorce, doivent-ils être déclarés légitimes, si leur père a ignoré le divorce, que leur mère avait fait prononcer le 12 brumaire an 3?

» 2.° N'est-ce pas le cas d'appliquer à la cause, le principe en matière de mariage putatif?

» 3.° N'est-ce pas aux appelans à prouver que Destombes, père, aurait eu connaissance du divorce? et dans le cas de l'affirmative, ont-ils atteint une preuve ?

» 4.° Le jugement de première instance, doit-il être confirmé » ?.

» La cour, après avoir entendu contradictoirement M.e Leroy, avocat des appelans; M.e Martin fils, avocat des intimés en leurs conclusions et plaidoiries respectives, ensemble M. Dhaubersart, premier avocat-général, en ses conclusions, et après en avoir délibéré conformément à la loi;

» Attendu que les parties de Martin ne peuvent être considérées comme enfans illégitimes, qu'autant que le divorce prononcé pendant l'absence ou l'émigration de Destombes, leur père, soit parvenu à la connaissance de ce dernier antérieurement à leur naissance, parce que, dans le cas contraire, il est de principe, maintenant consacré par l'art. 201 du Code civil que la bonne foi dudit Destombes couvre nécessairement le vice de la naissance desdits enfans; que, dans l'espèce, il n'est pas prouvé que cette connaissance existait antérieurement à leur naissance; que le contraire résulte de l'aveu repris dans l'acte signé par les parties de Leroy, le 22 mars 1815, aveu qui, dans tous les cas, rend lesdites parties de Leroy non-recevables à contester la légitimité de la naissance de ses frère et sœurs;

» La cour a mis et met l'appellation au néant; ordonne que le jugement dont est appel, sortira effet, condamne les appelans en l'amende et aux dépens ».

Au surplus, *V. Acte de naissance, Faux, §. 3; Question d'état* et *Suppression d'état.*

LEGS. — §. I. *Lorsqu'un testateur a légué une quote de ses biens dont il a fixé la valeur en argent, le légataire peut-il exiger la quote en nature, surtout lorsque, dans l'intervalle de la confection du testament au décès du testateur, celui-ci a augmenté sa fortune? Ou bien l'héritier peut-il, même en ce cas, se libérer par le payement de la somme à laquelle le testateur a évalué le legs?*

Le 17 avril 1754, contrat de mariage entre Jean Canton, domicilié à Oleron, département des Basses-Pyrénées, et Ursule Deplegt-Montauban. — Par une clause de cet acte, Jean Canton institue l'aîné des enfans mâles qu'il pourra avoir de son mariage, dans les trois quarts de ses biens présens et à venir, et se réserve la libre disposition du quart restant. — De ce mariage naissent deux enfans, Antoine et Justine Canton.

Devenu veuf, Jean Canton épouse en secondes nôces Marie Darrigrand, et il a d'elle un troisième enfant nommé Gaspard.

Le 1.er juillet 1781, il fait un testament olographe, par lequel, après le legs d'une somme dont il ordonne l'emploi à la célébration de six cents messes après sa mort, il dispose en ces termes du quart de ses biens : « Je laisse et lègue à Marie Darrigrand, ma seconde femme, la jouissance de la quarte de mes biens, voulant qu'après son décès, ladite quarte soit également partagée entre tous mes enfans cadets, savoir, 5,000 livres à ma fille Justine, et 3,000 livres à Gaspard; et que la portion de ces derniers soit réversible après leur décès sans postérité, ou icelle venant à manquer, en faveur de mon héritier ci-après nommé, ou ses ayant-cause. Pour prévenir toute sorte de discussions entre mes enfans sur la fixation de cette quarte, je déclare qu'après avoir examiné avec soin l'état de ma fortune, et avoir distrait les dots dont mes biens sont chargés, et m'être aidé des lumières de mon conseil, ladite quarte se porte à la somme de 8,000 livres, à laquelle je la fixe, voulant que ladite quarte soit payée en effets les plus liquides de mon hérédité ». — Par la clause suivante, il lègue à Marie Darrigrand un droit d'habitation dans sa maison, avec quelques effets mobiliers. — Ensuite il fixe la légitime de sa fille Justine, *sur les trois quarts de ses biens, ainsi que sur les dots*, à la somme de 33.000 liv., *en ce compris la portion qui lui compète sur la dot et biens de sa mère, laquelle somme demeure aussi réversible en faveur de son héritier.* Il fixe pareillement la légitime de Gaspard *sur les mêmes trois quarts de ses biens*, à la somme de 2,666 livres 13 sous 4 deniers, qu'il grève également de retour en faveur de son héritier ou de ses ayant-cause. — Enfin, il institue pour héritier universel du surplus de tous ses biens, Antoine, son fils aîné, déjà institué par son contrat de mariage du 17 avril 1754.

Jean Canton a survécu neuf ans à ce testament; il est mort en 1790, laissant une fortune notablement augmentée dans cet intervalle.

En l'an 5, Marie Darrigrand, qui, jusqu'alors s'était contentée, pour son droit d'usufruit, des intérêts annuels de la somme de 8,000 livres, qu'Antoine Canton lui avait exactement payés, s'est pourvue au tribunal civil du département des Basses-Pyrénées, pour faire condamner celui-ci à lui délivrer en nature le quart des biens laissés par le testateur dont elle jouirait comme usufruitière. — Justine Canton est intervenue et a adhéré aux conclusions de Marie Darrigrand. — Pour toute défense, Antoine Canton a soutenu qu'on ne pouvait exiger de lui qu'une somme de 8,000 livres; et il en a fait l'offre.

Le 19 ventôse an 10, jugement du tribunal civil de l'arrondissement de Pau, qui « relaxe Antoine Canton de la demande en vérification et délivrance de la quarte des biens délaissés par Jean Canton, testateur; moyennant ce, déclare que le legs de ladite quarte demeure fixé, conformément au testament de Jean Canton, à la somme de 8,000 francs; sans préjudice à Justine Canton et à Marie Darrigrand, de leurs droits sur ladite somme, conformément au même testament; condamne Justine Canton et Marie Darrigrand aux dépens ».

Justine Canton et Marie Darrigrand appellent de ce jugement; mais la cour d'appel de Pau le confirme le 8 germinal an 11. Ses motifs sont que c'est dans le testament même qu'il faut chercher l'explication de la volonté du testateur; que, si le testateur s'était borné à léguer à Marie Darrigrand le quart de ses biens, il n'y aurait nul doute que le legs ne comprît ce quart en nature; mais qu'immédiatement après avoir fait ce legs, il en a ordonné le retour au profit de sa fille et de son fils cadet, dans des termes qui ne permettent pas de douter qu'il n'ait entendu leur léguer qu'une somme de 8,000 liv., et qu'il ne peut pas être supposé avoir voulu léguer à Marie Darrigrand autre chose que ce qu'il a déclaré réversible, après elle, à son fils cadet et à sa fille; que, si la première clause pouvait laisser, à cet égard, quelques incertitudes, la seconde suffirait pour les dissiper; que, par cette seconde clause, le testateur fixe expressément à 8,000 livres la valeur de la quarte qu'il a léguée en usufruit et en propriété par la première; qu'il n'a donc voulu léguer rien de plus; que, par l'institution contractuelle du 17 avril 1754, il s'était mis dans l'impuissance de disposer de plus d'un quart de ses biens; que cependant, outre le legs qu'il a fait d'une quarte évaluée 8,000 livres, il en a encore fait d'autres; qu'il n'a pu les faire, que parce qu'il savait que les 8,000 livres n'épuisaient pas réellement la quarte disponible; que de là résulte une nouvelle preuve qu'il n'a voulu léguer que 8,000 livres; et qu'il faut entendre ainsi son testament, d'après le principe établi dans le cinquante-quatrième plaidoyer de M. d'Aguesseau, que, dans la recherche de l'intention du testateur, on doit préférer l'interprétation qui concilie le mieux sa volonté avec son pouvoir; qu'enfin, le testament a été exécuté par les parties comme ne contenant qu'un legs de 8,000 liv.; que Marie Darrigrand a reçu, pendant plusieurs années, l'intérêt de cette somme, sans rien prétendre de plus; et qu'il a été avancé en cause d'appel, sans que Justine Canton l'ait contredit, que celle-ci s'était constituée en dot la somme de 5,000 liv., comme formant tout ce qui lui revenait sur la quarte dont son père avait ordonné la réversion à son profit pour cinq huitièmes.

Justine Canton acquiesce à cet arrêt; mais Marie Darrigrand en demande la cassation : elle le dénonce comme contraire à la loi 33, D. *de conditionibus et demonstrationibus*; à la loi 76, §. 8, D. *de legatis* 2.°; à la loi 35, §. 1, D. *de legatis* 3.°; et au §. 30 du titre *de legatis*, aux Institutes : tous textes dont elle infère que la fixation faite par Jean Canton, de la valeur de la quarte de ses biens à 8,000 livres, n'est qu'*une démonstration indépendante de la substance du legs*; et qu'ainsi, cette fixation ne doit pas empêcher que la quarte ne soit censée léguée en nature.

« Mais (ai-je dit à l'audience de la section des requêtes, le 2 ventôse an 12), qu'y a-t-il de commun entre les décisions de ces quatre textes du droit romain et l'espèce actuelle?

» Le premier déclare qu'un legs, qu'un fidéicommis, qu'une institution d'héritier n'en sont pas moins valables, quoique le testateur ait donné au légataire, au fidéicommissaire, à l'institué, le titre de frère, de sœur, de neveu, ou toute autre qualité qu'il n'avait pas : *falsa demonstratio neque legatario, neque fideicommissario nocet, neque heredi instituto : veluti si fratrem dixerit, vel sororem, vel nepotem, vel quodlibet aliud : et hoc ità juris civilis ratione et constitutionibus divorum Severi et Antonini rescriptum est.*

» Le second décide que, si j'ai légué à Titius ce qui m'était dû en vertu du testament de Sempronius, ma disposition doit avoir son effet, bien que, depuis la mort de Sempronius, j'aie passé avec son héritier un traité emportant novation; et qu'en conséquence, ce qui dans l'origine, m'avait été dû en vertu du testament, ne le soit plus qu'en vertu du traité. *Heres meus Titio dato quod ex testamento Sempronii debetur mihi : cùm jure novationis quam legatarius idemque testator antè fecerat, legatum ex testamento non debeatur, placuit falsam demonstrationem legato non obesse; nec in totum falsum videri, quod veritatis primordio adjuvaretur.*

» Le troisième a pour objet un legs ainsi conçu : « Je donne à Sempronius toutes les terres que » je possède, jusqu'à la pièce nommée *Gaas*, » sur les confins de la Galatie, et que *Primus* » fait valoir pour mon compte ». Dans l'arrondissement que forment ces différentes terres, il s'en trouve une qui confine, non à la Galatie, mais à la Cappadoce, et qui cependant est comprise comme les autres dans l'exploitation de *Primus*. On demande si, comme les autres, cette terre est léguée à Sempronius; et la loi répond que Sempronius a droit de la réclamer : *Quæsitum est cùm in eodem confinio prædiorum, unum sit prædium, non Galatiæ, sed Cappadociæ finibus, sub curâ tamen ejusdem villici, an etiam id prædium cùm cœteris ad Sempronium pertinère? Respondit et hoc deberi.*

» Voilà trois textes qui bien sûrement ne peuvent recevoir aucune espèce d'application à la clause sur laquelle a statué le jugement attaqué par la demanderesse. Le quatrième y a-t-il plus de rapport? Vous allez en juger.

» Après avoir établi que l'erreur dans laquelle le testateur est tombé sur le nom ou le prénom du légataire, ne nuit pas à la validité du legs, pourvu que l'on sache bien quelle est la personne qu'il a voulu gratifier, Justinien ajoute qu'à cette règle tient de bien près la maxime, que la fausse démonstration ne vicie point le legs; et il en donne deux exemples. — *Je donne et lègue Stichus, esclave né dans ma maison* — Quoique l'esclave Stichus ne soit pas né chez moi, et que je l'aye acheté, mon legs n'en aura pas moins son effet, dès qu'il n'y a pas d'incertitude sur la personne que j'ai voulu léguer. — Il en sera de même, si je lègue l'esclave *Stichus*, en énonçant que je l'ai acheté de *Seïus*; on aura beau prouver que ce n'est pas de *Seïus* mais d'un autre, que j'ai acheté *Stichus* : du moment que ma volonté de léguer *Stichus* est bien constante, mon legs sera exécuté. *Huic proxima est illa juris regula, falsâ demonstratione legatum non perimi : veluti si quis ità legaverit*, Stichum servum meum vernam do, lego : *licet enim non verna, sed emptus sit; si tamen de servo constat, utile est legatum. Et convenienter, si ità demonstraverit*, Stichum servum quem à Seïo emi, *sitque ab alio emptus, utile est legatum, si de servo constat.*

» Vous êtes sans doute étonné C. M., de voir invoquer devant vous, comme moyens de cassation, des textes aussi évidemment étrangers à l'espèce à laquelle on prétend les adapter. S'agit il ici de ce qu'on appelle en droit une *démonstration fausse?* Y a-t-il erreur dans le testament, soit sur les noms des légataires, soit sur leurs qualités, soit sur la situation, soit sur la consistance des objets légués, soit enfin sur le titre en vertu duquel ces objets appartenaient au testateur? Rien de tout cela : il ne s'agit que de savoir si, en léguant une quarte, et en l'évaluant à 8,000 livres, Jean Canton a entendu laisser aux légataires l'option entre la somme de 8,000 livres et la quarte en nature, ou s'il a voulu que son héritier pût retenir la quarte en nature, moyennant la somme de 8,000 livres.

» Cette question a bien quelque affinité avec celle de savoir quels sont les cas où le legs fait par assignat, est *limitatif ou démonstratif*, c'est-à-dire, avec une des questions les plus abstraites et les plus épineuses du droit, mais elle n'y rentre pas précisément.

» Si la quarte ne valait pas 8,000 livres, et que, d'une part, l'héritier prétendît la délivrer en nature, tandis que, de l'autre, les légataires en réclameraient la valeur telle qu'elle est fixée par le testament, nous aurions à examiner si, indépendamment de l'institution contractuelle qui ne permettait pas à Jean Canton de rien donner au-delà du quart de ses biens, on ne devrait pas encore rejeter la prétention des légataires, sur le fondement que la quarte étant placée dans la substance même du legs, et sa valeur n'étant indiquée que comme un moyen de libération pour l'héritier, il y aurait alors dans la disposition du testateur ce que les interprètes nomment un *assignat limitatif*; et là s'appliquerait un arrêt du parlement de Toulouse, du 2 septembre 1613, qui a débouté le légataire d'un *cabal*, estimé par le testateur 7,200 livres, de sa demande en supplément de la moins value.

» Mais dans notre espèce, la quarte est supposée valoir plus de 8,000 liv. : ce n'est même que parce qu'elle vaut plus, que les légataires ont prétendu se la faire délivrer en nature. Or, dans ce cas, nous n'avons pas besoin de nous égarer avec les docteurs dans le labyrinthe des distinctions et sous-distinctions auxquelles donne lieu la fameuse question de l'assignat limitatif ou démonstratif. Il nous suffit que le testateur ne puisse être censé avoir évalué la quarte que pour l'avantage de son héritier : car si c'est pour l'avantage de son héritier qu'il est censé l'avoir évaluée, très-certainement l'héritier a le droit de réclamer le bénéfice de cette évaluation; très-certainement l'héritier peut restreindre le legs à cette évaluation; très-certainement on ne peut lui rien demander au-delà de cette évaluation.

» Eh bien! soit que l'on consulte les principes généraux de la matière, soit que l'on s'arrête aux dispositions particulières du testament de Jean Canton, il est impossible de n'être pas convaincu que l'évaluation n'a été faite qu'en faveur de l'héritier.

» En thèse générale, toutes les fois qu'on donne un fonds pour un certain prix, l'estimation prend la place de la chose. Ainsi, dans le droit romain, lorsque le contrat de mariage contient l'évaluation de la dot, le mari n'est pas tenu de rendre le fonds dotal, mais seulement la somme à laquelle on l'a estimé, à moins que, par le contrat même, l'option n'ait été expressément laissée à la femme (loi 10, §. dernier, loi 18, loi 69, §. 7 et 8, D. *de jure dotium*; loi 11, D. *de fundo dotali*; lois 50 et pénultième, §. 3, D. *soluto matrimonio*; loi 1.re, C. du même titre; loi unique, §. 9, C. *de rei uxoriæ actione*; loi 30, C. *de jure dotium*). Et il y a une raison bien plus puissante pour en décider de même relativement à un legs : c'est qu'en pareil cas, la condition de l'héritier est toujours plus favorable que celle du légataire. — A la vérité lorsque la contestation entre l'héritier et le légataire, tend à priver celui-ci de l'entier effet de la disposition du testateur, c'est contre celui-là que doivent s'interpréter les clauses obscures ou ambiguës : car, dit la loi 12, *de rebus dubiis*, au digeste, *quoties in actionibus aut exceptionibus ambigua oratio est, commodissimum est id accipi quo res de quâ agitur, magis valeat quàm pereat.* — Mais quand il ne s'agit que de réduire le legs, quand il ne s'agit que de savoir s'il a été renfermé par le défunt dans tels ou tels termes, toute la faveur se reporte du côté de l'héritier: « C'est alors (dit le chancelier d'Aguesseau, » tom. 4, pag. 631) qu'il peut alléguer ces » maximes communes, *parcendum heredi*, *in* » *dubio pro herede respondendum*, *semper in* » *obscuris quod minimum est sequimur*; parce » qu'il y a au moins une des deux volontés qu'on » suppose dans le testateur, qui aura son exé» cution ».

» Et si de ce principe général, déjà si décisif, nous descendons aux clauses du testament de Jean Canton, qui est-ce qui osera dire que ce n'est pas en faveur de son héritier qu'il a évalué la quarte? De trois choses l'une: ou en l'évaluant il n'avait aucun but, ou il l'a évaluée pour l'avantage des légataires, ou il ne l'a évaluée que pour donner à son héritier le moyen de se libérer moyennant 8000 livres.

» Or, vouloir qu'il n'ait eu aucun but en l'évaluant, vouloir qu'il ne l'ait évaluée que par une sorte de *démonstration* surabondante, c'est aller contre le texte formel de son testament: car il y déclare, en termes exprès, qu'il ne l'évalue que *pour prévenir toute discussion entre ses enfans*; et ce qui prouve bien qu'il met à cette évaluation un véritable et grand intérêt, c'est le soin qu'il apporte à la faire exactement; c'est qu'il ne la fait qu'*après avoir examiné*, avec toute l'attention dont il est capable, l'*état de sa fortune*, *et en avoir distrait les charges*; *qu'après s'être aidé des lumières de son conseil*. Enfin, ce qui achève de démontrer que cette évaluation n'est point, de sa part, une opération indifférente, mais qu'elle est au contraire une disposition formelle de sa volonté, c'est qu'il ne se borne pas à déclarer que *la quarte se porte à la somme de* 8000 *livres*, mais qu'il *la fixe* à cette somme; c'est que par ces mots, *je la fixe*, il entend évidemment restreindre à 8000 livres la valeur de la quarte dont il dispose.

» Si l'évaluation n'a pas été faite sans but, on ne peut pas dire non plus qu'elle l'ait été pour l'avantage des légataires. Le testateur savait très-bien que, d'après son contrat de mariage, il ne pouvait plus disposer que d'une quarte; il savait, par conséquent, que toute disposition qui, dans le testament, excéderait la quarte, serait réductible à ce taux; il n'est donc pas permis de croire qu'il ait évalué la quarte à 8000 livres, pour se ménager un moyen indirect de donner plus qu'il ne pouvait: ce n'est donc pas pour favoriser ses légataires, qu'il l'a évaluée.

» Mais dès que l'évaluation a eu un but, dès que ce but n'a été ni pu être l'avantage des légataires, il reste nécessairement à dire que c'est en faveur de son héritier qu'elle a été faite, et qu'elle l'a été pour ouvrir à l'héritier une voie simple et facile de libération, pour lui épargner les embarras et les frais d'une expertise contradictoire, pour faire tourner à son profit l'excédent de la valeur réelle de la quarte, sur la somme de 8000 livres.

» Sans doute, cette estimation n'est pas obligatoire pour l'héritier, il ne peut pas s'y tenir, parce que les trois-quarts des biens lui sont irrévocablement acquis par son institution contractuelle; et si la quarte léguée ne vaut pas 8000 livres, il peut, au lieu de 8000 liv., délivrer la quarte en nature. — Mais pour les légataires, nul moyen de résister à la volonté du testateur. Le testateur était libre à leur égard; il pouvait ne pas leur donner la quarte; il pouvait, par conséquent, ne la leur donner qu'à telle ou telle condition; il pouvait, en la leur donnant, ne pas permettre qu'elle fût l'objet d'une discussion entre eux et l'héritier; il pouvait ne la leur donner, qu'en la fixant à 8000 livres; or, c'est ce qu'il a fait, et certainement les légataires ne peuvent pas diviser sa disposition; ils ne peuvent pas séparer du legs de la quarte, la valeur que le testateur lui a assignée.

» Et en vain, a-t-on cherché, devant le tribunal d'appel de Pau, à se prévaloir de la loi 15, §. 8, D. *ad legem falcidiam*. Cette loi dit bien que la quarte falcidie ne peut pas être diminuée par l'évaluation qu'en fait le testateur; mais quelle en est la raison? C'est parce que la quarte falcidie était indisponible de la part du testateur, et que le testateur ne pouvait pas diminuer ce qu'il ne lui était pas permis d'ôter: *Quarta quæ per legem falcidiam retinetur, æstimatione quam testator facit, non magis minui potest quàm auferri*. — En est-il de même de la quarte dont il est ici question? Non assurément. Les légataires n'y avaient aucun droit par eux-mêmes. Non-seulement le testateur pouvait la leur ôter, mais il pouvait ne pas la leur donner; il pouvait conséquemment en retrancher tout ce qu'il jugeait à propos; et par une conséquence ultérieure, il a pu l'affaiblir par l'estimation qu'il lui a plu d'en faire.

» En vain encore a-t-on prétendu que la loi citée n'avait pas pour motif l'incapacité dans laquelle était alors le testateur, de disposer de la quarte falcidie; en vain, pour le prouver, a-t-on dit que cette loi avait survécu à l'abrogation faite de cette incapacité, par le §. 2 du chap. 2 de la première novelle de Justinien; en vain a-t-on voulu inférer de là, que le véritable motif de la loi du digeste était que, dans les testamens, les évaluations ne pouvaient jamais être obligatoires, soit pour les héritiers, soit pour les légataires.

» Non, sans doute, la disposition de la loi 15, §. 8, D. *ad legem falcidiam*, n'a pas été abrogée par la permission que la première novelle de Justinien a accordée à tout testateur de prohiber la distraction de la quarte falcidie. Mais pourquoi ne l'a-t-elle pas été? Parce que la première novelle n'admet la prohibition de la quarte falcidie, que lorsqu'elle est conçue en termes exprès : *Si verò* EXPRESSIM *designaverit non velle heredem retinere falcidiam, necessarium est testatoris valere sententiam.*

» Du reste, il est impossible de se méprendre sur le motif de la loi 15, *ad legem falcidiam :* elle nous dit elle-même que, par son estimation, le testateur ne peut pas plus diminuer la quarte falcidie qu'il ne peut la prohiber. Donc, l'indisponibilité de la quarte falcidie est le seul fondement de la décision de la loi; donc il est faux que la loi soit basée sur le prétendu principe général que les estimations ne sont jamais obligatoires dans les testamens; donc ce prétendu principe n'est justifié par aucune loi; donc aucune loi n'a été violée par le jugement dont on vous demande la cassation; donc il y a lieu de rejeter la requête qui vous est présentée, et c'est à quoi nous concluons ».

Ces conclusions ont été adoptées par arrêt du 2 ventôse an 12, au rapport de M. Cassaigne,

« Attendu 1.° qu'en déboutant de la demande en délivrance de la quarte des biens de Jean Canton, et en n'adjugeant que la somme de 8000 livres, à laquelle il l'a fixée par son testament, le jugement ne peut avoir contrevenu aux lois relatives aux legs limitatifs et démonstratifs. qu'autant que Jean Canton aurait voulu seulement léguer ladite quarte, et qu'il ne l'aurait fixée à ladite somme de 8000 liv., que par simple démonstration de valeur, sans intention de limiter le legs à cette somme;

» Attendu 2.° que, bien loin qu'il conste, dans le fait, que Jean Canton ait réellement disposé de la sorte, il résulte au contraire des clauses de son testament, que, quoiqu'il y ait parlé de ladite quarte, il n'a voulu néanmoins léguer que la somme de 8000 liv., à laquelle il l'a fixée; qu'en effet, par la première de ces clauses, en même temps qu'il dit léguer à Marie Darrigrand, son épouse, la jouissance de la quarte de ses biens, il déclare vouloir qu'après le décès de celle-ci, cette même quarte soit partagée entre ses enfans cadets, savoir, 5000 l. à Justine, et 3000 liv. à Gaspard; immédiatement après, il déclare, pour prévenir toute sorte de discussion entre ses enfans, après avoir vérifié l'état de sa fortune, et s'être aidé des lumières de son conseil, qu'elle se porte à ladite somme de 8000 livres; enfin, il termine, en ajoutant par exprès; qu'il la fixe à cette somme, et il passe à d'autres legs qu'il n'aurait pu faire, sans excéder la portion disponible de ses biens, s'il avait déjà disposé de la quarte; de tout quoi, il résulte que ce n'est point de la quarte de ses biens que Jean Canton a voulu réellement disposer, mais seulement d'une somme de 8000 l. à prendre sur cette quarte;

» Attendu, enfin, qu'en décidant de la sorte ce point de fait, le jugement attaqué n'a fait qu'une juste interprétation du testament dont il lui appartenait d'ailleurs de lever les doutes et de fixer les dispositions; que, par suite, il n'a contrevenu à aucune des lois citées ».

§. II. *L'étendue d'un legs, par rapport à la disponibilité des biens, doit-elle être déterminée par la loi du temps de la confection du testament, ou par celle du temps de la mort du testateur?*

V. le plaidoyer et l'arrêt du 28 germinal an 11, rapportés à l'article *Avantages entre époux*, §. 9.

§. III. 1.° *Quel est l'effet du legs fait à titre de peine?*

2.° *Avant l'abolition du droit d'aînesse, un père pouvait-il, dans la coutume d'Artois, léguer tous ses biens disponibles à ses enfans puînés, et en priver totalement l'aîné, dans le cas où celui-ci eût voulu exercer rigoureusement son droit d'aînesse?*

V. le plaidoyer et l'arrêt du 12 germinal an 9, rapportés sous le mot *Aînesse*, §. 2.

§. IV. *Le legs de l'usufruit, avec pouvoir d'aliéner, confère-t-il au légataire la propriété de la chose qu'il a pour objet?*

V. l'article *Condition de manbournie*, §. 4.

§. V. 1.° *Quel était, avant le Code civil, l'effet du legs de la chose d'autrui, avec le consentement du propriétaire de cette chose?*

2.° *Celui qui lègue purement et simplement une chose ou une universalité de biens dont il n'a que la moitié, est-il censé léguer le tout, ou seulement sa part personnelle?*

V. l'article *Testament conjonctif*, §. 1.

§. VI. *A qui de l'héritier institué ou de l'héritier* ab intestat, *profitait, sous l'empire de la coutume de Namur, la caducité du legs d'un bien féodal, résultant de ce que le légataire était mort sans en avoir fait le relief?*

V. l'article *Féodalité*, §. 5.

Au surplus, *V.* les articles *Donation à cause de mort, Institution d'héritier, Légataire* et *Testament.*

LÉSION, *V.* l'article *Partage*, §. 3.

LETTRE. — §. I. *Le défaut de réponse à une lettre contenant l'annonce d'une opération faite pour notre compte, emporte-t-elle, de notre part, la ratification de cet acte?*

V. le plaidoyer du 8 germinal an 11, rapporté à l'article *Compte courant*, §. 1.

§. II. *La prescription d'une lettre de change est-elle couverte par une lettre missive contenant la reconnaissance qu'elle n'est pas acquittée?*

V. l'article *Lettre de change*, §. 5.

§. III. *Sous une législation qui punit de peines correctionnelles, ceux qui répandent des nouvelles alarmantes, peut-on appliquer ces peines au seul fait de l'envoi par la poste, d'une lettre missive contenant des nouvelles de cette nature, mais non encore divulguées?*

Le 15 mai 1816, le premier adjoint de la mairie de Lauzerte, accompagné du commandant de la garde nationale et du brigadier de la gendarmerie, fait, en vertu d'ordres supérieurs, des recherches dans le domicile de Jean-Baptiste Dupuy : il y saisit 1.° une lettre en chiffres, 2.° un billet par lequel Dupuy demandait à Pierre Alboui une planche pour apprendre, disait-il, à bien calculer par alphabeth; 3.° la réponse d'Alboui portant envoi de cette planche, à la suite de laquelle était l'explication des chiffres; 4.° un commencement de traduction de la lettre.

On reconnaît, par la traduction entière de cette lettre, qu'elle contient des nouvelles fausses et tendant à alarmer les citoyens sur le maintien du gouvernement.

Le procureur du roi près le tribunal de Moissac, rend plainte de ces faits comme portant le caractère du délit prévu par l'art. 9 de la loi du 9 novembre 1815, qui déclarait *coupables d'actes séditieux, ceux qui répandraient ou accréditeraient des nouvelles tendant à alarmer les citoyens sur le maintien de l'autorité légitime et à ébranler leur fidélité.*

L'instruction apprend que c'est Vital-Agricole Redon qui, de Toulouse, a adressé par la poste, la lettre chiffrée à Dupui, et que celui-ci en avait à peine traduit une ligne, lors de la saisie qui en fut faite chez lui.

Aucun des témoins, quoique scrupuleusement interrogés sur ce fait, ne dépose qu'il ait été donné aucune publicité à cette lettre.

Redon, Alboui et Dupui sont traduits au tribunal correctionnel de Moissac.

Les 8 et 22 août, jugemens par lesquels, « considérant, à l'égard de Redon, que, s'il confesse avoir écrit la lettre saisie chez Dupui, il résulte aussi de ses aveux qu'il l'a adressée par la poste à Dupui, que rien au procès ne constate que la nouvelle ait acquis de la publicité; qu'il est même impossible qu'elle en eût acquis par le fait de Redon, puisqu'au moment où cette pièce a été saisie dans les mains de Dupui, celui-ci n'en avait encore traduit que quelques mots; que Redon avait si peu écrit dans l'intention que la nouvelle fût rendue publique, qu'il avait pris la précaution de l'écrire en caractères mystérieux, et qu'il prévenait ainsi les conséquences qui auraient pu résulter de la perte de cet écrit; que d'ailleurs il recommandait par trois fois à Dupui de garder le silence; le tribunal déclare qu'il n'est pas constant que Redon ait répandu ni tenté de répandre des nouvelles alarmantes; et à l'égard d'Alboui et Dupui, qu'il n'est point prouvé qu'ils aient répandu les nouvelles contenues dans la lettre en chiffres trouvée chez Dupui; en conséquence, renvoie les trois prévenus des fins de la plainte ».

Sur l'appel du procureur du roi, le tribunal correctionnel de Montauban réforme ces jugemens, le 11 octobre de la même année, et applique aux trois prévenus la disposition pénale de la loi du 9 novembre 1815, « attendu que répandre une nouvelle, dans le sens de cette loi et celui de la raison, c'est l'envoyer, la communiquer, la faire parvenir, même à une seule personne; que, par sa nature, une nouvelle se communique avec rapidité, quoiqu'elle n'ait été répétée par chaque individu qu'à une seule personne; et que, dans le système des juges de Moissac, une nouvelle serait publique, sans qu'il y eût un seul auteur de cette publicité, ni personne qui en fût responsable; que, si la loi n'avait voulu trouver l'action de répandre des nouvelles, que dans leur annonce faite en public et dans des réunions nombreuses, elle serait sans but, parce qu'alors le mal serait consommé ».

Mais, sur le recours en cassation des trois condamnés, arrêt du 6 décembre 1816, au rapport de M. Chasle, par lequel,

« Vu l'article 410 du Code d'instruction criminelle, d'après lequel la cour doit annuller les arrêts et jugemens en dernier ressort qui ont faussement appliqué la loi pénale;

» Vu aussi l'art. 8 de la loi du 9 novembre 1815.... ».

« Attendu, en premier lieu, en ce qui concerne le pourvoi de Redon, que le tribunal de Montauban, prononçant sur l'appel du jugement rendu par le tribunal de Moissac, a condamné ledit Redon aux peines portées dans les articles 9 et 10 de la loi du 9 novembre 1815, comme convaincu d'avoir répandu des nouvelles tendant à alarmer les citoyens sur le maintien de l'autorité légitime, et à ébranler leur fidélité, et de s'être ainsi rendu coupable du délit prévu par le susdit article de ladite loi;

» Que cependant les seuls faits reconnus résulter de l'instruction, se réduisent à ce qu'une lettre écrite en chiffres, a été envoyée par la poste, de Toulouse à Lauzerte, par Redon à Dupui; que, sur la réception de cette lettre, Dupui a demandé la planche explicative des chiffres, à Alboui qui en était détenteur, et qui la lui a envoyée; que, pendant que Dupui, à l'aide de cette planche, était occupé à traduire cette lettre, et lors qu'encore il n'en avait traduit que quelques lignes, un officier de police est entré chez lui et a saisi la lettre, la planche et le billet d'envoi d'Alboui; que la traduction de la lettre ayant été achevée par les agens de la police, il a été reconnu qu'elle renfermait des nouvelles tendant à alarmer les citoyens sur le maintien de l'autorité légitime et à ébranler leur fidélité;

» Que le jugement du tribunal de Montauban n'énonce aucun fait qui établisse que les nouvelles ayent été répétées ou communiquées par Dupui; que les faits reconnus en excluent même la possibilité;

» Que de ces faits il résulte que, lors de la saisie d'après laquelle les poursuites ont été faites, Dupui n'avait pas pu encore avoir pris connaissance des nouvelles portées dans la lettre;

» Que ces nouvelles, loin d'être des nouvelles répandues, n'étaient encore que des nouvelles exprimées par des caractères d'écriture sur le papier, dans une lettre remise à la poste, et parvenue à son adresse;

» Que, si l'écriture de ces nouvelles dans une lettre, et la remise à la poste de cette lettre, dans l'intention que les nouvelles fussent répandues, pouvaient constituer la tentative du délit prévu par l'art. 8 de la loi du 9 novembre, il ne s'ensuivrait pas que Redon eût pu être condamné d'après cet article, puisque les tentatives de délits ne sont considérées comme délits que dans les cas déterminés par une disposition spéciale de la loi (art. 3 du Code pénal); et qu'aucune disposition de la loi n'a assimilé les tentatives des délits énoncés dans ledit art. 8, à ces délits consommés,

» Que d'ailleurs une lettre est un dépôt essentiellement secret; que ce qui y est écrit, n'a que le caractère de la pensée, jusqu'à ce que, par un fait autre que celui de la force majeure, le secret en ait cessé; qu'hors les cas déterminés par la loi, ce n'est que par la divulgation ou la communication qui peut en être faite, que ce qu'elle contient, peut devenir la base d'une action criminelle;

» Que, si le tribunal de Montauban a déclaré Redon convaincu d'avoir répandu les nouvelles portées dans la lettre dont il s'agit, il ne l'a déclaré que par forme de conséquence des faits de l'instruction, tels qu'ils ont été raportés ci-dessus; que cette déclaration n'a donc été que la qualification et le jugement de ces faits; qu'elle n'en a été qu'une induction morale qui se confond avec la fausse application de la loi, qui en a été la suite;

» Attendu, en deuxième lieu, en ce qui concerne Dupui et Alboui, qu'ils n'ont été condamnés que comme complices de Redon, pour l'avoir aidé et assisté dans le délit reconnu contre lui;

» Que, là où il n'y a pas de corps de délit principal, il ne peut pas y avoir un délit de complicité; ce qui rend sans objet d'examiner les moyens de cassation présentés par eux, à l'appui de leur pourvoi;

» La cour casse et annulle, etc.... ».

LETTRE DE CHANGE. — §. I. 1.° *Pour déterminer l'échéance et l'exigibilité d'une lettre de change tirée d'Amsterdam sur Paris, à deux mois de date, avant le rétablissement du calendrier grégorien en France, devait-on consulter l'annuaire républicain, alors seul en usage à Paris, ou le calendrier grégorien encore usité à Amsterdam?*

2.° *En cas de protêt fait à tard, d'une lettre de change* ACCEPTÉE *par celui sur qui elle était tirée, le tireur et les endosseurs étaient-ils tenus, sous l'ordonnance de 1673, pour écarter le recours du porteur, de prouver que l'accepteur leur était redevable, ou avait provision au temps où le protêt eût dû être fait?*

V. l'article *Protêt*, §. 2.

§. II. *Celui qui, après un protêt, paye pour le compte d'un autre, une lettre de change qui ne portait point remise de place en place, peut-il en répéter les intérêts à dater du jour du payement? Peut-on considérer comme lettre de change, une traite qui ne porte point remise de place en place?*

V. le plaidoyer et l'arrêt du 5 vendémiaire an 11, rapportés à l'article *Intérêts*, §. 2.

§. III. 1.° *Celui qui, sous l'ordonnance de 1673, s'était rendu caution et garant solidaire du payement d'une lettre de change, en cas qu'à l'échéance, le tireur n'en fit pas les fonds, pouvait-il opposer au porteur qui ne lui en avait pas fait signifier le protêt dans le terme prescrit par l'art. 14 du tit. 5 de cette loi, la fin de non-recevoir établie par l'art. 13 du même titre?*

2.° *Le pouvait-il, lorsqu'il avait donné ce cautionnement à titre d'aval, et pour valoir comme endossement?*

3.° *Le pouvait-il, lorsqu'il avait donné son aval par un acte séparé de la lettre de change?*

V. l'article *Aval*.

§. IV. *Celui qui n'a ni créé ni endossé ni accepté une lettre de change, peut-il, sous le prétexte qu'il en doit le montant au tireur, être assigné en garantie du payement de cette traite devant le juge domiciliaire de celui-ci?*

J'ai traité cette question dans les conclusions suivantes, qui ont été données à l'audience de la cour de cassation, section des requêtes, le 22 frimaire an 9, sur une demande en réglement de juges formée par le sieur Géhier-Saint-Hilaire, contre le sieur Leprieur.

« Vous avez à statuer définitivement sur la requête en réglement de juges du cit. Géhier-Saint-Hilaire, dont un jugement interlocutoire du 27 ventôse an 8, a ordonné la communication au cit. Leprieur.

» Dans le fait, le cit. Leprieur a exercé, pendant plusieurs années à Rennes, les fonctions d'agent général des transports militaires, dont le cit. Géhier-Saint-Hilaire était entrepreneur à Paris.

» A l'époque de la cessation de son service, le cit. Leprieur se prétendant en avance sur le cit. Géhier-Saint-Hilaire, a tiré sur lui plusieurs lettres de change, montant ensemble à 12,300 fr., que le cit. Géhier-Saint-Hilaire a laissé protester, faute d'acceptation.

» Le porteur de ces lettres de change ayant exercé son recours contre le cit. Leprieur, devant le tribunal de commerce de Rennes, celui-ci a fait assigner le cit. Géhier-Saint-Hilaire, devant le même tribunal, pour s'y voir condamner à le garantir et indemniser des poursuites du porteur.

» Le cit. Géhier-Saint-Hilaire a proposé un déclinatoire qu'il a motivé, et sur ce qu'il n'était pas justiciable des tribunaux de commerce, et sur ce qu'en tout cas, il n'eût pu l'être que de celui de Paris, lieu de son domicile.

» Ce déclinatoire ayant été rejeté par un jugement du 29 pluviôse an 8, le cit. Géhier-Saint-Hilaire s'est pourvu en réglement de juges.

» Avant de prononcer sur sa demande, le tribunal a cru devoir entendre le cit. Leprieur.

» Le cit. Leprieur a fourni ses moyens de défense, et le cit. Géhier-Saint-Hilaire y a répondu.

» Les choses en cet état, vous avez à décider, si le cit. Géhier-Saint-Hilaire est justiciable des tribunaux de commerce en général, et subsidiairement si, dans l'espèce, c'est devant le tribunal de commerce de Rennes qu'il a dû être assigné.

» Sur la première question...... (*V. Tribunal de commerce*, §. 5).

» Après tout, quand le cit. Géhier-Saint-Hilaire serait justiciable des tribunaux de commerce en général, aurait-il pu pour cela être assigné au tribunal de commerce de Rennes? L'aurait-il pu, notamment dans la supposition assurément bien gratuite, qu'il eût promis d'accepter les lettres de change dont il s'agit?

» Sur cette question subsidiaire, C. M., nous laisserons parler le jugement que vous avez rendu depuis peu dans une espèce parfaitement identique avec l'hypothèse dans laquelle nous venons de placer le cit. Géhier-Saint-Hilaire.

» Le cit. Parthon, banquier à Paris, s'était obligé, par acte du 8 ventôse an 9, d'accepter les traites qui seraient tirées par le cit. Thoinnet à l'ordre du cit. Rouzeau jeune, pour des objets dont il est inutile de vous rendre compte. — Quelque temps après, un cit. Saublay, que le cit. Thoinnet avait chargé de sa procuration relativement aux objets pour lesquels les traites devaient être fournies, tira de Rochefort, à l'ordre du cit. Rouzeau, deux lettres de change sur le cit. Parthon. — Le cit. Rouzeau les passa à l'ordre du cit. Hebre-Saint-Clément. — Le cit. Parthon refusa de les accepter, sous prétexte qu'il ne connaissait pas le cit. Saublay. — En conséquence, assignation donnée par le cit. Hebre-Saint-Clément, au cit. Rouzeau, devant le tribunal de commerce de Rochefort. — Le cit. Rouzeau comparaît et conclut à la mise en cause du cit. Parthon. — Le cit. Thoinnet comparaît également, et fait la même demande. — Jugement du 12 brumaire an 8, qui ordonne effectivement que le cit. Parthon sera mis en cause. — Le 2 ventôse suivant, le cit. Parthon comparaît, forme opposition au jugement du 12 brumaire précédent, et demande son renvoi devant le tribunal de commerce de Paris. — Jugement du même jour qui rejette son déclinatoire; et sur son refus de plaider au fond, le condamne par défaut au payement des deux lettres de change. — Le cit. Parthon se pourvoit en réglement de juges; et le 21 thermidor an 8, jugement de la section des requêtes, au rapport du cit. Riolz, par lequel, — « Attendu que Parthon n'a promis que d'accepter et de payer à Paris les lettres de change qui seraient tirées par Thoinnet en faveur de Rouzeau; que c'est sous ce rapport seulement que Parthon s'est mis à la place de Thoinnet, mais qu'il ne s'est nullement soumis à être poursuivi devant les juges desquels Thoinnet serait ou pourrait être justiciable; qu'ainsi, l'engagement de Parthon est un engagement purement personnel qui n'a pu produire contre lui qu'une action purement personnelle, de la compétence de juges de son domicile, c'est-à-dire, du tribunal de commerce de Paris; — Le tribunal, sans avoir égard aux assignations données à Parthon devant le tribunal de commerce de Rochefort, les 28 frimaire et 7 pluviôse dernier, ni au jugement de ce tribunal du 12 brumaire aussi dernier, en ce qu'il ordonne la mise en cause de Parthon, ni à celui du 2 ventôse suivant, en ce qu'il le déboute de son déclinatoire et le condamne au payement des lettres de change dont il s'agit, ni à tout ce qui a pu être fait en exécution de ces jugemens, le tout quoi est déclaré nul et comme non-avenu, le tribunal ordonne, que sur la demande portée aux assignations des 28 frimaire et 7 pluviôse dernier, il sera procédé devant le tribunal de commerce de Paris ».

» D'après une décision aussi positive, il ne peut y avoir ici aucune difficulté sur l'incompétence du tribunal de commerce de Rennes. Le seul doute qui peut rester, est de savoir si c'est devant le tribunal de commerce de Paris, ou devant le tribunal civil du département de la Seine, que les parties doivent être renvoyées. Mais comme il n'existe encore à cet égard aucune contestation entre elles, il paraît inutile de nous en occuper quant à présent.

» Dans ces circonstances et par ces considérations, nous estimons qu'il y a lieu, sans avoir égard aux assignations données au cit. Géhier-Saint-Hilaire devant le tribunal de commerce de Rennes, ni au jugement de ce tribunal, du 29 pluviôse an 8, lesquels seront déclarés nuls et comme non-avenus, d'ordonner que, sur la demande formée par le cit. Leprieur contre le cit. Géhier-Saint-Hilaire, les parties procéderont devant les juges du domicile de ce dernier qui en doivent connaître ».

Sur ces conclusions, arrêt du 22 frimaire an 9, au rapport de M. Desfougères, qui prononce en ces termes :

« Attendu que les entreprises du cit. Géhier-Saint-Hilaire et les négociations qui en ont été la suite, le mettent dans la classe des marchands et négocians, sous le rapport des contestations qui en résultent, et des tribunaux qui doivent en connaître;

» Attendu aussi qu'il résulte des instructions fournies par Géhier-Saint-Hilaire à Leprieur, l'un de ses agens, et de sa correspondance, que les lettres de change qu'il était autorisé à tirer sur lui, avec les formalités et les précautions qu'il lui indique, devaient être toutes payées à Paris, au domicile de Géhier-Saint-Hilaire, où il tenait sa caisse et ses bureaux;

» Attendu que, quoique ledit Géhier-Saint-Hilaire fût justiciable des tribunaux de commerce pour raison de ses entreprises et des lettres de change tirées sur lui par ses agens, il ne pouvait néanmoins être traduit devant les divers tribunaux de commerce de la république, où seraient appelés ses agens tireurs de lettres de change, par les porteurs ou endosseurs d'icelles;

» Le tribunal, statuant sur la demande en réglement de juges, sans s'arrêter ni avoir égard aux assignations données à Géhier-Saint-Hilaire, de la part de Leprieur, devant le tribunal de commerce de Rennes, qui sont déclarées nulles et comme non-avenues, ni aux jugemens intervenus contre lui, au tribunal de commerce de Rennes, les 24 vendémiaire an 8 et 29 pluviôse suivant, qui sont aussi déclarés nuls et comme non-avenus, quant aux dispositions qui concernent ledit Géhier-Saint-Hilaire; renvoie les parties à procéder devant le tribunal de commerce de Paris, dans le territoire duquel réside Géhier-Saint-Hilaire, et condamne Leprieur aux frais et déboursés faits par ledit Géhier-Saint-Hilaire, sur ladite demande en réglement de juges... ».

Il a été rendu, depuis, deux arrêts semblables. Voici l'espèce du premier.

Le sieur Couturier, maître des forges à Châtillon-sur-Seine, avait fourni aux sieurs Paillet et Labbé, négocians à Paris, des fers pour le solde desquels il tira sur eux une lettre de change de 4580 francs payable en leur domicile.

Les sieurs Paillet et Labbé, prétendant ne redevoir au sieur Couturier que 2590 francs, laissent protester sa lettre de change.

Les porteurs se pourvoient contre le sieur Couturier, devant le tribunal civil de Châtillon, faisant fonctions de tribunal de commerce. Le sieur Couturier, de son côté, y fait assigner en garantie les sieurs Paillet et Labbé.

Ceux-ci ne comparaissent pas, se laissent condamner par défaut, font au sieur Couturier des offres réelles de 2590 francs qu'il refuse, et l'assignent, pour les voir déclarer valables, devant le tribunal de commerce de Paris.

Le sieur Couturier se présente devant ce tribunal et soutient que l'action dirigée contre lui, étant personnelle, ne peut être portée que devant le juge de son domicile.

Jugement qui rejette son déclinatoire et déclare les offres réelles valables.

Demande en réglement de juges de la part du sieur Couturier, qui soutient, devant la section des requêtes de la cour de cassation, 1.° qu'ayant été assigné au tribunal de Châtillon par les porteurs de sa lettre de change, c'est au même tribunal qu'il a dû assigner les sieurs Paillet et Labbé, garans du payement de cet effet; qu'il n'importe qu'ils dénient leur qualité de garans; que cette dénégation n'empêche pas, aux termes de l'art. 181 du Code de procédure civile, qu'ils ne soient justiciables du tribunal saisi de l'action principale; 2.° que le tribunal de commerce de Paris était incompétent pour statuer sur une demande en validité d'offres réelles qui, par cela seul qu'elle était personnelle, ne pouvait être portée que devant le juge domiciliaire du défendeur.

Par arrêt du 12 février 1811, au rapport de M. Oudart,

« Attendu que la lettre de change tirée par Couturier sur Paillet et Labbé, eût été payable à Paris, si ces derniers n'eussent pas prétendu qu'ils n'en devaient pas le montant; et qu'ainsi, d'après l'art. 420 du Code de procédure, la demande de Paillet et Labbé contre Couturier, a été régulièrement portée devant le tribunal de commerce de Paris;

» Attendu que celui qui n'a, ni tiré, ni accepté, ni endossé une lettre de change, ne peut, sous le prétexte qu'il en doit le montant, être distrait de ses juges naturels;

» La cour, sans s'arrêter aux jugemens rendus par le tribunal civil de l'arrondissement de Châtillon sur-Seine, lesquels sont déclarés comme non-avenus; ordonne que les parties continueront de procéder en première instance devant le tribunal de commerce de Paris».

Le second arrêt a été rendu dans les circonstances suivantes.

En 1812, le sieur Musy-Hugot expédie, de Beaune, au sieur Mineur, commissionnaire à Charleville, une feuillette de vin qu'il le charge de faire parvenir au sieur Alexandre, à Verdun.

Le sieur Mineur confie le transport de cette feuillette au sieur Juillon-Compérat, voiturier; à Sédan, qui, arrivé à Verdun, et sur le refus du sieur Alexandre de la recevoir, la dépose dans un magasin où elle périt.

Le sieur Musy-Hugot, informé de cette perte, en prévient le sieur Mineur qui s'en reconnaît responsable, sauf son recours contre le voiturier; et il tire sur lui une lettre de change de 274 fr., valeur du vin perdu.

Cette lettre de change est protestée faute de payement; et le porteur fait assigner le sieur Musy-Hugot devant le tribunal de commerce de Beaune, pour se voir condamner à en rembourser le montant.

Le sieur Musy-Hugot fait assigner le sieur Mineur en garantie devant le même tribunal.

Le sieur Mineur, qui n'avait ni tiré, ni accepté, ni endossé la lettre de change, mais qui en devait le montant comme responsable de la perte du vin dont elle était le prix, pouvait décliner le tribunal de Beaune, et demander son renvoi à Charleville. Il ne le fait point, et se borne à faire assigner le sieur Juillon-Compérat en arrière-garantie devant le même tribunal.

Le sieur Juillon-Compérat demande son renvoi devant le tribunal de commerce de Sédan, lieu de son domicile.

Le 5 juillet 1816, jugement qui rejette ce déclinatoire; et le 5 mai suivant, autre jugement qui condamne le sieur Juillon-Compérat à garantir le sieur Mineur, le sieur Mineur à garantir le sieur Musy-Hugot, et le sieur Musy-Hugot à rembourser le porteur de la lettre de change.

Recours en cassation, de la part du sieur Juillon-Compérat, contre ces deux jugemens.

Par arrêt du 17 juin 1817, au rapport de M. Cassaigne,

« Vu le §. 1 de l'art. 59 du Code de procédure civile.....,

» Attendu que, suivant cet article, le défendeur doit être assigné devant les juges de son domicile, hors les cas exceptés par la loi;

» Et attendu que celui qui n'a, ni créé, ni accepté, ni endossé, ni autrement signé une lettre de change, ne peut être distrait de ses juges naturels, sous prétexte qu'il est redevable; que Juillon-Compérat n'a aucunement signé celle tirée par Musy-Hugot sur Mineur; qu'il n'a donc pu être distrait par celui-ci des juges de son domicile, et être par lui traduit devant ceux de Beaune en garantie de cette lettre, quand même il serait redevable; qu'il n'a pas non plus été permis à Mineur de l'attirer par-devant les juges de Beaune, sous prétexte que la garantie exercée contre lui par Musy-Hugot, avait pour cause la valeur du vin confié, pour le transport, par ce dernier à Mineur, et par celui-ci à Juillon-Compérat, par la faute duquel ce vin aurait péri, puisqu'en raison de cette perte, Musy-Hugot ne pouvait agir contre Mineur, que devant le tribunal de Charleville, juge du domicile de ce dernier, ni Mineur se pourvoir contre Juillon-Compérat, que devant le tribunal de Sédan, juge du domicile de celui-ci; à moins que Musy-Hugot n'eût porté son action devant les juges du domicile de Mineur, auquel cas seulement celui-ci eût pu attirer Juillon-Compérat devant ces mêmes juges par voie de garantie; qu'enfin, il n'a pas dépendu de Mineur, en s'assujettissant arbitrairement à la juridiction du tribunal de Beaune, d'y entraîner, par son fait, Juillon-Compérat, qui a refusé de s'y soumettre; qu'ainsi, en retenant la connaissance de la demande de Mineur contre Juillon-Compérat, et en y statuant au fond, ce même tribunal a violé l'art. 59 du Code de procédure civile ci-dessus cité, et a fait une fausse application de l'art. 181 du même Code;

» La cour casse et annulle.... ».

§. V. *Si, après cinq ans, le débiteur d'une lettre de change reconnaît, même par une simple lettre missive, qu'elle n'est pas acquittée; la prescription est-elle couverte?*

Elle l'était certainement sous l'ordonnance de 1673 : car l'art. 21 du tit. 5 de l'ordonnance de 1673 ne faisait pas résulter du laps de cinq ans, une prescription proprement dite; il n'en faisait résulter qu'une présomption de payement.

C'est ce qu'indiquent 1.° les termes dont se sert l'article, *seront* RÉPUTÉS *acquittés après cinq ans;* 2.° l'obligation que l'article impose aux prétendus débiteurs d'*affirmer*, lorsqu'ils en sont requis, même après les cinq ans, *qu'ils ne sont plus redevables.*

C'est aussi ce qu'enseignent Catellan, dans son Recueil d'arrêts, tome 2, liv. 7, chap. 25, et Jousse sur l'article cité de l'ordonnance de 1673.

Et c'est ce qui a été jugé par un arrêt rendu à la grand'chambre du parlement d'Aix, le 12 juillet 1783; en faveur de la dame Mignen-Duplanier, contre Pierre-Nicolas de Nitry.

Cet arrêt confirme une sentence des juges-consuls de Marseille, qui avait condamné Pierre Nicolas de Nitry, par corps, au payement d'une lettre de change tirée par lui à Marseille, sur son frère (établi en Amérique), depuis environ vingt-deux ans, parce qu'il n'en avait pas fait les fonds à l'échéance, et qu'il avait reconnu la dette par une lettre écrite au mari de la dame Duplanier, quatre ans avant la demande judiciaire.

Pierre-Nicolas de Nitry s'est pourvu en cassation contre cet arrêt, et le conseil en a demandé les motifs; mais d'après l'envoi qui en a été fait et la connaissance de la lettre missive qui avait été dissimulée, un arrêt du mois de décembre 1784 a débouté le demandeur de sa requête en cassation.

Il n'y a nul doute qu'on ne doive encore juger de même sous le Code de commerce. A la vérité, l'art. 189 de ce Code dit que « toutes actions relatives aux lettres de change, *se prescrivent par cinq ans*, à compter du jour du protêt ou de la dernière poursuite juridique »; mais le même article ajoute : « S'il n'y a eu condamnation, ou si la dette n'a été *reconnue par acte séparé* ». Et d'ailleurs, le même article dit encore que « néanmoins les prétendus débiteurs seront tenus, s'ils en sont requis, d'affirmer sous serment qu'ils n'en sont plus redevables... ».

§. VI. *Un associé qui a accepté une lettre de change tirée sur lui, pour les affaires de la société, par son associé, lequel s'en trouve encore porteur au moment de la dissolution de la société même, peut-il en refuser le payement jusqu'à ce que par le résultat du compte à rendre, il soit constaté lequel des deux associés doit à l'autre ?*

Cette question est traitée dans le plaidoyer suivant que j'ai prononcé à l'audience de la section des requêtes de la cour de cassation, du 11 brumaire an 9 :

« La maison *Marana*, de Gênes, associée à la maison *Fabre et compagnie*, de Marseille, tire sur celle-ci une lettre de change de 7417 livres. — La maison Fabre et compagnie accepte cette traite; mais à l'échéance, elle en refuse le payement, parce qu'à cette époque, la société qui avait existé entre elle et la maison Marana, se trouve dissoute. — En conséquence, protêt, recours du porteur contre la maison Marana, et citation à la requête de celle-ci, de la maison Fabre et compagnie, devant le tribunal de commerce de Marseille, pour se voir condamner au payement de l'effet protesté. — Jugement du tribunal de commerce du cinquième jour complémentaire an 7, qui prononce en faveur de la maison Marana. — Mais sur l'appel au tribunal civil des Bouches-du-Rhône, jugement du 7 brumaire an 8, qui infirme, ordonne aux parties de se retirer devant des arbitres, pour présenter et régler le compte de leur société, et déboute, quant à présent, la maison Marana de sa demande.

» La maison Marana prétend d'abord que ce jugement viole l'art. 11 du tit. 3 de l'ordonnance du commerce de 1673, suivant lequel, *après le protêt, celui qui a accepté une lettre de change, peut être poursuivi à la requête de celui qui en est le porteur.* — Mais le jugement lui-même répond à ce premier moyen, en observant que, d'après les termes exprès du contrat de société, les maisons Marana, de Gênes, et Fabre, de Marseille, n'en ont formé qu'une, dont toutes les opérations et tous les intérêts étaient communs, sans que ni l'une ni l'autre pût entreprendre aucune affaire qui lui fût particulière, tout devant être pour le compte de la masse des deux maisons; que d'après cela, il est évidemment nécessaire de liquider les affaires sociales; et que, jusqu'alors, l'une des deux maisons ne doit avoir aucun privilége ni avantage sur l'autre.

» Nous ajouterons que, si l'ordonnance de 1673 contient un article qui assujettit l'accepteur d'une lettre de change à la payer, elle en contient aussi un qui porte : *Tous associés seront obligés solidairement aux dettes de la société, encore qu'il n'y en ait qu'un qui ait signé, au cas qu'il ait signé pour la compagnie.* C'est l'art. 7 du tit. 4 qui s'explique ainsi. Or, de là que résulte-t-il ? Une chose fort simple. C'est que les frères Marana sont aussi bien liés par l'acceptation des cit. Fabre et compagnie, que les cit. Fabre et compagnie eux-mêmes; c'est que les cit. Fabre et compagnie seraient aussi fondés à se pourvoir, pour raison de cette acceptation, contre les frères Marana, que ceux-ci pourraient l'être à se pourvoir à ce sujet contre ceux-là; ou, pour parler plus juste, c'est qu'il ne peut y avoir, quant à présent, aucune action particulière pour cet objet, entre les uns et les autres, et que cet objet doit être renvoyé à la liquidation générale de la société.

» Mais, disent les frères Marana, il n'est pas vrai que la lettre de change dont nous poursuivons le payement, soit relative aux affaires de notre société; nous ne l'avons créée que sur la demande expresse et sous la garantie personnelle des cit. Fabre et compagnie; et ce fait, nous le prouvons par deux lettres des 13 et 19 avril 1799.

» Le rapporteur vous a observé, C. M., que ces lettres ne sont ni timbrées ni enregistrées; qu'elles n'ont pas été produites devant le tribunal dont le jugement est attaqué; que ce jugement d'ailleurs, décide expressément, en fait, le contraire de ce que les frères Marana veulent conclure de cette prétendue correspondance; et assurément c'est beaucoup plus qu'il n'en faut pour repousser le premier moyen de cassation de la maison Marana.

» Le second moyen n'est pas mieux fondé que le premier, ou plutôt, il n'en est que la répétition. La maison Marana le puise dans la prétendue violation de l'engagement contracté, dit-elle, par la maison Fabre et compagnie, dans ses lettres des 13 et 19 avril 1799; et sans doute il est inutile de vous faire remarquer que cet engagement n'est point prouvé, qu'il est même jugé ne pas avoir existé, et que les pièces produites pour en justifier l'existence, sont absolument inadmissibles.

» Pour troisième moyen, la maison Marana invoque la loi romaine, qui rejette la compensation de toute dette liquide contre toute dette qui ne l'est pas. — Mais cette loi est ici sans application : il ne s'agit pas de compenser ce qui est dû par la maison Fabre à la maison Marana, avec ce que la maison Marana doit à la maison Fabre; il s'agit seulement de savoir laquelle des deux doit à l'autre. Aussi n'est-ce pas une compensation qu'a ordonné le jugement du 7 brumaire an 8, mais un simple ajournement; et c'est ce que reconnaissent les demandeurs eux-mêmes, lorsqu'en établissant leur premier moyen de cassation, ils disent : « C'est comme accep-» teurs d'une lettre de change, que les exposans » ont poursuivi la maison Fabre; ils devaient » donc obtenir contre elle jugement de con-» damnation; ils l'ont bien obtenue en pre-» mière instance, mais ils ont succombé sur » l'appel, en tant qu'au lieu de prononcer cette » condamnation, les juges *l'ont ajournée jus-» qu'après la liquidation d'une société existante » entre les parties, et depuis dissoute* ».

» Vous voyez que les demandeurs ont eux-mêmes réfuté à l'avance leur troisième moyen; et par ces considérations, nous estimons qu'il y a lieu de rejeter leur requête ».

Arrêt du 11 brumaire an 9, au rapport de M. Zangiacomi, qui prononce conformément à ces conclusions,

« Attendu que les demandeurs produisent, à l'appui du premier et du troisième moyen, des lettres qui ne sont ni enregistrées ni timbrées, et doivent, par conséquent, être écartées du procès;

» Attendu, sur les mêmes moyens, qu'il est reconnu par le jugement attaqué, qu'il a existé une société entre les maisons Marana et Fabre; et que la lettre de change dont il s'agit, est un effet de cette même société, un effet qui, par conséquent, est la propriété commune des deux maisons;

» Qu'il suit de là que les Marana ne peuvent demander à leur profit le payement de cette lettre de change, qu'en constatant qu'ils sont créanciers des Fabre, ce qui ne peut résulter que de la liquidation des affaires sociales;

» Que le jugement attaqué, en ordonnant cette liquidation, et en ajournant, jusqu'à ce qu'elle soit opérée, la demande des Marana, s'est conformé aux principes qui règlent les rapports des associés entre eux, et au traité de société qui existait entre les parties;

» Attendu, sur le troisième moyen, que ce jugement n'ayant prononcé qu'un ajournement et ordonné une liquidation, on ne peut lui reprocher d'avoir violé les lois sur la compensation ».

§. VII. *Peut-on tirer une lettre de change sur soi-même? Quel est l'effet d'une pareille traite? Vaut elle comme lettre de change proprement dite, lorsqu'elle est d'ailleurs revêtue des autres formalités requises pour la constitution du contrat de change?*

Le 22 nivôse an 13, Antoine-François Garda, de Turin, se trouvant à Paris, y souscrit au profit du sieur Billecard, un effet ainsi conçu :

« Paris, le 22 nivôse, an 13.—B. P. 11,200 fr. — Payez, par cette première de change, le 15 janvier 1806, à l'ordre de M. Billecard, la somme de 11,200 fr. effectifs, valeur reçue comptant dudit sieur, et que vous passerez suivant l'avis de — *Signé* Garda. — A. M. François-Antoine Garda, à Turin ». — Plus bas est écrit : *Accetato di pagare al suo tempo.* Signé *Garda.*

A l'échéance de cet effet, le sieur Mongenet, à qui le sieur Billecard l'a transporté par un endossement régulier, le fait protester faute de payement.

Le sieur Garda, est, en conséquence, cité par le sieur Mongenet devant le tribunal de commerce de Turin, pour se voir condamner, par corps, à payer les 11,200 fr.

Le sieur Garda, décline la juridiction de ce tribunal, parce qu'il n'est pas négociant, et que l'effet dont il s'agit, ne peut pas être considéré comme une lettre de change.

Par jugement du 13 février 1806, le tribunal de commerce, attendu que cet effet a tous les caractères d'une lettre de change, et qu'il s'y trouve notamment remise de place en place, condamne le sieur Garda, par corps, au payement des 11,200 fr., avec les intérêts, à compter du jour du protêt.

Le sieur Garda appelle de ce jugement.

Le 23 mars de la même année, arrêt par lequel,

« Attendu que l'effet en question présente bien en apparence tous les caractères d'une lettre de change; mais que, dans la réalité, il n'y a pas les trois personnes qui doivent lui donner l'existence; car on y trouve bien Garda, tireur; Billecard, donneur des valeurs, à l'ordre duquel est souscrit l'effet; mais que François-

Antoine Garda, auquel la lettre de change est adressée à Turin, pour la payer, n'étant dans la réalité, que le même individu que Garda, tireur à Paris, on cherche en vain cette tierce-personne; que le tireur Garda n'a à Turin aucune maison de commerce tenue sous sa firme, qui pût faire croire qu'elle avait été adressée à une personne sous-entendue; qu'il est démontré qu'il a fait la double figure de tireur et de payeur; que le terme de payement étant fixé à peu près à une année, cela pourrait faire croire qu'il ne s'agissait pas d'une vraie négociation, ni d'un vrai transport d'argent, mais bien d'un prêt d'argent, fait à Paris, à condition d'être restitué à Turin; qu'on ne peut donc fonder la juridiction du tribunal de commerce sur la nature de l'obligation dont il s'agit, l'effet en question ne pouvant être réputé une lettre de change, comme l'enseigne Savary, et comme la cour de casssation l'a reconnu dans une espèce semblable, par un arrêt du 1.er thermidor an 11, sur le pourvoi rejeté du sieur Schrick (1). »;

La cour de Turin met l'appellation et ce dont est appel au néant; émendant, déclare bien fondée l'exception déclinatoire proposée par le sieur Garda, et renvoie le sieur Mongenet à se pourvoir là et ainsi qu'il appartiendra.

Le sieur Mongenet se pourvoit en cassation contre cet arrêt, qu'il dénonce comme violant les art. 1 du tit. 5, et 2 du tit. 12 de l'ordonnance du mois de mars 1673, dont les dispositions sont renouvelées par les art. 110 et 631 du Code de commerce.

« L'art. 1 du tit. 5 de l'ordonnance de 1673 (dit-il), porte que « les lettres de change contiendront sommairement le nom de ceux » auxquels le contenu devra être payé, le temps » du payement, le nom de celui qui en a donné » la valeur, et si elle a été reçue en deniers, » marchandises ou autres effets ».

» L'art. 2 du tit. 12 de la même loi, ajoute « que les juges et consuls connaîtront..., entre » toutes personnes, pour lettres de change ou » remises d'argent faites de place en place »; ce qui signifie clairement que *remise de place en place* et *lettre de change* sont synonymes.

» Or, l'effet dont il s'agit, énonce le nom de celui auquel le contenu doit être payé (le sieur Billecard); le temps du payement (le 15 janvier 1806); le donneur de valeur (le sieur Billecard); la valeur reçue (comptant). — Il y a d'ailleurs remise de place en place (de Paris à Turin). — Cet effet contient donc tout ce qui est exigé pour la perfection d'une lettre de change.

» Qu'importe que Garda ait tiré sur lui-même? L'ordonnance de 1673 n'exige pas le concours de trois personnes; elle ne prescrit même pas l'énonciation de trois noms.

» Une lettre de change n'est que l'instrument du contrat de change : elle sert à le prouver, à le constater; elle le représente. C'est ce qu'enseigne Pothier dans son *Traité du contrat de change*, n. 3 : « La lettre de change (dit-il), » appartient à l'exécution du contrat de change; » elle est le moyen par lequel le contrat s'exécute; elle le suppose et l'établit ».

» Si donc, dans l'espèce, il y a eu contrat de change entre Garda et Billecard; le billet dont il s'agit, est essentiellement une lettre de change.

» Qu'est-ce donc qu'un contrat de change? C'est, répond Dupuis de la Serra, « un contrat par » lequel donnant la valeur au tireur, le tireur » fournit à celui qui la donne, des lettres pour » recevoir autant au lieu convenu ». Pothier le définit de même, n.° 2 : « C'est (dit-il), un » contrat par lequel je vous donne, ou je m'oblige de vous donner une certaine somme en » certain lieu, pour et en échange d'une somme » d'argent que vous vous obligez de me faire » compter dans un autre lieu ».

» Dans l'espèce, il y a eu remise de place en place; il y a donc eu contrat de change; c'est donc comme lettre de change que doit être considéré l'effet dont il est ici question.

» Et il est de fait, on produit même un parère de plusieurs banquiers de Paris, par lequel il est attesté qu'une foule de maisons de commerce qui ont des établissemens dans différentes places, tirent habituellement d'une maison sur une autre, et qu'on n'a jamais contesté à ces traites le caractère essentiel de lettre de change. C'est même ce qu'ont décidé deux jugemens du tribunal de commerce de Paris, l'un du 4 novembre 1806, en faveur du sieur Benavent, porteur d'une lettre de change tirée par le sieur Girol, négociant à Gênes, sur lui-même; l'autre du 14 juin 1808, entre le sieur C. N., qui avait tiré de Versailles une traite sur lui-même à Paris, et les sieurs Busoni et Goupy.

» Au surplus, la question n'est pas nouvelle : l'auteur des *Institutions au droit consulaire*, page 238, rappelle que, par arrêt du 3 septembre 1760, le parlement de Paris jugea que, n'y ayant pas trois personnes nommées dans le titre, on ne pouvait lui donner l'effet de lettre de change; mais que cet arrêt fut cassé par le conseil, le 2 juin 1761, sur la requête des six corps de Paris, en sorte que toujours le commerce a voté pour que le concours de trois personnes ne fût pas nécessaire, et que le conseil du roi a consacré cette théorie. — Aussi voit-on des auteurs élémentaires enseigner cette doctrine, que le concours de trois personnes n'est pas nécessaire à la perfection de la lettre de change. (*Répertoire de jurisprudence*, aux mots *Lettre et billet de change*, §. 2; *Savary*, ch. 4, liv. 1, part. 3).

(1) *V.* l'article *Billet à domicile*.

» A cet ensemble de dispositions législatives, d'arrêts et d'auteurs, l'arrêt dénoncé oppose l'opinion de quelques auteurs, notamment de *Savary* lui-même, qui enseignent que le concours de trois personnes est nécessaire à la perfection d'une lettre de change.

» Distinguons : il est des cas où un individu fait traite sur son correspondant, mais de cette manière, *payez à mon ordre*. Jusques-là, il n'y a pas lettre de change, tant que l'ordre n'aura pas été passé à un tiers qui en aura fourni la valeur (art. 110 du Code de commerce, et décret du 11 janvier 1808). En ce cas et dans ce sens, il est vrai que trois personnes distinctes et individuelles sont nécessaires à la perfection d'une lettre de change; et la véritable raison, c'est qu'avant l'ordre passé à un tiers, il n'y a que simple *obligation*, il n'y a pas *change*, puisque nul n'a donné en un lieu, des valeurs qui doivent être comptées dans un autre lieu : il n'y a pas la condition prescrite par l'art. 1.er du tit. 5 de l'ordonnance de 1673, et par l'art. 110 du Code de commerce.

» Mais, lorsqu'il y a eu *traite* d'un lieu sur un autre, en échange de valeurs données, lorsque la traite en contient la preuve, faut-il même, en ce cas, le concours de trois personnes? Aucun auteur n'a enseigné formellement cette doctrine; et elle ne pourrait être vraie qu'en ce sens, qu'on l'entendrait de trois personnes *morales*, et non de trois personnes *physiques* et individuelles.

» Lorsque le donneur de valeurs et le donneur de traites sont convenus d'une remise d'argent de place en place, il est bien évident qu'il y a nécessité indispensable que la traite soit payée au lieu indiqué; il faut donc nécessairement un payeur qui soit indiqué d'avance, comme l'auteur d'une troisième opération. — Mais que ce payeur soit un même individu avec le tireur, ou que ce soit son commis, ou son correspondant, peu importe.

» Si donc il fallait admettre en principe la nécessité du concours de trois personnes, il faudrait l'entendre dans un sens *moral*, et non dans un sens *physique*. C'est ainsi que l'enseigne l'auteur déjà cité des *Institutions au droit consulaire*, pag. 168 ».

A ces moyens de cassation, le sieur Garda opposait les raisons suivantes.

« Il est vrai que l'art. 1.er du tit. 5 de l'ordonnance de 1673 ne prescrit pas, d'une manière formelle, le concours de trois personnes *distinctes* ou *physiques* pour la perfection d'une lettre de change ; mais cette ordonnance n'exige pas non plus expressément la remise de place en place; et cependant, comme cette remise est de l'essence d'une lettre de change, on a toujours reconnu et jugé que, pour être parfaite, une lettre de change devait être tirée d'une place sur un autre.

» De même, d'après l'usage et la jurisprudence fondés sur la nature même d'une lettre de change, le concours de trois personnes distinctes a toujours été reconnu nécessaire à la perfection de cet engagement commercial; et c'est même ce que supposent plusieurs dispositions de l'ordonnance de 1673 et du Code de commerce, notamment celles qui déterminent la forme et les effets de *l'acceptation* d'une lettre de change.

» D'après ces dispositions, le porteur d'une lettre de change peut la présenter, pour la faire *accepter*, à celui sur qui elle est tirée; ce qui suppose déjà qu'il peut s'adresser à une personne autre que le tireur. — Si la lettre de change est acceptée, le porteur acquiert, par cette acceptation, une nouvelle garantie, une action directe, contre l'*accepteur*; avantage que le porteur ne pourrait se procurer, si le *tireur* était en même temps le *payeur*; ce qui suppose encore la nécessité de l'indication d'un *tiers* comme *payeur*. — Si la lettre de change n'est pas acceptée, le porteur peut la faire protester faute d'acceptation, et en demander au tireur le remboursement, ou du moins, exiger de lui une caution solvable destinée à garantir le payement de la lettre, lors de son échéance, ce qui exclut l'idée que le tireur d'une lettre de change peut en être en même temps le *payeur*, l'acceptation du tireur ne pouvant produire un nouvel engagement ni rendre plus efficace l'obligation primitive : d'où l'on doit conclure encore qu'on ne peut tirer une lettre de change *sur soi-même*. — Enfin, si, lors de son échéance, la lettre de change n'est pas acquittée, le tiers-porteur, pour conserver son recours contre le tireur et les endosseurs, doit remplir des formalités vis-à-vis celui sur qui la lettre est tirée; ce qui ne permet pas de douter que le payeur ne doive être une personne distincte du *tireur*; et c'est ce qui résulte des art. 12, 13, 14, 15 et 16 du tit. 5 de l'ordonnance de 1673.

» Le contrat de change peut sans doute se former entre deux personnes seulement, par exemple, entre celui qui recevant à Paris, s'oblige de faire payer à Turin, et celui qui ayant remis ses fonds à Paris, doit les recevoir à Turin; mais la lettre de change qui sert à établir le contrat de change, a ses caractères intrinsèques qui lui sont propres, et qui la distinguent des autres effets de commerce. — La remise de place en place est bien de l'essence de la lettre de change; mais cette remise ne peut seule la caractériser : car il y a aussi généralement remise de place en place dans un *billet à domicile*, quoique ce billet ne puisse être réputé lettre de change.

» Ainsi, si un particulier de Turin souscrit à Paris un billet à ordre, payable au domicile d'un tiers dans une autre ville, ou à son propre domicile à Turin, il y a remise de place en place; et cependant ce billet manque du caractère essentiel de lettre de change, et ne doit pas en produire les effets.

» Or, en résultat, celui qui d'une ville où il se trouve accidentellement, tire sur lui-même, dans une autre ville où est le siége de son établissement, ne fait qu'un billet à domicile ou un simple billet à ordre, auquel l'indication du tireur comme payeur, ne peut imprimer le caractère d'une lettre de change : car, sans cette indication, le porteur pourrait exercer contre le tireur la même action, et le forcer dans le lieu de son domicile, à la remise des fonds ou valeurs qu'il a reçus ailleurs.

» Si généralement, dans le monde commercial, on n'a pas contesté à un pareil engagement le caractère de lettre de change, c'est que, presque toujours, on a été sans intérêt pour le faire : car, entre *négocians*, les billets à ordre et à domicile produisent, à l'exception du temps pour prescrire, les mêmes effets que les lettres de change, puisque ceux qui les ont souscrits ou endossés, sont justiciables des tribunaux de commerce et passibles de la contrainte par corps. Mais entre de simples particuliers, on n'a jamais confondu, et il importe de ne jamais confondre, ces effets avec des lettres de change ».

A ces raisons, le sieur Garda ajoutait l'autorité de Savary, de Jousse et de Bornier, qui, dans la définition qu'ils donnent de la lettre de change, supposent qu'elle doit être tirée sur un tiers; et il invoquait les deux arrêts de la cour de cassation, des 1.er thermidor an 11 et 1.er septembre 1807, qui sont rapportés sous les mots *Billet à domicile*.

M. l'avocat général Giraud a dit que, parmi les conditions prescrites par l'ordonnance de 1673, pour la perfection d'une lettre de change, on n'en trouve aucune qui exige que la lettre de change soit payée par un autre que celui qui l'a tirée; qu'ainsi, en ne prenant pour règle que le texte de la loi, une lettre de change peut être parfaite, quoiqu'il n'y intervienne que deux personnes, savoir, le tireur qui reçoit l'argent, et celui qui le lui remet, et à qui il doit être remboursé; que cela est reconnu par plusieurs auteurs, même par Jousse, qui paraît penser que le concours de trois personnes est nécessaire pour la perfection d'une lettre de change; que, suivant cet écrivain, « le billet de change diffère des lettres de change, en ce que les lettres de change sont *ordinairement*... payables par un autre que celui qui les tire »; qu'il reconnaît donc, au moins implicitement, qu'on peut tirer une lettre de change sur soi-même; qu'à la vérité, une pareille lettre de change ne serait pas parfaite, si elle était payable dans le lieu même où elle a été tirée; qu'elle ne serait, dans ce cas, qu'une simple promesse; mais que, lorsque le tireur qui a tiré sur lui-même, s'est obligé de payer ailleurs que dans le lieu où il a reçu et tiré, il y a remise de place en place; et que cette remise caractérise essentiellement la lettre de change, si d'ailleurs la lettre réunit les autres conditions prescrites par la loi pour la rendre parfaite; que, dans la lettre de change dont il s'agit, on trouve à la fois, et toutes les indications exigées par l'art. 1.er du tit. 5 de l'ordonnance de 1673, et la remise de place en place; que cette lettre de change est donc parfaite, et que la cour d'appel de Turin n'a pas pu lui en refuser le caractère, sans violer la loi.

Par arrêt du 1.er mai 1809, rendu au rapport de M. Sieyes, après un partage d'opinions et un délibéré;

« Vu les art. 1 du tit. 5 et 2 du tit. 12 de l'ordonnance de 1673;

» Considérant que la remise de place en place est constante dans l'espèce; que les parties ont été parfaitement libres de convenir pour le payement d'un terme plus ou moins long; que la lettre de change en question se trouve revêtue de toutes les formes et conditions prescrites par l'art. 1.er du tit. 5 de l'ordonnance de 1673; que le nom de celui qui devait la payer, y était indiqué, avec son acceptation au bas;

» Considérant que la cour d'appel, en réduisant néanmoins cet écrit à l'état de simple obligation civile, et en annullant par suite le jugement du tribunal de commerce pour incompétence, ne s'est uniquement fondée que sur ce que le tireur, tout en paraissant la diriger vers un tiers pour la payer, n'a, par le fait opposé par lui et reconnu constant, tiré réellement que sur lui-même, se constituant ainsi tireur et payeur;

» Considérant que l'arrêt n'a pu, par cet unique motif d'une prétendue incompatibilité absolue qui doit exister entre le tireur et le payeur, dépouiller le tribunal de commerce de sa juridiction, sans ajouter aux dispositions de l'art. 1.er tit. 5 précité, et sans violer expressément l'art. 2, tit. 12, de la même ordonnance de 1673;

» Par ces motifs, la cour casse et annulle l'arrêt de la cour d'appel de Turin du 23 mai 1806.... ».

Au surplus, *V.* les articles *Billet de commerce*, *Endossement*, *Intérêts*, §. 2; *Pouvoir judiciaire*, §. 7, et *Protêt*.

LETTRES DE RATIFICATION. — §. I. *L'acquéreur qui, sous le régime hypothécaire de 1771, a payé une portion de son prix à son vendeur, et qui par suite d'un jugement révolutionnaire de l'an 2, emportant contre celui-ci confiscation de corps et de biens, a été contraint de verser le restant de ce même prix dans les caisses de l'Etat, peut-il renvoyer les créanciers opposans au sceau des lettres de ratification, à se pourvoir préalablement sur les deniers versés au trésor public?*

Cette question a été portée, le 6 ventôse an 10, à l'audience de la cour de cassation, *sections réunies.*

Les héritiers Lecomte demandaient la cassation d'un jugement du tribunal civil du département de l'Oise, qui l'avait décidée par l'affirmative.

La dame Bellanger soutenait que ce jugement devait être maintenu.

Après le rapport de la cause fait par M. Coffinhal, et les plaidoiries des deux parties, je me suis expliqué en ces termes:

« La faveur des lois et la protection de la justice semblent devoir, dans cette cause, se partager également entre les parties qui se présentent devant vous.

» D'un côté, des créanciers hypothécaires à qui la foi des contrats et une loi solennelle avaient assuré un payement intégral, se plaignent d'un jugement qui, en trompant leur confiance dans l'une et dans l'autre, leur fait perdre la majeure partie de leur créance.

» De l'autre côté, un acquéreur qu'une loi rigoureuse a contraint de verser au trésor public ce qu'il redevait à son vendeur du prix de son acquisition, réclame la foi nationale, appelle à son secours et cite, pour ainsi dire, en garantie, la loi même à laquelle il a été forcé d'obéir.

» C'est entre ces deux parties que vous avez à prononcer; mais ce qui appelle le plus l'attention publique sur la contestation qui les divise, c'est qu'en les jugeant, vous devez, en quelque sorte, vous juger vous-mêmes. Une décision émanée du tribunal suprême, se trouve contrariée par le jugement dont on vous demande la cassation; et il s'agit de savoir lequel des deux, ou du tribunal suprême, ou d'un tribunal de département, s'est trompé sur le vrai sens de la loi, et a erré dans son application. De là, une lutte dans laquelle les deux parties cherchent à tirer avantage de leur position respective: l'une, en défendant le jugement que vous avez déjà rendu, y trouve un grand motif d'espérance que vous allez en rendre un semblable; l'autre, soutenue par la haute idée de cette impartialité constante, de cet imperturbable amour de la justice, qui ont toujours distingué si éminemment vos décisions, puise dans ce jugement même, l'assurance que vous le soumettrez à l'examen le plus sévère, et que son autorité n'entrera pour rien dans les élémens de la détermination que vous avez à prendre.

» Au milieu de toutes ces considérations diverses qui attachent un si grand intérêt à cette cause, et qui paraissent la rendre aussi problématique qu'elle est importante, nous avons au moins la satisfaction de ne trouver aucun doute dans les faits sur lesquels les parties fondent leurs principaux moyens; ils sont tous ou avoués réciproquement, ou constatés par des actes publics; il n'y a de difficulté que dans les inductions différentes que l'on en tire de part et d'autre.

» Le 21 brumaire an 2, contrat devant notaires, par lequel l'ex-président Dormesson vend à la demoiselle Dervieux, aujourd'hui femme Bellanger, une ferme située à Thiais, près Paris, moyennant la somme de 425,000 liv. — Sur ce prix, 260,000 liv. sont payées comptant, et l'acte en porte quittance. Cependant la dame Bellanger se réserve la faculté de prendre des lettres de ratification; et le vendeur s'oblige, en cas qu'il survienne des oppositions au sceau de ces lettres, d'en rapporter la main levée un mois après qu'elles lui auront été signifiées. — Le 5 frimaire suivant, la dame Bellanger paye encore à son vendeur une somme de 80,000 liv.; et par ce moyen, elle ne lui en redoit plus que 85,000. — Le 26 du même mois, elle dépose son contrat au bureau des hypothèques; il y est affiché jusqu'au 27 pluviôse de la même année, et aucune opposition ne se présente. — A cette époque, la dame Bellanger le retire, on ne voit pas clairement par quel motif, et c'est ce qu'il importe peu d'examiner. — Le 24 ventôse an 2, l'administration des domaines nationaux s'empare de la ferme de Thiais, sous le prétexte qu'elle provient d'un engagement de l'ancien domaine de l'État. — Le 27 germinal suivant, la dame Bellanger dénonce au cit. Dormesson, l'éviction qu'elle éprouve, et le somme de la faire cesser. — Douze jours après, le 6 floréal, le cit. Dormesson est condamné à mort par le tribunal révolutionnaire, et ses biens sont confisqués. — Le 4 pluviôse an 3, l'administration des domaines fait saisir et arrêter entre les mains du fermier de Thiais, les sommes qu'il doit, à titre de fermages, à la dame Bellanger; preuve qu'alors le séquestre apposé sur cette ferme, le 24 ventôse an 2, était demeuré sans suite, et que l'administration des domaines avait renoncé à sa prétention de domanialité. — Le 8 du même mois, cette administration décerne contre la dame Bellanger, une contrainte, en vertu de laquelle il lui est fait commandement de payer à la caisse du receveur de Choisy, la somme de 85,000 livres, dont elle était demeurée redevable envers le feu cit. Dormesson, aux droits duquel la république avait succédé par confiscation.

» Le 5 germinal suivant, la dame Bellanger, déférant à cette contrainte, paye au receveur du bureau de Choisy, une somme de 70,000 liv.; et deux mois six jours après, le 13 prairial, elle complète, tant en principal qu'en intérêts, le payement de son restant de prix. — Cependant arrive la loi du 21 du même mois de prairial, qui restitue aux familles des condamnés, les biens précédemment confisqués sur eux. — La dame Bellanger craignant sans doute que cette loi bienfaisante ne fournisse aux créanciers que pouvait avoir laissés son vendeur, l'idée de la poursuivre à raison des payemens qu'elle lui avait faits les 21 brumaire et 5 frimaire an 2, cherche à reprendre les erremens de ses lettres de ratification, et les trouvant surannées, en obtient de nouvelles. — Celles-ci sont scellées le 2 brumaire an 4, mais à la charge de neuf oppositions fondées sur des titres de créances qui s'élèvent à une somme infiniment au-dessus du prix payé par la dame Bellanger. — La dame Bellanger se pourvoit en main-levée de ces oppositions.

» Le 24 prairial an 4, jugement du tribunal civil du département de la Seine, qui, « attendu » (d'une part), que les créanciers de Dormesson » ont constamment et sans interruption con» servé leurs droits d'hypothèque sur les biens » par lui aliénés, relativement à la partie du » prix qui lui a été payée avant l'obtention d'au» cunes lettres de ratification; attendu (d'autre » part), que la femme Bellanger a valablement » et sous la garantie nationale, soldé ce qui res» tait dû sur le prix de la ferme de Thiais; dé» boute la femme Bellanger de sa demande à fin » de main-levée des oppositions, en ce qui con» cerne seulement la portion du prix de la ferme » de Thiais, payée à Dormesson; et quant au » surplus, renvoie les créanciers Dormesson à se » pourvoir ainsi qu'il appartiendra; condamne » la femme Bellanger aux deux tiers des frais, » le surplus compensé ».

» La dame Bellanger appelle de ce jugement, et sur son appel, huit des créanciers opposans passent condamnation, en donnant main-levée de leurs oppositions et reconnaissant qu'ils n'ont aucun droit à exercer sur le prix de la ferme de Thiais.

» Par là, les héritiers Lecomte se trouvent, en cause d'appel, les seuls adversaires de la dame Bellanger; opposans pour une créance de 40,000 liv., ils défendent le jugement attaqué par celle-ci, et, ce qu'il ne faut pas perdre de vue, ils le défendent purement et simplement, sans en appeler au chef qui, en déclarant valables et libératoires, les payemens faits à la nation par la dame Bellanger, en germinal et prairial an 3, avait, à cet égard, renvoyé les créanciers opposans à se pourvoir.

» Le 26 nivôse an 6, le tribunal civil du département de Seine et Oise, « adoptant les mo» tifs du jugement dont est appel; mais attendu » qu'en reconnaissant que la femme Bellanger a » valablement et sous la garantie nationale, soldé » ce qui restait dû sur le prix de la ferme de » Thiais, il était juste et conséquent d'ordonner » que la femme Bellanger ne pouvait être pour» suivie qu'après l'épuisement des sommes dont » il est jugé qu'elle s'est valablement libérée, » puisque, si la femme Bellanger n'avait été for» cée de verser cette somme dans la caisse natio» nale, cette somme serait restée entre ses mains, » et aurait pu suffire à l'acquittement des créan» ces des héritiers Lecomte; DIT qu'il a été mal » jugé, en ce qu'en renvoyant les créanciers Dor» messon à se pourvoir, il n'a pas été dit qu'ils » ne pourraient se pourvoir contre la femme Bel» langer, qu'après l'entier épuisement des som» mes versées par la femme Bellanger à la caisse » des domaines nationaux; réformant quant à » ce, ordonne que les héritiers Lecomte ne pour» ront se pourvoir contre la femme Bellanger, » qu'après l'entier épuisement des 89,904 francs » versés par la femme Bellanger à la caisse des » domaines nationaux; le jugement dont est ap» pel, sortissant (au surplus) son plein et entier » effet, salaires et déboursés de la cause d'appel » compensés ».

» Ainsi, le tribunal civil du département de Seine et Oise considère et avec raison comme passée en chose jugée, la disposition non attaquée du jugement du tribunal civil du département de la Seine, qui déclare valables et libératoires les payemens des 5 germinal et 13 prairial an 3; et partant de cette base, il décide que les héritiers Lecomte seront sans action contre la dame Bellanger, tant qu'ils n'auront pas épuisé la somme comprise dans ces deux payemens; ou, si l'on veut, il décide que la dame Bellanger ne sera tenue de leur représenter la partie du prix payé par elle au feu cit. Dormesson, qu'en cas d'insuffisance de la somme qu'elle a depuis versée dans la caisse nationale.

» Les héritiers Lecomte se pourvoient en cassation contre ce jugement; et le 13 frimaire an 7, la cassation en est prononcée, « attendu que » la cit. Dervieux, femme Bellanger, n'ayant » versé à la caisse des domaines nationaux, » qu'une partie du prix de son acquisition, n'a » pas cessé d'être exposée à l'action des deman» deurs, résultante de la ratification à la charge » de leur opposition; que l'effet de cette action » est tel, que le payement fait à Dormesson, » avant la ratification du contrat, ne libérant » point la cit. Dervieux, du droit acquis aux » demandeurs, sur la totalité du prix de la » ferme de Thiais, elle était débitrice des cré» anciers jusqu'à concurrence des sommes qui » n'avaient point été versées à la caisse des » domaines nationaux, mais qu'elle avait payées » à Dormesson, avant les lettres de ratifica» tion; que l'art. 19 de l'édit de 1771 dispose » que les créanciers opposans seront payés sur » le prix de l'acquisition, et que cette disposi» tion exclut toute exception de la part de » l'acquéreur, tendante à empêcher momen» tanément ou éluder le payement, lorsque la » totalité du prix n'est pas épuisée par les cré» anciers privilégiés, ou préférés par leur rang » et ordre; que le tribunal civil de Seine et » Oise, par son jugement du 16 nivôse an 6, » en ordonnant que les demandeurs ne pour» raient se pourvoir contre la femme Bellan-

» ger, qu'après l'épuisement des sommes par » elle versées à la caisse des domaines nationaux, a fait une distinction évidemment con» traire à l'article de la loi précitée ».

» C'est donc comme contrevenant à l'art. 19 de l'édit du mois de juin 1771, que le jugement du tribunal civil du département de Seine et Oise a été cassé; mais il n'est peut-être pas inutile de remarquer que le texte de cet article n'est pas transcrit dans le jugement de cassation; c'est du moins une preuve que ce jugement n'a pas été rédigé avec beaucoup de soin.

» Quoi qu'il en soit, l'affaire a été reportée au tribunal civil du département de l'Oise, et là, après une nouvelle plaidoirie, il est intervenu, le 18 thermidor an 7, un jugement qui, « statuant sur l'appel de la cit. Dervieux, dit » qu'il a été mal jugé par le jugement du tri» bunal civil du département de la Seine, du » 26 prairial an 4; bien appelé; réformant et » faisant droit au principal, ordonne que, dans » les six mois de la signification du présent ju» gement, les veuve et héritiers Lecomte seront » tenus de se pourvoir auprès de qui de droit, » pour obtenir la remise des 89,500 fr. versés » par ladite cit. Dervieux, pour solde du prix » de la ferme de Thiais; à l'effet de quoi, ladite » cit. Dervieux tenue de les aider, à toute ré» quisition, des quittances et pièces relatives à » ladite consignation; si non et à faute par les» dits veuve et héritiers Lecomte de ce faire » dans ledit délai, et icelui passé, fait, par le » présent jugement et sans qu'il en soit besoin » d'autre, main-levée pure et simple à ladite » cit. Dervieux, de l'opposition desdits veuve » et héritiers Lecomte, réservés dans tous leurs » droits et actions en cas d'insuffisance de la» dite somme de 89,500 francs, constatée dans » ledit délai; et audit cas d'insuffisance ladite » cit. Dervieux est, de sa part, réservée dans » tous ses droits contre la succession Dormes» son; condamne les veuve et héritiers Lecomte, » aux frais de la cause d'appel ».

» Les motifs de ce jugement sont, « que toute » action hypothécaire porte sur la totalité du » prix de l'immeuble vendu; mais qu'elle ne » donne droit au créancier, que jusqu'à con» currence de sa créance; — Que les créanciers » Dormesson ont constamment et sans inter» ruption conservé leurs droits hypothécaires » sur la totalité du prix des biens aliénés par » Dormesson; — Que la cit. Dervieux a vala» blement soldé, sous la garantie de la nation, » les 85,000 fr. qu'elle avait conservés dans ses » mains, sur le prix de la ferme de Thiais, et » les 4500 francs d'intérêts de la même somme, » ce qui absorbait et au-delà, la créance des » veuve et héritiers Lecomte; — Que lesdits » veuve et héritiers Lecomte l'ont tellement » reconnu, qu'ils s'étaient pourvus pour obte» nir de la nation la liquidation de leur cré» ance; et que ce n'est qu'après le versement » fait au trésor public et la restitution des biens » des condamnés, qu'ils ont formé leur oppo» sition le 17 fructidor an 3; — Que de là ré» sulte la conséquence que la cit. Dervieux ne » peut être poursuivie, qu'après l'épuisement » des 89,500 francs dont elle s'est valablement » libérée par le versement qu'elle a fait au » trésor national, sur contraintes, puisque, » dans cette circonstance, cette somme restant » en ses mains, aurait pu suffire à l'acquitte» ment des créances des veuve et héritiers Le» comte; — Que la cit. Dervieux, gênée par » l'opposition des héritiers Lecomte, a intérêt » d'en faire ordonner la main-levée; mais que » cette main-levée ne peut être ordonnée défini» tivement, que lorsque les 89,500 francs payés » à la caisse nationale, auront été jugés suffire à » l'acquittement de la créance des veuve et hé» ritiers Lecomte; que c'est à eux à y pour» suivre la restitution de cette somme, et qu'il » doit pour cela leur être fixé un délai, passé » lequel et faute par eux d'avoir fait les dili» gences nécessaires, la ferme de Thiais de» meurerait affranchie de leur hypothèque ».

» Voilà comment est motivé le jugement dont les héritiers Lecomte vous demandent la cassation. Il s'agit maintenant de rappeler et d'apprécier leurs moyens.

» Ils en proposent quatre, et le premier consiste à dire que le tribunal civil du département de l'Oise, en prononçant comme il l'a fait, a violé l'art. 6 de l'édit du mois de juin 1771, aux termes duquel, *tous les propriétaires d'immeubles par acquisition, échange, licitation ou autres titres translatifs de propriété*, qui voulaient *purger les hypothèques dont lesdits immeubles étaient grevés*, étaient *tenus de prendre, à chaque mutation, des lettres de ratification.*

» Existe-t-il donc, entre cet article et le jugement attaqué, une opposition véritable, une contrariété positive? Oui, répondent les héritiers Lecomte; car, d'un côté, le jugement décide qu'un payement fait à la nation confiscataire des droits du vendeur, a éteint notre hypothèque jusqu'à concurrence de la somme versée dans le trésor public; et de l'autre, la loi ne connaît d'autre manière de purger les hypothèques, que d'obtenir des lettres de ratification.

» Ici, comme vous le voyez, les héritiers Lecomte ne parlent de leur hypothèque que dans son rapport avec la somme payée en germinal et prairial an 3, à la caisse des domaines nationaux, et, selon eux, avoir jugé que leur hypothèque sur cette somme, avait été éteinte par un pareil payement, c'est avoir méprisé, c'est avoir violé formellement l'art. 6 de l'édit.

» Mais indépendamment des réponses victorieuses que fournissent à la dame Bellanger, les lois relatives à la confiscation des biens des condamnés, et dont elle trouve une analyse aussi exacte que lumineuse dans le rapport fait au conseil des cinq-cents, le 12 thermidor an 7, il existe dans les pièces du procès, deux actes qui détruisent complètement ce premier moyen des héritiers Lecomte.

» Ces actes sont le jugement du tribunal civil du département de la Seine, du 24 prairial an 4, et celui du tribunal de cassation, du 13 frimaire an 7.

» Par le premier de ces jugemens, il est dit que la dame Bellanger *a valablement et sous la garantie nationale, soldé*, en germinal et prairial an 3, *ce qui restait dû sur la ferme de Thiais*; en conséquence, la dame Bellanger obtient, à cet égard, la main-levée de l'opposition des héritiers Lecomte, et ceux-ci sont renvoyés à se pourvoir sur la somme qu'elle a versée au trésor public.

» Les héritiers Lecomte n'ont pas appelé de cette partie du jugement; elle a, par conséquent, acquis l'autorité de la chose jugée; et dès-là, il est évident que les héritiers Lecomte ne sont plus aujourd'hui recevables à réclamer, contre la dame Bellanger, l'effet de leur hypothèque sur la somme comprise dans les payemens faits par la dame Bellanger en germinal et prairial an 3.

» C'est aussi ce qui résulte du jugement du tribunal de cassation, du 13 frimaire an 7 : *Attendu*, porte-t-il, *que la cit. Dervieux, femme Bellanger*, N'AYANT VERSÉ A LA CAISSE DES DOMAINES NATIONAUX, QU'UNE PARTIE DU PRIX DE SON ACQUISITION, *n'a pas cessé d'être exposée à l'action des demandeurs résultante de la ratification à la charge de leur opposition.* Le jugement reconnaît donc que, si la dame Bellanger avait payé à la caisse des domaines nationaux la totalité de son prix, elle ne serait plus exposée à l'action des demandeurs; il reconnaît donc nécessairement que l'action des demandeurs ne peut plus porter sur la partie du prix que la dame Bellanger a versée dans le trésor public. — Et c'est ce que le jugement lui-même exprime nettement un peu plus bas; lorsqu'il dit que la dame Bellanger *était demeurée débitrice des créanciers jusqu'à concurrence des sommes qui n'avaient point été versées à la caisse des domaines nationaux.* — Si la dame Bellanger ne doit aux héritiers Lecomte que les sommes non payées par elle au trésor public, il est clair qu'à l'égard des sommes payées par elle au trésor public, elle n'est plus leur débitrice. — Le premier moyen des héritiers Lecomte est donc proscrit, même par le jugement qui a accueilli, en l'an 7, leur demande en cassation; passons au deuxième.

» Il est tiré, comme vous l'avez vu, de l'art. 19 de l'édit du mois de juin 1771, et il se divise en trois branches.

» Premièrement, disent les héritiers Lecomte, il résulte de l'art. 19, que les lettres de ratification convertissent le droit du créancier opposant sur l'immeuble grevé de son hypothèque, en une action directe contre l'acquéreur jusqu'à concurrence du prix. Or, cette action directe, le jugement attaqué nous l'ôte, pour y substituer une action indirecte contre le trésor public qui n'est ici que le représentant du vendeur.

» En second lieu, l'art. 19 soumet l'intégralité du prix à l'action du créancier opposant; il y soumet, par conséquent, la partie du prix payée au vendeur avant l'obtention des lettres de ratification. Or, le jugement attaqué affranchit de notre action les sommes payées par la dame Bellanger au cit. Dormesson.

» Troisièmement, l'art. 19 veut que les créanciers hypothécaires soient payés sur le prix, suivant l'ordre de leurs hypothèques. Or, le jugement attaqué nous renvoie à nous faire payer sur une portion de prix qui, étant aujourd'hui confondue dans la masse d'une succession insolvable, y tient nécessairement nature de meuble, et sur laquelle, par conséquent, nous ne pouvons venir que par contribution au marc la livre avec les créanciers chirographaires.

» Telles sont les trois divisions du deuxième moyen des héritiers Lecomte; et toutes trois se résolvent en une seule proposition, savoir que la partie du prix payée par la dame Bellanger au cit. Dormesson, est demeurée assujettie à leur action hypothécaire, comme si la dame Bellanger l'eût conservée entre ses mains.

» C'est donc à l'examen de cette proposition que nous devons uniquement nous attacher; car de prétendre, comme le font les héritiers Lecomte, que le jugement attaqué ne leur laisse sur la partie du prix payée par la dame Bellanger à la caisse nationale, qu'une action purement mobilière, et qu'ils n'y peuvent venir que par contribution au marc la livre, c'est un système qui ne nous paraît pas mériter une réfutation sérieuse, et que le jugement attaqué condamne d'ailleurs assez clairement.

» Or, est-il vrai que, dans les circonstances où s'est trouvée la dame Bellanger, la partie du prix payée par elle au cit. Dormesson soit demeurée assujettie à l'action hypothécaire des héritiers Lecomte, comme si elle l'eût conservée entre ses mains?

» Sans doute, en thèse générale, l'opposition au sceau des lettres de ratification met l'acquéreur dans la nécessité de représenter aux opposans le prix de l'immeuble, quand même il l'aurait déjà payé à son vendeur, sauf à lui à recouvrer, comme il pourra, ce qu'on l'oblige de payer une seconde fois; et quoique l'art. 19 de l'édit de 1771 ne le dise pas formellement, ce n'en est pas moins un corollaire direct de sa disposition.

» Mais ce principe peut-il être invoqué dans

l'espèce actuelle? La dame Bellanger soutient la négative, et elle la fonde sur un fait qui mérite une grande attention : c'est que les héritiers Lecomte ne sont créanciers que d'une somme inférieure de plus de moitié à celle que la dame Bellanger avait retenue en sus des payemens faits par elle à son vendeur, les 21 brumaire et 5 frimaire an 2.

» Ce fait n'est pas nié, il est constant, il est prouvé authentiquement par le contrat constitutif de la créance des héritiers Lecomte. Voyons quelles sont les conséquences qui vont en sortir.

» Il est certain que, si, immédiatement après les payemens faits par la dame Bellanger à son vendeur, les héritiers Lecomte avaient exercé contre elle leur action hypothécaire, ils n'auraient pas pu conclure à la représentation des sommes comprises dans ces payemens.

» Pourquoi ne l'auraient-ils pas pu? Parce qu'ils n'y auraient eu aucun intérêt; et pourquoi n'y auraient-ils eu aucun intérêt? parce que la dame Bellanger avait encore entre les mains de quoi le payer.

» Il est vrai que l'hypothèque est indivisible, et qu'elle frappe sur chacune des parties de l'immeuble ou de son prix, comme sur la totalité; mais il est vrai aussi que, réduite en action, elle n'a d'autre effet que de contraindre le possesseur à payer la somme dont elle forme le gage et la sûreté. Cela résulte de la définition que tous les auteurs nous donnent de l'action hypothécaire, d'après l'art. 101 de la coutume de Paris; et d'ailleurs, la loi 16, §. 6, D. *de pignoribus et hypothecis*, porte expressément, que pour éteindre l'hypothèque dont est grevé son fonds, le possesseur n'a besoin que d'acquitter la créance hypothéquée : *Eum non ampliùs dando quàm quod reverà debetur, hypothecam liberare.*

» C'est aussi ce qu'a textuellement décidé, même relativement aux créanciers opposans au sceau des lettres de ratification, un jugement du tribunal de cassation du 27 nivôse an 7, dont vous avez sous les yeux le dispositif.

» Cependant tout n'est pas encore dit pour la dame Bellanger. A la bonne heure, qu'elle n'ait pas pu être contrainte par les héritiers Lecomte à leur représenter la somme qu'elle avait payée comptant au cit. Dormesson, tant qu'elle a eu entre les mains de quoi satisfaire à leur créance. Mais du moment que la somme restée d'abord entre ses mains, en est sortie sans tomber dans les leurs, l'action hypothécaire des héritiers Lecomte n'a-t-elle pas dû refluer sur la somme précédemment confiée à la bonne foi de son vendeur; et celle-ci n'est-elle pas devenue, en quelque sorte, la caution subsidiaire de celle-là? Tant que la somme retenue par la dame Bellanger, est restée dans ses mains, la dame Bellanger en est demeurée propriétaire; si donc, par une force majeure, cette somme est venue à périr, n'est-ce pas pour le compte de la dame Bellanger qu'elle a péri? Et les demandeurs peuvent-ils souffrir de la perte que la dame Bellanger a essuyée à cet égard?

» Cette objection, au premier abord, paraît insoluble; et nous devons dire que le rapport fait au conseil des cinq-cents, le 12 thermidor an 7, la tranche plutôt qu'il ne la résoud. Essayons de l'analyser jusques dans ses premiers élémens : c'est le seul moyen d'arriver à des résultats capables d'éclairer cette partie essentielle de la cause.

» Nous venons d'établir que, si avant la mort du cit. Dormesson, les héritiers Lecomte s'étaient pourvus hypothécairement contre la dame Bellanger, la dame Bellanger n'aurait été tenue de leur représenter que la partie du prix qui était restée dans ses mains.

» De cette proposition évidente par elle-même, il en découle une autre qui ne l'est pas moins : c'est que, si, après la mort du cit. Dormesson, la dame Bellanger eût payé aux héritiers Lecomte le montant de leur créance, elle aurait par là éteint l'hypothèque qu'ils avaient sur son acquisition.

» Cette seconde conséquence en amène une troisième qui n'est pas plus susceptible de contestation : c'est que, si, au lieu de payer aux héritiers Lecomte le montant de leur créance, la dame Bellanger l'eût payé *à un tiers autorisé à recevoir pour eux*, leur hypothèque se serait éteinte ni plus ni moins que par un payement fait à eux-mêmes.

» Arrêtons-nous à cette troisième conséquence, et répétons-la, pour qu'elle ne nous échappe point : répétons que, si, après la mort du cit. Dormesson, les héritiers Lecomte ont reçu, par les mains d'un tiers qui en avait le droit et le pouvoir, la somme intégrale à laquelle s'élevait leur créance, la dame Bellanger est absolument quitte envers eux, et leur hypothèque n'existe plus. — Que reste-il maintenant à examiner? un seul point, celui de savoir si en effet les héritiers Lecomte ont, par les mains d'un tiers, touché, après la mort du cit. Dormesson, ce qui leur était dû par la dame Bellanger.

» Nous l'avons déjà dit, le cit. Dormesson a péri en floréal an 2, victime d'un jugement du tribunal révolutionnaire. — Par là tous ses biens ont été confisqués au profit de la république; ainsi l'avaient réglé les lois des 11 et 19 mars 1793. — Par là conséquemment ils ont dû, d'après l'art. 1 de la loi du 28 frimaire an 2, *être régis, administrés*, LIQUIDÉS *et vendus comme les biens nationaux provenans des émigrés.* — Et conséquemment encore, par là, la dame Bellanger s'est trouvée, relativement aux 65,000 livres dont elle était restée redevable au cit. Dormesson, soumise aux dispositions de l'art. 8 de cette dernière loi, lequel porte : « Tous détenteurs de biens meubles ou » immeubles, *et tous débiteurs de créances ou* » *effets appartenans à des condamnés*, seront » tenus d'en faire la déclaration à leurs muni- » cipalités, dans la décade, à dater de l'affiche » du tableau des confiscations, à peine d'être » condamnés par voie de police correctionnelle; » à une amende égale à la valeur des sommes » ou objets non déclarés ».

» Mais la femme Bellanger a-t-elle pu se borner à faire à sa municipalité la déclaration de 83,000 livres qu'elle devait à la succession du cit. Dormesson?

» Non : car, d'un côté, du moment que cette somme était acquise à la république par droit de confiscation, c'était dans les coffres de la république que devait s'en faire le versement.

» D'un autre côté, on vient de voir que l'art. 1. de la loi du 26 frimaire an 2 assimilait les biens des condamnés aux biens des emigrés, quant à la manière de les régir, administrer, *liquider* et vendre; et dès-là, il est clair (comme l'établissait le cit. Jacqueminot, dans le rapport du 12 thermidor an 7), que, « pour connaître les obli- » gations de ceux qui étaient débiteurs des per- » sonnes condamnées révolutionnairement, pour » connaître aussi les droits de ceux qui étaient » et qui sont encore créanciers des condam- » nés, il faut d'abord consulter les lois relatives » aux biens, aux débiteurs et aux créanciers des » émigrés ».

» Par la même raison, ou plutôt pour redire la même chose en d'autres termes, la république ayant, sur les créances des condamnés, les mêmes droits que sur les créances des émigrés, il est clair que c'est aux lois relatives à celles-ci qu'il faut recourir, pour déterminer et le mode de payement de celles-là, et la manière dont les deniers qui en sont provenus, ont dû exister dans les coffres de la république.

» Or, sur ce point, il y a quatre lois à remarquer : celle du 8 avril 1792, celle du 2 septembre de la même année, celle du 25 juillet 1793, celle du 1.er floréal an 3.

» La loi du 8 avril 1792 a pour objet de régler le mode d'exécution de celle du 9 février précédent, qui met sous la main de la nation tous les biens appartenans aux émigrés.

» Elle veut, art. 3, que *ces biens* soient *administrés par les régisseurs de l'enregistrement*; et elle déclare, article 4, que *l'administration des meubles, effets mobiliers et ACTIONS, se bornera aux dispositions nécessaires pour leur conservation*. — Ainsi les *actions*, et par conséquent les créances des émigrés, sont enveloppées dans le séquestre national; et la nation se charge de faire, par les mains de la régie de l'enregistrement, toutes les dispositions nécessaires pour leur *conservation*.

» Cependant parmi les créances des émigrés, il en est un grand nombre qui sont exigibles; et parmi celles qui ne le sont pas, il en est dont les débiteurs peuvent avoir envie de se libérer. Comment pourvoir à la *conservation* des unes et des autres?

» L'art. 14 va nous l'apprendre : *les débiteurs des émigrés, à quelque titre que ce soit, ne pourront se libérer valablement, qu'en payant à la caisse du SÉQUESTRE.* — C'est donc par forme de séquestre, que la nation va recevoir les sommes dues aux émigrés. — La nation ne les recevra donc pas précisément pour son compte personnel; elle les recevra pour le compte de ceux qui pourront y avoir droit; elle les recevra par conséquent pour les remettre aux créanciers que les émigrés peuvent avoir laissés en France, sauf à en retenir le restant à son profit, s'il y a lieu. — Mais, dans tous les cas, les créanciers des émigrés, n'ont rien à demander aux débiteurs de ceux-ci personnellement. Les débiteurs des émigrés ne peuvent payer *qu'à la caisse du séquestre*; et c'est dans la caisse du séquestre, que les créanciers doivent reprendre ce que les débiteurs y auront versé. — Du reste, nulle distinction, à cet égard, entre les débiteurs de créances hypothécaires et les débiteurs de créances purement chirographaires : la loi les place tous sur la même ligne, elle leur impose à tous la même obligation, elle comprend dans une règle commune tous *les débiteurs des émigrés, A QUELQUE TITRE QUE CE PUISSE ÊTRE.*

» A la loi du 8 avril 1792, a succédé celle du 2 septembre de la même année. — Par cette seconde loi, les biens des émigrés ne sont plus seulement mis sous la main de la nation : ils sont déclarés *acquis et confisqués* à son profit; cependant les droits de leurs créanciers sont réservés, notamment par les art. 4, 5 et 7; et en conséquence, l'art. 15 parle encore de *la caisse du séquestre, établie par la loi du 8 avril*; il en parle comme d'un établissement qui doit subsister dans le nouvel ordre de choses; et l'art. 20, entrant dans le même sens, désigne expressément sous le nom de *séquestre général des biens des émigrés*, l'administration de l'enregistrement et des domaines nationaux.

» Ainsi, sous l'empire de la loi du 2 septembre, comme sous celui de la loi du 8 avril 1792, les débiteurs des émigrés n'ont pu se libérer *qu'à la caisse du séquestre* national, et nul créancier, même hypothécaire des émigrés, n'a pu en contraindre les débiteurs à payer entre ses mains.

» Vient ensuite la loi du 25 juillet 1793, et voici ce qu'elle porte, sect. 2, art. 11 : « Tous » débiteurs *sans exception* » (et par conséquent les débiteurs de créances hypothéquées comme les débiteurs de créances cédulaires), « seront » tenus de déclarer, dans la huitaine de la pu- » blication de la présente loi, dans chaque mu-

» nicipalité, les deniers, sommes échues ou » à échoir..... qu'ils auront en leur possession.... ». — L'art. 16 ajoute : « les débiteurs... qui... auront négligé de faire lesdites » déclarations, ou qui en auraient fait de fausses, » seront contraints à la restitution des objets » non déclarés, et à une amende égale à la valeur desdits objets... ».

» Et quel doit être l'effet de ces déclarations? C'est ce que va régler l'art. 17 : « Les sommes » déclarées en vertu des articles précédens..., » seront versées... dans la caisse de l'enregistrement, *et ce nonobstant toutes oppositions » de la part des créanciers de chaque émigré, » et sans y préjudicier* ». — Voilà qui confirme, qui développe bien clairement les conséquences que nous tirions tout à l'heure de l'art. 14 de la loi du 8 avril 1792. Les oppositions des créanciers d'un émigré ne peuvent ni *empêcher* ni *dispenser* son débiteur de verser à la caisse du receveur de l'enregistrement, le montant de ce qu'il doit; mais ces oppositions n'en souffriront point pour cela : elles tiendront sur la somme que le receveur de l'enregistrement aura touchée. — Preuve évidente et sans réplique, que le receveur de l'enregistrement touche pour le compte des créanciers opposans; preuve évidente et sans réplique, que les créanciers opposans sont censés recevoir par les mains du receveur de l'enregistrement; preuve évidente et sans réplique enfin, que le débiteur, en se libérant entre les mains du receveur de l'enregistrement, est censé payer, non pas seulement à la république, mais encore aux créanciers même opposans.

» *Aux créanciers même opposans !* à plus forte raison donc aussi aux créanciers qui, au moment où le débiteur paye, n'ont pas encore formé d'opposition. Et vous sentez, C. M., quelle conséquence il résulte de là, contre le système des héritiers Lecomte. L'opposition des héritiers Lecomte ne date que du 17 fructidor an 3, et elle est, par suite, postérieure de plusieurs mois aux payemens faits par la dame Bellanger entre les mains du receveur de l'enregistrement de Choisy. Si elle eût précédé ces payemens, elle n'aurait pas pu les empêcher; la dame Bellanger n'en aurait pas moins été contrainte de payer à la caisse nationale; seulement cette opposition eût été, de plein droit, transférée de l'immeuble acquis par la dame Bellanger, sur la caisse nationale elle-même. Et l'on voudrait donner plus d'effet, en faveur des héritiers Lecomte, à une opposition qui n'est survenue que cinq et trois mois après les payemens faits par la dame Bellanger ! L'on voudrait que la dame Bellanger fût de pire condition pour avoir payé, nonobstant la possibilité éventuelle d'une opposition qui n'existait pas encore, qu'elle ne serait dans le cas où elle eût payé nonobstant une opposition actuelle et subsistante ! — Avouons-le, un système qui, pour se soutenir, a besoin de l'appui d'une absurdité aussi choquante, ne peut pas obtenir l'assentiment d'une raison saine et éclairée.

» Mais revenons à la loi du 25 juillet 1793. Toujours fidèle au parti pris par celle du 8 avril 1792 et par elle-même, de confier au *séquestre général des biens des émigrés*, le soin de recevoir pour les intérêts des créanciers de ceux-ci, comme pour les intérêts de la république, les sommes qui étaient dues aux émigrés avant leur expatriation; toujours conséquente au principe que nous venons de lui voir établir, que les oppositions des créanciers n'apportent aucun obstacle à ce que les débiteurs se libèrent dans la caisse de ce séquestre; elle déclare, sect. 5, §. 2, art. 16, que *les créanciers demeurent dispensés de former des oppositions pour la conservation de leurs droits.* — On sent, en effet, qu'il est inutile de former des oppositions, alors que les oppositions n'arrêtent point les payemens; la loi les tient pour faites, quoiqu'elles soient omises, et pourquoi? parce que les sommes versées par les débiteurs, dans la caisse du séquestre, restent dans cette caisse pour y suivre, relativement aux créanciers, le même cours qu'elles auraient suivi, si elles étaient restées dans les mains des débiteurs; parce que les débiteurs, en les versant dans cette caisse, sont censés les avoir versées dans une caisse affectée spécialement aux créanciers; en un mot, parce que cette caisse n'est, à l'égard des créanciers, qu'un dépôt dans lequel tous leurs droits demeurent intacts.

» Aussi voyez-vous ensuite la loi s'occuper dans un paragraphe exprès, et c'est le 3.e de la 5.e section, *de la collocation des créanciers* sur toutes les sommes qui ont été versées dans la caisse du séquestre, soit qu'elles proviennent de la vente des immeubles, soit qu'elles proviennent de la vente des meubles, soit qu'elles proviennent du recouvrement des créances des émigrés. Elle règle, à cet égard et dans le plus grand détail, tout ce qui doit s'observer pour l'union des créanciers, pour la confection de l'ordre, pour les payemens à faire en conséquence; et la preuve qu'elle maintient les créanciers hypothécaires dans tous leurs droits sur ces sommes, la preuve par conséquent qu'elle considère ces sommes comme versées dans la caisse du séquestre, pour le compte des créanciers hypothécaires eux-mêmes, c'est la manière dont elle s'exprime dans les art. 12 et 13.

» L'art. 12 est ainsi conçu : « Les créanciers » chirographaires privilégiés seront compris, » pour la totalité de leurs créances, dans la distribution des sommes mobilières recouvrées, » ou d'abord jusqu'à concurrence desdites sommes recouvrées ».

» L'art. 13 ajoute : « Les créanciers hypothé-
» caires seront compris dans la distribution, au
» marc la livre, sur les sommes mobilières, à
» raison de la totalité de leurs créances, sans
» avoir égard aux sommes qui pourront leur
» revenir sur les produits recouvrés, provenant
» des objets hypothéqués : bien entendu qu'ils
» ne recevront ensuite que jusqu'à concurrence
» de ce qui leur restera dû.

» Ainsi, les *objets hypothéqués* aux créanciers, restent frappés de leurs hypothèques, quoique les produits en soient versés dans la caisse nationale; et, pour le dire encore une fois, c'est ce qui démontre au plus haut degré d'évidence, que la caisse nationale n'a fait le recouvrement de ces produits, que pour le compte des créanciers hypothécaires; c'est ce qui démontre par conséquent que les débiteurs, en payant à la caisse nationale, sont censés avoir payé aux créanciers hypothécaires eux-mêmes.

» Et observons bien que la conduite des héritiers Lecomte a été parfaitement conforme à tout ce système de la loi.

» Le 23 frimaire an 2, c'est-à-dire, le jour même où a été rendue la loi qui assimilait le sort des débiteurs des condamnés au sort des débiteurs des émigrés, la dame Bellanger fait déposer son contrat d'acquisition au bureau des hypothèques, et cet acte y demeure affiché jusqu'au 27 pluviôse suivant. Que font alors les héritiers Lecomte? Forment-ils opposition au sceau des lettres de ratification qu'elle sollicite? Non. Ils savent qu'ils en sont dispensés par l'art. 16 du §. 2 de la sect. 5 de la loi du 25 juillet 1793; ils savent que la dame Bellanger peut et doit payer le restant de son prix à la caisse du séquestre; mais ils savent aussi que la loi leur conserve tous leurs droits sur la somme que la dame Bellanger y versera; ils savent qu'en versant cette somme dans la caisse du séquestre, la dame Bellanger ne fera que la mettre en réserve pour leur propre compte; en conséquence, point d'opposition de leur part.

» Que font-ils donc? Ils font ce que leur indiquent les art. 6 et suivans du paragraphe cité de la même loi, le 18 vendémiaire an 3, ils déposent leurs titres de créance au bureau désigné pour en faire la liquidation; et cette liquidation, ils la poursuivent, sans se réserver aucune action contre la dame Bellanger, parce qu'ils savent bien que la dame Bellanger ne doit pas payer entre leurs mains; ils la poursuivent, comme n'ayant plus d'action que contre la caisse du séquestre national.

» C'est dans ces circonstances, que la dame Bellanger fait à la même caisse, le 5 germinal an 3, un payement de 70,000 livres. Assurément, en versant cette somme dans la caisse du séquestre, la dame Bellanger a bien dû croire qu'elle libérait, jusqu'à concurrence de sa valeur, les hypothèques dont son acquisition pouvait être grevée; elle a dû le croire, parce que, payer à la caisse du séquestre et payer aux créanciers, c'était pour elle la même chose : elle a dû le croire surtout, parce que la loi lui donnait l'assurance que le caissier qualifié *de séquestre*, n'était en cette partie que l'agent, le receveur, le dépositaire des créanciers; et ce qu'elle a dû croire, elle l'a réellement opéré, parce que telle était la volonté bien prononcée du législateur.

» Et ce que nous disons du payement des 70,000 livres, effectué le 5 germinal an 3, nous devons également le dire de celui des 19,500 livres restant, qui a été fait le 13 prairial de la même année.

» A la vérité, il était survenu, dans l'intervalle, une loi qui avait introduit un grand changement dans le sort des créanciers des émigrés, et, par suite, des condamnés. C'est celle du 1.er floréal an 3, dont l'art. 1 déclare les *créanciers des émigrés créanciers directs de la république*, en exceptant seulement ceux qui, à l'époque de leur émigration, se trouvaient en faillite ou notoirement insolvables.

» Mais cette disposition n'avait rien changé à l'obligation précédemment imposée aux débiteurs de payer à la caisse nationale, ni à la défense précédemment faite aux créanciers de s'adresser directement aux débiteurs. Vous savez d'ailleurs dans quel esprit cette disposition avait été décrétée. Jusqu'alors la république ne s'était pas obligée personnellement à payer les dettes des émigrés; elle ne s'était soumise au payement des dettes de chacun d'eux, qu'autant que ses biens en fournissaient les moyens, et au fur et à mesure que rentreraient les fonds. Le 1.er floréal, on veut supprimer toutes ces entraves à l'égard des émigrés non reconnus insolvables; on s'est convaincu à l'avance qu'on peut le faire sans compromettre les intérêts de la nation; on déclare donc la nation débitrice directe de ces émigrés. Mais qu'entend-on par là? on entend seulement qu'il ne faudra plus justifier, dans ce cas, que les biens de l'émigré suffisent au payement de toutes ses dettes; que la république prend la place de l'émigré débiteur; qu'elle s'oblige de payer toutes les dettes et d'acquitter toutes les charges de l'emigré, à quelque somme qu'elles s'élèvent, ainsi et de la même manière que l'émigré y aurait été tenu; qu'elle permet d'agir directement contre elle à cet égard, comme on aurait pu le faire contre l'émigré.

» Mais on ne peut pas sérieusement prétendre, et les héritiers Lecomte n'ont pas même osé le faire, que, par là, le législateur ait voulu déranger l'ordre qu'il avait établi les 8 août

1792 et 25 juillet 1793, pour le mode de payement des dettes dues aux émigrés; on ne peut pas sérieusement prétendre que, par là, le législateur ait changé la nature ni les effets de l'injonction qu'il avait antérieurement faite aux débiteurs des émigrés, de ne payer qu'à la caisse du séquestre national; on ne peut pas sérieusement prétendre que, par là, les débiteurs des émigrés aient été autorisés à se libérer entre les mains des créanciers, même hypothécaires de ceux-ci.

» Disons donc que le payement fait par la dame Bellanger, le 13 prairial an 3, doit être envisagé du même œil, et jugé d'après les mêmes principes, que celui du 5 germinal précédent.

» Disons par conséquent que l'un et l'autre ont été faits, non-seulement, comme l'a énoncé le tribunal civil du département de la Seine, *sous la garantie nationale*, mais encore avec la certitude justifiée par la loi elle-même, qu'ils équipollaient, pour la dame Bellanger, à des payemens faits aux créanciers Dormesson, avec la certitude que la caisse nationale dans laquelle ils entraient, les recevait pour le compte des créanciers Dormesson; avec la certitude qu'ils libéraient les hypothèques des créanciers Dormesson, ni plus ni moins que si la dame Bellanger les eût faits entre les mains de ceux-ci.

» Disons, par conséquent encore, que les héritiers Lecomte sont, aux yeux de la loi, censés avoir touché, par les mains du séquestre national, le montant des sommes payées à ce dernier les 5 germinal et 13 prairial an 3, par la dame Bellanger; et que, par une conséquence ultérieure et nécessaire, l'hypothèque des héritiers Lecomte sur la dame Bellanger a été, dès-lors, éteinte *irrévocablement*.

» Oui, *irrévocablement* : car il n'est sûrement pas besoin de prouver que la loi du 21 prairial an 3, en restituant les biens des condamnés à leurs familles, n'a porté aucune atteinte aux payemens précédemment faits par les débiteurs, et aux libérations qui s'en étaient ensuivies : ce point de droit est complètement démontré dans le rapport du cit. Jacqueminot, du 12 thermidor an 7; et d'ailleurs, les héritiers Lecomte ne l'ont pas même contredit.

» C'en est assez, sans doute, pour pulvériser le deuxième moyen de cassation des demandeurs; passons au troisième.

» Il porte tout entier sur un prétendu excès de pouvoir, sur une prétendue violation de l'art. 7 de la loi du 3 brumaire an 2. Le tribunal civil du département de l'Oise, disent les demandeurs, ne pouvait, comme tribunal d'appel, connaître que du bien ou mal jugé du jugement du tribunal civil du département de la Seine; il ne pouvait prononcer que sur les conclusions prises par les parties en première instance; il ne pouvait pas surtout statuer sur des choses non demandées ni contestées, même en cause d'appel. Cependant il ne s'est pas borné à réformer le jugement du tribunal civil du département de la Seine, en ce que celui-ci avait maintenu purement et simplement l'opposition des héritiers Lecomte, sur la portion du prix payée au feu cit. Dormesson; il a encore jugé que les héritiers Lecomte devaient, avant de pouvoir recourir sur cette partie, épuiser la somme versée par la dame Bellanger dans la caisse nationale; il a jugé que les héritiers Lecomte devaient la retirer de cette caisse dans les six mois de la signification du jugement; il a jugé que la dame Bellanger devait, à cet effet, les aider de ses quittances et des autres pièces ou renseignemens qu'elle avait en sa possession. Or, sur tout cela, pas un mot dans les conclusions respectivement prises par les parties, soit en première instance, soit en cause d'appel. Le tribunal civil de l'Oise a donc transgressé les limites de ses pouvoirs, et violé la loi du 3 brumaire an 2.

» Dans ce raisonnement, C. M., vous remarquez sans doute un principe faux, et un principe vrai en soi, mais mal entendu.

» Il est faux qu'en matière civile, les tribunaux d'appel ne doivent prononcer que sur le bien ou mal jugé des décisions des tribunaux de première instance. Ils sont de plus, non-seulement autorisés, mais même tenus, lorsqu'ils infirment un jugement, de faire tout ce qu'eût dû faire le premier juge, et par conséquent de substituer à la disposition qu'ils annullent, une disposition nouvelle.

» D'un autre côté, il est vrai que les tribunaux d'appel ne peuvent statuer que sur des demandes formées par les parties devant les premiers juges; mais ils ne sont pas obligés d'y statuer purement et simplement; ils ne sont pas obligés de les accueillir ou de les rejeter sans condition ni réserve. Ils peuvent, ils doivent même, lorsqu'ils trouvent, par exemple, une demande bien fondée en soi, mais prématurée, déclarer qu'ils l'adjugent sous la condition qu'elle n'aura son effet qu'après que tel ou tel préliminaire aura été rempli; et il n'importe que les parties n'aient point expressément parlé de ce préliminaire dans leurs conclusions : le juge d'appel n'en est pas moins le maître de suivre à cet égard les mouvemens de sa conscience, par la raison infiniment simple, que qui peut le plus, peut le moins. Le juge d'appel pourrait adjuger purement et simplement la demande injustement repoussée par le premier juge : il peut donc, *à fortiori*, ne l'adjuger que conditionnellement; comme il peut, dans une cause où l'appelant conclut à une condamnation de 2000 francs, et où l'intimé se borne à défendre le jugement qui l'en a déchargé, dire qu'il a été mal jugé, en ce que l'intimé a été déclaré ne rien devoir; émendant, le condamner à la moitié de la somme litigieuse, quoique la contestation n'ait roulé, tant en première instance qu'en cause d'appel, que sur la totalité.

» Dans notre espèce, les héritiers Lecomte soutenaient que leur opposition devait tenir sur la portion du prix payée par la dame Bellanger au cit. Dormesson; et sans contredit, le tribunal d'appel aurait pu, s'il avait eu pour cela les données nécessaires, rejeter purement et simplement leur prétention, au moyen de ce que la somme versée par la dame Bellanger dans la caisse nationale, devait être appliquée à l'extinction de leur hypothèque. Mais pour prononcer ainsi définitivement, il aurait fallu statuer sur un point que les parties n'avaient pas déféré à sa décision. Il avait bien à juger la question de savoir si l'opposition des héritiers Lecomte subsistait encore; mais il n'était pas saisi de celle de savoir si la somme nécessaire pour en remplir l'objet, n'avait pas été retirée de la caisse nationale par des créanciers hypothécaires antérieurs aux héritiers Lecomte, dans le temps surtout où ils étaient dispensés de toute opposition pour la conservation de leurs droits; et cependant c'était à cette dernière question qu'était subordonnée la maintenue de l'opposition des héritiers Lecomte. N'existait-il plus dans la caisse nationale une somme assez forte pour acquitter cette opposition? elle devait être conservée pour l'excédent. Existait-il encore dans la caisse nationale une somme assez ou plus forte? elle devait être levée. Qu'a donc dû faire, dans ces circonstances, le tribunal de l'Oise? Précisément ce qu'il a fait: renvoyer les héritiers Lecomte à se pourvoir sur la somme existante dans la caisse nationale, et déclarer que, si, dans tel délai, ils ne justifiaient pas de l'insuffisance de cette somme, pour remplir l'objet de leur opposition, leur opposition demeurerait comme non-avenue. — S'il eût prononcé autrement, s'il eût donné main-levée pure et simple de leur opposition, les héritiers Lecomte auraient eu à lui reprocher d'avoir statué sur une chose non contestée, sur une chose qui ne lui avait pas été soumise, sur une chose dont il n'était pas juge; et c'est véritablement alors qu'il eût excédé ses pouvoirs.

» Pour quatrième et dernier moyen, les héritiers Lecomte invoquent l'art. 1 du tit. 31 de l'ordonnance de 1667, aux termes duquel toute partie qui succombe, doit être condamnée aux dépens, sans que le juge puisse les compenser. Cet article, disent-ils, a été violé, en ce que par le jugement du tribunal de l'Oise, nous sommes condamnés à tous les dépens des causes principale et d'appel, quoiqu'il ne soit pas encore jugé que nous succomberons sur tous les chefs de nos demandes, et quoique par ce jugement même, nos droits soient réservés sur la portion du prix payée au cit. Dormesson, dans le cas où la somme existante dans la caisse nationale ne suffirait pas à la libération de la dame Bellanger.

» Les héritiers Lecomte n'ont sûrement pas grande confiance dans un pareil moyen.

» Quel était, tant en première instance qu'en cause d'appel, l'objet de la contestation qui divisait les parties? Elle n'en avait point d'autre que de savoir si la somme versée par la dame Bellanger dans la caisse nationale, devait ou non être appliquée à l'hypothèque des héritiers Lecomte, avant qu'ils pussent entamer celle que la dame Bellanger avait payée directement au feu cit. Dormesson. Or, sur cette question, les héritiers Lecomte ont pleinement succombé; ils ont donc dû être condamnés à tous les dépens.

» Par ces considérations, nous estimons qu'il y a lieu de rejeter la requête en cassation et de condamner les demandeurs à l'amende ».

Ces conclusions ont été adoptées par arrêt du 6 ventôse an 10,

« Attendu, sur le premier moyen, que l'hypothèque s'éteint avec la dette dont elle n'est que l'accessoire; qu'ainsi, l'art. 6 de l'édit du mois de juin 1771, invoqué par les veuve et héritiers Lecomte, ne peut avoir été violé, s'il y a eu libération valable; et que cette libération résulte du versement fait par la femme Bellanger dans la caisse nationale, de la somme restée en ses mains, plus que suffisante pour faire face à leurs prétentions;

» Attendu, sur le deuxième moyen, que l'art. 19 du même édit règle seulement l'ordre du prix à distribuer entre les créanciers opposans; que, si, d'après cet article, l'acquéreur est comptable envers eux de la totalité de ce prix, ce ne peut être que lorsque leurs créances l'excèdent ou l'égalent; et que la femme Bellanger avait été fondée, d'après ces principes, à payer à son vendeur une partie du montant de son acquisition, ayant retenu en ses mains plus du double de la créance des veuve et héritiers Lecomte;

» Attendu, au surplus, sur ces deux moyens, que, d'après les lois relatives aux émigrés et aux condamnés, leurs débiteurs étaient tenus, sous les peines les plus graves, de déclarer et de verser les sommes par eux dues, nonobstant toutes oppositions, la république demeurant chargée d'acquitter leurs créanciers, qui étaient, en conséquence, déclarés créanciers directs de l'Etat; que ces lois ayant placé sous la garantie nationale les débiteurs qu'elles obligeaient de se libérer, il est impossible de ne pas demeurer convaincu que l'édit de 1771, dans les dispositions qui ne pouvaient pas se concilier avec elles, est demeuré abrogé ou modifié pendant que leur exécution a duré; que la femme Bellanger a été libérée par les versemens qu'elle a été obligée de faire; et que les veuve et héritiers Lecomte ne peuvent plus avoir contre elle, ni sur l'immeuble dont il s'agit, d'action directe ni hypothécaire, au préjudice de la quittance qui lui a été donnée pour solde, la loi de restitution des biens des condamnés n'ayant donné ni à leurs héritiers, ni à leurs créanciers, le droit de revenir sur ce qui avait été fait avant cette loi;

» Attendu, sur le troisième moyen, que le jugement attaqué a simplement modifié les conclusions de la femme Bellanger, en ne lui accordant que sous condition la main-levée de l'opposition des veuve et héritiers Lecomte, qu'elle demandait définitivement et absolument; qu'en cela, le tribunal de Beauvais n'a point excédé ses pouvoirs comme tribunal d'appel, celle en radiation modifiée de l'opposition étant bien comprise dans la demande en main-levée entière et définitive qui avait été formée en cause principale; qu'au surplus, la femme Bellanger aurait été seule recevable à se plaindre de ce que sa demande n'avait pas été adjugée définitivement sur la représentation de la quittance à elle donnée pour solde, étant constaté d'ailleurs que les oppositions de tous les autres créanciers hypothécaires, antérieurs à son acquisition, avaient été radiées, et aucune des lois rendues depuis sur le mode de payement des acquisitions ou créances en papier-monnaie, ne pouvant s'appliquer à ce qui avait été consommé avant l'existence de ces lois;

» Attendu, sur le quatrième moyen, que le jugement de première instance ayant néanmoins été infirmé, et la prétention des veuve et héritiers Lecomte sur la portion du prix payée au vendeur, ayant été rejetée, on ne peut voir dans la condamnation des dépens dont ils se plaignent, que la juste application de l'art. 31 de l'ordonnance de 1667 ».

§. II. *Sous le régime hypothécaire de 1771, les lettres de ratification, prises sur un contrat frauduleux et simulé, purgeaient-elles les hypothèques des créanciers non opposans?*

V. l'article *expropriation forcée*, §. 2.

§. III. 1.° *Sous le régime hypothécaire de l'édit du mois de juin 1771, les lettres de ratification purgeaient-elles les rentes foncières?*

2.° *Les purgeaient-elles, lorsque ces rentes étaient stipulées rachetables?*

Ces questions ont été portées à l'audience de la cour de cassation, section civile, les 11 et 12 pluviôse an 11, par l'effet du recours exercé par le sieur Fortin contre un arrêt de la cour d'appel de Paris rendu en faveur de la veuve Saron et de ses enfans mineurs. — Voici les conclusions que j'ai données sur cette affaire.

« Le jugement du tribunal d'appel de Paris du 9 thermidor an 9, dont le cit. Fortin vous demande la cassation, a décidé que les lettres de ratification obtenues par celui-ci le 4 ventôse an 3, sur l'acquisition qu'il avait précédemment faite de 40 arpens de terre, n'avaient pas purgé la rente qualifiée *foncière* que la veuve et les mineurs Saron ou leurs auteurs s'étaient réservé sur une partie de ces immeubles, en les transmettant à son vendeur.

» Le cit. Fortin attaque ce jugement, comme rendu en contravention aux art. 7, 17 et 34 de l'édit du mois de juin 1771; et pour prouver qu'effectivement il a violé ces articles, il soutient, 1.° que la rente réclamée par la veuve et les mineurs Saron, n'est pas *foncière*, mais simplement constituée à prix d'argent; 2.° que sous le régime hypothécaire de 1771, les rentes foncières non seigneuriales se purgeaient par les lettres de ratification, comme les rentes purement personnelles; 3.° que les lettres de ratification opéraient cet effet, même par rapport aux rentes foncières dont l'acquéreur avait eu connaissance par le titre de son acquisition. Ainsi, trois propositions à discuter.

» Et d'abord, est-il vrai que l'on ne puisse pas considérer comme *foncière*, la rente qui a donné lieu au procès? Le demandeur nous retrace lui-même dans son *Mémoire d'ampliation*, l'origine de cette rente. Voici ses propres termes : « En 1775, et par contrat du 18 avril, » la veuve Boucher donna, à titre de rente foncière et perpétuelle, à Denis Longuet et sa » femme, les portions à elle appartenantes dans » 73 arpens de terres labourables (portions depuis revendues par Denis Longuet et sa femme » au cit. Fortin), pour par eux en jouir, faire » et disposer au même titre que ses co-propriétaires, en toute propriété et comme de chose » à eux appartenante. — Ce *bail à rente* était » passé moyennant la somme de 500 livres de » rente foncière, annuelle et perpétuelle, rachetable après le décès de ladite Boucher » seulement et non auparavant, de condition » expresse, en rendant par lesdits Longuet et » sa femme, la somme de 10,000 liv. en quatre » payemens égaux. Au surplus (porte le contrat), il est expressément convenu que nonobstant la faculté ci dessus accordée pour le » remboursement de ladite rente, néanmoins il » ne pourra avoir lieu au décès de ladite dame » Boucher, que dans le cas où elle survivrait » demoiselle Marie-Jeanne Aveline, sa sœur; et » si c'est, au contraire, cette dernière qui survit, ladite rente subsistera toujours en son entier, jusqu'à son décès, pour être alors remboursée, comme il est dit précédemment. Il » est ensuite stipulé que les biens donnés à bail » demeurent spécialement et par privilége *réservés, affectés, chargés et hypothéqués au* » *payement de ladite rente*; et après la clause

» ordinaire de fournir et de faire valoir, on stipule » que les titres resteront en la possession de la » veuve Boucher, pour être remis par ses héritiers, aux sieur et dame Longuet, lors du » remboursement qu'ils feront de ladite rente ».

» Vous voyez, C. M., que c'est par un contrat qualifié de *bail à rente*, que Longuet et sa femme sont devenus propriétaires d'une portion des immeubles que le cit. Fortin leur a depuis achetés; et que, si, d'un côté, ces biens leur ont été cédés, *pour en jouir en toute propriété, et comme de chose à eux appartenante*, moyennant une *rente foncière, annuelle et perpétuelle* de 500 livres; de l'autre aussi, ils ont été expressément *réservés*, pour le payement de cette rente.

» On trouve donc dans ce contrat, tout ce qui caractérise un vrai bail à rente et par conséquent une rente réellement foncière. Car le véritable caractère du bail à rente, est de former comme un partage du droit de propriété entre le bailleur et le preneur; le premier demeure propriétaire pour jouir de sa rente comme du fruit de son propre fonds; le second acquiert le droit de transmettre l'héritage à ses successeurs, de le vendre, de le donner, de l'aliéner, avec la charge de la rente du bailleur : tous droits qui dérivent de la propriété ou plutôt qui en font essentiellement partie.

» Qu'importe que, dans notre espèce, la rente soit stipulée rachetable après la mort de la dame Boucher et de sa sœur? Cette circonstance ne change rien à sa nature; et de *rente foncière* qu'elle est, par le texte même du contrat, ne la rend pas *rente constituée à prix d'argent*.

» En veut-on une preuve sans réplique? on la trouvera dans la différence qui, avant les décrets du 4 août 1789, existait, relativement au rachat même, entre les rentes constituées à prix d'argent, et les rentes foncières stipulées rachetables; écoutons Pothier, dans son *Traité du contrat de bail à rente*, n.° 78 : « La faculté de » rachat étant de l'essence du contrat de constitution de rente, elle est imprescriptible : au » contraire, la faculté de racheter une rente » foncière étant un droit qui résulte d'une convention qui n'est qu'accidentelle dans le bail » à rente, et étrangère à la nature de ce contrat, » elle est sujette à la prescription ordinaire de » trente ans, à laquelle sont sujets tous les droits » qui résultent des conventions particulières, » lorsque celui à qui le droit appartient, ne l'a » pas exercé pendant le temps prescrit par la » loi ».

» Une autre preuve non moins frappante, c'est que, quoique les arrérages des rentes constituées à prix d'argent soient sujets à la prescription quinquennale, ceux des rentes foncières stipulées rachetables ont toujours été reconnus, avant la loi du 20 août 1792, n'être soumis qu'à la prescription de trente ans.

» Il est vrai que, relativement aux droits de lods et de quint, et au retrait qui suivait constamment le sort de ces droits, le contrat de bail à rente rachetable était, dans la plupart des coutumes, assimilé à la vente; mais c'était une fiction qui n'avait été introduite que pour l'intérêt des seigneurs, comme pour celui des lignagers, et afin de parer aux fraudes multipliées que l'on commettait à leur préjudice, en déguisant les ventes sous les apparences de baux à rente.

» C'est ainsi que, dans les coutumes du Poitou, du Maine, d'Orléans et de Normandie, le bail à rente même non rachetable passait pour vente, relativement au seigneur, toutes les fois qu'il y avait la moindre somme donnée à titre de deniers d'entrée, quoique bien certainement alors la rente stipulée par ce bail, n'en fût pas moins *foncière* dans toute l'énergie de ce terme.

» Et ce qui est décisif sur ce point, c'est qu'avant la réformation de la coutume de Paris en 1583, on y tenait pour constant que, même relativement aux droits de lods et de quint, le bail à rente rachetable ne pouvait pas être assimilé à la vente. Nous avons pour garant de cette vérité Dumoulin, sur l'art. 32 de l'ancienne coutume, n.° 66; et le demandeur lui-même est forcé d'en convenir.

» La nouvelle coutume a changé cette maxime en faveur et sur les plaintes des seigneurs, parce que, pour éluder les droits de mutation, la plupart des contractans masquaient de véritables ventes sous les couleurs du bail à rente rachetable; et que, par là, un vendeur à qui, peu de jours après le contrat, on remboursait le capital de la rente qu'il s'était réservée, parvenait à toucher le prix entier de son bien sans en payer aucun droit.

» Mais en soumettant ainsi le bail à rente rachetable aux lods et ventes, la coutume n'a pas entendu dénaturer la *rente rachetable du bail d'héritage*; elle ne lui a pas ôté son caractère primitif de rente foncière; et en ne le lui ôtant pas, elle le lui a conservé.

» Elle le lui a si bien conservé, qu'après avoir dit, art. 119, que la *faculté de racheter rentes constituées à prix d'argent, ne se peut prescrire par quelque laps de temps que ce soit*, elle ajoute, art. 120 : *la faculté donnée par contrat de racheter héritage ou rente de bail d'héritage à toujours, se prescrit par trente ans.*

» Voilà, certes, une ligne de démarcation bien clairement tracée entre les rentes constituées et les rentes de bail d'héritage créées avec faculté de rachat.

» La coutume ne les a donc pas confondues; elle a donc, au contraire, expressément conservé aux rentes rachetables de bail d'héritage, leur qualité innée de rentes foncières.

» C'est ce que prouve encore nettement l'art. 87 : *De toutes rentes foncières non rachetables*, *vendues à autres, ou délaissées par rachat depuis le premier bail, sont dues ventes, eu égard au prix de la vente, ou rachat d'icelle rente, tout ainsi que si l'héritage ou partie d'icelui était vendu.* Remarquez ces termes, *de toutes rentes foncières non rachetables* : pourquoi ces mots, *non rachetables*, ajoutés aux mots *rentes foncières*? C'est sans contredit parce qu'il est deux sortes de rentes foncières, les unes qui sont rachetables, les autres qui ne le sont pas. Si la coutume ne reconnaissait pour rentes foncières, que celles dont la rédimibilité n'est pas stipulée par leurs titres constitutifs, les termes *non rachetables* formeraient un pléonasme dans le texte de la coutume; et la coutume, en les employant, prouve elle-même qu'une rente peut être foncière, sans être irrachetable.

» Dira-t-on que du moins la coutume entend identifier les rentes foncières rachetables aux rentes constituées, pour tout le temps que la faculté du rachat n'est pas éteinte par le laps de trente ans? — Mais ce serait une absurdité; et la preuve que la coutume n'a pas eu cette intention, la preuve que, dans son territoire, la rente, quoique rachetable, était considérée comme foncière, avant comme depuis l'expiration des trente ans, c'est que, même pendant la durée de la faculté du rachat, les arrérages de cette rente ne se prescrivaient point par cinq ans, comme ceux des rentes constituées. — Pothier en fait expressément la remarque, et il est en cela d'accord avec tous les commentateurs.

» Ajoutons que dans la coutume de Paris elle-même, il existait des rentes perpétuellement rachetables, et qui cependant étaient universellement reconnues pour foncières, par cela seul qu'elles avaient été créées par bail d'héritage : c'étaient les rentes dues par les *maisons assises*, dit l'art. 121, *en la ville et faubourgs de Paris.*

» Aussi voyez de quelle manière s'explique Renusson, *Traité des Propres*, ch. 3, sect. 13, n. 21, sur la question de savoir si, dans la coutume de Paris, l'héritier aux acquêts peut obliger les héritiers aux propres de contribuer au payement d'une rente due sur un héritage que le défunt a acquis par bail à rente rachetable! — Il établit d'abord, et cela est sans difficulté, que la contribution aurait lieu, s'il s'agissait d'une rente constituée. — Il ajoute que, de l'aveu de tout le monde, elle n'aurait pas lieu, si la rente n'avait pas été stipulée rédimible. — « Et » il y a lieu de dire la même chose (continue-» t-il), de l'héritage qui avait été baillé au » défunt à rente rachetable; car, quoique le » défunt se fût obligé personnellement de ra-» cheter la rente, cette obligation personnelle » est pareillement subséquente et accessoire à » la réelle. Il est véritable de dire que de même » l'héritage n'a été baillé qu'à la charge ex-» presse de la rente rachetable, et que le créan-» cier a privilége sur son héritage, comme *princi-» palement obligé et spécialement chargé de la » rente;* c'est une RENTE FONCIÈRE que celui qui » a succédé à l'héritage, et qui en est le posses-» seur, est tenu d'aquitter; car les rentes fon-» cières, QUOIQUE RACHETABLES, *sunt verò onera » realia ratione fundi, sive fundi debita.* ».

» Le même auteur, chap. 1, sect. 10, n. 20, agite une autre question qui se décide par le même principe : c'est celle de savoir si la rente foncière est subrogée, dans la personne du bailleur, à la qualité de propre de telle ou telle ligne, qu'avait dans ses mains l'héritage qu'il a arrenté? Et il rapporte un arrêt prononcé en robes rouges, à Pâques 1592, qui a jugé pour l'affirmative, par la raison que *quiconque baille son héritage à rente, est réputé conserver la propriété de l'héritage jusqu'à la concurrence de la rente.* — A la vérité, il ne dit pas que, dans cette espèce, la rente eût été stipulée rachetable par le bail d'héritage; mais c'est un fait dont on ne peut guère douter, lorsqu'on voit Montholon, chap. 74, attester, en rapportant cet arrêt, que la rente dont il s'agissait, avait été originairement de 500 livres, et qu'un rachat partiel l'avait réduite à moitié. — Aussi Renusson revenant encore, chap. 5, sect. 1, n. 6, sur les rentes foncières; dit-il expressément que *toutes les rentes foncières rachetables ou non-rachetables, sont réputées immeubles, parce qu'elles sont attachées à des fonds d'héritage qui en sont chargés : elles s'appellent foncières,* dit-il encore, *parce que c'est à cause du fonds que la rente est due ; elles représentent le fonds qui n'a été concédé qu'à cause de la rente.*

» Denizart, aux mots *Rente foncière*, établit positivement la même doctrine; et elle mérite d'autant plus de considération, qu'elle est conforme à l'art. 121 de la coutume de Sens, la seule loi qui ait prévu la question et qui l'ait décidée : *rentes foncières constituées à cause d'héritage*, porte cet article, JAÇOIT QU'ELLES SOIENT RACHETABLES, *sortissent nature de l'héritage durant le temps qu'elles sont rachetables.*

» On vous a cependant cité, d'après Denizart lui-même, un arrêt du 4 septembre 1767, qui a jugé, dit-on, qu'une rente foncière créée par le bail d'un héritage propre au bailleur et stipulée rachetable après le décès de celui-ci, ne formait pas un propre dans sa succession, et appartenait à son héritier des acquêts.

» Mais dans cette citation, le demandeur a confondu Denizart avec son additionnaire Varicourt, qui, par ses inexactitudes innombrables, a perdu depuis long-temps toute croyance; et il est à remarquer que le Camus d'Houlouve, dans son *Commentaire sur la coutume du Boullonnais*, tom. 1, pag. 293, ne balance pas à rejeter la décision attribuée par ce compilateur à l'arrêt qu'il rapporte : — « Pour moi (dit-il), » je ne puis assimiler une rente foncière, quoi-» que rachetable, qui peut devenir non rache-

» table par la prescription, à une rente constituée dont le rachat est imprescriptible; et je pense qu'en pareille espèce, l'art. 121 de la coutume de Sens et l'opinion de Renusson doivent prévaloir ».

» Sans doute, il en serait autrement, et la rente même dont il est ici question, ne serait pas *foncière*, mais véritablement *constituée*, si Longuet et sa femme avaient commencé par s'obliger à une somme fixe, et que, par une clause subséquente, ils se fussent soumis à en payer la rente jusqu'au remboursement du capital. — C'est la remarque de Loyseau, dans son *Traité du déguerpissement*, liv. 1, chap. 5, n. 17 : *Toutefois* (ce sont ses termes), *en toutes ces rentes foncières, il y a une signalée précaution, et une remarque de grande importance : c'est que, si le contrat est fait en forme de vente auquel le prix soit particularisé et spécifié, pour lequel prix ainsi spécifié à la suite du même contrat, soit constituée rente, alors, à bien entendre, telle rente ne doit pas être estimée foncière, mais simple rente constituée.*

» Et voilà pourquoi le 12 vendémiaire dernier, au rapport du cit. Audier-Massillon (1), vous avez cassé un jugement du tribunal d'appel de Caen, du 8 ventôse an 9, qui avait jugé foncière, une rente de 300 livres, qualifiée erronément telle par le contrat d'aliénation qui l'avait créée, et que ce même contrat énonçait formellement avoir été constituée au moyen d'une somme de 6000 livres formant le prix de la vente d'une maison.

» Mais ce n'est point là notre espèce : ce n'est pas une *vente*, c'est un *bail à rente* que la veuve Boucher a fait à Longuet et à sa femme; Longuet et sa femme n'ont pas promis d'en payer un prix déterminé, mais seulement une *rente foncière, annuelle et perpétuelle*.

» Et il ne faut pas croire qu'au moyen de la faculté de rachat, les choses soient revenues au même. Elles sont si peu revenues au même, qu'abstraction faite des décrets du 4 août 1789, si Longuet et sa femme avaient laissé passer trente ans sans racheter la rente, elle serait, à leur égard, devenue absolument irrédimible.

» Aussi les nouveaux éditeurs de Denizart, au mot *Bail à rente*, ont-ils grand soin de distinguer cette manière de stipuler, d'avec celle dont parle Loyseau : « Pour réputer une rente » véritablement foncière (disent-ils), il faut » qu'elle soit établie par le contrat de cession » de la propriété, sans aucun prix. Ainsi, il est » commun de voir des actes où l'on vend un » fonds *telle somme*, moyennant laquelle l'acquéreur constitue au vendeur *tant* de rente. » Ce n'est point là un bail à rente, mais une » véritable vente, puisqu'il existe un prix, *telle somme*; et la rente qu'on établit ensuite, pour » raison de ce prix, n'est point une rente foncière. Au contraire, si le bail est fait *moyennant telle rente*, qui pourra être rachetée de » *telle somme*, l'acte n'est pas moins un bail à » rente, puisque ce n'est point un prix formé » de telle somme en argent que l'acquéreur » donne pour la propriété qu'on lui cède, *mais* » *une rente que la faculté de la racheter et la* » *détermination du prix moyennant lequel elle* » *pourra l'être, ne dénaturent point* ».

» Il n'y a donc pas, quant à l'objet sur lequel a prononcé le jugement qu'attaque ici le demandeur, de distinction à faire entre les rentes foncières rachetables, et les rentes foncières non rachetables. Rachetables ou non, les rentes qui forment le prix d'un bail d'héritage, sont essentiellement foncières; et ceci nous conduit naturellement à l'examen de notre seconde question, celle de savoir si, sous le régime hypothécaire de 1771, les lettres de ratification purgeaient les rentes foncières non-seigneuriales.

» S'il faut en croire le demandeur, cette question n'en est plus une : deux arrêts du parlement de Paris, des 6 avril et 12 juin 1787, l'ont décidée irrévocablement pour l'affirmative.

» Supposons que ces deux arrêts aient véritablement jugé la question, et qu'ils l'aient jugée conformément au système du demandeur, sera-ce une raison pour qu'il ne soit plus permis de la soumettre à une nouvelle discussion? Non, sans doute : des arrêts que vous casseriez peut-être, si l'on était encore à temps pour les déférer à votre censure, ne sont pas et ne peuvent pas être pour vous des autorités irréfragables.

» Nous ne devons donc pas craindre d'énoncer devant vous l'opinion que les meilleurs jurisconsultes ont professée sur cette question, avant et depuis les prétendus arrêts dont on vous parle, et dans laquelle nous a de plus en plus confirmés le nouvel examen que nous venons d'en faire.

» Quel est, suivant l'édit du mois de juin 1771, l'effet des lettres de ratification? C'est uniquement de purger les priviléges et les hypothèques.

» L'art. 7 de cet édit est là-dessus très-formel : *Les lettres de ratification purgeront les hypothèques et priviléges à l'égard de tous les créanciers des vendeurs qui auront négligé de faire leurs oppositions dans la forme qui sera prescrite ci-après, avant le sceau d'icelles; et les acquéreurs des immeubles qui auront pris de semblables lettres de ratification, en demeureront propriétaires incommutables*, SANS ÊTRE TENUS DES DETTES DES PRÉCÉDENS PROPRIÉTAIRES, *en quelque sorte et sous quelque prétexte que ce soit*..... Et plus bas : *l'effet desdites lettres étant restreint à purger les priviléges et hypothèques seulement.*

(1) Cet arrêt est rapporté à l'article *Rente foncière*.

» Or, le bailleur d'un héritage qui s'y est réservé une rente foncière, n'a-t-il sur cet héritage qu'une hypothèque, qu'un privilége ? Il s'en faut beaucoup qu'il soit réduit à une pareille condition.

» Tous les auteurs conviennent que la rente foncière est, comme sa dénomination même le prouve, un droit véritablement réel, une portion de la propriété du fonds. « La rente » foncière (dit Poulain du Parcq, sur l'art. 60 de » la Coutume de Bretagne, note C), est un » immeuble réel, qui affecte l'héritage même, » qui en diminue la valeur et qui est réputée en » faire partie ». Laurière, sur l'art. 87 de la *Coutume de Paris*, appelle la rente foncière, une *délibation* de la propriété de l'héritage sur lequel elle est assise.

» Certainement celui à qui appartient une rente de cette nature, ne peut pas être considéré comme n'ayant qu'une hypothèque sur le fonds qui en est grevé. — « Les charges foncières (dit » Loyseau, à l'endroit déjà cité, n. 12), dif- » fèrent des simples hypothèques, en ce que » l'hypothèque est une obligation accessoire ou » subsidiaire de la chose, pour confirmer et as- » surer la promesse et l'obligation de la personne » qui est débitrice : mais la charge foncière est » une redevance due proprement et directe- » ment par l'héritage, et non par la personne; » et ce que la personne la paye, c'est à cause » de la chose, non pour y être obligée de son » chef, parce que la chose qui est inanimée, » ne la peut payer sans le ministère de la per- » sonne ».

» Pothier tient absolument le même langage dans son *Traité du contrat de bail à rente*, n. 19 : « La rente foncière est une charge réelle très- » différente de l'hypothèque dont on charge un » héritage, sur lequel on assigne une rente cons- » tituée à prix d'argent, ou par don ou legs. » Cette hypothèque n'est qu'une obligation ac- » cessoire de l'héritage, pour assurer d'autant » mieux l'obligation personnelle de celui qui a » constitué la rente, ou qui en a été chargé par » testament : au contraire, la charge d'une rente » foncière dont est chargé l'héritage baillé à rente, » est une obligation principale de l'héritage; » c'est l'héritage qui en est le principal débiteur, » plutôt que la personne du preneur, qui n'est » tenu de la rente qu'autant qu'il possède l'hé- » ritage; et parce que cette charge de l'héritage » est de telle nature, que l'héritage ne peut s'en » acquitter que par le fait et le ministère de son » possesseur, qui en doit payer pour l'héritage » les arrérages ».

» Et ici viennent naturellement se placer ces termes si remarquables de l'art. 7 de l'édit du mois de juin 1771 : *Les acquéreurs des immeubles qui auront pris de semblables lettres de ratification, en demeureront propriétaires incommutables*, SANS ÊTRE TENUS DES DETTES DES PRÉCÉDENS PROPRIÉTAIRES. La loi ne dit pas, *sans être tenus des dettes réelles, des dettes dues par les immeubles eux-mêmes*; elle dit : *des dettes des précédens propriétaires*. Donc les lettres de ratification ne purgent que les dettes auxquelles les *précédens propriétaires* étaient personnellement obligés; donc elles ne purgent pas les rentes foncières; et ce qui donne à cette conséquence le caractère de la démonstration, c'est que l'article finit par déclarer en toutes lettres, que *l'effet des lettres de ratification est restreint à purger les priviléges et hypothèques* SEULEMENT.

» Nous pourrions nous arrêter ici : car dès que la rente foncière n'est pas, par sa nature, une dette de la personne; dès qu'elle n'est pas une *obligation accessoire de l'héritage*; c'est-à-dire, une hypothèque; dès qu'au contraire, c'est l'héritage qui y est obligé directement et principalement, ou pour mieux dire, dès qu'elle est une délibation, une partie intégrante de l'héritage même, il est bien évident que, d'après les seules dispositions que nous venons de citer de l'art. 7, les lettres de ratification ne peuvent ni atteindre ni purger la rente foncière.

» Mais il existe, dans ce même art. 7, une autre disposition qui est bien plus décisive encore, et elle est renfermée dans ce membre de phrase : *sans que néanmoins les lettres de ratification puissent donner aux acquéreurs, relativement à la propriété, droits réels, fonciers, servitudes et autres, plus de droits que n'en auront les vendeurs, l'effet desdites lettres étant restreint à purger les priviléges et hypothèques seulement.*

» Nous savons bien qu'on a voulu élever, sur la première partie de ce paragraphe, une équivoque à laquelle paraissent d'abord se prêter les termes dans lesquels elle est conçue : nous savons bien qu'on a prétendu que ces termes ne signifiaient pas autre chose, si ce n'est que, dans le cas où quelqu'un vendrait, soit une propriété, soit un droit réel ou foncier, soit une servitude, soit tout autre objet semblable, qui ne lui appartiendrait point, les lettres de ratification ne donneraient pas à l'acquéreur plus de droits que n'en avait le vendeur; que les lettres de ratification sont sans effet pour acquérir un droit qui n'existe point; mais qu'elles doivent purger, à défaut d'opposition, tout droit réel qui existe.

» Mais ce qui fait, pour ainsi dire, toucher au doigt et à l'œil le vice de cette interprétation, c'est qu'elle conduit directement et nécessairement à une conséquence absurde.

» Il serait absurde, en effet, de supposer que les lettres de ratification purgeassent les servitudes réelles, les droits d'usufruit, les droits d'usage, dont se trouvait grevé un fonds vendu par son légitime propriétaire. Cependant il faudrait aller jusques-là, si l'on ne donnait pas aux termes cités de l'art. 7, l'effet de mettre l'usage, l'usufruit et la servitude réelle à l'abri des atteintes des lettres de ratification; car, abstraction faite de ces mêmes termes, vous ne trouverez pas un seul mot dans l'édit, d'où vous puissiez induire que les lettres de ratification ne purgent pas la servitude réelle, l'usufruit et l'usage. Si donc vous êtes forcés de reconnaître que les droits de servitude réelle, d'usufruit et d'usage, ne sont pas purgés par les lettres de ratification, vous l'êtes en même temps de reconnaître que c'est à ces termes de l'art. 7 qu'ils en sont redevables. — Or, dans ces mêmes termes, nulle distinction entre les servitudes réelles, l'usufruit, l'usage, et les autres *droits réels ou fonciers*. Tous les *droits réels ou fonciers*, quels qu'ils soient, y sont compris; et nous n'avons pas besoin de répéter que la rente foncière est essentiellement un droit réel, un droit foncier, un droit faisant partie du fonds même sur lequel on l'a réservé par le bail à rente.

» Observons d'ailleurs que, si les termes dont il s'agit, offrent, dans leur construction, quelque chose d'équivoque, il est impossible de n'en pas saisir la véritable signification, il est impossible de se dissimuler qu'ils doivent être entendus dans le sens que nous soutenons, lorsqu'on s'arrête aux expressions qui les suivent immédiatement, *l'effet desdites lettres étant restreint à purger les priviléges et hypothèques seulement*. — N'est-ce pas comme si le législateur avait dit : « Tout ce » qui n'est pas privilége ou hypothèque, est à » l'abri des lettres de ratification. Ainsi, la pro» priété n'est ni une hypothèque ni un privilége; » les lettres de ratification ne la purgeront pas. » Ainsi, l'usufruit, l'usage, la servitude réelle, » tous les droits fonciers généralement quelcon» ques, ne sont ni des priviléges ni des hypothè» ques; ils ne seront pas purgés par les lettres de » ratification ». — Nous osons le dire, l'évidence n'est pas plus claire que cette manière d'entendre la loi.

» Cependant on insiste encore, et l'on oppose l'art. 34, qui porte : *les seigneurs féodaux ou censiers ne seront point tenus non plus de former opposition pour raison des* FONDS, *cens, rentes foncières, et autres droits seigneuriaux et féodaux, sur les héritages, fiefs et droits étant dans leur censive et mouvance*. C'est ici, dit-on, le cas de la maxime, *inclusio unius est exclusio alterius*. La loi dispense les seigneurs de former opposition pour les rentes foncières seigneuriales, pour les droits fonciers seigneuriaux, qui leur appartiennent. Donc elle n'en dispense pas les propriétaires de rentes foncières, de droits fonciers, qui ne portent aucun caractère de seigneurie; donc les rentes foncières non seigneuriales, donc les droits fonciers non seigneuriaux, sont purgés par les lettres de ratification.

» Déjà, C. M., nous avons eu l'occasion de démontrer combien est vicieuse et fautive cette manière de raisonner. A l'audience de la section des requêtes, du 3 pluviôse an 10, nous avons établi (1), et il y a été jugé que l'argument *à contrario*, tiré d'une loi, ne prouve rien, lorsqu'il est en opposition avec le texte formel d'une autre loi; et il est facile de voir que ce principe reçoit encore ici une application directe et entière.

» L'art. 7 de l'édit du mois de juin 1771 pose en maxime générale et exclusive de toute espèce d'exception, que *l'effet des lettres de ratification est restreint à purger les priviléges et hypothèques* SEULEMENT; et la conséquence qui résulte de cette maxime, c'est que, comme le déclare le même article, les lettres de ratification ne purgent aucune espèce de *droits fonciers*.

» Cet article est donc en opposition diamétrale avec l'argument *à contrario* que l'on veut tirer de l'art. 34, et à l'aide duquel on prétend établir que les seuls droits fonciers seigneuriaux sont à couvert des atteintes des lettres de ratification. Cet argument *à contrario* est donc bien évidemment vicieux; il ne prouve donc rien.

» Il ne prouve rien surtout, s'il prouve trop, et surtout encore s'il est absurde. Or, remarquons bien que l'art. 34 ne parle pas seulement des *cens, des rentes foncières seigneuriales et des autres droits seigneuriaux*, mais qu'il parle encore des *fonds* qui appartiennent aux seigneurs. Si donc il est permis d'en conclure que les rentes foncières non seigneuriales, que les droits fonciers non seigneuriaux, sont purgés par les lettres de ratification, il faut nécessairement en conclure aussi que les lettres de ratification purgent la propriété des *fonds* appartenans à des particuliers non seigneurs; et si, nous ne craignons pas de le dire hautement, cette deuxième conséquence révolte par son absurdité manifeste, il est impossible que la première soit vraie.

» Mais, dira-t-on, pourquoi donc l'art. 34 a-t-il été inséré dans la loi? Pourquoi? Par la même raison que, dans la loi du 25 août 1792, relatif à l'abolition sans indemnité des droits féodaux conservés par l'assemblée constituante, et non fondés sur des titres primordiaux de concession de fonds, l'on voit figurer l'art. 17 qui maintient les rentes foncières non seigneuriales, dues à des particuliers non seigneurs. — Cet art. 17 n'était pas plus nécessaire, d'après les dispositions précédentes de la même loi, pour la conservation des rentes dont il parle, que ne l'est l'art. 34 de l'édit de 1771, pour garantir les domaines et droits seigneuriaux de l'effet des lettres de ratification. — Ils n'ont été ajoutés

(1) *V.* l'article *Rente foncière*, §. 10.

aux lois dont ils font respectivement partie, que parce que les amis des seigneurs, en 1771, et les amis des non seigneurs, en 1792, ont conçu des fausses alarmes, les uns sur l'application que l'on pourrait faire des lettres de ratification à leurs propriétés territoriales et à leurs droits fonciers, les autres sur l'extension que l'on pourrait faire aux rentes foncières dues à des particuliers non seigneurs, des lois qui ne frappaient que les droits seigneuriaux. — Ce sont ces fausses alarmes qui ont dicté l'un et l'autre article; l'un et l'autre article n'ont été faits que pour les dissiper; c'est, par conséquent, le cas d'appliquer à l'un comme à l'autre, ce que dit, relativement aux clauses inutiles des contrats, la fameuse règle de droit, *quæ dubitationis tollendæ causâ contractibus inseruntur, jus commune non lædunt.*

» Mais voici une autre objection : les lettres de ratification ont été substituées par l'édit de 1771 aux décrets volontaires; or, les décrets volontaires purgeaient les rentes foncières non seigneuriales; il en doit donc être de même des lettres de ratification.

» C'est comme si l'on disait : la transcription au bureau des hypothèques a été substituée par la loi du 11 brumaire an 7, aux lettres de ratification. Donc tous les effets des lettres de ratification sont communs à la transcription au bureau des hypothèques.

» C'est comme si l'on disait encore : la transcription au bureau des hypothèques a été substituée, pour la ci-devant Bretagne, aux formalités de l'appropriance. Or l'appropriance purgeait la propriété; donc la propriété est aussi purgée par la transcription au bureau des hypothèques.

» Voilà deux conséquences bien manifestement fausses; et c'est déjà une preuve assez évidente que l'on ne peut faire aucun fond sur l'argument que l'on nous oppose.

» En voici une autre qui n'est pas moins palpable. — Pourquoi jugeait-on que le décret volontaire purgeait les rentes foncières non seigneuriales? On le jugeait ainsi par suite de l'opinion assez généralement établie, que le décret volontaire purgeait même la propriété. Cette opinion avait été adoptée par un arrêt de 1674 rapporté au Journal des audiences, tom. 3, liv. 10, ch. 20, et dont Brillon, au mot *Décret*, n. 61, nous retrace la substance en ces termes : *le décret volontaire purge le droit de propriété, contre celui qui ne s'est point opposé.* — Et pourquoi cet arrêt avait-il jugé que le décret volontaire purgeait la propriété? Parce qu'on l'assimilait au décret forcé, et qu'il en suivait en tous points la marche et les formes, sauf qu'il n'était presque jamais précédé d'un bail judiciaire. — Or, peut-on en dire autant des lettres de ratification? Personne n'oserait avancer une proposition aussi notoirement fausse.

» Il faut donc en revenir à ce point très-simple : c'est que l'édit de 1771, en abolissant les décrets volontaires, a établi en leur place les lettres de ratification, mais qu'il n'a pas pour cela entendu donner à celles-ci tous les effets que produisaient ceux-là; et ce qui le prouve invinciblement c'est que par l'art. 7 il a déclaré en termes exprès, que *l'effet des lettres de ratification était restreint à purger les priviléges et hypothèques seulement.*

» Mais enfin, nous dit-on encore, vous avez supposé jusqu'à présent, que la rente foncière n'emportait pas hypothèque sur le fonds qui la devait, et qu'elle était au contraire une portion intégrante de ce fonds même : cependant, ouvrez les auteurs qui ont traité du bail à rente, notamment Loyseau et Pothier; ils vous diront que le bailleur a, sur le fonds qu'il a concédé, une hypothèque privilégiée et spéciale. Consultez d'ailleurs, quant à l'espèce actuelle, le contrat de bail à rente du 18 avril 1775 : vous y lirez que les biens donnés à bail, demeurent, spécialement et par privilége, *réservés, affectés, chargés et* HYPOTHÉQUÉS *au payement de la rente* de 500 livres retenue par la veuve Boucher.

» Cette objection, dans laquelle le demandeur paraît mettre une grande confiance, n'est pas plus concluante que les autres; elle ne roule que sur une confusion de mots et avec un peu de réflexion, on l'a verra s'évanouir.

» On convient assez généralement, d'après Loyseau, dans son *Traité du déguerpissement*, liv. 2, ch. 10, n. 9, que le propriétaire d'une rente foncière peut exercer ses droits par trois sortes d'actions différentes, l'*action personnelle*, l'*action hypothécaire*, et l'*action mixte*; et c'est sur ce fondement que l'art. 1.er du tit. 5 de la loi du 18 décembre 1790 a déclaré que « la » faculté de rachat accordée aux débiteurs des » rentes foncières, ne dérogera en rien aux » droits, priviléges et actions qui appartenaient » ci-devant aux bailleurs de fonds, soit contre » les preneurs personnellement, soit sur les » fonds baillés à rentes; qu'en conséquence, les » créanciers bailleurs de fonds continueraient » d'exercer les mêmes actions hypothécaires, » personnelles ou mixtes, qui ont eu lieu jus- » qu'ici, et avec les mêmes priviléges qui leur » étaient accordés par les lois, coutumes, sta- » tuts et jurisprudence qui étaient précédem- » ment en vigueur dans les différens lieux et » pays de la France ».

» Mais quel est l'objet de chacune de ces actions? C'est ce qu'il faut expliquer.

» Quand le bailleur agit contre le possesseur de l'héritage chargé de sa rente, il a ou il peut avoir trois choses en vue : les arrérages de sa rente foncière, échus depuis que ce possesseur détient l'héritage; les arrérages échus antérieurement à l'entrée en jouissance de ce possesseur; et la continuation du service de la rente à l'avenir.

» Pour le premier objet, le possesseur est tenu personnellement, et il y a lieu contre lui à l'action personnelle. L'art. 99 de la coutume de Paris en contient une disposition précise; et la raison en est, disent Loyseau et Pothier, que toute personne qui acquiert un héritage, est censé contracter l'obligation d'en acquitter les charges foncières. Il est vrai, ajoute le premier de ces auteurs, ch. 5, n. 1, que de *ces rentes-là les héritages sont redevables, et non les personnes, à savoir des rentes foncières*, in quibus res, non persona convenitur. *Et toutefois elles produisent une action personnelle, parce que, par nécessité, puisqu'elles sont perceptibles par les mains et le ministère de la personne, il faut s'adresser à celui qui tient l'héritage chargé et redevable, pour être payé de la rente.* C'est même là, suivant la remarque que fait encore Loyseau, ch. 1, n. 18, un des principaux traits de différence entre les rentes foncières et les rentes constituées. *Cette action personnelle*, dit-il, *n'a lieu que pour les charges foncières, et non pour les simples hypothèques et rentes constituées, pour raison desquelles il y a une action particulière, qui est l'hypothécaire; aussi ne fût il jamais vu au droit, que l'hypothèque engendrât une action personnelle contre un tiers détenteur qui n'est point obligé.*

» A l'égard des arrérages échus avant l'entrée en possession de celui auquel s'adresse le bailleur, il ne peut y avoir lieu à l'action personnelle, puisque ce possesseur n'a ni contracté, ni quasi-contracté l'obligation de les payer. Cependant il faut toujours qu'il les paye; mais par quelle action le bailleur l'y contraindra-t-il? Ce sera, répond Loyseau, ch. 9, n. 2, *par l'action réelle et hypothécaire*, IN QUA RES, NON PERSONA, CONVENITUR.

» Est-ce là une action *hypothécaire* proprement dite? Non; et Loyseau lui-même le prouve, en la qualifiant d'*action* RÉELLE *et hypothécaire*. Il le prouve encore mieux, n. 5, où il dit que *son plus notable effet, c'est qu'il n'est point besoin de discussion, pour intenter cette action hypothécaire contre le tiers-détenteur, même ès coutumes où la discussion a lieu, conformément au droit et à la novelle 4 : car cette novelle*, continue-t-il, *ne parle que des simples dettes et pures hypothèques, et non des charges foncières qui ont un droit plus grand et plus avantageux de la chose.*

» Pothier, dans son *Traité du bail à rente*, n. 90 et 91, développe parfaitement cette idée : « Le créancier de la rente foncière ne peut demander par l'action personnelle, au possesseur de l'héritage sujet à la rente foncière, que les arrérages courus pendant le temps de sa possession, ou pendant le temps de la possession de ceux dont il est héritier : il ne lui peut demander ceux courus pendant le temps de la possession des précédens possesseurs, dont il n'est pas héritier ni successeur à titre universel.... Mais si le créancier n'a pas contre le possesseur, l'action personnelle pour les arrérages qui ont précédé sa possession, il a contre lui, pour raison desdits arrérages, une autre action, qui est *une espèce d'action hypothécaire.* — Cette action naît de l'affectation de l'héritage au payement de ces arrérages : l'héritage sujet à la rente foncière, étant proprement le débiteur de la rente dont il est chargé, c'est une suite qu'il soit affecté au payement de tous les arrérages qui en sont dus. — De cette affectation naît une action que Loyseau appelle *action hypothécaire*, parce qu'elle est semblable à l'action qui naît de l'hypothèque, et qu'elle est donnée aux fins que le possesseur soit tenu de payer les arrérages de la rente, au payement desquels l'héritage est affecté, si mieux il n'aime le délaisser. — Cette action a quelque chose de plus que la simple action hypothécaire, en ce que le créancier de la rente foncière qui intente cette action, ne peut être renvoyé par le possesseur de l'héritage, à discuter les précédens possesseurs et leurs héritiers, qui sont personnellement tenus de la dette desdits arrérages; au lieu que, dans le cas d'une simple hypothèque, le possesseur de l'héritage hypothéqué peut renvoyer le créancier à discuter les débiteurs personnels. La raison de différence est que le droit de simple hypothèque n'est qu'un droit accessoire à la créance personnelle; ce n'est pas proprement par l'héritage hypothéqué, que la dette à laquelle il est hypothéqué, est due; au lieu que l'héritage chargé d'une rente foncière, est proprement le débiteur des arrérages, au payement desquels il est affecté ».

» Enfin, les conclusions par lesquelles le bailleur demande, contre le possesseur, la continuation du service de sa rente pour l'avenir, constituent une troisième action, que Loyseau appelle *mixte, n'étant*, dit-il (chap. 7, n. 1), *ni entièrement personnelle ni tout-à-fait réelle, mais participant de l'une et l'autre espèce.* Pothier, en adoptant cette dénomination, comme l'a encore fait depuis la loi du 18 décembre 1790, observe que l'action ainsi appelée, EST PRINCIPALEMENT RÉELLE : car, dit-il, « l'objet de cette action est de réclamer un droit réel, savoir, le droit de rente foncière que le demandeur a DANS L'HÉRITAGE; et cette action suit l'héritage, et s'intente contre celui qui se trouve en être le possesseur; elle tient néanmoins quelque chose de l'action personnelle, en ce que les conclusions de cette action sont dirigées contre la personne; le demandeur

» conclut contre le défendeur *eum dare opportere*, à ce qu'il sera tenu de continuer la » rente ; ces conclusions sont celles des actions » personnelles ».

» On voit par ces développemens, que la rente foncière, n'est pas, à proprement parler, *hypothéquée* sur l'héritage qui la doit ; et que le bailleur n'a pas une *hypothèque* véritable sur cet héritage, mais un droit *dans l'héritage* même.

» Qu'importe, après cela, que, dans le bail à rente du 18 avril 1775, on se soit servi des mots *hypothéqués au payement de la rente*. Cette expression peut d'autant moins avoir altéré le caractère du droit du bailleur, qu'elle est immédiatement précédée d'une autre à laquelle est attaché un sens tout différent.

» Vous vous rappelez, en effet, qu'il est dit dans cet acte, que les biens compris dans le bail à rente, demeurent RÉSERVÉS, *affectés*, *chargés et hypothéqués au payement de la rente* ; et vous concevez tout ce que signifie ce mot *réservés* : il signifie évidemment que la bailleresse se réserve les biens qu'elle concède, jusqu'à concurrence de sa rente foncière ; il signifie que les biens sont concédés, moins cette rente ; il signifie que cette rente fait partie des biens concédés, mais que la concession n'embrasse ceux-ci, que déduction faite de celle-là. — Il s'en faut donc beaucoup que le bail du 18 avril 1775 déroge aux principes généralement reçus en matière de baux à rente ; il ne fait au contraire que les rappeler et les confirmer.

» Et la conséquence qui résulte nécessairement de là, c'est que la rente foncière retenue par la veuve Boucher, dans les héritages qu'elle a concédés en 1775, à Longuet et à sa femme, n'a pas été purgée par les lettres de ratification obtenues par le cit. Fortin sur le contrat par lequel Longuet et sa femme lui ont vendu, en l'an 3, ces mêmes héritages.

» Cette conséquence est assez évidente par elle-même, pour n'avoir besoin de l'appui d'aucune autorité ; et c'est ce qui nous dispense de mettre sous vos yeux ce qu'ont écrit sur la question qui vous occupe, les trois commentateurs les plus estimés de l'édit du mois de juin 1771, Brohard, Boucher d'Argis et Grenier, Grenier surtout, qui l'a traitée avec les plus grands développemens, et qui, dans la savante discussion qu'il en a faite, a formellement établi qu'il n'y avait, à cet égard, aucune différence entre la rente foncière rachetable et la rente foncière non rachetable.

» Il devient, par la même raison, inutile de nous occuper de la troisième et dernière question de la cause actuelle, c'est-à-dire, de celle de savoir si, en supposant que la rente foncière retenue par la veuve Boucher, dans les immeubles concédés par elle en 1775, à Longuet et sa femme, eût été, en thèse générale, susceptible d'être purgée par les lettres de ratification qu'a obtenues, en l'an 3, le cit. Fortin : le cit. Fortin eût pu se prévaloir de ses lettres de ratification dans la circonstance particulière où il se trouve, c'est-à-dire, d'après la clause de son contrat d'acquisition, qui exprime que Longuet et sa femme, ses vendeurs, avaient eux-mêmes acquis les immeubles dont il s'agit, *moyennant et à la charge d'une rente foncière de 500 livres*.

» Nous dirons cependant que, si le sort du jugement attaqué dépendait de la solution à donner à cette question, et que la rente litigieuse dût être assimilée à une rente simplement hypothéquée sur les biens qui en sont grevés, il serait difficile que le résultat de la contestation ne tournât pas au profit du cit. Fortin.

» Car autre chose est que, par le contrat de vente, l'acquéreur soit chargé d'acquitter telle dette de son vendeur ; autre chose est que, par le même acte, il lui soit seulement donné connaissance que son vendeur a contracté telle dette envers telle personne.

» Au premier cas, il y a délégation ou indication de payement ; et il était, sous l'empire de l'édit du mois de juin 1771, d'une jurisprudence assez constante, quoique peut-être irrégulière (1), que la délégation ou indication de payement équivalait à une opposition au sceau.

» Au second cas, il n'y a rien de semblable ; et jamais on n'a pensé à étendre jusqu'au simple avertissement donné par le contrat, d'une dette précédemment contractée par le vendeur, l'effet de tenir lieu d'une opposition au sceau.

» Ce n'est pourtant pas à dire, pour cela, que le tribunal d'appel de Paris ait eu tort de motiver son jugement sur la clause dont argumentent ici les défendeurs. Il en résulte seulement que, pour justifier ce motif, il faut rentrer dans la question que nous agitions tout à l'heure, dans celle de savoir si la rente dont il s'agit, est véritablement foncière, ou si elle doit être assimilée à une simple rente constituée.

» Une fois, en effet, que cette rente est reconnue pour foncière, et nous croyons avoir démontré qu'il est impossible de la caractériser autrement, il en sort, de toute nécessité, la conséquence que les lettres de ratification du demandeur ne l'ont pas purgée.

» Le demandeur se prévaut de ce que, par son contrat d'acquisition, il n'a pas été chargé expressément de la continuation de la rente, et cela est rigoureusement vrai.

» Mais faut-il, en cette matière, une stipulation

(1) *V.* l'article *Stipulation pour autrui*, et le *Commentaire* de M. Grenier sur l'édit de 1771.

expresse ? Si, en vous vendant un héritage, je vous déclarais l'avoir acheté de Pierre, à la charge d'une servitude de vue ou de passage qu'il s'y est retenue, ne manifesterais-je pas assez, par cela seul, mon intention de vous faire supporter cette servitude, et vous-même ne seriez-vous pas censé vous y être soumis ?

» Et remarquez qu'il n'y a pas ici de différence à faire entre une servitude réelle et une rente foncière : l'une et l'autre sont également des droits dans l'héritage, l'une et l'autre sont également des portions intégrantes de l'héritage, l'une et l'autre sont également des *délibations* de la propriété de l'héritage.

» Qu'ont donc voulu dire Longuet et sa femme, quand ils ont déclaré que les immeubles dont ils passaient contrat de vente au demandeur, avaient été acquis par eux à la charge d'une rente foncière ? Ils ont voulu dire qu'ils n'étaient propriétaires de ces immeubles, que déduction faite de la rente dont ils étaient grevés ; ils n'ont par conséquent vendu ces immeubles, que sous la déduction de la rente ; et par conséquent encore, ce n'est que sous la déduction de la rente que le demandeur les a lui-même acquis.

» Il a donc été, sous tous les rapports, bien jugé par le tribunal d'appel de Paris ; et par ces considérations, nous estimons qu'il y a lieu de rejeter la demande en cassation, et de condamner le demandeur à l'amende ».

Conformément à ces conclusions, arrêt du 12 pluviôse an 11, au rapport de M. Cochard, par lequel,

« Attendu, 1.° qu'en principe, la rente foncière est une charge réelle, inhérente au fonds sur lequel elle a été retenue et constituée par le bailleur *in traditione fundi* ; et que l'acquéreur de l'immeuble qui en est grevé, devient personnellement débiteur des arrérages échus depuis le moment de sa prise de possession, lorsque la charge de ladite rente lui a été donnée par son contrat d'acquisition, quand même il ne se serait point obligé à l'acquitter par une clause expresse du contrat, par la raison que *res transit cum onere* ;

» Attendu, 2.° que dans la vente du 19 brumaire an 3, de quarante arpens de terre, consentie à Fortin par Longuet et sa femme, il est fait mention que cette quantité se composait en partie de terres acquises par les vendeurs, par acte notarié du 3 avril 1775, par la veuve Boucher, lesquelles demeuraient chargées envers elle, d'une rente annuelle et foncière de 500 liv. ;

» Que l'énonciation qu'elle était due, est un fait constant ; que le bail à rente a même été remis à Fortin ; qu'en conséquence, il a connu, à l'instant même du contrat, que les quarante arpens de terre avaient été concédés à ses vendeurs, à la charge d'une rente annuelle et foncière de 400 liv. ;

» Attendu, 3.° que, dans cette position, les veuve et héritiers Saron, propriétaires d'un droit réel affecté sur la chose, ne pouvaient être considérés comme de simples créanciers hypothécaires ou privilégiés ; et qu'aux termes de l'art. 7 de l'édit de 1771, ils n'étaient pas tenus, pour conserver leurs droits, de remplir la formalité de l'opposition aux hypothèques, puisque ledit article, après avoir donné un effet très-étendu aux lettres de ratification, ajoute : *sans néanmoins que lesdites lettres puissent donner aux acquéreurs, relativement à la propriété, droits réels, fonciers, servitudes et autres, plus de droits que n'en avaient les vendeurs, l'effet desdites lettres étant restreint à purger les priviléges et hypothèques seulement ;*

» Attendu, 4.° qu'en jugeant que Fortin devait continuer, sous sa qualité d'acquéreur, à servir ladite rente, tant et si long temps qu'il jouirait des fonds qui en avaient été originairement affectés, le tribunal d'appel de Paris, loin d'avoir contrevenu à aucune loi, n'a fait au contraire que se conformer rigoureusement à la disposition finale dudit art. 7 ci-dessus cité ;

» Le tribunal, faisant droit à la demande en cassation formée par Claude-Edme Fortin, contre le jugement rendu par le tribunal d'appel de Paris, du 9 thermidor de l'an 9, rejette ladite demande, etc. ».

V. le *Répertoire de jurisprudence*, au mot *Hypothèque*, sect. 1, §. 16.

§. IV. 1.° *Les créanciers du vendeur avaient-ils, sous l'empire de l'édit du mois de juin 1771, le droit de surenchérir jusqu'au sceau des lettres de ratification, et après les deux mois de l'exposition publique du contrat de vente ?*

2.° *Le contrat de vente qui, avant la loi du 11 brumaire an 7, avait été exposé pendant deux mois, peut-il encore être surenchéri après la transcription qui en a été faite en conformité de cette loi ?*

Ces deux questions se sont présentées à l'audience de la cour de cassation, section civile, le 29 germinal an 11, entre le sieur et la dame Denotth, demandeurs en cassation d'un arrêt de la cour d'appel d'Amiens, d'une part, et le sieur Dewinck, défendeur, de l'autre. Voici les faits.

En l'an 3, le sieur Dewinck achète du sieur Dupré de Saint-Maur, un domaine dépendant de la succession du père de celui-ci.

En messidor an 6, désirant obtenir des lettres de ratification, il dépose un extrait de son contrat au greffe des hypothèques.

Dans les deux mois qui suivent ce dépôt, la dame Denorth, créancière hypothécaire du vendeur, forme opposition au sceau des lettres.

Survient la loi du 11 brumaire an 7 : le sieur Dewinck, qui n'avait pas encore fait sceller ses lettres de ratification, fait transcrire son contrat au bureau des hypothèques.

De son côté, la dame Denorth prend, en temps utile, une inscription qui lui conserve son hypothèque originaire.

Le 29 brumaire an 9, le sieur Dewinck dénonce son contrat transcrit à la dame Denorth, avec sommation *de déclarer, dans le délai de la loi, si elle entend requérir la mise aux enchères.*

Peu de temps après, il rétracte cette sommation, et soutient que son contrat n'est plus susceptible de surenchère.

La dame Denorth n'en surenchérit pas moins le contrat du sieur Dewinck.

Le sieur Dewinck demande la nullité de cette surenchère.

Le 9 fructidor an 9, jugement du tribunal civil de Clermont, qui admet la surenchère,

« Attendu que Dewinck n'a point obtenu de lettres de ratification sur l'affiche de son contrat au bureau des hypothèques de Beauvais ;

» Qu'après avoir fait transcrire ce contrat, en vertu de la loi du 11 brumaire, il a notifié cette transcription aux créanciers inscrits, et notamment à la dame Denorth, *avec sommation de se conformer à l'art.* 31 ; *en conséquence, de déclarer s'ils entendaient requérir la mise aux enchères ;* ce à quoi la dame Denorth a satisfait en temps utile ;

» Que l'art. 54, en ordonnant que l'inscription suppléerait aux formalités prescrites par les lois et usages antérieurs pour les acquéreurs qui ne les auraient point remplies, a dit *que les nouvelles formalités étaient substituées aux anciennes,* et les suppléeraient ;

» Que les art. 8 et 9 de l'édit de 1771 ont une liaison intime ;

» Que l'art. 8 veut qu'on ne puisse obtenir des lettres de ratification *avant deux mois,* ce qui n'exclurait pas la faculté de les obtenir après les deux mois ;

» Que, pendant cet intervalle, et jusqu'à l'obtention du sceau des lettres de ratification, tout créancier formait utilement opposition ;

» Que, suivant l'art. 9..... c'est *pendant lesdits mois qu'on pourra forcer le prix, c'est-à-dire, pendant le temps qui s'écoulera, depuis l'affiche du contrat jusqu'au sceau des lettres de ratification ;*

» Que les lettres de ratification n'ayant pas été obtenues, Dewinck faisant transcrire son contrat, n'était pas plus avancé que si le contrat n'avait pas été affiché ».

Le sieur Dewinck appelle de ce jugement.

Le 4 ventôse an 9, arrêt de la cour d'appel d'Amiens, qui l'infirme sur le fondement, 1.° qu'aux termes de l'édit du mois de juin 1771, les créanciers opposans n'avaient que deux mois pour surenchérir ; et que ce temps écoulé, il ne pouvait plus être admis de surenchère, quoique les lettres de ratification ne fussent pas encore scellées ; 2.° que la loi du 11 brumaire an 7 n'avait pas fait revivre le droit de surenchère pour les anciens contrats qui avaient subi, pendant deux mois, l'exposition publique.

Le sieur et la dame Denorth se pourvoient en cassation. Ils emploient d'abord quatre moyens, mais ensuite ils se restreignent à deux, qu'ils font résulter, l'un, d'une prétendue contravention aux art. 30 et 31 de la loi du 11 brumaire an 7, qui attribuent à tout créancier inscrit, le droit de surenchérir le contrat dont l'acquéreur lui a notifié l'inscription ; l'autre, de la violation de l'édit du mois de juin 1771.

Le premier de ces moyens n'a fait ni dû faire aucune impression sur la cour de cassation. Il était, en effet, bien évident que la loi du 11 brumaire an 7 n'avait pas entendu rétroagir sur le passé, et conséquemment que si, avant sa publication, le droit de surenchère était éteint, elle ne l'avait pas fait revivre.

La contestation a donc porté toute entière sur le point de savoir si la dame Denorth avait été, avant la loi du 11 brumaire an 7, déchue du droit de surenchérir ; et là se présentait la question : si, d'après les dispositions de l'édit de 1771, le droit de surenchérir durait jusqu'au sceau des lettres de ratification, ou s'il se perdait par le seul laps des deux mois pendant lesquels le contrat devait être déposé au greffe des hypothèques.

Voici ce que disaient, à cet égard, le sieur et la dame Denorth.

« Le but général de l'édit du mois de juin 1771, en abolissant les décrets volontaires dont les formalités étaient ruineuses, a été d'y substituer les lettres de ratification, sans autre forme pour l'acquéreur, que celle d'une exposition du contrat dans un tableau de la juridiction. — Le législateur exprime cette intention dans le préambule de la loi ; il l'a réalisée dans les articles qui la composent. — D'abord, on ne peut pas mettre en doute qu'il n'y a que le sceau des lettres de ratification qui opère la libération des hypothèques et des droits qui y sont attachés. — Les art. 1, 6 et 7 de l'édit de 1771 sont précis à cet égard. — Ces articles indiquent qu'on ne peut absoudre sa propriété des droits des créanciers opposans, sans le secours des lettres de ratification. — L'art. 7 porte : *les acquéreurs qui auront pris de semblables lettres, demeureront propriétaires incommutables.* — C'est donc à l'obtention *des lettres scellées,* qu'est attaché l'effet de détruire les hypothèques et les droits qui en dérivent. — Quant aux formalités que doit remplir l'acquéreur, l'art. 8 les enseigne. — Elles consistent dans l'exposition du contrat au bureau des hypothèques. — Cette exposition n'a d'autre objet que d'avertir les créanciers; aussi la loi n'y attache aucune influence; elle ne lui donne pas d'effet, et surtout celui de priver les opposans du droit de surenchère. — *Sera tenu l'acquéreur*, dit cet art. 8, *de déposer au greffe.... le contrat de vente.... pendant deux mois; et avant, ne pourront être obtenues sur ledit contrat aucunes lettres....* — La loi prescrit bien *d'exposer*, avant le sceau des lettres; mais elle ne contient aucune expression qui annonce que cette *exposition* puisse être de quelque utilité pour l'acquéreur, si, dans le fait, les lettres ne sont pas obtenues et scellées. — Elle ne dit pas que les opposans sont privés de la faculté de surenchérir, avant ces lettres scellées. — En effet, une semblable disposition aurait été incohérente, et avec le système général de la loi; et avec ses dispositions particulières. — Le droit de surenchère est un droit inhérent à l'hypothèque de la créance. — Cette hypothèque, disent nos auteurs, est la même chose, par la cause et par l'effet, que l'action à fin de délaisser ou de payer. — L'objet de l'édit n'a point été de restreindre ces sortes d'actions; il ne faut donc pas y supposer leur abolition. — On voit que l'intention du législateur était uniquement de substituer les lettres de ratification au décret volontaire. — Mais comme il est sans difficulté que, dans les décrets volontaires, les créanciers pouvaient, *jusqu'au sceau du décret*, exercer le droit de surenchérir, il eût été inconséquent de les priver de ce droit, avant le sceau des lettres de ratification. — Remarquons ensuite que la surenchère ne peut être faite que par un *créancier opposant;* et que, suivant l'art. 7 de l'édit, tout créancier a le droit de *former l'opposition avant le* SCEAU DES LETTRES, sans considération du délai de l'exposition. — Or, quand la loi permet de former opposition jusqu'au sceau des lettres de ratification, quand elle attache au droit d'opposition le droit de surenchérir, il faut décider, en combinant cet ensemble de ses dispositions, que la durée de la surenchère n'est limitée que par le sceau des lettres de ratification. — Toutes ces propositions ne sont point imaginées pour la cause; elles se trouvent développées dans le commentaire de Grenier, sur l'édit de 1771. — Voici comment s'exprime ce commentateur, ch. 5, sect. 3, n. 154, édition de 1786: « Ce n'est que *le sceau* » *des lettres qui rend l'acquéreur propriétaire* » *incommutable* vis-à-vis des créanciers; ce sont » les termes de l'édit, art. 7. La propriété jusques-là peut donc lui être enlevée par les » surenchères des créanciers. Les lettres sont » substituées *aux décrets volontaires*. En dé» cret volontaire, *les surenchères étaient ad-* » *mises* jusqu'à l'adjudication; elles doivent » donc être également admises *jusqu'à l'obten-* » *tion des lettres* ». — On ne voit dans ce passage de Grenier, que les conséquences qui résultent du texte même de la loi; on ne peut donc pas de bonne foi lui donner un autre sens. — Cependant on lit dans les motifs du jugement attaqué, *que*, *dans les art.* 8 *et* 9, *l'édit de* 1771 *a fixé le temps pour surenchérir à deux mois seulement.* — Il ne faut que lire ces deux articles ensemble pour découvrir l'erreur de ce motif. — L'art. 8 dit que l'acquéreur *sera tenu* de laisser son contrat au *greffe pendant deux mois avant le sceau* des lettres, et permet au créancier, jusqu'à *ce scel effectué*, *de former opposition.* — Il n'y a rien là qui justifie l'objection du jugement. On voit au contraire que le délai de deux mois n'est rappelé que *pour l'acquéreur*, et non *pour les créanciers* qui peuvent toujours *agir avant le sceau des lettres.* — L'art. 9 qui suit immédiatement, porte que, *pendant lesdits mois, tout créancier pourra surenchérir.* — Il est évident que les termes dont se sert cet art. 9, ne sont qu'indicatifs, et point restrictifs. — L'article ne répète même pas *les deux mois;* elle se sert de cette expression, *pendant lesdits mois*, ce qui ne signifie autre chose que les mois qui précèdent le sceau des lettres. — Si, *pendant lesdits mois*, aussitôt qu'ils sont écoulés, l'acquéreur a fait sceller ses lettres, le créancier ne peut pas se plaindre. — Mais comme cet art. 9 est une suite du précédent, qui a permis l'opposition jusqu'au sceau des lettres, il est évident que, si, par un retard quelconque, les lettres n'ont point été scellées aussitôt les deux mois d'exposition, alors le droit de surenchère subsiste toujours. — Le commentateur Grenier adopte aussi cette seule manière raisonnable de lire la loi. Voici comment il s'exprime à ce sujet: « Si l'édit porte *pendant deux mois*, c'est » parce que c'est pendant deux mois seulement » qu'on est obligé de laisser son contrat au » greffe, et l'extrait affiché dans le tableau de » l'auditoire; après ce temps, on peut le retirer, obtenir et faire sceller les lettres; et les » lettres étant scellées, il n'y a plus lieu aux » surenchères: *mais tant qu'elles ne sont point* » *scellées*, les surenchères sont toujours admissibles; le contrat de vente, ou plutôt l'im» meuble vendu, doit toujours être *regardé* » *comme* sub hastâ publicâ; *il n'y a que le sceau* » *des lettres qui l'en retire* ».

A ces raisons, le sieur Dewink opposait le texte littéral de l'art. 9 de l'édit de 1771, suivant lequel, disait-il, le droit de surenchérir ne pouvait être exercé que *pendant les deux mois* que devait durer le dépôt du contrat.

M. Pons (de Verdun) a conclu au rejet de la demande du sieur et de la dame Denorth. Il s'est fondé sur la lettre de l'édit, et sur la doctrine de Brohart, qui, dans son commentaire sur cette loi, tient une opinion diamétralement contraire à celle de M. Grenier.

Mais ces conclusions n'ont pas été suivies; par arrêt du 29 germinal an 11, au rapport de M. Vasse, il a été prononcé en ces termes :

« Vu les art. 6 et 7 de l'édit du mois de juin 1771.....;

» Attendu que des dispositions principales de l'édit de 1771, il suit, que, jusqu'à l'époque de l'obtention des lettres de ratification, les créanciers du vendeur retiennent leur droit d'hypothèque, et celui de la conserver par l'opposition;

» Attendu que la faculté qui appartient aux créanciers du vendeur, de surélever le prix stipulé au contrat d'acquisition, s'identifie, par sa nature et par son objet, avec le droit d'opposition, et par conséquent obtient la même durée;

» Attendu que c'est en vue et par effet de la surenchère, que le prix de l'immeuble et la propriété de l'acquéreur demeurent incertains et mutables, jusqu'au sceau des lettres de ratification;

» Attendu qu'en consultant l'esprit du législateur dans l'édit de 1771, on trouve le même résultat que dans la disposition littérale de son art. 7, puisque cet édit a substitué les lettres de ratification aux décrets volontaires, lors desquels les créanciers conservaient la faculté de surenchérir jusqu'à l'adjudication définitivement consommée;

» Attendu que les art. 8 et 9 de l'édit ne présentent aucune dérogation à l'art. 7; qu'il résulte de l'art. 8, que l'acquéreur ne pouvait obtenir des lettres de ratification, auparavant l'expiration du délai d'exposition de son contrat au tableau des hypothèques pendant deux mois, exposition qui a pour but d'éveiller les créanciers du vendeur sur leurs intérêts; et que la rédaction de l'art. 9 montre que le législateur s'est occupé principalement du cas qui devait naturellement suivre de la disposition des art. 7 et 8, c'est-à-dire, de celui où l'acquéreur ferait sceller les lettres de ratification, immédiatement après l'expiration du délai d'exposition pendant deux mois; que, dans cette hypothèse, plus ordinaire, les délais et termes pour opposer et pour surenchérir se rencontrent les mêmes pour les créanciers, que ceux de l'exposition du contrat par l'acquéreur; mais il ne résulte pas, et le législateur n'a pas dit que, lorsque l'acquéreur aurait laissé écouler plusieurs mois encore après les deux mois d'exposition au tableau, sans avoir obtenu des lettres de ratification, alors le prix de la vente de l'immeuble demeurait fixé aux prix du contrat; et que la propriété de l'acquéreur obtenait l'immutabilité, à partir du jour et terme de deux mois, moment où l'acquéreur avait eu la faculté, après l'exposition de son contrat, d'obtenir des lettres de ratification; que cette induction forcée serait directement contraire à la disposition positive de l'art. 7 de l'édit, laquelle déclare l'acquéreur libéré et propriétaire incommutable, seulement après qu'il aura pris des lettres de ratification;

» Attendu que de ces données, il résulte que la dame Denorth, qui avait formé son opposition, avait le droit de surélever par enchères le prix de la vente, à l'époque à laquelle l'acquisition du cit. Dewinck, qui n'avait point obtenu les lettres de ratification offertes par l'édit de 1771, a été soumise à la loi survenue le 11 brumaire an 7;

» Attendu que le sens de l'art. 44 de la loi du 11 brumaire an 7 est fixé par les dispositions des art. 31 et 48 entre lesquels il est placé; que de ces dispositions il suit 1.° que l'acquéreur, qui n'avait pas accompli *toutes* les formalités que l'édit de 1771 avait prescrites pour consolider sa propriété, a dû y suppléer par la transcription de son contrat au bureau de la conservation des hypothèques, et par la notification de cette transcription aux créanciers, aux domiciles par eux élus; 2.° que du moment de cette notification, tout créancier a, durant un mois, la faculté de requérir la mise de l'immeuble aux enchères, et de surélever le prix du contrat; 3.° que ce n'est qu'au cas où, dans le délai donné aux créanciers, ils n'auraient pas requis la mise aux enchères, que la valeur de l'immeuble demeure définitivement fixée au prix stipulé par le contrat et l'acquéreur libéré en payant le prix, ainsi qu'il est exprimé par l'art. 32 de la même loi;

» Attendu que la dame Denorth a requis, le 22 frimaire an 9, la mise aux enchères de l'immeuble dont le cit. Dewinck avait notifié, le 25 brumaire précédent, la transcription du contrat d'acquisition;

» Attendu que la signification par laquelle la dame Denorth a déclaré exercer la faculté de surenchérir, a été faite au vendeur, au domicile par lui élu dans le contrat de vente de l'exécution duquel il s'agissait; ce qui remplit, à cet égard, le vœu de la loi;

» Par ces motifs, le tribunal casse et annulle le jugement du tribunal d'appel séant à Amiens, du 4 ventôse an 10, pour violation de la disposition de l'art. 7 de l'édit de juin 1771, et pour fausse application de l'art. 44 de la loi du 11 brumaire an 7... ».

§. V. *Les créanciers délégués ou indiqués par le contrat de vente, conservaient-ils leurs droits sans opposition au sceau des lettres de ratification?*

V. l'article *Stipulation pour autrui.*

LETTRE DE VOITURE. *V.* l'article *Voiture (lettre de).*

LICITATION. *Peut-on considérer comme tiers-possesseur, le co-héritier qui acquiert par licitation les parts de ses co-héritiers?*

V. Le plaidoyer du 19 pluviôse an 11, rapporté à l'article *Institution contractuelle*, §. 2.

LIÉGE. *Avant la réunion du pays de Liége à la France, les jugemens rendus en France, contre des Liégeois, demandeurs, avaient-ils, dans le pays de Liége, l'autorité de la chose jugée? — Ont-ils, du moins acquis cette autorité, par l'effet de la réunion des deux États, opérée depuis leur prononciation?*

V. l'article *Réunion.*

LIGNE DES DOUANES. 1.° *Lorsqu'une commune se trouve à des distances inégales de deux bureaux de seconde ligne, et qu'il s'agit de décider si elle est dans la ligne des douanes, ou si elle est dehors et en-deçà, quel est celui des deux bureaux qui doit, à son égard, être considéré comme bureau de sortie?*

2.° *Une commune est-elle hors et en-deçà de la ligne des douanes, par cela seul qu'elle est placée à plus de deux lieues de l'extrême frontière?*

V. le plaidoyer et l'arrêt du 28 pluviôse an 12, rapportés à l'article *Marchandises anglaises*, §. 3.

LITISPENDANCE. — §. I. *Pour former une litispendance, faut-il que la cause soit contestée, ou suffit-il que le juge soit saisi par un exploit d'ajournement?*

Quelques auteurs ont adopté le premier parti; mais les plus célèbres l'ont rejeté, pour s'en tenir au second.

Tel est entre autres, le président Favre, dans son Code, liv. 2, tit. 33, déf. 1, n. 10 (1); et ce qu'il y a de remarquable, c'est qu'il justifie son opinion par un arrêt du sénat de Chambéry, dont il était le chef.

Voët, dans son Commentaire sur le Digeste, liv. 44, tit. 2, n. 7, enseigne la même doctrine (2).

C'est ce que fait encore Welembecius, sur le Code, liv. 1, tit. 21. A la vérité, dit-il, par le droit romain, il fallait avoir contesté, pour qu'il y eût litispendance; mais par le droit canon, dont tous les tribunaux ont adopté les dispositions sur les formes de procéder, il suffit qu'on ait formé sa demande judiciairement, et qu'on l'ait signifiée à sa partie (1).

En effet, la Clémentine *cùm lite*, liv. 2, tit. 5, est formelle sur ce point (2).

Enfin, pour mettre des bornes à nos citations, Deghewiet, *Institutions au droit belgique*, part. 3, tit. 2, §. 6, art. 3, dit que, « dans nos mœurs, il suffit, pour former une litispendance, qu'on ait fait juridiquement signifier un exploit libellé de ce dont il s'agit ».

Les arrêts sont d'accord, sur ce point, avec les auteurs.

Bouchel, dans sa *Bibliothèque civile*, au mot *Litispendance*, en rapporte un du parlement de Grenoble, de l'an 1460, par lequel il a été jugé qu'un ajournement régulier et dûment signifié à personne ou domicile, opère litispendance.

En voici un autre du parlement de Douay, qui consacre cette maxime d'une manière très-remarquable.

Le sieur Meurice, marchand à Comines, avait été préposé, en 1777, à la recette des revenus des biens des pauvres de ce lieu.

Le 22 mai 1784, il a rendu un compte provisoire de sa gestion, et il en est résulté qu'il devait à l'administration des pauvres, une somme pour le recouvrement de laquelle on a commencé, dès le 8 septembre suivant, des poursuites de la plus grande rigueur.

Le sieur Pollet, son successeur à la recette, a d'abord fait saisir *par plainte à loi*, de l'autorité des juges de Comines, les marchandises, meubles et effets qu'il avait dans sa maison.

Ensuite, et presque au même instant, une autre saisie se pratique à Equermes, encore à la requête de Pollet, sur des biens qu'y possédait Meurice, en vertu de *plainte à loi*, et sous l'autorité du bailliage de Lille.

Enfin, le 17 du mois de septembre, Pollet trouvant Meurice à Lille, l'y fait arrêter, comme *forain*, pour avoir payement de cette même

(1) *Lis enim*, dit-il, *pendere dicitur, licet nulladùm contestatio secuta sit, sicut et solà suspecti judicis allegatione, adeòque interdùm nudâ libelli oblatione, aut etiam rescripti principis impetratione.*

(2) *Cœpta autem esse atque ità pendere lis alibi censetur, non modò si litiscontestatio jam facta sit, sed si sola citatio seu in jus vocatio.*

(1) *Jure civili, lis pendere censetur à contestatione; jure autem canonico, post oblatum libellum et parti per citationem insinuatum; cui quidem juri hâc in parte standum est, juxtà regulam quam posuit Jason.*

(2) *Cùm lite pendente nihil debeat innovari, litem quoad hoc pendere censemus postquàm à judice competenti in eâ citatio emanavit, et ad partem citatam pervenit, vel per eam factum fuit quominùs ad ejus notitiam perveniret; dùm tamen in citatione prædictâ talia sint expressa, per quæ plenè possit instrui, super quibus in judicio conveniatur.*

somme qu'il lui avait déjà demandée par deux actions ouvertes.

Meurice a réclamé contre cet *arrêt*, et a prétendu qu'il était nul de plusieurs chefs, notamment parce qu'au moment où Pollet l'avait fait pratiquer, il existait une double litispendance, au moyen des plaintes à loi exercées à Comines et à Equermes.

Pollet a répondu que les plaintes à loi équivalaient bien à des assignations; mais qu'une simple assignation ne forme point de litispendance; et que la *litiscontestation* produit seule cet effet.

Les échevins de Lille ont adopté cette réponse. Par sentence du 1.er août 1785, l'emprisonnement de Meurice a été jugé régulier dans la forme; et il a été ordonné, avant d'y faire droit au fond, que ce particulier rendrait le compte définitif de sa gestion, à l'effet de constater s'il était débiteur ou point.

Meurice a interjeté appel de cette sentence au parlement de Douay. Voici comment j'ai exposé, dans une consultation imprimée, le moyen sur lequel roulait principalement sa défense.

» C'est un principe constant qu'on ne peut point traduire un débiteur, ou prétendu tel, dans deux tribunaux à la fois, pour le même objet, ou, si l'on veut, pour la même dette.

» Or, la cause dont le fond divise les parties, était-elle en litispendance, à l'époque de l'*arrêt de corps* pratiqué à Lille? C'est un fait sur lequel il n'est pas raisonnable d'élever le moindre doute.

» Nous connaissons deux sortes d'*arrêts*, l'un *réel*, l'autre *personnel*: le premier est celui qui se pratique sur les biens d'un débiteur, dans la vue d'en tirer ce qu'on n'espère pas obtenir de sa personne; le second, qui s'exerce sur son corps même, lorsque, pour des raisons majeures, on croit devoir s'en assurer et le citer en justice dans cette forme rigoureuse.

» L'arrêt réel s'exécute par *clain* ou *plainte à loi*, et l'arrêt personnel par l'appréhension même de la personne du débiteur et son incarcération; l'un et l'autre, dans le sens que nous en parlons ici, se font à fin de condamnation et de payement. « Ils ont cela de commun entre » eux (dit Deghewiet, part. 3, tit. 1, *des arrêts* » *aux fins de payement*), qu'ils sont introductifs » d'instance devant les juges des lieux où ils ont » été exploités ». — C'est en effet ce qui a été jugé par un arrêt de la cour; du 2 décembre 1690, qui est le 69.e du Recueil de M. d'Hermaville. Voici les termes dans lesquels ce magistrat le rapporte: « Le 2 décembre 1690, la cour a jugé que la » voie d'arrêt fonde la juridiction du juge de » l'autorité duquel l'arrêt est fait, soit qu'il soit » par corps ou simplement des biens du débi- » teur, sans qu'il puisse demander son renvoi » devant ses juges domiciliaires, ni proposer au- » cun déclinatoire (1) ».

» Un créancier a le choix d'employer, soit la voie d'arrêt réel, soit la voie d'arrêt personnel, pour faire condamner son débiteur à le payer; mais dès qu'une fois il a embrassé l'une des deux, il est clair qu'il ne peut plus, tant qu'il ne l'a pas abandonnée, se servir de l'autre. Car dès l'instant qu'il a annoncé son action sous la forme de l'arrêt réel, le juge devant qui son action a été intentée de cette manière, se trouve saisi du fond de la contestation; le créancier a manifesté l'intention de ne la pas suivre autrement; conséquemment il a renoncé à la faculté que la coutume lui donnait, d'appréhender son débiteur au corps, et de le traduire ainsi en justice. Qu'arriverait-il, si, après qu'on aurait formé sa demande par *plainte à loi*, c'est-à-dire, en ne saisissant que les biens, on pouvait encore ajouter à cette action la citation en justice par la voie d'*arrêt personnel*? Il arriverait que, tandis que le juge de la situation des biens du débiteur, instruirait l'affaire en conséquence de la demande formée par-devant lui, un autre juge se trouverait saisi de la même contestation; et qu'il y aurait, pour le même objet, et entre les mêmes personnes, deux instances semblables pendantes devant deux juges différens; comme, dans notre espèce, où l'on instruisait au siége échevinal de Lille la même affaire qui se poursuivait au bailliage de Lille, et devant le magistrat même de Comines.

» Mais, dit-on, il est faux que la cause fût pendante dans ces juridictions, à l'époque de l'*arrêt de corps* pratiqué sur Meurice. *Pour qu'il y ait litispendance*, continue-t-on, *il faut qu'il y ait litiscontestation.* Or, il n'y avait point de litiscontestation, puisque la seule opération qui fût faite alors, consistait dans la plainte à loi que Pollet avait fait pratiquer sur les meubles, effets et marchandises, et dans la plainte à loi exercée à Equermes.

» Cette objection confond deux choses bien distinctes, la *litispendance* et la *contestation*. Qu'est-ce que la litispendance? c'est l'état d'une cause pendante devant un juge. Dans quel cas une cause est-elle réputée pendante? Tous les auteurs répondent avec une parfaite uniformité, que la litispendance est l'effet de la demande formée en justice, et non pas des défenses fournies au fond. Aussi est-ce pour cela qu'on dit vulgairement, *la requête, l'exploit introductif d'instance*, parce qu'il suffit que cette requête et cet exploit aient été présentés et signifiés, pour qu'il y ait instance entre le demandeur et celui qui est assigné.

---

(1) *V.* dans le *Répertoire de jurisprudence*, les articles *Clain* et *Ville d'arrêt*.

» Or, dans la coutume générale de la châtellenie de Lille, comme dans la coutume locale de Comines, l'*arrêt réel* qui se pratique sous la forme de *plainte à loi*, n'est qu'une manière d'assigner un débiteur. Aussi ceux de nos jurisconsultes qui ont écrit en latin, l'appellent-ils *in jus vocatio realis*. La *plainte à loi* équivaut donc à ce que nous appelons exploit ou requête introductive d'instance; il y a donc, dès que cette *plainte à loi* est pratiquée, une demande formée en justice; donc, il existe, dès-lors, selon les termes de Pérez (sur le Code, liv. 8, tit. 37, n.° 13, *un défendeur futur;* donc il y a une instance engagée; donc il y a litispendance.

» Cette vérité résulte encore de l'arrêt du 2 décembre 1690, que nous avons cité plus haut. Il décide que l'*arrêt réel* ou *personnel la fin de payement*, *fonde la juridiction du juge de l'autorité duquel il est fait.* Or, dès qu'une fois la juridiction d'un juge est *fondée*, il est certain que la cause est pendante devant lui : car qu'est-ce que *fonder juridiction?* C'est s'adresser à un juge pour obtenir droit sur une demande qu'on forme. Ainsi, puisqu'avant l'arrêt de corps pratiqué sur Meurice, à fin de payement de ce qu'il peut devoir à Pollet en la qualité qu'il agit, il y avait déjà deux arrêts réels pratiqués aux mêmes fins sur ses biens, et de l'autorité, tant du bailliage de Lille, que des échevins de Comines, il est clair que ces deux siéges étaient saisis de la contestation, que le demandeur avait fait son choix entre la voie réelle et la voie personnelle, qu'il avait adopté les officiers du bailliage de Lille ou les échevins de Comines pour ses juges; et qu'ayant une fois formé sa demande par arrêt réel, devant eux, il ne pouvait plus agir ailleurs pour la même demande, pour le même objet et contre la même personne, par la voie d'arrêt personnel. — Il y a plus encore, c'est que les juges de Comines ayant d'abord été saisis de la cause par la *plainte à loi* pratiquée de leur autorité, sur les meubles et effets de Meurice, la *plainte à loi* pratiquée sur ses biens d'Equermes, de l'autorité du bailliage de Lille, était nulle, puisqu'elle tendait à établir deux instances réelles pour un objet qui n'en demandait qu'une seule, et à lui donner deux juges différens, lorsqu'il n'en devait et n'en pouvait avoir qu'un seul, c'est-à-dire, celui dont on avait, par les premières poursuites, *fondé* et adopté la juridiction ».

Sur ces raisons, auxquelles Meurice ajoutait plusieurs autres moyens, il est intervenu, le 2 décembre 1785, un arrêt qui a mis l'appellation et ce au néant; émendant, a déclaré l'arrêt de corps nul, et a condamné Pollet aux dommages-intérêts, ainsi qu'aux dépens des causes principale et d'appel.

L'un des juges m'a dit le lendemain que le parlement ne s'était arrêté qu'à l'exception de litispendance, et que trouvant ce moyen péremptoire, il n'avait pas cru devoir examiner les autres.

§. II. *Y a-t-il litispendance par l'effet d'un jugement qui, sans s'arrêter à la demande en péremption d'une instance formée devant d'autres juges, ordonne aux parties d'instruire sur le fond?*

V. le plaidoyer et l'arrêt du 10 janvier 1810, rapportés au mot *Commune*, §. 5, n.° 3.

LIVRE TOURNOIS. *V.* l'article *Monnaie décimale.*

LOCATAIRE. *V.* les articles *Bail*, *Contribution des portes et fenêtres*, *Fermier*, *Location*, et *Loyers et Fermages.*

LOCATAIRIE PERPÉTUELLE. — §. I. 1.° *Le bail à locatairie perpétuelle est-il translatif de propriété?*

2.° *La rente créée au profit d'un ci-devant seigneur par un bail à locatairie perpétuelle, était-elle originairement seigneuriale, par cela seul qu'elle était le prix de la concession de droits ou de domaines seigneuriaux?*

3.° *Etait-elle seigneuriale, lorsque, par le bail à locatairie perpétuelle, le ci-devant seigneur s'était réservé un cens ou la directe sur l'objet compris dans ce bail?*

4.° *La rente purement foncière créée par un bail à locatairie perpétuelle, pour prix de droits seigneuriaux supprimés depuis et de domaines encore existans, est-elle sujette à réduction en faveur du preneur?*

Ces questions et une autre qui est indiquée sous le mot *Récusation*, §. 2, font la matière du plaidoyer suivant, que j'ai prononcé à l'audience de la cour de cassation, section civile, le 7 ventôse an 12, sur le recours exercé par les frère et sœur Salesses contre un arrêt de la cour d'appel de Montpellier, du 18 pluviôse an 10.

« Cette affaire présente à votre examen trois questions bien distinctes : la première, si le concours du cit. Giscard au jugement du tribunal d'appel de Montpellier, du 13 pluviôse an 10, emporte la nullité de ce jugement; la seconde, si ce jugement a violé les lois des 25 août 1792 et 17 juillet 1793, portant abolition sans indemnité des rentes seigneuriales; la troisième, si du moins il n'a pas violé l'art. 38 du tit. 2 de la loi du 15 mars 1790, concernant la réduction proportionnelle des rentes foncières originairement créées pour concession d'objets dont la suppression du régime féodal a entraîné l'anéantissement.

» Sur la première question, nous devons commencer par bien fixer le fait qui y donne lieu.

» La cause avait d'abord été portée au tribunal civil du département de l'Aveyron, dont le cit. Giscard était membre. Elle y fut plaidée contradictoirement, mais elle n'y fut point jugée. Un jugement du 1.er pluviôse an 8 la mit en rapport, et le cit. Giscard concourut à ce jugement.

» Depuis, le tribunal civil de l'Aveyron a été supprimé; et la cause s'est reportée au tribunal civil de l'arrondissement d'Espalion, qui l'a jugée en faveur des cit. Salesses, le 14 floréal an 9.

» Son jugement a été attaqué par appel au tribunal de Montpellier; et parmi les juges qui ont prononcé sur cet appel, nous remarquons un cit. *Alboise Giscard.*

» Ce cit. *Alboise Giscard* est-il le même cit. *Giscard* qui avait assisté, comme membre du tribunal civil de l'Aveyron, au jugement préparatoire du 1.er pluviôse an 8? Rien ne le prouve.

» Mais en supposant qu'il y ait identité entre l'un et l'autre, peut-il en résulter un moyen de cassation contre le jugement du tribunal d'appel de Montpellier?

» Sans contredit, les demandeurs auraient pu, en cause d'appel, récuser le cit. Giscard. L'art. 6 du tit. 24 de l'odonnance de 1667 leur en donnait bien clairement le droit : *Le juge* POURRA *être récusé, s'il a donné conseil, ou connu auparavant du différend* COMME JUGE *ou comme arbitre.*

» Mais les demandeurs n'ayant pas exercé la récusation que leur permettait la loi; ayant, au contraire, consenti par leur silence à ce que le cit. Giscard demeurât juge en cause d'appel, comme il l'avait été en première instance, vous penserez, sans doute, C. M., qu'ils ne sont pas aujourd'hui recevables à se plaindre de ce que le cit. Giscard ne s'est pas abstenu d'office.

» Si l'abstention du cit. Giscard eût été nécessaire, à peine de nullité du jugement, l'ordonnance ne dirait pas qu'il pouvait être récusé; en laissant aux parties la faculté de le récuser ou de ne le récuser pas, elle a clairement fait entendre qu'à défaut de récusation, il pourrait connaître, en cause d'appel, du différend dont il avait déjà connu en première instance.

» Un moyen semblable vous a été proposé le 14 ventôse an 10, par la demoiselle Gillat; et vous l'avez rejeté, au rapport du cit. Cochard.... (1).

(1) *V.* l'article *Récusation*, §. 2.

» D'après une décision aussi positive, nous ne pouvons que vous proposer de résoudre au désavantage des demandeurs, la première question que nous avons annoncée.

» La seconde exigera, de notre part, beaucoup plus de détails. Vous connaissez les actes auxquels elle doit l'être. — Le 20 août 1696, contrat notarié, par lequel le seigneur de la terre de Saint-Côme cède et abandonne à Jean Salesses, *le droit du moulin banal* de cette terre, avec les bâtimens et terrains en dépendans, pour en jouir *par forme de locatairie perpétuelle, de trois en trois, neuf en neuf, et vingt-neuf en vingt-neuf ans, afin d'éviter prescription de possession;* et cela moyennant une *rente annuelle de 450 livres payable en deux termes égaux.* — Le 19 septembre 1760, le seigneur de Saint-Côme transporte cette rente à Bernard Daigouy; et par l'acte de transport, il la qualifie de *foncière et seigneuriale.*

» Qu'elle soit *foncière*, c'est ce qu'on ne peut révoquer en doute; car elle est due pour concession de fonds, et elle est nécessairement *perpétuelle*, comme le bail dont elle forme le prix.

» Vainement dirait-on que ce bail n'est accordé que de *trois en trois, de neuf en neuf, de vingt-neuf en vingt-neuf ans.* Cette clause n'empêche pas qu'il ne transfère au preneur le droit de jouir à perpétuité des objets concédés; elle n'est imaginée, et l'acte lui-même le dit formellement, que pour *éviter prescription de possession,* c'est-à-dire, pour mettre le concessionnaire dans la position d'un fermier qui ne peut jamais prescrire contre son bailleur.

» Mais la rente dont il s'agit, est-elle en même temps *seigneuriale*? C'est là le vrai point de la difficulté.

» Si elle est *seigneuriale*, elle est abolie par la loi du 17 juillet 1793; et en la maintenant, le tribunal d'appel de Montpellier a violé cette loi.

» Si elle n'est pas *seigneuriale*, si elle est purement *foncière*, la loi du 17 juillet 1793 en commande elle-même le maintien; et le tribunal d'appel de Montpellier a très-bien jugé à cet égard.

» C'est entre ces deux partis que nous devons nous décider; et une première chose bien constante, c'est que, pour le faire avec certitude, ce n'est pas l'acte de transport du 19 septembre 1760, que nous devons consulter. Cet acte, en effet, ne constitue pas la qualité de la rente, il ne fait que l'énoncer : et il est de principe que ce n'est point par la dénomination d'une redevance, mais par sa nature intrinsèque, que l'on doit déterminer si elle appartient ou non au régime féodal. Cela est si vrai, que le 6 vendémiaire et le 29 thermidor an 10, la section des requêtes a jugé, en rejetant, au rapport des cit. Chasle et Gandon, les recours d'Etchecopar et de Roux contre des jugemens des tribunaux d'appel de Pau et de Dijon, que des rentes purement foncières par leur nature, n'étaient pas devenues seigneuriales par la dénomination que leur en donnaient les titres primitifs de leur constitution même (1).

» C'est donc à l'acte du 20 août 1696 que nous devons remonter, pour connaître le caractère de la rente litigieuse.

» Or, que remarquons-nous dans cet acte? Deux choses, sa qualité et sa matière. Sa qualité est celle d'un *bail à locatairie perpétuelle*. Sa matière est *le droit du moulin banal* de la seigneurerie de Saint-Côme, avec les bâtimens et les terres qui en dépendent.

» De là, deux questions : la première, si la qualité de *bail à locatairie perpétuelle*, donnée par les contractans à l'acte du 20 août 1696, peut être de quelque influence pour la détermination de la nature de la redevance dont il s'agit; la seconde si, dans le cas où cette qualité serait, à cet égard, indifférente, la redevance dont il s'agit, devrait être réputée seigneuriale, par cela seul qu'elle a été créée pour prix d'un *droit de moulin banal*, et par conséquent d'un droit de fief.

» La première question revient à celle de savoir ce qu'on doit entendre dans les pays méridionaux de droit écrit par un *bail à locatairie perpétuelle*, c'est-à dire, s'il se confond, soit avec l'emphytéose, soit avec le bail à cens, soit avec le bail à rente foncière, ou s'il est distingué de chacun de ces contrats par des traits particuliers.

» Vous savez, C. M., que, par l'emphytéose le bailleur se dépouille de la propriété utile, sous trois conditions principales : la première, qu'en reconnaissance du domaine direct qu'il retient, le preneur lui payera chaque année une redevance; la seconde, que, s'il est, pendant trois ans, en demeure d'acquitter cette redevance; sa propriété utile tombera en commise; la troisième, qu'il ne pourra pas aliéner cette propriété, sans au préalable en avoir prévenu le bailleur et lui avoir présenté le marché pour le même prix qu'en offre l'acquéreur qu'il a en vue.

» Vous savez que le bail à cens emporte également translation du domaine utile, et réserve de la directe; mais qu'il n'expose pas le preneur à la commise, faute de payement de la rente censuelle, et qu'il lui laisse la liberté entière d'aliéner, sauf au seigneur à retraire l'héritage, s'il le trouve à propos.

» Vous savez encore que le bail à rente foncière transfère l'une et l'autre espèce de domaine, quand le bailleur les réunissait toutes deux dans sa personne; qu'il rend le preneur aussi absolu propriétaire que le bailleur, et que celui-ci ne retient précisément que la rente.

» Mais s'il en faut croire quelques auteurs, par le bail à locatairie perpétuelle, le preneur n'acquiert que la *possession naturelle et utile*; quant à la *propriété foncière* et à la *possession civile*, elles demeurent toujours dans la main du bailleur.

» C'est ce que soutient notamment Boutaric, dans son *Traité des droits seigneuriaux*, ch. 14: « Le bail à locatairie perpétuelle diffère du contrat emphytéotique, en ce que, pour donner » un fonds à titre d'emphytéose, il faut en avoir » la pleine propriété, c'est-à-dire, le posséder » allodialement et indépendamment de toute » seigneurie directe; au lieu que, pour bailler » à titre de locatairie perpétuelle, il suffit d'avoir la dominité utile. On ne regarde point » ce contrat comme translatif de propriété...... » Ce n'est proprement qu'un *cisaillement* de la » dominité en deux parties, dont l'une demeure » à titre de propriété à celui qui donne le fonds, » et l'autre passe à titre d'usufruit sur la tête du » locataire ».

» Fonmaur, *Traité des lods et ventes*, n. 536, nous donne les mêmes idées sur cette matière : « Le bail à locatairie perpétuelle (dit-il), diffère, à quelque égard, du bail à rente, non » qu'il y ait réservation de directe dans l'un ni » dans l'autre, mais en ce que le bailleur se réserve la propriété et la possession civile, et » qu'il ne baille que la *possession naturelle* au » preneur chargé du payement de la rente tant » qu'il jouira ».

» On cite, à l'appui de cette doctrine, un arrêt du parlement de Toulouse, du 14 août 1705, rapporté dans le *Journal du palais* de cette cour tom. 2, §. 166. La question était de savoir si le seigneur direct qui avait baillé un fonds à locatairie perpétuelle, sans s'être réservé de cens, pouvait, outre la rente qu'il avait stipulée, exiger la redevance censuelle à laquelle étaient assujettis les héritages tenus de la seigneurie. L'arrêt jugea pour la négative, sur le fondement, dit-on, que le contrat de locatairie ne transférait pas la propriété utile, et que le cens supposait cette propriété dans celui qui le payait.

» On ajoute que ce principe a encore dicté trois arrêts de la même cour, des 1.er juillet 1737, 9 août 1746 et 7 janvier 1749. Il s'agissait de savoir si le bailleur pouvait, sans décret et en vertu d'une simple ordonnance de justice, rentrer dans sa chose, faute de payement de la rente pendant trois ans; ou s'il était obligé de faire décréter le bien sur le preneur comme on le fait dans le cas du bail à rente foncière. Ces trois arrêts ont adopté le premier parti, et l'on prétend qu'ils l'ont adopté par le motif de la rétention du domaine utile dans la personne du bailleur. Le plus ancien est rapporté au *Journal du palais* de Toulouse, dans l'ordre de

(1) *V.* l'article *Rente foncière*, §. 13.

sa date; les deux autres sont cités par Fonmaur, sous le nombre que nous venons d'indiquer.

» Enfin, on dit, pour justifier cette opinion, que le preneur à locatairie perpétuelle est spécialement tenu d'améliorer l'héritage qui lui est concédé; que la coupe des bois de haute-futaie lui est interdite; qu'il ne peut pas démembrer ni diviser les objets de sa concession; et qu'à défaut de payement de la taille et des autres impositions foncières de la part du preneur, l'ancien gouvernement était dans l'usage de les faire payer par le bailleur personnellement.

» Si nous pouvions adhérer à cette doctrine, si nous pouvions regarder comme une vérité constante que, par le bail à locatairie perpétuelle, le concessionnaire n'acquiert pas même le domaine utile de la chose qui en est l'objet, bien évidemment la rente stipulée par un pareil acte ne pourrait jamais être *seigneuriale*.

» Celles-là, seules en effet, ont ce caractère, qui sont le prix de la concession du domaine utile et qui se payent en reconnaissance de la directe retenue par le bailleur. « Ce principe » (dit le cit. Henrion, dans le *Répertoire de* » *jurisprudence*, aux mots *Rente foncière*), » sort de la nature des choses. L'essence des » droits seigneuriaux est d'être attachés à un » domaine direct, *domaine qui suppose néces-* » *sairement la concession d'une propriété utile.* » Cette règle, fondamentale en cette matière, » est reconnue, adoptée, consacrée par tous » les auteurs. Dumoulin la présente, à la tête » de son Commentaire sur les droits seigneu- » riaux, comme la base inébranlable de toutes » ses décisions : *apud nos contractus censualis* » *est, quandò* DOMINIUM UTILE *certi fundi trans-* » *fertur sub annuâ et perpetuâ pensione nomine* » *census, retento dominio directo et juribus do-* » *minicalibus ; et ità generaliter accipitur et* » *usitatur in toto hoc regno* ».

» De là vient qu'un fermage n'est jamais réputé seigneurial, quoiqu'il soit dû à un seigneur, et qu'il soit le prix de la jouissance d'un fonds de la seigneurie.

» De là vient encore, et c'est un point que vous avez consacré par plusieurs jugemens célèbres (1), de là vient encore qu'une rente constituée par une emphytéose temporaire ou par un contrat d'engagement révocable à volonté, n'est pas considérée comme seigneuriale, quoique le titre de sa constitution la qualifie telle, quoique, par ce même titre, elle soit déclarée productive de lods et ventes, quoique l'auteur de la concession emphytéotique ou engagère soit véritablement seigneur.

» Dans notre espèce, c'est bien au profit d'un seigneur qu'est constituée la rente dont il est question. Mais, d'une part, elle n'est pas même qualifiée seigneuriale par le titre qui la constitue; et de l'autre, si le titre qui la constitue, n'exproprie point le seigneur de son domaine utile, il est bien impossible qu'elle soit seigneuriale; il est bien impossible par conséquent qu'elle soit comprise dans l'abolition prononcée par la loi du 17 juillet 1793.

» Prétendre, comme le font les demandeurs, que toute rente foncière doit être rangée dans la classe des prestations seigneuriales, par cela seul qu'elle est due à un ci-devant seigneur, c'est un système beaucoup trop général; vrai dans certain cas, il est faux dans d'autres (1), et sans entrer ici dans les distinctions dont il est susceptible, nous nous contenterons d'observer que, quand même il serait indistinctement vrai, que, quand même nous accorderions aux demandeurs que toute rente foncière due à un ci-devant seigneur, doit, à ce seul titre, être présumée seigneuriale, au moins ce ne serait là qu'une présomption; et certes, dans notre espèce, en admettant la doctrine de Boutaric et de Fonmaur, cette présomption s'évanouirait devant le titre primitif du 20 août 1696, qui ne présente qu'un bail à locatairie perpétuelle, qu'un bail qui, suivant cette doctrine, ne stipule, ni cession de la propriété utile, ni par conséquent redevance recognitive de la directe, qu'un bail dont l'essence même répugne à toute idée de jeu de fief et de bail à cens, qu'un bail essentiellement exclusif du caractère de féodalité dans la rente qui en forme le prix.

» Mais la doctrine de Boutaric et de Fonmaur est-elle exacte? Est-il bien vrai que le bail à locatairie perpétuelle ne transfère pas au preneur, même la propriété utile des choses qui en forment la matière? Est-il bien vrai qu'on ne doive pas l'assimiler à l'acensement, lorsqu'il contient la réserve d'un cens seigneurial, et au bail à rente foncière, lorsqu'il est pur et simple?

» Ce qui doit d'abord nous tenir en garde contre cette opinion, c'est qu'elle est contredite par Duperrier, tom. 1, liv. 4, quest. 25; par la Touloubre, dans sa *Jurisprudence féodale*, part. 2, pag. 112; par Julien, sur les statuts de Provence, tom. 1, pag. 269.

» Mais ce qui doit nous la faire rejeter tout-à-fait, c'est qu'elle a été proscrite par l'assemblée constituante; voici comment.

» Les décrets du 4 août 1789 ayant déclaré rachetables toutes les rentes foncières qui avaient été constituées jusqu'alors, soit purement et simplement, soit avec la clause expresse d'irrédimibilité, il s'est agi de savoir si l'on devait soumettre à la disposition de ces décrets, les rentes foncières constituées par baux à locatairie perpétuelle.

(1) *V.* les articles *Emphytéose* et *Engagement.*

(1) *V.* l'article *Rente foncière*, §. 10.

» On disait pour la négative, que ces décrets n'atteignaient pas les rentes foncières constituées par baux emphytéotiques à temps; que la raison en était que les baux emphytéotiques à temps ne transféraient pas la propriété; que, dès-là, il en devait être de même des rentes constituées par baux à locatairie perpétuelle; et pour justifier cette conséquence, on invoquait toutes les autorités, toutes les raisons, à l'aide desquelles Boutaric et Fonmaur cherchent à établir que les baux à locatairie perpétuelle ne sont pas plus translatifs de propriété que ne le sont les emphytéoses temporaires.

» Le cit. Tronchet, dans un rapport qu'il fit sur cette question, au nom du comité des droits féodaux, réfuta ce système avec sa logique ordinaire : — « Il faut convenir (ce sont ses termes), » que les raisons sur lesquelles on fonde la différence que l'on veut mettre entre le bail à locatairie perpétuelle et le bail à rente, paraissent plus subtiles que solides. — Une *locatairie* n'annonce, à la vérité, qu'une succession de la jouissance des fruits; mais *un droit perpétuel* de jouissance est incompatible avec l'idée d'un simple bail à loyer. Un usufruit perpétuel est une idée sauvage et peu conciliable avec les idées communes. Il en est de même de l'idée que ce contrat est un cisaillement de la propriété en deux parties, lequel réserve à l'un la propriété et à l'autre une jouissance perpétuelle. Cette idée ne signifie rien, ou ne signifie autre chose que ce genre de propriété fictive que l'on suppose également réservée au bailleur dans le bail à rente ordinaire. — La stipulation qui assujettit le preneur à des améliorations, et celle qui lui interdit toute dégradation, sont communes au bail à rente ordinaire; ce sont des conditions qui ont pour objet la sûreté du service de la rente. — La défense de couper les bois de haute-futaie n'est qu'une réserve d'une partie de la propriété, qui n'empêche point que le surplus n'ait pu être aliéné. Cette réserve n'est pas une chose particulière aux baux à locatairie perpétuelle, elle se trouve quelquefois dans les baux à rente; et tout ce qu'elle peut produire, c'est d'obliger le preneur, lors du remboursement de la rente, à payer la valeur des bois réservés. — La prohibition de diviser et aliéner avait autrefois lieu dans les inféodations et les acensemens, ce qui n'empêchait pas que ces actes n'emportassent aliénation de la propriété, et cette prohibition est encore une condition qui a pour objet la sûreté et la facilité du service de la rente. — Si le locateur peut rentrer sans décret dans sa propriété, c'est une simple faculté dérivant de la convention, ou attachée par la jurisprudence à ce contrat. Les baux à rente peuvent être résiliés faute de payement d'un certain nombre d'arrérages. La différence introduite par la jurisprudence de Toulouse, ne consiste que dans le mode de la procédure suivie pour la rentrée dans le fonds. — Ce ne peut être que comme propriétaire, que le locataire acquitte, sans diminution sur sa redevance, les charges réelles et publiques. La garantie que le fisc exerce contre le locateur, n'est qu'une extension abusive de ses priviléges, extension qui pourrait d'ailleurs avoir un prétexte, si le locateur ne payait point d'impositions à raison de la rente. — Enfin, dans les pays où ce genre de contrat est en usage, on ne conteste pas que le fonds est hypothéqué aux dettes du locataire, et qu'au contraire il ne peut être affecté aux dettes du locateur : circonstance qui seule décide la question, et prouve que ce contrat emporte une véritable aliénation de la propriété.... — Nous ne voyons donc (conclut le cit. Tronchet), aucune raison qui puisse faire excepter les locatairies perpétuelles de la loi prononcée par le décret du 4 août ».

» En conséquence, la loi du 18 décembre 1790, après avoir déclaré, art. 1, que la faculté de rachat n'était pas applicable aux rentes stipulées, soit par *des baux à rente ou emphytéose non perpétuels, et non excédant quatre-vingt-dix-neuf ans*, soit par des baux à vie qui ne fussent pas sur plus de trois têtes, a ajouté, art. 2, qu'à cette faculté étaient soumises *les rentes ou redevances foncières, établies par les contrats connus en certains pays sous le titre de locatairie perpétuelle.*

» Par là, il est nettement décidé que le bail à locatairie perpétuelle ne diffère en rien du bail à rente foncière; et il doit, dès-lors, demeurer bien constant que, pour juger non abolie la rente dont il est ici question, le tribunal d'appel de Montpellier s'est mal à propos fondé sur la prétendue maxime, que le bail à locatairie perpétuelle n'est pas translatif de propriété.

» Mais ici se présente notre seconde question : de ce que l'acte du 20 août 1696 doit être considéré comme un bail à rente foncière, et de ce qu'il a pour objet un *droit de moulin banal* faisant partie du gros d'un fief, s'ensuit-il que la redevance stipulée par cet acte, doive être rangée dans la classe des prestations seigneuriales? S'ensuit-il par conséquent qu'elle ait été abolie par la loi du 17 juillet 1793?

» Cette question revient à celle de savoir si le bail à rente foncière, sans stipulation expresse d'un cens, doit être assimilé à un bail à cens proprement dit, lorsqu'il comprend des objets qui auraient pu être la matière d'un véritable acensement, ou, en d'autres termes, lorsqu'il comprend, soit des droits féodaux, tels que des banalités, soit des portions foncières d'un domaine seigneurial. — En deux mots, la rente foncière constituée pour prix d'un objet féodal, est-elle par soi recognitive de la seigneurie directe? Voilà ce que nous avons à examiner.

» Il est certain que, sous le régime féodal, un seigneur pouvait, par un bail à rente, comme par un bail à cens, détacher une portion quelconque du gros de son fief; mais les effets de ces deux manières d'aliéner n'étaient pas, à beaucoup près, les mêmes.

» S'il aliénait par bail à cens, le concessionnaire possédait roturièrement la chose qui lui était concédée; il n'en devait point le droit de franc-fief, quoiqu'il fût de la classe qu'on nommait alors roturière; il devenait l'homme de son bailleur, et n'avait aucune relation de féodalité avec le suzerain de celui-ci.

Si, au contraire, l'aliénation se faisait par bail à rente, on distinguait : ou le bailleur s'était chargé de la foi hommage à porter à son suzerain pour raison de l'héritage ou du droit qu'il aliénait, et par là, il avait voulu que cet héritage, que ce droit fût tenu du gros de sa seigneurie; ou il ne s'était imposé aucune charge de ce genre, et le bail à rente ne présentait, de sa part, que la retenue d'un simple devoir patrimonial.

» Au premier cas, le bail à rente prenait le caractère, tantôt d'une sous-inféodation, tantôt d'un acensement : d'une sous-inféodation, s'il paraissait, par ses clauses, que le preneur dût tenir l'objet concédé en arrière-fief; d'un acensement, si, au contraire, il résultait de ses clauses que l'objet concédé dût être tenu par le preneur en roture.

» Au second cas, le seigneur qui baillait à rente, soit une portion foncière de sa seigneurie, soit un droit seigneurial qui y était inhérent, s'expropriait absolument de son domaine direct, comme de son domaine utile. La rente foncière était bien encore pour lui un droit dans la chose aliénée, mais elle n'avait rien de féodal : elle ne représentait pas, aux yeux du suzerain, la portion de fief dont elle était le prix. — Il y a plus : le preneur à rente ne possédait pas en roture cette portion de fief; cette portion de fief formait dans sa main un fief partiel, ou même, dans plusieurs coutumes, un nouveau fief entièrement distinct de celui que retenait le bailleur; il devenait, pour raison de ce fief, le vassal direct et immédiat du seigneur suzerain du bailleur même; et par suite, il en devait le droit de franc-fief, s'il n'était point de la caste nobiliaire.

» Ces principes sont reconnus et proclamés par Dumoulin, sur l'art. 51 de l'ancienne coutume de Paris, n.° 28 et 29. Il y a, dit-il, une grande différence entre le bail à rente et le bail à cens ou la sous-inféodation de la totalité ou d'une partie du fief. Si le vassal aliène, par sous-inféodation ou par bail à cens, une partie ou même la totalité de son domaine féodal, le fief n'est pas pour cela ouvert à l'égard du suzerain; le vassal est censé alors avoir retenu la seigneurie directe, quoiqu'il n'en ait pas fait la réserve expresse : *Amplio tertiò conclusionem principalem in concessione totius vel partis feudi ad certum reditum annuum; super quo adverte quòd concessio ad reditum multùm differt à concessione in subfeudum vel in censum; quia in subinfeodatione vel in concessione ad censum, eo ipso ex naturâ actûs inest retentio dominii et omnis dominicalis juris, respectu recipientis, in re concessâ; et sic non censetur fieri alienatio nec dismembratio feudi, et nulla indè causatur apertura, etiamsi concedens non expresserit penès se et ad onus suum retinere fidelitatem rei concessæ respectu superioris patroni, quia natura actûs de se hujusmodi retentionem et subordinationem importat, etiamsi non dicatur.* — Mais il en est tout autrement, si le vassal aliène par bail à rente pur et simple, parce qu'il est dans la nature de ce contrat, que le bailleur soit censé n'avoir retenu, ni la seigneurie directe de l'objet qu'il a concédé, ni aucun droit seigneurial sur ce même objet, mais, au contraire, avoir transféré au preneur la plénitude de son domaine, et s'être totalement exproprié, sous la seule réserve d'une redevance annuelle : *Longè aliud in concessione ad certum annuum reditum, quia ex ejus naturâ, nullum dominium, nullum jus dominicum in re concessâ retinetur, sed omne jus concedentis transfertur et penitùs expropriatur, solo jure annui reditûs retento.* — Ainsi, le bail à rente pur et simple de la totalité ou d'une partie du fief, emporte, respectivement au seigneur suzerain, changement de vassal; et il ouvre le fief au profit de ce seigneur; le preneur lui doit la foi et hommage, le relief et les autres droits seigneuriaux : le tout, à moins que le bailleur n'ait réservé expressément la foi; mais dans ce cas, il faut que la réserve soit expresse : *Undè si simpliciter fiat, sive de toto, sive de parte feudi, sequitur mutatio manûs et apertura feudi; et recipiens debet in fidem patroni se conferre, et relevium solvere, et clientelaria onera de cætero subire, nisi concedens penès se retinuerit fidelitatem, cujus expressa retentio requiritur hoc casu.*

» Bacquet, dans son *Traité du droit de franc-fief*, part. 1, ch. 7, n. 20, nous présente la même doctrine : « Si le vassal a baillé tout son fief ou
» partie d'icelui, à rente payable en deniers ou en
» grains, ou bien en autres espèces, sans réten-
» tion de foi ni de censive ou autre droit seigneu-
» rial sur ce qu'il a baillé, la rente n'est noble
» ni féodale, encore qu'elle soit due à cause d'hé-
» ritage féodal, mais simple rente foncière; et
» en ce cas, d'autant que le fief est totalement
» aliéné, ou bien partie d'icelui aliénée, l'acqué-
» reur est tenu entrer en foi envers le seigneur
» dominant; et, comme nouveau vassal, faire
» hommage de tout le fief, ou bien de la par-

» tie aliénée, et payer les droits féodaux dus à » cause de son acquisition; et après le décès du- » dit vassal qui aura ainsi baillé son fief (sans » rétention de foi), la rente doit être partagée » roturièrement entre ses héritiers, *d'autant* » *qu'elle n'a aucune nature de féodalité*... ».

» C'est ce qu'enseigne également Lalande, sur l'art. 347 de la coutume d'Orléans: « Si quel- » qu'un (dit-il), baille à rente son domaine féo- » dal, il faut qu'il retienne la foi nommément et » en termes exprès; autrement, il cesse d'être » vassal, le fief est ouvert, et le preneur obligé » de porter la foi au seigneur duquel il relève; » parce que le bail à rente de sa nature, est une » expropriation de tout le droit de seigneurie qui » appartenait à celui lequel a aliéné sous cette » charge et prestation annuelle ».

» Il existe, à la vérité, une disposition contraire dans la coutume de Montargis: suivant l'art. 84 de cette loi municipale, *le vassal* qui *baille à cens et rente, ou* A L'UN SEULEMENT, *son héritage tenu en fief*, est toujours censé retenir la foi, quoiqu'il n'en parle pas; en conséquence, lorsque, sans rétention expresse de la foi, et par un bail à rente pur et simple, il a aliéné une partie de son domaine féodal, cette partie relève de lui en censive; et la rente qu'il s'est réservée, lui tient lieu de cens.

» Mais cette disposition doit être renfermée dans le territoire de la coutume de Montargis, parce qu'elle est contraire au droit commun. Nous ne citerons plus, pour le prouver, qu'une autorité; mais elle est d'un très-grand poids: c'est celle du cit. Henrion, dans ses *Dissertations féodales*, article *Jeu de fief*, §. 3: « Pour opé- » rer (dit-il) un véritable jeu de fief...., est-il » toujours indispensablement nécessaire que la » réserve de la foi soit expresse? Cela dépend » de la nature du contrat. — Le propriétaire » d'un domaine féodal peut également s'en jouer » par bail à cens ou par bail à rente; dans les » deux cas, le domaine est arroturé, l'aliénation » est également affranchie des droits seigneu- » riaux (envers le suzerain): cependant il y a » cette différence entre ces deux espèces d'alié- » nations, que, dans la première, l'imposition » du cens suffit, sans qu'il soit nécessaire que le » vassal stipule qu'il retient la foi, parce que le » cens emporte, par lui-même, la réserve du » domaine direct. — Mais la chose est différente, » lorsque le vassal n'a pas donné la qualification » de cens à la prestation qu'il a imposée sur la » partie aliénée, lorsqu'il s'est contenté de la » grever d'une rente foncière. — Comme une » rente de cette espèce n'a rien qui caractérise » la dépendance féodale, pour que le vassal con- » serve la directe sur le domaine aliéné, pour » que le bail à rente forme l'équivalent d'un bail » à cens, en un mot, pour qu'il y ait un véri- » table jeu de fief, il faut une réserve expresse » de la foi: à défaut de cette réserve, l'aliéna- » tion ne peut être envisagée que comme un bail » à rente pur et simple ».

» Les arrêts, au surplus, n'ont jamais varié à cet égard. Il y en a deux notamment, du parlement de Paris, qui sont très-remarquables.

» Un seigneur poitevin avait aliéné, par bail à rente, sans réserve expresse de la foi, un héritage faisant partie du gros de son fief. Bientôt après, il fut question de savoir si la rente était *portable* ou *quérable*. Il la soutenait *portable*, et invoquait l'article de la coutume, qui déclare telle toute rente seigneuriale tenant lieu de cens. Le redevable au contraire la soutenait *quérable*, et il se fondait sur la disposition de la même coutume, qui déclare telle la rente foncière non censuelle. Ainsi, toute la difficulté se réduisait à savoir si la rente était censuelle ou non. Par arrêt du 5 juin 1731, la rente fut jugée quérable, et par conséquent non censuelle.

» Desbonnes, propriétaire du fief de Joinville, régi par la coutume de Sens, et, en cette qualité, vassal de l'abbaye de Sainte-Colombe, avait, par contrat du 17 juin 1740, baillé à rente pure et simple, à Devinat, une partie de son domaine féodal. Comme il n'avait pas retenu expressément la foi, les religieux de Sainte-Colombe ne manquèrent pas d'actionner l'acquéreur en prestation de la foi-hommage et de tous les autres droits de vassalité. Devinat soutint qu'il ne relevait pas d'eux immédiatement; que, par son bail à rente, les biens-fonds dont il était preneur, avaient été arroturés; qu'en un mot, il était censitaire du seigneur de Joinville, et non pas son co-vassal. Par arrêt du 27 mars 1748, rendu à la quatrième chambre des enquêtes, et rapporté par Lépine de Grainville, page 151, Devinat fut condamné à prêter la foi-hommage, et à payer les droits réclamés par les religieux de Sainte-Colombe; et par là, dit l'arrêtiste, il a été jugé que *le vendeur, pour conserver la féodalité, lorsqu'il aliène le domaine de son fief, doit la réserver expressément*.

» Sur le même fondement, sept arrêts du conseil, des 6 mai et 25 novembre 1739, 26 avril 1740, 12 et 19 février et 22 août 1749, et 24 mai 1754, rapportés par Dubost, dans sa *Jurisprudence du conseil sur les francs-fiefs*, tome 2, pages 173 et suivantes, ont jugé que *le bail à rente, fait sans rétention d'un cens ou de la foi et hommage expresse, transférant au preneur l'héritage avec toute sa féodalité, donnait ouverture au droit de franc-fief*.

» Ainsi, pour rentrer dans l'espèce soumise en ce moment à votre décision, il est bien démontré que Jean Salesses, en prenant à rente, par l'acte du 20 août 1696, le moulin banal de la seigneurie de Saint-Côme, n'aurait pu, pour raison de cette propriété, devenir le censitaire du seigneur de Saint-Côme même, que dans le cas où celui-ci eût, ou retenu la foi sur le moulin qu'il aliénait, ou stipulé que la rente dont il faisait la réserve, lui tiendrait lieu de cens; que le seigneur de Saint-Côme n'ayant fait ni l'un ni l'autre, Jean Salesses a possédé le moulin banal, sous la mouvance immédiate du suzerain de son bailleur; qu'il est devenu le co-vassal de celui-ci; que conséquemment, il n'a jamais existé, entre lui et son bailleur, aucune relation de féodalité; et que, par une conséquence ultérieure, la rente à laquelle il s'est obligé envers son bailleur, n'a jamais été seigneuriale.

» Le tribunal d'appel de Montpellier a donc très-bien jugé, en réformant le jugement du tribunal civil d'Espalion, en ce qu'il avait déclaré cette rente abolie par la loi du 17 juillet 1793.

» Mais a-t-il également bien jugé, en rejetant les conclusions subsidiaires des demandeurs, en réduction de cette rente? C'est la dernière des questions que nous avons promis de discuter, et la solution n'en est pas difficile.

» Il est constant que, dans le bail à locatairie perpétuelle du 20 août 1696, se trouvait compris un droit de banalité qui a été supprimé par les décrets du 4 août 1789.

» Si l'on s'en tenait aux dispositions du droit romain, consignées dans le §. 4, *de locatione*, aux Institutes, la rente stipulée par ce bail, ne devrait souffrir, pour cela, aucune diminution.

» Mais il a été dérogé à ces dispositions par l'art. 38 du tit. 2 de la loi du 15 mars 1790, lequel est ainsi conçu: «Les preneurs à rente d'aucuns droits abolis, ne pourront pareillement demander qu'une réduction proportionnelle des redevances dont ils sont chargés, lorsque les baux contiendront, outre les droits abolis, des bâtimens, immeubles ou autres droits dont la propriété est conservée».

» D'après cet article, nul doute que les demandeurs ne soient en droit d'exiger la réduction de leur rente, en proportion du dommage qu'ils ont éprouvé par l'abolition de la banalité du moulin de Saint-Côme.

» Comment donc le tribunal d'appel de Montpellier a-t-il pu juger le contraire? Vous l'avez vu, C. M., il s'est fondé à la fois sur les dispositions du droit romain et sur l'acte du 20 août 1696.

» Mais d'abord, prendre pour guide les lois romaines dans une matière où elles sont abrogées par nos lois nationales, c'est évidemment mépriser nos lois nationales, c'est les violer ouvertement, c'est, ou ce ne sera jamais, donner prise à la cassation.

» Ensuite, que porte, à cet égard, l'acte du 20 août 1696? Il porte, et suivant le tribunal d'appel de Montpellier, il porte purement et simplement, il porte pour tous les cas possibles, que la rente ne pourra jamais *être augmentée ni diminuée*.

» Supposons-le pour un instant: en conclura-t-on que l'acte du 20 août 1696 a dérogé, par une sorte d'anticipation, à la loi du 15 mars 1790? Ce serait une grande erreur.

» Lorsqu'avant 1789, on stipulait, soit dans un bail emphytéotique, soit dans un bail à locatairie perpétuelle, que, quelque détérioration qu'éprouvât l'héritage entre les mains du preneur, la redevance resterait toujours la même, on ne faisait qu'exprimer ce qui n'avait pas besoin de l'être; on ne faisait que répéter la disposition générale de la loi. Cette stipulation n'avait pas pour objet de déroger aux lois à venir; elle n'était que l'écho de la loi existante; elle n'avait conséquemment pas plus de force que la loi existante elle-même.

» Si donc, nonobstant la loi existante au temps de la constitution d'une rente foncière, le preneur a acquis, par l'abolition de la banalité, le droit de demander la réduction proportionnelle de cette rente, comment ne jouirait-il pas également de ce droit, nonobstant la stipulation écrite dans le titre constitutif, que la rente ne serait jamais augmentée ni diminuée? Il est évident qu'il y a identité de raison pour les deux cas, et, par conséquent, nécessité de les décider l'un comme l'autre.

» Mais il y a plus: il n'est pas vrai que, par l'acte du 20 août 1696, il soit dit purement et simplement que la rente ne sera jamais susceptible d'augmentation ni de diminution; cette clause n'y est stipulée que comme suite de la faculté accordée au preneur, de faire au moulin qui lui est concédé, telle augmentation qu'il jugera à propos; c'est à cette seule hypothèse qu'est relative la phrase, *sans qu'en aucun cas, ladite rente puisse être augmentée ni diminuée*. C'est comme si le bailleur disait: *augmentez, améliorez, réparez comme il vous plaira, le moulin que je vous concède, vous en êtes le maître; mais quel que soit le sort des travaux que vous entreprendrez à cet égard, qu'ils vous soient utiles ou qu'ils vous deviennent nuisibles, ce n'est pas mon affaire; il faudra toujours, dans un cas comme dans l'autre, que ma rente me soit payée en entier; et dans un cas comme dans l'autre, ma rente ne sera ni augmentée ni diminuée.*

» Assurément, en s'expliquant ainsi, les parties étaient loin de prévoir qu'un jour viendrait où les droits de banalité seraient supprimés, et les preneurs déchargés de leur rente proportionnellement à la valeur de ces droits. Elles étaient loin de penser à prendre des précautions contre la loi qui, un jour, pourrait introduire là-dessus un nouvel ordre de choses.

» C'est donc dénaturer absolument la clause dont il s'agit, que d'en inférer, comme l'a fait le tribunal d'appel de Montpellier, que l'art. 38 du tit. 2 de la loi du 15 mars 1790 n'est pas applicable à la rente due par les demandeurs; et autant ce tribunal a bien jugé en maintenant cette rente, autant il a mal jugé, autant il s'est mis en opposition avec la volonté du législateur, en rejetant les conclusions subsidiaires à fin de réduction proportionnelle.

» Par ces considérations, nous estimons qu'il y a lieu de casser et annuller le jugement dont il s'agit ».

Sur ces conclusions, arrêt du 7 ventôse an 12, au rapport de M. Busschop, qui,

« Vu l'art. 38 du tit. 2 de la loi du 15 mars 1790, relative à la suppression des droits féodaux;

» Considérant que cet article forme un droit nouveau qui embrasse indistinctement toutes espèces de baux à rente; que par conséquent ses dispositions ne sauraient être modifiées ni restreintes, soit par les principes du droit romain, soit par ceux de toute autre législation antérieure à la suppression de la féodalité;

» Considérant qu'outre les propriétés foncières et dépendantes du moulin de Saint-Côme, le bail de 1696 dont il s'agit dans l'espèce actuelle, avait aussi pour objet un droit de banalité qui avait été aboli par nos lois nouvelles; et qu'ainsi, les demandeurs, en leur qualité de preneurs, étaient fondés à demander la réduction des redevances, aux termes dudit art. 38;

» Que néanmoins, par les jugemens des 13 pluviôse et 24 ventôse de l'an 10, et en appliquant les principes de l'ancien droit, le tribunal d'appel de Montpellier a débouté les demandeurs de leur demande en réduction des redevances, et a liquidé celles échues depuis la suppression des banalités, sur le même pied qu'elles étaient dues avant cette suppression; en quoi ledit tribunal d'appel a manifestement violé les dispositions de l'art. 38 ci-dessus cité;

» Par ces motifs, le tribunal casse et annulle.... ».

§. II. *L'immeuble possédé à titre de locatairie perpétuelle, est-il sujet, envers la régie de l'enregistrement, aux mêmes droits de mutation que s'il était possédé à titre purement patrimonial?*

L'affirmative résulte assez clairement des principes établis dans le §. précédent; et elle est consacrée par deux arrêts de la cour de cassation, que le Bulletin civil de cette cour nous retrace en ces termes :

« Par acte public du 21 décembre 1777, Jean Laporte, père et beau-père des défendeurs, donna par bail à locatairie perpétuelle, un domaine rural à Antoine Pradel. — Pradel, devenu vieux, laissa les terres sans culture, et ne paya plus la rente qu'il devait servir annuellement. Bientôt après, il abandonna de fait le domaine; les défendeurs en reprirent la possession : suivant eux, tout cela se fit sans aucun traité, même sans aucune convention verbale. — Le 4 juin 1806, les mêmes défendeurs se pourvurent en revendication de quelques portions de terre que la négligence de Pradel avait laissé usurper. Leur exploit instruisit la régie de la manière dont, depuis quatre ou cinq ans, ils étaient rentrés en possession du domaine dont il s'agit. Elle décerna contre eux une contrainte en payement du droit de mutation. — Sur l'opposition à cette contrainte, la prétention de la régie a été condamnée. — Les motifs du jugement attaqué sont que les défendeurs n'ont point repris la propriété incommutable du domaine dont il s'agit, puisque les héritiers du déguerpissant peuvent purger la demeure, et rentrer dans le domaine; et que la mutation qui a eu lieu, n'a point été faite à titre onéreux.

» Sur quoi (par arrêt du 30 mars 1808), ouï le rapport de M. Gandon..... ; — Vu l'art. 4 de la loi du 22 frimaire an 7, portant : *Le droit proportionnel est établi pour toute transmission de propriété, d'usufruit ou de jouissance de biens immeubles*; l'art. 4 de la loi du 27 ventôse an 9, portant : *A défaut d'actes* (de transmission), *il y sera suppléé par des déclarations détaillées et estimatives, dans les trois mois de l'entrée en possession, à peine d'un droit en sus*; — Considérant que, d'après le décret du 18 décembre 1790, les détenteurs à titre de locatairie perpétuelle sont assimilés aux détenteurs à titre de bail à rente, sont comme ceux-ci propriétaires, et sont autorisés à franchir la rente par eux due; que d'ailleurs le droit proportionnel est exigible même pour la simple transmission d'usufruit ou de jouissance; que, dans l'espèce, la transmission est avouée et évidente; qu'il n'existe aucune réclamation de la part des héritiers Pradel; que le droit proportionnel est dû, soit que la transmission se fasse à titre onéreux ou à titre gratuit, soit qu'il en existe un contrat, soit qu'il n'en existe pas; — La cour casse et annulle le jugement du tribunal civil d'Espalion, du 25 août 1806.... ».

« Les enfans et héritiers d'Aimar Tardieu n'avaient pas compris dans la déclaration des biens composant la succession de leur père, décédé en l'an 8, un immeuble qu'il possédait à titre de locatairie perpétuelle. L'omission constatée, une contrainte fut décernée contre eux. Sur l'opposition portée devant le tribunal civil de Marvejols, la contrainte fut annullée par les motifs « que, sous l'ancienne législation, le bail-
» leur à rente conservait la propriété de l'im-
» meuble; que la loi du 18 décembre 1790 qui
» a permis le rachat des rentes foncières, n'a
» apporté aucun changement aux droits du lo-

» cateur, toutes les fois que le rachat n'a pas » été exercé; qu'on ne peut invoquer les dispositions du Code civil, puisque Tardieu père » est décédé avant sa publication en l'an 8 ». — L'administration de l'enregistrement a demandé la cassation de ce jugement, pour fausse application des dispositions des art. 1 et 2 de la loi des 18-29 décembre 1790, violation des art. 4 et 69, §. 7, n. 2, de la loi du 22 frimaire an 7.

» Sur quoi (arrêt du 5 octobre 1808, par lequel), ouï le rapport de M. Sieyes.....; et M. Daniels, en ses conclusions pour M. le procureur-général; vu les articles des lois ci-dessus citées......; — Attendu que le bail à locatairie perpétuelle formant incontestablement un droit perpétuel sur le fonds ainsi locaté, transmissible par décès et autrement, les héritiers Tardieu auraient dû le comprendre dans leur déclaration, et en acquitter les droits en conformité des articles ci-dessus de la loi de frimaire; attendu que, d'après les art. 1 et 2 de la loi de décembre 1790, ce fonds baillé à locatairie perpétuelle n'a pu être considéré, dans les mains du preneur, que comme simplement grevé d'une rente rachetable; — Par ces motifs, la cour casse et annulle.... ».

Au surplus, *V.* l'article *Emphitéose.*

LOCATION. — 1.° *Le propriétaire d'une portion indivise de maison ou de tout autre bien, peut-il la louer sans le concours de son co-propriétaire?*

2.° *S'il la loue en effet de cette manière, son co-propriétaire peut-il faire annuller le bail pour le tout, sauf l'action du locataire en dommages-intérêts contre son bailleur?*

I. Le droit romain nous fournit, pour résoudre la première de ces questions, un principe qui, par la raison et la sagesse dont il porte l'empreinte, a dû, comme une infinité d'autres, survivre à notre Code civil. Voici comment il est exposé et expliqué dans la loi 28, D. *communi dividundo*:

« L'un des co-propriétaires d'une chose commune, n'y peut rien faire, malgré les autres. » Ainsi, il est clair que chacun de ceux-ci peut » l'en empêcher: car, toutes choses égales, » c'est la volonté de celui qui s'oppose, qui doit » prévaloir. Mais quoiqu'un communier puisse » être empêché par son communier de faire » quelque chose dans le bien commun entre » eux, il ne peut cependant être forcé de détruire ce qu'il a fait, si celui-ci, pouvant » l'empêcher de le faire, ne s'y est pas opposé; » et il ne reste à ce dernier que la ressource de » réclamer son indemnité par l'action *communi* » *dividundo.* Il y a plus: s'il a consenti à ce » qui a été fait, il n'a même pas de dommages-intérêts à prétendre. Mais si c'est en son » absence, qu'a été faite la chose qui lui porte » préjudice, il peut exiger que son communier » rétablisse le bien commun dans son premier » état (1) ».

Il résulte bien clairement de cette loi, que, si, à mon insu, vous avez introduit dans une maison commune entre vous et moi, un locataire qui a pris de vous à bail la portion indivise que vous y avez, je puis vous forcer à l'expulser.

Inutilement m'objecteriez-vous que je peux agir contre votre locataire en partage de la jouissance de notre maison; et que par conséquent vous ne m'avez fait aucun préjudice en lui affermant votre portion indivise.

Sans examiner si votre locataire, qui certainement serait non recevable à intenter contre moi une pareille action (2), si, sans qualité pour l'intenter, il pourrait avoir qualité pour y défendre, je vous répondrai:

Que vous n'avez pas pu, en louant à mon insu votre portion indivise, me placer dans la nécessité d'intenter contre votre locataire, une action en partage de jouissance dont j'aurais eu la faculté de me dispenser à votre égard, en y substituant l'action en partage de la propriété;

Qu'indépendamment de cette considération, vous m'avez mis, en louant votre portion indivise, soit à un locataire qui n'a pas ma confiance, soit sous des conditions trop favorables pour lui, mis hors d'état de trouver, pour la mienne, un locataire qui m'en donne un loyer convenable, ou parce qu'il répugnera à ceux qui pourraient s'en accommoder, de demeurer sous le même toit que le vôtre, ou parce que l'exemple du

(1) *Sabinus, in re communi neminem dominorum jura facere quicquam, invito altero, posse. Undè manifestum est, prohibendi jus esse: in re enim pari potiorem esse prohibentis causam constat. Sed etsi in communi prohiberi socius à socio ne quid faciat potest, ut tamen factum opus tollat, cogi non potest, si cùm prohibere poterat, hoc prætermisit; et ideò per communi dividundo actionem damnum sarciri poterit. Sin autem facienti consensit, nec pro damno habet actionem. Quòd si quid, absente socio, ad læsionem ejus fecit, tunc etiam tollere cogitur.*

(2) *Neque colonis, neque eis qui depositum susceperunt, hoc judicium competit, quamvis naturaliter possideant.* Loi 7, §. 11, D. *communi dividundo.*

L'action *communi dividundo* (dit Brunneman sur ce texte) *negatur conductoribus et depositariis, quia licet dici possit naturaliter eos habere possessionem, seu potiùs detentionem, non tamen habere talem naturalem possessionem quæ hic requiritur, quia animo domini non possident, nec sibi.*

bon marché que le vôtre a obtenu de vous, les détournera de souscrire aux conditions plus rigoureuses que je voudrai leur imposer;

Que d'ailleurs, c'est toujours déprécier la valeur locative d'un bien indivis, que de le louer par parties, avant d'avoir épuisé toutes les voies pour le louer en totalité;

Et que, sous quelque rapport que l'on considère votre procédé, il ne peut être à mon égard, qu'une infraction à cette grande règle du droit naturel, *non debet alteri per alterum iniqua conditio inferri* (1).

II Mais si, au lieu d'intenter contre vous une action (que votre mauvaise volonté ou même votre insolvabilité peuvent rendre illusoire) à ce que vous soyez tenu d'expulser le locataire de votre portion indivise, j'en intente une contre lui-même à ce que, sans avoir égard au bail que vous lui avez fait et qui sera déclaré nul, il soit tenu de vider les lieux, y serai-je fondé?

Pourquoi ne le serais-je pas? Sans doute, vous auriez pu vendre ou donner votre portion indivise, sans que je pusse m'en prendre à votre acquéreur; mais c'est parce que votre acquéreur vous a remplacé par rapport à moi; c'est parce qu'il se serait trouvé passible, de ma part, de l'action en partage de la propriété, comme vous l'auriez été vous-même, si vous n'aviez pas aliéné; c'est conséquemment parce qu'en aliénant, vous ne m'avez fait aucun tort réel. Mais en affermant, au lieu d'aliéner, qu'avez-vous fait? vous avez imposé à toutes les parties et à chacune des parties d'un bien commun par indivis entre vous et moi, la charge d'une jouissance que je ne peux pas faire cesser en exerçant, contre celui au profit duquel vous l'avez consentie, l'action en partage de la propriété; vous l'avez donc imposée à ce qui m'appartient dans chacune de ces parties, comme à ce qui vous y appartient à vous-même. Or, avez-vous pu le faire sans mon concours? c'est demander, en d'autres termes, si vous avez pu, sans mon concours, transférer à votre locataire le droit de jouir de ma propre chose, puisqu'il ne pourrait pas jouir de la vôtre sans jouir de la mienne, et que je n'ai, pour faire cesser sa jouissance à l'égard de la mienne, aucun moyen conciliable avec mes intérêts. Or, il est de principe, et la loi 11, D. *de regulis juris*, porte textuellement que *id quod nostrum est, sine facto nostro ad alium transferri non potest.*

C'est sur ce principe que s'étaient fondés les législateurs romains, pour décider que le copropriétaire d'un fonds par indivis ne peut seul le grever d'une servitude (1), et que l'acte par lequel il l'en grève de fait, reste en suspens tant que ses co-propriétaires ne l'ont pas confirmé (2), par la raison qu'il ne peut pas asservir même sa part indivise, sans asservir les leurs (3).

Et ce principe s'applique ici avec d'autant plus de justesse, que l'on ne peut véritablement considérer, à mon égard, que comme une *servitude temporaire*, la jouissance que vous avez voulu, par votre bail, assurer à votre locataire, de ce qui m'appartient dans chacune des parties indivises de la propriété commune entre nous, sans qu'il me soit ouvert, pour la faire cesser, aucune voie qui ne me porte un préjudice plus ou moins grave.

Aussi ne doute-t-on nullement, dans la pratique, de l'inefficacité dont serait frappé le bail que ferait un co-propriétaire de sa portion indivise, sans le concours de ses co-intéressés; et c'est bien sûrement parce qu'un pareil bail serait nul, que, tous les jours, on voit porter en justice des demandes en licitation de loyers.

« La licitation du loyer (dit M. Pigeau, *Traité de la procédure civile, tome 2*, page 674) se » demande par un des co-propriétaires contre » les autres lorsqu'ils ne s'accordent pas sur le » choix d'un locataire, le prix et les conditions » du bail : par cette licitation, le bail est ad- » jugé à celui qui en offre le plus haut prix, » soit co-propriétaire, soit étranger ».

Et non-seulement cet usage suppose l'inefficacité du bail qui serait fait par un seul des co-propriétaires, même par rapport à sa seule portion indivise, mais c'est ainsi que la question a été jugée toutes les fois qu'elle s'est présentée. Ecoutons Bourjon, *droit commun de la France*, tome 2, page 38, édition de 1770 :

« Pour les biens possédés par indivis, il faut » le consentement de tous les co-propriétaires » pour en passer bail. Cependant l'injuste refus » de l'un d'entr'eux ne doit pas nuire aux autres: » c'est ce qu'on verra ci-après. Mais telle est la » règle générale par rapport aux baux de ces » biens, de laquelle il s'ensuit que, si le bail » n'a été fait que par quelqu'un des proprié- » taires, l'action est ouverte à tous les autres » pour en demander la nullité, puisqu'un tel » bail ne peut les engager.....

(1) Loi 74, D. *de regulis juris.*

(1) *Unus ex dominis communium ædium servitutem imponere non potest.* Loi 2, D *de servitutibus.*

(2) *Igitur hic actus pendebit, donec socius cedat.* Loi 18, D. *communia prædiorum urbanorum et rusticorum.*

(3) *Unus ex dominis communibus ædibus servitutem imponere nequit, nequidem pro parte suâ; nec enim potest onerari res sua, quia oneretur res aliena.* Bruneman, sur la première des deux lois citées.

» Tel est l'usage du châtelet, et cette nullité y a été prononcée bien des fois moi » plaidant.

» En cas de refus de l'un ou de plusieurs » des co-propriétaires, de passer bail, chacun » d'eux peut provoquer en justice la licitation » du loyer commun entre eux; et sur cette » poursuite, le bail s'adjuge au plus offrant et » dernier enchérisseur ».

Au surplus, *V.* les articles *Bail* et *Loyers et Fermages*.

LOI. — §. I. *Les décrets d'ordre du jour de la Convention nationale ont-ils force de loi? — Ont-ils force de loi, lorsqu'ils n'ont pas été promulgués?*

V. les articles *Droits successifs*, §. 1; *Rente foncière*, §. 10; et *Retrait féodal*.

§. II. *Les arrêtés que les représentans du peuple en mission dans la Belgique, y ont pris postérieurement au 4 brumaire an 4, ont-ils force de loi?*

Non, ce ne sont que de simples réglemens. Je sais bien que très-souvent on les a cités comme des lois provisoires; mais il est toujours temps de revenir à la vérité, et la vérité est qu'ils n'ont nullement ce caractère.

Sans doute, les membres de la convention nationale pouvaient, dans le cours de leurs missions, prendre des arrêtés qui avaient force de loi tant qu'ils n'avaient pas été réformés, soit par la Convention nationale elle-même, soit par les comités de gouvernement.

Mais lorsqu'ont été pris les arrêtés dont il s'agit, la Convention nationale n'existait plus : elle avait été remplacée, dès le 5 brumaire an 4, par un corps législatif constitutionnel; et ceux de ses anciens membres qui, à cette époque, étaient encore en mission, n'exerçaient plus leurs fonctions comme représentans du peuple, ils ne les exerçaient plus que comme commissaires du gouvernement. Ainsi l'avait textuellement réglé le décret du 20 vendémiaire an 4 : « Les représentans du peuple (porte-t-il), envoyés dans les départemens ou aux armées, qui ne seront pas rappelés à l'époque du 5 brumaire prochain, *soit qu'ils aient été réélus au corps législatif ou non*, continueront leur mission en qualité *de commissaires du gouvernement*, jusqu'à ce que le directoire exécutif leur ait donné avis de son entrée en exercice des fonctions qui lui sont attribuées par la constitution ».

Et dans le fait, les arrêtés qui ont été pris postérieurement au 4 brumaire an 4, par les représentans du peuple en mission dans la Belgique, ont été si peu considérés comme lois par le directoire exécutif lui-même, qu'il en a annullé et modifié plusieurs comme émanés d'une autorité qui lui était subordonnée. Il est même à remarquer que les arrêtés par lesquels il les a annullés ou modifiés, ont tous été, dans le temps, rendus publics par la voie du Bulletin des lois, et que jamais ils n'ont excité la plus légère réclamation, quoique le corps législatif se fût, par une loi expresse, réservé le pouvoir exclusif de réformer les arrêtés pris par les représentans du peuple, dans le cours de leurs missions.

§. III. *Avant le Code civil, les placités de la ci-devant Normandie avaient-ils force de loi dans cette contrée, ou n'y avaient-ils que l'autorité d'un arrêt de réglement?*

V. le plaidoyer du 12 nivôse an 9, rapporté à l'article *Émigrés*, §. 9.

§. IV. *L'argument* à contrario sensu *est-il toujours concluant, lorsqu'il s'agit d'interpréter une loi?*

V. le plaidoyer du 5 nivôse an 12, rapporté à l'article *Engagement*, §. 2; celui du 12 pluviôse an 11, rapporté à l'article *Lettres de ratification*, §. 3; et celui du 3 pluviôse an 10, rapporté à l'article *Rente foncière*, §. 10.

§. V. *Dans quels cas les lois postérieures dérogent-elles aux lois précédentes?*

V. les articles *Délits ruraux*, §. 1; *Douanes*, §. 5; *Huissiers des juges de paix*, §. 2; et *Tribunal d'appel*, §. 3.

§. VI. *Une loi interprétative qui survient après un jugement en dernier ressort rendu dans un sens qu'elle réprouve, porte-t-elle atteinte à l'autorité de la chose jugée acquise à ce jugement?*

V. l'article *Chose jugée*, §. 8.

§. VII. *L'intitulé des lois émanées des assemblées nationales avant la constitution de l'an 8, peut-il servir à leur interprétation?*

V. les articles *Exclusion coutumière*, §. 2; et *Lettre de voiture*, §. 1.

§. VIII. *Le défaut de preuve positive qu'une loi antérieure à celle du 12 vendémiaire an 4, a été, soit affichée, soit proclamée à son de trompe ou de tambour, dans le ressort d'une administration et d'un tribunal, en exécution des arrêtés et jugemens qui ordonnaient qu'elle le fût, emporte-t-il la conséquence que cette loi n'a pas été publiée légalement, et qu'elle n'est devenue obligatoire dans ce ressort, que par l'effet de la loi du 12 vendémiaire an 4?*

Voici ce que j'ai dit sur cette question, à l'audience de la cour de cassation, section civile, le 1.er floréal an 10 :

« L'affaire sur laquelle vous avez à prononcer en ce moment, est d'un grand intérêt, à raison de l'influence que doit avoir sa décision sur le sort des propriétés transmises par succession depuis la loi du 5 brumaire an 2.

» Dans le fait, le 12 vendémiaire an 2, testament olographe de Jean-François Leduchat-Rurange, domicilié à Metz, par lequel il institue Marie-Louise Leduchat-Rurange, sa nièce, légataire universelle de ses biens.

» Le 28 nivôse an 2, décès du testateur, dans la commune de Metz même.

» En ventôse et en messidor an 5, demande en nullité de son testament. Cette demande est formée, tant par la dame Favre, sa sœur, que par le commissaire du gouvernement près l'administration centrale du département de la Moselle, représentant un de ses neveux, émigré; et on la fonde sur la loi du 5 brumaire an 2, qui défend toute disposition, soit testamentaire, soit entre-vifs, en faveur d'un héritier présomptif, au préjudice de ses co-héritiers.

» Réponse de la demoiselle Leduchat, que cette loi n'était pas encore publiée à Metz, au moment du décès du testateur.

» Jugement du tribunal civil du département de la Moselle, du 22 frimaire an 7, qui déclare le testament nul, « attendu (y est-il dit), qu'il » est constant, par une attestation de la municipalité de Metz, produite par la cit. Favre, » que la loi du 5 brumaire an 2 a été lue, publiée et enregistrée à la séance du conseil » général du 23 nivôse suivant, par où elle est » devenue obligatoire pour tous les citoyens; » encore qu'il ne soit pas mentionné dans cette » attestation que la promulgation a été faite à » son de trompe ou de tambour, comme il est » dit en la loi du 14 frimaire, il est très-à-présumer que l'on n'a pas manqué de s'y conformer : elle n'était d'ailleurs qu'une loi de circonstance sur le mode de gouvernement provisoire et révolutionnaire qui a cessé; elle n'a » point anéanti l'effet de la loi du 2 novembre » 1790, selon laquelle les lois étaient obligatoires du moment où la publication en avait » été ordonnée, soit par le corps administratif, soit par le tribunal de l'arrondissement, » sans être nécessaire qu'elle le fût par tous les » deux ».

» Vous voyez, C. M., que, dans ce jugement il n'est parlé que d'une seule pièce, d'une seule attestation de la municipalité de Metz, produite par la dame Favre, pour prouver que la loi du 5 brumaire an 2 avait été publiée avant le 28 nivôse de la même année; et effectivement parmi les pièces relatives à ce point de fait, qui se trouvent dans le dossier de la dame Favre, il n'y en a qu'une qui soit d'une date antérieure au 22 frimaire an 7, c'est-à-dire, au jour où a été rendu ce jugement; et c'est précisément une attestation délivrée le 21 germinal an 5, par l'administration municipale de Metz. — Cette observation n'est pas aussi indifférente qu'elle pourrait le paraître au premier coup d'œil, et bientôt vous en sentirez l'importance.

» La demoiselle Leduchat a appelé du jugement dont nous venons de rendre compte, et son appel a été porté au tribunal civil du département du Bas-Rhin.

» Là, de nouvelles pièces ont été d'abord produites par la dame Favre, et il est fort intéressant de savoir quelles sont ces pièces.

» Voici dans quels termes en parle un premier jugement du 17 ventôse an 8 : « Considérant que la décision de cette cause dépend » uniquement de la question de savoir si la loi » du 5 brumaire an 2 a été publiée dans les » formes voulues par les lois, avant la mort du » testateur; que la partie de Mauny (la dame » Favre), prétend que ladite publication avait » déjà eu lieu à Metz, avant la loi du 14 frimaire an 2; que la loi du 2 novembre 1790 » exige que la publication des lois, tant par les » corps administratifs que par les tribunaux, » soit faite par *placards imprimés et affichés;* » que, ni la déclaration faite par l'administration centrale du département de la Moselle, » ni le certificat donné par le greffier du tribunal civil du département, ne font mention » de ladite publication *par affiches;* et qu'il est » essentiel que le tribunal soit certioré de l'époque à laquelle elle a eu lieu dans la municipalité de Metz; — Par ces motifs, le tribunal a » continué la cause à deux décades, pendant » lequel temps la partie de Mauny (la dame » Favre), produira un extrait en forme, soit » de l'administration du département de la Moselle, soit du tribunal du ci-devant district » de Metz, qui constate l'époque à laquelle ladite loi a été publiée *par affiches* ».

» Ainsi, s'il en faut croire ce jugement, la dame Favre avait produit, avant qu'il fût rendu, une déclaration de l'administration centrale du département de la Moselle et un certificat du greffier du tribunal civil du même département. Mais cette assertion est-elle exacte?

» Elle l'est incontestablement, quant au certificat du greffier du tribunal civil (ce certificat est représenté, et il porte date du premier ventôse an 8, c'est-à-dire, de seize jours avant le jugement interlocutoire).

» Mais elle paraît fausse, quant à la prétendue déclaration de l'administration centrale. Non-seulement il n'existe point, dans les pièces, de déclaration émanée de cette administration avant le jugement du 17 ventôse an 8; mais sous la date du 3 du même mois, et par conséquent du surlendemain du certificat du greffier, nous trouvons une déclaration de l'administration municipale de Metz, relative à l'objet qui nous occupe : preuve évidente que le tribunal du Bas-Rhin a, par méprise, attribué à l'administration de la Moselle, un acte qui, dans la réalité, n'était pas son ouvrage, mais celui de la municipalité du chef-lieu de ce département.

» Que contiennent au surplus et cette déclaration et le certificat du greffier du tribunal civil? C'est sur quoi il importe beaucoup de nous bien fixer.

» Le greffier certifie seulement que la loi du 5 brumaire an 2 *a été lue, publiée à l'audience du ci-devant tribunal du district de Metz, du 23 du même mois, et enregistrée sur les registres de son greffe, pour y avoir recours, le cas échéant.*

» La municipalité atteste 1.° *Que la loi du 14 frimaire an 2, sur le mode de gouvernement provisoire et révolutionnaire, a été publiée et proclamée en cette commune, les 24 et 25 frimaire an 2; 2.° Que le décret du 5 brumaire an 2 a été lu, publié et proclamé en la même commune, le 23 nivôse an 2.*

» Vous remarquez, C. M., que, dans ces deux attestations, il n'est nullement parlé d'affiches; et qu'à cet égard, elles ne disent rien de plus que celle du 21 germinal an 5, dont la dame Favre s'était prévalue en première instance.

» Le tribunal civil du Bas-Rhin a donc eu raison de dire, dans son jugement du 17 ventôse an 8, que la déclaration et le certificat produits par la dame Favre, ne faisaient *nulle mention de la publication par affiches*; et c'est là ce qui a déterminé l'interlocutoire porté par ce jugement.

» Mais qu'a-t-il été produit en exécution de cet interlocutoire? Quatre pièces datées des 29 ventôse, et 5 germinal an 8, toutes par conséquent postérieures au jugement du 17 ventôse.

» La première est une copie collationnée par l'administration centrale, de l'arrêté qu'elle avait pris le 15 brumaire an 2, pour la publication de la loi du 5 du même mois. Il y est dit que *lecture faite en séance publique, le procureur-général syndic ouï*, l'administration *a arrêté que ce décret serait consigné sur ses registres, imprimé,* AFFICHÉ *et envoyé aux administrations de district et aux municipalités du ressort, pour qu'elles le fissent enregistrer et publier dans leurs arrondissemens respectifs.*

» La seconde est une copie collationnée également par l'administration centrale, d'un *extrait des registres du ci-devant district de Metz; portant qu'à la séance publique du 10 nivôse an 2, l'agent national a mis sur le bureau* différens décrets, et notamment celui du 5 brumaire.

» La troisième est une copie collationnée par l'administration municipale, d'un *extrait des registres des délibérations du conseil-général de la commune de Metz*, duquel il résulte qu'à la séance du 23 nivôse an 2, *l'agent national a requis, et le conseil a ordonné la mention sur ses registres, publication et affiche* du décret du 5 brumaire précédent.

» La quatrième enfin, est une copie collationnée par le tribunal civil du département de la Moselle, d'un extrait des registres du ci-devant tribunal de district de Metz, portant que, le 23 brumaire an 2, ce dernier tribunal a ordonné que le décret du 5 serait *lu, publié et consigné, pour être suivi et exécuté selon sa forme et teneur; que mention serait faite desdites lecture, publication et consignation sur ledit décret,* ICELUI AFFICHÉ PARTOUT OU BESOIN SERAIT.

» Munis de ces quatre pièces, la dame Favre et le préfet du département de la Moselle ont soutenu qu'ils avaient satisfait au jugement préparatoire du 17 ventôse an 8, et qu'en conséquence, il y avait lieu, en regardant comme acquise la preuve de la publication de la loi du 5 brumaire an 2, avant le décès de Jean-François Leduchat, de confirmer le jugement de première instance.

» Mais, par jugement du 14 prairial an 8, le tribunal du Bas-Rhin a considéré que cette preuve ne résultait pas des pièces produites; qu'en effet, aucune de ces pièces n'établissait le fait de la publication de la loi du 5 brumaire an 2, par affiches posées antérieurement au 24 frimaire an 2, jour où la loi du 14 frimaire précédent avait établi un nouveau mode de publication; et que depuis, on ne voyait pas que la loi du 5 brumaire an 2 eût été proclamée suivant ce nouveau mode, c'est-à-dire à son de trompe et de tambour, avant le décès de Jean-François Leduchat; qu'à la vérité, cette proclamation avait été attestée et fixée au 23 nivôse an 2, par un certificat de l'administration municipale de Metz, du 3 ventôse an 8; mais que ce certificat se trouvait démenti par un autre du 12 du même mois, portant que cette administration ne peut préciser l'époque à laquelle la loi du 5 brumaire an 2 a été proclamée dans la forme prescrite par celle du 14 frimaire, *attendu qu'il n'a jamais été dressé de procès-verbaux particuliers de ces proclamations.* — En conséquence, il a infirmé le jugement dont la demoiselle Leduchat était appelante, et déclaré valable le testament dont elle demandait l'exécution.

» La dame Favre, par l'organe de son mari, et le préfet du département de la Moselle, réclament contre ce jugement, ainsi que contre celui du 17 ventôse de la même année, et provoquent la cassation de l'un et de l'autre.

» Les héritiers de la demoiselle Leduchat les soutiennent non-recevables et subsidiairement mal fondés : non-recevables, parce que le jugement du 17 ventôse an 8 n'a pas été attaqué en temps utile, et que d'ailleurs il a été exécuté sans protestation ni réserve; mal fondés, parce que les deux jugemens sont calqués sur les dispositions législatives qui étaient en vigueur à l'époque du décès de Jean-François Leduchat, concernant la publication des lois.

» Nous dirons peu de choses sur la fin de non-recevoir. D'une part, il est certain que le jugement du 17 ventôse an 8 n'était que préparatoire; à la vérité, il préjugeait que le testament devait être exécuté, si, avant le décès du testateur, la loi du 5 brumaire an 2 n'avait pas été publiée par affiches dans la commune de Metz; mais, par cela même qu'il ne faisait que le préjuger, ce n'était que comme préparatoire qu'il pouvait être considéré. Un jugement préparatoire qui ne préjugerait rien, ne serait point passible du recours en cassation; car à quoi bon employer cette voie pour faire réformer une décision insignifiante? Et cependant l'art. 14 de la loi du 2 brumaire an 4 prouve bien clairement que le recours en cassation est ouvert contre les jugemens préparatoires; que seulement on ne peut l'exercer qu'après les jugemens définitifs; et que ni l'exécution dont ils ont été suivis, ni le défaut de protestation ou de réserve, ne peuvent former, à cet égard, une fin de non-recevoir.

» D'un autre côté, quoique le recours de la dame Favre et du préfet de la Moselle contre le jugement du 17 ventôse an 8, soit recevable, nous ne voyons pas qu'il soit fondé, ni, quand même il le serait, quel en pourrait être l'objet.

» Rappelons-nous, en effet, qu'au moment où il a été rendu, il n'existait sous les yeux des juges, aucune pièce dans laquelle il fût fait mention de la publication par affiches de la loi du 5 brumaire an 2. Dès-lors, qu'il ait jugé que cette publication était nécessaire pour donner à la loi le complément de sa force exécutoire, on ne peut y trouver à redire sous aucun rapport; et il n'a, en cela, inféré aucun grief, soit à la république, soit à la dame Favre. Les droits de la république et ceux de la dame Favre sont demeurés intacts par ce jugement; la république et la dame Favre ne sont donc pas plus intéressés que fondés à l'attaquer.

» Mais il s'agit de savoir si, par le jugement définitif du 14 prairial an 8, le tribunal civil du Bas-Rhin n'a pas faussement appliqué les lois des 2 novembre 1790 et 14 frimaire an 2, et par suite violé celle du 5 brumaire?

» Sur cette question, nous remarquons d'abord une grande erreur dans laquelle est tombé le tribunal civil du Bas-Rhin, relativement à la loi du 14 frimaire an 2.

» Il a supposé que, du moment où cette loi avait été publiée à Metz, c'est-à-dire, à compter du 24 du même mois, il n'avait plus été possible de publier la loi du 5 brumaire précédent dans une autre forme que celle qui s'y trouvait prescrite.

» Mais la loi du 14 frimaire an 2 n'a pas eu pour objet de régler le mode de publication des lois qui l'avaient devancée; elle ne se référait qu'aux lois à venir, et encore n'était-elle applicable qu'à celles qui seraient imprimées dans le Bulletin dont elle fondait l'établissement. C'est ce que vous avez reconnu formellement, C. M., par l'un des motifs de votre jugement du 2 ventôse an 9, rendu au rapport du cit. Coffinhal, et par lequel vous avez cassé, sur la demande de Fréville et consorts, un jugement du tribunal civil du département de l'Eure, du 5 prairial an 7 : « attendu (y est-il dit) que la loi du 14 » frimaire an 2 n'a pu devenir obligatoire que » du jour où toutes les formes nouvelles qu'elle » exigeait, ont été remplies, et notamment du » jour où les lois ont été envoyées dans le Bul- » letin, ce qui n'a commencé à avoir lieu qu'au » 23 prairial suivant ».

» Il est donc ici fort indifférent que la loi du 5 brumaire an 2 ait été publiée à Metz, avant la mort de Jean-François Leduchat, dans la forme déterminée par la loi du 14 frimaire, et que, sur ce point de fait, il existe deux attestations contradictoires de la municipalité de cette commune. L'essentiel est que Jean-François Leduchat ne soit mort qu'après la publication de la loi du 5 brumaire dans la forme réglée par la loi du 2 novembre 1790; or, là-dessus, il existe des preuves à l'évidence desquelles aucun esprit raisonnable ne peut se refuser.

» La loi du 2 novembre 1790 contient, sur le mode de publication des lois par les administrations de département et de district, deux dispositions bien remarquables.

» L'art. 10 porte que « les administrations de » département feront imprimer des exemplaires » de chaque loi, tant en placard qu'en *in*-4.°, et » les enverront sous ce double format aux ad- » ministrations de district, pour être adressés » par celles-ci aux municipalités de leur ressort, » après qu'elles auront certifié sur chaque exem- » plaire *in*-4.°, sa conformité avec celui qu'elles

» ont reçu certifié par l'administration de dépar-
» tement ».

» L'art. 12 ajoute : « Les corps administratifs, » tant de département que de district, publie» ront dans la ville où ils sont établis, par pla» cards imprimés et affichés, toutes les lois qu'ils » auront transcrites ».

» De ces deux dispositions, il résulte une conséquence très-simple et en même temps très-importante dans la cause : c'est que, quand une loi arrivait de la part d'une administration de département à une administration de district, et de la part d'une administration de district à une municipalité, elle était censée avoir été déjà affichée dans les villes où siégeaient respectivement les administrations de district et de département.

» En effet, l'administration de département n'envoyait les lois à celle du district, qu'après les avoir fait imprimer, non-seulement en format *in-4.°*, mais encore en placards; et, de son côté, l'administration de district ne les envoyait aux municipalités, qu'après les avoir reçues dans l'un et l'autre format.

» Or, est-il présumable qu'une administration de département, et après elle une administration de district, eussent eu à leur disposition des placards tout prêts à être affichés, et qu'ils eussent négligé de les faire afficher en effet, tandis que l'art. 12 de la loi leur en imposait expressément l'obligation ? Non : une pareille négligence ne peut pas se supposer, et le législateur l'a tellement regardée comme impossible, qu'il n'a pris aucune précaution pour assurer la date de l'affiche de chaque loi. Il a bien, par l'art. 11, obligé les municipalités à tenir *procès-verbal dans leurs registres, de la réception de chaque loi*, mais il n'a prescrit rien de semblable pour l'affiche. Il a donc voulu que, même pour les municipalités, la consignation d'une loi sur leurs registres, emportât la preuve légale de sa publication immédiate; et s'il l'a voulu pour les municipalités, à combien plus forte raison a-t-il dû le vouloir pour les administrations de département et de district, qui, à ses yeux, devaient être composées d'hommes plus attentifs, plus clairvoyans sur leur responsabilité, que ne l'étaient communément les officiers municipaux !

» Ce que nous disons des corps administratifs, s'applique également aux tribunaux.

» Les art. 15 et 16 de la loi du 2 novembre 1790 portent que, dans les trois jours de la réception d'une loi, le commissaire national la présentera au tribunal près duquel il exerce ses fonctions, et que, *dans la huitaine, le tribunal sera tenu d'en faire faire la transcription et la publication, tant par la lecture à l'audience, que par placards affichés*. Chaque tribunal remplissait donc le vœu du législateur, lorsque, sur la présentation d'une loi, il en ordonnait la transcription dans ses registres, la lecture à son audience, et la publication par affiches. De ces trois choses, la première, c'est-à-dire, la transcription, était de nature à être constatée, par cela seul que les registres se trouvaient chargés du texte de la loi. Les deux autres au contraire, c'est-à-dire, la lecture à l'audience et la publication par affiches, étaient des actes fugitifs, qui n'auraient pu être constatés que par des procès-verbaux; mais le législateur n'ayant pas exigé qu'on tînt procès-verbal, soit de l'une, soit de l'autre, on s'est habitué partout à n'en point tenir; et partout on a regardé la lecture à l'audience et la publication par affiches, comme effectuées, par cela seul qu'elles étaient prouvées avoir été ordonnées par le tribunal.

» Inutile de dire, comme l'a fait, dans cette cause, le tribunal civil du Bas-Rhin, que, d'après les art. 13 et 17 de la loi du 2 novembre 1790, les administrations de départemens et les commissaires près les tribunaux devaient respectivement certifier les ministres de l'intérieur et de la justice, non-seulement de la transcription, mais encore de la publication que chacune de ces autorités était dans le cas de faire de chaque loi nouvelle; qu'ainsi, on doit trouver dans leur correspondance la preuve que chaque loi nouvelle a été publiée par affiches.

» La loi du 2 novembre 1790 n'a imposé ces devoirs aux administrations et aux commissaires près les tribunaux, que pour assurer leur responsabilité envers le gouvernement; elle ne les leur a pas imposés pour que leur correspondance fît preuve entre les citoyens de l'époque précise de la publication de chaque loi nouvelle.

» Si elle eût voulu que leur correspondance pût être, à cet égard, de quelque utilité entre les citoyens, elle aurait pris des précautions pour en assurer la conservation exacte; elle aurait notamment exigé que l'on en fît registre. Et de ce qu'elle n'a pas porté ses soins jusques-là, on doit nécessairement conclure qu'elle a regardé cette correspondance comme uniquement relative au gouvernement, comme un hors d'œuvre pour fixer la date de la publication et le commencement d'exécution des lois nouvelles.

» Ces principes posés, revenons aux pièces qui ont été produites devant le tribunal civil du Bas-Rhin, en exécution du jugement interlocutoire du 17 ventôse an 8.

» Vous avez vu, C. M., que, dès le 15 brumaire an 2, l'administration du département de la Moselle avait pris un arrêté portant que la loi du 5 du même mois serait consignée sur ses registres, *imprimée, affichée et envoyée aux administrations de district et aux municipalités*.

» Vous avez vu que, le 10 nivôse suivant, l'administration du district de Metz avait reçu cette même loi; et vous n'avez pas oublié qu'elle n'avait pu la recevoir qu'en deux formats distincts, en placards et en exemplaires *in*-4.°

» Ainsi, voilà déjà une preuve légale que, le 10 nivôse an 2, dix-huit jours avant le décès de Jean-François Leduchat, la loi du 5 brumaire avait été imprimée par les soins de l'administration de la Moselle, non-seulement en format *in*-4.°, mais aussi en placards; et de là à la présomption légale qu'à cette époque, l'administration de la Moselle avait rempli l'obligation que lui imposait la loi du 2 novembre 1790, de faire afficher cette loi dans la commune de Metz, le pas est aussi facile qu'inévitable.

» Ce n'est pas tout. Le 20 du même mois de nivôse, huit jours avant la mort de Jean-François Leduchat, la loi du 5 brumaire arrive à la municipalité de Metz; elle y arrive par l'intermédiaire de l'administration du district; et, nous l'avons déjà dit, elle ne peut y arriver qu'en placards et en format *in*-4.°. Donc, à cette époque, l'administration de district était censée l'avoir déjà fait afficher dans Metz; donc, à cette époque, la publication par affiches était censée effectuée dans Metz, tant par l'autorité de l'administration du département, que par celle de l'administration du district.

» Ce n'est pas tout encore. Le 23 brumaire an 2, la loi du 5 est présentée au tribunal de district de Metz, et que fait ce tribunal? Il ordonne qu'elle sera consignée sur ses registres, lue et publiée à l'audience, qu'il sera fait mention sur l'original de cette publication par lecture, et qu'en outre elle sera affichée. Il ne dit pas que l'affiche sera constatée par une mention quelconque, la loi du 2 novembre 1790 n'exige point qu'il aille jusques-là, et il ne fait pas plus que la loi ne lui commande; mais ce que la loi lui commande, il le fait exactement; il remplit donc suffisamment le vœu de la loi; il y a donc, par cela seul, présomption de droit qu'il a fait afficher la loi du 5 brumaire.

» Le tribunal civil du Bas-Rhin a cependant jugé que cette loi n'avait été affichée avant le 28 nivôse an 2, ni de l'autorité des corps administratifs, ni de l'autorité du tribunal de district.

» Mais, par là même, il a ajouté à la loi du 2 novembre 1790; il a tiré de son texte une conséquence que son texte réprouve manifestement, il l'a, par une suite nécessaire, appliquée à faux, en même temps qu'il l'a violée.

» C'est donc bien vainement que les défendeurs viennent ici se prévaloir de ce que, par le jugement attaqué, il n'a été statué que sur une question de fait.

» Oui, sans doute, ce n'est que sur une question de fait que ce jugement a statué; mais en y statuant, il a méconnu l'esprit, il a foulé aux pieds la lettre de la loi du 2 novembre 1790; et c'est tout ce qu'il faut pour en nécessiter la cassation.

» Où en serions-nous d'ailleurs, si un pareil jugement pouvait subsister? Il n'y a pas de milieu : ou ce jugement doit être anéanti, ou il faut dire que, non-seulement dans la commune de Metz, mais dans toute l'étendue de la France, la loi du 5 brumaire an 2 n'est devenue obligatoire que du jour où celle du 12 vendémiaire an 4 a été reçue par chaque administration de département. — Ainsi tous les partages qui, dans les deux années d'intervalle, ont été faits d'après la loi du 5 brumaire an 2, sont nuls et doivent être déclarés tels, si le jugement du tribunal du Bas-Rhin est maintenu. — Ainsi, dans la même hypothèse, toutes les fortunes seront bouleversées; toutes les familles seront déchirées par des procès inattendus; tous les mariages contractés sur la foi d'une loi qui passait universellement pour exécutoire, se trouveront avoir été formés sous des auspices trompeurs. — Ah! loin de nous la pensée que vous puissiez donner votre sanction à un système aussi désastreux. Que tous les citoyens dont il a pu troubler la paisible sécurité, se rassurent; votre sagesse, votre justice veillent pour eux.

» Nous estimons qu'il y a lieu de rejeter la fin de non-recevoir proposée par les défendeurs; de rejeter pareillement la demande en cassation du jugement préparatoire du 17 ventôse an 8; et faisant droit sur la demande en cassation du jugement du 14 prairial de la même année, casser et annuller ce jugement, renvoyer la cause et les parties devant le tribunal d'appel le plus voisin, ordonner qu'à notre diligence, le jugement de cassation à intervenir sera imprimé et transcrit sur les registres du ci-devant tribunal civil du département du Bas-Rhin ».

Conformément à ces conclusions, arrêt du 1.er floréal an 10, au rapport de M. Oudot, par lequel,

« Attendu, sur la première fin de non-recevoir proposée par les défenderesses, que le jugement du 17 ventôse an 8 n'est, dans ses termes, qu'un interlocutoire; que les motifs qui le précèdent, n'y ont été mis que pour le justifier, mais qu'ils n'en changent pas la nature et n'empêchent pas que, par des motifs différens, le tribunal civil du Bas-Rhin n'eût pu s'en écarter dans sa décision définitive;

» Attendu, sur la seconde fin de non-recevoir, que les demandeurs se pourvoyant en même temps contre un jugement interlocutoire et un jugement définitif rendus dans la même cause et sur le même objet, n'étaient pas obligés de consigner deux amendes;

» Le tribunal, sans s'arrêter aux fins de non-recevoir proposées par les défenderesses, passe à l'examen du fond;

» Et sur le fond, attendu que, lors du jugement du 17 ventôse an 8, il n'était pas justifié que la loi du 5 brumaire an 2 eût été publiée à Metz dans la forme légale, le tribunal rejette la demande en cassation formée contre ce jugement;

» Quant au jugement définitif du 14 prairial an 8, considérant que, lorsqu'il a été rendu, il était parfaitement prouvé par les demandeurs, que la loi du 5 brumaire an 2 avait été publiée à l'administration centrale de la Moselle, au district et à la municipalité de Metz, et même au tribunal du ci-devant district de cette ville, avant le décès de Jean-François Leduchat, de la succession dont il s'agit; qu'il est également établi que, par les mêmes actes de publication et d'enregistrement, l'affiche de cette loi a été pareillement ordonnée; ce qui suffit pour faire présumer que cette affiche a été réellement faite, puisque la loi n'exige pas la preuve écrite de la formalité de l'affiche;

» D'où il suit qu'en déclarant que la loi du 5 brumaire n'avait pas été légalement publiée à Metz avant le décès de Jean-François Leduchat, par la seule raison que les demandeurs ne rapportaient pas le procès-verbal d'affiche, et en ordonnant, sous ce prétexte, l'exécution du testament dudit Leduchat, le jugement attaqué a en même-temps fait une fausse application de l'art. 16 de la loi du 2 novembre 1790, et violé l'art. 9 de celle du 5 brumaire an 2;

» Le tribunal casse et annulle le jugement rendu par le tribunal civil du département du Bas-Rhin, le 14 prairial an 2.... ».

§. IX. *Quel est, dans l'art. 2 de la loi du 24 brumaire an 7, le sens de la disposition qui déclare obligatoire, du jour de l'arrivée de la loi du 12 vendémiaire an 4 au chef-lieu de chacun des départemens réunis par la loi du 9 du même mois, les lois dont la publication avait été précédemment ordonnée dans ces départemens?*

V. l'article *Pays réunis*.

§. X. *Quelle est, pour l'interprétation des lois, l'autorité des procès-verbaux de leur discussion au conseil d'Etat?*

V. le plaidoyer du 28 mars 1810, rapporté au mot *Protêt*, §. 4.

§. XI. *Les lois purement interprétatives des précédentes, agissent-elles sur le passé comme sur l'avenir?*

V. l'article *Effet rétroactif;* le plaidoyer du 8 mars 1810, rapporté aux mots *Domaine public*, §. 5; celui du 20 novembre 1809, rapporté aux mots *Inscription hypothécaire*, §. 2; et celui du 23 mars 1810, rapporté aux mots *Propriété littéraire*, §. 2.

§. XII. *Rigueur avec laquelle doivent s'interpréter les lois rétroactives.*

V. l'article *Triage*, §. 1.

§. XIII. *Pour déterminer la forme dont un testament doit être revêtu, est-ce à la loi du temps où il a été fait, ou à celle du temps où le testateur est mort, qu'il faut s'attacher?*

V. l'article *Testament*, §. 11.

§. XIV. 1.° *Le mode de preuve d'un fait dépend-il de la loi du temps où l'on plaide, ou de celle du temps auquel ce fait se rapporte?*

2.° *Le mode d'exécution d'une créance dépend-il de la loi du temps et du lieu où la créance a été contractée; ou de celle du temps et du lieu où l'on procède à cette exécution?*

3.° *Que doit-on décider à cet égard, relativement à la question de savoir si une créance est hypothécaire ou non, et pour combien d'années d'intérêts le créancier doit être colloqué?*

4.° *De quelle loi dépendent les formalités des jugemens?*

Sur la première question, *V.* les articles *Décès*, §. 1; *Légitimité*, §. 2; *Mariage*, §. 7 et 8; *Paternité* et *Pignoratif* (*contrat*).

Sur la seconde question, *V. Etranger*, §. 4;

Sur la troisième, *V. Intérêts*, §. 4;

Et sur la quatrième, *Substitution Fidéicommissaire*, §. 12.

§. XV. *Les motifs des lois sont-ils toujours des guides sûrs pour déterminer l'étendue de leurs dispositions?*

V. Notaire, §. 3; et *Motifs des lois*.

§. XVI. *L'usage peut-il abroger la loi? Dans quels cas le peut-il?*

V. les articles *Opposition aux jugemens par défaut*, §. 7; *Payement*, §. 3; *Révocation de testament*, §. 2; et *Société*, §. 1.

§. XVII. *Y a-t-il des cas où l'éviction opérée par l'effet d'une loi, donne lieu à l'action en garantie contre les vendeurs ou les bailleurs?*

V. les articles *Fait du souverain*, §. 3; et *Loyers et fermages*, §. 1.

§. XVIII. *Est-il nécessaire, dans un jugement de police qui rejette l'opposition d'une partie à ce que les témoins produits par l'autre, soient entendus, de citer la loi qui justifie ce rejet?*

V. l'article *Injure*, §. 3.

§. XIX. *L'obligation imposée aux juges de citer et transcrire dans leurs jugemens les lois pénales qu'ils appliquent aux crimes et aux délits, est-elle suffisamment remplie par la citation et transcription des lois qui déterminent, par des dispositions générales, la nature des peines que ces juges peuvent prononcer?*

V. l'article *Tribunal de police*, §. 11.

§. XX. *Les traités de souverain à souverain, ont-ils, dans les tribunaux des deux souverainetés, la même autorité et les mêmes effets que les lois?*

V. le *Répertoire de jurisprudence*, à l'endroit indiqué ci-dessus, article *Jugement*, §. 19.

§. XXI. *Dans quel cas la fausse application d'une loi forme-t-elle un moyen de cassation?*

V. l'article *Cassation*, §. 49.

§. XXII. *Les lois civiles d'un pays conquis, cessent-elles, de plein droit, par l'effet de la conquête? sont-elles, de plein droit, remplacées par les lois civiles du peuple conquérant?*

V. l'article *Féodalité*, §. 5.

LOYERS ET FERMAGES. — §. I. 1.° *Avant le Code civil, le fermier qui avait pris à ses risques tous les cas fortuits, prévus ou imprévus, pouvait-il demander une remise de fermages, lorsqu'il avait été privé d'une partie considérable de sa jouissance, par un de ces événemens que toute la prudence humaine n'eût pas pu prévoir?*

2.° *La clause par laquelle un fermier se charge de tous les cas fortuits, prévus ou imprévus, est-elle applicable au cas où un droit compris dans le bail, vient à être supprimé par la loi?*

3.° *Quelle devait être, avant le Code civil, la quotité du dommage souffert par le fermier, pour que celui-ci eût droit à une remise de fermages?*

4.° *Lorsque, pendant le cours d'un bail, la loi supprime un droit qui était compris dans la location, est-il dû une remise au fermier sur le prix de la ferme, quelque modique que soit la somme pour laquelle ce droit était entré dans la stipulation de ce prix?*

Le 7 avril 1801, contrat notarié par lequel le sieur Rodesse, fondé de pouvoir et *régisseur intéressé* de M. de Rohan, archevêque de Cambray, afferme au sieur Descamps et à son épouse, sept moulins banaux situés dans cette ville et dans les environs, un droit de pêche sur l'Escaut, et vingt *mencaudées* de prairie.

Parmi les nombreuses clauses de ce contrat, celles de l'art. 4 sont à remarquer : « Les preneurs (y est-il dit), ne pourront prétendre aucune modération pour le défaut de vent ou d'eau, *ni pour telles causes et sous tels prétextes que ce puisse être, prévus ou imprévus*; sous la condition néanmoins que, si l'un desdits moulins venait à être brulé par le feu du ciel, ou par des troupes en temps de guerre, ou que se trouvant en bon état, il fût renversé par un coup de vent, sans qu'il y eût de la faute des preneurs de l'avoir tourné pour l'éviter, alors il sera réparé par ledit seigneur bailleur, dans l'espace de six semaines, pendant lequel temps les preneurs ne pourront prétendre aucuns chômages; mais dans le cas d'une plus longue durée pour la construction qui pourrait être à faire à aucuns desdits objets, ou d'une inondation longue et considérable, le chômage en sera fixé suivant les proportions ci-après et jour par jour.... ».

Par d'autres clauses du même acte, le fermage est fixé à 12,000 livres, et 2000 *mencauds* de blé, dont la valeur sera déterminée de mois en mois par les mercuriales du marché de Cambray; et les preneurs sont chargés de payer, chaque année, en déduction de ces fermages, 2713 *mencauds* de blé, tant à divers particuliers qu'à des établissemens publics.

Le 27 octobre 1784, nouvel acte qui, entre autres dispositions, fixe invariablement à 8000 l. la partie du fermage payable en blé. Mais dans cet acte, M. de Rohan ne figure ni personnellement, ni par le ministère du sieur Rodesse. Le sieur Renou y paraît seul pour l'un et l'autre, et y stipule *sous leur bon plaisir*.

La jouissance du sieur Descamps cesse le 13 août 1790.

Le 1.er vendémiaire an 14, arrêté du préfet du département du Nord, qui statuant sur le compte de la gestion du sieur Rodesse, continuée jusqu'au 1.er janvier 1792, déclare que les héritiers de celui-ci sont en avance de la somme de 75,965 livres, et que cette somme leur sera payée par l'État, *moyennant, par eux, renoncer aux fermages des moulins de Selles pour l'année* 1790.

Le 17 mai 1806, l'administration de l'enregistrement et des domaines décerne, contre le sieur Descamps, une contrainte en payement de l'année de fermage échue le 13 août 1790, qu'elle porte à 26,396 francs 25 centimes. — Le sieur

Descamps y forme opposition devant le préfet du département du Nord, et appelle en garantie les héritiers du sieur Rodesse.

Le 21 juin suivant, M. de Rohan et les héritiers Rodesse font assigner le sieur Descamps devant le tribunal civil de Cambray, pour se voir condamner au payement d'une somme de 20,000 francs, montant de l'année de fermage échue le 13 août 1789.

Le sieur Descamps refuse d'abord de déférer à cette assignation, et prétend que l'affaire doit être jugée administrativement.

Le 26 juin 1807, arrêté du préfet du département du Nord, qui renvoie aux tribunaux les demandes formées contre le sieur Descamps par l'administration des domaines, par M. de Rohan et par les héritiers Rodesse.

Le sieur Descamps conclut en conséquence, devant le tribunal civil de Cambray, à la jonction des deux causes. Le 30 juillet 1807, jugement qui, sans s'arrêter à cette demande, ordonne que les deux causes seront instruites et jugées séparément. Le même jour, autre jugement qui, sur le refus du sieur Descamps de plaider au fond, donne défaut, et renvoie à l'audience du 25 août, pour en adjuger le profit. — Le sieur Descamps appelle de ces deux jugemens.

Le 23 décembre suivant, arrêt de la cour d'appel de Douay qui réforme ces deux jugemens, et ordonne que les deux causes seront jointes dans leur instruction, sauf à les disjoindre, s'il y a lieu, en définitive.

En conséquence, les débats s'ouvrent, devant la même cour, sur trois points principaux : 1.° sur quel pied les fermages doivent-ils être liquidés? Est-ce d'après le bail du 7 août 1781? Est-ce d'après l'acte du 22 octobre 1784? 2.° De quelle somme le sieur Descamps demeure-t-il redevable? 3.° A-t-il droit à une indemnité pour la non-jouissance de la banalité que la loi du 15 mars 1790 déclare avoir été abolie à compter de la publication des décrets du 4 août 1789?

Le sieur Descamps soutient, sur le premier point, que l'acte du 27 octobre 1784, ayant été ratifié tacitement par M. de Rohan et le sieur Rodesse, doit seul régler le taux des fermages; sur le second, qu'il ne redoit, en calculant ainsi les fermages, que 11,695 livres; sur le troisième, qu'il lui est dû une indemnité, tant pour l'année 1789 que pour l'année 1790; que l'administration des domaines l'a reconnu elle-même, pour l'année 1789, en allouant dans le compte des héritiers Rodesse une *reprise en indemnité* de 38,600 livres pour la non-jouissance de la banalité pendant cette année même; qu'ainsi, on doit lui allouer la même somme pour la même année; et qu'à l'égard de l'indemnité due pour l'année 1790, elle ne peut être moindre de 20,000 livres.

De tout cela, le sieur Descamps tire la conséquence qu'au lieu d'être débiteur, il est créancier de 46,817 francs; et il conclut à ce que M. de Rohan et les héritiers Rodesse soient condamnés à lui payer cette somme.

Le 1.er avril 1808, arrêt qui ordonne que l'acte du 27 octobre 1784 sera exécuté dans toutes ses dispositions; ordonne que les parties compteront et liquideront devant l'un des juges; déclare le sieur Descamps non-recevable dans sa demande en payement d'une somme de 6317 francs; permet néanmoins au sieur Descamps *de faire objet, dans la liquidation, de l'indemnité qu'il prétend lui être due pour la suppression de la banalité des moulins, soit à raison de son défaut de jouissance, soit par toute autre cause*; ordonne que cette *indemnité sera réglée par trois experts dont les parties conviendront, sinon nommés d'office, pour, le rapport desdits experts rapporté à l'audience, être ordonné ce qu'il appartiendra, dépens réservés.*

Le 2 juillet et le 2 août de la même année, procès-verbal d'experts qui fixe l'indemnité réclamée par le sieur Descamps, à 38,925 francs 49 centimes : savoir, 30,562 francs 22 centimes pour l'année 1789, et 5463 francs 27 centimes pour l'année 1790.

Le 1.er février 1809, les parties comparaissent devant le juge nommé commissaire à la liquidation, et débattent leurs prétentions respectives sur le montant des sommes que le sieur Descamps prétend avoir payées pendant le cours de son bail.

L'affaire reportée à l'audience, M. de Rohan, les héritiers Rodesse et l'administration des domaines contestent plusieurs articles du compte des payemens prétendus faits par le sieur Descamps; et quant à l'indemnité réclamée par celui-ci, ils soutiennent qu'elle n'est pas due; « que toutes les règles de droit et les principes s'opposent à ce qu'on puisse accorder au locataire une indemnité, lorsqu'il est prouvé, comme au cas présent et comme il est justifié par le rapport des experts mêmes, qu'il a fait plus d'une demi-récolte; que le bail, qui fait la loi des parties, n'accorde une remise qu'au cas de chômage; qu'ainsi, loin d'accorder une indemnité au sieur Descamps, il n'a même pas droit à une remise ».

Le 2 juin 1809, arrêt par lequel la cour de Douay, après avoir fixé le débet du sieur Descamps à 13,908 francs 12 centimes,

« Considérant que la location de sept moulins banaux, ne peut être assimilée à celle de biens ruraux; que les principes résultans des lois romaines, pour déterminer en quel cas le fermier de biens ruraux peut obtenir une remise de son locateur, ne peuvent être les mêmes pour le locataire d'usines dont la jouissance est journalière; que, par la stipulation de non-jouissance, aux *cas* (de force majeure) *imprévus*, et dont est fait mention audit bail, il n'a jamais pu être question entre les parties contractantes, du cas absolument imprévoyable de la suppression de la banalité, qui est la perte de la chose, plutôt que celle des fruits; qu'ainsi, la remise prévue et fixée par le bail, en cas de chômage de quelques-uns des moulins affermés, n'est point applicable au cas de la suppression de la banalité;

» Considérant que, pour fixer la hauteur de la remise à accorder au locataire desdits moulins, à cause de la suppression de la banalité, il faut considérer (outre le prix des fermages qui devaient être payés en argent) les charges auxquelles le locataire était tenu par son bail, lesquelles charges il a acquittées à la décharge et au lieu et place du bailleur, depuis le 20 février 1789, jusqu'à la fin d'août suivant, et lorsque par conséquent il lui était impossible de percevoir pour acquitter le rendage en argent, et qu'il lui était encore plus impossible d'obtenir des moutures pour l'acquit desdites charges en nature; qu'il résulte néanmoins d'un arrêté du directoire du district de Cambray, du 15 janvier 1791, que ledit Descamps a acquitté toutes lesdites charges, tant en 1780 qu'en 1790; qu'ainsi, il n'a pu les acquitter à la décharge du bailleur (qui lui avait formellement recommandé de le taire, par ses agens), qu'en se procurant, au dehors et à grands frais les blés qui devaient être livrés, par semaine et par quinzaine, aux créanciers du bailleur; que par conséquent il est juste, non-seulement de faire remise au locataire, de la partie de rendages en argent, pendant le temps qu'il n'a pu jouir, mais encore de lui restituer l'importance des charges qu'il a acquittées pour le bailleur dans le même intervalle;

» Considérant que la remise à faire au locataire, à raison de la suppression de la banalité, doit être fixée en proportion de l'importance du loyer annuel, consistant, d'une part, en une somme de 20,000 livres, et d'autre en une prestation de 2713 mencauds de blé, qui devaient être fournis en nature aux créanciers du bailleur; qu'il résulte du rapport des experts, que le mencaud de blé, en 1789, au temps de la suppression de fait de la banalité, valait 13 liv. 12 sols 2 deniers; qu'ainsi, les 2713 mencauds donnent la somme de 36,919 liv. 2 sols 2 deniers, à quoi ajoutant 20,000 livres fixées par l'acte du 27 octobre 1784, pour le *rendage* en argent, et 600 livres pour contributions, on a, pour total du *rendage* effectif annuel, 57,519 livres 2 sols 2 deniers, qui, réduits en francs, donnent 56,800 francs 5 cent.;

» Considérant qu'il résulte du rapport des experts, que, depuis le 20 février 1789, jusqu'à la fin d'août suivant, le locataire n'a pu jouir du droit de banalité, qu'à raison du tiers, pendant cet intervalle; qu'ainsi, il a été privé de toute jouissance pendant quatre mois, c'est-à-dire, pendant le tiers de ladite année 1789; qu'ainsi, il doit obtenir la remise du tiers du rendage effectif annuel;

» Mais considérant qu'en dehors des moulins et de la banalité, la location était encore cumulativement faite pour vingt mencaudées de prairies et pour le droit de pêche; qu'on peut évaluer au plus le rendage annuel de vingt mencaudées de prairies à 600 livres, et le droit de pêche à 300 livres; qu'ainsi, avant de prendre le tiers du rendage effectif annuel, pour fixer la remise à faire au locataire, il faut en déduire 900 livres, qui, réduites en francs, donnent 889 francs 89 cent.; qu'ainsi, il résulte du rendage effectif annuel, 55,910 francs 16 cent., dont le tiers est de 18,636 francs 72 cent., pour remise à faire au locataire, à compte de la suppression de fait de la banalité, depuis le 20 février 1789, jusqu'à la fin d'août suivant;

» Considérant qu'il résulte encore du rapport des experts, que, depuis la fin d'août 1789, jusqu'au mois de mai 1790, le locataire a encore été privé de la jouissance d'une partie de la banalité, par l'introduction en ville du pain fabriqué au dehors, et à cause de l'infraction à la banalité par différens particuliers; que les experts ont estimé que la remise à faire au locataire, pour ces deux privations de jouissance pendant cet intervalle, devait être de 3000 francs; mais comme ils n'ont donné aucune raison, en fixant la hauteur de cette remise, et qu'il est vraisemblable qu'ils ont suivi les mêmes bases que lorsqu'ils ont déterminé la remise qui devait être accordée depuis le 20 février 1789, jusqu'à la fin d'août suivant, savoir, 30,562 francs 22 cent.; qu'il est évident que, de la manière que les experts ont opéré pour fixer 30,562 fr. 22 cent., ils ont accordé tout à la fois une indemnité, tant pour le *damnum emergens*, que pour le *lucrum cessans*; qu'ainsi, pour fixer convenablement la deuxième remise, il faut la prendre dans la même proportion que la première, qui a été déterminée par la cour, et dont le résultat est la somme de 1,832 francs 78 cent.;

» Considérant qu'il résulte enfin du rapport desdits experts, que depuis le 1.er mai 1790, jusqu'au 13 août suivant, époque de la fin du bail (intervalle de temps où la banalité a été supprimée par la loi), le locataire a été obligé de ne prendre les moutures qu'au seizième, tandis qu'il avait droit, par son bail, de les prendre au dixième; que le locataire doit obtenir cette troisième remise, qui a été déterminée par les experts, et à laquelle la partie de Déprés (le sieur Descamps), a borné ses conclusions, montant à la somme de 5,463 francs 72 cent.; cette remise ayant pour objet une perte réelle d'une partie de la chose, qui doit retomber sur le propriétaire, et non sur le locataire;

» Qu'ainsi, récapitulant les trois remises à accorder au locataire, la première, de 18,636 fr.

72 cent., la deuxième, de 1,832 francs 78 cent., la troisième, de 5,463 fr. 27 cent., on trouve pour total, 25,932 francs 77 cent.;

» La cour déclare que, balance faite du débet de la partie de Déprés et des remises et restitutions qui lui sont dues par les parties de Tison, (M. de Rohan et les héritiers Rodesse), ladite partie de Déprés est créancière de 12,024 francs 65 cent.; en conséquence, condamne lesdites parties de Tison à lui payer ladite somme, et aux intérêts judiciaires, en ce qui concerne les remises accordées pour l'année 1789, et lesdits héritiers Rodesse seulement en ce qui concerne celles accordées pour 1790..., déboute la régie des domaines de toutes ses demandes; déclare, suivant ce, nulles les contraintes.... ».

L'administration des domaines, M. de Rohan et les héritiers Rodesse se pourvoient en cassation.

« Deux moyens de cassation (ai-je dit à l'audience de la section des requêtes, le 5 avril 1810), vous sont proposés dans cette affaire : contravention, tant à l'art. 78, §. 3, D. *de contrahendâ emptione*, et à la loi 23, D. *de regulis juris*, qu'aux art. 1134, 1772 et 1773 du Code civil, en ce que, sans avoir égard à la clause du bail du 7 août 1781, qui chargeait le sieur Descamps de tous les cas fortuits, *prévus et imprévus*, la cour de Douay a jugé qu'il lui était dû une indemnité, à raison de la suppression de la banalité des moulins qui lui avaient été affermés comme banaux; contravention, tant à la loi 25, D. *locati conducti*, qu'à l'art. 1769 du Code civil, et excès de pouvoir, en ce que les experts nommés par les parties, n'ayant fixé le dommage résultant de la suppression de la banalité, qu'au tiers du produit annuel des moulins, le sieur Descamps ne pouvait, même abstraction faite de la clause dont il s'agit, prétendre aucune indemnité à raison de cette suppression.

» Sur le premier moyen, nous croyons ne pouvoir pas nous arrêter au défaut de recours en temps utile, de la part des demandeurs, contre l'arrêt interlocutoire du 1.er avril 1808; car cet arrêt ne juge nullement qu'il est dû une indemnité au sieur Descamps; il permet seulement au sieur Descamps *de faire objet, dans la liquidation qu'il ordonne, de* L'INDEMNITÉ QU'IL PRÉTEND LUI ÊTRE DUE *pour la suppression de la banalité des moulins*; et dès-là, il est clair qu'en ordonnant que cette indemnité sera réglée par des experts, il est nécessairement censé vouloir que le réglement de cette indemnité ne soit qu'hypothétique, c'est-à-dire, qu'il n'ait lieu que pour le cas où le sieur Descamps viendrait à établir, en définitive, que *l'indemnité qu'il prétend lui être due*, lui est due en effet.

» Au fond, si, sur ce même moyen, nous ne devions nous attacher qu'aux textes cités par les demandeurs, il ne nous faudrait pas de grands efforts pour le réfuter.

» En effet, pour commencer par la loi 78, §. 3, D. *de contrahendâ emptione*, quel rapport a-t-elle à la contestation sur laquelle a prononcé l'arrêt de la cour de Douay?

» Si, en vendant des grains encore en herbes, dit-elle, vous avez promis de répondre des pertes qui auraient pour cause, soit des actes de violence, soit les désordes de l'atmosphère, et que les neiges les aient fait périr; l'acheteur pourra agir contre vous en vertu de cette promesse, pourvu que les neiges aient été excessives et qu'elles soient survenues dans une saison de l'année où il est extraordinaire d'en voir tomber : *Si frumenta, quæ in herbis erant, cùm vendidisses, dixisti te, si quid vi aut tempestate factum esset, præstaturum, ea frumenta nives corruperunt : si immoderatæ fuerunt et contra consuetudinem tempestatis, agi tecum ex empto poterit.*

» Ce texte, dit Vinnius (*Selectæ juris quæstiones*, liv. 2, ch. 1), n'est pas, à beaucoup près, aussi obscur que l'ont prétendu plusieurs interprètes; il n'en est même pas de plus clair dans tout le droit romain : *Locus hic minimè obscurus est, sed planus, si ullus alius.* Tout le monde sait qu'une fois le contrat de vente formé par le consentement des parties, la chose vendue est aux risques de l'acheteur, même avant qu'elle lui soit délivrée; et que, par la nature de ce contrat, le vendeur ne doit répondre, avant la délivrance qu'il est tenu d'en faire, que du dommage qu'elle peut éprouver par son dol ou par sa faute. Si donc, dans l'espèce proposée, le vendeur n'avait pas pris nommément à sa charge, les cas de force majeure qui pourraient arriver, l'acheteur ne pourrait pas le rendre responsable de la perte des grains causée par l'abondance extraordinaire et intempestive des neiges. Mais le vendeur ayant garanti le dommage qui pourrait résulter des dérangemens de l'atmosphère, il faut qu'il indemnise l'acheteur de celui qu'ont occasionné les neiges tombées en quantité excessive et hors de saison. — Voilà tout ce que dit la loi citée; et assurément la cour de Douay n'a pas dû soupçonner, en rendant l'arrêt dont on vous demande la cassation, qu'on l'accusât d'avoir violé une décision ausi évidemment étrangère à la question qui l'occupait.

» Quant à la loi 23, D. *de regulis juris*, elle se borne à dire que les règles concernant la responsabilité du dommage survenu à la chose qui est l'objet d'un contrat, sont susceptibles de toutes les modifications que les parties y mettent par leurs conventions : *Sed hæc ità, nisi si quid nominatim convenit, vel plus vel minùs, in singulis contractibus; nam hoc servabitur quod ab initio convenit, legem enim contractus dedit.* Et sans doute on peut bien conclure de là que, par le bail du 7 août 1781, le sieur Descamps a pu prendre à ses risques les pertes qu'il pourrait éprouver, dans son exploitation, par des accidens *prévus ou imprévus ;* mais que l'on doive en inférer que la cour de Douay n'a pas eu le droit de juger que cette stipulation ne comprenait point le cas alors *imprévoyable* de la suppression de la banalité; que l'on doive en inferer que la cour de Douay n'a pas pu interpréter cette stipulation de manière à la rendre impuissante contre le sieur Descamps; que l'on doive en inférer que la cour de Douay, en interprétant cette stipulation comme elle l'a interprétée, n'a fait autre chose que juger une question de volonté; que l'on doive en inférer que, par là, elle a exposé son arrêt à la cassation, c'est ce que les demandeurs ne persuaderont à personne.

» L'art. 1134 du Code civil n'est que la répétition presque littérale de cette règle du droit romain : *Les conventions légalement formées*, porte-t-il, *tiennent lieu de loi à ceux qui les ont faites.* Il ne peut donc pas, plus que cette règle du droit romain, être opposé à l'arrêt de la cour de Douay.

» Les art. 1772 et 1773 du même Code sont-ils ici mieux appliqués? ils décident, le premier, que « le preneur peut être chargé des cas fortuits » par une stipulation expresse »; le second, que « cette stipulation ne s'entend que des cas fortuits ordinaires, tels que grêle, feu du ciel, » gelée et coulure; (et qu') elle ne s'entend » point des cas fortuits extraordinaires, tels que » les ravages de la guerre, ou une inondation, » auxquels le pays n'est pas ordinairement sujet, à moins que le preneur n'ait été chargé » de tous les cas fortuits prévus ou imprévus ».

» Mais est-ce bien à un bail fait en 1781, que l'on peut appliquer une loi qui n'a été décrétée et promulguée qu'en 1804? Et oublie-t-on, en vous citant ainsi le Code civil, cette grande maxime qui forme son deuxième article : « La » loi ne dispose que pour l'avenir; elle n'a point » d'effet rétroactif »?

» Cependant il est possible que les art. 1772 et 1773 de ce Code ne soient pas introductifs d'un droit nouveau; il est possible qu'ils ne fassent que reproduire des dispositions déjà consignées dans les lois romaines, c'est-à-dire, dans les lois qui, avant la promulgation de ce Code, avaient, dans le Cambresis, une autorité véritablement législative, et qui la tenaient des lettres-patentes du prince-archevêque Louis de Berlaymont, du 28 avril 1574, portant homologation de la coutume de cette province.

» Notre devoir est donc de rechercher d'abord si, indépendamment des deux lois romaines que les demandeurs ont si mal à propos invoquées devant vous, il n'en existe pas quelques-unes qui nous offrent des dispositions semblables à celles des art. 1772 et 1773 du Code civil; ensuite, si ces dispositions, en cas que nous les retrouvions dans les lois romaines, sont applicables à notre espèce.

» Que la législation romaine autorisât le fermier, comme l'a fait depuis l'art. 1772 du Code civil, à renoncer, par son bail, au droit de demander une remise du prix de sa location, en cas de perte, par force majeure, d'une portion considérable du produit qu'il avait lieu d'en espérer, c'est ce que la loi 9, §. 2, D. *locati conducti*, ne permet pas de révoquer en doute : *Si quis*, dit-elle, *fundum locaverit, ut etiam si quid vi majori accidisset hoc ei præstaretur, pacto standum est.*

» Mais cette loi ne décide pas si la clause par laquelle le fermier se charge des événemens de force majeure, s'entend de ces cas extraordinaires, qu'il est moralement impossible de prévoir; et là-dessus les interprètes se divisent tellement, que l'on ferait un gros volume de tout ce qu'ils ont écrit respectivement pour et contre (1).

» Qu'il nous suffise d'observer que la négative avait prévalu dans la jurisprudence du parlement de Douay, auquel ressortissait ci-devant le Cambresis. « C'est une question, dit » Deghewiet (2), *an conductor qui casus fortuitos in se recepit, teneatur de casibus* » *insolitis et improvisis.* Tulden, sur le Code, » liv. 2, tit. 65, n. 11, tient l'affirmative, par » la raison que *qui casum fortuitum suscepit,* » *ipsâ nominis vi admonente, etiam de improvisis et insolitis cogitavit;* mais cela n'a » point lieu, lorsque les cas sont tellement » insolites et extraordinaires, qu'ils ne pouvaient absolument être prévus. Le parlement » de Flandre en a ainsi décidé, par arrêt du 29 » novembre 1674, entre le magistrat de Lille et » Jean-Baptiste Hennion, extrait de procédures; » autre arrêt du 4 mars 1675, au rapport de » M. Muyssart, entre ledit magistrat et Nicolas Petit, extrait des mémoires de M. Heinderickx ».

» Et nous devons remarquer que cette jurisprudence a paru si raisonnable aux rédacteurs du Code civil, qu'ils l'ont expressément érigée en loi par l'art. 1773 de ce Code.

» Mais ce qu'ajoute le même article, *à moins que le preneur n'ait été chargé de tous les cas fortuits, prévus ou imprévus*, est-il, comme la disposition de l'art. 1772, puisé dans les lois romaines? Et en conséquence, peut-on dire qu'en jugeant que, par la renonciation au droit de demander remise dans tous *cas prévus ou imprévus*, le sieur Descamps n'avait pas renoncé

(1) *V.* Vinnius, à l'endroit cité; et Abraham de Wesel, *de remissione mercedis*, chap. 7.

(2) *Institutions au droit belgique*, part. 2, tit. 5, §. 17, art. 15.

au droit de demander remise dans un cas qu'il lui était de toute impossibilité de prévoir à l'époque du bail, ait violé un texte quelconque de ces lois?

» Non, Messieurs : les lois romaines sont absolument muettes sur cette question. Aussi les jurisconsultes l'ont-ils résolue diversement.

» Burgundus, qui a écrit spécialement pour les provinces belgiques, soutient, dans son Traité *de periculis et culpis*, ch. 8, n. 10, l'opinion que le Code civil a depuis consacrée; mais il convient qu'elle a plusieurs antagonistes, et notamment Bartole, sur la loi 4, §. *quæsitum*, D. *si quis cautionibus : sed controversum est, si quis renuntiaverit casibus omnibus, sive diis cogitatum sit, sive non sit, utrum servandum esse ejusmodi pactum? Sunt qui putant non valere, et insolitos casus præstandos non esse à conductore.*

» L'opinion de Burgundus est aussi celle du président Favre, dans son Code, titre *de Locato*, déf. 2; et d'Abraham de Wesel, dans son Traité *de remissione mercedis*, ch. 7.

» Mais enfin, ce n'était pas une loi, à l'époque du bail dont il est ici question; et conséquemment nul moyen de casser un arrêt qui a jugé le contraire.

» Mais supposons, pour un moment, que les lois romaines se soient expliquées, à cet égard, aussi positivement que l'art. 1773 du Code civil, ou, ce qui revient au même, que l'art. 1773 du Code civil puisse et doive régir le bail par lequel le sieur Descamps s'est chargé de tous les cas fortuits, prévus et imprévus; pourra-t-on dire que ces lois, que cet article, aient été violés par l'arrêt que vous dénoncent les demandeurs?

» Une chose bien certaine, c'est que, dans cette hypothèse, ni ces lois ni cet article n'auraient été violés relativement à l'administration des domaines.

» En effet, d'où provient ici le dommage dont se plaint le sieur Descamps? De la suppression de la banalité des moulins que lui avait affermés M. de Rohan.

» Cette suppression, de qui est-elle l'ouvrage? De la loi.

» Et qu'est-ce que la loi? C'est l'expression de la volonté générale.

» C'est donc par la volonté générale, c'est donc par l'Etat, qu'a été supprimée la banalité que le sieur Descamps avait prise à ferme avec les moulins dont elle formait un des principaux attributs.

» Or, l'Etat peut-il, après avoir supprimé un droit dont il avait, par l'organe de M. de Rohan qu'il représente, promis de faire jouir le sieur Descamps, refuser au sieur Descamps une remise de fermages proportionnée au produit ordinaire et présumé de ce droit? Non, assurément.

» Sans doute, le bailleur ne garantit pas au fermier les événemens de force majeure dont celui-ci a été chargé par le bail; mais il faut pour cela, que ces événemens aient eu lieu par un fait qui lui soit étranger; et il doit les garantir, toutes les fois que c'est par son propre fait qu'ils arrivent. Ainsi, un bailleur aura, pour son avantage personnel, fait faire, auprès de la récolte de son fermier, des travaux qui en auront détruit une partie quelconque; vainement se prévaudra-t-il, contre celui-ci, de la convention par laquelle il a pris à ses risques tous les événemens qui pourraient nuire à sa jouissance, le fermier n'en obtiendra pas moins la remise à laquelle il a expressément renoncé par cette convention.

» Donc, et par la même raison, lorsque, par des vues d'utilité générale, une nation supprime un droit qu'elle avait précédemment affermé, soit par elle-même, soit par ceux à qui elle a succédé, il faut qu'elle indemnise son fermier de la perte qu'il souffre par la suppression de ce droit. Donc elle ne peut pas alors exciper, contre son fermier, de la clause du bail qui le charge de tous les cas fortuits, prévus ou non prévus.

» C'est ainsi que, bien qu'après la vente, la chose soit aux risques de l'acheteur, et que, par une suite nécessaire, l'acheteur d'un droit qui a été supprimé par une loi postérieure au contrat, ne puisse pas obliger le vendeur de l'en indemniser; bien que, sur ce fondement, l'art. 36 du tit. 2 de la loi du 15 mars 1790 déclare qu'*il ne pourra être prétendu par les personnes qui ont ci-devant acquis de particuliers, par vente ou autre titre équipollent à vente, des droits abolis par ces présentes, aucune indemnité ni restitution de prix;* — Néanmoins, l'Etat ne peut pas se dispenser de rendre à ceux auxquels il avait vendu des droits féodaux, avant la loi qui en a prononcé l'abolition, les sommes qu'ils avaient versées, pour prix de ces droits, au trésor public; et c'est ce que le même article décide formellement : *à l'égard de ceux desdits droits qui ont été acquis des domaines de l'Etat, il ne pourra être exigé par les acquéreurs d'autre indemnité que la restitution, soit des finances par eux avancées, soit des autres objets ou biens par eux cédés à l'Etat.*

» L'administration des domaines était donc *non-recevable* à contester au sieur Descamps, devant la cour de Douay, la remise de fermages qu'il demandait à raison de l'abolition de la banalité des moulins du ci-devant archevêché de Cambray. Elle est donc également non-recevable à réclamer, de ce chef, contre l'arrêt de la cour de Douay.

» La même raison ne milite pas ici contre M. de Rohan et les héritiers Rodesse; mais n'y en a-t-il pas une autre qui doit, à leur égard, nous conduire au même résultat?

» Qu'a-t-on affermé au sieur Descamps, par le

bail du 7 août 1781? On ne lui a pas seulement affermé les sept moulins qui y sont désignés; on lui a encore affermé la banalité qui y était alors inhérente.

» Le sieur Descamps avait donc, par le bail du 7 août 1781, le droit de jouir de la banalité de ces sept moulins.

» A la vérité, si cette jouissance n'avait été troublée que par des voies de fait, le sieur Descamps, d'après la clause de son bail, qui le charge des cas fortuits, prévus et imprévus, et en supposant son bail soumis à l'art. 1773 du Code civil, ne pourrait, ni s'en prendre au bailleur, ni demander une remise de fermages. La banalité existant toujours de droit, il aurait encore eu sous la main la matière de la convention par laquelle il avait pris tous les événemens à ses risques; et par conséquent rien n'aurait pu le soustraire aux effets de cette convention.

» Mais la banalité a été supprimée par la loi; et dès-lors, qu'est devenue l'obligation qu'avait contractée le sieur Descamps, de supporter, sans répétition, tous les événemens qui pouvaient en diminuer les produits à son préjudice? Bien évidemment elle n'a pas pu survivre à sa matière; elle s'est anéantie avec elle.

» En général, tant que l'objet affermé existe, le fermier qui, par une stipulation expresse, a pris tous les événemens à son compte, est seul chargé des risques de la jouissance: la jouissance est sa chose; et, au moyen de cette stipulation, la règle *res perit domino*, s'applique à la jouissance comme à la propriété.

» Mais en même temps que la jouissance est la chose du fermier, la propriété demeure la chose du bailleur; et si la propriété vient à périr, c'est sans contredit pour le compte du propriétaire qu'elle périt. Donc, une fois que la propriété du bailleur est détruite, le bailleur n'a plus de titre pour demander le prix d'une jouissance qui est devenue désormais impossible. Donc, le fermier est dégagé de la charge qu'il a prise, des risques attachés à cette jouissance.

» Aussi, remarquez la manière indéfinie et absolue dont s'explique la loi du 15 mars 1790, tit. 2, art. 37: « Il sera libre aux fermiers qui » ont ci-devant pris à bail des droits abolis par » le présent décret, sans mélange d'autres » biens...., de remettre leurs baux; et, dans » ce cas, ils ne pourront prétendre d'autre » indemnité que la restitution des pots-de-vin, » et la décharge des loyers ou fermages, au » prorata de la non-jouissance causée par la » suppression desdits droits. Quant à ceux qui » ont pris à bail aucuns droits abolis, conjointement avec d'autres biens......, ils » pourront seulement demander une réduction » de leurs pots-de-vin et fermages, proportionnée à la quotité des objets frappés de » suppression ». — Pourquoi cet article est-il aussi général? Pourquoi n'excepte-t-il pas de sa disposition, les fermiers qui ont été chargés, par leurs baux, de tous les cas fortuits, prévus ou imprévus? Ces sortes de clauses étaient alors, comme aujourd'hui, extrêmement fréquentes dans les baux; le législateur le savait; il ne pouvait pas ne pas le savoir. Si donc il avait pensé que ces sortes de clauses dussent placer les fermiers qui les avaient souscrites, dans une cathégorie particulière, il l'aurait dit, il n'aurait pas pu se dispenser de le dire. Il n'a donc parlé en termes aussi généraux, que parce qu'il n'a voulu rien excepter, que parce qu'il a considéré l'abolition des droits affermés, comme une cause destructive des conventions par lesquelles les fermiers avaient pris à leurs risques tous les événemens prévus ou imprévus qui pouvaient diminuer leur jouissance.

» Ainsi, toujours en supposant qu'au moment où a été passé le bail dont il s'agit, il eût existé à Cambray une loi semblable à l'art. 1773 du Code civil, M. de Rohan et les héritiers Rodesse ne seraient pas mieux fondés que l'administration des domaines ne serait recevable, à réclamer l'effet de la clause de ce bail qui charge le sieur Descamps de tous les cas fortuits, prévus ou imprévus.

» Et inutilement dirait-on, toujours dans cette hypothèse, que la banalité n'a été abolie que par la loi du 15 mars 1790; qu'à la vérité, l'art. 33 du tit. 2 de cette loi en fait remonter l'abolition jusqu'à la publication des décrets du 4 août 1789; mais que du moins il résulte de là que ce n'est qu'à compter de la publication des décrets du 4 août 1789, que le sieur Descamps a pu obtenir la remise de fermages à laquelle il a conclu; et que cependant l'arrêt attaqué accorde au sieur Descamps une remise de fermages à raison des infractions multipliées que la banalité comprise dans son bail, avait éprouvées, de faits, depuis le 20 février 1789.

» Cette objection, si elle était proposée, trouverait une reponse péremptoire dans la loi du 25 août 1792.

» Par l'art. 34 du tit. 2 de la loi du 15 mars 1790, les ci-devant seigneurs, et par conséquent aussi leurs fermiers, conservaient l'exercice de leurs actions pour exiger les arrérages des droits abolis par les décrets du 4 août 1789, dont l'échéance avait précédé la publication de ces décrets; et il est certain que, si cette disposition avait été maintenue, le sieur Descamps, pouvant poursuivre les auteurs des infractions à la banalité, antérieures à cette époque, aurait pu être censé ne pas avoir souffert de ces infractions, parce qu'ayant une action pour les faire réparer, on aurait pu le traiter comme en ayant obtenu la réparation effective, suivant la règle de droit, *qui actionem habet, rem ipsam habere videtur.*

» Mais la loi du 25 août 1792 lui a ôté la ressource que lui avait laissée celle du 15 mars 1790 : elle a voulu, art. 10, que *les arrérages des droits supprimés sans indemnité, même ceux qui pourraient être dus en vertu de jugemens, accords ou conventions, ne fussent point exigibles.* Et dès-lors, le sieur Descamps s'est trouvé placé, par la loi elle-même, relativement aux infractions commises à la banalité, depuis le 20 février 1789, jusqu'à la publication des décrets du 4 août suivant, dans la même position où il eût été, si le 20 février 1789 était l'époque précise de la suppression légale de ce droit.

» Le premier moyen de cassation des demandeurs est donc, à tous égards, mal fondé.

» Le deuxième consiste à dire que la cour de Douay reconnaît elle-même que la suppression de la banalité n'a fait perdre au sieur Descamps que le tiers du produit annuel des moulins de l'archevêché de Cambray; que l'art. 1769 du Code civil n'accorde de remise au fermier dont le bail est fait pour plusieurs années, que dans le cas où la *totalité ou la moitié d'une récolte au moins est enlevée par des cas fortuits;* qu'ainsi, l'art. 1769 du Code civil est violé par l'arrêt de la cour de Douay. — Deux réponses.

» D'abord, ce n'est pas, nous l'avons déjà dit, dans le Code civil, c'est dans les lois romaines que l'on doit chercher les règles qui, dans la contestation agitée devant elle entre les parties, ont dû diriger la cour de Douay. Or, les lois romaines déterminent-elles la quotité du dommage que le fermier doit avoir souffert, pour qu'il soit en droit de demander une remise sur ses fermages? Non : elles disent seulement que le fermier ne peut pas se plaindre d'un dommage peu considérable. *Modicum damnum æquo animo ferre debet colonus, cui immodicum lucrum non aufertur.* Ce sont les termes de la loi 25, §. 6, D. *locati conducti.* — « De là (dit Pothier, dans son *Traité du contrat de louage,* n. 156), naît la question quelle doit être la quantité du dommage causé par une force majeure sur les fruits encore pendans, pour que le fermier puisse prétendre une remise de partie de l'année de ferme. Il y a plusieurs opinions assez incertaines sur cette question. Brunneman, sur la loi 15, D. *locati conducti,* estime qu'il faut que deux choses concourent : 1.° que ce qui a échappé à l'accident arrivé sur les fruits pendans, soit au-dessous de la moitié de la quantité qu'on a coutume de percevoir dans les années ordinaires; 2.° que la valeur de ce qui reste soit au-dessous de la moitié de la valeur du prix de la ferme. *La décision de cette question doit être laissée à l'arbitrage du juge* ».

» Ensuite, n'oublions pas qu'il s'agit ici, non d'un dommage causé par l'intempérie des saisons, ou par des actes de violence, mais de la suppression, prononcée par la loi, d'un droit de banalité qui avait été expressément compris dans le bail du sieur Descamps.

» Cela posé, que la cour nous permette une question : Si, sur un procès élevé entre l'archevêque de Cambray et ses baniers, il avait été jugé que le droit de banalité affermé au sieur Descamps, n'existait pas, aurait-on pu refuser au sieur Descamps une remise de fermages, sous le prétexte que la banalité n'était pas entrée pour moitié dans la stipulation du prix de la ferme ? Vous en jugerez, Messieurs, par l'analogie qu'il y a entre cette hypothèse et celle que vous propose Pothier, n. 158 du Traité que nous venons de citer : « La perte des fruits à recueillir sur une partie de la métairie, ne donne lieu, à la vérité, à aucune remise de la ferme, à moins qu'elle ne fût la partie la plus considérable de la métairie : il en est autrement, lorsqu'un fermier a été évincé, ou, *de quelque autre manière que ce soit, privé de l'occupation d'une partie des terres de la métairie;* quelque petite que soit cette portion, le locateur lui doit faire raison de la non-jouissance de cette portion; car le locateur est obligé de le faire jouir de toutes les parties de la chose qu'il lui a donnée à ferme, *debet præstare ei frui licere* ». — Il est donc clair que, si l'archevêque de Cambray eût été évincé de son droit de banalité, pendant le bail du sieur Descamps, le sieur Descamps aurait droit à une remise de fermages proportionnée à la somme pour laquelle ce droit serait entré dans le prix de la location, n'importe que cette somme se fût ou ne se fût pas élevée à la moitié de ce prix.

» Eh bien! il en est, dans les rapports du bailleur avec le fermier, d'une éviction opérée par la loi, comme d'une éviction opérée par un jugement. Dans le cas de l'une comme dans le cas de l'autre, la chose a péri pour le compte du bailleur. Le bailleur ne peut donc plus, dans le cas de l'une comme dans le cas de l'autre, exiger le fermage de la chose qui lui est enlevée. Il faut donc, dans le cas de l'une comme dans le cas de l'autre, que le fermage de la chose enlevée au bailleur, soit retranché du prix total de la ferme.

» Et voilà pourquoi l'art. 37 du tit. 2 de la loi du 15 mars 1790 permet à *ceux qui ont pris à bail aucuns droits abolis, conjointement avec d'autres biens,* de demander *une réduction de leurs pots-de-vin et fermages, proportionnée à la quotité des objets frappés de suppression.* Voilà pourquoi cet article veut que cette réduction soit accordée, quelque modique que soit la quotité des droits abolis.

» Par ces considérations, nous estimons qu'il y a lieu de rejeter les requêtes des demandeurs.

et de condamner M. de Rohan, ainsi que les héritiers Rodesse, à l'amende de 150 francs ».

Par arrêt du 5 avril 1810, au rapport de M. Borel,

« Sur le premier moyen, résultant de la loi 78, D. *de contrahendâ emptione*, et de la loi 23, D. *de regulis juris*, attendu que la première de ces lois est inapplicable à l'espèce sur laquelle il s'agissait de prononcer, cette loi étant uniquement relative à l'action de l'acheteur en cas de dommage ou perte de la chose vendue; Attendu que la loi 23, D. *de regulis juris*, qui autorise les stipulations de non-garantie, n'a été aucunement violée par l'arrêt attaqué qui a dû déterminer les effets de la clause contenue au bail de 1781, d'après les circonstances et les lois existantes à l'origine de l'instance; que la loi du 28 mars 1790, art. 37, a établi la nécessité de la réduction des fermages, lorsqu'ils comprenaient des droits abolis, sans avoir aucun égard aux stipulations des baux qui renfermaient, pour la plupart, les clauses générales de non-garantie; et que la cour d'appel de Douay a régulièrement appliqué à l'espèce ces principes;

» Sur le second moyen résultant d'une prétendue violation de l'art. 1769 du Code civil et de la loi 25, D. *locati conducti*; attendu que le Code civil, en supposant qu'il contînt une disposition applicable à l'espèce, ne pouvait la régler, puisque sa publication est postérieure aux stipulations et aux circonstances qui ont donné naissance à la contestation; attendu que la loi 25, D. *locati conducti*, laisse à l'appréciation des juges la fixation de la quotité du dommage qui peut donner lieu à la garantie du propriétaire; et que d'ailleurs la loi du 28 mars 1790 avait introduit un droit spécial au cas dont il s'agissait;

» La cour rejette le pourvoi du sieur Ferdinand-Maximilien-Mériadec de Rohan et des héritiers de Claude-Alexandre Rodesse....; rejette également le pourvoi des administrateurs de la régie de l'enregistrement et des domaines ».

§. II. *De la prescription des fermages*,

V. l'article *Prescription*, §. 16.

LORRAINE (*ci-devant*). *V.* les articles *Acquisition, Cantonnement, Remembrement, Tiers-denier* et *Usage* (*droit d'*), §. 2.

LOTS. *V.* l'article *Partage*, §. 4 et 5.

LOTS A DOUAIRE. *V.* l'article *Partage*, §. 6.

MAINETÉ. *Le droit de mainetė, ou le préciput établi en faveur du puîné par les coutumes de Cambray et de Valenciennes, a-t-il été, ipso facto, abrogé par la loi du 15 mars 1790, portant suppression du régime féodal?*

V. le plaidoyer du 9 ventôse an 11, rapporté à l'article *Féodalité*, §. 3.

MAINFERMES. *V.* l'article *Coteries.*

MAIN-MORTE (DROIT DE). — §. I. *Les main-mortables pouvaient-ils posséder des biens en propriété? — De ce qu'une commune était anciennement assujettie à la main-morte, s'ensuit-il, ou que les bois dont elle n'a aujourd'hui que l'usage, lui appartenaient alors en propriété, ou qu'ils appartenaient dès-lors à son seigneur?*

V. les plaidoyers et les arrêts des 18 et 25 brumaire an 11, rapportés à l'article *Communaux*, §. 2 et 4.

§. II. 1.° *Quel est le sens de la règle établie par la coutume de Troyes*, que l'argent rachète la main-morte? *Cette règle était-elle, avant l'abolition de la main-morte, commune à tout le bailliage de Troyes?*

2.° *Le droit de taille à volonté emportait-il, sans autre preuve, celui de l'échûte mainmortable?*

Ces deux questions et une troisième qui est indiquée sous les mots *Chose jugée*, §. 6, sont traitées dans le plaidoyer suivant, que j'ai prononcé à l'audience de la cour de cassation, *sections réunies*, le 17 floréal an 11.

« Un jugement du tribunal d'appel de Paris, du 13 fructidor an 9, est attaqué devant vous par les mêmes moyens qui déjà ont motivé la cassation d'un jugement semblable du tribunal civil du département de Seine et Marne, du 13 prairial an 6; et vous êtes réunis pour décider si cette cassation a été prononcée d'après le vœu de la loi, ou si elle n'est que l'effet d'une surprise faite à la religion des magistrats suprêmes.

» Dans le fait, un grand procès s'était élevé entre la dame de Nassau, les habitans et les propriétaires de plusieurs communes composant ce qu'on appelait alors la châtellenie de l'Isle-sous-Montréal, régie par la coutume de Troyes. Il avait pour objet divers droits, que, d'une part, la dame de Nassau prétendait exercer sur les habitans et les biens de la châtellenie, et que, de l'autre, lui déniaient les habitans et les propriétaires forains.

» Ce procès a été terminé par un arrêt du parlement de Paris, du 23 juillet 1763; et dans cet arrêt, quatre dispositions principales sont à remarquer.

» 1.° Il confirme plusieurs sentences, qui avaient envoyé la dame de Nassau en possession d'échûtes main-mortables.

» 2.° Il maintient la dame de Nassau dans un

droit de tierce ou champart sur tous les biens-fonds *qui ne seront pas justifiés être tenus en fief, ou sujets à des cens en argent ou en grains, ou affranchis par des titres particuliers.*

» 3.° Il la maintient pareillement *dans le droit de main-morte, de poursuite, de taille, et autres accessoires dudit droit, dans toute l'étendue de la terre de l'Isle, sur tous les biens, hommes et femmes, qui, par des titres généraux ou particuliers, n'en sont pas exempts ou affranchis; ledit droit de main-morte ou de taille à volonté, payable une fois l'an, en monnaie courante, le jour de saint Remy, premier octobre de chaque année, croissant et décroissant suivant la faculté des gens.*

» 4.° Il la maintient enfin, *dans les droits de corvée, devoirs, obligations, redevances en argent, volailles, grains, fruits, etc., dus au seigneur de l'Isle, en vertu de la charte d'affranchissement du droit de main-morte, donnée aux habitans dudit bourg de l'Isle, le 12 juillet 1279 par Béatrix de Champagne, duchesse de Bourgogne, et Huguenin de Bourgogne, son fils, seigneur de ladite terre de l'Isle.*

» Il résulte clairement de cette dernière disposition, que les *habitans du bourg de l'Isle* avaient été affranchis de la main-morte proprement dite en 1279, et que par conséquent leurs successions ne pouvaient plus, depuis ce temps, tomber en échûte au profit du seigneur.

» Mais observons bien que l'affranchissement de 1279 n'avait été accordé qu'aux habitans du *bourg de l'Isle*; et de là il suit nécessairement que les autres communes dépendantes de la terre de l'Isle-sous-Montréal, n'y étaient pas comprises.

» Sans doute, elles pouvaient avoir été depuis affranchies par d'autres titres; et en effet, nous trouvons, dans le vu d'un arrêt du parlement de Paris, du 6 mai 1784, produit par les défendeurs, des chartes de 1319, 1357, 1368 et 1425, qui affranchissent également d'autres communes, mais aucun de ces actes ne parle nommément de la commune de *Sainte-Colombe*, et nous verrons bientôt que cette circonstance n'est pas indifférente pour la solution de la difficulté qui vous occupe.

» Une autre observation qui ne doit pas nous échapper, c'est que Pierre Breuillard, de la succession duquel il est ici question, Louis Breuillard et Joseph Breuillard, ses frères, étaient comme membres de la commune de Sainte-Colombe, parties au procès jugé par l'arrêt du 23 juillet 1763.

» Pierre Breuillard était mort quelque jours avant cet arrêt (le 16 juillet).

» Le 23 novembre suivant, Pierre-Philippe-André-Mingaud, marquis de la Hage, usufruitier de la terre de l'Isle-sous-Montréal, obtint une sentence qui l'envoya, à titre d'échûte main-mortable, en possession de tous les biens qu'avait laissés ce particulier.

» Le 16 mars 1764, Joseph Breuillard, l'un des frères du défunt, acheta ces mêmes biens de Pierre-Philippe-André Mingaud, qui les lui vendit comme les ayant recueillis par droit de main-morte.

» Le 14 mai de la même année, une transaction importante fut passée entre la dame de Nassau, comme propriétaire, et Mingaud, comme usufruitier de la terre de l'Isle-sous-Montréal, d'une part, et les habitans de cette terre, parmi lesquels figurent en nom *Louis et Joseph Breuillard*, de l'autre.

» Par cet acte, qui fut homologué au parlement de Paris, le 12 juillet suivant, la dame de Nassau et l'usufruitier de sa terre firent remise aux habitans, et même aux propriétaires forains qui y adhéreraient par leurs signatures, de plusieurs des droits que leur avait adjugés l'arrêt du 23 juillet 1763, notamment de la *servitude de la main-morte et accessoires*; ils déclarèrent même qu'ils voulaient bien remettre *toutes les échûtes, à l'exception* 1.° *de celles dont la dame de Nassau était en possession avant l'arrêt*; 2.° *de celle de la veuve Sachet, dont la succession était échue par droit de main-morte au marquis de la Hage*; 3.° *de toutes celles dont le marquis de la Hage s'était mis en possession depuis ledit arrêt.*

» Cette dernière exception, comme vous le voyez, frappait directement sur l'échûte de Pierre Breuillard; elle confirmait par conséquent la disposition qu'en avait faite Mingaud en faveur de Joseph Breuillard; et vous n'avez pas oublié que Louis Breuillard, père des défendeurs, était partie dans la transaction dont il s'agit.

» Cependant en 1785, les enfans de Louis Breuillard se sont pourvus au bailliage de Troyes; et y ont demandé le partage de la succession de leur oncle Pierre Breuillard.

» Après des procédures et des jugemens provisoires dont il est inutile de vous entretenir; il est intervenu au tribunal civil du département de L'Yonne, le 27 floréal an 5, un jugement qui a ordonné le partage.

» Anne Breuillard et consorts, enfans de Joseph Breuillard, ont appelé de ce jugement; mais il a été confirmé par le tribunal civil du département de Seine et Marne, le 13 prairial an 6, sur le fondement, 1.° que, par l'art. 59 de la coutume de Troyes, *l'argent rachète la main-morte*; 2.° qu'il résulte de l'arrêt du 23 juillet 1763, que la *main-morte* à laquelle étaient alors assujettis les habitans de la terre de l'Isle-sous-Montréal, ne consistait que dans une redevance en argent, et que par conséquent elle était exclusive du droit d'échûte; 3.° que cet arrêt faisait loi entre le seigneur et les habitans; 4.° que le droit d'échûte ne pouvait, en aucun cas, appartenir à l'usufruitier; et qu'ainsi, Mingaud n'avait pas pu vendre le produit de ce droit à Joseph Breuillard.

» Sur le recours en cassation formé contre ce jugement par Anne Breuillard et consorts, la section civile l'a cassé le 13 prairial an 8, au rapport du cit. Coffinhal, attendu « que la » loi du 25 août 1792, et les subséquentes ont » maintenu les droits des tiers-acquéreurs d'hé- » ritages cédés pour prix d'affranchissement de » main-morte, et que Joseph Breuillard est » tiers-acquéreur; — Que l'arrêt du 23 juillet » 1763 a jugé formellement que plusieurs hé- » ritages étaient demeurés assujettis à la main- » morte, nonobstant la charte de 1279, puis- » qu'il confirme des sentences d'envoi en pos- » session de successions main-mortables, et que » la disposition postérieure qui condamne les » habitans à différentes prestations en argent » ou denrées, ne peut être relative qu'à la » taille et autres droits seigneuriaux qui y sont » rappelés, et qui, dans le principe, étaient » l'unique objet de l'opposition formée par les » habitans des communes enclavées dans la terre » de l'Isle, et non la main-morte qui ne paraît » pas même avoir été contestée; — Que l'acte en » forme de transaction du 14 mai 1764, homo- » logué par l'arrêt du 12 juillet suivant, avait » fixé plus particulièrement le sens de l'arrêt; » que l'affranchissement absolu de la main- » morte, qui y est accordé par le seigneur et » accepté par les habitans, annonce qu'ils y » étaient encore assujettis en tout ou en partie; » que la confirmation des échûtes antérieures » et postérieures a été le prix de l'affranchisse- » ment; que l'échûte de la succession de » Pierre Breuillard se trouve conservée par cet » acte..... ; Que le seigneur usufruitier et le » propriétaire étaient parties l'un et l'autre » dans la transaction; ce qui ne permettait » plus d'agiter la question de savoir si Breuil- » lard avait pu acquérir de l'usufruitier, puis- » que son droit était reconnu par le proprié- » taire; — Que cette transaction a été opposée » devant les tribunaux de première instance et » d'appel; qu'elle n'a été anéantie, au chef de » la maintenue dont il s'agit, par aucun des » tribunaux saisis de la contestation, *ni par au-* » *cune autre autorité;* — Que l'art. 59 de la » coutume de Troyes, quelles qu'en fussent les » dispositions, ne serait pas un motif d'y déro- » ger, ayant dû être invoqué avant, et non » depuis l'arrêt et la transaction homologuée; » — Que le jugement attaqué étant en contra- » riété manifeste avec ces actes, le respect dû à » l'autorité de la chose jugée et aux transac- » tions, ne permet pas de le laisser subsister ».

» L'affaire reportée en conséquence au tribunal d'appel de Paris, jugement du 13 fructidor an 9, qui prononce, comme l'avait fait le tribunal civil de Seine et Marne, — « Attendu » que, dans l'instance pendante au-cidevant par- » lement, jugée par arrêt du 23 juillet 1763, la » feue dame de Nassau a reconnu que, suivant » les anciens titres et notamment la charte de » 1279, la main-morte et la taille, auxquelles » étaient assujettis les habitans et domaines dé- » pendans la terre de l'Isle, ne consistaient que » dans un *droit de main-morte et de taille impo-* » *sable à volonté, une fois l'an, payable en* » *monnaie courante, le jour de Saint Remy* » 1.er *octobre de chaque année, croissant et dé-* » *croissant suivant les facultés des gens*; que » par les différentes requêtes signifiées de sa part » en ladite instance, elle a seulement demandé à » *être maintenue dans ledit droit*, et qu'elle y a » été maintenue par ledit arrêt; d'où il résulte » que les héritages délaissés par Pierre Breuillard, » n'étaient pas soumis à la main-mise et appré- » hension en nature, en quoi consiste le droit de » main-morte proprement dit; et qu'au con- » traire, ils devaient être recueillis par ses héri- » tiers, et partagés entre eux; — Attendu que » la transaction du 14 mai 1764, dont a excipé » Joseph Breuillard, ainsi que l'arrêt homologa- » tif du 12 juillet de la même année, ont été cassés » et annullés par arrêt du ci-devant conseil, du » 13 avril 1773 ».

» Tels ont été les motifs du jugement dont on vous demande la cassation; et il n'est pas inutile de remarquer que le tribunal d'appel de Paris n'a pas adopté tous ceux qui avaient déterminé le jugement du tribunal civil de Seine et Marne.

» Le tribunal civil de Seine et Marne s'était fondé particulièrement sur ce que Mingaud, vendeur de Joseph Breuillard, n'étant qu'usufruitier de la terre de l'Isle, ce n'eût pas été à lui; mais à la dame de Nassau, propriétaire, qu'eût dû appartenir la succession de Pierre Breuillard, si elle eût été sujette à l'échûte main-mortable, et en cela il avait fait un très-mauvais raisonnement, même indépendamment de la transaction du 14 mai 1764, dans laquelle, comme l'a très-bien observé le jugement de cassation, du 13 prairial an 8, la dame de Nassau avait reconnu le droit de l'usufruitier Mingaud, aux échûtes arrivées pendant son usufruit.

» En effet, il était assez douteux, sous le régime de la main-morte, si les échûtes appartenaient, comme profits de fief, à l'usufruitier de la seigneurie, ou si elles devaient se réunir à la nue-propriété.

» Le parlement de Besançon, suivant le témoignage de Grivel et de Dunod, jugeait constamment en faveur de l'usufruitier.

» Dumoulin, Coquille, le président Favre, Voët et le président Bouhier tenaient la doctrine contraire, et nous devons convenir qu'elle était justifiée par des raisons très-puissantes.

» Mais ce n'était là qu'un objet de discussion

entre le propriétaire et l'usufruitier; et jamais on n'a prétendu que l'usufruitier fût sans qualité envers les tiers, pour réclamer les échûtes. Tant que le propriétaire ne réclamait pas, l'usufruitier pouvait les appréhender et en disposer comme de sa propre chose.

» Or, dans notre espèce, la dame de Nassau n'a jamais réclamé contre l'appréhension que Mingaud avait faite de l'échûte de Pierre Breuillard. Cette appréhension était donc légale envers les tiers. Elle formait donc, pour Mingaud, un titre de propriété envers tout autre que la dame de Nassau. La dame de Nassau était donc la seule qui fût recevable à inquiéter l'acquéreur de Mingaud.

» Le tribunal civil de Seine et Marne s'était encore fondé sur l'art. 59 de la coutume de Troyes, aux termes duquel les héritages chargés *de coutume échéable*, c'est-à-dire, de redevances annuelles en nature; sont exempts de l'échûte main-mortable, lorsqu'à ces redevances en nature, sont mêlées des redevances en argent, *parce qu'argent rachète main-morte*, c'est-à-dire, parce que la redevance en argent n'a été imposée sur les héritages, en sus des redevances en nature, que pour prix de leur affranchissement.

» Mais il n'avait pas fait attention que cet article ne parle que des *héritages situés en la prévôté de Troyes*, et que, comme on le voit par un état imprimé dans le coutumier général à la suite de la coutume, ce n'est pas dans l'arrondissement de la prévôté, mais dans celui du bailliage de Troyes, que se trouve la ci-devant châtellenie de l'Isle-sous-Montréal.

» Et encore remarquons bien, avec le cit Henrion, dans le *Répertoire de jurisprudence*, article *main-morte*, que, même pour les héritages situés dans la prévôté de Troyes, *la coutume n'établit qu'une simple présomption*. Ainsi, dans cette partie de la coutume, lorsqu'un héritage est chargé d'une redevance en argent, en même temps que d'une redevance en nature, on doit présumer que la première n'a été constituée que pour le rachat de la main-morte : et par suite que l'héritage n'est plus *échéable*.

» Mais assurément cette présomption doit cesser dans deux cas. — Elle doit cesser, lorsque des titres formels établissent le contraire, et le cit. Henrion le dit expressément. — Elle doit cesser encore, lorsque la redevance en argent est de telle nature, que, bien loin de supposer l'absence de la main-morte, elle est, en quelque sorte, inhérente à cette servitude, lorsqu'elle en forme un des principaux attributs.

» Or, d'un côté, l'arrêt du 23 juillet 1763 juge à la fois, et qu'il appartient à la dame de Nassau un droit de taille en argent, concurremment avec un droit de tierce ou champart, et des rentes en grains, cire et volailles; et qu'elle a le droit de recueillir, par échûte main-mortable, les successions qui s'ouvrent en ligne collatérale dans les parties de sa terre non encore affranchies.

» D'un autre côté, la taille en argent, dans laquelle l'arrêt du 23 juillet 1763 maintient la dame de Nassau, n'est pas une redevance fixe et immuable : c'est une *taille à volonté*. Or, il est généralement reconnu que la *taille à volonté*, non-seulement n'est point exclusive du droit d'échûte main-mortable, mais qu'elle le suppose naturellement, et qu'elle en est à la fois l'accessoire et la preuve. La plupart des gens de main-morte, dit le président Favre, en son Code, liv. 7, tit. 3, déf. 3, sont connus sous le nom de taillables à volonté : *ex iis plerique dicuntur taillabiles ad domini voluntatem et misericordiam*. « Ceux qui sont *taillables à volonté et miséricorde* (dit également le président Bouhier, » chap. 74, n. 36), sont sans difficulté sujets à » échûte »; et il rapporte deux arrêts du parlement de Dijon, des 9 février 1616 et 18 janvier 1644, qui l'ont ainsi jugé. Telle est aussi la doctrine du président Dunod, dans son *Traité de la main-morte*, chap. 38, n. 17 : « Le mot *Taillable*, en général (ce sont ses termes), n'a » rien en soi de la main-morte; néanmoins il est » tiré *ad speciem* (c'est-à-dire, dans le sens de » *main-mortable*), lorsque le reconnaissant se » dit tel, notamment avec l'adjonction de *vo-* » *lonté et miséricorde* ».

» Et ce qui, dans notre espèce, ajoute encore un nouveau poids à ces autorités, c'est que, par l'arrêt du 23 juillet 1763, la *taille à volonté* de la dame de Nassau est expressément qualifiée de *droit de main-morte*. De là, en effet, il résulte évidemment que, dans le sens de cet arrêt, les mots *taillables à volonté* et *main-mortables* sont parfaitement synonymes; et cette conséquence en amène une autre qui n'est pas moins nécessaire : c'est que les taillables à volonté de la terre de l'Isle-sous-Montréal, sont sujets à l'échûte, s'ils n'en ont pas été affranchis par des titres particuliers; car le droit de main-morte emporte celui d'échûte, lorsqu'aucun titre d'affranchissement ne s'y oppose.

» Qu'on ne vienne donc plus vous dire que la taille à volonté, dans laquelle l'arrêt de 1763 maintient la dame de Nassau, est le prix de l'affranchissement du droit d'échûte main-mortable. Les principes de la matière repoussent cette assertion, et nous devons ajouter que l'arrêt de 1763 lui-même la condamne formellement.

» Il la condamne, en confirmant les sentences qui avaient adjugé différentes échûtes à la dame de Nassau.

» Il la condamne encore, en maintenant la dame de Nassau *dans les droits de corvées, devoirs, obligations et redevances en argent, volailles, grains, foins, lits, logemens, pailles et autres droits dûs au seigneur de l'Isle, en vertu de la charte d'affranchissement du droit de main-morte donnée aux habitans du bourg de l'Isle*, le 12 *juillet* 1279; ce qui prouve bien clairement que le prix de l'affranchissement accordé en 1279 aux *habitans du bourg de l'Isle;* et non, comme nous l'avons déjà observé, à ceux de toute la châtellenie de l'Isle-sous-Montréal, consistaient dans ces *droits de corvée, devoirs, obligations, etc.*, et non pas dans le droit de taille à volonté dont il est parlé dans une des précédentes dispositions de l'arrêt.

» Qu'on ne vienne pas encore vous dire que l'arrêt de 1763 ne donne au droit de main-morte dans lequel il maintient la dame de Nassau, d'autre effet que celui d'une *taille imposable à volonté;* et que par là, il en exclut virtuellement celui de l'échûte. — Encore une fois, il suffit, d'après les principes de la matière, que l'arrêt ait maintenu la dame de Nassau dans un droit de taille à volonté, pour qu'il l'ait, par cela seul, maintenue dans le droit d'échûte. — Il suffit qu'il ait qualifié ce droit de taille à volonté, de *droit de main-morte*, pour que cette qualification rende *échéables* les successions de ceux qui sont assujettis à ce droit. — Et enfin, nous ne saurions trop le répéter, l'arrêt a si peu entendu restreindre le droit de main-morte à un droit de taille à volonté, qu'il a maintenu la dame de Nassau, non-seulement dans l'exercice de son droit de taille à volonté, mais encore dans la possession des échûtes que lui avaient adjugées précédemment plusieurs sentences du bailliage de Troyes.

» Mais nous nous appercevons que, tout en réfutant le principal motif du jugement du tribunal civil de Seine et Marne, cassé par la section civile, le 13 prairial an 8, nous avons réfuté à l'avance le prémier motif du jugement du tribunal d'appel de Paris, qui se trouve en ce moment soumis à votre examen; et cette observation nous conduit naturellement à la conséquence, que ce second jugement a, comme le premier, altéré les dispositions de l'arrêt du 23 juillet 1763, qu'il leur a prêté un sens directement contraire à celui qu'elles offrent à l'œil attentif et impartial du magistrat, et qu'il a, par une suite nécessaire, violé l'autorité de la chose jugée entre les mêmes parties.

» Nous disons, *entre les mêmes parties;* car déjà vous avez vu que Louis et Joseph Breuillard étaient, comme membres de la commune de Sainte-Colombe, parties au procès terminé par l'arrêt de 1763; et c'est ce qui nécessite ici impérieusement l'application de l'art. 5 du tit. 27 et de l'art. 1 du tit. 35 de l'ordonnance de 1667.

» La chose est d'ailleurs d'autant plus évidente, que Louis Breuillard, dont les défendeurs, ses enfans et héritiers, exercent ici les droits, figure en nom dans le vu de l'arrêt, et qu'il est individuellement compris dans les condamnations prononcées par le parlement.

» Cependant les défendeurs insistent encore, et plusieurs objections, qu'il est de notre devoir de discuter, viennent à leur secours.

» L'arrêt de 1763, disent-ils, n'a pas jugé, en confirmant les sentences d'envoi en possession de diverses successions collatérales, que la dame de Nassau eût le droit d'échûte main-mortable; ce n'est pas par le mérite du fond qu'il a confirmé ces sentences; il ne les a confirmées que parce que les habitans avaient déclaré n'avoir aucun intérêt de les faire annuller; il ne les a confirmées, que parce que la dame de Nassau avait soutenu les habitans non-recevables dans l'appel qu'ils en avaient interjeté. En un mot, les habitans ne contestaient, relativement à la main-morte, que le droit de taille à volonté; il n'a donc pu adjuger que ce droit à la dame de Nassau; il n'a donc pas pu lui adjuger le droit d'échûte main-mortable.

» Mais d'abord, l'arrêt ne déclare pas les habitans non-recevables dans leur appel; il *met* au contraire, *l'appellation au néant* : forme de prononcer qui caractérise essentiellement un jugement confirmatif, forme de prononcer qui prouve invinciblement que c'est par le seul mérite du fond que les jugemens attaqués ont été maintenus.

» Ensuite, il importe peu que, dans le cours de l'instruction, les habitans aient déclaré n'avoir aucun intérêt à faire annuller les sentences d'envoi en possession dont ils avaient interjeté appel.

» Tout ce qu'on pourrait conclure de là, c'est qu'ils se sont mal défendus; cependant nous trouvons dans le vu d'un arrêt du conseil, du 19 juillet 1790, produit par les défendeurs, que les communes de la châtellenie de l'Isle-sous-Montréal, s'étant pourvues en requête civile contre l'arrêt du 12 juillet 1763, elles en ont été déboutées par arrêt du 8 janvier 1776.

» Mais il y a eu une autre conséquence à tirer de la déclaration faite par les habitans, qu'ils n'avaient aucun intérêt à faire annuller les sentences d'envoi en possession; et les défendeurs eux-mêmes ont soin de vous l'indiquer : c'est que le droit d'échûte main-mortable n'était pas véritablement contesté de leur part.

» Or, que résulte-t-il de là? Il en résulte que la dame de Nassau ne leur opposait les sentences d'envoi en possession, que pour prouver qu'elle avait le droit de la taille à volonté, accessoire ordinaire des droits de main-mortable et d'échûte.

» Il en résulte, par conséquent, que les habitans reconnaissaient que la dame de Nassau avait le droit d'échûte, mais qu'ils lui déniaient celui de taille à volonté.

» Il en résulte, par conséquent encore, que c'est de leur consentement qu'ont été confirmées les sentences d'envoi en possession; et par une suite nécessaire, que c'est aussi de leur consentement, qu'il a été jugé que la dame de Nassau avait le droit d'échûte.

» Il en résulte enfin que, contesté ou non, le droit d'échûte a été jugé appartenir à la dame de Nassau.

» Mais, disent encore les défendeurs, ce droit n'a pas été jugé appartenir à la dame de Nassau sur tous les biens et sur tous les habitans sans distinction. Il n'a pu être jugé lui appartenir, que relativement aux successions sur lesquelles elle l'avait jusqu'alors exercé. Il n'a donc pas été jugé lui appartenir sur la succession de Pierre Breuillard, qui d'ailleurs ne s'est ouverte que quelques jours avant l'arrêt.

» Cette objection disparaîtra bientôt, si on la rapproche des développemens dans lesquels nous sommes entrés sur la liaison intime qu'il y a entre le droit de taille à volonté et le droit d'échûte.

» L'arrêt de 1763 maintient la dame de Nassau dans le premier, il la maintient par conséquent aussi dans le second, puisque l'un est renfermé dans l'autre; puisque les auteurs et la jurisprudence des anciens tribunaux s'accordent à reconnaître qu'on ne peut pas être taillable à volonté, sans être main-mortable, et sans, par suite, être sujet à l'échûte.

» Ce n'est donc pas par des titres particuliers, qu'a été déterminée la disposition de l'arrêt de 1763, qui confirme les sentences d'envoi en possession. Le vu même de l'arrêt prouve qu'aucun titre particulier n'avait été invoqué par la dame de Nassau, pour obtenir la confirmation de ces sentences. Il prouve au contraire que la dame de Nassau ne s'appuyait, pour conclure à cette confirmation, que sur son droit général de main-morte : droit qui était reconnu, et dont elle faisait dériver deux autres droits, l'un qu'on lui contestait, celui de taille à volonté, l'autre qu'on ne lui contestait pas, celui d'échûte main-mortable.

» Les sentences d'envoi en possession n'ont donc été confirmées que d'après le droit général de main-morte qui appartenait à la dame de Nassau.

» L'arrêt qui les a confirmées, a donc nécessairement jugé que la dame de Nassau avait les droits de main-morte et d'échûte sur tous les habitans et sur tous les biens de la châtellenie de l'Isle, qui n'en avaient pas été précédemment affranchis.

» Sans doute, la dame de Nassau n'aurait pas pu argumenter de cette confirmation *contre les habitans du bourg de l'Isle*, mais pourquoi? Parce qu'affranchis de la main-morte par la charte de 1279, ils l'étaient aussi, par cela seul, de la taille à volonté, et conséquemment du droit d'échûte.

» Elle n'aurait pas pu, par la même raison, opposer cette partie de l'arrêt aux habitans des autres communes qu'avaient également affranchies les chartes de 1319, 1357, 1368 et 1425.

» Aussi remarquez-vous, C. M., que l'arrêt n'assujettit au droit de main-morte et de taille à volonté, que *les biens, hommes et femmes qui, par des titres généraux ou particuliers, n'en sont pas exempts ou affranchis;* termes qui évidemment exceptent les habitans et les biens compris dans les chartes d'affranchissement que nous venons de rappeler.

» Aussi remarquez-vous que, relativement aux *habitans du bourg de l'Isle*, affranchis de la main-morte dès l'an 1279, l'arrêt n'accorde à la dame de Nassau que la maintenue *dans les droits de corvées, devoirs, obligations*, etc., stipulés par leur charte d'affranchissement.

» Aussi, remarquez-vous que, dans la transaction du 14 mai 1764, il est dit, art. 5, qu'avant cet arrêt, les habitans du bourg de l'Isle n'étaient imposés, chaque année, qu'à un *droit de franchise*, et qu'à l'avenir, il en sera de même de *tous les autres habitans de la terre*, au moyen de l'affranchissement qui leur est accordé, comme à ceux du bourg.

» Mais de là même il suit nécessairement que les habitans de la commune de Sainte-Colombe, que rien n'annonce avoir été affranchis de la main-morte avant l'arrêt, sont compris dans la disposition de l'arrêt même, qui adjuge à la dame de Nassau le droit de taille à volonté.

» De là, par conséquent, il suit de toute nécessité, que les habitans de Sainte-Colombe sont, par l'arrêt, jugés main-mortables et sujets à l'échûte.

» Mais, objectent encore les défendeurs, deux arrêts du parlement de Paris, des 15 juin 1779 et 6 mai 1784, ont décidé que celui du 12 juillet 1763 avait restreint le droit de main-morte à la seule taille à volonté et en avait exclu le droit d'échûte.

» Quand nous le supposerions ainsi avec les défendeurs, les deux arrêts dont ils se prévalent, ne pourraient être ici d'aucune considération; car ils n'ont été rendus, ni en faveur des défendeurs eux-mêmes, ni en faveur de Louis Breuillard, dont ils tiennent la place.

» Mais il y a plus : et d'abord, il n'est rien moins que constant que le premier de ces arrêts, celui du 15 juin 1779, ait jugé ce que lui prêtent les défendeurs.

» Cet arrêt est intervenu dans une instance entre les nommés Bailli et Rapineau, qui se disputaient deux ouvrées de vigne, et l'usufruitier Mingaud, que Bailli avait assigné en garantie. Il résulte bien du vu de l'arrêt, que Mingaud avait vendu ces deux ouvrées de vigne à Bailli; mais on y remarque aussi que Rapineau les lui avait également vendues; du reste, pas un seul mot qui indique si Mingaud avait recueilli ce bien comme échûte; pas un seul mot qui fasse même soupçonner que l'arrêt du 23 juillet 1763 ait été invoqué de part ou d'autre. Enfin, ce qui écarte absolument le préjugé que l'on voudrait tirer de cet arrêt, c'est qu'il disjoint la demande en garantie de l'instance principale, que conséquemment il ne statue rien à l'égard de Mingaud, et que d'ailleurs celui-ci et ses héritiers (car il était mort pendant le cours du procès), n'avaient donné aucune espèce de défense et avaient encouru la forclusion.

» Quant à l'arrêt du 6 mai 1784, il est vrai qu'il déboute Louis Berthier, acquéreur de la terre de l'Isle-sous-Montréal, de sa prétention à l'échûte de quelques particuliers de la famille Quesse-Valcourt; et qu'il lui réserve seulement la perception *des droits de main-morte et de taille, payables en monnaie courante, ainsi qu'il est porté en l'arrêt du* 23 *juillet* 1763. Il juge par conséquent que la taille à volonté dans laquelle l'arrêt du 23 juillet 1763 avait maintenu le seigneur de l'Isle-sous-Montréal, n'emportait pas le droit d'échûte; et, par conséquent encore, il juge le contraire de ce qu'avait implicitement décidé l'arrêt du 23 juillet 1763.

» Mais quel a été le sort de l'arrêt du 6 mai 1784? Louis Berthier s'est pourvu au grand conseil en contrariété d'arrêts; et le 1.er septembre 1786, il est intervenu, en ce tribunal, un arrêt contradictoire qui a déclaré nul celui du 6 mai 1784, comme contraire à celui du 23 juillet 1763.

» A la vérité, cet arrêt a été cassé par le conseil, le 19 juillet 1790. Mais pourquoi l'a-t-il été? Sans doute, parce que les deux arrêts de 1763 et 1784 n'étant pas émanés de tribunaux différens, ce n'était point le cas de recourir au grand conseil, et qu'il n'y avait lieu qu'à la requête civile, conformément à l'art. 34 du tit. 35 de l'ordonnance de 1667.

» Aussi l'arrêt de cassation paraît-il réserver cette dernière voie à Louis Berthier, puisqu'il lui permet *de se pourvoir ainsi qu'il avisera, par toutes voies de droit.*

» Le résultat de cette contestation entre Louis Berthier et la famille Quesse-Valcourt, est donc bien plus à l'avantage des demandeurs actuels en cassation, qu'à celui de leurs adversaires: et au surplus, nous le répétons, ce qui a pu être jugé entre Louis Berthier et la famille Quesse-Valcourt, ne peut rien changer à ce qui avait été jugé par l'arrêt de 1763, avec Joseph Breillard, c'est-à-dire, avec celui que les défendeurs représentent en ce moment.

» Disons donc avec le jugement de cassation du 13 prairial an 8, que le tribunal civil de Seine et Marne avait violé, par son jugement du 13 prairial an 6, l'autorité de la chose jugée.

» Disons par conséquent que le tribunal d'appels de Paris l'a également violée par son jugement du 14 fructidor an 9.

» Et par une conséquence ultérieure, disons que vous devez casser le jugement du tribunal d'appel de Paris, comme la section civile a cassé celui du tribunal civil de Seine et Marne.

» Mais ce n'est pas tout. Le jugement du tribunal d'appel de Paris ne doit-il pas encore être cassé, comme contraire à l'ordonnance du mois d'avril 1560? Ne doit-il pas encore être cassé, pour avoir prononcé comme il l'a fait, au mépris de la transaction du 14 mai 1764, dans laquelle nous avons déjà remarqué que Joseph et Louis Breuillard étaient parties directes, et dont une clause expresse maintient le vendeur du premier dans les échûtes qu'il a recueillies depuis l'arrêt de 1763?

» Non, répondent les défendeurs, car la transaction du 14 mai 1674 a été annullée par un arrêt du conseil du 13 avril 1773, elle l'a été purement et simplement, elle l'a été dans toutes ses parties, il n'en reste plus rien.

» Cette réponse est spécieuse, mais est-elle bien concluante? Entrons dans quelques détails, la vérité nous apparaîtra bientôt dans tout son jour.

» Quel était l'objet de la contestation sur laquelle a statué l'arrêt du conseil du 13 avril 1773? Elle n'en avait point d'autre que la forêt d'Hervaux; et l'unique question qu'elle présentait à juger, entre les habitans et le seigneur de la châtellenie de l'Isle-sous-Montréal, consistait à savoir quels étaient, sur cette forêt, les droits respectifs du seigneur et des habitans.

» Ces droits respectifs avaient été fixés par une transaction du 10 novembre 1580, par deux arrêts du conseil, des 29 juillet 1673 et 17 mai 1740, et par l'arrêt du parlement de Paris, du 23 juillet 1763, mais il y avait été innové par l'art. 11 de la transaction du 14 mai 1764, et il s'agissait de savoir si, à cet égard, la transaction du 14 mai 1764 était valable.

» Les habitans soutenaient la négative; et voici mot pour mot les conclusions qu'ils prenaient à l'appui de leur système (nous les puisons dans leur requête du 4 avril 1768, visée dans l'arrêt dont il s'agit): *à ce qu'il plaise à S. M., sans s'arrêter ni avoir égard à l'art.* 11 *de la transaction passée devant notaires au châtelet de Paris...., le* 14 *mai* 1764, *ainsi qu'au surplus de ladite transaction concernant les frais et dépens qui y sont rapportés, ni à l'arrêt du parlement du* 12 *juillet audit an* 1764, *homologatif de la transaction, lesquels arrêt et transaction seront regardés comme nuls et non-avenus, ordonner que les arrêts contradictoirement rendus au conseil, les* 29 *juillet* 1673 *et* 17 *mai* 1740, *seront exécutés*, etc.

» Les habitans ne demandaient donc pas la nullité de la transaction entière; ils ne concluaient qu'à l'annullation de l'art. 11 de cet acte, et de celles de ses dispositions qui concernaient les *frais et dépens* des procédures antérieures, relatives à la forêt d'Hervaux.

» Sans doute, le seigneur de la châtellenie de

l'Isle aurait pu leur objecter qu'il n'était pas en leur pouvoir de scinder la transaction, qu'elle formait un tout indivisible, et que, s'ils ne voulaient pas en exécuter les dispositions relatives à la forêt d'Hervaux, ils ne pouvaient pas profiter des autres dispositions du même acte par lesquelles il leur avait été fait remise de différens droits onéreux, notamment de la servitude main-mortable.

» Mais cette objection, le seigneur ne la leur fit point, et il en était bien le maître : seul intéressé à se prévaloir de l'indivisibilité de la transaction, seul intéressé à demander qu'en cas que la transaction fût annullée dans un de ses articles, elle le fût dans tous, et qu'à tous égards les parties fussent remises dans le même état où elles se trouvaient avant de transiger, il était bien le maître de renoncer à son droit; et c'est ce qu'il fit, en se bornant à défendre l'article de la transaction attaqué par les habitans.

» D'après cela, comment doit-on entendre la disposition de l'arrêt du conseil du 13 avril 1773, qui déclare la transaction nulle? Sans contredit, on doit l'entendre dans le sens des conclusions sur lesquelles cet arrêt a statué; car on ne peut pas présumer que l'arrêt ait jugé *ultrà petita*; et ce qui prouve bien qu'en effet il n'annulle la transaction que dans ses rapports avec la forêt d'Hervaux, c'est qu'en conséquence de l'annullation qu'il en prononce, il ne fait que maintenir les habitans dans les droits qu'ils avaient sur la forêt d'Hervaux, avant la transaction.

» Si l'arrêt eût entendu annuller la transaction dans tous ses points, qu'aurait-il dû faire et qu'aurait-il fait? Il aurait remis toutes les parties dans le même état où elles étaient avant de la signer; il aurait notamment fait revivre la servitude main-mortable et le droit de taille à volonté, qui, avant la transaction, pesaient sur la majorité des habitans de la châtellenie de l'Isle, et spécialement sur ceux de la commune de Sainte-Colombe. — Et pourquoi donc ne lisons-nous rien de tout cela dans l'arrêt? C'est parce que l'arrêt n'a rien jugé au-delà de ce qu'on demandait au conseil; c'est parce que l'arrêt n'a ni pu ni voulu aller plus loin que les communes de la terre de l'Isle; c'est parce que l'arrêt, en rétablissant les communes de la terre de l'Isle dans leurs droits primitifs sur la forêt d'Hervaux, n'a ni pu ni voulu les remettre sous le joug des servitudes odieuses dont la transaction les avait affranchies; c'est parce que l'arrêt n'a ni pu ni voulu être plus rigoureux dans son prononcé, que le seigneur de l'Isle ne l'avait été dans ses conclusions.

» Il importe peu, d'après cela, que le conseil n'ait pas seulement annullé la transaction, mais qu'il ait encore cassé l'arrêt du parlement de Paris, du 12 juillet 1764, qui l'avait homologuée.

» La transaction pouvait, dans ses dispositions étrangères à la forêt d'Hervaux, conserver toute son autorité sans la forme de l'homologation. Aucune loi n'avait prescrit cette forme pour la validité des transactions qui n'expropriaient pas des communes de leurs biens-fonds. Le conseil a donc très-bien pu casser l'arrêt d'homologation, et laisser subsister les parties de la transaction qui n'étaient pas attaquées par les habitans.

» Mais pourquoi a-t-il cassé l'arrêt d'homologation? pourquoi n'a-t-il pas fait droit sur les conclusions que le seigneur avait subsidiairement prises, à ce que, dans le cas où l'arrêt d'homologation viendrait à être annullé, le conseil homologuât lui-même la transaction?

» S'il en faut croire les défendeurs, l'arrêt d'homologation n'a été cassé que parce qu'il avait été rendu sans conclusions du ministère public.

» Mais les défendeurs ne font pas attention que le défaut de conclusions du ministère public ne formait pas, à cette époque, un moyen de cassation. L'art. 34 du tit. 35 de l'ordonnance de 1667 le mettait au rang des ouvertures de requête civile, et le réglement de 1738 dit positivement qu'une ouverture de requête civile ne peut jamais être employée comme moyen de cassation.

» L'arrêt n'a donc été cassé que parce qu'il avait violé les anciennes lois générales de l'État, et spécialement la déclaration du 22 juin 1659, rendue pour la ci-devant Champagne, qui défendaient aux communes de transiger sur leurs biens communaux, sans y avoir été préalablement autorisées par lettres-patentes dûment enregistrées.

» Le conseil n'a donc refusé d'homologuer lui même la transaction, en ce qui concernait la forêt d'Hervaux, que parce que, dans celui de ses articles qui était relatif à cette forêt, elle était radicalement nulle, pour avoir été passée sans lettres-patentes préalables.

» Ainsi tombent, ainsi s'évanouissent, tous les paralogismes dont on s'est servi dans cette cause, pour écarter la transaction du 12 mai 1764 : il reste donc que cette transaction faisait la loi aux parties sur la question de savoir si la succession de Pierre Breuillard avait fait échûte; il reste, par conséquent, que le tribunal d'appel de Paris, en jugeant contre cette transaction, a jugé contre le texte formel de l'ordonnance du mois d'avril 1560.

» Par ces considérations, nous estimons qu'il y a lieu de casser et annuller le jugement du tribunal d'appel de Paris, du 13 fructidor an 9; renvoyer le fond de la cause devant le tribunal d'appel le plus voisin; et ordonner qu'à notre diligence, le jugement à intervenir sera imprimé et transcrit sur les registres du tribunal d'appel de Paris ».

Conformément à ces conclusions, arrêt du 17 floréal an 11, au rapport de M. Cochard, qui,

« Vu l'art. 5 du tit. 27 de l'ordonnance de 1667; vu pareillement l'ordonnance du mois d'avril 1560, qui ne permet la rescision des transactions que pour cause de dol, fraude ou violence;

» Et attendu, 1.° qu'avant la charte de 1275, la main-morte réelle affectait généralement tous les biens et héritages assis et situés dans l'enclave de la ci-devant seigneurie de l'Isle, laquelle comprenait, outre le bourg de l'Isle, plusieurs autres communes, et notamment celle de Sainte-Colombe;

» Que cette charte n'a affranchi de la main-morte que les habitans du bourg de l'Isle, et n'y a substitué qu'en leur faveur des droits de corvées, devoirs et obligations insérés dans l'arrêt du 23 juillet 1763;

» Que ni cette charte, ni celles de 1319, 1357, 1368 et 1425, insérées dans le vu de l'arrêt du parlement de Paris du 6 mai 1784, n'ont étendu cet affranchissement aux habitans de la commune de Sainte-Colombe; qu'ainsi, les habitans de cette commune sont demeurés, jusqu'à la transaction du 14 mai 1764, assujettis à la main-morte, et, par conséquent au droit d'échûte qui en formait le principal attribut;

» Qu'à la vérité, par l'arrêt du 23 juillet 1763, ils ont été jugés soumis à la taille à volonté en argent; mais que de là même il résulte que leurs successions étaient échéables, la taille à volonté étant à la fois la conséquence et la preuve de l'échûte main-mortable; et que cela résulte encore plus clairement de la circonstance que ce droit de taille à volonté est expressément qualifié de *main-morte* par ledit arrêt;

» Que l'art. 59 de la coutume de Troyes, portant qu'*argent rachète la main-morte*, ne comprend dans sa disposition que les héritages situés dans la prévôté de Troyes, et n'est conséquemment pas applicable à la ci-devant châtellenie de l'Isle-sous-Montréal, laquelle était située hors de ladite prévôté, et ressortissait immédiatement au bailliage de Troyes;

» Que d'ailleurs, on ne peut pas conclure de cet article, même pour la ci-devant prévôté de Troyes, que le droit de taille à volonté en argent, soit exclusif de la main-morte; que cet article établit bien une présomption que la redevance en argent, dont est grevé un héritage, a été constituée pour rachat de la main-morte; mais que cette présomption perd toute sa force, lorsque la redevance en argent n'est pas fixe et immuable, mais consiste dans une taille à volonté, et par conséquent dans un droit emportant par lui-même la preuve de la main-morte, et, par suite, du droit d'échûte main-mortable;

» Que, dans l'espèce, il y a d'autant moins de doute à cet égard, que l'arrêt de 1763, tout en adjugeant à la dame de Nassau le droit de taille à volonté en argent, a mis l'appellation au néant sur l'appel que les habitans avaient interjeté de différentes sentences qui avaient envoyé la dame de Nassau en possession de successions collatérales à titre d'échûte;

» Qu'ainsi, il est évident que cet arrêt a jugé que le seigneur de l'Isle-sous-Montréal avait le droit d'échûte; qu'il l'a jugé *implicitement*, en décidant que ce seigneur avait le droit de taille à volonté; et qu'il l'a jugé *formellement*, en confirmant les sentences qui avaient adjugé diverses échûtes audit seigneur;

» Que Joseph et Louis Breuillard, que représentent respectivement les demandeurs et les défendeurs, étaient parties dans ledit arrêt; qu'ils y étaient parties, comme membres de la commune de Sainte-Colombe; et que Louis Breuillard y était de plus partie en son propre et privé nom;

» Qu'ainsi, il a été, par le jugement attaqué, contrevenu à l'autorité de la chose jugée, et que, par conséquent les art. 5 du tit. 27 et 1.er du tit. 35 de l'ordonnance de 1667 ont été violés;

» Attendu 2.° que, par une disposition particulière de la transaction du 14 mai 1764, intervenue sur l'exécution dudit arrêt, et dans laquelle Louis et Joseph Breuillard étaient également parties, l'échûte particulièrement de Pierre Breuillard a été confirmée au profit du seigneur, usufruitier de ladite terre;

» Que les habitans n'ont réclamé contre cette transaction au ci-devant conseil, que relativement à la forêt d'Hervaux; qu'ils ne s'étaient jamais plaints que de la distraction d'une partie de cette forêt, que la transaction avait faite au profit de leur ci-devant seigneur;

» Que tel était aussi l'objet des poursuites de l'inspecteur général des domaines, lequel, en se joignant auxdits habitans, n'avait eu d'autre but que celui de faire annuller ladite transaction, sur ce chef exclusivement;

» Que, s'il avait conclu, ainsi que lesdits habitans, à la nullité indéfinie de cet acte, et si l'arrêt du conseil l'avait ainsi prononcé, il ne l'avait fait que dans l'intérêt du domaine, et non dans celui desdits habitans, dont la demande était limitée à cet unique objet; d'où il suit que cette prononciation indéfinie doit naturellement se restreindre aux seules réclamations formées tant par lesdits habitans que par ledit inspecteur général; mais que ce serait excéder le sens naturel et littéral dudit arrêt, que de l'étendre aux autres dispositions de ladite transaction, sur lesquelles lesdits habitans n'avaient élevé aucune contestation, et à l'annullation, desquelles ils n'avaient point conclu; qu'ainsi, le jugement attaqué a violé l'ordonnance du mois d'avril

1560, concernant le respect dû aux transactions;

» Par ces considérations, faisant droit à la demande en cassation formée par les demandeurs contre le jugement du tribunal d'appel de Paris du 13 floréal an 9, casse et annulle ledit jugement; — Renvoie, sur le fond, par-devant le tribunal d'appel séant à Orléans, etc ».

MAIN-MORTE (GENS DE). *Quelle était, avant la révolution, la législation de la ci-devant Lorraine, relativement aux acquisitions des gens de main-morte?*

V. le plaidoyer et l'arrêt du 15 ventôse an 10, rapportés à l'article *Biens nationaux*, §. 2.

MAIN-PLÉVIE. *Quels étaient, dans le pays de Liége, avant la publication de la loi du 8 avril 1791, sur les successions ab intestat, le caractère et les effets du droit de dévolution, combiné avec celui de main-plévie?*

V. les articles *Dévolution coutumière*, §. 1; et *Enregistrement (droit de)*, §. 5.

MAIRE. — §. I. 1.° *Les maires peuvent-ils faire, sur les matières de police purement municipale, des réglemens obligatoires pour les tribunaux de police? Le peuvent-ils sans l'approbation des préfets?*

2.° *Le peuvent-ils sans ou avec l'autorisation des préfets, dans les matières qui ne tiennent pas à la police municipale?*

V. les articles *Préfet*, §. 4; et *Tribunal de police*, §. 4.

§. II. *Un jugement dans les qualités duquel une commune figure, non par le ministère de son maire, mais par elle-même, peut-il être annullé sur la demande de la partie qui n'a pas contredit ces qualités?*

V. le plaidoyer rapporté à l'article *Usage (droit d')*, §. 2.

§. III. *Les habitans d'une commune à qui appartient un droit d'usage sur la propriété d'un particulier, peuvent-ils individuellement le réclamer en justice? La commune en corps n'a-t-elle pas, seule et exclusivement, qualité pour intenter ou soutenir une action de cette nature, par l'organe de son maire?*

V. l'article *Vaine pâture*, §. 2.

§. IV. *Les procès-verbaux des maires font-ils foi, jusqu'à la preuve contraire, des contraventions de police qu'ils relatent?*

V. Le réquisitoire et l'arrêt rapportés à l'article *Tribunal de police*, §. 4, n. 2.

§. V. *Questions sur la manière d'assigner les communes dans la personne ou au domicile de leurs maires.*

V. L'article *assignation*, §. 11, 12 et 13.

Au surplus, *V.* les articles *Agent du gouvernement*, *Commune* et *Pouvoir judiciaire*.

MANDAT. — §. I. *Le commettant est-il lié par le contrat que son mandataire a fait avec un tiers, en vertu d'une procuration qui lui donnait un pouvoir indéfini, mais que restreignaient des instructions secrètes dont il n'est pas prouvé que le tiers ait eu connaissance en contractant?*

V. Le plaidoyer et l'arrêt du 27 nivôse an 12, rapportés à l'article *Transcription*, §. 3.

§. II. *Le préposé à la recette des arrérages d'une rente, a-t-il qualité pour en recevoir le principal?*

V. l'article *Offres réelles*, §. 2.

§. III. 1.° *Un receveur qui a remis ses registres à son commettant, peut-il encore être tenu de lui communiquer les notes particulières d'après lesquelles il les a formés?*

2.° *Les changemens qui surviennent dans les monnaies, pendant la gestion d'un receveur, doivent-ils lui profiter ou lui nuire?*

V. l'article *Receveur*, §. 1 et 3.

§. IV. 1.° *Un commissionnaire répond-il de la saisie des marchandises qu'il a reçues en entrepôt, lorsqu'il a négligé de remettre au voiturier à qui il les a confiées, les acquits, les certificats et les autres pièces qui devaient assurer à ces marchandises un libre passage par les différens bureaux des douanes où elles devaient être visitées?*

2.° *Les commissionnaires de voitures de roulage, sont-ils garans des voituriers qu'ils choisissent, et répondent-ils des fautes ou du dol de ceux-ci, lorsqu'il n'est pas prouvé qu'ils ont mis dans leur choix une imprudence inexcusable?*

V. l'article *Commissionnaire*, §. 1 et 2.

§. V. 1.° *L'énonciation d'un mandat dans un contrat notarié, constate-t-elle suffisamment que celui qui a signé ce contrat au nom d'un tiers, avait le pouvoir de stipuler pour lui?*

2.° *Le défaut de désaveu formé contre celui qui a stipulé dans un contrat, au nom d'un tiers, en vertu de son mandat non représenté, suffit-il pour prouver que le mandat a réellement existé?*

V. le plaidoyer du 5 avril 1810, rapporté aux mots *Union de créanciers*, §. 2.

MANOIR. *La disposition des coutumes d'Hesdin et de Saint-Pôl, locales de la coutume générale d'Artois, qui donne par préciput à l'aîné mâle ou femelle, la totalité des anciens* manoirs *cottiers ou censuels, a-t-elle été abrogée,* ipso facto. *par la loi du 15 mars 1790, portant suppression du régime féodal?*

V. le plaidoyer du 9 ventôse an 11, rapporté à l'article *Féodalité*, §. 3.

MANUSCRITS. *V.* l'article *Donation*, §. 6, n. 4.

MARAIS. — §. I. 1.° *A qui, des seigneurs ou des habitans, les marais étaient-ils censés appartenir, sous l'ancienne jurisprudence? Quels changemens a t-il été faits à cette jurisprudence, par les lois des 13 avril 1791, 28 août 1792 et 10 juin 1793? Le domaine public, dans les lieux où le roi était ci devant seigneur, est-il, à cet égard, assimilé aux ci-devant seigneurs particuliers? Ceux qui, par concession du roi, ont desséché et défriché des marais avant les lois nouvelles, ont-ils, à cet égard, plus de droits que n'en aurait le domaine public, si les marais étaient restés dans leur premier état?*

2.° *Est-ce par l'autorité administrative ou par le pouvoir judiciaire, qu'il doit être procédé au cantonnement des marais, entre les propriétaires et les usagers?*

Ces questions qui, au moment de l'impression de cette partie de la 2.e édition, paraissaient pouvoir être traitées dans ce Recueil sous les mots *Terres vaines et vagues*, n'ont pu l'être que dans la 4.e édition du *Répertoire de jurisprudence* sous les mêmes mots.

§. II. *Des marais auxquels il a été fait des travaux pour les mettre en valeur, sont-ils compris dans la classe des terrains vains et vagues, que la loi du 10 juin 1793 répute biens communaux?*

V. l'article *Communaux (biens)*, §. 3.

MARCHAND. §. I. *Qu'entend-on par marchand, sous le rapport de la juridiction commerciale? combien y en a-t-il de sortes?*

V. l'article *Tribunal de commerce*, §. 5.

§. II. *Dans les pays où, avant le Code civil, la contribution n'avait lieu, en cas de déconfiture, qu'entre les créanciers des marchands, devait-on, à cet égard, assimiler aux marchands, ceux qui, par leur état ou leurs emplois, étaient, comme ces derniers, justiciables des tribunaux de commerce?*

V. l'article *Contribution entre créanciers*.

§. III. *La prescription établie par l'art. 7 du tit. 1.er de l'ordonnance de 1673, a-t-elle lieu de marchand à marchand?*

V. l'article *Prescription*, §. 11.

§. IV. *Un marchand peut-il, sans représenter sa patente, revendiquer les objets saisis, comme étant sa propriété?*

V. l'article *Douanes*, §. 9.

MARCHANDISES ANGLAISES. — §. I. *Des marchandises qui, par leur nature et d'après l'art. 5 de la loi du 10 brumaire an 5, sont réputées anglaises à l'importation, sont-elles présumées venir de l'étranger, par cela seul qu'elles circulent sans passavant dans la ligne des douanes?*

Sur cette question portée à l'audience de la cour de cassation, section criminelle, le 5 messidor an 8, j'ai prononcé le plaidoyer suivant :

« Le commissaire du gouvernement près le tribunal criminel du département du Mont-Terrible, et la régie des douanes, vous demandent la cassation d'un jugement du 17 frimaire dernier; confirmatif de celui du tribunal correctionnel de Delemont, du 3 du même mois, par lequel main-levée a été accordée à Pierre-Joseph Kottlat, marchand à Mervilliers, d'objets saisis sur lui, en vertu de la loi du 10 brumaire an 5, relative aux marchandises anglaises.

» Dans le fait, le 27 brumaire an 8, vers huit heures du matin, les préposés des douanes stationnés *hors la porte aux Moulins* de Delemont, dans le myriamètre ou les deux lieues limitrophes de la frontière suisse, ont rencontré un voiturier venant du côté de cette frontière même, avec une charrette attelée d'un cheval, et chargée de deux caisses de marchandises.

» Ils lui ont demandé le passavant dont il devait être muni : il leur a répondu n'en point avoir.

» Sommé de dire son nom, il a dit s'appeler Henry-Moutet; et il a ajouté qu'il venait de Mervilliers, lieu de son domicile; qu'il allait à Delemont; qu'il y conduisait, pour le compte du cit. Kottlat, marchand en la même commune, son chargement composé de deux caisses contenant diverses draperies et d'autres objets.

» Sommé de présenter les certificats d'origine et les factures qui devaient, outre le passavant, accompagner ces marchandises, pour qu'elles ne fussent pas réputées anglaises, il allait répondre, lorsque le cit. Kottlat est survenu, et a répondu pour lui qu'il n'était porteur d'aucune de ces pièces, mais qu'il les avait en sa maison.

» A ces mots, les préposés des douanes ont observé que la circonstance dans laquelle il se trouvait, portait le caractère d'une importation de marchandises réputées anglaises, puisqu'il venait du côté de l'étranger, sans passavant du bureau de Mervilliers, situé à l'extrême frontière suisse, à la distance de trois kilomètres d'où il déclarait venir.

» En conséquence, après l'avoir interpellé de les accompagner, ils ont conduit la voiture au bureau de Delemont, pour y vérifier en détail le contenu des deux caisses.

» Cette vérification a été faite en présence du cit. Kottlat, et il en est résulté que les deux caisses renfermaient des draps, des velours sur coton, des calmandes, des flanelles, des moletons, des serges, des futaines, des toiles grises, des toiles de coton, des toiles peintes, des soieries, des mousselines, des mouchoirs, des bas, des rubans, des dentelles, des tabatières en carton, des boucles, dix-huit bonnets de coton, et cinq onces de mercerie en cuivre jaune, *lesquelles marchandises*, porte le procès-verbal, *se trouvent sans aucune marque quelconque.*

» A l'instant où s'achevait cette description, à onze heures du matin, s'est présenté un particulier de Mervilliers, avec un passavant du bureau de cette dernière commune, daté du même jour, sept heures avant midi, et portant ordre de laisser passer le cit. Kottlat, conduisant de Mervilliers à Delemont, sur une charrette attelée d'un cheval, les marchandises par lui déclarées et consistantes en *deux quintaux de mercerie commune, de draperie commune, et de bonnetèrie commune.*

» Les préposés aux douanes sans s'arrêter à ce passavant, qu'ils ont cependant visé et annexé à leur procès-verbal, n'en ont pas moins persisté à saisir les marchandises, la charrette et le cheval.

» Du reste, ils ont rédigé leur procès-verbal avec le plus grand soin, ils y ont rempli toutes les formalités prescrites par la loi, et ils l'ont affirmé le même jour entre les mains du juge de paix.

» L'affaire portée à l'audience du tribunal correctionnel de Delemont, le 3 frimaire, le cit. Kottlat y a été interrogé en personne par le président, conformément à la loi. Interpellé sur ce qu'il avait à répondre au procès-verbal, il a dit que voulant aller avec des marchandises à la » foire de Delemont le 27 brumaire, il s'était » présenté la veille, à quatre heures de relevée, » au bureau des douanes, pour y faire la déclaration des marchandises qu'il voulait emmener; que n'y ayant trouvé personne, il avait » fait présenter par sa femme, au receveur des » douanes, une liste des objets à enlever, pour » en avoir un passavant; que le lendemain, » étant obligé de partir de bonne heure, et ne » trouvant pas le bureau ouvert, le nommé » Franz-merquis s'était engagé à attendre l'ouverture du bureau, et à le suivre avec l'expédition; qu'en effet, il lui avait apporté le passavant à Delemont, vers onze heures du même » matin, et l'avait remis au bureau des douanes » audit Delemont; mais qu'il a remarqué *que ce » passavant ne contenait pas les marchandises » telles* qu'il les avait déclarées au receveur de » Mervilliers, par la liste qu'il lui avait fait » présenter; que de là provient que le *procès-» verbal de saisie énonce plus de marchandises » que le passavant;* que cette faute est entièrement du fait du receveur, dont lui ne doit » pas souffrir ».

» Vous voyez, C. M., par cette réponse du prévenu, copiée littéralement dans le jugement du tribunal correctionnel de Delemont, qu'il a reconnu formellement deux faits d'une grande importance : savoir, le départ de ses marchandises de Mervilliers avant l'expédition de son passavant, et la non-identité des marchandises énoncées dans son passavant, avec celles qui s'étaient trouvées dans les deux caisses saisies sur son voiturier.

» Cette seconde circonstance a fourni à la régie des douanes un moyen qu'elle regardait comme invincible, et qu'elle a fait valoir devant le tribunal correctionnel, en même-temps que ceux qui résultaient pour elle du défaut de représentation de passavant et de certificats d'origine, au moment de l'arrestation effectuée dans les deux lieues de la frontière; elle a ajouté que les marchandises n'étaient revêtues d'aucune marque de fabrique nationale (ce qui, en effet, est constaté par le procès-verbal de saisie), et qu'au contraire il paraissait que les marques des fabriques étrangères en avaient été enlevées.

» Le défenseur du cit. Kottlat, après avoir réitéré l'aveu fait par son client, que les marchandises étaient parties de Mervilliers avant que le passavant fût expédié, et que les marchandises énoncées dans le passavant, ne cadraient pas avec celles qui s'étaient trouvées dans les deux caisses saisies, a cherché, comme lui, à excuser l'un et l'autre fait par la prétendue négligence ou inattention du receveur du bureau de Mervilliers; il a ajouté qu'on ne pouvait pas reprocher à son client d'avoir jamais fait la contrebande; qu'il était dans l'usage constant de tirer ses marchandises de France, et qu'il le prouvait par des factures et lettres de voiture, datées de Moutier, Courchampoix et Sainte-Ursane, les 1.er septembre 1796, 25 vendémiaire et 21 prairial an 7. En conséquence, il a conclu à la main-levée de la saisie, subsidiairement à ce qu'il fût admis à prouver qu'il s'était rendu au bureau de Mervilliers le 26 brumaire, vers quatre heures et demie avec un tableau des marchandises qu'il voulait enlever et conduire à Delemont, et que le receveur n'était point à la maison; et enfin, en cas de besoin, à ce que le tribunal ordonnât la mise en cause de deux négocians, de qui il a prétendu avoir acheté les marchandises dont il s'agissait.

» Le commissaire du gouvernement, de son côté, d'après la non-identité des marchandises portées dans le passavant, avec les marchandises saisies, et la circonstance que les marchandises saisies n'étaient pas accompagnées de certificats d'origine, a conclu à ce que la saisie fût déclarée valable, avec confiscation, triple amende et trois mois de prison, conformément à l'art. 15 de la loi du 10 brumaire an 5.

» Le tribunal correctionnel, sans avoir égard à ces conclusions, ni à celles de la régie des douanes, a donné main-levée au cit. Kottlat des marchandises, de la charrette et du cheval saisis sur lui; et il s'est fondé sur quatre motifs :

» Le premier, que le cit. Kottlat s'est présenté au bureau des douanes à Mervilliers, à l'effet de demander un passavant pour le transport de ses marchandises à la foire de Delemont; — C'est-à-dire que le tribunal correctionnel a regardé comme prouvé, un fait qui n'était qu'allégué par le cit. Kottlat, et sur lequel le cit. Kottlat lui-même comptait si peu être cru sur sa parole, qu'il avait pris des conclusions expresses pour être reçu à en faire preuve.

» Le second, que le receveur du bureau de Mervilliers ayant délivré le passavant, l'on ne peut présumer que ces marchandises soient prohibées par la loi du 16 brumaire an 5; — C'est-à-dire qu'aux yeux du tribunal, il est constant que le receveur de Mervilliers a vérifié les marchandises avant de délivrer le passavant, quoiqu'il soit bien notoire que les passavans se délivrent toujours tels qu'on les demande, aux risques et périls de ceux à qui on les accorde, et quoique, dans le cas particulier, le cit. Kottlat fût convenu, de la manière la plus expresse, qu'il n'avait pas parlé au receveur, et que le receveur avait eu si peu la faculté de vérifier les marchandises, qu'elles étaient parties de Mervilliers avant qu'il eût expédié le passavant;

» Le troisième, que le passavant énonce le poids, et ne fait pas la description détaillée des marchandises; qu'au contraire le procès-verbal de saisie en fait la description détaillée et n'en constate pas le poids; que par conséquent, il n'est pas prouvé que les marchandises saisies excèdent les deux quintaux désignés au passavant; — C'est-à-dire que, dans l'esprit du tribunal, l'identité du poids emporte l'identité des qualités, et que jamais on ne pourra confisquer comme angloises, des marchandises qui peseront autant que des marchandises quelconques, énoncées dans un passavant; système véritablement absurde et dérisoire;

» Le quatrième enfin, que, par ses factures et lettres de voitures des 1.er septembre 1796, 25 vendémiaire et 21 prairial an 7, le cit. Kottlat prouve qu'il lui a été fourni par deux négocians français, et en grande quantité, des marchandises de la même espèce que celles dont la saisie avait donné lieu au procès; — C'est-à-dire, non-seulement qu'il est impossible que deux négocians français, *de l'extrême frontière*, aient fourni des marchandises anglaises au cit. Kottlat; mais encore qu'il suffit qu'ils lui aient fourni, six mois, un an, quatre ans même auparavant, une quantité quelconque de marchandises nationales, pour qu'il puisse désormais faire passer pour marchandises venant de leurs magasins, toutes celles qu'il lui plaira tirer de l'étranger, et notamment de l'Angleterre, par la voie si facile et si commode de la Suisse!

» Voilà, C. M., sur quels motifs le tribunal correctionnel de Delemont s'est permis d'absoudre le cit. Kottlat. Sans doute, vous vous êtes déjà dit à vous-mêmes qu'il eût été difficile d'y mettre plus d'impudeur.

» Le commissaire du gouvernement s'est hâté d'interjeter appel de ce jugement au tribunal criminel du département du Mont-Terrible : il l'a fait par acte du 3 frimaire; et dès le lendemain, il a remis au greffe du tribunal correctionnel, la requête contenant ses moyens d'appel.

» La cause portée à l'audience, après avoir entendu le rapport fait par l'un des juges, les défenseurs de la régie et du cit. Kottlat, dans les moyens qu'ils avaient déjà employés en première instance, l'accusateur public et le commissaire du gouvernement, le tribunal criminel, enchérissant encore sur le tribunal correctionnel de Delemont, s'est créé, pour prononcer en faveur du prévenu, des motifs vraiment curieux.

» *Considérant* (a-t-il dit), *qu'il n'a point été désavoué par l'appelant, qu'une nomenclature de marchandises avait été présentée et remise au receveur des douanes, pour les insérer dans le passavant que l'intimé avait sollicité dudit receveur.* — Comme si l'*appelant*, c'est-à-dire, le commissaire du gouvernement, eût été, en première instance, interpellé juridiquement sur ce fait; — Comme si on eût pu même l'interpeller à cet égard, lui qui n'aurait pu et dû y répondre ni par oui ni par non, puisque c'était un fait qui lui était étranger, et qu'on ne l'avait allégué qu'à l'audience, un instant avant la prononciation du jugement; — Comme si le silence d'un commissaire du gouvernement sur un fait de cette nature, avait pu être considéré comme un aveu de ce fait, tandis surtout que le tribunal criminel affectait de ne pas relever le silence du prévenu sur un fait bien plus important et personnel au prévenu lui-même, que la régie avait articulé, savoir, que le prévenu avait enlevé des marchandises saisies toutes les marques de fabrique, ce qui prouvait clairement qu'il avait intérêt de ne pas laisser connaître les lieux de leur fabrication, et par conséquent que ces marchandises étaient véritablement prohibées. — Mais poursuivons.

» *Considérant que les lettres de facture et de voiture produites à l'audience du 3 frimaire, prouvent à toute évidence qu'elles proviennent de négocians français, et par conséquent se trouvaient d'origine de la république.* — Ici, comme vous le voyez, C. M., le tribunal criminel franchit toutes les bornes de la décence, pour se forger un prétexte d'absoudre un fraudeur. Quoi! des factures, des lettres de voiture qui remontent à des époques éloignées, s'adapteront *à toute évidence* aux marchandises saisies le 27 brumaire, par cela seul que des marchandises de la même espèce y sont énoncées! C'est là, il faut en convenir, un singulier genre d'évidence! Et d'ailleurs, quel étrange raisonnement : « Telles marchandises proviennent de » négocians français, donc elles sont d'origine » française »! Avec de pareils argumens, on ferait bientôt de la loi du 10 brumaire an 5, une loi de pure théorie, une loi absolument inexécutable.

» Le troisième *considérant* va bien plus loin encore : il établit que les marchands détailleurs ne peuvent jamais être assujettis à représenter des certificats d'origine, parce que les marchands en gros de qui ils tirent leurs marchandises, gardent ces certificats par-devers eux, pour les produire eux-mêmes au besoin. — Ainsi, voilà une exception créée, de l'autorité du tribunal criminel, à l'art. 13 de la loi du 10 brumaire, qui pourtant n'excepte rien de sa disposition générale.

» Tels sont les motifs d'après lesquels le tribunal criminel du Mont-Terrible a, par son jugement du 17 frimaire dernier, rejeté l'appel du commissaire du gouvernement et confirmé le jugement du tribunal correctionnel de Delemont.

» Le commissaire du gouvernement près le tribunal criminel et la régie des douanes se sont pourvus en cassation, dès le 19 du même mois. Vous avez entendu, C. M., la lecture des moyens de la régie, et déjà sans doute vous êtes profondément convaincus du *mal-jugé* du jugement qui vous est dénoncé. Mais il nous reste à établir qu'il est en opposition formelle avec les lois dont il devait n'être que l'expression fidèle.

» Il est constaté par le procès-verbal du 27 brumaire, il est reconnu par le cit. Kottlat, et ni le tribunal criminel ni le tribunal correctionnel ne l'ont nié dans leurs jugemens, que les marchandises saisies sont de l'espèce de celles que l'art. 5 de la loi du 10 brumaire an 5 répute de fabrique anglaise, quelle qu'en soit d'ailleurs l'origine, lorsqu'elles sont importées de l'étranger.

» Ainsi, nul doute que ces marchandises ne soient confiscables avec triple amende et emprisonnement, d'après l'art. 15 de la même loi, si les formalités requises pour qu'elles ne soient pas censées importées de l'étranger, n'ont pas été remplies exactement.

» Or, il est constant que ces formalités n'ont pas été remplies, et vous allez, C. M., vous en convaincre par les art. 15 et 16 du tit. 3 de la loi du 22 août 1791, confirmés expressément par la loi du 19 vendémiaire an 6.

» L'art. 15 est ainsi conçu : « Les propriétaires ou conducteurs de marchandises et denrées qui passeront de l'intérieur de France sur le territoire des deux lieues limitrophes de l'étranger, seront tenus de les conduire au premier bureau de sortie, et d'en faire la déclaration dans la même forme que pour l'acquit des droits. — A l'égard de celles (c'est ici notre espèce, C. M.), à l'égard de celles qui devront être enlevées dans cette étendue du territoire des deux lieues limitrophes de l'étranger pour y circuler, la déclaration devra en être faite au bureau, soit d'entrée, soit de sortie, le plus prochain du lieu de l'enlèvement *et avant cet enlèvement*; le tout, à peine de confiscation desdites marchandises et denrées, et d'amende de 100 liv. ». — Voilà une première formalité sur laquelle bien certainement le prévenu est en défaut, même en admettant comme prouvés les faits que les jugemens des 3 et 17 frimaire ont si scandaleusement considérés comme tels.

» Que porte en effet, à cet égard, le jugement du 3 frimaire? que le cit. Kottlat s'est présenté au bureau de Mervilliers, pour déclarer les marchandises qu'il se proposait de transporter à Delemont, et y prendre un passavant. Or, se présenter pour faire une déclaration, ce n'est pas faire la déclaration elle-même; et dans l'espèce, l'un emportait si peu l'autre, que le cit. Kottlat est convenu formellement dans son interrogatoire, qu'effectivement il n'avait point fait sa déclaration, parce que le buraliste, a-t-il dit, était absent. Ainsi, il est clair que le jugement du 3 frimaire ne juge pas, en fait, que le cit. Kottlat ait effectué la déclaration prescrite par l'article cité de la loi de 1791.

» Que porte, maintenant, sur le même point,

le jugement du 17 frimaire? « Qu'il n'a point » été désavoué par l'appelant, qu'une nomenclature de marchandises avait été présentée » et remise au receveur des douanes, pour les » insérer dans le passavant que l'intimé avait » sollicité dudit receveur ». — Ce jugement, comme vous le voyez, ne détermine point l'époque de la prétendue présentation ni de la prétendue remise de la nomenclature des marchandises du cit. Kottlat; il ne juge donc pas, en fait, que cette nomenclature ait été présentée *avant l'enlèvement des marchandises;* il ne juge donc pas, en fait, que l'enlèvement des marchandises ait été précédé de la formalité de la déclaration; or, vous vous rappelez, C. M., qu'aux termes de l'art. 15, il faut que la déclaration précède l'enlèvement, et que, si elle ne le précède pas, il y a lieu à la confiscation et à l'amende.

» Ainsi, les tribunaux de première instance et d'appel ont violé l'art. 15, puisque cet article leur faisait un devoir de confirmer la saisie, même d'après les faits qu'ils avaient si gratuitement jugés revêtus de preuves suffisantes.

» Mais vous allez voir qu'ils n'ont pas mieux respecté l'art. 16; voici ce qu'il porte: « Lesdits » propriétaires ou conducteurs, dans les cas » énoncés par l'article ci-dessus, ne seront point » assujettis aux formalités de l'acquit à caution; » ils seront seulement tenus, sous les peines » portées par ledit article, de prendre auxdits » bureaux et avant l'enlèvement, des passavans » qui énonceront les qualités, quantités, poids, » nombre et mesure des marchandises et le lieu » de leur destination ».

» Deux choses sont essentielles à remarquer dans cet article : la première, c'est que le passavant doit être, non-seulement demandé, mais PRIS, *avant l'enlèvement;* la seconde, que ce passavant doit énoncer non-seulement, *le poids et la qualité,* mais encore la *quantité, le nombre et la mesure des marchandises;* à défaut de l'une ou de l'autre de ces conditions, il y a lieu aux *peines portées par l'article ci-dessus,* c'est-à-dire, par l'art. 15.

» Or, 1.° ni le jugement du tribunal correctionnel, ni celui du tribunal criminel, ne décident que le passavant représenté par le cit. Kottlat, ait été *pris avant l'enlèvement* de ses marchandises; il y a plus, le jugement du tribunal criminel décide même implicitement qu'il n'a été pris qu'*après;* car en convertissant en preuve de non-désaveu des faits articulés à cet égard par le prévenu, il juge nécessairement que les faits articulés par le prévenu doivent être regardés comme constans, par cela seul qu'ils n'ont pas été désavoués par le commissaire du gouvernement: or, quels sont les faits articulés par le prévenu? Répétons-les tels qu'ils sont consignés dans la partie du jugement du 3 frimaire qui retrace l'interrogatoire du cit. Kottlat : « c'est que voulant aller à la foire de » Delemont avec des marchandises, le 27 bru» maire, il s'était présenté la veille, à quatre » heures de relevée, au bureau des douanes, » pour faire sa déclaration des marchandises » qu'il voulait emmener; que n'y ayant trouvé » personne....., et le lendemain étant obligé » de partir de bonne heure, et ne trouvant pas » le bureau ouvert, le nommé Franzmarquis » s'était engagé à attendre l'ouverture du bu» reau et à le suivre avec l'expédition ». — Ainsi, le prévenu lui-même articulait dans son interrogatoire, que le passavant n'était pas encore expédié, lorsqu'il était parti de Meuvilliers avec ses marchandises; il articulait donc que l'enlèvement de ses marchandises avait précédé la délivrance du passavant; et puisque le tribunal criminel a jugé que les dires du prévenu devaient faire foi, par le seul effet du non-désaveu du commissaire du Gouvernement, il a jugé, par-là même, que le prévenu était en contravention à l'art. 16; il a par conséquent violé cet article, en n'appliquant pas au prévenu les peines qui y sont prononcées contre tout enlèvement de marchandises fait avant l'expédition du passavant.

» 2.° Le passavant représenté par le prévenu, énonce *deux quintaux de draperie commune, de mercerie commune, de bonneterie commune,* et n'en dit pas davantage. Il remplit bien, comme vous le voyez, la disposition de l'art. 16, en ce qui concerne le *poids* et *l'espèce;* mais il se tait sur la *quantité,* sur le *nombre* et sur les *mesures;* il n'est donc pas conforme à la loi; et dès-là, le prévenu n'a pas pu s'en aider pour faire circuler ses marchandises dans le myriamètre limitrophe de la frontière; dès-là, c'est contre le vœu de la loi qu'il les y a fait circuler en effet; dès-là, il doit subir les peines que la loi inflige à toute contravention à son vœu en cette partie.

» Ce qu'il y a ici de plus étrange, c'est que le jugement du tribunal correctionnel de Delemont, confirmé par celui du tribunal criminel, met expressément au nombre de ses motifs, la circonstance *que le passavant ne fait mention que du poids et ne fait pas la description détaillée des marchandises;* de manière qu'il juge positivement qu'il manque à ce passavant une des conditions essentiellement requises par l'art. 16. — Le moyen de concevoir, après cela, que le tribunal correctionnel, et après lui le tribunal criminel, aient pu prendre sur eux de décharger le prévenu des peines prononcées contre lui par cet article?

» Vainement dirait-on que, si le passavant n'est pas conforme à la loi, c'est par le fait du receveur qui l'a délivré. — Le receveur n'a pu le délivrer que d'après la déclaration qu'on lui a faite, en le lui demandant; ce n'est pas à lui à examiner si la déclaration qu'on lui fait, remplit ou ne remplit pas toutes les conditions nécessaires; il délivre le passavant tel qu'on le lui demande; il le délivre aux risques et périls du marchand qui veut en faire usage; tant pis pour le marchand, s'il n'a pas bien pris ses mesures pour assurer la validité du passavant; si le passavant se trouve nul, il ne peut l'imputer qu'à lui-même; et il doit alors, de deux choses l'une, ou s'en faire délivrer un nouveau, avant d'enlever ses marchandises, ou courir la chance d'une saisie.

» Ainsi, C. M., il y a évidemment ici triple contravention aux art. 15 et 16 du tit. 3 de la loi du 22 août 1791 et à l'art. 1.er de la loi du 19 vendémiaire an 6, qui en a renouvelé les dispositions :

» Contravention, en ce qu'il n'a point été fait de déclaration par le prévenu au bureau des douanes de Mervilliers, avant l'enlèvement des marchandises qu'il voulait faire circuler dans le myriamètre limitrophe de l'étranger;

» Contravention, en ce qu'avant ce même enlèvement, le prévenu n'a point pris de passavant au même bureau;

» Enfin contravention, en ce que le passavant pris après l'enlèvement des marchandises, n'énonce, ni la quantité, ni le nombre, ni les mesures des marchandises.

» Ces moyens de cassation sont trop évidens, trop palpables, pour que nous puissions nous permettre de vous fatiguer par la discussion de ceux que la régie des douanes a proposés dans son mémoire; il en est bien quelques-uns qui mériteraient votre attention, s'ils étaient nécessaires; mais ils sont complètement inutiles, et ce serait perdre un temps précieux que de nous y arrêter.

» Dans ces circonstances et par ces considérations, nous estimons qu'il y a lieu de casser et annuller le jugement du tribunal criminel du département du Mont-Terrible, pour contravention aux art. 15 et 16 du tit. 3 de la loi du 22 août 1791, renouvelés et confirmés par la loi du 19 vendémiaire an 6.... ».

Sur ces conclusions, arrêt du 5 messidor an 8, au rapport de M. Sieyes, par lequel,

« Considérant que les art. 15 et 16 du tit. 3 de la loi du 22 août 1791, auxquels se réfèrent les art. 2 et 3 de la loi du 19 vendémiaire an 6, veulent impérativement que les marchandises enlevées dans les deux lieues frontières, pour y circuler ou être transportées dans l'intérieur, ne puissent être mises en mouvement qu'en vertu d'une expédition prise à la douane la plus prochaine avant l'enlèvement de la marchandise; que cette expédition ou passavant énonce les qualités, quantités, poids, nombre et mesures des marchandises, et le lieu de leur destination, et en outre, d'après l'art. 2 de la loi du 19 vendémiaire an 6, l'indication précise de la maison où ces marchandises sont déposées, et le jour et l'heure où elles doivent être enlevées;

» Considérant qu'il est constaté par le procès-verbal dont s'agit, et convenu que lesdits voiturier et propriétaire n'étaient munis d'aucun passavant, ni factures, lors de leur arrestation et de la saisie, que ces marchandises avaient été enlevées avant la délivrance dudit passavant, que ce passavant tardif, présenté après la saisie, n'énonce pas même les qualités, les quantités, poids, nombre et mesures des marchandises;

» Considérant encore que les marchandises ainsi arrêtées dans le rayon de la frontière, en présentent de l'espèce de celles énoncées dans l'art. 5 de la loi du 10 brumaire an 5;

» Le tribunal, par ces motifs, casse et annulle..... ».

§. II. 1.° *Des marchandises circulant sans passavant dans la ligne des douanes, sont-elles, par cela seul, réputées anglaises, lorsque, bien que non comprises dans l'art. 5 de la loi du 10 brumaire an 5, elles ne sont pas accompagnées des certificats d'origine prescrits par l'art. 13 de la même loi?*

2.° *Peut-on, en ce cas, prouver par experts la nationalité de ces marchandises?*

Ces questions se sont présentées à l'audience de la cour de cassation; *sections réunies*, le 16 pluviôse an 11, entre la régie des douanes et Honoré Maurel. — Voici le plaidoyer que j'ai prononcé à cette audience :

« Par le jugement qui vous est dénoncé, le tribunal criminel du département de la Lys s'est mis en opposition directe avec celui qu'avait déjà rendu, sur la même affaire, la section criminelle du tribunal de cassation; et vous êtes appelés par l'art. 78 de la loi du 27 ventôse an 8, à fixer le véritable sens de la disposition législative qui a été entendue dans un sens par une partie de vous mêmes, et dans un autre par un tribunal criminel du département de la Lys.

» Le fait est simple : le 26 brumaire an 10, cinq heures du soir, et par conséquent la nuit, les douaniers du bureau de Breskens, département de l'Escaut, rencontrent sur la grande route, à deux kilomètres et demi de la côte maritime, Honoré Maurel, chargé d'un ballot, et dirigeant sa marche vers l'intérieur.

» Vérification faite de ce ballot, il s'est trouvé contenir trois pièces de toile de coton imprimées, deux pièces de Camelot, quatre paquets de boutons et une pièce d'étoffe de laine bleue, dit *carzais*.

» Sommé de représenter le passavant dont il devait être porteur, Honoré Maurel est convenu n'en point avoir.

» En conséquence, saisie du ballot et des marchandises qui le composent, motivée sur les art..

5 et 13 de la loi du 10 brumaire an 5, relative aux marchandises anglaises.

» Cité devant le tribunal de première instance d'Assenède, jugeant correctionnellement, Honoré Maurel produit, pour sa défense, deux certificats qu'il soutient devoir suppléer au passavant qu'il avait été en défaut de représenter au moment de la saisie.

» Par le premier de ces certificats, daté du 23 thermidor an 9, un négociant d'Anvers atteste avoir vendu à Honoré Maurel, *les marchandises ci-après de sa propre fabrique*, savoir, 64 *aunes de siamoise*, 80 aunes de futaine, 6 pièces de velours de coton, 4 pièces de bazin, 300 aunes de camelot à ligne, 150 aunes de warschoot bleu.

» Par le second, daté du 26 brumaire an 10, jour même de la saisie, le maire de la commune d'Yzendick déclare que le cit. Maurel, *venu en cette commune par certificat* délivré à la mairie d'Anvers, le 23 thermidor dernier, a besoin de transporter à Breskens, en passant par Schoondyck et Groede, les marchandises ci-après détaillées, savoir, 64 aunes de toile de coton, 30 aunes de warschoot bleu, 80 aunes de camelot rayé, et différens objets consistant en boutons et autres merceries.

» Ce certificat est visé, sous la date du même jour, par l'adjoint du maire d'Yzendyck.

» Ces deux pièces à la main, Honoré Maurel prétend n'être en contravention ni à l'art. 5 ni à l'art. 13 de la loi du 10 brumaire an 5.

» Le 9 nivôse an 10, le tribunal d'Assenède rend un jugement préparatoire, par lequel il ordonne que les marchandises saisies seront visitées par des experts, à l'effet d'en vérifier l'origine.

» Et les experts ayant estimé, comme ils le font toujours en pareil cas, que ces marchandises étaient d'origine nationale, jugement intervient le 7 pluviôse, qui déclare la saisie nulle et en donne main-levée à Maurel.

» Sur l'appel interjeté de ce jugement par la régie des douanes, le tribunal civil du département de l'Escaut le confirme purement et simplement, le 15 ventôse an 10.

» Le 3 floréal suivant, jugement de la section criminelle qui casse celui du tribunal criminel du département de l'Escaut, sur le fondement que la saisie ayant eu lieu dans le rayon prohibé, elle devait être considérée comme faite à l'importation; qu'ainsi, c'était par la présomption de la loi, et non par une vérification d'experts, que devait être déterminée l'origine des marchandises saisies; que ces marchandises étaient réputées anglaises; les unes par cela seul qu'elles sont comprises dans la nomenclature que contient l'art. 5 de la loi du 10 brumaire an 5; les autres, c'est-à-dire, les trois pièces de toile de coton, parce qu'elles n'étaient pas accompagnées, au moment de la saisie, des certificats d'origine prescrits par l'art. 13 de la même loi.

» Des motifs aussi lumineux semblaient dicter à l'avance le jugement à rendre par le tribunal criminel du département de la Lys à qui le fond de la cause avait été renvoyé par le jugement de cassation.

» Cependant, le 23 prairial an 10, ce tribunal prononçant sur l'appel qui lui était déféré, ne réforme la décision des premiers juges que relativement aux marchandises réputées anglaises par l'art. 5 de la loi du 10 brumaire an 5; et il la confirme quant aux trois pièces de toile de coton, *attendu*, dit-il, *qu'elles sont prouvées être de fabrique nationale*.

» C'est de ce jugement que la régie des douanes vous demande la cassation; et il ne nous sera pas difficile d'établir qu'il doit être effectivement cassé.

» Nous n'avons besoin pour atteindre à ce but, que de nous attacher à deux points, l'un de fait, l'autre de droit.

» Le point de fait est que la saisie du 26 brumaire an 10 a été pratiquée dans le rayon prohibé. Non-seulement le procès-verbal des douaniers l'énonce en termes formels, mais le jugement attaqué le reconnaît et le constate. Ainsi, nulle difficulté à cet égard.

» Le point de droit est que les trois pièces de toile de coton saisies, faute de passavant, dans le rayon prohibé, devaient, par cette seule raison, être considérées comme importées de l'étranger, et conséquemment assujetties aux formes prescrites par l'art. 13 de la loi du 10 brumaire an 5; et cette proposition est facile à démontrer.

» Quel est l'effet du défaut de passavant pour les marchandises qui circulent dans le rayon prohibé? C'est que le conducteur de ces marchandises est légalement présumé vouloir, ou les importer au préjudice d'une loi qui en prohibe l'entrée, ou les exporter au préjudice d'une loi qui en prohibe la sortie.

» C'est sur ce principe que sont fondés les art. 15 et 16 du tit. 3 de la loi du 22 août 1791. « Les propriétaires ou conducteurs (porte le 1.er de ces articles), des marchandises et denrées qui passeront de l'intérieur de la France sur le territoire des deux lieues limitrophes de l'étranger, seront tenus de les conduire au premier bureau de sortie, et d'en faire la déclaration dans la même forme que pour l'acquit des droits. A l'égard de celles qui devront être enlevées dans cette étendue du territoire des deux lieues limitrophes de l'étranger, pour y circuler ou être transportées dans l'intérieur de la France, la déclaration en devra être faite au bureau, soit d'entrée, soit de sortie, du lieu le plus prochain du lieu de l'enlèvement, *et avant cet enlèvement;* le tout, à peine de confiscation desdites marchandises

» et denrées, et d'amende de cent livres. — » Lesdits propriétaires ou conducteurs (conti- » nue l'art. 16), dans les cas énoncés par l'ar- » ticle ci-dessus....., seront tenus de prendre » auxdits bureaux *et avant l'enlèvement*, des » passavans qui énonceront les qualités, quan- » tités, poids, nombre et mesure des marchan- » dises et le lieu de leur destination. Lesdits » passavans fixeront, en toutes lettres, le temps » nécessaire pour le transport.... ».

» Le même principe se fait encore remarquer dans la loi du 26 ventôse an 5. De ce que des grains circulent sans passavant dans les 15 kilomètres limitrophes, cette loi tire la conséquence que l'on cherche à les exporter; et elle veut qu'ils soient saisis, sans même distinguer si le transport en est fait vers l'étranger ou non, et n'importe que le conducteur, au moment où il est rencontré, dirige ses pas à l'est ou à l'ouest, au nord ou au midi.

» Ainsi, toutes les fois que les marchandises qui, par leur nature, peuvent être étrangères comme nationales, circulent sans passavant dans les 15 kilomètres limitrophes, la présomption légale est qu'elles sont importées de l'étranger en France; et si elles ne sont pas, comme le prescrit l'art. 13 de la loi du 10 brumaire an 5, accompagnées de certificats constatant qu'elles ont été fabriquées dans un autre pays que l'Angleterre, l'art. 13 de la même loi veut que le conducteur soit arrêté, qu'il soit traduit devant le tribunal correctionnel, et que ses marchandises soient confisquées avec une amende triple de leur valeur.

» Quel est donc le motif, parlons plus juste, quel est donc le prétexte qui a pu autoriser le tribunal criminel de la Lys à déclarer nulle la saisie de trois pièces de toiles de coton dont il s'agit? C'est, a dit ce tribunal, que les trois pièces de toiles de coton étaient *prouvées être de fabrique nationale*.

» Elles étaient prouvées être de fabrique nationale ! Et d'où résultait donc cette prétendue preuve? Le tribunal criminel ne s'est pas expliqué là-dessus. Ainsi, nous sommes réduits à rechercher, dans les pièces de la procédure, ce qui a pu former, aux yeux des juges de la Lys, une preuve de nationalité.

» Serait-ce le certificat du fabricant d'Anvers, du 23 thermidor an 9, et celui du maire d'Ysendyck, du 26 brumaire an 10?

» Mais ni l'une ni l'autre de ces pièces n'était en la possession d'Honoré Maurel au moment de la saisie; Honoré Maurel ne les a représentées que devant le tribunal d'Assenède; et sans doute il n'en faut pas davantage pour leur ôter toute croyance, à l'effet de constater l'identité des marchandises qu'elles énoncent, avec les marchandises saisies sur Honoré Maurel.

» Ce serait assurément accorder beaucoup trop à Honoré Maurel, que de consentir à assimiler ces deux pièces à un passavant. Eh bien ! dans cette supposition même, il suffirait que ces deux pièces n'eussent pas accompagné le ballot saisi, pour que le porteur de ce ballot fût en contravention.

» Ce principe a été consacré par plusieurs jugemens du tribunal de cassation. Nous nous bornerons à en citer deux rendus sur nos conclusions, les 5 messidor et 8 thermidor an 8.

» Le premier porte : « considérant qu'il est » mentionné dans le procès-verbal dont il s'agit, » et convenu, que lesdits voituriers et proprié- » taires n'étaient munis d'aucun passavant ni » facture, lors de leur arrestation et de la saisie; » que ces marchandises avaient été enlevées » avant la délivrance dudit passavant; *que ce* » *passavant tardif, présenté après la saisie*, » n'énonce pas même les qualités.... ».

» L'autre jugement est ainsi conçu : « consi- » dérant que l'exhibition tardive d'un passavant » que les prévenus déclarèrent ne point avoir » lors de la saisie, et qui régulièrement aurait » dû accompagner les grains transportés; *que* » *cette exhibition tardive n'a pu couvrir la con-* » *travention*... ».

» Il est donc bien constant que ce n'est, ni le certificat du fabricant d'Anvers, ni celui du maire d'Ysendick, qui ont pu légalement déterminer le tribunal criminel de la Lys à regarder les trois pièces de toiles de coton comme provenant d'une fabrique nationale; et ce qui prouve qu'en effet il ne s'est point arrêté à ces certificats, c'est qu'il a prononcé la confiscation des autres marchandises qui se trouvaient dans le même ballot.

» Quelle pièce reste-t-il donc dans la procédure, qui ait pu motiver le jugement du tribunal criminel de la Lys? Il n'en reste point d'autre que le procès-verbal des experts nommés par le jugement préparatoire du tribunal d'Assenède, pour vérifier si les marchandises saisies étaient ou non de fabrique nationale.

» Or, il s'en faut beaucoup que ce procès-verbal puisse être considéré comme une pièce probante.

» Il n'y a, pour les marchandises consistantes en toiles ou étoffes, qu'une manière de prouver qu'elles sont de fabrique nationale : c'est de les présenter revêtues des signes distinctifs de la nationalité, c'est-à-dire, des marques et des plombs propres à chaque manufacture établie en France.

» Vous avez constamment jugé que la régie des douanes ne pouvait pas, hors du rayon prohibé, prouver par expertise la non-nationalité des étoffes qui s'y trouvent; et vous l'avez ainsi jugé sur le sage fondement qu'en cette matière, rien n'est plus incertain que les résultats des expertises.

» On doit donc, par réciprocité de raison, juger également que, dans le rayon prohibé, une expertise n'est pas admissible pour établir la nationalité des étoffes qui y ont été saisies.

» Et non-seulement le bon sens indique cette manière de juger, mais la loi elle-même la commande expressément; car, nous l'avons déjà dit, de cela seul qu'elle ordonne la confiscation, avec amende, de toute marchandise circulant dans le rayon prohibé sans passavant, il résulte nécessairement que toute marchandise trouvée sans passavant dans ce rayon, est, par une présomption *juris et de jure*, réputée, soit importée, soit exportée, en contravention aux réglemens sur les douanes.

» Par ces considérations, nous estimons qu'il y a lieu de casser et annuller le jugement du tribunal criminel du département de la Lys, du 23 prairial an 10, en tant qu'il donne main-levée des trois pièces de toiles de coton y mentionnées..... ».

Conformément à ces conclusions, arrêt du 16 pluviôse an 11, au rapport de M. Ruperou, par lequel,

« Vu les art. 1, 5 et 13 de la loi du 10 brumaire an 5; vu pareillement l'art. 23, tit. 10, de la loi du 22 août 1791, qui porte : *Dans les cas néanmoins où les marchandises seraient de la classe de celles prohibées à l'entrée, la confiscation en sera prononcée* (malgré la nullité des procès-verbaux);

» Attendu, en premier lieu, que les marchandises prohibées *conditionnellement* par l'art. 13 de la loi du 10 brumaire an 5, doivent être considerées dans la même cathégorie que celles frappées de *prohibition absolue* par l'art. 5 de la même loi; que par conséquent si celles-là sont saisies dans les trois lieues frontières, sans être accompagnées de certificat d'origine, ce n'est pas plus le cas de recourir à l'expertise, pour en déterminer l'origine, que lorsque celles-ci sont également saisies dans le rayon prohibé, sans être accompagnées de l'expédition des douanes voulues par la loi;

» Attendu, en second lieu, qu'il est constant, dans l'espèce, que les toiles peintes dont il s'agit, n'étaient pas accompagnées de certificat d'origine quand elles ont été saisies, à l'importation, avec les autres marchandises réputées anglaises; qu'ainsi, et d'après l'art. 23 du tit. 10 de la loi du 22 août 1791, elles étaient par cela même confiscables, comme les autres objets avec lesquels elles se trouvaient emballées;

» Attendu enfin, que, dans tous les cas, les deux pièces produites postérieurement à la saisie, ne pouvaient suppléer à celles qu'exige la loi;

» D'après ces motifs, le tribunal, en sections réunies, casse et annulle... ».

§. III. *Les dispositions de la loi du 10 brumaire an 5 sont-elles applicables à des objets de fabrique étrangère trouvés sans passavant ni certificat d'origine, à plus de trois lieues de l'extrême frontière, mais entre les lignes de deux bureaux, l'un d'entrée, l'autre de sortie?*

Cette question et deux autres indiquées à l'article *Ligne des douanes*, se sont présentées à l'audience de la cour de cassation, *sections réunies*, dans l'espèce suivante.

Le 4 prairial an 8, procès-verbal des préposés ambulans du bureau d'Anvers, qui constate, 1.° *qu'étant en observation dans un petit bois situé à une demi-lieue de la commune de Wineghem, en retirant vers la frontière*, ils ont vu venir *par un chemin venant directement de la Hollande*, un inconnu conduisant une charrette *qui se dirigeait vers l'intérieur*; 2.° qu'ayant sommé cet inconnu *de déclarer les marchandises qu'il transportait, et de représenter les expéditions des douanes, qu'il avait dû lever au premier bureau d'entrée de la frontière, il avait refusé de répondre*, avait abandonné sa charrette et son cheval, et *s'était échappé en rétrogradant vers l'étranger*; 3.° qu'ils ont trouvé sur la charrette, quatorze ballots de *toiles de coton imprimées*, sans certificat d'origine.

En conséquence, dépôt des marchandises saisies au bureau d'Anvers; et après l'affirmation prescrite par la loi l'*inconnu* est cité par affiche à l'audience du tribunal correctionnel de la même ville.

Le 6 du même mois, jugement qui, donnant défaut contre l'*inconnu* déclare la saisie valable, prononce la confiscation des quatorze ballots, et condamne l'*inconnu* à une amende égale à la triple valeur de ces marchandises.

Le 13, Adrien Vantillo se présente au greffe du tribunal d'Anvers; il y déclare *être l'inconnu qui conduisait une voiture attelée d'un cheval et chargée de quatorze ballots de toiles de coton imprimées, de* DIFFÉRENTES COULEURS, *saisis le 4 du présent mois*. Et conformément à la faculté que lui en accorde l'art. 194 du Code des délits et des peines, il interjette appel du jugement du 6.

Le 3 messidor suivant, le tribunal criminel du département des Deux-Nèthes annulle le jugement du 6 prairial, pour vice de forme, et renvoie l'affaire au tribunal correctionnel de Malines.

Le 8 thermidor, le tribunal correctionnel de Malines se déclare incompétent, sous le prétexte qu'il ne s'agit pas d'une contravention à la loi du 10 brumaire an 5, mais seulement de l'introduction de marchandises non prohibées, par d'autres bureaux que ceux désignés par l'art. 11 du tit. 1 de la loi du 9 floréal an 7.

Le 25 vendémiaire an 9, jugement du tribunal criminel du département des Deux-Nèthes, qui, sur l'appel interjeté par la régie, déclare qu'il a été bien jugé.

Le 7 frimaire suivant, la cour de cassation, au rapport de M. Génevois,

« Vu les art. 13 et 15 de la loi du 10 brumaire an 5; considérant que d'après les dispositions renfermées dans ces deux articles, l'attribution donnée aux tribunaux correctionnels par la loi du 10 brumaire an 5, ne se borne pas simplement à la saisie des marchandises anglaises ou réputées anglaises, mais qu'elle comprend encore tous les *objets de fabrique étrangère* non mentionnés dans l'art. 5 de ladite loi, et qui seraient importés sans être accompagnés de certificats d'origine;

» Considérant que, dans l'espèce, il s'agit d'objets de fabrique étrangère, saisis au moment de l'importation, faute d'être accompagnés de certificats constatant qu'ils provenaient de pays avec lesquels la république n'est point en guerre; et qu'aux termes de l'art. 15 précité, la connaissance de cette contravention appartient au tribunal correctionnel dans l'arrondissement duquel elle a été commise, que par conséquent le tribunal correctionnel de Malines a commis un excès de pouvoir, en se déclarant incompétent et en renvoyant les parties devant le juge de paix du canton où la saisie avait eu lieu, sous le prétexte que la connaissance de cette affaire n'appartenait qu'aux tribunaux civils; vu l'art. 456 du Code des délits et des peines;

» Casse et annulle le jugement rendu par le tribunal criminel du département des Deux-Nèthes, du 25 vendémiaire an 9, et celui du tribunal correctionnel de Malines, du 8 thermidor an 8 ».

Le 23 pluviôse an 9, la cause est reportée devant le tribunal correctionnel de Bruxelles; et ce tribunal, considérant que, du procès-verbal du 4 prairial an 8, il résulte évidemment que la charrette, à l'instant où elle a été apperçue par les préposés des douanes, *passait dans la limite d'un bureau de première ligne*, déclare la saisie valable, confisque les quatorze ballots, et condamne Adrien Vantille à l'amende de la triple valeur.

Sur l'appel de Vantille, jugement du tribunal criminel du département de la Dyle, du 23 prairial, qui réforme celui du tribunal correctionnel de Bruxelles, et déclare la saisie nulle, attendu, entre autres motifs, qu'il s'agit de toiles peintes; et qu'elles ont été arrêtées à Wyneghem, *commune distante au moins de cinq lieues de la plus prochaine frontière de terre, en deçà du bureau de seconde ligne qui se trouve au-delà d'Anvers.*

Le 27 thermidor an 9, au rapport de M. Schwendt, la cour de cassation annulle ce jugement,

« Vu les art. 5, 13 et 15 de loi du 10 brumaire an 5, et l'art. 11 du tit. 1 de la loi du 9 floréal an 7;

» Et attendu 1.° qu'il est établi par procès-verbal des préposés des douanes, que les toiles de coton dont il s'agit, ont été saisies à une demi-lieue de la frontière, sur un chemin venant directement de la Hollande; qu'elles n'étaient accompagnées d'aucun certificat d'origine, et que leur introduction a eu lieu par des lieux autres que ceux désignés par la loi du 9 floréal an 7; 2.° que, sous tel rapport que puissent être considérées les marchandises saisies, leur transport est contraire, soit à l'art. 5, soit à l'art. 13 de la loi du 10 brumaire an 5, soit à l'art. 11 du tit. 1 de la loi du 9 floréal an 7; puisque, par la première de ces dispositions, l'introduction des toiles de coton est prohibée; que, par la seconde, elle n'est autorisée, lorsqu'il est soutenu qu'elles proviennent de fabriques de pays non en guerre avec la république, qu'autant qu'elles sont accompagnées de certificats d'origine qui le constatent; et que, par la troisième, l'introduction ne peut avoir lieu que par les points désignés; 3.° qu'aux termes de l'art. 15 de la loi du 10 brumaire an 5, la confiscation et les autres peines y mentionnées étaient encourues; enfin, que les circonstances politiques ont occasionné des modifications à la législation des douanes établie par la loi du 22 août 1791, dont l'application ne pouvait avoir lieu d'après les dispositions des lois subséquentes ».

Par cet arrêt, l'affaire est renvoyée au tribunal criminel du département de Jemmapes, qui y statue en ces termes le 28 vendémiaire an 10:

« Vu les art. 25 et 26 du tit. 2, l'art. 3 du tit. 13 de la loi du 22 août 1791, et les art. 6 et 8 de la loi du 12 pluviôse an 3;

» Considérant qu'il résulte jusqu'à certain point des pièces de la procédure, et, à règle de droit, de la carte Ferraris administrée d'office dans le cours des débats, que les marchandises dont il s'agit, ont été arrêtées une demi-lieue environ au-dessus de Wyneghem, commune distante au moins de cinq lieues, de la plus prochaine frontière de l'étranger;

» Considérant qu'il en résulte également que cette arrestation a été pratiquée beaucoup au-dessous des bureaux de Barten et de Basserthogen, et de celui de Turnhout, bureau de seconde ligne de la frontière de terre; par conséquent, qu'elles n'ont été arrêtées, ni dans les deux lieues frontières de l'étranger, ni avant entre les bureaux de première et seconde ligne;

» Considérant qu'il n'a point été établi par le procès-verbal des préposés des douanes, que les toiles de coton dont il s'agit, ont été saisies à une demi-lieue de la frontière, mais seulement que lesdits préposés étant en observation dans un petit bois à une demi-lieue de Wyneghem, en retirant vers la frontière, auraient vu arriver, etc.;

» Considérant que l'art. 11 du tit. 1 de la loi du 9 floréal an 7 ni la loi du 10 brumaire an 5 ne prohibent la circulation des marchandises non comprises ès-art. 1 et 5 de la ladite loi, en deçà du rayon légal, à moins qu'elles ne soient saisies à l'importation;

» Considérant que rien ne prouve l'importation desdites marchandises, vu que les arrêtans n'ont pas relaté, ce que la loi requiert, avoir suivi ces marchandises depuis la bande frontière; partant, qu'il n'y a lieu à appliquer ni l'art. 11 du tit. 1 de la loi du 9 floréal an 7, ni la loi du 10 brumaire an 5;

» Par ces motifs, le tribunal déclare nulle la saisie du 4 prairial an 8 ».

La régie des douanes se pourvoit en cassation, et emploie pour moyens les motifs de l'annullation prononcée, le 21 thermidor an 9, du jugement du tribunal criminel du département de la Dyle du 23 prairial précédent; en conséquence, l'affaire est portée devant les sections réunies.

« Le premier pas à faire dans l'examen de cette cause (ai-je dit à l'audience du 28 pluviôse an 12) est de déterminer avec précision qu'elle est, sous les rapports du régime douanier, la nature des marchandises saisies, le 4 prairial an 8, dans les environs de la commune de Wineghem.

» Ces marchandises, suivant le procès-verbal des préposés des douanes, consistent en toiles de coton.

» Or, les toiles de coton sont-elles comprises dans la nomenclature des marchandises qui, de plein droit, sont réputées anglaises à l'importation? La négative nous paraît clairement établie, et par l'art. 5 de la loi du 10 brumaire an 5, et par les art. 10 et 11 du tit. 1 de la loi du 9 floréal an 7.

» L'art. 5 de la loi du 10 brumaire an 5 ne comprend les cotons dans la nomenclature dont il s'agit, que lorsqu'ils se trouvent ou filés ou convertis en étoffes. Or, ici, il n'est question ni de cotons filés ni d'étoffes de coton.

» L'art. 10 du tit. 1 de la loi du 7 floréal an 7, fixe à 10 fr. par myriagrame, le droit d'entrée des *toiles de coton blanches*, et à 8 fr. celui des toiles de coton *en écru*. Il n'est donc défendu d'introduire en France, ni les toiles de coton en écru, ni les toiles de coton blanches.

» Il est vrai que, dans notre espèce, il ne s'agit, ni de toiles de coton blanches, ni de toiles de coton en écru, mais de toiles de coton peintes et imprimées. Eh bien! l'art. 11 de la même loi veut que les *toiles peintes, teintes ou imprimées* ne puissent entrer que par les bureaux de Bourg-Libre, de Verrières-Dejoux et de Versoix: il suppose donc, ou plutôt il prouve, que l'importation des *toiles peintes, teintes ou imprimées*, n'est pas prohibée d'une manière absolue; il prouve donc qu'elles ne sont pas réputées, de plein droit, marchandises anglaises. — Et, qu'on ne dise pas que les toiles de coton ne sont pas comprises dans cette disposition. Elles y sont comprises par deux raisons également simples: la première, parce que, de fait, on ne peint, on ne teint, on n'imprime que les toiles de coton; la deuxième, parce que les mots, *toiles peintes, teintes ou imprimées*, embrassent indéfiniment toutes les toiles susceptibles de peinture, de teinture ou d'impression.

» Mais de ce que les toiles de coton saisies le 4 prairial an 8, ne sont pas, de plein droit, réputées marchandises anglaises, s'ensuit-il qu'elles ne doivent pas être considérées comme telles dans notre espèce? Vous savez, C. M., qu'au moment où elles ont été arrêtées, elles n'étaient accompagnées d'aucun certificat d'origine. Or, d'une part, il résulte des art. 13 et 15 de la loi de 10 brumaire an 5, que les objets de fabrique étrangère, qui, à l'importation, ne sont pas accompagnés de certificats d'origine, sont, par cela seul, réputés provenir des fabriques anglaises ou du commerce anglais. D'un autre côté, par les art. 15 et 16 du tit. 3 de la loi du 22 août 1791, toute marchandise qui circule dans la ligne des douanes, sans les expéditions requises, est présumée, de droit, venir de l'étranger, si l'importation en est défendue, ou sortir de France, si l'exportation en est prohibée. Donc, tout objet de fabrique qui circule dans la ligne des douanes, sans passavant ni certificat d'origine, est, par cela seul, réputé marchandise anglaise; et c'est ce que vous avez formellement jugé, sections réunies, le 16 pluviôse an 11, au rapport du cit. Ruperou, et le 18 thermidor suivant, au rapport du cit. Sieyès. C'est aussi sur ce fondement que, dans l'affaire soumise aujourd'hui à votre examen, la section criminelle a cassé, le 7 frimaire an 9, un jugement du tribunal criminel du département des Deux-Nèthes, qui, sous les rapports juridictionels, avait déclaré la loi du 10 brumaire an 5 inapplicable à la cause, et renvoyé les parties devant les juges civils.

» Il est d'ailleurs bien évident que la loi du 9 floréal an 7 n'a dérogé, ni pour les toiles de coton blanches ou en écru, ni pour les toiles de coton peintes ou imprimées, à la nécessité de l'accompagnement d'un certificat d'origine. Comment, en effet, y aurait-elle dérogé? En déterminant le droit d'entrée des unes, et en limitant, à l'égard des autres, le nombre des bureaux par lesquels elles pourront entrer en France? Mais elle contient les mêmes dispositions pour les nankins et les mousselines des Indes; et cependant elle est si éloignée de regarder ces dispositions comme emportant, par elles-mêmes, l'abrogation de la formalité du certificat d'origine, qu'elle déclare expressément, art. 12, que, pour les nankins et les mousselines des Indes, cette formalité ne sera plus nécessaire à l'avenir. — Elle ne sera plus nécessaire pour les nankins et les mousselines des Indes! Donc elle le sera encore pour les autres marchandises; donc elle le sera encore pour les toiles de coton : *Exceptio firmat regulam in casibus non exceptis.* — Et voyez, C. M., quelle lumière et quelle force vous avez vous-mêmes ajoutées à cette conséquence, en déclarant, par votre jugement du 18 thermidor an 11, sections réunies : que *la permission* accordée par la loi du 9 floréal an 7, *d'importer des sucres de l'étranger, en payant certains droits, n'avait point dérogé à la défense portée par la loi du 10 brumaire an 5, d'importer les marchandises provenant des fabriques ou du commerce anglais!*

» Nous devons donc reconnaître ici, comme une vérité constante, que la cause doit être jugée comme s'il s'agissait de marchandises formellement comprises dans la nomenclature que renferme l'art. 5 de la loi du 10 brumaire an 5; et dès-là, rien de si facile que d'établir la nécessité de casser le jugement du tribunal criminel du département de Jemmapes, du 28 vendémiaire an 10.

» Ce jugement doit être cassé, parce qu'il a considéré comme circulant dans l'intérieur de la France, des marchandises qui réellement circulaient dans la ligne des douanes; et qu'en violant, par là, les art. 15 et 16 du tit. 3 de la loi du 22 août 1791, entendus comme ils doivent l'être d'après l'arrêté du Directoire exécutif du 17 thermidor an 4, il a nécessairement violé, non-seulement les art. 1, et 13 et 15 de la loi du 10 brumaire an 5, mais encore l'art. 11 du tit. 1 de la loi du 9 floréal an 7.

» Que la saisie du 4 prairial an 8 ait été faite dans la ligne des douanes, c'est ce qui résulte de la situation de la commune de *Wineghem*, au-dessus et à une demi-lieue de laquelle on convient qu'elle a été pratiquée. — La carte de Ferraris, que le tribunal criminel du département de Jemmapes a prise pour base de son jugement, constate que la commune de *Wineghem* est située dans le parallélogramme que forment en première ligne le bureau de *Wurtwésel*, et en seconde ligne, le bureau *d'Anvers.*

» Nous disons que le bureau d'Anvers est un bureau de seconde ligne, et nous le disons d'après le jugement que vous avez rendu, sections réunies, le 18 thermidor an 11. Alors, comme aujourd'hui, il s'agissait d'une saisie faite dans l'espace renfermé entre le bureau d'Anvers et les bureaux placés parallèlement à Wurtzwésel et à Hoogstraeten. Alors, comme aujourd'hui, on soutenait, pour le fraudeur pris en flagrant délit, que le hameau d'Owerbroeck, dans lequel la saisie avait été faite, était éloigné de plus de deux lieues de la frontière; que d'ailleurs le bureau de seconde ligne, à l'égard du hameau d'Owerbroeck, était celui de Turnhout, en deçà de la portée duquel ce hameau se trouvait placé. Alors, comme aujourd'hui, on soutenait qu'Anvers n'était bureau de seconde ligne que pour la mer, et qu'il ne l'était point pour la terre. — Qu'avez-vous décidé? Vous avez cassé le jugement du tribunal criminel du département de la Dyle qui avait déclaré nulle la saisie dont il s'agissait, sous le prétexte que le hameau d'Owerbroeck était placé en deçà du bureau de Turnhout, et que le bureau d'Anvers n'était bureau de seconde ligne que pour la mer; et vous l'avez cassé, attendu *qu'il résulte de l'ensemble des opérations administratives constantes par le fait même, et des lois sur la matière, qu'un bureau des douanes est établi à Anvers; que la saisie a été faite entre ce bureau et ceux de Wurtzwésel et Hoogstraeten.*

» La seule différence que l'on puisse remarquer entre l'espèce sur laquelle est intervenu ce jugement et celle dont il est aujourd'hui question, c'est que, dans la première, le hameau d'Owerbroeck était moins éloigné de la frontière que ne l'est la commune de Wineghem. Mais cette différence est absolument insignifiante, pourquoi? parce qu'aux termes de l'arrêté du directoire exécutif du 17 thermidor an 4, il suffit qu'une saisie soit faite entre les lignes de deux bureaux, pour qu'elle soit censée faite dans le rayon douanier. Que le lieu de la saisie soit à une distance plus ou moins grande de la frontière, qu'il en soit éloigné de deux, de trois, de quatre, de cinq lieues, il n'importe : dans tous les cas, l'arrêté veut que les dispositions des art. 15 et 16 du tit. 3 de la loi du 22 août 1791 y soient *exécutées à l'égard de toutes denrées et marchandises transportées sur le territoire situé entre les deux lignes de bureaux et postes de services des douanes, qui, par des difficultés de localité, sont à plus de deux lieues de l'extrême frontière.*

» Dira-t-on que du moins le bureau de Turnhout est aussi bien bureau de seconde ligne que le bureau d'Anvers, et que la commune de Wineghem étant placée en deçà de la ligne du bureau de Turnhout, cela doit suffire pour que cette commune soit considérée comme hors du rayon des douanes? C'est effectivement ce qu'avait dit le tribunal criminel de la Dyle dans son jugement du 23 prairial an 9, que la section criminelle a cassé le 27 thermidor suivant. Mais la seule inspection de la carte détruit ce vain paralogisme.

» Pour déterminer quels sont, dans un rayon de douanes, les bureaux de première et de seconde ligne entre lesquels est située une commune, que faut-il faire? deux choses. — Il faut d'abord tirer une ligne perpendiculaire depuis le bureau de première ligne dont elle est le plus rapprochée, jusqu'au point parallèle à sa situation; ensuite, comparer les distances respectives des bureaux de seconde ligne, au point où s'arrête cette ligne perpendiculaire. Le résultat de ces deux opérations sera que la commune en question a pour bureau de seconde ligne celui qui se trouve le plus à sa portée.

» Pour rendre ceci plus sensible, supposons qu'un bureau de première ligne soit établi à Versailles, et qu'il y ait deux bureaux de seconde ligne à deux barrières de Paris, celle de Vaugirard et celle de Saint-Martin; il s'agit de savoir quel est, de ces deux bureaux, celui qui, pour la commune de Vaugirard, doit être réputé bureau de seconde ligne. Que ferez-vous pour vous en assurer? Vous tirerez de Versailles une ligne qui viendra aboutir perpendiculairement entre Auteuil et Vaugirard, au point parallèle à la situation de cette dernière commune. Ensuite, vous examinerez quel est, parmi les deux bureaux de seconde ligne, le plus voisin de ce point. Et comme le plus voisin est incontestablement le bureau de la barrière de Vaugirard, vous direz: *Le bureau de la barrière de Vaugirard est le bureau de la seconde ligne de la commune du même nom.* Et si quelqu'un vient prétendre que c'est le bureau de la barrière Saint-Martin, que lui répondrez-vous? Rien, parce qu'on ne doit rien répondre à une absurdité.

» Voilà pourtant ce qu'a prétendu, ce qu'a jugé, dans la cause actuelle, le tribunal criminel du département de la Dyle. Jetez les yeux sur la carte, vous y verrez qu'en tirant du bureau de Wurtzvésel une ligne perpendiculaire au point parallèle à la situation de la commune de Wineghem, cette ligne viendra, à la vérité, aboutir entre le bureau d'Anvers et le bureau de Turnhout; mais que, du bureau de Turnhout à la commune de Wineghem, il y a au moins cinq lieues, tandis qu'il n'y en a que deux de la commune de Wineghem au bureau d'Anvers.

» Donc le bureau d'Anvers est le bureau de seconde ligne de la commune de Wineghem. Donc la saisie du 4 prairial an 8 a été pratiquée dans le rayon des douanes. Donc cette saisie est valable; donc, en la déclarant nulle, les tribunaux criminels des départemens de la Dyle et de Jemmapes ont violé les art. 15 et 16 du tit. 3 de la loi du 22 août 1791, l'arrêté du 17 thermidor an 4, les art. 13 et 15 de la loi du 10 brumaire an 5, et l'art. 11 du tit. 1 de la loi du 9 floréal an 7. Donc il y a lieu de casser et annuller le jugement attaqué ».

Sur ces conclusions, arrêt du 28 pluviôse an 12, au rapport de M. Liger-Verdigny, par lequel,

« Vu les art. 5, 13 et 15 de la loi du 10 brumaire an 5, l'art. 35, tit. 13, de celle du 22 août 1791, et l'arrêté du directoire exécutif du 17 thermidor an 4;

» Considérant 1.° qu'il est constaté par le procès-verbal des préposés des douanes, que les toiles de coton dont il s'agit, n'étaient accompagnées d'aucun certificat d'origine, et qu'elles avaient été introduites par des lieux autres que ceux désignés par la loi du 9 floréal an 7;

» Qu'il est encore établi par ce procès-verbal, que, lorsque la charrette chargée des toiles de coton, a été arrêtée, *les préposés étaient en observation dans un petit bois situé à une demi-lieue de Wineghem, en retirant vers la frontière;*

» Qu'il y est dit positivement que *les préposés des douanes ont vu cette voiture qui se dirigeait à l'intérieur par un chemin qui venait directement de la Hollande;*

» 3.° Que la saisie ayant été faite sur le territoire entre les deux lignes de bureaux et postes de service des douanes, elle était régulière; que la distance de l'une à l'autre ligne, même excédant celle d'un myriamètre, n'est point un obstacle à la validité de la saisie, ainsi qu'il est prescrit par l'arrêté du 17 thermidor an 4;

» Par ces motifs, le tribunal, faisant droit sur le pourvoi de la régie des douanes, casse et annulle.... ».

§. IV. *Les marchandises étrangères peuvent-elles être introduites en France, pour transiter à l'étranger, sans être accompagnées du certificat d'origine prescrit par l'art. 13 de la loi du 10 brumaire an 5?*

Cette question s'est présentée à l'audience de la cour de cassation, *sections réunies*, le 10 floréal an 11. Voici les conclusions que j'ai données sur l'affaire qui l'avait fait naître:

« Les faits qui ont donné lieu au jugement dont le sort vous est, en ce moment, soumis, sont extrêmement simples.

» Le 29 ventôse an 8, le cit Klenck, commis expéditionnaire du cit. Moyse, commissionaire à Bourg-Libre, se présente au bureau des douanes de cette commune; il y remet, au nom du cit. Moyse, une déclaration de quatre caisses de marchandises venant de Bâle, et un certificat des officiers municipaux de Bâle même, constatant qu'elles leur ont été déclarées être *propriété suisse;* et il demande une autorisation pour les faire passer en *transit,* par Mayence, à Francfort.

» Avant d'expédier le *passavant,* les préposés de la régie des douanes vérifient le contenu des caisses, et comparent le résultat de leur vérification avec la déclaration et le certificat d'origine représentés par le cit. Klenck.

» Ils trouvent, dans la caisse n.° 235, six livres de linon, 36 livres de mouchoirs de coton en couleur, et 50 livres de toile de coton blanche de moins que n'énonçaient la déclaration et le certificat d'origine. — Mais ils y trouvent de plus 50 livres de mousseline unie et 32 livres de mousseline brodée.

» Dans la caisse n.° 237, ils trouvent de moins 21 livres de mousseline brodée, 35 livres de toile de coton blanche, et 4 livres de mouchoirs de coton en couleur; mais ils y trouvent de plus 2 livres de mousseline unie.

» Dans la caisse n.° 238, ils trouvent de moins 142 livres de mousseline unie, 32 livres de mousseline brodée, et 90 livres de toile de coton blanche; mais ils y trouvent de plus 264 livres de mouchoirs de coton en couleur.

» Enfin, dans la caisse n.° 240, ils trouvent de moins 7 livres de linon-gaze, 32 livres de toile de coton blanche, 6 livres de mouchoirs de coton en couleur, 32 livres de mousseline unie; mais ils y trouvent de plus 72 livres de mousseline brodée, une livre et demie de mouchoirs de soie, et 12 livres de coton blanc filé.

» De tous ces rapprochemens, les préposés concluent que la déclaration du cit. Klenck est fausse, que le certificat d'origine n'est pas applicable aux quantités de marchandises qui excèdent les poids désignés dans cette déclaration, et que, par suite, le cit. Klenck est, quant à cet excédent, en contravention à l'art. 13 de la loi du 10 brumaire an 5.

» Ils ajoutent que, dans cet excédent, il se trouve du coton filé, et que, par l'art. 5 de la même loi, les cotons filés sont réputés marchandises anglaises à l'importation.

» En conséquence, ils saisissent, non la totalité de marchandises renfermées dans les quatre caisses, mais seulement l'excédent de chaque caisse sur la déclaration et le certificat d'origine.

» Cette saisie, d'abord validée par un jugement par défaut du tribunal correctionnel d'Altkirck, du 13 germinal an 8, a été annullée, sauf pour la livre et demie de soie et les 12 livres de coton filé, par un jugement rendu sur l'appel du cit. Klenck, par le tribunal criminel du département du Haut-Rhin, le 24 messidor an 9, et motivé sur ce que « 1.° la conduite tenue par l'appelant, » lors de sa déclaration au bureau de Bourg-» Libre, et les pièces qu'il a produites en même » temps à ce bureau, écartent toute idée de » fraude de sa part; que, s'il s'est trouvé du » déficit dans certains ballots, il s'est rencontré » un excédent de poids dans d'autres; et qu'en » dernier résultat, loin que les droits de la répu-» blique en soient fraudés, ils auraient été au-» dessus du taux auquel les portait la pesée des » objets déclarés; 2.° Que néanmoins les co-» tons filés et la soierie qui accompagnaient les » autres marchandises, se trouvent dans le cas » de la confiscation prononcée par la loi du 10 » brumaire an 5, en ce que, par l'art. 5 de » ladite loi, les cotons filés sont formellement » réputés marchandises anglaises; et que les » mouchoirs de soie n'ayant été, ni déclarés » au bureau, ni portés dans les certificats, » tombent, comme objets de fabrique étran-» gère, dans les dispositions de l'art. 13 de la » même loi ».

» La régie des douanes s'est pourvue en cassation contre ce jugement; et le 28 frimaire an 10, il a été cassé, *pour contravention aux art. 3 et 4 de la loi du 1.er mars 1793, et aux art. 13 et 15 de la loi du 10 brumaire an 5*, attendu « 1.° que les marchandises dont la confiscation » a été déclarée par le procès-verbal de saisie » du 29 ventôse an 8, n'étaient pas accompa-» gnées d'un certificat d'origine, tel et ainsi que » l'exigent les articles des lois précitées; que la » déclaration insérée au certificat d'origine dé-» livré par la municipalité de Bâle, que les mar-» chandises étaient propriété suisse, n'équivaut » pas et ne peut suppléer à l'attestation for-» melle requise par l'art. 4 de la loi du 1.er mars » 1793, pour la régularité des certificats d'ori-» gine; — 2.° Qu'en supposant même que le » certificat d'origine soit conçu dans les termes » de la loi, il ne doit s'appliquer qu'aux mar-» chandises déclarées, et non à celles dont il » n'y est pas fait mention; que dans l'espèce, » le certificat d'origine produit ne s'applique » pas aux marchandises dont la confiscation a » été déclarée par les préposés aux douanes; » qu'il est constaté par leur procès-verbal, qu'il » y avait erreur dans le poids, la quotité et la » nature des marchandises; que la déclaration » faite par le certificat d'origine, n'étant point » conforme à la vérification faite par les pré-» posés aux douanes, il résultait de cette incer-» titude, que les marchandises non déclarées » ou faussement déclarées, n'étaient véritable-» ment accompagnées d'aucun certificat d'ori-» gine, et qu'elles étaient sujettes à la confis-» cation ».

» L'affaire renvoyée, en conséquence, au tribunal criminel du département de la Haute-Saône, jugement y est intervenu, le 15 prairial an 10, qui a prononcé comme l'avait fait le tribunal criminel du Haut-Rhin, « Attendu que, » d'après la déclaration faite par l'appelant au » bureau des douanes, il s'agit moins ici d'ob-» jets importés pour être consommés en France, » que d'objets admis à passer simplement sur le » territoire de la république, pour lesquels il » n'est dû qu'un simple droit de *transit* par » quintal, et de la destination desquels on peut » s'assurer par les précautions que les lois in-» diquent; — Que cette déclaration ne pouvait » compromettre les droits de la république, » puisqu'elle donne en résultat un excédent du » poids de près de 60 livres à ce qui a été vérifié » par les intimés; que, s'il s'est trouvé, dans » quelques-unes des caisses, des marchandises

» en plus grande quantité que celles declarées, » dans d'autres cette quantité s'est trouvée » moindre ce qui fait une sorte de compensa- » tion et ne permet pas de douter que cette dif- » férence ne soit l'effet d'une erreur; — Qu'au » surplus, ces marchandises, si on excepte le » coton filé et la livre et demie de soie, sont toutes » mentionnées au certificat d'origine, comme » étant de fabrique suisse, sont de même na- » ture, de même qualité, font partie des mêmes » pièces, et sortent des mêmes métiers; que » le certificat paraît conforme à ce qu'exige la » loi du 1.er mars 1793; et qu'enfin, si l'inten- » tion du législateur est de repousser de la con- » sommation les objets fabriqués chez nos enne- » mis, on doit croire qu'il entre aussi dans ses » vues de laisser librement circuler parmi nous » les marchandises qui, sorties des attéliers des » peuples voisins et amis, peuvent servir aux » échanges réciproques; — Attendu, en ce qui » concerne les 12 livres de coton filé et la livre » et demie de soie trouvées dans les caisses en » question, qu'elles sont dans le cas d'être con- » fisquées, le coton étant reputé de fabrique » anglaise, et la soie n'ayant été ni déclarée » ni comprise au certificat d'origine présenté au » bureau des douanes, ce qui fait tomber l'un » et l'autre dans la prohibition de l'art. 13 de la » loi du 10 brumaire ».

» La régie des douanes se pourvoit de nouveau contre ce jugement, et vous êtes appelés par l'art. 78 de la loi du 27 ventôse an 8, à prononcer, sections réunies, sur le moyen de cassation qu'elle propose pour la seconde fois.

» Il est un point, dans la cause, sur lequel il est impossible d'élever des doutes sérieux, c'est que les préposés des douanes auraient pu et dû saisir, le 29 ventôse an 8, la totalité des marchandises que le commettant du cit. Klenck avait introduites à Bourg-Libre.

» Ces marchandises, en effet, d'après la déclaration du cit. Klenck lui-même, venaient de la Suisse.

» Or, que fallait-il, pour en autoriser l'introduction en France? Que fallait-il, pour empêcher qu'introduites en France, elles ne fussent réputées provenir, soit de fabrique anglaise, soit de commerce anglais?

» Il fallait, aux termes de l'art. 13 de la loi du 10 brumaire an 5, qu'elles fussent *accompagnées de certificats constatant* qu'elles avaient été FABRIQUÉES *dans les pays avec lesquels la république n'était point en guerre, conformément à la loi du 1.er mars 1793*.

» Et l'art. 4 de la loi du 1.er mars 1793 voulait que ces certificats continssent l'*attestation formelle* que les marchandises avaient été *manufacturées dans les lieux mêmes où les certificats étaient délivrés*.

» Les marchandises dont il est ici question étaient donc saisissables, si elles n'étaient pas accompagnées d'un certificat contenant cette *attestation formelle*.

» Eh bien! le certificat dont elles étaient accompagnées, n'attestait rien de semblable. Par ce certificat, les officiers municipaux de Bâle se bornaient à dire qu'on leur avait *déclaré* qu'elles étaient *propriété suisse*. Ils n'attestaient pas qu'elles eussent été manufacturées dans le territoire helvétique, encore moins à Bâle même; ce qui cependant eût été absolument indispensable pour mettre ces marchandises à l'abri de la saisie.

» Inutile de dire que, par la déclaration du cit. Klenck, ces marchandises étaient destinées non à être consommées en France, mais à passer en transit de Bourg-Libre à Francfort par Mayence.

» Le cit. Klenck n'a pas pu, après leur introduction illégale en France, les garantir de la saisie par une déclaration annonçant qu'il ne voulait que les faire passer en *transit* dans une ville étrangère. Une fois introduites en France, la loi les frappait de confiscation; et la confiscation a dû les atteindre, quelque mesure que le cit. Klenck ait prise pour l'éviter.

» Ce qui le prouve incontestablement, c'est que la loi du 10 brumaire an 5 s'oppose impérieusement à ce que les marchandises anglaises soient reçues, même en *transit*, dans le territoire français.

» Elle admet bien le *transit* pour celles de ces marchandises, qui, au moment de la publication, se trouveront en France, et auront été déclarées dans les trois jours suivans, mais ce délai passé elle les repousse indistinctement de nos ports et de notre territoire; elle veut que, par le seul fait de leur entrée en France, elles soient confiscables; et assurément rien n'est moins compatible avec la faculté du *transit*.

» Il est d'ailleurs de règle générale, en matière de douanes, que le *transit* ne peut avoir lieu que pour les objets dont l'entrée est permise en France; et cette règle a été rappelée, même avant la loi du 10 brumaire an 5, par un arrêté du directoire exécutif, du 23 germinal an 4, rapporté dans *le bulletin des lois*, à l'ordre de sa date.

» Il est donc bien démontré que les marchandises présentées au bureau de Bourg-Libre, le 27 ventôse an 8, par le cit. Klenck, étaient saisissables en totalité.

» D'après cela, comment le cit. Klenck pourrait-il être recevable à se plaindre de ce que les préposés des douanes, oubliant ou méconnaissant leur devoir, n'ont saisi qu'une partie de ces marchandises, et en ont motivé la saisie sur les différences qui se trouvaient entre le résultat de la vérification qu'ils en avaient faite, et la déclaration qui en avait été remise au bureau? — Bien évidemment, si ces différences n'avaient pas pu, par elles-mêmes, autoriser les préposés des douanes à saisir l'excédant des objets déclarés, la saisie de cet excédant n'en serait pas moins légitimée par les raisons qui autorisaient, qui obligeaient même les préposés à saisir le tout.

» Mais au surplus, il ne faut pas de bien longs raisonnemens pour prouver que les différences dont il s'agit, rendaient au moins l'excédant saisissable.

» Le tribunal criminel du département de la Haute-Saône a beau dire que, si dans quelques-unes des caisses présentées au bureau de Bourg-Libre, il s'est trouvé plus de marchandises qu'il n'en avait été déclaré, il s'en est trouvé moins dans d'autres, et qu'au total l'excédant est plus que compensé par le déficit.

» Cette observation pourrait être de quelque valeur, s'il n'était ici question que du plus ou du moins de droits à payer pour le *transit*. Mais elle tombe d'elle-même, du moment qu'il s'agit de savoir si telle marchandise a pu être introduite en France, pour *transiter* à l'étranger.

» Et d'ailleurs, il n'est même pas vrai que, relativement à chaque espèce de marchandises présentées par le cit. Klenck au bureau de Bourg-Libre, le moins soit compensé par le plus.

» Il ne s'est trouvé dans les quatre caisses que 40 livres de mouchoirs de coton en couleur de moins que ne portait la déclaration et le certificat d'origine; et il s'y en est trouvé 264 de plus; ce qui forme un excédant réel de 224 liv.

» Il ne s'est trouvé en moins dans les quatre caisses, que 53 livres de mousseline brodée; et il s'y est trouvé en plus, 104 livres de la même étoffe: ce qui donne un excédant réel de 51 liv.

» Cependant le tribunal criminel de la Haute-Saône a déclaré nulle même la saisie de ces deux excédans.

» Il a donc, même dans son propre système, violé les art. 13 et 15 de la loi du 10 brumaire an 5.

» Et par ces considérations, nous estimons qu'il y a lieu de casser et annuller son jugement ».

Conformément à ces conclusions, arrêt sur délibéré, du 17 floréal an 11, au rapport de M. Vallée, qui,

« Vu les art. 3 et 4 de la loi du 1.er mars 1793, 13 et 14 de celle du 10 brumaire an 5....;

» Considérant 1.° que les marchandises dont l'entrée en France est prohibée, ne peuvent, par là même, être admises à y transiter; que les marchandises dont la confiscation a été déclarée par le procès-verbal de saisie du 29 ventôse an 8, n'étaient pas accompagnées d'un certificat d'origine, tel que le prescrivent les articles des lois précitées, puisque ce certificat constate seulement que les marchandises en question sont une propriété suisse, tandis qu'il fallait, aux termes de la loi, qu'il constatât qu'elles avaient été fabriquées en Suisse;

» Qu'en supposant le certificat conçu dans les termes de la loi, il ne doit s'appliquer qu'aux marchandises déclarées, et non à celles dont il n'est pas fait mention dans la déclaration; que, dans l'espèce, le certificat d'origine ne s'applique pas aux marchandises saisies, puisqu'il est constaté par le procès-verbal de saisie, qu'il y a erreur dans le poids, les qualités, la quotité et la nature des marchandises; que de là il résulte qu'on a voulu introduire en France ou y faire transiter des marchandises, sans certificat d'origine; ce qui en entraîne la confiscation, aux termes des lois citées;

» Par ces motifs, le tribunal..... casse et annulle le jugement du tribunal criminel de la Haute-Saône, en date du 15 prairial an 10 ».

§. V. *L'ordre donné dans un pays nouvellement occupé par des troupes françaises, de séquestrer les marchandises anglaises qui s'y trouvent, emporte-t-il la confiscation de ces marchandises?*

V. l'article *Séquestre*, §. 2.

MARCHÉ A TERME. *V.* l'article *Effets publics*.

MARI. — §. I. *Le mari est-il civilement responsable des délits de sa femme?*

Sur cette question déjà jugée plusieurs fois pour la négative, et sur d'autres indiquées sous les mots *injure*, §. 6, et *récidive*, §. 1, la cour de cassation a rendu, en 1811, les deux arrêts suivans:

« Le procureur-général expose que le tribunal de police du canton de Mareuil, arrondissement de Nontron, département de la Dordogne, a rendu, le 6 et le 27 novembre 1810, deux jugemens en dernier ressort qui paraissent devoir être annullés dans l'intérêt de la loi.

» Par exploit du 3 novembre 1810, Françoise Marty, épouse de Jean Malefaud, assistée et autorisée de son mari, expose que, le 30 octobre précédent, elle a été grossièrement injuriée par Anne Rambaudon, femme de Joseph Meunier, dit *Provençal*, demeurant à Laroche-Beaucourt; et que même cette femme *s'est permis de lui porter des coups*. En conséquence, elle cite Anne Rambaudon et Joseph Meunier, comme responsable de ses faits, devant le tribunal de police.

» Anne Rambaudon comparaît et propose ses défenses; mais Joseph Meunier fait défaut.

» Par jugement du 6 novembre, « considérant » qu'il résulte de l'instruction, que ladite Rambaudon s'est répandue, envers ladite Marty, » en propos qui attaquent, d'une manière sensible, son honneur et sa réputation; que » ces faits sont du nombre des délits punissables des peines de simple police, aux termes » de l'art. 605 du Code des délits et des peines »; Le juge de paix donne défaut contre Joseph Meunier; et pour le profit, le condamne, « conjointement et solidairement avec son épouse, » à une amende de la somme d'un franc au » profit de l'État et aux dépens...., liquidés » à 26 fr. 50 c. ».

» Joseph Meunier forme opposition à ce jugement, et soutient qu'il n'est point le mari d'Anne Rambaudon; que cette femme n'est que sa domestique; qu'il n'est point responsable des injures qu'elle a pu se permettre contre Françoise Marty; qu'il ne le serait qu'autant qu'il les aurait provoquées ou commandées; et que ce fait n'a pas même été allégué.

» Le 27 novembre, jugement par lequel, en recevant l'opposition pour la forme, le tribunal de police la rejette au fond, attendu « que l'exception faite par Meunier, qu'il n'est pas l'é- » poux d'Anne Rambaudon, n'est pas admissible; » qu'outre qu'elle est contraire aux mœurs et à » la décence publique, il est constant qu'ils habitent ensemble depuis plusieurs années, » qu'ils ont des enfans dans leur ménage, et » que, dans l'opinion publique, ils sont considérés comme unis légitimement; mais que » dans l'un et l'autre cas, Meunier est le chef » de la maison, et doit être responsable des » faits des personnes qui sont sous sa dépendance ».

» En prononçant ainsi par ces deux jugemens, le tribunal de police a tout à la fois transgressé les bornes dans lesquelles la loi circonscrivait sa compétence, et violé le Code civil.

» 1.° La femme Marty exposait par sa plainte, qu'Anne Rambaudon, non-seulement l'avait injuriée, mais même lui avait *porté des coups*. Or, l'art. 13 du tit. 2 de la loi du 22 juillet 1791 et le n. 8 de l'art. 605 du Code des délits et des peines du 3 brumaire an 4 voulaient que toute affaire dans laquelle il était articulé qu'une personne avait été *frappée*, fût portée devant le tribunal correctionnel. Le tribunal de police n'était donc pas compétent pour connaître de la plainte de la femme Marty.

» A la vérité, il paraît avoir reconnu par l'instruction, que le fait des coups portés à la femme Marty, n'était pas prouvé. Du moins le juge de paix n'a énoncé, comme constaté par l'instruction, que le fait des injures proférées contre la femme Marty par Anne Rambaudon; et en conséquence, il n'a fondé son jugement du 6 novembre que sur ce second fait.

» Mais ce n'est ni le résultat de l'instruction ni la condamnation qui détermine la compétence d'un tribunal. La compétence d'un tribunal ne peut être déterminée que par la demande.

» Aussi la cour a-t-elle, par arrêt du 19 octobre 1809, au rapport de M. Brillat-Savarin, cassé, comme incompétemment rendu, un jugement du tribunal de police du canton de Raspolo, qui avait retenu la connaissance d'une plainte portant sur des injures verbales et un soufflet, sous le prétexte que le soufflet n'était pas prouvé, et qu'il ne restait à statuer que sur les injures.

» 2.° L'art. 7 du tit. 2 de la loi du 28 septembre 1791, concernant la police rurale, dit bien que « les maris et les maîtres seront civi- » lement responsables des délits commis par » leurs femmes et domestiques ». Mais cet article ne peut s'entendre que des délits ruraux; il est étranger aux délits ordinaires, et par conséquent aux injures verbales.

» Or, où est-il écrit que le mari est civilement responsable des injures verbales auxquelles sa femme peut se livrer envers des tiers? Nulle part, et loin de là : l'art. 1424 du Code civil déclare expressément que *les amendes encourues par la femme, ne peuvent s'exécuter que sur la nue-propriété de ses biens personnels, tant que dure la communauté.*

» Où est-il écrit que les maîtres sont responsables des injures dont leurs domestiques peuvent se rendre coupables? Nulle part encore. L'art. 1384 du même Code ne fait porter leur responsabilité que sur les *dommages causés par leurs domestiques, dans les fonctions auxquelles ils les ont employés.*

» Ainsi, de deux choses l'une : ou Anne Rambaudon est l'épouse de Joseph Meunier, ou elle n'est que sa domestique.

» Si elle est son épouse, la condamnation a dû l'atteindre seule; et ce n'est que sur ses biens personnels que l'on peut en poursuivre l'exécution.

» Si elle n'est que sa domestique, c'est encore la même chose : car ce n'est pas dans les fonctions auxquelles l'employait habituellement son maître, qu'elle a proféré les injures dont il s'agit; ou du moins le jugement du 6 novembre et celui du 27 du même mois sont également muets là-dessus.

» Ces deux jugemens sont donc, dans l'une et l'autre hypothèse, en opposition diamétrale avec la loi; et ils doivent être cassés, comme l'a été, sur le réquisitoire de l'exposant, le 9 juillet 1807, un jugement du tribunal de police du canton d'Helmanrupt, qui avait déclaré un mari et un maître civilement responsables des injures que la femme de l'un et la servante de l'autre s'étaient dites réciproquement dans une rixe.

» Ce considéré, il plaise à la cour, vu l'art. 88 de la loi du 27 ventôse an 8, et les autres lois ci-dessus citées, casser et annuller, dans l'intérêt de la loi et sans préjudice de son exécution entre les parties intéressées, les jugemens du tribunal de police du canton de Mareuil, des 6 et 27 novembre 1810, dont les copies signifiées sont ci-jointes; et ordonner qu'à la diligence de l'exposant, l'arrêt à intervenir sera imprimé et transcrit sur les registres dudit tribunal.

» Fait au parquet, le 27 mai 1811. *Signé* Merlin.

» Ouï le rapport de M. Favard de Langlade.....;

» Vu l'art. 88 de la loi du 27 ventôse an 8, et l'art. 456, §. 6 de la loi du 3 brumaire an 4 qui autorise l'annullation des jugemens, *lorsqu'il y a eu contravention aux règles de compétence établies par la loi;*

» Attendu que, dans sa plainte, la femme Marty avait exposé qu'Anne Rambaudon, non-seulement l'avait injuriée, mais lui avait encore porté des coups;

» Attendu que, d'après l'art. 13 du tit. 2 de la loi du 22 juillet 1791 et le n.° 8 de l'art. 605 du Code des délits et des peines, le tribunal de police ne pouvait connaître de toute affaire pour rixe dans laquelle il était articulé qu'une personne avait été frappée, et que la connaissance en appartenait au tribunal correctionnel;

» Attendu que les attributions des tribunaux sont de droit public, que leur compétence doit être réglée par la nature de la demande portée devant eux et non point par le résultat des preuves auxquelles a pu donner lieu l'instruction faite sur cette demande; qu'ainsi la plainte de la femme Marty ayant eu pour objet des coups portés, il en résulte que le tribunal de police de Mareuil ne pouvait pas en connaître;

» Vu, en second lieu, l'art. 1424 du Code civil, qui porte que *les amendes encourues par la femme ne peuvent s'exécuter que sur ses biens personnels;* et l'art. 1384 du même Code, qui ne fait porter la responsabilité des maîtres que *sur les dommages causés par leurs domestiques dans les fonctions auxquelles ils les ont employés;*

» Attendu qu'en considérant Anne Rambaudon comme l'épouse, ou comme la domestique de Joseph Meunier, dans les deux cas, ce dernier ne pouvait pas être passible des condamnations prononcées contre cette femme; qu'ainsi les jugemens attaqués ont violé les art. 1384 et 1424 du Code civil;

» Par ces motifs, la cour, faisant droit sur le réquisitoire de M. le procureur-général, casse et annulle, pour l'intérêt de la loi, les jugemens rendus par le tribunal de police du canton de Mareuil, arrondissement de Nontron, département de la Dordogne, les 6 et 27 novembre 1810.....;

» Ainsi jugé et prononcé à l'audience publique de la cour de cassation, section criminelle, le 6 juin 1811 ».

« Le procureur-général expose qu'il est chargé par le gouvernement de requérir, pour l'intérêt de la loi, la cassation d'un jugement rendu dans les circonstances suivantes :

» Le 25 mai dernier, Jacques Collet et Marie-Anne Croissart, son épouse, font assigner Anne Bernardot, épouse d'Antoine Lambert, devant le tribunal de police de Nogent-sur-Seine, pour se voir condamner à leur faire réparation d'injures graves dont ils exposent qu'elle les a, *depuis quatre mois, constamment et journellement* accablés. Ils citent en même temps et aux mêmes fins, Antoine Lambert, *comme responsable civilement des faits de son épouse.*

» Anne Bernardot comparaît sur cette citation, reconnaît qu'elle a injurié les demandeurs, mais soutient qu'elle y a été provoquée par les injures qu'ils s'étaient eux-mêmes permises contre elle.

» Quant à Antoine Lambert, il fait défaut.

» Par jugement du 28 du même mois, le tribunal de police prononce en ces termes : « Ouï
» les parties; et M. le maire, considérant, dans
» le fait, que la femme Lambert a reconnu et
» avoué qu'elle avait dit et proféré les injures
» énoncées en la demande; qu'elle s'est bornée à
» alléguer qu'elle avait été provoquée sans offrir
» d'administrer et de rapporter la preuve de
» cette provocation; considérant que ladite
» femme Lambert n'a pas dénié avoir injurié à
» différentes fois la femme Collet; qu'elle en est
» au contraire convenue; considérant, dans le
» droit, que toute personne qui en a injurié une
» autre sans excuse suffisante, est passible des
» peines prononcées par la loi; faisant droit aux
» conclusions et réquisitoire de M. le maire;
» condamnons ladite Anne Bernardot, femme
» Lambert, en deux jours d'emprisonnement,
» conformément à l'art. 471, n.° 11, et à l'art.
» 474 du Code pénal; la condamnons en outre
» conjointement et solidairement avec son
» mari, ce dernier par défaut, aux frais et
» dépens ».

» La cour remarque, du premier coup-d'œil, que ce jugement contrevient à la loi de deux manières également frappantes.

» 1.° Il ne pouvait, d'après l'art. 471 du Code pénal, condamner Anne Bernardot qu'à une amende d'un franc au moins et de cinq francs au plus. Pourquoi donc la condamne-t-il à un emprisonnement de deux jours? c'est, dit le tribunal de police, en vertu de l'art. 474, lequel veut qu'*en cas de récidive*, les personnes mentionnées dans l'art. 471, soient toujours punies d'un emprisonnement d'un à trois jours. Mais

Anne Bernardot était-elle en récidive, par cela seul qu'elle avait réitéré plusieurs fois les injures dont elle s'était rendue coupable envers Jacques Collet et sa femme? Non : en fait de contraventions de police, comme en fait de crimes et de délits, il n'y a récidive que lorsque le coupable a été précédemment condamné, soit à raison d'un autre crime ou délit, soit à raison d'une autre contravention. Cela résulte, pour les crimes et les délits, des art. 56, 57 et 58 du Code pénal; et c'est ce qu'établit également l'art. 483 pour les contraventions de police : « Il y a (porte ce dernier » article), récidive dans tous les cas prévus par » le présent livre, lorsqu'il a été rendu contre » le contrevenant, dans les douze mois précé» dens, un premier jugement pour contraven» tion de police commise dans le ressort du » même tribunal ».

» 2.° Sur quel fondement le tribunal de police condamne-t-il Antoine Lambert *conjointement et solidairement* avec son épouse, *aux frais et dépens*? C'est sans doute parce qu'à ses yeux, le mari est, comme l'exposaient les demandeurs dans leur exploit de citation, *responsable civilement des faits de sa femme*. Mais c'est là une très-grande erreur. L'art. 1424 du Code civil décide au contraire textuellement que *les amendes encourues par la femme, ne peuvent s'exécuter que sur la nue-propriété de ses biens personnels, tant que dure la communauté;* et sans doute, il en doit être des frais comme des amendes. D'ailleurs, l'art. 74 du Code pénal veut que, *dans les cas de responsabilité civile qui pourront se présenter dans les affaires criminelles, correctionnelles et de* POLICE, *les cours et tribunaux devant qui ces affaires seront portées, se conforment aux dispositions du Code civil, liv. 3, tit. 4, chap. 2;* or, on voit bien dans le chap. 2 du tit. 4 du liv. 3 du Code civil, qu'en certains cas, le père, le tuteur et le maître sont civilement responsables des dommages causés par leurs enfans, leurs pupilles ou leurs domestiques. Mais on n'y voit rien de semblable pour le mari à l'égard de sa femme. Aussi la cour a-t-elle cassé, sur les réquisitoires de l'exposant, par arrêts des 9 juillet 1807 et 6 juin 1811, des jugemens semblables à celui dont il est ici question.

» Ce considéré, il plaise à la cour, vu l'art. 441 du Code d'instruction criminelle, les art. 74, 471, 474 et 483 du Code pénal, et l'art. 1424 du Code civil, casser et annuller, dans l'intérêt de la loi, et sans préjudice de son exécution à l'égard des parties intéressées, le jugement du tribunal de police du canton de Nogent-sur-Seine, ci-dessus mentionné et dont expédition est ci-jointe, et ordonner qu'à la diligence de l'exposant, l'arrêt à intervenir sera imprimé et transcrit sur les registres dudit tribunal.

» Fait au parquet, le 3 août 1811. *Signé* Merlin.

» Ouï le rapport de M. Favard de Langlade....;

» Vu les art. 471, 474 et 483 du Code pénal de 1810;

» Attendu qu'aux termes des articles cités, la peine d'emprisonnement ne peut être prononcée pour injures verbales qu'en cas de récidive; et qu'il n'y a récidive que dans les cas prévus par l'art. 483;

» Attendu que le jugement attaqué condamne la femme Lambert à deux jours d'emprisonnement; que néanmoins il n'a été nullement établi que cette femme fût dans le cas de la récidive déterminée dans le susdit art. 483; que, dès-lors, le jugement attaqué a violé formellement les art. 471, 474 et 483 du nouveau Code pénal;

» Vu pareillement l'art. 1424 du Code civil...;

» Attendu que, d'après cet article, le mari n'est pas civilement responsable des faits de sa femme; que cependant le jugement attaqué condamne Lambert solidairement avec sa femme aux frais et dépens; que, dès-lors, il a commis une seconde violation de la loi;

» D'après ces motifs, la cour, faisant droit sur le réquisitoire de M. le procureur-général en la cour, casse et annulle, dans l'intérêt de la loi seulement, le jugement rendu par le tribunal de police du canton de Nogent-sur-Seine, le 28 mai dernier.

» Ainsi jugé et prononcé à l'audience publique de la cour de cassation, section criminelle, le 16 août 1811 ».

§. II. *Le mari est-il civilement responsable des délits de glanage commis par sa femme, et pourquoi l'est-il?*

Les femmes Rigaud, Ménager et Carbonnier, et plusieurs filles avaient, au mépris des anciens réglemens de police rurale, glané avec des rateaux de fer, dans des champs ensemencés de trèfle et de luzerne.

Le sieur Chevalier, propriétaire de ces champs, les fait toutes assigner devant le juge de paix du canton, et cite, en même temps, comme civilement responsables de leurs faits, les maris des unes et les pères des autres.

Le 15 octobre 1817, jugement en dernier ressort, qui condamne toutes les glaneuses à des dommages-intérêts et déclare leurs maris et leurs pères responsables de ces condamnations.

Recours en cassation de la part des maris et des pères.

Par arrêt du 23 décembre 1818, au rapport de M. Lepicard,

« Attendu que le jugement attaqué, en ce qu'il condamne les pères comme civilement responsables des délits de leurs enfans, et les maris comme civilement responsables de ceux de leurs femmes, n'a fait, dans les cas où ces délits ont produit un dommage, qu'une juste application des art. 1383 et 1384 du Code civil, les uns et les autres né prouvant pas qu'ils n'avaient pu empêcher de les commettre, ceux qui étaient sous leur dépendance;

» La cour rejette le pourvoi.... ».

Cet arrêt est, au fond, parfaitement régulier; mais il s'en faut beaucoup que les motifs en soient exacts par rapport aux maris.

Ni l'art. 1383 ni l'art. 1384 du Code civil ne déclarent les maris responsables des délits de leurs femmes. Ils n'établissent même pas généralement, comme le suppose l'arrêt, cette responsabilité à l'égard de tous ceux qui ont sous leur dépendance, les auteurs des délits dont il est résulté des dommages. Le second de ces articles dit bien qu'*on est responsable du dommage causé par des personnes dont on doit répondre*; mais les personnes dont on doit répondre, quelles sont-elles? ce sont, répond le même article, à l'égard des pères et mères, leurs enfans mineurs habitant avec eux; à l'égard des maîtres et des commettans, leurs domestiques et préposés, dans les fonctions auxquelles ils les ont employés; à l'égard des instituteurs et des artisans, leurs élèves et apprentifs, pendant le temps qu'ils sont sous leur surveillance. Dans cette nomenclature, pas un mot des maris et des femmes; et que sera-ce, si, au silence de cet article sur les délits commis par les femmes mariées, vous joignez l'argument qui sort de l'art. 1424 en faveur de la non-responsabilité des maris?

Cependant, comme je le disais tout-à-l'heure, l'arrêt dont il s'agit, a bien jugé, mais pourquoi? Parce qu'il était question d'un délit de police rurale, et par conséquent d'un délit qui rentrait dans l'exception établie par l'art. 7 du tit. 2 de la loi du 28 septembre 1791, cité au §. précédent.

Au surplus, *V.* les articles *Mariage*, *Femme*, *Divorce*, *Don mutuel*, *Dot*, *Hypothèque*, *Propres conventionnels*, *Remploi*, *Rentes constituées*, *Séparation de biens*, *Séparation de corps*, *Révocation de donation*, *Avantages entre époux*, *Secondes Nôces*, *Gains de survie*, etc.

MARIAGE. — §. I. *De la condition de se marier avec telle personne, ou de ne pas se remarier, écrite dans les actes antérieurs à la loi du* 5 *septembre* 1791.

V. le plaidoyer et l'arrêt du 6 floréal an 11, rapportés à l'article *Condition*, §. 1.

§. II. *Dans la Belgique, le silence et le défaut d'opposition du père suffisait-il, sous l'empire des placards ou édits de* 1540 *et* 1623, *pour rendre valable le mariage du fils de famille?*

V. le plaidoyer du 2 germinal an 9, rapporté sous le mot *Mineur*, §. 1.

§. III. 1.° *Un mariage contracté sous l'empire de la loi du* 20 *septembre* 1792, *est-il nul, pour avoir été célébré hors de la maison commune?*

2.° *Est-il nul, lorsque l'acte en a été dressé, inscrit et signé sur un registre non timbré?*

Ces deux questions ont été agitées et jugées à la section des requêtes de la cour de cassation, sur la demande de Marie-Catherine Pénicaud, en cassation d'un arrêt de la cour d'appel de Paris, du 22 pluviôse an 9, confirmatif d'un jugement du ci-devant tribunal civil du département de la Seine, qui avait déclaré valable le mariage contracté entre elle et Jean-Baptiste-Pascal Lanefranque.

Après le rapport fait par M. Poriquet, et la plaidoirie du défenseur de la demoiselle Pénicaud, je me suis expliqué en ces termes:

« Cette cause, dépouillée devant vous des accessoires qui l'ont rendue si scandaleusement célèbre devant les tribunaux de première instance et d'appel de Paris, ne présente à votre examen que deux questions, à la vérité fort importantes, mais d'une solution facile: la première, si le jugement attaqué viole la loi du 20 septembre 1792, en décidant que le cit. Lanefranque et la demoiselle Pénicaud se sont mariés légalement, quoique leur mariage n'ait pas été célébré dans la maison commune du domicile de l'un d'eux; la seconde, s'il contrevient à la même loi, en admettant pour preuve de ce mariage, un acte inscrit sur un registre non timbré.

» Les faits qui ont donné l'être à ces deux questions, sont (suivant le jugement du tribunal civil du département de la Seine, du 18 germinal an 7, qui, dans ses *considérant*, les a réduits à leurs termes les plus simples), — « Que » Jean-Baptiste-Pascal Lanefranque, majeur, » et Marie-Catherine Pénicaud, mineure de » vingt ans, ont, avant la célébration du ma» riage, réglé les accords et conventions de leur » union future, par acte notarié du 18 vendé» miaire an 5, non-seulement en présence et » du consentement de Joseph-Dominique Pé» nicaud, père de la mineure, et du fondé de » pouvoir des père et mère du cit. Lanefranque, » mais encore en présence de plusieurs parens » et amis des parties contractantes; — Que, le » même jour, en conformité des dispositions » de la 2e section du tit. 5 de la loi du 20 sep» tembre 1792, modifiées par celle du 26 ven» démiaire an 2, la publication du mariage a » été faite et affichée aux endroits accoutumés » dans la commune de Mérignac, lieu d'habita» tion de Pénicaud père et de sa fille; — Que,

» le 21 vendémiaire an 5, le cit. Lapeyre, adjoint (municipal) de la commune de Mérignac, s'est transporté dans la maison du cit. Pénicaud père, à Mérignac; que là, le cit. Lanefranque et la cit. Pénicaud, en présence et du consentement de son père, ont déclaré à haute voix se prendre l'un et l'autre en mariage; que le cit. Lapeyre a prononcé, au nom de la loi, que le cit. Lanefranque et la cit. Pénicaud étaient unis en mariage; que cette prononciation a été faite en présence de quatre témoins, du fondé de pouvoir des père et mère et de deux parens de la cit. Pénicaud; que ces faits sont constatés par l'acte que le cit. Lapeyre a rédigé, lequel acte est revêtu des signatures du cit. Lanefranque, de la cit. Pénicaud, de son père, du fondé de pouvoir des père et mère de Lanefranque, des quatre témoins et assistans, et du cit. Lapeyre; — Que cet acte a été inscrit à la date du même jour 12 vendémiaire an 5, sur un registre de papier libre, couvert d'un parchemin, contenant environ cent cinquante feuillets, et renfermant plusieurs inscriptions de naissance et de décès faites par le même officier public, tant avant que depuis la célébration du mariage du cit. Lanefranque et de la demoiselle Pénicaud; — Que ce registre était momentanément en usage, parce qu'alors les registres timbrés de l'an 4 étaient clos, et que l'administration municipale du canton de Pessac n'avait pas encore envoyé les registres timbrés de l'an 5; — Que les actes de naissance, de décès, ainsi que celui de la célébration de mariage du cit Lanefranque et de la cit. Pénicaud, portés sur le registre privé, ont été reportés et transcrits sur les registres publics aussitôt après leur réception; — Que, depuis le 21 vendémiaire an 5, la cit. Pénicaud est restée avec le cit. Lanefranque, à Mérignac, dans la maison du cit. Pénicaud père, jusqu'au 11 brumaire suivant, époque à laquelle, de son aveu, elle a quitté la maison paternelle; — Qu'antérieurement au mariage, depuis sa célébration, dans le temps que la cit. Pénicaud a habité la maison de son père avec le cit. Lanefranque, et après son évasion de cette maison, la cit. Pénicaud a écrit sept lettres missives, représentées par le cit. Lanefranque, et par lesquelles elle reconnaît celui-ci, soit pour l'époux qu'elle est sur le point de prendre, soit pour l'époux qu'elle a pris, et au sort duquel elle témoigne un vif intérêt ».

» Tels sont les faits d'après lesquels la demoiselle Pénicaud a soutenu qu'il n'existait point de mariage légal entre le cit. Lanefranque et elle; et c'est d'après ces mêmes faits, que le tribunal d'appel de Paris, en confirmant par son jugement du 22 pluviôse an 9, celui du tribunal civil du département de la Seine, du 18 germinal an 7, a débouté la demoiselle Pénicaud de sa demande, et l'a jugée légitime épouse du cit. Lanefranque.

» Il s'agit aujourd'hui de savoir si, en prononçant ainsi, le tribunal d'appel s'est écarté de la loi, ou s'il s'y est conformé; et comme cette question se divise en deux branches, nous devons d'abord examiner si, pour qu'il existe un mariage, il est indispensablement nécessaire que la célébration en ait été faite dans la maison commune; ou si l'on doit réputer, soit comme non existant, soit comme nul, aux yeux de la loi, tout mariage qui a été, comme celui de la demoiselle Pénicaud, contracté dans une maison particulière.

» Avant la loi du 20 septembre 1792, la règle générale était que les majeurs, comme les mineurs, devaient *contracter leurs mariages publiquement et en face de l'Eglise*; ce sont les propres termes de l'art. 5 de la déclaration du 26 novembre 1639.

» Cependant il était généralement reconnu que le défaut de célébration dans un lieu sacré, ne pouvait pas être opposé à un mariage; et que des personnes, soit majeures, soit mineures, étaient légitimement mariées, lorsqu'elles s'étaient unies devant leur curé. (*V.* ci-après, §. 8).

» La loi du 20 septembre 1792 a-t-elle dérogé à cette règle? Elle y a certainement dérogé, en substituant *la maison commune à l'église*, et *l'officier public de l'état civil au curé*. Mais est-ce là le seul changement qu'elle ait fait à notre ancienne législation; et peut-on aujourd'hui regarder comme valable un mariage contracté en présence de l'officier public de l'état civil, quoique hors de la maison commune, comme avant la loi du 20 septembre 1792, on tenait pour valable un mariage contracté en présence du curé, quoique hors des édifices destinés au culte?

» Nous devons, pour résoudre cette question, comparer entre elles les trois parties principales du tit. 4 de la loi dont il s'agit, c'est-à-dire, la première section intitulée, *qualités et conditions requises pour pouvoir contracter mariage*, la section seconde intitulée, *publications*, et la section quatrième intitulée, *des formes intrinsèques du mariage*.

» La première section détermine l'âge requis pour le mariage; elle déclare incapables de se marier, les personnes incapables de consentement; elle défend aux personnes engagées dans les liens d'un mariage, d'en contracter un second, tant que le premier n'est pas dissous; elle prohibe le mariage entre les parens et alliés en ligne directe, et entre le frère et la sœur. Après quoi, elle ajoute: *les mariages faits contre la disposition des articles précédens, seront nuls et de nul effet*.

» La seconde section est relative aux publications qui doivent précéder le mariage. Elle en règle le lieu et la forme, tant pour les personnes encore en minorité, que pour les majeurs. Elle veut notamment que ces publications soient faites au domicile actuel de chacune des parties, et que l'on ne puisse considérer comme domicile actuel, par rapport au mariage, que le lieu dans lequel on a son habitation depuis six mois.

» La quatrième section spécifie la manière dont il doit être procédé à la réception de l'acte de mariage. — Cet acte sera reçu dans la maison commune du lieu du domicile des parties. — Il le sera le jour que les parties auront désigné, mais à l'heure indiquée par l'officier public. — Quatre témoins majeurs y seront appelés. — Les pièces relatives à l'état des parties et aux formalités du mariage, seront lues. — Les parties déclareront se prendre réciproquement pour époux. — L'officier public prononcera, au nom de la loi, qu'elles sont unies en mariage. — L'acte de mariage sera de suite dressé, et contiendra les noms, prénoms, âge, profession, lieu de naissance et domicile des parties, de leurs pères et mères et des témoins, la mention des publications, celles des déclarations des époux, et la prononciation de l'officier public. — Enfin, l'acte sera signé par les parties, par leurs parens, par les témoins et par l'officier public.

» Voilà quelles sont les dispositions des trois sections citées du tit. 4 de la loi du 20 septembre 1792; et, comme vous l'avez remarqué, C. M., il existe une différence essentielle entre les dispositions de la première, et les dispositions des seconde et quatrième.

» La première a pour objet les *conditions* du mariage, les deux autres n'en concernent que les *solennités*.

» Les *conditions* tiennent au fond même du contrat; et par cette raison, elles sont de rigueur. Ainsi, point de mariage sans consentement; point de consentement valable, si les parties sont incapables de consentir; donc, point de mariage valable de la part d'un impubère, de la part d'un furieux, de la part d'un mineur non autorisé par ses parens, de la part d'un homme déjà marié, si son premier mariage n'est préalablement dissous; de la part d'un père avec sa fille, d'une mère avec son fils, d'un frère avec sa sœur. Telle est l'économie des articles qui composent la section première; et la peine de nullité y est désignée comme devant frapper sans ménagement tout mariage qui serait contracté au mépris des règles qu'ils consacrent.

» Mais cette peine de nullité, on ne la trouve répétée ni dans la seconde ni dans la quatrième section; ni la seconde ni la quatrième section ne la prononcent, en cas d'omission de l'une ou de l'autre des solennités qu'elles prescrivent; et de là naît la question de savoir si cette peine peut être suppléée, soit dans la seconde, soit dans la quatrième section?

» Cette question est absolument subordonnée à la nature des causes d'où procèdent, en général, les nullités.

» Il est certain que les nullités ne peuvent être établies que par la loi, et que la loi seule a le droit de les prononcer.

» Elle peut les prononcer, ou, en d'autres termes, elle peut rendre un acte nul, soit à raison des personnes qui y interviennent, soit à raison de la chose qu'il a pour objet, soit à raison de la forme dans laquelle il est passé. Ainsi, elle peut annuller tout acte fait, ou par une personne qu'elle en a déclarée incapable, ou pour une chose qu'elle a défendu d'en faire la matière, ou dans une forme qu'elle a proscrite, ou différente de celle qu'elle a déterminée.

» Mais pour qu'elle soit censée l'annuller en effet, est-il nécessaire que la clause de nullité se trouve expressément dans la disposition du législateur?

» Il faut, à cet égard, distinguer entre les lois prohibitives et les lois impératives.

» Dans les lois prohibitives, la clause de nullité est toujours sous-entendue. Nous voulons, disent les empereurs Théodose et Valentinien, dans la loi 5, C. *de legibus*, que tout pacte, toute convention, tout contrat passé entre ceux à qui la loi défend de le faire, soient regardés comme non-avenus....; en sorte qu'il suffise au législateur d'avoir défendu ce qu'il ne veut pas qu'on fasse, et que tout ce qui est fait contre la défense de la loi, soit non-seulement inutile, mais encore considéré comme non fait, quoique le législateur se soit borné à le défendre, et n'ait pas déclaré spécialement qu'il le défendait à peine de nullité. *Nullum enim pactum, nullam conventionem, nullum contractum inter eos videri volumus subsecutum, qui contrahunt lege contrahere prohibente. Quod ad omnes etiam legum interpretationes, tam veteres quàm novellas, trahi generaliter imperamus: ut legislatori quod fieri non vult, tantùm prohibuisse sufficiat; cæteraque quasi expressa ex legis liceat voluntate colligere: hoc est, ut ea quæ lege fieri prohibentur, si fuerint facta, non solum inutilia, sed pro infectis etiam habeantur; licet legislator fieri prohibuerit tantùm, nec specialiter dixerit inutile esse debere quod factum est.*

» Cette règle admet cependant un petit nombre d'exceptions, mais elles sont étrangères à notre objet; et il est par conséquent inutile de nous en occuper.

» A l'égard des lois simplement impératives, c'est-à-dire, des lois qui, au lieu de défendre, ne font que prescrire et enjoindre quelque chose, la règle générale est qu'elles n'emportent nullité, en cas d'infraction à ce qu'elles ordonnent, que lorsqu'elles contiennent un clause irritante.

» Ainsi, quoique l'ordonnance criminelle de

1670 renfermât un grand nombre de dispositions impératives, on tenait cependant pour maxime très-constante, sous le régime de cette ordonnance, que la peine de nullité ne pouvait être suppléée par les juges dans aucune de ses dispositions; et le chancelier d'Aguesseau a eu soin de rappeler cette maxime, dans une lettre du 3 juillet 1733, que l'on trouve au tome 8 du Recueil de ses ouvrages, page 74 : « Je ne saurais » trop recommander (y est-il dit), aux officiers » du présidial de.... de ne pas multiplier arbi» trairement les nullités, et de s'arrêter sur ce » sujet aux dispositions écrites dans les ordon» nances, édits et déclarations, ou dans les ar» rêts de réglement; ils peuvent seulement, lors» qu'ils trouvent des *irrégularités* ou des singu» larités qui n'emportent point la nullité des » procédures faites par les officiers de la maré» chaussée, arrêter qu'il m'en sera rendu » compte, afin que je puisse donner à ces offi» ciers les ordres et les instructions qui leur » seront nécessaires ».

» Ainsi, le Code des délits et des peines contient une foule d'articles qui tracent aux officiers de police, aux directeurs de jury et aux juges, la marche qu'ils doivent suivre dans l'instruction criminelle; et cependant l'art. 456 de ce Code nous avertit que la contravention à ces différens textes n'emporte nullité qu'autant qu'ils renferment expressément la clause irritante.

» Ainsi, l'ordonnance de 1667 soumet la procédure civile à une multitude de règles, plus ou moins importantes, et cependant, parmi ces règles, il y en a très-peu à l'inobservation desquelles le législateur ait attaché la peine de nullité; l'infraction des autres ne peut, suivant l'art. 34 du tit. 35, donner lieu qu'à la requête civile.

» Et voilà pourquoi l'art. 3 de la loi du 27 novembre 1790, institutive du tribunal de cassation, ne vous permet de casser les jugemens pour violation de formes dans les procédures, que lorsqu'il s'agit de formes prescrites à peine de nullité.

» A la vérité, par l'art. 3 de la loi du 4 germinal an 2, cette disposition a été *restreinte aux formes déterminées par les lois antérieures à* 1789; et il a été dit par l'art. 2 de la même loi, que « toute » violation ou omission des formes prescrites, en » matière civile, par les lois émanées des repré» sentans du peuple, depuis 1789, quand même » elles ne prononceraient pas expressément la » peine de nullité, donnerait ouverture à la cas» sation ». — Mais ces deux articles, loin de déroger à la distinction que nous venons d'établir, n'ont fait que la confirmer, en lui imprimant le sceau de la puissance législative; car, tout ce qui résulte de l'art. 2, c'est qu'en matière de formes relatives à la procédure civile, la peine de nullité est, de plein droit, censée ajoutée à toutes les lois émanées de nos assemblées nationales; et l'art. 3 n'est, par rapport aux formes de la même nature qui sont prescrites par nos anciennes ordonnances, que l'expression de la règle qui ne permet aux juges d'annuller un acte pour violation ou omission des formes déterminées pour sa confection, qu'autant que la loi qui les détermine, accompagne sa disposition d'une clause irritante.

» Du reste, l'art. 2 étant limité aux formes de la procédure civile, il est clair que la règle générale subsiste en son entier pour les formes des actes étrangers à cette procédure; c'est-à-dire, qu'il n'importe que ces formes aient été prescrites par l'ancien ou par le nouveau pouvoir législatif; et que, dans l'un comme dans l'autre cas, il faut une clause irritante pour autoriser les juges à annuller un acte étranger à la procédure civile, sur le fondement de la violation ou de l'omission des formes requises dans sa confection.

» Il est portant des formes à l'égard desquelles cette règle doit cesser : ce sont celles qui constituent essentiellement la substance d'un acte; et la raison en est simple : c'est que, sans ces formes, l'acte que l'on a voulu faire, n'a pas reçu l'existence qu'elles seules pouvaient lui donner.

» Par exemple, l'art. 10 du tit. 25 de l'ordonnance de 1670 portait qu'aux procès criminels qui seraient jugés à la charge de l'appel, « as» sisteraient au moins trois juges, qui seraient of» ficiers, si tant il y en avait dans le siége, ou » gradués »; l'article suivant ajoutait que « les » jugemens en dernier ressort se donneraient par » sept juges au moins ». Il n'y avait pas de clause irritante dans ces deux textes. Cependant il est certain qu'on n'aurait pas pu les enfreindre sans nullité. Pourquoi cela? parce qu'il est de l'essence d'un jugement d'être rendu par un certain nombre de juges, et que par conséquent les lois qui règlent ce nombre, se rapportent à la substance même du jugement.

» Par la même raison, quoique aucun des articles du tit. 21 de l'ordonnance de 1667, concernant la nomination et les opérations des experts, ne porte la peine de nullité, et que cette loi soit de beaucoup antérieure à 1789, si un expert était nommé autrement que par les parties, ou par les juges sur leur refus, c'est-à-dire, dans une forme différente de celle qui se trouve prescrite dans ce titre, cette nomination n'en serait pas moins nulle, parce qu'alors les experts ne le seraient que de nom; et que, dans la réalité, il n'existerait point d'acte qui les constituât tels.

» Ce n'est donc qu'aux formes accidentelles des actes, qu'est applicable la règle qui veut que la peine de nullité ne puisse pas se suppléer dans les lois simplement impératives. Mais aussi elle s'y applique dans toute son étendue, et elle n'admet, à cet égard, aucune exception.

» Maintenant, revenons aux deuxième et quatrième sections du tit. 4 de la loi du 20 septembre 1792, et fixons-nous sur le caractère des solennités qu'elles prescrivent.

» Parmi ces solennités, il en est qui touchent à l'essence même du contrat de mariage : ce sont celles que prescrivent les art. 5 et 6 de la troisième section : « après cette lecture (est-il dit » dans l'un), le mariage sera contracté par la » déclaration que fera chacune des parties à haute » voix, en ces termes : Je déclare prendre » (*le nom*) en mariage. — Aussitôt après » cette déclaration (ajoute l'autre), l'officier » public, en leur présence, et en celle des » mêmes témoins, prononcera, au nom de la » loi, qu'elles sont unies en mariage ».

» Voilà bien évidemment des formes qui constituent essentiellement le mariage : supprimez ces formes, il ne reste plus rien que vous puissiez qualifier de célébration nuptiale. Il est donc tout simple de sous-entendre dans ces deux articles, la peine de nullité, quoiqu'elle ne soit exprimée ni dans l'un ni dans l'autre.

» Mais à côté de ces formes substantielles du mariage, il en est d'autres qui ne servent que de précaution, soit contre la désobéissance et la séduction des enfans mineurs, soit contre les alliances qui pourraient offenser les bonnes mœurs et l'honnêteté publique, soit contre les inconvéniens que produiraient les mariages formés entre personnes incapables de consentir. Elles ne sont donc nécessaires que pour prévenir ces divers genres d'abus; et dès là, comment leur omission emporterait-elle nullité, lorsque l'abus qu'elles étaient destinées à prévenir, n'a pas eu lieu? Ce serait une inconséquence aussi bizarre que monstrueuse.

» Cette inconséquence, on a entrepris de la faire adopter dans une cause où il s'agissait de la validité du mariage du cit. Marinis; mais quelle a été l'issue de cette tentative?

» Le mariage du cit. Marinis avait été célébré à Fontainebleau, non pas dans la maison commune, mais dans la chambre de l'un des contractans; et c'était dans cette chambre que l'acte de mariage avait été rédigé, signé par les parties, et souscrit, tant par les témoins que par l'officier public. — Après la mort de l'un des époux, sa sœur a demandé que ce mariage fût déclaré nul, comme fait en contravention à l'art. 1 de la sect. 4. du tit. 4 de la loi du 20 septembre 1792. — Mais sa demande a été rejetée par un premier jugement motivé sur ce que le législateur ayant prononcé formellement la peine de nullité dans la première section, et n'en ayant point parlé dans la quatrième, c'était une preuve évidente qu'il ne l'avait pas voulue dans les cas prévus par celle-ci, comme il l'avait voulue dans les cas prévus par celle-là. On a appelé de ce jugement, mais sans succès; le tribunal d'appel l'a confirmé, par le même motif qui avait déterminé les premiers juges. — Enfin, on s'est pourvu au tribunal de cassation; et vous avez rejeté la requête, *attendu que le jugement attaqué ne renfermait aucune contravention aux lois.*

» Et vainement la demoiselle Pénicaud cherche-t-elle à écarter ces trois jugemens, en les présentant comme le fruit des circonstances particulières et favorables qui réclamaient en faveur du mariage du cit. Marinis. Les jugemens eux-mêmes attestent par leurs motifs, retracés dans celui du 22 pluviôse an 9, que ces circonstances n'ont aucunement influé sur la décision qu'ils ont adoptée; et, dans le fait, il est bien évident, par exemple, qu'une lettre du ministre de l'intérieur n'aurait pas pu dispenser le cit. Marinis de l'observation de l'art. 1 de la quatrième section, si cette observation était par elle-même de rigueur, et si elle emportait nullité.

» Eh! qui ne voit où conduirait le système contraire à cette jurisprudence?

» Il faudrait donc déclarer nul tout mariage qui n'aurait pas été précédé des publications prescrites par la seconde section de la loi, quoique, même sous l'empire de l'ordonnance de Blois, qui exigeait ces publications, *à peine de nullité*, on tînt pour constant, ainsi que l'établissait M. d'Aguesseau dans son plaidoyer du 27 avril 1694, qu'il était *impossible de prononcer cette peine, si le défaut de publication ne se trouvait pas joint avec le défaut de consentement du père!*

» Il faudrait donc déclarer nul tout mariage dans l'acte duquel on aurait omis, ou le prénom, ou la profession, ou le domicile, soit de l'un des témoins, soit même du père ou de la mère de l'un des contractans!

» Il faudrait donc déclarer nul tout mariage dans l'acte duquel ne serait pas relaté le lieu de la naissance de l'un des époux!

» Il faudrait donc déclarer nul tout mariage qui n'aurait pas été précédé, de la part de l'officier public, de la désignation de l'heure à laquelle il devait être célébré!

» Ce sont là, il faut en convenir, de grandes absurdités.

» Il n'est donc pas vrai, il n'est donc pas possible, que la peine de nullité soit sous-entendue dans tous les articles qui composent les seconde et quatrième sections du tit. 4 de la loi du 20 septembre 1792; et encore une fois, pour l'y sous-entendre, il faudrait ajouter à la volonté du législateur; il faudrait bien plus encore, il faudrait aller directement contre la volonté que le législateur a manifestée lui-même, en restreignant à un nombre déterminé de contraventions, la peine de nullité dont il a jugé cette matière susceptible.

» Mais, dit la demoiselle Pénicaud, quel est, dans la loi, le but de la formalité de la célébration dans la maison commune? C'est de donner au mariage toute sa publicité; elle tient donc à l'essence du mariage même ; et cela résulte du rapport fait par le cit. Muraire à l'assemblée législative, en présentant le projet de cette loi au nom du comité de législation : après avoir dit, dans ce rapport, que le mariage est un contrat auquel la société a intérêt, le cit. Muraire ajoute que le comité a poussé jusqu'au scrupule le *soin qu'il a mis à prévenir toute clandestinité dans un acte* QUI DOIT ÊTRE SOLENNEL ET PUBLIC. — Cette objection n'est pas d'un fort grand poids.

» Dans notre ancienne législation, le mariage était aussi un contrat solennel et public, et la clandestinité le viciait entièrement, quant aux effets civils. Cependant, nous l'avons déjà dit, il était alors universellement reconnu que le défaut de célébration en face de l'Eglise, n'était pas une nullité; et un mariage contracté dans une maison particulière, n'en était pas moins réputé avoir toute la publicité requise par la loi, lorsqu'il avait eu pour ministre le curé de l'une des parties, lorsque le nombre des témoins requis y était intervenu, lorsqu'il était inscrit sur les registres publics. — Pourquoi donc en serait-il autrement dans notre législation nouvelle ? Où il y a même raison de décider, la décision doit être la même. Sans doute aujourd'hui, comme avant la loi du 20 septembre 1792, la publicité est nécessaire dans le mariage. Mais aussi, aujourd'hui, comme alors, ce qui constitue essentiellement cette publicité, c'est l'intervention de l'officier public, c'est l'assistance de quatre témoins, c'est l'inscription du contrat sur les tables de la loi.

» Oserait-on d'ailleurs soutenir que la solennité de la célébration dans la maison commune, fût plus nécessaire à la publicité du mariage, que ne le sont les publications dont cette célébration doit être précédée? Nous ne craignons pas que l'on pousse jusque-là l'esprit de système et de paradoxe. — Eh bien ! déjà nous avons observé que le seul défaut de publications n'a jamais entraîné la nullité d'un mariage ; et à l'autorité de M. d'Aguesseau, que nous avons cité à ce sujet, nous ajouterons le préambule de la déclaration du 16 février 1692, concernant les insinuations ecclésiastiques. « Par l'art. 19 de » notre édit du mois de décembre 1691 (porte- » t-il), nous avions seulement ordonné une » peine de nullité des dispenses de bans, faute » de les faire insinuer; ce qui n'emporterait » aucune obligation de les faire insinuer à l'égard » de toutes les personnes majeures, ni même » des mineurs qui contracteraient mariage du » consentement de leurs pères et mères, *le* » *défaut de publication des bans n'étant jugé* » *essentiel que pour la validité des mariages des* » *personnes mineures* auxquels leurs pères et » mères ne consentent pas ».

» C'est en effet ce qu'ont décidé un arrêt du parlement de Paris, du 7 août 1638, rapporté par Bardet, dans l'ordre de sa date; deux arrêts du parlement de Toulouse, des 23 mai 1705 et 24 juillet 1727, rapportés au Journal du palais de ce tribunal, tome 3, §. 84. et tome 4, §. 264; ainsi qu'une foule d'autres qu'il serait trop long de vous retracer.

» Et cependant, nous l'avons déjà remarqué, l'ordonnance de Blois prescrivait la publication de bans, *à peine de nullité*. La loi du 20 septembre 1792 la prescrit également, mais elle n'y ajoute aucune peine; et le bon sens nous dit assez qu'elle n'a établi cette formalité, qu'à l'effet d'avertir les personnes intéressées et ayant qualité pour former opposition au mariage; qu'ainsi, l'omission de cette formalité ne pourrait être relevée que par ces personnes, et dans le cas seulement où elles auraient à réclamer contre le mariage, soit pour cause de minorité, soit pour tout autre empêchement prévu par la première section de la loi.

» Mais, objecte encore la demoiselle Pénicaud, c'est dans le même titre, c'est dans la même section, dans la section intitulée *des formes intrinsèques du mariage*, que la loi du 20 septembre 1792 impose la double obligation de contracter le mariage dans la maison commune, et de le contracter en présence et avec le concours de l'officier public. Si la loi n'a pas séparé ces deux formes, il n'appartient pas aux tribunaux de les diviser. S'il y a mariage malgré l'inobservation de la première, il y a donc aussi mariage malgré l'inobservation de la seconde; et cependant il n'y a personne qui ne convienne de la nullité d'un mariage auquel n'aurait pas assisté, auquel n'aurait pas concouru l'officier public de l'état civil.

» Cette objection peut séduire un instant à la première vue; mais, examinée de près, elle ne présente qu'une confusion des principes relatifs aux formes substantielles des actes, avec les règles relatives aux formes purement accidentelles; et nous l'avons réfutée à l'avance par les développemens dans lesquels nous sommes entrés sur la distinction à faire entre ces deux espèces de formes.

» Nous répéterons seulement qu'avec cette manière de raisonner, la demoiselle Pénicaud parviendrait à établir que l'on devrait regarder comme nul ou non existant, un mariage dont la célébration aurait été faite à une heure non indiquée préalablement par l'officier public; car c'est aussi dans la sect. 4 que se trouve l'article qui attribue à l'officier public le droit de faire cette indication; et si, comme on n'en peut douter, la demoiselle Pénicaud n'ose pas aller aussi loin, elle avoue, par cela seul, que son raisonnement est vicieux.

» Mais, d'ailleurs, en ce qui concerne la nécessité de la présence et du concours de l'officier public à la célébration du mariage, la loi du 20 septembre 1792 ne s'est pas bornée aux dispositions de la sect. 4. du tit. 4 : elle y a ajouté une disposition *prohibitive*, c'est-à-dire, une disposition qui, d'après la loi 5, C. *de legibus*, suffit seule pour annuller tout ce qu'on pourrait faire contre la défense qu'elle contient. Cette disposition prohibitive se trouve dans l'art. 5 du tit. 6 : « aussitôt (y est-il dit), » que les registres courans auront été clos, » arrêtés et portés à la maison commune, les » municipalités seules recevront les actes de » naissances, *mariages* et décès, et conserve- » ront les registres. *Défenses sont faites à toutes* » *personnes de s'immiscer* dé la tenue de ces » registres *et de la réception de ces actes* ». Ainsi, tout acte de mariage qui serait reçu par un autre que l'officier public de l'état civil, serait, par cela seul, en opposition avec une loi prohibitive; il serait par conséquent nul de plein droit.

» En est-il de même de l'acte de mariage reçu hors de la maison commune? Non : ni la loi du 20 septembre 1792, ni une loi postérieure quelconque, n'ont défendu de célébrer le mariage dans un autre édifice; et encore une fois, dès qu'à cet égard, il n'existe ni disposition prohibitive, ni clause irritante, il est impossible de prononcer une nullité qui n'est pas écrite dans la loi.

» Pour dernière ressource, la demoiselle Pénicaud invoque l'art. 2 de la loi du 4 germinal an 2 ; mais nous avons précédemment établi, et c'est une vérité trop palpable, pour qu'il soit nécessaire de lui donner de nouveaux développemens, qu'il n'est question dans cette loi que des formes de la procédure civile.

» Le premier moyen de cassation de la demoiselle Pénicaud est donc, sous tous les rapports, destitué de fondement; et nous n'avons plus à nous occuper que du deuxième, c'est-à-dire, de celui qui est tiré de la circonstance que l'acte de mariage dont il s'agit, a été, immédiatement après sa célébration, inscrit sur un registre non timbré.

» Vous vous rappelez quelles sont les causes qui ont forcé l'officier public de la commune de Mérignac, de se servir d'un pareil registre, pour y inscrire le mariage de la demoiselle Pénicaud; et certes, elles sont trop justes, trop légitimes, pour qu'il soit possible de faire là dessus le moindre reproche à cet officier.

» Mais fermons pour un moment les yeux sur la justice, sur la légitimité de ces causes; faisons abstraction de la nécessité dans laquelle elles ont mis l'officier public de Mérignac d'employer pour l'inscription de l'acte de mariage de la demoiselle Pénicaud, le registre non timbré qui servait alors à recevoir tous les actes de l'état civil de cette commune; et voyons si, en thèse générale, le défaut de timbre peut fournir contre un acte de mariage des moyens capables de le vicier.

» D'abord, la demoiselle Pénicaud ne nie pas le contenu de l'acte de mariage qui est représenté; elle convient au contraire que, le 21 vendémiaire an 5, elle a contracté à Mérignac, dans la maison de son père, en présence de l'officier public et de quatre témoins, le mariage qu'elle soutient aujourd'hui ne pas exister; elle avoue même en avoir signé l'acte sur le registre non timbré dont était porteur l'officier public.

» Cela posé, y a-t-il, soit dans la loi du 20 septembre 1792, soit dans toute autre loi faite avant ou depuis, une disposition par laquelle soient annullés, ou ce qui revient au même, par par laquelle soient déclarés incapables de faire preuve en justice, les actes sujets au timbre et néanmoins non timbrés de fait? Non, il n'existe aucune disposition de cette nature; le défaut de timbre donne bien lieu à des amendes; mais les actes non timbrés n'en sont pas moins valables; et c'est en vain que le génie fiscal a prétendu, dans l'assemblée constituante, les faire considérer comme nuls : cette prétention a été solennellement rejetée dans la discussion du décret du 29 septembre 1791, servant d'addition aux lois sur le timbre et l'enregistrement, et sanctionné le 9 octobre suivant.

» Dès-là, comment pourriez-vous accueillir un moyen de cassation qui ne repose sur aucune loi? Comment pourriez-vous déclarer nul un acte que le premier de nos corps législatifs a expressément refusé de déclarer tel? Comment pourriez-vous refuser foi en justice à un acte que la demoiselle Pénicaud reconnaît elle-même avoir signé et dont elle prouve l'existence par la dénégation même qu'elle ose en faire.

» C'est trop nous arrêter à un moyen aussi frivole; et il est temps de mettre fin à une discussion qui n'aurait jamais dû s'ouvrir, si la demoiselle Pénicaud eût compté pour quelque chose le respect pour les mœurs et pour les lois. Nous estimons qu'il y a lieu de rejeter la requête en cassation et de condamner la demanderesse à l'amende de 150 fr. ».

Ces conclusions ont été adoptées par arrêt du 13 fructidor an 10; voici dans quels termes :

« Attendu, sur le premier moyen, que les art. 1 et 3 de la sect. 4 de la loi du 20 septembre 1792, en désignant le lieu où le mariage sera célébré, n'ont joint à cette désignation aucune clause irritante ou prohibitive de le célébrer ailleurs;

» Attendu que la formalité introduite par cette désignation, est étrangère à la substance de l'acte, et que la loi n'en prescrit pas l'observation à peine de nullité;

» Attendu, que le second moyen, sur le tit. 2 de la loi du 20 septembre 1792, ni aucune loi postérieure, n'a assujetti les registres de naissance, mariage et sépulture à la formalité du timbre, sous la peine de nullité des actes qui seraient inscrits sur des registres non timbrés; et qu'elle se borne à prononcer des amendes ou la privation des qualités et droits de citoyens actifs, contre les personnes chargées de la tenue des registres, qui ont contrevenu à quelques-unes des formalités qu'elles prescrivent;

» Attendu d'ailleurs que les juges de première instance et d'appel ont décidé en fait:

» 1.° Que le transport de l'officier civil dans la maison de Pénicaud, père, n'avait été déterminé par aucune circonstance répréhensible, ou qui pût faire supposer le défaut de liberté dans le consentement donné au mariage par la demoiselle Pénicaud;

» 2.° Que l'officier civil avait eu de justes motifs d'inscrire l'acte de mariage dont il s'agit, sur le registre non timbré dont on se servait alors dans la commune de Mérignac;

» D'où il suit que le jugement dénoncé n'a violé, ni la loi du 20 septembre 1792, ni celle du 4 germinal an 2 qui ne s'applique qu'aux procédures en matière civile;

» Par ces motifs, le tribunal rejette le pourvoi...... ».

§. IV. 1.° *Un mariage contracté sous l'empire de la loi du 20 septembre 1792, dans une commune où l'un des époux n'était domicilié que depuis peu de jours, mais après des publications faites dans le lieu où il avait eu précédemment son domicile, est-il valable?*

2.° *Est-il valable, quoique l'acte qui en a été dressé après la célébration, ne contienne ni la mention du domicile ni celle de la profession de quelques-uns des témoins?*

3.° *Est-il valable, quoique, parmi les témoins, il se soit trouvé une femme?*

« Telles sont (ai-je dit, en portant la parole à l'audience de la cour de cassation, section des requêtes, le 28 floréal an 11), telles sont les questions qu'offre à votre examen la demande en cassation sur laquelle vous avez à statuer.

» Dans le fait, il a été reconnu entre les parties, en première instance, comme en cause d'appel, qu'Antoine-Joseph Mackert et Françoise-Philippine-Joseph Marette étaient majeurs, lorqu'ils se sont mariés; que celle-ci demeurait à Namur; que même elle n'avait jamais eu d'autre domicile; et qu'Antoine Mackert y avait été également domicilié jusqu'au 29 prairial an 7.

» Mais un point sur lequel les parties ne se sont accordées, ni devant les premiers juges ni devant le tribunal d'appel, c'est de savoir si, le 29 prairial an 7, Antoine-Joseph Mackert avait quitté le domicile qu'il avait eu jusqu'alors à Namur, et s'il en avait pris un dans la commune d'Emines, avant le 10 messidor suivant, jour de la célébration du mariage contesté.

» Pour prouver qu'avant comme depuis le 10 messidor an 7, Antoine-Joseph Mackert n'avait pas cessé d'être domicilié à Namur, les demandeurs ont rapporté un certificat du percepteur des contributions de cette ville, constatant qu'il y avait été imposé à la contribution personnelle et mobilière en l'an 5, en l'an 6 et en l'an 7; un certificat du percepteur de la commune d'Emines, constatant qu'il n'est point porté sur les rôles dressés en l'an 7 pour cette commune; un certificat de l'agent municipal du même lieu, en date du 16 floréal an 8, portant qu'il *n'est pas inscrit au tableau de cette commune*, un certificat du maire de la même commune, en date du 23 messidor an 8, qui atteste la même chose, enfin, l'acte de mariage même du 10 messidor an 7, dans lequel il est dit qu'Antoine-Joseph Mackert est *domicilié à Namur*.

» De son côté, Antoine-Joseph Mackert a représenté un acte ainsi conçu: « Je soussigné » secrétaire provisoire de l'administration municipale du canton de Namur, déclare que » le cit. A.-J. Mackert, habitant de cette commune, a déposé au secrétariat, une déclaration par laquelle il choisit pour son domicile » ladite commune d'Emines, chef-lieu de canton, et demande, en conséquence, d'être rayé » du tableau des habitans de Namur. Le 29 prairial an 7. *Signé* Pepin ». A côté est écrit: « Vu le présent certificat à la municipalité d'Emines, d'A.-J. Mackert, pour être inscrit au » registre d'Emines. Le 5 messidor an 7, *Signé* » Piron, président ». — Et plus bas: Enregistré » le 8 messidor an 7, au tableau des habitans » d'Emines. Fait à la municipalité d'Emines, ce » 8 messidor an 7. *Signé* Bodart, secrétaire ».

» C'est sur ces preuves respectives, qu'a prononcé le tribunal d'appel de Liége. Par son jugement du 28 floréal an 9, qui vous est aujourd'hui dénoncé, il a tenu pour constant qu'A.-J. Mackert était domicilié à Emines, au moment de la célébration de son mariage avec la demoiselle Marette; et il en a conclu, d'après le décret du 22 germinal an 2, que ce mariage avait été légitimement célébré dans cette commune.

» A-t-il, en cela, violé quelque loi? C'est la première question que vous avez à résoudre.

» D'abord, nul doute que le mariage n'ait été valablement contracté à Emines, si l'un des époux y était domicilié, n'importe depuis quel temps; le décret du 22 germinal an 2 est là-dessus très-positif.

» Ensuite, les demandeurs prouvaient bien que Mackert n'avait pas été imposé au rôle d'Emines en l'an 7, et qu'il l'avait été au contraire, cette même année, au rôle de Namur. Mais que pouvait-il résulter de là? Rien autre chose, si ce n'est que Mackert n'avait transféré son domicile à Emines, qu'après le commencement de l'an 7; car c'est toujours par le domicile que l'on a, au commencement de chaque année, que se détermine le lieu où l'on doit payer la contribution personnelle et mobilière. Mackert n'a jamais prétendu faire remonter, avant le commencement de l'an 7, la translation de son domicile à Emines. Il a toujours soutenu que cette translation datait du 29 prairial an 7. Les certificats des percepteurs d'Emines et de Namur, dont se prévalaient les demandeurs, étaient donc des pièces insignifiantes.

» Les demandeurs rapportaient bien encore des certificats par lesquels l'agent municipal, et, d'après lui, le maire d'Emines, attestaient qu'en l'an 8, Mackert n'était pas inscrit au tableau des habitans de cette commune. — Mais, d'une part, il ne s'agissait pas de savoir si, en l'an 8, Mackert était ou n'était pas domicilié à Emines; il s'agissait seulement de savoir s'il y avait été domicilié en messidor an 7. — D'un autre côté, de simples certificats n'auraient pas pu, même pour l'an 7, l'emporter sur un extrait authentique du tableau des habitans d'Emines, extrait que rapportait Antoine-Joseph Mackert, et qui portait en toutes lettres : *enregistré le 8 messidor an 7, au tableau des habitans d'Emines*.

» Enfin, les demandeurs établissaient bien, par l'acte même de mariage du 10 messidor an 7, que Mackert y était dit *domicilié à Namur*. Mais cette énonciation n'avait pas pu effacer Mackert du tableau des habitans d'Emines, sur lequel il avait été inscrit deux jours auparavant; elle n'avait pas pu détruire la translation de domicile qui s'était consommée par cette inscription, elle n'avait pu rendre à Mackert le domicile qu'il avait eu précédemment à Namur, et auquel il avait tout récemment renoncé, comme il en avait le droit; et il serait d'autant plus étrange qu'elle eût produit un pareil effet, qu'elle était en contradiction avec le fait même de la célébration du mariage de Mackert, dans la commune d'Emines; car par cela seul que la municipalité d'Emines recevait l'acte de mariage de Mackert, elle reconnaissait Mackert pour l'un des habitans de son canton.

» Ainsi non-seulement le tribunal d'appel de Liége n'a violé aucune loi, en jugeant que Mackert avait pu se marier à Emines, mais il a encore très-bien jugé.

» Mais n'a-t-il pas violé la loi du 20 septembre 1792, en déclarant valable un mariage contracté à Emines, sans publications préalables dans cette commune? Non, car la loi du 20 septembre 1792 n'attache pas la *peine* de *nullité* au défaut de publications dans le lieu où se célèbre un mariage entre personnes majeures; il est inutile sans doute de vous retracer tous les principes que nous avons eu l'honneur de développer là-dessus à votre audience du 13 fructidor an 10, dans la cause de la demoiselle Pénicaud : ils sont encore trop présens à vos esprits; et vous les avez, ce jour-là, consacrés par un jugement trop formel, pour qu'il soit besoin d'y revenir.

» Par la même raison, le tribunal d'appel de Liége n'a pas violé la loi du 20 septembre 1792, en décidant que le défaut d'expression du domicile et de la profession de quelques-uns des témoins, n'avait pas pu, dans la rédaction de l'acte de mariage dont il s'agit, opérer une nullité qui, rétroagissant sur la célébration de ce contrat, la fit regarder comme non-avenue. Encore une fois, il n'y a dans la loi du 20 septembre 1792, d'autres nullités que celles qu'elle a prononcées; et elle n'en a point prononcé pour l'inobservation des formes de précaution, dont elle s'occupe dans l'article où elle prescrit l'énonciation du domicile et de la profession des témoins.

» Enfin, la loi du 20 septembre 1792 n'exige pas que les quatre témoins, dont elle prescrit l'assistance à la célébration du mariage, soient tous du même sexe que le mari; elle n'exclut donc pas les femmes.

» Et qu'importe que des arrêts de réglement du parlement de Paris, aient défendu de prendre des femmes pour témoins, dans les mariages qui se contractaient dans l'ancienne forme? Ces arrêts n'ont jamais eu force de loi dans le département de Sambre et Meuse. Avant la loi du 20 septembre 1792, le département de Sambre et Meuse n'avait pas d'autre loi sur cette matière que le concile de Trente. Or, le concile de Trente n'empêchait pas les femmes d'être témoins dans les mariages dont il réglait la forme; et nous en trouvons la preuve dans ce passage du *Jus ecclesiasticum universum* de Van-Espen, part. 2, sect. 1, tit. 12, n. 24 : *qualitatem testium nullam expressit synodus Tridentina... Undè admittuntur in testes quicumque mentis compotes atque intelligere apti quid agatur; viri* ET MULIERES, *etiam proximi consanguinei contrahentium, sine exceptione quæ hoc locum non habet.*

» Par ces considérations, nous estimons qu'il y a lieu de rejeter la requête des demandeurs, et de les condamner à l'amende ».

Ces conclusions ont été adoptées par arrêt du 28 floréal an 11, au rapport de M. Delacoste,

« Attendu, sur le premier moyen, que le décret du 22 germinal an 2, quoique rendu dans la forme de *passé à l'ordre du jour*, par la Convention nationale, a la force et l'autorité de loi; que, par ces motifs, ce décret ou cette loi décide, comme l'ont pensé les juges, que, pourvu que les futurs aient rempli les formalités de la publication des promesses dans le dernier domicile où ils ont demeuré au moins six mois, l'acte de mariage peut être reçu dans la maison commune du lieu du domicile *actuel* de l'un des futurs époux, quoiqu'il n'y ait pas six mois qu'il y réside; parce que l'esprit de la loi ne saurait être d'empêcher, en ce cas, la célébration d'un mariage; que ce motif et le cas proposé écartent toute ambiguité et détruisent toute interprétation, par laquelle on voudrait faire revivre les doutes qui avaient été élevés sur le vrai sens de l'art. 1 de la sect. 2 de la loi du 20 septembre 1792;

» Que les juges, en décidant en fait, que Mackert avait acquis domicile à Emines avant la célébration de son mariage, et avait rempli à Namur, lieu du domicile de lui et de la future depuis plus de six mois, la formalité des publications, ont pu et ont dû appliquer à la question la loi du 22 germinal an 2;

» Que d'ailleurs cette décision du fait du domicile résulte des déclarations insérées dans l'acte de publication des promesses, et dans celui de célébration du mariage;

» Qu'il suit de là que les juges n'ont pas violé l'art. 1 du tit. 4, sect. 4, de la loi citée;

» Attendu, sur le second moyen, qu'ils n'ont pas plus violé l'art. 5 de la sect. 2 de la même loi, ni l'art. 1 de la sect. 4, ni l'art. 2 de la même section, ni faussement appliqué la loi du 13 fructidor an 6, en se refusant à prononcer la nullité du mariage pour omission des formalités articulées contre ledit acte, puisqu'ils ont écarté ces moyens par deux motifs : le premier, fondé sur ce qu'ils ont reconnu que la majeure partie de ces omissions n'existaient pas, et que les actes opposés par Mackert étaient réguliers et supplétivement appuyés d'une possession d'état; le second, tiré de ce que la loi invoquée n'a attaché la peine de nullité des unions, qu'au mépris marqué des formalités et conditions essentielles requises pour la validité du mariage des mineurs, ou des personnes désignées dans la sect. 1 du tit. 4; qu'en effet, les art. 1 et 3 de la sect. 4, en désignant le lieu où le mariage doit être célébré, n'a joint à cette désignation aucune clause prohibitive ou irritante de le célébrer ailleurs; cette formalité, introduite par cette désignation, est étrangère à la substance de l'acte, la loi n'en prescrivant pas l'observation à peine de nullité; que d'ailleurs la formalité a été observée, puisque les futurs avaient déclaré, par leurs promesses, que le mariage serait célébré à Emines, conformément à la loi du 13 fructidor an 6, au temple de la loi, à onze heures du matin;

» Attendu que le troisième moyen porte sur une prétendue nullité qui n'a pas été présentée au tribunal dont le jugement est dénoncé; que d'ailleurs ce moyen n'entraîne nullité, ni d'après les lois romaines, ni d'après les lois françaises, anciennes et nouvelles ».

§. V. 1.° *Un mariage contracté entre majeurs, sous l'empire de la loi du 20 septembre 1792, dans une Commune où l'un et l'autre époux n'étaient domiciliés que depuis un mois, et sans publications préalables, soit dans cette commune, soit dans toute autre, est-il valable ?*

2.° *Peut-on aujourd'hui déclarer nul, quant aux effets civils, un mariage contracté, en 1788, par un prêtre religieux profès ?*

Sur ces questions, dont la première est déjà préjugée par les arrêts rapportés dans les deux paragraphes précédens, et sur un autre qui est indiquée sous les mots *Ministère public*, j'ai donné, à l'audience de la cour de cassation, section civile, le 11 prairial an 11, des conclusions ainsi conçues :

« Le jugement que vous dénonce le cit. Spiess, présente à votre examen des questions majeures, et à tous égards intéressantes.

» Il s'agit de savoir si, dans la forme, ce jugement n'a pas violé, et les lois qui déterminent les attributions des commissaires du gouvernement dans l'ordre judiciaire, et les lois qui circonscrivent les pouvoirs des tribunaux d'appel.

» Il s'agit de savoir si, au fond, il a respecté ou enfreint les lois qui régissent l'état des personnes; si en exhumant la mémoire d'une femme décédée en possession publique et paisible de la qualité d'épouse légitime; si, en la flétrissant du cachet d'un concubinage long-temps prolongé, si, en la livrant à l'opprobre d'une vie immorale et licencieuse, il a contrevenu à la volonté du législateur ou seulement à la jurisprudence des anciens tribunaux.

» Dans le fait, le cit. Spiess était à la fois religieux profès, prêtre, et prieur-curé de Saint-Pierre-du-Bois, près Vendôme, lorsqu'il reçut chez lui la demoiselle Davrilly, âgée de 35 ans, domiciliée, à titre de pensionnaire, chez les sœurs hospitalières de Montoire.

» Deux ans après, une lettre de cachet, sollicitée par l'évêque du Mans, fut lancée contre lui; pour y échapper, il s'enfuit au delà du Rhin, séjourna quelque temps à Kell, et passa de là en Suisse, où la demoiselle Davrilly fut le joindre, si elle ne l'y accompagna pas immédiatement.

» Le 9 juin 1783, il lui fut accordé, sous le nom de Philippe Schoënberg, un *billet d'habitation*, daté du 9 juin 1783, et visé dans l'arrêté du directoire exécutif, du 3 ventôse an 5, qui est produit.

» Le même arrêté vise encore un certificat de bonnes vie et mœurs délivré à Philippe Schoënberg, par les quatre *ministrans* de Neufchâtel, le 25 juin 1785, et qui constate qu'à cette époque, il y avait deux ans que Philippe Shoënberg demeurait en cette ville.

» Il vise de plus un certificat du 20 avril 1787, par lequel le chef de la juridiction de Locle, dépendant de la principauté de Neufchâtel et Valengin, atteste que, depuis dix-huit mois que Philippe Schoënberg et *son épouse* demeurent en ce lieu, il ne lui est rien revenu que d'honnête et d'avantageux sur leur compte.

» Quelle était cette *épouse* avec laquelle vivait alors le cit. Spiess, déguisé sous le nom de Philippe Schoënberg? C'était, sans doute, la demoiselle Davrilly; et dans le fait, il existe dans la production du cit. Spiess lui-même, une lettre écrite à la demoiselle Davrilly, le 25 juillet 1786, dans laquelle son frère lui parle de son mariage, comme déjà contracté, et l'assure qu'il ne lui en sait pas mauvais gré, *persuadé*, dit-il, *qu'il est de votre goût*.

» Et cependant, ce n'est que le 11 juin 1788, que nous voyons le cit. Spiess et la demoiselle Davrilly s'unir par les nœuds du mariage.

» Ils forment ces nœuds devant le curé catholique de Landeron, dans la principauté de Neufchâtel, à la suite d'un contrat de mariage passé devant notaires, le 9 du même mois, à la Neuveville, commune dépendante alors de la principauté de Porentrui, et actuellement réunie à la France.

» Dans ce contrat de mariage, le cit. Spiess est désigné sous le nom de *Louis-Philippe Epien de Belmont, dit communément et se signant de Schoënberg, originaire français, de la province d'Alsace, domicilié présentement en cette ville, pour raison d'économie*. Quant à la demoiselle Davrilly, elle y est qualifiée *demeurant en cette ville, pour raison de santé*.

» Il est dit, dans le corps de l'acte, que les contractans se proposent de célébrer leur mariage suivant le rite catholique; *et ensuite transporter leur domicile en France, aussitôt que l'état de leurs affaires le leur permettra*.

» Les futurs époux se font donation réciproque, en cas de survie, de la propriété de tous leurs biens.

» Enfin, paraissent les témoins instrumentaires au nombre de quatre, et à leur tête le *pasteur*, c'est-à-dire, le ministre du culte protestant de la Neuveville; tous signent avec les parties et le notaire; et le cit. Spiess conclut de là que l'officier chargé par la loi locale de la célébration des mariages dans cette commune, a consenti que le sien fût célébré dans une autre commune, puisque, pour trouver un prêtre catholique, il fallait sortir de la Neuveville, et passer dans le territoire adjacent de Neufchâtel.

» Quoi qu'il en soit, le cit. Spiess et son épouse, après avoir continué de demeurer en Suisse pendant les premières années de la révolution, reviennent en France vers la fin de 1792, et se rendent directement au quartier général de l'armée des Pyrénées Orientales, dont le général en chef emploie le cit. Spiess en qualité de secrétaire.

» En vendémiaire an 2, le cit. Spiess, privé de sa place, par suite de la destitution du général de l'armée, se retire dans la commune d'Ampuis, département du Rhône.

» Et le 24 brumaire suivant, il se présente, avec son épouse et quatre témoins, devant l'officier public de l'état civil de cette commune; il y déclare son vrai nom et son ancienne qualité. La demoiselle Davrilly, de son côté, le reconnaît pour le même individu qu'elle a épousé en Suisse sous le nom de Schoënberg. Les deux époux font lire l'acte de leur mariage, du 11 juin 1788; ils déclarent le confirmer, et en tant que de besoin, le contracter de nouveau. L'officier public leur donne acte de leurs déclarations, et prononce, au nom de la loi, qu'ils sont unis en mariage.

» Depuis ce moment jusqu'au 4 pluviôse an 7, jour du décès de la demoiselle Davrilly, le cit. Spiess et elle ont vécu publiquement à Paris, comme mari et femme; et il est prouvé par un grand nombre de lettres, qu'ils étaient reconnus pour tels par les familles Davrilly et Labérardière. A la vérité, les lettres personnelles des cit. Labérardière et Davrilly ne donnent pas au cit. Spiess la qualité expresse de beau-frère; mais en les lisant avec tant soit peu d'attention, et surtout en les rapprochant de lettres de change précédemment tirées sur eux par le cit. Spiess, pour le payement des arrérages de la rente légitimaire de son épouse, il est impossible de ne pas demeurer convaincu qu'ils le regardaient tous deux comme le mari de la demoiselle Davrilly, et comme l'administrateur légal de ses revenus.

» Il paraît même qu'ils n'ont pensé à élever des difficultés sur son mariage, qu'après avoir appris, par la communication de l'acte du 11 juin 1788, que le cit. Spiess était donataire de la rente dont nous venons de parler.

» Aussi, le cit. Spiess prétend-il que ce n'est pas précisément contre le mariage même, mais contre la donation, qu'ils ont dirigé leurs attaques; et c'est de là qu'il part pour établir son premier moyen de cassation.

» Dans le fait, il avait débuté par leur faire signifier, le 18 floréal an 7, son contrat de mariage du 11 juin 1788, l'acte passé à Ampuis le 24 brumaire an 2, l'arrêté du directoire exécutif du 3 ventôse an 5, concernant son séjour en Suisse, et l'acte de décès de la demoiselle Davrilly.

» A la vue de ces pièces, et d'après les saisies-arrêts auxquelles elles ont donné lieu de la part du cit. Spiess, le 22 fructidor suivant, les cit. Davrilly et Labérardière se sont pourvus chacun séparément devant le tribunal civil du département du Calvados; et le premier y a conclu à ce qu'il plût à ce tribunal, en donnant défaut contre le cit. Spiess, qui ne comparaissait pas, *sans s'arrêter aux actes par lui signifiés, lesquels seraient déclarés nuls et de nul effet, dire à tort l'arrêt de deniers par lui requis, en donner mainlevée avec dépens*.

» Ces conclusions lui ont été adjugées par jugement du 26 brumaire an 8. Le cit. Spiess y a formé opposition; mais ne comparaissant pas encore, il en a été débouté par un autre jugement du 12 nivôse suivant.

» Et ce dernier jugement a été, sur la demande du cit. Labérardière, déclaré commun avec lui, par un troisième jugement du même jour 12 nivôse an 8, encore rendu par défaut contre le cit. Spiess.

» Sur l'appel interjeté de ces trois jugemens par le cit. Spiess, les cit. Davrilly et Labérardière se sont bornés à conclure à ce qu'il fût dit qu'il avait été bien jugé par le premier tribunal.

» Et le tribunal d'appel de Caen l'a effectivement ainsi déclaré par son jugement du 27 germinal an 9, mais il a fait plus : sur les conclusions prises à cet effet d'office par le commissaire du gouvernement, il a déclaré nul l'acte de célébration de mariage du 11 juin 1788.

» En prononçant ainsi, n'a-t-il pas violé l'art. 2 du tit. 8 de la loi du 24 août 1790, suivant lequel les commissaires du gouvernement exercent leur ministère au civil, *non par voie d'action, mais seulement par celle de réquisitions dans les procès dont les juges auront été saisis?* Telle est, C. M., la première question que vous avez à examiner.

» Sans contredit, le commissaire du gouvernement près le tribunal d'appel de Caen pouvait bien requérir qu'en faisant droit sur les demandes formées devant ce tribunal par les parties intéressées, il y fût statué de telle ou telle manière; mais il ne pouvait pas former lui-même des demandes auxquelles les parties n'avaient pas pensé, ou dont elles avaient cru devoir s'abstenir. Tel est le sens que présente naturellement l'article dont nous venons de transcrire les termes, et le tribunal de cassation l'a constamment entendu dans ce sens. C'est ainsi que, le 5 thermidor an 5, au rapport du cit. Barris, et sur les conclusions du cit. Abrial, il a cassé un jugement du tribunal du district de Bayeux, qui, dans une instance entre les frères Sanguin et Jacques Beaussieu, avait reçu le commissaire national incidemment opposant à un jugement par défaut.

» Or, dans notre espèce, les cit. Davrilly et Labérardière n'avaient point conclu, devant les premiers juges, à l'annullation de l'acte de célébration du 11 juin 1788, ils n'avaient conclu qu'à l'annullation des titres signifiés par le cit. Spiess avant l'introduction de la cause devant les premiers juges; et il est bien constant, il est d'ailleurs prouvé authentiquement par l'exploit de signification du 18 floréal an 7, que, parmi ces titres, ne se trouvait pas celui dont il s'agit.

» D'un autre côté, en cause d'appel, les cit. Davrilly et Labérardière ne concluaient qu'au bien jugé; le jugement du 27 germinal an 9 le prouve invinciblement.

» C'est donc de son propre chef, c'est donc par des conclusions qui n'appartiennent qu'à lui, que le commissaire du gouvernement a requis l'annullation de l'acte de mariage du 11 juin 1788; et c'est ce que le jugement attaqué constate lui-même, lorsqu'après avoir retracé les demandes respectives des parties, il ajoute : *le commissaire du gouvernement a pris de son chef des conclusions d'office.*

» Il est vrai que, dans cette partie du jugement, on ne voit pas quelles étaient les conclusions prises d'office par le ministère public. Mais la chose s'éclaircit par le huitième *considérant*, et par le dispositif.

» Par le huitième *considérant*, le tribunal d'appel s'efforce d'établir que le ministère public est recevable à attaquer de son chef le mariage du cit. Spiess.

» Et par le dispositif, non content d'avoir confirmé le jugement de première instance, qui avait déclaré nuls les actes précédemment signifiés par le cit. Spiess, c'est-à-dire, d'avoir accordé aux cit. Davrilly et Labérardière tout ce qu'ils avaient demandé; il se permet encore d'annuller formellement l'acte de célébration nuptiale du 11 juin 1788, c'est-à-dire, de prononcer ce à quoi n'avait conclu ni le cit. Labérardière, ni le cit. Davrilly, ce à quoi le ministère public n'avait pas pu conclure d'office, et ce à quoi cependant il n'avait été conclu par le ministère public.

» On ne pouvait pas, suivant le cit. Spiess, violer plus ouvertement l'art. 2 du tit. 8 de la loi du 24 août 1790. Mais ce n'est pas là le seul vice que le cit. Spiess trouve dans cette partie du jugement.

» De ce qu'en première instance, les cit. Davrilly et Labérardière n'avaient pas demandé la nullité de l'acte de mariage du 11 juin 1788, et de ce que le tribunal civil du Calvados, en ne leur adjugeant, comme il le devait, que leurs demandes, n'avait pas déclaré cet acte nul, il s'ensuit nécessairement deux choses, suivant le cit. Spiess :

» La première, que la nullité de l'acte de mariage du 11 juin 1788, ne pouvait plus être demandée par les cit. Labérardière et Davrilly devant le tribunal d'appel;

» La seconde, que le tribunal d'appel ne pouvait pas prononcer cette nullité, quand même elle leur eût été demandée directement par ceux-ci; car, aux termes de l'art. 7 de la loi du 3 brumaire an 2, il ne peut être *formé en cause d'appel aucune nouvelle demande, et les juges ne peuvent prononcer que sur les demandes formées en première instance.*

» Et remarquez, dit le cit. Spiess, qu'ici le tribunal d'appel n'a pas pu douter qu'il ne contrevînt à cette loi, en déclarant nul mon mariage.

Les premiers juges n'avaient fait, dans leur jugement, qu'adopter littéralement les conclusions des cit. Davrilly et Labérardière; et par là, si les cit. Davrilly et Labérardière eussent conclu à l'annullation du mariage, le mariage eût été nécessairement compris dans l'annullation des actes que j'avais signifiés. Cependant le tribunal d'appel a trouvé que les premiers juges n'avaient pas annullé le mariage; et c'est parce que le mariage n'avait pas été annullé par eux, qu'il a cru devoir l'annuller lui-même. Donc le tribunal d'appel a lui-même jugé que les cit. Davrilly et Labérardière n'avaient pas conclu devant les premiers juges à l'annullation du mariage; donc, s'écrie le cit. Spiess, il a lui-même jugé qu'en déclarant le mariage nul, il prononçait sur une demande nouvelle; donc il a lui-même jugé qu'il contrevenait à la loi du 3 brumaire an 2; donc si cette loi a souffert une violation scandaleuse, c'est par le jugement que je vous dénonce. — Tel est, dans toute sa force, le premier moyen de cassation du cit. Spiess.

» A notre égard, nous ne pouvons pas nous dissimuler que le tribunal d'appel de Caen n'ait eu l'intention de faire ce que lui défendaient, et l'art. 2 du tit. 8 de la loi du 24 août 1790, et l'art. 7 de la loi du 3 brumaire an 2. tout annonce, dans son jugement, qu'il a considéré les réquisitions du ministère public, comme une demande additionnelle aux demandes des cit. Davrilly et Labérardière. Tout y annonce par conséquent qu'en statuant sur ces réquisitions, il a cru statuer sur une demande dont il ne pouvait pas s'occuper, et parce qu'elle n'avait pas été présentée aux premiers juges, et parce qu'elle ne l'avait pas été par les parties privées qu'elle intéressait.

» Mais il ne s'agit pas ici de savoir ce qu'a voulu faire le tribunal d'appel, il s'agit de savoir ce qu'il a fait réellement. Si tout en croyant agir contre la loi, il a réellement agi selon son vœu; si, tout en croyant ne statuer que sur les conclusions du ministère public, il a réellement statué sur les conclusions des cit. Davrilly et Labérardière, nous pourrons bien blâmer son intention, mais nous serons forcés de maintenir son ouvrage.

» Or, dans cette cause, quel était, devant les premiers juges, le rôle des cit. Davrilly et Labérardière? Ils étaient défendeurs.

» Et que disaient-ils pour leur défense? Ils disaient que le cit. Spiess avait été, par sa qualité de religieux profès, incapable de contracter le mariage du 11 juin 1788.

» Ils concluaient donc implicitement à la nullité de ce mariage; et ces conclusions implicites devaient avoir pour eux le même effet que des conclusions expresses. Car, vous l'avez déclaré vous-mêmes, par votre jugement du 8 nivôse dernier, dans l'affaire des héritiers Bérulle (1); *aucune loi n'exige des conclusions expresses de la part des défendeurs, pour la validité de leur défense; il résulte, au contraire,* des art. 1 du tit. 2, 5 du tit. 5, 4 du tit. 14 de l'ordonnance de 1667, et 1 de la loi du 3 brumaire an 2, *qu'il suffit au défendeur de proposer ses moyens de défense, pour qu'il puisse être renvoyé absous* (2).

» D'un autre côté, les jugemens rendus en première instance, avaient expressément pris pour base de leur décision, l'incapacité du cit. Spiess à l'époque *de son prétendu mariage du 11 juin 1788.* Ils avaient donc considéré ce mariage comme nul; ils n'avaient donc annullé la donation du 9 du même mois, que parce qu'ils avaient jugé qu'elle n'avait pas été suivie d'un mariage légal.

» D'après cela, qu'a fait le commissaire du gouvernement près le tribunal d'appel, en requérant l'annullation de ce mariage? Il n'a fait que répéter en termes exprès, les conclusions qu'avaient prises, en termes équipollens, les cit. Davrilly et Labérardière.

» Et qu'a fait le tribunal d'appel en adoptant les réquisitions du commissaire du gouvernement? Il n'a fait que déclarer en termes exprès, ce que les premiers juges avaient déclaré en termes équipollens.

» Il n'y a donc eu, à cet égard, ni excès de pouvoir, de la part du commissaire du gouvernement, ni, de la part du tribunal d'appel, contravention à l'art. 7 de la loi du 3 brumaire an 2; et par là tombe le premier moyen de cassation du cit. Spiess.

» Il en est, un second qui tient encore à la forme : c'est celui qui résulte de ce que le jugement du 27 germinal an 9 ne condamne pas le cit. Spiess à l'amende de fol-appel. — Ce moyen est tranchant, sans doute; mais il appartient tout entier à notre ministère, et le cit. Spiess n'est pas recevable à vous le proposer.

» Au fond, le cit. Spiess soutient d'abord, que le tribunal d'appel de Caen a mal jugé, en accueillant les réclamations de parens collatéraux contre un mariage qui avait subsisté paisiblement jusqu'à la mort de leur parente.

» Oui certainement, le tribunal d'appel a mal jugé, ou du moins il a jugé contre la jurisprudence universelle des anciens tribunaux. Nous pourrions citer plus de cinquante arrêts qui ont déclaré des collatéraux purement et simplement non-recevables à alléguer même des moyens de nullité absolue contre des mariages; mais pour

(1) *V.* l'article *Requête civile*, §. 6.

(2) Aussi le défendeur originaire peut-il, en cause d'appel, former toutes les nouvelles demandes qu'il juge propres à écarter l'action principale. *V.* le plaidoyer et l'arrêt du 22 mars 1810, rapportés aux mots *Pignoratif* (*contrat*).

ménager vos momens, nous nous restreindrons au plus récent de tous, à celui qui a été rendu au parlement de Paris, le 31 décembre 1779, sur les conclusions de M. l'avocat général Séguier.

» Louis Esparcieux, religieux profès dans l'ordre des Capucins, avait déserté son couvent, s'était réfugié à Genève, et y avait épousé, en 1733, Marguerite-Philibert Tournier. De ce mariage naquit une fille, qui fut nommée Lucrèce Esparcieux. En 1735, Louis Esparcieux vint à mourir; et en 1736, sa veuve s'établit à Lyon, où, dans la suite, elle maria sa fille à Gabriel Bouchard. Devenue majeure, la dame Bouchard découvrit que son père avait fait, en 1725, avant sa profession religieuse, une donation de tous ses biens. Elle attaqua cette donation, et demanda qu'elle fût déclarée révoquée par survenance d'enfant. Cottier et Pécollet, héritiers des donataires, lui opposèrent les vœux solennels de son père et sa prétendue qualité de bâtarde. Pour repousser cette exception, la dame Bouchard interjeta appel comme d'abus de la profession monastique de son père; et de leur côté, ses adversaires interjetèrent appel comme d'abus du mariage de celui-ci. La cause plaidée pendant plusieurs audiences, voici quel fut le prononcé de l'arrêt: «Faisant droit sur l'appel comme » d'abus interjeté par Lucrèce Esparcieux des » prétendus actes de prise d'habit et de profession » de son père dans l'ordre des Capucins, déclare » ladite Esparcieux non-recevable dans son ap» pel, et la condamne à l'amende de 12 livres; » faisant droit sur l'appel comme d'abus interjeté » par Cottier et Pécollet du mariage de Louis » Esparcieux, leur cousin, avec Marguerite-» Philibert Tournier, les déclare pareillement » non-recevables, et les condamne à l'amende » de 12 livres ».

» Ainsi, l'arrêt jugea que Louis Esparcieux s'était valablement engagé dans l'ordre des Capucins, et cependant repoussa par fin de non-recevoir les attaques dirigées par ses parens collatéraux contre le mariage qu'il avait contracté à Genève.

» Cet exemple indique assez de quelle manière, dans notre espèce, aurait dû prononcer le tribunal d'appel de Caen. Mais nous n'avons pas à examiner s'il s'est conformé à la jurisprudence universellement reçue, ou s'il s'en est écarté; quelque étrange, quelque odieux même que nous paraisse son jugement, envisagé sous ce rapport, nous ne pouvons, sous ce rapport, que vous en proposer le maintien.

» Mais a-t-on pu, en l'an 9, onze ans après l'abolition solennelle des vœux monastiques, déclarer nul en France, un mariage précédemment contracté par un ci-devant religieux dans un pays où l'on ne connaissait ni la profession religieuse, ni aucun de ses effets civils?

» C'est ici la grande question de la cause, et elle se divise en deux branches.

» Premièrement, le mariage contracté en Suisse par le cit. Spiess, doit-il être jugé d'après les lois helvétiques?

» Il le devrait sans doute, si le cit. Spiess eût eu en Suisse un domicile véritable et proprement dit, car c'est bien constamment de la loi domiciliaire que dépend la capacité d'état.

» Mais le cit. Spiess prouve lui-même par les pièces qu'il a mises sous vos yeux, qu'il n'a jamais eu de domicile en Suisse, qu'il n'y a fait qu'une résidence passagère, que son intention a toujours été de revenir en France quand il le pourrait, sans compromettre sa sûreté personnelle.

» Ce n'est donc pas par les lois helvétiques, c'est uniquement par les lois françaises, que doit être jugée la question de savoir si le cit. Spiess était ou non, en 1788, capable de contracter un mariage légitime.

» Or, quel était, avant l'abolition des vœux monastiques en France, l'état de notre législation sur les mariages des religieux profès?

» C'est un préjugé assez généralement reçu, qu'avant l'abolition des vœux monastiques, les religieux étaient morts civilement; mais, nous devons le dire, et nous nous flattons de le prouver clairement, ce n'est qu'un préjugé.

» Sans doute, les religieux ne jouissaient pas de tous les avantages de la vie civile: ils ne pouvaient ni tester ni succéder ni recueillir de donation excédant leurs alimens. Mais ce n'était point par suite de la mort civile dont jamais aucune loi ne les a frappés, ce n'était que par exception à la capacité générale d'état qui est inhérente à la qualité d'homme vivant en société.

» Dans le droit romain, tel qu'il était en vigueur immédiatement avant Justinien, les religieux étaient habiles, non-seulement à succéder, mais encore à tester. L'ordonnance des empereurs Valentinien et Marcius, de l'an 455, qui forme la loi 13, C. *de sacrosanctis ecclesiis*, leur permettait de disposer de leurs biens, *sive testamento, sive codicillo, sive substitutione, seu legato aut fideicommisso.*

» Justinien, par la loi 56, §. 1, C. *de episcopis et clericis*, les maintint expressément dans le droit de succéder; mais par le chap. 5 de la 3.e novelle, il leur ôta celui de disposer par testament; et il en donna cette raison, que, par leurs vœux, ils ne consacraient pas moins leurs biens que leurs personnes à Dieu et au monastère où ils faisaient profession.

» Par là, les religieux profès se trouvèrent privés d'un des plus beaux droits de la vie civile, mais ils furent si peu rangés pour cela, dans la classe des hommes morts civilement, qu'ils conservèrent leur habileté à succéder. C'est la remarque de Cujas, dans ses observations sur la novelle 5 : *Monachismus*, dit-il, *non est capitis minutio, quia monachi jus legitimarum hereditatum habent.*

» Cette jurisprudence s'est maintenue long-temps en France. Jean Faber, qui écrivait en 1340, en parle comme d'un droit certain et actuel : *Sic ergò nota* (dit-il, sur la loi 56, *de episcopis et clericis*, au Code), *quod religiosi succedunt et ecclesia nomine eorum recipit; item dividunt cum fratribus suis.*

» Monac, sur l'authentique *ingressi*, qui n'est que l'extrait du chap. 5 de la 5.e novelle, assure qu'elle était observée en France du temps de Jean Faber: *Reperio morem ætate suâ similem in nostrâ Galliâ.*

» Chasseneuz, sur la coutume de Bourgogne, titre *des successions*, §. 14, dit qu'au temps de la rédaction de cette coutume, l'incapacité des religieux de succéder, n'était pas encore bien reconnue dans toute la France : *Et adverte quòd tempore quo hæ consuetudines fuerunt in scriptis redactæ, nondùm constabat de generali consuetudine Franciæ, quæ habet quod religiosi non succedunt.*

» Effectivement ce ne fut, comme le prouve le père Thomassin, dans sa *Discipline ecclésiastique*, tome 3, part, 4, liv. 3, chap. 18, qu'à mesure que l'on procéda, pour la première fois, à la rédaction de nos coutumes, que l'on abolit dans chacune, le droit de succéder qui jusqu'alors avait toujours été exercé par les religieux.

» Mais, par cette raison même, les pays coutumiers furent d'abord les seuls dans lesquels les religieux cessèrent d'être appelés aux successions; *religiosi non succedunt in patriâ consuetudinariâ*, dit Jean Ducocq (*Joannes Galli*), dans sa question 122; ce qui suppose manifestement qu'alors les religieux succédaient encore dans les pays de droit écrit.

» Ils y succédaient même encore dans le seizième siècle; mais en mai 1522, sur les remontrances du syndic des Etats du ci-devant Dauphiné, François I.er donna à Châteaubriant un édit qui assimila, sur cette matière, la jurisprudence des pays de droit écrit à celle des pays coutumiers.

» Et comme, à cette époque, la ci-devant Franche-Comté n'était pas encore réunie à la France, les religieux continuèrent d'y succéder à l'instar des autres citoyens, jusqu'à ce que Philippe II, roi d'Espagne, par l'art. 1383 de son ordonnance du 17 avril 1581, restreignit leur droit de succession, quant aux immeubles, à un simple usufruit:

» Il ne fut point question des meubles dans cette ordonnance; et les religieux francs-comtois continuèrent en conséquence d'y succéder; ils y succédaient même encore dans le dix-huitième siècle, ainsi qu'à l'usufruit des immeubles, comme l'ont jugé trois arrêts rendus, l'un au grand conseil de Malines, le 5 mai 1716, l'autre au parlement de Metz, le 21 janvier 1718, et le troisième au parlement de Paris, le 21 février 1721. — Tant il est vrai que, de tous les droits attachés à la vie civile, les religieux profès avaient conservé ceux que des lois expresses ne leur avaient pas ôtés; preuve incontestable qu'ils n'étaient pas morts civilement, puisque s'ils l'eussent été, il n'eût point fallu de loi spéciale pour les priver notamment du droit de succéder.

» C'est la remarque du savant et judicieux Stokmans, dans son Recueil d'arrêts du conseil du Brabant, §. 4 : après avoir rapporté un arrêt de sa compagnie, qui, à défaut de loi expressément prohibitive, avait jugé qu'un religieux profès pouvait être témoin dans un testament, il établit, pour justifier cette décision, que les moines ne sont réputés morts civilement que par rapport aux actes dont ils sont déclarés incapables par des lois formelles : *Quod enim dicitur monachos comparari servis et haberi pro mortuis, intelligitur quoad illos juris effectus circà quos id ità specialim jure constitutum est.....; nam per omnia non habentur pro mortuis.*

» Ce principe posé, il est clair, que, si avant 1789, il n'existait pas en France de lois civiles d'après lesquelles les religieux profès fussent incapables de se marier, nous ne pouvons pas aujourd'hui regarder comme nuls les mariages que des religieux profès ont pu contracter avant 1789. Or, ces lois où sont-elles?

» Nous trouvons dans le Code de Justinien, titre *de episcopis et clericis*, loi 5, une ordonnance de l'empereur Jovinien, de l'an 377, qui défend, sous peine de mort, même la simple tentative d'enlèvement d'une religieuse, pour l'épouser : *Si quis, non dicam rapere, sed attentare tantùm jungendi causâ matrimonii, sacratissimas virgines ausus fuerit, capitali pœnâ feriatur.* Mais ni cette loi ni aucune autre du droit romain ne va jusqu'à annuller le mariage qui, de fait, a été contracté au mépris de vœux solennels précédemment émis.

» Et il est à remarquer que le célèbre évêque d'Hyppone, Saint-Augustin, dans son livre *de bono viduitatis*, chap. 10, regarde comme valides les mariages des religieux profès, quoiqu'ils soient, dit-il, prohibés par les lois de l'Eglise; faisant allusion au décret du concile de Calcédoine de 451, qui défend aux moines de se marier, sans cependant déclarer nuls les mariages qu'ils pourraient contracter.

» Et remarquez encore que cette décision de Saint-Augustin a été insérée dans le corps du droit canonique, et qu'elle se trouve dans le décret de Gratien.

» Nous savons bien que depuis, les papes ont, par différentes décrétales, placé la profession monastique et la prêtrise au nombre des empêchemens dirimans du mariage.

» Nous savons aussi que leur doctrine a été

confirmée par le neuvième canon de la session 24 du concile de Trente.

» Mais ce canon, ces décrétales, ne sont pas des lois pour nous; la puissance civile aurait pu seule, en France, leur en imprimer le caractère, et jamais elle ne l'a fait.

» Pothier, dans son *Traité du contrat de mariage*, n. 108, dit que l'empêchement résultant des vœux solennels, *est de discipline ecclésiastique*, et qu'*il n'a pas toujours été dirimant.*

» D'Héricourt qui, dans ses *lois ecclésiastiques*, titre *des empêchemens dirimans du mariage*, établit en maxime, que les mariages des moines et des prêtres sont nuls, ne cite, à l'appui de son assertion, aucune ordonnance, aucun édit, aucune déclaration; il ne la fonde que sur une décrétale d'Alexandre III, sur une autre de Boniface VIII, et sur le canon du concile de Trente. C'est bien convenir implicitement qu'aucune de nos lois civiles ne prononce la nullité de ces sortes de mariages; et en effet, il n'en existe pas une seule dans laquelle on remarque une pareille disposition.

» Le tribunal d'appel de Caen en cite cependant une dans le jugement attaqué, et il la cite sous la dénomination d'*ordonnance de Charles IX, de l'an* 1564, sans en désigner ni le mois ni le jour.

» C'est déjà une assez bonne preuve qu'il la cite sans l'avoir lue, et par conséquent une raison de nous tenir en garde contre les inductions qu'il en tire.

» Pressés par cette considération, nous avons feuilleté tous les Recueils des anciennes ordonnances; et après beaucoup de recherches, nous avons trouvé une déclaration du 4 août 1564, enregistrée au parlement de Paris, le 17 du même mois, dans laquelle il est effectivement parlé des prêtres et des moines mariés.

» Cette déclaration a été donnée au château de Roussillon, en interprétation de l'édit de pacification de décembre 1563, et voici ce qu'elle porte, art. 7 : « Voulons et ordonnons que les » prêtres, moines, religieux profès qui, durant » les troubles, ou depuis, auront laissé leur pro» fession et se sont mariés, soient contraints, et » ce par prison, de laisser leurs femmes et re» tourner en leurs couvens et première voca» tion, ou se retirer hors notre royaume dans » tel temps qu'il sera arbitré par nos juges, que » ne voulons néanmoins être plus long que deux » mois : autrement, punis extraordinairement » des peines de galères perpétuelles, ou autres, » selon l'exigence des cas; et les religieuses pro» fesses qui, semblablement durant ou depuis » lesdits troubles, auront laissé leur profession » et se sont mariées, seront aussi contraintes de » laisser leurs maris, et retourner en leurs mo» nastères ou vider notredit royaume dans le » même temps que dessus, sur peine de prison » entre quatre murailles ».

» Cette déclaration prouve sans doute que notre ancien gouvernement avait maintenu la défense que les lois romaines avaient faites aux moines et aux religieuses de se marier.

» Mais conclure de là que les mariages contractés de fait par des moines ou des religieuses, étaient nuls, c'est faire dire à la déclaration de Charles IX ce qu'elle ne dit pas; c'est raisonner comme personne n'eût osé le faire à l'égard des mariages contractés par des militaires, sans la permission du gouvernement; c'est vouloir, contre la notoriété universelle, que la défense faite à ceux-ci par les anciennes ordonnances, de se marier sans cette permission, emportait la nullité des mariages qu'ils avaient ainsi contractés; c'est, en un mot, confondre les *empêchemens prohibitifs* avec les *empêchemens dirimans*, deux choses que notre ancienne législation distinguait de la manière la plus précise.

» Si la déclaration du 4 août 1564 eût voulu que l'on considérât comme nuls les mariages des prêtres et des moines, qu'eût-il coûté de l'exprimer en termes formels? Elle ne l'a pas fait, donc elle n'a pas voulu le faire. Telle est la seule conséquence raisonnable que l'on puisse en tirer.

» Et cette conséquence se fortifie par deux grandes considérations.

» La première, c'est que le chancelier de l'Hôpital, qui présidait alors à la rédaction des lois françaises, était notoirement trop enclin à favoriser tout ce qui pouvait contrarier la doctrine et les prétentions du clergé catholique, pour qu'on puisse le soupçonner d'avoir, par la déclaration dont il s'agit, introduit, sur les mariages des moines et des prêtres, un droit tellement nouveau, que ce qui jusqu'alors n'avait été annullé par aucune loi, ne pût dorénavant être considéré que comme non-avenu.

» La seconde, c'est que cette déclaration, bien loin de faire entendre que ces mariages sont nuls, annonce elle-même qu'elle les regarde comme valables, comme subsistans de droit, puisqu'elle donne les qualités de *femmes* et de *maris* aux personnes du sexe et aux hommes que les religieux et les religieuses ont respectivement épousés, qualités que le chancelier de l'Hôpital se serait bien gardé de leur attribuer, dans l'hypothèse contraire, lui qui était si familier avec le droit romain, et qui certainement connaissait ce texte si fameux des Institutes, titre *de nuptiis*, §. 12 : *Si adversùs ea quæ diximus aliqui coierint,* NEC VIR, NEC UXOR, *nec nuptiæ, nec matrimonium, nec dos intelligitur.*

» Qu'importe, après cela, qu'il ait été rendu par les anciens tribunaux, plusieurs arrêts par lesquels des mariages de prêtres et de moines ont été déclarés nuls?

» Ce n'est point sur la déclaration du 4 août 1564 que ces arrêts sont basés (les auteurs qui nous les ont conservés, ne la citent même pas);

ce n'est pas non plus sur d'autres lois véritablement nationales (nous l'avons déjà dit, il n'en existe point); c'est uniquement sur les décrétales des papes et les canons du concile de Trente, c'est-à-dire, sur des actes qui jamais n'ont été sanctionnés en France par l'autorité législative, et auxquels les anciens tribunaux ont bien pu se conformer dans le jugement de certaines affaires, mais que de simples décisions judiciaires n'ont jamais pu convertir en lois, ni rendre obligatoires pour le jugement des affaires qui pourraient se présenter par la suite.

» Aussi voyons-nous que le parlement de Paris lui-même tenait si peu à sa jurisprudence sur cette matière, que, par un arrêt du 18 mars 1666, rapporté dans le Journal des audiences, à l'ordre de sa date, il a admis à succéder comme légitimés par mariage subséquent, les enfans nés d'un sous-diacre et d'une abbesse, mariés depuis avec dispense; et cela, quoiqu'il soit bien constant que le bénéfice de la légitimation par mariage subséquent ne peut pas être réclamé par les enfans dont le père et la mère n'étaient pas habiles à se marier ensemble à l'époque de leur conception.

» C'est donc une vérité bien démontrée, qu'au moment où a été proclamée en France l'abolition des vœux monastiques, il n'existait aucune loi française qui attachât à ces vœux la capacité du mariage.

» Maintenant, nous le demandons avec confiance, comment le tribunal d'appel de Caen a-t-il pu appliquer à cette abolition, considérée dans son rapport avec le mariage du cit. Spiess, le principe que les lois n'ont pas d'effet rétroactif?

» Il n'est pas besoin de donner un effet rétroactif à l'abolition des vœux solennels de religion, pour valider le mariage que le cit. Spiess a contracté le 11 juin 1788; il suffit, pour cela, de se reporter à la législation sous l'empire de laquelle ce mariage a été célébré; car, par la seule raison que les lois d'alors n'annullaient point le mariage du cit. Spiess, ce mariage était valable, et aucune puissance sur la terre n'avait le droit de l'annuller.

» Il n'en était pas de même du droit de succéder et de celui de recevoir des donations entre-vifs. Ces deux droits avaient été ôtés aux moines par des lois expresses; il fallait par conséquent des lois expresses pour les leur rendre; et c'est sans doute ce que l'assemblée constituante aurait pu faire, pour l'avenir, en abolissant les vœux; mais par respect pour le repos des familles, elle n'a pas, à cet égard, usé de son pouvoir; elle a, au contraire, déclaré, par la loi du 26 mars 1790, que *les religieux demeuraient incapables de succession et ne pourraient recevoir par donations entre-vifs ou testamentaires, que des pensions de rentes viagères.* Et cette loi n'a été révoquée que par les lois des 5 brumaire et 17 nivôse an 2, dont les dispositions, d'abord rétroactives jusqu'au 14 juillet 1789, ont été ensuite restreintes à l'avenir.

» Si l'on demande à présent pourquoi la convention nationale a cru nécessaire de faire une loi pour habiliter les moines à succéder et recevoir des donations, et n'a pas cru devoir en faire une pour les habiliter au mariage, la réponse sera facile.

» La qualité de moine était, par les dispositions de nos coutumes, par l'édit de Châteaubriant, de 1532, et par d'autres lois subséquentes, déclarée incompatible avec celle d'héritier et de donataire; il était donc essentiellement besoin d'une loi nouvelle pour faire cesser cette incompatibilité; et ce n'était que pour l'avenir, que cette loi nouvelle pouvait la faire cesser.

» Mais aucune loi n'avait déclaré les moines ni les prêtres incapables de se marier; aucune loi n'avait fait résulter de la profession religieuse, ni de la promotion aux ordres sacrés, un empêchement dirimant du mariage; il était donc inutile de décréter, soit pour les moines, soit pour les prêtres, la liberté de se marier: on n'aurait pu la décréter que par dérogation aux statuts de l'église romaine; et y déroger, c'eût été reconnaître qu'ils avaient eu force de loi. Aussi la convention nationale s'en est-elle bien gardée; et en se taisant sur cette matière, elle a manifestement reconnu, elle a, en quelque sorte proclamé, par son silence, que l'abolition des vœux solennels n'avait introduit aucun droit nouveau par rapport au mariage considéré en soi.

» Nous disons, *par rapport au mariage considéré en soi*; car, quoique civilement habiles à se marier, les prêtres et les moines étaient, par le fait de leur soumission à leurs évêques et à leurs supérieurs réguliers, réduits à l'impuissance de vivre publiquement en état de mariage. La loi ne leur avait pas ôté la capacité requise pour former le lien nuptial; mais elle avait élevé autour d'eux des obstacles qui les empêchaient d'en recueillir les avantages; et ces obstacles n'ont été levés que par la révolution, qui a entraîné, d'une part, l'abolition des vœux solennels, et de l'autre, l'anéantissement de la juridiction ecclésiastique, quant aux effets extérieurs.

» La suppression de ces obstacles est donc la seule innovation qu'ait faite, à cet égard, la révolution; ainsi, ce n'est pas à la révolution que le prêtre, le moine, marié auparavant, doit la légitimité de son mariage; il ne lui doit que la liberté de se dire marié et de vivre publiquement comme tel; il ne lui doit que l'avantage de n'être pas persécuté pour avoir usé d'un droit qu'il tenait de la nature, et dont aucune loi civile ne l'avait dépouillé.

» Le tribunal d'appel de Caen a donc fait une

application souverainement fausse, et de la déclaration de Charles IX, du 4 août 1564, et du principe de la non-rétroactivité de la loi du 19 février 1790, portant abolition des vœux monastiques, lorsque, par son jugement du 23 germinal an 9, il a déclaré nul le mariage contracté par le cit. Spiess, le 11 juin 1788. Il a donc créé, en prononçant ainsi, une nullité qu'aucune loi n'avait établie; il a donc excédé ses pouvoirs; il y a donc lieu de casser son jugement.

» Il nous reste à examiner si son jugement ne doit pas encore être cassé, pour avoir déclaré nul l'acte passé, le 24 brumaire an 2, devant l'officier public de l'état civil de la commune d'Ampuis.

» Cet acte, comme vous l'avez vu, contient à la fois la ratification du mariage célébré en Suisse, le 11 juin 1788, et la célébration, en tant que de besoin, d'un nouveau mariage entre le cit. Spiess et la demoiselle Davrilly.

» Or, a dit le tribunal d'appel, considéré comme ratification, cet acte est sans effet, parce qu'il est de principe que, quand un acte est nul dans son essence, *la ratification que l'on en fait, ne peut lui donner aucune valeur, sauf celle que le second acte peut avoir par lui-même, abstraction faite du premier.*

» Considéré comme nouvel acte de mariage, il est également nul, parce qu'il n'est pas conforme à la loi du 20 septembre 1792, notamment parce que le cit. Spiess et la demoiselle Davrilly ne résidaient que depuis un mois dans la commune d'Ampuis.

» Ainsi, ni sous l'un ni sous l'autre rapport, l'acte du 24 brumaire an 2 n'a pu réparer les vices du mariage contracté en Suisse; et le cit. Spiess n'est pas devenu, par cet acte, plus légitime époux de la demoiselle Davrilly, qu'il ne l'était devenu par celui du 11 juin 1788.

» Voilà comment a raisonné le tribunal d'appel de Caen.

» Il y aurait d'abord beaucoup de choses à dire sur le principe qu'il a posé relativement à l'acte du 24 brumaire an 2, considéré comme ratification; et sans sortir des matières matrimoniales, on pourrait opposer à ce prétendu principe l'exemple de celui qui, s'étant marié avant l'âge de puberté, a ratifié depuis, soit par une cohabitation prolongée pendant un temps moral, soit même par un simple acte pardevant notaire ou sous seing-privé, son mariage originairement nul *dans son essence.*

» Mais arrêtons-nous au second aspect sous lequel le jugement attaqué envisage l'acte du 24 brumaire an 2, et voyons si cet acte ne doit pas valoir comme *nouvel acte de mariage.*

» Dans le fait, il est difficile de concevoir comment le défendeur a pu soutenir à votre audience que le cit. Spiess et la demoiselle Davrilly n'avaient pas fait devant l'officier public de la commune d'Ampuis, les déclarations nécessaires pour se marier de nouveau en sa présence. L'acte du 24 brumaire an 2 porte, en toutes lettres, qu'ils ont déclaré vouloir au besoin, contracter de nouveau devant cet officier, le mariage qu'ils avaient précédemment contracté en Suisse; et cela dit tout.

» Dans le droit, la question ne souffrirait aucune difficulté, si elle se présentait dans les termes de notre ancienne législation.

» Avant la loi du 20 septembre 1792, la règle générale était que l'on ne pouvait se marier que devant le curé du domicile que l'on avait au moins depuis six mois, et après des bans publiés dans ce domicile même.

» Cependant il était généralement reconnu que le défaut de publication de bans ne pouvait pas être opposé à un mariage contracté entre personnes majeures; et que des personnes majeures étaient légitimement mariées, lorsqu'elles s'étaient unies devant le curé de leur domicile actuel, quoique la durée de ce domicile ne remontât pas à six mois.

» La loi du 20 septembre 1792 a-t-elle dérogé à cette jurisprudence? Non : elle a bien substitué au curé l'officier public de l'état civil; mais c'est là, à proprement parler, le seul changement qu'elle ait fait à notre ancienne législation....

» Comment donc le tribunal d'appel de Caen a-t-il pu déclarer nul l'acte de mariage reçu le 24 brumaire an 2 par l'officier public de la commune d'Ampuis?

» L'a-t-il déclaré nul pour défaut de publications antérieures au moins de huit jours a cet acte? Non, il n'en a même point parlé; et il a très-sagement fait.

» Nous l'avons déjà dit, la loi du 20 septembre 1792, en prescrivant les publications, n'y a pas attaché la peine de nullité; le défaut de publication ne peut donc pas entraîner l'annullation d'un mariage. Il le peut d'autant moins, que, seul et de lui-même, il n'opérait pas même cet effet dans notre ancienne législation, quoique l'ordonnance de Blois exigeât la publication des bans, *à peine de nullité*. Ecoutons là-dessus M. d'Aguesseau, dans son plaidoyer du 27 avril 1694 : « Nous devons distinguer deux choses dans la » loi qui impose la nécessité de la publication » des bans. — La première est le mal et l'incon- » vénient qu'on a voulu prévenir, et qui a été » l'objet principal du législateur. — La seconde » est le remède et la précaution qu'on a cru ca- » pable d'en arrêter les progrès. — *L'inconvé- » nient que la loi a eu en vue, est le mépris de la » puissance paternelle* et les suites funestes que » peut avoir un engagement condamné par le » père. — La précaution qu'on a voulu opposer » à ce désordre, est la proclamation des bans.... » Non-seulement la juste autorité des pères a été » le véritable motif de la loi qui ordonne la pu-

» blication des bans, à peine de nullité; mais il » est même *impossible de prononcer cette peine* » *établie par la loi, si ce défaut solennel ne se* » *trouve pas joint avec le défaut de consente-* » *ment du père.* — Sans cela, qui pourrait croire » que l'esprit de l'ordonnance eût été de déclarer » un mariage nul par la seule omission de la pu- » blication des bans, lorsque le père s'est présenté » au mariage? C'est donc la puissance pater- » nelle qui fait toute la force de ce moyen..... » — Ces deux défauts sont inséparablement unis » aux termes de l'ordonnance et de la jurispru- » dence des arrêts.... Ils ont tous deux la même » force, ils se prêtent un secours mutuel, on ne » peut plus les diviser; il faut alléguer en même » temps, et le défaut de publication des bans, et » celui du consentement du père : si le père a » consenti au mariage, c'est en vain qu'on pré- » tendrait l'attaquer par l'omission de cette so- » lennité ».

» Ainsi parlait M. d'Aguesseau à l'audience du parlement de Paris, du 27 avril 1691; et tous les magistrats qui lui ont succédé dans les fonctions qu'il exerçait alors, tous les jurisconsultes qui ont écrit, tous les arrêts qui ont été rendus avant et depuis cette époque, ont établi, ont consacré la même doctrine.

» Et cependant, nous l'avons déjà remarqué, l'ordonnance de Blois prescrivait la publication des bans, à *peine de nullité.* La loi du 20 septembre 1792 la prescrit également, mais elle n'y ajoute aucune peine; et le bon sens nous dit assez qu'elle n'a établi cette formalité, que pour avertir les personnes intéressées et ayant qualité pour former opposition au mariage; qu'ainsi, l'omission de cette formalité ne pourrait être relevée que par ces personnes, et dans le cas seulement où elles auraient à réclamer contre le mariage, soit pour cause de minorité, soit pour tout autre empêchement prévu par la première section de la loi.

» Répétons-le donc, le tribunal d'appel de Caen a très-sagement fait de ne pas motiver son jugement sur le défaut de publications, et nous devons applaudir à l'hommage qu'il a, par là, rendu aux vrais principes.

» Sur quoi s'est-il donc fondé pour déclarer nul l'acte de mariage du cit. Spiess, du 24 brumaire an 2? Il s'est fondé sur le défaut de domicile du cit. Spiess ou de son épouse, dans la commune d'Ampuis, au moins depuis six mois.

» Là-dessus, il se présente d'abord une observation qui est d'une grande importance : c'est que le tribunal d'appel de Caen a reconnu par son jugement, qu'il y avait environ un mois que le cit. Spiess et la demoiselle Davilly avaient fixé leur domicile dans la commune d'Ampuis, lorsqu'ils se sont présentés devant l'officier public de cette commune pour réitérer la célébration de leur mariage. Cette reconnaissance, C. M., mérite toute votre attention; vous la trouverez écrite dans la partie du jugement qui est intitulée : *Faits.*

» Cela posé, voyons quel est l'article de la loi du 20 septembre 1792 qu'a cité le tribunal d'appel de Caen, pour justifier sa manière de prononcer.

» Il n'a cité que l'art. 1 de la 4.e section du tit. 4, lequel porte : *L'acte de mariage sera reçu dans la maison commune du lieu du domicile de l'une des parties.*

» Or, n'est-ce pas dans la maison commune d'Ampuis, n'est-ce pas dans la maison commune du lieu où étaient alors domiciliés le cit. Spiess et la demoiselle Davrilly, qu'a été reçu leur nouvel acte de mariage du 24 brumaire an 2?

» Et dès-là, qu'y a-t-il à reprocher à cet acte? Il fallait, dit le tribunal d'appel, il fallait au cit. Spiess et à la demoiselle Davrilly, un domicile préalable de six mois dans la commune d'Ampuis, pour pouvoir s'y marier. Où cela est-il écrit?

» Il est bien dit dans la deuxième section de la loi, art. 1 et 2, que le mariage doit être précédé de publications *au domicile actuel de chacune des parties*, et que ce domicile s'entend, relativement au mariage, de celui qui *est fixé par une habitation de six mois dans le même lieu.*

» Mais la deuxième section de la loi est, comme nous l'avons déjà dit, intitulée : *Publications*; et ce n'est que des publications qu'elle s'occupe; ainsi, tout ce qui résulte des deux articles que nous venons de rappeler, c'est que les promesses de mariage doivent être publiées au domicile que chacune des parties avait au moins six mois auparavant; et comme il est bien constant, comme il est reconnu implicitement par le tribunal d'appel lui-même, que le défaut de publications n'emporte pas la nullité du mariage, point de doute que les dispositions de ces deux articles ne soient ici très-indifférentes.

» Ces deux articles écartés, que reste-t-il? Rien autre chose que l'art. 1 de la quatrième section, qui dit tout simplement : *L'acte de mariage sera reçu dans la maison commune du lieu du domicile de l'une des parties.* Il n'est point là question du domicile que l'une des parties avait dans les six mois précédens, il n'y est parlé que du *domicile*; et le domicile purement et simplement énoncé, s'entend toujours du domicile actuel.

» C'est donc dans le domicile actuel de l'une des parties, que le mariage doit être célébré. La loi n'exige pas autre chose, elle ne veut pas que, pour cet objet, on remonte au domicile des six mois antérieurs; et l'on ne peut pas, en cette matière, ajouter à la loi, surtout quand il s'agit des formes d'un acte aussi sacré, et encore de quelles formes? De celles qui ne tiennent point à la substance du contrat, qui n'en règlent que la police extérieure, et à la violation ni omission desquelles la loi n'a pas attaché la peine de nullité.

» Ainsi, en combinant l'art. 1 de la quatrième section civile avec les deux premiers articles de la section seconde, il faut dire que les publications doivent être faites (non cependant à peine de nullité), au domicile que chacune des parties avait dans les six mois précédens; mais que l'acte de mariage peut être reçu au domicile actuel de l'une des parties, quand même ce domicile ne daterait que d'un mois ou de huit jours.

» Et la preuve que tel est le vrai sens de la loi du 20 septembre 1792, c'est que la Convention nationale l'a ainsi déclaré par un décret du 22 germinal an 2, conçu, non en forme de disposition nouvelle, mais en forme d'*ordre du jour motivé*, ce qui constitue essentiellement le caractère des interprétations législatives auxquelles on doit donner un effet rétroactif au temps de la promulgation de la loi interprétée.

» Le tribunal d'appel de Caen n'a donc pas pu déclarer nul l'acte de mariage du 24 brumaire an 2, sans violer tout à la fois, et l'art. 1 de la quatrième section du tit. 4 de la loi du 20 septembre 1792, et le décret interprétatif de cet article, du 22 germinal an 2; il y a donc lieu de casser son jugement pour cette double infraction; — Comme il y a lieu de le casser à raison de la fausse application de la déclaration du 4 août 1564; — Comme il y a lieu de le casser à raison de la fausse application du principe de la non-rétroactivité des lois abrogatives des vœux monastiques; — Comme il y a lieu de le casser à raison de l'excès de pouvoir qui résulte de ces deux fausses applications; — Comme il y a lieu enfin de le casser, mais sur notre réquisition seulement, à raison de ce qu'il ne condamne pas le cit. Spiess à l'amende de fol appel. — C'est à quoi nous concluons ».

Sur ces conclusions, arrêt du 11 prairial an 11, au rapport de M. Ruperou, qui ordonne qu'il en sera délibéré.

Et le lendemain 12, arrêt qui, après une longue délibération (1), prononce conformément aux conclusions que j'avais données la veille. Voici comment il est conçu :

« Vu l'art. 2 de la sect. 2 et l'art. 1 de la sect. 4 du tit. 4 de la loi du 20 septembre 1792;

» Considérant que le législateur a distingué les conditions absolues et nécessaires à la validité du mariage, et les formalités accidentelles ou relatives; qu'il a voulu que la violation des règles déterminées par la sect. 1 du tit. 4 de la loi du 20 septembre 1792, emportât nullité, mais qu'il n'a point attaché cette peine à l'inobservation des formalités prescrites par les sections 2 et 4 du même titre; que la loi du 4 germinal an 2, qui veut que toute violation des formes prescrites par les lois nouvelles, emporte nullité, lors même que ces lois ne prononceraient pas cette peine, ne regarde que la procédure civile; qu'en effet, cette loi n'a fait que modifier l'art 3 de la loi du 1.er décembre 1790, qui ne permettait de casser que pour *violation des formes de procédures prescrites à peine de nullité;*

» Considérant que la disposition de la loi du 20 septembre 1792, qui veut que l'acte de mariage soit reçu par l'officier public du lieu du domicile de l'une des parties, n'est ni prohibitive ni irritante; et que la formalité qu'elle prescrit, est étrangère à la substance de l'acte;

» Considérant que le tribunal d'appel séant à Caen a pu et dû considérer l'acte du 24 brumaire an 2 comme un nouvel acte de mariage qui n'a point réparé la nullité absolue du mariage contracté en Suisse, en 1788; mais qu'en annullant ce nouvel acte de mariage, sous prétexte qu'aucun des époux ne résidait pas depuis six mois dans la commune d'Ampuis, où il a été reçu par l'officier public, ce tribunal a fait une fausse application des articles cités de la loi du 20 septembre 1792, créé une nullité, et, sous ce rapport, excédé ses pouvoirs;

» Par ces motifs, le tribunal casse et annulle le jugement rendu par le tribunal d'appel séant à Caen, le 27 germinal an 9; remet les parties au même état où elles étaient avant ledit jugement; sur le fond, les renvoie devant le tribunal d'appel séant à Rouen ».

V. sur les suites de cette affaire, le *Répertoire de jurisprudence*, aux mots *Conventions matrimoniales*, §. 1.

§. VI. *Quel est le juge compétent pour connaître de la demande formée par un mari, en nullité de son mariage, contre sa femme déjà séparée de fait d'avec lui?*

Cette question a été agitée en 1777, dans une instance en réglement de juges.

Le sieur Peixotto, juif originaire de la ville de Bordeaux, ayant quitté sa patrie, sa femme, ses enfans, toute sa famille, pour venir se fixer à Paris, et y établir le siége de son commerce,

(1) Dans cette délibération, ont été rejetés les moyens de forme du cit. Spiess, ainsi que celui dont le but était d'établir la validité du mariage contracté en 1788. Il a été tenu pour constant que les mariages des prêtres et des moines étaient nuls avant la revolution, même quant aux effets civils; qu'à la vérité, il n'existait, à cet egard, aucune loi précise; mais que la jurisprudence invariable des anciens tribunaux sur ce point était elle-même une loi. *Nam rerum perpetuò similiter judicatrum auctoritas vim legis obtinere debet.* Loi 38, D. *de legibus.*

a cru devoir attaquer le mariage qu'il avait contracté depuis plusieurs années.

Il a porté son action au châtelet, et il s'y est déterminé par cette raison, qu'une demande en nullité de mariage le suppose existant, et que, dans l'impossibilité d'en préjuger la question, il faut, jusqu'à ce que la justice ait prononcé, diriger les différentes demandes contre la femme, dans les tribunaux du domicile de son mari, qui sont ses juges naturels et les seuls compétens.

Le sieur Peixotto ayant obtenu du lieutenant civil une ordonnance qui lui permettait de faire assigner son épouse, s'est empressé de la lui faire signifier, non à Bordeaux où il l'avait laissée, mais à Paris, dans la maison même qu'il occupait rue Vivienne.

La dame Peixotto ne s'est point présentée sur cette assignation, sans doute parce qu'elle n'avait pas pu en avoir connaissance; et il est, en conséquence, intervenu, le 30 décembre 1775, une sentence par défaut au châtelet, qui a déclaré le mariage nul.

Cette sentence a été également signifiée dans la maison du sieur Peixotto, à Paris; mais celui-ci lui en a fait parvenir la signification à Bordeaux, par la voie de la poste.

Sur cette signification, la dame Peixotto a obtenu au parlement de Guyenne, le 8 janvier 1776, un arrêt qui a cassé l'assignation du sieur Peixotto, ainsi que la sentence du châtelet, et a fait défenses aux parties de procéder ailleurs que devant le sénéchal de Bordeaux.

De son côté, le sieur Peixotto, sur la signification qui lui a été faite de cet arrêt, en a fait rendre un contraire au parlement de Paris, le 7 février 1776, qui a ordonné l'exécution de la sentence du châtelet, sauf à la dame Peixotto à y former opposition, ou à en interjeter appel; et le même jour, il l'a fait signifier à son épouse, rue Vivienne.

C'est ainsi que s'est formé le conflit qui a donné lieu au réglement de juges.

La dame Peixotto soutenait d'abord, qu'indépendamment du point de savoir si son mari avait ou non un véritable domicile à Paris, il n'avait pas pu la faire assigner en nullité de mariage, devant un autre juge que celui de Bordeaux, où elle faisait sa résidence, du consentement du sieur Peixotto, d'avec qui elle était séparée par une transaction.

Elle prétendait ensuite que tout concourait à établir que le sieur Peixotto n'avait point à Paris de domicile proprement dit, mais seulement une résidence momentanée.

Le sieur Peixotto a commencé par réfuter la première proposition de son épouse. Il a fait voir qu'elle ne pouvait avoir d'autre domicile que lui, que les juges naturels du mari étaient aussi ceux de la femme, que c'était le vœu de la loi, et un principe universellement reçu (1).

Il a ajouté qu'il était inouï que, d'après cela, elle voulût contester le véritable domicile de son mari, et persuader qu'il n'était fixé à Paris que momentanément, « comme s'il lui était permis (disait-il), de scruter la volonté de son chef, comme s'il était possible d'admettre qu'elle sait mieux que lui ses intentions ».

» En général (continuait le sieur Peixotto), les questions de domicile sont très-difficiles à résoudre; mais ce n'est jamais entre l'homme et la femme, parce que toutes les lois assujettissent cette dernière à suivre son mari, partout où il lui plaît de se fixer; ainsi, il ne peut s'élever aucun doute sur le domicile de la femme, quand le mari en a un certain; il lui suffit même de l'indiquer, parce que sa seule volonté détermine son domicile, cette même volonté détermine également celui de sa femme.

» Pour établir un véritable domicile, objecte-t-on, il faut 1.° une volonté marquée d'habiter un lieu; 2.° une maison; 3.° si c'est un homme marié, que sa femme habite la même maison, ainsi que ses enfans; 4.° qu'il y ait établi le siége principal de ses affaires; 5.° enfin, qu'il n'ait aucun esprit de retour. Toute habitation qui n'a pas ces caractères essentiels, n'est pas un véritable domicile; ce n'est qu'une simple résidence.

» Ainsi, de l'aveu même de la dame Peixotto si toutes ces circonstances concourent, excepté celles qui sont impossibles, la vérité du domicile dont il s'agit, est démontrée. En ce cas, le réglement de juges est décidé en faveur du sieur Peixotto, 1.° parce qu'il n'est pas possible de justifier une volonté plus marquée d'habiter un lieu, qu'en l'habitant réellement depuis quatre ans, avec de nouveaux engagemens pour y demeurer à l'avenir; qu'en y louant et occupant une maison d'un loyer de 9,000 livres; qu'en y tenant le siége principal et unique d'une banque et d'un commerce fort considérables; 2.° parce que rien ne prouve mieux que Peixotto n'a point l'esprit de retour à Bordeaux, que la rupture absolue du commerce qu'il y faisait.

» Il est vrai qu'il est marié, et qu'il n'a avec lui ni sa femme ni ses deux enfans : mais ce n'est pas à la première à se prévaloir de cette circonstance, parce qu'elle doit savoir qu'il ne lui est pas permis d'avoir un autre domicile que le sien, et qu'elle ne peut tirer avantage d'une révolte répréhensible à l'autorité légitime; à l'égard de ses deux enfans, c'est inutilement que Peixotto les a réclamés jusqu'ici..... ».

(1) *Mulieres honore maritorum erigimus, genere nobilitamus, et forum ex eorum personâ statuimus, et domicilia mutamus.* Loi 13, C. *de dignitatibus.* Loi dernière, C. *de incolis.*

Sur ces raisons, arrêt du 16 juin 1777, qui, faisant droit sur l'instance en règlement de juges, renvoie les parties au châtelet.

§. VII. *Avant le Code civil, les militaires français pouvaient-ils, étant sous les drapeaux, dans un pays étranger ou conquis, contracter un mariage avec des femmes de ce pays, sans observer d'autres formes que celles qui étaient prescrites par les lois ou les usages locaux? Le pouvaient-ils, lorsqu'un ordre du jour du général en chef leur indiquait les commissaires des guerres comme faisant, à leur égard, les fonctions d'officiers de l'état civil? Le pouvaient-ils, lorsque l'usage du pays était de ne constater les mariages par aucun registre ni acte public? La preuve par témoins d'un tel usage est-elle admissible? Cette preuve doit-elle nécessairement précéder la preuve par témoins du mariage prétendu célébré conformément à cet usage, ou peut-on les faire marcher toutes deux de front?*

I. Le 7 septembre 1805, le général de division Faultrier, inspecteur-général d'artillerie, meurt à Nordlingen en Bavière.

Le 11 mars 1807, Marie David fait assigner la mère, les frères et les sœurs du général Faultrier devant le tribunal de première instance de Metz, pour voir dire qu'elle sera maintenue dans sa possession d'état d'épouse, et dans sa qualité de veuve de celui-ci.

A l'appui de cette demande, elle expose qu'elle est née à Teflis, ville de la Géorgie, du mariage de Pierre-David, médecin pensionné du souverain, et d'Elisabeth Guiargny, professant la religion chrétienne grecque; — Que les troubles occasionnés à Teflis par l'entrée des Turcs dans cette ville, l'ont forcée de fuir sa patrie, et de se retirer en Egypte avec un de ses frères; — Que là elle a été reçue par la musulmane Néphis Rathum, qui, dès le même instant, lui a donné son nom de Néphis; — Que l'Égypte était alors occupée par l'armée française, dite d'Orient, sous les ordres du général en chef BONAPARTE; — Qu'un officier d'artillerie fut député vers la musulmane Rathum, par le général Faultrier, faisant partie de cette armée, pour l'acheter en son nom, avec promesse de l'épouser; — Que le marché ayant été conclu, elle fut conduite à Gisé, près du Caire, où était stationné le général Faultrier; — Que ce général lui donna d'abord l'appartement le plus commode de sa maison, et des domestiques particuliers pour la servir; — Que, trois jours après, un *Andri*, prélat grec, leur donna la bénédiction nuptiale dans une chapelle, en présence du commandant de Gisé et de deux officiers d'artillerie; qu'il en rédigea un acte qui fut signé des deux époux et de trois témoins, et remis au général Faultrier; — Qu'elle est venue en France avec son mari au commencement de l'an 10; — Qu'arrivé à Marseille, il écrivit à sa mère qu'il avait épousé une Géorgienne, âgée de vingt ans, et qu'il comptait la lui présenter bientôt; — Qu'à cette lettre en succédèrent plusieurs autres, par lesquelles il la qualifiait également de sa *femme*; — Qu'il lui a donné la même qualité dans un grand nombre de lettres qu'il lui a écrites à elle-même; — Que la dame Faultrier mère l'a, en conséquence, traitée comme sa belle-fille; qu'elle lui en a donné le titre dans une lettre qu'elle rapportait; — Que les frères et les sœurs du général l'ont également reconnue et traitée comme leur belle-sœur; — Que toute la ville de Metz l'a constamment regardée comme l'épouse du général Faultrier; — Qu'à la vérité, elle ne représente point d'acte de mariage; mais que faute en est à ses adversaires qui l'ont soustrait; et qu'elle offre d'y suppléer par la preuve que les lois de l'Egypte n'admettent pas les chrétiens, soit grecs, soit romains, à faire constater leurs mariages sur des registres publics, ou de toute autre manière authentique, et que ces formes sont réservées pour les nationaux exclusivement.

Dans un mémoire publié à la suite de cette demande, Marie David assigne une autre date à son mariage prétendu: elle convient que c'est le 28 floréal an 8, que le général Faultrier l'a achetée de la musulmane Néphis Rathum (et en effet le registre de ce général porte: « j'ai acheté Néphis le 28 floréal an 8, de la musulmane Néphis Rhatum, le 5 de Moharem, de l'an 1215 »); mais elle ajoute qu'il ne l'a épousée que dans le premier mois de l'an 9.

La dame Faultrier mère et ses enfans répondent que le mariage prétendu dont se prévaut Marie David, n'est qu'un roman; — Que, s'il avait été réellement contracté, il n'aurait pu l'être que devant un commissaire des guerres, et que l'acte aurait dû en être enregistré, à peine de nullité; que tel est le résultat de deux ordres du jour du général en chef, des 30 fructidor an 6 et 21 fructidor an 7; — Que, par le premier, il est dit *qu'il sera établi dans chaque chef-lieu de province de l'Egypte, un bureau d'enregistrement où tous les titres de propriété et les actes susceptibles d'être produits en justice, recevront une date authentique*; — Que, par le second, *l'armée est prévenue que tous les actes civils qui seront passés par les commissaires des guerres, ceux qui seront passés sous seing privé entre les citoyens, et ceux qui pourraient l'être entre les Français et les nationaux, pardevant les notaires du pays, seront nuls en France comme ici, s'ils ne sont enregistrés, conformément à l'ordre du général en chef, en date du 30 fructidor dernier*; — Que ces ordres du jour ont été exécutés pendant tout le temps que l'armée d'Orient a occupé l'Egypte; qu'ils en ont pour témoin un extrait du registre des actes de mariage de l'an 8, à Rosette; qu'on y voit que, le 20 vendémiaire de cette année, Auguste Lautun, capitaine quartier-maître de la 4.e demi-brigade d'infanterie légère, a épousé Catherine-Sophie Varsy, devant Joseph Agar, commissaire des guerres employé à Rosette, *faisant les fonctions d'officier civil*, *conformément à la loi;* et que l'acte est terminé par ces mots : *Le présent ne sera valable qu'autant qu'il aura été enregistré conformément aux ordres du général en chef, des 30 fructidor an 6 et 12 vendémiaire an 7;* — Qu'il est prouvé par un certificat de l'ex-directeur général des revenus publics de l'Egypte, *que, d'après la vérification qui a été faite sur les registres de l'administration de l'enregistrement d'Egypte, il n'a été présenté, dans aucun temps, à l'enregistrement aucun acte de mariage entre le général Faultrier et l'esclave qu'il avait achetée en Egypte;* — Que M. Songis, premier inspecteur-général de l'artillerie, ci-devant commandant en chef l'artillerie de l'armée d'Orient, atteste également qu'il n'est point parvenu à sa connaissance que le général d'artillerie Faultrier ait contracté aucun mariage pendant le temps qu'il a été en Egypte, et qu'il a eu *de continuelles relations avec lui pour le service*; — Que ce certificat est fortifié par celui de plusieurs autres officiers qui ont vécu dans la plus grande intimité en Egypte avec le général Faultrier; — Qu'un certificat plus décisif encore, est celui de M. le général Duroc, qui atteste qu'il a eu des relations d'amitié avec le général Faultrier en Italie et en Egypte; qu'il l'a vu à Lyon à son retour de l'Egypte; qu'il lui demanda s'il songeait à se marier; que le général lui répondit *qu'il attendrait encore quelque temps*; et que, dans le courant de la conversation, il lui dit qu'il avait avec lui une esclave qu'il avait achetée en Egypte; — Qu'une autre preuve qu'il n'y a point eu de mariage entre le général Faultrier et Marie David, c'est que le général n'en a fait aucune mention dans son registre, quoiqu'il y ait spécialement annoté l'achat qu'il avait fait de cette esclave; — Que cela résulte encore du silence que le général Faultrier a gardé sur ce point dans plusieurs lettres qu'il a écrites à son père, tant en Egypte, qu'au lazareth de Marseille; — Qu'enfin, point d'acte, point de mariage; et que la preuve offerte par Marie David, est inadmissible.

Le 23 juin 1807, jugement qui,

« Attendu que, dans le droit, l'art. 14 du tit. 20 de l'ordonnance de 1667 porte que, si les registres exigés par l'art. 17, pour constater les mariages, etc., sont *perdus*, ou *s'il n'y en a jamais eu*, la preuve en sera reçue tant par titres que par témoins, et *en l'un* et *l'autre cas*, les baptêmes, mariages et sépultures pourront être justifiés, tant par les registres ou papiers domestiques des pères et mères décédés, que par témoins, sauf à la partie de vérifier le contraire...... ;

» Qu'en général, *avant d'admettre à la preuve par témoins*, il importe essentiellement de s'assurer ou que les registres destinés à les recevoir *n'existent plus*, ou que, par *négligence ou impossibilité*, *cet acte n'a pas été inséré dans les mêmes registres*;

» Que Marie David soutient que, *pendant le séjour des troupes françaises en Egypte*...... , les époux chrétiens, romains ou grecs, n'ont pu, *d'après la religion musulmane qui est la dominante*, faire constater leur union...... ;

» Que l'allégation de la dame Marie David doit être préalablement vérifiée...... ;

» Attendu aussi que, quelle que soit la décision à intervenir sur la première question de la cause, il demeure pour constant, d'après la conduite du général Faultrier et son langage envers Marie David, *que la bonne foi bien constatée dans laquelle était cette dernière sur le fait de son mariage*, lui donne droit à un secours alimentaire;

» Avant faire droit, ordonne, sans entendre rien préjuger au fond..., que Marie David produira, au plus tard dans l'année, un *acte de notoriété* en forme probante, constatant que ceux professant la religion chrétienne, grecque ou romaine, qui s'unissent par mariage à Gisé, près du Caire, ne sont pas admis *par les lois du pays* à faire constater leurs mariages sur des registres publics, ou de toute autre manière authentique commandée pour les nationaux, sauf ensuite à être statué ce qu'il appartiendra;

» Accorde à Marie David une provision alimentaire de 1,500 francs par an, à remonter au 7 novembre 1805, payables comptant; le surplus payable par quartier et d'avance, les droits des parties sur le surplus réservés ».

La dame Faultrier mère, et ses enfans, appellent de ce jugement; et par arrêt du 23 février 1808, la cour de Metz statue ainsi sur leur appel :

« Deux questions se présentent à juger : la preuve imposée à Marie David par le jugement dont est appel, a-t-elle été bien ordonnée ? La provision alimentaire qu'elle lui accorde, est-elle juste?

» Considérant, sur la première question, qu'il est juste, comme les premiers juges l'ont exprimé dans leurs motifs, avant d'admettre la preuve, tant par titres que par témoins, d'un mariage dont l'acte de célébration n'est pas représenté, de s'assurer s'il y a eu des registres publics pour l'y inscrire; s'il y a eu impossibilité de l'y inscrire, ou s'il n'y a point existé de registres, parce qu'en ces deux derniers cas, s'il n'y avait pas lieu d'opposer à la personne qui réclame la qualité d'époux ou d'épouse, le défaut de représentation de l'acte de célébration qui la confère, on ne serait pas empêché d'examiner ensuite, s'il peut y être suppléé autrement, et de quelle manière, pour établir la vérité du mariage; en sorte que, sous ce rapport, le jugement ne fait point de griefs aux appelans.

» Il y en a bien moins dans le premier cas, puisque, s'il y a eu des registres et que le mariage dont il s'agit, ne soit pas inscrit, les appelans pourront en tirer tel avantage que bon leur semblera, et s'en prévaloir pour soutenir qu'il n'y a point de mariage, sauf à l'intimée ses exceptions et moyens au contraire; sur quoi le même jugement leur laisse toute facilité, par les réserves qu'il contient, et par ces raisons, la connaissance du fond doit demeurer aux premiers juges; il ne s'agit pas de les en dépouiller par une évocation.

» Considérant, sur la deuxième question, qu'il a été jugé plus d'une fois que la possession de l'état du mariage, jointe à la bonne foi des époux, suffisait pour en justifier la réalité, quoique non inscrit dans un registre public, et pour en obtenir les effets civils.

» Une sentence des requêtes du palais à Paris avait maintenu la veuve d'un nommé Dohin, procureur au parlement de la même ville, en la possession et jouissance de tous les biens délaissés par son mari, en vertu de la donation universelle portée en son contrat de mariage; les héritiers collatéraux de Dohin s'en étant rendus appelans, elle fut confirmée par arrêt du 7 janvier 1676, conformément aux conclusions de M. l'avocat-général Talon.

» Soëfve, qui rapporte cet arrêt dans son Recueil, indique que l'acte de célébration du mariage de cette veuve, ne s'était point trouvé dans les registres de la paroisse en laquelle elle prétendait que le mariage avait été célébré, quoiqu'il s'y en rencontrât un du même jour que celui qu'elle annonçait, ce que les héritiers lui objectaient.

» En réponse, elle produisait son contrat de mariage passé en 1633, en présence et du consentement de la mère de Dohin, son père étant décédé, et de la sienne propre, qui était veuve; quantité d'actes publics où ils avaient été considérés par un chacun comme mari et femme, reconnus tels par aucuns des parens, du nombre desquels étaient ceux qui contestaient; et finalement, une attestation du vicaire de la paroisse, qu'en 1634 il avait célébré le mariage.

» Mais, ce qui faisait le plus pour sa vérité, remarque l'arrêtiste, c'était la possession en laquelle Dohin et sa veuve avaient été, pendant si long-temps, de la qualité de mari et de femme, au vu et au su de tous ceux qui les connaissaient, et surtout la réputation dont Dohin jouissait d'un homme d'honneur, de mérite et de vertu, qui ne permettait pas de présumer qu'il eût voulu vivre dans le concubinage pendant 37 à 38 ans, ni y mourir; joint à cela le peu de faveur que méritent des héritiers collatéraux qui, dans la pensée de recueillir une succession opulente, ne se faisaient aucun scrupule de faire injure à la mémoire de leur parent et à l'honneur de sa veuve, après l'avoir reconnue pendant tout cet espace de temps, comme leur parente, ce qui les rendait non-recevables à disputer sa donation et la sincérité du mariage.

» Par un autre arrêt du 24 mai 1633, transcrit par Bardet, dans sa collection, tome 2, ch. 8, le même parlement de Paris avait maintenu la veuve d'un nommé Papillon, tant en son nom, qu'en qualité de mère et tutrice de ses enfans, en la possession et jouissance de tous les biens délaissés par son mari, en évoquant le principal, sur lequel les parties, en première instance, avaient été déclarées contraires en faits et appointées à en informer, tant par titres que par témoins.

Il s'agissait de savoir si un mariage nul, quant au sacrement, est bon et valable, quant à la légitimation des enfans et autres effets civils.

» La veuve avait fait assigner la mère, les frères et autres parens de son mari, en établissement de tuteur à ses enfans : l'acte de célébration de mariage n'était pas inscrit dans le registre ordinaire, mais au bas d'un rituel de l'église; la célébration avait été faite par un prêtre qui n'avait aucun mandement, pouvoir, ni juridiction.

» M. Bignon, avocat-général, portant la parole, observa qu'un mariage nul, quant au sacrement, est bon et valable, quant aux effets civils, parce qu'à cet égard, la bonne foi le faisait subsister; que, dans l'espèce de la cause, le mari avait tenu la femme pour la sienne et légitime; qu'il avait témoigné une volonté précise de solemniser le mariage en la meilleure forme qu'on pût désirer, s'il n'avait pas été prévenu par une mort subite; que ce malheur ne devait pas être un surcroît à celui de la veuve et ses enfans; que, si le mari était vivant, il ne pourrait point contester son mariage ni rien alléguer pour s'empêcher de le célébrer de nouveau en face de l'église, s'il en était requis par sa femme; on peut dire la même chose à sa mère et à ses frères, qui n'ont pas plus de droit que lui. Son mariage a été approuvé par paroles et par effets, en quoi ils sont d'autant moins recevables à le combattre et impugner.

» Les préjugés et les principes qu'ils posent, ne sont point contrariés par notre législation actuelle.

» On lit dans le discours préliminaire annexé au Code civil, que la preuve la plus légitime dans les questions d'état, est celle qui se tire des registres publics; que cependant elle n'est pas la seule; et, comme il n'est pas juste que la négligence des parens, la prévarication de ceux qui conservent les registres publics, les malheurs et l'injure des temps puissent réduire un homme à l'impossibilité de prouver son état, il est de l'équité de la loi, d'accorder, en tous ces cas, une autre preuve qui ne peut être que celle qui se tire des documens domestiques, des écrits des personnes décédées et non suspectes, des lettres missives envoyées et reçues dans un temps opportun, qui sont un commencement de preuve par écrit pour faire admettre celle par témoins; enfin, d'un certain concours de faits qui aient laissé des traces permanentes que l'on puisse recueillir avec succès pour l'éclaircissement de la vérité.

» Lorsque défunt M. Portalis, conseiller d'Etat, présenta au corps législatif le tit. 5 du Code civil, relatif au mariage, il dit que nul ne pouvait en réclamer les effets civils, ni le titre d'époux, s'il ne représentait pas un acte de célébration inscrit sur les registres de l'état civil; et il ajouta qu'au reste il fallait distinguer les temps, celui de la vie des époux et celui après leur mort; que, quand un seul des conjoints était dans la bonne foi, il pouvait seul réclamer les effets civils du mariage.

» Appliquant à la cause présente ces règles, les points de droit décidés par la jurisprudence, et l'opinion des auteurs les plus accrédités, entre autres Cochin et d'Aguesseau, il est certain que défunt le général Faultrier a amené de l'Egypte à Metz, sa patrie, Marie David, et qu'il en a informé sa famille. On voit, en effet, dans un de ses registres ou livres domestiques, que, le 25 frimaire an 10, il écrit de Marseille, à madame sa mère, qu'il y séjournerait environ dix jours, qu'ensuite il se rendrait directement à Metz; qu'il a épousé une Géorgienne *il y a environ un an*, âgée de 20 ans, et qu'il compte la lui présenter bientôt; que, le 7 nivôse, il lui a encore écrit qu'il partirait le 14, pour se rendre directement à Metz avec sa femme et un domestique; le 5 floréal, qu'il l'a priée par une lettre datée de Paris, d'acheter la quantité de bois qu'elle jugerait nécessaire pour le petit ménage de sa femme.

» Dans une lettre du 6 janvier 1805, adressée *à madame Faultrier, rue Mazelle*, par madame Faultrier la mère, en lui accusant la réception de la sienne, elle se dit reconnaissante des vœux qu'elle forme pour elle, et finit par ces mots : *Je suis, ma chère fille, avec un véritable attachement, votre très-affectionnée mère.* Signé *Fort-Faultrier.*

» Depuis l'an 11 jusqu'en l'an 13 inclusivement, le général Faultrier a entretenu une correspondance continue de lettres affectueuses avec Marie David, et toutes portent pour adresse : *à madame Faultrier la jeune.* Dans une du 1.er nivôse an 13, il la prie de signer les siennes *Marie Faultrier.*

» Il ne cesse de lui recommander d'avoir des attentions pour la maman, et de continuer à mériter ses bontés et celles de ses sœurs; de ne rien faire sans son conseil : il lui dit qu'il est bien aise qu'elles lui fassent amitié, qu'il est chargé par les frères Simon et Benjamin, qui sont sensibles à son souvenir, de lui faire leurs complimens très-empressés, et de lui dire mille choses amicales.

» Dans une lettre précédente, qui est à la date du 15 frimaire, il lui marque sa sensibilité sur l'attention que la maman a eue de lui offrir un appartement dans sa maison, et qu'elle a bien fait de lui en témoigner de même sa reconnaissance.

» Dans une lettre subséquente, du 18, et une autre du 12 messidor, il lui fait part qu'il a accepté le bel appartement que la maman a bien voulu lui offrir dans sa maison, avec annotation qu'il faut bien la remercier de ses bontés *pour nous*, et de celle qu'elle a de bien faire arranger *notre appartement* (ce sont ses termes).

» Le 6 pluviôse, il remercie également Néphis, qu'il nomme sa *chère et bonne amie*, des détails qu'elle lui transmet sur *nos affaires* (c'est l'expression dont il se sert); et dans une antérieure, du 20 brumaire, des nouvelles qu'elle lui a données : *notre blé a été bien vendu*, continue-t-il.

» Le 15 prairial, il lui déclare qu'il aura bien de la satisfaction, lorsqu'il la reverra, de la trouver instruite de tout ce *qu'une bonne femme de ménage* doit savoir pour bien conduire sa maison et administrer son bien. — Le 27 fructidor, il lui mande de l'informer où en sont les réparations de *notre* appartement; qu'il a écrit à la maman pour la prier d'acheter les meubles nécessaires; et suivant une du 25 ventôse précédent à la même, c'était deux lits jumeaux bien garnis, soixante chaises et sept paires de rideaux de fenêtres.

» Une lettre du 17 messidor an 12 a ceci de remarquable, qu'indépendamment de l'adresse qui est à *madame Faultrier la jeune*, comme toutes les autres, on lit dans l'intérieur cet intitulé : *Faultrier, général de brigade, à madame Faultrier la jeune*, puis ces mots : *Il y a un siècle, ma chère Néphis, que je n'ai reçu de vos nouvelles*, etc. Ce qui semblerait annoncer que, dans l'esprit du général, les qualifications de madame Faultrier la jeune et Néphis étaient synonymes.

» Enfin, par deux lettres, l'une du 5 frimaire an 12, l'autre du 9 prairial an 13, envoyées à madame Gauthier, chez qui Marie David était logée, il lui fait ses remercîmens des attentions qu'elle a eues pour sa *femme*, et de son regret de ce qu'elle va quitter sa maison. *Il n'y avait*, poursuit-il, *que la maison de ma mère qu'elle pût préférer à la vôtre.*

» Elle y est restée paisiblement, tant que le général a vécu; et ce n'est que depuis sa mort, que la dame Faultrier mère l'a inquiétée, pour l'en faire sortir par les poursuites judiciaires dirigées contre elle.

» Lors du procès-verbal sur la citation en conciliation, à elle joints ses enfans, au bureau de Thionville, par rapport au fermier d'Udkange, ils ont exposé qu'après les premières consolations qu'exigeait la situation de Marie David, à cause de la mort du général, ils l'ont assurée et fait assurer qu'ils lui fourniraient les secours dont elle pourrait avoir besoin; que, d'un autre côté, on a fait des démarches pour lui faire obtenir de l'Etat la pension à laquelle elle pouvait avoir droit; d'où pouvait lui venir ce droit, si ce n'est pas de sa qualité de veuve? Ils ne la lui contestent pas dans ce procès-verbal, quoiqu'elle l'y ait prise; et ils la lui ont donnée littéralement dans leur acte du 7 mars, en réponse à la sommation du 19 février; elle n'est point démentie par ce qui le termine, ils se sont bornés à lui notifier que la succession du général leur était dévolue, et qu'elle n'avait rien à y prétendre.

» On est étonné que l'original de cette réponse ne se rencontre pas dans leurs pièces.

» Tant de particularités se succédant les unes aux autres, sont pour Marie David des titres suffisans de persuasion de bonne foi qu'elle était l'épouse du général.

» C'est sous ce nom qu'elle a été inscrite à la municipalité de Metz, dans les actes de population, dès l'an 11, de même que pour l'an 14, dans les rôles de la contribution personnelle et mobilière, aussi pour l'an 13 et l'an 14; et dans les billets de logement de troupes en cette dernière année, elle est dénommée veuve Faultrier la jeune; ils sont joints à sa production; on le répète avec M. Portalis, les documens domestiques, les écrits de personnes décédées et non suspectes, des lettres missives envoyées et reçues dans un temps opportun, un certain concours de faits dont on peut recueillir l'éclaircissement de la vérité, font preuve dans les questions d'état; il faut distinguer les temps, celui de la vie des époux, et celui après leur mort. Quand un seul des conjoints est dans la bonne foi, il peut seul réclamer les effets civils du mariage.

» Le premier de ces effets est sans contredit celui de la subsistance. Les appelans ont reconnu qu'ils en devaient à Marie David; mais ils se plaignent que la provision de 1,500 fr. qu'elle a obtenue, au lieu de 3,000 fr. auxquels elle l'avait fixée par la comparution au bureau de paix, à l'époque du 23 décembre 1806, est au-delà des facultés de son prétendu époux.

» On n'en apperçoit pas toute la consistance; ils ont mis la main non-seulement sur les immeubles, mais encore sur les meubles et choses réputées telles, sur l'argent comptant et sur tout ce qui existait dans la maison du général; il est mort dans un pays éloigné de son vrai domicile, qui était à Metz, entre les bras d'un de ses frères, qui a recueilli tout ce qu'il possédait en ce pays, sans aucune formalité, singulièrement son portefeuille, son diplôme de général et celui d'officier de la légion d'honneur, que l'on n'a point exhibé lors de l'inventaire fait à Metz, cinq mois après le décès du général; et à ce moment, il n'a été déclaré par madame Faultrier mère, en argent comptant, qu'une somme de 4,325 francs 93 centimes, que le général lui avait fait remettre par son aide-de-camp, avant son départ pour l'armée. Il ne se peut pas qu'il n'en ait point eu d'autre quand sa mort est arrivée.

» Si on avait à se régler par la coutume de Metz, que les appelans, dans leur acte à griefs, ont présentée comme celle que le général Faultrier et Marie David seraient censés avoir adoptée, en les supposant mariés, elle est exclusive de communauté; mais par l'art. 10 du tit. 6, elle attribue à la femme, qui serait sans enfans, tous les meubles, ce qui comprend, au rapport du commentateur, tout ce qui est réputé meubles, et ce que nous appelons dans la coutume, effets mobiliers.

» Elle emporterait aussi les effets de gagière; mais cette dénomination ne peut plus être admise, attendu que, par la loi du 17 nivôse an 2, toute distinction dans les biens est abolie;

» L'art. 3, tit. 10 de la même coutume de Metz donne en outre à la fille qui épouse homme sans enfans, et soit qu'il y en ait de leur mariage ou non, *pour douaire*, tous les héritages et cens de tréfonds que son mari possédait au jour de son trépas, de même que sur ceux qui eussent pu lui échoir de haute et directe ligne, du côté paternel et maternel.

» Il est vrai que le Code civil a statué qu'à compter du jour où chacune des lois énoncées en son art. 1, seraient exécutoires, les lois romaines, les ordonnances, les coutumes générales ou locales, les statuts, les réglemens cesseraient d'avoir force de loi générale ou particulière, dans les matières qui sont l'objet de celles qui le composent.

» Il en est ainsi dans la loi du 17 nivôse, art. 61, pour ce qui regarde la transmission des biens par succession ou donation, d'où il semblerait qu'elle ne comprend pas les droits matrimoniaux; autrement, une femme qui, depuis cette loi jusqu'à l'émission du Code, se serait mariée sans contrat, se verrait exposée à ne rien avoir, à être privée même des fruits de sa collaboration dans le mariage, qui est une vraie société, dont le but est que le mari et la femme participent aux biens qu'ils ont contribué à amasser.

» Mais dans l'*état présent des choses*, on ne peut pas *suivre ce plan vis-à-vis de Marie David;* toujours offre-t-il assez pour entrevoir cet espérances; si elle ne peut pas non plus recueillir actuellement tout ce qui dérive du mariage, du moins sa possession d'en avoir les attributs, l'autorise-t-elle à *demander de vivre* sur ce qui en dépend; et qu'en se reportant *sur ce que l'on en a fait appercevoir*, la provision qui lui est adjugée, n'est pas trop forte;

» Par ces motifs, la cour, sur l'appel, a mis l'appellation au néant avec amende; condamne les appelans aux dépens de la cause d'appel ».

Recours en cassation contre cet arrêt, de la part de la dame Faultrier mère et de ses enfans.

« Deux moyens de cassation (ai-je dit à l'audience de la section des requêtes, le 8 juin 1809), vous sont proposés dans cette affaire : violation des lois concernant la validité des actes de l'état civil, et la preuve des mariages; violation des lois relatives à la provision en matière d'état.

» De ces deux moyens, il en est un qui nous paraît ne mériter aucune discussion; c'est le deuxième. Il est sensible, en effet, que la disposition de l'arrêt de la cour de Metz qui adjuge à Marie David une provision annuelle de 1,500 fr., ne contrarie directement aucune loi; qu'elle est la conséquence naturelle de la maxime qui veut qu'une provision alimentaire soit accordée à toute personne à qui l'on conteste l'état dont elle est en possession et dont elle rapporte des commencemens de preuve par écrit; et que, si, ce qu'il ne nous appartient pas d'examiner, elle renferme, dans l'application de cette maxime, un mal jugé, du moins elle ne peut offrir aucune ouverture de cassation.

» Quant au premier moyen, il présente deux questions : l'arrêt de la cour de Metz viole-t-il les lois relatives à la validité des actes de l'état civil? Viole-t-il les lois relatives à la preuve des mariages?

» La première question se réduit en d'autres termes à celle-ci : la cour d'appel de Metz a-t-elle pu, sans contrevenir aux lois, accueillir l'offre de Marie David de prouver qu'*en Egypte, les personnes professant la religion grecque ou romaine, ne sont pas admises par les lois du pays, à faire constater leurs mariages sur des registres publics, ou de toute autre manière authentique commandée pour les nationaux*? A-t-elle pu préjuger, par-là, qu'il avait été libre au général Faultrier et à Marie David de se marier devant un *Andri* ou prélat grec, sans que celui-ci constatât leur mariage sur les registres de la loi?

» Pour résoudre cette question, nous devons, avant tout, nous fixer sur un principe d'une haute importance; c'est qu'il n'en est pas de la forme des mariages comme de la capacité de se marier; c'est que, tandis que les lois relatives à la capacité de se marier, suivent l'homme hors de son domicile et voyagent avec lui, quelque part qu'il se transporte, la forme des mariages ne dépend que des lois et des usages des pays où ils sont contractés.

» Ce principe est expressément consacré par l'art. 47 du Code civil; mais le Code civil ne pouvant pas rétroagir sur un mariage que l'on prétend avoir été contracté plusieurs années avant la promulgation de son 47e article, nous ne pouvons pas l'invoquer ici, et c'est à des autorités plus anciennes que nous devons recourir.

» Or, long-temps avant le Code civil, ou, pour parler plus juste, dans tous les temps, il a été reconnu qu'un homme pouvait, hors de sa patrie, se marier suivant les formes usitées dans le pays où il se trouvait.

» Mornac, sur la loi 8, D. *de ritu nuptiarum*, dit : *cùm agitur de solemnitate contrahendi, debet servari consuetudo loci ubi celebratur matrimonium, etiamsi et sponsus et sponsa extranei sint; neque enim violare debent peregrini mores regionis in quâ morantur.*

» Hertius, dans son Traité *de collisione legum*, imprimé à Francfort en 1737, §. 10, tient absolument le même langage : *matrimonium, juxtà solemnitates loci alicujus ubi sponsus et sponsa commorabantur, contractum, non potest prætextu illo rescindi, quod in domicilio aut patriâ mariti aliæ solemnitates observantur.* Il ajoute que c'est la décision expresse du ch. *de Franciâ*, aux Décrétales, *de sponsalibus*.

» Boullenois, dans son *Traité des statuts réels et personnels*, tom. 1, pag. 495, établit également que « le mariage étant du droit civil » de chaque nation, par rapport aux formali» tés... que la loi de chaque pays exige, il est » bon et valable dans toute autre, dès qu'il a été » une fois valablement contracté dans un pays... » Cela est (ajoute-t-il), conforme au concile de » Trente, cant. 21, sess. 24, *de reformatione* » *matrimonii* ».

» Le président Bouhier, dans ses Observations sur la coutume de Bourgogne, ch. 28, n. 59, donne à ce principe une extension que la généralité de l'art. 71 du Code civil ne permettrait plus aujourd'hui d'admettre, mais qui n'en mérite pas moins d'être remarquée. — Après avoir dit que l'avis unanime « non-seulement » des canonistes, mais aussi de nos jurisconsultes, » est que, pour les formalités de la célébration » du mariage, on doit suivre l'*usage* des lieux où » le mariage est célébré »; après avoir observé qu'on n'en doit pas moins regarder comme nul le mariage qu'un français mineur contracterait, sans le consentement de son père, dans un pays où cette condition ne serait pas requise, et où il se serait transporté à dessein d'éluder les sages précautions prises par les ordonnances de nos rois pour empêcher ces sortes de mariages, parce qu'en effet, cette condition place le mineur dans un état d'incapacité relative qui le suit partout, il ajoute : « Mais la difficulté peut être plus grande,

» dans le cas où un Français étant allé dans un » pays étranger sans aucun dessein de se marier, » y trouve une fille ou femme veuve à son gré, » la recherche en mariage, et l'épouse; car si ce » mariage est célébré dans les formes usitées au » pays de cette femme, elle est censée dans la » bonne foi, n'étant pas obligée d'être instruite » des lois de France. Or, la bonne foi de l'un » des contractans est extrêmement considérée, » comme on sait, en fait de mariage. — Je vois, » en effet, que, toutes les fois que de pareilles » questions se sont présentées dans les parle- » mens, les mariages de cette espèce y ont tou- » jours été confirmés. Il y en a un premier arrêt » de celui de Paris, du 26 mars 1624, au sujet » d'un jeune homme de la même ville, âgé de » 19 ans seulement, et qui ayant père et mère, » s'était marié à leur insu en Lorraine, avec » une fille de ce pays-là. — Il y en a un second » du même parlement, du 26 juin 1634, en » faveur de Marie le Merle, Savoyarde, que » le sieur du Bail, Français, âgé de 26 ans, » avait épousée à Chambéry, sans publication » de bans, et sans en avertir sa mère, qui » impugnait ce mariage. — Il y en a un troi- » sième du parlement de Provence, du 11 » juin 1662, à l'égard d'un fils de famille mi- » neur, qui, étudiant à Avignon, y avait » épousé une veuve majeure, sans publica- » tion de bans, et sans que le père du jeune » homme en eût été averti. Tant d'arrêts uni- » formes semblent former une jurisprudence » certaine ».

» Arrêtons-nous au motif que le président Bouhier donne à cette jurisprudence: *si ce mariage a été célébré dans les formes usitées au pays de cette femme, elle est censée dans la bonne foi, n'étant pas obligée d'être instruite des lois de France; or, la bonne foi de l'un des contractans est extrêmement considérée en fait de mariage.* — Vous sentez, Messieurs, avec quelle force et quelle justesse ce motif s'applique au cas où, comme ici, la capacité des contractans n'est pas mise en question, et où la difficulté ne porte que sur les formalités extrinsèques du contrat. — Assurément Marie David n'était pas *obligée d'être instruite des lois de France* sur ces formalités; elle ne devait connaître que les usages du pays qu'elle habitait. Si donc elle s'est mariée conformément à ces usages, où peut-être le doute qu'elle se soit mariée légitimement?

» Mais, disent les demandeurs, Marie David devait savoir, comme le général Faultrier, que les militaires français qui faisaient partie de l'armée d'Orient, maîtresse de l'Egypte, ne pouvaient se marier que devant les commissaires des guerres, et que leurs actes de mariage ne pouvaient valoir qu'autant qu'ils étaient revêtus de la formalité de l'enregistrement. Elle devait savoir que les *ordres du jour* du général en chef, des 30 fructidor an 6 et 21 vendémiaire an 7, l'avaient ainsi réglé; elle devait savoir que ces *ordres du jour* étaient des lois pour tous les militaires faisant partie de l'armée, et pour ceux qui pouvaient contracter avec eux. — Donc, en admettant Marie David à la preuve que les habitans de l'Egypte qui professent la religion grecque ou romaine, ne peuvent pas, comme les musulmans, y faire constater leurs mariages par des registres publics, et en préjugeant, par-là, que le prétendu mariage de Marie David serait valable, s'il était prouvé avoir été contracté, de la manière qu'elle l'expose, la cour de Metz a violé les *ordres du jour* du général en chef de l'armée d'Orient.

» Pour apprécier ce raisonnement, examinons d'abord les *ordres du jour* qui en forment la base.

» Celui du 30 fructidor an 6 ne dit rien autre chose, si ce n'est qu'il sera établi, dans chaque province, un bureau d'enregistrement où *tous les actes susceptibles d'être produits en justice, recevront une date authentique;* et assurément il y a loin de cette disposition à la conséquence qu'en font résulter les demandeurs.

» Celui du 21 vendémiaire an 7 est-il plus décisif? Il porte *que tous les* ACTES CIVILS *qui seront passés par les* COMMISSAIRES DES GUERRES, *ceux qui seront passés sous seing-privé entre les citoyens, et ceux qui pourraient l'être entre les Français et les nationaux par-devant les notaires du pays, seront* NULS *en France comme ici, s'ils ne sont enregistrés conformément à l'ordre du jour du 30 fructidor dernier.* — Mais que de réflexions se présentent pour écarter les inductions que les demandeurs tirent de cette disposition!

» D'abord, s'il s'agissait ici, soit d'un contrat de vente, soit d'un acte contenant reconnaissance d'un prêt ou d'un dépôt, qui aurait été passé en Egypte pendant le séjour qu'y a fait l'armée d'Orient, pourrait-on le déclarer nul, faute d'enregistrement? — On le pourrait, on le devrait sans doute, si l'on s'en tenait rigoureusement à la lettre de *l'ordre du jour.* — Mais peut-on penser que la nullité qu'il prononce, soit autre chose qu'une de ces nullités comminatoires que les anciennes lois fiscales prononçaient quelquefois, et qui, dans la réalité, n'étaient jamais appliquées par les tribunaux? Peut-on penser que le général en chef de l'armée d'Orient ait voulu être plus sévère, à cet égard, en Egypte, que ne l'étaient, à cette époque, les lois qui, en matière d'enregistrement, régissaient la France? Peut-on penser que, s'il eût voulu attacher une peine de nullité effective au défaut d'enregistrement, il n'eût pas fixé un délai dans lequel les actes sujets à cette formalité eussent dû en être revêtus? Peut-on penser qu'il ait été dans son intention d'annuller un contrat qui, passé hier, n'aurait pas pu être enregistré aujourd'hui, parce que la partie intéressée à en assurer l'exécution, serait morte aujourd'hui même, sans laisser en Egypte aucun héritier intéressé à veiller à la conservation de ses droits? Peut-on penser enfin, et ceci est péremptoire, qu'il ait été dans son intention d'ôter aux actes de naissance et de décès l'effet de faire foi en France, s'ils n'étaient enregistrés en Egypte?

» En second lieu, en énonçant les *actes civils* comme susceptibles d'être *passés par les commissaires des guerres*, *l'ordre du jour* établit-il que les commissaires des guerres sont seuls compétens pour recevoir les actes que nous comprenons en France sous la dénomination générique d'*actes de l'état civil*, c'est-à-dire, les actes de naissance, les actes de décès, les actes d'adoption, les actes de mariage, les actes de divorce? Point du tout.

» D'une part, les *actes civils* embrassent bien, dans leur signification, les actes de *l'état civil* proprement dit, mais ils n'y sont pas restreints; ils désignent généralement tous les actes qui dépendent du droit civil, et par conséquent tous les actes qui tiennent à la propriété, comme tous les actes qui tiennent à l'état des personnes. Or, on ne saurait nier qu'il ne résulte pas de *l'ordre du jour*, que les commissaires des guerres sont seuls compétens pour recevoir les actes civils qui tiennent à la propriété. Comment donc pourrait-il en résulter que les actes civils qui tiennent à l'état des personnes, ne peuvent être passés que devant les commissaires des guerres?

» D'un autre côté, on ne peut lire dans *l'ordre du jour*, que ce qui y est textuellement écrit. Et que dit *l'ordre du jour?* que *les actes civils passés par les commissaires des guerres, seront nuls en France, s'ils ne sont enregistrés*. Donc, quand même les mots, *actes civils*, désigneraient exclusivement, dans *l'ordre du jour*, les *actes de l'état civil*, tout ce qu'on pourrait en conclure, c'est que les actes de l'état civil *passés par les commissaires des guerres*, sont nuls, à défaut d'enregistrement. Donc on ne pourrait pas en conclure que les actes de l'état civil passés en Egypte par d'autres officiers que les commissaires des guerres, sont sans effet. Donc *l'ordre du jour* du 21 vendémiaire an 7 est ici tout aussi insignifiant que celui du 30 fructidor an 6.

» Dira-t-on que, si *l'ordre du jour* du 21 vendémiaire an 7 n'investit pas expressément les commissaires des guerres du droit exclusif de recevoir les actes de l'état civil, du moins il ne le leur ôte pas; et qu'il laisse, à cet égard, les choses dans les termes du droit commun?

» Nous en conviendrons. Mais le droit commun quel était-il alors? Y avait-il alors des lois qui chargeaient exclusivement les commissaires des guerres de recevoir les actes de l'état civil des militaires qui se trouvaient, soit en pays ennemi, soit en pays conquis? On n'en a cité aucune, et nous croyons pouvoir assurer qu'il n'en existe pas.

» A la vérité, on lit dans le procès-verbal de la discussion du projet du Code civil au conseil d'Etat, que le chef du gouvernement y a dit: *On se marie à l'armée devant les commissaires des guerres;* mais en s'exprimant ainsi, il énonçait un simple usage, et ne disait même pas que cet usage, qui sans doute s'était établi en conséquence, et par extension de la loi du 20 septembre 1792, fût exclusif de toute autre manière de célébrer à l'armée les mariages des militaires.

» Comment en effet les commissaires des guerres auraient-ils eu, par la seule force de la loi du 20 septembre 1792 qui ne parlait pas d'eux, le droit exclusif de célébrer les mariages des militaires à l'armée?

» Bien évidemment les commissaires des guerres ne pouvaient alors, par induction tirée de la loi du 20 septembre 1792, que remplacer, relativement aux mariages contractés en pays ennemi ou conquis, les aumôniers des régimens et de l'état-major général.

» Or, avant la loi du 20 septembre 1792, les aumôniers n'avaient pas, en pays ennemi ou conquis, le droit exclusif de marier les militaires français. Les militaires français pouvaient, à cette époque, se marier devant les officiers compétens du pays ennemi ou conquis dans lequel ils étaient stationnés, comme ils pouvaient, comme ils peuvent encore aujourd'hui, pour leurs intérêts pécuniaires, contracter devant les notaires de ce même pays. — C'est ce qu'a jugé notamment un arrêt du parlement de Rouen, du 22 mai 1749, dont voici l'espèce.... (1).

» Vous voyez, Messieurs, que, dans cette espèce, le parlement de Rouen, bien loin d'annuler le mariage du sieur de Petite-Ville, par la seule considération qu'il avait été contracté devant le curé du lieu où celui-ci était stationné comme militaire français, a au contraire jugé que, pour rendre ce mariage valable, il suffisait qu'il eût été célébré dans la forme prescrite par le concile de Trente, de la manière qu'on l'entendait en Allemagne, c'est-à-dire, par le curé d'une seule des parties contractantes, bien qu'alors il fût reconnu en France que le concours des curés des deux parties était nécessaire, et que cela eût été, non-seulement jugé par quatre arrêts du parlement de Paris, des 14 février 1713, 11 mars 1732, 22 juillet 1733 et 18 juillet 1745, mais encore proclamé formellement, comme maxime irréfragable, par l'avertissement que M. le

(1) *V.* le *Répertoire de jurisprudence*, au mot *Mariage*, sect. 4, §. 2, n. 9.

premier président Portail avait donné au barreau de Paris, le 21 février 1732.

» Et pourquoi, dans l'espèce actuelle, la cour de Metz n'aurait-elle pas également pu juger que le général Faultrier avait pu se marier en Égypte, dans la forme établie par l'usage de ce pays, dans une forme qui certainement était valable pour Marie David, et qui, valable pour elle, ne pouvait pas ne pas l'être pour lui, puisqu'il y a nécessairement indivisibilité en cette matière?

» Serait-ce parce que les art. 88 et suivans du Code civil exceptent les militaires en activité de service hors du territoire français, de la disposition de l'art. 47 du même Code, suivant lequel, *tout acte de l'état civil des Français et des étrangers, fait en pays étranger, fera foi, s'il a été rédigé dans les formes usitées dans ledit pays?* — Mais le Code civil n'existait pas encore à l'époque à laquelle se reporte la célébration du mariage prétendu contracté entre le général Faultrier et Marie David; et l'on sait que ses dispositions, sur cette matière, ne peuvent pas avoir un effet rétroactif qu'il condamne lui-même, pour tous les cas, par son deuxième article.

» Serait-ce parce que, dans la discussion du projet des art. 88 et suivans du Code civil, le chef du gouvernement a dit que *le militaire n'est jamais chez l'étranger lorsqu'il est sous le drapeau;* et que *où est le drapeau, là est la France.* — Mais on sent assez qu'en s'exprimant ainsi, le chef du gouvernement parlait plus en législateur qu'en jurisconsulte; et qu'il ne rappelait pas une fiction de droit déjà existante, déjà reconnue, mais qu'il en créait une toute nouvelle, pour l'approprier au système qu'il voulait établir relativement aux mariages des militaires. — Cette fiction, si elle eût existé précédemment, aurait dû entraîner la nullité du mariage contracté en 1741 par le sieur de Petite-Ville; et cependant vous venez de voir que le mariage du sieur de Petite-Ville a été jugé valable par le parlement de Rouen.

» Serait-ce parce qu'à l'époque de la prétendue célébration du mariage dont il est ici question, l'Egypte était soumise à la France? — Mais qu'importe cette soumission? Quoique soumise à la France, l'Egypte ne l'était pas aux lois françaises qui déterminaient la forme des mariages; et il était bien impossible qu'elle le fût, puisque ces lois n'y avaient pas été publiées. L'Egypte conservait donc, même par la volonté du conquérant, ses anciennes formes pour les mariages, comme elle conservait toutes ses anciennes lois civiles. Il était donc bien libre aux militaires français qui se trouvaient alors en Egypte, de s'y marier dans les formes qui y étaient usitées, surtout avec des femmes du pays, comme il leur était libre, en contractant surtout avec des nationaux, de se servir du ministère des officiers publics institués par l'ancien gouvernement égyptien.

» Serait-ce parce que, du moins, les vainqueurs ne pouvaient pas être compris dans la disposition des lois du peuple vaincu, qui refusaient aux chrétiens la faculté de faire constater leurs mariages sur les registres publics? — Mais 1.° cette partie de la législation du peuple vaincu ne faisait plus loi par elle-même : elle ne faisait plus loi, comme nous venons de le dire, que par la volonté du gouvernement qui venait de conquérir l'Egypte. Mais de là il suit nécessairement qu'elle était obligatoire pour les Français comme pour les nationaux; de là il suit nécessairement que les Français professant la religion chrétienne, ne pouvaient, pas plus que les nationaux du même culte, se marier suivant les formes musulmanes. — Remarquons d'ailleurs que ces formes ne sont pas purement civiles; qu'elles sont, à beaucoup d'égards, religieuses; et qu'ainsi elles ne pouvaient pas être observées par des Français étrangers à la religion mahométane. — Remarquons encore qu'il était, pour le général en chef, d'une sage politique de ne pas heurter de front les préjugés religieux du peuple qu'il venait de soumettre à la domination française; et que c'est pourtant ce qu'il aurait fait, s'il eût voulu associer les chrétiens aux formes prescrites par les lois mahométanes pour la célébration des mariages. — 2.° Quand nous admettrions que les chrétiens français auraient pu, comme maîtres de l'Egypte, se marier en présence des officiers publics du pays, au moins la défense de se marier dans cette forme aurait subsisté contre les chrétiens nationaux. Dès-là, Marie David aurait continué d'être assujettie à cette défense; dès-là, par conséquent, Marie David aurait conservé la liberté de se marier devant un prélat de sa religion et sans que son mariage fût inscrit sur les registres de la loi; et, encore une fois, dès que Marie David avait la liberté de se marier ainsi, le général Faultrier l'avait nécessairement comme elle.

» Serait-ce enfin parce qu'admettre la preuve qu'en Egypte, les mariages des chrétiens ne peuvent pas être constatés sur les registres publics, c'est implicitement s'engager à admettre, en cas que cet usage prétendu soit vérifié, la preuve par témoins de la célébration d'un mariage; et que la preuve par témoins a toujours été prohibée en matière d'état. — Deux réponses.

» 1.° L'ordonnance de 1667 et, à son exemple, le Code civil, permettent la preuve par témoins des mariages, lorsqu'il est constaté que, dans le lieu où l'on en place la célébration, il n'y a jamais eu de registres publics; et il est certain qu'en pareil cas, cette preuve ne peut pas être refusée aux parties qui ont en leur faveur, soit la possession d'état, soit un commencement de preuve par écrit, encore moins à celles qui, comme Marie David, réunissent l'une et l'autre.

» 2.° La preuve par témoins des mariages fût-elle prohibée absolument et sans aucune restriction, par les lois françaises, qu'en pourrait-on conclure contre Marie David? Les lois françaises pourraient-elles empêcher qu'on admît en France la preuve par témoins d'un mariage contracté sans écrit dans une contrée étrangère à ces lois, et dont les lois ou les usages autoriseraient cette preuve? Non assurément. De même en effet que, dans la partie du territoire actuel de la France, où la preuve par témoins était autrefois permise indéfiniment, on peut encore, comme la cour l'a jugé le 18 novembre 1806, en maintenant un arrêt de la cour d'appel de Turin, la recevoir aujourd'hui dans les contestations qui ont leur source dans des contrats passés avant que le Code civil y eût été publié, de même aussi on peut, on doit même, recevoir en France la preuve par témoins de tout contrat passé dans un pays étranger dont les lois ne la prohibent pas; et c'est ce qu'ont jugé, sous l'empire de l'ordonnance de Moulins, deux arrêts du parlement de Paris, que Brodeau, lettre C, §. 42, nous retrace en ces termes : « par deux arrêts, l'un donné aux grands jours » de Lyon, en 1596, confirmatif de la sentence du prévôt de Lyon, l'autre, plaidant » T. Chauvelin et de Lessan, confirmatif de la » sentence du prévôt de Paris, deux Anglais » plaidant en France, l'un demandant d'être » reçu à prouver par témoins le prêt d'une » somme excédant 100 livres, l'autre soutenant la preuve du fait n'être recevable, suivant l'art. 54 de l'ordonnance de Moulins, » il a été jugé qu'en ce cas l'ordonnance n'avait » lieu ».

» La conséquence naturelle de tous ces développemens, est que la cour de Metz n'a contrevenu, ni aux ordres du jour des 30 fructidor an 6 et 21 vendémiaire an 7, ni aux lois françaises proprement dites, en admettant Marie David à prouver qu'en Egypte, les mariages des chrétiens ne peuvent être constatés sur aucun registre public.

» Mais la manière dont elle a permis à Marie David de faire cette preuve, est-elle également à l'abri de tout reproche? C'est notre seconde question.

» L'art. 14 du tit. 20 de l'ordonnance de 1667, que l'on retrouve presque mot pour mot dans l'art. 46 du Code civil, porte que, *si les registres sont perdus, ou qu'il n'y en ait jamais eu, la preuve en sera reçue tant par titres que par témoins.*

» Peut-on dire, d'après cela, que c'est *tant par titres que par témoins*, que doit être faite la preuve du fait articulé par Marie David, qu'il n'y a point de registres publics en Egypte pour constater les mariages des chrétiens? Peut-on dire que c'est *tant par titres que par témoins*, que la cour de Metz devait admettre Marie David à faire cette preuve? Peut-on dire qu'en admettant Marie David à faire cette preuve, par *un acte de notoriété en forme probante*, la cour de Metz a violé l'article cité de l'ordonnance de 1667?

» L'affirmative semblerait, au premier abord, ne devoir souffrir aucune espèce de contradiction. Cependant, examiné de près, cet article paraît n'être pas applicable à notre espèce.

» Cet article n'a pas pour objet le cas où, comme dans notre espèce, il serait allégué que, dans tel pays, l'usage est de ne pas constater par des registres publics, les mariages contractés entre certaines personnes : il n'a pour objet que le cas où il serait allégué qu'en mépris de la loi et de l'usage général, il n'a jamais été tenu registre des mariages dans telle commune, dans telle paroisse, où il est articulé qu'un mariage a été célébré entre telles personnes.

» Vous sentez, Messieurs, combien ces deux cas diffèrent l'un de l'autre. — Lorsqu'il est allégué que, dans telle commune de France, la loi qui oblige les officiers publics de l'état civil, de tenir registre des mariages, n'a jamais été observée, cette allégation présente un point de fait sur lequel les juges sont tenus d'appeler les lumières d'une enquête, et par conséquent d'ordonner qu'il en sera informé *tant par titres que par témoins.* — Mais lorsqu'il est allégué que, dans tel pays étranger à la France, la loi ou l'usage s'oppose à ce que les mariages en général, ou les mariages contractés entre telles personnes, soient inscrits sur les registres publics, cette allégation présente un point de droit local.

» Or, comment se fait, comment doit se faire la preuve des points de droit locaux, qui sont contestés devant les juges saisis des affaires dont ils doivent motiver ou faciliter la décision?

» Avant l'ordonnance de 1667, cette preuve se faisait par des enquêtes par turbes. Mais les enquêtes par turbes ayant été abrogées par le tit. 13 de cette ordonnance, l'usage y a substitué partout le rapport d'actes de notoriété; et nous voyons dans la nouvelle édition du Recueil de Denizart, aux mots *Acte de notoriété sur des points de droit*, que c'est ainsi qu'a procédé le parlement de Paris par des arrêts des 5 avril 1667, 24 avril 1673, 12 mai et 12 août 1681, 12 juin 1682, 8 et 22 juillet 1698, 3 août 1724, 4 septembre 1725, 27 février 1730, 2 septembre 1744 et 20 mars 1753.

» C'est donc par le rapport d'un acte de notoriété, que la cour de Metz a dû ordonner que

Marie David ferait la preuve de l'usage qu'elle articulait. La cour de Metz n'a donc, en prononçant ainsi, porté aucune atteinte à l'art. 14 du tit. 20 de l'ordonnance de 1667.

» Dira-t-on que l'arrêt de la cour de Metz ne détermine, ni par qui, ni dans quelle forme, ni dans quel pays, sera délivré l'acte de notoriété qu'il autorise Marie David à rapporter; qu'il n'explique pas si cet acte de notoriété sera délivré par l'ambassadeur de France à Constantinople; s'il le sera par le consul de France au Caire; s'il le sera par tous les consuls de France en Egypte, c'est-à-dire, par celui du Caire, par celui de Damiette, par celui d'Alexandrie, par celui de Rosette; s'il le sera par un ou plusieurs fonctionnaires publics du pays, et légalisé ensuite par un fonctionnaire public français; s'il le sera en France par un ou plusieurs des Français qui ont rempli des fonctions publiques en Egypte; si les fonctionnaires publics, soit français, soit égyptiens, qui le délivreront, pourront être récusés ou reprochés; enfin, s'il pourra être contredit par un autre acte de notoriété que les adversaires de Marie David pourraient se procurer.

» Mais du silence de l'arrêt sur ces divers points, peut-on conclure qu'il doit être cassé? Pour qu'il pût l'être, il faudrait que la loi eût prescrit à la cour de Metz de s'expliquer sur chacun de ces points en particulier. Or, la loi est muette, comme l'arrêt, sur ces divers points. Et rien ne prouve mieux le défaut d'une règle fixe en cette matière, que l'extrême variété qui règne dans les arrêts déjà cités qui, dans l'intervalle de l'année 1667 à l'année 1753, ont ordonné des preuves d'usage par actes de notoriété. Dans celui-ci, on ordonne que les actes de notoriété seront délivrés par tels juges réunis en tel nombre. Dans celui-là, on ordonne que les actes de notoriété seront *contradictoirement pris et demandés*. Dans d'autres, on ordonne que les actes de notoriété seront motivés. Dans d'autres, on se tait sur tout cela.

» La cour de Metz a donc fait rigoureusement tout ce que la loi lui prescrivait, en ordonnant que l'acte de notoriété dont il s'agit, serait rapporté *en forme probante*.

» Du reste, si son arrêt a besoin, à cet égard, d'explications ou de dispositions ultérieures, c'est à elle-même que les parties doivent s'adresser pour les obtenir.

» Nous estimons en conséquence qu'il y a lieu de rejeter la requête des demandeurs, et de les condamner à l'amende ».

Par arrêt du 8 juin 1809, au rapport de M. Oudart,

« Considérant, 1.° qu'avant la promulgation du Code civil, les mariages en pays étranger entre étrangers et des militaires sous les drapeaux, ou des employés à la suite des armées, pouvaient être contractés dans les formes usitées dans ledit pays, et qu'ils étaient jugés valables en France; que les *ordres du jour* du général en chef, en date des 30 fructidor an 6 et 21 vendémiaire an 7, ne s'appliquaient qu'aux actes passés par les commissaires des guerres, aux actes sous seings-privés, et aux actes passés entre les Français et les nationaux, pardevant les notaires du pays; que ces ordres ne prescrivaient pas que les mariages entre des nationaux et des Français, ne pourraient être reçus, à peine de nullité, que par des commissaires des guerres; que la cour d'appel de Metz, loin d'avoir violé les dispositions de l'art. 14, tit. 20, de l'ordonnance de 1667, portant que, s'il n'y a pas eu de registres pour constater les mariages, la preuve en sera faite tant par titres que par témoins; cette cour s'y est exactement renfermée, en ordonnant qu'il fût vérifié, par un acte de notoriété, si les mariages, tels que celui qui est allégué par Marie David, se constatent ou non par des registres ou de toute autre manière; — Considérant, 2.° que feu le général Faultrier ayant conduit Marie David d'Égypte en France, et l'ayant présentée comme son épouse à sa famille, la cour d'appel de Metz n'a pu violer aucune loi, en condamnant les demandeurs à lui payer une provision alimentaire;

» Par ces motifs, la cour rejette.... (1) ».

II. Le 16 floréal an 10, meurt Jacques-Joachim Destaing, général de brigade, précédemment employé en cette qualité à l'armée d'Orient.

Le 1.er prairial suivant, Anne Nazo, grecque d'origine, fille de Jean Nazo et de Sophie Mischer, descend à Aurillac chez le sieur Pierre Destaing, père du général décédé, s'annonce comme sa veuve, l'ayant, dit-elle, épousé en Egypte, devant le patriarche d'Alexandrie; et lui présente une fille dont elle dit être accouchée en nivôse an 10, dans l'île de Céphalonie, où elle avait relâché avec le général Destaing.

Pierre Destaing les accueille, l'une comme sa bru, l'autre comme sa petite-fille, se fait nommer tuteur de celle-ci, par procès-verbal du 5 messidor an 10, et envoie à Paris une procuration pour faire lever, en cette qualité, les scellés apposés sur les effets mobiliers de son fils, après son décès.

Ces scellés sont levés; et l'inventaire qui est dressé en conséquence, le 24 messidor an 10, constate qu'il y a été trouvé deux lettres adressées au feu général Destaing, l'une par laquelle

(1) *V.* la suite de cette affaire, dans le Recueil de M. Sirey, 1819, page 314.

Jean Nazo, son prétendu beau-père, lui annonce l'accouchement de sa femme; l'autre par laquelle le sieur Latapie lui apprend l'arrivée de sa femme à Tarente.

Après huit mois d'habitation dans la maison du sieur Destaing père, Anne Nazo, croyant appercevoir qu'on veut élever des doutes sur la validité de son mariage avec le général, quitte Aurillac, et va rejoindre sa famille à Marseille.

Le 5 fructidor an 11, plusieurs Egyptiens réfugiés dans cette ville, appelés par elle devant un juge de paix, attestent la vérité des faits qu'elle a avancés, relativement à sa naissance, à son mariage et à son accouchement.

Quelque temps après, elle reçoit, comme veuve du général Destaing, un brevet de pension de 2000 francs sur l'État.

Le 4 messidor an 12, le sieur Destaing père, assigné par Anne Nazo devant le tribunal de première instance de Paris, en reconnaissance de son état de veuve de son fils, propose et demande son renvoi devant le tribunal de première instance d'Aurillac.

Le même jour, jugement qui rejette le déclinatoire, et ordonne aux parties de plaider au fond.

Le 11 vendémiaire an 13, arrêt de la cour de cassation, qui, statuant par réglement de juges, annulle ce jugement et renvoie les parties devant le tribunal de première instance d'Aurillac.

Le 10 février 1806, Anne Nazo fait citer le sieur Destaing père, devant le bureau de paix d'Aurillac.

Le sieur Destaing père répond que l'action d'Anne Nazo doit être dirigée contre les frères et sœurs du général, ses seuls héritiers; que, quant à lui, il n'a reçu Anne Nazo dans sa maison qu'à titre d'hospitalité; qu'il rétracte tout ce qu'il a fait; et que c'est à Anne Nazo à prouver, par un acte de mariage en bonne forme, qu'elle est réellement sa bru.

Le 29 mars suivant, à la réquisition d'Anne Nazo, comparaissent devant le juge de paix du 10.e arrondissement de Paris, les sieurs Debeaudre, ex-chirurgien en chef de l'armée d'Egypte; Sartelon, ex-ordonnateur en chef; Daure, ex-inspecteur aux revues; Duranteau, général de brigade; Estève, ex-administrateur-général des finances, et Marcel, ex-directeur-général de l'imprimerie nationale en Egypte; et ils déclarent unanimement « que, dans le cours de l'an 8, Anne Nazo a été unie religieusement, et d'après les rites du pays, en légitime mariage avec le général Destaing, par le patriarche d'Alexandrie, habitant du grand Caire; qu'on n'y tient pas de registres de l'état civil; que le mariage a été célébré en présence d'un grand nombre de militaires français; et qu'elle n'a cessé d'habiter avec son mari comme épouse légitime ».

Le 15 avril suivant, Anne Nazo obtient au tribunal de première instance du département de la Seine, un jugement qui homologue ce certificat.

Le 20 mai de la même année, elle assigne, tant en son nom que comme tutrice de sa fille, le sieur Destaing père, devant le tribunal civil d'Aurillac, et produit, à l'appui de ses demandes, de nouveaux certificats qui lui ont été délivrés par les généraux Menou et Dupas.

Le 12 août 1806, jugement qui ordonne la mise en cause des prétendans droit à la succession du général Destaing; et, par provision, condamne le sieur Destaing père, à payer à la fille de Anne Nazo la pension de 600 fr. qui lui a été assignée par l'acte de tutelle de l'an 10.

Le 24 janvier 1807, les frères et sœurs du général Destaing interviennent, forment tierce-opposition au jugement du 12 août 1806, annoncent qu'ils sont porteurs de lettres et d'écrits de ce général, qui démontrent qu'il n'a jamais existé de mariage légitime entre lui et Anne Nazo, et concluent à ce qu'ils soient déclarés seuls héritiers de leur frère.

Anne Nazo leur répond par la signification d'une lettre que le général Destaing lui a écrite le 15 floréal an 9, et par une sommation de produire les *lettres et écrits* dont ils se disent munis, pour combattre son état.

Les frères et sœurs Destaing, de leur côté, lui font signifier deux actes de mariage reçus en Egypte, les 29 vendémiaire et 6 brumaire an 6, par le commissaire des guerres stationné à Rosette; et en concluent que les militaires français étaient dans l'usage, en Egypte, de se marier devant les commissaires des guerres.

Le 13 août 1807, jugement qui « ordonne, avant faire droit, que la dame Nazo fera preuve, par-devant le président du tribunal, dans les six mois à compter de la signification du jugement à personne ou domicile, tant par titres que par témoins, 1.° qu'il n'était pas d'usage au Caire, en l'an 8, soit pour les militaires français ou tous autres, de tenir des registres de l'état civil, ni de rédiger par écrit les actes de mariage; qu'il n'était pas non plus d'usage à Céphalonie, de rédiger par écrit des actes de naissance; 2.° que la dame Nazo a été mariée, en l'an 8, au Caire, avec le défunt général Destaing, par le patriarche d'Alexandrie, avec les cérémonies usitées dans ce lieu; qu'elle a depuis cohabité avec le général, jusqu'au retour de celui-ci en France; et que, pendant tout ce temps, elle a été publiquement reconnue pour être l'épouse du général Destaing; 3.° qu'elle est accouchée, à Céphalonie, d'une fille provenue de ce mariage, au mois de nivôse an 10, laquelle fille a été nommée Marie Destaing; sauf au sieur Destaing père, et aux tiers-opposans, la preuve contraire ».

Anne Nazo appelle de ce jugement, en ce

qu'il préjuge l'insuffisance des preuves existantes de sa possession d'état et des certificats qu'elle a rapportés pour établir qu'il y a eu mariage entre elle et le général Destaing.

Les frères et sœurs du général Destaing en appellent aussi, tant en leur nom qu'en qualité d'héritiers de leur père décédé, en ce qu'il préjuge qu'Anne Nazo peut, sans rapporter un acte de mariage en bonne forme, prouver qu'elle a été mariée légitimement avec leur frère.

Le 11 juin 1808, arrêt de la cour d'appel de Riom, ainsi conçu :

« Attendu qu'Anne Nazo articule et met en fait que, peu de mois avant que le général Destaing fût obligé de quitter le Caire, avec une partie de l'armée française, pour aller à Alexandrie, il l'avait épousée au Caire devant le patriarche d'Alexandrie, qui bénit leur mariage, en présence d'un grand nombre d'officiers supérieurs de l'armée, de plusieurs personnes notables du pays, notamment en présence du général Delzons, cousin-germain de l'époux; que ce mariage fut ainsi célébré selon le rite et toutes les formes et solennités grecques; et que de ce mariage est provenue la fille dont elle est accouchée à Céphalonie, pendant sa traversée d'Egypte en France ;

» Attendu qu'en effet, d'après une lettre datée d'Alexandrie, le 15 prairial an 9, adressée par le général Destaing à Anne Nazo au Caire, et signée de lui, dont la souscription porte : *à la citoyenne Destaing*, et dans laquelle il lui exprime des sentimens d'intérêt et de tendresse, elle semble avoir été autorisée à porter son nom et à se dire son épouse; que c'est aussi sous ces nom et qualité qu'elle paraît avoir été traitée et distinguée dans le vaisseau qui l'a portée en France, par ses compagnons de voyage, et à Tarente par le général Soult; que ce titre d'épouse et celui de mère ont surtout été reconnus par la famille du général Destaing, principalement par son père, chez lequel elle est allée directement se réfugier avec sa fille, lorsqu'elle eût appris à Lyon la mort du général; qu'elles ont été reçues et accueillies dans sa maison par lui et sa famille; qu'elle y a passé huit mois, jouissant continuellement et publiquement de ses qualités d'épouse du général et de mère de sa fille; qu'un mois après son arrivée à Aurillac, Destaing père, ne doutant pas du mariage, et de l'avis et consentement de ses proches parens, s'est rendu tuteur de sa petite fille; qu'il a approuvé une pension viduelle réglée dans le procès-verbal, pour la mère, celle qui l'a été pour la fille jusqu'à l'âge de dix ans, et remboursé les frais de voyage, de séjour à Lyon et de deuil; que ces reconnaissances et cette acceptation de la tutelle paraissent d'autant plus considérables, qu'on pourrait les regarder comme la suite d'un examen approfondi et de certitudes acquises par le père, puisque deux lettres de son fils, l'une datée d'Egypte, l'autre écrite depuis le retour de ce fils, en France, *lui donnant tout sujet de douter du mariage* ou même de n'y point croire, il n'en avait pas moins consenti l'acte en question ; et que ses proches parens y avaient aussi concouru ;

» Attendu que des reconnaissances si formelles, qui avaient fixé l'opinion générale et la croyance publique à Aurillac sur l'état d'Anne Nazo et de sa fille, paraissent les avoir mises en possession de se dire et faire réputer femme et fille du général; mais attendu que, si ces considérations peuvent suffire pour faire présumer une union légitime, *elles ne la constituent pas* ; que rien ne saurait dispenser de rechercher la preuve de l'existence d'un mariage que la société ne peut admettre, et dont les magistrats ne peuvent lui garantir la vérité, qu'autant qu'il aura été contracté selon les formes prescrites, et que la vérité en sera constatée par les preuves que la loi a établies ;

» Attendu que le droit public ne peut recevoir aucune atteinte des pactes privés, et qu'il n'a pas plus dépendu de Destaing père de donner, par ses aveux, à Anne Nazo et à sa fille l'état qu'elles réclament, si elles ne l'ont pas, que de le leur ôter par ses rétractations, si elles l'ont réellement ;

» Attendu que, selon les lois anciennes, comme selon le Code civil, la preuve des mariages doit être consignée dans des registres publics destinés à en faire foi; et que, dans l'absence de ces registres, la possession d'état, même la plus entière, est encore insuffisante pour y suppléer; qu'elle peut seulement, et si elle est accompagnée de commencement de preuve par écrit, autoriser à admettre la preuve par témoins;

» Attendu qu'Anne Nazo ne rapporte aucunes preuves tirées de registres publics qui constatent qu'elle a été en effet mariée au général Destaing ; qu'elle convient même n'en pouvoir produire de cette espèce, d'après l'usage, attesté par tous les historiens et par les actes de notoriété qu'elle rapporte, de ne tenir en Egypte aucun registre ni autre témoignage écrit des actes de mariage entre les chrétiens grecs qui les célèbrent avec une telle solennité qu'elle suffit pour assurer la confiance publique et l'intérêt des époux ; d'où elle conclut qu'on doit s'en tenir à sa possession d'état, soutenue de la preuve qu'elle prétend avoir déjà faite, que son mariage a été célébré publiquement et solennellement, suivant les formalités religieuses de son pays;

» Mais attendu, quant à sa possession d'état, ce qu'on a déjà dit, qu'elle ne prouve pas la vérité de son mariage ; et quant à ses preuves testimoniales, qu'elles ne sont point judiciaires, n'ayant été, ni ordonnées par la justice, ni faites contradictoirement, ni reçues par des officiers ayant caractère;

» Attendu que les lois n'admettent point les actes de notoriété, en témoignage des actes publics, mais seulement la preuve des naissances et filiations;

» Attendu cependant que, dans l'espèce, il y a commencement de preuve par écrit, soit par la lettre du général Destaing à Anne Nazo, du 15 prairial an 9, soit dans le procès-verbal de tutelle, du 5 messidor an 10, et que ce commencement de preuve est soutenu de la possession d'état; qu'ainsi, il y a lieu d'ordonner la preuve testimoniale, que le Code civil et les lois antérieures admettent en ce cas;

» Attendu que cette preuve doit se réduire au fait de la célébration publique et solennelle du mariage dont il s'agit, en présence et avec la bénédiction du patriarche d'Alexandrie;

» Attendu que, suivant les principes de cette matière, les parens qui sont les principaux témoins des actes de célébration, lorsqu'ils sont consignés dans des registres publics, doivent, par la même raison, être entendus dans les enquêtes judiciaires qui ont pour objet la preuve du même fait, sauf tous reproches de droit, et le jugement que les juges en porteront; attendu que, par l'art. 283 du Code de procédure, les personnes qui ont déjà donné des certificats peuvent être reprochés, et que, selon l'article suivant, le témoin reproché ne doit pas moins être entendu dans sa déposition; qu'à plus forte raison, il est permis d'entendre ceux qui, étant appelés devant des juges de paix pour déposer comme de notoriété, ont fait leurs déclarations, doivent aussi être entendus dans l'enquête judiciaire plus régulièrement ordonnée sur les mêmes faits.....; attendu enfin qu'il est établi par l'inventaire fait à Paris, des meubles effets et papiers de la succession du général Destaing, qu'il s'y est trouvé deux lettres écrites à ce général, l'une par Jean Nazo, l'autre par le nommé Latapie, et qu'il importe à la justice que la cour réunisse le plus de moyens possibles pour la recherche et la découverte de la vérité;

» La cour, statuant sur les appels respectifs, dit qu'il a été bien jugé par le jugement dont est appel, rendu au tribunal civil de l'arrondissement d'Aurillac le 13 août 1807, en ce que la preuve testimoniale a été ordonnée, mal et sans cause appelée; et néanmoins réduisant l'interlocutoire, ordonne que, dans le délai de six mois, à compter du jour de la signification du présent arrêt, Anne Nazo fera preuve, devant les premiers juges, tant par titres que par témoins, que, depuis que le général Destaing fut appelé au Caire, et pendant qu'il y était en activité de service, elle a été mariée avec lui publiquement et solennellement par le patriarche d'Alexandrie, suivant le rite grec et les formes et usages observés dans ce pays; et pour parvenir à ladite preuve, l'autorise à faire entendre dans son enquête les parens tant d'elle que du général Destaing, ainsi que toutes les personnes qui ont déjà donné des attestations par forme d'acte de notoriété à Marseille et à Paris, ou des certificats sur les faits dont il s'agit dans la cause, sauf tous reproches de droit, qui pourront être proposés et sur lesquels les premiers juges statueront, et sauf aussi aux parties de Pagès à faire preuve contraire devant les mêmes juges et dans le même délai. Ordonne que, dans le même délai, les frères et sœurs du général Destaing rapporteront les deux lettres mentionnées en l'inventaire fait à Paris le 24 messidor an 10, cote C, dudit inventaire, pour, les enquêtes faites et rapportées, ou faute de ce faire, être ordonné ce qu'il appartiendra...... ».

Les frères et sœurs Destaing se pourvoient en cassation contre cet arrêt.

« Le moyen de cassation qu'ils vous proposent (ai-je dit à l'audience de la section des requêtes), consiste dans ce peu de mots: « La cour de Riom » a violé les principes et les lois qui veulent que » l'état des citoyens soit constaté par des re- » gistres, et qui n'admettent la preuve vocale » de l'état, que lorsqu'il est justifié que ces re- » gistres n'existent plus, et que d'ailleurs il y a » commencement de preuve par écrit. Dans » l'espèce, point de perte des registres, et point » de commencement de preuve par écrit du fait » de la célébration du prétendu mariage. Il n'y » avait donc pas lieu d'admettre la preuve par » témoins de ce fait ».

» Ce moyen a beaucoup d'affinité avec ceux que vous proposaient les héritiers du général Faultrier, à votre audience du 8 juin dernier, contre un arrêt de la cour de Metz qui avait admis Marie David à prouver par acte de notoriété, qu'il était d'usage en Egypte de n'inscrire sur aucun registre public les mariages qui s'y célébraient entre chrétiens.

» Il en diffère néanmoins en ce que, d'une part, les héritiers du général Faultrier convenaient que Marie David avait, en sa faveur, des commencemens de preuve par écrit; au lieu que, dans notre espèce, les héritiers du général Destaing contestent cet avantage à Anne Nazo; et que, de l'autre, dans l'affaire sur laquelle vous avez rendu, le 8 juin, un arrêt qui a rejeté la demande en cassation des héritiers du général Faultrier, la cour de Metz s'était bornée à admettre Marie David à la preuve de l'usage prétendu observé en Egypte, de ne constater par aucun acte public, les mariages célébrés entre chrétiens, sans l'admettre en même temps et concurremment à la preuve testimoniale qu'elle s'était mariée en Egypte conformément à cet usage, au lieu que, dans notre espèce, la cour de Riom a, par un seul et même arrêt, permis à Anne Nazo de prouver les deux faits à la fois et de faire marcher de front les preuves de l'un et de l'autre.

» Mais ces deux différences peuvent-elles en amener une dans la détermination que vous avez à prendre sur le recours en cassation des héritiers du général Destaing ?

» Et d'abord, qu'importe que les héritiers du général Destaing ne conviennent pas qu'Anne Nazo ia, en sa faveur, des commencemens de preuve par écrit du mariage qu'elle prétend avoir contracté avec leur frère? le fait n'en est pas moins constant, et il est reconnu, de la manière la moins équivoque, par l'arrêt attaqué. Il y a plus: le même arrêt reconnait en termes précis, qu'Anne Nazo a pour elle l'avantage de la possession d'état, circonstance qui, dans l'espèce, rendrait même inutile tout commencement de preuve par écrit.

» Ensuite, l'art. 14 du tit. 20 de l'ordonnance de 1667 dit bien que, s'il n'y a jamais eu de registres dans le lieu où l'on allègue qu'un mariage a été célébré, la preuve en sera reçue, tant par titres que par témoins, et qu'en ce cas, le mariage pourra être justifié, tant par les registres ou papiers domestiques des pères et mères décédés, que par témoins. Mais il ne dit pas que ces deux preuves ne pourront pas être ordonnées et faites en même temps; il ne dit pas que la preuve du fait qu'il n'a jamais existé de registres, devra être ordonnée et faite avant la preuve de la célébration du mariage; et dès qu'il ne le dit pas, il est censé s'en remettre à la prudence du juge; il est censé abandonner au juge le pouvoir, soit d'ordonner la preuve de la célébration du mariage concurremment avec la preuve de l'inexistence des registres, soit de n'admettre celle-là qu'après celle-ci.

» Par ces considérations, et en nous référant pour les développemens ultérieurs dont cette affaire serait susceptible, à ceux que nous avons donnés dans l'affaire des héritiers Faultrier, et que vous avez consacrés par votre arrêt du 8 juin, nous estimons qu'il y a lieu de rejeter la requête des demandeurs, et de les condamner à l'amende ».

Par arrêt du 7 septembre 1809, au rapport de M. Ruperou;

« Attendu que la cour d'appel a jugé qu'il y avait commencement de preuve par écrit et même possession d'état, en faveur de la dame Anne Nazo; et qu'en admettant, en conséquence, la preuve vocale de l'existence d'un mariage prétendu contracté et célébré suivant les rites et les formes d'un pays où l'on soutient qu'il n'existe pas de registres pour constater les actes de l'état civil, elle n'a pas violé la loi;

» La cour rejette..... ».

§. VIII. 1.° *Les mariages contractés avant le Code civil, dans les pays où n'avait pas été publiée l'ordonnance de 1667, peuvent-ils être prouvés par témoins, lorsqu'au moment de leur célébration il n'en a pas été dressé d'acte, et qu'il n'est pas constaté qu'il n'y avait pas de registres dans le lieu où ils ont été célébrés ?*

2.° *Quels étaient, à la même époque et dans les mêmes pays, les pouvoirs des aumôniers des troupes, relativement aux mariages des militaires ?*

Voici une espèce assez singulière, dans laquelle ces questions et celles qui sont proposées sous les mots *Cassation*, §. 40; *Copie*, §. 1; *Jugement*, §. 20, et *Légitimité*, §. 5, se sont présentées devant la cour de cassation.

Le 12 mai 1801, Thérèse Bellone, native de Fossano, qui avait épousé à Coni, le 4 octobre 1795, Joseph Degubernatis, sergent-major au régiment de Lombardie, au service du roi de Sardaigne, accouche à Gênes d'une fille, qui est présentée au baptême par Thomas Pastoris et la dame Durazzo, épouse d'un ancien doge de la république ligurienne, et baptisée sous le nom d'*Elizabeth-Henriette-Françoise, née en légitime mariage de Henri Pastoris, frère de Thomas, natif de Turin, capitaine au régiment de Lombardie, aide de camp du général de Rochambeau, et de Thérèse Bellone.*

Le 15 septembre suivant, Henri Pastoris se présente, en qualité d'officier français, devant le consul de France à Gênes, et déclare « que le 12 floréal an 9 (12 mai 1801), il lui est née de Thérèse Bellone, son épouse, un enfant femelle à laquelle il donne les prénoms de Françoise-Elizabeth-Henriette ».

Le 11 décembre de la même année, prêt à partir pour Saint-Domingue, à la suite du général de Rochambeau, il écrit au sieur Bellone, père de Thérèse, demeurant à Fossano, une lettre par laquelle il le prie de louer pour sa fille, dans son voisinage, un logement où elle puisse demeurer avec la petite Henriette, jusqu'au retour du long voyage qu'il va entreprendre.

Le 21 du même mois, il fait un testament par lequel il institue pour son héritière universelle, Françoise-Elisabeth-Henriette, sa fille, qu'il déclare avoir eue de Thérèse Bellone, sa femme; et lègue à Thérèse Bellone elle-même une pension annuelle de 750 liv., dont elle jouira tout le temps qu'elle restera en viduité.

Le 24 du même mois, il signe une procuration portant pouvoir à son agent d'affaires, de payer annuellement, pendant son absence, à Thérèse Bellone, son épouse, pour son entretien et celui de leur fille Françoise-Elisabeth-Henriette, la somme de 750 liv. de Piémont.

Le 24 février 1802, il écrit au commandant d'armes de Fossano, une lettre par laquelle il lui recommande Thérèse Bellone, son épouse, sa fille, le sieur Bellone, son beau-père, et le prie de leur accorder son appui en cas de besoin.

Le 15 juillet de la même année, il meurt à Saint-Domingue.

Le 10 et le 20 thermidor an 11, Thérèse Bellone, informée qu'il existe au tribunal de première instance de Turin, un procès entre les frères et sœurs de Henri Pastoris, d'une part, les sieur et dame Mazetti, de l'autre, pour la succession du comte Charles-Hyacinthe Pastoris Saluggia, fait signifier à toutes les parties un exploit par lequel, en sa double qualité de veuve de Henri Pastoris et de tutrice légale de Françoise-Elizabeth-Henriette, sa fille, dont elle leur notifie l'acte de naissance, elle déclare se rendre partie intervenante dans ce procès.

Les frères et sœurs de Henri Pastoris contestent les qualités prises par Thérèse Bellone, tant en son nom qu'en celui de sa fille : ils prouvent, par un acte du 4 octobre 1795, qu'il a existé un mariage entre elle et Joseph Degubernatis, ils soutiennent que, tant qu'elle ne justifiera pas que ce mariage a été légalement dissous, elle ne pourra pas, même en rapportant un acte de célébration de mariage entre elle et leur frère, prétendre, pour elle-même, à la qualité de veuve de celui-ci, ni, pour sa fille, à la qualité de son enfant légitime.

Quelque temps après, on apprend que Joseph Degubernatis est mort à Nice le 2 février 1805 Il paraît qu'il avait précédemment reparu à Turin.

Le 22 juin suivant, Thérèse Bellone fait signifier aux frères et sœurs de Henri Pastoris, un écrit par lequel, en convenant de la nullité du mariage célébré entre elle et celui-ci en 1801, elle soutient que ce mariage doit néanmoins, à raison de la bonne foi avec laquelle il a été contracté, produire, tant pour elle que pour sa fille, les mêmes effets que s'il eût été valable.

Et pour établir tout à la fois qu'il a été célébré un mariage entre elle et Henri Pastoris, et qu'il l'a été de bonne foi, elle articule et offre de prouver 1.° que la nouvelle de la mort de Joseph Degubernatis s'étant répandue en thermidor an 7, elle a été, dès-lors, reconnue et s'est elle-même considérée comme veuve; 2.° que, dans cette confiance, elle a contracté, le 22 fructidor suivant (8 septembre 1799), dans la région de *la Pietra*, territoire ligurien, un nouveau mariage avec Henri Pastoris; 3.° que ce mariage a été célébré *avec la plus grande solennité*, dans le logement qu'occupait alors Henri Pastoris, en présence d'un aumônier de la ci-devant armée piémontaise et de plusieurs témoins; 4.° qu'elle ignore s'il en a été dressé un acte, mais que, dès-lors, elle a été publiquement traitée comme l'épouse de Henri Pastoris.

Les héritiers Pastoris soutiennent que la preuve offerte par Thérèse Bellone, est inadmissible.

Le 1.er avril 1806, jugement du tribunal de première instance de Turin, qui, « sans s'arrêter aux instances et déductions de la dame Bellone, desquelles il la déboute, renvoie les défendeurs, frères et sœurs Pastoris, de la demande formée par ladite dame, tant en qualité propre qu'au nom de la mineure Henriette Pastoris, sa fille, sauf à celle-ci tout droit pour les alimens convenables, ainsi qu'ils seront réglés par un autre jugement; et lui accorde, en attendant, à ce titre, la provision de 500 fr. à se faire payer par les défendeurs, dans le délai de quinze jours après la signification du présent ».

Thérèse-Bellone appelle de ce jugement, ajoute dix-neuf faits à ceux qu'elle a déjà articulés en première instance, insiste sur la demande en permission de faire preuve des uns et des autres; et cependant, attendu le nouveau mariage qu'elle vient de contracter avec le sieur Ferrero, conclut à ce qu'il soit nommé à sa fille un tuteur *ad hoc*.

Le 9 mai 1807, arrêt de la cour d'appel de Turin, première section, qui pose ainsi les questions à juger : « 1.° La preuve testimoniale pour constater le mariage dont il s'agit, contracté avant le Code civil, est-elle admissible? 2.° Donnée la preuve de ce mariage en la forme articulée, et des autres faits soutenus par la dame Bellone, au procès d'appel, Henriette sa fille peut-elle s'aider des dispositions des lois relatives aux mariages nuls, mais contractés de bonne foi » ?

Sur ces questions, la cour de Turin considère;

Que les lois antérieures au Code civil, autorisaient la preuve testimoniale des mariages, même lorsque ni l'inexistence ni la perte des registres publics n'étaient articulées et constatées; que ces registres, suivant la *décision* du sénat de Turin, du 13 septembre 1764, dans l'affaire du comte de Thésor, n'avaient été établis par le concile de Trente, que *ad majorem et faciliorem rei gestæ probationem;* que cependant la preuve testimoniale des mariages non constatés par les registres publics, ne pouvait être admise qu'à l'aide d'un commencement de preuve tiré d'ailleurs; que cela résulte de la loi 29, D. *de probationibus*, et de la loi 2, C. *de testibus;*

Que le mariage dont il s'agit, trouve de puissans commencemens de preuve dans l'acte de baptême de Henriette Pastoris, dans la signature apposée à cet acte par Thomas Pastoris, l'un des défendeurs, dans le testament de Henri Pastoris, et plus encore dans la déclaration de naissance que celui-ci avait précédemment faite devant le consul de France, à Gênes;

Que, s'il est prouvé que ce mariage a été contracté, le 22 fructidor an 7, dans la région de la *Pietra*, devant l'un des aumôniers de l'armée, en présence de plusieurs témoins, dans le logement occupé par Henri Pastoris, il sera impossible, d'après les lois canoniques, de ne pas le regarder comme valablement contracté; 1.º parce que, parmi les pouvoirs accordés par le souverain pontife au grand aumônier du roi de Sardaigne, et communiqués par celui-ci, le 25 janvier 1793, *capellanis exercituum tempore belli,* sont compris nommément celui d'administrer *Ecclesiæ sacramenta, ea etiam quæ nonnisi per parochialium ecclesiarum rectores ministrari consueverunt, præter confirmationem et ordinem*, et celui de remplir *reliquas functiones et munera parochialia;* que l'exception relative aux mariages, exprimée à la fin des mêmes pouvoirs, verset *quod si eodem tempore*, a pu être envisagée comme non applicable à Thérèse Bellone qui ne se trouvait dans la région de *la Pietra;* qu'accidentellement et par suite de dispositions militaires qui pouvaient changer d'un moment à l'autre; 2.º parce que l'aumônier qui a célébré le mariage, doit, par cela seul, qu'il l'a célébré, être présumé avoir eu qualité pour le faire; et que c'est un point de droit consacré par la décision déjà citée du 13 septembre 1764; 3.º parce que les fonctions de cet aumônier auprès des corps militaires piémontais, ont pu ne pas cesser à l'instant même de la fusion de ces corps dans l'armée française; 4.º parce qu'il est certain que le défaut de publications de bans n'emporte pas la nullité du mariage; 5.º parce que, suivant la doctrine de tous les canonistes et notamment de Barbosa, sur le concile de Trente, sess. 24, *de reformatione*, ch. 34 et 35, le mariage peut être célébré *intrà privatos parietes ;*

Qu'à l'égard de la bonne foi avec laquelle Thérèse Bellone soutient qu'elle et Henri Pastoris ont contracté ce mariage, la preuve en résultera nécessairement des différentes circonstances qu'elle articule, si ces circonstances sont vérifiées; que cette preuve ne sera pas détruite par le défaut de publication de bans, parce que, quel que soit à cet égard l'avis des commentateurs, il n'y a aucune loi qui établisse que, faute de publications de bans, la mauvaise foi sera censée avoir présidé à tous les mariages, nuls par l'effet d'empêchemens ignorés des parties contractantes au moment de leur célébration.

Et par ces considérations, « la cour dit avoir été mal jugé par le jugement dont est appel; émendant, déclare qu'à la preuve par témoins de la vérité du mariage dont il s'agit, n'est point obstacle le défaut de présentation de l'acte de mariage; admet à la preuve les faits déduits par l'appelante dans l'écriture du 31 juillet passé...; commet M. Passano, un des membres de la cour, pour être devant lui procédé à l'enquête dans les délais et formes portés par l'ordonnance de 1667, sauf aux intimés la preuve contraire; ordonne que la dame Thérèse Bellone, en contredit des intimés, si bon leur semble, pardevant la cour, à huis clos, à la troisième audience après la signification du présent arrêt, répondra personnellement aux interrogatoires déduits par les intimés dans l'écriture du 15 octobre échu, exclusivement aux 4.e et 5.e que la cour rejette; accorde à la mineure Henriette la somme de 3,000 francs à titre de provision.....; nomme le sieur....... tuteur *ad hoc* de ladite mineure, pour la défendre dans la contestation dont il s'agit.... ».

En exécution de cet arrêt, Thérèse Bellone répond, le 22 juin 1807, aux faits et articles sur lesquels les héritiers Pastoris avaient demandé qu'elle fût interrogée. Le résultat de ses réponses est qu'avant que Joseph Degubernatis l'eût quittée, elle avait constamment joui de son estime; qu'il avait lui-même, en apprenant son mariage avec Henri Pastoris, plaint l'erreur dans laquelle un faux bruit l'avait entraînée; et qu'elle n'avait été informée de son existence qu'en prairial an 10, après le départ de Henri Pastoris pour l'Amérique.

Le 6 juillet suivant, arrêt qui déclare les héritiers Pastoris non-recevables dans la demande qu'ils avaient formée à ce que Thérèse Bellone fût tenue de déclarer et justifier le nom de l'aumônier devant lequel son mariage avec Henri Pastoris avait été célébré.

Les choses en cet état, les parties procèdent respectivement à leurs enquêtes, et y font entendre un grand nombre de témoins.

L'affaire rapportée de nouveau à la deuxième section de la cour de Turin, le ministère public conclut à ce que le mariage contracté entre Henri Pastoris et Thérèse Bellone, soit déclaré *nul et abusif, pour tout effet que de droit à l'égard de celle-ci ;* que les sieurs et demoiselles Pastoris soient *déboutés de leurs instances ;* et que Françoise-Elisabeth-Henriette Pastoris soit déclarée fille légitime de son père et de sa mère.

Par arrêt du 11 juin 1808,

« Considérant qu'en l'état des enquêtes respectives des parties, l'on ne peut plus douter de la vérité des faits suivans, savoir; — 1.º Que le sieur Henri Pastoris et la dame Bellone ont réellement contracté, le 8 septembre 1799, leur mariage à la pietra, près de Borgo Fornaro, territoire ligurien; — 2.º Que ce mariage a été célébré d'après les formes ecclésiastiques, en présence de l'un des aumôniers qui administraient les saints sacremens à l'armée ; — 3.º Que ce mariage, dont le projet avait été connu, quelques jours auparavant, par les compagnons d'armes et par l'état-major de l'armée, se rendit bientôt public; et la dame Bellone fut, dès-lors, reconnue, soit par Henri Pastoris, soit par Thomas Pastoris, l'un des défendeurs, et par la famille Bellone, soit enfin dans les sociétés, et à l'armée, comme épouse légitime de Henri Pastoris.

» Considérant que de ces faits posés comme

incontestables, il s'ensuit évidemment,— 1.° Que le commencement de preuve que Henriette tirait de son acte de naissance, des lettres écrites par son père, du traitement reçu dans sa famille, et du testament paternel du 21 décembre 1801, pour établir sa qualité de fille légitime, et la quasi-possession de cette même qualité, a acquis, en l'état, un entier degré de force, puisque, si l'existence en vie du premier mari, jointe au défaut de preuve du mariage putatif, pouvait vicier radicalement le titre de sa possession d'état, les preuves fournies de l'existence et de la réalité de ce mariage, et de l'opinion commune, relativement à ses effets, en a dû légitimer la source; — 2.° Que le titre de cette possession d'état de légitimité une fois établi, la preuve des vices dont on veut que ce même titre soit infecté, doit être, quant à l'intérêt de la mineure Henriette, entièrement à la charge des défendeurs, puisque *qui dolo dicit factum aliquid, licet in exceptione, docere dolum admissum debet* (*loi* 18, §. 1, D. *de probationibus et præsumptionibus*); — Comment est-ce, en effet, que l'on voudra prétendre qu'un enfant qui a pour preuve de sa légitimité, un mariage entre son père et sa mère, un acte de naissance qui s'y rapporte, des actes réitérés de reconnaissance de ses parens et du public, enfin les dernières volontés de son père défunt qui y mettent le sceau, soit encore chargé de prouver, pour réclamer la continuation dans la même possession, que le mariage est légal dans toutes ses formes, et qu'il n'est infecté d'aucun vice?

» Considérant que, d'après ce que dessus, l'inspection doit se porter nécessairement à voir, 1.° si les défendeurs ont opposé audit mariage des vices valables à éluder sa force, relativement à la possession d'état réclamée par Henriette; 2.° si ces vices sont pleinement constatés;

» Considérant, en ce qui concerne la première de ces inspections, que les vices opposés par les défendeurs audit mariage, se réduisent essentiellement aux suivans, savoir : — 1.° Qu'il n'ait jamais pu exister de mariage en bonne foi entre le sieur Pastoris et la dame Bellone, attendu qu'avant de le contracter, il s'étaient souillés d'adultère; — 2.° Que ce mariage, contracté du vivant du premier époux de la dame Bellone, est précipité et contraire aux dispositions de lois à ce relatives; — 3.° Qu'en tout cas, ce mariage est clandestin, contracté évidemment en mauvaise foi, incapable par conséquent, d'après les principes, d'opérer aucun effet vis-à-vis de la loi, et d'établir la légitimité de l'enfant qui en fut le fruit;

» Considérant, à l'égard du premier de ces vices, que, quelle que fût la disposition du droit romain, dont nous avons le texte dans la loi 3, D. *de his quibus ut indignis*, et dans le ch. 12 de la novelle 134 de l'empereur Justinien, cette jurisprudence a été entièrement changée par les dispositions du droit canon uniquement suivies dans ces matières, à l'époque dudit mariage, dans nos contrées, et d'après lequel la nullité du mariage entre les coupables d'adultère, n'est prononcée que dans le cas qu'une promesse de mariage ait eu lieu entre eux du vivant de l'époux offensé par l'adultère, ou qu'il y ait eu des machinations, pour en procurer la mort (ch. 1, 3, 6 et 7 du tit. 7, liv. 4, des Décrétales). — Or, si l'Église, en dérogeant, à cet égard, à la rigueur des anciennes lois, n'a point cru voir, dans le seul adultère antérieur, un motif suffisant pour établir ce dol qui jadis avait fait proscrire ces sortes de mariages, comment est-ce qu'il nous sera permis de déduire de ce même fait, ce dol qui ne peut point se supposer, et ce dans l'espèce où il s'agit de l'intérêt de l'enfant qui a pour lui la présomption de légitimité, et où il n'existe aucune ombre de preuve des faits posés en exception dans la loi ecclésiastique? — Mais au surplus, ce serait encore en vain que les sieurs Pastoris voudraient se servir de ce moyen pour y baser un commencement de la mauvaise foi qui a accompagné, d'après leur système, le mariage en question, puisque le fait même de l'adultère, duquel ils ont accusé Henri Pastoris et la dame Bellone, est bien loin d'être pleinement justifié....;

» Considérant que les défendeurs n'ont pas mieux établi, aux yeux de la loi, la réalité du second des vices, savoir, de la précipitation inexcusable avec laquelle le mariage eut lieu; — En effet, en ce qui concerne les dispositions des lois, quoique, d'après le ch. 11 de la novelle 117 de l'empereur Justinien, le mariage contracté par la femme d'un militaire, sans que la mort du premier mari fût assurée avec le serment par le dépositaire des rôles, et avant l'année à compter de la même époque, fût déclaré nul, et les mariés fussent déclarés coupables d'adultère; ces dispositions cependant, auxquelles le ch. 19, liv. 4, tit. 1, des Décrétales a apporté quelque limitation, puisqu'il n'y est exigé qu'un avis certain (*certum nuncium*) de la mort du premier mari, et aucun délai de rigueur entre cette novelle et le mariage ne se trouve fixé, ces dispositions, disons-nous, ont encore été modifiées, par rapport aux femmes des militaires et en temps de guerre, par la réponse du pape Léon à Nicétas, évêque d'Aquilée (can. 1, caus. 34, quest. 1.), duquel il résulte : 1.° que, dans les circonstances extraordinaires d'une guerre acharnée, où la confusion et le désordre règnent de toutes parts, l'Eglise, en mère indulgente, a cru devoir se départir de la rigueur des lois relatives aux mariages, et a voulu pardonner une précipitation à laquelle l'erreur et des circonstances impérieuses avaient donné lieu; 2.° qu'ensuite de ce principe, elle a cru excusables les femmes *quæ (per bellicam cladem et per gravissimos hostilitatis incursus) viros proprios, aut interemptos putarint, aut nunquam à dominatione crederent liberandos; et ad alium conjugium, sollicitudine cogente, transierint;* 3.° et enfin, que, bien loin de reconnaître comme coupables d'adultère les seconds maris, et conséquemment comme illégitimes les fruits de ces mariages, l'Eglise a déclaré ouvertement le contraire : *nec tamen culpabilis judicetur, et tanquam alieni juris pervasor qui personam ejus mariti, qui jam non esse existimabatur, assumpsit.* L'Eglise n'a donc point, dans toutes les circonstances, considéré la précipitation comme un indice de mauvaise foi suffisant à rendre illégitimes les enfans à naître d'un mariage putatif. Elle a su compatir à l'erreur fondée, à l'empire des circonstances, à la nécessité qui souvent suffit pour rendre excusable, dans de certains cas, ce qui ne le serait point dans les cas ordinaires. Rigoureuse à exiger la preuve de l'erreur de la part du second mari, elle a, du reste, jeté un voile sur la conduite peut-être précipitée, dont la femme, *sollicitudine cogente*, se serait rendue coupable dans ces cas extraordinaires;

» Considérant, en point de fait, que, dans l'espèce, si l'on réfléchit à la position vraiment fâcheuse dans laquelle la dame Bellone s'est trouvée, lorsque, privée de son mari qu'elle crut mort, dépouillée de tout, sans secours dans un pays étranger, au milieu d'un camp désolé par une défaite, et dans l'impossibilité de rejoindre sa patrie, l'on ne peut, à moins de convenir qu'en acceptant l'offre à elle faite de sa main par Henri Pastoris, elle ne soit excusable aux yeux de la loi, puisque c'est vraiment *sollicitudine cogente*, qu'elle embrassa le seul parti de salut qui lui fût offert. — Mais en supposant même qu'elle fût coupable, comment fera-t-on retomber cette faute sur Henri Pastoris qui, libre de tout lien, persuadé de la mort de son ami, compatissant à la détresse de sa veuve, et voulant la tirer de cet abîme de désolation, vint à son secours par le seul moyen honnête et exempt de toute tache qui était en son pouvoir? Comment plus sévères que l'Eglise, pourrions-nous le juger coupable de précipitation et *tanquam alieni juris pervasor?* Comment encore pourrions-nous ne pas tirer de cette offre et de cette démarche irréprochable et délicate de Henri Pastoris, un argument valable, soit à exclure l'adultère et le commerce coupable qu'on a supposé avoir existé préalablement entre lui et la dame Bellone, soit à établir la bonne foi avec laquelle il se porta à contracter le lien que l'on attaque après sa mort, avec aussi peu d'égard pour son souvenir et pour sa volonté bien connue? — En effet, Henri Pastoris, homme d'honneur, aurait-il offert sa main à Thérèse Bellone, si la conduite débordée de celle-ci, si ses mœurs reprochables, l'eussent forcé de la mésestimer, s'il eût pu en jouir comme d'une concubine? Et s'il eût douté que son ami Joseph Deguber-natis ait été en vie, s'il eût cru trahir l'amitié, et s'exposer à passer bientôt, aux yeux de ses compagnons d'armes et de ses concitoyens, *tanquam alieni juris pervasor*, se serait-il hâté de faire un pas qui devait le plonger lui et ses enfans dans des malheurs inévitables? — Enfin, si la conduite du père, aux yeux de la loi et de l'Eglise, n'est point condamnable, si Henri Pastoris fut, pendant sa vie, hors de la sanction pénale pour une précipitation aussi excusable, avec quel droit voudrait-on l'attaquer, après sa mort, dans un enfant chéri qu'il reconnut légitime, dont il se fit gloire de son vivant, et qu'il institua son héritier dans ses dernières volontés?

» Considérant, en ce qui concerne le troisième vice, et le plus essentiel que l'on oppose audit mariage, que, pour bien en connaître la force aux yeux de la loi, il faut distinguer le vice de clandestinité, de celui du défaut de dénonciations et de la mauvaise foi dont ledit mariage putatif est attaqué. — La cour a déjà reconnu, en point de droit, dans son arrêt précédent, que, si ce mariage a eu lieu par devant un aumônier des troupes piémontaises, et en présence de témoins, le vice de clandestinité s'évanouit, puisque la clandestinité n'est plus là où se trouvent l'Eglise et des témoins; et que l'Eglise était dûment représentée aux armées par les ministres nommés *ad hoc* et spécialement autorisés. — Nous avons de même déjà observé, en point de fait, que, d'après le dire de trois témoins présens et de quatorze témoins *de relatu*, ce mariage a effectivement eu lieu en présence d'un aumônier et de quatorze ou quinze témoins, et qu'il fut célébré *intrà privatos lares*, il est vrai, mais dans le lieu où était l'armée, et où il était permis à tous les compagnons d'armes de Henri Pastoris, de se rendre. — Tout vice de clandestinité, tout soupçon de mystère, toute inculpation aux mariés Pastoris d'avoir voulu se soustraire aux yeux de l'Eglise et du public, doit donc être éloignée de ce mariage. — Et si cette culpabilité ne peut pas être opposée à ses parens, comment est-ce qu'on voudra l'opposer à Henriette, qui, après la mort de son père, après les calamités de la guerre, après le laps de presque sept années, a surpassé l'attente publique, en fournissant des preuves aussi concluantes que le sont celles qu'elle a produites, sur un fait qui s'est passé loin de sa patrie, en présence de personnes à elle inconnues, difficiles, par leur état, à être rencontrées, et très-faciles, d'après les chances de leur vie, à oublier des événemens auxquels elles doivent prendre si peu d'intérêt?

» Considérant que, d'après ces circonstances, c'est en vain que les défendeurs voudraient attaquer ce mariage dans sa réalité et dans son existence, en soutenant que les témoins qui en déposent, sont peu dignes de foi, et qu'aucun aumônier n'a pu s'y trouver présent;

» Considérant, en ce qui concerne la présence de l'aumônier, que les défendeurs ne sont pas mieux fondés dans leur exception, puisqu'en admettant même qu'une partie des aumôniers qui étaient attachés aux anciens régimens piémontais, n'aient point suivi l'armée en Italie et en Ligurie; en admettant que leur totalité ait été consignée à Turin, d'après l'ordre du général en chef Suwarow, dans le mois de juillet 1799, ce qui cependant pourrait souffrir des difficultés, il ne s'ensuit point de là qu'aucun d'entre eux n'ait pu se trouver, le 8 septembre 1799, à la Pietra, territoire ligurien, et qu'il n'y ait pu assister au mariage. Ce fait, duquel tant de témoins déposent, qui fut connu de Joseph Degubernatis lui-même, qui a fait la base de l'opinion publique, par laquelle Henri Pastoris et la dame Bellone furent considérés comme vrais époux, ce fait, disons-nous, ne peut être révoqué en doute, et trouve son explication dans la confusion et le désordre qui régnaient alors en Piémont, dans les tristes effets d'une guerre d'opinions, et dans la circonstance qu'il s'agit de la possession d'état de Henriette, et non de l'intérêt des époux Pastoris. — Il suffit en effet à l'enfant, dont le parent qui pourrait rendre compte de ces détails, est décédé en la reconnaissant pour sa fille née d'un légitime mariage; il suffit, disons-nous, de prouver le fait de la présence d'un aumônier, comme Henriette l'a prouvé; sans qu'elle ait à répondre des événemens qui ont pu l'amener. — C'était aux défendeurs qui, en cette partie, *partibus actorum fungebantur*, à prouver qu'aucun des aumôniers consignés à Turin en juillet, ne s'était trouvé à la Pietra en septembre, puisqu'il se peut que même plusieurs d'entre eux y aient été amenés par un effet de leurs opinions, qu'il en ait été requis quelqu'un par Henri Pastoris lui-même, qu'enfin, le hasard l'y ait conduit. — Et qu'on ne dise point que le silence que la dame Ferrero et les témoins ont gardé sur le nom de cet aumônier, et sur le corps auquel il appartenait, l'improbabilité qu'il y en eût à la Pietra, après l'amalgame des troupes piémontaises avec les troupes françaises, et l'espèce de défaveur que leur ministère sacré souffrait alors à l'armée; qu'enfin, le défaut de registres que les aumôniers devaient tenir d'après les instructions publiées en 1793, soient autant d'argumens valables à exclure foncièrement le fait. — Ces circonstances sur lesquelles la cour s'est déjà expliquée dans son arrêt précédent, peuvent bien prouver que Henriette n'a pu donner, après un laps si long d'années, tous les renseignemens que son père seul, s'il eût été vivant, aurait fournis; mais elles ne sont pas valables à former la base d'une destitution d'état contre l'enfant lui-même. — Tel est le principe qui nous est dicté par les préjugés des tribunaux ecclésiastiques eux-mêmes, desquels il nous serait impossible de nous écarter. — *Ubi non agitur* (dit la rote de Rome, décis. 58, part. 7, n. 5) *de matrimonio dirimendo, sed incidenter ad effectum legitimationis prolis successionum filiorum, leviores sufficiunt probationes, præsumptæ videlicet, et conjecturales; et regulariter probatur per duos testes masculos vel fœminas qui præsentes fuerint matrimonio.* — Or, dans l'espèce, trois témoins présens déposent que le mariage fut célébré par l'un des aumôniers qui administraient les saints sacremens à l'armée; une quantité d'autres témoins en déposent par ouï dire; le public l'a confirmé par le fait, en reconnaissant les mariés Pastoris comme légitimes époux; Henri Pastoris et la dame Ferrero l'ont soutenu. Comment est-ce que Henriette, de l'intérêt de laquelle il s'agit, devra être chargée de preuves ultérieures et presque impossibles? . . . . . .

» Considérant, relativement au défaut de dénonciations, et en point de droit, que, si l'on envisage ce défaut comme isolé, il est constant (d'après les principes déjà reconnus par cette cour, dans son arrêt précédent, tirés du ch. 1, sess. 24 *de reform. matrim.*, du concile de Trente), que ce défaut, dont les défendeurs n'ont pas même donné de preuve, quoiqu'elle fût à leur charge, n'est point valable par lui-même à établir la nullité absolue du mariage; et moins encore à former la base de l'illégitimité de l'enfant qui lui doit le jour; — Que, si l'on envisage ce défaut comme une preuve de la mauvaise foi qui a présidé à un mariage putatif, reconnu nul par suite de la découverte d'un empêchement dirimant, il paraît alors, en thèse générale, et aux termes des principes consignés dans le ch. 3, §. 1 et 2, *de clandestinâ desponsatione*, que le mariage devrait être censé nul, et les enfans qui en sont le fruit, devraient être déclarés illégitimes, sans que l'erreur des parens puisse les favoriser : *Cùm illi taliter contrahendo non expertes scientiæ, vel saltem affectatores ignorantiæ videantur;*

» Considérant cependant que de l'analyse de cette loi, et de sa combinaison avec la réponse du pape Léon à Nicétas, que nous avons citée ci-dessus, ce n'est point sans fondement que l'on peut soutenir 1.° que le ch. 3, *de clandestinâ desponsatione*, n'est relatif qu'au cas où l'empêchement dirimant, par lequel ce mariage est annullé, soit produit par les liens de parenté entre les époux; 2.° que l'on ne peut point l'appliquer au cas particulier, dans lequel l'empêchement dirimant provient de l'existence d'un premier mari que l'on a cru mort. — En effet, le pape Innocent, au commencement dudit chapitre, réclame la stricte observance de la prohibition des mariages entre les parens aux degrés prohibés : *Cùm inhibitio copulæ conjugalis sit in ultimis tribus gradibus revocata, eam in aliis volumus strictè servari.* C'est là la base et le but de toute la loi et de toutes les dispositions qui la concernent, l'établissement des bans, la prohibition aux ministres du culte de permettre des mariages clandestins ou sans bans, le devoir à eux imposé de faire des recherches à un tel égard, tout est relatif à cet objet. Enfin, c'est expressément par rapport à ce même objet, que la sanction pénale est établie : *Si quis verò hujus modi clandestina vel interdicta conjugia inire præsumpserit, in gradu prohibito, etiam ignoranter, soboles de tali conjunctione suscepta prorsùs illegitima censeatur. Sanè si parochialis sacerdos tales conjunctiones prohibere contempserit, aut quilibet alius regularis qui eis præsumpserit interesse, per triennium ab officio suspendatur.* — Or, comment est-ce que l'on transportera du cas expressément contemplé, à un cas imprévu, une loi pénale qui doit être strictement interprétée, et qui apporte des conséquences aussi funestes aux enfans innocens du crime involontaire de leurs parens? — Cette loi qui n'a dû son origine qu'à la facilité avec laquelle l'on contractait alors, en fraude de la loi, des mariages entre conjoints, et à la nécessité dans laquelle l'Eglise s'est trouvée de mettre un frein à ce désordre, et de procurer, par des sanctions très-sévères, la découverte d'un empêchement inconnu dans le fait aux ministres du culte, que l'on ne pouvait point supposer que l'on avait soin de cacher, et dont l'ignorance n'était le plus souvent qu'affectée de la part des époux; cette loi, disons-nous, ne paraît point devoir s'appliquer au cas, bien différent et très-rare, de l'empêchement qui naît de l'existence en vie d'un premier époux que l'on a cru mort en temps de guerre. — Lorsqu'en effet, par suite d'une incursion hostile, la mort d'un militaire est proclamée dans une armée, lorsque l'état-major et les compagnons d'armes n'en doutent point, lorsque l'époux qui s'offre de remplacer la personne du mari qu'il croit mort; et que sa veuve putative, persuadée de ce fait, et entraînée par le malheur, se portent, de bonne foi, à contracter de nouveaux liens, il est évident qu'il ne s'agit plus alors de la découverte d'un empêchement caché par dol, par les contractans, ou inconnus aux ministres de l'Eglise. Sa préexistence est connue, mais l'erreur commune et fondée en a détruit entièrement la base; et il ne s'agit plus que de constater les fondemens de cette erreur. — Or, de quelle utilité serait-elle, dans les circonstances ci-dessus posées, la publication des bans dans les derniers domiciles des nouveaux époux? Comment encore aurait-on pu, dans l'espèce, faire publier des bans; ni acquérir des lumières sur la mort de Degubernatis à Turin et à Fossano, si ces pays occupés par l'armée austro-russe, n'offraient plus de communication directe avec l'armée française et les individus qui l'avaient suivie? — Le libre état des nouveaux époux ne pouvait être constaté qu'à l'armée même, où la mort de Degubernatis était réputée certaine; et ce libre état une fois constaté, comme nous le verrons ci-bas, les bans à Turin et à Fossano devenaient inutiles. — Ce n'est donc point ici le cas où les dispositions de la loi du pape Innocent, basée uniquement sur l'utilité des bans pour découvrir l'empêchement de parenté, dussent être observées comme de rigueur. Il s'agit, au contraire, d'un cas tout-à-fait particulier auquel le pape Léon a pourvu par une loi séparée et conforme aux circonstances particulières qui l'accompagnent. — Rien ne peut donc faire obstacle à ce qu'aux termes de cette loi particulière qui ne prescrit point les bans comme de rigueur, mais qui est basée entièrement sur la supposition de l'erreur fondée, et de la bonne foi des nouveaux époux, l'omission de ces bans ait pu être suppléée, en l'espèce, par les recherches faites à l'armée et sur les lieux qu'elle occupait, où la cessation de l'empêchement préexistant pouvait uniquement être constatée. — Tel est le motif par lequel la cour, dans son arrêt précédent, a posé pour base de l'admission des faits à ce relatifs, que les bans avaient pu être supplées, en l'espèce, par les diligences et les recherches articulées; et que ces diligences une fois prouvées, l'omission des bans rigoureusement voulus dans d'autres cas par l'Eglise, ne pouvait influer sur la légitimité d'Henriette. — La cour a aussi dû avoir présent que, dans le cas où les défendeurs n'eussent point constaté légalement l'omission de ces bans et de ces diligences, et que d'ailleurs, de la part de Henriette, ou eût établi, par une preuve convaincante, la vérité de la nouvelle de la mort de Joseph Degubernatis, la publication des bans ou la dispensation de l'observance de cette forme obtenue par Henri Pastoris, devait être supposée, plutôt que de faire retomber, dans le doute, sur Henriette les effets rigoureux d'une omission incertaine. — En effet, d'après les principes incontestables de la matière, quand il s'agit de faire perdre l'état à un enfant qui en a joui pendant la vie de son père, publiquement et paisiblement, comme en l'espèce, il vaut mieux supposer que les lois ont été observées dans la célébration du mariage, que de croire à ceux qui l'attaquent par intérêt avec des suppositions négatives.

» Considérant, en point de fait, et en ce qui concerne la conviction que les mariés Pastoris ont dû avoir de la mort de Joseph Degubernatis, et les diligences pratiquées pour s'en assurer, que, d'après les enquêtes, l'on ne peut contester les faits suivans, savoir : — 1.° Que Joseph Degubernatis a dû passer, pour se rendre de Gênes à l'intérieur de la France, dans des passages infestés par les Barbets; ce fait est constaté par la grande généralité des témoins enquêtés de la part de Henriette, et par une partie aussi de ceux présentés par les défendeurs; — 2.° Que ledit Degubernatis, par suite des soins qu'il a voulu prendre de sa femme, malade, n'a point accompagné le grand convoi des militaires destinés pour l'intérieur, mais il n'est parti que deux jours après, pour rejoindre ce convoi; — 3.° Que, quelques jours après le départ de Degubernatis, la nouvelle s'est répandue à Gênes, à l'état-major et à l'armée, qu'il avait été assassiné par les Barbets. Ce même bruit se répandit ensuite à Nice et à Fossano; — 4.° Que cette nouvelle ainsi répandue à l'armée et dans les lieux susdits, a eu un fondement suffisant pour établir la crédulité des mariés Pastoris et du public, puisque réellement Degubernatis a dû faire le mort pour échapper à la rage des Barbets; et il fut vu, en cet état, par des soldats, qui en portèrent la nouvelle; — 5.° Que Joseph Degubernatis, échappé audit péril, entra dans l'intérieur de la France, et n'est plus reparu ni en Piémont ni dans la Ligurie, jusqu'après la bataille de Marengo, événement heureux, qui rappela les Piémontais dispersés, dans le sein de leur patrie; — 6.° Que la dame Bellone, sa femme, a été, dès lors, considérée comme veuve à l'armée et à l'état-major, où la mort de Degubernatis n'a plus été douteuse; — 7.° Et enfin, qu'à l'occasion où le mariage des époux Pastoris a été célébré, l'aumônier qui y assista, prit lui-même au préalable des informations sur la vérité de cette nouvelle, s'en informa même de ceux qui assistèrent au mariage, et leur déclara à son tour qu'il s'en était assuré;

» Considérant que, si, d'après le résultat de preuves aussi concluantes, et qui toutes se réunissent pour établir, dans le mode voulu par cette cour, la bonne foi des époux Pastoris, au moment de leur mariage, l'on voulait exiger de la mineure Henriette, après la mort de son père, des renseignemens plus forts et plus convaincans de cette bonne foi, ce serait blesser directement les principes que nous avons établis ci-dessus, d'après lesquels, lorsqu'il s'agit de défendre une possession d'état, *leviores etiam probationes sufficiunt et regulariter probatur per duos testes*, ce serait supposer un crime, là où il n'en résulte aucunement; ce serait enfin forcer Henriette à perdre, sur de simples conjectures, un état que son père lui a assuré, et qu'elle a toujours conservé pendant qu'il fut vivant dans sa famille. — Et qu'on ne dise point que de l'analyse scrupuleuse des dépositions de plusieurs des témoins, il en résulte des contradictions, des invraisemblances et des soupçons de partialité. — Ces objections qui, au fond, doivent céder à la vérité du fait, pourraient être accueillies, s'il s'agissait de statuer sur la culpabilité des époux Pastoris; mais elles ne peuvent avoir d'effet au préjudice de Henriette, à laquelle on n'a pu donner la charge que d'une preuve équipollente de la bonne foi de ses parens, de la conduite desquels elle n'est point tenue de répondre rigoureusement. — C'est encore en vain que les défendeurs, qui auraient dû fournir eux-mêmes des preuves convaincantes et exclusives de cette bonne foi, voudraient faire retomber sur Henriette le défaut des diligences plus exactes et scrupuleuses que les mariés Pastoris auraient pu faire pour s'assurer de la mort de Degubernatis. — Il est plus régulier, en l'espèce, et plus conforme aux principes, de supposer que Henri Pastoris, d'accord avec l'aumônier et l'état-major, aient fait ces diligences, que d'en imputer le prétendu défaut à Henriette. — Cette présomption acquiert, dans le fait, une plus grande force, si l'on observe que le général d'Arnaud lui-même, auquel Pastoris était attaché, et son aide-de-camp Dutrai, n'ont point eu de difficulté, le premier, d'écrire à la dame Ferrero, qu'il avait entendu dire à tout l'état-major qu'elle était veuve, et qu'il l'avait constamment regardée comme l'épouse légitime de Henri Pastoris; et le second, d'assister au mariage dont il s'agit. — Cette présomption acquiert encore un plus haut degré de force, si l'on réfléchit que, pour supposer le défaut de ces plus amples recherches, de la part de l'aumônier qui assista au mariage, et qui, d'après les lois de l'Eglise, était particulièrement chargé de constater le libre état des époux qu'il devait unir, il faut nécessairement lui attribuer une culpabilité très-grave, qui, dans tous les cas, devrait être constatée, et qu'on ne peut point présumer: — Qu'en conséquence, soit qu'on ait égard aux preuves positives fournies par Henriette sur les faits par elle déduits, soit qu'on ait égard aux présomptions tirées de la nature de l'affaire, et de la faveur que les lois accordent à la possession d'état, la certitude de la nouvelle de la mort de Degubernatis, les recherches qui en ont constaté les fondemens, et conséquemment la bonne foi avec laquelle les mariés Pastoris ont contracté le mariage putatif dont il s'agit, ne peuvent être contestées;

» Considérant que la non-recevabilité des exceptions opposées, soit à la réalité, soit à la validité dudit mariage, duquel la légitimité de Henriette et la possession de son état dépend originairement, une fois établie, il reste encore à résoudre deux exceptions faites par les défendeurs, dont l'une tirée de ce que, dans tous les cas, la mauvaise foi de ses parens ayant présidé à sa conception, n'attaquerait pas moins la légitimité de Henriette dans sa source; et l'autre tirée de ce que sa mère, après même que l'existence en vie de son premier mari Degubernatis, parvint à sa connaissance, n'ait point cherché à se réunir à lui, en abandonnant Henri Pastoris, ne fournirait qu'un nouvel argument de la mauvaise foi précédente; — Considérant que c'est aux fins d'établir cette mauvaise foi, au moment de la conception de Henriette, que les efforts des défendeurs se sont dirigés. Ils ont voulu l'établir par des preuves par écrit, par des témoins et par des présomptions. — L'extrait des deux lettres prétendues écrites par la dame Bellone et par Henri Pastoris à Joseph Degubernatis, le 25 mai 1800, et ainsi quelque temps avant la conception présomptive de Henriette, née le 12 mai 1801, forme la première de ces preuves. — Les dépositions des témoins qui parlent de ces lettres, forment le second desdits moyens. — Les circonstances, que Degubernatis, après son entrée en France, a été en dépôt dans la Provence, s'est rendu à Turin après la bataille de Marengo, et fut vu par plusieurs témoins qui lui ont parlé, forment la base des présomptions.

» Considérant, en ce qui concerne les lettres, que, si leur original était présent aux juges, et que l'écriture et la date pussent en être vérifiées, elles formeraient certainement une preuve complète et suffisante de la connaissance que la dame Bellone et Henri Pastoris avaient de l'existence de Joseph Degubernatis, à une époque antérieure à la conception de Henriette. — Le défaut de l'original susdit, et, qui plus est, le défaut absolu de preuve de toutes les circonstances les plus essentielles, tracées dans ces lettres, et que les défendeurs auraient pu justifier, ôtent à la cour tout moyen d'étayer un jugement sur la preuve par écrit qui en résulterait....

» Considérant qu'en l'état de ce que dessus, la preuve testimoniale fournie par les défendeurs pour constater la vérité de ces lettres, se rend par elle-même de nul effet....;

» Considérant que c'est encore en vain que les défendeurs voudraient espérer d'obtenir, par des présomptions, la preuve qu'ils n'ont pu avoir par les écrits et par les témoins par eux présentés; — Car, en supposant même que le sieur Degubernatis se soit rendu à Turin, quelques jours après la bataille de Marengo, savoir, vers la fin de juin 1800; que le sieur Pastoris s'y soit également rendu quelque temps après; que plusieurs personnes aient parlé au premier; et que Pastoris ait pu le savoir; en supposant ces circonstances, il n'est pas moins vrai qu'elles ne pourraient nuire à la légitimité de Henriette, qui, d'après le temps présomptif fixé par la loi, était, à ladite époque, déjà conçue; conséquemment hors de l'atteinte de la mauvaise foi postérieure de ses parens. — D'ailleurs, ce que nous avons avancé relativement à la connaissance que Henri Pastoris a pu avoir, à Turin, de la vie de Degubernatis, n'excède point la ligne d'une conjecture; puisque les défendeurs n'ont donné aucune preuve positive de cette connaissance. — La dame Ferrero, au contraire, a formellement nié qu'elle ait eu connaissance, à une telle époque, de l'existence en vie de Degubernatis. Thomas Pastoris, qui a passé un temps considérable avec sa belle-sœur, a ignoré, jusqu'en l'an 1802, comme nous l'avons déjà observé, que Degubernatis fût en vie; et si nous examinons la conduite de Henri Pastoris, nous aurons des présomptions bien plus fortes, tirées de la nature et du cœur de l'homme, pour conclure que Henriette ne fut point conçue dans le crime; qu'elle est, au contraire, le fruit de la bonne foi et d'une union légitime....;

» Considérant enfin, en ce qui concerne la conduite de la dame Bellone après que le retour de son mari Degubernatis lui fut connu, que si, d'une part, il est difficile, dans le choc des différens systêmes et des preuves respectivement fournies, de fixer l'époque précise à laquelle le fait de l'existence de Degubernatis est parvenu à la connaissance de la dame Bellone, il est certain, d'autre part, que, si elle n'est point retournée avec lui, ce fait ne peut, ni être imputé à la même dame, comme une preuve de sa mauvaise foi précédente, ni être tourné contre la légitimité de Henriette. — Le pape Léon, dans le chapitre ci-dessus cité, condamne à des peines très-graves les femmes qui, ayant convolé par erreur à des mariages putatifs, refusent de rejoindre leurs premiers maris, lorsqu'elles en sont requises : *Sin autem aliquæ mulieres posteriorum virorum amore sunt captæ, ut malint his cohærere quàm in legitimum redire consortium, meritò sunt notandæ*.... Il est bien loin cependant de statuer que leur refus puisse nuire ni à la bonne foi du mari putatif, ni à la légitimité des enfans nés de leur mariage. — Mais, au surplus, dans l'espèce, d'où est-ce qu'il résulte que Joseph Degubernatis ait fait des instances à son épouse, pour qu'elle eût à le rejoindre? — Les défendeurs ont au contraire cherché d'établir que Degubernatis ne se souciait plus de sa femme, qu'il en parlait avec mépris, et qu'il ne voulait faire aucune démarche pour la rappeler auprès de lui. — Quelle que soit la vérité de ces faits que l'on voit combattus par les témoignages contraires des témoins de la demanderesse, il est du moins constant, dans le systême des défendeurs, que la dame Bellonne ne peut être censée coupable, si elle ne s'est point rendue près de Degubernatis. — D'ailleurs, comment est-ce que les défendeurs ont établi que, dès l'époque où l'existence de son premier mari a été connue de la dame Bellonne, celle-ci ait encore suivi Henri Pastoris?...

» Considérant qu'en l'état de ce que dessus, c'est en vain que les défendeurs voudraient se flatter d'avoir établi, dans les époux Pastoris, ou du moins dans la dame Bellonne, une mauvaise foi qui pût retomber sur Henriette. — Nantie des preuves qu'elle a fournies sur le mariage putatif de ses parens, sur la bonne foi qui a présidé à sa naissance, et sur la possession de son état pendant la vie de son père, Henriette est couverte de l'égide des lois protectrices de la légitimité et de l'innocence, d'après lesquelles, dans le cas même que des doutes fondés s'élèveraient sur la légitimité et sur l'état d'une personne, *secundùm legitimitatem est respondendum*, comme l'a dit le jurisconsulte, à l'égard de la liberté dans la loi 20, D. *de regulis juris* loi au surplus entièrement conforme à la morale publique, qui reçoit une atteinte plus grave par la supposition d'un crime non constaté, que par une interprétation favorable à la non culpabilité et à l'innocence. — C'est donc ici le cas de dire que, si Henri Pastoris, père de la demanderesse, n'a pu être jugé coupable, *et tanquam alieni juris pervasor, si personam ejus mariti qui jam non esse existimabatur assumpsit;* Henriette Pastoris, sa fille, ne peut même être censée comme usurpatrice des biens d'autrui, en demandant de faire partie d'une famille à laquelle elle appartient, en requérant, de son oncle Thomas Pastoris, le maintien de ces doubles rapports qui doivent la lui rendre chère, en exigeant enfin la libre possession de cette fortune que son père lui a laissée, comme un gage de son affection constante, et des liens légitimes qui l'unissaient si étroitement avec elle;

» La cour, sans s'arrêter ni au réquisitoire du ministère public, ni aux plus amples demandes de la demoiselle Henriette Pastoris, déclare résulter pleinement de la légitimité par la même Henriette Pastoris réclamée...... ».

Cet arrêt est signifié aux sieurs et demoiselles Pastoris, non en entier, mais par un simple extrait qui ne contient que les noms des parties, la mention du rapport, celle de l'audition du ministère public, et le prononcé des juges.

Sur ce seul extrait, les sieurs et demoiselles Pastoris en demandent la cassation, et ils concluent en même temps à celle de l'arrêt interlocutoire du 9 mai 1807.

« Dans cette affaire, qui présentait de si grands intérêts et des questions si importantes à la cour de Turin (ai-je dit à l'audience de la section civile, le 21 mai 1810), deux sortes de moyens sont employés contre les deux arrêts par lesquels cette cour en a préparé et consommé la décision: l'un de ces arrêts est attaqué dans sa forme, et tous deux le sont au fond.

» Dans la forme, disent les demandeurs, l'arrêt définitif du 11 juin 1808 est nul, 1.° en ce que, tel qu'il nous a été signifié, il ne consiste que dans quelques lignes où sont seulement rappelés les noms des parties, celui du rapporteur, celui du magistrat qui a porté la parole au nom du ministère public, et le dispositif par lequel Françoise-Elizabeth-Henriette Pastoris est déclarée légitime; 2.° en ce que, tel qu'il a été rédigé par les juges, il ne contient ni le fait ni les conclusions des parties; 3.° en ce qu'il a été rendu par la deuxième section de la cour de Turin, tandis que l'arrêt interlocutoire du 9 mai 1807, l'avait été par la première; 4.° en ce qu'il a eu pour rapporteur un autre magistrat que celui du 9 mai 1807, sans qu'il apparaisse d'aucune ordonnance de subrogation; 5.° en ce qu'il a été prononcé à un long intervalle du rapport, des plaidoiries et des conclusions du ministère public, sans qu'il apparaisse d'aucune remise.

» Reprenons successivement chacun de ces moyens.

» 1.° Si l'arrêt du 11 juin 1808 était réellement tel que les demandeurs nous le présentent dans l'extrait qui leur en a été signifié, et qu'ils ont joint à leur requête, le succès de leur requête ne serait pas douteux. Que serait-ce en effet qu'un arrêt qui ne contiendrait, ni le fait, ni les conclusions des parties, ni les motifs des juges, et dans lequel on ne trouverait qu'un dispositif inintelligible par soi? Bien évidemment il manquerait des élémens essentiellement constitutifs des jugemens, il n'aurait d'arrêt que le nom, et l'annullation en serait indispensable.

» Mais est-il bien vrai que l'arrêt du 11 juin 1808 ne consiste que dans le peu de lignes qu'en représentent les demandeurs? Pour nous en assurer, nous avons demandé à M. le procureur-général de la cour de Turin une expédition de cet arrêt; et ce magistrat nous a précisément envoyé celle qui venait d'être délivrée à l'avoué des demandeurs eux-mêmes. Or, qu'y avons-nous vu? Nous y avons vu (et M. le rapporteur, qui vous en a rendu compte, y a vu comme nous), qu'il s'en faut beaucoup que cet arrêt ait été rédigé avec l'étrange laconisme que les demandeurs lui reprochent par leur premier moyen.

» Maintenant alléguera-t-on ici la maxime que la copie signifiée tient lieu d'original à la partie qui l'a reçue; et, en concluera-t-on que l'arrêt du 11 juin 1808 doit être cassé, sur le fondement que, dans la copie qui en a été signifiée aux demandeurs, on ne trouve rien ou presque rien de ce qui constitue un jugement?

» Sans doute, s'il était question d'une saisie, d'une contrainte quelconque qui eût été exercée en vertu de la signification de l'extrait de l'arrêt dont il s'agit, le vice de cette saisie, de cette contrainte, ne pourrait pas être couvert par la régularité de l'original de l'arrêt; et il en serait de même de tout autre cas où la partie qui aurait fait une pareille signification, prétendrait s'en prévaloir contre la partie qui l'aurait reçue.

» Mais casser un arrêt à raison des vices de la copie qui en a été signifiée au demandeur en cassation, c'est ce qui répugne à la saine raison: la cassation n'a pas été instituée pour réprimer les écarts des officiers ministériels; elle ne l'a été que pour venger le législateur de la désobéissance dont les juges peuvent se rendre coupables envers lui. Ce n'est donc pas sur les vices qui peuvent se trouver dans la copie signifiée d'un arrêt, que l'on peut en prononcer la cassation ; on ne peut la prononcer que sur les vices qui se trouvent dans l'arrêt même ; et lorsqu'il est prouvé authentiquement que les vices de la copie signifiée n'existent pas dans l'arrêt même, l'arrêt même doit être maintenu. Tel est l'usage constant de la cour; et la section des requêtes en a encore donné une preuve éclatante, en rejetant le 24 juin 1807, au rapport de M. Henrion et sur nos conclusions, le recours en cassation des sieurs Lémarrois et Lagréca contre un arrêt de la cour d'appel de Caen qui, par la copie signifiée qu'on en représentait, paraissait n'avoir pas été rendu par tous les juges qui avaient dû y concourir, mais que nous prouvions d'office, par une pièce authentique, avoir été rendu par le nombre de juges déterminé par la loi.

» 2.° Les demandeurs exposent que du moins on ne trouve dans l'arrêt du 11 juin 1808, tel qu'il a été rédigé par la cour de Turin, ni le fait, ni les conclusions des parties; et que conséquemment cet arrêt est en contravention aux art. 141 et 470 du Code de procédure civile.

» Mais d'abord, il n'est pas vrai que les conclusions des parties ne se trouvent pas dans cet arrêt; elles y sont consignées en toutes lettres.

» Ensuite, il est fort indifférent que cet arrêt ne rappelle pas le fait; il ne le rappelle pas, mais il y supplée par la manière dont il débute : « Par arrêt de cette cour, du 9 mai 1807 (y » est-il dit), *dont le fait y précédé sera censé* » *faire partie du présent*, a été déclaré mal jugé » par le jugement rendu par le tribunal de » première instance de cette ville, etc. ».

» Et vainement prétend-on que la cour de Turin n'a pas pu remplir ainsi, par relation à son arrêt du 9 mai 1807, l'obligation que lui imposait la loi, d'insérer dans son arrêt du 11 juin 1808, un exposé sommaire du fait.

» La cour elle-même a jugé le contraire dans deux espèces.

» Le sieur Hache demandait la cassation d'un jugement du tribunal criminel du département de la Seine, qui, sans poser aucune question, sans donner aucun motif, l'avait débouté de son opposition à un précédent jugement par défaut; et il présentait ce jugement comme contraire à l'art. 15 du tit. 5 de la loi du 24 août 1790. Mais par arrêt du 6 fructidor an 8, au rapport de M. Target et sur nos conclusions, la cour, considérant que les questions posées, et les motifs énoncés dans le premier jugement, se reportaient, de plein droit, dans le deuxième, et que le deuxième était suffisamment régularisé par sa relation avec le premier, a rejeté le recours du sieur Hache.

» Le sieur Gossens attaquait deux arrêts de la cour de Bruxelles, des 4 messidor et 24 thermidor an 12; et il reprochait particulièrement au second, de n'avoir pas posé la question sur laquelle il avait statué, et de n'avoir pas motivé son dispositif. Mais nous avons observé que la question avait été posée dans le premier arrêt, et que le second arrêt, en se référant au premier, avait assez fait connaître les motifs qui l'avaient déterminé. En conséquence, par arrêt du 8 prairial an 13, au rapport de M. Chasle, la section des requêtes a rejeté le recours du sieur Gossens, « attendu que l'arrêt » dernier attaqué n'est que la suite et le complément du premier; et qu'on ne peut, sans se » faire illusion, méconnaître, ni la question qui » restait à juger d'après le premier, ni le motif » de la décision du dernier ». — Le deuxième moyen de cassation des demandeurs n'a donc pas l'ombre de fondement.

» 3.° Casserez-vous l'arrêt du 11 juin 1808 pour avoir été rendu par la deuxième section, tandis que celui du 9 mai 1807 l'avait été par la première?

» Non assurément. D'une part, aucune loi n'exige, à peine de nullité, que les arrêts définitifs soient rendus par les mêmes sections dont sont émanés les arrêts interlocutoires. Dès que les arrêts définitifs sont précédés d'une discussion suffisante pour retracer aux juges qui les rendent, tout ce qui a été dit devant les juges qui ont rendu les arrêts interlocutoires, la loi est satisfaite, le vœu de la justice est rempli. D'un autre côté, dans notre espèce, les sections de la cour de Turin avaient été renouvelées dans l'intervalle de l'un à l'autre arrêt. Il importait donc peu que l'affaire restât, pour le jugement définitif, dans la section qui avait rendu l'arrêt interlocutoire. Y fût-elle restée en effet, elle n'aurait pas pu avoir pour juges tous les magistrats qui avaient concouru à l'arrêt du 9 mai 1807. Enfin, nous sommes informés que le changement de section n'a eu lieu que par l'effet du passage du rapporteur de la première section à la seconde, et de l'usage constamment observé à la cour de Turin, de faire passer les affaires mises en rapport dans la section où va siéger le rapporteur à l'époque du renouvellement.

» 4.° Trouverez-vous mieux fondé le moyen tiré de ce que l'arrêt du 11 juin 1808 a été rendu au rapport d'un autre magistrat que celui du 9 mai 1807, sans qu'il apparaisse d'aucune ordonnance de subrogation?

» Sans doute, Messieurs, vous rejeterez encore ce moyen. Et, en effet, il n'est écrit nulle part que l'ordonnance par laquelle un rapporteur est subrogé à un autre, doive, à peine de nullité, être rappelée dans le jugement qui intervient ensuite sur le rapport du nouveau magistrat; et l'on conçoit assez qu'un magistrat ne se subroge pas lui-même à celui de ses collègues qui avait été précédemment chargé d'un rapport. Quelle raison y aurait-il d'ailleurs d'être plus exigeant pour la mention des ordonnances de subrogation, qu'on ne l'est pour celle des ordonnances de *committitur?* Et si, comme on n'oserait le nier, un arrêt rendu sur rapport, ne pourrait pas être cassé, faute de mention de l'ordonnance qui a commis le rapporteur, sur quel prétexte pourrait-on le casser, faute de mention de l'ordonnance qui a subrogé un rapporteur à un autre?

» 5.° Il est vrai qu'il y a eu un intervalle de près de trois mois entre le rapport et la prononciation de l'arrêt du 11 juin 1808, et que près d'un mois s'est écoulé entre cette même prononciation et les conclusions du ministère public. Il est vrai encore qu'on ne trouve, dans l'arrêt, aucune mention des remises qui ont dû être prononcées de l'audience à laquelle les plaidoiries ont été terminées à celle où le ministère public a donné ses conclusions, et de l'audience où le ministère public a donné ses conclusions à celle où l'arrêt a été proclamé.

» Mais vouloir inférer de tout cela que l'arrêt du 11 juin 1808 doit être cassé, c'est une entreprise sur le succès de laquelle il est impossible que l'on compte sérieusement.

» L'art. 116 du Code de procédure civile dit bien que *les jugemens seront rendus* immédiatement après que les parties auront été entendues, *et prononcés sur le champ*; mais il ajoute aussitôt : *néanmoins les juges pourront se retirer dans la chambre du conseil pour y recueillir les avis; ils pourront aussi continuer la cause à une des prochaines audiences pour prononcer le jugement.*

» La cour de Turin a donc pu ne prononcer son arrêt qu'à l'une des audiences qui ont suivi celle où le ministère public avait donné ses conclusions; et il importe peu qu'à cet égard, elle se soit plus ou moins pressée : la loi ne lui imposait pas, à peine de nullité, l'obligation de prononcer son arrêt dans les vingt-quatre heures, dans les huit jours, dans la quinzaine, dans le mois; et vous savez, Messieurs, qu'en tout ce qui ne tient pas essentiellement à la forme substantielle des jugemens, le Code de procédure civile ne permet pas de suppléer la peine de nullité.

» Il n'importe pas davantage que l'arrêt du 11 juin 1808 ne rappelle pas expressément les remises qui ont eu lieu d'une audience à l'autre. Aucune loi ne prescrit la mention expresse de ces remises; et cette mention fût-elle prescrite, il suffirait qu'elle ne le fût pas à peine de nullité, pour que l'on ne pût pas en tirer un moyen de cassation.

» C'est donc bien vainement que les demandeurs critiquent, dans sa forme, l'arrêt du 11 juin 1808; si donc cet arrêt et celui du 9 mai 1807 ont respecté, au fond, les lois qui devaient leur servir de base, nul doute que le recours des demandeurs ne doive être rejeté.

» Nous disons, *et celui du 9 mai 1807* : car les demandeurs attaquent cet arrêt en même temps que celui du 11 juin 1808; et quoiqu'il leur ait été signifié à domicile plus de vingt-un mois avant le dépôt de leur *Mémoire ampliatif*, par lequel seulement ils en ont demandé la cassation, on ne peut cependant pas déclarer leur recours non-recevable à cet égard. La raison en est que la signification qui leur a été faite à domicile de cet arrêt, est nulle; et pourquoi est-elle nulle? parce qu'elle ne contient qu'une copie, même très incomplette, du dispositif de cet arrêt; parce qu'elle ne contient ni la copie de la partie de cet arrêt qui retrace le fait et les conclusions des parties, ni la copie de la partie de cet arrêt qui en exprime les motifs, ni la copie entière de son dispositif; en un mot, parce qu'on ne peut pas dire que cet arrêt ait été vraiment signifié aux demandeurs.

» On ne serait pas mieux fondé à opposer aux demandeurs, qu'ils n'ont pas consigné d'amende particulière pour leur recours en cassation contre cet arrêt. Sans doute, une consignation particulière d'amende eût été nécessaire de leur part, s'ils s'étaient pourvus en cassation contre cet arrêt, avant que le fond fût jugé, avant l'arrêt définitif du 11 juin 1808.

» Mais pour se pourvoir simultanément contre l'arrêt interlocutoire, quoique passible par soi d'un recours séparé (1), et contre l'arrêt définitif, une seule amende a dû suffire; et telle est la jurisprudence constante de la cour.

» Enfin, point de fin de non-recevoir à tirer, contre les demandeurs, de l'exécution qu'ils ont donnée, en ce qui les concernait, à l'arrêt interlocutoire du 9 mai 1807. L'exécution d'un arrêt, et surtout d'un arrêt interlocutoire, ne peut être considérée comme un acquiescement, que lorsqu'elle est absolument volontaire; et assurément ce n'est point de leur plein gré que les demandeurs ont exécuté l'arrêt dont il s'agit; ils ne l'ont exécuté que parce qu'ils n'avaient aucun moyen de s'en dispenser; ils ne l'ont exécuté, que parce qu'il était exécu-

(1) V. l'article *Préparatoire (jugement)*.

toire, même nonobstant le recours en cassation.

» Examinons donc les moyens que les demandeurs emploient au fond, et contre l'arrêt interlocutoire du 9 mai 1807, et contre l'arrêt définitif du 11 juin 1808.

» Ils se réduisent à quatre propositions : 1.° Le prétendu mariage de Henri Pastoris avec Thérèse Bellone, n'est constaté par aucun acte public; et les lois romaines, l'ordonnance de 1667 même en prohibaient la preuve testimoniale. 2.° Ce prétendu mariage, s'il avait été réellement célébré, ne l'aurait pas été devant l'officier public que la loi désignait. 3.° Ce prétendu mariage, dans la même hypothèse, serait nul à raison du mariage qui avait été précédemment contracté entre Thérèse Bellone et Joseph Degubernatis. 4.° Ce prétendu mariage, toujours dans la même hypothèse, ne pourrait pas valoir comme mariage putatif, parce qu'il aurait été contracté avant qu'une année se fût écoulée depuis que s'était répandue la nouvelle de la mort du mari de Thérèse Bellone; parce qu'il l'aurait été sans que cette nouvelle eût acquis un caractère de certitude capable de garantir la bonne foi des parties contractantes; parce qu'il l'aurait été clandestinement; parce qu'il l'aurait été sans publication préalable des bans prescrits par les lois de l'Eglise.

» La première de ces propositions est incontestable, quant au point de fait. Il n'existe, ni registres publics, ni acte quelconque, qui constatent le mariage de Henri Pastoris avec Thérèse Bellone. — Mais de là s'ensuit-il que la cour de Turin n'a pas pu en admettre la preuve par témoins? De là s'ensuit-il que la cour de Turin n'a pas pu, sur la foi des témoins qui en ont attesté la célébration, en regarder la célébration comme constante?

» Sur cette question, nous devons mettre de côté, non-seulement le Code civil, mais encore l'ordonnance de 1667 : car ni l'un ni l'autre n'étaient publiés, soit dans la Ligurie, soit dans le Piémont, à l'époque à laquelle se réfère la célébration de ce mariage. Le Code civil n'existait même pas encore à cette époque.

» Et inutilement se prévaut-on de ce qu'à l'époque où a commencé le procès, l'ordonnance de 1667 avait été publiée dans tout le ressort de la cour de Turin. Elle y était publiée sans doute; mais elle n'y pouvait faire loi que relativement à la preuve des mariages célébrés, soit dans ce même ressort, soit dans l'ancien territoire français : elle n'y pouvait pas faire loi relativement à la preuve des mariages célébrés dans la Ligurie, qui alors n'était pas encore réunie à la France. — Il y a plus : elle ne pouvait même pas faire loi relativement à la preuve des mariages célébrés dans le ressort de la cour de Turin, à une époque antérieure à sa publication; car le mode de preuve d'un fait ne tient pas précisément à la forme de procéder, il n'est pas compris dans ce que les jurisconsultes appellent *ordinatoria litis* : il tient au fond des affaires, il est au rang de ce que les jurisconsultes appellent *decisoria litis*; et conséquemment il ne peut être réglé que par la loi du lieu, comme par la loi du temps où le fait s'est passé. C'est ce que la section des requêtes a jugé le 18 novembre 1806, en maintenant un arrêt de la cour de Turin, par lequel la preuve par témoins avait été admise, nonobstant la prohibition écrite dans le Code civil, dans une contestation élevée sur un contrat fait en Piémont, avant la publication de ce Code.

» Ce n'est donc que dans les lois romaines que les demandeurs peuvent chercher la contravention qu'ils reprochent ici à la cour de Turin.

» Aussi vous citent-ils le ch. 4 de la novelle 74 de Justinien, comme établissant en principe général, que le mariage ne peut être prouvé que par l'acte qui en a été dressé au moment même où les parties l'ont contracté; et que toute preuve par témoins est, à cet égard, inadmissible.

» Mais il s'en faut beaucoup que cette loi dise tout ce que les demandeurs lui font dire; il s'en faut beaucoup qu'elle justifie le moyen de cassation que les demandeurs prétendent en tirer.

» Justinien commence, dans cette loi, par rappeler le principe consacré par les lois anciennes, et auxquelles il a lui-même donné sa sanction, que le mariage peut être contracté sans acte, et que c'est par la manière dont se traitent mutuellement l'homme et la femme qui vivent ensemble, que l'on doit juger s'ils sont mariés ou non : *antiquis promulgatum est legibus, et à nobis ipsis sunt hæc eadem constituta, ut etiam nuptiæ extrà dotalia instrumenta ex solo affectu valeant et ratæ sint.*

» Il expose ensuite que cette règle a donné lieu à des suppositions de mariage; que l'on a vu des témoins mentir à leur conscience, en attestant que tel homme avait qualifié la femme avec laquelle il vivait, de *domina*, terme qui, dans le bas-empire romain, répondait à l'expression actuelle de *madame*; que telle femme avait qualifié l'homme avec qui elle vivait, de *dominus*; que, sur ces seules attestations, des mariages qui n'avaient jamais existé, avaient été jugés constans : *et sic eis finguntur matrimonia non pro veritate confecta.*

» Pour faire cesser ces abus, la novelle 74 fait une distinction entre les mariages des grands dignitaires, les mariages de ceux qui tiennent, soit dans l'armée, soit dans la société, un rang considérable, et les mariages des soldats, des laboureurs et des gens de basse profession.

» Pour les premiers, elle veut qu'ils soient précédés d'un contrat par lequel la femme apporte une dot au mari, et le mari fasse à la femme une donation anténuptiale; *in majoribus itaque dignitatibus, et quæcumque usque ad nos et senatores, et magnificentissimos illustres, neque fieri hoc omninò patimur, sed sit omninò dos et antenuptialis donatio, et ad omnia quæ honestiora decet nomina.*

» Pour les seconds, elle laisse choix aux parties, ou de se marier à l'église, devant un prêtre qui doit en dresser un acte signé d'elles, de lui et de trois témoins, ou si elles préfèrent ne donner aucune solennité à leur mariage, de le faire précéder d'un contrat qui règle leurs conventions matrimoniales; mais elle déclare que, dans l'un et l'autre cas, la preuve par témoins ne suffira pas pour constater le mariage de personnes de cette classe: *quantum verò in militiis honestioribus et negotiis, et omninò professionibus dignioribus est, si valuerit legitimi uxori copulari, et non facere nuptialia documenta, non sic quomodocumque et sine castulâ effusè et sine probatione hoc agat, sed veniat ad quamdam orationis domum, et fateatur sanctissimæ illius ecclesiæ defensori: ille autem adhibens tres aut quatuor exindè reverendissimorum clericorum, attestationem conficiat declarantem quia sub illâ indictione, illo mense, illâ die mensis...., venerunt apud eum in illam orationis domum ille et illa, et conjuncti sunt alterutri; et hujusmodi protestationem... subscribant et sanctissimæ ecclesiæ defensor, et reliqui tres aut quantoscumque voluerint, non tamen minùs trium litteris hoc significantibus..., ut reconditum sit omnibus ex hoc munimen, et non aliter videatur nuptiali affectu eos convenisse, nisi tale aliquid agatur, et omninò ex litteris causa testimonium habeat; his ità gestis, et nuptias, et ex eis sobolem esse legitimam. Hæc autem dicimus, ubi non dotis aut antenuptialis donationis fit documentum: fidem enim in solis testibus suspectam habentes, ad præsentem venimus dispositionem.*

» Enfin, quant au mariage des soldats, des laboureurs et des personnes de basse profession, *milites armati, agricolæ et viliores et obscuriores*, la novelle en autorise la célébration dans la forme qu'elle vient de tracer pour ceux des personnes d'un état relevé; mais elle permet aussi qu'ils soient contractés sans aucun acte, *sine scripto;* et elle déclare légitimes, dans un cas comme dans l'autre, les enfans qui en proviendront.

» Sans doute, c'est dans la deuxième de ces trois classes, que doit être rangé le mariage que la cour de Turin a jugé avoir été contracté par Henri Pastoris, capitaine au régiment de Lombardie, avec Thérèse Bellone. Mais de là s'ensuit-il que les arrêts de la cour de Turin, des 9 mai 1807 et 11 juin 1808, doivent être cassés comme contraires aux dispositions de la novelle 74 qui se rapportent aux mariages de cette deuxième classe? Non, et il y en a trois raisons également décisives.

» 1.° Lorsqu'a paru le Code civil, il y avait long-temps que l'Italie n'était plus gouvernée, en fait de mariage, par les dispositions du droit romain: il y avait long-temps qu'elle ne reconnaissait plus, en cette matière, d'autre loi que le droit canonique; et tout le monde sait que le droit canonique, tout en imposant aux ministres du culte l'obligation de tenir registre des mariages qu'ils célébraient et avaient seuls qualité pour célébrer, ne laissait pas de réputer valables les mariages dont il n'avait pas été tenu registre, et qu'il en admettait la preuve par toute autre espèce de voie. C'est ce que juge, de la manière la plus positive, un arrêt du sénat de Turin, rendu en forme de *décision*, le 13 septembre 1764, entre les sieurs de Thésor, au rapport de M. Bruni de Cussanio: *quamvis autem*, y est-il dit, *præfatum conjugium in libro parochiali descriptum non inveniatur; neque præcessissent denunciationes, non ideò tamen de eo licet dubitare, cùm referri quidem debeant à parocho in codicem suum accuratè contrahentium nomina ad majorem et faciliorem rei gestæ probationem, conjugium tamen vacillare æquum non sit, si fortè parochus, aliis probationibus non deficientibus, illud omiserit, et explorati juris sit denunciationes ad conjugii substantiam non pertinere.* — Et il est à remarquer que cette *décision* formait, dans notre espèce, pour les magistrats de la cour de Turin, une loi dont il ne leur était pas permis de s'écarter, même dans le cas où elle se fût trouvée en opposition, non-seulement avec le droit romain, mais encore avec le droit canonique: *Voulons* (portait l'art. 15 du tit. 22 du liv. 3 des constitutions piémontaises, du 7 avril 1770), *que, dans la décision des procès, l'on observe uniquement en premier lieu nos constitutions; secondement les statuts des lieux, pourvu qu'ils soient par nous approuvés, ou par nos royaux prédécesseurs, et qu'ils soient en observance; troisièmement les* DÉCISIONS DE NOS MAGISTRATS, *et finalement le texte du droit commun.*

» 2.° Quand même le droit romain aurait dû seul, dans notre espèce, servir de boussole à la cour de Turin, la prétention des demandeurs n'en serait pas mieux fondée; car, dans le dernier état du droit romain, le ch. 4 de la novelle 74 ne faisait plus loi, ni pour les mariages des militaires élevés en grade, ni pour ceux des personnes d'un état également honorable, mais inférieur aux premières dignités de l'empire. Il avait été, à cet égard, abrogé par le ch. 4 de la novelle 117. — Justinien, dans ce texte, rappelle les dispositions de la 74ᵉ novelle, et annonce qu'il croit devoir les réformer : *in præsenti perspeximus meliùs disponere ea quæ de his jampridem sancita sunt.* Il ajoute que les grands dignitaires continueront d'être assujettis à l'obligation de faire précéder leurs mariages d'un contrat renfermant leurs stipulations matrimoniales : *et proptereà jubemus eos qui maximis dignitatibus decorati sunt, usque ad illustres, non aliter nuptias celebrari nisi dotalia scribantur instrumenta.* Et il finit par ordonner qu'à l'égard des autres mariages, on pourra, conformément à la règle qui était en vigueur avant la novelle 74, les célébrer avec ou sans écrit : *Reliquos autem omnes præter eos qui maximis, sicut dictum est, dignitatibus decorati sunt, cujuslibet sint dignatis, aut militiæ, aut studii, siquidem voluerint aut potuerint, non prohibemus eos cum dotalibus instrumentis ducere uxores. Si autem etiam hoc non custodierint, et ex solo affectu celebratas nuptias firmas esse sancimus, et ex eis natos legitimos esse filios jubemus.*

» 3.° Enfin, quel était l'objet de Justinien dans le ch. 4 de sa novelle 74, lorsqu'il obligeait et les grands dignitaires de régler par écrit leurs intérêts nuptiaux, et les personnes d'un état moins relevé et cependant honorable, de ne se marier que, soit à la suite d'un contrat dotal, soit à l'église et devant un prêtre qui en dressait un acte solennel ? C'était uniquement d'empêcher que l'on ne fît dépendre la preuve des mariages de la seule foi des témoins ; c'était uniquement de prévenir les inconvéniens qu'il y aurait eu à n'admettre, pour cette preuve, qu'une enquête purement testimoniale ; c'était en un mot de rappeler ce grand principe écrit dans la loi 2, C. *de testibus*, que, dans les questions d'état, la preuve par témoins est insuffisante par elle-même, et qu'elle doit être aidée, ou d'un commencement de preuve par écrit, ou de puissans adminicules résultans des circonstances : *defende causam tuam instrumentis et argumentis quibus potes ; soli enim testes ad ingenuitatis probationem non sufficiunt.* Et ce qui le démontre jusqu'à l'évidence, c'est que le mariage même des grands dignitaires qui n'avait pas été précédé d'un contrat dotal, pouvait être prouvé, après sa célébration, par un acte contenant la reconnaissance des enfans qui en étaient nés. Ecoutons Justinien dans le chap. 2 de la novelle 117 : « Nous avons jugé à propos de statuer que, » si quelqu'un ayant un fils ou une fille d'une » femme libre, avec laquelle il peut exister un » mariage légitime, déclare, ou dans un acte » écrit, soit de la main d'un officier public, soit » de la sienne, et muni de la souscription de » trois témoins dignes de foi, ou dans son testament, ou dans les actes publics, qu'un tel » ou une telle est son fils ou sa fille, et n'ajoute » pas le mot *naturel*, de tels enfans sont légitimes ; qu'on ne peut leur demander aucune » autre preuve, et qu'ils doivent jouir de tous » les droits que nos lois confèrent aux enfans » légitimes. *Ad hoc autem et illud sancire perspeximus, ut si quis filium aut filiam habens » de liberâ muliere cum quâ nuptiæ consistere » possunt, dicat instrumento, sive publicè, sive » propriâ manu conscripto et habente subscriptionem trium testium fide dignorum, sive in » testamento, sive in gestis monumentorum, hunc » aut hanc filium suum esse aut filiam,* ET NON » ADJECERIT NATURALEM, *hujusmodi filios » esse legitimos,* ET NULLAM ALIAM PROBATIONEM AB IIS QUÆRI ; *sed omni frui eos » jure quod legitimis filiis nostræ conferunt leges.* » Car (ajoute Justinien), du seul fait que leur » père les a appelés ses enfans, il résulte une » preuve suffisante, qu'un mariage légitime a » existé entre lui et leur mère ; et cette preuve » dispense même celle-ci de toute autre pour » établir qu'elle a été réellement mariée : *utpote » ipso patre, sicut dictum est, filios proprios » eos vocante, ex hoc enim et cum eorum matre » monstratur legitimum habuisse matrimonium ; » ut neque ab eâ pro nuptiarum fide alia probatio requiratur* ».

» La cour de Turin aurait donc pu, d'après cette novelle, regarder le mariage de Henri Pastoris avec Thérèse Bellone, comme suffisamment prouvé, par cela seul que Henri Pastoris avait consigné, le 15 septembre 1801, sur les registres de l'état civil existans dans la chancellerie du consulat de France à Gênes, un acte par lequel il avait déclaré que, le 12 mai précédent, il lui était *né de Thérèse Bellone, son* ÉPOUSE, *un enfant femelle à laquelle il* donnait *les prénoms de Françoise-Elisabeth-Henriette.* — Et à combien plus forte raison, en ne considérant cette déclaration que comme un commencement de preuve par écrit de la célébration du mariage, en la joignant à des lettres, à une procuration, à un testament, par lesquels Henri Pastoris avait également reconnu Thérèse Bellone, pour son épouse, et Françoise-Elisabeth-Henriette, pour sa fille légitime, la cour de Turin a-t-elle pu en inférer qu'il y avait lieu de permettre la preuve testimoniale du fait de la célébration même ! A combien plus forte raison a-t-elle pu regarder les dépositions des témoins entendus en conséquence de cette permission, comme dignes de toute la confiance de la justice !

» Mais, disent les demandeurs, et c'est leur seconde proposition, si le mariage dont il s'agit, a été réellement célébré, du moins il ne l'a pas été devant l'officier public que la loi désignait ; il ne l'a pas été devant les curés des deux parties, ni même devant celui de l'une ou de l'autre ; il ne l'a été que devant un aumônier de l'armée piémontaise, dont Thérèse Bellone ne peut pas même indiquer le nom ; devant un aumônier que rien ne justifie avoir été attaché au régiment dans lequel servait Henri Pastoris; devant un aumônier qui avait été dépouillé de sa qualité, par l'incorporation des régimens piémontais dans l'armée française; devant un aumônier qui, même sous le gouvernement sarde, n'aurait pu marier les militaires qu'en présence de l'ennemi, position dans laquelle ne se trouvait pas Henri Pastoris, au moment où a été célébré son prétendu mariage.

» Voilà beaucoup d'assertions, mais qu'y a-t-il de vrai dans chacune?

» 1.° Quelque général, quelque absolu, que fût le décret du concile de Trente, qui annullait tout mariage contracté hors la présence du propre curé des parties, il était néanmoins très-constant, dans l'ancienne jurisprudence piémontaise, que pendant la guerre, les aumôniers de l'armée pouvaient marier les personnes qui en faisaient partie.

» C'est ce qu'a jugé nettement l'arrêt en forme de *décision*, du sénat de Turin, du 13 septembre 1764, que nous avons déjà cité.

» Dans l'espèce sur laquelle il a été rendu, le comte Jean-François de Thésor, officier piémontais au service de France, dans la légion italienne de Lamassé, avait épousé, le 29 mars 1692, une fille de la classe du peuple, nommée Brigitte Potit, domiciliée à Dixmude en Flandre. Le mariage avait été célébré à Dixmude même, pendant qu'un corps de la légion de Lamassé y était en garnison, en présence du franciscain d'Haumacelle, qui, dans le certificat qu'il en avait dressé sur une feuille volante non signée des parties, mais de deux témoins seulement, avait pris la qualité d'aumônier de cette légion. Deux ans après, le comte de Thésor avait abandonné Brigitte Potit, était rentré en Piémont, y avait épousé une autre femme, et était mort laissant un testament par lequel il avait reconnu son mariage avec Brigitte Potit, et les enfans qu'il avait eus d'elle. Alors s'était élevée la question de savoir si ces enfans étaient légitimes. Cette question dépendait de deux points: le fait de la célébration du mariage était-il constant? Ce fait supposé constant, le mariage était-il valable?

» Sur le premier point, on argumentait contre les enfans de Brigitte Potit, du silence des registres de l'église paroissiale de Dixmude, et de l'absence des signatures des parties prétendues contractantes dans le certificat du franciscain d'Haumacelle. Et déjà nous avons vu que le sénat de Piémont avait proscrit ce moyen.

» Sur le second point, on prétendait que le franciscain d'Haumacelle n'était pas aumônier de la légion de Lamassé; et que, l'eût-il été, il aurait été sans caractère pour impartir la bénédiction nuptiale au comte de Thésor et à Brigitte Potit. A cet égard, l'arrêt du 13 septembre 1764 décide que *de fratris prædicti auctoritate ambigendum non est*: d'abord, parce qu'en fait, sa qualité d'aumônier est suffisamment établie; ensuite, parce qu'en droit, dès qu'il était aumônier des troupes piémontaises au service de France, il avait eu qualité pour marier les militaires employés dans ces troupes: *ideòque eâ polluisse auctoritate, quâ militum conjugiis assistere valeret*: ce qu'il justifie, 1.° par la doctrine de deux célèbres jurisconsultes flamands, Zypæus, titre de *sponsalibus et matrimonio*, consultation 14, et Van-Espen, professeur de droit à Louvain, *Jus ecclesiasticum universum*, part. 2, tit. 12, ch. 5, *de sponsalibus et matrimonio*, n. 16; 2.° par une décision de la rote de Rome (*Recent.* part. 14, décis. 433, n. 11). En conséquence, l'arrêt du 13 septembre 1764 juge que le mariage est à la fois constant et valable; et que les enfans qui en sont issus, ont droit à tous les avantages de la legitimité.

» Nous savons bien que, dans les troupes françaises, il était défendu aux aumôniers, par une ordonnance de Louis XIV, du 15 décembre 1681, *de célébrer aucun mariage entre les cavaliers et soldats, et des filles ou femmes domiciliées dans les villes ou places où ils seraient en garnison ou ès-environs, pour quelque cause ou occasion que ce pût être.*

» Mais sans examiner, ni si cette ordonnance qui ne parlait que *des cavaliers et des soldats*, était également applicable aux officiers, ni si elle pouvait être étendue au cas où, comme dans notre espèce, un régiment était, non en *garnison* dans une *ville* ou *place*, mais cantonné momentanément dans un *village*, et surtout dans un *village situé en pays étranger*, après la déroute de l'armée dont il faisait partie. — Nous dirons que la jurisprudence piémontaise n'admettait, sur l'habilité des aumôniers à célébrer, en temps de guerre, les mariages des militaires en activité de service, qu'une seule exception; que cette exception avait pour objet le cas où la femme se trouvait, au moment de la célébration de son mariage avec un militaire, dans le lieu de son domicile réel; que ce point de jurisprudence est constaté par l'arrêt de la cour de Turin, du 9 mai 1807; et que ce même arrêt déclare, en fait, l'exception dont il s'agit, étrangère à notre espèce, parce que *la dame Bellone ne se trouvait dans la région dite* la Pietra, *qu'accidentellement et par suite de dispositions militaires qui pouvaient changer à chaque instant.*

» 2.° Les demandeurs font valoir avec beaucoup d'emphase l'impossibilité à laquelle Thérèse Bellone a été réduite, devant la cour de

Turin, de décliner le nom de l'aumônier qui avait célébré son mariage. — Mais un seul mot répond à tout ce qu'ils vous disent à cet égard : c'est que les demandeurs n'ont jamais attaqué et n'attaquent pas encore l'arrêt de la cour de Turin, du 6 juillet 1807, qui les a déclarés non-recevables dans les conclusions qu'ils avaient prises, après l'arrêt interlocutoire du 9 mai de la même année, à ce que Thérèse Bellone fût tenue de *déclarer* et *justifier* le nom de l'aumônier devant lequel son mariage, avec Henri Pastoris, avait été célébré. — Par là, en effet, il est décidé bien nettement que Thérèse Bellone n'a pas eu besoin, pour faire juger son mariage constant et valable, de *déclarer* et *justifier* le nom de l'aumônier en présence de qui elle soutenait l'avoir contracté.

» 3.° Ce n'est pas avec plus de raison que les demandeurs cherchent à se prévaloir du défaut de preuve que cet aumônier fût attaché au régiment dans lequel servait Henri Pastoris.

» D'une part, l'arrêt en forme de *décision*, du 13 septembre 1764, auquel la cour de Turin était, d'après les constitutions du 7 avril 1770, rigoureusement tenue de se conformer, met en principe qu'en droit, on ne peut pas regarder les fonctions des aumôniers comme essentiellement restreintes aux membres des corps des troupes près desquels ils sont placés, parce que le plus ou le moins d'étendue de leur juridiction dépend, à cet égard, de l'usage et de la teneur des pouvoirs attribués au vicaire-général de l'armée dont ils ne sont, dans chaque localité, que les suppléans : *Facultatem verò legionum eleemosynariis concessam ad tempus illud quo in castris degunt milites, vel ad eos duntaxat* PROPRIÆ LEGIONIS *coarctandam esse jure non regeritur, cùm id ab observantiâ vel à tenore facultatem vicario exercitûs concessarum pendeat.*

» D'un autre côté, le même arrêt décide encore que, du moment que l'un des aumôniers d'une armée a célébré un mariage, on doit croire, jusqu'à la preuve du contraire, qu'il a eu qualité pour le célébrer : *eâ polluisse auctoritate quâ militum conjugiis assistere valeret,* parce qu'il n'est pas permis de présumer qu'un prêtre, un confesseur, se soit arrogé, dans une matière de cette importance, une autorité qu'il n'avait pas, et que par là, il ait commis publiquement, sans cause déterminante, un délit auquel le concile de Trente inflige des peines aussi sévères, et dont la preuve se serait, pour ainsi dire, faite d'elle-même : *nec planè immeritò, quæ enim causa sacerdotem prædictum et confessarium movit ut eam sibi facultatem falsò vindicaret, in re adeò magni momenti? Delinquendi profectò causa nulla apparet, crimen publicè gestum probatione vix indigebat in ejus delicti reum.... à concilio Tridentino animadvertebatur : in hocce porrò rerum statu, fratrem D'haumacelle legitimâ auctoritate instructum credendum esse nemo est qui non intelligat.*

» La cour de Turin a donc pu, parlons plus juste, elle a donc *dû* juger pareillement (car, encore une fois, les constitutions de 1770 lui en imposaient le devoir), que l'aumônier devant lequel avaient été mariés Henri Pastoris et Thérèse Bellone, devait être présumé avoir eu tous les pouvoirs nécessaires pour célébrer leur mariage; et que c'était aux demandeurs qui soutenaient le contraire, à justifier leur assertion.

» 4.° Les demandeurs sont-ils mieux fondés à dire que les aumôniers des troupes piémontaises n'avaient plus de fonctions à remplir auprès de ces troupes, à l'époque du mariage de Henri Pastoris avec Thérèse Bellone, parce qu'alors ces troupes étaient incorporées dans l'armée française?

» Vous sentez, Messieurs, que c'est là une question de pur fait; et que la cour de Turin l'ayant décidée contre les demandeurs, ceux-ci ne peuvent citer, comme en effet ils ne citent, aucune loi qui ait été violée par sa décision.

» 5.° Enfin, est-il vrai, comme on le prétend, que les aumôniers ne pouvaient marier les militaires qu'en présence de l'ennemi; et de ce que Henri Pastoris n'était pas en présence de l'ennemi, lorsqu'il a épousé Thérèse Bellone, de ce qu'il était alors dans le territoire ligurien qui n'était pas encore envahi par l'armée austrorusse, quoiqu'elle en fût déjà très-rapprochée, peut-on inférer qu'un aumônier des troupes piémontaises fût sans qualité pour célébrer son mariage?

» S'il en faut croire les demandeurs, il en était des mariages des militaires comme de leurs testamens; et les militaires ne pouvaient se marier devant les aumôniers des troupes, qu'autant qu'ils fussent dans la même position où il était permis de tester militairement.

» Nous pouvons sans difficulté admettre la comparaison. Mais qu'en résultera-t-il? Où les demandeurs ont-ils vu que, par les lois romaines, les seules que le Piémont reconnût, avant le Code civil, sur la forme des testamens militaires, les soldats ne fussent autorisés à tester militairement que lorsqu'ils se trouvaient en présence de l'ennemi?

» Le §. 3, Inst. *de testamento militis*, dit au contraire que la faculté de tester militairement appartient à tous ceux qui *militant et in castris degunt;* le commencement du même titre décide la même chose pour ceux qui *in expeditionibus occupati sunt;* et Cujas, tom. 1, pag. 697, édition de 1658, établit que tout militaire peut tester militairement; dès qu'il est, ou dans une expédition, ou dans un camp, ou dans des retranchemens, ou dans un quartier d'hiver, ou dans une garnison : *ergò qui in expeditione testatur miles, in castris, in fossato, ut loquuntur, imò et in hybernis, ut meum judicium est, in stativis, in præsidiis, jure militari testamentum facere potest.* S'il en était autrement, ajoute-t-il, on serait forcé de n'admettre, à cet égard, aucune différence entre le simple citoyen et le militaire; car le simple citoyen peut aussi tester militairement, lorsqu'il se trouve dans un champ de bataille : *alioquin nihil differt paganus à milite; nam et à pagano in procinctu, in acie, in hostico, testamentum quoquo modo valet;* et c'est ce que décide formellement la loi dernière, D. *de testamento militis.*

» Même doctrine dans les notes de Godefroy, sur la loi 17, C. *de testamento militis;* dans le *Lexicon juris* de Calvin; aux mots *expediti militis;* dans le Traité de Barry, *de successionibus*, liv. 1, tit. 5, n.º 7; dans Julius-Clarus, §. *testamentum*, quest. 15, n. 2; dans les OEuvres de Henrys, liv. 5, ch. 4, quest. 37, etc.

» Donc, par identité de raison, les militaires n'avaient besoin, pour pouvoir se marier, en temps de guerre, devant les aumôniers des troupes, que d'être, ou dans une garnison, ou dans des retranchemens, ou dans des quartiers d'hiver, ou dans une expédition quelconque, quoique d'ailleurs ils ne fussent pas en présence de l'ennemi.

» Aussi la cour de Turin remarque-t-elle, dans dans son arrêt du 3 mai 1807, que les pouvoirs conférés aux aumôniers des troupes piémontaises par le brevet du grand aumônier du roi de Sardaigne, en vertu d'une bulle du pape, le 25 février 1793, les autorisaient à exercer toutes les fonctions curiales auprès de ces troupes, *tempore belli;* termes qui embrassent évidemment toutes les positions dans lesquelles peuvent se trouver des troupes mises sur le pied de guerre.

» Aussi avons-nous déjà vu le sénat de Turin décider, par son arrêt du 13 septembre 1764, que l'on ne peut pas restreindre les pouvoirs des aumôniers des troupes aux mariages que les militaires contractent dans les camps : *facultatem verò legionum eleemosynariis concessam ad tempus illud quo in castris degunt milites coarctandam esse jure non regeritur.*

» Aussi l'avons-nous vu juger par le même arrêt, que le mariage contracté par le comte de Thésor, dans la ville de Dixmude, devant l'aumônier de son corps, pendant qu'il y était en garnison, était valable, *quia de legione agebatur, vel tunc belligerante, vel saltem eâ destinatione ut bellum gereret.*

» Et assurément Henri Pastoris était, au moment de son mariage avec Thérèse Bellone, dans une position beaucoup plus critique que le comte de Thésor, puisqu'il se trouvait, non dans une garnison, mais dans un cantonnement, à très-peu de distance de l'ennemi, et à une époque où l'armée, battue et dispersée à Novi, cherchait à se rallier et à se recomposer.

» La deuxième proposition des demandeurs n'est donc pas plus soutenable que la première. Passons à la troisième, et voyons si Françoise-Elizabeth-Henriette Pastoris a dû être jugée bâtarde, sur le seul fondement qu'elle doit le jour à un mariage contracté entre son père et sa mère, pendant que celle-ci était dans les liens du mariage non encore dissous.

» Sans contredit, elle aurait dû l'être, si son père et sa mère, au moment où ils se sont pris mutuellement pour époux, avaient eu connaissance de la non dissolution du mariage que sa mère avait précédemment contracté.

» Mais si la non-dissolution de ce mariage était ignorée, soit de l'un, soit de l'autre, si l'un ou l'autre était, à cet égard, dans la bonne foi, nul doute que leur fille ne doive être traitée comme légitime, nul doute que la cour de Turin n'ait bien jugé.

» Or, la cour de Turin a décidé en fait, non-seulement que l'un ou l'autre des époux croyait de bonne foi que le premier mari de Thérèse Bellone avait péri, victime d'un assassinat, mais que tous deux étaient dans la même erreur. La cour de Turin a donc dû, par une suite nécessaire, déclarer légitime l'enfant qui était né à l'ombre du mariage qu'ils avaient eu l'intention de contracter.

» Et vainement les demandeurs viennent-ils vous produire deux prétendues lettres originales de Henri Pastoris et de Thérèse Bellone, desquelles il résulterait que, du moins avant la conception de l'enfant dont il est ici question, ils connaissaient tous deux l'existence de Joseph Degubernatis.

» Ces prétendues lettres n'ont été produites qu'en copie devant la cour de Turin; et la cour de Turin n'a pu ni dû y avoir aucun égard, précisément parce que les originaux n'en étaient pas représentés.

» Qu'aurait fait la cour de Turin, si, au lieu de la copie de ces prétendues lettres, on lui en avait représenté les originaux? Nous l'ignorons, et nous devons l'ignorer; une seule chose nous suffit : c'est que des pièces qui n'ont pas été mises sous les yeux de la cour de Turin, ne peuvent pas fournir un moyen de cassation contre l'arrêt de cette cour.

» Mais, disent les demandeurs, la loi ne permettait pas à la cour de Turin de juger que Henri Pastoris et Thérèse Bellone avaient été dans la bonne foi, 1.º parce qu'au moment de leur mariage, il ne s'était pas encore écoulé un an, depuis que s'était répandue la nouvelle de la mort du mari de Thérèse Bellone; parce que cette nouvelle n'avait pas encore acquis un degré légal de certitude; 3.° parce que Henri Pastoris et Thérèse Bellone s'étaient mariés clandestinement; 4.° parce qu'ils s'étaient mariés sans publication préalable des bans prescrits par les conciles de Latran et de Trente. — Ces différentes assertions qui composent la quatrième proposition des demandeurs, exigent chacune un examen particulier.

» 1.° Pour prouver qu'à défaut de laps d'une année, depuis que s'était répandu le bruit de la mort de Joseph Degubernatis, Henri Pastoris et Thérèse Bellone ne pouvaient pas être dans la bonne foi, les demandeurs vous citent l'authentique *hodie*, C. *de repudiis*, qui n'est que l'extrait du ch. 11 de la Novelle 117.

» Effectivement, Messieurs, cette loi décide nettement que la femme d'un militaire qu'elle apprend être mort dans une expédition, ne peut se remarier qu'après que l'officier supérieur de son mari en a, solennellement et sous la religion du serment, attesté le décès, et que cette attestation a été suivie d'une année entière : *non priùs nubat, quàm per se, vel per alium eum sub quo militabat adiens, interrogaverit si pro veritate mortuus est, ut apud gesta deponatur, cum jurejurando, si mortuus sit; quo sub secuto post annum nubat;* et que, si elle se remarie sans ces préliminaires, la peine de l'adultère soit infligée tant à elle qu'à son époux : *si verò præter hæc nupserit, tam ipsa quàm qui eam duxerit, velut adulteri puniantur;* peine qui suppose nécessairement la nullité de ce second mariage.

» Mais cette disposition du droit romain était-elle encore en vigueur au moment où Henri Pastoris et Thérèse Bellone s'étaient unis par les nœuds du mariage? N'avait-elle pas été abrogée par le droit canonique ? Ne l'avait-elle pas été notamment par la décrétale *in præsentia de sponsalibus et matrimonio*, qui, sans fixer aucun délai de rigueur entre la nouvelle de la mort du mari, et le mariage subséquent de la femme, se contente d'exiger que cette nouvelle soit certaine : *etiamsi pro juvenili ætate et fragilitate corporis nequeant continere, tamen quantocùmque annorum tempore elapso, non possunt mulieres ad alterum consortium canonicè convolare, donec certum nuncium acceperint de ipsorum virorum morte ?*

» Sur cette question, vous le savez, Messieurs, la cour de Turin s'est prononcée contre les demandeurs, et elle n'a fait, en cela, que se conformer au principe généralement reçu avant le Code civil, en Italie, en Espagne et dans tous les pays d'obédience, qu'en fait de mariage, on ne devait plus connaître d'autres lois que les dispositions du droit canonique.

» Ce n'est pas que ce principe n'ait été combattu par quelques anciens docteurs : ce n'est pas que Barthole, sur la loi 2, §. *si dubitetur*, n. 1, D. *testamenta quemadmodum aperiantur*, n'ait soutenu que l'authentique *hodie* n'était pas abrogée par le droit canonique; ce n'est pas qu'il n'ait été suivi par le docteur espagnol Grégoire Lopès, liv. 8, tit. 9, p. 4, au mot *Algunos*, et par la glose sur la décrétale, *quoniam frequenter, ut lite non contestata*, au mot *Præsumatur*.

» Mais la doctrine contraire, la doctrine adoptée par la cour de Turin, était professée par le plus grand nombre des jurisconsultes; elle l'était notamment par le pape Innocent IV et Jean André sur la décrétale *in præsentia, de sponsalibus et matrimonio;* par Felinus, sur la décrétale *quoniam frequenter,* déjà citée; par Rolandus, tom. 3, *consil.* 95, n. 12; par Pierre Barbosa, dans ses Consultations matrimoniales, tom. 1, §. 25, n. 3; par Guttierèz, dans ses *Practicæ quæstiones*, liv. 2, quest. 8, n. 5 et 6.

» Et c'est à ce parti que se range, en citant beaucoup d'autres auteurs qui l'embrassent également, le fameux Sanchez, *de sancto matrimonii sacramento*, liv. 2, disp. 46, n. 2 : *dicendum est* (ce sont ses termes), *jure canonico correctam esse authenticam* hodie, *qui in cap.* In præsentiâ, *tantùm petitur certum nuncium de morte haberi.... et Alexander de Nevo optimè reprobat cardinalem quem refert, dicentem posse judicem sæcularem punire uxorem secundò nubentem non servatâ solemnitate illius authenticæ* hodie, *si posteà virum priorem vivum appareat, quia cùm jus canonicum licentiam contrahendi eâ solemnitate non servatâ, concedat, sublatum est in totum jus civile : lex enim civilis, cùm nihil circà matrimonium disponere possit, censetur potiùs sublata, quoties canones aliter disponunt.*

» La cour de Turin n'a donc fait, en regardant l'authentique *hodie* comme abrogée par les lois canoniques, qu'user du droit qu'elle avait d'opter entre deux opinions controversées, et de préférer la plus commune à celle qui avait le moins de sectateurs; elle n'a donc en cela violé aucune loi; son arrêt est donc, de ce chef, à l'abri de la cassation.

» 2.° Les demandeurs prétendent que, si l'authentique *hodie* est abrogée par le droit canonique, en ce qui concerne l'intervalle d'une année qu'elle exige entre la vérification de la mort du mari et la célébration du mariage subséquent de la femme, elle ne l'est du moins pas en ce qui concerne le mode de vérification de la mort du mari; qu'au contraire, la décrétale *in præsentia,* en se servant des mots *certum nuncium*, suppose clairement qu'à cet égard, l'authentique *hodie* est encore dans toute sa vigueur; qu'en effet, la mort du mari ne peut être certaine, qu'autant qu'elle est constatée légalement, c'est-à-dire, ou par un acte de décès en bonne forme, ou par une enquête suivie d'un jugement déclaratoire de la mort du mari.

» Cette interprétation serait parfaitement juste, s'il s'agissait de statuer sur une opposition au nouveau mariage qu'une femme déjà mariée prétendrait contracter comme veuve; alors sans doute, la justice devrait s'armer de toute sa rigueur; et il n'y aurait qu'une preuve authentique de la mort du mari, qui pût déterminer les tribunaux à permettre à la femme de passer dans les bras d'un nouvel époux. Ainsi l'a jugé le célèbre arrêt du parlement de Paris, du 16 décembre 1771, contre la dame Filiers de Dunkerque. Ainsi l'a décidé, sous le Code civil, un avis du conseil d'Etat, du 12 germinal an 13, approuvé par le chef du gouvernement, le 17 du même mois.

» Mais une femme s'est-elle remariée sans opposition? L'officier de l'état civil a-t-il pris sur lui de tenir pour constant le fait de la mort du mari, quoique non constaté légalement? Et n'est-il question, après que ce fait a été reconnu faux, que de savoir si les enfans nés d'un mariage ainsi contracté, sont légitimes ou adultérins? alors les grands intérêts qui, dans le premier cas, devaient rendre le juge inaccessible à toutes les présomptions, se taisent absolument; alors, le juge n'a plus à prononcer que sur la bonne ou mauvaise foi dans laquelle ont été formés des liens dont un événement postérieur a mis au grand jour la nullité primordiale; alors, il n'y a plus en litige qu'un point de fait; et tout le monde sait que, sur les points de fait, la loi s'abandonne sans réserve aux magistrats; tout le monde sait qu'il appartient aux magistrats de juger les points de fait suivant leurs lumières et leur conscience; tout le monde sait que, de quelque manière que soit jugé un point de fait, jamais le jugement n'en peut être attaqué par la voie de la cassation.

» 3.° Ce n'est pas avec plus de fondement que les demandeurs cherchent, dans la prétendue clandestinité du mariage dont il s'agit, une preuve de la mauvaise foi avec laquelle, suivant eux, il a été contracté.

» Un mariage que la cour de Turin déclare, par son arrêt du 11 juin 1808, avoir été contracté *en présence de quatorze ou quinze témoins*, non compris l'aumônier, n'est certainement pas un mariage clandestin. — Et il n'importe que la célébration en ait été faite, non dans l'église du lieu, mais dans le logement qu'occupait Henri Pastoris à *la Piétra* : ce qui constitue la publicité du mariage, c'est la présence de l'officier délégué par la loi pour le célébrer; c'est le concours des témoins que la loi y appelle, c'est principalement l'absence de toute affectation à en concentrer la connaissance entre les personnes dont l'intervention est absolument nécessaire; c'est principalement la franchise avec laquelle on y admet un grand nombre d'autres personnes; et toutes ces circonstances se rencontrent ici.

» 4.° Pour dernière ressource, les demandeurs se retranchent dans le défaut de publication de bans; et il faut convenir que, de tous les moyens qu'ils ont employés devant la cour de Turin, celui-ci est le plus spécieux.

» A la vérité, il est universellement reconnu que le concile de Trente ne frappait pas de nullité les mariages qui avaient été contractés sans publication préalable de bans, lorsque d'ailleurs ils l'avaient été entre parties capables et devant leur propre curé.

» C'est même, comme nous l'avons déjà remarqué, la décision expresse de l'arrêt du sénat de Turin du 13 septembre 1764 : *Explorati juris est denunciationes ad conjugii substantiam non pertinere.*

» Mais lorsqu'un mariage célébré sans publication de bans, se trouve entaché, dans sa substance, d'un vice qui en emporte la nullité, le défaut de publication de bans ne forme-t-il pas une présomption juridique que les époux n'ont pas fait, pour acquérir la connaissance de ce vice, tout ce que leur prescrivait la loi, tout ce qui était en leur pouvoir? Et dès-là, ne doit-on pas considérer comme purement volontaire de leur part, l'ignorance dans laquelle ils ont été de ce vice, au moment où ils se sont mariés? Ne doit-on pas les traiter comme s'étant mariés avec une connaissance légalement présumée de l'empêchement qui s'opposait à leur union? Ne doit-on pas, par une suite nécessaire, ranger leurs enfans dans la classe des bâtards?

» On cite pour l'affirmative un célèbre canon du concile général de Latran, qui est rappelé dans la décrétale *Cùm inhibitio, de clandestinâ desponsatione.* Voici les termes de ce canon : *Cùm inhibitio copulæ conjugalis sit in ultimis tribus gradibus revocata, eam in aliis volumus districtè servari. Undè prædecessorum nostrorum vestigiis inhærendo, clandestina conjugia penitùs inhibemus; prohibentes etiam ne quis sacerdos talibus interesse præsumat. Quare specialem quorumdam locorum consuetudinem ad alia generaliter prorogando, statuimus ut cum matrimonia fuerint contrahenda, in ecclesiis per præsbyteros publicè proponantur, competenti termino præfinito, ut, infrà illum, qui voluerit legitimum impedimentum opponat, et ipsi præsbyteri nihilominùs investigent utrùm aliquod impedimentum obstet. Cùm autem apparuit probabilis conjectura contrà copulam contrahendam, contractus interdicatur expressè, donec quid fieri debeat super eo, manifestis constiterit documentis. — Si quis vero hujusmodi clandestina, vel interdicta conjugia inire præsumpserit,* IN GRADU PROHIBITO, ETIAM IGNORANTER, *soboles de tali conjunctione suscepta prorsùs illegitima censeatur de parentum ignorantiâ nullum habitura subsidium, cùm illi taliter contrahentes non expertes scientiæ vel saltem affectatores ignorantiæ videantur.*

» Ce texte, nous devons le reconnaître d'après l'art. 15 du tit. 22 du liv. 3 des constitutions piémontaises du 7 avril 1770, avait, pour la cour de Turin, dans notre espèce, toute l'autorité d'une loi. Mais il donne lieu à deux questions :

» 1.° Qu'entend-il par les termes *clandestina vel interdicta conjugia?* Peut-on dire que, dans ces termes, il comprend les mariages qui ont été contractés en présence d'un ministre du culte compétent et de quatre témoins, mais sans publication préalable de bans, tout aussi bien que les mariages qui ont été contractés avec toutes les circonstances caractéristiques d'une véritable et parfaite clandestinité? — 2.° En supposant que le mariage contracté sans publication de bans, mais devant le ministre du culte et les témoins déterminés par la loi, soit compris dans ces termes, peut-on appliquer à tous les cas d'empêchement, quels qu'ils soient, ce que la décrétale *Cùm inhibitio* ne décide que pour le cas où il existait, entre les parties contractantes, un empêchement de parenté ou d'alliance, pour le cas où les parties contractantes étaient *in gradu prohibito?*

» Sur la première question, tous les canonistes sont à peu près d'accord : ils conviennent presque tous que, bien que, dans la rigoureuse acception du mot *clandestin*, on ne puisse considérer comme tel, que le mariage qui a été contracté hors la présence du curé des parties et des témoins réunis en nombre compétent; on doit cependant aussi regarder comme infecté du vice de clandestinité, le mariage dont la célébration en face d'Eglise n'a pas été précédée de toutes les solennités prescrites par les lois, et notamment de la publication des bans.

» Mais ne peut-on pas leur répondre que, si un tel mariage était clandestin, il serait nécessairement nul, puisque tous les mariages clandestins sont frappés de nullité par le concile de Trente? Et dès qu'ils reconnaissent eux-mêmes qu'un tel mariage est valable, ne doivent-ils pas reconnaître également qu'il n'est pas clandestin? Comment, d'ailleurs, réputer clandestin un mariage à la célébration duquel concourent et le ministre de la loi, et tous les témoins dont la loi veut que le ministre s'environne?

» Et qu'on ne dise pas que, si un mariage ne peut pas être réputé clandestin, par cela seul qu'il a été contracté sans publication de bans, il doit au moins être rangé dans la cathégorie des mariages que la décrétale *Cùm inhibitio* appelle *interdicta*, des mariages que cette décrétale assimile, pour l'objet qui nous occupe, aux mariages qu'elle appelle *clandestina*.

» Il est vrai que l'Eglise, tout en maintenant les mariages que n'ont pas précédé les publications de bans qu'elle prescrit, ne laisse pas de les prohiber; et que, sous ce rapport, on pourrait les considérer comme *conjugia interdicta*. Mais ce n'est point dans ce sens que le mot *interdicta* est employé par la décrétale *Cùm inhibitio*.

» Observons bien la marche de cette décrétale.

» Elle commence par défendre les mariages clandestins : *clandestina conjugia penitùs inhibemus.* — Elle veut ensuite que, pour constater d'autant mieux l'absence de tout empêchement entre les futurs époux, il soit fait des publications de bans avant la célébration du mariage. — Puis elle prévoit le cas où, dans l'intervalle de ces publications à la cérémonie nuptiale, on viendrait à concevoir des soupçons apparens sur l'habilité des futurs époux à se marier ensemble; et elle ordonne qu'en ce cas, il leur soit fait des défenses expresses de passer outre, jusqu'à ce que ces soupçons soient éclaircis et pleinement dissipés : *cùm autem apparuit probabilis conjectura contrà copulam contrahendam, CONTRACTUS INTERDICATUR EXPRESSÈ, donec quid fieri debeat super eo manifestissimis constiterit documentis.* — Enfin, elle déclare que, si un mariage vient à être contracté clandestinement, ou au mépris des défenses dont elle vient de parler, et que les époux soient, même à leur insçu, en degré prohibé de parenté ou d'alliance, les enfans qui en naîtront, seront réputés bâtards : *si quis verò hujusmodi clandestina vel interdicta conjugia inire præsumpserit, in gradu prohibito, etiam ignoranter, soboles de tali conjunctione suscepta, prorsùs illegitima censeatur.*

» Il est donc bien évident que, par les mots *conjugia interdicta*, la décrétale n'entend que le mariage dont la célébration a été nommément interdite par une sentence rendue à cet effet; et que ce serait abuser de ses termes, que de vouloir leur faire désigner tous les mariages que l'Eglise se contente de prohiber par des mesures générales, sans néanmoins les annuller.

» Mais supposons que, dans la décrétale *Cùm inhibitio*, les mariages célébrés en face de l'Eglise, sans publication de bans, soient compris sous les mots, *clandestina vel interdicta conjugia*; supposons que ces mariages ne diffèrent en rien, dans le sens de la décrétale *Cùm inhibitio*, des mariages véritablement clandestins ou spécialement prohibés : dans cette hypothèse, il nous resterait à examiner si la disposition de la décrétale *Cùm inhibitio* qui ne frappe, comme vous l'avez vu, que sur le cas où la nullité du mariage, soit clandestin, soit prohibé, dérive d'un empêchement de parenté ou d'alliance, que sur le cas où les parties mariées, soit clandestinement, soit au mépris d'un jugement prohibitif, étaient *in gradu prohibito*, est applicable au cas où, comme dans notre espèce, la nullité du mariage célébré sans publication de bans, provient de tout autre empêchement; au cas où, comme dans notre espèce, la nullité du mariage provient de la préexistence d'un autre mariage non encore dissous.

» Cette question a singulièrement partagé les interprètes du droit canonique.

» Ceux qui soutiennent que la décrétale *Cùm inhibitio* doit être étendue à tous les empêchemens, se fondent sur la maxime, *ubi eadem ratio, ibi idem jus*; et ils ne manquent pas d'observer qu'il y a, pour l'empêchement qui dérive, par exemple, d'un mariage précédemment contracté par l'une des parties et non encore dissous, la même raison que pour l'empêchement qui dérive de la parenté ou de l'alliance au degré prohibé; que les précautions requises par la loi pour découvrir celui-ci, le sont également pour découvrir celui-là; et que puisque, par le défaut de ces précautions, puisque, par le défaut de publication préalable de bans, les parties sont juridiquement présumées n'avoir pas ignoré le second, elles doivent nécessairement, par le même défaut, être censées, aux yeux de la loi, n'avoir pas ignoré davantage le premier. — Ainsi raisonnent Sanchez, liv. 3, disp. 42; Mascardus, *de probationibus*, concl. 798; Gonzalès, sur la décrétale *Cùm inhibitio*, et un grand nombre d'autres auteurs.

» Ceux qui soutiennent au contraire que la décrétale *Cùm inhibitio* doit être restreinte à l'empêchement de parenté ou d'alliance, et qu'on ne peut pas l'étendre aux autres empêchemens, notamment à celui qui dérive d'un mariage précédemment contracté par l'une des parties et non encore dissous, disent que, dans cette décrétale, la disposition qui répute l'empêchement de parenté ou d'alliance légalement connu des parties, par le seul effet de l'omission des bans, est la peine qui sert de sanction à la défense de célébrer aucun mariage sans que les bans en aient été préalablement publiés; que, dès que cette disposition est une peine, elle ne peut pas être étendue hors du cas précis pour lequel le concile général de Latran l'a prononcée; et que l'appliquer à un autre cas, ce serait violer l'un des premiers principes du droit. — Ainsi raisonnent Goffredus, dans sa *Somme*, titre *qui filii sint legitimi*; Vincentius, sur la décrétale *Ex tenore* du même titre; Eéphalus, tome 4, cons. 503, et plusieurs autres auteurs.

» Entre ces deux opinions, un canoniste célèbre, le cardinal d'Ostie, cité par Sanchez, prend un milieu qui mérite, de notre part, une grande attention : c'est que la première doit prévaloir, si l'on s'attache à l'esprit de la loi : *Hanc sententiam esse veriorem, attenta mente litteræ*; mais si l'on ne consulte que la lettre de la loi, c'est la seconde qui doit l'emporter : *Hanc sententiam esse veriorem, attentâ litterâ.* — Rien en effet de plus exact. La décrétale *Cùm inhibitio* ne comprend dans son texte, que l'empêchement de parenté ou d'alliance : on ne peut donc pas dire que son texte soit, par lui-même, applicable aux autres empêchemens. Mais le motif de cette décrétale est commun à tous les empêchemens, quels qu'ils soient : c'est donc se conformer à son esprit, que de donner à ce texte l'extension dont Sanchez et ses sectateurs le soutiennent susceptible.

» Et de là que devons-nous conclure ? une chose fort simple : c'est que, dans le système de ceux qui réputent *clandestin* le mariage qui n'a pas été précédé de publications de bans, quoique d'ailleurs il ait été célébré en présence du ministre et des témoins requis par la loi, la cour de Turin a jugé contre l'esprit de la décrétale *Cùm inhibitio*, mais qu'elle n'a pas jugé contre son texte; c'est que, dans ce système, elle a mal jugé, mais qu'elle n'a pas fait ce que l'art. 65 de la constitution du 22 frimaire an 8 appelle une *contravention expresse aux lois*; c'est, en un mot, que son arrêt échappe nécessairement à la cassation.

» On pourrait cependant objecter qu'il y a, dans le Code du président Favre, liv. 9, tit. 29, déf. 28, un arrêt du sénat de Chambéry, du mois de novembre 1595, qui adopte l'opinion de Sanchez.

» Effectivement, Messieurs, cet arrêt refuse tous les effets civils du mariage à un homme qui avait épousé publiquement une soi-disant veuve dont le mari passait généralement pour mort, quoiqu'il ne le fût pas; et il les lui refuse, sur le seul fondement que les publications de bans qui avaient précédé cette union, n'avaient été faites que dans le domicile actuel des deux parties; qu'elles ne l'avaient pas été dans le dernier domicile du mari, erronément supposé mort, domicile que sa femme avait conservé, même malgré elle, tout le temps qu'il avait vécu; qu'ainsi, ni l'un ni l'autre des prétendus époux n'avait fait tout ce qui était en lui pour s'assurer de la dissolution des premiers liens de l'un d'eux; et que, dès-là, on devait lui appliquer la disposition de la décrétale *Cùm inhibitio*, parce qu'il y avait, entre le cas prévu par cette décrétale et celui dans lequel il se trouvait, une parfaite identité de raison, *ex identitate scilicet rationis, cùm diversitatis ratio reddi non possit.*

» Mais cet arrêt, à la sage rigueur duquel la morale ne peut qu'applaudir, devait-il, dans notre espèce, faire la loi à la cour de Turin?

» Il l'aurait dû, sans doute, d'après l'art. 15

du tit. 22 du liv. 3 des constitutions du 7 avril 1770, s'il eût été rédigé en forme de *décision*, et si, en le produisant dans cette forme devant les magistrats de la cour de Turin, on les eût avertis juridiquement de son existence.

» Mais 1.° le président Favre ne nous dit pas que cet arrêt ait été rédigé en forme de *décision*; et vous n'avez pas oublié que les constitutions du 7 avril n'assujettissent pas les tribunaux à calquer leurs jugemens sur tous les arrêts des sénats; qu'elles les assujettissent seulement à en observer les *décisions*, c'est-à-dire, les arrêts dans lesquels les rapporteurs ont développé les motifs qui les ont dictés.

» 2.° Quant cet arrêt aurait été rédigé en forme de *décision*, la cour de Turin n'aurait pas été obligée d'en deviner l'existence. Il aurait fallu que les demandeurs le produisissent devant elle en bonne forme; et il paraît que, loin de le produire, ils ne l'ont même pas cité.

» Nous devons donc en revenir à notre proposition : la cour de Turin peut avoir mal jugé, mais elle n'a violé aucune loi; et nous estimons en conséquence qu'il y a lieu de rejeter le recours des demandeurs ».

Arrêt du 21 mai 1810, au rapport de M. Carnot, qui prononce conformément à ces conclusions ;

« Attendu (porte-t-il), sur le pourvoi contre l'arrêt interlocutoire du 9 mai 1807, que, d'après les circonstances et les commencemens de preuve par écrit qui existaient au procès, la cour d'appel de Turin a pu, dans l'intérêt de Henriette, et sans violer aucune loi, l'admettre à la preuve ordonnée par ledit arrêt;

» Attendu, sur celui dirigé contre l'arrêt définitif du 11 juin 1808, quant à la *forme*, que cet arrêt a été rédigé conformément au vœu de la loi; que rien ne s'opposait à ce que l'affaire fût portée à la seconde section, quoique l'interlocutoire eût été rendu par la première, dès que l'affaire devait y être de nouveau discutée sous tous ses rapports; et qu'enfin, les réclamans ne pouvaient se plaindre de ce que le jour de la prononciation de l'arrêt n'avait pas été indiqué, puisqu'elle avait eu lieu en présence de leurs avoués;

» Attendu, *au fond*, qu'il n'était pas question, devant la cour d'appel, de la validité du mariage de Thérèse Bellone et de Henri Pastoris dans l'intérêt des époux, mais uniquement du point de savoir s'ils avaient été dans la bonne foi, lorsqu'ils l'avaient contracté; ce qui suffisait pour que Henriette, née de leur mariage, fût légitime;

» Que l'on ne pouvait induire la mauvaise foi desdits Henri Pastoris et Thérèse Bellone, de ce qu'il n'avait pas été retenu acte de la célébration de leur mariage sur les registres publics; puisque, dans le dernier état du droit romain, l'écrit n'était pas une formalité substantielle du mariage, et qu'il ne l'a même jamais été dans les principes du droit canonique qui faisait la loi du lieu où le mariage dont il s'agit, avait été contracté;

» Que, si l'ordonnance de 1667 avait été publiée dans la Ligurie et dans le Piémont, lorsque les arrêts attaqués furent rendus, les dispositions de cette ordonnance n'en devaient pas plus pour cela être consultées, la forme des actes devant être appréciée suivant la législation qui était en vigueur à l'époque de leur confection;

» Attendu, en second lieu, que la mauvaise foi de Thérèse Bellone et de Henri Pastoris ne résultait pas non plus de ce que le mariage avait été célébré par un aumônier des régimens piémontais, puisqu'en Piémont, les aumôniers des régimens avaient reçu de l'autorité compétente, le droit d'administrer, en temps de guerre, les sacremens aux militaires sous les drapeaux; et que Henri Pastoris était, avec son corps, en la région de la Piétra, et en présence de l'ennemi, lorsque son mariage avec Thérèse Bellone y avait été contracté;

» Que les réclamans opposent vainement que la défenderesse n'a pas indiqué le nom de l'aumônier qui avait célébré le mariage, ni à quel régiment il était attaché; puisqu'ayant élevé cet incident en cause d'appel, il y avait eu arrêt, le 6 juillet 1807, portant que cette indication n'était pas nécessaire, et qu'ils n'avaient pas déclaré pourvoi contre cet arrêt;

» Attendu que les réclamans n'ont cité aucune loi de laquelle il résultât que la précipitation avec laquelle un mariage a été contracté, fût capable de constituer les époux en mauvaise foi;

» Que la décrétale *in præsentiâ, de sponsalibus*, n'exigeant que le *certum nuncium* de la mort du premier époux, pour autoriser, en temps de guerre, le mariage de l'époux survivant, lorsque l'époux prétendu décédé était militaire, la cour d'appel n'a pu violer la disposition de cette loi, en faisant résulter le *certum nuncium*, dans l'espèce particulière, de circonstances capables de donner toute confiance au bruit public et général répandu de la mort de Degubernatis, premier mari de Thérèse Bellone, employé dans les armées *et tempore belli*;

» Attendu que le mariage de Henri Pastoris et de Thérèse Bellone ayant été célébré par un aumônier, en présence de quatorze ou quinze témoins, on ne peut dire qu'il fût infecté du vice de clandestinité, lorsque surtout il est avancé et prouvé que les promesses de ce mariage avaient été généralement connues à l'état-major et à l'armée, et qu'ensuite de la célébration du mariage, les époux ont constamment joui de l'état d'époux légitimes;

» Attendu que les conciles n'ont pas prononcé la nullité des mariages pour simple défaut de publication des bans ; que l'on peut seulement en induire, suivant les cas, qu'ils ont été clandestinement contractés; mais que, dans l'espèce, le vice de clandestinité ne pouvant être reproché au mariage dont il s'agit, il en résulte que le seul défaut de publications de bans n'a pu constituer Thérèse Bellone et Henri Pastoris en mauvaise foi;

» Que, si la décrétale *Cùm inhibitio* a été plus loin, sur ce point, que les décrets des conciles, ce n'a été que par voie d'exception et pour le seul cas où les époux auraient été parens au degré prohibé; et que la cour d'appel, en s'en tenant à la lettre de cette loi d'exception, sans l'étendre, par induction, au cas d'existence du premier époux, réputé mort, n'en a pu violer ouvertement les dispositions;

» Que d'ailleurs il résulte des faits déclarés constans par l'arrêt du 11 juin 1808, que Turin et Bassano, lieux dans lesquels les bans auraient dû être publiés, étaient envahis par l'ennemi qui couvrait la campagne, et qu'il y avait été suppléé autant que possible, par les informations qu'avait prises l'aumônier des troupes piémontaises, avant la célébration du mariage;

» Attendu qu'il n'est pas dans le domaine de la cour de cassation, d'apprécier les faits déclarés constans par la cour d'appel, et que, dans la cause, il a été jugé que les enquêtes auxquelles il avait été procédé en exécution de l'interlocutoire du 9 mai 1807, étaient concluantes dans l'intérêt de la défenderesse;

» Par ces motifs, la cour, sans qu'il soit besoin de rien statuer sur les fins de non-recevoir invoquées par la défenderesse, rejette le pourvoi des réclamans contre les arrêts des 9 mai 1807 et 11 juin 1808..... ».

§. IX. *Le jugement qui, incidemment à une succession contestée entre deux personnes, prononce sur la légitimité ou l'illégitimité d'un mariage, a-t-il l'autorité de la chose jugée hors de la souveraineté dans laquelle il a été rendu?*

V. l'article *Jugement*, §. 19.

§. X. 1.° *Le mariage contracté par un mort civilement, est-il valable?*

2.° *Les enfans qui en naissent, sont-ils légitimes et successibles même dans la ligne de celui de leurs parens qui était, en le contractant, frappé de mort civile?*

3.° *Le sont-ils, lorsque l'un des époux était de bonne foi?*

V. l'article *Légitimité*, §. 5, n. 2.

Au surplus, *V.* les articles *Femme, Mari, etc.*

MARIER (CONDITION DE SE). *V.* l'article *Condition*, §. 1.

MARIN, MARINE. *V.* l'article *Gens de mer.*

MATELOT. *V.* les articles *Gens de mer* et *Prises.*

MATERNITÉ. 1.° *L'acte de naissance d'un enfant naturel forme-t-il seul une preuve complette de l'accouchement de la femme qui y est désignée comme mère de cet enfant?*

2.° *Pour être admis à prouver par témoins son identité avec l'enfant naturel dont telle femme est accouchée tel jour, le demandeur en déclaration de maternité peut-il employer l'acte de naissance constatant l'accouchement de cette femme, comme un commencement de preuve par écrit?*

Le 30 germinal an 5, un acte de naissance est rédigé en ces termes par l'officier de l'état civil de Nantes : « Le 30 germinal an 5, à 4 heures du soir, devant moi Louis Ogier, officier public élu pour constater l'état civil des citoyens, a comparu en la maison commune Pierrette Baudru, femme Maillard, sage-femme, âgée de quarante-cinq ans, demeurant en cette municipalité, section de la Concorde, place du Puylori, laquelle, assistée de Perrine Clouet, veuve de Joseph Baudru, âgée de soixante-quatorze ans, demeurant dites place et section, et de Victoire-Aillade Petit, femme de Louis Cadillon, commis à l'administration centrale du département, âgée de trente-huit ans, demeurant dite section, rue de la Commune, m'a déclaré que Félicité-Désirée Hamelin, lingère, âgée de vingt-un ans, fille de feu Abel Hamelin et de Marie-Madeleine Heldin, native de la ci-devant paroisse de Saint-Nicolas de cette commune, est accouchée ce jour, à 5 heures du matin, dans la maison de ladite sage-femme, d'un enfant mâle qu'elle m'a présenté, et auquel elle a donné le prénom de *Abel*. D'après cette déclaration, que les témoins ci-dessus ont certifiée véritable, j'ai rédigé le présent acte, que ladite sage-femme et le second témoin ont signé avec moi, lesdits jour et an, le premier témoin ayant déclaré ne savoir signer. *Signé* femme Maillard, femme Cadillon, Ogier, officier public ».

Le 30 frimaire an 14, la femme Maillard signe un billet par lequel elle reconnaît devoir à Félicité-Désirée Hamelin, veuve Mabit, la somme de 130 fr. qu'elle promet de lui payer à sa première réquisition.

Le 16 octobre 1806, un conseil de famille, convoqué sur la demande du sieur Maillard, nomme un tuteur à Abel Hamelin.

Le 16 mars 1807, le sieur Maillard et sa femme font assigner ce tuteur devant le tribunal civil de l'arrondissement de Nantes; et concluent à ce qu'il soit condamné à leur payer 1500 francs pour les cinq dernières années de la pension alimentaire et des vêtemens d'Abel Hamelin, et 300 fr. pour l'année courante; et à retirer cet enfant de leurs mains; faute de quoi, ils seront autorisés à le déposer dans l'hospice des orphelins.

Le 20 du même mois, le tuteur dénonce cette demande à Félicité-Désirée Hamelin, ci-devant veuve Mabit, maintenant épouse du sieur Coron; et conclut à ce qu'elle soit condamnée, ainsi que son mari, à le garantir et indemniser de toutes condamnations à intervenir, à lui remettre en conséquence la somme qui sera jugée suffisante pour payer les sieur et dame Maillard, et à lui payer, pour l'avenir, une pension alimentaire de 500 fr.

Le 9 novembre suivant, la dame Coron signifie ses défenses, et y expose 1.° qu'elle n'est pas mère de l'enfant dont il s'agit; qu'il est faux qu'elle soit accouchée à l'époque de sa naissance, que l'acte produit pour établir le contraire, est le fruit de l'imposture; qu'elle n'a jamais exercé la profession de *lingère* qu'on lui attribue dans cet acte; qu'elle n'est pas née, comme on l'énonce dans le même acte, dans la paroisse de Saint-Nicolas, mais dans celle de Saint-Similien (et elle le prouve par son acte de baptême du 31 août 1776); que la dame Maillard, qui y est qualifiée de *sage-femme*, n'est pas sur la liste des sages-femmes de Nantes, que ce fait est constaté par un certificat du maire de cette ville; que l'acte de naissance du soi-disant Abel Hamelin, est resté oublié dix années entières dans les registres de l'état civil; que, pendant tout ce temps, Abel Hamelin a constamment passé pour le propre enfant des sieur et dame Maillard; qu'eux-mêmes l'ont présenté comme tel dans les recensemens de la population de Nantes en 1802, 1803 et 1804; que, dans celui de 1807, ils l'ont désigné comme un *petit parent à leur charge;* qu'il est invraisemblable que les sieur et dame Maillard, qui sont dans un état si voisin de l'indigence, l'aient nourri et entretenu pendant dix ans de leurs propres deniers; qu'il est également hors de toute vraisemblance, que, s'ils l'eussent regardée comme sa mère, ils eussent laissé prescrire la moitié de ce qui leur était dû, sans former contre elle aucune demande judiciaire; qu'enfin, il serait absurde de supposer que, le 30 frimaire an 14, ils se fussent personnellement reconnus ses débiteurs d'une modique somme de 130 fr., s'ils avaient eu à exercer contre elle une créance aussi considérable et aussi sacrée.

Le tuteur répond, entre autres choses, que la dame Maillard était véritablement sage-femme à l'époque de la naissance d'Abel; et il justifie son assertion par le diplôme qui lui avait été délivré, à cet effet, le 1.er brumaire an 5. Au surplus, il offre de prouver par témoins, — « 1.° Que, dans le mois de germinal an 5, répondant au mois d'avril 1797, la demoiselle Félicité-Désirée Hamelin, demeurant à Nantes, rue de la Commune, hôtel Chabot, étant enceinte, se servit de l'entremise du sieur Louis Cadillon et de la dame son épouse, pour se procurer les soins de la dame Baudru, épouse du sieur Maillard, alors sage-femme, afin de faciliter son accouchement; — 2.° Que, dans la soirée du 29 dudit mois de germinal, la demoiselle Hamelin, ressentant les douleurs de l'enfantement, se rendit, accompagnée de la dame Cadillon, chez ladite dame Maillard; — 3.° Que, le lendemain, sur les cinq heures du matin, elle y accoucha d'un enfant mâle qui est identiquement le même que le mineur Abel Hamelin; que la demoiselle Hamelin témoigna le désir que l'enfant fût enregistré sous son nom, et qu'on lui donnât le prénom d'Abel qu'avait porté le père d'elle Hamelin; — Que la dame Maillard, sage-femme, assistée de la dame veuve Baudru, aussi sage-femme, et de la dame Cadillon, en fit sa déclaration à la municipalité, ainsi que le constate l'acte de naissance dudit Abel Hamelin; — 4.° qu'environ deux mois avant l'accouchement, la mère de la demoiselle Hamelin vivant avec elle, prit des arrangemens avec la femme Michel, demeurant au village de Cambeiland, près Gesvien, pour allaiter, nourrir et élever un enfant qu'elle disait appartenir à une personne de sa connaissance; — Qu'aussitôt l'accouchement, la nourrice ayant été avertie de venir prendre chez Maillard, l'enfant dont on lui avait parlé, s'y transporta; que là, la demoiselle Hamelin lui remit elle-même un enfant mâle, qu'elle lui dit être le sien; et que cet enfant est identiquement le même qu'Abel Hamelin, réclamant; — 5.° Que la demoiselle Hamelin, soit seule, soit accompagnée par la demoiselle Cadillon, est allée, différentes fois, voir ledit Abel Hamelin chez la femme Michel; qu'elle a elle-même acquitté les mois de nourrice et fourni les vêtemens du premier âge; — 6.° Que, se trouvant, dans la suite, hors d'état de subvenir à l'entretien et nourriture de l'enfant, elle demoiselle Hamelin pria les sieur et dame Maillard de le prendre chez eux et de l'élever comme un parent, sous la promesse de leur payer toutes leurs avances, lorsqu'elle en aurait le moyen; que ceux-ci ayant consenti, elle donna ordre à la femme Michel d'amener chez eux l'enfant qu'elle appelait son fils, ce qui fut effectué de suite; — 7.° Que, pendant les six premières années, et jusqu'à sa cohabitation avec le sieur Mabit, elle est venue très-souvent voir Abel Hamelin chez Maillard; qu'elle l'appelait son fils, et lui apportait des jeux et tout ce que sa position lui permettait de donner; — 8.° Que, soit chez la femme Michel, soit chez Maillard, elle a toujours fait connaître, en voyant l'enfant Abel Hamelin, la tendresse maternelle qu'elle lui portait; — 9.° Enfin, que, sur les demandes réitérées que le sieur Maillard lui faisait par l'entremise de la femme Carton, elle remit à cette dernière, à différentes fois, diverses petites sommes qui, réunies à celles qu'elle fit parvenir elle-même à la femme Maillard, à l'insu du mari de celle-ci, s'élèvent à 124 liv. tournois ».

La dame Coron soutient que la preuve testimoniale de ces faits ne serait recevable, aux termes de l'art. 341 du Code civil, qu'autant qu'il en existerait un commencement de preuve par écrit; et qu'on ne peut pas considérer comme tel l'acte de naissance du 30 germinal an 5, puisqu'elle ne l'a point signé, et que, suivant l'art. 1347 du même Code, on ne peut qualifier de commencement de preuve par écrit, que *l'acte émané de celui contre lequel la demande est formée, ou de celui qu'il représente, et qui rend vraisemblable le fait allégué.*

Le 17 mai 1808, jugement par lequel,

« Considérant que, si l'extrait de naissance représenté, ne fait pas preuve entière que le mineur Abel Hamelin est issu de Félicité-Désirée Hamelin, femme Coron, il fournit au moins une violente présomption du fait qu'il réfère;

» Que l'art. 341 du Code civil autorise la recherche de la maternité; que la preuve par témoins est admissible, lorsqu'il y a eu un commencement de preuve par écrit; que l'art. 1347 regarde comme commencement de preuve, tout acte par écrit qui rend vraisemblable le fait allégué;

» Que les faits maintenus par le mineur Abel Hamelin, sont graves et imposans, et méritent d'autant plus d'être approfondis, que la sage-femme qui a fait l'accouchement, que les témoins instrumentaires, sur la foi desquels a été rédigé l'acte de naissance, sont censés avoir parlé dans cet acte, au nom de la mère qui ne pouvait le faire elle-même;

» Le tribunal sans avoir égard à la fin de non-recevoir proposée par la femme Coron, et dont elle est déboutée, ordonne que le tuteur dudit mineur Hamelin justifiera desdits faits par témoins....., sauf aux sieur et dame Coron à justifier de tous faits pertinens au contraire, le tout dans le délai de la loi, dépens réservés ».

La dame Coron appelle de ce jugement, et la cause est plaidée devant la cour de Rennes, sections réunies.

Par arrêt du 31 août 1808,

« Considérant que la loi du 20 septembre 1792, sous l'empire de laquelle est né le mineur Abel Hamelin, ordonne aux sages-femmes et aux maîtres de maison, sous peine de deux mois de prison, de déclarer à l'officier public la naissance de l'enfant qui est né chez eux; que par conséquent l'épouse du sieur Maillard avait une mission légale pour déclarer la naissance dudit Abel; que ladite loi de 1792 n'exige point qu'il soit fait mention dans l'acte, du lieu de la naissance de la mère; qu'ainsi, l'erreur sur ce point, fût-elle réelle, serait indifférente.

» Qu'à l'égard de celle que l'appelante prétend avoir été commise relativement à l'indication de sa profession, elle ne toucherait pas à la substance de l'acte, mais que d'ailleurs l'intimé offre de prouver que cette indication est vraie;

» Il résulte de ce que dessus, que les irrégularités qu'on a reprochées à l'acte de naissance du 30 germinal an 5, n'existent pas;

» Considérant que l'art. 10 de la loi du 12 brumaire an 2 veut que l'état et les droits des enfans nés hors mariage, dont le père et la mère seront encore existans lors de la promulgation du Code civil, soient, en tout point, réglés par lui; que l'art. 341 de ce Code contient les dispositions législatives applicables à l'espèce; qu'elles gardent le silence, comme l'avaient fait les lois anciennes, sur la question de savoir si l'acte de naissance peut être le commencement de preuve par écrit qui est exigé de l'enfant naturel, pour qu'il puisse être admis à prouver par témoins qu'il est identiquement le même que l'enfant dont celle qu'il réclame pour mère, est accouchée;

» Que le législateur n'a pu décider cette question par une règle générale, parce qu'il est des espèces où il est juste et même nécessaire que l'acte de naissance soit admis comme commencement de preuve par écrit, et d'autres où il ne doit pas l'être; que, s'il avait défendu de l'admettre, dans tous les cas, comme commencement de preuve par écrit, il serait très-souvent impossible de prouver la maternité dont cependant la loi a admis la recherche;

» Que les juges, après un grand approfondissement des faits, peuvent seuls décider si l'on doit accorder à l'acte de naissance la valeur d'un commencement de preuve par écrit, ou si on doit la lui refuser; que telle a toujours été la jurisprudence antérieure au Code;

» Considérant que, dans l'espèce soumise à la décision de la cour, les actes de naissance des deux enfans nés hors mariage, dont l'appelante est accouchée, tandis qu'elle a vécu avec Mabit, et les autres faits qui résultent de l'état du procès, présentent un ensemble de présomptions trop fortes, trop concordantes, pour qu'il soit possible de refuser au mineur Abel, pourvu d'un acte de naissance en bonne forme, la faculté de faire par témoins les preuves qu'il offre d'administrer;

» D'où il résulte que le jugement interlocutoire dont il a été relevé appel, a été bien rendu;

» Par toutes ces considérations, la cour.... ordonne que le jugement interlocutoire dont il a été interjeté appel, sorte son plein et entier effet ».

La dame Coron et son mari se pourvoient en cassation contre cet arrêt.

« Un seul moyen de cassation (ai-je dit à l'audience de la section civile, le 28 mai 1810), vous est proposé dans cette affaire : et il consiste à dire que l'art. 341 du Code civil n'admet la preuve par témoins du fait de la maternité, que lorsqu'il en existe déjà un commencement de preuve par écrit; que, d'après l'art. 1347 du même Code, on ne peut réputer commencement de preuve par écrit, que l'*acte émané de celui contre lequel la demande est formée, ou de celui qu'il représente, et qui rend vraisemblable le fait allégué*; que, suivant l'art. 324, le commencement de preuve par écrit en matière de filiation, ne peut résulter que *des titres de famille, des registres et papiers domestiques du père et de la mère, des actes publics et même privés, émanés d'une partie engagée dans la contestation, ou qui y aurait intérêt, si elle était vivante*; que l'acte de naissance du soi-disant Abel Hamelin n'est signé, ni de la dame Coron, ni d'une personne que la dame Coron représente; qu'il n'a donc pas le caractère requis par l'art. 1347; qu'il est également dénué des caractères déterminés par l'art. 324; que conséquemment il ne peut pas, même à l'aide des circonstances sur lesquelles s'est fondée la cour de Rennes, avoir l'effet d'un commencement de preuve par écrit; que la cour de Rennes, en lui attribuant cet effet, a violé les art. 324 et 1347; et qu'en admettant par suite la preuve testimoniale des faits articulés par le tuteur du mineur Abel, sans qu'un commencement légal de preuve par écrit l'y autorisât, elle a violé l'art. 341.

» Pour apprécier ce moyen, nous devons d'abord nous fixer sur le véritable sens de l'art. 431 même; et peut-être trouverons-nous qu'il n'a été bien entendu, ni par les demandeurs, ni par les juges de première instance, ni par la cour de Rennes.

» *La recherche de la maternité est admise. L'enfant qui réclamera sa mère, sera tenu de prouver qu'il est identiquement le même que l'enfant dont elle est accouchée. Il ne sera reçu à faire cette preuve par témoins, que lorsqu'il aura déjà un commencement de preuve par écrit.* Tels sont les termes de l'art. 341.

» Que doit, suivant ce texte, prouver l'enfant qui réclame sa mère? Il doit prouver, non pas que sa mère est accouchée d'un enfant à telle époque, mais *qu'il est le même que l'enfant dont elle* est alors *accouchée*.

» Et quelle est la *preuve* à laquelle il ne peut être admis par témoins, *que lorsqu'il aura un commencement de preuve par écrit?* Ce n'est pas la preuve de l'accouchement de la femme qu'il réclame pour sa mère : c'est, dit la loi, *cette preuve*, c'est-à-dire, la preuve dont elle vient de parler, la preuve de l'identité du réclamant avec l'enfant dont sa prétendue mère est accouchée.

» La loi ne s'occupe donc pas de la preuve de l'accouchement de la prétendue mère. — Et pourquoi ne s'en occupe-t-elle pas? C'est sans doute parce qu'elle la suppose toute faite au moment où s'élève la question de maternité.

» Mais comment cette preuve a-t-elle pu se faire dans l'esprit de l'art. 341? Elle a pu, elle a dû se faire, d'après les règles générales sur la preuve des accouchemens.

» Et ces règles générales, où sont-elles écrites? Elles le sont dans le titre *des actes de l'état civil*. Dans ce titre, le législateur établit des registres publics où doivent être inscrits les actes de naissance, de mariage et de décès; et bien évidemment son intention, en les établissant, est qu'ils fassent, non pas un commencement de preuve, mais une preuve complette, une preuve légale, de leur contenu.

» Cette intention est surtout bien marquée dans la loi du 20 septembre 1792, sous l'empire de laquelle a été dressé l'acte de naissance du 30 germinal an 5, dont il est ici question : « Les » municipalités (porte-t-elle, tit. 1, art. 1), » recevront et conserveront à l'avenir les actes » destinés à *constater* les naissances, mariages » et décès. — Il y aura (continue-t-elle, tit. 2, » art. 1), dans chaque municipalité, trois re- » gistres pour *constater*, l'un les naissances, » l'autre les mariages, et le troisième les décès ».

» On ne retrouve pas, il est vrai, ce mot *constater*, dans le titre *des actes de l'état civil* du Code civil. Mais si le mot n'y est pas, l'idée qu'elle exprime, y est clairement manifestée. Écoutons l'art. 46 : « Lorsqu'il n'aura pas existé » de registres ou qu'ils seront perdus, la preuve » en sera reçue tant par titres que par témoins; » et *dans ces cas*, les mariages, naissances et » décès *pourront être prouvés*, tant par les re- » gistres et papiers émanés des père et mère » décédés, que par témoins ». Il est évident que *dans ces cas*, la preuve tirée des papiers domestiques des père et mère décédés, et la preuve par témoins, ne sont que les auxiliaires des registres publics. Et de là, la conséquence nécessaire, que les registres publics eux-mêmes, lorsqu'ils existent, suffisent pour constater légalement les naissances, les mariages et les décès.

» On dira sans doute que la chose est sans difficulté pour les mariages, parce que les personnes qui se marient, doivent signer sur les registres, et qu'à défaut de leurs signatures, la mention qu'elles n'ont pas su ou n'ont pas voulu signer, en tient lieu; mais qu'il n'en peut pas être de même pour les naissances; qu'il serait trop dangereux de faire dépendre d'une déclaration faite à l'officier de l'état civil par des tiers souvent mal intentionnés, la preuve de l'accouchement d'une femme; et que le danger augmente encore infiniment, lorsqu'il s'agit d'une femme qui n'est pas mariée; que donner aux registres publics l'effet de constater l'accouchement d'une fille ou d'une veuve, sans qu'elle appose, sans qu'elle puisse apposer sa signature sur ces registres, c'est mettre l'honneur des personnes du sexe à la merci des passions les plus basses, c'est ouvrir la porte aux plus grands désordres, aux plus honteuses spéculations.

» Rien de plus réel que ces inconvéniens. Et cependant (dit M. d'Aguesseau, dans son 47.e plaidoyer, en parlant de l'extrait-baptistaire d'un enfant né hors du mariage), « c'est la » grande, allons plus loin, c'est presque l'unique preuve que l'on puisse avoir de l'état des » hommes. qu'on renverse cette preuve, tous » les fondemens de la société civile sont ébranlés; il n'y a plus rien de certain parmi les » citoyens, si l'on retranche cet argument. Qu'on » dise tant que l'on voudra, que ce principe est » douteux, que rien n'est plus facile à altérer, » à dissimuler, à changer même, que le contenu d'un extrait-baptistaire : toutes ces réflexions sont justes; mais quelque douteuse » que puisse être cette preuve, tout sera encore » plus douteux, si on ne l'admet pas, si on » la rejette sans des preuves convaincantes de » fausseté ».

» Ajoutons qu'il est aussi facile de supposer un décès qu'un accouchement; que, s'il n'est pas sans exemple que des sages-femmes, des accoucheurs, aient fait inscrire un nouveau-né sous le nom d'une femme qui n'était point sa mère, il ne l'est pas non plus que d'avides héritiers présomptifs aient fait inscrire comme morte, une personne encore vivante dans une contrée lointaine; qu'il n'est pas plus possible à une personne vivante de se prémunir contre une fausse déclaration de décès, qu'il ne l'est à une femme de se prémunir contre une fausse déclaration d'accouchement; et que si, nonobstant cette possibilité, la loi veut que les registres de décès fassent pleine foi jusqu'à ce que la fausseté en soit clairement démontrée, il n'y a aucune raison pour qu'il n'en soit pas de même des registres de naissance.

» Enfin, la loi ne distingue pas entre les actes de naissance des enfans naturels et les actes de naissance des enfans légitimes. Pour ceux-ci, il est vrai, l'art. 319 du Code civil dit spécialement que leur *filiation se prouve par les actes de naissance inscrits sur les registres de l'état civil;* mais cette disposition spéciale ne déroge point à la disposition générale de l'art. 46; elle laisse l'art. 46 dans toute sa latitude; et nous l'avons déjà remarqué, cet article, qui est commun à tous les enfans, soit naturels, soit légitimes, établit nettement que les registres publics forment une preuve légale et complette de l'accouchement de la mère, qu'ils la forment par eux-mêmes, qu'ils la forment surtout indépendamment de la signature de la mère, qui d'ailleurs, si elle est réellement accouchée, est dans l'impossibilité physique de se transporter dans la maison commune pour signer l'acte de naissance de son enfant.

» Voulons-nous, au surplus, nous convaincre que c'est dans cet esprit qu'a été rédigé le Code civil? reportons-nous au procès-verbal de la séance du conseil d'Etat, du 26 brumaire an 10, où fut agitée la question de savoir si l'enfant naturel né avant le mariage de sa mère, peut réclamer sa filiation pendant le mariage que sa mère a contracté avec un autre que son père. Ceux qui soutenaient l'affirmative (qui a prévalu), se fondaient sur le danger qu'il y aurait eu que les preuves de filiation dépérissent, en attendant la dissolution du mariage. Et que leur répondait-on? « il ne faut pas séparer le sys» tème : la réclamation de l'enfant doit être sou» tenue, 1.° de la preuve de l'accouchement de » la mère; 2.° de la preuve de l'identité entre » lui et l'enfant dont la mère est accouchée. » La preuve testimoniale ne lui est permise, » que lorsqu'il a un commencement de preuve » par écrit; or, ce commencement de preuve » qui attestera l'accouchement de la mère, exis» tera également lors de l'ouverture de la suc» cession. *La plupart de ces enfans auront même* » *un acte de naissance qui les dispensera de* » *faire valoir toute autre preuve.* Il leur restera » à justifier de l'identité : mais la preuve de ce » fait est possible, même après un laps de temps » considérable ». Remarquez ces termes, Messieurs : *un acte de naissance qui les dispensera de faire valoir toute autre preuve.* On ne peut certainement rien de plus clair, rien de plus décisif.

» Et vainement oppose-t-on les art. 334 et 336 du Code qui rejettent implicitement, même de la part de la mère, toute reconnaissance d'enfant naturel qui n'est pas faite par un acte authentique signé d'elle. — Il ne faut pas confondre la *reconnaissance* qui donne à l'enfant des droits à une portion de l'hérédité de la mère, avec la simple preuve de maternité qui ne donne à l'enfant que des droits à des alimens. Les art. 334 et 336 du Code n'ôtent donc pas à l'acte de naissance qui désigne la mère, l'effet que lui attribue l'art. 46 de faire preuve de la naissance de l'enfant et par conséquent de l'accouchement de la mère.

» La cour d'appel de Rennes n'avait donc pas besoin, dans notre espèce, de recourir à des circonstances particulières, pour donner à l'acte de naissance du 30 germinal an 5 qui lui était présenté, l'effet d'un commencement de preuve par écrit de l'accouchement de la dame Coron à cette époque : elle devait aller plus loin, elle devait, d'après cet acte de naissance, regarder l'accouchement de la dame Coron à cette époque, comme un fait constant.

» Il est certain en effet que la dame Coron n'alléguait rien contre cet acte, qui pût en établir la fausseté.

» La dame Coron alléguait que la femme Maillard n'avait pas, le 30 germinal an 5, la qualité de sage-femme qu'elle s'était attribuée dans cet acte; et comment le prouvait-elle? Par un certificat du maire de Nantes, portant que la femme Maillard n'était pas sur la liste des sages-femmes de cette ville, arrêtée le 3 janvier 1807. Mais c'était déplacer la question. Il ne s'agissait pas de savoir si la femme Maillard était reconnue pour sage-femme le 3 janvier 1807; il s'agissait de savoir si elle était reconnue pour telle le 30 germinal an 5. Or, l'était-elle effectivement à cette dernière époque? Oui, et la preuve en résulte du diplôme de sage-femme qui lui avait été délivré le 1.er brumaire an 5, et dont il est fait mention dans les premières lignes du jugement du tribunal de première instance.

» La dame Coron alléguait que la mère de la femme Maillard, qui figure comme témoins dans l'acte de naissance, en avait également imposé à l'officier de l'état civil, en prenant la qualité de sage-femme, qu'elle n'avait jamais eue. Mais la vérité est que la mère de la femme Maillard n'y avait point pris cette qualité.

» La dame Coron alléguait que la femme Cadillon, second témoin de l'acte de naissance, était désignée par un certificat du commissaire de police de son quartier, du 21 août 1808, comme *tenant des chambres garnies où logent des filles publiques et entretenues.* — Mais qu'importe la conduite actuelle de la femme Cadillon? L'acte de naissance la désigne comme épouse d'un employé à l'administration du département; et il est bien à croire que l'administration du département n'aurait pas souffert dans ses bureaux, en germinal an 5, un employé dont la femme aurait exercé publiquement un pareil état.

» La dame Coron alléguait qu'on l'avait désignée, dans l'acte de naissance, par une profession qu'elle n'avait jamais eue, celle de *lingère.* Mais, d'une part, on offrait de prouver que réellement elle avait fait le métier de lingère en germinal an 5; et, de l'autre, elle ne rapportait, pour prouver le contraire, qu'une attestation de son oncle et un certificat assez insignifiant du commissaire de police de sa demeure actuelle.

» La dame Coron alléguait que, dans l'acte de naissance, on l'avait dite native de la paroisse de Saint-Nicolas, tandis qu'elle est née dans la paroisse de Saint-Similien. Mais cette erreur pouvait être son ouvrage, tout aussi bien que celui de la sage-femme. Elle pouvait, dans les indications qu'elle avait données à la sage-femme, s'être trompée sur la paroisse où elle avait reçu le jour. De pareilles erreurs sont assez fréquentes dans une grande ville, où l'on est si sujet à changer de logement.

» Enfin, ce qui répondait à toutes les allégories de la dame Coron, c'est que l'acte de naissance renseigne exactement ses prénoms et son âge; c'est qu'il y a une parfaite identité entre le prénom qu'elle reconnaît elle-même avoir été celui de son père, et le prénom qui, par cet acte, est assigné à l'enfant; c'est en un mot, que tout acte de naissance dont la fausseté n'est pas clairement démontrée, fait, par lui-même, pleine foi de l'accouchement qu'il énonce.

» Mais de ce que la dame Coron a dû être considérée par la cour de Rennes, comme ayant réellement mis au monde l'enfant qui avait été inscrit, le 30 germinal an 5, sur les registres de l'état civil, s'ensuit-il que la cour de Rennes a pu admettre la preuve par témoins des faits consignés dans le jugement du tribunal de première instance?

» Ces faits sont de deux sortes.

» Les uns tendent à prouver l'accouchement de la dame Coron; et d'après ce que nous venons de dire, ils sont inutiles, parce que l'accouchement de la dame Coron est pleinement constaté par l'acte du 30 germinal an 5.

» Les autres tendent à prouver l'identité de l'enfant qui se présente aujourd'hui, avec l'enfant dont la dame Coron est accouchée le 30 germinal an 5; et il s'agit de savoir si ces faits sont soutenus d'un commencement de preuve par écrit, ou, en d'autres termes, si l'on peut assimiler à un commencement de preuve par écrit de ces faits, l'acte de naissance qui constate l'accouchement de la dame Coron.

» Nous l'avons déjà dit : l'art. 341 du Code civil suppose, d'un côté, une femme qui est accouchée d'un enfant à une époque donnée, une femme dont l'accouchement n'est pas douteux; de l'autre, un enfant qui soutient être le fruit de cet accouchement; et, comme dans cette position, il n'y a et ne peut y avoir de litige que sur l'identité de cet enfant avec celui dont la femme est réellement accouchée, il déclare que la preuve de cette identité est à la charge de l'enfant.

» Mais cette preuve, l'enfant pourra-t-il la faire par témoins? Il le pourra, répond le même art. 243, s'il a *déjà un commencement de preuve par écrit;* il ne le pourra pas, si ce commencement de preuve par écrit lui manque.

» Et ce commencement de preuve par écrit, sur quoi doit-il porter? Sur l'accouchement de la mère? Non, puisque, encore une fois, l'accouchement de la mère est supposé constant. Il doit donc porter sur le fait même que l'enfant *est tenu de prouver,* sur le fait qu'*il est identiquement le même* que l'*enfant dont* la mère *est accouchée.* C'est donc de cette identité que l'enfant doit représenter un commencement de preuve par écrit. L'acte qui constate l'accouchement de la mère, ne peut donc pas former un commencement de preuve par écrit de l'identité que l'enfant *est tenu de prouver.*

» Tels sont évidemment l'objet et le sens de la disposition de l'art. 341 qui détermine le mode de preuve de l'identité; et ce qui ajoute, s'il est possible, à la clarté de cette démonstration, c'est que le conseil d'Etat a formellement rejeté, dans sa séance du 26 brumaire an 10, un article proposé, dans le sens contraire, par les commissaires rédacteurs, et par la section de législation. Cet article portait : « le registre de » l'état civil qui constate la naissance d'un en» fant né de la mère réclamée, et duquel le » décès n'est pas prouvé, pourra servir de com» mencement de preuve par écrit ». Mais le ministre de la justice s'est élevé contre cette proposition, et voici dans quels termes il l'a combattue : « le principe de cet article entraîne» rait de grands inconvéniens, s'il donnait trop » de facilité pour prouver la filiation contre » une mère de famille ou contre une fille hon» nête dont la faiblesse serait ignorée. On a » donc eu raison d'en circonscrire l'application, » de manière qu'elle ne dépendît pas de preu» ves arbitraires. Les conditions dont on l'a » fait dépendre, sont bien choisies; *mais on les » affaiblit, si l'on décide que le registre qui » constatera la naissance d'un enfant né de » la mère réclamée, et duquel le décès ne sera » pas prouvé, pourra servir de commencement » de preuve par écrit.* Voici l'abus qui peut » résulter de cette disposition. Un aventurier » qui trouvera, sur les registres, l'inscription » d'un enfant dont le décès ne sera pas prouvé, » prétendra qu'il est cet enfant; et, à l'aide de » quelques témoins subornés, il réussira dans » sa demande. Il est difficile de concevoir jus» qu'à quel point la preuve testimoniale doit » être suspecte, quand elle porte sur l'iden» tité; il existe maintenant un procès dans » lequel une femme prétend qu'on a fausse» ment répandu le bruit de sa mort et de ses » funérailles; des témoins ont été entendus : » beaucoup la reconnaissent, et beaucoup ne la » reconnaissent pas. Indépendamment de ces » considérations, on peut aussi faire valoir des » raisons de droit. Il n'y a un véritable com» mencement de preuve par écrit, que lors» qu'il est direct et relatif à la personne, et » non lorsqu'il peut s'appliquer à plusieurs : » ici, la question sera de savoir si le registre » s'applique à l'enfant; et cependant ce sera » du registre même qu'on prétendra tirer les » premiers traits de lumière sur cette applica» tion! On tombe donc dans un cercle vicieux; » il faut laisser au réclamant la faculté d'argu» menter du registre, *et non en faire un com» mencement de preuve par écrit* ». — Ces raisons ont triomphé, et l'article proposé, tant par les commissaires-rédacteurs que par la section de législation, a été écarté par le conseil d'Etat.

» Le conseil d'Etat a donc décidé bien positivement qu'un acte de naissance ne forme pas un commencement de preuve par écrit des faits articulés par un demandeur en déclaration de maternité, pour établir son identité avec l'enfant dont sa prétendue mère est prouvée authentiquement être accouchée. Il a donc décidé bien positivement que le demandeur en réclamation de maternité qui ne présente d'autre commencement de preuve par écrit de cette identité, que l'acte qui constate l'accouchement de sa prétendue mère, doit être repoussé.

» Et il ne faut pas dire que cette décision n'est écrite que dans le procès-verbal du conseil d'Etat; elle l'est aussi, et elle l'est en caractères très-lumineux, dans l'art. 341 du Code civil.

» Voyons, d'après cela, sur quoi s'est fondée la cour d'appel de Rennes, pour admettre la preuve par témoins des faits d'identité articulés par le soi-disant Abel Hamelin?

» Elle s'est d'abord fondée sur l'acte de naissance du 30 germinal an 5; et il est évident que cet acte n'a pas pu autoriser l'admission d'une pareille preuve; il est évident que cet acte, suffisant par lui-même pour constater l'accouchement de la dame Coron, n'a pas pu être considéré comme un commencement de preuve par écrit de l'identité du soi-disant Abel Hamelin avec l'enfant dont la dame Coron est accouchée le 30 germinal an 5.

» Elle s'est ensuite fondée sur *les actes de naissance de deux enfans nés hors mariage, dont la dame Coron est accouchée, tandis qu'elle a vécu avec Mabit.* Mais quel rapport existe-t-il entre ces actes de naissance et la question d'identité dont il s'agit? Aucun, évidemment aucun : aussi n'est-ce pas relativement à l'identité de l'enfant mis au monde, le 30 germinal an 5, par la dame Coron, avec l'enfant qui la réclame aujourd'hui pour sa mère, que la cour de Rennes a ainsi argumenté du fait que, depuis le 30 germinal an 5, la dame Coron avait encore donné le jour à deux enfans naturels : elle n'a ainsi argumenté de ce fait que pour établir la vraisemblance de l'accouchement de la dame Coron à l'époque du 30 germinal an 5. Et la seule chose qu'il y ait à lui reprocher à cet égard, c'est d'avoir fait un argument très-inutile; c'est d'avoir cherché à rendre vraisemblable un fait dont l'acte de naissance du

30 germinal an 5 renfermait la preuve la plus complette.

» Enfin, la cour de Rennes s'est fondée sur les *présomptions fortes et concordantes*, *que présentent*, a-t-elle dit, *les autres faits qui résultent de l'état du procès*.

» Mais 1.° ces *faits*, quels sont-ils? La cour de Rennes ne les indique pas; et sans doute, s'ils étaient tels qu'ils dussent tenir lieu d'un commencement de preuve par écrit, il ne suffirait pas qu'ils existassent au procès, il faudrait encore que la cour de Rennes les déterminât spécifiquement dans son arrêt. Ce serait le seul moyen de mettre son arrêt en harmonie avec la loi, qui, d'une part, prohibe la preuve testimoniale de l'identité du réclamant avec l'enfant dont sa mère est accouchée, et, de l'autre, n'excepte de cette prohibition que le cas où le réclamant a déjà un commencement de preuve par écrit de l'identité elle-même.

» Parmi tous les faits articulés au procès, celui de l'accouchement excepté, il n'y en a pas un seul qui résulte d'un *acte par écrit*, *émané* de la dame Coron, c'est-à-dire, d'un acte revêtu des caractères requis par l'art. 1347 du Code, pour former un commencement de preuve par écrit. Il n'y en a pas un seul qui résulte de *titres de famille*, *de registres et papiers domestiques* de la dame Coron, *d'actes publics ou même privés*, *émanés* d'elle, en un mot de pièces que l'art. 324 permet de regarder comme des commencemens de preuve par écrit en matière de filiation. Il n'y en a donc pas un seul qui ait pu autoriser la preuve par témoins admise par la cour de Rennes.

» Car il ne faut pas s'y tromper : il n'en est pas de la filiation d'un enfant naturel, comme de la filiation d'un enfant légitime. Quand il s'agit de la filiation d'un enfant légitime, l'art. 323 du Code admet la preuve par témoins dans deux cas : *lorsqu'il y a un commencement de preuve par écrit*, *et lorsque des présomptions ou indices résultant de faits dès-lors constans*, *sont assez graves pour déterminer l'admission.* Mais s'agit-il de la filiation d'un enfant naturel? alors, plus d'alternative : l'art. 341 exige un commencement de preuve par écrit; et il n'est point de présomptions, il n'est point d'indices, même *résultans de faits dès-lors constans*, qui puissent en tenir lieu. Si l'art. 341 avait voulu qu'ils pussent en tenir lieu, il l'aurait dit; il l'aurait dit, parce que l'art. 323 l'avait déjà dit pour la filiation légitime; il l'aurait dit, parce que l'art. 323 avait déjà fait entendre que des *présomptions*, *des indices*, *résultant de faits dès-lors constans*, n'équipollent point par eux-mêmes à un commencement de preuve par écrit, et qu'ils ne peuvent tenir cette équipollence que d'une disposition expresse et spéciale de la loi; il l'aurait dit, pour prévenir l'induction contraire à laquelle aurait nécessairement conduit l'art. 323; il l'aurait dit enfin, pour empêcher qu'on n'appliquât à l'art. 323, mis en parallèle avec l'art. 341, l'axiome, *qui de uno dicit*, *negat de altero*.

» Mais au surplus, et ceci tranche toute difficulté, le procès-verbal de la discussion du Code nous fournit précisément le motif de la différence que le Code a voulu établir, à cet égard, entre la preuve de la filiation légitime, et la preuve de la filiation naturelle. « Il n'en » est pas ici (disait M. Berlier, à la séance » du conseil d'État du 26 brumaire an 10), » comme dans le cas où un enfant réclame les » droits de légitimité. Alors toute espèce de » preuve doit être admise; mais si l'on donne » la même latitude aux enfans nés hors ma- » riage, on expose la femme à craindre une » action flétrissante pendant tout le cours de » sa vie. Il est donc nécessaire de modérer » cette action, afin qu'elle n'entraîne pas » d'abus ».

» Il n'y a donc rien, absolument rien, qui puisse justifier l'arrêt de la cour de Rennes, du 31 août 1808, en tant qu'il a permis la preuve par témoins des faits sur lesquels le soi-disant Abel Hamelin prétend établir son identité avec l'enfant dont la dame Coron est accouchée le 30 germinal an 5.

» Et vainement le soi-disant Abel Hamelin vient-il vous dire que la dame Coron n'a jamais soutenu qu'un commencement de preuve par écrit fût nécessaire pour l'admission de la preuve par témoins de son identité avec l'enfant qui avait été présenté, le 30 germinal an 5, par la dame Maillard, à l'officier de l'état civil; qu'elle s'est constamment bornée à soutenir qu'elle n'était point la mère de cet enfant; *et qu'elle n'a pas nié du tout le fait d'identité*.

» 1.° Le soi-disant mineur Hamelin convient lui-même, page 6 de son Mémoire, *qu'il est possible que, dans le feu de la discussion, et par forme de règle générale, la dame Coron ait parlé de la nécessité d'un commencement de preuve écrite sur l'identité, comme sur la filiation.*

» 2.° Dans le fait, il est très-constant que, devant les premiers juges, comme devant la cour d'appel, la dame Coron s'est perpétuellement prévalue de l'art. 341 du Code; et il importe peu qu'elle ait donné aux inductions qu'elle pouvait tirer de cet article, tous les développemens dont elles étaient susceptibles : il suffit qu'elle ait excipé de cet article, pour que les juges aient dû se faire un devoir religieux de lui conserver tous les droits que cet article lui garantissait.

» 3.° La dame Coron a nié tous les faits dont le réclamant offrait la preuve par témoins; et elle a soutenu que la preuve par témoins de ces faits était inadmissible, faute d'un commencement de preuve par écrit. Elle a par conséquent nié tous les faits qui établissaient l'identité du réclamant. Elle a par conséquent soutenu que, faute de commencement de preuve par écrit, la preuve par témoins de ces faits était non-recevable.

» 4.° La dame Coron aurait sans doute ordonné plus régulièrement sa défense, si elle l'eût divisée en deux propositions : l'une principale : *je ne suis pas la mère de l'enfant qui a été présenté comme mon fils, le 30 germinal an 5, à l'officier de l'état civil;* l'autre subsidiaire : *l'enfant qui me réclame pour sa mère, n'est pas celui dont l'acte de naissance du 30 germinal an 5 prouve que je suis la mère.* Mais, de bonne foi, la pudeur permettait-elle à une femme mariée, de diviser sa défense avec une pareille régularité ? se retrancher ainsi dans une proposition subsidiaire qui eût absolument détaché la question d'identité de toutes les autres, qui l'eût isolée absolument, n'eût-ce pas été avouer publiquement une faiblesse qu'il était de son honneur, comme de son devoir, de mettre en dénégation, alors même que la loi en déclarait la preuve pleinement acquise ? Et de ce qu'elle n'a pas fait en termes exprès cette proposition subsidiaire, de ce qu'elle ne l'a point présentée dans toute sa nudité, de ce qu'elle ne l'a point présentée dans cet état d'isolement qui en eût rendu la discussion si pénible pour elle et si scandaleuse pour le public, peut-on sérieusement conclure qu'elle ne l'a point faite même implicitement et par équipollence ? Peut-on sérieusement conclure qu'elle ne l'a point renfermée dans l'ensemble de son système de défense ? — Eh ! Messieurs, parcourez tous les faits d'identité dont la preuve par témoins a été admise par les premiers juges et par la cour d'appel ; et voyez s'il en est un seul que la dame Coron ait avoué ; et voyez s'il en est un seul qu'elle n'ait pas nié avec une fermeté imperturbable !

» Par ces considérations, nous estimons qu'il y a lieu de casser et annuller l'arrêt de la cour de Rennes, du 30 août 1808.... ».

Par arrêt du 28 mai 1810, au rapport de M. Cassaigne;

« Vu les art. 341 et 323 du Code civil.....;

» Attendu, 1.° que, suivant l'art. 341 du Code civil, l'enfant naturel ne peut être reçu à prouver par témoins qu'il est identiquement le même que l'enfant dont la mère qu'il réclame est accouchée, s'il n'a déjà un commencement de preuve par écrit de cette identité;

» Attendu, 2.° qu'un acte de naissance ne forme point ce commencement de preuve, puisqu'il peut être applicable à un autre individu que le réclamant;

» Que ce principe est d'autant plus constant, qu'il a été reconnu au conseil d'État, lors de la discussion du projet du Code civil, en écartant l'article qui disposait que le registre de l'état civil constatant la naissance d'un enfant né de la mère réclamée, et duquel le décès ne serait pas prouvé, pourrait servir de commencement de preuve par écrit;

» Attendu, 3.° que ce n'est que dans le cas de la filiation légitime, que l'art. 323 du même Code permet de recevoir la preuve par témoins, lorsque les présomptions et indices résultans de faits dès-lors constans, sont assez graves pour déterminer l'admission; qu'aucun article du Code n'étend cette faculté au cas de la filiation naturelle;

» D'où il résulte qu'en admettant le mineur Abel à la preuve testimoniale, sur le seul fondement de l'acte de naissance du 30 germinal an 5, et des présomptions et indices résultans du procès, l'arrêt a violé l'art. 341 et faussement appliqué l'art. 323 du Code;

» La cour casse et annulle l'arrêt rendu par la cour d'appel de Rennes, le 31 août 1808... ».

MÉMOIRES INJURIEUX. *Arrêts de la cour de cassation, qui suppriment des mémoires injurieux.*

V. Remploi, §. 4; et *Tribunal d'appel*, §. 5.

MER. *Jusqu'où s'étendent les rivages de la mer, considérés comme partie du domaine de l'État ?*

V. l'article *Rivages de la mer.*

MESURAGE. *V. Poids public.*

MESURE. — §. I. *Y a-t-il lieu à garantie, lorsqu'un corps d'héritages a été vendu sans garantie de mesure, et que l'acquéreur a été évincé d'une partie de ce bien, sur le fondement que son vendeur n'en était pas propriétaire ?*

V. l'article *Fait du souverain.*

§. II. *Lorsqu'en vendant des denrées à la mesure, le vendeur ne s'est pas expliqué clairement sur la mesure à laquelle il entendait vendre, comment doit s'interpréter le doute ?*

V. l'article *Vente*, §. 10.

MEUBLES. — §. I. *Le propriétaire d'un meuble peut-il le revendiquer sur une tierce-personne à qui l'a transporté celui auquel il l'avait confié à titre précaire ?*

V. le plaidoyer et l'arrêt du 13 nivôse an 12, rapportés à l'article *Revendication*, §. 1.

§. II. *Le terme générique de* biens, *employé dans un contrat de mariage, comprend-il les meubles et les immeubles mobilisés par la coutume? Les comprend-il à l'effet de régler leur sort, autrement que la coutume ne règle celui des meubles réels et fictifs?*

« Telle est (ai-je dit à l'audience de la cour de cassation, section des requêtes, le 19 nivôse an 12), telle est la question qu'a décidée pour l'affirmative le jugement du tribunal d'appel de Douay, du 30 ventôse an 11, dont Chrysostôme Lesaffre vous demande la cassation.

» Elle s'est élevée au sujet du contrat de mariage passé le 16 septembre 1730, entre Jean-Chrysostôme-Joseph Lesaffre, et Barbe-Thérèse Breckevelt, tous deux domiciliés à Lille.

» Ce contrat n'est pas produit; et tout ce que le jugement attaqué nous retrace de ses dispositions, se réduit à trois points principaux:

» 1.° Les apports respectifs des futurs époux ne sont pas désignés dans l'acte; mais il est dit qu'ils le seront par des déclarations séparées, et qui demeureront annexées à la minute.

» 2.° L'usufruit de tous les biens que laissera le premier mourant, est promis au survivant, avec dispense de faire inventaire *des biens meubles et autres effets de la maison mortuaire.*

» 3.° En cas de prédécès de l'épouse sans enfans, le mari sera tenu de rendre aux héritiers qu'elle laissera, ou à ceux en faveur desquels elle aura disposé, *tous les biens par elle portés en mariage, toutes les donations, successions et hoiries qui lui seront advenues durant sa conjonction, ou leur valeur, en cas d'aliénation, et la moitié des acquêts* qui auront été faits pendant le même temps; *le surplus des autres biens de la communauté* appartiendra au mari survivant.

» Le cas prévu par cette dernière clause, est arrivé. La dame Lesaffre est morte la première; et son mari a joui, conformément aux stipulations matrimoniales, de tous les biens qu'elle avait laissés.

» Il est mort lui-même en avril 1789; et alors se sont présentés les héritiers de la femme, pour reprendre les biens dont le contrat de mariage leur assurait le retour.

» Après des procédures et des jugemens qui sont aujourd'hui sans objet, il s'est agi de savoir si, dans cette reprise, devaient entrer et les sommes de deniers qui, pendant le mariage, étaient échues à la dame Lesaffre, tant par succession que par donation, et la valeur des arbres que le mari avait abattus sur les propres de sa femme, situés dans la châtellenie de Lille.

» Les héritiers Lesaffre ont prétendu ne devoir rendre ni les unes ni les autres.

» A la demande en reprise des sommes mobilières, ils ont opposé l'art. 5 de la coutume de la ville de Lille, qui déclare le mari *seigneur et maître des biens meubles, catteux et héritages réputés pour meubles, droits et actions mobilières venant tant de son côté que du côté de sa femme,* avec pouvoir d'en *user et disposer à son plaisir et volonté, sans le gré d'icelle.*

» Et quant aux arbres abattus, pendant le mariage, sur les propres de la femme, ils ont soutenu que ces arbres étaient de la classe de ceux que l'art. 1 du chap. 7 de la coutume de la châtellenie de Lille réputait *catteux*, c'est-à-dire, meubles; qu'ainsi, on devait les assimiler aux sommes de deniers; que, comme celles-ci, ils étaient tombés, de plein droit, dans la communauté; que, comme elles, ils avaient été à la libre disposition du mari; que le mari les avait fait *siens*, en les abattant; et qu'on ne pouvait pas, pour en faire rendre la valeur aux héritiers de la femme, argumenter d'une clause de reprise qui, bien que conçue en termes généraux, n'était, d'après les dispositions particulières des coutumes de Lille et de sa châtellenie, susceptible d'aucune application aux effets mobiliers ou réputés tels.

» Les héritiers de la femme, de leur côté, ont soutenu que la clause de reprise embrassait les meubles comme les immeubles; et ils ont offert subsidiairement de prouver que les arbres dont ils réclamaient la valeur, n'étaient pas de la classe des *catteux*.

» Le tribunal d'appel de Douay a regardé cette preuve subsidiaire comme inutile: il a pensé que la clause de reprise frappait sur les meubles ni plus ni moins que sur les biens-fonds; et que, dès-là, elle comprenait nécessairement les arbres abattus, soit qu'ils eussent été *catteux*, soit qu'ils ne l'eussent pas été.

» En conséquence, par le jugement attaqué, il a condamné les héritiers du mari à rendre à ceux de la femme, et les sommes mobilières, et la valeur des arbres dont il s'agissait.

» Vous avez maintenant à décider si, comme on le prétend, il a violé, en prononçant ainsi, les dispositions citées des coutumes de la ville et de la châtellenie de Lille.

» La question doit être examinée sous deux rapports: elle doit l'être, en premier lieu, relativement aux arbres abattus pendant le mariage, et dans la supposition qu'ils aient appartenu à la classe des catteux; elle doit l'être ensuite relativement aux sommes mobilières qui, pendant le mariage, sont advenues à la femme par succession et par donation.

» Elle n'est, au surplus, sous le premier rapport, susceptible d'aucune difficulté.

» Il est vrai que la coutume de la châtellenie de Lille imprime aux catteux la qualité fictive de meubles, et qu'elle la leur imprime tant pour la succession que pour la communauté. Mais c'est une fiction qui, comme toutes les autres, ne doit opérer que dans les matières pour lesquelles la loi l'a introduite. — Aussi le douaire avait-il lieu sur les catteux, comme sur les fonds auxquels ils étaient adhérens : le parlement de Douay l'a ainsi jugé par un arrêt du 12 avril 1704, rapporté dans le Recueil de Pollet, part. 2, §. 26. — Aussi, lorsqu'on vendait un héritage sur lequel se trouvaient des catteux, le seigneur percevait-il ses droits de lods et ventes sur le prix entier, sans déduction de la valeur de ces meubles fictifs : c'est ce qui résulte d'une enquête par turbes, tenue à Lille dans le 17ᵉ siècle, et dont il est fait mention dans un commentaire manuscrit sur la coutume de la châtellenie. — Aussi les catteux étaient-ils, tous les jours, saisis réellement avec les biens-fonds dont ils faisaient partie. — Aussi les a-t-on toujours jugés passibles d'hypothèques et de retrait lignager.

» Il y a plus. Les catteux n'étaient, même en succession, réputés meubles que relativement aux dispositions de la coutume; ils ne l'étaient point relativement aux dispositions de l'homme; et d'après cela, ils n'entraient point dans un legs universel de meubles et d'effets mobiliers. L'annotateur de Bauduin, sur l'art. 146 de la coutume d'Artois, rapporte une sentence de la gouvernance d'Arras, qui l'a ainsi jugé.

» Par la même raison, quoiqu'ils entrassent dans la communauté purement coutumière, ils n'entraient cependant point dans la communauté conventionnelle; et c'est ce qui a été décidé solennellement dans l'espèce suivante.

» Desfontaines et la demoiselle Douay étaient convenus en se mariant dans la coutume de Douay, semblable, en ce qui concerne les catteux, à celle de Lille, que tous leurs *biens meubles, effets mobiliers et réputés tels*, entreraient en communauté. — Après la mort du mari, il fut question de savoir si, dans la communauté, étaient entrés les *catteux* inhérens aux propres qu'il avait laissés dans la coutume de la châtellenie de Lille. — On disait pour l'affirmative et dans l'intérêt de la veuve, que la coutume de Douay, lieu du domicile matrimonial, et la coutume de la châtellenie de Lille, lieu de la situation des biens, s'accordaient à réputer les catteux meubles, non-seulement en succession, mais encore en communauté; que l'on ne pouvait par conséquent douter qu'ils ne fussent compris dans la clause du contrat de mariage qui faisait entrer en communauté tous les biens meubles et réputés tels des futurs époux. — Nous répondions pour l'héritier du mari, qu'il fallait distinguer la communauté purement coutumière, d'avec la communauté stipulée par les parties; que l'une se réglait, à la vérité, par la coutume, mais que l'autre ne dépendait que des stipulations des époux; que par conséquent les biens de ceux-ci dégagés des fictions légales, devaient y reprendre leur véritable nature; — Qu'en vain objectait-on qu'aux termes du contrat de mariage de Desfontaines et de sa femme, il devait y avoir communauté entre eux, même pour les *biens réputés meubles*; que cette clause ne devait s'entendre que des biens incorporels, qui, sans être immeubles par leur nature, sont mobilisés par fiction, tels que les dettes actives; — Que vainement encore eût-on dit que les contractans sont toujours censés se conformer à la coutume; que cette maxime ne peut pas être appliquée à des fictions coutumières qui dénaturent les biens au point de faire considérer des immeubles réels comme des effets mobiliers; — Qu'au moment où l'on passe un contrat, il n'entre dans l'idée de personne que des objets inhérens aux fonds soient meubles ni réputés tels; que tout homme est porté, par un sentiment intérieur, à restreindre l'expression de *meubles fictifs* à ce qui, par sa nature, n'est ni meuble proprement dit ni héritage; — Qu'enfin, on ne devait jamais perdre de vue cette règle de Dumoulin, sur l'art. 94 de l'ancienne coutume de Paris : *consuetudo in dubio non videtur imponere legem ad modum intelligendi vel ad interpretationem pertinentem ad actus privatorum, sed suis tantùm.... Ideò dispositiones privatorum in hoc remanent in suis terminis.* — Sur ces raisons, arrêt du 18 décembre 1776, qui déclare que les catteux de la châtellenie de Lille n'ont pas fait partie de la communauté, et en conséquence les adjuge en totalité à l'héritier de Desfontaines.

» Il résulte clairement de tous ces détails, que les catteux de la châtellenie de Lille ne sont jamais considérés comme meubles dans les dispositions de l'homme; et de là nous devons nécessairement conclure que, quand même la clause de reprise stipulée dans le contrat de mariage du 16 septembre 1780, ne comprendrait que les immeubles proprement dits, les catteux de la dame Lesaffre y seraient néanmoins compris, puisque, dans les contrats, les catteux reprennent la nature d'immeubles que la coutume ne leur fait perdre que relativement aux dispositions qui lui sont propres.

» Mais, et c'est ici la seconde branche de notre question, est-il bien vrai que la clause de reprise ne comprend pas les meubles, comme les immeubles, qui, pendant le mariage, adviendront à la dame Lesaffre, soit par donation, soit à titre successif?

» Cette clause embrasse dans sa disposition *tous les biens* qui composent l'apport de la dame Lesaffre : si donc, dans cet apport, il se trouve des meubles, ils sont, comme les immeubles, soumis à la reprise que les héritiers de la dame

Lesaffre auront droit d'exercer après sa mort; car la clause ne dit pas, *tous les biens immeubles*; elle dit, *tous les biens* sans distinction : et ces mots, *tous les biens*, désignent tous les genres de propriétés. Vouloir les restreindre aux biens-fonds, c'est faire violence à la lettre comme à l'esprit du contrat; c'est substituer une interprétation arbitraire à la volonté claire et manifeste des parties.

» Ce n'est pas tout. La clause de reprise porte encore sur *toutes successions*, *donations* et *hoiries* qui adviendront à la dame Lesaffre. Elle porte donc sur les *successions* mobilières comme sur les *successions* immobilières, sur les *donations* d'effets mobiliers comme sur les *donations* d'immeubles; sur les *hoiries* dans lesquelles il n'entrera que de l'argent comptant, comme sur les *hoiries* composées uniquement de terres, de bois, de prés, de maisons.

» Si je vous donnais *tous mes biens* sans autre explication, ne seriez-vous pas donataire de mes meubles ni plus ni moins que de mes immeubles? Si je vous donnais toute une succession qui m'est échue, n'auriez-vous pas droit aux meubles comme aux immeubles qui s'y trouvent? Et lorsque, par le contrat de mariage du 16 septembre 1730, il a été convenu que le survivant aurait l'usufruit de *tous les biens* du prédécédé, n'est-il pas évident qu'il a été entendu que le survivant serait usufruitier, non-seulement des immeubles, mais encore des effets mobiliers? Et n'est-ce pas même parce qu'on l'a ainsi entendu, qu'il a été dit dans la même stipulation, que le survivant ne serait pas tenu, à raison de cet usufruit, de faire l'inventaire des *meubles et effets de la maison mortuaire*?

» Mais, dit-on, les meubles échus par succession, à la dame Lesaffre, étaient entrés dans la communauté, par cela seul, qu'ils n'en avaient pas été exclus.

» Oui, ils y étaient entrés, mais à la charge d'en sortir dans le cas arrivé où la dame Lesaffre mourrait avant son mari; et cela est si vrai, que, par le contrat de mariage, il est convenu qu'après la reprise des biens apportés et des successions recueillies par la dame Lesaffre, ainsi que de la moitié des conquêts, *le surplus des biens de la communauté* appartiendra au mari survivant : ces mots, *le surplus des biens de la communauté* ne se réfèrent pas seulement aux conquêts, ils se réfèrent à tous les objets précédens de la clause : ils prouvent par conséquent que ces objets ont pu tomber dans la communauté, sans pour cela demeurer incommutablement au mari; ils prouvent que le mari a pu en devenir maître à titre de communauté, et cependant être obligé par le prédécès de sa femme, de les restituer aux héritiers de celle-ci; ils prouvent en un mot que l'idée de l'existence temporaire de ces objets dans la communauté, peut très-bien s'allier avec l'idée de la reprise qu'en feront les héritiers de la femme.

» Eh! ne voyons-nous pas tous les jours stipuler dans les contrats de mariage, que telle somme de deniers apportée par l'un des époux, lui sera propre? Or, quel est l'effet d'une pareille stipulation? Empêche-t-elle que la somme de deniers n'entre en communauté? Non, elle l'astreint seulement à en sortir par prélèvement, lorsque la communauté viendra à se dissoudre. « Les biens mobiliers réalisés ou propres conventionnels (dit Pothier, *de la communauté*, » n. 325), se confondent dans la communauté » avec les autres biens de la communauté, qui » est seulement chargée d'en *restituer*, après » la dissolution, la valeur à celui des conjoints » qui les a réalisés; en conséquence, le mari, » comme chef de la communauté, peut aliéner » les meubles que la femme a réalisés. La réalisation de ces meubles et leur exclusion de » communauté ne consiste que dans une *créance* » *de reprise* de leur valeur, que le conjoint qui » les a réalisés, a droit d'exercer après la dissolution de la communauté dans laquelle ces » meubles réalisés se sont confondus; et c'est » à cette créance de reprise que la qualité de » propre conventionnel est attachée; le conjoint n'est pas créancier *in specie* des meubles » réalisés : il ne l'est que de leur valeur; et s'il » s'en trouvait quelques-uns en nature lors de » la dissolution de la communauté, il y aurait » seulement un privilége pour sa *créance de* » *reprise*, en les faisant reconnaître ».

» C'est donc bien vainement que le demandeur en cassation cherche ici à se prévaloir de ce que, par le contrat de mariage du 16 septembre 1730, il n'a été fait aucune stipulation de propre en faveur de la dame Lesaffre, puisque la clause de reprise insérée dans cet acte, équivaut, dans la réalité, à une stipulation de propre; puisque la stipulation de propre se réduit toujours, dans son exécution, à une clause de reprise; en un mot, puisque la clause de reprise suppose nécessairement la stipulation de propre, comme l'effet suppose nécessairement une cause préexistante.

» Cette seule observation suffisant pour écarter tous les autres argumens du demandeur, nous croyons pouvoir nous en épargner une réfutation qui finirait par devenir minutieuse, et qui, sans vous éclairer davantage, absorberait inutilement des momens que vous devez aux autres affaires : nous estimons qu'il y a lieu de rejeter la requête, et de condamner le demandeur à l'amende ».

Arrêt du 19 nivôse an 12, qui adopte ces conclusions, au rapport de M. Brillat-Savarin, « attendu que les juges du tribunal d'appel séant à Douay, en interprétant, comme ils l'ont fait, la clause du contrat de mariage dont il s'agit au procès, n'ont violé aucune loi ».

§. III. *La règle de droit qui veut qu'en succession, les meubles suivent la loi du domicile du défunt, est-elle applicable au cas où le défunt ayant eu son domicile dans une souveraineté, a laissé des meubles dans une autre ?*

V. l'article *Jugement*, §. 19.

§. IV. 1.° *Quelle est, dans la division générale des biens en meubles et immeubles, la place qui appartient aux actions ?*

2.° *Les actions dans les mines de charbon du Hainaut, étaient-elles réputées meubles avant le Code civil ?*

3.° *Quels sont le vrai sens et la latitude de la règle,* EN FAIT DE MEUBLES, *la possession vaut titres ?*

Sur la première question, *V.* l'article *Légitime*, §. 8.

Sur la seconde, *V.* l'article *Mines*, §. 1, n. 3.

Sur la troisième, *V.* les articles *Donation*, §. 6, et *Privilége*, §. 1.

§. V. *Y a-t-il contravention à la loi du 28 ventôse an 9, lorsque des particuliers non pourvus de commissions de courtiers de commerce, dirigent une vente publique de meubles à laquelle il est procédé, ostensiblement et en leur présence, par un huissier ?*

V. l'article *Vente publique de meubles*.

MILITAIRE. — §. I. *Du privilége qu'ont les militaires en temps de guerre, de ne pouvoir pas être expropriés judiciairement, pendant qu'ils sont en activité de service ?*

V. l'article *Expropriation forcée*, §. 7.

§. II. *Les militaires étaient-ils, sous la coutume de Namur, exceptés de la disposition de cette loi par laquelle était déclaré intransmissible à la succession d'un héritier, le fief qu'il n'avait pas relevé avant sa mort ?*

V. l'article *Féodalité*, §. 5.

§. III. *La loi du 11 ventôse an 2, qui veut que, lorsqu'une succession échoit à un militaire absent en temps de guerre, il soit nommé à celui-ci un curateur pour le représenter et exercer ses droits, a-t-elle été abrogée par le Code civil ?*

V. l'article *Contre-lettre*, et le *Répertoire de Jurisprudence*, au mot *Curateur*, §. 5.

§. IV. *Quelles sont les règles de compétence pour le jugement des crimes et des délits commis par les militaires en congé et par les marins ? à quels juges appartient la connaissance de ces crimes et de ces délits, lorsqu'ils ont été commis par des marins, de complicité avec des militaires en congé ?*

« Le procureur-général expose que l'interposition de l'autorité de la cour devient indispensable pour faire cesser un conflit qui s'est élevé entre le directeur du jury de l'arrondissement de Nantes, représenté aujourd'hui par le juge d'instruction du même arrondissement, et le conseil de guerre permanent de la 12.e division militaire.

» Dans le fait, il paraît que, le 11 mars dernier, le sieur Lefèvre, brigadier au 20.e régiment de chasseurs à cheval en garnison dans la ville de Nantes, a été assassiné dans cette ville par Honoré Tambarelle, chasseur au même régiment; et il résulte des informations qui ont été faites sur ce crime, que Gaétan Dubernet, matelot à bord du brick *le Mameloupk*, en rade à Paimbœuf, est prévenu d'y avoir pris part, en assistant le coupable dans les actes qui en ont préparé la consommation.

» Le 18 du même mois, le général commandant la 12.e division militaire, a ordonné que Tambarelle fût traduit devant le 1.er conseil de guerre permanent de cette division, séant à La Rochelle; et cet ordre a été exécuté.

» Quelques jours après, un ordre semblable a été donné relativement à Dubernet, complice présumé de Tambarelle.

» L'exécution de ce nouvel ordre a été, d'abord, empêchée par l'instruction que déjà le directeur du jury de l'arrondissement de Nantes avait commencée contre Dubernet.

» Et le 29 du même mois, ce magistrat a rendu, sur le réquisitoire du ministère public, une ordonnance ainsi conçue: — « Vu les lois » des 22 messidor an 4 et 12 novembre 1806; » — considérant qu'il résulte desdites lois, » qu'un délit commis en complicité par un » militaire et par un marin, est de la compétence » des tribunaux ordinaires; — considérant qu'il » nous est appris par une lettre de M. le commandant d'armes de la place de Nantes, en » date du 26 mars 1811, que M. le général » commandant la 12.e division, vient de traduire le chasseur Tambarelle et même le marin » Dubernet, devant le 1.er conseil de guerre, » séant à La Rochelle; ce que le général n'eût » sans doute pas fait, s'il avait été informé » que le marin Dubernet, prévenu d'être complice dudit Tambarelle, était justiciable des » tribunaux ordinaires; — Ordonnons que l'instruction de la procédure contre Gaétan Dubernet, sera suspendue, jusqu'au moment où

» le chasseur Tambarelle sera mis à notre disposition; qu'en conséquence, expédition de » notre présente ordonnance, sera, à la diligence de M. le magistrat de sûreté, transmise, » dans le plus court délai, à M. le capitaine » rapporteur, pour être placée sous les yeux » du conseil de guerre, réuni à La Rochelle ».

» Le 6 avril suivant, le conseil de guerre s'est assemblé pour délibérer sur la réquisition contenue dans cette ordonnance; et il a d'abord *décidé que Dubernet étant militaire, ne pouvait être jugé par un tribunal civil;* mais ne se trouvant pas suffisamment instruit pour prononcer sur la question de savoir *si ce militaire, étant marin et complice d'un militaire de l'armée de terre, devait être jugé par un conseil de guerre permanent* de division militaire, *ou s'il était justiciable d'un autre tribunal;* il s'est ajourné pour prendre là-dessus de plus amples renseignemens.

» Et le 11 du même mois, il a rendu un second jugement par lequel, « considérant que » l'art. 76 de la loi du 22 juillet 1806, porte » que tout délit commis entre officiers, matelots » et soldats, sera jugé par un conseil de guerre; » que, d'après cet article, si le délit eût été » commis par un marin militaire, qu'il eût eu » pour complice des soldats de l'armée de terre, » et que l'affaire eût été portée au conseil de » guerre maritime, elle eût été jugée par ledit » conseil; attendu qu'une affaire ne peut jamais » être divisée, et que, de même, le délit dont » il est question, ayant été commis par un » soldat de l'armée de terre, ayant des marins » militaires pour complices, l'affaire doit être » portée au conseil de guerre permanent de » l'armée de terre; il se déclare compétent pour » juger Dubernet ».

» En exécution de ce jugement, Dubernet a été traduit, comme Tambarelle, devant le 1.er conseil de guerre de la 12.e division.

» Mais le ministre de la justice ayant écrit, le 24 du même mois, au procureur-général de la cour de justice criminelle du département de la Loire-Inférieure, *que cette affaire devait être poursuivie devant les tribunaux ordinaires;* et sa lettre ayant été communiquée au capitaine-rapporteur du 1.er conseil de guerre de la 12.e division, toute procédure s'est trouvée suspendue, tant devant ce tribunal que devant le directeur du jury, jusqu'à ce que l'autorité supérieure, en cette partie, à l'un et à l'autre, eût statué légalement sur la question de compétence.

» Il s'agit maintenant de statuer en effet sur cette question; et la cour se convaincra facilement que c'est en faveur des tribunaux ordinaires qu'elle doit la résoudre.

» Sans contredit, le conseil de guerre serait compétent pour juger à la fois Tambarelle et Dubernet, si celui-ci eût été, comme celui-là, en garnison ou de service dans la ville où a été commis le crime dont ils sont prévenus.

» Mais Dubernet était, à l'époque de ce crime, attaché, par sa qualité de matelot militaire, à un brick en rade au port de Paimbœuf; et il ne se trouvait à Nantes que par congé. C'est ce qu'il a lui-même déclaré dans l'interrogatoire que lui a fait subir, le 1.er avril, le capitaine de gendarmerie de Nantes, délégué à cet effet par le capitaine-rapporteur; et ce fait est reconnu pour constant dans les instructions qui ont été commencées respectivement par le capitaine-rapporteur et par le directeur du jury.

» Or, par quel tribunal doit être jugé un militaire qui commet un crime ou un délit dans le lieu où il est en congé?

» Il doit l'être par le tribunal ordinaire de ce lieu même; c'est ce que décide formellement l'avis du conseil d'état du 30 thermidor an 12, approuvé le 7 fructidor suivant.

» Cela posé, comment Dubernet serait-il justiciable du premier conseil de guerre de la douzième division?

» Et s'il n'est pas justiciable de ce conseil, comment les membres de ce conseil pourraient-ils juger Tambarelle dont il est le complice? La compétence est nécessairement indivisible en cette matière; et un tribunal qui est incompétent pour juger le complice d'un crime, ne peut pas être compétent pour en juger l'auteur principal.

» Il faut donc en revenir à la règle établie par la loi du 22 messidor an 4, c'est-à-dire, renvoyer Tambarelle et Dubernet devant les tribunaux ordinaires.

» Et vainement chercherait-on à équivoquer sur les termes de cette loi; vainement dirait-on qu'elle n'ordonne le renvoi devant les juges ordinaires, que lorsqu'un *militaire* et *un individu non-militaire* se trouvent prévenus du même crime; vainement prétendrait-on que sa disposition n'est pas applicable au cas où la prévention pèse à la fois sur un militaire qui est à son poste et sur un militaire en congé.

» Qu'est-ce qu'entend cette loi par *un militaire* et par *un individu non militaire*? Elle entend par *un militaire*, tout homme qui, non-seulement appartient à l'armée, mais qui en fait actuellement partie, ou, en d'autres termes, qui est actuellement au poste que son état lui assigne dans l'armée elle-même. Et elle entend par *un individu non militaire*, non-seulement tout homme qui, par son état, est étranger à l'armée, mais encore tout homme qui, appartenant à l'armée, ne s'y trouve pas actuellement.

» C'est ce qu'explique parfaitement l'avis cité du conseil d'État du 30 thermidor an 12 : *les délits que commettent*, contre les lois générales (y est-il dit), les militaires *hors de leur corps et de leur garnison ou cantonnement*, NE SONT PAS DES DÉLITS DE MILITAIRES, *mais des délits d'un infracteur des lois, quelle que soit sa qualité ou sa profession*.

» Que peut, d'après cela, signifier ici l'art. 76 du décret du 22 juillet 1806, sur lequel le premier conseil de guerre de la douzième division s'est fondé, dans son jugement du 11 avril dernier, pour se déclarer compétent à l'effet de juger le chasseur Tambarelle et le matelot Dubernet?

» Le décret du 22 juillet 1806 n'a pour objet que les crimes et les délits commis par les militaires ou personnes réputées militaires, qui composent l'armée navale; et voici dans quel ordre il les classe.

» Il s'occupe, dans un premier titre, des crimes et des délits que peuvent commettre, dans l'exercice de leurs fonctions, les officiers-généraux et supérieurs chargés, par le chef du gouvernement, du commandement d'une escadre, d'une division ou d'un vaisseau particulier; et il en défère la connaissance à un conseil de marine.

» Dans le titre second, il traite *de la police et de la discipline*; et il l'attribue partie au commandant de chaque vaisseau ou bâtiment de guerre, et partie au *commandant de la garnison* de ce vaisseau ou bâtiment.

» Le troisième titre, qui a pour rubrique *de la justice*, est divisé en deux sections :

» Par la première, le législateur institue des *conseils de justice* pour connaître de tous les délits commis à bord des vaisseaux ou bâtimens de guerre, qui emportent, soit la peine de la cale, soit celle de la bouline.

» Par la seconde, il crée des conseils de guerre maritime pour juger *tous les délits* emportant une peine plus forte, qui seront *commis par les personnes embarquées sur les vaisseaux et autres bâtimens* de l'État, c'est-à-dire, par les soldats qui composent la garnison de ces vaisseaux ou bâtimens, comme par les marins de profession.

» Prévoyant ensuite le cas où ces marins et ces soldats commettraient des délits, non à bord des vaisseaux ou bâtimens de guerre, mais après leur débarquement, et dans le lieu où ils sont rassemblés sous les ordres de leurs chefs, il s'exprime ainsi, art. 76 : « La connaissance des » crimes et délits commis contre les habi» tans par les officiers, matelots et soldats, ap» partiendra aux juges des lieux; et les conseils » de guerre ne connaîtront que de ceux qui se» ront commis contre notre service, *ou entre* » *les officiers, matelots et soldats* ».

» On voit que, par cette disposition, le législateur établit, quant à la latitude de la juridiction, une grande différence entre les conseils de guerre maritime, et les conseils de guerre permanens des divisions territoriales. Car, dans l'armée de terre, les crimes et les délits commis par les officiers et les soldats envers les habitans des lieux où ils sont en garnison ou cantonnement, sont, ni plus ni moins que les crimes et les délits commis entre les officiers et les soldats de la même armée, de la compétence exclusive des conseils de guerre permanens. Au contraire, dans l'armée navale, les conseils de guerre maritime ne peuvent connaître que des crimes et délits commis *entre les officiers, matelots et soldats*; ils ne peuvent pas connaître des crimes et délits commis par les officiers, matelots et soldats envers les habitans des lieux; ils sont obligés d'en laisser la connaissance aux juges ordinaires.

» Ainsi, l'intention du législateur de ne pas étendre et de restreindre le plus qu'il est possible les attributions des conseils de guerre maritime, n'est pas et ne peut pas être douteuse.

» Comment donc supposer que, relativement aux crimes et délits commis *entre les officiers, matelots et soldats*, le législateur ait voulu franchir, en faveur des conseils de guerre maritime, les bornes qui circonscrivent la juridiction des tribunaux militaires en général? Comment supposer qu'il ait voulu attribuer aux conseils de guerre maritime la connaissance d'un crime commis entre deux militaires de l'armée navale qui sont à leur poste, et un troisième militaire de la même armée, qui, étant en congé et appartenant à une autre station, ne se trouve auprès d'eux que comme simple citoyen?

» Assurément on ne pourrait pas, en vertu de l'art. 76 du décret dont il s'agit, saisir un conseil de guerre maritime de la connaissance d'un crime qui aurait été commis par un militaire de l'armée navale, et par un habitant du lieu envers un autre militaire de la même armée. L'habitant du lieu ne pouvant, aux termes de la loi du 22 messidor an 4, être traduit que devant son juge naturel, attirerait nécessairement son complice militaire devant le même juge.

» Eh bien! la loi, entendue comme elle doit l'être, d'après l'avis du conseil d'État du 30 thermidor an 12, assimile absolument à l'habitant du lieu, le militaire en congé. Elle le soumet, comme lui, à la juridiction des tribunaux ordinaires. Elle veut donc que les tribunaux ordinaires connaissent des crimes et délits qu'il commet par complicité avec un militaire qui est à son poste, comme ils en connaîtraient s'il les avait commis seul ou par complicité avec un habitant du lieu.

» Ce considéré, il plaise à la cour, vu l'article 527 du Code d'instruction criminelle, la loi du 22 messidor an 4, et l'avis du conseil d'État du 30 thermidor an 12, approuvé le 7 fructidor suivant, sans avoir égard aux actes d'instruction faits par le capitaine-rapporteur du premier conseil de guerre permanent de la douzième division militaire, ni aux jugemens de ce conseil des 6 et 11 avril dernier, lesquels demeureront nuls et comme non-avenus, ordonner que Honoré Tambarelle et Gaétan Dubernet seront traduits, à raison du crime dont ils sont prévenus et ci-dessus mentionné, devant le juge d'instruction du tribunal de première instance de Nantes, pour être, à leur égard, procédé, ainsi qu'il appartiendra, conformément à la loi; et, qu'à la diligence de l'exposant, l'arrêt à intervenir sera notifié, tant auxdits Tambarelle et Dubernet, qu'audit capitaine-rapporteur.

» Fait au parquet, le 3 septembre 1811. *Signé* Merlin.

» Ouï le rapport de M. Bailly, conseiller commis à cet effet;

» Vu l'art. 527 du Code d'instruction criminelle de 1808; la loi du 22 messidor an 4, art. 2, et l'avis du conseil d'état du 30 thermidor an 2, approuvé le 7 fructidor suivant, duquel il résulte que la connaissance des crimes communs, commis par des militaires en congé ou hors de leurs corps, est exclusivement de la compétence des tribunaux ordinaires;

» Considérant que l'assassinat commis à Nantes le 11 mars 1811, sur la personne d'Auguste Lefèvre, brigadier au premier escadron du 20.e régiment de chasseurs à cheval, est imputé à Honoré Tambarelle, chasseur au même régiment en garnison à Nantes; mais que Gaétan Dubernet, matelot à bord du Brick le *Mamelouck*, en rade à Paimbœuf, lequel matelot est prévenu d'avoir aidé Tambarelle à commettre cet assassinat, était alors à Nantes par congé, et qu'il s'agit d'ailleurs d'un crime consommé par infraction aux lois générales de l'empire: d'où il suit, d'une part, que, pour raison de ce crime, Dubernet n'est justiciable que des tribunaux ordinaires; et d'autre part, qu'attendu l'indivisibilité de l'instruction, Tambarelle doit être jugé par les mêmes juges que ledit Dubernet, selon le vœu formel dudit art. 2 de la loi du 22 messidor an 4; ce qui suffit pour établir que le premier conseil de guerre permanent de la 12.e division militaire séant à la Rochelle, a violé les règles de sa compétence, en prenant connaissance dudit assassinat au préjudice des juges ordinaires de Nantes;

» La cour, faisant droit par forme de règlement de juges, sur le réquisitoire du procureur général, sans avoir égard aux actes d'instruction faits par le capitaine-rapporteur dudit conseil de guerre, ni aux jugemens rendus par ce conseil, les 6 et 11 avril dernier, lesquels actes et jugemens elle déclare nuls et comme non-avenus, ordonne que lesdits Tambarelle et Dubernet seront traduits à raison dudit assassinat dont ils sont prévenus, devant le procureur et le juge d'instruction, du tribunal de première instance de Nantes, lieu du délit, et par suite, s'il y a lieu, devant la cour de Rennes, pour y être, à leur égard, procédé ainsi qu'il appartiendra, conformément à la loi....

» Fait et prononcé à l'audience publique de la cour de cassation, section criminelle, le 6 septembre 1811 ».

§. V. *De quels tribunaux sont aujourd'hui justiciables les militaires prévenus de crimes commis pendant qu'ils sont sous les drapeaux, et compris dans l'art. 554 du Code d'instruction criminelle, concernant la compétence des cours spéciales?*

Cette question n'en serait pas une, si les cours spéciales existaient encore; car dans cette hypothèse, la juridiction des conseils de guerre devrait céder à celle de ces cours. Ainsi l'avaient décidé les arrêts de la cour de cassation qui sont rapportés dans le *Répertoire de jurisprudence*, aux mots *Délit militaire*, n. 11, et *Rebellion*, §. 3, n. 29.

Mais les cours spéciales n'ont-elles pas été abolies par la charte constitutionnelle du 4 juin 1814?

Dans le principe, la négative n'a pas paru douteuse. Elle paraissait justifiée par l'art. 63 de la charte elle-même: « il ne pourra (porte-» t-il) être créé de commissions et tribunaux » extraordinaires; ne sont pas comprises dans » cette dénomination, les juridictions prévô-» tales, si leur rétablissement est jugé néces-» saire ». — Il résulte bien de cet article (disait-on), que les cours spéciales extraordinaires sont abolies, parce qu'elles ne peuvent, aux termes de la loi du 20 avril 1810, être créées que par des décrets spéciaux et dans des circonstances particulières. Mais les cours spéciales ordinaires tiennent du Code d'instruction criminelle, une existence permanente; elles n'ont donc pas eu besoin d'être maintenues formellement par la charte: elles l'ont été par cela seul que la charte s'est bornée à interdire tout nouvel établissement de tribunaux extraordinaires; car prohiber pour l'avenir de pareils établissemens, c'est implicitement conserver ceux qui existent. D'ailleurs toute difficulté disparaît devant l'art. 68 qui veut que *les lois actuellement existantes, non contraires à la présente charte, restent en vigueur jusqu'à ce qu'il y soit légalement dérogé.*

Et sur ce fondement, un arrêt de la cour de cassation, du 10 août 1815, a confirmé un arrêt de la chambre d'accusation de la cour royale de Paris, du 15 juillet précédent, qui avait renvoyé Jacques Dubuisson devant la cour spéciale du département de la Seine (1).

(1) *V.* le *Journal des Audiences de la cour de cassation*, 1815, page 520.

Mais depuis, et le 20 décembre de la même année, il est intervenu une loi qui a créé les cours prévôtales et leur a transféré toutes les attributions des cours spéciales ordinaires.

C'était, au moins implicitement, abolir ces dernières cours. Aussi n'ont-elles pas été remises en activité, lorsqu'a cessé l'existence des cours prévôtales.

Et de là est née la question qui fait la matière de ce paragraphe.

Voici comment elle a été présentée à la cour de cassation, dans un réquisitoire de M. le procureur général Mourre, du 16 septembre 1819.

« Le procureur général expose qu'il est chargé par M. le garde des sceaux, de requérir un réglement de juges sur un conflit négatif élevé entre le tribunal de première instance de Rochefort et le 2.e conseil de guerre permanent établi dans la même ville, dans l'affaire des nommés Chéruel et Maugin, cannoniers dans l'artillerie de marine, en garnison à Rochefort, prévenus de fabrication et émission de fausse monnaie. — Voici les faits.

» Le 6 juillet dernier, les nommés Nicolas Maugin et Félix Chéruel, tous deux cannoniers de 3.e classe du 6.e bataillon d'artillerie de la marine, en garnison à Rochefort, ont été dénoncés par le chef de Bataillon à M. le contre-Amiral commandant de la marine à Rochefort, comme prévenus d'avoir contrefait et mis en circulation une pièce de monnaie d'argent, et Chéruel d'avoir bu et mangé chez un cabaretier sans avoir payé.

» Sur cette plainte, le capitaine-rapporteur a fait une information; il a entendu des témoins, interrogé les prévenus; et le 19 du même mois, l'affaire a été soumise au 2.e conseil de guerre permanent du 4.e arrondissement maritime séant à Rochefort.

» Ce conseil considérant *que la connaissance du crime de contrefaçon de monnaie était exclusivement attribuée aux cours criminelles spéciales; que, par suite de l'abolition d'icelles, la connaissance en a été portée aux cours prévôtales; cours qui ont été remplacées elles-mêmes par les cours d'assises; qu'en conséquence, c'est à ces cours qu'appartient la connaissance du crime dont il s'agit, crime plus grave que la seconde imputation faite au nommé Chéruel et par conséquent duquel le conseil a dû s'occuper le premier; déclare à l'unanimité son incompétence pour juger les prévenus Chéruel et Maugin, en ce qui concerne la contrefaçon de monnaie d'argent; renvoie ces accusés devant la cour d'assises du département de la Charente inférieure séant à Saintes, conformément aux art. 554 et 555 du Code d'instruction criminelle.*

» Le 24 du même mois, le conseil de révision a confirmé ce jugement.

» Cette procédure a été renvoyée au procureur du roi de Rochefort. Ce magistrat l'a soumise au tribunal qui, par son jugement du 7 août dernier, *considérant que lesdits Chéruel et Maugin, inculpés des faits qui leur sont imputés, ont été traduits devant le 2.e conseil de guerre permanent du 4.e arrondissement maritime séant au port de cette ville de Rochefort, pour y être jugés; que ce conseil de guerre s'est déclaré incompétent à raison de la matière; que le conseil permanent de révision du même arrondissement maritime a confirmé le jugement du 2.e conseil de guerre; et que, d'après cela, la procédure a été adressée à M. le procureur du roi et les inculpés ont été mis à sa disposition;*

— *Considérant que les faits imputés auxdits Chéruel et Maugin, ne les rendent pas justiciables des tribunaux criminels ordinaires, et qu'il n'existe plus de tribunaux spéciaux chargés de connaître contre toute personne du crime de fausse monnaie; que les inculpés étant militaires au moment où les faits qui leur sont imputés, auraient été commis, doivent être jugés par leurs juges naturels; et qu'ainsi, le juge d'instruction n'est pas compétent pour informer desdits faits; déclare que le juge d'instruction est incompétent pour informer des faits imputés auxdits Chéruel et Nicolas Maugin.*

» Cette procédure constitue un conflit négatif qui nécessite la décision de la cour pour rétablir le libre cours de la justice.

» Pour se fixer, il suffira de rapprocher les différentes lois sur la matière.

» Par le Code d'instruction criminelle, les cours spéciales étaient instituées; elles devaient connaître de tous les crimes de fausse monnaie (art. 554). Ainsi, sous l'empire de cette loi, le conseil de guerre n'eût point été compétent et la cour spéciale du département de la Charente-inférieure eût dû seule connaître du crime imputé à Chéruel et à Maugin.

» Les cours spéciales ont été supprimées; mais la loi du 20 décembre 1815 qui a créé les cours prévôtales, donnait à ces cours la connaissance des crimes qui étaient attribués aux cours spéciales. Ainsi, malgré la suppression de ces cours, le crime de fausse monnaie devait être porté devant le nouveau tribunal d'exception.

» Cette même loi dit, art. 55, *qu'après la session de 1817, elle cessera d'avoir son effet, si elle n'a été renouvelée dans le courant de ladite session.* En 1818 seulement, elle a cessé de recevoir son exécution. Elle s'est donc trouvée, par le fait, entièrement abrogée; et aucune loi postérieure n'a établi de nouvelles exceptions. Ainsi, du moment où les cours spéciales et les cours prévôtales auxquelles la connaissance des crimes attribués aux premières, avait été donnée, sont entièrement supprimées, et que la loi qui créait ces dernières, a cessé d'avoir son effet, il s'ensuit la conséquence que la connaissance de tous les crimes qui étaient dans leurs attributions, rentre dans le droit commun, et que chacun est rendu désormais à ses juges naturels.

» Ainsi, dans l'espèce, les deux prévenus du crime de fausse monnaie, sont deux militaires appartenant à un corps en garnison à Rochefort, lieu où le crime a été commis, ce crime ne recevant plus d'exception, il redevient justiciable des tribunaux militaires.

» La cour a plusieurs fois admis ce principe et notamment par deux arrêts : le 1.er du 17 juin 1813, à raison d'un vol commis par un militaire à un de ses camarades dans sa caserne; le 2.e du 21 mai dernier, au rapport de M. Aumont, dans l'affaire du nommé Joseph Bonnefont, grenadier dans la légion de l'Arriége, prévenu d'un crime commis dans sa garnison.

» Ce considéré, il plaise à la cour, sans s'arrêter aux jugemens rendus les 19 et 24 juillet dernier par les 2.e conseils de guerre et de révision permanens du 4.e arrondissement maritime à Rochefort, qui seront regardés comme non-avenus, renvoyer les pièces du procès et les prévenus devant tel autre conseil de guerre qu'il plaira à la cour indiquer pour être poursuivis ainsi qu'il appartiendra ».

Sur ce réquisitoire, arrêt du lendemain 17 septembre 1819, au rapport de M. Busschop, par lequel,

« Vu les art. 1 et 4 de la loi du 12 — 16 mai 1792, l'art. 3 du tit. 1.er, l'art. 18 du tit. 13 de la loi du 3 pluviôse an 2, et l'art. 1.er de la loi du 2 complémentaire an 3, qui attribuent aux tribunaux militaires la connaissance de tout crime et délit, de quelque nature qu'il soit, commis par des militaires ou assimilés à des militaires se trouvant à l'armée, dans les camps, cantonnemens ou garnisons;

» Considérant que, si, par des lois postérieures, il a été dérogé à la généralité de cette règle de compétence, en rendant, relativement à certains crimes et délits, les militaires justiciables des cours spéciales et prévôtales créées par lesdites lois postérieures, ces exceptions n'existent plus depuis la cessation de l'effet de la loi du 20 décembre 1815, qui, d'après son art. 55, s'est opérée après la session de la chambre des députés de 1817, pendant laquelle cette loi n'a point été renouvelée; que, dès-lors, la juridiction militaire a repris toute l'étendue de sa compétence primitive;

» Considérant que Nicolas Maugin et Félix Chéruel, canonniers de la troisième classe du sixième bataillon d'artillerie de la marine, ont été inculpés de fabrication et d'émission de fausse monnaie dans le temps qu'ils faisaient partie de la garnison de Rochefort; qu'ils étaient donc justiciables, à raison de ces faits, d'un tribunal militaire; que néanmoins le deuxième conseil de guerre permanent du quatrième arrondissement maritime, séant à Rochefort, qui était le juge compétent desdits prévenus, a, par son jugement du 19 juillet 1819, déclaré son incompétence, et que ce jugement a été confirmé par celui du conseil permanent de révision du même arrondissement, du 24 même mois; que, par suite de ces jugemens, les prévenus ont été renvoyés devant le procureur du roi près le tribunal de première instance de Rochefort, et que ce tribunal a également déclaré le juge d'instruction incompétent pour instruire sur les faits imputés aux mêmes prévenus; qu'il importe donc de faire cesser les obstacles qui, en cet état de conflit négatif, arrêtent la marche d'une procédure criminelle, et de désigner, à cet effet, les juges qui en doivent connaître;

» D'après ces motifs, la cour, faisant droit au réquisitoire du procureur-général, et statuant par voie de réglement de juges, d'après les dispositions du Code d'instruction criminelle, sans avoir égard aux jugemens susmentionnés des 19 et 24 juillet 1819, rendus par les deuxième conseils de guerre et de révision permanens du quatrième arrondissement maritime, séant à Rochefort, lesquels jugemens sont déclarés nuls et comme non-avenus; renvoie les susnommés Chéruel et Maugin devant le deuxième conseil de guerre permanent du quatrième arrondissement maritime, séant à Rochefort, pour y être jugés sur les faits de fabrication et émission de fausse monnaie dont ils sont inculpés ».

Au surplus, *V.* les articles *Conseil de guerre*, *Étranger* et *Informations*.

MINERAI. *V.* l'article *Minière*.

MINES. — §. I. 1.° *Quelle était, avant les lois du 4 août 1789, la nature des droits qu'avaient sur les mines, les seigneurs hauts-justiciers du Hainaut? Les seigneurs hauts-justiciers étaient-ils propriétaires fonciers des mines non encore découvertes? L'étaient-ils au moins des mines qui, en 1789, étaient découvertes et en pleine exploitation?*

2.° *Les droits d'entre-cens que les seigneurs hauts-justiciers du Hainaut s'étaient réservés sur les mines dont ils avaient permis l'ouverture et l'exploitation à des entrepreneurs, étaient-ils seigneuriaux, et sont-ils supprimés par les lois relatives à la féodalité?*

3.° *S'ils sont supprimés en thèse générale, sont-ils du moins conservés en faveur des ci-devant seigneurs qui, postérieurement à la stipulation primitive de ces droits, mais avant l'abolition du régime féodal, les avaient modifiés par des transactions passées avec les entrepreneurs?*

4.° *La question de savoir si une redevance promise à un ci-devant seigneur haut-justicier, pour prix de la permission qu'il a donnée d'ouvrir des mines de charbon dans sa haute-justice, est purement foncière et maintenue comme telle, ou si elle est féodale et comme telle, abolie, a-t-elle pu, avant la loi du 21 avril 1810, faire la matière d'une transaction?*

5.° *La loi du 21 avril 1810 a-t-elle rendu sans effet les transactions qui antérieurement, et depuis l'abolition du régime féodal, avaient été passées sur des contestations de cette nature?*

6.° *Qu'entendait l'art. 13 du chap. 122 des chartes-générales de Hainaut, par le droit de charbonnage qu'elles réputaient héritage ou immeuble?*

7.° *Quelle était, en Hainaut, avant le Code civil, la nature des actions des sociétés charbonnières? étaient-elles meubles ou immeubles?*

I. Les trois premières questions se sont présentées dans l'espèce suivante.

Le 12 janvier 1757, contrat par lequel Jean-Louis Decarondelet, seigneur haut-justicier des territoires de la Hestre et de Haine-Saint-Pierre, situés dans le Hainaut autrichien (aujourd'hui département de Jemmapes), permet, *perpétuellement et à toujours*, à Arnould Deschuytener et à ses associés, *de tirer charbons, tels et tant qu'ils en trouveront sur lesdits territoires.* — Par le même acte, la société s'oblige *de continuer le conduit déjà commencé*, en vertu de la permission qu'elle en avait obtenue d'un fondé de pouvoir du seigneur. — Dans le cas où elle cesserait, pendant un an, de travailler à ce conduit et d'extraire du charbon, elle sera réputée avoir abandonné l'entreprise pour toujours, *sans pouvoir rien réclamer de ce qui aurait été fait, ni retirer ce qu'elle aurait mis; et le tout demeurera au profit du seigneur*, sans préjudice des dommages-intérêts qui lui seront dus pour l'inexécution de l'entreprise. — Enfin, il est convenu que *le seigneur aura à son profit le onzième denier de tout ce qui sera vendu ou à vendre, franc de tous frais, pour droit de cens et d'entre-cens, à quoi les associés s'obligent solidairement l'un pour l'autre.*

Le 16 mars 1776, transaction sur quelques difficultés survenues dans l'exécution de ce contrat. « Les maîtres charbonniers (y est-il dit), continueront le *conduit* jusqu'à la première veine travaillable, et poursuivront jusqu'aux veines de charbon découvertes sur la *Hestre*; lequel ouvrage se reprendra sous quinze jours, aux frais des charbonniers qui travailleront dorénavant, de bonne foi et avec continuité, à faire valoir le charbonnage, de la même manière que le seigneur le pourrait faire pour son plus grand profit, consentant à tout dédommagement au cas contraire.....; et pour qu'il ne soit porté aucun préjudice au seigneur de la Hestre, et qu'il puisse jouir en tout temps de l'extraction qui se fera sur sa seigneurie, les charbons ne pourront s'extraire à l'avenir sur ladite terre, que par des ouvertures placées *sur son domaine*; et les galeries et ouvrages de ces ouvertures seront pratiqués *sur les tréfonds de sa seigneurie*, sans les pouvoir détourner sur des terrains étrangers ».

En 1785, procès entre François-Louis-Hector Decarondelet, fils de Jean-Louis, et la société Deschuytener. — Le premier se plaint de ce que la société étend ses extractions de charbon jusques dans la terre de Redemont, dont il n'est pas seigneur; de ce qu'elle se livre de préférence à l'exploitation des veines qui s'y trouvent; et que, par là, elle néglige l'exploitation des veines de la Hestre et de Haine-Saint-Pierre, ce qui nuit à ses intérêts; de ce qu'elle a percé des communications à l'aide desquelles les eaux de Redemont s'écoulent dans le territoire de la Hestre et de Haine-Saint-Pierre; enfin, de ce qu'elle extrait, par une seule et même fosse, le charbon de ce territoire et de celui de Redemont. — Il prend, en conséquence, différens chefs de conclusions, et il demande notamment que la société soit condamnée à lui payer, dans la proportion réglée par l'acte du 12 janvier 1757, le droit d'*entre-cens* de tout le charbon qu'elle extraira *ailleurs que sur la Hestre et Haine-Saint-Pierre*, si mieux elle n'aime consentir qu'il accorde à d'autres le droit d'exploiter les veines de charbon de son territoire.

Le 15 mai 1787, arrêt du conseil souverain de Mons, qui déboute le sieur Decarondelet de ce dernier chef de demande; mais déclare « que la société n'a pas pu et ne peut faire couler les eaux de ses ouvrages situés sur le fief de Redemont, dans le conduit pratiqué pour le desséchement des veines de la Hestre et de Haine-Saint-Pierre, ni extraire le charbon de ces derniers territoires avec celui du territoire de Redemont, par une seule et même fosse, en conséquence, lui ordonne de fermer toutes les communications desdits ouvrages sous le fief de Redemont, avec ledit conduit; il lui fait défenses d'en pratiquer d'autres, et réserve au sieur Decarondelet d'articuler ses dommages-intérêts par instance séparée, s'il croit y avoir matière ».

Le 3 octobre suivant, autre arrêt qui, sur la nouvelle instance formée en exécution du précédent, ordonne aux parties de comparaître devant le conseiller-rapporteur, pour être ouïes et réglées suivant l'instruction que lui a donnée le conseil souverain.

Le 21 du même mois, le sieur Decarondelet et la société comparaissent devant le rapporteur du procès, et font, par son entremise, une transaction dont voici les principales clauses.

« 1.° Le droit perçu par le sieur Decarondelet, à raison du onzième denier, sur le territoire de la Hestre et de Haine-Saint-Pierre, sera réduit au vingtième, à dater du 1.er novembre prochain. — 2.° Il jouira également d'un pareil droit de vingtième de tout le charbon que la société extraira sur le fief de Redemont et autres seigneuries, où elle a obtenu et obtiendra par la suite la faculté d'exploiter; il jouira même du charbon déjà extrait, et qui ne sera pas vendu au 1.er novembre; lequel vingtième se percevra de la même manière que se percevait le onzième, pour droit d'entre-cens sur les veines de la Hestre et de Haine-Saint-Pierre. — 3.° Cependant, en ce qui concerne le charbon qui pourra s'extraire dans le terrain qu'on nomme le *terrain d'abournement*, dont l'exploitation a été interdite en 1774 par le gouvernement, Decarondelet percevra le droit d'entre-cens, le cas échéant, à raison du onzième denier, comme par le passé; en raison de quoi, les maîtres associés sont autorisés par ledit Decarondelet, à faire rentrer à leur profit particulier la somme de 8,000 florins, qui leur a été abandonnée par le gouvernement, pour désintéressement d'ouvrages qu'ils avaient poussés jusqu'audit abournement. — 4.° L'exploitation sur le fief de Redemont et autres qui n'appartiennent pas à Decarondelet, devra toujours être égale à celle faite sur les fiefs de la Hestre et Haine-Saint-Pierre, qui lui appartiennent, faisant une année commune de quatre; et si l'exploitation de la Hestre excède celle de Redemont et autres seigneuries, Decarondelet jouira du onzième sur l'excédant, sans préjudice au vingtième sur le surplus. — 5.° Decarondelet aura dorénavant voix délibérative à toutes les assemblées de la société. Il pourra établir à ses frais tels *regards* (surveillans) qu'il lui plaira, pour inspecter les charbonnages des différentes seigneuries. Il pourra avoir un controleur du débit et de la recette du charbonnage de la Hestre et de Haine-Saint-Pierre. Les maîtres associés dresseront des comptes particuliers des charbonnages de chaque seigneurie, qui seront communiqués à Decarondelet. — 6.° Il sera libre à la société de reprendre ses ouvrages par les fosses mitoyennes, et de pratiquer de nouvelles fosses, tant sur Redemont que sur la Hestre et Haine-Saint-Pierre. — 7.° Toutes les communications des ouvrages sous Redemont avec le conduit de Haine-Saint-Pierre, qui ont été bouchées, pourront être ouvertes : de manière que les eaux de Redemont et autres seigneuries auront le droit de congé, et pourront s'écouler librement par le même conduit. — 8.° Le contrat du 12 janvier 1757 et de la transaction du 16 mars 1776 auront leur effet en tout ce qui n'y est pas dérogé par la présente transaction. — 9.° Au moyen de ladite transaction, tous procès actuellement pendans, regardant ladite société, viennent à cesser, dépens compensés, sauf que Decarondelet supportera *le coût de la consulte* (les épices) de l'arrêt du 3 octobre 1787. — 10.° Lesquelles conventions ayant été acceptées par les parties, elles ont promis de n'aller jamais à l'encontre; et tous et chacun des associés s'y obligent solidairement les uns pour les autres, et un seul pour le tout ».

Ces conventions s'exécutent paisiblement jusqu'à la réunion du Hainaut autrichien à la France.

Mais à cette époque, la compagnie Deschuytener se refuse au payement de la redevance que le sieur Decarondelet s'était réservée par les actes des 12 janvier 1757 et 21 octobre 1787; et elle fonde ce refus, tant sur les lois des 4 août 1789, 15 mars 1790 et 13 avril 1791, portant abolition de la féodalité, des justices seigneuriales et des droits qui en dépendaient, que sur la loi du 12 juillet 1791, concernant les mines.

Le 1.er ventôse an 5, le sieur Decarondelet fait citer cette compagnie devant le tribunal civil du département de Jemmapes, pour la faire condamner au payement des arrérages de sa redevance.

Le 15 floréal an 6, jugement de ce tribunal, qui déclare *la demande non admissible*, « attendu que le droit d'entre-cens réclamé par le demandeur, ne lui compétait à autre titre que celui exprimé en l'art. 1.er du chap. 130 des chartes du Hainaut; qu'ainsi, ce droit était féodal; et que, par la loi du 9 brumaire an 2, il est défendu aux juges, à peine de forfaiture, de connaître des droits féodaux ».

Le sieur Decarondelet appelle de ce jugement; et le 12 messidor an 9, arrêt de la cour d'appel de Bruxelles, ainsi conçu :

« Des débats des parties sont résultées les questions suivantes : 1.° La prestation stipulée sous le titre d'*entre-cens*, au profit de l'appelant ou de ses auteurs, en l'acte du 12 janvier 1757, a-t-elle eu pour cause une concession primitive de fonds, ou représente-t-elle un droit féodal et dépendant de la justice seigneuriale? 2.° Cette prestation est-elle, ou n'est-elle pas, abolie par les lois de la république sur la féodalité et sur les mines et minières? 3.° *Subsidiairement*, l'acte transactionnel du 21 octobre 1787 légitime-t-il la réclamation que fait l'appelant des avantages y stipulés à son profit? 4.° Le juge *à quo* a-t-il dû invoquer la disposition de la loi du 9 brumaire an 2, pour s'exempter de prononcer au cas de la cause?

» Sur quoi, attendu que la première question est à examiner, 1.° d'après le contrat du 12 janvier 1757; 2.° d'après la coutume du ci-devant Hainaut, sous laquelle étaient situées les ci-devant seigneuries de la *Hestre* et de *Haine-Saint-Pierre*;

» Considérant que des termes du contrat, il

résulte que le ci-devant seigneur de la *Hestre* et de *Haine-Saint-Pierre*, n'accordait à la société que le *droit de tirer du charbon* sur ces terres, à la charge notamment de lui payer, *à titre de droit d'entre-cens*, le *onzième denier* de ce qui serait vendu ou à vendre...... *comme il avait eu de tout temps;*

» Considérant que de ces expressions, il suit qu'en supposant même que les mines fussent, aux termes de la coutume, des propriétés foncières entre les mains des ex-seigneurs, celui de la *Hestre* et de *Haine-Saint-Pierre* ne les avait pas transférées par cet acte aux charbonniers; en sorte que cette stipulation du onzième denier net à son profit ne peut être aucunement envisagée comme ayant pour cause une concession de fonds, mais *comme étant le prix du droit de tirer du charbon.*

» Considérant, sous le rapport de la *coutume locale*, que le droit des ex-seigneurs aux veines ou mines non encore concédées, est déterminé sous la dénomination de droit d'*avoir en terre non extrayé* (art. 1, ch. 130);

» Que cet *avoir en terre non extrayé* est expliqué consister dans la *chose trouvée en terre, comme charbons, pierres et semblables* (art. 2, *ibid.*);

» Que ces choses *étant en terre*, sont réputées pour *héritages* ou immeubles; et *séparées de terre*, sont tenues pour *meubles* (art. 12, ch. 122): ce qui, jusques-là, détermine bien que les mines, en les supposant partie du fief, restaient dans la propriété du titulaire féodal, et ne se transmettaient pas aux charbonniers par la concession du droit de les exploiter; — Qu'ainsi, la prestation dont il s'agit, avait aussi, dans cette coutume, une autre source qu'une concession primitive de fonds;

» Considérant que cette source était l'*exercice d'un droit attribué à la seigneurie haute-justicière;* ce qui résulte de ce même article 1.er du chap. 130, où sont spécifiés les profits et émolumens y attachés en ces termes: *haute-justice et seigneurie s'extend et comprend*, etc.; — Que cet *exercice du droit de mines consistait*, ou dans leur exploitation par le seigneur, ou *dans la permission qu'il en accordait à d'autres, sous une rétribution nommée* DROIT D'ENTRE-CENS, aussi déclaré tenu pour *héritage* ou immeuble (art. 14, ch. 122); — Que *de cette permission*, au second cas, il naissait, en faveur de ceux qui l'obtenaient, un nouveau droit de *charbonnage* (art. 13 dudit ch. 122), consistant dans la faculté d'exploitation, résultante de ladite permission, librement transmissible par voie de vente, succession, disposition, aux termes dudit article....; — D'où il résulte de plus en plus que, par les simples actes ou autres contrats de concession, les seigneurs hauts-justiciers ne transmettaient et ne donnaient, ne pouvaient transmettre et donner aux charbonniers, *que la simple faculté ou permission d'exploiter*, qui ne transportait rien du droit de mines à ceux qui l'obtenaient, et n'ôtait rien du droit *à la haute-justice*, soit avant, soit après la mine découverte;

» Considérant qu'en conséquence, l'appelant *ne peut tirer aucun avantage, ni de ses contrats, ni de la coutume*, dans l'ordre de la première question, *pour en prétendre*, comme il le fait, *que la prestation y stipulée à titre d'entre-cens, ou l'abonnement du charbonnage dont il s'agit, aurait eu pour cause*, de sa part ou de ses auteurs, *une concession primitive de fonds* qui le constituerait, sous ce point de vue, dans l'exception de la suppression générale des droits féodaux et des prestations qui les représentent;

» Sur la seconde question, considérant que le droit d'entre-cens dont il s'agit, a, pour cause immédiate, la concession du 12 janvier 1757 et la transaction du 21 octobre 1787; et que les lois de la république suppressives des droits féodaux, des 4 août 1789, 13 avril 1791 et 17 juillet 1793, ne décident spécialement ni du sort du droit d'entre-cens, ni de celui des concessions et contrats qui en déterminent la quotité et la durée; — Que la seule loi qui règle d'une manière spéciale, la manière et les effets des concessions des droits de mines, c'est celle des 27 mars, 15 juin et 12 juillet 1791; — Que la loi 80, D. *de regulis juris*, décide que, dans le concours de plusieurs lois dont les unes disposent généralement, et les autres spécifiquement sur une matière, il faut se décider plutôt par celles-ci que par les premières;

» Considérant que la loi du 12 juillet 1791, qui a statué sur la matière des mines et minières, loin d'annuller les concessions faites par les seigneurs, les maintient au contraire *dans toute leur étendue*, puisque l'art. 4 porte: *Les concessionnaires actuels qui ont découvert les mines qu'ils exploitent, seront maintenus jusqu'au terme de leur concession........ En conséquence les propriétaires de la surface, sous prétexte d'aucune des dispositions contenues aux art. 1 et 2, ne pourront troubler les concessionnaires actuels dans la jouissance desdites concessions, lesquelles subsisteront* DANS TOUTE LEUR ÉTENDUE;

» D'où il suit que le droit d'entre-cens, qui est le prix de cette concession, et qui fait essentiellement partie du contrat qui la constitue, doit être pareillement maintenu; autrement, ce serait admettre la cause, et en rejeter les effets; *ce ne serait plus maintenir les concessions* DANS TOUTE LEUR ÉTENDUE; ce serait au contraire en accorder une nouvelle à titre gratuit; ce qui serait contraire aux termes formels de cet article, et en opposition manifeste à l'intention qu'a eue le législateur, en portant les lois sur la suppression des droits féodaux, laquelle a dû profiter *au vrai propriétaire*, et nullement aux concessionnaires qui ne le sont pas;

» Attendu que cette dernière considération a porte le tribunal de cassation à juger, le 11 nivôse an 8, que les lois sur la suppression de la féodalité ne sont pas contraires aux prétentions de continuer la prestation du droit d'entre-cens;

» Sur la troisième question, considérant que l'acte du 21 octobre 1787, sur lequel l'appelant fonde principalement son droit *d'entre-cens*, contient, non-seulement une véritable concession du droit de charbonnage, mais aussi une véritable transaction passée entre les parties, de bonne foi, sur des prétentions et des procès alors existans; et que de pareils actes ont, aux termes des lois, le même effet que les jugemens passés en force de chose jugée, à laquelle les lois ne sont jamais censées porter atteinte, s'il ne conste, par une disposition formelle, qu'elles ont voulu y déroger; ce qui ne se trouve pas dans la présente hypothèse;

» Sur la quatrième question, considérant que la disposition de la loi du 9 brumaire an 2, que le juge de première instance a invoquée dans son jugement, pour déclarer la cause non admissible, est applicable aux seules procédures entamées antérieurement qui avaient pour objet la poursuite des droits féodaux supprimés sans indemnité par le décret du 25 août 1792 et par les lois antérieures; en sorte que, de ce chef, il en résulte un nouveau grief pour l'appelant, qui prétendait devant ce juge, que son droit était dans l'exception prononcée par cette loi, et conséquemment conservé....;

» Déclare avoir été bien appelé, mal jugé; faisant par suite ce que le juge *à quo* aurait dû faire, condamne tant lesdits associés en cette qualité que la société en masse, à payer à l'appelant, suivant le contrat de concession du 12 janvier 1757 et la transaction du 21 octobre 1787, le vingtième de tout le charbon qu'ils ont extrait depuis floréal an 3, tant de Haine-Saint-Pierre et la Hestre, que des autres territoires où ils ont exploité: plus, le onzième de tout le charbon que ladite société et les autres intimés ont extrait dans le terrain dit *l'abournement au delà de la faille*, et le onzième qui peut lui revenir sur pied des art. 3 et 4 de la susdite transaction, des charbons tirés de Redemont et autres lieux..... ».

Le sieur Deschuytener et un grand nombre de ses consorts se pourvoient en cassation.

« Les questions que vous présente cette affaire (ai je dit à l'audience de la section civile, le 16 ventôse an 12), sont aussi importantes qu'épineuses; déjà elles ont été agitées dans plusieurs tribunaux qui les ont jugées, tantôt dans un sens, tantôt dans l'autre. C'est au tribunal suprême qu'il appartient de leur donner une solution qui puisse, par son grand caractère et par la justesse de ses motifs, mettre fin aux contestations qu'elles font naître journellement, régler définitivement les intérêts majeurs auxquels elles tiennent, et asseoir sur une base immuable la fortune de plusieurs milliers de familles.

» La discussion qu'elles exigent de notre part, ne serait ni longue ni difficile, si nous ne devions nous arrêter qu'aux motifs du jugement attaqué par les demandeurs.

» Le tribunal d'appel de Bruxelles débute, dans ce jugement, par reconnaître que le cit. Decarondelet n'était pas propriétaire foncier de mines de charbons de terre dont il a permis l'ouverture et l'exploitation à la campagnie Deschuytener par l'acte du 12 janvier 1757; qu'ainsi, ce n'était pas une propriété foncière qu'il avait, par cet acte, concédée à la compagnie Deschuytener, que le droit d'entre-cens qu'il s'était réservé par ce même acte, n'avait jamais pu être considéré dans ses mains comme le prix d'une concession de fonds; et qu'il n'avait sa source que dans *l'exercice d'un droit attribué à la seigneurie haute-justicière*: — Ce qui est bien dire, en d'autres termes, que c'était un droit seigneurial proprement dit, une véritable émanation de la haute-justice.

» Cette première base posée, il s'agit d'abord de savoir si le droit d'entre-cens stipulé au profit du cit Decarondelet, par l'acte du 12 janvier 1657, a été aboli par les lois de 1789, 1790, 1791, 1792 et 1793, relatives à la féodalité; et le tribunal de Bruxelles décide qu'il ne l'a pas été, attendu, dit-il, *que les lois de la république suppressives des droits féodaux, ne disposent spécialement ni du sort du droit d'entre-cens ni de celui des concessions et contrats qui en déterminent la quotité et la durée*. — Ainsi, de cela seul que le droit *d'entre-cens* n'est pas aboli nominativement par les lois relatives à la féodalité, le tribunal de Bruxelles tire la conséquence qu'il est conservé; et il la tire, tout en établissant que ce droit est seigneurial.

» C. M., les expressions nous manquent pour caractériser une pareille conséquence: elle est si extraordinaire, qu'après l'avoir lue écrite en toutes lettres dans le jugement attaqué, on doute encore si c'est véritablement le tribunal d'appel de Bruxelles qui a raisonné de la sorte.

» Pour la réfuter, il suffit de mettre sous vos yeux les textes de différentes lois avec lesquels elle est en opposition diamétrale.

» Toute l'Europe retentit encore des décrets du 4 août 1789, et vous savez ce qu'ils portent sur cette matière: *l'assemblée nationale détruit entièrement le régime féodal....; toutes les justices seigneuriales sont supprimées sans indemnité*.

» De là, ce corollaire consacré par les art. 16 et 17 du tit. 1 de la loi du 13 avril 1791: *sont aussi abolis sans indemnité les droits de.. ..*

(suit une longue nomenclature), ET GÉNÉRALEMENT TOUS LES DROITS CI-DEVANT DÉPENDANS DE LA JUSTICE SEIGNEURIALE. *Ces suppressions auront leur effet à compter de la publication des décrets du 4 août* 1789.

» Ainsi, à compter de la publication des décrets du 4 août 1789, tous les droits, sans exception, qui avant ces décrets, dépendaient de la justice seigneuriale, sont abolis.

» Nous disons, *sans exception* : car la loi se sert du mot *généralement*, qui bien certainement est synonyme des termes *sans exception.*

» Or, si rien n'est excepté de l'abolition prononcée par la loi, comment pourrait subsister encore, s'il est vraiment seigneurial, le droit *d'entre-cens* réclamé par le cit. Decarondelet?

» Il faudrait, pour cela, qu'il n'eût pas dépendu de *la seigneurie haute-justicière* ; mais le tribunal de Bruxelles a reconnu lui-même le contraire par son jugement.

Il y a plus : quand on irait (toujours en regardant ce droit comme seigneurial), quand on irait jusqu'à supposer qu'il doit son origine à une concession de fonds ; dans cette hypothèse même, il serait supprimé par la loi du 17 juillet 1793.

» Cette loi, en effet, abolit sans indemnité, *toutes les redevances ci-devant seigneuriales*, tous les droits ci-devant *féodaux*, soit fixes, soit casuels, *même ceux conservés par le décret du* 25 *août* 1792.

» Et quels sont les droits qu'avait conservés ce dernier décret? Ceux-là, et ceux-là seuls que les titres primordiaux prouvaient avoir été créés pour cause de concession de fonds.

» Donc, et cette conséquence est écrite en toutes lettres dans les lois du 2 octobre 1793 et du 7 ventôse an 2, donc même les droits créés pour cause de concession de fonds, même les droits que les titres les plus authentiques constatent être le prix de l'aliénation d'une propriété foncière, sont frappés par la loi du 17 juillet 1793, d'une proscription absolue, sont abolis sans indemnité par cette loi.

» Comment, d'après cela, concevoir que le tribunal d'appel de Bruxelles ait pu maintenir un droit qu'il avait lui-même qualifié de dépendance de la justice seigneuriale, et reconnu ne pas provenir d'une concession de fonds?

» Il le faut dire, il l'a maintenu par deux motifs moins supportables encore que celui dont il était parti pour juger que les lois relatives à la féodalité, ne lui avaient porté aucune atteinte.

» Il l'a maintenu d'abord, parce que la loi du 12 juillet 1791 veut que les concessionnaires actuels des mines ne puissent être troublés dans la jouissance de leurs concessions, *lesquelles subsisteront dans toute leur étendue*, et parce que ce ne serait pas laisser subsister ces concessions *dans toute leur étendue*, que de priver les ci-devant seigneurs du droit d'entre-cens qu'ils s'étaient réservé en les accordant ; — Comme si dans la loi du 22 juillet 1791, ces mots, *dans toute leur étendue*, n'étaient pas uniquement relatifs à la quantité des terrains qu'embrassaient les concessions ; comme si le texte même de cette loi ne démontrait pas, ne faisait pas toucher au doigt et à l'œil, que c'est là tout ce qu'elle a en vue.

» Il l'a encore maintenu, parce que la transaction du 21 octobre 1787 doit, suivant lui, par cela seul qu'elle est *transaction*, et indépendamment des clauses qu'elle renferme, l'emporter sur les lois abrogatives des droits seigneuriaux ; et vous sentez, C. M., quelles seraient les conséquences d'un pareil motif (que vous avez d'ailleurs déjà proscrit, en cassant le 19 pluviôse an 7, un jugement du tribunal civil du département du Bas-Rhin, rendu en faveur de Godefroy Waldener) : — Il en résulterait nécessairement que tous les ci-devant seigneurs qui auraient à produire des transactions, des jugemens par lesquels ils auraient acquis, étendu ou conservé des droits de fief ou de justice, devraient continuer à jouir de ces droits devenus si justement odieux au peuple français ; il en résulterait que ces ci-devant seigneurs formeraient, dans la nation, une classe privilégiée, c'est trop peu dire, une classe rebelle à toutes les lois qui, depuis 1789 jusqu'à la présente session du corps législatif, ont manifesté constamment, ont proclamé sans interruption, la volonté générale et souveraine de ne plus souffrir en France aucune trace du régime féodal.

» Il est pénible, C. M., de penser que c'est un des tribunaux les mieux composés de la France, qui s'est égaré dans de pareils raisonnemens. Mais nous avons à examiner, si tout en raisonnant aussi mal, il n'a pas bien jugé ; et si le *dispositif* de sa décision n'en corrige pas les *considérant.*

» Cet examen doit embrasser deux sortes de questions : les unes, particulières à la cause du cit. Decarondelet ; les autres, communes à toutes les affaires du même genre. Celles-ci naissent du contrat passé entre le cit. Decarondelet et la compagnie Deschuytener, le 12 janvier 1757 ; celles-là résultent des transactions faites entre les mêmes parties, le 16 mars 1776 et le 21 octobre 1787.

» Commençons par les questions auxquelles donne lieu le contrat du 12 janvier 1757, et d'abord fixons-nous bien sur le caractère du droit que le cit. Decarondelet s'est réservé par cet acte.

« Par cet acte, le cit. Decarondelet s'est réservé, *pour droit de cens et d'entre cens, le onzième denier franc* de tout le charbon que la compagnie Deschuytener extrairait des seigneuries de la Hestre et de Haine-Saint-Pierre.

» Qu'entend-on, dans le ci-devant Hainaut,

en matière de *charbonnage*, par les mots, *droit de cens et d'entre-cens?* Voici la définition qu'en donne, sur l'art. 14 du ch. 122 des chartes générales du Hainaut, un commentaire manuscrit qui nous a été communiqué en 1779, par M. Demillendorf, président du conseil souverain de Mons, et que ce magistrat nous a assûré alors jouir de l'estime générale des tribunaux et des jurisconsultes de son ressort : « Le *cens* » est un droit qui se paye au seigneur, pour » avoir permission d'ouvrir une fosse au charbon. *L'entre-cens* est un droit qui consiste » dans le tantième que l'on donne au seigneur, » du charbon que l'on tire, pour son désintéressement (1) ».

» Mais, pourquoi les chartes générale qualifient-elles ainsi d'*entre-cens*, le *tantième* dont il s'agit?

» Boucher d'Argis, père, dans le *Répertoire de jurisprudence*, article *Entre-cens*, dit « qu'il » est appelé *entre-cens, seu inter centum*, » parce qu'il approche communément du centième denier, étant ou un peu plus fort ou » un peu plus faible, selon l'usage des lieux. » Suivant cette étimologie (continue-t-il), on » devrait écrire *entre-cent* et non pas *entre-cens*; cependant l'usage a prévalu au contraire ».

» Boucher d'Argis ne cite à l'appui de ce qu'il avance, que la note de Boudot de Richebourg, éditeur du *Coutumier général*, sur l'art. 14 du ch. 122 des chartes du Hainaut; et voici comment est conçue cette note : « *Entre-cens*, c'est » un droit de centième, quelquefois plus fort, » quelquefois plus faible, suivant l'usage des » lieux, que le seigneur haut-justicier lève sur » les mines qui sont fouillées dans l'étendue de » sa haute-justice ».

» C'est donc pour avoir appris de Boudot de Richebourg, que le centième formait, en Hainaut, le taux commun de la portion du seigneur, dans le produit des mines de charbon de terre; c'est uniquement sur la foi de cette assertion, que Boucher d'Argis a imaginé de traduire l'expression *entre-cens*, par les mots latins *inter centum*.

» Mais c'est de sa part, une conjecture plus ingénieuse que solide, et qui ne porte que sur une fausse base.

» Oui, il est faux, absolument faux, que, dans le ci-devant Hainaut, soit français, soit autrichien, l'usage le plus général ait fixé au centième, la portion du seigneur dans le produit de charbonnage. Nous pouvons même assurer qu'il n'y a pas un seul exemple qu'on l'ait réduit à un taux aussi faible, et que sa quotité la plus commune était de 10 à 20.

» Boucher d'Argis a mieux rencontré, quand il a dit dans le même article : « Ce terme d'*en-* » *tre-cens* se prend aussi quelquefois pour les » censives; et alors *entre-cens*, signifie un droit » *inter censum*, un droit qui est compris dans » les censives (1) » ?

» Ce n'est pas qu'en Hainaut, le mot *cens* ait le moindre rapport avec ce que, dans le droit commun coutumier, on appelle *censive*.

» Mais il est toujours vrai qu'en Hainaut, comme ailleurs, le terme *entre-cens* répond parfaitement aux expressions latines, *inter censum*, et qu'il y désigne un revenu compris entre les objets qui en Hainaut, sont qualifiés de *cens*.

» Nous verrons bientôt quels sont ces objets; et quant à présent, nous devons nous en tenir à la définition du commentaire manuscrit déjà cité, suivant laquelle, « l'entre-cens est un droit » qui consiste dans le tantième que l'on donne » au seigneur, du charbon que l'on tire, pour » son désintéressement ».

» Cette définition ne nous apprend pourtant pas si ces droits de *cens* et d'*entre-cens* sont essentiellement seigneuriaux; et du premier abord il semble, d'après leur seule dénomination, que l'on ne peut pas leur refuser cette qualité, puisque, comme le dit Dumoulin (sur l'ancienne coutume de Paris, préface du titre *des cens*, n. 20), le cens est, par sa nature, récognitif de la seigneurie directe, *canon quod prœstatur in recognitionem dominii directi*.

» Cependant, nous devons le dire, de ce qu'une prestation est qualifiée de *cens*, soit dans une loi, soit dans un contrat, il ne s'ensuit pas nécessairement qu'elle soit seigneuriale.

» Dans les monumens de notre ancien droit, le mot *cens* désigne toutes les espèces de redevances, soit foncières, soit personnelles.

» Le tit. 10 du liv. 3 de la partie du corps de droit canonique, connue sous le nom d'*extra-*

(1) Cette définition est confirmée par un ancien jurisconsulte de Mons, M. Gendebien père, dans un écrit qu'il a publié depuis peu, sous le titre de *l'ancienne et de la nouvelle législation sur les mines, particulièrement dans la province de Hainaut*.

« Le *droit d'entre-cens* (dit-il). c'était le droit de percevoir des exploitans une quotité de charbon en nature; c'était le second *rendage* : car l'histoire des fiefs nous apprend que les anciens seigneurs le stipulaient ordinairement en deux parties; en une somme fixe, et une quotité de fruits et de journées employées à leur profit; c'est ce qu'on appelait alors le *sur-cens*, l'augmentation du fermage.

» Tous les actes des derniers temps sont conçus avec la stipulation du *cens*, redevance fixe en argent, pour chaque corps de veine; et de *l'entre-cens*, redevance d'une quotité de paniers à l'extraction ».

(1) Ne rencontrerait-on pas mieux encore, en disant que le mot *entre-cens* est une corruption de *outre-cens*, terme qui désignerait, comme l'expression française *sur-cens*, une prestation additionnelle au *cens*?

vagantes communes, appelle *cens* les droits de *procuration* que les évêques se faisaient payer dans le cours des visites de leurs diocèses. Nous lisons aussi dans les Décrétales de Grégoire IX, liv. 3, tit. 39, chap. 7, une défense faite aux prélats d'imposer à l'avenir aucun *cens* aux églises qui leur sont subordonnées : *prohibemus ne ab abbatibus, episcopis, vel aliis prælatis, novi census imponantur ecclesiis.*

» La dénomination de *cens* s'étendait même, et ceci est très-remarquable pour l'interprétation de l'art. 14 du chap. 122 des chartes du Hainaut, elle s'étendait, sous la première race des rois de France, jusqu'aux droits qui se payent à l'État pour l'exploitation des mines, et qui consistaient dans une quotité fixe du produit de cette exploitation. C'est ce que nous voyons dans le Recueil de Duchesne, tom. 1, pag. 585, où l'auteur de la vie de Dagobert dit que ce prince donna aux moines de Saint-Denis, pour l'entretien de la couverture de leur église, huit mille livres de plomb à prendre tous les deux ans, sur le *cens* qu'il tirait en nature de ce métal : *Plumbum quod ei ex metallo censitum in secundo semper anno solvebatur, libras octo mille ad cooperiendam eamdem supradictorum martyrum ecclesiam, contulit.*

» Et il est d'autant plus permis de croire que c'est de là qu'est venu en Hainaut l'usage d'appeler *cens* et *entre-cens* les droits dont il est ici question, que, soit dans les chartes générales, soit dans les coutumes des chefs-lieux de Mons et de Valenciennes, soit dans celles de Flandre et d'Artois, on ne rencontre pas un seul article dans lequel le mot *cens* désigne une redevance récognitive de la directe seigneurie.

» Cette espèce de redevance n'est connue dans les coutumes d'Artois, de Flandre et de Hainaut, que sous le nom de *rente seigneuriale*; et quant au mot *cens*, il y figure perpétuellement comme synonyme de *bail à ferme* ou *fermage*.

» La coutume de Tournai, chap. 21 *des louages*, art. 10, dit : « Tous *louages* et *bail à* » *cens* de maisons et héritages, sont exécutoires » en dedans la quinzaine après le terme d'icelui » échu, aux dépens du *louagier* débiteur, à cause » de sa faute de payer ». Et elle ajoute, art. 11 : « aussi le louagier ou *cencier* d'aucunes terres » ne peut vendre les dépouilles étant et croissant » sur icelles en verd, ni autrement, sans la » charge de la *cense* ou louage dû à raison » desdites terres ».

» Mêmes expressions dans le chap. 4 de la coutume de Douay, et dans le chap. 16 de celle de Lille.

» On les retrouve encore dans le chap. 117 des chartes générales du Hainaut, et notamment dans l'art. 1.er, qui abolit en ces termes la tacite réconduction : « Nuls *cenciers*, louagiers ou admodiateurs ne pourront d'ici en » avant rentrer en *nouvelle cense*, sans le gré » et consentement des héritiers (*propriétaires*) » ou de leurs commis, auxquels devront faire » apparaître leurs *baux de cense* par lettres ou » témoins.... ».

» Et c'est parce que Dumoulin était bien instruit de ces acceptions variées du mot *cens*, que, dans son Commentaire sur la coutume de Paris, préface du titre des *cens*, n. 18, il n'hésite pas à dire que la qualification de *cens* donnée dans un acte à une rente, à une redevance, n'est pas une preuve que cette prestation soit seigneuriale ou récognitive de la directe : *undè cùm censûs præstatio tanquam æquivocum ad plura se habere possit, non concludit ad aliquod certum, nec probat subjectionem vel aliud, nisi aliter probetur, nec de causâ specificâ solvendi appareat.*

» Que faut-il donc pour qu'un droit de *cens* soit réputé *seigneurial*? Il faut qu'il soit le prix d'une concession de fonds, et qu'il se paye en reconnaissance de la seigneurie directe que l'auteur de cette concession s'est réservée.

» Or, trouvons-nous ce caractère dans les droits de cens et d'entre-cens qui sont stipulés au profit du cit. Decarondelet par l'acte du 12 janvier 1757?

» Pour nous fixer sur ce point important, il faut examiner quelle est la nature du droit que le cit. Decarondelet a concédé par cet acte à la compagnie Deschuytener.

» Vous vous rappelez que, par cet acte, le cit. Decarondelet a permis à la compagnie Deschuytener d'ouvrir et d'exploiter les mines de charbon de terre qui se trouvaient dans les territoires dont il était seigneur haut-justicier.

» Mais par là, a-t-il concédé à la compagnie Deschuytener la propriété foncière de ces mines?

» Et d'abord a-t-il pu la lui concéder, ou, en d'autres termes, en était-il lui-même propriétaire?

» L'affirmative semblerait, au premier coup d'œil, ne devoir souffrir aucune difficulté.

» Le chap. 130 des chartes générales du Hainaut porte que « haute-justice et seigneurie » s'extend et comprend de faire emprisonner » piloriser, échafauder, faire exécution par » pendre, décapiter, mettre sur roue, bouillir, » ardoir (*brûler*), enfouir, flétrir, exoriller, » couper poing, bannir, fustiger, torturer, lever » corps morts, trennes de mouches à miel, de » droits d'aubanités, bâtardise, biens vacans, » épaves, *avoir en terre non extrayé*.... ».

» L'art. 2 ajoute : « Par *biens vacans*, sont » entendus les biens délaissés par celui qui est » décédé sans héritier habile à lui succéder; » *par biens épaves*, bêtes égarées et autres biens » meubliers non avoués par celui à qui ils appartiendront, et par *avoir en terre non extrayé*, sont entendues choses trouvées en

» terre, comme charbons, pierres et sembla-
» bles; et au regard des mines de fer, l'on se
» réglera comme du passé ».

» Ainsi, par les chartes générales du Hainaut, l'*avoir*, c'est-à-dire, la chose, l'objet qui se trouve *en terre*, notamment le charbon, et qui n'en est pas encore *extrayé*, fait partie des attributs de la *haute-justice et seigneurie*

» Mais qu'est-ce qu'entendent par là les chartes? Veulent-elles dire que le charbon, avant qu'il soit extrait, avant même qu'il soit rien entrepris pour l'extraire du sein de la terre, appartient foncièrement et en pleine propriété au seigneur haut-justicier? Ou bien disent-elles seulement que le seigneur haut-justicier a le droit de rechercher, de fouiller, d'extraire le charbon que la terre renferme dans son sein?

» Si elles ne lui donnent qu'un droit exclusif de recherche, de fouille et d'extraction, elles ne le rendent pas pour cela propriétaire du charbon même, avant qu'il soit extrait; pas plus qu'en lui donnant le droit exclusif de la chasse, nos anciennes lois ne le déclaraient propriétaire du gibier qu'il n'avait pas encore pris ou tué.

» L'attribution du droit exclusif de recherche, de fouille et d'extraction n'est qu'une loi de police, dont le but est de prévenir à la fois et les inconvéniens qui pourraient résulter de la négligence d'un propriétaire foncier à faire exploiter les richesses ensevelies dans l'intérieur de son fonds; et les abus auxquels donnerait lieu une liberté indéfinie d'ouvrir des mines partout où se porterait l'intérêt particulier des entrepreneurs.

» Il importe donc beaucoup de savoir si c'est un droit exclusif de recherche, de fouille et d'extraction, ou si c'est un droit de propriété véritable qu'attribuent au seigneur haut-justicier les deux premiers articles du ch. 130 des chartes du Hainaut.

» Ces deux articles ne contiennent rien qui puisse là-dessus fixer nos doutes; mais nous trouverons plus de lumières dans le ch. 122.

» L'objet de ce chapitre est, comme il l'annonce lui-même par son intitulé, de déterminer les *biens qui devront être tenus pour meubles ou héritages*; et voici ce qu'il porte, art. 13:
« *Droit de charbonnage* généralement sera tenu
» pour héritage; néanmoins y succèderont les
» enfans à égale portion, autant la fille que le
» fils; et en pourront les héritiers puissans d'a-
» liéner, disposer par vente, transport ou avis
» de père ou de mère, *sans payer droit sei-
» gneurial;* ne fût qu'il soit tenu en fief; auquel
» cas la loi générale des fiefs aura lieu, et en
» sera dû le droit seigneurial ».

» Il est aisé de sentir que cet article n'entend point par *droit de charbonnage*, le droit d'*avoir en terre non extrayé*, qui, par le ch. 130, est attaché à la qualité de seigneur haut-justicier; car on voit, par cet article, que le *droit de charbonnage* peut n'être pas féodal dans la personne de celui à qui il appartient; et certainement il est impossible qu'il ne soit pas féodal, tant qu'il fait partie d'un fief haut-justicier, tant qu'il existe dans la personne du seigneur.

» Il faut donc entendre cet article, du *droit de charbonnage* concédé par le seigneur haut-justicier à un particulier qui entreprend l'exploitation d'une mine de houille; et dans le fait, c'est en ce sens que l'a entendu le tribunal d'appel de Bruxelles; c'est en ce sens que l'a entendu Rapaier dans ses *Observations* sur le ch. 122 des chartes; c'est en ce sens qu'on l'a toujours entendu dans le ci-devant Hainaut, tant français qu'autrichien (1).

» Cela posé, reprenons les termes de notre article: *droit de charbonnage généralement sera tenu pour héritage.* — Cela signifie bien clairement que, dans tous les cas, *généralement*, le droit concédé par un seigneur à un particulier, d'extraire le charbon d'un terrain, tiendra à ce particulier nature d'immeuble. — Mais sera-ce pour lui un immeuble réel, ou seulement un immeuble fictif, un droit incorporel? — Il sera immeuble réel, si la concession du droit emporte la concession de la propriété foncière de la mine. Mais si elle n'emporte pas la concession de cette propriété foncière, si elle n'attribue aux concessionnaires qu'un simple droit d'extraction, à coup sûr ce ne sera pour lui qu'un immeuble incorporel et fictif.

» Or, il existe trois preuves bien palpables que, dans l'esprit des chartes, le concessionnaire du droit de charbonnage, n'est pas, à ce titre, concessionnaire de la propriété foncière de la mine.

» La première, c'est que, par l'article dont il s'agit, les enfans du concessionnaire sont, dans tous les cas, appelés à succéder également au droit de charbonnage, *autant la fille que le fils.*

» Si le droit de charbonnage formait, dans la personne du concessionnaire, une propriété véritablement foncière, un immeuble véritablement réel, il faudrait que cette propriété, cet

(1) Je dois reconnaître ici que, dans le Hainaut ci-devant autrichien, il y avait, à cet égard, comme je l'ai appris depuis, moins d'accord que dans le Hainaut français; et que, dans l'opinion de plusieurs personnes de cette contrée, le *droit de charbonnage* dont il est question dans l'article cité, s'entendait même du droit d'*avoir en terre non extrayé* existant encore dans la main du seigneur haut-justicier.

Mais si cette opinion était fondée (ce que j'examinerai ci-après, n. 3), loin d'affaiblir le raisonnement qui va suivre, elle ne ferait qu'en corroborer la conséquence définitive, savoir, que le seigneur haut-justicier qui concédait une mine, ne la possédait pas comme une propriété véritable et foncière, avant de la concéder.

immeublé existât dans sa main avec l'une des trois qualités que les chartes du Hainaut reconnaissent aux biens-fonds situés dans leur territoire.

» Les biens-fonds du Hainaut sont ou *fiefs*, ou *mainfermes*, c'est-à-dire, censives, ou *alloëts*, c'est-à-dire, francs-alleus.

» Si le droit de charbonnage était fief, les filles n'y pourraient rien prétendre, tant qu'il existerait des garçons. Ainsi le veut l'art. 2 du ch. 91 des chartes générales.

» Si c'était un mainferme, les filles n'y auraient qu'une demi-part; au moins dans la partie du Hainaut (et c'est la plus considérable) qui est connue sous la dénomination de *chef-lieu de Mons*. Ainsi l'a réglé la charte de Guillaume de Bavière, comte de Hainaut, de 1410, dont la disposition est renouvelée par le ch. 1 de la coutume de Mons. — Et il ne faut pas dire que, dans le ressort de cette coutume, *le droit de charbonnage* doit, par exception à l'art. 13 du ch. 122 des chartes générales, souffrir ce partage inégal entre les garçons et les filles. Car l'art. 13 du ch. 122 des chartes générales est commun à toute la province de Hainaut; et il est si vrai qu'il fait loi dans le chef-lieu de Mons, comme dans les autres parties de cette contrée, qu'on le trouve, mot pour mot, dans l'art. 8 du ch. 17 *des chartes préavisées* de ce chef-lieu.

Enfin, il est vrai que, si le droit de charbonnage était un *alloët*, les filles, d'après l'art. 3 du chap. 105 des chartes générales, y succéderaient également avec les enfans mâles. Mais il est bien impossible que le caractère d'alloët s'allie jamais avec un pareil droit; il faudrait, pour cela, qu'un seigneur pût, en le détachant du gros de son fief, le convertir en franc-alleu; et c'est ce qui répugne à tous les principes féodaux: un seigneur peut bien, en se jouant de son fief, créer tantôt un arrière-fief, tantôt une censive; mais créer un franc-alleu, c'est ce qui excède son pouvoir.

» Il reste donc qu'aux termes de l'art. 13 du chap. 122 des chartes générales, le droit de charbonnage n'existe dans la main du concessionnaire, ni comme franc-alleu, ni comme *mainferme*, ni comme *fief*.

» Et de là que résulte-t-il? Nécessairement il en résulte que, dans la main du concessionnaire, le droit de charbonnage ne forme pas un immeuble réel; car il n'a jamais existé d'immeuble réel qui ne fût ou fief, ou mainferme, ou franc-alleu.

» La seconde preuve de cette vérité, c'est que, dans l'usage général du Hainaut, le droit de charbonnage est aliénable *en tout état*, c'est-à-dire, que le père veuf avec enfans, peut en disposer comme d'un meuble, quoique, suivant une foule de textes des lois particulières à cette contrée, la viduité avec enfans fasse cesser la faculté d'aliéner les immeubles réels précédemment acquis, soit que ces immeubles tiennent de la nature féodale, soit qu'ils portent le caractère de mainferme, soit qu'ils appartiennent a la classe des francs-alleus (1).

» Nous disons que tel est l'usage général du Hainaut; et c'est ce qu'atteste une note que nous avons extraite, en 1779, du commentaire manuscrit déjà cité; voici comment elle est conçue: « Droit de charbonnage, quoique réputé » immeuble, est disponible, tant en secondes » qu'en premières nôces; ainsi jugé par arrêt » du 10 juillet 1726, en faveur de Catherine » Mahieux, veuve d'Oger Pourlaix, contre Ro- » bert Pourlaix (2) ».

« Enfin, la troisième preuve, la preuve la plus frappante que le concessionnaire du droit de charbonnage, n'est pas devenu, par sa concession, propriétaire foncier de la mine de charbon, c'est que l'art. 13 du ch. 122, lui permet de vendre l'objet de sa concession, même *sans payer droit seigneurial*. — Très-certainement, il serait dû un droit de lods et ventes pour une pareille mutation, si elle frappait sur une propriété foncière. Pourquoi donc les chartes l'affranchissent-elles de ce droit? C'est parce que ce droit n'est exigible que dans les cas où la propriété du fonds change de main; c'est conséquemment parce que l'aliénation que fait le concessionnaire de son droit de charbonnage, n'opère, de sa part, aucune mutation dans la propriété du fonds; et, par une conséquence ultérieure, c'est parce que le concessionnaire n'était pas, avant d'aliéner son droit, propriétaire foncier de la mine (3).

---

(1) *V.* l'article *Dévolution coutumière*, §. 3.

(2) Je reviendrai sur cet arrêt dans le §. 5, ci-après.

(3) A des preuves aussi claires, aussi tranchantes, on a depuis objecté que l'art. 13 du chap. 122 des chartes générales du Hainaut, au lieu de dire simplement que le droit de charbonnage est *réputé immeuble*, et qu'il est immeuble par fiction, dit qu'il sera *tenu pour héritage*; ce qui ne peut désigner, a-t-on dit, qu'un *immeuble réel*.

Mais, 1.° les termes *sera tenu pour héritage*, bien loin de prouver que le droit de charbonnage forme un immeuble réel, prouvent précisément tout le contraire; et en effet, si ce droit était *héritage* par sa nature, la loi ne dirait pas qu'il sera *tenu pour tel*; en disant qu'il sera tenu pour tel, la loi fait entendre clairement qu'il n'est *héritage* que par fiction. C'est ainsi que, par les art. 1, 2, 3 et 6 du même chapitre, la loi déclare que, seront *réputés pour héritages*, divers objets qui, par leur nature, sont de vrais meubles, savoir: les instrumens et munitions de guerre qui sont dans le château d'un seigneur haut-justicier et affectés à sa défense, les ornemens d'une chapelle castrale, les poissons qui se trouvent dans un étang entre le 1.er octobre et le 1.er mars, les ustensiles, même mobiles, de la brasserie d'une maison tenue en haute justice, les matériaux

» Mais s'il n'était pas propriétaire foncier de la mine, concevra-t-on comment le seigneur de qui il tient sa concession, aurait pu l'être avant lui? Sans doute le seigneur aurait pu ne pas lui transférer tous ses droits sur la mine qu'il lui a permis d'ouvrir et d'exploiter; il aurait pu se réserver la propriété foncière de la mine, s'il l'avait eue réellement. Mais, remarquons-le bien, la disposition que nous examinons ici, n'est pas limitée à un cas particulier; elle n'est pas faite seulement pour le cas où le seigneur, en concédant un droit de charbonnage, se sera fait une pareille réserve; elle embrasse tous les cas possibles de concession, elle les place tous sur la même ligne; elle veut que, dans tous, le concessionnaire soit exempt des lods et ventes, lorsqu'il aliène son droit; elle veut conséquemment que, dans tous, il soit considéré comme non propriétaire foncier de la mine. — Donc, dans tous les cas, le seigneur n'a pu lui concéder sur la mine, aucun droit de propriété foncière. Donc le seigneur lui-même n'en était pas propriétaire foncier, avant la concession.

» On n'affaiblira pas la force de cet argument, en disant que les chartes exceptent de leur disposition le cas où le droit de charbonnage serait tenu en fief.

» Cette exception prouve seulement que, sous le régime féodal, on pouvait inféoder des droits incorporels, et que les droits incorporels une fois érigés en fief, étaient soumis envers les seigneurs suzerains aux mêmes droits de mutation que les immeubles réels.

» C'est ainsi que, suivant l'observation de Pocquet de Livonnière, dans son *Traité des fiefs*, liv. 3, ch. 6, §. 10, les droits de péage ne devaient régulièrement ni droit de quint, ni droits de lots et ventes en cas de mutation, parce qu'ils ne constituaient pas des propriétés foncières; et que cependant ils étaient sujets à ces prestations, lorsqu'ils avaient été inféodés.

» Tenons donc pour bien constant que le cit. Decarondelet n'était pas propriétaire foncier des mines de charbons de terre dont il a permis l'ouverture et l'exploitation à la compagnie Deschuytener, par l'acte du 12 janvier 1757; et de-là tirons deux conséquences également évidentes :

» L'une, que, par l'acte du 12 janvier 1757, le cit. Decarondelet n'a pas fait à la compagnie Deschuytener la concession d'une propriété foncière;

» L'autre, que le droit d'*entre-cens* qu'il s'est réservé par ce même acte, n'a jamais pu être considéré dans ses mains, comme le prix d'une concession de fonds.

» Et c'est ce que le tribunal d'appel de Bruxelles a parfaitement démontré dans son jugement du 12 messidor an 9, même abstraction faite des dispositions des chartes du Hainaut, et d'après les seuls termes de l'acte du 12 janvier 1757, « desquels il résulte (a-t-il dit), que » le ci-devant seigneur de la Hestre et de Haine-» Saint-Pierre n'accordait à la société que le » droit de tirer du charbon sur ces terres..... » (Qu'ainsi), en supposant même que les mines » fussent, aux termes de la coutume, des pro-» priétés foncières entre les mains des ex-sei-» gneurs, celui de la Hestre et de Haine-Saint-» Pierre ne les avait pas transférées par cet » acte aux charbonniers; en sorte que la stipu-» lation du onzième denier net à son profit, ne » peut être aucunement envisagée comme » ayant pour cause une concession de fonds; » mais comme étant le prix du droit de tirer du » charbon ».

» Eh! comment, d'après cela, pourrait-on trouver, soit dans l'*entre-cens* dont parle l'art. 14 du chap. 122 des *chartes générales*, soit dans *le cens et l'entre-cens* que l'acte du 12 janvier 1757 réserve au cit. Decarondelet, le caractère du *cens seigneurial*, du cens récognitif de la seigneurie?

» Nous avons démontré que le concessionnaire du droit de charbonnage n'est, à ce titre, considéré ni comme propriétaire foncier d'un fief, ni comme propriétaire foncier d'un main-ferme, c'est-à-dire, d'une censive. Il n'est donc ni le vassal ni le censitaire, il n'est donc, sous aucun rapport, l'*homme* du seigneur qui lui a concédé ce droit; et cela est si vrai qu'il peut le vendre, comme le dit la loi elle-même, *sans*

---

amassés sur un terrain pour en achever la bâtisse, quoique non encore employés à cette destination, etc.

2.° L'art. 13 du chap. 122 ne peut être mieux ni plus sûrement interprété que par l'article qui le suit immédiatement; or, celui-ci portant, en toutes lettres, que, *au regard du droit d'entre-cens, il sera pareillement tenu pour héritage*, il en résulte, avec la plus grande évidence, que, par l'un comme par l'autre article, la loi n'entend établir qu'une immobilisation fictive; car, très-certainement, le droit *d'entre-cens*, c'est-à-dire, la redevance que le seigneur haut-justicier se réserve par la concession qu'il fait de son droit exclusif de rechercher, de fouiller, d'extraire une mine, ne peut pas être, dans les mains de ce seigneur, une propriété foncière, un immeuble réel; il ne peut être, dans ses mains, qu'une chose incorporelle, qu'un immeuble fictif.

Enfin, il faut toujours en revenir à cette idée simple et lumineuse : le seigneur haut-justicier n'était pas, avant sa concession, propriétaire foncier de la mine; il n'a donc pas pu, par sa concession, transférer à celui qu'il a, par ce moyen, rendu possesseur d'un droit de charbonnage, une propriété foncière qu'il n'avait pas lui-même. Avant la concession, le seigneur haut-justicier n'avait sur la mine qu'un droit de fouille et d'extraction; la concession n'a donc transmis que ce droit; le concessionnaire n'est donc pas propriétaire foncier.

payer droit seigneurial. Ce n'est donc pas en reconnaissance de la seigneurie, que se paye le droit d'*entre-çens* dont parlent les chartes du Hainaut. Ce droit ne paraît donc pas pouvoir être seigneurial.

» Arrêtons-nous cependant à cette dernière conséquence : quoique liée en apparence à des principes parfaitement exacts, elle pourrait n'être elle-même qu'une équivoque et une confusion de mots.

» Qu'entend-on par *droits seigneuriaux*, et quels sont les droits qui, sous cette dénomination, ont été abolis par nos assemblées nationales? Ce ne sont pas seulement les droits qui dérivent du bail à fief et du bail à cens; ce sont encore tous ceux qui ont leur source, soit dans la puissance féodale proprement dite, soit dans la justice seigneuriale qui n'était qu'une émanation de cette puissance.

» Les droits qui dérivent du bail à fief et du bail à cens, ont sans doute été abolis par nos assemblées nationales, comme les autres droits seigneuriaux; mais ils l'ont été beaucoup plus tard. L'assemblée constituante les avait conservés, parce qu'ils étaient le prix des fonds concédés par les ci-devant seigneurs à leurs vassaux ou censitaires; elle s'était bornée, en abolissant le régime féodal, à les convertir en droits purement fonciers, à les assimiler en tout point aux redevances purement foncières; et ils n'ont été supprimés que par la loi du 17 juillet 1793. — Mais les autres droits seigneuriaux, les droits qui ne doivent leur origine qu'à la puissance féodale ou à la justice seigneuriale, ont été abolis dès le 4 août 1789; c'est à cette grande époque que les lois des 15 mars 1790 et 13 avril 1791 en font remonter l'abolition.

» C'est donc bien mal raisonner que de dire : Tel droit exercé ou possédé par un seigneur avant le 4 août 1789, ne dérive ni d'un bail à fief ni d'un bail à cens; donc il n'est pas supprimé. — Non, il n'est pas supprimé par la loi du 17 juillet 1793; mais s'il dérive ou de la puissance féodale ou de la justice seigneuriale, il est supprimé par les lois du 4 août 1789; et sa suppression, dans cette hypothèse, n'est pas seulement plus ancienne, elle est encore plus favorable, parce qu'elle porte un caractère éminent de justice et de raison, auquel il est impossible à tout bon esprit de résister ni de se méprendre.

» Or, est-ce de la puissance féodale, est-ce de la justice seigneuriale que dérive le droit dont il est ici question? Incontestablement c'est de l'une ou de l'autre qu'il dérive, si on ne peut lui indiquer une autre source.

» Mais cette autre source, quelle serait-elle? De deux choses l'une : ou les seigneurs du Hainaut tenaient ce droit de leur puissance féodale, de leur haute-justice, ou ce droit était pour eux une dérivation de la propriété foncière. Il n'y a point de milieu entre ces deux propositions alternatives.

» Or, nous l'avons déjà dit, il est prouvé par l'art. 13 du chap. 122 des *chartes générales*, que les seigneurs du Hainaut n'étaient point propriétaires fonciers des mines de charbon de terre. Ce n'est donc pas de la propriété foncière de ces mines, que découlait pour eux le droit exclusif qu'ils avaient d'en permettre l'exploitation; ce droit exclusif ne pouvait donc découler pour eux que de la puissance féodale, que de la haute-justice; c'est donc aussi de la puissance féodale, c'est donc aussi de la haute-justice, que découlait pour eux la redevance qui leur était payée pour prix de l'exercice qu'ils faisaient en faveur de tels ou tels, de ce droit exclusif; cette redevance a donc été supprimée en même temps que le droit exclusif dont elle dérivait, en même temps que la puissance féodale et la haute-justice desquelles dérivait ce droit exclusif.

» Ces conséquences, déjà si évidentes par elles-mêmes, acquerront un nouveau degré de lumière par le rapprochement des dispositions des chartes générales du Hainaut sur les mines, avec les principes du droit naturel et commun sur la même matière.

» Par le droit naturel, les mines qui existent dans un terrain, font partie du terrain même; et il est libre au propriétaire du fonds d'en extraire les substances minérales, comme il lui est libre d'en couper l'herbe, comme il lui est libre de le cultiver, comme il lui est libre d'en recueillir les fruits.

» Cette maxime de droit naturel a été de tout temps reconnue par le droit commun positif.

» Sous la république romaine et du temps des premiers empereurs, les mines étaient entièrement *de droit privé;* le propriétaire foncier en avait le domaine libre, indépendant, absolu; en un mot, il les possédait *optimo jure*, comme le fonds qui les recélait dans son sein. La loi 7, §. 17, D. *soluto matrimonio*, les lois 2 et 6, D. *de acquirendo rerum dominio*, et le §. 19, aux Institutes, *de rerum divisione*, sont là-dessus très-formels.

» Dans la suite, les mines furent considérées comme des objets *de droit public;* non que les empereurs s'en soient jamais attribué la propriété : aucun texte du Code Théodosien ni du Code Justinien qui ont des titres entiers sur cette matière, ne le prononce; tous, au contraire, y répugnent. Mais cette partie de la richesse de l'État parut assez intéressante, pour que l'Etat lui-même s'en réservât la police, et assez fructueuse pour qu'il en partageât le profit avec les particuliers.

» C'est de ce double point de vue que sont parties toutes les lois des empereurs. — Les unes, telles que les 1.re, 2.e, 8.e, 13.e et 14.e,

C. Théod., et les 1.re, 3.e et 6.e, C. *de metallariis*, concernent le régime des mines; elles donnent, refusent, modifient le pouvoir de les exploiter. — Les autres, telles que les lois 3, 4, 10 et 11, *C. Théod.*, et les lois 1, 2, 5, C. du même titre, déterminent le droit dû au fisc sur les produits des mines, et en règlent la perception.

» Ce droit était le dixième. Une administration, sous le nom de *procuratores metallorum*, ou intendans des mines, était chargée de le recueillir dans les provinces, et de le verser dans la caisse d'un magistrat supérieur, appelé *comes metallorum*, surintendant des mines. Le prince ne se réservait, au-delà de cette prestation, que le droit d'obliger l'exploitant qui vendait les produits de ses mines, à les vendre de préférence au gouvernement. *Quidquid ampliùs colligere potuerint, fisco potissimùm distrahant, à quo competentia ex largitionibus nostris pretia suscipiant.* Ce sont les termes de la loi 1, C. titre déjà cité.

» Aucune de ces lois, au surplus, ne contrarie le droit du propriétaire, au point de donner à un étranger la faculté de venir, malgré lui, fouiller les mines qui existent dans son fonds.

» A la vérité, on trouve dans le Code Théodosien, toujours sous le titre *de metallariis*, quatre lois qui permettent à tout le monde indistinctement de fouiller les mines de marbre, même dans les terrains des particuliers, et n'assujettissent l'extracteur envers ceux-ci qu'au payement d'un dixième pareil à celui qu'il devait payer au fisc.

» Mais cette disposition, par cela seul qu'elle était particulière aux mines de marbre, formait évidemment une exception a la règle générale, et elle prouve par conséquent que la règle générale était différente pour les autres mines.

» Aussi remarquons-nous qu'elle ne fut, relativement aux mines de marbre elles-mêmes, que le fruit de circonstances et de besoins momentanés, et qu'elle fut ou révoquée ou remise en vigueur, suivant que ces circonstances ou ces besoins cessaient ou renaissaient.

» Costantin et Théodose, auteurs des lois 1, 10 et 11 du titre cité, y consignèrent cette disposition, pour parvenir avec d'autant plus de facilité à l'embellissement de Constantinople, devenue la capitale de l'empire d'Orient. Julien la renouvela par la loi 2 du même titre, pour embellir Antioche, dont il voulait, disait-il, faire une ville de marbre. Et le même Théodose qui, par les lois 10 et 11, avait permis indéfiniment à tous les particuliers, la fouille des marbres, leur retira cette permission par la loi 13.

» Il faut d'ailleurs observer que les quatre lois dont il s'agit, ne disent point que la propriété des mines réside dans la main des empereurs; qu'il en résulte seulement qu'aux empereurs appartient le droit d'en diriger l'exploitation pour le plus grand avantage de l'état; qu'elles ne dépouillent même pas le propriétaire du droit d'exploiter les mines cachées dans son propre fonds; qu'en accordant *à tout le monde* le droit de les fouiller *partout*, elles conservent, à plus forte raison, au propriétaire, le droit de fouiller les siennes chez lui; et que conséquemment elles supposent que ce ne sera qu'à son refus qu'un étranger pourra s'en emparer en l'indemnisant.

» Ainsi, dans le dernier état des lois romaines, la propriété des particuliers sur les mines était constante : le droit domanial d'un dixième sur leurs produits, le droit de police sur leur exploitation, telles sont les seules restrictions que cette propriété ait essuyées de la part des empereurs; et il faut convenir que rien n'était plus propre à concilier l'intérêt du gouvernement, qui voulait que les mines ne demeurassent pas inutiles, avec l'intérêt de la propriété privée, qui voulait que chacun pût tirer de sa chose tout le profit dont elle était susceptible.

» Les monumens les plus reculés de notre histoire nous offrent les mêmes principes constamment suivis par le gouvernement français. Déjà nous avons vu que, sous Dagobert I.er, l'Etat retirait des mines une rétribution qui était qualifiée de *cens*, quoiqu'alors on ne connût encore ni fief, ni seigneurie, ni justice seigneuriale; et c'est assurément une preuve bien claire que les rois de la première race, en adoptant sur cet objet toutes les dispositions du droit romain qu'ils avaient trouvées en pleine vigueur dans les Gaules, avaient maintenu les propriétaires fonciers dans le droit d'exploiter librement les mines cachées dans leurs terres.

» Cependant on voit, par l'ordonnance de Charles VI, de 1413, la plus ancienne de toutes celles que nous avons sur cette matière, que les seigneurs cherchaient dès-lors à s'approprier le droit exclusif de fouiller ou permettre de fouiller les mines existantes dans les fonds de leurs vassaux ou censitaires; mais on y voit en même temps que, dès-lors, le gouvernement s'efforçait de réprimer leurs entreprises et de protéger contre eux les propriétaires fonciers.

» Cette ordonnance a trois objets : le premier, de garantir des vexations des seigneurs, *les marchands et maîtres de très-fonds des mines*, c'est-à-dire, les propriétaires qui exploitent par eux-mêmes les mines de leurs terrains, *pour ce afin que dorénavant ils puissent ouvrer continuellement sans en être empêchés ou troublés en leurs ouvrages, et ouvrer franchement et sûrement, tant comme ils voudront ouvrer icelles mines;* le second, de réserver au gouvernement *la dixième partie purifiée de tous métaux;* le troisième, d'assurer *à tous mineurs* la faculté de *quérir, ouvrer et chercher mines par tous les lieux où ils penseront en trouver, et icelles traire et faire ouvrer, et vendre à ceux qui les feront ouvrer et fondre, en payant à nous notre dixième franchement, et en faisant certification, ou contenter à celui ou à ceux à qui lesdites choses seront ou appartiendront au dit de deux prud'hommes.*

» Cette dernière disposition, absolument calquée sur les lois du Code que nous examinions il n'y a qu'un moment, présente absolument le même résultat. Si elle donne à tout le monde indistinctement le droit de fouiller les mines d'autrui, à plus forte raison confirme-t-elle au propriétaire foncier le droit de fouiller les siennes; ce n'est même qu'au propriétaire foncier que peut s'appliquer la clause qui permet de *vendre les mines à ceux qui les feront ouvrer*, c'est-à-dire, aux *mineurs, marchands ou maîtres de mines*, que l'ordonnance distingue des *maîtres de très-fonds;* ce sont ceux-ci qui vendent les mines, et les premiers qui les font *ouvrer et fondre.*

» A cette ordonnance en succède, dans l'ordre chronologique, une autre beaucoup plus célèbre: c'est celle que Louis XI donna en 1471 à Montil-les-Tours, et que le parlement de Paris enregistra, le 14 juillet 1475.

» Par cette loi, Louis XI crée en titre d'office un grand-maître des mines, à qui il attribue, entre autres droits, celui de chercher, par lui-même et par ses commis, toutes les mines qui existent en France, et de les faire ouvrir, non-seulement dans les terres du domaine, mais encore dans celles des particuliers et des seigneurs, en payant l'indemnité aux tréfonciers. — Et il ne faut pas croire que, par là, les propriétaires soient dépouillés des mines renfermées dans leurs fonds, ainsi que du droit de les exploiter, et qu'ils n'aient à réclamer contre les concessionnaires qu'une simple indemnité. L'ordonnance elle-même leur conserve à la fois et leur propriété et leur droit d'exploitation: elle porte que, lorsqu'une mine aura été découverte par les agens du grand-maître, il sera, à compter du jour de la signification qui en sera faite au propriétaire du fonds, accordé à celui-ci un délai de six mois pour se mettre en état de l'exploiter lui-même. A son défaut, le droit d'exploitation est donné à son seigneur immédiat; au défaut de ce dernier, au seigneur suzerain; enfin, au défaut de tous, au grand-maître.

» L'édit de Henri IV, du mois de juin 1601, décide également en faveur des propriétaires fonciers la question de la propriété des mines. Il annonce, dans son préambule, que les ordonnances intérieures, la création d'un surintendant ou grand-maître, le réglement de ses fonctions, de ses priviléges et de ses droits, n'ont eu pour but que d'éveiller l'activité des propriétaires, et de les exciter à exploiter leurs mines. Ensuite, par l'art. 1.er, Henri IV retire à lui et sa couronne le droit de dixième sur les mines, abandonné jusqu'alors aux surintendans. Par l'art. 2, particulier aux mines de fer, de charbon et de quelques autres substances terrestres, le roi, *par amour pour ses bons sujets propriétaires des lieux*, les exempte du dixième. Par l'art. 3, commun à toutes les mines en général, les propriétaires qui veulent les exploiter, sont assujettis à prendre la permission du grand-maître. — Tout cela prouve encore bien clairement que la propriété foncière des mines n'a jamais été séparée de la propriété des surfaces; et que les propriétaires de celles-ci n'ont jamais eu besoin pour exploiter celles-là, que de la permission du gouvernement, permission dont la nécessité tient à la police, et nullement à la propriété.

» Ce que contient sur les mines de fer l'ordonnance du mois de mai 1680, n'est pas moins décisif. Cette loi a su réunir le double avantage d'assurer la propriété des mines de fer aux maîtres du sol, et d'empêcher que le défaut d'usage de cette propriété ne tournât au préjudice de l'État, à qui il importe que ces mines soient exploitées. Le moyen qu'elle a adopté, est simple. Le propriétaire a la préférence pour l'exploitation: ce n'est que sur son refus juridiquement constaté, que le droit d'exploiter est donné à un autre; et celui-ci est tenu de l'indemniser, en lui payant un sou par chaque tonneau de minérai de cinq cents livres pesant. Du reste, cette loi ne déroge pas, même pour le propriétaire qui veut exploiter personnellement ses mines, à la règle précédemment établie pour la nécessité de l'obtention préalable de la permission du gouvernement.

» Cette règle fut, pour un temps, abrogée relativement aux mines de charbon de terre, par un arrêt du conseil du 13 mai 1698, qui permit aux propriétaires d'exploiter librement les mines de cette nature qui se trouvaient dans leurs terrains.

» Mais par un autre arrêt du conseil, du 14 janvier 1744, renouvelé par un troisième du 19 mars 1783, le gouvernement annonça qu'il était *informé que les dispositions de l'édit de* 1601 et de l'arrêt de 1698 étaient *presque demeurées sans effet, soit par la négligence des propriétaires à faire la recherche et l'exploitation desdites mines, soit par le peu de faculté et de connaissances de la part de ceux qui avaient tenté de faire sur cela quelque entreprise; que d'ailleurs la liberté indéfinie laissée aux propriétaires par l'arrêt de* 1698, *avait fait naître, en plusieurs occasions, une concurrence entre eux, également nuisible à leurs entreprises respectives. En conséquence,* il fut dit *qu'à l'ave-*

nir, personne ne pourrait ouvrir et mettre en exploitation des mines de houille ou charbon de terre, sans avoir préalablement obtenu une permission du contrôleur général des finances, soit que ceux qui voudraient faire ouvrir et exploiter lesdites mines, fussent seigneurs hauts-justiciers, ou qu'ils eussent la propriété des terrains où elles se trouveraient.

» Tel était, par rapport aux mines de charbon, l'état de la législation française, lorsque l'assemblée constituante s'occupa de l'abolition des droits seigneuriaux. Alors, comme vous le voyez, les droits des propriétaires fonciers sur les mines étaient reconnus, étaient intacts, étaient consacrés par des lois expresses. Seulement l'exercice en était subordonné à une précaution de pure police, qui ne tendait qu'à rendre leur propriété plus utile à eux-mêmes et à l'Etat. Seulement aussi, dans un très-petit nombre de coutumes, notamment dans celle du Hainaut, dont une partie était déjà réunie à la France depuis plus d'un siècle, et dans laquelle existaient des mines de charbon de terre aussi riches que nombreuses, la permission du gouvernement ne suffisait pas, soit à un propriétaire, soit à un concessionnaire du gouvernement qui avait traité avec un propriétaire, pour exploiter les mines existantes dans le terrain de celui-ci; il fallait de plus le consentement du seigneur; et ce consentement, le seigneur pouvait le refuser, en ouvrant et exploitant lui-même les mines dont le gouvernement avait autorisé l'ouverture et l'exploitation. — C'est ainsi que l'usage et la jurisprudence avaient accordé et concilié les dispositions des coutumes qui donnaient aux seigneurs le droit exclusif d'ouvrir et d'exploiter les mines, avec les réglemens généraux qui avaient interdit toute ouverture et exploitation des mines sans permission préalable du gouvernement; et nous en trouvons la preuve dans quatre arrêts du conseil, des 14 octobre 1749, 3 décembre 1754, 18 mars 1755 et 20 janvier 1756, qui ont autorisé le prince de Croy, le marquis de Cernay et le chapitre de Saint-Géry de Valenciennes, à exploiter les veines de charbon existantes dans leurs seigneuries respectives du Vieux-Condé, de Raismes et de Saint-Waast, nonobstant la concession que le gouvernement en avait précédemment faite au vicomte Desandroin, en vertu du réglement de 1744 (1). — C'est ce que prouve également un arrêt du conseil, du 12 mai 1771, qui, malgré une concession faite par le gouvernement à la compagnie David, d'après le même réglement, a permis au conseiller d'état Foulon d'exploiter indistinctement toutes les mines de charbon qui se trouveraient dans sa seigneurie de Douay, régie par la coutume d'Anjou, dont l'art. 6, renferme implicitement, pour les mines autres que celles d'or, une disposition semblable à celle des art. 1 et 2 du ch. 130 des chartes générales du Hainaut.

» Ainsi, à l'époque de l'abolition du régime féodal, les propriétaires fonciers et ceux qui étaient à leurs droits, ne pouvaient, ni en Hainaut, ni en Anjou, se passer du consentement des seigneurs hauts-justiciers pour ouvrir et exploiter les mines renfermées dans leurs fonds; et l'on sent bien que les seigneurs ne manquaient jamais de mettre un prix quelconque à ce consentement. — Ce prix, ils pouvaient l'exiger de deux manières, ou en une somme une fois payée ou en une redevance à prendre sur les produits de l'exploitation; et c'est de cette seconde manière qu'ils l'exigeaient habituellement en Hainaut (1); de là, le droit d'*entre-cens*.

» Ce droit a-t-il pu survivre à l'abolition du régime féodal? L'art. 22 du tit. 2 de la loi du 15 mars 1790 va répondre à cette question: *Tous droits*, porte-t-il, *exigés sous prétexte de permissions données par les seigneurs pour exercer des professions, arts ou commerces, ou pour* DES ACTES QUI, PAR LE DROIT NATUREL ET COMMUN, SONT LIBRES A TOUT LE MONDE, *sont supprimés sans indemnité*.

» Très-certainement, *par le droit naturel et commun*, l'ouverture et l'exploitation d'une mine étaient *des actes libres à tout le monde* sur son propre fonds ou sur le fonds du propriétaire qui y consentait. Il est vrai que le gouvernement avait restreint cette liberté indéfinie; mais la restriction qu'il y avait apportée, n'intéressait que la police générale: elle n'était nullement relative à l'intérêt des seigneurs; et il demeure toujours bien constant que, respectivement aux seigneurs, l'ouverture et l'exploitation des mines étaient, par le droit naturel et commun, des opérations parfaitement libres, puisque, par le droit naturel et commun, chacun pouvait à cet égard dire aux seigneurs: je n'ai pas besoin de votre permission, peu vous importe par conséquent que le gouvernement m'ait ou ne m'ait pas accordé la sienne, cela vous est étranger, cela doit vous être indifférent, *quoad te liberas ædes habeo*.

» Donc les permissions qui, avant l'abolition du régime féodal, avaient été obtenues des seigneurs pour ouvrir et exploiter des mines, étaient des *permissions données pour des actes libres à tout le monde par le droit naturel et commun*. Donc les *droits exigés sous prétexte de ces permissions, sont supprimés sans indemnité*. Donc le droit d'*entre-cens* n'existe plus.

(1) Ces arrêts ont été suivis d'un autre non moins remarquable, du 1.er mai 1759. *V.* ci-après, §. 4.

(1) Ils stipulaient aussi quelquefois des redevances en argent. *V.* l'arrêt du conseil du 6 juillet 1787, dont il est parlé ci-après, §. 4.

» N'oublions pas d'ailleurs le motif sur lequel s'est fondé le comité féodal de l'assemblée constituante pour proposer l'abolition des droits compris dans la disposition générale de l'article que nous venons de citer. « C'est un principe » constant en droit (a-t-il dit), qu'il ne peut » pas y avoir de contrat sans cause juste et licite; » et qu'un contrat qui était obligatoire dans son » origine, parce qu'il avait une cause, cesse de » l'être dès que la cause a cessé ». — Vous voyez, C. M., que ce principe reçoit ici une application directe et entière. Le droit d'entre-cens a été établi par un contrat qui avait pour cause la permission accordée par le seigneur, d'ouvrir et d'exploiter une mine de charbon, et de laquelle ce droit formait le prix. Sans doute, à l'époque de la passation de ce contrat, le seigneur était bien le maître de vendre ainsi sa permission, et par conséquent nulle difficulté sur la validité originaire de cè contrat. Mais aujourd'hui que tous les citoyens n'ont plus besoin pour exploiter une mine, que de l'autorisation du gouvernement; aujourd'hui que les entrepreneurs qui se sont soumis au droit d'entre-cens, ne jouissent plus de leurs mines par l'effet de la permission du seigneur, il n'y a plus, il ne peut plus y avoir de raison pour que le seigneur exige encore d'eux le salaire de cette permission; et conséquemment, le contrat par lequel ce salaire lui a été accordé, se trouve résolu par la cessation de la cause.

» Nous arriverons au même résultat, si, en nous arrêtant toujours à la loi du 15 mars 1790, nous pesons bien les termes de l'art. 38 de son deuxième titre : « Les preneurs à rente d'anciens » droits abolis, ne pourront demander qu'une » réduction proportionnelle des redevances dont » ils sont chargés, lorsque les baux contiendront, » outre les droits abolis, des bâtimens, im» meubles ou autres droits dont la propriété » est conservée.... ; *et dans le cas où les* » *baux à rente ne comprendraient que des* » *droits abolis, les preneurs seront déchargés* » *des rentes* ».

» Pour sentir avec quelle justesse cette disposition s'applique à la cause actuelle, plaçons-nous dans l'hypothèse la plus favorable aux ci-devant seigneurs du Hainaut, supposons que le droit d'*entre-cens* n'ait été originairement pour eux, qu'une rente foncière : au moins, dans cette hypothèse, devra-t-on convenir que l'acte par lequel ils l'ont stipulé, doit être considéré, à leur égard, comme un *bail à rente* du droit exclusif qui leur appartenait d'extraire du sein de la terre, les substances minérales qu'elle renfermait dans son sein. — Or, ce droit exclusif ne leur appartient plus, il est aboli; la matière du bail à rente est donc détruite, la rente n'a donc plus de cause; elle est donc supprimée, et c'est la loi elle-même qui le dit expressément : *dans le cas où les baux à rente ne comprendraient que des droits abolis, les preneurs seront déchargés des rentes.*

» Il est vrai que, dans notre espèce, le preneur jouit encore du droit qui lui a été concédé, moyennant une rente; mais ce n'est pas en vertu de la concession qu'il continue d'en jouir : il ne continue d'en jouir que par la munificence de la loi; il ne continue d'en jouir que par la puissance d'un droit commun à tous les citoyens. C'est ainsi que si, avant 1789, j'ai pris à rente d'un seigneur, le droit de chasser sur ma propriété, ou le droit de pêcher dans une rivière non-navigable qui arrose mon domaine, je n'en suis pas moins aujourd'hui déchargé envers lui de la redevance qu'il m'avait imposée, quoique je continue de jouir des droits de chasse et de pêche qui m'ont été arrentés.

» Si de la loi du 15 mars 1790, nous passons à celle du 13 avril 1791, concernant les droits de justice seigneuriale, la chose deviendra encore plus sensible.

» Les deux premiers articles du chap. 130 des chartes générales du Hainaut nous apprennent que le droit exclusif des seigneurs, à l'ouverture et à l'exploitation des mines, n'était, dans leurs mains, qu'un attribut de la haute justice. Or, comment, d'après cela, le droit d'entre-cens pourrait-il n'être pas aboli ?

» D'une part, il a certainement existé des mines avant qu'il existât des seigneuries : il est donc impossible de considérer les mines comme des concessions seigneuriales; et par conséquent les droits que les seigneurs ont perçus jusqu'en 1789, sur le produit des mines, n'étaient, ni le prix, ni l'émanation, ni la modification d'une propriété concédée par eux aux entrepreneurs de l'extraction des substances minérales.

» D'un autre côté, les justices seigneuriales n'étaient, dans leur origine, que des fonctions publiques confiées en sous-ordre par le fonctionnaire suprême, par le chef du gouvernement, à des magistrats subalternes; devenues héréditaires par la force, elles n'ont pas perdu pour cela leur nature primitive et originelle de fonctions publiques; dès-lors, elles n'ont jamais pu prendre le caractère d'une propriété; et si elles n'ont jamais eu ce caractère, elles n'ont jamais pu, à plus forte raison, le transmettre aux objets sur lesquels elles s'exerçaient; jamais par conséquent un seigneur haut-justicier n'a pu se considérer comme propriétaire, soit de sa justice, soit des mines soumises à sa justice; jamais il n'a eu sur les mines, qu'un droit, ou plutôt un *pouvoir* de police et de surveillance : et certainement le pouvoir de surveiller, d'administrer une chose, n'emporte ni la propriété de cette chose, ni un droit incommutable aux émolumens de son administration. — Aussi avez-vous vu que les chartes générales elles-mêmes ne considéraient pas les mines comme des propriétés foncières dans la main des seigneurs hauts-justiciers;

l'art. 13 du chap. 122 en renferme une preuve irrésistible.

» Et dès-là, il est bien évident que l'abolition des justices seigneuriales a dû entraîner l'abolition des droits que les seigneurs hauts-justiciers s'étaient attribués sur le produit des mines; puisque ces droits étaient nécessairement des émanations de leurs justices, et que par l'art. 20 du tit. 1 de la loi du 13 avril 1791, il est dit que *généralement tous les droits dépendans de la justice seigneuriale, ont été abolis sans indemnité*, par les décrets du 4 août 1789.

» Un nouveau trait de lumière vient encore se joindre à cette démonstration, par la lecture de la loi du 12 juillet 1791, concernant les mines.

» Par cette loi, l'assemblée constituante a renouvelé la plupart des dispositions des anciens réglemens sur cette matière importante. — Elle a déclaré, non pas comme le disent les demandeurs, que *les mines appartiennent à la nation*, mais qu'elles sont *à sa disposition, en ce sens seulement qu'elles ne peuvent être exploitées que de son consentement et sous sa surveillance.* — Elle a déclaré que les propriétaires de la surface auraient toujours *la préférence et la liberté d'exploiter les mines qui pourraient se trouver dans leurs fonds*, et que *la permission ne pourrait leur en être refusée, lorsqu'ils la demanderaient.* — Elle a déclaré enfin que les anciens concessionnaires seraient maintenus pendant cinquante ans, dans leurs exploitations. — Mais qu'a-t-elle fait en faveur des ci-devant seigneurs qui, dans le Hainaut français et dans l'Anjou, avaient traité avec les anciens concessionnaires, et avaient, moyennant une redevance quelconque, consenti à ce qu'ils jouissent de l'effet de leurs concessions? Rien; elle n'en a même point parlé. Et pourquoi n'en a-t-elle point parlé? Est-ce par oubli? Mais il y avait dans son sein des membres très-intéressés à l'en faire souvenir. On y comptait notamment le duc de Croy et le comte d'Aremberg de Lamarck, tous deux députés du Hainaut français, tous deux ci-devant seigneurs de terres considérables, dans l'étendue desquelles s'exploitaient des mines célèbres encore aujourd'hui dans toute la France (1); et il est bien notoire que l'un d'eux, le comte d'Aremberg de Lamarck, avait avec Mirabeau, qui a paru avec tant d'éclat dans la discussion de cette loi, des liaisons extrêmement intimes. On ne peut donc pas supposer que le silence de l'assemblée constituante sur les prétendus droits des ex-seigneurs du Hainaut sur les mines, soit l'effet d'un oubli. Ce silence ne peut avoir eu et n'a eu réellement qu'une seule cause : c'est qu'alors il n'existait plus en Hainaut, ni seigneurs, ni seigneuries, ni justices seigneuriales, ni droits seigneuriaux ou justiciers.

» Le procès, terminé par cette loi, était tout entier entre l'État et les propriétaires des fonds où il se trouvait des mines. Ce n'est qu'entre ces deux parties que l'assemblée constituante a prononcé; et il est, d'après cela, bien impossible que l'assemblée constituante, en maintenant, sous certaines réserves, les anciennes concessions *dans toute leur étendue*, ait eu la pensée de conserver à ceux des ci-devant seigneurs de qui provenaient quelques-unes de ces concessions, les redevances qu'ils s'étaient retenues, lorsqu'ils les avaient accordées. En maintenant ces concessions, l'assemblée constituante ne s'est occupée que des concessionnaires : c'est pour eux seuls qu'elle les a maintenues; et elle les a maintenues, non pour les assujettir de nouveau à des charges dont elle les avait précédemment affranchis, mais pour les laisser jouir pendant un certain temps, du fruit de leurs dépenses et de leurs travaux.

» Nous disons que l'assemblée constituante avait précédemment affranchi les concessionnaires, des droits de cens et d'entre-cens qu'ils avaient payés aux seigneurs jusqu'en 1789; et en effet, l'abolition de ces droits était prononcée par deux dispositions différentes, lorsque fut rendu, dans la séance du 27 mars 1791, le décret sur les mines, qui a été refondu dans la loi du 12 juillet suivant. — Elle était prononcée, comme nous l'avons vu, par l'art. 22 du tit. 2 de la loi du 15 mars 1790, qui avait supprimé *tous les droits exigés, sous prétexte de permissions accordées par les seigneurs pour des actes libres à tout le monde par le droit naturel et commun.* — Elle était encore prononcée par le décret rendu, comme le prouve le procès-verbal de l'assemblée constituante, dans la séance du 21 février 1791, et dont on a ensuite fait l'art. 20 du tit. 1 du décret du 13 avril de la même année, portant suppression de *tous les droits dépendans de la justice seigneuriale*, sans exception quelconque.

» Qu'importe, au surplus, que la partie ci-devant autrichienne du Hainaut ne fût pas encore réunie au territoire français, lorsqu'a été rendu le décret sur les mines? On ne peut tirer de là aucune conséquence pour faire maintenir, dans la partie ci-devant autrichienne du Hainaut, des droits qui, à l'époque où a été rendu ce décret, ont été reconnus ne plus exister dans la partie française de la même contrée, des droits

(1) J'ai appris depuis qu'ils étaient tous deux intéressés dans l'exploitation de ces mines; mais l'argument que je tire ici de leur présence dans l'assemblée constituante, n'en subsiste pas moins; car leur mise dans cette exploitation avait, en partie, consisté dans la cession qu'ils avaient faite aux entrepreneurs, de leur droit *d'avoir en terre non extrayé.* D'ailleurs les seigneurs hauts-justiciers du Maine et de l'Anjou avaient aussi leurs députés dans l'assemblée constituante.

qui, dès-lors, étaient depuis long-temps supprimés dans celle-ci, par le seul effet des lois du 4 août 1789, des droits enfin dont l'abolition est devenue commune à la partie ci-devant autrichienne du Hainaut, par la publication qui y a été faite, non-seulement des lois du 4 août 1789, mais encore de celles du 15 mars 1790 et du 13 avril 1791.

» Et vainement vient-on vous dire que, par l'abolition du régime féodal, les ci-devant seigneurs du Hainaut ont bien perdu, pour l'avenir, le droit *d'avoir en terre non extrayé*, c'est-à-dire, le droit exclusif qu'ils avaient de consentir à l'ouverture et à l'exploitation des mines; mais qu'ils n'ont pas perdu les fruits qui leur étaient alors acquis de l'exercice de ce droit; qu'il en doit être de leur droit *d'avoir en terre non extrayé*, comme de leur droit de déshérence; que, malgré la suppression de leur droit de déshérence, ils conservent les biens qui leur étaient échus à ce titre pendant le régime féodal; qu'ils conservent de même leurs rentes non féodales ni censuelles qu'ils s'étaient réservées sur ces biens en les aliénant; qu'ils doivent par conséquent conserver aussi les droits d'entre-cens qui leur ont été constitués pour prix de la concession qu'ils ont faite de l'exercice de leur droit *d'avoir en terre non extrayé*.

» Cette objection ne roule que sur une mauvaise équivoque. Oui sans doute, les seigneurs qui ont concédé moyennant des rentes purement foncières, les biens qui leur étaient échus pendant le régime féodal, doivent encore aujourd'hui percevoir ces rentes, comme ils les percevaient avant 1789; mais pourquoi? Parce que ces rentes sont pour eux le prix des biens dont la possession corporelle et la propriété foncière leur étaient acquises antérieurement à l'abolition de la féodalité; parce que ces biens étaient pour eux des fruits de leur haute-justice; et qu'en supprimant leur haute justice pour l'avenir, la loi n'a ni voulu ni pu leur ôter les fruits que cette haute-justice avait produits avant sa suppression. — Mais le droit *d'entre-cens*, de quoi était-il le prix pour les ci-devant seigneurs? Il était pour eux le prix d'une simple permission d'ouvrir et d'exploiter des mines qui ne leur appartenaient pas; il était pour eux le prix de l'exercice de leur droit de police spéciale sur cette partie des richesses de leur territoire; il était pour eux, ce qu'était pour les empereurs romains et pour nos ci-devant rois, le dixième que les uns et les autres se réservaient sur le produit des mines dont ils autorisaient l'ouverture; il était pour eux ce qu'est aujourd'hui pour le gouvernement, d'après l'art. 6 de l'arrêté des consuls, du 23 germinal an 11, la *contribution* (remarquez bien ce terme, C. M., c'est celui de l'arrêté même), la *contribution* sur les charbons extraits des mines, qui est réservée au profit de l'Etat, par les arrêtés particuliers portant permission de les extraire; en un mot, il était pour eux, non un droit foncier et représentatif d'une concession de fonds, mais un droit de justice, un droit qu'ils percevaient comme hauts-justiciers et non comme propriétaires.

» Mais, dit-on encore, par le seul fait de la découverte des mines dont ils ont permis l'ouverture, les ci-devant seigneurs avaient acquis la possession réelle des matières qu'elles contenaient; cela résulte de l'art. 2 du ch. 130 des chartes du Hainaut, lequel déclare que, par *l'avoir en terre non extrayé*, compris par l'art. 1 au nombre des attributs de la haute-justice, *sont entendues* CHOSES TROUVÉES *en terres, comme charbons, pierres et semblables*; ainsi, le ci-devant seigneur qui a permis l'ouverture d'une mine, a concédé une chose qui, par la découverte qu'on en avait faite, était devenue un fruit de sa haute-justice, et qui par conséquent lui appartenait foncièrement; dès-lors, point de différence entre la rente foncière qu'un ex-seigneur s'est réservée sur un bien-fonds qui lui était échu par déshérence avant 1789, et le droit d'entre-cens qu'il s'est réservé sur une mine découverte avant la même époque.

» Cette objection n'est pas plus difficile à résoudre que la précédente. Il suffirait même, pour la faire entièrement disparaître, de nous rappeler que l'art. 13 du ch. 122 des chartes générales repousse invinciblement toute idée de propriété foncière des mines, soit dans la personne du seigneur qui en a permis l'exploitation, soit dans la personne du concessionnaire qui les exploite en vertu de cette permission. — Mais s'il faut répondre directement à l'art. 2 du ch. 130 des mêmes lois, nous dirons que, par les mots *choses trouvées en terre*, cet article n'entend pas les choses simplement découvertes, mais les choses appréhendées réellement; et c'est une vérité facile à établir.

» Il est des choses qui, par le droit commun, appartiennent à celui qui les trouve: car trouver une chose, c'est une manière de l'occuper, et on sait que l'occupation est un des moyens d'acquérir établis par le droit naturel, comme par le droit positif. Or, pour être censé avoir trouvé une de ces choses, suffit-il de l'avoir découverte? Non, il faut l'avoir appréhendée. *Inventio* (dit Voët, sur le digeste, titre *de acquirendo rerum dominio, n.* 9), *inventio quoque occupationis species est, ad quam non sufficit quod quis rem viderit, aut sciat quò in loco sit, sed necesse est ut loco moverit seu apprehenderit, eo quod dominium rerum à naturali possessione cœpit.* — La loi 3, §. 3, D. *de acquirendâ vel amittendâ possessione*, justifie parfaitement cette doctrine. Pour acquérir, dit-elle, la possession d'un trésor caché dans le fonds d'autrui, il ne suffit pas de savoir qu'il y existe, il faut l'appréhender de fait et le déplacer. *Quidam putant Sabini sententiam veriorem esse, nec aliàs eum qui scit, possidere, nisi si loco motus sit; quia non sit sub custodiâ nostrâ : quibus consentio ;* et Godefroy, dans sa note sur ce texte, en tire la conséquence que *res non dicitur inventa, nisi apprehensa sit.*

» Si la simple découverte d'une mine n'en a pas acquis la propriété au ci-devant seigneur, si le ci-devant seigneur n'a acquis, par là, que le droit d'ouvrir et d'exploiter la mine, bien évidemment le ci-devant seigneur n'a pu devenir propriétaire des substances dont la mine était composée, qu'au fur et à mesure de l'extraction qu'il en a faite. Et par la même raison, si, au lieu de l'ouvrir et de l'exploiter lui-même, il en a permis l'ouverture et l'exploitation à un tiers, ce n'est que par l'extraction des substances minérales, que celui-ci a pu en acquérir la propriété. La loi 6, D. *de donationibus,* est là-dessus très-formelle. Si vous m'avez permis gratuitement de tirer des pierres de votre fonds, ces pierres m'appartiendront dès le moment où elles auront été extraites, soit par moi, soit par mes ouvriers; parce que l'extraction que j'en aurai faite de votre consentement, équipollera de votre part à une tradition actuelle. *Qui saxum mihi eximere de suo permisit donationis causâ, statim cùm lapis exemptus est, meus fit : neque prohibendo me evehere, efficit ut meus esse desinat ; quia quodammodo traditione meus factus est. Planè si mercenarius meus exemit, mihi exemit.* Mais si je vous ai vendu ou affermé le droit de tirer des pierres de mon fonds, ces pierres resteront dans ma propriété, tant que vous ne les aurez pas extraites. *sed si is qui à me emerat, sive mercede conduxerat, ut paterer eum sibi jure eximere, si antequàm eximat, me pœnituerit, meus lapis durat.*

» Autre objection. Par l'art. 14 du ch. 122 des chartes générales, il est dit que *le droit d'entre-cens est réputé héritage,* c'est-à-dire, *immobilier.* Assurément si ce droit n'était, comme vous le prétendez, qu'un droit de justice, il eût été bien inutile que le législateur le rangeât expressément dans la classe des immeubles incorporels. On savait assez que telle devait être la nature des droits inhérens à une haute-justice. Or, on ne doit pas supposer que le législateur ait rien dit de superflu. Donc, c'est aller contre son intention, que de considérer le droit d'entre-cens comme un droit de haute-justice. — Deux réponses.

» 1.° Il importerait peu que les rédacteurs des chartes générales se fussent trompés sur le caractère du droit d'entre-cens ; leur méprise, à cet égard, ne pourrait pas soustraire à l'empire des lois qui ont aboli tous les droits de justice, un droit qui serait véritablement de cette nature.

» 2.° De quelque manière qu'on envisage le droit d'entre-cens, on trouvera toujours un pléonasme dans l'article dont il s'agit. Car, point de milieu; ou le droit d'entre-cens qu'un seigneur se réservait, en concédant l'exploitation d'une mine, était pour lui un droit de justice; ou c'était pour lui un droit foncier qui faisait partie du gros de son fief. Or, dans l'un comme dans l'autre cas, il ne pouvait pas être douteux que ce droit ne dût être considéré comme immeuble. Donc, dans l'un et l'autre cas, l'article dont il s'agit, a résolu un doute qui n'existait point. Donc, dans l'un et l'autre cas, cet article est inutile. Donc, dans l'un et l'autre cas, point de conséquence à tirer de cet article.

» Mais, dit encore le cit. Decarondelet, vous ne pouvez au moins disconvenir qu'en ma qualité de seigneur haut-justicier de la Hestre et de Haine-Saint-Pierre, j'avais seul, en 1757, le droit de rechercher, de fouiller, d'extraire le charbon que recélaient dans leur sein les fonds situés dans l'un et l'autre territoire. — Ce droit, je pouvais l'*appréhender* et l'exercer par moi-même; et si je l'eusse fait, j'en jouirais encore aujourd'hui. La loi du 12 juillet 1791 m'y maintiendrait pour cinquante ans, comme ancien concessionnaire; car dans cette hypothèse, je serais, comme particulier, le concessionnaire de l'ex-seigneur haut-justicier de Haine-Saint-Pierre et de la Hestre. — Or, au lieu d'entreprendre et de diriger moi-même l'exploitation des mines qui se trouvent dans ces deux territoires, je l'ai entreprise et dirigée par les mains de la compagnie Deschuytener; je la conserve donc aussi par les mains de cette compagnie; je dois, par conséquent, continuer de jouir de la part du produit de ces mines, que la compagnie Deschuytener s'est engagée de me fournir en dédommagement du sacrifice que j'ai fait, en lui abandonnant l'exercice de mon droit exclusif d'exploitation. — En un mot, ma condition ne peut pas être pire que si je n'avais pas contracté en 1757 avec la compagnie Deschuyneter : si je n'avais pas contracté avec elle, j'aurais joui par mes propres mains des mines que j'avais seul le droit d'exploiter; je dois donc, d'après le contrat que j'ai fait avec elle, jouir encore de la prestation qui est pour moi représentative de ce droit.

» Cet argument, comme vous le voyez, C. M., porte tout entier sur la supposition que, si le cit. Decarondelet n'eût pas concédé le droit d'ouvrir et d'exploiter les mines dont il s'agit, il les eût ouvertes et exploitées lui-même. Mais ce n'est là véritablement qu'une supposition. Le cit. Decarondelet pouvait sans doute ouvrir et exploiter par lui-même les mines de ses deux seigneuries; mais en cette matière, comme en beaucoup d'autres, il y a loin de la possibilité au fait. L'exploitation d'une mine de charbon exige des avances si considérables, qu'il est bien permis de croire que, dans le cas où le cit. Decarondelet n'eût pas trouvé à traiter avec une compagnie quelconque, comme il l'a fait en 1757 avec celle de Deschuytener, il n'aurait jamais eu la pensée d'exercer par ses propres mains le droit que lui attribuaient les chartes du Hainaut.

» D'ailleurs, avec des suppositions pareilles à celle que fait ici le cit. Decarondelet, on parviendrait à faire revivre presque tous les droits de fief et de justice, que les lois ont éteints de la manière la plus absolue.

» Un seigneur qui, avant 1789, avait concédé un fonds de terre moyennant une rente féodale, peut dire aujourd'hui, pour la conservation de sa rente, tout ce que dit le cit. Decarondelet pour faire maintenir son droit d'entre-cens : si je n'avais pas contracté avec vous, je jouirais encore de mon fonds; je ne me suis exproprié de mon fonds, que sous la réserve d'une rente; cette rente est donc encore aujourd'hui subrogée à mon fonds; vous devez donc m'en continuer le payement, puisque vous jouissez du fonds qu'elle représente. — Que répondrait-on à un ex-seigneur qui tiendrait un pareil langage? On lui montrerait le texte des lois du 17 juillet 1793, du 2 octobre suivant, du 7 ventôse an 2, et par cela seul il serait forcé au silence. Cet ex-seigneur aurait pourtant, sur le cit. Decarondelet, un avantage très-marqué. Il n'aurait pas besoin de supposition, pour dire que, s'il n'eût pas aliéné son fonds par bail à rente féodale, il le conserverait encore aujourd'hui : la chose serait de toute évidence; au lieu que, c'est par supposition, par supposition absolument gratuite, que le cit. Decarondelet vient vous dire que, s'il n'eût pas concédé son droit d'exploitation, il l'eût exercé personnellement.

» Veut-on un exemple plus rapproché de notre espèce? figurons-nous un seigneur qui, avant 1789, et dans l'une des contrées où le droit de cours d'eau était regardé comme une attribution exclusive de la haute-justice, a permis à un particulier, moyennant une redevance annuelle, d'ériger un moulin sur une rivière non-navigable. Ce seigneur peut dire aujourd'hui à son arrentataire : la rivière sur laquelle est bâti votre moulin, était, sous le régime féodal, entièrement à ma disposition. J'avais seul le droit d'y faire des prises d'eau, d'y pêcher, d'y établir des usines. Si, en vertu de ce droit, j'y avais alors érigé moi-même un moulin, il m'appartiendrait encore. Pourquoi donc ne jouirais-je plus de la rente qui a été le prix de la permission que je vous ai accordée d'y construire le vôtre? Pouvez-vous continuer de profiter de ma concession, et m'en refuser le prix? — C'est ainsi, vous vous le rappelez, C. M., c'est ainsi que raisonnait le cit. Anthès, dans une affaire jugée le 12 nivôse dernier, au rapport du cit. Rousseau (1); et vous n'en avez pas moins déclaré sa rente abolie, non-seulement parce qu'elle renfermait, dans sa stipulation, des clauses qui devaient la faire considérer comme féodale, mais encore parce qu'elle avait pour cause la cession d'un droit de cours d'eau qui était féodal dans la ci-devant Alsace. Comment, d'après cela, pourriez-vous aujourd'hui écouter le cit. Decarondelet, qui ne fait, en d'autres termes, que vous reproduire le système du cit. Anthès?

» Mais, si en thèse générale, et d'après son seul acte de concession du 12 janvier 1757, le cit. Decarondelet ne peut pas espérer de faire maintenir le jugement attaqué par les demandeurs, ne peut-il pas du moins le justifier par la transaction du 16 mars 1776 et par celle du 21 octobre 1787?

» Ici se présentent des questions absolument particulières à la cause du cit. Decarondelet; et la première consiste à savoir si la transaction du 16 mars 1776 ne place pas le cit. Decarondelet dans un cas d'exception, par cela seul qu'elle le présente, suivant lui, comme propriétaire foncier des terrains sous lesquels existent les mines dont il s'agit.

» Cette question est mêlée de droit et de fait.

» Dans le droit, la redevance connue dans le ci-devant Hainaut, sous le nom d'*entre-cens*, est-elle conservée au profit des ex-seigneurs qui, avant l'abolition du régime féodal, avaient concédé des mines existantes intégralement sous leurs propres fonds? Il y a, comme vous le savez, pour l'affirmative un jugement du tribunal de cassation, du 11 nivôse an 8. La *société charbonnière* de Sars-Lonchamp attaquait un jugement du tribunal civil du département de Sambre et Meuse, qui l'avait condamnée à continuer au cit. Brueau, ci-devant seigneur du lieu, le payement du *droit d'entre-cens* qu'il s'était réservé, en concédant à cette compagnie l'exploitation exclusive des veines de charbon qui se trouvaient dans ses propriétés foncières : vous avez rejeté son recours; et vous en avez motivé le rejet sur le principe, *que la suppression des droits féodaux prononcée par les lois de la république, ne peut profiter qu'aux propriétaires de la superficie des terres.*

» Ce n'est pas qu'il n'y ait encore là-dessus de grandes difficultés, qui peut-être nous conduiraient, en dernière analyse, à dire qu'en cette matière, on ne doit pas distinguer le ci-devant seigneur propriétaire foncier, d'avec le ci-devant seigneur pur et simple; que, si le droit d'entre-cens est maintenu pour le premier, il doit l'être également pour le second; et que réciproquement, s'il est aboli pour le second, il doit l'être également pour le premier (1).

» Mais il est inutile de nous arrêter à cette discussion, parce que, dans le fait, le cit. Decarondelet convient lui-même qu'il n'est pas propriétaire foncier de la totalité des terrains où

(1) *V.* l'article *Moulin*, §. 1.

(1) *V.* ci-après, §. 4.

s'exploitent les mines des produits desquelles il réclame une portion. De là, en effet, il résulte que, relativement à ceux de ces terrains qui ne lui appartiennent point, la contestation rentre absolument dans la thèse générale. Et d'ailleurs ce n'est pas sous cet aspect que la cause a été présentée au tribunal d'appel de Bruxelles. Devant ce tribunal, le cit. Decarondelet n'a point plaidé comme propriétaire foncier; sa qualité de propriétaire foncier n'y a même pas été reconnue. A la vérité, il y a produit des titres qui prouvent que, dans le dix-septième siècle, et même encore en 1776, il réunissait dans sa main la propriété d'une partie des fonds du territoire de la Hestre; mais ces fonds lui appartiennent-ils encore aujourd'hui? Lui appartenaient-ils encore à l'époque de l'abolition du régime féodal? c'est ce qu'il n'a pas prouvé devant le tribunal d'appel; disons plus : c'est ce qu'il ne prouve pas devant vous. — Ainsi, sous tous les rapports, nous devons écarter cette première exception du cit. Decarondelet.

» La seconde, c'est-à-dire, celle que le cit. Decarondelet fonde sur la transaction du 21 octobre 1787, est plus compliquée que la première; cependant elle peut se réduire à des termes assez simples.

» D'abord, quel argument peut-on tirer en faveur du cit. Decarondelet, de ce que, par l'acte du 21 octobre 1787, la société Deschuytener lui a accordé le vingtième du prix des charbons qu'elle extrairait, non-seulement sur les territoires de la Hestre et de Haine-Saint-Pierre, mais encore sur celui de Redemont, duquel il n'était pas seigneur? Sans doute, ont peut très-bien conclure de là que ce n'est point comme seigneur, que le cit. Decarondelet a joui de son droit de vingtième dans le territoire de Redemont. Mais, certes, de ce qu'il n'a pas joui comme seigneur dans le territoire de Redemont, il ne s'ensuit nullement que ce n'est pas comme seigneur qu'il a joui dans les territoires de la Hestre et de Haine-Saint-Pierre; et puisque son droit de vingtième a été pour lui un droit véritablement seigneurial dans ces deux derniers territoires, le tribunal d'appel de Bruxelles a dû au moins, quant à ces deux derniers territoires, le déclarer aboli.

» Il y a plus. Le droit d'entre-cens étant aboli en thèse générale, le tribunal d'appel de Bruxelles n'a même pas pu le conserver en entier au cit. Decarondelet, dans le territoire de Redemont; il n'a pu lui en conserver dans ce territoire qu'une portion très-faible : et voici pourquoi.

» Le cit. Decarondelet n'a acquis son droit de vingtième dans le territoire de Redemont, qu'en compensation de trois sortes de sacrifices qu'il a faits par l'acte du 21 octobre 1787, à la compagnie Deschuytener : sacrifice des dommages-intérêts qu'il avait à réclamer en exécution de l'arrêt du 15 mai : sacrifice de la portion qui lui revenait dans une somme de 8000 florins, due par le gouvernement autrichien à la compagnie : sacrifice sur son droit d'entre-cens dans les territoires de la Hestre et de Haine-Saint-Pierre, en le réduisant du onzième au vingtième. — Or, de ces trois sacrifices, il n'y a plus que les deux premiers qui puissent être considérés aujourd'hui, du moment qu'aujourd'hui nous devons regarder comme seigneurial, et par conséquent comme aboli, le droit d'entre-cens des territoires de Haine Saint-Pierre et de la Hestre. — Sous ce point de vue, en effet, la compagnie Deschuytener est censée avoir racheté du cit. Decarondelet une partie d'un droit seigneurial, moyennant la promesse de lui payer le vingtième du prix des charbons à extraire du territoire de Redemont. Or, vous savez que par la loi du 28 nivôse an 2, les ci-devant seigneurs sont, non-seulement tenus de restituer les corps d'héritages qui leur ont été cédés pour prix d'affranchissement de droits féodaux, mais encore privés de toute action en payement des sommes de deniers qui leur ont été *promis pour la même cause*. — Donc, en considérant comme seigneurial le droit de *onzième*, que le cit. Decarondelet s'était réservé par l'acte du 12 janvier 1757, le cit. Decarondelet ne peut pas aujourd'hui exiger ce qui lui a été promis pour le rachat de la portion de ce droit correspondante à la différence du onzième au vingtième. — Donc le droit de vingtième, dans le territoire de Redemont, lui ayant été promis en partie pour ce rachat, le cit. Decarondelet ne peut plus l'exiger à cette concurrence. — Donc il ne peut plus l'exiger qu'à raison de la part que formaient, dans le prix de l'acquisition de ce droit, les deux autres sacrifices dont nous venons de parler.

» On dira sans doute que, pour déterminer cette part, il faudrait une *ventilation*, mais que toute ventilation est devenue impraticable, quant aux dommages-intérêts auxquels le cit. Decarondelet a renoncé par la transaction du 21 octobre 1787; que cette transaction ayant éteint le procès dont le jugement seul aurait pu fixer et liquider les dommages-intérêts prétendus par le cit. Decarondelet, il n'est plus possible de déterminer quelle est la part pour laquelle les prétentions de celui-ci sont entrées dans le prix de l'acquisition qu'il a faite d'un droit de vingtième sur le territoire de Redemont; qu'ainsi, les choses ne sont plus entières; qu'il y a eu novation complette, et que, par conséquent, la transaction doit être exécutée comme titre nouveau et absolument indépendant du régime féodal.

» Mais d'abord, de ce que les dommages-intérêts ne peuvent plus être aujourd'hui appréciés, de ce qu'on ne peut plus connaître la quotité de la part qu'ils forment dans le prix de la cession faite au cit. Decarondelet, du vingtième des charbons à extraire de Redemont; de ce que, par là, toute ventilation est devenue impossible entre les dommages-intérêts et la réduction du droit de onzième des charbons à extraire de la Hestre et de Haine-Saint-Pierre, quelle conséquence peut-on tirer en bonne logique? Il n'y en a qu'une seule, et encore vous paraîtra-t-elle singulièrement forcée : c'est que les dommages-intérêts doivent être censés avoir seuls formé le prix du droit de vingtième sur Redemont; c'est que le droit de vingtième sur Redemont doit être censé acquis par le cit. Decarondelet, moyennant sa seule renonciation aux dommages-intérêts qu'il avait à prétendre, et qui, quoique dérivant d'une source féodale, équipollaient pour lui à une somme échue et exigible; c'est, par une suite nécessaire, que le droit de vingtième sur Redemont, doit être considéré, dans la main du cit. Decarondelet, comme une prestation qui n'a rien de seigneurial dans son origine, et qu'il n'a pas été aboli par nos lois nouvelles.

» Eh bien! admettons que tel soit en effet le résultat de la transaction; admettons par conséquent que le cit. Decarondelet doive être censé avoir, sans cause et par pure munificence, réduit du onzième au vingtième son droit d'entre-cens sur la Hestre et Haine-Saint-Pierre : au moins dans cette hypothèse, il restera toujours que son droit d'entre-cens sur la Hestre et Haine-Saint-Pierre n'a pas été créé par la transaction, et que la transaction l'a seulement diminué. Mais en le diminuant, l'a-t-elle dénaturé? En le diminuant, a-t-elle anéanti sa source primordiale? En le diminuant, a-t-elle effacé ce qu'il avait de féodal dans son origine? C'est demander, en d'autres termes, si, lorsque vous ayant prêté mille francs, je consens par une transaction de réduire ma créance à 500 francs, ce n'est pas toujours à titre de prêt que ces 500 francs me restent dus; si l'hypothèque que vous m'aviez donnée par le contrat de prêt, pour les mille francs, ne subsiste pas toujours depuis la transaction, pour la moitié de cette somme; si la caution qui m'avait répondu pour vous des mille francs, ne demeure pas toujours obligée pour les 500 francs auxquels j'ai bien voulu me restreindre. Or, proposer de pareilles questions, n'est-ce pas demander s'il fait jour en plein midi?

» On vous parle de novation! eh! dans quelle coutume vous en parle-t-on? Dans une coutume qui déclare textuellement, chap. 114, art. 2, que, « si quelqu'un était obligé ou autrement tenu » de payer certaine dette à jour ou terme, et » si avec lui y eût aucuns autres obligés ou tenus » comme pleiges, et que le principal débiteur » innove le contrat avec son créditeur, en prorogeant le jour, ou commuant son dû en autre marchandise, en ce cas, les autres obligés » et pleiges en seront quittes et déchargés, *bien » entendu qu'en tous autres cas, la dette ou » action ne sera tenue pour innovée, si les parties ne l'ont ainsi expressément déclaré* ». — Or, ici, il n'y a ni prorogation de terme, ni commutation de la dette primitive en autre *marchandise ;* il y a simplement réduction de la dette primitive, et les parties n'ont pas expressément déclaré qu'elles voulussent innover; donc point de novation; donc la dette primitive conserve son caractère originel, pour la partie qui en subsiste.

» Pour rendre la chose plus sensible encore, supposons que, par la transaction du 21 octobre 1787, le droit d'entre-cens sur la Hestre et Haine-Saint-Pierre, au lieu d'être diminué, ait été augmenté, et qu'au lieu de le réduire du onzième au vingtième, on l'ait élevé du onzième au cinquième : dans ce cas, y aura-t-il novation, nous ne disons pas, d'après la loi particulière du Hainaut, la négative est trop évidente, mais d'après le droit commun? Non, et cela résulte nettement, comme l'établit Voët, sur le digeste, liv. 46, tit. 2, n. 5, de la loi 44, §. 1, *de administratione et periculo tutorum*, combinée avec la loi 29, *de novationibus*, au digeste. — Et l'on voudrait qu'il y eût novation dans le cas inverse! on voudrait qu'il y eût novation dans l'hypothèse de l'adoucissement du sort du débiteur, tandis qu'il n'y en aurait point si sa condition était empirée! C'est, nous ne craignons pas de le dire, un paradoxe qui tombe de lui-même.

» Ah! sans doute, il y aurait eu novation dans l'acte du 21 octobre 1787, si le cit. Decarondelet avait consenti à la totale extinction de son droit d'entre-cens sur la Hestre et Haine-Saint-Pierre, pour le droit de vingtième qui lui a été accordé sur Redemont; parce qu'alors la *dette* serait, comme le disent les chartes du Hainaut, *commuée en autre marchandise*. Mais quel serait aujourd'hui l'effet de cette novation? La loi du 28 nivôse an 2 vous l'a déjà dit : c'est que le droit de vingtième sur Redemont étant le prix de l'affranchissement du droit d'entre-cens sur la Hestre et Haine-Saint-Pierre, serait par là même aboli sans indemnité.

» Ainsi, en dernière analyse, il faut que l'on opte entre ces deux hypothèses : la réduction opérée par la transaction, du droit d'entre-cens sur la Hestre et Haine-Saint-Pierre, est entrée pour quelque chose dans le prix de l'acquisition du droit de vingtième sur Redemont; ou elle n'y est entrée pour rien. — Au premier cas, le droit de vingtième sur Redemont est, sinon aboli en totalité, du moins réductible jusqu'à concurrence de la part pour laquelle il représente la quotité du droit d'entre-cens sur Haine-Saint-Pierre et la Hestre, dont la transaction décharge la société Deschuytener. — Au deuxième cas, le droit de vingtième sur Redemont doit être maintenu en entier; mais de là même il suit nécessairement que la partie restante du droit d'entre-cens sur la Hestre et Haine-Saint-Pierre a conservé son caractère primitif et n'a souffert aucune espèce de novation.

» Eh! le moyen de soutenir sérieusement que la transaction a dénaturé le droit d'entre-cens sur la Hestre et Haine-Saint-Pierre, quand on voit les parties déclarer en toutes lettres, art. 8, *que le contrat du 12 janvier 1757 aura son effet en tout ce qui n'y est pas dérogé par la présente transaction?* Le cit. Decarondelet pouvait-il dire plus clairement que son droit d'entre-cens, quoique réduit du onzième au vingtième, retiendrait toujours sa nature primordiale? Et n'est-il pas évident que, si ce droit était originairement seigneurial, s'il avait reçu ce caractère par l'acte du 12 janvier 1757, il est demeuré seigneurial et a conservé ce même caractère depuis et nonobstant la transaction du 21 octobre 1787?

» Ce n'est pas tout. Jusqu'à présent nous avons raisonné comme si, par la transaction, le droit d'entre-cens eût été réduit du 11.e au 20.e, dans toute l'étendue de la Hestre et de Haine-Saint-Pierre; mais la vérité est que, par l'art. 3 de la transaction, il est dit que cette réduction n'aura pas lieu quant au *charbon qui pourra s'extraire dans le terrain qu'on nomme le terrain d'abournement*, et que le cit. Decarondelet *y percevra le droit d'entre-cens, le cas échéant, à raison du 11.e dènier, comme par le passé.* — Voilà donc au moins une partie dans laquelle le droit d'entre-cens est maintenu tel qu'il était originairement et d'après l'acte du 12 janvier 1757. Voilà au moins une partie où tout prétexte manque absolument, on ne dit pas pour prouver, mais même pour alléguer, qu'il y ait eu l'ombre d'une novation. Voilà au moins une partie, par conséquent, où le droit d'entre-cens est encore seigneurial, comme il l'était dans son principe, comme il l'est en thèse générale. — Donc, au moins dans cette partie, le droit d'entre-cens aurait dû être déclaré aboli par le tribunal d'appel de Bruxelles. — Cependant, que porte à cet égard le jugement attaqué? Il condamne la compagnie Deschuytener à payer au cit. Decarondelet, *suivant le contrat de concession du 12 janvier 1757 et la transaction du 21 octobre 1787*, non-seulement *le 20.e de tout le charbon qu'elle a extrait depuis floréal an 3, tant de Haine-Saint-Pierre et la Hestre, que des autres territoires où elle a exploité*; mais encore le 11.e *de tout le charbon qu'elle a extrait dans le terrain dit l'abournement.* — Ainsi, au moins dans cette partie, le tribunal d'appel de Bruxelles a violé la loi, en maintenant le droit d'entre-cens; et eût-il bien jugé quant aux charbons extraits des autres terrains, son jugement n'en devrait pas moins être cassé quant aux charbons extraits du *terrain* dit l'*abournement*.

» Le cit. Decarondelet tirera-t-il un meilleur parti de la clause de l'acte du 21 octobre 1787, par laquelle la compagnie Deschuytener lui donne voix délibérative dans ses assemblées? Ou, en d'autres termes, est il vrai que, par cette clause, il soit devenu l'associé de la compagnie Deschuytener? Est-il vrai que cette clause ait effacé de sa personne, relativement à la compagnie Deschuytener, la qualité de seigneur de Haine-Saint-Pierre et de la Hestre, et y ait substitué celle de simple sociétaire?

» Il y a pour l'affirmative des raisons assez spécieuses. — Que faut-il, dit le cit. Decarondelet, pour former une société? Il faut le concours de trois choses: mises respectivement apportées par les personnes qui veulent s'associer; droit de délibérer ensemble sur l'emploi de ces mises; partage des bénéfices que ces mises pourront produire. Or, tout cela se rencontre ici. — D'abord, j'ai mis dans la société, non-seulement l'exercice du droit exclusif qui m'appartenait, d'exploiter les veines de charbon de la Hestre et de Haine-Saint-Pierre, mais encore les dommages-intérêts qui pouvaient m'être dus d'après l'arrêt du 15 mai 1787, mais encore mon onzième dans les 8,000 florins que le gouvernement autrichien devait à la compagnie. — Ensuite, la compagnie m'a admis à délibérer avec elle sur l'emploi des objets qu'elle et moi avions respectivement apportés en commun. — Enfin, ma part dans les produits de l'exploitation a été réglée au 20.e — Il y a donc société entre moi et la compagnie Deschuytener. Ce n'est donc pas comme ci-devant seigneur, c'est uniquement comme membre d'une société industrieuse et commerçante, que je dois être ici considéré.

» Ainsi raisonne le cit. Decarondelet; mais il s'en faut beaucoup qu'il y ait dans l'acte du 21 octobre 1787, tout ce qui doit essentiellement caractériser une société.

» Il n'est pas sans doute de l'essence d'une société, qu'il y ait entre tous ses membres communion parfaite de dépenses et de bénéfices; on peut, par des conventions spéciales, régler les parts de bénéfices autrement que les parts de dépenses, et réciproquement; il peut même être stipulé entre deux associés, que l'un ne contribuera pas aux dépenses, et que cependant il aura part aux bénéfices; mais ce qui est absolument de l'essence de la société, c'est que nul de ses membres ne puisse participer à ses bénéfices, avant que les dépenses en aient été déduites; c'est que ses bénéfices bruts ne soient pas susceptibles de partage; c'est que le partage ne puisse avoir lieu que sur la différence qui se trouve entre les dépenses et les bénéfices. *Mutius scribit* (dit la loi 30, *pro socio*, au digeste), *non posse societatem coïri ut aliam damni, aliam lucri partem socius ferat. Servius ait nec posse societatem ità contrahi*: NEQUE ENIM LUCRUM INTELLIGITUR, NISI OMNI DAMNO DEDUCTO; *neque damnum, nisi omni lucro deducto. Sed potest coïri societas ità ut ejus lucri quod reliquum in societate sit, omni damno deducto, pars alia feratur : et ejus damni quod similiter relinquatur, pars alia capiatur.* Justinien dit la même chose en ses Institutes, titre *de societate*, §. 2 : *Potest convenire ut quis lucri partem ferat, de damno non teneatur; quod tamen ità intelligi oportet, ut si in aliâ re lucrum, in aliâ damnum illatum sit, compensâtione factâ, solum quod superest intelligatur lucro esse.*

» Or, que promet-on au cit. Decarondelet par l'acte du 21 octobre 1787 ? Est-ce le vingtième des bénéfices de l'exploitation ? Est-ce le vingtième de la somme qui restera du prix des ventes, après qu'on en aura déduit les frais? Non, c'est le vingtième du produit brut de l'entreprise, c'est le vingtième de la somme intégrale que la compagnie reçoit des acheteurs; c'est conséquemment une part que le cit. Decarondelet n'aurait pas et ne pourrait pas avoir le droit de prélever, s'il était associé; et dès-là, point de société entre le cit. Decarondelet et la compagnie Deschuytener.

» Qu'y a-t-il donc entre eux? Il y a une communion d'intérêts et rien de plus. Or, cette communion, quant au droit de vingtième qui y entre de la part du cit. Decarondelet, a sa source primordiale dans l'acte du 12 janvier 1757; si donc, comme on n'en peut douter, le droit de onzième que le cit. Decarondelet s'était réservé par cet acte, était seigneurial dans son origine, c'est nécessairement un droit seigneurial qui, trente ans après, est entré de sa part dans la communion dont il s'agit. Donc, le cit. Decarondelet n'a plus rien eu dans cette communion, du moment que les droits seigneuriaux ont été abolis. — Car il n'en est pas de la communion comme de la société. Dans une société, si la mise de l'un des associés vient à périr, elle périt pour le compte de tous les sociétaires; et l'associé qui l'a apportée, n'en conserve pas moins son droit à tous les avantages de l'association. Dans la simple communion, au contraire, chaque part périt pour le compte individuel du communier à qui elle appartient. — Ainsi le communier dont la part vient à être confisquée, ne peut plus rien demander à ses communiers. — Ainsi, le ci-devant seigneur qui avait cédé un fonds par bail à champart censuel, et qui par là était devenu le communier de son concessionnaire pour les récoltes à provenir de ce fonds, ne peut plus rien réclamer dans ces récoltes, depuis que le droit de champart seigneurial est aboli. — Ainsi, dans une succession ouverte immédiatement avant les décrets du 4 août 1789, restée indivise jusqu'alors, et composée, partie de biens patrimoniaux, partie de droits de fief et de justice, les droits de fief et de justice n'ont pas laissé de périr depuis pour le seul aîné des héritiers à qui ils appartenaient par préciput, quoiqu'il y eût eu jusqu'alors communion entre lui et ses co-successeurs, quoique ses co-successeurs et lui eussent jusqu'alors administré ensemble et à la pluralité des voix, l'hérédité qui était commune entre eux.

» Disons donc que, de toutes les particularités dans lesquelles se retranche le cit. Decarondelet, il n'en est pas une seule qui puisse justifier le jugement du tribunal d'appel de Bruxelles; par conséquent que la cause du cit. Decarondelet ne diffère en rien de celles des autres ex-seigneurs du ci-devant Hainaut, et qu'elle dépend toute entière de la juste détermination du caractère du droit que le cit. Decarondelet s'est réservé par l'acte du 12 janvier 1757.

» Disons enfin que ce droit est essentiellement seigneurial, qu'il est aboli comme tous les droits seigneuriaux, et qu'il y a nécessité indispensable d'annuller le jugement qui l'a maintenu. C'est à quoi nous concluons ».

Sur ces conclusions, arrêt du 16 ventôse an 12, au rapport de M. Ruperou, qui,

« Vu les art. 1 et 2 du chap. 130 des chartes nouvelles du pays de Hainaut, l'art. 4 de la loi du 11 août 1789, l'art. 5 de celle du 25 août 1792, l'art. 1 de celle du 17 juillet 1793, et les art. 1, 4 et 5 du tit. 1 de celle du 12 juillet 1791 sur les mines et minières;

» Considérant, en premier lieu, que, suivant les dispositions des chartes du Hainaut, les mines ou veines de charbon sont comprises sous la dénomination générique d'*avoir en terre non extrayé;*

» Que l'*avoir en terre non extrayé*, consistant dans le droit de fouiller la mine et de s'approprier ce qui serait extrait, était un attribut de la haute-justice, un privilége exclusivement attaché à la qualité de seigneur haut-justicier;

» Que les ci-devant seigneurs du Hainaut qui ne voulaient ou ne pouvaient exploiter par eux-mêmes les veines de charbon qui se trouvaient dans l'étendue de leur haute-justice, étaient libres de concéder à qui bon leur semblait la faculté de les exploiter, à la charge par les concessionnaires de leur payer une redevance conventionnellement réglée et connue sous la dénomination de droit d'*entre-cens;*

» Que cette redevance, dérivant d'un droit essentiellement dépendant de la haute-justice, n'avait point pour cause la concession primitive d'un fonds, d'une propriété, mais seulement l'exercice simple d'une faculté attribuée à la seigneurie haute-justicière, comme l'a très-judicieusement reconnu le tribunal d'appel lui-même;

» Que, du moment que la haute-justice a été retirée des mains des ci-devant seigneurs, leur droit d'*avoir en terre non extrayé* et celui d'*entre-cens* qui le représente, ont dû nécessairement cesser; que les dispositions des lois précitées sur l'abolition des droits seigneuriaux, sont positives à cet égard;

» Qu'il n'y a pas de parité entre le droit d'entre-cens et les terres vaines et vagues, les biens vacans, qui demeurent irrévocablement acquis aux ci-devant seigneurs, par l'art. 8 de la loi du 13-20 avril 1791; qu'en effet, il s'agit, dans cet article, d'immeubles, de corps certains dont la consistance, une fois fixée, ne peut recevoir d'accroissement, et qui ont passé en entier dans le domaine absolu des ci-devant seigneurs, sans conserver le moindre rapport avec le titre féodal dont ils procèdent; qu'il n'en est pas ainsi du droit d'avoir en terre non extrayé, en vertu duquel l'exploitation des mines s'étendait successivement sur les fonds souterrains, sans que la loi, dans aucun cas, rendît le seigneur propriétaire du fonds productif, c'est-à-dire, de la mine même; que, si un semblable droit était encore maintenu aux ci-devant seigneurs, il en résulterait que la haute-justice, après avoir été solennellement anéantie, n'en conserverait pas moins ses attributs et ses effets;

» Considérant, en second lieu, qu'il est évident que, par les articles précités de la loi de 1791, *sur les mines et minières*, portant que les concessions actuellement existantes subsisteront dans *toute leur étendue*, le législateur n'a pas entendu parler de l'étendue des dispositions des contrats de concession, mais uniquement de l'*étendue superficielle* des terrains; que d'ailleurs cette loi ne peut être censée avoir conservé aux ci-devant seigneurs des droits de haute-justice qui avaient été déjà formellement abolis;

» Considérant, en troisième lieu, que, si, d'après la transaction du 21 octobre 1787, une partie de la redevance convenue par cet acte est légitime et justement accordée, en conséquence des abandons faits par les cit. et dame Decarondelet, il n'en reste pas moins vrai que, mal à propos, les juges d'appel ont confirmé la totalité du droit stipulé par cette transaction, puisque les Decarondelet y ayant expressément réservé, non-seulement l'effet de la concession primitive de 1757, mais encore le droit d'entre-cens, le cas échéant, à raison *du onzième denier comme par le passé*, dans le terrain dit *abournement*; il en résulte qu'une partie de ce droit a constamment une origine féodale;

» Que, dès-là que, par cette transaction, les Decarondelet percevaient *quitte de frais* la quantité de charbon convenue, on ne saurait y apercevoir un contrat de société, parce qu'il répugne à la nature de ce contrat, que l'un des associés prenne une part du profit, sans prélever la dépense faite pour se le procurer; en sorte qu'il pourrait arriver qu'il y eût du bénéfice pour lui, tandis qu'il n'y aurait que de la perte pour les autres associés;

» Que le jugement attaqué, en décidant subsidiairement que cet accord n'a point été anéanti, attendu qu'il n'est pas dit, en termes exprès, dans les lois sur l'abolition du régime féodal, qu'il ait été dérogé aux transactions, a faussement appliqué les lois sur la force et les effets de cette sorte de transaction; qu'en effet, les lois qui ont aboli généralement tous les droits féodaux, toutes les redevances et prestations seigneuriales, ont en même temps et véritablement anéanti toutes les transactions qui auraient pu être passées sur la quotité, le mode et l'étendue de la perception pour l'avenir, de ces droits, de ces redevances, par la raison que la chose même sur laquelle est intervenue une transaction, ayant été anéantie dans *sa substance et dans toutes ses conséquences*, il est impossible de concevoir que cette transaction puisse continuer de subsister;

» Considérant enfin que, quand on admettrait, dans toute sa latitude, le principe que *la suppression des droits féodaux ne doit profiter qu'aux propriétaires de la superficie*, il n'en résulterait pas que le jugement, dont il s'agit, dût être confirmé, attendu qu'il conserve aux cit. et dame Decarondelet *la totalité* du droit d'entre-cens par eux réclamé, alors même qu'ils avouent qu'ils ne sont propriétaires que d'une *partie* du terrain de la Hestre et de Haine-Saint-Pierre;

» De tout quoi il suit que les juges de Bruxelles, en maintenant ainsi les cit. et dame Decarondelet dans la totalité du droit d'entre-cens, stipulé par le contrat de concession du 12 janvier 1759 et la transaction du 21 octobre 1787, ont violé les lois nouvelles sur l'abolition du régime féodal et les mines et minières, et faussement appliqué les lois sur la force et les effets des transactions sur procès;

» Par ces motifs..., casse et annulle le jugement du tribunal d'appel de Bruxelles, du 12 messidor an 9... ».

Il y a, dans le *Répertoire de jurisprudence*, au mot *Entre-cens*, un arrêt semblable du 23 vendémiaire an 13.

V. ci-après, §. 4 et 5.

II. Quel aurait dû être, dans l'affaire du sieur Decarondelet, l'effet de la transaction dont il se prévalait, si, au lieu d'être antérieure à la suppression du régime féodal, elle y eût été postérieure et avait eu pour objet direct de prévenir une contestation judiciaire sur l'abolition ou non-abolition du droit d'entre-cens? Et si, dans ce cas, elle eût précédé la publication de la loi du 21 avril 1810, cette loi l'aurait-elle neutralisée?

Voici une espèce dans laquelle ces deux questions ont été agitées et jugées.

Le 3 avril 1815, acte par lequel le seigneur

haut-justicier de Strépy-Bracquegnies en Hainaut, concède à plusieurs particuliers réunis en société, le droit d'extraire du charbon dans l'étendue de sa seigneurie, à la charge de lui payer le onzième panier de l'extraction brute.

Ce contrat s'exécute sans difficulté jusqu'au mois d'octobre 1803.

A cette époque, les contestations qui s'élèvent de toutes parts sur la question de savoir si le droit d'*entre-cens* est aboli ou non, éveillent les sociétaires de Strépy-Braquegnies; et pour en prévenir une semblable, une transaction est passée le 5 nivôse an 12 (1 janvier 1804), par laquelle ils déclarent que les sieurs Dandelot et Vanderburch, successeurs de leurs cédans primitifs, se disposant à les faire citer en justice à l'effet de les faire condamner à leur continuer le payement du 11.° panier de leur extraction, *attendu que c'est une prestation purement foncière et représentative de la propriété des mines, et non un droit seigneurial aboli*, « ils consentent à la » demande et conclusions prédites desdits ci» toyens Dandelot et Vanderburch, et s'y sou» mettent comme s'ils y étaient condamnés par » jugement rendu en dernier ressort et sans » recours en cassation; qu'en conséquence, ils » s'obligent de continuer à leur payer à l'avenir » ladite prestation, sauf et excepté que lesdits » Dandelot et Vanderburch consentent, en vue » de la présente transaction, qu'au lieu du » onzième panier qu'ils ont perçu jusqu'ici, » ladite prestation soit réduite, pour l'avenir, » au 18.° panier de l'extraction brute, et encore » que, si ledit droit d'entre-cens venant, par » une jurisprudence constante des tribunaux, » ou par des actes à émaner des autorités » suprêmes de l'état, à être regardé comme » entièrement aboli par les lois actuellement » existantes, la République imposait, sur le » charbonnage de Bracquegnies, pour et à » cause de la maintenue de leur concession, » une contribution ou prestation quelconque » qui atteignît le 18.° panier de l'extraction » brute, celle maintenue au profit desdits » Dandelot et Vanderburch, par la présente » transaction, cesserait dès-lors; mais si cette » contribution, exigée à ce titre par le gouver» nement, n'atteignait pas le 18.° panier, la » société continuerait à leur payer l'excédant » du 18.° panier sur l'importance de la contri» bution qui serait imposée ou exigée par le » gouvernement ».

Cette transaction est d'abord exécutée ponctuellement. Mais après la publication de la loi du 21 avril 1810, les sociétaires se refusent à toute prestation ultérieure de la nouvelle redevance qu'ils ont consentie.

Assignés devant le tribunal de première instance de Mons, ils soutiennent que la transaction est nulle, 1.° comme contraire aux lois d'ordre public, 2.° comme dénuée de cause licite, 3.° comme tendant à faire revivre un droit seigneurial.

Le 30 décembre 1811, jugement qui ordonne l'exécution de la transaction,

« Attendu qu'à la date de l'acte dont il s'agit, 5 nivôse an 12, différens jugemens portés par les tribunaux sur la question *ardue* si l'entre-cens était un droit seigneurial ou non, était réellement douteuse;

» Que c'était dans ce doute, et pour éviter procès, que les parties avaient transigé;

» Que le 18.° panier auquel l'entre-cens avait été réduit, est dû en vertu de ce nouveau titre;

» Que les transigeans ne sont pas moins obligés que par un jugement qui aurait acquis la force de chose jugée (loi 21, C. *de transactionibus*);

» Qu'ils ont exécuté cet acte depuis sa passation ».

Appel de la part des sociétaires à la cour de Bruxelles, qui, par arrêt du 27 août 1812, met l'appellation au néant,

« Attendu qu'il est incontestable que l'on ne peut transiger sur la question de savoir si ou quelle rétribution on payera *comme redevance seigneuriale ou féodale*, parce qu'il n'est pas permis de conserver, sous quelque dénomination que ce soit, des prestations seigneuriales ou féodales supprimées par les lois abolitives de ces droits;

» Mais qu'il n'en est pas de même à l'égard du point qu'ont fixé les parties dans la transaction du 5 nivôse an 12, qui porte que la société payera le 18.° panier pour droit de cens et entre-cens que les parties déclarent tenir pour une prestation purement foncière et représentative du droit propriétaire que les intimés avaient dans les mines trouvées dans l'étendue de leur seigneurie, n'importe leur erreur à cet égard;

» Attendu que les parties, dans cette transaction, purgent la prestation dont elles conviennent, de ce qu'elle pouvait avoir de seigneurial et féodal; qu'elles n'y maintiennent pas le contrat de 1715, ni se réfèrent à ce contrat pour l'exécution de cette transaction; de manière que cette transaction diffère essentiellement de celle du 25 vendémiaire an 9 (1) entre le sieur de Royer et la société de la machine à feu de Dour, et de celle du 21 octobre 1787 entre le sieur Decarondelet et la société de la

(1) Il y a sûrement erreur dans cette date : car le 25 vendémiaire an 9 était précisément le jour où les ci-devant concessionnaires du sieur de Royer l'avaient fait assigner en justice pour faire déclarer son droit d'entre-cens aboli. *V.* le *Répertoire de jurisprudence*, au mot *Entre-cens*.

Hestre et de Haine-Saint-Pierre (1); qu'il suit de ce qui précède, que la transaction du 12 nivôse an 12 est licite et valable;

» Attendu que la transaction dont il s'agit, a innové le contrat du 3 avril 1715 : ce qui est hors de doute, quand on considère que la redevance stipulée dans le premier acte, était absolument seigneuriale et féodale, tandis que celle stipulée dans la transaction, se paye comme une *redevance purement foncière*, ainsi que les parties l'ont déclaré;

» Que, si la dette ou action n'est tenue innovée, selon les chartes générales du Hainaut, si les parties ne l'ont ainsi expressément déclaré, la transaction dont il s'agit, n'en contient pas moins une novation, parce qu'elle est formelle et expresse, malgré que le terme même de novation ne s'y trouve pas;

» Attendu que le contrat du 3 avril 1715 étant ainsi remplacé par la transaction qui fait le seul titre des intimés, il est inutile de s'enquérir si le contrat qui a cessé, contenait, outre la prestation sur laquelle on a transigé, des stipulations féodales qui auraient vicié le contrat pour le tout;

» Attendu que l'occupation actuelle de la société appelante, dérive et est une suite de la concession que lui en ont faite les auteurs des intimés, qui seraient restés, sans cette concession, dans l'exploitation qu'ils auraient faite par eux-mêmes, conformément aux lois sur les mines et minières (2); d'où résulte que la prestation due en vertu ou sur pied de ladite transaction, doit continuer aussi long-temps que durera ladite occupation (3) ».

Les sociétaires se sont pourvus en cassation contre cet arrêt, et leur recours n'ayant pu être jugé avant que la Belgique fût séparée de la France, a été porté devant deux chambres réunies de la cour supérieure de justice de Bruxelles.

Il était fondé sur la prétendue violation, 1.° de la loi du 7 septembre 1792, qui défend la perception de tout droit féodal, *sous peine de dégradation civique*, et de toutes les lois portant abolition de la féodalité et des justices-seigneuriales; 2.° des art. 1 et 2 du ch. 130 des chartes générales du Hainaut qui faisaient dépendre de la haute-justice, le droit exclusif d'ouvrir et d'exploiter les mines de charbon; 3.° des art. 1 et 4 de la loi du 12 juillet 1791, qui ont formé, pour les entrepreneurs de mines, un titre nouveau, dégagé de toute prestation envers les anciens seigneurs; 4.° des lois prohibitives de toute convention particulière qui déroge au droit public; 5.° des lois qui règlent l'exercice des droits de l'Etat, seul propriétaire des mines à l'époque de la transaction, et à ce titre, ayant seul qualité pour transiger sur la question; 6.° des principes élémentaires sur les transactions, en ce que la chose n'était pas dans le commerce, en ce qu'il n'existait aucun doute raisonnable, en ce que les parties n'ont pas fait le sacrifice d'une partie de leurs prétentions respectives, en ce que la dette reconnue n'a pas de cause licite; 7.° de l'art. 2 du ch. 114 des chartes générales du Hainaut, d'après lequel la transaction ne pouvait être regardée comme une novation du titre de 1715 qui était évidemment mélangé de féodalité; 8.° de l'art. 4 de la loi du 12 juillet 1791, qui restreignait à cinquante ans le terme de la concession des mines, tandis que la prestation maintenue par la transaction, devait durer indéfiniment; 9.° des art. 51 et 53 de la loi du 21 avril 1810, qui, en déclarant les concessionnaires des mines propriétaires incommutables, les libère nécessairement de toute prestation ancienne; 10.° de l'arrêté du directoire exécutif, du 3 nivôse an 6, *concernant les justifications à faire par les cessionnaires de citoyens pourvus de permissions d'exploiter des mines*, en ce que la transaction contient une entreprise sur le pouvoir administratif du gouvernement.

Par arrêt contradictoire du 8 juin 1818, et conforme aux conclusions de M. l'avocat-général Spruyt,

« En ce qui concerne les six premiers moyens de cassation,

» Attendu que l'arrêt attaqué a jugé en fait, que, par acte du 5 nivôse an 12, il avait été stipulé que la société payerait le dix-huitième panier pour droit de cens et entre-cens, que les parties déclaraient tenir pour une prestation purement foncière et représentative du droit de propriété que les intimés avaient dans les mines trouvées dans l'étendue de la seigneurie;

» Que, de ce fait déclaré constant et que l'arrêt fait résulter d'un acte consenti par les parties en cause, il suit : 1.° que la prestation, quoique qualifiée encore dans cet acte de *cens* et d'*entre-cens*, ne se trouve pas moins dégagée de tout lien de féodalité, la nature de la redevance se déterminant par la convention que l'acte renferme réellement, plutôt que par la dénomination que les parties lui ont donnée; 2.° que la transaction avait une cause, et que cette cause était licite, puisqu'elle avait pour

(1) *V.* ci-devant, n. 1.

(2) Fort mauvaise raison. *V.* les conclusions rapportées au n. 1.

(3) Cette conséquence est juste en elle-même; mais elle ne *résulte* pas de la raison sur laquelle l'arrêt la fonde : il aurait fallu, au contraire, en bonne logique, conclure de cette raison, si elle eût été valable, que la société aurait encore dû la totalité de la redevance stipulée par le contrat de 1715, si elle n'en eût pas été libérée en partie par la transaction.

objet de faire cesser la difficulté mue entre les parties, ce qui, comme le décide le jurisconsulte en la loi 65, §. 1., D. *de condictione indebiti*, présente une cause suffisante pour la transaction; et que, bien loin qu'elle tendît à maintenir une prestation viciée de féodalité, elle supposait au contraire qu'elle ne pouvait se soutenir qu'autant qu'elle eût été dégagée de tout lien de féodalité; 3.° que l'objet de la convention se trouve dans le commerce, puisqu'il n'est autre qu'une prestation foncière consentie par les parties, dans la vue de faire cesser la question si le droit était ou n'était pas vicié de féodalité; 4.° que les deux parties s'étant, par le fait, obligées à ne pas entraver l'exécution, il s'ensuit que, de son côté, la société s'est également obligée à n'employer aucun moyen qui pût y amener, et en conséquence à ne pas exciper du droit que le domaine aurait pu se croire autorisé à réclamer; 5.° qu'étant constant, en fait, que les parties ont stipulé que la redevance dont il s'agit, serait considérée comme purement foncière et représentative du droit de propriété, elles ne peuvent donc être censées n'avoir consenti qu'une redevance mélangée de féodalité qui rendrait l'acte sans effet, et qui, loin de remplir l'objet qu'elles avaient en vue, aurait maintenu la féodalité dont l'acte primitif aurait pu être vicié;

» Qu'il suit de ces différentes considérations, que l'arrêt attaqué n'a aucunement contrevenu aux lois des 7 septembre 1792, 17 juillet et 2 octobre 1793, 7 ventôse an 2, art. 1 et 4 de la loi du 12 juillet 1791, sur les mines, non plus qu'aux art. 1 et 2 du chap. 130 des chartes du Hainaut;

» Sur le septième moyen, attendu que, dès que la société demanderesse s'est obligée d'acquitter comme foncière la redevance dont il s'agit, il est assez indifférent que la novation ait ou n'ait pas été parfaite, ou complettement *extinctive* de la première obligation; qu'il suffisait, pour donner de la consistance à l'acte, d'une novation imparfaite que les jurisconsultes nomment *cumulative*, et qui eût fait disparaître tout le caractère de féodalité que la convention primitive aurait pu présenter; que l'arrêt attaqué a donc pu maintenir l'acte transactionnel, sans violer l'art. 2 du chap. 114 des chartes générales du Hainaut;

» Sur les huitième et neuvième moyens, attendu que, pour écarter les conclusions subsidiaires, la cour de Bruxelles s'est fondée uniquement sur ce que, « l'occupation de la société » (alors) appelante, dérive et est une suite de » la concession que lui ont faite les auteurs des » intimés, qui seraient restés, sans cette concession, dans l'exploitation qu'ils auraient » faite par eux-mêmes, et ce conformément aux » lois des mines et minières »; que cette cour ayant ainsi motivé sa décision sur des considérations étrangères à la disposition des art. 1 et 4 de la loi du 12 juillet 1791, et 51 et 53 de la loi du 21 avril 1810, ces deux derniers articles n'ayant décidé qu'un principe général et sans que le législateur ait manifesté l'intention de déroger à des conventions légalement consenties par les parties intéressées, il s'ensuit que l'arrêt attaqué n'a pu violer ni l'un ni l'autre de ces articles;

» Sur le dixième moyen, attendu que la société n'a jamais cessé de jouir par suite de la convention avec les défendeurs; que même, pour se rendre applicables les dispositions de la loi du 21 avril 1810, elle a bien dû réclamer cette jouissance, de même que la cause de sa possession qu'elle n'a pu changer au préjudice des concédans; qu'elle n'est donc pas recevable à employer des moyens qui tendent à en faire annuller le titre, ni par conséquent à appliquer à cette fin l'arrêté du 3 nivôse an 6; qu'il n'y a donc pas de contravention à cet égard....;

» Par ces motifs, la cour rejette le pourvoi.. ».

V. l'arrêt de la cour de cassation, du 5 juillet 1810, qui est rapporté aux mots *Rente Foncière, Rente Seigneuriale*, §. 22.

III. Il faut maintenant revenir à une question que je n'ai fait qu'effleurer dans les conclusions rapportées au n.° 1, celle de savoir ce qu'entendait l'art. 13 du chap. 122 des chartes générales de Hainaut, par le *droit de charbonnage* qu'il réputait *héritage* ou immeuble; et examiner en même temps si, avant que le Code civil eût rangé les *actions ou intérêts des compagnies d'industrie* dans la classe des meubles fictifs, les actions des sociétés charbonnieres du Hainaut étaient réputées meubles ou non. On verra bientôt pourquoi ces deux questions doivent être traitées de front.

Pour répondre à la première, rappelons les termes du texte qui y donne lieu.

« Droit de charbonnage *généralement* sera tenu pour héritage. Néanmoins y succèderont les enfans à égales portions, autant la fille que le fils; et en pourront les héritiers puissans d'aliéner, disposer par vente, transport ou avis de père et de mère, sans payer droit seigneurial; *ne fût qu'il soit tenu en fief;* auquel cas la loi générale des fiefs aura lieu, et en sera dû le droit seigneurial ».

L'idée qui se présente naturellement à la lecture de ces dispositions, c'est comme je l'ai dit dans mes conclusions, que le *droit de charbonnage* dont il y est parlé, et qu'elles réputent *héritage*, sans cependant en faire, ni une censive ou *mainferme*, ni un franc-alleu, ni un fief hors certain cas, n'est pas le droit exclusif, encore existant dans la main du seigneur haut-justicier, d'extraire le charbon de terre qui se trouve sous le sol de sa haute-justice, mais bien la faculté d'exercer ce droit concédée par le seigneur à des particuliers; et que c'est relativement à ces concessionnaires que l'article cité fait, de ce droit, un *héritage* anomal.

Sans doute, ce droit était aussi *héritage* dans la main du seigneur, avant que celui-ci le concédât; et c'est par cette raison que l'art. 14 conservait à *l'entre-cens* qui n'en était, pour le seigneur, que la représentation, le caractère *d'héritage*.

Mais cet *héritage* avait-il dans la main du seigneur, la même nature qu'il prenait dans celle du concessionnaire? pouvait-il, à l'égard du seigneur, être d'une autre nature que sa haute-justice à laquelle il était inhérent? pouvait-il, à son égard, n'être pas *généralement* fief? pouvait-il, à son égard, n'être fief que par exception? pouvait-il, en thèse générale, et sauf les cas d'exception, se partager par égales portions entre les héritiers du seigneur? cela pouvait-il s'accorder avec l'indivisibilité des fiefs, qui était, comme on l'a vu aux mots *Dévolution coutumière*, §. 3, si nettement établie par les chartes générales? et n'était-il pas universellement reconnu que le droit *d'avoir en terre non extrayé*, attribué à la haute-justice par l'art. 1 du chap. 130 de ces lois, *suivait*, comme le dit un arrêt de la cour d'appel de Bruxelles du 14 fructidor an 11, rapporté ci-après, §. 4, *la haute-justice dans les mains du successeur à la seigneurie de laquelle il était attaché, à l'exclusion de l'époux non seigneur qui n'y prenait aucune part comme acquêt*, même dans le cas où l'époux seigneur en avait entamé l'exploitation pendant la communauté?

Si, sur toutes ces questions, il ne peut y avoir qu'un avis, je demande comment il est possible de concevoir que c'est à un droit *d'avoir en terre non extrayé* encore existant dans la main du seigneur haut-justicier et encore exercé par lui, que se rapporte la règle générale établie par l'art. 13 du chap. 122 des chartes?

C'est cependant ce que soutient dans son écrit intitulé, *de l'ancienne et de la nouvelle législation sur les mines*, le savant et vénérable jurisconsulte de Mons, dont j'ai invoqué l'autorité plus haut, n. 1 (en note); et j'éprouve d'autant plus de regrets de me trouver, sur ce point, en opposition avec lui, que personne ne rend un hommage plus sincère que moi à ses talens et à son beau caractère, qu'il m'honore de son amitié et qu'il s'est acquis des droits éternels à ma reconnaissance par les services éminens et courageux qu'il m'a rendus dans des temps difficiles. Quoi qu'il en soit, voici ses raisons.

« Toutes les terminaisons en *age* (dit-il), venant du verbe latin *agere*, signifient l'action.

» Ainsi, le *blanchissage*, c'est l'action de blanchir; *agiotage*, c'est l'action d'agioter; *sauvetage*, c'est l'action de sauver; *charbonnage*, c'est l'action de charbonner; et *charbonner*, c'est faire du charbon.

» Ainsi, le *droit de charbonnage*, c'est le droit de l'action par laquelle on fait le charbon; c'est le droit de celui qui permet cette action, et non le droit de celui qui la fait;

» Tout comme le *droit de tonnage*, c'est le droit de celui qui permet l'action d'entonner, et non de celui qui entonne;

» Le *droit de mouillage*, c'est le droit du Souverain qui permet de mouiller dans le port, non le droit du conducteur du navire;

» Le *droit de tuage, chauffage, afforage, cuisage*; c'est toujours le droit de celui qui autorise les actes auxquels ces divers mots répondent.

» Ainsi, le *droit de charbonnage*, c'est le droit du haut-justicier de *l'avoir en terre non extrayé* qui se nomme charbon ».

Il y aurait bien des choses à dire sur le sens des mots en *age* qu'énumère l'auteur.

Par exemple, je ne puis pas convenir avec lui que le *droit de chauffage* soit celui du propriétaire d'une forêt qui permet aux habitans des environs d'y prendre du bois pour se chauffer; il est évident au contraire que c'est celui des habitans eux-mêmes; et le titre 20 de l'ordonnance des eaux et forêts, du mois d'août 1669, ne laisse là dessus aucun doute.

Je crois aussi bien fermement que, si j'avais sur le four de mon voisin, une servitude qui m'autorisât à y faire cuire le pain nécessaire à la consommation de ma famille, je pourrais, dans le patois du pays où *cuisage* a pris la place de *cuisson*, appeler cette servitude un *droit de cuisage*.

Enfin, je pense que, si l'ancien gouvernement de Hainaut eût aliéné son droit domanial de *tuage*, en vertu duquel nul ne pouvait tuer un porc, un veau, un bœuf, sans lui payer une certaine rétribution, l'aliénataire eût fort bien pu se qualifier de possesseur du *droit de tuage*.

Et de cette dernière observation il résulte évidemment que les mots *droit de charbonnage* peuvent, dans leur acception littérale, s'appliquer aussi justement au concessionnaire du seigneur haut-justicier, qu'au seigneur haut-justicier lui-même.

Mais si, pris littéralement, ces mots ont un double sens, les dispositions qui en accompagnent l'emploi dans l'art. 13 du chap. 122 des chartes générales, en particularisent la signification et forcent nécessairement de la restreindre au concessionnaire du seigneur, à moins qu'on ne suppose que ces lois ont fait de ce droit, dans la personne du seigneur, un attribut de la haute-justice qui ne tenait pas régulièrement de la nature de sa haute-justice, et qui se partageait dans sa succession, tandis que la haute-justice était indivisible.

Le respectable jurisconsulte dont je discute ici la doctrine, ne pouvait pas fermer les yeux à tout ce qu'une pareille supposition aurait d'absurde. Aussi finit-il par convenir que l'article des chartes dont il s'agit, est applicable même au droit de charbonnage existant dans les mains du concessionnaire à qui le seigneur en a fait l'abandon, et qu'il *a été principalement conçu pour régler la transmission de ce droit, lorsqu'il est sorti de la main du seigneur;* mais il soutient en même temps que cet article doit aussi s'entendre du droit de charbonnage encore existant dans les mains du seigneur; et c'est, dit-il, ce qui résulte de l'exception, *ne fût qu'il soit tenu en fief*, termes qui répondent à ceux-ci : *à moins qu'il ne soit possédé par le seigneur qui tient sa haute-justice en fief, ou que le seineur en ait fait un arrière-fief.*

Mais est-il bien vrai que cette exception se rapporte au cas où le droit d'*avoir en terre non extrayé* est encore possédé par le seigneur haut-justicier, comme à celui où il en a fait un arrière-fief, par une sous-inféodation?

Sans doute, le seigneur haut-justicier, tant qu'il ne se dessaisissait pas de ce droit, le possédait comme une partie intégrante de sa haute-justice, et par conséquent comme un droit féodal; car en Hainaut la justice (à moins, ce qui était presque sans exemple, qu'elle ne formât un franc-alleu) était toujours tenue en fief, comme tout fief emportait droit de justice.

Mais il ne le possédait pas comme un fief séparé; et il me semble, je crois même sentir mieux que je ne saurais prouver, que, par les mots *ne fût qu'il soit tenu en fief,* le texte cité veut dire : *ne fût que le concessionnaire l'ait reçu en inféodation, ne fût qu'il soit, pour le concessionnaire, un fief distinct.*

Au surplus cette question n'est pas d'un grand intérêt; mais en voici une autre beaucoup plus importante.

Dans quel cas le droit du concessionnaire était-il, à son égard, susceptible de la qualité *d'héritage?* ou pour appeler enfin la chose par son vrai nom, dans quel cas le *droit de charbonnage* prenait-il, dans la main du concessionnaire, le caractère d'immeuble?

Assurément ce n'était seulement pas lorsque le seigneur Haut-Justicier *en avait fait un arrière-fief;* car l'art. 13 du chap. 122 des chartes générales déclare à la fois, et qu'il n'est soumis que par exception aux règles des fiefs, et que *généralement* il est *tenu pour héritage*, quoiqu'il ne soit ni *mainferme* ni transmis comme *mainferme* en succession.

Il faut donc qu'il soit toujours *héritage* dans la main du concessionnaire.

Il paraît cependant que l'on a voulu, dans le Hainaut autrichien, établir là-dessus une distinction.

Tout seigneur haut-justicier qui ne veut ou ne peut pas (disait-on) exercer lui-même son droit exclusif d'extraire le charbon, peut le concéder de deux manières.

Il peut l'aliéner *radicalement*, soit en l'inféodant, en le convertissant en arrière-fief, soit en le détachant de sa haute-justice par un acte *d'éclissement*, ce qu'il ne peut faire que de l'aveu de son seigneur suzerain.

Et il peut aussi n'en concéder que l'exercice.

Au premier cas, le concessionnaire possède véritablement le *droit de charbonnage;* et ce droit est pour lui un *héritage*, un immeuble fictif.

Mais au second cas, le fond du droit demeure dans la main du seigneur, le concessionnaire n'a qu'une simple permission d'user de ce droit; et cette permission ne peut être pour lui qu'une propriété mobilière, lors même qu'elle lui a été accordée à perpétuité.

C'est sur cette distinction qu'est fondé un arrêt de la cour d'appel de Bruxelles, du 26 août 1811, entre les sieurs Dessalives, habitans de Binche, et leur belle-mère, née courtois : « considérant (y est-il dit) que le droit de charbonnage dont est mention en l'art. 13 du chap. 122 des chartes générales de Hainaut, qui y est déclaré *héritage*, n'est autre chose que la *propriété des mines attachée à la haute-justice;* que le seigneur pouvait aliéner *ce droit radical de charbonnage*, en observant les formalités voulues en pareil cas; mais que de là on ne peut conclure *qu'une permission, même à perpétuité*, donnée par un seigneur à une société, de tirer charbon dans l'étendue de sa seigneurie, fût *immeuble*, parce que, dans ce cas, ce seigneur ne se dépouillait pas du droit radical de charbonnage, mais ne transmettait aux concessionnaires qu'un droit *personnel et mobilier* ».

L'auteur de l'écrit, *de l'ancienne et de la nouvelle législation sur les mines,* cite aussi, à l'appui de cette distinction, une enquête par turbes dont il n'indique pas la date, mais qui paraît avoir été faite à Mons peu de temps avant la révolution, et dans laquelle plusieurs praticiens ont déposé, comme un point d'usage constant, *que les actions des exploitans, dites parts à fosses, s'exécutaient comme de simples meubles.*

Dans un autre écrit sur le même sujet, le même auteur allègue encore en faveur de son système, une consultation de M. Papin, avocat distingué de Mons, du 27 août 1750. La veuve d'Oger Pourbaix (y est-il dit) prétendait exercer, sur la part qui avait appartenu à son mari dans les mines de charbon de Houden, le droit de douaire que lui assurait son contrat de mariage sur tous les immeubles du défunt; et une sentence arbitrale rendue par cinq avocats, à la majorité des voix, le 7 septembre 1725, lui avait donné gain de cause. Mais sur l'appel, le conseil souverain de Mons a réformé cette sentence par arrêt du 6 juillet 1726, et a jugé que la *part à fosses* n'était pas un immeuble (1). « Il se voit donc à évidence (c'est le texte de la consultation) que, quoique par l'art. 13 du chap. 122 des chartes générales, il soit dit que *droit de charbonnage généralement sera tenu pour héritage*, la cour fait différence entre le *droit de charbonnage qui est la propriété des fonds*, et la *permission de tirer charbon qui est une action réputée mobilière* ».

Que l'on eût ainsi jugé dans le cas où la permission de tirer le charbon, était limitée à un temps quelconque, rien de plus simple : alors, en effet, la permission n'était qu'un bail plus ou moins long; et à cette époque, comme aujourd'hui, les droits résultant, pour un fermier, même d'un long *bail*, étaient réputés meubles dans sa personne (*chartes générales*, chap. 122, art. 8); et ce fut sur ce fondement qu'en 1769, un arrêt du parlement de Flandre jugea mobilières les actions de la compagnie des mines d'Auzin, dont le titre de concession (c'est-à-dire, l'arrêt du conseil du 1.er mai 1759, rapporté ci-après, §. 4), devait expirer en 1800.

(1) Cet arrêt a bien l'air, par sa date et par les noms des parties, de n'en faire qu'un avec celui qui est cité plus haut, dans les conclusions du 16 pluviôse an 12, comme ayant été rendu le 10 juillet 1726; et s'il en est ainsi, il avait deux questions à juger : l'une, si la *part à fosses* d'Oger Pourbaix était sujette au douaire de sa veuve; l'autre, si, par le second mariage d'Oger Pourbaix, cette *part à fosses* avait été frappée, au profit de ses enfans du premier lit, de ce qu'on appelait en Hainaut la *dévolution*, espèce de droit dont j'ai parlé sous les mots *Dévolution coutumière*.

Mais alors, comment concilier le compte que rend de cet arrêt, la note qui est citée dans mes conclusions, avec celui qui en est rendu dans la consultation de M. Papin ?

Suivant celle-ci, la *part à fosses* a été jugée n'être pas sujette au douaire de la veuve, parce qu'elle était mobilière.

Et suivant celles-là, elle a été jugée n'être pas sujette à la *dévolution*, quoiqu'il fût bien reconnu qu'elle était réputée *héritage* par l'art. 13 du chap. 122 des chartes générales.

Laquelle des deux assertions mérite le plus de confiance ? C'est une question que je ne pourrais résoudre qu'en vérifiant de nouveau les manuscrits dont j'ai extrait ma note en 1779, et en les comparant avec les autres qui font mention du même arrêt.

Du reste, je conçois très-bien comment le conseil souverain de Mons aurait pu, en 1726, même en considérant le droit de charbonnage comme un immeuble dans la main du concessionnaire, ne pas le juger sujet à la *dévolution*. La dévolution n'affectait que les immeubles féodaux, censuels ou allodiaux; elle ne pouvait donc avoir aucune prise sur les immeubles fictifs qui n'étaient ni fiefs ni mainfermes, ni francs-alleux. A la vérité, les rentes constituées à prix d'argent, étaient soumises à ce droit, lorsqu'elles étaient hypothéquées; mais c'est qu'alors, elles prenaient la nature des biens qui en formaient l'hypothèque. *V.* le *Répertoire de jurisprudence*, aux mots *Rente constituée*, §. 11.

Mais je ne puis expliquer, je l'avoue, comment on pouvait juger de même dans le cas où, comme dans ceux sur lesquels ont été rendus les arrêts des 6 juillet 1726 et 26 août 1811, la concession du droit d'extraire le charbon, était faite à perpétuité, quoiqu'elle n'embrassât pas le fond de ce droit, qu'elle ne le transmît pas radicalement et qu'elle n'en comprît que l'exercice.

Qu'était-ce en effet qu'une pareille concession ? Rien autre chose que ce qu'on appelait dans le midi de la France, un *bail à locatairie perpétuelle*. Or, si la jurisprudence du parlement de Toulouse faisait, du bail à locatairie perpétuelle, une sorte de *cizaillement* de la propriété en deux parties, lequel réservait au bailleur le domaine proprement dit, et faisait passer la jouissance perpétuelle au preneur (1); on n'a jamais douté, pour cela, que le droit acquis au preneur par un bail à locatairie perpétuelle, ne fût un immeuble dans sa personne. Que dis-je? L'usufruit même d'un immeuble, quoique viager, a toujours été considéré comme un droit immobilier.

Mais ce qui démontre invinciblement que c'est à une concession de cette espèce que doit s'appliquer la disposition de l'art. 13 du chap. 122 des chartes générales de Hainaut, qui déclare que le *droit du charbonnage est tenu pour héritage*, sans cependant l'assimiler, soit aux *mainfermes*, en aucun cas, soit aux fiefs, hors *le cas d'exception qu'il détermine*, c'est qu'entendue autrement, cette disposition se trouverait absolument sans objet et resterait sans application quelconque.

En effet, d'une part, le seigneur haut-justicier ne pouvait aliéner le fonds de son droit d'*avoir en terre non extrayé*, il ne pouvait le détacher du gros de sa seigneurie, moyennant une redevance fixe ou casuelle, que de deux manières, par inféodation, ou par bail à rente purement foncière.

S'il l'aliénait par inféodation, nécessairement il en faisait un arrière-fief, dont il retenait la mouvance.

S'il l'aliénait par bail à rente purement foncière, ce qu'il ne pouvait faire que par un *démembrement* ou *éclissement*, et en observant les formalités prescrites par les chartes générales, au titre d'*éclisser fiefs*, il en faisait un fief distinct et séparé du sien, parallèle en quelque sorte au sien, et relevant, comme le sien, de son seigneur suzerain, à l'égard duquel son concessionnaire devenait, dès-lors, son co-vassal (2).

D'un autre côté, il ne pouvait pas l'aliéner par bail à cens et en faire un *mainferme* : car il était universellement reconnu, sous le régime

(1) *V.* l'article *Locatairie perpétuelle*, §. 1.

(2) *Ibid.*

féodal, que, dans les coutumes où le *jeu de fief* était permis, il ne pouvait s'exercer par bail à cens à l'égard des droits incorporels, et que le bail à fief était le seul moyen, qu'eût le propriétaire d'un domaine féodal, pour se jouer de ces sortes de droits (1).

C'est même sur cette règle de droit commun qu'est calqué l'article dont il s'agit, puisqu'il ne dit pas, au sujet du droit de charbonnage, *ne fût qu'il soit tenu en fief ou en mainferme*, mais seulement, *ne fût qu'il soit tenu en fief*; ce qui suppose bien clairement que ce droit ne peut, en aucun cas, devenir *mainferme*, ou, ce qui est la même chose, qu'il n'est pas susceptible d'être aliéné par bail à cens.

Il resterait donc à dire que, lorsque le seigneur aliénait son droit exclusif de tirer du charbon, il le convertissait en franc-alleu. Mais pour pouvoir convertir en franc-alleu un droit inhérent à une haute-justice et par conséquent essentiellement féodal, il fallait être souverain : cela était, comme je l'ai dit plus haut, n.° 1, au-dessus du pouvoir d'un seigneur particulier. Or, l'art. 13 du chap. 122 des chartes générales n'est pas limité aux droits de charbonnage détachés par le souverain, de ses hautes-justices ; il est commun à tous les droits de charbonnage concédés par les seigneurs hauts-justiciers de tout rang.

Il faut donc nécessairement en revenir à cette idée, que l'art. 13 du chap. 122 des chartes générales de Hainaut ne considère le droit de charbonnage dans la main du concessionnaire, comme aliéné radicalement, que dans le cas où il y conserve sa nature féodale, soit parce qu'il lui a été transmis par inféodation, soit parce qu'il l'a été par un bail à rente avec éclissement.

Ce qui entraîne non moins nécessairement la conséquence que, hors ce cas, le concessionnaire du simple exercice du droit d'extraire le charbon, le possède comme *droit de charbonnage* proprement dit, et par suite, *comme héritage*.

Dira-t-on, pour justifier les arrêts de 1726 et 1811, qui ont jugé ce droit mobilier, que, dans les espèces sur lesquelles ils ont été rendus, il ne s'agissait que de *parts à fosse*; et qu'ils n'ont fait que devancer la jurisprudence établie par la loi du 21 avril 1810, laquelle, tout en réputant la mine immeuble à l'égard de la société qui en a obtenu la concession, déclare, d'après l'art. 559 du Code civil, que les *actions* ou *parts* dans cette propriété, tiennent nature de meubles aux individus associés?

Oui, sans doute, ils ont devancé cette jurisprudence; mais ont-ils pu le faire, sans violer les chartes générales?

(1) *V.* le *Répertoire de jurisprudence*, aux mots *Jeu de fief*, §. IX.

L'art. 13 du chap. 122 de ces lois parlant du partage qui se fait, à la mort d'un concessionnaire, entre tous ses héritiers, veut que chacun d'eux y prenne une portion égale; et en s'expliquant ainsi, il fait clairement entendre que chaque héritier et chacun de ses propres héritiers possèdera sa part comme *héritage*. Il suppose donc évidemment que la division d'un droit de charbonnage en une quantité plus ou moins considérable d'*actions* ou *parts*, ne mobilisera point chaque *action* ou *part* dans la personne qui la recueillera. Le Code civil et la loi du 21 avril 1810 ont donc introduit, à cet égard, une innovation en Hainaut.

§. II. *Des conditions sous lesquelles la loi du 12 juillet 1791 maintenait les anciens concessionnaires de mines, et leur donnait la préférence sur les propriétaires fonciers qui voudraient exploiter par eux-mêmes.*

Voici comment je me suis expliqué à l'audience de la section des requêtes de la cour de cassation, du 1.er pluviôse an 9, sur une affaire qui s'y trouvait portée par les sieurs Godard et Defrise, concessionnaires d'une mine de houilles ou charbons de terre, demandeurs en cassation d'un jugement du tribunal civil du département de la Lys, qui les avait évincés de leur concession, en faveur du propriétaire du fonds dans lequel existait cette mine.

« Les demandeurs soutiennent que le tribunal de la Lys a violé la loi du 12 juillet 1791, concernant les mines; mais, pour bien apprécier tout ce qu'ils disent à cet égard, il faut entrer dans quelques détails.

» L'art. 1.er du ch. 130 des chartes générales du Hainaut l'attribue au seigneur haut-justicier *l'avoir en terre non extrayé*.

» L'art. 2 du même chapitre ajoute que, par *avoir en terre non extrayé, sont entendues toutes choses trouvées en terre, comme charbons, pierres et semblables.*

» La conséquence qui résulte naturellement de ces textes, c'est que les seigneurs hauts-justiciers ont, par la loi particulière à cette contrée, le droit exclusif d'exploiter, soit par eux-mêmes, soit par leurs concessionnaires, les mines de charbon de terre qui se trouvent dans leurs hautes-justices.

» Et telle a été, en effet, la jurisprudence constante du Hainaut dit *autrichien*, tant qu'a duré le régime féodal.

» C'est, d'après cela, que, s'il en faut croire un acte produit par les demandeurs, sous la date du 31 octobre 1795, correspondant au 9 brumaire an 4, le cit. Déroges, alors seigneur haut-justicier de Dourlers, a concédé le droit d'exploiter deux mines de charbon, connues sous les dénominations de *Grand-Baillon* et *Grand-Renom*.

» A cette époque, le régime féodal n'était pas encore aboli en Hainaut; car ce n'est que le 17 du même mois de brumaire, que les représentans du peuple en mission dans les neuf départemens réunis par la loi du 9 vendémiaire précédent, ont pris un arrêté pour y faire publier les décrets des 4 août 1789 et 15 mars 1790.

» Ainsi, en supposant véritable et certaine la date du titre produit par les demandeurs, la légalité de leur concession ne doit souffrir aucune ombre de difficulté.

» Deux jours après l'arrêté dont nous venons de parler, les représentans du peuple en ont pris un autre pour faire publier dans les nouveaux départemens la loi du 12 juillet 1791, concernant les mines; et il paraît que cet arrêté est parvenu à l'administration centrale de Jemmapes, le 25 frimaire suivant, c'est-à-dire en d'autres termes, que c'est à compter du 25 frimaire an 4, que la loi du 12 juillet 1791 a commencé d'être obligatoire dans ce département.

» Il paraît que les demandeurs jouissaient paisiblement de l'effet de leur concession, lorsque, le 4 pluviôse an 6, Agnès Butin, en sa qualité de curatrice de Philigonne Hecquet, son mari, les a fait assigner devant le tribunal de Jemmapes, pour se voir condamner à cesser toute exploitation de mine et veine de charbon dans une pièce de deux *huitelées* de terre appartenantes à ce dernier.

» Les demandeurs ont opposé à cette assignation, et l'acte du 9 frimaire an 4 qui leur avait concédé les mines de *Grand-Baillon* et *Grand-Renom*, et l'art. 4 de la loi du 12 juillet 1791, par lequel il est dit que les *concessionnaires actuels ou les cessionnaires qui ont découvert les mines qu'ils exploitent, seront maintenus jusqu'au terme de leur concession, du moins pour cinquante ans; qu'en conséquence, les propriétaires de la surface, sous prétexte d'aucune des dispositions contenues aux art.* 1 *et* 2, *ne pourront troubler les concessionnaires actuels dans la jouissance des concessions, lesquelles subsisteront dans toute leur étendue, si elles n'excèdent pas* 6 *lieues carrées.*

» La femme Hecquet a répliqué que l'acte produit par les demandeurs était faux, c'est-à-dire, sans doute antidaté.

» Elle a ajouté que l'art. 4 de la loi du 12 juillet 1791 n'était applicable qu'aux concessionnaires qui exploitaient, au moment de sa publication, les mines précédemment découvertes par eux ou par leurs cedans; et elle a nié que, dans le fait, les veines de charbon dont il s'agissait, fussent en exploitation actuelle à cette époque.

» Le tribunal civil du département de Jemmapes, s'attachant à ces deux derniers points de la défense de la femme Hecquet, et préjugeant que les demandeurs étaient déchus de leur concession, s'ils ne prouvaient pas le fait nié par leur adversaire, a rendu un jugement interlocutoire par lequel il a admis les demandeurs à en faire preuve, la preuve contraire réservée à la femme Hecquet.

» En exécution de ce jugement, dont il n'y a eu appel ni alors ni depuis, les demandeurs ont fait entendre plusieurs témoins qui ont déposé qu'ils avaient commencé leurs travaux dans le courant de novembre 1795; et les témoins produits par la femme Hecquet ont attesté la même chose.

» Mais les uns ni les autres n'ont parlé de la continuation effective de ces travaux, à l'époque de la publication de la loi, c'est-à-dire, le 25 frimaire an 4, jour correspondant au 15 décembre 1795.

» Les choses en cet état, jugement du 13 ventôse an 6, qui, attendu que l'acte de concession a été passé devant des officiers publics; que tant qu'il n'est pas déclaré faux, il doit avoir son exécution; et que les demandeurs ont suffisamment prouvé leur exploitation lors de la publication de la loi du 12 juillet 1791, déclare la femme Hecquet non fondée, quant à présent, en ses conclusions, et la condamne aux dépens.

» Appel au tribunal civil du département de la Lys, et là, jugement du 29 germinal an 8, qui, attendu que les demandeurs n'ont pas suffisamment prouvé le fait de l'exploitation actuelle des mines, à l'époque de la publication de la loi, infirme le jugement du tribunal de Jemmapes et adjuge à la femme Hecquet les conclusions qu'elle avait prises en première instance.

» C'est ce jugement que les demandeurs vous dénoncent comme violant et appliquant à faux l'art. 4 de la loi du 12 juillet 1791.

» Quels sont les concessionnaires que maintient cet article? Ce sont ceux-là, et ceux-là seulement, qui ont découvert ou dont les cédans ont découvert les mines qu'ils exploitent: *Les concessionnaires actuels ou leurs cessionnaires qui ont découvert les mines qu'ils exploitent, seront maintenus.*

» Or, les demandeurs ont-ils découvert eux-mêmes la mine dont il s'agit? Non.

» Sont-ils au moins cessionnaires de ceux qui l'avaient découverte précédemment? Pas davantage.

» L'acte du 31 décembre 1795 constate que précédemment cette mine était exploitée par un cit. Desvigne, qui l'avait abandonnée; et que, par l'effet de cet abandon, le seigneur d'alors a cru pouvoir en faire aux demandeurs une nouvelle concession, sans néanmoins la leur garantir.

» Les demandeurs ne peuvent donc pas invoquer l'article dont il s'agit, puisqu'ils ne se trouvent point dans le cas pour lequel il prononce la maintenue des concessionnaires actuels.

» Ensuite, l'art. 4 ne maintient les concessionnaires actuels qui ont découvert les mines, qu'autant qu'ils les *exploitent;* et ce mot *exploitent* doit naturellement s'entendre d'une exploitation en pleine activité à l'époque de la publication de la loi. C'est d'ailleurs un point jugé par le jugement interlocutoire du tribunal de Jemmapes, et nous avons déjà observé que les demandeurs n'avaient pas appelé de ce jugement.

» Or, le tribunal de la Lys a décidé, en point de fait, que les demandeurs n'avaient pas prouvé suffisamment que la mine dont il est question, fût en exploitation actuelle au temps de la publication de la loi; et en effet, vous avez déjà remarqué, C. M., que ni l'enquête des demandeurs, ni celle de la femme Hecquet, ne renfermaient rien qui se rapportât à cette époque.

» C'en est assez sans doute pour justifier le jugement du tribunal de la Lys; mais ce n'est pas tout.

» Quand on ferait ici abstraction du jugement interlocutoire du tribunal de Jemmapes, ou, ce qui est la même chose, quand on supposerait que les demandeurs en eussent interjeté appel, les demandeurs n'en seraient pas plus avancés.

» C'est bien mal à propos, en effet, que les demandeurs soutiennent les propriétaires non-recevables à critiquer, dans le cas de l'art. 4 de la loi, le défaut d'exploitation actuelle des concessionnaires.

» Il suffit, pour écarter cette fin-de non-recevoir, de faire attention à la contexture des deux paragraphes de l'art. 4.

» Le premier maintient les concessionnaires qui exploitent actuellement les mines qu'ils ont découvertes.

» Et le deuxième ajoute : EN CONSÉQUENCE, *les propriétaires de la surface, sous prétexte d'aucune des dispositions contenues aux art.* 1 *et* 2, *ne pourront troubler les concessionnaires actuels dans la jouissance des concessions.*

» Ce n'est donc qu'*en conséquence* de la maintenue prononcée par le premier paragraphe, que le deuxième défend aux propriétaires de troubler les concessionnaires dont les titres sont antérieurs à la loi.

» Cette défense est donc sans effet contre les propriétaires, lorsque les concessionnaires, dont les titres sont antérieurs à la loi, ne sont pas dans la position que la loi requiert pour les maintenir dans leurs concessions.

» Les propriétaires ont donc nécessairement le droit d'examiner si les concessionnaires sont véritablement dans cette position.

» Ils ont donc le droit de ne pas reconnaître les concessionnaires qui, ou n'avaient pas découvert par eux-mêmes ou par leurs cédans, les mines qu'ils exploitaient à l'époque de la publication de la loi, ou n'exploitaient pas actuellement, à l'époque de la publication de la loi, les mines qu'ils avaient précédemment découvertes ».

Sur ces raisons, arrêt du 1.er pluviôse an 9, au rapport de M. Brillat-Savarin, qui rejette la demande des sieurs Godard et Defrise,

« Attendu, sur le premier moyen, que l'art. 4 de la loi de 1791 n'est relatif qu'aux concessionnaires qui ont découvert les mines qu'ils exploitent, et que les demandeurs ne sont pas dans ce cas;

» Attendu, sur le deuxième, que les demandeurs en cassation n'ont jamais émis appel du jugement qui a ordonné la preuve de leur exploitation; et, qu'ainsi, c'est chose acquiescée par eux, que le fait de l'exploitation a pu influer sur le jugement à intervenir ».

§. III. 1.° *Avant la loi du 12 juillet 1791, les maîtres de forges pouvaient-ils, dans le pays de Liége, exploiter, sans le consentement des propriétaires fonciers, les mines de fer existantes dans les héritages d'autrui?*

2.° *A qui appartiennent les minérais que les maîtres de forges ont, depuis le 12 juillet 1691, extraits des fonds d'autrui, sans avoir rempli, envers les propriétaires, les formalités prescrites par cette loi* (1)?

« En brumaire an 3 (ai-je dit à l'audience de la cour de cassation, section civile, le 23 ventôse an 11), le cit. Daoust, maître de forges, domicilié à Hourbes, fit, dans les terres d'une ferme dite *Pommereuil*, située dans la commune de Ragnies, pays de Liége, et dépendante de l'abbaye de Lobbes, les fouilles nécessaires pour en extraire les mines de fer qu'elles recelaient dans leur sein.

» Peu de temps après la suppression de l'abbaye de Lobbes, prononcée par la loi du 15 fructidor an 4, le cit. Daoust, troublé dans son exploitation par le receveur des domaines de Beaumont, parvint à s'y faire maintenir, non pas, comme il l'assure, par un arrêté de l'administration du département de Jemmapes (du moins il n'en rapporte aucune preuve), mais de fait, et d'après un simple avis du directeur des domaines de ce département, daté du 21 frimaire an 5, et motivé sur la fausse assertion avancée par lui, et que personne n'était à même de contredire, que le terrain sur lequel il avait établi ses travaux, n'était point national, et *qu'il était autorisé du propriétaire* de ce terrain *à l'exploiter.*

» Le 23 floréal an 6, la ferme de Pommereuil fut vendue par l'état au cit. Lefebyre; et par

(1) Ces questions appartiennent plutôt à l'article *Minière* qu'à celui-ci.

le procès-verbal d'adjudication, il fut déclaré *qu'au milieu des terres* de cette ferme, *se trouvaient des fosses dont on exploitait la mine de fer, ce qui avait occasionné deux ou trois bonniers de dommage.*

» Le 21 fructidor an 7, le cit. Lefebvre obtint du juge de paix du canton de Thuin, une ordonnance qui défendit au cit. Daoust *d'emporter les mines de fer qu'il avait extraites d'un terrain dépendant de la ferme de Pommereuil, attendu que, d'après la loi du 12 juillet 1791, il ne pouvait faire cette extraction que de son consentement formel, et en lui payant la valeur de ces mines.*

» De là s'est ensuivie une instance, d'abord devant le tribunal civil du département de Jemmapes, ensuite devant le tribunal de première instance de Charleroy, dans laquelle le cit. Daoust, après avoir articulé, sans en fournir aucune ombre de preuve, qu'il n'avait entrepris et commencé ses fouilles, qu'en vertu d'une concession expresse de l'abbaye de Lobbes, s'est réduit à soutenir que la commune de Ragnies était régie par la charte de la commune de *Morialmez*, de 1384, et par l'ordonnance de Philippe IV, roi d'Espagne, du 24 octobre 1635, rendue pour le pays de Namur, lesquelles permettent aux maîtres de forges d'ouvrir et d'exploiter les mines de fer sur les héritages d'autrui.

» Après plusieurs interlocutoires, des enquêtes et des contre enquêtes, jugement est intervenu, le 25 frimaire an 9, par lequel le tribunal de Charleroy, sur le fondement que *l'usage d'extraire les mines du fer, sans la permission des propriétaires, était prouvé à Ragnies, tant par la charte de Morialmez* et l'ordonnance de 1635, *que par les enquêtes, et que cet usage valait concession*, maintenait indéfiniment le cit. Daoust dans son entreprise, à la charge de payer au cit. Lefebvre le prix de tous les minérais extraits depuis son acquisition.

» C'est sur l'appel de ce jugement, qu'a été rendu, le 13 messidor an 9, par le tribunal d'appel de Bruxelles, le jugement dont le cit. Daoust vous demande aujourd'hui la cassation. Il contient quatre dispositions distinctes.

» 1.° Il décide qu'en matière d'exploitation de mines, ce n'était ni la charte de Morialmez, ni l'ordonnance rendue en 1635 pour le pays de Namur, qui, avant la réunion du pays de Liége à la république française, faisait loi dans la commune de Ragnies; que cette commune n'avait, à cet égard, d'autre loi que la coutume de Liége, qui attribuait aux seuls propriétaires de la surface, le droit d'ouvrir et d'exploiter les mines existantes dans leurs héritages, et qui par conséquent rendait leur consentement nécessaire pour l'exercice de ce droit; qu'ainsi, le cit. Daoust avait, dans l'origine, commis une voie de fait en faisant des fouilles dans les terres de Pommereuil, sans l'autorisation des religieux de Lobbes; que l'illégalité de son entreprise n'avait pas été ouverte par l'énonciation consignée dans le procès-verbal d'adjudication du 23 floréal an 6, parce que cette énonciation ne faisant qu'indiquer l'existence des *fosses* et le dommage qui en était résulté, n'avait pas conféré au cit. Daoust plus de droit qu'il n'en avait auparavant; que la loi du 12 juillet 1791, publiée dans les départemens de l'Ourthe et Jemmapes, le 29 brumaire an 4, n'avait pas purgé les vices originaires de la possession du cit. Daoust; et que celui-ci ne pouvait pas s'en prévaloir pour suppléer au titre qui lui manquait.

» 2.° Il décide que les minérais extraits et enlevés par le cit. Daoust, depuis l'acquisition faite par le cit. Lefebvre de la ferme de Pommereuil, étant la propriété de celui-ci, le cit. Daoust doit en rendre la valeur intégrale, suivant le taux du commerce à l'époque de l'extraction, sous la seule déduction des frais de main-d'œuvre; mais qu'en faisant cette restitution, il ne devra au cit. Lefebvre aucune indemnité pour la dégradation du fonds, puisque, par là, il remettra le cit. Lefebvre dans le même état que s'il eût exploité lui-même.

» 3.° Il décide que le cit. Daoust ne peut pas enlever les minérais actuellement extraits et encore existans sur le terrain, parce que nul ne peut, sans son fait et consentement, être dépouillé de sa propriété; et que puisque ces minérais appartiennent au cit. Lefebvre, ils doivent demeurer à sa disposition, tant qu'il peut les saisir en nature.

» 4.° Il décide que néanmoins les frais d'extraction de ces mêmes minérais doivent être remboursés par le cit. Lefebvre au cit. Daoust, parce que l'équité ne permet pas que l'on s'enrichisse des dépenses d'autrui, quoique faites illégalement.

» De ces quatre dispositions, le cit. Daoust attaque les trois premières, et il vous les présente, comme faisant une fausse application de l'art. 13 du ch. 5 de la coutume de Liége; comme violant les art. 9 et 10 du ch. 9 de la même coutume; comme contraire aux art. 4 et 20 du tit. 1, et aux art. 2, 6, 7, 8, 9, 10, 11 et 12 du tit. 2 de la loi du 12 juillet 1791; comme enfreignant l'art. 20 du tit. 2 de la même loi.

» Voilà donc quatre moyens de cassation à discuter; et d'abord il s'agit de savoir si c'est par une exacte ou par une fausse application de l'art. 13 du ch. 6 de la coutume de Liége, que le tribunal d'appel de Bruxelles a décidé qu'avant la publication de la loi du 12 juillet 1791, le cit. Daoust n'avait aucun titre légitime pour exploiter les mines de fer existantes dans les terres de Pommereuil?

» Sur cette première question, le cit. Daoust n'invoque plus devant vous la charte de Morialmez et l'ordonnance du roi d'Espagne de 1635, comme faisant loi par elles-mêmes dans la commune de Ragnies, mais uniquement comme des preuves écrites de la jurisprudence des pays voisins de cette commune, sur l'exploitation des mines de fer; et suivant lui, il en résulte que, dans cette commune, tout maître de forges avait, par sa seule qualité, le droit d'exploiter les mines qui se trouvaient dans le terrain d'autrui, lorsque le propriétaire de ce terrain ne les exploitait pas personnellement.

» A la vérité, continue-t-il, l'art. 13 du ch. 6 de la coutume de Liége suppose manifestement que les mines existantes dans un fonds, appartiennent au propriétaire de ce fonds; mais, d'une part, il n'y est question que des mines ouvertes par le propriétaire lui-meme, et non de celles que la terre recèle encore dans son sein; de l'autre, il est constant que les mines non encore ouvertes ont toujours été, dans le pays de Liége, à la disposition des maîtres de forges, à moins que les propriétaires fonciers ne voulussent les exploiter eux-mêmes.

» En un mot, dit le cit. Daoust, le propriétaire du fonds avait un droit de préférence pour l'exploitation de la mine : s'il voulait l'exploiter lui-même, il excluait le maître de forges; mais s'il ne voulait pas l'exploiter, le maître de forges prenait sa place de plein droit; il ne fallait à celui-ci ni permission ni concession du propriétaire; et cela est si vrai, qu'aux termes de l'art. 10 du ch. 9 de la coutume de Liége, celui qui, *au vu et su* du propriétaire foncier, *ouvre*, c'est-à-dire, travaille, commence et poursuit les travaux nécessaires à l'exploitation d'une mine, *pendant l'espace de quarante jours, acquiert*, par cela seul, *les prises de tel fonds, en payant* au propriétaire *le droit de terrage accoutumé*, expressions qui désignent la redevance à laquelle l'usage avait fixé l'indemnité de celui-ci.

» A tout cela, le cit. Lefebvre oppose deux ordonnances du ci-devant prince de Liége, des 14 juin 1756 et 13 juillet 1758, dans lesquelles il croit trouver la preuve que le cit. Daoust n'aurait pas pu, avant la publication de la loi du 12 juillet 1791, ouvrir une mine de fer dans le pays de Liége, même avec le consentement des propriétaires du fonds; et voici comment il raisonne.

» Le cit. Daoust était étranger au pays de Liége; le lieu d'Hourbes dans lequel il était domicilié et où il avait sa forge, faisait partie du Hainaut autrichien. Or, par les deux ordonnances dont il s'agit, il était défendu à tout étranger d'exploiter aucune mine de fer du pays de Liége. Donc le cit. Daoust n'aurait pas pu, quand même les anciens propriétaires de la ferme de Pommereuil y auraient consenti, extraire le minérai des terres dépendantes de cette ferme.

» Mais d'abord, il n'est pas bien constant que le lieu d'Hourbes ne fût pas, au moins en partie, situé dans le pays de Liége.

» Ensuite, le cit. Lefebvre fait dire aux ordonnances de 1756 et 1758 ce qu'elles ne disent pas. Elles défendent bien l'exportation du minérai hors du pays de Liége; mais elles n'exigent pas qu'on soit domicilié dans ce pays, pour y pouvoir exploiter une mine de fer. Les étrangers étaient donc admis à cette exploitation, comme les indigènes; seulement il ne leur était pas permis d'emporter leurs minérais hors du pays de Liége; et sans doute, ils pouvaient ou les vendre, ou les convertir eux-mêmes en gueuses dans des forges que rien ne les empêchait d'avoir dans ce pays.

» Les ordonnances de 1756 et 1758 ne peuvent donc être ici d'aucun secours au cit. Lefebvre. Mais le système du cit. Daoust ne nous en paraît pas pour cela mieux fondé.

» Il est certain que la coutume de Liége conserve aux propriétaires le domaine libre, indépendant, absolu, des mines existantes dans leurs fonds; et pour nous en convaincre, il suffira de rapprocher ses dispositions des lois romaines, leurs interprêtes naturelles... (1).

» Ainsi, dans le dernier état de la législation romaine, les mines même de marbre ne pouvaient être ouvertes et exploitées que par les propriétaires fonciers, ou de leur consentement.

» C'est sur le modèle de cette législation, qu'ont été rédigées les dispositions de la coutume de Liége, relatives aux mines.

» L'art. 13 du ch. 6 est ainsi conçu : *Le transporteur d'héritage se peut réserver toutes mines de houilles* (charbons de terre) *et autres; et par telle réserve, lui, ses hoirs et représentans demeurent maîtres et seigneurs de telles mines : autrement, s'il n'y a retenue, passent au domaine du preneur, qui en peut faire son bon plaisir, pourvu que l'héritage demeure à toujours suffisant pour ses charges.* Dans cet article, comme vous le voyez, la coutume n'a pas pour objet direct de déclarer que les mines appartiennent au propriétaire du fonds; mais considérant ce point de droit comme incontestable, elle le prend pour règle de décision entre le vendeur et l'acquéreur d'un héritage dans lequel il se trouve des mines; et elle veut que les mines soient censées comprises dans la vente, s'il n'en a pas été fait une réserve expresse.

» On ne peut certainement rien de plus clair ni de plus positif. Cependant le cit. Daoust prétend que cette disposition est restreinte aux mines ouvertes au moment de la vente. Il en résulte bien, suivant lui, que le vendeur, en se réservant les mines dont il a entrepris l'ex-

(1) *Ici j'ai placé des développemens que je supprime, parce qu'ils se retrouvent ci-dessus*, §. 1.

ploitation; *en demeure maître et seigneur*, et qu'à défaut de réserve de sa part, elles *passent au domaine* de l'acquéreur, *qui en peut faire son bon plaisir*. Mais il en est autrement des mines qui, à l'époque de la vente, ne sont pas encore ouvertes : la coutume ne dispose rien sur celles-ci, et il est tout naturel de regarder son silence à leur égard, comme une preuve que le premier venu peut les exploiter, si le propriétaire du fonds ne le prévient pas.

» Où le cit. Daoust a-t-il donc vu que la coutume ne parle dans l'article cité, que des mines ouvertes au moment de la vente? Cet article porte sur *toutes les mines de houilles et autres*, et bien évidemment le mot *toutes* comprend les mines non ouvertes comme les mines ouvertes; rien d'ailleurs, de ce qui le précède ni de ce qui le suit, ne conduit à la moindre distinction entre les unes et les autres.

» Mais ce qui écarte absolument toute idée de différence entre celles-ci et celles-là, c'est qu'à la fin de l'article il est dit, que l'acquéreur, à défaut de réserve de la part du vendeur, *peut en faire son bon plaisir, pourvu que l'héritage demeure à toujours suffisant pour les charges.* Qu'est-ce que *faire son plaisir* d'une mine existante dans un fonds? C'est en disposer en *maître* absolu, et comme dit la coutume, en *seigneur*. C'est par conséquent l'ouvrir ou ne la pas ouvrir, l'exploiter ou ne la pas exploiter, suivant qu'on le juge à propos. Et puis que signifient ces dernières expressions de l'article, *pourvu que l'héritage demeure à toujours suffisant à ses charges?* Elles signifient que, si le fonds dans lequel se trouve une mine, est grevé d'une rente foncière, la faculté d'ouvrir et d'exploiter cette mine, demeurera subordonnée à la suffisance de ce qui restera du fonds pour faire face à la rente. Elles signifient par conséquent que le propriétaire ne pourra pas ouvrir et exploiter la mine, s'il doit en résulter pour l'héritage une dégradation préjudiciable aux droits du créancier? Et par conséquent encore, elles signifient que les mines non encore ouvertes sont comprises dans la disposition de cet article, tout aussi bien que les mines actuellement ouvertes.

» C'est encore des mines non ouvertes au temps où prend naissance le droit d'usufruit sur un fonds, qu'il est question dans l'art. 20 du chap. 11; voici ce que porte cet article : *S'il y a houilles ou mines sous les héritages dont le survivant est usufructuaire et l'enfant propriétaire, en cas qu'on les ouvre, la moitié des profits appartient à l'usufructaire, et l'autre moitié au propriétaire.* — Il n'y a là ni obscurité ni équivoque. La coutume décide nettement que les mines non encore ouvertes, font partie de la propriété du fonds : la distinction imaginée par le cit. Daoust, est donc, à tous égards, insoutenable.

» Il est, après cela, bien indifférent que, dans le Namurois, il ait été, par l'ordonnance de 1635, permis aux maîtres de forges de fouiller les mines dans les héritages d'autrui, sans le consentement des propriétaires. Il est, après cela, bien indifférent que cette permission ait été accordée aux maîtres de forges, par une loi particulière, dans une commune du pays de Liége, dans celle de Morialmez. La législation du Namurois n'avait rien de commun avec la législation liégeoise; et la preuve que la législation liégeoise différait essentiellement sur ce point de la législation du Namurois, c'est qu'il a fallu une loi expresse pour étendre celle-ci à la commune de Morialmez, et pour soustraire cette commune à celle-là.

» Le cit. Daoust n'est pas plus heureux dans les inductions qu'il cherche à tirer de l'art. 11 du chap. 9 de la coutume de Liége. De ce que cet article donne les *prises du fonds* à celui qui, au vu et su du propriétaire, en a extrait la mine pendant quarante jours, le cit. Daoust prétend conclure que le propriétaire n'a, pour l'extraction de la mine, qu'un droit de préférence sur le maître de forges; et que si le maître de forges le gagne de vîtesse, ce droit de préférence est perdu pour lui.

» Mais, d'une part, l'article dont il s'agit, exige que le maître de forges ait travaillé pendant quarante jours sur le fonds, au vu et su du propriétaire, pour qu'à ce titre, il ait droit à ce que la coutume appelle les *prises du fonds* : cet article ne lui donne donc pas droit aux *prises du fonds*, par cela seul qu'il a gagné le propriétaire de vîtesse.

» D'un autre côté, cet article n'embrasse pas dans sa disposition les mines de toute nature. Sa disposition est limitée aux mines de *houilles* ou charbons de terre; et l'on conçoit très-bien comment la coutume a pu se déterminer à accorder un pareil privilége aux extracteurs d'un combustible aussi universellement nécessaire. La coutume n'a fait, à cet égard, pour eux, que ce qu'avaient fait les empereurs Constantin, Julien et Théodose pour les extracteurs de marbre.

» Aussi Deméan, dans sa cent dix-septième observation sur le *Jus civile Leodiensium*, établit-il que cette disposition de la coutume n'est pas applicable à toutes les mines, mais qu'elle est particulière aux mines de houilles. On ne peut pas (ce sont ses termes), entrer dans le fonds d'autrui, sans le consentement du propriétaire, pour y fouiller des métaux et y couper des pierres, à moins qu'on n'y soit autorisé par la coutume, comme on l'est par celle de Liége, relativement à la houille : *invito domino, non licet alienum fundum ingredi perquirendorum metallorum et cœdendorum lapidum causâ, nisi ex consuetudine;* QUALIS EST CONSUETUDO LEODIENSIS IN MATERIA HULLARIA.

» Par là, se trouve réfuté, à l'avance, le moyen de cassation que le cit. Daoust fait résulter de ce qu'il avait exploité les mines litigieuses pendant plus de quarante jours, au vu et su des propriétaires, et sans réclamation de leur part.

» Il est évident, en effet, que le tribunal d'appel de Bruxelles n'a pas violé l'art. 10 du chap. 9 de la coutume, en le jugeant inapplicable aux mines de fer; il est évident, au contraire, qu'il lui aurait donné une extension illégale, qu'il l'aurait déplacé, qu'il en aurait abusé sans raison ni justice, s'il eût pris sur lui d'en faire l'application à ces sortes de mines.

» D'après cela, c'est bien inutilement que le cit. Daoust cherche encore à se prévaloir devant vous des circonstances qu'il invoquait devant le tribunal d'appel à l'appui de sa défense.

» Car, premièrement, qu'importe, que les religieux de Lobbes n'aient élevé aucune réclamation contre lui, lorsqu'il s'est ingéré d'ouvrir et d'exploiter leurs mines de fer? Quand on supposerait qu'ils ont eu connaissance de son entreprise, quand on supposerait qu'ils eussent pu la sanctionner, sans délibération capitulaire, et sans les autres solennités requises pour l'aliénation d'une partie de leurs propriétés, toujours restera-t-il constant qu'il n'existe, de leur part, aucune preuve écrite de concession; et dès-là, nul doute que l'entreprise du cit. Daoust n'ait conservé, tout le temps qu'a existé l'abbaye de Lobbes, son caractère primitif de voie de fait : c'est même ce qui résulte de la déclaration du ci-devant religieux *Delpier*, dont le cit. Daoust vient de vous faire lecture. Que porte-t-elle en effet? Rien autre chose, si ce n'est que, dans le courant du mois d'octobre 1794, correspondant au mois de brumaire an 3, le cit. Daoust a ouvert les mines litigieuses, en vertu de la permission que lui en avait donnée verbalement un simple religieux, retiré alors de son abbaye, dans l'absence de ses supérieurs, dans l'absence même de tous ses confrères, alors émigrés ou dispersés; et certainement, un simple religieux n'a pas pu donner légalement une permission semblable; certainement cette permission, si elle a été réellement donnée, n'a pas pu former, pour le cit. Daoust, un titre légitime de concession.

» Qu'importe encore qu'après la suppression de l'abbaye de Lobbes, le cit. Daoust, sur le faux exposé que le terrain sur lequel il faisait ses fouilles, n'appartenait pas à l'État, ait obtenu la main-levée des défenses que le receveur des domaines de Beaumont lui avait faites de les continuer? Il est bien évident que cette main-levée n'a pas pu purger les vices originaires de son entreprise; et que ce qui était voie de fait de sa part avant cette main-levée, n'a pas pu devenir, par cette main-levée, un acte légitime.

» Qu'importe encore que, dans le procès-verbal d'adjudication de la ferme de Pommereuil, il ait été énoncé qu'on avait ouvert et qu'on exploitait des mines de fer dans quelques pièces de terres dépendantes de cette ferme? Cette énonciation n'avait certainement pas pour objet de donner au cit. Daoust, des droits qu'il n'avait pas; elle tendait bien plutôt à avertir l'adjudicataire qu'il pouvait avoir des droits à exercer contre le cit. Daoust lui-même. Elle a donc laissé le cit. Daoust dans l'état où il se trouvait depuis le commencement de ses fouilles, c'est-à-dire, dans l'état d'un homme qui s'est emparé par voie de fait de la propriété d'autrui, et qui n'a légalisé cette voie de fait par aucun acte postérieur.

» Qu'importe enfin que le cit. Lefebvre ait, après son adjudication, laissé écouler près de quinze mois sans se pourvoir contre le cit. Daoust? Il était tout simple qu'avant de se pourvoir, il s'assurât, par des recherches toujours peu faciles, surtout pour un cultivateur peu habitué par état aux affaires litigieuses, si le cit. Daoust avait un titre légal pour exploiter les mines existantes dans les terres qu'il venait d'acquérir. Et vouloir que son seul silence ait purifié les vices de la possession du cit. Daoust, c'est vouloir que la disposition de l'art. 10 du chap. 9 de la coutume de Liége soit commune aux mines de toute nature; et encore une fois cette disposition est limitée aux mines de charbon de terre.

» Il est donc bien démontré que le jugement du tribunal d'appel de Bruxelles, n'a ni faussement appliqué l'art. 13 du chap. 6, ni violé l'art. 10 du ch. 11 de la coutume de Liége. — Il ne nous reste donc plus qu'à examiner si, comme le prétend le cit. Daoust, ce jugement a enfreint la loi du 12 juillet 1791.

» Les dispositions de cette loi auxquelles le cit. Daoust soutient qu'il a été contrevenu par le tribunal d'appel, peuvent être rangées en quatre séries.

» Les art. 4 et 20 du titre premier forment la première.—La seconde est formée de l'art. 2 du second titre. — La troisième comprend les art. 6, 7, 8, 9, 10, 11 et 12 du même titre. — Et l'art. 20 du même titre forme la quatrième.

» Que portent donc les articles de la première série, c'est-à-dire, les art. 4 et 20 du titre premier? Une seule chose : c'est que les anciens concessionnaires qui ont découvert des mines, sont maintenus dans leur concession, sauf que, si elle a été faite pour plus de cinquante ans encore à courir, elle doit être réduite à cet espace de temps.

» Mais d'abord, le cit. Daoust n'avait point de concession avant la publication de la loi du 12 juillet 1791.

» Ensuite, dans les deux articles cités du premier titre de cette loi, il n'est point question des concessionnaires de mines de fer. Comme l'observe le cit. Daoust lui-même, les mines de fer sont, dans cette loi, l'objet spécial du titre second, les dispositions du titre premier leur sont étrangères.

» A l'égard de l'art. 2 du second titre, qui compose la deuxième série des textes invoqués par le cit. Daoust, il se borne à déclarer *qu'il ne pourra, à l'avenir, être établi aucune usine pour la fonte des minérais, qu'ensuite d'une permission du corps législatif*; et la seule conséquence que l'on puisse en tirer pour le cit. Daoust, c'est que l'établissement de sa forge d'Hourbes étant antérieur à cette loi, on ne peut pas argumenter de cette loi pour l'obliger à la détruire. Mais aussi le jugement attaqué n'a pas ordonné la destruction de la forge du cit. Daoust. Cet article est donc sans application à la difficulté qui nous occupe.

» Les textes de la troisième série, c'est-à-dire, les art. 6, 7, 8, 9, 10, 11 et 12 du tit. 2, ont un rapport direct avec cette difficulté; mais de quelle manière la résolvent-ils? est-ce en faveur du cit. Daoust? est-ce au contraire, dans le sens du jugement du tribunal d'appel? c'est ce que ces articles eux-mêmes vont nous apprendre.

» Aux termes de l'art. 6, *la permission d'établir une usine pour la fonte des minérais, emporte avec elle le droit d'en faire des recherches, soit avec des sondes à ce destinées, soit par tout autre moyen praticable.* Ainsi, par cet article, le législateur applique aux mines de fer, et il leur applique comme loi permanente, ce que les empereurs Constantin, Julien et Théodose avaient ordonné momentanément pour les carrières de marbre. Mais est-ce à dire pour cela que le maître d'une forge légalement établie, puisse, sans le consentement du propriétaire, ou du moins sans lui avoir fait à cet égard la moindre réquisition, sans aucune formalité de justice et de sa propre autorité, s'emparer des minérais qu'il aura découverts dans les héritages voisins? Non certes, et c'est ce que les articles suivans vont mettre dans le plus grand jour.

» L'art. 7 porte qu'avant de sonder un terrain dans lequel il soupçonnera qu'il existe du minérai, le maître de forges en préviendra le propriétaire un mois à l'avance.

» L'art. 8 veut que, si le résultat de la sonde est qu'effectivement il y a du minérai, le maître de forges soit tenu d'en donner *légalement* avis au propriétaire.

» L'art. 9 ajoute que, lorsque le maître de forges aura besoin, pour le service de ces usines, des minérais qu'il aura reconnus précédemment, il en préviendra le propriétaire, et que, dans un délai plus ou moins long que cet article détermine, le propriétaire devra faire lui-même l'extraction de ces minérais.

» Et si après l'expiration de ce terme, continue l'art. 19, le propriétaire ne fait pas l'extraction du minérai, s'il l'interrompt, s'il ne la suit pas avec l'activité nécessaire, le maître de forges se fera autoriser par justice à la faire lui-même.

» Dans l'un et l'autre cas, le prix du minérai sera payé au propriétaire par le maître de forges, sur le pied réglé par les art. 11 et 12.

» Mais, dans tout cela, que trouverons-nous d'applicable à notre thèse? Sans doute, le cit. Daoust aurait pu, après la publication de la loi qui contient ces différentes dispositions, sommer le cit. Lefebvre de lui fournir les minérais existans dans son terrain, et par ce moyen le mettre dans la nécessité d'en faire lui même l'extraction. Il aurait pu également, en cas de refus ou de retard du cit. Lefebvre, obtenir un jugement qui l'eût autorisé à les extraire à son défaut. L'art. 19 lui en donnait le droit, comme propriétaire d'une forge existante avant la loi du 12 juillet 1791. Or, ce qu'il pouvait faire, l'a-t-il fait? non, mais il a fait ce qu'il ne pouvait pas faire. Il s'est maintenu, de son autorité privée, dans une entreprise qui était illégale dans son principe; il en a perpétué l'illégalité; il s'est, par conséquent, rendu indigne des bienfaits de la loi, en la méprisant, en la foulant aux pieds, en substituant sa propre volonté à celle du législateur.

» Ainsi, jusqu'à présent, point de contravention de la part du tribunal d'appel de Bruxelles, aux articles de la loi du 12 juillet 1791, que nous avons passés en revue. Mais il en reste encore un à comparer avec le jugement de ce tribunal, c'est le vingtième du tit. 2.

» Cet article porte que, *dans le cas où les propriétaires voudraient continuer les fouilles ou extractions des mines de fer qui s'exploitent avec fosse et lumière, jusqu'à cent pieds de profondeur, déjà commencées par les maîtres de forges, ils seront tenus de rembourser à ces derniers les dépenses qu'ils justifieront légalement avoir faites pour parvenir auxdites extractions.*

» Le cit. Daoust prétend que cet article est violé par le jugement dont il se plaint, en ce que le cit. Lefebvre n'est pas condamné à lui faire le remboursement qu'il prescrit.

» Mais, 1.° le jugement dont se plaint le cit. Daoust, ne prononce rien à cet égard: il ne décide, ni que le remboursement des dépenses dont il s'agit, lui soit dû, ni qu'il ne lui soit pas dû; et il était bien impossible qu'il décidât l'un ou l'autre, puisque les parties n'avaient pris là-dessus aucune espèce de conclusions.

» En second lieu, quand on supposerait qu'en thèse générale, le tribunal d'appel eût pu, d'office, prononcer sur ce remboursement; encore faudrait-il que, pour le faire dans ce cas particulier, il eût eu sous les yeux la preuve que c'était avec *fosses, et lumières* que c'était *jusqu'à cent pieds de profondeur*, que le cit. Daoust avait exploité les mines de fer dont il est question. Or, sur ces deux points de fait, le cit. Daoust n'avait, non-seulement rien prouvé, mais même rien articulé.

» C'est donc bien à tort que le cit. Daoust reproche au tribunal d'appel de Bruxelles d'avoir enfreint l'art. 20 du tit. 2 de la loi du 12 juillet 1791.

» Il est d'ailleurs bien prouvé que ce tribunal n'a violé, ni les autres articles de la même loi, ni les dispositions de la coutume de Liége.

» Il y a donc lieu, sous tous les rapports, de rejeter la requête du cit. Daoust, et c'est à quoi nous concluons ».

Ces conclusions ont été adoptées par arrêt du 23 ventôse an 11, au rapport de M. Busschop :

« Considérant, sur le premier moyen (porte-t-il), qu'il résulte des dispositions de l'art. 13 du ch. 6 de la coutume de Liége, ainsi que de celles de l'art. 20 du ch. 11 de la même coutume, que toutes espèces de mines ouvertes et à ouvrir, appartiennent en toute propriété aux propriétaires des surfaces; qu'aucune autre loi ou usage local n'autorise les maîtres de forges à extraire la mine de fer sur le terrain d'autrui, sans le consentement des propriétaires; d'où il suit que le jugement dénoncé, en décidant qu'avant la publication de la loi du 12 juillet 1791, le demandeur n'a pu acquérir, sans le consentement du propriétaire, le droit d'extraire la mine de fer dans la ferme de Pommereuil, située audit pays, n'a fait qu'une juste application des susdits art. 13 et 20;

» Considérant, sur le troisième moyen, que les art. 9 et 10 du ch. 9 de ladite coutume de Liége, ne s'appliquent pas nécessairement au droit d'extraction de la mine de fer; que, d'un autre côté, la prescription de quarante jours, que le demandeur prétend résulter en sa faveur des dispositions desdits articles, n'a jamais été par lui proposée devant les tribunaux qui ont connu du fond de la contestation; et qu'ainsi, le tribunal dont le jugement est attaqué, n'ayant point eu à porter sa décision sur l'application des susdits art. 9 et 10, n'a pu en violer les dispositions;

» Considérant, sur les second et quatrième moyens, que, d'après les circonstances particulières de l'affaire, appliquées aux lois locales en vigueur avant la publication de la loi du 12 juillet 1791, le demandeur n'a eu, avant l'époque de cette publication, aucun droit acquis à l'exploitation de la mine de fer, qui a fait l'objet de la contestation; que rien ne constate d'ailleurs que, depuis ladite publication, il se soit mis en règle pour jouir des différens droits et avantages que cette dernière loi assure aux maîtres de forges; d'où il suit que le demandeur n'a pu, dans cet état de choses, en invoquer l'application;

» Par ces motifs, le tribunal rejette la demande de Charles Daoust.... ».

V. la loi du 21 avril 1810, sur les mines.

§. IV. *Dans les pays où le droit d'exploiter les mines de charbon, était en tout ou en partie seigneurial avant les décrets du 4 août 1789, le ci-devant seigneur haut-justicier qui était propriétaire des fonds sous lesquels existent les mines dont il a cédé l'exploitation, avant l'abolition du régime féodal, peut-il aujourd'hui se faire payer, en sa qualité de propriétaire, les redevances qu'il s'est réservées en celle de seigneur?*

Pour résoudre cette question en pleine connaissance de cause, il faut commencer par se former une idée exacte des droits que les propriétaires du sol avaient sur les mines avant la révolution.

On a vu, dans le §. 1, que les lois romaines considéraient les mines comme des parties intégrantes des fonds qui les recélaient, et par conséquent en déféraient le plein domaine aux propriétaires de ces fonds; mais que les empereurs entravèrent d'abord, par des vues de bien public, l'exercice de ce droit de propriété, et s'en attribuèrent ensuite les produits jusqu'à concurrence d'un dixième.

Il n'en fallut pas davantage pour ouvrir aux chefs des peuples du Nord qui démembrèrent l'empire romain, une carrière plus large et leur inspirer des idées plus étendues.

Ils ne prirent pas la peine de disputer, en légistes, aux propriétaires du sol la propriété des mines; mais profitant de l'habitude qu'avaient contractée leurs prédécesseurs en souveraineté de réglementer les matières minérales, et de s'en réserver les profits jusqu'à une certaine quotité, ils partirent de là pour dire aux propriétaires fonciers : « Il importe peu que les mines qui existent sous vos terres, en fassent partie; nous le supposons avec vous : mais, comme l'intérêt public exige à la fois que des propriétés aussi précieuses ne soient mises en valeur que sous l'inspection de l'autorité, et qu'elles ne demeurent pas inutiles, vous ne toucherez à ces mines, qu'après en avoir obtenu de nous la permission expresse, et en nous payant telles redevances. Si vous ne les exploitez pas, nous autoriserons d'autres à le faire; et alors, vous n'aurez d'indemnité à réclamer, que pour le dommage causé à la surface de vos terres ».

C'est effectivement à ces deux points que se réduisent toutes les lois publiées en France, sur l'exploitation des mines, pendant plusieurs siècles; et ce fut notamment dans cet esprit que furent rédigés la célèbre ordonnance de

Charles VI, du 30 mai 1413, et l'édit de Henri IV, du mois de juin 1601. Il y eut même quelques-unes de ces lois qui, laissant le droit de propriété foncière des mines sous une sorte de nuage, déclarèrent expressément que les mines étaient *de droit royal et domanial* : c'était notamment le langage de Philippe-le-Long, dans son ordonnance du 5 avril 1321.

Ce droit exclusif du souverain sur les mines, éprouva cependant des contradictions, non de la part des propriétaires fonciers, mais de celle des seigneurs qui, ayant usurpé plusieurs droits régaliens, ne pouvaient pas manquer d'étendre leurs prétentions jusque sur celui-ci.

Ce fut en partie pour réprimer ces entreprises, que fut rendue, par Charles VI, l'ordonnance déjà citée de 1413. « Plusieurs tant d'église comme séculiers (y est-il dit), qui ont jurisdictions hautes, moyennes et basses, ès territoires ès quels lesdites mines sont assises, veulent et s'efforcent d'avoir en icelles la dixième partie purifiée et autres droits comme avons, à qui seul et non à autre elle appartient de plein droit, laquelle chose est contre raison, les droits et prééminences royaux de la couronne de France et de la chose publique; car, s'il y avait plusieurs seigneurs prenant la dixième partie ou autre droit, nul ne serait plus ouvrier en icelles mines dorénavant ou peu, parce que ceux à qui elles sont n'auraient que très-peu et néant de profit de demeurant. Et s'efforcent lesdits hauts-justiciers de donner grands empêchemens et troubles en maintes manières aux maîtres qui font faire ladite œuvre, et ouvriers ouvrans en icelles; et ne leur permettent ni souffrent avoir, par leursdites terres et seigneuries, passages, chemins, allées et venues; caver ni chercher mines, rivières, bois ni autre chose à leur convenance et nécessaires, parmi payant juste et raisonnable prix; et avec ce, vexant et travaillant lesdits faisant l'œuvre et ouvriers, sous l'ombre de leursdites jurisdictions, en maintes et diverses autres manières, afin de faire rompre et cesser ladite œuvre.... Pourquoi, voulant sur ce pourvoir et remédier....., disons, décernons et déclarons que nul seigneur spirituel ou temporel, de quelque état, dignité ou prééminence, condition ou autorité quel qu'il soit en notre royaume, n'aura ni doit avoir, en quelque titre, cause, occasion, quelle qu'elle soit, pouvoir ni autorité de prendre, en notre royaume, la dixième partie ni autre droit de mine, mais en sont et seront, par notredite ordonnance et droit, du tout forclos; *car à nous seul et par le tout, à cause de nos droits et majesté royaux, appartient la dixième et non à autre* (1) ».

Les seigneurs hauts-justiciers réclamèrent contre ces dispositions, non qu'ils prétendissent tous disputer au roi le droit exclusif de l'extraction des mines, mais parce que, selon eux, les travaux nécessaires pour les exploiter, exigeaient de leur part une protection qui devait être payée par quelques prestations.

Leurs remontrances furent accueillies; et, le 10 octobre 1552, le roi Henri II donna un édit, par lequel il leur accorda, pour prix du soin qu'ils prendraient de *traiter favorablement* les *maîtres* et *ouvriers*, le quarantième du produit des mines de toute espèce, notamment de celles de *charbon terrestre*, après le prélèvement du dixième royal.

Henri IV, par l'art. 2 de son édit du mois de juin 1601, exempta les mines de charbon de terre de ce dixième royal; et, par les autres dispositions du même édit, régla le mode de recouvrement de ce droit sur les autres mines, sans faire aucune mention du quarantième des seigneurs hauts-justiciers.

Mais par l'arrêt de son conseil, du 4 mai 1604, concernant l'exploitation *des mines métalliques*, « afin que les seigneurs hauts-justiciers des lieux auxquels sont et seront ci-après ouvertes et travaillées lesdites mines, ou fonciers d'icelles, ne puissent apporter aucun trouble ou traverse au travail d'icelles, sous quelque prétexte ou prétention que ce soit, Sa Majesté veut et ordonne, suivant l'édit fait par le feu roi Henri II, en octobre 1552, qui est le seul de tous les rois qui leur a attribué aucun droit, que, conformément à icelui, après que le droit de sadite majesté aura été entièrement payé et satisfait, sur la part qui reste aux entrepreneurs, le sieur haut-justicier puisse prendre et recevoir, par les mains du facteur général, un quarantième denier pour tout droit, et sans qu'il puisse prétendre aucune chose davantage, à la charge encore d'assister lesdits entrepreneurs de passages et chemins commodes pour leur travail, et de toutes autres commodités; et d'être privés à jamais dudit droit et *grace*, tant lesdits hauts-justiciers que fonciers, s'ils font refus de laisser faire les ouvertures et chemins nécessaires pour lesdites mines (1) ».

Cependant il y avait alors, même en France, des pays où, indépendamment des entreprises seigneuriales que l'ordonnance de 1413 avait réprimées, et que l'édit de 1552 avait réduites à un *droit de protection* évalué au quarantième denier, la haute-justice était parvenue à se ressaisir, relativement aux mines de charbon de terre, du droit exclusif d'en permettre l'ouverture et l'exploitation.

C'étaient les provinces d'Anjou et du Maine, dont les coutumes, en réservant au roi les mines

(1) *Privilèges des mines*, édition de 1810, page 5.

(1) *Ibid.*, page 181.

d'or, laissaient aux hauts-justiciers les mines de substance terrestre (1).

Quelle était, à cette époque, la législation du Hainaut sur les mines? était-elle plus ou moins favorable que celle de la France aux propriétaires du sol?

Elle devait l'être beaucoup moins, et par une raison fort simple.

Il est prouvé par différentes chartes citées au mot *Terrage*, §. 3, que cette contrée a formé long-temps, et jusques dans le quatorzième siècle, un fief immédiat de l'empire germanique.

Or, les publicistes allemands sont unanimement d'accord que les mines appartiennent absolument au souverain, et que les propriétaires du sol n'y ont aucun droit.

Martini, dans ses *elementa juris publici*, imprimés à Vienne en 1773, dit, n.° 169 et 171: *quoniam bona publica sunt in dominio populi, nemo possidere, iis uti aut frui poterit, nisi is cui populus vel imperans in quem jura populi translata sunt, permiserit: quare jus disponendi de his est* JUS MAJESTATICUM. *Hinc intelligitur ad jura imperantis jus quoque venationis, jus subterraneum, jus minerale, jus in thesauros.... esse referenda.*

Pütter, professeur de droit public à Goettingue, dit également dans *ses institutes*, liv. 7, §. 355: *alium deindè fontem multorum regalium constituit hoc principium ut in res quorum nulli privato est dominium, hoc sibi princeps vindicet. Undè metalli fodinæ, mineræ, salinæ et lapidicinæ.... superioritati territoriali subjiciuntur.*

Même doctrine dans les *institutes* de Vitriarius, liv. 3, titre 18, §. 28: *Intra terram bona publica habet summa in territorio potestas, quamtum in intimis terræ recessibus et visceribus continentur; quo pertinent salinæ et* FODINÆ OMNIS GENERIS *metalli et mineralium... Principi hoc jus competit* (ajoute-t-il, n. 29) *non tantùm sùb viis et locis publicis, sed in privatis quoque...., quia privatorum dominium ultra solam superficiem agri aut prædii, et quantum fortè fundamentis jaciendis sufficit, sed non extendit ad loca subterranea, sed hæc princeps sibi reservasse videtur.*

Ces maximes durent naturellement s'enraciner dans le Hainaut; et dans le fait, nous trouvons dans le placard des archiducs Albert et Isabelle, de 1613, sur la chasse, que les anciens souverains de ce pays avaient été tellement jaloux d'y exercer tous les droits qui, en Allemagne, étaient réputés *régaliens*, que le droit de chasse (*jus venationis*, que l'on a vu tout-à-l'heure rangé, par Martini, dans la classe des droits de souveraineté) y est énoncé, à plusieurs reprises, comme appartenant exclusivement au prince, et que les seigneurs hauts-justiciers y sont représentés comme n'en jouissant que par l'effet de sa concession spéciale (1).

Il paraît cependant que les seigneurs hauts-justiciers de Hainaut étaient parvenus à se mettre, par rapport aux mines, de niveau avec ceux d'Anjou et du Maine.

L'art. 13 du chap. 106 des chartes générales de 1534 classait expressément l'*avoir extrayé* parmi les *cas de haute-justice*.

Ils eurent même assez de crédit pour faire insérer dans le chap. 130 du projet des *chartes nouvelles*, qui parurent en 1619, deux articles, dont l'un, conforme aux chartes de 1534, attribuait à la haute-justice l'*avoir en terre non extrayé*, et l'autre déclarait expressément que, par *avoir en terre non extrayé*, l'on entendait, non-seulement le *charbon*, mais encore le *cuivre*, l'*étain*, le *plomb* et le *fer*.

Ce projet fut discuté au conseil privé de Bruxelles en 1618; et la discussion qu'il y subit, se retrouve dans un registre qui existe encore aux archives des états de Hainaut (laye 2, n.° 15), sous le titre de *recueil des verbaux et décrets relatifs à l'homologation des chartes de* 1619.

On y voit que, sur les art. 1 et 2 du chap. 130, le conseil privé fit les observations suivantes:

« Outre les droits appartenans aux hauts-justiciers, rapportés au 1.er article dudit chapitre, est compris *avoir en terre non extrayé*; et en l'art. 2 est dit que, par *avoir en terre non extrayé*, sont entendues toutes choses trouvées en terre, comme mines de fer, charbon, plomb, étain et autres semblables.

» Sur quoi a été remontré que telles mines sont, au contraire, *régales*, et, à ce titre, appartiennent au prince seul; ce qui s'observe aussi en Luxembourg, Namur et ailleurs; et que *surtout* les mines de plomb et étain appartiennent au prince seul; et lesdits états ont soutenu au contraire, insistant en la coutume et usance dudit pays ».

Ainsi, le conseil privé regardait le droit de permettre l'ouverture et l'exploitation des mines de toute nature, comme une *régale*; et s'il insistait principalement sur cette maxime par rapport aux mines de plomb et d'étain, il ne s'en départait nullement par rapport aux mines de charbon; ce qui prouve clairement qu'alors le gouvernement de Hainaut marchait, à cet égard, sur la même ligne que celui de France.

Mais comme les états de Hainaut, presque exclusivement composés de seigneurs tant séculiers qu'ecclésiastiques, soutenaient que l'usage de leur province devait, en cette matière,

(1) *V.* l'art. 61 de l'une, et l'art. 70 de l'autre, avec les observations que fait sur les deux Le Febvre de la Planche, dans son *Traité du Domaine*, liv. 9, ch. 4.

(1) *V.* le *Répertoire de jurisprudence*, au mot *Chasse*, §. 8; n. 1.

l'emporter sur le droit commun des souverainetés, il fallut que les archiducs Albert et Isabelle interposassent leur autorité; ils chargèrent le célèbre *Peckius*, chancelier de Brabant, le président et d'autres membres du conseil privé, d'examiner la question; et les commissaires firent coucher en marge de cette discussion, une apostille ainsi conçue :

« Il a semblé que le plomb, étain et les autres minéraux doivent appartenir au prince par droit de régale ; mais comme les états soutiennent au contraire que le tout appartient au haut-justicier, a été advisé de coucher la clause dernière dudit article en ces termes :

» Par *avoir en terre non extrayé*, sont entendues toutes choses trouvées en terre, comme charbons, pierres et autres semblables; mais au regard des mines de fer, on se réglera comme du passé; et pour celles de plomb, étain et autres métaux et minéraux semblables ou plus nobles, nous entendons iceux nous appartenir par *droit de régale;* sauf à ceux qui voudraient maintenir le contraire, de se pourvoir en justice, pour, notre avocat ouï, en être ordonné ce que de raison ».

Et ce fut sur cette apostille, que fut calquée la rédaction définitive des art. 1 et 2 du chap. 130 des chartes générales.

Il résulte bien clairement de là, qu'en Hainaut, comme en Allemagne, le souverain était considéré comme ayant la grande main sur les mines de toute nature; que, s'il s'était relâché, en faveur des seigneurs hauts-justiciers, de sa prérogative sur les mines de charbon, il ne l'avait fait qu'après de longs débats, et que les seigneurs hauts-justiciers n'en jouissaient que par exception à son droit exclusif.

Par-là, tombe de lui-même cet étrange paradoxe, que j'ai trouvé dans un jugement rendu en 1818, par un tribunal de première instance, que les francs-alleux ou *alloets*, n'étant pas soumis à la haute-justice, les propriétaires de ces biens pouvaient librement en extraire les mines de charbon qui y existaient.

Si les francs-alleux n'étaient pas soumis à la haute-justice, ils l'étaient certainement à la souveraineté; et si le souverain n'avait délégué aux hauts-justiciers son droit exclusif que sur les fiefs et les censives ou *main-fermes*, bien évidemment il le conservait, et il le conservait même nécessairement, sur les francs-alleux : où l'exception cesse, il faut que la règle générale reprenne toute sa force.

Du reste, il n'existe, dans les chartes générales, ni dans les autres lois du Hainaut, aucune trace du droit de préférence que les propriétaires du sol avaient en France sur les concessionnaires de l'autorité publique, d'ouvrir et d'exploiter les mines de charbon qui s'y trouvaient. Les seigneurs hauts-justiciers y jouissaient de leur droit d'*avoir en terre non extrayé*, dans toute sa plénitude et sans réserve quelconque; et ils en concédaient à qui il leur plaisait, soit le *fonds*, soit seulement l'*exercice*, sans que les propriétaires de la surface pussent se faire subroger à leurs concessionnaires, sans qu'ils pussent exiger de ceux-ci autre chose que le dédommagement des dégats commis à la superficie de leurs terres.

Cette différence, remarquable entre la législation du Hainaut et celle de la France, va résulter de l'examen d'une nouvelle question qui se présente ici, et qui est d'une grande importance pour la solution de notre question principale.

C'est de savoir quels changemens la législation du Hainaut sur les mines de charbon, a éprouvés dans le Hainaut français, pendant l'intervalle de temps qui s'est écoulé entre la réunion de ce pays à la France, et les décrets du 4 août 1789, portant abolition de la féodalité et des justices seigneuriales.

Le Hainaut français fut réuni à la couronne dans le dix-septième siècle, et il le fut avec les lois locales qui lui étaient propres, sauf les changemens que le nouveau gouvernement sous lequel il passait, pourrait y faire par la suite.

C'est assez dire que les seigneurs hauts-justiciers y conservèrent d'abord l'intégrité de leur droit sur les mines de charbon.

Mais par le réglement du 14 janvier 1744, le gouvernement reprit, sur ces mines, le droit exclusif de fouille et d'extraction qu'il s'était réservé primitivement; et « voulant prescrire » les règles qui devraient être suivies par ceux » qui, après en avoir obtenu (de lui) la permission, entreprendraient à l'avenir l'exploitation de ces mines »; il ordonna ce qui suit :

« Art. 1.er A l'avenir, personne ne pourra ouvrir et mettre en exploitation des mines de » houille ou charbon de terre, sans en avoir » préalablement obtenu la permission du sieur » contrôleur-général des finances, soit que ceux » qui voudraient les faire ouvrir et exploiter, » soient *seigneurs hauts-justiciers*, ou qu'ils » aient la propriété des terrains où elles se » trouveront ».

« Art. 2. Ceux qui entreprendront l'exploitation des mines de charbon de terre, en vertu » des permissions qu'ils en auront obtenues, » seront tenus d'indemniser les propriétaires » des terrains qu'ils feront ouvrir, de gré à gré, » ou à dire d'experts ».

Que devint, d'après ce réglement, le droit des seigneurs hauts-justiciers de l'Anjou, du Maine et du Hainaut français?

Il fut sans doute modifié considérablement, puisque ce réglement comprenait, en toutes lettres, les seigneurs hauts-justiciers dans la première de ses dispositions. Ainsi, le droit de permettre l'exploitation des mines de charbon, redevint, dès-lors, *royal et domanial*, comme l'avait qualifié l'ordonnance de Philippe-le-long, de 1321; et les seigneurs hauts-justiciers cessèrent de pouvoir exploiter par eux-mêmes, ou de permettre à d'autres d'exploiter, les mines de charbon existant dans leurs hautes-justices, sans l'autorisation préalable du gouvernement.

Mais ce droit, en redevenant *régalien*, cessa-t-il, pour cela, d'être *seigneurial* dans les trois provinces dont il s'agit?

Non, car le réglement n'abrogeait pas plus, soit les art. 61 et 70 des coutumes d'Anjou et du Maine, soit les art. 1 et 2 du chap. 130 des chartes générales du Hainaut, qu'il n'abrogeait, relativement aux autres parties de la France, les dispositions des anciennes ordonnances qui accordaient aux propriétaires des fonds où se trouvaient des mines de charbon, la préférence sur les concessionnaires du gouvernement. Il ne faisait qu'imposer aux seigneurs hauts-justiciers dans ces trois provinces, comme aux propriétaires des fonds dans toutes les autres, l'obligation de se munir d'une autorisation du gouvernement, pour pouvoir exercer leur droit; et il est clair, dès-lors, que, dans ces trois provinces, les seigneurs hauts-justiciers restèrent maîtres, ni plus ni moins que les propriétaires de fonds dans toutes les autres, d'évincer les concessionnaires du gouvernement, en se faisant subroger à leurs concessions. En un mot, ce réglement concentrait bien dans le gouvernement le pouvoir de faire les concessions de mines de charbon de terre, en Hainaut, en Anjou, dans le Maine, comme partout ailleurs; mais, en ôtant ce pouvoir aux seigneurs hauts-justiciers de ces trois provinces, il les maintenait virtuellement dans une sorte de droit de *veto* sur les concessions royales.

Et ce qui prouve que c'était dans cet esprit qu'il avait été rédigé, c'est que ce fut dans ce sens que la question fut jugée, pour le Hainaut français et pour l'Anjou, par les six arrêts du conseil de 1749, 1754, 1755, 1756 et 1771, qui sont cités plus haut, §. 1; mais ce qui est encore plus décisif, c'est que telle fut la condition expresse qu'imposa à la compagnie des mines d'Anzin, l'arrêt du conseil du 1.er mai 1759, qui lui permit « d'ouvrir et d'exploiter exclusivement à tous autres, pendant l'espace de quarante années, à compter du 1.er juillet 1760, toutes les mines de charbon qui étaient ou pourraient se trouver dans l'étendue de terrain qu'il déterminait : « à la charge par eux (y était-il dit) de se conformer au réglement du 14 janvier 1744, et à condition qu'ils ne pourront en ouvrir (des mines de charbon) sur les terres des seigneurs hauts-justiciers...., qu'après les avoir fait sommer d'exploiter eux-mêmes les mines qui pourraient se trouver sous lesdits terrains, et que faute par eux de s'être mis en devoir d'exploiter lesdites mines, après en avoir obtenu la permission de S. M. qui leur est nécessaire, dans les six mois à compter du jour de la sommation qui leur aura été faite, lesdits sieurs prince de Croy et compagnie pourront exploiter lesdites mines, en vertu du présent arrêt, *en dédommageant par eux de gré à gré, ou à dire d'experts, ceux sur les terrains desquels ils feront ladite exploitation* ».

Ainsi, le droit que les chartes générales attribuaient aux seigneurs hauts-justiciers sur les mines de charbon, ne fut pas abrogé, mais seulement modifié par le réglement de 1744; et les seigneurs hauts-justiciers conservèrent toujours, tant qu'il subsista, le droit de dire aux concessionnaires du gouvernement : « ou achetez de nous la renonciation à la faculté que nous avons de nous faire subroger à votre concession, ou nous allons vous évincer »; et certes, c'était une continuation bien évidente, quoiqu'incomplette, de leur ancien *droit d'avoir en terre non extrayé*.

Aussi, les entrepreneurs des mines d'Anzin prirent-ils le parti de traiter avec les seigneurs hauts-justiciers des lieux qu'embrassait leur concession, du droit qu'ils avaient de la paralyser, en s'en faisant donner de pareilles; et c'est ce qui résulte d'un arrêt du conseil du 6 juillet 1787.

Ces entrepreneurs avaient exposé au roi « que les dépenses extraordinaires que leurs travaux exigeaient, étaient encore augmentées par les redevances qu'ils étaient obligés de payer aux seigneurs des terres sur lesquelles ils exploitaient; qu'en effet, et suivant les art. 1 et 2 du chap. 130 des chartes et coutumes de Hainaut, il était dû à ces seigneurs un droit de charbonnage; que, par des actes du 23 novembre 1765 et du 15 septembre 1786, ils avaient traité, sous le bon plaisir de S. M., de ces objets avec l'abbaye de saint Amand et le chapitre noble de saint Remfroy de Denain : que, par le premier de ces actes, l'abbaye de saint Amand avait accordé aux exposans le droit d'extraire du charbon dans sa terre et seigneurie d'Escaupont, à la charge de l'indemniser des dommages et de lui payer annuellement 600 livres, jusqu'à ce qu'ils eussent trouvé du charbon, et une somme de 2000 livres, au lieu de 600, à compter du jour que se ferait l'extraction; que, par le second, le chapitre noble de saint Remfroy leur avait cédé le droit de charbonnage dans l'étendue des terres et seigneuries de Denain et Hauchin, à condition de payer annuellement, tant qu'on n'extrairait point sur lesdites terres, 600 livres; tant qu'on n'extrairait que sur l'une 2400 livres; et lorsqu'on extrairait sur les deux ensemble, 4800 livres ».

L'arrêt cité « approuve et confirme lesdits actes, et veut qu'ils soient exécutés, sans que les conventions qu'ils renferment, puissent être attaquées sous prétexte des dispositions de l'édit du mois d'août 1749, concernant les gens de main-morte ».

Mais, ce qui mérite encore une attention bien particulière dans l'arrêt de concession de la compagnie d'Anzin, du 1.er mai 1759, c'est la restriction qu'il faisait aux seigneurs hauts-justiciers, de la faculté de se faire subroger à cette compagnie: c'est qu'il ne laissait pas la même faculté aux propriétaires des fonds, quoiqu'elle fût de droit pour eux, dans les parties de la France où les seigneurs n'avaient pas sur les mines la même prérogative qu'en Hainaut; c'est qu'il n'obligeait la compagnie, envers les propriétaires des fonds, qu'à dédommager *ceux* SUR *les terrains desquels elle ferait ladite exploitation.*

Et remarquons bien qu'il ne disait pas sous, mais SUR les *terrains* : preuve évidente et sans réplique qu'aux yeux du gouvernement, comme d'après l'esprit des chartes générales du Hainaut, les propriétaires n'avaient aucun droit aux produits des mines existant sous leurs fonds; et qu'en cas d'extraction de ces richesses souterraines, ils n'avaient à réclamer que la valeur du dommage que l'ouverture des fosses avait causé à la surface.

Il existe deux autres arrêts de concession, l'un du 27 janvier 1757, l'autre du 31 janvier 1769, qui mettent ce principe dans un plus grand jour encore.

Par ces arrêts, le roi concédait à un particulier le droit qu'il avait, *comme seigneur haut-justicier* de quelques parties de la banlieue de Valenciennes, aux mines de charbon qui s'y trouvent; et non-seulement il ne réservait pas aux propriétaires de la surface (comme il avait réservé aux seigneurs hauts-justiciers par l'arrêt de concession de la compagnie d'Anzin), la faculté de se faire subroger aux concessionnaires, mais il n'obligeait le concessionnaire qu'à *dédommager les propriétaires des terrains qu'il prendrait pour faire ses recherches et établir ses ouvrages, de gré à gré ou à dire d'experts* (1).

Voyons maintenant quels nouveaux changemens la législation sur les mines de charbon, éprouva dans le Hainaut français, par l'effet des décrets du 4 août 1789, quels changemens ces décrets opérèrent dans cette même législation, par rapport au Hainaut ci-devant autrichien, lorsqu'ils y furent promulgués après la réunion de ce pays à la France; et à qui appartint, dans l'une et l'autre contrée, depuis la promulgation de ces décrets jusqu'à celle du 28 juillet 1791, le droit d'ouvrir et d'exploiter les mines de charbon.

Les justices seigneuriales ayant été supprimées par les décrets du 4 août 1789, avec elles s'est nécessairement éteint le droit que les chartes générales du Hainaut avaient jusqu'alors attribué aux seigneurs hauts-justiciers sur les mines de charbon.

De là résulte, pour le Hainaut français, une conséquence irrésistible : C'est qu'à compter de la promulgation de ces décrets, le gouvernement n'a plus eu besoin du concours des seigneurs hauts-justiciers, pour concéder les mines de charbon dans cette partie du Hainaut; c'est que, dès-lors, les concessionnaires du gouvernement n'eurent plus ni trouble, ni éviction, ni subrogation à craindre de la part des ci-devant seigneurs; c'est que les propriétaires des fonds sous lesquels il existait des mines de charbon, se sont retrouvés, tant à l'égard du gouvernement qu'à l'égard de ses concessionnaires, dans la même position qu'auparavant.

Et il suit également de là, avec la même évidence, que, dans le Hainaut ci-devant autrichien, le gouvernement est rentré dans le droit exclusif qu'il avait laissé usurper sur lui par les seigneurs hauts-justiciers, de permettre l'ouverture et l'exploitation des mines de charbon; en sorte que, dans cette partie du Hainaut, comme dans celle qui était réunie à la France depuis plus d'un siècle, les propriétaires du sol n'ont rien gagné

---

(1) Voici le second de ces arrêts qui rappelle le premier.

« Sur la requête présentée au roi en son conseil, par le sieur Laurent, contenant qu'il *appartient à S. M., en Hainaut*, A CAUSE DE SA HAUTE-JUSTICE, *un droit d'entre-cens*, qui, suivant la coutume de cette province, consiste dans la faculté d'extraire les mines de charbon; que, par arrêt du conseil, du 27 janvier 1757, S. M. lui aurait fait concession de ce droit sur les mines de charbon qui pourraient se trouver dans la partie de la banlieue de Valenciennes qui s'étend le long de la rive droite de l'Escaut, y compris Saint-Saulve, la Briquette et Marly, aux conditions y portées; qu'il se trouve des enclavemens ou petits terrains appartenant à S. M., tels que le bois le Prince, une partie du bois provenant de la terre des Francs, et d'autres parties de terres dans la banlieue de Valenciennes, rive gauche de l'Escaut, sur lesquelles il serait à désirer qu'il pût porter ses recherches de houille; qu'en conséquence, il suppliait S. M. de vouloir bien lui faire concession de son droit d'entre-cens sur ces terres; qu'il offrait en outre de payer annuellement au domaine de S. M. une rente de 150 liv. jusqu'à l'époque de la première extraction, et celle de 1000 liv., depuis le jour où il parviendrait à extraire; et qu'il s'obligeait de dédommager les propriétaires des terrains SUR lesquels il établirait ses travaux, de gré à gré ou à dire d'experts....

» Le roi, en son conseil, a fait et fait concession au suppliant du droit *d'entre-cens* appartenant à S. M., et faculté d'extraire les mines de charbon (dans les parties de terre ci-dessus désignées), à la charge de payer annuellement au domaine de S. M. une rente de 150 liv..., et de dédommager les propriétaires des terrains qu'il prendra pour faire ses recherches et établir ses travaux, de gré à gré ou à dire d'experts.... ».

sous le rapport des mines de charbon, à l'abolition des justices seigneuriales.

Mais ce n'est pas ainsi que raisonnent les ci-devant seigneurs hauts-justiciers qui étaient en même temps propriétaires des fonds sous lesquels se trouvaient des mines de charbon : les décrets du 4 août 1789 les conduisent à un tout autre résultat : Ces décrets, disent-ils, ayant converti en francs-alleux, ainsi que l'a formellement déclaré la loi du 27 septembre 1790, tous les biens ci-devant féodaux ou censuels, il s'ensuit nécessairement que, par l'effet de ces décrets, *la propriété des mines a été rendue* aux propriétaires des ci-devant fiefs et *main-fermes*.

Là-dessus, deux observations.

1.° Si la propriété des mines a été *rendue* par les décrets du 4 août 1789 aux propriétaires des ci-devant fiefs et *main-fermes*, ceux-ci, suivant les ci-devant seigneurs, ne l'avaient donc pas précédemment; ils étaient donc précédemment, suivant eux, de la même condition que les propriétaires fonciers d'Allemagne, où, comme on l'a vu plus haut, le domaine privé se borne à la surface des terres (*privatorum dominium ultrà solam superficiem agri aut prædii non extendit*); ils n'avaient donc pas même le stérile avantage dont pouvaient se targuer les propriétaires des fonds dans l'intérieur de la France, d'avoir la propriété réelle des mines qui s'y trouvaient, quoiqu'ils ne pussent pas y toucher, dans le Hainaut ci-devant autrichien, sans la concession de seigneur haut-justicier; et dans le Hainaut français, sans une concession du gouvernement que le seigneur haut-justicier n'avait pas frappée de son *veto*.

Mais les propriétaires des francs-alleux étaient-ils, à cet égard, d'une autre condition que les propriétaires des fiefs et *main-fermes* ?

Pourquoi les premiers n'étaient-ils pas, avant la révolution, propriétaires des mines existant sous leurs terrains? Cela provenait-il de la qualité féodale ou censuelle de leurs terres? On a déjà vu que non. Cela provenait uniquement de ce que les mines avaient été rangées parmi les droits régaliens; et il était égal pour les propriétaires de la surface féodale ou censuelle, que ce droit restât dans les mains du Prince, ou que le Prince le laissât exercer par les seigneurs. Que le Prince l'exerçât lui-même ou qu'il en abandonnât l'exercice aux hauts-justiciers, à titre de *profit* et *émolument* de leurs fonctions publiques, suivant l'expression de l'art. 3 du chap. 105 des chartes générales, la condition des propriétaires de la surface n'en était ni meilleure ni pire; et dans un cas, comme dans l'autre, ils se trouvaient toujours dénués de toute espèce de droit sur les mines.

Eh bien! qu'ont fait les décrets du 4 août 1789, en supprimant les justices seigneuriales? Ils ont, et rien de plus, retiré des mains des ci-devant seigneurs hauts-justiciers, un droit régalien qui leur avait été précédemment délégué. Ils l'ont donc restitué au souverain dans toute sa plénitude; car ils ne l'ont pas dénaturé, ils ne lui ont pas ôté son caractère de droit *royal et domanial*; ils ne l'ont donc pas rendu aux propriétaires des fonds; les propriétaires des fonds ne l'ont pas recouvré, en devenant *francs-tenanciers*.

Et dans le fait, les propriétaires de francs-alleux du Hainaut français avaient-ils eu, dans l'intervalle de 1744 à 1789, plus de droit que les propriétaires de fiefs et de *main-fermes*, sur les mines de charbon? Le réglement de 1744 les distinguait-il de ceux-ci? Le droit régalien sur les mines n'affectait-il pas également tous les terrains, soit que la surface en fût féodale, soit qu'elle fût censuelle, soit qu'elle fût allodiale?

2.° Veut-on ne pas nier formellement qu'avant les décrets du 4 août 1789, le droit d'ouvrir et d'exploiter les mines ne fût un droit régalien, relativement aux francs-alleux, comme il était seigneurial relativement aux fiefs et aux main-fermes, dans le Hainaut ci-devant autrichien, comme il était à la fois régalien et seigneurial, relativement aux mêmes biens, dans le Hainaut français? Veut-on seulement dire qu'en dépit de toutes les fictions d'économie politique et fiscale, les propriétaires de surfaces allodiales étaient, même alors, propriétaires des mines qui se trouvaient dessous? Ne veut-on, par là, qu'arriver à cette conséquence, que le droit exclusif qu'avaient alors, soit le gouvernement, soit les seigneurs hauts-justiciers, de permettre l'exploitation des mines, n'en constituait pas véritablement la propriété foncière?

Nous convenons de tout cela.

Mais nous disons aussi qu'il n'y avait, à cet égard, avant les décrets du 4 août 1789, aucune différence entre les propriétaires de surfaces allodiales et les propriétaires de surfaces féodales et censuelles.

Nous disons aussi que, nonobstant, soit le droit exclusif que les seigneurs hauts-justiciers du Hainaut ci-devant autrichien avaient à l'exploitation des mines de charbon, dans les fiefs et les *main-fermes*, soit la part que les seigneurs hauts-justiciers du Hainaut français avaient au droit exclusif du gouvernement dans les biens de la même nature, les propriétaires de ces biens n'en étaient pas moins également propriétaires des mines de charbon que recélaient leurs terres.

Nous disons aussi que, soit ce droit exclusif, soit cette participation au droit exclusif du gouvernement, ne conférait aux seigneurs hauts-justiciers, que la faculté exclusive de rechercher et d'extraire de leur propre mouvement, dans le Hainaut ci-devant autrichien, et moyennant l'autorisation préalable du gouvernement, dans le Hainaut français, les substances minérales des fiefs et des *main-fermes*; et que c'est parce que cette faculté ne formait pas pour eux une propriété foncière et pleinement acquise, qu'ils l'ont perdue par l'effet des décrets de 1789.

Mais à quoi toute cette argumentation aboutira-t-elle en définitive? Une propriété qui n'était ni ne pouvait être d'aucune utilité, soit au feudataire, soit au censitaire, soit au franc-tenancier, et que la puissance publique, soit qu'on l'appelât *gouvernement*, soit qu'on la qualifiât de *haute-justice*, pouvait seule mettre en valeur; une propriété souterraine qui ne donnait à ceux qui en étaient investis, qu'une action en dédommagement des dégats causés à la surface de leurs terrains par les entrepreneurs qui l'exploitaient sans leur consentement et même malgré eux, une telle propriété, disons-nous, ne pouvait pas être d'un fort grand prix et ne vaut pas aujourd'hui la peine d'une investigation sérieuse.

C'est cependant sur cette base que repose tout le système des ci-devant seigneurs qui prétendent se faire continuer comme propriétaires de la surface, les redevances qu'ils ont stipulées en la qualité dont les décrets du 4 août 1789 les ont dépouillés.

Notre titre de haut-justicier est éteint, disent-ils; mais en le perdant, nous avons conservé celui de propriétaire; les redevances que nous avions stipulées comme seigneurs, sont donc, dès-lors, devenues *le prix de la jouissance des mines unie libre à la propriété*.

Mais que devient ce raisonnement, lorsqu'on le rapproche des propositions démontrées ci-dessus, qu'avant les décrets du 4 août 1789, les propriétaires fonciers du Hainaut n'avaient sur les mines existant sous leurs terrains, qu'un droit absolument illusoire, puisqu'ils ne pouvaient le mettre en activité que du consentement de la puissance publique; qu'affranchis, par les décrets du 4 août 1789, du besoin du consentement des seigneurs hauts-justiciers, ils sont demeurés soumis à la nécessité de celui du gouvernement; que le gouvernement pouvait même concéder ces mines, malgré eux, à des tiers; et qu'en les indemnisant des dégats causés à la surface de leurs terres par les travaux de l'exploitation, ces tiers étaient entièrement quittes envers eux?

Comment accorder des vérités aussi palpables, aussi constantes, avec la prétention de métamorphoser tout-à-coup en redevance due à la propriété, une redevance qui n'a été stipulée qu'au profit de la haute-justice?

Pour que cette prétention fût admissible, il faudrait au moins que l'on pût dire aux entrepreneurs des mines : « vous n'avez, il est vrai, pris d'engagement qu'envers le seigneur haut-justicier; mais ce que le seigneur haut-justicier a exigé de vous, le propriétaire a pu également l'exiger, depuis que, rendu à sa liberté naturelle par l'abolition des hautes-justices, il a recouvré le droit d'exploiter lui-même, en cette seule qualité, les mines existant sous son terrain; il a donc pris, à votre égard, de plein droit, et par la seule force des choses, la place du seigneur haut-justicier ».

Et c'est bien là effectivement le langage des ci-devant seigneurs; mais sur quoi repose-t-il? sur une supposition chimérique, sur l'idée souverainement fausse et démontrée telle jusqu'à l'évidence, que les propriétaires du Hainaut sont rentrés, par les décrets du 4 août 1789, dans le droit exclusif d'exploiter ou de permettre d'exploiter les mines de charbon.

Que l'on raisonnât ainsi dans le pays de Liége, on le concevrait. La coutume de ce pays, chap. 6, art. 13, et chap. 11, art. 20, ayant toujours conservé aux propriétaires de la surface, comme on l'a vu plus haut, §. 3, le domaine libre, indépendant, absolu, des mines existant sous leur sol, il n'y aurait rien d'étonnant qu'une redevance stipulée à titre seigneurial, pour prix de la concession d'une mine gissant sous une superficie dont le propriétaire en était à-la-fois le seigneur haut-justicier, fût considérée comme ayant survécu à l'abolition de la haute-justice; et il serait assez naturel de penser que, si, par un mouvement de vanité, le concédant avait pris, dans l'acte de concession, la qualité de seigneur haut-justicier qui ne lui donnait aucun droit de concéder, il n'avait réellement concédé qu'en sa qualité de propriétaire.

Mais raisonner de même pour le Hainaut, où la propriété de la surface ne donnait aucun droit à la mine, où tout le droit à la mine résidait, soit exclusivement dans la haute-justice, soit simultanément dans la haute-justice et la souveraineté, c'est confondre toutes les idées, c'est bouleverser toutes les notions.

Mais, dit-on, il est de principe que *l'abolition des droits féodaux n'a dû profiter qu'aux propriétaires de la surface*.

Ce prétendu principe n'est écrit dans aucune loi; et, vrai sous un rapport, il est faux sous beaucoup d'autres.

Il est vrai, sans doute, en ce sens que le fermier qui, avant 1789, avait pris à bail la superficie d'un bien grevé d'un droit de champart, ou de tout autre semblable, n'a pas pu faire tourner à son profit l'abolition de ce droit, et qu'il a dû en tenir compte à son bailleur. Telle est effectivement la disposition textuelle de la loi du 10 avril 1791.

Mais si vous allez plus loin, si vous prétendez en inférer, par exemple, que l'usufruitier d'un pareil bien n'a pas dû profiter de l'abolition du droit, et que le propriétaire seul a dû en recueillir l'avantage, vous tombez dans une erreur insoutenable.

Il n'y a, en cette matière, qu'un principe bien exact et susceptible d'une application génétale : c'est que l'abolition des droits féodaux n'a profité qu'à ceux au préjudice immédiat desquels ces droits s'exerçaient, et qui, ces droits mis de côté, se seraient trouvés parfaitement libres.

Or, au préjudice immédiat de qui s'exerçait, avant les décrets du 4 août 1789, le droit *d'avoir en terre non extrayé* des seigneurs de Hainaut? quels étaient ceux qui, ôté ce droit, auraient pu exploiter ou permettre d'exploiter les mines?

Très-certainement ce n'étaient pas les propriétaires fonciers. On l'a déjà dit et démontré, les propriétaires fonciers étaient, indépendamment de ce droit, empêchés d'exploiter les mines, par le pouvoir exclusif que le gouvernement s'en était réservé. Ils n'avaient rien à gagner à l'abolition de ce droit. Ce n'est donc pas à eux que l'abolition de ce droit a profité. Elle n'a donc profité qu'au gouvernement et à ses concessionnaires, en les débarassant de la concurrence et du *veto* des seigneurs hauts-justiciers.

Mais on prétend que, si les redevances imposées par les ci-devant seigneurs hauts-justiciers aux entrepreneurs des mines cachées sous des fonds dont la superficie leur appartenait, ont été abolies, comme redevances seigneuriales, par les décrets du 4 août 1789, elles ont du moins été recréées, comme redevances de la propriété, par les lois des 28 juillet 1791 et 21 avril 1810.

Analysons ce nouveau système.

La loi du 28 juillet 1791 n'a pas dérogé aux actes de l'ancienne législation, qui, sans se prononcer formellement sur la question de propriété des mines, la décidaient cependant d'une manière implicite en faveur des propriétaires de la surface, et en même temps plaçaient ceux-ci (au droit de préférence près qu'ils leur laissaient sur les concessionnaires étrangers) dans la même position que s'ils n'avaient eu sur les mines aucune espèce de domaine réel. Elle n'a fait, à cet égard, que maintenir, par des dispositions nouvelles, la sorte de transaction que les lois précédentes avaient faite sur cette question.

Mais ce qui prouve qu'elle n'a pas été rédigée avec l'intention d'accorder de nouveaux droits aux propriétaires de la surface, c'est que, dans le rapport à la suite duquel le projet de cette loi fut présenté à la séance du 20 janvier, au nom des comités de constitution, d'agriculture, de commerce, des finances, des impositions et des domaines, l'orateur qui était l'organe de ces six comités, s'attacha spécialement à établir que les mines ne sont pas des *propriétés privées*, mais des *propriétés publiques*. « Les mines (a-t-il dit) ne sont point le produit de l'industrie; elles ne font point partie de la superficie sur laquelle l'homme applique son travail; elles sont des bienfaits de la nature : tous les hommes y ont un droit égal; elles ne peuvent donc appartenir qu'à tous, et la nation a le droit d'en disposer et d'en régler l'usage : plus éclairée dans ses opérations que l'intérêt particulier, elle dirige toujours les richesses publiques vers l'intérêt général. Conservez-lui, messieurs, *ce droit imprescriptible* ».

Cependant les six comités ne proposèrent pas à l'assemblée constituante, de déduire de leur doctrine, la conséquence directe que les mines étaient des propriétés domaniales; mais ils arrivèrent au même but, en lui proposant de déclarer que les mines *étaient à la disposition de la nation*.

Plusieurs orateurs s'élevèrent contre cette proposition, et insistèrent fortement pour que les mines fussent *déclarées des propriétés privées*.

« Mais (s'écria Mirabeau, dans le discours qu'il prononça à l'appui du rapport des comités, et qui fût le dernier élan de sa mâle éloquence) est-il probable que les mines seront mises en valeur, si on déclare qu'elles font partie de la propriété du sol? est-il possible que toutes les mines soient exploitées par de simples particuliers? c'est comme si je demandais, est-il avantageux d'avoir des mines; et quand on les a, faut-il les laisser sans produit?.... Une mine répond souvent aux surfaces d'une foule de propriétaires.... Admettrez-vous, de la part d'un propriétaire, un refus que rien ne pourra forcer? il sera, dès-lors, impossible d'exploiter les mines. Laisserez-vous la possibilité du refus, pour que le propriétaire ait le droit de vendre son consentement au plus haut prix? mais pourquoi la loi ne le fixerait-elle pas, puisqu'il s'agit de l'utilité publique? n'en use-t-on pas ainsi pour les rues, les chemins et les canaux » ?

C'est sur ce discours et sur le rapport auquel il se rattachait, qu'est calquée la loi du 28 juillet 1791.

Elle pose d'abord un principe, puis elle en détermine la conséquence et l'application.

Son principe est que *les mines sont à la disposition de la nation*; c'est-à-dire que, de même que, sous l'ancien régime, elles étaient à la disposition de la souveraineté nationale exercée par le monarque seul, de même, sous le nouveau, elles sont à la disposition de la souveraineté nationale, exercée par le roi et les représentans de la nation.

La conséquence que la loi tire de ce principe, c'est que les mines *ne peuvent être exploitées que du consentement de la nation*, exprimé par les deux branches du pouvoir législatif.

Puis, venant à l'application du principe et de sa conséquence, elle commence par laisser au propriétaire de la surface, la libre exploitation *des mines qui pourront être exploitées jusqu'à* 100 *pieds de profondeur seulement*; et là se termine l'art. 1.er.

L'art. 2 déclare qu' « il n'est rien innové à l'extraction des sables, craies, argiles, pierres, marbres, ardoises, pierres à chaux, et généralement de toutes substances autres que celles exprimées dans l'art. 1.er, qui continueront d'être exploitées par les propriétaires, sans qu'il soit nécessaire d'obtenir aucune permission ; mais à défaut d'exploitation de la part desdits propriétaires, ces substances pourront l'être par d'autres personnes, d'après la permission du directoire du département, *à la charge d'indemniser les propriétaires, tant des dommages causés à la surface, que de la valeur des matières extraites ;* le tout de gré à gré, ou à dire d'experts ».

On verra bientôt qu'à l'égard des mines, l'indemnité du propriétaire du sol est plus circonscrite et qu'elle est expressément limitée au dommage causé à la surface. Pourquoi donc ne s'étend-elle pas pour les mines, comme pour les substances comprises dans l'art. 2, à *la valeur des matières extraites ;* et d'où peut venir une pareille différence ? On le sent au premier apperçu : c'est que le législateur, prenant en considération les énormes dépenses que nécessite l'exploitation des substances minérales, a voulu ranger les mines dans une classe à part ; et c'est ce que la suite de la loi va mettre dans le plus grand jour.

L'art. 3 ajoute que *les propriétaires de la surface auront toujours la préférence et la liberté d'exploiter les mines qui pourraient se trouver dans leurs fonds*, et qu'*elle ne pourra leur être refusée*. Les ci-devant seigneurs-propriétaires infèrent de là *que les propriétaires de la surface ont la propriété des mines contenues dans leurs fonds ;* et quoique cette conséquence soit un peu forcée dans la forme, nous ne la nions pas au fond ; mais à quoi aboutira-t-elle en dernière analyse ? qu'est-ce qu'une propriété à laquelle on ne peut pas toucher, sans en avoir obtenu la permission du gouvernement, et que le gouvernement peut concéder à tout autre que le propriétaire qui ne veut ou ne peut pas l'exploiter lui-même ? Si ce n'est pas un être de raison, c'est quelque chose de bien approchant.

Et qu'on ne dise pas que le propriétaire, lorsqu'il use de son droit de préférence, est mieux traité que le tiers qui, à son refus, prendrait sa place. Le contraire résulte clairement de l'art. 10, d'après lequel il ne peut exercer ce droit, qu'autant que le gouvernement le lui a concédé, après s'être assuré de ses moyens d'exploitation, et qu'en se soumettant *aux clauses et conditions qui seraient imposées à des concessionnaires.* Tant il est vrai que la nation ne reconnaît de droits sur les mines que les siens, d'autre pouvoir d'en disposer que celui qu'elle s'est réservé pour l'intérêt de tous !

Jusqu'à présent la loi ne dispose que pour l'avenir. Les art. 4 et 6 vont régler le sort des concessionnaires actuels qui exploitent des mines existant sous les terrains d'autrui.

A cet égard, deux cas sont à distinguer : ou les mines qu'exploitent les concessionnaires actuels, avaient été découvertes par eux ; ou c'étaient les propriétaires eux-mêmes qui en avaient fait la découverte, et qui, après en avoir commencé l'exploitation, avaient été évincés par des porteurs de concessions arrachées à la faiblesse du gouvernement, par l'abus de la faveur.

Au second cas, qui est étranger à notre question, l'art. 6 déclare que « les concessionnaires seront déchus de leurs concessions, à moins qu'il n'y ait, de la part desdits propriétaires, consentement libre, légal et par écrit, formellement confirmatif de la concession ; sans quoi, lesdites mines retourneront aux propriétaires qui les exploitaient avant lesdites concessions ».

Au premier cas, c'est-à-dire, lorsque les *concessionnaires actuels ou leurs cessionnaires ont découvert les mines qu'ils exploitent*, l'art. 4 veut qu'ils soient maintenus « jusqu'au terme de leurs concessions, qui ne pourra excéder 50 années ; en conséquence (ajoute-t-il), les propriétaires de la surface ne pourront troubler les concessionnaires actuels dans la jouissance des concessions, lesquelles subsisteront dans toute leur étendue, si elles n'excèdent pas celle qui est fixée par l'article suivant », c'est-à-dire, six lieues carrées.

L'art. 19 déclare même qu'à l'expiration de leurs concessions, ou des 50 années qui forment le *maximum* de leur durée, les concessionnaires actuels auront la préférence, pour des concessions nouvelles, sur tout autre concurrent, propriétaire ou non.

L'art. 20 ajoute que « les concessionnaires actuels seront obligés d'indemniser les propriétaires *de la surface*, si fait n'a été ».

L'art. 21 spécifie la consistance de cette indemnité : « elle s'entend seulement des non-jouissance et dégats occasionnés dans les propriétés, par l'exploitation des mines, tant à raison des chemins que des lavoirs, fuite des eaux et tout autre établissement ».

Et par l'art. 22, il est dit que « cette indemnité aura pour base le double de la valeur intrinsèque de la *surface* du sol qui sera l'objet desdits dégats et non-jouissance ».

Assurément limiter ainsi l'indemnité due au propriétaire de la surface d'une mine, c'est bien manifestement lui refuser toute espèce de part à *la valeur des matières extraites* de cette mine ; tandis que, dans l'art. 2, et relativement aux substances qui y sont énumérées, la valeur entière *des matières extraites* par les concessionnaires de l'autorité publique, est due aux propriétaires.

Et dès-lors, quel prétexte peuvent avoir les ci-devant seigneurs pour venir aujourd'hui, en vertu de cette loi, réclamer comme propriétaires de la surface des mines exploitées par une compagnie d'entrepreneurs, la résurrection de redevances déjà abolies par les lois précédentes, et qui n'étaient pour eux que des abonnemens de leur ancien droit aux matières extraites?

Quel prétexte (s'écrie-t-on)! ils ont pour eux le texte formel de l'art. 4. L'art. 4 maintient les *concessionnaires actuels*. Il maintient donc les concessions en vertu desquelles ils exploitent. Il veut donc que ces concessions aient leur effet; et il le veut sans réserve, sans distinction quelconque. Il faut donc que les conditions sous lesquelles ces concessions ont été faites, soient exécutées. Il faut donc que les ci-devant seigneurs continuent de percevoir les redevances qui ont été les conditions expresses de leurs concessions.

Mais il est bien impossible que ce soit cette espèce de concessions-là que la loi du 28 juillet 1791 ait eu l'intention de maintenir. Il est bien impossible que, par *concessionnaires actuels*, cette loi ait entendu autre chose que les porteurs d'arrêts du conseil contenant permission d'ouvrir et d'exploiter des mines.

Comment en effet cette loi aurait-elle pu appliquer la dénomination de *concessionnaires*, à des porteurs de pareilles permissions émanées des seigneurs hauts-justiciers de l'Anjou, du Maine ou du Hainaut français?

De deux choses l'une : ou ces permissions étaient postérieures au réglement du 14 janvier 1744, ou elles avaient précédé ce réglement.

Si elles lui étaient postérieures, elles n'avaient pu, par elles-mêmes, rien opérer; elles n'avaient fait qu'ôter l'obstacle qui, si elles n'eussent pas existé, eût empêché l'effet des concessions royales; elles n'avaient pas pu être et elles n'avaient réellement pas été de véritables concessions.

Si elles avaient précédé le réglement de 1744, elles avaient sans doute eu originairement le caractère de concessions proprement dites; mais elles avaient cela de commun avec les permissions d'une date postérieure à ce réglement, qu'elles n'existaient plus au moment où a été décrétée la loi du 28 juillet 1791. Les décrets du 4 août 1789 les avaient implicitement détruites, les unes aussi bien que les autres, en abolissant les justices seigneuriales; car, avec les justices seigneuriales avaient péri, comme l'a expressément déclaré l'art. 35 du tit. 1.er de la loi du 20 avril 1791, tous les droits, toutes les redevances qui en dérivaient, et par conséquent, tous les titres, tous les actes par lesquels ces droits, ces redevances avaient été stipulés.

Et remarquons bien que les articles du tit. 1.er de cette dernière loi ont été décrétés, pour ainsi dire, de front avec ceux de la loi du 28 juillet de la même année qui nous occupent en ce moment : c'est un fait authentiquement constaté par les procès-verbaux de l'assemblée constituante, et que je peux d'ailleurs certifier avec d'autant plus d'assurance que j'étais rapporteur des premiers. Comment donc supposer qu'en même temps que cette assemblée déclarait abolis, par les décrets du 4 août 1789, tous les droits, toutes les redevances dépendant des justices seigneuriales, ainsi que tous les titres et tous les actes qui avaient stipulé ces droits et ces redevances, elle eût maintenu, soit des concessions proprement dites, soit de simples permissions, qui étaient précédemment émanées de la haute-justice?

Ces concessions, ces permissions ne pouvaient donc pas occuper les rédacteurs de la loi du 28 juillet 1791; et la preuve qu'en effet, elles ne les ont pas occupés du tout, c'est qu'ils n'en ont pas dit un mot; car il serait trop dérisoire d'attribuer leur silence à un pur oubli : comme je l'ai dit plus haut, §. 1, il y avait dans l'assemblée constituante des membres très-intéressés à la faire souvenir de leurs droits, si leurs droits n'eussent pas été précédemment détruits.

Et qu'on ne vienne pas dire que de là il résulterait que la disposition de l'art. 4 de cette loi, qui maintient les *concessionnaires actuels*, ne s'applique pas, dans l'esprit des auteurs de cette loi, à ceux qui continuent actuellement des exploitations qu'ils ont commencées en vertu de concessions des ci-devant seigneurs, aussi bien qu'à ceux qui exploitent actuellement en vertu de concessions du gouvernement.

Cette disposition s'applique incontestablement aux premiers comme aux seconds; mais ce n'est pas comme concessionnaires seigneuriaux que la loi les considère : par cela seul qu'elle les qualifie, comme les seconds, de *concessionnaires actuels*, elle fait assez entendre qu'elle les suppose investis de concessions encore existantes. Or, quelles peuvent être ces concessions? celles qu'ils avaient reçues des ci-devant seigneurs? Non, encore une fois, elles n'existaient plus : la loi ne peut donc pas y avoir égard. Mais comme depuis l'abolition des hautes-justices, ceux qui avaient obtenu ces concessions, avaient continué d'exploiter leurs mines, et qu'ils n'avaient pu le faire que du consentement de l'autorité souveraine, désormais seule en droit de les permettre, la loi les considère comme devenus, par cela seul, concessionnaires du gouvernement, ni plus ni moins que ceux qui avaient expressément obtenu leurs concessions du gouvernement lui-même.

Aussi, et c'est ce qui tranche toute difficulté, tous les *concessionnaires actuels* sont-ils indistinctement qualifiés, dans le rapport du 30 janvier 1791, d'après lequel la loi a été décrétée, de *dépositaires des droits de la nation*.

Objectera-t-on que, du moins, relativement

au Hainaut ci-devant autrichien, les mots *concessionnaires actuels* n'ont pu s'appliquer qu'aux concessionnaires des ci-devant seigneurs hauts-justiciers.

Mais, d'une part, cette loi n'a pas été faite avec l'intention de la faire exécuter dans le Hainaut ci-devant autrichien, dont on ne prévoyait pas alors la future réunion à la France. Elle n'a donc pas pu référer à la législation particulière de cette partie du Hainaut, l'acception qu'elle donnait aux mots *concessionnaires actuels*. Et cependant, lorsqu'elle a été publiée dans cette partie du Hainaut, elle n'a pas dû, elle n'a pas pu y être exécutée autrement que dans la partie française de la même province. Elle a dû y recevoir la même interprétation que dans celle-ci. Elle n'a conséquemment pas pu y avoir pour les ci-devant seigneurs, l'effet qu'elle n'avait pas eu dans celle-ci, d'y maintenir les redevances moyennant lesquelles ils avaient précédemment cédé leur *droit d'avoir en terre non extrayé*.

D'un autre côté, lorsqu'elle a été publiée dans le Hainaut ci-devant autrichien, y existait-il encore, à proprement parler, des concessionnaires seigneuriaux de mines de charbon de terre?

Non; la publication de cette loi avait été précédée dans toute la Belgique, et par conséquent dans le Hainaut ci-devant autrichien, par celle des décrets des 4 août 1789, 15 mars 1790 et 13 avril 1791.

Et dès-lors, il est évident que l'art. 4 de cette loi ne pouvait pas plus, à l'époque de sa publication dans le Hainaut ci-devant autrichien, s'y appliquer aux porteurs de permissions seigneuriales, qu'il n'avait pu être appliqué, dans son origine, aux porteurs de pareilles permissions dans le Hainaut français, dans le Maine et dans l'Anjou.

De même, en effet, que, dans le Hainaut français, dans le Maine et dans l'Anjou, les permissions seigneuriales d'ouvrir et d'exploiter des mines, avaient été abolies avant que cet article fût décrété et devînt loi, de même aussi elles avaient été abolies dans le Hainaut ci-devant autrichien, avant que cet article y fût publié comme disposition législative.

Il y avait donc, à cet égard, une parité absolue et parfaite entre le Hainaut ci-devant autrichien et le Hainaut français, le Maine et l'Anjou.

Si donc, dans le Hainaut français, le Maine et l'Anjou, les termes *concessionnaires actuels* ne pouvaient pas s'entendre des porteurs de permissions seigneuriales, il est évident qu'ils ne le pouvaient pas davantage dans le Hainaut ci-devant autrichien.

Mais, d'après cela, quelle acception a-t-on dû, dans le Hainaut ci-devant autrichien, donner à ces termes?

La même, absolument la même que dans le Hainaut français, que dans l'Anjou et le Maine, que dans toute la France, et pourquoi? nous en avons déjà dit la raison.

Dans le Hainaut ci-devant autrichien, le droit de permettre l'ouverture et l'exploitation des mines, était généralement regardé comme une prérogative exclusivement réservée à la souveraineté.

Ce n'était que par une exception particulière que le prince s'y était relâché de cette prérogative, pour les mines de charbon, en faveur des seigneurs hauts-justiciers. Or, cette exception ayant été abolie avec les justices seigneuriales, par les décrets du 4 août 1789, il est clair que le gouvernement était, par le seul effet de la publication de ces décrets dans le Hainaut ci-devant autrichien, rentré, à cet égard, dans la pleine possession de son droit primitif.

Il est clair, par conséquent, que, dès-lors, le gouvernement seul a pu autoriser l'exploitation des mines de charbon dans le Hainaut ci-devant autrichien.

Et par conséquent encore, il est clair que les exploitations commencées, dans le Hainaut ci-devant autrichien, avant la publication des décrets du 4 août 1789, n'ont pu y être continuées depuis que du consentement exprès ou tacite du gouvernement.

De consentement exprès, il ne paraît pas qu'il y en ait eu dans le court intervalle qui a séparé, en ce pays, la publication des décrets du 4 août 1789 de celle de la loi du 28 juillet 1791.

Mais du moins il y a eu consentement tacite; et cela a suffi pour convertir les anciens concessionnaires des ci-devant seigneurs, en concessionnaires actuels du gouvernement, ou, en d'autres termes, pour leur appliquer l'art. 4 de la loi du 28 juillet 1791, dans le même sens qu'il s'appliquait en France.

Mais, dit-on, les arrêts du conseil qui, dans le Hainaut français, et probablement aussi dans le Maine et l'Anjou, avaient concédé des exploitations de mines, ne l'avaient fait que sauf le droit des seigneurs hauts-justiciers. La loi du 28 juillet 1791 a maintenu ces arrêts de concession tels qu'ils étaient, sauf les exceptions qu'elle y a apportées, quant à l'espace du temps et à l'étendue des terrains. Elle a donc voulu que les conditions dont ce droit avait été la cause fondamentale, continuassent d'être fidèlement observées.

Mais 1.° cet argument ne prouve rien, par cela seul qu'il prouve trop. Il en résulterait, en effet, que même les ci-devant seigneurs hauts-justiciers qui ne sont pas propriétaires de la surface des terres sous lesquelles gissent les mines dont ils ont, en leur ancienne qualité, permis l'exploitation, conservent encore les redevances qui ont été le prix de leurs permissions; et je ne sache pas qu'un pareil système compte aujourd'hui un seul partisan.

2.° Les arrêts de concession dont on parle, avaient sans doute respecté le droit qu'avaient alors les seigneurs hauts-justiciers; mais ils n'avaient pas changé la nature de ce droit : ils lui avaient laissé son caractère essentiel de *profit et émolument* de la haute-justice. Il en avait, par conséquent, subordonné la durée à celle de la haute-justice elle-même.

Qu'après cela, on vienne nous dire que la loi du 28 juillet 1791 n'a pas expressément déchargé les concessionnaires actuels des conditions de leurs concessions, ni des engagemens qu'ils avaient contractés en exécution de ces conditions : — il suffira de répondre

Que cette loi n'a sans doute déchargé les concessionnaires, ni des conditions de leurs concessions, ni des engagemens contractés par suite de ces conditions qui ne heurtaient pas les décrets précédens par lesquels avaient été abolis tous les droits et toutes les redevances découlant de la haute-justice;

Qu'elle ne les a pas même libérés explicitement des charges auxquelles ils s'étaient antérieurement assujettis, par ces conventions, envers les seigneurs hauts-justiciers;

Mais qu'à cet égard, elle n'avait rien à faire, parce que les lois précédentes avaient tout fait;

Qu'elle a trouvé le terrain sur lequel elle avait à opérer, entièrement déblayé de tous les décombres du régime féodal; et que, par conséquent, elle n'avait pas besoin de décharger les concessionnaires qu'elle maintenait, de leurs anciennes obligations envers les ci-devant seigneurs; mais qu'il a suffi qu'elle ne retirât pas ces obligations du néant où elles se trouvaient plongées;

Que ne connaissant plus de seigneurs, elle n'a dû voir que des propriétaires;

Qu'à l'égard de ceux-ci, elle a bien maintenu les traités qui avaient précédemment fixé les indemnités que les *concessionnaires actuels* payeraient aux *propriétaires de la surface*; et que c'est ce qui résulte de ces termes de l'art. 20 : « les concessionnaires actuels seront tenus d'indemniser les propriétaires de la surface, *si fait n'a été* »;

Mais, qu'en ne parlant d'indemnités que relativement *à la surface*, elle a manifesté hautement son intention de n'en pas accorder relativement aux substances minérales à extraire des entrailles de la terre;

Et qu'elle a mis cette vérité dans un plus grand jour encore, lorsque, par les art. 21 et 22, elle a borné expressément l'indemnité aux dégâts causés à la surface par l'ouverture et l'exploitation des mines.

Si ces propositions ne portent pas le cachet de l'évidence, il faut renoncer à la trouver nulle part.

Passons maintenant à la loi du 21 avril 1810, et voyons si elle prêtera quelque appui au système des ci-devant seigneurs-propriétaires.

On vient de voir que la loi du 28 juillet 1791, marchant sur les erremens de l'ancienne législation française, n'avait pas nié formellement que la propriété des mines appartînt aux propriétaires du sol; mais qu'elle avait tellement modifié cette propriété, que, hors le cas où le propriétaire du sol profitait de son droit de préférence pour l'exploitation, elle l'avait réduite à rien.

L'art. 552 du Code civil avait expressément confirmé le principe qui avait servi de régulateur à cette loi. Après avoir dit que *la propriété du sol emporte la propriété du dessous*, et que *le propriétaire peut, en conséquence, faire au dessous toutes les constructions et fouilles qu'il jugera à propos et tirer de ces fouilles tous les produits qu'elles peuvent fournir*; il avait ajouté : *sauf les modifications résultant des lois et réglemens relatifs aux mines.*

Tel était l'état des choses, lorsqu'averti par une expérience de dix-neuf ans, des imperfections de la loi de 1791, le législateur s'est déterminé à la remanier et à la refondre.

La première question qui, dans ce travail, s'est présentée à sa pensée, a été celle de savoir s'il devait considérer les mines comme une propriété publique, ou comme appartenant au propriétaire de la surface sous laquelle sont cachées les substances minérales.

En faveur de qui l'a-t-il décidée?

Nous n'hésitons pas à dire qu'il l'a décidée en faveur du propriétaire de la surface; et c'est ce qui paraît surtout résulter de la manière dont s'est expliqué l'orateur du gouvernement, en présentant le projet de la nouvelle loi au corps-législatif, le 13 avril 1810.

« Sans entrer (ce sont ses termes) dans le détail des raisonnemens à l'appui de chacun de ces systèmes, je vous ferai connaître le résultat des longues discussions qui ont eu lieu.

» On a reconnu, d'un côté, qu'attribuer les mines au domaine public, c'était blesser les principes consacrés par l'art. 552 du Code, porter atteinte à la grande charte civile, premier garant du pacte social.

» On a reconnu, de l'autre, qu'attribuer la propriété de la mine à celui qui possède le dessus, c'était lui reconnaître, d'après la définition de la loi, le droit d'user et d'abuser; droit destructif de tout moyen d'exploitation utile, productif, étendu; droit opposé à l'intérêt de la société, qui est de multiplier les objets de consommation, de reproduction, de richesses; droit qui soumettrait au caprice d'un seul, la disposition de toutes les propriétés environnantes de nature semblable; droit qui paralyserait tout autour de celui qui l'exercerait; qui frapperait de stérilité toutes les parties de mines qui seraient dans son voisinage.

» De ces vérités, on a déduit tout naturellement cette conséquence, que les mines n'étaient pas une propriété ordinaire, à laquelle pussent s'appliquer la définition des autres biens et les principes généraux sur leur possession, tels qu'ils sont écrits dans le Code civil.

» Et cependant pour que les mines soient bien exploitées..., il faut qu'elles cessent d'être des propriétés précaires, non définies, changeant de main au gré d'une législation équivoque, d'une administration abusive, d'une police arbitraire, de l'inquiétude habituelle de leurs possesseurs.

» Il en faut faire des propriétés auxquelles toutes les définitions du Code civil puissent s'appliquer.

» Il faut que ces masses de richesses, placées sous de nombreuses fractions de la superficie du territoire, au lieu de rester divisées comme cette superficie même, deviennent, par l'intervention du gouvernement et en vertu d'un acte solennel, un ensemble dont l'étendue sera réglée, qui soit distinct du sol, qui soit, en quelque sorte, une création particulière.

» Dans cette création, le droit du propriétaire de la surface ne doit pas être méconnu et oublié; il faut au contraire qu'il soit consacré pour être purgé, réglé pour être acquitté; enfin, que la propriété que l'acte du gouvernement désigne, définit, limite, et crée en vertu de la loi, soit d'autant plus invariable, plus sacrée, qu'elle aura plus strictement satisfait à tous les droits, désintéressé même toutes les prétentions.

» Ainsi, les mines seront désormais une propriété perpétuelle, disponible, transmissible, lorsqu'un acte du gouvernement aura consacré cette propriété par une concession qui réglera le droit de celui auquel appartient la surface.

» Tout se concilie dans ce système : l'intérêt de l'état, l'intérêt des exploitans, l'intérêt des propriétaires du sol ».

C'est ce système qui a été revêtu, le 21 avril 1810, de la sanction législative; et nous aimons à répéter qu'il n'y a rien dans la loi qui ne s'accorde parfaitement avec l'idée que le législateur a considéré la mine comme appartenant au propriétaire de la surface, avant la concession que le gouvernement doit désormais en faire moyennant deux sortes de redevances, l'une fixe, l'autre proportionnelle au profit de l'Etat.

Ainsi, d'après l'art. 6, le gouvernement ne pourra à l'avenir, concéder aucune mine, sans régler, par l'acte même de concession, l'indemnité qui sera due au propriétaire de la surface, à raison de la translation faite, à des tiers, de son droit sur la mine cachée sous son fonds.

Ainsi, de tout l'ensemble de cette loi, il résulte que le propriétaire de la surface ne sera plus désormais réduit à un simple dédommagement des dégâts commis sur la superficie de son terrain, et qu'il aura droit à une redevance qui sera pour lui une sorte d'abonnement des produits de la mine. Car c'est d'une *redevance* que veut parler l'art. 42, quand il dit que « le droit attribué par l'art. 6 au propriétaire de la surface, sera réglé à une somme déterminée par l'acte de concession », les art. 18 et 19 ne laissent là-dessus aucun doute (1).

En un mot, sous ce rapport, le propriétaire de la surface est aujourd'hui beaucoup mieux traité qu'il ne l'était sous la loi du 28 juillet 1791, quoiqu'il le soit beaucoup moins bien sous un autre, puisque, par l'art. 3 de celle-ci, il avait un droit de préférence sur les concessionnaires du gouvernement, tandis qu'aux termes de l'art. 16 de la loi du 21 avril 1810, le gouvernement est juge suprême « des motifs ou considérations d'après lesquels la préférence doit être accordée aux divers demandeurs en concession, *qu'ils soient propriétaires de la surface, inventeurs ou autres* (2) ».

Mais en réglant ainsi les droits du propriétaire de la surface, relativement aux concessions qui seront faites à l'avenir, la loi a-t-elle assujetti au même réglement les concessions antérieures?

(1) *Art.* 18. « La valeur des droits résultant en faveur du propriétaire de la surface, en vertu de l'art. 6 de la présente loi, demeurera réunie à la valeur de ladite surface, et sera affectée avec elle aux hypothèques prises par les créanciers du propriétaire ».

Art. 19. « Du moment où une mine sera concédée au propriétaire de la surface, cette propriété sera distinguée de celle de la surface, et désormais considérée comme propriété nouvelle, sur laquelle de nouvelles hypothèques pourront être prises, sans préjudice de celles qui auraient été ou seraient prises sur la surface *et la redevance,* comme il est dit à l'article précédent.

» Si la concession est faite au propriétaire de la surface, *ladite redevance* sera évaluée pour l'exécution dudit article ».

Il faut ajouter à ces articles, l'explication qu'en a donnée le rapporteur de la commission du corps-législatif, à laquelle avait été renvoyé l'examen du projet de loi : « la loi proposée (a-t-il dit), réalisant la modification prévue par l'art. 552 du Code civil, fait de la mine une propriété distincte de celle de la surface; mais pour ne pas préjudicier aux droits acquis, la mine, qui est détachée de cette surface, est grevée en sa faveur d'une *rente foncière,* affectée de toutes les hypothèques et charges qui grevaient le sol. Désormais, et jusqu'au rachat légalement opéré, *cette rente* restera attachée à la superficie ».

(2) C'est précisément ce que disoit l'orateur du gouvernement, dans l'*exposé des motifs* de la loi : « désintéressé par la redevance à laquelle il a droit, le propriétaire n'a plus à la concession ce droit de préférence, l'une des inconséquences les plus remarquables de la loi de 1791 ».

Si elle les y assujettit en effet, les ci-devant seigneurs-propriétaires ont sans doute droit à des redevances quelconques; mais ces redevances ne seront pas précisément celles qu'ils ont anciennement stipulées comme seigneurs hauts-justiciers : elles seront fixées par le gouvernement et ne pourront l'être que par lui.

Mais si les concessions antérieures sont exceptées par la loi même du nouveau réglement qu'elle établit, quelle ressource restera-t-il aux ci-devant seigneurs-propriétaires? Aucune sans doute.

Eh bien! voici ce que porte l'art. 51 : « les concessionnaires antérieurs à la présente loi, deviendront, *du jour de sa publication, propriétaires incommutables*, sans aucune formalité préalable d'affiches, vérification de terrains, ou autres préliminaires; *à la charge seulement d'exécuter*, S'IL Y EN A, *les conventions faites avec les propriétaires de la surface*; ET SANS QUE CEUX-CI PUISSENT SE PRÉVALOIR *des* ART. VI *et* XLII ».

Et l'idée de rétroagir, en cette partie, est si loin de la pensée du législateur, qu'il ne le fait même pas, comme il le déclare expressément par l'art. 53, « quant aux exploitans qui n'ont » pas exécuté la loi de 1791 et qui n'ont pas » fait fixer, conformément à cette loi, les » limites de leurs concessions »; ces concessionnaires, quoique beaucoup moins favorables, « obtiendront les concessions de leurs exploita- » tions actuelles, conformément à la présente » loi; à l'effet de quoi les limites de leurs con- » cessions seront fixées sur leurs demandes ou » à la diligence des préfets; *à la charge seu-* » *lement d'exécuter les conventions faites avec* » *les propriétaires de la surface, et sans que* » *ceux-ci puissent se prévaloir des art.* 6 *et* 42 » *de la présente loi* ».

L'orateur du gouvernement n'a pas manqué, dans l'*exposé des motifs* de la loi, de faire remarquer ces deux dispositions.

« Ces règles pour les concessions nouvelles (a-t-il dit) avaient paru d'abord ne pas devoir s'appliquer aux concessions anciennes. On avait conçu l'idée de les laisser jouir pendant la durée fixée par leur titre, et de remettre à son expiration pour les faire rentrer dans la règle commune.

» Une pensée plus généreuse les appelle à jouir sur le champ des bienfaits de la loi, leur en impose même l'heureuse obligation, et généralise ainsi, au grand avantage des intéressés, l'application de la loi : ce qui donnera plus de simplicité, de facilité et de force à l'action de l'administration.

» La loi va plus loin : elle appelle aux mêmes prérogatives ceux qui n'ont pas exécuté encore la loi de 1791...., à la charge de se mettre en règle.

» Les uns et les autres payeront à l'état, en devenant ainsi propriétaires, les nouvelles redevances dont nous venons de parler; *mais ils ne payeront aucune redevance aux particuliers propriétaires de la surface; parce que la jouissance, sans le payement de ce droit, est établie; et qu'il n'est pas juste de donner à la loi un effet rétroactif* ».

Le rapporteur de la commission du corps-législatif a présenté les mêmes vues dans son discours du 21 avril 1810. « Les art. 6 et 42 de la loi (ce sont ses termes) ne seront appliqués qu'aux concessions nouvelles. L'on ne pouvait y astreindre les anciens concessionnaires, sans donner à la loi un effet rétroactif; mais ils auraient pu, sans injustice, y être assujettis à l'expiration de la durée de leurs concessions; ils accueilleront donc avec reconnaissance les dispositions d'une loi libérale, qui, de fermiers qu'ils étaient, les rend désormais propriétaires, et qui a voulu même les soustraire aux contestations dont la difficulté de fixer les sommes à payer aux propriétaires de la surface, eût été l'inépuisable source. Mais s'il existait des conventions entre eux et les propriétaires de la surface, loin d'être abolies, elles sont positivement maintenues. L'on a été généreux envers les concessionnaires, et juste envers les propriétaires. Les propriétaires n'auront point à se plaindre, *puisque leur condition restera la même*; et si celle des exploitans est améliorée, elle ne l'est que pour l'intérêt de tous; et comme membres de la société, ils en retireront aussi un avantage ».

Maintenant, prétendrait-on que la loi du 21 avril 1810 a voulu rétablir, sous le nom de *conventions faites avec le propriétaire de la surface*, des engagemens précédemment contractés par des concessionnaires en faveur des hauts-justiciers à qui appartenait la surface des terrains sous lesquels gissent les mines? Mais quelle réponse nous fourniraient à une prétention aussi étrange, les art. 40 et 41 de cette loi même!

Ces articles ont pour objet les redevances domaniales qui avaient été imposées aux concessionnaires antérieurs; ce qui n'avait eu lieu, comme le remarque l'orateur du gouvernement, dans l'*exposé des motifs*, que *dans les départemens réunis*; et voici d'abord comment s'explique, à ce sujet l'art. 40.

« Les anciennes redevances *dues à l'état*, soit en vertu de lois, ordonnances ou réglemens, soit d'après les conditions énoncées en l'acte de concession, soit d'après des baux ou adjudications au profit de la régie des domaines, cesseront d'avoir cours à compter du jour où les redevances nouvelles seront établies ».

Par là, sans doute, le législateur fait clairement entendre que ces redevances n'avaient pas été abolies par les lois antérieures; et en effet, ce n'était ni à la féodalité ni à la haute-justice qu'elles devaient leur origine; elles n'avaient leur source que dans la *domanialité* du droit sur les mines; et, sous ce rapport, elles n'avaient rien que de légitime, elles n'offraient rien qui ne fût en parfaite harmonie avec le système général de la législation qui gouvernait la France depuis 1789.

Mais pourquoi, en parlant ainsi *des anciennes redevances dues à l'état*, la loi se tait-elle sur celles qui avaient été dues aux ci-devant seigneurs? la raison en est simple: c'est qu'elle les regarde comme abolies depuis plus de 20 ans.

Eh! comment serait-il dans son intention de les recréer au profit des ci-devant seigneurs particuliers? elle ne veut même pas que l'état puisse les percevoir, relativement aux concessions qu'il avait pu faire, en Hainaut, comme seigneur haut-justicier? et c'est ce qu'elle déclare nettement par l'art. 41, en exceptant de l'abrogation des anciennes redevances dont il est parlé dans l'article précédent, « celles dues à » titre de rentes, prestations quelconques, » pour cause de cession de fonds, ou autre cause » semblable, *sans déroger toutefois à l'application des lois qui ont supprimé les droits » féodaux* ».

Il n'est sans doute besoin de remarquer, ni que, par ces mots, *pour cause de cession de fonds*, la loi entend, non la concession de la mine elle-même, mais le bail à rente fait aux concessionnaires, de la surface de quelques-uns des fonds de terres qui recélaient les substances minérales; ni que, par ceux-ci, *ou autres causes semblables*, elle n'a en vue que les cessions que le gouvernement avait pu faire à des entrepreneurs de mines, soit de machines placées, soit de travaux déjà commencés à grands frais et encore subsistans, dans les mines dont il leur permettrait de continuer l'exploitation (1).

Mais nous devons nous arrêter à cette clause qui termine l'art. 41 : *sans déroger toutefois à l'application des lois qui ont supprimé les droits féodaux*. Nous devons faire ressortir l'argument inexpugnable qui résulte de cette clause contre le système des ci-devant seigneurs propriétaires.

L'ancien gouvernement avait, dans les deux parties du Hainaut, beaucoup de seigneuries revêtues du titre de hautes-justices; et, comme on n'avait pas sous les yeux, en rédigeant la loi, toutes les concessions de mines de charbon qu'il y avait faites comme seigneur haut-justicier, il était naturel de supposer qu'il les avait faites à l'instar des autres seigneurs, c'est-à-dire, en se réservant des droits d'*entre-cens*; c'est effectivement ce que prouve l'arrêt du conseil, du 31 janvier 1791, rapporté ci-dessus; mais on a dû supposer, en même temps, qu'il avait pu arrenter aux concessionnaires, la propriété de terrains plus ou moins étendus dont ils avaient besoin pour y établir leurs ouvrages extérieurs, leurs bâtimens, leurs magasins, leurs moyens de transport, etc.

Que les redevances stipulées par ces arrentemens, ne fussent pas comprises dans l'abrogation prononcée par l'art. 40, et qu'en conséquence, elles dussent survivre même à l'établissement des redevances nouvelles que la loi impose aux mines en faveur du gouvernement, cela était tout simple, puisqu'elles n'étaient pas le prix des mines concédées, et qu'elles ne représentaient que la propriété des fonds sous lesquels les mines existaient.

Mais en était-il de même des droits d'*entre-cens* que le gouvernement s'était réservés comme seigneur haut-justicier? non, et bien loin de là. Il y avait long-temps qu'ils ne se percevaient plus, et la loi déclare elle-même qu'ils ont subi, comme les droits de pareille nature qui avaient été autrefois dus à des seigneurs particuliers, *l'application des lois qui ont supprimé les droits féodaux*.

Ainsi, non-seulement elle ne les maintient pas, comme les anciennes redevances purement domaniales, jusqu'à l'établissement des redevances nouvelles; mais elle reconnaît qu'ils sont absolument éteints.

Quel dommage pour le Fisc, que les rédacteurs de la loi n'aient pas raisonné comme les ci-devant seigneurs propriétaires! ils auraient pu dire comme ceux-ci: « l'ancien gouvernement était à-la-fois seigneur haut-justicier et propriétaire des terrains qu'il a arrentés aux concessionnaires. En leur concédant le droit d'exploiter le charbon gissant sous ces terrains, comme sous le surplus des fonds dépendans de sa haute-justice, il a traité avec eux comme propriétaire, ni plus ni moins que comme seigneur haut-justicier: *Donc son titre de haut-justicier s'étant éteint en 1789, le droit d'entre-cens est devenu*, pour l'étendue des terrains arrentés, *le prix de la jouissance libre unie à la propriété, et une des conditions de la permission d'exploiter*. Donc ce droit n'a pas été atteint par les décrets de 1789. Donc la perception doit en être continuée, au moins jusqu'à l'établissement des redevances nouvelles ».

Ce raisonnement eût été en parfaite harmonie avec celui sur lequel repose tout le système des ci-devant seigneurs-propriétaires. Comment donc ne s'est-il présenté, en 1810, à l'esprit d'aucun des membres du conseil-d'état de cette époque, et surtout à celui du directeur-général de la régie des domaines, qui a pris, comme conseiller-d'état, une part très-active à la discussion de la loi? comment se sont-ils tous avisés, au contraire, d'insérer dans l'art. 41 de

(1) Ces sortes de cessions étaient assez fréquentes en Hainaut. *V.* l'arrêt de la cour d'appel de Bruxelles, du 14 fructidor an 11, rapporté ci-après, et le plaidoyer du 23 vendémiaire an 13, rapporté dans le *Répertoire de jurisprudence*, au mot *Entre-cens*.

la loi, un *sans déroger* qui le sappait par sa base et le condamnait à l'avance ?

Il n'y aurait, pour les ci-devant seigneurs-propriétaires, qu'un moyen d'échapper à l'induction foudroyante qui sort de là contre leur prétention : ce serait de dire que l'art. 40 comprend dans sa disposition même les droits d'entre-cens que l'ancien gouvernement s'était réservés sur les terrains dont il avait arrenté la surface aux concessionnaires des mines, en même temps qu'il leur avait permis d'exploiter le charbon existant sous ces terrains; et que, par suite, ces droits ont dû continuer d'être perçus par la régie des domaines, jusqu'à l'établissement des redevances nouvelles.

Mais, d'une part, comment concilier ce faux-fuyant avec la déclaration si nette, si formelle, contenue dans l'art. 41, que la suppression des droits féodaux a reçu son application à l'ancien gouvernement, comme aux seigneurs particuliers?

De l'autre, nous avons déjà remarqué, avec l'orateur du gouvernement, dans l'*exposé des motifs* de la loi, que l'art. 40 n'avait pour objet que des redevances *domaniales*; et assurément cet orateur connaissait bien l'esprit dans lequel la loi avait été rédigée, puisque c'était lui qui en avait été le rapporteur au conseil-d'état, et qu'en cette qualité, il en avait suivi et soutenu toute la discussion. Voici ses propres termes :

« L'exploitation des mines, considérée jusqu'ici comme un commerce, était sujette au droit de patente.

» Aucune redevance n'était due à l'état, suivant la loi de 1791.

» Seulement *quelques droits domaniaux* étaient payés à la régie de l'enregistrement dans les départemens réunis; et même elle avait donné à ferme, par adjudication ou de gré à gré, l'exploitation de plusieurs mines ».

Ils étaient sans doute *domaniaux*, les droits que l'ancien gouvernement s'était réservés, soit en Hainaut sur les mines métalliques, soit dans le Namurois et le Luxembourg, même sur les mines de charbon, parce qu'à cet égard, il n'avait concédé que comme souverain.

Mais les droits d'entre-cens qu'il s'était réservés en Hainaut sur les mines de charbon, n'étaient pour lui que des droits seigneuriaux; c'est même ce que reconnaissait formellement l'arrêt du conseil du 31 janvier 1769, rapporté plus haut.

Donc ce n'est pas à ces droits que se réfère l'art. 40 de la loi, quand il n'abroge qu'à compter de l'établissement des redevances nouvelles, *les anciennes redevances dues à l'état, d'après les conditions énoncées en l'acte de concession.*

Donc l'argument qui résulte de la dernière clause de l'art. 41, conserve toute sa force et toute son intensité contre le système des seigneurs propriétaires. ....

Donc ce système, sous quelque face qu'on l'examine, et de quelque prétexte qu'on s'étudie à l'étayer, s'écroule de lui-même à l'aspect des lois qu'il heurte de front, des principes qui le condamnent, des monumens les plus solennels de la jurisprudence avec lesquels il est en opposition.

Cependant, il faut le dire, il existe, en faveur de ce système, un arrêt de la cour de cassation. Mais à quelle époque et dans quelles circonstances cet arrêt a-t-il été rendu?

Peu de temps après la réunion du Hainaut ci-devant autrichien à la France, le sieur Bruneau de la Motte, ci-devant seigneur haut-justicier de Sars-Longchamps, fit assigner la société charbonnière du même lieu, en paiement du droit d'entre-cens qu'elle s'était engagée de lui payer pour prix de la concession de ses mines de charbon, toutes gissant sous des terrains dont il était propriétaire.

La société lui répondit que ce droit qu'il s'était réservé comme seigneur haut-justicier, avait été supprimé avec sa haute-justice, et que ne l'ayant ni stipulé ni pu stipuler comme propriétaire, il ne pouvait pas le réclamer en cette qualité.

L'affaire portée au tribunal civil du département de Sambre-et-Meuse, par appel de celui du tribunal civil du département de Jemmappes, jugement en dernier ressort du 9 fructidor an 7, qui prononce en faveur du sieur Bruneau de la Motte.

Recours en cassation de la part de la société; et sur sa requête, qui ne disait pas, à beaucoup près, tout ce qu'il fallait dire pour assurer le succès de sa réclamation, arrêt du 11 nivôse an 8, par lequel, *attendu que la suppression des droits féodaux prononcée par les lois, ne peut profiter qu'aux propriétaires de la superficie, le tribunal rejette.....*

On remarque d'abord que cet arrêt a été rendu à une époque où, non-seulement la cour de cassation, uniquement composée de membres qui se renouvelaient tous les cinq ans, ne pouvait avoir, ni cette fixité de principes, ni cette marche uniforme, qui peuvent seules former une véritable et bonne jurisprudence; mais elle ne comptait personne, soit dans son sein, soit dans son parquet, qui eût la plus légère teinture de l'ancienne législation du Hainaut.

En second lieu, le motif même de cet arrêt décèle l'erreur qui l'a déterminé, et contre laquelle la cour de cassation n'avait aucun moyen de se prémunir : car dire, à propos d'un droit imposé par un ci-devant seigneur comme condition de la concession d'une mine de charbon, que *la suppression des droits féodaux n'a dû profiter qu'aux propriétaires de la superficie*, c'était bien, en d'autres termes, supposer que les propriétaires de la surface n'avaient été exclus, jusqu'à la révolution, du droit d'exploiter les mines de charbon existant sous leurs terrains, que parce que les ci-devant seigneurs s'en étaient emparés à leur préjudice, et qu'ils l'avaient recouvré du moment que le régime féodal avait été aboli; et l'on conçoit sans peine, d'après cela, comment la cour de cassation a dû raisonner, en rejetant la requête de la société charbonnière de Sars-Longchamps.

« Par l'abolition des justices seigneuriales (a-t-elle dû dire), les propriétaires de la surface ont dû reprendre, dans le département de Jemmapes, le libre exercice de la faculté que leur laissaient les premières lois romaines, d'exploiter ou de faire exploiter les substances minérales de leurs terrains. Eux seuls, par conséquent, ont pu, dès-lors, permettre cette exploitation. Cette exploitation n'a donc pu être continuée que de leur consentement exprès ou tacite. Il s'est donc formé, dès-lors, entre le propriétaire foncier ci-devant seigneur, et les concessionnaires avec qui il avait précédemment traité en cette dernière qualité, un contrat tacite, résultant de ce que, d'une part, les concessionnaires continuaient d'exploiter, et de ce que, de l'autre, il n'interrompait pas leur exploitation; et, dès-lors, il est tout simple que, par l'effet de ce contrat tacite, la redevance qui lui avait été promise comme seigneur, lui ait été continuée comme propriétaire ».

Mais la cour de cassation aurait-elle raisonné de même, si elle eût su, si le tribunal civil du département de Sambre-et-Meuse, entièrement étranger à l'ancienne législation du Hainaut, lui eût appris par son jugement, qu'indépendamment des dispositions des art. 1 et 2 du chap. 130 des chartes sur les mines de charbon, le souverain avait, en Hainaut comme en France, la grande-main sur les mines de toute nature, et que, par conséquent, l'État avait recouvré le plein exercice de son droit exclusif, même sur les mines de charbon, du moment que les justices seigneuriales avaient été supprimées?

Non, évidemment non, elle ne l'aurait pas fait, elle n'aurait pas pu le faire.

Et elle l'aurait pu encore bien moins, si la question qu'elle avait à juger, se fût élevée dans le Hainaut français, où le réglement de 1744 était dans toute sa force; où, par suite, il était établi, non par de simples argumens, mais par un acte exprès du pouvoir suprême, que l'abolition des justices seigneuriales n'avait pas rendu aux propriétaires de la surface, plus de droit sur les mines de charbon qu'ils n'en avaient avant les décrets du 4 août 1789; où, par une conséquence ultérieure, il n'y avait pas même le prétexte le moins apparent pour dire qu'il s'était formé, sous le nouveau régime, le moindre contrat tacite entre les ci-devant seigneurs-propriétaires fonciers et les concessionnaires avec qui ils avaient traité sous l'ancien.

Au surplus, ce qui écarte jusqu'à l'ombre de la difficulté la plus légère, c'est que, la seconde fois que s'est présentée la question jugée par l'arrêt de la cour de cassation du 11 nivôse an 8, non-seulement cet arrêt, réduit à sa juste valeur par une discussion plus approfondie et élaborée avec plus de connaissance de cause, n'a fait aucune espèce d'impression sur la cour d'appel qui l'a décidée solennellement contre le système des ci-devant seigneurs-propriétaires; mais le ci-devant seigneur, qui avait succombé devant cette cour, n'a pas lui-même attaché à cet arrêt assez de confiance, pour faire statuer définitivement par la cour suprême, sur les moyens de cassation auxquels il le faisait servir d'appui.

Cette seconde espèce (dont j'ai eu dans le temps, comme on le verra tout-à-l'heure, l'occasion de m'occuper personnellement) est ainsi rapportée dans le recueil intitulé *Décisions notables du tribunal d'appel de Bruxelles*, an XII, pages 78 et suivantes:

« Philippe-Gabriel-Maurice d'Alsace, ci-devant prince de Chimay, était seigneur de la terre de Bossu, située en Hainaut. En cette qualité, il avait concédé à deux sociétés différentes, par actes du 9 décembre 1775 et du 4 juillet 1785, le droit d'*extrayer* les mines de charbon dans l'étendue de sa seigneurie, et notamment *dans un bois considérable dont il est propriétaire, et où l'on avait déjà établi autrefois une exploitation* ».

(Et il faut ajouter ici une particularité qui a échappé à l'arrêtiste: c'est que le prince de Chimay avait compris dans ses deux concessions, les machines établies et les travaux faits par les anciens entrepreneurs, qui lui en avaient fait le délaissement pour se libérer des redevances qu'il avait stipulées d'eux).

« Une de ces sociétés s'était soumise à payer *l'entre-cens*, sur le pied du 40.e panier; et l'autre du 25.e. Les actes de concession renfermaient plusieurs autres conditions, dans lesquelles on a prétendu faire reconnaître des termes de féodalité: elles étaient faites à perpétuité.

» A l'époque de la publication des lois suppressives des droits de haute-justice et féodaux, les concessionnaires cessèrent d'acquitter *l'entre-cens*. Les choses restèrent pendant plusieurs années dans cet état. Mais l'exemple de plusieurs ci-devant seigneurs qui tentaient de ressusciter le droit d'entre-cens, *plus encore le droit particulier qui appartenait au ci-devant prince de Chimay, comme propriétaire*, entraîna ses agens. Les deux sociétés furent traduites au tribunal civil de l'arrondissement, pour être condamnées à payer les arrérages échus, et continuer le service de l'entre-cens à l'avenir.

» Les concessionnaires ne comparurent pas. Un premier jugement rendu par défaut, le 12 germinal an 10, adjugea à Philippe-Gabriel-Maurice d'Alsace, les conclusions qu'il avait prises.

» Sur les oppositions formées par les sociétés, s'élevèrent divers incidens; enfin, le premier juge accueillit les prétentions du ci-devant seigneur de Boussu. Appel de la part des deux sociétés.

» Les griefs étaient que la concession avait été faite aux sociétés par d'Alsace, en sa qualité de seigneur haut-justicier de Boussu; — Qu'en Hainaut, le droit d'extraire les mines de charbon, n'appartenait aux seigneurs, qu'en vertu de la coutume (art. 1 et 2, chap. 130, des chartes générales); — Que ce droit était donc purement féodal; que, s'il était féodal, il était supprimé; — Que l'exercice de ce droit n'avait pu survivre à son abolition; — Que la loi du 12 juillet 1791, rendue sur les mines et minières, était devenue la seule règle à suivre sur cette matière; — Que, si elle avait maintenu les concessionnaires pendant cinquante ans, ce n'était qu'en considération de leurs dépenses et de leurs travaux; — Qu'en tout cas, ils ne tenaient plus ce bénéfice que de la loi même et non des ci-devant seigneurs, dont tous les droits étaient frappés de suppression, en tant qu'ils sont féodaux, et n'ont pas pour cause une concession de fonds; — Que la découverte et l'appréhension de la mine n'ajoutaient rien au titre de l'intimé; — Que, si la loi du 20 avril 1791 conservait aux ci-devant seigneurs hauts-justiciers, la propriété des biens dont ils s'étaient mis en possession à titre de déshérence ou de bâtardise, avant la suppression des hautes-justices, il ne fallait pas en conclure que *l'entre-cens* devait être rangé sur la même ligne; — Que, dans le premier cas, le haut-justicier acquérait à la fois et le fonds et les fruits que le fonds pouvait produire; qu'au second cas, il exerçait seulement un droit sur le fonds d'autrui, une sorte de servitude que lui accordait sa qualité de haut-justicier, et pour la jouissance de laquelle la coutume était son seul et unique titre; qu'ainsi, le droit résultant de l'appréhension d'une mine recélée dans les entrailles de la terre, où elle n'est rien que par le travail et l'extraction, est un être métaphysique, une abstraction. Les mines ne sont ni plantées ni cultivées de main d'homme; leur existence n'est due qu'à la nature. Si elles pouvaient appartenir exclusivement à quelqu'un, ce serait au propriétaire du sol où elles sont découvertes, comme tout ce qui se trouve au-dessus et au-dessous de son domaine, lui appartient; — Qu'il est vrai que les seigneurs s'étaient arrogé le droit de faire ou de faire faire la récolte des mines dans l'étendue de leurs hautes-justices; mais que cette moisson a dû leur échapper, en même temps que la qualité en laquelle ils la faisaient; — *Qu'il importe peu que l'exploitation dont il s'agit, ait commencé dans le bois de Boussu, propriété particulière de l'intimé, et qu'elle y soit encore circonscrite.* La concession s'étendait sur toutes les terres de la seigneurie, à mesure que les veines y auraient conduit les travaux. *Ce n'est pas comme propriétaire, mais comme seigneur haut-justicier*, qu'il a traité. *Si donc il était dû une indemnité à raison de la propriété de la surface, ce serait par un autre principe qu'il faudrait la régler :* la loi du mois de juillet 1791 a prévu le cas dans lequel les parties se trouvent.

» L'intimé convenait que le droit *d'avoir en terre non extrayé*, tel qu'il est exprimé à l'art. 1, chap. 130, des chartes générales de Hainaut; est un droit de haute-justice supprimé; en telle sorte que les seigneurs ne peuvent plus en user aujourd'hui; mais il soutenait que, par le seul fait de la découverte ou de l'appréhension de la mine concédée, il en avait acquis la propriété.

» Il fondait principalement son système sur la disposition de la loi du 20 avril 1791, qui maintient les hauts-justiciers dans le domaine des biens dont ils avaient pris possession à titre de déshérence ou bâtardise; et il assimilait ainsi le corps de veine donné en exploitation, à toute autre propriété acquise avant la suppression des hautes-justices.

» De là il tirait la conséquence, que *l'entre-cens* stipulé n'était pas plus féodal que le fermage d'une prairie qui proviendrait d'une acquisition faite par le seigneur à titre de déshérence ou de bâtardise.

» Il y ajoutait que la loi du 12 juillet 1791 ne devait être d'aucune considération, parce qu'elle avait été rendue dans un temps où le Hainaut autrichien n'était pas réuni à la France; qu'il est probable que, si les droits des seigneurs de cette province eussent été connus du législateur, il n'aurait pas manqué de les traiter sous le point de vue particulier de leurs rapports avec les concessionnaires; — Qu'en tout cas, les concessions étant maintenues pour 50 ans, les concédans étaient censés l'être pour le même temps, puisque le titre leur était commun; que les appelans sont non-recevables à refuser l'exécution du contrat passé entre les parties, tant qu'ils jouissent des effets de la convention; — Que les lois postérieures ne leur ôtent rien, excepté qu'elles limitent la durée du temps; — Que cette circonstance ne suffit pas pour les délier de leurs engagemens et les soustraire à la prestation d'une redevance convenue et stipulée de bonne foi; que, tout au plus, elle pourrait donner lieu à une indemnité, si la limitation n'était pas l'effet de la loi.

» L'intimé motivait ensuite sa demande *sur sa qualité de propriétaire de la surface.*

» Il n'était pas désavoué au procès, que

l'exploitation fût restée dans la circonférence de la forêt de Bossu, dont d'Alsace est propriétaire. Ici, disait-il, il n'y a, ni droit seigneurial, ni droit féodal. On doit me considérer comme tout particulier qui aurait contracté pour son domaine; et s'il est vrai que le droit d'extraire la mine a été ôté de la main des seigneurs, ce n'est pas au profit des concessionnaires, mais uniquement en faveur du propriétaire de la surface.

» Je suis propriétaire de la surface sous laquelle les adversaires ont leur exploitation : *ce qu'ils refuseraient de me payer comme seigneur, ils n'ont aucune raison de me le refuser au titre de propriétaire.*

» Je conviens que la concession portait sur toute la seigneurie; mais il est aussi certain que la concession n'a pas encore eu d'effet hors de mon domaine particulier et que, par conséquent il n'y a pas, jusqu'à présent, de motif légitime d'impugner le contrat.

» Que si les événemens amenaient l'époque où le contrat ne pourrait plus recevoir d'exécution qu'en exploitant sur une propriété étrangère, c'est alors, mais alors seulement, que les appelans auraient des droits ou exceptions à faire valoir. Quant à présent, ils sont non-recevables et mal fondés ».

A ce moyen subsidiaire, le prince de Chimay en ajoutait un autre, dont l'arrêtiste ne rend pas compte, parce que l'arrêt ne s'en est pas occupé, mais qui est devenu ensuite d'une grande importance devant la cour de cassation. Il résultait de ce que les redevances que réclamait le prince de Chimay, étaient le prix, non-seulement de la cession de son droit d'*avoir en terre non extrayé*; mais encore de l'abandon qu'il avait fait aux deux sociétés, ses concessionnaires, des machines et des travaux des anciens entrepreneurs; machines et travaux qui, bien certainement, avaient une valeur réelle et indépendante de toute idée de féodalité. Mais il ne prenait, à cet égard, aucunes conclusions précises.

Sur ces débats, arrêt du 14 fructidor an 11, ainsi conçu :

« De la discussion sont nées les questions suivantes :

» L'entre-cens a-t-il dû continuer à être servi dans les mains de l'intimé, depuis la publication faite en Hainaut des lois suppressives des droits de haute-justice et féodaux ?

» En tout cas, l'entre-cens est-il dû au même intimé, comme propriétaire de la surface du terrain dans lequel l'exploitation des appelans se trouve encore circonscrite ?

» Sur la première question,

» Considérant, que la prestation réclamée par l'intimé, est l'exercice et la représentation du droit d'*avoir en terre non extrayé*, attribué aux seigneurs hauts-justiciers par l'art. 1, chap. 130, des chartes générales de Hainaut;

» Considérant que les droits de haute-justice étant abolis par les décrets du 4 août 1789, ne peuvent subsister dans les effets qui n'en sont que la conséquence;

» Considérant que l'art. 8 (du titre 1.er) de la loi du 20 avril 1791 ne s'applique qu'aux choses dont la propriété s'acquérait par un seul acte qui les mettait dans le domaine absolu des seigneurs, et non dans le droit actif et continuel de récolter dans le fonds d'autrui, comme était celui d'*avoir en terre non extrayé*, ou autrement celui de disposer des productions qui se trouvaient dans les fonds dont ils n'avaient pas le domaine, tandis qu'à titre de déshérence ou de bâtardise, ils devenaient propriétaires du fonds et des fruits dont il était susceptible;

» Què le droit d'*avoir en terre non extrayé*, c'est-à-dire, d'exploiter ou de faire exploiter les mines qui étaient recélées dans le sein de la terre, lorsqu'elles se découvraient, a expiré avec le titre de haute-justice qui le conférait;

» Que la découverte d'une ou de plusieurs mines dépendantes de la terre dans laquelle elles se trouvaient, n'ajoute rien au droit du seigneur, lequel droit consistant en l'*avoir en terre non extrayé*, ne peut s'étendre au-delà de ce qui s'est extrait, puisque ce qui n'est pas extrait, rentre dans le titre haut-justicier, et que ce titre est aboli;

» Qu'il est si vrai que le droit d'*avoir en terre non extrayé*, ou de jouir des mines trouvées en terre, était, non une propriété individuelle, mais un attribut de la haute-justice, qu'il suivait la haute-justice dans les mains du successeur à la seigneurie à laquelle il était attaché, à l'exclusion de l'époux non seigneur, qui n'y prenait aucune part comme acquêt;

» Considérant que, par la suppression des justices-seigneuriales, les mines et minières sont rentrées dans le domaine de la loi du 12 juillet 1791, et ne sont plus assujetties à d'autres règles que celles que prescrit cette loi;

» Considérant que la loi du 12 juillet 1791 ayant été appliquée aux départemens réunis, doit y être observée comme dans le surplus des départemens de France; et que c'est une erreur de prétendre que les chartes générales de Hainaut ont été inconnues du législateur, puisqu'elles exercent leur empire dans le Hainaut français, où il y avait, en 1791, des exploitations considérables de mines de charbon de terre;

» Sur la deuxième question,

» Considérant que, par les actes des 9 octobre 1775 et 4 juillet 1785, l'intimé a concédé, en qualité de seigneur, aux appelans, le droit d'exploiter les mines dans l'étendue de la seigneurie de Bossu;

» *Que ce qu'il a voulu comme seigneur*, il

n'a pas pu ne pas *le vouloir comme propriétaire de la surface* (1); que c'est donc de son consentement que la mine dont il s'agit, est exploitée dans sa propriété; ce qui résulte encore de son silence depuis la publication de la loi du 12 juillet 1791, et de sa réclamation actuelle; qu'ainsi, les appelans se trouvent dans l'exception de l'art. 6 de ladite loi;

» Qu'il est vrai que l'intimé, comme propriétaire de la surface, est fondé à exiger un dédommagement (2); *mais que l'indemnité qui lui est due, ne peut plus être celle qui est réglée par les actes de concession, puisque la matière de ces actes est changée, et que la loi du 12 juillet 1791 a établi un nouveau régime des mines et minières, incompatible avec les stipulations énoncées aux anciens actes;*

» Par ces motifs, le tribunal, réformant, déclare l'intimé non-recevable et non-fondé dans sa demande, en tant qu'elle a pour objet la continuation de l'*entre-cens* stipulé dans les concessions, depuis la publication des lois suppressives des droits de haute-justice et seigneuriaux;

» Réserve à l'intimé ses droits en indemnité à faire valoir autrement dûment, s'il s'y croit fondé; les défenses au contraire aussi réservées ».

Rien de plus formel, comme l'on voit, rien de plus positif que cet arrêt. Émané d'un tribunal qui sait parfaitement que, d'après l'esprit de l'ancienne législation du Hainaut, les propriétaires de la surface étaient (indépendamment du droit exclusif que les seigneurs hauts-justiciers exerçaient, par exception, sur les mines de charbon de terre) assujettis à la règle générale qui rangeait ce droit parmi les attributs de la souveraineté, et que, par conséquent, ils n'avaient pas récupéré ce droit par l'effet de la suppression des justices seigneuriales; cet arrêt n'a garde, ni d'adopter l'idée que l'extinction de ce droit dans les mains des ci-devant seigneurs, *n'a dû profiter qu'aux propriétaires de la surface*; ni d'en conclure que le propriétaire de la surface qui avait joui de ce droit comme seigneur, conserve, comme simple propriétaire, *l'entre-cens* qui en formait le prix : il juge nettement que le ci-devant seigneur, en stipulant *l'entre-cens*, comme tel, ne l'a pas stipulé comme simple propriétaire, et qu'il ne peut pas l'exiger en cette dernière qualité, quoiqu'il la cumulât avec l'autre à l'époque de la stipulation; en un mot, il détruit, il renverse de fond en comble le faux principe qui sert de base au système des ci-devant seigneurs-propriétaires.

Il est vrai que le prince de Chymay a pris, contre cet arrêt, la voie du recours en cassation, et que sa requête a été admise; mais quel a été le motif de l'arrêt d'admission? Pour s'en former une idée approximative, il faut se reporter aux moyens que le demandeur faisait valoir contre l'arrêt de la cour d'appel de Bruxelles.

Il soutenait, pour premier moyen, que cet arrêt avait, par une fausse application des lois relatives aux droits de justice seigneuriale, violé celles qui maintiennent les rentes purement foncières; et il cherchait à le prouver, en répétant tout ce qu'il avait dit à Bruxelles, pour établir, 1.° que les mines de charbon, une fois découvertes et mises en exploitation, étaient devenues, pour les ci-devant seigneurs, des propriétés foncières et incommutables; et que, dès-lors, on ne pouvait considérer que comme foncières, les redevances qui avaient été le prix de ces propriétés; 2.° qu'il pouvait, au besoin, réclamer, comme propriétaire de la surface, ce qu'il avait stipulé comme seigneur, et que c'était chose jugée par l'arrêt du 11 nivôse an 8.

Pour second moyen, il rappelait la circonstance que, dans les concessions qu'il avait faites en 1775 et 1785, s'étaient trouvés compris des travaux et des machines qui n'étaient pour lui que des propriétés privées et absolument indépendantes du régime féodal; et il concluait de là qu'au moins la cour d'appel eût dû lui conserver une quotité quelconque de ses droits d'entre-cens, puisqu'ils ne représentaient pas moins ces machines et ces travaux, que le droit d'extraire du charbon.

L'affaire portée à l'audience de la section des requêtes, le 12 thermidor an 12, j'y ai donné des conclusions ainsi conçues :

« Il se présente ici trois questions distinctes : 1.° le droit *d'entre-cens* était-il seigneurial en Hainaut, et les lois relatives à la féodalité, en ont-elles, en thèse générale, prononcé l'abolition? — 2.° Dans l'espèce particulière de la cause, ce droit a-t-il survécu à la suppression du régime féodal? — 3.° S'il n'y a pas survécu en totalité, n'y a-t-il pas du moins survécu en partie?

(1) Ceci ne veut pas dire, soit qu'il eût cédé son droit d'*avoir en terre non extrayé*, comme propriétaire, puisque, comme propriétaire, ce droit lui était étranger; ni qu'il se fût réservé le droit *d'entre cens* comme propriétaire, puisqu'il n'avait pu le stipuler que comme haut-justicier. La cour d'appel entend seulement qu'il a consenti, comme propriétaire, à la concession qu'il faisait comme seigneur, et que, par là, il ne peut pas user, contre les concessionnaires, du droit de préférence et d'éviction que l'art. 6 de la loi du 12—28 juillet 1791 réservait, comme on l'a vu plus haut, au propriétaire qui avait découvert une mine dont un concessionnaire de l'autorité publique était venu ensuite s'emparer malgré lui.

(2) Effectivement, la loi du 12—28 juillet 1791 lui en attribue un, et il consiste, comme on l'a déjà vu, dans le double de la valeur de la surface prise ou occupée pour l'exploitation de la mine.

» La première question n'en est plus une aujourd'hui. Vous l'avez décidée affirmativement le 20 prairial an 10, en admettant, à la presqu'unanimité, la requête des sieurs Deschuytener, Morlet et autres, en cassation d'un arrêt de la cour d'appel de Bruxelles qui l'avait jugée dans un sens opposé en faveur du sieur Decarondelet; et, depuis, en cassant ce même arrêt, le 16 ventôse an 12, au rapport de M. Ruperou, la section civile a consacré invariablement cette opinion.

» La seconde question consiste à savoir si le droit *d'entre-cens* est aboli au préjudice des ci-devant seigneurs du Hainaut qui étaient, au moment où ils l'ont stipulé, et qui sont encore aujourd'hui, propriétaires de la surface des fonds dans lesquels ils ont concédé, avant 1789, l'exercice de leur droit exclusif de rechercher, d'ouvrir et d'exploiter les mines de charbon.

» Il existe, pour la négative, un arrêt de la cour du 11 nivôse an 8, rendu contre la *société charbonnière de Sars-Longchamps*; mais cet arrêt n'a fait que rejeter une demande en cassation, et conséquemment il n'est pas d'un aussi grand poids que s'il avait cassé un jugement qui eût décidé le contraire : il ne peut donc pas empêcher que la question ne soit discutée de nouveau, et avec la même liberté que si elle était encore entière.

» En quelle qualité les auteurs de Philippe d'Alsace ont-ils concédé aux sociétés du Nord et du Midi du bois de Boussu, l'exploitation des mines de charbon existantes dans leurs terrains? Est-ce comme propriétaires fonciers? Non, car s'ils n'avaient été que propriétaires fonciers, ils n'auraient pas pu leur faire une pareille concession. C'est donc comme seigneurs et même comme seigneurs hauts-justiciers; et non-seulement les contrats de 1775 et de 1785 énoncent que c'est comme tels qu'ils y ont stipulé; mais cela résulte encore bien mieux de deux clauses du second de ces actes : l'une, consignée dans le préambule et dans l'art. 1.er, qui donne à la société du Midi la faculté d'exploiter toutes les veines de charbon existantes dans toute *l'étendue de la seigneurie* de Boussu, sous la seule réserve de celles qui ont été concédées en 1775 à la société du Nord; l'autre, consignée dans l'art. 10, qui oblige les membres de la société du Midi *d'indemniser, à leurs dépens*, TOUS AUTRES PROPRIÉTAIRES *dont ils auront besoin de se servir des terrains pour leur exploitation.*

» Cela posé, Philippe d'Alsace peut-il aujourd'hui réclamer comme propriétaire foncier un droit qu'il n'a stipulé, qu'il n'a pu stipuler que comme seigneur? Proposer une pareille question, c'est évidemment la résoudre pour la négative. Dépouillé de la qualité en vertu de laquelle il a acquis ce droit, il ne pourrait le conserver qu'autant que ce droit serait devenu sa propriété foncière. Or, il est très-constant que le droit *d'entre-cens* n'a jamais formé une propriété foncière dans la main de Philippe d'Alsace, et qu'il n'a jamais existé dans sa main qu'avec le caractère de contribution stipulée pour prix de l'exercice de la faculté exclusive qu'avait Philippe d'Alsace, comme seigneur haut-justicier, d'ouvrir et d'exploiter les mines de charbon de sa seigneurie.

» Que peut, d'après cela, signifier l'assertion écrite dans l'arrêt de Sars-Longchamp, du 11 nivôse an 8, *que la suppression des droits féodaux prononcée par les lois de la république, ne peut profiter qu'aux propriétaires de la superficie des terres?* — Elle est vraie sans doute pour les droits féodaux qui étaient purement fonciers, ou, en d'autres termes, qui étaient exigés des propriétaires des fonds, soit par pure puissance féodale, soit à raison de leur concession primitive, prouvée par titre, ou présumée par la loi. — Mais elle est fausse pour les droits féodaux qui avaient pour cause la permission accordée par un seigneur à des particuliers d'exercer leur industrie, ou de faire certaines choses, dans des fonds qui ne leur appartenaient pas. — Prenons pour exemple le droit de *Blairie* qui, dans les ci-devant provinces de Nivernais et de Bourbonnais, se payait au seigneur haut-justicier par ceux qui, dans l'étendue de sa justice, menaient leurs bestiaux en vaine pâture dans les terres dépouillées et non closes. Assurément l'abolition de ce droit ne profite pas seulement aux propriétaires des fonds soumis à l'exercice de la vaine pâture; elle profite à tous les habitans sans distinction, même à ceux qui n'ont aucun fonds en propriété. Et si un ci-devant seigneur haut-justicier voulait aujourd'hui exiger ce droit des particuliers qui mènent leurs bestiaux en vaine pâture sur ses terres, sa prétention serait certainement rejetée dans tous les tribunaux.

» Eh bien! il en est de même du droit *d'entre-cens* dans le ci-devant Hainaut. Car ce droit n'était pas plus foncier que celui de Blairie. Les sociétés charbonnières ne le payaient pas à raison de la propriété des mines de charbon, puisque ces mines ne leur appartenaient pas : elles ne le payaient qu'à raison de la faculté que le seigneur leur accordait d'extraire du charbon des terres d'autrui; et cette faculté que les chartes générales appelaient *droit de charbonnage*, n'était pas pour eux une propriété foncière : il est vrai que les chartes générales la réputaient *héritage*, mais elle ne l'était que de nom, elle ne formait qu'un immeuble fictif, et les chartes elles-mêmes l'avaient rayée bien clairement de la liste des immeubles réels, en la soumettant par l'art. 13 du ch. 122, à des règles dont la conséquence nécessaire est, comme nous l'avons démontré à votre audience du 20 prairial an 10, que le droit de charbonnage n'était, ni fief, ni mainferme ou censive, ni franc-alleu.

» La suppression du droit d'entre-cens ne peut donc profiter aux propriétaires des fonds, que de la même manière que leur profite la suppression du droit de Blairie : — c'est-à-dire que si le propriétaire d'un terrain dans lequel il existe une mine de charbon, en a entrepris l'exploitation avant 1789, et s'est pour cela obligé de payer au seigneur haut-justicier un droit d'entre-cens, il peut aujourd'hui continuer cette exploitation, sans rien payer au ci-devant seigneur. — C'est-à-dire encore que s'il n'a pas commencé cette exploitation avant 1789, il peut l'entreprendre aujourd'hui, sans le consentement du ci-devant seigneur, conséquemment sans s'obliger à rien envers lui, et avec la seule autorisation du gouvernement.

» Mais assurément on ne conclura point de là qu'un propriétaire dans le fonds duquel un seigneur a ci-devant donné la permission d'ouvrir et d'exploiter une mine, peut aujourd'hui exiger, à la place du seigneur, le droit d'entre-cens que celui-ci s'était réservé en accordant cette permission. — Comment donc voudrait-on en conclure que le seigneur qui a ci-devant permis, moyennant un droit d'entre-cens, l'ouverture d'une mine existante dans son propre fonds, doit aujourd'hui conserver ce même droit? Dans un cas comme dans l'autre, le droit d'entre-cens dérive, non de la propriété foncière, mais de la seigneurie; il ne peut donc pas plus subsister dans le second que dans le premier; il ne peut donc pas plus être réclamé par le seigneur qui était propriétaire à l'époque de l'ouverture de la mine, qu'il ne peut l'être par le propriétaire qui, à la même époque, n'était pas seigneur.

» Il est de principe qu'il ne peut pas y avoir de contrat sans cause juste et licite, et que tout contrat cesse d'être obligatoire, quand la cause sans laquelle il n'aurait pas pu exister dans l'origine, vient à cesser. Or, dans notre espèce, quelle a été la cause du contrat par lequel les sociétés charbonnières du nord et du midi de Boussu se sont obligées à un droit d'entre-cens envers le seigneur du lieu? Ce n'est point la qualité de propriétaire foncier de ce seigneur, puisqu'encore une fois, ce seigneur n'aurait pas pu, en cette qualité, permettre l'ouverture et l'exploitation d'une mine. Ce contrat n'a donc pas eu d'autre cause que le droit exclusif qui était attaché à la seigneurie de Boussu, de rechercher et d'extraire tout le charbon de son territoire. Or, cette cause a cessé par l'abolition du régime féodal; le contrat qui n'aurait pas pu se former sans elle, est donc résolu; le droit d'entre-cens n'est donc plus exigible de la part du ci-devant seigneur.

» Et inutilement le ci-devant seigneur vient-il dire que, s'il n'avait pas concédé avant 1789, l'exercice de son droit exclusif à l'exploitation des mines de charbon que ses propres terres recélaient dans leur sein, il pourrait aujourd'hui, avec la permission du gouvernement, les exploiter par lui-même et à son profit individuel; qu'il s'est privé de cet avantage, par les concessions qu'il a faites en 1775 à la société du nord, et en 1783 à la société du midi; qu'il est donc juste que le prix de ces concessions lui soit aujourd'hui payé.

» C'est comme si un ci-devant seigneur qui, avant 1789, a concédé un immeuble moyennant un cens et une rente foncière, disait aujourd'hui à son concessionnaire : sans la concession que je vous ai faite, je jouirais encore de mon bien. Vous devez donc me continuer le payement du cens et de la rente qui en forment le prix. — C'est comme si un ci-devant seigneur qui, avant 1789, a permis, moyennant une redevance annuelle, l'érection d'un moulin sur une rivière non navigable, venait dire aujourd'hui au propriétaire de ce moulin : j'aurais pu, au lieu de vous permettre de bâtir votre usine, en bâtir une pour mon propre compte; si je l'avais fait, cette usine m'appartiendrait encore; vous devez donc encore me payer la redevance qui a été le prix de ma permission.

» Assurément, ni l'un ni l'autre de ces ex-seigneurs ne serait écouté; et il n'y a nulle raison pour que Philippe d'Alsace le soit davantage. Ce n'est point par des suppositions que doivent se décider les contestations entre les ci-devant seigneurs et leurs concessionnaires; elles ne peuvent être décidées que d'après l'état présent des choses. Or, dans l'état présent des choses, que voyons-nous ici? Une concession faite par droit de seigneurie, moyennant une redevance seigneuriale. La concession subsiste sans doute, mais la redevance seigneuriale est supprimée; ainsi l'a voulu la loi. Et il n'importe que le droit concédé s'exerce sur la propriété du ci-devant seigneur concédant. Tout ce qui peut résulter de cette circonstance, c'est que le ci-devant seigneur doit être traité aujourd'hui comme l'eût été, à l'époque de la concession, un propriétaire dans les fonds duquel le seigneur d'alors eût permis de rechercher, d'ouvrir et d'exploiter une mine de charbon de terre; c'est par conséquent que le ci-devant seigneur doit être indemnisé du tort que fait cette exploitation à sa propriété. Mais cette indemnité peut-elle équivaloir au droit d'entre-cens? Il s'en faut de beaucoup. Elle ne peut consister, suivant l'art. 22 de la loi du 12 juillet 1791, que dans la *double valeur de la surface du sol* qui est l'*objet des dégâts et non-jouissances occasionnées par l'exploitation des mines.*

» Ainsi, le droit d'entre-cens réclamé par Philippe d'Alsace, ne peut pas plus être maintenu à raison de sa qualité de propriétaire des fonds dans lesquels existent les mines dont il s'agit, qu'il ne peut l'être en thèse générale; et par là, se trouvent résolues contre le demandeur les deux questions agitées dans son mémoire.

» Mais ces deux questions ne sont pas les seules que nous ayons à examiner. Il en est une troisième que le demandeur a élevée à l'audience : elle dérive d'un fait prouvé par les actes de 1775 et de 1785, et consigné en toutes lettres, tant dans le jugement de première instance du 22 floréal an 10, que dans l'arrêt de la cour d'appel du 14 fructidor an 11; — avoir, que, lors des concessions faites aux deux sociétés, *le charbonnage de Boussu était, non-seulement découvert, mais percé de galeries, travaux et autres ouvrages appartenans à Philippe d'Alsace qui les a cédés aux nouveaux adjudicataires qui en ont profité et en profitent encore sur le pied de ladite concession.*

» Les premiers juges ont conclu de ce fait, que le droit d'entre-cens réclamé par Philippe d'Alsace, devait être maintenu en entier; et ils se sont évidemment trompés. Mais la cour d'appel ne s'est-elle pas trompée à son tour, en jugeant que, nonobstant ce même fait, Philippe d'Alsace devait perdre l'intégralité de son droit d'entre-cens; et n'eût-elle pas dû, par ce seul motif, adopter les conclusions subsidiaires des charbonniers qui tendaient à la *réduction proportionnelle du droit d'entre-cens stipulé par les contrats de concession?*

» Sans doute, la cour d'appel n'aurait pas dû ordonner cette réduction proportionnelle, si le droit d'entre-cens réclamé par Philippe d'Alsace, eût été, dans son origine, une redevance *censuelle*; c'est-à-dire, si, dans son origine, il eût été le prix d'un acensement proprement dit; si, dans son origine, il eût été récognitif d'un domaine direct retenu par le seigneur à qui il était dû; si, dans son origine, il eût imprimé aux particuliers qui en étaient redevables, la qualité d'*hommes*, de *censitaires* du seigneur à qui ils le payaient.

» Mais tel n'était point le caractère primitif du droit d'entre-cens. Ce droit était sans contredit seigneurial, mais en quel sens l'était-il? En ce sens seulement qu'il était le prix de l'exercice accordé par le seigneur aux sociétés charbonnières, de son droit exclusif d'ouvrir et d'exploiter des mines de charbon. Il était seigneurial comme tous les droits qui se payaient aux seigneurs hauts-justiciers pour la permission qu'ils accordaient de faire des choses réservées à leur haute-justice. Il était seigneurial comme l'était le *droit de blairie* dont nous parlions tout-à-l'heure, comme l'était le droit d'*étalage* dans les marchés.

» Le droit d'entre-cens dont il est ici question, n'est donc supprimé qu'en tant qu'il formait le prix de la concession que Philippe d'Alsace avait faite, en 1775 et en 1785, de l'exercice de son droit exclusif de *fouille*.

» Mais le droit exclusif de fouille n'était pas le seul objet que comprît cette concession : elle comprenait en outre des corps d'ouvrages, des établissemens faits pour l'exploitation des mines. — Or, ces servitudes, ces corps d'ouvrages, ces établissemens, ne sont-ils pas entrés pour quelque chose dans la fixation de la redevance réclamée aujourd'hui par Philippe d'Alsace? et dès-là, cette redevance n'a-t-elle pas dû, au lieu d'être déclarée purement et simplement abolie, être réduite au taux de la valeur de ces divers objets comparée avec celle du droit exclusif de fouille?

» C'est par la loi du 13 avril 1791 que le droit exclusif de fouille a été supprimé, ou, ce qui est la même chose, compris dans la suppression indéfinie des *tous les droits ci-devant dépendans de la justice seigneuriale*. Or, l'art. 35 de cette loi déclare commune à toutes ses dispositions, celle de l'art. 38 du tit. 2 de la loi du 15 mars 1790; et vous savez qu'aux termes de ce dernier article, *les preneurs à rente d'aucuns droits abolis... peuvent demander... une réduction proportionnelle des redevances dont ils sont chargés, lorsque les baux contiennent, outre les droits abolis, des bâtimens, immeubles ou autres droits dont la propriété est conservée.* — Comment, d'après cela, la cour d'appel de Bruxelles a-t-elle pu se dispenser d'ordonner la réduction proportionnelle du droit d'entre-cens que réclamait Philippe d'Alsace? — Nous savons bien que Philippe d'Alsace n'avait pas conclu à cette réduction. Mais s'il ne l'avait pas fait en termes exprès, il l'avait certainement fait d'une manière implicite; car demander que son droit d'entre-cens fût maintenu en entier, c'était bien demander qu'il fût maintenu en partie : qui demande le plus, demande nécessairement le moins; et il y a long-temps que l'on ne connaît plus ce principe de l'ancien droit romain par lequel le demandeur qui étendait trop loin ses conclusions, était déchu même de ce qui lui était dû légitimement.

» Ainsi, autant la cour d'appel de Bruxelles a bien jugé en déclarant aboli le droit d'entre-cens considéré comme formant le prix de la concession du privilége exclusif de fouille, même dans les propriétés de Philippe d'Alsace, autant il a mal jugé, en décidant contre le texte précis de la loi du 13 avril 1791, que ce droit était également aboli considéré comme formant le prix des corps d'ouvrages et des établissemens cédés par le ci-devant seigneur de Boussu aux deux sociétés charbonnières. Et par ces motifs, nous estimons qu'il y a lieu d'admettre la requête du demandeur ».

Par arrêt du même jour, au rapport de M. Target, la requête a été, en effet, admise.

L'admission en a-t-elle été déterminée par le seul motif d'après lequel j'y avais conclu? C'est ce que la forme du prononcé de l'arrêt ne permet pas de pénétrer; mais ce qui porte à croire que le prince de Chimay lui-même fut informé dans les temps que la section des requêtes avait entièrement partagé l'avis du ministère public, c'est que, regardant le point sur lequel le ministère public avait conclu en sa faveur, comme une objet excessivement mince, il n'a donné aucune suite à sa demande en cassation; et qu'en conséquence, l'arrêt qu'il avait d'abord attaqué, a fini par recevoir sa pleine exécution.

Tout se réunit donc, lois, principes, exemples, pour réfuter la prétention des ci-devant seigneurs-propriétaires.

§. V. *Les baux à rente que des concessionnaires immédiats de mines, avaient faits de leurs concessions, sous le régime des anciennes lois, ont-ils survécu aux lois nouvelles; et les redevances qu'ils stipulaient au profit des bailleurs, sont-elles encore dues à ceux-ci, par les détenteurs actuels des mines concédées?*

I. L'affirmative paraît incontestable par rapport aux baux à rente faits par des concessionnaires du gouvernement.

Que faut-il, en effet, pour que ces baux à rente soient encore obligatoires? une seule chose, savoir, que la matière de ces contrats ne soit pas détruite. Or, elle ne l'est pas, elle existe encore, puisque les concessions arrentées par ceux qui les avaient obtenues, ont été maintenues expressément par la loi du 28 juillet 1791, non-seulement en faveur des *concessionnaires*, mais aussi en faveur de *leurs concessionnaires*, et que ceux-ci sont devenus, par la loi du 21 avril 1810, propriétaires incommutables des mines qui en étaient l'objet.

La seule difficulté pourrait être de savoir si, dans le cas où les concessions arrentées n'auraient été primitivement accordées par le gouvernement que pour un temps limité, les baux à rente qu'en ont faits les concessionnaires immédiats, devraient être exécutés à leur profit au-delà de ce temps.

Et je crois qu'à cet égard, il y a une distinction à faire. Ou les baux à rente contiennent la clause expresse qu'en cas de prorogation des concessions, ils demeureront eux mêmes prorogés de plein droit: ou ils ne disent rien de semblable.

Au premier cas, nul doute que les preneurs à rente ne doivent continuer indéfiniment à leurs bailleurs, les redevances stipulées par les actes qui les ont mis aux droits de ceux-ci.

Mais au second, les bailleurs n'auront plus rien à exiger, du moment que sera arrivée l'époque où les concessions arrentées auraient pris fin, si la loi du 21 avril 1810 n'était venue les rendre perpétuelles.

Inutilement, diraient-ils que c'est à la cession qu'ils ont faite aux preneurs de leurs concessions, que ceux-ci sont occasionnellement redevables de la faveur que leur a accordée la loi du 21 avril 1810. Je prouverai dans le n.° suivant que cette considération n'est, à cet égard, d'aucun poids.

II. En est-il des baux à rente faits par des concessionnaires immédiats de seigneurs hauts-justiciers, comme de ceux qui ont été faits par des concessionnaires immédiats du gouvernement?

On apperçoit, du premier coup d'œil, toute la différence qu'il y a entre les premiers et les seconds.

La matière des premiers existe encore, et voilà pourquoi ils doivent continuer de recevoir leur exécution.

Mais la matière des seconds est détruite, et dès-lors, comment pourraient-ils encore être obligatoires?

Je dis que la matière des premiers est détruite; et en effet, il est aujourd'hui universellement reconnu que le droit exclusif de recherche, de fouille et d'extraction des mines de charbon de terre, qui était ci-devant attribué aux seigneurs hauts-justiciers, soit par les chartes générales du Hainaut, soit par les coutumes d'Anjou et du Maine, a été aboli par les lois qui ont supprimé les justices seigneuriales.

Assurément on ne peut pas douter, d'après cela, que, si le concessionnaire primitif de ce droit l'exploitait encore lui-même, il ne fût affranchi, envers le ci-devant seigneur qui le lui avait arrenté, de la redevance stipulée par le bail à rente passé entre eux.

Peut-on douter davantage que, s'il ne l'exploite plus, s'il l'a sous-arrenté avant la révolution, son propre arrentataire ne soit déchargé envers lui de la redevance pour prix de laquelle il a transféré à celui-ci la permission qu'il avait lui-même obtenue de son bailleur immédiat, c'est-à-dire, du seigneur haut-justicier?

J'avoue qu'il ne se présente à mon esprit aucune raison de distinguer à cet égard le sous-bailleur d'avec le bailleur immédiat.

Cependant la question s'étant présentée, en 1815, à la cour supérieure de justice de Bruxelles, y a été jugée dans un sens diamétralement opposé.

Le sieur Richebé avait acquis, des chanoinesses de Sainte-Waudru, le droit d'exploiter les mines de charbon qui se trouvaient dans une étendue déterminée de leur seigneurie et haute-justice de Quaregnon; et il l'avait acquis par des baux en apparence temporaires, mais qui avaient été jugés perpétuels par un arrêt du conseil souverain de Mons, du 22 juillet 1782.

Le 10 novembre 1783, il a transféré une partie du *droit de charbonnage* dans lequel cet arrêt l'avait maintenu, aux sieurs Sterlin et Barbieux, qui, de leur côté, se sont obligés de *lui payer ou à ses ayant-cause, le trentième de tous les charbons qui s'extrairaient sur toute l'étendue dudit charbonnage, tant et si long-temps qu'il subsisterait.*

Depuis, les sieurs Sterlin et Barbieux ont cédé leurs droits sur ce *charbonnage*, à une compagnie qui a pris le nom de *société du Rieu-du-cœur;* et quelque temps après la publication des lois des 4 août 1789, 20 avril et 28 juillet 1791 dans le Hainaut ci-devant autrichien, cette société s'est refusée à la continuation de la redevance stipulée dans l'acte du 10 novembre 1783.

La veuve et les enfans du sieur Richebi ont fait assigner les sociétaires devant le tribunal de première instance de Mons, qui a jugé que la redevance était encore due.

Appel, et le 20 juin 1815 arrêt confirmatif.

La société a formé, contre cet arrêt, un recours en cassation qui, d'après une nouvelle loi du pays, devait être porté devant deux chambres de la même cour. Mais une transaction a assoupi l'affaire;

La question s'est représentée deux ans après, dans une espèce à peu près semblable, et a encore été jugée de même par un arrêt de la même cour, du 16 juillet 1817.

Cet arrêt a été attaqué par la même voie que le premier. J'ignore s'il l'a été avec succès; mais fermement convaincu qu'il a dû être cassé, je vais développer les motifs de mon opinion.

Les seigneurs hauts-justiciers du Hainaut exerçaient rarement par eux-mêmes leur droit exclusif de recherche, de fouille et d'extraction: le plus souvent ils le concédaient à des entrepreneurs particuliers, moyennant une prestation qui était connue sous le nom d'*entre-cens;* et ici se placent deux observations sur lesquelles, à raison de leur importance, je reviendrai ci-après.

1.° Cette prestation n'était de sa nature ni *féodale* ni *censuelle;* elle était purement foncière, parce qu'elle était le prix, non d'une *inféodation*, non d'un *acensement*, mais d'un simple *bail à rente:* elle ne pouvait devenir féodale ou censuelle que par une clause particulière qui convertît le *bail à rente* en *acensement* ou *inféodation.*

2.° Le concessionnaire qui, moyennant cette prestation, acquérait du seigneur haut-justicier le droit exclusif de recherche, de fouille et d'extraction, ne devenait pas, pour cela, propriétaire de la mine qu'il s'agissait de rechercher, de fouiller et d'extraire; prenant, par rapport à la mine, la place de son cédant, il ne pouvait pas être, par rapport à la mine, d'une autre condition que lui. La mine n'appartenait pas au cédant; elle ne pouvait donc pas appartenir au concessionnaire: *Nemo plus juris in alium transferre potest quàm ipse habet.*

Le concessionnaire n'acquérait donc du seigneur haut-justicier que le droit, appartenant à celui-ci, de devenir propriétaire des substances dont se composait la mine, en exploitant la mine elle-même.

Sans doute, ce droit lui-même, comme le dit l'arrêt du 16 juillet 1817, formait, pour le seigneur une *propriété privée*, en ce sens qu'il pouvait l'aliéner, l'inféoder, l'arrenter, en un mot, s'en jouer comme d'un champ, d'un pré, d'un bois.

Mais c'était en même temps une *propriété publique*, en ce sens qu'il ne la tenait que comme un attribut de sa haute-justice; qu'elle n'avait, dans ses mains, d'autre caractère que celui de *gages* ou *émolumens* de la fonction publique dont il était revêtu (1); et, par conséquent, lorsqu'il en disposait par vente ou arrentement, son acquéreur ou arrentataire ne pouvant succéder qu'à son propre droit, la possédait et ne pouvait la posséder que comme il l'avait possédée lui-même, c'est-à-dire, comme un salaire attaché par le souverain à sa qualité de haut-justicier, comme une indemnité des charges auxquelles cette qualité l'assujettissait.

Or, tous les droits qui, sous l'empire des chartes de Hainaut, formaient les salaires de la haute-justice, sont abolis par les décrets du 4 août 1789; et l'art. 35 du tit. 1.er de la loi du 20 avril 1791, en se référant à l'art. 38 du tit. 2 de celle du 15 mars 1790, dit positivement que, dans cette abolition, sont compris ceux de ces droits qui avaient fait la matière de baux à rente, et par conséquent n'étaient plus dans les mains des seigneurs: c'est même sur ce fondement que le même article déclare les arrentataires de ces mêmes droits, pleinement déchargés des rentes qu'ils s'étaient précédemment obligés de payer à leurs bailleurs.

Mais, dès-lors, comment le porteur de la permission d'un seigneur haut-justicier, d'ouvrir et d'exploiter une mine de charbon de terre, pourrait-il avoir contre son arrière-cessionnaire plus de droit que son propre auteur n'en a contre lui-même?

Si le concessionnaire immédiat du seigneur n'avait pas sous-aliéné le droit résultant de la concession, que serait devenu ce droit dans ses mains? il aurait été frappé de l'abolition écrite

(1) Telle est précisément l'idée que Stockmans, conseiller au conseil souverain de Brabant, nous donne des droits de haute-justice. *Itaque* (dit-il, décis. 90) *nihil aliud est Toparchia* (seigneurie) *quàm potestas et jurisdictio instar feudi concessa, complectens merum et mixtum imperium ac infimam jurisdictionem. Et dominus pagi, quem vocamus, nihil aliud est quàm* PRÆTOR PERPETUUS aut PRÆSES JURISDICTIONIS *illius territorii ubi dominus est.... Cui deindè juri cohærent* UTILITATES *quædam, veluti mulctarum lucrandarum quæ irrogantur delinquentibus, bonorum item vacantium occupandi jus, arborum in viis publicis enatarum emolumentum.*

en toutes lettres dans l'art. 35 du tit. 1.er de la loi du 20 avril 1791.

Et l'on voudrait qu'il eût survécu à cette abolition, dans les mains de l'arrière-cessionnaire! comment cela se pourrait-il? Le droit d'exploiter un charbonnage, ne pouvait être dans les mains de l'arrière-cessionnaire, que ce qu'il avait été dans les mains du cessionnaire immédiat, que ce qu'il avait été dans les mains du seigneur haut-justicier, premier cédant, que l'exercice d'un droit de haute-justice, qu'un salaire, un émolument de la fonction de haut-justicier. Il aurait par conséquent péri, dans les mains de l'arrière-cessionnaire, comme il eût péri dans les mains du cessionnaire immédiat, s'il y fût resté jusqu'à la révolution; et par conséquent encore son abolition a entraîné, pour l'arrière-cessionnaire, la pleine décharge des redevances auxquelles il s'était soumis envers le cessionnaire immédiat, comme elle a entraîné, pour celui-ci, la pleine décharge de son obligation primitive envers le seigneur haut-justicier.

En effet, et ceci mérite une attention particulière, ce n'est pas en haine des seigneurs hauts-justiciers, que les décrets du 4 août 1789 ont aboli les droits de haute-justice. Ce n'est pas en haine des seigneurs hauts-justiciers, que l'art. 35 du tit. 1.er de la loi du 20 avril 1791 a déclaré les preneurs à rente de droits de justice, entièrement libérés des redevances qui pesaient sur eux à raison de la jouissance qu'ils avaient de ces droits.

Les décrets du 4 août 1789 n'ont aboli ces droits que *ratione materiæ*, que parce qu'ils ne pouvaient pas survivre à leur cause, que, parce que n'étant que les émolumens d'un office, ils ne pouvaient plus subsister, alors que l'office lui-même n'existait plus.

Et de même, la loi du 20 avril 1791 n'a déchargé les arrentataires de ces droits, des redevances qui en formaient le prix, que parce que, ces droits n'existant plus, les redevances n'avaient plus de cause, que parce que, toutes les fois que la cause d'une obligation vient à cesser, l'obligation elle-même se dissout.

Aussi l'article cité de cette dernière loi ne prononce-t-il pas même le nom des seigneurs hauts-justiciers. Il ne dit pas (remarquons-le bien) : *ceux à qui des seigneurs hauts-justiciers ont baillé à rente des droits abolis......, seront déchargés des rentes;* non : il se sert d'expressions plus larges : *les preneurs à rente d'aucuns droits abolis......* (dit-il), *seront déchargés.* Et pourquoi s'énonce-t-il d'une manière aussi générale? C'est qu'il veut atteindre les preneurs à rente de toute espèce; c'est qu'il n'a pas seulement en vue ceux qui tiennent leurs baux à rente des seigneurs hauts-justiciers immédiatement; c'est qu'il veut étendre sa disposition jusqu'à ceux qui tiennent leurs baux à rente des concessionnaires directs des seigneurs hauts justiciers.

Tout le monde sait qu'il y avait une foule de droits de haute-justice que les seigneurs justiciers avaient mis hors de leurs mains, soit par vente pure et simple, soit par donation, soit par échange, soit par sous-inféodation; et que les acquéreurs, donataires, échangistes ou sous-inféodataires avaient ensuite aliénés par baux à rente. — Et c'est pour comprendre dans sa disposition les baux à rente que ceux-ci en avaient faits, ni plus ni moins que les baux à rente qui en avaient été faits par les seigneurs justiciers eux-mêmes, que la loi dit généralement et sans exception : *les preneurs à rente d'aucuns droits abolis....... seront déchargés.*

Et ne perdons pas de vue qu'en même temps que la loi décharge les arrentataires, quels qu'ils soient, des redevances auxquelles ils s'étaient soumis envers leurs bailleurs, elle déclare *abolis* les droits qui avaient fait la matière de leurs arrentemens. Preuve évidente et sans réplique que ces droits ont été abolis au préjudice de ceux qui les tenaient par baux à rente souscrits à leur profit par des particuliers non seigneurs, lesquels les tenaient eux-mêmes de seigneurs justiciers, comme ils l'ont été au préjudice de ceux qui les tenaient directement des seigneurs justiciers eux-mêmes.

Si donc, comme on n'en peut douter, *le droit d'avoir en terre non extrayé,* appliqué aux mines de charbon, n'était ci-devant en Hainaut, qu'un pur droit de haute-justice, il est clair comme le jour, et que ce droit a été aboli par les décrets du 4 août 1789, même au préjudice des arrentataires actuels qui tenaient leurs baux des concessionnaires directs des seigneurs hauts-justiciers, et que ces arrentataires sont déchargés, envers leurs bailleurs, des redevances qui formaient originairement le prix de leurs arrentemens.

Contester des propositions aussi évidentes, c'est soutenir, en d'autres termes, que le seigneur haut-justicier conserve encore tous ses droits à l'égard de ses propres cessionnaires; car, point de milieu, ou ses propres cessionnaires sont sans droit à l'égard de leurs arrière-cessionnaires; ou il faut les réassujettir eux-mêmes à toutes les redevances auxquelles ils s'étaient soumis envers lui.

L'arrêt de la cour supérieure de justice de Bruxelles, du 16 juillet 1817, objecte à cela que le *droit de charbonnage*, une fois sorti des mains du seigneur par vente ou bail à rente, constituait, dans les mains de l'acquéreur ou arrentataire, *une propriété particulière, ne participant en rien de la seigneurie, et réglée par une loi spéciale contenue au chap. 122 des chartes générales, quant à sa transmission, sa disposition et sa succession.*

Oui, sans doute, le droit de charbonnage concédé par le seigneur, formait, pour le concessionnaire, une *propriété perpétuelle*, en ce sens qu'aussi long-temps que le régime haut-justicier a subsisté, le seigneur qui l'avait mise hors de sa main, n'a pas pu y rentrer, malgré son concessionnaire.

Oui, elle formait une *propriété particulière et ne participant en rien de la seigneurie*, en ce sens que le concessionnaire en jouissait comme de sa chose propre, et qu'il la transmettait comme telle à ses ayant-cause, par des voies communes à toutes les propriétés libres et indépendantes.

Mais est-ce à dire pour cela que ce droit, qualifié par les chartes générales elles-mêmes d'immeuble fictif (*réputé héritage*), avait perdu, à l'égard des concessionnaires, son caractère primitif de *droit incorporel*, et s'était transformé, dans leurs mains, en *propriété foncière?*

Est-ce à dire pour cela qu'il avait cessé d'être, dans leurs mains, un droit de haute-justice?

Est-ce à dire pour cela qu'il n'a pas subi, dans leurs mains, le sort que, d'après l'art. 35 du tit. 1.er de la loi du 20 avril 1791, ont éprouvé tous les droits de haute-justice dans les mains des concessionnaires tant médiats qu'immédiats des seigneurs hauts-justiciers?

Que de seigneurs hauts-justiciers avaient aliéné par vente, donation, échange, bail à fief, bail à vente, une partie de leurs droits d'afforage, de morte-main, de chasse, de pêche, etc! que de particuliers possédaient des droits de cette espèce en vertu de baux à rente émanés des concessionnaires directs, et les transmettaient à leurs héritiers ou ayant-cause, non d'après les lois particulières aux hautes-justices, mais d'après les règles communes aux autres biens!

Ces droits formaient aussi, dans leurs mains, des propriétés *perpétuelles, particulières, ne participant en rien de la seigneurie, et régies par des lois spéciales.*

Cependant ces droits ont péri dans leurs mains, par l'effet des décrets du 4 août 1789; et en conséquence, ces particuliers ont été libérés de toute redevance envers leurs cédans, comme ceux-ci l'ont été envers les seigneurs hauts-justiciers eux-mêmes.

Et pourquoi? parce que les seigneurs hauts-justiciers, en aliénant leurs droits d'afforage, de morte-main, de chasse, de pêche, n'avaient aliéné que des droits de haute-justice; parce qu'en les aliénant, ils ne les avaient ni dénaturés ni pu dénaturer; parce que leurs cessionnaires, en les possédant, par une fiction légale, comme biens ordinaires, ne les avaient cependant possédés qu'empreints de leur tache originelle.

Soyons de bonne foi : si le seigneur haut-justicier, en mettant son *droit d'avoir en terre non extrayé* hors de sa main par un bail à rente, en avait fait, non une propriété fictive et purement légale, mais une propriété réelle et absolument étrangère au régime féodal, de quelle nature aurait été, pour lui, son droit *d'entrecens?* bien évidemment il n'aurait pu avoir, à son égard, d'autre caractère que celui d'une rente représentative d'une pure concession de fonds : il n'aurait pu être considéré que comme exempt de toute tache de féodalité; car les qualités de bailleur et de preneur sont nécessairement corrélatives. Et à moins que de se livrer tête baissée à la plus absurde contradiction, il est impossible de ne pas reconnaître que, du moment que le preneur est considéré comme *franc-tenancier* d'un fonds proprement dit, il faut de toute nécessité que le bailleur reçoive de lui comme rente dégagée de toute idée de féodalité, la redevance moyennant laquelle il lui a accordé sa concession.

Si donc la conséquence que l'arrêt du 16 juillet 1817 fait dériver de l'art. 13 du chap. 122 des chartes générales de Hainaut, est juste, à quoi cette conséquence doit-elle aboutir en définitive? à rien moins que cette hérésie monstrueuse : *les seigneurs hauts-justiciers doivent encore percevoir aujourd'hui leurs droits d'entrecens.*

Et si personne n'est aujourd'hui assez déhonté pour avancer une proposition aussi universellement réprouvée, comment peut-on inférer du même article, la conséquence qu'en tire l'arrêt cité, en faveur des concessionnaires directs des seigneurs hauts-justiciers contre leurs arrière-cessionnaires?

Mais, dit-on, ni les concessionnaires directs du droit de *charbonnage*, ni leurs arrière-cessionnaires n'étaient seigneurs; or, il résulte de deux arrêts de la cour de cassation, des 10 nivôse an 14 et 2 janvier 1809, rapportés dans le *Répertoire de Jurisprudence*, aux mots *champart* et *terrage*, que, dans aucun cas, les redevances qui, au moment de l'abolition du régime féodal, étaient dues à des particuliers non-seigneurs, ne sont atteintes par les lois qui ont aboli ce régime.

De quoi s'agissait-il dans les affaires sur lesquelles ont été rendus ces arrêts?

Il y était question de droits de champart ou terrage, qui avaient été originairement stipulés pour cause de concession de fonds, et qui l'avaient été conjointement avec des *cens récognitifs de la seigneurie directe.*

Dans la suite, et avant la révolution, les seigneurs à qui appartenaient ces droits de champart, les avaient vendus à de simples particuliers; mais en les leur vendant, ils s'étaient expressément réservé leurs *cens*, et, par suite, leur seigneurie directe sur les fonds qui en étaient grevés; et, par là, ils avaient restitué à ces droits leur nature originelle de droits purement fonciers, de droits représentatifs de fonds concédés et toujours subsistans : ils les avaient dépouillés de leur mélange accidentel avec un droit essentiellement seigneurial.

Surviennent les lois du 4 août 1789 et du 15-28 mars 1790; et les redevables du droit de champart continuent de le payer sans difficulté, parce que les lois maintenaient, comme rentes purement foncières, même les cens récognitifs de la seigneurie directe, lorsqu'ils avaient été constitués pour prix de concession de fonds.

Mais bientôt la loi du 17 juillet 1793 vient changer ce juste ordre de choses : elle abolit même les droits censuels ou mélangés de droits censuels qui sont le prix de concessions de fonds, et ne conserve que les rentes purement foncières.

Que font alors les redevables du droit de champart, acquis, avant la révolution, par de simples particuliers ? ils leur disent : « les droits » de cens seigneuriaux, dont étaient originaire- » ment mélangés vos droits de champart, sont » abolis ; vos droits de champart le sont donc » également ».

Chacun des acquéreurs répond : « La loi du 17 juillet 1793 n'a aboli que les droits qui étaient censuels, ou mélangés de droits censuels, à l'époque de l'abolition de la féodalité. Or, mon droit de champart n'était, à cette époque, ni censuel, ni mélangé de droits censuels. Il était alors purement foncier. Il l'était même originairement et par sa nature ; et il n'avait été, dans son origine, mélangé d'un droit censuel, que par l'effet d'une clause particulière de l'acte de concession des fonds dont il est le prix. Or, l'effet de cette clause avait cessé par la manière dont j'ai acquis mon droit de champart. Mon droit de champart n'est donc pas atteint par la loi du 17 juillet 1793 ».

Les cours d'appel d'Orléans et de Poitiers prononcent en faveur des redevables; mais les deux arrêts sont attaqués par la voie de cassation, et le premier est cassé, « attendu que l'esprit général des lois abolitives de la féodalité, n'a point été de troubler les possessions paisibles et particulières, fondées sur des acquisitions légitimes, mais seulement de réprimer, vis-à-vis des ci-devant seigneurs, les abus et les usurpations de la puissance féodale; que les lois des 25 août 1792 et 17 juillet 1793 n'ont donc entendu supprimer que les prestations féodales et non mélangées de féodalité, qui, lors de la publication de ces lois, étaient encore dues à des ci-devant seigneurs, et non les redevances qui, au moment même de la suppression, ne tenaient plus à la féodalité et étaient dues à des particuliers non seigneurs ou possesseurs de fiefs; et que par conséquent les lois abolitives de la féodalité ne sont pas applicables à celles-ci ».

Le second l'est également, « attendu 1.° que le terrage n'est point essentiellement un droit féodal de sa nature ; qu'il est ou féodal ou purement foncier, suivant les conventions et les actes qui l'établissent ou le modifient : 2.° qu'il est établi au procès que le terrage dont il s'agit, fut détaché du fief par l'effet d'une vente *avec réserve de la directe*, clause en exécution de laquelle il ne fut transmis à l'acquéreur qu'une redevance purement foncière; d'où il suit que l'arrêt dénoncé, en supprimant, comme féodal, ce même droit de terrage, quoique devenu purement foncier long-temps avant la législation qui supprime les droits féodaux, cet arrêt a fait évidemment une fausse application des lois sur cette matière, ainsi que des décrets interprétatifs; la cour casse et annulle.... ».

Quel rapport ces deux arrêts de cassation ont-ils avec la question actuelle? Il est évident qu'ils n'en ont aucun.

Dans l'espèce de chacun de ces arrêts, les biens-fonds qui avaient été la matière du bail à rente constitutif du droit de champart, et qui par conséquent avaient originairement formé le prix de ce droit, n'avaient ni été ni pu être anéantis par l'abolition du régime féodal; ils subsistaient encore, et les redevables du droit de champart jouissaient encore de ces fonds, non par une cause nouvelle et étrangère au bail à rente qui les leur avait transmis, mais en vertu de ce bail même. Dès-lors, qu'eût-il fallu pour que ce droit de champart fût aboli dans les mains du particulier non-seigneur qui en était devenu tiers-acquéreur? Il eût fallu que ce particulier l'eût acquis avec la qualité qu'il avait eue dans les mains de son vendeur, avec la qualité de droit mélangé de féodalité. Mais il l'avait acquis sans cette qualité, il l'avait acquis comme une redevance purement foncière; il devait donc le conserver.

Mais, dans l'hypothèse qui nous occupe en ce moment, quelle a été la matière, tant du bail à rente passé entre le seigneur haut-justicier et son concessionnaire immédiat, que de l'arrière-bail à rente passé entre celui-ci et l'arrière-cessionnaire ? Un bien-fonds encore subsistant, une propriété véritablement foncière? Non, mais un droit dérivant de la haute-justice, un droit essentiellement seigneurial, un droit qui était tel *ratione materiæ* et indépendamment des clauses dont on s'était servi pour le transférer; et par conséquent un droit qui ne pouvait, sous aucun prétexte, survivre à l'abolition des justices des seigneurs et de la féodalité, et qui, en effet, n'y a pas survécu.

Et l'on prétendrait assimiler ce droit à ceux de champart dont il était question lors des arrêts des 10 nivôse an 14 et 2 janvier 1809! C'est vouloir assimiler les choses les plus disparates. Autant vaudrait conclure, de ces deux arrêts, que, si un seigneur avait aliéné, en 1787, un droit de pêche, et que son acquéreur, simple particulier, l'eût baillé à rente, en 1788, à un autre particulier, celui-ci serait encore aujourd'hui, nonobstant l'abolition du droit arrenté, assujetti à la prestation de la rente qui en avait été le prix.

Prenez garde, s'écrie-t-on, à l'extrême différence qui sépare ces deux hypothèses l'une de l'autre. Dans l'une, il s'agit d'un droit seigneurial de pêche qui est anéanti : l'arrière-arrentataire de ce droit n'en jouissant plus, il est tout simple qu'il ne doive plus rien au concessionnaire immédiat du seigneur qui le lui a sous-baillé à rente. Mais ici, le droit de charbonnage qui a été la matière de l'arrière bail à rente, comme du bail à rente immédiat, existe encore : l'arrière-arrentataire continue d'en jouir; il y est même expressément *maintenu*, tant par l'art. 4 de la loi du 28 juillet 1791, que par l'art. 51 de celle du 21 avril 1810; et dès-là, quelle raison y aurait-il de le décharger de la redevance sans la stipulation de laquelle il ne se serait pas trouvé, à l'époque de la publication de ces lois, en possession du droit dans lequel elles l'ont continué?

Mais qu'a voulu dire la première de ces lois, quand elle a maintenu les *concessionnaires antérieurs et leurs cessionnaires* dans le droit de continuer, non à perpétuité, mais seulement pendant cinquante ans, non dans toute leur étendue, mais seulement jusqu'à concurrence de six lieues carrées, l'exploitation des mines qu'ils avaient précédemment découvertes?

A-t-elle voulu, par là, sanctionner indistinctement tous les titres en vertu desquels les concessionnaires antérieurs ou leurs cessionnaires avaient commencé leurs exploitations? A-t-elle voulu, par là, que tous ces titres, sans distinction, demeurassent dans toute leur force, pour l'espace de temps et de lieu qu'elle a déterminé?

Que telle ait été son intention relativement aux concessions royales, cela n'est pas douteux; c'est du moins ce que fait entendre clairement l'art. 40 de la loi du 21 avril 1810, lorsque, supposant encore en pleine perception les *anciennes redevances dues à l'Etat d'après les conditions énoncées en l'acte de concession*, il ordonne qu'elles *cesseront d'avoir cours à compter du jour où les nouvelles redevances*, imposées par cette loi sur les mines, *seront établies*.

Mais en est-il de même des cessions que les seigneurs hauts-justiciers avaient faites de leur droit *d'avoir en terre non extrayé?*

L'arrêt de la cour d'appel de Bruxelles, du 14 fructidor an XI, rapporté dans le §. précédent, décide nettement que non : « Considérant » (y est-il dit), que, par la suppression des » justices seigneuriales, les mines sont rentrées » dans le domaine de la loi du 12 juillet 1791, » et ne sont plus assujetties à d'autres règles » que celle que prescrit cette loi ».

En effet, je crois avoir démontré dans le §. précédent, et si je ne me fais pas illusion, il doit être évident pour tout le monde, non-seulement que la loi du 28 juillet 1791 n'a pas eu l'intention de faire revivre au profit des ci-devant seigneurs, ni, par suite, de leurs ayant-cause, les concessions seigneuriales de mines que les décrets du 4 août 1789 avaient paralysées, mais encore qu'elle n'a maintenu, soit les impétrans immédiats de ces concessions, soit leurs cessionnaires, qu'en les considérant comme devenus concessionnaires du gouvernement en vertu du consentement tacite qu'il avait donné à ce qu'ils continuassent leurs exploitations postérieurement à ces décrets; et par une conséquence nécessaire, que les expressions *concessionnaires actuels ou leurs cessionnaires*, employées dans l'art. 4 de cette loi, n'ont pu s'appliquer, dans le Hainaut ci-devant autrichien, au moment où cette loi y fut publiée, qu'à ceux à qui, depuis la publication des décrets du 4 août 1789, le gouvernement avait, sinon expressément, du moins tacitement, permis de continuer leurs exploitations.

Mais à qui le gouvernement était-il alors censé avoir permis de continuer l'exploitation des mines ouvertes précédemment?

Ce n'était sûrement pas aux concessionnaires immédiats des ci-devant seigneurs, qui n'exploitaient pas actuellement.

Car, par cela seul qu'ils n'exploitaient pas actuellement, il ne pouvait pas se former de contrat tacite, sur cet objet, entre le gouvernement et eux.

Comment, en effet, se forment les contrats tacites? De la même manière que les contrats exprès. Ceux-ci résultent de consentemens réciproquement donnés; ceux-là résultent de faits réciproquement passés entre les parties. C'est ainsi que le contrat de dépôt nécessaire se forme entre l'hôtelier et le voyageur, par le fait du voyageur qui apporte sa valise dans l'hôtellerie, et par le fait de l'hôtelier qui la reçoit. Mais il est impossible de concevoir l'idée d'un contrat tacite, là où il n'y a pas réciprocité de faits.

Il fallait donc deux choses, pour qu'il pût se former un contrat tacite entre le gouvernement et les anciens concessionnaires : le fait actuel de l'exploitation, de la part des anciens concessionnaires; et le fait de la tolérance de cette exploitation, de la part du gouvernement.

Le gouvernement ne pouvait donc, en tolérant, après la publication des décrets du 4 août 1789, la continuation de l'exploitation des mines, être censé la tolérer qu'au profit de ceux qui exploitaient actuellement.

Il ne pouvait donc pas être censé la tolérer au profit des anciens concessionnaires qui, ou n'avaient jamais exploité, ou n'exploitaient plus, et dont les titres étaient d'ailleurs retombés dans le néant.

Il ne pouvait donc être censé la tolérer au profit des anciens concessionnaires qui avaient précédemment baillé à rente la permission qu'ils avaient obtenue des ci-devant seigneurs.

Il ne pouvait donc être censé la tolérer qu'au profit, soit des anciens concessionnaires qui exploitaient encore, soit de leurs arrière-cessionnaires qui avaient pris leur place.

Conçoit-on maintenant ce que peuvent espérer les anciens concessionnaires qui n'exploitaient plus à cette époque, de ce que l'art. 4 de la loi du 28 juillet 1791 a maintenu leurs arrière-cessionnaires dans le droit de continuer leurs exploitations?

D'une part, la *maintenue* accordée par cet article, ne peut pas se rapporter aux porteurs de titres qui, au moment où cet article est devenu loi, étaient abolis; elle ne peut se rapporter qu'aux personnes exploitant de fait et continuant des travaux commencés par suite de ces titres; et, dès-lors, les anciens concessionnaires ne trouvant rien dans cet article qui puisse les autoriser à dire qu'il ait considéré leurs titres primitifs comme encore existant, les argumens que fournissent contre eux les décrets du 4 août 1789, restent nécessairement dans toute leur force.

D'un autre côté, il est certain que si les anciens concessionnaires n'eussent pas sous-arrenté avant la loi du 28 juillet 1791, le droit de charbonnage que les ci-devant seigneurs leur avaient précédemment concédé moyennant des redevances, et qu'ils en eussent encore continué l'exploitation à l'époque de la publication de cette loi, ils y auraient été maintenus par cette loi même, ni plus ni moins que l'ont été leurs arrière-cessionnaires.

Et cependant, dans cette hypothèse, les anciens concessionnaires eussent été déchargés par la loi du 28 avril 1791, envers les ci-devant seigneurs, des redevances que ceux-ci leur avaient imposées par leurs actes de concession.

Pourquoi donc les arrière-cessionnaires ne seraient-ils pas déchargés, envers les concessionnaires primitifs, des redevances auxquelles ils s'étaient obligés à leur égard? Pourquoi la maintenue que les arrière-cessionnaires doivent à la loi du 28 juillet 1791, opérerait-elle contre eux, et au profit de concessionnaires primitifs, un effet que n'eût pas pu opérer contre les concessionnaires primitifs, et au profit des ci-devant seigneurs, la maintenue que la même loi eût accordée aux concessionnaires primitifs, si ceux-ci n'avaient pas sous-arrenté leurs concessions?

C'est, dit-on, parce que les redevances auxquelles les concessionnaires primitifs s'étaient obligés envers les ci-devant seigneurs, étaient seigneuriales; tandis que les redevances auxquelles les arrière-cessionnaires s'étaient obligés envers les concessionnaires primitifs, étaient purement *foncières*.

Oui, les redevances promises aux concessionnaires primitifs par les arrière-cessionnaires, étaient purement *foncières*, en ce sens qu'elles ne présupposaient aucun rapport de féodalité entre les premiers et les seconds; et en ce sens qu'elles ne rendaient les uns ni vassaux ni censitaires des autres.

Mais, dans ce sens, les redevances promises par les concessionnaires primitifs aux ci-devant seigneurs, étaient également *foncières*. Car elles ne pouvaient être ni *féodales* ni *censuelles*: elles ne pouvaient pas être *féodales*, puisque, comme je l'ai démontré dans le §. 1, les concessionnaires de droits de charbonnage ne pouvaient pas, comme tels, être considérés comme propriétaires fonciers de fiefs; elles ne pouvaient pas être *censuelles*, puisque, comme je l'ai également prouvé, ces concessionnaires ne pouvaient pas, en la même qualité, être considérés comme propriétaires fonciers de mainfermes ou censives; en un mot, les anciens concessionnaires de droits de charbonnage, n'étant, comme tels, ni les vassaux ni les censitaires des seigneurs qui leur avaient concédé ces droits, les redevances qu'ils en avaient promises à ces seigneurs, ne pouvaient pas être récognitives de leur seigneurie; elles ne pouvaient conséquemment pas être *seigneuriales*, en prenant ce mot comme l'opposé de *foncière*; et, sous ce rapport, elles étaient tout aussi *foncières* que celles qui leur étaient dues à eux-mêmes par leurs sous-arrentataires.

En quel sens les redevances promises par les anciens concessionnaires aux seigneurs, étaient-elles donc *seigneuriales?*

Elles ne l'étaient pas, comme nous venons de le voir, par la nature des titres qui les avaient créées; car elles ne dérivaient ni de baux à fief ni de baux à cens.

Elles ne l'étaient pas davantage par la qualité de ceux au profit desquels elles avaient été stipulées. A la vérité, ceux au profit desquels elles avaient été stipulées, étaient des seigneurs; mais un seigneur pouvait, tout aussi bien qu'un particulier, se créer des rentes purement foncières; et c'est ce qu'il faisait toutes les fois qu'il arrentait un objet dépendant du gros de son fief, sans en retenir la seigneurie directe (1).

Elle ne pouvait donc être seigneuriale qu'à raison de sa *cause matérielle*, qu'à raison de la nature de l'objet de la concession duquel elle était le prix, que parce que la chose concédée était un droit qui avait sa source dans la puissance féodale, dans la haute-justice.

Elle ne pouvait donc être seigneuriale que

(1) V. l'article *Locatairie perpétuelle*, §. 1.

pour la même cause et dans le même sens qu'était seigneuriale, dans le cas des arrêts rapportés aux mots *Bail à rente*, §. 2, la rente à laquelle le sieur Lériche s'était obligé envers le sieur Gouttard, en prenant de lui à rente un droit de chasse.

Or, la *cause matérielle* des redevances promises par les sous-arrentataires aux concessionnaires primitifs, était absolument la même que le *cause matérielle* des redevances promises par les concessionnaires primitifs aux seigneurs hauts-justiciers. Dans la promesse des uns, comme dans la promesse des autres, il n'y avait d'autre cause que la concession d'un droit dérivant de la haute-justice. Ce droit n'avait pas changé de nature en passant des mains des concessionnaires primitifs dans celles des sous-arrentataires; il était resté dans les mains des sous-arrentataires, ce qu'il avait été dans les mains des concessionnaires primitifs, c'est-à-dire, un droit seigneurial *ratione materiæ*.

Les redevances promises par les sous-arrentataires aux concessionnaires primitifs, étaient donc seigneuriales, *ratione materiæ*, comme l'étaient celles que les concessionnaires primitifs avaient promises aux seigneurs.

Si donc les concessionnaires primitifs, dans le cas où ils eussent conservé, jusqu'en 1791, le droit de charbonnage que leur avaient concédé des seigneurs hauts-justiciers, eussent été affranchis des redevances qu'ils en avaient promises à ceux-ci, nonobstant leur maintenue dans ce droit, prononcée par l'art. 4 de la loi du 28 juillet, que l'on nous dise par quelle magie, par quel prestige les sous-arrentataires ne seraient pas également, et nonobstant leur maintenue dans le même droit, affranchis à leur égard des redevances qu'ils leur ont promises à eux-mêmes?

Les concessionnaires primitifs, dit-on, n'étaient pas seigneurs, et n'avaient ni traité ni pu traiter comme tels avec les sous-arrentataires; au lieu que les seigneurs avaient traité et n'avaient pu traiter que comme tels avec les concessionnaires primitifs.

Eh! qu'importe cette différence? En traitant comme simples particuliers, avec les sous-arrentataires, les concessionnaires primitifs ne leur avaient pas moins transporté le même droit seigneurial, le même attribut de la haute-justice, qu'ils avaient précédemment acquis des seigneurs, en traitant avec ceux-ci en leur qualité. Encore une fois, ce droit seigneurial, cet attribut de la haute-justice, n'avait pas été dénaturé en changeant de mains. Les concessionnaires primitifs l'avaient transmis aux sous-arrentataires, tel qu'ils l'avaient reçu des seigneurs. La redevance qu'ils s'étaient réservée à la charge des sous-arrentataires, était donc nécessairement aussi de la même nature que la redevance que les seigneurs avaient stipulée d'eux; et l'une ne peut pas, sans une contradiction manifeste, être considérée comme encore subsistante, alors que l'autre est indubitablement abolie, et qu'elle le serait même dans le cas où les concessionnaires primitifs, étant encore en possession de leur droit de charbonnage à l'époque de la publication de la loi du 28 juillet 1791, y auraient été maintenus par cette loi.

Et en effet, le mot *maintenu*, dont se sert l'article 4 de cette loi, ne peut pas avoir, relativement aux sous-arrentataires, précisément parce qu'ils étaient les cessionnaires des concessionnaires primitifs, un sens différent de celui qu'il aurait eu relativement aux concessionnaires primitifs eux-mêmes, dans le cas où ils n'eussent pas cédé à leurs sous-arrentataires, les concessions que les seigneurs leur avaient faites.

Et la preuve en est que l'article dont il s'agit, applique cette expression aux cessionnaires des concessionnaires immédiats, ni plus ni moins qu'aux concessionnaires eux-mêmes : *les concessionnaires actuels* (porte cet article) OU LEURS CESSIONNAIRES, *qui ont découvert les mines qu'ils exploitent, seront maintenus jusqu'au terme de leurs concessions.*

Or, quel aurait été, par rapport à un concessionnaire primitif, dans le cas où il n'eût pas cédé sa concession avant la loi du 28 juillet 1791, le sens de la *maintenue* que lui eût accordée l'art. 4 de cette loi? Bien évidemment cette *maintenue* aurait signifié que le concessionnaire primitif devait continuer de jouir de son droit de charbonnage, non en vertu de sa concession, mais par la munificence de la loi; et que la loi recréait en sa faveur le droit de charbonnage, qui avait été aboli par les décrets des 4 août 1789, 15 mars 1790 et 13 avril 1791. Autrement, à quel titre le concessionnaire primitif eût-il pu, dans cette hypothèse, refuser aux ci-devant seigneurs le prix d'une concession qui eût été maintenue dans son premier état, et qui, par conséquent, n'eût pas pu être exécutée à son avantage, sans l'être également à son préjudice?

Donc c'est aussi en vertu de la loi, c'est aussi par la seule munificence de la loi, que les sous-arrentataires continuent de jouir du droit de charbonnage que le concessionnaire primitif leur avait cédé; donc, en les maintenant dans ce droit, comme *cessionnaires* du *concessionnaire* immédiat, l'article dont il s'agit, n'est pas censé ordonner l'exécution de toutes les clauses de la cession qu'ils tenaient du concessionnaire primitif, mais seulement vouloir, de son propre chef et par disposition nouvelle, que cette cession soit exécutée comme elle eût dû l'être quant à sa durée (restreinte néanmoins à 50 ans) et à son étendue superficielle (restreinte néanmoins à six lieues carrées).

Inutile, d'après cela, de dire, que le mot

maintenu signifie par lui-même *tenir dans le même état.*

D'une part, on vient de voir que ce mot ne peut pas, relativement au concessionnaire immédiat, être entendu avec la latitude qu'on prétend lui donner; et que les cessionnaires du concessionnaire immédiat sont, à cet égard, sur la même ligne que lui.

D'un autre côté, quel était, au moment où a été rendue la loi du 12 juillet 1791, l'*état*, soit des concessionnaires immédiats qui tenaient leurs droits de charbonnage des ci-devant seigneurs hauts-justiciers, soit de leurs cessionnaires?

On l'a déjà dit: c'est que les uns comme les autres n'exploitaient plus les droits de charbonnage qui leur avaient été concédés ou arrière-cédés, en vertu des concessions ou arrière-cessions qui leur avaient été faites, et que les lois des 4 août 1789 et 20 avril 1791 avaient **abolies**, mais seulement en vertu du consentement tacite du gouvernement.

Eh bien! c'est dans cet *état* que l'art. 4 de cette loi les tient tous; c'est dans ce sens qu'ils sont *maintenus* par l'art. 4 de cette loi.

Plus vainement objecte-t-on que la loi du 28 juillet 1791 a été publiée dans la Belgique presque en même temps que celles des 4 août 1789 et 20 avril 1791: que prétend-on inférer de-là?

D'abord, quand il n'y aurait eu, entre la publication des lois des 4 août 1789 et 28 avril 1791, et la publication de celle du 20 juillet de cette dernière année, qu'un seul jour d'intervalle (et, dans le fait, il y en a eu plus de dix), il serait toujours vrai de dire qu'il y a eu un jour pendant lequel les concessions et arrière-cessions auraient été abolies; il serait toujours vrai de dire par conséquent que la loi du 28 juillet a recréé les droits qui étaient précédemment résultés de ces concessions et arrière-cessions; et par conséquent encore il serait toujours vrai de dire qu'en maintenant les concessionnaires et leurs cessionnaires, la loi du 28 juillet a entendu les gratifier elle-même d'un pur bienfait, et non pas les réassujettir, envers leurs cédans, à des prestations dont les titres étaient déjà détruits, et dont, par suite, leurs cédans avaient déjà perdu le droit de leur demander le payement.

Ensuite, il est trop évident que la loi du 28 juillet 1791 a été publiée dans le Hainaut belgique pour y être exécutée comme elle l'était dans le Hainaut français; et vouloir qu'elle fût entendue dans l'un autrement que dans l'autre, relativement aux ci-devant seigneurs et à leurs ayant-cause, ce serait la plus extravagante de toutes les idées.

Mais au moins, dit-on, le sous-arrentataire ne continue de jouir de ce droit, que *par suite* de la cession que le concessionnaire primitif lui en avait faite.

Entendons-nous.

Veut-on dire que c'est *en vertu* de cette cession que le sous-arrentataire jouit actuellement? L'assertion est de toute fausseté.

Veut-on dire que cette cession a été, pour le sous-arrentataire, une *occasion* à la faveur de laquelle il a obtenu d'abord de la tolérance du gouvernement, et ensuite de la loi, la continuation de sa jouissance? L'assertion est vraie; mais quelle conséquence peut-on en tirer?

Si le concessionnaire primitif n'avait pas cédé, avant la révolution, le droit qu'il tenait des ci-devant seigneurs, et que, par suite, il en jouît encore aujourd'hui, les ci-devant seigneurs pourraient également lui dire qu'il n'en jouit encore aujourd'hui *qu'à l'occasion* de la concession qu'ils lui ont faite; et que, s'ils ne la lui avaient pas faite, s'ils avaient exploité eux-mêmes les mines de leurs hautes-justices jusqu'à la publication de la loi du 28 juillet 1791, ils y auraient été maintenus par l'art. 4 de cette loi.

Et si les ci-devant seigneurs inféraient de là que le concessionnaire primitif doit leur continuer la redevance qu'il leur a promise pour prix de la concession qu'ils lui ont faite, que leur répondrait-il?

Il leur répondrait que leur conséquence est en opposition diamétrale avec les arrêts de cassation des 16 ventôse an 12 et 23 vendémiaire an 13, et que ces arrêts l'ont justement réprouvée, parce qu'elle ne tend à rien moins qu'à faire revivre un droit aboli, dans des redevances qui le représenteraient nonobstant son abolition: parce que, comme le disait le comité des droits féodaux dans le rapport du 5 février 1790, sur lequel a été rendue la loi du 28 mars suivant, « c'est un principe qu'il ne peut pas y avoir de contrat sans cause juste et licite, et qu'un contrat qui était obligatoire dans son principe, parce qu'il avait une cause, cesse de l'être dès que la cause a cessé »: parce qu'autre chose est la *cause* d'un contrat, et autre chose *l'occasion* qui naît d'un contrat; que l'on ne s'oblige point par un contrat, et pour gagner *l'occasion* d'acquérir, par un hasard incertain et subordonné à la volonté du législateur, ce qui est l'objet de ce contrat, mais pour acquérir directement cet objet par le contrat même; que cette acquisition directe est la cause de l'obligation que l'on a contractée; et que cette cause venant à cesser, l'obligation s'évanouit.

Et cette réponse, si victorieuse dans la bouche du concessionnaire primitif contre les ci-devant seigneurs, serait sans force dans la bouche du sous-arrentataire contre le concessionnaire primitif? Y pense-t-on sérieusement? En quoi les rapports du sous-arrentataire avec le concessionnaire primitif diffèrent-ils des rapports du concessionnaire primitif avec les ci-devant seigneurs? En rien. D'une part comme de l'autre il y a eu transmission d'un simple droit de fouille et d'extraction; et, d'une part comme de l'autre, ce droit est actuellement aboli. Il y a donc, d'une part comme de l'autre, cessation de la cause de l'obligation qui a été contractée de payer des redevances représentatives du droit transmis; et si, d'une part comme de l'autre, il est résulté de la transmission de ce droit une *occasion* de le réacquérir, comme un bienfait de la loi, cette *occasion* ne peut pas plus être pour le concessionnaire primitif, qu'elle n'eût pu l'être pour les ci-devant seigneurs, un moyen de ressusciter des redevances qui s'étaient éteintes avec leur cause.

C'est, au surplus, bien mal-à-propos que l'on oppose aux sous-arrentataires l'arrêt rendu par la cour d'appel de Bruxelles, le 24 février 1807, entre l'huissier Duterne et l'héritier de Joly.

Cet arrêt, dit-on, a jugé que la cause d'une obligation venant à cesser, cette obligation n'en subsiste pas moins, lorsqu'elle a été pour l'obligé une *occasion* d'obtenir les fins de son contrat.

Mais pour se convaincre que ce n'est nullement là ce qu'il a jugé, il suffit de se reporter à l'espèce sur laquelle il a été rendu. La voici telle que la retrace le recueil des *décisions notables* de cette cour, tome 10, pages 201 et suivantes.

En 1798, Joly, ancien huissier au conseil souverain de Mons, et, en cette qualité, appelé par les lois et actes du gouvernement aux fonctions d'huissier près les nouveaux tribunaux, fait avec Duterne un traité par lequel il se démet de sa place en faveur de celui-ci, et lui transfère *sa pratique*, le tout moyennant une rente viagère de 94 florins 10 sous.

Cette démission ne pouvait, par elle-même, rien opérer pour Duterne; elle rendait seulement vacante et impétrable la place de Joly; elle mettait seulement Duterne à portée de la solliciter; et c'est dans ce sens que les parties l'entendaient.

En 1800, survient une loi (celle du 27 ventôse an 8) qui fait dépendre de nouvelles nominations, grevées de cautionnemens, l'état des huissiers alors en fonctions.

Duterne obtient, en effet, une nomination nouvelle, et fournit le cautionnement nécessaire pour en profiter.

Dans cette position, il refuse à Joly la continuation de sa rente.

En 1806, l'héritier de Joly le fait assigner en payement des arrérages échus depuis 1800.

Il répond, entre autres choses, que la cause de son obligation a cessé par l'effet de la loi du 27 ventôse an 8 qui a supprimé sa place, et que, s'il en a depuis obtenu une autre de la même nature, son obligation n'en est pas moins restée éteinte.

Mais que lui réplique-t-on? Ce n'est point une place d'huissier que vous avez acquise de Joly; vous n'avez traité avec lui que pour qu'il donnât sa démission, et que, par ce moyen, il ôtât l'obstacle qui s'opposait à ce que vous sollicitassiez pour vous la place dont il était titulaire. Eh bien! la démission de Joly a été donnée, et les événemens postérieurs ne peuvent pas faire qu'elle ne l'ait pas été. Le contrat a donc été accompli dans sa cause, et la cause n'en a point cessé; d'ailleurs, vous avez conservé la *pratique* de Joly, ou du moins rien n'a pu vous empêcher de la conserver. Votre obligation subsiste donc toute entière.

Ces raisons étaient péremptoires, et l'arrêt du 24 février 1807 les a jugées telles; il a condamné Duterne, «attendu que le déport de Joly a fait la condition du contrat de rente viagère; que, par ce déport, l'appelant a, non-seulement été mis dans la possibilité d'être nommé huissier au tribunal civil du département de Jemmapes, mais encore profité de la *pratique* de Joly, ce qui était le but principal du contrat; que l'existence de la condition a donné existence à la dette ou rente viagère; que l'existence de cette rente n'était pas subordonnée à la jouissance».

Cet arrêt juge-t-il, comme on le prétend, qu'à la vérité, la cause de l'obligation qu'il a pour objet, a cessé, mais que l'obligation n'est pas éteinte pour cela, parce que la cause a été remplacée par une *occasion* qui a conduit l'obligé à son but?

Non, évidemment non, puisqu'il déclare que la cause de l'obligation avait été irrévocablement remplie et consommée par la démission de Joly; puisqu'il dit, en termes exprès, que la durée de l'obligation n'avait pas été subordonnée, par le contrat, non-seulement à la durée de la *jouissance*, mais même à l'entrée en *jouissance* de l'obligé.

Les concessionnaires primitifs sont-ils mieux fondés dans l'objection qu'ils tirent de la loi 57, au Digeste, *de evictionibus et duplæ stipulatione*?

Cette loi vient à la suite de plusieurs autres qui traitent d'une *stipulation* fort usitée chez les Romains, dans les contrats de vente, et par laquelle le vendeur s'obligeait à restituer à l'acheteur, en cas d'éviction, le double de la somme qu'il avait reçue pour prix de la chose vendue.

Cette obligation, par cela seul qu'elle était contractée dans la forme d'une stipulation, était rangée dans la classe de celles qu'on appelait *stricti juris*; et elle s'interprétait tellement à la rigueur, qu'on avait recours à toutes les subtilités imaginables pour en éluder l'application.

C'est dans cet esprit que la loi citée décide que la peine du double n'est pas encourue, lorsque celui qui a obtenu contre l'acheteur un jugement de dépossession, meurt avant de l'avoir exécuté, sans que personne, pas même le fisc, accepte sa succession, et sans que ses créanciers fassent vendre ses biens. Dans ce cas, dit la loi, l'acheteur n'a point d'action pour exiger le double qu'il a stipulé, parce qu'il reste en possession de la chose qui lui a été vendue : *habere licere videtur emptor, et si is qui emptorem in evictione rei vicerit, antè ablatam vel abductam rem, sine successore decesserit, ità ut neque ad fiscum bona pervenire possint, neque privatim à creditoribus distrahi; tunc enim nulla competit emptori ex stipulatu actio, quia rem habere ei licet.*

Et la loi ajoute, toujours dans le même esprit, que l'action en payement du double n'est pas non plus ouverte à l'acheteur évincé par un jugement, lorsque la personne qui a obtenu ce jugement contre lui, avant de se mettre en possession de la chose qui en est l'objet, lui fait don ou legs de cette chose : *Quod cùm ità sit, videamus nùm et si ab eo qui vicerit, donata legatave res fuerit emptori, æquè dicendum sit actionem ex stipulatu non nasci? scilicet, si antequàm abduceret vel auferret, donaverit aut legaverit.*

Ce sont ces décisions que les concessionnaires primitifs voudraient faire passer pour des règles générales et applicables à la jurisprudence actuelle; c'est de ces décisions qu'ils prétendent inférer qu'il est de principe que l'acheteur ne peut pas se prévaloir contre son vendeur, de l'éviction qu'il est dans le cas de souffrir, lors même que, par une cause étrangère au vendeur et par le fait d'un tiers, cette éviction se trouve sans effet.

Et l'on sent que ce prétendu principe une fois admis, les concessionnaires primitifs ont beau jeu pour soutenir que le changement opéré dans la législation des mines, par l'abolition des justices seigneuriales et du droit d'*avoir en terre non extrayé* qui en dérivait en Hainaut, ne doit pas tourner au profit des sous-arrentataires. Car l'effet que produit l'éviction de la chose vendue par rapport au contrat de vente, l'abolition du droit arrenté le produit également par rapport au contrat de bail à rente. Si donc l'éviction de la chose vendue ne donne aucune action à l'acheteur, lorsqu'elle est neutralisée par un événement postérieur qui empêche que l'acheteur ne soit dépossédé, l'abolition du droit arrenté ne doit pas non plus décharger le preneur de la rente, lorsque le droit aboli par une loi, est aussitôt ou presqu'aussitôt recréé par une autre loi, sans qu'il en coûte rien au preneur.

Mais on va voir que les deux décisions de la loi romaine dont argumentent les concessionnaires primitifs, devaient, même chez les Romains, être restreintes à leurs espèces particulières, et qu'elles ne sont plus d'aucun usage parmi nous.

Que résulte-t-il en effet de la loi citée? Rien autre chose si ce n'est que l'action *ex stipulatione duplæ* n'avait pas lieu dans les cas sur lesquels portait cette loi.

Mais est-ce à dire pour cela qu'à la place de cette action, qui était de droit étroit, *stricti juris*, l'acheteur ne pouvait pas poursuivre le vendeur par la simple action en garantie, par la simple action *ex empto?*

Non, et c'est ce que prouvent plusieurs autres textes du droit romain.

La loi 9, au digeste, *de evictionibus et duplæ stipulatione*, pose cette espèce : Vous m'avez vendu l'esclave de Titius; et Titius, avant de le revendiquer, m'a institué son héritier. Par l'effet de cette institution, je me trouve à l'abri de toute éviction relativement à l'esclave que j'ai acheté de vous; et je ne puis pas, en conséquence, exercer contre vous l'action que j'avais en vertu de la stipulation faite entre vous et moi, au moment de la vente : mais je n'en aurai pas moins l'action simple en garantie, l'action *ex empto*, pour faire juger que l'esclave ne vous appartenait pas, lorsque vous me l'avez vendu, et vous faire condamner à m'en rendre le prix : *Si vendideris mihi servum Titii, deindè Titius heredem me reliquerit, Sabinus ait amissam actionem pro evictione, quia servus evinci non potest; sed in ex empto actione recurrendum est.*

La loi 41, §. 1 du même titre, dit précisément la même chose : *si domino servi heres extiterit emptor, quoniam evinci ei non potest, nec ipse sibi videtur evincere, non committitur duplæ stipulatio; his igitur casibus, ex empto agendum erit.*

La loi 13, §. 5, au digeste, *de actionibus empti et venditi*, consacre, en termes beaucoup plus généraux, le principe sur lequel sont fondés les deux textes que nous venons de transcrire : si, dit-elle, vous m'avez vendu un fonds qui ne vous appartenait pas, et que ce fonds soit ensuite devenu ma propriété par la libéralité d'un tiers, je n'en aurai pas moins contre vous l'action *ex empto*, l'action en simple garantie : *si fundum mihi alienum vendideris, et hic ex causâ lucrativâ meus factus sit, nihilominùs ex empto mihi adversùs te actio competit.*

Cette différence que les lois romaines mettaient entre l'action *ex stipulatione duplæ* et l'action *ex empto*, n'a pas échappé à Pothier, dans son *Traité du contrat de vente.*

Après avoir dit, n.° 96, qu'il y a « une *espèce d'éviction* et lieu à la garantie, lorsque, depuis la vente que vous m'avez faite d'une chose, je succède à cette chose, soit à titre universel, soit à titre singulier, même à titre lucratif, à un tiers qui en était le vrai propriétaire », il ajoute : « Cette maxime est fondée sur plusieurs textes de droit....; et en voici la raison. Lorsqu'après avoir acheté de vous une chose qui ne vous appartenait pas, ou qui ne vous appartenait pas pour toujours, je succède, à quelque titre que ce soit, à celui à qui elle appartient; c'est en vertu de ce nouveau titre que je retiens désormais cette chose, ce n'est plus en vertu de la vente que vous m'avez faite : vous cessez donc, dès-lors, de remplir envers moi votre obligation, *non jam præstas mihi rem habere licere*, et par conséquent vous me devez le prix. Observez que, par le droit romain, cette maxime n'avait lieu que par rapport à l'action *ex empto*, et non par rapport à l'action *ex stipulatu*, qui, étant une action *stricti juris*, ne reconnaissait que l'éviction proprement dite qui résultait d'une sentence (mise à exécution). Cette distinction ne peut avoir lieu dans notre droit, où la distinction des actions *stricti juris* et des actions *bonæ fidei* n'est pas d'usage, et où d'ailleurs on ne connaît d'autre action en garantie que l'action *ex empto* ».

En s'expliquant ainsi, Pothier prouve bien clairement que la loi citée par les concessionnaires primitifs, n'était, même dans le droit romain, applicable qu'à l'action *ex stipulatione duplæ*, et qu'elle n'empêchait nullement que, dans les cas qui y sont prévus, l'action en garantie ne fût exercée par l'acheteur maintenu par une cause lucrative, étrangère au vendeur, dans la possession de la chose que celui-ci lui avait vendue sans en être propriétaire.

Et il est à présent bien facile de sentir avec quelle force se rétorque contre les concessionnaires primitifs, l'argument qu'ils tirent de cette loi.

Oui, l'abolition du droit arrenté est à la question de savoir si le preneur est ou n'est pas déchargé de la rente, ce qu'est l'éviction de la chose vendue à la question de savoir si l'acheteur peut ou non répéter son prix.

Eh bien! l'acheteur qui a cessé de posséder en vertu du titre vicieux qu'il tient de son vendeur, et qui ne possède plus qu'en vertu d'un titre nouveau que lui a transmis le vrai propriétaire, a le droit de répéter son prix, quoiqu'il n'ait pas été réellement évincé, quoiqu'il n'ait pas été dépossédé de fait.

Donc, par la même raison, l'arrentataire d'un droit qui a cessé d'en jouir en vertu du titre qu'il tient de son bailleur, et qui n'en jouit plus qu'en vertu de la munificence d'une loi nouvelle, est déchargé de la rente ni plus ni moins que s'il avait perdu toute espèce de jouissance de ce droit.

Donc, de même que, dans le premier cas, l'acheteur, peut, avec Pothier, dire à son vendeur : « c'est en vertu de mon nouveau titre que je retiens désormais la chose que vous m'avez vendue, ce n'est plus en vertu de la vente que vous m'en avez faite; vous cessez donc, dès-lors, de remplir envers moi votre obligation, *non jam præstas mihi rem habere licere*; et par conséquent vous me devez le prix ».

De même aussi, dans le second cas, le preneur à rente peut dire à son bailleur : « c'est en vertu d'une loi que je continue de jouir du droit que vous m'avez arrenté et qu'une loi précédente avait aboli; je ne jouis plus en vertu de l'arrentement que vous m'en aviez fait; vous cessez donc de remplir envers moi votre obligation de me faire jouir de l'objet de cet arrentement. L'obligation que j'avais contractée envers vous, pour prix de cet arrentement, n'a donc plus de cause; je suis donc déchargé de la rente que je vous ai promise ».

MINEUR. — §. I. *Dans la Belgique, un mineur pouvait-il, sous l'empire des placards ou édits de 1540 et 1623, disposer de ses immeubles par son contrat de mariage, sans l'autorisation de son père ?*

Cette question, et une autre que j'ai indiquée sous le mot *Mariage*, §. 1, sont traitées dans le plaidoyer suivant, que j'ai prononcé à l'audience de la section civile de la cour de cassation, sur le recours exercé par la veuve Depaëpe, contre un jugement du tribunal civil du département de l'Escaut, qui déclarait nul le contrat de mariage passé entre elle et son mari mineur.

« Les faits qui ont donné lieu au jugement dont la demanderesse provoque la cassation, paraissent, au premier abord, très-simples; mais l'examen des questions qui en dérivent, apprend bientôt qu'ils ne sont pas, à beaucoup près, suffisamment éclaircis.

» Le 13 juin 1763, un contrat de mariage a été passé devant notaires, à Ninove, département de l'Escaut, entre Ignace-François Depaëpe, et Marine-Josine Vanswick.

» Un point qui n'a pas été contesté dans l'instruction, et sur lequel le jugement attaqué ne permet pas d'élever le moindre doute, c'est qu'Ignace-François Depaëpe était alors mineur; et la demanderesse ajoute qu'il était sous la puissance de son père.

» Mais quel âge avait-il précisément? c'est ce que nous ignorons.

» Marie-Josine Vanswick était-elle également en minorité? Elle l'assure ainsi dans sa requête en cassation; mais elle n'en apporte aucune preuve.

» Nous ne connaissons guère mieux les stipulations qu'ils ont faites entr'eux par ce contrat. Seulement nous apprenons, par le jugement attaqué, qu'ils ont fait entrer dans la communauté tous leurs immeubles respectifs.

» Mais ces immeubles, où étaient-ils situés? nous n'en savons rien, et cependant c'est un point essentiel dans la cause; car si les biens étaient régis par la coutume de Ninove, lieu du domicile des futurs époux, comme de la passation du contrat de mariage, non-seulement il n'y avait rien d'extraordinaire dans une pareille stipulation, mais elle était même surabondante :

la coutume de Ninove, en effet, déclare expressément, tit. 4, art. 1, que, « lorsque le mari » et la femme décèdent bourgeois de la ville de » Ninove, soit qu'il y ait des enfans ou non, » les effets de la maison mortuaire, aussi bien » les héritages, les meubles que les rentes, *de » quelque côté qu'ils viennent,* sont sujets à » partage entre le survivant et les héritiers; » si tant est que lesdits biens ressortissent de la » juridiction de Ninove ».

» Et remarquez qu'il y a dans la ci-devant Flandre, plusieurs coutumes qui disposent absolument de même. Ainsi, quand on supposerait que les biens d'Ignace-François Depaëpe n'eussent pas été régis par la coutume de Ninove, ce ne serait pas encore une raison pour dire qu'ils ne seraient pas entrés en communauté, sans la stipulation insérée à cet effet dans le contrat de mariage; et c'est un motif de plus pour regretter que la demanderesse n'ait pas pris soin de nous en faire connaître la situation.

» Nous ne connaissons pas davantage les circonstances, ni même la date précise de la célébration du mariage qui a suivi le contrat dont il est question.

» Tout porte néanmoins à croire qu'il n'y a eu, dans ce mariage, aucun vice de clandestinité, et que la célébration n'en a été ni ignorée ni contredite par les parens d'Ignace-François Depaëpe.

» Il y a plus : nous voyons dans le jugement attaqué, la demanderesse mettre en fait que *le mariage des parties contractantes avait eu lieu au gré des parens des mineurs;* et non-seulement cette assertion n'est pas contestée par les adversaires de la demanderesse, mais le jugement attaqué, dans son dernier *considérant,* la suppose vraie, et raisonne comme si elle l'était réellement.

» Au surplus, de quelque manière qu'ait été célébré le mariage dont il s'agit, il paraît avoir duré plus de trente ans, puisque le mari n'est décédé que le 17 octobre 1793.

» Comme il ne laissait point d'enfans, c'est avec ses héritiers collatéraux que sa veuve a dû faire liquider ses droits.

» Ceux-ci ont réclamé contre le contrat de mariage; ils ont prétendu qu'il était nul, parce qu'Ignace-François Depaëpe y avait comparu sans l'assistance ni l'autorisation de son père; et leur prétention a été accueillie par une sentence des échevins de Ninove, du 6 brumaire an 3.

» La demanderesse a interjeté appel de cette sentence au conseil provincial de Gand; et ce tribunal ayant été supprimé, sans y avoir fait droit, elle a été assignée par les héritiers Depaëpe, en reprise d'instance, devant le tribunal civil du département de l'Escaut.

» Là, il est intervenu, le 1.er floréal an 7, un jugement contradictoire, qui a confirmé purement et simplement la sentence des échevins de Ninove, sur le seul motif *que les mineurs ne peuvent valablement contracter, à l'effet d'obliger leurs personnes et leurs héritiers; qu'aucune espèce de contrat n'est exceptée de cette disposition générale;* qu'ainsi, le contrat de mariage *exige, aussi bien que tout autre, l'autorisation des parens ou de tuteurs, quand des mineurs y sont parties;* que d'ailleurs le contrat de mariage dont il s'agit, *présente des stipulations peu communes et déviant des droits et avantages ordinaires prescrits par les coutumes entre les conjoints, en ce que feu Ignace-François Depaëpe y stipule que tous les biens immeubles seront communs, ce qui en emporte l'aliénation;* qu'enfin, *si le consentement des parens au mariage d'un mineur faisait présumer l'autorisation à faire un contrat anténuptial, ce qui cependant n'est décidé nulle part, au moins cette présomption ne serait applicable qu'au contrat* dans lequel on ne trouverait que *des stipulations ordinaires ou celles que l'on rencontre le plus fréquemment dans un tel contrat.*

» C'est contre ce jugement, que la demanderesse se pourvoit en cassation : elle l'attaque à la fois dans la forme et au fond.

» Dans la forme, elle soutient que ce jugement est nul, 1.° parce qu'il a été rendu sur une expédition en langue flamande du contrat de mariage du 13 juin 1763, et sans qu'à cette expédition fût jointe une traduction authentique de l'acte, ainsi que le prescrivait l'arrêté des représentans du peuple Pérez et Portiez (de l'Oise), du 28 frimaire an 4; 2.° parce que c'est aussi en langue flamande que les parties ont plaidé devant le tribunal civil de l'Escaut; ce qui emporte contravention à l'arrêté des mêmes représentans, du 12 du même mois; 3.° parce que, d'après la loi du 12 octobre 1790, ce n'était pas devant le tribunal civil de l'Escaut, que l'affaire devait être portée.

» De ces trois moyens, les deux premiers reposent sur des faits qui ne sont nullement prouvés, et tous trois sont non-recevables dans la bouche de la demanderesse.

» Le premier est non-recevable, parce que, si c'est la demanderesse qui a produit elle-même son contrat de mariage en langue flamande, elle ne peut pas se faire un moyen d'une contravention qui serait son ouvrage personnel; et que si la production en a été faite par ses adversaires, l'art. 4 de la loi du 4 germinal an 2 s'oppose à ce qu'elle s'en prévaille devant vous, après avoir négligé de s'en prévaloir devant le tribunal de l'Escaut.

» Le deuxième est non-recevable par les mêmes raisons, c'est-à-dire, parce que la demanderesse ne peut pas se plaindre devant vous d'avoir elle-même violé devant le tribunal de l'Escaut l'arrêté qui lui défendait de plaider en flamand; et que, d'après la loi du 4 germinal an 2, elle ne peut pas se plaindre davantage de ce que ses adversaires ont également violé le même arrêté.

» Le troisième enfin est non-recevable, parce que la demanderesse a, par le fait, consenti à être jugée par le tribunal civil du département de l'Escaut.

» Au fond, la demanderesse soutient que le jugement est contraire à ce qu'elle appelle *la loi de* 1540, et au placard du 29 novembre 1623.

» Pour en bien juger, nous devons commencer par un examen attentif de ces deux lois.

» La première forme l'art. 17 du placard ou édit de Charles-Quint, du 4 octobre 1540. En voici les termes: « Et pour ce que journellement » plusieurs inconvéniens adviennent en nosdits » pays, par mariages clandestins qui se contractent entre jeunes gens, sans avis, conseil et » consentement des parens et amis des deux » parties: nous, considérant que, selon la disposition du droit écrit, tels mariages ne correspondent à bonne et honnête obéissance, et » communément ont difficile fin; voulons, ordonnons et statuons, si aucun s'avance de » solliciter ou séduire quelque jeune fille non-» excédant l'âge de vingt ans, par promesse ou » autrement, de contracter mariage avec elle, » ou de fait contracte mariage sans consentement de père mère ou de ladite fille, ou des » plus prochains parens ou amis, en cas qu'elle » n'ait père ni mère, ou de ceux de la justice du lieu, que tel mari ne pourra jamais » avoir, prendre ou lever aucun douaire ou » autre gaignage, soit en vertu de contrat anténuptial, de coutume du pays, par testament, » donation, transport, cession, ou autrement » en manière que ce soit, sur les biens que ladite fille pourra délaisser, ores qu'après le » mariage consommé, il obtiendrait le consentement du père ou mère, desdits parens ou » amis ou de ladite justice, auquel ne voulons » en ce cas avoir prins regard. — Semblablement si quelque fille ou femme s'avance de » contracter mariage avec un fils non excédant l'âge de vingt-cinq ans, sans consentement de père ou de mère, ou des plus » prochains amis, s'il n'a père, ou de ceux » de la justice du lieu, telle femme ne pourra » jamais avoir, prendre ou lever aucun douaire » ou autre gaignage sur les biens que tel mari » pourra délaisser, soit en vertu du contrat » anténuptial, de coutume du pays, par testament, donation, transport, cession, ou » autrement en manière que ce soit, quand » ores après le mariage consommé, ils obtiendraient de père ou mère, desdits parens et » amis, ou de la justice, le consentement; » auquel, audit cas, ne voulons avoir prins » aucun regard. — En outre défendons à tous » nos sujets de point être présens, consentir » ou accorder à tels mariages faits sans consentement des père et mère, des plus prochains parens ou de la justice, ou recevoir, » entretenir ou loger tels mariés en leur maison, » sur peine de cent carolus d'or, ou d'autre » peine arbitraire plus grande ».

» Quant au placard du 29 novembre 1623, voici ce qu'il porte, art. 1: « Avons déclaré et » déclarons que lesdits enfans de famille n'ayant » encore vingt-cinq ans accomplis, qui se marieront contre le gré, vouloir et consentement, ou au desçu de leursdits père et mère, » et tous autres mineurs d'ans qui contracteront mariage sans le conseil, avis et consentement, tant de leurs proches parens du côté » paternel et maternel, que de leurs tuteurs, » ensemble tous ceux qui épouseront lesdits » jeunes gens, de quelque qualité ou condition qu'ils soient, seront incapables de tous » et quelconques avantages, profits et émolumens qu'ils pourraient aucunement prétendre » directement ou indirectement l'un de l'autre, » par contrats, donations entre-vifs ou à cause » de mort, testamens, successions, coutume du » lieu, ou autrement en manière quelconque; » déclarant toutes donations ou pactions, ou » autres avantages auparavant faits au profit » l'un de l'autre, nuls et de nulle valeur; le tout » nonobstant que, depuis la consommation de » tels mariages, père et mère y auraient prêté » leur consentement, et à quoi ne voulons être » pris aucun égard ».

» Vous voyez que cette disposition se rapproche beaucoup de celle du placard de 1540. Mais il importe de bien saisir les points dans lesquels ces deux lois s'accordent, et les points, s'il y en a, dans lesquels elles diffèrent entre elles.

» Elles s'accordent à ne pas déclarer nuls, mais à priver de tout avantage coutumier et conventionnel, les mariages contractés par des mineurs dans les circonstances dont elles parlent.

» Elles paraissent différer, en ce que la disposition du placard de 1540 ne porte littéralement que sur les mariages clandestins, tandis que celle du placard de 1623 embrasse dans la généralité de son texte, les mariages contractés publiquement, comme les mariages contractés en secret.

» Elles paraissent différer encore, en ce que, dans le placard de 1540, il est question des mariages contractés par des mineurs, *sans le consentement de leurs pères ou mères*, tandis que, dans le placard de 1623, il s'agit de mariages que des mineurs contractent *contre le gré, vouloir et consentement, ou au desçu de leursdits pères et mères.*

» Ainsi, le placard de 1540 frappe sur le mariage que le consentement du père et de la mère n'a pas précédé; et celui de 1623 sur le mariage qui a été fait, ou à l'insu des père et mère, ou au préjudice de leur opposition.

» Ainsi, d'après le placard de 1540, la privation de tout avantage coutumier ou contractuel est encourue, si le père n'a pas consenti; mais d'après le placard de 1623, il n'y a lieu à cette peine, que lorsque le père s'est opposé au mariage ou lorsqu'il l'a ignoré.

» Ainsi, en un mot, d'après le placard de 1623, la peine n'a pas lieu, si le père, instruit des préparatifs du mariage, ne s'y est pas opposé. Mais d'après le placard de 1540, le défaut d'opposition du père ne suffit pas pour faire cesser la peine : la peine est encourue par cela seul qu'il n'a pas donné son consentement.

» Cependant ces différences entre l'une et l'autre loi ne sont qu'apparentes; et dans la réalité, elles s'accordent parfaitement.

» Quels sont, en effet, les mariages que frappe le placard de 1540, lorsqu'ils ont été faits *sans consentement du père et de la mère*? Ce sont les *mariages clandestins*, c'est-à dire, les mariages faits à l'insu des parens. Ainsi, le mariage dont le père a été instruit, et auquel il n'a pas formé opposition, n'est pas plus compris dans le placard de 1540 qu'il ne l'est dans celui de 1623.

» Et voilà pourquoi Jean Voët, qui ne connaissait pas le placard de 1623, parce que la Hollande, où il écrivait, n'était plus, à l'époque de la publication de cette loi, sous la domination autrichienne, n'a pas laissé d'établir, dans son commentaire sur le digeste, titre *de ritu nuptiarum*, n. 18, qu'il n'y a pas lieu aux peines portées par le placard de 1540, lorsque le père, instruit, par la publication des bans, du mariage de son fils mineur, n'y a pas formé opposition : *Observandum autem, circà hunc parentum similiumque requisitum ad nuptias assensum, non præcisè expressum, sed et tacitum sufficere, convenienter juri romano, dùm cognitis nuptiis contrahendis contradictores non extiterunt. Quâ ratione, si fortè minores per subreptionem impetraverint solemnes ex mero faciendas denunciationes, et parentes hæc ipsa scientes passi sint, nec apud eos quibus id curæ, quibusque obreptum est, intercesserint, quò minùs solemnia denunciationum peragantur, ac nuptiæ sequantur, non possunt non videri suo silentio cum certâ scientiâ conjuncto, nuptiis talibus, antequàm consummarentur, consensum dedisse, atque ità effecisse ne.... locum sibi vindicent pœnæ edicto Caroli quinti, anno 1540, art. 17, narratæ.* — Voët argumente, en faveur de son opinion, de plusieurs lois romaines qui, relativement au mariage du fils de famille, assimilent le consentement tacite du père à son consentement exprès. — Et c'est aussi ce qu'enseignent trois autres jurisconsultes bataves qui ont également écrit sur le placard de 1540, savoir à Sandé, dans son Recueil d'arrêts du conseil de Frise, liv. 2, tit. 1, def. 2, qu. 2; Groenewegen, sur les Institutes, tit. *de nuptiis*, n. 5, et Brouwer, *de jure connubiorum*, liv. 2, chap. 24, n. 43 et 44.

» Nous trouvons la même doctrine dans les auteurs belges qui ont écrit à la fois sur le placard de 1540 et sur celui de 1623, notamment dans le *Tribonien belgique* d'Anselmo, chap. 54, §. 38, et dans les *Institutions au droit belgique* par Deghewiet, pag. 43; voici les termes de celui-ci : « Le consentement des père et mère » dont je viens de parler, ne doit pas toujours être exprès et précis; leur consentement tacite suffit, lorsqu'ils ont été pleinement informés que le mariage allait se faire, » sans y avoir contredit. Voët le tient ainsi, » et le parlement de Flandre en a décidé de » même, par arrêt du 18 juillet 1704, entre la » douairière de Bayinckove et la baronne d'As- » signies, pour laquelle j'avais écrit. Le père du » mariant, mineur, était dans l'église, mais » dans un autre endroit que là où l'on célébrait » le mariage ».

» Nous n'avions pas au surplus besoin de ces autorités, pour établir une vérité aussi évidente par elle-même; mais que pouvons-nous en conclure relativement à l'espèce qui nous occupe ici?

» Le jugement du tribunal de l'Escaut a-t-il jugé que le défaut de consentement exprès du père d'Ignace Depaëpe, à la célébration de son mariage, avait donné lieu contre la demanderesse, aux peines portées par les placards de 1540 et 1623?

» Non : il n'a pas même jugé que le père d'Ignace-François Depaëpe n'eût pas consenti au mariage de son fils; et, comme nous l'avons déjà observé, il a supposé, au contraire, que ce consentement était intervenu; c'est même sur cette supposition que roule son dernier *considérant*.

» D'après cela, quel rapport ont, avec la cause actuelle, les placards de 1540 et de 1623? Aucun, puisqu'encore une fois, ce n'est pas du défaut de consentement du père au mariage de son fils, mais du défaut du consentement du père aux stipulations qui, de la part du fils, avaient précédé la célébration de son mariage, qu'ont argumenté les juges de l'Escaut, pour confirmer la sentence des échevins de Ninove.

» Et qu'on ne dise pas, que si, aux termes des placards de 1540 et de 1623, le père est censé avoir consenti au mariage de son fils, par cela seul qu'il l'a su, et ne s'y est pas opposé, il doit, par la même raison, être censé en avoir également approuvé les stipulations préalables.

D'abord, les placards de 1540 et de 1623 ne disent pas un mot de cela. Que l'on infère des termes dans lesquels ils sont conçus, que le défaut d'opposition du père, lorsqu'il est informé du mariage de son fils, équivaut à un consentement formel, à la bonne heure. Mais les termes dans lesquels sont conçues ces deux lois, ne conduisent pas directement à la même conséquence, relativement au contrat de mariage; ainsi, impossible de regarder ces deux lois comme violées, à cet égard, par le jugement du tribunal de l'Escaut.

» En second lieu, comment pourrait-on sérieusement argumenter ici de la cérémonie nuptiale au contrat de mariage? Qu'un père soit censé approuver le mariage de son fils, lorsqu'il ne s'y oppose pas, cela se conçoit. Les proclamations qui précèdent cette cérémonie, la publicité qu'elle a par elle-même, ne permettent pas de supposer que le père l'ait ignoré; et l'on ne peut pas l'en supposer instruit, sans attacher à son silence l'idée d'une approbation virtuelle. — Mais le contrat de mariage est, par sa nature, un acte secret pour tous ceux qui n'y sont pas appelés, surtout dans les pays où il n'est sujet, ni à l'insinuation, ni à l'enregistrement, ni à aucune autre formalité équipollente : et telle était la Flandre autrichienne en 1763. Le père, qui n'est pas appelé au contrat de mariage de son fils, peut donc très-bien en ignorer, non-seulement les clauses, mais même l'existence; on ne peut donc pas exciper, à cet égard, du défaut d'opposition de la part du père; le père ne peut pas s'opposer à la passation d'un contrat de mariage, lorsque rien ne lui annonce qu'on le passe effectivement.

» Ecartons donc les inductions que tire la demanderesse, soit du placard de 1540, soit de celui de 1623; encore une fois ces deux édits sont absolument étrangers à la cause qui nous occupe; et renfermons-nous dans l'examen de la seule question qu'elle nous offre, de celle de savoir si le tribunal de l'Escaut a violé quelque loi, en déclarant nul le contrat de mariage d'un fils de famille mineur, parce que son père n'y était pas intervenu pour l'autoriser.

» Sur ce point, nous devons d'abord observer que la coutume de Ninove ne décide rien, absolument rien; elle ne parle, ni des fils de famille, ni des mineurs, ni des contrats de mariage, ni même des contrats en général.

» Mais les lettres-patentes de Philippe II, du 9 juillet 1563, portant homologation de cette coutume, ordonnent expressément que *ce qui n'est pas compris* dans son texte, *demeurera à la disposition du droit commun.*

» C'est donc par le *droit commun*, que doit se résoudre notre question. Mais que doit-on, à cet égard, entendre par le *droit commun*? Est-ce le droit romain? Est-ce la jurisprudence la plus générale de la ci-devant province de Flandre?

» Si c'est le droit romain, nous n'y trouverons rien qui ne soit en harmonie, sinon avec les motifs textuels, du moins avec le dispositif du jugement du tribunal de l'Escaut.

» A la vérité, dans le droit romain, le fils de famille est capable de contracter toutes sortes d'obligations. La loi 39, D. *de obligationibus et actionibus* porte qu'il peut généralement s'obliger comme un père de famille, *ex omnibus causis tanquàm paterfamilias obligatur*, et qu'on peut agir contre lui, de même que contre un père de famille, pour lui faire exécuter ses engagemens, *et ob id agi cum eo tanquàm cum patrefamilias potest.*

Il est vrai encore que, d'après cette règle générale, Ignace-François Depaëpe doit être considéré comme ayant pu s'obliger valablement par le contrat de mariage du 13 juin 1763, quoiqu'il fût alors, non-seulement en puissance de père, mais encore mineur de vingt-cinq ans; car s'il était mineur de vingt-cinq ans, bien certainement il était au-dessus de l'âge de pupillarité, puisqu'il s'est marié à cette époque. Or, par le droit romain, tout individu au-dessus de quatorze ans, peut, quoique mineur de vingt-cinq, s'obliger comme s'il avait atteint sa pleine majorité, sauf le recours au bénéfice de rescision.

» Mais aussi par le droit romain, toute convention matrimoniale qui emporte aliénation des immeubles d'un mineur, est nulle, si elle n'a été autorisée par un décret préalable de justice. C'est ce qui résulte de la loi 8, C. *de prædiis minorum*, et de la loi 22, C. *de administratione tutorum et curatorum.*

» Et certes, elle emportait aliénation des immeubles d'Ignace-François Depaëpe, la clause de son contrat de mariage, qui les ameublissait, et les faisait entrer en communauté.

» Aussi existe-t-il un grand nombre d'anciens arrêts, même du parlement de Paris, par lesquels a été déclarée nulle, toute clause de cette espèce, qui, de la part d'un mineur, n'était pas précédée des formalités ordinaires pour la vente de ses biens-fonds; et si depuis, dans le ressort du parlement de Paris, on s'est relâché de cette rigidité de principes, ce n'est assurément pas une raison pour faire casser un jugement qui, dans une autre contrée, s'est tenu sur cette matière, aux véritables et saines maximes du droit romain.

» Maintenant veut-on, par le *droit commun* auquel renvoient les lettres-patentes approbatives de la coutume de Ninove, entendre la jurisprudence la plus générale de la ci-devant province de Flandre? Nous la trouverons d'accord, non-seulement avec le dispositif, mais même avec les motifs du jugement attaqué.

» En effet, le jugement attaqué porte tout entier sur ce principe, qu'un mineur de vingt-cinq ans et un fils de famille, même majeur, ne peuvent s'obliger valablement par aucune espèce de contrat, s'ils n'y sont expressément autorisés, l'un par son tuteur, l'autre par son père.

» Or, ce principe est écrit dans presque toutes les coutumes de la ci-devant Flandre, notamment dans celles de Gand, rubr. 22, art. 8; de Poperingue, tit. 13, art. 24; de Bergues, rubr. 17, art. 31; de Lille, tit. 4, art. 2; de Douay, ch. 7, art. 2; de Tournai, tit. 10, art. 2; de Nieuport, rubr. 19, art. 13, etc.

» Toutes ces coutumes ont, comme de concert, aboli la différence que mettait le droit romain entre les pupilles et les mineurs; elles ont appliqué aux mineurs l'incapacité de s'obliger, que le droit romain établissait contre les pupilles; elles ont fait plus encore, relativement aux fils de famille : considérant la puissance paternelle comme une espèce de tutelle légitime, elles ont, par rapport à la faculté de contracter, étendu aux personnes soumises à l'une, tous les effets que produit l'autre à l'égard de ceux qui y sont assujettis.

» Et tel est véritablement le droit commun, non-seulement de toute la ci-devant province de Flandre, mais encore de toutes les ci-devant provinces belgiques, l'Artois excepté.

» Cela posé, nul doute que le tribunal de l'Escaut n'ait pu et dû admettre en principe, que les mineurs non autorisés *ne peuvent valablement contracter, à l'effet d'obliger leurs personnes et leurs héritiers*; et il ne reste plus de difficulté que sur le point de savoir s'il n'a pas dû en excepter les contrats de mariage.

» Sur quel fondement les en aurait-il donc exceptés? Aucune loi générale, aucune coutume particulière de la ci-devant province de Flandre ne dispense, à cet égard, les mineurs, de la nécessité de l'autorisation, soit paternelle, soit tutélaire; nous trouvons, au contraire, dans la coutume d'Ypres, rubr. 13, art. 2, une disposition qui exige formellement cette autorisation dans les contrats de mariage des mineurs.

» Qu'importe que Vandenhane, dans ses notes sur la coutume de Gand, rubr. 20., art. 20, ait dit que *minor, sicut est habilis ad matrimonium, ità est ad omnia pacta antenuptialia congrua, solita et in regione frequentia?*

» Inférons de là, si l'on veut, que, dans l'opinion de Vandenhane, le consentement tacite du père d'Ignace-François Depaëpe au mariage de celui-ci, l'aurait suffisamment habilité à signer des conventions matrimoniales dans lesquelles il ne serait entré rien que d'ordinaire et d'usité dans le pays.

» Mais d'abord cette opinion n'est pas une loi; et un jugement qui y serait contraire, ne devrait ni ne pourrait pour cela être cassé; ensuite la question est précisément de savoir si le contrat de mariage d'Ignace-François Depaëpe peut être assimilé à ce que Vandenhane appelle *pacta antenuptialia congrua, solita et in regione frequentia.* Or, cette question qui gît toute entière en fait, le tribunal de l'Escaut l'a décidée pour la négative, sans que la demanderesse en cassation ait rien produit, rien articulé, qui tendît à prouver le contraire; et certes, nous ne sommes pas, sur un point de fait, obligés ni même autorisés à pousser notre examen au-delà du cercle dans lequel nous circonscrivent les pièces qui sont sous nos yeux.

» Si la demanderesse trouvait que le tribunal de l'Escaut se fût mépris, en présentant comme une clause extraordinaire, celle qui faisait entrer en communauté tous les immeubles d'Ignace-François Depaëpe, il lui était extrêmement facile de relever et de réfuter cette erreur. Elle n'avait qu'à prouver que les immeubles d'Ignace-François Depaëpe étaient situés, soit dans la coutume de Ninove, soit dans toute autre coutume de communauté universelle : elle ne l'a point fait; elle ne l'a pas même entrepris : elle a donc reconnu, par cela même, que les immeubles d'Ignace-François Depaëpe ne seraient pas entrés en communauté, sans la clause dont il s'agit; elle a donc, par cela même, reconnu que le tribunal de l'Escaut avait eu raison de qualifier cette clause d'extraordinaire; elle a donc, par cela même, reconnu que cette clause emportait aliénation, et par une suite nécessaire, qu'elle était nulle, même en supposant à Ignace-François Depäëpe la capacité de s'obliger personnellement.

» Sans doute, on n'objectera pas que la nullité de cette clause a été effacée par la prescription.

» De quelle prescription voudrait-on parler? Serait-ce de celle de dix ans, établie par l'art. 19 de l'édit perpétuel des archiducs Albert et Isabelle de 1611, copié sur l'art. 40 de l'ordonnance de Louis XII, de 1510? Mais cette prescription ne porte que sur les rescisions de contrats valables dans leur origine; elle ne s'étend pas jusqu'aux contrats radicalement nuls; ainsi l'a décidé une déclaration du conseil privé de Bruxelles, du 14 novembre 1638; ainsi l'ont jugé trois arrêts du conseil de Brabant, des mois de mai 1645, octobre 1704 et octobre 1705, rapportés par Stockmans et Wynants; ainsi l'ont pareillement jugé deux arrêts du parlement de Flandre, des 27 janvier 1698 et 13 octobre 1706, rapportés par Desjaunaux et Deghewiet.

» Voudrait-on parler de la prescription de trente ans? Il est vrai que, du contrat de mariage d'Ignace-François Depaëpe, à son décès, il y a un intervalle de trente ans et quatre mois. Mais à quelle époque Ignace-François Depaëpe était-il devenu majeur? C'est ce que nous ignorons; et ce qui doit, au moins à nos yeux, prouver qu'il ne s'était pas écoulé trente ans de sa majorité à sa mort, c'est que la demanderesse ne l'a pas dit, c'est qu'elle n'a pas cherché à s'en faire un moyen, c'est qu'en un mot elle n'a pas plus allégué la prescription trentenaire que la prescription décennale.

» Dans ces circonstances, et par ces considérations, nous estimons qu'il y a lieu de rejeter la requête en cassation et de condamner la demanderesse à l'amende ».

Sur ces conclusions, arrêt de la section civile, du 2 germinal an 9, au rapport de M. Liborel, par lequel,

« En ce qui concerne les moyens de forme, attendu que, n'ayant point été proposés pardevant les juges qui ont rendu le jugement attaqué, la demanderesse est non-recevable, aux termes de la loi du 4 germinal an 2, à les présenter au tribunal de cassation;

» En ce qui touche le moyen du fond, attendu que ce ne sont point les édits de 1540 et de 1623, cités par la demanderesse, qui ont servi de base au jugement attaqué, et que ces lois étaient véritablement inapplicables à la question de la validité des conventions matrimoniales dont il s'agissait;

» Attendu qu'en décidant, d'après le droit qui régissait les parties, que lesdites conventions ne devaient point avoir effet, le jugement attaqué n'a contrevenu à aucune loi;

» Le tribunal rejette...... ».

§. II. *Quelles étaient, avant la publication du Code civil, les formalités rigoureusement nécessaires, pour l'aliénation des biens des mineurs?*

V. le plaidoyer du 21 ventôse an 9, rapporté à l'article *Absent*, §. 3.

§. III. *Un mineur dont le bien a été vendu illégalement, peut-il en attaquer la vente, lorsque parvenu à l'âge de majorité, il en a reçu le prix des mains de l'acquéreur?*

Cette question s'est présentée à l'audience de la cour de cassation, section civile, le 4 thermidor an 9, sur le recours exercé par Marie Bordenave et ses sœurs, contre un jugement du tribunal civil du département des Hautes-Pyrénées, rendu en faveur du sieur Vignalet.

« Du rapport et des plaidoiries que vous venez d'entendre (ai-je dit, en concluant sur cette affaire), il résulte,

» Qu'en septembre 1791, c'est-à-dire, à une époque où la loi ne mettait à la faculté de disposer entre enfans, d'autres bornes que celles de la légitime, Anne Pinaut, mère des demanderesses, fit un testament par lequel elle institua, pour unique héritière, Marie Bordenave, sa fille aînée;

» Que, le 28 août 1793, Marie Bordenave, encore mineure, obtint du tribunal du district de Pau, un jugement qui, du consentement de son père, de son curateur aux causes, d'un cit. Huguet, l'un de ses plus proches parens, de ses sœurs et du commissaire du pouvoir exécutif, l'autorisa à vendre le domaine de Pinaut, seul bien qu'elle eût recueilli, à ce qu'il paraît, de la succession maternelle;

» Que cette autorisation fut motivée sur l'état de délabrement où se trouvait ce domaine, sur l'impuissance de marie Bordenave d'y faire les réparations indispensables, et sur la multiplicité des dettes qu'il y avait à payer;

» Et qu'en conséquence, le 17 septembre 1793, le domaine fut vendu au défendeur, pour prix de 13,600 fr.

» Vous avez aussi remarqué que, le 15 pluviôse an 3, Marie Bordenave, alors majeure, reçut du défendeur le dernier payement de cette somme, et lui en donna quittance devant notaire.

» Mais ce qu'il nous importe le plus d'observer, c'est que, dans cette quittance, Marie Bordenave reconnaît que c'est *de son bon gré* qu'elle reçoit ce qui lui reste dû par le défendeur.

» Une autre circonstance qui ne doit pas non plus nous échapper, c'est que, le 20 brumaire précédent, c'est-à-dire, à une époque où il y avait déjà un mois et demi qu'elle avait atteint sa majorité, Marie Bordenave avait ratifié pardevant notaire, une quittance de 886 livres 10 sous qu'elle avait donnée au défendeur, le 4 germinal an 2.

» Certainement alors, Marie Bordenave ne pensait pas à revenir sur la vente du domaine de Pinaut. Mais, le 14 vendémiaire an 4, elle se pourvut en nullité de cette vente; et sa demande ayant été portée devant le tribunal civil du département des Basses-Pyrénées, Jeanne et Marguerite Bordenave, ses sœurs, y intervinrent: l'une sous l'assistance et l'autorisation de son mari; l'autre, encore pupille, sous l'assistance et l'autorisation de son père.

» Le 12 pluviôse an 5, jugement qui reçoit le commissaire du gouvernement opposant à celui du tribunal du district de Pau, du 28 août 1793; reçoit pareillement Jeanne et Marguerite Bordenave parties intervenantes dans l'instance, à raison de l'intérêt qu'elles y ont comme légitimaires; et au fond, annulle la vente, comme faite sans cause légitime, sans avis légal de parens, et sans les solennités d'usage.

» Mais, sur l'appel du défendeur, ce jugement est infirmé par un autre du tribunal civil des Hautes-Pyrénées, du 15 messidor de la même année, sur le fondement;

« En ce qui concerne le commissaire du pouvoir exécutif, qu'il n'a pas pu attaquer, de son chef, le jugement du 28 août 1793, auquel il avait concouru;

» En ce qui concerne Jeanne et Marguerite Bordenave, parties intervenantes, qu'elles sont sans intérêt dans l'instance, puisque Marie Bordenave, leur sœur, a pu, en sa qualité d'unique héritière, vendre sans leur participation le bien dont il s'agit; qu'à la vérité, elles peuvent agir pour supplément de légitime, contre l'acquéreur de ce bien; mais que ce n'est point là un motif suffisant pour faire recevoir leur intervention dans une affaire où il n'est question que de savoir si la vente est, ou non, valable;

» Enfin, en ce qui concerne Marie Bordenave, venderesse, qu'en recevant, majeure, le prix de la vente, elle a ratifié la vente elle-même; que, si elle est lésée, elle peut se pourvoir en rescision; mais que, lésée ou non, elle est non-recevable dans sa demande en nullité.

» Voilà comment est motivé le jugement du tribunal des Hautes-Pyrénées, dont on vous demande la cassation. — Mais ce jugement n'est pas le seul qui soit ici attaqué; le recours des demanderesses porte aussi, et avant tout, sur le jugement du tribunal du district de Pau, du 28 août 1793.

» Est-ce donc en dernier ressort qu'a été rendu ce dernier jugement? Non; il ne pouvait pas l'être, et il ne l'a pas été.

» Dès-là, comment a-t-on pu vous en demander la cassation? Vous n'êtes appelés par votre institution, C. M., qu'à l'examen des jugemens en dernier ressort, pour annuller ceux qui présentent quelque contravention aux lois; quant aux jugemens de première instance, ils sont hors de la sphère de vos attributions, ou du moins vous ne pouvez les casser que pour excès de pouvoir, et sur la dénonciation expresse du gouvernement. (*V. Excès de pouvoir*).

» Du reste, la fin de non-recevoir qui s'élève contre la demande en cassation du jugement du 28 août 1793, ne change rien au sort des demanderesses; car si ce jugement a été rendu en contravention aux lois concernant les ventes de biens de mineurs: et s'il a dû en conséquence être rétracté par le jugement du tribunal des Hautes-Pyrénées, du 15 messidor an 5, bien certainement il y aura lieu de casser ce dernier jugement, par les mêmes considérations qui auraient dû le déterminer à rétracter l'autre.

» Tout dépend donc ici du point de savoir si le jugement du 28 août 1793, en permettant la vente du domaine de Pinaut, a respecté ou violé les lois régulatrices de l'aliénation des biens appartenans aux mineurs.

» Mais cette question est elle-même subordonnée à une autre, qui est ici essentiellement préjudicielle: c'est de savoir si Marie Bordenave est encore recevable à attaquer la vente de son bien, et par suite, à se plaindre de ce que le jugement du tribunal des Hautes-Pyrénées, du 11 messidor an 5, n'a pas rétracté le jugement du 28 août 1793, qui avait autorisé cette vente.

» Vous n'avez pas oublié, C. M., que le tribunal des Hautes-Pyrénées l'y a déclarée purement et simplement non-recevable, par la raison qu'en recevant, majeure, le restant du prix de la vente, elle avait implicitement ratifié la vente elle-même. Cette décision est-elle conforme ou contraire aux lois de la matière?

» Elle leur serait certainement contraire, si c'était *forcément* que Marie Bordenave eût reçu, le 15 pluviôse an 3, ce qui lui restait dû par l'acquéreur.

» Mais la quittance qu'elle a elle-même donnée devant notaire, énonce et constate que c'est *de son bon gré* qu'elle a reçu.

» Il est vrai que quarante jours auparavant, le 5 nivôse an 3, le cit. Vignalet lui avait fait faire des offres réelles, avec menace de se pourvoir en justice pour être autorisé à consigner, si elle ne recevait pas.

» Mais cette circonstance ne peut pas empêcher qu'elle ne soit censée avoir reçu bien volontairement, le 15 pluviôse;

» D'abord, parce que le cit. Vignalet n'a donné aucune suite à ses offres réelles; que ces offres réelles ne suffisaient pas seules pour mettre Marie Bordenave dans la nécessité de recevoir; et qu'elle l'a elle-même si bien reconnu, que, dans sa quittance du 15 pluviôse an 3, elle a formellement déclaré que c'était de *son bon gré* qu'elle recevait;

» Ensuite, parce que, sur les offres réelles du cit. Vignalet, elle s'était refusée à recevoir, non pas pour se réserver le moyen de revenir contre la vente, mais uniquement par la raison que le cit. Vignalet avait exigé qu'elle fît intervenir dans la quittance ses deux sœurs, assistées, l'une de son tuteur, l'autre, de son curateur; et que, de son côté, elle n'était pas, ce sont les termes de sa réponse, *à portée de connaître le montant des prétentions de ses sœurs.* Aussi voyons-nous que, le 10 pluviôse suivant, les prétentions de ses sœurs ayant été liquidées et fixées par un jugement contradictoire, elle s'est trouvée satisfaite sur ce point; et il n'a plus existé d'obstacle à la bonne volonté qu'elle avait manifestée de recevoir.

» Ajoutons encore que, dès le 20 brumaire précédent, époque où elle était déjà majeure, elle avait, de son propre mouvement, ratifié par-devant notaire, une quittance sous seing-privé qu'elle avait donnée au cit. Vignalet pendant sa minorité.

» Ainsi, tout concourt à établir qu'il n'y a rien de forcé, qu'il n'y a eu rien que de volontaire, de sa part, dans le payement définitif qui lui a été fait le 15 pluviôse an 3.

» Cela posé, nous avons à examiner si un vendeur, en recevant, après qu'il est parvenu à l'âge de majorité, le prix d'une vente qu'il a faite étant mineur, renonce au droit qu'il peut avoir de faire annuller cette vente pour omission des formalités indispensables.

» Sur cette question, écoutons la loi 10, D. *de rebus eorum qui sub tutelâ vel curâ sunt, sine decreto non alienandis.* Un immeuble appartenant à un pupille ou à un mineur, ayant été vendu sans formalités (après le sénatus-consulte qui, sur la proposition de l'empereur Sevère, avait défendu aux tuteurs et curateurs d'aliéner autrement que par decret de justice, les biens-fonds de leurs pupilles ou mineurs), le pupille ou mineur, parvenu à sa majorité, a exercé contre son tuteur ou curateur l'action en reddition de compte de tutelle ou curatelle (action qu'on appelle, à l'égard du tuteur, *actio tutelæ*, et à l'égard du curateur, *utilis actio curæ*); et par le résultat du compte, le prix du bien vendu a été payé au pupille ou mineur par son tuteur ou curateur. Cela fait, le pupille ou mineur pourra-t-il encore inquiéter l'acquéreur de son immeuble? Non; toute action lui est interdite à cet égard : *Illicitè post senatus-consultum pupilli vel adolescentis prœdio venundato, si eo nomine apud judicem tutelæ vel utilis actionis, æstimatio facta est, eaque soluta, vindicatio prœdii ex œquitate inhibetur.* Car, dit sur cette loi, la glose de l'édition des Elzévirs, *non tàm asperè tractandum est jus prohibitœ alienationis prœdiorum pupillarium, ut et solutâ æstimatione à tutore, in emptorem pupillus summo jure experiatur.*

» Et sur le fondement de cette loi, l'un des plus profonds jurisconsultes du dernier siècle, Voët, en son Commentaire sur le digeste, liv. 27, tit. 9, n. 14, enseigne que le mineur dont le bien a été vendu illégalement, ne peut plus en attaquer la vente, lorsque, parvenu à l'âge de vingt-cinq ans, il en a reçu le prix de son tuteur dans son compte de tutelle, parce que, par là, il est censé en avoir ratifié tacitement l'aliénation : *Sed nec silentio prætermittendum, alienationes illas quæ, initio inspecto, ipso jure nullæ erant, tanquàm contrà senatus-consultum factæ, subindè ex postfacto confirmari posse, præsertim si minor jam major factus alienationem ratam habuerit, SIVE EXPRESSÈ, SIVE TACITÈ, dùm adversus tutorem aut curatorem, instituit ad æstimationem seu pretium ejus quod illicitè distractum est.*

On objectera, sans doute, qu'après avoir reçu, en majorité, le prix d'une vente faite en minorité, on n'en conserve pas moins le droit de faire rescinder la vente pour cause de lésion, et que telle est la décision implicite de la loi première, au Code, *si major factus alienationem factam sine decreto ratam habuerit.*

» Mais s'ensuit-il de là que la réception du prix, en majorité, ne couvre pas la nullité de la vente? Non. Il en résulte seulement que, par l'effet de la réception du prix, en majorité, la vente est considérée comme intrinsèquement régulière, mais qu'elle demeure sujette à l'action rescisoire pour cause de lésion, ni plus ni moins que si un mineur avait vendu avec toutes les solennités requises, ou que la vente eût été faite en majorité. *Nam*, dit Tulden, sur le titre cité du Code, n. 1, *cùm prima venditio ipso jure nulla est, insecutâ ejus approbatione, ferè perindè est ac si tunc primùm res venderetur; quo casu læso haud dubiè succurritur.*

» Aussi la glose de l'édition des Elzévirs remarque-t-elle sur la première loi de ce même titre, qu'après avoir ratifié de cette manière en majorité, la vente faite illégalement en minorité, on ne peut plus en demander la nullité, mais seulement la rescision pour cause de lésion dans le prix. *Et ità ratihabitio venditionem ipso jure nullam confirmare potuit.... Non dico venditionem omninò nullam, jus illud est minoris. Dico me deceptum fuisse ultrà dimidium justi pretii, quod cuivis majori licet dicere.*

» Il faut donc bien prendre garde, en cette matière, de confondre les actes qui emportent ratification à l'effet d'exclure la demande en nullité avec les actes qui emportent ratification à l'effet d'exclure la demande en rescision.

» Ceux-ci doivent être exprès et formels. Un mineur devenu majeur, aura beau faire des actes conséquens à celui dans lequel il a été lésé par son tuteur; dès qu'il ne l'approuve pas directement, la voie de la rescision lui demeurera toujours ouverte.

» Mais pour couvrir la nullité intrinsèque d'un acte fait en minorité, la ratification tacite suffit; et cette ratification s'induit toujours d'un acte fait en majorité par suite ou à l'occasion de celui qui était originairement nul.

» Par exemple, dit encore Tulden, n. 2, si, à la majorité du mineur dont le bien a été vendu sans formalités judiciaires, l'acheteur lui passe une reconnaissance de n'avoir acquis que sous faculté de réméré, l'acceptation de cette reconnaissance emportera, de la part du mineur, une ratification tacite de la vente. *Est et hoc exemplum confirmationis tacitæ, si declarationem emptoris, quòd cùm pacto redimendi emisset, major factus acceptavit.*

» Il en sera de même, continue ce magistrat-jurisconsulte, si, après avoir vendu en minorité sous faculté de rachat, devenu majeur, il cède à un tiers son droit de réméré, même en réservant son action en nullité contre l'acquéreur : *Idem proindè multò magis dicemus, si jus redimendi major factus cesserit, alteri re-demptio enim locum habere nequit, nisi consistente emptione. Idque ità, quamvis protestatus sit ne hoc emptori prodesset; quia pro parte probari, pro parte improbari contractus nequit.*

» Le même auteur se propose ensuite une difficulté : — Dans l'espèce dont il vient de s'occuper, la cession du droit de réméré avait été faite par le mineur parvenu à sa majorité, sans que l'acheteur de son bien, illégalement vendu, fût présent, ni qu'il l'eût acceptée. N'était-ce pas un motif suffisant pour qu'il ne lui fût pas permis d'en exciper? Ne pouvait-on pas lui opposer que cette cession était, à son égard, *res inter alios acta?* En un mot, peut-on regarder comme une ratification effective, un acte auquel n'intervient pas celui qui a intérêt que cette ratification ait lieu? *Illud eleganter quæritur an ratificatio de quâ agimus, etiam absente parte facta, vim suam exerceat?*

» Pour la négative, dit Tulden, on peut alléguer que, puisqu'il s'agit d'un contrat nul de plein droit, c'est la ratification qui est censée lui donner son premier être; qu'ainsi, la présence simultanée des deux parties est nécessaire pour le ratifier, comme elle le serait pour le former dans son principe : *quod cum ipso jure nullus censeatur contractus, ratihabitio illa quasi de integro jàm eum peragat; non potest autem contractus perfici, nisi voluntate utriusque, eodem tempore, conspirante.*

» Mais il y a pour l'affirmative, une raison péremptoire : c'est que le contrat, quoique nul à l'égard du mineur, est valable à l'égard de la personne qui a traité avec lui, et que cette personne est tellement liée par ce qu'elle a fait, qu'elle ne peut pas, malgré le mineur, révoquer le consentement qu'elle lui a donné par le contrat. — De là, en effet, il résulte que, lorsque le mineur ratifie ce contrat, même en l'absence de la personne avec laquelle il a traité, il ne fait que joindre un consentement que sa majorité rend obligatoire pour lui-même, au consentement que cette personne lui a donné précédemment; en sorte que, dès ce moment, il existe un concours de deux consentemens, qui ne forme pas un nouveau contrat, mais qui se reporte au contrat primitif et qui le consolide irrévocablement : *Sed rectè affirmant, quia ab unâ parte consistit obligatio, isque qui contraxerat cum minore, nisi eo consentiente, revocare consilium non potuit : is igitur cum ratihabitione concurrit et conspirat : adeòque, quia eo hoc casu retrotrahitur, non est novus contractus.*

» Tulden ajoute qu'il en a été ainsi jugé par un arrêt du sénat de Mantoue, que rapporte Surdus, §. 70; et cette décision souffre d'autant moins de difficulté, qu'elle résulte même du texte ci-dessus transcrit de la loi 10, D. *de rebus eorum qui sub tutelâ;* car dans l'espèce de cette loi, l'acquéreur de l'immeuble illégalement vendu par le tuteur, n'avait pas été partie au compte de tutelle, dans lequel le mineur, parvenu à sa majorité, avait alloué en recette le prix de ce bien; et cependant la loi déclare que, par cette approbation implicite de la vente, le mineur s'est mis dans l'impuissance de poursuivre l'acquéreur.

» Ainsi, non-seulement la ratification tacite a, pour couvrir la nullité d'un acte, la même efficacité que si elle était exprimée dans les termes les plus positifs; mais il n'est pas même nécessaire, pour produire cet effet, qu'elle intervienne en présence de la partie avec laquelle l acte nul a été passé.

» On a déjà remarqué que Voët ne met également aucune différence, quant à la ratification simplement exclusive de l'action en nullité, entre celle qui est expressé, et celle qui s'opère tacitement : *sive expressè, sive tacitè;* et c'est en s'appuyant sur ce principe, justifié, comme il l'observe très-bien, par la loi 10, D. *de rebus eorum qui sub tutelâ*, qu'il regarde comme ratifiant la vente faite illégalement de son bien pendant sa minorité, le mineur, qui, parvenu à l'âge de vingt-cinq ans, reçoit de l'acquéreur le prix de cette vente : *aut etiam ab ipso prædii alienati emptore pretium necdùm solutum exegit.*

» Le même auteur entre là-dessus dans de plus grands détails, sous le titre *de minoribus*, n. 44; et il nous développe avec sa profondeur ordinaire, les motifs de la distinction que les lois font, à cet égard, entre la *rescision et l'annullation.*

» Lorsqu'un acte, dit-il, a reçu sa perfection en minorité, et qu'après la majorité acquise, il se fait quelque chose en exécution ou par conséquence de cet acte, le bénéfice de la restitution n'en demeure pas moins entier. Par exemple, quoiqu'un mineur condamné exécute en majorité le jugement rendu contre lui; quoiqu'un mineur reçoive en majorité le prix d'une vente qu'il a faite, il n'en conserve pas moins le droit d'attaquer le jugement par requête civile, et la vente par rescision pour cause de lésion. *Quòd si negotium in minorennitate, non cœptum tantùm, sed et perfectum fuerit; deindè verò, post impletam legitimam ætatem, quid gestum fuerit in consequentiam contractûs aut negotii durante ætate minore perfecti; non ideò id pro tacitâ foret ratihabitione habendum, nec ætatis beneficium videri potest hoc ipso exclusum. Veluti si minor condemnatus satisfaciat judicato jam major factus; vel pretium exigat ex emptione quæ suam erat firmitatem adepta, durante curâ : vel solverit exegeritve æs alienum hereditarium, ex vi aditionis vel immixtionis per ipsum adhùc minorem factæ.*

» Ici, Voët s'appuie sur la loi 3, §. 2, D. *de minoribus*, qui décide textuellement que la restitution en entier contre la qualité d'héritier prise par un mineur, n'en est pas moins recevable, quoique, devenu majeur, il ait reçu ce que devaient les débiteurs, ou payé ce qui était dû aux créanciers de la succession.

» La raison, continue-t-il, en est simple. La restitution en entier n'a lieu que contre les actes valables de plein droit; ainsi, le mineur devenu majeur, peut être contraint à exécuter l'acte qu'il a passé en minorité, puisque cet acte est supposé valable en soi; il n'est cependant pas obligé, dès qu'il a atteint ses vingt-cinq ans, de recourir tout de suite au bénéfice de la restitution: la loi lui accorde, pour le faire, un délai de plusieurs années; comment, d'après cela, pourrait on regarder comme une ratification, ce qu'il fait en exécution de cet acte? Il est bien plus raisonnable de penser que, s'il exécute un jugement, s'il reçoit le prix d'une vente, s'il paye des créanciers héréditaires, c'est parce qu'il ne peut pas faire autrement, tant que le jugement n'est pas rétracté, tant que la vente n'est pas rescindée, tant qu'il n'est pas restitué en entier contre son addition : *Nec immeritò; cùm enim de restitutione postulandâ quæstio esse nequeat, nisi cum summo jure validum erat quod à minore gestum est; atque adeò minor jam factus major efficaciter ad negotii in minorennitate perfecti implementum cogi posset, quamdiù reipsà restitutionem non impetraverat; neque tamen protinùs ab impleto vicesimo quinto ætatis anno, disceptationem super restitutione ordiri obstrictus fuerit, sed integrum ad id quadriennium à lege datum sit; sequebatur perperàm ex implemento contractûs deduci ratihabitionis præsumptionem; sed ex adverso rectius justiùs justiusque conjiciendum fuit, illum et judicati et contractûs implementum fecisse, uti et æris alieni hereditarii solutionem, ne lite alioquin ab adversario conventus ac procul dubio condemnandus ex hisce causis per restitutionem necdùm infirmatis, insuper impendia litis, tanquàm temerarius litigator, cogeretur sustinere : et vicissim quoque æris alieni hereditarii solutionem exegisse, aut aliter negotii alterius perfecti petiisse implementum, ne, dùm de restitutione petendâ deliberat, lapso interim facultatibus hereditario debitore, per neglectam à se jàm majore facto exactionem, etiam post restitutionem impetratam, hoc ipse ferat detrimentum; neve in damno hæreret, si fortè, post modum, deliberatione pleniore habitâ, per quadriennium totum à lege datum, consultum ei non videatur ætatis auxilium implorare.*

» Mais il en est autrement (c'est toujours Voët qui parle), s'il s'agit d'un acte nul de plein droit, passé en minorité, comme d'une vente d'immeubles faite sans décret de justice; car alors il suffit que devenu majeur, le vendeur ait ou demandé ou reçu le prix de cette vente, pour qu'il soit nécessairement censé l'avoir ratifiée : *Aliter quàm sese res habitura esset, si gestum in minorennitate negotium fuisset ipso jure nullum, veluti si sine decreto alienata ponerentur minoris bona; tunc enim subsecuta post majorennitatem impletam, solutio, vel exactio, vel petitio, vel acceptatio æstimationis, necessariam tacitæ ratihabitionis inducit conjecturam.* Loi 10, D. *de rebus eorum qui sub tutelâ.* Car personne ne pouvant être contraint d'exécuter un acte nul, l'exécution que lui donne le mineur devenu majeur, ne peut absolument avoir d'autre objet, que de le ratifier : *Cùm enim nemo ex negotio, quod ipso jure nullum est, ad implementum ejus judiciali auctoritate constringi possit, adeòque nec condemnationem aut pœnam impendiorum litis jure metuat; videri non potest solius damni avertendi causâ fecisse implementum negotii, quod nullum erat : cui proindè consequens fuit, ut ex implemento non alia quàm ratihabitionis præsumptio, caperetur aut capi posset.*

» Ainsi parle Voët, et sa doctrine est trop lumineuse, trop clairement justifiée par les lois sur lesquelles il la fonde, pour qu'il soit nécessaire d'y joindre d'autres autorités.

Le tribunal des Hautes-Pyrénées s'est donc conformé aux vrais principes, en déclarant qu'à la vérité, Marie Bordenave en recevant le prix de la vente dont il s'agit, ne s'était pas fermé la voie de la restitution en entier pour cause de lésion, mais qu'elle avait renoncé au droit qu'elle aurait pu avoir de faire déclarer la vente nulle.

» Par là tombent tous les moyens de cassation que les demanderesses tirent de l'omission réelle ou supposée des formalités prescrites pour l'aliénation des biens des mineurs..... Et par ces considérations, nous estimons qu'il y a lieu de rejeter leur requête et de les condamner à l'amende ».

Arrêt du 4 thermidor an 9, au rapport de M. Henrion, qui prononce conformément à ces conclusions, « attendu que Marie Bordenave, héritière universelle, a ratifié ladite vente par la quittance qu'elle a donnée en majorité de la portion du prix qui restait à payer à l'époque à laquelle elle est devenue majeure ».

§. IV. *Avant la publication du Code civil, un père pouvait-il, en pays de droit écrit, aliéner sans formalités, les biens du fils mineur qu'il avait sous sa puissance?*

V. le plaidoyer du 23 brumaire an 9, rapporté à l'article *Usufruit paternel.*

§. V. 1.° *Avant le Code civil, un partage provoqué contre un mineur et fait avec lui, sous l'autorisation de son curateur, pouvait-il être annullé, parce que le rapport des experts contenant l'estimation des biens, n'avait pas été entériné par jugement, ni soumis aux conclusions du ministère public?*

2.° *Pouvait-il être rescindé pour cause de lésion, par cela seul que le mineur n'avait eu dans son lot qu'un fonds de commerce et de l'argent, au lieu d'une part dans les immeubles communs?*

3.° *Un partage dans lequel un mineur était intéressé, était-il valable, lorsque les lots n'en avaient pas été tirés au sort?*

4.° *L'art.* 53 *de la loi du* 17 *nivôse an* 2, *qui exigeait le concours d'un conseil de famille dans tout partage auquel des mineurs se trouvaient intéressés, était-il applicable aux partages faits en justice?*

V. l'article *Partage*, §. 3, 4 et 5.

§. VI. *Avant le Code civil, un mineur pouvait-il accepter une donation entre-vifs?*

Sallé, Furgole et d'Amours, dans leurs commentaires sur l'ordonnance de 1731, ont soutenu la négative.

Mais il existe, en faveur de l'opinion contraire, des raisons et des autorités très-puissantes. On peut les voir dans les notes de Bergier sur Ricard, tom. 1, pag. 227, et dans le *Répertoire de jurisprudence*, au mot *Mineur*.

J'y ajouterai seulement un arrêt rendu au ci-devant parlement de Paris, dans l'espèce suivante :

Par contrat du 26 novembre 1774, le marquis de Brunoy fit à Poinsard et à sa femme, ses domestiques, *tous deux mineurs*, donation de 600 livres de rente viagère, en faveur du mariage qu'ils venaient de contracter, et en reconnaissance de leurs services.

Poinsard et sa femme ont accepté cette donation; mais il n'était point dit dans l'acte que la femme eût été autorisée à cet effet par son mari.

Quelque temps après, Poinsard et sa femme transportèrent leur rente, avec tous les arrérages qui en étaient dus, à Bouin.

Celui-ci dénonça son transport au marquis de Brunoy, et lui demanda le payement de plusieurs années des arrérages échus.

Le marquis de Brunoy était alors interdit; et la deuxième chambre des enquêtes du parlement de Paris était, par attribution, investie de la connaissance de toutes les contestations relatives à ses intérêts.

Pour défenses à la demande de Bouin, les curateurs à l'interdiction du marquis de Brunoy ont soutenu; — 1.° Qu'un mineur ne pouvait pas accepter une donation, sans être assisté d'un tuteur; que son incapacité résultait des dispositions des art. 5 et 7 de l'ordonnance de 1731; que tel était même, avant cette ordonnance, le sentiment de Ricard, *Traité des donations*; part. 1, chap. 4, sect. 1, n. 844; que Furgole, d'Amours et Sallé avaient depuis enseigné la même chose; — 2.° Que la femme Poinsard n'avait pas pu accepter, sans l'autorisation expresse de son mari; et que le défaut de cette autorisation ne pouvait pas être couvert par la présence du mari à l'acte.

Bouin répondait que Ricard paraissait n'avoir fait que proposer la question, et qu'il ne l'avait pas décidée; qu'il se servait seulement des expressions, *il semble, on peut dire*; et que d'ailleurs il convenait que, de son temps, le plus grand nombre pensait au palais que la donation acceptée par un mineur, était valable. Il ajoutait que l'art. 7 de l'ordonnance ne pouvait pas être considéré comme renfermant une prohibition contre le mineur, mais comme conférant aux pères, aux mères et aux tuteurs, une faculté qui leur était encore contestée. Il invoquait les suffrages de Bourjon, de Pothier et de Prévôt de la Jannès. Il tirait aussi avantage des dispositions de l'art. 272 de la coutume de Paris : il concluait de cette dernière loi, que Poinsard et sa femme étaient émancipés par mariage, lorsqu'ils avaient accepté. Il invoquait enfin, sur ce dernier point, et par surabondance, l'article de l'ordonnance qui exempte de la nécessité de l'acceptation, les donations faites par contrat de mariage; mais on lui répondait que celle dont il s'agissait, n'était pas consignée dans le contrat de mariage même, et qu'elle avait seulement été faite, en faveur du mariage, trois jours après la célébration. — A l'égard du défaut d'autorisation de la femme, Bouin soutenait que la présence du mari à l'acte, sa signature, son acceptation, et enfin le transport qu'il avait fait de la donation, conjointement avec sa femme, valaient une autorisation. Il allait même jusqu'à dire qu'une femme mariée pouvait seule, comme un mineur, accepter une donation. Il avançait enfin, que, quand ce défaut d'autorisation produirait une nullité, elle ne serait jamais absolue; qu'elle serait tout au plus une nullité relative; qu'elle n'intéresserait que le mari, et que lui seul pourrait la proposer.

Sur ces moyens respectifs, arrêt sur délibéré, au rapport de M. de Flandre de Brunville, le 10 février 1781, qui déclare la donation valable à l'égard de Poinsard, et nulle à l'égard de la femme.

§. VII. *Un jugement rendu dans une instance où se trouve partie un mineur dépourvu de curateur, est-il valable, lorsqu'il prononce en faveur du mineur?*

V. le plaidoyer et l'arrêt du 11 frimaire an 9, rapportés à l'article *Curateur*, §. 1.

§. VIII. *Quel est le délai fatal, pour le recours en cassation contre un jugement en dernier ressort, rendu au désavantage d'un mineur, et qui lui a été signifié avant la loi du 1.er décembre 1790, mais dont la signification ne lui a été réitérée, ni depuis la publication de cette loi, ni depuis qu'il a atteint sa majorité ?*

V. l'article *Cassation*, §. 21.

§. IX. *De quel jour part l'hypothèque d'un créancier sur les biens de son débiteur, pour une obligation que celui-ci a souscrite en minorité et ratifiée en majorité ?*

V. l'article *Hypothèque*, §. 4.

§. X. *Sous le régime hypothécaire de 1771, les mineurs et les interdits conservaient-ils leurs hypothèques, sans opposition au sceau ?*

V. l'article *Hypothèque*, §. 12.

§. XI. *Y a-t-il lieu à la requête civile en faveur d'un mineur, comme non valablement défendu, lorsque son tuteur a exposé tous ses moyens de défense, mais n'a pas pris expressément les conclusions auxquelles ces moyens pouvaient donner lieu ?*

V. l'article *Requête civile*, §. 6.

§. XII. 1.° *Les lettres de majorité, c'est-à-dire, d'émancipation, qu'un mineur obtenait ci-devant dans la Belgique, le faisaient-elles réputer majeur à l'effet de faire courir, dès ce moment, le délai dans lequel les mineurs étaient admis à réclamer le bénéfice de restitution en entier contre les actes qu'ils avaient passés en minorité ?*

2.° *Ce délai était-il restreint à quatre ans, conformément aux lois romaines; ou s'étendait-il à dix ans, d'après l'art. 29 de l'édit perpétuel de 1611 ?*

3.° *Celui qui, après avoir demandé la restitution en entier contre un acte qu'il a passé en minorité, conclut ensuite à l'exécution de cet acte, est-il censé, par là, rétracter sa demande en restitution ?*

V. le plaidoyer et l'arrêt du 7 septembre 1809, rapportés aux mots *Substitution fidéicommissaire*, §. 10.

MINIÈRE. — *A qui appartient le fonds des minières? La loi du 21 avril 1810 a-t-elle introduit, relativement à la propriété des minières, la même innovation que pour celle des mines ?*

Les substances connues sous le nom de *minières*, c'est-à-dire, les minerais de fer dits d'alluvion, les terres pyriteuses propres à être converties en sulfate de fer, les terres alumineuses et les tourbes, appartiennent, par le droit naturel, comme les mines proprement dites, aux propriétaires du sol où elles se trouvent.

Mais la loi du 21 avril 1810 établit, sur ce point, par rapport aux mines, un nouvel ordre de choses : elle les convertit en propriétés distinctes et indépendantes de celle du sol qui les recèle; et ces propriétés elle les met absolument à la disposition du gouvernement qui les concède à qui il lui plaît.

En est-il de même des minières? Il suffit de comparer les titres 2 et 7 de cette loi, pour se convaincre que non.

Et c'est ce qu'a fort bien remarqué le rapporteur de la commission du corps législatif, à la séance du 21 avril 1810, dans l'examen qu'il a successivement fait des diverses dispositions de cette loi :

« L'argument le plus fort en faveur de ce système (a-t-il dit, en parlant de l'innovation introduite par rapport aux mines), est qu'elles ne sont pas divisibles de leur nature; mais ce raisonnement n'est pas applicable aux mines superficielles et désignées sous le nom de *minières*; et si vous avez reconnu qu'on doit détacher les mines proprement dites de la propriété du sol, parce qu'elles sont formées dans un système naturel qui n'a aucun rapport avec les divisions des terrains qui les couvrent, et parce que leur exploitation doit se faire en grand, vous reconnaîtrez aussi que les minières, placées à la surface du sol, ou presque immédiatement au dessous de la couche végétale, pouvant être exploitées sans de grands travaux, et sans compromettre en rien les ressources de l'avenir, doivent rester à la disposition des propriétaires superficiels ». (*Moniteur du* 5 *mai* 1810).

MINISTÈRE PUBLIC. — §. I. *Avant le Code de procédure civile, était-ce au domicile de l'officier du ministère public près le tribunal de première instance où l'on faisait assigner un étranger, que l'assignation devait être donnée; ou devait-elle l'être au domicile du procureur-général près la cour d'appel ?*

V. le plaidoyer et l'arrêt du 11 fructidor an 11, rapportés à l'article *Expropriation forcée*, §. 3.

§. II. *Le ministère public contrevient-il à la loi qui, en matière civile, lui interdit toute action directe, lorsqu'en portant la parole sur une affaire plaidée entre deux parties, il requiert en termes formels, ce à quoi l'une des parties n'avait conclu qu'implicitement?*

V. le plaidoyer du 11 prairial an 11, rapporté à l'article *Mariage*, §. 5.

§. III. *Avant le Code de commerce, le ministère public pouvait-il poursuivre d'office le crime de banqueroute frauduleuse?*

Joseph Libman et Marie Thomas, traduits devant la cour de justice criminelle du département du Jura, sur une accusation de banqueroute frauduleuse, admise par un premier jury, y ont conclu, avant l'ouverture des débats, à ce que toute la procédure fût annullée, sur le fondement qu'il n'y avait point de partie plaignante, et que, par la déclaration de Louis XV, du 5 août 1721, il avait été fait défenses aux juges de recevoir aucune requête à fins criminelles, contre un débiteur en état de faillite ou banqueroute, sans délibération et consentement préalable des créanciers excédant la moitié des dettes.

Par arrêt du 17 prairial an 8, motivé sur le décret du 6 vendémiaire an 3, et sur l'art. 4 du Code des délits et des peines, du 3 brumaire an 4, la cour de justice criminelle du département du Jura a ordonné, sans avoir égard à la demande des accusés en nullité de la procédure, qu'il serait passé outre aux débats.

Joseph Libman et Marie Thomas se sont pourvus en cassation contre cet arrêt, et contre celui du même jour, qui, sur la déclaration du jury, portant qu'ils étaient convaincus, les avait condamnés, l'un à six années de fers, l'autre à six années de réclusion.

La cause portée à l'audience de la section criminelle, j'ai observé que la déclaration du 5 août 1721, loin d'étayer le système des réclamans, le détruisait de fond en comble.

« En effet (ai-je ajouté), elle veut que JUSQU'AU 1.er JUILLET 1722, *aucune plainte ne puisse être rendue ni requête donnée à fins criminelles contre ceux qui auront fait faillite*; et elle défend à tous juges et officiers de justice *de les recevoir, si elles ne sont accompagnées des délibérations et du consentement des créanciers, dont les créances excèdent la moitié de la totalité des dettes.* — Mais par cela même qu'elle ne dispose ainsi que pour le temps qui doit s'écouler jusqu'au 1.er juillet 1722, il est évident que, ce terme expiré, sa disposition devra cesser de plein droit; et qu'alors, l'exception qui en résulte, ne limitera ni n'entravera la règle générale qui, non-seulement autorise, mais même oblige impérieusement, le ministère public à poursuivre d'office, sans plainte ni dénonciation préalable, tout délit caractérisé et puni par la loi, dont la connaissance lui parvient par une voie quelconque.

Il est vrai que la disposition citée de la déclaration du 5 août 1721 a été depuis continuée d'année en année, par des déclarations postérieures, jusqu'en 1732. Mais il est vrai aussi que depuis 1732, elle n'a plus été renouvelée; et ici se place naturellement une observation de Jousse, sur l'art. 12 du titre 11 de l'ordonnance de 1673: « Il paraît (dit-il) que les conditions requises » par ces déclarations, pour pouvoir faire des » poursuites criminelles, n'ont été établies que » par rapport aux circonstances du temps, et aux » révolutions arrivées par la variation des mon- » naies et par les billets de banque, qui avaient » rendu alors les banqueroutes fréquentes et quel- » quefois inévitables, ce qui avait engagé le roi à » établir des règles sages, pour ne pas rendre trop » fréquentes ni faciles les poursuites qui auraient » pu être faites contre ceux qui tombaient, dans » ce temps-là, en faillite; mais aujourd'hui que » les circonstances sont changées, et que les » choses sont revenues dans leur ancien état, on » ne peut douter que, dans le cas d'une banque- » route frauduleuse, les procureurs du roi ou » fiscaux ne puissent rendre plainte et en pour- » suivre les auteurs, comme de tout autre crime, » sans avoir besoin pour cela d'une délibération » préalable, consentie par plus de la moitié des » créanciers du failli ».

» Dira-t-on qu'avant la déclaration du 5 août 1721, celle du 11 janvier 1716 avait réglé que les débiteurs faillis qui, dans l'état de leurs dettes, auraient employé des créances simulées, ou supposé des transports de leurs effets en fraude de leurs créanciers, pourraient être *poursuivis comme banqueroutiers frauduleux, à la requête de leurs créanciers qui auraient affirmé leurs créances......., pourvu que leurs créances composassent le quart du total des dettes?* Dira-t-on que, par ces mots, *à la requête de leurs créanciers*, le législateur avait suffisamment fait entendre que le ministère public ne pouvait pas poursuivre d'office le crime de banqueroute frauduleuse? Mais ce serait une illusion. Il ne faut pas, dans la déclaration du 11 janvier 1716, séparer les mots, *à la requête de leurs créanciers*, de ceux-ci *pourvu que leurs créances composent le quart du total des dettes*; il faut, au contraire, combiner l'une avec l'autre les deux idées que présentent toutes ces expressions réunies. Or, de leur combinaison, que résulte-t-il? une seule chose: c'est que, pour faciliter la poursuite des banqueroutiers frauduleux, le législateur déroge aux art. 5 et 6 du tit. 11 de l'ordonnance de 1673, suivant lesquels les créanciers d'un failli ne peuvent, en thèse générale, agir qu'en vertu d'une délibération souscrite par ceux qui forment les trois quarts en somme. Ainsi, d'après cette dérogation, les créanciers qui composent le quart du total des dettes, peuvent rendre plainte, et se constituer parties civiles contre leurs débiteurs banqueroutiers frauduleux. Mais la déclaration du 11 janvier 1716 ne dit pas qu'à défaut de plainte de leur part, le ministère public aura les mains liées; et dès qu'elle ne le dit pas, elle laisse nécessairement subsister le droit attribué, ou plutôt le devoir imposé (1), au ministère public, de poursuivre d'office la banqueroute frauduleuse, comme tout autre délit.

» C'est d'ailleurs ce que prouve manifestement la déclaration du 13 juin de la même année : elle veut que les débiteurs en faillite, qui n'auront pas déposé leur bilan et leurs registres dans le délai et de la manière qu'elle détermine, *puissent être poursuivis extraordinairement comme banqueroutiers frauduleux, par les procureurs généraux ou leurs substituts*, ou *par un seul créancier, sans le consentement des autres*.

» Mais, après tout, ce n'est pas l'ancienne législation qui doit ici nous servir de règle. Nous ne devons, nous ne pouvons nous attacher qu'à trois points infiniment simples. 1.° La banqueroute frauduleuse est qualifiée de *délit*, par le Code pénal du 25 septembre 1791. 2.° *Tout délit*, suivant la disposition expresse de l'art. 4 du Code des délits et des peines, du 3 brumaire an 4, *donne* ESSENTIELLEMENT *lieu à l'action publique*. 3.° Aux termes de l'art. 594 du même Code, les dispositions qu'il renferme, doivent SEULES *à l'avenir régler l'instruction et la forme, tant de* PROCÉDER *que de juger, relativement aux délits de* TOUTE NATURE. Et de ces trois vérités fondamentales, il résulte nécessairement que le tribunal criminel du département du Jura a bien jugé, en rejetant la demande des réclamans en nullité de la procédure en banqueroute frauduleuse, instruite contre eux à la seule requête du ministère public.

» Par ces considérations, nous estimons qu'il y a lieu de rejeter leur requête ».

Ainsi jugé, le 26 fructidor an 8, au rapport de M. Target, « attendu que l'acte d'accusation a été dressé conformément à la loi, que la procédure est régulière, et la peine justement appliquée ».

§. IV. *Le magistrat qui a coopéré, comme membre d'un tribunal de première instance, au jugement d'une affaire soumise à ce tribunal, peut-il, devenu chef ou membre du parquet du tribunal supérieur, donner des conclusions sur l'appel de ce jugement?*

V. le plaidoyer et l'arrêt du 12 nivôse an 12, rapportés à l'article *Moulin*.

§. V. 1.° *Le ministère public, en concluant à décharge dans une procédure criminelle, correctionnelle ou de police, ôte-t-il aux juges le pouvoir de condamner le prévenu ou l'accusé aux peines qu'il leur paraît avoir encourues?*

2.° *Peut-il être donné défaut contre le ministère public, en matière criminelle, correctionnelle ou de police?*

3.° *Les officiers du ministère public peuvent-ils être condamnés aux dépens en leur nom?*

« Le commissaire du gouvernement près le tribunal de cassation expose que l'art. 88 de la loi du 27 ventôse an 8 lui impose le devoir de requérir l'annullation de deux jugemens du tribunal criminel du département du Jura, l'un du 14 ventôse, l'autre du 14 thermidor an 11.

» Dans l'espèce du premier, Louis Maréchal avait été poursuivi comme coupable de vol; et le directeur du jury de l'arrondissement de Dôle l'avait renvoyé à l'audience correctionnelle du tribunal de première instance de cet arrondissement.

» Là, était intervenu Louis-Frédéric Reymond, propriétaire des effets prétendus volés, qui avait, comme partie civile, pris des conclusions relatives à ses intérêts privés.

» Après les débats, le commissaire du gouvernement résuma l'affaire; et attendu, suivant lui, le défaut de preuves nécessaires pour condamner Louis-Maréchal, il conclut à ce que celui-ci fût acquitté.

» Le tribunal pensa autrement; jugeant les preuves du vol suffisantes, il condamna le prévenu envers la partie publique, à un emprisonnement de quinze jours, avec dépens; et envers la partie civile, aux restitutions et dommages-intérêts qu'elle avait demandés.

» Louis Maréchal a appelé de ce jugement au tribunal criminel du département du Jura, qui, par le premier de ceux que dénonce l'exposant, l'a confirmé, quant aux restitutions et dommages-intérêts adjugés à la partie civile, mais l'a annullé quant à l'emprisonnement; et cela sous le prétexte « que l'action publique a » pour objet de punir les atteintes portées à l'or» dre social; que l'exercice de cette action est

(1) Il existe là-dessus une dispotition très-précise dans le placard ou édit de Charles-Quint, du 4 octobre 1540, rendu pour la Belgique : « Commandons bien étroitement à tous nos officiers et justiciers, et à ceux de nos vassaux, de procéder et faire procéder contre lesdits banqueroutiers et fugitifs, et les faire punir..., nonobstant qu'ils aient par exprès satisfait et contenté leurs créditeurs, à peine de privation de leurs offices et correction arbitraire ».

» confié à des fonctionnaires qui en sont spécialement chargés, et que le commissaire du gouvernement près le tribunal de police correctionnelle de l'arrondissement de Dôle, chargé par la loi de requérir les peines pour la vindicte publique, n'a pris aucunes conclusions à cet égard ».

» Le second jugement a été rendu dans les circonstances suivantes. Jean-Louis Cuesne, Nicolas Lescalier et Antoine Autrey avaient été cités par l'administration générale des forêts, poursuite et diligence de son inspecteur, à l'audience correctionnelle du tribunal civil de Dole, pour se voir condamner aux amendes et restitutions portées par la loi, pour raison de délits commis dans la forêt nationale de Chaux, et constatés par deux procès-verbaux des gardes forestiers. — Le 28 floréal an 11, ce tribunal, avant faire droit, admit Cuesne et le commissaire du gouvernement à la preuve de faits qu'ils avaient respectivement articulés, l'un pour établir sa justification, et l'autre pour la détruire. — La cause revenue à l'audience du 12 prairial suivant, le commissaire du gouvernement régla ses conclusions. Elles tendaient, à l'égard de Lescalier et d'Autrey, à ce qu'ils fussent déclarés coupables, et condamnés comme tels; et à l'égard de Cuesne, à ce qu'il fût renvoyé sans amende ni dépens. — Par jugement du même jour le tribunal déclara les trois prévenus coupables des délits constatés par les procès-verbaux, et les condamna tous trois aux amendes et restitutions auxquelles avait originairement conclu l'inspecteur forestier. — Les trois condamnés appelèrent de ce jugement; et le 14 thermidor an 11, le tribunal criminel, après avoir rejeté l'appel d'Autrey et de Lescalier, annulla le jugement en ce qui concernait Cuesne, « attendu que la » condamnation de Cuesne avait été portée d'office, le commissaire du gouvernement près le » tribunal de première instance ayant conclu à » son renvoi de la cause sans amende ni dépens; » et qu'elle était, dès-lors, subversive du principe qui ne permet l'application des lois que » sur les réquisitions du ministère public ».

» Tels sont les deux jugemens sur lesquels l'exposant croit devoir appeler l'attention et la censure du tribunal suprême. Ils font évidemment une application fausse et abusive du principe consacré par l'art. 5 du Code des délits et des peines, du 3 brumaire an 4, que l'action publique à laquelle donne essentiellement lieu toute espèce de délits, ne peut être exercée que par les fonctionnaires spécialement établis à cet effet.

» Sans doute, il résulte de ce principe, que les officiers du ministère public ont seuls qualité pour intenter, au nom de la société, une action pénale contre un délinquant. Mais s'ensuit-il de là que l'action pénale une fois intentée, qu'une fois les tribunaux saisis par là de cette action, il dépende des officiers du ministère public de la rendre illusoire, par les conclusions qu'ils croient devoir donner à décharge? Non certainement.

» Il faut distinguer, dans un officier du ministère public, deux caractères différens : celui d'agent de la société pour la poursuite des délits, et celui d'organe de la loi pour requérir l'application des peines aux prévenus qui sont l'objet de cette poursuite.

» Lorsque les prévenus lui paraissent coupables et dans le cas de l'application d'une loi pénale, ses fonctions d'organe de la loi se trouvant en harmonie avec celles d'agent de la société, il donne, sous le premier rapport, son avis en faveur de l'action qu'il a intentée sous le second.

» Mais si les prévenus lui paraissent innocens, ou s'il pense qu'aucune disposition du Code pénal ne leur est applicable, alors organe de la loi et impassible comme elle, il propose, en cette qualité, le rejet de la demande qu'il a formée comme agent de la société; mais la demande qu'il a formée comme agent de la société, n'en subsiste pas moins; le tribunal qu'il en a constitué juge, n'en demeure pas moins saisi; et c'est à la conscience des magistrats à décider si c'est à tort ou avec raison que l'organe de la loi opine contre l'agent de la société.

» S'il en était autrement, après que le ministère public aurait, à la suite des débats, donné ses conclusions en faveur d'un prévenu, il deviendrait impossible au tribunal de rendre même un jugement d'absolution. Ces conclusions, en effet, emportant désistement de l'action publique, l'action publique serait éteinte de plein droit; il ne resterait plus rien à juger; les juges ne pourraient plus délibérer.

» Et cependant il n'est pas rare de voir, après la déclaration du jury, les juges appliquer à l'accusé convaincu, des lois pénales que le commissaire du gouvernement avait estimé ne pas lui être applicables.

» Tous les jours même, dans les actes d'instruction qui se font devant le directeur du jury, quoique le magistrat de sûreté conclue au renvoi des prévenus, le directeur du jury ordonne leur traduction, soit devant le jury d'accusation, soit devant la police correctionnelle; et alors c'est le tribunal de première instance qui est appelé par la loi du 7 pluviôse an 9, à départager ces deux fonctionnaires publics.

» Enfin, il n'est jamais venu à la pensée d'un tribunal correctionnel, devant lequel le ministère public avait conclu à decharge, de se borner à en donner purement et simplement acte au prévenu.

» La question au surplus, si c'en est une, a

été décidée formellement, par un jugement rendu le 20 nivôse an 11; au rapport du cit. Liborel....... (1).

» Ce considéré, il plaise au tribunal de cassation, vu l'art. 88 de la loi du 27 ventôse an 8, l'art. 5 et le §. 6 de l'art. 456 du Code des délits et des peines, casser et annuller, pour l'intérêt de la loi seulement, les jugemens rendus par le tribunal criminel du département du Jura, les 14 ventôse et 14 thermidor an 11; et ordonner qu'à la diligence de l'exposant, le jugement de cassation à intervenir sera imprimé et transcrit sur les registres dudit tribunal..... *Signé* Merlin.

» Ouï Joseph-François-Claude Carnot, commis-rapporteur....... ;

» Vu l'art. 88 de la loi du 27 ventôse an 8; l'art. 5 et le §. 6 de l'art. 456 du Code des délits et des peines;

» Et attendu que les jugemens soumis à la censure du tribunal, ont fait évidemment une application fausse et abusive du principe consacré par l'art. 5 du Code des délits et des peines, que l'action publique à laquelle donne essentiellement lieu toute espèce de délit, ne peut être exercée que par les fonctionnaires spécialement établis à cet effet;

» Qu'il résulte de ce principe, que les officiers du ministère public ont seuls qualité pour intenter, au nom de la société, une action pénale contre un délinquant; mais il ne suit pas de là que l'action pénale une fois intentée, qu'une fois les tribunaux saisis légalement par là de cette action, il dépende des officiers du ministère public de la rendre illusoire, par les conclusions qu'ils croient devoir donner à décharge;

» Il faut distinguer dans un officier du ministère public, deux caractères différens : celui d'agent de la société pour la poursuite des délits, et celui d'organe de la loi, pour requérir l'application des peines aux prévenus qui sont l'objet de cette poursuite.

» Lorsque les prévenus lui paraissent coupables et dans le cas de l'application d'une loi pénale, les fonctions d'organe de la loi se trouvent en harmonie avec celles d'agent de la société; il donne sous le premier rapport, son avis en faveur de l'action qu'il a intentée sous le second.

» Mais si les prévenus lui paraissent innocens, ou s'il pense qu'aucune disposition du Code pénal ne leur est applicable, alors organe de la loi, il est impassible comme elle; il propose, en cette qualité, le rejet de la demande qu'il a formée comme agent de la société; mais la demande qu'il a formée comme agent de la société, n'en subsiste pas moins; le tribunal qu'il en a constitué juge, n'en demeure pas moins saisi; et c'est à la conscience des magistrats à décider si c'est à tort ou avec raison que l'organe de la loi opine contre l'agent de la société.

» S'il en était autrement, après que le ministère public aurait, à la suite des débats, donné ses conclusions en faveur d'un prévenu, il deviendrait impossible au tribunal de rendre même un jugement d'absolution; ces conclusions, en effet, emportant désistement de l'action publique, l'action publique serait éteinte de plein droit, il ne resterait plus rien à juger; les juges ne pourraient plus délibérer.

» Par ces considérations, le tribunal casse et annulle, dans l'intérêt de la loi seulement, les jugemens rendus par le tribunal criminel du département du Jura, les 14 ventôse et 14 thermidor an 11, par contravention et fausse application de la loi; ordonne, etc.

» Ainsi jugé et prononcé à l'audience publique du tribunal de cassation, section criminelle, le 14 pluviôse an 12....... ».

II. La seconde et la troisième questions ont été jugées pour la négative, par un arrêt de la cour de cassation, du 13 septembre 1811, qui en a en même temps décidé deux autres indiquées sous les mots *Tribunal de police*, §. 9 *bis*. Voici comment il est conçu :

« Le procureur-général expose qu'il se croit obligé de dénoncer à la cour un jugement en dernier ressort rendu dans les circonstances suivantes.

» Le *dimanche* 3 mars 1811, procès-verbal de l'adjoint du maire de la commune de Monlevoison, portant que, le même jour, cet officier a trouvé Jacques Nolet, cabaretier, donnant à boire à différens particuliers, pendant les vêpres, en contravention à l'arrêté du préfet du département de la Nièvre, du 19 octobre 1808.

» Le 12 du même mois, l'adjoint du maire de la commune de Monlevoison fait citer Jacques Nolet *à l'audience municipale et pardevant le juge de paix du canton de Premery*, pour se voir condamner, d'après le même arrêté, à une amende de trois francs.

» Le 16, Jacques Nolet se présente sur cette citation, et offre de prouver par témoins la fausseté du procès-verbal en vertu duquel il est poursuivi.

» Le même jour, jugement qui permet à Jacques Nolet de faire cette preuve à l'audience du 23, sauf la preuve contraire.

» A l'audience du 23, tenue, non par le juge de paix, mais par l'un de ses suppléans, Jacques Nolet produit ses témoins; et leurs

(1) Il est cité dans le plaidoyer du 17 prairial an 12, rapporté à l'article *Contrefaçon*, §. 2

dépositions sont rédigées dans la forme d'un procès-verbal d'enquête.

» Le procès-verbal achevé, le suppléant du juge de paix en fait faire la lecture à l'audience.

» L'adjoint du maire de Monlevoison demande et obtient la remise de la cause au 29, afin de pouvoir détruire, par de nouveaux témoins, les assertions de ceux qu'a produits Jacques Nolet.

» A l'audience du 29, toujours tenue par l'un des suppléans du juge de paix, l'adjoint déclare *que par réflexion, il a cru n'être point dans le cas de fournir de preuve contraire;* et conclut, *sous la réserve qu'il fait de tous ses droits*, à ce que le suppléant du juge de paix *se déclare incompétent;*

» Par jugement du même jour, le suppléant *renvoie le prononcé à l'audience du 6 avril prochain, devant M. le juge de paix, pour être par lui statué et ordonné ce qu'il appartiendra.*

» Le 6 avril, l'adjoint ne se présente plus, et Jacques Nolet *conclut en conséquence au congé de la demande.*

» Et le même jour, il intervient un jugement ainsi conçu : — « Considérant qu'à l'audience du 29 mars dernier, le sieur Demont » n'a pas fait la preuve à laquelle il s'était » soumis, qu'il n'y a pas même amené aucun » témoin; — Considérant qu'il résulte de la » déposition des témoins fournis par Jacques » Nolet, la preuve de la fausseté du procès-verbal dressé contre lui par le sieur Demont; » — Considérant enfin que la justice doit écarter toute sorte de demande, quand celui qui » l'a formée, ne se présente pas; — Nous.... » juge de paix du canton de Premery, prononçant en dernier ressort, donnons à Jacques » Nolet congé de la demande formée contre » lui par le défaillant et le condamnons aux » dépens ».

» Tel est le jugement contre lequel l'exposant croit devoir provoquer l'animadversion de la cour.

» Ce n'est pas qu'au fond et pour le principal, il ne soit, en résultat, ce qu'il devait être.

» Car, d'un côté l'adjoint du maire de la commune de Monlevoison était tombé dans une grande erreur, lorsque, supposant à l'arrêté du préfet du département de la Nièvre, du 19 octobre 1808, une autorité qu'il n'avait ni ne pouvait avoir dans les tribunaux, il avait tenté de faire condamner Jacques Nolet à une amende, pour avoir vendu des boissons, dans son cabaret, un jour de dimanche, pendant le service divin; et il se serait vraisemblablement épargné une tentative aussi inconsidérée, s'il eût connu l'arrêt de la cour du 3 août 1810, qui, sur le réquisitoire de l'exposant, a cassé des jugemens par lesquels le tribunal de police du canton de la Rochelle, se fondant sur des arrêtés semblables, avait condamné différens particuliers à des peines de simple police (1).

» D'un autre côté, le procès-verbal de l'adjoint du maire de la commune de Monlevoison, ne faisait pas foi de son contenu jusqu'à inscription de faux; et il pouvait, d'après la jurisprudence constante de la cour, confirmée par l'art. 154 du Code d'instruction criminelle, être débattu par une preuve contraire.

» Rien ne pouvait donc, en définitive, empêcher le rejet de la plainte dirigée par l'adjoint du maire de la commune de Monlevoison, contre Jacques Nolet.

» Mais, quoique juste dans son résultat, pour le principal, le jugement dont il s'agit, n'en doit pas moins être annullé dans l'intérêt de la loi; et parce qu'il est essentiellement irrégulier dans sa forme, et parce que, rélativement à la condamnation aux dépens qu'il prononce contre l'adjoint du maire de Monlevoison, il viole un des premiers principes de l'ordre judiciaire.

» D'abord, dans sa forme, il présente trois irrégularités que l'exposant ne craint pas d'appeler monstrueuses.

» 1.° L'art. 162 du Code du 3 brumaire an 4, sous l'empire duquel a été rendu ce jugement, voulait, à peine de nullité, que les tribunaux de police ne pussent prononcer sur les plaintes portées devant eux, qu'après que les juges dont ils étaient composés, auraient entendu oralement les témoins produits, soit contre les prévenus, soit pour leur justification.

» Or, dans l'espèce dont il est ici question, qui est-ce qui a entendu les témoins produits par Jacques Nolet? C'est l'un des suppléans du juge de paix.

» Qui est-ce qui a prononcé sur la plainte à laquelle se référaient les dépositions de ces témoins? Ce n'est pas le suppléant devant lequel ces témoins avaient déposé, c'est le juge de paix lui-même.

» A la vérité, le juge de paix avait sous les yeux le procès-verbal que son suppléant avait dressé des dépositions des témoins. Mais en dressant ce procès-verbal, le suppléant avait fait ce que la loi ne lui permettait pas. Et d'ailleurs ce n'est pas sur un procès-verbal d'enquête, c'est sur les dépositions orales des témoins, c'est sur les dépositions que le tribunal de police a entendues de ses propres oreilles, que ce tribunal doit fonder sa conviction et baser son jugement.

» Il était d'ailleurs de principe, et la cour avait jugé par une foule d'arrêts, avant même que l'art. 7 de la loi du 20 avril 1810 en eût fait expressément une disposition législative, que la peine de la cassation devait frapper tout jugement auquel avaient pris part des juges qui

(1) *V.* l'article *Préfet*, §. 4.

n'avaient pas assisté à toutes les audiences de la cause.

» Or, le juge de paix qui, dans l'espèce actuelle, a rendu le jugement du 6 avril 1811, n'avait assisté, ni à l'audience du 23 mars précédent, ni à celle du 29 du même mois.

» 2.° Le jugement du 6 avril 1811 n'a été précédé, de la part du ministère public, ni d'un résumé de l'affaire, ni de conclusions; et cependant l'art. 162 du Code du 3 brumaire an 4 voulait qu'il le fût, à peine de nullité.

» Il est vrai que l'adjoint du maire de Monlevoison ne s'est pas trouvé à l'audience dans laquelle ce jugement a été rendu. Mais son absence pouvait-elle autoriser le juge de paix à s'élever au-dessus de la loi? Non sans doute; et c'est ce que la cour a décidé, dans un cas semblable, par un arrêt du 8 octobre 1808, sur la demande du sieur Juglia en cassation d'un jugement du tribunal de police du canton de Messarano. « Attendu (a-t-elle dit), qu'il est justifié » par le jugement même, que le commissaire du » gouvernement n'a point été ouï, et qu'il n'a » pas même été présent à l'audience; que, » quand il serait vrai, comme on le suppose, » que cet officier du ministère public eût été » invité à s'y rendre, et qu'il s'y fût refusé, ce » n'aurait pas été un motif suffisant pour autoriser le tribunal de police à statuer sans réquisitions préalables; que, dans cet état de choses, » le tribunal de police aurait pu et même dû » faire suppléer l'adjoint de la commune par » un citoyen requis à cet effet; que, ne l'ayant » pas fait, il a ouvertement violé la disposition » de l'art. 162 du Code du 3 brumaire an 4, » dont l'inexécution emporte la peine de nullité; par ces motifs, la cour casse et annulle........ ».

» 3.° Le jugement du 6 avril 1811 ne prononce, ni sur la culpabilité, ni sur la non-culpabilité, du prévenu; mais il donne au prévenu *congé de la demande* du ministère public, sous le prétexte que le ministère public est défaillant: c'est-à-dire qu'il transporte à la procédure criminelle une manière de prononcer qui n'est établie et autorisée que pour la procédure civile; et c'est assurément une très-grande irrégularité.

» Dans les matières civiles, la non-comparution du demandeur fait justement présumer qu'il regarde son action comme mal fondée; et elle équipolle à un désistement formel.

» Mais en matière criminelle, une fois l'action publique engagée, l'officier qui l'a introduite au nom de la société, n'en est plus maître: il ne peut plus s'en désister; et son désistement, soit qu'il résulte implicitement de sa non-comparution, soit qu'il résulte de conclusions expressément prises à la décharge du prévenu, ne dispense le juge, ni d'examiner si le prévenu est coupable, ni de le condamner, s'il le trouve tel. C'est sur ce principe que sont fondés trois arrêts de cassation rendus par la cour, le 24 nivôse an 11, au rapport de M. Liborel; le 14 pluviôse an 12, au rapport de M. Carnot; et le 27 juin dernier, au rapport de M. Busschop.

» Enfin, le jugement du 6 avril 1811 condamne l'adjoint du maire de la commune de Monlevoison aux dépens d'une affaire qu'il n'avait intentée qu'en sa qualité d'officier du ministère public; et par là, il viole la maxime consacrée par une foule d'arrêts de la cour, que les officiers du ministère public ne peuvent être condamnés aux dépens qu'à la suite d'une prise à partie exercée contre eux dans les formes déterminées par la loi.

» Ce considéré, il plaise à la cour, vu l'art. 88 de la loi du 27 ventôse an 8, l'art. 162 et le n. 6 de l'art. 456 du Code des délits et des peines du 3 brumaire an 4; casser et annuller, dans l'intérêt de la loi, et sans préjudice de son exécution entre les parties intéressées, le jugement du tribunal de police du canton de Premery, ci-dessus mentionné et dont expédition est ci-jointe; et ordonner qu'à la diligence de l'exposant, l'arrêt à intervenir sera imprimé et transcrit sur les registres dudit tribunal.

» Fait au parquet, le 29 août 1811. *Signé* Merlin.

» Ouï le rapport de M. Favard de Langlade, conseiller.....,

» Attendu que, d'après l'art. 162 du Code des délits et des peines du 3 brumaire an 4, les jugemens des tribunaux de police ne peuvent être rendus que sur une instruction orale, et *ce à peine de nullité;* que néanmoins, dans l'espèce, le jugement du tribunal de police du canton de Premery, rendu sous l'empire du Code de brumaire an 4, l'a été par le juge de paix, sur la déposition de témoins entendus par l'un de ses suppléans qui en avait dressé procès-verbal; que dès-lors ce jugement est intervenu sur une instruction écrite, ce qui est une contravention formelle à l'art. 162 du Code de brumaire an 4;

» Attendu que, d'après le même art. 162, le ministère public doit aussi à peine de nullité, être entendu dans toutes les affaires portées au tribunal de police; que cependant le jugement attaqué a été rendu sans l'audition du ministère public; que dès-lors il y a, sous ce second rapport, violation dudit art. 162;

» Attendu qu'un jugement rendu par des juges qui n'ont pas assisté à toutes les audiences de la cause est nul; que ce principe, confirmé par la loi du 20 avril 1810, a été violé, puisque, dans l'espèce, le juge de paix n'a pas assisté à deux des audiences qui avaient précédé son jugement, et dans lesquelles l'instruction avait été faite; que, dès-lors, il y a eu, de sa part, violation de la loi et excès de pouvoir;

» Attendu que le juge de paix n'a pas examiné la culpabilité du prévenu; qu'il a seulement donné congé de la demande du ministère public sous le prétexte qu'il était défaillant; que cependant la non-comparution du ministère public, et même son désistement ne dispensent jamais le juge d'examiner si le prévenu est coupable, et de le condamner s'il est trouvé tel; qu'ainsi, en n'appréciant pas le résultat des preuves, comme en prononçant sans l'audition préalable de la partie publique représentée par l'adjoint du maire ou un remplaçant légal, le juge de paix a violé toutes les règles et commis un nouvel excès de pouvoir;

» Attendu enfin, que l'officier du ministère public ne peut jamais être condamné aux dépens dans les affaires où il est partie poursuivante; qu'il ne peut être passible de condamnations, qu'à la suite d'une prise à partie régulièrement exercée contre lui; que cependant le jugement attaqué condamne aux dépens l'adjoint du maire en sa qualité d'officier du ministère public, et que, dès-lors, il en résulte une autre contravention à la loi;

» Par ces motifs, la cour casse et annulle, dans l'intérêt de la loi, le jugement du tribunal de police du canton de Premery, du 6 avril dernier.......

» Ainsi jugé et prononcé à l'audience publique de la cour de cassation, section criminelle, le 13 septembre 1811 ».

III. La troisième question s'est représentée sous le Code d'instruction criminelle, et a encore été jugée de même par l'arrêt suivant.

« Le procureur-général expose qu'il se croit obligé de dénoncer à la cour un jugement en dernier ressort du tribunal de police du canton de Bouloire, arrondissement de Saint-Calais, département de la Sarthe, du 13 octobre 1811.

» Par ce jugement, le tribunal de police a condamné le maire de la commune de Bouloire aux dépens d'une affaire qu'il n'avait poursuivie qu'en sa qualité d'officier du ministère public.

» Condamner aux dépens un officier du ministère public, c'est évidemment le traiter comme une partie privée; c'est par conséquent le supposer *pris à partie*.

» Or, un tribunal de police peut-il connaître de la prise à partie de l'officier qui exerce près de lui les fonctions du ministère public? Non, ce pouvoir n'appartient, suivant l'art. 509 du Code de procédure civile, qu'à la cour d'appel du ressort dans laquelle siége ce tribunal.

» D'un autre côté, pour prendre à partie, soit un juge, soit un officier du ministère public, il faut des formalités qui sont essentiellement requises par les art. 510, 511 et 514 du même Code, et que toutes ont été négligées dans l'affaire dont il s'agit.

» Ce considéré, il plaise à la cour, vu l'art. 442 du Code d'instruction criminelle, l'art. 408 du même Code et les art. 509, 510, 511 et 514 du Code de procédure civile, casser et annuller, dans l'intérêt de la loi, le jugement ci-dessus mentionné et dont expédition est ci-jointe, et ordonner qu'à la diligence de l'exposant, l'arrêt à intervenir sera imprimé et transcrit sur les registres du tribunal de police du canton de Bouloire.

» Fait au parquet, le 8 mars 1813. *Signé* Merlin.....

» Ouï le rapport de M. Aumont, conseiller...;

» Vu les art. 408 et 413 du Code d'instruction criminelle......;

» Attendu que les lois ne permettent, en aucun cas, aux tribunaux criminels, correctionnels et de police, de condamner le ministère public aux frais en faveur des parties qu'il a poursuivies, et que cette faculté paraît même interdite par les art. 162, 176, 194 et 368 du Code d'instruction criminelle, qui n'ordonnent de prononcer des dépens que contre les parties privées;

» Que de là il s'ensuit qu'en condamnant aux frais de René Nolet, le maire de la commune de Bouloire, qui n'avait agi, dans l'espèce, que comme remplissant les fonctions du ministère public, le tribunal de police du canton dudit Bouloire, a manifestement violé les règles de compétence établies par la loi;

» Par ces motifs, la cour casse et annulle.....

» Fait et prononcé à l'audience de la cour de cassation, section criminelle, le 12 mars 1813 ».

§. VI. 1.° *Le ministère public peut-il poursuivre seul et d'office un délit de contrefaçon?*

2.° *Le peut-il, sans l'adjonction d'un agent civil du gouvernement, lorsqu'il s'agit de la contrefaçon d'une propriété littéraire nationale?*

V. l'article *Contrefaçon*, §. 2.

§. VII. *Le ministère public peut-il, dans les affaires correctionnelles où il y a partie civile, se borner à donner des conclusions, sans se constituer lui-même partie poursuivante?*

V. l'article *Tribunal correctionnel*, §. 1.

§. VIII. *Les procureurs du roi des tribunaux de première instance, et les procureurs-généraux des cours d'appel, peuvent-ils, pour le seul intérêt de la loi, se pourvoir en cassation contre les jugemens en dernier ressort, qui ont rejeté leurs réquisitions?*

V. le réquisitoire et l'arrêt du 25 brumaire an 11, rapportés à l'article *Opposition aux jugemens par défaut*, §. 7.

§. IX. *Dans les affaires civiles où les procureurs-généraux des cours ont l'action directe, et par conséquent le droit de se pourvoir en cassation, suffit-il qu'ils forment leur recours par un simple acte au greffe, et que cet acte soit, dans le délai fatal, transmis par l'intermédiaire du ministère de la justice, au greffe de la cour de cassation?*

V. l'article *Cassation*, §. 9.

§. X. 1.° *Un arrêt de la cour de cassation qui, sur le réquisitoire du ministère public, et pour le seul intérêt de la loi, a cassé un arrêt d'une cour de justice criminelle, comme ayant, par excès de pouvoir, déclaré un prévenu acquitté de l'accusation d'un délit, est-il susceptible d'opposition de la part de ce prévenu?*

2.° *Y a-t-il des cas où l'annullation d'un jugement prononcé par la cour de cassation, pour excès de pouvoir, sur le réquisitoire du procureur-général, précédé d'un ordre du ministre de la justice, profite ou nuit aux parties intéressées?*

I. Sur la première question, *V.* l'article *Opposition* (*tierce*), §. 5.

II. A la seconde question, on ne peut raisonnablement faire qu'une réponse : c'est que, s'il était des cas où l'annullation dont il s'agit, dût nuire ou profiter aux parties intéressées, il n'y aurait aucun motif pour qu'elle ne leur nuisît ou ne leur profitât pas également dans tous les cas possibles; et qu'ainsi, ou elle ne doit jamais leur nuire ni profiter, ou elle doit leur nuire ou profiter toujours.

En effet, l'art. 441 du Code d'instruction criminelle ne fait aucune distinction, lorsqu'il dit : « lorsque, sur l'exhibition d'un ordre formel à » lui donné par le ministre de la justice, le procureur-général près la cour de cassation dénoncera à la section criminelle des actes judiciaires, arrêts ou jugemens contraires à » la loi, ces actes, arrêts ou jugemens pourront » être annullés, et les officiers de police ou les » juges poursuivis, s'il y a lieu », comme prévenus de forfaiture.

Cet article ne dit pas, comme l'on voit, si l'annullation dont il parle, ne sera prononcée que dans l'intérêt de la loi, ou si elle le sera également dans l'intérêt des parties. Mais il suffit qu'il se taise là dessus, pour que son silence ne puisse pas être interprété d'une manière pour certains cas, et d'une autre manière pour des cas différens. L'interprétation doit être une, à moins qu'on ne veuille qu'elle puisse être arbitraire, ce qui répugne souverainement à la raison.

Comment faut-il donc interpréter le silence de cet article sur le point dont il s'agit? C'est sans contredit par la loi générale qui détermine les attributions et circonscrit les pouvoirs de la cour de cassation, c'est-à-dire, par la loi du 27 ventôse an 8.

Or, cette loi contient deux articles distincts sur les cas où la cour de cassation peut annuller des jugemens, sans qu'ils lui soient déférés par les parties intéressées.

Elle porte, art. 88, que, lorsqu'un jugement en dernier ressort contraire à la loi, n'aura pas été attaqué dans le délai fatal par la partie intéressée, le procureur-général pourra, d'office, en requérir la cassation dans l'intérêt de la loi; mais que le jugement ainsi cassé n'en demeurera pas moins exécutoire contre la partie au désavantage de laquelle il aura été rendu.

Et l'art. 80 attribue au gouvernement le droit de dénoncer à la cour de cassation, par l'organe de son procureur-général, non-seulement les jugemens en dernier ressort, mais même les actes de toute nature, par lesquels les juges auront *excédé leurs pouvoirs;* mais il ajoute que la cour de cassation ne les annullera que *sans préjudice du droit des parties intéressées*, termes qui prouvent clairement que l'annullation ne doit également être prononcée que dans l'intérêt de la loi.

C'est sur ces deux articles qu'ont été modelés les articles 441 et 442 du Code d'instruction criminelle.

L'article 442 porte, en renouvelant la disposition de l'art. 88 de la loi du 27 ventôse an 8, que, « lorsqu'il aura été rendu par une cour » royale ou d'assises, ou par un tribunal correctionnel ou de police, un arrêt ou jugement » en dernier ressort sujet à cassation, et contre » lequel néanmoins aucune des parties n'aurait » réclamé dans le délai déterminé, le procureur-» général près la cour de cassation pourra aussi, » d'office et nonobstant l'expiration du délai, » en donner connaissance à la cour de cassation; » (et que) l'arrêt ou le jugement sera cassé, » *sans que les parties puissent s'en prévaloir pour* » *s'opposer à son exécution* ».

L'art. 441 renouvelle pareillement la disposition de l'art. 80 de la loi du 27 ventôse an 8; mais, d'une part, il ne la limite plus aux *actes par lesquels les juges excèdent leurs pouvoirs;* il l'étend, au contraire, à tous les *actes judiciaires, arrêts ou jugemens contraires à la loi;* et de l'autre, il n'ajoute plus : *sans préjudice du droit des parties intéressées.*

De ces deux différences, la première ne peut évidemment influer en rien sur notre question; et pour peu qu'on y réfléchisse, on sentira qu'il en est de même de la seconde.

Qu'importe, en effet, que l'art. 441 ne renouvelle pas la clause de *non-préjudice au droit des parties intéressées*, qui termine l'art. 80 de la loi du 27 ventôse an 8? Ne pas la renouveler, ce n'est pas l'abroger.

D'ailleurs, quelle raison y aurait-il pour que cette clause qui se retrouve dans l'art. 442, ne se reportât pas à l'art 441 ? Dans le cas de l'un comme dans le cas de l'autre article, c'est toujours le procureur-général qui agit; or, conçoit-on que son action eût plus d'effet sur les intérêts personnels des parties, lorsqu'il l'intente par ordre du gouvernement, que lorsqu'il l'intente d'office? Lorsqu'il agit d'office, il exerce un ministère indépendant, il n'a d'autre moteur que l'intérêt de la société; son action tout-à-fait impartiale, est celle d'un véritable magistrat; et cependant la loi ne veut pas que le résultat de cette action puisse réfléchir sur les parties privées. Comment donc les parties privées pourraient-elles souffrir ou profiter de l'action qu'il intente, non en magistrat proprement dit, mais en instrument passif du gouvernement? ne serait-ce pas mettre à la discrétion du gouvernement, des intérêts qui en sont essentiellement indépendans, par cela seul qu'ils ne dépendent que du pouvoir judiciaire?

Cependant M. Sirey, tome 17, page 210, prétend que « la cassation prononcée par la » cour de cassation pour *excès de pouvoir*, bien » que poursuivie par le gouvernement, *profite* » à la partie au préjudice de laquelle il y aurait » eu excès de pouvoir ».

Remarquons bien qu'il dit *profite*, et non pas *nuit*. Sur quoi peut être fondée cette distinction?

Pour la justifier, il transcrit le passage suivant du Traité *de la législation criminelle* de M. Legraverand, directeur des affaires criminelles au ministère de la justice, tome 2, page 412 :

« On a demandé si les arrêts que rend la cour de cassation pour annuller les arrêts, les jugemens ou les actes qui lui sont dénoncés, d'après l'ordre du ministre de la justice, par le procureur-général placé près de cette cour, ont seulement pour objet l'intérêt de la loi, ou s'ils produisent quelque effet relativement aux parties; et cette question délicate ne parait pas susceptible d'être résolue d'une manière absolue.

» Faut-il distinguer entre les jugemens préparatoires et les jugemens définitifs, reconnaître que l'annullation des premiers, quoique prononcée sur la demande du gouvernement, a néanmoins tout son effet relativement aux parties? Cette distinction peut être admise, surtout *en faveur des parties;* et à l'appui de cette opinion, je puis rappeler l'arrêt de la cour de cassation (du 21 mai 1813), qui annulla l'ordonnance d'un président d'assises, en vertu de laquelle un accusé avait été extrait de la maison de justice et amené à Paris. En effet, cet arrêt ordonna le renvoi de l'accusé devant une autre cour d'assises, pour qu'il fût statué de nouveau sur la demande formée par lui, et qui avait donné lieu de le conduire à Paris; et il est clair que l'annullation provoquée par le gouvernement, eut tout son effet quant à la partie accusée, et que cet effet n'était pourtant pas en sa faveur; et s'il en a été ainsi en cette circonstance, il semble qu'à plus forte raison, il en doit être de même en faveur des parties ».

Avant d'aller plus loin, qu'il me soit permis de retracer ici le réquisitoire sur lequel a été rendu l'arrêt dont il s'agit.

« Le procureur-général expose qu'il est chargé par le grand juge ministre de la justice, en exécution de l'art. 441 du Code d'instruction criminelle, de requérir l'annullation d'une ordonnance rendue par le président du tribunal de première instance de Coutances, faisant fonctions de président de la cour d'assises du département de la Manche.

» Le sieur Mariette, prévenu d'avoir détourné des deniers publics à la perception et au recouvrement desquels il a été employé comme receveur des domaines et conservateur des hypothèques au bureau de Valogne, a été mis en accusation par la cour de Caen, et renvoyé devant la cour d'assises du département de la Manche, pour y être jugé.

» Là, au lieu de faire tout ce qui était en lui pour accélérer sa mise en jugement, le sieur Mariette a imaginé des incidens de toute espèce pour la reculer.

» Enfin, le président de la cour d'assises a, par une ordonnance du 8 avril dernier, fixé sa mise en jugement au 17 juin prochain.

Mais, dès le lendemain, le sieur Mariette, profitant de l'absence de ce magistrat, a fait remettre au greffe une requête qu'il paraissait lui présenter, mais qu'il savait bien présenter réellement au président du tribunal de première instance qui le remplaçait de droit, et par laquelle, en exposant que, pour sa justification, il avait besoin de consulter les états de sa gestion déposés dans les bureaux de l'administration de l'enregistrement et des domaines, il a demandé d'être, à ses frais, conduit à Paris par un gendarme, pour y prendre communication de ces états.

» Et sur cette requête, le président par *interim*, après avoir entendu le procureur criminel, a rendu, le 19 du même mois, une ordonnance portant « que le sieur Mariette sera » extrait de la maison de justice de Coutances, et remis aux mains de la gendarmerie, » pour être transféré et conduit de cette ville » en celle de Paris, pour par lui, sous la garde » d'un gendarme, être fait les recherches et » vérifications des états dont il croit avoir » besoin, *tant dans les bureaux de l'administration des domaines que dans tous autres lieux* » où ils peuvent être déposés, en prenant par » lui les voies qu'il croira convenables pour le » succès de sa demande; parce que cependant » il sera tenu de se rendre et de se faire réintégrer dans la maison de justice de Coutances » au plus tard le 30 mai prochain, et de fournir en entier, suivant ses offres, à tous les

» frais de translation et de garde jusqu'à réin-
» tégration dans la maison de justice ».

» Cette ordonnance a été exécutée quant à la translation du sieur Mariette dans la ville de Paris. Le sieur Mariette est arrivé en cette ville sous la conduite d'un gendarme déguisé en bourgeois, et s'est logé avec lui dans une maison particulière, sans faire la moindre démarche, soit auprès de l'administration des domaines, soit auprès de toute autre autorité, pour remplir le but factice indiqué par sa requête du 9 avril. Mais le préfet de police, justement étonné de cette manière de garder un accusé de crime, a fait arrêter le sieur Mariette, et l'a fait constituer prisonnier dans une maison d'arrêt; et le grand juge ministre de la justice a chargé l'exposant de requérir l'annullation de l'ordonnance dont il s'agit.

» Cette ordonnance doit, en effet, être annullée sans difficulté, si elle est *contraire aux lois*. Car l'art. 441 du Code d'instruction criminelle porte que, « lorsque, sur l'exhibition
» d'un ordre *formel* à lui donné par le grand
» juge ministre de la justice, le procureur-gé-
» néral près la cour de cassation dénoncera à la
» section criminelle des *actes judiciaires*, arrêts
» ou jugemens *contraires à la loi*, ces actes,
» arrêts ou jugemens pourront être annullés,
» et les officiers de police ou les juges pour-
» suivis, s'il y a lieu, de la manière exprimée
» au chap. 3 du tit. 4 du présent livre ».

» Or, qu'y a-t-il de plus *contraire aux lois* que l'ordonnance en vertu de laquelle le sieur Mariette a été transféré à Paris, sous la garde d'un gendarme?

» L'art. 243 du Code d'instruction criminelle veut que, dans les vingt-quatre heures qui suivront la signification de l'arrêt de renvoi à la cour d'assises et de l'acte d'accusation, l'accusé soit *transféré de la maison d'arrêt dans la maison de justice établie près la cour où il doit être jugé*.

» C'est donc dans cette maison de justice que l'accusé doit être détenu et gardé jusqu'à son jugement.

» Il y a donc contravention à l'art. 243, si l'accusé sort de cette maison de justice autrement qu'en vertu d'une ordonnance d'acquittement ou d'un arrêt d'absolution.

» Le président par *interim* de la cour d'assises du département de la Manche a donc contrevenu à l'art. 243, en autorisant l'extraction du sieur Mariette de la maison de justice de Coutances et sa translation à Paris sous la garde d'un seul gendarme, aux risques de lui faciliter, par là, des moyens d'évasion.

» Mais il a fait plus encore : il a contrevenu à l'autorité de la chose jugée; car le sieur Mariette, par cela seul, qu'il était accusé, était nécessairement en état de prise de corps; et l'on sait que l'ordonnance de prise de corps qui est décernée ou confirmée par l'arrêt de mise en accusation, contient toujours la clause expresse que l'accusé sera déposé dans la maison de justice.

» On dirait en vain que, par l'art. 268, le *président est investi d'un pouvoir discrétionnaire, en vertu duquel il peut prendre sur lui tout ce qu'il croit utile pour découvrir la vérité*.

» Ce pouvoir, quelqu'étendu qu'il soit, ne peut jamais autoriser le président à faire ce que la loi défend par une disposition générale, et encore moins à rétracter des jugemens devenus irrévocables.

» C'est sur ce fondement que, sous le Code du 3 brumaire an 4 qui contenait la même disposition, la cour jugeait constamment que le président ne pouvait pas, en vertu de son pouvoir discrétionnaire, faire entendre comme témoins, aux débats, les personnes dont le témoignage était prohibé, d'une manière absolue, par l'art. 358 du même Code; et si actuellement la cour juge le contraire, c'est uniquement parce que l'art. 269 du Code d'instruction criminelle permet au président d'*appeler dans le cours des débats, et d'entendre* TOUTES PERSONNES; termes qui modifient clairement la prohibition écrite dans l'art. 322.

» Du reste, rien de plus futile que le prétexte allégué par le sieur Mariette pour obtenir sa translation à Paris.

» Si, comme il le prétend, il existe, dans les bureaux de l'administration de l'enregistrement et des domaines, des états qui peuvent le justifier de l'accusation intentée contre lui, il peut en demander l'apport au greffe de la cour d'assises; et la cour d'assises peut, à cette fin, s'il y a lieu, rendre un arrêt qui charge le procureur-général de faire auprès du grand juge ministre de la justice, les démarches nécessaires pour que cet apport soit effectué.

» Mais vouloir qu'on le transfère à Paris, sous le prétexte qu'il peut trouver à Paris des pièces utiles à sa défense, c'est un système qui ne tend à rien moins qu'à rendre les procès interminables, sans compter l'inconvénient qu'il y a de multiplier excessivement les chances d'évasion.

» Assurément, un accusé qui espère trouver sa justification dans des pièces existantes loin du lieu où il est détenu, a bien moins de raisons pour demander, par ce motif, sa translation dans ce lieu, qu'il n'en aurait pour demander qu'on le transférât dans la ville où résident les hauts fonctionnaires dont il ne lui est pas permis de requérir le déplacement à l'effet de déposer comme témoins à sa décharge. S'il était présent aux dépositions de ces témoins, il pourrait, par les observations qu'elles feraient naître de sa part, amener des explications qui lui seraient favorables; et c'est un avantage dont il est privé, en n'assistant pas à ces dépositions, comme effectivement il n'a pas le droit d'y assister, ainsi qu'il résulte des art. 511, 512, 514, 515, 516 et 517 du Code d'instruction criminelle. Que gagnerait-il, au contraire, par sa présence à l'extraction des pièces qu'il a en vue, des bureaux où elles sont conservées? Rien. Ces pièces sont muettes dans les bureaux, comme elles le seront au greffe de la cour d'assises.

» Ce considéré, il plaise à la cour, vu la lettre écrite, le 19 de ce mois, par le grand-juge ministre de la justice à l'exposant; l'art. 441 du Code d'instruction criminelle, l'art. 243 du même Code et l'art. 1350 du Code civil relatif à l'autorité de la chose jugée; casser et annuller l'ordonnance du président par *interim* de la cour d'assises du département de la Manche du 19 avril dernier, ci-dessus mentionnée et dont expédition est ci-jointe; et ordonner qu'à la diligence de l'exposant, l'arrêt à intervenir sera imprimé et transcrit sur les registres de ladite cour;

» Et attendu que le président par *interim*, qui a rendu cette ordonnance, et le procureur-criminel qui l'a provoquée par ses conclusions, sont membres nés de la cour d'assises du département de la Manche; que cette cour entière est censée avoir participé, par leur ministère, à cette ordonnance; et que, d'ailleurs, il est notoire que le sieur Mariette a, dans le département de la Manche, où il est né et où il a exercé long-temps des fonctions publiques, des moyens d'intrigue beaucoup trop multipliés; ordonner que le sieur Mariette sera traduit devant une autre cour d'assises, pour y être jugé sur l'acte d'accusation dressé contre lui.

» Fait au parquet, le 20 mai 1813. *Signé* Merlin ».

On voit que, par ce réquisitoire, 1.° je ne demandais la cassation de l'ordonnance du président de la cour d'assises de la Manche, qu'en vertu de l'art. 441 du Code d'instruction criminelle; 2.° que je ne la demandais pas au préjudice de l'accusé, et que, n'ayant pas à m'expliquer sur l'effet qu'aurait, par rapport à lui, la cassation que je requérais, je m'en référais virtuellement, pour ce qui le concernait, à la règle générale d'après laquelle cette cassation ne pouvait pas plus lui nuire que lui profiter; 3.° que ce n'était pas comme suite de cette même cassation, que je requérais le renvoi de l'accusé devant une autre cour d'assises, et que je ne la requérais que pour cause de *suspicion légitime*, conformément au pouvoir qu'en donne l'art. 542 du Code d'instruction criminelle au procureur-général de la cour de cassation.

Maintenant, voici l'arrêt qui a été rendu sur ce réquisitoire.

« Ouï le rapport de M. Coffinhal, conseiller....,

» La cour reçoit Mariette partie intervenante, et faisant droit sur son intervention ainsi que sur le réquisitoire du procureur-général;

» Vu les art. 408 et 416 du Code d'instruction criminelle, et l'art. 243 du même Code....;

» Attendu que les attributions des présidens des cours d'assises sont déterminées par la loi; que les ordonnances ou actes dans lesquels ils en dépassent les limites, sont, par conséquent, une usurpation de pouvoir et une contravention aux règles de leur compétence;

» Que si l'art. 268 de ce même Code les investit d'un pouvoir discrétionnaire pour découvrir la vérité, ce pouvoir n'est pas tellement absolu qu'il puisse être étendu jusqu'à les autoriser à faire ce qui est prohibé par la loi;

» Qu'il résulte de l'art. 243 ci-dessus transcrit, qu'un individu mis en accusation et transféré dans la maison de justice, doit y demeurer jusqu'à ce qu'il en soit extrait pour subir l'épreuve du débat; que la même conséquence résulte de l'ordonnance de prise de corps qui est devenue exécutoire et irrévocable par l'arrêt de mise en accusation; qu'un accusé, du moment de sa translation dans la maison de justice, ne peut plus en effet cesser, jusqu'au jugement qui doit prononcer sur l'accusation portée contre lui, d'être déposé dans cette maison sous la garde de ses geoliers, ou d'être auprès de ses juges, sous leurs yeux et sous la garde de la force publique;

» Et attendu que Mariettte avait été transféré dans la maison de justice établie près la cour d'assises du département de la Manche, séant à Coutances, par suite et en exécution de l'arrêt de mise en accusation rendu contre lui par la cour de Caen; que, nonobstant les dispositions de l'art. 243 du Code d'instruction criminelle, et l'ordonnance de prise de corps dont il était frappé, le président du tribunal de première instance de Coutances, remplaçant provisoirement le président de la cour d'assises, s'est permis de rendre, le 19 avril dernier, l'ordonnance transcrite au réquisitoire; que cette ordonnance, non moins insolite que contraire aux règles de la procédure criminelle, est une entrave à l'action de la justice criminelle, contient violation de l'art. 243 ci-dessus transcrit, et est un attentat à l'autorité de la chose jugée par l'ordonnance de prise de corps décernée contre Mariette; qu'elle a donc été rendue par contravention aux règles de la compétence et des attributions des présidens des cours d'assises;

» Et attendu qu'il entre essentiellement dans la juridiction de la cour d'anéantir et de faire réputer comme non-avenus les arrêts, jugemens ou ordonnances qui arrêtent l'exécution des lois;

» La cour casse et annulle l'ordonnance rendue le 19 avril dernier par le président par *interim* de la cour d'assises du département de la Manche, dont il s'agit; *et pour être de nouveau statué conformément à la loi, sur la requête présentée par Mariette, sous la date du 9 dudit mois d'avril, au président de ladite cour d'assises*, ainsi que pour être ensuite procédé contre lui, en exécution de l'arrêt de mise en accusation rendu par la cour de Caen, et sur l'acte d'accusation dressé en conséquence contre l'accusé, le renvoie, ainsi que les pièces du procès, devant la cour d'assises du département de la Seine, séant à Paris....

» Prononcé à l'audience de la section criminelle du 21 mai 1813 ».

Cet arrêt est assurément fort étrange, tranchons le mot, il viole ouvertement l'art. 80 de la loi du 27 ventôse an 8, qui restreint la cour de cassation à n'annuller que *sans préjudice du droit des parties intéressées*, les actes ou jugemens par lesquels les tribunaux et les magistrats excèdent leurs pouvoirs ou portent atteinte aux lois; et M. Sirey a bien raison de dire qu'il est « loin de penser, malgré l'autorité » de cet arrêt, que le gouvernement puisse » suppléer au silence de ses agens » (de ses procureurs près les tribunaux devant lesquels sont traduits des prévenus ou des accusés) « pour faire réformer, dans l'intérêt de la vindicte publique, des actes d'instruction qui la » compromettraient ».

Mais si cet arrêt ne peut pas être tiré à conséquence pour faire tourner au préjudice des parties, l'annullation prononcée par la cour de cassation, sur le seul réquisitoire de son procureur-général, des jugemens préparatoires qui leur sont favorables, quelle raison y aurait-il pour en argumenter à l'effet de faire tourner à l'avantage des parties, une pareille annullation qui frapperait des jugemens préparatoires rendus à leur préjudice? il ne peut y avoir en cette matière qu'une règle à suivre: c'est que tout arrêt de cassation qui intervient dans les cas prévus par les art. 441 et 442 du Code d'instruction criminelle, est, à l'égard des parties privées, *res inter alios acta*, et qu'il ne peut, dès-lors, ni leur nuire ni leur profiter; hors de là, tout est arbitraire.

Aussi faut-il dire à l'honneur de la cour suprême, qu'il n'est peut-être pas échappé à sa sagesse un second arrêt semblable à celui du 21 mai 1813.

Cependant, s'il en faut croire M. Legraverend, l'effet de l'annullation, lorsque, prononcée sur le seul réquisitoire du procureur-général de la cour de cassation, elle se trouve favorable aux parties, doit leur profiter même à l'égard des *jugemens définitifs*. « J'ai (dit-il) pour » garans de mon opinion, les arrêts de la cour » de cassation qui, sur la dénonciation du gou» vernement, ont annullé des arrêts de cours » spéciales, ou des jugemens de commissions » militaires, et qui tous ont profité aux parties » mal-à-propos condamnées ». — Et il cite, à ce propos, trois arrêts des 15 novembre 1811, 19 juin 1813, et 12 octobre 1815.

Mais il s'en faut beaucoup que ces arrêts justifient une pareille assertion.

Dans l'espèce de celui du 15 novembre 1811, ce n'était pas seulement le ministère public près la cour de cassation, qui requérait l'annullation du jugement dont il s'agissait, c'était aussi la partie condamnée elle-même. « La cour (porte » l'arrêt), faisant droit sur le réquisitoire du » procureur-général, *et sur le pourvoi de Georges* » *Giorgetti*, casse et annulle..... ». (*V.* le *Répertoire de jurisprudence*, aux mots *Faux témoignage*, n. 10, dans les *additions qui forment* le 15.e volume de la 4.e édition).

L'arrêt du 19 juin 1813 ne casse que *dans l'intérêt de la loi*, et par conséquent sans que la cassation qu'il prononce, puisse profiter aux parties intéressées, le jugement dont il y est question. (*V.* dans le Recueil et le volume cités, l'article *Peine*, n. 10).

Quant à l'arrêt du 12 octobre 1815, s'il étend jusqu'aux condamnés le bénéfice de la cassation qu'il prononce, c'est uniquement parce qu'il s'agissait d'un jugement qui n'en avait que le nom, en ce qu'il avait été rendu par une commission militaire qui, ayant été créée par un général en chef, auquel aucune loi ni aucun acte du gouvernement n'en avaient confié le pouvoir, n'avait point d'existence légale, et ne pouvait, sous aucun rapport, être considérée comme investie de l'autorité judiciaire. (*V.* le Recueil de M. Sirey, tome 16, page 53.).

C'est par un motif du même genre, qu'un autre arrêt du 12 février 1812, en cassant, sur mon réquisitoire, un jugement rendu par un conseil de guerre, en faveur de deux accusés justiciables d'une cour spéciale ordinaire, qui, enlevés par force des prisons de cette cour, n'avaient été traduits devant lui que par une voie de fait répréhensible, a ordonné qu'ils seraient réintégrés dans les prisons de la cour spéciale, et qu'ils seraient jugés de nouveau. Aussi cet arrêt déclare-t-il, en termes exprès, que si le jugement du conseil de guerre n'était entaché que du vice d'incompétence, *la cassation n'en pourrait être prononcée que dans l'intérêt de la loi, sans que le ministère public* (près la cour spéciale) *ni les parties intéressées pussent se prévaloir de cette cassation, ni en tirer avantage*. (*V.* le *Répertoire de jurisprudence*, au mot *Rebellion*, §. 3, n. 29.

M. Legraverend ne peut donc se prévaloir que de l'arrêt si étrangement rendu le 21 mai 1813, contre Mariette; et quoiqu'il paraisse vouloir lui-même restreindre sa doctrine aux arrêts qui annullent, sur la provocation du gouvernement, des jugemens de commissions militaires ou d'autres tribunaux extraordinaires contre lesquels la loi n'ouvre aucun recours personnel aux condamnés, elle n'en est pas moins, sous ce rapport, en opposition diamétrale avec les principes régulateurs des pouvoirs de la cour de cassation. Le remède aux inconvéniens attachés au droit qu'ont certains tribunaux de faire exécuter leurs jugemens, sans que la cour de cassation puisse recevoir et apprécier les plaintes des parties qui en sont victimes, n'est pas d'étendre arbitrairement le cercle des pouvoirs de cette cour : c'est d'attaquer le mal dans sa racine, en soumettant, sans distinction, tous les jugemens au recours en cassation; et ce remède, il n'appartient qu'au législateur de l'employer.

§. XI. *Lorsqu'il n'y a pas de contestation liée sur l'état d'un enfant, le ministère public peut-il poursuivre d'office le délit de suppression ou de supposition de cet état?*

V. l'article *Question d'état*, §. 2.

Au surplus, *V.* les articles *Conclusions du ministère public*, *Directeur du jury*, §. 1; *Jugement*, §. 4; et *Partage* §. 3.

MISE EN CAUSE. *V.* l'article *Gibier*, §. 2.

MOINE. *Avant l'abolition des vœux solennels, les religieux étaient-ils véritablement morts civilement? — Etaient-ils, aux yeux de la loi civile, incapables de se marier?*

V. l'article *Mariage*, §. 5.

D'autres questions relatives aux ci-devant moines, sont traitées sous les mots *Légitime*, §. 9, et *Révocation de donation*, §. 5.

MONNAIE. — §. I. *Quelle était, avant le Code civil, la législation de la Belgique, sur la différence qui se trouve dans les monnaies, entre l'époque de la constitution et celle du remboursement d'une rente? — Quels étaient là-dessus, à la même époque, les principes du droit commun?*

V. les plaidoyers et les arrêts des 29 messidor an 11 et 15 floréal an 13, rapportés à l'article *Papier-monnaie*, §. 3 et 5.

§. II. *Des monnaies de billon.*

V. l'article *Payement*, §. 3.

§. III. *La peine de la contrefaçon des monnaies ayant cours légal dans un état, est-elle applicable à la contrefaçon de monnaies qui, à l'époque de leur fabrication, étaient étrangères à cet état, ou qui n'ont actuellement cours légal que dans une partie des pays dont il se compose?*

« Le procureur-général expose qu'il est chargé par le gouvernement de dénoncer à la cour un arrêt qui viole ouvertement la loi.

» Le 18 décembre 1812, la cour de la Haye a mis en accusation et a renvoyé devant la cour spéciale du département des bouches de la Meuse, le nommé Pierre Lami, prévenu du crime de distribution de fausse monnaie.

» Le 31 du même mois, le procureur-général a dressé un acte d'accusation duquel il résulte que, dans le courant de la même année, Pierre Lami a donné en payement à des marchands en détail, *trois faux écus de Zélande*, sachant qu'ils étaient faux; qu'il en a présenté deux autres à d'autres marchands qui les ont refusés; et qu'au moment de son arrestation, il s'est trouvé nanti de six faux écus du même pays.

» Le 28 janvier 1813, arrêt de la cour spéciale, qui déclare Pierre Lami « coupable d'avoir » émis pour bonne monnaie, des espèces monnayées d'argent, lesquelles il connaissait être » fausses, et d'avoir fait des tentatives manifestées par des actes extérieurs et suivies d'un » commencement d'exécution, d'émettre pour » bonne monnaie des espèces monnayées lesquelles il connaissait être fausses; et que la » monnaie émise par l'accusé, avait cours légal » dans la partie de l'empire français où l'émission a été faite ».

» D'après cette déclaration, l'on devait s'attendre que la cour spéciale eût condamné Pierre Lami à la peine de mort, et eût confisqué tous ses biens; c'était en effet la conséquence nécessaire de l'art. 132 du Code pénal, qui prononce ces peines contre *quiconque aura contrefait ou altéré les monnaies d'or ou d'argent ayant cours légal en France, ou participé à l'émission ou exposition desdites monnaies contrefaites ou altérées*.

» Mais point du tout. *Considérant que les Rixdalers de Zélande dont il est ici question, sont réputés monnaie étrangère par le décret du 18 août 1810*, la cour spéciale, au lieu d'appliquer à Pierre Lami l'art. 131, lui a appliqué l'art. 134, et ne l'a condamné qu'aux travaux forcés à perpétuité.

» Il est vrai, que le décret du 18 août 1810 classe les Rixdalers de Zélande parmi les *monnaies étrangères*; mais pour quels pays les y classe-t-il?

» Ce n'est point pour les départemens de la Hollande où l'arrêt dont il s'agit, reconnaît lui-même que les Rixdalers de Zélande *ont cours légal*.

» C'est uniquement pour les départemens où la circulation de ces monnaies n'est que *tolérée provisoirement*; et ces départemens, le décret les spécifie : ce sont ceux de la Roër, de la Sarre, de Rhin et Moselle, de Mont-Tonnerre, de la Dyle, de l'Escaut, des Forêts, de Jemmapes, de la Lys, de la Meuse inférieure, des deux Nèthes, de l'Ourthe, et de Sambre et Meuse.

» Dans tous ces départemens, sans doute,

les Rixdalers de Zélande sont *monnaies étrangères* ; mais dans les départemens de la Hollande, ils sont monnaies de l'empire français, puisque, de l'aveu même de la cour spéciale des bouches de la Meuse, ils y ont, non pas un cours de tolérance, mais un *cours légal.*

» Il n'importe qu'au temps de leur fabrication, ils aient été monnaies étrangères par rapport à la France de laquelle la Hollande ne dépendait pas encore.

» La Hollande, en devenant partie intégrante de l'empire français, est devenue toute française; et la même qualité s'est nécessairement communiquée aux lois qui la régissaient alors, aux monnaies qui alors avaient un cours légal dans son territoire.

» Par la réunion de la Hollande à la France, la souveraineté batave s'est fondue dans la souveraineté française; et dès-là, c'est le législateur des Français qui est censé avoir fait, pour la Hollande, celles de ses anciennes lois qui la régissent encore; c'est le législateur des Français qui est censé avoir fait fabriquer, pour la Hollande, celles de ses anciennes monnaies qui y circulent encore légalement.

» Il n'importe pas davantage que les *Rixdalers de Zélande* n'aient cours légal que dans une partie de l'empire français. Par cela seul qu'elles ont cours légal dans une partie de l'empire français, elles sont comprises dans ce que l'art. 132 du Code pénal qualifie de *monnaies d'or ou d'argent ayant cours légal en France.*

» Ce considéré, il plaise à la cour, vu la lettre écrite à l'exposant le 30 avril dernier par M. le grand-juge ministre de la justice, l'art. 441 du Code d'instruction criminelle et l'art. 132 du Code pénal, casser et annuller, dans l'intérêt de la loi et sans préjudice de son exécution dans l'intérêt de la vindicte publique, l'arrêt de la cour spéciale du département des bouches de la Meuse, du 28 janvier 1813, ci-dessus mentionné et dont expédition est ci-jointe; et ordonner qu'à la diligence de l'exposant, l'arrêt à intervenir sera imprimé et transcrit sur les registres de ladite cour.

» Fait au parquet, le 3 mai 1813. *Signé* Merlin.

» Ouï le rapport de M. Oudart... ;

» Vu l'art. 132 du Code pénal... ;

» Considérant que Pierre Lami avait été déclaré coupable d'avoir émis pour bonne monnaie des espèces monnayées d'argent, lesquelles il connaissait être fausses, et d'avoir fait des tentatives manifestées par des actes extérieurs et suivies d'un commencement d'exécution d'émettre pour bonne monnaie des espèces monnayées lesquelles il connaissait être fausses; laquelle monnaie émise par l'accusé avait cours légal dans la partie de l'empire français où l'émission avait été faite; que, d'après cette déclaration, la cour spéciale du département des bouches de la Meuse aurait dû condamner Pierre Lami aux peines portées par l'art. 132 du Code pénal; que néanmoins cette cour a seulement prononcé contre lui la peine portée par l'art. 134 du même Code, par le motif que les Rixdalers de Zélande dont il est question, sont réputés monnaie étrangère par le décret du 18 août 1810; mais que ce décret ne les répute monnaie étrangère que pour les départemens de la Roër, de la Sarre, de Rhin et Moselle, de Mont-Tonnerre, de la Dyle, de l'Escaut, des Forêts, de Jemmapes, de la Lys, de la Meuse inférieure, des deux Nèthes, de l'Ourthe et de Sambre et Meuse, où la circulation de cette monnaie n'est que tolérée provisoirement; mais qu'ils ne sont point réputés monnaie étrangère pour les départemens de la Hollande où ils sont monnaie de l'empire français, où ils ont un cours légal ainsi que l'a reconnu la cour spéciale elle-même; que si, au temps de leur fabrication, ils étaient monnaies étrangères, la Hollande était depuis devenue partie intégrante de l'empire français, et la souveraineté batave s'étant fondue dans la souveraineté française, c'est le législateur des Français qui est censé avoir fait celles de ses anciennes lois qui sont encore en vigueur, et avoir fait fabriquer pour la Hollande celles de ses anciennes monnaies qui y circulent légalement; et que, par cela seul qu'elles ont un cours légal dans une partie de l'empire français, elles sont du nombre de celles que l'art. 132 du Code pénal qualifié de monnaie d'or ou d'argent ayant cours légal en France; d'où il suit que la cour spéciale du département des bouches de la Meuse a fait une fausse application de l'art. 134 du Code pénal et qu'elle a violé l'art. 132 du même Code;

» Par ces motifs, la cour, faisant droit sur le réquisitoire du procureur-général, en vertu des art. 441 et 442 du Code d'instruction criminelle, casse et annulle....

» Ainsi jugé à l'audience de la section criminelle du 21 mai 1813 ».

MONNAIE DÉCIMALE. *Celui qui, en escomptant une lettre de change conçue en livres tournois, n'en a payé la valeur à son endosseur que sur le pied de cette monnaie, peut-il, après en avoir reçu le payement comme si elle eût été conçue en francs, être actionné par son endosseur, pour lui restituer la somme formant la différence de la monnaie tournois d'avec la monnaie décimale?*

Sur cette question et sur deux autres indiquées sous les mots *Affiche* et *Condictio indebiti*, j'ai donné à l'audience de la cour de cassation, section des requêtes, le 4 frimaire an 9, des conclusions ainsi conçues :

« Cette affaire, extrêmement mince par son objet, mérite cependant toute votre attention, par ses rapports avec le nouveau système monétaire de l'Etat, et avec les limites de la juridiction des tribunaux de commerce.

» Il s'agit de savoir si le tribunal de commerce d'Yvetot a violé, par son jugement du 24 prairial an 8, l'art. 2 de la loi du 17 floréal an 7, en condamnant le demandeur (Guillaume Marical) à restituer au cit. Millet-Lafosse, 5 *liv.* 12 *sous* 6 *den. tournois*, excédant de la somme de 450 fr. sur celle *de* 450 *livres tournois*, formant le montant d'un billet à ordre créé à Yvetot, le 27 ventôse an 8, et payable à Rouen le 15 floréal suivant.

» Dans le fait, le cit. Millet, créeur de ce billet, l'avait passé à l'ordre du cit. Millet-Lafosse; et celui-ci l'avait transporté au demandeur par un endossement conçu *valeur reçue comptant.*

» A l'échéance, le demandeur, en se faisant payer ce billet, avait exigé, non pas 450 *livres tournois,* mais 450 *francs;* et il s'était fondé sur l'art. 2 de la loi du 17 floréal an 7, suivant lequel, dans tous les actes postérieurs au 1.er vendémiaire an 8, *les sommes sont censées évaluées en francs, quoiqu'elles soient énoncées en livres, sous et deniers.*

» Le demandeur avait certainement pour lui le vœu de la loi; cependant le cit. Millet-Lafosse, qui n'avait pas acquitté le billet, qui n'avait même pas pu l'acquitter, puisqu'il n'en était qu'*endosseur,* qui n'était pas d'ailleurs cessionnaire des droits que pouvait avoir le *créeur,* le cit. Millet-Lafosse s'est pourvu contre le cit. Marical, pour le faire condamner à lui restituer 5 livres 12 sous 6 deniers qu'il a accusé le cit. Marical, non pas d'avoir reçus de trop du créeur, mais de lui avoir escroqués à lui-même, dans l'escompte qu'il lui avait fait de ce billet.

» Pour fonder son action, il a articulé que le cit. Marical, en lui payant la valeur de cet effet, l'avait considérée comme stipulée en livres tournois, et qu'il avait réglé son escompte en conséquence.

» Il paraît que le cit. Marical n'a rien avoué ni désavoué à cet égard; du moins le jugement du tribunal de commerce l'énonce ainsi; il conclu de là que le fait est vrai, et c'est sur ce seul fait prétendu qu'il est motivé.

» Disons-le franchement, il eût été difficile de raisonner plus mal que ne l'a fait en cela le tribunal de commerce.

» D'abord, il est contre tout principe de regarder comme avoué, un fait qui est avancé par une partie, et sur lequel l'autre ne s'explique pas. Le silence d'une partie sur un fait avancé par l'autre, ne peut être considéré ni comme aveu, ni comme désaveu de ce fait : *Qui tacet non utique fatetur; verum tamen est eum non denegare,* dit la loi 142, D. *de regulis juris.*

» Il en est autrement sans doute, lorsqu'il s'agit d'un fait avancé par forme d'interpellation judiciaire, ou, pour nous servir des termes consacrés dans la procédure, lorsqu'il s'agit d'un fait compris dans un interrogatoire sur faits et articles. Les lois romaines et l'ordonnance de 1667 veulent qu'en ce cas, le refus ou le défaut de répondre tienne lieu d'aveu formel.

» Mais hors ce cas, la règle de droit que nous venons de citer, conserve tout son empire, et l'on sent que rien n'est plus raisonnable. Une partie peut, en se défendant, avoir tant de confiance dans un moyen de droit, qu'elle croie pouvoir, sans aucun risque, négliger de débattre un fait qu'on lui oppose; elle peut ne pas le débattre, parce qu'elle le regarde comme insignifiant; et certes, ce serait tromper sa bonne foi, que de prendre son silence pour aveu.

» Ensuite, supposons, avec le tribunal de commerce, que le demandeur, en achetant du cit. Millet-Lafosse le billet dont il s'agit, le lui ait payé 5 livres 12 sous 6 deniers de moins qu'il ne valait, s'ensuivra-t-il que le cit. Millet-Lafosse ait pu lui répéter cette somme, et surtout la lui répéter comme se l'étant fait payer par escroquerie?

» Pour admettre une pareille conséquence, il faudrait supposer que le billet avait, à l'époque de l'endossement qu'en a passé le cit. Millet-Lafosse au demandeur, une valeur fixe et déterminée dans le commerce. Or, cette supposition serait une grande erreur.

» Sans doute, le billet était virtuellement créé pour 450 francs; mais il était créé à Yvetot; c'est pareillement à Yvetot que le cit. Millet-Lafosse l'a endossé; et il n'était payable qu'à Rouen.

» Ce n'était donc pas un simple billet à ordre; c'était, comme l'explique Pothier, dans son *Traité du contrat de change,* ce qu'on appelle un *billet à domicile,* c'est-à-dire, un billet portant remise de place en place, un billet qui renferme le contrat de change, un billet qui est absolument de la même nature qu'une lettre de change, et qui produit les mêmes obligations.

» Ainsi, lorsque le cit. Millet-Lafosse a vendu au demandeur son billet de 450 francs, le demandeur a dû, en lui en payant la valeur, retenir, non-seulement l'intérêt du temps que l'effet avait encore à courir avant l'échéance effective, mais encore le *change,* c'est-à-dire, la perte que le demandeur devait essuyer pour faire recevoir les 450 francs à Rouen, et les faire revenir à Yvetot.

» Or, le change n'a point de tarif déterminé; il hausse ou diminue suivant l'abondance ou la disette d'argent, et suivant le plus ou moins de remises que le commerce d'une place est dans le cas de faire au commerce d'une autre place.

» En supposant donc que le demandeur ait payé au cit. Millet-Lafosse 5 liv. 12 sous 6 den. tournois, de moins qu'il ne prétend l'avoir fait, le cit. Millet-Lafosse ne peut pas, pour cela, prétendre avoir reçu moins qu'il ne lui était dû, parce qu'en fait de remise de place en place, il n'y a point de valeur fixe, et qu'en pareil cas, la somme payée est toujours censée être la somme réellement due, d'après la convention faite entre l'endosseur et son cessionnaire.

» Ainsi, d'une part, point de preuve que le demandeur ait retenu au cit. Millet-Lafosse, les 5 liv. 12 sous 6 den. répétés par celui-ci; — De l'autre, quand il les aurait réellement retenus, on ne pourrait pas encore dire qu'il l'eût fait sans droit.

» Mais ce n'est pas tout. Admettons pour un moment que le cit. Millet-Lafosse ait agi, dans la négociation de son billet, comme si son billet eût été payable en livres tournois et non pas en francs. Eh bien! dans cette hypothèse, le cit. Millet-Lafosse pourra dire, sans doute, qu'il n'a pas fait attention à la loi du 17 floréal an 7; mais de ce défaut d'attention, de cette ignorance du droit, résultera-t-il pour lui une action en répétition de la différence des francs aux livres tournois? Non certainement. *Si quis jus ignorans indebitam pecuniam solverit, cessat repetitio*, dit la loi 10, C. *de juris et facti ignorantiâ*. — Et il ne faut pas croire que cette jurisprudence n'ait pas lieu dans nos mœurs; nous trouvons au contraire dans le Recueil de Augeard, un arrêt du 11 février 1707, qui l'a formellement consacrée. Il s'agissait de savoir si l'acquéreur d'un usufruit pouvait répéter les lods et ventes qu'il avait payés, croyant que le transport d'un pareil droit y donnait lieu (c'était dans la coutume de Paris). M. l'avocat-général Portail, qui portait la parole dans cette cause, observa que les droits de mutation n'étaient point exigibles pour un usufruit; mais que l'acquéreur les ayant payés par ignorance de droit, son erreur le rendait non-recevable dans la répétition qu'il en faisait; et l'arrêt l'a ainsi jugé.

» Le cit. Millet-Lafosse devait donc, sous tous les rapports, être déclaré non-recevable et non fondé dans sa réclamation, véritablement chicanière; et le tribunal de commerce d'Yvetot, en accueillant cette réclamation, sous un prétexte aussi frivole que contraire à tous les principes, a formellement violé la loi du 17 floréal an 7, et par conséquent donné ouverture à la cassation de son jugement.

» Il nous reste à examiner s'il n'a pas en même temps excédé ses pouvoirs, en ordonnant l'impression et l'affiche de son jugement au nombre de cinquante exemplaires aux frais du demandeur.

» Le demandeur présente cette partie du jugement comme une disposition purement pénale; et il est certain que, si tel est son caractère, elle forme, de la part du tribunal de commerce d'Yvetot, une usurpation de pouvoir intolérable.

» En thèse générale, la permission qu'un jugement accorde à une partie de le faire imprimer et afficher aux frais de l'autre, ne peut pas être considérée comme une peine; cette permission, en effet, ne porte pas précisément sur l'impression ni sur l'affiche; car dans un pays où la presse est libre, toute partie qui obtient un jugement, n'a pas besoin d'autorisation judiciaire pour le faire imprimer ou afficher. Cette permission ne porte donc que sur les frais; elle n'est nécessaire que pour faire supporter ces frais à la partie condamnée; et dès-là, il est évident que ce n'est point à titre de peine, mais uniquement à titre de dommages-intérêts, qu'elle est prononcée.

» Mais s'il en est ainsi dans la thèse générale, il n'en est pas de même dans l'espèce dont il est ici question.

» Le cit. Millet-Lafosse n'avait éprouvé aucune injure, aucun outrage de la part du demandeur; c'était lui, au contraire, qui avait outragé le demandeur, en l'accusant d'avoir commis *une escroquerie des plus dangereuses dans la société commerciale, qu'il était urgent de réprimer d'une manière authentique* (ce sont les termes de ses conclusions). Le seul tort qu'il prétendait avoir essuyé de la part du demandeur, c'était de lui avoir payé 5 liv. 12 sous 6 deniers de trop; et assurément, la réparation de ce tort n'exigeait ni l'impression ni l'affiche de ce jugement; aussi avait-il la bonne foi de convenir qu'il n'en demandait l'impression et l'affiche, que pour *réprimer d'une manière authentique*, l'escroquerie prétendue commise par le demandeur; c'est-à-dire, qu'il s'érigeait de lui-même en partie publique, et qu'il requérait contre le demandeur l'application d'une peine véritable et proprement dite.

» Ce n'est donc pas à titre de dommages-intérêts, c'est par forme de peine véritable et proprement dite, que le tribunal de commerce d'Yvetot a ordonné l'impression et l'affiche de son jugement aux frais du demandeur; et cette conséquence en amène nécessairement une autre: c'est que le tribunal de commerce d'Yvetot a excédé ses pouvoirs, et que son usurpation doit être réprimée par le tribunal suprême.

» Par ces considérations, nous estimons qu'il y a lieu d'admettre la requête du demandeur ».

Ces conclusions ont été adoptées par arrêt du 4 frimaire an 9, au rapport de M. Vergès.

Mais l'affaire portée à la section civile, arrêt y est intervenu, le 1.er frimaire an 10, au rapport de M. Basire, et sur les conclusions de M. Lefessier-Grandprey, par lequel,

« Considérant que le jugement attaqué, en condamnant Marical à payer à Millet-Lafosse la somme de 5 fr. 55 cent., qu'il aurait dû payer et qu'il n'avait pas payée lors de l'escompte du billet dont il s'agit, n'a point contrevenu à la loi du 17 floréal an 7;

» Qu'aucune loi n'interdit aux tribunaux civils la faculté d'ordonner l'affiche de leurs jugemens, aux frais de la partie condamnée, lorsqu'ils en sont requis;

» Par ces motifs, le tribunal donne défaut contre Millet-Lafosse, rejette la demande en cassation... ».

MORT. *V.* les articles *Absent*, §. 3; *Décès*, §. 1; et *Vie*, §. 2.

MORT CIVILE. — §. I. *Pour exclure des enfans de la succession de leur père, sur le fondement qu'avant leur naissance, il était mort civilement par l'effet d'un jugement qui l'avait condamné par contumace à une peine emportant mort civile, est-il nécessaire de représenter ce jugement et le procès-verbal de son exécution? Peut-on suppléer par des présomptions, par des actes énonciatifs, et par la reconnaissance du prétendu condamné lui-même, à la représentation de ce jugement et de ce procès-verbal?*

V. l'article *Succession*, §. 11.

§. II. 1.° *La seule inscription sur la liste des émigrés, suivie de réclamation dans le délai fixé par la loi, a-t-elle constitué l'inscrit en état de mort civile, pendant tout le temps qu'elle a duré?*

2.° *Y a-t-il, à cet égard, quelque différence entre l'inscription qui a été rayée avant la publication de la loi du 12 ventôse an 8, et celle qui n'a été rayée que depuis?*

3.° *Quel est, en conséquence, le sort du testament fait avant la publication de la loi du 12 ventôse an 8, par un inscrit décédé depuis cette publication, et rayé après sa mort?*

Le 20 frimaire an 7, Marie-Françoise-Victoire Imbert-Colomèse, épouse de Guillaume Maret, est arrêtée à Saint-Pierre-Lanoaille, lieu de son domicile, en vertu d'un ordre délivré par un commissaire du district de Roanne. Peu de temps après, elle est mise en liberté.

Le 12 thermidor an 2, Guillaume Maret et sa femme sont portés par l'administration du district de Roanne, sur la liste des *fugitifs de ce district*. L'arrêté qui ordonne leur inscription sur cette liste, fait remonter leur fuite au mois de brumaire précédent, et en attribue la cause à la qualité qu'avait eue Guillaume Maret, ayant le siége de Lyon, de *membre du congrès départemental du département de Rhône et Loire*.

Le 3 vendémiaire an 3, un arrêté du comité de sûreté générale ordonne que Guillaume Maret sera mis en liberté, et que les scellés apposés sur ses effets, seront levés. — Guillaume Maret n'était cependant pas détenu à cette époque, il était encore *fugitif* ou caché. Mais cette mesure suppose évidemment qu'un mandat d'arrêt avait été précédemment décerné contre lui; et c'était sans doute pour s'y soustraire, qu'il avait disparu.

Le 3 floréal an 3, l'administration du district de Roanne, « considérant que la loi du 14 pluviôse dernier rapporte les dispositions pénales » relatives aux troubles de Lyon, et remet Guillaume Maret en l'état où il était avant son inscription sur la liste des fugitifs; considérant » que la loi du 22 germinal dernier autorise les » citoyens qui se sont soustraits par la fuite aux » mandats d'arrêt lancés contre eux, pour raison » et par suite des événemens des 31 mai et 2 juin » 1793, à rentrer dans leurs foyers, et ordonne » qu'ils seront réintégrés dans leurs droits politiques et dans tous leurs biens; arrête que main-levée pure et simple est accordée à Guillaume » Maret des scellés et séquestres apposés sur ses » propriétés situées dans la commune de Saint-Pierre et autres environnantes ».

Le 24 du même mois, arrêté de l'administration du département de la Loire, qui confirme celui du district de Roanne et le déclare commun à la dame Maret.

Le 6 thermidor suivant, la commission exécutive des revenus nationaux, sur le vu de l'arrêté du district de Roanne, du 12 thermidor an 2, inscrit Guillaume Maret et son épouse sur le troisième supplément de la liste générale des émigrés.

Le 16 du même mois, l'administration du district de Roanne réclame contre cette inscription, par une lettre adressée au comité de législation de la convention nationale, et qui demeure sans réponse.

Le 16 fructidor suivant, Guillaume Maret et sa femme déposent au secrétariat de la même administration, un mémoire par lequel ils demandent que leurs noms soient rayés de la liste arrêtée le 6 thermidor précédent.

Le 17 nivôse an 4, Guillaume Maret fait à Lyon un testament mystique, par lequel il institue son épouse héritière universelle.

Le 19 fructidor an 5, une loi générale ordonne à tous ceux qui sont inscrits sur la liste des émigrés, de sortir du territoire français, et leur défend d'y rentrer tant qu'ils n'auront pas obtenu leur radiation définitive. — Guillaume Maret et son épouse obéissent à cette loi, et se retirent à Nuremberg.

Le 9 floréal an 7, Guillaume Maret fait en cette ville, un codicille par lequel, entre autres dispositions, il confirme l'institution contenue dans son testament.

Le 29 du même mois, l'administration du département de la Loire, statuant sur le mémoire déposé, le 16 fructidor an 3, par Guillaume Maret et sa femme, au secrétariat du district de Roanne, arrête que leurs noms seront rayés *provisoirement* de la liste des émigrés.

Le 26 messidor an 8, Guillaume Maret meurt à Nuremberg.

Le 29 germinal an 9, arrêté du gouvernement qui raye définitivement de la liste des émigrés, le nom de Guillaume Maret et celui de sa veuve.

Le 27 messidor suivant, la veuve Maret obtient du tribunal de première instance de Lyon, l'ouverture du testament mystique de son mari; et le 6 thermidor de la même année, elle en demande l'exécution contre les frères Maret, héritiers *ab intestat*, qui, de leur côté, le soutiennent nul, 1.° pour vices de forme; 2.° parce que Guillaume Maret était en état de mort civile, lorsqu'il avait testé.

Le 21 messidor an 10, jugement du tribunal de première instance de Roanne, qui adjuge la succession à la veuve, attendu que, dans la forme, le testament et le codicille sont réguliers; et qu'au fond, « le défunt n'avait été inscrit que sur un tableau de fugitifs; que, dans tous les cas, étant en réclamation depuis l'an 3, il ne pouvait être considéré que comme prévenu d'émigration, et non comme émigré; que cette prévention ou état d'accusation par lui contestée ne pouvait opérer une mort civile; et que l'arrêté qui le raye, jugeant qu'il a été mal à propos inscrit, a décidé que l'accusation était mal fondée ».

Appel de ce jugement de la part des frères Maret; et le 14 fructidor an 11;

« Considérant qu'il est inutile d'agiter les questions relatives aux vices (de forme) opposés aux testament et codicille...;

» Considérant que le cit. Guillaume Maret a été inscrit sur la liste générale des émigrés avant les testament et codicille dont il s'agit; qu'il a été rayé après sa mort; que les lois relatives aux émigrés, notamment celle du 30 mars 1792, art. 2, celle du 28 mars 1793, tit. 1, art. 1, et sect. 6, art. 38, celle du 25 brumaire an 3, tit. 5, art. 2, et celle du 1.er fructidor an 3, art. 11, annullent toutes les dispositions faites pour la transmission des biens des émigrés;

» Considérant que, d'après l'arrêté du gouvernement du 3 floréal an 11, les individus rayés, éliminés et amnistiés sont soumis aux dispositions portées par les lois pendant la durée de leur inscription sur la liste des émigrés;

» Le tribunal (d'appel de Lyon) dit qu'il a été mal jugé....; émendant, déclare le testament du 17 nivôse an 4 et le codicille du 9 floréal an 7, nuls et de nul effet, comme n'ayant pu transmettre la propriété d'un individu alors inscrit sur la liste générale des émigrés, et frappé, pendant la durée de ladite inscription, de mort civile... ».

La veuve Maret se pourvoit en cassation.

« Pour bien apprécier les moyens sur lesquels est fondé son recours (ai-je dit à l'audience de la section des requêtes, le 28 germinal an 12), il importe, avant tout, de nous fixer sur l'état de Guillaume Maret, à l'époque de son testament, à celle de son codicille et à celle de son décès.

» A l'époque de son testament, Guillaume Maret était inscrit sur le troisième supplément de la liste générale des émigrés, arrêtée le 6 thermidor an 3, par la commission exécutive des revenus nationaux.

» Mais s'il en faut croire la demanderesse, cette inscription devait être considérée comme non avenue, parce qu'elle n'était évidemment que le résultat d'une méprise sur le sens et l'objet de l'arrêté du district de Roanne, du 12 thermidor an 2, qui avait inscrit Guillaume Maret sur la liste des fugitifs de ce district, et que cette administration avait elle-même rapporté le 3 floréal an 3. D'ailleurs la loi du 22 germinal an 3 ayant anéanti cette inscription, il ne fallait point d'arrêté de radiation pour en faire cesser l'effet. Ce n'est donc que par un excès de précaution que Guillaume Maret est sorti de France après le 19 fructidor an 5; ce n'est que par un excès de précaution, qu'il a obtenu, en l'an 7, sa radiation provisoire; ce n'est que par un excès de précaution, que sa veuve a fait prononcer, en l'an 9, sa radiation définitive. — Reprenons chacune de ces propositions.

» Il est vrai que l'inscription du 6 thermidor an 3, sur la liste générale des émigrés, n'a été que la suite de celle du 12 thermidor an 2, sur la liste des fugitifs du district de Roanne.

» Mais d'abord, il n'appartient pas aux tribunaux de déclarer que, par cette seule raison, elle doit être considérée comme non avenue. Si la commission exécutive des revenus nationaux s'est trompée en inscrivant Guillaume Maret sur la liste des émigrés, sur le seul fondement qu'il était inscrit sur la liste des fugitifs de son district, c'est une erreur purement administrative, et la réformation de cette erreur est hors des attributions du pouvoir judiciaire. D'un autre côté, on ne peut pas même dire qu'il y ait eu, à cet égard, la moindre méprise. La commission des revenus nationaux ayant sous les yeux, le 6 thermidor an 3, un arrêté des administrateurs du district de Roanne qui déclarait Guillaume Maret *fugitif de ce district*, non-seulement a pu, mais a dû nécessairement en conclure que Guillaume Maret était émigré, puisque la loi du 25 brumaire an 3 chargeait expressément les administrations de district de porter sur la liste des émigrés toutes les personnes qui s'absenteraient de leur domicile sans justifier de leur résidence par des certificats en bonne forme.

» Il est d'ailleurs fort indifférent que l'administration du district de Roanne eût rapporté, le 3 floréal an 3, son arrêté du 12 thermidor an 2. Le pouvoir d'inscrire n'entraînait pas celui de rayer, comme le pouvoir d'accuser ne renferme pas celui d'acquitter, comme le pouvoir de condamner en première instance n'emporte pas celui de rétracter la condamnation. Une fois inscrit sur la liste des fugitifs par l'administration du district de Roanne, Guillaume Maret n'a pu en être rayé que par l'autorité supérieure.

» A l'égard de la loi du 22 germinal an 3, elle n'est relative qu'aux citoyens *mis hors la loi, par suite et à l'occasion des événemens des 31 mai, 1.er et 2 juin* 1793. Or, jamais Guillaume Maret n'a été mis hors la loi. A la vérité, il avait été membre du *congrès départemental* de Lyon; mais le seul décret qui ait sévi contre les membres de ce congrès, celui du 12 juillet 1793, s'est borné à les déclarer *traîtres à la patrie;* et ce qui prouve bien que, par là, il n'entendait point les placer hors de la loi, c'est la différence qu'il a mise entre eux et le cit. Biroteau, membre de la Convention nationale : « Biroteau (porte-t-» il), l'un des chefs de la conspiration qui a » éclaté à Lyon, est déclaré *traître à la patrie et* » *mis hors de la loi.* Sont destitués de leurs fonc- » tions et *déclarés pareillement traîtres à la pa-* » *trie,* les administrateurs, officiers municipaux » et tous autres fonctionnaires publics qui ont » provoqué ou souffert le congrès départemental » qui a eu lieu à Lyon, qui ont participé ou » assisté aux délibérations qu'il a prises ».

» Qu'importe, au surplus, que la loi du 22 prairial an 3 ait déclaré les dispositions de celle du 22 germinal précédent communes aux membres du congrès départemental de Lyon? elle n'a point, pour cela, fait cesser de plein droit leurs inscriptions sur la liste des émigrés; elle les a seulement relevés de la déchéance qu'ils pouvaient avoir encourue; elle les a seulement dispensés de rapporter des certificats de résidence pour tout le temps qui s'était écoulé depuis leur proscription. Du reste, elle a voulu qu'ils demandassent leur radiation comme les autres inscrits; elle a voulu qu'ils la demandassent dans un délai déterminé; elle a voulu qu'ils ne pussent l'obtenir définitivement que du comité de législation qui alors était, en cette matière, investi de toute l'autorité du gouvernement.

» Il demeure donc bien démontré qu'à l'époque de son testament, Guillaume Maret était, dans toute la force du terme, *inscrit* sur la liste générale des émigrés.

» Quant à l'époque de son codicille, c'est absolument la même chose : l'inscription subsistait encore le 9 floréal an 7 dans toute sa plénitude; elle n'a été rayée provisoirement que le 29 du même mois.

» Enfin, à l'époque de son décès, Guillaume Maret avait, à la vérité, obtenu une radiation provisoire; mais s'il avait besoin de cette radiation provisoire pour être en état de tester, à coup sûr elle n'a pas pu valider, par un effet rétroactif, le testament et le codicille qu'il avait faits précédemment. On sait assez que, pour tester valablement, il faut en avoir la capacité, non-seulement au temps où on cesse de vivre, mais encore au moment même où l'on dispose. C'est un principe que les lois romaines ont consacré de la manière la plus précise, et qui n'a jamais été contesté. Ainsi, nul doute que nous ne devions ici faire une abstraction complette de l'arrêté de l'administration du département de la Loire, du 29 floréal an 7, qui raye provisoirement Guillaume Maret de la liste des émigrés.

» Toute la cause se réduit donc à ces deux questions : Guillaume Maret était-il capable de tester le 17 nivôse an 4 et le 9 floréal an 7, dates de son testament et de son codicille? Était-il capable de tester le 26 messidor an 8, jour de son décès?

» Sur la première question, il est un point fort important à remarquer, et qui est convenu de part et d'autre : c'est que, lorsque Guillaume Maret a fait ses dispositions de dernière volonté, il avait déjà réclamé contre son inscription sur la liste des émigrés, et que sa réclamation avait été formée en temps utile.

» En effet, si l'on veut faire remonter son inscription sur la liste, à l'arrêté du district de Roanne, du 12 thermidor an 2, on trouvera qu'il a réclamé contre cet arrêté avant le 3 floréal an 3, jour où il en a obtenu le rapport du district de Roanne lui-même; et par conséquent avant le 26 du même mois, date du décret qui a fermé la porte à toute réclamation ultérieure contre les listes qui alors étaient publiées depuis plus de cinq décades.

» Si, au contraire, on veut ne le réputer inscrit que du 6 thermidor an 3, jour où la commission des revenus nationaux l'a porté sur le troisième supplément de la liste générale, on verra qu'il a réclamé contre cette inscription, dès le 16 fructidor suivant, et par conséquent dans les cinq décades que lui accordait la loi du 25 brumaire.

» Quel était donc l'état de Guillaume Maret lorsqu'il a fait son testament? Son état était celui d'un *inscrit sur la liste des émigrés, ayant réclamé en temps utile contre son inscription.*

» Or, dans cet état, était-il mort civilement? Voilà ce que vous avez d'abord à juger.

» Sans contredit, il était, dès-lors, frappé de mort civile, si, dès-lors, on pouvait le réputer émigré : *les émigrés*, porte l'art. 1 de la loi du 28 mars 1793, *sont bannis à perpétuité du territoire de la république; ils sont morts civilement; leurs biens sont acquis à la république.* Mais pouvait-on réputer *émigré*, un inscrit qui réclamait contre son inscription, et dont la réclamation avait été faite dans le délai déterminé par le législateur? Non, il ne pouvait être, et il n'était réellement, considéré que comme *prévenu d'émigration.*

» Son inscription sur la liste élevait contre lui une prévention, mais ne le convinquait pas et le condamnait encore moins. Il n'était pas plus convaincu, il n'était pas plus condamné, que ne l'est, dans les délits ordinaires, un particulier qui se trouve dans les liens d'un mandat d'arrêt, ou sous le poids d'un acte d'accusation. En un mot, dès qu'il n'était que *prévenu d'émigration*, il n'était pas, il ne pouvait pas être réputé *émigré.*

» Ces propositions sont si simples qu'elles portent, pour ainsi dire, leur preuve avec elles-mêmes; mais elles ont encore l'avantage d'être confirmées par des lois expresses.

» Celle du 28 mars 1793 distingue clairement les *émigrés* d'avec les *prévenus* d'émigration. Ceux-là, suivant les art. 61, 62 et 66, sont *émigrés*, et doivent être traités comme tels, qui, étant inscrits sur la liste, n'ont pas réclamé dans le délai fatal, ou dont les réclamations ont été rejetées. Mais l'art. 67 ne qualifie que de *prévenus*, ceux qui ont réclamé en temps utile, et sur les réclamations desquels il n'est pas encore intervenu un arrêté de rejet.

» La même distinction est écrite, et elle l'est en caractères bien plus prononcés, dans le troisième titre de la loi du 25 brumaire an 3. — L'art. 30 parle des réclamations des *prévenus d'émigration.* — L'art. 31 fixe le terme dans lequel ceux qui sont *actuellement en réclamation*, devront produire leurs certificats de résidence; et déclare que, ce terme écoulé, *ils seront déchus de leurs réclamations et réputés émigrés.* — L'art. 32 ajoute que *seront également réputés émigrés*, ceux qui n'auront pas réclamé dans tel délai contre leur inscription.— L'art. 33 revient à ceux dont s'est occupé l'art. 31, c'est-à-dire, à ceux qui sont *actuellement en réclamation*; et les qualifiant de *prévenus d'émigration*, il veut que, s'ils prouvent légalement leur résidence, ils soient réintégrés dans leurs propriétés. — L'art. 35 a pour objet les arrêtés pris en faveur des *prévenus d'émigration*, par les administrations de districts et de départemens; et il en règle l'effet provisoire.

» Guillaume Maret n'était donc pas *réputé émigré*, lorsqu'il a fait son testament, puisqu'il avait réclamé dans le délai de la loi, et que sa réclamation était encore indécise; il n'était que *prévenu d'émigration.*

» Or, ce n'est pas aux *prévenus d'émigration*, c'est aux *émigrés* proprement dits, c'est à ceux qui sont réputés tels, soit pour n'avoir pas réclamé en temps utile, soit parce que leur réclamation a été rejetée, que l'art. 1 de la loi du 28 mars 1793 inflige la peine de la mort civile. Le mot *émigré* est le seul qu'emploie cet article : et la raison, l'humanité, les règles de la grammaire, s'opposent également à ce qu'on en étende la signification aux simples prévenus d'émigration.

» Remarquons d'ailleurs que, dans cet article, trois choses marchent de front : le bannissement perpétuel des émigrés, leur mort civile, la confiscation de leurs biens. — Or, 1.° les prévenus d'émigration n'étaient point bannis à perpétuité du territoire de la république; ils étaient même tenus, avant le 19 fructidor an 5, d'y résider, en attendant qu'il fût statué sur leurs réclamations; et s'ils en sortaient, si, par suite, ils ne pouvaient pas prouver la continuité de leur résidence sur le sol français, l'art. 31 du tit. 3 de la loi du 25 brumaire an 3 voulait qu'ils fussent déchus de leurs réclamations et traités définitivement comme émigrés. La loi du 19 fructidor an 5 a changé, à cet égard, leur manière d'exister : elle les a obligés de se retirer provisoirement en pays étranger; mais elle ne les a pas pour cela bannis à perpétuité de leur patrie; elle ne les en a éloignés que pour un temps. — 2.° Les biens des *prévenus d'émigration* n'étaient pas, comme ceux des *émigrés*, acquis à la république, ils n'étaient que séquestrés; et l'art. 20 du tit. 3 de la loi du 25 brumaire an 3 défendait de les vendre *avant l'expiration des délais prescrits* pour recevoir les réclamations des prévenus *ou le jugement définitif* de ces mêmes réclamations. — Ainsi, des trois peines que l'art. 1 de la loi du 28 mars 1793 inflige aux *émigrés*, en voilà deux qui, bien constamment, ne peuvent pas être appliquées aux *prévenus d'émigration*; comment donc pourrait-on leur appliquer la troisième, la *mort civile*?

» Mais, dit-on, si les prévenus d'émigration ne sont pas constitués en état de mort civile, par la loi du 28 mars 1793, ils le sont du moins par la loi du 1.er fructidor an 3; car l'art. 11 de celle-ci déclare qu'*aucun individu, porté sur la liste des émigrés du département de son domicile, ne pourra jouir des droits de citoyen, jusqu'à ce que sa radiation définitive ait été prononcée.*

» Pure équivoque. *Les droits de citoyen*, dont parle cet article, ne sont pas les droits civils; ce sont les droits politiques, c'est-à-dire, le droit de voter dans les assemblées primaires, et le droit d'être élu aux fonctions législatives, administratives et judiciaires.

» Pour nous en convaincre, remontons à

l'acte constitutionnel de l'an 3, qui avait été décrété définitivement le 30 thermidor, veille de la loi dont il s'agit. Nous y verrons, art. 11, que *les citoyens français peuvent seuls voter dans les assemblées primaires et être appelés aux fonctions établies par la constitution*; art. 12, que l'*exercice des droits de citoyen se perd* par la naturalisation en pays étranger, et par trois autres causes qu'il est inutile de rappeler ici; art. 13, que l'*exercice des droits de citoyen est suspendu par* cinq causes différentes, et notamment *par l'état d'accusation.* — Dans toutes ces dispositions, il ne s'agit évidemment que des droits politiques; et comment les mêmes termes employés dans une loi du lendemain, pourraient-ils avoir un autre objet? Comment pourrait-on les appliquer, dans cette loi, aux droits civils, et par là leur faire dire qu'un prévenu d'émigration est mort civilement à l'instar d'un émigré véritable, tandis que cette loi, en obligeant les prévenus d'émigration de résider dans les communes où ils avaient leur domicile immédiatement avant leur inscription sur la liste, établit une différence si grande, si intéressante entre eux et les émigrés proprement dits? Comment surtout pourrait-on se persuader que la Convention nationale eût voulu se montrer plus sévère envers les prévenus d'émigration, à la fin de l'an 3, qu'elle ne l'avait été en 1793?

» Il n'y avait, lorsqu'on a fait la loi du 1.er fructidor, aucune raison, aucun prétexte, pour que, relativement aux droits civils, on innovât rien à la condition des inscrits sur la liste qui attendaient le jugement de leurs réclamations; mais il y avait alors des motifs pressans de déterminer quel devait être leur sort provisoire, relativement aux droits politiques. — La constitution décrétée la veille, ayant déclaré que l'existence des droits politiques serait suspendue par l'*état* d'*accusation*, il importait de décider si l'on devait assimiler à l'*état d'accusation*, l'état d'un inscrit sur la liste des émigrés, qui avait réclamé en temps utile contre son inscription; et sur cette question, il ne pouvait pas y avoir deux avis. — « L'inscription d'un individu sur la liste » des émigrés (est-il dit à ce sujet dans une proclamation du directoire exécutif du 7 ventôse an 5), tient tellement lieu, à son égard, d'acte d'accusation, que, non-seulement elle est la seule manière légale de l'accuser, mais que même elle suffit seule pour le faire condamner, et qu'il ne peut éviter la condamnation qu'elle provoque contre lui, qu'en obtenant sa radiation définitive. La loi du 1.er fructidor an 3 n'est donc sur ce point (continue la même proclamation), qu'une conséquence de l'art. 13 de l'acte constitutionnel, qui déclare les droits de citoyen suspendus par l'acte d'accusation; et elle est véritablement, à cet égard, une des lois organiques de la constitution elle-même, dont il est à remarquer d'ailleurs qu'elle n'a suivi que de vingt-quatre heures la rédaction définitive, et précédé la publication que de cinq jours ».

» Ainsi, la seule conséquence raisonnable que l'on puisse ici tirer de la loi du 1.er fructidor an 3, c'est que toute personne inscrite sur la liste des émigrés, doit, par cela seul, être considérée comme accusée d'un délit emportant la mort civile. — Mais, d'une part, cette loi n'a fait, à cet égard, que renouveler les dispositions de celles des 28 mars 1793 et 25 brumaire an 3, dans lesquelles, comme nous l'avons déjà vu, les *prévenus d'émigration* sont constamment mis en opposition avec les *émigrés.* — De l'autre, il suffit qu'un inscrit sur la liste des émigrés ne soit, à ce titre, qu'accusé d'un délit emportant la mort civile, pour qu'en attendant son jugement définitif, il ne soit pas réputé mort civilement; et soutenir le contraire, c'est vouloir identifier l'accusation avec la condamnation, c'est confondre ce que la raison et la justice ont perpétuellement distingué.

» Il n'est pas besoin sans doute de vous retracer les nombreux textes des lois qui décident que l'accusé d'un crime auquel est attachée la peine de mort civile, n'encourt cette peine que par sa condamnation; et que, tant qu'il n'est pas condamné, il conserve tous les droits, tous les avantages de la vie civile. Ces textes sont trop connus, ils vous sont trop familiers, pour qu'il soit possible d'hésiter un seul instant sur le principe éternel et sacré qu'ils établissent.

» Mais si, en thèse générale, l'état d'accusation laisse la vie civile intacte; si, relativement à l'émigration en particulier, on ne peut regarder comme mort civilement l'homme qui n'est que prévenu ou accusé par son inscription sur la liste, quelle raison y aurait-il de réputer incapable de tester, l'inscrit qui a réclamé dans le terme fixé par la loi, et dont la réclamation n'a pas été rejetée par l'autorité compétente? La faculté de tester se perd incontestablement par la mort civile; mais aussi tant qu'on n'est pas mort civilement, on la conserve, pourvu d'ailleurs qu'on ne se trouve dans aucun des cas d'exception où cesse l'exercice de cette faculté. Or, y a-t il, dans nos lois, quelques dispositions qui, par exception au droit commun, déclarent incapable de tester, soit en général l'accusé d'un crime emportant mort civile, soit spécialement le prévenu d'émigration? Voilà, en dernière analyse, la seule question que nous ayions à résoudre dans cette partie de la cause.

» Pour établir l'affirmative, les adversaires de la demanderesse ont cité devant le tribunal d'appel de Lyon, des lois romaines qui, au premier aspect, semblent la justifier complettement.

» La loi 15, D. *qui testamenta facere possunt*, déclare incapables de tester les personnes qui doutent de leur état, ou qui, à cet égard, sont dans l'erreur : *De statu suo dubitantes vel errantes, testamentum facere non possunt, ut divus Pius rescripsit.* — La loi précédente du même titre dit la même chose en d'autres termes : *Qui incertus de statu suo est, certam legem testamento dicere non potest.* C'est ce que porte également la loi 1, D. *de legatis* 3.°

» Or, celui-là n'est-il point incertain de son état, qui étant accusé d'un crime emportant mort civile, peut être condamné et par suite mourir civilement? Celui-là n'est-il point incertain de son état, qui, étant inscrit sur la liste des émigrés, peut, d'un instant à l'autre, être maintenu définitivement sur cette liste, et par là subir la peine du bannissement perpétuel hors de sa patrie? Et dès-lors, comment ne pas les regarder l'un et l'autre comme incapables de tester, quoique ni l'un ni l'autre ne soient encore morts civilement?

» Mais prenons garde au sens dans lequel les lois romaines entendent que l'incertitude ou le doute d'un homme sur son état, le constitue dans l'incapacité de faire un testament; et pour nous en assurer, pesons bien les espèces auxquelles elles appliquent ce principe.

» Un esclave a été affranchi par le testament de son maître. Pour que cet affranchissement produise son effet, il faut deux choses : que le maître soit mort, et que son hérédité soit appréhendée par son héritier testamentaire. Le maître est mort et son héritier a pris qualité ; mais l'esclave affranchi l'ignore ; il ignore par conséquent sa liberté. Dans cet état, on demande s'il peut faire un testament. Pourquoi non? Il est libre, il est ce qu'on appelle en droit *père de famille*, il peut donc tester : voilà l'idée qui se présente au premier abord. Cependant la loi 14, D. *qui testamenta facere possunt,* décide le contraire, et elle en donne pour raison ces paroles que nous avons déjà citées : *Qui incertus de statu suo est, certam legem testamento dicere non potest.*

» Sur le même fondement, la loi 9, D. *de jure codicillorum*, déclare nul le codicile du testateur qui ignorait, en le faisant, s'il était ou non père de famille : *Qui paterfamilias necne esset, ignorasset.*

» Même décision dans les fragmens d'Ulpien, tit. 20, §. 11. Celui, dit-il, qui est incertain de son état, est incapable de tester : tel est le fils de famille dont le père est mort à son insu dans un pays lointain : *Qui de statu suo incertus est (facito quòd patre peregrè mortuo, ignorat se sui juris esse), testamentum facere non potest.*

» Enfin, ajoute la loi 1.re, D. *de legatis* 3.°, le droit de tester n'appartient, ni à celui qui, étant détenu par violence, ignore s'il l'est comme captif par des ennemis de l'Etat, ou si ce sont des brigands qui sont maîtres de sa personne ; ni à celui qui, enlevé par des brigands, s'imagine être devenu leur esclave, comme il le serait des ennemis de l'Etat, s'il fût tombé entre leurs mains; car on ne peut pas tester, quand on doute si on en a le pouvoir : *Si incertus quis sit, captivus sit, an à latrunculis obsessus, testamentum facere non potest : sed et si sui juris sit ignarus, putetque se per errorem, quia à latronibus captus est, servum esse velut hostium, non posse fideicommittere certum est, quia nec testari potest qui an liceat sibi testari dubitat.*

» Telles sont les seules espèces auxquelles les lois romaines font l'application du principe dont il s'agit ; et déjà vous remarquez, C. M., que ces espèces n'ont rien de commun, soit avec celle d'un accusé qui teste avant son jugement, soit avec celle d'un prévenu d'émigration qui teste avant que le gouvernement ait prononcé sur sa demande en radiation de la liste des émigrés. — Dans les espèces prévues par les lois citées, le testateur ignore ou doute s'il est libre ou esclave, s'il est fils de famille ou émancipé, s'il est ou s'il n'est point captif des ennemis de l'Etat ; il n'a pas, en testant, la conscience du pouvoir actuel qu'il en a ; ou il croit faire un acte nul, ou il doute si l'acte qu'il fait est valable ; son testament ne peut donc avoir aucun effet, parce que, pour nous servir des termes de la loi 76, *de regulis juris*, au digeste, *in totum omnia quæ animi destinatione agenda sunt, non nisi verà et certâ scientiâ perfici possunt.* — Mais dans nos deux espèces, l'accusé et le prévenu d'émigration n'ont ni doute ni incertitude sur leur état présent ; ils savent, à la vérité, que leur existence civile est en danger, puisqu'ils peuvent la perdre par le jugement qui doit statuer sur l'accusation à laquelle ils sont soumis ; mais ils savent aussi que, quant à présent, elle est intacte; ils savent aussi que, quant à présent, ils peuvent tester. Ils ne sont donc point dans le cas des textes que nous venons de passer en revue.

» Et c'est ce qui résulte bien clairement du dernier de ces textes, c'est-à-dire, de la loi 1.re, D. *de legatis* 3.°. Les déportés, dit-elle, §. 2, ne peuvent pas tester ni par conséquent laisser de fidéicommis : *Deportati fideicommissum relinquere non possunt, quia nec testamenti faciendi jus habent.* Mais, ajoute-t-elle, §. 3, on ne doit, à cet égard, considérer comme déportés, que ceux qui l'ont été par ordre du prince. Les jugemens de déportation émanés des tribunaux ordinaires, ne peuvent être exécutés qu'après que le prince les a sanctionnés par son approbation. Ainsi, l'homme qui n'est condamné à la déportation que par un jugement, peut tester avant que le prince en ait ordonné l'exécution ; et s'il meurt avant que l'exécution en ait été ordonnée par le prince, son testament aura son effet, parce que jusqu'alors il a joui d'un état certain : *Deportatos autem eos accipere debemus, quibus princeps insulas adnotavit, vel de quibus deportandis scripsit. Cæterùm, priusquàm factum præsidis comprobet, nondùm amisisse quis civitatem videtur : proindè, si antè decessisset, civis decessisse videtur : et fideicommissum quod antè reliquerat quàm sententiam pateretur, valebit : sed et si post sententiam, antequàm imperator comprobet, valebit quod factum est, quia certum statum usque adhùc habuit.*

» La loi 6, §. D. *de injusto, rupto et irrito testamento*, n'est pas moins formelle. Tous ceux (ce sont ses termes), dont nous avons dit que les testamens devenaient nuls par leur condamnation subséquente, ne perdent point leur état, s'ils appellent du jugement qui les condamne. Et par cette raison, non-seulement les testamens qu'ils ont faits avant leur condamnation, ne sont pas annullés, mais ils peuvent même tester pendant que leur appel reste indécis. Il n'importe que les personnes qui doutent de leur état, ne puissent pas tester; car l'état du condamné qui appelle, n'est point incertain : *Hi autem omnes quorum testamenta irrita dominatione fieri diximus, si provocaverint, capite non minuuntur : atque ideò neque testamenta quæ antè fecerunt irrita fient, et tunc testari poterunt : hoc enim sæpissimè constitutum. Nec videbuntur, quasi de statu suo dubitantes, non habere testamenti factionem : sunt enim certi status.*

» L'analogie de ces deux espèces avec la nôtre est frappante, et il en résulte évidemment que Guillaume Maret ne peut, eu égard au temps où il a fait son testament, être rangé dans la classe de ceux que le droit romain appelle *de statu suo dubitantes*; il en résulte par conséquent qu'en adaptant les maximes du droit romain à notre espèce, Guillaume Maret doit être considéré comme capable de tester à l'époque où il a testé effectivement.

» Et qu'on ne dise pas que les lois sur l'émigration qui étaient en vigueur à cette époque, annullaient toute disposition à cause de mort de la part des inscrits sur la liste des émigrés. Il suffit, pour se convaincre du contraire, de bien examiner celles qu'a citées le tribunal d'appel de Lyon.

» Il a d'abord cité l'art. 2 de la loi du 30 mars 1792, par lequel, *toutes dispositions de propriété, d'usufruit et de revenu des biens* (des Français émigrés), *postérieures à la promulgation du décret du 9 février* (précédent), *ainsi que toutes celles qui pourraient être faites par la suite, tant que lesdits biens demeureront sous la main de la nation, sont déclarées nulles.*

» Mais 1.° cet article ne porte que sur les biens des *Français émigrés*; il ne concerne nullement les biens des Français *prévenus d'émigration*, terme que l'on ne connaissait pas encore en 1792; il ne concerne nullement les biens des Français inscrits sur une liste d'émigrés et réclamant contre leur inscription : car alors il n'existait pas encore de listes d'émigrés, ces listes n'ont été créées que par la loi du 28 mars 1793.

» 2.° Cet article n'est relatif qu'à l'intérêt national; ce n'est que pour l'intérêt national, qu'il annulle les dispositions que les émigrés pourraient avoir faites ou faire par la suite, de leurs biens; et ce qui le prouve d'une manière sans réplique, c'est que, par l'article immédiatement précédent de la même loi, *les biens des Français émigrés et les revenus de ces biens sont affectés à l'indemnité due à la nation pour les frais de la guerre*; c'est d'ailleurs qu'à cette époque les émigrés n'étaient pas encore frappés de mort civile.

» Le tribunal d'appel de Lyon a ensuite cité l'art. 38 de la loi du 28 mars 1793, aux termes duquel *toute donation entre-vifs ou à cause de mort, même celles faites par testament, codicille et contrat de mariage, et tous autres actes de libéralité faits par des émigrés ou leurs fondés de pouvoir, depuis le 1.er juillet 1789, sont nuls et de nul effet.* Mais, d'une part, cette disposition ne frappe encore que sur *les émigrés*, et ne peut conséquemment pas s'appliquer aux inscrits réclamant contre leur inscription. D'un autre côté, en tant qu'elle rétroagit jusqu'au 1.er juillet 1789, en tant qu'elle se rapporte aux actes faits par les émigrés avant leur mort civile, elle ne peut encore être envisagée que comme une mesure fiscale; et cela est clairement démontré par l'art. 46, qui, en maintenant les aliénations à titre onéreux, antérieures à l'émigration des propriétaires, déclare qu'ils *sont nuls et de nul effet, s'ils sont faits en fraude ou en contravention à la saisine nationale, prononcée le 9 février 1792.*

» Enfin, le tribunal d'appel de Lyon a cité l'art. 2 du tit. 5 de la loi du 25 brumaire an 3, qui n'est relatif qu'à la manière de juger les émigrés rentrés en France au mépris de leur bannissement perpétuel, et ne dit pas un seul mot de la disposition de leurs biens.

» Ainsi, dans les lois de 1792, 1793 et de l'an 3, rien qui porte la plus légère atteinte à la capacité de tester dont nous avons vu les principes généraux du droit commun assurer la pleine jouissance aux simples inscrits sur la liste des émigrés, ayant réclamé en temps utile contre leur inscription; — Et dès-là, nul doute que Guillaume Maret n'ait pu tester lorsqu'il l'a fait, c'est-à-dire, le 17 nivôse an 4 et le 9 floréal an 7.

» Mais Guillaume Maret était-il encore capable de tester au moment de son décès? C'est la question qu'il nous reste à résoudre, et c'est bien la plus essentielle de toute la cause; car si Guillaume Maret avait perdu, avant de mourir, la capacité qu'il avait eue en testant, nous nous retrouverions au même point que si, dès l'instant où il a testé, il eût été incapable.

» Or, la capacité qu'il avait eue en testant, Guillaume Maret pouvait, avant sa mort, la perdre de deux manières. Il pouvait la perdre par un arrêté du gouvernement qui eût rejeté sa demande en radiation et l'eût maintenu définitivement sur la liste des émigrés. — Il pouvait également la perdre par un changement dans la législation sur l'état des personnes inscrites et non encore jugées, c'est-à-dire, par une loi qui, relativement à la mort civile, eût assimilé les personnes inscrites et non encore jugées, aux émigrés véritables et proprement dits.

» Guillaume Maret n'a certainement pas perdu sa capacité avant sa mort, par la première de ces deux manières, puisqu'avant sa mort, il n'a pas été maintenu définitivement sur la liste des émigrés, et qu'au contraire il en a été rayé neuf mois après son décès.

» Mais ne l'a-t-il point perdue par la seconde manière? N'était-il pas, avant sa mort, survenu dans la législation un changement qui avait assimilé son état à celui d'un inscrit maintenu définitivement sur la liste? Et en conséquence, ne doit-on pas regarder sa radiation prononcée après sa mort, comme une pure grâce du gouvernement, de laquelle, par cela seul qu'elle serait une pure grâce, il ne pourrait résulter aucun préjudice pour le réglement des droits respectifs de ses héritiers *ab intestat* et de son héritière instituée?

» Pour nous fixer sur ce point important et décisif, interrogeons d'abord les actes du gouvernement, étudions sa conduite, et voyons comment, depuis le 4 nivôse an 8, jour de la mise en activité de la constitution actuelle, il a traité les prévenus d'émigration qu'il a rayés postérieurement à cette époque.

» Avant le 4 nivôse an 8, l'inscrit qui obtenait sa radiation définitive, obtenait en même temps la restitution des fruits de ses biens qui, pendant son inscription, avaient été perçus par la régie de l'enregistrement; il était seulement tenu des frais du séquestre. L'art. 4 de la loi du 4 brumaire an 3 et l'art. 20 du tit. 2 de la loi du 25 du même mois étaient là-dessus très-formels; et il n'y a pas un seul arrêté, soit du conseil exécutif provisoire de 1793 et de l'an 2, soit du comité de législation de l'an 3, soit du directoire exécutif, qui n'en contienne expressément la clause.

» Par la même raison, il était de règle constante qu'en rayant un inscrit de la liste des émigrés, on chargeât le trésor public de lui rembourser le prix de ses biens vendus comme nationaux, ou de le subroger aux droits de la nation contre les acquéreurs qui n'avaient pas encore payé.

» Enfin, et toujours par la même raison, l'inscrit que l'on rayait définitivement, rentrait de plein droit dans ceux de ses biens vendus dont les acquéreurs avaient encouru la déchéance, faute de payement du prix aux termes stipulés par les adjudications.

» Depuis le 4 nivôse an 8, les choses ont, à cet égard, changé entièrement de face. « Toutes » demandes (porte l'arrêté du gouvernement, » du 29 messidor de la même année), en restitution ou indemnité, soit des fruits ou revenus échus des biens séquestrés jusqu'au jour » de la radiation définitive des inscrits, soit du » prix de la vente des biens séquestrés à raison » de l'inscription des propriétaires sur la liste » des émigrés, ne peuvent être admises. — Les » biens vendus antérieurement à la radiation » définitive, et qui, par défaut de payement » des adjudicataires, auraient donné ou donneront lieu de prononcer leur déchéance, seront » revendus à la folle enchère comme domaines » nationaux ».

» Avant le 4 nivôse an 8, l'inscrit rayé définitivement reprenait indistinctement tous ses biens invendus; et l'on ne mettait sur ce point aucune différence entre les terres à labour, les prés, les maisons et les bois.

» Depuis le 4 nivôse an 8, le gouvernement a continué de rendre aux inscrits dont il prononçait la radiation, leurs terres à labour, leurs maisons et leurs prés; mais il a retenu leurs forêts; et son arrêté du 24 thermidor an 9 les a incorporées irrévocablement au domaine public, en défendant de donner, sous quelque prétexte que ce pût être, aucune main-levée du séquestre sous lequel elles avaient été mises précédemment.

» Aux yeux de certains hommes, toujours légers, toujours frondeurs, parce que toujours ils sont mal informés, et qu'ils ne veulent pas prendre la peine de s'instruire, ces mesures du gouvernement sont des actes arbitraires, de véritables spoliations; et il serait, dans le fait, impossible de les qualifier autrement, si elles n'avaient pas leur principe, si elles ne trouvaient pas leur justification dans une loi qui eût, depuis le 4 nivôse an 8, changé la législation antérieure sur l'état des inscrits.

» Mais cette loi existe-t-elle en effet? oui, et c'est celle du 12 ventôse an 8. Voici ce qu'elle porte : — « *Art.* 1. Les individus considérés » comme *émigrés* avant le 4 nivôse an 8, époque » de la mise en activité de l'acte constitutionnel, » ne pouvant invoquer le droit civil des Français, demeurent soumis aux lois sur l'émigration. — *Art.* 2. Ces individus sont, 1.° ceux » qui, inscrits sur les listes d'émigrés avant le » 4 nivôse, ne sont point rayés définitivement; » 2.° ceux contre lesquels il existait, à la même » époque, des arrêtés, soit du directoire exécutif, soit des administrations centrales, qui » ordonnaient l'inscription de leurs noms sur » la liste des émigrés, pourvu que lesdits arrêtés

» aient été publiés, ou suivis du séquestre ou » de la vente des biens ».

» Ainsi, d'après cette loi, il suffit, pour être *considéré comme émigré*, d'avoir son nom inscrit sur une des listes destinées à constater l'émigration. Ce n'est pas que le gouvernement soit privé, par là, du droit de rayer de cette liste les noms de ceux qui ont réclamé; non : mais en les rayant, il ne sera plus censé faire un acte de justice, il sera censé faire grâce, il sera censé rayer de vrais émigrés, il sera censé rendre à la vie civile des hommes morts civilement; et, par une conséquence aussi naturelle que nécessaire, il sera le maître d'apposer à leur radiation, telle charge, telle condition qu'il avisera dans sa sagesse. Ainsi, il pourra retenir au profit de l'État, non-seulement leurs revenus échus pendant le séquestre, mais encore le prix de ceux de leurs biens qui ont été vendus durant le même intervalle, mais encore le fonds même de leurs biens aliénés qui sont dans le cas d'être revendus à la folle enchère des acquéreurs, mais encore celles de leurs propriétés dont la conservation intéresse le plus l'Etat, c'est-à-dire, leurs bois et leurs forêts.

» Voilà, il n'en faut pas douter, sur quelle base reposent les arrêtés du gouvernement, dès 29 messidor an 8 et 24 thermidor an 9. Ces arrêtés ne sont que le développement d'un germe renfermé dans la loi du 12 ventôse an 8; ils ne sont que l'application du principe établi par cette loi, que désormais les inscrits seront *considérés comme émigrés*.

» Et n'allons pas croire que cette loi se soit ainsi expliquée, sans des vues profondes et dignes de la haute sagesse du gouvernement qui l'a proposée. Au premier coup-d'œil qu'il a jeté sur l'énorme recueil que composaient les différentes listes des émigrés, le gouvernement a senti que, s'il ne prenait pas, pour le jugement des demandes en radiation, une marche différente de celle qui avait été observée jusqu'alors, jamais il n'atteindrait au terme d'un travail aussi pénible, aussi rebutant, et auquel était encore attaché le grave et malheureux inconvénient de démoraliser une partie de la nation, par le grand nombre de faux que l'on se permettait dans les certificats de résidence. Frappé de cette idée, le gouvernement en a conclu que ce n'était plus comme juge, mais comme magistrat politique, qu'il devait à l'avenir statuer sur les demandes en radiation; qu'il importait surtout d'y statuer le plus promptement possible; et que, pour y parvenir, il fallait, quant au fait de l'émigration, ranger tous les inscrits sur la même ligne, les assimiler tous les uns aux autres, les considérer tous comme ayant réellement émigré, afin de pouvoir rayer, par forme de grâce, ceux dont la rentrée dans leur patrie lui paraîtrait ne pas devoir en compromettre la tranquillité, et de pouvoir repousser, par mesure de sûreté générale, ceux dont le retour lui paraîtrait dangereux.

» Ce n'est point là, il est vrai, ce que le gouvernement a dit expressément, lorsqu'il a proposé la loi du 12 ventôse an 8, mais c'est ce qu'il a pensé; et toute sa conduite postérieure le prouve.

» Non-seulement, il a cru pouvoir, comme il le pouvait effectivement, réserver à l'Etat les revenus et une partie des fonds des inscrits qu'il rayait, mais il a déclaré, par un arrêté du 29 messidor an 8, autre que celui déjà cité, qu'il regarderait comme formées en temps utile toutes les demandes en radiation qui l'auraient été avant le 4 nivôse précédent : ce que bien certainement il n'eût pas pu faire, d'après la loi du 26 floréal an 3; ce que bien certainement il n'eût pas fait, si la loi du 12 ventôse n'eût pas établi, sur cette matière, un nouvel ordre de choses; si, par cette loi, tous les inscrits n'eussent pas été considérés comme ayant émigré; si, par cette loi, le sort de tous les inscrits n'eût pas été livré à son pouvoir discrétionnaire; si cette loi ne lui eût pas conféré le droit de rayer, par pure grâce, ceux même qui n'avaient pas réclamé dans les délais déterminés par les lois antérieures.

» Ce n'est pas tout. Par l'arrêté du 3 floréal an 11, arrêté que le tribunal d'appel de Lyon a invoqué avec autant de raison qu'il y en avait eu peu de sa part à invoquer les lois de 1792, de 1793 et de l'an 3, le gouvernement a manifesté dans deux articles différens, qu'il regardait les *rayés* comme ayant véritablement émigré, et comme n'ayant obtenu leur radiation que de sa clémence.

» Par l'art. 3 de cet arrêté, il est dit que *toutes créances de la république contre un rayé, éliminé ou amnistié*, ANTÉRIEURES A SON AMNISTIE, *demeurent éteintes, s'il est justifié que le trésor public ait reçu, soit par le versement du prix de ses biens vendus, soit par l'effet de la confusion des créances et des droits qui lui appartenaient, une somme égale au montant desdites créances.*

» Remarquez d'abord que ces mots, *antérieures à son amnistie*, se réfèrent, non-seulement à l'*amnistié*, mais encore à l'*éliminé*, au *rayé*; donc il y a eu amnistie, non-seulement pour l'*amnistié* proprement dit, ou, en d'autres termes, pour l'émigré rentré en vertu du sénatus-consulte du 6 floréal an 10, mais encore pour le *rayé*, c'est-à-dire, pour l'inscrit qui avait obtenu sa radiation par un arrêté spécial; donc les inscrits qui ont été rayés par des arrêtés spéciaux, l'ont été par pure grâce; donc tous les inscrits sont réputés avoir émigré. — Remarquez ensuite ces termes, *soit par l'effet de la confusion des créances et des droits qui lui appartenaient* : il en résulte évidemment que les créances et les droits qui appartenaient aux inscrits, avant leur inscription, sont censés, nonobstant la radiation qu'ils ont obtenue, avoir été, non pas seulement séquestrés, mais véritablement confisqués au profit de l'Etat; il en résulte, par conséquent, que les rayés sont censés avoir subi la confiscation, c'est-à-dire, l'une des trois peines que l'art. 1 de la loi du 28 mars 1793 attache à l'émigration effective; et par conséquent encore, il en résulte que les inscrits sont censés, nonobstant leur radiation, avoir abandonné volontairement le territoire français, et par suite avoir encouru la mort civile et le bannissement perpétuel, comme la confiscation.

» L'art. 4 du même arrêté est encore plus clair : par cet article, le gouvernement déclare que *les biens échus à la république..... par l'effet de la représentation dans les successions directes et collatérales*, **PENDANT LA MORT CIVILE DES ÉMIGRÉS**, *sont spécialement affectés aux créanciers de l'émigré, après le payement des créanciers de la succession*. Vous sentez, C. M., combien sont décisives ces expressions, *pendant la mort civile des émigrés* : se référant, comme on n'en peut douter, aux émigrés dont il est question dans l'article précédent et dans ceux qui suivent, c'est-à-dire, aux *rayés*, aux *éliminés* et aux *amnistiés*, elles prouvent, ou plutôt elles démontrent, elles font toucher au doigt et à l'œil, que les *rayés* ont été, comme les éliminés et les amnistiés, en état de mort civile; que cet état a été l'effet de leur inscription, et qu'il a duré autant qu'elle.

» Nous disons qu'on ne peut douter que ces expressions ne se réfèrent aux rayés tout aussi bien qu'aux éliminés et aux amnistiés. Et outre que cette assertion est, par elle-même, assez évidente, elle a encore l'avantage d'être confirmée par une instruction imprimée, que le directeur-général de l'enregistrement et des domaines a adressée à son administration et à ses directeurs, le 8 thermidor an 11, sur le mode d'exécution de l'arrêté du 3 floréal précédent : « L'art. 4 (porte-t-elle) est précis; il affecte » spécialement aux créanciers de *chaque émigré* » *rayé, éliminé* ou *amnistié*, après le payement » de ceux de la succession, les biens non vendus » ou réservés, ni employés à un service public, » que la régie a recueillis en son nom, et *pen-* » *dant sa mort civile*, par succession directe et » collatérale ». — Assurément on doit croire, il est même très-certain que le directeur-général ne se serait pas ainsi exprimé dans son instruction, si tel n'eût pas été le sens naturel et nécessaire de l'art. 4 de l'arrêté. Le gouvernement n'a pas désavoué cette instruction; elle s'est exécutée, et on l'exécute encore à la lettre : elle est donc conforme aux intentions du gouvernement.

» Ainsi, le gouvernement actuel n'a jamais varié dans sa conduite ni dans ses actes, sur l'état des personnes qui, à l'époque de son installation, étaient encore inscrites sur la liste des émigrés; il n'a jamais cessé de les traiter toutes indistinctement, comme de véritables émigrés; il n'a jamais cessé de les considérer, après leur radiation, comme ayant été, jusqu'à leur radiation même, en état de confiscation, de bannissement perpétuel et de mort civile. — Et ce dogme qu'il a constamment professé, dont il a constamment fait l'application, ce n'est point lui qui l'a créé, il l'a puisé dans la loi du 12 ventôse an 8; il n'a fait, en le proclamant et en l'appliquant, qu'exécuter cette loi, que s'asservir à son texte, qu'en observer religieusement l'esprit.

» Or, cette loi existait, elle était promulguée, elle était obligatoire dans toute la France, long-temps avant la mort de Guillaume Maret. Guillaume Maret n'est décédé que le 26 messidor an 8; il est, par conséquent, décédé en état de mort civile. Il a été rayé depuis de la liste des émigrés; mais il ne l'a été qu'à titre de grâce; il ne l'a été qu'en conservant la qualité de mort civilement pendant tout le temps qu'avait duré son inscription. Donc il était incapable de tester lorsqu'il est mort. Donc son testament et son codicille sont radicalement nuls. Donc il a été bien jugé par le tribunal d'appel de Lyon. Donc il y a lieu de rejeter la requête de la veuve Maret, et c'est à quoi nous concluons ».

Conformément à ces conclusions, arrêt du 28 germinal an 12, sur délibéré, au rapport de M. Lombard-Quincieux, par lequel,

« Vu la loi du 28 mars 1793, art. 1 et 38; la loi du 12 ventôse an 8, art. 1 et 2; les arrêtés du gouvernement, des 29 messidor an 8, 24 thermidor an 9 et 3 floréal an 11;

» Attendu que, depuis le changement survenu par la loi du 12 ventôse an 8 (qui détermine le mode d'application des lois relatives à l'émigration), à la législation concernant l'état des inscrits sur des listes générales d'émigrés, les inscrits qui sont rayés ou éliminés ou amnistiés, sont assimilés les uns aux autres, par conséquent considérés comme émigrés;

» Que ce principe établi par cette loi, a encore été développé par des arrêtés postérieurs du gouvernement, notamment par celui du 3 floréal an 11;

» Que Guillaume-Marie Maret, inscrit sur une des listes générales d'émigrés, le 29 messidor an 3, et en réclamation contre son inscription dans les délais des lois antérieures à celle du 12 ventôse an 8, n'avait pas, à cette époque, la capacité pour disposer de ses biens, soit par testament, soit par codicille ni autrement;

» Qu'enfin, le tribunal d'appel de Lyon, en déclarant le testament et le codicille de Guillaume-Marie Maret, en date des 17 nivôse an 4 et 9 floréal an 7, nuls et de nul effet, parce qu'à son décès, étant frappé de mort civile, comme émigré, il n'a eu la capacité de faire aucune disposition de ses biens, loin de contrevenir aux lois, s'est, en ce sens, conformé à celle du 12 ventôse an 8;

» Le tribunal rejette la requête..... ».

§. III. *Avant le Code civil, la mort civile emportait-elle, dans tous les cas, l'incapacité d'ester en jugement, au moins sans l'assistance d'un curateur?*

Le 6 frimaire an 3, le sieur Edme-Jean-Baptiste de Brivazac-Beaumont, domicilié à Condom, et le sieur Léon de Brivazac, son frère, vendent à la demoiselle Troyon, depuis mariée au sieur de Saint-Sirgues, le domaine de la Sale, situé dans le canton de Blaye, département de la Gironde, et provenant de la succession de leur père, moyennant la somme de 150,000 liv. en assignats, qui est payée, partie comptant, partie aux termes convenus.

Le 28 ventôse suivant, la dame de Saint-Sirgues revend ce domaine au sieur Gauthier, pour le prix de 272,000 livres, aussi en assignats.

Le 12 germinal an 7, Edme-Jean-Baptiste de Brivazac-Beaumont fait citer la dame de Saint-Sirgues et son mari, devant le bureau de paix de Blaye, à l'effet de se concilier sur la demande qu'il se propose de former contre elle, en rescision du contrat de vente du 6 frimaire an 3, pour cause de lésion d'outre moitié.

La dame de Saint-Sirgues et son mari comparaissent; et à défaut de conciliation, les parties sont renvoyées à se pourvoir.

Le sieur de Brivazac fait assigner la dame de Saint-Sirgues et son mari devant le tribunal civil du département de la Gironde; et là, ceux-ci lui opposent des fins de non procéder, qu'ils font résulter des vices de l'exploit de citation devant le bureau de paix.

Le sieur de Brivazac répond que ces nullités sont couvertes par la comparution de ses adversaires devant le bureau de paix même.

Le 26 floréal an 8, jugement qui annulle la citation devant le bureau de paix et tout ce qui s'en est ensuivi.

Mais sur l'appel, arrêt de la cour de Bordeaux, du 28 germinal an 9, qui, « sans avoir égard aux moyens de nullité proposés par la dame de Saint-Sirgues et son mari, permet au sieur de Brivazac de faire suite de son action ».

L'affaire est, en conséquence, reportée devant le tribunal civil de l'arrondissement de Blaye.

Le sieur de Brivazac y fait assigner le sieur Gauthier, tiers-acquéreur, en déclaration de jugement commun.

La dame de Saint-Sirgues s'attache d'abord à critiquer le procès-verbal de non-conciliation qui a été dressé, en germinal an 7, devant le bureau de paix : elle soutient que celui qui y a comparu au nom du sieur de Brivazac, n'avait pas de lui une procuration suffisante pour le représenter; et elle en conclut que toute la procédure qui s'en est ensuivie, doit être déclarée nulle.

Elle oppose en suite au sieur de Brivazac deux fins de non-recevoir.

Premièrement, dit-elle, à l'époque où vous avez intenté votre action, vous étiez, depuis le 3 frimaire an 2, inscrit sur la liste des émigrés; vous étiez par conséquent incapable d'ester en jugement. Peu importe que depuis, en vertu du sénatus-consulte du 6 floréal an 10, vous ayez été rayé de cette liste par un brevet d'amnistie du 13 brumaire an 11; c'est au principe de votre action que l'on doit se reporter : inhabile alors à agir, vous devez être considéré comme n'ayant pas agi en temps utile.

En second lieu, si vous aviez été capable d'agir, vous n'auriez du moins pu le faire que pour la moitié du domaine de la Sale; vous auriez été sans qualité pour demander la rescision de la vente, quant à la moitié de ce domaine qui appartenait à votre frère, et que votre frère m'a vendue en même temps que vous m'avez vendu la vôtre.

Le sieur Gauthier adhère aux moyens de la dame de Saint-Sirgues.

Le sieur Brivazac répond,

Au moyen tiré du prétendu défaut de procuration pour le représenter devant le bureau de paix, que ce moyen est couvert par l'arrêt du 28 germinal an 9;

Aux deux fins de non-recevoir collectivement, que l'arrêt du 28 germinal an 9 ne permet plus de les proposer;

A la première spécialement, qu'à la vérité, il a été inscrit sur la liste des émigrés, mais que, d'une part, son inscription est restée sans effet, que jamais ses biens n'ont été séquestrés, et que c'est parce qu'ils ne l'étaient pas, qu'il a vendu le domaine de la Sale à la dame de Saint-Sirgues; que, d'un autre côté, quand même, par l'effet de son inscription sur la liste des émigrés, il aurait été mort civilement, il n'en aurait pas moins eu qualité pour réclamer le supplément du juste prix d'un bien qu'il avait vendu et dont ses adversaires eux-mêmes soutiennent que la vente est valable;

A la seconde fin de non-recevoir, qu'à l'époque de la vente, il avait été fait, entre son frère et lui, un partage verbal, par lequel le domaine de la Sale était tombé tout entier dans son lot; que ce fait est énoncé dans différens actes publics et sous-seing-privé qu'il représente; qu'il est d'ailleurs constaté par le rôle de la contribution foncière où, à l'époque de la vente, il était seul inscrit comme propriétaire de ce domaine; que son frère n'a paru dans le contrat du 6 frimaire an 3, que pour mieux assurer et garantir les droits de l'acquéreur.

Par jugement du 24 mai 1806, le tribunal civil de Blaye, adoptant tous les moyens de défense du sieur de Brivazac, rejette les nullités et les fins de non-recevoir qu'on lui oppose, et ordonne qu'il sera procédé à l'estimation du domaine de la Sale.

Appel de la part de la dame de Saint-Sirgues, de son mari et du sieur Gauthier.

Le 30 juin 1808, arrêt de la cour de Bordeaux, ainsi conçu :

« Questions. 1.° La procédure instruite contre la dame Saint-Sirgues est-elle régulière?

» 2.° Celle instruite contre le sieur Gauthier l'est-elle?

» 3.° Le sieur Brivazac peut-il opposer, sur la validité de son action, l'exception de la chose jugée résultante de l'arrêt de la cour du 28 germinal an 9?

» 4.° La dame Saint-Sirgues est-elle recevable à lui opposer l'incapacité résultante de son inscription sur la liste des émigrés?

» 5.° Peut-elle faire réduire la validité de l'action dirigée contre elle, pour n'être exercée que sur la moitié du domaine qui lui a été vendu?

» 6.° Le sieur Gauthier peut-il opposer au sieur de Brivazac les moyens que la dame Saint-Sirgues peut employer contre lui?

» 7.° Est-il fondé à en faire usage?

» Considérant, sur la première question, que la dame Saint-Sirgues ne peut reproduire aujourd'hui les moyens de nullité qu'elle avait proposés devant le tribunal civil du département de la Gironde et devant la cour, qui furent rejetés par ce tribunal et par l'arrêt du 28 germinal an 9;

» Que, si elle n'allégua pas alors l'insuffisance de la procuration, en vertu de laquelle le sieur de Brivazac fut représenté au bureau de paix, elle est aujourd'hui non-recevable à en exciper après l'avoir reconnue suffisante devant le juge de paix, après avoir essayé la conciliation avec le procureur fondé qui en était porteur; après qu'à défaut de conciliation, le sieur de Brivazac l'a traduite en justice, a reconnu les pouvoirs en vertu desquels il avait été représenté, et n'a point contredit une procuration que sa présence n'avait pas pu annuller, et qui devait être d'autant moins suspecte à la dame Saint-Sirgues, que celui qui en était porteur, était le même que celui qui lui avait vendu, comme procureur constitué, le domaine dont il s'agit;

» Considérant que le sieur Gauthier s'est présenté, soit devant le bureau de paix, soit devant le tribunal de Blaye, dans les délais qui lui avaient été donnés, soit par la citation, soit par l'assignation; que l'exactitude avec laquelle ces actes lui ont été transmis, fait présumer que les copies en avaient été laissées à des personnes habitantes dans son domicile; que s'étant présenté en vertu de ces actes, comme s'il en avait reçu lui-même les copies, il n'a aucun intérêt à quereller l'insuffisance de la désignation des personnes qui effectivement ont reçu ces copies; que la nullité qu'on pourrait faire résulter de la disposition de l'ordonnance de 1667, est de nature à être couverte par le silence de la partie; qu'il n'a point relevé cette objection devant le bureau de paix contre la citation qui l'y avait appelée;

» Que, s'il l'a relevée contre l'assignation devant ce tribunal, c'était sans intérêt puisqu'il s'était présenté avant l'expiration des délais, et que les parties ne peuvent pas se plaindre de l'omission d'une formalité établie en leur faveur quand elles n'en supportent aucun dommage et que leur droit n'en est nullement altéré;

» Considérant, sur la troisième question, que l'arrêt de la cour du 28 germinal an 9, en permettant au sieur de Brivazac de faire suite de son action, n'avait rien préjugé sur la validité de cette action, et n'avait pas pu juger des exceptions qui n'étaient pas proposées; qu'il n'y aurait point contradiction entre l'arrêt qui a permis au sieur de Brivazac de faire suite de son action, et celui qui le déclarerait non-recevable, parce que ce n'était que dans la suite que le sieur de Brivazac pourrait donner à son action, qu'on pourrait lui opposer une fin de non-recevoir résultante de sa qualité;

» Que l'exception de cette fin de non-recevoir est une demande nouvelle sur laquelle la cour n'a point statué par l'arrêt du 28 germinal an 9; qu'elle pouvait par conséquent être proposée devant le tribunal de Blaye et y être jugée; qu'avant le premier arrêt, la dame Saint-Sirgues demandait la nullité de la procédure fondée sur des moyens de forme; que depuis elle a demandé que le sieur de Brivazac fût déclaré non-recevable dans son action, attendu son défaut de qualité, ou sa privation de l'usage des droits civils; que, quoique ces exceptions eussent le même but, celui de paralyser l'action du sieur de Brivazac et d'en être relaxé, néanmoins il est évident que ces demandes sont différentes et fondées sur différens motifs; d'où il suit que l'autorité de la chose jugée n'est pas applicable, suivant l'art. 1351 du Code civil;

» Considérant, sur la quatrième question, que l'incapacité opposée au sieur de Brivazac, ne pourrait résulter que de la proscription générale que les lois prononçaient contre les émigrés;

» Que la peine portée contre eux ne pouvait tourner qu'au profit de la nation qui confisquait leurs biens; que cette confiscation ne pouvait être invoquée que par les agens du fisc; et que les tierces personnes qui ont traité avec eux, ne peuvent la leur opposer; que surtout ils ne peuvent pas s'en servir pour se soustraire aux obligations qui résultent des contrats qu'elles ont souscrits avec eux, lorsqu'ils se trouvaient dans le même état;

» Qu'il est établi, en fait, que les biens du sieur Brivazac n'ont point été séquestrés, qu'il en a conservé l'administration et la libre disposition; que cela résulte même de l'acte de vente dont il s'agit, qu'il a consenti sans obstacle, et dont l'exécution n'a point été contestée;

» Que l'administration des domaines n'a point recherché le sieur de Brivazac, ne l'a point poursuivi comme émigré; qu'il n'a point été considéré comme privé de ses droits et actions;

» Que la dame Saint-Sirgues ne peut faire, au préjudice du sieur de Brivazac, ce que la nation n'a pas fait, et invoquer, dans son propre intérêt, des peines qui n'ont point été exécutées ou provoquées dans l'intérêt national; qu'ainsi, la dame Saint-Sirgues est non-recevable à opposer au sieur de Brivazac, le défaut de capacité dont elle excipe; qu'au surplus, elle n'y serait pas fondée, parce que, si le sieur de Brivazac avait qualité suffisante pour vendre et aliéner le domaine dont il s'agit, par l'acte dont la dame Saint-Sirgues demande le maintien, et soutient la validité, il doit avoir, par une conséquence nécessaire, toutes les actions qui résultent du même contrat; et l'action que forme le sieur de Brivazac, ne tend qu'à répéter le juste prix de la chose qu'il a vendue, ou à reprendre ce domaine, si elle ne veut pas acquitter la totalité du prix, action qui est essentiellement inhérente au contrat de vente;

» Considérant, sur la cinquième question, que si le sieur de Brivazac n'avait été propriétaire que de la moitié du domaine, il n'aurait pu exercer son action que pour la part qu'il y avait; mais que le sieur de Brivazac a prouvé qu'il était propriétaire de la totalité de ce domaine;

» Que, par des actes publics qu'il a rapportés, il a justifié qu'il en jouissait comme maître absolu et propriétaire exclusif; que cette propriété était même connue et publique, puisque son nom seul était porté sur les rôles des contributions; qu'elle ne pouvait pas être ignorée et méconnue de la dame Saint-Sirgues qui habitait sur les lieux, qui avait intérêt à connaître quel était le propriétaire de l'objet qu'elle acquérait, et qui en avait toutes les facilités possibles;

» Qu'il est évident que l'intervention du sieur Léon de Brivazac n'avait été employée que pour procurer à la dame Saint-Sirgues, une majeure assurance, et une garantie de la vente, à laquelle garantie le sieur Léon de Brivazac s'assujettissait par le fait seul de la qualité qu'il prenait de vendeur, lors même qu'il n'était pas propriétaire, attendu la législation alors existante qui n'annullait pas les ventes faites du fonds d'autrui;

» Considérant, sur la sixième question, que le sieur Gauthier, tiers acquéreur du domaine dont s'agit, a un intérêt personnel dans l'action formée par le sieur de Brivazac, puisqu'elle tend à le dépouiller de la propriété qui lui a été transmise; qu'il peut user, par une conséquence nécessaire, de toutes les exceptions que la loi lui fournit; qu'il peut employer tous les moyens que la dame Saint-Sirgues peut mettre en usage, même ceux qu'elle négligerait de faire valoir;

» Considérant enfin, qu'il est, comme elle, non-recevable à quereller la qualité du sieur de Brivazac et à lui opposer le même défaut de capacité ou de qualité; que, quand il serait recevable, il serait, comme elle, mal fondé dans les mêmes exceptions; et que la preuve que le sieur de Brivazac a donnée de sa propriété exclusive dudit domaine, empêche que son action puisse être divisée, pas plus dans l'intérêt du sieur Gauthier, que dans celui de la dame Saint-Sirgues;

» Par ces motifs....., la cour, sans s'arrêter aux conclusions prises par le sieur Gauthier et la dame Saint-Sirgues, dont ils demeurent déboutés, a mis les appels par eux interjetés du jugement rendu par le tribunal civil de Blaye, le 24 mai 1806, au néant; ordonne que ledit jugement sera exécuté suivant sa forme et teneur, à la charge néanmoins par les parties de se conformer aux dispositions des art. 1678, 1679 et 1680 du Code civil..... ».

Le sieur Gauthier se pourvoit en cassation contre cet arrêt.

« Deux moyens de cassation (ai-je dit à l'audience de la section des requêtes, le 17 août 1809), vous sont proposés par le demandeur: violation de l'art. 1.er de la loi du 28 mars 1793 et de l'art. 1.er de la loi du 12 ventôse an 8, de la combinaison desquelles il résulte que les personnes inscrites sur la liste des émigrés, à l'époque de cette dernière loi, étaient, par le seul fait de leur inscription, réputées mortes civilement; violation des lois, qui, dans le cas où plusieurs co-propriétaires ont vendu conjointement le même bien, n'accordent à chacun d'eux l'action rescisoire contre la vente, que pour la part qu'il avait dans ce bien.

» Nous ne nous arrêterons pas, sur le premier de ces moyens, à établir que le sieur de Brivazac était en état de mort civile, au moment où il a formé sa demande en rescision de la vente qu'il avait faite à la dame de Saint-Sirgues le 6 frimaire an 3 : une vérité aussi constante et que vous avez tant de fois consacrée par vos arrêts, ne peut plus être mise en problême.

» Mais nous devons examiner si, de ce que le sieur de Brivazac était, à cette époque, en état de mort civile, il s'ensuit qu'il était sans qualité pour agir en rescision de la vente qu'il avait faite dans ce même état, du domaine de la Sale.

» Vous le savez, Messieurs, l'art. 1.er de la loi du 28 mars 1793 frappait les émigrés de deux peines : il les déclarait morts civilement, et il confisquait tous leurs biens au profit du domaine public.

» Ces deux peines, quoique prononcées par la même loi et pour le même délit, avaient cependant des caractères très-différens l'une de l'autre.

» La mort civile étant prononcée d'une manière absolue, imprimait à l'émigré une incapacité que tout le monde pouvait lui opposer, dont tout le monde pouvait exciper, même contre des tiers. Et de là les arrêts par lesquels la cour a jugé, le 28 germinal an 12, que le testament fait par le sieur Marêt-Saint-Pierre, en état d'émigration, était nul; le 10 juin 1806, que l'émigration du sieur Masson avait rompu la communauté entre lui et son épouse; et le 16 mai 1808, qu'un mariage contracté entre deux émigrés pendant leur émigration était sans effet.

» La confiscation des biens, au contraire, n'étant prononcée que dans l'intérêt de l'état, l'état était seul recevable à s'en prévaloir. Et par cette raison, lorsque l'état ne réclamait pas les biens dont il pouvait, par droit de confiscation, dépouiller un émigré, celui-ci en demeurait propriétaire et conservait la faculté de les aliéner par vente, par échange ou par tout autre contrat du droit des gens. Cela résulte du principe établi par la loi 15, D. *de interdictis et relegatis et deportatis*, que le mort civilement conserve le plein exercice du droit des gens : *deportatus civitatem amittit, non libertatem; et speciali quidem jure civitatis non fruitur, jure tamen gentium utitur; emit enim et vendit, locat, conducit, permutat, fœnus exercet et cætera similia.*

» Et c'est ce que la cour a jugé, le 24 germinal an 4, au rapport de M. Barris, en cassant un jugement du tribunal du district de Beaumont, rendu contre François Babre; le 20 fructidor an 11, au rapport de M. Pajon, en cassant un arrêt de la cour d'Orléans, rendu contre le sieur Daussy-Descoutures; et le 15 ventôse an 12, au rapport de M. Coffinhal, en cassant un arrêt de la cour d'Amiens, rendu contre les mineurs d'Hautefort.

» Elle l'a encore jugé, depuis, en confirmant un arrêt de la cour d'appel d'Agen, dans l'espèce que voici :

» Le 11 germinal an 6, le sieur Mauléon, inscrit, dès 1792, sur la liste des émigrés, vend au sieur Aygobère le domaine de Savaillon. Le 13 nivôse an 7, un arrêté du directoire exécutif rejette sa demande en radiation.

» Il meurt le 23 prairial de la même année.

» Après sa mort, ses biens sont séquestrés, non pas à cause de son inscription sur la liste des émigrés, mais parce que plusieurs de ses héritiers sont eux-mêmes inscrits sur cette liste.

» En l'an 9, ses héritiers obtiennent un arrêté du gouvernement qui rapporte celui du directoire exécutif du 13 nivôse an 7, et prononce sa radiation.

» Deux ans après, ils attaquent la vente qu'il avait faite, en l'an 6, du domaine de Savaillon au sieur Aygobère.

» Déboutés par un jugement du tribunal de première instance de Lectoure, et par un arrêt de la cour d'Agen, ils se pourvoient en cassation.

» Par arrêt du 28 frimaire an 13, au rapport de M. Henrion, « attendu que les dispositions » prohibitives des lois des 28 mars et 25 juillet » 1793, ne sont relatives qu'à l'intérêt national; » et que par conséquent l'émigré, auteur de » l'aliénation, ainsi que ses représentans, sont » non-recevables à s'en prévaloir; — Que la » disposition de la loi du 12 ventôse an 8, qui » veut que ceux qui étaient considérés comme » émigrés avant le 4 nivôse an 8, ne puissent » invoquer le droit civil des Français, ne peut » s'appliquer qu'aux actes qui dérivent uniquement de la loi civile et du droit de cité; et » que, dans l'espèce, il s'agit d'une vente, espèce de contrat qui est du droit naturel et des » gens; — Et que les préposés à la conservation » et à la défense du domaine de l'Etat, ont eux-mêmes rendu hommage à cette distinction, » puisque, bien informés de l'existence de la » vente qui fait l'objet du litige, ils n'ont élevé » contre elle aucune espèce de réclamation; — » La cour rejette...... ».

» Aussi, dans notre espèce, le sieur de Brivazac n'a-t-il pas attaqué, comme nulle, à raison de sa mort civile, la vente qu'il avait faite à la dame de Saint-Sirgues du domaine de la Sale. Aussi a-t-il reconnu que cette vente était valable dans son principe. Aussi s'est-il borné à demander qu'elle fût rescindée, comme renfermant une lésion énorme dans le prix qui y est stipulé.

» Mais a-t-il pu former une pareille demande en justice, dans un temps où il était encore inscrit sur la liste des émigrés, dans un temps où il était encore en état de mort civile?

» Cette question revient, en d'autres termes, à celle de savoir si une personne morte civilement peut exercer en justice les actions qui dérivent des contrats du droit des gens, qu'elle a passés depuis le moment où elle a encouru la mort civile.

» Qu'une personne morte civilement ne puisse exercer aucuns des droits que l'on appelle proprement *civils*, c'est ce qui ne peut faire, c'est ce qui n'a jamais fait, la matière du plus léger doute.

» Mais le droit d'agir en justice est-il, à proprement parler, un *droit civil?*

» Il n'était certainement pas considéré comme tel dans le droit romain.

» La loi 14, §. 3, D. *de interdictis et relegatis et deportatis*, prévoit le cas où un homme condamné à une peine emportant la mort civile, obtient la remise de la confiscation de ses biens : *qui civitatem amisit, et bona detinet;* et elle demande si ses créanciers pourront le poursuivre devant les tribunaux, pour le faire condamner au payement des dettes qu'il avait contractées envers eux pendant qu'il jouissait de son état. Quelle est sa réponse? Cet homme, dit-elle, ne pourra pas être poursuivi par des actions directes, parce qu'il est survenu dans son état un changement qui le fait regarder comme n'existant plus; mais il pourra l'être par des actions utiles : *utilibus actionibus tenetur.*

» En laissant de côté tout ce qui, dans cette distinction entre les actions directes et les actions utiles, tenait à la subtilité des jurisconsultes romains et aux formules qu'ils avaient établies pour l'exercice des actions judiciaires, que voyons-nous dans cette loi? Un principe bien simple : c'est que la mort civile d'un débiteur, lorsqu'elle n'est pas accompagnée de la confiscation de ses biens, n'empêche pas ses créanciers de le traduire personnellement en justice, même pour des faits antérieurs à la condamnation qui lui a infligé cette peine.

» La loi 10, §. 6, D. *de in jus vocando*, est encore plus formelle. — L'auteur de cette loi examine l'édit par lequel le préteur défendait, sous peine d'une amende de 50 écus d'or, aux enfans et aux affranchis d'assigner en justice leurs pères ou leurs patrons, sans sa permission préalable; et il décide que cette prohibition cesse à l'égard du patron qui, par sa condamnation à la peine de la déportation, a perdu le droit de cité : *Sed si per pœnam deportationis ad peregrinitatem reductus sit patronus, putat Pomponius eum amisisse honorem;* mais que, si le patron déporté obtient sa grâce, la prohibition revit en sa faveur : *Sed si fuerit restitutus, erit ei etiam hujus edicti commodum salvum.* Donc, pendant sa déportation, le patron pouvait être assigné en justice par son affranchi, sans la permission préalable du préteur. Donc la déportation du patron, et par conséquent sa mort civile, n'empêchaient pas qu'il ne pût être assigné en justice. Donc il résulte de la loi citée, que le mort civilement peut ester en jugement, au moins comme défendeur.

» C'est précisément ce que remarque le savant et judicieux président Favre dans ses *Rationalia in pandectas*, sur cette loi même. Après avoir dit que l'on conçoit très-bien pourquoi le patron condamné à la déportation, cesse de jouir de la prérogative de ne pouvoir être assigné en justice, à la requête de son affranchi, sans une permission expresse du préteur, ce magistrat ajoute qu'il est plus difficile d'expliquer, ce qui pourtant est écrit bien nettement dans le texte dont il s'agit, comment une action quelconque peut encore être intentée contre un homme condamné à la déportation; qu'en effet la loi 7, §. dernier, D. *de capite minutis*, met en principe qu'en cas de mort civile, *cùm civitas amissa est;* on ne peut plus exercer contre celui qui, *amissis bonis et civitate relictâ, nudus exulat*, les actions auxquelles il était en butte avant sa condamnation; et que telle est encore la conséquence de la loi 4, §. 1, D. *de bonis libertorum*, aux termes de laquelle, *deportatus jure civili pro mortuo habetur.* — Mais, continue-t-il, on peut être déporté et conserver ses biens; et alors la loi 14, §. 3, D. *de interdictis et relegatis*, décide que l'on demeure passible de poursuites judiciaires. Il y a plus : le déporté qui a été dépouillé de tous ses biens par confiscation, peut en acquérir d'autres; il peut encore acheter, vendre, en un mot, faire tous les contrats du droit des gens. Il est donc alors assimilé, dans sa patrie, aux étrangers; et les tribunaux de sa patrie qui sont ouverts aux étrangers, ne doivent pas être fermés pour lui. *Respondeo posse quem deportari, ita tamen ut bonorum suorum amissionem non patiatur; quod cùm fit, utilibus actionibus conveniri potest.* L. 14, §. ult. de interdictis et relegatis. *Sicut et cùm post deportationem emit aut vendit aut aliter contrahit eo contractûs genere quod sit ex jure gentium* (l. 15, eod. tit.). *Nam per deportationem non deducitur ad mortem, sed ad peregrinationem : itaque potest ei dicere jus magistratus qui etiam cæteris peregrinis potest.*

» Mais si, comme le prouvent très-clairement et cette loi et la première du titre *de interdictis et relegatis*, le mort civilement peut être poursuivi personnellement par ses créanciers, il faut bien qu'il puisse aussi personnellement poursuivre ses débiteurs. S'il est capable d'ester en jugement comme défendeur, il faut bien qu'il le soit aussi d'ester en jugement comme demandeur.

» Nous savons bien que la loi 5, D. *de publicis judiciis*, déclare le condamné à une peine emportant mort civile, incapable de se rendre accusateur d'un prévenu de crime : *est constitutum ab imperatore nostro, post damnationem accusationem quem inchoare non posse; sed hoc puto ad eos demùm pertinere qui vel civitatem vel libertatem amiserunt.*

» Mais quel est le motif de cette loi? la prétendue incapacité d'ester en jugement qui résulterait de la condamnation à la mort civile? Non; et la preuve en est que la même loi, dans son §. 2, reconnaît le mort civilement habile à poursuivre, après sa condamnation, les accusations qu'il avait intentées auparavant : *inchoatas planè delationes antè damnationem implere eis, et post damnationem, permissum est.*

» Il faut donc chercher un autre motif à l'incapacité qu'établit le §. 1 de cette loi; et ce motif, nous le trouvons dans la loi 18, D. *de jure fisci* : c'est, dit-elle, qu'il serait extrêmement dangereux de laisser à des hommes qui n'ont plus rien à risquer, le pouvoir de se livrer à des accusations dénuées de tout fondement : *constitutionibus principum prohibentur deferre illi qui in metallum dati sunt; hoc ideò ne desperati ad delationem facilè sine causâ confugere.* — Mais, continue-t-elle, §. 4, cette raison ne s'appliquant pas aux accusations que le mort civilement avait commencées avant sa condamnation, rien n'empêche qu'il ne puisse, après sa condamnation, en continuer la poursuite : *sed eas causas quas antè damnationem cœperunt deferre, posse eos etiam post damnationem exequi, rescriptum est.*

» Voilà une preuve bien claire que, par le droit romain, la mort civile ne rendait pas ceux qui en étaient frappés, incapables d'ester en jugement, même comme demandeurs.

» Et il est fort indifférent que ces deux lois ne parlent que des accusations de crimes. — Ces lois ne parlent pas des actions civiles, parce que les actions civiles n'entrent pas dans le cadre de la matière qu'elles traitent. Mais il est suppléé à leur silence sur ces actions, par la loi 10, §. 6, D. *de in jus vocando*, et par la loi 14, D. *de interdictis et relegatis*, qui, encore un fois, par cela seul qu'elles reconnaissent le mort civilement habile à plaider en défendant, supposent nécessairement qu'il l'est aussi à plaider en demandant.

» Il est vrai que l'art. 25 du Code civil pose, à cet égard, une règle différente : il est vrai qu'aux termes de cet article, le condamné à une peine emportant la mort civile, *ne peut procéder en justice, ni en défendant, ni en demandant, que sous le nom et par le ministère d'un curateur spécial, qui lui est nommé par le tribunal où l'action est portée.*

» Mais 1.° il est évident que, si cet article est introductif d'un droit nouveau, il ne peut pas être opposé à l'action, qui, dans notre espèce, avait été intentée par le sieur de Brivazac, longtemps avant que cet article fût promulgué et par conséquent fît loi. A la vérité, cette action s'est continuée après la promulgation de cet article, et c'est sous l'empire de cet article qu'il y a été statué définitivement. Mais au moment où cet article a été promulgué, c'est-à-dire, le 27 ventôse an 11, le sieur de Brivazac n'était plus mort civilement; il était réintégré dans ses droits de citoyen par le brevet d'amnistie qu'il avait obtenu le 13 brumaire précédent, en exécution du sénatus-consulte du 6 floréal an 10; il ne pouvait conséquemment plus être question de lui nommer un curateur pour la poursuite de son action.

» 2.° Cet article est-il véritablement introductif d'un droit nouveau? Oui sans doute, puisqu'il n'existait rien de semblable dans les lois antérieures, puisqu'au contraire les lois romaines reconnaissaient les morts civilement habiles à ester en jugement, soit comme demandeurs, soit comme défendeurs.

» Qu'importe que le Code pénal du 25 septembre 1791, part. 1, tit. 4, art. 2, place les condamnés à des peines afflictives à temps, dans un *état d'interdiction légale*, et veuille qu'il leur soit nommé des *curateurs pour gérer et administrer leurs biens*? — En matière d'incapacité, on ne peut jamais argumenter d'un cas à un autre.

» Qu'importe encore que le Recueil de Lapeyrère, à l'article *Mort*, nous offre un arrêt du parlement de Bordeaux, du mois d'août 1673, qui a jugé, *en la cause du sieur de Gains de Linars, condamné à mort par défaut, et de Pierre Noailles, qu'une des parties qui plaidait au civil, étant dans la suite condamnée à mort par défaut, il suffisait, pour la validité de la procédure, que son procureur prêtât le serment de curateur aux causes, et non pas le syndic des procureurs, parce que les syndics ne sont nommés curateurs qu'aux hérédités vacantes par mort?* — Qu'importe que, par cet arrêt, le parlement de Bordeaux ait, non pas jugé, mais présupposé, que le mort civilement ne peut pas ester en jugement sans l'assistance d'un curateur aux causes.

» Quand on pourrait conclure de là que telle était la jurisprudence constante du parlement de Bordeaux, quel argument en sortirait-il contre l'arrêt qui vous est dénoncé en ce moment par le sieur Gauthier? La cour d'appel de Bordeaux n'était certainement pas tenue, sous peine de cassation de son arrêt, de s'asservir à la jurisprudence du parlement qu'elle remplace, dans une matière sur laquelle cette jurisprudence était en opposition manifeste avec le droit romain, sa première loi écrite.

» Et elle l'était d'autant moins, que Lapeyrère lui-même remarque, à l'endroit cité, que le parlement de Provence jugeait tout autrement. Nous trouvons en effet, dans le Recueil de Boniface, tom. 1, liv. 1, tit. 22, n. 5, une espèce dans laquelle le sieur Delacolle, qui, après avoir été condamné à mort par coutumace, avait obtenu des lettres d'abolition, était défendeur à une requête civile intentée contre un arrêt rendu en sa faveur postérieurement à sa condamnation, et sans qu'il eût été représenté par un curateur aux causes, mais seulement par le procureur qu'il avait constitué dès le commencement de l'instance, pendant qu'il jouissait encore de son état. On ne manquait pas de dire pour les demandeurs en requête civile, qu'il en devait être de la mort civile comme de la mort naturelle; qu'un arrêt rendu pour ou contre une personne morte naturellement, sans reprise préalable de l'instance par son successeur, ou par le curateur à sa succession vacante, eût été incontestablement nul; et qu'un pareil arrêt n'eût pas résisté à la voie de la requête civile. Par *arrêt donné en l'audience de la grand'chambre, du jeudi* 23 *décembre* 1660, dit Boniface, *sur la requête civile les parties furent mises hors de cour et de procès, ayant été dit pour le sieur Delacolle qu'encore qu'il fût mort civilement, néanmoins la mort civile ne devait pas avoir le même effet que la mort naturelle, et que son procureur avait toujours occupé.*

» Et il ne faut pas croire que le parlement de Provence fût le seul qui jugeât ainsi. Nous trouvons dans le Recueil de Périer, question 256, un arrêt semblable et même plus formel encore, du parlement de Dijon.

» Le 17 août 1651, le comte de Busseuil est condamné à mort par contumace, et son jugement est à l'instant exécuté en effigie.

» Trente-trois ans après, sa condamnation et sa peine étant prescrites, il fait assigner Jean Périer au bailliage de Charoles. Celui-ci excipe de sa mort civile, et soutient qu'il est inhabile à ester en jugement, au moins sans l'assistance d'un curateur aux causes.

» Le bailliage de Charoles rend une sentence qui le préjuge ainsi. Appel de la part du comte de Busseuil; et le 21 février 1684, arrêt à l'audience de la grand'chambre, qui *met l'appellation et ce au néant, et, par nouveau jugement, déclare le sieur de Busseuil partie capable pour contester en cause contre l'intimé.*

» Il est vrai que, dans cette espèce, on se bornait, pour faire infirmer la sentence, à soutenir que, par la prescription de sa peine, le comte de Busseuil avait cessé d'être mort civilement. Mais une preuve irréfragable que tel ne fut point le motif de l'arrêt, et que les juges se décidèrent uniquement par le principe général que la mort civile n'emporte pas l'incapacité d'ester en jugement, c'est que, deux ans et demi après, le 4 août 1686, il intervint, dans la même cour et dans la même chambre, comme nous le voyons dans le Recueil cité, quest. 288, un arrêt qui décida formellement que la prescription acquise à ce même comte de Busseuil contre sa condamnation, ne l'avait pas rétabli dans ses droits civils; décision qu'avaient déjà consacrée trois arrêts des parlemens de Paris, de Bordeaux et de Toulouse, des 15 mai 1665, 28 août 1669, et 14 février 1681; décision que le parlement de Paris a consacrée de nouveau par le célèbre arrêt du 6 mars 1738, rendu contre le sieur d'Acheux; décision enfin que l'art. 32 du Code civil a érigée en loi expresse.

» Ce qu'avaient jugé le parlement de Provence et le parlement de Dijon par les deux arrêts de 1660 et de 1684, que nous venons de rappeler, le grand conseil l'a également jugé de nos jours.

» Clément-Ignace-Jérôme de Ressegnier, chevalier profès de l'ordre de Malthe, était demandeur en délivrance d'un legs modique que la veuve Varnier lui avait fait par son testament. Les héritiers de la veuve Varnier lui opposaient sa qualité de religieux, et ils en faisaient résulter deux incapacités, celle d'ester en jugement, et celle de recevoir des libéralités à cause de mort.

» M. l'avocat-général Delabriffe, portant la parole sur cette affaire, a discuté successivement ces deux fins de non-recevoir. — « On » n'a jamais disputé aux chevaliers de Malthe » (a-t-il dit sur la première), le droit d'ester en » jugement sans autorisation de leur supérieur. » (Dans la cause actuelle), on est convenu de » ce droit, mais on l'a restreint aux comman- » deries et aux actions qui peuvent naître de » l'administration des commanderies : on leur » refuse ce droit dans le cas où il s'agit de leur » intérêt personnel. Jamais, dit-on, l'on n'a » vu des religieux former au conseil la demande » d'une pension viagère; c'est par la voix seule » des supérieurs ou procureurs généraux des » ordres, qu'ils peuvent se faire entendre. — » C'est précisément la première différence que » nous avons annoncée entre les chevaliers de » Malthe et les autres religieux. Qu'on par- » coure tous les arrêts où les chevaliers de » Malthe ont formé des demandes pour leurs » pensions, et l'on verra s'ils ont eu besoin » d'autorisation spéciale, ou même de l'inter- » vention de l'ordre. Ce fait est trop constant, » et les preuves en sont trop multipliées, pour » qu'il soit nécessaire de s'y arrêter. — *Et en » effet, d'où dérive la faculté d'ester et d'ac- » tionner en jugement? N'est-ce pas de celle de » contracter, à laquelle elle est nécessaire- » ment attachée?* Et nous trouvons ici une » seconde différence à l'avantage des cheva- » liers de Malthe, à l'exclusion des autres re- » ligieux ».

» Ici, M. l'avocat-général Delabriffe démontre, d'une part, que ce n'est que précairement et par tolérance, que les autres religieux sont admis à jouir de pensions viagères; que c'est, non à raison de leur mort civile, mais par suite de leur incapacité légale et toujours subsistante aux yeux de la loi de posséder aucun bien en propre, qu'ils sont considérés comme inhabiles à poursuivre eux-mêmes le payement de ces pensions, et qu'ils ne peuvent les réclamer que par l'organe de leurs supérieurs; que, de l'autre, au contraire, les chevaliers de Malthe, nonobstant leur mort civile, conservent, d'après la constitution même de leur ordre, la capacité de posséder des pensions et des pécules; qu'ils peuvent conséquemment contracter à raison de leurs pécules et de leurs pensions; et que, par une conséquence nécessaire, ils ont qualité pour les réclamer eux-mêmes devant les tribunaux.

» Passant ensuite à la deuxième fin de non-recevoir des héritiers, il la pulvérise en établissant que les chevaliers de Malthe n'ont jamais été regardés que comme incapables de recueillir des successions et des legs universels; et que, dans tous les temps, ils ont été jugés habiles à recevoir des legs particuliers.

» Par arrêt du 7 septembre 1768, le grand conseil, adoptant les conclusions de M. Delabriffe, a ordonné, sans avoir égard aux fins de non-recevoir opposées au chevalier de Ressegnier, que le testament de la veuve Varnier serait exécuté en sa faveur.

» Voici une autre espèce dans laquelle le parlement de Toulouse a, tout à la fois, reconnu que les chevaliers profès de l'ordre de Malthe pouvaient ester en jugement, et jugé que les morts civilement par condamnation jouissaient de la même capacité.

» Jean de Vissec, avant de faire profession dans l'ordre de Malthe, avait disposé de ses biens en faveur d'un neveu, sous la réserve d'une pension viagère de 700 livres. Quelque temps après, il avait été pourvu d'une commanderie de 500 livres de revenu; et, sous ce prétexte, François de Vissec, tuteur du fils du neveu donataire, avait prétendu ne plus lui devoir la pension de 700 livres qu'il s'était réservée par la donation. La contestation portée devant le sénéchal de Montpellier, Charles de Vissec, père du donataire, condamné au bannissement perpétuel hors du royaume, par arrêt du 28 juillet 1667, était intervenu et avait demandé que François de Vissec fût, en sa qualité de tuteur de son petit-fils, condamné à lui payer une pension alimentaire. Le tuteur avait opposé à celui-ci sa mort civile, et il en avait inféré, en citant Brodeau sur Louet, lettre S., §. 15, qu'il était incapable d'ester en jugement, sauf, *à lui*, disait-il, *d'agir pour des alimens par les voies de droit, c'est-à-dire, par le ministère du procureur-général*. Le sénéchal de Montpellier ayant, sur l'un et l'autre point, rejeté les prétentions du tuteur, le procès avait été porté par appel au parlement de Toulouse, et distribué à la deuxième chambre des enquêtes. — *L'arrêt* (dit l'auteur du *Supplément au Journal du palais de Toulouse*, tome 1, page 188), *à l'égard de Jean Vissec* (chevalier de Malthe), *démit François* (le tuteur) *de son appel et lui confirma la pension de 700 livres; mais quant à Charles de Vissec* (mort civilement), *il y eut partage. M. de Charlory, rapporteur, était d'avis de débouter Charles des alimens par fin de non-valoir, comme ne pouvant pas ester en jugement. M. de Ressegnier était, au contraire, d'avis de lui donner 570 liv. pour alimens. Le partage porté de la deuxième chambre des enquêtes à la troisième, et de celle-ci à la première, fut enfin vidé* (le 18 août 1725), *à l'avis de M. de Ressegnier, compartiteur; de sorte qu'on jugea que le condamné à mort civile, pouvait ester en jugement, du moins pour demander les alimens* (1).

» Le deuxième volume du même Recueil nous offre, pag. 92, un autre arrêt de la même cour, qui est peut-être encore plus remarquable, en ce qu'il prouve que l'incapacité des religieux d'ester en jugement, même pour leurs pensions viagères, provenait uniquement de leur incapacité de rien posséder en propre, et qu'elle cessait toutes les fois qu'il s'agissait d'objets étrangers au vœu de pauvreté qui était la source de cette deuxième incapacité. Voici les termes de l'arrêtiste : — « Le 17 juin 1733, audience tournelle, président M. de Puget, il fut jugé » qu'un religieux avait pu porter plainte en » action d'injures. — Le père Joubar, religieux » minime de la province du Dauphiné, ayant » été en marché, à Toulouse, d'un cheval, » avec le sieur de Roche, de la ville du Puy, » et ayant promis de le prendre dans huit » jours, fut, pour n'en avoir plus voulu, me- » nacé de coups de bâton, et grièvement in- » sulté par ledit de Roche. Plainte aux capi- » touls : décret au corps contre le sieur de » Roche. Celui-ci donna requête en relaxe et » cassation du décret, sur le fondement que ce » religieux étant mort au monde, ne pouvait » ester en jugement; et il fut (en effet) relaxé » avec dépens. Le syndic de la province des » minimes du Dauphiné en releva appel, et » soutint que la maxime alléguée ne pouvait » avoir lieu que pour le droit civil, c'est-à- » dire, pour toutes autres actions que celle » d'injures qui était du droit des gens, et con- » séquemment permise à tout le monde; qu'il » en était du religieux, comme du fils de famille, » qui, quoiqu'en puissance de père, pouvait agir » lui-même par action d'injures, si son père

(1) L'arrêt ajoute que *ladite somme de 550 livres sera payée audit Charles de Vissec, à la diligence du substitut du procureur-général*; et l'on voit par là combien Serres s'est trompé sur cet arrêt, lorsqu'il l'a cité dans ses *Institutions au droit français* comme jugeant que « le condamné à mort civile ne peut poursuivre le payement (d'un legs d'alimens), que par le ministère de M. le procureur-général ou de ses substituts ».

» était absent, ou s'il n'avait pas fondé procu-
» reur (loi 17, D. *de injuriis*). Sur quoi, la
» cour, mettant l'appellation et ce dont avait
» été appelé au néant, condamna le sieur de
» Roche en 200 liv. pour tous dépens, dom-
» mages et intérêts envers le père Joubar ».

» Nous disions tout-à-l'heure que Brodeau était cité dans l'affaire de Jean et Charles de Ruffec, comme enseignant que la mort civile emporte l'incapacité d'ester en jugement. En effet, voici comme il s'exprime à l'endroit cité : « Celui qui est banni à perpétuité du royaume, » est incapable d'agir et ester en jugement; » *non idem* de celui qui n'est banni que pour » un temps ». Mais sur quoi fonde-t-il la première de ces deux propositions? sur rien. Il se borne à renvoyer à la lettre B., §. 17, où il est dit : « Jugé en l'audience (du parlement de » Paris), le lundi 16 septembre 1607; que » celui qui n'est banni que du ressort du par- » lement de Paris, peut agir ». — A la vérité, il est ajouté au même endroit : « *non idem* » de celui qui est banni du royaume ». Mais l'auteur ne justifie par aucune raison, par aucune autorité, cette addition qui est d'ailleurs beaucoup trop générale, puisque, prise à la lettre, elle s'appliquerait au banni à temps comme au banni à perpétuité.

» Combien est plus raisonnable, plus judicieuse, plus fondée en principes, la doctrine que professe, sur cette matière, l'auteur de la *Procédure civile du châtelet*, tom. 1, pag. 64 : « Il faut, (dit-il), que celui qui veut intenter » une action, soit capable des effets du droit » d'où elle procède; autrement, l'action ne » pouvant lui appartenir, il ne peut l'exercer. » Ainsi, pour en intenter une qui dérive du » droit naturel, l'existence suffit : pour en » intenter une du droit des gens, il faut être » capable des effets du droit des gens; et pour » en intenter une du droit civil, il faut être » citoyen ».

» Ce peu de mots renferme toute la théorie des incapacités d'ester en jugement.

» Il en résulte clairement que le religieux qui ne participe plus au droit des gens, quant à la faculté de posséder des biens et de contracter, mais qui participe encore au droit naturel, ne peut plus agir en justice pour des intérêts pécuniaires, mais qu'il peut encore, comme l'a jugé formellement l'arrêt du parlement de Toulouse, du 17 juin 1733, poursuivre la réparation des outrages qu'il a reçus dans sa personne.

» Il en résulte aussi que le condamné au bannissement perpétuel qui ne participe plus au droit civil, mais qui participe encore au droit naturel et au droit des gens, ne peut plus exercer, soit une action en retrait lignager, soit une action en délaissement d'hérédité; soit une action en délivrance de legs; mais il peut encore agir en réparation d'injures, ou en exécution d'une transaction commerciale qu'il a faite.

» Il en résulte par conséquent que le sieur de Brivazac, tout mort civilement qu'il était en germinal an 7, par l'effet de son inscription sur la liste des émigrés, a pu néanmoins poursuivre, à cette époque, la rescision de la vente qu'il avait faite en frimaire an 3, et qu'il n'avait pu faire que parce qu'alors, comme en l'an 7, il était, nonobstant sa mort civile, capable de tous les effets du droit des gens.

» Et vainement chercherait-on ici à établir une différence entre le mort civilement par émigration et le mort civilement par toute autre cause. Vainement dirait-on que les lois défendant de rien payer à l'émigré, lui ôtaient, par cela seul, toute action contre ses débiteurs; que sa présence sur le territoire français étant considérée comme un crime, il était, par cela seul, impossible qu'il se présentât en personne devant nos tribunaux; et que toute correspondance entre lui et les républicoles étant interdite, il ne pouvait, par cela seul, comparaître en justice par le ministère d'aucun fondé de pouvoir.

» D'une part, la défense de rien payer aux émigrés n'avait été prononcée que dans l'intérêt du fisc; et cela est si vrai que, par l'arrêt déjà cité, du 15 ventôse an 12, vous avez jugé qu'une quittance délivrée par un émigré pendant son émigration, était obligatoire de lui au créancier qu'il avait libéré. D'un autre côté, la défense faite aux émigrés, de rentrer sur le territoire français, la défense faite aux républicoles de correspondre avec les émigrés, n'étaient prononcées que dans l'intérêt de la sûreté publique. Il n'appartient donc à aucun particulier de se prévaloir de l'une ou de l'autre de ces défenses, pour en tirer, dans son intérêt privé, une exception contre une demande formée à sa charge par un prétendu émigré que le fisc laisse en possession de ses biens, et dont la haute police souffre la présence sur le territoire français.

» Nous ne devons pourtant pas dissimuler que Richer, dans son *Traité de la mort civile*, pag. 251, soutient, en modifiant l'opinion de Brodeau, que le mort civilement ne peut, même pour les objets qui ne dépendent que du droit naturel ou du droit des gens, agir en justice qu'assisté d'un curateur créé à sa mort civile.

» Mais cette assertion qui est aujourd'hui une loi pour nous, d'après l'art. 25 du Code civil, qu'était-elle en germinal an 7, c'est-à-dire, au temps où le sieur de Brivazac a intenté son action rescisoire? Rien autre chose qu'un système condamné par les lois romaines, par la jurisprudence des parlemens d'Aix, de Dijon et de Toulouse; par celle du grand conseil, et qu'on pouvait tout au plus regarder comme accueilli par le parlement de Bordeaux.

» Et ce système, sur quoi Richer l'appuie-t-il?

Sur cette seule raison : « Les juges ne sont » établis que pour maintenir les lois de l'Etat, » et les faire exécuter. Les lois de l'Etat sont » les lois civiles ; elles ne sont point faites » pour ceux qui sont dans les liens de la mort » civile, puisqu'elles les ont bannis de la so- » ciété. Ils ne peuvent donc en implorer l'as- » sistance ».

» Mais 1.° cette raison devrait conduire Richer bien au-delà du point auquel il s'arrête pourtant lui-même : elle devrait lui faire dénier toute action aux morts civilement, soit qu'ils se présentassent seuls, soit qu'ils se fissent accompagner de curateurs.

» 2.° Les lois civiles autorisent, en termes exprès, les morts civilement à faire tous les actes, tous les contrats, qui ne dépendent que du droit des gens; elles sont donc, quant à ces actes, quant à ces contrats, faites pour les morts civilement comme pour les citoyens; les morts civilement peuvent donc, comme les citoyens, implorer l'assistance de ces lois.

» Et c'est précisément ainsi que raisonne Prost de Royer, dans la nouvelle édition du *Dictionnaire des arrêts* de Brillon, au mot *Assignation*, n. 37 : « Puisque les lois (dit-il), considèrent » les condamnés, morts civilement, comme ca- » pables de commercer, elles les considèrent donc » comme capables d'ester en jugement, pour fait » de leur commerce. Mais la capacité de com- » mercer entraîne aussi celle d'acquérir et d'a- » liéner; les condamnés commerçans sont donc » capables d'agir en justice, pour se maintenir » dans la possession et dans la propriété de ce » qu'ils ont acquis. Les lois leur permettent en- » core de recevoir des pensions alimentaires, soit » par testament, soit par donation entre-vifs; » elles leur permettent donc d'agir en justice, » pour réclamer les arrérages de leur pension, » s'il leur en est dû, ou pour réclamer la pension » même, si on la leur conteste. Sans cette fa- » culté d'ester en jugement, il est évident que » celle de commercer, d'acquérir, d'aliéner, et » de recevoir, que les lois accordent au con- » damné mort civilement, serait illusoire. Nous » croyons même que, si le condamné n'a- » vait aucun commerce, aucune pension viagère, » aucun moyen de subsistance, il pourrait faire » assigner ses enfans, pour obtenir d'eux des » alimens : il le pourrait en vertu de la piété » filiale, qui est un des effets du droit des gens, » et que la privation de l'être civil ne lui ôte » pas. Cette privation n'ayant pu également lui » faire perdre les actions du droit naturel qui » tendent à la conservation de la vie et de l'hon- » neur, nous croyons aussi qu'il pourrait ester » en jugement en matière criminelle ». — Et c'est, continue Prost de Royer, ce qu'a jugé formellement un arrêt du parlement d'Aix, du 18 février 1713, rapporté dans le Recueil de Bonnet, pag. 272 : — « Le nommé Toscan est » condamné aux galères perpétuelles. Etant dans » celle du port de Marseille, une femme l'in- » sulte et l'outrage. Il porte sa plainte devant le » lieutenant (de la sénéchaussée); la procédure » s'instruit : demande de la femme en nullité des » poursuites, sur le motif que la mort civile de » Toscan l'avait rendu sans action : sentence qui » condamne la femme à une amende, tant en- » vers le roi qu'envers Toscan, et aux dépens. » Appel de la femme en la cour.... L'arrêt ré- » forme la sentence, quant au chef qui condam- » nait la femme à une amende envers Toscan; » mais il la confirme pour tous les autres chefs. » Il fut donc jugé que le mort civilement était » recevable à se plaindre des offenses qui lui » étaient faites...... ». — Ici, l'auteur rappelle l'opinion de Richer : « Richer pense (dit-il), » qu'un homme mort civilement ne peut paraître » en justice, qu'assisté d'un curateur créé à sa » mort civile; et que ce n'est qu'avec ce cura- » teur que la procédure peut être faite en règle : » il ajoute que cette assistance lui est néces- » saire, tant en demandant qu'en défendant, » pour les actions civiles; et en demandant seu- » lement pour les actions criminelles. Cepen- » dant il ne paraît pas que, dans l'espèce de » l'arrêt que nous venons de rapporter, il eût » été donné de curateur à Toscan, quoiqu'il fût » demandeur : il faut, à cet égard, suivre l'usage » des tribunaux ».

» Remarquez, Messieurs, ces derniers termes : *il faut, à cet égard, suivre l'usage des tribunaux.* Il en résulte clairement que, dans l'opinion de Prost de Royer, c'est l'usage seul qui doit décider cette question; et que, de quelque manière que cette question soit jugée par un tribunal, on ne peut jamais dire que ce tribunal ait violé une loi quelconque.

» Cette proposition était parfaitement exacte, à l'époque où Prost de Royer l'écrivait, au moins pour les pays qu'on appelait alors *coutumiers*, et même pour ceux des pays de droit écrit, tels peut-être que la Guyenne, où l'usage avait dérogé aux lois romaines que nous avons eu l'honneur de vous retracer.

» Et c'est par là que nous allons répondre à une autorité bien plus imposante que les opinions de Brodeau et de Richer, à un arrêt de la section civile du 23 novembre 1808, dont voici l'espèce :

» Le 11 ventôse an 6, la dame de Faillens, inscrite sur la liste des émigrés, mais résidant et ayant toujours résidé en France, jouissant de tous ses biens, à défaut de séquestre, et exerçant librement tous ses droits, fait assigner devant le tribunal civil du département de la Nièvre, le commissaire du gouvernement près l'administration du même département, comme représentant le sieur de Remigny, son frère, émigré; et à l'aide de moyens de fait qui n'avaient aucune ombre de fondement, mais sur lesquels elle espérait qu'il n'y aurait pas de contradiction, elle conclut à la nullité du testament de son père, décédé le 14 janvier 1787.

» Le 14 fructidor an 7, jugement qui déclare en effet le testament nul, et ordonne le partage de la succession *ab intestat*.

» Le 12 vendémiaire an 8, la dame de Faillens fait signifier ce jugement au commissaire du gouvernement près l'administration départementale. Point d'appel de la part de celui-ci, pendant les trois mois.

» En l'an 9, la dame de Faillens apprend qu'elle est inscrite sur la liste des émigrés; elle sollicite son élimination, et l'obtient le 22 fructidor de la même année.

» Le 22 brumaire an 10, le sieur de Remigny, son frère, est également éliminé.

» Le 25 floréal suivant, la dame de Faillens, voulant réparer une nullité de forme qu'elle avait remarquée dans l'exploit de la signification qu'elle avait faite le 12 vendémiaire an 8, du jugement du 14 fructidor an 7, fait de nouveau signifier ce jugement au domicile de son frère.

» Celui-ci interjette aussitôt appel de ce jugement, et demande qu'il soit déclaré nul, ainsi que toutes les procédures dont il a été précédé, attendu que la dame de Faillens n'a pas pu agir en justice, pendant qu'elle était en état de mort civile.

» Le 9 juillet 1707, arrêt de la cour de Bourges, qui, accueillant ce système, déclare le tout nul, et renvoie les parties à se pourvoir sur le fond, par les voies de droit.

» Recours en cassation de la part de la dame de Faillens : elle soutient, entre autres choses, 1.º que cet arrêt lui a faussement appliqué les lois qui réduisent les émigrés à l'état de mort civile, attendu que jamais elle n'a quitté le territoire français; 2.º qu'eût-elle été réellement en état de mort civile, à l'époque où avait été rendu le jugement du 14 fructidor an 7, elle n'en aurait pas moins été capable de poursuivre ses droits en justice contre tout autre que la nation; que la nation seule aurait pu exciper contre elle de sa prétendue incapacité; et que, loin d'en exciper contre elle devant le tribunal civil de la Nièvre, l'agent de la nation avait procédé avec elle comme avec une partie ayant toutes les qualités requises pour ester en jugement.

» Sur ces moyens, Messieurs, vous avez, par arrêt du 3 mai 1808, admis la requête de la dame de Faillens.

» Mais l'affaire portée à la section civile, arrêt y est intervenu, le 23 novembre suivant, par lequel, — « Attendu qu'il était constant » en fait, dans l'espèce, que la demanderesse » avait été inscrite sur la liste des émigrés du » département de la Nièvre, en l'an 2, et » portée sur la liste générale arrêtée le 15 » thermidor an 3; qu'elle n'alléguait pas même » avoir réclamé, dans le délai, contre ces ins- » criptions; qu'au contraire, elle n'avait été éli- » minée que le 22 fructidor an 9, postérieure- » ment à la loi du 12 ventôse an 8; — (Qu'ainsi), » la cour de Bourges s'est conformée à l'art. 1 » de la loi du 28 mars 1793, et à la loi du 12 ven- » tôse an 8; en décidant que la demanderesse a » été en état de mort civile, pendant toute la pro- » cédure qui a eu lieu dans les années 6 et 7, » devant le tribunal de Nevers; — *Qu'il est en-* » *core de principe, qu'un individu frappé de* » *mort civile, est incapable d'exercer les actes* » *qui ont leur fondement dans le droit civil, tels* » *que les assignations, les demandes en justice* » *et les significations; surtout lorsqu'on prétend* » *exercer de pareils actes en qualité d'héritier,* » *et que l'on réclame une succession;* — Que » la nullité de ces actes, résultant de l'état de » mort civile pour cause d'émigration, n'a pas » seulement été établie dans les intérêts du fisc, » mais est de droit public, et peut être opposée » en tout état de cause, même en appel, par les » particuliers qui y ont intérêt.....; — La cour » rejette.... ».

» Vous voyez, Messieurs, que, dans cette espèce, la question n'était pas précisément, comme dans celle-ci, de savoir si la dame de Faillens avait pu ester en jugement pendant sa mort civile; que la dame de Faillens, qui avait tant d'intérêt de soutenir que la mort civile ne rend pas celui qui en est frappé, incapable d'ester en jugement, ne le soutenait cependant pas; qu'elle cherchait seulement à éluder l'application que la cour de Bourges lui avait faite de ce prétendu principe; que la section civile, trouvant les deux parties d'accord sur ce prétendu principe, l'a regardé comme constant, et ne s'est plus occupée que de l'application qui en avait été faite par la cour de Bourges à la dame de Faillens; et que, ne trouvant, dans cette application, aucune loi violée, elle a rejeté la demande en cassation sur laquelle il s'agissait de statuer. — Et c'est déjà plus qu'il n'en faut pour que cet arrêt ne puisse pas faire autorité dans notre espèce, surtout si nous considérons qu'il a dû être singulièrement influencé par le fait bien reconnu que le jugement du 14 fructidor an 7 n'avait été rendu que par collusion.

» Mais il y a plus. Quand même le prétendu principe de l'incapacité du mort civilement d'agir en justice, aurait été contesté par la dame de Faillens, l'arrêt de la cour de Bourges aurait encore dû être maintenu par la section civile; pourquoi? parce qu'à l'époque où avaient été faites les procédures, où avait été rendu le jugement que la cour de Bourges avait déclarés nuls, ce prétendu principe n'était condamné que par les lois romaines, c'est-à-dire, par des lois qui n'avaient jamais eu d'autorité législative dans le département de la Nièvre ; parce qu'en basant son arrêt sur ce prétendu principe, la cour de Bourges n'avait violé aucune loi existante ; parce que trouvant, sur la capacité ou l'incapacité des morts civilement d'agir en justice, la jurisprudence du parlement de Paris muette, et celle des parlemens de Toulouse, de Dijon et d'Aix en opposition avec celle du parlement de Bordeaux, elle avait pu s'en tenir à la jurisprudence du parlement de Bordeaux, de préférence à celle des parlemens de Toulouse, d'Aix et de Dijon.

» Si la cour de Bourges eût, dans cette affaire, prononcé en faveur de la dame de Faillens, si elle eût jugé que la dame de Faillens avait pu ester en jugement pendant sa mort civile, son arrêt aurait-il pu être cassé de chef? Non certainement, et vous auriez rejeté le recours du sieur de Remigny, encore qu'il se fût agi de droits successifs; car ces droits successifs n'étaient pas échus à la dame de Faillens pendant sa mort civile, ils lui étaient échus dès 1787, quatre ou cinq ans avant son inscription sur la liste des émigrés. Ces droits successifs étaient donc entrés dans la propriété de la dame de Faillens pendant qu'elle jouissait de son état. Ils étaient donc, à son égard, sous l'empire du droit des gens, protecteur des propriétés même acquises par le droit civil. La dame de Faillens avait donc eu qualité, quoique morte civilement, pour défendre ces droits successifs, comme elle l'aurait eue pour défendre toute autre propriété qui lui serait advenue précédemment.

» Et à combien plus forte raison ne devons-nous pas dire ici, qu'en jugeant que le sieur de Brivazac a eu qualité pour demander, pendant son inscription sur la liste des émigrés, la rescision d'une vente qu'il avait faite dans le même état, la cour de Bordeaux n'a, par l'arrêt qui vous est dénoncé, contrevenu à aucune loi? — *Et en effet*, disait M. l'avocat-général Delabriffe dans son plaidoyer du 7 septembre 1768, *d'où dérive la faculté d'ester et d'actionner en jugement? n'est-ce pas de celle de contracter à laquelle elle est nécessairement attachée?* — Or, le sieur de Brivazac avait eu, nonobstant son inscription sur la liste des émigrés, la capacité de vendre le domaine de la Sale. Il a donc eu aussi et nécessairement la capacité d'actionner la dame de Saint-Sirgues pour la rescision de cette vente, comme il aurait eu celle de lui en demander judiciairement le prix convenu, si le prix ne lui eût pas été payé aux termes réglés par le contrat.

» Mais, dit-on, l'action qui tend à la rescision d'un contrat de vente pour lésion d'outre-moitié, est un pur bénéfice du droit civil; elle ne peut donc pas être exercée par un mort civilement.

» Comme si les lois romaines ne nous disaient pas elles-mêmes, que le préteur a originairement introduit cette action, par la simple impulsion de l'équité naturelle, *naturalem æquitatem secutus!* Comme s'il n'était pas de droit naturel; qu'une convention n'est pas obligatoire, alors qu'elle est l'effet de l'erreur, du dol ou de la violence, alors par conséquent qu'elle renferme une lésion énorme au préjudice de l'une des parties, puisqu'une pareille lésion n'est jamais que l'effet, ou de la violence, ou du dol, ou de l'erreur! Comme si les lois civiles avaient fait autre chose à cet égard, que déterminer le degré auquel la lésion doit s'élever pour autoriser la rescision d'un contrat!

» C'est assez, c'est peut-être trop nous étendre sur le premier moyen de cassation du sieur Gauthier. Un mot sur le deuxième, et nous finissons.

» La cour de Bordeaux, dit le sieur Gauthier, en admettant le sieur de Brivazac à demander seul, pour le tout, la rescision d'un contrat de vente dans lequel son frère était intervenu comme co-propriétaire et co-vendeur, a violé les lois romaines et les articles du Code civil qui ne permettaient de l'admettre à exercer cette action que pour la moitié du domaine de la Sale.

» Mais, bien loin de violer ces lois, la cour de Bordeaux les a expressément reconnues : *si le sieur de Brivazac*, a-t-elle dit, *n'avait été propriétaire que de la moitié du domaine, il n'aurait pu exercer son action que pour la part qu'il y avait.*

» Qu'a donc fait la cour de Bordeaux? Elle a jugé que le sieur de Brivazac était, au moment de la vente qu'il avait faite du domaine de la Sale, propriétaire de la totalité de ce domaine; qu'il l'était notoirement; qu'il l'était au vu et su de la dame de Saint-Sirgues; et qu'il n'avait fait intervenir son frère dans le contrat, que pour d'autant mieux tranquilliser la dame de Saint-Sirgues, en lui procurant une double garantie.

» La cour de Bordeaux n'a donc jugé, à cet égard, qu'un point de fait; et dès-là, son arrêt demeure à l'abri de toute atteinte.

» Par ces considérations, nous estimons qu'il y a lieu de rejeter la requête du demandeur, et de le condamner à l'amende ».

Arrêt du 17 août 1809, au rapport de M. Lasaudade, par lequel,

« Considérant que la mort civile n'interdit aux individus qui en sont frappés, que l'exercice des droits et actions qui dérivent du droit civil; qu'aucune loi expresse, avant la promulgation du Code civil, ne privait ces individus des droits et actions qui dérivent du droit des gens;

» Considérant que la vente étant un contrat du droit des gens, l'action en payement du juste prix résultante de ce contrat, dérive nécessairement du même droit des gens;

» Considérant qu'à l'époque de la vente dont il s'agit, comme à l'époque de l'action en rescision, le vendeur était inscrit sur la liste des émigrés, sans que l'objet vendu ait été séquestré;

» Considérant que celui qui a droit de vendre, a conséquemment le droit d'exiger le prix;

» Considérant que Jean Gauthier, pour se maintenir dans la propriété de l'objet vendu, ayant lui-même excipé de la faculté de vendre qu'avait le sieur de Brivazac de Beaumont, quoique porté sur la liste des émigrés (sauf le droit du fisc), parce que la vente est un contrat du droit des gens, s'est rendu non-recevable à lui contester l'action en payement résultante du même contrat et dérivant du même droit des gens; qu'ainsi, en rejetant la fin de non-recevoir résultante de l'inscription dudit de Brivazac de Beaumont sur la liste des émigrés, l'arrêt attaqué n'a violé aucune loi;

» Considérant qu'en jugeant, en fait et d'après les titres produits, qu'Edme-Jean-Baptiste Brivazac de Beaumont était seul propriétaire de l'objet vendu, et qu'en l'admettant à ce titre à exercer pour le tout l'action en rescision, la cour d'appel n'a pu violer les art. 1668 et 1685 du Code civil;

» La cour rejette.... ».

§. IV. *Avant l'abolition des vœux solennels, les religieux étaient-ils véritablement morts civilement? — Etaient-ils, aux yeux de la loi civile, incapables de se marier?*

V. l'article *Mariage*, §. 5.

§. V. *Acception particulière des mots* mort civile, *dans la jurisprudence normande.*

V. l'article *Tiers-coutumier.*

MORT SAISIT LE VIF. — §. I. *Effets de cette règle, combinée avec la maxime,* n'est héritier qui ne veut.

V. les articles *Séparation des patrimoines*, §. 1; et *Succession vacante*, §. 2.

§. II. *Effets de la même règle, dans le cas du concours de la qualité d'héritier* ab intestat *et de substitué, dans la même personne.*

V. l'article *Substitution fidéicommissaire*, §. 8.

Au surplus, *V.* les articles *Délivrance* et *Héritier.*

MOTIFS DES JUGEMENS. — §. I. 1.° *Les jugemens qui ne contiennent pas les motifs de leurs dispositions, sont-ils nuls?*

2.° *Peut-on casser, dans l'intérêt privé de la partie qui a demandé en cause d'appel, la nullité du jugement de première instance pour défaut de motifs, l'arrêt qui, sans statuer sur cette demande, a purement et simplement mis l'appellation au néant?*

V. le plaidoyer et l'arrêt du 17 mai 1810, rapportés au mot *Nantissement*, §. 2.

§. II. *Un jugement mal motivé, mais juste au fond, doit-il être maintenu? doit-il l'être dans tous les cas?*

V. les articles *Appel*, §. 9; *Papier-monnaie*, §. 4, et *Prodigue.*

§. III. *Y a-t-il lieu à garantie, lorsque le jugement d'éviction, rendu au profit d'une commune, qui aurait pu être motivé sur un vice inhérent à la chose vendue, et antérieur au contrat de vente, l'a été sur une loi survenue postérieurement à ce même contrat?*

V. l'article *Fait du souverain*, §. 1.

§. IV. *Quelle est l'autorité des motifs des arrêts de la cour de cassation, lorsqu'ils ne se lient pas nécessairement avec les dispositifs de ces arrêts?*

V. l'article *Biens nationaux*, §. 1.

MOTIFS DES LOIS. — §. I. *Les motifs d'une loi venant à cesser, la loi perd-elle son autorité?*

V. les articles *Tribunal d'appel*, §. 3; et *Usage (droit d')*, §. 3.

§. II. *Les motifs des lois sont-ils toujours des guides sûrs pour déterminer l'étendue de leurs dispositions?*

V. le plaidoyer du 15 décembre 1809, rapporté aux mots *Inscription hypothécaire*, §. 3; et l'article *Notaire*, §. 3.

§. III. *Peut-on étendre une loi nouvelle et restrictive, à des objets dont elle ne parle pas, mais auxquels ses motifs sont applicables?*

V. le plaidoyer du 19 juillet 1810, rapporté à l'article *Testament*, §. 15.

MOULIN. §. I. — 1.° *Les lois relatives à la féodalité, ont-elles prononcé l'abolition ou du moins ordonné la réduction de la rente qu'un ci-devant seigneur s'était réservée, en concédant un fonds (adjacent à un canal non navi-*

gable, mais dérivant d'une rivière navigable), *avec la charge d'y bâtir un moulin à eau, et cela dans un pays où le droit de cours d'eau, et par suite celui de bâtir des moulins sur des rivières non navigables, appartenait exclusivement aux seigneurs?*

2.° *Que doit-on décider à cet égard, si la rente a été, par l'acte de concession, qualifiée d'emphytéotique. Peut-elle, nonobstant cette qualification, être considérée comme censuelle?*

3.° *La rente serait-elle conservée dans tous les cas, si la concession avait été stipulée perpétuelle, mais résoluble par l'extinction de la postérité du concessionnaire?*

Ces questions, et deux autres qui sont indiquées sous les mots *Franc-alleu*, §. 3; et *Ministère public*, §. 4, se sont présentées à l'audience de la cour de cassation, section civile, le 12 nivôse an 12; voici de quelle manière je les ai discutés :

« Le cit. Anthès vous dénonce un jugement du tribunal d'appel de Colmar, du 17 germinal an 10; et vous avez à décider si ce jugement a été, comme il le soutient, rendu dans une forme illégale, ou si du moins il a violé, au fond, les lois qui, en supprimant les rentes seigneuriales, ont maintenu les rentes purement foncières.

» Dans le fait, par contrat du 6 septembre 1738, Jean-Philippe Anthès acquit de la dame Schawenbourg, la terre de Nambsheim, située sur la rive gauche du Rhin. A ce contrat, est annexé un état de la consistance de la terre.

» Il est divisé en plusieurs articles; et dans celui qui est intitulé *Droits seigneuriaux et juridiction*, on remarque notamment que le *seigneur* de Nambsheim était *haut et moyen justicier*; qu'il avait sur la commune et sur ses membres, des droits de taille annuelle; que chaque habitant lui devait cinq corvées par an; qu'il jouissait, comme presque tous les seigneurs alsaciens, du droit appelé *umbgelt*, espèce d'impôt sur le vin, qu'il avait le droit exclusif de la chasse; qu'à lui seul appartenaient les amendes prononcées par justice; qu'il affermait la pêche sur le Rhin; que *les sources et autres eaux* dont il était propriétaire, n'étaient pas affermées.

» Dans un autre article, intitulé *bâtimens*, se trouve compris un moulin à eau, affermé avec les édifices et les jardins qui en dépendent, moyennant 80 réseaux de blé, 90 liv. en argent, un porc gras et quelques volailles.

» A la fin de l'année 1750, ce moulin ayant besoin de grandes réparations, le propriétaire crut devoir le faire transplanter dans un autre emplacement; et pour s'épargner les avances que ce changement devait lui occasionner, il prit le parti de faire avec son fermier, une convention par laquelle celui-ci s'obligea de reconstruire le moulin à neuf, dans le terrain qui lui serait indiqué et cédé à cet effet; et le propriétaire, de son côté, déclara lui bailler *en emphythéose perpétuelle*, pour lui et *ses héritiers en ligne directe seulement*, le moulin à la reconstruction duquel il venait de s'engager.

» Pour lui faciliter cette reconstruction, le propriétaire lui abandonna les matériaux du moulin alors existant, lui compta en outre une somme de 600 liv., et lui prêta une autre somme de 400 liv.

» Il fut convenu en même temps, qu'*à chaque mutation, les nouveaux emphytéotes obtiendraient l'agrément du seigneur direct, comme aussi dans le cas d'aliénation, sans qu'en l'un ou l'autre cas, le seigneur direct pût prétendre le droit de* LAUDEMIUM.

» Enfin, la redevance emphytéotique fut fixée à 50 réseaux de mouture par an.

» Le 17 juillet 1777, le *domaine utile* de ce moulin fut vendu par décret, sur les enfans mineurs du premier emphytéote; et parmi les clauses de la vente, faite devant le bailli du cit. Anthès, nous en remarquons deux qui portent « que ladite vente et adjudication n'aura lieu » que tant et si long-temps qu'il restera des » descendans mâles ou femelles en ligne directe » des premiers preneurs emphytéotiques, en » sorte qu'à l'extinction de ladite descendance » directe, la *propriété utile* dont il s'agit, *retournera au seigneur de ce lieu, qui la réunira et* » *consolidera avec la directe*; 2.° que l'adjudicataire ne pourra se dire propriétaire dudit *domaine utile*, qu'en obtenant *l'agrément du* » *seigneur direct*, et qu'autant que ledit seigneur ne voudra pas user de son *droit de* » *préférence dans les quatre mois*, à compter » du jour que la vente lui aura été notifiée ».

» Le 21 janvier 1791, Jean Ulsass, acquéreur des droits de l'adjudicataire, fit citer le cit. Anthès devant le bureau de paix du district de Colmar, pour se concilier sur les demandes qu'il entendait former contre lui, tant en remboursement des frais de construction du moulin, qu'en suppression, ou du moins en réduction proportionnelle de la redevance annuelle dont il était grevé par le bail emphytéotique du 3 novembre 1750; et à l'appui de ces demandes, il exposa *que le moulin s'était trouvé tout à coup privé des eaux qui faisaient rouler ses quatre tournans, attendu que, par ordre des ingénieurs, le canal qui recevait les eaux du Rhin, avait été entièrement fermé et bouché, de manière qu'il n'y avait plus d'autres eaux que celles qui filtraient à travers la digue de fermeture.*

» Le cit. Anthès comparut sur cette citation, le 25 du même mois, et répondit, entre autres choses, que Jean Ulsass *ne devait pas ignorer qu'étant propriétaire du domaine utile, la diminution, dégradation et extinction du fonds serait à sa charge, par la maxime* Res perit domino ; *et qu'il ne pouvait se soustraire à la reconnaissance du domaine direct, qu'en réfutant l'emphytéose, ce qu'il se gardait bien de faire.*

» La comparution se termina par un arrangement qui ne portait que sur les arrérages échus avant 1789, et qui réservait les droits du cit. Anthès au fond.

». Le 25 pluviôse an 3, Jean Ulsass revenant à la charge, fit de nouveau citer le cit. Anthès, pour se concilier sur la demande qu'il entendait former à ce que la redevance annuelle de 50 réseaux de mouture fût déclarée abolie comme droit féodal, aux offres *de payer une rente proportionnée à la jouissance du seul terrain qui formait l'enclos du moulin à qui de droit*, c'est-à-dire, *ou à la commune* qui venait de s'en faire déclarer propriétaire par un jugement arbitral, *ou au cit. Anthès, laquelle serait estimée par experts.*

» Cette citation fut suivie, le 12 ventôse suivant, d'un procès-verbal de non conciliation, dans lequel on voit le cit. Anthès soutenir « que » les décrets cités par Ulsass, n'abolissent point » les emphytéoses ; qu'ils les maintiennent au » contraire, comme tous autres droits fonciers ; » *que le cours d'eau qui fait tourner le moulin* » *dont s'agit, n'est pas un droit féodal*, pas plus » pour ce moulin que pour ceux de Saasheim, » Heiteren, Volghelsheim et Algolsheim, dont » les moulins sont mis en mouvement par les » mêmes eaux et par le même canal, qu'ils ont » ouvert et nétoient à frais communs, *et que* » *jamais le terrain et l'enclos du moulin n'ont été* » *enlevés par un jugement arbitral* ».

» D'après ce procès-verbal de non-conciliation, et dès le 25 du même mois, Jean Ulsass s'est pourvu au tribunal du district de Colmar, où il paraît que la cause est restée sans poursuites jusqu'au 15 brumaire an 7, époque de l'assignation en reprise d'instance, qui fut donnée par ses héritiers au cit. Anthès, pardevant le tribunal civil du département du Haut-Rhin.

» Mais dans l'intervalle, il s'est fait au bureau de paix, des actes qu'il ne sera pas inutile de vous rappeler.

» Le 13 vendémiaire an 6, la commune de Nambsheim avait fait citer les héritiers Ulsass, pour les faire condamner à lui payer *la part et portion* de la redevance emphytéotique, *relative à l'emplacement formant l'enclos du moulin qu'ils occupent et tiennent à emphytéose, attendu que ce moulin est situé sur le terrain dont la propriété a été adjugée à ladite commune, par jugement arbitral du 25 nivôse an 2, d'après une ventilation à faire par experts, lesquels estimeront la quotité du canon relative au sol, et celle qui pourrait l'être au cours d'eau et droit de moulin, auxquels derniers droits la commune n'a point de prétention, comme étant des droits seigneuriaux supprimés.*

» Le 18 du même mois, les héritiers Ulsass, comparaissant devant le bureau de paix, avaient requis la mise en cause du cit. Anthès, *attendu qu'il prétendait la partie du canon répétée contre la commune, et qu'à ce sujet il y avait contestation entre eux et lui.*

» En conséquence, l'affaire avait été remise par le bureau de paix, au 2 brumaire an 6, et les héritiers Ulsass avaient fait citer le cit. Anthès à y comparaître ce jour-là. Mais ce jour venu, le cit. Anthès avait fait défaut, et il avait été dressé procès-verbal de non-conciliation entre les héritiers Ulsass et la commune.

» Que s'est-il fait en conséquence de ce procès-verbal? La commune a-t-elle poursuivi, contre les héritiers Ulsass, les fins de sa citation du 13 vendémiaire an 6? et les héritiers Ulsass, de leur côté, ont-ils conclu contre le cit. Anthès, à ce que le jugement, qui pourrait intervenir en faveur de la commune, fût déclaré commun avec lui? Nous l'ignorons : les parties n'ont rien dit, rien produit qui nous fournisse là-dessus le moindre éclaircissement.

» Il est cependant certain, et vous en avez la preuve dans la sentence arbitrale que les défendeurs viennent de produire, que, le 25 nivôse an 2, la commune s'était fait adjuger par des arbitres, contradictoirement avec le cit. Anthès, la propriété du terrain et de l'enclos sur lequel était élevé le moulin dont il s'agit.

» La commune aurait-elle donc renoncé à l'effet de cette sentence? Cela n'est pas vraisemblable. Le cit. Anthès en aurait-il obtenu l'annullation? Rien ne l'annonce, et le cit. Anthès lui-même n'en parle pas. Il est donc bien probable que cette sentence subsiste encore; et s'il nous était permis de hasarder une conjecture sur le silence dans lequel la commune s'est renfermée, à cet égard, depuis le procès-verbal de non-conciliation du 2 brumaire an 6, nous penserions que la commune, mal conseillée sans doute, a cru devoir attendre, pour donner suite à son action, que les différends entre le cit. Anthès et les héritiers Ulsass, fussent terminés définitivement.

» Nous disons *mal conseillée* : car le moyen le plus sûr et tout à la fois le plus expéditif de mettre fin aux contestations entre le cit. Anthès et les héritiers Ulsass, était que la commune y intervînt pour faire usage de son jugement arbitral du 25 nivôse an 2. De là, en effet, il serait résulté infailliblement que le cit. Anthès était sans qualité pour réclamer la redevance litigieuse; qu'à la vérité, l'aliénation qu'il avait faite en 1750 du terrain sur lequel le moulin avait été érigé, ne pouvait pas être attaquée par la commune; mais qu'aux termes des art. 4 et 13 de la loi du 28 août 1792, c'était à la commune qu'appartenait la redevance constituée pour le prix de cette aliénation.

» Quoi qu'il en soit, les héritiers Ulsass, en reprenant devant le tribunal civil du Haut-Rhin, l'instance qui avait été portée en l'an 3 au tribunal du district de Colmar, y ont pris des conclusions qu'il importe de remarquer. Elles tendaient « à ce que, sous le mérite des offres » déjà faites de payer, *à qui de droit*, une rente » emphytéotique proportionnée à la jouissance » du seul terrain qui forme l'enclos du moulin, » et ce, à dire d'experts, il fût dit que la rente » ou le canon emphytéotique de 50 réseaux de » mouture par an, assis sur ledit moulin, était » un droit féodal supprimé sans indemnité, ainsi » que les arrérages qui en seraient dus ».

» Vous voyez, C. M., que les héritiers Ulsass n'offraient pas précisément de payer au cit. Anthès, une rente proportionnée à la valeur de l'emplacement de leur moulin, mais qu'ils offraient de la payer *à qui de droit*: ce qui suppose manifestement que, dans leur opinion, ils pouvaient bien ne pas la devoir au cit. Anthès, mais à la commune; ce qui, par conséquent, suppose encore que la commune, à cette époque, ne s'était pas désistée et n'avait pas été évincée de l'effet de sa sentence arbitrale du 25 nivôse an 2.

» Au surplus, il ne paraît pas que cette sentence ait été produite devant le tribunal civil du Haut-Rhin, ni qu'on s'en soit prévalu devant lui, de part ni d'autre. Nous en ferons donc ici une abstraction complette; et nous examinerons la cause, comme si le cit. Anthès était encore reconnu avoir pu aliéner, en 1750, la propriété de l'emplacement du moulin possédé par les héritiers Ulsass.

» Par jugement du 8 frimaire an 7, le tribunal civil du Haut-Rhin a prononcé conformément aux conclusions des héritiers Ulsass; et pour prononcer ainsi, il s'est fondé sur un point de droit et sur un point de fait.

» Dans le droit, il a considéré que l'art. 5 de la loi du 25 août 1792 n'avait maintenu les droits seigneuriaux conservés par les lois précédentes, que dans le cas où ils eussent formé le prix d'une concession primitive de fonds; que la loi du 17 juillet 1793, allant plus loin encore, avait aboli généralement tous les droits seigneuriaux, toutes les rentes féodales, et qu'elle n'avait conservé que les rentes purement foncières.

» Il a considéré, dans le fait, que la redevance emphytéotique, stipulée par le bail de 1750, n'avait pas pour seule cause la concession du terrain sur lequel l'emphytéote avait construit le moulin dont il s'agissait; que la concession de ce terrain n'aurait pas suffi pour y pouvoir établir un moulin, si le seigneur n'y eût joint la concession du droit de cours d'eau; que le droit de cours d'eau était, avant la révolution, réputé seigneurial dans toute la ci-devant Alsace; qu'en conséquence, aucun particulier propriétaire d'un terrain adjacent à une rivière ou à un canal, n'eût pu, avant la révolution, y construire un moulin à eau, sans la permission de son seigneur; que de là il suivait nécessairement que le droit de cours d'eau avait été concédé par le bail emphytéotique de 1750, en même temps que l'emplacement sur lequel le moulin était bâti; qu'ainsi, la rente stipulée par ce bail, était foncière, en tant qu'elle avait pour cause la concession de l'emplacement du moulin : mais qu'elle était seigneuriale, en tant qu'elle avait pour cause la concession du droit de cours d'eau; que conséquemment elle était mixte, et que, d'après la loi du 17 juillet 1793, elle eût dû être déclarée abolie en totalité, si les héritiers Ulsass ne s'étaient pas bornés à en demander la réduction.

» Le cit. Anthès a appelé de ce jugement, mais vaine tentative : le tribunal d'appel de Colmar a déclaré qu'il avait été bien jugé, et il s'est fondé sur les mêmes motifs que le tribunal civil du Haut-Rhin, notamment sur ce que, *dans la ci-devant Alsace, le droit de cours d'eau, avant la révolution, appartenait exclusivement aux seigneurs; qu'on saurait d'autant moins en douter, que pour lors un particulier ayant un terrain contigu à une rivière, n'aurait pu y construire une usine sans la permission expresse du seigneur, pas même souvent en tirer des eaux pour l'irrigation de ses prés.*

» C'est de ce jugement du tribunal d'appel de Colmar, que le cit. Anthès vous demande aujourd'hui la cassation.

» Son premier moyen consiste à dire que les règles de l'ordre judiciaire ont été violées dans la forme du jugement dont il se plaint; et elles l'ont été, suivant lui, en ce que le cit. Anthonin, qui avait pris part, comme président du tribunal civil du Haut-Rhin, au jugement de première instance, a encore figuré dans la cause d'appel, en qualité de commissaire du gouvernement, et y a conclu au bien jugé.

» Mais aucune loi ne défendait au cit. Anthonin de porter la parole au nom du ministère public, sur l'appel du jugement auquel il avait participé comme juge. Les convenances exigeaient sans doute qu'il s'en abstînt; mais blesser les convenances et violer une loi, ce n'est pas, à beaucoup près, la même chose : et si, comme vous l'avez jugé, le 14 ventôse an 10, au rapport du cit. Cochard, un jugement d'appel n'est pas nul, par cela seul qu'il y est intervenu un magistrat qui avait connu de l'affaire en première instance, et qu'aucune des parties n'a récusé par ce motif, à combien plus forte raison ne peut-on pas, dans notre espèce, faire résulter une nullité de ce que le cit. Anthonin a rempli sur l'appel les fonctions de commissaire du gouvernement, après avoir rempli celles de juge en première instance!

» Le second moyen de cassation du cit. Anthès n'est pas d'une discussion aussi facile que le premier. Il est tiré des art. 1 et 2 de la loi du 17 juillet 1793, que le cit. Anthès soutient avoir été, l'un faussement appliqué, l'autre violé par le tribunal d'appel de Colmar.

» Suivant le cit. Anthès, la redevance litigieuse n'a aucun caractère de féodalité; ainsi, en la déclarant abolie par l'art. 1 de la loi citée, le tribunal d'appel de Colmar a fait une fausse application de cet article. D'un autre côté, cette redevance est purement foncière, elle est conséquemment maintenue par le deuxième article de la même loi; ce second article a donc été violé par le tribunal d'appel de Colmar.

» Pour bien apprécier ce moyen, il importe, avant tout, de nous fixer, d'une manière précise, sur les cas dans lesquels une redevance créée originairement au profit d'un seigneur, pour prix d'une concession quelconque, est, ou n'est point frappée de la suppression prononcée par les lois relatives au régime féodal.

» De deux choses l'une : ou la redevance a été constituée pour prix de la concession d'un objet qui ne faisait point partie de la seigneurie du concédant, et qui par conséquent était possédé par celui-ci, soit en franc-alleu roturier, soit en censive; ou elle a été constituée pour prix de la concession d'un objet que le concédant possédait comme partie intégrante de sa seigneurie.

» Au premier cas, la concession ne peut être envisagée que comme un bail à rente, ou, ce qui revient à peu près au même, comme une emphytéose perpétuelle. Et alors, la redevance qui en forme le prix, est purement foncière, quelle que soit d'ailleurs la qualification qui lui a été donnée par l'acte de concession (1).

» Au second cas, il faut distinguer : ou la redevance a été stipulée d'une manière qui rappelle la féodalité, c'est-à-dire, soit avec le caractère de cens, soit avec mélange de droits tenant au régime censuel; ou elle l'a été comme une rente purement foncière ou emphytéotique.

» Si elle a été stipulée avec le caractère de cens ou avec mélange de droits censuels, elle est abolie par la loi du 17 juillet 1793. Ainsi l'ont déclaré les décrets interprétatifs du 2 octobre 1793 et du 7 ventôse an 2; et vous savez, C. M., que le gouvernement s'est prononcé l'année dernière, dans une forme très-solennelle, sur l'obligation dans laquelle sont toutes les autorités de respecter ces deux décrets, tant qu'ils ne seront pas rapportés.

» Si la redevance a été stipulée seule, comme purement foncière, et sans rétention de foi (2), il faut encore distinguer.

» Ou la concession a pour objet un fonds de terre, un droit réel non aboli par les nouvelles lois, en un mot, une chose qui est encore aujourd'hui dans le commerce; et alors, la redevance est maintenue par l'art. 2 de la loi du 17 juillet 1793.

» Ou la concession a pour objet un droit que les lois nouvelles ont aboli; et dans ce cas, l'abolition du droit concédé emporte nécessairement l'abolition de la redevance qui formait le prix de la concession.

» Ou enfin, la concession embrassait à la fois des fonds de terre et des droits actuellement abolis; et dans cette troisième hypothèse, la redevance n'est ni entièrement supprimée ni entièrement maintenue; elle est sujette à réduction.

» Sur ces deux derniers points, il existe, comme vous le savez, une disposition formelle dans l'art. 38 du tit. 2 de la loi du 15 mars 1790 : « Les preneurs à rente d'aucuns droits abolis, » ne pourront demander qu'une réduction proportionnelle des redevances dont ils sont chargés, lorsque les baux contiendront, outre les » droits abolis, des bâtimens, immeubles ou » autres droits dont la propriété est conservée...; » et dans le cas où les baux à rente ne comprendraient que des droits abolis, les preneurs » seront..., déchargés des rentes ».

» D'après ces données, il est évident, et que la redevance dont il est ici question, est abolie par nos lois nouvelles, si, dans la stipulation qui l'a créée, il est entré quelque caractère ou mélange de féodalité; et que, dans le cas où il ne serait entré rien de semblable dans la stipulation constitutive de cette redevance, elle devrait du moins être réduite, si elle était à la fois le prix de deux choses distinctes, d'une concession de propriété foncière, et d'une concession de droit féodal.

» Ainsi, deux questions à examiner. La redevance dont il s'agit, a-t-elle été constituée sans caractère ni mélange de féodalité? C'est la première. A-t-elle été constituée pour prix d'un droit féodal, en même temps que pour prix d'une propriété foncière? C'est la seconde.

» Sur la première question, nous n'avons à consulter que l'acte de 1750, qualifié de *bail emphytéotique*; et toute la difficulté consiste à savoir si cet acte est effectivement une emphythéose, ou si ce n'est pas un bail à cens.

» Nous n'avons pas besoin de prouver que la solution de cette difficulté n'est pas dans la dénomination que les parties ont donnée à l'acte même. Il est de principe que la nature des contrats se détermine, non par les qualifications qu'il a plu aux parties contractantes de leur donner, mais par la substance des clauses qu'ils renferment. Ainsi, l'on aurait qualifié de bail à cens l'acte de concession de 1750, qu'il

(1) V. l'article *Rente foncière*, §. 13 et 14.

(2) V. l'article *Locatairie perpétuelle*, §. 1.

n'en serait pas moins une emphythéose, si véritablement il en avait le caractère. Et réciproquement en vain l'aura-t-on qualifié d'emphythéose; si dans la réalité, on n'y trouve qu'un bail à cens, c'est comme un bail à cens que nous devons le considérer.

Quelle différence y a-t-il en général entre un bail à cens et un bail emphythéotique? « Elle » consiste principalement (répond Boutaric, » dans son *Traité des droits seigneuriaux*, » page 2), en ce qu'on ne peut bailler à cens » qu'un fonds que l'on possède noble; au lieu » que, pour bailler un fonds à titre d'emphy- » téose, il suffit de le posséder en franc-alleu » et indépendant de toute seigneurie directe, » quoique d'ailleurs rural et sujet au payement » des tailles, la roture n'ayant rien d'incom- » patible avec l'allodialité et l'indépendance. » — L'essence et le fond de ces deux contrats » (ajoute l'annotateur de Boutaric), sont ab- » solument les mêmes, puisque l'un et l'autre » sont également un contrat par lequel il n'y » a que le domaine utile qui soit aliéné, tandis » que la dominité directe reste au bailleur, » avec une rente qui lui est payée en recon- » naissance de la directité. Le contrat est donc » spécifiquement le même; et la différence ne » vient que des biens qui font le sujet de l'un » et de l'autre. Le bail à cens est le bail d'un » fonds noble et féodal; au lieu que le bail » emphytéotique est celui d'un fonds qui est » tenu en roture ».

» Ajoutons que le franc-alleu *noble*, c'est-à-dire, décoré des titres de seigneurie et de justice, peut aussi bien être donné en emphytéose que le franc-alleu *roturier*, c'est-à-dire, dénué de justice et de seigneurie. Ni Boutaric ni son annotateur ne le disent, mais cela se sent de soi-même.

» Ajoutons encore que, si un seigneur de fief donnait en emphytéose une partie quelconque de son domaine féodal, sa concession ne serait pas une emphytéose proprement dite, mais un véritable bail à cens. C'est ce qu'établit Hervé dans sa *Théorie des matières féodales*, tome 2, page 329 : *L'emphytéose à perpétuité*, dit-il, *est ou un vrai bail à cens, ou un vrai bail à rente, suivant que le bailleur est ou seigneur de fief, ou simple propriétaire de censives.*

» On sent, en effet, que le bail à cens est la seule voie par laquelle un feudataire puisse arroturer une partie de son fief, c'est-à-dire, en concéder la propriété utile, et s'en réserver la propriété directe; car il est impossible que la propriété directe qu'il se réserve, ne soit pas de nature féodale; et il est également impossible que la redevance récognitive de cette propriété directe et féodale réservée, ne soit pas un cens.

» Par la raison inverse, il ne peut appartenir qu'au possesseur d'un franc-alleu, de le bailler en emphytéose, c'est-à-dire, d'en transférer le domaine utile, et d'en retenir un domaine direct qui n'ait aucun caractère de seigneurie féodale.

» Et ceci nous explique pourquoi Argou, dans ses *Institutions au droit français*, tome 2, page 305, édition de 1771, dit que, dans la plupart des pays de droit écrit, on confond l'emphytéose avec le bail à cens; pourquoi Fonmaur, dans son *Traité des lods et ventes*, n. 120, dit pareillement que, dans les pays de droit écrit, *il n'y a point de véritable emphytéose, mais seulement des baux à cens, comme dans la France coutumière*; pourquoi Boutaric, page 528, dit que les auteurs des pays de droit écrit *se servent de bail à cens et de bail emphytéotique, comme de deux expressions synonymes.*

» C'est que ces auteurs parlent du bail emphytéotique fait par un seigneur de fief; c'est que, dans le temps où ils écrivaient, les francs-alleus étaient très-rares, et qu'ils appliquaient ce qu'ils disaient du bail emphytéotique, aux biens qui en étaient l'objet le plus habituel, c'est-à-dire, aux biens féodaux qu'un seigneur détachait par cette voie du gros de son fief, et dont, par cette même voie, il faisait nécessairement des censives.

» Il est donc bien clair que, si Jean-Philippe Anthès qui, en 1750, a concédé en emphytéose un terrain propre à la construction d'un moulin à eau, ne possédait pas ce terrain en franc-alleu, il n'a fait et n'a pu faire, par cette concession, qu'un véritable acensement; et que la redevance stipulée par ce bail, n'est pas emphytéotique, mais censuelle.

» Or, est-ce en franc-alleu, est-ce en fief, qu'il possédait ce terrain, avant de le concéder? Il le possédait comme partie intégrante de sa seigneurie de Nambsheim; il n'aurait donc pu le concéder en franc-alleu, qu'autant que sa seigneurie de Nambsheim fût pour lui de nature allodiale.

» Etait-elle, en effet, de cette nature? Dans la requête en cassation, l'affirmative est articulée comme constante; mais le demandeur n'en rapporte aucune preuve; il n'en est même pas fait la plus légère mention dans le contrat d'acquisition de 1738, qui est sous vos yeux.

» A la vérité, dans les pays de droit écrit, et notamment dans la ci-devant Alsace, l'allodialité se présumait de droit; mais à l'égard de quels biens? A l'égard des biens qui n'avaient point de justice, et qu'on appelait francs-alleus *roturiers*. Il en était autrement à l'égard des francs-alleus qualifiés de *nobles*. La justice dont ils étaient décorés, ne pouvait être qu'une émanation, un emprunt de la puissance publique. Elle ne pouvait, par conséquent, être possédée que par concession de souverain ; et cette concession, il fallait la prouver ; sinon, l'on était censé la tenir en fief.

» C'est ce qu'a décidé, entre autres, l'arrêt célèbre du 22 mai 1677, rendu sur la fameuse contestation à laquelle nous devons les deux traités ou plutôt les deux mémoires de Galland et de Caseneuve sur le franc-alleu du Languedoc : Il déclare que le franc-alleu roturier est naturel et d'origine dans cette contrée ; mais *à l'égard du franc-alleu noble, il veut que tous ceux qui prétendront tenir et posséder terres et seigneuries en franc-alleu, soient tenus de le justifier par bons et valables titres..... ; et faute de justifier...., seront.... réputées.... lesdites terres et seigneuries en foi et hommage de S. M.*

» Le même principe a été implicitement consacré par trois autres arrêts des 4 juillet 1693 et 6 février 1694, qui, en déclarant le franc-alleu naturel dans le ci-devant duché de Bourgogne, dans la coutume de Troyes et dans celle de Chaumont, ont expressément restreint cette décision au franc-alleu roturier.

» Ce n'est donc pas en franc-alleu, c'est au contraire à titre de fief, que le cit. Anthès doit être censé avoir possédé en 1750 sa seigneurie de Nambsheim.

» Et de là résulte nécessairement la conséquence, que ce n'est pas une emphytéose, mais un bail à cens qui a été fait en 1750 ; que ce n'est pas une redevance emphytéotique, mais une rente censuelle, qui a été constituée par cet acte ; qu'enfin, la suppression de cette redevance est prononcée par l'art. 1.er de la loi du 17 juillet 1793.

» Mais allons plus loin : supposons que la seigneurie de Nambsheim ait formé, dans la main du cit. Anthès, un véritable franc-alleu ; et voyons où nous conduira cette hypothèse.

» Dans cette hypothèse, sans doute, l'auteur du bail de 1750 a été le maître de concéder le terrain qui en est l'objet, à titre d'emphytéose proprement dite.

» Mais il a pu aussi le concéder à cens ; car il est universellement reconnu qu'avant l'abolition du régime féodal, le propriétaire d'un franc-alleu noble pouvait, par une concession, le convertir en censive ou même en fief.

» Or, que vous dit-on pour prouver que Jean-François Anthès n'a pas concédé à cens, mais en emphythéose, le terrain dont il s'agit ?

» On vous dit que, dans le bail de 1750, il est stipulé qu'en cas d'aliénation, il ne sera point dû de lods au bailleur.

» Mais le droit de lods n'est point de l'*essence* du bail à cens, il est seulement placé au rang des attributs *naturels* de ce contrat ; et tout le monde convient qu'il peut exister des censives, comme en effet il en existe un très-grand nombre qui, par stipulation ou par coutume locale, sont affranchies de ce droit.

» Et la preuve que, par l'acte de 1750, Jean-François Anthès a entendu faire un vrai bail à cens, c'est qu'il s'y est réservé le droit de prélation ou de retrait, non tel qu'il avait lieu, d'après les lois romaines, dans l'emphytéose, mais tel qu'il avait lieu dans nos coutumes et dans nos pays de droit écrit, à l'égard des censives proprement dites.

» Nous disons d'abord qu'il s'est réservé le droit de prélation ou de retrait ; et cela résulte de la combinaison de deux clauses du bail de 1750. — Par l'une, Jean-François Anthès limite au preneur et à ses héritiers en ligne directe seulement, la concession qu'il lui fait. — Par l'autre, il stipule qu'*à chaque mutation, les nouveaux emphytéotes obtiendront l'agrément du seigneur direct, comme aussi dans le cas d'aliénation.* — Si l'agrément du seigneur direct était nécessaire pour donner effet aux actes par lesquels l'emphytéote et ses descendans seraient dans le cas de disposer de leur domaine utile, bien évidemment le seigneur direct pouvait, par le refus de son agrément, empêcher l'effet de ces actes. Et comment pouvait-il l'empêcher ? en retirant le domaine utile sur l'acquéreur, en reprenant pour lui-même le marché de ce dernier, en exerçant un véritable droit de prélation ou de retrait.

» Et la preuve que c'est là ce qu'on a entendu stipuler dans le bail de 1750, c'est 1.° qu'à la fin de l'acte, il est dit que *seront en outre observés... les droits usités en cette province pour les emphytéoses,* droits au nombre desquels était bien constamment celui de prélation, pour l'exercice duquel l'usage de la ci-devant Alsace accordait quatre mois au seigneur direct ; c'est 2.° que, dans le fait, le bail de 1750 a été exécuté dans ce sens : témoin l'adjudication par décret de 1777, qui porte, comme nous l'avons déjà remarqué, que l'*adjudicataire ne pourra se dire propriétaire dudit domaine utile, qu'en obtenant l'agrément du seigneur direct, et qu'autant que ledit seigneur ne voudra pas user de son droit de préférence dans les quatre mois, à compter du jour que la vente lui aura été notifiée.*

» Nous disons, en second lieu, que le droit de prélation réservé par Jean-François Anthès, n'a rien de commun avec le droit de prélation que le droit romain accorde au bailleur de l'emphytéose ; et cela est d'une évidence palpable.

» La loi 2, C. *de jure emphyteutico*, veut que l'emphytéote, ayant pris la résolution de vendre son domaine utile, en avertisse le bailleur avant d'effectuer la vente qu'il a en vue, et lui donne connaissance du prix qu'on lui en offre, afin que celui-ci le reprenne pour le même prix, si cela est à sa convenance; qu'ensuite; il attende pendant deux mois la détermination du bailleur; que les deux mois écoulés, il puisse vendre irrévocablement; mais que, s'il vend sans ces préalables, il soit déchu de son emphytéose, qui, par ce moyen, retourne dans la main du bailleur par droit de commise. — Dans le bail de 1750 au contraire, et dans le décret du 17 juillet 1777 qui en renferme à la fois le commentaire et l'exécution, le preneur est autorisé à vendre sans prévenir le bailleur; et celui-ci a quatre mois, après la vente consommée, pour exercer son droit de prélation.

» Or, c'est précisément là ce qui justifie notre troisième proposition, que le droit de prélation est stipulé dans le bail de 1750, tel qu'il a lieu à l'égard des censives : « le droit de prélation » en matière féodale (dit Salvaing, chap. 21), » est différent de celui que la loi de Justinien » donne pour l'emphytéose, en ce que le féodal » n'a lieu qu'après la vente parfaite et consom» mée, d'où vient qu'il est appelé par les cou» tumes *retrait*, et, au contraire, l'emphy» téotique a lieu dès que l'emphytéote se dispose » de vendre, et avant que la vente soit accom» plie; parce qu'après la consommation de la » vente, si le propriétaire direct n'y a consenti, » le droit de prélation fait place au droit de » commise ».

» Mais ce qui prouve encore mieux que, dans le bail de 1750, c'est un droit de prélation véritablement censuel que Jean-François Anthès s'est réservé, c'est qu'il se l'est expressément réservé comme *seigneur direct*.

» Et qu'on ne dise pas que ces mots *seigneur direct* peuvent aussi bien s'appliquer à un bailleur en emphytéose, qu'à un bailleur à cens.

» Sans contredit, le mot *direct* convient à l'un comme à l'autre, puisque l'un retient, aussi bien que l'autre, la propriété directe du domaine concédé.

» Mais quand à ce mot se trouve joint celui de *seigneur*, et quand surtout celui qui emploie ces deux expressions, se trouve, de fait, *seigneur* et même *seigneur haut-justicier*, il est impossible que ces deux expressions ne désignent pas un bailleur à cens; il est impossible que l'acte fait par ce bailleur, ne soit pas un contrat de cens; il est impossible que la redevance stipulée par cet acte, ne soit pas un cens.

» Ainsi, non-seulement il est prouvé, dans le droit, que Jean-François Anthès n'aurait pas pu concéder le terrain dont il est question en pure emphytéose; non-seulement il suit de là qu'il n'a pu le concéder qu'à cens; mais, dans le fait, il est démontré, par les propres termes du bail, que c'est réellement à cens qu'il l'a concédé, et qu'en le concédant à ce titre, il s'y est réservé un droit de retrait essentiellement seigneurial.

» Il y a donc double raison pour que l'abolition prononcée par l'art. 1 de la loi du 17 juillet 1793, s'applique à la rente stipulée par le bail de 1750. Elle s'y applique, parce que cette rente est un véritable cens, elle s'y applique encore, parce que, quand même cette rente serait vraiment emphytéotique ou foncière, elle se trouverait toujours mélangée avec un droit tenant à la féodalité.

» Mais allons plus loin encore, et abordant notre deuxième question, qui pourtant devient absolument surabondante, examinons si, dans la supposition que la redevance dont il s'agit, soit purement foncière, qu'elle ait été constituée sans mélange de droits féodaux, elle n'est pas du moins soumise à la réduction ordonnée par l'art. 38 du tit. 2 de la loi du 15 mars 1790. Ou, en d'autres termes, examinons si, dans cette hypothèse, assurément bien gratuite, cette redevance n'est pas abolie, comme ayant été créée pour prix d'un droit féodal, en même temps que pour prix d'une propriété foncière.

» Un point de fait que le jugement attaqué constate d'une manière irréfragable, et que le cit. Anthès ne conteste même pas, c'est que, dans la ci-devant Alsace, comme dans presque toute la France, le droit de cours d'eau était seigneurial, avant la révolution; et que, par suite, nul ne pouvait bâtir un moulin sur une rivière dépendante d'une seigneurie, sans la permission de celui à qui cette seigneurie était réputée appartenir.

» A ce point de fait, vient se joindre un point de droit qui est également marqué au coin de l'évidence: c'est que les redevances, moyennant lesquelles les ci-devant seigneurs avaient, antérieurement à la révolution, autorisé les particuliers à construire des moulins à eau, ont été abolies par nos lois nouvelles.

» A la vérité, l'art. 7 de la loi du 19 septembre 1790 avait *sursis à prononcer sur les droits dont les moulins à eau pouvaient être grevés, jusqu'au moment où il serait statué par une loi générale sur la propriété des rivières et cours d'eau.*

» A la vérité, cette loi générale, dont plusieurs comités de l'assemblée constituante s'occupaient alors, n'a été faite, ni par cette assemblée, ni par les législatures qui l'ont suivie.

» Et il semblerait, par conséquent, que le sursis prononcé le 19 septembre 1790, durât encore.

» Mais faisons bien attention à deux choses : La première, que les ci-devant seigneurs n'étaient considérés, comme propriétaires des petites rivières et cours d'eau, qu'en leur qualité de hauts ou moyens justiciers, et qu'ils ont été irrévocablement dépouillés de cette propriété, ainsi que de tous les droits qui en dérivaient, par la loi du 13 avril 1791, dont l'art. 16, tit. 1.er, abolit généralement tous les droits dépendans de la justice seigneuriale; la seconde que l'art. 1.er de la loi du 17 juillet 1793 supprime, sans ménagement, comme sans distinction, tous les droits ci-devant féodaux qui avaient été conservés, soit par provision, soit définitivement, par les lois antérieures.

» Et s'il est vrai, comme on n'en peut douter, que les redevances constituées pour permission de bâtir des moulins à eau, ont été supprimées par la première de ces deux lois; si, comme on peut en douter encore moins, il est vrai qu'elles auraient été supprimées par la seconde, dans le cas où elles eussent pu survivre à la première, il est évident que le sursis porté par la loi du 19 septembre 1790, ne subsiste plus.

» Donc, si le preneur de la prétendue emphytéose de 1750 eût été, à cette époque, propriétaire du fonds sur lequel il a construit un moulin, et que, pour obtenir du seigneur de Nambsheim la permission sans laquelle cette construction lui aurait été impossible, il eût constitué une redevance au profit de ce seigneur, nul doute qu'il ne fût aujourd'hui déchargé de cette redevance.

» Mais ce prétendu emphytéote n'avait point d'emplacement pour bâtir son moulin, et le seigneur de Nambsheim lui en a concédé un.

» La redevance constituée par le bail de 1750, a donc évidemment deux causes : la concession de l'emplacement du moulin, et la concession de la faculté de construire le moulin même.

» Si donc le bail de 1750 n'est pas un bail à cens, s'il peut être considéré comme un bail à rente, du moins c'est un bail à rente qui comprend à la fois et un droit seigneurial maintenant aboli et une propriété foncière. Il est donc, dans cette supposition, soumis à la première partie de l'art. 38 du tit. 2 de la loi du 15 mars 1790. La redevance qu'il établit, est donc, dans cette supposition, sujette à la réduction ordonnée par cet article. Il a donc été, dans cette supposition, bien jugé par le tribunal d'appel de Colmar.

» Mais, dit le demandeur, le bail de 1750 ne présente aucune trace de concession du droit de cours d'eau; il ne présente que la concession d'un moulin à construire. A la vérité, le moulin ne pouvait pas tourner sans eau, mais que résulte-t-il de là? Une seule chose : c'est que les objets concédés forment un tout indivisible. On ne peut donc pas, dans le bail de 1750, séparer le droit de cours d'eau, d'avec l'emplacement du moulin.

» Oui, sans doute les objets concédés formaient, à l'époque de la concession, un tout inséparable. C'était l'effet de la jurisprudence d'alors qui rendait inutile la concession de l'emplacement du moulin, sans la concession du droit de cours d'eau. Mais de là même il suit nécessairement que le droit de cours d'eau a été concédé en même temps que l'emplacement du moulin. Qu'il l'ait été en termes exprès ou implicitement, il importe peu. Le fait est que le moulin ne pouvait pas tourner sans eau; la concession de l'emplacement du moulin a donc, par la force des choses, renfermé la concession du droit de cours d'eau. Qui veut la fin, veut les moyens.

» Et puisque l'abolition du régime féodal a fait sortir le droit de cours d'eau de la propriété du ci-devant seigneur, puisque, par là, le droit de cours d'eau est devenu le patrimoine de tout propriétaire de fonds adjacens aux rivières, il est évident que l'indivisibilité qui existait à l'époque du bail de 1750, n'existe plus aujourd'hui; il est évident qu'aujourd'hui la rente constituée par le bail de 1750, se trouve dénuée de cause, en tant qu'elle est représentative du droit de cours d'eau; il est évident qu'en tant qu'elle représente le droit de cours d'eau, elle est abolie sans indemnité.

» Pour rendre la chose plus sensible encore, supposons que, dans la ci-devant Alsace où le droit de débiter du sel était réservé aux seigneurs, et à ceux à qui ils voulaient bien en permettre l'exercice, un seigneur ait concédé à un particulier, moyennant une redevance annuelle, un emplacement pour y bâtir une maison dans laquelle il pourrait établir une boutique de sel. A coup sûr, dans le principe de la concession, cette redevance était considérée comme le prix, non-seulement du terrain propre à la construction d'un édifice, mais encore du droit de débit de sel; et ce terrain et ce droit de débit formaient, dans l'intention du concédant, comme dans celle du concessionnaire, un tout indivisible. Mais la révolution ayant anéanti, dans la main du seigneur, le droit exclusif qu'il avait de vendre du sel, qu'est devenue la redevance? Sans contredit, elle a subsisté, en tant qu'elle était représentative du terrain sur lequel a été élevée la boutique; mais elle a certainement été abolie, en tant qu'elle était représentative de la permission de vendre du sel.

» Autre exemple : vous savez que, dans la coutume de Péronne, Roye et Montdidier, le *droit de vent* était seigneurial; et qu'en conséquence, il n'était permis qu'aux seigneurs de bâtir des moulins à vent dans l'étendue de leurs fiefs. Souvent néanmoins les seigneurs se départaient de ce droit exclusif, moyennant des redevances annuelles; et souvent aussi ils préféraient à la concession expresse ou tacite de ce droit, soit celle d'un fonds pour y ériger un moulin, soit celle d'un moulin tout construit. — Eh bien! de quel œil verrait-on aujourd'hui un ci-devant seigneur exiger la redevance entière qu'il a stipulée en concédant, ou un moulin tout bâti, ou un terrain propre à en bâtir un ? Assurément il ne serait pas écouté, et on réduirait sa redevance proportionnellement à la valeur intrinsèque du fonds qu'il a concédé. Pourquoi cela ? parce que le droit de vent qu'il a compris dans sa concession, n'existe plus ; parce qu'à cet égard, la redevance n'a plus de cause ; parce que la loi du 15 mars 1790 ne maintient les rentes foncières, créées pour concession d'objets conservés et de droits abolis, que jusqu'à concurrence de la valeur relative des objets conservés.

» Dira-t-on, pour éluder ces argumens, qu'il n'est pas prouvé, dans notre espèce, que le droit de cours d'eau ait été compris dans le bail prétendu emphytéotique de 1750 ?

» Mais bien évidemment il y a été compris, il l'a même été nécessairement, si le cit. Anthès avait le droit exclusif de bâtir des moulins sur les eaux qui servent au roulement de celui dont il est ici question ; il y a été compris, et il l'a été nécessairement, si le preneur n'a pas pu, en vertu de la seule concession d'un terrain adjacent à ces eaux, y ériger un moulin et le mettre en mouvement, sans une permission spéciale du cit. Anthès.

» Or, que la permission spéciale du cit. Anthès ait été, d'après la jurisprudence de la ci-devant Alsace, indispensablement nécessaire au preneur, pour élever et faire tourner son moulin, c'est, nous l'avons déjà dit, un fait qui est irréfragablement constaté, tant par le jugement du tribunal de première instance, que par celui du tribunal d'appel ; c'est un fait, par conséquent, dont vous ne pouvez pas être juges.

» Vainement, d'ailleurs, vient-on dire que le cit. Anthès ne pouvait pas, comme seigneur, avoir le droit exclusif de cours d'eau dans un canal qui tirait ses eaux du Rhin.

» Cette objection, que le cit. Anthès n'a pas osé proposer devant les juges de Colmar, qui connaissaient les localités, peut faire un moment illusion ; mais, examinée de près, elle s'évanouit d'elle-même.

» Le cit. Anthès avait certainement le droit exclusif de cours d'eau dans le canal dont il s'agit, si ce canal ne pouvait pas être assimilé à une rivière navigable : car, dans la ci-devant Alsace, comme dans presque toute la France, les rivières non-navigables appartenaient aux seigneurs avant 1789 ; et dans la ci-devant Alsace, comme dans la France entière, les seules rivières navigables appartenaient, comme elles appartiennent encore, à l'Etat.

» Or, sous quel aspect le canal sur lequel était construit le moulin des héritiers Ulsass, aurait-il pu être assimilé à une rivière navigable ? Il aurait fallu pour cela qu'il fût navigable en effet ; et rien ne prouve, rien n'annonce, rien même ne permet de soupçonner, qu'il l'ait jamais été.

» Qu'on dise, tant que l'on voudra, que les rivières rendues navigables par artifice, cessaient, par cela seul, d'exister sous la police des seigneurs, et passaient sous celle du gouvernement. Toujours demeurera-t-il constant que le canal dont il est ici question, n'a jamais cessé, avant 1789, d'être sous la police du cit. Anthès, puisqu'avant cette époque, il n'a jamais été rendu navigable.

» Et ce qui prouve bien que ce canal n'était pas, avant 1789, considéré comme une rivière navigable ; ce qui prouve bien qu'avant 1789, le cit. Anthès y avait exclusivement le droit de cours d'eau, c'est que, pour y bâtir le moulin dont jouissent aujourd'hui les héritiers Ulsass, il n'a pas fallu d'autre permission que celle du cit. Anthès ; tandis qu'aux termes des art. 42 et 43 du tit. 27 de l'ordonnance de 1669, celle du gouvernement aurait été nécessaire, si ce canal eût été réputé appartenir à l'Etat.

» Inutile, au surplus, de rechercher comment les auteurs du cit. Anthès avaient pu parvenir à faire dériver dans ce canal une partie des eaux du Rhin.

» Il n'était pas extraordinaire, avant 1789, de voir des seigneurs jouir, sur des rivières navigables, soit du droit exclusif de prise d'eau, soit du droit exclusif de pêche, soit du droit exclusif d'y bâtir des moulins.

» Les rivières navigables n'étaient pas et ne pouvaient pas être plus à l'abri des atteintes de la féodalité que les rivages de la mer, qui, dans tous les temps, ont été considérés comme appartenans à l'Etat. Or, l'art. 9 du tit. 3 du liv. 5 de l'ordonnance de la marine de 1681 maintient, et dans le droit de lever certaines rétributions, soit sur les parcs ou pêcheries, soit sur les pêches qui se font en mer ou sur les grèves, et dans le droit exclusif de pêcher dans une certaine étendue de mer, les seigneurs qui, ou en représenteront des titres de concession en bonne forme, ou prouveront par des aveux et dénombremens reçus avant 1544, en avoir toujours joui. Et, précédemment, un arrêt du parlement de Toulouse, du 14 août 1628, rapporté par d'Olive, liv. 2, chap. 3, avait confirmé la possession immémoriale dans laquelle était le seigneur de Perinhan, de prendre le douzième de toutes les pêches qui se faisaient dans la mer à laquelle sa terre était contiguë. Précédemment encore, un arrêt du parlement de Bordeaux, qui est cité par Latouloubre (*Jurisprudence féodale*, tit. 4, n. 7), avait maintenu le duc d'Epernon dans le droit de prendre le long de sa seigneurie, l'ambre gris que la mer jetait sur ses bords.

» Nous n'avons même pas besoin, à cet égard, d'argumenter par analogie, de la mer aux rivières navigables. L'art. 41 du tit. 27 de l'ordonnance de 1669, tout en déclarant que les rivières navigables appartiennent à l'Etat, réserve expressément aux particuliers *les droits de pêche, moulins, bacs et autres usages qu'ils peuvent y avoir par titres et possession valables*. Et la déclaration du mois de décembre 1693, interprétative de cette disposition, prouve bien clairement que ces droits pouvaient être possédés à titre de fief par des particuliers, puisqu'elle maintient et confirme, moyennant une légère finance, *les seigneurs particuliers dans la perception des censives, portant lods et ventes, et des rentes seigneuriales.... qu'ils ont accoutumé de prendre sur aucuns desdits droits*.

» Dans le fait, nous voyons, par le contrat d'acquisition du cit. Anthès, de 1738, que ses auteurs, en leur qualité de seigneurs de Nambsheim, jouissaient, à cette époque, et qu'ils lui ont fait le transport, d'un droit de pêche sur le Rhin. Ils pouvaient donc bien aussi jouir, en la même qualité, du droit de faire des prises d'eau dans ce fleuve. L'un et l'autre droit avait pu leur être inféodé par les anciens souverains d'Alsace; et le gouvernement français a pu ou les y confirmer ou les en laisser jouir, tant qu'il n'en est point résulté d'inconvénient pour le public; mais tant qu'ils en ont joui, ils n'en ont joui que comme seigneurs. Ainsi, de même que, si le cit. Anthès avait, en 1750, acensé ou arrenté aux auteurs des héritiers Ulsass son droit de pêche sur le Rhin, il ne pourrait plus aujourd'hui se faire payer la redevance réservée par sa concession; de même aussi, ayant, en 1750, acensé ou arrenté son droit exclusif sur les eaux dérivées du Rhin par le moyen d'un canal, il ne peut plus exiger la rente qui a formé originairement le prix de son bail.

» Mais, dit le cit. Anthès, ce n'est pas seulement à faire rouler le moulin de Nambsheim, que servent les eaux de ce canal : elles font encore tourner les moulins situés dans trois à quatre communes. Elles ne formaient donc pas pour moi une propriété féodale, puisque, si j'en avais été propriétaire, je l'aurais été exclusivement.

» Quel raisonnement, C. M. ! Sans doute les eaux de ce canal ne pouvaient pas, en 1750, être considérées comme une propriété féodale dans la main du cit. Anthès, lorsqu'elles étaient sorties du territoire de sa seigneurie. Mais tant qu'elles coulaient dans son domaine seigneurial, il en était réputé propriétaire par droit de fief, comme tout ci-devant seigneur alsacien était, par droit de fief, réputé propriétaire des rivières non-navigables coulant dans sa seigneurie, quoique, une fois sorties de sa seigneurie, elles passassent dans la propriété féodale des seigneurs voisins.

» Enfin, dit encore le cit. Anthès, la redevance stipulée par l'acte de 1750, ne peut pas être considérée comme seigneuriale, parce que cet acte n'emporte pas aliénation absolue des objets dont elle est le prix, parce qu'à cette redevance, doivent s'appliquer les jugemens par lesquels vous et la section des requêtes avez décidé, les 29 thermidor an 10 et 10 brumaire dernier, que la loi du 17 juillet 1793 n'a pas anéanti les rentes stipulées, même avec la qualification de *féodales*, par des emphytéoses temporaires et par des engagemens.

» Mais quelle différence entre une emphytéose temporaire et un engagement, d'une part, et l'espèce d'aliénation que contient le bail de 1750, de l'autre !

» Par l'emphytéose temporaire, le bailleur n'abandonne pas sa propriété; il n'en cède que la jouissance, soit pour un temps fixe, soit pour une ou plusieurs vies déterminées, et par conséquent pour un temps qui doit certainement expirer. Par l'engagement, le bailleur ne fait que ce qu'on appelle en droit une *antichrèse;* il donne au créancier qui lui prête une somme d'argent, les fruits de son fonds à percevoir en compensation des intérêts de cette somme; mais il retient le domaine de ce fonds; il n'en aliène ni la partie utile ni la partie directe.

» Par le bail de 1750, au contraire, le cit. Anthès a transporté aux auteurs des héritiers Ulsass la propriété utile du moulin qui est l'objet de cet acte, et du journal de terre sur lequel il est bâti; il la leur a transportée, non pour un temps fixe, non pour une ou plusieurs vies déterminées, mais pour toujours, mais *à titre d'emphytéose perpétuelle :* ce sont les propres termes du bail.

» A la vérité, ce transport est résoluble dans un cas prévu par l'acte, dans le cas où la postérité, soit masculine, soit féminine, du concessionnaire viendrait à s'éteindre. Mais que peut-on inférer de là ? De ce qu'une propriété peut être résolue, en cas que telle condition purement éventuelle arrive, s'ensuit-il qu'elle n'existe point tant que la condition n'est pas arrivée ? et la seule possibilité d'un événement résolutoire doit-elle faire, dès aujourd'hui, considérer comme non-propriétaire, celui qui peut être exproprié par cet événement ? non, très-certainement non.

» Les lois romaines, vous le savez, ont mis une très-grande différence entre les conditions suspensives et les conditions résolutoires. Les conditions suspensives empêchent, tant qu'elles sont en suspens, l'effet du contrat auquel elles ont été apposées; mais les conditions résolutoires lui laissent tout son effet présent; et, lorsqu'elles arrivent, elles ne l'anéantissent que pour l'avenir; ou, comme le dit Pothier (*Traité des obligations, n.* 224), *elles sont apposées, non pour suspendre l'obligation jusqu'à leur accomplissement, mais pour la faire cesser, lorsqu'elles s'accomplissent : une obligation contractée sous une condition résolutoire, est donc parfaite dès l'instant du contrat.*

» Et dans le fait, on n'a jamais osé prétendre qu'un acquéreur sous faculté de réméré, ne fût pas propriétaire, sous le prétexte qu'il pouvait être exproprié par l'exercice de cette faculté de la part du vendeur. On n'a jamais osé prétendre qu'un donataire entre-vifs ne fût pas propriétaire, sous le prétexte qu'il pouvait être exproprié par la survenance d'enfans au donateur. On n'a jamais osé prétendre que les ci-devant fiefs d'Alsace n'appartinssent pas réellement et en toute propriété à leurs possesseurs, sous le prétexte qu'à défaut de postérité masculine de ceux-ci, ils devaient retourner au suzerain, conformément aux règles consignées dans le livre *de usibus feudorum*, et maintenues dans cette contrée par une déclaration du 26 février 1697, et par un arrêt du conseil du 11 juin suivant. On n'a jamais osé prétendre que les fiefs qualifiés de *duchés*, n'appartinssent pas réellement et en toute propriété, aux ci-devant *ducs*, sous le prétexte qu'aux termes de l'édit du mois de juillet 1566, ils étaient réversibles au domaine de l'Etat, à défaut de descendans mâles de ceux en faveur desquels des fiefs avaient été élevés à cette dignité.

» Disons donc que, par le bail de 1750, le concessionnaire a été pleinement investi de la propriété utile du moulin possédé aujourd'hui par les héritiers Ulsass. Disons, par une suite nécessaire, que la rente réservée par ce bail, en reconnaissance de la *seigneurie directe* du cit. Anthès, est une redevance véritablement féodale, comme étaient véritablement féodaux les droits que devaient à leur suzerain les ci-devant fiefs d'Alsace, comme étaient véritablement féodaux les droits que les ci-devant duchés devaient au roi. — Disons enfin, par une conséquence ultérieure et non moins irrésistible, que la rente réservée par le bail de 1750, est abolie par la loi du 17 juillet 1793, comme l'ont été tous les droits féodaux dont étaient ci-devant grevés les fiefs d'Alsace et les duchés.

» Par ces considérations, nous estimons qu'il y a lieu de rejeter la requête du demandeur, et de le condamner à l'amende ».

Ces conclusions ont été adoptées par arrêt du 12 nivôse an 12, au rapport de M. Rousseau,

« Attendu, sur le premier moyen, qu'aucune loi ne défend à celui qui a exercé la fonction de juge en première instance, de porter la parole comme chargé du ministère public dans un siége supérieur, s'il est appelé à ces fonctions; qu'il ne paraît pas d'ailleurs qu'il y ait eu de réclamation à ce sujet de la part du demandeur;

» Attendu, sur le second moyen, qu'il conste en fait que le moulin dont il s'agit, est situé dans la ci-devant justice et fief du cit. Anthès; qu'il résulte du bail, qu'il est fait à perpétuité, moyennant une redevance qui se trouve imposée sur l'héritage, et portable au château; que l'exemption de lods et ventes, en cas d'aliénation, n'est exprimée au contrat que par forme de convention particulière;

» Qu'il y est encore stipulé que les preneurs ne pourront vendre sans l'agrément du *seigneur direct*, et qu'en outre, pour les cas non exprimés dans l'acte, les droits usités dans la province, pour les emphytéoses, seront observés;

» Que, dans un acte postérieur, le droit de prélation est même spécialement réservé; ce qui constitue bien la rétention de la directe;

» Que, quoique l'acte d'aliénation soit résoluble dans un cas prévu, on ne peut l'assimiler à ceux qui ne comportent avec eux qu'une jouissance précaire, révocable à volonté ou à une époque fixe;

» Que cette limitation de l'emphytéose au profit des preneurs et de leur postérité en ligne directe, n'altérait en rien la pleine propriété qui leur était transmise à toujours par le bail; qu'ainsi, il n'y a aucune conséquence à tirer dans la cause, du principe que la suppression des redevances féodales ne profite qu'aux véritables propriétaires;

» Attendu enfin, qu'il est constaté, tant par le premier tribunal que par celui d'appel, que le droit de cours d'eau en Alsace était féodal; qu'il n'a pas même été allégué devant les premiers juges, que le canal servant à faire tourner le moulin, fût navigable et hors la propriété seigneuriale du cit. Anthès; qu'ainsi, les juges n'ont dû s'occuper d'aucune question relative à ce fait;

» Qu'il suit de ces différentes circonstances, qu'ils ont pu considérer la redevance comme féodale, et en prononcer la suppression, en ce qui touchait la valeur qu'elle prenait du cours d'eau servant au moulin, sans contrevenir aux lois sur l'abolition des rentes et droits féodaux ».

§. II. *Est-ce à l'autorité administrative ou au pouvoir judiciaire, qu'il appartient de statuer sur les demandes en dommages-intérêts formées par les propriétaires de fonds contigus à une rivière non-navigable ni flottable, contre le propriétaire d'un moulin bâti sur cette rivière, à raison des inondations qu'il cause dans leurs héritages, à raison de la trop grande élévation à laquelle il tient les eaux?*

V. l'article *Pouvoir judiciaire*, §. 10.

MUNDAT DE WISSEMBOURG (STATUT DE). *V.* l'article *Wissembourg.*

MUNICIPALITÉ. *V.* les articles *Commune, Maire, Préfet* et *Tribunal de police*, §. 4.

MUTATION. — §. I. *Fallait-il, sous l'empire de la loi du 5 décembre 1790, que la mutation de propriété fût constatée par acte, ou suffisait-il qu'elle fût certaine, pour donner ouverture au droit d'enregistrement?*

Sur cette question, présentée le 12 brumaire an 9, à la section des requêtes de la cour de cassation, par la régie de l'enregistrement, j'ai prononcé les conclusions suivantes :

« Le jugement du tribunal civil du département de la Vienne, du 25 pluviôse an 8, dont la régie de l'enregistrement demande la cassation, a-t-il fait une juste application de l'art. 18 de la loi du 5 décembre 1790? Ou n'a-t-il pas, au contraire, violé l'art. 11 de la même loi, ainsi que l'art. 11 de la loi du 29 septembre-9 octobre 1791? C'est ce que vous avez à décider.

» Dans le fait, le 1.er décembre 1792, Victor Arnaut et ses sœurs, ont procédé, par-devant notaire, au partage de biens qui leur étaient communs par indivis.

» Ils n'ont pas déclaré dans l'acte, d'où leur venaient ces biens; mais comme leur père était mort, et que leur mère était encore vivante, il était naturel de penser qu'ils leur provenaient de la succession paternelle; c'est sans doute à quoi ils s'attendaient de la part de la régie de l'enregistrement, et c'est en effet ce qui est arrivé : car l'acte a été enregistré purement, simplement, et sans réserve de la part du receveur.

» La mère, comme nous venons de le dire, vivait encore à cette époque; il est même articulé au procès qu'elle existe encore aujourd'hui. Mais un fait bien constant, bien prouvé par les rôles de la contribution foncière, ainsi que par d'autres actes, c'est que, parmi les biens compris dans le partage de 1792, il s'en trouvait notamment un (le domaine de Tartifane), dont cette femme était encore propriétaire en 1791.

» Comment avait-elle cessé de l'être? Comment avait-elle transmis sa propriété à ses enfans? Comment avait-elle mis ses enfans à portée de partager entre eux ce bien, comme le leur propre? C'est ce qu'on ne voit par aucun acte public, et ce qui prouve, par conséquent, que l'on s'était pour cela contenté d'un acte quelconque sous seing-privé.

» Mais cet acte contenant mutation d'immeuble, était, suivant le receveur, assujetti par l'art. 11 de la loi du 5 décembre 1790, à l'enregistrement dans les six mois de sa date, sous peine du double droit.

» Et comme cette formalité n'était pas encore remplie le 11 brumaire an 7, époque où le receveur venait de découvrir les preuves du fait que le domaine de Tartifane appartenait encore à la mère de Victor Arnaut en 1791, contrainte a été décernée contre celui-ci, en payement de 320 francs pour le droit simple, et de pareille somme pour le droit en sus de l'acte recélé en vertu duquel il avait succédé à la propriété de sa mère.

» Victor Arnaut a formé opposition à cette contrainte, et a prétendu que la prescription de cinq ans, établie par l'art. 18 de la loi du 5 décembre 1790, avait couru en sa faveur, depuis le partage du 1.er décembre 1792. Il a conclu de là que la régie était non-recevable dans ses poursuites.

» Le tribunal civil de la Vienne est parti de ce motif pour décharger Victor Arnaut; il s'est en outre fondé sur ce que la régie ne rapportait pas l'acte à raison duquel elle exigeait un double droit de mutation.

» Il n'est pas difficile de détruire le premier de ces motifs.

» Assurément, ce n'est point le partage du 1.er décembre 1792 qui a transféré à Victor Arnaut la propriété du domaine de Tartifane. Le partage, par sa nature, n'est point attributif de droits nouveaux, il ne fait que déclarer les droits déjà existans de chacun des co-partageans. Ce n'est donc point par le partage du 1.er décembre 1792 qu'ont été ouverts les droits réclamés par la régie de l'enregistrement; et dès-là, il n'y a ni raison ni prétexte qui puisse faire prendre cet acte pour le point de départ de la prescription que l'on oppose à cette administration.

» Remarquons en effet que c'est *à compter du jour de l'ouverture des droits*, que l'art. 18 de la loi du 5 décembre 1790 fait courir la prescription qu'elle établit. Si donc ce n'est point le partage de 1792 qui a donné ouverture aux droits dont il s'agit; si, au contraire, comme on n'en peut douter, ces droits avaient été ouverts par un acte antérieur, contenant transmission de la propriété de la mère sur la tête du fils, il est clair que ce n'est point au partage de 1792 que l'on doit s'arrêter pour juger s'il y a prescription, mais que l'on doit remonter à l'acte antérieur; or, l'acte antérieur est sous seing-privé, et même encore inconnu; il ne peut donc, d'après la disposition expresse de l'art. 11 de la loi du 29 septembre-9 octobre 1791, être opposé pour preuve de prescription contre la demande des droits ouverts par la mutation qu'il a opérée.

» Il y a plus : quand le partage du 1.er décembre 1792 serait le titre constitutif de la propriété de Victor Arnaut, c'est-à-dire, quand la mère y serait intervenue pour abandonner à son fils, à titre de démission ou autrement, son domaine de Tartifane, dans ce cas là même il n'y aurait pas encore lieu à la prescription établie par l'art. 18 de la loi du 5 décembre 1790, et c'est une vérité facile à saisir.

» Que porte cet article ? *Toute contravention pour omission, ou insuffisance d'évaluation dans les déclarations des héritiers, légataires et donataires éventuels, sera prescrite après le laps de trois années. Enfin, toute demande de droits résultans des successions directes ou collatérales, pour raison de biens meubles ou immeubles, réels ou fictifs, échus en propriété ou en usufruit par testament, dons éventuels ou autrement, sera prescrite après le laps de cinq années, à compter du jour de l'ouverture des droits.*

» Ces dispositions, comme vous le voyez, C. M., sont uniquement relatives aux mutations qui s'opèrent par décès; elles n'ont nul rapport aux mutations du genre de celle qui a tranféré sur la tête de Victor Arnaut la propriété du domaine de Tartifane, puisque la mère de Victor Arnaut vivait encore, lorsqu'elle a cessé d'être propriétaire de ce domaine, et que son fils l'est devenu à sa place.

» Ainsi paraît, dans tout son jour, la fausseté de l'application que le jugement du tribunal de la Vienne a faite aux poursuites de la régie contre Victor Arnaut, de l'art. 18 de la loi du 5 décembre 1790.

» Mais si, par là, se trouve détruit le premier motif de ce jugement, il n'en reste pas moins à examiner le second; car si le second motif est bien fondé, il doit évidemment suffire pour valider le jugement.

» Ce second motif est que la régie ne rapporte pas l'acte en vertu duquel elle prétend que s'est opérée la mutation dont elle demande le double droit.

» La régie répond à cela que le fait de la mutation étant démontré, le rapport de l'acte qui l'a établie, devient inutile; que d'ailleurs vouloir assujettir la régie à représenter un titre qui n'a été passé sous seing-privé que pour demeurer secret et frauder les droits du trésor public, c'est vouloir, en d'autres termes, que les précautions prises par la loi pour réprimer la fraude, soient illusoires; c'est dire qu'on peut violer la loi impunément, et disposer sans faire connaître son titre; enfin, qu'il suffit de tenir le titre secret pour le soustraire au droit d'enregistrement.

» Cette réponse de la régie serait péremptoire, s'il s'agissait ici d'une mutation opérée, soit après la loi du 9 vendémiaire an 6, soit après celle du 22 frimaire an 7. Car l'art. 33 de l'une et l'art. 12 de l'autre ont posé pour règle que « la mutation d'un immeuble en propriété ou » usufruit, sera suffisamment établie pour la » demande du droit d'enregistrement contre » le nouveau possesseur, soit par l'inscription » de son nom au rôle de la contribution fon» cière et des payemens par lui faits d'après ce » rôle, soit par des baux passés, ou enfin par » des transactions ou autres actes constatant sa » propriété ou son usufruit ».

» Par là se trouve prévu et suffisamment écarté pour l'avenir, l'inconvénient que la régie relève avec raison dans le second motif du jugement du tribunal de la Vienne. Mais, ni la loi du 9 vendémiaire an 6, ni celle du 22 frimaire an 7, ne peuvent s'appliquer à une mutation qui s'est opérée depuis huit à neuf ans, c'est à dire, de 1791 à 1792; aussi l'art. 73 de cette dernière loi déclare-t-il, en abrogeant *pour l'avenir* toutes les lois précédemment rendues sur le droit d'enregistrement, qu'elles continueront d'être exécutées à l'égard des actes faits et des mutations par décès effectuées auparavant.

» Or, ni la loi du 5 décembre 1790, ni aucune autre antérieure à l'époque où Victor Arnaut a fait acte de propriétaire du domaine de Tartifane, ne contiennent de disposition semblable à celle des lois des 9 vendémiaire an 6 et 22 frimaire an 7, que nous venons de rappeler.

» Il ne suffit pas, suivant la loi du 5 décembre 1790, qu'une mutation de propriété soit certaine, pour qu'il y ait ouverture au droit d'enregistrement; il faut encore, ou qu'il soit prouvé que cette mutation a été opérée par mort, ou que l'acte en vertu duquel elle a eu lieu, soit représenté, et se trouve dans les cas précisés par la loi elle-même. Tout cela résulte de l'art. 2 de la loi du 5 décembre 1790, que la régie invoque cependant pour établir le contraire.

» Cet article porte : *Les actes des notaires et les exploits des huissiers seront assujettis, dans toute l'étendue de la France, à un enregistrement, pour assurer leur existence, et constater leur date. — Les actes judiciaires seront soumis à la même formalité, soit sur la minute, soit sur l'expédition.... — Les actes passés sous signature privée, y seront pareillement sujets dans les cas prévus par l'art. 11. — Enfin, le titre de toute propriété ou usufruit de biens immeubles réels ou fictifs, sera de même enregistré. — A défaut d'actes en forme ou sous signature privée, contenant translation de nouvelle propriété, il sera fait enregistrement de la déclaration que les propriétaires et les usufruitiers seront tenus de fournir, de la consistance et de la valeur de ces immeubles, soit qu'ils les aient recueillis par succession ou autrement, en vertu des lois et coutumes, ou par l'échéance des conditions attachées aux dispositions éventuelles.*

» Cet article, comme l'on voit, détermine en général quels sont les cas où il y a lieu à l'enregistrement.

» Il suppose, il énonce même, en parlant des mutations de propriété, qui se font autrement que par mort, qu'il en existe des titres, et ce sont ces titres qu'il soumet à la formalité qui est l'objet de la loi. Il suppose donc que ces titres sont représentés.

» Il annonce ensuite qu'il va s'occuper des translations de propriété qui se font sans acte écrit; et de la manière dont il s'explique d'abord à ce sujet, il semble qu'il va les comprendre toutes dans la disposition qu'il prépare. Mais par le fait, cette disposition se trouve limitée aux mutations de propriété qui ont lieu sans le ministère de l'homme, c'est-à-dire, ou par succession, ou par l'effet d'une loi ou coutume, ou par l'échéance des conditions attachées aux dispositions éventuelles, telles qu'étaient les substitutions encore en usage à l'époque de cette loi. — A l'égard des mutations de propriété qui exigent le ministère de l'homme, mais qui s'opèrent par des actes tenus secrets, ou même verbalement, il n'en est question, ni dans cette partie de la loi, ni dans aucune autre.

» Ce n'est pas avec plus de raison, que la régie a invoqué dans cette affaire, l'art. 11 de la même loi. Cet article est ainsi conçu : « Tout acte privé » qui contiendra mutation d'immeubles, sera » sujet à la formalité dans les six mois qui sui- » vront le jour de sa date; passé lequel délai, » si un acte de cette nature est produit en jus- » tice, ou énoncé dans un acte authentique, il » sera assujetti au payement du double droit. » — Les inventaires, à l'exception de ceux de » commerce entre associés, les traités de mariage » et les actes portant transmission de propriété » ou d'usufruit des biens immeubles, lorsqu'ils » seront passés sous signature privée, ne pour- » ront recevoir la formalité après le délai de six » mois expiré, qu'en payant pareillement deux » fois la somme des droits ».

» Cet article n'est ni obscur ni équivoque : il exige bien que tout acte sous seing-privé, portant mutation de propriété, soit enregistré dans les six mois; mais quelle est la peine dont il punit la désobéissance à sa disposition ? C'est que, les six mois expirés, l'acte sous seing-privé, qui contient la transmission d'un immeuble, ne peut plus être produit en justice, ni énoncé dans un acte authentique, sans donner ouverture à un double droit. Mais si la personne au profit de laquelle cet acte a été passé, ne le produit point en justice, et si elle n'en fait faire mention dans aucun acte authentique, elle ne sera sujette à aucune poursuite de la part de la régie; elle en sera quitte pour les risques que sa confiance dans un pareil titre, lui fera courir.

» Par ces considérations, nous estimons qu'il y a lieu de rejeter la requête de la régie de l'enregistrement ».

Arrêt du 21 brumaire an 9, sur délibéré, au rapport de M. Poriquet, qui adopte ces conclusions,

« Attendu que toute demande en payement de droits doit être fondée sur la disposition précise et textuelle de la loi;

» Attendu que les lois en vigueur à l'époque du 1.er décembre 1792, date du partage dont la métairie de Tartifane a fait partie, en assujettissant au payement du double droit les actes sous seing-privé, contenant mutation d'immeubles réels dans les six mois de leur date, lorsque, passé ce délai, ils seraient produits en justice, ou énoncés dans un acte authentique, n'a pas prévu le cas où lesdits actes ne seraient ni représentés dans les six mois, ni produits en justice, ou énoncés dans un acte authentique après ce délai;

» Attendu que la loi du 9 vendémiaire an 6 est la première qui, réparant cette omission, ait disposé, art. 33, que *la mutation d'un immeuble en propriété ou en usufruit, sera suffisamment établie*, RELATIVEMENT A LA DEMANDE DES DROITS, *soit par des payemens faits d'après les rôles de la contribution foncière, soit par des baux passés par le nouveau possesseur, soit enfin par des transactions ou autres actes, qui constateront sa propriété ou jouissance;*

» Attendu enfin que ce serait donner à cette loi un effet rétroactif, que d'en faire l'application à une mutation antérieure au 1.er décembre 1792 ».

La question s'est représentée à la section civile le 4 messidor an 9, entre la régie de l'enregistrement, demanderesse en cassation d'un jugement du tribunal civil du département de la Haute-Saône, du 27 floréal an 8, d'une part, Charles-François Billardet et Marie-Thérèse Salins, sa femme, de l'autre.

« Le jugement qui vous est dénoncé (ai-je dit, en concluant sur cette affaire), renferme quatre dispositions que la régie attaque successivement. Voici quel est l'objet de la première :

» Charles-François Billardet s'était rendu adjudicataire au district de Gray, les 1.er, 5 et 6 juin 1792, 24 brumaire et 3 frimaire an 3, de soixante-dix-sept *faux* et un tiers de pré nationaux.

» Ces immeubles se sont ensuite trouvés dans la succession de Charles-Henri Salins, beau-frère de Billardet, laquelle paraît s'être ouverte à la fin de l'an 4 ou au commencement de l'an 5.

» Comment se sont-ils trouvés dans cette succession ? Comment Charles-Henri Salins était-il devenu propriétaire de biens dont Billardet s'était rendu seul acquéreur ? Comment, en un mot, Billardet avait-il transféré sa propriété à son beau-frère ? C'est ce qu'on ne voit par aucun acte public, et ce qui prouve, par conséquent, que l'on s'était, pour cela, contenté d'un acte quelconque sous seing-privé.

» Mais cet acte contenant mutation d'immeubles, était, suivant la régie, assujetti par l'art. 11 de la loi du 5 décembre 1790, à l'enregistrement dans les six mois de sa date, sous peine du double droit.

» Et comme cette formalité n'était pas même encore remplie le 13 pluviôse an 8, la régie s'est, à cette époque, pourvue contre le cit. Billardet pour le faire condamner au payement de 964 fr. pour le droit simple, et de pareille somme pour le droit en sus de l'acte recélé, en vertu duquel feu Charles-Henri Salins avait succédé à la propriété de son beau-frère.

» Le tribunal civil de la Haute-Saône a rejeté cette demande, et il s'est fondé sur ce que la régie ne rapportait pas l'acte au moyen duquel elle soutenait s'être opérée la mutation dont elle réclamait le double droit.

» La régie prétend que cette disposition du jugement doit être cassée, parce que le fait de la mutation étant démontré, le rapport de l'acte qui l'a établie, devient inutile; que vouloir assujettir la régie à représenter un acte qui n'a été passé sous seing privé que pour demeurer secret et frauder les droits du trésor public, c'est vouloir, en d'autres termes, que les précautions prises par la loi pour réprimer la fraude, soient illusoires; c'est dire qu'on peut violer la loi impunément et disposer, aliener, sans faire connaître son titre; enfin, qu'il suffit de tenir le titre secret, pour l'affranchir de l'enregistrement.

» Ces observations de la régie seraient péremptoires, s'il s'agissait ici d'une mutation opérée, soit après la loi du 9 vendémiaire an 6, soit après celle du 22 frimaire an 7. — Car l'art. 32 de l'une, et l'art. 12 de l'autre ont posé pour règle que « la mutation d'un » immeuble en propriété ou usufruit, sera » suffisamment établie pour la demande du » droit d'enregistement contre le nouveau pos- » sesseur, soit par l'inscription de son nom au » rôle de la contribution foncière et des paye- » mens par lui faits d'après ce rôle, soit par des » baux par lui passés, ou enfin par des transac- » tions ou autres actes constatant sa propriété » ou son usufruit ».

» Par là se trouve prévu et suffisamment écarté, *pour l'avenir*, l'inconvénient que la régie relève avec raison dans les motifs du jugement attaqué. Mais ni la loi du 9 vendémiaire an 6, ni celle du 22 frimaire an 7, ne peuvent s'appliquer à une mutation qui s'est opérée de 1792 à l'an 4; aussi l'art. 73 de cette dernière loi déclare-t-il, en abrogeant *pour l'avenir* toutes les lois précédemment rendues sur le droit d'enregistrement, qu'elles continueront d'être exécutées à l'égard des actes faits et des mutations par décès effectués auparavant.

» Or, ni la loi du 5 décembre 1790, ni aucune autre antérieure à l'époque où Charles-Henri Salins a fait acte de propriétaire des soixante-dix-sept faux et un tiers de prés dont il s'agit, ne contiennent de disposition semblable à celle des 9 vendémiaire an 6 et 22 frimaire an 7, que nous venons de rappeler....

» Au surplus, C. M., la question n'est pas nouvelle, et ce n'est pas la première fois qu'elle se présente au tribunal de cassation....

» Il ne peut donc y avoir aucune difficulté à rejeter pareillement ici le recours des régisseurs contre la première disposition du jugement attaqué ».

Arrêt du 4 messidor an 9, au rapport de M. Lombard-Quincieux, qui adopte implicitement ces conclusions, en ne cassant le jugement du 27 floréal an 8, qu'en ce qu'il avoit décidé contre la régie une autre question tout-à-fait étrangère à celle-ci.

Tous les juges ont, en opinant, rejeté le moyen de cassation que la régie proposait contre la première disposition du jugement du tribunal civil de la Haute-Saône..

Remarquez au surplus que, dans ces deux espèces, il était constant que les mutations dont la régie demandait le droit, étaient postérieures à la loi du 5 décembre 1790; et qu'on n'aurait pas pu juger de même dans le cas contraire, du moins pour les pays qui, avant la loi du 5 décembre 1790, étaient assujettis aux droits de contrôle et de centième denier. *V.* le *Répertoire de jurisprudence*, aux mots *Enregistrement (droit d')*, §. 23; et le supplément qui termine le tome 13 de la 3.e édition, aux mêmes mots.

§. II. *Peut-on appliquer aux partages les présomptions légales établies pour l'ouverture des droits d'enregistrement, par l'art.* 33 *de la loi du* 9 *vendémiaire an* 6 *et par l'art.* 4 *de la loi du* 27 *ventôse an* 9 ?

Cette question a été présentée à la cour de cassation, section civile, le 14 messidor an 9, par les sieurs Coustard et Champagné, maris d'Anne et Marie Patry.

Dans le fait, Anne et Marie Patry avaient recueilli en l'an 3, la succession d'Anne Cadot, leur mère.

Le 1.er messidor de la même année, leurs maris avaient fait au bureau de l'enregistrement de Château-Gontier, la déclaration de la consistance et de la valeur des biens qui leur étaient dévolus par cette succession; et ils y avaient énoncé qu'elles jouissaient de ces biens en commun et par indivis.

Comme elles avaient chacune des enfans émigrés, elles ont été obligées, pour soustraire la totalité de la succession au séquestre dont elle aurait dû être frappée, d'après la loi du 17 frimaire an 2, d'entrer en partage avec l'État et de lui abandonner les parts déterminées par la loi du 9 floréal an 3.

Il a été pris à ce sujet deux arrêtés par l'administration centrale du département de la Mayenne : le premier, pour Anne Patry, le 11 fructidor an 6; le second pour Marie Patry, le 11 brumaire an 7.

Dans les états que Marie et Anne Patry avaient respectivement présentés à cette administration, pour procéder aux deux partages, il était dit que chacune d'elles jouissait séparément des biens qui s'y trouvaient détaillés.

De là résultait évidemment la preuve que l'indivision énoncée dans la déclaration du 1.er messidor an 3, avait cessé; et comme elle n'avait pu cesser que par un partage, soit verbal, soit écrit, la régie a prétendu que ce partage était soumis, par la loi du 9 vendémiaire an 6, à un droit d'enregistrement calculé à raison d'un demi pour cent de la valeur des biens partagés.

Et le tribunal civil de la Mayenne l'a ainsi jugé le 3 vendémiaire an 8.

Son jugement a été attaqué par les sieurs Coustard et Champagné.

« Ce jugement (ai-je dit en concluant sur cette affaire), serait peut-être soutenable, s'il s'agissait ici d'un partage fait postérieurement à la publication de la loi du 9 vendémiaire an 6; car alors, on pourrait, avec quelque apparence de fondement, prétendre que l'art. 33 de cette loi devrait y recevoir son application.

» Mais le partage dont il est question, a certainement été fait avant la loi du 9 vendémiaire an 6, puisque la régie elle-même, pour prouver que les demandeurs ne jouissent plus en commun des biens d'Anne Cadot, produit des extraits de rôle et des baux qui font remonter à l'an 5 et au 5 vendémiaire an 6, les actes qu'ils ont respectivement faits de leur jouissance séparée.

» Or, la régie de l'enregistrement peut-elle, sans représenter le partage même, sans indiquer au moins le dépôt où il peut se trouver, en exiger le droit d'enregistrement?

» Cette question, C. M., n'est pas nouvelle pour vous : elle s'est présentée à votre audience du 4 de ce mois, sur un recours exercé contre un jugement du tribunal civil de Haute-Saône; et vous l'avez jugée au désavantage de la régie, quoique, dans une espèce où il était question d'une mutation proprement dite, et non d'un partage toujours infiniment plus favorable (1).

» En nous référant donc aux moyens que notre ministère nous a obligés alors de faire valoir contre la régie, nous estimons qu'il y a lieu de casser et annuller le jugement du 3 vendémiaire an 8; remettre les parties au même état où elles étaient avant qu'il fût rendu; les renvoyer, pour le jugement du fond, devant le tribunal de première instance le plus voisin; ordonner que l'amende consignée par les demandeurs leur sera restituée, et qu'à notre diligence, le jugement à intervenir sera imprimé et transcrit sur les registres du tribunal de la Mayenne ».

Ces conclusions ont été adoptées par arrêt du 14 messidor an 8, au rapport de M. Vergès; mais il n'a pas été motivé dans sa rédaction, sur le moyen que j'avais proposé; la cour de cassation a cru devoir trancher la question principale sur laquelle j'avais pensé qu'il était inutile de m'expliquer. Voici ce que porte l'arrêt :

« Vu l'art. 33 de la loi du 9 vendémiaire an 6...;

» Considérant que la preuve légale établie par cet article, pour autoriser la perception des droits d'enregistrement, s'applique uniquement au cas de mutation d'immeubles en propriété ou usufruit;

» Que le législateur, en faisant mention de mutation, n'a eu en vue que les contrats translatifs de propriété ou d'usufruit qui opèrent cette mutation, tels que les ventes, les échanges, les donations et autres actes de la même nature;

» Que néanmoins, le tribunal dont le jugement est attaqué, a déclaré, en vertu de cet article, et d'après la preuve légale qui y est établie, qu'il existait un acte de partage entre les demandeurs en cassation, et les a obligés à représenter cet acte pour en payer les droits.

» Que, par cette décision, ce tribunal a confondu les contrats de partage entre les cohéritiers et les contrats de mutation, quoique la loi ne parle que de ces derniers contrats, dont l'effet est bien différent des premiers;

» Que, s'il est constant, d'une part, qu'il est de l'essence des contrats contenant mutation, de transférer la propriété ou l'usufruit, il est aussi constant, d'un autre côté, que l'essence des actes de partage n'est pas de transférer la propriété dont les héritiers co-partageans sont déjà investis par indivis, mais seulement de déterminer la portion de propriété de chacun, en faisant cesser l'indivision;

» Que conséquemment, le tribunal dont le jugement est attaqué, a fait une fausse application de l'article cité, et commis un excès de pouvoir en l'étendant à une espèce différente, qui devait être réglée par des principes différens;

» Le tribunal casse et annulle le jugement... ».

(1) *V.* ci-devant, §. 1.

§. III. *Le décès de l'un des époux opère-t-il mutation au profit de l'autre, relativement à un bien qu'ils ont acheté ensemble pour appartenir à celui des deux qui survivrait à l'autre? — En conséquence, le survivant doit-il une déclaration à la régie et un droit proportionnel d'enregistrement pour la moitié de ce bien?*

Le tribunal civil du département du Rhône ayant décidé négativement cette question en faveur de la veuve Jusserand, le 7 nivôse an 8, la régie de l'enregistrement s'est pourvue en cassation contre son jugement; et la cause portée à la section civile, le 11 germinal an 9, j'y ai donné les conclusions suivantes:

« La veuve Jusserand a-t-elle été valablement déchargée par le jugement que vous dénonce la régie, du droit de mutation qui était prétendu contre elle à raison d'un domaine acquis en 1777, pendant la communauté d'entre elle et son mari, et dont la propriété lui est demeurée par le décès de ce dernier? — Telle est la question que cette affaire offre à votre examen.

» Il n'y aurait aucune ombre de doute sur le bien jugé de cette décision, si le domaine dont il s'agit, eût été acheté par la veuve Jusserand seule et en son seul nom.

» Il n'y en aurait pas davantage sur son mal jugé, si le mari eût acheté ce domaine pour lui seul, et en eût fait donation à son épouse, en cas qu'elle le survécût.

» Mais la question ne se présente ni dans l'une ni dans l'autre espèce; et ce qui en fait la difficulté, c'est que le mari et la femme ont acheté le domaine POUR EUX, *les leurs, leurs amis élus ou à élire en tout ou partie,* ET POUR LE SURVIVANT DE L'UN D'EUX.

» Le tribunal du Rhône a conclu de là que, « si, par le décès du mari, la veuve Jusserand » était devenue propriétaire de ce domaine, » ce n'était point par l'effet de la libéralité du » défunt; mais uniquement par l'effet de la » stipulation qui, dès l'instant où il avait été » arrêté, avait assuré la propriété au survivant » des deux acquéreurs; qu'ainsi, il ne s'était pas » opéré de mutation en faveur de la veuve Jusserand par le décès de son mari; que, par » conséquent, elle ne devait aucun droit; et » qu'on ne pouvait pas lui appliquer les dispositions de la loi du 5 décembre 1790, qui » exigent des déclarations de la part des héritiers, légataires et autres successeurs ».

» Le tribunal civil du Rhône a donc jugé que la veuve Jusserand ne devait rien, parce qu'elle n'avait rien acquis de nouveau par la mort de son mari.

» Et dans l'exacte vérité, toute la question porte sur ce seul point: *y a-t-il ou n'y a-t-il pas eu mutation par le décès de Jusserand?*

» S'il y a eu mutation, point de doute qu'il ne soit dû par la veuve un droit proportionnel d'enregistrement.

» L'art. 2 de la loi du 5 décembre 1790 porte en effet qu'en cas de *translation de nouvelle propriété*, opérée sans acte en forme ou sous signature privée, c'est-à-dire, par le seul effet de la loi, ou d'une disposition éventuelle antérieure, *il sera fait enregistrement de la déclaration que les (nouveaux) propriétaires seront tenus de fournir de la consistance et de la valeur des immeubles, soit qu'ils les aient recueillis par succession ou autrement, en vertu des lois ou coutumes,* OU PAR L'ÉCHÉANCE DES CONDITIONS ATTACHÉES AUX DISPOSITIONS ÉVENTUELLES.

» L'art. 12 fixe le délai dans lequel ces déclarations doivent être fournies par les héritiers, légataires et *donataires éventuels.*

» Et le tarif annexé à la loi, détermine le droit proportionnel qui doit être payé pour l'enregistrement de ces mêmes déclarations.

» Mais si le décès de Jusserand n'a pas opéré une *translation de nouvelle propriété;* si c'est directement et immédiatement par le contrat d'acquisition de 1777, et non par l'échéance d'une condition attachée à une disposition éventuelle, que la veuve Jusserand est devenue propriétaire de la part de son mari dans le domaine dont il est question; en un mot, si la veuve Jusserand ne possède pas cette part comme *donataire éventuelle,* nul doute que la régie ne soit mal fondée dans sa prétention, nul doute que le tribunal civil du Rhône n'ait bien jugé.

» Ainsi, encore une fois, *y a-t-il eu mutation en faveur de la veuve Jusserand, par le décès de son mari?* La question est là, elle est là toute entière, et elle n'est que là.

» Pour la résoudre, il est un grand principe qu'il ne faut pas perdre de vue: c'est que deux personnes ne peuvent pas être solidairement propriétaires d'une même chose (1).

» Sans doute, une chose peut appartenir par indivis à deux personnes; mais elle n'appartient pas pour cela en totalité à chacune des deux; chacune des deux n'en a que la moitié indivise.

» Ainsi, quand un mari et une femme acquièrent ensemble un immeuble, ils en deviennent, sans contredit, co-propriétaires; mais ils ne le sont chacun que pour une moitié; et il est impossible, quelques stipulations qu'ils

(1) *Plures eandem rem in solidum possidere non possunt; contrà naturam quippe est ut cùm ego aliquid teneo, tu quoque id tenere videaris.... Non magis enim eadem possessio apud duos esse potest, quàm ut tu stare videaris in eo loco in quo ego sto; vel in quo ego sedeo, tu quoque sedere videaris.* Loi 3, §. 5, D. *de acquirendâ vel amittendâ possessione. V.* Voët, sur le même titre, n. 5.

emploient, que la propriété solidaire réside à la fois sur la tête de l'un et sur la tête de l'autre.

» La veuve Jusserand n'a donc pas été, elle n'a donc pas pu être saisie, par le contrat d'acquisition de 1777, de la totalité du domaine qui était l'objet de ce contrat. Elle n'a pu alors en devenir, et elle n'en est réellement devenue propriétaire que pour moitié.

» Et comme la condition du mari était, par le contrat même, entièrement assimilée à celle de la femme, puisqu'il y est énoncé en toutes lettres, qu'ils acquièrent POUR EUX, il est clair que ce que nous venons de dire de la femme, s'applique absolument au mari.

» Il est clair par conséquent que le mari a été, par le contrat d'acquisition, saisi de la moitié du domaine de Saint-Cyr, et que la propriété de cette moitié a résidé sur sa tête, tant qu'il a vécu.

» Mais tout en résidant sur sa tête, cette propriété était frappée d'une disposition éventuelle qui pouvait la faire passer sur celle de son épouse; car il est dit dans le contrat que les époux acquièrent, non-seulement *pour eux*, mais aussi *pour le survivant de l'un d'eux*. Ainsi, l'un des époux venant à décéder, le survivant devenait propriétaire de la part qu'il avait eue dans le domaine, et il le devenait en vertu d'une clause du contrat même.

» Est-ce une raison pour dire que la propriété de la part du défunt est passée au survivant, sans qu'il y ait eu mutation de l'un à l'autre?

» Est-ce une raison pour dire que le survivant succède dans cette part, non à son époux prédécédé, mais au vendeur?

» Est-ce une raison pour dire qu'il a reçu cette part directement et immédiatement des mains du vendeur, et non de celles de son époux prédécédé?

» C'est comme si l'on prétendait que, dans une substitution fidéicommissaire, le substitué recevait directement des mains du substituant, et non de celles du grevé.

» C'est comme si l'on prétendait que la substitution formant le titre en vertu duquel le substitué recueillait le bien, il le recueillait sans qu'il y eût mutation du grevé à lui.

» C'est comme si l'on prétendait que l'art. 56 du tit. 1 de l'ordonnance du mois d'août 1747 n'a jamais fait loi.

» Qu'ont voulu, dans notre espèce, le mari et la femme co-acquéreurs? Ils ont voulu se faire, et ils se sont fait réellement, don mutuel de la part de chacun d'eux dans le domaine qu'ils achetaient. Car il est impossible de donner un autre sens à la clause qui assure la totalité du bien au survivant; et il est si vrai qu'on ne peut pas la considérer sous un autre aspect, que, dans les coutumes de Cambresis et d'Artois, où de pareilles stipulations sont expressément autorisées dans les contrats d'acquisitions, les commentateurs se sont constamment accordés à exiger pour leur validité, le concours des mêmes conditions qui étaient requises pour la validité du don mutuel.

» Or, il est bien constant que le don mutuel (quoiqu'il ne soit sujet, au moment de la rédaction de l'acte qui le stipule, qu'à un droit fixe de 20 sous), engendre un droit proportionnel d'enregistrement à l'époque de son ouverture, par le décès de l'un des époux donateurs; et l'on ne pourrait juger le contraire, sans méconnaître la loi, sans la fouler aux pieds.

» C'est cependant ce qu'a fait le tribunal civil du Rhône, en déchargeant la veuve Jusserand des poursuites de la régie.

» Et par ces considérations, nous estimons qu'il y a lieu de casser et annuller le jugement dont il s'agit; ce faisant, remettre les parties au même état où elles étaient avant ce jugement; et pour leur être fait droit, les renvoyer devant le tribunal le plus voisin ».

Ces conclusions n'ont pas été suivies. Par arrêt du 11 germinal an 9, rendu au rapport de M. Henrion, la requête de la régie de l'enregistrement a été rejetée, « attendu qu'en décidant, comme ils l'ont fait par leur jugement du 7 nivôse an 8, que Catherine Basset, veuve Jusserand, tenait la totalité de la maison de Saint-Cyr, des dispositions de l'acte du 11 septembre 1777, et que, par conséquent, il ne s'était opéré aucune mutation dans la propriété de cet immeuble par le décès dudit Jusserand; les juges du tribunal civil du département du Rhône n'ont fait autre chose que de déterminer le sens, la nature et les effets dudit acte du 11 septembre 1777; en quoi ils n'ont expressément contrevenu à aucune loi ».

Cet arrêt est-il bien d'accord avec les règles qui devaient lui servir de base?

Sans doute, la cassation ne peut pas atteindre l'interprétation des actes, lorsqu'elle ne blesse aucune loi; et c'est ce que j'ai démontré dans un plaidoyer rapporté dans le *Répertoire de jurisprudence*, au mot *société*, sect. 3, §. 3, art. 2.

Mais dans l'espèce ci-dessus rappelée, l'interprétation que le tribunal civil du Rhône avait donnée à l'acte du 11 septembre 1777, heurtait de front le principe consacré par les lois romaines (alors en pleine vigueur dans son ressort), que la propriété ne peut pas résider solidairement sur deux têtes à la fois. Le jugement de ce tribunal devait donc être cassé.

Il se présente cependant deux objections contre cette conséquence.

La première consiste à dire qu'à la vérité (comme le faisait observer M. le procureur-général Daniels, dans ses conclusions du 13 octobre 1815, rapportées aux mots *gains de survie*, §. 3, n. 2.), « le droit romain ne connaît pas cette » espèce de co-propriété qui appartiendrait à » plusieurs solidairement »; mais que (comme l'établissait en même temps ce magistrat, d'après des jurisconsultes Allemands) ce principe admet une exception par rapport à la communauté conjugale, lorsque, par l'effet de la loi ou du contrat de mariage, elle doit être dévolue en entier au survivant des époux.

« Pendant le mariage (disait M. Daniels), on » regarde les deux époux comme propriétaires » solidaires, ou plutôt comme une seule et » même personne; et on définit la propriété » qu'ils ont dans les biens communs, *dominium* » *pluribus in re indivisâ in solidum competens,* » *ut quilibet ejus rei dominium in solidum habeat,* » *sed limitato, per concursum alterius condomini,* » *exercitio* (Hofacker, *principia juris civilis* » *germanici*, tom. 2, §. 909). A défaut de » concurrent, ce qui arrive par le décès de l'un » des époux, la totalité appartient au survivant » (suivant le même jurisconsulte, tom. 1, » §. 463), *non jure successionis.... in partem de-* » *functi, sed consolidati in superstite condominii* ».

Mais 1.° M. Daniels convient lui-même que, nonobstant ce principe exceptionnel, *le fisc, pour exiger les droits d'enregistrement, pourra prétendre qu'il y a mutation, parce qu'au lieu de* DEUX POSSESSEURS, *il n'y en a maintenant* QU'UN SEUL.

2.° Ce principe ne pouvait pas s'appliquer à l'acquisition faite en 1777 par les sieurs et dame Jusserand, qui, domiciliés et mariés dans un pays de droit écrit, n'étaient pas en communauté.

La seconde objection est plus spécieuse : les sieurs et dame Jusserand (peut-on dire) n'avaient pas, il est vrai, acquis solidairement l'immeuble dont il s'agissait; mais en stipulant que le survivant en aurait la propriété intégrale, ils étaient censés avoir voulu que la propriété de cet immeuble ne résidât pour moitié sur la tête de chacun d'eux, que sous la condition qu'elle se résoudrait au décès du premier mourant, et qu'alors, elle fût réputée avoir été fixée tout entière, dès le principe, sur la tête du survivant. Or, l'accomplissement de cette condition résolutoire devait, d'après différentes lois romaines dont on retrouve les dispositions dans l'art. 1179 du Code civil, avoir un effet rétroactif au jour de l'acquisition. Donc le décès du sieur Jusserand n'avait point opéré de mutation au profit de sa veuve.

Cette manière de raisonner peut être admise dans le cas d'une disposition à titre gratuit faite au profit de deux personnes conjointement, sous la condition que, si l'une d'elles vient à mourir avant une époque déterminée, tout le bien donné accroîtra à la survivante, elle peut être admise, disons-nous, à l'effet d'établir qu'une telle disposition n'emporte point la substitution prohibée par l'art. 896 du Code civil (1).

Mais, ou je me trompe fort, ou, malgré cet argument, la régie de l'enregistrement serait fondée, en pareil cas, à exiger un droit de mutation du donataire survivant, pour la part qu'il gagnerait par le prédécès de son co-donataire; et là, en effet, reviendrait la raison de M. Daniels, *qu'au lieu de deux possesseurs, il n'y en a maintenant qu'un seul.*

Aussi a-t-on vu la cour de cassation elle-même, laissant de côté le préjugé résultant de son arrêt du 11 germinal an 9, casser, les 3 nivôse an 13 et 2 septembre 1806, des jugemens en dernier ressort qui avaient décidé qu'un droit d'usufruit réservé par deux époux à leur profit commun et à celui de dernier vivant d'entre eux, n'était sujet à aucun droit de mutation pour la part du prédécédé; et les casser, quoique le prédécédé fût mort à une époque où les règles du droit romain sur l'accroissement de l'usufruit légué ou donné à plusieurs conjointement, étaient encore dans toute leur vigueur (2).

Au surplus, à quoi se réduisait, en dernière analyse, la question que présentait l'affaire sur laquelle a statué l'arrêt du 11 germinal an 9? A savoir si les sieur et dame Jusserand, tout en sous-entendant la condition résolutoire dont nous venons de parler, ne s'étaient pas fait mutuellement donation de la part qu'avait, dans le bien acquis, celui des deux qui survivrait l'autre. Car, s'il y avait donation mutuelle, bien évidemment la loi du 22 frimaire an 7 voulait que le survivant des donataires payât le droit de mutation.

Or, Gabriel, dans ses *Observations détachées sur les coutumes et usages du ressort du parlement de Metz*, tome 1, page 285 et 287, établit très-clairement que, dans ces sortes de cas, il y a toujours donation au profit du survivant des époux, jusqu'à la concurrence de la part qu'il gagne par le prédécès de l'autre. Voici ses termes :

« Quand il y a contrat de mariage contenant la clause ordinaire, que les époux seront communs en tous biens meubles, et conquêts immeubles, pour, arrivant la dissolution, être les biens de la communauté partagés entre le survivant et les enfans ou héritiers du prémourant, s'il n'en a autrement disposé, etc; on demande si les époux peuvent acquérir pour eux, chacun pour moitié en propriété, pour le survivant d'eux

(1) *V.* l'article *Substitution fidéicommissaire*, §. 4.

(2) *V.* le *Répertoire de jurisprudence*, au mot *Enregistrement* (*droit d'*), §. 36.

en usufruit, et apres eux, pour leurs héritiers. Le doute est ancien. D'Abocourt le proposait déjà, fol. 114 et 115. J'ai vu juger par arrêt, que, malgré cette clause insérée dans les contrats d'acquêts, une seconde femme ne pouvait, dans la coutume de l'Evêché, conserver l'usufruit de la moitié de son mari, au préjudice de l'enfant du premier lit. Cette clause contient, en effet, un avantage, à la vérité incertain et dépendant de l'événement, puisque le conjoint remarié peut survivre, et que l'exécution de la clause tournerait, en ce cas à son profit, contre les héritiers de la seconde femme. Mais il n'en est pas moins vrai que, si l'événement rend la stipulation avantageuse à la femme, c'est une espèce de donation, qui, quoique mutuelle, ne peut subsister en tant qu'elle excède la part d'enfant : car je la crois réductible, et non pas nulle.....

» Dans la coutume de Metz et de l'Evêché, où les conjoints acquièrent très-souvent à cette condition, que le survivant jouira de l'acquêt en usufruit, ne peuvent-ils pas aller plus loin, et lui assurer la propriété? La question s'est présentée. Par différens contrats faits par le sieur Lauraux, constatant son mariage, il était dit que les biens acquis appartiendraient, pour le tout et en toute propriété, au survivant. Les Riclot, héritiers de la femme prédécédée, contestèrent l'exécution de ces clauses, et demandèrent la moitié des acquêts, en vertu du contrat de mariage qui avait établi la communauté entre le sieur Lauraux et son épouse. Par arrêt du 12 juillet 1753, jugé que la stipulation était valable dans tous les contrats qui avaient été insinués; mais que contenant une donation mutuelle, elle ne pouvait valoir sans insinuation. Le parlement a donc pensé que ce n'était pas un pur gain de survie, du nombre de ceux à l'égard desquels le défaut d'insinuation n'emporte pas nullité, suivant l'art. 21 de l'édit du mois de février 1731, et l'art. 6 de la déclaration du 17 du même mois; cela posé, j'inclinerais beaucoup à penser que la clause doit être insinuée, lors même qu'elle n'emporte que l'usufruit au profit du survivant, car la donation de l'usufruit d'un immeuble est sujette à l'insinuation ».

§. IV. *Lorsque près d'être dépouillé d'un bien qui lui était propre, un homme parvient à s'y faire maintenir, soit par un nouveau titre, soit autrement, ce bien conserve-t-il, dans ses mains, son ancienne qualité; ou devient-il acquêt, et donne-t-il ouverture à un droit de mutation?*

V. l'article *Propre*, §. 2.

Au surplus, *V.* les articles *Déclaration au bureau de l'enregistrement*, *Enregistrement*, *Prescription*, §. 9; et *Résolution*, §. 2.

NAISSANCE. *V.* les articles *Acte de Naissance*, *Faux*, *Filiation*, *Question d'état*, *Maternité*, *Paternité* et *Vie.*

NANTISSEMENT (PAYS DE). — §. I. 1.° *Dans les inscriptions hypothécaires qui sont prises dans les ci-devant pays de nantissement, pour conserver des hypothèques acquises par réalisation, avant la loi du 11 brumaire an 7, suffit-il de rappeler la date du titre de la créance notariée, ou est-il absolument nécessaire de rappeler la date de l'acte de réalisation de ce titre?*

2.° *La déclaration du roi, du 23 juin 1772, qui a aboli les formalités du nantissement requises dans certaines coutumes pour acquérir hypothèque, avait-elle force de loi en Artois, avant la loi du 11 brumaire an 7?*

La première question, déjà traitée dans le plaidoyer, et jugée par l'arrêt du 4 thermidor an 12, rapportés aux mots *Succession vacante*, §. 1, s'est représentée, avec la seconde, dans l'espèce suivante.

Le 6 juillet 1791, contrat passé devant notaires, à Paris, par lequel le prince Frédéric de Salm-Kyrbourg constitue à la dame Valois de Saint-Remy, une rente viagère de 6000 livres, à laquelle il affecte tous ses biens présens et à venir, et spécialement la terre de Gauchin-Legal, située dans le district de Béthune, département du Pas-de-Calais, ci-devant Artois, avec faculté de prendre hypothèque sur ce bien, par *mise de fait*, *œuvres de loi* et autres actes de *nantissement* autorisés par la coutume.

Le 30 du même mois, la dame de Saint-Remy fait transcrire ce contrat au greffe du tribunal du district de Béthune; et par là, elle supplée, conformément à l'art. 3 de la loi du 27 septembre 1790, aux formalités du *nantissement* que la suppression des justices seigneuriales avait rendues impraticables.

Le 31 décembre de la même année, le sieur Marbais se rend adjudicataire, à l'audience des criées de Paris, de la terre de Gauchin-Legal, moyennant 250,000 livres qu'il s'oblige de payer, dans quatre mois et demi, au prince de Salm-Kyrbourg, et à la charge *de payer et acquitter à l'avenir les rentes, et généralement toutes les autres prestations annuelles, tant en espèces qu'en nature, qui peuvent être dues par les biens, et de faire ensorte que, pour raison tant des arrérages que des capitaux de ces rentes et redevances, le vendeur ne puisse être inquiété ni recherché en façon quelconque.*

Le sieur Marbais ne fait point transcrire son contrat au greffe du tribunal du district de Béthune.

Arrive la loi du 11 brumaire an 7; et sourd à l'avertissement qu'elle lui donne, art. 44, de le faire du moins transcrire au bureau des hypothèques dont elle ordonne l'établissement, il néglige encore ce moyen de consolider son acquisition.

Le 23 prairial an 7, la dame de Saint-Remy prend au bureau des hypothèques de Béthune, une inscription contre les héritiers du prince de Salm-Kyrbourg, *sur tous les biens* par lui délaissés *dans cet arrondissement, pour sûreté d'une créance avec hypothèque générale, de 78,303 livres, résultante d'un acte passé devant Silly et son confrère, notaires à Paris, le 6 juillet 1791.*

Le 15 prairial an 9, la dame de Saint-Remy fait assigner, devant le tribunal de première instance de Paris, les enfans et héritiers du sieur Marbais, dans la personne du sieur Pierrepont, leur beau-père et tuteur, et de la dame Pierrepont, leur mère et tutrice, pour voir dire que le domaine de Gauchin-Legal est hypothéqué à sa rente viagère de 6000 livres; qu'ils seront, en conséquence, condamnés à lui en payer les arrérages échus et à échoir, etc., en restituant tous les fruits perçus depuis leur acquisition.

Le 28 messidor suivant, jugement par défaut qui prononce conformément à cette demande. — Les sieur et dame Pierrepont, en leur qualité, y forment opposition.

Le 22 pluviôse an 10, la dame Pierrepont, mère et tutrice des mineurs Marbais, prend, en leur nom, au bureau des hypothèques de l'arrondissement de Béthune, une inscription contre les héritiers du feu prince de Salm-Kyrbourg, sur le domaine de Gauchin-Legal, *pour sûreté et garantie d'une créance de la somme de 150,000 francs, résultante d'une adjudication faite sur publications volontaires, à l'audience des criées du ci-devant châtelet de Paris, le 31 décembre 1791, faisant, à l'échelle de dépréciation, le montant des sommes payées audit feu prince de Salm, aux termes de l'adjudication susdatée.*

Le 6 prairial suivant, la dame de Saint-Remy prend, au même bureau, contre les mêmes héritiers et sur les mêmes biens, une nouvelle inscription *pour sûreté d'une créance de 108,847 francs..., résultante d'un acte passé devant Silly et son confrère, notaires à Paris, le 6 juillet 1791, et transcrit sur les registres aux transcriptions qui donnent hypothèque, au tribunal du district de Béthune, le 30 du même mois.*

Le 26 fructidor de la même année, jugement du tribunal de première instance du département de la Seine, qui déboute les sieur et dame Pierrepont de leur opposition au jugement par défaut du 28 messidor an 9.

Les sieur et dame Pierrepont appellent de ces deux jugemens, et soutiennent, 1.° que, d'après la législation particulière du ci-devant Artois, la dame de Saint-Remy n'a point acquis d'hypothèque par le seul effet de la passation de son contrat, du 6 juillet 1791, devant notaires; que ce contrat n'est devenu hypothécaire que par la transcription qui en a été faite au greffe du tribunal du district de Béthune, le 20 du même mois; 2.° que l'inscription du 23 prairial an 7 n'a pas conservé à la dame de Saint-Remy l'hypothèque acquise par cette transcription, parce qu'elle n'en rappelle pas le titre constitutif, formalité rigoureusement commandée par l'art. 40 de la loi du 11 brumaire de la même année; qu'elle n'a pas non plus créé une hypothèque nouvelle, parce qu'elle n'est pas accompagnée de la cinquième des conditions prescrites par l'art. 17 de la même loi; 3.° que l'inscription du 6 prairial an 10 est plus régulière, mais qu'elle est neutralisée par celle qui a été prise, au nom des mineurs Marbais, le 22 pluviôse précédent.

Le 1.er fructidor an 11, la cour d'appel de Paris,

« Attendu que l'édit du mois de juin 1771, et la déclaration du 23 juin 1772 (concernant les lettres de ratification) ont été lus, publiés et enregistrés au ci-devant conseil provincial et alors supérieur d'Artois; et qu'en supposant qu'ils n'ayent pas été exécutés dans la province, on ne peut pas se faire un droit d'un abus contraire à une loi;

» Que l'art. 35 de l'édit de 1771 donne naissance à l'hypothèque, à compter du jour d'un contrat passé devant notaires, même pour les biens situés en pays de nantissement;

» Que l'art. 3 de la loi du 27 septembre 1790, en substituant, pour consommer les constitutions d'hypothèques, la transcription des grosses des contrats au greffe, à la place des formalités usitées dans lesdits pays de nantissement, a notamment maintenu ledit art. 35 dans les lieux où l'édit de 1771 et la déclaration de 1772 ont été publiés;

» Que, dans cette situation, la partie de Moreau (la dame de Saint-Remy) avait, dès le 6 juillet 1791, une hypothèque générale sur les biens du prince de Salm, laquelle elle a conservée par sa première inscription conforme à la loi du 11 brumaire an 7, et notamment à son art. 17, §. 3;

» Met l'appellation au néant; ordonne que ce dont est appel sortira son effet ».

Les sieur et dame Pierrepont se pourvoient en cassation, et soutiennent que, par une fausse application de l'édit de juin 1771, et de la déclaration du 23 juin 1772, cet arrêt viole manifestement les art. 17 et 40 de la loi du 11 brumaire an 7.

» Pour bien apprécier ce moyen (ai-je dit à l'audience de la section des requêtes, le 24 floréal an 13), nous devons, avant tout, nous fixer sur deux points importans, et qui sont reconnus implicitement par l'arrêt attaqué : l'un, que l'inscription prise par la dame de Saint-Remy, le 23 prairial an 7, serait nulle, si son contrat du 6 juillet 1791 n'avait pas produit hypothèque par lui-même; l'autre, que la nullité de cette inscription ne serait point, dans ce cas, réparée par la nouvelle inscription qu'a prise la dame de Saint-Remy, le 6 prairial an 10.

» Et d'abord, pourquoi l'inscription du 23 prairial an 7 serait-elle nulle, si le contrat du 6 juillet 1791 n'a pas produit d'hypothèque par lui-même, si, pour être converti en titre hypothécaire, il a eu besoin de la transcription qui en a été faite le 30 du même mois, au greffe du tribunal du district de Béthune, conformément à l'art. 3 de la loi du 27 septembre 1790? C'est parce que, dans cette hypothèse, l'inscription n'aurait été prise ni dans la forme nécessaire pour donner une hypothèque nouvelle, ni dans la forme nécessaire pour conserver une hypothèque précédemment acquise.

» Comment, en effet, une hypothèque nouvelle pourrait-elle résulter de cette inscription? Pour réaliser et consommer, par la voie de l'inscription, l'hypothèque à laquelle un titre peut donner lieu, l'art. 17 de la loi du 11 brumaire veut, n.° 5, que le créancier, en représentant ce titre, désigne dans ses bordereaux *l'espèce et la situation des biens sur lesquels il entend conserver son hypothèque;* et il est très-constant que la dame de Saint-Remy n'a désigné dans son inscription du 23 prairial an 7, ni l'espèce ni la situation des biens qui composent le domaine de Gauchin-Legal.

» Comment, d'un autre côté, l'inscription du 23 prairial an 7 aurait-elle pu conserver l'hypothèque acquise à la dame de Saint-Remy, par la transcription faite au greffe de Béthune le 30 juillet 1791? Il eût fallu pour cela que, conformément à l'art. 40 de la loi du 11 brumaire an 7, elle eût présenté au bureau des hypothèques *deux bordereaux contenant les indications prescrites par l'art.* 17 de la même loi; il eût fallu par conséquent, d'après le n.° 3 de l'art. 17 même, que ses deux bordereaux eussent indiqué la date de la transcription de son contrat au greffe de Béthune. Or, dans ces deux bordereaux, ou du moins dans celui qui est resté entre les mains du conservateur, dans celui que le conservateur a inscrit, on trouve bien la date de son contrat, mais celle de la transcription qui en a été faite au greffe de Béthune, le 30 juillet 1791, est totalement omise.

» Et vainement dirait-on que, dans le n.° 3 de l'art. 17, la loi du 11 brumaire exige seulement la mention de la date du *titre* en vertu duquel le créancier prend inscription. Que signifie, dans cet article, le mot *titre*?... (1)?

» Il est donc bien constant que, si le contrat passé le 6 juillet 1791, au profit de la dame de Saint-Remy, n'est pas par lui même un titre hypothécaire, et s'il n'est devenu tel que par sa transcription du 30 du même mois au greffe du tribunal de district de Béthune, l'inscription prise par la dame de Saint-Remy le 23 prairial an 7, doit être considérée comme nulle et non avenue.

» Quant à l'inscription du 6 prairial an 10, on ne peut pas, il est vrai, lui reprocher le même défaut qu'à celle du 23 prairial an 7, puisqu'elle rappelle expressément la date de la transcription du contrat au greffe de Béthune; mais elle n'en est pas plus efficace pour la dame de Saint-Remy, parce qu'elle se trouve primée par l'inscription que les mineurs Marbaix avaient prise le 22 pluviôse précédent, pour sûreté de leur action en garantie contre le feu prince de Salm-Kyrbourg, et dont la régularité n'a jamais été contestée.

» La dame de Saint-Remy a bien prétendu que les mineurs Marbaix n'avaient pas pu prendre cette inscription; mais sur quoi s'est-elle fondée? Sur le seul prétexte que leur action en garantie ne pourrait naître que du payement qu'ils lui feraient de sa créance; que, tant que sa créance ne serait point payée par eux, ils ne pourraient pas se dire évincés; et que, tant qu'ils ne seraient pas évincés, ils seraient non-recevables à agir en garantie contre la succession de leur vendeur; — comme si l'obligation de garantir l'acquéreur de toute espèce de trouble et par conséquent de toute poursuite hypothécaire, ne prenait pas naissance à l'instant même où se forme le contrat de vente auquel elle est de plein droit inhérente! comme si cette obligation, pour être, dans son effet, subordonnée à la condition éventuelle d'une éviction encore incertaine, ne constituait pas moins une créance actuelle au profit de l'acquéreur! comme si la loi 42, D. *de verborum obligationibus*, n'avait pas mis en principe que, *is qui sub conditione stipulatus est, pendente conditione creditor est!* comme si une créance conditionnelle n'était pas susceptible d'être assurée par une inscription, tout aussi bien qu'une créance pure et simple! comme si cette maxime déjà implicitement consacrée par l'art. 16 de l'édit des criées de 1551, n'avait pas encore reçu une nouvelle sanction, une sanction expresse et positive, par l'art. 2132 du Code civil!

» Disons donc : si la dame de Saint-Remy n'a pas acquis hypothèque par son contrat du

(1) J'ai répété ici tout ce qui se trouve, sur cette question, à l'article *Succession vacante*, §. 1.

6 juillet 1791, si elle n'a acquis hypothèque que par la transcription de son contrat au greffe du tribunal du district de Béthune, non-seulement son inscription du 23 prairial an 7 est nulle, mais celle du 6 prairial an 10, quoique valable en elle-même, ne peut avoir pour elle l'effet qu'on a fait résulter l'arrêt de la cour d'appel de Paris; primée par une inscription antérieure des mineurs Marbaix, elle ne peut autoriser la dame de Saint-Remy à demander aux mineurs Marbaix le payement direct de sa créance; elle ne peut que lui donner le droit de provoquer sur eux la vente judiciaire du domaine de Gauchin-Legal, pour être colloquée après eux dans l'ordre du prix qui en proviendra. — Le sort du premier moyen de cassation des mineurs Marbaix dépend donc uniquement de la question de savoir, si la dame de Saint-Remy avait acquis, par son contrat du 6 juillet 1791, une hypothèque sur les biens que son débiteur pouvait avoir dans le ci-devant Artois.

» Or, sur cette question, la dame de Saint-Remy convenait, et la cour d'appel de Paris l'a reconnu elle-même, que, par l'art. 74 de la coutume d'Artois, les *sentences, promesses, testamens et généralement toutes obligations personnelles n'engendrent saisine, hypothèque ou réalisation sur les héritages du condamné, prometteur, testateur ou obligé.*

» Mais cet article de la coutume était-il encore en vigueur le 6 juillet 1791, c'est-à-dire, au moment où a été passé le contrat dont il s'agit? La dame de Saint-Remy soutenait et la cour d'appel a jugé que non. La dame de Saint-Remy soutenait, et la cour d'appel a jugé que l'art. 35 de l'édit de juin 1771 et la déclaration du 23 juin 1772 avaient abrogé cet article.

» Effectivement, Messieurs, ces deux lois l'auraient incontestablement abrogé, si elles avaient été *toutes deux* enregistrées et exécutées dans le ci-devant Artois. (Nous disons *toutes deux*, et vous verrez bientôt que ces expressions ne sont pas indifférentes).

» Mais, 1.° s'il est vrai que l'édit du mois de juin 1771 a été enregistré au conseil supérieur d'Arras, le 15 juillet de la même année, il est vrai aussi que cet enregistrement a été purement matériel et n'a eu aucun effet; il est vrai aussi que cet enregistrement était commandé impérieusement au conseil supérieur d'Arras, par l'art. 8 de l'édit du mois de février 1771, qui enjoignait à tous les tribunaux de c nom, de publier à l'audience les édits que leur enverrait le procureur-général du nouveau parlement de Paris, *sans qu'en aucun cas ils pussent délibérer sur iceux, ni se dispenser de les exécuter;* il est vrai aussi qu'immédiatement après avoir obéi à cette loi fondamentale de son institution, le conseil supérieur d'Arras s'est réuni aux états d'Artois, pour demander que l'édit du mois de juin fût retiré et que la province fût maintenue dans son ancien régime hypothécaire; il est vrai aussi que le gouvernement accueillit leurs remontrances, et que, si l'édit ne fut pas retiré de fait, parce qu'il devait être exécuté dans le bailliage de Boulogne, de Montreuil, de Calais et d'Ardres, qui appartenaient à l'ancienne Picardie, du moins il demeura sans exécution en Artois, et que son enregistrement à Arras fut, relativement à l'Artois, considéré comme absolument non avenu.

» Sur ce dernier point, Messieurs, nous avons des preuves positives et qui écartent jusqu'au plus léger doute.

» D'abord, si le gouvernement n'avait pas affranchi l'Artois de l'exécution de l'édit du mois de juin 1771, si le gouvernement avait voulu que cet édit eût son effet en Artois comme dans les autres provinces de France (le ressort du parlement de Douai, la Bretagne et l'Alsace exceptés), bien certainement il aurait organisé cet édit en Artois comme il l'a organisé dans les pays où son intention était de le faire exécuter. Or, c'est ce qu'il n'a pas fait. — Pour l'organisation de cet édit, Louis XV avait créé, par cet édit même, des offices de gardes-des-sceaux, de conservateurs des hypothèques et des greffiers expéditionnaires des lettres de ratification; et il est très-constant que ces offices n'ont jamais été levés ni remplis en Artois. — Pour l'organisation de cet édit, il est intervenu, le 7 juillet de la même année, le 24 novembre suivant, le 18 septembre 1773, le 4 décembre 1774, et le 5 septembre 1783, des lettres-patentes, un arrêt du conseil et trois déclarations qui n'ont jamais été envoyées ni publiées en Artois.

» Ensuite, l'inexécution de cet édit en Artois est constatée par un fait bien notoire dans toute la contrée : c'est que, quoique cet édit abrogeât formellement les décrets volontaires, les décrets volontaires ont continué d'y être en usage jusqu'à la publication de la loi du 11 brumaire an 7.

» Un autre fait non moins décisif, c'est que, quoique cet édit abrogeât les formalités requises par les coutumes de nantissement en matière d'hypothèque, et par conséquent celles qui, en Artois, étaient connues sous le nom de *mises de fait*, les mises de fait ont continué d'y être en usage jusqu'à la suppression des justices seigneuriales : témoin cette note qui nous a été, dans le temps, adressée par un avocat distingué d'Arras, et que nous avons depuis retrouvée dans la gazette des tribunaux : — « Le 19 novembre 1779, on a jugé au conseil d'Artois que la mise de fait dénoncée aux parties directes dans l'année de l'exploitation, mais non dans l'année de la commission, ne produisait aucune hypothèque. On alléguait pour la validité de la mise de fait, que la prescription annale ne pouvait pas avoir lieu, parce qu'il avait été fait une procédure dans l'année. On répondait que l'exploit ne pouvait pas être une procédure utile, à moins qu'il n'y eût dans l'année une instance liée. C'était un tiers-acquéreur qui défendait à la demande en déclaration d'hypothèque d'un créancier qui avait fait exploiter la mise de fait. Celui-ci fut débouté de sa demande et condamné aux dépens, par jugement en dernier ressort, les deux chambres assemblées. C'était M. Liborel qui plaidait pour le défendeur ».

» 2.° Quant à la déclaration du 23 juin 1772, bien loin que son enregistrement au conseil supérieur d'Arras, prouve en faveur de l'opinion adoptée par la cour d'appel de Paris, il suffirait seul pour la renverser de fond en comble.

» Cette déclaration, qui était une des lois organiques de l'édit de juin 1771, n'avait pas été d'abord envoyée au conseil supérieur d'Arras; et pourquoi ne l'avait-elle pas été? sans doute, parce que le gouvernement avait dispensé l'Artois de l'exécution de l'édit dont elle interprétait l'art. 35.

» Mais deux ans après, en 1774, on se souvint que, dans le ressort du conseil supérieur d'Arras, plus étendu que ne l'avait été celui du conseil provincial d'Artois, étaient placés les bailliages de Boulogne, de Montreuil, de Calais et d'Ardres, qui n'avaient pas été compris dans la dispense d'exécuter l'édit, et où, de fait, l'édit s'exécutait pleinement.

» Que fit-on alors? on envoya la déclaration du 23 juin 1772 au conseil supérieur d'Arras; et ce qui prouve qu'on la lui envoya avec l'ordre de ne l'enregister que pour les bailliages dont nous venons de parler, c'est que, par arrêt du 18 juin 1774, il en prononça l'enregistrement en ces termes: « La cour ordonne que ladite décla» ration sera lue et publiée au parquet de la cour » et registrée au greffe d'icelle, pour être exé» cutée selon sa forme et teneur, et copies col» lationnées, envoyées aux bailliages de Mon» treuil et Ardres, sénéchaussée de Boulogne » et justice générale de Calais, pour y être pa» reillement lues, publiées et registrées; enjoint » aux substituts du procureur-général du roi » ès-dits siéges d'y tenir la main, et d'en certi» fier la cour dans le mois ».

» Il est inconcevable, d'après cela, que, dans le jugement attaqué, il soit dit que la déclaration du 23 juin 1772 a été enregistrée *au conseil provincial et alors supérieur d'Artois*.

» Oui, elle a été enregistrée au conseil supérieur des bailliages de Montreuil, d'Ardres, de Calais et de Boulogne; mais elle ne l'a pas été au conseil supérieur d'Artois même: l'enregistrement qu'elle a reçu le 18 juin 1774, l'a bien rendue obligatoire pour la partie picarde, mais nullement pour la partie artésienne du ressort du conseil supérieur d'Arras; et en limitant ainsi à la partie picarde de son ressort l'enregistrement de cette loi, le conseil supérieur d'Arras a évidemment déclaré que cette loi était étrangère à la partie artésienne: *qui de uno dicit, de altero negat*.

» Qu'a fait la dame de Saint-Remy devant la cour d'appel, pour écarter un argument aussi décisif?

» Elle a d'abord prétendu que la déclaration du 23 juin 1772 devait avoir été enregistrée au conseil supérieur d'Arras en 1772 même; qu'elle devait l'avoir été à cette époque, purement et simplement et pour tout son ressort; qu'à la vérité, il n'en restait aucune trace, mais que tel était le résultat nécessaire de la marche tracée par l'art. 8 de l'édit de février 1771, pour les enregistremens à faire, tant au parlement de Paris, que dans les conseils supérieurs.

» Mais, d'une part, il répugne au bon sens de supposer que l'on ait fait enregistrer deux fois une seule et même déclaration au conseil supérieur d'Arras. Si le conseil supérieur d'Arras l'eût enregistrée en 1772 pour tout son ressort, on ne la lui aurait pas fait enregistrer de nouveau, en 1774, pour quelques bailliages particuliers. Cela est d'une évidence que tous les raisonnemens possibles, que toutes les suppositions imaginables, ne parviendront jamais à obscurcir.

» D'un autre côté, veut-on savoir pourquoi le procureur-général du parlement de Paris n'avait pas, en 1772, envoyé au conseil supérieur d'Arras la déclaration du 23 juin, avec l'enregistrement dont elle avait été revêtue par le parlement de Paris? C'est parce que le gouvernement qui avait dispensé l'Artois de l'exécution de l'édit de 1771, n'en avait pas donné à ce magistrat l'ordre direct; et que, sans un ordre direct du gouvernement, aucune loi générale ne pouvait être envoyée en Artois. — « On observe (dit » Maillard, sur la coutume de cette province, » page 172, édition *in-folio*) que, les 23 février » 1704 et 3 mai 1710, le roi Louis XIV marqua » à son procureur-général au parlement de » Paris de n'envoyer en Artois que les édits et » les déclarations qui lui seraient indiqués for» mellement par S. M.; parce que les capitula» tions des villes, les réponses aux cahiers des » états, les déclarations et les arrêts rendus en » conséquence, notamment les lettres-patentes » du 16 décembre 1651 conservent l'Artois dans » les mêmes droits qu'il avait sous la souveraineté » de l'Autriche ».

» La dame de Saint-Remy a ensuite prétendu que le conseil supérieur d'Arras ayant été supprimé et le conseil provincial d'Artois rétabli en novembre 1774, l'enregistrement fait au parlement de Paris le 11 juillet 1772, de la déclaration du 23 juin précédent, avait, dès-lors et de plein droit, assujetti les Artésiens à cette loi, comme il y avait assujetti, dès le principe, tous les autres justiciables de ce parlement.

» Mais c'est encore là une erreur insoutenable et complètement démentie par le passage de Maillart que nous venons de citer.

» Une troisième objection de la dame de Saint-Remy a été de dire qu'il importait peu de savoir si la déclaration du 23 juin 1772 avait été enregistrée pour l'Artois au conseil supérieur d'Arras; qu'il suffisait que le conseil supérieur d'Arras eût enregistré pour l'Artois comme pour la partie picarde de son ressort, l'édit du mois de juin 1771, dont cette déclaration n'était qu'interprétative, et que l'art. 35 de l'édit de juin 1771 renfermant implicitement la disposition développée par la déclaration du 23 juin 1772, il n'en fallait pas davantage pour que, par le seul effet de l'enregistrement de l'édit de juin 1771, les contrats notariés emportassent hypothèque en Artois comme dans la presque totalité du reste de la France.

» Mais d'abord, que porte l'art. 35 de cet édit? une seule chose : *abrogeons l'usage des saisine et nantissement pour acquérir hypothèque et préférence, dérogeant pour cet effet à toutes coutumes et usages à ce contraires.* Si donc cet article eût été enregistré efficacement pour l'Artois, il en serait bien résulté que l'on ne pourrait plus désormais, en Artois, acquérir hypothèque par la voie du nantissement; mais on n'aurait pas pu en conclure que désormais les contrats notariés emporteraient hypothèque dans cette province. Et cela est si vrai, que, pour en tirer cette conséquence relativement aux coutumes de Picardie qui renfermaient, sur le nantissement, les mêmes dispositions que celle d'Artois, il a fallu que le législateur donnât, le 23 juin 1772, une déclaration particulière. Mais cette déclaration n'ayant pas été enregistrée en Artois, l'art. 35 de l'édit de juin 1771, s'il y eût été enregistré avec effet, serait resté pour cette province ce qu'il était originairement, c'est-à-dire qu'il y aurait simplement abrogé pour l'avenir les formalités du nantissement, sans y substituer aucun mode d'acquérir hypothèque.

» En second lieu, nous avons démontré que l'édit du mois de juin 1771 n'a été enregistré en Artois que pour la forme, et que le gouvernement lui-même a consenti d'en laisser l'enregistrement sans effet. Nous devons ajouter que cet enregistrement n'a reçu dans le temps aucune publicité; et de là vient que tous les auteurs qui ont parlé de l'édit de 1771 relativement à l'Artois, se sont accordés à dire qu'il n'y avait pas été enregistré : tels sont Boucher d'Argis et Grenier dans leurs commentaires sur cet édit. Tel est surtout Lecamus d'Houlouve, sur la coutume du Boulonnais, tome 2, page 163; voici ses propres termes : « Comme le » Boulonnais est limitrophe de l'Artois, et » qu'à cause de ce voisinage, beaucoup de Boulonnais ont des héritages en Artois, comme » beaucoup d'Artésiens ont des héritages en » Boulonnais, il n'est pas inutile d'observer » que l'édit du mois de juin 1771 et la décla- » ration du 23 juin 1772 n'ont pas été enregis- » trés au conseil d'Artois, à cause des privi- » léges accordés à cette province, lors de sa » réunion à la France, de pouvoir être régie » par ses anciennes lois. Ainsi, en Artois, la » saisine ou la mise de fait sont toujours néces- » saires pour y acquérir privilége et préférence » sur les héritages ». Et voilà pourquoi les nouveaux éditeurs de Denizart, à l'article *Artois*, imprimé en 1783, s'expriment ainsi, n.° 6 : « Entre » les différens points de droit civil particuliers » à la province d'Artois, nous avertissons de » remarquer ceux qui suivent : l'entravestisse- » ment...., le franc-alleu...., le greffe du » gros...., *le nantissement nécessaire pour* » *acquérir hypothèque*, les contrats et autres » actes passés pardevant personnes publiques, » n'engendrant point hypothèque sans les » œuvres de loi ».

» Voilà encore pourquoi le comité féodal de l'assemblée constituante, en lui présentant le projet de décret qui forme aujourd'hui la loi du 27 septembre 1790, disait, page 6 de ce projet : « L'édit de 1771 et la déclaration de 1772 ont, » en abolissant l'usage des saisines pour acqué- » rir hypothèque, établi qu'à l'avenir l'hypo- » thèque s'acquerrait, *tant par actes passés de-* » *vant notaires, que par jugemens, de la même* » *manière et ainsi qu'il se pratique dans les* » *autres coutumes.* Mais l'un et l'autre n'ont » été publiés que dans ceux des pays de nan- » tissement qui composaient la Picardie et le » Vermandois. ON NE LES A ENREGISTRÉES NI AU » PARLEMENT DE DOUAI NI AU CONSEIL D'ARTOIS ».

» Voilà pourquoi enfin tout l'Artois a exécuté spontanément la disposition de l'art. 3 de la loi du 27 novembre 1790, portant qu' — « à compter du jour où les tribunaux de district seraient installés dans les pays de nantissement, les formalités de saisine, dessaisine, deshéritance, adhéritance, vest et dévest, reconnaissance échevinale, mise de fait, main-assise et généralement toutes celles qui tenaient au nantissement féodal ou censuel, seraient et demeureraient abolies; et que, jusqu'à ce qu'il en eût été autrement ordonné, la transcription des grosses des contrats d'aliénation ou d'hypothèque en tiendrait lieu, et suffirait en conséquence pour consommer les aliénations et les constitutions d'hypothèques ».

» Voilà pourquoi personne ne s'est avisé alors d'appliquer à l'Artois l'exception qui terminait le même article : *sans préjudice, quant à la manière d'hypothéquer les biens, de l'exécution de l'art.* 35 *de l'édit du mois de juin* 1771 *et de la déclaration du* 23 *juin* 1772, *dans ceux des pays de nantissement où ces lois ont été publiées.*

» Voilà pourquoi la dame de Saint-Remy elle-même a fait, dans le temps, transcrire son contrat au greffe du tribunal du district de Béthune.

» Voilà pourquoi, même dans son inscription hypothécaire du 6 prairial an 10, elle a rappelé cette transcription comme lui ayant *donné hypothèque* dès le 30 juillet 1791.

» Il est donc bien évident que, par l'arrêt attaqué, la cour d'appel de Paris a tout à la fois faussement appliqué l'art. 35 de l'édit de juin 1771, ainsi que la déclaration du 23 juin 1772, et violé les art. 17 et 40 de la loi du 11 brumaire an 7.

» Nous estimons en conséquence qu'il y a lieu d'admettre la requête des demandeurs ».

Ces conclusions ont été adoptées par arrêt du 24 floréal an 13, au rapport de M. Brillat-Savarin. Mais jusqu'à présent les sieur et dame Pirrepont n'ont pas encore mis la section civile à portée de statuer définitivement sur cette affaire.

§. II. *Peut-on, en vertu des art. 37, 38, 39 et 43 de la loi du 11 brumaire an 7, faire inscrire sur des biens situés dans les ci-devant pays de nantissement, une hypothèque générale sur les biens présens et à venir accordée par un contrat qui n'a pas été, antérieurement à cette loi, revêtu des formalités nécessaires pour le réaliser ?*

Par quatre obligations passées devant notaires, à Paris, le 21 janvier 1786, le prince de Salm-Kyrbourg reconnaît devoir au sieur Wilhem Vanbaerck, une somme de 01,635 liv.

Le 18 germinal an 5, le sieur Wilhem Vanbaerck cède sa créance au sieur Servantin.

Le 6 messidor de la même année, cette créance se trouvant réduite à 26 007 livres, le sieur Servantin la cède au sieur Devinck, banquier à Paris.

Le 23 prairial an 7, le sieur Devinck prend des inscriptions hypothécaires sur les biens du prince de Salm-Kyrbourg, notamment sur ceux qui sont situés dans le ci-devant Hainaut.

Le 7 ventôse an 9, les administrateurs du bureau de bienfaisance de Boussu prennent, sur la terre de Leuze, située dans la même contrée, une inscription pour conserver l'hypothèque qu'ils y ont acquise en vertu d'un contrat public du 16 août 1782, portant constitution d'une rente de 410 livres, argent de Hainaut, et *réalisé*, le même jour, devant la cour féodale de Mons.

Le 21 frimaire an 10, Nicolas-Antoine d'Arberg de Valenzin, chambellan de l'empereur d'Autriche, prend, sur la même terre, une inscription pour conserver l'hypothèque qu'il y a acquise, en vertu d'un contrat public du 26 septembre 1782, portant constitution d'une rente de 5000 florins, au capital de 100,000 florins, et *réalisé* devant la même cour féodale, le 13 août 1783.

Par jugemens des 21 fructidor an 11, 8 nivôse, 2 floréal et 12 prairial an 13, les tribunaux de première instance de Paris et de Tournai vendent, par expropriation forcée, différens biens de la succession du prince de Salm-Kyrbourg, situés, tant à Paris qu'en Hainaut, et spécialement la terre de Leuze.

Des procès-verbaux d'ordre du prix de cette terre sont ouverts dans les deux tribunaux. Le 28 frimaire an 14, arrêt de la cour de cassation, qui décide que l'ordre sera fait et jugé par le tribunal de première instance de Paris.

Les administrateurs du bureau de bienfaisance de Boussu et le sieur d'Arberg produisent leurs contrats des 16 août et 26 septembre 1782, ainsi que les actes qui en ont opéré la *réalisation*, et les inscriptions qu'ils ont respectivement prises.

De son côté, le sieur Devinck produit les quatre obligations notariées du 21 janvier 1786, et prétend être colloqué avant le bureau de bienfaisance de Boussu et le sieur d'Arberg; attendu que les inscriptions de ceux-ci sont postérieures à la sienne.

Les autres créanciers font aussi leurs productions et prennent des conclusions en conséquence.

Le 4 février 1807, jugement qui colloque 1.° divers créanciers porteurs d'inscriptions régulières des années 5, 6 et 7; 2.° les administrateurs du bureau de bienfaisance de Boussu, pour le capital et trois années d'arrérages de leur rente de 410 livres, à la date du 27 ventôse an 9, jour de leur inscription hypothécaire; 3.° le sieur d'Arberg, pour le capital et trois années d'arrérages de la rente de 5000 florins, à la date de son inscription, c'est-à-dire, au 21 frimaire an 10.

Et attendu que le prix à distribuer sera évidemment épuisé et au-delà par les collocations ci-dessus, le même jugement *dit qu'il n'y a lieu d'en ordonner d'autres ; sur le surplus des demandes, fins, conclusions et réquisitions portées aux procès-verbaux d'ordre, et faites à l'audience, met les parties hors de cause ;* en conséquence, donne main-levée de l'inscription prise par le sieur Devinck, le 23 prairial an 7.

Le sieur Devinck appelle de ce jugement, et conclut 1.° à ce qu'il soit déclaré nul, par la raison qu'il n'est pas motivé en ce qui le concerne; 2.° et subsidiairement à ce qu'il soit réformé, pour n'avoir pas colloqué sa créance dans son ordre légal d'hypothèque.

Le sieur d'Arberg oppose à cet appel une fin de non-recevoir qu'il fait résulter de l'époque où il a été interjeté à son égard.

Le 30 décembre 1808, arrêt ainsi conçu :

« Dans le droit, 1.° est-il besoin de statuer sur la fin de non-recevoir proposée par le sieur d'Arberg ? 2.° l'inscription prise par le sieur Devinck, quoique antérieure à celle du sieur d'Arberg, a-t-elle pu produire quelque effet sur les biens situés en Belgique ? 3.° en termes plus simples, le jugement dont est question, a-t-il bien ou mal jugé ? 4.° quel que dût être l'arrêt, ne convient-il pas de le déclarer commun avec les administrateurs du bureau de bienfaisance du village de Boussu ?

» La cour, sans qu'il soit besoin de statuer sur la fin de non-recevoir, faisant droit sur l'appel du jugement d'ordre du 4 février 1807, attendu que l'inscription prise par Devinck, en vertu de la loi du 11 brumaire an 7, n'a pu conserver qu'une hypothèque existante; et qu'à cette époque, Devinck n'en avait aucune sur les biens situés en Belgique, *n'ayant pas pris comme l'exigeait la coutume du pays, adhéritance par œuvre de loi ;*

» Dit qu'il a été bien jugé, mal et sans griefs appelé; ordonne que ce dont est appel sortira son plein et entier effet ».

Le sieur Devinck, par le ministère des syndics établis à sa faillite, se pourvoit en cassation contre cet arrêt.

« Deux moyens de cassation (ai-je dit à l'audience de la section des requêtes, le 17 mai 1810) vous sont proposés dans cette affaire : 1.° violation de l'art. 141 du Code de procédure civile, en ce que l'arrêt attaqué confirme, et par conséquent déclare valable dans la forme, le jugement du 4 février 1807, qui, par défaut de motifs, était radicalement nul; 2.° violation des art. 37, 38, 39, 43 et 56 de la loi du 11 brumaire an 7, en ce que le même arrêt refuse toute collocation, en ordre d'hypothèque, à une créance qui était originairement hypothécaire, et dont le rang d'hypothèque avait été conservé par une inscription prise en temps utile.

» Le premier de ces moyens donne lieu à deux questions: la première, si c'est par requête civile ou par voie de cassation, que ce moyen doit être proposé; la seconde, si ce moyen est recevable de la part des syndics de la faillite du sieur Devinck.

» Sur la première question, il est à remarquer qu'en cause d'appel, le sieur Devinck concluait tout à la fois et à l'annullation et à la réformation du jugement du 4 février 1807; que de là dérivait, pour la cour de Paris, le devoir de poser deux questions : l'une, si le jugement du 4 février 1807 était nul dans la forme; l'autre, si, au fond, il avait bien ou mal jugé; que cependant, de ces deux questions, la cour de Paris n'a posé que la seconde; et qu'en conséquence, statuant sur la seconde seulement, elle a dit qu'il avait été *bien jugé, mal et sans griefs appelé.*

» Il y a donc, dans l'arrêt de la cour de Paris, *omission de prononcer sur l'un des chefs de demande ;* et par conséquent ouverture à requête civile, d'après le n.° 5 de l'art. 480 du Code de procédure.

» Mais de ce que l'arrêt de la cour de Paris peut être attaqué par requête civile, s'ensuit-il qu'il ne peut pas l'être par cassation ?

» Oui sans doute; et telle est la conséquence nécessaire de l'art. 24 du tit. 4 de la 2.e partie du réglement de 1738, lequel porte expressément que *les moyens de requête civile* ne peuvent *être proposés pour moyens de cassation* que contre *des arrêts du conseil.*

» On peut cependant objecter que, par l'art. 2 de la loi du 27 novembre 1790, la cour de cassation est chargée d'annuller tous les jugemens en dernier ressort, qui, dans les procédures, violent les formes prescrites à peine de nullité; qu'à la vérité, cet article est abrogé par le Code de procédure, quant à la violation des formes qui ne sont pas essentiellement constitutives des jugemens, et dont l'inobservation n'a pas été relevée devant les cours dont les arrêts sont attaqués; mais qu'il subsiste encore relativement aux formes sans lesquelles il ne peut pas exister de jugement; et que telle est précisément celle qui consiste à motiver chaque décision judiciaire; que l'art. 7 de la loi du 20 avril dernier en contient une disposition expresse; et que conséquemment si, dans notre espèce, la cour de Paris, en confirmant, et par suite, en jugeant valable, le jugement du tribunal de première instance de Paris, du 4 février 1807, a violé l'art. 141 du Code de procédure, l'arrêt de cette cour est sujet à cassation, quoiqu'il le soit en même temps à requête civile.

» Mais cette objection, dans quel cas serait-elle fondée?

» Elle le serait sans doute dans le cas où l'on prétendrait qu'il y a ouverture à requête civile, pour violation de l'une des formes substantielles des jugemens. Alors, sans doute, on pourrait répondre que, de la violation d'une pareille forme, il résulte une ouverture de cassation, et non une ouverture de requête civile.

» Mais ce n'est pas là ce que nous disons. Nous ne disons pas que, s'il y a, dans l'arrêt de la cour de Paris, contravention à l'art. 141 du Code de procédure, cet arrêt ne peut être attaqué, de ce chef, que par requête civile; nous disons seulement que l'arrêt de la cour de Paris ayant omis de prononcer sur les conclusions, en nullité, que le sieur Devinck avait fondées sur la contravention prétendue dont il s'agit, ce n'est que par la voie de la requête civile que cette omission de prononcer peut être opposée à l'arrêt de la cour de Paris. Nous disons seulement que ce n'est pas de la prétendue contravention elle-même, mais bien de l'omission de prononcer sur cette contravention prétendue, que dérive ici le moyen de requête civile. La disposition du réglement de 1738 que nous citions tout-à-l'heure, conserve donc ici toute sa force et toute son application.

» Mais au surplus, supposons pour un moment que ce n'est pas par requête civile, que c'est au contraire par cassation, que les demandeurs ont dû vous proposer le moyen dont il est ici question, il restera du moins à examiner, non pas si ce moyen est fondé en soi, l'affirmative ne peut pas être douteuse, mais si, de la part des demandeurs, il est recevable.

» En général, point d'intérêt, point d'action. Si donc les demandeurs n'avaient point d'intérêt à l'annullation du jugement du tribunal de première instance, ils ne peuvent point avoir d'action pour se plaindre de ce que cette annullation n'a pas été prononcée par la cour de Paris.

» Or, quel intérêt les demandeurs pouvaient-ils avoir à ce que la cour de Paris annullât, dans la forme, le jugement du 4 février 1807 ?

» Ils en auraient eu sans doute un quelconque, si, de ce que la cour de Paris eût annullé le jugement du tribunal de première instance, il eût dû résulter, pour eux, le renvoi du fond devant un autre tribunal de première instance, pour y être jugé de nouveau à la charge de l'appel. Dans cette hypothèse, on pourrait dire que la cour de Paris, en confirmant comme valable un jugement qui était nul, a privé les demandeurs de la chance d'un nouveau jugement de première instance, qui aurait pu leur être favorable, et, par suite, de l'avantage de revenir devant la cour de Paris avec la qualité d'intimés, au lieu de celle d'appelans.

» Mais ce n'est pas ainsi que les choses eussent dû se passer, en cas d'annullation du jugement du 4 février 1807. Si la cour de Paris avait annullé ce jugement, elle aurait statué par jugement nouveau; et au lieu de confirmer ce jugement, comme elle l'a fait, elle en aurait renouvelé les dispositions; ce qui, bien certainement, serait revenu au même pour les demandeurs.

» Que l'arrêt de la cour de Paris puisse être cassé dans l'intérêt de la loi, pour n'avoir pas ainsi prononcé, et pour avoir, par là, confirmé, comme valable, un jugement que le défaut de motif entachait de nullité, nous le concevons.

» Mais que les demandeurs puissent en obtenir la cassation dans leur intérêt privé, c'est ce qu'ils ne parviendront pas à établir. Un arrêt ne peut jamais être cassé dans l'intérêt privé d'une partie à laquelle il ne fait aucun tort. Et ici revient fort à propos ce que disait à Louis XV, en 1762, M. Gilbert Desvoisins, conseiller d'État, dans un mémoire sur le recours en cassation : « Cette ouverture de cassation » (celle qui résulte de vices de forme), est sans » difficulté; il faut seulement prendre garde de ne » la pas admettre trop aisément et avec trop de » rigueur, et de ne pas toujours faire dépendre » le sort d'un arrêt de la moindre irrégularité » qui pourrait s'y trouver, *surtout lorsqu'on n'y* » *voit pas d'intérêt pour la justice* ».

» Le deuxième moyen de cassation des demandeurs offre à votre examen une question importante, mais qui n'est pas nouvelle pour vous : c'est de savoir si le sieur Devinck a pu, en vertu des art. 37, 38, 39 et 43 de la loi du 11 brumaire an 7, faire inscrire sur les biens du prince de Salm-Kyrbourg, situés dans le ci-devant Hainaut, l'hypothèque générale que ce prince lui avait accordée en 1786, sur tous ses biens présens et à venir, par un contrat qui, avant cette loi, n'avait pas été revêtu des formalités du nantissement.

» Le point d'où il faut partir pour résoudre cette question, c'est que le ci-devant Hainaut était un pays de nantissement; et que, par suite, on n'y pouvait acquérir hypothèque que par les formalités connues sous la dénomination d'*œuvres de loi*.

» *Personne*, portait l'art. 1 du chap. 94 des Chartes générales de cette contrée, *ne pourra* CHARGER.... *ni en autre manière aliéner ses fiefs que par déshéritance*. — « La déshéritance » (disait Dumées dans sa *Jurisprudence du Hainaut*, page 329), est la seule voie par laquelle » on puisse valablement hypothéquer et rapporter ses immeubles ». — Cogniaux, *Pratique du retrait pour le Hainaut*, page 285, disait également : « Ni le traité de mariage, ni les obligations générales ou spéciales, ou autres contrats » personnels, quelque solennellement qu'ils » soient passés, ni les sentences ou arrêts des » juges souverains ou autres, ne produisent pas » en Hainaut d'hypothèque, ni expresse, ni tacite, privilégiée ni autre, non pas même pour » les biens dotaux, ni pour aucunes autres causes, quelque favorables qu'elles soient; les lois » romaines qui établissent semblables hypothèques privilégiées, n'ayant jamais été admises » ni d'usage en Hainaut, non pas même celles » qui donnent privilége au vendeur sur les fonds » vendus, faute de payement du prix de la vente, » et semblables ».

» Cela posé, comment l'inscription que le sieur Devinck avait prise le 23 prairial an 7, au bureau des hypothèques de Tournai, aurait-elle pu lui conférer une hypothèque sur la terre de Leuze, située dans la partie de l'arrondissement de ce bureau qui, sous l'ancien régime, appartenait à la province de Hainaut ?

» Le sieur Devinck avait-il pris cette inscription en vertu d'une obligation qui lui affectât spécialement la terre de Leuze? Non: il ne l'avait prise qu'en vertu d'une obligation par laquelle le prince de Salm-Kyrbourg lui avait affecté tous ses biens présens et à venir.

» Or, d'une part, l'art. 4 de la loi du 11 brumaire an 7 n'autorise la stipulation d'hypothèque que par acte notarié, et ne permet de l'inscrire, qu'autant qu'elle *indique la nature et la situation des immeubles hypothéqués*. On ne peut donc pas, depuis la publication de cette loi, se servir d'une stipulation générale d'hypothèque sur tous les biens présens et à venir, pour acquérir par inscription une hypothèque nouvelle, ou, ce qui est la même chose, créer par inscription une hypothèque qui n'existe pas encore.

» D'un autre côté, l'art. 43, permet bien d'inscrire les hypothèques générales sur les biens présens et à venir, qui résultent d'obligations contractées avant la publication de la loi; mais il ne le permet que *dans les lieux où l'hypothèque générale était admise par les lois antérieures*. Il ne le permet donc pas dans les lieux où les lois antérieures n'admettaient que l'hypothèque spéciale.

» Eh! comment pourrait-il le permettre dans ceux-ci? Il ne pourrait pas le faire sans se mettre en contradiction avec les art. 37, 38, 39, 40 et 42 desquels il résulte très-clairement que les hypothèques antérieures à la loi, ne peuvent être inscrites, qu'autant qu'elles sont déjà acquises, qu'autant qu'elles existent déjà.

» Mais, disent les demandeurs, l'art. 56 de la même loi abroge toutes les lois, toutes les coutumes, tous les statuts antérieurs, concernant le mode de constitution des hypothèques. Donc, à compter du jour de la publication de cette loi, le sieur Devinck n'a plus eu besoin des formalités de nantissement ni de celle qu'y avait substituée la loi du 19 septembre 1790, pour acquérir hypothèque sur la terre de Leuze.

» Non, sans doute, il n'avait plus, à cet effet, besoin de ces formalités; mais il ne pouvait du moins acquérir, sur la terre de Leuze, une hypothèque qu'il n'y avait pas eue jusqu'alors, qu'en se conformant à la loi du 11 brumaire an 7 elle-même. Or, nous l'avons déjà dit, l'art. 4 de la loi du 11 brumaire an 7 ne permet d'acquérir hypothèque à l'avenir, qu'en vertu d'un contrat contenant la stipulation expresse d'une hypothèque spéciale. Eh bien! cette stipulation expresse, le sieur Devinck la trouvait-il dans ses obligations notariées? Non. Le sieur Devinck ne pouvait donc pas, en faisant inscrire ces obligations sur la terre de Leuze, y acquérir une hypothèque dont cette terre n'avait pas été grevée à son profit avant la loi du 11 brumaire an 7.

» C'est ainsi, au surplus, que la question a été jugée par un arrêt de la section civile, du 28 décembre 1808.... (1).

» Est-ce bien sérieusement que les demandeurs opposent à cet arrêt, celui que la même section a rendu, le 21 novembre 1809, entre le sieur Sellon et les sieurs Tourton et Ravel?

» Le sieur Sellon avait pris, en vertu d'un contrat passé devant notaires à Genève en 1792, une inscription hypothécaire sur une maison située à Paris. Les sieurs Tourton et Ravel, qui s'étaient inscrits postérieurement sur le même immeuble, prétendaient que son inscription était nulle, parce qu'elle n'avait d'autre base qu'une obligation qui, à raison de l'extranéité du pays où elle avait été passée, n'avait jamais pu devenir hypothécaire en France. Le sieur Sellon soutenait au contraire que, par le seul effet de la réunion de Genève au territoire français, le titre de sa créance avait acquis tous les caractères d'une obligation passée en France devant notaires; et que, par conséquent, elle était devenue, dès ce moment, hypothécaire sur tous les biens que son débiteur possédait en France même. Et la section civile l'a ainsi jugé, en cassant un arrêt de la cour de Paris qui avait prononcé en faveur des sieurs Tourton et Ravel.

» Mais qu'a de commun cette espèce avec la nôtre? — Dans cette espèce, non-seulement la loi de Genève, lieu où le contrat avait été passé; mais encore la loi de Paris, lieu de la situation de l'immeuble sur lequel le sieur Sellon s'était inscrit, accordait aux actes notariés, avant la loi du 11 brumaire an 7, une hypothèque générale sur tous les biens présens et à venir des débiteurs; et la seule question était de savoir si le contrat passé à Genève avant la réunion, pouvait, après la réunion, être considéré en France comme un acte notarié. Ici, on ne conteste pas au sieur Devinck, que les obligations souscrites à Paris en 1786, par le prince de Salm-Kyrbourg, n'aient, dans le ci-devant Hainaut, depuis la réunion de ce pays à la France, tous les caractères d'obligations passées devant notaires; mais on soutient, et la cour de Paris a jugé, que ces obligations n'ont pas pu emporter hypothèque sur la terre de Leuze, située dans le ci-devant Hainaut, 1.° parce qu'elles ne contiennent point une affectation spéciale de cette terre, 2.° parce qu'elles n'ont pas été *réalisées* par les formalités du nantissement; qu'ainsi, l'inscription prise par le sieur Devinck, en vertu de ces obligations, n'a pas pu conserver au sieur Devinck une hypothèque qui n'avait jamais existé à son profit. — Dans l'espèce jugée par l'arrêt du 21 novembre 1809, le sort de la contestation dépendait entièrement des effets de la

(1) V. le *Répertoire de jurisprudence*, au mot *Surenchère*, n. 5.

réunion de Genève à la France. Ici, la réunion du ci-devant Hainaut à la France, est absolument indifférente; et cela est si vrai, que la question serait la même dans le cas où la terre de Leuze, au lieu d'être située dans le ci-devant Hainaut autrichien, le serait dans le ci-devant Hainaut français, ou dans le ci-devant Cambresis.

» Par ces considérations, nous estimons qu'il y a lieu de rejeter la requête des demandeurs, et de les condamner à l'amende ».

Arrêt du 17 mai 1810, au rapport de M. Ruperou, par lequel,

« Attendu, sur le premier moyen que les demandeurs sont sans intérêt à le proposer, puisqu'il est évident que la cour d'appel, en annullant le jugement de première instance, et en prononçant par jugement nouveau, n'en aurait pas moins rendu une décision conforme à celle des premiers juges;

» Attendu, sur le second moyen, que, dans la ci-devant Belgique, on ne reconnaissait, comme dans les pays de nantissement de l'ancienne France, que des hypothèques spéciales; et que les obligations notariées n'acquéraient hypothèque aux créanciers, qu'autant que les actes contenant cette stipulation, avaient été suivis de l'observation des formes prescrites à cet effet, et qui étaient connues sous la dénomination *d'œuvres de loi;*

» Attendu que le décret du 19 septembre 1790, sanctionné le 27 du même mois, en abolissant, dans les pays de nantissement, à partir du jour où les tribunaux de district y seraient installés, les formalités de saisine, désaisine, déshéritance, etc., a disposé que, jusqu'à ce qu'il eût été autrement ordonné, la transcription des grosses des contrats d'aliénation ou hypothèque, faite au greffe du tribunal de la situation des biens, suffirait pour confirmer les *aliénations* et *constitutions d'hypothèques*, et remplacerait à cet égard *les œuvres de loi;*

» Attendu, dans l'espèce, que le sieur Devinck n'ayant point, avant la réunion de la Belgique à la France, fait réaliser ses contrats par l'exercice des œuvres de loi, et n'ayant pas non plus, depuis l'époque de cette réunion, et depuis la publication dans la ci-devant Belgique, de la loi précitée de septembre 1790, fait transcrire ses contrats, conformément au prescrit de ladite loi, il s'ensuit qu'à l'époque de la loi du 11 brumaire an 7, il n'avait point acquis d'hypothèque sur les biens situés dans la ci-devant Belgique;

» Attendu, enfin, que la loi du 11 brumaire an 7, n'ayant conservé les effets de l'hypothèque générale, que pour les lieux où elle était précédemment admise, et n'ayant autorisé pour l'avenir que des hypothèques spéciales, en prescrivant expressément d'insérer dans le bordereau d'inscription, l'indication de l'espèce et de la situation des biens, il en résulte aussi que le sieur Devinck n'a point acquis d'hypothèque par son inscription du 23 prairial an 7;

» Par ces motifs, la cour rejette le pourvoi.... ».

§. III. 1.° *Que doit-on décider sur la question précédente, lorsque les biens situés dans un ci-devant pays de nantissement, étaient régis, à l'époque de la passation de l'acte contenant la stipulation d'une hypothèque générale, par une coutume particulière qui autorisait ces sortes de stipulations, mais ne leur donnait d'effet qu'autant qu'elles fussent réalisées?*

Le 5 prairial an 6, contrat notarié par lequel Jean-Joseph Gobbe, journalier à Lodelinsart, arrondissement de Charleroy, reconnaît devoir à Alexandre Wilmaert une somme de 1877 liv., pour sûreté de laquelle il affecte la généralité de ses immeubles situés au même lieu.

En vertu de ce contrat, Alexandre Wilmaert prend, après la publication de la loi du 11 brumaire an 7, une inscription hypothécaire sur les biens de Gobbe.

Gobbe demande la nullité de cette inscription. Jugement du tribunal civil de l'arrondissement de Charleroy, du 27 prairial an 10, qui le déboute. Appel.

« Ses griefs étaient (disent les auteurs du recueil intitulé *Décisions notables du tribunal d'appel de Bruxelles*, an XII, page 127), que l'obligation passée le 5 prairial an 6, n'indiquait pas spécifiquement les immeubles qui seraient hypothécairement affectés au recouvrement de la créance; qu'elle n'en désignait ni la nature ni la situation, comme l'exige l'art. 4 du tit. 2 de la loi du 11 brumaire an 7; qu'ainsi, ni cette obligation, quoique passée devant notaire, ni l'inscription qui avait été prise en conséquence, ne constituaient aucune hypothèque valide; que le but de cette loi avait été principalement de proscrire les hypothèques générales.......;

qu'à la vérité, l'hypothèque générale était en usage à Lodelinsart; mais que, pour qu'elle y fût légalement constituée, deux conditions étaient requises, 1.° que l'acte fût réalisé, 2.° qu'il y eût, dans le même acte, mandat ou consentement à l'effet de la réalisation; conditions qui n'ont pas été remplies dans l'espèce.

» Les réponses de Wilmaert étaient que l'obligation avait précédé le régime de la loi du 11 brumaire an 7; qu'elle n'était point applicable à la créance dont il poursuivait le recouvrement; qu'à l'époque de la stipulation, la constitution de l'hypothèque générale était autorisée par la coutume de Lodelinsart; que cette disposition n'avait été abrogée par aucune loi; qu'au contraire, l'art. 43 du tit. 3 de celle du 11 brumaire an 7 en avait conservé tous les effets, qui, au surplus, n'auraient pu être enlevés aux créanciers sans rétroactivité; en un mot, que l'accession du notaire institué d'après la nouvelle organisation du notariat, et le consentement du débiteur suffisaient pour imprimer l'hypothèque sur tous ses immeubles; qu'il était au moins personnellement non-recevable a exciper du défaut de constitution spéciale; et que, si cette exception était susceptible de quelque mérite, ce ne pouvait être que dans l'intérêt d'un tiers (1) ».

Par arrêt du 21 nivôse an 11, la cour d'appel de Bruxelles réforme le jugement et déclare nulle l'inscription prise par Wilmaert, « Attendu que l'art. 43 du tit. 3 de la loi du 11 brumaire an 7, n'a conservé les hypothèques générales, que dans les lieux où elles avaient été acquises, d'après les formes qui les conféraient; que, si l'hypothèque générale pouvait se constituer à Lodelinsart, ce n'était qu'à la charge de réalisation dans une cour de justice, ensuite du mandat ou du consentement du débiteur à cet effet comme le prescrit la coutume locale; formalités qui n'ont pas été observées; que, dans l'espèce, l'acte du 4 prairial an 6, ne contenant ni la nature, ni la situation des immeubles affectés, n'était, ni dans les termes de l'art. 4 du tit. 1.er de la loi du 11 brumaire an 7, ni dans la disposition des anciennes lois, puisqu'il n'existait aucune réalisation en sa faveur, soit dans les formes anciennes, soit dans celles qui leur ont été substituées ».

§. IV. 1.° *Les ventes d'immeubles situés en pays de nantissement, qui avaient été passées, mais non* RÉALISÉES *avant la loi du 27 septembre 1790, ont-elles pu et dû être* réalisées *par le moyen de la transcription au greffe ?*

2.° *De quels jours ont couru, à l'égard de ces ventes ainsi réalisées, et la prescription de l'action personnelle de l'acquéreur en délivrance des biens vendus, et la prescription de son action réelle en délaissement des mêmes biens, lorsque le vendeur en avait conservé la possession ?*

Le 19 février 1788, contrat notarié par lequel le sieur Polchet vend au sieur Mairiaux le fief de Warne situé en Hainaut. Le prix de la vente est fixé à 39,600 francs; mais l'acheteur ne payant que 600 francs à compte de cette somme, le vendeur reste en possession du bien.

Ce contrat ne pouvait, aux termes de l'art. 1.er du chap. 94 des chartes générales du Hainaut, produire, au profit de l'acquéreur, qu'une action personnelle; et il ne devait lui conférer le *jus in re*, qu'après avoir été *réalisé*, c'est-à-dire, suivi des formalités de deshéritance et d'adhéritance devant la cour féodale de laquelle était tenu le fief de Warne.

Ces formalités n'avaient pas encore été remplies, lorsque l'abolition de la féodalité et des justices seigneuriales, vint en rendre l'accomplissement impossible.

Pour y suppléer, le sieur Mairiaux a recours au moyen que lui offre l'art. 3 de la loi du 27 septembre 1790 (1) : il fait transcrire au greffe du tribunal du district du Quesnoy, le 30 juillet 1791, son contrat d'acquisition du 17 février 1788; et par là, il devient réellement *propriétaire* du ci-devant fief de Warne.

Le sieur Polchet n'en demeure pas moins, faute de payement de solde du prix, en possession de cet immeuble.

Mais, par exploit des 21 et 30 octobre 1811, le sieur Mairiaux fait assigner ses héritiers en délaissement de cet immeuble, avec offre d'en payer le prix.

Les héritiers du sieur Polchet répondent que le contrat de vente du 17 février 1788 n'ayant pas été réalisé par deshéritance et adhéritance, n'a conféré au sieur mairiaux qu'une action personnelle; que, suivant l'art. 4 du chap. 107 des chartes générales du Hainaut, toute action personnelle fondée sur un titre authentique ou sous seing-privé, se prescrivait par 21 ans; qu'il s'est écoulé plus de 21 ans du 17 février 1788 aux 21 et 30 octobre 1811; qu'ainsi, l'action personnelle du sieur Mairiaux est prescrite.

Réplique du sieur Mairiaux, que, par la transcription qu'il a fait faire de son contrat au greffe du tribunal du district du Quesnoy, le 30 juillet 1791, il a acquis la véritable propriété de l'immeuble dont il s'agit, et que par conséquent son action qui, jusqu'alors, était restée en pure personnalité, est devenue réelle; que, pour prescrire une action réelle, en Hainaut, il fallait, suivant l'art. 1.er du chap. 107 des chartes générales, le même espace de temps que pour prescrire une action personnelle fondée en titre, c'est-à dire, 21 ans; mais que, de même que la prescription de l'action personnelle ne commençait à courir, que du jour de la date du titre d'où elle dérivait, de même aussi la prescription de l'action réelle ne pouvait commencer à courir que du jour où cette action avait été acquise; que, dans l'espèce, l'action du sieur Mairiaux n'était devenue réelle qu'à compter du 30 juillet 1791, et qu'ainsi, elle n'était pas encore prescrite les 21 et 30 octobre 1811.

Les héritiers du sieur Polchet répliquent, à leur tour, que la transcription que le sieur Mairiaux a fait faire au greffe du tribunal du Quesnoy, le 30 juillet 1791, n'a pu convertir son

(1) *V.* l'article *Inscription hypothécaire*, §. 1.

(1) *V.* le *Répertoire de jurisprudence*, aux mots *Devoirs de Loi*, §. 4.

action personnelle en action réelle; que la loi du 27 septembre 1790 n'a substitué cette formalité à celles de la deshéritance et de l'adhéritance, que pour les contrats qui seraient passés à l'avenir; et que l'appliquer à un contrat antérieur, ce serait la faire rétroagir.

Le 19 mars 1814, jugement du tribunal de première instance du Quesnoy, qui déclare le sieur Mairiaux non-recevable,

« Attendu que la deshéritance était nécessaire pour transférer la propriété; que, dès que cette formalité n'avait pas été remplie, les héritiers Polchet ne s'étaient pas crus dépossédés, et avaient continué à jouir de bonne foi, *animo domini*, au vu et su de Mairiaux, lequel était censé avoir abdiqué ses droits, en ne payant point le prix de la vente;

» Que, de cette jouissance, d'un côté, et de ce silence, de l'autre, était résulté, au profit des héritiers Polchet, le bénéfice de la prescription de 21 ans établie par l'art. 1.er du chap. 107 des chartes générales du Hainaut;

» Que la loi des 19-27 septembre 1790, portant que la transcription tiendrait lieu de deshéritance, n'avait disposé que pour les actes postérieurs à sa promulgation;

» Que la transcription faite par Mairiaux, était un acte clandestin, étranger aux Polchet; que cet acte avait d'autant moins pu équipoller à la deshéritance, que le payement du prix de la chose vendue n'avait point été effectué; ce qui était pourtant une condition essentielle pour obliger le vendeur à se deshériter;

» Que le payement d'un à compte de 500 francs ne permet de regarder que comme simple projet, le contrat dont il s'agit;

» Enfin, que les offres de payer, faites depuis l'introduction de l'instance, sont tardives, non réelles et insuffisantes ».

Appel de la part du sieur Mairiaux, qui persiste à soutenir qu'il a pu, en vertu de la loi du 27 septembre 1790, faire transcrire le contrat du 17 février 1788, puisqu'il n'existait plus après la promulgation de cette loi, d'autre moyen de *réaliser* ce contrat.

Par arrêt du 21 janvier 1815, la cour royale de Douay met l'appellation au néant, « Attendu que la vente du 19 février 1788, transcrite le 30 juillet 1791, est demeurée sans exécution pendant un temps plus que suffisant à la prescription; que le vendeur n'ayant point agi en payement ou parachévement du prix, ni l'acquéreur en délivrance de la chose, dans le terme de 21 ans, ils sont devenus réciproquement non-recevables, d'après les art. 1 et 4 du chap. 107 des chartes générales de Hainaut, à demander de part et d'autre, l'exécution du contrat ».

Les héritiers du sieur Mairiaux se pourvoient en cassation; et le 5 janvier 1818, arrêt contradictoire, au rapport de M. Ruperou, par lequel,

« Vu l'art. 1.er du chap. 107 des chartes générales du Hainaut, et l'art. 3 de la loi des 19-27 septembre 1790...... ;

» Attendu que, par le contrat du 19 février 1788, Léopold Polchet n'avait contracté qu'une simple obligation de vendre, ainsi que cela résulte des statuts des pays de nantissement, et notamment de l'art. 1.er du chap. 94 des chartes générales du Hainaut, d'après lesquels la formalité des *œuvres de loi*, de *deshéritance* et *d'adhéritance* étant essentielle pour acquérir la propriété des immeubles ou quelques droits sur iceux, les contrats de vente ne produisaient qu'une action personnelle, tant qu'ils n'avaient point été suivis de cette formalité indispensable;

» Attendu que l'action personnelle qu'avait fait naître contre Polchet, au profit de Mairiaux, le contrat susdit du 19 février 1788, et qui n'était pas prescrite lorsque ce dernier fit transcrire ce contrat, cessa par l'effet de la transcription et fut remplacée par l'action réelle qui résulta de ladite transcription, laquelle, aux termes de l'art. 3 sus-référé de la loi des 19-27 septembre 1790, consomma l'aliénation et transféra la propriété à l'acquéreur;

» Attendu que c'est cette dernière action, et non l'action personnelle qui n'existait plus, que Mairiaux a exercée par exploits des 20 et 30 octobre 1811; et qu'aux termes de l'art. 1.er du chap. 107 des chartes générales du Hainaut, il avait, pour l'exercer, 21 ans, à partir du jour qui avait donné naissance à son droit réel;

» Attendu enfin qu'à compter du 30 juillet 1791, date de ladite transcription, jusqu'aux 21 et 30 octobre 1811, date de la revendication exercée par les Mairiaux contre les Polchet, il ne s'est point écoulé 21 ans accomplis; et qu'ainsi, en décidant que la prescription était acquise auxdits Polchet, la cour royale de Douai a faussement appliqué l'art. 1.er du chap. 107 des chartes générales du Hainaut, et violé l'art. 3 de la loi des 19-27 septembre 1790;

» Par ces motifs, la cour casse et annulle.... ».

M. Sirey, tom. 18, part. 1, pag. 179, présente cet arrêt comme jugeant que *la vente ne devient parfaite que du jour de la transcription; et qu'ainsi, ce n'est que de ce jour que court la prescription contre l'action en délivrance de l'acquéreur.* Mais il se trompe visiblement.

Il est vrai que cet arrêt débute, dans ses motifs, par dire que, *par le contrat du 19 février 1788, Polchet n'avait contracté qu'une simple obligation de vendre.* Mais c'est une expression évidemment impropre : Polchet avait fait, par l'acte du 19 février 1788, ce que faisait tout vendeur dans le droit romain, par un contrat de vente proprement dit : il s'était obligé, non à vendre, mais à réaliser sa vente par une *tradition* qui pouvait seule transférer la propriété du bien vendu ; et comme cette tradition, qui, dans le droit romain, s'effectuait par la mise de l'acquéreur en possession du bien vendu, ne pouvait s'opérer en Hainaut, que par la deshéritance du vendeur et l'adhéritance de l'acquéreur, Polchet avait véritablement contracté l'obligation de se deshériter du fief de Warne et d'en faire adhériter Mairiaux. Mais la vente n'en avait pas moins été parfaite dès ce moment. Elle avait donc, dès ce moment, produit, au profit de Mairiaux, une action personnelle pour contraindre Polchet à lui faire la *délivrance* du fief, c'est-à-dire, à s'en deshériter et à l'en faire adhériter; et comment, d'après cela, la prescription de cette action aurait-elle pu ne pas commencer à courir contre Mairiaux, dès ce même moment? Aussi l'arrêt lui-même reconnaît-il que c'était à cette époque qu'elle était devenue prescriptible, puisqu'il déclare qu'elle *n'était pas* encore *prescrite lorsque ce dernier fit transcrire le contrat.*

Comment d'ailleurs l'action personnelle de Mairiaux en délivrance du fief de Warne, aurait-elle pu ne *naître* que le jour même de la transcription du contrat qui eût été nécessaire pour que la prescription ne pût en courir que de ce jour? La transcription du contrat, bien loin de lui donner naissance, l'avait éteinte. Car équipollant à une tradition translative de propriété, elle avait nécessairement rempli l'objet de cette action; et elle avait substitué à cette action, une action réelle en délaissement qui, née à cet instant même, n'avait pas pu, aux termes de l'art. 1.er du chap. 107 des chartes générales de Hainaut, se prescrire par les 20 ans et 9 mois écoulés depuis le 30 juillet 1791 jusqu'aux 21 et 30 octobre 1811.

Du reste, on sent qu'une pareille question ne peut plus se représenter sous le Code civil. L'art. 1583 de ce Code attribuant au contrat de vente l'effet de transférer la propriété de plein droit, quoique la chose vendue n'ait pas encore été livrée, il est clair que l'action réelle de l'acquéreur naît au même instant que son action personnelle, et que, par conséquent, la prescription de l'une a le même point de départ que la prescription de l'autre.

Si donc le vendeur, conservant, de fait, la possession de l'immeuble vendu, le vendait ou le donnait, le jour même du contrat, à un tiers de bonne foi qui le possédât ensuite pendant dix ou vingt ans, suivant les distinctions écrites dans l'art. 2265 du Code civil, il n'est point douteux que ce tiers ne pût opposer la prescription à l'acquéreur, quoique l'action personnelle de celui-ci contre le vendeur ne fût pas encore prescrite.

NATION. (1) — §. I. 1.° *Par qui doivent être exercées, en matière criminelle, les actions qui intéressent l'État?*

2.° *A qui appartient spécialement la poursuite du délit de contrefaçon d'un ouvrage littéraire appartenant à l'État?*

V. l'article *Contrefaçon*, §. 2.

§. II. 1.° *L'omission des formalités requises par les lois des 5 novembre 1790 et 27 mars 1791, pour qu'une action puisse être intentée ou soutenue en justice au nom de l'Etat, forme-t-elle un moyen de nullité contre les sentences arbitrales rendues au préjudice du gouvernement, pendant le cours de l'arbitrage forcé?*

2.° *Cette omission peut-elle être couverte par le fait des administrateurs chargés de l'exercice des actions nationales?*

3.° *Ces formalités sont-elles requises pour faire intervenir l'Etat dans une instance déjà liée entre d'autres parties;*

4.° *Sont-elles requises, lorsque l'Etat n'a intérêt dans cette instance, qu'à raison du séquestre dont sont frappés à son profit les biens qui sont l'objet de la contestation?*

5.° *L'Etat, en tenant ces biens sous le séquestre, conserve-t-il aux propriétaires le droit d'attaquer les jugemens rendus à leur préjudice; et les propriétaires peuvent-ils, lorsqu'il s'agit de forêts indivises entre eux et l'Etat, s'aider, après la levée du séquestre, de l'appel que la loi du 28 brumaire an 7 autorise l'Etat à interjeter des sentences arbitrales, qui, pendant le cours de l'arbitrage forcé, les ont adjugées à des communes?*

Ces questions, et une autre qui est indiquée sous le mot *Emigré*, §. 2, ont été discutées à l'audience de la cour de cassation, section civile, les 18 et 19 prairial an 11, entre la commune de Pressigny, demanderesse en cassation d'un arrêt de la cour d'appel de Dijon, le préfet du département de la Haute-Marne, les dames

(1) La première édition de cet ouvrage ayant été publiée sous le régime républicain, si l'on pouvait appeler ainsi le gouvernement consulaire qui n'en avait que le nom, il était naturel que je plaçasse sous le mot *Nation*, des questions qui, aujourd'hui, figureraient mieux sous les mots *Domaine public* ou *Etat*; et je ne les conserve ici que pour ne pas déranger l'ordre dans lequel doivent les chercher, dans cette troisième édition, ceux qui pourraient n'y avoir recours que d'après des indications trouvées dans des ouvrages antérieurs à la forme actuelle du gouvernement.

Roll et Bordeaux, et Jean-Louis-Arnolphe Desmiers, défendeurs. — Voici les conclusions que j'ai données sur cette affaire.

« La demande en cassation sur laquelle vous avez à prononcer, présente à votre examen plusieurs questions importantes. Les faits, les procédures et les jugemens qui y ont donné lieu, vous étant déjà connus, nous ne vous en retracerons qu'une esquisse très-rapide.

» Le 8 septembre 1760, acte notarié par lequel la commune de Pressigny abandonne à Claudine Hudelot, épouse de Louis-Etienne Desmiers-Archiac de Saint-Simon, tous les droits d'usage qu'elle avait jusqu'alors exercés dans les bois appartenans à celle-ci; et Claudine Hudelot, de son côté, lui cède en toute propriété un canton de bois de cent arpens.

» Le 5 août 1792, Jean-Louis-Arnolphe Desmiers, fils de Claudine Hudelot, est inscrit sur la liste des émigrés.

» Le 4 mars 1793, la commune de Pressigny, dûment autorisée par l'administration du département de la Haute-Marne, fait assigner Claudine Hudelot et son mari au tribunal du district de Bourbonne, pour voir déclarer nul l'acte du 8 septembre 1760.

» Le 28 du même mois, Claudine Hudelot et son mari, défendant à cette assignation, concluent à ce que la commune soit déboutée de sa demande, et subsidiairement à ce qu'en cas d'annullation de l'acte du 8 septembre 1760, la commune soit condamnée à leur restituer, non-seulement les cent arpens de bois qu'ils lui ont cédés, mais encore la valeur de la *coupe blanche* qu'elle vient d'en faire.

» Le 3 mai suivant, jugement qui déclare nul l'acte du 8 septembre 1760, et avant faire droit sur la demande reconventionnelle de Claudine Hudelot, ordonne qu'il sera procédé à une expertise pour vérifier si la commune, en faisant la prétendue *coupe blanche*, s'est comportée en bon père de famille.

» Le 27 du même mois, Claudine Hudelot et son mari appellent de ce jugement.

» Le 7 juin suivant, arrêté de l'administration départementale qui autorise la commune à plaider sur cet appel.

» Le 10 du même mois, loi qui, en réglant le mode de partage des biens communaux, attribue à des arbitres forcés, la connaissance de toutes les contestations nées et à naître, même sur appel, qui auront pour objet des propriétés prétendues communales.

» Le 21 ventôse an 2, la commune fait citer Claudine Hudelot et son mari, devant le juge de paix du canton, à l'effet de nommer des arbitres pour prononcer, tant sur leur appel du jugement du 3 mai 1793, que sur la revendication qu'elle entend exercer sur eux de quatre cantons de bois dont elle soutient, d'après un arpentage de 1582, qu'ils ont usurpé la propriété sur elle.

» Le 2 germinal suivant, instruite que les biens de Claudine Hudelot et son mari sont frappés de séquestre, à raison de l'inscription de leur fils sur la liste des émigrés, la commune fait citer, *le président de l'administration du département de la Haute-Marne, dans la personne de l'agent national du district de Bourbonne*, à comparaître, au nom de la république, devant le juge de paix, pour concourir avec Claudine Hudelot et son mari, au choix des arbitres à nommer de leur part.

» Le 4 du même mois, arrêté de l'administration du district de Bourbonne, qui autorise l'agent national, à défendre aux demandes de la commune, et à nommer des arbitres pour y statuer.

» Le 6, se présentent devant le juge de paix un administrateur du district de Bourbonne, porteur d'une procuration de l'agent national, un officier municipal de la commune, et un fondé de pouvoir du cit. et de la dame Desmiers; et d'après le choix qu'ils déclarent respectivement faire d'arbitres, le tribunal arbitral est constitué.

» Le 11 thermidor de la même année, sentence par laquelle les arbitres confirment le jugement du 3 mai 1793; ordonnent, avant faire droit sur la revendication des quatre cantons de bois, que Desmiers et sa femme avoueront ou contesteront, dans le délai d'une décade, les faits articulés à cet égard par les habitans; et déclarent leur sentence commune *avec l'administration du département de la Haute-Marne.*

» Le 27 du même mois, les habitans, après avoir fait homologuer cette sentence par le président du tribunal de district de Bourbonne, la font signifier au cit. et à la dame Desmiers, ainsi qu'à l'administration du département, dans la personne de l'agent national du district. Ils les somment en même temps de nommer un expert pour procéder, conjointement avec celui qu'ils nomment de leur côté, au rapport ordonné par le jugement du 3 mai 1793. Ils concluent, en outre, à ce que pour leur tenir lieu de leurs droits d'usage dans les bois de Pressigny, il leur soit adjugé, à dire d'experts, une certaine quantité de ces bois, par forme de cantonnement.

» Le 25 nivôse an 3, deuxième sentence arbitrale qui contient trois dispositions: 1.° elle nomme d'office, pour le cit. Desmiers, pour Claudine Hudelot, son épouse, et pour l'administration de département, un expert qu'elle charge de procéder, conjointement avec celui qui a été nommé par la commune, au rapport ordonné par le jugement du 3 mai 1793; 2.° elle réintègre la commune dans la propriété des quatre cantons de bois qu'elle avait revendiqués par son exploit du 21 ventôse an 2; 3.° elle ordonne, *du consentement des parties, et d'après leurs conclusions respectives prises à cet égard*, que, par experts convenus ou nommes d'office, il sera procédé au cantonnement demandé par la commune.

» Le 21 ventôse suivant, arrêté de l'administration du département de la Haute-Marne, qui mérite une attention particulière.

» Par exploit du 18 février 1793, la commune de Pressigny (qui déjà avait obtenu de l'administration du département l'autorisation nécessaire pour actionner le cit. et la dame Desmiers en nullité de l'acte du 8 septembre 1760), avait formé opposition aux coupes que faisait dans 125 arpens des bois sur lesquels elle entendait revendiquer ses anciens droits d'usage, un cit. Buisson, maître des forges, cessionnaire du bail que le cit. et la dame Desmiers avaient précédemment fait au cit. Roy, des coupes de la totalité de ces bois.

» D'après cette opposition, le cit. et la dame Desmiers avaient, par acte du 3.e jour complémentaire an 2, déclaré à la commune, qu'il leur importait *de régler promptement les droits d'usage qui lui avaient été adjugés* par la sentence arbitrale du 11 thermidor précédent, confirmative du jugement du 3 mai 1793, que ce réglement devait être fait, comme si la transaction du 8 septembre 1760 n'eût jamais existé; que les experts qui procéderaient à ce réglement, devraient estimer les 100 arpens de futaie cédés à la commune par la transaction, et compenser le prix auquel cette futaie serait évaluée, avec le droit d'usage; qu'en conséquence, la commune était invitée à ne plus apporter d'obstacle à la coupe dont le cit. Roy, fermier sortant de Pressigny, avait fait cession au cit. Buisson, *puisque ce droit devait se réduire à un cantonnement; si mieux n'aimait la commune prendre ce droit dans les 125 arpens mis en coupe, ou en faire faire l'estimation contradictoirement avec le cit. Buisson, auquel ils donnaient tout pouvoir à cet effet; laquelle estimation serait prise en considération dans le cantonnement à faire.*

» Le 3 nivôse an 3, sur la pétition du cit. Buisson, les administateurs du département de la Haute-Marne avaient pris un arrêté qui autorisait ce particulier à continuer l'exploitation des 125 arpens de bois, à la charge d'en payer le prix comme de droit.

» C'est sur l'opposition formée par la commune à cet arrêté, qu'est intervenu celui du 21 ventôse an 3. Il vise, sans improbation ni réserve, le jugement du 3 mai 1793; la sentence arbitrale du 11 thermidor an 2, et celle du 25 nivôse an 3. Il rapporte, d'après ce qui résulte de cette seconde sentence, l'arrêté du 11 nivôse, remet les parties au même état où elles étaient avant cet arrêté, déclare qu'elles peuvent poursuivre leurs droits respectifs devant les arbitres comme elles trouveront convenir, *et arrête que l'agent national du district continuera de veiller, dans cette instance, aux intérêts de la république.*

» Le 3 prairial an 3, la dame Bordeaux, la dame Roll et Gabrielle-Renée Desmiers, filles du cit. Desmiers et de Claudine Hudelot, dénoncent à la commune le décès de leur mère, arrivé dès le 5 nivôse précédent.

» Là s'arrêtent les procédures devant les arbitres.

» Le 21 germinal et le 18 messidor an 5, c'est-à-dire, long-temps après l'abolition de l'arbitrage forcé, la commune reprend l'instance devant le tribunal civil du département de la Haute-Marne; elle y fait assigner le cit. Desmiers, ses trois filles et le commissaire du gouvernement près l'administration départementale; et elle conclut à ce qu'ils soient tenus de procéder devant ce tribunal sur l'exécution des jugemens des 3 mai 1793, 11 thermidor an 2 et 25 nivôse an 3.

» Le 7 thermidor suivant, comparution de toutes les parties devant le tribunal civil; et sur l'exposé que Jean-Louis-Arnolphe Desmiers est rayé de la liste des émigrés, jugement qui ordonne sa mise en cause.

» Le 13 fructidor de la même année, jugement dans les qualités duquel figure Jean-Louis-Arnolphe Desmiers. Le tribunal, en donnant acte à toutes les parties de ce qu'elles reprennent l'instance, ordonne qu'elles procèderont suivant les derniers erremens, et que les experts nommés par la sentence arbitrale du 25 nivôse an 3, prêteront serment conformément à la loi du 16 thermidor an 4.

» Ce jugement est exécuté: les experts prêtant serment, ils commencent leurs opérations; le 27 vendémiaire an 7, ils en déposent le procès-verbal qui contient, en substance, 1.° l'assertion que la commune s'est comportée en bon père de famille dans la coupe des cent arpens cédés par le traité de 1760; 2.° l'indication d'un cantonnement pour tenir lieu à la commune de ses droits d'usage; 3.° le bornage des quatre cantons de bois dans la propriété desquels la commune a été réintégrée par la sentence du 25 nivôse an 3.

» Dans l'intervalle, Jean-Louis-Arnolphe Desmiers avait été rétabli sur la liste des émigrés; et Gabrielle-Renée Desmiers, l'une de ses trois sœurs, était morte. Par cette double circonstance, la succession de Claudine Hudelot se trouvait appartenir pour un tiers à la dame Bordeaux, pour un tiers à la dame Roll, et pour un tiers à la république.

» Les 6 ventôse, 24 et 25 germinal an 7, la commune de Pressigny fait signifier le procès-verbal des experts à la dame Bordeaux, à la dame Roll et au commissaire du gouvernement près l'administration du département, avec assignation pour les voir entériner.

» L'administration du département suspend

le cours de cette procédure, en ordonnant, d'après la loi du 28 brumaire an 7, le dépôt des titres de la commune à son secrétariat.

» Le 7 germinal an 8, l'administration du département du Doubs procède au partage de la succession de Claudine Hudelot, entre la république et les dames Roll et Bordeaux; et par l'arrêté qui consomme ce partage, elle ordonne la main-levée du séquestre qui, jusqu'à cette époque, avait été apposé sur les parts de celles-ci.

» Le 29 floréal suivant, le préfet du département de la Haute-Marne, se fondant sur la loi du 28 brumaire an 7, fait citer la commune de Pressigny devant le tribunal civil, pour voir dire qu'il sera reçu appelant des sentences arbitrales des 11 thermidor an 2 et 25 nivôse an 3; que ces sentences et les procédures qui les ont précédées et suivies, seront déclarées nulles et comme non-avenues, *par rapport à la république;* qu'il sera reçu tiers-opposant au jugement du tribunal de district de Bourbonne, du 3 mai 1793, ainsi qu'aux procédures sur lesquelles ce jugement est intervenu; qu'en conséquence, les parties seront remises au même état qu'auparavant, et la commune tenue d'abandonner à la république la jouissance des bois dans lesquels elle s'est fait irrégulièrement réintégrer, *et ce pour les parts et portions que la république amende* dans le partage fait entre elle et les sœurs Desmiers, avec restitution des fruits.

» Les choses en cet état, paraît la loi du 27 ventôse an 8, qui supprime le tribunal civil du département de la Haute-Marne, lequel par la nature de ses attributions, pouvait connaître à la fois de l'appel interjeté par le préfet des jugemens des 11 thermidor an 2 et 25 nivôse an 3, et de la tierce-opposition formée par le même administrateur au jugement de première instance du 3 mai 1793. Le tribunal d'appel de Dijon lui est subrogé par la même loi pour la connaissance de l'appel; mais non pas pour celle de la tierce-opposition.

» En conséquence, le préfet abandonne, quant à présent, devant ce tribunal, l'article de ses premières conclusions par lequel il avait demandé à être reçu tiers-opposant au jugement du 3 mai 1793, et se réserve seulement de prendre contre ce jugement telle voie de droit qu'il avisera; mais il persiste dans l'article de ces mêmes conclusions qui tendaient à le faire recevoir appelant des sentences arbitrales; il demande que ces *prétendues* sentences et les procédures sur lesquelles elles ont été rendues, soient déclarées nulles, *sous la réserve de fournir tous moyens au fond, dans le cas où le tribunal d'appel n'accueillerait pas celui de nullité;* et il conclut en outre à ce que le jugement à intervenir soit déclaré commun avec les dames Bordeaux et Roll.

» Ainsi, le préfet ne demande plus seulement, comme il le faisait devant le tribunal civil de la Haute-Marne, l'annullation des sentences arbitrales, en tant qu'elles préjudicient à la république; il la demande purement et simplement, et même pour l'intérêt des dames Roll et Bordeaux.

» Les dames Roll et Bordeaux adhèrent aux conclusions du préfet.

» De son côté, la commune de Pressigny conclut à ce que le préfet soit déclaré non-recevable dans sa tierce-opposition; à ce qu'il soit, quant à son appel, débouté de ses moyens de nullité; et à ce que, relativement à ses conclusions à fin de déclaration de jugement commun avec les dames Bordeaux et Roll, il soit déclaré tout à la fois non-recevable et non fondé.

» Le 23 nivôse an 10, jugement par lequel « considérant que, dans l'instance dont il s'agit, » le président de l'administration centrale du » département de la Haute-Marne n'a point été » partie, mais seulement l'agent national du » district de Bourbonne, lequel n'a pu représenter la nation, et ne pouvait défendre dans » la cause sans l'autorisation du directoire du » département, qu'il résulte de là une contravention formelle aux art. 13 et 14 de la loi » du 27 mars 1791; — Que la commune de » Pressigny n'a point adressé ni déposé à l'administration du département un mémoire » expositif de sa demande, ainsi que l'exige la » loi du 5 novembre 1790, dans toutes les causes » où la nation se trouve intéressée; — Que, » suivant la loi du 10 juin 1793, chaque partie » a le droit de nommer ses arbitres, sans quoi » il ne peut y avoir de tribunal arbitral valablement constitué; — Que, dans le fait, le » président de l'administration du département » qui seul, au nom de la nation, représentait » le fils Desmiers, n'a point eu ce droit; — » Que cette opération est une violation manifeste » de cette loi, qui rend la procédure en question » nulle et irrégulière dès son principe jusqu'à » sa fin; — Considérant que le préfet du département de la Haute-Marne se réservant » de se pourvoir, soit par tierce-opposition, » soit autrement, contre le jugement rendu au » tribunal du district de Bourbonne le 3 mai » 1793, c'est le cas de lui donner acte de ses » réserves; — Considérant que l'objet des instances sur lesquelles les sentences dont il s'agit, » ont été rendues, était et est encore commun » entre la république et les héritiers Desmiers; » — Que leurs titres, leurs moyens de défense » étaient communs, et que leur condamnation » a été prononcée par des dispositions qui leur » sont également communes; — Que toutes les » lois sont d'accord que, dans ces circonstances, » l'appellation d'une seule partie, si elle est » fondée, opère la réformation du jugement

» pour le tout, et profite même à celles qui » n'en ont point appelé; — Qu'ainsi, la république faisant réformer les sentences dont il » s'agit, le succès doit être commun, comme » l'avait été la condamnation, avec ses co-propriétaires »; le tribunal d'appel de Dijon, prononçant sur l'appel interjeté par le préfet, des *prétendues sentences* des 11 thermidor an 2 et 20 nivôse an 3, les déclare nulles et de nul effet, ainsi que toute la procédure qui les a précédées et suivies; donne acte au préfet de ses réserves de se pourvoir, soit par tierce-opposition, soit autrement, contre le jugement du 3 mai 1793; et statuant, tant sur les conclusions du préfet que sur celles des dames Roil et Bordeaux, déclare le jugement commun avec ces dernières; condamne la commune de Pressigny à tous les dépens.

» C'est de ce jugement que la commune de Pressigny vous demande la cassation; sa requête a été admise le 7 vendémiaire dernier, et il s'agit maintenant de discuter ses moyens en présence de toutes les parties.

» Nous disons, *en présence de toutes les parties;* car bien que le préfet du département de la Haute-Marne nous ait écrit qu'il entendait se retirer de l'instance, et que Jean-Louis-Arnolphe Desmiers, maintenant rayé de la liste des émigrés, devait y prendre sa place, nous n'avons cependant pas cru devoir donner suite à sa lettre, et la raison en est simple : la république ne pourrait, en ce moment, se retirer de l'instance, sans offrir les dépens faits entre elle et la commune de Pressigny; or, cette offre, le préfet du département de la Haute-Marne ne nous a pas dit qu'il fût dans son intention ni dans ses pouvoirs de la faire; nous n'avons donc pas pu la faire de notre propre chef; nous n'avons donc pas pu demander que le préfet du département de la Haute-Marne fût mis hors de cause. — Du reste, pour le fond, Jean-Louis-Arnolphe Desmiers est effectivement à la place du préfet. Réintégré dans son état de citoyen français et dans ses propriétés précédemment confisquées, il vient, non pas exercer une intervention proprement dite, auquel cas il y aurait lieu d'examiner le prétendu vice de forme qu'on lui oppose, et qu'il a d'ailleurs couvert par une requête d'intervention expresse, mais reprendre l'instance dans laquelle la république a figuré avant lui et pour lui; et nous nous réservons d'établir, quand il en sera temps, qu'il est recevable dans son action en reprise. — Passons aux moyens de cassation de la commune de Pressigny.

» Ces moyens sont au nombre de six, et le premier consiste à dire que le tribunal de Dijon en admettant l'appel de la sentence arbitrale du 11 thermidor an 2, a tout à la fois violé l'art. 5 du tit. 27 de l'ordonnance de 1667, concernant l'autorité de la chose jugée, et l'art. 6 de la loi du 3 brumaire an 2; qu'il a violé l'art. 5 du tit. 27 de l'ordonnance de 1667, en ce que la sentence du 11 thermidor an 2 ayant été, dans son premier chef, rendue sur l'appel du jugement du tribunal du district de Bourbonne, du 3 mai 1793, les deux degrés de juridiction se trouvaient à cet égard épuisés, et l'autorité de la chose jugée irrévocablement acquise à la commune; qu'il a violé l'art. 6 de la loi du 3 brumaire an 2, en ce que, dans son second chef, la même sentence était purement préparatoire, et par conséquent à l'abri de l'appel jusqu'au jugement définitif.

» Ce moyen est spécieux, mais est-il concluant? Il ne l'est pas dans sa première branche; car, comme vous l'avez dit vous-même, dans un jugement du 23 messidor an 9, rendu au rapport du cit. Babille, la loi du 28 brumaire au 7, *en autorisant* les agens de la république *à appeler des jugemens arbitraux rendus contre ses intérêts, introduit un droit nouveau qui ne permet pas d'appliquer à l'appel de ces jugemens les dispositions des autres lois.* Et en effet, ces jugemens avaient été rendus en dernier ressort; on n'aurait conséquemment pas pu en appeler, si l'on s'en était tenu à la loi générale qui ne soumet les jugemens en dernier ressort qu'au recours en cassation; et cependant la loi du 28 brumaire an 7 veut que l'appel en soit reçu. Elle le veut sans distinguer si c'est en première ou en seconde instance qu'ils ont été rendus; et c'est un principe élémentaire que nous ne devons pas distinguer là où le législateur n'a pas jugé à propos de le faire. — Il y a plus, l'art. 5 de la loi excepte de la faculté d'appeler qu'elle introduit, *ceux des jugemens arbitraux qui n'auront fait que confirmer des premiers jugemens rendus en faveur des communes par les tribunaux de l'ancien régime;* et par là, le législateur prouve bien clairement qu'il entend assujettir à l'appel les sentences arbitrales confirmatives des jugemens rendus en faveur des communes, par les tribunaux de nouvelle création : car ces sentences, par cela seul qu'elles ne sont pas comprises dans l'exception, rentrent nécessairement sous l'empire de la règle générale; et la règle générale est qu'en matière de bois et de forêts, les jugemens arbitraux rendus en faveur des communes, sont susceptibles d'appel de la part de la république.

» Quant à la seconde branche du premier moyen de la commune de Pressigny, l'art. 6 de la loi du 3 brumaire an 2, sur lequel on la fonde, suffit seul pour la renverser. Aux termes de cet article, on ne peut pas appeler des jugemens préparatoires, tant que le jugement définitif n'est pas rendu. On peut donc en appeler, après que le juge a prononcé définitivement. Or, dans notre espèce, les arbitres avaient prononcé définitivement, lorsque le préfet de la Haute-Marne a appelé de la disposition préparatoire de la sentence du 11 thermidor an 2 : car par leur sentence du 21 nivôse an 3, ils avaient adjugé à la commune la propriété des quatre cantons de bois qui étaient l'objet de cette disposition préparatoire.

» Le deuxième moyen de cassation de la commune est tiré de la loi du 28 brumaire an 7. Cette loi, suivant la commune, a reçu, de la part du tribunal d'appel de Dijon, une application doublement fausse. — Le tribunal d'appel de Dijon l'a faussement appliquée à une sentence rendue par des arbitres sur l'appel d'un jugement émané d'un tribunal ordinaire, tandis qu'elle ne concerne que les sentences arbitrales rendues en première instance. — Il l'a faussement appliquée à une sentence qui n'avait pour objet, ni une forêt que la république prétendit nationale, ni une revendication de forêts formée contre la république, mais la simple réclamation d'un droit d'usage; tandis que cette loi ne soumet à l'appel que les sentences arbitrales *qui ont adjugé* aux communes *la propriété de certaines forêts* que la république soutenait faire partie de son domaine.

» Ainsi, le second moyen de la commune se partage, comme le premier, en deux branches.

» La première n'est que la répétition de la première partie du premier moyen; il est, par conséquent, inutile de nous y arrêter.

» La seconde est-elle mieux fondée? Non, et c'est une vérité facile à saisir.

» D'une part, les bois de Pressigny, qui sont l'objet de la sentence arbitrale du 11 thermidor an 2, étaient, à l'époque de cette sentence, séquestrés au profit de la république, à raison de l'émigration du fils de Claudine Hudelot. La république avait donc intérêt que ces bois fussent jugés avoir appartenu, avant cette émigration, à Claudine Hudelot elle-même, puisque c'était pour la république un moyen assuré, non-seulement de jouir exclusivement de ces bois, tant que le séquestre subsisterait, mais encore d'en distraire une portion en toute propriété, au moment où Claudine Hudelot viendrait à mourir. Dès là, le jugement arbitral du 11 thermidor an 2 se trouvait nécessairement frappé de la suspension prononcée par la loi du 7 brumaire an 3; car, aux termes de la loi du 10 floréal suivant, la loi du 7 brumaire an 3 était applicable à toutes les forêts *dans la possession desquelles la nation* avait ou aurait *quelque intérêt.* Dès là encore, le jugement arbitral du 11 thermidor an 2 se trouvait nécessairement soumis à l'appel introduit par la loi du 28 brumaire an 7; car la loi du 28 brumaire an 7 n'a pas eu d'autre objet que de lever la suspension dont les jugemens arbitraux avaient été frappés par la loi du 7 brumaire an 3, et de substituer à cette mesure la faculté d'appeler de ces jugemens. Dès là par conséquent tombe et disparaît la première raison sur laquelle la commune de Pressigny étaye la seconde branche de son premier moyen.

» D'un autre côté, la commune de Pressigny s'était fait adjuger à la fois, et la propriété de quatre cantons de bois de son territoire, et un droit d'usage universel sur le surplus. — Ainsi, sur le premier objet, la commune était bien évidemment dans le cas prévu par la loi du 28 brumaire an 7. — Et elle ne l'était pas moins évidemment sur le second; car, la loi du 28 brumaire an 7 n'est pas moins applicable aux sentences arbitrales qui ont adjugé aux communes des droits d'usage, et par conséquent des propriétés partiaires, qu'à celles qui leur ont adjugé des propriétés intégrales. — Ce qui le prouve, c'est que la loi du 7 brumaire an 3 suspendait *toute exploitation de bois dans lesquels des communes seraient entrées en vertu de sentences arbitrales*, et qu'elle ne distinguait pas si c'était comme propriétaires, ou à titre d'usagères, que les communes avaient été mises en possession de ces bois. — Ce qui le prouve encore mieux, c'est que la loi du 10 floréal de la même année, en appliquant la loi du 9 brumaire aux forêts dans la possession desquelles la nation avait ou aurait quelque intérêt, autorisait *le comité des finances à prononcer sur les réclamations qui seraient faites contre les dispositions de cette loi, lorsqu'elles auraient pour objet* LA PROPRIÉTÉ OU LE DROIT D'USAGE *dans ces forêts.* — Ce qui enfin met le dernier trait à cette démonstration, c'est la manière dont s'explique la loi du 29 germinal dernier, en levant la suspension dont celle du 29 floréal an 3 avait, par une extension de celle du 7 brumaire, frappé les jugemens des tribunaux civils rendus au profit de communes en matière des forêts : *les communes*, porte-t-elle, *qui ont obtenu, dans les tribunaux civils, des jugemens qui leur ont adjugé des droits de propriété* OU D'USAGE, *soit dans les forêts nationales, soit dans celles où la république a quelque intérêt, et à l'exécution desquels il a été sursis par la loi du 20 floréal an 3, produiront pardevant le préfet de leur département, lesdits jugemens et les pièces justificatives dans le délai de six mois*..... — Aussi avez-vous constamment décidé qu'il n'y avait, à cet égard, aucune distinction à faire entre les sentences arbitrales qui avaient adjugé aux communes des droits de propriété, et les sentences arbitrales qui ne leur avaient adjugé que des droits d'usage; et, par exemple, le 25 germinal an 10, vous avez cassé, au rapport du cit. Maleville et sur nos conclusions, un jugement du tribunal d'appel de Besançon, rendu en faveur des communes de Domblans, Voitteur et Blandan, qui s'étaient fait adjuger, pendant le cours de l'arbitrage forcé, un droit d'usage sur une forêt nationale; vous l'avez cassé, disons-nous, nonobstant les efforts qu'on avait faits à votre audience pour établir que l'appel introduit par la loi du 28 brumaire an 7, n'était pas applicable aux jugemens arbitraux qui n'avaient accordé aux communes que des droits d'usage (1).

» Le troisième moyen de la commune de Pressigny est relatif à la sentence arbitrale du 25 nivôse an 3. Suivant la commune, le tribunal d'appel de Dijon a violé, en recevant l'appel de cette sentence, la loi du 24 août 1790, celle du 3 brumaire an 2 et celle du *contrat judiciaire*.

» En quoi donc a-t-il violé la loi du 24 août 1790? C'est, dit la commune, parce que, dans le droit, cette loi n'établit que deux degrés de juridiction; parce que, dans le fait, la sentence arbitrale du 25 nivôse an 3 n'étant, quant au cantonnement qu'elle ordonne, que la suite et l'exécution de celle du 11 thermidor an 2, on doit regarder cette sentence comme rendue sur l'appel du jugement du 3 mai 1793; et parce que de là il résulte que cette sentence n'était pas soumise à la faculté d'appeler, introduite par la loi du 28 brumaire an 7.

» Mais déjà nous avons prouvé que la loi du 28 brumaire an 7 soumet à l'appel les jugemens arbitraux rendus sur l'appel des jugemens émanés des tribunaux de district, comme les jugemens arbitraux rendus en première instance. Ainsi, cette première branche du troisième moyen de la commune tombe d'elle-même.

» Et en quoi le tribunal d'appel de Dijon a-t-il violé la loi du 3 brumaire an 2? Il l'a violée, suivant la commune, parce que cette loi n'admet point l'appel des jugemens préparatoires, et que la sentence arbitrale du 25 nivôse an 3 était purement préparatoire dans celle de ses dispositions qui ordonnait une expertise pour parvenir au cantonnement demandé par la commune.

» Oui, sans doute, cette disposition était purement préparatoire, mais elle était la suite d'une disposition bien définitive de la sentence du 11 thermidor an 2, qui avait réintégré la commune dans ses anciens droits d'usage sur les bois de Pressigny; et dès là, elle était nécessairement passible du même appel que la sentence du 11 thermidor an 2; car il eût été absurde de laisser subsister un interlocutoire qui ne tendait qu'à l'exécution de cette sentence : *cùm principalis causa non subsistit, nec ea quæ sequuntur locum habere debent*. La loi du 3 brumaire an 2 n'interdit que l'appel isolé des jugemens préparatoires; elle n'interdit pas l'appel des jugemens préparatoires, lorsqu'il est cumulé avec l'appel des jugemens définitifs dont ils ne sont que la suite. Si les arbitres avaient fait, par une seule sentence, ce qu'ils ont fait par deux sentences séparées; si la sentence arbitrale du 11 thermidor an 2 avait tout à la fois réintégré la commune dans ses anciens droits d'usage, et ordonné une nomination d'experts pour procéder au cantonnement, très-certainement le préfet de la Haute-Marne eût pu appeler de toutes les dispositions de ce jugement; et par quelle bizarrerie n'aurait-il pas eu la même faculté, d'après le parti qu'ont pris les arbitres de n'ordonner la nomination d'experts que par la sentence du 25 nivôse an 3? Par quelle bizarrerie une disposition qui aurait été sujette à l'appel, si elle se fût trouvée dans la première sentence, en serait-elle affranchie pour être renfermée dans la seconde?

» Enfin, en quoi le tribunal d'appel de Dijon a-t-il violé *la loi du contrat judiciaire?* La commune de Pressigny répond qu'il l'a violée, parce que la sentence arbitrale du 25 nivôse an 3 n'avait ordonné l'expertise que *du consentement de toutes les parties*.

» Mais 1.° le consentement donné par toutes les parties à la nomination des experts, n'a pas pu former un *contrat* obligatoire pour les suites que devait avoir l'expertise, pourquoi? Parce que ce consentement était forcé; parce qu'il se référait à la sentence arbitrale du 11 thermidor an 2, qui avait réintégré la commune dans ses anciens droits d'usage; parce qu'il n'existait alors ni recours en cassation, ni voie d'appel contre cette sentence; parce que cette sentence était alors d'une exécution indispensable et irrésistible; parce qu'enfin l'effet du consentement donné par toutes les parties à la nomination d'experts, a dû cesser, a cessé réellement, du moment que la loi a eu ouvert la voie d'appel contre la sentence qui avait nécessité ce consentement.

» 2.° L'agent national du district de Bourbonne n'a pas pu lier la nation par un consentement donné au nom de l'administration du département de la Haute-Marne; eh! comment l'aurait-il pu? si cette administration eût donné elle-même un pareil consentement par un arrêté, cet arrêté ne pourrait pas aujourd'hui être opposé à la nation. *La Convention nationale*, porte la loi du 29 floréal an 3, *décrète que la loi du 7 brumaire an 3, relative aux bois dont les communes ont été mises en possession* par des sentences arbitrales, *s'applique aux réintégrations prononcées par des jugemens des tribunaux, ou* PAR DES ARRÊTÉS DE DÉPARTEMENS. Ainsi, quand l'administration de la Haute-Marne aurait, par un arrêté, adjugé elle-même un cantonnement à la commune de Pressigny, ce cantonnement serait aujourd'hui comme non-avenu, et il faudrait tout recommencer en justice ré-

(1) *V.* l'article *Usage (droit d')*.

glée; et l'on voudrait qu'un consentement donné à son insu et sans sa participation, à une expertise qui n'était que le préliminaire d'un cantonnement, eût plus de force qu'un arrêté qu'elle aurait pris! Cela est, nous ne craignons pas de le dire, souverainement déraisonnable.

» Pour quatrième et cinquième moyens, la commune de Pressigny prétend que le tribunal d'appel de Dijon a faussement appliqué l'art. 15 du tit. 3 de la loi du 5 novembre 1790, et les art. 13 et 14 de la loi du 27 mars 1791.

» Elle convient cependant que la citation signifiée par elle à l'agent national du district de Bourbonne, le 2 germinal an 2. n'avait pas été précédée du dépôt d'un mémoire, tant au secrétariat du district même, qu'à celui de l'administration départementale; et dès-là, il semble que cette citation, les procédures et les sentences arbitrales qui s'en sont ensuivies, doivent être considérées comme nulles, puisque, par l'article 15 du tit. 3 de la loi du 5 novembre 1790, il est dit qu'*il ne pourra être intenté aucune action contre le procureur-général syndic, en sa qualité, par qui que ce soit, sans qu'au préalable on ne se soit pourvu par simple mémoire, d'abord au directoire du district; pour donner son avis, ensuite au directoire du département, pour donner une décision, à peine de nullité*.

» La commune convient aussi que l'agent national du district de Bourbonne n'avait été autorisé par l'administration départementale, ni à concourir au choix des arbitres, ni à défendre aux prétentions des habitans; et dès-là il semble qu'il y avait lieu d'appliquer à cette affaire, comme l'a fait le tribunal d'appel de Dijon, l'article 13 de la loi du 27 mars 1791, suivant lequel *les actions relatives aux domaines nationaux ou propriétés publiques*, NE POURRONT *être intentées ou soutenues par un directoire de district, qu'avec l'autorisation du directoire du département*: et quoique cet article ne porte pas expressément la peine de nullité, on ne peut douter néanmoins qu'elle n'y doive être sous-entendue: d'abord, parce qu'il s'agit là des formes de la procédure, et qu'aux termes de l'art. 2 de la loi du 4 germinal an 2, toute contravention aux lois émanées de nos assemblées nationales sur les formes de la procédure, emporte nullité de plein droit; ensuite, parce que ces mots, *ne pourront*, emportent également de plein droit la peine de nullité, suivant cette célèbre maxime de Dumoulin (1): *Negativa præposita verbo potest, tollit potentiam juris et facti, et inducit necessitatem præcisam, designans actum impossibilem.*

» Et qu'on ne vienne pas dire qu'il n'est pas ici question de biens véritablement nationaux, mais seulement de biens séquestrés pour cause d'émigration du fils de la personne à laquelle ils appartenaient. Le séquestre national, tant qu'il dure, assimile évidemment aux domaines nationaux, les biens sur lesquels il frappe; et si une vérité aussi simple avait besoin d'une preuve positive, on la trouverait dans le décret rendu le 23 germinal an 2, sur le doute proposé par un tribunal criminel, *si l'enlèvement d'effets mis sous la main de la nation, en exécution de la loi du 17 frimaire, relative aux pères et mères d'émigrés, doit être jugé et puni comme enlèvement d'effets nationaux;* le décret porte *que les effets mis sous la main de la nation, doivent être considérés provisoirement comme nationaux; et que chercher à les soustraire au séquestre et à l'exercice des droits de la nation, c'est bien manifester l'intention de voler la nation elle-même.* Assurément si les biens séquestrés sont réputés nationaux, en matière criminelle, ils doivent l'être également, et à bien plus forte raison, en matière civile.

» Qu'on ne vienne pas dire non plus que les lois des 5 novembre 1790 et 27 avril 1791 n'étaient pas applicables, pendant le cours de l'arbitrage forcé, aux contestations qui, par leur nature, devaient être jugées dans cette forme. Les lois qui avaient établi l'arbitrage forcé, n'avaient dérogé, ni à celle du 5 novembre 1790, ni à celle du 27 mars 1791. Ces deux dernières lois devaient donc être exécutées dans les affaires jugées en arbitrage forcé, comme elles ont toujours dû et comme elles doivent encore l'être dans les affaires jugées par les tribunaux ordinaires. C'est d'ailleurs ce qu'a décidé, de la manière la plus formelle, un jugement du tribunal de cassation, du 4 vendémiaire an 6, rendu en faveur du mineur Custine.

» Les biens du général Custine ayant été confisqués par jugement du tribunal révolutionnaire, la commune de Gosseneling avait fait citer, *en floréal an 2*, l'agent national de son district, devant le juge de paix du canton, à l'effet de nommer des arbitres pour statuer sur la revendication qu'elle entendait exercer de différens héritages prétendus usurpés sur elle par son ci-devant seigneur. L'agent national avait fait sur cette citation, ce qu'a fait, à peu près dans le même temps, l'agent national du district de Bourbonne, sur la citation qu'il avait reçue de la part de la commune de Pressigny: il s'était présenté devant le juge de paix; et des arbitres avaient été nommés, tant par lui que par la commune de Gosseneling. Ces arbitres avaient, en conséquence, rendu, dès le lendemain, un jugement qui expropriait la nation. Mais après la restitution des biens des condamnés à leurs familles, la veuve Custine, en qualité de tutrice de son fils, s'est pourvue contre ce jugement au tribunal de cassation, et voici dans quels termes

---

(1) Sur la loi 1, D. *de verborum obligationibus*, n. 2.

vous l'avez annullé : « Attendu que, dans l'instance arbitrale dont il s'agit, le procureur-» général syndic du département n'a point été » partie, mais seulement le directoire du dis-» trict, lequel n'a pu valablement représenter » la nation, et ne pouvait défendre dans la » cause, sans l'autorisation du directoire de dé-» partement; d'où il résulte une contravention » formelle aux art. 13 et 14 de la loi du 27 mars » 1791; — Attendu que la commune de Gosse-» neling n'a point adressé ni déposé à l'adminis-» tration du département, un mémoire expositif » de sa demande, ainsi que l'exige la loi du 5 » novembre 1790, dans toutes les causes où la » nation se trouve intéressée; — Le tribunal » casse et annulle..... ».

» Comment donc la commune de Pressigny peut-elle venir ici accuser le tribunal d'appel de Dijon, d'avoir appliqué à faux les deux lois sur lesquelles il s'est fondé pour déclarer nuls les jugemens arbitraux des 11 thermidor an 2 et 25 nivôse an 3, ainsi que les procédures sur lesquelles ils étaient intervenus? Cette accusation paraît tomber d'elle-même; cependant il faut examiner les raisons sur lesquelles la commune cherche à la baser.

» D'abord, elle oppose à l'application de la loi du 5 novembre 1790, que cette loi n'est relative qu'au cas où il s'agit d'intenter une *action principale et directe* contre la nation. Dans l'espèce, dit-elle, il n'a pas été intenté d'action de cette nature contre la république; seulement on a fait intervenir la république dans une instance déjà liée avec des tiers; en y intervenant, elle a dû prendre les choses dans l'état où elles se trouvaient.

» Deux réponses, l'une générale, l'autre particulière aux circonstances de cette affaire.

» En thèse générale, l'art. 15 de la loi du 5 novembre 1790 ne distingue pas entre les actions *principales* ou *directes* et les autres actions; il dit *aucune action*, et ces termes n'admettent ni exception ni réserve.

» La chose, déjà assez claire par elle-même, le deviendra encore davantage par la combinaison de cet article avec les deux qui le précèdent.

» L'art. 13 commence par établir que *toutes actions en justice, principales*, INCIDENTES OU EN REPRISE, *qui seront intentées par les corps administratifs, le seront au nom du département, poursuite et diligence du procureur-général-syndic; et ceux qui voudront en intenter contre ces corps, seront tenus de les diriger contre ledit procureur-général-syndic*. Ainsi, c'est par le procureur général-syndic que doivent être intentées et soutenues toutes les actions qui intéressent la nation; et non-seulement la loi n'excepte pas de cette règle les actions *incidentes*, mais elle les y comprend en termes exprès; elle fait plus, elle soumet même à cette règle l'action *en reprise*, c'est-à-dire, le simple fait du renouement d'une instance commencée, soit par un corps supprimé, soit par un individu dont les biens sont dévolus à la nation par droit de déshérence ou de confiscation.

» Mais ces actions *principales, incidentes* et *en reprise*, le procureur-général-syndic pourra-t-il les intenter, pourra-t-il y défendre de son chef? Non.

» Il ne pourra, porte l'art. 14, *intenter aucune action* (c'est-à-dire, aucune des actions dont il est parlé dans l'article précédent, aucune action, soit *principale*, soit *incidente*, soit *en reprise*), *qu'ensuite d'un arrêté du directoire du département, pris sur l'avis du directoire du district, à peine de nullité.*

» Et il ne pourra en soutenir *aucune*, ou, ce qui est la même chose, *il ne pourra en être exercé aucune* contre lui, en sa qualité, *sans qu'au préalable, on ne se soit pourvu par simple mémoire..., aussi à peine de nullité*. C'est la disposition de l'art. 15. Bien évidemment le mot *aucune*, se réfère dans cet article, comme dans l'art. 14, aux actions dont il est parlé dans l'art. 13, aux actions *incidentes* comme aux actions *principales*, aux actions *en reprise* d'instances commencées avec des parties auxquelles la nation a succédé depuis, comme aux actions à intenter directement contre la nation elle-même. — Il y a donc *nullité*, toutes les fois qu'une action *incidente* est intentée contre le procureur-général-syndic, sans dépôt préalable d'un mémoire. — Il y a donc nullité, toutes les fois que, sans dépôt préalable d'un mémoire, on assigne le procureur-général-syndic en reprise d'une instance commencée avant que la nation y eût intérêt. — Il n'est donc pas vrai que ce dépôt préalable ne soit pas nécessaire, lorsqu'il ne s'agit que de faire intervenir la nation dans une instance déjà liée avec des tiers, puisque l'action par laquelle on l'y fait intervenir, ne peut être considérée que comme une action, soit *incidente*, soit *en reprise*. — La commune de Pressigny a donc dû, à peine de nullité, déposer un mémoire, avant de faire intervenir la nation dans la cause qu'elle avait précédemment intentée contre Claudine Hudelot et son mari.

» Telle est la réponse générale que nous avons pris l'engagement de faire à la commune de Pressigny. En voici une autre tirée des circonstances particulières de la cause.

» Lorsque, par exploit du 4 mars 1793, la commune de Pressigny a intenté son action contre Claudine Hudelot, Claudine Hudelot ne pouvait plus y défendre valablement. Son fils était, depuis le 5 août 1792, inscrit sur la liste des émigrés; et par là, elle se trouvait, à compter du 1.er février 1793, frappée d'un séquestre général dans tous ses biens. Car c'est un véritable séquestre que prononcent les art. 4 et 5 de la loi du 28 mars 1793, lorsqu'ils déclarent nulles toute vente, toute cession, toute disposition, toute hypothèque que les pères et mères d'émigrés ont pu faire de leurs biens, depuis le 1.er février précédent. Ils ne le disent pas, à la vérité, en termes exprès, mais leur intention n'est pas équivoque, et elle a été, au besoin, manifestée par la loi du 23 vendémiaire an 2, qui charge les administrations de district d'adresser à la Convention nationale, *des états certifiés de tous les biens dont jouissent les parens des émigrés, et dont la propriété a été mise sous la main de la nation, par la loi du 28 mars dernier.* Et si, le 17 frimaire de la même année, il a été rendu une nouvelle loi pour faire séquestrer ces biens, cette nouvelle loi n'a fait que proclamer une disposition déjà décrétée; elle n'a fait qu'une chose surabondante.

» Répétons-le donc : lorsque la commune de Pressigny a fait assigner Claudine Hudelot au tribunal du district de Bourbonne, Claudine Hudelot n'était plus partie compétente pour défendre seule à son action; la commune de Pressigny ne pouvait intenter valablement cette action que contre la république.

» Et c'est pour avoir violé, à cet égard, les premières règles de l'ordre judiciaire, c'est pour avoir négligé de mettre la république en cause dès le principe qu'elle vient aujourd'hui prétendre qu'elle a pu, par la suite, réparer ce vice essentiel, sans remplir les formalités auxquelles elle eût été tenue, si, dès le principe, elle ne l'eût pas commis! Il serait assurément difficile d'imaginer rien de plus bizarre. Si la commune de Pressigny eût fait, dans le principe, ce que lui prescrivait l'inscription du fils de Claudine Hudelot sur la liste des émigrés, il elle eût mis la république en cause, elle aurait incontestablement dû, au préalable, déposer un mémoire au secrétariat de l'administration. Elle a donc dû au moins y déposer ce mémoire, lorsque, par la suite, elle a cru devoir faire ce par quoi elle aurait dû commencer, lorsque, par la suite, elle a cru devoir faire intervenir la république dans l'instance qu'elle avait originairement intentée contre une partie incompétente.

» Ainsi, sous tous les rapports, la loi du 5 novembre 1790 commandait au tribunal d'appel de Dijon d'annuller la citation donnée à la république, le 2 germinal an 2, sans dépôt préalable d'un mémoire au secrétariat de l'administration. Elle lui commandait d'annuller les nominations d'arbitres auxquelles cette citation avait donné lieu. Elle lui commandait d'annuller les sentences rendues par des arbitres illégalement nommés. Elle lui commandait, en un mot, de rendre le jugement qu'il a effectivement rendu, et que l'on vous dénonce cependant comme ayant appliqué à faux cette loi.

» Voyons maintenant ce que la commune de Pressigny oppose à l'application que fait le même jugement des art. 13 et 14 de la loi du 27 mars 1791.

» Elle y oppose 1.° le défaut d'intérêt de la nation à faire valoir la nullité qui pourrait résulter de l'infraction à ces articles; 2.° le fait de l'agent national du district de Bourbonne, qui, suivant la commune, a couvert cette nullité, fait que la nation n'est pas recevable à désavouer, et dont elle doit au contraire répondre; 3.° les changemens apportés dans l'ordre administratif, par la loi du 14 frimaire an 2, qui était encore en vigueur au moment où a été intentée l'action de la commune contre la nation; 4.° l'arrêté de l'administration du département de la Haute-Marne, du 21 ventôse an 3. — Reprenons chacune de ces objections séparément.

» 1.° Sur quel fondement la commune de Pressigny prétend-elle que la nation n'avait aucun intérêt à faire valoir la nullité dont il s'agit? C'est, dit-elle, parce qu'il demeure toujours constant qu'un de ses agens légaux est intervenu dans la cause; parce que cet agent a fait tout ce que la loi lui prescrivait pour la défense des intérêts de la république; parce qu'il n'eût jamais pu s'opposer à ce qui a été fait, parce que ce qui a été fait, n'a porté aucune atteinte aux intérêts de la nation.

» *Un des agens légaux de la république est intervenu dans la cause!* Oui, mais cet agent était sans caractère pour y intervenir; il n'aurait pu y intervenir qu'en vertu d'une délégation du procureur-général-syndic du département, ou de l'administrateur qui, à l'époque du 2 germinal an 2, en remplissait les fonctions; et celui-ci n'aurait pu lui en déléguer le pouvoir, qu'après en avoir obtenu l'autorisation expresse de l'administration départementale : autorisation qui n'a jamais existé. L'intervention de cet *agent légal* ne peut donc pas plus être considérée, que si elle n'avait pas eu lieu.

Cet agent a fait pour la défense de la république, tout ce que la loi lui prescrivait! Qu'en savons-nous? et d'ailleurs, ce qu'il a fait, il n'avait pas le droit de le faire : la république est donc censée n'avoir pas été défendue, puisqu'elle ne l'a pas été de la manière qui était impérieusement commandée par la loi; et il en est de ce cas comme de celui où un mineur aurait été représenté dans une instance par un particulier qui se serait dit son tuteur, sans en avoir la qualité.

» *Cet agent n'aurait jamais pu s'opposer à ce qui a été fait!* Qu'en savons-nous encore? et qui nous assurera que la république n'aurait pas repoussé victorieusement toutes les réclamations de la commune, si elle eût été défendue comme la loi l'exigeait, si elle eût eu pour organe de sa défense, le représentant du procureur-général-syndic, muni d'une autorisation en bonne forme de l'administration du département, et porteur des éclaircissemens, des titres même, que cette administration eût pu lui fournir?

» *Ce qui a été fait n'a porté aucune atteinte aux intérêts de la nation!* Mais qu'a-t-il donc été fait? deux choses. — Il a été rendu un premier jugement qui a déclaré nul un cantonnement convenu en 1760, par une transaction; il en a été rendu un second qui a adjugé à la commune de Pressigny quatre cantons de bois qu'elle réclamait en toute propriété. Or, d'une part, le cantonnement convenu en 1760, n'était pas nul; il n'était, d'après l'art. 6 de la loi du 28 août 1792, que sujet à révision : c'était donc blesser évidemment les intérêts et les droits nationaux, que de l'annuller purement et simplement, puisque, si l'on s'était borné à le réviser, il eût été possible que la conséquence de la révision eût été qu'il devait être maintenu. D'un autre côté, les quatre cantons de bois réclamés par la commune, comme lui ayant autrefois appartenu, pouvaient ne pas lui avoir appartenu en effet; il était possible de détruire les preuves qu'elle produisait de son ancienne prétendue propriété; et ce qui était possible, aurait pu se réaliser, si la république eût eu pour défenseur l'homme de la loi, si elle eût été valablement représentée.

» 2.° Comment la commune de Pressigny peut-elle sérieusement soutenir que la république n'est pas recevable à désavouer le fait de l'agent national du district de Bourbonne, qui a pris sur lui d'intervenir dans la cause, sans la délégation du procureur-général-syndic, sans l'autorisation de l'administration départementale? Accueillir une pareille fin de non-recevoir, ce serait rendre sans effet les art. 13 et 14 de la loi du 27 mars 1791; ce serait rayer de ces articles l'incapacité dans laquelle ils constituent les procureurs-syndics des districts, d'agir ou de défendre au nom de la nation, sans les délégations et les autorisations qui y sont prescrites; ce serait, en d'autres termes, donner à ces agens une qualité que la loi leur refuse formellement, quand ils ne sont pas investis de ces délégations, de ces autorisations.

» 3.° Quant aux changemens apportés dans l'ordre administratif, par la loi du 14 frimaire an 2, en quoi consistent-ils, relativement aux domaines nationaux? uniquement en ce que cette loi subroge les présidens des administrations départementales, aux procureurs-généraux-syndics qu'elle supprime. Ainsi, ce que le procureur-général-syndic du département de la Haute-Marne pouvait seul faire avant la loi du 14 frimaire an 2, le président de l'administration de ce département a pu seul le faire depuis; et le président de l'administration de ce département n'a pas pu faire depuis, ce qui était auparavant interdit au procureur-général-syndic. Or, avant la loi du 14 frimaire an 2, le procureur-général-syndic avait seul le droit de déléguer au procureur-syndic du district la poursuite et la défense des actions nationales. Avant la loi du 14 frimaire an 2, le procureur-général-syndic ne pouvait déléguer cette poursuite et cette défense au procureur-syndic du district, qu'après y avoir été autorisé par l'administration centrale. Donc, depuis la loi du 14 frimaire an 2, le président de l'administration centrale pouvait seul charger l'agent national du district de Bourbonne, de défendre à la demande de la coutume de Pressigny; donc il n'aurait pas pu l'en charger, sans y avoir été préalablement autorisé par son administration; donc la loi du 14 frimaire an 2 n'avait apporté, dans l'ordre administratif, aucun changement dont la commune de Pressigny puisse ici se prévaloir; et comme vous l'avez déjà remarqué, C. M., c'est ce qui a été décidé, de la manière la plus positive, par votre jugement du 4 vendémiaire an 6, dans l'espèce duquel la citation donnée à l'agent national du district, et la nomination d'arbitres qui s'en était ensuivie, étaient, comme dans la cause actuelle, postérieures à la loi du 14 frimaire an 2.

» 4.° A l'égard de l'arrêté de l'administration de la Haute-Marne, du 21 ventôse an 3, il est vrai qu'il vise, sans improbation ni réserve, les sentences arbitrales des 11 thermidor an 2 et 25 nivôse an 3; il est vrai qu'il va même plus loin, et qu'il ordonne que, dans l'instance relative à l'exécution de ces jugemens, l'agent national du district de Bourbonne *continuera de veiller aux intérêts de la république*; il est vrai enfin qu'en s'expliquant ainsi, il suppose l'agent national du district partie capable pour représenter la nation dans cette instance.

» Mais quand on pourrait voir, dans cet arrêté, une ratification de ce qui avait été fait jusqu'alors par l'agent national du district; quand on pourrait en inférer que cette ratification a équipollé, par un effet rétroactif, à l'autorisation qui avait été originairement nécessaire à l'agent national du district, pour défendre la nation, contre les demandes de la commune; très-certainement cette ratification n'aurait pas pu avoir plus d'effet que l'autorisation elle-même, si l'autorisation eût été donnée dès le principe de l'instance. Or, l'autorisation aurait-elle suffi seule pour valider la procédure et les jugemens qui devaient s'ensuivre? Non, car les lois des 5 novembre 1790 et 27 mars 1791 exigeaient deux choses pour la validité de cette procédure : elles exigeaient l'autorisation du département, et le dépôt préalable d'un mémoire de la commune demanderesse. — Ainsi que la prétendue ratification résultante de l'arrêté du 21 ventôse an 3, ait suppléé au défaut d'autorisation primitive, nous voulons bien le supposer : mais à coup-sûr, elle n'a pas suppléé au défaut de dépôt préalable d'un mémoire. L'autorisation primitive de l'administration départementale était à la discrétion des administrateurs : les administrateurs pouvaient ou l'accorder ou la refuser. Mais le dépôt préalable d'un mémoire appartenait à un autre ordre de choses ; il ne dépendait pas des administrateurs d'en dispenser la commune : la loi le prescrivait à peine de nullité, et les administrateurs ne pouvaient pas remettre cette peine au préjudice du droit acquis à la nation de la faire prononcer. Aussi ne l'ont-ils pas fait. L'arrêté du 21 ventôse an 3 est donc ici une pièce absolument insignifiante.

» Nous voici parvenus au sixième et dernier moyen de cassation de la commune : c'est le plus séduisant de tous, et il mérite une attention très-sérieuse. — Il est tiré de la disposition du jugement attaqué, par laquelle ce jugement est déclaré commun aux dames Roll et Bordeaux, qui, dit-on, n'avaient pas appelé des sentences arbitrales des 11 thermidor an 2 et 25 nivôse an 3 ; qui même, dit-on encore, ne pouvaient pas en appeler, puisqu'à leur égard, ces sentences conservaient leur qualité primitive de jugemens en dernier ressort ; et qui d'ailleurs, ajoute-t-on, avaient acquiescé à la première de ces sentences, par l'organe de leur mère, ainsi qu'il résulte de l'exploit signifié par celle-ci à la commune, le 3.e jour complémentaire an 2.

» Ce moyen, C. M., nous présente quatre questions à résoudre : 1.° En thèse générale, l'appel d'une partie profite-t-il à ses consorts ? 2.° Leur profite-t-il, lorsqu'il n'est pas recevable de leur part, à raison de ce qu'à leur égard, le jugement qui en est l'objet, est rendu en dernier ressort ? 3.° Leur profite-t-il même dans ce dernier cas, lorsque, comme dans l'espèce particulière de la cause, c'est la république qui est appelante, et que les jugemens attaqués par elle, ont été rendus pendant que le séquestre national était apposé sur les biens litigieux ? 4.° L'exploit signifié à la commune le 3.e jour complémentaire an 2, élevait-il contre les dames Roll et Bordeaux un obstacle à ce qu'elles participassent aux effets de cet appel ?

» Sur la première question, nous devons d'abord consulter les lois romaines, et voici ce qu'elles nous disent.

« Si plusieurs parties qui ont le même intérêt et emploient les mêmes moyens, sont condamnées par des jugemens séparés, l'appel que l'une de ces parties interjette du jugement qui la concerne, ne profite pas aux autres ; il faut alors autant d'appel qu'il y a de jugemens. *Si qui separatim fuerint condemnati, quamvis ex eâdem causâ, pluribus eis appellationibus opus est* : ce sont les termes de la loi 10, D. *de appellationibus et relationibus.*

» S'il n'a été rendu contre plusieurs parties qu'un seul jugement, on distingue : ou les moyens de ces parties étaient les mêmes, ou ils ne l'étaient pas.

» S'ils étaient les mêmes, les parties qui n'ont pas appelé, jouissent des avantages de l'appel de leur consort : *Quod est rescriptum*, dit la loi déjà citée, §. 4, *in communi causâ, quoties alter appellat, alter non, alterius victoriam ei proficere qui non provocavit, hoc ità demùm probandum est ; si una eademque causa fuit defensionis.* Si les moyens de défense n'étaient pas les mêmes, l'appel ne profite qu'à la partie qui l'a interjeté : *Cæterùm*, dit la même loi, *si diversæ, alia causa est.* Ainsi, continue-t-elle, deux tuteurs sont poursuivis en reddition de compte : l'un se défend par la raison qu'il n'a pas géré la tutelle ; l'autre qui a véritablement administré les biens du pupille, emploie deux moyens pour sa défense : jugement intervient qui les condamne tous deux. Si le tuteur non-gérant appelle seul, son appellation ne profitera pas à son co-tuteur : *Ut in duobus tutoribus procedit, si alter tutelam gesserat, alter non attigerat, et is qui non gesserat, provocavit ; iniquum est enim qui id circò agnoverat sententiam, quoniam gessisse se scit, propter appellationem ejus qui non gesserat, obtinere....*

» Dans le cas d'identité de défense et de condamnation, il n'est pas même nécessaire que la partie qui n'a pas appelé dans le délai fatal, intervienne sur l'appel de son consort, pour demander que cet appel lui soit déclaré commun. Il suffit que son consort obtienne la réformation du jugement. Cette réformation devient, de plein droit, commune à la partie qui n'a pas appelé. C'est ce qui résulte de la loi 1.re, *Si unus ex pluribus appellaverit*, au Code : *Si judici probatum fuerit, unam eamdemque condemnationem eorum quoque quorum appellatio justa pronunciata est, fuisse nec diversitate factorum separationem accipere, emolumentum victoriæ, secundùm ea quæ sæpè constituta sunt, ad te quoque qui nec provocasti, pertinere non ignorabit.*

» Et c'est, ajoute la loi 2 du même titre, la différence qu'il y a entre l'appel et la requête civile obtenue pour cause de minorité ; car la requête civile qu'obtient un mineur contre un jugement, ne fait pas rétracter ce jugement à l'égard de son consort majeur ; au lieu que, par l'effet de l'appel d'une seule des parties condamnées par un même jugement, la condamnation est infirmée au profit de toutes : *Si unâ eâdemque causâ unus appellaverit, ejusque justa appellatio pronunciata est, ei quoque prodest qui non appellaverit. Quod si ætatis auxilio unus contrà sententiam restitutionem impetraverit, majori qui suo jure non appellaverit, hoc rescriptum non prodest.*

» Le vœu des lois romaines n'est donc pas équivoque sur notre première question; ces lois la décident nettement en faveur des dames Roll et Bordeaux. Mais sont-elles encore en vigueur parmi nous?

» Godefroy, dans ces notes sur la dernière de ces lois, aux mots *et quoque prodest*, présente la négative comme constante: *In Galliâ*, dit-il, *non prodest, nam quilibet tenetur appellare*; et il cite Rebuffe, dans la *préface de son Commentaire sur les ordonnances*, glose 5, n. 98.

» C'est aussi ce qu'enseigne Automne, dans ses *Conférences du droit français*, sur la loi 1.re du titre cité du Code.

» Buguyon, dans son *Traité des lois abrogées*, liv. 2, ch. 128, atteste la même chose: *Nobis*, dit-il, *inutilis est rubrica codicis si unus ex pluribus appellaverit, ubi appellatio unius prodest alteri, quod minimè sequitur plaxis Franciæ, in quâ quemlibet provocare oportet; aliàs, qui tacuit, alterius provocatione juvari non poterit.... Omnes ergò quorum interest, provocare tenentur.* Il assure que le parlement de Paris l'a ainsi jugé le 15 mai 1544.

» Papon, liv. 19, tit. 1, n. 11, rapporte le même arrêt, et ajoute: « L'ancien style introduit de droit, que l'appellation interjetée par un, peut servir à l'autre, est aboli; et est nécessaire que chacun appelle (1) ».

» Aux témoignages de ces écrivains, les dames Roll et Bordeaux opposent plusieurs arrêts des parlemens de Guyenne (2), de Grenoble (3) et d'Aix (4), qui ont jugé que la requête civile obtenue en temps utile par une partie, profite à ses consorts.

» Mais des arrêts qui vont plus loin que les lois romaines elles-mêmes, des arrêts qui donnent à la requête civile un effet que les lois romaines lui refusaient, des arrêts qui par conséquent renferment un mal jugé manifeste, ne peuvent pas être d'un fort grand poids, ne peuvent pas former une autorité bien imposante.

» Les dames Roll et Bordeaux invoquent encore un acte de notoriété des avocats au parlement de Rennes, dont il résulte que, dans le ressort de cette cour, la tierce-opposition dirigée contre un arrêt, le faisait rétracter, non-seulement à l'égard du tiers-opposant, mais même à l'égard des parties entre lesquelles il avait été rendu contradictoirement (5). Elles ajoutent que le parlement de Toulouse jugeait de même, et elles citent pour le prouver, un arrêt de 1755 (1). Elles pourraient ajouter encore qu'un arrêt du parlement de Bordeaux, de 1737, avait jugé la même chose, relativement à la simple opposition, à un jugement rendu par défaut contre une partie, et contradictoirement contre d'autres (2).

» Mais cette jurisprudence était évidemment vicieuse, et vous n'avez pas oublié, C. M., que, le 13 pluviôse an 9, vous avez, en sections réunies, cassé, comme violant l'autorité de la chose jugée, un jugement du tribunal civil du département de la Moselle, qui avait prononcé à cet égard comme le faisaient les parlemens de Rennes, de Toulouse et de Bordeaux (3).

» Enfin, les dames Roll et Bordeaux prétendent qu'en tout cas, le tribunal d'appel de Dijon n'a pas pu, en jugeant d'après des lois romaines tombées en désuétude, violer aucune loi positive; qu'il a tout au plus, en cela, violé un point d'usage, et que la violation d'un point d'usage ne peut pas donner ouverture à la cassation.

» Mais ce système ne peut s'accorder, ni avec la disposition générale de l'art. 5 du tit. 27 de l'ordonnance de 1667, ni avec celle de l'art. 14 du tit. 5 de la loi du 24 août 1790; aussi l'avez-vous proscrit en l'an 7, par un jugement solennel.

» Les héritiers de Jean-Baptiste Bertin, au nombre de quinze, avaient attaqué une donation qu'il avait faite, le 3 janvier 1782, à Marie-Anne Franquin, sa petite-nièce. Un jugement du tribunal du district d'Etain, du 8 frimaire an 2, avait rejeté leur demande et confirmé la donation. Sur ces quinze héritiers, cinq seulement avaient appelé de ce jugement; les dix autres y avaient acquiescé par leur silence. Sur l'appel, jugement du tribunal du district de Briey, du 6 nivôse an 3, qui déclare la donation nulle, et ordonne que les biens donnés par J.-B. Bertin seront partagés entre ses héritiers, en raison de leurs droits. Question de savoir si ce jugement doit profiter aux dix héritiers qui n'ont pas appelé, ou si la donataire n'est évincée que des cinq quinzièmes des objets compris dans sa donation. Le 26 thermidor an 5, jugement du tribunal civil du département de la Meuse, confirmatif d'un autre rendu le 25 prairial précédent, au tribunal civil du département de la Moselle, qui prononce en faveur des dix héritiers non appelans. Mais la donataire s'étant

(1) L'art. 41 du chap. 54 des chartes générales du Hainaut dit la même chose.

(2) La Peyrère, lettre R, n. 100.

(3) Basset, tom. 2, liv. 2, tit. 13, ch. 1.

(4) Boniface, tom. 3, liv. 3, tit. 4, chap. 6.

(5) Dévolant, ch. 131.

(1) Rodier, sur l'ordonnance de 1667, tit. 35, art. 1, quest. 1.

(2) Salviat, page 387.

(3) *V.* l'article *Opposition (tierce)*, §. 3.

pourvue en cassation, vous avez annullé ce jugement, le 21 brumaire an 7, au rapport du cit. Rozier, et sur les conclusions du cit. Lefessier, « attendu que ce jugement, en confirmant » celui rendu en premier ressort par le tribunal civil du département de la Moselle, du » 25 prairial, s'est approprié les vices de ce » premier jugement, lequel était aussi en » contravention à la chose jugée à l'égard de » dix des parties, par le jugement du tribunal » d'Etain, qui avait déclaré valable la donation, » et avait acquis, à leur égard, la force de » chose jugée ».

» Mais après tout, supposons que les lois romaines soient encore, sur cette matière, en pleine vigueur : sera-ce une raison pour les appliquer à un appel interjeté par la seule partie qui avait le droit d'appeler ? Et d'après leur disposition, les parties, à l'égard desquelles un jugement a été rendu en dernier ressort, pourraient-elles s'aider d'un semblable appel ?

» Cette question, en thèse générale, n'est pas difficile à résoudre. Par quel motif les lois romaines rendraient-elles communs aux consorts d'un appelant, les effets du jugement qu'il obtenait du tribunal supérieur ? C'est parce que ses consorts pouvant appeler comme lui, elles présumaient, de leur part, une adhésion mentale et implicite à son appel.

» De là vient que les interprètes exceptent de la disposition de ces lois, le cas où le délai de l'appel s'est écoulé sans que les consorts de l'appelant aient eu connaissance de son appellation. Alors, disent-ils, on ne peut pas les présumer adhérans au recours de l'appelant, car on ne peut pas être censé adhérer à un acte que l'on ignore : *Sed nec unius appellatio alteri utilis est, si is, toto decennio intra quod appellandum, ignoraverit à consorte appellatum esse ; cùm non potuerit non videri suo silentio comprobasse sententiam, et intelligi nequeat uti voluisse alienâ appellatione, quam nescit factam esse.* Ainsi s'exprime Voët, sur le digeste, titre *de appellationibus*, n. 18 ; et il cite, comme enseignant la même doctrine, *Hartmannus pistoris*, liv. 1, quest. 47, n. 23.

» Or, quand la partie qui appelle, est la seule qui puisse appeler ; quand ses consorts n'ont pas, comme lui, la faculté de se pourvoir contre le jugement qui les a tous condamnés ; quand ce jugement est, à l'égard de ses consorts, un jugement souverain, il est impossible de feindre un appel tacite de la part de ceux-ci. Des parties qui ne peuvent pas appeler expressément, lors même qu'elles en ont la volonté expresse, ne peuvent pas être présumées avoir appelé tacitement. Une fiction peut bien imiter la réalité, mais elle ne peut jamais avoir lieu, quand la réalité elle-même est inadmissible.

» Et c'est ce qui explique la différence que mettent les lois romaines entre les effets de l'appel et ceux de la requête civile.

» Lorsque de deux consorts enveloppés dans la même condamnation, l'un appelle et l'autre se tait, les lois romaines font participer celui-ci au résultat de l'appel de celui-là. Mais si de ces deux consorts, l'un se trouvant mineur, obtient contre le jugement qui leur est commun, la restitution en entier ou requête civile, les lois romaines n'étendent pas à l'autre le bénéfice de cette restitution.

» D'où vient cette différence ? C'est que, dans le premier cas, les deux consorts ont la voie d'appel ouverte, et que celui qui ne l'a pas prise formellement, est censé s'en être référé à ce que faisait l'autre ; au lieu que, dans le second cas, le mineur seul ayant la voie de restitution en entier, son consort majeur serait vainement présumé avoir voulu la prendre avec lui, puisque s'il l'eût prise avec lui, il y eût été déclaré non-recevable.

» Par la même raison, lorsque, par un privilége extraordinaire, une partie est seule autorisée à appeler d'un jugement rendu en dernier ressort, ceux qui ont fait cause commune avec elle, ne peuvent pas s'aider de son appel ; le jugement conserve envers eux sa qualité et son autorité de jugement souverain ; et que leur consort triomphe ou succombe sur son appel, leur condition demeurera toujours la même.

» Mais, et c'est ici que se présente notre troisième question, les dames Roll et Bordeaux ne se trouvaient-elles pas, à cet égard, dans un cas d'exception ? Ne se trouvaient-elles pas, relativement aux objets en litige entre elles et la commune de Pressigny, dans une position qui dût leur rendre commun l'avantage de l'appel du préfet du département de la Haute-Marne ?

» Vous vous rappelez, C. M., qu'à l'époque où avaient été rendues les sentences arbitrales dont l'annullation était le but de cet appel, les bois litigieux étaient séquestrés au profit de la république, par suite de l'émigration de Jean-Louis-Arnolphe Desmiers.

» Par l'effet de ce séquestre, les bois litigieux étaient *considérés provisoirement comme nationaux* : ce sont, nous l'avons déjà remarqué, les propres termes de la loi du 23 germinal an 2. Et ils étaient tellement considérés comme tels, que, jusqu'à la loi du 1.er nivôse an 3, les biens séquestrés sur les pères et mères d'émigrés, ont été journellement mis en vente à l'instar des biens acquis irrévocablement à la nation. Ils étaient tellement considérés comme tels, que par l'art. 18 de la loi du 9 floréal suivant, il a été dit que la république, au moyen du partage de pré-succession ordonné par cette loi entre elle et les parens d'émigrés frappés de séquestre, ferait à ceux-ci *l'abandon* des biens qui tomberaient dans leurs lots, *abandon* qui supposait bien clairement que, tant que le partage ne serait pas effectué, la république serait seule réputée propriétaire de la totalité des objets séquestrés.

» Or, le séquestre apposé sur les biens de Claudine Hudelot, à raison de l'émigration de son fils, n'a été levé, et le partage entre la république et les sœurs de l'émigré qu'elle représentait, n'a été consommé que le 7 germinal an 8. C'est un fait constant, et que la commune de Pressigny elle-même a pris soin de prouver par la représentation de l'arrêté de l'administration du département du Doubs, qui contient à la fois et le partage et l'ordre de lever le séquestre.

» Ainsi, jusqu'au 7 germinal an 8, les bois litigieux ont été séquestrés en totalité; ils ont été, jusqu'alors, sous la main de la nation; et jusqu'alors la nation seule en a été réputée propriétaire.

» Ainsi, au moment où a paru la loi du 28 brumaire an 7, les bois litigieux étaient encore considérés comme *bois nationaux*.

» Ainsi, par la loi du 28 brumaire an 7, la nation a acquis le droit d'appeler des sentences arbitrales des 11 thermidor an 2 et 25 nivôse an 3, non-seulement en ce qui concernait la portion qui pouvait, par le partage à faire, lui revenir dans les bois litigieux, mais encore en ce qui concernait les portions qui, par ce même partage, pouvaient un jour être assignées aux dames Roll et Bordeaux, cohéritières de la nation.

» Ainsi, à l'instant physique qui a immédiatement précédé le partage du 7 germinal an 8, à l'instant physique qui a immédiatement précédé celui où la nation, pour nous servir de l'expression consacrée par la loi du 9 floréal an 3, a *abandonné* aux dames Roll et Bordeaux les deux tiers de ces bois; à cet instant même, la nation avait le droit d'appeler des deux sentences arbitrales, tant pour les portions présomptives des dames Roll et Bordeaux, que pour la sienne.

» Mais ce droit, qu'est-il devenu après le partage du 7 germinal an 8? Bien certainement, la république l'a conservé pour sa portion.

» Mais s'est-il éteint pour les portions des dames Roll et Bordeaux? Non. Les dames Roll et Bordeaux ont reçu leurs portions des mains de la république, telles que ces portions existaient dans les mains de la république elle-même. Elles sont devenues, à cet égard, les *ayant-cause* de la nation; elles ont, à cet égard, succédé à la nation, tant activement que passivement; et de même que, dans le cas où pendant la main-mise nationale, la république eût été évincée de leurs portions de bois par des jugemens inattaquables, elles auraient été forcées de subir l'exception de chose jugée qu'ils auraient produite contre la république; de même aussi elles ont été subrogées à la république, dans le droit qu'elle pouvait avoir conservé d'attaquer les jugemens rendus au préjudice de sa main-mise en ces mêmes portions.

» Les dames Roll et Bordeaux ont donc pu, après le partage du 7 germinal an 8, appeler des sentences arbitrales des 11 thermidor an 2 et 25 nivôse an 3, comme la nation a pu alors en appeler elle-même.

» Et certes, si elles ne l'avaient pas pu, leur condition eût été bien malheureuse. — Jusqu'au partage du 7 germinal an 8, elles n'avaient pas pu agir; elles n'avaient conséquemment pas pu profiter du délai de trois mois que la loi du 12 prairial an 4 avait accordé aux particuliers condamnés par des jugemens rendus en arbitrage forcé, pour en poursuivre la cassation. — Elles n'avaient pas pu agir, parce que la main-mise nationale paralysait, dans leurs mains, toute espèce d'action. — Elles n'avaient pas pu agir, parce que, par les lois des 7 brumaire et 10 floréal an 3, il avait été prononcé, à l'égard des sentences arbitrales qui avaient adjugé aux communes des forêts prétendues nationales, un sursis qui n'a été levé que par la loi du 28 brumaire an 7. — Elles n'avaient pas pu agir, parce que la loi du 28 brumaire an 7 était la première qui eût rendu ces sentences susceptibles d'appel. — Elles n'avaient pas pu agir, parce que la nation avait continué, même après la loi du 28 brumaire an 7, de tenir en séquestre leurs portions présomptives, jusqu'au partage du 7 germinal an 8. — Il faut donc nécessairement de deux choses l'une: ou dire que les sentences arbitrales des 11 thermidor an 2 et 25 nivôse an 3 n'ont jamais pu être attaquées par les dames Roll et Bordeaux, ce qui serait d'une absurdité inique et révoltante; ou convenir que les dames Roll et Bordeaux ont pu, après le partage du 7 germinal an 8, exercer la faculté que la nation avait conservée jusqu'à cette époque, d'appeler de ces deux sentences.

» La question, au surplus, n'est pas nouvelle. La section des requêtes l'a jugée l'année dernière, au rapport du cit. Brillat-Savarin, et sur nos conclusions; voici dans quelle espèce.

» Par exploit du 16 juillet 1792, la commune de la Chassagne avait fait assigner le cit. Esmonin, son ci-devant seigneur, au tribunal du district de Poligny, département du Jura, pour voir dire qu'elle serait réintégrée dans la propriété de plusieurs bois dont l'avait, suivant elle, dépouillée un arrêt de cantonnement rendu au conseil, le 2 juin 1778.

» Le 7 février 1793, jugement qui, attendu que les bois revendiqués par la commune, sont possédés, moitié par le cit. Esmonin, et moitié par son épouse, ordonne que celle-ci sera mise en cause.

» Le 11 avril suivant, second jugement qui, vu la non-comparution de la dame Esmonin, que l'on a depuis reconnue être dès-lors émigrée, donne défaut contre elle, et avant d'en adjuger le profit, appointe les parties à mettre.

» Le procès instruit de part et d'autre, est renvoyé par la loi du 10 juin, à un arbitrage forcé.

La commune nomme ses arbitres, et ni le cit. ni la dame Esmonin ne se présentant pour désigner les leurs, le juge de paix y supplée par un choix d'office.

» Le 26 septembre 1793, sentence arbitrale qui, donnant défaut, tant contre le cit. que contre la dame Esmonin, déclare nul l'arrêt du conseil de 1778, et ordonne la réintégration de la commune dans les bois qu'elle revendiquait.

» Le 7 octobre suivant, signification de cette sentence au domicile du cit. et de la dame Esmonin.

» Le 2 frimaire an 3, le cit. Esmonin y forme une opposition qu'il ne suit pas, mais qu'il se réserve de suivre, et même de convertir en demande en cassation, lorsqu'il aura obtenu la levée du séquestre dont sont frappés les biens indivis entre lui et la république.

» Le 12 pluviôse an 8, l'administration centrale du département du Jura prend un arrêté qui autorise le commissaire du gouvernement, près d'elle, à interjeter appel de la sentence arbitrale.

» Cet appel est interjeté et porté au tribunal civil du département du Doubs.

» Le 12 ventôse an 8, la commune de la Chassagne fait assigner devant ce tribunal, le commissaire du gouvernement près l'administration du Jura, pour voir dire qu'il sera déclaré non-recevable dans son appel.

Le 20 prairial suivant, le cit. Esmonin intervient dans la cause, déclare convertir en appel son opposition à la sentence par défaut du 26 septembre 1793, et conclut à ce que le jugement qu'il suppose devoir être rendu en faveur de la république, lui soit déclaré commun.

» La commune lui oppose une fin de non-recevoir. Vous ne pouvez pas, lui dit-elle, appeler de la sentence arbitrale, parce qu'à votre égard, elle est en dernier ressort. Vous ne pouvez pas non plus vous aider de l'appel interjeté au nom de la république, parce que la république seule est autorisée à appeler, par la loi du 28 brumaire an 7. Quant à votre opposition du 2 frimaire an 3, elle était formée long-temps après la huitaine de la signification; ainsi, elle était non-recevable dès son principe, et il est bien impossible que vous en fassiez aujourd'hui un moyen pour appeler.

» Le 8 messidor an 8, jugement qui rejette les fins de non-recevoir opposées par la commune, tant à la république qu'au cit. Esmonin, et ordonne de plaider au fond.

» Et le 5 ventôse an 9, jugement du tribunal d'appel de Besançon, qui, statuant au fond, déclare qu'il a été mal jugé par la sentence arbitrale, déboute la commune de sa demande originaire, et ordonne que l'arrêt de cantonnement du 2 juin 1778 sera exécuté.

» La commune de la Chassagne se pourvoit en cassation, et pour premier moyen, elle expose que le jugement du 8 messidor an 8 a violé l'autorité de la chose jugée, en recevant le cit. Esmonin appelant d'une sentence arbitrale contre laquelle la voie d'appel n'avait été ouverte par la loi du 28 brumaire an 7, qu'en faveur de la république.

» Mais, le 14 floréal an 10, la requête est rejetée, *attendu, sur le premier moyen, que les juges d'appel ont bien pu faire profiter le cit. Esmonin de l'appel émis par le commissaire du gouvernement, puisque l'un et l'autre avaient eu constamment le même intérêt dans l'instance, et que, d'ailleurs, le cit. Esmonin avait déclaré son intention en temps utile.*

» Ainsi, plus de doute que les dames Roll et Bordeaux n'aient pu, comme la république elle-même, appeler, en vertu de la loi du 28 brumaire an 7, des sentences arbitrales des 11 thermidor an 2 et 25 nivôse an 3; et il ne s'agit plus que de savoir, d'une part, si elles ont effectivement appelé de ces deux sentences; de l'autre, si elles l'ont fait en temps utile.

» Qu'elles en aient appelé, c'est ce qu'il serait impossible de contester sérieusement, puisqu'elles ont demandé que l'effet de l'appel du préfet leur fût déclaré commun, et que, par là, elles se sont bien clairement rendues appelantes.

» Qu'elles en aient appelé en temps utile, c'est encore une vérité palpable: la loi du 28 brumaire an 7 ne limite, par aucun délai fatal, l'exercice du droit qu'elle attribue à la république, et par conséquent à ses ayant-cause, d'appeler des sentences arbitrales qu'elle a pour objet. Vous l'avez ainsi jugé huit fois en l'an 9 et en l'an 10 (1).

» Il est donc bien démontré que, si le tribunal de Dijon a mal motivé son jugement, en déclarant commun aux dames Roll et Bordeaux l'effet de l'appel du préfet de la Haute-Marne, du moins il n'a, abstraction faite de ce qu'il nous reste à dire sur la quatrième question, ni mal jugé, ni à plus forte raison violé aucune loi.

(1) *V.* l'article *Appel*, §. 8, n. 8.

» Mais la quatrième question, comment devons-nous la résoudre? Elle consiste, comme vous vous le rappelez, à savoir si les dames Roll et Bordeaux pouvaient encore s'aider de l'appel du préfet, après l'acquiescement que l'on prétendait avoir été donné par leur mère, dans son exploit du troisième jour complémentaire an 2, à la sentence arbitrale du 11 thermidor précédent.

» Sans doute, en thèse générale, on ne peut pas appeler d'un jugement de première instance ou réputé tel, après y avoir acquiescé; comme on ne peut pas, après avoir acquiescé à un jugement en dernier ressort, l'attaquer par requête civile ou par demande en cassation.

» Mais dans quel cas est-on censé acquiescer à un jugement rendu, soit à la charge de l'appel, soit en dernier ressort? C'est lorsque, pouvant attaquer ce jugement, on l'exécute. L'exécution étant alors un acte volontaire, emporte nécessairement renonciation à la faculté de se pourvoir, soit par appel, soit par requête civile, soit par recours en cassation.

» Mais lorsqu'aucune voie de droit n'est ouverte contre un jugement, il est impossible que l'on soit censé y acquiescer en l'exécutant, ou, ce qui est la même chose, en offrant de l'exécuter. Ce qu'on fait, dans ce cas, en exécution de ce qu'il a ordonné, on le fait pour obéir à la loi, on ne le fait point volontairement, et il ne peut pas y avoir d'acquiescement là où il n'y a point une volonté parfaitement libre.

» Et il n'y a point, à cet égard, de distinction à établir entre ce qu'on fait de son propre mouvement, et ce qu'on fait d'après les poursuites de la partie au profit de laquelle le jugement a été rendu.

Cette distinction serait bonne, s'il s'agissait d'un jugement exécutoire par soi, mais contre lequel une voie de droit serait ouverte. Alors, en effet, en exécutant ce jugement sans poursuites préalables de la partie adverse, en prévenant, par son exécution spontanée, les poursuites que la partie adverse pourrait exercer à cette fin, on renonce à la voie de droit que l'on a pour le faire réformer; on y *acquiesce*, dans toute l'énergie de cette expression.

» Mais il n'en est pas, il n'en peut pas être de même, lorsqu'il s'agit d'un jugement à l'abri de toute attaque. L'exécuter ou offrir de l'exécuter sans poursuites préalables, ce n'est pas renoncer au droit d'en provoquer la réformation, car on ne peut pas renoncer à un droit qui n'existe pas; c'est seulement chercher à se dégager le plutôt possible; c'est seulement faire aujourd'hui, pour n'avoir plus à y penser, ce qu'on pourra être forcé de faire demain.

» Ainsi, un jugement préparatoire ordonne une expertise. Je puis attendre pour nommer mon expert, que vous m'en fassiez la sommation; mais je puis aussi le nommer tout de suite; et si je le fais, je n'en serai pas moins recevable, après le jugement définitif, à appeler du jugement préparatoire.

» Ainsi, sous le régime de l'arbitrage forcé, j'ai été condamné par des arbitres à vous payer une somme quelconque; mais cette somme, vous ne vous êtes pas présenté pour la recevoir, vous ne m'avez fait aucun commandement de vous la payer. Cependant, pressé par l'intérêt de me libérer, je vous ai fait des offres réelles; et, sur votre refus, j'ai consigné. Survient la loi qui m'autorise a me pourvoir en cassation; je le fais, et sûrement j'y serai admis, malgré mes offres réelles, malgré ma consignation, non précédées de poursuites de votre part.

» Ainsi, et par la même raison, l'exploit du troisième jour complémentaire an 3 ne peut pas avoir fermé la voie d'appel aux dames Roll et Bordeaux.

» Le jugement du tribunal d'appel de Dijon ne peut donc pas plus être cassé à l'égard des dames Roll et Bordeaux, qu'il ne peut l'être à l'égard du préfet du département de la Haute-Marne.

» Il ne nous reste plus qu'un mot à dire sur la présence du cit. Jean-Louis-Arnolphe Desmiers dans cette instance.

» Le cit. Desmiers intervient dans cette instance pour la reprendre au fond, à la place de la république, qui n'y a plus d'intérêt, pour défendre, à la place de la république, le jugement dont on vous demande la cassation. Y est-il recevable? La commune de Pressigny soutient la négative. Suivant elle, le cit. Desmiers ne peut pas profiter du jugement du tribunal d'appel de Dijon qui vous est dénoncé, parce que l'appel du bénéfice duquel ce jugement a fait jouir la république, était personnel à la république elle-même, parce que le bénéfice de cet appel était incommunicable.

» Mais d'abord, les habitans de Pressigny sont-ils recevables eux-mêmes à argumenter ainsi contre le cit. Desmiers? Un jugement en dernier ressort a réintégré la république dans les droits qui appartenaient au cit. Desmiers, ou, ce qui est la même chose, à la mère du cit. Desmiers, avant l'émigration de celui-ci. Si la république avait, jusqu'à présent, laissé le cit. Desmiers dans son état d'émigration, à coup-sûr la république jouirait aujourd'hui pour son propre compte, de l'effet de ce jugement; et une fois la demande en cassation de ce jugement rejetée, la république pourrait, en effaçant de la liste des émigrés le nom du cit. Desmiers, lui restituer les biens en possession desquels elle a été renvoyée par le tribunal d'appel de Dijon. — Or, qu'importe à la commune de Pressigny que le cit. Desmiers soit déjà rayé de la liste des émigrés, ou qu'il ne doive l'être qu'après la décision que vous allez rendre? La condition de la commune de Pressigny ne peut pas être meilleure dans le premier cas, qu'elle ne le serait dans le second.

» Au fond, dans le second cas comme dans le premier, le cit. Desmiers reçoit des mains de la république, les biens que la république lui restitue; il les reçoit dans l'état où ils se trouvent au moment où la restitution lui en est faite; il les reçoit grevés des jugemens qui ont pu être rendus contre la république; il les reçoit enrichis des jugemens que la république a pu obtenir. — En un mot, dans un cas comme dans l'autre, le cit. Desmiers prend, à tous égards, la place de la république. Il peut, par conséquent, venir ici défendre un jugement dont la république lui a transmis tous les effets.

» Par ces considérations, nous estimons qu'il y a lieu de recevoir Jean-Louis-Arnolphe Desmiers partie intervenante; faisant droit sur son intervention, rejeter la demande en cassation formée par la commune de Pressigny contre le jugement du tribunal d'appel de Dijon, du 23 nivôse an 10, et condamner cette commune à l'amende ».

Conformément à ces conclusions, arrêt du 19 prairial an 11, au rapport de M. Ruperou, par lequel,

« Le tribunal reçoit le cit. Desmiers-d'Archiac partie intervenante, et lui donne acte de sa déclaration de reprendre l'instance au lieu et place du préfet de la Haute-Marne;

» Et attendu que ledit d'Archiac reprend la contestation dans l'état où l'a laissée la république, qui, comme étant à ses droits, a constamment veillé pour lui; que d'ailleurs la commune n'est pas recevable à lui contester le droit d'intervenir pour soutenir le jugement attaqué, au lieu et place de la république;

» Attendu que la loi du 28 brumaire an 7 a fait, à l'égard des sentences arbitrales, une exception générale et créé un droit nouveau qui ne permet pas d'invoquer les lois précédentes, relatives aux diverses manières de se pourvoir contre les jugemens rendus en dernier ressort;

» Attendu que, loin qu'il y ait eu violation de l'art. 6 de la loi du 3 brumaire an 2, cet article a été au contraire littéralement observé, puisque ce n'est qu'après le jugement définitif, que l'appel a été relevé;

» Attendu qu'il ne s'agissait pas seulement de droits d'usage, mais bien aussi de la propriété du fonds de quatre cantons de bois; que d'ailleurs il résulte de la combinaison des lois des 7 brumaire et 1.er floréal an 3, avec la loi du 28 brumaire an 7, qu'il suffisait, pour que cette dernière fût applicable, que la nation eût éventuellement quelque intérêt dans les bois dont il s'agit; ce qui écarte toute idée d'une distinction à faire entre les droits de propriété et les droits d'usage;

» Attendu que l'art. 6 précité de la loi du 3 brumaire an 2, n'a pas été davantage violé, en ce qui concerne l'appel de la seconde sentence arbitrale du 25 nivôse an 3; d'abord, parce que la disposition préparatoire qui se trouve dans cette sentence, n'étant qu'une suite nécessaire de la disposition définitive qui la précède, était passible du même appel que cette disposition définitive elle-même; ensuite, parce qu'aussi ce n'est qu'après le jugement définitif que l'appel de ces deux dispositions a été cumulé; ce qui n'est point interdit par la loi;

» Attendu que le consentement donné à l'expertise à l'effet de procéder à un cantonnement, n'a pu former un contrat judiciaire, puisqu'il était forcé par l'effet d'un jugement contre lequel il n'existait alors aucune voie d'attaque; et que d'ailleurs un consentement, quel qu'il fût de la part de l'agent national du district de Bourbonne, était loin de pouvoir lier la république, puisque, d'après la loi du 29 floréal an 3, les arrêtés même des départemens portant réintégration en faveur des communes, ne la liaient pas;

» Attendu que du rapprochement et de la combinaison des art. 13, 14 et 15 de la loi du 5 novembre 1790, 13 de la loi du 27 mars 1791, et 5 et 6 de celle du 14 frimaire an 2, il résulte 1.° que, de quelque manière et pour quelque cause qu'on voulût citer en justice, la république, soit par action principale, soit par action incidente ou autrement, on ne le pouvait, sans qu'au préalable et *à peine de nullité*, on se fût pourvu par simple mémoire, d'abord au directoire du district, et ensuite au directoire du département; 2.° qu'un directoire de district ne pouvait, sans une autorisation du directoire du département, ni intenter aucune demande, ni défendre à aucune action, relativement à la propriété d'un domaine national; et que la disposition de l'art. 13 précité de la loi du 27 mars 1791 étant prohibitive à cet égard, devait s'observer à peine de nullité; 3.° qu'après la loi du 14 frimaire an 2, les administrations départementales n'en furent pas moins, par continuation, chargées spécialement des domaines nationaux, et que les fonctions qu'avaient les procureurs-généraux à ce sujet, furent déléguées aux présidens de ces administrations; qu'enfin, la loi du 10 juin 1793, sur l'arbitrage forcé, n'ayant point dérogé aux lois des 5 novembre 1790 et 27 mars 1791, ni l'agent national ni l'administration du district elle-même n'avaient pu valablement représenter la république dans la contestation dont est cas, sans une autorisation expresse du département;

» Attendu qu'il suffisait que la république n'eût pas été représentée par l'homme de la loi, pour qu'elle eût intérêt de réclamer contre les nullités résultantes du défaut d'autorisation qui rendait l'agent national sans caractère pour agir;

» Attendu que la disposition de l'arrêté du 21 ventôse an 3, portant que l'agent national *continuera à veiller aux intérêts de la république*, etc...., peut d'autant moins être considérée comme une ratification spontanée qui efface les nullités résultantes de ce qu'il n'y a eu ni autorisation ni dépôt de mémoire, qu'au moment où cet arrêté a été rendu, aucune voie n'était encore ouverte à la nation pour attaquer les sentences arbitrales, de quelques nullités qu'elles fussent viciées; que d'ailleurs quand on pourrait considérer cette disposition de l'arrêté du 21 ventôse, comme une vraie ratification, elle ne pourrait produire plus d'effet que n'en aurait produit l'autorisation elle-même dans le principe, ni par conséquent suppléer aujourd'hui à l'absence du dépôt du mémoire, exigé à peine de nullité;

» Attendu que les bois dont il s'agit, à l'époque où la loi du 28 brumaire an 7 a paru, étaient encore sous la main de la nation, et comme tels réputés nationaux; que même le partage qui a eu lieu le 8 germinal an 8, n'avait pas fait cesser leur indivision entre la république et les dames Roll et Bordeaux, laquelle subsistait le 29 floréal an 8, jour de l'appel interjeté par le préfet; que par conséquent il en résultait pour les dames Roll et Bordeaux, avec la portion des bois leur afférant, le droit de profiter du bénéfice de l'appel acquis à la nation par rapport à la totalité desdits bois qui étaient toujours possédés en indivis par elle et lesdites dames Roll et Bordeaux; qu'enfin, la déclaration faite par la feue dame Desmiers, dans l'exploit du troisième jour complémentaire an 2, relativement aux droits d'usage adjugés à la commune par la sentence arbitrale du 11 thermidor an 2, ne saurait être considérée comme un acquiescement volontaire à cette disposition de cette sentence, par la raison que exécuter un jugement inattaquable, ce n'est pas renoncer au droit de se pourvoir contre; et parce que d'ailleurs, et la loi du 28 brumaire an 7 et celles antérieures qui ont modifié la loi du 10 juin 1793, en ouvrant un recours contre les sentences arbitrales, ont relevé les parties intéressées à les attaquer, de toute espèce d'acquiescement qu'elles auraient pu donner à ces sentences, pendant qu'elles étaient inattaquables;

» Par ces motifs, le tribunal rejette le pourvoi de la commune de Pressigny, etc. ».

La cinquième des questions énoncées en tête de ce paragraphe, a encore été jugée dans le même sens par un arrêt de la même section, du 21 prairial an 13, rapporté dans le *Répertoire de jurisprudence*, aux mots *Domaine public*, §. 6, n.° 6.

§. III. 1.° *Lorsque, pour défense à une demande formée par la régie de l'enregistrement et des domaines, une partie propose un moyen qui présente la question de savoir si telle propriété appartient à l'Etat ou à cette partie, les tribunaux peuvent-ils statuer sur cette question, sans qu'au préalable l'autorité administrative en ait délibéré?*

2.° *Les jugemens que les tribunaux rendent au préjudice de l'Etat, sur de pareilles questions, sans délibération préalable de l'autorité administrative, peuvent-ils être annullés du chef d'incompétence?*

3.° *Est ce aux préfets ou à la régie de l'enregistrement, qu'appartient la poursuite des procès dans lesquels le fond d'un droit est contesté à l'Etat.*

I. Sur la première question, il existe un principe que les art. 14 et 15 du tit. 3 de la loi du 5 novembre 1790 ont formellement consacré: c'est que l'on ne peut intenter ni soutenir, au nom de l'Etat, aucun procès ayant rapport à une propriété qu'il réclame ou qu'on revendique sur lui, sans délibération préalable des autorités administratives.

S'agit-il, en effet, de faire plaider l'Etat comme demandeur? l'art. 14 dit qu'on ne le peut (*excepté pour les objets de simple recouvrement*), *qu'ensuite d'un arrêté du directoire du département, pris sur l'avis du directoire du district, à peine de nullité*.

S'agit-il, au contraire, de défendre, au nom de l'État, à une demande en revendication formée contre lui?

L'art. 15 veut, *aussi à peine de nullité*, que cette demande ne puisse être portée en justice, qu'après qu'elle a été soumise à l'administration départementale, et que celle-ci a, ou *donné une décision*, ou été mise en demeure de la donner.

Ainsi, lorsque, sur une demande intentée au nom de l'Etat, pour un objet de simple recouvrement, il s'élève incidemment une question de propriété, il faut, pour la régularité de la procédure, que le juge surseoie à statuer sur cette question, jusqu'à ce que le conseil de préfecture qui, en cette partie, représente aujourd'hui l'administration départementale, ait été saisi de l'affaire, et ait, ou décidé, ou été mis en demeure de décider, qu'elle doit être suivie au nom de l'État.

C'est ce qu'a jugé la cour de cassation dans l'espèce que voici:

Le 17 messidor an 9, la régie de l'enregistrement et des domaines, se fondant sur les lois qui ont supprimé les corporations, et déclaré nationales toutes leurs propriétés, décerne contre les *co-régens de la bourse des garçons cordonniers* de Maëstricht, une contrainte tendante à faire verser dans sa caisse, le capital d'une rente de 40 florins que leur avait remboursée, le 30 pluviôse précédent, la personne qui l'avait originairement constituée au profit de cet établissement.

Les *co-régens* forment opposition à cette contrainte, et prétendent que la *bourse des garçons cordonniers* n'est pas du nombre des corporations dont les biens ont été déclarés nationaux.

Le 9 fructidor suivant, le tribunal civil de l'arrondissement de Maëstricht accueille cette opposition et annulle la contrainte, sur le fondement que les biens de la *bourse des garçons cordonniers* ne sont pas propriétés nationales. Appel de la part de la régie.

Le 17 frimaire an 11, le tribunal d'appel de Liége déclare qu'il a été bien jugé.

La régie se pourvoit en cassation, et soutient que les lois relatives aux corporations et à leurs biens, ont été violées.

Mais, sans examiner ce moyen qui tenait au fond de la cause, la section des requêtes a rendu, le 29 thermidor an 11, au rapport de M. Target, un arrêt qui,

« Convertissant la demande en cassation en demande en réglement de juges;

» Attendu que l'opposition des garçons cordonniers de Maëstricht à la contrainte de la régie, n'est fondée que sur la prétention de propriété privée, opposée à la prétention du domaine national, sur laquelle était fondée la contrainte de la régie;

» Et que, du moment où cette question de propriété s'est élevée, les tribunaux n'ont pas été compétens de prononcer, faute d'avoir été satisfait aux art. 14 et 15 du tit. 3 de la loi du 5 novembre 1790;

» Sans s'arrêter aux jugemens du tribunal de Maëstricht, du 9 fructidor an 9, et du tribunal d'appel de Liége, du 27 frimaire dernier, lesquels seront considérés comme nuls et non-avenus;

» Renvoie les parties à se pourvoir par-devant l'autorité administrative, aux termes et suivant les formes des art. 14 et 15 du tit. 3 de la loi du 5 novembre 1790. »

Cet arrêt n'est pas contraire à celui du 22 floréal an 10, rapporté à l'article *Appel*, §. 2.

De quoi s'agissait-il en effet, le 22 floréal an 10? Uniquement de savoir si la régie de l'enregistrement avait été compétente pour défendre en première instance à une prétention de propriété privée, élevée incidemment à une demande en recouvrement qu'elle avait formée contre le débiteur d'une rente qualifiée par elle de *nationale*; si, en conséquence, le préfet avait pu intervenir sur l'appel; et si son intervention autorisée par un arrêté du conseil de préfecture, avait suffi pour mettre le tribunal d'appel à portée de statuer sur le fond.

Il n'était donc pas alors question de savoir si la régie de l'enregistrement avait eu besoin de l'autorisation du conseil de préfecture, pour plaider sur une propriété contestée à la nation.

A la vérité, si cette question eût été élevée par l'État, elle eût dû être décidée pour l'affirmative, et entraîner l'annullation de la procédure faite en première instance.

Mais l'État n'élevant pas cette question, et n'ayant aucun intérêt de l'élever, ni le ministère public, ni la cour de cassation n'ont dû l'agiter d'office; car la peine de nullité prononcée par les art. 14 et 15 du tit. 3 de la loi du 5 novembre 1790, n'est relative qu'à l'intérêt de l'État; et ce n'est jamais au préjudice de l'intérêt de l'État, qu'elle peut recevoir son application.

II. L'arrêt du 29 thermidor an 11 ne doit cependant être pris pour règle, quant à sa forme de prononcer. Au lieu d'admettre la requête de la régie en cassation, il la convertit en demande à fin de réglement de juges; et il déclare nul, comme incompétemment rendu, le jugement contre lequel cette requête était dirigée. Or, prononcer ainsi, c'est confondre mal-à-propos le vice d'incompétence avec l'irrégularité dans la manière de juger. Sans contredit, il y a irrégularité, il y a infraction aux art. 14 et 15 du tit. 3 de la loi du 5 novembre 1790, et par conséquent il y a lieu à cassation, lorsqu'un tribunal se permet de statuer sur une affaire qui intéresse l'État, sans qu'au préalable un mémoire ait été remis à l'autorité administrative et qu'un mois se soit écoulé sans qu'il ait été suivi d'aucune décision; mais il n'y a pas incompétence. *V.* le *Répertoire de Jurisprudence*, aux mots *Hôpital*, §. 5, à la note, et *Succession*, sect. 1, §. 2, art. 3.

III. La seconde question est implicitement résolue par ce qu'on vient de dire sur la première. *V.* d'ailleurs *Appel*, §. 2.

§. IV. *Peut-on, en vertu d'un titre de créance que l'on a sur l'État, faire saisir, soit des deniers, soit des biens nationaux?*

Il existe dans la Belgique, une loi spéciale pour la négative; c'est un placard du roi d'Espagne, du 20 juin 1655, qui porte : « Avons interdit et interdisons par cette provision, et jusqu'à autre ordonnance, à tous nos créditeurs et rentiers, ores que pourvus de procure d'hypothèque générale ou spéciale sur nos biens et droits domaniaux, de procéder, pour le recouvrement de leurs rentes et dettes, par les voies d'arrêt, clain, ou saisies, ou exécution sur les biens, parties et droits de nosdits domaines, et sur les deniers à nous dus par les fermiers ou débiteurs d'iceux biens et droits, ou de nos receveurs et collecteurs domaniaux; le tout à peine de nullité, et que lesdits arrêts, saisies et exécutions seront tenus pour non faits; et comme les raisons et considérations qui nous ont mus de faire la présente déclaration et ordonnance pour l'avenir, concourent et ont lieu au regard des saisies et arrêts jà faits, et exécutions commencées de la part d'iceux nos créditeurs, sur nosdits biens et droits, même les arrêts, saisies, mains-assises faites à la réquisition de la duchesse d'Havré, sur nos biens et domaines d'Haiuaut, le 1.er octobre 1652, et tous autres qu'elle pourrait avoir faits pour consuivre le payement de quelques années d'arrérages d'une rente qu'elle prétend à notre charge et de nosdits domaines d'Hainaut; le tout nonobstant les clauses, conventions et stipulations insérées en leurs lettres de rentes et instrumens de la reconnaissance de leurs dettes, et nommément celles portant qu'il leur serait loisible de s'adresser à notre domaine par saisie, arrêt et exécution ou autrement, auxquels avons dérogé et dérogeons par cette ordonnance. Et afin que, sous prétexte de la présente ordonnance, lesdits créditeurs et rentiers ne soient empêchés en la poursuite judiciaire de leurs actions et dettes susdites, et qu'il puisse être pourvu au payement de ce qui leur est légalement dû, selon l'état présent de nos domaines et finances, iceux créditeurs n'ayant pu être pourvus de payement par nos officiers, ou voyes de nos finances, auxquels ils auraient dû recourir en préalable, se pourront et se devront audit effet adresser par requête à ceux de notre conseil privé. Ordonnons à tous juges, etc. ».

Ce que cette loi a réglé pour la Belgique, un arrêt de la cour de cassation, du 16 thermidor an 10, l'a décidé pour tout le territoire de la France. Voici comment il est conçu :

« Le commissaire du gouvernement près le tribunal de cassation expose qu'il est chargé par le gouvernement, de dénoncer au tribunal un jugement en dernier ressort du tribunal civil de l'arrondissement de Wissembourg, du 3 floréal dernier, qui contient un excès manifeste de pouvoir.

» Par jugement du 23 pluviôse an 10, le tribunal civil de l'arrondissement de Wissembourg avait condamné la régie de l'enregistrement à rembourser à Françoise Metz, femme divorcée de Thiébaut Hurth, une somme de 996 fr. 60 c., pour droit d'enregistrement et amende indûment perçus.

» Le 21 germinal suivant, Françoise Metz a fait, en vertu de ce jugement, une saisie-arrêt entre les mains du greffier du tribunal civil de Wissembourg, de tous les deniers qu'il avait en mains appartenans à la république, et qu'il était dans le cas de verser dans les caisses de la régie de l'enregistrement.

» Assigné en déclaration sur cette saisie-arrêt, le greffier a déclaré « que d'après l'arrêté de » compte entre lui et le receveur de l'enregistrement, à l'égard des droits de mise au rôle qu'il » avait perçus au nom de la république, il » devait à ce dernier une somme de 328 fr. 35 c. » qu'il était prêt de verser entre les mains de qui » il serait ordonné par justice ».

» La régie de l'enregistrement, de son côté, a conclu à ce que la saisie-arrêt fût « déclarée » nulle et contraire aux lois concernant la manutention des deniers publics, sauf à Françoise » Metz à se présenter au bureau, pour y recevoir ce qui lui revenait ».

» Mais, sans s'arrêter à ces conclusions, le jugement cité a déclaré la saisie bonne et valable.

» Ce jugement, comme l'observe le ministre des finances, dans sa lettre du 17 messidor dernier, au ministre de la justice, « est absolument » contraire aux principes qui régissent la comptabilité des deniers publics : toutes les sommes » dues par les officiers publics et même par les » particuliers, pour les droits d'enregistrement » et de greffe, doivent, dès le moment où elles » sont exigibles, être considérées comme si elles » avaient été versées dans les caisses de l'administration; et s'il était permis aux créanciers » de la république de les saisir, le recouvrement » serait entravé à chaque instant. Le gouvernement ou ses agens ayant pouvoir à cet effet, » ont seuls la disposition des deniers composant » le revenu public; et le pouvoir judiciaire ne » peut aucunement s'y immiscer ».

» A ces causes, le commissaire du gouvernement requiert, qu'il plaise au tribunal de cassation, — Vu l'art. 13 du tit. 2 de la loi du 24 août 1790, ainsi conçu : *Les fonctions judiciaires sont distinctes et elles demeureront toujours séparées des fonctions administratives : les juges ne pourront, à peine de forfaiture, troubler, de quelque manière que ce soit, les opérations des corps administratifs, ni citer devant eux les administrateurs, pour raison de leurs fonctions;* — Casser et annuller, pour excès de pouvoir, le jugement rendu le 3 floréal dernier, par le tribunal civil de l'arrondissement de Wissembourg, entre Françoise Metz, la régie de l'enregistrement et le greffier du même tribunal; ordonner qu'à la diligence de l'exposant, le jugement de cassation à intervenir sera imprimé et transcrit sur les registres dudit tribunal..... *Signé* Merlin.

» Ouï le rapport de Cyr Pascal Chaslé.....;

» Vu l'art. 13 du tit. 2 de la loi du 24 août 1790.....;

» Le tribunal faisant droit sur le réquisitoire

du commissaire du gouvernement près le tribunal, et en vertu de l'art. 80 de la loi du 27 ventôse an 8, casse et annulle pour excès de pouvoir, le jugement rendu le 3 floréal dernier, par le tribunal civil de l'arrondissement de Wissembourg, entre Françoise Metz, la régie de l'enregistrement et le greffier du même tribunal....

» Fait et prononcé à l'audience du tribunal de cassation, section des requêtes, le 16 thermidor an 11.

V. le *Répertoire de jurisprudence*, aux mots *Saisie-arrêt* §. 4.

§. V. *L'Etat n'a-t-il, comme les particuliers majeurs, que six mois pour se pourvoir en requête civile contre les jugemens en dernier ressort signifiés à ses agens?*

Non, il n'a point de privilége en cette matière.

On pourrait dire, à la vérité, que l'ordonnance de 1667, en fixant à six mois le délai de la requête civile, n'a eu en vue que les jugemens rendus contre les particuliers majeurs et maîtres de leurs droits; que sa disposition ne frappe pas sur les jugemens rendus contre le gouvernement; qu'il n'est pas à présumer que Louis XIV ait voulu en cette matière, n'accorder que six mois à l'Etat, tandis qu'il accordait un an à l'Eglise et aux communes; qu'il est encore moins probable qu'il ait voulu donner aux significations faites à ses agens, l'effet de faire courir immédiatement, contre lui-même, le délai de six mois, tandis qu'il ne donnait pas aux significations faites aux tuteurs ou curateurs, l'effet de faire courir ce délai contre les pupilles et les mineurs, et qu'il ne le faisait courir à l'égard de ceux-ci, que du jour des significations qui leur étaient faites après leur majorité.

A la vérité encore, on pourrait fortifier ce raisonnement par les dispositions des art. 16 et 17 du tit. 4 de la première partie du réglement du conseil de 1738, desquels il résulte que les procureurs généraux des cours supérieures et les inspecteurs des domaines pouvaient, *en tout temps*, se pourvoir en cassation contre les arrêts rendus au préjudice des droits de l'Etat, et spécialement en matière domaniale.

Enfin, on pourrait ajouter à ces considérations, déjà si spécieuses par elles-mêmes, une observation qui tout à la fois donnerait la clef des dispositions citées du réglement de 1738, et expliquerait le motif du silence de l'ordonnance de 1667 sur le délai de la requête civile à l'égard de l'Etat. C'est que, sous l'ancien régime, l'autorité de la chose jugée n'avait jamais lieu contre le roi, lorsqu'il pouvait prouver, par des titres positifs, que la religion des tribunaux avait été surprise à son désavantage.

Cette maxime est en effet établie par Lorry, dans ses notes sur le *Traité des domaines* de Lefebvre de la Planche; et elle a été consacrée par deux arrêts du parlement de Paris, des 5 septembre 1695 et 17 juillet 1699, contre le comte de Brienne, qui avait en sa faveur un arrêt rendu contradictoirement avec le procureur-général le 3 septembre 1648.

Ces arrêts ont été invoqués en 1730, par l'inspecteur général des domaines, Depoilly, contre le comte de Tournemines. Il s'agissait de la mouvance du fief de Mérionnet. Le comte de Tournemines opposait, comme fins de non-recevoir invincibles, cinq arrêts du parlement de Bretagne, qui lui avaient adjugé cette mouvance contradictoirement avec les avocats et procureurs-généraux du roi. L'inspecteur général, de son côté, soutenait que les arrêts, quoique rendus avec les procureurs-généraux, parties formelles, n'avaient pas l'autorité de la chose jugée, dès qu'il était bien prouvé qu'ils dépouillaient le domaine de l'Etat d'un droit vraiment domanial; et il concluait de là qu'à bien plus forte raison, le conseil d'Etat pouvait rétracter de pareils arrêts. Par arrêt rendu à la grande direction, le 19 févier 1731, au rapport de M. Delabriffe d'Amilly, les cinq arrêts du parlement de Bretagne dont se prévalait le comte de Tournemines, ont été annullés, et le fief de Mérionnet déclaré être dans la mouvance immédiate du roi.

Mais si, comme on n'en peut pas douter, c'est sur le privilége dont jouissait l'Etat, sous l'ancien régime, de n'être pas soumis à l'autorité de la chose jugée, que sont fondées les dispositions des art. 16 et 17 du tit. 4 du réglement de 1738; si c'était par ce même privilége qu'on devait, sous l'ancien régime, interpréter en faveur de l'Etat, le silence du tit. 35 de l'ordonnance de 1667 sur le délai de la requête civile à son égard; si de là enfin, il résulte que, sous l'ancien régime, la requête civile était ouverte en tout temps à l'Etat, contre les jugemens dont il avait à se plaindre, et dont il était à même de démontrer la manifeste injustice; — Tout cela doit être aujourd'hui envisagé sous une autre face, depuis que l'art. 13 de la loi du 22 novembre 1790, sur la législation domaniale, a mis en principe que l'exception de chose jugée peut être opposée à la nation comme aux particuliers, et qu'elle couvre même *l'irrégularité connue et bien prouvée des aliénations faites sans le consentement de la nation.*

Par cet article, en effet, se trouve détruit le privilége qui, sous l'ancien régime, faisait admettre en faveur de l'Etat, et le recours en cassation et la requête civile, après les délais accordés aux particuliers par ces voies de droit.

Aussi la cour de cassation a-t-elle jugé, le 25 brumaire an 10, contre le préfet du département du Calvados, agissant au nom de l'Etat, *que la faculté accordée aux agens du gouvernement* par le réglement de 1738, de *former leurs pourvois en cassation hors des délais fixés par ledit réglement, se trouve expressément abrogée par la disposition générale et contraire de l'art. 14 de la loi du 1.er décembre 1790, qui assujettit à la fatalité du délai qu'elle détermine, tous ceux qui habitent en France, sans aucune distinction quelconque.*

Et il n'y a pas de raison pour que l'on ne juge pas de même relativement à la requête civile.

Aussi le Code de procédure qui a paru depuis la publication de la première édition de ce Recueil, fait-il entendre très-clairement (par cela seul qu'il ne dispense les agens du gouvernement qui se pourvoient en requête civile, que du préliminaire de la consignation d'amende), que les agens du gouvernement sont, quant au délai de la requête civile, assujettis à la loi commune.

§. VI. *Peut-il être interjeté appel, au nom de l'Etat, d'un jugement dans lequel il n'a pas été partie, quoiqu'il eût dû l'être?*

V. l'article *Appel*, §. 2.

§. VII. *Les agens du gouvernement sont-ils assujettis à la disposition du réglement de 1738, d'après laquelle aucune requête en cassation ne peut être reçue, si le demandeur n'y joint une expédition authentique, ou une copie signifiée du jugement qu'il attaque?*

V. l'article *Cassation*, §. 23.

§. VIII. *L'Etat peut-il être considéré comme propriétaire d'un ouvrage littéraire dont le gouvernement a ordonné et salarié la composition?*

V. les articles *Contrefaçon*, §. 2; et *Propriété littéraire*, §. 2.

§. IX. *A qui une succession vacante est-elle censée appartenir? Est-elle de plein droit déférée à l'Etat, comme héritier nécessaire? De qui le curateur à une succession vacante, est-il représentant?*

V. l'article *Succession vacante*, §. 2.

Au surplus, *V.* les articles *Fisc*, *Biens nationaux* et *Pouvoir judiciaire*.

NÉGOCIANT. *V.* l'article *Marchand*.

NOCES. *V.* l'article *Secondes noces*.

NON BIS IN IDEM. — §. I. *Lorsqu'un agent du gouvernement, poursuivi pour un délit, sans l'autorisation préalable du conseil d'Etat, a été acquitté par le jugement qui est intervenu sur les poursuites dirigées illégalement contre lui, peut-on, en annullant ce jugement, ordonner que le prévenu sera poursuivi et jugé de nouveau; ou ce jugement ne peut-il être annullé que dans l'intérêt de la loi?*

Cette question a été présentée au conseil d'Etat le 12 décembre 1809; et voici comment il l'a résolue par un avis du même jour, qui a été approuvé le 17 du même mois.

« Le conseil d'Etat qui, d'après le renvoi ordonné......, a entendu le rapport de la section de législation, sur celui du ministre de l'intérieur ayant pour objet de faire annuller un jugement du tribunal correctionnel de Pamiers qui met hors d'instance le sieur Cathala, ex-maire de la commune de Saint-Quentin, département de l'Arriége, prévenu d'avoir toléré dans sa commune, et même d'avoir employé à son service un conscrit réfractaire;

» Vu la décision du conseil d'Etat approuvée le 20 septembre 1809, portant que le sieur Cathala peut être poursuivi devant les tribunaux compétens;

» Vu l'art. 75 de l'acte des constitutions de l'an 8;

» Vu le décret du 9 août 1806, qui porte que les magistrats chargés de la poursuite des délits peuvent informer sur ceux commis par les agens du gouvernement dans l'exercice de leurs fonctions; mais qu'il ne peut être, en ce cas, décerné aucun mandat, ni subi d'interrogatoire juridique, sans l'autorisation préalable du gouvernement;

» Considérant que le jugement du 1.er septembre 1809 a été rendu avant l'autorisation du conseil d'Etat; que, dès-lors, il se trouve en opposition formelle avec les dispositions de l'art. 75 des constitutions de l'an 8; que par conséquent il doit être annullé;

» Considérant, d'autre part, que, quoique la garantie accordée par cet article aux agens du gouvernement soit établie autant dans l'intérêt de l'Etat que dans celui des agens, néanmoins elle a pour objet principal de mettre ceux-ci à l'abri des actions irréfléchies auxquelles ils pourraient être exposés; que ce serait faire tourner contre eux les dispositions des lois faites dans la vue de les protéger, que d'annuller les jugemens qui les renvoient des accusations portées contre eux, sous prétexte que ces jugemens n'ont pas été précédés de l'autorisation du conseil d'Etat;

» Est d'avis que le jugement du 1.er septembre 1809 (rendu sans l'autorisation du conseil d'Etat) qui met le sieur Cathala, ex-maire de la commune de Saint-Quentin, hors d'instance sur l'accusation d'avoir toléré, dans sa commune, un conscrit réfractaire et de l'avoir employé comme journalier, doit recevoir son effet, en ce qui concerne le sieur Cathala, mais qu'il doit être réformé dans l'intérêt de la loi; que le procureur-général de la cour de cassation doit être chargé d'en requérir l'annullation, pour violation formelle de l'art. 75 des actes des constitutions de l'an 8 et du décret du 9 août 1806 ».

§. II. *La règle* non bis in idem *s'oppose-t-elle à ce qu'un juge, après avoir été condamné par les tribunaux ordinaires à une peine correctionnelle, soit, à raison du même fait, suspendu de ses fonctions par la cour de cassation?*

« Le procureur-général expose qu'il est chargé par le gouvernement de requérir contre un juge de paix l'application du pouvoir censorial dont la cour est investie par l'art. 82 du sénatus-consulte du 16 thermidor an 10.

» Le 26 juillet 1808, Jean-Baptiste C....., juge de paix du canton de G..., arrondissement de..., département de....., a signé, conjointement avec Jean Trappet, un certificat par lequel il a attesté que Léonard-Antoine le Soudart, alors arrêté comme conscrit réfractaire, était âgé d'*environ 29 ans*; qu'il était *dur d'oreilles et bègue*, qu'il n'avait été *appelé à aucune conscription* et n'avait *fait partie d'aucun corps militaire*.

» Ce certificat ayant été reconnu faux dans toutes ses énonciations, les sieurs C....... et Trapet ont été traduits devant le tribunal correctionnel de..., qui, par jugement du 1.er décembre 1808, les a déclarés convaincus d'avoir favorisé la soustraction de la personne du conscrit le Soudart aux lois de la conscription militaire, et, leur appliquant, en conformité des art. 13 et 14 de la loi du 17 ventôse an 8, les art. 1 et 2 de la loi du 24 brumaire an 6, les a condamnés à deux années d'emprisonnement et à une amende de cinq cents francs.

» Le sieur C... a appelé de ce jugement, et après une discussion contradictoire, la cour de justice criminelle du département de... a déclaré, par arrêt du 18 février 1809, qu'à son égard, il y avait eu fausse application des art. 1 et 2 de la loi du 24 brumaire an 6.

» Mais, a-t-elle ajouté, « attendu que le certificat du 26 juillet 1808, écrit en entier de » la main de C..., doit lui être attribué aussi » bien qu'à Trapet, pour tous les faits qui y sont » attestés, si l'on se fixe 1.° à l'assertion de Trapet, non démentie par C..., que celui-ci lui » avait présenté le certificat à signer, en lui » disant qu'il n'avait d'autre objet que de faire » distinguer Léonard-Antoine le Soudart de ses » frères; 2.° à la circonstance que C... s'est » attaché dans son mémoire imprimé, à se justifier sur la partie du certificat relative à l'âge » de le Soudart; — Attendu qu'il y a eu au » moins exagération dans la déclaration des » infirmités de cet individu; — Attendu que » l'assertion consignée au certificat, que le » Soudart était âgé d'environ 29 ans, est établie » fausse par les déclarations postérieures de C... » et Trapet; — La cour déclare C... convaincu » d'avoir fait une fausse déclaration pour favoriser la soustraction à la conscription; lui » faisant l'application des art. 4 et 7 de la loi » du 24 brumaire an 6, et des art. 13 et 14 de » la loi du 17 ventôse an 8, condamne C... » à l'emprisonnement pendant un an, à l'amende de 500 fr. et aux dépens faits en » cause principale, ceux faits sur l'appel compensés, à l'exception du coût de l'arrêt, signification, impression et affiche d'icelui, à » quoi C... est aussi condamné pour moitié de » son chef, et pour le tout solidairement avec » Trappet ».

» Le sieur C... s'est pourvu en cassation contre cet arrêt; mais son recours a été rejeté par la section criminelle, le 31 mars suivant.

» Ainsi, un juge de paix est irrévocablement condamné à l'emprisonnement et à l'amende, pour avoir trahi la vérité dans un certificat, pour l'avoir trahie de concert avec un de ses justiciables à qui il devait l'exemple de la moralité, pour l'avoir trahie dans le dessein de dégager de la conscription un jeune homme qui y était soumis, et par une suite inévitable, d'en faire retomber le poids sur un autre qui en était exempt; et sa condamnation est publiée par des affiches dans toute l'étendue de son canton.

» Cependant la prison dans laquelle ce juge de paix expie actuellement son délit, lui sera ouverte à la fin de l'année à laquelle est fixée la durée du séjour qu'il doit y faire; et alors il reprendra ses fonctions; car la peine qu'il subit en ce moment, n'étant ni afflictive ni infamante, lui laisse la plénitude de ses droits civils et politiques.

» Mais de quel front osera-t-il remonter sur son tribunal? De quel front osera-t-il y faire parler la justice, après avoir, par l'acte le plus déloyal, cherché à soustraire un conscrit à sa dette envers l'Etat, et à en charger un tiers sur qui elle ne devait point peser? De quel front osera-t-il, dans la discussion d'un point de fait, démêler le vrai d'avec le faux et le proclamer, après avoir été lui-même signalé à tous ses justiciables, par des affiches multipliées, comme coupable du mensonge le plus lâche? De quel front osera-t-il, dans l'exercice des fonctions d'officier de police judiciaire et de juge de police simple, rechercher, faire arrêter, punir les délinquans, après avoir été lui-même frappé par la justice correctionnelle, comme auteur d'un délit grave?

» Il est impossible de se le dissimuler, la rentrée du sieur C..... dans ses fonctions de juge de paix, immédiatement après sa sortie de prison, serait un scandale et une calamité publique. Cette magistrature, qui est spécialement instituée pour commander par l'exemple, pour être l'organe de la franchise, de la candeur, de la bonne-foi, serait déconsidérée et avilie dans sa personne; et les citoyens n'approcheraient de son tribunal qu'avec répugnance, et peut-être même qu'avec effroi.

» Mais comment parer à ces inconvéniens? Le sieur C... n'est pas destitué de ses fonctions, et il ne peut pas l'être : ses fonctions lui ont été conférées par le prince pour un temps déterminé; et il ne peut en être dépouillé que par le laps de ce temps. Faut-il donc que toutes les convenances se taisent ici devant la loi de l'inamovibilité des fonctions judiciaires? Faut-il donc ici faire à cette loi salutaire le sacrifice de tous les maux qui peuvent résulter de son exécution stricte et rigoureuse?

» Non. L'art. 82 du sénatus-consulte du 16 thermidor an 10 offre un moyen de concilier le respect dû à cette loi avec la nécessité d'éloigner du sanctuaire de la justice un magistrat qui s'est rendu indigne d'en approcher : il autorise la cour à suspendre *les juges de leurs fonctions, pour cause grave;* et sans doute c'est ici ou ce ne sera jamais le cas d'appliquer cette disposition salutaire.

» On objectera peut-être que la suspension serait pour le sieur C..... une seconde peine, et que déjà puni par la cour de justice criminelle du département de..., en vertu de la loi du 24 brumaire an 6, il ne peut pas l'être de nouveau par la cour, en vertu du sénatus-consulte du 16 thermidor an 10.

» Mais la suspension d'un fonctionnaire public n'est pas une peine proprement dite; c'est une mesure de haute police, dont l'objet est bien moins de punir le fonctionnaire public qu'elle frappe, que de préserver la société du dommage qu'elle peut avoir à craindre de sa part.

» Tout fonctionnaire public, tout citoyen qui est mis en état d'accusation, est par cela seul suspendu, non-seulement de ses fonctions, mais même de ses droits politiques; et cependant il n'est pas encore jugé coupable. La suspension de ses fonctions, de ses droits politiques, n'est donc pas considérée comme une peine; car si elle était rangée dans la classe des peines, elle ne pourrait pas précéder le jugement de conviction, elle ne pourrait que le suivre, ou plutôt en faire partie.

» Ce considéré, il plaise à la cour, vu l'arrêt de la cour de justice criminelle du département de..., du 18 février 1809, et l'art. 82 du sénatus-consulte du 16 thermidor an 10, ordonner que Jean-Baptiste C..., sera et demeurera suspendu, jusqu'à ce qu'il en ait été autrement ordonné, des fonctions de juge de paix du canton de...; et que l'arrêt à intervenir lui sera signifié à la diligence de l'exposant.

» Fait au parquet, le 21 novembre 1809. *Signé* Merlin.

» La cour, ouï le rapport de M. Gandon, et vu l'arrêt de la cour de justice criminelle du département de..., en date du 10 février 1809, et l'art. 82 du sénatus-consulte du 16 thermidor an 10;

» Considérant que l'arrêt d'une cour de justice criminelle, qui déclare un juge convaincu d'avoir donné un faux certificat, qui le condamne à une amende et à une année d'emprisonnement. et qui a été rendu public par l'impression et l'affiche, est une des causes graves dont parle l'art. 82 du sénatus-consulte du 16 thermidor an 10;

» Que rien ne serait plus scandaleux que de voir ce juge monter sur son tribunal presqu'au même instant où il aurait fini d'expier la peine de son délit;

» Que la suspension à prononcer contre lui, n'est point une nouvelle peine du délit, mais qu'elle est la conséquence nécessaire, tant de la condamnation qui a établi contre ce juge une grave cause de suspicion sous tous les rapports, que de l'impression et de l'affiche de cette condamnation, qui lui ont enlevé la considération, sans laquelle un juge ne peut utilement remplir ses fonctions;

» La cour, présidée par son excellence le grand-juge ministre de la justice, ordonne que Jean-Baptiste C.... est et demeure suspendu des fonctions de juge de paix du canton de...., département de..., et qu'à la diligence du procureur-général, le présent arrêt lui sera notifié.

» Fait et prononcé en la cour de cassation, en l'audience publique des sections réunies, le 8 décembre 1809... ».

V. l'article *Suspension d'un fonctionnaire public.*

§. III. *Lorsque, pour raison de deux délits, un prévenu a été traduit devant deux tribunaux différens, le jugement par lequel, dans l'un de ces tribunaux, il a été absous du délit qui y était porté, peut-il être considéré comme l'acquittant également de l'autre délit, sous le prétexte que les deux délits ont entre eux quelque connexité, et qu'il en est fait une mention transitoire dans l'acte d'accusation sur lequel est intervenu le jugement d'absolution?*

V. l'article *Délit*, §. 2.

§. IV. *Lorsque le prévenu d'un cas spécial, oppose qu'il a déjà été acquitté du crime qu'on lui impute, peut-on, en statuant sur la compétence, joindre cette exception au fond du procès?*

Le *Bulletin criminel* de la cour de cassation

nous retrace, en ces termes, un arrêt du 10 août 1809, qui juge que non.

« Plissard avait été traduit, devant la cour spéciale du département de la Lys, comme prévenu d'avoir commis plusieurs faux en écriture privée, et d'avoir fait usage de pièces fausses, méchamment et à dessein de nuire à autrui. — Plissard avait opposé de suite l'exception de la chose jugée. Il avait soutenu que l'arrêt d'absolution rendu en sa faveur, le 14 octobre 1808, par la cour spéciale du département de Jemmapes, comprenait les divers chefs d'accusation qui étaient l'objet des nouvelles poursuites. — La cour spéciale de la Lys, au lieu de prononcer sur cette exception, en statuant sur la compétence, avait renvoyé au fond le jugement de cette exception. — Violation des règles de compétence établies par la loi et excès de pouvoir. — L'arrêt portant cassation est ainsi conçu.

» Ouï le rapport fait par M. Vergès et les conclusions de M. Daniels, substitut du procureur-général; — Vu l'art. 456 du Code des délits et des peines, du 3 brumaire an 4; — Considérant que l'exception de la chose jugée proposée par un prévenu devant une cour de justice criminelle spéciale, en matière de faux, forme essentiellement une question préjudicielle à toute poursuite, que la cour spéciale est par conséquent tenue de faire droit sur cette exception, lorsqu'elle statue sur la compétence; qu'en effet, la cour spéciale, en rendant l'arrêt de compétence, déclare évidemment qu'il y a lieu à des poursuites relativement à la prévention, tandis que les poursuites cesseraient si l'exception de la chose jugée était accueillie sous tous les rapports; que, dans l'espèce, Plissart a excipé, devant la cour de justice criminelle spéciale du département de la Lys, qu'il était affranchi de toutes poursuites sur la totalité des nouveaux chefs de prévention mis à sa charge; qu'il s'est prévalu, à cet effet, de l'arrêt d'absolution rendu en sa faveur, le 14 octobre 1808, par la cour de justice criminelle spéciale du département de Jemmapes; qu'il a soutenu que cet arrêt d'absolution comprenait tous les chefs d'accusation qui étaient l'objet de nouvelles poursuites; que cette exception, se liant nécessairement à la question de savoir s'il pouvait y avoir lieu à des poursuites ultérieures et par conséquent à la compétence, devait être indispensablement appréciée et jugée en même temps que la compétence; que, pour résoudre la question essentielle que cette exception préjudicielle faisait naître, il fallait vérifier avec maturité si les différens chefs de prévention qui étaient l'objet des nouvelles poursuites, avaient été jugés en tout ou en partie, par l'arrêt du 14 octobre 1808; que néanmoins la cour spéciale du département de la Lys, au lieu de prononcer sur cette exception préjudicielle, lorsqu'elle s'est occupée de la compétence, a renvoyé le jugement de cette exception au jugement du fond; que cette cour a par conséquent violé les règles de compétence établies par la loi et commis un excès de pouvoir; la cour casse et annulle l'arrêt rendu le 1.er juin 1809, par la cour de justice criminelle spéciale du département de la Lys à la charge dudit Plissart ».

On trouvera, sous les mots *Délit*, §. 2, n. 2, 3, 4, 5 et 6, *et Faux*, §. 6, plusieurs autres questions sur l'application de la règle *non bis in idem*.

NOTAIRE. — §. I. *Dans les lieux où était reconnu valable, avant la loi du 29 septembre-6 octobre 1791, tout contrat passé devant un notaire et deux témoins, suffisait-il, avant la loi du 25 ventôse an 11, que l'un des témoins sût signer, lorsque les parties contractantes ou l'une d'elles ne le savaient pas?*

V. le plaidoyer et l'arrêt du 25 fructidor an 11, rapportés à l'article *Signature*.

§. II. *Dans l'intervalle de la loi du 21 septembre 1792, portant abolition de la royauté, à la publication de la loi du 25 ventôse an 11, sur le notariat, les notaires ont-ils été obligés, pour rendre leurs grosses exécutoires, d'y apposer une formule calquée sur l'art. 14 de la seconde section du tit. 2 de la loi du 29 septembre-6 octobre 1791?*

V. le plaidoyer et l'arrêt du 21 vendémiaire an 11, rapportés à l'article *Intervention*, §. 2.

§. III. *Les notaires peuvent-ils aujourd'hui poursuivre l'exécution des jugemens antérieurs à la loi du 9 septembre 1792, qui ont condamné des ci-devant censitaires à leur payer les frais de reconnaissances censuelles, passées sous le régime féodal, et au coût desquelles ceux-ci étaient originairement tenus?*

Le sieur Papinaud avait, avant la révolution, passé devant le sieur Drilhon, notaire, un acte portant reconnaissance d'une rente seigneuriale qu'il devait au duc de la Rochefoucault, seigneur de Barbézieux; et il s'était obligé expressément à payer les frais de cet acte.

A défaut de payement de ces frais, le sieur Drilhon obtint, le 29 août 1792, un jugement qui les taxa à 15 livres 10 sous.

Le sieur Drilhon étant mort, sans avoir fait exécuter ce jugement, sa veuve a fait, en l'an 5, sommer le sieur Papinaud d'y satisfaire.

Le sieur Papinaud a formé opposition au commandement; et a soutenu que le jugement du 29 août 1792 avait été aboli, ainsi que l'action du sieur Drilhon en payement de ses honoraires et déboursés, par la loi du 9 septembre suivant.

Le 24 ventôse an 11, jugement en dernier ressort du tribunal civil de l'arrondissement de Barbézieux, qui déboute le sieur Papinaud de son opposition, « attendu que tous les principes de justice se réunissent pour décider que l'officier public, qui a employé son ministère dans une opération quelconque de ses fonctions, doit être payé, non-seulement de ses frais et avances, mais encore des honoraires et vacations qui lui sont dus; que c'était toujours le débiteur de la rente.... seigneuriale, qui était tenu des frais de sa reconnaissance; et qu'à cet usage général se joint encore, dans la cause, l'obligation personnelle du débiteur, contenue dans l'acte même, d'en acquitter le montant; que la demande de la veuve Drilhon, à cet égard, n'a pour objet que l'exécution des conventions et des engagemens pris par le débiteur lui-même envers feu Drilhon; pour les droits qui lui sont dus; que la loi du 9 septembre 1792, n'ayant pour objet que de faire disparaître toutes les traces de la féodalité, en éteignant tous procès existans entre les seigneurs, leurs employés, etc., et les notaires, et autres officiers publics, qui avaient employé leur ministère pour le recouvrement de leurs droits, n'a aucun rapport direct ni aucune application raisonnable à la cause, puisque, d'une part, il n'y avait rien de féodal entre le défendeur qui avait requis le ministère du notaire Drilhon et s'était obligé à le payer, et la demande de celui-ci pour être payé de ses droits; que, d'une autre part, cette loi n'a positivement éteint et anéanti que les procès et jugemens existans entre les seigneurs de fiefs, leurs employés, tels que les feudistes, commissaires à terrier, etc., et les notaires et autres officiers publics qui agissaient pour le recouvrement de leurs droits; et que, dans cette cause, feu Drilhon était absolument étranger aux seigneurs, feudistes, commissaires à terrier, et généralement à tous ceux nominativement désignés par la loi, comme devant rappeler le régime féodal; que sa demande n'a été dirigée que contre un simple particulier qui s'était obligé à le payer; d'où il faut conclure qu'on ne peut inférer ni des motifs, ni des dispositions textuelles de cette loi, aucune application qui puisse détruire les puissantes raisons d'équité qui militent en faveur de la veuve Drilhon ».

Recours en cassation de la part du sieur Papinaud, fondé sur la loi du 9 septembre 1792.

« Pour apprécier avec justesse le moyen de cassation qu'il en fait résulter (ai-je dit à l'audience de la section des requêtes, le 7 frimaire an 12), il faut bien distinguer le préambule de cette loi d'avec son dispositif.

» Par le préambule, *considérant qu'il importe d'extirper sans délai, jusqu'aux dernières racines de la féodalité, et de mettre fin à tous les procès qui pourraient la rappeler, ou en être la suite, directement ou indirectement*, l'assemblée législative décrète qu'il y a urgence.

» Voilà, sans doute, un motif bien général: il embrasse tous les procès qui pourraient rappeler le régime de la féodalité, ou qui en seraient la suite même indirecte: il n'en excepte aucun; et par conséquent, il frappe même sur les actions qui tendraient, de la part d'un notaire, à se faire payer les frais d'une déclaration à terrier, ou d'une reconnaissance féodale, passée avant la révolution.

» Mais le dispositif de la loi n'effectue pas, à beaucoup près, dans toute son étendue, la promesse, ou, si l'on veut, la menace annoncée par le préambule: il se borne à déclarer éteints et anéantis, « tous les procès pendans devant » les tribunaux, et qui ont été occasionnés par » des discussions qui se sont élevées entre des » notaires ou autres officiers publics, et des » feudistes, commissaires à terrier, et autres, » employés spécialement par les ci-devant seigneurs de fiefs, pour la reconnaissance ou » recouvrement de leurs prétendus droits, ainsi » que les jugemens qui peuvent avoir été rendus » sur ces procès, et qui n'ont point encore reçu » leur exécution; chaque partie restant tenue » de payer les frais qu'elle aura faits ».

» Quels sont les procès, quels sont les jugemens qu'abolit cette loi? Sont-ce les procès élevés, sont-ce les jugemens rendus, entre un notaire et les particuliers qui ont requis et employé son ministère, pour passer aux terriers de leurs ci-devant seigneurs, les déclarations et reconnaissances auxquelles le régime féodal les assujettissait à des époques réglées? Sont-ce les procès élevés, sont-ce les jugemens rendus, entre un notaire et le ci-devant seigneur qui a requis et employé son ministère, pour recevoir les déclarations à terrier de ses censitaires, les reconnaissances féodales de ses vassaux? Sont-ce les procès élevés, sont-ce les jugemens rendus, entre les particuliers connus sous le nom de feudistes ou de commissaires à terrier, et les ci-devant seigneurs qui les avaient employés à la recherche et au recouvrement de leurs droits féodaux ou censuels? — Rien de tout cela : ce sont tout simplement les procès élevés et les jugemens rendus entre les notaires et les autres officiers publics, c'est-à-dire, les huissiers, d'une part, et les feudistes ou commissaires à terrier, de l'autre.

» Et quel pouvait être l'objet de ces procès, de ces jugemens ainsi éteints et abolis? la loi ne le dit pas; mais la notoriété publique supplée là-dessus à son silence.

» Tout le monde sait que, sous le régime féodal, un seigneur faisait avec un particulier qu'il appelait son *feudiste*, ou qu'il faisait nommer *commissaire au renouvellement de son terrier*, un marché par lequel celui-ci s'engageait, moyennant une somme convenue, à rechercher, constater, faire reconnaître et recouvrer tous les droits féodaux et censuels qui dépendaient de sa seigneurie. On sait encore que, ce marché conclu, le feudiste ou commissaire à terrier faisait, avec un notaire et un huissier, des sous-traités par lesquels ils s'obligeaient, le notaire à recevoir et expédier toutes les déclarations et reconnaissances, moyennant tant par acte, et l'huissier à faire toutes les significations, à donner toutes les assignations, moyennant tant par exploit. On sait enfin que le but de ces sous-traités était, de la part des feudistes, d'obtenir du notaire et de l'huissier, des actes et des exploits à un taux très-inférieur, et de s'en faire ensuite rembourser les frais par les vassaux et censitaires, sur le pied fixé par les réglemens ou par l'usage, ce qui lui produisait communément un bénéfice assez notable.

» Tel était l'état des choses, lorsqu'arriva la suppression du régime féodal, et par suite, des terriers seigneuriaux.

» Que firent alors les ci-devant seigneurs, ou plutôt qu'avaient-ils fait à l'époque où fut portée la loi dont il est ici question? Les uns avaient émigré, les autres avaient refusé à leurs feudistes le payement des sommes convenues entre eux, soit sous le prétexte que leurs travaux n'étaient pas terminés, soit par d'autres motifs. Et cependant les feudistes étaient poursuivis par les notaires et par les huissiers, avec lesquels ils avaient sous-traité : les notaires leur demandaient le coût des déclarations et reconnaissances qu'ils avaient reçues, les huissiers leur demandaient le salaire des exploits qu'ils avaient faits, avant les lois du 4 août 1789. Comment payer ces reconnaissances, comment payer ces exploits, comment faire honneur à ces demandes, tandis que les feudistes eux-mêmes ne recevaient rien des ci-devant seigneurs, leurs commettans directs?

» Voilà ce qui fut exposé à l'assemblée législative, le 9 septembre 1792. Si l'on eût alors joui, dans cette assemblée, du calme si nécessaire à la préparation des bonnes lois, il eût été facile de répondre aux feudistes, que leurs plaintes étaient sans fondement; que leurs conventions avec les notaires et les huissiers, étaient indépendantes des marchés faits entre eux et les ci-devant seigneurs; que ceux-ci d'ailleurs n'étaient pas quittes à leur égard; que la nation elle-même avait reconnu, par l'art. 11 du tit. 3 de la loi du 5 novembre 1790, qu'elle devait exécuter, quant aux travaux faits avant l'abolition du régime féodal, les engagemens pris par les ci-devant seigneurs ecclésiastiques envers leurs feudistes; qu'il n'y avait nulle raison pour qu'il n'en fût pas de même des ci-devant seigneurs laïcs; et que, si plusieurs de ceux-ci étaient émigrés, la nation, qui avait succédé à leurs biens, était là pour répondre de leurs dettes; qu'enfin, à tout prendre, la seule chose que les feudistes pouvaient arracher à l'indulgence du législateur, c'était de leur permettre de s'acquitter envers les notaires et les huissiers, en les subrogeant dans tous leurs droits, dans toutes leurs actions, soit contre les ci-devant seigneurs laïcs non émigrés, soit contre la nation, héritière des ci-devant seigneurs laïcs émigrés, et des ci-devant seigneurs ecclésiastiques émigrés ou non; et qu'il était trop injuste, trop inconséquent, de vouloir décharger les feudistes des actions des notaires et des huissiers, tandis qu'eux-mêmes conservaient les leurs propres contre les ci-devant seigneurs, ou la nation leur représentante.

» Ces observations, si elles avaient été présentées à l'assemblée législative, auraient certainement fait rejeter ou essentiellement modifier le projet de décret que lui proposait un de ses membres : car, et ceci est à remarquer, ce n'était pas un comité de l'assemblée législative, c'était un de ses membres qui lui proposait ce projet, en son nom individuel.

» Mais rien de tout cela ne fut allégué; le projet de décret n'essuya même aucune espèce de discussion; et le procès-verbal atteste qu'il fut adopté aussitôt que lu.

» Quoi qu'il en soit, il suffit qu'il ait été adopté, même inconsidérément, pour qu'il fasse loi. Mais doit-il faire loi hors des cas pour lesquels il a été décrété? Doit-il faire loi pour des objets qui ne sont pas compris textuellement dans son dispositif?

» C'est demander, en d'autres termes, si une loi qui fait violence aux principes conservateurs de la foi des conventions, est par elle-même assez favorable, pour qu'on puisse, pour qu'on doive, par identité de raison, l'étendre hors de la sphère dans laquelle ses propres termes la circonscrivent?

» Mais que disons-nous, *par identité de raison*? Il s'en faut beaucoup que la position dans laquelle se trouve le cit. Papinaud envers le notaire Drilhon, soit la même que celle où se trouvaient, envers les notaires et les huissiers avec lesquels ils avaient fait des sous-traités qu'ils ne pouvaient plus remplir, les feudistes et les commissaires à terrier en faveur desquels a disposé la loi du 9 septembre 1792. Ceux-ci, il est vrai, ont été déchargés par cette loi des poursuites exercées contre eux par les huissiers et par les notaires qu'ils avaient employés; mais pourquoi l'ont-ils été? ils l'ont été par la considération, ou, si on l'aime mieux, sous le prétexte que, n'ayant pas été payés des ci-devant seigneurs, aux terriers desquels ils avaient fait concourir des huissiers et des notaires, ils ne pouvaient pas payer eux-mêmes ces notaires et ces huissiers; ils l'ont été par le motif fondé ou non, qu'ayant perdu, par l'effet de la suppression du régime féodal, les produits de leurs travaux et de leurs entreprises, leurs pertes devaient rejaillir sur les notaires et les huissiers qui avaient coopéré secondairement à ces entreprises, à ces travaux. Mais le cit. Papinaud, qu'a-t-il perdu par l'abolition de la féodalité? Rien; il y a au contraire gagné l'extinction d'une rente seigneuriale qui grevait ses biens; et parce qu'il est aujourd'hui libéré gratuitement de cette rente, il se refusera à payer le notaire dont il s'est servi hier pour la reconnaître! Pour justifier son refus, il réclamera une loi qui ne s'explique qu'en faveur de ceux auxquels a nui l'abolition de la féodalité, une loi qui est absolument muette à l'égard de ceux dont l'abolition de la féodalité a amélioré la condition! Nous ne craignons pas de le dire, C. M., si quelque chose doit étonner dans un pareil système, c'est qu'il ait été formé sérieusement, et qu'il soit parvenu jusqu'à vous.

» Et qu'on ne vienne pas dire que la disposition de la loi du 9 septembre 1792 ne doit pas être restreinte aux objets qu'elle embrasse littéralement; qu'on doit au contraire la généraliser d'après le motif qui est exprimé dans son préambule; et que ce motif étant la nécessité reconnue par le législateur, de faire disparaître jusqu'aux dernières traces de la féodalité, en éteignant tous les procès, tous les jugemens qui la rappellent ou qui en dérivent même indirectement, il n'est plus possible, sans aller contre l'intention du législateur lui-même, de juger aucun procès, d'exécuter aucun jugement, dont l'objet serait de contraindre un particulier à s'acquitter envers un notaire des frais d'une ancienne déclaration féodale.

» Raisonner ainsi, c'est perdre de vue, et les règles générales de l'interprétation des lois, et l'application que le législateur lui-même a faite postérieurement à la loi du 9 septembre 1792, du principe énoncé dans le préambule de celle-ci.

» En thèse générale, il est bien vrai que la disposition d'une loi doit être étendue à tous les cas auxquels s'adapte le motif qui l'a dictée.

» Mais, d'abord, il faut pour cela que ce motif s'y adapte dans toute son étendue, et qu'il n'y ait aucune différence entre le cas décidé expressément par la loi, et le cas que la loi a laissé indécis. Ensuite, il est de principe que les lois nouvelles qui contrarient le système général de la législation, ne doivent pas être étendues, même par identité de raison, aux cas semblables à ceux sur lesquels elles ont établi des règles particulières: *Non possunt omnes articuli sigillatim legibus comprehendi: sed cùm in aliquâ causâ sententia earum manifesta est, is qui jurisdictioni præest ad similia procedere atque ità jus dicere debet.... quod verò contra rationem juris receptum est, non est producendum ad consequentias.* Ce sont les termes des lois 12 et 14, D. *de legibus.*

» Or, nous venons de voir que, si le motif exprimé dans le préambule de la loi du 9 septembre 1792, paraît, au premier coup d'œil, pouvoir s'appliquer à l'espèce actuelle, il existe cependant, entre l'espèce actuelle et le cas sur lequel porte directement cette loi, une différence qui est, pour ainsi dire, incommensurable. Et quand cette différence n'existerait pas, il demeurerait toujours certain que la loi du 9 septembre 1792 est en contradiction manifeste avec la législation générale des contrats. Ainsi, double raison pour renfermer la disposition de cette loi dans ses termes précis; double raison pour ne pas l'adapter à notre espèce.

» D'un autre côté, le préambule de la loi du 9 septembre 1792 a été si peu considéré comme devant faire loi par lui-même; il a été si peu considéré comme pouvant, isolé de son dispositif, opérer l'extinction de tous les procès et de tous les jugemens relatifs à la féodalité, qu'il a fallu une loi postérieure, celle du 9 brumaire an 2, pour établir que *tous jugemens sur les procès intentés relativement aux droits féodaux ou censuels abolis sans indemnité, soit par le décret du 28 août 1792, soit par les lois antérieures, rendus depuis la promulgation dudit décret, sont nuls et comme non avenus.*

» Et qu'on ne s'imagine pas que, même par cette loi, le législateur ait entendu dépouiller de leurs droits les particuliers non seigneurs qui, par suite indirecte de la féodalité, pouvaient avoir de justes répétitions à exercer contre d'autres particuliers non seigneurs.

» Un fondé de pouvoir, avant l'abolition des rentes seigneuriales, a payé pour son commettant les arrérages qui en étaient échus ou même en a racheté le principal. Son commettant sera-t-il dispensé, par la loi du 9 brumaire an 2, de lui rendre ses avances? Ce serait calomnier la loi que de lui prêter une intention aussi inique, aussi absurde.

» Un co-débiteur solidaire de droits féodaux les a acquittés entièrement avant leur abolition, il s'est pourvu contre ses co-obligés en restitution de leurs quotes-parts dans la dette commune. Survient la loi du 9 brumaire an 2, et l'on demande si elle s'oppose à ce que les tribunaux prononcent sur une réclamation aussi naturelle? Non, répond la loi du 9 frimaire de la même année, non: *il n'est porté par les lois des 25 août 1792 et 17 juillet 1793, aucun préjudice à l'action que tout ci-devant co-débiteur solidaire de droits féodaux ou censuels peut avoir contre son co obligé, pour se faire rembourser la part qu'il a payée pour lui.*

» Un fermier de droits féodaux a avancé des pots de vin ou payé des fermages par anticipation, avant que ces droits fussent abolis; il se pourvoit contre son bailleur; celui-ci lui oppose la loi du 9 brumaire an 2; mais la loi du 28 nivôse suivant, art. 2, déclare que, *dans la loi du 9 brumaire, ne sont pas compris les procès intentés par des ci-devant fermiers, pour restitution de pots de vin qu'ils ont avancés, ou de fermages qu'ils ont payés, à raison de droits qui leur étaient affermés et dont ils n'ont pu jouir, attendu leur abolition.*

» Il n'est donc pas vrai que la loi du 9 septembre 1792 ait, par la seule force de son préambule, anéanti tous les procès, tous les jugemens qui, par leurs objets, tiennent indirectement à des droits féodaux. Ce préambule n'est donc pas une loi proprement dite; il ne peut donc pas être étendu au-delà du dispositif qui le suit; il n'a donc pas dû empêcher le tribunal de Barbézieux d'ordonner l'exécution du jugement qui condamnait le cit. Papinaud à remplir ses engagemens envers le notaire Drilhon.

» Et par ces considérations, nous estimons qu'il y a lieu de rejeter la requête du demandeur, et de le condamner à l'amende ».

Ces conclusions ont été adoptées par arrêt du 7 frimaire an 12, au rapport de M. Zangiacomi, « attendu que la loi du 9 septembre 1792 ne s'applique qu'aux contestations élevées entre les notaires et les officiers publics, d'une part, et les feudistes, commissaires à terrier, etc. d'autre part; que, dans l'espèce, le procès existait entre un notaire et un simple particulier; que par conséquent la loi citée n'est pas textuellement relative aux individus en cause ».

§. IV. *Avant la loi du 6 octobre 1791, un notaire pouvait-il, dans les actes, tenir lieu de deux témoins requis par le statut local?*

V. le plaidoyer du 28 thermidor an 11, rapporté à l'article *Testament*, §. 5.

§. V. *Quelle foi mérite le certificat d'un greffier ou d'un notaire, portant qu'ils ont en dépôt, l'un dans son greffe, l'autre dans son étude, la minute ou l'expédition d'un acte quelconque?*

V. le plaidoyer rapporté à l'article *Succession*, §. 11.

§. VI. *Quelle foi est due aux copies collationnées par des notaires sur les minutes?*

V. le plaidoyer rapporté à l'article *Triage*, §. 1.

§. VII. *Les notaires qui se trouvaient en activité au moment de la publication de la loi du 25 ventôse an 11, ont-ils pu, jusqu'à celui où ils ont reçu de nouvelles provisions du gouvernement, continuer d'instrumenter dans toute l'étendue du département de leur résidence?*

V. le plaidoyer et l'arrêt du 6 avril 1809, rapportés au mot *Hypothèque*, §. 15.

§. VIII. *Le notaire qui n'a ni signé ou paraphé, ni fait signifier ou parapher par les parties, les renvois qui se trouvent dans un acte, reçu par lui, peut-il être, pour cela, condamné à une amende? — Lorsque, dans un même acte, il se trouve ou des surcharges, ou des interlignes, ou des additions, le notaire qui ne les a pas fait approuver par les parties, encourt-il autant d'amendes de 50 fr. qu'il y a dans son acte d'additions, d'interlignes ou de surcharges, ou ne doit-il, pour toutes, qu'une seule amende de 50 fr.?*

Le 21 mars 1808, procès-verbal d'un inspecteur de l'enregistrement au département des Vosges, et du receveur de l'enregistrement au bureau de Bruyères, qui constate que, dans un contrat reçu par le sieur Claudel, notaire, il se trouve trois surcharges, additions ou interlignes non approuvées, et un renvoi non signé ni paraphé.

En conséquence, l'officier du ministère public près le tribunal civil de l'arrondissement d'Epinal, fait citer le sieur Claudel à l'audience de ce tribunal, à l'effet de se voir condamner, 1.° à une amende de 50 francs pour n'avoir ni signé ou paraphé, ni fait signer ou parapher par les parties, le renvoi qui se trouve dans son acte; 2.° à trois autres amendes de 50 fr. chacune, pour n'avoir pas approuvé et fait approuver par les parties, les trois surcharges, interlignes ou additions que le même acte renferme.

Le 26 avril 1808, jugement qui, attendu que l'art. 15 de la loi du 25 ventôse an 11 se borne à déclarer nuls les renvois non signés ni paraphés, et que l'art. 16 de la même loi ne prononce qu'une amende de 50 fr. pour toutes les contraventions qu'il prévoit, condamne le sieur Claudel à une seule amende de 50 fr.

Le procureur du gouvernement se pourvoit en cassation. Par arrêt contradictoire du 24 avril 1806, au rapport de M. Coffinhal,

« Considérant, quant aux contraventions à l'art. 15 de la loi du 25 ventôse an 11, que cet article prononce seulement la nullité des renvois et apostilles non écrits en marge, et qui ne sont pas signés ou paraphés, tant par le notaire que par les autres signataires; que le jugement attaqué ne pouvait donc pas suppléer une peine que la loi ne portait pas; qu'ainsi, il est régulier sous le premier rapport;

» Considérant, sur la contravention à l'art. 16, que ne soumettant pas à une amende de 50 fr. chaque contravention à cet article dans un seul et même acte, le jugement attaqué ne l'a pas violé en s'abstenant de prononcer les trois amendes requises par le ministère public; et qu'il est d'autant plus raisonnable de douter que telle ait été la volonté du législateur, que le même article contient une aggravation de peine sur les dommages et intérêts; et même la destitution qu'il permet de prononcer, lorsque la conduite du notaire présente un caractère de fraude qui la rend plus répréhensible;

» La cour rejette.... ».

§. IX. 1.° *A quelle époque est encourue l'amende à laquelle les notaires doivent être condamnés pour n'avoir pas déposé au greffe du tribunal civil de leur arrondissement, dans les deux premiers mois de chaque nouvelle année, le double du répertoire des actes qu'ils ont reçus dans le cours de l'année précédente?*

2.° *Le notaire qui prouve avoir mis le double de son répertoire, en temps utile, à la poste, peut-il être déchargé de l'amende?*

Le 1.er mars 1807, procès-verbal du receveur de l'enregistrement au bureau d'Apt, qui constate que les sieurs Anselme, Ripert, Mathieu et Clapier, notaires, n'ont pas encore déposé au greffe du tribunal civil de la même ville, le double du répertoire des actes qu'ils ont reçus dans le cours de l'année 1806.

En vertu de ce procès-verbal, le ministère public fait citer les quatre notaires pour se voir condamner chacun à 300 fr. d'amende, conformément à la loi du 29 septembre 1791 et à celle du 16 floréal an 4, qui, en imposant aux notaires l'obligation de déposer le double du répertoire de leurs actes, dans les deux premiers mois de l'année subséquente à celle dans le cours de laquelle ils les ont reçus, veulent qu'il soit prononcé contre eux une amende de 100 fr. *par chaque mois de retard.*

Les quatre notaires répondent, savoir, les sieurs Anselme, Ripert et Mathieu, qu'ils ont déposé leurs répertoires le 3 mars 1807; et le sieur Clapier, qu'il a remis le sien, dès le 24 février, au bureau de la poste aux lettres de Perthuis, à l'adresse du greffier du tribunal civil d'Apt; qu'à la vérité, le greffier ne l'a reçu que le 2 mars, mais que ce retard ne peut pas lui être imputé.

Le 14 avril 1807, jugement par lequel, «Considérant que la loi ne prononçant l'amende qu'à raison de 100 fr. par chaque mois de retard, l'on pourrait bien, dans l'espèce, faire quelques reproches aux notaires Anselme, Ripert et Mathieu; mais qu'ils ne pourraient être réputés passibles de l'amende, qu'autant que le troisième mois de l'année serait écoulé; que l'amende n'étant prononcée que par mois, ils ne peuvent être condamnés par jour de retard; que, quant à Clapier, il ne mérite pas même de reproche, puisqu'il est constaté que, dès le 24 février, il a fait sa rémission au bureau de la poste », le tribunal met les parties hors d'instance.

L'administration de l'enregistrement se pourvoit en cassation contre ce jugement. Le sieur Ripert se présente pour combattre les moyens qu'elle fait valoir et qu'elle tire, tant de la loi du 29 septembre 1791 et de celle du 16 floréal an 4, que de l'art. 59 de la loi du 22 frimaire an 7. Les trois autres notaires font défaut.

Par arrêt du 6 juin 1809, au rapport de M. Sieyes,

« Vu l'art. 6 du tit. 3 de la loi du 29 septembre-6 octobre 1791, ainsi conçu : *A compter du 1.er janvier 1793, les notaires publics seront tenus de déposer, dans les deux premiers mois de chaque année, au greffe du tribunal de leur immatriculation, un double par eux certifié, du répertoire des actes qu'ils auront reçus dans le cours de l'année précédente, à peine de 100 liv. d'amende pour chaque mois de retard;*

» Vu encore ce qui résulte de l'art. 59 de la loi du 22 frimaire an 7, qui défend d'accorder aucune remise ni modération d'aucuns des droits d'enregistrement et des peines encourues;

» Attendu que c'est dans le cours des deux premiers mois, que les notaires sont tenus d'effectuer le dépôt ordonné; que ce délai étant expiré, l'amende est encourue par le seul fait du retard; qu'étant réglée par mois et non par jour, elle est due le premier jour qui suit l'expiration du délai, comme pour tout le mois;

» Attendu, à l'égard du notaire Clapier, que c'était au greffe du tribunal indiqué, et non ailleurs, que la rémission du double du répertoire aurait dû être effectuée dans le délai voulu;

» Attendu qu'il n'est permis à aucune autorité publique, ni à la régie d'accorder aucune remise ou modération des droits d'enregistrement et des peines encourues, ni même d'en suspendre ou faire suspendre le recouvrement;

» Par ces motifs, la cour, sans s'arrêter aux défenses présentées par le notaire Ripert, et par défaut contre Anselme, Mathieu et Clapier, casse le jugement du tribunal civil d'Apt, du 14 avril 1807.... ».

Le ministre de la justice a cru devoir communiquer à tous les procureurs-généraux et à tous leurs substituts, la décision qui résulte de cet arrêt. Voici comment est conçue la lettre qu'il leur a écrite à ce sujet, le 17 septembre 1809 :

« L'art. 1 de la loi du 16 floréal an 4 prescrit aux notaires l'obligation de déposer, chaque année au greffe du tribunal civil du lieu de leur résidence, le double du répertoire des actes par eux reçus dans le cours de l'année précédente, et ce, dans le délai des deux premiers mois, à peine de 100 fr. d'amende *par chaque mois* de retard. J'ai eu occasion de remarquer que les tribunaux ne s'accordent point sur l'application de cet article, les uns pensant que l'amende est encourue au 1.er mars; les autres, qu'elle n'est due qu'à l'expiration du troisième mois. Cette dernière opinion qui a plusieurs fois excité les réclamations de la régie de l'enregistrement, et qui avait prévalu dans bien des tribunaux, vient d'être rejetée par un arrêt de la cour de cassation, en date du 6 juin dernier. Les motifs de cette décision sont que c'est dans le cours des deux premiers mois que les notaires sont tenus d'effectuer le dépôt ordonné; que l'amende est encourue par le seul fait du retard, et qu'étant réglée par mois et non par jour, elle est due le premier jour qui suit l'expiration du délai, comme pour tout le mois. Cet arrêt devant fixer la jurisprudence des tribunaux, j'ai cru devoir vous en donner connaissance, pour vous servir de règle à l'avenir. Je vous recommande en même temps de faire part de cette décision aux chambres de discipline, afin que chaque notaire puisse être averti des suites qu'entraînerait la moindre négligence de sa part à effectuer le dépôt de son répertoire dans le délai prescrit ».

La première question s'est pourtant encore représentée depuis, à la cour de cassation; mais elle y a encore été jugée de même.

Le sieur Salicetti, notaire dans l'arrondissement du tribunal civil de Corte, n'avait déposé que le 26 mars 1813, au greffe de ce tribunal, le répertoire des actes qu'il avait reçus pendant le cours de l'année 1812.

En vertu d'un procès-verbal qui constatait cette contravention, il a été assigné, à la requête du procureur du Roi, pour se voir condamner à l'amende de 100 fr., faute d'avoir fait le dépôt de son répertoire dans les deux premiers mois de 1813.

Mais, par jugement du 12 mai 1813, le tribunal civil de Corte l'a déchargé de l'amende, sur le fondement qu'aux termes de la loi, l'amende n'est due que pour un mois de retard; et que, suivant l'art. 40 du Code pénal, en matière de peine, le mois se compose de trente jours.

Le procureur du Roi a demandé la cassation de ce jugement.

Et par arrêt du 30 juillet 1816, au rapport de M. Cassaigne,

« Vu l'art. 16, tit. 3, de la loi du 6 octobre 1791;

» Attendu qu'aux termes de cet article, les notaires sont tenus de déposer au greffe du tribunal, dans les deux premiers mois de chaque année, un double du répertoire des actes qu'ils ont reçus dans le cours de l'année précédente, à peine de cent francs d'amende par chaque mois de retard; qu'il suit de cette disposition, que l'amende est encourue par le seul fait du retard; que, par une suite nécessaire, étant réglée par mois et non par jour, elle est due le premier jour qui suit l'expiration des deux mois, comme pour tout le mois; que cette mesure étant civile, elle est étrangère à l'art. 40 du Code pénal qui n'a pour objet que les peines criminelles, correctionnelles et de police; que, par une conséquence ultérieure, le jugement qui décide le contraire, et qui, par suite, décharge Salicetti de l'amende de cent francs par lui due, faute d'avoir fait le dépôt prescrit dans les deux premiers mois de l'année 1813, viole l'article précité de la loi du 6 octobre 1791, et fait une fausse application de l'art. 40 du Code pénal à l'espèce.

» La cour casse et annulle..... ».

§. X. *Le notaire qui, en faisant enregistrer un acte, a payé un droit plus fort que ne comportait l'acte enregistré, a-t-il qualité pour répéter l'excédant contre l'administration?*

V. l'arrêt du 5 février 1810, rapporté aux mots *Vente publique de meubles*, §. 2.

§. XI. *Le notaire qui, ayant été commis par un jugement pour vendre aux enchères un immeuble dépendant d'une succession, s'en rend adjudicataire sous un nom interposé, encourt-il, par là, les peines portées par l'art. 175 du Code pénal?*

Dans l'espèce rapportée à l'article *Délit*, §. 2, n. 3, la cour royale de Metz avait adopté l'affirmative, en condamnant le notaire A... à une amende de 16 francs, ainsi qu'à un emprisonnement de six mois, et en le déclarant incapable d'exercer aucune fonction publique.

Et ce notaire soutenait, devant la cour de cassation, qu'il y avait eu, à son préjudice, fausse application de l'art. 175 du Code pénal.

Cet article (disait-il) ne parle que des officiers et fonctionnaires publics qui prennent un intérêt dans les actes dont ils ont *l'administration et la surveillance.* Or, les notaires n'ont à exercer ni administration ni surveillance sur les actes qui se passent devant eux. Leur seule mission est de rédiger les conventions des parties. Celle qu'ils reçoivent d'un tribunal pour procéder à l'adjudication d'un immeuble, ne change rien à la nature de leurs fonctions. D'ailleurs, dans le cas particulier dont il s'agit, c'est en présence de toutes les parties intéressées ou de leurs fondés de pouvoir, que l'adjudication a été prononcée : il est donc impossible de voir, dans cet acte, aucune ombre de délit.

Mais par arrêt du 28 décembre 1816, au rapport de M. Busschop.

« Considérant que le fait dont le réclamant a été déclaré coupable, entre parfaitement dans les dispositions de l'art. 175 du Code pénal; et qu'ainsi, la peine portée par cet article, lui a été bien appliquée;

» La cour rejette le pourvoi..... ».

Au surplus, *V.* les articles *Acte notarié*, *Signature* et *Testament*.

NULLITÉ. — §. I. *Dans quel cas la peine de nullité peut-elle être suppléée dans une loi?*

V. l'article *Mariage*, §. 3; et ci-après, §. 5 et 8.

§. II. 1.° *Peut-on, en cause d'appel, proposer soit contre un testament, soit contre tout autre acte, un moyen de nullité que l'on n'a pas fait valoir en première instance?*

2.° *Le peut-on en cassation?*

Sur la première question, *V.* le plaidoyer et l'arrêt du 2 vendémiaire an 10, rapportés à l'article *Signature*, §. 2.

Sur la seconde, *V.* le plaidoyer du 18 octobre 1809, rapporté à l'article *Testament*, §. 13.

§. III. *Peut-on, après avoir gardé le silence en cause d'appel, sur les nullités résultant des vices de forme du jugement de première instance, les alléguer comme moyens de cassation dans l'instance en cassation du jugement du tribunal d'appel, confirmatif de celui des premiers juges?*

J'ai établi la négative à l'article *Conclusions du ministère public*, §. 2; et j'y ai rapporté un arrêt de la section des requêtes de la cour de cassation, du 11 frimaire an 9, qui le décide ainsi.

La même chose a été jugée à la section civile, le 4 nivôse de la même année.

Jean-Baptiste Petit avait été condamné par un jugement du tribunal de commerce de Montauban, du 11 thermidor an 6, à payer aux sœurs Négré, une somme de 3,666 livres, montant de trois billets du 15 avril 1791.

Sur l'appel, ce jugement avait été confirmé le 27 floréal an 7, par le tribunal civil du département du Lot.

Jean-Baptiste Petit attaquait le jugement de ce tribunal, comme ayant mal à propos confirmé un jugement nul; et il faisait résulter la nullité du jugement du tribunal de commerce, de ce qu'il avait été rendu sans président, et de ce que, dans la copie qui lui en avait été signifiée, il n'était pas dit que le président l'eût revêtu de sa signature.

« Sur quoi, ouï le rapport du cit. Basire, l'un des juges, les observations du cit. Mailhe, avoué du demandeur, celles du cit. Jousselin, avoué des défenderesses, et les conclusions du cit. Lecoutour, substitut du commissaire du gouvernement;

» Attendu que le demandeur n'a point articulé sur l'appel, l'irrégularité qu'il cote aujourd'hui sur le jugement de première instance;

» Le tribunal rejette la demande en cassation formée par Petit, le condamne en 300 francs d'amende, etc. ».

Tel est le prononcé littéral de l'arrêt cité.

§. IV. *La nullité qui résulte de la contravention à une loi prohibitive, entraîne-t-elle toujours nécessairement la nullité entière de l'acte dans lequel cette contravention a été commise?*

V. le plaidoyer du 8 mars 1810, rapporté aux mots *Domaine public*, §. 5.

§. V. *L'omission des formes substantielles d'un acte, emporte-t-elle nullité, quoique la loi qui a prescrit ces formes, n'y ait pas expressément attaché cette peine?*

V. l'article *Domaine public*, §. 6.

§. VI. *La nullité qui, dans un arrêt, résulte d'un vice de forme dont aucune des parties n'a pu souffrir aucun préjudice, peut-elle autoriser la cassation de cet arrêt?*

V. le plaidoyer et l'arrêt du 17 mai 1810, rapportés au mot *Nantissement*, §. 2.

§. VII. *Dans quels cas et dans quel sens est-il permis à un particulier de renoncer à une nullité d'ordre public?*

V. l'article *Effets publics*.

§. VIII. *La particule* ne, *placée dans une loi avant le mot* peut, *emporte-t-elle nullité de plein droit?*

V. l'article *Hypothèque*, §. 4, et joignez-y ce qui est dit aux mots *Domaine public*, §. 5, sur l'effet des lois prohibitives.

§. IX. *Peut-on, en comparaissant sur un exploit d'ajournement, l'arguer de nullité? Différence, à cet égard, entre l'ordonnance de 1667 et la jurisprudence de la chambre impériale de Wetzlaër.*

V. les articles *Appel*, §. 9; *Assignation*, §. 5; et *Triage*, §. 2.

§. X. *La voie de cassation est-elle toujours nécessaire pour que l'on puisse déclarer nul un jugement en dernier ressort, auquel manque une des formes essentiellement constitutives des jugemens?*

V. les articles *Appel*, §. 9; et *Union de créanciers*, §. 2.

§. XI. *Les vices de la copie signifiée d'un exploit, sont-ils couverts par la régularité de l'original?*

V. l'article *Assignation*, §. 5.

§. XII. *La fausseté de la date d'un jugement en emporte-t-elle la nullité?*

V. l'article *Jugement*.

OBLIGATION. — §. I. *Qu'entend-on par cause d'une obligation? Nullité des obligations sans cause ou fondées sur des causes illicites. Effets de cette nullité. Est-il nécessaire que la cause d'une obligation soit exprimée dans le titre de l'obligation même?*

V. l'article *Causes des obligations*, §. 1.

§. II. *Doit-on mettre au rang des obligations fondées sur des causes illicites, les traités que des particuliers font entr'eux, pour que l'un sollicite au profit de l'autre, ou s'abstienne de solliciter à son exclusion, une grâce du gouvernement?*

V. l'article *Causes des obligations*, §. 2.

§. III. *La crainte d'une peine ou d'une contrainte légale, est-elle, lorsqu'elle a motivé une obligation ou une quittance, une cause de restitution en entier contre cet acte?*

V. les articles *Crainte*, §. 2; et *Papier-monnaie*, §. 3.

§. IV. *Peut-on, avant d'avoir prouvé par la voie civile, qu'il a existé un testament, une obligation, une contre-lettre, une quittance ou tout autre titre, poursuivre par la voie criminelle, les auteurs et les complices de la suppression que l'on prétend en avoir été faite? — Le peut-on notamment, lorsqu'on impute le délit de suppression à la personne entre les mains de laquelle on soutient avoir mis en dépôt le titre supprimé?*

V. l'article *Suppression de titres*.

Au surplus, *V.* les articles *Escroquerie*, *Contrat*, *Succession future*, etc.

OCCUPATION. *Comment et à quelle époque précise, la propriété des choses qui n'appartiennent à personne, s'acquiert-elle par droit d'occupation? Est-ce le moment de la découverte, ou celui de l'appréhension manuelle, qu'il faut considérer?*

V. le plaidoyer rapporté à l'article *Mines*, §. 1.

OCTROIS MUNICIPAUX. — §. I. *Les registres de perception des octrois municipaux sont-ils sujets au timbre?*

« Cette question (ai-je dit à l'audience de la cour de cassation, section civile, le 14 messidor an 9), s'est élevée à Rennes en l'an 8, entre la commune et la régie de l'enregistrement. Le tribunal civil de l'arrondissement l'a jugée, le 8 thermidor, pour la négative; et la régie vous demande la cassation de son jugement.

» Elle vous le présente comme rendu en contravention à l'art. 12 de la loi du 13 brumaire an 7, par lequel sont assujettis au droit de timbre, entre autres, les registres des administrations municipales, tenus pour objets qui leur sont particuliers, sans rapport à l'administration générale, *et ceux des receveurs des droits et des revenus des communes et des établissemens publics*.

» Le tribunal de Rennes s'est fondé, au contraire, 1.° sur l'art. 16 de la même loi, qui excepte de cet assujettissement les registres de toutes les administrations publiques et des établissemens publics, *pour ordre et administration générale*, et *ceux des receveurs des contributions publiques et autres préposés publics*; 2.° sur plusieurs autres lois dont il a tiré la conséquence que les octrois des communes sont placés au rang des contributions publiques; 3.° sur l'art. 11 de la seconde loi du 11 frimaire an 7, par lequel il est dit que les sommes imposées pour compléter le fonds nécessaire aux besoins des hospices civils et autres établissemens de bienfaisance, seront perçues, ordonnancées et payées, *dans la même forme et de la même manière que celles destinées aux autres dépenses locales*, c'est-à-dire, suivant le tribunal de Rennes, dans la même forme et de la même manière que les centimes additionnels et le dixième des droits de patente; et par conséquent sans assujettissement des registres de perception à la formalité du timbre, puisque le dixième des droits de patente et les centimes additionnels se perçoivent sur des registres non timbrés.

» Au premier aspect, rien de plus spécieux que ces motifs; mais, examinés de près, ils n'offrent plus que des prétextes mal imaginés pour éluder une loi positive.

» Elle est en effet bien positive, la loi qui assujettit au timbre les registres *des receveurs* DES DROITS *et des revenus des communes*. — Si elle ne parlait que *des revenus*, on pourrait, on devrait peut-être penser que les octrois ne sont pas compris dans sa disposition. Mais elle parle en même temps des *droits* des communes, et cette seule expression tranche la difficulté: pourquoi? parce qu'il est impossible de citer d'autres droits appartenans aux communes, ou perçus à leur profit, que ceux d'octroi, les centimes additionnels, le dixième du produit des patentes et la moitié des amendes de police; et que ces trois derniers objets se percevant sans registres timbrés, la disposition de la loi serait absolument illusoire, si elle ne portait pas sur les droits d'octroi.

» Sous l'ancien régime, les communes avaient, les unes, des droits féodaux ou censuels; les autres, des droits de mesurage, de hallage, ou d'autres semblables. Mais tous ces droits sont abolis depuis long-temps, et les recettes communales ne se composent plus, abstraction faite des droits d'octroi, que de revenus fonciers, de centimes additionnels, du dixième du produit des patentes et de la moitié des amendes de police.

» Cette vérité, assez notoire par elle-même, a encore l'avantage d'être justifiée par une loi expresse. Voici ce que porte, à ce sujet, la première loi du 11 frimaire an 7. — « *Art.* 7. Les » recettes communales, quant aux communes, » faisant partie d'un canton, se composent, » 1.° du produit des biens communaux, susceptibles de location; 2.° de celui des bois communaux, qui ne faisant pas partie de l'affouage distribué en nature, sera susceptible » d'être vendu; 3.° de celui de la location des » places dans les halles, les marchés et chantiers, sur les rivières, les ports et les promenades publiques, lorsque les administrations » auront reconnu que cette location peut avoir » lieu sans gêner la voie publique, la navigation, la circulation et la liberté du commerce; » 4.° enfin, de la quantité des centimes additionnels aux contributions foncière et personnelle » qu'il sera jugé nécessaire d'établir pour compléter le fonds des dépenses communales... » — *Art.* 9. Les recettes municipales, pour les » cantons composés de plusieurs communes, se » composent, 1.° du dixième du produit des » patentes perçues dans l'arrondissement du » canton; 2.° de la moitié des amendes de police recouvrées dans le même arrondissement; » 3.° de la quantité de centimes additionnels » aux contributions foncière et personnelle, » qu'il sera jugé nécessaire d'établir pour compléter le fonds des dépenses municipales. — » *Art.* 11. Les recettes municipales et communales réunies, quant aux communes formant » à elles seules un canton, se composent, 1.° des » produits énoncés en l'art. 1.er, sous les n.os 1, » 2 et 3; 2.° de ceux énoncés en l'art. 9, sous » les n.os 1 et 2; 3.° de celui des maisons, salles » de spectacle, et autres bâtimens appartenans » à la commune; 4.° enfin, de la quantité de » centimes additionnels.... qu'il sera jugé nécessaire d'établir.... Ces centimes additionnels ne pourront, dans aucun cas, excéder le » *maximum* qui sera déterminé chaque année... » Si ce *maximum* ne suffisait pas pour couvrir » la totalité des dépenses municipales et communales réunies, il y sera pourvu par l'établissement de taxes indirectes et locales, dans » la forme et d'après les principes qui seront » établis ci-après ».

» Ainsi, les revenus fonciers, le dixième des droits de patentes, les centimes additionnels, la moitié des amendes de police et les droits d'octroi, voilà tout ce qui compose les recettes communales.

» Donc encore une fois, puisque les centimes additionnels, les droits de patentes et les amendes de police se perçoivent sur des registres non timbrés (et nous verrons bientôt pourquoi ils se perçoivent ainsi), il est clair que l'expression *droits*, employée dans l'art. 12 de la loi du 13 brumaire an 7, ne présenterait aucun sens et serait complettement illusoire, si elle ne s'appliquait pas aux *droits d'octroi.*

» Nous disons les *drois d'octroi*, car c'est ainsi que le législateur qualifie lui-même les taxes indirectes et locales qui sont accordées à certaines communes pour fournir à leurs dépenses particulières.

» Le mot *droit* est employé jusqu'à trois fois dans les art. 9 et 10 de la loi du 27 vendémiaire an 7, portant établissement de l'octroi municipal de Paris; et cette loi mérite ici d'autant plus d'attention, qu'elle n'a précédé que de seize jours celle qui assujettit au timbre les registres des revenus et des *droits* des communes.

» Ce même mot *droit* est employé cinq fois dans les art. 9, 12 et 13 de la loi du 13 vendémiaire an 8, portant établissement de l'octroi municipal de Rennes.

» Enfin, la loi du 19 frimaire suivant, relative à l'octroi municipal de Paris, se sert jusqu'à quatre fois des termes *droits d'octroi.*

» Ainsi, d'une part, l'octroi se trouve compris dans l'art. 12 de la loi du 13 brumaire an 7, puisqu'il forme un *droit* proprement dit accordé aux communes pour leurs dépenses locales, et que cet article soumet expressément au timbre les registres des receveurs des *droits* des communes; de l'autre, nous ne saurions trop le répéter, si le mot *droits* employé dans cet article, ne portait pas nommément sur l'octroi, il ne porterait sur rien; et la loi alors contiendrait un pléonasme, ce qu'il n'est pas permis de supposer.

» Ajoutons que l'esprit de la loi éclate encore d'une manière bien sensible, dans la disposition du même art. 12, qui soumet au timbre, même les registres des municipalités qui ne concernent que les affaires de leurs communes, et n'ont point de rapport à l'administration générale; tant il est vrai que le législateur n'a voulu exempter du timbre, que les actes essentiellement relatifs à l'administration générale de l'état et à la perception de ses revenus généraux,

» Et ce qui prouve encore bien que telle était l'intention de la loi par rapport aux registres de perception de l'octroi, c'est que, dès le principe de l'établissement de ces sortes de taxes et à Paris même, ces registres ont été soumis au timbre sans difficulté ni réclamation : *optima legum interpres et consuetudo*.

» La commune de Rennes a cherché à s'affranchir à cet égard de la règle générale, et elle se flattait d'y parvenir par voie d'administration. Mais quel a été le succès de ses démarches? Nous le voyons par une lettre du ministre des finances au cit........, du 18 floréal an 8 : « J'ai reçu avec votre lettre du 2 de ce mois, la » pétition par laquelle l'administration munici- » pale de Rennes se plaint de ce que les prépo- » sés de la régie veulent assujettir au timbre les » registres de recettes de l'octroi municipal de » cette commune. Je vous observe que la de- » mande de ces préposés est conforme au vœu de » l'art. 12 de la loi du 13 brumaire an 7, qui as- » sujettit à la formalité du timbre les registres » des receveurs des droits et revenus des com- » munes et des établissemens publics; que le mi- » nistre de l'intérieur avait aussi réclamé contre » cet assujettissement; mais que, d'après les » observations que je lui ai faites à ce sujet, il » en a reconnu la légitimité et a donné des or- » dres pour l'exécution de la loi. Je n'ai pu qu'en » rappeler les dispositions à la municipalité de » Rennes et l'inviter à s'y conformer ».

» Tout se réunit donc contre la prétention de la commune de Rennes; la décision des premières autorités administratives, l'usage général, le texte de la loi, tout concourt à prouver que les registres de perception des droits d'octroi sont soumis à la formalité du timbre.

» Maintenant voyons sur quoi s'est fondé le tribunal de Rennes pour juger le contraire. Son jugement renferme neuf *considerant*.

» Le premier est que les dépenses communales sont classées par l'art. 1 de la première loi du 11 frimaire an 7, parmi les dépenses de la république. — Oui, elles y sont classées, mais avec cette restriction décisive, qu'elles doivent être supportées par les communes, et non par le trésor national. Pour raisonner conséquemment à cet égard, il faudrait aller jusqu'à dire que les recettes communales font aussi partie des recettes générales de la république; car bien certainement les recettes sont le pendant des dépenses; et pour l'objet dont il s'agit ici, il en doit être des unes comme des autres. Or, de là, que résulterait-il? Une conséquence absurde, mais nécessaire : c'est que les registres des receveurs, même des revenus fonciers des communes, seraient exempts du timbre. Il n'en faut pas davantage sans doute pour faire tomber le premier *considérant*.

» Le deuxième est que, par l'art. 9 de la seconde loi du 11 frimaire an 7, il est dit que, *pour l'an 7 et jusqu'à ce qu'il y ait été définitivement pourvu par la suite, les sommes nécessaires pour compléter le fonds d'entretien des hospices civils et des distributions de secours à domicile, seront à la charge des cantons où ces établissemens ont lieu, et feront en conséquence partie des dépenses municipales et communales*. — Mais que peut-on raisonnablement conclure de cette disposition? Une seule chose, c'est que les droits affectés spécialement à une commune, pour subvenir à cette partie de ses dépenses particulières, ne peuvent être considérés que comme une branche de revenu communal; et qu'ainsi, loin d'être, à ce titre, exempts du timbre, ils y sont au contraire, par cela même, assujettis.

» Le troisième *considérant* est que, par l'art. 13 de la même loi du 11 frimaire an 7, le trésor public est chargé de subvenir aux besoins des hospices civils pendant l'an 7, en attendant que les administrations municipales dans le ressort desquelles ils existent, aient un fonds suffisant pour pourvoir à leurs dépenses. — Le tribunal de Rennes a inféré de cet article que les dépenses des hospices civils étaient à la charge du trésor public. Il aurait raisonné plus juste, si de l'exception temporaire qu'établit cet article, il eût conclu que les dépenses des hospices civils étaient communales par leur nature.

» Le quatrième et le cinquième *considérant* sont tirés de l'art. 51 de la première loi du 11 frimaire an 7, lequel porte qu'en cas d'insuffisance des recettes ordinaires pour fournir en entier aux dépenses communales, *il y sera pourvu par l'établissement des taxes indirectes et locales, qui ne pourront avoir lieu qu'après l'autorisation expresse et spéciale du corps législatif*. Le tribunal de Rennes conclut de là que les droits d'octroi tiennent de la nature de l'impôt direct; et il ajoute que de l'art. 52, il résulte encore que l'autorisation nécessaire pour lever ces taxes, doit être renouvelée tous les ans. — Il serait aussi long qu'inutile de nous arrêter à réfuter cette dernière assertion qui est d'ailleurs démentie par le fait; mais n'admirez-vous pas, C. M., avec quelle logique raisonne le tribunal de Rennes relativement à la nature des droits d'octroi? De ce qu'ils ne peuvent avoir lieu qu'en vertu d'un décret du corps législatif, il en infère tout de suite que ces droits tiennent de la nature de l'impôt direct. Que ne dit-il aussi que l'impôt direct et l'impôt indirect sont une seule et même chose, puisque l'un ne peut pas plus que l'autre être levé, sans qu'un décret préalable en ait autorisé la perception? Cette conséquence serait tout aussi régulière. Mais, dans l'exacte vérité, il n'y en a qu'une de raisonnable à tirer de l'art. 51 : c'est que, puisque les droits d'octroi y sont qualifiés de *taxes locales* ils ne forment qu'un revenu particulier à la commune, et non un revenu destiné à alimenter le trésor public ni à alléger ses charges.

» Le sixième *considérant* est le plus spécieux de tous, et cependant vous allez voir qu'il ne roule que sur une misérable équivoque. Par l'art. 11 de la seconde loi du 11 frimaire an 7, dit le tribunal de Rennes, *les sommes imposées pour compléter le fonds nécessaire aux besoins des hospices civils et autres établissemens de bienfaisance, seront perçues, ordonnancées et payées dans la même forme et de la même manière que celles destinées à l'acquit des autres dépenses locales.* Or, les percepteurs du dixième des droits de patentes, des centimes additionnels et de la moitié des amendes de police, destinés à l'acquit des dépenses locales, n'ont point de registres timbrés. Donc les percepteurs des droits d'octroi ne sont pas non plus assujettis au timbre pour leurs registres.

» Nous pourrions rétorquer l'argument et dire : les revenus fonciers des communes sont, comme les droits d'octroi, affectés aux dépenses locales. Or, les percepteurs des revenus fonciers des communes sont assujettis au timbre ; donc les percepteurs des droits d'octroi le sont également.

» Ce raisonnement est tout aussi exact que celui du tribunal de Rennes, et cela seul prouve que l'art. 11 de la seconde loi du 11 frimaire an 7 n'a pas le sens que le tribunal de Rennes lui prête ; car il est impossible qu'un même texte conduise à deux conséquences aussi diamétralement opposées l'une à l'autre.

» Qu'a donc voulu dire cet article ? Nous allons l'apprendre des art. 30, 31, 32, 35 et 36 de la première loi du même jour ; mais avant tout, fixons-nous sur l'art. 39 de la même loi : il porte que *le percepteur de la commune jouira, sur le produit des centimes additionnels destinés aux dépenses municipales et communales, d'une remise égale à celle dont il jouira sur ses autres recettes ; et qu'il ne lui sera alloué aucune remise pour les autres revenus communaux dont la recette fera partie des conditions et charges de son adjudication.* — Ainsi, le percepteur de la contribution foncière et mobilière de chaque commune faisant partie d'un canton, est, à ce titre, receveur, non-seulement des centimes additionnels, mais encore de tous les revenus de la commune.

» Cela posé, voici ce que portent les art. 30, 31, 32, 35 et 36.

» Art. 30 *Les recettes communales dans les communes faisant partie d'un canton, seront faites par le percepteur des contributions foncière et personnelle de la commune, qui retiendra, à cet effet, sur chaque cote par lui recouvrée, et à fur et mesure du recouvrement, les centimes additionnels destinés à pourvoir aux dépenses communales.* Cet article, comme vous le voyez, règle la manière de percevoir les revenus communaux, et répond par conséquent à ces termes invoqués par le tribunal de Rennes, *seront perçues.*

» Art. 31. *Ces dépenses seront acquittées par lui sur les mandemens de l'agent municipal ; et ce, jusqu'à concurrence de l'état duement arrêté ; et dans la proportion des rentrées successives des centimes additionnels destinés à y pourvoir, et des autres revenus de la commune.* Cet article règle la manière d'ordonnancer et de payer les sommes provenant des revenus communaux ; et il répond à ces termes également invoqués par le tribunal de Rennes, *seront ordonnancées et payées.*

» L'art. 32 a parfaitement le même objet : *Le surplus des recettes faites par lui, sera versé, conformément aux règles établies, dans la caisse du receveur-général du département, dans celle de son préposé, ou entre les mains du secrétaire de l'administration municipale, dans le cas ci-après désigné.*

» Mais cet article et les deux précédens ne sont relatifs qu'aux revenus particuliers des communes faisant partie d'un canton. Voici pour les communes qui ont à elles seules une administration municipale.

» Art. 35. *Dans les communes formant à elles seules un canton, ou considérées comme telles, l'administration municipale, s'il n'y en a qu'une, ou le bureau central, s'il en existe un, établira, pour les recettes municipales et communales réunies, un préposé spécial entre les mains duquel les divers percepteurs en verseront, successivement et toutes les décades au moins, les produits respectifs, à fur et mesure de leur rentrée.* Voilà qui regarde la perception.

» Art. 36. *Ce préposé acquittera, sur les mandemens de l'administration municipale, du bureau central, s'il y en a un, et des administrations municipales d'arrondissement dans les quatre grandes communes, les dépenses propres à chacune de ces administrations, à fur et mesure des recouvremens et dans la proportion du montant de leurs états respectifs de dépenses.* Voilà qui regarde la manière d'ordonnancer et de payer.

» Dans toutes ces dispositions, il ne s'agit pas, comme vous le voyez, de savoir si les registres des percepteurs des diverses branches du revenu communal seront timbrés ou non ; cet objet est étranger à celui de la loi, et il était bien inutile qu'elle s'en occupât, puisqu'une autre loi, faite vingt-huit jours auparavant, avait tout réglé à cet égard.

» A présent, nous voyons clairement ce que signifie, dans l'art. 11 de la seconde loi du 11 frimaire an 7, cette phrase que le tribunal de Rennes fait sonner si haut : *Les sommes nécessaires..... seront perçues, ordonnancées et payées dans la même forme et de la même manière que celles destinées à l'acquit des autres dépenses locales.* Elle signifie que les sommes provenant des droits d'octroi, doivent être versées par les receveurs de ces droits, entre les mains du préposé établi par l'administration municipale pour la recette générale des revenus communaux; elle signifie que les ordonnances ou mandemens pour la disposition de ces sommes, doivent être délivrées par l'administration municipale; elle signifie que le préposé à la recette générale doit payer en vertu de ces ordonnances ou mandemens.

» Et ce qui prouve que tel est le sens, le seul et unique sens de cette phrase, c'est que c'est précisément ainsi qu'elle est commentée par les art. 18 et 21 de la loi du 13 vendémiaire an 8, portant établissement de l'octroi municipal de Rennes. — Art. 18. *Les receveurs particuliers de l'octroi verseront, les 4 et 9 de chaque décade, le montant de leur recette à la caisse du préposé aux recettes municipales et communales.* — Art 21. *L'administration municipale* DÉLIVRERA MOIS PAR MOIS LES MANDATS NECESSAIRES *pour l'acquit de ses dépenses, telles qu'elles auront été réglées par l'administration centrale du département. Ces mandats* SERONT ACQUITTÉS *par le préposé spécial aux recettes municipales et communales, tant sur le produit de l'octroi et autres revenus communaux, que sur les centimes additionnels destinés par la loi au payement des dépenses communales.*

» On voit maintenant combien est ridicule l'induction que le tribunal de Rennes a voulu tirer de l'art. 11 de la seconde loi du 11 frimaire an 7.

» Du reste, il est très-vrai, comme ce tribunal l'a observé, que les centimes additionnels, le dixième des droits de patentes et la moitié des amendes de police, se perçoivent au profit des communes, sur des registres non timbrés. Mais c'est par une raison tout-à-fait particulière à ces trois branches de revenus communaux. Les centimes additionnels se perçoivent avec la contribution tant foncière que mobilière, à laquelle ils sont accessoires; le dixième des droits de patente se perçoit par le receveur de l'enregistrement avec les neuf autres dixièmes de ces droits; la moitié des amendes de police se perçoit par le même receveur avec l'autre moitié. Or, le percepteur de la contribution foncière et mobilière et le receveur de l'enregistrement sont des préposés véritablement publics, et leurs registres sont affranchis du timbre par l'art. 16 de la même loi, dont l'art. 11 y assujettit les registres des receveurs des droits et revenus des communes. — En est-il de même des droits d'octroi? Non, ces droits ne se perçoivent point par quotité des sommes appartenantes à la république; ils se perçoivent par des préposés spéciaux, par des receveurs proprement dits des droits des communes; il n'y a donc pas, pour les exempter du timbre, la même raison qui force d'en exempter les centimes additionnels, le dixième des droits de patentes et la moitié des amendes de police.

» Passons au septième *considérant.* Il porte que, *d'après les dispositions des lois précitées, il ne reste aucun doute sur la nature et l'objet de l'octroi dont il s'agit; qu'il ne peut être considéré que comme une taxe ou contribution publique destinée provisoirement à acquitter une dette du gouvernement envers les hospices civils, et suppléer à l'insuffisance des autres contributions générales et des centimes additionnels; qu'en autorisant un pareil impôt, le gouvernement n'a pas eu pour but d'en détourner aucune partie au profit du trésor public, mais seulement d'employer le tout à sa décharge.* Il y a dans tout cela presque autant d'erreurs que de mots.

» D'abord, nous avons déjà vu que, par l'art. 51 de la première loi du 11 frimaire an 7, les droits d'octroi sont expressément qualifiés de *taxes locales;* ils ne sont donc pas au rang des véritables contributions publiques; et l'on ne peut pas plus les identifier avec celles-ci, qu'on ne peut identifier avec le trésor public, les caisses communales dans lesquelles s'en verse le produit.

» En second lieu, ce n'est pas seulement pour fournir aux dépenses des hospices civils, dépenses qui, au surplus, sont communales par leur nature, c'est encore pour fournir à toutes les dépenses généralement quelconques des communes, que les droits d'octroi ont été établis; seulement les sommes des hôpitaux doivent, sur les sommes qui en proviennent, être payées avant les autres. C'est ce que porte notamment l'art. 1 de la loi du 13 vendémiaire an 8, qui est particulière à la commune de Rennes. *Il sera perçu par la commune de Rennes, sur les objets de consommation locale, un octroi municipal et de bienfaisance,* SPÉCIALEMENT DESTINÉ A L'ACQUIT DE SES DÉPENSES LOCALES, *et notamment et de préférence, à celles des hospices civils et des secours à domicile.*

» 3.° Ce n'est point pour suppléer, comme le dit le tribunal de Rennes, *à l'insuffisance des contributions générales,* que les octrois ont été établis; ils ne l'ont été et ils n'ont dû l'être, d'après la disposition expresse de l'art. 51 de la première loi du 11 frimaire an 7, que pour suppléer à l'insuffisance des revenus communaux.

» 4.° Enfin, la preuve qu'il n'est ni impossible ni invraisemblable que le corps législatif ait voulu, au moyen du timbre, faire entrer dans le trésor public une partie du produit des impositions locales qu'il a permis aux communes de lever, c'est que l'art. 12 de la loi du 13 brumaire an 7, assujettit expressément au timbre, non-seulement les registres des receveurs des revenus fonciers des communes, mais encore les registres des receveurs de leurs *droits ;* car quels sont les *droits* que peuvent percevoir les communes? Ce ne sont, encore une fois, ni des droits féodaux, ni des droits censuels, ni des prestations qui y ressemblent plus ou moins; ce sont donc des impôts locaux; et il est inutile de répéter que la disposition de la loi ne pouvant pas s'appliquer aux impôts locaux connus sous les noms de centimes additionnels, patentes et amendes de police, il faut bien nécessairement qu'elle s'entende des droits d'octroi.

» Le huitième *considérant* est tiré de ce que les préposés à la perception des droits d'octroi, ne sont pas à la nomination des municipalités : le tribunal de Rennes conclut de là que ces préposés ne sont pas officiers des communes, mais du gouvernement; et qu'ainsi, ils sont véritablement au nombre des *préposés publics* dont l'art. 16 de la loi du 13 brumaire an 7 déclare les registres exempts de la formalité du timbre. — C'est comme si l'on disait que les maires ne sont pas les agens, les administrateurs des communes, parce que c'est le gouvernement qui les nomme, soit par lui-même, soit par l'intermédiaire des préfets. Il est clair que le mode de nomination n'influe en rien sur la qualité. La loi adopte tel mode de nomination plutôt que tel autre, afin de garantir mieux la bonté des choix; mais la qualité qui résulte de la nature de la fonction, reste toujours la même.

» Le neuvième motif est que l'administration municipale de Rennes n'a point contrevenu à la loi du timbre, et que par conséquent elle n'a point encouru d'amende. La fausseté du principe est évidente; la conséquence tombe donc d'elle-même.

» Par ces considérations, nous estimons qu'il y a lieu de casser et annuller le jugement dont il s'agit ».

Arrêt du 14 messidor an 9, au rapport de M. Henrion, par lequel,

« Vu les art. 12 et 16 du tit. 2 de la loi du 13 brumaire an 7..... ;

» Attendu que le caractère propre de l'impôt public est d'avoir une destination générale; comme ce qui caractérise essentiellement les droits et revenus des communes, c'est d'être destinés à subvenir à leurs besoins locaux et particuliers;

» Attendu que le produit de l'octroi de bienfaisance de la ville de Rennes, se verse dans la caisse municipale, et a pour objet unique l'avantage de cette même commune;

» Et qu'ainsi, le tribunal civil de l'arrondissement de Rennes, en affranchissant du timbre les registres destinés à la perception de cet octroi, a faussement appliqué l'art. 16 et violé l'art. 12 précités;

» Le tribunal casse et annulle.... ».

§. II. 1.° *En matière d'octrois municipaux, la preuve par témoins peut-elle être admise, soit contre, soit outre, le contenu des procès-verbaux dressés et affirmés par les préposés?*

2.° *Les contrevenans peuvent-ils être excusés par l'intention?*

« Le commissaire du gouvernement près le tribunal de cassation expose qu'il est chargé par le gouvernement de requérir l'annullation d'un jugement du tribunal criminel du département du Gard, rendu en matière d'octrois.

» Dans le fait, le 21 vendémiaire an 10, les préposés à l'octroi municipal et de bienfaisance de la commune de Nîmes ont constaté, par un procès-verbal en bonne forme,

» Qu'étant à leur poste, ils avaient vu venir, du côté de l'extérieur, un troupeau de moutons ou brebis, conduit par un berger qui leur était inconnu;

» Que, pour s'assurer si ce troupeau avait été déclaré, et si les droits en avaient été acquittés au bureau de recette le plus voisin, conformément à l'art. 3 de la loi du 19 frimaire an 8 et à l'art. 11 de la loi du 27 du même mois, ils avaient abordé le conducteur, et lui avaient demandé, entre autres choses, à qui appartenait le troupeau, d'où il l'amenait et s'il s'était conformé au vœu de ces deux lois;

» Que le berger leur avait répondu *qu'il n'avait rempli aucune formalité,* que ce troupeau était composé de deux cent quarante-trois moutons ou brebis; qu'il appartenait au cit. Aurès, fermier de la métairie de Vignols; *et qu'il n'avait pas déclaré ni acquitté les droits, ne sachant pas qu'il fût obligé de le faire.*

» Par suite de ce procès-verbal, le cit. Aurès a été cité par le régisseur de l'octroi au tribunal de première instance de Nîmes, jugeant correctionnellement, pour s'y voir condamner aux peines portées par la loi.

» Il n'y avait pour le cit. Aurès qu'un moyen légal d'échapper à ces peines : c'était de s'inscrire en faux contre le procès-verbal des préposés; car ce procès-verbal faisait foi de son contenu jusqu'à inscription de faux; ainsi l'avait réglé l'art. 8 de la seconde des lois citées.

» Cependant le tribunal de première instance de Nîmes s'est permis d'admettre le cit. Aurès à la preuve testimoniale de faits qui tendaient à prouver, non pas qu'il ne fût point en contravention, mais qu'il n'avait pas eu l'intention de frauder le droit.

» Et d'après les déclarations des témoins produits à cet effet par le cit. Aurès, le même tribunal a rendu, le 14 brumaire an 10, un jugement par lequel, tout en avouant que le cit. Aurès *était répréhensible pour n'avoir pas pris un billet de transit pour faire conduire son troupeau sur les coteaux qui bordent la commune*, il a cassé la saisie de ce troupeau et en a donné main-levée au cit. Aurès.

» Le régisseur de l'octroi a interjeté appel de ce jugement au tribunal criminel du département du Gard, et sans doute il devait s'attendre à le voir réformer.

» Car de ce que le cit. Aurès n'avait pas pris d'acquit à caution pour faire passer son troupeau en *transit* dans l'enceinte des barrières de l'octroi, ainsi que l'y obligeait expressément l'art. 5 du réglement particulier à la ville de Nîmes, il résultait nécessairement que le cit. Aurès se trouvait dans le cas de l'art. 4 du même réglement, aux termes duquel *tout porteur ou conducteur d'objets de consommation compris au tarif, est tenu*, sous peine d'une amende égale à la valeur de l'objet soumis au droit d'octroi, *d'en faire la déclaration au bureau de recette le plus voisin et d'en acquitter le droit avant de les faire entrer dans la commune*.

» Cependant, au mépris de la loi qui assurait une pleine foi au procès-verbal de saisie, jusqu'à inscription de faux, et toujours d'après les faits sur lesquels avaient été entendus les témoins produits par le cit. Aurès, le tribunal criminel du département du Gard a, par jugement du 28 nivôse an 10, confirmé celui du tribunal de première instance de Nîmes.

» Il importe d'autant plus d'annuller ce jugement, et par là de rappeler les tribunaux à l'exacte observation de la règle établie par l'art. 8 de la loi du 27 frimaire an 8, qu'ils font presque tous difficulté de s'y conformer.

» Ce considéré, il plaise au tribunal casser et annuller, pour l'intérêt de la loi, le jugement du tribunal criminel du département du Gard, du 28 nivôse an 10, confirmatif de celui du tribunal de première instance de Nîmes, du 14 brumaire précédent, portant annullation de la saisie du troupeau du cit. Aurès, et ordonner qu'à la diligence de l'exposant, le jugement à intervenir sera imprimé et transcrit sur les registres du tribunal criminel du département du Gard... *Signé* Merlin.

» Ouï le rapport de la Chèze, l'un des juges commis, par ordonnance du 14 de ce mois, et les réquisitions de Lecoutour, substitut du commissaire du gouvernement;

» Attendu qu'étant constaté en fait par le procès-verbal des préposés à la perception du droit d'octroi de la ville de Nîmes, que le berger du cit. Aurès, fermier de la métairie de Vignols, avait introduit dans la ville, deux cent quarante-trois bêtes à laine, sans en faire la déclaration prescrite par l'art. 11 de la loi du 27 frimaire an 8, et par l'art. 5 du réglement particulier à la ville de Nîmes, et sans prendre l'acquit à caution prescrit pour le cas du simple *transit*, par l'art. 5 du même réglement; en autorisant ledit Aurès à prouver que ce troupeau n'était entré qu'en *transit*, et quelles que pussent être les circonstances qui eussent déterminé ce passage, les juges de police correctionnelle et du tribunal criminel ont contrevenu aux dispositions des lois et réglemens cités, et à l'art. 8 de la loi du 27 frimaire an 8, qui sont ainsi conçus : — *Tout porteur et conducteur d'objets de consommation compris au tarif de l'octroi, sera tenu de faire sa déclaration au bureau de recette le plus voisin, et d'en acquitter les droits avant de les faire entrer dans la commune, sous peine d'une amende égale à la valeur de l'objet soumis au droit d'octroi.* (Art. 11 de la loi du 27 frimaire an 8). — *Pour les objets de transit, c'est-à-dire, ceux qui ne feront que passer dans la commune, les porteurs ou conducteurs prendront un acquit à caution du bureau d'entrée, et le présenteront au bureau de sortie ; ils pourront être escortés par un préposé*, etc. (Art. 5 du réglement de l'administration centrale de Nîmes). — *Les procès-verbaux constatant la fraude seront affirmés devant le même juge de paix dans les vingt-quatre heures de leur date, sous peine de nullité, et ils feront foi en justice jusqu'à l'inscription de faux* (art. 8 de la loi du 27 frimaire an 8);

» Par ces motifs, le tribunal casse et annulle, dans l'intérêt de la loi, le jugement rendu par le tribunal criminel du département du Gard, séant à Nîmes, le 28 nivôse dernier.... ».

» Ainsi jugé et prononcé à l'audience du tribunal de cassation, section criminelle, le 23 vendémiaire an 11 ».

OFFRES RÉELLES. — §. I. *Sous l'empire des lois relatives à l'émigration, une personne qui avait été inscrite sur la liste des émigrés, et qui en était rayée, pouvait-elle faire des offres réelles, sans rapporter la preuve de sa radiation?*

V. le plaidoyer et l'arrêt du 21 vendémiaire an 11, rapportés à l'article *Intervention*, §. 2.

§. II. *Où et à qui ont dû être faites, tant qu'a duré la rédimibilité des rentes convenancières, les offres réelles qui avaient pour objet le rachat d'une rente de cette nature?*

Voici ce que j'ai dit sur cette question à l'audience de la cour de cassation, section civile, en portant la parole sur le recours exercé par Louis Corlouer contre un jugement du tribunal civil du département d'Ile et Vilaine, rendu en faveur de la veuve Coathnon.

« Il s'agit dans cette affaire, d'une offre faite le 19 floréal an 3, pour parvenir au rachat d'une rente *convenancière*; et la question est de savoir si le jugement qui l'a déclarée nulle, a violé les lois, ou s'il s'est conformé à leurs dispositions.

» Pour la faire déclarer nulle, la veuve Coathnon employait quatre moyens différens. Elle soutenait, 1.° que l'exploit d'offres n'énonçant pas la profession des recors de l'huissier, la nullité en était prononcée par l'art. 3 du tit. 2 de l'ordonnance de 1667; 2.° que l'offre était irrégulière, en ce qu'elle avait été faite à un simple préposé à la recette des arrérages de la rente convenancière, et malgré sa déclaration expresse qu'il n'avait ni qualité ni procuration pour recevoir le capital de cette rente; 3.° qu'elle était insuffisante, parce que la rente n'étant pas sujette à la retenue des impositions, elle ne pouvait, aux termes de l'art. 2 du tit. 3 de la loi du 18 décembre 1790, être rachetée que moyennant le 10.e en sus de son capital; 4.° qu'elle était encore insuffisante, parce qu'elle ne portait pas la valeur des *arbres en rabines et hors clôtures*, ce qu'elle eût cependant dû faire, d'après l'art. 6 de la loi du 27 août 1792.

» De ces quatre moyens, le jugement attaqué n'a adopté que le second et le quatrième; et l'on conçoit facilement pourquoi il a, par là, implicitement rejeté les deux autres.

» Il a dû rejeter le premier, parce que les recors n'étant plus nécessaires dans les exploits, il importe fort peu, lorsqu'on les y fait figurer, qu'on les y désigne bien ou mal : *utile non vitiatur per inutile*.

» Il a dû également rejeter le troisième, parce que rien ne prouve que la rente convenancière dont il s'agit, ait été exempte de la retenue des impositions; que, si elle n'en était pas affranchie par une stipulation formelle, il fallait, par cela seul, qu'elle y fût sujette; et que, dès-là, il ne pouvait pas être question d'appliquer au rachat de cette rente, les dispositions de l'art. 2 du tit. 3 de la loi du 18 décembre 1790.

» Mais le tribunal d'Ile et Vilaine n'aurait-il pas dû aussi rejeter les deux autres moyens de la veuve Coathnon; et a-t-il pu les adopter, sans contrevenir à la loi du 27 août 1792? Telle est, C. M., la question qui vous est soumise.

» Dans l'examen de cette question, il est difficile de se séparer de l'attention qu'elle excite, l'idée que, si elle est décidée en faveur du cit. Corlouer, celui-ci se trouvera investi d'une propriété qui n'est pas la sienne; et qu'ainsi, la première de toutes les lois, celle d'impartir et d'assurer à chacun ce qui lui appartient, *suum cuique tribuere*, se trouvera violée par le soin même que l'on aura pris d'exécuter celle du 27 août 1792.

» Cependant telle est la rigueur de notre ministère, et telle est, nous osons le dire, C. M., votre soumission à tous les actes émanés du pouvoir législatif, que, si la loi du 27 août 1792 se trouve enfreinte par le jugement attaqué, nous serons forcés de requérir, comme vous le serez vous-mêmes de prononcer, la cassation de ce jugement.

» Entrons donc dans la discussion des deux motifs sur lesquels s'est fondé le tribunal d'Ile et Vilaine, et voyons d'abord si la loi du 27 août 1792 a été violée par celui qui porte sur l'irrégularité de l'offre faite au receveur de la dame Coathnon?

» En thèse générale, l'offre réelle d'une somme à payer, ne peut être faite qu'au créancier de cette somme, ou à celui qu'il a chargé de sa procuration pour la recevoir, et qui par conséquent le représente à cet effet.

» Inutilement, lorsqu'il s'agit d'un capital à rembourser, la ferait-on à la personne que le créancier avait préposée à la recette des intérêts ou des revenus de ce capital. Ce préposé ne représente le créancier que pour la recette dont le créancier l'a chargé; il ne peut donc recevoir pour lui que les intérêts ou les revenus. Dès qu'il est question de toucher le remboursement du capital, il n'a plus de pouvoir, il n'est plus l'agent du créancier.

» Le créancier peut avoir confiance en lui pour une simple recette de revenus, et ne pas l'avoir pour la recette d'un capital. Je peux m'en rapporter à la loyauté d'un receveur pour une somme modique, et ne pas me fier à lui pour une somme vingt ou trente fois plus considérable.

» Ainsi, point de conséquence à tirer du pouvoir donné pour toucher des revenus, au pouvoir nécessaire pour toucher le capital de ces revenus. Il est impossible que l'un emporte l'autre; et pour mettre cette vérité dans tout son jour, faisons une hypothèse.

» Je possède à cinquante lieues de Paris un domaine qui m'a été vendu sous faculté de rachat; ce domaine est affermé à mon vendeur lui-même, et j'ai préposé sur les lieux un régisseur pour en recevoir les fermages.

» Arrive le dernier jour fixé par mon contrat d'acquisition, pour l'exercice de réméré; et ce jour, mon vendeur fait offre du prix qu'il a reçu de moi, à mon receveur.

» Celui-ci le refuse, parce qu'il n'a de pouvoir que pour toucher les fermages, et que je ne l'ai point chargé de recevoir la valeur du fonds.

» Le vendeur consigne et prétend en conséquence avoir exercé le réméré en temps utile.

» Là-dessus, que décidera le juge? Bien certainement il prononcera contre le vendeur, et il le déclarera déchu de sa faculté de rachat, parce qu'il savait ou devait savoir que l'homme chargé de ma procuration pour recevoir de lui les fermages qu'il me devait annuellement, ne l'était point pour toucher le prix de mon domaine; que par conséquent, il a fait ses offres à un homme sans qualité, et qu'il se trouve au même point que s'il ne les avait pas faites.

» Eh bien! c'est ici la même chose. La dame Coathnon avait préposé le cit. Pierre-Paul Lemoat pour recevoir annuellement du demandeur, la rente convenancière que lui devait ce dernier, à raison de son domaine congéable de Kerderu. Tant qu'il n'a été question que des arrérages de cette rente, le demandeur a très-bien pu les payer, et il les a payés en effet, au cit. Lemoat. Mais du moment où il s'est agi de rembourser le capital, le cit. Lemoat s'est trouvé sans pouvoir, il a cessé d'être le mandataire de la veuve Coathnon, et c'est à la veuve Coathnon elle-même que le demandeur a dû s'adresser.

» Voilà ce que nous dictent les principes généralement reçus en matière d'offres réelles; et si c'est d'après ces principes que la question doit être décidée, bien sûrement elle le sera en faveur du parti adopté par le tribunal d'Ile et Vilaine.

» Mais ces principes ont été singulièrement modifiés, et par la loi du 18 décembre 1790, concernant le rachat des rentes foncières, et par la loi du 9 novembre 1791, relative au rachat des droits ci-devant féodaux.

» La loi du 18 décembre 1790, tit. 3, art. 12, n'ordonne de faire l'offre au domicile du créancier de la rente foncière qu'il s'agit de racheter, que lorsque cette rente est *portable*. Si elle est *quérable*, l'offre doit être faite au domicile élu par le créancier dans le ressort du district du lieu où la rente devait être payée; et à défaut d'élection de sa part, à la personne du commissaire du pouvoir exécutif près le tribunal de cet arrondissement.

» Cette loi déroge, comme l'on voit, pour les cas où la rente est *quérable*, à la maxime du droit commun, qui veut que toute offre tendante à rembourser une dette que l'on refuse de recevoir, ne puisse être faite qu'à la personne ou au domicile du créancier.

» Cependant, si cette loi devait être prise ici pour règle, l'offre faite par le demandeur au domicile du cit. Lemoat, n'en devrait pas moins être déclarée irrégulière; mais par quelle raison? Serait-ce, comme l'a pensé le tribunal d'Ile et Vilaine, parce que la rente convenancière de la dame Coathnon était en partie *portable*? Non : il est vrai que la portabilité de la rente paraît constatée par une reconnaissance notariée, du 16 mars 1782, dans laquelle il est dit que le demandeur *doit de rente* 16 *jattes de froment, mesure de Treguier, bon blé, loyal et marchand*, RENDIBLE AU GRENIER A LA COUTUME; *et en argent, la somme de* 169 *livres* 10 *sous, payable à chaque foire et grand pardon de Treguier*. Mais ce n'était pas au domicile de la dame Coathnon, qu'étaient portables les seize jattes de froment; elles n'étaient portables qu'à son *grenier à la coutume*, c'est-à-dire, au grenier qu'elle était tenue, d'après l'*usement de Treguier*, d'établir pour cet effet à portée de son domaine.

» Nous ne dirons pas avec le demandeur, que la chose avait été ainsi réglée par l'arrêt du parlement de Rennes, du 5 juillet 1736, rapporté au Journal de Duparc-Poullain, tom. 2, ch. 19: car cet arrêt (qu'il date mal à propos du 5 juillet 1733), n'a pas été rendu en forme de réglement; il n'a fait que juger une contestation particulière entre un seigneur de fief et ses vassaux; et comme l'observe Boudoin, dans ses *Institutes convenancières*, tom. 1.er, pag. 201, s'il a décidé que les vassaux ne pouvaient pas être tenus de porter leurs rentes à des greniers placés hors de l'étendue de la seigneurie, il n'a été *déterminé que par la qualité féodale des rentes et peut-être par les circonstances et les titres*.

» Mais nous dirons, avec le même auteur, que, d'après *un arrêt de réglement, du* 29 *décembre* 1664, rendu pour tout le ressort de l'usement de Treguier, les convenanciers ne pouvaient être tenus de porter leurs redevances au-delà de trois lieues à la ronde de leur domicile.

» Et dans le fait, nous voyons que la dame Coathnon avait établi un grenier à Treguier, pour la recette de sa rente convenancière; c'était donc à ce grenier, et non à son domicile établi à plus de 10 myriamètres de là, que cette rente était déclarée portable, par la reconnaissance du 16 mars 1782.

» Mais était-ce une raison pour que le demandeur se crût autorisé par la loi du 18 décembre 1790, à faire son offre au receveur de la dame Coathnon, à Treguier? Non : car la loi du 18 décembre 1790 veut que, lorsque la rente n'est pas portable au domicile du créancier, l'offre soit faite à la personne du commissaire du pouvoir exécutif près le tribunal, si, dans les trois mois, à compter du jour de la publication de cette loi même, le créancier n'a pas élu, pour la réception des offres qui pourront lui être faites, un domicile dans l'étendue du district où la rente est payable. Or, dans l'espèce, la dame Coathnon n'avait pas fait l'élection de domicile prescrite par la loi; le demandeur ne pouvait donc faire son offre qu'à la personne du commissaire national près le tribunal du district de Pontrieux; et dès-là, celle qu'il a faite au receveur de la dame Coathnon, a dû nécessairement être déclarée nulle par le tribunal d'Ile et Vilaine, si c'est par la loi du 18 décembre 1790, que ce tribunal a dû régler son jugement.

» Et en effet, il semble, à la première vue, que c'est à cette loi seule qu'il a dû s'attacher; puisque, d'une part, elle a pour objet le *rachat des rentes foncières;* et que, de l'autre, l'art. 12 de la loi du 27 août 1792 met en principe, que les rentes convenancières seront, *jusqu'au rachat effectué*, payées *annuellement, comme par le passé*, EN NATURE DE RENTES PUREMENT FONCIÈRES.

» Cette manière de raisonner n'est pourtant pas concluante : car l'art. 1 du tit. 1 de la loi du 15 mars 1790 assimilait aussi *aux simples rentes et charges foncières* les rentes ci-devant seigneuriales que cette loi laissait subsister jusqu'au rachat; et cependant on sait bien que, tant que ces rentes ont été conservées, ce n'est point par la loi du 18 décembre 1790, mais par celles du 3 mai de la même année et du 9 octobre 1791, qu'ont été réglées les formes à suivre et les conditions à remplir pour leur remboursement.

» Il ne serait donc pas étonnant que le rachat des rentes convenancières eût dépendu de ces deux dernières lois, et non pas précisément de celle du 18 décembre 1790, puisque la loi qui avait autorisé ce rachat, c'est-à-dire, la loi du 27 août 1792, avait commencé par établir, dans son préambule, que *la tenure connue dans les départemens du Morbihan, du Finistère et des Côtes du Nord, sous les noms de* CONVENANT *et* DOMAINE CONGÉABLE, *participait de la nature des fiefs.*

» Et dans le fait, l'art. 15 de cette loi même voulait expressément que *les parties se conformassent, pour l'exercice du rachat* (des rentes convenancières), *aux règles et formalités prescrites par les décrets rendus pour le rachat des droits ci-devant féodaux.*

» En s'expliquant ainsi, cet article renvoyait bien clairement, non pas à la loi du 18 décembre 1790, mais à celles du 3 mai précédent et du 9 octobre 1791, pour déterminer les formes et les conditions des offres à faire pour le rachat des rentes convenancières.

» Or, que portait la loi du 3 mai 1790? Elle portait, art. 53, que les offres devaient être faites au chef-lieu du fief auquel étaient dus les droits ci-devant féodaux que l'on voulait racheter.

» Sans doute, cette disposition ne pouvait pas s'appliquer à la rente due par le demandeur à la veuve Coathnon, puisque cette rente n'étant pas due à un fief, il ne pouvait pas exister de chef-lieu où les offres pussent être faites.

» Mais l'art. 9 de la loi du 9 octobre 1791 prévoyait précisément un cas semblable; et voici comment il y avait pourvu : « La disposition de » l'art. 53 du décret du 3 mai 1790, qui permet de faire des offres au chef-lieu du ci-» devant fief, n'ayant pas pu ôter aux redevables la faculté de faire les offres à la personne ou au domicile du propriétaire du » ci-devant fief, les redevables continueront » d'avoir l'option de faire lesdites offres, soit » au chef-lieu du ci-devant fief, soit au domicile » du propriétaire. — Dans le cas où il n'y aura » point de chef-lieu certain et connu du ci-» devant fief, les offres pourront être faites à » la personne au domicile de celui qui sera » préposé à la recette des droits dudit ci-devant » fief.... ».

» Il semble donc qu'à défaut de chef-lieu, duquel ressortît la rente convenancière dont il est ici question, le demandeur a pu faire ses offres au domicile du cit. Lemoat, à Treguier, puisque le cit. Lemoat était préposé par la veuve Coathnon à la recette des prestations que lui devait le domaine congéable de Kerderu.

» La veuve Coathnon oppose à cela, que la loi ne porte point sur le cas où il n'existe point de chef-lieu du ci-devant fief, mais uniquement sur le cas où le chef-lieu, quoique existant, n'est pas *certain et connu* : ce qui est de toute vérité.

» Elle ajoute que, là où il n'y a point de ci-devant fief, il ne peut pas y avoir de chef-lieu connu ou non : ce qui est encore très-vrai.

» Mais, ce qui n'est pas également clair, c'est la conséquence qu'elle en tire, que la faculté donnée par la loi de faire les offres au receveur, n'est pas applicable au cas où il ne peut pas exister de chef-lieu. Il semble, au contraire, extrêmement naturel, parlons plus juste, il paraît indispensable, d'après la disposition impérative de l'art. 15 de la loi du 27 août 1792, d'appliquer aux offres à faire pour le rachat d'une rente convenancière qui ne ressortit d'aucun chef-lieu, la règle établie par la loi du 9 octobre 1791, pour le rachat des rentes ci-devant seigneuriales, qui ressortissaient de chefs-lieux inconnus; puisqu'en droit, *non esse et non apparere sunt unum et idem.*

» Mais conclurons-nous de là, que le tribunal d'Ile et Vilaine a violé l'art. 15 de la loi du 27 août 1792, et par suite l'art. 9 de celle du 9 octobre 1791, en déclarant nulle l'offre faite au receveur de la dame Coathnon?

» Oui, il les a violés l'un et l'autre, et conséquemment il doit être cassé, si ces deux articles sont encore en vigueur.

» Mais si ces deux articles sont abrogés, à coup sûr le tribunal d'Ile et Vilaine n'a pas été tenu de les prendre pour règle de son jugement.

» Or, ces deux articles existaient-ils encore à l'époque où a été rendu le jugement attaqué?

» Non, ils avaient été abrogés par la loi du 17 juillet 1793; et c'est une vérité facile à saisir.

» Par l'art. 1 de la loi du 17 juillet 1793, la Convention nationale a supprimé, sans indemnité, *toutes redevances ci-devant seigneuriales, droits féodaux et censuels, fixes ou casuels, même ceux conservés par le décret du 25 août précédent*, c'est-à-dire, même ceux qui étaient établis par titres primitifs et pour cause de concession de fonds.

» Elle n'a, par l'art. 2, excepté de cette suppression, que les rentes et prestations *originairement foncières et non féodales*.

» Il a même été déclaré par deux décrets interprétatifs, des 2 octobre 1793 et 7 ventôse an 2, que la suppression frappait les rentes foncières constituées pour concession de fonds, mais au profit de ci-devant seigneurs, et avec mélange, soit de cens, soit de lods et ventes, soit de tout autre droit féodal.

» Par là, ont été nécessairement abolies toutes les lois relatives au rachat des droits ci-devant féodaux, soit casuels, soit fixes.

» Par là, conséquemment, ont disparu et la loi du 9 octobre 1791, et l'art. 15 de la loi du 27 août 1792 qui s'y référait.

» Donc, à l'époque de l'offre faite par le demandeur, c'est-à-dire, en floréal an 3, il n'était plus possible de se régler, pour les formalités à suivre, soit sur l'art. 15 de la loi du 27 août 1792, soit sur la loi du 9 octobre 1791, à laquelle cet article renvoyait.

» Donc, le tribunal d'Ile et Vilaine n'a pas dû juger cette offre d'après ces deux lois.

» Donc, il a dû la juger, ou d'après les principes du droit commun, suivant lesquels il n'y a d'offres valables, que celles qui sont faites à la personne ou au domicile du créancier; ou, d'après l'art. 12 du tit. 3 de la loi du 18 décembre 1790, aux termes duquel, à défaut de domicile élu *ad hoc* par le créancier d'une rente foncière, l'offre doit être faite au commissaire national près le tribunal du district dans le ressort duquel cette rente est payable.

» Donc, il a dû nécessairement la déclarer irrégulière, et par conséquent nulle.

» Donc, le premier motif du jugement attaqué, bien que mal à propos basé sur la disposition de la loi du 18 décembre 1790, relativement aux rentes foncières *portables*, ne laisse pas d'être bon en soi, et de garantir le jugement même de toute atteinte.

» Il importerait peu, d'après cela, que le second motif, celui qui est tiré de la prétendue insuffisance des offres du demandeur, pût être le sujet d'une légitime censure; et nous devons dire, qu'en effet, il ne nous a pas paru possible de le justifier.

» Il est vrai que l'art. 6 de la loi du 27 août 1792, d'accord avec la reconnaissance notariée du 16 mars 1782, conservait à la dame Coathuon la propriété des *chênes existans en rabines* sur son domaine.

» Il est vrai encore que l'art. 7 de la même loi permettait au demandeur de racheter ces chênes.

» Mais rien n'indique, dans cette loi, l'obligation de les racheter en même temps que la rente convenancière. Rien n'annonce que le *domanier* ne puisse pas, en rachetant la rente, laisser les arbres à la disposition du *foncier*. L'art. 8 nous paraît, au contraire, établir clairement qu'il le peut. Et dès-là, il est bien évident que, déclarer insuffisante l'offre du rachat d'une rente, sous le prétexte qu'on n'y a pas compris la valeur des arbres, c'est prononcer une nullité que la loi n'admet pas, c'est excéder les bornes du pouvoir judiciaire.

» Mais, comme nous l'avons observé, si le second motif du tribunal d'Ile et Vilaine est insoutenable, le premier est, en revanche, à l'abri de toute critique, et seul il suffit pour faire maintenir le jugement attaqué.

» Ce n'est pas tout. Quand le premier motif ne vaudrait pas mieux que le second, ou, en d'autres termes, quand l'offre faite par le demandeur, le 19 floréal an 3, serait parfaitement régulière dans la forme, le jugement attaqué n'en devrait pas moins être maintenu; pourquoi? Parce que l'offre du demandeur était essentiellement nulle au fond; parce qu'en faisant cette offre, le demandeur n'ajoutait rien à ses droits, ne changeait rien à sa condition d'alors; parce qu'en un mot, faire une offre ou ne pas la faire, c'était pour lui la même chose.

» Ceci paraît, au premier coup-d'œil, un paradoxe; et cependant il n'est point de vérité plus constante et plus palpable.

» Nous avons déjà remarqué que la loi du 27 août 1792 avait implicitement déclaré féodales toutes les rentes connues, jusque-là, sous la dénomination de *convenancières*. C'est ce qui résultait en effet du préambule de cette loi, qui motivait sa disposition sur ce que le *convenant ou domaine congéable participe de la nature des fiefs*.

» C'était, sans doute, une grande erreur qu'une pareille assertion prise dans sa généralité. Mais cette erreur était nécessaire pour l'exécution des projets de ceux qui, en trompant l'assemblée législative, voulaient l'amener, comme ils y sont parvenus, à renverser tout ce que l'assemblée constituante avait fait sur cette matière, et à transférer la propriété du *foncier* sur la tête du *domanier*.

» Qu'est-il résulté de là? C'est que, lorsque par la loi du 17 juillet 1793, la Convention nationale eut aboli, sans indemnité, toutes les rentes et redevances ci-devant féodales ou censuelles, les rentes convenancières se trouvaient naturellement, ou plutôt nécessairement, comprises dans cette abolition, puisqu'encore une fois, la loi du 27 août 1792, les avait toutes proclamées féodales.

» Et c'est ce que la Convention nationale déclara elle-même par un décret *d'ordre du jour*, du 29 floréal an 2, ainsi conçu : — « La Con-
» vention nationale, après avoir entendu le
» rapport de son comité de législation, sur la
» question proposée par le tribunal du district

» de Pontrieux, département des côtes du Nord, » relativement aux rentes convenancières ; — » Considérant que, par l'art. 1 de la loi du » 17 juillet 1793, toute redevance ou rente en- » tachée originairement de la plus légère marque » de féodalité, est supprimée sans indemnité, » quelle que soit sa dénomination, quand même » elle aurait été déclarée rachetable par les lois » antérieures ; et qu'ainsi, il ne peut y avoir de » conservées que les rentes convenancières qui » ont été créées originairement, sans aucun » mélange ni signe de féodalité ; — Déclare qu'il » n'y a pas lieu à délibérer ».

» Et il ne faut pas croire que, par ce décret, la convention nationale ait maintenu *les rentes convenancières qui* avaient *été créées originairement, sans aucun mélange ni signe de féodalité*. Ce qu'elle a dit, à cet égard, elle ne l'a dit qu'hypothétiquement ; elle a bien déclaré que, s'il existait des rentes convenancières ainsi créées originairement, elles devaient être conservées ; mais elle n'a pas déclaré positivement qu'il existât encore des rentes que l'on pût regarder comme créées de cette manière ; et elle n'aurait pas pu le déclarer, sans abroger (ce qu'elle n'a pas fait), la disposition de la loi du 27 août 1792, qui, pour trouver un prétexte de soumettre au rachat les rentes convenancières, avait mis en principe qu'elles devaient être considérées toutes comme entachées de féodalité.

» Il reste donc, dans toute sa force, le raisonnement que nous faisions tout-à-l'heure, d'après la combinaison des lois du 27 août 1792 et du 17 juillet 1793 ; et il est même justifié par le décret du 29 floréal an 2. — Aux termes de la loi du 27 août 1792, il n'y a pas une seule rente convenancière qui ne soit féodale dans son origine. La loi du 17 juillet 1793 abolit, sans distinction, toutes les rentes qui portent la plus légère marque de féodalité. Il n'y a donc pas une seule rente convenancière, qui ne soit abolie, il n'y en a donc pas une seule qui soit encore sujette au rachat.

» Cela posé, il est évident que le demandeur était, de plein droit, libéré de sa rente, lorsqu'il a fait, le 19 floréal an 3, des offres réelles pour la racheter.

» Ses offres réelles étaient donc inutiles pour lui procurer sa libération.

» Elles étaient donc sans objet, puisqu'il n'y avait plus lieu au rachat des rentes convenancières.

» Le demandeur n'a donc rien ajouté à ses droits, n'a donc rien changé à sa position, en faisant ces offres réelles.

» Il doit donc être assimilé à ce qu'il serait aujourd'hui, s'il ne les avait pas faites.

» Or, s'il ne les avait pas faites, bien sûrement il serait tenu de continuer la rente, puisque la loi du 9 brumaire an 6, en abrogeant la loi du 27 août 1792, et le décret du 9 floréal an 2, a maintenu dans la propriété de leurs tenures, conformément au décret du 7 juin 1791, tous les propriétaires fonciers des domaines congéables.

» Nous avons donc eu raison de dire que, même en supposant valables les offres réelles du demandeur, le jugement dont il se plaint, devrait encore être maintenu.

» Et, par ces considérations, nous estimons qu'il y a lieu de rejeter la requête en cassation, et de condamner le demandeur à l'amende ».

Arrêt du 4 thermidor an 9, au rapport de M. Henrion, qui prononce conformément à ces conclusions, « attendu que les offres du demandeur en cassation n'étaient pas dans la forme prescrite par l'art. 9 de la loi du 15 septembre-9 octobre 1791, puisqu'elles n'étaient faites ni au chef-lieu du fief, ni à la personne du propriétaire, ni au préposé à la recette des droits féodaux, ni au fermier de la défenderesse ; et que, par conséquent, le tribunal du département d'Ile et Vilaine a pu, sans violer la loi, déclarer, comme il l'a fait par son jugement du 2 frimaire an 6, lesdites offres irrégulières ».

OFFENSE A LA LOI. — 1.° *Sous le Code pénal du 25 septembre 1791, les voies de fait exercées par le possesseur d'un immeuble, pour se maintenir dans sa possession, au mépris d'un jugement qui l'en évinçait, pouvaient-elles être poursuivies comme crime d'offense à la loi ?*

2.° *Pour qu'il y eût crime d'offense à la loi, était-il nécessaire, sous le même Code, que la formule,* obéissance à la loi, *eût été prononcée préalablement par un officier public ?*

La première de ces questions s'étant présentée au tribunal correctionnel de Castres, il a ordonné, le 19 floréal an 4, qu'il en serait référé au ministre de la justice, en exprimant qu'il la réduisait au point de savoir si la loi du 22 floréal an 2 était encore en vigueur, et si elle n'avait pas été comprise dans le rapport de celle du 27 germinal précédent. Voici quelle a été, le 16 fructidor an 4, la réponse du ministre :

« Toute loi qui n'a été ni rapportée formellement, ni détruite par une loi contraire, postérieurement à sa publication, subsiste par cela seul, et demeure par conséquent obligatoire pour les citoyens. — Or, telle est notoirement la loi du 22 floréal an 2.

» Qu'importe que cette loi ait été rendue peu de temps après celle du 27 germinal de la même année, qui a été rapportée depuis ? Le rapport de l'une ne peut pas emporter, de plein droit, le rapport de l'autre.

» Il n'y a d'ailleurs rien de commun entre la première et la seconde.

» La loi du 27 germinal prescrivait des mesures, non-seulement révolutionnaires, mais contradictoires avec les principes conservateurs du bon ordre.

» La loi du 22 floréal n'a eu pour objet que d'assurer l'exécution des jugemens, et de réprimer les violences et les voies de fait tendantes à l'empêcher.

» Aussi la loi du 22 floréal a été rendue sur le rapport du comité de législation, tandis que celle du 27 germinal avait été proposée, ou plutôt commandée, par le comité de salut public d'alors.

» Enfin, et c'est toujours à ce point qu'il faut en revenir, la loi du 22 floréal n'a été ni révoquée ni modifiée par aucune loi postérieure; elle est par conséquent comprise dans l'art. 610 du Code des délits et des peines du 3 brumaire an 4, qui oblige les tribunaux criminels de se conformer, *jusqu'à ce qu'il en ait été autrement ordonné*, *A TOUTES LES DISPOSITIONS*, *tant du Code pénal décrété par l'assemblée constituante, le 25 septembre 1791, que des autres lois pénales émanées, soit de l'assemblée législative*, *SOIT DE LA CONVENTION NATIONALE*, *auxquelles il n'a pas été dérogé jusqu'à ce jour* ».

La doctrine établie dans cette lettre, a été confirmée par la jurisprudence de la cour de cassation.

Elie Duthil avait été condamné à huit années de fers par un jugement du tribunal criminel du département de la Gironde, du 19 brumaire an 8, rendu à la suite d'une déclaration de jurés spéciaux, de laquelle il résultait qu'il s'était rendu coupable d'offense à la loi, en contribuant à arracher par violence un conscrit fugitif, des mains d'un officier municipal, et de la garde nationale qui l'avaient arrêté.

Il s'est pourvu en cassation contre ce jugement; et dans les conclusions que j'ai données sur sa requête, j'ai d'abord discuté et réfuté tous les moyens qu'il employait; après quoi, j'ai ajouté :

« Reste à examiner si les opérations du jury ne peuvent pas être attaquées par des moyens que n'a pas indiqués le demandeur, et qu'il est de notre devoir de faire ressortir avec tout l'avantage que le demandeur lui-même aurait pu en tirer.

» Et, d'abord, la position des questions n'est-elle pas nulle, en ce qu'on a omis celle de savoir si l'officier municipal, contre lequel a été dirigée la rebellion qui a donné lieu à la procédure, a prononcé, au moment où il l'a vu éclater, la formule, *obéissance à la loi ?*

» Du premier abord, il semble que l'omission de cette question, et par suite le silence de la déclaration du jury sur le fait qui aurait pu en être l'objet, forment ici un vice radical, puisque les articles du Code pénal que le jugement attaqué applique à Elie Duthil, exigent, pour condition expresse de la peine qu'ils infligent, que la formule, *obéissance à la loi*, ait été prononcée.

» Mais ce moyen n'a qu'une vaine apparence de solidité : il est détruit par la loi du 22 floréal an 2.....

» Aussi trouvons-nous un jugement du tribunal de cassation, du 1.er germinal an 4, qui annulle, pour contravention à cette dernière loi, un jugement du tribunal criminel du département de la Seine, du 8 brumaire précédent, par lequel avait été cassé un acte d'accusation dressé contre les auteurs d'une rebellion à justice, sous le prétexte que l'officier public n'avait pas prononcé la formule, *obéissance à la loi.*

» Par un autre jugement, du 23 du même mois, le tribunal a encore cassé, dans les mêmes circonstances et par le même motif, un jugement du tribunal criminel du département du Doubs, du 14 messidor an 3 ».

En conséquence, arrêt du 27 messidor an 8, au rapport de M. Chasle, qui rejette le recours d'Elie Duthil.

Au surplus, la disposition citée de la loi du 22 floréal an 2 est abrogée par le Code pénal de 1810. *V.* le *Répertoire de Jurisprudence*, aux mots *Offense à la loi*, n. 5.

OPINION. — §. I. *Lorsque les opinions de deux juges se confondent par l'effet de la parenté qui existe entre eux, peuvent-elles être comptées pour plus d'une dans le nombre des voix requises pour former le jugement ?*

Cette question s'est présentée dans une espèce qui ne peut plus se reproduire, parce qu'elle est relative aux cours spéciales extraordinaires qui n'existent plus; mais le principe sur lequel la décision en a été motivée, n'en est pas moins susceptible d'application à des cas qui peuvent se présenter encore.

Le 4 février 1814, la cour spéciale extraordinaire d'Ajaccio, composée, suivant les art. 7 et 25 de la loi du 20 avril 1810, de huit juges, au nombre desquels se trouvent un oncle et un neveu, procède au jugement d'une accusation d'assassinat portée contre Joseph Paoli.

Dans la délibération, les avis sont partagés. L'oncle, le neveu et deux autres juges opinent pour l'acquittement; quatre votent pour la condamnation.

Si les voix de l'oncle et du neveu n'avaient pas dû, d'après l'avis du conseil-d'état, du 23 avril 1807, n'être comptées que pour une, l'acquittement de l'accusé eût été commandé par les articles 347 et 583 du Code d'instruction criminelle. Mais, par la confusion de ces deux voix, il s'en trouve quatre pour la condamnation, contre trois pour l'acquittement; et en conséquence, arrêt qui condamne Joseph Paoli à la peine des travaux forcés à perpétuité.

Mais Joseph Paoli se pourvoit en cassation, et dénonce cet arrêt comme violant les art. 7 et 25 de la loi du 20 avril 1810. En effet, dit-il, d'après ces articles, la cour spéciale extraordinaire ne pouvait me juger qu'au nombre de huit juges. Or, par l'événement, elle est censée n'avoir prononcé qu'au nombre de sept.

Par arrêt du 16 juin 1814, au rapport de M. Schwendt,

« Vu l'art. 25 de la loi du 20 avril 1810....; vu aussi l'avis du conseil d'état, du 23 avril 1807.... ; vu enfin l'art. 7 de la même loi du 20 avril 1810;

» Attendu que, parmi les huit juges nécessaires pour constituer légalement la cour spéciale extraordinaire d'Ajaccio, ont simultanément siégé, dans le procès de Joseph Paoli, demandeur en cassation, deux conseillers parens au degré prohibé, mais légalement dispensés, ainsi qu'il résulte du procès-verbal du 4 février dernier; que, dans la délibération qui a suivi les débats, lesdits deux conseillers, conjointement avec deux autres juges, ont été d'un avis favorable à l'accusé, tandis que l'opinion des quatre autres juges lui a été contraire; que néanmoins la condamnation de l'accusé a été prononcée par le motif que, d'après l'avis du conseil-d'état, du 23 avril 1807, les deux voix des deux conseillers, parens au degré prohibé, ne devaient compter que pour une, et, qu'ainsi, il y avait majorité pour la condamnation.

» Mais que, par l'effet de cette réduction légale, à une voix, des deux voix conformes des conseillers parens au degré prohibé, il est résulté qu'il n'y a pas eu, dans la délibération, le concours de huit opinions ordonné par la loi;

» Que l'accusé a été privé de la chance d'acquittement établie par les art. 347 et 583 du Code d'instruction criminelle, pour les délibérations à nombre pair, et que véritablement l'arrêt n'a pas été rendu par le nombre de huit juges prescrit pour la composition des cours spéciales extraordinaires, par l'art. 25 de la loi du 20 avril 1810; qu'aux termes de l'art. 7 de la même loi, cet arrêt est donc nul;

» Par ces motifs, la cour casse et annulle.... ».

§. II. *Autres questions sur les opinions dont se forment les jugemens.*

V. les articles *Jugement*, §. 3; *Inscription hypothécaire*, §. 2; et *Tribunal d'appel*, §. 5.

OPPOSITION AUX JUGEMENS PAR DÉFAUT. — §. I. 1.° *Avant le Code de procédure civile, les jugemens rendus par défaut, en première instance, pouvaient-ils être attaqués par la voie de l'opposition?*

2.° *Le pouvaient-ils, lorsqu'ils avaient été rendus à tour de rôle?*

I. Sur la première de ces questions, il existe, pour la négative, un arrêt du parlement de Dijon, du 1.er décembre 1693, que rapporte Raviot sur Perier, tom. 2, quest. 265, n. 36.

On trouve même, dans le Recueil des édits et réglemens propres au ressort du parlement de Besançon, un arrêt du 18 avril 1747, par lequel ce tribunal a fait « défense aux officiers du bailliage de Vésoul, et à tous autres juges inférieurs du ressort, de recevoir à l'avenir les oppositions qui pourraient être formées à leurs jugemens par défaut ou sur requête ».

On ne peut disconvenir que ces arrêts ne soient, quant aux jugemens par défaut, calqués sur le texte littéral de l'art. 5 du tit. 14 de l'ordonnance de 1667 : « Ne seront à l'avenir (porte cet article) *données et expédiées aucunes sentences qui ordonnent le rapport ou le rabat des défauts et congés, à peine de nullité* et de 20 liv. d'amende contre chacun des procureurs et greffiers qui les auront obtenues et expédiées. Pourront néanmoins les défauts et congés être rabattus par les juges, en la même audience en laquelle ils auront été prononcés; auquel cas, n'en sera délivré aucune expédition à l'une et l'autre des parties sous les mêmes peines ».

On pourrait croire que la première disposition de cet article n'a eu d'autre objet que de prévenir la multiplicité des jugemens; qu'elle empêche bien les tribunaux de première instance de recevoir, par des sentences séparées, les oppositions à leurs sentences par défaut; mais qu'elle ne leur défend pas de recevoir ces oppositions, et de statuer au fond par un seul et même jugement.

Il paraît même que c'est ainsi que Jousse l'a entendue, puisqu'à ces mots, *qui ordonnent le rapport ou le rabat des défauts et congés*, il ajoute en note : « Mais on peut se pourvoir dans la huitaine, contre les jugemens rendus par défaut ».

Mais ouvrons le procès-verbal de l'ordonnance, et bientôt nous demeurerons convaincus que la première partie de l'article dont il s'agit, n'a été faite que pour interdire l'opposition aux sentences par défaut. Voici ce qu'il porte, pag. 63 :

» Lecture faite de l'art. 5 (du titre *des contestations en cause*), M. le premier président a dit qu'on ôte la liberté de se pourvoir par rapport ou rabat des congés ou défauts; que cela causera bien du désordre dans la justice; quantité d'affaires se jugeront par défaut, ce qui remplira les compagnies d'appellations, et sera une grande vexation aux parties; que l'on pourrait laisser aux défendeurs la faculté de se pourvoir, une fois seulement dans la huitaine, contre un défaut.

» M. Pussort a dit que ces rapports et rabats

donnaient lieu à une infinité de sentences, parce que l'on ne se défend jamais qu'à l'extrémité. Les parties qui connaîtront la nécessité qu'il y aura de se défendre, ne voudront point être condamnées, parce que la qualité d'un appelant n'est pas favorable; et qu'en plusieurs cas, le roi a voulu, par les articles qui sont proposés, que les jugemens fussent exécutés par provision, sans que les juges supérieurs puissent donner aucunes défenses ni surséance de les exécuter; et que, si l'on donne quelque délai, il faut qu'il soit commun entre les parties.

» M. l'avocat-général Talon a dit que les appellations se multiplieront, si l'on ne permet une première fois le rapport des sentences données par défaut; qu'il y a un nombre infini d'affaires, lesquelles étant plaidées contradictoirement devant les premiers juges, les parties acquiescent à la sentence, et par là leurs différends sont terminés sans ressource; que, si, par la négligence de leurs procureurs, ou par la surprise de leurs adversaires, il intervient une sentence par défaut, ils seront obligés d'en interjeter appel et de faire un voyage, et peut-être un long séjour à Paris, avant qu'ils puissent voir la fin de leurs procès; que quelque inconvénient qu'il arrive du rapport fréquent des sentences, il ne peut être comparé à la dépense et aux autres incommodités que souffriront les sujets du roi, pour faire vider les appellations des jugemens par défaut, que l'on pourrait éviter en permettant le rapport, sous des conditions qui en préviennent les abus; que cette défense de se pourvoir contre les jugemens par défaut, autrement que par appel, étant un moyen de priver les premiers juges de la meilleure partie de leurs fonctions, il est à craindre que, de concert avec les procureurs, ils ne trouvent des expédiens pour en éluder l'exécution; et, comme d'ailleurs toutes les plaintes du mauvais usage que l'on fait du rapport des sentences, ne regardent que les requêtes du palais, de l'hôtel et le châtelet de Paris, serait-il juste, pour réformer un abus qui s'est glissé dans deux ou trois juridictions, de faire préjudice à toutes les autres?

» *Les observations qui ont été faites sur cet article...., touchant le rabat des sentences par défaut, n'ont eu aucun effet, et l'article a passé dans l'ordonnance* ».

Il est, d'après cela, bien clair que l'intention des rédacteurs de l'ordonnance de 1667, était d'interdire la voie de l'opposition, et de n'ouvrir que celle de l'appel contre les sentences par défaut.

Mais le procès-verbal de cette ordonnance n'ayant pas été revêtu du sceau de l'autorité législative, l'interprétation qu'il donne à l'article dont il s'agit, n'a pas acquis le caractère de loi; et elle a cédé, dans l'usage le plus général de la France, à l'interprétation contraire adoptée par Jousse.

Cet usage a été, comme on peut le voir à l'article *Appel*, §. 1, n. 9, approuvé par une lettre de M. le chancelier d'Aguesseau; il a même été consacré par des lois expresses, dont voici les dispositions :

« Ceux qui auront été condamnés *par sentence de défaut ou congé*, pourront y former leur opposition dans les trois jours après la signification qui leur aura été faite, ou au domicile par eux élu, ou à leur procureur, après lequel temps de trois jours ils y seront non-recevables ». (*Art.* 8 *de la déclaration du* 17 *février* 1688, *concernant la forme de procéder dans les élections, greniers à sel*, etc.).

« Les oppositions aux jugemens rendus par défaut faute de plaider, *soit en première instance, soit en cause d'appel*, seront reçues par les juges, sans que les parties opposantes soient obligées de refonder les dépens ». (*art.* 10 *du tit.* 2 *des lettres-patentes du* 18 *juin* 1769, *portant réglement pour l'administration de la justice dans la province de Normandie*).

« Toute sentence intervenue sur une *opposition à une première sentence faute de défendre*, ne pourra être attaquée que par la voie de l'appel ». (*art.* 3 *des lettres-patentes du* 3 *mai* 1770, *relatives aux requêtes du palais du parlement de Paris*).

II. Et c'est parce que l'opposition est une voie légale contre les jugemens par défaut de première instance, que la section des requêtes de la cour de cassation s'est déterminée à admettre, dans l'espèce suivante, la demande en cassation d'un jugement du tribunal civil du département du Pas-de-Calais.

« Le cit. Duwoos (je copie les conclusions que j'ai données dans cette affaire), a formé en temps utile opposition à un jugement par défaut faute de plaider, du tribunal civil du département du Nord, du 13 thermidor an 7, qui le condamnait à payer au cit. Bernier, une somme de 34,000 fr.

» Le cit. Bernier a prétendu que son opposition était non-recevable, sous prétexte que le jugement avait été rendu à tour de rôle.

» Et le tribunal civil du Nord l'a jugé ainsi le 12 frimaire an 8.

» Appel, de la part du cit. Duwoos, au tribunal civil du département du Pas-de-Calais, mais, le 26 ventôse suivant, jugement qui confirme celui du tribunal du Nord.

» Le cit. Duwoos appuye sur trois moyens son recours en cassation contre ce jugement.

» Nous ne vous entretiendrons pas de celui qu'il tire du fond de la cause, parce qu'il ne peut pas être ici question d'un fait qui ne paraît avoir été articulé, ni devant les premiers juges, ni devant le tribunal d'appel.

» Nous ne nous arrêterons pas non plus à celui par lequel il prétend établir que l'édit du mois de mars 1674, qui n'est que la copie littérale du tit. 35 de l'ordonnance de 1667, ne fait pas loi dans le département du Nord; rien en effet de plus mal fondé que cette assertion.

» Cet édit, il est vrai, a été rendu pour le ci-devant conseil souverain de Tournai; mais, par là même, il est devenu loi pour le ci-devant parlement de Douay; car le parlement de Douay n'était rien autre chose que le conseil souverain de Tournai érigé en parlement par lettres-patentes du mois de février 1686, et transféré à Douay par un édit du mois de décembre 1713.

» Or, par la loi du 8 mai 1791, l'ancien ressort du parlement de Douay a été maintenu dans la forme de procédure qui lui était propre; et dès-là, nul doute que l'édit du mois de mars 1674 n'y soit encore en pleine vigueur.

» Mais, et c'est ici que se présente le troisième moyen du demandeur, la disposition de l'édit du mois de mars 1674 qui met à l'abri de l'opposition *les arrêts par défaut rendus à tour de rôle*, est-elle applicable à un jugement rendu, à la vérité, *par défaut et à tour de rôle*, mais *en première instance*?

» La négative nous paraît incontestable.

» La voie de l'opposition mérite par soi une grande faveur, puisqu'elle dérive du droit naturel qu'a chacun d'être entendu avant qu'on ne puisse le condamner; et quand elle est dirigée contre un jugement de première instance, elle est encore plus favorable dans le département du Nord que partout ailleurs, puisqu'alors elle est la seule voie que l'on y puisse prendre contre le jugement qu'elle a pour objet, l'appel des jugemens par défaut étant prohibé dans ce département par des lois expresses (1).

» On ne peut donc refuser une opposition que lorsque la loi elle-même défend de la recevoir.

» On ne peut pas surtout étendre d'une espèce de jugemens à l'autre, la loi qui établit une fin de non-recevoir contre l'opposition.

» Or, la fin de non-recevoir que le tribunal du Nord a fait résulter, contre le demandeur, de l'art. 3 de l'édit de mars 1674, n'est établie par cette loi que relativement aux *arrêts*; on ne peut donc pas l'étendre aux jugemens rendus en première instance; et par une conséquence nécessaire, le tribunal du Nord a fait une fausse application de l'article dont il s'agit.

» Par ces considérations, nous estimons qu'il y a lieu d'admettre la requête du demandeur ».

Ces conclusions ont été adoptées par arrêt du 11 frimaire an 9, au rapport de M. Zangiacomi.

Et la cause portée à la section civile, il y est intervenu, le 11 fructidor suivant, au rapport de M. Doutrepont, un arrêt qui casse le jugement du tribunal civil du département du Pas-de-Calais, « attendu 1.° que ce tribunal a faussement appliqué l'art. 3 de l'édit de mars 1674, lequel ne parle que des jugemens en dernier ressort; 2.° qu'en créant une fin de non-recevoir qui n'est pas établie par la loi, il a commis un excès de pouvoir ».

§. II. *Avant le code de procédure civile, l'opposition était-elle, dans la Belgique, la seule voie que l'on pouvait prendre contre les jugemens rendus par défaut en première instance? Pouvait-on, au lieu de cette voie, prendre celle de l'appel? Pouvait-on du moins appeler, lorsque sur l'opposition que l'on avait formée à un premier jugement par défaut, il en était intervenu un second, également par défaut, qui avait rejeté cette opposition?*

« Telles sont, (ai-je dit à l'audience de la cour de cassation, section civile, le 1.er thermidor an 11), les questions qu'offre à votre examen le recours exercé par Ignace Rotsaert, contre le jugement rendu le 11 frimaire an 9, par le tribunal d'appel de Bruxelles, au profit de Michel Mulder.

» Dans le fait, le 18 messidor an 7, jugement du tribunal civil du département de la Lys, qui donne défaut contre Ignace Rotsaert, assigné; et pour le profit, adjuge à Michel Mulder les conclusions de son exploit introductif d'instance.

» Ignace Rotsaert forme opposition à ce jugement; mais le jour où la cause est appelée, il ne se présente pas; et le 9 frimaire an 8, second jugement par défaut qui le déboute de son opposition.

» Ignace Rotsaert appelle de ce jugement. Michel Mulder lui oppose la maxime du droit romain, *contumax non appellat*; et le tribunal d'appel de Bruxelles le déclare effectivement non-recevable, « attendu que l'art. 14 du tit. 5 » de la loi du 24 août 1790 n'introduit ou n'admet formellement la voie d'appel, que des jugemens contradictoires, à ces mots : *nul appel d'un jugement contradictoire ne sera signifié*; qu'il n'est aucune disposition dans les lois nouvelles concernant la forme de plaidoirie, qui accorde ou introduise l'appel d'un débouté d'opposition accordé sur défaut et pour le profit du défaut; qu'à défaut de disposition des lois nouvelles sur ce point, le juge doit y former son opinion d'après la disposition des lois locales ou les principes admis par l'usage dans la matière; que, dans les usages et principes reçus en Flandre, il n'échoit pas d'appel d'une pleine contumace prononcée par le

(1) *V.* l'article *Appel*, §. 1, n. 10; et joignez-y l'observation placée à la fin du §. 2 ci-après.

» juge; que le jugement dont est appel, est prononcé en pleine contumace, en ce que, par » suite du défaut de l'appelant de recomparaître, il a adjugé les conclusions à l'intimé, » demandeur en première instance ».

» Ce jugement, il faut en convenir, est calqué sur les dispositions du droit romain. La loi 1, C. *quorum appellationes non recipiuntur*, la loi 13, §. 4, C. *de judiciis*, et la novelle 82, ch. 5, déclarent que la voie d'appel est absolument fermée à tout homme qui s'est laissé juger par défaut : *ei qui contumaciter abesse noscitur, nulla sit provocationis licentia.*

» Mais ces dispositions, abrogées depuis long-temps dans l'ancien territoire français, font-elles encore loi dans les ci-devant provinces belgiques?

» Sans contredit, elles font encore loi dans celles de ces contrées où n'a pas été publiée l'ordonnance de 1667, c'est-à-dire, dans le département du Nord, qui ressortit aujourd'hui au tribunal d'appel de Douay. Elles y ont même été maintenues implicitement par la loi du 8 mai 1791 (1).

» Mais il en est autrement dans celles de ces contrées qui ressortissent actuellement aux tribunaux d'appel de Bruxelles et de Liége; là, en effet, il a été promulgué en pluviôse an 5, un article de l'ordonnance de 1667, qui, non-seulement suppose la faculté d'appeler des sentences par défaut, mais même restreint à cette seule voie les moyens de recourir contre de pareilles sentences, lorsqu'une fois est levée l'audience dans laquelle elles ont été prononcées.

» Cet article est le cinquième du tit. 14, et vous savez quel a été le but des redacteurs de l'ordonnance de 1667, en y insérant cet article. Le procès-verbal de l'ordonnance elle-même nous apprend qu'on ne l'y a inséré que pour interdire la voie de l'opposition et n'ouvrir que celle de l'appel contre les sentences par défaut.

» A la vérité, dans l'usage le plus général de la France, on s'est relâché de cette excessive et dispendieuse rigueur; on a admis presque partout l'opposition aux jugemens par défaut rendus en première instance, et cet usage a été approuvé par le législateur lui-même.

» Mais l'usage, en abrogeant ainsi l'art. 5 du tit. 14 de l'ordonnance de 1667, en tant qu'il rend la voie de l'appel indispensablement nécessaire contre les sentences par défaut, ne l'a pas du moins abrogé en tant qu'il permet cette voie contre ces sortes de jugemens.

» Et comme cet article ne peut pas recevoir dans la Belgique, une interprétation différente de celle qu'il reçoit dans les autres parties du territoire français; comme il importe essentiellement à l'unité de la république que ses lois soient exécutées uniformément; il n'est pas douteux que vous ne deviez ramener les tribunaux de la Belgique au système général de la France sur cette matière; il n'est pas douteux par conséquent que vous ne deviez casser le jugement qui vous est dénoncé : c'est à quoi nous concluons ».

Arrêt du 1.er thermidor an 11, au rapport de M. Riolz, qui prononce conformément à ces conclusions, mais par un motif bien différent de celui sur lequel je les avais fondées. Voici comment il est conçu :

« Vu l'art. 5 du tit. 4 de la loi du 24 août 1790;

» Attendu que la généralité de ces termes, *toutes affaires*, comprend nécessairement celles dans lesquelles il y a opposition à un jugement par défaut, et ne permet conséquemment de les juger en dernier ressort, que lorsqu'elles sont au-dessous de la valeur qui est déterminée par ledit art. 5;

» Attendu que l'art. 14, loin de prohiber l'appel des jugemens par défaut, l'autorise, au contraire, même après le délai de trois mois;

» Par ces motifs, le tribunal casse et annulle.. »

On voit qu'en prononçant ainsi, la cour de cassation a implicitement rejeté la doctrine établie à l'article *Appel*, §. 1, n. 10, par rapport aux jugemens rendus par défaut dans les tribunaux de première instance du département du Nord.

§. III. — 1.° *Avant le Code de procédure civile, les jugemens d'arbitres rendus par défaut, pouvaient-ils être attaqués par la voie de l'opposition?*

2.° *Quelle différence y a-t-il, par rapport à l'opposition, entre un jugement rendu par défaut, et un jugement rendu par forclusion?*

V. l'article *Arbitre*, §. 3 *et* 4.

§. IV. *Les jugemens rendus par défaut sur l'appel des jugemens intervenus dans les justices de paix, en matière de douanes, sont-ils susceptibles d'opposition?*

Pourquoi non? Ni la loi du 14 fructidor an 3, ni aucune autre, n'interdisent cette voie à l'égard des jugemens dont il s'agit; ils demeurent donc soumis à la règle générale, et l'art. 3 du tit. 35 de l'ordonnance de 1667 leur est applicable comme à tout autre jugement par défaut.

Le tribunal civil du département des Deux-Nèthes avait cependant jugé le contraire, le 25 frimaire an 7, en déclarant la régie des douanes non-recevable dans l'opposition qu'elle avait formée à un jugement par défaut, du 17 vendémiaire précédent, confirmatif d'un jugement du tribunal de paix, portant main-levée de cafés saisis à la frontière; il s'était fondé sur l'art. 6 de la loi du 14 fructidor an 3, qui veut que le tribunal civil prononce dans le délai fixé par la

(1) *V.* l'article *Appel*, §. 1, n. 10.

loi, pour les appels des jugemens de juges de paix, et il en avait inféré que le jugement rendu par défaut contre l'appelant, ne pouvait être considéré que comme irrévocable.

Mais ce jugement a été cassé le 4 vendémiaire an 8, au rapport de M. Target, et sur les conclusions de M. Garran-Coulon,

« Attendu que l'art. 6 de la loi du 14 fructidor an 3, en prescrivant au tribunal civil de prononcer dans un délai prescrit, n'a nullement dérogé à l'art. 3 du tit. 35 de l'ordonnance de 1667; qu'il n'exclut donc point l'opposition par défaut contre l'une des parties; que, dès-lors, la régie des douanes avait pu attaquer par cette voie, le jugement rendu par défaut contre elle, le 17 vendémiaire an 7; et qu'en écartant, par fin de non-recevoir, cette opposition, sous prétexte que l'art. 6 de la loi du 14 fructidor an 3 l'interdisait, le tribunal civil du département des Deux-Nèthes a fait une fausse application de cette article, et par suite a violé l'art. 3 du tit. 35 de l'ordonnance de 1667 ».

Le tribunal civil du département des Deux-Nèthes avait, précédemment et dès le 28 messidor an 6, rendu un jugement semblable à celui du 16 frimaire an 7, en rejetant, comme non-recevable, d'après l'art. 6 de la loi du 14 fructidor an 3, l'opposition qu'Adrien Pompen avait formée contre un jugement par défaut, du 15 prairial de la même année, infirmatif d'un jugement du tribunal de paix, du 25 floréal, qui avait déclaré nulle une saisie de soixante-six ballots de café.

Mais Adrien Pompen s'étant pourvu en cassation, arrêt est intervenu le 14 nivôse an 8, au rapport de M. Coubey, qui a cassé le jugement du 28 messidor an 6, « attendu qu'aucune loi n'exclut, en matière de douanes, l'opposition aux jugemens par défaut; qu'une pareille exclusion ne peut s'établir par induction des lois qui prescrivent l'expédition des affaires; que la partie condamnée par défaut, en cette matière, peut donc se pourvoir en opposition; d'où il suit qu'en rejetant l'opposition de Pompen au jugement du 15 prairial an 6, sous prétexte que ce jugement, quoique rendu par défaut, devait être considéré comme définitif, le tribunal civil du département des Deux-Nèthes a violé l'art. 3 du tit. 35 de l'ordonnance de 1667 ».

Le juge de paix du canton de Saint-Brais avait, par défaut, déclaré valable une saisie de bestiaux faite dans le voisinage de la frontière, sur les sieurs Pierre et Jean-Baptiste Juillerat, frères, domiciliés à Robervillers, département du Mont-Terrible; et il avait condamné ceux-ci à une amende de 500 fr.

Dans les trois jours de la signification de ce jugement, les frères Juillerat se présentent au juge de paix, avec une pétition pour obtenir une cédule, à l'effet d'appeler la régie des douanes, sur l'opposition qu'ils déclarent y former.

Le juge de paix leur refuse la cédule.

Ils prennent en conséquence le parti d'appeler; mais ils ne le font qu'après les trois jours.

Jugement du tribunal du district de Porentruy, du 9 frimaire an 3, qui les déclare non-recevables, d'après l'art. 15 du tit. 6 de la loi du 4 germinal an 2, qui porte que, si la saisie est déclarée valable, et qu'il n'y ait pas eu d'appel dans les trois jours suivans, il n'y aura plus ouverture à aucune répétition ni action.

Recours en cassation de la part des frères Juillerat; et le 1.er fructidor an 8, arrêt, au rapport de M. Delacoste, et sur les conclusions de M. Bigot-Préameneu, par lequel,

« Vu l'art. 3 du décret du 14 octobre 1790;

» Attendu que nulle loi n'a fait exception à cette loi, pour les jugemens des justices de paix rendus par défaut; que la faculté de l'opposition est, au contraire, admise par toutes les lois; que les art. 14 et 15 de la loi de germinal an 2, en parlant de saisie bonne, sans qu'il y ait appel dans les trois jours, supposent nécessairement le cas d'un jugement contre lequel il n'y a que la voie d'appel à suivre, et ne détruisent point l'effet de celle du 14 octobre 1790, pour l'exercice de la faculté de l'opposition;

» Attendu qu'il est reconnu et prouvé par les pièces du procès, que les parties ont fait tout ce qui pouvait dépendre d'elles pour former opposition dans les trois jours; qu'elles ne pouvaient donc pas interjeter appel avant qu'il eût été prononcé sur leur opposition;

» Que ces articles de la loi de germinal an 2, et notamment l'art. 15, portant que toutes répétitions et actions seront non-recevables, lorsque les délais d'appel et de vente sont expirés, sont mal appliqués;

» Le tribunal casse et annulle le jugement rendu par le tribunal du ci-devant district de Porentruy, le 9 frimaire an 3 ».

§. V. *Avant le Code de procédure civile, pouvait-on former opposition à un jugement par défaut, qui déboutait d'une opposition précédemment formée à un premier jugement de la même nature?*

Voici comment je me suis expliqué sur cette question, en portant la parole à l'audience de la section des requêtes de la cour de cassation, dans l'affaire de la veuve Ricottier, demanderesse en cassation d'un jugement du tribunal civil du département de Saone et Loire, du 14 floréal an 8.

« Dans le fait, le 21 prairial an 7, jugement par défaut du tribunal de Saône et Loire, qui confirme celui du tribunal du Rhône, dont la demanderesse était appelante, et par lequel

Benoit Ricottier avait été, à son exclusion, nommé tuteur de ses enfans.

» Opposition à ce jugement, de la part de la demanderesse.

» Cette opposition portée à l'audience, jugement du 23 ventôse an 8, qui, avant d'y faire droit, ordonne une nouvelle assemblée de parens, dont le résultat est encore en faveur de la décision des premiers juges.

» Le 1.er floréal suivant, jugement par défaut, qui déboute la demanderesse de son opposition à celui du 21 prairial an 7.

» Le 7 du même mois, opposition de la demanderesse à ce jugement.

» C'est cette nouvelle opposition que le tribunal de Saône et Loire a déclarée non-recevable.

» Il s'est fondé sur ce que, *d'après les dispositions de l'ordonnance de* 1667, *opposition sur opposition ne vaut;* et quoique l'ordonnance de 1667 ne dise point textuellement ce qu'on lui a fait dire, on ne peut douter que tel ne soit en effet l'esprit de l'art. 3 du tit. 35 de cette loi. On le peut d'autant moins, que la chose a été ainsi expliquée formellement par l'art. 10 de la déclaration du 17 février 1688, et par l'art. 3 des lettres-patentes du 24 mai 1770, particulière, il est vrai, aux ci-devant élections, aux ci-devant greniers à sel, aux ci-devant requêtes du palais de Paris, mais qui n'en sont pas moins fondées, en cette partie, sur un principe commun à tous les tribunaux.

» Aussi Jousse, sur l'article cité de l'ordonnance, dit-il, en propres termes, qu'*on ne doit jamais être reçu opposant à un jugement qui a débouté d'une première opposition, quoique ce jugement ait été rendu par défaut.*

» La section criminelle l'a même ainsi jugé le 9 thermidor dernier, au rapport du cit. Goupil, et sur nos conclusions, en rejetant, par ce motif formellement exprimé, le recours contre un jugement du tribunal criminel du département de l'Aude, qui avait déclaré non-recevable l'opposition à un jugement par défaut, contenant débouté d'une opposition précédente à un autre jugement par défaut, confirmatif d'une condamnation d'amende prononcée en première instance par le tribunal correctionnel de Limoux.

» On sent en effet que, s'il en était autrement, les procédures seraient nécessairement éternelles; car il n'y aurait aucune raison, en admettant l'opposition à un deuxième jugement par défaut, pour ne pas admettre également celle qui serait formée à un troisième, à un quatrième, à un dixième, à un centième.

» Par ces considérations, nous estimons qu'il y a lieu de rejeter la requête en cassation et de condamner la demanderesse à 150 fr. d'amende envers l'Etat.

Ces conclusions ont été adoptées sur-le-champ, par arrêt du 3 frimaire an 9, au rapport de M. Rataud,

« Attendu qu'aucune disposition de l'ordonnance de 1667 n'autorise les parties à former indéfiniment des oppositions aux jugemens par défaut rendus contre elles;

» Attendu que c'est, au contraire, un principe généralement reçu, qu'on ne peut être admis à former opposition à un autre jugement par défaut; et que ce principe est même formellement consacré par la disposition de l'art. 10 d'une déclaration du mois de février 1688 ».

§. VI. 1.° *Y a-t-il ouverture à l'opposition contre un jugement par défaut, faute de plaider au fond, lorsque la partie condamnée s'est présentée à l'audience où ce jugement a été rendu, et sans y prendre ni avoir précédemment pris de conclusions au fond, a requis une remise qui lui a été refusée?*

2.° *Lorsqu'à la suite d'un jugement contradictoire qui a admis l'une des parties à une preuve par témoins que l'autre soutenait inadmissible, il intervient contre celle-ci un jugement par défaut faute de plaider sur le résultat de la preuve faite, ce second jugement est-il passible d'oppositions?*

I. J'ai rapporté dans le *Répertoire de Jurisprudence*, article *Opposition à un jugement*, § 3, art. 1, n. 11, un arrêt du parlement de Paris, du 27 août 1668, et un autre du parlement de Douay, du 3 août 1767, qui jugent la première question pour la négative.

C'est ce qu'a encore décidé depuis un arrêt de ce dernier tribunal, dont voici l'espèce:

Angelo, curateur à la faillite de la demoiselle Bruneau, avait interjeté appel d'une sentence consulaire du 6 septembre 1785, rendue en faveur de Dathis, négociant.

Dathis a anticipé cet appel, et a obtenu, sur sa requête, un arrêt qui a désigné audience au 23 novembre suivant.

Le 23 novembre, Angelo a fait demander, par son avocat, une remise qui lui a été accordée, et, en conséquence, nouveau jour a été fixé au 21 décembre.

Le 21 décembre, le procureur d'Angelo s'est présenté pour demander une remise. Je m'y suis opposé pour Dathis; et, par arrêt rendu à l'instant, il a été ordonné aux parties de plaider.

Le procureur d'Angelo ayant déclaré n'être point prêt, il est intervenu, sur-le-champ, arrêt qui, « vu le défaut de plaider de l'appelant, et adjugeant le profit d'icelui, met l'appellation au néant, ordonne que ce dont est appel, sortira effet, et condamne l'appelant aux dépens de la cause d'appel ».

Le 24 du même mois, Angelo s'est rendu opposant à cet arrêt, par une requête sur laquelle il a été ordonné que les parties viendraient plaider le 11 janvier 1786.

Ce jour arrivé, et le défenseur d'Angelo se disposant à plaider le fond, j'ai dit, en l'interrompant, qu'il était inutile d'entrer dans la discussion du bien ou mal jugé de la sentence du 6 septembre 1785, parce qu'elle se trouvait confirmée irrévocablement par l'arrêt du 21 décembre, qui n'était point susceptible d'opposition; et j'ai cité, à ce sujet, les arrêts des 27 août 1668 et 3 août 1767.

Angelo a répondu que l'arrêt du 21 décembre était rendu par *défaut de plaider*, qu'il le portait en toutes lettres, qu'il n'était donc pas contradictoire, qu'il n'était pas même possible qu'il le fût, puisqu'il n'avait été précédé d'aucunes conclusions sur l'appel; que, par conséquent, il se trouvait dans le cas prévu par l'art. 3 du tit. 35 de l'ordonnance de 1667.

Ces raisons ont embarrassé pour un moment les opinions; mais l'arrêt du 3 août 1767 vérifié, et les chambres consultées, il est intervenu arrêt qui a purement et simplement déclaré Angelo *non-recevable dans son opposition,* et l'a condamné aux dépens.

Mais ce que j'ai dit sur cette jurisprudence, dans le plaidoyer du 18 nivôse an 12, rapporté à l'article *Inscription de faux*, §. 4, prouve déjà suffisamment qu'elle ne peut plus être suivie; et c'est ce que je crois avoir encore mieux démontré dans l'espèce suivante.

Le 10 mars 1807, Jean Fournier, marchand colporteur, fait assigner Victor Chateauneuf, aubergiste à Blaye, devant le tribunal de première instance du même lieu, pour se voir condamner à lui payer 1.° une somme de 3000 fr., valeur de marchandises qu'il avait déposées le 8 du même mois dans son auberge et qui y ont été volées; 2.° une somme de 1000 fr. pour dommages-intérêts; 3.° les intérêts de ces deux sommes et les dépens.

Cette demande est suspendue par un procès criminel que le ministère public intente d'office contre le sieur Chateauneuf, pour raison du vol des marchandises dont il s'agit.

Par arrêt du 23 juin 1808, la cour de justice criminelle du département de la Gironde acquitte le sieur Chateauneuf de l'accusation.

En conséquence, le sieur Fournier reprend son action civile devant le tribunal de première instance de Blaye.

La cause appelée à l'audience du 18 mars 1809, jugement qui, après avoir entendu les deux parties, la fixe au 25 du même mois.

Le 25, l'avoué du sieur Fournier plaide. Sa plaidoirie achevée, l'avoué du sieur Chateauneuf requiert que la cause soit continuée.

Jugement du même jour qui, du consentement de l'avoué du sieur Fournier, la continue en effet au 29.

A l'audience du 29, l'avoué du sieur Fournier répète ses conclusions, et insiste pour qu'elles lui soient adjugées. L'avoué du sieur Chateauneuf, au lieu de plaider à son tour, demande le renvoi de la cause à quinzaine. L'avoué du sieur Fournier s'y oppose.

Par jugement du même jour, « Considérant qu'à l'audience du 18 de ce mois, il fut rendu jugement qui, du consentement des parties, fixa la cause au 25 suivant; qu'à l'audience du 25, la cause ayant été appelée, Duranteau, pour Fournier, fit valoir ses moyens et demanda l'obtention des conclusions par lui prises; que Renard, pour Chateauneuf, demanda que la cause fût continuée, ce que le tribunal lui accorda par son jugement dudit jour, qui la continua à l'audience du 29 du même mois; que ledit jour 29, la cause ayant été appelée, Duranteau reproduisit ses mêmes moyens et demanda l'obtention de ses conclusions; que Renard, sans vouloir défendre au fond, réclama que, de nouveau, la cause fût continuée à quinzaine; que de pareils moyens dilatoires, employés par le défenseur de Chateauneuf, ne peuvent qu'annoncer combien lui et sa partie sont persuadés qu'il n'a nuls moyens solides au fond à faire valoir, qui puissent lui faire éviter la condamnation sollicitée contre lui; et qu'il ne se comporte ainsi que pour éloigner ladite condamnation, ce qui ne fait qu'augmenter les pertes que souffre Fournier, soit par la privation des profits qu'il pourrait retirer de ses capitaux, s'il les avait en mains, soit par son déplacement prolongé; que par conséquent il est de justice de mettre fin à ces dilations, *attendu que la cause se trouve contradictoirement engagée entre les parties, par leurs comparutions respectives relatées dans les jugemens précités;* — Considérant au fond.... »; — Le tribunal condamne le sieur Chateauneuf à payer au sieur Fournier une somme de 3000 livres, pour lui tenir lieu des marchandises volées, à la charge par celui-ci d'affirmer certains faits, et 500 francs pour dommages-intérêts.

Le 14 avril, signification de ce jugement au sieur Chateauneuf, avec assignation au lendemain, pour voir prêter le serment déféré au sieur Fournier.

Le 15, jugement qui donne défaut contre le sieur Chateauneuf; et, pour le profit, reçoit le serment.

Le 20 du même mois, opposition du sieur Chateauneuf au jugement du 29 mars, motivée « Sur le principe qu'il ne saurait y avoir de jugement contradictoire, quand il n'a été produit aucunes défenses ni verbales ni écrites ».

Le 26, « Considérant que le jugement du 29 mars est un jugement contradictoire contre lequel on ne peut se pourvoir par la voie de l'opposition, et qui ne peut être attaqué que par celle de l'appel », le tribunal civil de Blaye déclare le sieur Chateauneuf non-recevable dans son opposition.

Le 24 juillet suivant, le sieur Chateauneuf appelle de ce jugement et de celui du 29 mars.

Le 1.er août, arrêt par défaut de la cour de Bordeaux qui, faisant droit sur l'appel du jugement du 29 mars, le déclare non-recevable, attendu qu'il a été interjeté plus de trois mois après la signification qui en avait été faite au sieur Chateauneuf; et faisant droit sur celui du jugement du 26 avril, le déclare non fondé, « Attendu qu'il conste du jugement du 29 mars, que la cause avait été plaidée à l'audience du 25 du même mois et continuée à l'audience du 29, par un jugement contradictoire; ce qui a suffi pour rendre également contradictoire celui du 29; que d'ailleurs il appartenait au tribunal de première instance de fixer la qualité de ce jugement; et que, dès qu'il l'a déclaré contradictoire, il doit être tenu pour tel; que la voie de l'opposition étant interdite pour demander la réformation d'un jugement contradictoire, c'est avec raison que le tribunal de première instance a rejeté celle fournie par Chateauneuf, contre le jugement du 29 mars ».

Le sieur Chateauneuf forme opposition à cet arrêt.

Le 21 du même mois, arrêt contradictoire par lequel, « persistant dans les motifs de son arrêt par défaut », la cour de Bordeaux reçoit l'opposition pour la forme, et néanmoins ordonne que l'arrêt par défaut sera exécuté selon sa forme et teneur.

Recours en cassation de la part du sieur Chateauneuf.

« Cette affaire, peu importante par son objet pécuniaire (ai-je dit à l'audience de la section des requêtes, le 6 décembre 1810), vous présente une question d'un grand intérêt. Il s'agit de déterminer, d'après le Code de procédure civile, les caractères distinctifs des jugemens contradictoires et des jugemens par défaut.

» Le jugement du tribunal civil de Blaye, du 29 mars 1809, que la cour de Bordeaux a regardé comme contradictoire, le serait en effet incontestablement s'il avait été précédé, de la part de l'avoué du sieur Chateauneuf, soit d'une plaidoirie, soit même de simples conclusions prises à l'audience.

» Mais, d'une part, il est constant que l'avoué du sieur Chateauneuf n'a plaidé, ni à l'audience du 29 mars, ni à celle du 25, ni à celle du 18 du même mois.

» D'un autre côté, on ne voit par aucun des jugemens rendus à ces trois époques, que l'avoué du sieur Chateauneuf eût pris des conclusions sur le fond de son affaire. On y voit au contraire qu'à chacune de ces trois époques, il s'est borné à demander la remise de la cause.

» Cela posé, la question se réduit à savoir si un jugement doit être réputé contradictoire, par cela seul que la partie contre laquelle il a été rendu, s'était présentée à l'audience et avait simplement conclu à une remise.

» Voyons d'abord comment cette question aurait dû être jugée sous l'ordonnance de 1667.

» Cette ordonnance reconnaissait trois sortes de défauts: le *défaut faute de comparoir*, qui s'accordait contre le défendeur, lorsqu'il ne se présentait pas, ou, ce qui était la même chose, lorsqu'il ne constituait pas procureur dans le délai de l'assignation; le *défaut faute de défendre*, qui s'accordait également contre le défendeur, lorsqu'après s'être présenté, il ne signifiait pas ses moyens de défense contre la demande; et le *défaut faute de plaider*, qui s'obtenait, soit par le demandeur, soit par le défendeur, contre celui des deux qui, le jour où la cause était appelée à l'audience, se trouvait en demeure de la plaider.

» Inutile d'examiner si les jugemens rendus par défaut *faute de défendre*, étaient passibles d'opposition.

» Il suffit de remarquer que l'opposition était ouverte contre les jugemens rendus par *défaut faute de plaider*, comme elle l'était contre les jugemens rendus par *défaut faute de comparoir*. L'art. 3 du tit. 35 de l'ordonnance de 1667, était là-dessus très-formel.

» Mais y avait-il véritablement *défaut de plaider*, de la part de celui qui paraissait à l'audience, sans y prendre de conclusions et seulement pour y demander une remise; et en conséquence, cette partie pouvait-elle former opposition au jugement qui, sans avoir égard à sa demande en remise, avait statué au fond?

» Le parlement de Paris, qui d'abord avait jugé que non, par un arrêt du 27 août 1668, rapporté par Brillon, au mot *Avocat*, n. 46, avait fini par reconnaître qu'il avait alors mal saisi l'esprit de l'ordonnance de 1667, qui, ne faisant, à cette époque, que de paraître, n'était pas encore bien connue; et il ne faisait aucune difficulté d'admettre, dans ce cas, l'opposition de la partie qui avait été condamnée sans plaider. C'est ce que nous ont plusieurs fois attesté les praticiens les plus expérimentés du ressort de cette cour. Et en effet, il y avait certainement *faute de plaider*, lorsque le défenseur d'une partie, après avoir inutilement conclu à une remise, déclarait qu'il ne plaiderait pas, et se retirait.

» Il est vrai qu'un arrêt de la section civile, du 17 vendémiaire an 13, a rejeté, au rapport de M. Boyer, le recours en cassation contre un jugement en dernier ressort par lequel le tribunal civil de Bayeux avait déclaré non-recevable l'opposition à un jugement rendu par défaut faute de plaider contre une partie qui avait comparu à l'audience pour demander une remise qu'on lui avait refusée. Mais quel a été le motif de cet arrêt? « Considérant (y est-il » dit) que des faits constatés par le jugement

» dénoncé, il résulte qu'à la pénultième audience tenue par le tribunal de Bayeux, avant les vacations de l'an 10, la cause d'entre les parties avait été appelée, *et que toutes y avaient pris des conclusions formelles sur le fond de la contestation;* qu'il suit de là que la cause avait été contradictoirement engagée entr'elles; et que, nonobstant le refus que firent les demandeurs en cassation de plaider sur le fond, lorsque la cause fut de nouveau appelée à l'audience du 17 brumaire an 11, le jugement rendu contre eux ce même jour, n'en était pas moins un jugement contradictoire, contre lequel la voie de l'opposition n'était pas admissible; qu'ainsi, le jugement dénoncé qui a déclaré cette opposition non-recevable, n'a fait que se conformer à cet égard aux règles de la procédure ». Comme vous le voyez, Messieurs, si, dans cette espèce, la section civile a jugé que le jugement attaqué devait être réputé contradictoire, ce n'est point parce que la partie contre laquelle avait été pris le défaut faute de plaider, s'était trouvée à l'audience où ce défaut avait été prononcé; c'est uniquement parce qu'avant cette audience, les deux parties avaient respectivement conclu au fond; et l'arrêt lui-même s'en explique très-clairement. *Il suit de là*, porte-t-il, c'est-à-dire, il suit du fait qu'à l'une des audiences antérieures aux vacations de l'an 10, *les deux parties avaient pris des conclusions formelles sur le fond de la contestation, que la cause avait été contradictoirement engagée entr'elles*. Aussi fait-il entendre, d'une manière non équivoque, que, sans cette circonstance, *le refus que firent les demandeurs en cassation, de plaider sur le fond, lorsque la cause fut de nouveau appelée à l'audience du 17 brumaire an 11, le jugement rendu contre eux ce même jour*, n'aurait pas été *contradictoire*.

» Et c'est ce qu'avait expressément décidé, sous l'empire de l'ordonnance de 1667, l'arrêté du gouvernement du 29 thermidor an 11, portant réglement pour la Cour d'appel de Paris. Après avoir déterminé, art. 24, la forme dans laquelle l'avoué de l'intimé devait prendre ses conclusions, dans l'absence de l'avoué de l'appelant, il ajoutait, art. 25 : « Si l'avoué de la partie adverse comparaît, mais *sans poser des qualités* (c'est-à-dire, sans prendre de conclusions au fond), il sera accordé défaut contre lui, comme s'il n'avait point comparu ». *Comme s'il n'avait point comparu!* Donc, la seule comparution d'une partie à l'audience où il intervenait un jugement, ne suffisait pas, sous l'ordonnance de 1667, pour que ce jugement fût réputé contradictoire. Donc il fallait de plus qu'à cette audience, la partie qui comparaissait, prît au moins des conclusions au fond. Donc, faute de conclusions prises au fond de sa part, le jugement était, nonobstant sa comparution, réputé par défaut. Donc ce jugement était alors susceptible d'opposition.

» Le Code de procédure civile a-t-il changé quelque chose à cette manière de distinguer les jugemens par défaut d'avec les jugemens contradictoires?

» Au premier abord, l'affirmative paraîtrait incontestable. « Si le défendeur (porte l'art. 149 de ce Code), ne constitue pas avoué, *ou si l'avoué constitué ne se présente pas au jour indiqué pour l'audience*, il sera donné défaut ». Il semble en effet que, pour qu'il ne puisse pas être donné défaut, il suffit que l'avoué constitué se présente à l'audience. Il semble par conséquent que, par cela seul que l'avoué constitué se présente à l'audience, le jugement qui intervient d'après sa comparution, doit être regardé comme contradictoire, quoique d'ailleurs il n'y ait eu de sa part ni conclusions ni plaidoirie au fond.

» Mais est-ce bien là le sens de l'art. 149 du Code de procédure civile? Peut-on croire qu'il regarde, comme se présentant avec effet à l'audience, l'avoué qui ne s'y présente que pour déclarer qu'il ne veut ou ne peut ni plaider ni conclure au fond?

» Ce n'est sûrement pas ainsi qu'on doit entendre sa disposition, si, pour en bien saisir le sens, on doit s'en rapporter à la signification que les lois romaines, ces sources éternelles de toute bonne législation, attachaient aux mots *se présenter*. La loi 52, D. *de Regulis juris*, déclare qu'on doit regarder comme défaillant, non-seulement celui qui ne comparaît pas à l'audience, mais encore celui qui y comparaissant, refuse de plaider : *non defendere videtur, non tantùm qui latitat, sed et is qui præsens negat se defendere aut non vult suscipere actionem.*

» Or, qu'on doive entendre de même la disposition de l'art. 149 du Code de procédure civile, c'est ce qui résulte, tout à la fois, et des art. 342, 343 et 344 du même Code, et du décret du 30 mars 1808, contenant réglement pour la police et la discipline des cours et tribunaux.

» L'art. 342 du Code de procédure civile porte, en renouvelant une disposition de l'ordonnance de 1667, que « le jugement de l'affaire qui sera en état, ne sera différé, ni par le changement d'état des parties, ni par la cessation des fonctions dans lesquelles elles procédaient, ni par leur mort, ni par les décès, démissions, interdictions ou destitutions de leurs avoués ». L'art. 343 ajoute : « l'affaire sera en état, lorsque la plaidoirie sera commencée; *la plaidoirie sera réputée commencée, quand les conclusions auront été contradictoirement prises à l'audience*.... Dans les affaires qui ne seront pas en état (continue

» l'art. 344), toutes procédures faites postérieurement à la notification de la mort de l'une » des parties, seront nulles.... ».

» Il résulte de ces articles deux conséquences: l'une, qu'après la mort d'une des parties arrivée avant le jugement de l'affaire, il ne peut plus être rendu de jugement par défaut au profit de la partie survivante, et que celle-ci ne peut plus obtenir qu'un jugement contradictoire, dans le cas où l'affaire y est disposée; l'autre, que pour qu'il puisse intervenir un jugement contradictoire, après la mort de l'une des parties, il ne suffit pas qu'auparavant, l'avoué de cette partie se soit présenté à l'audience, mais qu'il faut de plus qu'en se présentant à l'audience, son avoué ait pris des conclusions contradictoirement avec l'avoué de la partie adverse.

» Donc *se présenter à l'audience*, dans le sens de l'art. 149, ce n'est pas simplement faire l'acte d'une comparution matérielle, c'est prendre des conclusions au fond, et comme on le dit vulgairement, *poser les qualités*. Donc il n'y a de jugement contradictoire, qu'autant que les conclusions ont été prises au fond de part et d'autre. Donc tout jugement qui intervient sans conclusions préalablement prises au fond de part et d'autre, est par défaut.

» Le décret du 30 mars 1808 contient deux dispositions qui prouvent avec la même évidence que c'est ainsi qu'on doit entendre l'art. 149 du Code de procédure.

» Par l'art. 28, qui est placé sous le titre *des cours d'appel*, il est dit « que le premier jour » d'audience de chaque semaine, le président » de la chambre fera appeler un certain nombre » de causes, dans lesquelles il fera *poser les* » *qualités et prendre les conclusions*, en indiquant un jour pour plaider ».

» L'art. 69, qui fait partie du titre *des tribunaux de première instance*, porte également qu'après l'appel qui doit se faire le premier jour d'audience de chaque semaine, d'un certain nombre de causes affichées, « si un seul des » avoués se présente, il sera tenu de requérir » jugement; (que) si les deux avoués sont présens, ils seront tenus de *poser les qualités* et » de *prendre des conclusions*; (et qu') il leur » sera indiqué un jour pour plaider ».

» Pourquoi, lorsque les deux avoués se présentent à l'appel d'une cause, doivent-ils *poser les qualités* et *prendre des conclusions*, quoique d'ailleurs ils ne soient ni l'un ni l'autre prêts à plaider, ou, ce qui revient au même, quoique les juges ne soient pas en mesure pour entendre leurs plaidoiries respectives? c'est évidemment afin que, dès ce moment, les plaidoiries soient réputées commencées; c'est afin que, dès ce moment, l'affaire soit censée en état d'être jugée; c'est afin que le jugement qui interviendra par la suite, soit réputé contradictoire, n'importe que l'un des deux avoués se représente ou ne se représente pas au jour indiqué, n'importe qu'au jour indiqué, l'un des deux avoués plaide en se représentant, ou ne se représente que pour demander une nouvelle remise.

» Donc encore une fois, la présentation de l'avoué à l'audience ne suffit pas seule pour imprimer au jugement qui intervient après, le caractère de jugement contradictoire; donc le jugement ne devient contradictoire que par l'effet des conclusions prises au fond par l'avoué comparant; donc point de conclusions prises au fond par l'avoué comparant, point de jugement contradictoire.

» Comment, d'après cela, l'arrêt attaqué a-t-il pu déclarer contradictoire et par conséquent non susceptible d'opposition, le jugement qui avait été rendu, le 29 mars 1809, au tribunal civil de Blaye?

» C'est, a-t-il dit, parce que *la cause avait été plaidée à l'audience du 25 du même mois, et continuée à l'audience du 29 par un jugement contradictoire; ce qui a suffi pour rendre également contradictoire celui du 29; que d'ailleurs il appartenait au tribunal de première instance de fixer la qualité de ce jugement; et que, dès qu'il l'a déclaré contradictoire, il doit être réputé tel*.

» Mais d'abord, par qui la cause avait-elle été *plaidée à l'audience du 25 mars?* elle ne l'avait été, et le jugement du 25 mars même en fait foi, elle ne l'avait été que par l'avoué du sieur Fournier, demandeur; elle ne l'avait pas été par l'avoué du sieur Chateauneuf, qui s'était borné à en requérir la continuation. Et, remarquons le bien, l'arrêt ne dit pas le contraire: il ne dit pas que la cause avait été plaidée par les deux avoués; il dit seulement qu'elle avait été plaidée; et en ne disant pas par qui elle l'avait été, il se réfère évidemment au jugement lui-même, dans lequel il est énoncé en toutes lettres qu'il n'y a eu de plaidoiries, le 25 mars, que de la part de l'avoué du demandeur. Ainsi, ce n'est point par une erreur de fait que l'arrêt qualifie de contradictoire le jugement du 25 mars; il ne le qualifie de contradictoire que par une erreur de droit, que parce qu'aux yeux de la cour d'appel, il suffit, pour établir la contradiction, qu'il y ait eu plaidoirie d'une part, et, de l'autre, simple présentation avec demande en remise de la cause.

» Ensuite, est-ce bien sérieusement que la cour d'appel dit *qu'il appartenait au tribunal de première instance de fixer la qualité du jugement* du 29 mars, et *que, dès que* le tribunal de première instance *l'a déclaré contradictoire, il doit être tenu pour tel?* Où la cour d'appel a-t-elle pris que les tribunaux de première instance ont un pouvoir discrétionnaire pour déterminer la qualité des jugemens qu'ils rendent, pour décider si ces jugemens sont contradictoires ou par défaut? En cette matière, comme en toute autre, les tribunaux de première instance n'ont et ne doivent avoir d'autre boussole que la loi; s'ils s'écartent de la loi, s'ils qualifient de contradictoires des jugemens qui n'ont été rendus que par défaut, le devoir des cours d'appel est de les réformer; et les cours d'appel qui manquent à ce devoir, s'approprient, par cela seul, les infractions à la loi qu'ils se sont permises.

» Ici, sur quel fondement le tribunal civil de Blaye avait-il déclaré contradictoire le jugement du 29 mars? Sur le seul fondement *que la cause se trouvait contradictoirement engagée entre les parties par leurs comparutions respectives relatées dans les jugemens* des 18 et 25 du même mois. Le tribunal civil de Blaye avait donc décidé que, pour qu'un jugement soit contradictoire, il suffit que les deux parties aient comparu, sans prendre des conclusions. Il avait donc violé l'art. 431 du Code de procédure civile, et les art. 28 et 69 du décret du 30 mars 1808.

» Et inutilement prétendrait-on que le sieur Chateauneuf doit être présumé avoir pris des conclusions au fond dès la première audience, c'est-à-dire, dès l'audience du 18 mars. Inutilement prétendrait-on faire résulter cette présomption de ce que l'art. 69 du décret du 30 mars 1808 obligeait les deux avoués présens à cette audience, *de poser les qualités et de prendre des conclusions.*

» Oui, les deux avoués étaient tenus de prendre leurs conclusions à cette audience. Mais de ce qu'ils y étaient tenus, s'ensuit-il qu'ils doivent être présumés l'avoir fait tous deux? non assurément.

» Dans le fait, le jugement ne relate que les conclusions de l'avoué du sieur Fournier; et c'est déjà une preuve morale qu'il n'a point été pris de conclusions par l'avoué du sieur Chateauneuf.

» Dans le droit, la preuve qu'il a été pris des conclusions dans telle affaire par telle partie, ne peut s'établir par des présomptions; elle ne peut résulter que du jugement même. Tout jugement doit, aux termes de l'art. 141 du Code de procédure, contenir dans sa rédaction, une copie entière des *conclusions* des parties; et comme il fait foi jusqu'à inscription de faux, de l'exactitude de sa rédaction, il est clair que s'il ne rapporte que les conclusions d'une seule des parties, il forme une preuve légale que l'autre partie n'a point pris de conclusions.

» C'est ainsi que bien que le ministère public doive être entendu dans toutes les affaires qui intéressent l'état, les mineurs et les communes, le défaut de mention expresse de l'audition du ministère public dans les jugemens rendus sur ces sortes d'affaires, forme une preuve irréfragable que le ministère public n'y a pas été entendu, lors même qu'il est énoncé avoir été présent à l'audience. La cour l'a ainsi jugé par un grand nombre d'arrêts, notamment le 16 juillet 1806, en cassant un jugement rendu en dernier ressort au désavantage de la dame Desson.

» C'est ainsi que, bien que les jugemens rendus sur des affaires d'enregistrement, doivent être précédés d'un rapport fait par l'un des juges, le défaut de mention expresse qu'un rapport a été fait par l'un des juges présens à l'audience, forme une preuve irréfragable qu'il n'y a point eu de rapport avant le jugement. La cour l'a ainsi jugé par deux arrêts, l'un du 4 fructidor an 11, au rapport de M. Coffinhal et sur notre réquisitoire, l'autre du 19 décembre 1809, au rapport de M. Audier-Massillon.

» Et si, dans ces cas, ni le ministère public ni les juges ne peuvent être présumés, à défaut de mention expresse dans le jugement, avoir fait ce que la loi exigeait d'eux; comment, dans notre espèce, l'avoué du sieur Chateauneuf pourrait-il, à défaut de mention expresse de conclusions prises de sa part, dans le jugement du 18 mars 1809, être présumé avoir, à l'audience où ce jugement a été rendu, satisfait à la loi qui voulait qu'il y prît des conclusions?

» Il y a donc ici tout à la fois et preuve morale et preuve légale que l'avoué du sieur Chateauneuf n'a pris des conclusions ni à la première audience de la cause, ni aux audiences suivantes.

» Dès-lors, nulle raison, nul prétexte, pour qualifier de contradictoire le jugement définitif du 29 mars 1809. Dès-lors, par conséquent, nécessité de casser l'arrêt qui l'a jugé tel.

» Par ces considérations, nous estimons qu'il y a lieu d'admettre la requête du demandeur ».

Ces conclusions ont été adoptées par arrêt du 6 décembre 1810, au rapport de M. Bailly.

L'affaire n'a pas eu d'autre suite, j'ignore pourquoi. Mais *V.* le numéro suivant.

II. La seconde question s'est présentée avec une autre qui est indiquée sous le mot *Preuve*, §. 5, n. 2, dans l'espèce suivante:

Antoine Bonnet tenait à bail verbal, pour le prix de 150 francs par an, une maison appartenant au sieur Froidevaux et à la dame Bocquet, comme héritiers de leur mère, et située à Kerabecain, sur les glacis de Brest.

Le 29 septembre 1813, le sieur Froidevaux et la dame Bocquet citent le sieur Bonnet, devant le tribunal civil de Brest, à l'audience du lendemain, pour voir déclarer bon et valable le congé qu'ils prétendent lui avoir donné verbalement, avec offre, en cas de dénégation, d'en faire la preuve par témoins, et se voir, en conséquence, condamner à vider leur maison.

Le sieur Bonnet comparaît, nie le congé; que les demandeurs allèguent lui avoir donné, et soutient que la preuve par témoins n'en est pas admissible.

Jugement du 30 septembre 1813, qui, « Attendu qu'il s'agit, dans l'espèce, d'une location verbale de 150 francs, et qu'il est de principe que la preuve testimoniale de toutes choses qui n'excèdent pas la somme ou valeur de 150 francs, est admissible; donne acte aux demandeurs de ce qu'ils articulent et mettent en fait qu'ils ont, verbalement et en temps utile, donné congé au défendeur, pour sortir, le jour d'hier, de la location dont il s'agit, et que ce congé a été accepté par ce dernier, et les admet à en faire preuve, tant par titres que par témoins ».

Ce jugement, quoique rendu en matière sommaire, ne désigne pas, comme le prescrit l'art. 407 du Code de procédure civile, *le jour et heure où les témoins seront entendus à l'audience.*

Les demandeurs le font signifier au sieur Bonnet, le 12 octobre suivant. Le 15 du même mois, ils citent leurs témoins à l'audience du 21; et le 19, ils y citent également le sieur Bonnet, pour être présent à leur audition.

L'enquête finie, les demandeurs prennent leurs conclusions, tendantes à ce qu'attendu qu'ils ont fait la preuve à laquelle ils ont été admis, le sieur Bonnet soit condamné à vider les lieux dans les 24 heures.

L'avoué du sieur Bonnet, présent à l'audience, est interpellé de plaider; mais il répond qu'il est chargé de laisser prendre défaut.

En conséquence, jugement qui donne défaut faute de plaider contre le sieur Bonnet, et pour le profit, lui ordonne de *vider de corps et de biens lesdits lieux.*

Ce jugement est signifié, le 26 du même mois, au sieur Bonnet, qui y forme opposition dès le surlendemain.

Le 3 novembre suivant, jugement définitif ainsi conçu :

« Attendu, au regard de l'opposition, que le défaut faute d'avoir constitué avoué, et le défaut faute à l'avoué constitué de se présenter au jour indiqué, sont les seuls défauts qui donnent au défendeur le droit de former opposition au jugement; que, dans l'espèce, l'avoué de l'opposant et du défendeur originaire s'était présenté le 30 septembre dernier, jour indiqué pour la première audience de la cause; qu'il y conclut et plaida pour sa partie, contradictoirement avec les demandeurs originaires; que, dès-lors, la cause se trouvait conclue entre les parties, et la voie de l'opposition, par conséquent, fermée contre les jugemens à y intervenir;

» Attendu que le même avoué comparut encore pour sa partie à l'audience du 21 octobre suivant; que, s'il se borna, sur l'interpellation à lui faite de se défendre, à déclarer qu'il laissait défaut; que cette déclaration, loin d'empêcher que le jugement qui est immédiatement intervenu, ne fût pas contradictoire, l'eût rendu tel au contraire, quand la cause n'eût pas déjà été conclue contradictoirement; que, dans l'espèce, cette déclaration emporte contestation (1);

» Le tribunal déclare l'opposant irrecevable dans son opposition.... ».

Le sieur Bonnet se pourvoit en cassation, tant contre ce jugement, qu'il dénonce comme violant les art. 149, 157 et 160 du Code de procédure, que contre ceux des 30 septembre et 21 octobre précédent, qu'il attaque comme contraires à l'art. 1715 du Code civil.

Pour déclarer mon opposition non-recevable, dit-il, le tribunal de Brest s'est fondé sur ce qu'il existait déjà dans la cause un premier jugement qui avait été rendu contradictoirement avec moi, à l'audience du 30 septembre 1813; il a prétendu qu'il n'en fallait pas davantage pour que les jugemens rendus postérieurement dans la même affaire, fussent réputés contradictoires.

Il est bien vrai que, lorsqu'à une première audience, les parties ont respectivement pris leurs conclusions, et qu'ensuite la cause est remise à un autre jour, le jugement qui intervient à l'audience suivante, est, par cela seul, contradictoire. La cour de cassation l'a ainsi jugé le 22 nivôse an 12 (2); et il ne peut y avoir là-dessus aucune difficulté.

Mais il ne faut pas confondre le cas où les conclusions ne peuvent avoir qu'un même objet, où il n'y a qu'un seul jugement à rendre, avec celui où des points de contestation, différens de ceux qui ont été discutés dans une première audience, sont portés à une audience subséquente.

Dans l'espèce, de quoi s'agissait-il à l'audience du 30 septembre 1813, où j'ai effectivement plaidé et conclu? de savoir s'il pouvait y avoir lieu à la preuve testimoniale. Mais à celle du 21 octobre suivant, ce n'était plus cette question qui était à juger; c'était uniquement celle de savoir si l'enquête était concluante. Or, sur cette seconde question, je n'ai rien dit, j'ai refusé de plaider: le jugement qui l'a tranchée à mon désavantage, n'est donc pas contradictoire.

Au fond, les jugemens des 30 septembre et 21 octobre 1813 appliquent à faux l'art. 1341, et violent ouvertement l'art. 1715 du Code civil.

En effet, l'art. 1715 ne permet pas de prouver

(1) On voit que, dans ce second motif, le tribunal de Brest se réglait sur les arrêts des Parlemens de Paris et de Douay, rapportés ci-dessus, n. 1.

(2) *V.* la *Jurisprdence de la cour de cassation*, tom. 4, part. 2, pag. 162.

par témoins *le bail fait sans écrit, et qui n'a encore reçu aucune exécution, quelque modique qu'en soit le prix*. Il rejette donc également la preuve par témoins, lorsqu'il s'agit d'un congé verbal qui n'a pas été exécuté; car, une preuve qui n'est pas admissible pour établir la formation d'un contrat, ne peut pas l'être pour en établir la dissolution.

Par arrêt du 12 mars 1816, au rapport de M. Legonidec,

« Vu les articles 149, 157 et 160 du Code de procédure civile, 1341 et 1715 du Code civil;

» En ce qui concerne le jugement du 3 novembre 1813,

» Attendu que, suivant les principes de l'ordre judiciaire et la jurisprudence constante de tous les tribunaux, et de tous les temps, basés sur les dispositions, tant de l'ordonnance de 1667 que sur celles de notre nouveau Code, il a toujours été permis de se pourvoir par opposition contre les jugemens rendus par défaut faute de plaider, pourvu que la requête d'opposition soit présentée dans la huitaine du jour de la signification du jugement;

» Attendu que, dans l'espèce, lors du jugement du 21 octobre, l'avoué du demandeur a été interpellé de plaider et a refusé, sans même prendre de conclusions; qu'ainsi, ce jugement est intervenu par défaut faute de plaider; et qu'en effet, il a été qualifié tel par le tribunal lui-même; qu'il a été signifié le 26 du même mois, et que l'opposition du demandeur a été formée par requête dès le 28 suivant; que, par conséquent, ladite opposition était recevable, aux termes des art. 157 et 160 du Code de procédure, et qu'en jugeant le contraire, le tribunal de Brest a violé ces deux articles, et faussement interprété l'art. 149 du même Code;

» En ce qui concerne le jugement du 30 septembre précédent,

» Attendu que l'art. 1715 du Code civil contient, en matière de location verbale, une exception à l'art. 1341, lorsqu'il établit que, hors le seul cas d'exécution commencée, la preuve par témoins ne peut être reçue quelque modique qu'en soit le prix;

» Attendu que le congé se rattache nécessairement au bail dont il opère la résolution, et qu'il doit être conséquemment régi par les mêmes principes; ce qui est d'ailleurs confirmé par les articles suivans du même chapitre, relatifs au contrat de louage; et que par conséquent le jugement du 30 septembre dont il s'agit, a fait une fausse application de l'art. 1341 du Code, et violé ledit art. 1715;

» Par ces motifs, la cour donne défaut contre les défendeurs; et pour le profit, casse et annulle le jugement du tribunal de Brest, du 30 septembre 1813, et, par suite, ceux des 21 octobre et 3 novembre suivans ».

§. VII. *Sous l'ordonnance de 1667, y avait-il, pour le délai dans lequel devait être formée l'opposition, une différence entre les jugemens rendus par défaut, faute de comparoir, et les jugemens rendus par défaut, faute de défendre ou de plaider? — Cette différence autrefois admise au parlement de Paris, pouvait-elle encore l'être après la suppression de cette cour, dans les tribunaux de son ancien ressort? — Pouvait-elle l'être dans les tribunaux de commerce?*

« Le commissaire du gouvernement près le tribunal de cassation expose qu'il est chargé par le gouvernement, de requérir l'annullation d'un jugement rendu en dernier ressort, le 7 messidor an 10, par le tribunal civil de l'arrondissement de Confolens, département de la Charente, et contre lequel le commissaire du gouvernement près ce dernier tribunal a cru mal à propos pouvoir faire, le 12 du même mois, une déclaration de recours en cassation.

» Dans le fait, Jean-Baptiste Beausoleil, et Marie-Anne Peyrand, son épouse, se prétendant créanciers de Pierre Masdieu et de Dominique Pécoudon, son gendre, d'une somme de 624 francs, qu'ils leur avaient, disaient-ils, prêtée pour le fait de leur commerce, ont tiré sur eux, à l'ordre du nommé Pagnoux, une lettre de change montant précisément à cette somme.

» Cette lettre de change ayant été protestée faute de payement, Pagnoux a fait assigner Beausoleil et sa femme au tribunal civil de l'arrondissement de Rochechouart, jugeant comme tribunal de commerce, pour les faire condamner à reprendre l'effet, et à lui en rembourser la valeur.

» Beausoleil et sa femme ont fait assigner Masdieu et Pécoudon en garantie, comme ayant entre leurs mains les fonds de la traite.

» Le 4 fructidor an 7, jugement qui, attendu que Masdieu et Pecoudon n'ont ni accepté ni endossé la lettre de change, et qu'ils nient avoir fait aucune affaire de commerce avec les tireurs, faisant droit sur la demande originaire, condamne ceux-ci à reprendre l'effet, et à en rembourser le montant à Pagnoux; faisant droit sur la demande en garantie, déclare l'assignation donnée à Masdieu et Pécoudon *nulle et incompétente, sauf aux tireurs à se pourvoir devant juges compétens*.

» Beausoleil et sa femme, usant de la réserve qui terminait ce jugement, ont, par exploit de l'huissier Bertrand, du 15 nivôse an 10, fait assigner Masdieu et Pécoudon à comparoir devant le tribunal civil de Confolens, jugeant comme tribunal de commerce, pour s'y voir condamner à leur payer la même somme de 624 francs.

» Le 22 du même mois, Masdieu et Pécoudon ne se présentant pas sur cette assignation, jugement est intervenu par défaut, qui les a condamnés au payement des 624 francs, aux intérêts qui en étaient échus depuis la demande, et aux dépens.

» Le 17 floréal suivant, ce jugement leur a été signifié, avec commandement d'y satisfaire, par un exploit de l'huissier Bertrand, enregistré le 20 du même mois.

» Le 16 prairial suivant, un nouveau commandement leur a été signifié par un autre huissier; et dès le surlendemain 18, ils ont formé opposition au jugement par défaut.

» La cause portée à l'audience, Beausoleil et sa femme ont soutenu que l'opposition était non-recevable, soit parce que, s'agissant de matière de commerce, elle aurait dû, d'après l'art. 6 du tit. 16 de l'ordonnance de 1667, être formée à l'audience qui avait immédiatement suivi celle du 22 nivôse; soit parce que, même en matière ordinaire, toute opposition doit, aux termes de l'art. 3 du tit. 35 de la même ordonnance, être formée dans la huitaine du jour de la signification du jugement par défaut.

» Masdieu et Pécoudon, de leur côté, ont prétendu que, s'agissant d'un jugement rendu par défaut *faute de comparoir*, l'opposition était recevable pendant trente ans; qu'ainsi l'avait réglé un usage universellement admis; et qui avait abrogé, en cette partie, la disposition de l'ordonnance de 1667, que cet usage était fondé sur la juste crainte qu'une partie ne devînt la victime de la prévarication d'un huissier qui aurait certifié une signification, sans qu'elle eût eu lieu; qu'effectivement, dans l'espèce, l'huissier Bertrand n'avait pas remis, le 17 floréal an 10, au domicile de Masdieu et Pécoudon, l'exploit de signification du jugement par défaut du 22 nivôse; et qu'en attestant le contraire par son exploit même, il s'était rendu coupable d'un faux.

» Sur ces débats, jugement est intervenu, le 7 messidor an 10, par lequel, « considérant qu'une » longue jurisprudence des tribunaux, attestant » les dangers d'un point de loi, peut, dans nos » usages, le faire considérer comme abrogé, et » en établir la désuétude; qu'au ci-devant parlement de Paris, l'opposition aux jugemens faute » de comparoir, était constamment reçue après » la huitaine du jour de la signification; que cet » exemple était suivi de presque tous les tribunaux; et que de là est résultée la désuétude » complette de l'art. 3 du tit. 35 de l'ordonnance » de 1667; que la différence établie par les défendeurs (Beausoleil et sa femme), touchant » les tribunaux consulaires, pèche dans le fait » même, puisque Jousse, dans son commentaire » sur l'art. 6 du tit. 16 opposé, déclare que l'usage dans les cours consulaires est de recevoir » l'opposition aux jugemens par défaut dans la » huitaine, par suite de l'art. 3 du tit. 35; que » l'usage introduit de recevoir ces oppositions » après la huitaine, est conséquemment entendu » des jugemens consulaires comme des jugemens » civils; qu'en effet, la négligence ou la prévarication d'un huissier pouvant, dans l'une » comme dans l'autre matière, opérer la ruine » d'une partie, en lui soufflant l'assignation et la » signification d'un jugement qu'elle ne pourrait » attaquer par la voie de l'appel, il serait beaucoup trop rigoureux de la décheoir de l'opposition après un délai qu'il aurait été si facile » de lui dérober; Que c'est sur ce motif que » Jousse, en sa 7.e note sur ledit art. 3, énonce » une opinion conforme, et atteste que c'est » la jurisprudence des arrêts; que l'auteur des » *Règles de la procédure civile et criminelle des différens tribunaux*, et Pigeau, en son » *Traité de la procédure civile du châtelet*, pag. » 491, assurent que, quoique l'ordonnance y » soit contraire, on admet l'opposition au palais pendant trente ans; que Denizart, au mot » *Opposition*, et Guyot, dans le *Répertoire de jurisprudence*, l'ont aussi établi comme un point » constant à l'égard des jugemens par défaut » faute de comparoir, l'opposition étant non-recevable après la huitaine de la signification » pour tous autres défauts; que le témoignage » de ces interprètes sur l'état de la jurisprudence, » et quelque attention sur les dangers qui pourraient naître de l'exécution de l'art. 3 de l'ordonnance, au sortir d'une révolution et dans » les conjectures présentes, ne permettent pas » de méconnaître un usage qui, sans compromettre les intérêts d'aucune partie, les remet » dans leur première situation et dans l'exercice » de tous leurs moyens; qu'outre le sentiment » des auteurs sur les suites de la négligence des » huissiers, trop de motifs s'élèvent dans cette » cause contre l'huissier Bertrand, soit par le » choix fait de sa personne pour les seuls actes » dont il s'agit, à une distance considérable, » lorsque avant et après, la même partie a employé d'autres officiers plus commodes, leur a » même donné de plus grandes marques de confiance; soit parce que les condamnés, non-seulement n'avaient pas plus qu'aujourd'hui » des raisons de redouter le jugement du fond, » mais encore en avaient dans le jugement de » Rochechouart d'espérer une heureuse issue; » d'où on peut inférer qu'elles n'ont pas fui les » regards de la justice, et que c'est par des circonstances indépendantes de leur volonté, qu'elles » n'ont pas comparu; que l'huissier Bertrand, » déjà fortement atteint par les raisons prédites, » n'a ainsi donné son ministère aux défendeurs, » que pour leur faire un titre dont ils craignaient » ne pas pouvoir se passer, et dont l'absence » leur avait été sensible à Rochechouart, puisque

» aussitôt après, ils avaient fixé sur d'autres » toute leur confiance; que, quoique ces pièces » ne soient pas légalement attaquées de faux, » qu'il n'y eût peut-être pas même matière » d'une accusation judiciaire, on ne peut s'em- » pêcher d'être frappé des circonstances qui » planent sur la tête de l'huissier Bertrand, sans » être affaiblies par aucune autre considération; » que, dans cette conviction intime sur le ca- » ractère des actes dont s'agit, la justice résiste » à rejeter l'opposition des parties condamnées, » et à les priver d'un recours sans lequel un » jugement en dernier ressort les dépouillerait » d'une somme dont il est au moins douteux » qu'elles soient débitrices; — Le tribunal...., » sans s'arrêter à la fin de non-recevoir proposée » par Beausoleil et sa femme, reçoit Masdieu » et Pécoudon opposans au jugement par dé- » faut faute de comparoir, du 22 nivôse dernier, » etc. ».

» Tels sont les termes et les motifs du jugement que l'exposant est chargé de dénoncer au tribunal de cassation.

» Il a décidé, comme l'on voit, en partie d'après une prétendue jurisprudence abrogative de l'une des dispositions de l'art. 3 du tit. 35 de l'ordonnance de 1667, et en partie d'après des présomptions de faux qui s'élevaient contre l'exploit de l'huissier Bertrand, du 17 floréal an 10, que Masdieu et Pécoudon étaient recevables dans leur opposition au jugement par défaut, faute de comparoir, du 22 nivôse précédent, quoiqu'il y eût un intervalle de trente-un jours entre la signification de ce jugement et le jour où avait été présentée leur requête en opposition.

» De ces deux motifs, le second tombe de lui-même, par la seule circonstance que l'exploit de signification du 22 nivôse an 10 n'était pas attaqué par la voie de l'inscription de faux.

» De là, en effet, il résulte que cet exploit devait faire foi de son contenu; et qu'en refusant d'y croire, le tribunal civil de Confolens a violé les lois qui garantissent, jusqu'à inscription de faux admise et jugée, la véracité des actes signés par des officiers publics.

» A l'égard du premier motif, pour le bien apprécier, il faut examiner 1.° si la prétendue jurisprudence qui en forme la base, est aussi universelle, aussi uniforme, qu'on le prétend; 2.° si elle doit l'emporter sur le texte de l'ordonnance de 1667.

» Sur le premier point, nous devons convenir que plusieurs auteurs de l'ancien ressort du parlement de Paris, qui se sont copiés les uns les autres, s'accordent à dire que l'usage est de recevoir, après la huitaine de la signification, les requêtes en opposition aux arrêts rendus par défaut faute de comparoir.

» Mais d'abord, il ne paraît pas que la jurisprudence du parlement de Paris ait été là-dessus aussi constante que l'avancent ces auteurs.

» Brillon, au mot *Opposition*, n. 1, rapporte un « arrêt du 20 décembre 1690, rendu à la tour- » nelle criminelle de Paris, qui juge qu'une op- » position formée *hors la huitaine*, à un arrêt » *faute de comparoir*, était non-recevable, en- » core que l'opposant offrît de refonder les dé- » pens du défaut ». Il observe que la cause du défendeur à l'opposition était extrêmement défavorable; et qu'en maintenant, par cette fin de non-recevoir, l'arrêt que celui-ci avait obtenu par défaut, le parlement absolvait un grand coupable; mais que le texte de la loi l'emporta sur ces considérations.

» Voilà déjà la preuve que la jurisprudence du parlement de Paris n'avait pas toujours été telle que nous la représentent les auteurs dont il s'agit.

» Ensuite, cette jurisprudence était-elle commune à tous les autres parlemens? Il s'en fallait beaucoup.

» Qu'elle n'ait pas été reçue au parlement de Bordeaux, nous en avons pour témoin Salviat, dans sa *Jurisprudence du parlement de Bordeaux*, imprimée en 1787, page 386 : « Notre jurispru- » dence, (dit-il) *est entièrement* conforme à ce » qui est prescrit par l'art. 3 du titre *des requêtes* » *civiles* ». A la même page, il rapporte un acte de notoriété de l'ordre des avocats au parlement de Bordeaux, qui atteste « que l'opposition for- » mée par requête envers les arrêts rendus *à* » *faute de se présenter* ou à faute de plaider, le » cas du rôle excepté, est reçu de droit, *pourvu* » *que la requête soit donnée dans la huitaine* du » jour de la signification des arrêts à personne » ou domicile de ceux qui sont condamnés, » *s'ils n'ont pas constitué procureur*, ou au pro- » cureur, quand il y en a un ».

» On voit, en parcourant Rodier, sur l'art. 5 du tit. 5 de l'ordonnance de 1667, que telle était également la jurisprudence du parlement de Toulouse.

» Le parlement de Grenoble était, sur ce point, aussi sévère, ou plutôt, aussi exact observateur de la loi, que les parlemens de Toulouse et de Bordeaux. C'est ce que prouve un arrêt de réglement de cette cour, du 7 septembre 1785, qui est ainsi conçu : « Sur la requête pré- » sentée à la cour par le procureur-général du » roi, contenant que rien n'est plus intéressant » dans l'administration de la justice, que l'uni- » formité sur les points de forme, à l'égard des- » quels l'ordonnance ne s'est point précisément » expliquée; qu'il s'agita un point fort impor- » tant à l'audience de relevée de la grand'- » chambre, du 5 juillet dernier, pour savoir si » le délai porté par l'art. 3 du tit. 35 de l'or- » donnance de 1667, pour se pourvoir par re- » quête à fin d'opposition *contre les arrêts en* » *défaut de* PRÉSENTER, *de plaider ou défendre*, » court pendant les grandes féries, pendant les » féries de Noël, Pâques et Pentecôte.... Vu

» ladite requête.... la cour, de l'avis des cham-» bres, ordonne.... 2.° que les parties qui fe-» ront signifier dans le temps desdites fériés, *des* » *arrêts en défaut de présenter*..., seront tenues » d'élire domicile pour huitaine dans le lieu où » la signification desdits arrêts sera faite, ou » dans un des endroits le plus voisin, à peine » de nullité desdites significations; 3.° dans le » cas ci-dessus, les parties pourront former leur » opposition par un simple acte signifié au do-» micile élu, *dans le délai porté par l'art.* 3 *du* » *tit.* 35 *de l'ordonnance de* 1667, contre les » arrêts en défaut qui leur seront signifiés, *à* » *la charge de réitérer leur opposition par re-* » *quête, dans semblable délai, à compter du* » *jour que la cour aura repris ses séances ;* A » DÉFAUT *de quoi*, L'OPPOSITION FORMÉE SUR LES » LIEUX, SERA REJETÉE ».

» Le grand conseil jugeait pareillement que l'art. 3 du tit. 35 de l'ordonnance de 1667 devait être exécuté pour les arrêts rendus par défaut faute de comparoir, comme pour les arrêts rendus par défaut faute de plaider. — Témoins les nouveaux éditeurs de la collection de Denizart, qui s'expliquent ainsi, au mot *Arrêt*, §. 6, n. 9 : « On assure qu'au grand conseil, on ne reçoit » pas, *hors la huitaine*, les oppositions aux arrêts » par défaut faute de comparoir. Et en effet » (ajoutent-ils), l'arrêt que nous venons de » dater (du 21 août 1739) n'adopta pas les con-» clusions de M. de Joly de Fleury (avocat-gé-» néral au grand conseil), en ce qu'elles tendaient » à recevoir les parties opposantes (après la hui-» taine), à l'arrêt dont il était question ».

» L'exposant doit ajouter qu'il a constamment vu le ci-devant parlement de Douay juger de même; et sans doute, il serait aisé d'établir que telle était également la jurisprudence de la plupart des autres parlemens; mais en voilà assez pour ôter à la prétendue jurisprudence du parlement de Paris ce caractère d'universalité et d'invariabilité qu'a voulu lui attribuer le tribunal civil de Confolens par son jugement du 7 messidor an 10.

» Cela posé, il ne sera pas difficile de faire voir que cette prétendue jurisprudence ne doit pas aujourd'hui l'emporter, même dans l'ancien ressort du parlement de Paris, sur la disposition précise de l'ordonnance de 1667.

» En thèse générale, l'usage peut-il abroger la loi? Sur cette question, nous trouvons dans le droit romain deux textes qui semblent se contredire.

» La loi 32, §. 1, D. *de legibus*, décide que l'usage peut déroger aux actes de l'autorité législative : *Nam quid interest*, dit-elle, *suffragio populus voluntatem suam declaret, an rebus ipsis et factis ? Quare rectissimè etiam illud receptum est, ut leges non solùm suffragio legislatoris, sed etiam tacito consensu omnium per desuetudinem abrogentur.*

» Et, au contraire, la loi 2, C. *Quæ sit longa consuetudo*, déclare que l'usage, quelque respectable qu'il soit, ne peut pas prescrire contre la raison ni contre la loi : *Consuetudinis usûsque longævi non vilis auctoritas est ; verùm non usquè adeò sui valitura momento, ut aut rationem vincat aut legem.*

» Quelques interprètes ont cru concilier ces deux textes; en disant que le premier se rapporte aux Etats, sinon purement démocratiques, du moins dans lesquels le peuple s'est réservé à lui-même et exerce par soi le pouvoir législatif, et le second aux Etats dans lesquels le peuple a délégué ce pouvoir à un monarque.

» Mais ils n'ont pas fait attention que la première de ces lois avait, comme la seconde, été faite pour l'empire romain, et à une époque où, depuis très-long-temps, le peuple ne prenait plus aucune part à la législation.

» D'ailleurs, la raison sur laquelle s'appuie cette première loi, n'est pas moins applicable aux gouvernemens représentatifs et même monarchiques, qu'aux gouvernemens dans lesquels le pouvoir législatif est exercé immédiatement par le peuple. — Car dans les uns comme dans les autres, la loi est toujours l'expression formelle ou présumée de la volonté générale. — Elle en est l'expression formelle, dans les Etats où le peuple la vote lui-même directement; elle en est l'expression présumée dans les Etats où elle est votée par les délégués électifs ou héréditaires du peuple. — Ainsi, dans les uns comme dans les autres, c'est, à proprement parler, le peuple qui fait les lois. — Il peut donc les abroger, dans les uns comme dans les autres.

» Or, que ce soit par des paroles, ou par une longue série de faits, qu'il manifeste sa volonté, il importe peu. Dans l'un et l'autre cas, il use du plus incontestable de tous ses droits; et sa volonté souveraine doit être respectée.

» Voilà ce qu'est censé dire, ou plutôt voilà ce que dit réellement le §. 1 de la loi 32, D. *de legibus ;* et sa décision est trop bien calquée sur les vrais principes, elle est trop conforme à la saine raison, pour ne pas l'emporter sur celle du rescrit qui forme la loi 2, C. *Quæ sit longa consuetudo.*

» Aussi le tribunal de cassation a-t-il prouvé par plusieurs de ses jugemens, qu'il regarde l'usage constant, général et uniforme, comme capable d'abroger les lois.

» C'est ainsi que, par un jugement de la section civile, du 22 messidor an 9, il a été décidé, d'après l'usage, qu'un contrat de société de commerce non enregistré, devait avoir tout son effet, même envers le tiers, nonobstant la disposition contraire des art. 2 et 6 du tit. 4 de l'ordonnance de 1673 (1).

(1) *V.* l'article *Société*, §. 1.

» C'est ainsi que, par deux jugemens des 12 prairial an 8 et 3 nivôse an 10, l'un de la section civile, l'autre de la section des requêtes, il a été reconnu que les dispositions des ordonnances de 1453 et 1493 concernant les effets de la désertion d'appel, étaient tombés en désuétude (1).

» Mais, pour que l'usage fasse ainsi cesser l'empire de la loi, il ne suffit pas qu'il soit concentré dans une partie du territoire dans lequel la loi a été originairement publiée; il faut qu'il soit commun à tout ce territoire.

» Lorsque l'usage n'est pas commun à tout le pays pour lequel la loi a été faite, il n'a pas pour lui la volonté générale du peuple; il ne peut conséquemment pas faire loi; et par une conséquence ultérieure, il ne peut pas abroger une disposition législative.

» La loi 32, §. 1, D. *de legibus*, n'attribue pas à des usages locaux, le pouvoir de faire tomber les lois générales en désuétude; il ne le donne qu'aux usages qui sont l'expression tacite du consentement unanime du peuple : *Tacito consensu* OMNIUM *per desuetudinem abrogantur.*

» Et voilà pourquoi, par deux jugemens des 12 vendémiaire an 9 et 11 pluviôse an 10, le tribunal de cassation n'a eu aucun égard à l'usage qui s'était établi dans le ressort du ci-devant Parlement de Rouen, de ne point recevoir d'appel des sentences par défaut. Cet usage contraire à l'ordonnance de 1667, était devenu, pour la ci-devant Normandie, une sorte de dogme incontestable. Cependant, parce qu'il n'était point général, parce qu'il n'était pas commun à toutes les contrées régies par l'ordonnance de 1667, le tribunal de cassation l'a proscrit, en cassant des jugemens auxquels il avait servi de base (2).

» Or, il est bien constant que l'usage introduit dans l'ancien ressort du parlement de Paris, d'admettre, après la huitaine, l'opposition aux jugemens rendus par défaut faute de comparoir, ne s'était pas, à beaucoup près, étendu à toute la France.

» Cet usage n'a donc pas dérogé valablement, même pour l'ancien ressort du parlement de Paris, à l'art. 3 du tit. 35 de l'ordonnance de 1667.

» C'est donc à cet article, et non à l'usage qui le contrarie, que l'on doit s'attacher, même dans l'ancien ressort du parlement de Paris.

» Le jugement du tribunal civil de Confolens qui a fait céder la loi à un pareil usage, doit donc être annullé.

» Ce considéré, il plaise au tribunal de cassation, vu les art. 80 et 88 de la loi du 27 ventôse an 8, et l'art. 3 du tit. 35 de l'ordonnance de 1667; sans avoir égard à la déclaration de recours en cassation faite au greffe du tribunal civil de l'arrondissement de Confolens, le 12 messidor an 10, par le commissaire du gouvernement près ce tribunal, laquelle sera rejetée comme non-recevable et contenant excès de pouvoir; casser et annuller, pour l'intérêt de la loi, le jugement rendu par ledit tribunal le 7 dudit mois; et ordonner qu'à la diligence de l'exposant, le jugement de cassation à intervenir sera imprimé et transcrit sur les registres du tribunal civil de l'arrondissement de Confolens..... *Signé* Merlin,

» Ouï le rapport du cit. Vergès, l'un des juges......;

» Considérant que le tribunal civil de l'arrondissement de Confolens, département de la Charente, a admis, par son jugement du 7 messidor an 10, l'opposition formée par Masdieu et Pécoudon, quoiqu'il se fut écoulé 31 jours depuis la signification du jugement qui avait été rendu contre eux faute de présentation; que ce tribunal s'est étayé d'un usage introduit au ci-devant parlement de Paris, d'après lequel les oppositions aux jugemens rendus faute de comparoir, étaient reçues pendant trente ans; qu'il a induit de cet usage, que l'art. 3 du tit. 35 de l'ordonnance de 1667 était tombé, à cet égard, en désuétude;

» Considérant que l'art. 3 du tit. 35 de l'ordonnance de 1667 n'admet la voie de l'opposition contre les jugemens rendus en dernier ressort, faute de *se présenter* ou faute de plaider, qu'autant que cette voie est employée dans la huitaine du jour de la signification des jugemens à personne ou domicile; que le législateur a impérieusement ordonné par l'art. 34 de la loi du 6-27 mars 1791, la stricte obligation de l'ordonnance de 1667 et des réglemens postérieurs; que le tribunal civil de l'arrondissement de Confolens n'aurait pu invoquer un usage local et particulier, qu'autant que cet usage n'aurait pas été en opposition avec une loi précise et formelle, faite pour la généralité de la France; que, pour qu'une loi générale puisse être envisagée comme étant tombée en désuétude par le non-usage, il est nécessaire d'établir ce non-usage dans la généralité de l'Etat pour lequel la loi a été faite; qu'il s'en faut bien que ce principe trouve son application relativement à l'art. 3 du tit. 35 de l'ordonnance de 1667; qu'il est certain au contraire, que cet article a été invariablement observé dans la plus grande partie de la France, qu'il l'a même été par le grand conseil; — Considérant enfin, que l'art. 33 de la loi du 6-27 mars 1791 imposait une nouvelle obligation de suivre à cet égard strictement cette ordonnance dès qu'aucun réglement postérieur ne l'avait modifiée;

» Vu l'art. 3 du tit. 35 de l'ordonnance de

(1) *V.* l'article *Désertion d'appel.*

(2) *V.* l'article *Appel*, §. 1, n. 9.

1667....., et l'art. 34 de la loi des 6-27 mars 1791;

« Le tribunal, procédant en exécution des art. 80 et 88 de la loi du 27 ventôse an 8, sans avoir égard à la déclaration de recours en cassation faite au greffe du tribunal civil de l'arrondissement de Confolens, le 12 messidor an 10, par le commissaire du gouvernement près ce tribunal, dans laquelle il est déclaré non-recevable, à raison d'excès de pouvoir; faisant droit, au contraire, sur le réquisitoire du commissaire du gouvernement près le tribunal de cassation, casse et annulle, pour l'intérêt de la loi, le jugement rendu par le tribunal civil de l'arrondissement de Confolens, le 7 messidor an 10, comme rendu en contravention auxdites lois.

» Fait et prononcé à l'audience de la section civile du tribunal de cassation, le 25 brumaire an 11 ».

La question s'est représentée à la même section, dans l'espèce suivante :

Le 26 fructidor an 8, jugement du tribunal de commerce de Riom, qui, sur la demande de François Etienne, donne défaut, faute de comparoir, contre Françoise Dupesset, Charles Honniot, son mari, et François Vivier; et pour le profit, les condamne au payement d'une somme de 800 fr., montant d'une lettre de change.

Le lendemain 26, signification de ce jugement à Françoise Dupesset.

Le 22 frimaire an 9, Françoise Dupesset y forme opposition. Elle soutient ne rien devoir à François Etienne, et nie que la signature apposée sous son nom à la lettre de change, soit la sienne.

François Etienne répond qu'elle est non-recevable dans son opposition, attendu qu'elle ne l'a formée que deux mois et demi après la signification du jugement par défaut.

Le 28 du même mois, le tribunal de commerce de Riom, « considérant que l'usage constant des tribunaux de commerce est de recevoir les oppositions aux jugemens en dernier ressort après la huitaine de la signification; que cet usage est fondé sur la bonne foi, la sûreté et l'intérêt du commerce; reçoit Françoise Dupesset opposante au jugement contre elle rendu par défaut le 25 fructidor an 8, lequel demeurera sans effet à son égard; et avant faire droit au fond, renvoie les parties devant les juges ordinaires, pour être procédé à la vérification de l'écriture, etc. ».

Recours en cassation de la part de François Etienne, contre ce jugement. La cause portée à l'audience de la section civile, le 1.er thermidor an 11, je me suis borné à dire :

« La question que vous présente cette affaire, n'est pas nouvelle : vous l'avez décidée le 25 brumaire dernier, en cassant, au rapport du cit. Vergès et sur notre réquisitoire, un jugement du tribunal civil de l'arrondissement de Confolens, jugeant comme tribunal de commerce, du 7 messidor an 10, qui avait reçu l'opposition formée à un précédent jugement par défaut, plus de huit jours après la signification qui en avait été faite à domicile.

» Les motifs qui vous ont déterminés à rendre ce jugement, sont encore trop présens à vos esprits, pour qu'il soit nécessaire de vous les retracer.

» Nous estimons qu'il y a lieu de casser et annuller le jugement attaqué par François Etienne ».

Ces conclusions ont été adoptées par arrêt rendu sur délibéré, au rapport de M. Vasse, le 6 thermidor an 11. En voici le prononcé :

« Vu les art. 5 et 6 du tit. 16 et l'art. 3 du tit. 35 de l'ordonnance de 1667; vu aussi la disposition de l'art. 12 du tit. 12 de l'ordonnance du mois de mars 1673;

» Attendu que l'ordonnance de 1673, intervenue sur le fait du commerce, renvoie, pour la forme de procéder dans les juridictions de commerce, au tit. 16 de l'ordonnance civile de 1667;

» Attendu que l'ordonnance de 1667 tit. 16 veut qu'en cas de non-comparution *à la première assignation*, il soit donné défaut ou congé emportant profit; et permet seulement de rabattre les défauts ou congés en *l'audience suivante*;

» Attendu que le tit. 16 de l'ordonnance civile de 1667 est intitulé et destiné spécialement à régler *la forme de procéder devant les juges des marchands*, auxquels sont substitués les tribunaux de commerce;

» Attendu que l'usage des juridictions de commerce était d'observer le délai fixement ordonné par l'art. 3 du tit. 35, qui admet dans la huitaine l'opposition aux jugemens rendus par défaut par les tribunaux jugeant en dernier ressort;

» Attendu que, soit que l'on se fixe à ce délai de *huitaine* généralement observé par les tribunaux de première instance et d'appel, soit que l'on s'attache au délai d'une audience *à l'audience suivante* spécialement prescrit aux juges de commerce, le tribunal de commerce de Riom ne pouvait, sans contrevenir à la loi, recevoir, après un intervalle de deux mois et demi depuis la signification de son jugement par défaut, une opposition tardive contre ce jugement, sous le prétexte d'un usage arbitraire, qui substituerait un délai sans terme, à ceux que l'ordonnance a fixés à huitaine pour le plus long terme;

» Par ces motifs, le tribunal casse et annulle

le jugement rendu en dernier ressort par le tribunal de commerce de Riom, le 28 frimaire an 9; remet les parties au même état qu'auparavant le jugement annullé..... ».

V. le *Répertoire de jurisprudence*, au mot *Appel*, sect. 1, §. 5.

§. VIII. *Le délai de huitaine dans lequel l'opposition doit être formée, se calculait-il, sous l'ordonnance de 1667, d'après l'art. 6 du tit. 3 de cette ordonnance, suivant lequel, dans les délais fixés pour les ajournemens, n'étaient compris ni le jour de l'assignation ni celui de l'échéance ?*

Il est certain que, sous l'ordonnance de 1667, le jour de la signification du jugement par défaut ne devait pas être compté dans le délai de huitaine accordé par la loi pour former opposition à ce jugement. Ainsi, en supposant une signification faite le 1.er du mois, on était encore à temps le 9 pour l'opposition. Mais y était-on encore le 10? Non, et c'est ce qu'a décidé un arrêt de la section civile de la cour de cassation, du 21 nivôse an 9, en rejetant, au rapport de M. Maleville, la demande de Claude-Marie Seyssel, en cassation d'un jugement du tribunal civil du département du Jura. *V.* ci-après, §. 10.

§. IX. *Sous l'ordonnance de 1667, fallait-il que la requête en opposition fût signifiée dans la huitaine précise, ou suffisait-il qu'elle eût été présentée et que le juge l'eût répondue dans ce terme ?*

Voici ce qu'on trouve sur cette question, dans le *Recueil d'arrêts de Pollet* (qui était conseiller au parlement de Douay), part. 3, §. 100: « Pour être reçu par une simple requête à se pourvoir contre un arrêt, il est nécessaire que cette requête soit présentée dans la huitaine de la signification de l'arrêt; mais il n'est pas nécessaire qu'elle soit signifiée précisément dans le même délai. Arrêt rendu au rapport de M. Cordouan, le 23 juillet 1693, entre Antoine Salé et Julien Bardet ».

Effectivement, l'art. 3 du tit. 35 de l'ordonnance de 1667 exige seulement « que la requête *soit donnée* dans la huitaine du jour de la signification à personne ou domicile de ceux qui seront condamnés, s'ils n'ont constitué procureur, ou au procureur, quand il y en a un ».

L'opinion de Pollet et l'arrêt sur lequel il s'appuie, paraissent donc conformes au texte littéral de l'ordonnance.

Mais si c'était là véritablement ce que l'ordonnance avait entendu, quel était donc le terme dans lequel devait être signifiée une requête qui eût été présentée dans la huitaine? Il n'y aurait eu aucune raison pour ne pas étendre ce terme jusqu'à trente ans, au moins dans les tribunaux qui ne connaissaient pas la péremption; et il est bien sensible que l'ordonnance, en limitant à *huit jours* le délai pour former opposition, n'avait pas entendu rendre la partie qui l'aurait formée, maîtresse de la tenir secrète, et par là de laisser en suspens les droits de son adversaire pendant un aussi long intervalle.

Pourquoi, au surplus, l'ordonnance n'avait-elle pas parlé de la signification de la requête, mais seulement de sa présentation? C'est parce que, de droit, celle-ci ne peut pas être censée avoir eu lieu dans la huitaine, si elle n'a été suivie de celle-là dans le même terme, « telle étant, dit Julien, sur les *Statuts de Provence*, tom. 2, pag. 576 (1), la maxime du palais, que ce qui n'est pas signifié, est regardé comme non avenu: *paria sunt non significari et non esse* ».

Aussi l'annotateur de Bornier, Jousse et Rodier n'hésitaient-ils pas à dire que l'art. 3 du tit. 35 de l'ordonnance de 1667 exige implicitement la signification, en même temps que la présentation de la requête en opposition, dans la huitaine.

Et quoique cette opinion ait été contredite par Boutaric et Serpillon, il paraît qu'elle n'a jamais éprouvé de difficulté dans le ci-devant parlement de Paris.

Elle n'en éprouvait pas davantage au ci-devant parlement de Bretagne. Nous en donnerons, dans le §. 10, des preuves sans réplique.

On jugeait de même au parlement de Bordeaux. Salviat, pag. 386, en rapporte « un arrêt de l'année 1734, rendu à l'audience de la grand'chambre, qui a rejeté comme insuffisante une requête présentée à l'un des juges de cette chambre, et répondue de lui aussitôt après la signification de l'arrêt par défaut, mais qui n'avait pas été signifiée dans les huit jours. On opposa inutilement (dit-il), que, suivant l'ordonnance, elle devait seulement être *donnée dans la huitaine*, et qu'elle avait été donnée, puisqu'elle avait été répondue. La cour jugea que la signification était indispensable, et ordonna que son arrêt serait exécuté, sans entrer dans les moyens du fond ».

(1) Ce jurisconsulte s'exprime ainsi, non sur notre question, mais sur une autre qui se décide par le même principe. Il demande si, pour intenter utilement une action rescisoire dans les dix ans que la loi accorde pour son exercice, il suffit d'avoir obtenu dans ce terme les lettres de rescision; et il répond que cela ne suffit point, « si on n'a fait signifier les lettres à la partie dans le même temps. C'est ce qui fut jugé (continue-t-il), par l'arrêt que rapporte Brodeau sur Louet, lettre D, §. 25 ». Cet arrêt est du 31 janvier 1615, et il a été rendu *consultis classibus*.

Dunod, dans son *Traité des prescriptions*, part. 2, chap. 1, dit « qu'il y a une lettre du garde des sceaux au parlement de Besançon, qui porte que la requête doit, non-seulement être donnée, mais encore signifiée dans la huitaine ».

V. à l'article *Enregistrement*, §. 16, deux arrêts de la cour de cassation, des 7 germinal an 11 et 18 germinal an 13, qui sont fondés sur le même principe.

§. X. *Sous l'ordonnance de 1667, pouvait-on suppléer à la requête en opposition, par un simple acte signifié? — Le pouvait-on surtout lorsque l'éloignement des lieux ou l'absence des juges empêchait la partie de former son opposition par requête dans la huitaine de la signification du jugement par défaut?*

On le pouvait sans contredit, quand il n'était question de former opposition qu'à des jugemens de première instance. La loi n'ayant, à cet égard, prescrit aucune forme, tout acte qui manifestait l'intention de s'opposer, devait indubitablement suffire.

Mais lorsqu'il s'agissait de jugemens en dernier ressort, la loi voulait une requête; et il n'y avait pas de raison pour que l'on pût, à la forme qu'elle exigeait, substituer une forme arbitraire. C'est ce que paraît faire entendre Salviat, quand il dit, page 386 : « Il avait été attesté en 1684 (par l'ordre des avocats au parlement de Bordeaux), que, pour la validité d'une opposition aux arrêts par défaut, il suffisait qu'elle fût formée, ou au bas de la réponse à la signification de l'arrêt, ou par acte de procureur à procureur, ou de partie à partie, pourvu qu'elle fût faite dans la huitaine. Notre jurisprudence (actuelle) est entièrement conforme à ce qui est prescrit par l'art. 3 du titre *des requêtes civiles*. Le délai de huitaine est de la plus grande rigueur. Quand il est passé, on ne peut plus absolument former opposition, *quelque autre acte qui ait été formé dans l'intervalle de la huitaine*, parce que l'opposition ne peut être suppléée par rien. C'est ce qui a été jugé en 1745, à l'audience de la grand'chambre, plaidant Bouquier et Terrasson ».

A la vérité, tout le temps qu'a duré la suppression des avoués, prononcée par la loi du 3 brumaire an 2, la requête était inutile et même défendue.

Mais du moins alors, il fallait que l'acte d'opposition contînt citation devant le tribunal dont était émané le jugement par défaut; et à défaut de citation, il était nul. Cela résulte de l'art. 1 de la loi du 3 brumaire an 2, combiné avec l'art. 3 du tit. 35 de l'ordonnance de 1667.

Depuis, l'arrêté du gouvernement du 18 fructidor an 8 ayant déclaré que le rétablissement des avoués avait remis en vigueur l'usage des requêtes, on a dû, jusqu'à la mise en activité du Code de procédure civile, s'en tenir, sur la question proposée, à la rigueur des dispositions de l'ordonnance de 1667, et conséquemment regardée comme frustratoire toute opposition à un jugement par défaut en dernier ressort, qui était formée par un simple acte (1).

Que serait-il arrivé cependant s'il eût été impossible, à raison de l'éloignement des lieux, de former l'opposition par requête dans la huitaine de la signification du jugement par défaut?

Par exemple, un arrêt par défaut rendu à la cour d'appel de Colmar contre un particulier domicilié à Perpignan, qui n'avait point constitué d'avoué, lui était signifié à son domicile. Il est bien évident que le condamné ne pouvait pas dans la huitaine de cette signification, présenter sa requête en opposition, encore moins la faire signifier. Fallait-il, pour cela, le priver de la ressource dont la loi voulait qu'il jouît; et perdait-il le droit de former opposition, parce qu'il n'avait pas le temps nécessaire pour l'exercer?

Sans doute, la loi n'avait pas voulu faire dépendre d'une condition impossible à remplir, le bienfait de l'opposition qu'elle accordait à tout condamné par défaut.

Il semble donc que l'on devait en pareille occurrence, distinguer avec Jousse (sur l'art. 3 du tit. 35 de l'ordonnance de 1667, n. 6), entre le cas où l'exploit de signification du jugement par défaut contenait élection de domicile dans le lieu où il était fait, et le cas où il était pur et simple.

Dans le premier cas, il suffisait de former l'opposition par un simple acte signifié, dans la huitaine, au domicile élu.

Dans le second, l'opposition ne pouvant être formée par requête, le condamné paraissait devoir jouir, outre la huitaine, d'un jour de plus par chaque dixaine de lieues qu'il y avait de son domicile à la ville où siégeait le tribunal.

L'arrêt du parlement de Grenoble que je rapporte à l'article *Signification des jugemens*, n'est point contraire à cet avis; car, dans l'espèce sur laquelle il a été rendu, le condamné par défaut avait constitué procureur; et ce qui le prouve, c'est qu'il avait donné assignation sur son appel.

Mais un jugement qui, par ses motifs, contrarie directement l'opinion de Jousse, et qui

(1) Il s'était établi, dans la cour d'appel de Paris, un usage contraire à cette règle; et il avait été maintenu par l'art. 21 de l'arrêté du gouvernement du 27 thermidor an 11, portant réglement pour cette cour.

doit être du plus grand poids sur cette matière, c'est celui que la cour de cassation a rendu dans l'espèce suivante :

Le 26 ventôse an 7, jugement du tribunal civil du département du Jura, qui confirme par défaut, un jugement du tribunal civil du département de l'Ain, rendu en faveur de Louis-Thérèse et Anne-Joseph-Frédéric Seyssel, contre Claude-Marie Seyssel, leur frère.

Le 2 germinal suivant, signification de ce jugement à Claude-Marie Seyssel.

Le 11 du même mois, Claude-Marie Seyssel y forme opposition.

Le 4 thermidor de la même année, jugement qui déboute Claude-Marie Seyssel de son opposition, attendu qu'il ne l'a pas formée dans la huitaine de la signification du jugement par défaut.

Recours en cassation, fondé sur deux moyens : 1.° l'opposition avait été formée dans le délai de la loi; car ni le jour de la signification ni celui de l'échéance, ne devaient être comptés (*Ordonnance de* 1667, tit. 3, art. 6). 2.° Claude-Marie Seyssel est domicilié à Belley, à 22 lieues de Bourg, où demeurent ses frères. Dès-là, l'opposition doit être considérée comme formée en temps utile, même abstraction faite de la règle, *dies termini non computantur in termino* ; car il est de principe qu'à tous les délais déterminés par les lois en matière de procédures, on doit ajouter un jour par dix lieues; cela résulte des art. 1 du tit. 2, 14 du tit. 14, 2 et 13 du tit. 22, 4 du tit. 27 et 5 du tit. 31 de l'ordonnance de 1667; de l'art. 6 du tit. 1 de la loi du 14 octobre 1790, sur la procédure devant les juges de paix; de l'art. 6 de la loi du 26 ventôse an 4, relative à la comparution devant les bureaux de conciliation, et de l'art. 9 de la loi du 4 prairial an 6, sur les prises maritimes.

Mais par arrêt du 21 nivôse an 9, rendu au rapport de M. Maleville,

« Considérant que ces expressions, *pourvu que la requête soit donnée dans la huitaine*, ne permettent pas de supposer que cette huitaine soit franche, et excluent, pour le cas dont il s'agit, l'application de la règle vulgaire, que les jours du terme ne sont pas compris dans le terme;

» Considérant que l'ordonnance veut impérativement que la requête soit donnée dans la huitaine, et que ni cette loi ni aucune autre n'ont accordé une augmentation d'un jour par dix lieues en matière d'opposition ; que cette opposition étant de pure grâce, toutes les conditions qui y sont mises, doivent être rigoureusement remplies ;

» Le tribunal rejette la demande en cassation.... ».

Il ne résulte cependant pas de cet arrêt, que celui du tribunal du Jura eût été cassé, s'il eût admis l'opposition de Claude-Marie Seyssel. Autre chose est de décider qu'un jugement n'a pas violé la loi, en n'accordant pas une augmentation d'un jour par dix lieues; autre chose est de juger que la loi défend d'accorder cette augmentation. — *V.* au surplus l'art. 21 de l'arrêté du 23 thermidor an 11, portant réglement pour le tribunal d'appel de Paris.

La question qui, dans l'hypothèse dont on vient de parler, naissait de l'éloignement des lieux, s'est présentée fréquemment à l'occasion de l'absence des juges.

Dans ce cas, il était indubitable qu'un simple acte d'opposition notifié dans la huitaine de la signification du jugement par défaut, suffisait pour conserver le droit de l'opposant.

C'est ce qu'a décidé, pour le ci-devant parlement de Besançon, une lettre de M. le garde des sceaux d'Armenonville, du 31 janvier 1723 (1).

C'est aussi ce qu'a jugé un arrêt du parlement de Rouen, que rapporte en ces termes l'auteur du *Dictionnaire du droit normand*, article *Opposition*, n. 10 : « Un homme ayant appelé d'une sentence rendue au siége de Vaudreuil, ne poursuivit point son appel. L'intimé fit rendre un arrêt par défaut, et le fit signifier à l'appelant, veille de la fin du palais, au temps de Pâques. L'appelant s'imaginant qu'il ne pouvait présenter la requête en opposition au parlement, à cause de la vacance, fit signifier par un sergent, qu'il entendait se pourvoir contre l'arrêt après la rentrée. En effet, dès que les audiences furent ouvertes, il donna requête d'opposition ; mais l'intimé soutint que l'appelant n'avait pu suppléer, par l'exploit d'un sergent, à une requête qui, selon l'ordonnance, avait dû être présentée dans la huitaine ; d'ailleurs, il observait que la requête d'opposition avait été présentée en grand'chambre, quoique l'arrêt par défaut eût été rendu aux enquêtes. Malgré ces objections, le 3 mars 1721, il fut ordonné aux parties de procéder sur l'opposition. La cour trouva qu'il suffisait de manifester l'intention de s'opposer dans la huitaine, dès qu'il n'était pas possible d'agir utilement sur l'opposition durant la vacation ».

Mais qu'eût-on dû décider dans ces sortes de cas, si le condamné par défaut n'avait pas fait signifier dans la huitaine un acte d'opposition extrajudiciaire ?

Cette question revient, comme l'on voit, à celle de savoir si, sous l'ordonnance de 1667, le délai de huitaine accordé pour présenter requête en opposition, était tellement de rigueur,

(1) Il est à remarquer que cette lettre est commune aux empêchemens qui naissent de l'éloignement des lieux et de l'absence des juges. Voyez ci-après dans quels termes la rapporte l'auteur d'après qui nous en parlons.

qu'il dût courir même pendant les vacances, et lorsqu'il n'existait point de chambre des vacations pour recevoir la requête du condamné par défaut ?

Il y a, sur cette question, un arrêté du ci-devant conseil souverain d'Alsace, en date du 18 décembre 1725. Voici comment il est conçu :

« Ce jour, M. Holdt est entré en la première chambre, et ayant pris place au bureau, a dit qu'il était député de la part de la seconde, pour consulter la première sur un doute que fait naître une cause dont il avait été ordonné en l'audience du jour d'hier, que les pièces seraient mises sur le bureau ;

» Qu'il s'y agissait de savoir si un arrêt ayant été rendu par défaut la veille des féries de la Saint-Michel, et le défaillant condamné par cet arrêt, ne s'y étant opposé par requête que dans la huitaine de la rentrée de la Saint-Martin, son opposition était recevable ;

» Qu'à suivre l'ordonnance de 1667 à la lettre, il ne pourrait y être reçu, parce que le délai pour s'opposer n'est que de huitaine, et que le tit. 3 *des délais sur les assignations et ajournemens*, porte *qu'à la réserve du jour de la signification et de celui de l'échéance, tous les autres seront comptés, même le temps des vacances des cours ;*

» Que cependant il semblait impossible de se conformer à cet article en ce conseil, attendu qu'il n'y a point de chambre des vacations, comme il y en a dans les autres parlemens ; et que, pendant toutes les féries, un défaillant condamné ne pouvant présenter sa requête, il paraissait juste de ne laisser courir contre lui les délais de l'ordonnance, que du jour que, par la rentrée du conseil, il se trouverait en état de se pourvoir ;

» Qu'il y a lieu de croire que c'était ce motif qui avait occasionné l'arrêté fait par la compagnie, le 15 décembre 1683, par lequel, sur la question de savoir si un défaut levé au greffe le lendemain de la Saint-Martin était valable, le conseil n'étant rentré au palais pour recommencer ses séances que le jeudi suivant, il fut dit que non, et résolu qu'on ne délivrerait désormais au greffe les défauts que depuis le jour de la rentrée du conseil et les jours suivans ;

» Que véritablement, il s'était introduit, depuis plusieurs années, un usage qui était que le défaillant faisait signifier pendant le cours des féries, dans la huitaine du jour de la signification de l'arrêt par défaut, un acte par lequel il déclarait qu'à la rentrée du conseil, il présenterait sa requête d'opposition ; mais que cette voie, non indiquée par l'ordonnance, n'était qu'une précaution dont il était libre d'user, et qui, par surabondance de formalité, ne pouvait nuire, sans néanmoins qu'on pût obliger les parties à s'en servir ;

» Sur quoi, la matière mise en délibération, Messieurs de la première chambre ont répondu que, dans le délai de huitaine qui court contre le défaillant, ne devaient point être compris les jours depuis la cessation des séances du conseil, jusqu'à celui de sa rentrée ».

On voit que le ci-devant conseil souverain d'Alsace n'exigeait pas que le condamné par défaut eût suppléé par une opposition extrajudiciaire, à l'opposition par requête que l'absence des juges l'empêchait de former.

Le parlement de Bretagne était plus rigoureux. Par arrêt du 15 février 1764, il a jugé que la huitaine courait pendant les vacances ; et que, si, dans cette huitaine, on ne signifiait pas au procureur adverse un acte portant déclaration et protestation qu'on présenterait la requête en opposition au premier jour utile, la fin de non-recevoir était encourue sans retour, et l'opposition absolument inadmissible.

Dans l'espèce sur laquelle a été rendu cet arrêt, dit Poulain-Duparcq (*Journal des audiences de Bretagne*, tome 5, ch. 191), il y avait une circonstance qui paraissait favorable à l'opposition. Avant et depuis la signification de l'arrêt par défaut, le procureur des parties qui demandaient à être reçues opposantes, avait déclaré ne plus vouloir occuper pour elles. « Mais la cour jugea, suivant l'esprit de l'ordonnance, que le ministère du procureur constitué pour une partie est forcé, jusqu'à ce qu'il en ait été constitué un autre à sa place ».

On a élevé, au même tribunal, la question de savoir si, après avoir fait, pendant la première huitaine des vacances, la dénonciation dont nous venons de parler, il fallait, non-seulement présenter la requête, mais encore la signifier dès le premier jour utile.

Les *petits bouchers* de Rennes s'étaient rendus, par une requête, opposans à l'homologation d'un *gail de contribution* arrêté par les *grands bouchers*, comme représentant la communauté.

Le 15 mai 1784, arrêt par défaut qui homologue le *gail.* Cet arrêt est signifié le 2[?] du même mois. Le délai de huitaine expirait pendant les féries de la Pentecôte ; dénonciation du procureur des petits bouchers, du 2 juin, qu'il donnera sa requête au premier jour utile ; il la donne en effet dès le 7 juin, mais il ne la signifie que le lendemain, quoiqu'elle ait été répondue d'un *viennent*, le 7.

Le 15 juin, il est assigné pour voir déclarer ses cliens non-recevables, faute de signification de la requête dans le terme fatal.

Le 23 juin 1784, arrêt conforme aux conclusions de M. Aumont, substitut, aujourd'hui conseiller à la cour de cassation, qui déclare les petits bouchers non-recevables dans leur requête en restitution, et les condamne aux dépens.

A Grenoble, la jurisprudence était différente : il fallait, à la vérité, que, pendant les vacances, l'opposition fût formée *par un simple* acte ; mais il suffisait qu'elle fût réitérée par requête dans la huitaine de la rentrée du parlement. C'est ce qu'avait réglé un arrêt du 7 septembre 1785, dont voici les termes :

« Sur la requête présentée à la cour, par le procureur-général du roi, contenant que rien n'est plus intéressant dans l'administration de la justice, que l'uniformité sur les points de forme à l'égard desquels l'ordonnance ne s'est point précisément expliquée ; qu'il s'agita un point fort important à l'audience de relevée de la grand'-chambre, du 5 juillet dernier, pour savoir si le délai porté par l'art. 3 du tit. 35 de l'ordonnance de 1667, pour se pourvoir par requête à fin d'opposition contre les arrêts en défaut de se présenter, de plaider ou de défendre, court pendant les grandes féries, pendant les féries de Noël, Pâques et Pentecôte ; et si les arrêts en défaut de plaider ou de défendre peuvent être valablement signifiés de procureur à procureur, pendant le temps de ces mêmes féries ; que la règle et l'usage constamment observés, semblent ne laisser aucun doute sur ce point ; qu'il est de règle qu'on ne peut faire aucune instruction dans les procès civils en temps de féries, ni les jours fériés ; qu'on ne peut coucher dans tous ces temps un défaut, le signifier ni remettre un procès, soit à la forme de l'ordonnance, soit pour être jugé, ni donner aucun appointement de conclusions ; qu'à partir de ce principe, il est évident qu'on ne peut pas non plus signifier de procureur à procureur un arrêt de défaut de plaider ou de défendre, puisque cette signification n'est autre chose qu'une instruction du procès la plus importante ; que la question s'étant présentée en 1729, sur une signification faite de la part d'une partie, le samedi saint, d'un arrêt de défaut de plaider, la cour, par arrêt du 25 juin de la même année, rendu après une délibération prise par la communauté des procureurs, en exécution d'un arrêt de renvoi, admit l'opposition de la partie adverse ; elle a aussi admis, par arrêt du 11 décembre 1782, l'opposition d'une partie de Guedy, procureur, formée le 6 dudit mois de décembre, contre un arrêt signifié le 7 octobre précédent, de la part de la partie de Paganon, procureur ; que cependant la communauté des procureurs s'est aperçue que quelques parties font soutenir à l'audience une opinion contraire. Comme il est important de faire cesser les doutes et les difficultés qui s'élèvent sur un point aussi essentiel, pour assurer l'intérêt des habitans du ressort de la cour, il requiert qu'il soit ordonné : 1.° Que les arrêts en défaut de plaider ou de défendre ne pourront à l'avenir être signifiés de procureur à procureur, pendant le temps des grandes féries, ni pendant le temps des féries de Noël, de Pâques et de la Pentecôte, à peine de nullité des significations qui pourraient se faire pendant ce temps-là, et de la perte des frais de copies et de significations, lesquels demeureront à la charge des procureurs, sans pouvoir les répéter contre leurs parties. 2.° Que les parties qui feront signifier, dans le temps desdites féries, des arrêts en défaut de se présenter, même des arrêts en défaut de plaider ou de défendre, qui n'auraient pas été signifiés au procureur pour cause de mort ou de démission, seront tenus d'élire domicile pour huitaine dans le lieu où la signification desdits arrêts sera faite, ou dans un des endroits les plus voisins, à peine de nullité de la signification. 3.° Dans le cas ci-dessus, les parties pourront former leur opposition par un simple acte signifié au domicile élu, dans le délai porté par l'art. 3 du tit. 35 de l'ordonnance de 1667, contre les arrêts en défaut qui leur sont signifiés, à la charge de réitérer leur opposition par requête dans semblable délai, à compter du jour que la cour aura repris ses séances ; à défaut de quoi l'opposition signifiée sur les lieux, sera rejetée : au surplus, qu'il soit ordonné que l'arrêt qui interviendra sera lu et publié, etc..... Délibéré au parquet, le 5 septembre 1785. *Signé* Reynaud.

» Vu ladite requête, délibérée au parquet, le 5 septembre 1785, signée *Reynaud* ;

» La cour, de l'avis des chambres, ordonne, 1.° que les arrêts en défaut de plaider ou de défendre, ne pourront à l'avenir être signifiés de procureur à procureur, pendant le temps des grandes féries ni pendant celles de Noël, de Pâques et de Pentecôte, à peine de nullité des significations qui pourraient se faire pendant lesdites féries, et de perte des frais de copies et de significations, lesquels demeureront à la charge des procureurs, sans pouvoir les répéter contre leurs parties ; 2.° que les parties qui feront signifier dans le temps desdites féries, des arrêts en défaut de se présenter, même des arrêts en défaut de plaider ou de défendre, qui n'auraient pas été signifiés aux procureurs pour cause de mort ou de démission, seront tenus d'élire domicile pour huitaine dans le lieu où la signification desdits arrêts sera faite, ou dans un des endroits les plus voisins, à peine de nullité desdites significations. 3.° Dans le cas ci-dessus, les parties pourront former leur opposition par un simple acte signifié au domicile élu, dans le délai porté par l'art. 3 du tit. 35 de l'ordonnance de 1667, contre les arrêts en défaut qui leur seront signifiés, à la charge de réitérer leur opposition, par requête, dans semblable délai, à compter du jour que la cour aura repris ses séances ; à défaut de quoi, l'opposition signifiée sur les lieux, sera rejetée. Au surplus, ordonne que le présent arrêt sera lu et publié..... ».

Au parlement de Besançon, l'on usait encore de moins de rigueur qu'à celui de Grenoble. On y tenait pour règle qu'il n'était pas nécessaire de réitérer par requête l'opposition formée pendant les vacances, par un exploit extrajudiciaire, ou du moins que cette formalité ne devenait indispensable, qu'après les diligences faites à cette fin par la partie adverse. Écoutons l'auteur de la Table des édits et réglemens propres au ressort de ce tribunal, article *Opposition*, note *C* : « si une vacance trop prochaine ou l'éloignement du lieu où l'arrêt est signifié, empêche de donner la requête dans la huitaine, un acte d'opposition signifié dans ce délai, suffit pour conserver le droit à l'opposant; et s'il ne donne pas sa requête, sa partie peut donner la sienne et demander qu'il soit tenu de conclure dans son opposition, ou qu'il en soit débouté. *Lettre de M. d'Armenonville, garde-des-sceaux, du* 31 *janvier* 1723, *enregistrée aux enquêtes, après délibération des chambres* ».

§. XI. 1.° *Sous l'ordonnance de* 1667, *un jugement rendu par défaut, faute de plaider dans une cause placée au rôle, et qui, après avoir été appelée à son tour, avait été continuée à un jour fixe, était-il susceptible d'opposition?*

2.° *Pouvait-on, sans requête, sans exploit, sans assignation, et par conclusions verbales à l'audience, lorsqu'on y trouvait sa partie, former opposition à un jugement par défaut non encore signifié?*

3.° *L'exception résultant de ce qu'une opposition a été formée trop tard, peut-elle encore être proposée après les défenses fournies au fond?*

4.° *Les défenses fournies au fond, jointes au long silence du défendeur, sur la prétendue tardiveté de l'opposition, suffisent-elles pour autoriser le juge à présumer, faute de preuves contraires, que l'opposition a été formée en temps utile?*

Voyez le plaidoyer et l'arrêt du 18 nivôse an 12, rapportés à l'article *Inscription de faux*, §. 4, n. 2.

§. XII. *De la réfusion des frais préjudiciaux.*

V. l'article *Frais préjudiciaux.*

§. XIII. *Sous l'ordonnance de* 1667, *la faculté accordée par la loi, de former opposition pendant huitaine, à un jugement rendu en dernier ressort par défaut, empêchait-elle de mettre ce jugement à exécution avant que la huitaine fût expirée?*

V. l'article *Exécution des jugemens en matière civile*, §. 1.

§. XIV. *Sous l'ordonnance de* 1667, *lorsque le demandeur en opposition, au lieu de plaider au principal, concluait à une remise pour se mettre en état de le faire, le juge pouvait-il statuer au fond, sans au préalable l'avoir débouté de sa demande en délai, et lui avoir enjoint de plaider au fond même? — S'il y statuait en effet, sans ce préliminaire, y avait-il, de ce chef, ouverture à cassation contre son jugement?*

Sur cette question, portée le 2 ventôse an 11 à l'audience de la section des requêtes de la cour de cassation, (avec une autre qui est discutée sous le mot *Appel*, §. 14, n. 3), j'ai donné des conclusions ainsi conçues :

« Vous avez à prononcer sur un jugement que le tribunal d'appel de Liége a rendu le 25 ventôse an 10, entre le cit. Borchgrave et le cit. Vanstraeten; et il s'agit de savoir si ce jugement a violé quelque loi, en déboutant le cit. Borchgrave de son opposition à celui qui était intervenu par défaut le 6 frimaire précédent, sans, au préalable, avoir rejeté ses exceptions dilatoires, et lui avoir enjoint de plaider au fond.

» Pour résoudre cette question, il faut nous reporter à la procédure qui avait eu lieu entre les parties, tant à la ci-devant officialité du pays de Liége, qu'au tribunal d'appel.

» Déjà vous avez vu qu'en 1777, le cit. Borchgrave avait fait citer le cit. Vanstraeten devant l'official-juge ordinaire du pays de Liége, en validité du congé qu'il lui avait signifié, du château d'Exanten;

» Qu'après diverses procédures faites, tant sur de nouvelles demandes du cit. Borchgrave, que sur les demandes reconventionnelles du cit. Vanstraeten, l'official avait rendu, le 19 avril 1784, une sentence par laquelle il ordonnait au premier, de prouver *ultérieurement les faits par lui articulés, sinon, et dès maintenant comme pour lors, le déclarait mal fondé dans ses conclusions, et le condamnait à deux tiers des dépens, l'autre tiers compensé, sauf les épices du jugement;*

» Que le cit. Borchgrave avait d'abord appelé de cette sentence à la chambre impériale de Wetzlaer, mais qu'ensuite il s'était désisté de son appel, et qu'il s'était mis en devoir d'exécuter la sentence;

» Qu'en conséquence, il avait été procédé de sa part à une enquête, et de la part de son adversaire, à une contre-enquête;

» Que, le 3 juin 1791, l'official avait rendu une ordonnance par laquelle il déclarait l'enquête et la contre-enquête ouvertes, en enjoignant à son greffier de les délivrer respectivement à chacune des parties;

» Que, le 26 août de la même année, il était intervenu une nouvelle ordonnance portant que Borchgrave serait tenu de produire son enquête sous trois jours, à peine de forclusion; qu'il serait en même temps tenu de reprocher et débattre les dépositions des témoins entendus à la requête de Vanstraeten; que les deux parties fourniraient tous leurs moyens dans le même délai; que sinon, la cause serait censée *conclue en droit*, et que les pièces seraient déposées au greffe (formule qui, dans l'ancien ordre judiciaire du pays de Liége et des provinces belgiques, désignait la mise du procès en état d'être jugé sans retard ultérieur);

» Que, le 3 octobre suivant, Borchgrave n'ayant pas encore produit son enquête, en avait été déclaré forclos;

» Que les choses étant restées dans cet état, jusqu'après la réunion du pays de Liége à la France, Vanstraeten avait repris l'instance devant le tribunal civil de l'arrondissement de Liége, et que le fond de la cause ayant été ensuite dévolu au tribunal d'appel, il avait été rendu, le 18 thermidor an 9, un jugement qui avait relevé le cit. Borchgrave de la forclusion prononcée contre lui le 3 octobre 1791, à la charge de rapporter son enquête dans le mois, et de refonder les frais préjudiciaux;

» Que, le 6 frimaire an 10, Borchgrave n'ayant satisfait à ce jugement, ni par le payement des frais préjudiciaux, ni par la production de son enquête, Vanstraeten avait obtenu un jugement par défaut, qui déclarait définitivement encourue la condamnation prononcée éventuellement par la sentence du 19 avril 1784;

» Et qu'enfin, sur l'opposition à ce jugement, Borchgrave, toujours en demeure de produire son enquête (qu'il alléguait être adirée), avait conclu à l'audience du 25 ventôse, à ce qu'il lui fût accordé un nouveau délai pour en faire la recherche, et des lettres de compulsoire à l'effet de remplacer les pièces dont il avait besoin pour l'instruction de la cause.

» Vous avez aussi remarqué qu'à l'appui de ces conclusions dilatoires, le cit. Borchgrave soutenait que l'affaire ne pouvait pas être jugée dans l'état où elle se trouvait, attendu que même les pièces de son adversaire étaient écrites en langue flamande; que la sentence du 19 avril 1784 était en latin; et qu'aux termes de l'arrêté des représentans du peuple, en mission dans la ci-devant Belgique, du 14 frimaire an 4, il ne pouvait être rendu aucun jugement sur pièces écrites en langue étrangère, qu'au préalable elles n'eussent été traduites en français.

» Sur tout cela, Vanstraeten observait, entre autres choses, qu'il existait plusieurs traductions de la sentence du 19 avril 1784, et qu'il n'en fallait pas davantage pour mettre la cause en état d'être jugée; qu'en effet, cette sentence avait, à l'avance, condamné Borchgrave, dans le cas où il ne ferait pas la preuve qu'elle lui imposait; que cette preuve, il ne l'avait point faite; que cela résultait de la non-production de son enquête; qu'ainsi, il se trouvait précisément dans le cas prévu par la sentence; que dès-là, il devenait inutile d'examiner les pièces flamandes qui existaient au procès, et par conséquent de les faire traduire.

» Vanstraeten ajoutait que la déclaration des frais préjudiciaux, dont le jugement du 18 thermidor an 9 ordonnait la réfusion, avait été communiquée à l'avoué de Borchgrave; et il ne paraît pas que ce fait ait été contredit.

» C'est sur ces débats respectifs, qu'a été rendu le jugement attaqué. Il déboute Borchgrave de son opposition au jugement par défaut, du 5 frimaire an 10, attendu qu'il n'a pas satisfait à celui du 18 thermidor an 9, ni au chef qui le condamnait à refonder les frais préjudiciaux, ni au chef qui lui ordonnait de rapporter son enquête dans le mois; qu'ainsi, les choses se trouvent encore au même point que lors du jugement par défaut; que d'ailleurs, *au lieu de plaider ses moyens d'opposition qui devraient être préparés, il ne propose que des moyens dilatoires.*

» S'il en faut croire Borchgrave, en prononçant ainsi, le tribunal d'appel de Liége a violé les règles de la procédure, et commis un double déni de justice.

» Il a violé les règles de la procédure, parce qu'il a jugé le fond, sans avoir préalablement rejeté les exceptions dilatoires de Borchgrave, et lui avoir ordonné de plaider au principal.

» Il a commis un premier déni de justice sur les exceptions dilatoires, en omettant d'y statuer.

» Et il en a commis un deuxième sur le fond, en le jugeant sans discussion, sans plaidoirie, quoique le défenseur de Borchgrave, présent à l'audience, fût prêt à plaider sur le fond même.

» Ainsi, trois moyens de cassation à examiner.

» Et d'abord, où sont les lois de la procédure que Borchgrave accuse le tribunal d'appel de Liége d'avoir enfreintes, en jugeant le fond avant d'avoir rejeté, par un jugement séparé, ses exceptions dilatoires, et de lui avoir enjoint de plaider au principal?

» Que cette marche soit, dans la thèse générale, la seule régulière; et que les tribunaux d'appel doivent s'y conformer, comme les tribunaux de première instance, nous en conviendrons.

» Mais que s'écarter de cette marche, ce soit violer une loi proprement dite, et qu'il y ait alors ouverture à cassation, c'est ce que nous ne voyons pas aussi clairement.

» Il y a, dans la procédure, une foule de règles qui ne sont pas écrites dans les tables de la loi, et dont, par conséquent, la violation ne peut pas emporter la peine de nullité.

» Or, telle est précisément celle qu'invoque ici Borchgrave, et c'est une vérité facile à sentir.

» L'ordonnance de 1667 dit bien, tit. 6, art. 3, que les juges doivent, à peine de nullité, avant de passer au principal, juger séparément les exceptions déclinatoires qui tendent au renvoi devant d'autres tribunaux, soit pour raison d'incompétence, soit pour raison de litispendance, soit pour raison de connexité, soit pour toute autre. Mais elle ne dit rien de semblable pour les exceptions purement dilatoires.

» La même ordonnance dit bien encore, tit. 4, art. 5, qu'il sera *préalablement fait droit sur les fins de non-recevoir, nullité des exploits et autres exceptions péremptoires;* mais, d'une part, elle ne le dit pas à peine de nullité, et par conséquent la violation de cette règle ne peut, d'après l'art. 34 du tit. 35, donner ouverture qu'à la requête civile; de l'autre, cette règle, quoique commune, dans l'usage, aux exceptions dilatoires, ne les comprend cependant pas dans son texte.

» Le tribunal d'appel de Liége n'a donc violé aucune loi, en prononçant comme il l'a fait; mais c'est trop peu dire : il n'a pas même violé (que l'on nous permette cette expression), la règle *extra-législative* qu'invoque ici Borchgrave.

» Il n'a fait qu'appliquer à Borchgrave cette maxime, dictée par l'impérieuse nécessité de mettre un terme à toutes les affaires, que tout opposant à un jugement par défaut, doit être prêt à plaider au fond, lorsque sa cause est appelée; et que, s'il ne le fait pas, si, au lieu de plaider au fond, il se contente de demander des délais, il doit être débouté sur-le-champ.

» En second lieu, ce n'est pas avec plus de fondement, que Borchgrave reproche au tribunal d'appel de Liége d'avoir commis un déni de justice, en omettant de statuer sur ses exceptions dilatoires. Car, non-seulement le tribunal d'appel de Liége y a véritablement statué, par cela seul qu'il a jugé le fond, après les avoir improuvées dans ses motifs; mais quand il aurait effectivement omis d'y statuer, qu'en résulterait-il? rien autre chose qu'une ouverture de requête civile; l'art. 34 du tit. 35 de l'ordonnance de 1667 y est formel; et l'on sait assez que la requête civile est exclusive de la cassation.

» Enfin, point de déni de justice au fond, puisque le fond a été jugé; et que c'est même de ce qu'il a été jugé, que Borchgrave vient ici se plaindre.

» Il est vrai qu'il a été jugé, sans que Borchgrave eût plaidé au principal.

» Mais à qui en est la faute? à Borchgrave lui-même, puisqu'il connaissait, ou devait connaître la règle qui veut que tout opposant soit prêt.

» Et d'ailleurs, qu'aurait-il pu dire au principal, du moment qu'il ne rapportait pas son enquête? par cela seul qu'il ne rapportait pas son enquête, le principal était jugé par la sentence du 19 avril 1784; et vous n'avez pas oublié que cette sentence était passée en chose jugée, par le désistement que Borchgrave avait donné de l'appel qu'il en avait d'abord interjeté.

» Inutile de dire que, par la sentence du 26 août 1791, Borchgrave était admis à reprocher et débattre les dépositions des témoins entendus dans la contre-enquête de Vanstraeten, et à proposer tels autres moyens qu'il aviserait.

» Oui, la sentence du 26 août 1791 lui permettait tout cela, mais sous une condition qui conservait toute son autorité à la condamnation éventuelle du 19 avril 1784, sous la condition qu'il rapporterait son enquête dans trois jours. Et cette condition n'étant pas remplie, la condamnation éventuelle devenait une condamnation pure et simple; cette condition n'étant pas remplie, le tribunal d'appel de Liége n'avait plus rien à juger; cette condition n'étant pas remplie, l'opposition au jugement par défaut du 6 frimaire an 10 ne pouvait plus se soutenir, et il était impossible de n'en pas débouter Borchgrave.

» Par ces considérations, nous estimons qu'il y a lieu de rejeter la requête du demandeur, et de le condamner à l'amende de 150 francs envers l'Etat ».

Ces conclusions ont été adoptées par arrêt du 2 ventôse an 1 , au rapport de M. Delacoste,

« Attendu que la sentence de l'official de Liége, du 19 août 1784, avait ordonné au demandeur de prouver les faits par lui avancés, sinon l'avait *dès maintenant comme pour alors* déclaré mal fondé dans ses conclusions; que, par le désistement de l'appel, cette sentence avait acquis l'autorité de la chose jugée; que le demandeur n'ayant pas présenté cette preuve dans le délai à lui accordé par le jugement du tribunal d'appel, en date du 14 thermidor an 9, et ayant laissé prononcer contre lui le jugement par défaut du 16 frimaire suivant, qui lui applique la peine de déchéance qui n'était que suspendue, on ne peut considérer le moyen tiré de la demande d'un nouveau délai, comme étant l'incident du fond; que cette demande était préjugée par lesdits jugemens; que le seul moyen d'opposition qu'il pût valablement faire valoir, eût été pris de la preuve de la production de l'enquête dans le délai prescrit; d'où il suit que les juges qui, sans distinguer le premier incident du fond, ont simplement débouté de l'opposition, n'ont pas fait un déni de justice ».

§. XV. *Sous le Code des délits et des peines du 3 brumaire an 4, pouvait-on, par un simple acte signifié, former opposition à un jugement par défaut d'un tribunal de police; ou ne pouvait-on la former qu'en se présentant à l'audience, dans les dix jours de la signification du jugement?*

Les frères Sarragnac avaient fait citer Jean Bésaury au tribunal de police de Monein, département des Basses-Pyrénées, pour s'y voir condamner à leur faire réparation d'injures qu'ils prétendaient avoir reçues de sa part.

Le 4 brumaire an 8, jugement par défaut qui leur adjuge leur demande.

Le 6 du même mois, signification de ce jugement à Jean Bésaury.

Le 11, Jean Bésaury fait signifier aux frères Sarragnac un exploit par lequel il se déclare opposant au jugement par défaut du 4, et les assigne à l'audience du 24 pour plaider sur son opposition.

A l'audience du 24, les frères Sarragnac soutiennent que Jean Bésaury est non-recevable dans son opposition, parce qu'il ne l'a pas présentée en jugement dans les dix jours de la signification du jugement par défaut.

Et le tribunal de police le décide ainsi, le même jour.

Recours en cassation de la part de Jean Bésaury. Il se fonde, entre autres moyens, sur la violation des art. 159 et 160 du Code des délits et des peines.

« Le succès de ce moyen (ai-je dit à l'audience de la section criminelle, le 19 messidor an 8, dépend tout entier du sens dans lequel on doit entendre les art. 159 et 160 du Code du 3 brumaire an 4.

» L'art. 159 est ainsi conçu : *La condamnation par défaut est comme non-avenue, si, dans les dix jours de la signification qui en a été faite à la personne citée, celle-ci se présente et demande à être entendue. — Si la personne citée* (continue l'art. 160), *ne comparait pas dans les dix jours de la signification du jugement par défaut, ce jugement demeure définitif.*

» On convient, dans le vu du jugement du 24 brumaire, que Jean Bésaury avait formé son opposition par acte signifié le cinquième jour après la signification du jugement par défaut, conséquemment dans le délai fixé par la loi.

» Mais on y soutient en même temps, et le jugement même du 24 brumaire décide, que cette opposition est tombée en déchéance, parce que dix jours se sont écoulés sans que Jean Bésaury se fût présenté à l'audience, et y eût demandé d'être entendu.

» Jean Bésaury, de son côté, soutient qu'il a satisfait à la loi, en faisant signifier son opposition dans les dix jours, et qu'il n'était pas nécessaire qu'il la formât à l'audience en personne, ou par un fondé de pouvoir, dans ce même délai.

» Dans ce choc d'opinions si contradictoires, et qui pourtant s'appuient sur la même base, quel est le moyen de s'assurer du véritable esprit du législateur? Il faut partir du grand principe de Descartes, *non sunt neganda clara, propter quædam obscura*. Si donc il y a une disposition bien claire dans la loi dont il s'agit, il faut s'y attacher fortement, et ne pas souffrir qu'on l'élude, sous prétexte qu'une autre disposition de la même loi serait plus ou moins obscure; il faut, au contraire, que la disposition obscure cède à la disposition évidente, ou du moins que le sens de celle-là se détermine par le sens de celle-ci.

» Maintenant, qu'y a-t-il de clair, qu'y a-t-il d'obscur, dans les art. 159 et 160 du Code des délits et des peines?

» Ce qui s'y trouve de clair, c'est que tout condamné par défaut en matière de simple police, doit avoir dix jours, à compter de la signification qui lui a été faite du jugement, pour se présenter et demander à être entendu; c'est que, le dixième jour comme le premier, il peut user du bienfait de la loi; et c'est qu'on violerait ouvertement la loi, si l'on refusait de l'entendre, parce qu'il ne se présenterait pas tel jour plutôt que tel autre, dans les dix jours qui lui sont accordés.

» Ce qui se trouve d'obscur dans la loi, c'est la manière dont le condamné par défaut doit *se présenter et demander à être entendu*. La loi ne dit pas si c'est devant le tribunal, si c'est devant le juge de paix qui le préside, si c'est au greffe, ou si c'est par un simple acte signifié à sa requête, qu'il doit déclarer sa présentation et former sa demande.

» Mais du moins, dans le doute où la loi nous laisse à cet égard, nous ne devons pas, d'après le principe qui vient d'être posé, l'interpréter de manière à rendre sans effet l'autre disposition du même article qui accorde dix jours pleins au condamné par défaut pour se présenter. C'est cependant ce qui arriverait presque toujours, si l'on admettait le système adopté par le jugement du 24 brumaire, c'est-à-dire, si l'on ne reconnaissait pour valables et régulières que les oppositions formées à l'audience et en personne, ou par fondé de pouvoir. Supposons, en effet, qu'un tribunal de police ait, en exécution de l'art. 164, réglé ses audiences à une seule par décade, et qu'il l'ait fixée au primidi; ce tribunal rend, le 1.er messidor, par exemple, un jugement par défaut; ce jugement n'est signifié au condamné que le 5. A coup sûr, le condamné doit avoir dix jours pleins pour y former opposition, et il pourra, par conséquent, la former aussi bien le 15 que le 6; la loi est là-dessus si claire, si positive, qu'il est impossible d'en douter. Cependant, d'après le système adopté par les juges de police du canton de Monein, le condamné ne pourrait plus se présenter, non-seulement le 15, mais même le 12; car dans les dix jours que la loi lui accorde, le tribunal de police ne tient qu'une audience, et c'est le 11 que cette audience a lieu. Si donc il laisse passer le 11, sans se présenter, il n'est plus recevable, il ne peut plus être écouté, quoiqu'il soit encore dans les dix jours. — Voilà ce que décide le jugement du 24 brumaire, et bien certainement ce n'est point là ce que veut la loi, puisque la loi accorde dix jours au condamné pour se pourvoir.

» Ce qui arriverait fréquemment dans l'hypothèse que nous venons de poser, on le verrait toujours et inévitablement arriver dans le cas où le tribunal de police, suivant la faculté que lui en laisse l'art. 164, ne donnerait audience qu'une fois tous les quinze jours. Alors, en effet, un jugement par défaut étant rendu le 16 messidor et signifié le 17, le condamné se trouverait dans l'impuissance d'y former opposition, puisqu'il ne pourrait la former qu'à l'audience suivante, c'est-à-dire, le 1.er thermidor, époque où il serait hors des dix jours que la loi lui accorde.

» Il faut donc nécessairement écarter de la loi, en ce qui concerne la manière dont le condamné doit se présenter, toute interprétation qui tendrait à le priver d'une portion quelconque du délai qu'elle lui accorde à cet effet; et puisque tel est le résultat de l'interprétation que donne à la loi le jugement du 24 brumaire, il faut nécessairement dire que cette interprétation est fausse, que le jugement du 24 brumaire prête à la loi un sens qu'elle n'a point, que, par conséquent, il doit être annullé.

» Et de bonne foi, quelle est la conséquence à tirer de ce que la loi n'a point déterminé le mode dans lequel le condamné par défaut doit se présenter et demander à être entendu, c'est-à-dire, former son opposition? C'est que le juge ne doit pas, à cet égard, être plus rigoureux que la loi elle-même; c'est que tout acte par lequel le condamné qui s'était soustrait à la justice, annonce qu'il est présent et qu'il entend faire valoir ses moyens de défense, est par cela seul régulier et suffisant pour remplir le vœu de la loi; c'est, en un mot, qu'il est fort indifférent que l'opposition soit formée, ou à l'audience, ou au greffe, ou par un simple acte signifié à la partie poursuivante.

» Et combien ces raisons, déjà si décisives, n'acquièrent-elles pas encore de force, relativement à notre espèce, lorsque l'on considère que Jean Bésaury, en faisant signifier son opposition le 11 brumaire, le cinquième jour après la signification du jugement par défaut, a donné assignation pour l'audience du 24 du même mois, c'est-à-dire, comme il l'assure lui-même, sans que son assertion soit contredite, pour la seule audience que le tribunal de police dût tenir dans l'intervalle du 11 au 24? Il aurait été en effet bien impossible à Jean Bésaury de former son opposition autrement que par un simple acte signifié, puisque, s'il eût attendu à la former que le jour de l'audience fût venu, il se serait trouvé hors du délai fatal.

» Répétons-le donc, le jugement du 24 brumaire doit être cassé, parce qu'il donne à l'art. 159 du Code des délits et des peines, une interprétation évidemment fausse, en ce qu'elle prive le condamné par défaut d'une portion quelconque du délai de dix jours que la loi lui accorde pour former son opposition; et que même, dans l'espèce actuelle, elle le réduit à l'impossibilité de former son opposition dans ce délai ».

Sur ces raisons, arrêt du 8 messidor an 8, au rapport de M. Chasle, qui,

« Vu les art. 159, 160..... du Code des délits et des peines;

» Considérant que le jugement par défaut du 4 brumaire ayant été signifié à Bésaury le 6 du même mois, et celui-ci y ayant formé opposition, par acte du 11, signifié à son adversaire, avec indication d'audience au 24, cette opposition était autorisée par les articles précités; qu'ainsi, en déclarant cette opposition non-recevable, et en privant, par ce moyen, Bésaury de la faveur que la loi lui accordait, le tribunal de police a contrevenu auxdits art. 159 et 160 du Code des delits et des peines;

» Casse et annulle le jugement du tribunal de police du canton de Monein, du 24 brumaire dernier.... ».

§. XVI. *En matière criminelle, correctionnelle et de police, le condamné qui s'est pourvu en cassation, et dont la demande a été rejetée sans qu'il eût proposé ses moyens, soit par écrit, soit à l'audience, peut-il former opposition à l'arrêt de rejet?*

Germain-Jean-Baptiste Delagrange avait déclaré au greffe du tribunal criminel du département de la Seine, se pourvoir en cassation contre un jugement de ce tribunal, du 9 germinal an 8, confirmatif d'un autre jugement du tribunal correctionnel de Paris, du 18 frimaire précédent, qui le condamnait, comme convaincu d'escroquerie, à deux années d'emprisonnement.

Sa déclaration et les pièces du procès ayant été transmises par le ministre de la justice à la cour de cassation, arrêt est intervenu le 28 floréal suivant, qui, faute de consignation de l'amende, a déclaré le recours en cassation non-recevable.

Delagrange a formé opposition à cet arrêt, et en conséquence deux questions se sont élevées :

L'une, si l'arrêt du 28 floréal pouvait être considéré comme rendu par defaut, et, comme tel, susceptible d'opposition ;

L'autre, si le délai pour consigner l'amende était irrévocablement écoulé, au moment où cet arrêt avait été rendu.

La cause portée à l'audience du 19 thermidor an 8, la cour de cassation s'est attachée uniquement à la première question ; et en la décidant pour la négative, elle a déclaré Delagrange non-recevable. « Elle a pensé qu'une opposition n'était point recevable contre un jugement rendu sur une déclaration de *pourvoi*, parce que cette pièce étant du fait même du demandeur en opposition, et étant la seule exigée par la loi pour saisir le tribunal de cassation, on ne pouvait pas regarder comme rendu par défaut, le jugement qui l'avait déclarée non-recevable, faute d'avoir été accompagnée de la quittance de consignation d'amende ». C'est ce que porte une note que m'a remise le lendemain M. Lefessier-Grandprey, sur les conclusions duquel a été rendu cet arrêt.

Le même principe a été consacré depuis, par un grand nombre d'arrêts semblables.

§. XVII. *En matière correctionnelle, la partie plaignante peut-elle former opposition à un jugement en dernier ressort qui, sur l'appel d'un jugement de première instance, a prononcé par défaut contre elle, mais qui a été contradictoire entre la partie publique et le prévenu ?*

Et si son opposition est recevable, peut-elle autoriser le tribunal criminel à statuer par nouveau jugement, entre le prévenu et la partie publique ?

Ces deux questions ont été décidées ; la première pour l'affirmative, et la seconde pour la négative, par un arrêt de la cour de cassation du 29 floréal an 9, rendu au rapport de M. Sieyes, et conformément aux conclusions de M. Arnaud, sur la demande de Jean-Gilles Marie, dit André, et de Pierre Ledô, d'un jugement du tribunal criminel du département de la Seine, du 8 germinal précédent.

« Vu (porte-t il) les art. 4, 5, 6, et le §. 6 de l'art. 436 du Code des délits et des peines ;

» Considérant que les deux actions, publique et civile, sont absolument distinctes ; qu'elles peuvent être poursuivies séparément ou con jointement ; que l'action publique a pour obje la punition et répression du délit, quant l'ordre social ; que l'action civile ne peut jamai avoir d'autre objet que la réparation du to personnel ; que, dans le cas dont il s'agit, il avait appel du jugement du tribunal correc tionnel du département de la Seine, qui ac quittait les prévenus, tant de la part du com missaire près ce tribunal, chargé de la poursuit de l'action publique, que de celle de Rem Corrèze, partie civile plaignante ;

» Considérant que, sur ces appels respectifs il était intervenu un jugement du tribunal cri minel du département de la Seine, qui avai confirmé, contradictoirement avec les prévenu et le commissaire du gouvernement, le précé dent jugement, et, par defaut, contre Rem Corrèze, partie civile ; qu'en cet état, le juge ment rendu contradictoirement avec le com missaire et les prévenus, était définitif, qu'à l'égard de la partie civile défaillante, et sur so opposition, le tribunal criminel avait pu exa miner de nouveau l'affaire, réformer son pre mier jugement, quant à ce qui touchait au intérêts civils seulement ; mais qu'il n'avait pu à raison de cette opposition, faire revivre action éteinte, en prononçant les peines de la prison et de l'amende envers la république, qu en sont la suite ; que, sur ce chef, le tribuna criminel avait excédé ses pouvoirs, et commi une infraction aux articles du Code ci-dessu cités ;

» Le tribunal, par ces motifs, statuant sur pourvoi de Jean-Gilles Marie, dit André, et de Pierre Ledô, casse et annulle le jugement du tribunal criminel du département de la Seine, du 8 germinal an 9, *quant à la partie seulemen dudit jugement qui prononce l'amende et la prison contre ledit réclamant* ».

§. XVIII. *Peut-on, tant que dure le délai de l'opposition, se pourvoir en cassation contre un jugement en dernier ressort par défaut ?*

V. le plaidoyer du 28 mars 1810, rapporté au mot *Serment*, §. 1.

§. XIX. *Dans l'organisation judiciaire qui a précédé immédiatement le Code de procédure civile, les jugemens en dernier ressort rendus par défaut à tour de rôle, étaient-ils susceptibles d'opposition.*

V. l'article *Rôle*.

§. XX. 1.° *La voie de l'opposition est-elle ouverte contre un arrêt de cassation rendu en matière criminelle ou correctionnelle, à la suite d'une notification régulière du recours qui l'a provoqué, mais sans que la partie à laquelle cette notification avait été faite, se fût présentée ?*

2.° *Si cette voie est ouverte, dans quel délai et dans quelle forme doit-elle être prise ?*

Le 16 octobre 1811, le procureur-général de la cour d'Agen passe au greffe de cette cour, un acte par lequel il déclare se pourvoir en cassation contre un arrêt du 14 du même mois, qui acquitte Joseph Clarac, maire de la commune d'Ardeux, des poursuites correctionnelles exercées contre lui pour avoir recélé un conscrit réfractaire.

Cet acte est notifié à Joseph Clarac dans le délai fixé par l'art. 418 du Code d'instruction criminelle.

Le 22 novembre suivant, Joseph Clarac ne se présentant pas pour défendre l'arrêt attaqué, la cour de cassation rend un arrêt qui le casse, et renvoie le prévenu devant la cour de Pau.

Le 24 janvier 1812, le procureur-général de la cour de Pau fait signifier cet arrêt à Joseph Clarac, avec assignation à comparaître, le 14 février suivant, à l'audience de cette cour.

Joseph Clarac répond à l'huissier « qu'il est bien et dûment opposant envers l'arrêt de la cour de cassation rendu par défaut contre lui, et que, pour voir dire droit sur ladite opposition, et voir rétracter ledit arrêt, il donne, en tant que besoin pourrait être, citation à mondit sieur procureur-général, à comparaître, dans le délai de l'ordonnance, par-devant et en l'audience de ladite cour, section criminelle, séante au palais de justice à Paris, avec déclaration que le répondant se présentera lui-même dans le même délai, et emploiera comme moyen d'opposition, qu'il a fait tout ce qu'un homme sage devait faire pour s'assurer de la légalité des papiers dont était porteur l'individu qu'il est accusé d'avoir recélé; qu'il s'est conformé à la loi; que, dès-lors, l'arrêt de la cour d'Agen devait être maintenu; sans préjudice des autres moyens à déduire en plaidant ».

Cette réponse et l'exploit qui la contient, sont transmis à la cour de cassation par le procureur-général de la cour de Pau; et le rapport en est fait à l'audience de la section criminelle, le 2 avril 1812.

« Le rapport que vous venez d'entendre (ai-je dit à cette audience), offre à votre examen trois questions : la première, si la voie de l'opposition est ouverte, en matière criminelle, contre un arrêt de cassation rendu à la suite d'une notification régulière du recours qui l'a provoqué; la seconde, si l'opposition de Joseph Clarac, en la supposant recevable, a été formée légalement; la troisième, si cette opposition est fondée.

» La première question nous paraît devoir se résoudre par le principe général, que tout jugement peut être rétracté sur l'opposition de la partie qui y a été dûment appelée, mais qui n'a pas comparu et n'a pas proposé ses défenses avant qu'il fût rendu.

» Ce principe a toujours été reçu en matière criminelle comme en matière civile.

» Le Code du 3 brumaire an 4 laissait douter si l'opposition était recevable contre les jugemens par défaut rendus en première instance par les tribunaux correctionnels; et le doute naissait d'abord, de ce que ce Code était muet sur l'opposition aux jugemens par défaut des tribunaux correctionnels, tandis qu'il l'admettait formellement contre les jugemens par défaut des tribunaux de police; ensuite, de ce que la loi du 11 prairial an 7 interdisait expressément l'opposition contre les jugemens par défaut rendus en fait de marchandises anglaises par les tribunaux correctionnels, et ne laissait d'autre voie ouverte contre ces jugemens que celle de l'appel.

» Mais ce doute a été levé en faveur de l'opposition par vos arrêts; et un avis du conseil d'État du 11 février 1806, approuvé le 18 du même mois, a solennellement consacré votre jurisprudence. La cour de cassation, porte cet avis, a sagement considéré que l'art. 192 » (du Code du 3 brumaire an 4), en ouvrant » l'appel, n'interdit pourtant pas une voie plus » simple *et de droit commun*; que, postérieurement au Code des délits et des peines, la » loi du 11 prairial an 7, relative à l'importation, par contrebande, des marchandises anglaises, a interdit l'opposition pour ne laisser » que la voie de l'appel; disposition qui prouve » que *le législateur regarde l'opposition comme* » *de droit, et l'a supprimée, dans cette occasion, par une exception confirmative du principe* ».

» C'est aussi parce que l'opposition est de droit commun, que le Code d'instruction criminelle de 1808 l'admet expressément contre les jugemens des tribunaux de police et des tribunaux correctionnels.

» Mais précisément parce qu'il est de droit commun, de même que, sous le Code du 3 brumaire an 4, on ne pouvait pas, de ce qu'il ne l'admettait expressément que contre les jugemens des tribunaux de police, conclure qu'il ne l'admettait pas contre les jugemens des tribunaux correctionnels, de même aussi, sous le Code d'instruction criminelle de 1808, de ce qu'il ne l'admet expressément que contre les jugemens des tribunaux correctionnels et des tribunaux de police, on ne peut pas conclure qu'il ne l'admet pas contre les arrêts de la cour de cassation.

» Il est vrai que, par l'art. 537 du Code d'instruction criminelle de 1808, il est dit que les arrêts de la cour de cassation « rendus sur » des conflits, ne pourront pas être attaqués » par la voie de l'opposition, lorsqu'ils auront

» été précédés d'un arrêt de *soit communiqué* » dûment exécuté ».

» Mais à cet article s'applique naturellement ce que dit l'avis du conseil d'État, du 11 février 1806, au sujet de la loi du 11 prairial an 7 : *il prouve que le législateur regarde l'opposition comme de droit*, et *l'a supprimée, dans cette occasion, par une exception confirmative du principe.*

» En deux mots, le Code d'instruction criminelle n'interdit pas l'opposition contre les arrêts de la cour de cassation rendus contre des parties appelées et non comparantes. Donc il laisse, à cet égard, subsister la règle générale. Donc Joseph Clarac a pu former opposition à l'arrêt de la cour du 22 novembre 1811.

» Mais l'opposition de Joseph Clarac à votre arrêt du 22 novembre 1811 a-t-elle été formée légalement ?

» Cette question en renferme deux : Joseph Clarac a-t-il formé son opposition en temps utile? L'a-t-il formée d'une manière que la loi puisse avouer ?

» Sur le premier point, nulle difficulté. Quel que soit le délai dans lequel doit être formée l'opposition à un arrêt de cassation rendu par défaut, il est certain que ce délai ne peut courir que du jour de la signification de l'arrêt même. Or, dans notre espèce, l'arrêt de cassation du 22 novembre 1811 n'a été signifié à Joseph Clarac que le 24 janvier dernier ; et c'est ce même jour, c'est par sa réponse à l'exploit de signification de l'arrêt du 22 novembre, que Joseph Clarac y a formé opposition. L'opposition de Joseph Clarac a donc été formée en temps utile.

» Mais a-t-elle été formée régulièrement ?

» L'affirmative ne serait pas douteuse, si l'on pouvait appliquer ici les dispositions des articles 187 et 208 du Code d'instruction criminelle, relatives à l'opposition aux jugemens rendus par défaut, tant par les tribunaux de première instance, que par les tribunaux d'appel en matière correctionnelle; car ces articles permettent de former cette opposition par un simple acte, signifié tant au ministère public qu'à la partie civile. Mais il est trop évident que des dispositions qui ne concernent que les jugemens émanés des tribunaux ordinaires, ne peuvent pas s'appliquer, d'elles-mêmes et sans la volonté expresse du législateur, à des arrêts rendus par la cour de cassation.

» L'opinion contraire serait également incontestable, si l'on pouvait appliquer ici la disposition de l'art. 533 du Code d'instruction criminelle, relative à l'opposition aux arrêts que la cour rend par défaut, en matière de réglemens de juges; car cet article ne permet de former cette opposition que par déclaration au greffe. Mais il est trop évident que l'on ne peut pas étendre à l'opposition aux arrêts de cassation, une loi qui n'est faite que pour un objet qui leur est totalement étranger.

» Quelle est donc la règle que nous devons consulter pour déterminer la forme de l'opposition aux arrêts de cassation rendus par défaut ?

» Cette règle, nous la chercherions vainement dans les lois nouvelles. Mais nous la trouverons dans le réglement de 1738, qui fait encore loi, aux termes de la loi du 2 brumaire an 4 et de celle du 27 ventôse an 8; dans tous les points sur lesquels les lois nouvelles n'ont pas établi un droit nouveau.

» L'art. 9 du tit. 2 de la seconde partie de ce réglement porte que *les parties défaillantes ne pourront être restituées contre les arrêts par défaut, que par lettres du grand sceau ou par arrêts du conseil*; ce qui, appliqué aux arrêts de la cour de cassation, signifie que les parties défaillantes ne peuvent être restituées contre les arrêts par défaut, que par arrêt de la cour de cassation elle-même.

» Tel est encore, en effet, l'usage bien constant et bien notoire en matière civile; et pourquoi n'en serait-il pas de même en matière criminelle ? Le réglement de 1738 a été fait pour les matières criminelles comme pour les matières civiles; il subsiste donc encore pour celles-là comme pour celles-ci, dans tous les points non abrogés par les lois nouvelles.

» Nous disons que le réglement de 1738 a été fait pour les matières criminelles comme pour les matières civiles; et c'est ce qui résulte bien clairement de l'art. 4 du tit. 1.er de la seconde partie de ce réglement, c'est-à-dire, du titre auquel fait immédiatement suite celui dans lequel se trouve le texte que nous venons de citer. Cet article règle les délais dans lesquels les assignations doivent être données au conseil, et après lesquels seulement les parties assignées peuvent être considérées comme *défaillantes*. Il fixe ces délais à deux mois pour les personnes domiciliées dans les ressorts de certains parlemens et conseils supérieurs; et à un mois pour les personnes domiciliées dans les ressorts des parlemens de Paris, Rouen, Dijon, Metz, Douay, et dans celui *du conseil d'Artois, en ce qui concerne la juridiction criminelle en dernier ressort;* termes qui se rapportent à la constitution du conseil d'Artois, qui n'était souverain qu'en matière criminelle, et prouvent par conséquent, comme nous venons de le dire, que les matières criminelles entrent, tout aussi bien que les matières civiles, dans l'objet et le plan du réglement de 1738.

» Mais peut-être dira-t-on que nous ne pouvons plus appliquer aux arrêts de cassation rendus par défaut en matière criminelle, la disposition de l'art. 9 du tit. 2 de la seconde partie du réglement de 1738.

» Et pourquoi ne le pourrions-nous plus? il

ne pourrait y en avoir qu'une seule raison : c'est, que les conditions desquelles l'article dont il s'agit, fait dépendre la restitution contre les arrêts du conseil rendus par défaut, ne seraient plus aujourd'hui exécutables en matière criminelle.

» Voyons donc quelles sont ces conditions? Il y en a deux : l'une qui est prescrite par l'art. 10; l'autre, qui est prescrite par les art. 11 et 12.

» L'art. 10 porte que *la partie qui voudra se pourvoir par cette voie, sera tenue, avant toutes choses, d'offrir à l'avocat qui aura obtenu l'arrêt par défaut, la somme de 100 livres, pour la réfusion des frais, jusqu'au jour des offres.* Sans doute, cette disposition est aujourd'hui sans objet pour les arrêts qui ont été cassés sur le seul recours du ministère public, qui n'avance et n'expose aucuns frais. Mais elle peut encore très-bien s'exécuter pour les arrêts qui ont été cassés sur les recours des parties civiles; et il n'y a, il ne peut y avoir aucun prétexte pour ne plus l'exécuter à cet égard.

» L'art. 11 ajoute : *en rapportant la quittance de l'avocat, ou l'acte d'offres, ladite partie sera restituée par lettres ou par arrêt, qu'elle sera tenue d'obtenir, et même de faire signifier à l'avocat de l'autre partie, dans les délais suivans, à compter de la signification de l'arrêt par défaut faite à la personne ou domicile du défaillant; savoir, de trois mois, quand l'assignation aura été donnée à deux mois; de deux mois, quand l'assignation aura été donnée à un mois; et d'un mois, quand elle aura été donnée à quinzaine..... Après les délais marqués par l'article précédent* (continue l'art. 12), *ledit défaillant ne sera plus reçu à se pourvoir contre ledit arrêt....*

» On dira sans doute que ces articles ne peuvent plus s'appliquer aux demandes en restitution contre les arrêts de cassation en matière criminelle; que les délais réglés par ces articles, sont corrélatifs aux délais dans lesquels ont dû être données les assignations d'après lesquelles il a été accordé défaut; qu'aujourd'hui il ne se donne plus d'assignation à la partie contre laquelle est formé un recours en cassation en matière criminelle; et que, dès-lors, il ne peut plus exister d'échelle sur laquelle doive être mesuré, en matière criminelle, le délai de la demande en restitution contre un arrêt de cassation rendu par défaut.

» Mais 1.° est-il bien vrai qu'aujourd'hui il ne se donne plus d'assignation, en matière criminelle à la partie contre laquelle est formé un recours en cassation? Qu'est-ce que la notification que doit faire de son recours en cassation à l'accusé ou à la partie civile, celui qui prend cette voie contre un arrêt rendu en matière criminelle? rien autre chose qu'une assignation de la partie contre laquelle le recours est formé, à se présenter devant la cour de cassation, et à employer, pour la défense de l'arrêt attaqué, tous les moyens qu'elle avisera. Tel est évidemment le but de l'art. 418 du Code, et cet article ne peut pas en avoir d'autre.

» 2.° Dès que la notification prescrite par l'art. 418 du Code, tient lieu d'assignation à la partie en faveur de laquelle a été rendu l'arrêt attaqué par recours en cassation, il ne s'agit plus, pour maintenir l'applicabilité des art. 11 et 12 du tit. 2 de la seconde partie du réglement de 1738 aux arrêts de cassation rendus par défaut en matière criminelle, que de bien s'entendre sur l'usage que l'on doit faire aujourd'hui des délais déterminés par le premier de ces articles.

» L'esprit de cet article est évidemment de doubler, pour la demande en restitution contre un arrêt par défaut, le délai dans lequel le défaillant a dû être assigné, lorsque ce délai n'a pas dû être moindre d'un mois. C'est la conséquence nécessaire de ces termes de l'article cité : *Savoir; de trois mois, quand l'assignation aura été donnée à deux mois; de deux mois, quand l'assignation aura été donnée à un mois; et d'un mois, quand elle aura été donnée à quinzaine.*

» Cela posé, il ne reste plus qu'à savoir dans quel délai le défendeur est censé, par la notification que prescrit l'art. 418 du Code, être assigné à comparaître devant la cour. Or, rien de plus simple.

» L'art. 423 porte qu'*après les dix jours qui suivront la déclaration du recours en cassation,* le procureur-général *fera passer au grand-juge ministre de la justice, les pièces du procès, et les requêtes des parties, si elles en ont déposé.*

» L'art. 424 ajoute que, *dans les 24 heures de la réception des pièces, le grand-juge ministre de la justice les adressera à la cour de cassation.*

» Et par l'art. 425, il est dit que *la cour de cassation, en toute affaire criminelle, correctionnelle ou de police, pourra statuer sur le recours en cassation, aussitôt après l'expiration des délais portés au présent chapitre.*

» Donc la cour peut statuer sur le recours en cassation, aussitôt que sont expirés 1.° le délai de dix jours fixé par l'art. 423 pour l'envoi des pièces au grand-juge; 2.° le délai nécessaire pour que les pièces parviennent à ce ministre; 3.° le délai de 24 heures dans lequel ce ministre doit transmettre les pièces à la cour de cassation.

» Donc la partie à qui est notifié un recours en cassation, est censée assignée à comparaître devant la cour, au plus tard à l'époque où ces trois délais expireront.

» Donc si cette partie ne comparaît pas, et si l'arrêt rendu à son profit est cassé par défaut, cette partie n'aura, pour se pourvoir en restitution, que le double de ces trois délais, à compter du jour où l'arrêt de cassation lui sera signifié à personne ou domicile.

» Donc, s'il s'agit d'un arrêt rendu par la cour de Paris ou par la cour d'assises du département de la Seine, comme les pièces pourront être remises dans les bureaux du ministre de la justice, dès le lendemain de l'expiration des dix jours qui auront suivi la déclaration du recours en cassation, le délai de l'assignation sera censé n'être, pour le défendeur, que de douze jours, à compter de la déclaration elle-même; et par conséquent le délai de la demande en restitution ne sera que de 24 jours, à compter de celui de la signification de l'arrêt de cassation rendu par défaut.

» Donc, s'il s'agit d'un arrêt rendu par la cour de Douay ou par la cour d'assises du département du Nord, comme les pièces seront apportées par la poste, de Douai à Paris, en deux jours, le délai de l'assignation sera censé être, pour le défendeur, de 14 jours; et si l'arrêt est cassé par défaut, le défendeur aura, pour y former opposition, 28 jours à compter de celui où la signification de l'arrêt par défaut lui aura été faite régulièrement.

» Donc, s'il s'agit d'un arrêt rendu par une cour siégeant dans une ville d'où la poste n'arrive à Paris qu'en dix jours, le délai de l'assignation sera censé être, pour le défendeur, de 22 jours; et celui de l'opposition, de 44.

» Donc il est encore possible d'exécuter, en matière criminelle, les conditions desquelles le réglement de 1738 fait dépendre la restitution contre un arrêt par défaut.

» Donc le réglement de 1738 fait encore loi à cet égard.

» Or, dans notre espèce, Joseph Clarac non-seulement n'a pas obtenu, mais n'a pas même requis un arrêt de restitution contre celui du 22 novembre 1811; et il y a long-temps que le délai dans lequel il aurait dû l'obtenir, est expiré.

» L'arrêt du 22 novembre 1811 est donc aujourd'hui inattaquable de la part de Joseph Clarac.

» Vous devez donc, sans examiner la troisième question que nous avons annoncée, celle de savoir si l'opposition de Joseph Clarac est fondée, question au surplus sur la négative de laquelle il ne pourrait pas s'élever le plus léger doute, déclarer Joseph Clarac non-recevable dans son opposition à l'arrêt du 22 novembre 1811; et c'est à quoi nous concluons ».

Il eût été à désirer que la cour de cassation se prononçât sur les deux premières questions que je lui avais ainsi présentées, et surtout sur la seconde. Mais trouvant l'opposition de Clarac dénuée de moyens au fond, elle a jugé plus conforme à son devoir d'économiser le temps qu'elle doit consacrer à l'expédition des affaires, de se borner à l'en débouter, sans examiner si elle était recevable ou non. L'arrêt qui a été rendu le 2 avril 1812, au rapport de M. Oudart, est ainsi conçu :

« Sans examiner si Joseph Clarac a régulièrement formé opposition à l'arrêt du 22 novembre 1811, et persistant dans les motifs qui ont déterminé cet arrêt;

» Par ces motifs, la cour déboute Joseph Clarac de son opposition à l'arrêt du 22 novembre 1811 ».

Au surplus, *V.* les articles *Arbitres*, §. 5; et *Dépens*, §. 4.

OPPOSITION A UN JUGEMENT SUR REQUÊTE. — §. I. *Peut-on, au lieu de prendre la voie de l'opposition contre un jugement rendu sur requête en dernier ressort, attaquer ce jugement par la voie de la cassation?*

V. le plaidoyer du 28 mars 1810, rapporté au mot *Serment*, §. 1.

§. II. *Les arrêts de la cour de cassation qui, sur le réquisitoire du procureur-général et pour le seul intérêt de la loi, cassent des jugemens en dernier ressort, sont-ils passibles d'opposition de la part des particuliers qu'ils jugent avoir mal à propos obtenu gain de cause?*

V. l'article *Opposition (tierce)*, §. 5.

OPPOSITION (TIERCE-). — §. I. *Un créancier hypothécaire peut-il attaquer par tierce-opposition, un jugement rendu contradictoirement avec son débiteur?*

Cette question a été agitée, le 12 fructidor an 9, à l'audience de la section civile de la cour de cassation, entre le sieur Leforestier et le sieur Godet. Je ne puis mieux faire connaître l'arrêt qui l'a décidée, qu'en transcrivant ici mes conclusions sur l'affaire qui avait donné lieu à la contestation.

« Cette affaire doit son origine à un acte notarié du 18 mai 1740, par lequel l'un des auteurs du cit. Leforestier avait baillé à fieffe à Jean-Baptiste Dubois, une forge et un fourneau avec les bâtimens et les terrains en dépendans, situés à Putanges, coutume de Normandie.

» Il importe, avant tout, de bien connaître la nature du contrat qui, par là, s'était formé entre Jean-Baptiste Dubois et le bailleur.

» La fieffe n'est, dans la ci-devant Normandie, que ce qu'on appelle ailleurs *bail à rente foncière*. Ce terme *fieffe* paraît venir du latin *fides*; et *fieffer* un héritage, c'est proprement le *fidei committere*, le confier au preneur, sous la réserve que se fait le bailleur d'une rente foncière, et à la condition exprimée ou sous-entendue, qu'il conservera un droit d'inspection sur la manière dont le preneur usera de la propriété qu'il lui abandonne.

» Ecoutons l'auteur du *Dictionnaire de droit normand*, au mot *Fieffe* : « La définition des » baux à rente de la coutume de Paris et de nos » fieffes non-rachetables, est la même que celle » des baux emphytéotiques; ce sont des contrats par lesquels le maître d'un héritage le » donne au preneur à rente, appelé chez nous » *fieffataire*, pour le cultiver et améliorer, et » pour en jouir et disposer à perpétuité, moyennant une certaine rente en deniers, grains et » autres espèces, et les autres charges dont on » peut convenir ».

» A cette définition, le même auteur ajoute d'assez longs développemens, dont il tire une conséquence qu'il exprime en ces termes : « Des » observations précédentes, il résulte que le » contrat de fieffe irraquitable a des caractères » particuliers qui s'opposent à ce qu'il soit confondu avec le contrat de vente ou le contrat » d'échange.... ; le contrat de fieffe n'est conséquemment qu'un *bail*, mais *bail perpétuel*, » tant que la condition du payement qui le » constitue, est exactement observée; et il est » un *bail seulement à temps*, quand le payement cesse d'être exact ».

» Maintenant que nous connaissons bien la nature du bail à fieffe en général, voyons quelles étaient les conditions de celui du 18 mai 1740, qui a donné lieu à la contestation actuelle.

» Par cet acte, Hardouin-Thérèse de Morelle, alors seigneur haut-justicier de Putanges, baille, cède, quitte et délaisse en pure et loyale fieffe, à Jean-Baptiste Dubois, la forge et le fourneau de Putanges, élection de Falaise, généralité d'Alençon, garnis de tous les ustensiles qui ont servi à les faire valoir, avec les cours d'eau, chaussées, bâtimens, prairies, herbages, jardins, cours et chemins en dépendans; *le tout appartenant audit seigneur de Putanges, comme faisant partie de sa terre et seigneurie de Putanges.*

» Les charges de ce délaissement sont, 1.° que les objets fieffés relèveront en roture de la terre de Putanges, et seront assujettis, envers elle, aux droits seigneuriaux établis par la coutume de Normandie; 2.° qu'il sera en outre payé au bailleur, par chaque année, 700 liv. de rente foncière non-rachetable; 3.° que le preneur pourra bien détruire la forge, qui est abandonnée depuis dix ans, mais qu'il *sera tenu d'entretenir le fourneau et bâtimens en dépendans, ainsi que les chaussées, en bon état de réparation, en sorte que lesdites 700 livres de rente ci-dessus non-rachetables puissent être à toujours aisément prises et perçues.*

» Ici se présente une observation fort importante : c'est que la rente foncière de 700 liv. est, à la vérité, établie par un acte de concession de fonds, mais qu'elle l'est avec mélange de droits seigneuriaux.

» Si donc cette rente eût encore existé à l'époque de la publication de la loi du 17 juillet 1793, elle aurait été comprise, même avec tous ses arrérages échus, dans l'abolition générale prononcée par cette loi, comme l'ont déclaré le décret du 2 octobre de la même année et celui du 7 ventôse an 2.

» Il y va donc, dans cette affaire, pour le cit. Leforestier, non-seulement de la perte des objets fieffés dans lesquels nous verrons bientôt qu'il est rentré avant la loi du 17 juillet 1793, mais même de la perte totale de sa rente qu'il serait impossible de faire revivre, si sa rentrée en possession venait à être déclarée nulle. — Poursuivons.

» En 1757, Jean-Baptiste Dubois vendit la forge de Putanges à deux particuliers, qui, peu de temps après, la revendirent au cit. Godet.

» Le cit. Godet la possédait encore en 1776, lorsque le cit. Leforestier est devenu acquéreur de la terre de Putanges, et par suite de la rente de 700 liv. à laquelle la forge était assujettie.

» En 1786, le cit. Godet vendit cette forge à Simon Delessart. — Il paraît que, dès-lors, elle était extrêmement dégradée, et que la rente foncière était fort arriérée.

» Simon Delessart, au lieu de remplir, sur l'un et l'autre point, les obligations que lui imposait le bail à fieffe, laissa de plus en plus la forge se dégrader, et les arrérages de la rente s'accumuler.

» Le cit. Leforestier se vit enfin dans la nécessité de le poursuivre judiciairement; et c'est ce qu'il fit par une requête qu'il présenta au juge de la haute-justice de Putanges, le 26 octobre 1789.

» Avant d'aller plus loin, fixons-nous bien sur les droits que pouvait exercer alors le cit. Leforestier, à raison de la demeure dans laquelle se trouvait Simon Delessart, tant par rapport au payement de la rente, que relativement à l'entretien de la forge.

» Et d'abord, remarquons que, quoiqu'à cette époque, les rentes foncières eussent été déclarées rachetables par les décrets du 4 août précédent, il n'en résultait aucun changement, soit dans la condition des propriétaires de ces rentes à l'égard de leurs débiteurs, soit dans le mode et les résultats des actions auxquelles elles pouvaient donner lieu.

» C'est ce qu'a depuis déclaré formellement l'art. 1.er du tit. 5 de la loi du 18 décembre 1790, concernant le rachat des rentes foncières : « La » faculté de rachat accordée aux débiteurs des » rentes foncières, ne dérogera en rien aux

» droits, priviléges et actions qui appartenaient » ci-devant aux bailleurs de fonds, soit contre » les preneurs personnellement, soit sur les » baillés à rente; en conséquence, les créanciers » bailleurs de fonds continueront d'exercer les » mêmes actions hypothécaires, personnelles » ou mixtes qui ont eu lieu jusqu'ici, et avec » les mêmes priviléges qui leur étaient accordés » par les lois, coutumes, statuts et *jurisprudence* qui étaient précédemment en vigueur » dans les différens lieux et pays (de la France)».

» Or, quels étaient les droits du bailleur à fieffe, en cas de non-payement de sa rente, ou à défaut d'entretien des objets fieffés?

» Nous avons déjà observé que le *bail à fieffe* est en Normandie ce qu'est ailleurs le bail emphytéotique.

» Or, 1.º les lois romaines établissent clairement que l'emphytéote qui laisse dégrader le fonds, peut en être dépossédé par le bailleur. Le chap. 8 de la novelle 120 est là-dessus très-positif; et sa disposition forme, à cet égard, le droit commun de la France (1).

» En second lieu, le bail emphytéotique est encore résolu, et même de plein droit, par le défaut de payement da la rente pendant trois ans. La loi 2, C. *de jure emphyteutico*, s'explique sur ce point avec une grande précision...

» Cette loi n'a pas été observée uniformément dans toutes les parties de la France.

» Dans le ressort du parlement de Toulouse, le défaut de payement de la rente emphytéotique, soit pendant trois ans, soit pendant un plus long terme, n'autorisait pas le bailleur à se faire renvoyer en possession de l'héritage; il n'avait que le droit d'en poursuivre le décret. C'est ce qu'atteste Catelan, liv. 3, ch. 7.

» Il en était autrement dans le ressort du parlement de Paris: le bailleur pouvait bien y exercer le droit de dépossession que lui attribuait la loi romaine; mais la jurisprudence y avait, à certains égards, tempéré la rigueur de cette loi. Écoutons Pothier, dans son *Traité du bail à rente*, n. 39: — « De l'obligation que le preneur » contracte de payer la rente, naît une action » qu'a le bailleur contre le preneur, non-seulement pour en exiger le payement, mais même » pour rentrer dans l'héritage à défaut de payement. — Il y a néanmoins de la différence entre les deux objets de cette action: il suffit qu'il » y ait un terme de payement de la rente échu, » pour que le bailleur puisse, dès le lendemain » de l'échéance, en exiger le payement, sans que » le preneur puisse obtenir, pour cela, aucun » délai. — A l'égard de l'autre objet de l'action, » qui est de rentrer dans l'héritage à défaut de » payement de la rente, le bailleur n'y est reçu » que lorsqu'il lui est dû plusieurs termes; même » en ce cas, le juge avant de statuer définitivement, a coutume d'ordonner que le preneur » sera tenu de payer dans un certain temps fixé » par la sentence; faute de quoi, il sera permis » au bailleur de rentrer. — Il y a plus, même » après que le bailleur a obtenu sentence qui lui » permet de rentrer, et qui condamne le preneur, faute de payement, à quitter l'héritage, » le preneur peut encore, sur l'appel, *en payant* » *tous les arrérages qu'il doit*, et en offrant de » payer tous les dépens, se faire renvoyer de la » demande du bailleur, et demeurer dans l'héritage. — Je pense même que, quoiqu'il ait été » condamné par arrêt à quitter l'héritage, faute » de *payement*, n'étant pas, en ce cas, condamné » purement et simplement, mais *faute de payement*, avant que l'arrêt soit exécuté, et que le » bailleur soit rentré dans l'héritage, il peut » encore, en payant tout ce qu'il doit, ou en » consignant sur le refus du bailleur, se conserver en la possession de l'héritage. Mais » après que l'arrêt a été exécuté, et que le bailleur est rentré en possession de l'héritage, il » ne serait plus à temps d'offrir les arrérages ».

» La jurisprudence normande tient une sorte de milieu entre la loi romaine prise dans toute sa rigueur, et la jurisprudence du ci-devant parlement de Paris.

» L'auteur du *Dictionnaire de droit normand*, au mot *Fieffe*, établit d'abord qu'*un bailleur à fieffe est obligé d'attendre trois années, sans pouvoir reprendre la possession de son héritage*, par defaut de payement de la rente.

» Il prouve ensuite que, même après les trois ans, il ne peut pas reprendre l'héritage, de son autorité privée, et qu'il doit s'y faire autoriser par un jugement. — « Personne (dit-il), ne » peut se faire justice à soi-même. Il y a, dans » cette province, un très-grand nombre de fonds » fieffés, qui, par les travaux et les dépenses des » fieffataires, ont beaucoup augmenté. La plupart ont emprunté sur la foi de ces fonds. Si » les fieffans pouvaient, de leur autorité privée, » y rentrer, les créanciers des preneurs y seraient tous les jours en perte, et seraient ruinés » *incognito*. — Il est vrai qu'ils perdent également leur hypothèque, quand la sentence a » été obtenue; mais, pour l'obtenir, il faut » citer le fieffataire en justice: alors, ses créanciers sont avertis, peuvent se présenter et retirer les fonds fieffés, en payant les arrérages » dus et en continuant la rente. — Enfin, la » jurisprudence est maintenant certaine, au » moyen de l'arrêt du 13 mars 1760, qui a » jugé que la sentence d'envoi en possession » était indispensable. — Mais une fois que le » fieffataire s'est laissé déposséder en vertu d'une » sentence, il est non-recevable à se pourvoir » contre cette sentence, même en offrant le » payement des arrérages dus, *quand il n'y aurait pas de clause commissoire dans le con-*

(1) Pothier, *Traité du bail à rente*, n. 42.

» *trat*, parce que, la sentence signifiée, le fieffant remis en possession du fonds, le contrat est anéanti : arrêts des 13 août 1738 et 17 août 1763. — S'il appelait de la sentence, le fieffant obtiendrait arrêt sur requête, qui l'enverrait en possession par provision, et nonobstant l'appel ».

» Comme vous le voyez, il s'en faut beaucoup que la jurisprudence normande laisse au preneur en défaut de payer la rente pendant trois ans, autant de facilité que lui en accordait la jurisprudence du parlement de Paris pour purger sa demeure.

» Ces notions posées, reprenons la suite des faits.

» Par sa requête du 26 octobre 1789, le cit. Leforestier concluait à ce qu'il lui fût permis de faire assigner Simon Delessart, « pour voir dire qu'il serait condamné de payer en deniers ou quittances, tous les arrérages dus, échus et exigibles de droit, de la partie de 700 livres de rente foncière, pour raison des forge et fourneau de Putanges, et des terres, prés, jardins, cours et chemins en dépendans, et ce dans huitaine du jour de la sentence à intervenir; comme aussi de faire et commencer dans ledit temps de huitaine du jour de ladite sentence, les réparations à faire auxdits bâtimens, forge et fourneau, et sans discontinuation jusqu'à ce qu'elles fussent faites; faute de quoi (le cit. Leforestier) serait par icelle envoyé, dès-à-présent, en possession desdits forge et fourneau, maison, jardin, prés, prairies, et de tout ce qui fut fieffé et énoncé au contrat du 18 mai 1740, avec dépens faits et à faire jusqu'à l'actuelle prise de possession.... Ce qui serait exécuté nonobstant opposition ou appellation quelconque, à la caution de la seigneurie de Putanges ».

» Sur cette requête, suivie d'une ordonnance d'assigner, Simon Delessart a été cité devant la haute-justice de Putanges, par exploit du 29 du même mois d'octobre 1789.

» Simon Delessart ne s'étant pas présenté sur cette citation, le cit. Leforestier a obtenu contre lui un premier défaut à l'audience du 10 décembre suivant; et le 7 janvier 1790, il est intervenu sentence qui, en accordant *défaut second* sur Simon Delessart, a prononcé conformément aux conclusions qui terminaient la requête du cit. Leforestier.

» Le 19 du même mois de janvier 1790, signification de cette sentence à Simon Delessart.

» Dès le 25 du même mois, Simon Delessart forme opposition par une requête dans laquelle se reconnaissant redevable de trois années d'arrérages de la rente, il offre, pour s'en libérer, une somme de 2,100 livres : quant aux arrérages des années antérieures, il convient n'en avoir pas les quittances; mais il prétend qu'elles ont été consumées dans un incendie, et il défère à cet égard le serment au cit. Leforestier. — Du reste, il offre de faire constater par un procès-verbal d'experts, que les biens fieffés, dans l'état où ils sont, valent infiniment mieux que la rente foncière; — Et il conclut, en conséquence, à ce que le cit. Leforestier soit déclaré non-recevable dans sa demande, ou qu'en tout cas, il en soit débouté.

» Cette requête est signifiée le même jour au cit. Leforestier. L'exploit de signification relaté dans la sentence dont nous parlerons bientôt, contient également l'offre de 2,100 livres pour les trois dernières années d'arrérages de la rente; mais on ne voit pas que cette offre ait été réalisée, et encore moins suivie de consignation.

» Le cit. Leforestier a répondu à cette requête, en acceptant le serment que lui déférait Simon Delessart, et en demandant acte de ce que, relativement aux réparations à faire, il restreignait ses conclusions au fourneau et aux objets qui en dépendaient, par la raison sans doute que le bail à fieffe du 18 mai 1740 autorisait le fieffataire à détruire la forge.

» La cause en cet état ayant été plaidée contradictoirement, une nouvelle sentence du 4 août 1790 a ordonné qu'attendu que le cit. Leforestier était retenu pour affaires publiques dans la ville de Caen, il prêterait, devant le lieutenant-général du bailliage de cette ville, le serment à lui déféré, sauf à être ensuite ordonné, sur les arrérages contestés, ce qu'il appartiendrait, *dépens sur ce chef réservés*. — « En ce qui touche l'autre chef (continue la même sentence), sans nous arrêter au procès-verbal d'estimation demandé par Delessart, nous ordonnons que le contrat de fieffe, du 18 mai 1740, sera exécuté selon sa forme et teneur; ce faisant, condamnons Delessart à faire incessamment travailler à toutes les réparations nécessaires aux *fourneaux* de Putanges, bâtimens et chaussées en dépendans, pour les rendre parfaites dans six mois, du jour de la signification de notre sentence; faute de quoi, et ledit temps passé, nous déclarons le bail à rente ci-dessus daté résolu; en conséquence, et sans qu'il soit besoin d'autre sentence, nous autorisons (le cit. Leforestier) de rentrer dans tous les biens fieffés et désignés audit contrat; lui permettons d'en expulser ledit Delessart, procès-verbal préalablement dressé de l'état d'iceux... *ce qui sera exécuté nonobstant opposition, appellation, ou autre voie quelconque*.... ».

» Cette sentence est signifiée au domicile de Simon Delessart, le 4 janvier 1791.

» Dans l'intervalle, le 15 novembre 1790, le cit. Leforestier prête entre les mains du lieutenant-général du bailliage de Caen, le serment que cette sentence lui avait déféré.

» En conséquence, il fait réassigner Simon Delessart à la haute-justice de Putanges.

» Simon Delessart y comparaît, mais il refuse de plaider; en conséquence, le 25 du même mois de novembre 1790, sentence qui, en présence de son avocat, donne défaut, « et pour le profit, vu » ce qui résulte du serment prêté par (le cit. Le- » forestier), reçoit Delessart opposant pour la » forme, à la sentence du 7 janvier précédent, » et sans s'arrêter à son opposition, ordonne que » cette sentence sera exécutée selon sa forme et » teneur; *ce qui sera exécuté nonobstant opposi-* » *tion, appellation ou autre voie quelconque*, à » la caution du capital de la rente de fieffe ».

» Le 18 janvier 1791, le cit. Leforestier fait signifier cette sentence au domicile de Simon Delessart, avec assignation de se trouver, le 24 du même mois, à la forge de Putanges, pour être présent à la possession qu'il se propose d'en prendre en conséquence, ainsi que des bâtimens et autres objets qui en dépendent.

» Le jour de cette assignation arrivé, Simon Delessart, au lieu de comparaître au procès-verbal de prise de possession, fait signifier au cit. Leforestier, un acte d'appel des trois sentences dont nous venons de retracer les dispositions.

» Remarquons ici une chose fort essentielle : c'est que le cit. Leforestier aurait pu, nonobstant cet appel, passer outre à l'exécution de ces trois sentences, puisqu'elles en contenaient la disposition expresse; et d'ailleurs nous avons déjà vu que, même dans le cas où elles auraient été muettes à cet égard, le cit. Leforestier n'en aurait pas moins eu le droit, d'après la jurisprudence normande, de les faire exécuter provisoirement, en obtenant à cet effet, sur simple requête, un jugement du tribunal d'appel.

» Mais il paraît que le cit. Leforestier a préféré attendre que l'appel fût jugé.

» Il a, en conséquence, fait citer Simon Delessart devant le tribunal du district de Caen, pour procéder sur son appel.

» Simon Delessart ne comparaissant pas, un premier défaut est obtenu contre lui, à l'audience du 5 juin 1791.

» Et le 20 du même mois, il intervient au tribunal de district de Caen, un jugement ainsi conçu : « Le tribunal, par son jugement en der- » nier ressort, a accordé à la partie de Tour- » niant (le cit. Leforestier), défaut deuxième » sur ledit Delessart; et pour le profit, a dit » que, par le jugement dont est appel, il a été » bien jugé, mal et sans griefs appelé, l'appe- » lant débouté de son appel avec amende et » dépens ».

» Le 16 juillet suivant, Simon Delessart présente au tribunal de district de Caen, une requête par laquelle il forme opposition à ce jugement.

» La cause portée à l'audience, et au moment où il allait être statué contradictoirement sur l'opposition qui en était l'objet, l'avoué de Simon Delessart déclare que son client vient de décéder.

» En conséquence, l'audience est renvoyée après l'assignation en reprise d'instance qui devra être donnée par le cit. Leforestier à Delessart, fils et héritier du défunt.

» Le 1.er décembre 1791, cette assignation est effectivement donnée à Delessart fils; et s'il en faut croire le jugement attaqué, elle lui est donnée dans la ville d'Argentan.

» Delessart fils ne se présente pas sur cette assignation. — Le 10 du même mois de décembre 1791, le cit. Leforestier obtient contre lui un premier défaut.

» Le 23 janvier 1792, Delessart étant toujours défaillant, le tribunal de district de Caen rend un jugement qui prononce contre lui défaut second; pour le profit, le reçoit, en sa qualité d'héritier de son père, opposant pour la forme au jugement du 20 juin 1791; et sans s'arrêter à son opposition, dont il est débouté, ordonne que ce jugement sortira son plein et entier effet.

» Le cit. Leforestier fait signifier ce nouveau jugement au domicile de Delessart fils, ainsi que l'atteste le procès-verbal dont il va, dans un instant, être question.

» Le 2 mars suivant, il fait sommer Delessart fils de se trouver, le 19 du même mois, à la forge de Putanges, pour être présent à la prise de possession qu'il en doit faire.

» Delessart fils ne se présente pas encore sur cette sommation. Mais cette fois, l'on passe outre; et, par procès-verbal des 19 et 20 mars 1792, le cit. Leforestier est remis en possession de tous les objets qui avaient été compris dans le bail à fieffe du 18 mai 1740.

» Le cit. Leforestier jouissait paisiblement de tous ces objets, et il paraît même qu'il les avait remis en bon état, non sans de très-grandes dépenses, lorsqu'en messidor an 7, le cit. Godet, fils du vendeur de Simon Delessart, est venu former une tierce-opposition aux deux jugemens du tribunal de district de Caen, des 20 juin 1791 et 23 janvier 1792.

» A quel titre et en quelle qualité l'a-t-il formée? C'est ce qu'il importe de bien connaître.

» Il aurait pu, s'il eût renoncé à la succession de son père, la former en vertu du tiers-coutumier qu'il avait sur les objets fieffés, à l'époque de la vente que son père avait faite de ces objets à Simon Delessart. Alors, il serait venu comme propriétaire partiel de ces mêmes objets; et en cette qualité, il aurait soutenu, avec autant de raison que d'avantage, que les jugemens auxquels il se rendait tiers-opposant, n'avaient pas pu être légalement rendus, sans qu'il y eût été appelé.

» Mais pour cela, nous l'avons déjà dit, il aurait fallu qu'il eût renoncé à la succession de son père; car voici ce que porte l'art. 399 de la coutume de Normandie : « La propriété du tiers de » l'immeuble destiné par la coutume pour le » douaire de la femme, est acquis aux enfans, » du jour des épousailles; et néanmoins la jouis- » sance en demeure au mari, sa vie durant, sans » toutefois qu'il le puisse vendre, engager, ni » hypothéquer; comme en pareil cas, les enfans » ne pourront vendre, hypothéquer ou disposer » desdits biens, avant la mort du père, *et qu'ils* » *aient tous renoncé à sa succession* ».

» Or, dans le fait, non-seulement le cit. Godet n'avait pas renoncé à la succession de son père; mais il s'était porté formellement son héritier : c'est un fait dont il nous a lui-même fait l'aveu de vive voix; et comme, par là, son droit de tiers-coutumier s'était évanoui, il est évident qu'il ne pouvait pas, en vertu de ce droit qui était censé n'avoir jamais existé, revenir par tierce-opposition contre les jugemens des 20 juin 1791 et 23 janvier 1792.

» Aussi, n'est-ce pas en vertu de son tiers-coutumier, qu'il a formé sa tierce-opposition; il l'a formée uniquement comme créancier de Delessart, pour restant du prix de la vente que son père avait faite à celui-ci, de la forge de Putanges. C'est ce qui résulte des conclusions mêmes qu'il a prises devant le tribunal d'appel de Caen : « Le cit. Godet (est-il dit dans le ju- » gement attaqué), a conclu à ce qu'il plaise » au tribunal, considérant que tous les biens » d'un débiteur sont, de droit, affectés à toutes » les dettes qu'il a contractées, et que la con- » séquence de ce principe est que chaque créan- » cier est recevable à examiner le titre en vertu » duquel on veut lui enlever le gage de sa cré- » dite.... ; considérant que le cit. Godet est » créancier sur le cit. Delessart, par titre au- » thentique signifié au cit. Leforestier.... ».

» C'est donc comme créancier de Delessart, en vertu du titre qu'il avait fait signifier dans le cours de l'instance, c'est-à-dire, en vertu de son contrat de vente de 1786, que le cit. Godet a prétendu se faire recevoir tiers-opposant aux deux jugemens des 20 juin 1791 et 23 janvier 1792.

» Quant aux moyens sur lesquels le cit. Godet fondait sa tierce-opposition, le jugement attaqué nous apprend qu'il en employait deux :

» L'un, tiré de ce que le jugement du 23 janvier 1792 avait été rendu sans assignation valable, *puisqu'il est constant* (disait le cit. Godet), *que Delessart fils n'a jamais eu de domicile à Argentan, où la citation du 1.er décembre 1791 lui a été adressée;*

» L'autre, tiré de ce que ni le jugement du 20 juin 1791 ni celui du 23 janvier 1792 ne contenaient les quatre parties prescrites par l'art. 15 du tit. 5 de la loi du 24 août 1790.

» Le cit. Godet ajoutait que, sans ces deux jugemens, le cit. Leforestier n'aurait pas pu prendre possession de la forge de Putanges, puisque les sentences des 7 janvier, 4 août et 25 novembre 1790 avaient été frappées d'appel; qu'ainsi, l'exécution en avait été nécessairement suspendue; et que les deux jugemens du tribunal de district de Caen étant irréguliers, conséquemment nuls, la prise de possession devait être considérée comme non-avenue.

» Ces moyens, nous devons le dire, n'étaient pas à beaucoup près sans réplique; et, nous verrons dans la suite, ce que l'on pouvait y opposer. Mais le jugement attaqué constate lui-même que le cit. Leforestier n'a pas cru devoir les combattre, et qu'il a borné toute sa défense à une fin de non-recevoir.

» Il a soutenu que le cit. Godet n'était pas recevable dans sa tierce-opposition, parce que, la formant en qualité de créancier de Delessart, il ne pouvait pas avoir plus de droit que Delessart lui-même; que les jugemens des 20 juin 1791 et 23 janvier 1792 avaient acquis contre Delessart, l'autorité irréfragable de la chose jugée, au moyen de ce qu'il avait laissé passer les trois mois de la signification, sans les attaquer par la voie de cassation; que, dès-là, ils faisaient irrévocablement loi, non-seulement entre ceux qui y avaient été parties, mais encore entre leurs ayant-droit, et par conséquent entre leurs créanciers respectifs.

» Cette défense n'a pas eu au tribunal d'appel de Caen, le succès qu'en attendait le cit. Leforestier; mais ce qui est singulièrement à remarquer, c'est que le jugement de ce tribunal (*du 28 messidor an 8*), immédiatement après avoir rejeté la fin de non-recevoir du cit. Leforestier, a tout de suite prononcé sur les moyens de la tierce-opposition, et les a accueillis, sans les avoir préalablement soumis à un débat particulier, sans avoir préalablement ordonné au cit. Leforestier d'y répondre.

» Le cit. Leforestier s'est pourvu en cassation contre ce jugement, et son recours a été admis par la section des requêtes, le 4 frimaire an 9.

» Vous avez maintenant à décider si en effet ce jugement doit être cassé, ou s'il doit être maintenu.

» Il doit être maintenu, s'il s'est conformé aux lois dans tous les points qu'il a décidés; il doit être annullé, dans le cas contraire.

» Quels sont donc les points qu'il a décidés? Nous en comptons jusqu'à cinq.

» Il a jugé que le cit. Godet avait, comme créancier hypothécaire de Delessart, pour un restant du prix de la vente qu'il lui avait faite du fonds fieffé, *intérêt* de former une tierce-opposition à deux jugemens rendus en dernier ressort, confirmatifs de trois sentences exécutoires nonobstant l'appel, par lesquelles le fieffant avait été renvoyé en possession de cet immeuble.

» Il a jugé que le cit. Godet avait, toujours

comme créancier hypothécaire de Delessart, *qualité* pour former cette tierce-opposition.

» Il a jugé qu'en rejetant la fin de non-recevoir proposée contre cette tierce-opposition, il pouvait, tout de suite et sans ordonnance préalable de plaider au fond, statuer sur les moyens proposés au fond même par le cit. Godet.

» Il a jugé que les deux jugemens du tribunal de district de Caen, des 20 juin 1791 et 23 janvier 1792, étaient nuls, pour n'avoir pas, dans leur rédaction, observé les dispositions de l'art. 15 du tit. 5 de la loi du 24 août 1790.

» Il a jugé enfin que le dernier de ces deux jugemens était encore nul, pour avoir été rendu sur assignation donnée à un faux domicile.

» Tels sont les cinq points décidés par le jugement déféré à votre censure; et quoique le demandeur en cassation n'en ait discuté qu'un seul, il est de notre devoir de les discuter tous, parce qu'ils sont tous en rapport immédiat avec la loi.

» Nous disons d'abord qu'il a été jugé par le tribunal d'appel de Caen, que le cit. Godet avait intérêt d'attaquer par la tierce-opposition, les deux jugemens des 20 juin 1791 et 23 janvier 1792; car si, aux yeux de ce tribunal, le cit. Godet eût été sans intérêt, très-certainement il eût été déclaré non-recevable. Il n'est point de plus puissante fin de non-recevoir que le défaut d'intérêt: point d'intérêt, point d'action, telle est la règle générale; et elle est tellement générale, qu'elle n'admet aucune exception.

» Or, est-il bien vrai que le cit. Godet ait un véritable intérêt à attaquer par la tierce-opposition les deux jugemens dont il s'agit?

» Cette question doit être envisagée sous deux rapports tout différens l'un de l'autre.

» Premièrement, le cit. Godet convient, page 11 de son mémoire, que *le fieffant peut reprendre le fonds fieffé, faute de payement de la rente, et que lorsqu'il l'a repris régulièrement, personne n'a le droit de le troubler;* et vous avez déjà remarqué la raison qu'en donne l'auteur du *Dictionnaire de droit normand :* c'est que, par la reprise de possession du fieffant, le contrat de fieffe est anéanti.

» Que faudrait-il donc pour que le cit. Godet eût intérêt d'attaquer les deux jugemens des 20 juin 1791 et 23 janvier 1792? Il faudrait que, ces deux jugemens écartés, la reprise de possession du cit. Leforestier se trouvât nécessairement irrégulière; et c'est là précisément ce que soutenait le cit. Godet devant le tribunal d'appel de Caen. Rappelons ses propres termes, tels qu'ils sont consignés dans le jugement de ce tribunal : « Sans le jugement » du tribunal de district de Caen, le cit. Le» forestier n'avait point le droit de prendre » possession, puisque les sentences du bailli » de Putanges avaient été appelées, et que l'appel » seul en suspendait l'exécution; d'où il suit » que ces jugemens étant nécessaires, ils ont dû » être régulièrement rendus ».

» Mais est-elle bien vraie cette assertion du cit. Godet, que, sans les jugemens des 20 juin 1791 et 23 janvier 1792, le cit. Leforestier n'aurait pas eu le droit de reprendre possession des objets fieffés?

» Le procès-verbal des 19 et 20 mars 1792 constate que le cit. Leforestier a repris cette possession en vertu de cinq jugemens, savoir, trois sentences du bailli de Putanges, et deux jugemens du tribunal de district de Caen.

» Supposons qu'à cette époque, les deux jugemens du tribunal de district de Caen n'eussent pas existé, ou, ce qui revient au même, qu'ils eussent été entachés de nullités radicales et absolues.

» Eh bien! il eût toujours resté au cit. Leforestier les trois sentences du bailli de Putanges, et c'en était assez pour régulariser sa reprise de possession.

» Mais, dit le cit. Godet, il y avait eu appel de ces trois sentences, *et cet appel seul en suspendait l'exécution.*

» Oui, il y en avait eu appel; mais il est faux que cet appel ait été suspensif.

» Les trois sentences elles-mêmes portaient qu'elles seraient exécutées nonobstant l'appel; et d'une part, elles devaient le porter d'après l'art. 13 de la déclaration du mois de juin 1559, qui refuse expressément l'effet suspensif à l'appel de toute sentence rendue en faveur d'une partie fondée en titre; d'un autre côté, Delessart n'avait pas obtenu du tribunal d'appel, il n'y avait pas même demandé, un jugement de défense contre l'exécution provisoire de ces trois sentences.

» Ces trois sentences ont donc pu être exécutées, indépendamment des deux jugemens qui les ont confirmées.

» Ces deux jugemens n'ont donc pas été nécessaires pour régulariser la reprise de possession du cit. Leforestier.

» La reprise de possession du cit. Leforestier serait donc toujours régulière, et, par suite, le contrat de fieffe serait toujours complettement anéanti, quand même les deux jugemens seraient nuls.

» Le cit. Godet n'a donc aucun intérêt d'attaquer ces deux jugemens, puisqu'il ne les attaque que pour faire annuller avec eux, une reprise de possession qui n'a pas besoin d'eux pour être légale.

» Le tribunal d'appel de Caen a donc violé, en admettant le cit. Godet à les attaquer, l'art. 13 de la déclaration du mois de juin 1559, qui assurait aux trois sentences de la haute-justice de Putanges, la vertu d'être exécutoires nonobstant appel.

» Voyons maintenant si le tribunal d'appel de Caen a mieux jugé, en déclarant que le cit. Godet avait, indépendamment de son défaut d'intérêt, une qualité suffisante pour former sa tierce-opposition.

» Nous avons déjà observé que le cit. Godet avait formé cette tierce-opposition, comme créancier hypothécaire de Delessart, pour un restant du prix de la vente qu'il avait faite à celui-ci, des objets fieffés.

» La question est donc de savoir si un créancier hypothécaire peut attaquer, par la voie de tierce-opposition, un jugement rendu en dernier ressort contre son débiteur.

» Sans contredit, il le peut tant que le débiteur lui-même a la faculté de s'opposer à ce jugement, c'est-à-dire, lorsque ce jugement a été rendu par défaut, et que le débiteur est encore dans le délai utile pour y former opposition.

» Mais une fois ce délai écoulé (et le cit. Godet convient qu'il l'est, et beaucoup au-delà, relativement à Delessart), une fois ce délai écoulé, disons-nous, le créancier a-t-il plus de droit que son débiteur?

» L'art. 1.er du tit. 35 de l'ordonnance de 1667 porte : *Les arrêts et jugemens en dernier ressort, ne pourront être rétractés que par lettres en forme de requête civile, à l'égard de ceux qui y auront été parties ou dûment appelés, et de leurs héritiers, successeurs ou* AYANT-CAUSE.

» Cet article ne distingue point entre les jugemens contradictoires et les jugemens par défaut; il proscrit, au contraire, bien clairement toute distinction entre les uns et les autres, puisqu'il comprend, en termes exprès, dans sa disposition, les jugemens lors desquels on n'a été que *dûment appelé*, comme ceux dans lesquels on a été *partie*.

» Ce n'est pas encore le moment d'examiner si Delessart fils a été dûment appelé lors du jugement par défaut du 23 janvier 1792 : nous devons supposer ici qu'il l'a été; et nous le devons d'autant plus, que le tribunal d'appel de Caen a admis la tierce-opposition, avant de décider si l'assignation donnée à Delessart fils était valable ou non, et par des motifs absolument étrangers à la validité ou nullité de cet acte.

» Nous n'avons donc ici à nous fixer que sur un seul point, sur celui de savoir si, d'après l'art. 1 du tit. 35 de l'ordonnance de 1667, le cit. Godet était, en sa qualité de créancier hypothécaire de Delessart, recevable à demander, par une simple tierce-opposition, la rétractation des deux jugemens rendus en dernier ressort contre celui-ci, les 20 juin 1791 et 23 janvier 1792.

» L'ordonnance dit formellement que les *ayant-cause* de Delessart n'y sont pas plus recevables qu'il ne le serait lui-même.

» Or, qu'un créancier soit, relativement à l'exception de chose jugée, considéré comme l'*ayant-cause* de son débiteur, c'est ce qu'il n'est pas permis de révoquer en doute.

» Jousse en fait la remarque expresse sur ces mots, *ayant-cause*, de l'art. 1 du tit. 35 de l'ordonnance : *ayant-cause*, dit-il, *comme sont les créanciers qui exercent les droits de leur débiteur.*

» Dans le fait, n'est-ce pas du débiteur, n'est-ce pas du contrat qu'il a passé avec lui, que le créancier tire son droit? Or, l'art. 26 du même titre de l'ordonnance de 1667 décide, de la manière la plus générale et la plus positive, que celui qui tire son droit d'une personne contre laquelle il a été rendu, en dernier ressort, un jugement définitif qu'on lui oppose dans le cours d'une instance, ne peut pas faire rétracter ce jugement, sans prendre la voie de requête civile, même devant le tribunal qui l'a rendu : « Si les arrêts ou jugemens en dernier » ressort produits ou communiqués, sont définitifs et rendus entre les mêmes parties, *ou* » *avec ceux dont ils ont* DROIT *ou cause*, soit » contradictoirement *ou par défaut*, *ou forclusion*, les parties se pourvoiront, en cas de requête civile, pardevant les juges qui les auront » donnés, sans que les cours ou juges pardevant » lesquels ils seront produits ou communiqués, » en puissent prendre aucune juridiction ni » connaissance ».

» Rien de plus décisif, comme vous le voyez, que ces mots, *avec ceux dont ils auront* DROIT *ou cause*; ils tranchent absolument toute difficulté.

» Et c'est sur ce fondement, qu'un arrêt du parlement de Paris, rendu à la grande audience du 22 février 1701, et rapporté au Journal des audiences dans l'ordre de sa date, a jugé que *les créanciers* (ce sont les propres termes de l'arrêtiste), *de celui avec lequel des arrêts ont été rendus, ne peuvent s'y opposer, non plus qu'*AUCUN AYANT-CAUSE DU DÉBITEUR.

» La dame d'Harcourt, en faveur de laquelle il a été ainsi jugé, invoquait la maxime, que ce qui est fait avec le débiteur, et les arrêts rendus avec lui, doivent être exécutés contre ses créanciers, *qui sont*, disait-elle, *compris sous le nom d'*AYANT-CAUSE, *auquel cas, suivant l'art. 1 de l'ordonnance de 1667, on ne pouvait rétracter les arrêts que par requête civile.*

» M. l'avocat-général Joly de Fleury (nous copions encore ici les termes du Journal des audiences), « dit sur cette proposition, que » la maxime était vraie, et que les créan» ciers d'un débiteur ne pouvaient attaquer » un arrêt que par les mêmes voies qu'il

» pourrait faire; que leur opposition n'était
» pas recevable..... ».

» Brillon, au mot *Opposition*, n. 1, cite également un arrêt du grand-conseil, rendu au semestre d'été 1704, qui juge « que les créan-
» ciers ayant les mêmes droits que leur débi-
» teur, ne peuvent venir par opposition contre
» un arrêt rendu contradictoirement avec lui,
» et qu'il faut alors prendre la voie de la requête
» civile ».

» Qu'oppose à cette doctrine le cit. Godet?

» Il y oppose d'abord une distinction que fait Cochin dans un de ses plaidoyers, entre les arrêts contradictoires et les arrêts par défaut.

» Mais il est évident que cette distinction n'a été imaginée par Cochin, que pour la défense de la cause dont il était alors chargé, puisqu'elle contrarie formellement le texte littéral, non-seulement de l'art. 1 du tit. 35 de l'ordonnance de 1667, mais plus encore celui de l'art. 26 du même titre, qui se sert précisément de ces termes, *soit contradictoirement, soit par défaut.*

» Le cit. Godet oppose ensuite l'arrêt rendu en faveur des parties pour lesquelles Cochin plaidait cette étrange doctrine. Mais le cit. Godet ne fait pas attention aux circonstances extraordinaires sur lesquelles cet arrêt a prononcé. Il ne fait pas attention que l'arrêt contre lequel les créanciers de la duchesse de Guise se pourvoyaient par tierce-opposition, n'avait véritablement d'arrêt que le nom. Cochin, en effet, nous apprend qu'il avait été rendu par des magistrats vendus à la maison de Guise, et en révolte ouverte contre Henri IV; qu'ils avaient même affecté de ne le qualifier que de *roi de Navarre*, quoiqu'il fût bien réellement devenu le chef du gouvernement par la mort de Henri III; que la duchesse de Guise était venue elle-même siéger au parlement, pour lui dicter cet arrêt; qu'enfin il était impossible de donner à un monument aussi monstrueux de l'anarchie, l'autorité de la chose jugée.

» Le cit. Godet oppose, en troisième lieu, l'arrêt du parlement de Paris, du 6 février 1778, rendu en faveur de la dame de Salure (1). Mais qu'a jugé cet arrêt? Une seule chose : c'est que la dame Salure était recevable à attaquer par tierce-opposition, un arrêt qui, sans l'entendre et sans qu'elle eût été appelée, avait adjugé à Mourette, en toute propriété et jouissance, un bien sur lequel elle avait, par son contrat de mariage, un droit de douaire, et par conséquent d'usufruit. Assurément cet arrêt a très-bien jugé; mais qu'a-t-il de commun avec notre espèce? Le cit. Godet, lors des jugemens rendus contre Delessart, avait accepté la succession de son père, et par conséquent renoncé à son tiers-coutumier; il n'avait donc ni la copropriété ni l'usufruit des objets dont Delessart a été évincé par ces jugemens : il n'y avait donc pas, pour nécessiter sa mise en cause, à l'effet de voir prononcer l'éviction, les mêmes raisons qui avaient rendu indispensable la mise en cause de la dame Salure dans le procès entre Mourette et l'héritier de la fille Dupont, et faute de laquelle la dame Salure a été, comme elle a dû l'être, reçue tiers-opposante à l'arrêt dont elle se plaignait; et dans le fait, un usufruitier n'est point l'*ayant-cause* du possesseur de la nue propriété des biens soumis à son usufruit; ce n'est point de ce possesseur qu'il tire son droit; son droit est indépendant de celui du possesseur de la nue propriété.

» Au lieu qu'un créancier, même avec hypothèque spéciale, est nécessairement l'*ayant-cause* de son débiteur; c'est de son débiteur qu'il tire son droit. Il n'est créancier hypothécaire, que parce que son débiteur lui a affecté ses biens; mais, en les lui affectant, il ne l'en a rendu ni co-propriétaire ni usufruitier; il ne lui a donné qu'un droit subordonné à sa propriété personnelle; et s'il vient à être jugé avec le débiteur que sa propriété n'existe pas, ou qu'elle est dans le cas d'être résolue par l'effet d'une cause inhérente au titre même d'où elle dérive, alors il faut bien que l'hypothèque du créancier s'évanouisse avec elle : *resoluto jure dantis, resolvitur jus accipientis.*

» S'il en était autrement, il faudrait donc, pour pouvoir faire juger sûrement une question de propriété avec un homme chargé de dettes, mettre en cause tous ceux de ses créanciers qui auraient acquis hypothèque sur l'immeuble que l'on entend revendiquer. Mais c'est bien là l'idée la plus absurde que l'on puisse mettre en avant. Le cit. Godet n'ose pas pousser son système jusqu'à ce degré d'absurdité, et voilà cependant jusqu'où il faudrait aller pour être conséquent.

» Par là tombe à l'avance et sans retour, la différence que le cit. Godet prétend établir entre le créancier hypothécaire et le créancier simple. Mais nous devons ajouter que sa distinction est encore condamnée dans les termes les plus formels, par le passage que nous avons déjà cité du *Dictionnaire de droit normand* : il y est dit, en effet, que *les créanciers perdent leurs hypothèques* sur les biens fieffés, lorsque le fieffant y rentre faute de payement de sa rente, en vertu d'une sentence obtenue contre le possesseur de ces biens.

» Et c'est en vain que le cit. Godet cherche à excepter de la règle générale, le créancier hypothécaire pour restant du prix d'un bien vendu.

(1) Voyez-en l'espèce dans le *Répertoire de jurisprudence*, au mot *Opposition (tierce)*, §. 2, art. 7.

» Une fois le bien vendu et livré, le vendeur n'a plus qu'une hypothèque.

» C'est une hypothèque privilégiée sans doute; mais elle n'est toujours qu'une hypothèque.

» Or, rien de plus incompatible que les qualités de créancier hypothécaire et de propriétaire foncier.

» Il est si vrai d'ailleurs que la créance du vendeur, malgré son hypothèque et son privilége, conserve perpétuellement, à l'égard des tiers, sa nature de créance proprement dite, qu'elle se purgeait, sous l'édit du mois de juin 1771, par le défaut d'opposition au sceau des lettres de ratification.

» Pour dernière ressource, le cit. Godet cherche à insinuer que les jugemens des 20 juin 1791 et 23 janvier 1792 sont le fruit d'une collusion entre les cit. Leforestier et Delessart.

» Mais, outre que le jugement du tribunal d'appel de Caen ne dit rien de semblable, le seul récit que nous avons fait de la procédure, prouve jusqu'à la dernière évidence, que, si jamais un plaideur s'est défendu avec opiniâtreté, c'est certainement Delessart, père.

» Il est vrai que son héritier s'est laissé, en définitive, juger par défaut. Mais qu'aurait-il pu dire de supportable, pour soutenir un appel à l'appui duquel aucun grief n'était allégué? D'ailleurs, en cette matière, le seul moyen que puisse employer un fieffataire, c'est de payer les arrérages dont il est redevable, et de remettre le bien fieffé en bon état. Or, c'est ce que n'ont fait ni Delessart père ni Delessart fils. Qu'importe, après cela, qu'ils aient élevé plus ou moins de chicanes, pour demeurer en possession des objets litigieux, sans payer ce qu'ils devaient, sans faire les réparations auxquelles ils étaient tenus?

» Disons donc que rien, absolument rien, ne peut justifier le jugement du tribunal d'appel de Caen, sur la question de savoir si le cit. Godet avait qualité pour attaquer par tierce-opposition les jugemens des 20 juin 1791 et 23 janvier 1792; et qu'en prononçant comme il l'a fait, il a expressément violé les art. 1 et 26 du tit. 35 de l'ordonnance de 1667.

» Passons au troisième point décidé par ce jugement; ou, en d'autres termes, examinons si, en rejetant la fin de non-recevoir proposée par le cit. Leforestier contre la tierce-opposition du cit. Godet, il a pu, tout de suite et sans ordonnance préalable de plaider au fond, statuer valablement sur le fond même......

» Nous savons bien que le défenseur du cit. Leforestier a dit, dans sa requête en cassation, que le cit. Leforestier avait subsidiairement défendu au fond. Mais, encore une fois, le jugement attaqué démontre le contraire.

» Nous devons donc regarder comme constant que le cit. Leforestier avait borné toute sa défense à sa fin de non-recevoir.

» Et voulez-vous vous former une juste idée du préjudice qu'a causé, par là, au cit. Leforestier, le jugement dont il se plaint? vous n'avez qu'à apprécier les quatrième et cinquième points décidés par ce jugement.

» Par le quatrième point, vous le savez, ce jugement décide que les jugemens des 20 juin 1791 et 23 janvier 1792 sont nuls, sous prétexte qu'ils ne contiennent pas les quatre parties distinctes dont il est parlé dans l'art. 15 du tit. 5 de la loi du 24 août 1790.

» Mais bien sûrement, si le cit. Leforestier eût pu, après le rejet de sa fin de non-recevoir, répondre au moyen que tirait le cit. Godet de cette loi, il aurait fait voir que les jugemens des 20 juin 1791 et 23 janvier 1792 présentaient, dans leur rédaction, tout ce que cette loi elle-même avait prescrit.

» De quoi s'agissait-il lors de ces jugemens? de savoir s'il avait été bien ou mal jugé par les trois sentences de la haute-justice de Putanges? Point du tout. Au moyen des défauts qu'avaient successivement encourus Delessart père et fils, il n'était question que d'en adjuger le profit; et vous savez qu'en pareil cas, le profit d'un défaut est toujours de débouter l'appelant de son appel, sans entrer dans l'examen du fond. Cette règle est fondée sur la différence qu'établit l'art. 4 du tit. 14 de l'ordonnance de 1667, entre le défaut encouru par un défendeur, et le défaut ou plutôt le congé que laisse prendre un demandeur. Dans le premier cas, le juge doit examiner si la demande est juste; et ce n'est que lorsqu'il la trouve telle, qu'il peut prononcer contre le défendeur défaillant: mais, au second cas, le défendeur qui comparaît seul, doit, sans examen, être renvoyé de la demande formée contre lui par la partie défaillante; et c'est pour cela que le congé pris contre un appelant, *se nomme congé déchu de l'appel.*

» Ceci posé, qu'y a-t-il à redire dans la rédaction des deux jugemens dont il s'agit?

» D'abord, les noms et les qualités des parties y sont énoncées en toutes lettres. Ainsi, nul doute que l'on n'ait satisfait à la première partie de l'art. 15 du tit. 5 de la loi du 24 août 1790.

» On a également satisfait à la seconde: car, quoique la question à juger n'y soit pas posée en termes interrogatifs, elle ne laisse pas de s'y faire appercevoir dès la première lecture. — Par cela seul, en effet, qu'on y rend compte des sentences de la justice de Putanges, de l'appel qu'en a interjeté Simon Delessart, et des défauts successivement pris sur l'appelant et son héritier, il est clair que la seule question à décider est celle de savoir si, d'après ces défauts, l'appelant et son héritier ne doivent pas être déboutés de leur appel.

» Par la même raison, l'on a également satisfait à la troisième partie, puisque, d'un côté, les faits reconnus et constatés par l'instruction, sont que trois sentences ont été rendues en faveur du cit. Leforestier, qu'il en a été interjeté appel, et que l'appelant a fait défaut; et que, de l'autre, le motif qui détermine le jugement, est précisément le défaut que l'appelant a laissé prendre.

» Enfin, pour quatrième partie, se trouvent les dispositifs des deux jugemens.

» Ces deux jugemens sont donc parfaitement d'accord avec les dispositions de l'art. 15 du tit. 5 de la loi du 24 août 1790; et c'est une assertion que nous avons l'avantage de pouvoir justifier par un jugement de la section des requêtes, du 2 nivôse an 9, qui, dans une espèce semblable, a, sur nos conclusions, rejeté le recours de Jeanne Marchand, et l'a condamnée à l'amende de 150 francs.

» C'est donc par une très-fausse application de l'art. 15 du tit. 5 de la loi du 24 août 1790, et par un excès manifeste de pouvoir, que le tribunal d'appel de Caen s'est permis de déclarer nuls les jugemens des 20 juin 1791 et 23 janvier 1792.

» Reste le cinquième point décidé par ce tribunal, et vous vous rappelez en quoi il consiste : c'est que le jugement du 23 janvier 1792 est particulièrement nul, « parce qu'il a pour » principe et pour base un ajournement donné à » Delessart fils, et que cet ajournement n'a point » été donné au véritable domicile dudit Delessart, puisqu'il l'a été à Argentan où il n'a » résidé que momentanément, et où il n'a » jamais acquis de domicile de fait ni de droit, » ainsi qu'il résulte du certificat des maire et » adjoint de ce lieu, délivré le 9 de ce mois, » dûment en forme ».

» C'est ici, surtout, que le cit. Leforestier a droit de se plaindre de n'avoir pas été admis à plaider au fond, après le rejet de sa fin de non-recevoir : car rien ne lui aurait été plus facile que de pulvériser les inductions que l'on a tirées du certificat des maire et adjoint d'Argentan, du 9 messidor an 8.

» Nous disons *du certificat du 9 messidor an 8* : car ce n'est que de ce certificat qu'il peut être ici question. Le cit. Godet, il est vrai, en produit un second, du 14 fructidor de la même année, et par conséquent postérieur de plus de deux mois au jugement attaqué; mais de là même il résulte que ce second certificat ne peut pas avoir motivé, et par une suite nécessaire, qu'il ne peut pas servir à justifier ce jugement. En un mot, il n'a été produit devant le tribunal d'appel de Caen qu'un seul certificat, sous la date du 9 messidor an 8; c'est donc d'après ce certificat seul que doit être appréciée la décision de ce tribunal.

» Or, que porte ce certificat? Rien autre chose, sinon que « Jean-Simon Delessart, fils » du cit. Louis-Mathieu Delessart, n'a point été » inscrit au rôle de la garde nationale d'Argentan, ni imposé à la contribution mobilière de » la même commune, pour les années 1791 » et 1792, pendant lesquelles il y a momentanément habité ».

» Observons d'abord, qu'il ne s'agit pas ici de l'année 1792, mais uniquement de la fin de l'année 1791; puisque c'est par un exploit du 1.er décembre 1791, que Delessart fils a été assigné en reprise d'instance devant le tribunal de district de Caen.

» Or, d'après les lois qui étaient en vigueur à cette dernière époque, la preuve du non domicile d'une personne quelconque dans une commune, résultait-elle, soit de sa non inscription au rôle de la garde nationale, soit de sa non imposition au rôle de la contribution mobilière de cette commune? Non, très-certainement non.

» La chose est évidente, quant à la non imposition au rôle de la contribution mobilière.

» La contribution mobilière a été, pour la première fois, établie par la loi du 29 janvier 1791; et voici ce que portait l'art. 29 de cette loi : « Nul ne sera taxé à la contribution mobilière, » qu'au lieu de sa principale habitation; et sera » considérée comme habitation principale, celle » dont le loyer sera le plus cher ». — Ainsi, tout ce que l'on peut conclure de la non imposition de Delessart fils au rôle de la contribution mobilière d'Argentan, pour l'année 1791, c'est qu'il pouvait avoir, dans une autre ville, une habitation dont le loyer était plus cher que celui de son habitation à Argentan même. Or, bien sûrement ce n'est pas le plus ou le moins de cherté de loyer qui détermine le domicile. Combien n'y a-t-il pas à Paris, par exemple, de citoyens qui y payent des loyers très-considérables, et qui, cependant, sont véritablement domiciliés dans d'autres communes où ils ont des habitations à très-bon marché?

» D'ailleurs, où est la preuve que Delessart fils a dû, pour l'année 1791, être taxé à la contribution mobilière, nous ne disons pas seulement dans la commune d'Argentan, mais dans toute autre? Car enfin, ce n'est que dans l'un des derniers mois de l'année 1791, que son père est mort; et si jusqu'alors il n'avait pas eu d'établissement séparé, s'il n'avait pas été chef de famille, bien évidemment il n'était pas sujet personnellement à la contribution mobilière.

» A l'égard de la non inscription sur le registre de la garde nationale d'Argentan, il faut, pour l'année 1791, distinguer deux époques, celle qui a précédé la publication de la loi du 14 octobre de cette année, et celle qui l'a suivie.

» Avant la loi générale du 29 septembre-14 octobre 1791, sur l'organisation et le service des gardes nationales, l'inscription au registre de la garde nationale était absolument volontaire; seulement, ceux qui ne remplissaient pas cette formalité, perdaient leurs droits de citoyens actifs. C'est ce qui résulte de la loi du 18 juin 1790, qui porte « 1.° que, dans le courant du » mois qui suivra la publication du présent » décret, tous les citoyens actifs des villes, » bourgs et autres lieux, *qui voudront conserver* » *l'exercice des droits attachés à cette qualité*, » seront tenus d'inscrire leurs noms chacun » dans la section de la ville où ils seront domi- » ciliés, ou à l'hôtel commun, sur un registre » qui y sera ouvert à cet effet pour le service » des gardes nationales; 2.° que les enfans des » citoyens actifs, âgés de dix-huit ans, s'inscri- » ront pareillement sur le même registre; faute » de quoi, ils ne pourront ni porter les armes, » ni être employés, même en remplacement de » service ».

» Assurément, si cette loi eût encore été en vigueur à Argentan, au moment de l'assignation donnée à Delessart fils, c'est-à-dire, le 1.er décembre 1791, on ne pourrait pas en conclure que Delessart fils ne fût pas alors domicilié dans cette commune; il en résulterait seulement qu'il n'y pouvait pas exercer les droits attachés à la qualité de citoyen actif.

» Or, tout porte à croire qu'au 1.er décembre 1791, c'était encore sous le régime de cette loi que l'on vivait à Argentan, pour tout ce qui concernait le service de la garde nationale.

» D'un côté, du 14 octobre 1791, date de la loi, au 1.er décembre suivant, date de l'assignation, l'intervalle est assez bref, pour que l'on puisse douter si, à cette dernière époque, la loi était déjà publiée à Argentan. Vous n'avez pas oublié combien alors les lois éprouvaient de retards, dans leur envoi de la part des ministres; et à combien de réclamations ces retards ont donné lieu.

» D'un autre côté, la loi du 14 octobre 1791, en la supposant arrivée et publiée à Argentan, le 1.er décembre de la même année, n'a évidemment pas pu s'y exécuter tout de suite; il a nécessairement fallu un temps moral pour en organiser l'exécution; et pendant tout ce temps, c'est par la loi du 18 juin 1790 que l'on a dû continuer d'y être régi.

» Mais enfin, supposons la loi du 14 octobre en pleine activité dans la commune d'Argentan, au 1.er décembre; et voyons ce qui, dans cette hypothèse, doit en résulter pour la preuve du prétendu défaut de domicile de Delessart fils à Argentan même.

» Voici quelles sont les dispositions de cette loi relativement à l'inscription au registre de la garde nationale : — « *Art.* 1. Les citoyens actifs » s'inscriront, pour le service de la garde natio- » nale, sur des registres qui seront ouverts à cet » effet dans les municipalités de leur domicile, » ou de leur résidence continuée depuis un an. » — *Art.* 2. A défaut de cette inscription, ils » demeureront suspendus de l'exercice des droits » que la constitution attache à la qualité de ci- » toyen actif, ainsi que de celui de porter les » armes. — *Art.* 5. Tous les fils de citoyens » actifs seront tenus de s'inscrire sur lesdits re- » gistres, lorsqu'ils seront parvenus à l'âge de » dix-huit ans accomplis. — *Art.* 6. Ceux qui, » à l'âge de dix-huit ans, n'auront pas satisfait » aux dispositions de l'article précédent, ne » pourront prendre à vingt-un ans, l'inscription » civique; ils ne seront admis à celle-ci que trois » ans révolus après l'inscription ci-dessus or- » donnée. — *Art.* 14. A l'égard de ceux qui, » ayant d'ailleurs les qualités requises, ne se » seront pas fait inscrire, et qui auront perdu » le droit d'activité, ils seront soumis, comme » les autres, à un tour de service, à la décharge » des citoyens inscrits; mais ils ne feront jamais » leur service en personne; et ils seront, sur » mandement du directoire du district, taxés » par chaque municipalité, pour le payement » de ceux des citoyens inscrits qui les rempla- » ceront dans le service qu'ils auraient dû faire. » Cette taxe sera égale à deux journées de » travail ».

» Vous voyez en quoi cette loi s'accorde avec celle du 18 juin 1790, et en quoi elle y déroge.

» Elle s'accorde avec la loi du 18 juin 1790, en ce qu'elle fait dépendre de l'inscription au registre de la garde nationale, l'exercice des droits de citoyen actif; et que sous ce rapport, l'inscription au registre de la garde nationale continue, sous l'une comme sous l'autre loi, d'être purement volontaire.

» Mais elle y déroge en deux points importans.

» Elle y déroge d'abord, en ce qu'elle laisse le choix de s'inscrire au lieu de la simple résidence ou au lieu du véritable domicile; et par cela seul, elle établit que n'être pas inscrit au registre de la garde nationale d'une commune, ce n'est pas une preuve de non domicile, mais seulement et tout au plus une présomption de non-résidence continue dans cette commune.

» Elle y déroge ensuite, en ce qu'elle soumet les non-inscrits à une taxe au profit des inscrits qui font le service pour eux; mais de là même il résulte encore que prouver seulement le défaut d'inscription, ce n'est pas même prouver la non-résidence, puisque le défaut d'inscription n'emporte que l'assujettissement à une taxe pécuniaire, taxe à laquelle peuvent même échapper, par inattention ou autrement, de simples résidens, et à plus forte raison des domiciliés qui ne résident pas sans interruption.

» Ce n'est donc que pour avoir méconnu les dispositions des lois de 1790 et 1791, que le tribunal d'appel de Caen a vu dans le certificat de la mairie d'Argentan, du 9 messidor an 8, la preuve du non domicile de Delessart fils en cette ville, à l'époque de son assignation en reprise d'instance; car s'il eût consulté ces lois, comme il y était indispensablement tenu, elles lui auraient appris qu'on pouvait alors être domicilié dans une commune, sans y être imposé à la contribution mobilière et sans y être inscrit au registre de la garde nationale.

» Et cependant le certificat du 9 messidor an 8 ne peut faire foi de son contenu que sur le défaut d'inscription au registre de la garde nationale et sur celui d'imposition au rôle de la contribution mobilière; car ce n'est que sur ces deux faits qu'il est officiel.

» Quant à l'assertion qui y est consignée, que Delessart fils n'a résidé que momentanément dans la commune d'Argentan, pendant l'année 1791, le certificat ne peut, à cet égard, mériter aucune foi; il n'est, sur ce point, qu'une simple attestation extrajudiciaire.

» Attester en l'an 8 qu'un tel était ou n'était pas inscrit en 1791, sur tel registre ou sur tel rôle déposé dans les archives de la municipalité, c'est ce que la municipalité elle-même peut et doit faire officiellement, lorsqu'elle en est requise, parce qu'elle a sous la main les pièces nécessaires pour s'en assurer, son certificat n'est même, à proprement parler, qu'un extrait authentique de ces pièces.

» Mais attester en l'an 8, qu'un tel ne résidait pas habituellement dans telle commune en 1791, c'est ce qui excède les bornes du ministère d'un maire et de ses adjoints, considérés comme revêtus d'un caractère public. La résidence et la non-résidence sont des faits, ce sont des faits qui ne sont susceptibles d'être établis que par la notoriété publique; et un maire qui atteste un fait de cette nature, surtout d'une date aussi reculée, n'est qu'un simple témoin; il ne peut conséquemment mériter la confiance de la justice, que lorsqu'il dépose dans la forme prescrite par la loi du 7 fructidor an 3; et cette loi est essentiellement violée par tout tribunal qui déclare probant un pareil certificat délivré par un maire.

» D'ailleurs, de ce que Delessart fils n'aurait résidé que momentanément en 1791 dans la commune d'Argentan, s'ensuivrait-il qu'il n'y eût pas eu alors son domicile? Non certes, puisqu'on peut être et que l'on est très-souvent domicilié dans une commune où l'on ne fait qu'une résidence passagère.

» Et puis, ce n'est pas tout de dire qu'il n'était pas domicilié à Argentan; il faudrait pour le prouver, établir qu'il était domicilié dans une autre commune; et c'est ce que ne fait pas le jugement attaqué.

» Enfin, le jugement attaqué applique à Delessart fils contre lequel a été rendu le jugement par défaut du 23 janvier 1792, un certificat dans lequel on pourrait, à la rigueur, soutenir qu'il n'est pas question de lui.

» Ce certificat en effet porte sur le cit. Delessart, fils de Louis-Mathieu Delessart, et nous voyons par toutes les pièces du procès que c'était, non pas à Louis-Mathieu Delessart, mais à Louis-Mathieu-*Simon* Delessart, que devait le jour et qu'avait succédé, comme héritier, l'individu compris dans le jugement par défaut du 23 janvier 1792.

» Mais ces trois dernières observations sont ici de pure surabondance : il suffit, pour nécessiter, en cette partie, la cassation du jugement attaqué, qu'il ait contrevenu à des lois expresses.

» Or, nous venons de voir qu'il a contrevenu à la loi du 7 fructidor an 3, en ajoutant foi, sur un fait de pure résidence, à un certificat non officiel à cet égard, à une attestation absolument extrajudiciaire.

» Nous venons de voir qu'il a contrevenu aux lois des 18 juin 1790, 29 janvier et 14 octobre 1791, en concluant, de la non-inscription de Delessart fils au registre de la garde nationale et de sa non-imposition au rôle de la contribution mobilière d'Argentan, qu'il n'était pas domicilié et qu'il n'avait pu être assigné dans cette commune.

» Le jugement attaqué ne peut donc, sur aucun des cinq points qu'il décide, échapper à la cassation.

» Il décide que le cit. Godet a un véritable intérêt d'attaquer, par tierce-opposition, les jugemens des 20 juin 1791 et 23 janvier 1792; et, en cela, il contrevient à l'art. 13 de la déclaration du mois de juin 1559.

» Il décide que le cit. Godet a qualité pour attaquer ces mêmes jugemens, quoique passés depuis long-temps en force de chose irrévocablement jugée à l'égard de son débiteur; et en cela, il contrevient aux art. 1.er et 26 du tit. 35 de l'ordonnance de 1667.

» Il décide que la fin de non-recevoir du cit. Leforestier, une fois rejetée, il peut tout de suite, statuer sur le fond; et, en cela, il contrevient à l'art. 5 du tit. 5 de la même ordonnance.

» Il décide que les jugemens des 20 juin 1791 et 23 janvier 1792, sont nuls par défaut de conformité, dans leur rédaction, aux règles prescrites par l'art. 15 du tit. 5 de la loi du 24 août 1790; et, en cela, il fait de cet article même une application manifestement fausse, en même temps qu'il commet un excès de pouvoir.

» Il décide enfin, que le jugement du 23 janvier 1792 est spécialement nul, par le défaut de domicile de Delessart fils à Argentan; et ce défaut de domicile, il ne l'établit qu'en violant, de la manière la plus positive, les lois des 18 juin 1790 et 14 octobre 1791, sur la garde nationale; la loi du 29 janvier 1791, sur la contribution mobilière, et la loi du 7 fructidor an 3, sur la forme de la preuve testimoniale.

» Par ces considérations, nous estimons qu'il y a lieu de casser et annuller le jugement dont il s'agit ».

Ces conclusions ont été adoptées par arrêt du 12 fructidor an 9, sur délibéré, au rapport de M. Rousseau.

Il est motivé sur ce que le sieur Godet n'avait formé sa tierce-opposition que comme créancier de Delessart, et conséquemment comme ayant de lui droit et cause; qu'il n'avait, avant les jugemens contre lesquels sa tierce-opposition était dirigée, aucun droit de propriété ni autre droit réel dans les objets litigieux; qu'ainsi, le tribunal d'appel de Caen avait, par son jugement du 28 messidor an 8, violé l'art. 1.er du tit. 35 de l'ordonnance de 1667.

Ce moyen ayant été jugé péremptoire à la majorité de onze voix contre trois, la cour a cru inutile d'examiner ceux que j'avais proposés d'office.

Il a été unanimement reconnu qu'il aurait fallu juger tout autrement, s'il eût été bien constant que l'assignation du 1.er décembre 1791 avait été donnée à un faux domicile, par la raison que, dans cette hypothèse, Delessart fils eût encore été à temps pour former opposition au jugement du 23 janvier 1792, et que conséquemment le sieur Godet eût pu, à cet égard, exercer les mêmes droits que son débiteur.

Mais on a pensé que le jugement du tribunal d'appel ne constatait pas légalement le défaut de domicile de Delessart fils à Argentan, le 1.er décembre 1791; et que les erreurs de droit qui, sur ce point, avaient motivé sa décision, devaient lui ôter toute croyance.

Voici, au surplus, les termes de l'arrêt de cassation:

« Vu les art. 5 et 11 du tit. 27, et l'art. 1.er du tit. 35 de l'ordonnance de 1667....;

» Attendu que la réserve des droits des tierces-personnes, dont parle l'art. 11 du tit. 27 de l'ordonnance ci-dessus citée, ne concerne que celles qui n'ont pas été appelées ni représentées; que cela résulte du rapprochement de cet article avec l'art. 1.er du tit. 35; que le cit. Godet, comme créancier du cit. Delessart, qui avait consenti une hypothèque envers lui, était, à cet égard, son ayant-cause; qu'il est constant que Delessart a été appelé; qu'il n'a point été allégué qu'il se soit pourvu, dans le délai, contre le jugement en dernier ressort rendu par défaut au tribunal de district de Caen; que néanmoins, le cit. Godet, en qualité d'ayant-cause de Delessart, n'aurait pu être recevable à attaquer ce jugement, qu'autant qu'il eût été justifié que Delessart aurait été lui-même admissible à se pourvoir; qu'il ne résulte point du certificat des maire et adjoint d'Argentan, du 9 messidor an 8, qui atteste que le cit. Delessart n'était point imposé au rôle de la contribution mobilière d'Argentan, qu'il n'y eût pas son domicile, lorsqu'il y fût assigné, puisque les lois sur l'assiette de cette contribution, ne supposent pas nécessaire le domicile de contribuable dans le lieu de l'imposition, et que Delessart pouvait être domicilié, sans être alors sur le registre de la garde nationale; qu'ainsi, les jugemens par défaut, rendus au tribunal de district de Caen, étaient, dans l'état d'instruction devant le tribunal d'appel, censés avoir acquis l'autorité de la chose jugée; qu'il résulte de tout ce que dessus, que les juges du tribunal d'appel de Caen ayant reçu la tierce-opposition du cit. Godet, sous le motif pris des dispositions de l'art. 11 du tit. 27 de l'ordonnance de 1667, ont fait une fausse application dudit article, violé l'art. 5 du même titre concernant l'autorité de la chose jugée, et contrevenu formellement à l'art. 1.er du tit. 35, qui ne permet de rétracter autrement que par requête civile, les jugemens en dernier ressort rendus avec ceux qui y ont été parties, ou leurs ayant-cause;

» Par ces motifs, le tribunal casse et annulle le jugement rendu par le tribunal d'appel de Caen, le 22 messidor an 8..... ».

Voyez encore, sur cette matière, le plaidoyer et l'arrêt du 6 fructidor an 10, rapportés ci-après, §. 3; et le *Répertoire de jurisprudence*, aux mots *Opposition (tierce-)*, §. 2, art. 2 et 3.

§. II. *Peut-il, doit-il être statué à la charge de l'appel, sur une tierce-opposition à un jugement en dernier ressort?*

Cette question a été fréquemment agitée sous le régime judiciaire qu'avait établi la constitution de l'an 3. Elle dérivait de ce qu'alors les tribunaux civils de département étaient juges d'appel les uns des autres.

Aujourd'hui, elle ne peut plus se présenter pour les tierces-oppositions aux arrêts des cours royales. Ces cours ne pouvant, par le titre même de leur institution, juger qu'en dernier ressort, il est bien évident qu'elles ne peuvent pas statuer à la charge de l'appel, sur une tierce-opposition quelconque.

Mais la difficulté peut renaître encore, relativement aux tribunaux civils d'arrondissement qui sont, à la fois, juges d'appel des justices de paix, et juges de première instance.

Par exemple, deux parties plaident devant une justice de paix: il y intervient un jugement dont l'une d'elles se rend appelante; le tribunal d'arrondissement prononce sur cet appel, et infirme le jugement qui en est l'objet. Quelque temps après, un tiers se présente et forme opposition au jugement du tribunal d'arrondissement. Comment ce tribunal statuera-t-il sur cette tierce-opposition?

La jugera-t-il à la charge de l'appel? Alors, une affaire qui, par sa nature, ne peut pas arriver à la cour d'appel, lui sera cependant soumise.

La jugera-t-il en dernier ressort? Dans ce cas, le tiers-opposant ne jouira pas des deux degrés de juridiction que la loi accorde à toutes les parties, dans les affaires qui ne sont pas sujettes à être jugées en premier et dernier ressort par les tribunaux d'arrondissement.

La renverra-t-il au juge de paix, pour y statuer à la charge de l'appel? Mais le juge de paix ne peut pas rétracter un jugement émané de son juge supérieur.

Ainsi, de quelque côté que l'on se tourne, on rencontre un principe qui s'oppose au parti que l'on voudrait embrasser.

Il faut cependant se fixer; et inconvéniens pour inconvéniens, on doit s'en tenir à l'opinion qui en offre le moins.

C'est dire, en d'autres termes, que l'on doit regarder le tribunal d'arrondissement comme investi d'un pouvoir suffisant pour juger la tierce-opposition en dernier ressort.

Et ce qui lève, à cet égard, toute espèce de doute, c'est que la cour de cassation a constamment jugé que, sous le régime de l'an 3, les tribunaux civils de département devaient prononcer en dernier ressort sur les tierces-oppositions formées aux jugemens qu'ils avaient rendus en cause d'appel.

C'est même parce que la cour de cassation ne s'est jamais départie de cette opinion, qu'il s'est élevé dans son sein, en pluviôse an 9, une discussion solennelle sur l'extension que l'on proposait d'en faire à un cas tout-à-fait particulier.

Méric-Ricard avait formé, devant le tribunal civil du département de la Haute-Garonne, une tierce-opposition à un arrêt que la veuve Groussac avait obtenu au parlement de Toulouse, le 1.er juillet 1785, contre les administrateurs de l'hôpital de la Grave.

Cet arrêt avait été rendu en première instance, parce que des lettres *de committimus* avaient attribué au parlement de Toulouse, la connaissance immédiate de toutes les affaires concernant l'hôpital de la Grave.

Méric-Ricard, débouté de sa tierce-opposition par un jugement *en dernier ressort*, du 8 floréal an 7, s'est pourvu à la cour de cassation, et a soutenu que le tribunal civil de la Haute-Garonne n'avait pas pu, sans excéder ses pouvoirs, le priver de la ressource de l'appel.

On opposait à ce moyen de cassation, la maxime invariablement suivie, qu'il doit être statué, en dernier ressort, sur toute tierce-opposition à un jugement en dernier ressort.

Et tous les juges sont convenus que cette maxime était vraie en thèse générale.

Mais la difficulté était de savoir si, dans l'espèce particulière, on ne devait pas juger autrement, d'après l'art. 6 de la loi du 12 octobre 1790, et l'art. 3 de celle du 20 septembre 1793, concernant les cas où les tribunaux de district jugent par remplacement des anciennes cours supérieures.

Sur cette difficulté, il y a eu partage à la section civile.

Ensuite, la cause plaidée de nouveau devant cette section, réunie à cinq juges pris dans les deux autres conformément à la loi du 27 ventôse an 8, arrêt est intervenu au rapport de M. Babille, le 25 pluviôse an 9, par lequel,

« Vu l'art. 6 de la loi du 12 octobre 1790 et l'art. 3 de la loi du 20 septembre 1793;

» Et attendu que, dans l'espèce, l'arrêt rendu le premier juillet 1785 par le ci-devant parlement de Toulouse, au profit de la veuve Groussac, ne l'a été qu'en vertu du privilége qu'avait alors l'hôpital de la Grave, de porter toutes ses affaires nûment et directement devant ce parlement; que l'effet de la tierce-opposition à cet arrêt formée par Méric-Ricard, devant le tribunal civil du département de la Haute-Garonne, comme remplaçant ce parlement, a été de faire revivre l'instance à son égard, et de la remettre dans l'état où elle se présentait, quand elle a été portée devant ce parlement, et par conséquent en état de première instance, aux termes des lois ci-dessus citées; et qu'ainsi cette tierce-opposition n'a pu être jugée en dernier ressort par le jugement attaqué, sans contrevenir à ces lois;

» Le tribunal...... casse et annulle le jugement rendu en dernier ressort par le tribunal civil du département de la Haute-Garonne, le 8 floréal an 7; renvoie les parties devant le tribunal de première instance de Toulouse, comme tribunal plus voisin de celui du département de la Haute-Garonne, etc. ».

§. III. 1.° *La tierce-opposition à un jugement en dernier ressort, peut-elle en entraîner la rétractation en faveur des parties contre lesquelles il a été rendu?*

2.° *Que doit-on décider à cet égard, lorsqu'il y a indivisibilité dans l'objet litigieux?*

I. Lorsqu'il s'agit d'objets divisibles, la tierce-opposition ne profite qu'à la partie qui est admise à l'exercer; c'est ce que j'ai établi dans le *Répertoire de jurisprudence*, article *Opposition (tierce)*, §. 3.

J'y ai cependant rapporté un arrêt du parlement de Paris, du 6 février 1778, qui décide le contraire.

Mais le principe n'en subsiste pas moins, et il a été confirmé depuis peu, avec la plus grande solennité, par la cour de cassation. Voici les faits:

Le 9 messidor an 2, Debrie fait un testament par lequel il lègue à Anne Delard, son épouse, la moitié de tous les acquêts qu'ils avaient faits et feraient ensemble. Il meurt peu de jours après.

Question de savoir si, comme le prétend la veuve, elle a droit à la totalité des conquêts de la communauté, savoir, à la moitié comme légataire de la portion de son mari, et à l'autre moitié de son propre chef.

Claude Blaupoil et consorts, héritiers du testateur, soutiennent qu'en léguant à sa femme la moitié des conquêts, il n'a pu vouloir lui donner que la moitié de la portion qu'il y avait, et qu'en conséquence, elle n'a droit qu'aux trois quarts de ces biens.

Le 25 floréal an 3, jugement arbitral en dernier ressort qui le juge ainsi.

Et le 22 nivôse an 4, arrêt de la cour de cassation qui le confirme, en rejetant le recours de la veuve.

Alors se présente Gabriel Debrie, l'un des héritiers du testateur, qui n'avait été ni appelé ni partie dans le jugement arbitral; il y forme tierce-opposition, et soutient que, par le testament du 9 messidor an 2, la veuve n'a rien au-delà de ce que lui attribue la coutume; qu'en conséquence, c'est à tort que les arbitres lui ont adjugé les trois quarts des conquêts; et que leur jugement doit être rétracté entre lui et elle.

La veuve Debrie défend à cette tierce-opposition, met en cause Claude Blaupoil et consorts, et conclut tant contre eux que contre Gabriel Debrie, à ce qu'en rétractant le jugement arbitral, il lui soit adjugé, non-seulement la moitié, comme le prétend Gabriel Debrie, non-seulement les trois quarts, comme l'ont décidé les arbitres, mais la totalité des conquêts de la communauté, ainsi qu'elle l'avait soutenu dès le principe.

Le 1.er floréal an 4, jugement du tribunal civil du département de la Meuse qui déboute Gabriel Debrie de son opposition.

Sur l'appel, ce jugement est infirmé par le tribunal civil du département de la Meurthe, qui reçoit Gabriel Debrie tiers-opposant, rapporte le jugement arbitral, remet toutes les parties au même état où elles étaient avant qu'il fût rendu; et faisant droit au fond, adjuge à la veuve la totalité des conquêts.

Recours en cassation de la part de Claude Blaupoil et consorts. Ils soutiennent que l'effet de la tierce-opposition n'a pas pu détruire, à leur égard, le jugement rendu à leur profit le 9 messidor an 2; qu'en prononçant comme il l'a fait, le tribunal de la Meurthe a méconnu l'autorité de la chose jugée, et qu'il a ouvertement violé l'art. 1 du tit. 35 de l'ordonnance de 1667.

Le 26 germinal an 6, arrêt qui, en adoptant ces considérations, casse le jugement du tribunal de la Meurthe, et renvoie la cause au tribunal civil du département de la Moselle.

Là, il intervient, le 3 floréal an 7, un jugement conforme à celui du tribunal de la Meurthe.

Claude Blaupoil et consorts se pourvoient de nouveau en cassation; et d'après l'art. 78 de la loi du 27 ventôse an 8, l'affaire est renvoyée aux sections réunies.

La défense de Claude Blaupoil et consorts était la même que lors du premier arrêt de cassation.

La veuve Debrie répondait, par l'organe de M.e Pérignon, qu'une tierce-opposition jugée valable devait opérer la rétractation entière et absolue du jugement qui en était l'objet; qu'un jugement attaqué par cette voie, ne pouvait pas être maintenu à l'égard d'une partie, et rétracté à l'égard d'une autre; qu'il en devait être de la tierce-opposition comme de la requête civile, dans laquelle le rescindant une fois admis, il fallait juger de nouveau tout le procès; que la volonté d'un testateur était indivisible; qu'il serait par conséquent absurde de laisser subsister deux décisions contraires sur le point de savoir ce qu'avait voulu le testateur Debrie; qu'au surplus, le jugement du 3 floréal an 7 n'avait violé aucune loi.

Sur ces raisons respectives, arrêt du 15 pluviôse an 9, au rapport de M. Pajon, et sur les conclusions de M. Jourde, qui,

« Attendu que l'objet général de toute espèce d'action ne peut être que de faire déclarer le droit personnel de celui qui l'exerce; d'où il suit que, si l'effet d'une tierce-opposition jugée valable, est de faire prononcer la rétractation du jugement attaqué par cette voie, ce ne peut être qu'à l'égard, au profit et en ce qui concerne l'intérêt et le droit personnel de l'opposant; que l'on ne peut s'écarter de ce principe, que dans le seul cas où il y a impossibilité absolue d'exécuter le premier jugement et le second; que, dans l'espèce particulière, il n'y aurait eu aucune impossibilité d'exécuter les deux jugemens, même dans le cas où le tiers-opposant aurait réussi au rescisoire, puisqu'alors la défenderesse aurait été fondée à soutenir que le seul bénéfice de la rétractation ordonnée à son seul profit, était de lui donner sa part dans la moitié des acquêts, au lieu de la lui donner dans le quart seulement accordé par le jugement arbitral, sans que ses autres co-héritiers eussent pu s'en prévaloir; que conséquemment la défenderesse n'ayant couru que ce seul risque dans le cas où la tierce-opposition aurait été admise au rescisoire, le jugement attaqué n'a pu, en la rejetant, ordonner à plus forte raison la rétractation de ce jugement arbitral vis à-vis des autres co-héritiers du tiers-opposant, sans violer ouvertement le principe de l'autorité de la chose jugée, établi par les lois romaines, et consacré par la disposition particulière de l'art. 5 du tit. 27 de l'ordonnance de 1667...... ;

» Casse et annulle le jugement du tribunal civil du département de la Moselle, du 3 floréal an 7; renvoie les parties, pour leur être fait droit sur le fond, devant le tribunal d'appel de Nancy...... ».

On trouvera dans le *Répertoire de jurisprudence*, à l'endroit cité, deux arrêts semblables, des 3 juillet 1810 et 28 août 1811.

II. Il en serait autrement, si l'objet du jugement attaqué par tierce-opposition, était indivisible; ou, ce qui revient au même, et pour nous servir des termes de l'arrêt que nous venons de retracer, s'il y avait *impossibilité absolue d'exécuter le premier jugement et le second;* et c'est ce qu'a décidé un arrêt de la cour de cassation, du 6 fructidor an 10, dont voici l'espèce.

Le 2 mars 1761, Jean-Baptiste-Auguste Dupont d'Aisy épouse Jeanne-Marie-Charlotte Paysant, qui lui apporte en dot la terre de Bremoy, régie par la coutume de Normandie.

Le 10 mai 1770, il achète la terre de Quesnay, située dans le territoire de la même coutume.

Le 10 août 1772, il vend la terre dotale de son épouse; celle-ci intervient dans l'acte, agrée la vente, et consent à prendre son remploi sur la terre du Quesnay jusqu'à due concurrence.

Le 7 novembre 1783, il marie son fils aîné avec Adélaïde Dubosquier, qui lui apporte en dot deux sommes montant ensemble à 124,000 l. Ces deux sommes sont *consignées* sur tous les biens présens et à venir du futur époux. Dupont père et sa femme les cautionnent de plus personnellement, et promettent *de garder* la terre de Quesnay à leur fils aîné.

Le 3 novembre 1791, oubliant la défense que l'art. 244 de la coutume de Normandie fait aux pères et aux mères, d'aliéner et d'hypothéquer les biens qu'ils ont promis par contrat de mariage, de garder à leurs enfans, Dupont d'Aisy vend la terre de Quesnay à Antoine-Jean-Baptiste Darfeuil-Derff, moyennant 292,000 liv. 80,000 liv. sont employées par l'acquéreur au payement des créanciers hypothécaires antérieurs au 7 novembre 1783; 7,000 liv. sont comptées au vendeur ou payées à son acquit; et le payement des 144,000 liv. qui restent dues, est renvoyé après le sceau des lettres de ratification.

Le 11 janvier 1792, les lettres de ratification sont scellées sans opposition de la part de la dame Dupont-Dubosquier. Le 25 février suivant, la dame Dupont-d'Aisy ratifie la vente.

Instruit de la promesse de *garder* faite par son vendeur au profit de son fils aîné, Antoine Darfeuil-Derff le poursuit en justice comme stellionataire.

Le 30 juin 1792, transaction par laquelle la femme du vendeur et ses trois enfans ratifient la vente, et s'obligent solidairement à la garantir. Par le même acte, il est dit que les 144,000 liv. redues par Darfeuil-Derff, seront, pour sa sûreté, employées à l'extinction des dettes les plus privilégiées du vendeur; qu'à cet effet, dans quatre ans, Dupont d'Aisy fera, en présence de Darfeuil-Derff, l'emploi de cette somme en biens fonds; et qu'elle servira de garantie, tant à Darfeuil-Derff, pour raison des payemens qu'il a déjà faits et qui lui restent à faire, qu'à la dame Dupont-d'Aisy et à la dame Dupont-Dubosquier, pour leurs droits dotaux et reprises.

A la fin de 1792, Dupont-d'Aisy et son fils aîné sont inscrits sur la liste des émigrés, et le séquestre est apposé sur leurs biens. Le 25 mai 1793, Dupont d'Aisy, père, obtient sa radiation provisoire, et la jouissance de ses biens lui est rendue.

Le 21 nivôse an 6, il meurt sans avoir obtenu sa radiation définitive.

L'administration du département du Calvados, informée de la promesse de garder la terre de Quesnay, qui avait été insérée, en 1783, dans le contrat de mariage de Dupont, fils aîné fait apposer le séquestre sur cette terre.

Le 21 germinal an 7, sur la réclamation d'Antoine Darfeuil, arrêté de la même administration qui lui accorde la jouissance provisoire de la terre de Quesnay.

Mais, le 23 messidor an 6, autre arrêté qui rapporte celui du 21 germinal précédent, annulle la vente de la terre de Quesnay, et déclare Antoine Darfeuil créancier de la république pour toutes les sommes qu'il a payées, et qui, par la liquidation qui en sera faite, seront reconnues avoir été légitimement acquittées.

Cet arrêté est dénoncé par Antoine Darfeuil au ministre des finances, qui l'annulle, sur le motif que la nullité du contrat de vente doit être prononcée contradictoirement avec le commissaire du gouvernement, par le tribunal civil.

D'après cette décision, l'administration départementale arrête, le 9 messidor an 7, qu'Antoine Darfeuil sera traduit devant le tribunal civil, pour voir déclarer nul le contrat de vente du 3 novembre 1791.

En conséquence, Antoine Darfeuil-Derff est assigné au tribunal civil du département du Calvados.

Mais, pendant que la cause s'instruit, survient la loi du 16 thermidor an 7, qui assure aux créanciers des successions échues à des émigrés, leur remboursement en valeurs réelles.

Antoine Darfeuil déclare, en conséquence,

que, sur la demande en nullité formée au nom de la république, *il s'en rapporte à justice;* mais il conclut à ce que, dans le cas où la nullité serait prononcée, la république et la dame Beaussacq, héritières de feu Dupont-d'Aisy, soient condamnées personnellement et hypothécairement au payement de ses créances hypothécaires, antérieures à 1783.

Le 9 frimaire an 8, l'administration arrête *qu'il n'y a lieu* à contredire les conclusions subsidiaires d'Antoine Darfeuil.

En cet état, jugement du 14 fructidor an 8, qui déclare la vente du 3 novembre 1791 nulle, aux termes de l'art. 244 de la coutume de Normandie; et condamne la république au payement des créances hypothécaires, antérieures à 1783, suivant la liquidation qui en sera faite par l'administration.

Ce jugement est exécuté par toutes les parties; le séquestre est rétabli sur la terre de Quesnay; Antoine Darfeuil soumet ses titres à la liquidation; l'arrêté d'*ordre* est fait entre lui et ceux des créanciers qui, comme lui, ont satisfait à la loi du 16 thermidor an 7: les autres sont déchus; la dame Dupont-Dubosquier est mise au nombre de ceux-ci, par arrêté du 13 ventôse; et les affiches sont apposées pour parvenir à la vente sous peu de jours.

En ce moment, la dame Dupont mère et la dame Dupont-Dubousquier forment une tierce-opposition au jugement du 14 frimaire: elles concluent à ce qu'il soit rapporté, et à ce qu'il soit ordonné que le contrat de vente du 3 novembre 1791 sera exécuté suivant sa forme et teneur, *et que le cit. Darfeuil sera maintenu dans la propriété, possession et jouissance de la terre de Quesnay.*

Le gouvernement, Antoine Darfeuil et la dame de Beaussacq se réunissent pour faire débouter les dames Dupont de leur demande; ils soutiennent que, sous tous les rapports, le contrat de 1791 et la ratification de 1792 sont nuls de nullité absolue; et ils concluent à ce que le jugement du 14 frimaire an 8, qui en effet a déclaré le contrat nul, soit exécuté.

La cause est portée à l'audience du tribunal d'arrondissement de Falaise, où il intervient, le 28 messidor an 8, un jugement contradictoire, qui reçoit les dames Dupont tierces-opposantes *pour la forme;* et sans avoir égard à leurs oppositions, non plus qu'à leurs demandes subsidiaires, dont elles sont déboutées, ordonne que le jugement du 14 frimaire an 8 sera exécuté.

Appel par les dames Dupont.

Le 25 vendémiaire an 9, le conseil de préfecture prend un arrêté portant que le ministre sera invité à casser les arrêtés de l'ancienne administration, *à l'effet que le préfet du Calvados puisse, sur l'appel dont il s'agit, donner un acquiescement motivé aux conclusions des dames Dupont.*

Mais le 27 nivôse an 9, un arrêté du gouvernement casse celui du conseil de préfecture comme incompétemment pris, et ordonne que « le préfet du Calvados, sur l'appel interjeté par les dames Dupont, du jugement du 28 messidor, déclarera, au nom de la république, qu'il *s'en rapporte à justice* ».

D'après cet arrêté, et sur une lettre du conseiller d'état ayant le département des domaines nationaux, le préfet du département du Calvados déclare se désister, au nom du gouvernement, du bénéfice du jugement du 14 frimaire an 8, et au surplus s'en rapporter à justice sur l'appel des dames Dupont.

Le 5 thermidor an 9, la cour d'appel de Caen, après un rapport fait par le président, pose les questions suivantes: « 1.° Les dames Paysant et Dubosquier sont-elles recevables dans la tierce-opposition par elles formée contre le jugement du 14 frimaire an 8? 2.° En les y supposant recevables, y a-t-il lieu à déclarer cette tierce-opposition bien fondée, et à rapporter le jugement opposé, sauf et sans préjudice des droits et actions personnels du cit. Derff et du cit. Beaussacq et de son épouse?

Et sur ces questions, elle prononce en ces termes:

« Considérant, sur la première question, que la dame Paysant est créancière sur la terre de Quesnay, d'une somme de 27,000 livres, et que la dame Dubosquier l'est, de son chef, d'une somme de 122,000 livres au moins; considérant que, si le contrat de vente du 3 novembre 1791 était déclaré nul au profit de la république, il est plus que probable qu'elles seraient exposées entièrement à perdre leur créance; tandis que, s'il en est autrement, il est vraisemblable que, si elles ne touchent pas la totalité de ce qui leur est dû, elles en recevront la majeure partie; qu'ainsi, leur intérêt à s'opposer au jugement du 14 frimaire, est évident; que ce jugement n'a été rendu *que sur la demande de la république, et à son seul profit*, puisque le cit. Derff, *qui jusques-là avait soutenu la validité de son contrat*, ne changea pas formellement d'errement, et ne se constitua pas lui-même demandeur en nullité d'icelui, et se borna à déclarer qu'il s'en rapportait à justice; que le cit. Beaussacq et son épouse, de leur côté, figurant au procès comme approchés de la part du cit. Derff, pour la garantie de la demande en nullité formée par la république, loin de demander eux-mêmes cette nullité, s'arrêtèrent à soutenir le cit. Derff non-recevable et mal fondé dans son action en garantie; que, si le jugement n'a été rendu qu'au seul profit de la république, *elle seule aurait été en droit d'opposer une fin de non-recevoir contre une demande ayant pour but de le faire rapporter ;* que, *loin d'opposer cette fin de non-recevoir,* la république a conclu que les dames Paysant et Dubosquier *fussent reçues opposantes pour la forme,* conclusions absolument exclusives d'une fin de non-recevoir; que cette fin de non-recevoir a été proposée par le cit. Derff et par le cit. Beaussacq et son épouse; mais qu'outre que, d'après les conclusions qu'ils avaient prises lors du jugement opposé, ils ne pouvaient proposer cette fin de non-recevoir; ils en ont été déboutés, *formâ negandi,* par le jugement dont est appel, puisque les dames Paysant et Dubosquier ont été *reçues opposantes pour la forme ;* que les cit. Derff et Beaussacq ne sont point appelans de leur chef en cette partie; et qu'ainsi, *la fin de non-recevoir dont il s'agit, est proscrite par une disposition passée en force de chose jugée ;*

» Considérant, sur la deuxième question, qu'il est loisible à une partie de renoncer à l'avantage d'un jugement rendu à son profit, et au bénéfice d'une loi qui lui est avantageuse; que, dans l'espèce particulière, il est de l'intérêt de la république d'user de cette faculté, et que c'est par ce motif qu'on déclare, en son nom, renoncer au bénéfice de l'art. 40 de la loi du 28 mars 1793, et s'en rapporter à justice, ce qui équivaut à une renonciation au jugement du 14 frimaire an 8; que les cit. Derff et Beaussacq ne pourraient utilement s'y opposer et réclamer l'effet dudit jugement, qu'autant qu'il aurait été rendu sur leur poursuite, ou au moins sur leurs conclusions personnelles, *tandis que ni l'un ni l'autre n'a formé de demande à cet égard,* ni jugé à propos, lors d'icelui, de se constituer partie de la nullité du contrat dont il s'agit; qu'en rapportant ledit jugement, en tant qu'il déclare ledit contrat nul, au profit de la république, les cit. Derff et Beaussacq ont d'autant moins lieu de se plaindre, qu'ils ne peuvent être préjudiciés à intenter eux-mêmes personnellement une action pour faire prononcer la nullité, s'ils s'y croient fondés; que, d'autre part, il n'en peut résulter aucune fin de non-recevoir contre la résiliation dont le cit. Derff a déclaré vouloir user, en supposant que d'ailleurs il y soit recevable et fondé; enfin, que, si en rapportant ledit jugement, les droits et actions personnelles des cit. Derff et Beaussacq restent entiers, il n'en serait pas de même à l'égard des dames Paysant et Dubosquier, dont les intérêts seraient évidemment lésés, en laissant subsister le jugement en question, *lorsque la partie au profit de laquelle il est rendu, consent à l'abandonner,* et a même un intérêt direct à le faire;

» Le tribunal, sans s'arrêter à la fin de non-recevoir proposée par les cit. Derff et Beaussacq, en accordant acte aux dames Paysant et Dubosquier des déclarations et renonciations faites et passées au nom de la république, et ayant égard à l'appel interjeté par elles du jugement du 28 messidor an 8, faisant droit sur ledit appel, et vu ce qui résulte des conclusions prises, au nom de la république, sur icelui, réformant ledit jugement au chef qui déboute les appelantes de leur tierce-opposition contre celui du 14 frimaire an 8, déclare ladite tierce-opposition bien fondée; ce faisant, rapporte ledit jugement, et le déclare non-avenu, *sauf aux cit. Derff et Beaussacq, à former de leur chef toutes et telles demandes qu'ils aviseront bien,* soit par rapport à la nullité du contrat du 3 novembre 1791, soit relativement à la résiliation d'icelui, tous moyens et exceptions tendantes au contraire, réservées; dépens compensés entre parties ».

Antoine Darfeuil se pourvoit en cassation contre cet arrêt. Il fonde sa demande sur cinq moyens :

1.° Contravention à l'art. 1.er du tit. 35 de l'ordonnance de 1667, qui défend de rétracter, autrement que par lettres en forme de requête civile, les jugemens en dernier ressort, *à l'égard de ceux qui y ont été parties,* et leurs héritiers *ou ayant cause ;*

2.° Contravention aux ordonnances de 1510, 1535 et 1560, relatives à l'exécution des contrats et transactions, et à l'art. 5 du tit. 27 de l'ordonnance de 1667, sur l'exécution des jugemens passés en force de chose jugée;

3.° Contravention à l'art. 40 de la loi du 28 mars 1793, et à l'art. 244 de la coutume de Normandie;

4.° Contravention à la loi sur l'organisation judiciaire, qui veut qu'en toute affaire, il n'y ait que deux degrés de juridiction; et déni de justice, résultant du refus de statuer en cause d'appel, sur la demande jugée en première instance;

5.° Enfin, excès de pouvoir et contravention à toutes les lois, qui défendent aux tribunaux d'entreprendre sur les attributions des corps administratifs.

« Les cinq moyens que vous propose le demandeur (ai-je dit en portant la parole sur cette affaire), ne méritent pas tous une égale attention; il en est plusieurs qui tombent, pour ainsi dire, d'eux-mêmes.

» Tel est celui qui tend à accuser le tribunal d'appel de Caen de déni de justice, en ce qu'au lieu de statuer sur les demandes respectivement formées à ce que le contrat de vente de la terre de Quesnay fût exécuté, et à ce qu'il fût déclaré nul, ce tribunal s'est borné à réserver au cit. Darfeuil-Derff la faculté de se pourvoir en nullité ou en résiliation.

» Le tribunal d'appel de Caen n'avait à juger que deux questions : la première, si le jugement du ci-devant tribunal civil du Calvados, du 14 frimaire an 8, devait être rétracté au moyen de la tierce-opposition des dames Paysant et Dubosquier, ou s'il devait être maintenu; la seconde, si la république pouvait renoncer à son action en nullité du contrat de vente du 3 novembre 1791 et au jugement qui s'en était ensuivi.

» Eh bien! ces deux questions, il les a jugées; il les a jugées définitivement, il les a jugées sans réserve. Il a donc, à cet égard, rempli sa tâche entière.

» S'il n'a pas été plus loin, s'il n'a pas statué sur la demande en nullité du contrat de vente, dans l'intérêt et en faveur du cit. Darfeuil-Derff, c'est que le cit. Darfeuil-Derff n'avait pas formé cette demande; c'est que cette demande n'existait point de la part du cit. Darfeuil-Derff; c'est que, relativement à l'action en nullité du contrat de vente, le cit. Darfeuil-Derff n'avait jamais joué d'autre rôle que celui de défendeur; et que cette action etant abandonnée par la république, il ne restait plus rien à juger à cet égard.

» A la vérité, le cit. Darfeuil-Derff soutient que la république n'a pas pu, dans l'état où se trouvaient alors les choses, abandonner son action en nullité de la vente; mais c'est là une autre question qui n'a rien de commun avec le prétendu déni de justice, et qui appartient toute entière au moyen tiré de la violation du contrat judiciairement formé entre la république et le cit. Darfeuil-Derff, lors du jugement du 14 frimaire an 8, moyen que nous nous réservons de discuter dans un instant et qu'il ne faut pas déplacer.

» C'est encore dans le même moyen querentre celui que le cit. Darfeuil-Derff prétend faire résulter de l'art. 40 de la loi du 28 mars 1793 et de l'art. 244 de la coutume de Normandie.

» Il est évident, en effet, et vous l'avez décidé de la manière la plus positive par un jugement du 24 germinal an 4, rapporté en entier dans le bulletin civil du tribunal, que la république seule est recevable à faire valoir la nullité prononcée par l'art. 40 de la loi du 28 mars 1793 (1).

» Il n'est pas moins constant, et le texte même de l'art. 244 de la coutume de Normandie prouve, que l'enfant à qui a été faite *la promesse de garder*, a seul qualité pour invoquer la nullité résultante de l'infraction de cette promesse; et puisque, dans notre espèce, la république se trouve aux droits de cet enfant, il est clair comme le jour que, si l'infraction de cette promesse a produit une action en nullité, cette action n'appartient et ne peut appartenir qu'à la république. Il est donc incontestable que la république aurait pu, dans le principe, renoncer à son action en nullité; et par conséquent, la question n'est pas de savoir si cette action a été, dans le principe, bien ou mal fondée, mais uniquement de savoir si la renonciation de la république à cette action était encore admissible à l'époque où elle a eu lieu.

» Quant au moyen tiré d'une prétendue entreprise de la part du tribunal d'appel de Caen sur les droits de l'autorité administrative, un mot suffit pour le réfuter complettement.

» Les conclusions prises par le préfet du Calvados, devant le tribunal d'appel de Caen, étaient autorisées par une lettre du cit. Regnier, conseiller d'Etat, chargé du département des domaines nationaux. En écrivant cette lettre, le cit. Regnier était l'organe direct et immédiat du gouvernement; car dans le département des domaines nationaux, le cit. Regnier exerce un véritable ministère. Or, appartenait-il au tribunal d'appel de Caen, de dire que l'organe direct et immédiat des consuls sur cette partie, avait mal entendu leur arrêté du 27 nivôse an 9; lui appartenait-il de dire que les consuls n'avaient pas autorisé le cit. Regnier à ajouter par sa lettre à leur arrêté? Et s'il l'eût fait, ne vous croiriez vous pas obligés de casser son jugement pour excès de pouvoir?

» D'ailleurs, le gouvernement a-t-il désavoué la lettre du cit. Regnier? A-t-il désavoué les conclusions prises en conséquence par le préfet du département du Calvados? Et n'est-ce pas un principe élémentaire, que l'officier chargé de représenter une partie devant un tribunal, est censé, jusqu'à désaveu formé et jugé, suivre en tous points les instructions de cette partie? Et ce principe que les tribunaux appliquent tous les jours aux avoués des citoyens, pourrait-on ne pas l'appliquer également aux avoués de la république, c'est-à-dire, aux préfets?

» Abandonnons donc les moyens que tire le demandeur, soit du prétendu déni de justice dont il se plaint, soit d'une pretendue contravention à la loi du 28 mars 1793 et à la coutume de Normandie, soit d'une prétendue entreprise sur les attributions de l'autorité administrative; et fixons-nous sur les deux seuls moyens qui étaient dignes d'être présentés à vos méditations, sur les deux moyens qui résultent, l'un, de ce que les dames Paysant et Dubosquier ont été reçues tierces-opposantes au jugement du 14 frimaire an 8; l'autre, de ce que, d'après leur tierce-opposition, le jugement du 14 frimaire an 8 a été pleinement rétracté.

» Le premier de ces moyens repose sur un principe que vous avez solennellement consacré

(1) *V.* le plaidoyer rapporté à l'article *Mort civile*, §. 3.

par votre jugement du 12 fructidor an 9, entre les cit. Leforestier et Godet, et qui est aujourd'hui au-dessus de toute espèce de contradiction : c'est qu'un créancier, même hypothécaire, n'est pas recevable à attaquer par tierce-opposition, le jugement rendu avec son débiteur, sur la propriété du bien qui sert de gage à sa créance.

» Mais ce principe reçoit-il ici une application bien directe; et n'y a-t-il pas, dans l'espèce, des circonstances qui doivent la faire excepter de la règle générale? Voilà ce que vous avez à examiner sur le premier moyen du demandeur.

» Les dames Paysant et Dubosquier prétendent d'abord que la question de savoir si leur tierce-opposition était recevable, avait été décidée à leur avantage par le jugement de première instance, et que le demandeur n'en ayant pas appelé à cet égard, le tribunal d'appel s'est trouvé forcé, en les considérant comme valablement opposantes, de faire droit sur le fond de leur opposition. C'est aussi par ce motif, que le tribunal d'appel s'est déterminé à rejeter la fin de non-recevoir que leur objectait le demandeur.

» Mais il est très-permis de douter que le jugement de première instance ait, en effet, déclaré recevable la tierce-opposition des dames Paysant et Dubosquier. Il porte, à la vérité : *reçoit lesdites dames opposantes pour la forme, et sans égard à ladite opposition dont elles sont déboutées, ordonne que le jugement du 14 frimaire an 8 sera exécuté.* Mais recevoir une opposition *pour la forme*, est-ce repousser, est-ce proscrire la fin de non-recevoir qui s'élève contre cette opposition? Non; et la preuve en est que, tous les jours, nous voyons des jugemens recevoir une opposition pour la forme, et cependant la déclarer non-recevable; comme tous les jours, nous voyons des jugemens recevoir l'intervention d'une partie, et sans s'arrêter à cette intervention dans laquelle ils la déclarent non-recevable, ne prononcer au fond qu'entre les parties primitives; comme tous les jours, nous voyons des jugemens faire droit sur un appel, et déclarer l'appelant non-recevable à appeler. Ces sortes de formules, qui sont de pur style, ne jugent rien; elles annoncent seulement que l'on va juger, soit en statuant sur une fin de non-recevoir, soit en statuant au fond.

» Les dames Paysant et Dubosquier soutiennent, en second lieu, qu'elles n'auraient pu être non-recevables à attaquer par tierce-opposition le jugement du 14 frimaire an 8, qu'autant qu'elles n'eussent pas dû être parties dans ce jugement, qu'autant que ce jugement eût pu être rendu régulièrement, sans qu'elles fussent appelées dans la procédure; et c'est un principe qu'il est impossible de leur contester : car le fondement de la tierce-opposition, est non-seulement que celui qui la forme, n'a pas été partie au jugement qu'il attaque, mais encore qu'il a dû l'être; et autant de fois qu'un jugement est rendu, sans que tous ceux qui doivent y être parties, ne le sont pas, et n'ont pas été dûment cités, autant de fois il y a ouverture à la tierce-opposition.

» Mais il s'agit de savoir si, dans le fait, les dames Paysant et Dubosquier ont dû être parties dans le jugement du 14 frimaire an 8; et l'affirmative ne paraît pas susceptible de difficulté.

» Quel était l'objet du jugement du 14 frimaire an 8? c'était de décider si le contrat de vente du domaine de Quesnay devait être exécuté, ou s'il y avait lieu de l'annuller.

» Or, cette question, avec qui devait-elle être jugée? elle devait l'être incontestablement avec tous ceux envers lesquels le contrat de vente était obligatoire, ou au profit desquels il en était résulté, par stipulation expresse, des droits, des actions quelconques.

» Elle devait l'être, par conséquent, avec la dame Paysant, puisqu'elle était devenue partie au contrat de vente, par le moyen de la ratification qu'elle en avait faite devant notaires, le 25 février 1792.

» Elle devait l'être aussi avec la dame Dubosquier, puisque la dame Dubosquier avait stipulé, dans la transaction du 30 juin de la même année, confirmative du contrat de vente, par le ministère de son mari, qui certainement avait qualité pour cela; puisque, par cette transaction, elle avait acquis sur le cit. Darfeuil-Derff, une action pour le recouvrement de ses deniers dotaux, et que le cit. Darfeuil-Derff s'était formellement obligé de les lui garantir jusqu'à concurrence de la portion du prix dont il resterait redevable après le prélèvement des créances antérieures aux priviléges et hypothèques; puisque, par là, le cit. Darfeuil-Derff était devenu son débiteur direct et personnel; puisqu'enfin, le contrat de vente ne pouvait pas être annullé, sans que la transaction le fût aussi; et qu'il ne pouvait pas être au pouvoir du cit. Darfeuil-Derff de se délier, envers la dame Dubosquier, et à son insu, des obligations qu'il avait contractées envers elle par la transaction.

» Les dames Paysant et Dubosquier ne devaient donc pas être considérées dans cette affaire comme de simples *ayant-cause*, soit du cit. Dupont père, mari de la première, soit du cit. Dupont fils, mari de la seconde, et par conséquent de la république qui les représentait tous deux dans l'instance. Elles devaient être considérées comme ayant acquis, par les actes confirmatifs du contrat de vente, des actions personnelles contre le cit. Darfeuil-Derff, par conséquent comme les créancières directes de celui-ci, comme fondées à le poursuivre *jure suo*; et, sans contredit, c'en était assez pour qu'on dût les appeler au jugement du contrat de vente et des actes qui l'avaient suivi; c'en était assez pour qu'à défaut d'avoir été appelées, elles eussent la voie de la tierce-opposition, pour revenir contre le jugement.

» Mais, et c'est ici que se présente le deuxième moyen de cassation du cit. Darfeuil-Derff, quel devait être, relativement au jugement du 14 frimaire an 8, l'effet de la tierce-opposition des dames Paysant et Dubosquier.

» A cet égard, il est un principe dicté par la saine raison, fondé sur le texte même des lois qui établissent l'autorité de la chose jugée, et consacré spécialement par le jugement que vous avez rendu, sections réunies, le 15 pluviôse an 9, au rapport du cit. Pajon....

» Le jugement du 14 frimaire an 8 n'aurait donc pu être rétracté, sur la tierce-opposition des dames Paysant et Dubosquier, *qu'à l'égard, au profit et pour l'intérêt* des dames Paysant et Dubosquier elles-mêmes.

» Cependant il l'a été, même *à l'égard, au profit et pour l'intérêt* de la république; car, non-seulement le tribunal d'appel de Caen l'a purement et simplement *rapporté*, non-seulement il l'a purement et simplement déclaré *comme non-avenu* (termes qui bien sûrement n'en laissent rien subsister en faveur d'aucune des parties); mais, ce qui prouve invinciblement qu'il a entendu le rétracter à l'égard de la république elle-même, c'est que, relativement à la république, il a motivé ce prononcé, sur ce *qu'il est loisible à une partie de renoncer à l'avantage d'un jugement rendu à son profit*, et sur ce que, dans le fait, la déclaration que faisait la république, de s'en rapporter à justice, *équivalait à une renonciation au jugement du 14 frimaire an 8.*

» C'est donc ici le cas de dire, comme le porte votre jugement du 15 pluviôse an 9, sections réunies, que l'on n'a pas pu étendre ainsi les effets de la tierce-opposition et de la rétractation qui s'en est ensuivie, *sans violer ouvertement le principe de l'autorité de la chose jugée, établi par les lois romaines, et consacré par la disposition particulière de l'art.* 5 *du tit.* 27 *de l'ordonnance de* 1667.

» Mais, disent les dames Paysant et Dubosquier, et avec elles le préfet du Calvados, n'était-il pas libre, en effet, à la république, de renoncer au jugement du 14 frimaire an 8? Cela ne résulte-t-il pas de la maxime, que chacun peut renoncer à ce qui est introduit en sa faveur?

» Nous répondrons sans hésiter : non, telle n'est point la conséquence de cette maxime; non, la république ne pouvait pas renoncer, malgré le cit. Darfeuil-Derff, à un jugement qui était devenu la propriété de celui-ci, comme de la république elle-même.

» C'est un principe universellement reconnu, que l'on peut s'obliger en justice comme pardevant notaires : *Nam sicut in stipulatione contrahitur, ità in judicio contrahi : proindè non originem judicii spectandam, sed ipsam judicati velut obligationem.* Ce sont les termes de la loi 3, §. 11, D. *de peculio.*

» De là, l'autorité irréfragable qu'attribue l'acquiescement des parties aux jugemens sujets par eux-mêmes à l'appel. L'art. 5 du tit. 27 de l'ordonnance de 1667 est là-dessus très-formel, et vous savez, C. M., qu'il n'est que l'écho des lois romaines.

» Or, dans l'espèce, la république et le cit. Darfeuil-Derff ont-ils contracté en justice des engagemens véritables et réciproques? Pour répondre à cette question, il n'est besoin que de se reporter à la manière dont se forme un contrat.

» Il y a contrat entre deux parties, toutes les fois qu'il existe, de leur part, un mutuel consentement à faire, à donner, à recevoir quelque chose. *Est pactio*, dit la loi première, §. 1, *de pactis*, au digeste, *est pactio duorum, pluriumve in idem placitum consensus;* et il n'importe, ajoute la loi 2 du même titre, que ce consentement mutuel soit manifesté de vive voix, par lettres, par un fait, ou même tacitement : *Labeo ait conveniri posse, vel re, vel per epistolam, vel per nuncium; inter absentes quoque posse : sed etiam tacitè consensu convenire intelligitur.*

» Eh bien! dans notre espèce, il y a eu d'abord, de la part de la république, demande en nullité du contrat de vente du domaine de Quesnay. Sur cette demande, le cit. Darfeuil-Derff s'en est rapporté à justice; mais il ne s'est pas borné là : il a conclu à ce que, dans le cas où la nullité de la vente serait prononcée, la république fût condamnée personnellement et hypothécairement au payement des dettes hypothécaires antérieures à 1783, qu'il avait remboursées avec subrogation.

» Les choses en cet état, l'administration centrale du département du Calvados délibère si elle contredira les conclusions subsidiaires du cit. Darfeuil-Derff, ou si elle y adhérera; et le 9 frimaire an 8, elle déclare, par un arrêté, qu'il n'y a pas lieu de les contredire.

» Voilà déjà un commencement de contrat réciproque, puisque les deux parties sont d'accord sur les suites que devra avoir l'annullation de la vente. Cependant le contrat n'a pas encore acquis sa perfection; car le cit. Darfeuil-Derff n'a pas consenti purement et simplement à ce que la vente soit annullée; il s'en est rapporté à justice, et il est possible que les juges ne trouvent pas matière à annuller la vente. L'annullation de la vente est donc la condition de laquelle dépendent, et l'effet du consentement que le cit. Darfeuil-Derff exprime par ses conclusions subsidiaires, et l'effet de l'adhésion qu'y donne l'administration départementale. Si cette condition arrive, le contrat se trouvera tout formé par le concours du consentement du cit. Darfeuil-Derff et de l'adhésion de l'administration départementale, si elle n'arrive pas, ce consentement, cette adhésion seront comme non-avenus.

» Il ne s'agit donc plus que de savoir si cette condition est arrivée, ou, en d'autres termes, si la vente a été déclarée nulle; et la question est résolue par le jugement du 14 frimaire an 8.

» Ce jugement déclare nulle la vente de la terre de Quesnay, et prononce, contre la république, la condamnation à laquelle avait conclu le cit. Darfeuil. Il remplit par conséquent la condition de laquelle dépendait le contrat judiciaire; et par une conséquence ultérieure, d'un contrat conditionnel, il en fait un contrat pur et simple.

» Cependant tout n'est pas encore irrévocablement terminé : car, d'un côté, le cit. Darfeuil-Derff peut appeler du jugement, en ce qu'il a déclaré la vente nulle, puisqu'à cet égard, il n'a pas absolument adhéré aux conclusions de la république; et que s'en rapporter à justice, ce n'est pas renoncer au droit de réclamer un nouvel examen de la part du tribunal supérieur. D'un autre côté, la république peut également appeler de ce jugement, quoiqu'il soit en tous points conforme à ses conclusions, parce que, dans le fait, les conclusions qu'elle a prises, lui sont préjudiciables; parce que, dès-là, elle aurait le droit, si ce jugement était en dernier ressort, de l'attaquer par requête civile, sur le fondement qu'elle a été mal défendue; parce qu'il est de principe que les moyens qui donnent lieu à la requête civile contre les jugemens en dernier ressort, deviennent moyens d'appel contre les jugemens de première instance.

» Tout dépend donc ici du parti que vont prendre, d'une part, le cit. Darfeuil, et de l'autre, la république.

» S'ils acquiescent tous deux au jugement, ou, ce qui est la même chose, s'ils le laissent passer en chose jugée par laps de temps, la condition à l'événement de laquelle est lié leur contrat judiciaire, se trouvera définitivement remplie. Si, au contraire, ce jugement est frappé d'un appel, soit par l'un, soit par l'autre, il faudra attendre l'issue de cet appel, pour savoir ce que deviendra la condition suspensive du contrat judiciaire, et conséquemment pour connaître définitivement le sort de ce contrat.

» Que se passe-t-il donc après le jugement du 14 frimaire an 8?

» Dès le 28 du même mois, le cit. Darfeuil le fait signifier au commissaire du gouvernement près l'administration centrale du département du Calvados, avec sommation *d'y satisfaire présentement;* et par là, il se ferme toute voie à l'appel; par là, il imprime à ce jugement, en ce qui le concerne, l'autorité de la chose jugée.

» L'administration centrale, de son côté, attaque-t-elle ce jugement par la voie d'appel? L'attaque-t-elle dans les trois mois que la loi lui accorde à cet effet? Non, et bien loin de là, elle emploie ces trois mois à exécuter le jugement. Elle fait apposer le séquestre national sur la terre de Quesnay; elle en annonce la vente par affiches; elle liquide, par un arrêté du 25 pluviôse an 8, les créances qui doivent être prélevées sur le prix de cette vente.

» Voilà donc le jugement acquiescé par la république, comme par le cit. Darfeuil; le voilà donc revêtu, envers la république, comme envers le cit. Darfeuil, de toute l'autorité de la chose jugée. Voilà, par conséquent, la condition à laquelle était subordonné le contrat judiciaire, complètement et définitivement remplie, et par conséquent encore, voilà le contrat judiciaire formé irrévocablement.

» Maintenant la république peut-elle revenir sur ses pas, peut-elle renoncer au jugement qu'elle a provoqué, qu'elle a obtenu, qu'elle a exécuté, dont elle n'a point appelé dans le terme légal? Proposer cette question, c'est demander si les lois générales de l'ordre judiciaire sont faites pour la république comme pour les particuliers; c'est demander si la république peut faire réformer un jugement, sans en appeler, après avoir perdu, par son acquiescement et par le laps de trois mois, la faculté d'en interjeter appel? C'est demander si la république peut se jouer de la foi des contrats judiciaires, et si, pour un modique intérêt pécuniaire, elle peut anéantir tout ce qu'il y a de plus respectable, de plus sacré, dans l'ordre social?

» Non, C. M., le peuple français ne s'avilira jamais au point de s'arroger de pareils privilèges. En faisant la loi, il s'est enchaîné lui-même; et il se fait gloire de dire avec les législateurs romains, dans la loi 4, *de legibus*, au Code : *Digna vox est majestate regnantis, legibus alligatum se profiteri : adeò de auctoritate juris nostra pendet auctoritas; et reverâ, majus imperio est submittere legibus principatum.*

» Nous devons donc peser la prétention que l'on élève ici au nom de la république, dans la même balance que nous péserions une prétention semblable qui serait élevée par un simple citoyen.

» Or, un simple citoyen pourrait-il, dans les circonstances où se trouve aujourd'hui la république, se désister de sa demande primitive et du jugement qui l'a accueillie? Il ne sera peut-être pas inutile de vous rendre compte d'un arrêt du ci-devant parlement de Paris, qui a prononcé sur cette question, et dont nous avons, à l'époque même où il a été rendu, extrait l'espèce des mémoires des parties.

» Le 27 octobre 1770, Masson vend à Bernet, plusieurs héritages provenant de la succession de son père. L'aïeul du vendeur se rend caution de cet acte.

» Ces héritages se trouvant grevés de substitution, Bernet demande la résolution de la vente (qu'il argue de stellionat, pour avoir été faite sans déclaration du fidéicommis), la restitution du prix, des frais, faux frais, droits seigneuriaux, contrôle et insinuation, avec des dommages et intérêts pour les impenses et améliorations faites au domaine acquis.

» La demande de Bernet est suivie d'une sentence par défaut, adjudicative de ses conclusions.

» Appel de la part de Masson, qui le convertit en opposition, et présente une requête par laquelle il conclut à ce qu'il lui soit donné acte de ce que, « sur la demande en nullité du » contrat de vente, du 27 octobre 1770, il s'en » rapporte à la prudence de la cour, comme » aussi acte de ses offres, dans le cas où la cour » jugerait à propos de prononcer la nullité, de » payer les 13,000 liv., prix principal de la » vente, ensemble les frais du contrat, lods et » ventes, contrôle, insinuation et autres y relatifs, suivant l'état et les quittances rapportées, comme aussi de ses offres de rembourser » pareillement à Bernet, les améliorations et » réparations utiles, sur les états qui en seront » fournis visite et estimation préalablement » faites ».

» Seconde sentence, qui donne acte de ces offres.

» Troisième sentence, qui ordonne la visite du domaine par experts, pour estimer et priser les impenses et améliorations.

» Nomination des experts, de la part de Masson.

» Mort de Bernet, en janvier 1778.

» Au mois de juin suivant, les héritiers de Bernet reprennent l'instance, renouvellent ses conclusions, et nomment, de leur part, un expert, pour la visite du domaine, en exécution de la sentence contradictoire rendue entre feu Bernet et Masson.

» Sentence en juillet, qui donne acte de la reprise d'instance des héritiers, et de la nomination d'experts de leur part.

» La visite et le rapport sont faits. Masson en demande l'entérinement, et fait, en avril 1779, des offres réelles du prix de la vente, des loyaux-coûts et des impenses fixées par les experts.

» Cependant les héritiers Bernet, après avoir pris communication du procès-verbal des experts, font signifier, le 22 mars 1779, un acte par lequel ils déclarent « se désister de la demande en nullité du contrat de vente du » domaine de Puligny, en restitution du prix » et loyaux-coûts; se désister également du bénéfice des sentences des 18 juillet 1777, 16 décembre 1777 et 3 juillet 1778; renoncer aux » estimations faites, et entendre jouir du contrat de vente; en conserver la propriété, sous » la réserve de tous droits, en cas de trouble » ou éviction pour cause de substitution ou » autre, aux offres de donner main-levée de » toutes saisies et oppositions, et de payer les » frais faits jusqu'à ce moment ».

» Masson ne veut point accepter ce désistement; il le soutient nul et de nul effet, et réitère ses offres.

» Sur ces demandes respectives, les parties sont appointées au châtelet.

» Sentence sur l'appointement, le 31 janvier 1781, qui donne acte du désistement, le déclare bon et valable, maintient les héritiers Bernet dans la jouissance du domaine; les condamne, suivant leurs offres, aux dépens, jusqu'à la signification du désistement; ceux faits depuis, compensés jusqu'à due concurrence; le coût de la sentence, les frais et la visitation du procès demeurant à la charge de Masson.

» Appel de la part de celui-ci. — « Premièrement (dit-il), la sentence contrevient aux » principes généraux des conventions. Ces principes sont simples : une convention n'est » autre chose que le concours du consentement » de deux personnes, *pactio duorum pluriumve* » *in idem placitum consensus*; aussitôt que ce » concours est intervenu, l'obligation est formée, *etiam nudus consensus sufficit obligationi*. Les obligations en général *sunt vinculum* » *juris quo astringimur*; de là leur irrévocabilité, quand elles sont formées. Et le premier » effet de cette irrévocabilité, est de n'être résolubles que par le concours des mêmes consentemens par lesquels elles existent. De ces » principes, dérive une conséquence toute naturelle : c'est que, s'il a été formé un contrat » entre les parties, ce contrat n'a pu être résolu » que par leur consentement mutuel; et la sentence qui, en prononçant cette résolution, » n'aurait déféré qu'au consentement d'un seul, » aurait violé toutes les règles. Or, dans l'espèce, le contrat judiciaire était formé, et la » sentence a accueilli le désistement d'une seule » partie. — 2.° La sentence contrevient à » toutes les lois de la matière. Il suffit de les » citer, l'application en est facile. L'art. 5 du » tit. 27 de l'ordonnance de 1667 met au nombre des jugemens qui ont force de lois, *ceux* » *auxquels on a acquiescé*. L'édit de 1560, concernant les transactions, veut que *contre* » *icelles nul ne soit reçu; mais que les juges, à* » *l'entrée du jugement, déclarent non-recevables*. Les contrats judiciaires, suivant l'expression de tous les auteurs, sont une sorte » de transaction sur procès mu; ils ont force » de transaction; ils sont même supérieurs » aux transactions, parce qu'ils sont consacrés, » en quelque sorte, par l'autorité de la justice.

» — L'art. 1 du tit. 35 de l'ordonnance de 1667 » et la déclaration du 4 avril 1671 défendent » aux juges de se réformer eux-mêmes. La re- » quête civile est le seul moyen de faire rétracter » les jugemens souverains, et l'appel y supplée » pour ceux des premiers juges. Or, le châ- » telet s'était réformé lui-même, puisque la » sentence dont est appel, a rétracté ce qu'a- » vaient statué les précédentes sentences de » 1777 et 1778. — L'art. 34 du tit. 35 de l'or- » donnance de 1667 met au nombre des ouver- » tures de requête civile, *s'il y a contrariété de* » *jugemens entre les mêmes parties, sur les* » *mêmes moyens et en même juridiction.* Mais » les moyens qui forment ouverture de requête » civile contre les jugemens en dernier ressort, » deviennent moyens d'appel contre ceux des » premiers juges; parce que les mêmes motifs » de réformation existent contre tous. Or, cette » contrariété existe pleinement entre la sen- » tence définitive et celles de 1777 et 1778; » elles sont rendues en la même juridiction, » entre les mêmes parties et sur les mêmes » moyens ».

» Sur ces raisons et celles qu'y opposaient les intimés, il y eut d'abord partage; mais enfin il est intervenu, le 24 mars 1782, arrêt conforme à l'avis de M. de Fourmestreaux, rapporteur, qui a infirmé la sentence, déclaré le désistement nul, et les offres de Masson valables, et condamné les héritiers Bernet aux dépens.

» Cette espèce a, comme vous le voyez, une très-grande analogie avec celle qui vous occupe en ce moment; et les principes, les lois qui en ont dicté le jugement, paraissent s'élever avec la même force contre la décision qui vous est aujourd'hui dénoncée.

» Cependant, C. M., tout n'est pas encore dit; et nous devons examiner si même, en considérant comme nulle la renonciation de la république au jugement du 14 frimaire an 8, ce jugement n'a pas dû être rétracté à son profit, par cela seul qu'il a dû l'être au profit des dames Paysant et Dubosquier.

» Nous l'avons déjà dit, il est de principe général que la tierce-opposition ne peut faire rétracter le jugement qui en est l'objet, qu'au profit et pour l'intérêt de la partie qui a formé cette tierce-opposition.

» Mais, à côté de ce principe, il existe une exception qui n'est pas moins constante : c'est que, dans les matières indivisibles, la tierce-opposition doit, lorsqu'elle réussit, emporter, envers toutes les parties, la rétractation du jugement qu'elle attaque; comme dans les matières indivisibles, la restitution du mineur profite au majeur; quoiqu'en thèse générale, le majeur ne puisse pas recueillir le bénéfice de la restitution obtenue par un mineur.

» Or, dans l'espèce, n'y a-t-il pas indivisibilité des droits des dames Paysant et Dubosquier d'avec ceux de la république?

» Cette question revient à celle de savoir si le jugement du 14 frimaire an 8 peut être exécuté contre la république, sans que les dames Paysant et Dubosquier perdent, au moins en grande partie, l'avantage des actions qui leur sont acquises par la transaction du 30 juin 1792?

» Elle revient à celle de savoir si le cit. Darfeuil-Derff peut être à la fois propriétaire et non propriétaire du domaine de Quesnay?

» Elle revient à celle de savoir si la république prenant à son compte la propriété du domaine de Quesnay, et la vendant comme bien national, c'est-à-dire, franche de toute hypothèque, les dames Paysant et Dubosquier pourraient encore exercer leur action hypothécaire contre le cit. Darfeuil-Derff?

» Elle revient enfin à celle de savoir si le cit. Darfeuil-Derff pourrait renvoyer les Dames Paysant et Dubosquier à faire valoir contre la république, et conséquemment avec perte d'environ deux tiers, les actions qu'il leur a accordées contre lui-même, par la transaction du 30 juin 1792?

» Proposer de pareilles questions, c'est les résoudre contre le cit. Darfeuil-Derff; et par ces considérations, nous estimons qu'il y a lieu de rejeter la demande en cassation, et de condamner le cit. Darfeuil-Derff à l'amende ».

Ces conclusions ont été adoptées par arrêt du 6 fructidor an 10, au rapport de M. Babille,

« Attendu, sur le premier moyen, que le demandeur avait conclu devant le tribunal de Falaise, à ce que la tierce-opposition formée par les défenderesses, fût déclarée non-recevable; que cependant le jugement du 14 frimaire an 8 l'a reçue, mais l'a seulement déclarée mal fondée; et que le demandeur n'ayant point appelé de cette disposition, est aujourd'hui non-recevable à quereller cette même tierce-opposition; que, d'ailleurs, les défenderesses n'étaient pas seulement créancières de la succession Dupont; mais que l'une était partie dans l'acte de vente de la terre de Quesnay, et toutes les deux dans la transaction du 30 juin 1792, qui la confirma, et dans laquelle le demandeur s'obligea personnellement envers les défenderesses; d'où il suit qu'elles devaient être aussi appelées dans une instance qui n'avait d'autre objet que la validité ou invalidité de cette vente; que le demandeur a reconnu lui-même cette vérité dans sa sommation du 2 thermidor an 4, tendante à la consignation de la partie du prix dont il était demeuré débiteur; qu'enfin, il est improbable de soutenir que les défenderesses qui avaient le plus grand intérêt à faire maintenir la vente, fussent représentées, lors du jugement du 14 frimaire an 8, soit par la république, qui concluait alors à l'annullation de la vente, et qui ne pouvait agir, en le faisant, comme exerçant les actions des deux dames Dupont qui l'avaient ratifiée, soit par la dame Beaussacq, qui n'était point héritière de Dupont, père; et qu'ainsi, sous aucun rapport, le jugement attaqué ne peut pas avoir violé les lois, en recevant la tierce-opposition des défenderesses;

» Attendu, sur le deuxième moyen, que, par cela seul que le tribunal d'appel de Caen recevait, comme il le devait, la tierce-opposition des défenderesses au jugement du 14 frimaire an 8, il ne pouvait plus être arrêté dans sa prononciation au fond, sur la question de la validité ou invalidité de la vente, par le prétendu contrat judiciaire formé entre la république qui avait conclu à la nullité de ce contrat, et le demandeur qui s'en était rapporté à cet égard; que, dès-lors, le tribunal d'appel, en déclarant la vente valide sur l'intervention et la demande formelle des défenderesses, devait expressément la valider dans l'intérêt de la république : le même jugement attaqué par un seul moyen, ne pouvait être annullé dans l'intérêt d'une partie, et subsister pour les autres, mais était indivisible sous ce rapport;

» Attendu, sur le troisième moyen, que la république ayant renoncé au bénéfice de l'art. 244 de la coutume de Normandie, le tribunal n'avait point à examiner si la vente dont il s'agit, se trouvait dans le cas de l'exception portée en cet article;

» Attendu, sur le quatrième moyen, que, bien loin que le tribunal d'appel ait commis un excès de pouvoir en s'en rapportant à l'arrêté du préfet, il l'aurait au contraire commis en le censurant, et qu'il devait, dans la diversité des décisions administratives que présentait cette cause, s'en rapporter nécessairement à la dernière; qu'au surplus, le gouvernement ne s'est jamais plaint de l'interprétation donnée à son propre arrêté;

» Attendu, sur le cinquième et dernier moyen, que la république seule avait conclu à ce que la vente de la terre de Quesnay fût déclarée nulle; que le demandeur, après avoir défendu à cette demande, avait seulement déclaré depuis qu'il s'en rapportait, mais que jamais il n'avait pris le rôle inverse de demandeur en nullité, ainsi que l'avait au reste déclaré le tribunal d'appel; qu'il avait seulement conclu à ce que la tierce opposition des défenderesses fût déclarée non-recevable; d'où il suit que ce tribunal n'avait point à statuer sur une demande en nullité de cette même vente, de la part de Derff, laquelle n'existait pas, mais uniquement sur la tierce-opposition, par suite de laquelle et en l'accueillant, le jugement du 14 frimaire avait été rapporté, et la demande en nullité formée par la république, avait été rejetée; qu'ainsi, en réservant au cit. Derff, de former, de son chef, telle demande qu'il aviserait relativement à la nullité de la vente et à sa résiliation, le tribunal d'appel avait fait tout ce qu'il pouvait et devait faire ».

§. IV. *Les jugemens arbitraux, rendus pendant le cours de l'arbitrage forcé, sont-ils passibles de la tierce-opposition?*

Sur cette question, portée à l'audience de la cour de cassation, section civile, par la commune de Hartzwiller, j'ai donné les conclusions suivantes (1).

« Les habitans de la commune de Hartzwiller, département de la Meurthe, vous demandent la cassation de deux jugemens arbitraux; et les habitans de la commune de Trois-Fontaines les soutiennent non-recevables quant à l'un, et mal fondés quant à l'autre.

» La discussion de leurs moyens respectifs n'exigera point de longs développemens.

» Le 25 juin 1766, arrêt de la cour souveraine de Nancy, qui adjuge à Antoine Lestzelbourg, alors seigneur de Trois-Fontaines, soixante-douze fauchées de prés dont les habitans du lieu lui disputaient la propriété.

» En 1792, émigration du ci-devant seigneur de Trois-Fontaines.

» En frimaire an 3, réclamation des habitans, tendante à les faire réintégrer, en vertu de l'art. 8 de la loi du 28 août 1792, dans la propriété et possession des soixante-douze fauchées de prés. En conséquence, nomination de deux arbitres de leur part, et de deux autres de la part de la république, pour statuer sur cette réclamation.

» Le 12 frimaire an 3, jugement par lequel ces quatre arbitres déclarent que la commune de Trois-Fontaines était, avant l'arrêt de 1766, propriétaire des prés litigieux, et par suite, l'y réintègre.

» Tierce-opposition à ce jugement de la part de la commune de Hatzwiller, et conclusions à ce qu'elle soit maintenue et gardée dans la propriété et jouissance des soixante-douze fauchées de prés, à l'exclusion de la commune de Trois-Fontaines.

» Le 12 fructidor an 3, jugement qui déclare la commune de Hartwiller non-recevable en sa tierce-opposition; et il est à remarquer que ce jugement est rendu par six arbitres : savoir, les cit. Colle et Thouvenin, nommés par la commune de Hartzwiller, les cit. Schouen et Pardaillan, nommés par la commune de Trois-Fontaines, au lieu des cit. Mourer et Horrer, qui avaient figuré pour elle dans le jugement

(1) Je n'ai pas pu les prononcer moi-même, mais M. Lefessier-Grandprey, qui me remplaçait, a bien voulu s'en aider.

du 11 frimaire précédent; et les cit. Lassure et Lansement, nommés par la république, et qui déjà l'avaient été par elle pour concourir au jugement du 11 frimaire, comme en effet ils y avaient concouru.

» Il est à remarquer encore que, dans le jugement du 11 fructidor an 3, les six arbitres sont énoncés comme présens, qu'il y est dit qu'il a été rendu à la pluralité des voix, et que néanmoins il n'est signé que des arbitres choisis par la commune de Trois-Fontaines et par la république, sans qu'il soit fait mention que ceux de la commune de Hartzwiller se fussent retirés avant que la délibération fût arrêtée, ni qu'ils eussent refusé d'en signer le résultat.

» Voilà les faits essentiels de la cause. — Passons aux moyens de cassation qui vous sont proposés, et distinguons ceux qui attaquent le jugement du 11 frimaire an 3, d'avec ceux qui sont dirigés contre le jugement du 11 fructidor de la même année.

» Les demandeurs opposent d'abord au jugement du 11 frimaire an 3, la seconde partie de l'art. 2 de la loi du 1.er décembre 1790, institutive du tribunal de cassation; et comme, d'une part, ils n'entrent là-dessus dans aucune espèce d'explication; que, de l'autre, nous ne pouvons deviner quel rapport la disposition de cette partie de l'article qu'ils invoquent, peut avoir avec le jugement du 11 frimaire, il nous paraît que ce premier moyen ne peut mériter la moindre considération.

» Les demandeurs prétendent ensuite que ce jugement porte atteinte à l'autorité de la chose jugée, en ce qu'il prononce sans avoir égard à l'arrêt de la ci-devant cour souveraine de Nancy, du 25 juin 1766.

» Mais l'art. 8 de la loi du 28 août 1792 répond lui-même à ce moyen. Les arbitres ont décidé, en fait, d'après un grand nombre de pièces produites, que la commune de Trois-Fontaines avait possédé, avant cet arrêt, les soixante-douze fauchées de prés dont il est question; ils ont en même temps décidé, en fait, que ces soixante-douze fauchées de prés étaient dans la directe du ci-devant seigneur du lieu; ils ont donc dû réintégrer la commune de Trois-Fontaines dans la propriété de ce bien; et ils ont dû le faire, comme la loi le leur ordonnait, c'est-à-dire, sans avoir égard à l'autorité de la chose jugée.

» Le second moyen des demandeurs, pour être plus clairement présenté que le premier, n'en est donc pas plus concluant. Mais ce n'est pas tout. Ce moyen est encore non-recevable dans la bouche des demandeurs; car ce n'est pas en leur faveur qu'avait été rendu l'arrêt du 25 juin 1766; ils n'y avaient même pas été parties; et dès-là, s'il en résultait, dans les circonstances actuelles, une exception de chose jugée, certainement ce ne serait pas à eux qu'il appartiendrait de s'en prévaloir : *res inter alios judicata alii* NEQUE PRODESSE *neque nocere potest.*

» Il y a plus encore : de ce que les demandeurs n'ont pas été parties dans le jugement du 11 frimaire, il s'ensuit nécessairement qu'ils sont recevables à en demander la cassation; car il est, à cet égard, du recours en cassation comme de l'appel. Pour pouvoir appeler d'un jugement rendu en première instance, il faut y avoir été partie; et de même il faut avoir été partie dans un jugement rendu en dernier ressort, pour pouvoir en demander la cassation : lorsqu'on n'a été partie ni dans l'un ni dans l'autre, la seule voie que l'on puisse prendre pour les faire rétracter, est la tierce-opposition.

» C'est là bien notoirement une des règles les plus constantes de l'ordre judiciaire, et l'on ne peut douter qu'elle ne s'applique aux jugemens rendus en arbitrage forcé, comme aux jugemens émanés des tribunaux ordinaires; c'est au surplus ce qu'a décidé la section des requêtes, par un jugement rendu au rapport de M. Vasse, le 21 brumaire an 9, contre le préfet du département des Vosges...... (1).

» Il est donc bien constant que les jugemens rendus en arbitrage forcé, sont soumis, comme les autres, à la règle qui ne laisse à ceux qui n'y ont pas été parties, d'autre voie pour les attaquer, que la tierce-opposition.

» Et delà il suit nécessairement que les demandeurs sont non-recevables dans leur recours en cassation contre le jugement du 11 frimaire an 3.

» Mais de là aussi il résulte que les demandeurs n'avaient que la voie de la tierce-opposition pour se pourvoir contre ce même jugement.

» Il en résulte par conséquent que la tierce-opposition formée à ce jugement, par les demandeurs, aurait dû être accueillie par les arbitres.

» Il en résulte, par une conséquence ultérieure, que le jugement du 11 fructidor an 3 a souverainement mal jugé en déclarant cette tierce-opposition non-recevable.

» Mais non-seulement il a mal jugé en prononçant ainsi, il a encore violé l'art. 2 du tit. 35 de l'ordonnance de 1667, qui permet *de se pourvoir par simple requête à fin d'opposition contre les arrêts et jugemens en dernier ressort, auxquels le demandeur en requête n'aura été partie ou dûment appelé.*

» Il est inutile, d'après cela, d'entrer dans l'examen des moyens de cassation que proposent les demandeurs contre ce jugement; et nous estimons en conséquence, qu'il y a lieu de le casser et annuller ».

(1) V. l'article *Appel*, §. 2.

Conformément à ces conclusions, arrêt du 11 vendémiaire an 10, au rapport de M. Delacoste, par lequel,

« Vu l'art. 2 du tit. 35 de l'ordonnance de 1667...;

» Attendu qu'il résulte de l'application de cet article à la position où s'est trouvée la commune de Hartzwiller, que l'opposition par requête à un jugement en dernier ressort auquel elle n'aurait pas été partie, était recevable, si cette faculté ne lui avait pas été enlevée par quelque disposition d'une loi postérieure; que la loi du 10 juin 1793, en décidant par sa cinquième section, de quelle manière devaient être vidés les contestations et procès relatifs, soit au partage des communaux entre les communes, soit aux biens communaux ou patrimoniaux, entre les communes et les propriétaires, n'a pas supprimé textuellement la permission accordée par l'ordonnance de 1667, d'attaquer les jugemens en dernier ressort par une tierce-opposition; que le silence de la loi du 10 juin 1793, sur le mode de défense d'admission des reclamans contre les jugemens en dernier ressort, suffirait pour que la permission légalement accordée, et non légalement retirée, subsistât lors du jugement attaqué; que d'ailleurs la loi du 10 juin 1793, en arrêtant la décision des procès de cette nature, et en voulant soumettre à l'arbitrage tous ceux qui existaient et qui allaient exister, n'a ni pu ni voulu enlever aux propriétaires le droit de défendre leur propriété contre des sentences surprises à des arbitres, et n'a pas entendu que l'interdiction de la faculté d'appel contre la partie qui a été condamnée, fût une interdiction d'opposition pour celle qui n'a pas été appelée;

» Attendu que cette partie, non appelée dans un procès jugé en dernier ressort, n'aurait plus aucune ressource, si celle de la tierce-opposition, pour se faire rendre justice, lui était enlevée, puisque celle du pourvoi en cassation n'est ouverte qu'à la partie qui a été condamnée; qu'il résulte de là que les arbitres qui ont prononcé la sentence attaquée, ont mal appliqué la sect. 5 de la loi du 10 juin 1793, et jugé au mépris et en contravention de l'art. 2 du tit. 35 de l'ordonnance de 1667;

» Attendu qu'en jugeant au nombre de quatre seulement, en présence des deux autres qui ne se sont pas récusés, ils ont violé les art. 6, 7, 8, 9, 10, 11 et 12 de la même section de ladite loi, en ce qu'ils décident que chaque partie nomme un ou plusieurs arbitres qui rendent leur sentence;

» Par ces motifs, le tribunal casse et annulle la sentence rendue par quatre desdits arbitres, le 12 fructidor an 3, etc. ».

§. V. *Un arrêt de la cour de cassation qui, sur le réquisitoire du ministère public, et pour le seul intérêt de la loi, a cassé un arrêt d'une cour de justice criminelle, comme ayant, par excès de pouvoir, déclaré un prévenu acquitté de l'accusation d'un délit, est-il susceptible d'opposition de la part de ce prévenu?*

Point d'intérêt, point d'action : voilà la règle générale. Si donc le prévenu acquitté n'a point d'intérêt à attaquer l'arrêt de la cour de cassation, son opposition doit être déclarée non-recevable.

Or, quel préjudice l'arrêt de la cour de cassation infère-t-il au prévenu acquitté? Aucun. Le jugement du tribunal criminel n'a été cassé que pour l'intérêt de la loi, il conserve tout son effet, toute sa force, toute son autorité en faveur de l'individu qu'il a renvoyé absous. L'art. 88 de la loi du 27 ventôse an 8 est là-dessus très-formel. — Le prévenu acquitté ne peut donc plus être poursuivi de nouveau en vertu de l'arrêt de la cour de cassation. Cet arrêt lui est donc étranger; il est donc non-recevable à y former opposition, comme il le serait à former opposition à un arrêt qui aurait cassé le jugement d'absolution rendu en faveur de son parent, de son ami, de son voisin.

Mais, dit-on, l'arrêt de cassation porte atteinte à l'honneur du prévenu acquitté; il signale celui-ci aux yeux de la société comme ayant été absous mal à propos; le prévenu a donc un intérêt d'honneur à attaquer cet arrêt.

Qu'entend-on par, *porter atteinte à l'honneur du prévenu acquitté?* Par la cassation du jugement qu'il avait obtenu, le prévenu acquitté encourt-il une peine infamante? Rentre-t-il au moins sous le joug de la prévention légale qui, sans effacer entièrement l'honneur, en altère le vernis, et en suspend les influences morales? Rien de tout cela. Le jugement d'absolution reste, pour le prévenu acquitté, ce qu'il était avant l'arrêt de cassation. Encore une fois, l'arrêt de cassation est étranger au prévenu acquitté. Les seules parties entre lesquelles l'arrêt de cassation a prononcé, sont, d'un côté, le tribunal qui a rendu le jugement d'absolution, et de l'autre, la loi qui, par l'organe du ministère public, requiert le tribunal suprême d'avertir solennellement des magistrats de l'erreur de droit dans laquelle ils se sont laissés entraîner. L'arrêt de cassation est donc, à l'égard du prévenu acquitté, *res inter alios judicata*.

L'arrêt de cassation entache si peu l'honneur du prévenu acquitté, qu'il ne pourrait empêcher celui-ci, ni d'exercer ses droits politiques, ni de continuer l'exercice des fonctions publiques auxquelles il aurait pu être élevé, soit avant son jugement d'absolution, soit depuis.

Sans doute, l'arrêt de cassation peut donner lieu à des propos de société peu flatteurs pour le prévenu acquitté : il peut servir de prétexte à des ennemis, à des hommes légers ou méchans, pour dire que le prévenu acquitté est heureux que son jugement d'absolution n'ait pas été, dans le délai fatal, attaqué par l'officier du ministère public près le tribunal qui l'avait rendu.

Mais de pareilles considérations ne sont rien aux yeux de la loi. Le jugement d'absolution subsiste tout entier en faveur du prévenu acquitté. Aux yeux de la loi, par conséquent, il n'est pas permis de mettre, relativement au prévenu, le jugement d'absolution en opposition avec l'arrêt qui l'a annullé. Et par une suite nécessaire, aux yeux de la loi, quiconque chercherait à inculper le prévenu acquitté, par un rapprochement malin de ses deux jugemens, se rendrait coupable d'injure et pourrait être puni comme tel.

Le prévenu acquitté n'a donc, sous tous les rapports, ni intérêt direct, ni intérêt réel à attaquer l'arrêt de cassation; il est donc non-recevable à y former opposition.

Et c'est ce qui a été jugé de la manière la plus positive, par la section criminelle, le 16 thermidor an 11, sur l'opposition formée par S. G. à l'arrêt du 26 ventôse précédent, rapporté à l'article *Délit*, n. 1, §. 2.

Voici dans quels termes cette opposition a été rejetée :

« Ouï le rapport du cit. Sieyes.... ;

» Considérant que la disposition de l'art. 88 de la loi du 27 ventôse an 8, n'a pour objet que le maintien de la loi; que les jugemens annullés d'après cet article, conservent, à l'égard des parties, toute leur force et valeur; que, dans l'espèce, S. G. demeure pleinement acquitté du délit qui lui avait été imputé; que, par conséquent, il est sans intérêt et sans qualité pour former opposition au jugement du tribunal de cassation rendu le 26 ventôse dernier, sur le réquisitoire du commissaire du gouvernement près de ce tribunal, dans l'intérêt de la loi seulement;

» Par ces motifs, le tribunal déclare S. G. non-recevable dans son opposition audit jugement ».

§. VI. *Les créanciers unis d'une succession bénéficiaire ou d'une faillite, peuvent-ils former tierce-opposition au jugement rendu contre leur syndic ?*

V. l'article *Union de créanciers*, §. 1.

§. VII. 1.° *Les jugemens rendus avec les syndics d'une union de créanciers, sont-ils susceptibles de tierce-opposition de la part des créanciers qui n'ont pas accédé au contrat d'union ?*

2.° *L'art. 322 du Code de procédure civile est-il applicable au cas où une seconde expertise est ordonnée d'après une tierce-opposition au jugement qui a homologué la première ?*

V. le plaidoyer et l'arrêt du 5 avril 1810, rapportés aux mots *Union de créanciers*, §. 2.

§. VIII. *L'acquéreur est-il recevable à former tierce-opposition au jugement rendu contre son vendeur, postérieurement au contrat de vente ?*

V. l'article *Chose jugée*, §. 2.

§. IX. 1.° *La tierce-opposition de l'acquéreur au jugement rendu contre son vendeur postérieurement à la vente, et au profit des créanciers hypothécaires de celui-ci, est-elle recevable ?*

2.° *L'est-elle spécialement lorsque les créanciers hypothécaires avaient manifesté leurs prétentions antérieurement à la vente, soit par des oppositions au bureau des hypothèques, sous l'empire de l'édit de 1771, soit par des inscriptions prises depuis la loi du 11 brumaire an 7 ?*

3.° *Ceux qui se sont portés cautions de la vente ou de l'emploi du prix de la vente, envers l'acquéreur, peuvent-ils, pour faire cesser le trouble qu'il éprouve, former tierce-opposition au jugement que les créanciers hypothécaires de leur vendeur ont obtenu postérieurement contre ce dernier ?*

4.° *Les jugemens rendus contre un failli après son rétablissement dans l'exercice de ses droits, sont-ils passibles de tierce-opposition de la part des syndics de sa faillite qui, dans la vente de ses biens, se sont obligés personnellement envers l'acquéreur ?*

Ces questions ont été jugées, les deux premières pour l'affirmative, et les deux autres pour la négative, par un arrêt de la cour de cassation, dont voici l'espèce :

Il existait à Rouen, entre les sieurs Auvray et Bivel, une société de commerce qui avait pour raison les noms mêmes de ces négocians.

Le sieur Chauvel avait dans la même ville, quoique résidant au Hâvre, comme consul de Suède, une maison de commerce qui le mettait en rapport avec eux.

Par actes notariés de 1782, 1783 et 1784, les sieurs Auvray et Chauvel acquirent, chacun pour moitié, des sieurs Narp, des habitations que ceux-ci possédaient à Saint-Domingue, et par le dernier de ces actes, le sieur Chauvel, à qui les vendeurs devaient personnellement une somme de 205,270 francs, leur en donna quittance, tant pour lui que pour son co-acquéreur, à compte du prix de ces habitations; en sorte qu'il devînt, par là, créancier hypothécaire du sieur Auvray d'une somme de 102,635 francs.

En 1792, Auvray et Bivel font faillite.

Le 22 novembre de la même année, les syndics des créanciers de Chauvel, qui était mort quelque temps auparavant et avait laissé ses affaires en désordre, forme, au bureau des hypothèques pour la conservation de ses droits hypothécaires tant contre Bivel que contre Auvray, des oppositions qui, renouvelées ensuite aux époques prescrites par la loi, sont remplacées, après la mise en activité du régime hypothécaire actuel, par des inscriptions dont la dernière est du 17 mars 1809. — Les syndics des créanciers de Chauvel fait porter ces oppositions et ces inscriptions sur les biens de Bivel comme sur ceux d'Auvray, parce qu'il prétend que Bivel avait été associé avec Auvray dans l'acquisition que celui-ci avait faite de la moitié des habitations des sieurs Narp.

Le 27 août 1793, Bivel, assisté des syndics de sa faillite et de celle d'Auvray, procède à la vente des biens qui lui appartiennent personnellement.

Ces biens sont adjugés, partie au sieur Havas, et partie au sieur Riout, avec obligation d'en payer le prix immédiatement après avoir obtenu des lettres de ratification, sans néanmoins que ce délai puisse excéder quatre mois.

Le 4 septembre suivant, acte notarié par lequel les sieurs Dupont, Bernainville et Savary, syndics des créanciers Auvray et Bivel, reconnaissent, en présence de Bivel, avoir reçu comptant des sieurs Havas et Riout, le prix de leurs acquisitions, et prennent l'engagement personnel de *l'employer à acquitter les rentes et les dettes privilégiées ou hypothécaires les plus anciennes des sieurs Bivel et Auvray.*

Rassurés par cet engagement, les sieurs Havas et Riout ne remplissent aucune des formalités requises pour purger leurs acquisitions.

Le 12 floréal an 2, le syndic des créanciers Chauvel obtient contre les syndics des créanciers Auvray et Bivel, un jugement qui les condamne par défaut et par voie récursoire, à lui rembourser la somme de 40,576 francs qu'il est lui-même condamné par ce jugement à payer aux sieurs Narp pour des lettres de change formant le solde du prix des habitations de Saint-Domingue.

Auvray et Bivel font, en l'an 6, avec leurs créanciers, un concordat qui les remet à la tête de leurs affaires.

Ils meurent tous deux quelque temps après dans le plein exercice de leurs droits. Mais la succession de Bivel reste vacante, et il y est établi un curateur.

Le 1.er germinal an 13, le syndic des créanciers Chauvel fait rendre, contre ce curateur, un jugement qui le condamne à lui payer la somme de 175,856 francs.

La dame Bacheler, fille de Bivel, se porte héritière bénéficiaire de son père, et forme, en cette qualité, une opposition simple au jugement par défaut du 12 floréal an 2, et une tierce-opposition à celui du 1.er germinal an 13. Ces deux oppositions sont rejetées par des jugemens des 24 avril et 1.er mai 1806, confirmés par arrêts des 1.er août et 13 novembre 1807.

Le syndic des créanciers Chauvel fait signifier ces jugemens et ces arrêts tant au sieur Havas qu'à son épouse et à la dame Thésard, filles et héritières du sieur Riout; et les somme de payer, comme tiers-détenteurs des immeubles de Bivel hypothéqués à sa créance, le montant des condamnations prononcées à son profit, ou de délaisser ces immeubles.

Le sieur Havas, son épouse et la dame Thésard forment tierce-opposition aux jugemens et arrêts obtenus par le syndic des créanciers Chauvel depuis le 12 floréal an 2, et assignent en garantie les sieurs Dupont, Bernainville et Savary, ci-devant syndics des créanciers Auvray et Bivel, comme s'étant rendus cautions envers eux par l'acte du 4 septembre 1793.

Les sieurs Dupont, Bernainville et Savary se rendent eux-mêmes tiers-opposans aux jugemens et arrêts de l'an 13, de 1806 et de 1807.

Le 12 janvier 1814, arrêt de la cour de Rouen qui déclare les deux tierces-oppositions non-recevables,

Celle des acquéreurs, c'est-à-dire, du sieur Havas, de son épouse et de la dame Thésard, parce qu'à l'époque de leurs acquisitions, les biens qui en avaient été l'objet, se trouvaient frappés d'une opposition aux hypothèques de la part des créanciers Chauvel; parce qu'ils ont nécessairement acquis à la charge de cette opposition; parce que des acquéreurs ne sont pas recevables à quereller les actes en vertu desquels est formée une pareille opposition, et que ce droit n'appartient qu'à leur vendeur ou à ses créanciers; parce que des jugemens et arrêts qui n'ont fait que confirmer des créances résultant des contrats en vertu desquels l'opposition aux hypothèques a été formée, ne sont pas susceptibles de tierce-opposition, de la part des acquéreurs, quoiqu'ils aient été rendus postérieurement aux acquisitions;

Et celle des sieurs Dupont, Bernainville et Savary, anciens syndics des créanciers Auvray et Bivel, parce qu'à l'égard des jugemens et arrêts de l'an 13, de 1806 et de 1807, ils y avaient été représentés, tant par le curateur à la succession vacante, que par la fille et héritière bénéficiaire de Bivel.

Cet arrêt est dénoncé à la cour de cassation, et par les acquéreurs et par les ci-devant syndics des créanciers Auvray et Bivel. Les uns et les autres se réunissent pour soutenir qu'il contrevient à l'art. 474 du Code de procédure, lequel ouvre la voie de tierce-opposition à toute partie qui, lors du jugement qui préjudicie à ses droits, n'a été ni appelée, ni représentée par celui ou ceux contre qui il a été rendu; mais ils se divisent dans la manière d'établir leurs moyens de cassation; et le syndic des créanciers Chauvel leur oppose aussi des défenses différentes.

Les acquéreurs invoquent les lois romaines qui décident que les jugemens rendus contre le vendeur postérieurement à la vente, n'ont pas l'autorité de la chose jugée contre l'acheteur, et que par conséquent l'acheteur n'est pas représenté dans ces jugemens par le vendeur (1).

Qu'importe (ajoutent-ils) que, lors de nos acquisitions, il existât une opposition hypothécaire, au profit des créanciers Chauvel, sur les biens que nous avons acquis? une opposition au bureau des hypothèques n'était, sous l'édit de 1771, comme l'inscription hypothécaire n'est aujourd'hui, qu'un acte purement conservatoire, qui ne constitue pas le droit d'hypothèque et n'en est même pas l'exercice. Aussi ne prétendons-nous pas nous soustraire, par le seul effet de nos acquisitions, à l'opposition qui existait au moment où nous les avons faites: nous demandons seulement à être admis à prouver que cette opposition était mal fondée, que l'hypothèque qu'elle tendait à conserver, n'existait pas; et qu'elle n'existait pas, parce que, par le contrat qu'elle avait pour base, il n'y avait d'obligé envers Chauvel, qu'Auvray, son coacquéreur des habitations de Saint-Domingue, sans que Bivel y eût la moindre part.

Le syndic des créanciers Chauvel répond à ces moyens, que ce n'est pas aux lois romaines qu'il faut avoir recours sur la question dont il s'agit; que cette question appartient toute entière au droit français, qui a introduit les décrets volontaires et les lettres de ratification inconnues dans le droit romain; et qu'elle est décidée contre la tierce-opposition, par les arrêts du parlement de Paris rapportés dans le *Répertoire de Jurisprudence*, aux mots *Tierce-Opposition*, §. 2, art. 4.

Quant aux sieurs Dupont, Bernainville et Savary, ils exposent d'abord que les jugemens et arrêts auxquels ils ont formé tierce-opposition, leur portent un grand préjudice en leur qualité de garans des acquéreurs, qu'ils n'y ont pas été parties et qu'ils n'y ont pas été appelés.

Il ne reste donc plus (continuent-ils) qu'à savoir si nous y avons été représentés, soit par le curateur à la succession vacante de Bivel, soit par la dame Bacheler qui avait accepté cette succession sous bénéfice d'inventaire?

Or, comment l'un ou l'autre nous aurait-il représentés dans ces jugemens et arrêts?

On dira sans doute que nous n'étions, comme syndics des créanciers Auvray et Bivel, que les mandataires de ces créanciers; qu'un créancier est l'ayant-cause de son débiteur; que celui-ci représente celui-là; que, pour qu'un jugement rendu contre le débiteur, ait l'autorité de la chose jugée contre le créancier, il n'est pas nécessaire que le créancier y ait été appelé; et que, dès-lors, les jugemens et les arrêts rendus contre la succession de Bivel, sont censés avoir été rendus contre nous.

Mais ce n'est point en notre qualité de créanciers de Bivel, que nous prétendons avoir dû être appelés dans les jugemens et les arrêts rendus contre lui ou sa succession: notre droit est fondé sur un autre titre; il dérive de l'obligation que nous avions personnellement contractée de garantir les payemens faits par les acquéreurs. Devenus, par cette obligation, garans et cautions de la validité de ces payemens et par conséquent du vendeur, nous aurions pu, dans le droit romain, et suivant la loi 5, D. *de appellationibus*, appeler des jugemens rendus contre le vendeur lui-même. Or, Pothier établit, dans son *Traité des Obligations*, n. 908, que ce droit d'appeler est remplacé, dans notre jurisprudence, par celui de former tierce-opposition.

Le syndic des créanciers Chauvel répond à ces moyens de cassation, par le dilemme suivant.

Ou vous formiez votre tierce-opposition comme syndics des créanciers Bivel, ou vous la formiez comme garans des payemens faits par les acquéreurs. Or, ni l'une ni l'autre qualité ne m'obligeait de vous appeler dans les instances sur lesquelles ont été rendus les jugemens et les arrêts que vous attaquez.

La première ne m'y obligeait certainement point, puisqu'elle n'existait plus, lorsque ces instances ont été introduites, et qu'elle avait cessé par l'effet du concordat de l'an 6 qui avait replacé Bivel à la tête de ses affaires.

La seconde ne m'y obligeait pas davantage; car la garantie à laquelle vous vous étiez soumis envers les acquéreurs, m'était étrangère; ce n'était point envers moi que vous en aviez contracté l'obligation; elle ne pouvait donc pas me mettre dans la nécessité de vous appeler dans les procès que j'ai intentés contre le débiteur dont vous vous étiez rendus cautions envers des tiers. Inutilement vous prévalez-vous des lois romaines qui ouvraient la voie d'appel à la caution contre les jugemens rendus au préjudice du débiteur principal. Il est évident que ces lois ne parlent que du jugement obtenu par le créancier envers lequel sa caution s'est obligée; et ce n'est point de pareils jugemens qu'il est ici question, puisque vous n'avez personnellement contracté aucune obligation envers les créanciers Chauvel. D'ailleurs, vous fussiez-vous

(1) *V.* l'article *Chose jugée*, §. 2.

rendus cautions à leur profit, lès jugemens rendus entre eux et le débiteur principal, n'en seraient pas moins à l'abri de toute tierce-opposition de votre part : c'est un point jugé par un arrêt de la cour de cassation, du 27 novembre 1811 (1).

On pressent sans peine, d'après ces défenses respectives, que le recours en cassation des acquéreurs a dû être accueilli, et que celui des sieurs Dupont, Bernainville et Savary a dû être rejeté.

Effectivement, par arrêt du 20 février 1816, au rapport de M. Ruperou,

« Vu l'art. 474 du Code de procédure civile...;

» Considérant que cet article ne fait que confirmer les anciens principes sur la tierce-opposition, principes fondés sur la raison et fixés par la doctrine des auteurs qui enseignent que, pour être admis à former tierce-opposition contre un jugement ou un arrêt, ce n'est pas assez qu'on n'y ait pas été partie, qu'il faut encore qu'on ait dû l'être, parce que, s'il suffisait d'avoir intérêt de détruire un jugement, pour être recevable à l'attaquer par la voie de la tierce-opposition, on ne serait jamais assuré de la stabilité d'un jugement obtenu de bonne foi;

» Considérant que de ces principes il résulte que, si le tiers détenteur, assigné en déclaration d'hypothèque, en vertu de jugemens ou arrêts rendus avant son acquisition, contradictoirement avec son vendeur, ne peut être admis à former tierce-opposition contre ces jugemens ou arrêts, par la raison que ce dernier, dont il est l'ayant-cause, n'a pu lui transférer plus de droit qu'il n'en avait lui-même, quand il a consenti la vente; il n'en est pas ainsi lorsque les arrêts ou jugemens ont été rendus postérieurement à une vente authentique. Dans ce dernier cas, le vendeur, dessaisi de tous droits sur l'immeuble vendu, ne représente, à aucun égard, l'acquéreur auquel il les a transmis; personne ne peut, en l'absence de cet acquéreur, ni l'évincer d'une partie de son acquisition, ni obtenir des jugemens, dont la conséquence serait de l'obliger à payer une seconde fois, ou à délaisser par hypothèque; et si semblable jugement est obtenu, comme l'acquéreur eût dû y être appelé, il est en droit d'y former tierce-opposition;

» Considérant enfin que l'opposition aux hypothèques formée antérieurement à la vente, était bien l'annonce d'une prétention, l'acte conservatoire d'une créance possible; mais qu'elle n'avait acquis à l'opposant aucun droit absolu contre ceux qui pourraient avoir intérêt à contester la créance par lui prétendue; que les acquéreurs peuvent de plusieurs manières se trouver avoir semblable intérêt; que, dans l'espèce, il leur a été légitimement acquis, puisqu'ayant payé leur prix, on veut qu'ils payent une seconde fois, ou qu'ils délaissent : d'où il résulte que l'antériorité de l'inscription sur la vente ne devait pas faire écarter leur tierce-opposition,

» Par ces motifs, la cour casse et annulle;

» Faisant pareillement droit sur le pourvoi des sieurs Dupont, Bernainville et Savary;

» Attendu qu'ils n'étaient point admissibles à former tierce-opposition aux jugemens et arrêts dont il s'agit, ni comme anciens syndics des créanciers de la masse Auvray et Bivel, ni comme garans personnels des tiers détenteurs de la faillite Bivel;

» *Comme anciens syndics des créanciers*, parce que les débiteurs faillis avaient été rétablis par tous les créanciers dans l'entier exercice de leurs droits; que, depuis cette époque, eux seuls les ont exercés et pu les exercer; et que, lors des jugemens et arrêts dont il s'agit, le curateur à la succession vacante de Bivel, et ensuite son héritière bénéficiaire ont légalement représenté et la succession et les créanciers de celle-ci;

» *Comme garans*, parce que cette prétendue garantie ne procédant que d'une convention qui leur est personnelle et qui est étrangère au syndic de la faillite Chauvel, il n'a pu en résulter, pour celui-ci, aucune nécessité de les appeler dans les instances où il discutait ses droits contre la succession Bivel; qu'il ne pouvait résulter, pour eux, de la garantie dont ils se disent tenus, que la faculté d'intervenir sur la tierce-opposition formée par les acquéreurs; faculté dont ils n'ont pas usé, mais qu'ils peuvent exercer, s'il y a lieu, et sauf les défenses contraires, devant la cour à laquelle le fond de la contestation est renvoyé;

» Par ces motifs, la cour rejette ledit pourvoi..... ».

§. X. *Le cessionnaire d'une créance peut-il former tierce-opposition au jugement qui, postérieurement au transport, mais avant qu'il fût signifié au débiteur, a été rendu entre celui-ci et le cédant, et par lequel la créance a été déclarée éteinte?*

V. l'article *Transport* (*Cession et*), §. 6.

OPPOSITION AU SCEAU. *V.* l'article *Lettres de ratification*.

OPTION. — §. I. *Examen de la maxime triviale* ELECTA UNA VIA, NON DATUR RECURSUS AD ALTERAM (dans le concours de deux voies

(1) *V.* le *Répertoire de jurisprudence*, aux mots *Opposition* (*tierce-*), §. 2, art. 2, n. 2; et ci-après l'article *Transfert*.

ouvertes, celui qui en a pris une, ne peut plus revenir à l'autre). *Quels sont les cas où elle reçoit une juste application ?*

On abuse si souvent de cet adage, et je suis encore tellement frappé de l'erreur dans lequel il a, depuis peu, entraîné des magistrats plus éminens encore par leurs lumières et leur sagacité, que par le haut rang qu'ils tiennent dans la hiérarchie judiciaire, que je crois devoir le soumettre ici au creuset d'un examen approfondi et détaillé.

I. D'abord, il n'est écrit, en termes généraux et positifs, dans aucune loi, soit ancienne, soit nouvelle. Les interprètes du droit romain l'ont mis en avant comme une conséquence de plusieurs textes particuliers qui l'avaient pris pour règle de leurs dispositions.

Voici les plus remarquables de ces textes.

Un effet que je vous avais prêté, vous a été volé par votre faute. Informé du vol, je trouve que deux actions me sont ouvertes : l'une contre le voleur en restitution de ma chose; l'autre, contre vous en payement de ce qu'elle vaut. D'abord, puis-je les exercer toutes deux, soit ensemble, soit séparément ? Je le puis sans doute, comme le dit Raviot sur Perrier, tome 2, page 289, d'après les principes de la jurisprudence française, parce que vous et le voleur êtes devenus, vous, par votre imprudence, et lui par son délit, mes co-obligés solidaires. Mais il en est autrement dans le droit romain, par des raisons qu'il serait trop long de développer. Suivant les règles de ce droit, je ne puis, ni cumuler mes deux actions, ni passer de l'une à l'autre : si j'agis contre le voleur, vous êtes, par cela seul, déchargé de toute poursuite de ma part; et si j'agis contre vous, c'est à vous qu'appartient désormais le droit d'agir contre le voleur. Telle est la disposition de la loi 22, §. 1, C. *de furtis* (1).

Par suite d'une société que j'ai contractée avec vous, nous nous trouvons co-propriétaires d'un bien dont vous avez seul perçu les fruits, ou dans lequel j'ai fait des améliorations. Pour récupérer ma part des fruits, ou pour vous faire condamner à me rendre la moitié de mes dépenses, deux actions me sont ouvertes : l'action *pro socio* et l'action *communi dividundo*. Mais il faut que j'opte entre l'une et l'autre; et une fois mon option faite, je ne peux plus varier. C'est la décision expresse de la loi 38, §. 1, D. *pro socio* (1).

Le droit romain donnait à celui qui avait contracté avec un fils de famille ou un esclave, faisant un commerce séparé, deux sortes d'actions contre le père ou le maître : c'étaient l'action *tributoria* et l'action *de peculio*. Mais, aux termes de la loi 9, §. 1, D. *de tributoriâ actione* (2). On ne pouvait pas, après avoir intenté l'une, revenir à l'autre.

Il en était de même dans le concours de l'action *quod jussu* avec l'action *de peculio*. Celui qui prétendait n'avoir contracté avec un fils de famille ou un esclave, que de l'ordre du père ou du maître, pouvait intenter, à son choix, l'une ou l'autre action contre le maître ou le père; mais après avoir agi *de peculio*, il ne pouvait plus agir *quod jussu*; et réciproquement. Ainsi le décidait expressément la loi 4, §. 5, D. *quod cùm eo qui in alienâ potestate* (3).

Le droit romain accordait à l'acheteur d'une chose qui, après la délivrance que le vendeur lui en avait faite, se trouvait infectée d'un vice rédhibitoire, deux sortes d'actions : l'une tendante à la résolution de la vente, et qui devait être intentée dans l'année : c'était l'action *redhibitoria*; l'autre tendante à faire réduire le prix de la vente, et dont l'exercice était limité à six mois : c'était l'action *quanti minoris*. Mais l'acheteur ne pouvait pas varier; et s'il succombait dans l'une, l'autre lui était irrévocablement fermée, quoiqu'elle ne fût pas encore prescrite. C'est ce que décidait la loi 25, §. 1, D. *de exceptione rei judicatæ* (4).

---

(1) *Nobis simplicior sententia placuit, ut in domini sit voluntate sive commodati actionem adversùs res accipientem movere desiderat, sive furti actionem adversùs eum qui surripuit : et alterutrâ earum electâ, dominum non posse ex pœnitentiâ ad alteram venire actionem; sed si quidem furem elegerit, illum qui rem utendam accepit, penitùs liberari; sin autem, quasi commodator, veniat adversùs eum qui rem commodatam accepit, ipsi quidem nullo modo competere posse adversùs furem furti actionem, eum autem qui pro re commodatâ convenitur, posse adversùs furem quidem furti actionem habere; ita tamen si dominus sciens rem esse surreptam, adversùs eum cui res commodata fuit perveniat*

(1) *Si tecum societas mihi sit, et res ex societate communes, quam impensam in eas feceris, quosve fructus ex his rebus ceperis, vel pro socio, vel communi dividundo me consecuturum, et altera actione alteram tolli Proculus ait.*

(2) *Eligere quis debet quâ actione experiatur, utrùm de peculio an tributoriâ, cùm scit sibi regressum ad aliam non futurum.*

(3) *Is qui de peculio agit, cùm posset quod jussu, in eâ causâ est ne possit quod jussu posteà agere.*

(4) *Est in potestate emptoris, intrà sex menses redhibitoriâ agere mallet, an eâ quanti minoris homo cùm venierit, fuerit. Nam posterior actio etiam redhibitionem continet, si tale vitium in homine est ut eum ob id actor empturus non fuerit; quare verè dicetur eum qui alterutrâ earum egerit, si alterâ posteà agat, rei judicatæ exceptione summoveri. V.* Voët, sur le Digeste, liv. 21, tit. 1, n. 6.

Le légataire avait, pour se faire payer son legs, trois actions différentes contre l'héritier : l'action personnelle, l'action hypothécaire et l'action réelle en revendication. Mais il faut, disait la loi 76, §. 8, D. *de legatis* 2.° (1), qu'il fasse un choix entre ces trois actions; ce qui semble insinuer qu'après l'avoir fait, il ne pouvait plus varier.

Je vous ai vendu un bien sous la condition que, si vous n'en payez pas le prix dans tel terme, je pourrai, en tenant la vente pour résolue de plein droit, rentrer dans ma propriété. Le terme expiré sans que vous ayez rempli votre engagement, je puis, à mon choix, exiger de vous le prix que vous me devez, ou reprendre mon bien. Si je réclame mon bien, je renonce, par cela seul, dit la loi 4, §. 2, D. *de lege commissoriâ* (2), au droit de vous en demander le prix. Mais, ajoute la loi 7 du même titre (3), si je vous en demande le prix, ou même seulement les intérêts (4), je renonce à mon droit de faire résoudre la vente (5).

C'est d'après ces différens textes que les interprètes du droit romain ont mis en principe que, dans le concours alternatif de plusieurs actions, l'exercice de l'une éteint les autres : *in concursu actionum alternativo, si actio semel in judicium sit deducta, statim submovetur altera* : ce sont les termes de Brunneman, sur la loi 22, C. *de furtis et servo corrupto*. La raison en est (dit le président Favre, dans ses *Rationalia*, sur la loi 9, §. 1, D. *de tributoriâ actione*), que le demandeur, en optant l'une des actions qui lui sont déférées, renonce nécessairement aux autres, et qu'il n'est plus permis à celui qui a renoncé à ses actions, de revenir sur ses pas (6).

Et il n'est pas douteux que cette règle n'ait encore lieu dans notre jurisprudence, pour les cas où différentes actions dérivant de la même source, sont offertes alternativement à une partie pour atteindre son objet.

Par exemple, l'art. 1638 du Code civil porte que, « si l'héritage vendu se trouve grevé, sans » qu'il en ait été fait de déclaration, de servitudes non apparentes, et qu'elles soient de » telle importance qu'il y ait lieu de présumer » que l'acquéreur n'aurait pas acheté, s'il en » avait été instruit, il peut demander la résiliation du contrat, si mieux il n'aime se contenter d'une indemnité ».

Il est clair que, si, dans ce cas, l'acquéreur demande une indemnité, il renonce au droit de faire résilier le contrat; et que, s'il demande la résiliation du contrat, il ne peut plus réclamer une indemnité.

L'art. 1644 du même Code porte que, « dans » le cas des art. 1642 et 1643 (c'est-à-dire, lorsque » la chose vendue est infectée de vices rédhibitoires), l'acheteur a le choix de rendre la chose » et de se faire restituer le prix, ou de garder la » chose et de se faire rendre une partie du prix, » telle qu'elle sera arbitrée par experts ». Et il est également clair que, par le choix qu'il fait de l'un de ces deux partis, l'acheteur renonce à l'autre.

II. Mais remarquons bien que cette règle n'a lieu que dans le concours *alternatif* de diverses actions, et qu'elle cesse lorsque les diverses actions ne sont que des moyens subordonnés les uns aux autres pour arriver au résultat d'une action qui est leur but commun.

Par exemple, vous détenez, en vertu d'un testament, une succession qui, sans cet acte, m'appartiendrait *ab intestat*. Je forme contre vous une demande en délaissement d'hérédité, et je l'appuie par une plainte en faux que je dirige contre le testament qui forme votre titre. Si je succombe dans ma plainte, ou même si je m'en désiste, avant qu'il y ait été statué, pourrai-je demander que le testament soit déclaré nul, soit parce qu'il est l'ouvrage d'un testateur non *sain d'esprit*, soit parce qu'il n'est pas revêtu de toutes les solennités prescrites par la loi? Nul doute que je ne le puisse; et c'est ce qu'on a prouvé à l'article *Faux*, §. 6, n. 4.

Une autre observation non moins importante, est qu'il y a des actions qui, bien qu'accordées alternativement à une partie, ne laissent pas

(1) *Variis actionibus legatorum simul legatarius uti non potest, quia legatum datum in partes dividi non potest : non enim eâ mente datum est legatariis pluribus actionibus uti, sed ut latior eis agendi facultas sit ex unâ interim quæ fuerit electa, legatum petere.*

(2) *Eleganter Papinianus, lib.* 3 *responsorum, scribit statim atque commissa lex est, statuere venditorem debere utrum commissoriam velit exercere, an potiùs pretium petere, nec posse, si commissoriam elegit, posteà variare.*

(3) *Post diem commissoriæ legi præstitutam, si venditor pretium petat, legi commissoriæ renuntiatum videtur, nec variare et ad hanc redire potest.*

(4) *Commissoriæ venditionis legem exercere non potest, qui, post præstitum prætii solvendi diem, non vindicationem rei eligere, sed usurarum pretii petitionem sequi maluit.* Loi 4, C. *de pactis inter emptorem et venditorem.*

(5) *V.* ci-après, n. 10.

(6) *Qui ex pluribus sibi competentibus actionibus unam elegit, aliam quam non elegit, repudiare intelligitur in consequentiam necessariam; repudiantibus autem et remittentibus actiones suas dandus non est regressus.* l. 14, §. 9, D. de ædilitio edicto. *Eligere igitur actor benè debet quâ actione velit agere, aut malæ electæ actionis periculum et damnum ultrò subire. Eligendo autem actionem dummodo competentem (nam inter eam quæ competit, et illam quæ non competit, non cadit electio) utramque consumit, et illam quam exercet, quia competit, et illam quam non exercet, quia illam repudiavit.*

d'être de telle nature qu'il y en a une qui ne peut être exercée que subordonnément à l'autre, et que le défendeur peut, en adhérant à celle-ci, se soustraire à celle-là.

Nous en trouvons un exemple dans l'art. 1184 du Code civil.

« La condition résolutoire (y est-il dit) est toujours sous-entendue dans les contrats synallagmatiques, pour le cas où l'une des parties ne satisferait point à son engagement.

» Dans ce cas, le contrat n'est point résolu de plein droit. La partie envers laquelle l'engagement n'a point été exécuté, a le choix, ou de forcer l'autre à l'exécution de la convention, lorsqu'elle est possible, ou d'en demander la résolution avec dommages-intérêts.

» La résolution doit être demandée en justice, et il peut être accordé au défendeur un délai selon les circonstances ».

Il est clair, d'après l'ensemble de ces dispositions, qu'en fait de contrat synallagmatique qui ne contient pas expressément la clause résolutoire, le retard de l'une des parties à exécuter son engagement, ne la met pas immédiatement à la merci de l'autre; que celle-ci a bien le choix de poursuivre l'exécution de l'engagement, ou de faire résoudre la convention; mais que celle-là peut la priver de l'effet de ce choix, en se mettant promptement en règle; que la partie qui veut faire résoudre la convention, doit commencer par demander qu'elle soit exécutée sous peine de résolution, ou, ce qui revient au même quant au résultat, par demander que la résolution soit prononcée, si mieux n'aime l'autre partie l'exécuter sur le champ; que par conséquent l'action à fin d'exécution du contrat, n'exclut pas irrévocablement l'action résolutoire; et que la seconde n'est, à l'égard de la première, qu'un remède supplétif.

On trouvera ci-après, n. 10, un autre exemple de la vérité de cette observation.

III. Une chose qui mérite encore une attention particulière, c'est que la règle dont il s'agit, n'est pas limitée au cas où les actions qui concourent *alternativement*, tendent au même but; et qu'elle s'étend jusqu'à celui où elles tendent à des buts différens, mais où, dans l'intérêt de celui à qui elles sont déférées, elles sont parallèles l'une à l'autre.

C'est ce qui résulte du rapprochement des textes rappelés sous le n.° 1.

Dans les cas prévus par la loi 38, §. 1, D. *pro socio*; par la loi 9, §. 1, D. *de tributoriâ actione*; par la loi 4, §. 5, D. *quod jussu*; et par la loi 76, §. 8, D. *de legatis* 2.°, les diverses actions alternatives dont il y est parlé, ont le même but, savoir, le payement de ce qui est dû à un associé, à celui qui a contracté avec un fils de famille ou un esclave, et au légataire.

Mais les actions alternatives sur lesquelle[s] roulent la loi 22, C. *de furtis et servo corrupto* la loi 25, §. 1, D. *de exceptione rei judicatæ* e[t] les lois 4, §. 2 et 7, D. *de lege commissoriâ*, on[t] des buts différens : ce sont, dans l'espèce de l[a] première, l'indemnité à exiger de l'emprunteu[r] de l'effet volé et la restitution de la chose volé[e] à laquelle il y a lieu de faire condamner le vo[leur]; dans l'espèce de la seconde, la résolutio[n] de la vente par l'action rédhibitoire et la réduc[tion] du prix par l'action *quanti minoris*; dan[s] l'espèce des deux autres, la demande à fin d[e] rentrée en possession du bien vendu, et la [de]mande en payement du prix de la vente.

Or, dans toutes ces espèces, la variation n'es[t] pas plus permise après l'option, qu'elle ne l'es[t] dans les cas qui sont l'objet des lois placées sou[s] les titres *pro socio*, *de tributoriâ actione*, *quo[d] jussu et de legatis* 2.°.

IV. Il y a des lois qui, en donnant au deman[deur] le choix entre deux actions, lui interdisen[t] bien le passage de l'action la plus favorable au défendeur, à celle qui l'est moins, mais qui n[e] s'expliquant pas sur la question de savoir si l[e] demandeur peut passer de l'action la plus rigou[reuse] à la plus favorable, sont, par cela seul censées le lui permettre.

Par exemple, lésé par un délit, je puis pour[suivre] le délinquant, ou par un simple exploi[t] d'assignation devant le juge civil, ou par plaint[e] devant le juge criminel; et si je prends la voi[e] civile, celle de la plainte m'est fermée (1).

Troublé dans la possession d'un immeubl[e] que je prétends m'appartenir, j'ai le choix entr[e] l'action possessoire ou l'action pétitoire, et si j[e] commence par prendre celle-ci, je ne pourra[i] plus exercer l'autre. L'art. 26 du Code de procédure civile en contient une disposition expresse.

Mais comme il m'est permis de renoncer à mo[n] propre avantage, et que mon adversaire ne serait pas recevable à se plaindre de ce que je n'us[e] pas contre lui de toute la rigueur de mon droit je peux, après avoir rendu plainte d'un déli[t] qui m'a causé du dommage et avant qu'il y ai[t] été statué, renoncer à la voie criminelle e[t] prendre la voie civile; comme je peux, après avoir intenté l'action possessoire, m'en désister et revenir à l'action pétitoire.

V. De ce que celui dans la personne duquel concourent alternativement deux actions tendant au même but ou à des buts parallèles, ne peut pas les exercer toutes deux à la fois principalement, s'ensuit-il qu'il ne peut pas les pré-

(1) *V.* le *Répertoire de jurisprudence*, aux mots *Conversion de procès*, et *Plainte*, n. 5.

senter ensemble, en les subordonnant l'une à l'autre?

On sent que, pour qu'il y ait lieu à cette question, il faut que les deux actions soient de nature à pouvoir être proposées devant le même juge : car il est trop évident que si elles ressortissent de différens juges, il est impossible de les cumuler, même par forme de conclusions subsidiaires.

Mais si le même juge est compétent pour connaître des deux actions, il semble qu'à moins que la nature des choses n'y résiste, il doit être permis au demandeur de les cumuler en ce sens qu'en prenant ses conclusions principales aux fins de l'une, il conclue subsidiairement aux fins de l'autre.

Par exemple, quoique le douaire coutumier, lorsqu'il était en vigueur, ne fût pas compatible avec le douaire préfix, et que demander l'un, ce fût renoncer à l'autre, quel obstacle y aurait-il eu à ce qu'une veuve à qui il avait été constitué un douaire préfix qui lui paraissait susceptible de contestation, conclût à ce que ce douaire lui fût délivré, et à ce que, dans le cas où il serait jugé ne lui être pas dû, les héritiers de son mari fussent condamnés à lui faire la délivrance de son douaire coutumier? Aucun sans doute.

Cette opinion paraît d'ailleurs fortement appuyée par la loi 1, §. 4, D. *quod legatorum*. Le droit romain donnait à l'héritier la *pétition d'hérédité* contre celui qui possédait, sans titre ou sous le faux titre d'héritier, un bien dépendant de la succession; et il lui donnait en même temps l'*interdit* ou action possessoire contre le légataire qui, sans délivrance préalable de sa part, s'était mis de fait en possession de la chose qui lui avait été léguée. De là vint la question de savoir quelle conduite devait tenir l'héritier à l'égard du détenteur d'un bien dépendant de la succession, lorsqu'il ne savait pas bien positivement si celui-ci le détenait, ou sans titre, ou sous le faux titre d'héritier, ou à titre de legs. Et il fut répondu par la loi citée, qu'il était en son pouvoir de cumuler les deux actions, en protestant de s'en tenir en définitive, au résultat de celle qui, en définitive, serait trouvée lui appartenir (1); et c'est ce qui fait dire au président Favre, à la suite du passage rapporté plus haut, n.° 1 : *Hoc ita si non sit adeò incertum quænam potiùs actio competat, ut permittendum sit actori utramque dictare, dummodò protestatur ex alterá tantùm velle se suum consequi.*

Et ceci nous conduit à dire qu'encore qu'un vendeur ne puisse pas à la fois exiger le payement du prix que l'acheteur est en demeure de lui payer; et demander la résolution de la vente faute de ce payement, il peut néanmoins, lorsque, se présentant à l'ordre de son bien revendu sur l'acheteur par expropriation forcée, il a des doutes sur la régularité de l'inscription hypothécaire qu'il a prise pour conserver son privilége, joindre à sa demande principale en collocation dans cet ordre, des conclusions subsidiaires à fin de résolution de la vente. C'est ce qu'a en effet jugé un arrêt de la cour d'appel de Caen, du 28 juin 1813, rapporté dans le *Journal des audiences de la cour de cassation*, tome 15, part. 2, page 42.

Le vendeur pourrait même, en concluant directement à la résolution de la vente, déclarer qu'il se contentera du prix, si l'acheteur est prêt à le lui payer. C'est l'avis de Tulden, sur le digeste, titre *de lege commissoriá*, n.° 4. (1)

VI. On se rappelle que, dans le passage transcrit ci-dessus, n.° 1, le président Favre met au principe qu'entre deux actions alternatives, le choix de l'une emporte déchéance de l'autre, la condition que celle qui a été optée par le demandeur, ait été ouverte à son profit : *eligendo actionem* DUMMODO COMPETENTEM *(nam inter eam quæ competit et illam quæ non competit, non cadit electio) utramque consumit.*

Et de là il résulte que, si cette condition manque, c'est-à-dire, si le demandeur a opté pour une action qu'il n'avait pas, son option ne l'empêche pas de revenir à l'autre. C'est ce que prouve en effet, comme le remarque le même magistrat, la loi 11, §. 7, D. *de institoriá actione*. J'ai contracté avec un esclave, en supposant que, dans le commerce qu'il faisait, il agissait comme facteur (*institor*) de son maître; et j'ai, en conséquence, intenté contre le maître, l'action *institoria*. Mais n'ayant pas pu prouver que le maître eût chargé l'esclave de faire, pour son compte, le commerce auquel il se livrait, j'ai été débouté. Puis-je alors revenir à l'action *tributoria*? Je ne le pourrais pas, répond la loi, si mon action *institoria* avait été bien dirigée, c'est-à-dire, si l'esclave eût été véritablement le facteur de son maître. Mais le contraire étant certain, et me trouvant, par l'événement,

(1) *Quia autem nonnunquàm incertum est utrùm quis pro legato, an pro herede, vel pro possessore possideat, bellissimè Arrianus scribit hereditatis petitionem instituendam et hoc interdictum reddendum, ut sive quis pro herede, vel pro possessore, vel pro legato possideat, hoc interdicto teneatur; quemadmodum solemus facere, quotiès incertum est quæ potiùs actio teneat. Nam duas dictamus, cùm protestatione ex alterá nos velle consequi quod nos contingit.*

(1) *Hoc verò*, dit ce jurisconsulte, *cùm circà petitionem ex conjecturá contingat, potuit jus suum contestando venditor conservare : veluti si declaret legem commissoriam esse, se tamen paratum esse stare contractui, si adhuc repræsentetur pretium.*

avoir intenté une action à laquelle il n'y avait pas lieu de ma part; nul doute que l'action *tributoria* ne me reste ouverte : *Si institoriâ rectè actum est, tributoria ipso jure locum non habet; neque enim potest habere locum tributoria in merce dominicâ. Quod si non fuit institor dominicæ mercis, tributoria superest actio* (1).

C'est dans le même esprit que Brunneman, sur la loi 12, D. *de inofficioso testamento*, décide que la variation doit être admise sans difficulté, toutes les fois qu'à la voie qu'on a choisie, il s'opposait un obstacle de droit qui devait en paralyser l'effet : *Si sint duæ viæ*, dit-il, *quarum una alterius electione tollitur, si prima electa non poterit de jure sortiri effectum, potest secunda via ambulari..... et hæc regula valdè utilis, et quotiescumque electio unius remedii est inutilis et effectum habere non potuit, restat alterum remedium, licet aliàs electione unius alterum tollatur;* et il cite, à l'appui de cette doctrine, trois textes fort remarquables du droit romain, savoir, la loi 12, §. 2, D. *de inofficioso testamento;* la loi 5, §. 3, D. *de legatis præstandis, contrà tabulas bonorum possessione petitâ;* et la loi 8, D. *de bonis libertorum.*

La première commence par déclarer que si le fils exhérédé a accepté un legs que lui a laissé son père, il a, par cela seul, approuvé le testament qui contient son exhérédation, et qu'il est, dès-lors, non-recevable à l'arguer d'inofficiosité, ce qui veut dire, en d'autres termes, que l'exhérédé-légataire doit opter entre l'action en nullité de son exhérédation et l'action en délivrance de son legs. Cependant, ajoute le §. 2 de la même loi, s'il a été débouté de sa demande en délivrance du legs, parce qu'il a été produit par l'héritier institué un codicille par lequel le père avait révoqué cette disposition particulière, il peut revenir à la querelle d'inofficiosité (1).

La seconde loi n'est pas moins remarquable : elle se rapporte à ce point de l'ancien droit romain suivant lequel le fils émancipé à qui son père avait laissé un legs sans l'instituer héritier, devait opter (sans pouvoir varier) entre la demande en payement de ce legs, et la demande en possession des biens contre le testament, action fondée sur l'édit du préteur et qui, à quelques différences près, équipollait à la querelle d'inofficiosité (2). Si après avoir obtenu, dit-elle, la possession des biens contre le testament, il en est privé sur l'opposition de l'héritier institué qui prouve qu'il n'est point de la classe des enfans à qui est accordé ce remède du droit prétorien, il peut, en cas qu'il soit capable de recevoir le legs, en former la demande, et il n'a point de fin de non-recevoir à craindre (3).

La troisième loi est relative au droit qu'avait le patron de demander la possession des biens contre le testament de son affranchi qui ne l'avait pas institué héritier jusqu'à concurrence d'une certaine portion. Partant du principe établi par une loi précédente, que le patron est non-recevable à prendre cette voie, s'il a commencé par demander le legs dont l'affranchi l'a gratifié par son testament (4), elle déclare que, si la demende en payement du legs n'a pas eu d'effet, rien n'empêche que le patron qui l'a formée inconsidérément, ne réclame la possession des biens (5); et sans-doute, par une *demande en payement qui n'a pas eu d'effet*, elle entend une demande qui a pour objet, soit un legs nul dans la forme, soit un legs révoqué par un codicille postérieur au testament; car on ne peut pas supposer qu'elle se réfère au cas où la demande ne manquerait son effet que par l'insolvabilité de l'héritier institué qui doit le legs,

(1) *Decidendi ratio* (dit le président Favre, sur cette loi) *est quòd multùm interest an quis eam actionem exerceat quæ competit, an illam quæ non competit. Priore casu, si alia actio æquè competebat quam eligere potuerat, hanc eligendo utramque consumpsit, et eam quam exercuit, et eam quam non exercuit, quia eligere aliam maluit. Hoc enim est, quod toties diximus, amitti et consumi actionem quoties exercetur, scilicet cùm competit ... At cùm quis exercet actionem minimè competentem, neque illam amittit quam non exercet, quamvis competat, quia non illam exercet, neque illam quam exercet, quia non competit; denique non tàm malè agit quàm nihil agit.... Ergò si actum sit institoriâ cùm eo qui dominicæ mercis institor non fuit, cùm actum sit actione omninò non competente, neque consumpta est institoria, quia non competiit, neque tributoria quæ competebat, sed non fuit proposita, neque rursùs per electionem amissa, cùm institoria quæ non competebat, eligi non potuerit : superest igitur tributoria, non quasi una ex duabus competentibus, sed quasi sola competens, nisi eam cùm actione de peculio conferre velis.*

(1) *Si cùm filius ademptum sibi legatum instituerit petere, summotus repetat inofficiosi querelam, præscriptione removendus non est : quamvis enim, agendo, testamentum comprobaverit, tamen est aliquid quod testatoris vitio reputetur, ut meritò repellendus non sit.*

(2) *Constituere igitur apud se debet utrùm contrà tabulas bonorum possessionem petat, an verò legatum persequatur. Si elegerit contrà tabulas, non habebit legatum : si legatum elegerit, eo jure utimur ne petat bonorum possessionem contrà tabulas.*

(3) *Si quis contrà tabulas bonorum possessionem acceperit, deindè apparuerit ex his liberis non fuisse qui eam bonorum possessionem accipere possunt, ex his tamen esse quibus legata præstantur, obtinuit non esse ei denegandam legatorum petitionem.*

(4) *Patronus patronique liberi....., si legatum aut fideicommissum petere maluerint, ad contrà tabulas bonorum possessionem non admittuntur.* Loi 6, §. 4, du titre cité.

(5) *Si verò non habuit effectum petitio ejus, dico non impediri quominùs adjuvetur.*

puisque, si les biens personnels de l'héritier institué ne suffisent pas pour acquitter la condamnation obtenue contre lui par le patron, celui-ci a la ressource non pas précisément de l'action hypothécaire sur tous les biens de l'hérédité, laquelle n'a été introduite dans le droit romain, que par une loi de l'empereur Justinien (1), mais de la demande en séparation des patrimoines (2) qui produit en sa faveur le même résultat; et que, si les biens de l'hérédité sont également insuffisans, le patron n'a plus d'intérêt à demander la possession de l'hérédité elle-même.

Par là se résout d'elle-même une question qui s'est élevée il y a quelque temps : c'est celle de savoir si le vendeur d'un immeuble qui, pour conserver son privilége, a pris une inscription hypothécaire qu'il croyait valable, mais qui se trouve nulle, peut encore, après s'être présenté à l'ordre comme créancier dûment inscrit, et avoir demandé sa collocation pour le prix de ce bien, et lorsqu'il est averti de la nullité de son inscription, conclure à ce que le contrat de vente soit résolu, suivant le droit qu'en donne à tout vendeur non payé, l'art. 1654 du Code civil ?

L'affirmative n'est, comme on le voit, susceptible d'aucun doute, puisque le choix que le vendeur a fait entre les deux actions qu'il croyait lui appartenir, est tombé sur celle qui réellement ne lui appartenait pas, et que la nullité de son inscription avait éteinte à l'avance.

Voici néanmoins une espèce dans laquelle la cour de cassation a maintenu un arrêt qui avait jugé le contraire.

Le 10 septembre 1805, acte par lequel le sieur de Rachais vend au sieur Berthier, négociant, une maison pour le prix de laquelle il accorde d'assez longs termes.

Ce contrat est transcrit au bureau des hypothèques, et une inscription est prise d'office pour le sieur de Rachais.

Le 3 janvier 1810, le sieur de Rachais, voulant faciliter au sieur Berthier le moyen de faire des emprunts pour son commerce, lui accorde la main-levée de cette inscription, quoiqu'il n'ait pas encore touché le prix de la vente.

Mais le 4 juillet suivant, inquiet sur l'insolvabilité du sieur Berthier, il prend une nouvelle inscription.

Le 10 du même mois, et par conséquent avant qu'il se soit écoulé dix jours après cette inscription, le sieur Berthier fait faillite.

La maison que lui avait vendue le sieur de Rachais, est vendue par expropriation forcée à la poursuite des créanciers à qui son acheteur l'avait hypotéquée.

Le sieur de Rachais, appelé dans l'instance comme créancier inscrit, y comparaît et assiste à tous les actes de la procédure, sans demander la résolution du contrat de vente du 10 septembre 1805, parce que se reposant sur son inscription, de la conservation de son privilége qui doit le faire colloquer avant les créanciers hypothécaires du sieur Berthier, il croit n'avoir aucun intérêt à former une pareille demande.

Le procès-verbal d'ordre s'ouvre, et le sieur de Rachais y produit le contrat de vente du 10 septembre 1805, en concluant à ce qu'il y soit colloqué par privilége pour tout le prix qui lui est dû.

Les autres créanciers lui opposent que son inscription ayant été prise dans les dix jours qui ont précédé l'ouverture de la faillite de Berthier, elle est nulle; qu'elle ne lui a conséquemment pas conservé son privilége; et que, dès-lors, il ne peut être considéré que comme un simple créancier chirographaire.

Le sieur de Rachais répond que son inscription n'a pas eu pour objet d'acquérir une hypothèque, mais d'acquérir un privilège; qu'ainsi, elle n'est pas soumise à la disposition de l'art. 2146 du Code civil.

Les créanciers répliquent et prouvent fort bien que l'art. 2146 du Code civil enveloppe dans sa disposition les inscriptions prises pour conserver les priviléges, comme les inscriptions prises pour acquérir des hypothèques.

Le sieur de Rachais prend alors des conclusions subsidiaires en résolution du contrat de vente du 10 septembre 1805.

Les créanciers soutiennent qu'il y est non-recevable, parce qu'il a renoncé à son action résolutoire, tant par son assistance à l'adjudication sur expropriation forcée, que par sa demande en collocation sur le prix.

Jugement qui le décide ainsi. Appel de la part du sieur de Rachais, et le 11 février 1817, arrêt confirmatif de la cour royale de Lyon.

Le sieur de Vantxerre, héritier du sieur de Rachais, se pourvoit en cassation, et soutient que l'art. 1654 du Code civil a été violé ouvertement; que la fin de non-recevoir qui a servi de prétexte à la cour de Lyon pour écarter cet article, est en opposition manifeste avec les art. 1184, 1655 et 1656; qu'en effet, il résulte de ces articles, que le vendeur ne peut exercer son action résolutoire, qu'après avoir fait, pour le payement de son prix, des poursuites qui n'ayent eu aucun résultat; qu'il est donc absurde de tirer des poursuites qu'il a dû faire préalablement à son action résolutoire, une fin de non-recevoir contre cette action même.

(1) *V.* la loi 1, C. *communia de legatis.*

(2) *V.* la loi 7, §. 1, D. *de separationibus*, et les lois 1 et 2, C. *de bonis auctoritate judicis possidendis.*

Par arrêt du 16 juillet 1818, au rapport de M. Lasaudade, « attendu que le sieur de Rachais, » au lieu d'intenter l'action en résiliation, étant » intervenu dans l'instance de saisie immobilière, » sans demander la distraction, s'étant pourvu » dans l'ordre pour être colloqué sur le prix » de son adjudication, ayant ainsi approuvé la » vente, s'est rendu non-recevable dans sa » demande en résolution de la vente par lui » faite; la cour rejette le pourvoi..... ».

Que cet arrêt et celui qu'il maintient, soient contraires aux lois romaines ci-dessus retracées, cela est trop évident pour avoir besoin de preuve. Le sieur de Rachais n'avait assisté à l'adjudication et ne s'était présenté à l'ordre, que comme *créancier inscrit*, tandis que son inscription étant nulle, il ne l'était réellement pas. Comment donc a-t-on pu faire résulter, contre lui, une fin de non-recevoir d'actes qu'il n'avait faits que sous une qualité qu'il n'avait point, et qui se trouvant, par là même, sans consistance, ne pouvaient pas être considérés comme emportant, de sa part, une option qu'il n'avait pas le droit de faire, puisqu'il n'avait point de privilége à réclamer dans l'ordre, et que sa seule ressource était dans l'action résolutoire de sa vente.

Sans doute, l'arrêt de la cour de Lyon ne pouvait être cassé pour avoir contrevenu à des lois romaines qui n'ont plus en France que l'autorité de raison écrite; mais ne devait-il pas l'être pour avoir violé l'art. 1654 du Code civil, en l'éludant par une fin de non-recevoir qui, non-seulement n'était justifiée par aucune loi, mais qui se trouvait même en opposition diamétrale avec le texte précis et formel des art. 1184, 1655 et 1656?

Comme on le verra ci-après, n.° 10, il résulte de ces articles, que, bien loin que la demande en payement du prix emporte renonciation au droit de demander la résolution de la vente, elle forme la condition préliminaire et *sine quâ non* de l'exercice de ce droit.

Or, cela posé, quel argument pouvait-on d'abord tirer contre le sieur de Rachais, de ce qu'il avait assisté à l'adjudication? Encore une fois, il n'avait assisté à l'adjudication que comme *créancier inscrit*; et eût-il été inscrit valablement, son assistance à l'adjudication n'aurait toujours eu pour but que de veiller à ce que la maison fût portée à sa valeur; elle n'aurait par conséquent été, de sa part, qu'un acte de poursuite à fin de payement du prix qui lui était dû.

Il n'avait pas, dit l'arrêt du 16 juillet 1818, usé du droit que lui donnait l'art. 727 du Code de procédure civile, de *demander la distraction* avant l'adjudication définitive. Eh! Qu'importe? L'art. 727 du Code de procédure civile n'établit qu'un droit facultatif et n'attache aucune fin de non-recevoir au non-exercice de ce droit: cela est démontré dans le *Répertoire de juri. prudence*, aux mots *Expropriation forcée*, n. 5 et dès-lors, quelle conséquence pouvait-on tire contre le sieur de Rachais, de ce qu'il ava laissé procéder à l'adjudication sans forme une demande en distraction? Qu'il ait, par là consenti à l'adjudication, cela n'est pas douteux mais comment y avait-il consenti? De la mêm manière qu'il avait précédemment consenti sa propre vente, c'est-à-dire, sous la conditio que le prix de sa propre vente serait payé; cette condition avait affecté l'adjudication, plus ni moins que le contrat du 10 septemb 1805; car, dit l'art. 731 du Code de procédur *l'adjudication définitive ne transmet à l'adju dicataire, d'autres droits à la propriété que ceu qu'avait le saisi*; et puisque le saisi n'avait à propriété, qu'un droit résoluble faute de paye ment du prix, il est clair que l'adjudicatai n'avait acquis rien de plus par l'adjudication.

Quant à la demande en collocation dans l'or dre, que le sieur de Rachais avait formée apr l'adjudication, il n'était pas moins évident qu n'ayant pas eu d'effet à raison de la nullité d l'inscription qui en était la base, elle pouva d'autant moins servir de prétexte à une fin d non-recevoir contre la demande en résolutio de la vente, qu'elle n'avait fait, comme je disais dans des conclusions du 2 décembre 181 dont je parlerai sous le n. 10, *que constate d'autant mieux la nécessité d'en venir à l'actio résolutoire*.

VII. Il peut arriver qu'en intentant une ac tion, le demandeur ignore, par erreur de fait qu'il pouvait en intenter une autre qui tendait ou au même but, ou à un but parallèle. Dan ce cas, peut-il varier? peut-il, après avoir ac quis la connaissance du fait d'où dérive pour lu l'action qu'il n'a pas intentée, revenir à celle-c et abandonner la première?

Brunneman, sur la loi 22, C. *de furtis et serv corrupto*, répond qu'il le peut. La raison en est dit-il, qu'on ne peut pas renoncer à un droit qu l'on ignore: *quia juri ignoto non possum renun ciare, et error facti, re nondùm decisâ, no nocet*; et il ajoute que le texte même qu'il com mente, justifie sa doctrine. En effet, après avoi dans le §. 1 de cette loi, décidé que le prêteu de l'effet volé à l'emprunteur, doit opter entr l'action *commodati* à exercer contre celui-ci, e l'action *furti* à intenter contre le voleur, Justi nien déclare, dans le §. 2, que, si, en intentan l'action *commodati*, le prêteur n'avait pas con naissance du vol, il peut, lorsqu'il en est in formé, et pourvu que les choses soient encor entières, revenir à l'action *furti* contre le vo leur (1).

(1) *Sin autem nescius et dubitans rem non esse apu*

La loi 13, D. *de institoriâ actione*, nous offre une espèce à laquelle s'applique le même principe. Un négociant avait, dans la ville d'Arles, un esclave qu'il avait préposé à un commerce d'huiles, et qu'il avait en même-temps chargé d'emprunter, pour lui, tout l'argent qu'il trouverait. Un particulier qui, de ces deux commissions, ne connaît que la première, prête l'argent à l'esclave dans la ferme croyance que celui-ci l'employera au commerce d'huiles qu'il fait pour le compte de son maître et par son ordre. Point du tout : l'esclave fait un autre emploi de cet emprunt ; et en conséquence, le prêteur est débouté de l'action *institoria* qu'il exerce contre le maître. Mais quelque temps après, il apprend qu'outre la commission de commercer en huiles, l'esclave en avait une pour emprunter de l'argent. Question de savoir s'il peut revenir contre le maître par une nouvelle action fondée sur cette dernière commission ? la loi répond qu'à la rigueur, il devrait être déclaré non-recevable, parce qu'il a consommé tout son droit par l'action *institoria ;* mais qu'il lui reste une action *utile* (1).

eum, commodati actionem instituit, posteà autem, re compertâ, voluit remittere quidem commodati actionem, ad furti autem pervenire : tunc licentia ei concedatur et adversùs furem venire nullo obstaculo ei opponendo, quoniam jam incertus constitutus movit adversùs eum qui rem utendam accepit, commodati actionem ; nisi domino ab eo satisfactum est : tunc enim omnimodo furem à domino quidem furti actione liberari, suppositum autem esse ei qui, pro re sibi commodatâ, domino satisfecit.

(1) *Habebat quis servum merci oleariæ præpositum Arelatæ : eundem et mutuis pecuniis accipiendis. Acceperat mutuam pecuniam : putans creditor ad merces eum accepisse, egit propositâ actione : probare non potuit mercis gratiâ eum accepisse. Licet consumpta est actio, nec ampliùs agere poterit, quasi pecuniis quoque mutuis accipiendis esset præpositus, tamen Julianus utilem ei actionem competere ait.*

On pourrait inférer de cette décision, que si, aujourd'hui, j'avais prêté de l'argent à une femme mariée, dans la confiance qu'elle l'emploierait aux emplettes de ménage pour lesquelles son mari est censé lui avoir donné une autorisation générale, et que, débouté de la demande en remboursement que j'ai formée contre lui, parce que je n'ai pas pu prouver l'emploi du prêt, je revinsse par une nouvelle action fondée sur la preuve que le mari avait expressément autorisé sa femme à faire des emprunts pour des objets étrangers aux dépenses courantes de la maison conjugale, cette nouvelle action devrait être accueillie.

Remarquons cependant que la loi citée dit expressément qu'il résulte du jugement qui a rejeté la première demande, une exception de chose jugée ; car c'est là le sens des expressions *consumpta est actio*, et c'est ainsi notamment que les interprète Brunnemau, sur cette loi même : *respondet*, dit-il, *obstare exceptionem rei judicatæ.*

Ce n'est donc que parce que la première demande a été rejetée par l'effet du dol du mari, qui a dissimulé son autorisation d'emprunter, qu'il y aurait lieu, suivant cette loi, à une nouvelle action *utile* pour le prêteur.

Mais cette manière de procéder ne s'accorderait plus avec les règles de notre jurisprudence : il faudrait, en pareil cas, venir, non par action nouvelle, mais par appel, dans les trois mois du jour où le dol aurait été découvert, ou par requête civile, dans le même délai. *V.* le *Traité de la procédure civile* de M. Pigeau, tom. 1, pag. 566 et 599.

Par la même raison, si une maison que je vous ai donnée à loyer, ayant été consumée par un incendie, je vous poursuis civilement en dommages-intérêts, et qu'ensuite, j'apprenne que c'est vous-même qui méchamment avez mis le feu à cette maison, je pourrai abandonner mon action civile et me pourvoir par voie de plainte devant le juge criminel. On peut voir, dans le *Répertoire de Jurisprudence*, au mot *Délit*, §. 1, que la cour de cassation a rendu quelques arrêts qui sont fondés sur ce principe.

VIII. Du principe qu'en thèse générale, la variation n'est plus admise, après le choix que le demandeur a fait entre deux actions qui lui appartenaient et qu'il savait lui appartenir au moment où il en a exercé une, il s'ensuit tout naturellement que, si le demandeur vient à échouer dans l'action qu'il a intentée, il ne peut plus revenir sur ses pas et reprendre l'action dont il s'était d'abord abstenu.

Cela est sans difficulté, lorsque les deux actions, non-seulement dérivaient de la même source, mais encore tendaient au même but et avaient le même objet.

Dans ce cas, en effet, il résulte nécessairement du rejet de la première, une exception de chose jugée contre la seconde.

Car, pour qu'il y ait lieu à l'exception de chose jugée, dans une instance, il n'est pas nécessaire qu'il y ait identité d'actions entre cette instance et celle qui l'a précédée. Il suffit qu'il y ait, entre l'une et l'autre, identité de parties, d'objet et de cause : *exceptio rei judicatæ obstat* (dit la loi 7, §. 4, D. *de exceptione rei judicatæ*), *quoties inter easdem personas eadem quæstio revocatur, vel alio genere judicii.*

Ainsi, après vous avoir actionné par voie de plainte devant le juge criminel, en réparation du dommage que vous m'avez causé par un délit, je ne pourrai pas, nonobstant le jugement qui vous a renvoyé de ma demande, vous citer pour le même objet devant le juge civil ; et si je le fais, vous m'opposerez victorieusement l'exception de chose jugée (1).

(1) *V.* l'arrêt de la cour de cassation du 1.er brumaire an 13, rapporté dans le *Répertoire de jurisprudence*, au mot *Mandat*, §. 3.

Ainsi, après avoir succombé dans l'action *communi dividundo* que j'avais intentée contre mon associé pour le faire condamner à me restituer des fruits perçus ou à me rembourser des dépenses faites dans un fonds commun entre lui et moi, je ne puis plus former contre lui, par l'action *pro socio*, la demande dont il est déjà déchargé. On se rappelle que c'est la décision expresse de la loi 38, §. 1, D. *pro socio*, citée au numéro premier : *alterâ actione alteram tolli Proculus ait.*

Ainsi, dans le droit romain, et aux termes de la loi 4, §. 5, D. *quod cum eo qui in alienâ potestate*, celui qui avait été débouté de l'action *de peculio* par laquelle il avait demandé à un père ou à un maître, la créance qu'il prétendait avoir sur lui en vertu d'un contrat qu'il avait fait avec le fils de famille ou l'esclave, ne pouvait plus redemander la même créance par l'action *quod jussu*. Il avait beau dire qu'il n'avait succombé dans son action *de peculio*, que parce qu'il n'y avait pas, dans le pécule du fils de famille ou de l'esclave, de quoi le payer; et que maintenant il se présentait armé de la preuve qu'il n'avait contracté avec le fils de famille ou l'esclave, que sur la foi de l'autorisation du père ou du maître : on ne l'eût pas écouté, parce que, pour qu'il y ait lieu à l'exception de chose jugée, il n'est pas nécessaire que la nouvelle demande soit fondée sur les mêmes moyens que la première. En effet, il ne suffit pas, pour écarter cette exception, de proposer des moyens que l'on avait omis dans la première instance (1); et cette exception a tout son effet du moment que les deux demandes sont entre les mêmes parties, qu'elles ont le même objet, et qu'elles dérivent de la même cause. Or, dans l'espèce dont il s'agit dans la loi citée, les parties étaient les mêmes. C'était aussi le même objet, savoir, la créance de celui qui avait contracté envers le fils de famille ou l'esclave. Et enfin, c'était encore la même *cause*; car la *cause* de l'action *de peculio*, était aussi bien que celle de l'action *quod jussu*, le contrat passé entre le fils de famille ou l'esclave et le demandeur (2).

Ainsi, lorsqu'un légataire a été débouté de sa demande en délivrance de legs qu'il avait formée par action personnelle contre l'héritier, il ne peut plus la renouveler, soit par action hypothécaire, soit par revendication; et c'est précisément ce qu'enseigne Voët, sur le Digeste, titre *de obligationibus et actionibus*, n. 16.

En est-il de même, lorsque les deux actions entre lesquelles le demandeur a opté pour celle qui lui a paru la plus convenable à ses intérêts ou à sa position, ne tendaient pas au même but, et n'avaient pas le même objet, quoiqu'elles dérivassent de la même source?

On a déjà vu, n. 1, la loi 25, §. 1, D. *de exceptione rei judicatæ*, décider pour l'affirmative, par rapport au cas où l'acheteur qui, ayant le choix entre l'action *quanti minoris* et l'action rédhibitoire, a intenté la première de préférence à la seconde, et en a été débouté.

Mais comment accorder cette décision avec le principe que, pour qu'il y ait lieu à l'exception de chose jugée, il faut qu'il y ait identité d'objets, *eadem res*? par l'action *quanti minoris*, l'acheteur ne demandait pas la résolution de la vente, il ne concluait qu'à la réduction du prix.

---

(1) *Sufficit enim actorem non errasse in jure actionis quam proposuit, licet in medio actionis eligendo erraverit : medium siquidem actionis non facit actionem nec ut competat, sed tantùm aptitudinem actionis quæ proponitur, ut aptè vel ineptè proposita videatur.* Ainsi s'exprime le président Favre, dans ses *Rationalia*, sur la loi 13, D. *de institoriâ actione*; et cette doctrine est confirmée bien positivement par un arrêt de la cour royale de Paris, du 24 octobre 1816, rapporté, avec celui de la cour de cassation, du 16 juillet 1817, qui l'a maintenu, dans le Recueil de M. Sirey, tom. 18, pag. 134.

(2) C'est ainsi que le président Favre, dans ses *Rationalia* sur ce texte, en motive la décision :

Actiones de peculio et quod jussu, licet diversæ sint, diversasque præstationes habeant, ex eodem tamen fonte et negotio proficiscuntur, proque eodem debito competunt, et inter easdem personas; adeòque quod magis est in actione quod jussu, si peculium aliquod sit, etiam in actione de peculio continetur, quemadmodum redhibitio in actione quantò minoris : habet tantùm electionem actor utrâ malit agere, quoniam aliquandò evenire potest ut expediat ei agere de peculio potiùs quàm quod jussu, si fortè in peculio non minus sit quàm in debito, et jussûs probatio difficilior sit : aliquandò contrà, ut expeditius sit ei agere quod jussu quàm de peculio, si fortè paratæ sint jussûs probationes, et nihil aut minus sit in peculio : §. 1, Inst. h. t.

Ergò utrâ earum actionum actor egerit, si alterâ postea velit agere, exceptione rei judicatæ summovendus est : l. si quis, §. 1, D. *de exceptione rei judicatæ. Neque verò diversitas actionis rem diversam facit aut diversam causam, quoties eadem res est quæ petitur, idem corpus, idem jus, eadem causa petendi, eademque origo petitionis :* l. 11, §. eandem, D. eod. tit.; *quæ omnia hîc concurrunt, ut benè notat Accursius ex* l. 28, §. *exceptio* et §. quæ juravit, D. de jurejurando, *nisi nova aliqua causa supervenerit post actionem propositam.*

Au surplus, il est à remarquer que la loi sur laquelle s'explique ainsi le président Favre, excepte elle-même de sa décision, le cas où le maître, en dissimulant l'autorisation qu'il avait donnée à son esclave, a frauduleusement induit le demandeur à intenter l'action *de peculio* plutôt que l'action *quod jussu : sed si deceptus, de peculio agit, putat Celsus succurrendum ei, quæ sententia habet rationem.* On doit donc appliquer à cette loi ce que j'ai dit plus haut, n. 7, sur la loi 13, D. *de institoriâ actione.*

Pourquoi donc ne pourrait-il pas ensuite demander, par l'action rédhibitoire, que la vente soit résolue? Les deux actions sont bien fondées sur le même *moyen*, savoir, le vice de la chose vendue; mais, nous l'avons déjà dit, l'identité de *moyens* n'empêche pas qu'il n'y ait différence dans les demandes.

La loi elle-même répond à cette difficulté, que l'action rédhibitoire est renfermée dans l'action en réduction du prix; *nam posterior actio etiam redhibitionem continet.* Comment peut-elle y être renfermée? Il faut évidemment, pour cela, qu'elles aient un même objet, et qu'elles tendent à une même fin.

Et en effet, si ces deux actions tendent à des résultats différens, elles ont du moins un même objet immédiat, c'est de faire déclarer que la chose vendue est infectée d'un vice rédhibitoire. Cet objet n'est pas précisément le *moyen* qui leur sert de base, il est la *fin* prochaine de chacune, c'est à cet objet que chacune tend directement; et puisqu'il est commun à l'une et à l'autre, il faut nécessairement reconnaître qu'il y a, dans l'une et l'autre, *eadem res, idem corpus.*

C'est ainsi que, comme je l'ai établi à l'article *Faux*, §. 6, n. 3 et 5, quoique l'action criminelle et l'action civile nées du même délit, tendent à des résultats distincts, savoir, l'une à la vindicte publique, et l'autre à la réparation d'un dommage privé, elles ont néanmoins le même objet immédiat, savoir, de faire décider que le délit qui est leur source commune, a été commis; et que, par cette raison, le jugement qui, sur l'action criminelle, décide, ou que le délit a été commis, ou qu'il ne l'a pas été, a une influence nécessaire et irrésistible sur celui de l'action civile qui s'exerce depuis.

Et par la même raison, si, sur la demande que j'ai formée contre vous, en résolution de la vente que je prétends vous avoir faite d'un immeuble dont vous êtes en possession, mais que vous soutenez tenir à un tout autre titre, il intervient un jugement qui décide que je ne vous ai pas vendu ce bien; je ne pourrai plus ensuite revenir contre vous par une demande en payement du prix de la vente que je soutiens vous avoir faite.

L'arrêt de la cour de cassation, du 30 germinal an 11, qui est rapporté à l'article *chose jugée*, §. 5, n'est pas contraire à cette doctrine. A la vérité, il juge qu'un arrêt rendu sur le mode de payement des intérêts d'une portion d'une créance, n'a pas l'autorité de la chose jugée, relativement au mode des intérêts et du capital de l'autre portion; mais il ne le juge ainsi, que parce que, dans l'une et l'autre affaire, *il était bien question de l'exécution du même acte, mais non pas de la même clause.*

IX. Lorsque les deux actions entre lesquelles on est obligé d'opter, ne sont pas ouvertes contre la même partie, mais doivent être exercées alternativement, ou contre celle-ci ou contre celle-là, si celui à qui elles appartiennent, ne peut pas, après avoir fait condamner la partie contre laquelle il a opté d'agir, recouvrer le montant de la condamnation qu'il a obtenue, lui est-il permis de revenir contre l'autre partie, par l'action qui lui était d'abord ouverte contre elle?

Le droit romain nous offre, sur cette question, trois décisions remarquables.

Voici les deux premières: elles portent sur des espèces étrangères à notre jurisprudence, mais il n'en est pas moins utile d'en bien saisir l'esprit.

Suivant la loi 8, §. 10, D. *de inofficioso testamento*, le fils exhérédé était censé renoncer à la querelle d'inofficiosité, par cela seul qu'il recevait d'un légataire ou d'un esclave de son père, la somme que celui-ci avait chargé l'un ou l'autre de lui compter, et dont il avait fait la condition de son legs ou de son affranchissement; et il résultait de là que le fils exhérédé devait opter entre l'action qu'il avait contre l'héritier institué, pour faire rescinder le testament, et celle qu'il avait contre le légataire ou l'esclave, pour se faire payer la somme que l'un ou l'autre lui devait. Mais qu'arrivait-il, si, après avoir fait condamner le légataire ou l'esclave, il le trouvait insolvable? la loi 12, §. 1, du titre cité, semble faire entendre qu'il ne pouvait pas, pour cela, revenir à la querelle d'inofficiosité; car elle déclare que, par le seul fait de la demande qu'il a formée contre le légataire ou l'esclave, il est déchu de toute action contre l'héritier institué: *Si à statulibero pecuniam petere cœperit, videtur agnovisse parentis judicium.*

La loi 22, C. *de servis et servo corrupto*, paraît plus positive. On a vu plus haut, n. 1, qu'aux termes de ce texte, le prêteur d'un effet volé par la faute de l'emprunteur, devait opter entre l'action qu'il avait contre celui-ci, et celle qui lui était ouverte contre le voleur. Mais de là s'ensuivait-il que, s'il préférait d'agir contre le voleur, et qu'après avoir obtenu contre lui un jugement de condamnation, l'insolvabilité du condamné l'empêchât d'en tirer parti, il ne pouvait plus revenir contre l'emprunteur? oui, répond Godefroy, dans une de ses notes sur le §. 2 de cette loi: *Quid si à fure non possit solidum exigere? nullum regressum adversùs commodatarium etiam locupletem habiturus est;* et c'est, ajoute-t-il, ce qui résulte de ces termes de la loi elle-même: *omnimodo liberari eum qui rem commodatam susceperit, quemcumque causæ exitum adversùs furem dominus habuerit: eâdem definitione obtinente, sive in partem, sive in solidum solvendo sit is qui rem commodatam accepit.*

La troisième décision est implicitement écrite dans la loi 4, §. 2, D. *de lege commissoriâ*, dans la loi 7 du même titre, et dans la loi 4, C. *de pactis inter emptorem et venditorem*, qui sont pareillement transcrites ci-dessus, n. 1. Suivant ces lois, le vendeur qui, par le contrat de vente, s'était réservé la faculté de reprendre son bien, à défaut de payement du prix dans un délai déterminé, était obligé d'opter, à l'expiration de ce délai, entre l'action en payement du prix qui était purement personnelle, et l'action en résolution de la vente qui, étant à la fois personnelle et réelle, pouvait être intentée contre un tiers-acquéreur. Supposons qu'il eût opté pour l'action personnelle, mais que l'insolvabilité de l'acquéreur en eût paralisé l'effet, aurait-il pu ensuite revenir contre le tiers-acquéreur par l'action réelle? les lois citées semblent insinuer que non; car elles déclarent le vendeur déchu de son action résolutoire, par cela seul qu'il s'est borné, après qu'elle lui a été acquise, à se pourvoir en payement du prix contre l'acheteur. Et telle est l'opinion du président Favre, dans ses *Rationalia* sur les pandectes, liv. 18, tit. 3, loi 7 (1).

Mais la loi 6, D. *de lege commissoriâ*, ne fait-elle pas entendre le contraire? Non, et bien loin de là : elle ne roule que sur une espèce particulière, dans laquelle le vendeur, après l'expiration du délai fixé par le pacte-commissoire, avait touché une partie du prix qui restait à payer; et que décide-t-elle? Que le vendeur a renoncé, par lui, au droit de faire résoudre la vente. Et cependant le prix n'est pas encore payé intégralement; il peut même arriver que le vendeur ne parvienne pas à en recouvrer le solde. Que conclure de là, si ce n'est que la loi, s'inquiète fort peu si le vendeur obtiendra ou non de l'acheteur, l'objet entier de son action personnelle; et que son action réelle est irrévocablement éteinte?

A la vérité, Accurse, dans la grande glose sur ce texte, paraît avoir là-dessus quelques doutes : *idem est* (dit-il, au mot *accepisset*) *si tantùm petiit et non habuit, secundùm quosdam* : ces expressions *secundùm quosdam*, semblent insinuer qu'il ne partage pas l'opinion de ceux dont il parle et qui a été depuis soutenue par le président Favre. Aussi, sur le mot *petat* de la loi suivante, ajoute-t-il : *et habeat; aliàs non.* Mais il se rétracte à l'instant même : *immò etsi non habeat*, dit-il.

En effet, l'esprit des lois romaines résiste ouvertement à l'avis vers lequel ce jurisconsulte avait d'abord incliné. Suivant ces lois, la clause résolutoire n'était jamais sous-entendue dans le contrat de vente; et si elle y était omise, le vendeur ne pouvait, ni rentrer dans son bien faute de payement du prix, ni même réclamer ce prix par privilége, à moins qu'il ne se fût réservé formellement une hypothèque (1). Or, quand, après avoir stipulé une clause résolutoire, il s'en départait par la demande qu'il formait en payement du prix, les choses se retrouvaient au même point que si la vente eût été pure et simple. Il ne pouvait donc plus, quel que fût ensuite le résultat de son action en payement, revenir à l'action en résolution de la vente. *Remittentibus actiones suas non est regressus dandus*: on se rappelle que ce sont les termes de la loi 14, §. 6, D. *de ædilitio edicto.*

X. Mais, sur ce dernier point, pouvons-nous encore prendre les lois romaines pour guides? et ne devons-nous pas, au contraire, tenir pour constant que la demande en payement du prix formée après l'expiration du délai fixé par le pacte commissoire, n'élève aucun obstacle à l'exercice de l'action en résolution de la vente?

Sur cette question importante, il est une première observation à faire : c'est que l'ancienne jurisprudence française, s'écartant, avec beaucoup de raison, des subtilités du droit romain, avait mis en principe, comme le fait également le Code civil, que la clause résolutoire était toujours sous-entendue dans le contrat de vente.

Je dis que le Code civil sanctionne ce principe de l'ancienne jurisprudence française; et en effet cela résulte,

1.° De la généralité de l'art. 1654, qui porte : « Si l'acheteur ne paye pas le prix, le vendeur » peut demander la résolution de la vente »;

2.° Des termes non moins généraux de l'art. 1655, qui ajoute : « La résolution de la » vente d'immeubles est prononcée, si le vendeur est en danger de perdre la chose et le » prix; si ce danger n'existe pas, le juge peut » accorder à l'acquéreur un délai plus ou moins » long, suivant les circonstances : ce délai passé » sans que l'acquéreur ait payé, la résolution de » la vente sera prononcée »;

3.° De l'opposition qu'il y a entre cet article et le suivant dans lequel est prévu spécialement le cas où la clause résolutoire a été expressément réservée par le vendeur : « S'il a été stipulé lors » de la vente d'immeubles, que, faute de payement du prix dans le terme convenu, la vente » serait résolue de plein droit, l'acquéreur peut » néanmoins payer après l'expiration du délai, » tant qu'il n'a pas été mis en demeure par une » sommation; mais après cette sommation, le » juge ne peut pas lui accorder de délai »;

(1) *Nec distinguendum est an pretium quod petiit, habuerit necne. Tantùm enim potest sola petitio quantùm acceptio, ut legi commissoriæ renunciasse venditor intelligatur, cùm id ex solius venditoris arbitrio et voluntate pendeat, non ex consensu emptoris.*

(1) *V.* Pothier, *Traité du contrat de vente*, n. 475.

4.° Du rapport fait au tribunat, le 12 ventôse an 12, où nous lisons, sur les art. 1654 et 1655, que, « s'il n'a pas été stipulé dans l'acte qu'à » défaut de payement, la vente serait résolue » de plein droit, le vendeur non payé peut cependant s'adresser à la justice pour faire prononcer cette résolution : elle sera prononcée » sur-le-champ, si le vendeur est en danger, etc. »;

5.° Du discours du rapporteur du tribunat à la séance du corps législatif, du 15 du même mois, dans lequel les deux mêmes articles sont signalés comme faits pour le cas où « le contrat » ne contient pas de stipulation relativement à » la résolution de la vente par le défaut de payement du prix ».

Cela posé, il est d'abord certain que, dans les cas où la clause résolutoire n'est que sous-entendue, l'action en résolution de la vente peut encore être exercée après que le vendeur a vainement tenté, par l'action en payement du prix, de forcer l'acheteur à remplir ses engagemens. Cela résulte et de ce que j'ai dit plus haut, n.° 2, sur les dispositions de l'art. 1184 qui sont communes à tous les contrats synallagmatiques, et plus spécialement encore de l'art. 1655 qui, lorsque la résolution de la vente n'a pas été expressément stipulée par le contrat, n'autorise le juge à la prononcer, qu'après que le vendeur a épuisé les moyens qu'il avait de se faire payer. C'est d'ailleurs ce qu'ont jugé formellement deux arrêts de la cour royale de Paris, l'un du 11 mars 1816, rapporté par M. Sirey, tome 17, part. 2, page 1; l'autre, dont je ne connais pas la date précise, mais qui a été rendu en novembre ou décembre 1819, et par lequel a été confirmé un jugement contradictoire du tribunal de première instance du département de la Seine, du 20 mai 1818, entre les syndics de la faillite de Jean Dony, cessionnaire du sieur Contamine, et le sieur Bourdon, créancier du sieur de Montaignac.

Mais ne faut-il pas aller plus loin, et dire que, même dans le cas où il y a eu, par le contrat, stipulation expresse de la résolution de la vente, faute de payement du prix dans le terme convenu, le vendeur peut encore, après avoir inutilement poursuivi l'acheteur à fin de payement, revenir à l'action résolutoire, non-seulement contre l'acheteur personnellement, mais même contre un tiers-acquéreur?

On sent, en effet, que, dans ce cas, on ne peut plus opposer au vendeur, comme on le faisait sous le droit romain, que, par sa demande en payement du prix, il a renoncé à son action résolutoire, puisqu'aux termes de l'art. 1656, son action résolutoire a dû nécessairement être précédée d'une sommation en payement.

C'est au surplus ce qu'a jugé bien positivement un arrêt de cassation du 2 décembre 1811, rapporté, avec les conclusions sur lesquelles il a été rendu, dans le *Répertoire de jurisprudence*, au mot *résolution*, tome 15 de la 4.e édition.

§. II. *Lorsqu'après avoir accordé à une partie un délai déterminé pour faire une option, avec déclaration expresse que, faute de l'avoir faite dans ce délai, elle en sera déchue, le même tribunal peut il refuser de prononcer la déchéance, quoique l'option n'ait été faite qu'après l'expiration du délai fixé?*

V. l'article *Chose jugée*, §. 12.

ORDONNANCE DE MVCXXIX. *V.* l'article *Code Michaud.*

ORDONNANCE DE MVCLXVII. *Avant le Code de procédure civile, cette loi était-elle obligatoire dans le ressort du parlement de Douay?*

V. l'article *Appel*, §. 1, n. 10.

ORDONNANCE DE MVCLXXIII. *Avant le Code de commerce, cette loi était-elle obligatoire dans le ressort du conseil d'Artois et notamment à Dunkerque?*

V. l'article *Séparation des biens entre époux*, §. 2.

ORDONNANCE DE PRÉSIDENT DE COUR D'ASSISES. V. l'article *Président de cour d'assises.*

OU. *V.* les articles *Conjonctive*, *disjonctive*, *Et*, et *Substitution fideicommissaire*, §. 3.

PACTE AMBIGU ou OBSCUR. *V.* l'article *Vente*, §. 10.

PACTE COMMISSOIRE. *V.* les articles *Emphytéose*, §. 3; *Option*, §. 1, nos. 1, 9 et 10; et *Résolution*, §. 1.

PACTE DE SUCCÉDER. *V.* les articles *Partage*, §. 2; *Succession future et Testament conjonctif.*

PAYEMENT. *V.* l'article *Payement.*

PAILLES. *V.* l'article *Fumier.*

PANAGE. *V.* l'article *Pâturage.*

PAPIER-MONNAIE. — §. I. *La disposition de la loi du 25 messidor an 3, qui a défendu aux débiteurs de se libérer en papier-monnaie, avant l'échéance de leurs dettes, est-elle applicable à ceux qui avaient, par le titre constitutif de leurs dettes même, la faculté de se libérer dans un espace donné?*

Voici ce que j'ai dit sur cette question, à

l'audience de la section des requêtes de la cour de cassation, le 3 ventôse an 10 :

« Antoine Leblanc et son épouse vous demandent la cassation d'un jugement du tribunal d'appel de Paris, du 16 germinal au 9, qui, en confirmant un jugement du tribunal civil de l'arrondissement de Bar-sur-Aube, du 1.er thermidor an 8, déclare nul le remboursement fait par eux au cit. Pillard, le 7 fructidor an 3, d'une somme de 5,000 francs qu'ils devaient à celui-ci, mais qu'ils n'étaient tenus de lui payer que *dans le cours de dix années,* à compter du 5 floréal an 2.

» Ce jugement et celui qu'il confirme, sont fondés sur les art. 1.er et 5 de la loi du 25 messidor an 3; et il s'agit de savoir si ces deux articles ont été justement appliqués par l'un et par l'autre.

» Il n'y a et il ne peut y avoir aucune difficulté sur l'art. 5 : les demandeurs soutiennent, à la vérité, que cet article serait inapplicable à leur remboursement, même dans le cas où leur remboursement serait susceptible de l'application de l'art. 1.er; mais ce système ne vous paraîtra sûrement pas digne d'être réfuté; et vous penserez, sans doute, que, si, d'après l'art. 1.er, le cit. Pillard ne pouvait pas être contraint de recevoir leur remboursement, l'art. 5 doit rendre sans effet et comme non avenue, l'acceptation qu'il en a faite, sans énoncer dans sa quittance qu'il connaissait la loi du 25 messidor an 3; vous penserez, en un mot, que la question de savoir si l'art. 5 a été faussement appliqué par le jugement qu'ils attaquent, est absolument subordonnée à la question de savoir si ce même jugement a fait une fausse application de l'art. 1.er

» C'est donc sur l'art. 1.er, que doit se fixer toute notre attention, et vous savez comment il est conçu : « Aucun créancier ne peut être » contraint de recevoir le remboursement de » ce qui lui est dû, avant le terme porté au » titre de sa créance ». — Il n'y a là, comme vous le voyez, aucune distinction entre les différentes espèces de termes qui peuvent avoir été apposés à l'obligation contractée en faveur du créancier : la loi veut que le défaut de révolution complète du terme, quel qu'il soit, devienne, pour le créancier, une dispense de recevoir, comme elle est, pour le débiteur, une dispense de payer.

» Cependant, les demandeurs prétendent que cet article n'a pas dû empêcher le remboursement qu'ils ont fait au cit. Pillard, le 7 fructidor an 3; et ils se fondent sur la manière dont est stipulé le terme que le cit. Pillard leur avait accordé par le contrat du 5 floréal an 2 : « Laquelle somme (porte ce contrat), lesdits acquéreurs ont promis, et se sont obligés de » payer audit. cit. Pillard, *dans le cours de » dix années, à compter de ce jour;* et jusqu'à » ce temps, s'obligent de payer au vendeur les » intérêts de ladite somme, *lesquels intérêts diminueront à fur et mesure des payemens que » les acquéreurs pourront faire* ».

» Il est évident que, par cette clause, les demandeurs demeuraient maîtres de rembourser avant l'expiration des dix années; qu'ils pouvaient rembourser le premier, comme le dernier jour du terme qui leur était fixé; et que cependant le cit. Pillard ne pouvait rien exiger d'eux, aux intérêts près, tant que les dix ans ne seraient pas entièrement révolus.

» Cela posé, voici comment les demandeurs raisonnent. — Dans les obligations à terme, il ne faut pas confondre les différentes clauses qui expriment l'intention des contractans. Il en est qui permettent expressément au débiteur de se libérer tous les jours, mais qui l'y obligent après un certain temps. Il en est qui ne font qu'obliger le débiteur de payer à une époque fixe. Il en est d'autres qui lui ôtent la faculté de s'acquitter avant cette époque. — Dans le premier cas, continuent les demandeurs, le terme peut être appelé *facultatif;* il est *limitatif* dans le second, et *prohibitif* dans le troisième. Bien évidemment, ce n'est pas pour ce troisième cas, que la loi du 25 messidor an 3 a été faite : il était inutile que le législateur vînt au secours du créancier qui avait pris lui-même ses précautions, en stipulant qu'on ne pourrait pas le rembourser avant un certain terme. Ce n'est pas non plus pour le premier; car le législateur ne pouvait pas ôter à un débiteur le droit qui lui était acquis par son contrat, de se libérer tous les jours que comprendrait son terme de payement. La loi n'a donc été faite que pour le second cas; et pourquoi l'a-t-elle été? parce que le contrat n'exprimant pas, en termes formels, si le terme était stipulé pour le seul avantage du débiteur, on pouvait douter si le créancier ne pouvait pas aussi s'en prévaloir, pour refuser un payement anticipé; c'est ce doute que la loi a résolu en faveur du créancier; et elle a pu le faire, parce que le texte du contrat laissait, à cet égard, le pouvoir législatif dans toute sa latitude. Mais ce n'est point à ce second cas que peut être censée appartenir la clause dont il est ici question; elle appartient visiblement au premier; et dès-là, c'est par une fausse application, c'est par une extension illégale de la loi, que le tribunal civil de Bar-sur-Aube et le tribunal d'appel de Paris ont annullé le remboursement que nous avions fait au cit. Pillard, le 7 fructidor an 3.

» Voilà tout le système des demandeurs : il s'agit maintenant de l'apprécier; et nous commencerons par écarter le moyen de faveur que les demandeurs cherchent à tirer d'un fait qui est expressément démenti par le jugement attaqué : car le jugement attaqué constate que le cit. Pillard avait payé à la caisse nationale, immédiatement après l'adjudication qui lui avait été faite du ci-devant couvent des capucins, la totalité du prix de cette adjudication.

» Pothier, dans son *Traité des obligations*, et avant comme après lui, tous les auteurs qui se sont occupés de cette matière, n'ont distingué que deux sortes de termes de payement : l'un, qui tend à favoriser le débiteur; l'autre, qui n'a pour objet que l'avantage du créancier.

» Il est vrai que, parmi les termes stipulés pour la commodité du débiteur, il en est qui assurent expressément à celui-ci la faculté de se libérer avant leur échéance, tandis que d'autres ne font que la sous-entendre. Mais soit qu'ils expriment, soit qu'ils n'expriment pas cette faculté, elle n'en a pas moins lieu dans un cas comme dans l'autre; et dans celui-ci comme dans celui-là, le débiteur a constamment le double avantage de ne pouvoir être contraint de payer avant l'entière révolution du terme, et de pouvoir payer tous les jours qui précèdent cette époque.

» C'est assez dire que l'art. 1.er de la loi du 25 messidor an 3 est applicable à ces deux cas. En effet, s'il est vrai que cet article a été décrété uniquement pour les termes stipulés en faveur des débiteurs, il est vrai aussi qu'il n'admet aucune distinction entre les différentes manières dont peut être nuancée, dans un contrat, la stipulation d'un terme de cette espèce; et dès qu'il ne distingue pas, de quel droit distinguerions-nous?

» Quel est d'ailleurs le grand objet de cette loi? C'est de raccorder dans la personne du créancier, et de faire marcher de front, relativement aux créances à terme, le droit d'exiger et l'obligation de recevoir. La loi ne veut pas que, pour les créances à terme, l'on puisse forcer de recevoir, le créancier qui ne peut pas exiger. — Elle ne veut pas que, dans les marchés à terme, le débiteur puisse payer malgré le créancier, lorsque le créancier n'a pas le droit de l'y contraindre. Or, ce but, cette volonté de la loi, on les reconnaît dans le terme que les demandeurs appellent *facultatif*, tout aussi bien que dans celui qu'ils qualifient de *limitatif*. Dans le cas du premier comme dans le cas du second, le créancier a les mains liées pour agir jusqu'à l'entière expiration du délai accordé au debiteur; il n'y a donc pas de raison pour ne pas lui appliquer, dans l'un comme dans l'autre, la loi qui, sans distinction, sans exception quelconque, porte qu'*aucun créancier ne peut être contraint de recevoir le remboursement de ce qui lui est dû, avant le terme porté au titre de sa créance*.

» Cette loi n'a pas été faite, comme le prétendent les demandeurs, pour résoudre en faveur du créancier, des doutes qui n'ont jamais existé. Jamais on n'a douté que l'obligation de payer à une époque fixe, ne laissât le débiteur maître de payer auparavant : les lois romaines l'avaient ainsi réglé; et c'est une maxime qui a été, de tous les temps, reconnue parmi nous.

» Encore une fois, la loi n'a eu qu'un seul objet, celui de déclarer franchement qu'à l'avenir, pour les payemens en assignats, le débiteur n'aurait plus la faculté de se libérer avant le terme où il pourrait y être contraint; et encore une fois, elle s'est servie pour cela d'expressions si générales, si indéfinies, qu'il est impossible de les restreindre par des interprétations qui, tout ingénieuses qu'elles peuvent paraître, n'en sont pas moins arbitraires, et incapables, par conséquent, de fixer votre attention.

» Le recours en cassation n'est ouvert que contre les jugemens qui présentent des contraventions manifestes à la loi. Voilà le principe général : il est écrit dans la loi du 1.er décembre 1790, et l'art. 66 de la constitution du 22 frimaire an 8 le renouvelle en termes exprès. Or, dans l'espèce, que trouvons-nous? une contravention manifeste au texte de la loi du 25 messidor an 3? non; et bien loin de là, le jugement attaqué n'a fait qu'appliquer ce texte littéralement, et tel qu'il est conçu. A quoi contrevient donc ce jugement? il contrevient aux exceptions que les demandeurs ont créées, de leur propre autorité, dans une loi générale, et qui par cela seul, n'en est pas susceptible; il contrevient au sens arbitraire et forcé que les demandeurs prêtent à une loi simple et extrêmement claire.....

» Nous estimons qu'il y a lieu de rejeter la requête ».

Arrêt du 3 ventôse an 10, au rapport de M. Poriquet, qui adopte ces conclusions, « attendu que le jugement attaqué ne contient pas de contravention expresse, soit au texte des art. 1.er et 5 de la loi du 25 messidor an 3, soit à l'esprit de cette loi ».

§. II. 1.° *L'acquéreur d'un immeuble hypothéqué a un douaire non-ouvert, qui, par le contrat de vente passé pendant le cours des assignats, a consenti que cet immeuble demeurât spécialement et exclusivement grevé de cette hypothèque, jusqu'à l'ouverture du douaire, et qui en conséquence a retenu entre ses mains une somme équipollente au capital de cette créance, a-t-il, par cela seul, contracté l'obligation d'acquitter le douaire en monnaie métallique?*

2.° *La clause prohibitive de rembourser une portion du prix avant une certaine époque, insérée dans un contrat de vente passé pendant le cours du papier-monnaie, emporte-t-elle, pour l'acquéreur, l'obligation d'acquitter, en monnaie métallique, cette portion du prix?*

Ces deux questions sont traitées dans le plaidoyer suivant, que j'ai prononcé à l'audience de la cour de cassation, section civile, le 21 fructidor an 10, sur la demande en cassation formée par le sieur Bellanger-Desboulets, contre un arrêt de la cour d'appel de Paris, rendu en faveur du sieur Imbert.

« Trois moyens de cassation vous sont présentés par le demandeur : contravention à l'art. 10 de la loi du 16 nivôse an 6, en ce que, par le jugement attaqué, le tribunal d'appel de Paris a ordonné la réduction d'une somme de 240,000 fr. qu'une indication expresse de payement devait en affranchir; contravention à l'art. 11 de la loi du 27 thermidor de la même année, en ce que la réduction a été ordonnée par ce jugement, nonobstant la *soumission contractuelle du cit. Imbert, au payement d'un douaire*; contravention à l'art. 14 de la même loi, en ce que le tribunal d'appel a jugé réductible une somme dont le remboursement était prohibé avant un certain terme.

» De ces trois moyens, les deux premiers rentrent visiblement l'un dans l'autre; car si, dans le contrat de vente du 25 floréal an 3, il y a *indication de payement* au profit des douairiers, bien évidemment il y a aussi, dans le même acte, *soumission*, de la part du cit. Imbert, *au payement du douaire*. — Et réciproquement si, par le contrat de vente, le cit. Imbert ne s'est pas *soumis* à payer le douaire aux enfans qui, le cas arrivant, en seraient créanciers, il est impossible d'apercevoir dans le même acte une véritable *indication de payement*.

» C'est même sur cette identité absolue de l'*indication de payement*, et de la soumission au payement d'un douaire, qu'est fondé l'art. 11 de la loi du 27 thermidor an 6.

» Cette loi, vous le savez, a été faite pour interpréter celle du 16 nivôse précédent, pour lever les doutes qu'elle avait fait naître, pour remplir les lacunes qu'elle avait laissées dans ses dispositions. C'est ce qu'annonce expressément son préambule : *considérant* (y est-il dit) *que la loi du 6 nivôse dernier... exige diverses additions et interprétations....*

» Or, parmi les difficultés qui étaient nées de la loi du 16 nivôse an 6, on remarquait surtout la question de savoir dans quel cas les clauses relatives aux douaires dont les biens vendus étaient éventuellement grevés, devaient être considérées comme *indication de payement*, et par suite, comme faisant obstacle à toute demande en réduction de la part des acquéreurs.

» Et c'est cette question que l'art. 11 de la loi du 27 thermidor a résolue par une distinction infiniment simple : ou l'acquéreur s'est soumis par le contrat au payement éventuel du douaire, ou le contrat ne contient pas cette soumission de sa part.

» Au premier cas, point de réduction pour l'acquéreur; si le douaire est ouvert, ou s'il vient à s'ouvrir, il l'acquittera en monnaie métallique; en attendant, c'est aussi en monnaie métallique qu'il payera les intérêts de la somme à laquelle le douaire est fixé; et cela, dit le législateur, *en conformité de l'art. 10 de ladite loi*, de la loi du 16 nivôse; preuve évidente et sans réplique, que la loi du 27 thermidor ne fait qu'appliquer à la soumission de payer le douaire, la règle établie par la loi du 16 nivôse pour l'*indication de payement*.

» Au second cas, la réduction aura lieu. Et il ne faut pas croire que ce second cas soit celui où le contrat de vente ne parle nullement du douaire; car, si le contrat était absolument muet sur le douaire, quel doute la loi aurait-elle à résoudre à cet égard? quelle raison y aurait-il pour que la loi s'en occupât? La loi ne s'occupe du contrat de vente qui ne contient pas soumission au payement du douaire, la loi n'en fait la matière d'une disposition, que parce qu'elle suppose, dans ce contrat, une clause quelconque relative au douaire; et cette clause, quelle peut-elle être, lorsqu'elle ne consiste pas dans la soumission personnelle au payement du douaire même? Elle ne peut être qu'une clause par laquelle l'acquéreur est, soit autorisé, soit obligé, de retenir une portion du prix de son acquisition pour sûreté du douaire auquel est affecté l'héritage vendu; elle ne peut être qu'une clause par laquelle le vendeur avertit l'acquéreur que l'héritage dont il lui fait la vente, est grevé éventuellement d'un droit de douaire; elle ne peut être qu'une clause par laquelle l'acquéreur est assujetti à souffrir que l'hypothèque du douaire continue de peser sur l'héritage qu'il acquiert.

» Ces notions préliminaires posées et bien conçues, examinons si le tribunal d'appel de Paris a violé, soit l'art. 10 de la loi du 16 nivôse, soit l'art. 11 de celle du 27 thermidor an 6, en jugeant l'un et l'autre inapplicables aux clauses du contrat du 25 floréal an 3, qui sont relatives au douaire éventuellement dû aux enfans du vendeur.

» Certainement, il les aurait violés, s'il eût reconnu en fait que ces clauses contenaient, ou indication de payement du douaire de la part du cit. Bellanger, ou soumission au payement du douaire de la part du cit. Imbert.

» Mais loin de reconnaître en fait un pareil caractère dans ces clauses, il a, au contraire, décidé formellement que ces clauses ne contenaient pas soumission personnelle au douaire, ni par conséquent indication de payement.

» Et de là résulte une conséquence fort simple : c'est que le tribunal d'appel de Paris ne peut pas être accusé d'avoir violé les lois des 16 nivôse et 27 thermidor an 6, mais seulement d'avoir dénaturé les clauses du contrat du 25 floréal an 3, d'avoir manqué au respect que les tribunaux, comme les citoyens, doivent aux contrats en général.

» Or, à cet égard, il se présente naturellement deux observations qui doivent être ici d'un grand poids.

» D'abord, c'est une question si, dans les contrées où le droit romain ne fait pas loi, et le département de la Seine est de ce nombre, la violation d'un contrat peut, comme la violation d'une loi, former un moyen de cassation contre un jugement en dernier ressort; et vous savez, C. M., combien a été jugée diversement cette question qui tient cependant aux premières bases de l'ordre judiciaire, pour ne pas dire, de l'organisation sociale.

» Ensuite, en supposant cette question fondamentale, résolue invariablement comme elle l'a été le plus habituellement, c'est-à-dire, pour l'affirmative, il reste à savoir ce qu'on doit entendre par *violer un contrat,* dans le sens que de cette violation il puisse résulter un moyen de cassation?

» *Violer un contrat,* dans ce sens, c'est juger qu'un contrat dont le caractère est manifestement déterminé, dont l'existence est prouvée authentiquement, n'a point ce caractère ou n'existe pas; c'est juger qu'un contrat dont les clauses ne sont ni obscures ni équivoques, ni même contestées en fait, ne doit point recevoir son exécution; c'est, en un mot, juger ouvertement le contraire de ce que le contrat a expressément prévu et clairement réglé.

» Mais si, dans un contrat, il y a des doutes plus ou moins fondés, soit sur la nature, soit sur le sens de ses clauses; si, au lieu de dispositions claires et précises, il ne présente que des nuages plus ou moins épais; si, en un mot, la manière dont il est rédigé, ouvre un champ vaste aux dissertations conjecturales, et que, dans les débats auxquels il donne lieu, les juges supérieurs se déterminent pour telle interprétation plutôt que pour telle autre, viendra-t-on dire qu'il y a eu, de leur part, violation du contrat; et, sous ce prétexte, admettrez-vous les parties à vous présenter, comme moyens de cassation, ou les *moyens d'appel*, ou les *réponses à griefs* qu'elles ont inutilement fait valoir devant le tribunal dont elles attaquent le jugement? — Loin d'ici un système qui dénaturerait entièrement, et l'institution des tribunaux d'appel et l'institution du tribunal de cassation, système qu'on a voulu naguère vous prêter dans une diatribe qui, par l'excès même de son insolence et par les erreurs de fait dont elle fourmille, est devenu un objet de pitié publique; mais système que vous avez constamment repoussé, et contre lequel dépose votre invariable jurisprudence...... (1).

» Examinons donc si, par le jugement dont se plaint le demandeur, le tribunal d'appel de Paris a violé textuellement le contrat passé entre Bellanger et Imbert, le 23 floréal an 3, ou s'il n'a fait que lui donner une interprétation, sinon à l'abri de toute critique, du moins très-plausible et telle que l'on puisse la défendre, sans abjurer les premières règles de la logique.

» Qu'a décidé, par rapport à cet acte, le tribunal d'appel de Paris? Il a décidé que cet acte ne contenait pas, de la part du cit. Imbert, une obligation personnelle de payer aux enfans du cit. Bellanger, le douaire qui peut un jour leur être dû; il a décidé que cet acte ne contenait, de la part du cit. Imbert, qu'un consentement à ce que la maison qu'il acquérait, demeurât spécialement hypothéquée à ce douaire; il a décidé que cet acte ne contenait, de la part des deux contractans, qu'une stipulation et un engagement hypothécaires.

» Le demandeur soutient qu'en prononçant ainsi, le tribunal d'appel a violé les dispositions de cet acte; et cependant il est forcé de convenir que cet acte n'impose au cit. Imbert ni *soumission* expresse, ni obligation nominativement personnelle, d'acquitter le douaire à sa décharge; mais voici comment il raisonne.

» Il est de principe que, dans les conventions, on doit rechercher quelle a été l'intention des parties contractantes, sans s'embarrasser du sens grammatical des termes. Or, si nous consultons l'acte du 25 floréal an 3, nous n'y trouverons pas, à la vérité, les dénominations formelles et positives de *soumission*, d'*obligation personnelle*; mais la chose s'y fera remarquer partout, et c'est là l'essentiel.

» Dès le début du contrat, le vendeur annonce à l'acquéreur qu'il le garantira de toutes les évictions et de toutes les hypothèques, *à l'exception du douaire*. Voilà donc l'acquéreur bien averti que le douaire est destiné à retomber sur lui; le voilà donc déjà obligé personnellement au douaire.

» Ensuite, le vendeur exige que l'acquéreur garde dans ses mains, *pour sûreté et jusqu'à l'ouverture du douaire*, une somme de 240,000 liv. qui en forme précisément le capital; il entend donc que ces 240,000 liv. seront appliquées par l'acquéreur au payement du douaire; il entend donc que l'acquéreur ne pourra les payer qu'entre les mains des douairiers; il entend donc donner aux douairiers, dans la personne de l'acquéreur, un débiteur direct et exclusif.

» C'en était assez sans doute pour exprimer l'intention des parties; mais l'acte va encore plus

(1) Depuis la loi du 16 septembre 1807, la cour de cassation tient pour maxime invariable, qu'en aucun cas, la seule violation de ce qu'on appelle *la Loi du contrat,* ne peut former une ouverture de cassation. *V.* le *Répertoire de jurisprudence*, au mot *Société*, sect. 2, §. 3, art. 2.

loin. Le cit. Imbert y déclare à son tour, que cette condition de la vente *est bien entendue par lui et bien acceptée.*

» Et les deux parties sont tellement pénétrées de cette intention d'appliquer les 240,000 liv. au payement du douaire, que, pour en garantir imperturbablement l'exécution, le cit. Imbert affecte et hypothèque à la sûreté des obligations qu'il contracte, non-seulement les neuf arcades qui lui sont vendues, mais encore *tous ses biens meubles et immeubles, présens et à venir.* Certes, ce n'est point là un engagement purement hypothécaire; une telle affectation, de la part de l'acquéreur, constitue un engagement personnel, un engagement direct, un engagement absolu.

» Cependant ce n'est pas tout. Le cit. Bellanger a tellement à cœur qu'il soit bien reconnu par le contrat, que le cit. Imbert demeurera seul et invariablement chargé du douaire, que, par une précaution ultérieure, il déclare que son intention est que les neuf arcades *soient à toujours le gage spécial du douaire.*

» Il fait plus encore. Pour manifester d'autant mieux sa volonté de faire peser l'obligation du douaire sur la personne du cit. Imbert exclusivement, il déclare qu'il entend avoir désormais la libre disposition de tous ses immeubles; il ne veut pas qu'aucun acquéreur puisse le gêner en prétendant retenir le fonds du douaire ni lui opposer à cet égard la moindre inquiétude; il veut au contraire que les neuf arcades acquises de lui par le cit. Imbert, forment pour le douaire un *assignat spécial,* et en offrent ainsi la responsabilité toujours subsistante.

» Enfin, ce qui lève toute difficulté, c'est que le cit. Imbert, à la suite de la déclaration du cit. Bellanger, reconnaît *que les neuf arcades par lui précédemment acquises, sont et resteront affectées et hypothéquées à toujours à la* GARANTIE *du douaire, et que ce n'est que par suite de cette affectation et de la* GARANTIE *qui en résulte, que les acquéreurs* des autres immeubles vendus ou à vendre par le cit. Bellanger, *lui ont payé ou payeront ce qu'ils lui doivent pour le prix de leurs acquisitions.*

» Par cette clause, le cit. Imbert entend si bien se charger personnellement du douaire, qu'il en garantit, pour ainsi dire, tout le monde.

» Et qui, d'après cela, payerait donc le douaire, si ce n'était le cit. Imbert? — Serait-ce le cit. Bellanger? Mais il a le droit de vendre tout ce qui lui reste, et le cit. Imbert ne peut pas l'inquiéter à raison du douaire. — Seraient-ce les acquéreurs qui avaient acheté avant le cit. Imbert? Mais le cit. Imbert lui-même a consenti qu'ils payassent le cit. Bellanger, et il s'est soumis à les garantir. — Seraient-ce les acquéreurs qui pourront acheter un jour? Mais il est dit dans le contrat que ces acquéreurs ne pourront pas gêner le vendeur par la retenue du fonds du douaire, et que le fonds du douaire aura toujours pour *assignat spécial* les neuf arcades vendues au cit. Imbert. — Le douaire ne regarde donc absolument que le cit. Imbert. Lui seul est donc tenu d'en effectuer le payement. Il s'est donc *soumis* à ce payement.

» Telle est, C. M., la conclusion du cit. Bellanger; et pour l'apprécier, nous croyons devoir nous arrêter à trois choses : à l'intention des parties contractantes, relativement au mode de payement du prix stipulé dans leur contrat; au but direct et patent des clauses relatives au douaire; à ces clauses elles-mêmes.

» L'intention des parties contractantes était-elle, pouvait-elle être, qu'en cas de retour de la monnaie métallique, le cit. Imbert fût tenu de payer en numéraire les 240,000 liv. qu'il s'obligeait de garder pour la sûreté et jusqu'à l'ouverture du douaire? Si elles ont eu cette intention, rien de plus raisonnable que de supposer, dans le contrat, une soumission personnelle, du cit. Imbert au payement du douaire. Si elles ne l'ont pas eue, rien au contraire de moins admissible qu'une pareille supposition.

» Or, pour juger, sinon quelle a été, du moins quelle a dû être, à cet égard, leur intention, il faut se reporter aux circonstances dans lesquelles elles ont traité.

» Elles ont traité en floréal an 3, c'est-à-dire, à l'une des époques les plus critiques de la révolution; à une époque où le gouvernement disséminé dans trois grands comités, et par conséquent sans force, était incapable de conjurer les orages que l'esprit de parti, l'or de l'étranger et la famine amoncelaient sans cesse autour du vaisseau de la république; à une époque, par conséquent, où il ne devait exister, où il n'existait, en effet, aucune ombre de crédit; et où, par une suite nécessaire, les immeubles devaient avoir perdu considérablement de la valeur qu'ils avaient eue, non-seulement dans les dernières années de la monarchie absolue, mais même dans les premières années qui avaient suivi la mémorable journée du 14 juillet 1789.

» Ce n'est donc ni à l'année 1787, ni même à l'année 1791, qu'il faut remonter pour connaître la valeur vénale des neuf arcades dont il s'agit en floréal an 3, et conséquemment l'esprit dans lequel ont dû alors traiter les cit. Imbert et Bellanger, relativement à la fixation du prix de cet immeuble.

» Il importe donc peu qu'en 1787 ces neuf arcades aient été vendues par Philippe d'Orléans au polonais Ryewski, moyennant 450,000 liv., valeur métallique, et que celui-ci les ait revendues, le 15 juin 1791, moyennant 512,000 liv. assignats, représentant à cette époque, suivant le tableau de dépréciation du département de la

Seine, une somme de 426,480 livres en numéraire.

» Mais ce sur quoi il importe de se bien fixer, c'est le prix commun auquel se vendaient les arcades du palais du Tribunat, aux époques les plus rapprochées du contrat dont il est ici question.

» Or, il est prouvé au procès, qu'en ventôse an 3, chaque arcade s'est vendue depuis 84,000 jusqu'à 130,000 livres; en germinal et floréal, depuis 87,000 jusqu'à 118,000 livres; en prairial, 150,000 liv.; en thermidor, 383,000 liv.

» Le moyen terme de ces différens prix est de 256,250 livres : somme qui, à très-peu de chose près, répond aux 250,000 livres qui, dans le contrat des cit. Imbert et Bellanger, forment le prix de chacune des arcades vendues par celui-ci à celui-là; et observez, C. M., que c'est trop accorder au cit. Bellanger que de partir ici de ce moyen terme : car il est bien sûr que les parties, en traitant ensemble, ont dû s'arrêter uniquement au prix courant du mois dans lequel elles traitaient, et de ceux qui l'avaient immédiatement précédé; et si l'on ne peut pas raisonnablement leur supposer, sur le prix des mois suivans, une prescience, en quelque sorte surnaturelle, il ne serait pas plus raisonnable d'imaginer que cette prétendue prescience eût influé, pour quelque chose, dans la fixation du prix stipulé entre elles.

» C'est donc à leur véritable, ou, pour parler plus juste, à leur plus haute valeur en papier-monnaie, que les neuf arcades ont été portées par le contrat.

» Or, est-il vraisemblable qu'après avoir ainsi réglé en assignats le prix de leur traité, les cit. Imbert et Bellanger aient eu seulement la pensée, l'un d'exiger et l'autre de consentir que, sur les 2,100,000 liv. qui formaient ce prix, il en serait payé 240,000 liv. en numéraire? Nous ne craignons pas de le dire, non, il n'y a là aucune ombre de vraisemblance; et tout, au contraire, se réunit pour faire présumer que les parties ont entendu que ces 240,000 liv. seraient payées comme le restant du prix.

» Quel est donc le but direct et patent des clauses qui, dans le contrat du 25 floréal an 3, se réfèrent au douaire? C'est là le second objet que nous avons promis d'examiner, et c'est ici le moment de le faire.

» Il résulte du contrat du 25 floréal an 3, qu'à l'époque où il a été souscrit, le cit. Bellanger venait de vendre à différens particuliers des immeubles dont le prix lui était encore dû; qu'il voulait toucher la totalité de ce prix, sans que les acquéreurs pussent lui en retenir une partie pour sûreté du douaire de ses enfans; et que c'est pour parvenir à ce but, qu'il a pris le parti de leur offrir, dans les neuf arcades qu'il vendait au cit. Imbert, un gage spécial qui devait les mettre hors de toute inquiétude sur l'événement de l'ouverture du douaire.

» C'est effectivement qu'on voit dans une première clause, par laquelle le cit. Bellanger annonce des oppositions de la part des cit. Depestre, Delondre, Bidaut, Cabaret, Hortillac et Michel, tous acquéreurs de différens immeubles qu'il leur a vendus précédemment, *lesquels*, est-il dit, *se sont réservé le droit de former lesdites oppositions pour sûreté du fonds du douaire.*

» Après cette clause, en vient une autre ainsi conçue : « déclare le vendeur que son intention » est que ladite maison présentement vendue soit » à toujours le gage spécial du douaire, jusqu'à » son ouverture, et afin qu'en tout événement » et dans toutes les opérations que pourrait faire » par la suite le vendeur, relativement à ses immeubles, aucun acquéreur quelconque ne » puisse gêner le vendeur en prétendant retenir » le fonds dudit douaire, qui aura toujours ladite maison pour assignat spécial ».

» Le contrat ajoute immédiatement : *et attendu cette intention bien prononcée,* termes qui assurément ne laissent aucun doute sur le motif qui, dans cette stipulation, guide et dirige le cit. Bellanger, *le vendeur met pour condition spéciale; que l'acquéreur ne pourra se libérer des 240,000 liv. fonds du douaire, avant son ouverture.*

» Tel est donc le but direct et patent des clauses qui, dans le contrat, sont relatives au douaire : le cit. Bellanger ne veut pas qu'aucun obstacle puisse entraver le payement des aliénations qu'il vient de faire ou qu'il pourra faire par la suite; il veut déterminer ses acquéreurs à ne pas retenir dans leurs mains chacun une somme équivalente au fonds du douaire; et pour y parvenir, il leur présente la maison qu'il vend au cit. Imbert, comme un assignat spécial, sur lequel ce douaire demeurera invariablement hypothéqué, jusqu'à ce qu'il soit ouvert. Voilà tout ce qu'il veut; et vous sentez, C. M., que, pour donner effet à cette volonté, il n'a pas besoin d'imposer au cit. Imbert l'obligation personnelle d'acquitter le douaire à son ouverture; vous sentez que, pour donner effet à cette volonté, il suffit qu'il obtienne du cit. Imbert un consentement à ce que la maison demeure affectée spécialement au douaire même.

» Ainsi, à partir du motif exprimé dans le contrat, le cit. Imbert n'est pas obligé personnellement à payer le douaire; il se charge seulement de souffrir sur la maison qu'il acquiert, une hypothèque pour la sûreté de cette créance. Et remarquons bien qu'en général, les motifs des contrats sont les règles les plus sûres auxquelles on puisse s'attacher, pour l'interprétation exacte de leurs différentes clauses; car ce sont les motifs des parties qui constituent leur volonté; et la loi 29, D. *de verborum significatione*, nous avertit que, *in conventionibus contrahentium, voluntatem potiùs quàm verba spectari placuit.*

» Il existe donc déjà deux fortes présomptions contre le système du cit. Bellanger : la première, c'est que les parties contractantes ont réglé leur prix sur la plus haute valeur qu'avaient alors, en papier-monnaie, les arcades du palais du Tribunat; la seconde, c'est que, d'après les motifs expressément énoncés dans le contrat, le cit. Bellanger ne cherchait qu'à procurer au douaire dont il était éventuellement chargé envers ses enfans, une hypothèque spéciale qui pût en garantir ses autres biens vendus et à vendre.

» Maintenant entrons, s'il est permis de nous exprimer ainsi, dans l'intérieur même du contrat du 25 floréal an 3 et pesons-en toutes les clauses relatives au douaire.

» La première est la déclaration du cit. Bellanger, qu'il vend les neuf arcades, avec promesse de garantir l'acquéreur de tous troubles, empêchemens, évictions et hypothèques, *à l'exception du douaire préfix dont il sera parlé ci-après.*

» Que résulte-t-il de cette déclaration ? Une seule chose : c'est que l'acquéreur n'aura point d'action contre le vendeur pour le contraindre à faire cesser l'hypothèque du douaire; c'est qu'il sera tenu de souffrir cette hypothèque. Mais entre souffrir une hypothèque et être obligé personnellement à la dette qui en est l'objet, la différence est assurément très-grande; et vouloir argumenter de l'un à l'autre, c'est oublier les principes élémentaires du droit.

» La seconde clause dont se prévaut le cit. Bellanger, porte que, du prix de la vente, *l'acquéreur sera tenu d'en garder 240,000 livres pour sûreté et jusqu'à l'ouverture du douaire, stipulé par le contrat de mariage du vendeur, propre à ses enfans ; à la charge toutefois d'en payer l'intérêt à quatre pour cent.... par chaque année, à compter du 1.er juillet prochain.*

» Le cit. Bellanger conclut de là que le cit. Imbert s'est obligé d'appliquer les 240,000 liv. au payement du douaire; qu'il s'est soumis à ne verser cette somme qu'entre les mains des douairiers; qu'il s'est constitué leur débiteur direct et personnel.

» C'est ainsi, en effet, que le conseil des cinq-cents avait envisagé ces sortes de clauses, dans sa première rédaction de l'art. 11 de la loi du 27 thermidor an 6; et la preuve en est écrite dans l'art. 12 de sa résolution du 11 germinal de la même année : *tout acquéreur volontaire ou judiciaire* (portait cet article), *qui, par clause de son titre, a retenu dans ses mains le fonds d'un douaire, en diminution du prix, quoique stipulé en papier-monnaie, est tenu de payer le capital, si le droit est ouvert, ou lors de son ouverture, de la même manière que le douaire doit l'être, suivant l'art. 14 de la loi du 16 nivôse dernier; 2.° de servir jusqu'alors la rente en numéraire métallique; si mieux il n'aime résilier; en conformité de l'art. 10 de ladite loi.*

» Mais la résolution dont cet article faisait partie, ayant été rejetée, le 3 floréal suivant, par le conseil des anciens, le conseil des cinq-cents a senti qu'il avait été trop loin, en assujettissant l'acquéreur à payer le douaire en monnaie métallique, par cela seul qu'il en aurait retenu l'équivalent en diminution de son prix; il a reconnu que c'était une erreur d'assimiler une pareille clause à *l'indication de payement* dont parle l'art. 10 de la loi du 16 nivôse; et par une nouvelle résolution du 24 prairial, qui a été convertie en loi, le 27 thermidor, par le conseil des anciens, il a fait la distinction que nous avons déjà remarquée entre l'acquéreur qui s'est *soumis* au payement du douaire, et l'acquéreur *qui ne s'y est pas soumis.*

» Ainsi, la loi elle-même condamne formellement l'induction que l'on voudrait tirer ici de la clause qui charge l'acquéreur de garder 240,000 liv. pour sûreté du douaire des enfans du vendeur. Et quand la loi ne la condamnerait pas, le bon sens ne suffirait-il pas pour la repousser ?

» Observons-le bien; c'est uniquement *pour sûreté de douaire*, que l'acquéreur est tenu de garder les 240,000 livres; ce n'est donc pas pour le payement du douaire même; l'acquéreur se constitue bien dépositaire d'une somme qui sert de gage au douaire, mais il ne s'oblige pas pour cela envers les douairiers; il ne donne pas pour cela aux douairiers une action directe et personnelle contre lui; seulement il se met dans le cas de ne pouvoir payer les 240,000 liv. aux héritiers du vendeur, qu'après s'être assuré de leur libération envers les douairiers; comme un débiteur entre les mains duquel a été pratiquée une saisie-arrêt, ne peut payer son créancier qu'après que celui-ci s'est acquitté envers le saisissant, sans que, pour cela, le saisissant puisse le compter au nombre de ses débiteurs directs.

» Et ce qui prouve bien clairement que l'acquéreur, en s'obligeant de garder les 240,000 liv. pour sûreté du douaire, ne s'oblige pas à les payer directement aux douairiers; ce qui prouve bien clairement qu'il ne demeure obligé qu'à les payer aux héritiers du vendeur, c'est que, par la clause immédiatement subséquente à celle dont il s'agit, il est stipulé que, *lors et après l'ouverture* du douaire, *l'acquéreur pourra se libérer de 240,000 livres à sa volonté, soit en deux payemens égaux, soit en un seul payement.* Il est sensible, en effet, que, si l'acquéreur était obligé personnellement à payer le douaire entre les mains des douairiers, il faudrait qu'il le leur payât intégralement et en une seule fois; il faudrait qu'il le leur payât dès l'instant que ce droit serait échu. Pourquoi donc le vendeur lui accorde-t-il des facilités pour le payement ? C'est parce que c'est envers le vendeur seul que l'acquéreur s'oblige; c'est parce que c'est aux héritiers du vendeur lui-même que l'acquéreur doit payer; c'est parce qu'il n'est lié personnellement qu'envers le vendeur.

» Sans doute, cette clause serait insignifiante, sans doute elle prouverait seulement que le vendeur, en accordant des facilités à l'acquéreur, pour le payement des 240,000 livres, a mal à propos entrepris sur les droits des douairiers, si d'ailleurs, par les autres clauses du contrat, l'acquéreur s'était constitué personnellement et directement débiteur du douaire.

» Mais les autres clauses du contrat ne disant rien de semblable, les autres clauses du contrat ne présentant que des sûretés, qu'une hypothèque stipulée pour le douaire, la clause dont il est ici question, doit avoir tout l'effet attaché aux termes dans lesquels elle est conçue; elle doit prouver que l'acquéreur n'est personnellement obligé à rien envers les douairiers; elle doit prouver qu'il n'existe d'action personnelle contre lui que de la part du vendeur ou de ses héritiers.

» A la suite de cette clause, vient celle qui impose au cit. Imbert la charge de souffrir les oppositions que d'autres acquéreurs précédens pourraient former au sceau de ses lettres de ratification, pour sûreté du payement du douaire auquel sont également hypothéqués les immeubles qu'ils ont achetés. Et certes, il n'y a pas encore là, pour le cit. Imbert, d'obligation personnelle d'acquitter le douaire à son ouverture; ce n'est encore là, pour lui, qu'un engagement de souffrir que l'hypothèque du douaire pèse spécialement et de préférence sur la maison qu'il acquiert.

» Mais, voici une clause qui, au premier coup d'œil, paraît en dire beaucoup plus : « Pour » sûreté des obligations ci-dessus, la maison » présentement vendue demeure, par privilége » spécial, affectée et hypothéquée; et en outre, » sans qu'une obligation déroge à l'autre, l'ac- » quéreur affecte et hypothèque à la même » sûreté tous ses biens meubles et immeubles » présens et à venir ». Affecter tous ses biens meubles et immeubles, à la sûreté d'une obligation, c'est certainement, dit le cit. Bellanger, se soumettre personnellement à l'accomplissement de cette obligation; et puisque le douaire fait partie des *obligations ci-dessus*, il est clair que l'acquéreur se soumet personnellement au payement du douaire.

» Oui, sans doute, par cela seul que le cit. Imbert affecte tous ses biens meubles et immeubles à la sûreté des *obligations ci-dessus*, le cit. Imbert se soumet personnellement à remplir ces mêmes obligations.

» Mais est-il vrai que le payement du douaire fasse partie des *obligations ci-dessus*? Le cit. Bellanger le suppose ainsi, et c'est, comme vous le voyez, trancher la question par la question même.

» En quoi consistent les *obligations ci-dessus*, ou, en d'autres termes, à quoi le cit. Imbert s'est-il obligé par les clauses précédentes? — Il s'est obligé à payer le prix de la maison ostensiblement fixé par le contrat à 1,800,000 livres, quoique montant, dans la réalité, à 2,100,000 l. Il s'est obligé à garder une portion de ce prix jusqu'à l'ouverture du douaire, et pour en assurer le payement aux douairiers. Il s'est obligé à souffrir les oppositions que d'autres acquéreurs pourraient former sur sa maison pour sûreté de ce même douaire. Il s'est obligé à tout cela, et c'est à toutes ces obligations qu'il affecte *tous ses biens meubles et immeubles présens et à venir*. — Mais s'est-il obligé à payer lui-même le douaire aux douairiers? Nous avons démontré que non. Donc le payement du douaire n'est pas compris dans les *obligations ci-dessus*; donc ce n'est pas au payement du douaire qu'il affecte tous ses biens; donc la clause dans laquelle le cit. Bellanger paraît mettre tant de confiance; est absolument inconcluante.

» Le cit. Bellanger tirera-t-il un meilleur parti de la clause par laquelle il déclare que la maison vendue sera *à toujours le gage spécial du douaire, jusqu'à son ouverture; et ce, afin qu'en tout événement, et dans toutes les opérations qu'il pourrait faire par la suite, relativement à ses immeubles, aucun acquéreur quelconque ne puisse le gêner, en prétendant retenir le fonds du douaire?* Tirera-t-il un meilleur parti de la phrase portant que le douaire aura la maison *pour assignat spécial*? De celle qui ajoute que telle est *l'intention bien prononcée* du vendeur? De celle qui fait dire au cit. Imbert, que *cette condition a été bien entendue et acceptée* par lui? De celle par laquelle le cit. Imbert *reconnaît que les neuf arcades, par lui présentement acquises, sont et resteront affectées et hypothéquées à la garantie du douaire*? De celle, enfin, par laquelle le cit. Imbert reconnaît encore *que ce n'est que par suite de cette affectation et de la garantie qui en résulte, que les acquéreurs des autres biens* du cit. Bellanger, *lui ont payé ou lui payeront ce qu'ils lui doivent pour le prix de leurs acquisitions*?

» Mais, dans toute cette clause, comme dans chacune des phrases dont elle se compose, nous ne trouvons toujours qu'une hypothèque dont la maison vendue doit rester grevée jusqu'à l'ouverture du douaire; et, encore une fois, s'engager à souffrir une hypothèque, ce n'est pas s'engager personnellement à acquitter la dette que cette hypothèque assure; ce n'est pas se priver de la faculté de délaisser le bien hypothéqué, pour se soustraire au payement de cette dette; ce n'est pas, pour nous servir de l'expression consacrée par la loi du 27 thermidor an 6, ce n'est pas se soumettre à ce payement.

» Et en vain le cit. Bellanger cherche-t-il à faire illusion en s'écriant : qui est-ce qui payera le douaire, si ce n'est pas le cit. Imbert? Sera-ce le cit. Bellanger, qui a le droit de vendre tout son bien, sans que le cit. Imbert puisse exercer contre lui aucun recours, à raison du douaire? Seront-ce les acquéreurs qui ont acheté, avant le cit. Imbert, tandis que le contrat oblige le cit. Imbert à souffrir leurs oppositions motivées sur le douaire même? Seront-ce les acquéreurs qui pourront acheter par la suite, tandis que le contrat autorise le cit. Bellanger à ne leur rien laisser pour le fonds du douaire, et que le fonds du douaire doit avoir à jamais la maison pour assignat spécial? Bien évidemment, ce ne sera aucun d'eux tous; il faut donc que ce soit le cit. Imbert; il faut donc que le cit. Imbert soit *soumis au payement du douaire.*

» Dans tout cela, nous n'appercevons qu'un sophisme et une pétition de principe. Sans contredit, si, à l'ouverture du douaire, tous les biens du cit. Bellanger se trouvent vendus, il faudra bien que le cit. Imbert paye le douaire dans son intégrité, ou qu'il délaisse la maison. Mais, dans cette hypothèse, comment sera-t-il tenu de payer? Y sera-t-il tenu personnellement? Il serait absurde de le penser. S'il y était tenu personnellement, il ne pourrait pas s'en affranchir en délaissant la maison; et il aura incontestablement le droit de délaisser la maison, puisque la maison seule est obligée, puisqu'il est de l'essence de toute obligation hypothécaire, de se résoudre dans l'alternative de payer ou de délaisser.

» Il est donc évident que le tribunal d'appel de Paris a bien jugé; que, loin de violer les clauses du contrat du 25 floréal an 3, il les a religieusement observées; que son jugement est dans la plus parfaite harmonie avec l'intention des parties contractantes; et si, même dans le cas où ce jugement serait susceptible d'une critique justifiée par des raisonnemens auxquels il serait difficile de répondre d'une manière pleinement satisfaisante, si même, dans ce cas, il ne pourrait pas encore être cassé, à combien plus forte raison ne peut-il pas l'être dans la circonstance où nous ne le voyons attaqué que par des paralogismes, où, pour le censurer, on est obligé de faire dire à un acte ce qu'il ne dit pas, où l'on est réduit à dénaturer les clauses les moins équivoques, à métamorphoser la charge d'une hypothèque en engagement personnel, à faire violence à toutes les présomptions, à toutes les preuves qui résultent, soit de la valeur réelle du bien vendu à l'époque de la vente, soit du but formellement exprimé dans le contrat, soit des stipulations expresses des parties.

Mais il reste au cit. Bellanger un troisième moyen de cassation, qu'il est de notre devoir de discuter.

» Ce moyen est tiré de la clause par laquelle il est défendu au cit. Imbert de rembourser, avant l'ouverture du douaire des enfans du vendeur, les 240,000 liv. qui en forment le fonds : cette clause, suivant le cit. Bellanger, emporte, de la part du cit. Imbert, l'obligation de rembourser les 240,000 liv. en monnaie métallique; et telle est la disposition expresse de l'art. 14 de la loi du 27 thermidor an 6.

» Si l'art. 14 de la loi du 27 thermidor an 6 attache effectivement à une pareille clause l'engagement de ne se libérer qu'en numéraire, il n'y a plus à hésiter, il faut que la raison se taise devant la loi, il faut que le jugement du tribunal d'appel de Paris rentre dans le néant.

» Mais que porte donc cet article? Le voici : *il n'est point dérogé par la loi du 16 nivôse dernier, ni par la présente, aux clauses résolutoires, ni aux clauses prohibitives expressément apposées dans les contrats d'aliénation d'immeubles pendant la dépréciation du papier-monnaie.*

» Cette disposition, comme vous le voyez, embrasse à la fois les clauses résolutoires et les clauses prohibitives.

» Qu'est-ce qu'une clause résolutoire? Vous le savez, c'est une convention par laquelle il est dit que le contrat demeurera comme non-avenu, si l'une des parties n'exécute pas ses engagemens. — Ainsi, dans notre espèce, il y aurait clause résolutoire, si la défense de rembourser avant l'ouverture du douaire, était accompagnée de la condition expresse, qu'en cas que l'acquéreur voulût, malgré cette défense, anticiper le terme de sa libération, le vendeur rentrera dans sa propriété.

» Il était sans doute bien superflu de déclarer qu'une telle condition n'avait été abrogée par aucune des dispositions des lois relatives aux transactions passées pendant le cours du papier-monnaie; mais enfin le législateur a cru devoir le dire, et cette explication n'avait d'autre inconvénient que son inutilité; c'est-à-dire qu'elle n'en avait aucun.

» A l'égard des clauses prohibitives, elles consistent simplement à défendre, soit à l'une des parties contractantes, soit à toutes deux, de faire telle ou telle chose, soit absolument, soit avant une époque fixée par le contrat. Ainsi, stipuler, comme dans notre espèce, que l'acquéreur ne pourra pas se libérer avant l'ouverture d'un douaire, c'est une clause véritablement prohibitive.

» Mais qu'a entendu l'art. 14 de la loi du 27 thermidor an 6, lorsqu'il a dit que ni les dispositions de cette loi, ni celles de la loi du 16 nivôse précédent, n'avaient dérogé aux clauses de cette nature?

» A-t-il entendu que l'acquéreur serait privé de la faculté de demander la réduction de son prix, lorsqu'il se serait soumis à la défense de rembourser avant un certain temps?

» Si c'est-là ce qu'il a entendu, bien certainement il ne l'a point exprimé; et cependant une disposition aussi importante méritait bien d'être énoncée en termes clairs et positifs.

» Si le législateur n'a point dit que telle fût son intention, nous sommes donç autorisés à dire à notre tour, que son intention n'a pas été telle:

» Eh! comment aurait-on pu donner un pareil effet à une clause simplement prohibitive? Il est bien notoire qu'il existe des clauses de cette espèce dans des contrats faits pendant le cours du papier-monnaie, dans lesquels les biens ont été portés, en valeur nominale, à dix, vingt, cinquante fois leur valeur réelle. Le corps législatif aurait-il donc pu se résoudre à ordonner, à consommer la ruine d'une foule d'acquéreurs, qui avaient souscrit de pareilles clauses?

» Et qu'on ne dise pas qu'à ses yeux, le vendeur qui avait stipulé un terme de remboursement, avec défense à l'acquéreur de le devancer, était présumé avoir eu pour but de se faire payer en monnaie ayant cours au terme convenu. S'il est un marché où le vendeur soit présumé avoir compté sur le payement en numéraire, c'est bien constamment la vente à rente viagère; cependant la vente à rente viagère, d'après les lois du 16 nivôse et du 27 thermidor, n'emporte pas, pour l'acquéreur, l'obligation absolue de payer la rente en monnaie métallique; ces lois lui permettent, ou de demander la réduction de la rente, ou de résilier; eh! quel plus grand privilége aurait donc pu avoir, dans l'esprit du législateur, la clause simplement prohibitive?

» En maintenant les clauses prohibitives, le législateur n'en a, ni changé la nature, ni étendu les effets; il les a laissées telles qu'elles étaient par elles-mêmes. Or, par elles-mêmes, les clauses prohibitives n'emportent pas l'engagement de payer en numéraire et sans réduction. Le législateur n'a donc pas entendu, en les maintenant, priver les acquéreurs de la faculté de faire réduire les prix de leurs acquisitions, d'après les estimations à faire par la voie de l'expertise.

» En deux mots, maintenir une clause prohibitive de remboursement avant une certaine époque, c'est seulement dire qu'avant cette époque, l'acquéreur ne pourra pas rembourser; donc ce n'est pas dire que, cette époque arrivée, il ne pourra pas rembourser avec réduction; donc supposer au législateur l'intention que le bénéfice de la réduction n'ait pas lieu dans le cas d'une pareille clause, c'est ajouter à son texte, c'est substituer une volonté arbitraire à une volonté qu'il n'a pas jugé à propos de manifester; c'est faire une loi qu'il n'a pas faite, c'est usurper un pouvoir qui n'appartient qu'à lui.

» Et l'on voudrait que le jugement du tribunal d'appel de Paris fut cassé, pour n'avoir pas commis cet excès de pouvoir! On voudrait que, pour n'avoir pas vu dans la loi ce qu'elle ne dit pas, le tribunal d'appel de Paris fût censuré par le tribunal suprême, comme s'il eût foulé aux pieds la volonté expresse du législateur! C. M., vous n'accueillerez, vous ne pouvez pas accueillir, un système aussi déraisonnable.

» Mais, dit le cit. Bellanger, il existe un arrêté du conseil des cinq-cents, du 7 floréal an 7, qui explique dans mon sens l'art. 14 de la loi du 27 thermidor an 6.

» Supposons le fait, qu'en résultera-t-il? Un arrêté du conseil des cinq-cents n'est pas une loi: ce n'est que l'opinion de l'une des branches du pouvoir législatif, et vous savez combien il y a eu de ses opinions rejetées par le conseil des anciens, notamment sur la matière des transactions en papier-monnaie.

» Mais il y a plus. L'arrêté du conseil des cinq-cents, du 7 floréal an 7, ne décide rien, absolument rien, sur notre question; il ne fait que passer purement et simplement à l'ordre du jour, sur deux pétitions par lesquelles on lui proposait de déclarer si, par l'art. 14 de la loi du 27 thermidor an 6, le corps législatif avait ou non entendu priver du bénéfice de la réduction, les acquéreurs à qui il était défendu par leurs contrats, de rembourser avant une certaine époque.

» Il est vrai que le rapport sur lequel a été rendu cet arrêté, est motivé. Mais l'arrêté lui-même n'en adopte pas les motifs; encore une fois, il passe purement et simplement à l'ordre du jour; et, dès-là, bien loin de faire loi, il ne nous présente même pas l'opinion du conseil des cinq-cents sur cette matière. Le moyen, après cela, de casser un jugement pour ne s'y être pas conformé?

» Du reste, voulons-nous une preuve bien claire, qu'en faisant la loi du 27 thermidor an 6, le corps législatif n'a pas entendu assujettir les tribunaux à regarder toutes les clauses prohibitives, comme emportant dérogation à la faculté de requérir la réduction du prix? reportons-nous à la discussion qui a eu lieu dans le conseil des anciens, sur l'art. 14 de cette loi.

» Un grand nombre d'orateurs attaquait cet article, les uns parce qu'ils le trouvaient insignifiant, et ce n'était pas sans doute la manière de voir la moins raisonnable; les autres, parce qu'ils craignaient qu'on n'en abusât pour priver les acquéreurs du bénéfice de la réduction, et que, par là, on ne consommât iniquement leur ruine; tous, parce qu'ils pensaient que, si c'était en effet à priver les acquéreurs de ce bénéfice que l'on tendait par cet article, il fallait le dire franchement.

» Et que disaient, au contraire, les défenseurs de ce même article? Ils disaient qu'il était impossible d'établir, sur cette matière, une règle générale et uniforme; qu'il y avait des clauses prohibitives, dont le but évident était d'obliger les acquéreurs à payer en numéraire; qu'il y en avait d'autres qui n'avaient pas été faites dans cet esprit; que tout dépendait des circonstances, et qu'il fallait, en laissant l'art. 14 dans le vague qu'il présentait, ouvrir une libre carrière à la conscience du juge.

» Voici notamment de quelle manière s'exprimait là-dessus le rapporteur, le cit. Lassé, dans sa réplique du 26 thermidor, page 19: « En maintenant les clauses prohibitives et résolutoires expressément apposées dans les » contrats d'aliénation d'immeubles pendant la » dépréciation du papier-monnaie, vous mettez » les tribunaux à même de rendre justice à » toutes les parties. Ils décideront d'après les » actes et les conventions qu'elles auront faites » entre elles; ils connaîtront, par les faits et » les circonstances, les intentions qui les auront » dirigées dans leurs contrats, et leur appli» queront la loi suivant l'exigence des cas. » Vouloir que le législateur fasse en quelque » sorte ce ministère, en descendant dans tous » les cas particuliers, pour les prévoir, et saisir » toutes les différentes nuances qui peuvent se » rencontrer dans les conventions, ce serait » peut-être jeter de l'obscurité sur la matière, » à force de vouloir l'éclaircir. Ainsi, reposons» nous sur la sagacité des magistrats qui seront » chargés de l'exécution de la loi ».

» A la séance du lendemain 27 thermidor, il se présente à la tribune, un nouvel antagoniste de l'art. 14; c'est le cit. Saligny. Il soutient (nous copions son propre discours, page 12) « que » le corps législatif doit laisser, sur la matière » des transactions qui ont eu lieu en papier» monnaie, le moins possible à l'arbitraire des » juges. En vain me dirait-on (ajoute-t-il), » qu'il existe un tribunal de cassation; il ne » connaît que de la violation des formes et de » la fausse application de la loi. Partout où le » jugement d'une contestation est laissé à la » prudence ou à l'arbitrage du juge, il n'y a » plus que le bien ou mal jugé, et le tribunal » de cassation n'a pas droit d'en connaître; il » ne peut servir de motif à des jugemens d'an» nullation ».

» Le rapporteur reprend une dernière fois la parole, et répète que la loi ne peut pas s'expliquer là-dessus avec la précision qui convient à ses oracles; *les tribunaux*, ajoute-t-il, et nous copions ici le procès-verbal du conseil des anciens, *les tribunaux sont compétens pour prononcer sur les difficultés que pourrait faire naître l'article critiqué.*

» Et sur ces observations, intervient à l'instant même, le décret qui approuve la résolution dont cet article fait partie.

» Ainsi, il est bien évident que les tribunaux ont, en cette matière, toute la latitude de pouvoir nécessaire pour donner aux clauses prohibitives, en ce qui concerne le bénéfice de la réduction, le sens et l'effet qui leur paraissent s'accorder le mieux avec l'intention des parties contractantes; et que par conséquent, de quelque manière qu'ils prononcent à cet égard, il ne peut jamais y avoir lieu à la cassation de leurs jugemens, puisque jamais leurs jugemens ne peuvent, à cet égard, se trouver en opposition avec la loi.

» Voilà pourquoi vous avez plusieurs fois, et tout récemment encore dans l'affaire de Moynat contre Juchereau-Saint-Denis, rejeté des demandes en cassation contre des jugemens qui, à raison des circonstances, avaient attribué à des clauses prohibitives, l'effet d'une obligation expresse de payer en numéraire; mais on n'a pas encore vu de jugement cassé, pour avoir, en thèse générale et sans circonstances particulières et déterminantes, refusé un pareil effet à ces sortes de clauses.

» Eh! comment, dans notre espèce, le tribunal d'appel de Paris aurait-il pu faire résulter de la défense de rembourser les 240,000 liv. avant l'ouverture du douaire, une obligation précise de ne les rembourser qu'en numéraire métallique? Comment aurait-il pu en induire une renonciation implicite au bénéfice de la réduction? Il aurait fallu, pour cela, que cette défense n'eût pas pu, dans l'esprit des contractans, avoir un autre but. Or, nous l'avons déjà dit, le contrat lui-même indique un autre but à cette défense; le contrat lui-même prouve que cette défense n'a été stipulée, de la part du cit. Bellanger, que pour le mettre à même de recevoir des autres acquéreurs avec qui il avait traité ou devait traiter par la suite, la totalité des prix de leurs acquisitions respectives; le contrat lui-même par conséquent repousse l'induction que le cit. Bellanger voudrait aujourd'hui tirer de cette défense, pour priver le cit. Imbert du bénéfice de la réduction.

» Par ces considérations, nous estimons qu'il y a lieu de rejeter la requête en cassation, et de condamner le demandeur à l'amende ».

Ces conclusions ont été adoptées par arrêt du 21 fructidor an 10, au rapport de M. Pajon,

« En ce qui touche les premier et deuxième moyens,

» Attendu 1.° que l'art. 10 de la loi du 16 nivôse an 6 n'a obligé les acquéreurs à rapporter quittance des créanciers indiqués ou délégués, que dans le cas où ils l'auraient été par une clause formelle et expresse du contrat de vente;

2.° Que l'art. 11 de la loi du 27 thermidor de la même année n'a pareillement assujetti les acquéreurs à acquitter le capital ou les intérêts du douaire, sans réduction, que dans le cas où ils se seraient *soumis*, c'est-à-dire, *personnellement obligés*, au payement de ce douaire;

» 3.° Que, dans l'espèce de la cause, le point de la difficulté était de savoir si le cit. Imbert avait contracté l'obligation personnelle d'acquitter celui de la dame Bellanger;

» 4.° Qu'il est bien constant, par la lecture du contrat de vente du 25 floréal an 3, que cette soumission ou obligation personnelle n'y est point formellement exprimée; que, si on peut soutenir, avec quelque fondement, qu'elle résulte de l'ensemble de ce contrat, on peut aussi soutenir l'opinion contraire avec autant de vraisemblance; d'où il suit que le jugement attaqué, en adoptant l'une ou l'autre de ces opinions, n'a pu donner ouverture aux moyens de cassation fondés sur la violation des textes de loi ci-dessus cités;

» En ce qui touche le troisième, attendu que l'art. 14 de la même loi du 27 thermidor an 6 ne dit pas que toute clause prohibitive ou résolutoire apposée à un contrat de vente, emportera nécessairement la condition du payement en numéraire, sans réduction; mais seulement qu'on en peut induire, en certains cas, que les parties ont eu en vue, par l'apposition de ces clauses, de stipuler, d'une manière indirecte, un payement en valeur métallique, dont la stipulation expresse était prohibée par la législation alors subsistante; d'où il suit que, dans l'espèce de la cause, les juges ont dû examiner si cette stipulation résultait du contrat de vente du 25 floréal an 3, et qu'ils ont pu, sans violer aucune loi, en induire le contraire, et notamment de ce que la clause prohibitive avait pour objet le payement d'un douaire à l'ouverture duquel il pouvait n'y avoir jamais lieu par le prédécès des douairiers; et qu'ainsi, ce n'était point le cas d'appliquer la disposition de cet art. 14 de la loi du 27 thermidor an 6 ».

§. III. *Les remboursemens de rentes faits en assignats, dans la Belgique, avant le 9 prairial an 3, sont-ils valables? Ont-ils éteint les rentes qu'ils avaient pour objet, et dont la constitution avait précédé la conquête de cette contrée?*

Sur cette question et sur deux autres qui sont indiquées sous les mots *Crainte* et *Monnaie*, j'ai donné, le 29 messidor an 11, à l'audience de la cour de cassation, section des requêtes, des conclusions conçues en ces termes :

« La question sur laquelle a prononcé le jugement dont la veuve Ameels vous demande la cassation, intéresse un grand nombre de familles de la Belgique; et de la décision qu'elle va recevoir, dépend peut-être le repos ou l'agitation de cette belle et riche contrée.

» Dans le fait, Jean-Baptiste Campenaere devait à la veuve Ameels, d'Audenarde, une rente annuelle de 75 florins Brabant, qu'il lui avait constituée par contrat du 11 janvier 1792, moyennant un capital de 250 livres de gros, argent de change.

» Le 27 février 1795, jour correspondant au 8 ventôse an 3, Campenaere a remboursé ce capital à la veuve Ameels.

» Il a fait ce remboursement en assignats, qui alors avaient cours au pair dans la ci-devant Belgique; et, non-seulement la veuve Ameels lui en a passé quittance purement et simplement, mais elle lui a même remis le titre de son obligation.

» Campenaere devait donc se croire irrévocablement libéré; cependant, le 11 ventôse an 9, la veuve Ameels l'a fait assigner devant le tribunal civil de l'arrondissement d'Audenarde, pour voir dire que, sans avoir égard à la quittance du 27 février 1795, contre laquelle elle serait restituée en entier, et qui serait en conséquence déclarée nulle et comme non-avenue, il serait tenu de lui payer huit années d'arrérages de sa rente, de lui en rendre le titre, et de lui en continuer la prestation.

» Campenaere a soutenu que son remboursement était légal, et l'avait valablement libéré.

» La veuve Ameels, de son côté, a prétendu n'avoir accepté ce remboursement que par l'effet de la terreur qui alors forçait la circulation des assignats dans la ci-devant Belgique, et spécialement par la crainte de l'emprisonnement dont on l'avait, disait-elle, menacée en cas de refus.

» Sur ces débats, jugement interlocutoire qui admet la veuve Ameels à la preuve des faits de terreur et de violence qu'elle avait articulés.

» En exécution de ce jugement, la veuve Ameels a fait entendre quatre témoins; et il est résulté de leurs dépositions, ainsi que des réponses de Campenaere à l'interrogatoire sur faits et articles qu'elle lui a fait subir,

» Qu'en février 1795, Campenaere s'était présenté chez la veuve Ameels, accompagné de deux paysans, et qu'il lui avait offert le remboursement de sa rente en assignats;

» Que, huit jours après, Campenaere avait été trouver le commandant de la place d'Audenarde; que cet officier avait envoyé chercher la veuve Ameels par un soldat; que la veuve Ameels s'était rendue chez lui;

» Que, sortant de là, elle avait dit à plusieurs personnes, que le commandant lui avait donné l'ordre de remettre sous vingt-quatre heures, à Campenaere, le contrat de constitution de sa rente, et que, si elle ne le faisait pas, elle devait aller en prison.

» D'après ces faits, le tribunal civil d'Audenarde a rendu son jugement définitif, par lequel, restituant la veuve Ameels en entier contre la quittance du 27 février 1795, il lui a adjugé les conclusions de son exploit introductif d'instance.

» Mais sur l'appel, jugement est intervenu le 12 thermidor an 10, par lequel, « considérant » qu'à la date de la quittance, les assignats » avaient cours légal; que le fait allégué par la » veuve Ameels, même en le supposant prouvé, » n'est autre chose que celui de l'exécution » d'une loi politique »; le tribunal d'appel de Bruxelles a infirmé le jugement d'Audenarde, et déclaré la veuve Ameels non-recevable ni fondée dans sa demande.

» C'est contre ce jugement qu'est dirigé le recours en cassation de la veuve Ameels. Violation des lois particulières à la ci devant Belgique, concernant le remboursement des rentes; fausse application des arrêtés pris, relativement aux assignats, par les représentans du peuple en mission dans cette contrée; contravention aux lois romaines sur les actes arrachés par la crainte et la violence, tels sont les moyens de cassation qui vous sont proposés.

» Les lois particulières à la ci-devant Belgique, auxquelles la demanderesse accuse le tribunal d'appel d'avoir contrevenu, sont le *placard* de l'archiduc Maximilien, du 14 décembre 1489, et l'édit du 21 avril 1725.

» La première de ces lois veut que les rentes créées avec faculté de rachat, depuis la Saint-Jean 1487, ne puissent être rachetées qu'*en telle monnaie, comme elles furent achetées*, c'est-à-dire, constituées, *ou la valeur en autre monnaie ayant cours.*

» Mais qu'entend-elle par cette expression, *monnaie*? C'est ce que n'explique point la demanderesse; et c'est cependant ce qu'il importe d'éclaircir.

» Il y a, comme vous le savez, deux sortes de monnaies, l'une *réelle*, l'autre *nominale*, — La monnaie réelle, ce sont les pièces d'un centime, d'un décime, de deux, six, douze, vingt-quatre et trente sous, les écus de trois livres, les écus de six livres, les pièces de cinq francs, les louis, les ducats, les séquins, les piastres, etc. La monnaie nominale, ce sont les deniers, les livres tournois, les livres parisis, les livres de gros. — La première est sujette à varier : on peut donner à une pièce de vingt-quatre sous la valeur d'un écu, à un écu celle de six livres, à une pièce de vingt-cinq francs, celle de cinquante francs. La seconde est invariable : un denier est toujours un denier, une livre est toujours une livre, quoique telle pièce qui valait hier vingt-quatre deniers, n'en vaille plus aujourd'hui que seize; quoique telle pièce qui valait hier trois livres, n'en vaille plus que deux aujourd'hui.

» Cela posé, est-ce de la monnaie réelle, est-ce de la monnaie nominale, qu'il est question dans le placard de 1489? Bien évidemment c'est de la monnaie réelle; et au surplus, les doutes qui pourraient exister sur ce point, sont clairement levés par le placard des archiducs Albert et Isabelle, du 25 juin 1601.

» Ce placard porte 1.° « que toutes rentes, facultés de rachat, gagères ou autres obligations » constituées à florins, livres, francs, patars, » sous, et semblables formes et noms (*c'est-à-* » *dire, en monnaie nominale*), se pourront » racheter, décharger et acquitter à livres, » florins, etc., en toutes sortes de pièces d'or et » d'argent ayant cours dans le pays, au jour des » payemens ou remboursemens, nonobstant que, » par les contrats, les pièces d'or et d'argent y » mentionnées, fussent évaluées et appréciées » sur le pied des monnaies de ce temps-là, sans » prendre égard si elles sont augmentées ou di- » minuées : ce qui aura lieu, encore que les » contrats feraient mention de rachat à carolus, » réaux et autres pièces, moyennant toutefois » que l'évaluation et prisée des dites pièces soient » apposées dans les contrats à livres, sous, etc.; » de sorte que l'on passera semblablement audit » cas, en payant livres pour livres, florins pour » florins. — 2.° Que si les rentes, facultés de » rachat, gages et autres constitutions, sont » créées et constituées en certaines espèces d'or » et d'argent désignées par les contrats, si » comme carolus, écus, ducats, ou autres pièces » en espèces d'or ou d'argent, sans faire évalua- » tion des prix ou estimation d'icelles, le rem- » bours ou acquit d'icelles obligations se devra » faire en mêmes espèces ou pièces d'or et d'ar- » gent, si semblables pièces se peuvent commo- » dément recouvrer, sinon en autre monnaie » d'or ou d'argent, selon qu'icelles pièces sont » estimées, appréciées et évaluées par nos » placards au jour de l'extinction, décharge ou » remboursemens desdites obligations ».

» Telle est donc, en matière de remboursemens, la législation de la Belgique. Une rente a-t-elle été constituée en monnaie réelle? il faut, pour l'éteindre, rendre les mêmes espèces qu'on a reçues, ou si l'on n'en peut pas trouver, la valeur qu'elles avaient au temps du contrat. A-t-elle été constituée en monnaie nominale? il suffit de rendre *livres pour livres* ou *florins pour florins*, soit que les espèces dans lesquelles a été fournie la somme évaluée en florins ou en livres, aient augmenté, soit qu'elles aient diminué, depuis la constitution de la rente.

» Et il ne faut pas croire que l'édit du 21 décembre 1725 ait apporté le moindre changement à cette législation. Cet édit n'est relatif qu'à des mesures de finances particulières aux circonstances momentanées pour lesquelles il a été fait; et il laisse subsister, dans toute son intégrité, la distinction que fait le placard de 1601, entre les rentes constituées en monnaie nominale et les rentes constituées en monnaie réelle.

» Or, ce n'est pas en monnaie réelle, c'est en monnaie nominale, qu'a été constituée, en 1792, la rente annuelle de soixante-quinze florins dont il est ici question. Le contrat de constitution porte que Campenaere l'a constituée moyennant un capital de 250 livres de gros, argent de change.

» Campenaere a donc pu rembourser cette rente par une somme égale, en monnaie ayant cours à l'époque du remboursement.

» Il a donc pu, même d'après le placard de 1601, la rembourser en assignats, puisqu'à l'époque du remboursement, les assignats avaient cours de monnaie dans la ci-devant Belgique.

» Nous disons que les assignats avaient alors cours de monnaie dans la ci-devant Belgique; et c'est une vérité qu'il est impossible de contester sérieusement.

» La loi du 3 brumaire an 4, particulière à la Belgique, porte, art. 2, que *les arrêtés du comité de salut public, et ceux des représentans du peuple en mission, auxquels il n'a point été dérogé par le comité de salut public*, CONTINUERONT *d'être exécutés dans ce pays, jusqu'à l'établissement qui s'y fera successivement des lois françaises*.

» Les arrêtés pris pour la ci-devant Belgique, par les représentans du peuple qui y ont été en mission, ont donc force de loi dans ces contrées.

» Or, parmi ces arrêtés, il en existe plusieurs qui, après la seconde entrée des troupes françaises dans la ci-devant Belgique, ont assimilé ce pays à l'intérieur de la France, pour la circulation forcée des assignats.

» Tel est notamment celui du 23 messidor an 2, qui donne aux assignats le même cours qu'à la monnaie métallique.

» Tel est encore celui du 27 thermidor de la même année, dont l'art. 14 veut que les assignats soient reçus en payement de toutes transactions commerciales, de toutes dettes, de toutes créances réciproques des habitans.

» Tel est pareillement celui du 26 brumaire an 3, qui porte, art. 12 et 13, que toutes les créances et dettes, quand même elles seraient contractées et échues avant que l'ennemi eût évacué ces contrées, pourront être soldées en assignats.

» C'est sous l'empire de ces arrêtés, qu'a été fait le remboursement de la rente constituée en 1792 par Campenaere au profit de la veuve Ameels; ce remboursement est donc valable : le tribunal d'appel de Bruxelles a donc bien jugé, en infirmant le jugement de première instance d'Audenarde, qui l'avait déclaré nul.

» Mais, dit la demanderesse, les arrêtés des représentans du peuple n'ont pas autorisé spécialement le cours forcé des assignats pour le remboursement des rentes; ils ne l'ont autorisé que pour le payement des rentes que l'on appelle dans le pays *réitérables*.

» Les arrêtés ne font aucune distinction : ils permettent de solder en assignats, *toutes les créances, toutes les dettes*, même contractées avant la conquête de la Belgique; et assurément, une rente est une *créance* pour celui à qui elle est due, comme elle est une *dette* pour celui qui en est grevé.

» Mais, dit encore la demanderesse, les représentans du peuple ont annoncé, par l'art. 3 de leur arrêté du 9 prairial an 3, qu'ils allaient soumettre aux comités de salut public et des finances, les *nombreuses réclamations* qui leur étaient parvenues contre les remboursemens de rentes en assignats. Ils ont donc reconnu que ces remboursemens pouvaient n'être pas légitimes; mais le doute qu'ils ont alors manifesté, n'a jamais été levé depuis. Ni les comités de salut public et des finances, ni la Convention nationale, ni le corps législatif, ne se sont expliqués sur le référé relatif à ces remboursemens. Ainsi, déclarer aujourd'hui ces remboursemens valables, c'est juger une question dont un arrêté formel a réservé le jugement à l'autorité législative; c'est, par conséquent, transgresser les bornes du pouvoir judiciaire.

» Mais la demanderesse ignore ou feint d'ignorer quels ont été les résultats de l'art. 3 de l'arrêté du 9 prairial an 3. En exécution de cet article, les représentans du peuple en mission dans la ci-devant Belgique, se sont rendus auprès des comités de salut public et des finances. Ils leur ont exposé les inconvéniens, les abus, les injustices qui étaient résultés de la faculté accordée aux débiteurs de rentes constituées avant la conquête, de se libérer en assignats dépréciés. Frappés de leurs observations, les deux comités les ont autorisés à prendre l'arrêté qu'ils ont pris en effet le 12 thermidor an 3, et dont voici les dispositions. — « *Art.* 1.er Aucun débiteur ne » pourra *dorénavant* se libérer d'une obligation » antérieure à la seconde entrée des troupes de » la république dans la Belgique, que dans les » mêmes espèces dans lesquelles l'obligation aura » été contractée, ou en assignats au cours d'Ams- » terdam. — 2.° Cette disposition aura lieu *avec* » *effet rétroactif au 9 prairial;* les payemens, » consignations ou remboursemens faits *depuis* » *cette époque*, sont nuls ».

» Cet arrêté a-t-il porté atteinte au remboursement fait par Campenaere à la veuve Ameels? non : il l'a, au contraire, confirmé de la manière la plus positive. Car, dire qu'on ne pourra *dorénavant* se libérer en assignats, c'est bien dire qu'on l'a pu précédemment. Et annuller les remboursemens faits en assignats depuis le 9 prairial, c'est bien maintenir et sanctionner de plus fort ceux qui ont été faits avant cette époque.

» Telle est, en effet, la conséquence qu'en a tirée le gouvernement, dans sa proclamation du 21 fructidor an 4, aux habitans de la ci-devant Belgique. Cette proclamation rappelle d'abord les art. 1 et 2 de l'arrêté du 9 prairial an 3, ensuite elle ajoute : — « Annuller les remboursemens » faits en assignats postérieurement au 9 prai- » rial an 3, c'est véritablement confirmer tous les » payemens antérieurs qui avaient été faits avec » cette monnaie. La valeur réelle que conservait » encore l'assignat avant le 9 prairial, exigeait » cette différence. On essaie cependant, citoyens, » de vous égarer sur la légitimité de ces libé- » rations. Les insinuations les plus perfides ont » été pratiquées pour répandre des inquiétudes » et produire des agitations parmi les habitans » de la campagne; dans quelques cantons de ces » départemens, des proclamations ont été faites, » pour qu'on eût à reprendre les assignats don- » nés en payement depuis la seconde entrée des » troupes françaises dans la ci-devant Belgique, » en les remplaçant en espèces d'or ou d'argent. » Des avis du même genre ont été remis et col- » portés de différens côtés; et pour laisser croire » que le gouvernement participait à ces me- » sures, des gardes champêtres et des huissiers » ont été les émissaires dont s'est servie la mal- » veillance. — Le gouvernement, au contraire, » citoyens, a donné les ordres les plus positifs » et les plus sévères pour rechercher et décou- » vrir les auteurs de mesures si grossièrement » contre-révolutionnaires. Malheur aux auto- » rités constituées et à tous fonctionnaires publics » qui auraient eu la bassesse de se prêter à de » pareilles manœuvres, ou seulement dont la » vigilance se trouverait en défaut! Les coupa- » bles, quels qu'ils soient, ne doivent espérer » aucun ménagement. — Rassurez-vous donc, » paisibles habitans, sur les suites de ces excès; » *la déclaration des droits* que vous avez juré » de défendre, fait votre sauvegarde : *aucune* » *loi*, dit l'art. 1.er de cette loi primitive et fon- » damentale, *ne peut avoir d'effet rétroactif*. » Vos législateurs mêmes sont dans l'heureuse » impuissance de révoquer, pour le passé, les » lois et les arrêtés qui vous régissaient avant » le 9 prairial an 3. — Le directoire exécutif » impose de nouveau aux diverses autorités » qui vous dirigent, à vos administrateurs et à » vos juges, le devoir, chacun en ce qui le con- » cerne, de maintenir, avec le respect dû à des » lois irrévocables, l'entière exécution des ar- » rêtés qui avaient assuré la libre circulation des » assignats ».

» Aussi dans le bulletin de vos jugemens, C. M., en trouvons-nous un du 23 messidor an 5, par lequel est cassé, comme contraire à l'arrêté du 12 thermidor an 3, un jugement du tribunal civil du département de Jemmapes, qui avait déclaré nul le remboursement fait en assignats, le jour même du 9 prairial an 3, d'une rente de 15,053 livres, constituée le 18 mai 1790, par Henri Joiry, au profit de Louis Poter. « Considérant (y est-il dit), que, si, par cette » dernière disposition (celle de l'art. 2), l'effet » rétroactif est reporté au 9 prairial, ce jour » n'y est pas compris, puisque, d'une part, il » y est formellement énoncé que les rembourse- » mens faits depuis cette époque seulement, sont » nuls; et que, d'autre part, le mot *inclusive-* » *ment* n'est point ajouté au *neuf prairial ;* » attendu que, dans l'espèce, le rembourse- » ment a eu lieu le 9 prairial, *qu'ainsi, il a été* » *fait en temps utile;* le tribunal casse et an- » nulle..... ».

» On objecterait vainement que le tribunal civil du département de l'Ourthe, à qui le fond de cette affaire a été renvoyé, l'a jugé le 3 thermidor an 7, comme l'avait fait celui de Jemmapes, et que, sur un nouveau recours en cassation, son jugement a été maintenu par les sections réunis, le 25 frimaire an 9.

» Sur quoi se sont fondées les sections réunies pour maintenir ce jugement? Uniquement, comme elles l'ont dit elles-mêmes dans leurs motifs, sur ce que « l'art. 2 dudit arrêté des représentans du » peuple, reportant l'effet rétroactif au 9 prairial » précédent, comprend ledit jour 9 prairial dans » sa disposition; que la deuxième partie de cet » article portant annullation des payemens, con- » signations ou remboursemens faits depuis cette » époque, se rapporte évidemment à l'époque » déjà désignée et comprise dans la première » disposition; qu'il existe plusieurs autres exem- » ples dans notre législation, de l'emploi du mot » *depuis*, comme inclusif de l'époque à laquelle » il est appliqué; qu'ainsi, et dans le doute de la » véritable acception d'une expression, le tri- » bunal dont le jugement est attaqué, en se dé- » cidant pour le sens qui n'est réprouvé ni par » l'équité ni par les autres dispositions de l'ar- » rêté, n'a pu commettre aucune contravention » formelle à ladite loi ».

» Il résulte évidemment de ces motifs, que le jugement du tribunal de l'Ourthe aurait été cassé, comme celui du département de Jemmapes, s'il se fut agi d'un remboursement fait *le 8 prairial* an 3.

» Et de là, la conséquence nécessaire qu'à plus forte raison y aurait-il lieu de casser le jugement du tribunal d'appel de Bruxelles, si, au lieu de confirmer le remboursement fait par Campenaere, en ventôse an 3, il se fût permis de l'annuller.

» Vainement la demanderesse vient elle réclamer les dispositions des lois romaines, qui ordonnent la rescision de tout ce qui a été fait par l'impulsion de la terreur et de la crainte.

» Sans doute, la demanderesse se serait exposée à des poursuites fâcheuses, et peut-être à des peines, si elle eût refusé un remboursement en assignats, à une époque où les assignats avaient, dans la ci-devant Belgique, cours forcé de monnaie.

» Mais est-ce à dire pour cela qu'elle peut aujourd'hui revenir par restitution en entier contre la quittance qu'elle a donnée de ce remboursement? Si elle avait cette faculté, il n'y aurait pas de raison pour qu'elle ne fût pas commune à tous ceux qui, dans toute l'étendue de la république, ont reçu des payemens en papier-monnaie; car tous devaient craindre l'effet des lois pénales qui avaient été portées contre les refus d'assignats.

» Or, que l'on songe au désordre, au bouleversement qui s'élèverait dans toutes les familles, dans toutes les fortunes, si on accueillait un pareil système.

» Sur quoi d'ailleurs ce système repose-t-il? Sur l'application la plus fausse et la plus absurde des lois romaines relatives aux actes faits par crainte.

» Les lois romaines ordonnent bien la rescision des actes faits par la crainte qu'impose une violence déjà exercée ou prête à l'être injustement et contre les lois.

» Mais elles ne souffrent pas que, pour faire rescinder un acte, on vienne se prévaloir de la crainte qu'on a pu avoir d'encourir des peines légales : *Sed vim accipimus atrocem et eam quæ adversùs bonos mores fiat, non eam quam magistratus rectè intulit, scilicet jure licito, et jure honoris quem sustinet.* Ce sont les termes de la loi 3, §. 1, D. *quod metûs causâ gestum erit.*

» Et c'est sur le fondement de cette loi, que Pothier, dans son *Traité des obligations*, n. 6, dit : « La violence qui peut donner lieu à la rescision d'un contrat, doit être une violence injuste, *adversùs bonos mores*; les voies de droit ne peuvent jamais passer pour une violence de cette espèce. C'est pourquoi un débiteur ne peut jamais se pourvoir contre un contrat qu'il a fait avec son créancier, sur le seul prétexte qu'il a été intimidé par les menaces que ce créancier lui a faites d'exercer contre lui la contrainte par corps qu'il avait droit d'exercer ».

» Et vainement encore la demanderesse vient-elle dire que Campenaere n'a pas pris, à son égard, les voies de droit; qu'il s'est adressé au commandant militaire de la place d'Audenarde; et que c'est, de sa part, un acte d'oppression, que d'avoir interposé l'autorité de cet officier pour la contraindre de recevoir son remboursement.

» A quelle époque et à quelle fin Campenaere a-t-il eu recours au commandant d'Audenarde? Est-ce avant le remboursement dont il s'agit, et pour forcer la demanderesse de le recevoir? ou n'est ce que depuis et pour obtenir de la demanderesse la remise du titre de son obligation? La demanderesse n'a rien prouvé à cet égard. Campenaere soutenait, devant les premiers juges, que le remboursement avait précédé de huit jours sa démarche auprès du commandant de la place d'Audenarde; il soutenait n'avoir fait cette démarche que par une précaution surabondante; il soutenait l'avoir faite, non pas pour faire accepter un remboursement qui était déjà accepté et dont il avait déjà la quittance, mais uniquement pour se faire remettre le titre de la constitution de la rente, et par là empêcher que la veuve Ameels ne cherchât à faire revivre ce titre, dans le cas où il viendrait à perdre sa quittance. Et ces assertions, la veuve Ameels ne les a point détruites, elle ne les a même pas effleurées par son enquête. Or, si ces assertions sont vraies, en quoi la veuve Ameels peut-elle se plaindre de l'ordre que Campenaere lui a fait donner par le commandant de la place d'Audenarde? Elle peut bien dire qu'on l'a forcée par la menace de la prison, de remettre à Campenaere le titre de sa créance; mais il n'en demeure pas moins constant que ce titre était alors éteint par un remboursement légal.

» Et d'ailleurs, à l'époque où tout cela s'est passé, la Belgique n'était pas encore réunie au territoire français; elle était gouvernée comme pays conquis; c'est-à-dire, militairement. Il appartenait donc alors aux commandans militaires de rechercher les délits, d'en faire arrêter les auteurs, de les livrer aux tribunaux, en un mot, de faire tout ce qu'ont fait depuis dans cette contrée les juges de paix et les autres officiers de police. Or, si, sur le refus de la veuve Ameels de recevoir le remboursement qu'il lui offrait, Campenaere eût été trouver un juge de paix, et que celui-ci, après avoir mandé la veuve Ameels, lui eût déclaré que, si elle persistait dans son refus, il ne pourrait pas se dispenser de l'envoyer en prison, qu'y aurait-il eu là d'illégal et d'oppressif? La veuve Ameels pourrait dire sans doute qu'elle a été contrainte de recevoir le remboursement de sa rente; mais on lui répondrait qu'elle y a été contrainte par une voie légitime, *jure licito.* Eh bien! c'est ici la même chose, puisque le commandant de la place d'Audenarde était véritablement juge de paix à l'époque dont il s'agit.

» Par ces considérations, nous estimons qu'il y a lieu de rejeter la requête en cassation, et de condamner la demanderesse à l'amende ».

Arrêt du 29 messidor an 11, au rapport de M. Vermeil, qui prononce conformément à ces conclusions,

« Attendu 1.° que les lois relatives au cours forcé des assignats, étaient en pleine vigueur dans la Belgique, lorsque la veuve Ameels a reçu de Campenaere, au 8 ventôse an 3, le remboursement d'une rente par lui constituée en 1792 au profit de cette dernière;

» 2.° Qu'en supposant que la veuve Ameels n'ait signé la quittance de ce remboursement et remis à Campenaere la grosse de son contrat, que dans la crainte de se voir, en cas de refus, exposée à la rigueur de ces lois, cette crainte ayant une cause légale, n'a pu justifier la demande par elle formée, et tendante à faire envisager comme nul ce remboursement ».

§. IV. 1.° *Quel a été l'effet de la compensation sur deux dettes réciproques qui se sont trouvées exigibles à la même époque pendant le cours du papier-monnaie, et qui appartenaient, l'une à la classe de celles que la loi du 11 frimaire an 6 a depuis déclarées payables en numéraire, l'autre à la classe de celles que la même loi a soumises à la réduction d'après l'échelle départementale? La compensation les a-t-elle éteintes de plein droit au moment où elles se sont rencontrées, quoiqu'elle n'ait été opposée que postérieurement à la démonétisation des assignats et même à la loi du 11 frimaire an 6?*

2.° *Les a-t-elle anéanties, quoiqu'elles fussent dues mutuellement à et par une succession acceptée sous bénéfice d'inventaire?*

Le 19 mars 1792, André Barety, négociant à Lyon, fait un testatement dans lequel il s'exprime ainsi : «Je donne et lègue à Jean-Joseph Jouve, mon cousin, la somme de 30,000 livres, payable sans intérêts, une année après mon décès. Je n'entends point lui donner ni léguer les sommes qu'il pourra me devoir. Il sera, par conséquent, tenu d'acquitter ses engagemens ».

Le 30 juin suivant, Jean-Joseph Jouve se marie. André Barety intervient au contrat de mariage, et donne à son parent 30,000 livres *payables une année après son décès*.

Le 2 avril 1793, André Barety fait à Thérèse Barety, épouse de Gabriel Jars, une donation universelle de ses immeubles et d'un mobilier considérable.

Le 4 du même mois, Jean-Joseph Jouve souscrit un billet par lequel il reconnaît devoir, et s'oblige de payer dans trois mois, à André Barety, une somme de 30,091 liv. 9 d., pour valeur semblable qu'il a reçue de lui.

Le 14 ventôse an 2, jour correspondant au 4 mars 1794, décès d'André Barety.

Son héritier maternel, le cit. Forge, n'accepte sa part de la succession que sous bénéfice d'inventaire.

Jean-Joseph Jouve, l'un des héritiers paternels, déclare renoncer à cette qualité pour s'en tenir à sa donation de 30,000 liv. Plusieurs années s'écoulent sans qu'il réclame l'effet de cette donation; mais après la publication de la loi du 11 frimaire an 6, et à la vue de l'art. 17 de cette loi, qui déclare *les sommes dues à titre de libéralité* payables *en numéraire métallique*, il se pourvoit contre les héritiers personnellement, et par action hypothécaire contre la dame Jars, pour les faire condamner à lui payer en écus les 30,000 liv. qui lui ont été promises par son contrat de mariage, sous l'offre d'imputer sur cette somme le montant de son billet du 4 avril 1793 *en valeurs réduites*.

Le 25 frimaire an 7, jugement du tribunal civil du département du Rhône, contradictoire avec le cit. Forge et la dame Jars, mais par défaut contre les héritiers de la ligne paternelle, qui adjuge les conclusions de Jean-Joseph Jouve.

Toussaint Barety, l'un des héritiers de la ligne paternelle, forme opposition à ce jugement; et le 23 ventôse an 9, le tribunal civil de l'arrondissement de Lyon, « considérant que toute dette se compense dès qu'elle est liquidé et non susceptible d'être contestée; que la créance du cit. Jouve, de 30,000 liv., était de même nature que celle des co-héritiers Barety; que les deux créances étaient payables en la même monnaie; qu'au moment où ces deux créances ont été exigibles, la loi a voulu qu'elles se compensassent de plein droit, qu'elles s'éteignissent l'une par l'autre; que, lors même que l'une eût été supérieure en quantité à l'autre, la loi a voulu que la compensation se fît jusqu'à concurrence; qu'au 14 ventôse an 3, les deux créances étaient exigibles, payables dans les mêmes valeurs, et qu'au jour de l'échéance, la loi les éteignait par la force de la compensation; que la loi du 11 frimaire an 6 n'est pas applicable à une dette éteinte le 14 ventôse an 3; prononce, faisant droit sur les oppositions respectivement formées, que le cit. Jouve est déclaré non-recevable dans la demande par lui formée contre le cit. Toussaint Barety (*en sa qualité d'héritier bénéficiaire*), qui en est renvoyé; le cit. Jouve condamné aux dépens ».

Appel de la part de Jean-Joseph Jouve; et le 29 prairial an 10, arrêt de la cour d'appel de Lyon, qui statue en ces termes :

« Les questions à juger sont de savoir 1.° si la dette du cit. Jouve envers la succession Barety, a pour cause un prêt en numéraire ou en assignats; 2.° si cette dette éteint, par l'effet de la compensation légale, la créance de 30,000 fr. du cit. Jouve, résultant de son contrat de mariage.

» Le tribunal, considérant qu'il n'est point établi que la dette du cit. Jouve ait son origine dans un temps antérieur à l'année 1791, et que, dès-lors, la présomption de la loi est que Jouve n'a reçu que des assignats, valeur du 4 avril 1793, date où elle paraît avoir été contractée;

» Considérant que la loi du 11 frimaire an 6 (art. 17), ayant déclaré que *les libéralités seraient payées en valeur métallique*, a donné à ces créances un caractère différent de celles d'assignats; qu'aucune des lois nouvelles n'a prononcé sur les effets que pouvait opérer la compensation entre les créances créées avant ou pendant l'existence du papier-monnaie; qu'en supposant que les lois romaines aient admis la compensation de plein droit, elles ont été portées dans un temps où les créances n'éprouvaient plus de variation; que la base de leur décision, à cet égard, est cette invariabilité, puisqu'elles veulent que les créances soient certaines, liquides et de même nature; que les créances résultant de différens titres ou des époques de leur création pendant l'existence du papier-monnaie, n'ont été de même nature que par une fiction de la loi; que cette vérité résulte des dispositions des différentes lois portées en différens temps, sur les diverses espèces de créance; que cette fiction ne pouvait équivaloir à la réalité; que les lois romaines, qui n'ont été fondées que sur cette réalité, n'ont pas d'application; et qu'ainsi, la compensation de la constitution faite au cit. Jouve, par son contrat de mariage, payable une année après le décès du cit. Barety, ne s'est point opérée de plein droit avec la dette en assignats, payable le 4 octobre 1793;

» Considérant qu'il ne paraît pas, et que rien n'annonce que cette compensation ait été volontairement consentie par les parties;

» Considérant que les lois sur les transactions entre particuliers, notamment celle du 11 frimaire an 6, ont classé les créances respectives des parties, et ont déterminé le mode du payement;

» Dit qu'il a été mal jugé....; en conséquence, que Toussaint Barety est condamné et sera contraint, par les voies de droit, à payer au cit. Jouve sa part et portion de la somme de 15,386 fr., à lui restant due, pour solde de la constitution portée dans son contrat du 30 juin 1792, déduction faite de celle de 14,614 fr. à laquelle monte, en numéraire, suivant le tableau de dépréciation de ce département, la somme de 30,091 fr., dont ledit Jouve était débiteur d'André Barety, à la date du 4 avril 1793, avec les intérêts de droit ».

Toussaint Barety se pourvoit en cassation, et propose quatre moyens.

1.° Dit-il, suivant la loi romaine, qui forme le statut municipal du domicile des parties, la compensation est un véritable payement; elle s'opère *de plein droit*, et les dettes respectives sont éteintes, jusqu'à due concurrence, du jour même où elles se sont rencontrées. — Il y avait donc fin de non-recevoir *ex lege*, contre la demande du cit. Jouve; et le tribunal d'appel de Lyon, en accueillant cette demande, a violé manifestement la loi.

2.° Suivant l'art. 7 de la loi du 11 frimaire an 6, « les réductions requises et ordonnées ne » pourront l'être qu'à la charge, par les débiteurs, de payer, au taux de 5 pour cent, les » intérêts échus ou à échoir du capital réduit...; » ce qui aura lieu quand même, en considération des termes ou autrement, les intérêts du » capital fourni en papier-monnaie, auraient » été stipulés à des taux inférieurs, ou même » qu'il n'en aurait été stipulé aucun ». Ainsi, et puisque le tribunal d'appel de Lyon mettait à l'écart les dispositions de la loi romaine sur les effets de la compensation, puisqu'il voulait appliquer la loi du 11 frimaire an 6, il aurait dû (en même temps qu'il soumettait la créance de la succession Barety contre Jouve, à une réduction qui la restreignait à 14,614 liv.), adjuger à Toussaint Barety les intérêts à 5 pour cent de cette somme depuis le moment de son exigibilité, *et quoiqu'il n'en eût été stipulé aucuns*. En ne les adjugeant pas, il a manifestement violé la disposition de l'art. 7 de la loi du 11 frimaire.

3.° Suivant l'art. 2 de la même loi, il n'y a de soumises à la réduction, que les obligations contractées pour simple prêt depuis le 1.er janvier 1791; et même les obligations de cette nature ne peuvent être *censées consenties valeur nominale du papier-monnaie ayant cours, que lorsque le contraire n'est pas prouvé* PAR LE TITRE MÊME; *et, à ce défaut, par des écrits émanés du débiteur, ou par son interrogatoire sur faits et articles*. Or, dans l'espèce (et sans parler des variations que présentait l'interrogatoire du cit. Jouve, sans parler des tergiversations sans nombre qu'il a employées pour se dispenser de communiquer ses registres de commerce, qui auraient donné la clef de ses rapports avec André Barety, et indiqué la véritable et très-ancienne origine de sa dette), *le titre même*, signé du cit. Jouve, sa date et les fractions qu'il énonce, prouvent matériellement que la somme de 30,091 liv. 9 d. ne peut pas être le résultat d'un *prêt d'assignats* contracté le 4 avril 1793, puisqu'il aurait été matériellement impossible de former, *en assignats*, ces fractions de 91 liv. et de 9 d. — Ainsi, fausse application de la loi du 11 frimaire an 6.

4.° L'instance avait dû être et avait été liée, dans le principe, avec tous les héritiers d'André Barety; le jugement du 25 frimaire an 7, rendu par défaut contre eux, ayant été frappé d'opposition par Toussaint Barety, les condamnations avaient été suspendues pour tous ses co-héritiers. Celui du 23 ventôse an 9 les avait anéanties pour tous. Appelant de ce jugement, le cit. Jouve aurait dû mettre en cause, sur l'appel, tous les co-héritiers Barety, aussi intéressés que Toussaint Barety à soutenir le bien-jugé. Il a négligé de le faire; et le jugement sur l'appel a été rendu sans eux: ainsi, violation des règles de la procédure.

« De ces quatre moyens (ai-je dit à l'audience de la section civile, le 21 ventôse an 12), il y en a trois qui nous paraissent ne mériter aucune attention de votre part : ce sont le deuxième, le troisième et le quatrième.

» D'abord, en effet, si, d'une part, il est vrai que le tribunal d'appel de Lyon n'a pas adjugé au cit. Barety, les intérêts de la somme dont il a ordonné la réduction sur le pied de l'échelle départementale, il est vrai aussi que le cit. Barety n'avait pas conclu à ces intérêts.

» D'un autre côté, s'il est vrai que ceux de ces intérêts qui avaient couru depuis l'introduction de l'instance, étaient dus *ex officio judicis*, et pouvaient conséquemment être adjugés sans qu'il y eût été conclu expressément; il est vrai aussi que le cit. Barety ne peut pas être de meilleure condition pour n'y avoir pas conclu du tout, qu'il ne serait, s'il les eût demandés par des conclusions positives : or, s'il les eût demandés par des conclusions positives, quel devrait être le sort du jugement qui ne les a ni accordés ni refusés? Sans doute, d'après l'art. 34 du tit. 35 de l'ordonnance de 1667, il serait sujet à la requête civile pour omission de prononcer sur l'un des objets contestés; mais de là même il suit nécessairement que, de ce chef, il ne serait point passible de cassation.

» D'ailleurs, quelle conséquence peut-on raisonnablement tirer de ce que le cit. Barety n'a pas conclu aux intérêts, et que le tribunal d'appel n'en a point parlé? Il n'y en a qu'une seule : c'est que le cit. Barety a encore son action ouverte pour les demander; et dès-là, il est bien évident que le jugement dont il se plaint, ne peut pas être cassé pour ne les lui avoir pas accordés d'office. — Un semblable moyen a été proposé à la section des requêtes, le 8 frimaire dernier, par Dominique Tesson et sa femme, contre un jugement du tribunal d'appel d'Amiens; mais ce moyen et la demande en cassation à laquelle il servait d'appui, ont été rejetés, au rapport du cit. Zangiacomi et sur nos conclusions, *attendu*, porte le jugement de rejet, *que, si les demandeurs ont le droit d'exiger l'intérêt de la somme qui leur sera remboursée, ce droit reste intact, puisque le jugement attaqué ne prononce rien à cet égard* (1).

» Le troisième moyen serait indubitablement bien fondé, s'il était prouvé, soit par le billet même du 4 avril 1793, soit par d'autres écrits émanés du cit. Jouve, soit par son interrogatoire sur faits et articles, que la somme de 30,091 liv. 9 den., dont il s'était reconnu débiteur envers André Barety, lui avait été comptée par celui-ci, avant l'introduction du papier-monnaie en France.

» Mais, 1.° l'interrogatoire du cit. Jouve ne fournit, à cet égard, aucun renseignement positif; 2.° il n'existe, sur ce point, d'autre écrit du cit. Jouve, que son billet du 4 avril 1793; et le cit. Jouve vous a assez bien expliqué que ce billet, de la manière dont il est conçu, ne prouve nullement qu'il n'ait pas été créé pour une négociation, soit de marchandises faites en assignats, soit d'assignats même; 3.° enfin, il n'existe, sur tout cela, contre le cit. Jouve, que des présomptions violentes, si l'on veut; mais des présomptions que le tribunal d'appel de Lyon a jugé ne pas équipoller à la preuve requise par la loi, et qu'il a pu juger ne pas y équipoller effectivement, sans pour cela se mettre en opposition directe avec la volonté du législateur, sans par conséquent donner prise à la cassation.

» Le quatrième moyen est le plus futile de tous. Le cit. Jouve n'a dû intimer sur son appel que la partie qui avait obtenu gain de cause contre lui en première instance; il n'a dû, par suite, intimer que le cit. Barety; et c'est ce qu'il a fait. — Prétendre qu'il aurait dû intimer également les co-héritiers du cit. Barety et la dame Jars, sous le prétexte que la dame Jars et les co-héritiers du cit. Barety avaient profité de l'effet de son opposition au jugement par défaut, du 25 frimaire an 7, c'est un paradoxe qui trouve sa réfutation dans le principe consacré par plusieurs de vos jugemens, que l'opposition à un jugement rendu contre plusieurs co-héritiers ou communiers, ne profite qu'à celui qui l'a formée (1). — D'ailleurs le cit. Barety ne s'est point plaint devant le tribunal d'appel de Lyon, du défaut d'intimation, soit de ses co-héritiers, soit de la dame Jars; et c'en est assez, d'après l'art. 4 de la loi du 4 germinal an 2, pour qu'il ne puisse pas s'en plaindre devant vous.

» Il n'y a donc dans toute cette affaire, que le premier moyen du cit. Barety qui soit véritablement digne d'une discussion sérieuse; et il faut convenir qu'il a été discuté, de part et d'autre, avec une profonde sagacité.

» Le point dont nous devons partir, pour le bien apprécier, est que les lois romaines, relatives à la compensation, ont à Lyon la même autorité qu'ont dans la capitale de la France, les articles de la coutume de Paris qui concernent la même matière; et dès-là, nul doute que, si le jugement attaqué contrevient aux lois romaines, sur la compensation, il ne doive être cassé, comme il le serait si, rendu dans la cou-

(1) *V.* l'article *Droits successifs*, §. 1.

(3) *V.* l'article *Opposition* (*tierce-*), §. 3.

tume de Paris, il avait contrevenu aux textes de cette coutume qui régissent la compensation entre les habitans de son territoire.

» Une autre vérité qu'il est impossible de méconnaître, c'est qu'il s'agit ici de deux créances respectives qui, à l'époque où elles se sont trouvées également exigibles, étaient absolument de la même nature, puisque toutes deux consistaient en sommes de deniers parfaitement liquides, et que toutes deux pouvaient alors être payées en assignats.

» La question est donc de savoir si ces deux créances se sont mutuellement compensées de plein droit, au moment où elles se sont rencontrées; si elles ont été éteintes par le seul effet de leur concours, ou si la compensation n'a pu les atteindre qu'à l'instant où elle a été proposée par l'un des créanciers respectifs.

» Entre ces deux partis, la différence est très-grande pour le résultat; car si la compensation a produit son effet le jour même où les dettes réciproques se sont trouvées exigibles, le cit. Barety ne doit plus rien au cit. Jouve; il est censé, aux yeux de la loi, avoir payé en assignats ce qu'il devait; comme il est censé, aux yeux de la loi, avoir reçu en assignats ce qui lui était dû : deux opérations qui, si elles avaient eu lieu bien réellement, ne laisseraient plus aucun recours à l'un ni l'autre des créanciers, parce que les payemens faits en assignats, pendant le cours du papier-monnaie, ont irrévocablement libéré ceux qui les ont effectués. Si, au contraire, la compensation n'a pu s'opérer que le jour où elle a été proposée, le cit. Jouve est encore créancier du capital qui forme la différence entre la somme de 30,000 liv. en numéraire métallique, et la somme de 30,071 liv. 9 den., réduite à la valeur réelle qu'avait le papier-monnaie, le 4 avril 1793. La raison en est que la loi du 11 frimaire an 6 soumet à la réduction au taux de l'échelle départementale, la créance du cit. Barety sur le cit. Jouve; au lieu qu'elle en affranchit la créance du cit. Jouve sur le cit. Barety.

» Or, que nous disent les lois romaines sur la compensation? La font-elles opérer du jour où les dettes respectives se rencontrent, ou seulement du jour où elle est opposée en justice? Voilà ce que nous avons à examiner.

» Il est reconnu, entre les deux parties, que la compensation se fait *de plein droit*, et que, *de plein droit*, elle tient lieu de payement. C'est en effet ce que décident les textes les plus précis. *Placuit inter omnes id quod invicem debetur* IPSO JURE *compensari* : ce sont les termes de la loi 21, D. *de compensationibus*. La loi 4 du même titre, au Code, dit également : *si constat pecuniam invicem deberi*, IPSO JURE *compensationem pro soluto haberi oportet*, *ex* EO TEMPORE *ex quo ab utrâque parte debetur*, *utique quoad concurrentes quantitates*. *Compensationes*, dit encore, dans le même Recueil, la loi 14 du titre cité, *ex omnibus actionibus* IPSO JURE *fieri sancimus*, *nullâ differentiâ in rem vel personalibus actionibus inter se observandâ*. Enfin, le §. 30, *de actionibus*, aux Institutes, veut, en rappelant cette dernière loi, que *compensationes* IPSO JURE *minuant actiones*.

» Mais qu'est-ce qu'entendent tous ces textes, par les termes *ipso jure?* C'est ici que les parties se divisent. Suivant le cit. Barety, les termes *ipso jure* signifient que la compensation agit d'elle-même sans le secours de l'homme, qu'elle a lieu par la seule puissance de la loi, qu'elle produit son effet avant que la partie intéressée à la faire valoir, en ait excipé, avant que le juge ait accueilli son exception.

» Telle est effectivement l'idée que tous les lexicographes attachent aux mots *ipso jure*. Pothier, dans son *Traité des obligations*, n. 599, en cite trois qui s'expriment là-dessus très-nettement. — Le premier est le président Brisson qui dit : IPSO JURE *fieri dicitur, quod ipsâ legis potestate et auctoritate, absque magistratûs auxilio et sine exceptionis ope, fit.* — Le deuxième est Spigelius : *verba* IPSO JURE (ce sont ses termes), *intelliguntur sine facto hominis.* — Prateius qui est le troisième, n'est pas moins formel : IPSO JURE *consistere dicitur, quod ex solâ legum potestate et auctoritate, sine magistratûs operâ, consistit.* — On vous en a cité un quatrième qui dit la même chose avec un peu plus de développemens. C'est Vicat, dans son Vocabulaire de droit, imprimé à Naples en 1760 : IPSO JURE, dit-il, *id est, mero jure, solâ juris civilis auctoritate, citrà prætoris auxilium, interventum tuitionemve.* IPSO *ergò jure, vel* JURE *in libris nostris fieri dicitur quod ipso jure civili et ipsâ legis potestate et auctoritate, absque magistratûs auxilio et sine exceptionis operâ fit. Ac proindè illi adversatur quod fit jure prætorio, vel per tuitionem prætoris.*

» A cette explication des termes *ipso jure*, le cit. Jouve oppose, avec Basset, tom. 2, liv. 5, tit. 11, ch. 1, des lois romaines qui, sur d'autres matières, emploient également ces expressions, et dont néanmoins l'effet n'a lieu, suivant lui, que sur la demande des parties ou de l'une d'elles. — Par la loi première, D. *de injusto, rupto et irrito testamento*, il est dit que la prétérition du fils annulle *ipso jure* le testament du père; cependant la loi 17 du même titre déclare que ce testament subsiste, si le fils ne réclame pas contre sa prétérition. — Par la loi 7, §. 1, C. *ad trebellianum*, il est dit que les actions héréditaires passent *ipso jure* sur la tête de l'appelé à la substitution; cependant la loi première, §. 9; et la loi 16, §. 1, du même titre, au digeste, exigent une demande expresse de sa part, pour que cette transmission ait son effet. — Par la loi 26, D. *ad legem falcidiam*, il est dit que la falcidie opère *ipso jure* le retranchement du quart de chaque legs; cependant la loi 19, D. *quæ in fraudem creditorum*, fait dépendre ce retranchement de la volonté de l'héritier : *sed ità demùm si velit heres.* — Voilà donc trois cas, dit le cit. Jouve, où les expressions *ipso jure* sont entendues *opponente parte* : et pourquoi ne s'entendraient-elles pas de même en matière de compensation?

» Nous remarquerons d'abord que, de ces trois exemples, le premier ne prouve absolument rien en faveur du système du cit. Jouve, ou plutôt qu'il suffirait seul pour le détruire.

» En effet, la loi 17, D. *de injusto, rupto et irrito testamento*, ne dit pas, à beaucoup près, ce que lui font dire Basset, et après lui le cit. Jouve; la décision qu'elle renferme, porte sur un cas absolument particulier : « et elle est fondée (dit » Furgole, ch. 8, sect. 4, n. 52), sur des raisons » qui ne peuvent être tirées à conséquence. Dans » l'espèce de cette loi le testateur avait trois » enfans; il en institue deux héritiers universels, » il fait des legs à des étrangers, et ne fait aucune » mention de l'autre enfant; il n'y a donc, dans » ce cas, que l'enfant prétérit qui ait intérêt de » se plaindre, parce que les deux autres se trou- » vant héritiers universels, leur seul intérêt se » bornait à impugner le testament par rapport » aux legs dont ils étaient chargés; et Papinien » décide que, quoique en rigueur, le testament » soit nul et que les legs ne soient pas dus (*licet* » *subtilitas juris refragari videtur*), néanmoins » la volonté du testateur, qui n'est pas impugnée » par le seul enfant qui restait, doit être exécu- » tée *ex æquo et bono*, vu que les enfans héritiers » n'auraient pas bonne grâce d'impugner les legs » dont ils sont chargés, tandis qu'ils profitent » de l'entière hérédité ». — Du reste, il est si vrai que le silence de l'enfant prétérit ne couvre pas le vice de sa prétérition, ni la nullité dont ce vice frappe de plein droit le testament de son père, que, si le père survit au fils qu'il a passé sous silence, son testament n'en demeure pas moins nul : *adeò quidem*, dit Justinien dans ses Institutes, liv. 2, tit. 13, *ut si vivo patre filius mortuus sit, nemo heres ex eo testamento existere possit, quia scilicet ab initio non constiterit testamentum.* Cela est si vrai encore que, lors même que l'enfant prétérit survit au testateur, ceux de ses co-héritiers qui ont intérêt de faire anéantir l'institution dans laquelle il n'est pas compris, peuvent, sans difficulté, la faire déclarer nulle du chef de sa prétérition, quoiqu'il ne s'en plaigne pas lui-même; et c'est ce que décide la loi 10, §. dernier, D. *de bonorum possessione contrà tabulas*; c'est même ce que vous avez jugé *in terminis*, le 14 vendémiaire an 9, en cassant au rapport du cit. Basire, un jugement du tribunal civil du département des Landes, du 17 floréal an 6, rendu en faveur de Pierre Prénilh (1).

» Le second exemple n'est pas mieux choisi. Vous savez que, dans le droit romain, comme dans notre jurisprudence, le substitué n'était pas saisi de plein droit de l'hérédité à laquelle il était appelé fidéicommissairement, et qu'il ne pouvait en acquérir la possession que par la délivrance que lui en faisait l'héritier grevé. C'est à ce principe que se rapportent les lois citées par Basset, et voici ce qu'elles décident. — La loi 7, §. 1, C. *ad trebellianum*, prévoit trois cas : celui où l'héritier grevé assigné en délivrance, ferait défaut; celui où après avoir été condamné contradictoirement à délivrer le fidéicommis, il viendrait à mourir sans laisser d'héritier; celui où le substitué serait lui-même chargé de rendre à un autre; et elle demande quel sera, dans ces trois cas, l'effet de la non-délivrance? Sa réponse est que l'on procédera comme si le fidéicommis avait été délivré réellement, et qu'en conséquence, les actions héréditaires seront transmises de plein droit : *sancimus itaque ut sive per contumaciam absens fuerit is cui restitutio imposita est, sive morte præventus, nullo relicto successore, fuerit, sive à primo fideicommissario in secundum translatio celebrari jussa est, ipso jure utiles actiones transferantur.* Ce qui signifie bien clairement que la demande en délivrance du fidéicommis une fois intentée, le défaut de délivrance effective de la part du grevé, ne doit pas nuire au substitué, et que celui-ci doit avoir le plein exercice des actions héréditaires, comme si le grevé lui en eût fait un transport exprès. Le sens de cette loi n'est donc pas que les actions héréditaires passent de droit sur la tête du substitué, par l'effet de l'ouverture du fidéicommis; mais bien qu'elles y passent de plein droit, par l'effet de la demande en délivrance, suivie d'un jugement même non exécuté par le grevé. D'après cela, rien d'étonnant si, dans le §. 9 de la loi première, D. *ad trebellianum*, le passage des actions héréditaires sur la tête du substitué, est subordonné à l'exercice de son action en délivrance du fidéicommis. Mais, ce qu'il y a de très-remarquable, c'est que, dans ce texte même, les termes *ipso jure* sont employés comme indiquant que c'est précisément par la délivrance du fidéicommis effectué amiablement entre le grevé et le substitué, que s'opère de plein droit la transmission des actions héréditaires sur la tête de celui-ci : *cùm autem extiterit conditio, si velit fideicommissarius partem suam suscipere, transire ad eum ipso jure actiones.* — Il s'en faut donc beaucoup que ce texte détruise la définition que donnent des termes *ipso jure*, les quatre lexicographes que nous avons cités; il ne peut, au contraire, que la justifier par l'application

(1) *V.* l'article *Prétérition.*

qu'il en fait. Pour qu'il la détruisît, il faudrait que, pour faire passer les actions héréditaires sur la tête du substitué, après la délivrance qu'il a obtenue du fidéicommis, il exigeât, de sa part, quelqu'acte ou quelque démarche. Or, il n'exige rien de semblable; une fois le fidéicommis délivré, le substitué à qui la délivrance en a été faite, est de plein droit saisi de toutes les actions héréditaires; et qu'il le veuille ou qu'il ne le veuille pas, qu'il agisse ou qu'il garde le silence, ces actions n'en reposeront pas moins toutes sur sa tête.

» Reste le troisième des exemples sur lesquels s'appuie Basset; et en vérité, il est bien insignifiant. — D'abord la loi 19, D. *quæ in fraudem creditorum*, ne renferme pas un mot de ce que lui prête cet auteur. Elle ne fait pas (comme il l'avance, en citant des termes qu'elle ne contient pas), dépendre de la déclaration de la volonté de l'héritier, le retranchement de la falcidie qui, par la loi 26, D. *ad legem falcidiam*, est dite s'opérer de plein droit, *ipso jure;* elle ne parle même pas de ce qu'on nomme proprement la falcidie, mais de la quarte trébellianique; car c'est de la restitution d'un fidéicommis universel qu'elle s'occupe, et tout le monde sait que l'expression *falcidie*, appliquée aux fidéicommis universels, désigne, non pas la quarte falcidie véritable, mais la quarte trébellianique. C'est d'ailleurs ce que prouvent la loi 1, §. 19, la loi 16, §. 9, et la loi 22, §. 2, D. *ad trebellianum*, et la loi 10, C. *ad legem falcidiam*. — Ensuite, que porte donc la loi invoquée par Basset? Une seule chose : c'est que le grevé d'un fidéicommis universel, qui le restitue sans en distraire la quarte trébellianique, n'est pas, pour cela, censé frauder ses créanciers : *patrem qui, non expectatâ morte suâ, fideicommissum hereditatis maternæ filio soluto potestate restituit, omissâ ratione falcidiæ, plenam fidem ac debitam pietatem secutus exhibitionis, respondi, non fraudasse creditores*. Mais ce que dit cette loi du défaut de distraction de la quarte trébellianique, une foule d'autres lois du même titre (aujourd'hui abrogées par le Code civil), le disent également de la renonciation du fils *héritier sien* à la succession de son père : elle déclare que, par cette renonciation, le fils *héritier sien* n'est pas censé agir en fraude de ses créanciers personnels. Concluera-t-on de là que le fils *héritier sien* avait besoin d'une acceptation expresse de l'hérédité de son père, pour en être saisi? Ce serait, à coup sûr, une grande erreur : personne n'ignore que le fils *héritier sien* était saisi de plein droit, *ipso jure;* qu'il n'avait pas besoin de déclaration pour être héritier effectif, et qu'il l'était, tant qu'il n'avait pas répudié. — Ainsi, en argumentant, par analogie, de la loi citée par Basset à la compensation, il sera bien permis de dire que le débiteur acquitté par le bénéfice de la compensation, peut renoncer à ce bénéfice, sans que, pour cela, on puisse l'accuser de rien faire en fraude de ses créanciers; mais, si l'on veut aller plus loin, si l'on veut en conclure que la compensation ne s'opère pas sans le fait du débiteur, bien évidemment on tombera dans l'inconséquence, bien évidemment on tirera de la loi citée par Basset, une induction à laquelle ce texte ne conduit nullement.

» Mais pourquoi nous égarer avec Basset, dans un labyrinthe de lois étrangères à la compensation? Renfermons-nous dans les lois relatives à cette matière, et cherchons dans leur propre texte, ce qu'elles entendent par les termes *ipso jure*, voyons quels effets elles donnent elles-mêmes au principe que la compensation s'opère *de plein droit*.

» Vous n'avez pas oublié, C. M., que, dans l'ancienne législation romaine, le créancier qui étendait sa demande au-delà de ce qui lui était réellement dû, encourait la peine de ce qu'on appelait la *plus-pétition*, et que cette peine consistait dans la perte de toute sa créance. On a élevé, à ce sujet, la question de savoir si la peine de la plus-pétition était encourue par le créancier qui demandait la totalité de ce qui lui était dû, sans offrir la déduction de ce qu'il devait lui-même; et voici la réponse du jurisconsulte Paul, liv. 2, *receptarum sententiarum*, tit. 5, §. 3 : *compensatio debiti ex pari specie et causâ dispari admittitur : velut si pecuniam tibi debeam et tu mihi pecuniam debeas....., licet ex diverso contractu compensare vel deducere debes; si totum petas, plus petendo causâ cadis*. — Assurément, si le bénéfice de la compensation n'était pas acquis par le seul fait du concours des deux créances; si la somme dont mon créancier était devenu mon débiteur avant d'intenter son action, n'avait pas, de plein droit, diminué et éteint d'autant sa créance; en un mot, si la compensation ne pouvait s'opérer que par la réclamation que j'en ferais devant le tribunal où il m'a traduit, le défaut d'offre de déduire ce qu'il me doit, ne le constituerait pas en état de *plus-pétition*, et ne lui en ferait pas subir la peine. Il est donc bien clair que, pour agir sur les créances respectives qui en sont l'objet, la compensation n'attend pas que la partie intéressée à la faire valoir, vienne en exciper devant le juge.

» La même conséquence résulte de la loi 10, §. 1, D. *de compensationibus*. Celui, dit-elle, qui pouvant compenser, a payé comme étant encore débiteur, peut revenir contre son payement, par l'action appelée en droit, *condictio indebiti*, parce qu'il a payé ce qu'il ne devait plus : *si quis compensare potens, solverit, condicere poterit, quasi indebito soluto*. « Ce texte (dit » Pothier, n. 603) prouve bien démonstrative- » ment que la compensation se fait de plein

» droit, et éteint, par la seule vertu de la loi, » les dettes respectives des parties, sans qu'elle » ait été opposée par aucune des parties, ni » prononcée par le juge; autrement, dans cette » espèce dans laquelle, lorsque j'ai payé, la » compensation n'avait été ni opposée ni pro- » noncée, on ne pourrait pas dire que j'ai payé » ce que je ne devais plus ».

» La loi 11 du même titre nous fournit une autre preuve de cette vérité. Je vous ai promis, il y a deux ans, une somme de 1,000 fr. productive d'intérêts au taux de la loi. Un an après, vous m'en avez promis une de 500 fr., mais sans intérêts. Sur quelle base devons-nous aujourd'hui liquider nos créances et dettes respectives? Nous devons regarder votre créance de 1,000 francs, comme réduite, depuis un an, à 500 francs, parce qu'à cette époque, devenu votre créancier de la somme de 500 francs, je suis censé vous avoir payé cette somme; et, par une suite nécessaire, depuis un an, je ne vous dois plus que les intérêts des 500 francs qui vous restent dus : *Cùm alter alteri pecuniam sine usuris, alter usurariam debet, constitutum est à divo Severo concurrentis apud utrumque quantitatis usuras non esse præstandas.*

» Même disposition dans la loi 4, C. *de compensationibus*. S'il est prouvé, dit-elle, que deux sommes d'argent sont mutuellement dues, la compensation doit les faire considérer comme payées à concurrence, de leurs quantités respectives, et cela dès le moment où elles se sont rencontrées; en conséquence, il ne sera plus dû d'intérêts qu'à raison de l'excédant de l'une sur l'autre : *Si constat pecuniam invicem deberi, ipsò jure pro soluto compensationem haberi oportet ex eo tempore ex quo ab utrâque parte debetur, utique quoad concurrentes quantitàtes; ejusque solius quod ampliùs apud alterum est, usuræ debentur.*

» C'est ainsi que les lois elles-mêmes nous expliquent ce qu'elles ont entendu, en disant que la compensation se fait de plein droit, et certes il est bien impossible de concilier de pareils effets de la compensation, avec l'opinion de ceux qui prétendent que la compensation n'est qu'une *exception*, et qu'elle n'a lieu que du jour où elle est opposée.

» Il est vrai que, dans l'ancien droit romain, on distinguait, à cet égard, entre les actions que l'on nommait de *bonne foi*, et les *actions de droit rigoureux*; que, dans celles-ci, la compensation ne s'opérait qu'à l'aide de l'exception de dol, et par conséquent, que du jour où l'on proposait cette exception; et qu'à celles-là seules était limité le principe de la compensation opérée, de plein droit, par le concours de deux dettes réciproques. Mais cette différence n'existe plus depuis long-temps; Justinien l'a abrogée par la loi 14, C. *de compensationibus*, que nous avons déjà citée, et qui veut que, dans toutes les actions indistinctement, la compensation ait lieu de plein droit : *Compensationes ex omnibus actionibus ipso jure fieri sancimus, nullâ differentiâ in rem vel personalibus actionibus inter se observandâ.* Et c'est à cette loi qu'il fait allusion dans ses Institutes, titre *de actionibus*, §. 30, lorsqu'il dit : *In bonæ fidei judiciis, libera potestas permitti videtur judici ex æquo et bono æstimandi quantum actori restitui debeat; in quo et illud continetur, ut si quid invicem præstare actorem oporteat, eo compensato, in reliquum is cum quo actum est, debeat condemnari; sed et in stricti juris judiciis, ex rescripto divi Marci, oppositâ doli mali exceptione compensatio inducebatur. Sed nostra constitutio easdem compensationes quæ jure aperto nitentur, latiùs introduxit, ut actiones ipso jure minuant, sive in rem, sive in personam, sive alias quascumque.....* Il n'est donc plus aujourd'hui de matière où la compensation puisse être considérée comme une simple exception, où, pour la faire opérer, on ait besoin du fait de l'homme, où elle ne puisse avoir lieu que du jour où elle a été opposée; et prétendre le contraire, c'est s'élever contre le texte formel du législateur.

» Mais, dit-on, si les lois que vous invoquez, semblent supposer que la compensation se fait de plein droit, il en est d'autres qui les contredisent sur ce point, et desquelles il résulte que, tant que la compensation n'est pas opposée par les parties et ordonnée par le juge, elle ne produit aucun effet.

» Ainsi, la loi 2, D. *de compensationibus*, fait clairement entendre que la compensation dépend de la volonté du débiteur qui, étant assigné en justice, se trouve en même temps créancier de son adversaire : *Unusquisque creditorem suum eundemque debitorem, petentem submovet*, SI PARATUS EST COMPENSARE.

» Ainsi la loi 7, §. 1, du même titre, prévoit le cas où le juge n'aurait pas égard à la compensation : *Si rationem compensationis judex non habuerit, salva manet petitio.*

» Ainsi, la loi 36, D. *de administratione et periculo tutorum*, déclare que la compensation est un remède de pure équité, et par conséquent abandonne au juge le soin de décider quels sont les cas où il est équitable de l'admettre, quels sont ceux où il est équitable de la rejeter.

» Ainsi, la loi 5, C. *de compensationibus*, porte que, si vous devez à celui qui est chargé de vous restituer un fidéicommis, une somme inférieure à celle qu'il vous doit lui-même à ce titre, c'est par pure équité qu'il est dispensé de vous faire raison des intérêts de votre créance, comme c'est par pure équité que vous êtes réduit à ne pouvoir demander que l'excédant de votre créance sur la sienne : *Etiamsi fideicommissum tibi ex ejus bonis deberi constat, cui debuisse te minorem quantitatem dicis, æquitas compensationis usurarum excludit computationem ; petitio autem ejus quod ampliùs tibi deberi probaveris, sola relinquitur.*

» Ainsi, le §. 1 de la loi 14 du même titre, recommande aux juges de ne pas admettre trop facilement les compensations dont il sera excipé devant eux : *Hoc itaque judices observent et non procliviores ad admittendas compensationes existant, nec molli animo eas suscipiant.*

» Ainsi, la loi 14, D. *de compensationibus*, veut que l'on n'admette pas, en compensation, les créances que des exceptions peuvent rendre sans effet : *Quæcumque per exceptionem perimi possunt, in compensationem non veniunt.* Il faut donc que le juge saisi de la demande en compensation, prononce sur l'exception que l'on oppose à cette demande. C'est donc le juge qui décide si la compensation est admissible, ou si elle ne l'est pas.

» Enfin, la loi 6 du même titre, qualifie la compensation de *mutua petitio ;* ce qui suppose manifestement que les actions respectives des parties subsistent, tant que le juge n'a pas statué sur la compensation.

» Voilà, en effet, des lois qui, au premier aspect, semblent effectivement contraires à celles que nous avons précédemment rappelées; mais un moment d'attention, et bientôt cette prétendue antinomie s'évanouira.

» Que résulte-t-il d'abord de la loi 2, D. *de compensationibus*, aux mots *si paratus est compensare ?* Une seule chose : c'est, comme l'observe Pothier, « que, si celui qui était mon » créancier d'une certaine somme, et qui depuis est devenu mon débiteur d'autant, forme » une demande contre moi pour le payement » de cette somme, je serai obligé, pour me » défendre de sa demande, de lui opposer la » compensation de la somme dont il est devenu » mon débiteur ; sans cela, le juge qui verrait » son titre de créance, et qui ne peut pas deviner la créance que j'ai de mon côté contre » lui, ne manquerait pas de faire droit sur » sa demande. C'est pour cela que (dans le texte » dont il s'agit), il est fait mention de la com» pensation opposée par une partie (*si paratus* » *est compensare*). Mais on ne peut point du » tout en conclure que la dette n'ait point été » acquittée par la compensation, dès avant » que je l'aie opposée. Je ne suis obligé d'op» poser la compensation, que pour instruire » le juge que la compensation s'est faite ; de » même que lorsque quelqu'un me demande » une dette que j'ai payée, je suis obligé, pour » instruire le juge, d'opposer et de rapporter » les quittances » ; et nous devons ajouter que cette dernière observation de Pothier est d'autant plus juste, d'autant plus péremptoire, que la loi 4, C. *de compensationibus*, déclare, en termes exprès, que la compensation équivaut au payement, *ipso jure pro soluto compensationem haberi oportet ;* ce qui nous conduit nécessairement à dire que rapporter une quittance de payement, et opposer la compensation, c'est absolument la même chose.

» A l'égard de la loi 7, §. 1, D. *de compensationibus*, rien à inférer de ce qu'elle décide pour le cas où le juge n'a pas eu égard à la compensation : *si rationem compensationis judex non habuerit.* Cela prouve bien qu'il est des créances qui ne sont pas susceptibles de compensation, soit parce qu'elles ne sont pas liquides, soit parce qu'elles dérivent d'une source privilégiée, comme d'un dépôt ou de contributions publiques. Mais argumenter de là pour établir qu'entre deux dettes ordinaires et liquides, la compensation ne se fait pas de plein droit, c'est une véritable dérision.

» Il en est de même de la loi 14 du même titre. Sans doute, comme elle le dit, il est des créances qui ne peuvent pas être admises en compensation, parce qu'elles peuvent être repoussées et rendues sans effet par des exceptions légitimes. Telle est, par exemple, la créance que vous avez sur un fils de famille, et à laquelle celui-ci peut échapper par l'exception du sénatus-consulte macédonien. Telle est encore la créance que vous avez sur une femme, et que l'exception du sénatus-consulte velléien peut paralyser. Mais s'ensuit-il de là que, lorsque le juge rejette comme non fondée, une exception que l'on oppose à la compensation, la compensation n'a lieu que du moment où le juge l'a admise ? C'est comme si l'on disait que, lorsque le juge déclare valable une quittance que le créancier contestait mal à propos, le payement n'est censé fait qu'au moment où la sentence est rendue. Car, nous ne saurions trop le répéter, la loi 4, C. *de compensationibus*, veut que la compensation soit assimilée à un payement effectif : *ipso jure pro soluto compensationem haberi oportet.* Or, dit Tulden, l'un des plus célèbres jurisconsultes de la Belgique, dans son commentaire sur le Code, liv. 4, tit. 31, n.° 6, *quemadmodum solutio ipso jure debitum extinguit, alleganda tamen in judicio est ab eo qui convenitur ; ità quamvis exceptio compensationis in judicio sit proponenda, non minùs tamen ipso jure tollit obligationem : ità scilicet ut* AB INITIO, *etiam* ANTE JUDICIUM INSTITUTUM, *minùs debitum creditori intelligatur. Judicis sententia non inducit compensationem, sed declarat.*

» La même réponse s'applique à la recommandation que fait aux juges la loi 14, §. 1, C. *de compensationibus*, de ne pas accueillir les compensations avec une trop grande facilité.

Cette recommandation n'est relative qu'au cas où des débiteurs contre lesquels il existe des titres clairs et positifs, viennent opposer des prétentions équivoques, ou qui ne peuvent être justifiées que par une longue discussion. — A cet égard, le législateur pose un principe immuable: c'est que toute dette liquide est, de plein droit, compensée par une dette également liquide. Mais dans l'application de ce principe, il peut s'élever des difficultés très-fréquentes. Telle dette qui est présentée au juge comme liquide, peut ne l'être pas. Que fait la loi? Elle charge la conscience du juge de la décision de la liquidité ou de l'illiquidité de chaque dette. Si le juge trouve que les deux dettes sont liquides, il les déclarera éteintes l'une par l'autre, du jour où elles se sont rencontrées. S'il trouve qu'il n'y ait de liquide que la créance du demandeur, il condamnera le défendeur à la payer, et il réservera à celui-ci tous ses droits pour établir la sienne. Voilà tout ce que dit, voilà tout ce que veut la loi; ses propres termes vont nous en convaincre: *Compensationes ex omnibus actionibus* IPSO JURE *fieri sancimus...: ita tamen compensationes objici jubemus, si causa ex quâ compensatur, liquida sit et non multis ambagibus innodata: satis enim miserabile est post multa fortè variaque certamina, cùm res jam fuerit approbata, tunc ex alterâ parte quæ jam penè convicta est, opponi compensationem jam certo et indubitato debito, et moratoriis ambagibus spem condemnationis excludi. Hoc itaque judices observent, et non procliviores ad admittendas compensationes existant, nec molli animo eas suscipiant; sed jure stricto utentes, si invenerint eas majorem et ampliorem exposcere indaginem, eas quidem alii judicio reservent; litem autem pristinam jam penè expeditam sententiâ terminali componant.*

» La loi 5 du même titre, n'est pas plus favorable au système du cit. Jouve; loin de là, elle le contrarie absolument; car il résulte de sa décision, que la compensation éteint les dettes mutuelles, non pas du jour où elle est opposée, mais du jour où les qualités de créancier et de débiteur ont concouru dans la même personne. Quoique vous soyez, dit-elle, créancier à titre de fidéicommis, de celui qui est également le vôtre d'une somme moindre, *l'équité de la compensation* ne laisse pas de s'opposer à ce que vous exigiez les intérêts de votre créance; et pourquoi cela, *hoc quid est*, se demande Godefroy, dans sa note sur ce texte? Parce que la compensation se fait de plein droit: *Ipso jure fit compensatio;* parce que la compensation ayant, de plein droit, éteint la partie de votre créance qui correspond à celle de votre débiteur, vous ne pouvez pas réclamer les intérêts d'un principal qui a cessé d'exister du moment que votre débiteur est devenu créancier d'un principal de la même valeur. — Mais ce qu'ajoute la loi est encore bien plus décisif. Il ne vous reste donc plus d'action (ce sont ces termes), que pour ce que vous prouverez vous être encore dû, déduction faite de ce que vous devez vous-même: *Petitio autem ejus quod ampliùs tibi deberi probaveris,* SOLA *relinquitur.* — C'est bien dire aussi clairement qu'il est possible de le faire, que la compensation opère d'elle-même tout son effet, et qu'avant que son nom ait été prononcé devant le juge, elle absorbe, elle anéantit l'action du créancier, jusqu'à concurrence de la somme dont il est débiteur.

» Ce n'est pas avec plus de raison que le cit. Jouve invoque la loi 36, D. *de administratione et periculo tutorum;* cette loi ne fait, au contraire que fortifier de plus en plus notre principe. La question dont elle s'occupe, est de savoir si, dans le cas où l'administration des biens d'un pupille est divisée entre plusieurs tuteurs, on peut compenser, contre l'un de ceux-ci, une créance que l'on a contre la partie de la tutelle qui est gérée par un autre. La loi décide qu'on le peut; et quels sont ses motifs? C'est, d'une part, que l'équité a fait admettre la compensation de plein droit; *Æquitas merum jus compensationis inducit* (car ces mots *merum jus*, répondent absolument aux expressions *ipso jure*, qui sont employées dans d'autres textes, et Godefroy en fait la remarque expresse dans sa note sur cette loi); c'est, d'un autre côté, que la division de la tutelle entre plusieurs tuteurs n'est pas l'ouvrage de la loi, mais du juge, *divisio tutelæ non juris, sed jurisdictionis est.* Ainsi, voilà bien la manière dont se divise la tutelle, mise en opposition avec la manière dont s'opère la compensation. La tutelle ne se divise pas de plein droit, il n'appartient qu'au juge de la diviser. La compensation, au contraire, s'établit de plein droit, et c'est par cette raison que le juge ne peut pas lui préjudicier. Donc, la compensation n'a pas besoin du ministère du juge pour produire son effet; donc elle agit seule, ou plutôt par la seule puissance de la loi; donc le texte invoqué par le cit. Jouve, se rétorque contre lui avec une force inexpugnable.

» Reste la loi 6, C. *de compensationibus*, qui en effet, comme l'objecte le cit. Jouve, qualifie la compensation de *mutua petitio*. Mais, dit Pothier, « la réponse est que ce n'est que dans un
» sens très-impropre, que la compensation opposée par le défendeur, est appelée *mutua petitio*
» dans cette loi; ce qui ne signifie autre chose
» que la simple allégation de la créance respective que le défendeur avait contre le demandeur et par laquelle celle du demandeur
» a été éteinte. Notre réponse (c'est toujours
» Pothier qui parle), est fondée sur la loi 21,
» D. *de compensationibus*, où il est marqué expressément que celui qui allègue la compen-

» sation, ne forme pas une demande respective
» mais se défend seulement de celle qui est don-
» née contre lui, en faisant connaître qu'elle
» ne procède pas jusqu'à concurrence de la
» somme opposée en compensation : *postquam*
» *placuit inter omnes*, dit cette loi, *id quod in-*
» *vicem debetur ipso jure compensari, si procu-*
» *rator absentis conveniatur*, *non debebit de*
» *rato cavere*, pour être admis à alléguer la
» compensation, comme il y serait obligé s'il
» formait une demande en reconvention, *quia*
» *nihil compensat, sed ab initio minus ab eo pe-*
» *titur*; c'est-à-dire, *non ipse compensat, non*
» *ipse aliquid mutuò petit, sed allegat compensa-*
» *tionem ipso jure factam, quæ ab initio jus pe-*
» *titoris ipso jure minuit* ».

» Ainsi, rien d'obscur, rien d'équivoque, rien de contradictoire, dans les lois qui traitent de la compensation. Toutes s'accordent sur le principe que la compensation est un payement; que ce payement, c'est la loi elle-même qui l'effectue; que le juge le déclare, mais ne le crée pas; enfin, que son effet remonte à l'instant où les dettes réciproques se sont rencontrées.

» Qu'importe, d'après cela, que quelques glossateurs du quinzième siècle aient méconnu ce principe, qu'ils l'aient défiguré, qu'ils l'aient restreint par leurs interprétations arbitraires? Qu'importe que, dans des temps moins reculés l'illustre président Favre ait cherché à se singulariser en défendant leurs erreurs? Non-seulement leur autorité ne peut pas balancer celle des lois; mais dès que les lois sont, comme nous l'avons démontré, claires, positives et uniformes sur ce point, on ne peut pas même dire qu'il existe là-dessus une véritable controverse, ni par conséquent appliquer ici la maxime que dans les questions controversées du droit romain, il ne peut jamais y avoir lieu à cassation. Car on ne peut pas sérieusement regarder comme controversé, un point de droit que, d'une part, les lois ont consacré dans les termes les plus précis, et sur lequel, de l'autre, s'accordent les Cujas, les Duaren, les Vinnius, les Pérez, les Tulden, les Voët, les Heinneccius, les Domat, les Pothier, et une foule d'autres dont il serait aussi long qu'inutile de vous offrir la nomenclature.

» Maintenant, appliquons ces principes à la contestation sur laquelle vous avez à prononcer.

» Le cit. Jouve s'est trouvé à la fois créancier d'une somme de 30,000 livres, et débiteur d'une somme de 30,091 livres 9 deniers. Ces deux qualités ont concouru dans sa personne à une époque où l'une et l'autre somme était exigible, à une époque où il n'y avait rien de plus liquide que l'une et l'autre somme, à une époque où l'une et l'autre somme était payable en assignats. Donc à cette époque, nul moyen pour le cit. Jouve d'échapper à la compensation. Donc à cette époque, le cit. Jouve est censé avoir reçu des héritiers Barety le montant de la créance qu'il avait sur eux. Donc à cette époque, les héritiers Barety sont censés avoir reçu du cit. Jouve le montant de la créance qu'ils avaient sur lui. Donc à cette époque, les deux créances se sont éteintes mutuellement. *Ipso jure compensationem pro soluto haberi oportet, ex eo tempore ex quo ab utrâque parte debetur.* Vous vous rappelez que ce sont les termes de la loi 4, *C. de compensationibus*. Donc cette loi et toutes celles qui ne font qu'en répéter la disposition, ont été violées par le jugement qu'attaque le cit. Barety.

» Oh mais, s'écrie le cit. Jouve, il y a dans la cause des circonstances qui ont autorisé le tribunal d'appel de Lyon à s'écarter de ces lois! Quelles sont donc ces circonstances?

» C'est d'abord, dit le cit. Jouve, que les héritiers Barety n'ont accepté la succession dont je suis à la fois créancier et débiteur, que sous bénéfice d'inventaire. Or, il est de règle, et il a été jugé par plusieurs arrêts du parlement de Grenoble, que l'héritier bénéficiaire ne peut pas compenser une dette de l'hoirie contre une de ses créances. — Là-dessus trois observations.

» 1.° Les parties ne sont pas d'accord entre elles sur le fait dont argumente ici le cit. Jouve. Le cit. Jouve produit, à la vérité, des pièces desquelles il paraît résulter que le cit. Forge et même Toussaint Barety ont pris, dans le principe, la qualité d'héritiers bénéficiaires d'André Barety. Mais, on lui en oppose d'autres qui paraissent aussi établir que, dans la suite, le cit. Forge et ses co-successeurs n'ont plus figuré dans la succession que comme héritiers purs et simples.

» 2.° Les parties n'ont discuté, ni en première instance, ni en cause d'appel, et ni le tribunal de première instance, ni le tribunal d'appel n'ont jugé, quelle doit être, par rapport à la compensation, l'influence de la qualité des héritiers bénéficiaires prétendue prise et conservée par le cit. Forge et par Toussaint Barety. Comment donc pourrait-elle aujourd'hui fixer votre attention? Comment peut-on vous proposer de prendre, pour la juger vous-mêmes, la place des tribunaux de première instance et d'appel? Comment peut-on espérer qu'au lieu de vous renfermer dans vos fonctions de réformateurs suprêmes des jugemens rendus en contravention à la loi, vous alliez créer un jugement qui n'existe pas, et que surtout vous alliez le créer tout exprès pour en faire une base capable de soutenir le jugement qui vous est dénoncé? — Nous savons bien qu'il est en votre puissance, et que vous aimez à regarder comme un devoir, de substituer aux motifs illégaux et irréfléchis des jugemens que l'on attaque devant vous, des motifs puisés dans la loi et propres à justifier ces jugemens : mais vous ne devez, vous ne pouvez le faire que dans un cas, dans celui où les motifs que vous substituez à ceux des jugemens attaqués, ne changent rien à la question que ces jugemens ont décidée; dans celui où la question décidée par ces jugemens, reste, par votre manière de les motiver, la même qu'elle était devant le tribunal dont les décisions sont déférées à votre censure. Par exemple, un testament a été argué de nullité pour vice de forme, et un jugement en dernier ressort l'a déclaré nul, en citant une loi qui n'était pas applicable au vice dont on l'arguait. Il est certain que, si ce vice est réel, vous pourrez, vous devrez même maintenir le jugement, parce que vous n'aurez besoin, pour cela, que de citer la loi qui aurait dû le motiver. Mais s'il vous est démontré que le testament est régulier dans la forme, pourra-t-on, pour soustraire le jugement à la cassation, plaider devant vous pour la première fois que le défunt était incapable de tester? Pourra-t-on, pour établir son incapacité, prouver devant vous des faits qui n'ont pas été discutés devant les premiers juges, produire devant vous des actes que les premiers juges n'ont pas vus et qu'ils n'ont pas été à même d'apprécier? Non certainement. Vous casserez le jugement qui a déclaré le testament nul pour vice de forme, et vous renverrez à de nouveaux juges l'examen de la prétendue incapacité du testateur. — Eh bien! c'est ici la même chose, cette espèce est précisément la nôtre, il n'y a que les noms à changer.

» 3.° Enfin, dans quelle loi le cit. Jouve a-t-il vu qu'un héritier bénéficiaire ne peut pas compenser une dette héréditaire par une créance héréditaire? Dans quelle loi? dans aucune. Mais à défaut de loi, le cit. Jouve invoque trois arrêts du parlement de Grenoble, des 26 février 1629, 1.er septembre 1665 et 17 août 1668, que Basset cite sèchement, sans en rapporter la moindre circonstance, comme ayant jugé que la *compensation ne peut être opposée contre un héritier avec inventaire, si elle ne l'a été du vivant du défunt.*

» Or, à cet égard, remarquez d'abord que ces prétendus arrêts ne portent point sur la compensation opposée par un héritier bénéficiaire, mais bien sur la compensation qu'on lui oppose.

» Remarquez ensuite que Basset pose ainsi la question sur laquelle ces arrêts ont, suivant lui, prononcé : *Quand est-ce qu'en cas de discussion ou déconfiture, on peut opposer la compensation?* Ce qui prouve que, si ces arrêts avaient vraiment jugé ce qu'il leur prête, leur unique fondement serait que la déconfiture d'un homme qui est à la fois créancier et débiteur d'une même personne, ferait cesser la compensation au préjudice de celle-ci, en sorte que celle-ci devrait payer intégralement ce qu'elle doit, et venir à contribution au marc la livre pour ce qui lui est dû. Or, c'est là, nous ne craignons pas de le dire, c'est là une erreur monstrueuse, c'est là une iniquité révoltante. Quoi! je me trouve créancier et débiteur d'un négociant; je ne le poursuis point, parce que ma créance balançant ma dette, je me regarde comme libéré de plein droit; et la faillite de ce négociant viendra changer ma condition? Il faudra que je paye à sa masse tout ce que je lui ai dû, et sa masse ne me payera qu'une légère parcelle de ce qu'il m'a dû lui-même! Nous serions fâchés, pour l'honneur de la mémoire du parlement de Grenoble, qu'il eût adopté une jurisprudence aussi injuste, aussi bizarre; et une chose très-certaine, c'est qu'elle n'a jamais été admise dans aucun autre ressort. — Pour ne pas multiplier inutilement les citations sur une vérité aussi simple, nous nous bornerons à vous rapporter ce qu'en dit Serres, dans ses *Institutions au droit français*, liv. 4, tit. 5, §. 39 : « Quand on est débiteur d'une » distribution, si, depuis la distribution, on » devient créancier, on ne peut pas opposer de » compensation à cause de l'intérêt des autres » créanciers; mais si, avant la distribution, on » était créancier et débiteur tout à la fois de » celui dont les biens ont été ensuite généralement saisis, on peut *sans difficulté* demander » la compensation que le juge déclare alors » *avoir été faite* avant la saisie générale ».

» Pour revenir à l'héritier bénéficiaire, c'est, à la vérité, une question si on peut lui opposer sa dette personnelle en compensation d'une créance de l'hoirie. Encore cette question est-elle décidée contre lui, et par Voet, titre *de compensationibus*, n.° 11, et par le président Favre, en son Code, liv. 4, tit. 23, def. 9, et par un arrêt du sénat de Chambéry du mois de juillet 1592, qui nous a été conservé par celui-ci. Mais que l'héritier bénéficiaire puisse compenser une dette de l'hoirie par une créance de l'hoirie elle-même, c'est ce que personne n'a jamais révoqué en doute; et encore une fois, les prétendus arrêts de Grenoble cités par Basset, n'ont pas jugé le contraire, puisque Basset les cite, non comme ayant repoussé la compensation opposée par un héritier bénéficiaire, mais comme ayant repoussé une compensation qu'un héritier bénéficiaire ne voulait pas admettre.

» Tout se réunit donc pour écarter le moyen de défense que le cit. Jouve cherche à tirer ici de la qualité d'héritiers bénéficiaires qu'il suppose avoir été prise dans la succession Barety par le cit. Forge et par le demandeur.

» Quelle ressource peut-il, d'après cela, rester au cit. Jouve, pour soustraire le jugement attaqué à la cassation?

» Il lui en reste une, s'il faut l'en croire, dans la loi du 11 frimaire an 6. Par l'art. 17 de cette loi, dit-il, ma créance a été déclarée n'être payable qu'en numéraire, tandis que la même loi, par son art. 2, a voulu que ma dette ne fût exigible qu'en valeurs réduites. Or, mon action n'a été intentée que postérieurement à la publication de cette loi. Donc, lorsque mon action a été intentée, ma créance n'était plus de la même espèce que ma dette. Donc, à cette époque, ma dette ne pouvait plus compenser ma créance. Et pourquoi ne le pouvait-elle plus? parce que, depuis le moment où ma dette et ma créance s'étaient rencontrées, il m'est survenu, par le bienfait de la loi du 11 frimaire an 6, une *exception* qui les a rendues *incompensables* l'une par l'autre; parce que la loi du 11 frimaire an 6 m'a placé dans le cas de la loi 14, D. *de compensationibus*, qui dit: *Quæcumque per exceptionem perimi possunt, in compensationem non veniunt;* enfin, parce que la loi du 11 frimaire an 6 a fait pour moi, ce qu'eût fait la prescription que ma dette aurait acquise depuis l'instant où elle a concouru avec ma créance; et que bien certainement, si ma dette avait atteint le terme de la prescription avant que la compensation me fût opposée, ma créance ne pourrait plus être compensée par ma dette.

» Nous admettons avec le cit. Jouve, une parité absolue entre la loi du 11 frimaire an 6 et la prescription; et nous convenons avec lui que, si la compensation n'empêche pas le cours de la prescription, elle ne peut pas non plus, dans notre espèce, empêcher l'application de la loi du 11 frimaire an 6. Mais nous demanderons encore au cit. Jouve dans quelle loi il a vu que la prescription d'une dette n'était pas empêchée par le concours de cette dette avec une créance de la même valeur? — De loi, il n'y en a point; mais il existe, dit-on, deux arrêts du parlement de Grenoble qui en tiennent lieu; l'un, du 10 août 1651, que Basset (*loc. cit.*, ch. 2) ne fait qu'indiquer, sans en retracer l'espèce, comme ayant jugé qu'une dette prescrite ne peut pas compenser une dette non-prescrite; l'autre, du mois de mars 1756, que le cit. Jouve a puisé on ne sait où, dont il ne nous fait connaître aucune circonstance, et auquel il prête la même décision.

» Ici, prenons garde à une équivoque. Ces deux arrêts ont-ils décidé qu'une dette qui était prescrite avant la naissance de la créance qu'on lui oppose en compensation, n'est point compensable avec cette créance? Ils ont bien jugé, au moins dans l'opinion le plus généralement reçue, et cependant combattue par Duperrier, liv. 2, quest. 19, que la prescription éteint même l'obligation naturelle; car si l'on admettait que l'obligation naturelle survit à la prescription, les arrêts dont il s'agit, auraient mal jugé, puisqu'il est de principe qu'une obligation simplement naturelle peut entrer en compensation avec une dette véritablement civile: *Etiam quod naturâ debetur, venit in compensationem;* dit la loi 6, D. *de compensationibus*.

» Mais les arrêts cités auraient-ils été rendus dans le cas où la prescription de la dette n'était pas encore accomplie, lorsque le débiteur est devenu créancier? Dans ce cas, il faut le dire sans hésiter, ils auraient jugé contre les premiers principes et contre la doctrine de tous les auteurs.

» Duperrier, liv. 2, quest. 18, se fait cette hypothèse: « en l'an 1600, je prêtai une somme » d'argent à un homme, qui, en 1610, devint » mon créancier de pareille somme ou d'une » plus grande, de laquelle m'ayant demandé » payement en 1631, je lui opposai qu'il fallait » compenser et déduire sur la somme que je lui » devais depuis l'an 1610, celle qu'il me devait » depuis 1600; et que les trente ans qui s'étaient » passés, ne pouvaient pas avoir prescrit cette » dette, puisque la loi en avait fait elle-même » la compensation et la déduction *ipso jure*, au » même instant qu'il était devenu mon créan» cier de pareille somme ». La question ainsi posée, Duperrier observe que fort peu de docteurs l'ont traitée; qu'il n'en connaît que deux, *Ancharanus* et *Cancerius;* que tous deux l'ont résolue en faveur de la compensation; et que leur opinion ne peut souffrir aucune difficulté, d'après le principe *si souvent et si précisément expliqué* par les lois romaines, *que la compensation se fait absolument et par la seule entremise de la loi, en sorte qu'elle tienne lieu de payement.*

» L'additionnaire de Duperrier joint son suffrage à celui de son auteur: « de ce principe, » dit-il, que la compensation s'opère *ipso jure*, » par le seul ministère de la loi, dès l'instant où » les deux dettes se trouvent en concours, Du» perrier tire cette conséquence que la compen» sation arrête le cours de la prescription; de » sorte que, si l'on est attaqué pour le payement » d'une dette, et que l'on veuille donner en com» pensation une créance acquise depuis plus de » trente ans, on est fondé incontestablement à » opposer que, dès l'instant où le débiteur de» vient lui-même créancier, et avant que les » trente ans fussent écoulés, la prescription fut » interrompue, et les dettes réciproques éteintes » par la compensation. Cette décision ne peut » qu'être approuvée ».

» Serres, dans ses *Institutions au droit français*, liv. 3, tit. 15, §. 1, établit les mêmes maximes. Après avoir dit *qu'une dette prescrite ne peut être compensée avec une autre qui ne l'est point et qui n'a été contractée qu'après que la prescription a été accomplie*, il ajoute: « du reste, » j'ai parlé d'une dette contractée après que la » prescription se trouve déjà accomplie, parce » que, si elle avait été contractée avant la pres» cription complette et qu'elle fût liquide et » compensable, on déclarerait la compensation

» *s'en être faite* avant l'ancienne dette *du jour* » *du contrat* et à concurrence ».

» Valin, sur la coutume de la Rochelle, art. 61, n. 38, dit absolument la même chose : « La compensation qui se fait de plein droit, empêche » la prescription. Par exemple, Titius, créancier de Mévius dès l'année 1720, est devenu » ensuite son débiteur en 1730. Mévius demande son payement, en 1751, à Titius, qui » oppose la compensation. Mévius la rejette, » alléguant que la créance est prescrite; son exception est mal fondée, parce que la compensation s'étant faite de plein droit dès l'année » 1730, il n'y a pas eu matière à prescription. » Autre chose serait, si la créance de Titius » se fût trouvée prescrite lors de la naissance » de celle de Mévius : alors point de compensation à opposer de la part de Titius ».

» Même doctrine dans Voet, titre *de compensationibus*, n. 14 : *Illa quoque debita*, dit-il, *quæ temporaria sunt, intrà certum tempus secundùm leges aut consuetudines exigenda sub pœnâ præscriptionis, cùm alio debito perpetuam exactionem habente* (*compensantur*), *si modò cœperit utrimque deberi antequàm lapsum esset spatium quo temporalis obligationis ex lege vel more præscriptio impletur ;* ETIAMSI COMPENSATIO DEMUM POST TEMPORIS ILLIUS DECURSUM OBJICIATUR : *cùm tantùm allegatur jam tùm eo tempore quo debitum utrimque consistebat ab ipso jure contributionem ac confusionem ad quantitatem concurrentem contigisse.*

» C'est ce qu'enseignent également Legrand, sur la *coutume de Troyes*, art. 200, gl. 2, n. 6; Abraham de Wésel, sur les *nouvelles constitutions d'Utrecht*, art. 21, n. 46, Anselmo, dans son *Tribonianus belgicus*, ch. 61; et une foule d'autres auxquels ils renvoient.

» Enfin, Wynantz, pag. 448, assure qu'il en a été ainsi jugé par un arrêt du conseil de Brabant, rendu de toutes voix à son rapport, le 17 juin 1706 : *Et ita omnes censebant, me referente.*

» Ainsi tourne contre le système du cit. Jouve, la comparaison qu'il établit, et qui est parfaitement exacte, entre la loi du 11 frimaire an 6 et la prescription. De même en effet que la prescription qu'il prétendrait se trouver en ce moment accomplie en faveur de sa dette, ne pourrait pas empêcher que sa créance n'eût été compensée par sa dette à l'instant où elles ont été en concours, de même aussi la loi du 11 frimaire an 6 n'a pas pu, en donnant aux dettes de libéralité un autre caractère qu'aux dettes de commerce, empêcher qu'avant sa publication, la créance du cit. Jouve sur la succession Barety, n'eût été éteinte par sa compensation avec la dette dont il était grevé envers cette succession.

» Il en serait autrement sans doute, si la loi du 11 frimaire an 6 comprenait dans sa disposition les dettes de libéralités qui sont payées, comme celles qui sont encore dues. Ce que, dans cette hypothèse, elle dirait des dettes payées, s'appliquerait nécessairement aux dettes compensées, puisque la compensation équipolle en tous points à un payement réel : *Ipso jure compensationem pro soluto haberi oportet.*

» Mais la loi du 11 frimaire an 6 ne s'occupe que des obligations *encore dues ;* elle ne rétroagit point sur les obligations acquittées; elle ne détruit conséquemment pas les payemens qui ont été faits; elle ne détruit donc pas non plus les compensations qui se sont opérées, de plein droit, par le concours des dettes réciproques.

» Qu'importe donc que, par l'effet de la loi du 11 frimaire an 6, la créance du cit. Jouve soit censée avoir été originairement stipulée en numéraire, et que sa dette soit censée n'avoir été stipulée qu'en assignats ? Cette fiction de la loi serait sans doute applicable, si la dette et la créance avaient encore existé le 11 frimaire an 6. Mais le 11 frimaire an 6, la dette et la créance n'existaient plus; elles s'étaient mutuellement absorbées par leur concours à une époque où elles étaient également payables en assignats.

» Mais, dit-on, la loi du 11 frimaire an 6 est essentiellement rétroactive : ce n'est point l'avenir, c'est le passé seul qu'elle a en vue dans ses dispositions; et cela est si vrai, qu'elle maintient les stipulations en numéraire qui ont été faites pendant le cours du papier-monnaie, malgré les lois qui, dans cet intervalle, les frappaient de nullité.

» Oui, la loi du 11 frimaire an 6 est rétroactive, mais à quelle fin ? Pour régler le mode de payement des obligations *encore dues*, et voilà tout. Elle n'est point rétroactive quant aux obligations qui ont cessé d'être dues par l'effet d'un payement; elle ne l'est donc pas non plus quant aux obligations qui ont cessé d'être dues par l'effet de la compensation. Elle conserve aux débiteurs qui ont payé, tout l'avantage de la libération qu'ils ont également acquise; elle le conserve donc également aux débiteurs que la compensation a libérés de plein droit.

» On vous parle d'*équité*, et l'on paraît se flatter qu'à ce nom imposant, la loi de la compensation va se taire. Mais serait-il donc bien équitable de faire revivre, par une extension arbitraire de la loi du 11 frimaire an 6, une créance que la compensation avait éteinte avant cette loi ? Si le cit. Barety n'avait pas, en l'an 3, confiance dans le principe éternel et sacré, que la compensation anéantit de plein droit les dettes réciproques qui se trouvent en concours, il aurait, dès l'an 3, poursuivi le cit. Jouve; il l'aurait, dès l'an 3, contraint de payer ce qu'il lui devait; et il lui aurait, dès l'an 3, rendu ce qu'il eût reçu de lui pour s'acquitter entièrement. Il ne l'a point fait, parce que c'était un circuit inutile; il ne l'a point fait, parce que la loi le faisait elle-même pour lui ; et certes on ne peut pas aujourd'hui le punir de n'avoir pas fait ce dont la loi le dispensait, ce que la loi lui commandait de regarder comme effectué.

» Par ces considérations, nous estimons qu'il y a lieu de casser et annuller le jugement du tribunal d'appel de Lyon, du 29 prairial an 10 ».

Ces conclusions n'ont pas été suivies. Tout en avouant les principes que j'avais établis sur la compensation, la majorité des juges, entraînée par la défaveur des assignats, a pensé qu'ils n'étaient pas applicables à l'espèce, et par arrêt du 21 ventôse an 12, rendu au rapport de M. Ruperou, la demande en cassation a été rejetée ;

« Attendu sur le premier moyen, que les lois romaines n'admettent la compensation que comme un mode de libération fondé sur la pure équité et l'avantage réciproque des parties, qui ne peut avoir lieu qu'entre créances d'une égalité absolument réelle; d'où il suit, que sans violer ces lois et en se conformant au contraire à leur esprit, le tribunal d'appel de Lyon a pu, dans l'espèce, refuser la compensation entre deux créances qui, contractées en assignats à des époques différentes, n'étaient égales que nominativement et par fiction, sans l'être dans la réalité; ainsi que cela a été reconnu depuis par les diverses lois intervenues sur les transactions passées sous l'empire du papier-monnaie;

» Attendu, sur le second moyen, que le jugement attaqué a seulement décidé qu'il n'avait pas été prouvé de la manière établie par la loi du 11 frimaire an 6, que la créance d'André Barety sur Jouve eût une origine plus ancienne que la date du billet de celui-ci; et qu'en cela, ce jugement, loin de contrevenir à la loi, s'y est conformé ;

» Attendu, sur le troisième moyen, que les intérêts dont il s'agit n'ayant été ni demandés ni contestés en première comme en seconde instance, l'action de l'hoirie demeure entièrement ouverte;

» Attendu, sur le quatrième et dernier moyen, que Toussaint Barety ayant seul formé opposition au jugement du 23 ventôse an 9, Jouve n'était pas obligé de mettre en cause les autres cohéritiers; que c'eût été seulement une mesure de prudence qu'il a pu négliger dans son intérêt..... ».

En sortant de l'audience où cet arrêt avait été prononcé, l'un des juges connu par son attachement inflexible aux principes, M. Riolz, me dit d'un ton dans lequel se peignait une sorte d'indignation : « vous aviez cent fois raison; la haine des assignats a seule dicté cet étrange arrêt ».

§. V. *Un prêt fait en assignats sous la condition qu'il sera remboursé en numéraire, est-il soumis à la réduction ordonnée par la loi du 11 frimaire an 6?*

Le 5 août 1793, acte passé à Paris devant notaires, par lequel le sieur et la dame Duchastel reconnaissent avoir reçu du sieur et de la dame Carboué, à titre de prêt, une somme de 17,000 liv. en assignats, dont ils promettent de payer l'intérêt à trois et demi pour cent, et qu'ils s'obligent de rembourser le 1.er août 1798 (13 thermidor an 6), *en espèces de matières d'or ou d'argent, ou en assignats, s'ils ont alors cours, sans aucuns billets, papiers ni effets publics, sous quelque dénomination connus, quand même ils seraient admis ou autorisés dans le commerce par les lois de la république.*

Par un *billet d'honneur* du 9 du même mois, le sieur et la dame Duchastel s'engagent à ne pas anticiper le terme fixé pour le remboursement, et renoncent à la faculté que la loi donne à tout débiteur de se libérer quand il le juge à propos.

Le 11 pluviôse an 6, le sieur Duchastel fait signifier un acte par lequel il déclare qu'il entend profiter de la réduction accordée par la loi du 11 frimaire précédent, et, à cet effet, rembourser dans l'année. Cette signification est faite *au domicile du cit. Carboué, rue Mazarine, à Paris, parlant à une femme qui n'a dit son nom, de ce sommée.* Cependant à cette époque, le sieur Carboué n'existait plus, il était mort depuis plus de deux mois; et d'ailleurs, c'était dans la rue de Seine, et non dans la rue Mazarine, qu'il avait eu son domicile.

Le 2 fructidor an 6, dix-neuf jours après l'échéance du terme stipulé par l'obligation, la veuve Carboué fait un commandement au sieur et à la dame Duchastel. Ceux-ci y répondent, le 13 vendémiaire an 8, par l'offre réelle d'une somme de 6,260 fr.

La cause portée à l'audience du tribunal civil du département de la Seine, la veuve Carboué observe que *la régularité de la notification du 11 pluviôse an 6 pourrait être contestée ;* mais elle s'attache uniquement à prouver que d'après l'art. 6 de la loi du 15 fructidor an 5, l'obligation contractée par le sieur et la dame Duchastel, de rembourser en numéraire le prêt qu'ils ont reçu en assignats, doit avoir son entier effet.

Le 26 nivôse an 8, jugement qui le décide ainsi. Appel. Pour établir qu'il a été bien jugé, la veuve Carboué soutient que la notification du 11 pluviôse an 6 est nulle, et parce qu'elle est faite au nom du sieur Duchastel seulement, quoique son épouse soit obligée comme lui, et parce qu'elle est faite au sieur Carboué seul, à une époque où celui-ci était mort. Cependant elle se borne à conclure à ce que, par les motifs qui ont déterminé le tribunal de première instance, le jugement soit confirmé.

Le 14 pluviôse an 9, la cour d'appel de Paris déclare qu'il a été mal jugé et ordonne la réduction,

« Attendu que la disposition de l'art. 6 de la loi du 15 fructidor an 5 concerne les obligations considérées en général, et abstraction faite de la nature particulière de chaque contrat et de la cause de l'obligation contractée;

» Que, si cet article, par la généralité de ses expressions, était applicable aux obligations même contractées pour simples prêts en assignats dépréciés, il devrait être considéré comme ayant été modifié et implicitement rapporté, en cette partie, par la loi du 11 frimaire suivant;

» Que cela résulte de ce que cette loi postérieure, qui s'est occupée, d'une manière spéciale, du mode de remboursement des obligations contractées pendant la dépréciation du papier-monnaie, en a prescrit un différent pour tous les prêts en assignats faits dans cet intervalle; que son art. 2 dispose que *toutes les obligations contractées pour simple prêt* (pendant la dépréciation), *seront censées consenties valeur nominale du papier-monnaie ayant cours, lorsque le contraire ne sera pas prouvé par le titre même, ou par l'aveu du débiteur;* ce qui veut dire qu'à défaut d'expression de la valeur fournie, tout prêt fait pendant la dépréciation du papier-monnaie, sera présumé avoir été fait en cette monnaie, à moins qu'il ne soit prouvé, de la manière indiquée par la loi, qu'une autre valeur a été fournie; que l'art. 11 veut que *le montant des obligations désignées dans l'art. 2, soit réduit en numéraire métallique, suivant le tableau de dépréciation;*

» Que, si la loi soumet à la réduction les obligations seulement *présumées*, à raison de leurs dates, contractées en papier-monnaie, à plus forte raison y assujettit-elle celles que le titre et l'aveu des parties *prouvent* n'avoir été contractées qu'en papier;

» Que l'intention des législateurs se manifeste évidemment dans l'art. 8, qui, dérogeant à l'art. 7 de la loi du 15 fructidor, détermine, d'une manière équitable, quoique contraire à la convention des parties, le mode du remboursement des prêts en papier-monnaie stipulés remboursables en une quantité fixe de grains, denrées ou marchandises; que si, dans ce cas, ils ont voulu venir au secours de l'emprunteur, et le délier de l'obligation inconsidérément contractée, de rendre des valeurs supérieures de moitié à celles qu'il avait reçues, à plus forte raison doit-on présumer qu'il n'a pas été dans leur intention que, dans l'espèce du prêt en assignats dépréciés, stipulé remboursable en numéraire métallique, l'emprunteur fût tenu d'exécuter cette convention, et, par là, obligé de rendre deux fois, trois fois, dix fois, même plus, la valeur de ce prêt;

» Que l'obligation souscrite par les appelans, l'a été pendant la dépréciation du papier-monnaie; qu'elle a été contractée pour un simple prêt fait en assignats;

» Qu'au surplus, au moyen de l'alternative stipulée pour le mode de remboursement, et qui ne présente autre chose que l'idée du payement dans la monnaie qui aurait cours lors de l'échéance, il n'est pas rigoureusement vrai que l'obligation ait été expressément stipulée payable en numéraire;

» Et enfin, que les appelans ont satisfait à la disposition de l'art. 5 de la loi du 11 frimaire an 6, lequel exige la notification dans deux mois de vouloir profiter du bénéfice de cette loi ».

La veuve Carboué se pourvoit en cassation, et soutient, 1.° que la notification du 11 pluviôse an 6 étant irrégulière, doit être considérée comme non avenue; qu'ainsi, le sieur et la dame Duchastel sont censés n'avoir point fait cette notification dans le délai prescrit par la loi du 11 frimaire an 6; que conséquemment, cette loi aurait été violée par la cour d'appel de Paris, même en supposant que le prêt du 5 août 1793 eût été susceptible de réduction; 2.° qu'en jugeant ce prêt réductible d'après la loi du 11 frimaire an 6, la cour d'appel de Paris a tout à la fois appliqué faussement cette loi et contrevenu à celle du 15 fructidor an 5.

Le 1.er thermidor an 10, au rapport de M. Riols, et sur les conclusions de M. Lecoutour, arrêt qui,

« Vu l'art. 6 de la loi du 15 fructidor an 5, et les art. 2, 4 et 8 de celle du 11 frimaire an 6;

» Et attendu que, dans l'espèce, la stipulation en numéraire est très-expresse, puisque les prêteurs ont expressément prévu les cas de la suppression des assignats et bien expressément voulu être payés en numéraire métallique, ce cas arrivant;

» Qu'une pareille stipulation a dû être exécutée, quoique accompagnée de l'alternative, *ou en assignats, s'ils avaient cours,* puisque cette alternative étant anéantie par la disparition des assignats, cette stipulation ne peut plus être exécutée qu'en numéraire métallique;

» Qu'il n'est pas possible de donner à une pareille stipulation qui n'avait rien de contraire aux lois existantes lorsqu'elle fut faite, moins d'effet qu'à des stipulations prohibées par les lois du temps où elles ont été faites, et pourtant maintenues par la loi de fructidor an 5;

» Attendu d'autre part, que la loi de fructidor an 5 embrassant par la généralité des expressions de son art. 6, les prêts en papier-monnaie stipulés remboursables en numéraire;

on ne peut appliquer qu'aux prêts en papier-monnaie où cette stipulation ne se rencontre pas, les art. 2 et 4 de celle de frimaire an 6, qui ne contiennent aucune expression de laquelle on puisse induire une dérogation à l'art. 6 de celle de fructidor; qu'on peut d'autant moins présumer qu'en frimaire an 6, les législateurs aient voulu déroger, en ce point, à la loi de fructidor an 5; que dans l'art. 8 de la loi de frimaire an 6, on trouve une dérogation expresse à l'art. 7 de la loi de fructidor an 5; que, d'un côté, cette dérogation spéciale emporte la confirmation du surplus de la loi de fructidor, d'après la règle, *qui de uno dicit, de altero negat;* que, d'un autre côté, cette dérogation là même étant limitée au cas de lésion d'outre-moitié, est inconciliable avec l'idée que les législateurs aient voulu que les prêts en papier-monnaie stipulés payables en numéraire, fussent sujets à réduction, pour si légère que fût la lésion;

» Casse et annulle.... ».

L'affaire renvoyée à la cour d'appel d'Amiens, la veuve Carboué y reproduit les deux moyens qu'elle avait employés devant la cour de cassation, pour faire annuller l'arrêt de la cour d'appel de Paris.

Le 10 germinal an 11, arrêt par lequel,

« Considérant (sur le premier moyen), que les fins de non-recevoir, nullités relatives et exceptions péremptoires se couvrent par le silence des parties et leurs défenses au fond; que, dans le fait, la nullité opposée par la veuve Carboué en ce tribunal, est relative et péremptoire; mais qu'elle n'en a parlé en première instance, que pour annoncer qu'elle ne s'en prévalait pas; que Duchastel et sa femme ayant employé l'acte du 11 pluviôse an 6, pour justifier les conclusions par eux prises en cause d'appel, par leur requête du 7 pluviôse an 9, sans que la veuve Carboué ait contesté la validité de cet acte, ni par ses requêtes des 9 et 26 nivôse, ni même lors du jugement du 14 pluviôse suivant, elle a, par son silence et par le défaut de conclusions de sa part à la nullité de cet acte, plus encore par les moyens de droit qu'elle a employés pour justifier l'insuffisance des offres réelles à elle faites par Duchastel et sa femme, couvert cette prétendue nullité; et que par conséquent elle est non-recevable à la proposer aujourd'hui;

» Considérant (sur le deuxième moyen) 1.° que le contrat du 5 août 1793 constate un prêt d'une somme de 17,000 liv. en assignats; qu'en droit, il est de l'essence du contrat de prêt, que celui qui reçoit la chose prêtée, s'oblige, en la recevant, d'en rendre autant; que, si l'emprunteur s'obligeait de rendre plus qu'il n'a reçu, le contrat de prêt et l'obligation qui en naît, ne seraient valables que jusqu'à la concurrence de la somme que cet emprunteur a reçue;

» 2.° Que le contrat dont il s'agit, et la stipulation qu'il contient relativement à la restitution du prêt de 17,000 liv. en assignats, ne présente nulle part l'obligation de Duchastel et sa femme de rendre et payer les 17,000 livres assignats, objet du prêt, expressément en numéraire métallique; mais bien seulement l'obligation, cessant le cours des assignats, de rendre et payer les 17,000 liv. prêtées en assignats, en espèces d'or et d'argent, sans détermination quelconque ni de leur quantité, ni de leur valeur intrinsèque ou numérique, mais dont, conséquemment aux principes relatifs au prêt, la valeur, à l'époque de la restitution, soit correspondante et équivalente à la valeur des assignats à l'époque de leur prêt;

» 3.° Qu'il est de notoriété publique et de fait authentiquement justifié par les lois sur les transactions entre particuliers, qu'au 5 août 1793, époque du prêt en assignats dont il s'agit, la valeur réelle ou commerciale des assignats était loin de correspondre à leur valeur nominale;

» 4.° Que l'obligation contenue au contrat du 5 août 1793, ayant été contractée pour simple prêt en assignats, dont le montant devait être rendu et payé le 1.er août 1798, est du nombre des obligations dont l'art. 4 de la loi du 11 frimaire an 6 ordonne la réduction en numéraire métallique, suivant le tableau de dépréciation ordonné par la loi; »

La cour d'appel d'Amiens prononce comme l'avait fait la cour d'appel de Paris.

Nouveau recours en cassation de la part de la veuve Carboué, qui représente les deux moyens sur lesquels elle avait fondé le premier.

« Celui de ces moyens qui repose sur l'irrégularité de la notification du 11 pluviôse an 6 (ai-je dit à l'audience des *sections réunies*, le 3 floréal an 12), nous paraît devoir être écarté de la discussion actuelle, comme il l'a été par la section civile, lors de son jugement du 1.er thermidor an 10.

» La veuve Carboué, en produisant la copie signifiée de cette notification, reconnaît elle-même que la copie signifiée lui en est parvenue; et dès-là, qu'importe que cette notification énonce un domicile qui n'était pas le sien? Qu'importe que cette notification soit adressée à son mari, deux mois après sa mort? Du moment que cette notification a été remise à la veuve Carboué, le but de la loi qui la prescrivait, est rempli; et c'est, de la part de la veuve Carboué, une véritable contradiction que de venir, la copie de la notification à la main, soutenir que la notification ne lui a pas été signifiée.

» Nous savons bien qu'en fait d'exploits d'ajournement, l'art. 5 du tit. 5 de l'ordonnance de 1667 établit, ou plutôt suppose, que l'on peut, en comparaissant sur une assignation, conclure à la nullité de l'assignation elle-même.

» Mais de deux choses l'une : ou la notification prescrite par la loi du 11 frimaire an 6, doit être assimilée aux exploits d'ajournement, ou elle ne doit pas l'être.

» Au premier cas, nous dirons que la veuve Carboué n'a pas conclu en première instance et dès le premier moment de sa comparution, à la nullité de la notification du 11 pluviôse an 6; et que, par là, elle a perdu le droit d'y conclure par la suite, comme elle aurait perdu, en défendant au fond, le droit de conclure à la nullité d'un exploit d'ajournement.

» Au second cas, nous dirons que l'on doit restreindre aux exploits d'ajournement la faculté accordée par l'art. 5 du tit. 5 de l'ordonnance, d'en requérir l'annullation, en avouant les avoir reçus.

» Renfermons-nous donc dans le moyen de cassation que la veuve Carboué tire du fond de la cause, et voyons si, comme elle le soutient, le tribunal d'appel dont elle attaque le jugement, a fait une fausse application de la loi du 11 frimaire an 6, et violé celle du 15 fructidor an 5.

» Il est constant que la loi du 11 frimaire an 6 soumet à la réduction tous les prêts faits en assignats depuis le 1.er janvier 1791, et qu'elle répute faits en assignats, tous les prêts qui, depuis la même époque, ont été stipulés sans expression de la nature des valeurs fournies aux emprunteurs.

» Dans notre espèce, il s'agit, non-seulement d'un prêt en assignats, mais encore d'un prêt en assignats postérieur au 1.er janvier 1791. Ce prêt semble donc être soumis à la réduction; et il le serait effectivement sans aucune difficulté, s'il ne contenait pas la clause qu'il sera remboursé en numéraire, dans le cas où, à l'époque de son échéance, les assignats n'auraient plus cours de monnaie. C'est donc de cette clause que naît ici le doute.

» Mais ce doute, où en trouverons-nous la solution? Ce ne sera point dans la loi du 11 frimaire an 6; elle est muette à cet égard; elle ne s'occupe que de la nature des valeurs fournies ou présumées fournies aux emprunteurs pendant la dépréciation des assignats; elle ne trace que les règles à suivre pour la reduction de ces valeurs dans les cas ordinaires, c'est-à-dire, dans les cas où les obligations souscrites par les emprunteurs, ne déterminent pas le mode des remboursemens. En un mot, elle ne décide rien relativement aux obligations qui, bien que souscrites en reconnaissance de valeurs prêtées en assignats, sont stipulées remboursables en numéraire.

» Et pourquoi ne décide-t-elle rien relativement à ces obligations? C'est parce que le sort de ces obligations est fixé par une loi antérieure : c'est parce que l'art. 6 de la loi du 15 fructidor an 5 a déjà ordonné *l'exécution pleine et entière des obligations expressément stipulées payables en numéraire métallique, à quelque époque qu'elles aient été consenties.*

» Voilà tout le procès. Il est évident, d'une part, que la loi du 15 fructidor an 5 conserve son entier effet à la clause de l'acte du 5 août 1793, qui oblige le cit. et la dame Duchastel de rembourser en numéraire; et, de l'autre, que la loi du 11 frimaire an 6 ne peut pas neutraliser cette clause, puisqu'elle n'en parle pas. Cette clause doit donc recevoir, pour nous servir des termes de la loi du 15 fructidor an 5, sa *pleine et entière exécution*; et avoir jugé le contraire, comme l'a fait le tribunal d'appel d'Amiens, c'est avoir expressément violé la loi du 15 fructidor an 5.

» Mais comment le tribunal d'appel d'Amiens a-t-il pu rendre un pareil jugement? Quels sont les motifs dont il a cherché à colorer une contravention aussi formelle, à la volonté du législateur? Vous les connaissez.

» Il est parti du principe, qu'il est de l'essence du contrat de prêt, de n'obliger l'emprunteur qu'à rendre une somme égale à celle qu'il a reçue; et rapprochant ce principe du fait bien constant, qu'à l'époque du prêt dont il s'agit, la valeur réelle des assignats était, dans le commerce, au-dessous de leur valeur nominale, il en a conclu que le cit. et la dame Duchastel n'avaient pas contracté, envers le cit. et la dame Carboué, l'obligation de rendre la valeur nominale, mais seulement la valeur réelle des assignats qu'ils avaient reçus de ceux-ci. — Ainsi, suivant le tribunal d'appel d'Amiens, le cit. et la dame Duchastel n'ont pas même besoin de la loi du 11 frimaire an 6, pour obtenir la réduction de leur engagement; la réduction qu'ils réclament, doit leur être accordée par la seule force des règles générales du droit; et elle ne peut pas leur être refusée, sous le prétexte que la loi du 15 fructidor an 5 les oblige de rembourser en numéraire : car cette loi ne détermine pas la quantité de numéraire qu'ils doivent rembourser, et par conséquent elle est censée ne les astreindre qu'au remboursement d'une quantité de numéraire égale à la valeur réelle des assignats qui leur ont été prêtés.

» Nous rendons hommage au principe invoqué par le tribunal d'appel d'Amiens. Oui, il est incontestable que, pour éteindre un emprunt fait en monnaie quelconque, il faut rendre au créancier une somme égale à celle qu'on a reçue de lui, et rien de plus. Mais comment doit-on, dans un emprunt, évaluer la monnaie? Est-ce par sa matière intrinsèque? Non : c'est uniquement par le taux auquel l'a élevée la puissance publique. *Electa est materia* (dit la loi 1, *de contrahendâ emptione*, au digeste) *cujus publica ac perpetua æstimatio difficultatibus permutationum æqualitate quantitatis subveniret, eaque materia formæ publicæ percussa usum dominumque non tam ex substantiâ præbet quàm ex quantitate.* Ainsi, dans la monnaie, la matière n'est rien; qu'elle soit d'or, d'argent, de fer, de plomb, de cuir ou de papier, il n'importe; on ne doit considérer que la valeur nominale qu'elle tient de la loi : *non corpora, sed quantitatem*, dit la loi 94, §. 1, D. *de solutionibus*.

» Et de là il suit nécessairement que, par le contrat de prêt, l'emprunteur s'impose l'obligation de rendre, non la même valeur réelle, mais la même valeur nominale qu'il a reçue; cela est si vrai, que la monnaie qu'on lui a comptée venant à gagner en valeur nominale, le bénéfice en est tout entier pour lui. Supposons, par exemple, que je vous prête aujourd'hui cent pièces de vingt francs, formant la somme de 2,000 francs, remboursable le 1.er vendémiaire an 13; et que le 1.er vendémiaire an 13, les pièces de vingt francs se trouvent portées par une loi à 40 francs, vous n'aurez à me rembourser que cinquante pièces de 40 fr., parce que cinquante pièces de 40 francs représenteront nominalement la somme que je vous ai prêtée. C'est ce qu'établit Voët sur le digeste, titre *de rebus creditis*, n.o 24; et c'est ce qu'ont jugé un grand nombre d'arrêts rapportés par Bouguier, lettre R, n.o 90; par Louet, lettre R, n.o 8, par Bardet, tom. 2, liv. 3, chap. 39; et par Grimaudet, *Traité des monnaies*, ch. 11 et 12.

» Si donc, après la démonétisation des assignats, il n'était pas intervenu une loi qui eût réduit les valeurs nominales des sommes prêtées en assignats, les emprunteurs n'auraient pas pu se dispenser de rendre nominalement, en numéraire métallique, les mêmes sommes qui leur avaient été comptées en papier-monnaie. La loi du 11 frimaire an 6 était donc nécessaire pour alléger le sort des emprunteurs, en dérogeant aux principes généraux du système monétaire.

» Mais si, sans cette loi, tous les emprunteurs d'assignats eussent été tenus d'en rendre la somme intégrale en monnaie réelle, il est clair qu'ils y sont encore tenus, dans les cas où cette loi ne les en a pas déchargés expressément. Or, cette loi ne les en a pas expressément déchargés dans le cas où ils auraient contracté l'obligation formelle de rembourser en écus; elle s'est tue sur ce cas, et par conséquent elle l'a laissé sous l'empire des règles générales de la matière; parlons plus juste, elle l'a laissé sous l'empire de l'art. 6 de la loi du 15 fructidor an 5, qui déjà, conformément aux règles générales de la matière, avait ordonné la pleine exécution des engagemens qui, soit avant, soit depuis la dépréciation des assignats, avaient été stipulés payables en numéraire métallique.

» Objectera-t-on que la loi du 11 frimaire an 6 déroge, par la généralité de sa disposition, à l'art. 6 de la loi du 15 fructidor an 5? Mais, encore une fois, la loi du 11 frimaire an 6 ne fait qu'ordonner la réduction des prêts faits purement et simplement en assignats; elle ne s'explique point sur les prêts faits sous la condition de ne pouvoir être remboursés qu'en numéraire; elle laisse donc subsister cette condition, par cela seul qu'elle ne la détruit pas.

» Et d'ailleurs, comment supposer aux auteurs de la loi du 11 frimaire, l'intention de déroger à l'art. 6 de la loi du 15 fructidor, tandis qu'on les voit déroger uniquement à son 7.e article? Par l'art. 7 de la loi du 15 fructidor, il était dit que les obligations portant promesse de rembourser en grains, denrées, lingots ou marchandises, les prêts qui auraient été faits pendant, comme avant la dépréciation des assignats, seraient, en tout point, assimilées aux obligations portant promesse de les rembourser en numéraire métallique; et qu'à l'instar de celles-ci, elles auraient leur exécution pleine et entière. La loi du 11 frimaire fait disparaître cette assimilation : elle veut que les promesses de rembourser en grains, denrées, lingots ou marchandises, soient soumises à la réduction, de laquelle sont affranchies, par la loi du 15 fructidor, les promesses de rembourser en monnaie réelle; mais, par là même, elle maintient évidemment, pour les promesses de rembourser en monnaie réelle, le privilége de l'irréductibilité. Si ce privilége n'existait plus pour celles-ci, à quoi bon dire que celles-là cesseront d'en jouir? Les premières n'en jouissaient que parce que la loi du 15 fructidor les avait assimilées aux secondes. Si donc il était détruit pour les secondes, il serait bien inutile de le révoquer à l'égard des premières.

» Mais, objecte-t-on encore, vous supposez que l'art. 6 de la loi du 15 fructidor a pour objet des obligations souscrites pour prêts faits en assignats; cependant il ne s'explique point là-dessus formellement : il est donc permis de croire qu'il n'a en vue que les prêts faits en numéraire; il est donc permis de croire que c'est parce qu'un prêt a été fait en numéraire, qu'il ordonne l'exécution de la promesse de le rembourser en numéraire.

» Vaine subtilité. L'art. 6 de la loi du 15 fructidor an 5 comprend dans sa disposition toutes *les obligations expressément stipulées payables en numéraire métallique*, A QUELQUE ÉPOQUE QU'ELLES AIENT ÉTÉ CONSENTIES. Elle y comprend donc les prêts postérieurs à l'introduction du papier-monnaie, comme les prêts antérieurs à cette époque. Or, elle ne fait, relativement aux prêts qui ont eu lieu pendant le cours du papier-monnaie, aucune distinction entre ceux qui ont été faits en assignats, et ceux qui ont été faits en numéraire; elle les confond par conséquent dans la même catégorie, elle les assujettit par conséquent à la même règle, elle veut par conséquent que l'obligation de les rembourser en numéraire, soit commune aux uns et aux autres. *Lege non distinguente, nec nos distinguere debemus.*

» Et ce que la généralité des termes de la loi du 15 fructidor nous force de reconnaître, la loi du 11 frimaire le dit de la manière la moins équivoque. Nous l'avons déjà observé, cette loi regarde comme faits en assignats tous les prêts qui ne remontent pas au-delà du 1.er janvier 1791; et cependant, lorsqu'elle arrive aux prêts qui ont été faits depuis ce temps (et qui par conséquent sont censés l'avoir été en assignats), avec la clause de remboursement en denrées, marchandises ou lingots, elle déclare qu'ils ne jouiront plus du privilége de l'irréductibilité dont jouissent ceux qui ont été faits avec la clause de remboursement en numéraire. Elle veut donc que les prêts faits en assignats avec la clause de remboursement en numéraire, continuent de jouir du privilége de l'irréductibilité. Elle reconnaît donc que le privilége de l'irréductibilité est accordé par la loi du 15 fructidor aux prêts faits en assignats avec la clause de remboursement en numéraire.

» Dira-t-on maintenant que, dans l'acte du 5 août 1793, l'obligation de rembourser en numéraire n'est pas expresse? Dira-t-on que les emprunteurs avaient, par cet acte, l'alternative de rembourser en assignats ou en espèces d'or et d'argent?

» Mais d'abord il est aisé de sentir que cette alternative n'a été insérée dans l acte, que pour éluder la prohibition que faisait, sous peine de six années de fers, l'art. 2 de la loi du 11 avril précédent, *d'arrêter ou proposer différens prix d'après le payement en numéraire ou en assignats;* et ce qui prouve clairement que l'intention des parties contractantes était de ne stipuler, d'une part, et de ne promettre, de l'autre, qu'un remboursement en numéraire, c'est le long terme auquel elles ont renvoyé ce remboursement, c'est l'obligation d'*honneur* que se sont imposée le cit. et la dame Duchastel, de ne pas faire ce remboursement avant le 1.er août 1798, époque où il était facile de prévoir qu'il n'y aurait plus d'assignats en circulation. Vous savez quel a toujours été, sur ces défenses de rembourser avant un terme éloigné, l'esprit du corps législatif. En discutant à la séance du conseil des anciens du 11 messidor an 5, la résolution du 18 floréal de la même année qui, après avoir été rejetée le lendemain 12 et produite le 19 thermidor suivant avec quelques modifications, a été convertie en loi le 15 fructidor, un membre disait que, *sous l'empire du papier monnaie, les parties avaient entendu contracter dans les valeurs qui auraient cours à l'époque du payement, et que cette intention paraissait évidente dans le créancier qui avait éloigné le terme du payement.* — Et c'est par ce motif que l'art. 14 de la loi du 27 thermidor an 6 a déclaré que, par les lois antérieures sur les transactions en papier-monnaie, il n'avait pas été dérogé aux clauses portant défenses de rembourser avant certaines époques.

» D'un autre côté, la promesse alternative de rembourser en assignats ou en numéraire, étant devenue, par la suppression du papier-monnaie, inexécutable dans le premier de ses membres, elle a, par cela seul, cessé d'être alternative; elle a, par cela seul, pris le caractère d'une promesse pure et simple de rembourser en numéraire métallique. Telle est, en effet, la règle générale, *Postquàm* (dit Godefroy, sur la loi 2, §. 3, D. *de eo quod certo loco*), *una res alternativæ promissionis sublata est, altera præcisè remanet in obligatione.*

» Et il existe une preuve bien authentique que le corps législatif de l'an 5 a voulu que l'on regardât comme obligatoire la promesse de rembourser en numéraire, qui aurait été originairement accompagnée de l'alternative de rembourser en assignats, s'ils avaient encore cours à l'époque du remboursement. Cette preuve résulte de la différence qui se trouve, à cet égard, entre la résolution du 18 floréal rejetée le 12 messidor, et la résolution du 19 thermidor adoptée le 15 du mois suivant. L'art. 8 de la résolution du 18 floréal était ainsi conçu : « Les obligations dont le payement aurait été expressément consenti en numéraire métallique, *sans alternative de papier-monnaie ou de monnaie ayant cours*, et sans autre clause qui puisse laisser du doute, seront exécutées, quelle qu'en soit la date ». Ces expressions, *sans alternative de papier-monnaie ou de monnaie ayant cours*, annonçaient clairement l'intention du conseil des cinq cents : il pensait comme ont depuis jugé les tribunaux d'appel de Paris et d'Amiens. Mais a-t-il persisté dans son opinion, après le rejet de la résolution du 18 floréal? Non. Dans la nouvelle résolution qu'il a prise sur cette matière, le 19 thermidor, il a fait reparaître l'art. 8 de la première, mais il en a retranché les termes, *sans alternative de papier-monnaie ou de monnaie ayant cours;* il a, par conséquent, décidé que cette alternative ne devait pas empêcher *l'entière exécution* de la promesse de payer en numéraire; et cette décision ayant reçu le complettement de l'autorité législative, le 15 fructidor, par l'approbation du conseil des anciens, il est clair que, juger aujourd'hui comme l'ont fait les tribunaux d'appel de Paris et d'Amiens, c'est juger contre la loi elle-même.

» Par ces considérations, nous estimons qu'il

y a lieu de casser et annuller le jugement dont il s'agit ».

Arrêt du 15 floréal an 12, au rapport de M. Gandon, qui prononce conformément à ces conclusions,

« Attendu que la loi du 11 frimaire an 6 ne statue généralement que par rapport aux obligations contractées en assignats, sans condition expresse sur le mode de remboursement :

» Que cela est démontré par la loi même, qui voulant modifier la disposition de l'art. 7 de la loi du 15 fructidor an 5, relative aux obligations dont le remboursement avait été stipulé en grains, denrées ou marchandises, a fait, pour cet objet, une disposition particulière dans son art. 8, et a autorisé la réduction de semblables obligations, si le remboursement stipulé excedait de moitié la valeur des assignats fournis;

» Que cette disposition particulière pour le cas qu'elle exprime, prouve que l'intention du législateur ne fut pas que la loi du 11 frimaire an 6 s'étendît généralement à toutes les obligations contractées en assignats, quelle qu'eût été la convention des parties sur le mode de remboursement;

» Qu'aucune disposition de cette loi ne modifie l'art. 6 de la loi du 15 fructidor an 5; et qu'ainsi, cet article doit être exécuté, comme aurait dû l'être l'art. 7, s'il n'eût été modifié;

» Que, par l'acte du 5 août 1793, le remboursement a été stipulé en espèces de matière d'or ou d'argent, ou assignats, s'ils avaient cours au terme du payement, que les assignats étant anéantis à cette époque, l'obligation, d'alternative qu'elle était, est devenue pure et simple, comme si elle avait été uniquement faite à charge de payer en numéraire métallique; que telle fut même l'intention des parties en souscrivant un engagement aléatoire, dont la chance pouvait aussi bien tourner contre le prêteur que contre l'emprunteur: D'où il suit qu'en recevant les défendeurs à payer suivant l'échelle de réduction, le jugement attaqué a fait une fausse application de la loi du 11 frimaire an 6, et a violé l'art. 6 de celle du 15 fructidor an 5 ».

§. VI. 1.° *Celui qui, pendant le cours du papier-monnaie, a d'abord acquis purement et simplement un immeuble, moyennant un prix déterminé, et s'est ensuite obligé de garder ce prix entre ses mains pour acquitter un douaire à la décharge des vendeurs, est-il aujourd'hui tenu de payer ce douaire sans réduction?*

2.° *Est-il non-recevable à acquérir le bénéfice de la réduction, pour n'avoir pas fait faire au vendeur, dans les trois mois de la publication de la loi du 16 nivôse an 6, la notification prescrite par l'art. 3 de cette loi?*

Le 10 mars 1792, la verrerie de Sèvres, appartenant à la succession du sieur Panchaud, est mise en vente à la requête de sa veuve, devant le tribunal des criées du département de la Seine, et adjugée au sieur Montz, moyennant la somme de 529,641 livres.

Le 18 octobre suivant, le sieur Montz fait offre réelle de cette somme à la veuve Panchaud.

Celle-ci fait convoquer les créanciers opposans au sceau des lettres de ratification du sieur Montz, pour consentir à ce qu'il dépose le prix de son adjudication entre les mains du sieur Gobin, notaire, et à ce que l'ordre en soit fait à l'amiable.

Les créanciers s'assemblent en conséquence, le 22 du même mois, devant le sieur Gobin, notaire; et là, par acte du même jour, la veuve Panchaud, du consentement du sieur Montz, fait délégation à tous les créanciers opposans, chacun dans l'ordre de son hypothèque, de la somme dont se compose le prix de l'adjudication. — « Dans cette délégation (y est-il dit) vient ensuite la collocation faite au profit du sieur Chanu et de sa femme, de la somme de 8,000 livres pour le fonds du douaire de ladite dame (hypothéqué sur la verrerie), produisant intérêt sur le pied du denier 20, sans la retenue. Cette somme restera entre les mains du sieur Montz, sur et en déduction de ce qu'il doit à la succession Panchaud, à la charge de payer, tant qu'il sera débiteur de ladite somme, auxdits sieur et dame Chanu, 400 livres par an pour l'intérêt....; et comme ladite somme de 8,000 livres n'est point à payer, quant à présent par ledit sieur Montz, le présent article est tiré pour mémoire ».

Le 23 floréal an 7, le sieur Chanu prend inscription sur tous les biens du sieur Montz, pour une somme de 8,824 livres, dans laquelle entrent 824 livres pour intérêts échus.

Le 23 janvier 1806, jugement du tribunal de première instance du département de la Seine, qui exproprie le sieur Montz d'une maison située à Paris, place Vendôme.

La veuve Panchaud se présente au procès-verbal d'ordre, pour faire valoir les droits du sieur et de la dame Chanu, à la décharge de la succession de son mari; le sieur Chanu y comparaît aussi par le ministère du même avoué; et tous deux requièrent que la dame Chanu soit colloquée à la date du 22 octobre 1792, pour le capital inscrit le 23 floréal an 7, et pour les intérêts échus depuis.

Les sieurs Tourton et Ravel s'opposent à cette collocation.

Le 8 août 1806, jugement qui colloque le sieur Chanu, à l'hypothèque du 22 octobre 1792, date de l'obligation personnelle du sieur Montz, 1.° pour le capital de 7,901 francs (ou 8,000 livres tournois); 2.° pour les deux années d'intérêts conservés par l'inscription; 3.° pour les intérêts échus depuis l'adjudication jusqu'au payement effectif.

Appel de la part des sieurs Tourton et Ravel, et conclusions 1.° à ce que le capital dû à la dame Chanu, soit réduit à 5,450 francs 85 centimes, conformément au tableau de dépréciation du papier-monnaie du département de la Seine, à la date du 22 octobre 1792, époque de l'acceptation du sieur Montz; à ce que la dame Chanu soit déboutée de sa demande en collocation pour les intérêts échus postérieurement à l'adjudication, lesquels doivent, suivant eux, rester dans la masse hypothécaire.

La dame Panchaud et le sieur Chanu, intimés sur cet appel, concluent à ce que les sieurs Tourton et Ravel soient déclarés non-recevables dans leur appel, quant au premier chef, attendu qu'ils n'ont pas proposé leur demande en réduction devant les premiers juges; subsidiairement à ce que, sur ce même chef, l'appellation soit mise au néant, d'après l'art. 14 de la première loi du 16 nivôse an 6, et l'art. 11 de celle du 27 thermidor suivant; et à ce que, sur le second chef, le jugement soit également confirmé.

Le 4 août 1807, arrêt de la cour d'appel de Paris, qui,

« Attendu, quant à la fin de non-recevoir proposée par Chanu contre la demande en réduction comme étant une demande nouvelle, que les appelans, Tourton, Ravel et compagnie, avaient conclu contre lui en première instance, n'importe par quels motifs, à ce qu'il fût rejeté de l'ordre, et que, dès-lors, la demande en réduction de sa créance n'est point une demande nouvelle, mais une simple modification et même une restriction des conclusions premières;

» Attendu, quant au fond, qu'il ne s'agit point, dans l'espèce, de délégation portée au jugement d'adjudication faite à Montz, ni d'un douaire au payement duquel il serait obligé par clause de son titre, mais d'une délégation faite après coup, et à prendre sur le prix tel qu'il avait été stipulé par l'enchère, c'est-à-dire, dans les valeurs ayant cours à cette époque; qu'ainsi, Chanu n'a aucun droit de s'appliquer les dispositions des art. 10 de la loi du 16 nivôse an 6, et 11 de la loi du 27 thermidor suivant.... ;

» Dit qu'il a été mal jugé...., en ce que Chanu a été colloqué sans réduction pour la somme de 7,901 francs 23 centimes, représentant son capital de 8,000 livres tournois ».

Le même arrêt, appliquant au sieur Chanu, en ce qui concerne la collocation des intérêts échus depuis l'adjudication, les motifs retracés à l'article *Inscription hypothécaire*, §. 2, infirme à cet égard le jugement du tribunal de première instance, ordonne que ce jugement sera exécuté pour le surplus, et condamne la veuve Panchaud à garantir le sieur Chanu des condamnations prononcées contre lui.

La veuve Panchaud se pourvoit en cassation contre cet arrêt.

« Vous avez, dans cette affaire (ai-je dit à l'audience de la section civile, le 22 novembre 1809), à prononcer sur cinq moyens de cassation : — Dans la forme, violation de l'art. 14 du tit. 2 de la loi du 24 août 1790, en ce que MM. Gauthier-Biauzat et Guyet ont concouru à la délibération de l'arrêt attaqué, sans avoir assisté à toutes les audiences où l'affaire avait été plaidée, et où le ministère public avait été entendu; — Au fond, violation de l'art. 2151 du Code civil, en ce que le sieur Chanu n'a pas été colloqué pour l'année courante des intérêts de sa créance, indépendamment des deux années échues postérieurement à son inscription; — Fausse application du même article, ainsi que de l'art. 19 de la loi du 11 brumaire an 7, et violation de diverses dispositions du Code de procédure civile, en ce que l'arrêt a rejeté de l'ordre les intérêts réclamés par le sieur Chanu pour le temps écoulé depuis l'adjudication jusqu'au payement effectif; — Violation de l'art. 10 de la première loi du 16 nivôse an 6 et de l'art. 11 de la loi du 27 thermidor de la même année, en ce que le capital du douaire de la dame Chanu a été réduit d'après l'échelle de dépréciation du papier-monnaie; — Enfin, violation de l'art. 2 de la première de ces lois, en ce que les sieurs Tourton et Ravel n'ont pas été déclarés non-recevables dans leur demande en réduction, faute par le sieur Montz dont ils exerçaient les droits, d'avoir fait en temps utile la notification prescrite par cet article.

» De ces cinq moyens, il y en a trois que vous avez hier jugés à l'avance, en prononçant sur le recours du sieur Sellon, contre le même arrêt (1).

» Ainsi, comme dans l'affaire du sieur Sellon, vous ne trouverez aucune difficulté à rejeter le moyen de forme que tire la dame Panchaud du prétendu défaut d'assistance de MM. Gauthier-Biauzat et Guyet aux plaidoiries et aux conclusions du ministère public.

» Comme dans l'affaire du sieur Sellon, vous n'hésiterez pas à déclarer la dame Panchaud non-recevable à se plaindre de ce que la cour d'appel n'a pas, en réformant une disposition du jugement de première instance dont il n'y avait point d'appel, c'est-à-dire, en faisant ce qu'elle ne pouvait pas se permettre, adjugé au sieur Chanu les intérêts de l'année courante, en même temps que les intérêts des deux années qui avaient immédiatement suivi son inscription.

» Comme dans l'affaire du sieur Sellon, vous

(1) V. l'article *Inscription hypothécaire*, §. 2.

casserez la disposition de l'arrêt de la cour d'appel qui refuse au sieur Chanu les intérêts, qui ont couru dans l'intervalle de l'adjudication à la clôture de l'ordre.

» Mais devez-vous également casser la disposition du même arrêt qui ordonne la réduction du capital de la créance du sieur Chanu, sur le pied de l'échelle de dépréciation du département de la Seine? C'est à cette question que se rapportent le quatrième et le cinquième moyens de cassation de la dame Panchaud.

» Et d'abord, l'art. 10 de la première loi du 16 nivôse an 6, et l'art. 11 de la loi du 27 thermidor suivant, s'opposaient-ils à cette réduction?

» L'art. 10 de la première loi du 16 nivôse an 6 est ainsi conçu : « Toutes délégations et » indications de payement, *résultantes de contrats de vente* passés pendant le cours du papier- » monnaie, obligent l'acquéreur de rapporter » au vendeur les quittances des créanciers » délégués, aux droits desquels il demeure » réciproquement subrogé, lorsqu'ils ont été » remboursés de ses deniers. Dans le cas ci-dessus » prévu, l'acquéreur a la faculté de résilier, s'il » se croit lésé. . . ».

» Le sens de cet article n'est pas équivoque : c'est que l'acquéreur qui s'est chargé, par son contrat, de payer des créanciers de son vendeur, s'est mis, à leur égard, dans la même position que celui-ci, et qu'il est censé avoir pris à son compte toutes les obligations que celui-ci avait originairement contractées envers eux; qu'ainsi, il ne peut les rembourser en papier-monnaie réduit d'après l'échelle départementale, que dans le cas où son vendeur lui-même aurait pu être admis à le faire; et que si, comme dans notre espèce, le vendeur ne peut rembourser ses propres créanciers qu'en numéraire métallique, c'est en numéraire métallique et non autrement que l'acquéreur doit aussi les rembourser.

» Mais la loi suppose, dans cet article, que les délégations ou indications de payement résultent du contrat de vente, et par conséquent que c'est dans ce contrat même qu'elles ont été stipulées.

» En doit-il être de même du cas où elles ont été stipulées par un acte postérieur? La cour d'appel de Paris a jugé que non; et elle nous paraît avoir très-bien jugé.

» Pourquoi, dans le cas où les délégations ont été stipulées par le contrat de vente, l'acquéreur est-il non-recevable à rembourser en papier-monnaie réduit d'après l'échelle départementale, des créances que le vendeur n'aurait pu rembourser qu'en numéraire métallique? C'est parce qu'il a dû mesurer, c'est parce qu'il a mesuré réellement, en réglant le prix auquel il s'est obligé, toute l'étendue, toute l'intensité de l'engagement qu'il contractait de payer, au lieu et place du vendeur, les dettes que le vendeur mettait à sa charge; c'est parce qu'il a dû calculer d'après cette base, le prix auquel il s'est obligé. — Et ce qui prouve bien que tel est véritablement le motif de la loi, ce qui prouve bien que la loi n'a pas d'autre motif, c'est qu'elle donne à l'acquéreur *la faculté de résilier, s'il se croit lésé.* L'acquéreur, en effet, ne peut être lésé que dans le prix; il ne peut être lésé qu'en tant qu'il se trouverait, par l'événement, avoir élevé le prix au-dessus de la valeur de la chose. Or, le prix par quel acte se détermine-t-il? Toujours par le contrat de vente, jamais par les actes qui le suivent sans le modifier.

» Mais lorsque, comme le sieur Montz l'a fait, dans notre espèce, par le jugement d'adjudication du 10 mars 1792, l'acquéreur ne s'est imposé, par le contrat de vente, que l'obligation de payer le prix de son acquisition en papier-monnaie, quelle raison y aurait-il de lui refuser le bénéfice de la réduction, sur le fondement qu'après le contrat, il aurait consenti de payer certaines créances à l'acquit du vendeur? Par ce consentement, il n'a point ajouté au prix de son acquisition, il l'a laissé tel que le contrat l'avait fixé; il s'est seulement prêté à des arrangemens que le vendeur trouvait à sa convenance; et il est impossible qu'il ait, par là, empiré sa condition.

» L'art. 11 de la loi du 27 thermidor an 6 nous présente le même esprit que l'art. 10 de la loi du 16 nivôse : « Tout acquéreur (porte- » t-il), qui, *par clause de son titre*, s'est » soumis au payement d'un douaire, en dimi- » nution du prix d'achat, quoique stipulé en » papier-monnaie, est tenu 1.° de payer le » capital dudit douaire, s'il est ouvert, sinon » à son ouverture, de la manière prescrite par » l'art. 4 de la loi du 16 nivôse an 6; 2.° de » servir jusqu'alors la rente en numéraire mé- » tallique, si mieux il n'aime résilier, confor- » mément à l'art. 10 de ladite loi ». — Rien de plus clair, comme vous le voyez, rien de plus positif que les mots, *par clause de son titre*. Il faut que la soumission au payement du douaire soit écrite dans le titre même de l'acquéreur, c'est-à-dire, dans le contrat de vente, pour que l'acquéreur ne puisse pas demander la réduction de la partie de son prix qui correspond au douaire dont il a pris le payement à sa charge. La faculté de demander cette réduction, reste donc ouverte à l'acquéreur qui ne s'est soumis au payement d'un douaire, que par un acte postérieur au contrat de vente, que par un acte qui, laissant entier le prix fixé par le contrat de vente, n'a d'autre objet que d'en régler la distribution entre les créanciers du vendeur. L'arrêt attaqué n'a donc violé, en accueillant la demande en réduction formée au nom du sieur Montz par les sieurs Tourton et ses créanciers, ni l'art. 10 de la loi du 16 nivôse, ni l'art. 11 de la loi du 27 thermidor an 6; il n'a fait au contraire que se conformer au texte de l'une et de l'autre.

» Mais ce même arrêt ne contrevient-il pas à l'art. 2 de la première de ces lois?

» Pas davantage; et en effet que porte cet article? « Les sommes dues à raison de ventes » d'immeubles faites depuis le 1.er janvier 1791, » jusqu'à la publication de la loi du 29 messidor » an 4, seront acquittées en numéraire métallique, néanmoins après la réduction et liquidation qui en seront faites ainsi qu'il » suit, si mieux l'acquéreur ne préfère de s'en » tenir aux clauses du contrat, ce qu'il sera » tenu de notifier au vendeur dans le délai de » trois mois, à dater de la publication de la » présente ».

» A entendre la dame Panchaud, il résulte de cet article que le sieur Montz ne lui ayant pas notifié dans les trois mois de la publication de la loi du 16 nivôse an 6, qu'il entendait se tenir aux clauses de son contrat, et par conséquent payer en numéraire, aux termes convenus, la portion de prix dont il restait débiteur, a, par cela seul, perdu le droit de demander que cette portion du prix fût réduite.

» Mais il est évident que la dame Panchaud fait dire à cet article tout le contraire de ce qu'il dit réellement. Cet article prévoit le cas où l'acquéreur trouverait plus avantageux de ne payer qu'à des termes éloignés en numéraire métallique, que de payer comptant en papier-monnaie réduit : et que lui prescrit-il en conséquence? Il lui prescrit une notification qu'il doit faire dans les trois mois, s'il veut conserver les termes qui lui sont accordés par son contrat. Que perd donc l'acquéreur par le défaut de cette notification? Rien autre chose que le bénéfice des termes qui lui sont accordés par son contrat; rien autre chose que la dispense de payer plutôt qu'il ne le devrait, si son contrat était exécuté littéralement. Donc, bien loin de perdre, par le défaut de cette notification, le droit de demander la réduction du prix, c'est de ce défaut même que naît pour lui ce droit; donc c'est, à titre de peine de ce défaut, qu'il est restreint au droit de payer moins en payant plutôt.

» Et c'est, Messieurs, ce que vous avez jugé par trois arrêts de cassation.

» Le 7 floréal an 11, vous avez cassé, au rapport de M. Ruperou, un jugement en dernier ressort du tribunal civil de Grasse, du 12 nivôse an 9, qui avait condamné le nommé Davez à payer en numéraire sans réduction, une partie du prix d'une vente, pour n'avoir pas fait, dans les trois mois de la publication de la loi du 16 nivôse an 6, la notification prescrite par l'art. 2 de cette loi.

» Le 19 vendémiaire an 12, au rapport du même magistrat, vous avez cassé un arrêt de la cour d'appel de Lyon qui avait, sous le même prétexte, condamné le sieur Dubost à payer en numéraire, sans réduction, une somme de 8000 livres payable en quatre ans, qui formait le restant du prix de la vente d'une maison, en date du 25 frimaire an 3.

» Enfin, le 6 germinal an 13, au rapport de M. Bailly, vous avez cassé un arrêt de la cour d'appel de Besançon, qui, dans les mêmes circonstances, et par le même motif, avait rejeté la demande en réduction du prix de la vente d'un immeuble, en date du 19 brumaire an 3.

Par ces considérations, nous estimons qu'il y a lieu, en ce qui concerne les deux dispositions de l'arrêt attaqué, dont l'une ordonne la réduction de la somme de 8000 livres, laissée entre les mains du sieur Montz par l'acte du 22 octobre 1792, et l'autre confirme le jugement de première instance au chef qui ne colloque le sieur Ghanu, que pour deux années des intérêts de ladite somme, échus avant l'adjudication, de rejeter le recours de la dame Panchaud; en ce qui concerne la disposition du même arrêt, qui rejette de l'ordre les intérêts de la même somme échus après l'adjudication, de la casser et annuller comme contraire à l'interprétation donnée par les art. 757, 762 et 770 du Code de procédure civile, aux art. 19 de la loi du 11 brumaire an 7, et 2151 du Code civil...... ».

Arrêt du 22 novembre 1809, au rapport de M. Botton-Castellamonte, par lequel;

« Attendu, sur le moyen de forme, 1.° que l'arrêt du 4 août atteste qu'il a été rendu après avoir entendu les défenseurs des parties et le ministère public; 2.° que la preuve légale qui en résulte de la présence des deux magistrats dont il s'agit, aux plaidoiries et aux conclusions du procureur-général, n'est point détruite par les plumitifs qui se réfèrent à des audiences antérieures; car bien qu'il résulte de ces plumitifs, que des plaidoiries avaient eu lieu antérieurement au 4 août, ces pièces ne prouvent point que le procureur-général eût porté la parole avant ledit jour, et n'excluent pas qu'à cette dernière audience, les parties aient de nouveau été entendues;

» Sur le moyen pris de ce que l'arrêt dénoncé n'a pas colloqué les intérêts *de l'année courante*, au même rang que le capital, attendu que la demanderesse avait acquiescé à la disposition du jugement de première instance, qui refusait lesdits intérêts; d'où il suit que le pourvoi à cet égard, n'est pas recevable;

» Sur la prétendue violation de l'art. 10 de la loi du 16 nivôse an 6, de l'art. 11 de celle du 27 thermidor suivant, et de l'art. 2 de la loi précitée du 16 nivôse, attendu 1.° que l'art. 10 de la loi de nivôse n'a obligé les acquéreurs à rapporter quittance des créanciers indiqués ou délégués, que dans le cas où ils l'auraient été par une clause formelle et expresse du contrat de vente;

» Attendu 2.° que l'art. 11 de la loi du 27 thermidor n'a pareillement assujetti les acquéreurs à acquitter le capital et les intérêts du douaire sans réduction, que dans le cas seul où, dans l'acte de vente, ils se seraient *soumis*, c'est-à-dire, personnellement obligés au payement de ce douaire;

» Attendu 3.° que, dans l'espèce de la cause, la cour d'appel a décidé et pu décider, en point de fait, que l'acte de vente du 10 mars 1792 ne contenait ni délégation ou indication de payement, ni obligation personnelle d'acquitter sans réduction le douaire dont il s'agit;

» Attendu 4.° qu'aux termes de l'art. 2 de la loi de nivôse, il y avait, dans l'espèce, lieu à réduction, parce que l'acquéreur n'avait pas déclaré dans les délais fixés, qu'il préférait s'en tenir aux clauses du contrat;

» La cour rejette ces moyens.

» Mais ayant égard au moyen concernant les intérêts échus depuis l'adjudication;

» Vu l'art. 19 de la loi du 11 brumaire an 7, l'art. 2151 du Code civil, et les art. 757, 767 et 770 du Code de procédure civile;

» Considérant 1.° qu'avant la publication du Code de procédure civile, il était permis de douter si, aux termes de l'art. 19 de la loi du 11 brumaire an 7 et de l'art. 2151 du Code civil, les intérêts échus depuis l'adjudication, étaient dus à chaque créancier hypothécaire au même rang que le capital; mais que tout doute à ce sujet a été levé par les articles précités du Code de procédure, de la combinaison desquels il résulte évidemment que le créancier a droit de venir au même rang que le capital, pour les intérêts dont il s'agit;

» Considérant 2.° que ces articles qui avaient déjà été publiés lors du jugement d'ordre du 30 août 1806, et qui étaient en pleine vigueur le 4 août 1807, jour de l'arrêt dénoncé, ne sont point introductifs d'un droit nouveau, mais seulement explicatifs de l'art. 19 de la loi de brumaire et de l'art. 2151 du Code civil; d'où la conséquence que l'arrêt dénoncé, en décidant le contraire, a violé les art. 19 et 2151 précités, interprétés par les art. 757, 767 et 770 du Code de procédure civile;

» La cour casse et annulle l'arrêt rendu, entre les parties, par la cour d'appel de Paris, le 4 août 1807, quant au chef seulement qui concerne les intérêts échus depuis l'adjudication..... ».

§. VII. *Pour agir en expropriation forcée contre le débiteur d'une rente créée pendant le cours du papier-monnaie, à fin de remboursement du capital, est-il nécessaire de lui signifier, en tête du commandement, l'acte par lequel il a précédemment notifié au créancier qu'il entendait user du bénéfice de la réduction, et par lequel, conséquemment, il a rendu exigible le capital de la rente?*

V. l'article *Intervention*, §. 2.

Au surplus, *V.* les articles *Compte courant*, et *Indication de payement*.

PARAPHERNAL. *Avant le Code civil, la femme avait-elle, dans tous les pays de droit écrit, besoin de l'autorisation de son mari pour plaider à raison de ses paraphernaux, pour les aliéner ou pour en disposer?*

Dans les deux premières éditions du *Répertoire de jurisprudence*, article *Paraphernal*, §. 3, j'ai dit, sur la foi de Bretonnier, qu'elle en avait besoin dans ceux de ces pays qui ressortissaient ci-devant au parlement de Paris, et qu'à cet égard, l'usage avait, dans ces pays, prévalu sur les lois romaines.

J'aurais pu ajouter que tel est aussi le langage de Brodeau sur Louet, lettre D, §. 12, n. 6; d'Auzanet, dans ses *Mémoires sur la coutume de Paris*, titre *de la Communauté*, art. 223; et de Boullenois, sur Rodemburg, tom. 1, tit. 2, ch. 1, observation 16.

Mais faisons-y bien attention, c'est à Paris que tous ces auteurs ont vécu, ont suivi les affaires, ont écrit. Pouvaient-ils apprécier d'aussi loin les usages des pays de droit écrit; et trop prévenus pour les principes du droit coutumier, n'ont-ils pas pu induire le public en erreur?

Il y a, dans le Recueil de Papon, liv. 7, tit. 1, n. 75, un arrêt du parlement de Paris même, du 28 mars 1528, qui déclare valable une procédure faite, pour un bien paraphernal, avec une femme non autorisée de son mari.

Un autre arrêt du 23 février 1709, rendu sur les conclusions de M. l'avocat-général Lenain, et rapporté au *Journal des audiences*, a pareillement jugé que la dame Rolland n'avait pas eu besoin de l'autorisation de son mari, ni de celle de la justice à son refus, pour agir pour ses biens paraphernaux.

« En voici un autre plus récent et plus décisif (nous parlons d'après M. Bergier, en ses notes sur Ricard, tome 1, page 228) : la question de savoir si une femme mariée peut aliéner ses biens paraphernaux, s'étant présentée, il y a quelques années en la sénéchaussée de Lyon, entre Pierre Chol, laboureur, et consorts, M. Derignière et Anne-Diane-Etiennette Chol, son épouse; il fut jugé, par sentence du 17 août 1763, que les aliénations faites par Aroddelay, mère de la dame Derignière, d'une partie des biens paraphernaux qui lui appartenaient, étaient légitimes, quoique faites sans l'autorisation ni consentement de Pierre Chol, son mari. — M. Derignières ayant appelé de la sentence de Lyon elle fut confirmée par arrêt. M. Boudet, avocat, avait écrit pour Chol; son mémoire imprimé ne laisse rien à désirer sur cette matière. — D'après un pareil arrêt, je ne balance plus à regarder l'autorisation d'un mari comme aussi inutile dans les pays de droit écrit du ressort du parlement de Paris, qu'elle l'est ailleurs pour la validité des aliénations des biens paraphernaux, et à plus forte raison pour accepter des donations de biens de cette espèce ».

Je dois cependant remarquer que cette jurisprudence n'était pas suivie dans le ressort du parlement de Pau. C'est ce que m'a attesté, en 1784, M. Mourot, alors professeur de droit à Pau même. Voici les termes de ce savant jurisconsulte :

« Suivant la jurisprudence du parlement de Navarre, l'autorisation est nécessaire pour la validité des engagemens que la femme contracte à raison de ses biens paraphernaux. Elle l'est également pour les donations que fait la femme des biens de cette nature. Cette jurisprudence, contraire au motif qui détermine la nécessité de cette autorisation, savoir, l'intérêt du mari, et à ce qui se pratique dans les provinces voisines qui dépendent du ressort du parlement de Bordeaux, est un reste de l'ancien droit observé en Béarn, d'après le vieux for, suivant lequel les femmes étaient tenues dans une espèce de tutelle. On voit même, par l'art. 16 de la coutume réformée, rubrique *de Marit et Molher*, qu'elles ne pouvaient, sans le consentement du mari, renoncer à une hérédité qui leur était obvenue par droit de *primessa*, c'est-à-dire, d'une succession échue suivant l'ordre établi par la coutume. L'art. 17 leur permet de faire testament des biens paraphernaux en faveur de leurs maris, de leurs enfans, de leurs parens et pour des œuvres pies, *per son anima*. C'était un adoucissement porté à la rigueur de l'ancienne coutume qui leur ôtait, d'une manière absolue, la faculté de tester. L'art. 17 n'est plus observé, et les femmes ont la même faculté de tester que les hommes, même sans y être autorisées par leur mari. — Le défaut d'autorisation de la femme, et d'ordonnance portant qu'elle se ferait autoriser, a été jugé moyen absolu ».

PARCIÈRE, PARSIÈRE. *V.* l'article *Terrage*, §. 1, n. 2.

PARÇON, PARCHON. *V.* l'article *Fourmorture.*

PARENTÉ. — §. I. *Lorsqu'entre deux parties qui se disputent les biens d'un religionnaire fugitif, il est intervenu un jugement qui les a déclarées toutes deux parentes de celui-ci, mais qui, en même temps, a déclaré l'une plus proche que l'autre, et que ce jugement est passé en chose jugée; un tiers peut-il, en prouvant qu'il est parent à un degré plus éloigné que la partie qui a succombé comme moins proche, être admis à prouver que la partie qui a triomphé n'est point du tout parente, et par-là évincer celle-ci ?*

V. l'article *Religionnaires*, §. 2.

§. II. *Peut-on admettre dans un jury, des jurés qui sont parens entre eux ?*

V. l'article *Jury*, §. 2.

PARLEMENTAIRE (VAISSEAU). *Peut-on, dans un port français, arrêter le capitaine d'un vaisseau parlementaire, sans un ordre préalable du gouvernement ?*

Voici ce que j'ai dit à ce sujet, en portant la parole à l'audience de la cour de cassation, section criminelle, sur le recours exercé par un défenseur de la régie des douanes, contre un arrêt de la cour de justice criminelle du département du Finistère, rendu en faveur de John Davidson, capitaine du navire parlementaire anglais *le Phœnix.*

« Pour apprécier le recours en cassation sur lequel il s'agit de statuer, il importe de se fixer d'abord sur les faits reconnus pour constans par le jugement qui en est l'objet.

» Le jugement doit en effet être, à cet égard, considéré comme une déclaration de jury, et il n'appartient par conséquent à aucune autorité de le réformer en cette partie.

» Or, il est constaté par le jugement, que John Davidson a été chargé par son gouvernement, de conduire de Liverpool à Morlaix, sous pavillon parlementaire, 375 prisonniers de guerre français, qu'il a rempli cette mission avec exactitude; qu'arrivé dans la rade de Morlaix, il a reçu à son bord une garde armée de militaires français, avec un détachement d'employés de la douane, qui ne lui ont permis d'avoir aucune communication avec la terre; qu'après le débarquement des prisonniers, des préposés de la douane se sont transportés à son bord, et y ont saisi quelques marchandises, restes d'une cargaison qu'il avait prise en Angleterre, pour la transporter aux îles de la Barbade; que, depuis son arrivée dans la rade de Morlaix, il n'a ni débarqué, ni tenté de débarquer aucune partie de ce reste de marchandises; que cependant son bâtiment a été saisi; et que lui-même a été conduit à la maison d'arrêt, en vertu d'un ordre du juge de paix.

» C'est d'après ces faits, que le tribunal criminel du Finistere s'est déterminé, par son jugement du 19 ventôse an 8, à confirmer celui du tribunal correctionnel de Morlaix, qui avait accordé à John Davidson la main-levée de ses marchandises, ainsi que de son navire, et avait ordonné sa mise en liberté.

» Le défenseur officieux de la régie des douanes s'est pourvu en cassation contre ce jugement, mais aucun mémoire n'a été fourni, aucun moyen n'a été articulé, à l'appui de ce recours. — Et dans le fait, que pourrait-on dire pour l'appuyer?

» S'il s agissait ici d'un navire ordinaire, nous demanderions quelle loi a violé le tribunal criminel du Finistère, en prononçant comme il l'a fait?

» Serait-ce l'art. 7 du tit. 2 de la loi du 4 germinal an 2, par lequel les bâtimens au-dessous de 100 tonneaux mouillés ou louvoyant dans les deux myriamètres des côtes de France, hors le cas de force majeure, sont sujets à confiscation avec leur cargaison et 500 fr. d'amende, lorsqu'ils ont à bord des marchandises prohibées à l'entrée ou à la sortie? Mais il n'est pas ici question d'un bâtiment au-dessous de 100 tonneaux; le navire *le Phœnix* porte 239 tonneaux, ainsi que le prouvent les pièces de bord qui sont jointes au dossier.

» Serait-ce l'art. 1 de la loi du 10 brumaire an 5, qui prohibe toute importation de marchandises anglaises? Mais le jugement constate que John Davidson n'a ni introduit, ni tenté d'introduire en France, aucune partie de sa cargaison.

» Serait-ce l'art. 2 de la même loi, portant qu'aucun bâtiment chargé en tout ou en partie de marchandises anglaises, ne pourra entrer dans les ports de la république, sous quelque prétexte que ce soit, à peine d'être saisi sur-le-champ? Mais le navire *le Phœnix* n'est pas entré dans le port de Morlaix: le procès-verbal de saisie prouve lui-même qu'il est resté dans la rade; et c'est encore un point de fait jugé par le tribunal criminel.

» En un mot, il n'existe aucune loi que l'on puisse mettre en opposition avec le jugement dont il s'agit, même en lui supposant pour objet un vaisseau ordinaire.

» Et à combien plus forte raison ce jugement se trouve-t-il à l'abri de tout reproche, dans la circonstance où il a été rendu! Non, ce n'était point un vaisseau ordinaire que montait John Davidson, lorsque sa cargaison a été saisie, lorsque son bâtiment lui-même a été arrêté, lorsque sa propre personne a été frappée d'un mandat d'arrêt. C'était un vaisseau sous la protection immédiate du droit des gens; c'était un vaisseau recommandé spécialement à l'honneur et à la loyauté du peuple français; c'était, en un mot, un vaisseau parlementaire.

» Et c'est en l'an 8, c'est au moment où tous les esprits se réunissent pour terminer la révolution, en la consolidant, que des Français se sont permis un attentat dont les orages révolutionnaires, même les plus violens, n'ont pas offert l'exemple, ni fait naître l'idée! C'est *en l'an* 8, que l'on a osé violer une loi *du* 13 *ventôse de l'an* 2, qui interdit *à toute autorité constituée d'attenter, en aucune manière, à la personne des agens des gouvernemens étrangers*, et qui ordonne que *les réclamations qui pourraient s'élever contre eux, seront portées* (au gouvernement), *seul compétent pour y faire droit*. Et c'est au tribunal suprême de la république que l'on ose dénoncer, comme contraire aux lois dont le dépôt lui est confié, un jugement qui ne fait que réparer, et encore ne le fait-il que très-faiblement, l'outrage qu'a essuyé le droit des gens dans la personne de John Davidson! Ah! du moins, ce n'est pas d'une administration nationale qu'est partie cette dénonciation; non, C. M., quoique le nom de la régie des douanes ait figuré dans la déclaration du recours sur laquelle vous avez à statuer, nous n'avons pas à rougir pour elle d'une démarche aussi irréfléchie, pour ne rien dire de plus. C'est d'un homme sans caractère, sans mission quelconque, qu'est émanée cette déclaration; et l'honneur même de la nation nous commande d'en requérir le rejet par fin de non-recevoir.

» Nous devons aller plus loin. Le juge de paix qui a décerné le mandat d'arrêt sous lequel John Davidson gémit encore dans la prison de Morlaix, a violé, comme nous le disions tout à l'heure, la loi du 13 ventôse an 2; il s'est rendu, par là, coupable d'arrestation arbitraire; car c'est bien arrêter arbitrairement, que d'arrêter lorsqu'une loi positive en ôte le droit; et c'est assez vous dire que notre ministère nous oblige de provoquer votre juste sévérité contre lui.

» Par ces considérations, nous estimons qu'il y a lieu, attendu que le recours formé contre le jugement du 19 ventôse an 8, l'a été par un individu sans caractère public et sans procuration de la régie des douanes ni de ses préposés à ce autorisés, de déclarer qu'il n'y a lieu d'y statuer; ordonner en conséquence que ce jugement sera exécuté selon sa forme et teneur; faisant droit sur nos conclusions, et vu le mandat d'arrêt décerné le 22 nivôse an 8, par le cit. M..... J......, juge de paix de la commune de Morlaix, contre John Davidson envoyé en cette commune par le gouvernement britannique, en qualité de parlementaire, le casser et annuller comme attentatoire au droit des gens et à la loi du 13 ventôse an 2; nous donner acte de la dénonciation que nous déclarons porter contre ledit M..... J......, comme prévenu de s'être, par ce mandat d'arrêt, rendu coupable du crime d'arrestation arbitraire; et renvoyer cette dénonciation, ainsi que les pièces y afférentes, à la section des requêtes pour y statuer, ainsi qu'il appartiendra d'après la loi; ordonner qu'à notre diligence, le jugement à intervenir sera imprimé et transcrit sur les registres du juge de paix de la commune de Morlaix ».

Ces conclusions ont été littéralement adoptées par arrêt du 29 thermidor an 8, au rapport de M. Cochard.

PARTAGE. — §. I. *Peut-on appliquer aux partages les présomptions légales de mutation établies, pour l'ouverture des droits d'enregistrement, par l'art.* 33 *de la loi du* 9 *vendémiaire an* 6 *et par l'art.* 4 *de la loi du* 27 *ventôse an* 9?

V. l'article *Mutation*, §. 2.

§. II. *Le partage anticipé que les héritiers présomptifs d'un homme encore vivant, font de son hérédité future, sans son consentement exprès, est-il valable et obligatoire entre les parties majeures qui l'ont signé?*

Cette question s'est présentée à l'audience de la section des requêtes de la cour de cassation, le 11 nivôse an 9, sur la demande en cassation formée par le sieur Collin, contre un jugement du tribunal civil du département de l'Orne. Voici de quelle manière je me suis expliqué, en concluant sur cette affaire, après le rapport qu'en avait fait M. Boyer.

« Cette affaire présente à votre examen deux questions, l'une de pure forme, l'autre de morale publique.

» Dans la forme, il s'agit de savoir si le jugement attaqué est nul, pour avoir été rendu sur un rapport fait plus d'un mois après la nomination du rapporteur; et comme vous avez jugé vingt fois que cette circonstance n'emportait pas nullité, nous ne nous arrêterons pas à cette première question.

» Au fond, il s'agit de savoir si, par le jugement attaqué, le tribunal civil du département de l'Orne a violé quelque loi, en déclarant nul un acte fait entre les parties, du vivant de leur père commun, et par lequel elles s'étaient partagé, sinon à son insu, du moins sans son intervention, non-seulement ses biens immeubles dont il s'était démis en leur faveur, mais encore sa future succession mobilière?

» Certainement, en jugeant ainsi, le tribunal civil de l'Orne n'a pas contrevenu au droit romain; car la loi 30, C. *de pactis*, ne tolère ces sortes de partages anticipés, que lorsque celui de l'hérédité duquel il s'agit, y a donné son consentement exprès, et qu'il a persisté jusqu'à sa mort dans la même volonté. Cette loi annonce même qu'elle n'introduit point en cela un droit nouveau, et qu'elle ne fait qu'expliquer l'ancien: *quod etiam anterioribus legibus et constitutionibus non est incognitum, licet à nobis clariùs est introductum.*

» Mais, s'il faut en croire le demandeur, deux lois françaises réprouvent cette manière de juger : ce sont celles des 17 nivôse et 22 ventôse an 2; et elles la réprouvent par celles de leurs dispositions qui permettent de vendre à des successibles du consentement des co-intéressés.

» C'est abuser étrangement de ces deux lois que d'en tirer une pareille conséquence. Vous savez, C. M., à quelle occasion elles s'expliquent ainsi. Elles ne permettent pas à un propriétaire de vendre à fonds perdu à l'un de ses successibles; mais si les autres successibles y consentent, l'une et l'autre loi autorisent la vente. Il ne s'agit point là, comme vous le voyez, de la succession future de ce propriétaire, mais seulement d'un seul de ses immeubles bien spécifié, bien déterminé, et encore les deux lois que cite le demandeur, ne disent pas que ses successibles pourront, à son insu et sans son consentement, traiter entre eux de cet immeuble; elles disent seulement qu'il pourra en traiter lui-même par vente à fonds perdu, au profit de l'un de ses successibles, du consentement des autres; c'est-à-dire que ces deux lois confirment, bien plutôt qu'elles ne condamnent le principe consacré par la loi 30, C. *de pactis.*

» Mais du moins, dit le demandeur, cette loi romaine ne peut plus être invoquée parmi nous, puisqu'il existe des lois françaises qui établissent pour règle générale et sans exception, que tout contrat fait entre majeurs doit être exécuté, lorsqu'il ne peut être rescindé ni pour cause de lésion, ni pour cause de dol, ni pour cause d'erreur.

» Quelles sont donc les lois françaises dont veut parler le demandeur? Ce sont les ordonnances de 1510, de 1533 et de 1539.

» Et quel est leur objet? Elles n'en ont point d'autre que de restreindre à dix ans le terme dans lequel doivent s'exercer les actions rescisoires pour dol, erreur ou lésion.

» Et l'on voudrait conclure de là qu'elles valident les conventions faites sur la succession future d'un homme, sans qu'il y intervienne, sans qu'il y consente? C'est une véritable dérision.

» Il est au surplus tellement faux que les lois françaises soient, à l'égard de ces sortes de stipulations, opposées aux lois romaines, que la Convention nationale ayant eu occasion de s'expliquer sur les pactes relatifs aux successions non échues, elle l'a fait en annonçant qu'elle regardait les lois romaines qui les proscrivent, comme obligatoires pour toute la France.

» C'est ce que nous remarquons au n.° 56 du décret du 22 ventôse an 2. On proposait à la Convention nationale de décider si, par la loi du 17 nivôse précédent, elle avait annullé les transactions et renonciations à successions, antérieures au 14 juillet 1789, comme celles qui étaient postérieures à cette époque; et elle répond *que, s'il s'agit de successions ouvertes avant le 14 juillet 1789, la transaction, même postérieure n'est pas annullée, parce que l'effet des anciennes dispositions est maintenu, et que la transaction vaut quand la matière n'est pas changée; mais que, s'il s'agit de renonciations anticipées à des droits ouverts depuis cette époque, outre que l'art.* 11 *de la loi du* 17 *nivôse les écarte dans les contrats de mariage, seule espèce d'actes où elles fussent autorisées*, LES LOIS MÊME ANCIENNES RÉPROUVAIENT, EN TOUS AUTRES ACTES, LES TRANSACTIONS QUI INTERVENAIENT SUR DES SUCCESSIONS D'HOMMES ENCORE VIVANS.

» Voilà bien la preuve que la loi 30, C. *de pactis*, a toujours fait partie du droit commun de la France, et qu'elle a toujours eu autant d'autorité dans les pays coutumiers que dans ceux de droit écrit.

» Au surplus, le jugement attaqué par le demandeur, n'est pas seulement motivé sur la nullité radicale du partage des biens meubles et immeubles du père commun des parties; il l'est encore sur la lésion qui s'était glissée dans cet acte au préjudice des sœurs du cit. Collin; et cette lésion, il la prouve de la manière la plus évidente.

» Ainsi, quand l'acte de partage serait valable en soi, le tribunal civil de l'Orne aurait toujours bien jugé en le cassant du chef de lésion.

» Et par ces considérations, nous estimons qu'il y a lieu de rejeter la requête et de condamner le demandeur à l'amende ».

Ainsi jugé le 11 nivôse an 9, « attendu que les lois qui garantissent l'exécution des contrats passés entre majeurs, ne s'appliquent qu'à ceux qui sont exempts de lésion, et qui ne sont pas contraires aux bonnes mœurs; que les juges de l'Orne, en décidant que l'acte du 28 germinal an 4 était, à la fois, lésionnaire et contraire aux bonnes mœurs, n'ont décidé en cela que des points de fait dont l'examen n'entre pas dans la compétence du tribunal de cassation; que les lois des 17 nivôse et 22 ventôse invoquées par le demandeur, n'ont aucune application à l'espèce de l'affaire ».

§. III. — 1.° *Un partage provoqué contre un mineur et fait avec lui, sous l'autorisation de son curateur, avant le Code civil, peut-il être annullé, parce que le rapport des experts contenant l'estimation des biens, n'avait pas été entériné par jugement, ni soumis aux conclusions du ministère public?*

2.° *Peut-il être rescindé pour cause de lésion, par cela seul que le mineur n'a eu dans son lot qu'un fonds de commerce et de l'argent, au lieu d'une part dans les immeubles communs?*

Ces deux questions sont traitées dans le plaidoyer suivant, que j'ai prononcé à l'audience de la section des requêtes, le 12 nivôse an 9, sur la demande en cassation formée par les sieurs Nicolas Maillier et Labbé-Dumesnil, contre un jugement du tribunal civil du département de Seine et Marne, du 21 frimaire an 8, rendu en faveur du sieur Jean-Augustin Maillier.

» S'il ne s'agissait, dans cette affaire, que de comparer, sous le rapport de l'équité, le jugement du tribunal civil de Seine et Marne, du 21 frimaire an 8, avec ceux du ci-devant châtelet et du tribunal civil du département de Seine et Oise, dont il a infirmé les dispositions, le résultat de cette comparaison tournerait difficilement à l'avantage du premier.

» Mais nous n'avons pas à examiner si c'est d'après ou contre le vœu de l'équité, que ce jugement a annullé deux partages à l'abri desquels une famille entière jouissait, depuis un grand nombre d'années, du patrimoine de ses auteurs.

» Circonscrits dans le cercle tracé par la loi qui a constitué le tribunal de cassation régulateur suprême des tribunaux supérieurs, nous devons concentrer toute notre attention sur un seul point, sur celui de savoir si quelque disposition législative a été violée par le jugement qui est soumis à votre examen.

» Ainsi, en écartant toutes les considérations étrangères à votre compétence que vous présentent les demandeurs, tant dans leur requête que dans leur mémoire imprimé, bornons-nous à discuter les moyens de cassation qu'ils font valoir.

» L'un de ces moyens consiste à dire que le jugement attaqué n'est plus tel qu'il a été prononcé à l'audience du tribunal civil de Seine et Marne, et que la minute en a été altérée depuis sa prononciation.

» S'il pouvait résulter de ce fait, grave sans doute, une ouverture de cassation, nous nous ferions un devoir d'analyser les preuves qu'on en rapporte. Mais il est évident que les demandeurs emploient ici mal à propos, comme moyen de cassation, ce qui ne pourrait leur servir que de moyen de faux, dans le cas où ils prendraient, contre la minute du jugement dont ils se plaignent, soit la voie d'accusation en faux principal, soit la voie d'inscription en faux incident.

» Le second moyen des demandeurs est que le tribunal civil de Seine et Marne a mal à propos appliqué au partage du 30 août 1770, les dispositions des lois, tant romaines que françaises, relatives aux formalités nécessaires pour l'aliénation des biens des mineurs.

» Vous vous rappelez, C. M., dans quelles circonstances et de quelle manière a été fait le partage du 30 août 1770.

» La mère commune des parties était décédée le 31 juillet 1769, laissant cinq enfans, dont trois mineurs, parmi lesquels se trouvait Jean-Augustin Maillier, alors âgé d'environ vingt ans.

» La communauté, qui avait existé entre elle et Nicolas Maillier père, était restée indivise jusqu'au 26 avril de l'année suivante. Mais, à cette époque, Nicolas Maillier père en avait lui-même provoqué le partage, par une requête qu'il avait présentée au prévôt d'Houdan.

» A cet effet, des tuteurs et des curateurs avaient été nommés *en justice*, à ceux des enfans qui étaient encore pupilles ou mineurs.

» Et c'est contradictoirement avec eux qu'avaient été faits l'inventaire, la prisée et l'estimation de tous les meubles, effets, titres, papiers et marchandises, dépendans de la communauté.

» Les choses en cet état, la demande en partage formée par Nicolas Maillier père, avait été portée, avec toutes les parties, à l'audience de la prévôté d'Houdan; et là il était intervenu, le 2 mai 1770, une sentence ainsi conçue : « Parties » ouïes, nous ordonnons, de leur consentement, » qu'il sera procédé entre elles aux également, » compte et partage à faire, tant des meubles » et effets mobiliers, marchandises, dettes » actives et passives, que des biens immeubles, » acquêts et conquêts dépendans de la commu» nauté de biens qui a été entre Nicolas Maillier » et Marie-Geneviève Thiberville sa femme, » par experts dont les parties conviendront, » ou qui seront; pour les refusans, par nous » nommés d'office; lesquels experts seront » assignés pour prêter serment au cas requis, » dont ils dresseront deux lots : l'un, pour » ledit Nicolas Maillier père, et l'autre pour » ses enfans........ Ordonnons pareillement » que, par les mêmes experts, il sera pro» cédé, entre lesdits enfans, aux partage et » subdivision du lot qui leur sera échu, pour, » par lesdites parties, jouir, à part et divis, » des biens qui leur échoiront, en faire et dis» poser ainsi qu'elles aviseront..... Donnons » acte aux parties de ce que, pour parvenir » auxdits également, compte, partage et sub» division, elles ont respectivement nommé *tels* » *et tels experts* ».

» En exécution de cette sentence, les experts nommés par les parties, avaient été assignés devant le juge pour prêter le serment, et l'avaient prêté en effet.

» Ils avaient ensuite procédé à leurs opérations; après les avoir terminées, ils en avaient dressé un rapport qu'ils avaient affirmé devant le juge, et qui avait été déposé au greffe.

» C'est d'après ces préliminaires, que le partage a été fait devant notaire, le 30 août 1770. Cet acte n'assigne rien à Jean-Augustin Maillier, dans les immeubles; mais il l'en indemnise, et très-avantageusement, selon toute apparence, par un fonds de commerce, par des ustensiles, par des marchandises et par d'autres valeurs mobilières qu'il lui abandonne pour son lot : le tout, assure-t-on, d'après sa propre demande, et pour le mettre tout de suite en plein exercice de la profession d'apothicaire qu'il avait embrassée.

» Jean-Augustin Maillier a joui paisiblement de tous ces objets, et l'on soutient qu'il en a tiré un très-riche parti. Devenu majeur, il a continué de respecter le partage, jusqu'à la mort de son père, arrivée le 1.er décembre 1781.

» Alors, il a contesté tout à la fois et le partage qui avait été fait des biens de la mère, le 30 août 1770, et le partage que le père avait fait de ses propres biens par son testament. Il s'est pourvu, à cet effet, devant la prévôté d'Houdan, le 9 février 1782.

» C'est sur cette demande portée depuis et successivement au châtelet, au parlement de Paris, au tribunal civil de Seine et Oise, et au tribunal civil de Seine et Marne, qu'il a été statué définitivement et en dernier ressort par le jugement attaqué.

» Ce jugement porte que, sans avoir égard à l'acte du 30 août 1770, qui est comme non-avenu, ni au testament de Nicolas Maillier père, il sera procédé, entre les parties, à l'amiable et par-devant notaire, si faire se peut, sinon par-devant l'un des juges du tribunal, aux liquidations et partages des successions des père et mère communs des parties.

» Pour prononcer ainsi, quant à l'acte du 30 août 1770, le tribunal civil de Seine et Marne s'est fondé, d'une part, sur ce que cet acte était nul de plein droit; de l'autre, sur ce qu'il devait au moins être rescindé pour cause de lésion.

» Commençons par examiner les motifs sur lesquels s'est appuyé le tribunal civil de Seine et Marne, pour considérer comme nul de plein droit, le partage du 30 août 1770.

» Ces motifs sont que tout partage d'une succession composée de meubles et d'immeubles, emporte aliénation, et ne peut conséquemment avoir lieu avec des mineurs, qu'en observant toutes les formalités requises pour la vente des biens de ceux-ci; que, dans le fait, il n'y a point eu de conclusions du ministère public, lors de la sentence de la prévôté d'Houdan, du 2 mai 1770;

que d'ailleurs le rapport des experts qui avaient été nommés par cette sentence, n'a point été entériné en justice ; qu'ainsi, on n'a point observé, dans le partage dont il s'agit, toutes les formalités dont le concours seul peut valider les aliénations des immeubles des mineurs.

» Qu'un partage de succession soit, à certains égards, assimilé à la vente, et même à l'échange, c'est ce qu'établissent trois lois romaines très-connues, savoir : la loi 20, §. 3, D. *familiœ erciscundœ;* la loi 77, §. 18, D. *de legatis* 2.° ; et la loi 1.re, D. *communia utriusque judicii.*

» Mais que le partage soit, même dans le droit romain, considéré comme vente ou échange, dans le sens que l'a entendu le tribunal de Seine et Marne, c'est-à-dire, à l'effet qu'un mineur ne puisse pas, sur la provocation de son co-héritier majeur, partager valablement avec lui une succession qui leur est échue en commun, sans le concours de toutes les formalités prescrites pour l'aliénation des biens des mineurs; c'est une erreur démentie par les textes les plus précis et les plus formels.

» Dans l'ancien droit romain, on ne faisait aucune distinction entre le cas où le co-héritier mineur provoquait le partage, et celui où il y était provoqué par son co-héritier majeur; dans l'un comme dans l'autre, le partage était valable, pourvu que le tuteur y fût intervenu, et l'eût autorisé ; c'est ce que prouvent la loi 38, D. *familiœ erciscundœ,* et la loi 26, D. *de auctoritate et consensu tutorum.*

» Cette législation a été changée par le sénatus-consulte rendu sur la proposition de l'empereur Sévère, concernant les formalités à employer pour l'aliénation des mineurs. L'empereur Sévère a compris, dans la règle générale qu'il proposait d'établir, et que le sénat a établie en effet, le cas où le co-héritier mineur provoquerait lui-même le partage; mais il a déclaré en même temps que l'ancienne règle subsisterait, c'est-à-dire, que les formalités qu'il introduisait, n'auraient pas lieu dans le cas où le partage serait provoqué par le co-héritier majeur: *si communis res erit, et socius ad divisionem provocet, nihil novandum censeo.* C'est ce que porte le §. 2 de la loi 1.re, D. *de rebus eorum qui sub tutelá vel curá sunt, sine decreto non alienandis.*

» De là, la loi 7 du même titre infère que, si deux pupilles possèdent des biens en commun, ils ne pourront pas en faire le partage, quand même ils auraient des tuteurs différens, parce que l'un ne pourra pas plus le provoquer que l'autre : *neuter enim poterit provocare, sed ambo provocationem expectare.*

» La loi 17, C. *de prœdiis minorum,* n'est pas moins décisive. Quand tous les possesseurs d'un héritage commun, dit-elle, sont en minorité, le sénatus-consulte s'oppose à ce qu'il soit vendu sans décret de justice; car l'aliénation n'en est permise que sur la provocation à partage faite par l'un des co-possesseurs qui est en majorité : *Inter omnes minores nec commune prœdium sine decreto prœsidis sententia senatûs-consulti distrahi patitur; nam ad divisionis causam provocante tantummodo majore socio, ejus alienationem et sine decreto fieri jam pridem obtinuit.*

» Aussi n'y a-t-il pas un jurisconsulte, véritablement digne de ce nom, qui n'enseigne que les formalités requises pour l'aliénation des biens des mineurs, ne sont pas nécessaires pour le partage, lorsque la provocation en est faite par un co-héritier majeur. C'est aussi ce que décident textuellement plusieurs de nos coutumes, notamment celle de Berry, titre *des Partages,* art. 1.

» Et il est à remarquer que la même règle est établie pour les biens dotaux. Le mari, comme l'on sait, ne peut pas les aliéner ; cependant, si ces fonds sont communs par indivis avec des personnes majeures, celles-ci peuvent le provoquer à partage, quoiqu'il ne puisse pas les y provoquer lui-même; c'est ce que porte la loi 2, C. *de fundo dotali,* au Code : *mariti qui fundum communem cum alio in dotem inœstimatum acceperunt, ad communi dividundo judicium provocare non possunt,* LICET IPSI POSSINT PROVOCARI.

» Qu'après cela, des praticiens superficiels viennent nous dire que tout partage fait avec un mineur, provoqué ou non, est essentiellement provisoire, et qu'il ne devient définitif que par le silence de ce mineur, pendant les dix ans qui suivent sa majorité; nous ne pourrons voir dans cette doctrine qu'une opinion arbitraire, dénuée de toute espèce de raison, et aussi contraire au repos des familles que destructive de la stabilité des propriétés.

» Dans notre espèce, ce n'est pas Jean-Augustin Maillier, mineur lors de l'acte du 30 août 1770, c'est son père qui a provoqué le partage consommé par cet acte. Donc, cet acte ne peut pas être impugné sous prétexte de l'inobservation des formalités requises pour l'aliénation des biens des mineurs ; donc, le tribunal civil de Seine et Marne, en le déclarant nul sous ce prétexte, a violé, nous ne dirons pas les lois romaines qui n'ont pas, dans la coutume de Montfort-l'Amaury, une autorité véritablement législative ; mais les lois nationales qui assurent l'exécution et l'inviolabilité de tous les actes dans lesquels il n'est intervenu, ni vice de forme, ni dol, ni erreur, ni lésion.

» Ce n'est pas, au reste, que le tribunal de Seine et Marne ait mieux raisonné dans l'application qu'il a faite de son prétendu principe, à la manière dont s'est effectué le partage du 30 août 1770.

» D'abord, il n'a pas osé dire que ce partage fût nul pour avoir été fait devant notaires : il savait trop qu'une jurisprudence aussi ancienne que constante, avait maintenu les notaires dans le droit de faire les partages de successions, dans lesquels des mineurs étaient intéressés; et qu'il existait notamment, à ce sujet, un arrêt de réglement du 15 mars 1752, rendu sur l'intervention des notaires de Paris. Nous ajouterons que la même chose avait été décidée en faveur des notaires de Tours, par des lettres-patentes du 9 juillet 1737, enregistrées le 17 janvier 1738, et qui, après avoir établi, dans leur préambule, qu'elles ne faisaient que confirmer aux notaires de Tours, un droit qui était généralement reconnu appartenir à leur état, ordonnaient ce qui suit : *feront pareillement les exposans les partages, soit entre majeurs ou mineurs, si ce n'est en cas de contestation en justice, auquel cas ils seront faits par ledit lieutenant-général ou autres juges; pourront néanmoins les parties, si elles en conviennent, après les sentences ou jugemens, faire lesdits partages devant notaires.*

» Mais le tribunal de Seine et Marne a prétendu, 1.° que la sentence du prévôt d'Houdan, par laquelle avait été ordonné le partage, était nulle, faute d'avoir été précédée des conclusions du ministère public; 2.° que le rapport des experts n'ayant pas été entériné par le juge, il résultait de là une irrégularité qui viciait le partage.

» Sur le premier point, nous observerons d'abord que, ni Jean-Augustin Maillier, ni aucune autre partie, n'ayant appelé de la sentence du prévôt d'Houdan, cette sentence devait, par cela seul, être considérée comme régulière, et que, conséquemment, le tribunal de Seine et Marne n'a pas pu lui reprocher d'avoir été rendue sans conclusions du ministère public.

» Nous ajouterons que, quand même il y eût eu appel de cette sentence, le tribunal de Seine et Marne n'aurait pas pu l'annuller de ce chef.

» En effet, avant la loi du 24 août 1790, il existait bien, dans quelques ressorts, des arrêts de réglement qui ordonnaient de communiquer indistinctement au ministère public, toutes les affaires auxquelles étaient intéressés des mineurs, même pourvus de tuteurs ou de curateurs.

» Mais comme ces arrêts ne pouvaient pas créer des nullités, il avait toujours été reconnu qu'un jugement rendu avec un mineur, assisté de son tuteur ou curateur, était valable, quoiqu'il n'eût pas été précédé des conclusions du ministère public; et ce qui prouve que telle était véritablement l'intention du législateur d'alors, c'est qu'en comparant l'art. 36 du titre *des requêtes civiles* du projet de l'ordonnance de 1667, avec l'art. 35 du même titre de cette loi, on voit que, dans celui ci, l'on a supprimé le moyen de requête civile qui était établi dans celui-là, pour défaut de communication au parquet dans les causes des mineurs.

» Aussi, trouvons-nous dans le Recueil de Perrier, tome 2, pag. 252, un arrêt du parlement de Dijon, du 5 avril 1683, par lequel fut débouté de sa requête civile, un mineur émancipé qui avait plaidé avec l'assistance d'un curateur aux causes, quoiqu'il se prévalût d'un arrêt de réglement de cette cour, de l'année 1608, qui avait ordonné de communiquer au parquet toutes les affaires des mineurs.

Tenons donc pour constant que, dans notre espèce, le défaut de conclusions du ministère public ne pouvait pas vicier la sentence du prévôt d'Houdan, ni par conséquent le partage qui s'en était ensuivi.

» Quant au défaut d'entérinement en justice du rapport d'experts, il serait difficile de voir sur quoi le tribunal de Seine et Marne a pu se fonder pour en conclure que le partage fait d'après ce rapport, était nul.

» Où est la loi qui, même dans le cas où le partage a été provoqué par un mineur, veut que le rapport des experts soit entériné en justice? Elle n'existe nulle part.

» Exiger l'entérinement judiciaire du rapport des experts, et l'exiger sous peine de nullité du rapport, c'est donc s'ériger en législateur, puisqu'au législateur seul appartient le pouvoir de créer des nullités.

» Et remarquez, C. M., que, dans notre espèce, on avait fait tout ce qui pouvait raisonnablement être regardé comme nécessaire, pour imprimer au partage toute la solennité requise, même dans le cas où la provocation en eût été faite par le mineur. Des tuteurs et des curateurs avaient été nommés aux co-héritiers encore en minorité. L'inventaire, la prisée et l'estimation avaient été faits en leur présence. Ils avaient été cités devant le juge, pour voir ordonner le partage. Le juge avait ordonné le partage, après les avoir entendus, et de leur consentement. Des experts avaient, en conséquence, été nommés en justice de part et d'autre. Ces experts avaient prêté le serment entre les mains du juge; leur rapport dressé, ils l'avaient affirmé en justice, et ils l'avaient déposé au greffe. Rien, assurément, de plus propre que toutes ces formalités, à garantir les intérêts des mineurs de toute surprise. Et puisqu'elles auraient pu suffire pour assurer la validité, même d'un partage provoqué par un enfant mineur, à combien plus forte raison doivent-elles suffire pour mettre à l'abri de toute attaque, du chef de nullité, un partage qui a été provoqué par le père commun des parties.

» Mais nous avons déjà vu que le tribunal de Seine et Marne ne s'est pas seulement fondé, pour annuller le partage dont il s'agit, sur la prétendue nullité de cet acte, et qu'il a en outre rticulé, comme base de sa décision, que Jean-Augustin Maillier y avait été lésé.

» Il faut donc, après avoir détruit le motif tiré de la prétendue nullité du partage, discuter celui que l'on a fait résulter de la lésion.

» A cet égard, il faut convenir que, si le jugement attaqué se bornait à établir, en point de fait, qu'il y a eu lésion, sans expliquer comme il l'a fait, en quoi la prétendue lésion a consisté, cela seul suffirait, sinon pour en garantir le bien jugé, du moins pour le mettre à l'abri de la cassation.

» Or, ce jugement établit, à la vérité, que Jean-Augustin Maillier a été lésé par le partage: *considérant*, y est-il dit, *que le partage de* 1770 *contient une lésion au préjudice de Jean-Augustin Maillier*. Mais en quoi fait-il consister la lésion?

» En deux choses; et d'abord en ce que, par le partage, Jean-Augustin Maillier a abandonné sa part dans les immeubles, pour des valeurs mobilières: valeurs facilement aliénables, et par conséquent moins avantageuses à un mineur que les immeubles qu'il lui aurait été défendu d'aliéner ni d'hypothéquer.

» C'est comme si un mineur venant réclamer, à titre de lésion, contre une vente régulièrement faite de ses immeubles, un juge admettait sa réclamation, sous le prétexte qu'il lui aurait été plus avantageux de conserver ses immeubles, que de les vendre aux taux ou même au-dessus de leur valeur. On ne peut certainement pas raisonner plus mal en matière de lésion. Il n'y a lésion dans une vente faite, soit par un majeur, soit par un mineur, que lorsque le vendeur ne trouve pas, dans le prix qu'il en a tiré, la valeur représentative du fonds qu'il a vendu.

» Il ne peut donc pas y avoir lésion, par cela seul que le mineur a aliéné; car, dans ce système, le mineur qui a aliéné, serait toujours restituable; et cependant on reconnaît universellement qu'il ne l'est qu'en prouvant la lésion qu'il articule.

» Le bénéfice de la rescision n'a pas été accordé aux mineurs pour se jouer de la foi des contrats, pour s'enrichir des dépouilles d'autrui, surtout pour se faire, dans un partage, assigner à bas prix des marchandises et un fonds de commerce; et pour venir, après qu'il a tiré parti des marchandises et dénaturé le fonds de commerce, soutenir, non pas que ce qu'on lui a cédé ne valait pas les immeubles dans lesquels il n'a point pris part, mais que ce qu'on lui a cédé était aliénable, et par conséquent moins avantageux à un mineur que des propriétés foncières. La loi ne peut pas, dans un pareil langage, voir l'allégation, encore moins la preuve d'une lésion véritable; elle n'y peut voir que de la versalité ou de la mauvaise foi; et ce n'est, ni en faveur de la mauvaise foi, ni en faveur de la versalité, qu'elle a établi l'action rescisoire.

» Passons au second fait d'après lequel le jugement attaqué déclare qu'il y a eu lésion dans le partage. C'est que le rapport de la ferme de Marolles a été fait, dans ce partage, non en nature, mais fictivement et sans estimation.

» Pour bien entendre ceci, il faut se rappeler que Marie-Geneviève-Dorothée Maillier, l'une des co-partageantes, avait été mariée pendant la communauté, et qu'elle avait été dotée par son père et sa mère, de la ferme de Marolles.

» Cette ferme n'était pourtant pas un bien de communauté; elle était propre à Nicolas Maillier père.

» La mère étant intervenue dans la constitution de dot, il en résultait que le père avait contre elle une action en répétition de la valeur de la moitié de la ferme de Marolles, puisque c'était au moyen de cet immeuble dont il était seul propriétaire, qu'il avait acquitté la constitution dotale, c'est-à-dire, une obligation commune à lui et à son épouse.

» Nicolas Maillier aurait donc pu, dans le partage, prélever sur la communauté la valeur de la moitié de la ferme de Marolles, sauf à sa fille Marie-Geneviève Dorothée à faire le rapport de cette moitié à ses co-héritiers dans la succession de la mère.

» Mais par un mouvement de générosité qui caractérise bien l'ame d'un père, Nicolas Maillier, loin d'exercer la reprise à laquelle il avait droit, voulut même que la totalité de la ferme de Marolles fût considérée comme un bien de communauté; et il la fit comprendre comme telle dans le partage, sur le pied de la valeur qu'il lui avait donnée en mariant sa fille.

» Sans doute, si elle avait réellement formé un bien de communauté, il eût fallu une estimation pour en déterminer la valeur. — Mais comme c'était, de la part du père, un pur don qu'il faisait à la communauté, il lui était bien libre, en la lui donnant, d'assigner la valeur à laquelle elle serait portée dans le partage. Tout donateur est nécessairement maître d'imposer à sa libéralité telle condition qu'il lui plaît; et Jean-Augustin Maillier est peut-être le premier donataire qui ait osé parler de lésion, sous le prétexte que le donateur n'a pas étendu ses largesses au-delà de certaines bornes.

» Il ne pouvait donc pas y avoir lieu, dans le partage de la communauté, à l'estimation de la ferme de Marolles, puisqu'au moyen de la renonciation du père à la reprise de la moitié de la dot de sa fille, la ferme de Marolles ne devait pas entrer dans ce partage.

» Si cette ferme a dû être estimée, ce n'est que dans la succession du père; et elle a dû l'y être en effet, pour fixer le véritable montant du rapport à faire par la fille dotée; mais ce n'est pas de la succession du père qu'il s'agit dans la disposition du jugement attaqué que nous examinons en ce moment.

» Il n'y a donc aucune ombre de raison qui ait pu autoriser le tribunal de Seine et Marne à prendre pour base de lésion, le défaut d'estimation de la ferme de Marolles; et dès-là, tombe nécessairement le second motif sur lequel ce tribunal s'est fondé pour annuller le partage du 30 août 1770; dès-là, par conséquent, il demeure prouvé que son jugement, dépouillé des vains prétextes qui le motivent, est en opposition diamétrale avec les lois protectrices de la foi due aux contrats.

» Mais nous devons ajouter qu'en prenant pour base de la lésion, le défaut d'estimation de la ferme de Marolles, le tribunal de Seine et Marne a contrevenu aux art. 95 et 97 de la coutume de Montfort-l'Amaury, à laquelle sont soumis et le lieu de l'ouverture de la succession, et la ferme de Marolles elle-même, ainsi que le prouve la liste des lieux régis par cette coutume, imprimée dans le tome 3 du Coutumier général.

» Voici, en effet, ce que portent ces deux articles : — « 95. Enfans mariés de biens communs » à père et mère, après leur trépas peuvent » venir à leur succession avec les autres enfans, » frères et sœurs, qui n'ont été mariés des biens » communs desdits père et mère, en rapportant » ce qui leur aurait été donné en mariage, *ou* » *moins prenant* ès-dites successions. — 96. Si, » par père, mère, aïeul, aïeule, ou autres ascendans, ou l'un d'eux, a été donné aucune » chose à aucun de leurs enfans; et après leur » trépas, icelui enfant se veut porter héritier » avec les autres frères et sœurs qui n'ont rien » eu, et auxquels n'a été aucune chose donnée, » sera tenu ledit enfant de rapporter et remettre » ès-dites successions, ce qu'ainsi lui a été donné, » pour être porté avec les autres biens desdites » successions entre lui et sesdits frères et sœurs, » *ou moins prendre ès-dits biens;* autrement, ne » doit être reçu à soi porter héritier de sesdits » père, mère, aïeul, aïeule, ou autres ascendans ».

» Il résulte clairement de ces deux articles, que le rapport d'une chose donnée par un ascendant à l'un de ses descendans, ne doit être fait, soit en nature, soit en moins prenant, qu'à la succession de l'ascendant donateur; et que, si l'ascendant donateur était marié à l'époque de la donation, le rapport ne doit avoir lieu, pour moitié, à la succession de son époux, que dans le cas où son époux a lui-même contribué à la donation, jusqu'à cette concurrence.

» Dans notre espèce, Maillier père avait donné seul la ferme de Marolles, il ne pouvait donc pas y avoir de rapport légal et proprement dit à faire de la ferme de Marolles à la succession de son épouse. — A la vérité, pour avantager tous ses enfans, et par conséquent Jean-Augustin comme les autres, Maillier père a bien voulu que la ferme de Marolles y fût rapportée pour la somme qu'il avait déterminée lui-même; mais c'était là un rapport de pure libéralité; ce n'était pas un rapport ordonné par la loi; et dès-là, on ne pouvait pas y appliquer les règles établies par la loi pour les rapports qu'elle ordonne; il ne devait et ne pouvait avoir d'autre régulateur que la volonté de Maillier père.

» Cependant le tribunal de Seine et Marne a appliqué à ce rapport, le principe que l'estimation est nécessaire toutes les fois que le rapport se fait en moins prenant.

» Il a donc jugé que ce rapport ne devait être réglé que par la loi. Il a donc jugé que c'était la loi elle-même qui avait ordonné ce rapport. Il a donc jugé que ce rapport devait être fait, d'après la loi, à une autre succession qu'à celle du donateur. Il a donc violé les dispositions des art. 95 et 97 de la coutume de Dourdan.

» Il a d'ailleurs, en annullant sans raison et sous les plus frivoles prétextes, le partage du 30 août 1770, contrevenu aux lois garantes de l'exécution des contrats qui ne sont viciés ni dans la forme ni au fond.

» Et par ces considérations, nous estimons qu'il y a lieu d'admettre la requête des demandeurs ».

Arrêt du 12 nivôse an 9, au rapport de M. Lachèze, qui adopte ces conclusions.

Et l'affaire portée en conséquence à la section civile, arrêt du 4 vendémiaire an 10, au rapport de M. Pajon, et sur les conclusions de M. Lefess er-Grandprey, par lequel,

« Attendu, 1.° qu'il n'existe aucune loi qui ait décidé qu'on ne peut provoquer valablement un partage d'immeubles vis-à-vis des mineurs, sans remplir les formalités prescrites pour l'aliénation de leurs biens; d'où il suit que le jugement attaqué, ayant déclaré nul le partage du 30 août 1770, en ce que le procès-verbal portant estimation des biens qui en avaient été l'objet, n'avait été ni entériné par jugement, ni soumis aux conclusions du ministère public, a créé une nullité, de laquelle résulte un excès de pouvoir qui l'a conduit à contrevenir aux différentes lois qui ordonnent l'exécution des actes passés, même avec les mineurs, lorsqu'ils ne contiennent aucune lésion à leur préjudice;

» Attendu, 2.° qu'il n'est point prouvé, dans l'espèce de la cause, qu'il y ait eu lésion dans le partage dont il s'agit, par cela seul que le défendeur n'aurait obtenu dans son lot qu'un fonds de commerce et de l'argent, au lieu d'une part dans les immeubles héréditaires, et que la ferme de Marolles aurait été rapportée par fiction, au lieu de l'avoir été en nature; car cet immeuble ayant été donné par le père commun auquel il appartenait, c'était à sa succession seule, et non à celle de la mère commune de laquelle il s'agissait, qu'on aurait pu élever une pareille difficulté;

» Le tribunal casse et annulle le jugement du tribunal civil du département de Seine et Marne, rendu entre les parties, le 21 frimaire an 8, et les renvoie, pour leur être fait droit sur le fond, devant le tribunal d'appel séant à Paris ».

§. IV. *L'art. 53 de la loi du 17 nivôse an 2, qui prescrivait le concours d'un conseil de famille dans tout partage auquel des mineurs se trouvaient intéressés, était-il applicable aux partages faits en justice ?*

La succession de Pierre Lescure avait été partagée en justice entre le sieur Lescure père. le sieur Lescure, son fils mineur, la veuve Sirey et les mineurs Fournier.

Les sieurs Lescure père et fils ont attaqué ce partage. Déboutés de leur réclamation par un jugement en dernier ressort du tribunal civil du département de la Dordogne, du 26 thermidor an 6, ils se sont pourvus en cassation; et entre autres moyens, ils se sont prévalus de ce que ce jugement avait confirmé un partage dans lequel des mineurs étaient intéressés, et qui avait été fait sans que des conseils de famille eussent été formés, ainsi que le prescrivait l'art. 53 de la loi du 17 nivôse an 2, pour donner leur avis sur la conduite à tenir par les tuteurs respectifs.

« Mais d'abord (ai-je dit en portant la parole sur cette affaire à l'audience de la section civile), les demandeurs peuvent-ils ici se prévaloir de ce qu'il n'y a pas eu de conseil de famille nommé aux mineurs Fournier, leurs adversaires? Remarquez bien que les mineurs Fournier, loin d'attaquer le jugement, le défendent.

» Cela posé, de deux choses l'une : ou la formation du conseil de famille dont il est parlé dans la loi du 17 nivôse an 2, était, à leur égard, prescrite pour leur propre intérêt; ou elle l'était pour l'intérêt, pour la sûreté des demandeurs eux-mêmes.

» Au premier cas, les mineurs Fournier seraient seuls recevables à se plaindre de l'omission de cette solennité, comme ils seraient seuls recevables à se plaindre du défaut de conclusions du ministère public, si effectivement le ministère public n'avait pas été entendu dans l'affaire. Cela est trop clair pour avoir besoin de preuve; et c'est d'ailleurs ce qui résulte implicitement de l'art. 5 de la loi du 4 germinal an 2.

» Au deuxième cas, les demandeurs sont également non-recevables à alléguer devant vous l'omission de la formalité dont il s'agit, par la raison qu'ils n'en ont pas excipé devant le tribunal dont ils attaquent le jugement; et c'est ce qu'établit positivement l'art. 4 de la loi que nous venons de citer.

» Il n'importe que l'un des demandeurs soit encore mineur. Sans contredit, un mineur peut employer comme moyen de cassation, l'omission d'une formalité qui a été introduite en sa faveur, à raison de sa minorité, quoique d'ailleurs il ne se soit pas plaint devant le tribunal dont il attaque le jugement, de ce que cette formalité a été omise. Mais dans notre hypothèse, ce n'est pas à raison de la minorité du mineur Lescure, qu'il a dû être nommé un conseil de famille aux mineurs Fournier; les mineurs Fournier auraient dû avoir un conseil de famille, même dans le cas où il n'y eût pas un seul mineur parmi leurs adversaires. Ainsi, le mineur Lescure se trouve à cet égard sur la même ligne que les autres demandeurs, ses consorts; et comme eux, il est non-recevable à alléguer, pour la première fois, devant vous, le défaut de nomination d'un conseil de famille aux mineurs Fournier, toujours en supposant que ce conseil ait dû être nommé, non pour l'intérêt des mineurs Fournier, mais pour l'intérêt propre, pour la sûreté particulière de leurs parties adverses.

» Voyons maintenant si le mineur Lescure peut se plaindre de ce qu'il ne lui a pas été nommé à lui-même un conseil de famille.

» Bien certainement il n'y est pas recevable, si c'est pour la sûreté de ses adversaires, et non pour la sienne propre, que cette formalité a été prescrite, à son égard, par la loi du 17 nivôse an 2.

» Mais si c'est pour sa propre sûreté, si c'est pour son propre intérêt, qu'on a dû lui nommer un conseil de famille, nul doute qu'il ne soit recevable à se plaindre de ce qu'en effet on ne lui en a pas nommé un, comme il serait recevable à se plaindre du défaut de conclusions du ministère public, dans le cas où l'affaire eût été jugée sans que le ministère public fût entendu.

» Or, on ne peut pas raisonnablement douter que l'intérêt du mineur à qui la loi prescrit de donner un conseil de famille, ne soit le but direct et principal de cette institution. Ainsi, nous devons tenir pour constant que le mineur Lescure est recevable à proposer, de son chef, le moyen dont il s'agit : mais ce moyen est-il fondé, et peut-il entraîner la cassation du jugement qui a homologué le partage ?

» Pour le bien apprécier, fixons-nous sur les termes de l'art. 53 de la loi du 17 nivôse an 2 :

» Tous les partages qui seront faits en exécution » de la présente loi, seront définitifs. S'il y a un » mineur, son tuteur, d'après l'avis d'un conseil » de famille, composé de quatre parens ou amis, » non co-intéressés au partage, y stipulera pour » lui, sans qu'il soit besoin de ratification de sa » part ». Voilà comment s'exprime le législateur.

» Sans doute sa disposition était applicable au partage de la succession de Pierre Lescure, puisque cette succession s'est ouverte en prairial an 3, et que la loi du 17 nivôse an 2 doit seule déterminer les droits respectifs des héritiers et légataires qui y sont appelés.

» Mais quel est l'objet de cette disposition, et frappe-t-elle sur les partages faits en justice, comme sur les partages purement conventionnels ?

» Il paraît que l'intention du législateur a été de la restreindre aux partages de cette dernière espèce; et c'est ce que font entendre ces termes: *Son tuteur y* STIPULERA *pour lui;* car le mot *stipulera* ne peut, dans l'exactitude grammaticale, s'appliquer qu'aux actes par lesquels il se fait des conventions. Mais ce qui suit est beaucoup plus clair encore: *sans qu'il soit besoin de ratification de sa part,* c'est-à-dire, de la part du mineur. Jamais les partages judiciaires, jamais les jugemens n'ont eu besoin de la *ratification* des mineurs qui y étaient intéressés; la dispense de la ratification ne peut donc tomber que sur les partages purement conventionnels; c'est donc aux partages purement conventionnels qu'est limitée la disposition de cet article.

» Il est vrai que l'article commence par dire que TOUS LES PARTAGES *qui seront faits en exécution de la présente loi, seront définitifs.*

» Mais que conclure de là ? Une seule chose: c'est qu'à l'avenir les partages purement conventionnels seront *définitifs,* comme les partages judiciaires; c'est qu'à l'avenir on ne connaîtra plus, même à l'égard des mineurs, de *partage provisionnel ;* c'est qu'à l'avenir les mineurs seront, quant à l'effet des partages faits avec eux, assimilés aux majeurs.

» Mais cela ne dit pas que, pour rendre définitif à l'égard d'un mineur, un partage fait avec lui en justice, il faudra employer les mêmes formalités que pour imprimer cette qualité à un partage extrajudiciaire; et la preuve que ce n'est point là ce qu'on a voulu dire, c'est qu'en prescrivant ces formalités, on s'est servi des termes *stipulera* et *ratification,* qui, bien évidemment, ne peuvent pas s'appliquer aux partages judiciaires.

» En deux mots, la loi du 17 nivôse an 2 n'est, dans l'art. 53. introductive d'un droit nouveau, qu'à l'égard des partages extrajudiciaires: car auparavant, les partages faits en justice étaient définitifs pour les mineurs comme pour les majeurs, sauf le bénéfice de restitution en entier, dans le cas de lésion. Ce n'est donc que pour les partages extrajudiciaires, qu'ont pu être prescrites, par l'art. 53, les formalités qu'il établit pour rendre les partages définitifs à l'égard des mineurs. Ce n'est donc que pour les partages extrajudiciaires, qu'il est besoin d'adjoindre un conseil de famille au tuteur qui y stipule au nom des mineurs dont les intérêts lui sont confiés. Le moyen de cassation que tirent les demandeurs, de l'art. 53, n'est donc pas fondé, puisqu'ici il est question d'un partage fait en justice, après de longues et beaucoup trop longues procédures ».

Par ces raisons, j'ai conclu au rejet de la demande en cassation précédemment admise par la section des requêtes; et ces conclusions ont été adoptées par arrêt du 3 thermidor an 9, au rapport de M. Delacoste, « Attendu que l'art. 53 de la loi du 17 nivôse an 2 n'est pas applicable à l'espèce; et que s'il l'eût été, les demandeurs ne seraient pas recevables à se prévaloir de leur propre négligence, dont ils n'ont pas excipé devant le tribunal de la Dordogne; que cet article ne décide qu'une question, celle des partages provisoires qu'il supprime, même lorsqu'ils sont faits avec des mineurs: qu'il n'exige la formalité de l'avis d'un conseil de famille, que comme un moyen de couvrir la responsabilité des tuteurs et curateurs, et n'a principalement en vue que les partages conventionnels ou forcés; que, dans l'espèce, c'est un père exerçant la puissance paternelle en pays de droit écrit, qui a agi pour son fils, et non un tuteur; que le partage a été ordonné, quant à ses bases, par des arbitres dont la décision est jugée inattaquable; qu'il a été consommé par des experts nommés par des juges; que la veuve Fournier et Jean Siauxat, qui ont paru comme tuteur et curateur, ne réclament pas, et ne seraient pas admis à réclamer, d'après l'art. 4 de la loi du 4 germinal an 2, d'où il suit que cet art. 53 de ladite loi ne peut être invoqué ».

§. V. *Avant le Code civil, un partage dans lequel un mineur était intéressé, était-il valable, lorsque les lots n'en avaient pas été tirés au sort ?*

Dans l'affaire rapportée au paragraphe précédent, les sieurs Lescure père et fils employaient contre le jugement du tribunal civil du département de la Dordogne, un moyen tiré de la manière dont les experts avaient procédé à la distraction de la part du mineur Lescure, dans la succession dont il s'agissait.

L'art. 12 de la loi du 17 nivôse an 2, disaient-ils, assurait au mineur Lescure le sixième de cette succession. Le mineur Lescure était donc propriétaire du sixième de la totalité des biens du défunt; mais il l'était par indivis. Comment devait-on faire cesser cette indivision ? Par un partage. Et ce partage, comment devait-il s'effectuer ? Par le mode général que prescrit la loi; car le décret du 17 nivôse an 2 ne prescrivant aucun mode particulier pour les partages à faire en exécution de ses dispositions, il faut nécessairement s'en référer au droit commun. Or, le droit commun veut qu'il soit formé autant de lots égaux qu'il y a d'unités dans la quotité à distraire de la masse, et que ces lots soient tirés au sort. Il fallait donc commencer par faire six lots, puisque la quotité à distraire consistait en un sixième; il fallait ensuite tirer au sort celui de ces lots qui devait former le sixième du mineur Lescure. Mais au lieu de procéder ainsi, les experts se sont permis de fixer arbitrairement ce sixième; ils l'ont même fixé, sans estimation préalable des biens; et par là, non-seulement ils ont commis une irrégularité choquante, mais ils ont encore blessé essentiellement l'égalité, qui est l'ame de tout partage; et cela est si vrai, que, pour remplir le mineur Lescure de son sixième dans les dettes actives, ils lui ont assigné un contrat de 6000 l., dont la valeur est à peu près nulle.

« Tel est (ai-je dit), dans toute son étendue, le dernier moyen des demandeurs; c'est peut-être le plus spécieux de tous, et cependant aucune loi n'est invoquée à l'appui du principe qui lui sert de base.

» Sans doute la manière la plus fréquente, et peut-être aussi la plus sûre, de procéder dans les partages, est de former des lots égaux, et de les tirer au sort. Mais où est la loi qui la prescrit? Elle n'est ni dans nos anciennes ordonnances, ni dans les décrets émanés de nos assemblées nationales.

» Elle existe bien dans quelques coutumes particulières; mais aucune de ces coutumes ne comprend dans son territoire les biens de Pierre Lescure. Ces biens sont tous situés en pays de droit écrit, et le droit écrit n'a rien réglé à cet égard.

» A la vérité, quelques interprètes ont prétendu que, d'après les lois romaines, les partages même judiciaires ne pouvaient être faits qu'au moyen de lots tirés au sort. Mais leur système est réfuté, avec autant de sagacité que de profondeur, par Vinnius, dans le chap. 3 du liv. 1.er de ses *Quæstiones selectæ juris*. Nous y ajouterons seulement un texte qui nous paraît plus décisif encore que ceux sur lesquels se fonde *Vinnius*: c'est la loi 27. D. *de legatis* 1°.

» Il s'agit, dans cette loi, de savoir comment on doit s'y prendre pour assigner au légataire d'une quotité des biens d'une succession, ce qui doit lui revenir en vertu de son legs. Il ne faut pas, dit-elle, réduire le légataire à la nécessité de prendre sa quotité dans chacune des choses de la succession; mais l'héritier peut la lui fournir, ou en un seul objet, ou en quelques-uns convenus entre lui et le légataire, de gré à gré, ou déterminés par le juge: *potest autem heres vel in paucioribus vel in unâ re relictam partem legatario dare, in quam vel legatarius consenserit,* VEL JUDEX ÆSTIMAVERIT, *ne necesse haberet legatarius in omnibus rebus vindicare portionem.*

» Eh bien! ce que le juge est autorisé par cette loi à faire, le tribunal de la Dordogne l'a fait par le ministère des experts-partageurs, en homologuant leur rapport. Le tribunal de la Dordogne n'a donc en cela violé aucune loi, soit romaine, soit nationale; et dès-là, le dernier moyen de cassation des demandeurs s'évanouit comme les précédens.

» Car dès que les experts n'ont rien fait d'illégal, rien d'irrégulier, en préférant le mode qu'ils ont adopté à celui de lots tirés au sort, il est bien évident que le jugement attaqué ne peut pas être annullé sous prétexte de lésion;

» D'abord, parce qu'il n'est pas décidé par ce jugement que le mineur Lescure ne pourra pas, en cas de lésion, faire rescinder le partage; et qu'en ne lui ôtant pas cette ressource, on la lui a nécessairement conservée;

» Ensuite, parce que le jugement décide, non-seulement en point de droit, que l'opération des experts *est régulière*, mais encore, en point de fait, qu'elle *est juste;* ce qui exclut toute idée de lésion;

» Enfin, parce que les demandeurs n'ont articulé, devant le tribunal de la Dordogne, d'autre lésion que celle qu'ils faisaient consister en ce que les experts avaient mis dans le lot du mineur Lescure, une créance de 6000 francs sur l'État; et que cette prétendue lésion disparaît à la seule lecture du jugement.

» En effet, le jugement déclare *que d'autres créances du même genre ont été attribuées aux autres co partageans;* d'où résulte la conséquence que les experts ont observé strictement la loi de l'égalité.

» Il déclare encore que, par l'effet d'une cession consentie par le défunt Lescure, en faveur du cit. Lescure père, c'est ce dernier qui se trouve personnellement débiteur envers son fils du revenu de la somme capitale de 6000 fr., que le défunt Lescure avait placé en rente sur le clergé; en sorte que le mineur Lescure, loin d'être plus maltraité à cet égard que ses copartageans, se trouve dans une position bien plus avantageuse que chacun d'eux, puisqu'il a un débiteur particulier de sa créance, tandis que chacun d'eux n'a d'action contre l'État, qu'autant que lui en laissent les lois des 24 août 1793 et 24 frimaire an 6.

» A cette dernière considération du jugement attaqué, les demandeurs opposent que la cession faite par le défunt Lescure au cit. Lescure père, est restée sans effet, parce qu'elle dépendait d'une condition qui n'a pas été remplie.

» Mais, 1.° ils ne rapportent aucune preuve de ce qu'ils avancent à cet égard; et assurément ce ne sera pas d'après une allégation de cette nature que vous casserez le jugement qu'ils attaquent.

» 2.° Ce qu'ils avancent à cet égard devant vous, ils l'avançaient également devant le tribunal de la Dordogne; et comme ils ne le prouvaient pas plus qu'ils ne le font aujourd'hui, le tribunal de la Dordogne n'a ni pu ni dû s'y arrêter.

» 3.° Tout ce qu'on peut dire sur ce point, de plus favorable pour eux, c'est que, si le fait qu'ils ont avancé se trouve vrai, le mineur Lescure peut, pour ne l'avoir pas prouvé, être considéré comme ayant été mal défendu, et qu'en conséquence la voie de la requête civile lui est ouverte par l'art. 34 du tit. 35 de l'ordonnance de 1735. Mais à coup sûr, un pareil moyen de requête civile ne peut pas être converti en moyen de cassation.

» Par ces considérations, nous estimons qu'il y a lieu de rejeter la requête des demandeurs, et de les condamner à l'amende ».

Arrêt du 3 thermidor an 9, qui adopte ces conclusions, « attendu que l'on ne peut faire résulter de l'art. 16 de la loi du 17 nivôse an 2, l'obligation imposée aux arbitres, aux juges ou aux experts de procéder au partage entre des héritiers et un légataire de quotité, plutôt par formation de lots assignés à chacun d'eux par le tirage au sort, que par distraction du sixième attribué au légataire; qu'il suit de là qu'il n'existe pas de violation de cet article ».

§. VI. *Dans les coutumes qui, avant le Code civil, voulaient que, dans le partage des successions entre frères, le puîné fît les lots et les présentât à ses co-partageans qui les blâmaient et faisaient leur choix, chacun en son rang de naissance, le puîné pouvait-il, au lieu de faire les lots lui-même, demander qu'ils fussent faits par experts ?*

Sur cette question et sur deux autres indiquées sous les mots *Douaire*, §. 4, et *Provision*, il a été rendu à la cour de cassation, le 19 fructidor an 11, un arrêt qui mérite d'être remarqué.

Gabriel-Jacques Lempereur de Saint-Pierre était mort en 1786, laissant des biens dans les coutumes de Paris, de Normandie et de Bretagne.

Il avait été marié deux fois. Il laissait de son premier mariage, un fils nommé Hervé-Louis-Gabriel Lempereur de la Rochelle, et du second, deux enfans mineurs.

Le 11 février 1788, Thérèse Jeannel, sa veuve, intenta au châtelet de Paris, contre Hervé-Louis-Gabriel Lempereur de la Rochelle, et contre le tuteur *ad hoc* de ses propres enfans mineurs, une action tendante à obtenir, 1.° la liquidation et le partage de la communauté; 2.° les *lots à douaire;* 3.° la liquidation et le partage de la succession et de la donation d'une part d'enfant, qui lui avait été faite par son contrat de mariage; 4.° une provision de 24,000 liv.

Divers incidens suspendirent le jugement de cette action jusqu'en l'an 9. Hervé Lempereur de la Rochelle assigné alors devant le tribunal de première instance du département de la Seine, soutint, entre autres choses, que les poursuites faites par sa belle-mère devant ce tribunal, étaient nulles, parce qu'elles n'avaient pas été précédées d'une citation régulière devant le bureau de paix.

Le 28 thermidor an 9, jugement par lequel « le tribunal, sans s'arrêter ni avoir égard à la demande en nullité du cit. Lempereur de la Rochelle, dont il est débouté..., ordonne qu'à la requête, poursuite et diligence de la dame veuve Lempereur de Saint-Pierre, il sera, à l'amiable, si faire se peut, sinon en justice, par-devant le cit. Denisart, l'un des juges, que le tribunal commet à cet effet, procédé entre la dame Jeannel, veuve Lempereur de Saint-Pierre, Lempereur de la Rochelle, et le tuteur des mineurs seulement, aux compte, liquidation et partage des biens de la communauté qui a existé entre feu Lempereur de Saint-Pierre et la dame Jeannel, sa veuve, même à ceux de la succession, et à toutes autres opérations de droit, pour parvenir à fixer et déterminer ce qui doit revenir, tant aux enfans dudit défunt Lempereur de Saint-Pierre, qu'à la dame Jeannel, sa veuve, comme commune, douairière, donataire et créancière; lors desquelles opérations il sera tenu compte, avec intérêts, à chaque partageant, des sommes qu'il établira avoir avancées pour la succession et communauté, et tous rapports et imputations seront faits aux termes de droit; et qu'à l'effet desdites opérations, il sera procédé aux visites, prisées et estimations des terres et biens desdites succession et communauté, existans au décès dudit Lempereur de Saint-Pierre, par experts dont les parties conviendront à l'amiable, ou qui seront nommés d'office devant le tribunal d'Avranches, pour ce qui est sis dans le département de la Manche, et devant le tribunal de première instance de Vannes, pour ce qui desdits biens se trouve sis dans le département du Morbihan; lesquels constateront si lesdits biens peuvent utilement et commodément se partager; feront en même temps tous lots à douaire, aux termes des coutumes qui, au décès de Lempereur de Saint-Pierre, régissaient les biens; et feront toutes autres opérations en pareil cas nécessaires et de droit, et ce, en présence des parties ou elles dûment appelées, qui pourront faire les dires, réquisitions et observations qu'elles jugeront à propos; de tout quoi il sera dressé procès-verbal, serment préalablement prêté par les experts devant les tribunaux qui les auront nommés, et auxquels ils déposeront leur rapport, après l'avoir affirmé ainsi qu'il est d'usage.... ».

Hervé Lempereur appelle de ce jugement; 1.° parce qu'il a accueilli des demandes et des procédures nulles par défaut de tentative de conciliation; 2.° parce qu'en ordonnant la nomination d'experts pour faire toutes les opérations qu'il prescrit, et notamment pour faire des *lots à douaire* et des *lots des biens de la succession*, il a contrevenu aux art. 337, 338, 339 de la coutume de Normandie; 3.° parce que les dispositions de ce jugement sont contradictoires entre elles, et que par conséquent il est impossible de les exécuter.

Le 4 thermidor an 10, arrêt de la cour d'appel de Paris, qui confirme le jugement du tribunal de première instance.

Recours en cassation, fondé sur six moyens.

« Des six moyens que vous propose le demandeur (ai-je dit à l'audience de la section des requêtes), le premier est déjà proscrit par le jugement que vous avez rendu le 15 nivôse dernier, au rapport du cit. Gandon, et par lequel vous avez rejeté le recours du demandeur contre un jugement du tribunal d'appel de Paris, du 16 ventôse an 10, qui avait accordé à la veuve Lempereur de Saint-Pierre l'administration provisoire des biens de la succession de son mari. Le cit. Lempereur attaquait cet arrêt comme rendu sur une demande qui n'avait pas été précédée d'une citation légale devant le bureau de paix; et à l'appui de ce moyen, il employait les mêmes raisons, absolument les mêmes raisons, qu'il fait valoir aujourd'hui. Qu'avez-vous prononcé? *Considérant que la demande d'administration provisoire de la succession n'était qu'incidente à la demande en partage formée en* 1788, *le tribunal rejette la requête.* Vous avez donc jugé que la demande en partage formée au châtelet de Paris en 1788, subsistait encore; vous avez donc jugé que la veuve Lempereur de Saint-Pierre avait pu reprendre cette demande devant le tribunal de première instance du département de la Seine, sans citation préalable devant le bureau de paix; vous avez donc rejeté à l'avance le premier moyen que le demandeur vous présente en ce moment.

» Le deuxième moyen exige, de notre part, une discussion plus étendue. Il consiste à dire qu'en ordonnant un partage par experts des biens régis par la coutume de Normandie, le tribunal de première instance et par suite le tribunal d'appel ont violé les dispositions de cette coutume; et pour le prouver, le demandeur fait deux hypothèses. Ou les biens normands, dit-il, étaient tenus en roture, ou ils étaient tenus en fief. Au premier cas, les art. 352, 353 et 354 de la coutume voulaient que les lots fussent faits par le puîné des enfans, que chacun de ses frères fût reçu à les blâmer en son rang, et qu'en son rang chacun d'eux fît son choix. Or, comment accorder de pareilles dispositions avec un partage par experts? Cela est manifestement impossible. Au second cas, l'art. 337 attribuait à l'aîné le droit de choisir *tel fief ou terre noble que bon lui semblait*, en abandonnant aux puînés le reste de la succession. Or, ce droit, dit le demandeur, je ne pourrai pas l'exercer, si l'on procède par expertise. Donc dans ce second cas, comme dans le premier, il y a eu contravention formelle à la coutume.

» Pour apprécier ce raisonnement, plaçons-nous d'abord dans la première des deux hypothèses sur lesquelles il roule. Supposons, quoiqu'il n'y en ait aucune preuve dans les pièces qui sont sous vos yeux, que les biens normands consistent en rotures, ou qu'il se trouve des rotures parmi ces biens. Y a-t-il, dans cette hypothèse, contravention à la loi municipale?

» Le demandeur vous cite les art. 352, 353 et 354; mais aucun de ces articles n'établit positivement la nécessité de faire faire les lots par le puîné; aucun de ces articles ne parle de la composition des lots comme d'un devoir imposé à celui-ci; tous trois supposent seulement que celui-ci a le droit de les faire, et c'est sur cette supposition que tous trois basent les règles qu'ils établissent.

» Et de là naît une conséquence décisive, selon nous, contre le demandeur: c'est que le droit de faire les lots n'est introduit qu'en faveur des puînés; c'est par conséquent que les puînés peuvent y renoncer; et s'ils y renoncent en effet, quel mode de partage substituera-t-on à celui qui ne leur convient pas? La coutume n'en dit rien; mais par son silence même, elle est censée s'en référer au droit commun. Or, le droit commun veut que les lots soient faits par experts. Les puînés peuvent donc demander qu'il soit procédé par experts au partage, puisqu'en le demandant, ils renoncent, par le fait, au droit qui leur appartient de faire eux-mêmes les lots.

» Passons maintenant à la seconde hypothèse: supposons qu'il existe, dans la succession, des biens nobles régis par la coutume de Normandie.

» La disposition de l'art. 337 a-t-elle été, dans cette hypothèse, violée par la clause du jugement attaqué qui ordonne un partage par experts.

» Elle l'eût été incontestablement, si, en ordonnant un partage par experts, le jugement attaqué avait dépouillé le demandeur du droit que lui accorde la coutume, de s'en tenir à un seul fief ou bien noble, et d'abandonner le reste de la succession.

» Mais elle ne l'a certainement pas été, si le partage par experts n'a été ordonné que sans préjudice à ce droit, et seulement pour le cas où le demandeur n'userait pas de la faculté qu'il tient de la coutume.

» La question se réduit donc à savoir si, par le jugement du tribunal d'appel, le demandeur est ou n'est pas privé de l'exercice de cette faculté.

» Or, qu'il n'en soit pas privé, cela résulte à

la fois, et de la manière dont est rédigé le jugement de première instance, et des déclarations faites en cause d'appel par la veuve Lempereur de Saint-Pierre, et des motifs du jugement attaqué.

» Le jugement de première instance ordonne que les experts se conformeront aux *coutumes qui, au décès de Lempereur de Saint-Pierre, régissaient les biens;* il ordonne qu'ils feront *toutes opérations nécessaires et de droit;* il ordonne qu'ils les feront *en présence des parties, qui pourront faire les dires, réquisitions et observations qu'elles jugeront à propos.* C'est bien dire, en d'autres termes, que le demandeur pourra, devant les experts, déclarer qu'il s'en tient à un seul fief, et par ce moyen rendre inutile tout partage entre lui et ses frères puînés; c'est bien dire que, si le demandeur fait cette déclaration, les experts n'auront rien à faire à son égard; c'est bien dire que les experts ne procéderont à un partage entre lui et ses frères puînés, que dans le cas où il n'userait pas du droit qu'il a de les en empêcher, en faisant cette déclaration,

» Aussi lorsque, devant le tribunal d'appel, le demandeur s'est prévalu du privilége que lui attribuait la coutume de Normandie, et qu'il s'en est fait un grief contre le jugement de première instance, que lui a-t-il été répondu par ses frères puînés et par sa belle-mère? Il lui a été répondu, et cela est écrit en toutes lettres dans le jugement attaqué, *qu'il était évident, d'après les dispositions* du jugement de première instance, *que les droits et intérêts de toutes les parties étaient conservés; qu'elles pourraient les stipuler et invoquer les dispositions des coutumes de la situation des biens; que le cit. Lempereur pourrait particulièrement se prévaloir de celle de la coutume de Normandie; qu'en un mot, les experts et les parties seraient obligés d'opérer comme si la législation était encore ce qu'elle était en* 1786.

» Cette réponse devait assurément lever toute difficulté: si le demandeur n'eût eu véritablement pour but dans son appel que de se conserver le droit dont il réclamait l'exercice, il lui aurait suffi de requérir acte de la déclaration de ses adversaires; et là se serait terminée cette partie de la contestation.

» Mais le demandeur a persisté à soutenir, contre l'évidence du texte du jugement dont il était appelant, que les premiers juges l'avaient dépouillé de son droit de choisir un seul fief *par préciput*, en renonçant au restaut de la succession. Qu'a dû faire, dans cet état des choses, le tribunal d'appel de Paris. Il a dû faire précisément ce qu'il a fait: il a dû confirmer, et il a en effet confirmé, le jugement de première instance, *attendu* ce sont ses propres termes, *en ce qui touche les portions et avantages réclamés par Lempereur, que le jugement dont est appel, ne préjuge rien sur cet objet, et qu'il ordonne seulement que les liquidations et partages seront faits conformément aux coutumes des lieux où les biens sont situés.*

» Ainsi, dans la seconde hypothèse comme dans la première, c'est-à-dire, soit que les biens normands aient été tenus en roture, soit qu'ils l'aient été en fief, la coutume de Normandie se trouve respectée par le jugement du tribunal d'appel de Paris; et par conséquent dans l'une comme dans l'autre hypothèse, le deuxième moyen de cassation du demandeur est évidemment mal fondé.

» Mais du moins, dit le demandeur, si, par rapport aux fiefs normands, j'use de la faculté que me donne la coutume d'en choisir un *par préciput*, en abandonnant le reste de la succession, il deviendra à la fois impossible et inutile d'exécuter la disposition du jugement qui ordonne une nomination d'experts. Cette disposition est donc manifestement en contradiction avec le droit que m'accorde la coutume de me tenir à un seul fief; elle doit donc, par cela seul, être annullée.

» Point du tout. Il résulte seulement de là que cette disposition n'est qu'hypothétique, qu'elle est subordonnée à la condition de non-choix de fief de la part du demandeur, et que, si le demandeur choisit un fief en Normandie, elle deviendra sans objet.

» On sent assez d'ailleurs qu'il ne peut pas dépendre de l'aîné de différer toujours le choix que la coutume lui permet de faire, et qu'il doit venir enfin un temps où les puînés aient le droit de le contraindre à s'expliquer. Or, comment peuvent-ils l'y contraindre en effet? Il n'est pas de moyen plus efficace de les conduire à ce but, que d'ordonner une expertise pour partager toute la succession, en conservant à l'aîné, comme l'a fait le jugement dont il s'agit, l'avantage qu'il tient de la coutume, c'est-à-dire, le droit que la coutume lui attribue d'empêcher l'expertise, par le choix d'un fief.

» Le troisième moyen du demandeur est tiré des art. 541, 548, 549, 550 et 551 de la coutume de Bretagne. Suivant ces articles, dit le demandeur, lorsque les biens sont roturiers, c'est aux puînés à se réunir et à s'accorder pour faire les lots et les présenter à l'aîné, qui a le droit d'en choisir un à son gré, comme en Normandie; lorsque les biens sont nobles, l'aîné en prend d'abord les deux tiers pour sa portion avantageuse, et il assigne l'autre tiers aux puînés. Ainsi, dans l'un et l'autre cas, point de partage par experts. Donc dans l'un et l'autre cas, contravention à la coutume de Bretagne.

» Déjà sans doute, C. M., vous vous êtes dit à vous-mêmes que ce troisième moyen rentre visiblement dans le deuxième, et qu'il se réfute par les mêmes raisons que celui-ci.

» En effet, s'il s'agit de rotures, les puînés

sont bien les maîtres de ne pas user du droit que la coutume leur donne de faire les lots : il n'existe même aucun moyen de les y forcer. Et quand ils renoncent à ce droit, quelle ressource reste-t-il pour parvenir au partage ? Il n'y en a pas et il ne peut pas y en avoir d'autre, que de recourir à l'autorité du juge qui fait lui-même les lots par le ministère des experts convenus ou nommés d'office. C'est ainsi que Voët, dans son traité *de familiâ erciscundâ*, chap. 5, n. 12, résoud cette question relativement aux coutumes qui défèrent la composition des lots à l'aîné; et il est bien évident qu'elle doit être résolue de même dans les coutumes qui défèrent cette composition aux puînés. Voici comment s'exprime ce jurisconsulte : *quid si frater natu major ad minoris sui fratris desiderium perfractè noluerit in partes distribuere res hereditarias?.... Eo casu, judex majoris fratris partes subibit..... Atque is post factam œqualem, quantùm fieri potest, et bonæ fidei distributionem ex divisis partibus hereditariis minori concedet optandi licentiam.*

» S'il s'agit de fiefs, le demandeur a sans doute le droit de s'opposer à l'opération des experts, en faisant lui-même les lots des puînés. Mais ni le jugement de première instance ni le jugement du tribunal d'appel ne lui ôtent ce droit. Ils le lui conservent au contraire bien clairement, l'un, en imposant aux experts l'obligation de se conformer aux dispositions de la coutume, obligation qui emporte nécessairement celle de ne pas faire les lots, si le demandeur les fait lui-même; l'autre, en déclarant que, par le jugement de première instance, il n'est rien préjugé sur les *avantages réclamés par Lempereur*, et qu'il est au contraire ordonné par ce jugement, que *le partage sera fait conformément aux coutumes* de la situation des biens : ce qui certainement signifie que le partage par experts n'aura lieu, par rapport aux fiefs régis par la coutume de Bretagne, que dans le cas où le demandeur se refuserait à la composition des lots.

» Les quatrième et cinquième moyens du demandeur sont dirigés contre la disposition du jugement de première instance confirmée par celui du tribunal d'appel, qui charge les experts dont il ordonne la nomination, de faire *les lots à douaire*. Par cette disposition, s'il faut en croire le demandeur, les deux jugemens ont contrevenu et à la jurisprudence normande et à l'art. 456 de la coutume de Bretagne : à la jurisprudence normande, en ce que, suivant les commentateurs Basnage, Pesnelle et Roupnel de Chenilli sur l'art. 367, la douairière est *tenue de faire les lots à ses frais;* à l'art. 456 de la coutume de Bretagne, en ce qu'il oblige également la douairière de faire les lots, sans cependant en mettre les frais à sa charge.

» Mais d'abord, ce que le demandeur appelle *jurisprudence normande*, n'est pas une loi; aucun article de la coutume ne l'a confirmée; elle ne peut donc pas former une ouverture de cassation; elle pourrait seulement servir de motif pour rejeter la demande en cassation d'un jugement qui aurait prononcé dans un sens contraire à celui du jugement attaqué.

» Ensuite, l'art. 456 de la coutume de Bretagne ne fait, pour la douairière, en la chargeant de faire les lots, que ce que fait, pour les puînés, l'art. 548 de la même coutume, relativement au partage des rotures; c'est-à-dire, qu'il accorde à la douairière un privilége dont elle est maîtresse de ne pas user, et que, lorsqu'elle n'en use pas, c'est par des experts que *les lots à douaire* doivent être formés. Telle est effectivement la doctrine de Dargentrée sur l'art. 434 de l'ancienne coutume, dont l'art. 456 de la nouvelle n'est que la répétition littérale : sur ces mots, *par ladite veuve*, Dargentrée dit que, si la veuve refuse de faire les lots, ils doivent être faits par des experts dont les parties conviennent ou que le juge nomme à leur défaut : *aut si recuset, per œstimatores conventos aut datos.* C'est ce qu'enseigne également Poullain, sur l'art. 456 de la nouvelle coutume; aux mots *par ladite veuve*, il ajoute : *ou par priseurs, si elle ne veut pas convenir à l'amiable.*

» Les quatrième et cinquième moyens du demandeur tombent donc d'eux-mêmes. Reste le sixième qui n'est pas mieux fondé.....

» Par ces considérations, nous estimons qu'il y a lieu de rejeter la requête et de condamner le demandeur à l'amende ».

Ces conclusions ont été adoptées par arrêt du 19 fructidor an 11, au rapport de M. Target,

« Attendu que le renvoi prononcé par les jugemens des 5 thermidor an 5 et 1.er floréal an 6, devant le tribunal civil de la Seine, n'avait pas pour objet une nouvelle demande à former, mais l'ancienne demande de 1788 à suivre, laquelle ne pouvait être assujettie aux nouvelles formes;

» Que les jugemens de première instance et d'appel, des 28 thermidor an 9 et 4 thermidor an 10, ont ordonné que les experts procéderaient conformément aux coutumes; qu'ils n'ont privé aucune des parties des droits qui leur sont attribués par ces coutumes, et les leur ont au contraire réservés, ainsi qu'il est expressément déclaré dans les motifs du jugement d'appel attaqué;

» Qu'il en est de même de la question qui pourrait s'élever sur la validité de la donation d'une part d'enfant faite à la veuve Lempereur, et sur l'étendue et l'application des portions avantageuses, ainsi qu'il est également déclaré par lesdits motifs du jugement attaqué; en sorte qu'aucun moyen du demandeur ne présente, dans ce jugement, de contravention aux lois ».

§. VII. *Avant le Code civil, et sous l'empire de la loi du 11 brumaire an 7, le partage entre co-héritiers était-il, notamment dans la coutume de Valenciennes, du nombre des actes qui, aux termes de l'art. 26 de la loi citée, ne pouvaient pas être opposés à des tiers, tant qu'ils n'avaient pas été transcrits dans les registres du bureau des hypothèques ?*

La loi du 11 brumaire an 7 n'assujettissait à la formalité de la transcription au bureau des hypothèques, que *les actes translatifs de biens et droits susceptibles d'hypothèque.*

Un partage entre co-héritiers n'aurait donc pu être soumis à cette formalité, qu'autant qu'il eût dû être classé parmi les actes translatifs de propriété.

Or, il n'a ce caractère ni de droit commun, ni d'après les dispositions particulières des lois françaises.

De droit commun, le partage n'est pas attributif, mais seulement déclaratif, des droits de chacun des co-partageans; il ne leur donne rien de nouveau, il ne fait que déclarer les portions dont ils sont respectivement saisis par la loi; et cela est si vrai, que chaque héritier est réputé avoir eu, dès le moment du décès, ce qui est tombé dans son lot, et n'avoir jamais été saisi que de ce qui lui a été assigné.

Il en est de même, d'après nos lois françaises. L'arrêt de la cour de cassation du 14 messidor an 9, que je rapporte sous le mot *Mutation*, §. 2, en contient la démonstration la plus complette; et la preuve que c'est dans cet esprit qu'a été notamment rédigée la loi du 11 brumaire an 7, c'est que, quarante jours après sa rédaction, ses auteurs eux-mêmes en ont fait une sur l'enregistrement, dans laquelle ils ont consacré de la manière la plus formelle, le principe que le partage n'est pas un acte translatif de propriété.

En effet, tandis que, par l'art. 69 de la loi du 22 frimaire an 7, tous les actes contenant translation de propriété, soit de meubles, soit d'immeubles, soit à titre onéreux, soit a titre gratuit, sont assujettis à un droit *proportionnel* d'enregistrement, l'art. 68 de la même loi, §. 3, n.° 2, ne soumet qu'à un droit *fixe* de 3 francs, *les partages des biens meubles et immeubles entre co-propriétaires, à quelque titre que ce soit.*

Cette disposition est assurément le commentaire le moins équivoque et le plus lumineux que l'on puisse désirer, pour la détermination précise du sens de l'art. 26 de la loi du 11 brumaire précédent.

Et vouloir, après cela, que, par ce dernier article, le législateur ait entendu comprendre les partages dans les actes qu'il assujettissait à la formalité de la transcription, c'est vouloir, en d'autres termes, qu'il se soit contredit lui-même quarante jours après; c'est vouloir, et ceci choque toute espèce de vraisemblance, qu'il soit tombé dans cette contradiction à dessein d'alléger le droit d'enregistrement, tandis qu'il est notoire que la loi du 22 frimaire an 7 a eu principalement, on peut même dire, uniquement, pour objet d'aggraver ce droit.

D'ailleurs, la loi du 11 brumaire an 7 n'a fait, pour la consolidation des propriétés immobilières, que substituer la formalité de la transcription à celle des lettres de ratification introduites par l'édit du mois de juin 1771.

Or, sous le régime hypothécaire de 1771, les héritiers étaient-ils tenus de prendre des lettres de ratification sur les actes de partage qu'ils faisaient entre eux? Non certainement.

De quel droit donc, et à quel titre, aurait-on voulu, sous la loi du 11 brumaire an 7, assujettir les actes de partage à la formalité de la transcription? Il eût fallu, pour cela, faire une violence manifeste, non-seulement à la lettre, mais encore à l'esprit et à l'objet de cette loi.

Qu'importe que des lois romaines assimilent le partage à la vente et à l'échange?

Ces lois veulent seulement dire qu'en cas d'éviction, les co-partageans sont tenus, entre eux, à la même garantie que les vendeurs et les échangistes.

Mais conclure de là généralement et à toute fin, que le partage est un acte emportant mutation, c'est faire dire aux législateurs romains ce à quoi ils n'ont pas pensé; c'est déplacer leurs textes, c'est en faire l'application la plus fausse et la plus erronée.

Mais peut-être dira-t-on qu'au moins il en doit être autrement dans la coutume du chef-lieu de Valenciennes. Peut-être se fondera-t-on, pour établir une exception à cet égard, sur l'art. 150 de cette coutume, qui porte : « Les partages et divisions de biens et rentes immobilières, faits entre co-héritiers, doivent, *pour engendrer réalité*, être reconnus pardevant deux gens de loi dont lesdits biens sont mouvans ».

Mais, 1.° cette formalité de la *reconnaissance échevinale* a été abolie par la loi du 13 avril 1791, comme un accessoire (désormais inutile et sans objet), du régime féodal et censuel, supprimé par les décrets du 4 août 1789.

2.° Quand on pourrait conclure de cette disposition de la coutume, qu'avant la suppression du régime féodal, le partage était, à certains égards, considéré, dans le chef-lieu de Valenciennes, comme un acte translatif de propriété, qu'en résulterait-il aujourd'hui?

On sait que la coutume du chef-lieu de Valenciennes ne régissait que les *mainfermes*, et qu'elle n'avait aucune espèce d'autorité sur les *alloets* ou francs-alleux, lesquels, ainsi que les fiefs, ne reconnaissaient que l'empire des chartes générales du Hainaut (*V.* l'article *Fief*, §. 3).

Or, il n'existe plus dans le ci-devant chef-lieu de Valenciennes, aucun des biens qui tenaient précédemment nature de *mainfermes*; on n'y connaît plus que des francs-alleux.

C'est donc par la loi propre aux francs-alleux qu'ont été régis, jusqu'à la publication du Code civil, les ci-devant *mainfermes* du chef-lieu de Valenciennes; et c'est ce qu'établit formellement l'art. 1 de la loi du 19-27 septembre 1790.

Cela posé, il ne s'agit plus que de savoir si les chartes générales du Hainaut avaient, sur la nature du partage, sinon la même disposition, du moins le même esprit que l'art. 158 de la coutume de Valenciennes.

Or, la négative est indubitable; et je l'ai prouvé dans le *Répertoire de jurisprudence*, article *Nantissement*, notamment par deux arrêts du conseil souverain de Mons, des 13 juillet 1679 et 16 février 1771, par lesquels il a été jugé *qu'une rente constituée par un co-partageant pour la moins value de la part de l'autre, était immobilière, quoiqu'elle n'eût pas été nantie, et que le nantissement soit, en Hainaut, le seul moyen régulier d'immobiliser une rente.*

Il est donc bien clair que les chartes générales du Hainaut ne considéraient pas plus que ne le faisait le droit commun, les partages entre co-héritiers comme des actes translatifs de propriété; et puisqu'encore une fois, les chartes générales du Hainaut ont régi seules, jusqu'à la publication du Code civil, tous les immeubles du ci-devant chef-lieu de Valenciennes, il est évident que, dans le ci-devant chef-lieu de Valenciennes, comme dans toutes les autres parties du territoire français, les partages entre co-héritiers n'ont pu, même avant la publication du Code civil, être assimilés à des actes emportant mutation, ni, par une suite nécessaire, assujettis à la formalité de la transcription dans les registres du bureau des hypothèques.

§. VIII. *Par l'enregistrement fait dans les six mois de l'ouverture de la succession, du partage effectué entre eux des biens qui la composent, les héritiers satisfont-ils à la loi qui les oblige de faire, dans le même délai, la déclaration du montant de cette succession?*

V. l'article *Déclaration au bureau d'enregistrement*, §. 5.

PARTAGE D'OPINIONS. — §. I. 1.° *Quel est l'effet d'un partage d'opinions qui survient dans une cour d'appel, sur un procès criminel instruit dans l'ancienne forme, et que les anciens tribunaux avaient civilisé? Ce partage vaut-il arrêt contre le plaignant originaire?*

2.° *Quel était, dans l'ancienne jurisprudence, l'effet d'un partage en matière criminelle, sur la question de savoir si une plainte devait être accueillie ou rejetée d'emblée; si la procédure devait être continuée, ou si elle devait être annullée avec renvoi des parties à fins civiles; si une requête civile obtenue contre un arrêt d'absolution, devait ou non être entérinée; si des moyens de faux, dans une inscription de faux incident, devaient ou non être admis?*

3.° *Une cour d'appel qui se trouve partie en opinions, peut-elle nommer pour départiteur le président d'une des cours de justice criminelle de son ressort?*

4.° *Le juge départiteur ne peut-il connaître que de la question sur laquelle il y a eu partage?*

V. l'article *Tribunal d'appel*, §. 5.

§. II. 1.° *La disposition de l'art. 468 du Code de procédure civile, qui veut qu'en cas de partage dans les cours, les nouveaux juges soient toujours en nombre impair, est-elle applicable au cas où, avant le départage, l'un des juges divisés est venu à mourir, ou a cessé, par toute autre cause, de pouvoir connaître de l'affaire?*

Cette question qui renferme implicitement celle de savoir si les juges divisés sont liés respectivement par les opinions qu'ils ont émises, et si la voix du juge qui est mort avant le départage, doit être comptée, s'est présentée dans l'espèce suivante.

Le 14 avril 1807, la cour d'appel de Grenoble, ayant à statuer sur un jugement du tribunal de première instance de Montélimart, rendu entre le sieur Desisnard et la veuve André, déclare qu'il y a partage, et ordonne que trois juges seront appelés pour le vider.

Le 20 janvier 1808, arrêt, sur la requête du sieur Desisnard, par lequel, « attendu le décès de M. Champagneux, l'un des juges qui ont concouru au premier arrêt, la cour d'appel ordonne que la cause sera de nouveau plaidée devant les juges qui en ont déjà connu lors de l'arrêt de partage, et devant quatre nouveaux juges qui seront appelés en suivant l'ordre du tableau ».

La veuve André forme opposition à cet arrêt; et pour justifier son opposition, elle soutient que les juges divisés sont liés de manière qu'ils ne peuvent plus varier; que leurs voix sont acquises aux parties; que par conséquent celle du juge décédé depuis le partage, doit être comptée; qu'il n'y a donc pas lieu de le remplacer par un nouveau juge; et que, par suite, on ne peut, aux termes de l'art. 468 du Code de procédure, appeler de nouveaux juges qu'en nombre impair.

Par arrêt du 2 août suivant, la cour d'appel rejette l'opposition de la veuve André, « attendu que, suivant les dispositions de la loi du 14 prairial an 6, les juges procédant au jugement d'une affaire civile, et se trouvant partagés entre deux opinions, doivent s'adjoindre trois autres juges, les premiers dans l'ordre du tableau, et que l'affaire doit être de nouveau plaidée en présence des juges partagés d'opinions et de ceux qui ont été adjoints, et ensuite jugée à la pluralité des voix; que les mêmes dispositions ont été consacrées par l'art. 118 du Code de procédure; que le décès de M. Champagneux, juge, qui avait concouru au premier arrêt, oblige d'appeler *quatre* juges, au lieu de *trois ;* qu'en ordonnant l'adjonction de quatre juges pour vider le partage dans la cause dont il s'agit, on n'aura pas à craindre un second partage d'opinions, ce qui est conforme à l'esprit de la loi, puisque la cause doit être de nouveau plaidée et jugée à la pluralité des voix ».

En conséquence, quatre nouveaux juges sont appelés; et le 22 du même mois, arrêt définitif qui vide le partage en faveur du sieur Desisnard.

Recours en cassation de la part de la veuve André.

« La cour de Grenoble (dit-elle), a faussement appliqué la loi du 14 prairial an 6, qui est devenue sans objet par le Code de procédure civile, et l'art. 118 de ce Code, qui n'est relatif qu'au mode de vider les partages dans les tribunaux de première instance. Elle a de plus violé l'art. 468 du même Code. En effet, cet article veut qu'en cas de partage, on appelle, *pour le vider,* des juges qui n'ont pas connu de l'affaire. Il résulte de ces mots, *pour le vider,* que c'est le suffrage seul des nouveaux juges qui doit faire pencher la balance. Car *vider* un partage, ce n'est pas juger le procès de nouveau, c'est adopter l'un des deux avis contraires.

» La loi veut que les nouveaux juges soient appelés *toujours en nombre impair ;* et pourquoi? Il est évident que c'est pour prévenir un nouveau partage; ce qui prouve de plus en plus que les voix des juges divisés sont acquises aux parties, et que les nouveaux juges doivent seuls *vider le partage*, seul objet de leur mission.

» Le Code de procédure, en matière de partage d'opinions, n'a fait que consacrer les anciens principes.

» Lorsqu'il y avait des arrêts de partage, les deux compartiteurs se rendaient dans une autre chambre; ils y faisaient le rapport de l'affaire; et c'était cette chambre qui vidait le partage. Les voix des deux compartiteurs s'effaçaient l'une par l'autre; elles ne comptaient jamais.

» La loi du 14 prairial an 6 semblait ne pas exclure l'idée que les juges divisés pouvaient de nouveau donner leur suffrage; elle le supposait même, en déclarant que l'affaire serait de nouveau plaidée en présence des anciens et nouveaux juges, et *jugée à la pluralité des voix ;* mais cependant cette loi n'a jamais été interprétée dans ce sens par les tribunaux.

» Au surplus, pour prévenir sans doute toute équivoque, l'art. 468 du Code de procédure, qui veut que, pour vider le partage, on appelle un ou plusieurs juges, *toujours en nombre impair,* n'ajoute pas, comme l'art. 2 de la loi de prairial an 6, que l'affaire sera *jugée à la pluralité des voix.*

» Il veut bien que la cause soit *de nouveau plaidée ;* mais la raison en est sensible : c'est parce que les nouveaux juges doivent prendre connaissance de l'affaire *dans les formes ordinaires.* — C'est par cette raison que, dans son rapport, l'orateur du tribunat, M. Faure, a dit que la cause devait être de nouveau plaidée, quand même celui qui serait appelé à vider le partage, aurait assisté à toutes les plaidoiries : car, ne les ayant pas entendues comme juge, il n'est pas présumé y avoir donné toute l'attention nécessaire.

» Le mode nouveau ne diffère de l'ancien que dans la manière d'*instruire* les juges appelés à vider le partage.

» Au lieu de faire dépendre le sort du procès d'un rapport particulier des compartiteurs, le Code de procédure veut que la cause soit de nouveau plaidée en présence de tous les juges, et que les nouveaux juges soient *TOUJOURS en nombre impair.*

» La cour d'appel de Grenoble a donc violé la loi, en appelant *quatre* nouveaux juges.

» Et quel a été le résultat de cette violation? La voix du juge décédé n'a compté pour rien; les quatre nouveaux juges se sont eux-mêmes trouvés divisés; et cependant la majorité a été réputée acquise contre l'une des parties. Pour vider le partage à chance égale, il fallait appeler des juges en nombre impair, et réputer présent le juge décédé ».

Par arrêt du 12 avril 1810, au rapport de M. Lasaudade, et sur les conclusions de M. l'avocat-général Jourde,

« Attendu que l'un des juges qui avait coopéré au partage, étant décédé, les juges suppléans, pour vider le partage, ont dû être appelés au nombre pair, pour qu'il ne pût plus y avoir lieu à nouveau partage;

» La cour rejette...... ».

PARTICULES CONJONCTIVE ET DISJONCTIVE. *V.* les articles *Conjonctive*, *Disjonctive*, et *Substitution fidéicommissaire*, §. 3.

PASSE (DROIT DE). *V.* l'article *Taxe d'entretien des routes.*

PATENTE. *De la mention que les huissiers doivent faire de leurs patentes dans leurs exploits.*

Le sieur Corbin s'était pourvu en cassation contre un jugement du tribunal civil du département du Calvados, du 5 ventôse an 8, qui avait déclaré valable le divorce prononcé par défaut entre lui et son épouse, et qui, par là, avait jugé régulier le premier exploit que lui avait fait signifier celle-ci, exploit dans lequel l'huissier s'était simplement qualifié *ayant patente*, sans désigner ni la classe, ni la date, ni le numéro, ni la commune où avait été faite la délivrance de cette patente.

Le sieur Corbin prétendait que, par cette manière de juger, le tribunal civil du Calvados avait violé l'art. 37 de la loi du 1.er brumaire an 7.

Il ajoutait que l'infraction était d'autant moins excusable, que, dans la copie signifiée de l'exploit, laquelle tenait lieu pour lui d'original, l'huissier n'avait pas dit *ayant patente*, mais seulement *ayant*.

« Il est vrai (ai-je dit, en portant la parole sur cette affaire, à l'audience de la section des requêtes), il est vrai que, dans la copie signifiée au cit. Corbin, du premier exploit de son épouse, il n'est pas fait mention complette de la patente de l'huissier, et qu'il y est seulement dit *ayant*; mais il est évident que ce seul mot signifie *ayant patente*; aussi l'expression *patente* oubliée dans cette copie, et qui s'y supplée si naturellement, se trouve-t-elle dans l'exploit original.

» Il est vrai encore que l'art. 37 de la loi du 1.er brumaire an 7 veut que, dans les actes et exploits qui doivent faire mention d'une patente, cette mention soit faite *avec désignation de la classe, de la date, du numéro et de la commune où elle a été délivrée*. Mais quelle est la peine dont cet article punit l'omission de ces formalités? Il n'y en a pas d'autre qu'une amende de 500 francs.

» A la vérité, l'art. 18 de la loi du 6 fructidor an 4 attachait à cette omission la peine de nullité; mais cette loi, et toutes celles qui l'ont suivie sur cette matière, sont abrogées par l'art. 1 de la loi du 1.er brumaire an 7; et suivant le même article, cette dernière loi est la seule qui régisse actuellement les patentes.

» Enfin, il est encore vrai que l'art. 2 de la loi du 7 nivôse an 7 conserve la peine de nullité pour les exploits dans lesquels les huissiers ne feront pas mention de leurs patentes. Mais cet article n'exige pas que la mention qu'il prescrit, soit faite suivant la loi du 1.er brumaire précédent; il veut, au contraire, qu'elle soit faite *conformément à la loi du 6 fructidor an 4*, c'est-à-dire, purement et simplement, et par ces seuls mots *dûment patenté*, ou *ayant patente* ».

D'après ces raisons, j'ai conclu au rejet de la requête du sieur Corbin. L'arrêt rendu, en conséquence, au rapport de M. Boyer, le 2 nivôse an 9, est ainsi conçu :

« Considérant, sur le premier moyen, que la mention de la patente de l'huissier instrumentaire se trouvant dans l'original de l'exploit du 22 nivôse an 6, le défaut de cette énonciation dans la copie de la signification, n'est évidemment qu'une erreur de copiste qui ne peut vicier l'acte en lui-même......;

» Par ces motifs, le tribunal rejette le pourvoi de Julien-Louis-Jacques-François Corbin, le condamne en l'amende de 150 francs envers la république ».

V. le *Répertoire de Jurisprudence*, au mot *Patentes*, §. 2, n. 4 et 5.

PATERNITÉ. *L'art. 340 du Code civil qui interdit la recherche de la paternité, s'oppose-t-il à ce que les héritiers d'un testateur qui a institué légataires universels des enfans inscrits dans les registres de l'état civil comme nés de pères inconnus, prouvent par témoins qu'il est le père, soit naturel, soit adultérin, soit incestueux, de ces enfans?*

Le 20 mars 1790 et le 23 pluviôse an 2, Françoise Lemur donne le jour à deux enfans, Sylvain et Marie, qui sont inscrits sur les registres de l'état civil, comme nés d'elle et d'un père inconnu. Elle en avait précédemment mis au monde quatre autres, qui avaient été inscrits de même, mais n'avaient pas vécu.

Le 13 floréal an 3, acte notarié par lequel François Dubois, demeurant à Verines, département de la Creuse, déclare vendre à Françoise Lemur le domaine qu'il possède dans la commune de Laborde, moyennant la somme de 6000 francs qu'il reconnaît avoir *ci-devant* reçue d'elle, et sous la réserve de l'usufruit de cet immeuble, tant pour lui que pour Marguerite Desjobert, son épouse.

Marguerite Desjobert meurt deux ans après. Aussitôt François Dubois reçoit dans sa maison Françoise Lemure et ses deux enfans.

Le 17 fructidor an 12, il fait un testament, par lequel, après quelques legs pieux, il s'exprime ainsi : « Je déclare que, par l'amitié que je porte à Sylvain, fils de Françoise Lemur, né le 20 mars 1790, et à une autre fille naturelle de Françoise Lemur, née le 23 pluviôse an 2, *lesquels deux enfans ont eu le malheur de perdre leur père*, je leur donne et lègue tous les biens meubles, effets mobiliers, immeubles et autres biens que je me trouverai avoir lors de mon décès; et ce, à l'exclusion de tous autres quelconques; instituant même, où besoin serait, iceux enfans naturels de ladite Lemur, pour mes seuls et uniques héritiers, *attendu que je reconnais en eux des sentimens honnêtes*, et que d'ailleurs telle est ma volonté ».

Après la mort du testateur, les sieurs Dubois, ses héritiers paternels, et les sieurs Auclerc, ses héritiers maternels, se mettent en possession de ses biens.

Françoise Lemur les fait assigner en délaissement; et, à cet effet, leur signifie, tant en son nom privé que comme tutrice de ses enfans, le contrat de vente du 13 floréal an 3, et le testament du 17 fructidor an 12.

Ils se défendent, en soutenant 1.° que la vente n'est qu'une donation déguisée, et que cette donation est nulle, attendu le concubinage dans lequel vivait Françoise Lemur avec François Dubois, à l'époque de cet acte; 2.° que le legs universel fait par le testament au profit de Sylvain et Marie Lemur, est pareillement nul, parce que ces deux enfans sont les fruits d'un commerce adultérin entre leur mère et François Dubois.

Le 26 messidor an 13, jugement par défaut du tribunal civil de Chambon, qui condamne les sieurs Dubois et Auclerc « à délaisser à Françoise Lemur, en sa qualité de tutrice de Sylvain et Marie Lemur ses enfans, la libre possession et entière jouissance de tous les biens meubles et immeubles provenant de ladite succession ».

Le même jour, autre jugement, aussi par défaut, qui déclare les sieurs Dubois et Auclerc « non-recevables dans la demande par eux faite contre Françoise Lemur, en nullité de l'acte de vente du 13 floréal an 3, comme contenant une donation déguisée ».

Les sieurs Dubois et Auclerc appellent de ces jugemens à la cour de Limoges.

Le 13 juin 1806, les sieurs Auclerc se désistent de leur appel, et payent tous les frais des procédures faites jusqu'à cette époque.

Le 31 mars 1808, arrêt interlocutoire ainsi conçu :

« 1.° Les héritiers Dubois sont-ils recevables à attaquer, soit l'acte de vente du 13 floréal an 3, consenti au profit de Françoise Lemur, soit le testament du 17 fructidor an 12, fait en faveur des enfans naturels de ladite Lemur, qui, dans leur acte de naissance, sont dits avoir un père inconnu :

» 2.° Doit-on considérer comme une donation déguisée l'acte de vente du 13 floréal an 3, et Françoise Lemur, considérée comme concubine, était-elle incapable de recevoir une libéralité de ce genre ?

» 3.° En admettant que Françoise Lemur fût frappée d'incapacité pour recevoir le 13 floréal an 3, cette incapacité subsistait-elle le 17 fructidor an 12, de manière à considérer les enfans naturels comme personnes interposées relativement au legs fait à leur profit ?

» 4.° Les héritiers Dubois, pour repousser l'acte du 13 floréal an 3, peuvent-ils être admis à la preuve du concubinage adultérin de François Dubois avec Françoise Lemur; et pour repousser le testament du 17 fructidor an 12, peuvent-ils être admis à rechercher l'incapacité des légataires auxquels ils imputent d'être les enfans adultérins dudit Dubois, lorsqu'aucun titre n'établit précisément que telle est l'origine desdits enfans, et que les actes de naissance portent qu'ils sont nés d'un père inconnu ?

» 5.° Les faits articulés par les héritiers Dubois, sont-ils assez graves et appuyés de circonstances assez puissantes, pour que la preuve en soit ordonnée?

» Considérant, sur la première question, que la loi déférant la succession de François Dubois à ses héritiers collatéraux, à défaut de dispositions de sa part, ces héritiers ont le droit d'examiner si les actes par lesquels on veut les priver de l'hérédité, sont valables, et si les personnes qui se prévalent d'acte de vente et de testament, étaient parties capables pour recevoir des libéralités de la part dudit Dubois; que, tout comme l'héritier direct pourrait examiner s'il a été réduit d'une manière régulière et légale à la portion réservée, de même l'héritier collatéral, au préjudice duquel on peut tout donner, a le droit d'examiner si les donataires sont capables de recevoir, parce que c'est de cette incapacité que dérive son droit et son intérêt; que, s'il en était autrement, ce serait sans utilité que la loi aurait établi des prohibitions;

» Que d'ailleurs il résulte de l'art. 753 du Code civil, que les héritiers collatéraux sont parties capables pour contester la quotité des alimens à accorder aux enfans adultérins, puisque la qualité des héritiers doit influer sur ce réglement; et que, par la même raison, ils doivent être admis à examiner, par les voies légales, si celui qui veut obtenir toute l'hérédité, n'est pas enfant adultérin; tout comme, relativement à une libéralité antérieure au Code civil, ils doivent être admis à examiner si la personne gratifiée n'est pas la concubine du donateur;

» Sur la deuxième question, considérant qu'avant le Code civil, comme depuis, on ne pouvait éluder la défense de donner à une concubine, en couvrant les libéralités qu'on lui faisait du voile d'un contrat onéreux; que ce point de jurisprudence est établi au recueil des *Questions de droit* de M. Merlin, au mot *Concubinage*; que cette jurisprudence n'a point cessé sous l'empire de la loi du 17 nivôse an 2, qui ne contient aucune disposition, ni sur la capacité de donner, ni sur celle de recevoir; qu'ainsi, s'il était prouvé que Françoise Lemur était la concubine de François Dubois, il faudrait dire qu'elle ne pouvait recevoir de lui, sous la forme déguisée d'un contrat onéreux, le domaine dont est question en l'acte de vente du 13 floréal an 3;

sauf après avoir décidé la nullité en principe, à examiner si la libéralité ne doit pas être simplement réduite;

» Qu'en effet, la simulation a, dans l'espèce, des signes frappans : d'abord le contrat n'énonce aucune numération de deniers, mais une simple confession d'avoir reçu le prix; il ne contient aucun dessaisissement réel; non-seulement Dubois se réserve l'usufruit pendant sa vie, mais il le réserve encore en faveur de son épouse qui vivait alors; et il faudrait des circonstances impérieuses pour justifier des conventions d'après lesquelles Françoise Lemur aurait été si incertaine de jouir jamais des biens énoncés en la vente. Enfin, la vilité du prix est patente. Françoise Lemur n'a pas justifié qu'elle eût aucuns moyens de payer. Il est articulé que, le temps qu'elle a passé hors la maison de François Dubois, elle était nourrie et entretenue par lui, et que c'est pendant ce temps qu'elle a donné le jour à six enfans naturels. François Dubois n'avait aucun autre moyen de déguiser sa libéralité.

» Sur la troisième question, considérant que les concubines ne sont pas déclarées incapables de recevoir à titre de libéralité par le Code civil; que cette incapacité ne pourrait résulter que de la captation et suggestion; mais que Françoise Lemur, simple domestique, absolument illétrée, ne peut être supposée avoir employé la suggestion; et qu'on n'articule même aucun fait d'où il puisse résulter qu'elle eût un empire absolu sur François Dubois; ensorte que ses enfans naturels ne peuvent être considérés comme personnes interposées. Quant au testament du 17 fructidor an 12, il faut rechercher si eux-mêmes étaient incapables de recevoir à titre de légataires universels;

» Sur la quatrième question, considérant que, si elle était résolue pour la négative, ce serait sans utilité qu'il aurait été examiné si l'acte du 13 floréal an 3 doit être considéré comme une donation déguisée, parce que les enfans naturels de la Lemur étant supposés valablement institués héritiers de François Dubois, ils auraient seuls qualité pour quereller ledit acte de vente; mais qu'il y a lieu d'adopter l'affirmative sur la quatrième question;

» Qu'en effet, l'art. 908 du Code civil porte que les enfans naturels ne peuvent, par donation entrevifs ou par testament, rien recevoir au-delà de ce qui leur est accordé au titre *des successions;* que, d'après l'art. 762, il n'est accordé aux enfans adultérins que des alimens; mais que, pour l'application de ces articles, il est nécessaire que l'héritier à qui on oppose une libéralité à titre universel, puisse examiner si le donataire ou légataire est l'enfant adultérin du donateur; que le simple droit de défense naturelle donne à cet héritier la faculté de chercher et de prouver l'incapacité; qu'il serait presque toujours impossible d'avoir une preuve directe et par écrit de la qualité d'enfans adultérins, puisque l'art. 335 interdit toute reconnaissance de paternité à leur égard; et que, s'il n'y avait pas de moyen d'y suppléer, en prouvant leur origine, il faudrait dire que la loi a frappé le vice, mais a interdit le moyen de le découvrir; contradiction qui n'est point dans l'esprit du Code, et qu'on ne peut supposer;

» Que si l'enfant adultérin pouvait se prévaloir d'une disposition à titre universel, sous prétexte que la paternité ne peut pas être recherchée par les héritiers à qui il oppose ce titre, et que l'incapacité résultant de sa naissance ne pût être établie, il en résulterait, non-seulement que l'art. 762 serait une garantie impuissante contre ses prétentions, mais encore qu'il serait traité plus favorablement que l'enfant légitime dans le cas où, d'après le nombre des enfans, la portion disponible serait réservée à la portion revenant à chacun d'eux; et cette conséquence ne peut être entrée dans les vues du législateur;

» Que la loi sur les enfans naturels a été faite, suivant que le disait le conseiller d'Etat Treilhard, en présentant au corps législatif la loi sur les successions, *pour préserver les familles de toute recherche odieuse de la part d'enfans dont les pères ne sont pas connus;* mais que ce serait blesser les familles avec l'arme qui doit les défendre, si, parce que l'état d'un enfant adultérin n'est pas reconnu, le voile qui couvre sa naissance, pouvait lui servir pour demander l'exécution d'un titre qui doit les dépouiller;

» Qu'un père qui donne à son enfant naturel ou adultérin, au delà de ce que lui permet la loi, en gardant le silence sur l'état des enfans, fait fraude à la loi; et que le moyen de découvrir la fraude et de l'opposer, fut toujours autorisé;

» Qu'il est bien à considérer que, dans l'espèce, les héritiers Dubois ne viennent pas directement attaquer les enfans naturels de Françoise Lemur; mais que ces enfans s'étant présentés avec un testament pour s'emparer de l'hérédité dont lesdits héritiers étaient en possession, ceux-ci ont pu, par forme d'exception contre ce titre, proposer les faits d'après lesquels la paternité fut toujours reconnue dans le droit, et demander à prouver le vice de la naissance desdits enfans; que c'est ainsi que, sous l'ancienne législation, quoiqu'il fût interdit à des collatéraux de prouver l'adultère directement, et que l'action n'en appartînt qu'au mari, néanmoins les collatéraux étaient reçus à le prouver par exception, lorsqu'il s'agissait de repousser une libéralité faite à leur préjudice, suivant que l'établit M. Merlin, en ses *Questions de droit*, au mot *Adultère;*

» Que, dans le fait, les enfans naturels de la Lemur sont les agresseurs dans la cause; et que c'est sur la demande formée par Françoise Lemur, leur mère et tutrice, en délaissement de la succession de François Dubois, fondée sur le testament du 17 fructidor an 12, que les héritiers Dubois ont opposé l'incapacité desdits enfans, comme étant les fruits de l'adultère dudit François Dubois, et ont offert de prouver le vice de leur naissance; que ces héritiers ont ensuite, pour mieux repousser l'action dont il s'agit, demandé, par action particulière, la nullité dudit testament, mais que cette défense est toute de droit naturel;

» Que, si, suivant l'art. 325 du Code civil, on peut repousser, en prouvant qu'il est adultérin, l'enfant qui, né de père et mère inconnus, aspire au titre d'enfant légitime, il semble qu'à plus forte raison, celui qui, sous le prétexte que son père n'est pas connu, veut, à l'aide d'une donation ou testament, s'emparer de toute une succession, peut être écarté par la preuve que le donateur est son père naturel ou adultérin;

» Que l'art. 339, au chapitre *des enfans naturels*, en autorisant tous les intéressés à contredire la reconnaissance du père et de la mère, donne encore les moyens d'établir, ou que l'enfant reconnu a un autre père, ou qu'au lieu d'être simplement enfant naturel, il est enfant adultérin; en sorte que l'intérêt des tiers est toujours ménagé, et qu'il n'est pas vrai de dire que, pour tous les cas, hors celui d'enlèvement, la paternité ne puisse être recherchée;

» Que le même article autorise aussi les intéressés à contester toute réclamation de la part de l'enfant naturel; qu'une multitude d'intérêts qu'il a été impossible de prévoir et de désigner, ont nécessité, suivant le rapport du tribun Duveyrier, cette disposition générale, et que, par sa généralité même, elle conduit à décider qu'indépendamment de tous les moyens ci-dessus, on pourrait prouver que celui qui réclame au titre de simple enfant naturel, est réellement adultérin; et, par suite, que celui qui est dit né de père inconnu, avait pour père naturel ou adultérin, celui qui a disposé en sa faveur de toute sa succession;

» Que le même orateur a bien pressenti cette conséquence, en recommandant une sage circonspection aux tribunaux pour le cas où un enfant naturel étant reconnu par un père libre, on voudrait prouver qu'il est entaché d'adultère du côté de sa mère non désignée dans l'acte de naissance; qu'il faudrait en effet des circonstances bien impérieuses pour flétrir la mémoire d'une femme mariée, qui aurait joui d'une réputation sans tache, et qui n'aurait laissé à sa famille que d'heureux souvenirs; mais que, dans l'espèce, il ne s'élève point de combat entre la bienséance et l'utilité publique; l'épouse de François Dubois est décédée avant lui; il n'a point laissé d'enfans légitimes; et il ne s'agit de relever aucun fait nouveau, puisqu'il a été articulé, et qu'il n'a point été désavoué par la Lemur, que, depuis vingt-cinq ans, il vivait en concubinage avec elle Françoise Lemur; et ses enfans n'ont d'ailleurs aucun caractère pour défendre l'honneur de François Dubois; qu'ainsi, de cet article du Code civil il résulte à la fois qu'on peut prouver le vice de la naissance des enfans de la Lemur, qui réclament l'hérédité de François Dubois, et que les héritiers collatéraux de celui-ci sont recevables à faire cette preuve;

» Que lorsque l'art. 340 dit que la recherche de la paternité est interdite, si ce n'est au cas d'enlèvement, il en résulte bien clairement que, hors ce cas, personne ne peut prétendre que celui qui jouit du nom et des avantages attachés à la qualité d'enfant naturel d'un tel père, ne peut être attaqué directement pour lui faire perdre ce nom et cet avantage; mais qu'il n'en résulte pas que, lorsqu'un enfant qui est né de père inconnu, vient réclamer une hérédité à l'aide d'une donation ou testament, on ne puisse combattre sa réclamation; qu'indépendamment des dispositions de l'art. 339 et des autres exceptions qui dérivent du Code même, la preuve de son incapacité peut être admise par exception à sa demande; et que, dès-lors, on peut l'établir lorsque les faits dont on demande à faire preuve, sont de nature à entraîner la conviction; que cette preuve doit être permise surtout lorsque, comme dans l'espèce, toute reconnaissance étant interdite à François Dubois, il ne peut exister de preuve positive par écrit du vice de la naissance de ces enfans; qu'elle doit être permise lorsqu'il s'agit de se garantir des coups que les enfans dont il s'agit, veulent porter aux héritiers légitimes; qu'on ne peut enlever à ces derniers ce genre de défense naturelle, quoiqu'il réfléchisse sur l'honneur de la naissance desdits enfans;

» Qu'admettre le système de Françoise Lemur, ce serait anéantir cette prévoyance du Code civil, qui, à l'égard des enfans naturels ordinaires, prescrit le mode de reconnaissance, parce que le père qui, sans faire de reconnaissances, pourrait donner plus ou moins que ce que veut la loi, choisirait toujours ce dernier parti comme plus favorable à la liberté de disposer, de manière que la fraude serait sans cesse en action; il y a mieux : l'état des enfans naturels ordinaires serait compromis. Pour se ménager la faculté de disposer, le père différerait de les reconnaître, et souvent il serait surpris par la mort sans avoir disposé;

» Que la preuve de l'incapacité des enfans naturels de Françoise Lemur, par exception à leur demande, donne à l'art. 762, qui n'accorde que des alimens à l'enfant adultérin, un effet qu'il serait trop difficile de trouver en d'autres cas; et qu'elle se concilie parfaitement avec l'art. 342, qui interdit à l'enfant adultérin seulement la recherche de la paternité;

» Qu'enfin, dans le doute, il conviendrait de

se déterminer dans l'intérêt de la morale publique, qui, pour l'honneur du mariage, repousse tous les moyens directs et indirects de récompenser le crime d'adultère, en prohibant de donner aux enfans qui en sont le fruit, autre chose que des alimens;

» Que cette règle doit ici être maintenue d'autant plus sévèrement, que François Dubois ayant laissé une fortune qui, de l'aveu des parties, excède 100,000 fr., et n'ayant pour héritiers que des collatéraux, ce qui serait délaissé à ses enfans adultérins, à titre d'alimens, formerait encore un objet important;

» Sur la cinquième question, considérant que, si les enfans de Françoise Lemur sont déclarés incapables de recueillir la succession de François Dubois, les héritiers de celui-ci ont droit de faire anéantir la vente du 13 floréal an 3, en considérant Françoise Lemur comme la concubine dudit Dubois; qu'ainsi, lesdits héritiers ont à prouver 1.° les faits qui établissent le concubinage; 2.° les faits d'où peut, dans le droit, résulter la paternité; que ces faits ont d'ailleurs dans la cause une très-grande liaison entre eux;

» Qu'il est articulé que, depuis long-temps et pendant la durée de son mariage, François Dubois vivait en concubinage avec Françoise Lemur; que, pendant la vie de son épouse, il l'avait placée dans une maison dont il payait les loyers; qu'il la nourrissait et entretenait dans cette maison, et y allait lui rendre des visites fréquentes et tellement assidues, qu'il y couchait souvent; que ces faits étaient avoués par Dubois lui-même et reconnus publiquement; que c'est pendant ces fréquentations, que naquirent les deux enfans qui sont institués légataires universels dudit Dubois; les quatre autres étant décédés;

» Que ces faits sont soutenus par un commencement de preuve par écrit résultant d'une déclaration que ledit Dubois s'était fait donner par le père de ladite Lemur, le 21 janvier 1779, enregistrée le 8 février dernier, dans laquelle on voit que ce dernier s'obligeait, sous la perte de ses fonds, envers ledit Dubois, à ne point souffrir que sa fille fût renfermée; déclaration qui fait conjecturer que la famille de la Lemur sollicitait des mesures pour faire cesser son commerce scandaleux avec ledit Dubois; que l'écriture et signature de cette déclaration, surabondante dans la cause, n'ont été déniées dans aucune écriture signifiée;

» Qu'il est aussi articulé qu'après la mort de Françoise Desjobert, sa femme, ledit Dubois rappela et reçut dans sa propre maison ladite Lemur et ses deux enfans naturels; que, depuis cette époque, il a nourri et entretenu chez lui la mère et les deux enfans; qu'il a reconnu, par ses propos, par ses actions extérieures et par ses soins, que ces deux enfans étaient provenus de ses fréquentations avec Françoise Lemur; qu'il leur donnait familièrement le nom de ses enfans, et que ceux-ci le traitaient du nom de père; qu'il les a placés dans différentes écoles pour leur éducation, et payé les frais de pension; que, dans les derniers momens de sa vie, il ne cessait de demander des conseils sur les moyens d'assurer à ces enfans toute sa fortune, et de faire un sort avantageux à leur mère;

» Que les faits de cette nature furent toujours admis pour prouver la paternité, lorsqu'il y eut lieu de le faire; qu'il y a ici *nomen, tractatus et fama;* et que le Code s'en tient lui-même à des faits graves pour établir la filiation de celui qui aspire au titre d'enfant légitime;

» Que, suivant M. d'Aguesseau, en son trente-quatrième plaidoyer, la voix de la nature s'explique par les circonstances de l'éducation comme par celle de la naissance, et que, puisqu'elle est appelée par plusieurs auteurs une seconde naissance, on présume toujours que celui qui a donné la seconde avec tant d'affectation, a été constamment l'auteur de la première;

» Qu'ici, les présomptions seraient fortifiées par les premiers faits relatifs au concubinage; mais qu'on peut dire encore que François Dubois a, sous quelque rapport, trahi dans son testament le sentiment de la paternité qu'il voulait cacher; qu'il y déclare en effet le jour de la naissance de chacun des enfans qu'il veut gratifier: notes minutieuses, qu'un étranger ne conserve pas. Il déclare encore que ces deux enfans ont perdu leur père, mais comment connaissait-il ce père, dès que les actes de naissance portent que le père était inconnu? Et si ce n'était lui-même, il faudrait dire que Dubois était simplement le confident et le protecteur de la débauche de Françoise Lemur; mais cette odieuse supposition ne peut être admise d'après tous les faits articulés, en sorte que le testament lui-même offre un moyen de plus pour autoriser la preuve desdits faits;

» La cour joint les appels; et avant faire droit sur iceux, autorise les héritiers Dubois à faire preuve, dans le délai de la loi, — 1.° Que, depuis long-temps, pendant la durée de son mariage, François Dubois vivait en concubinage avec Françoise Lemur; — 2.° Que, pendant la vie de l'épouse dudit Dubois, il avait placé la dite Lemur dans une maison dont il payait les loyers; qu'il la nourrissait et entretenait dans cette maison; — 3.° Qu'il allait lui rendre, dans ladite maison, de fréquentes visites, et tellement assidues, qu'il y couchait souvent; — 4.° Que tous ces faits de fréquentation étaient avoués par Dubois lui-même, et reconnus publiquement; — 5.° Que c'est pendant le temps des ces assiduités notoires, que naquirent les deux enfans qui sont institués légataires universels de François Dubois; — 6.° Que, d'abord après la mort de Françoise Desjobert, son épouse, ledit Dubois appela et reçut dans sa propre maison, ladite Françoise Lemur, et ses deux enfans naturels; — 7.° Que, depuis cette époque, il a nourri et entretenu chez lui la mère et ses deux enfans; — 8.° Qu'il a reconnu par ses propos, par ses actions extérieures et par ses soins, que ces deux enfans étaient provenus de ses fréquentations avec la fille Lemur; — 9.° Qu'il leur donnait familièrement le nom de ses enfans, et que ceux-ci le traitaient du nom de père; — 10.° Qu'il les a placés dans différentes écoles pour leur éducation, et payé les frais de pension; — 11.° Que, dans les derniers ans de sa vie, il ne cessait de demander des conseils sur les moyens d'assurer à ses enfans sa fortune, et de faire un sort avantageux à leur mère; — La preuve contraire réservée à Françoise Lemur, au nom qu'elle procède ».

Le 2 décembre de la même année, la cour de Limoges rend, en ces termes, son arrêt définitif :

« 1.° L'enquête faite à la requête des héritiers Dubois dans les formes prescrites par l'ordonnance de 1667, est-elle valable?

» 2.° Dans l'affirmative, résulte-t-il des enquêtes la preuve du concubinage adultérin de François Dubois avec Françoise Lemur, à l'époque du contrat du 13 floréal an 3, contenant vente du domaine de Laborde?

» 3.° Ces enquêtes contiennent-elles la preuve de faits d'où puisse résulter, dans le droit, que les enfans en faveur desquels François Dubois a fait son testament, sont les enfans adultérins dudit Dubois?

» 4.° Si le legs est déclaré nul, les enfans naturels ont-ils droit à des alimens contre les appelans, encore que lesdits enfans fussent devenus propriétaires de la moitié de l'hérédité par l'effet du désistement d'appel de Barthelemi et Jeanne Auclerc; et en quoi devraient consister ces alimens?

» 5.° La vente faite au profit de Françoise Lemur personnellement doit-elle être anéantie pour le tout, ou seulement réduite dans ses effets?

» Sur la première question, considérant... ;

» Sur la seconde question, considérant qu'il n'a jamais été contesté que, depuis que la Lemur a quitté la maison de son père, jusqu'au décès de l'épouse dudit Dubois, elle a demeuré à Saint-Dizier; mais que, suivant les déclarations des premier et dix-huitième témoins de l'enquête, elle y était logée aux frais dudit Dubois;

» Que c'est ce dernier qui y fit conduire les meubles qui étaient nécessaires, suivant la déclaration du seizième témoin, et même du vivant du père de ladite Lemur;

» Que, d'après les déclarations des dixième et treizième témoins de l'enquête, Dubois, pendant la vie de son épouse, tenait la Lemur à Saint-Dizier, et lui fournissait, ainsi qu'à ses deux enfans, tous les moyens d'existence;

» Que les fréquentations de Dubois avec la Lemur dataient de bien loin, d'après l'écrit du 21 janvier 1779 dont il est parlé dans les motifs donnés sur la cinquième question de l'arrêt de 31 mars dernier, et le quatorzième témoin de l'enquête; en sorte que ces fréquentations dataient de dix-huit ans avant la mort de l'épouse dudit Dubois;

» Qu'il est aussi établi que, pendant lesdites fréquentations, Dubois passait plusieurs jours à Saint-Dizier et même les nuits, suivant les premier, second, troisième, onzième, treizième, quatorzième et quinzième témoins de l'enquête. Les uns tiennent de lui qu'il avait des fréquentations criminelles avec la Lemur. On l'a vu couché dans le lit de la Lemur. D'autres témoins ont déclaré qu'il y passait souvent les jours et les nuits; il y mettait si peu de mystère, suivant le septième témoin de l'enquête, que, lorsqu'il était à Saint-Dizier, il disait : *Je viens voir ma femme de contrebande* ;

» Qu'ainsi, soit d'après lesdites dépositions, soit d'après les autres énoncées dans les enquêtes, les premier, second, troisième et quatrième faits admis en preuve par l'arrêt du 31 mars dernier, sont complettement établis ;

» Qu'il résulterait encore au besoin de ladite enquête, que réellement la vente du 13 floréal an 3 était simulée : car il dit au quinzième témoin, qu'il n'avait déjà que trop donné à la Lemur, en lui faisant don de son domaine de Laborde ; et que, s'il lui en donnait davantage, elle se marierait et laisserait leurs enfans sans pain. Il tint les mêmes propos au dix-neuvième témoin qui lui disait qu'ayant déja donné un domaine à la Lemur, il pouvait en vendre un autre pour qu'elle en touchât le prix ;

» Qu'ainsi, en se rattachant aux motifs donnés sur la seconde question de l'arrêt du 31 mars dernier, l'acte de vente du 13 floréal an 3 doit être annullé ;

» Sur la troisième question, considérant qu'en rapprochant les actes de naissance des enfans dont il s'agit, du résultat des enquêtes, on voit qu'ils sont nés pendant le commerce adultérin de Dubois avec la Lemur ; qu'il paraît même, suivant le second témoin, que l'objet de ses fréquentations avec ladite Lemur, avait été, d'après les propos de Dubois, d'avoir des enfans avec la Lemur, attendu que son mariage avait été stérile. Il fit même à Saint-Dizier, suivant le treizième témoin, un festin pour célébrer la naissance d'un desdits enfans ;

» Considérant qu'il a toujours été convenu, qu'après la mort de Françoise Desjobert, épouse de Dubois, ce dernier reçut dans sa maison Françoise Lemur et ses deux enfans naturels ; que l'enquête établit d'ailleurs positivement ce fait; que l'enquête établit encore que, depuis cette époque, il a nourri et entretenu la Lemur et ses deux enfans.

» Dubois faisait manger lesdits enfans à sa table, suivant le neuvième et dernier témoin de l'enquête, et le dixième témoin de la contre-enquête. Il appelait les enfans de la Lemur ses enfans ou sa petite contrebande; presque tous les témoins le déclarent. Il les appelait ses enfans, pendant la vie de son épouse, suivant le cinquième témoin. *Voici mes enfans de contrebande,* disait il au septième témoin. Il se faisait appeler par eux du nom de père, suivant le neuvième témoin. Ces enfans l'appelaient leur père, il les appelait ses enfans ou sa petite contrebande, suivant les onzième, douzième, quatorzième, quinzième, seizième, dix-septième et dix-neuvième témoins.

» Le même fait résulte des dépositions des troisième, seizième, dix-huitième et vingtième témoins de la contre-enquête.

» Dubois traitait lesdits enfans comme les siens; c'était lui qui payait les pensions et frais d'éducation, suivant les premier, troisième, quatrième, sixième, dixième, onzième et quinzième témoins de l'enquête; les quatrième et sixième témoins expliquent même comment quelques quittances données à Dubois, ont été ensuite changées et données au nom de la Lemur.

» Tout ce qui caractérise particulièrement le sentiment qu'avait Dubois sur sa paternité, c'est l'inquiétude où il était de ne pouvoir valablement disposer en leur faveur. Il disait souvent en pleurant, d'après le cinquième témoin: *Si la mort me surprend, que deviendra ma petite contrebande? Il faut que je prenne des précautions pour lui assurer du bien.* Cette inquiétude l'accompagna jusqu'au tombeau. Le jour même de sa mort, il fit appeler le huitième témoin, pour lui recommander les deux enfans de la Lemur, comme étant les siens; il pria même le témoin de les concilier sur sa succession avec sa famille. Le quinzième témoin a aussi déclaré que Dubois lui avait souvent témoigné, en pleurant, la peine qu'il avait de voir que les avocats qu'il avait consultés, ne s'accordaient pas sur les moyens à prendre pour faire un sort aux enfans de la Lemur, qu'il appelait ses pauvres enfans.

» Le premier témoin a déclaré l'avoir accompagné à Gueret, plusieurs fois, chez deux jurisconsultes qu'il consultait sur les moyens de disposer en faveur desdits enfans; mais ces jurisconsultes ne trouvaient d'autres moyens que la vente.

» Le deuxième témoin a lu un mémoire à consulter que Dubois avait fait rédiger sur les moyens de transmettre sa fortune aux enfans de ladite Lemur; et ils y étaient désignés comme les enfans adultérins dudit Dubois. Il dit au troisième témoin, qui le croyait indisposé: *Je ne suis point malade, mais j'ai des inquiétudes;* et lui dit qu'il venait de Gueret, pour consulter des jurisconsultes; qu'il avait fait trois projets d'acte pour faire passer son bien à ses enfans, en montrant ceux de la Lemur, et qu'on n'en avait pu trouver encore aucun de bon, quoique ce fussent bien ses enfans, et qu'il les reconnût pour tels. Les neuvième, dixième et onzième témoins ont aussi déclaré avoir connaissance de ces mouvemens et consultations. Dubois trouvait étrange de ne pouvoir donner son bien à ses propres enfans.

» Cependant il se trouva un avocat qui rédigea le projet du testament qui fait l'objet de la contestation. Dubois lui-même en fit l'aveu à Reynaud, cinquième témoin. Le seizième de la contre-enquête, a déclaré tenir du notaire même qui a reçu ce testament, qu'il avait été fait d'après le projet d'un avocat, que ledit témoin et le cinquième désignent; et d'après cette rédaction étrangère et les précautions que l'on prenait pour masquer le mensonge, il n'est pas surprenant que l'on ait fait dire, dans le testament du 17 fructidor an 12, que le père desdits enfans était décédé.

» La Lemur elle-même, suivant le premier témoin, s'était souvent plainte de ce que Dubois ne faisait point de dispositions pour assurer sa fortune à leurs enfans.

» Qu'ainsi, les cinquième, sixième, septième, huitième, neuvième, dixième et onzième faits admis en preuve par l'arrêt du 31 mars 1808, sont complettement établis;

» Que ces faits fortifiés en partie par la contre-enquête de Françoise Lemur, ne sont pas détruits par les témoignages de quelques témoins d'après lesquels Françoise Lemur a voulu établir sa prostitution envers d'autres personnes; que lesdits témoins, et notamment les neuvième, onzième et douzième de la contre-enquête, en parlant des fréquentations de la Lemur avec le nommé B., disent que ce B. avait été désigné pour le service de la patrie; qu'il avait déserté, et qu'il venait se retirer chez ladite Lemur; et que c'est pendant ledit temps que sont nés lesdits enfans; mais que l'acte de naissance de Silvain, l'un desdits enfans, ayant pour date le 20 mars 1790, c'est-à-dire, étant antérieur de plusieurs années à toute mesure de réquisition ou conscription pour les armées, il en résulte que lesdits témoins n'ont point dit la vérité relativement audit B.; qu'on pourrait faire aussi des rapprochemens qui mettraient lesdits témoins en opposition sur l'époque de la prétendue désertion de B. et la naissance et la conception du second enfant; mais qu'au surplus, aucun témoin ne dépose qu'il y ait eu, entre les enfans dont il s'agit et le prétendu B., ces rapports d'où puisse s'induire, dans le droit, la paternité; et qu'enfin, il n'y avait pas à s'occuper de ce B. dans les enquêtes, d'après l'arrêt du 31 mars dernier;

» Qu'en rapprochant le résultat des enquêtes, des motifs de l'arrêt du 31 mars dernier, et particulièrement de ceux donnés sur la cinquième question y énoncée, il y a lieu de décider que le legs universel apposé au testament du 17 fructidor an 12, doit être annullé, comme fait en faveur d'enfans adultérins;

» Sur la quatrième question, considérant que les alimens ne sont dus qu'au besoin; et que les enfans dudit Dubois se trouvant propriétaires de la moitié de tous ses biens, au moyen de l'acquiescement donné aux jugemens dont est appel, par une des branches de l'hérédité, ils n'ont point le droit de réclamer des alimens en vertu de l'art. 762 du Code civil; car ils ont déjà, dans la succession, une portion égale à celle des appelans contre lesquels ils demandent une quotité de biens à titre d'alimens; que Françoise Lemur, tant en son nom que comme tutrice, a évalué elle-même dans ses imprimés, la fortune de François Dubois, à 100,000 francs; que l'extrait des contributions prouve en effet que cette fortune est considérable, de manière que la moitié d'icelle étant dévolue aux enfans adultérins dudit Dubois, comme il est dit ci-dessus, ils se trouvent, par leur état d'aisance, sans besoin de pension alimentaire;

» Que cependant on peut, sans inconvénient, leur laisser les fruits qu'a perçus Françoise Lemur de l'hérédité depuis le décès de François Dubois; que le capital de ces fruits serait seul susceptible de donner les moyens d'une pension alimentaire suffisante, de manière qu'à ce nouveau titre, il n'y aurait à accorder aux enfans dont il s'agit, aucune autre pension alimentaire;

» Sur la cinquième question, considérant que la cour s'est réservé, par les motifs donnés sur la seconde question de l'arrêt du 31 mars dernier, d'examiner si, après avoir décidé en principe, que l'acte de vente du 13 floréal an 3 était nul, comme contenant une libéralité déguisée, il n'y aurait pas lieu à réduire simplement cette libéralité; mais que, d'une part, Françoise Lemur se trouve propriétaire de la moitié dudit domaine, par l'effet de l'acquiescement donné aux jugemens dont est appel, par une partie des héritiers Dubois; que, d'une autre part, sa vie licencieuse dont elle-même a fait preuve, ne mérite aucune faveur; que cependant on peut, par humanité, la dispenser du rapport des fruits de la moitié dudit domaine revenant aux appelans, et qu'elle a perçus depuis le décès de François Dubois;

» La cour, sans s'arrêter ni avoir égard à la demande en nullité contre l'enquête des parties de Mounier (les sieurs Dubois), dans laquelle demande la partie de Mestadier (Françoise Lemur) est mal fondée et non-recevable; faisant droit sur les appels, met les appellations et ce dont est appel au néant; émendant, déclare nul et de nul effet, dans l'intérêt des parties de Mounier, le contrat du 13 floréal an 3, qualifié de contrat de vente du domaine de Laborde; déclare pareillement nul et de nul effet le legs universel ou institution d'héritier porté au testament de François Dubois, du 17 fructidor an 12, en faveur des deux enfans naturels de Françoise Lemur, comme étant lesdits légataires enfans adultérins dudit François Dubois; renvoie lesdites parties de Mounier, en qualité d'héritiers légitimes, pour une moitié, dudit François Dubois, en possession de la moitié de tous les biens, meubles et immeubles de ladite hérédité; ordonne en conséquence qu'il sera fait partage, entre ladite Françoise Lemur, en son nom personnel et les parties de Mounier, du domaine de Laborde compris dans l'acte de vente du 13 floréal an 3, pour en être délaissé moitié à ladite Lemur, à cause de l'acquiescement donné aux jugemens dont est appel, par une partie des héritiers dudit Dubois, et l'autre moitié être distribuée aux parties de Mounier; — Ordonne pareillement qu'il sera fait partage, entre ladite Lemur, comme tutrice et les parties de Mounier, des autres biens de l'hérédité de François Dubois, pour en être délaissé moitié à ladite Lemur, audit nom, d'après l'acquiescement ci-dessus énoncé d'une partie desdits héritiers Dubois, et l'autre moitié être attribuée aux parties de Mounier; à l'effet de quoi, Ladite Lemur, audit nom de tutrice, rapportera l'inventaire qu'elle a fait faire des meubles et effets dudit Dubois; — Dispense néanmoins ladite Lemur, en son nom personnel, du rapport des fruits qu'elle a perçus jusqu'à ce jour; et, soit d'après le capital que peut donner la perception desdits fruits, soit d'après la circonstance que les enfans naturels de ladite Lemur se trouvent propriétaires de la moitié de l'hérédité de François Dubois, déclare qu'il n'y a lieu à attribuer aucune autre chose, à titre d'alimens, auxdits enfans adultérins; sur le surplus des demandes des parties, les met hors de cour; compense tous les dépens, sauf le coût de l'arrêt, qui est à la charge de ladite Françoise Lemur..... ».

Françoise Lemur, tant en son nom privé qu'en sa qualité de tutrice, se pourvoit en cassation contre cet arrêt et contre celui du 31 mars 1808.

« La cour d'appel de Limoges (ai-je dit à l'audience de la section civile, le 14 mai 1810), a-t-elle violé la loi, d'abord, en admettant les défendeurs à prouver que les enfans de Françoise Lemur étaient nés d'un commerce adultérin entre cette femme et François Dubois;

ensuite, en jugeant, d'après les preuves rapportées par les défendeurs, que François Dubois était en effet le père des enfans de Françoise Lemur, et qu'en conséquence, il n'avait pas pu les instituer ses légataires universels? A-t-elle violé la loi, en jugeant que la vente du 13 floréal an 3 était une donation simulée, et que cette donation était nulle, parce que, à l'époque où elle avait été faite, Françoise Lemur vivait en concubinage avec François Dubois? Telles sont les deux questions que cette affaire présente à l'examen de la cour.

» Toutes deux sont importantes; mais la seconde l'est beaucoup moins que la première: purement transitoire, elle ne peut plus renaître qu'au sujet des actes de libéralité faits, comme la donation prétendue dont il s'agit, avant le Code civil, parce que le Code civil n'ayant pas prohibé les donations entre concubinaires, les a par cela seul autorisées; au lieu que la première dérivant des dispositions du Code civil lui-même, est de nature à se reproduire tous les jours; et qu'à ce titre, elle intéresse, non-seulement la France entière, non-seulement la grande partie de l'Europe que le Code civil régit actuellement, mais encore les générations futures, comme la génération présente, de l'une et de l'autre.

» C'est déjà pour nous une raison suffisante, d'appeler d'abord votre attention sur la seconde, afin de pouvoir ensuite la reporter et la concentrer entièrement sur la première; mais un autre motif nous y détermine encore: c'est que peut-être trouverez-vous, après avoir bien médité celle-là, que sa solution, dans l'espèce particulière qui vous est soumise, dépend, en dernière analyse, de celle-ci.

» Pour savoir si la cour de Limoges a ou n'a pas violé la loi, en déclarant nul l'acte du 13 floréal an 3, quatre points sont à examiner: 1.° à l'époque où a été passé cet acte, les concubinaires pouvaient-ils disposer gratuitement de leurs biens au profit les uns des autres? 2.° Est-ce par la loi du temps où il a été passé, est-ce par la loi du temps où est mort François Dubois, que doit être déterminée la capacité des parties entre lesquelles il a été fait? 3.° Cet acte que les parties avaient qualifié de *vente*, et qui en avait toutes les formes extérieures, a-t-il pu, sur le fondement que François Dubois et Françoise Lemur vivaient ensemble dans le concubinage, être jugé ne renfermer qu'une donation simulée? 4.° Les défendeurs ont-ils pu être admis à la preuve que Françoise Lemur avait vécu, avant et après cet acte, en concubinage avec François Dubois?

» Sur le premier point, nulle difficulté.

» Il est vrai que les lois romaines permettaient les donations entre concubinaires; mais long-temps avant la loi du 17 nivôse an 2, l'usage général de la France avait, à cet égard, dérogé à leurs dispositions; et cet usage avait été converti en loi par l'art. 132 de l'ordonnance du mois de janvier 1629, lequel déclarait *toutes donations faites à concubines nulles et de nul effet.*

» Il est vrai encore que le parlement de Paris, quoiqu'il eût enregistré l'ordonnance de 1629 dans un lit de justice, affecta long-temps de ne pas la reconnaître pour loi; et que plusieurs de ses dispositions n'y furent jamais observées.

» Et si l'on pouvait conclure de là que les donations entre concubinaires étaient autorisées dans le ressort du parlement de Paris, il n'y a nul doute que la prétendue donation faite à Françoise Lemur, le 13 floréal an 3, ne fût à l'abri de toute atteinte, puisque c'était au parlement de Paris que ressortissait la ci-devant province de la Marche, dans laquelle étaient domiciliées les parties qui ont stipulé dans l'acte dont il s'agit, dans laquelle aussi est situé le bien qui a fait la matière de cet acte.

» Mais il s'en faut beaucoup que l'on puisse tirer une pareille conséquence de la manière dont l'ordonnance de 1629 a été enregistrée au parlement de Paris; et nous n'avons besoin, pour nous en convaincre, que de rappeler les arrêts que le parlement de Paris a rendus sur la question de la validité ou de l'invalidité des donations entre personnes vivant dans le concubinage.

» Ces arrêts se rapportent à trois époques différentes: il y en a d'antérieurs à l'ordonnance de 1629; il y en a qui ont suivi de près cette ordonnance; il y en a enfin qui l'ont suivie de très-loin.

» Avant l'ordonnance de 1629, le parlement de Paris a quelquefois maintenu des donations faites entre concubinaires; et c'est ce qu'il a fait notamment par un arrêt du 18 février 1610, rendu sur les conclusions de M. l'avocat-général Lebret, et rapporté par ce magistrat dans son Recueil de *décisions*, liv. 1, §. 12. — Mais quelquefois aussi il les a réduites à de simples alimens. Témoin l'arrêt prononcé en robes rouges, le 14 août 1582, et rapporté par Montholon, §. 14. — Et le plus souvent il les déclarait purement et simplement nulles. Témoins les arrêts du 5 avril 1599, rapportés par Brodeau sur Louet, lettre D, §. 43; et du 4 août 1628, rapporté dans le Journal des audiences.

» La seconde époque nous offre les mêmes variations. — D'un côté, Lemaitre, dans son troisième plaidoyer, cite un arrêt du 1.er juillet 1630 qui confirme une donation entre concubinaires. — De l'autre, Bardet, tom. 1, liv. 3, chap. 71, en rapporte un du 13 décembre 1629, qui, sur les conclusions de M. l'avocat-général Bignon, la réduit à une pension alimentaire.

» La troisième époque nous présente quatre arrêts qui jugent, savoir, deux des 4 mars 1727 et 7 juin 1737, que la donation faite à une concubine, est nulle, et doit être entièrement anéantie, lorsque la donataire n'a pas d'action en dommages-intérêts à exercer contre le donateur; et deux des 17 et 28 mars 1730, que, dans le cas contraire, la concubine peut, à la vérité, recevoir des alimens; mais que, si la donation excède le taux des alimens, elle doit y être réduite (1).

» Et c'est assez dire que, dans son dernier état, la jurisprudence du parlement de Paris était conforme au texte, comme au véritable esprit de l'art. 132 de l'ordonnance de 1629.

» Vainement au surplus soutient-on ici, pour Françoise Lemur, que cet article et la jurisprudence qui s'y rattachait, avaient été abrogés par la loi du 17 nivôse an 2.

» Pour la validité d'une donation, le concours de quatre conditions est nécessaire : la première, que la chose donnée soit disponible; la seconde, que le donateur soit capable de donner; la troisième, que le donataire soit capable de recevoir; la quatrième, que l'acte contenant la donation soit revêtu de certaines formes.

» De ces quatre conditions, la loi du 17 nivôse an 2 a bien réglé la première, en réduisant la faculté de disposer au dixième des biens pour le donateur qui aurait des enfans, et au sixième, pour le donateur qui n'aurait que des ascendans ou des collatéraux.

» Elle a bien aussi réglé la seconde et la troisième, c'est-à-dire, la capacité de donner et de recevoir, quant aux époux.

» Mais elle s'est tue complettement et sur la seconde et sur la troisième, quant aux donateurs et donataires non mariés; et sur la quatrième, c'est-à-dire, sur les formes des donations, quant aux donateurs et donataires de toutes les classes.

» Et sans doute, il résulte de là que, sur la capacité de donner et de recevoir entre personnes non mariées, comme sur les formes essentielles aux donations, la loi du 17 nivôse an 2 s'est référée aux anciennes lois.

» Prétendre qu'elle a, par son seul silence, aboli les incapacités de recevoir prononcées par les anciennes lois, c'est prétendre, en d'autres termes, qu'elle a aussi, par son seul silence, aboli les incapacités de donner que les anciennes lois avaient établies; qu'elle a aussi, par son seul silence, dégagé les donations de toutes les formes que les anciennes lois avaient prescrites pour leur validité.

» C'est, par conséquent, prétendre que, sous la loi du 17 nivôse an 2, un mineur, un interdit, pouvaient donner entre-vifs, c'est-à-dire, aliéner sans retour, la portion de leurs immeubles que cette loi déclarait disponibles.

» C'est, par conséquent, prétendre que, sous la loi du 17 nivôse an 2, un homme mort civilement pouvait, par un testament ou par un codicille, disposer, soit du dixième, soit du sixième de ses biens.

» C'est, par conséquent, prétendre que, sous la loi du 17 nivôse an 2, les donations entre-vifs et les dispositions à cause de mort étaient affranchies de toute espèce de formalités.

» Et si le bon sens repousse ces conséquences, si vous les avez constamment proscrites par vos arrêts, comment peut-on soutenir ici, que l'incapacité de recevoir attachée par les anciennes lois au concubinage, avait été abolie par la loi du 17 nivôse an 2?

» Serait-ce parce que les lois du 4 juin 1793 et 12 brumaire an 2 avaient admis les enfans naturels à la succession de leurs pères et de leurs mères?

» Mais qu'a de commun, le droit de successibilité accordé par ces lois aux enfans naturels, avec l'incapacité de donner et de recevoir dont leurs pères et leurs mères étaient frappés par les anciennes lois?

» Les lois des 4 juin 1793 et 12 brumaire an 2 n'ont admis les bâtards à succéder, que parce qu'ils n'étaient pas coupables du vice de leur naissance; que parce qu'on ne pouvait pas leur reprocher les fautes de leurs pères et mères; que parce que toute faute étant personnelle, il a paru au législateur, que la peine devait l'être également. Comment donc pourrait-on raisonnablement inférer de ces lois, que, dès le moment où elles ont été publiées, les concubinaires ont été dégagés, l'un envers l'autre, des liens de l'incapacité dans laquelle la législation les avait jusqu'alors placés? Pour faire admettre une pareille conséquence, il faudrait aller jusqu'à dire que ces lois ont effacé, relativement aux concubinaires entre eux, ce qu'il y avait d'illicite, de répréhensible dans leur commerce; il faudrait aller jusqu'à dire qu'en mettant les bâtards à l'abri de tous les reproches que la haine de l'inconduite de leurs pères et mères avait précédemment fait étendre jusqu'à eux, elles ont voulu déclarer leurs pères et mères eux-mêmes irréprochables; il faudrait aller jusqu'à dire qu'elles ont légitimé le concubinage, et qu'elles l'ont élevé à la dignité de l'union la plus sacrée. — Mais ce qui prouve bien que telle n'a pas été leur intention, c'est que la loi du 17 nivôse, qui les a suivies de si près, n'a pas rendu commune aux concubinaires, la faculté accordée aux *époux*, de s'avantager, soit par donation entre-vifs, soit par testament.

» Tenons donc pour bien constant qu'à l'époque où a été passé l'acte par lequel François Dubois a transporté son domaine de Laborde à

(1) *V.* l'article *Concubinage*, n. 2.

Françoise Lemur, c'est-à-dire, le 13 floréal an 3, Françoise Lemur ne pouvait, si alors elle vivait avec lui en concubinage, recevoir de lui aucune espèce de donation.

» Mais François Dubois n'est pas mort à cette époque; il n'est mort qu'en 1804, sous l'empire du Code civil, et conséquemment après l'abolition de l'incapacité dont les anciennes lois frappaient les concubinaires, de se faire réciproquement des donations; et dès-là, ne devons-nous pas regarder la prétendue donation faite par François Dubois à Françoise Lemur, même en supposant qu'ils aient vécu ensemble dans le concubinage, comme purgée de son vice originaire? C'est le second point que nous avons à discuter.

» Ricard, part. 1, n. 791, demande *à quel temps il faut avoir égard pour établir les incapacités de donner et de recevoir;* et voici sa réponse : « Pour ce qui concerne la donation » entre-vifs, cette question est fort facile à résoudre; parce que le donateur étant obligé de » se dessaisir dans le même temps qu'il donne, et » la tradition étant de l'essence de la donation, » elle est exécutée sitôt qu'elle est accomplie » en sa forme; si bien que, n'y ayant qu'un » temps à considérer, il n'y a point de doute » qu'il est nécessaire que le donateur soit lors » capable de donner, et le donataire capable » de recevoir ».

» Il y a même un arrêt de la section des requêtes, du 8 ventôse an 13, qui confirme positivement cette doctrine. Le sieur Lafaye attaquait un arrêt de la cour d'appel de Bordeaux, qui avait annullé une donation entre-vifs, sur le fondement qu'à l'époque où l'acte avait été passé, le donataire était incapable de recevoir, quoique son incapacité eût cessé depuis; et son recours a été rejeté, au rapport de M. Vallée, « attendu qu'en jugeant qu'un » individu qui reçoit à titre de donation entre-» vifs, pour être capable de recevoir à ce titre, » doit avoir la capacité au moment de la dona-» tion, et qu'il ne peut l'acquérir par la suite, » la cour d'appel de Bordeaux s'est conformée » aux principes de la matière et aux dispositions » du statut local.... ».

» Si donc c'est comme une donation entre-vifs que doit être considérée celle que la cour de Limoges a jugé être renfermée dans l'acte du 13 floréal an 13, il est clair que, pour juger de la validité de cette donation, nous ne devons consulter que la loi du temps où elle a été faite; il est clair par conséquent que nous devons regarder cette donation comme nulle.

» Or, quel doute peut-il y avoir que cette donation, si véritablement c'en est une, ne soit une donation entre-vifs? Il n'y en a évidemment aucun.

» Peu importe en effet que cette donation soit déguisée sous la forme extérieure d'une vente. La vente est, comme la donation entre-vifs, un contrat proprement dit; elle est, comme la donation entre-vifs, irrévocable; elle est, comme la donation entre-vifs, étrangère aux testamens, aux codicilles, aux dispositions quelconques à cause de mort. Une donation ne peut donc pas cesser d'être entre-vifs, par cela seul qu'elle est consignée, sous de fausses apparences, dans un acte de vente. C'est au contraire parce que le donateur a pris, pour donner, le masque d'un vendeur, qu'il est censé avoir donné entre-vifs.

» Pour qu'il en fût autrement, il faudrait que le donateur conservât, en donnant sous la forme extérieure d'une vente, la faculté de révoquer sa donation. Or, il est très-certain qu'une donation déguisée sous la forme extérieure d'une vente, n'est pas moins irrévocable, de la part du donateur, que si elle était revêtue des solennités caractéristiques des donations entre-vifs. C'est ce qu'ont jugé, même contre des concubinaires qui prétendaient avoir fait des donations simulées à leurs concubines, deux arrêts du parlement de Paris, des 31 mars 1707 et 16 octobre 1782, et un arrêt du parlement de Grenoble, de 1771 (1).

» Mais, et ici se présente le troisième point de notre discussion, la cour de Limoges a-t-elle pu, en supposant la preuve du fait du concubinage acquise par témoins, juger que l'acte du 13 floréal an 3 n'était, sous le titre de vente, qu'une donation déguisée?

» Bien sûrement, elle n'aurait pas pu le juger, d'après le seul fait du concubinage prouvé par témoins; car il n'existait, du fait du concubinage, aucun commencement de preuve par écrit; et il est de principe, c'est même le résultat nécessaire de la défense générale d'admettre, sans commencement de preuve par écrit, aucune preuve par témoins *contre ni outre le contenu aux actes;* que les contrats ne peuvent pas être jugés simulés d'après des faits dont il n'existe d'autre preuve qu'une enquête testimoniale.

» Il est également certain qu'elle n'aurait pas encore pu le juger, d'après le fait articulé par les défendeurs, que Françoise Lemur n'avait, à l'époque de l'acte du 13 floréal an 3, aucun moyen personnel d'acquitter le prix de la vente prétendue faite par cet acte; car il n'y avait, de ce fait, ni preuve par écrit, ni commencement de preuve par écrit.

» Mais ce n'est pas seulement sur ce fait, ce n'est pas seulement sur celui du concubinage, que la cour de Limoges s'est fondée dans cette

(1) *V.* l'article *Concubinage*, n. 7.

partie de son arrêt : elle s'y est encore fondée sur deux circonstances prouvées par l'acte même du 13 floréal an 3 : l'une, que cet acte n'annonce aucune numération actuelle de deniers; l'autre, que, par cet acte, François Dubois se réserve, ainsi qu'à son épouse, l'usufruit du domaine qu'il vend à Françoise Lemur. Et la question est de savoir si ces deux circonstances ont pu former, aux yeux de la cour de Limoges, une présomption assez forte, pour la déterminer à juger simulée une vente qu'elle n'aurait pas pu juger telle d'après les deux autres faits non prouvés par écrit.

» Cette présomption est-elle du nombre de celles que la loi qualifie de *présomptions de droit?* Non assurément.

» C'est donc tout au plus une de ces présomptions que les jurisconsultes appellent présomptions humaines, *præsumptiones hominis*.

» Mais des présomptions purement humaines peuvent-elles, lors même qu'elles résultent de faits prouvés par écrit, autoriser les magistrats à déclarer simulés les actes contre lesquels elles militent?

» Il y a, là-dessus, deux époques à distinguer dans notre jurisprudence.

» Avant le Code civil, les présomptions humaines étaient, dans tous les cas, hors celui où elles n'avaient pour base que des faits prouvés par témoins, des motifs suffisans pour déterminer les juges à considérer des contrats comme simulés. Les juges n'avaient, à cet égard, d'autre régulateur que leur conscience.

» Mais le Code civil en dispose autrement. Il veut, art. 1353, que les présomptions humaines ne puissent être admises par les juges, lors même qu'elles sont *graves, précises et concordantes*, que *dans les cas où la loi admet les preuves testimoniales*. Et comme la loi n'admet pas la preuve testimoniale du fait de simulation d'un contrat rédigé par écrit, puisqu'au contraire elle prohibe expressément toute preuve par témoins *contre et outre le contenu aux actes, et sur ce qui serait allégué avoir été dit lors, avant et depuis les actes*, il est clair que l'art. 1353 du Code civil ne permet pas aux juges de déclarer un acte simulé, d'après des présomptions humaines, quelque précises, quelque concordantes qu'elles soient.

» Cela posé, il paraît, au premier aspect, que la cour de Limoges n'a pas pu déclarer simulé l'acte de vente du 13 floréal an 3, d'après les deux circonstances prouvées par cet acte même, qu'elle a érigées en présomptions humaines.

» Mais d'abord, il est à remarquer que cet acte a été passé long-temps avant le Code civil; et de là naît ici une question fort importante. — C'est de savoir si la cour de Limoges a dû, dans l'usage qu'elle a fait de ces présomptions, s'attacher à la jurisprudence du temps où l'acte avait été passé, ou ne consulter que la loi du temps où elle a rendu son arrêt.... (1).

» Disons donc que la cour de Limoges a pu admettre, pour preuve du fait de simulation articulé par les héritiers Dubois, et nié par Françoise Lemur, des présomptions qui n'étaient pas établies par la loi.

» Disons donc qu'elle a pu, sans violer aucune loi, juger qu'il y avait simulation dans l'acte du 13 floréal an 3, par cela seul que, de deux circonstances prouvées par un acte, il résultait, à ses yeux, des présomptions dont il lui appartenait exclusivement et souverainement d'apprécier la gravité ou la faiblesse.

» Ce n'est pas tout. Quand la cour de Limoges n'aurait dû s'attacher ici qu'à l'art. 1353 du Code civil, son arrêt n'en serait pas moins inattaquable, en tant qu'il a pris pour base de la simulation qu'il a déclarée, des présomptions non établies par la loi.

» En effet, l'art. 1353 du Code civil, après avoir dit que les présomptions humaines ne peuvent être admises par les juges, *que dans le cas où la loi admet les preuves testimoniales*, ajoute : *à moins que l'acte ne soit attaqué pour cause de fraude ou de dol*. Il décide donc nettement que, dans le cas où un acte est attaqué pour cause de fraude ou de dol, le juge peut se déterminer par des présomptions purement humaines, quoique d'ailleurs le fait que ces présomptions tendent à établir, ne soit pas susceptible de la preuve par témoins.

» Or, ici, n'est-ce pas précisément *pour cause de fraude*, qu'est attaqué l'acte du 13 floréal an 3 ? Que prétendent les défendeurs ? Que François Dubois ne pouvant pas donner ouvertement à Françoise Lemur, parce que la loi l'en déclarait incapable, a cherché, dans un déguisement frauduleux, un remède contre la prohibition de la loi ? Or, n'est-ce pas là ce que l'art. 1353 du Code civil appelle *attaquer un acte pour cause de fraude ?*

» Mais, de ce que la cour de Limoges n'a violé ni l'art. 1353 du Code civil, ni aucune autre loi, en jugeant, d'après des présomptions purement humaines, que l'acte du 13 floréal an 3 renfermait une donation déguisée, il ne s'ensuit pas encore que son arrêt doive être maintenu en cette partie; car Françoise Lemur aurait pu, si elle n'en eût pas été incapable pour cause de concubinage, recevoir de François Dubois une donation déguisée, comme elle aurait pu recevoir de lui une donation patente.

» Et ceci nous amène naturellement à examiner (ce qui forme le quatrième point de notre

(1) *V.* l'article *Pignoratif (contrat)*.

discussion), si les défendeurs étaient recevables à prouver par témoins que François Dubois et Françoise Lemur vivaient ensemble dans le concubinage, à l'époque de l'acte contenant la donation déguisée dont il s'agit.

» Pourquoi ne l'auraient-ils pas été? La demanderesse en donne deux raisons : l'une, qu'ils n'avaient pas de commencement de preuve par écrit; l'autre, que le testament de François Dubois les excluant de sa succession, leur ôtait toute qualité pour contester les actes qu'il avait faits de son vivant.

» La première de ces raisons serait d'un très-grand poids dans l'opinion de Houard, qui, dans son *Dictionnaire de droit normand*, regarde le commencement de preuve par écrit, comme une condition essentielle de l'admissibilité de la preuve par témoins du fait de concubinage, à l'effet d'annuller les dispositions d'un donateur ou testateur au profit de sa concubine prétendue.

» Mais à cette opinion, nous pouvons opposer celle de Furgole, *Traité des testamens*, ch. 6, sect. 3, n. 194.... (1).

» La seconde raison est-elle aussi frivole que la première? Non, et bien loin de là, il est, au contraire, hors de doute que si, par le testament de François Dubois, les défendeurs sont valablement exclus de sa succession, ou, ce qui est la même chose, si les enfans de Françoise Lemur sont valablement institués légataires universels de François Dubois, les défendeurs sont sans qualité pour critiquer les dispositions que François Dubois a pu faire, de son vivant, au profit de Françoise Lemur elle-même; puisque ces dispositions étant jugées nulles, les biens qui en sont l'objet devraient rentrer dans la succession, et par conséquent appartenir, non aux héritiers *ab instestat*, mais aux légataires universels.

» C'est donc de la validité ou de l'invalidité du legs universel dont François Dubois a gratifié les enfans de Françoise Lemur, que dépendent ici, et le sort de l'arrêt interlocutoire qui a admis les défendeurs à la preuve du fait de concubinage, et le sort de l'arrêt définitif qui, jugeant cette preuve complette, a déclaré nul l'acte du 13 floréal an 3.

» La question de savoir si ces arrêts doivent être maintenus ou cassés dans l'intérêt de Françoise Lemur, agissant en son nom privé, est donc absolument subordonnée à la question de savoir si ces arrêts doivent être maintenus ou cassés dans l'intérêt de Françoise Lemur, agissant comme tutrice de ses enfans; question, nous l'avons déjà dit, qui, par ses rapports directs avec toutes les classes de l'immense population que régit le Code civil des Français, et par les occasions presque journalières qu'elle a de se reproduire, est une des plus intéressantes que l'on puisse agiter devant vous, et sur laquelle il importe d'autant plus que vous vous prononciez, que, dans ce moment même, les opinions des citoyens flottent incertaines entre la manière dont cette question est décidée par les arrêts qui vous sont dénoncés, et la manière dont l'a jugée un arrêt de la cour d'appel de Paris, du 6 juin 1809, entre les héritiers du sieur Baude et François Blet, son légataire universel; arrêt qui, attendu que, par l'art. 340 du Code civil, toute recherche de paternité est interdite à l'égard des enfans nés hors du mariage, déclare les héritiers du sieur Baude non-recevables dans leur offre de faire preuve que François Blet était né d'un commerce adultérin entre le défunt et Catherine Blet, sa servante.

» Cette question serait bien facile à résoudre, s'il était constant, — Ou que la prohibition de la recherche de la paternité, écrite dans l'art. 340 du Code civil, est absolue et s'applique à toutes les personnes, comme à tous les cas, celui du rapt excepté; — Ou que cette prohibition n'est portée que contre les enfans nés hors du mariage, et qu'ils ne peuvent pas eux-mêmes s'en prévaloir.

» Dans la première hypothèse, il serait évident que l'arrêt de la cour de Limoges, du 13 mai 1808, devrait être cassé, et que sa cassation devrait entraîner celle de l'arrêt de la même cour, du 3 décembre suivant.

» Dans la seconde, au contraire, il serait d'une égale évidence que les deux arrêts devraient être maintenus.

» La question se réduit donc à ce seul point : la prohibition écrite dans l'art. 340, est-elle absolue; ou n'a-t-elle pour objet que d'interdire aux enfans nés hors du mariage, la recherche du père qui ne les a pas reconnus ou n'a pas pu les reconnaître authentiquement?

» Pour nous fixer sur ce point, nous devons interroger successivement la lettre de la loi et l'esprit de la loi.

» La lettre de la loi est dans l'art. 340; et cet article est divisé en deux parties.

» Dans la première, il établit une règle générale : *la recherche de la paternité est interdite*; et il faut convenir que, par les termes qui l'expriment, cette règle est énoncée comme absolue.

» Dans la seconde, il limite la règle générale par une exception : *dans le cas d'enlèvement, lorsque l'époque de cet enlèvement se rapportera à celle de la conception, le ravisseur pourra être, sur la demande des parties intéressées, déclaré père de l'enfant*; et, ici, le législateur fait clairement entendre que c'est uniquement en faveur

(1) *V.* l'article *Concubinage*, n. 5.

de l'enfant et de ceux qui en sont chargés, qu'il permet la recherche de la paternité.

» Mais peut-on inférer de là, par argument *à contrario sensu*, que, dans la première partie de l'article, le législateur n'interdit la recherche de la paternité qu'à l'enfant, et qu'il la permet contre lui? Non, sans doute. Par cela seul que la seconde partie de l'article forme une exception à la première, elle doit être restreinte dans son cas et dans son objet précis; et elle ne peut pas modifier, pour les autres cas ni pour les autres objets, la disposition générale et absolue de la première partie.

» Par la même raison, rien à conclure contre le sens absolu de la premiere partie, de ce que, dans l'art. 342, il est dit qu'*un enfant ne sera jamais admis à la recherche de la paternité....., dans le cas où, suivant l'art.* 335, *la reconnaissance n'est pas admise*; c'est-à-dire que, même dans le cas d'enlèvement, et lorsque l'époque de l'enlèvement se rapportera à celle de la conception, la recherche de la paternité demeurera interdite à l'enfant adultérin ou incestueux. Il est clair, en effet, que cette disposition ne faisant que resserrer l'exception établie par la seconde partie de l'art. 340, ne peut pas avoir plus d'étendue que cette exception elle-même; et que, si celle-ci laisse la première partie de l'art. 340 dans toute sa généralité, si celle-ci ne déroge en rien au sens absolu de la première partie de l'art. 340, il en doit nécessairement être de même de celle-là.

» Ainsi, à ne consulter que la lettre de la loi, nous devons regarder l'art. 340 comme interdisant, dans sa première partie, la recherche de la paternité, non-seulement à ceux qui voudraient se faire juger enfans naturels de pères qui ne les reconnaissent pas, mais encore à ceux qui voudraient les faire juger enfans naturels de pères qu'ils ne veulent pas reconnaître; et nous devons le regarder, dans sa seconde partie, comme permettant bien la recherche de la paternité à un enfant contre le ravisseur de sa mère, mais en même temps, comme laissant subsister la prohibition de cette recherche contre les héritiers du ravisseur qui prétendraient le faire déclarer père de l'enfant que la femme ravie a conçu à l'époque de l'enlèvement.

» Voyons maintenant si l'esprit de la loi est d'accord avec sa lettre.

» Pour connaître l'esprit de la loi, il faut nous reporter, et au procès-verbal de la discussion du Code civil au conseil d'Etat, et aux discours des orateurs du gouvernement et du tribunat, qui en ont exposé les motifs.

» L'auteur de *l'Esprit du Code civil*, c'est-à-dire, le rédacteur même du procès-verbal de la discussion de ce Code, nous présente ainsi la substance de tout ce que contient ce procès-verbal sur la première partie de l'art. 340. *Le conseil d'État n'a pas hésité à maintenir le nouveau droit*, ou, en d'autres termes, à rejeter, comme l'avait déjà fait implicitement la loi du 12 brumaire an 2, la recherche de la paternité non reconnue, 1.° *à cause de l'incertitude qui restait toujours sur le fait de la paternité*; 2.° *à cause des abus et des scandales qu'entraînait cette maxime*, CREDITUR VIRGINI.

» Et en effet, nous retrouvons ces deux motifs dans les discours des orateurs du gouvernement et du tribunat, sur l'art. 340.

» *La nature* (disait M. Bigot-Préameneu, à la séance du corps législatif du 20 ventôse an 11), *a couvert d'un voile impénétrable la transmission de notre existence.... Depuis long-temps, dans l'ancien régime, un cri général s'était élevé contre les recherches de paternité : elles exposaient les tribunaux aux débats les plus scandaleux, aux jugemens les plus arbitraires, à la jurisprudence la plus variable.... En un mot, les recherches de paternité étaient regardées comme le fléau de la société.... Dans la loi proposée, cette sage disposition* (de la loi du 12 brumaire an 2) *qui interdit les recherches de la paternité, a été maintenue. Elle ne pourra jamais être établie contre le père, que par sa propre reconnaissance; et encore faudra-t-il, pour que les familles soient à l'abri de toute surprise, que cette reconnaissance ait été faite, ou par l'acte même de naissance, ou par un acte authentique. La loi proposée n'admet qu'une seule exception, c'est le cas d'enlèvement.*

M. Duveyrier disait également, à la séance du 2 germinal de la même année : « c'est absolument le même principe qui a démontré la » nécessité d'instituer le mariage, et qui a démontré la nécessité, hors le mariage, d'interdire toute recherche de la paternité. La » nature ayant dérobé ce mystère à la connaissance de l'homme, à ses facultés morales et » physiques, aux perceptions les plus subtiles » de ses sens; comme aux recherches les plus » pénétrantes de sa raison, et le mariage étant » établi pour donner à la société, non pas la » preuve matérielle, mais, à défaut de cette » preuve, la présomption légale de la paternité, » il est évident, lorsque le mariage n'existe pas, » qu'il n'y a plus, ni signe matériel, ni signe » légal. Il n'y a plus rien qui puisse faire supposer, même la fiction conventionnelle et » sociale. La paternité reste ce qu'elle était, » aux yeux de la loi comme aux yeux de » l'homme, un mystère impénétrable : et il est » en même temps injuste et insensé de vouloir » qu'un homme soit convaincu, malgré lui, » d'un fait dont la certitude n'est, ni dans les » combinaisons de la nature, ni dans les institutions de la société. C'est ainsi qu'en remontant à une vérité fondamentale, nous arrivons » naturellement et sans efforts, à cette règle » première, à l'impossibilité de ces déclarations

» de paternité conjecturales et arbitraires, à » la répression irrévocable de ces inquisitions » scandaleuses, qui, peu secourables pour l'en- » fant abandonné, portaient toujours la dis- » corde dans les familles, et le trouble dans le » corps social ».

» C'est donc bien constamment sur ces deux motifs que repose la défense de la recherche de la paternité : impossibilité physique de constater la paternité, lorsqu'elle n'est pas démontrée par le mariage ou reconnue volontairement : scandale des discussions auxquelles, dans l'ancienne jurisprudence, les recherches de paternité donnaient lieu.

» Or, ces deux motifs ont-ils moins de force contre un héritier qui prétendrait faire juger que le légataire du défunt est son enfant naturel ou adultérin, que contre un enfant qui, inscrit sur les registres de l'état civil comme né d'un père inconnu, prétendrait faire juger qu'un tel est son père?

» Dans un cas comme dans l'autre, n'y a-t-il pas également incertitude physique sur le fait de la paternité, et discussion offensante pour les mœurs?

» D'abord, que peut-on alléguer, que peut-on prouver pour établir que le légataire du défunt est son enfant naturel ou adultérin? On alléguera, on prouvera que le défunt a eu des habitudes intimes avec la mère, qu'il a vécu avec elle dans une familiarité illicite, qu'on l'a vu fréquemment, pour nous servir des termes d'une décrétale, *solum cum solâ, nudum cum nudâ*. Mais de tout cela résultera-t-il légalement, résultera-t-il nécessairement, qu'il est le père de cet enfant? ni l'un ni l'autre.

» 1.° Point de *conséquence légale* à tirer de ces faits pour la paternité. La loi n'admet la présomption de paternité, par l'effet d'une co-habitation même continue, que dans le cas où cette co-habitation est la suite d'un mariage précédemment contracté; hors ce cas, elle reconnaît, comme le disaient MM. Bigot-Préameneu et Duveyrier, dans les discours déjà cités, que *la nature a couvert la paternité d'un voile impénétrable*, et qu'il n'appartient à personne de *percer ce mystère*.

» 2.° Point de *conséquence nécessaire* à tirer de ces faits pour la paternité; car il n'est qu'un cas où la preuve de la paternité soit le résultat nécessaire de la co-habitation d'un homme et d'une femme non mariés : c'est celui où l'homme et la femme ayant été étroitement enfermés l'un avec l'autre pendant dix à douze mois, la femme s'est trouvée enceinte au bout de ce terme : *unus tamen aliquandò datur casus in quo filius probatur verus, necessariâ probatione, ut puta quandò puella unà cum viro, sub arctissimis custodiis, carceri mancipatur, post annum prægnans reperiretur; nam eo casu natus ex illâ diceretur certè et indubitatè à viro cum illâ carcerato fuisse generatum*. Ce sont les termes de Menochius, dans son Traité *de arbitrariis casibus*, liv. 2, §. 89.

» Ainsi, tout ce qu'on pourrait conclure des faits prouvés par l'héritier, c'est qu'il y a eu concubinage entre le tuteur et la mère du légataire. Mais prenons-y bien garde : la loi ne déclare point incapable de recevoir l'enfant naturel avec la mère duquel le testateur, quoique marié, a vécu en concubinage; elle n'établit d'incapacité de donner et de recevoir, qu'entre le père adultérin et le fruit de sa débauche.

» Ensuite, la même crainte du scandale qui a empêché la loi d'admettre la recherche de la paternité en faveur de l'enfant naturel, n'a-t-elle pas dû l'empêcher aussi d'admettre la recherche de la paternité contre cet enfant? Y a-t-il moins de scandale à craindre dans un cas que dans l'autre? Et dans un cas comme dans l'autre, n'est-il pas vrai de dire, avec M. Duveyrier, dans ses observations au corps législatif sur l'art. 342 du Code civil, que *la manifestation d'un désordre caché n'est jamais, pour l'intérêt social, compensée par la réparation d'un dommage individuel*?

» Pourquoi d'ailleurs le Code civil a-t-il aboli l'incapacité de donner et de recevoir, ou, pour parler plus juste, *l'indignité*, dont l'ancienne jurisprudence frappait les concubinaires? Très-certainement, il ne l'a pas abolie par des considérations personnelles aux concubinaires eux-mêmes; il ne la pas abolie pour favoriser ou récompenser le concubinage; il ne l'a abolie que pour éviter les procès scandaleux que ce genre d'indignité faisait naître sous l'ancienne jurisprudence; et c'est ce que M. Bigot-Préameneu a déclaré formellement au corps législatif, dans l'*exposé des motifs* du titre *des successions* du Code : « Nous n'avons pas jugé à » propos (ce sont ses termes), d'étendre da- » vantage les causes d'indignité; il ne faut » pas..... autoriser des inquisitions qui pour- » raient être également injustes et odieuses. » C'est par ce motif que nous avons cru ne de- » voir pas admettre quelques causes reçues ce- » pendant dans le droit romain, comme par » exemple, celles qui seraient fondées sur » des habitudes criminelles entre le défunt et » l'héritier ».

» Si donc un héritier *ab intestat* ne peut pas être admis, pour faire annuller un legs réclamé par une personne du sexe, à prouver que le défunt a vécu en concubinage avec cette personne; si cette preuve lui est interdite sur le seul fondement qu'il ne pourrait pas la faire sans alarmer la pudeur publique, par quelle étrange bizarrerie ce même héritier pourrait-il être admis, pour faire annuller un legs fait à des enfans naturels, dont le père est légalement inconnu, à prouver que ces enfans naturels ont pour père le testateur lui-même ? Et comment une preuve qui, dirigée contre une femme instituée légataire par le défunt, serait repoussée comme immorale et scandaleuse, perdrait-elle, dirigée contre des enfans maternels dont un voile impénétrable cache la naissance, son caractère d'immoralité et de scandale?

» Mais voyez à quelle absurde contradiction nous conduirait un système aussi choquant! — Supposez qu'avant le testament dont il s'agit, et antérieurement au Code civil, François Dubois n'ait pas fait à Françoise Lemur l'avantage que la cour de Limoges a jugé lui avoir été fait par l'acte du 13 floréal an 3; supposez que, par ce testament, François Dubois ait, pour la première fois, avantagé Françoise Lemur, et qu'il l'ait associée pour un tiers au legs universel qu'il a fait par cet acte aux enfans naturels de cette femme. — Assurément les héritiers de Françoise Lemur ne seront pas admis à critiquer la disposition ainsi faite au profit de Françoise Lemur. Et vainement pour en obtenir l'annullation, offriraient-ils de prouver que Françoise Lemur a vécu en concubinage avec François Dubois; ils ne seront pas écoutés. — Et ils pourraient être admis à critiquer cette même disposition, en tant qu'elle gratifierait les enfans naturels de Françoise Lemur! Ils pourraient être admis à prouver, contre les enfans naturels de Françoise Lemur, des faits de concubinage qu'ils seraient non-recevables à prouver contre Françoise Lemur elle-même! Quoi donc? est-ce que les fruits innocens d'un commerce criminel pourraient être traités par la loi plus durement que leur mère, complice, auteur de ce commerce? Est-ce que la loi pourrait admettre la preuve de l'effet, tandis qu'elle proscrit aussi nettement la preuve de la cause? Est-ce que la loi pourrait porter l'inconséquence jusqu'à dire : Je ne veux pas que, pour priver une femme déhontée d'un legs qu'elle a acheté par de coupables complaisances, on admette la preuve de ses désordres ; mais je veux que cette preuve soit admise pour priver l'enfant né de ses désordres, du legs dont l'a gratifié celui qui les a partagés avec elle?

» Non, messieurs, le législateur n'a pas pu tenir un langage aussi inconséquent, et dès qu'il ne l'a pas tenu en termes exprès, il est évident que c'est insulter gratuitement à sa sagesse, disons plus, il est évident que c'est l'accuser ouvertement de folie, que de vouloir restreindre dans le sens des arrêts attaqués, la disposition générale et absolue par laquelle il a interdit la recherche de la paternité des enfans naturels.

» Aussi, remarquez avec quelle précision M. Jaubert, dans son rapport au tribunal sur le titre *des donations et testamens* du Code civil, s'explique sur les manières dont on peut prouver qu'un donataire ou légataire est l'enfant adultérin ou incestueux du donateur ou testateur, et, comme tel, incapable de profiter de sa donation ou de son legs, au-delà du taux alimentaire : « Les enfans naturels ne peuvent » jamais rien recevoir au-delà de ce qui leur » est accordé au titre *des successions*. Quant » aux adultérins ou incestueux, dans les cas » *rares et extraordinaires* où il pourra s'en » trouver, par suite, ou de la nullité d'un ma» riage, ou d'un désaveu de la paternité, ou » d'une reconnaissance illégale, ils ne pourront » recevoir que des alimens ». — Ainsi, pour qu'un enfant puisse être jugé adultérin ou incestueux, et réduit, comme tel, à un legs d'alimens, il faut que sa qualité soit prouvée, non par une enquête, voie toujours facile, et dont l'accès est toujours libre dans les autres matières ; mais par des voies *rares et extraordinaires;* et ces voies, quelles sont-elles? L'orateur n'en indique que trois : la circonstance que cet enfant est né d'un mariage annullé depuis pour cause de bigamie ou de parenté au degré prohibé; un jugement qui, en accueillant le désaveu du mari, aura déclaré la femme coupable d'adultère; enfin, la reconnaissance spontanée, quoique illégale, du père.

» Il serait difficile de désirer une preuve plus claire, plus positive que, dans l'intention des rédacteurs de l'art. 340 du Code civil, la défense que fait cet article de la recherche de la paternité, n'a pas moins pour objet de protéger les enfans naturels inscrits dans les registres de l'état civil comme nés d'un père inconnu, contre les tentatives que ferait un héritier pour leur attribuer un père qu'il serait de leur intérêt de ne pas reconnaître; que de protéger un héritier contre les tentatives que feraient des enfans de cette classe pour s'attribuer un père qui ne les aurait pas reconnus de son vivant. — Voici cependant une autre preuve de cette vérité, qui la met dans un jour encore plus lumineux.

» Ce furent deux grandes questions au conseil d'Etat, que celles de savoir si l'on pourrait adopter un enfant qui n'aurait pas de parens connus, et si l'on pourrait adopter un enfant naturel que l'on aurait reconnu précédemment.

» Sur la première de ces questions, la section de législation présenta, le 6 frimaire an 10, un projet d'article ainsi conçu : *si l'enfant n'a pas de parens connus, le juge de paix convoquera quatre voisins ou amis, lesquels lui éliront un tuteur spécial, à l'effet de consentir à l'adoption, s'il y a lieu.*

» Là dessus écoutons le procès-verbal du conseil d'Etat : — « La discussion s'engage sur cet » article. M. Tronchet l'attaque comme facilitant » l'adoption des bâtards. *On répondra*, dit-il, » *que, pour prévenir cet inconvénient, il suffit de* » *ne permettre l'adoption que des enfans nés de* » *père et mère inconnus; mais il ne dépendra* » *que du père de se ménager la facilité d'adopter*.

» *son enfant naturel, en s'abstenant de le reconnaître.* — Le premier Consul dit que cependant l'article est avantageux sous le point de vue » que le considère. M. Tronchet. Il répugne à la » bonne morale qu'un père et qu'une mère, » même pauvres, se dépouillent de leur qualité » et fassent passer leur enfant dans une famille » étrangère; mais c'est au contraire une conception heureuse de venir, par l'adoption, » au secours d'un enfant abandonné, et de l'arracher à la dépravation à laquelle son état » d'abandon l'expose. Mais, dit-on, il faut » craindre de faciliter l'adoption des bâtards. » Il serait au contraire, heureux que l'injustice » de l'homme qui, par ses déréglemens, a fait » naître un enfant dans la honte, pût être réparée sans que les mœurs en fussent blessées. » — M. Tronchet répond que les principes de » de la saine morale ont fait exclure les bâtards » des successions; qu'il y aurait de l'inconséquence à leur imprimer, d'un côté, cette » incapacité, et à placer, de l'autre, un moyen » de l'éluder. — Le premier Consul dit qu'il » pense aussi que, donner aux bâtards la capacité de succéder, ce serait offenser les » mœurs; mais que les mœurs ne sont plus outragées, si cette capacité leur est rendue indirectement par l'adoption. La loi, en les » privant du droit de succéder, n'a pas voulu » punir ces infortunés des fautes de leur père; » elle n'a voulu que faire respecter les mœurs » et la dignité du mariage. Le moyen ingénieux » de les faire succéder comme enfans adoptifs, » et non comme bâtards, concilie donc la justice et l'intérêt des mœurs. — M. Réal rappelle, à l'appui de ce que vient de dire le » premier Consul, que, dans une discussion » précédente, le conseil a été sévère sur les » reconnaissances d'enfans, dans la supposition » que le préjudice que les dispositions sur cette » matière pourraient causer aux enfans naturels, » serait réparé par l'adoption. — Le ministre » de la justice dit que, d'ailleurs, un père qui » voudrait avantager ses enfans illégitimes, » pourrait le faire sans le secours de l'adoption » et en les instituant ses légataires, lorsqu'il » ne les a pas reconnus..... — L'article est » adopté ».

» Cet article ne se retrouve pas dans le Code civil, parce qu'il en a été retranché comme devenu inutile, au moyen du parti qui a été pris ensuite, de ne permettre l'adoption qu'après que l'enfant qui en serait l'objet, aurait atteint sa majorité; mais il prouve toujours qu'en le sanctionnant par une première délibération, le conseil d'Etat pensait que le père d'un enfant naturel qui ne l'aurait pas reconnu, pourrait, non-seulement l'instituer légataire universel, mais encore l'adopter et en faire par ce moyen son enfant légitime, sans que ni le legs universel ni l'adoption pussent être attaqués par la preuve d'une paternité qu'il n'aurait pas jugé à propos de reconnaître préalablement.

» La deuxième question s'est élevée à la séance du 14 du même mois.

» A cette séance, pour faire consacrer, par une disposition expresse, ce qui n'était que le résultat implicite de l'article adopté dans la séance du 6, et en même temps faire décider une autre question qui, dans celle-ci, était demeurée intacte, la section de législation a présenté l'article suivant: *Celui qui a reconnu dans les formes établies par la loi, un enfant né hors du mariage, ne peut l'adopter ni lui conférer d'autres droits que ceux qui résultent de cette reconnaissance; mais hors ce cas, il ne sera admis aucune action tendant à prouver que l'enfant adopté est l'enfant naturel de l'adoptant.*

» Vous voyez, Messieurs, que, par cet article, la recherche de la paternité d'un enfant non reconnu était interdite aux héritiers du père qui l'aurait adopté, et que le législateur lui-même indiquait par là un moyen infaillible d'éluder la loi qui défend de donner aux enfans naturels rien au-delà de ce que la loi leur assigne *ab intestat.*

» Assurément, si, considéré sous ce rapport, l'article proposé par la section de législation, n'avait pas été en harmonie parfaite avec l'opinion unanime du conseil d'Etat sur le sens de l'art. 340, qui interdit la recherche de la paternité des enfans naturels non reconnus; s'il s'était trouvé, dans le conseil d'Etat, un seul partisan du système qui tend à restreindre cet article au cas où des enfans naturels non reconnus veulent se faire déclarer enfans d'un père qui a refusé de les reconnaître, c'était bien le moment de faire la proposition d'autoriser les héritiers de l'adoptant à prouver qu'il était le père de l'adopté, et que, par suite, l'adoption devait être déclarée nulle.

» Cependant pas une seule voix ne s'est élevée pour combattre, sous ce rapport, l'article proposé par la section; et tous les membres du conseil ont senti que, sous ce rapport, il était à l'abri de toute critique.

» Sur quoi donc ont porté les objections qui, dans le conseil, ont été faites sur cet article? Vous allez le voir, messieurs, par le procès-verbal. — « L'article est soumis à la discussion. » — M. Marmont dit que cette disposition peut » compromettre l'état des enfans naturels. Il » pourrait arriver en effet que, pour se ménager la faculté de les adopter, leur père différât de les reconnaître, et que cependant il » mourût sans les avoir ni adoptés ni reconnus. » — M. Berlier convient que l'article est trop » sévère; le motif qui l'a fait adopter à la section, est la crainte de contredire le projet de » loi qui ne donne aux enfans naturels reconnus, » qu'une créance sur les biens de leurs pères. — » M. Emmery observe que la créance est le

» droit commun, et l'adoption le cas particulier;
» *il demande la suppression de l'article.* — M. Regnaud de Saint-Jean-d'Angély, dit que la disposition rappelée par M. Berlier, n'a pour objet que de détruire la législation antérieure qui donnait aux enfans illégitimes des droits beaucoup plus étendus qu'une simple créance.
» — *L'article est supprimé* ».

» Ainsi, bien loin d'être combattu comme proclamant le véritable sens de l'art. 340; bien loin d'être combattu comme déclarant que le danger d'éluder la loi, en donnant à un enfant non reconnu, ne peut pas balancer le danger d'admettre la recherche de la paternité; bien loin en un mot, d'être combattu comme trop favorable aux enfans naturels non reconnus, l'article proposé par la section, a été supprimé comme trop sévère à l'égard des enfans naturels reconnus légalement, comme pouvant déterminer un père qui voudrait se ménager la faculté d'adopter son enfant naturel, à différer de le reconnaître, et par suite, courir le risque de mourir sans l'avoir reconnu ni adopté.

» Ainsi, se manifeste de tous côtés et sous tous les points de vue, l'intention des rédacteurs de l'art. 340 du Code civil, de donner à cet article une acception aussi générale, aussi absolue, que son texte littéral le comporte.

» Ainsi, l'esprit de la loi concourt évidemment avec la lettre de la loi, pour faire proscrire l'opinion suivant laquelle cet article n'aurait été rédigé comme il l'est, que pour interdire la recherche de paternité aux enfans naturels, et la laisser libre contre eux.

» Ainsi se montre dans toute sa pureté, comme dans tout son éclat, cette grande et salutaire vérité, que la recherche de la paternité des enfans naturels est interdite envers et contre tous, et dans tous les cas, hors celui que l'art. 340 spécifie lui-même.

» Que peuvent, contre cette démonstration que nous ne craignons pas d'appeler irréfragable, les argumens accumulés par la cour de Limoges et par les défendeurs, pour justifier les arrêts attaqués? Vous allez voir, messieurs, que de tous ces argumens, les uns ne consistent qu'à faire le procès à la loi, les autres sont insignifians, et il en est même qui se rétorquent contre l'opinion à laquelle ils servent d'appui.

» Et d'abord, on objecte que la loi se contredirait elle-même, si, en déclarant les bâtards adultérins incapables de recevoir de leur père autre chose que des alimens, elle ôtait à l'héritier du père la faculté de déchirer le voile dont il a couvert le vice de leur naissance.

» Mais quoi! pour donner son effet à la prohibition de gratifier des bâtards adultérins au-delà des besoins alimentaires, est-il donc indispensable d'ouvrir la porte à tous les abus et à tous les scandales d'une recherche de paternité non reconnue légalement? Non sans doute, et déjà nous avons vu M. Jaubert indiquer, dans son rapport au tribunat, les cas *rares et extraordinaires*, où, sans reconnaissance légale, des enfans adultérins seront jugés appartenir au donateur ou testateur qui leur a fait des libéralités excessives. Qu'importe que, hors ces cas *rares et extraordinaires*, la prohibition puisse être et soit souvent éludée? Tout ce qui résulte de là, c'est que les lois rédigées avec le plus de soin, se ressentent toujours de la faiblesse humaine; c'est que le législateur le plus sage ne peut jamais parer à tous les inconvéniens. Oui, la prohibition de donner aux bâtards adultérins, sera sans effet à l'égard du père, toutes les fois qu'il ne les aura pas reconnus par un acte exprès, et qu'ils ne seront pas nés à l'ombre d'un mariage nul en soi, mais revêtu d'une apparence de légitimité. Oui, cette prohibition sera sans effet, à l'égard de la mère, et dans les mêmes cas, et toutes les fois qu'ils ne seront pas jugés, d'après le désaveu de son mari, être les fruits d'un adultère. Mais est-ce à dire pour cela qu'il ne faut pas maintenir dans toute son intensité, dans toute la généralité de son acception absolue, la disposition de la loi qui défend la recherche de la paternité des enfans naturels? Et ne sent-on pas au contraire que, dans ces cas, le législateur, pressé entre deux inconvéniens, a préféré le moindre au plus grave, et qu'il a mieux aimé laisser des bâtards adultérins jouir, à l'abri du mystère de leur naissance, de libéralités auxquelles ils n'ont pas droit sans doute, mais dont rien ne constate le vice, que de permettre de nouveau ces discussions scandaleuses qui, dans l'ancienne jurisprudence, étaient la honte de la justice et la désolation des familles, et ne pouvaient jamais amener que des jugemens incertains et arbitraires sur un fait qui ne peut pas être soumis à la perception des sens sur un fait dont il n'est aucun témoin qui puisse garantir la vérité, sur un fait, par conséquent, dont il est aussi absurde qu'inutile d'autoriser la preuve.

» On objecte en second lieu, *qu'un père qui donne à son enfant naturel ou adultérin, au-delà de ce que lui permet la loi, en gardant le silence sur l'état de cet enfant, fait fraude à la loi; et que le moyen de découvrir la fraude et de l'opposer, fut toujours autorisé.*

» Mais si le législateur a prévu lui-même que le père d'un enfant naturel ou adultérin pourrait éluder sa prohibition, et n'a cependant pas voulu lui en ôter le moyen, qu'a-t-on à dire? Eh bien! c'est précisément ce qu'il a fait, en défendant la recherche de la paternité; et nous en avons vu la preuve dans la discussion du conseil d'Etat, sur la faculté d'adopter les enfans naturels non reconnus. Et pourquoi a-t-il, par cette défense absolue et illimitée, facilité lui-même la *fraude* à sa prohibition? Parce qu'il n'a pas voulu sacrifier la généralité des faits à quelques faits affligeans, mais isolés; parce qu'il n'a pas voulu abolir la faculté de tester, sous le prétexte qu'un père de famille pourrait donner le quart de ses biens à une prostituée ou au fruit non reconnu d'un adultère; parce qu'il n'a pas voulu priver la classe nombreuse des enfans abandonnés, d'un droit de profiter des actes de bienfaisance dont ils pourraient être l'objet, sous le prétexte qu'un célibataire, un veuf, un homme marié même, pourrait ne pas reconnaître ses enfans naturels; parce que, comme il l'a dit lui-même par l'organe d'un de ses orateurs, *la manifestation d'un désordre caché n'est jamais, pour l'intérêt social, compensée par la réparation d'un dommage individuel*; enfin, il faut le répéter sans cesse, parce qu'il a senti qu'inutilement permettrait-il la preuve de la paternité, puisque le fait de la paternité est toujours un mystère impénétrable.

» On objecte en troisième lieu, *que les héritiers Dubois ne viennent pas directement attaquer les enfans naturels de Françoise Lenur; mais que ces enfans s'étant présentés avec un testament pour s'emparer de l'hérédité dont ces héritiers étaient en possession, ceux-ci ont pu, par forme d'exception contre ce titre, proposer des faits d'après lesquels la paternité fût toujours reconnue dans le droit, et demander à prouver le vice de la naissance de ces enfans; que c'est ainsi que, sous l'ancienne législation, quoiqu'il fût interdit à des collatéraux, de prouver l'adultère directement, et que l'action n'en appartînt qu'au mari, néanmoins les collatéraux étaient reçus à le prouver par exception, lorsqu'il s'agissait de repousser une libéralité faite à leur préjudice.*

» Mais 1.° la loi ne distingue pas, dans la défense qu'elle fait de la recherche de la paternité, entre le cas où cette recherche est proposée par action directe, et le cas où elle est proposée par exception; et de quel droit des magistrats se permettent-ils des distinctions là où la loi n'en fait aucune? Non-seulement ils violent en cela le principe général qui leur défend de distinguer quand la loi ne distingue pas, mais ils oublient encore que, même relativement aux enfans naturels non reconnus, le conseil d'État a tenu pour maxime, dans sa séance du 14 frimaire an 10, que la recherche de la paternité ne pourrait être admise *en aucun cas*, et par conséquent, soit qu'on la proposât par exception, soit qu'on la proposât par action directe, à l'effet de faire déclarer nul un acte d'adoption.

» 2.° Que, dans l'ancienne jurisprudence, on admît les collatéraux à prouver par exception, l'adultère d'une femme que le complice de son crime avait comblée de ses coupables largesses; cela se conçoit. L'adultère est un fait qui tombe sous la perception des sens, et que des témoignages précis, graves et concordans peuvent facilement constater; mais la paternité est un secret dont la nature dérobe la connaissance à tous les yeux, et qui échappe aux recherches les plus pénétrantes de la raison. Comment donc peut-on ici argumenter de l'un à l'autre? Et après que tous les organes de la pensée du législateur se sont accordés, dans l'exposé des motifs de l'art. 340 du Code, à foudroyer de toute l'énergie de leur éloquence, les abus des anciens jugemens qui fondaient la preuve de la paternité sur des faits insuffisans par eux-mêmes pour la constater, sied-il bien à la cour de Limoges de venir exhumer ici cette ancienne jurisprudence, pour l'opposer au texte absolu, comme à l'esprit véritablement moral, de la nouvelle loi?

» 3.° Aujourd'hui même les héritiers d'un homme qui aurait vécu dans un commerce adultérin avec une femme qu'il aurait instituée légataire universelle, ne pourraient pas plus attaquer le legs par une exception tirée de la conduite de la légataire, qu'ils ne pourraient l'attaquer par une action directe et motivée sur cette conduite licentieuse. La cour de Limoges aurait donc bien dû sentir que, par identité de raison, les héritiers de ce même homme ne peuvent pas non plus attaquer, même par exception, le legs qu'il a fait aux enfans nés de son commerce adultérin, mais qu'il n'a pas reconnus. La cour de Limoges aurait donc bien dû sentir que permettre contre les enfans la preuve d'un commerce adultérin que la loi ne permet pas contre la mère, c'est la plus monstrueuse de toutes les contradictions.

» On objecte, en quatrième lieu, que, *si suivant l'art. 325 du Code civil, on peut repousser, en prouvant qu'il est adultérin, l'enfant qui, né de père et mère inconnus, aspire au titre d'enfant légitime, il semble qu'à plus forte raison, celui qui, sous le prétexte que son père n'est pas connu, veut, à l'aide d'une donation ou d'un testament, s'emparer de toute une succession, peut être écarté par la preuve que le donateur est son père naturel et adultérin.*

» Mais raisonner ainsi, c'est tirer de l'art. 325 une conséquence qui répugne également à sa lettre et à son esprit.

» L'art. 325 est placé sous le chapitre *des preuves de la filiation des enfans légitimes*; et il n'est relatif qu'au cas où un enfant inscrit dans les registres publics comme né de père et mère inconnus, vient, à l'aide d'un commencement de preuve par écrit, se faire admettre à prouver par témoins qu'il est né de tel mariage. Alors, sans doute, et si cet enfant parvient à prouver qu'il a pour mère, la femme du mari qu'il réclame comme son père, il est bien juste que les parties intéressées à contester sa prétention, puissent prouver à leur tour que, s'il est effectivement né de la femme du mari, du moins ce n'est point au mari qu'il doit le jour, soit parce qu'il y avait impossibilité physique de co-habitation du mari avec la femme à l'époque de la conception, soit parce que la femme, non-seulement s'est rendue coupable d'adultère, mais encore est accouchée clandestinement, circonstances où le mari lui-même, s'il vivait, serait autorisé, par les art. 312 et 313, à désavouer l'enfant de sa femme. Alors, sans doute, le réclamant ne peut pas se plaindre de ce que, par la preuve contraire des héritiers du mari de sa mère, il se trouve relégué, de la possession où il était précédemment de l'état d'enfant de père et mère inconnus, dans la classe des bâtards adultérins. Cette preuve contraire, c'est lui-même qui l'a provoquée, c'est lui-même qui l'a nécessitée; et il n'en peut imputer les résultats qu'à sa témérité personnelle. — Mais que des enfans inscrits sur les registres publics, comme nés de père et mère inconnus, qui ne demandent point à sortir de cet état, puissent y être troublés sous le prétexte qu'on leur a fait une donation, et qu'ils puissent en conséquence être jugés bâtards adultérins du donateur, c'est à quoi bien sûrement étaient loin de penser les rédacteurs de l'art. 325; c'est à quoi surtout s'oppose formellement la défense que contient l'art. 340, de la recherche de la paternité des enfans naturels.

» Et, d'ailleurs, l'art. 325 ne dit pas que les héritiers du mari pourront, par leur preuve contraire, établir que le réclamant est bâtard adultérin de tel homme; il ne dit pas que si, par leur preuve contraire, ils parviennent à établir que le mari de la mère du réclamant n'est pas le père de celui-ci, il en résultera la conséquence que le réclamant sera jugé fils du complice de l'adultère de sa mère? Non, il ne le dit pas, et il ne pourrait pas le dire, sans se mettre en opposition avec la prohibition de la recherche de la paternité hors du mariage; mais il dit, il dit uniquement, que le réclamant pourra être écarté par la preuve *qu'il n'est pas l'enfant du mari de sa mère*.

» On objecte, en cinquième lieu, que *l'art.* 339, *au chapitre* des enfans naturels, *en autorisant tous les intéressés à contredire la reconnaissance du père et de la mère, donne encore les moyens d'établir, ou que l'enfant reconnu a un autre père, ou qu'au lieu d'être simplement enfant naturel, il est enfant adultérin, en sorte que l'intérêt des tiers est toujours ménagé; et qu'il n'est pas vrai de dire que, pour tous les cas hors celui d'enlèvement, la paternité ne puisse être recherchée.*

» Mais cette objection ne repose que sur des équivoques faciles à éclaircir.

» Il peut arriver qu'un homme reconnaisse pour son enfant naturel, un enfant qui ne lui appartient pas. — Il peut arriver aussi que l'enfant qu'il reconnaît pour sien, et qui l'est effectivement, ne soit pas un enfant naturel, mais un bâtard adultérin ou incestueux.

» C'est à ces deux cas que s'applique l'art. 339; et il décide que, dans l'un comme dans l'autre, *la reconnaissance pourra être contestée par tous ceux qui y auront intérêt.*

» Sans contredit, il résulte de là que, si Pierre a reconnu pour son enfant naturel, l'enfant légitime de Paul ou l'enfant naturel *reconnu* de Philippe, les héritiers de Pierre pourront faire crouler la reconnaissance, en rapportant la preuve que l'enfant qui en est l'objet, appartient, ou à Philippe comme enfant naturel *reconnu*, ou à Paul comme enfant légitime.

» Sans contredit, il en résulte encore que, si Pierre a reconnu pour son enfant naturel, un enfant qu'il a déclaré, par l'acte même de reconnaissance, être le fruit de ses liaisons avec telle femme, ses héritiers pourront faire crouler l'acte, en prouvant, ou que cette femme était mariée à un tiers à l'époque de la conception de l'enfant, ou qu'elle est la sœur, la nièce, la tante de Pierre.

» Mais l'art. 339 dit-il que les héritiers de Pierre pourront prouver, que l'enfant reconnu par lui comme son enfant naturel, est l'enfant naturel *non reconnu* de Philippe? Non, il ne le dit pas; et quelque général qu'il soit, il ne peut pas être censé le dire, puisque, pour l'étendre aussi loin, il faudrait nécessairement le mettre en contradiction avec l'art. 340 qui ne limite la défense qu'il fait de la recherche de la paternité, que par une seule exception, celle du cas d'enlèvement.

» Il y a plus : l'art. 339 ne dit même pas, et ne peut pas être supposé dire, que les héritiers de Pierre pourront prouver que l'enfant reconnu par lui comme son enfant naturel, est le fruit, soit d'un adultère commis par Pierre avec telle femme mariée à un tiers, que l'acte ne désigne pas, soit d'un inceste commis par Pierre avec telle femme que l'acte ne désigne pas davantage, et qui se trouve être sa sœur, sa nièce ou sa tante. — A la vérité, dans ce cas, la prétention des héritiers de Pierre n'est pas combattue par l'art. 340 qui prohibe la recherche de la paternité; elle semble au contraire être en harmonie avec l'art 341 qui autorise la recherche de la maternité; mais elle est en opposition avec l'art. 342, qui, modifiant l'art. 341, déclare que la recherche de la maternité n'est jamais permise, même à l'enfant, lorsqu'elle tend à prouver qu'il est adultérin ou incestueux. — Et c'est ce que M. Duveyrier a parfaitement développé dans son rapport du 2 germinal an 11, au corps législatif: Nous ne craindrons pas (a-t-il dit, en parlant de la faculté accordée par l'art. 339 à tous ceux qui y ont intérêt, de contester la reconnaissance du père ou de la mère), « Nous » ne craindrons pas que cette disposition généralement exprimée puisse étendre la faculté de » contester jusqu'à l'abus, toujours trop facile » en cette matière, et surtout jusqu'à l'usage » indirect de ces exceptions odieuses, de ces » *inquisitions flétrissantes, dont l'acte lui-même* » *ne contiendrait aucune preuve, ancun indice,* » *et dont le projet de loi, dans son esprit, dans* » *ses principes, dans ses préceptes, signale sans* » *cesse la proscription* ABSOLUE. — L'objet est » simple, et le sens est clair. C'est l'acte lui-» même qu'il s'agira d'attaquer : sa forme, si » elle n'est point authentique, ou si elle est irré» gulière, son contexte, si le mensonge et la » fraude l'ont dicté. — Mais qu'on veuille af» faiblir le crédit de cet acte, ou changer ses ré» sultats par l'enquête scandaleuse d'un fait qui » serait étranger à l'acte contesté; que des col» latéraux, par exemple, pour diminuer la por» tion que la loi donnera à l'enfant naturel dans » la succession de son père, et le réduire aux ali» mens charitables réservés à l'enfant du crime, » prétendent que cet enfant reconnu par un père » libre, est entaché d'adultère, du côté de sa » mère inconnue et non désignée dans l'acte, » nous devons penser qu'ils ne seront point » écoutés ».

» Voilà, MM., à quoi se réduisent tous les argumens que l'on emploie pour masquer la contravention des arrêts attaqués à l'art. 340 du Code civil. Faibles et vaines ressources d'une équité arbitraire qui se met en rebellion ouverte contre la loi, ils n'empêcheront sans doute pas que vous ne fassiez rentrer ces arrêts dans le néant dont ils n'auraient jamais dû sortir. Vous le devez à la loi manifestement outragée; vous le devez à l'ordre public et au repos des familles; vous le devez aux bonnes mœurs elles-mêmes; et nous y concluons ».

Par arrêt rendu le 14 mai 1810, au rapport de M. Carnot,

« Vu l'art. 340 du Code civil ainsi conçu....;

» Et attendu que cet article interdit, d'une manière absolue, *la recherche de la paternité*, hors le cas d'*enlèvement,* lorsque son époque coïncide avec celle de la conception de l'enfant;

» Que cependant et quoique ledit article ne fasse aucune distinction, à cet égard, entre la voie d'action et celle d'exception, la cour d'appel de Limoges a admis les défendeurs à rapporter la preuve que les légataires universels de François Dubois étaient ses enfans adultérins, malgré qu'il fût établi, par la représentation de leurs actes de naissance, qu'ils étaient nés de Françoise Lemur et d'un père inconnu; et qu'il fût avoué, en fait, qu'ils avaient toujours joui de cet état, conformément à leurs titres de naissance;

» Attendu que l'art. 46 du Code civil n'a eu pour objet que de suppléer le silence ou la perte des registres de l'état civil; et que, dans l'espèce particulière, il y avait existence de registres et inscription sur ces registres, des actes de naissance des enfans de Françoise Lemur, comme nés de pères inconnus;

» Que les articles 323 et 325 sont également étrangers à la question, puisque l'art. 323 n'autorise la preuve qu'à défaut de titre et de possession constante; et que l'art. 325 ne l'autorise non plus, qu'à l'effet d'établir que le réclamant n'est pas l'enfant de la mère qu'il prétend avoir, ou que, la maternité prouvée, il n'est pas l'enfant du mari de la mère;

» Que d'ailleurs l'art. 323 exige pour rendre la preuve admissible, dans le cas même du défaut de titre et de possession constante, qu'il y eût commencement de preuve par écrit ou des indices assez graves et constans pour faire supposer la véracité des faits allégués; et que l'arrêt attaqué ne s'est fondé, ni sur un commencement de preuve par écrit, ni sur aucuns indices graves déclarés constans au procès;

» Attendu que l'art. 339 n'est pas plus applicable, puisque cet article n'accorde le droit de contester, à ceux qui prétendent y avoir intérêt, que la reconnaissance faite par le père ou par la mère et la réclamation de la part de l'enfant; et que, dans l'espèce, il n'y avait eu ni reconnaissance de la part de François Dubois, ni réclamation de la part des enfans naturels de Françoise Lemur;

» Que l'art. 340 reste donc seul à consulter; et que, comme il interdit, pour tous les cas, la recherche de la paternité, il en résulte qu'aucune preuve ne pouvait être admise, dans l'espèce particulière, puisqu'elle ne pouvait tendre qu'à une recherche de paternité;

» Que l'arrêt du 31 mars 1808, en ordonnant une pareille preuve, a donc ouvertement violé les dispositions de l'art. 340;

» Et attendu que l'arrêt définitif du 2 décembre suivant n'a été que la conséquence de celui du 31 mars, et qu'il présente, par suite, la même violation de la loi;

» Attendu que c'est également par suite, que ledit arrêt du 2 décembre a prononcé l'annullation de la vente du 13 floréal an 3, puisque, si le testament de François Dubois devait être exécuté, les défendeurs se trouveraient sans intérêt et sans qualité, pour en contester l'exécution;

» La cour, sans qu'il soit besoin d'examiner si la vente du 13 floréal an 3 renferme une libéralité, et si la loi du 17 nivôse an 2 a révoqué l'art. 132 de l'ordonnance de 1629, prohibitif de toutes donations entre concubinaires, casse et annulle l'arrêt interlocutoire du 31 mars 1808, et par suite, celui définitif du 2 décembre suivant, pour violation ouverte de l'art. 340 du Code civil et pour fausse application des articles 46, 323, 325 et 339 du même Code...».

Au surplus, *V.* les articles *Actes de naissance*, *Filiation*, *Maternité* et *Question d'état.*

PATURAGE. — §. I. *Les communes et les particuliers qui prouvent par titres avoir eu des droits de pâturage et de panage dans les forêts de l'ancien domaine de la couronne, mais qui n'ont pas été compris dans l'état arrêté au ci-devant conseil du roi, en exécution de l'art. 1 du tit. 19 de l'ordonnance de 1669, peuvent-ils aujourd'hui réclamer l'exercice de ces droits?*

« Cette question (ai-je dit à l'audience de la cour de cassation, section civile, le 1.er prairial an 12), se présente à votre examen dans des circonstances extrêmement simples.

» Une sentence arbitrale rendue le 3 ventôse an 2, entre la commune de Nogent, demanderesse par exploit du 4 mai 1793, et le procureur-général-syndic du département de la Haute-Marne, défendeur, avait maintenu cette commune « dans le droit d'usage qui lui appartient » (avait-elle dit), dans la forêt de Maisais et » dans la bois du Fayet de Mandre (faisant » l'une et l'autre partie de l'ancien domaine » de l'État), et consiste dans le droit qu'a » chaque habitant de ladite commune de couper et amener avec char et charrette, pour » son chauffage ou autres nécessités, toute espèce de bois droits, gissans et ramassans, excepté chênes, faux, pommiers et poiriers; » comme aussi de conduire ses bestiaux à la pâture dans lesdits bois, lorsqu'ils sont déclarés » défensables, excepté les chèvres; enfin d'y » mettre en paisson seulement les porcs qui leur » appartiennent, en payant par chaque porc susnommé quatre deniers, deux deniers pour celui au-dessous de l'an seulement.... ». La même sentence avait ordonné « que, pour l'exercice et l'usage de ce droit, la commune de » Nogent se pourvoirait devant les corps administratifs, soit pour faire prononcer un cantonnement, soit pour déterminer d'une autre » manière cet exercice et cet usage ».

» Pour prononcer ainsi, les arbitres s'étaient fondés sur des lettres-patentes de Louis XIII, du mois de février 1623, enregistrées à la table de marbre de Paris, qui maintenaient la commune de Nogent dans son droit d'usage et de pâturage. Ils n'avaient pas exprimé dans leur sentence, qu'ils l'y réintégraient en vertu de l'art. 8 de la loi du 28 août 1792; mais ils l'avaient assez fait entendre, par cela seul qu'ils ne l'avaient motivée sur aucune autre loi.

» Quoi qu'il en soit, le 29 germinal an 8, le conseil de préfecture du département de la Haute-Marne a arrêté que le préfet appellerait de cette sentence, et c'est ce qui a été fait tout de suite.

» Le 28 messidor an 10, arrêt de la cour d'appel de Dijon, qui réforme la décision des arbitres quant au droit de chauffage, et la confirme quant au droit de pâturage.

» Il la réforme quant au droit de chauffage, parce que l'art. 1 du tit. 20 de l'ordonnance des eaux et forêts de 1669 a supprimé tous les droits de cette nature dont étaient alors grevés les bois domaniaux; et il la confirme quant au droit de pâturage, parce que, suivant la cour d'appel, l'art. 1 du tit. 19 de la même loi a permis aux usagers des forêts nationales de continuer à y faire paître leurs porcs et leurs bêtes aumailles dans les lieux qui seraient déclarés défensables.

» Du reste, la cour d'appel se renferme, comme les arbitres, dans le plus profond silence sur la loi qui la détermine à revenir ainsi sur le passé en faveur de la commune de Nogent; et comme eux, elle affecte de ne pas déclarer que c'est sur l'art. 8 de la loi du 28 août 1792, qu'elle fonde la réintégration de cette commune dans son droit de pâturage et de panage. Mais il faut bien que, comme eux, elle ait motivé son arrêt sur cette loi, puisqu'à prendre les choses dans l'état où elles sont depuis un temps immémorial, la commune qui ne jouit plus de rien, n'aurait rien à réclamer, si cette loi, dans son opinion, ne venait au secours de la commune.

» C'est d'après ces données, que vous avez à décider si le préfet du département de la Haute-Marne est bien fondé dans sa demande en cassation.

» L'affirmative nous paraît incontestable, et deux moyens également péremptoires se réunissent pour l'établir.

» D'abord, la cour d'appel de Dijon a vu dans l'ordonnance de 1669 ce qui n'y est pas, et n'y a pas vu ce qui y est réellement.

» L'art. 1 du tit. 19 de l'ordonnance de 1669 ne maintient pas indéfiniment tous les droits de pâturage et de panage que le gouvernement avait concédés jusqu'alors: il n'y maintient que les usagers *dénommés en l'état arrêté au conseil du roi.*

» Et il ne faut pas croire que, par ces mots, le législateur entende un état ancien, un état arrêté avant l'ordonnance; il n'entend que l'état qui sera arrêté à l'avenir en exécution de l'ordonnance même. C'est ce qui résulte de l'article précédent, formant le 4.e du tit. 18: « Défendons (y est-il dit), à toutes personnes autres » que ceux employés dans l'état qui *sera arrêté* » en notre conseil, d'envoyer ou mettre leurs » porcs en glandées dans nos forêts,... ».

» Or, depuis l'ordonnance de 1669, la commune de Nogent a-t-elle été comprise dans l'état des usagers à qui étaient conservés les droits d'usage et de panage? Non, elle ne l'a pas été; ou du moins elle n'en a rapporté aucune preuve; disons mieux, elle n'a pas même osé l'articuler.

» La cour d'appel de Dijon a donc violé l'article même de l'ordonnance de 1669, dont elle a fait l'application à la commune de Nogent; et la violation en est d'autant moins excusable de sa part, que, par l'arrêté du directoire exécutif du 5 vendémiaire an 6, toutes les autorités sont averties de l'intérêt que met le gouvernement à l'exécution littérale de cette disposition de l'ordonnance.

» En second lieu, quand nous supposerions le texte de l'ordonnance de 1669 aussi favorable à la commune de Nogent qu'il lui est contraire, l'arrêt de la cour d'appel de Dijon n'en serait pas plus tolérable.

» D'une part, en effet, il a été soutenu par le préfet du département de la Haute-Marne, dans une écriture signifiée le 27 messidor an 10, et la commune de Nogent ne l'a pas nié, que depuis l'ordonnance de 1669, le droit de pâturage et de panage réclamé par cette commune, avait été considéré comme révoqué, et que par conséquent l'exercice en avait entièrement cessé.

» De l'autre, la commune de Nogent n'a rien dit qui pût écarter l'exception qui résultait de là contre elle; elle n'a pas allégué un seul fait, elle n'a pas articulé une seule circonstance, capables de faire taire la prescription que formait en faveur du domaine de l'État, la possession plus que centenaire dans laquelle il était de ne plus souffrir le prétendu droit de pâturage des habitans.

» Comment donc les juges de la cour d'appel de Dijon ont-ils pu, au mépris de cette possession, au mépris de l'égide dont elle couvrait le domaine de la république, faire revivre au profit de la commune un droit éteint depuis si longtemps? Nous l'avons déjà dit, ils n'ont pu le faire qu'en s'étayant, sans néanmoins oser en faire l'aveu, sur l'art. 8 de la loi du 28 août 1792. Mais c'est cette réticence elle-même qui les accuse. Ils savaient, car la chose est trop évidente, et en tous cas une foule de vos arrêts leur auraient appris, que l'art. 8 de la loi du 28 août 1792 n'est applicable qu'aux communes dépossédées de leurs biens, ou de leurs usages par l'abus de la puissance féodale, et qu'il ne l'est nullement aux communes dont la dépossession a été opérée par la puissance législative.

» Par ces considérations, nous estimons qu'il y a lieu de casser et annuller l'arrêt dont il s'agit ».

Sur ces conclusions, arrêt du 1.er prairial an 12, au rapport de M. Coffinhal, par lequel,

« Vu l'art. 1 du tit. 19 de l'ordonnance de 1669.....;

» Considérant que la commune de Nogent n'a pas justifié qu'elle fût comprise dans l'état arrêté au conseil du roi en exécution de l'ordonnance de 1669; qu'ainsi, elle ne pouvait exercer aucun droit de *panage et de pâturage* dans les forêts domaniales dont il s'agit; que le jugement attaqué pouvait d'autant moins l'y maintenir, qu'il a reconnu d'ailleurs que les lois du 28 août 1792 et 10 juin 1793 n'avaient apporté aucun changement à celles relatives au régime de ces forêts, et qu'il a rejeté sa demande en réintégration dans les droits de chauffage et autres usages de bois tant à bâtir que réparer, en vertu de l'art. 1 du tit. 20 qui en avait prononcé la révocation;

» La cour, ayant égard à la demande du préfet...., casse et annulle le jugement du tribunal d'appel de Dijon, du 28 thermidor an 10, en ce que la commune a été maintenue dans le droit de conduire ses bestiaux à la pâture dans les bois dont il s'agit, comme contraire à la loi ci-dessus citée.... ».

§. II. *Quelle est la nature du vain pâturage? En quel cas n'est-il que précaire? En quel cas forme-t-il une servitude? Le propriétaire de fonds asservis par titre à un droit de vaine pâture, peut-il les en affranchir en les faisant clorre?*

V. l'article *Vaine pâture*, §. 1.

PAYEMENT. — §. I. *Un créancier, peut-il obliger son débiteur à le payer en autres espèces ou effets qu'il n'a été stipulé par le contrat?*

Le 11 juillet 1769, convention entre Delecourt, marchand d'étoffes, et Daniaux, teinturier, par lequel le premier vend au second pour 4,756 florins d'indigos, payables par celui-ci, moitié en lettres de change, et moitié en teintures.

Le marché s'exécute, quant au payement en lettres de change; et Daniaux fournit pour environ 500 florins de teintures à Delecourt: quelque temps après, Delecourt quitte le commerce d'étoffes, et prétend alors se faire payer en argent; Daniaux lui offre de continuer ses payemens en teintures, suivant son obligation.

Le 1.er mars 1782, assignation donnée par Delecourt à Daniaux devant les juges-consuls de Lille. Deux moyens pour Delecourt: 1.° Vous avez assez gagné sur mes indigos, par le long espace de temps que le prix en est demeuré entre vos mains, pour me payer en espèces sonnantes; 2.° J'ai quitté le commerce d'étoffes, je n'ai plus besoin de teintures, je ne puis plus vous donner d'étoffes à teindre : à l'impossible nul n'est tenu.

Daniaux répond au premier moyen : « Si j'ai gagné sur vos indigos, j'ai gagné sur un bien qui m'appartenait, cela ne vous regarde nullement : d'ailleurs, depuis plus de douze ans, j'ai offert constamment de vous payer en teintures; pourquoi ne vous y êtes-vous pas prêté »?

Et au second moyen : « L'impossibilité dont vous parlez, est une chimère; vous ne pouvez pas, parce que vous ne voulez pas. Qui est-ce qui vous a forcé de quitter le commerce d'étoffes? Qui est-ce qui vous empêche de le reprendre? Qui est-ce qui vous empêche de traiter avec un autre marchand de ce genre, pour qu'il me fasse faire des teintures dont il vous remettra le prix? Après tout, il y a entre nous un contrat; vous vous êtes engagé à me donner des étoffes à teindre; vous vous êtes donc obligé à avoir toujours de ces étoffes, tant que nos comptes ne seraient pas soldés. Il n'a pas pu dépendre de vous de résilier cet engagement : il a fait partie de notre traité; sans cette clause, j'aurais acheté votre indigo beaucoup moins cher ».

Sentence du 2 mars 1782, qui ordonne que la clause du marché du 11 juillet 1769, relative au payement en teintures, sera exécutée selon sa forme et teneur.

Appel par Delecourt au parlement de Douay. Voici, en substance, ce que je disais pour établir le bien jugé :

« 1.° Tout contrat fait par une personne capable, qui ne blesse point les bonnes mœurs, qui ne contrarie point le droit public, doit être exécuté.

» 2.° Un débiteur ne peut être forcé de payer autre chose que ce à quoi il s'est obligé, et il y en a deux raisons : la première, c'est que le contrat parle pour lui; la seconde, que sa condition est favorable, et que la loi penche toujours à son avantage.

» A ces raisons se joint un arrêt du 25 juillet 1766, rendu entre Etienne Desruelles et Daniaux lui-même, confirmatif d'une sentence consulaire de Lille, du 11 juin précédent, dans la même espèce que celle-ci. — En 1765, vente d'indigos pour le prix de 12,000 florins; convention d'en payer la moitié en lettres de change sur Paris, l'autre moitié en teintures. Payement des lettres de change : teintures faites pour mille florins : prétention de Desruelles de recevoir le surplus en argent : sentence et arrêt qui le déboutent ».

Ces moyens ont triomphé. Par arrêt du 23 mars 1782, la sentence a été confirmée avec amende et dépens.

§. II. 1.° *Les payemens faits par un héritier aux légataires et aux légitimaires, sont ils, dans tous les cas, définitifs à l'égard des créanciers de la succession? Ou bien ceux-ci peuvent-ils en exiger le rapport, lorsque la succession ne suffit pas pour les payer eux-mêmes?*

2.° *Y a-t-il, à cet égard, quelque différence entre les payemens faits par l'héritier pur et simple, et les payemens faits par l'héritier bénéficiaire?*

Le 28 novembre 1772, Joseph Rouy, négociant à Bayonne, reconnaît pardevant notaires, devoir à Etiennette Sable, veuve de Pierre Buisson, une somme de 2,000 liv.; et il s'oblige, sous la garantie et l'hypothèque de tous ses biens, 1.° de lui en payer l'intérêt au denier vingt-cinq, tant qu'elle vivra; 2.° d'en rembourser le capital à ses héritiers.

En 1773, Joseph Rouy meurt, laissant un testament par lequel il lègue à ses enfans Jeanne-Marie, Jean-Pierre, Marie et Michel-Joseph, chacun la somme de 10,000 liv., *pour leur tenir lieu de légitime et de tous autres droits paternels, en quoi*, dit-il, *je les institue pour mes héritiers particuliers*. Par le même acte, il institue Jean-Baptiste Rouy, son fils aîné, *héritier universel du surplus de ses biens*.

Jean-Baptiste Rouy accepte son institution universelle, et paye à sa sœur Jeanne-Marie Rouy, femme Lacoste, les 10,000 liv. qui lui étaient léguées. Ensuite, il fait mal ses affaires, et ses biens sont vendus par décret, à la requête de ses créanciers. Michel-Joseph Rouy et Marie Rouy, femme Rouquette, sont colloqués dans l'ordre pour le montant de leurs legs.

Les choses en cet etat, Anne Buisson, héritière d'Etiennette Sable, poursuit l'adjudicataire des biens de Jean-Baptiste Rouy, en payement des 2,400 liv. portées dans l'obligation du 28 novembre 1772; mais elle est déboutée, parce qu'elle n'avait pas formé d'opposition au décret qui, par ce moyen, avait purgé les biens de toute hypothèque.

Elle se pourvoit contre Michel-Joseph Rouy, la dame Rouquette et la dame Lacoste, et demande qu'ils soient condamnés solidairement à lui payer cette somme, en qualité de co-héritiers de Jean-Baptiste Rouy, leur frère aîné, ou que du moins ils soient tenus de rapporter, jusqu'à la concurrence de ce qui lui est dû par la succession de leur père, le montant de ce qu'ils ont reçu à titre de légitime ou de legs.

Le 19 messidor an 10, jugement du tribunal de première instance de Bayonne, qui lui adjuge ses conclusions subsidiaires. Appel.

Le 17 thermidor an 11, la cour d'appel de Pau, « considérant qu'il résulte du testament de Joseph Rouy, qu'il institua Jean-Baptiste Rouy, son fils aîné, pour son héritier général et universel; qu'en conséquence, celui-ci recueillit l'entière succession à ce titre; que les actions actives et passives de l'hérédité passant sur sa tête, Anne Buisson ne pouvait agir que contre lui; qu'elle rendit elle-même hommage à ce principe, en exerçant contre l'adjudicataire par décret des biens de Jean-Baptiste Rouy, une action hypothécaire dont ces biens étaient affranchis par la consommation de ce décret, dans lequel elle ne se présenta pas pour l'allocation de sa créance; que l'action engagée aujourd'hui contre les appelans, est d'autant plus mal fondée, qu'il n'est pas établi que deux d'entre eux, c'est-à-dire, Joseph-Michel Rouy et la dame Rouquette, aient été payés de leur légitime; qu'à l'égard de la dame Lacoste, elle le fut en deniers qui pouvaient ne pas dépendre de la succession paternelle, circonstance dans tous les cas indifférente par les raisons préalléguées; dit qu'il a été mal jugé, bien appelé....., et relaxe les appelans des demandes d'Anne Buisson..... » — Celle-ci se pourvoit en cassation.

« Elle soutient (ai-je dit à l'audience de la section des requêtes, le 2 prairial an 12), que les enfans puînés de Joseph Rouy auraient dû, soit comme héritiers institués à titre particulier, soit comme légitimaires, soit comme légataires, être condamnés au payement de sa créance; et que la cour d'appel de Pau n'a pu les en décharger, nonobstant la triple qualité qui les y assujettissait, sans violer les lois romaines dont se composait, à l'époque du décès de leur père, le droit écrit de la ville de Bayonne.

» A cet égard, nous observerons d'abord que la qualité d'héritiers institués à titre particulier et celle de légataires ne formaient réellement, pour les enfans puînés de Joseph Rouy, qu'une seule et même qualité.

» Sans doute, si, après avoir institué ses enfans puînés, chacun dans une somme de 10,000 livres, Joseph Rouy n'eût pas institué son fils aîné Jean-Baptiste dans l'universalité, ou même seulement dans une quote de ses biens, ses enfans puînés auraient, par cela seul, été considérés comme ses héritiers proprement dits, et leur institution particulière se serait convertie en institution universelle; ainsi l'avaient réglé la loi 1, §. 4, D. *de heredibus instituendis*, et la loi 41, §. dernier, D. *de vulgari et pupillari substitutione*, qui n'étaient en cela que les corollaires de la maxime du droit romain, suivant laquelle un homme ne pouvait pas décéder *partim testatus, partim intestatus*.

» Mais Joseph Rouy ayant institué son fils aîné Jean-Baptiste héritier universel, en même temps qu'il instituait ses enfans puînés chacun dans une somme de 100,000 liv., ceux-ci n'ont pu devenir par là que simples légataires; et ils n'ont pu, comme tels, être soumises aux obligations inhérentes au titre d'héritier. C'est ce que décide la loi 13, *de heredibus instituendis*, au Code : *Quoties certi quidem ex certâ re scripti sunt heredes, vel certis rebus pro suâ institutione contenti esse jussi sunt*, QUOS LEGATARIORUM LOCO HABERI CERTUM EST : *alii verò ex certâ parte, vel sine parte, qui pro veterum legum tenore ad certam unciarum institutionem referuntur : eos tantummodò omnibus hereditariis actionibus uti, vel conveniri decernimus, qui ex certâ parte vel sine parte scripti fuerint, nec aliquam diminutionem earumdem actionum, occasione heredum ex certâ re scriptorum, fieri.*

» Nous devons donc faire ici, relativement aux enfans puînés de Joseph Rouy, une abstraction complette de la qualité d'héritiers institués, et ne considérer en eux que les titres de légitimaires et de légataires.

» Ces deux titres ont cela de commun, qu'ils ne peuvent avoir d'effet utile qu'après la distraction des dettes de l'hérédité sur laquelle ils doivent s'exercer. Jamais les légitimaires ni les légataires ne peuvent concourir avec les créanciers de la succession; ceux-ci au contraire sont toujours préférés à ceux-là. Il n'est point de principe plus certain dans toute la jurisprudence.

Mais de ce principe résulte-t-il qu'un créancier puisse répéter contre les légitimaires et les légataires, ce qui leur a été délivré ou payé par l'héritier universel, soit à titre de légitime, soit à titre de legs? Il faut distinguer.

» Si, en payement de leurs légitimes ou de leurs legs, les légitimaires et les légataires ont reçu de l'héritier des immeubles sur lesquels le créancier avait hypothèque avant l'ouverture de la succession, il est incontestable que le créancier peut intenter contre eux l'action hypothécaire.

» Mais qu'arrivera-t-il, si les légitimaires et les légataires ont reçu de l'héritier, soit des meubles, des effets mobiliers, de l'argent comptant, soit des immeubles non hypothéqués à la dette du créancier? Il faut encore distinguer.

» Ou l'hérédité était insolvable, lorsqu'elle s'est ouverte; ou elle suffisait alors pour faire face à toutes les dettes, à toutes les légitimes, à tous les legs.

» Au premier cas, le créancier peut forcer les légitimaires et les légataires au rapport de ce qu'ils ont reçu; et il a contre eux, pour les y obliger, le choix entre deux actions : l'une, que les lois romaines appellent *Pauliane* ou révocatoire; l'autre, qu'elles qualifient de *Condictio indebiti*.

» Ils ont contre eux l'action *Pauliane*, parce que cette action a lieu contre tout donataire, même à cause de mort, que le défunt a gratifié au-delà de son actif; et que respectivement au donataire, on n'examine pas, comme on le fait par rapport à un acquéreur à titre onéreux, si c'est de bonne ou de mauvaise foi qu'il a reçu ce qui lui a été donné au préjudice des créanciers : *Simili modo dicimus* (ce sont les termes de la loi 6, §. 11, *quæ in fraudem creditorum*, au digeste), *et si cui donatum est, non esse quærendum an sciente eo cui donatum est, gestum sit; sed hoc tantùm an fraudentur creditores. Nec videtur injuriâ affici is qui ignoravit, cùm lucrum extorqueatur, non damnum infligatur.*

» Voilà pourquoi, ajoute le §. 13 de la même loi, si un héritier nécessaire (c'est-à-dire, un esclave, que son maître avait institué, et qui ne pouvait ni renoncer ni s'abstenir, ce qui était toujours le signe certain et légal d'une succession en déconfiture), si un héritier nécessaire a commencé par payer les legs, et qu'ensuite les biens de l'hérédité viennent à être vendus par décret, les légataires peuvent être contraints par les créanciers non payés, au rapport de ce qu'ils ont reçu, même de très-bonne foi : *item si necessarius heres legata præstiterit, deindè ejus bona venierint; Proculus ait, etiam si ignoraverint legatarii, tamen utilem actionem dandam; quod nequaquàm dubium est.*

» Nous avons ajouté que les créanciers ont aussi contre les légitimaires et les légataires payés à leur préjudice, l'action appelée en droit *Condictio indebiti;* et cela résulte de ce qu'alors les légitimaires et les légataires ont reçu ce que la succession ne leur devait pas, d'après la règle *bona non intelliguntur, nisi deducto ære alieno.* C'est d'ailleurs ce que décide formellement la loi 22, C. *de jure deliberandi*, l'un des textes invoqués ici par Anne Buisson.

» Mais, remarquons le bien, elle ne le décide que pour le cas d'une succession en déconfiture. Si l'héritier, dit-elle, §. 4, a commencé par faire dresser un inventaire solennel, il peut, comme bénéficiaire, accepter la succession sans courir le risque d'être tenu au-delà de l'actif qu'il y aura trouvé : il peut, en conséquence, payer les premiers créanciers qui se présenteront; il peut même acquitter les legs, soit en effets héréditaires, soit avec le prix qu'il tirera de la vente de ces effets *Et si præfatam observationem inventarii faciendi solidaverint, hereditatem sine periculo habeant.....; ut in tantum creditoribus hereditariis teneantur, in quantum res substantiæ ad eos devolutæ valeant; et eis satisfaciant qui primi veniant creditores : et si nihil reliquum est, posteriores venientes repellantur; et nihil ex suâ substantiâ penitùs heredes amittant.... sed et si legatarii intereà venerint, eis satisfaciant ex hereditate defuncti, vel ex ipsis rebus, vel ex earum forsitan venditione.* — Mais, continue le §. 5, les légataires ainsi payés au préjudice des créanciers qui ne s'étaient pas présentés avant l'épuisement total de l'actif de la succession, ne sont pas, pour cela, à l'abri des recherches et des poursuites de ceux-ci : ceux-ci peuvent au contraire revenir contre eux, ou par l'action hypothécaire, s'il leur a été délivré des biens hypothéqués aux dettes non encore acquittées, ou par l'action nommée *Condictio indebiti;* et les obliger, soit par l'une, soit par l'autre voie, au rapport de ce qui leur a été délivré ou payé : *Licentiâ creditoribus non denegandâ adversùs legatarios venire, vel hypothecis, vel indebiti condictione uti, et hœc quæ acceperint recuperare; cùm satis adsurdum sit creditoribus quidem jus suum persequentibus legitimum auxilium denegari, legatariis verò qui pro lucro certant, suas partes leges accommodare.* — Il y a plus, dit encore le §. 6 de la même loi : si, parmi les créanciers qui ont été payés par l'héritier bénéficiaire, il s'en trouve de postérieurs en ordre d'hypothèque aux créanciers qui ne l'ont pas été, ils peuvent être contraints par ceux-ci à rapporter ce qu'ils ont reçu; et cela, soit au moyen de l'action hypothécaire qui a lieu lorsque l'héritier leur a donné en payement des biens de la succession, soit au moyen de l'action appelée en droit *Condictio ex lege*, lorsqu'ils ont touché de l'argent comptant : *Sin verò heredes res hereditarias creditoribus hereditariis pro debito dederint in solutum, vel per dationem pecuniarum satis eis fecerint, liceat aliis creditoribus qui ex anterioribus veniunt hypothecis, adversùs eos venire, et à posterioribus creditoribus secundùm leges eas abstrahere, vel per hypothecariam actionem vel per conditionem ex lege.*

» Vous voyez, Messieurs, que, dans le cas dont s'occupe cette loi, c'est-à-dire, dans le cas où une succession a été recueillie par bénéfice d'inventaire, il n'y a aucune différence entre le créancier qui a été payé avant un autre par lequel il eût dû être précédé, et le légataire qui a été payé avant un créancier quelconque. Tous deux doivent rapporter même l'argent comptant qu'ils ont reçu. Pourquoi cela? parce que l'héritier bénéficiaire n'est, à proprement parler, qu'un administrateur; parce qu'étant comme le receveur de tous les créanciers et légataires de la succession, qui sont tous réputés en diligence au moyen de la caution qu'il a donnée à tous, il ne touche rien de la succession qu'il ne soit censé le toucher pour chacun d'eux, et en payement ou diminution de la part qui appartiendra à chacun d'eux dans la distribution des biens; qu'ainsi, ce qu'il paye à chacun d'eux, il est censé ne le payer que sous la condition du rapport de ce qui serait revenu à chacun d'eux dans cette distribution.

» Mais, nous l'avons déjà dit, la loi que nous venons de rappeler, ne dispose ainsi que relativement aux créanciers et aux légataires payés avant leur rang légitime, par un héritier bénéficiaire; et telle n'est point l'espèce de la cause actuelle. Ce n'est point comme héritier bénéficiaire, que Jean-Baptiste Rouy a accepté la succession qui était débitrice d'Anne Buisson : il l'a acceptée, comme héritier, pur et simple; c'est comme héritier pur et simple, qu'il a payé les 10.000 liv. léguées à Jeanne Rouy, femme Lacoste; et c'est, comme créanciers (en vertu de leurs legs) d'un héritier pur et simple, que Joseph-Michel Rouy et Marie Rouy, femme Rouquette, se sont fait colloquer dans l'ordre de ses biens vendus par décret. Or peut-on étendre à un cas semblable, la disposition de la loi citée? Peut-on faire un crime à la cour d'appel de Pau de n'avoir pas donné une pareille extension à cette loi?

» Cette loi, nous devons le répéter, assimile, quant au rapport réclamé ici par Anne Buisson, le créancier au légataire; elle établit entre eux une parfaite identité; et par conséquent, pour qu'elle fût applicable à un légataire payé par un héritier pur et simple, il faudrait qu'elle le fût également à un créancier qu'un héritier pur et simple aurait payé. — Notre question revient donc à celle-ci : en supposant que les enfans puînés de Joseph Rouy eussent été créanciers non hypothécaires ni privilégiés de la succession de leur père, et que leur frère Jean-Baptiste eût soldé leurs créances, Anne Buisson serait-elle en droit de leur faire rapporter ce qu'ils auraient reçu? Or, qui oserait soutenir l'affirmative? Un pareil système trouverait sa réfutation dans sa seule absurdité.

» Et qu'on ne dise pas que, si la loi citée fait marcher de front le légataire et le créancier de la succession bénéficiaire, ce n'est pas une raison pour assimiler l'un à l'autre, le légataire et le créancier de la succession acceptée purement et simplement. Qu'on ne dise pas que la maxime, *bona non intelliguntur nisi deducto œre alieno*, a lieu dans la succession acceptée purement et simplement, comme dans la succession bénéficiaire. Qu'on ne dise pas que, par l'effet de cette maxime, le légataire ne peut, dans l'une comme dans l'autre succession, être payé qu'après le créancier; et que, par conséquent, dans l'une comme dans l'autre, le créancier peut obliger au rapport, le légataire qui a été payé avant lui. — Ces objections vont disparaître devant trois principes bien connus.

» D'une part, toute succession qui a été acceptée purement et simplement, est, par cette seule raison, juridiquement présumée suffisante pour en remplir toutes les charges, et conséquemment pour en acquitter tous les legs, comme toutes les dettes; et c'est, d'après cette présomption de droit, que l'héritier pur et simple est tenu indéfiniment envers les légataires, aussi bien qu'envers les créanciers, sans pouvoir opposer à ceux-là plus qu'il ne le peut à ceux-ci, la maxime, *bona non intelliguntur nisi deducto œre alieno*.

» D'un autre côté, par l'acceptation pure et simple d'une succession, l'héritier fait sien tout ce qui la compose; les biens qui en proviennent, ne sont plus les biens du défunt, ce sont les biens de l'héritier personnellement.

» Enfin, par son acceptation pure et simple, l'héritier contracte avec les légataires, comme avec les créanciers, l'obligation de les payer intégralement. Les légataires deviennent donc, dès-lors, les créanciers personnels de l'héritier; et dès-lors aussi il n'existe plus de différence entre eux et les créanciers de la succession, sauf que si, parmi ces derniers, il en est qui avaient une hypothèque avant la mort de leur débiteur primitif, ils la conservent.

» De ces trois principes, il résulte bien clairement que l'héritier pur et simple qui paye un legs, paye sa propre dette, ni plus ni moins que s'il acquittait une obligation contractée par le défunt; il en résulte qu'en payant le legs, c'est de ses biens propres qu'il est censé le payer; il en résulte qu'en payant le legs, il est censé avoir pardevers lui des fonds suffisans pour payer en même temps les dettes qu'il a trouvées dans la succession; pour tout dire, en un mot, il en résulte que le payement d'un legs fait, en cet état, par l'héritier pur et simple, doit être entièrement assimilé aux payemens que fait de ses dettes personnelles, un débiteur qui jouit de tous ses droits, un débiteur qui n'est point en faillite. — Donc le légataire qui a reçu son legs des mains de l'héritier pur et simple, ne peut pas plus être recherché par les créanciers de la succession, qu'un créancier chirographaire de la succession ne pourrait l'être par un de ses co-créanciers; pas plus qu'un créancier chirographaire d'un négociant ne pourrait l'être par un autre créancier du même individu qui ne se présenterait qu'après la faillite de leur débiteur commun. — Donc Anne Buisson n'a pas plus d'action contre les enfans puînés de Joseph Rouy, pour leur faire rapporter les legs qu'ils ont reçus de leur frère Jean-Baptiste, qu'elle n'en a contre les créanciers chirographaires de la succession que Jean-Baptiste a pu payer avant sa déconfiture; pas plus qu'elle n'en a contre les créanciers personnels de Jean-Baptiste, que celui-ci a pu, avant la même époque, payer des deniers de la succession même. — Donc il a été bien jugé par la cour d'appel de Pau.

» Ce n'est pas qu'Anne Buisson n'eût pu se faire payer, même sur les deniers et les meubles de la succession, avant les enfans puînés de Joseph Rouy; elle avait, pour y parvenir, une voie toute simple : il lui suffisait de demander la séparation du patrimoine du défunt d'avec le patrimoine de l'héritier : les lois romaines lui en donnaient le droit; mais elle ne l'a pas fait : elle a négligé cette voie, comme elle a omis de faire, pour la conservation de son hypothèque, les actes que lui prescrivait la loi; elle ne peut donc imputer qu'à elle-même le non payement de sa créance.

» Eh! le moyen, après cela, d'accueillir sa demande en rapport contre les enfans puînés de Joseph Rouy? Quelle loi invoquera-t-elle à l'appui de cette demande? — Invoquera-t-elle la loi qui soumet à l'action Pauliane ou révocatoire les legs fait par un débiteur insolvable? Mais Joseph Rouy n'est pas mort en état d'insolvabilité. Sa succession a été acceptée purement et simplement; et non-seulement elle est, dès-là, présumée avoir suffi au payement de toutes les dettes dont elle était grevée, mais Anne Buisson elle-même a fortifié cette présomption de droit, elle l'a rendue elle-même inexpugnable, en omettant de recourir au bénéfice de séparation. — Invoquera-t-elle la loi qui assujettit au rapport, envers le créancier non payé, le légataire payé prématurément par l'héritier bénéficiaire? Mais ce n'est pas un héritier bénéficiaire qui a payé les enfans puînés de Joseph Rouy; ils ont été payés par un héritier pur et simple; et encore une fois, l'héritier pur et simple qui paye un legs, est absolument à l'instar du débiteur qui paye ses dettes personnelles: le premier payé, en ce cas, l'est irrévocablement: *jura vigilantibus subveniunt.* — Ainsi, point de loi qui puisse être réclamée à l'appui de la demande d'Anne Buisson, et par conséquent nulle possibilité d'accueillir cette demande.

» Anne Buisson n'est cependant pas la première qui ait élevé une prétention de ce genre. Mais ceux qui lui en ont donné l'exemple, n'ont pas été plus heureux qu'elle.

» Ecoutons Basset, dans son Recueil d'arrêts du parlement de Grenoble, tom. 2, pag. 311; « Martin Couland, apothicaire, légua par son » testament 3,000 livres à Ennemond son fils, » ensemble toutes les drogues et instrumens de » sa boutique, et il institua son fils Aimé son » héritier. Après la mort de ce testateur, son » héritier traita avec tous les créanciers et lé- » gataires, retrancha 600 livres sur le légat » d'Ennemond, et lui paya les 2,400 livres » restantes. Cependant Sarrazin, créancier de » 3,000 livres du défunt et de son héritier, » se contenta de retirer ses intérêts, sans de- » mander son capital. Aimé Couland, fils et » héritier de Martin, vint à mourir, laissant » une fille son héritière, qui accepta sa suc- » cession avec inventaire: ce qui ayant donné » quelque appréhension à Sarrazin de n'y pas » trouver son compte, et que sa dette pou- » vait devenir périlleuse par le mauvais état » des affaires de cette hoirie, il s'avisa de con- » venir ledit Ennemond légataire, à ce qu'il eût » à lui rendre la somme de son légat, et soute- » nait qu'il était antérieur, que son débiteur » n'avait pu léguer à son préjudice, ni rendre » sa condition détérieure par cette donation. » Au contraire, Ennemond disait que le légat » à lui fait et payé, était un meuble qui n'avait » pas de suite d'hypothèque, qu'il n'avait usé » de dol ni de fraude en cette occasion. Par » sentence du juge de Grenoble, Sarrazin fut » débouté; et par arrêt de la chambre de » l'édit, en l'audience du 13 juillet 1638, la » sentence fut confirmée ».

» Salviat, pag. 291, rapporte un acte de notoriété de l'ordre des avocats au parlement de Bordeaux, du mois de janvier 1704, par lequel il est attesté « qu'on distingue l'héri- » tier particulier d'avec l'héritier général; et » que lorsqu'il y a un héritier universel institué, » les actions de l'hérédité ne regardent que lui, » non l'héritier particulier, qui n'est réputé » que comme légataire ». Voilà précisément notre espèce.

» Lapeyrère, au mot *Action*, dit également: « Les actions ne peuvent être dirigées contre » les légataires, lorsqu'il y a un héritier institué, » quand bien même le légat serait fait à un en- » fant en ligne directe pour son droit de légitime, » sauf aux créanciers à se pourvoir contre l'hé- » ritier, conformément à la disposition du droit » romain ».

» Et c'est, ajoute Salviat, à l'endroit déjà cité, « ce qui a été jugé en 1730 à l'audience de » la grand'chambre, plaidant Boudin, Brochon » et Dumoulin jeune ».

» Enfin, nous trouvons dans le Journal du palais de Toulouse, tom. 1, pag. 15, un arrêt du 22 août 1690, qui déclare les créanciers d'une succession non-recevables à poursuivre un légitimaire par action personnelle; ce qui entraîne nécessairement la conséquence qu'on ne peut agir contre lui qu'hypothécairement, et que, s'il ne possède aucun immeuble de l'hérédité, il est absolument à l'abri de toute inquiétude.

» Par ces considérations, nous estimons qu'il y a lieu de rejeter la requête de la demanderesse ».

Arrêt du 2 prairial an 12, au rapport de M. Vallée, qui prononce conformément à ces conclusions, « attendu que Jean-Baptiste Rouy institué héritier général et universel par son père, a accepté purement et simplement la succession de celui-ci; que, dès-lors, ses frères et sœurs légitimaires sont devenus, à son égard, des créanciers ordinaires; qu'ils ont donc pu recevoir leur dû de leur frère, sans être tenus au rapport envers les créanciers de leur père; qu'ainsi, l'arrêt attaqué, loin d'être en contravention aux lois romaines, y est parfaitement conforme ».

V. les art. 808 et 809 du Code civil.

§. III. *Quelle est la quotité pour laquelle les monnaies de billon peuvent entrer dans les payemens?*

« Le procureur-général expose qu'il est chargé par le gouvernement de requérir, pour l'intérêt de la loi, la cassation d'un jugement en dernier ressort du tribunal de commerce de Lorient, dont voici l'espèce.

» Le 15 juillet 1809, le sieur Ansault a fait présenter au sieur Bijotat, négociant à Lorient, un billet de mille francs, que celui-ci avait souscrit le 15 avril précédent, à l'ordre du sieur Terrien, et dont il se trouvait porteur.

» Le sieur Bijotat a offert de le payer moyennant neuf cent douze livres tournois en écus; et cent douze livres dix sous en monnaie de billon.

» Le sieur Ansault, de son côté, prétendant n'être tenu de recevoir en monnaie de billon que le vingtième du payement qui devait lui être fait, a refusé l'offre du sieur Bijotat; et, après avoir fait protester le billet, il l'a renvoyé à son endosseur.

» Le sieur Terrien a, en conséquence, cité le sieur Bijotat devant le tribunal de commerce de Lorient, *pour voir fixer combien il devait entrer de billon dans le payement dont il s'agissait.*

» Et le 8 août 1809, il est intervenu un jugement ainsi conçu: — « Y a-t-il un réglement » ou une loi qui fixe la quantité de billon à » donner dans les payemens de commerce? En » cas de négative, l'usage de la place de Lorient doit-il servir de règle? Cet usage est-» il constaté? — Considérant que, faute de » réglement par l'autorité compétente pour » fixer la quantité de billon à donner dans les » payemens, l'usage de la place doit servir de » règle; qu'il est justifié au tribunal que, depuis quelques mois, l'usage de la place de » Lorient est de donner le dixième; — Que » néanmoins un précédent jugement du tri-» bunal ayant autorisé à ne recevoir en paye-» ment que le vingtième en billon, les sieurs » Ansault et Terrien ont pu se croire d'autant » mieux fondés à refuser le dixième qui leur » était offert, que le sieur Bijotat ne leur jus-» tifiait pas que ce fût effectivement aujour-» d'hui l'usage; — Par ces considérations, le » tribunal, faisant définitivement droit entre » les parties, décerne acte à Bijotat de son » offre, répétée à l'audience, d'acquitter son » billet en donnant le dixième en billon con-» formément à l'usage actuel, et condamne les » parties à partager les frais résultans de la dis-» cussion ».

» Le ministre du trésor public, informé de ce jugement, s'en est fait délivrer une expédition; et, frappé des *conséquences désastreuses qu'il peut entraîner*, considérant d'ailleurs *combien il est contraire aux principes d'une bonne administration en matière de monnaie*, il l'a dénoncé au grand-juge, ministre de la justice, qui, à son tour, l'a dénoncé à l'exposant.

» Il n'est pas dans les attributions de l'exposant, d'examiner ce jugement dans ses rapports, soit avec l'intérêt du trésor public, soit avec l'intérêt du commerce; mais il doit prouver que, par ce jugement, il a été contrevenu à des réglemens formels; et cette preuve lui sera facile.

» Un arrêt du conseil, du 1.er août 1738, ordonne, art. 5, *qu'il ne pourra plus entrer dans les payemens de quatre cents livres et au-dessous, pour plus de dix livres d'espèces de billon, et pour plus d'un quarantième dans les payemens au-dessus de quatre cents livres.*

» Par un autre arrêt du conseil, du 22 août 1771, cette mesure a été étendue aux pièces de six, douze et vingt-quatre sous: *Veut sa majesté* (y est-il dit), *que les pièces de six sous, douze sous et vingt-quatre sous ne puissent entrer dans les payemens de six cents livres et au-dessus, que pour un quarantième.*

» Mais un troisième arrêt du 11 décembre 1774 enchérit sur cette disposition. Voici comment s'explique Louis XVI dans les lettres-patentes dont il a, le même jour, revêtu cet arrêt, et qui ont été enregistrées à la cour des monnaies le 6 février 1775: — « Nous étant fait représenter » en notre conseil l'arrêt rendu en icelui le 22 » août 1771, par lequel, entre autres disposi-» tions, il est ordonné que les pièces de six sous, » douze sous et vingt-quatre sous ne pourront » entrer dans les payemens de six cents livres et » au-dessus, que pour un quarantième, nous » avons reconnu que cette disposition, con-» traire aux principes exprimés dans le préam-» bule de cet arrêt, était l'effet d'une erreur » d'impression; que nos intentions paraissaient » avoir été de limiter le payement des pièces » de six sous, douze sous et vingt-quatre sous, au » quarantième, pour les payemens de six cents » livres et au-dessous, en sorte qu'il n'y eût » jamais un payement au-dessus de quinze livres » dans cette monnaie: et ayant été informés » qu'en étendant cette permission au-delà des » bornes prescrites, lesdites pièces se mettent » en sacs, et sont introduites dans les paye-» mens de sommes considérables; qu'il en ré-» sulte le double inconvénient de rendre plus » rares dans le commerce *ces pièces destinées » uniquement aux appoints et au payement des » denrées de peu de valeur*, et de favoriser la » circulation des pièces entièrement effacées et » déformées, qui ne doivent plus entrer dans » le commerce, même d'introduire des pièces » fausses et étrangères; nous avons cru néces-» saire de réformer ces abus, même de res-» treindre la permission accordée par arrêt de

» notre conseil du 22 août 1771. Nous aurions » sur ce expliqué nos intentions par l'arrêt ce- » jourd'hui rendu en notre conseil-d'état, nous » y étant, sur lequel nous avons ordonné que » toutes lettres-patentes nécessaires seraient ex- » pédiées. A ces causes, de l'avis de notre con- » seil, qui a vu ledit arrêt, dont expédition est » ci-attachée sous le contre-scel de notre chan- » cellerie, conformément à icelui, nous avons » ordonné et, par ces présentes signées de notre » main, ordonnons que les pièces de six sous, » douze sous et vingt-quatre sous ne pourront » plus entrer dans les payemens autrement que » par appoint et en espèces découvertes ».

» Les motifs de ces dispositions étant les mêmes pour les payemens en pièces de billon que pour ceux en pièces de six, douze et vingt-quatre sous, il a été rendu au conseil, le 21 janvier 1781, un quatrième arrêt par lequel: « le » roi étant informé des abus qui se commettent » dans les payemens qu'on fait en pièces de six » liards et de deux sous renfermées dans des » sacs, et ayant fait attention aux plaintes réi- » térées que ces abus occasionnent, et notam- » ment de la part des rentiers de l'hôtel-de-ville; » sa majesté a jugé à propos de *ramener les sous » à leur destination primitive* : en conséquence, » l'intention de sa majesté est qu'on ne donne à » l'avenir des sous qu'à deniers découverts et » pour les appoints qui ne peuvent être payés » en écus de six francs ou de trois livres.... » A quoi voulant pourvoir, ouï le rapport, le » roi, étant en son conseil, a ordonné et or- » donne ce qui suit : — Art. 1.er A compter de » la publication du présent arrêt, il ne sera plus » délivré dans les payemens aucuns sacs de sous; » permet seulement sa majesté de donner à de- » niers découverts, des pièces de six liards et de » deux sous, pour les appoints qui ne pourront » se payer en écus de six francs ou de trois » livres; à l'effet de quoi, sa majesté déroge » aux précédens réglemens, qui permettaient » de donner dans les payemens le quarantième » en sous ».

» Tel était l'état de la législation sur les payemens en monnaie de billon, lorsque la constitution politique de l'État a été changée.

» Avant d'aller plus loin, il importe de nous fixer sur cette question : les arrêts du conseil qu'on vient de rappeler, étaient-ils obligatoires sous l'ancienne monarchie ?

» Ce qui aurait pu en faire douter, c'est qu'ils n'avaient pas été enregistrés dans les parlemens.

» Mais les actes de l'ancien gouvernement qui avaient pour objet la législation des monnaies, étaient-ils sujets à la formalité de l'enregistrement dans ces cours ?

» Le parlement de Paris soutint l'affirmative dans des remontrances du 18 juin 1718, par lesquelles il se plaignait de ce que l'édit du mois de mai précédent qui ordonnait une refonte des monnaies, ne lui avait point été adressé. Mais quel fut le résultat de ces remontrances? Nous l'apprenons par la réponse qu'y fit, le même jour, le duc d'Orléans, régent du royaume : « Quand » je n'ai point envoyé au parlement le dernier » édit au sujet des monnaies, j'ai cru ne le de- » voir point faire, parce que la cour des mon- » naies ayant été établie cour supérieure, est » compétente dans ces sortes de matières; et » depuis 1659, qui est un des exemples que vous » m'avez cités, il n'y a point eu d'édit sur les » monnaies envoyé au parlement, que celui » du mois de décembre 1715, au commence- » ment de la régence, que j'ai bien voulu y » envoyer par déférence et amitié pour le par- » lement (1) ».

» Depuis, ni le parlement de Paris ni aucun autre ne renouvelèrent leur prétention à l'enregistrement des lois relatives aux monnaies; et la cour des monnaies demeura constamment en possession d'enregistrer seule ces lois.

» Il est vrai que, ni l'arrêt du 1.er août 1738 ni celui du 21 janvier 1781, ne paraissent avoir été enregistrés en cette cour.

» Mais ils ne sont que la conséquence immédiate et *à fortiori*, d'un principe consigné dans les lettres-patentes du 11 décembre 1774, que cette cour a enregistrées le 6 février 1775. Il est dit en effet dans ces lettres-patentes, que les pièces de six, douze et vingt-quatre sous sont *destinées uniquement aux appoints et au payement des denrées de peu de valeur*; et l'on sent que, si telle est l'unique destination des pièces de six, douze et vingt-quatre sous, telle doit être également, et à bien plus forte raison, l'unique destination des pièces de deux sous, de six liards et d'un sou.

» Il n'était donc pas rigoureusement nécessaire que les arrêts du conseil des 1.er août 1738 et 21 janvier 1781 défendissent de faire entrer la monnaie de billon dans les payemens au-delà de la quotité qu'ils déterminent. Cette défense était de droit; ils n'ont fait, en la proclamant, qu'une chose surabondante; et dès-là, nul doute qu'elle ne fût obligatoire sous l'ancien gouvernement.

» Mais si elle était obligatoire sous l'ancien gouvernement, elle l'est certainement encore aujourd'hui, à moins qu'elle n'ait été abrogée, ou par une loi expresse, ou par un usage général, connu et approuvé du gouvernement; car la loi du 21 septembre 1792 porte que, « jus- » qu'à ce qu'il en ait été autrement ordonné, les » lois non-abrogées seront provisoirement exé- » cutées ».

» Or, de loi expresse, il n'y en a aucune qui, soit avant, soit depuis celle du 21 septembre 1792,

(1) *V.* le *Dictionnaire des arrêts de Brillon*, au mot *Monnaie*, n. 44.

ait abrogé ni même modifié la défense dont il s'agit.

» Quant à l'usage général, il a constamment maintenu cette défense : seulement il l'a modifiée, en la réduisant aux termes de l'arrêt du conseil, du 1.er août 1738, c'est-à-dire, à la défense de faire entrer plus d'un quarantième en billon dans les payemens au-dessus de 400 liv.

» Comment cet usage s'est-il introduit? C'est ce qu'il ne sera pas inutile de rechercher.

» Le 14 nivôse an 4, le directoire exécutif a pris un arrêté ainsi conçu : — « Le directoire » exécutif, sur le rapport qui lui a été fait par » le ministre des finances, que les redevables » des droits d'enregistrement payables en numéraire, affectent de les acquitter en monnaie de » cuivre; considérant que *cette monnaie n'est* » *destinée que pour les appoints;* que la difficulté de son transport des bureaux de perception dans les caisses générales, préjudicie » beaucoup au service du trésor public; arrête » ce qui suit : — Il ne pourra être admis en » payement de tous les droits et contributions, » de quelque nature qu'ils soient, payables en » numéraire, que le quarantième en monnaie » de cuivre de la somme à payer, indépendamment de l'appoint; le surplus devra être acquitté en espèces d'or ou d'argent. Les percepteurs desdits droits et contributions seront » personnellement comptables, en espèces d'or » et d'argent, des sommes qu'ils auront reçues » en monnaie de cuivre au-delà du quarantième » de la somme due ».

» Deux choses sont à remarquer dans cet arrêté : — Le principe que la monnaie de cuivre *n'est destinée que pour les appoints;* ce qui s'accorde parfaitement avec les dispositions de l'arrêt du conseil du 21 janvier 1781; — Et la dérogation à ce principe, relativement aux payemens à faire, soit dans les caisses de la régie de l'enregistrement, soit dans celles des receveurs des autres contributions; payemens dans lesquels l'arrêté permet, par ménagement pour les redevables, de faire entrer un quarantième en monnaie de cuivre.

» Cette dérogation qui, par elle-même, n'était applicable qu'aux payemens à faire en *monnaie de cuivre,* a été étendue par un autre arrêté du même gouvernement, du 18 vendémiaire an 6, aux payemens à faire en *monnaie grise :* « Les » pièces de billon connues sous la dénomination de *monnaie grise,* de la valeur de 24 » deniers (porte-t-il, art. 3), seront admises » dans les payemens de tous les droits et contributions publiques, à raison du quarantième » desdits payemens, indépendamment de l'appoint, ainsi qu'il a été ordonné pour les monnaies de cuivre, par l'arrêté du 14 nivôse » an 4 ».

» Mais le gouvernement pouvait-il ainsi recevoir des particuliers, *en monnaie de cuivre, en monnaie grise,* le quarantième de ce qu'ils lui devaient, sans jouir, à leur égard, de la faculté de payer, en même monnaie et jusqu'à la même concurrence, ce qu'il leur devait lui-même? Non certainement. Cette faculté dérivait, pour lui, du droit inné de la réciprocité. Aussi a-t-elle été universellement reconnue; aussi n'a-t-elle jamais donné lieu à la moindre réclamation.

» Cette conséquence des arrêtés du 14 nivôse an 4 et 18 vendémiaire an 6, une fois admise, a dû naturellement en entraîner une autre : c'est que les particuliers ont dû jouir, entre eux, de la même faculté qui se trouvait établie entre les particuliers et le gouvernement.

» En effet, le gouvernement n'est considéré, dans les transactions, dans les payemens, dans les actes qui concernent ses intérêts pécuniaires, que comme un particulier. Un mode de payement ne peut donc pas être autorisé entre le gouvernement et les particuliers, sans qu'il le soit, par cela seul, entre les particuliers eux-mêmes.

» Et dans le fait, il est notoire que, depuis les arrêtés du 14 nivôse an 4 et 18 vendémiaire an 6, l'usage de faire entrer un quarantième de billon dans les payemens, a eu lieu, sans réclamation de particuliers à particuliers, comme du gouvernement aux particuliers, et des particuliers au gouvernement.

» C'est même ce que reconnaît et établit formellement le ministre du trésor public, dans sa lettre ci-jointe, du 28 novembre 1809, au grand-juge ministre de la justice : « En réglant (dit-il), » les payemens des caisses publiques, le gouvernement règle nécessairement ceux des caisses » particulières, lorsqu'il ne les excepte pas formellement; et il ne fait à cet égard qu'user de » son droit : car le prince est l'arbitre des conditions de la circulation de la monnaie à laquelle il donne son empreinte; car les rapports » continuels et nécessaires de ces caisses entre » elles, seraient l'occasion de difficultés et de » discussions sans cesse renaissantes, si elles » suivaient des règles ou des usages différens, » et si elles n'agissaient pas entre elles sur le » pied d'une parfaite réciprocité. Mais ce qui » prouve évidemment qu'en réglant l'admission » du cuivre et du billon, par les caisses publiques, » le gouvernement a toujours eu l'intention d'assujettir aux mêmes règles les caisses particulières, comme il en a incontestablement le » droit, et comme il est nécessaire de le faire, » c'est que les deux arrêts de 1738 et 1781 furent » appliqués aux unes et aux autres; que *l'arrêté* » *du 14 nivôse an 4 n'a fait que renouveler les* » *dispositions de l'arrêt de 1738; que partout* » *il a servi de règle aux caisses particulières* » *comme aux caisses publiques* ».

» Cet usage est-il abrogé, pour les espèces de billon dont il s'agit dans les arrêtés des 14 nivôse an 4 et 18 vendémiaire an 6, par le décret du 21 février 1808, qui déclare que les pièces de dix centimes en billon, dont la fabrication a été ordonnée par la loi du 15 septembre 1807, *ne seront données et reçues qu'à découvert; et seulement pour les appoints d'un franc et au-dessous?*

» Non : ce décret, spécial pour les nouvelles pièces de dix centimes, ne peut pas être étendu au-delà de ses termes; et c'est ce qui résulte d'un autre décret qui a été rendu, le 29 mai de la même année, pour les ci-devant états de et de Plaisance.

» Après avoir dit, art. 1, que *le seul billon qui pourra circuler dans le territoire de Parme et Plaisance, sera le billon fabriqué dans les hôtels de monnaie de ce pays*, ce décret ajoute, art. 2 : *il ne pourra être admis en payement de tous les droits et contributions, de quelque nature qu'ils soient, payables en numéraire, que le quarantième en monnaie de billon, de la somme à payer, indépendamment de l'appoint.....*

» Mais il ne se borne point là : il dit encore, art. 3 : *la monnaie de billon ne pourra également être admise dans les payemens qui se feront entre particuliers, que dans la proportion du quarantième.*

» Sans doute, on ne prétendra pas que, par ce décret, le gouvernement ait voulu établir, pour les ci-devant Etats de Parme et de Plaisance, un droit spécial et dérogatoire au droit commun de l'empire français. Un pareil système serait trop manifestement en opposition avec les idées d'uniformité qui, dans les matières de législation, comme dans celles d'administration, dirigent constamment le chef de l'Etat.

» Et à quelle époque supposerait-on, par là, que le chef de l'Etat eût voulu soustraire les ci-devant Etats de Parme et de Plaisance à la loi commune de tout l'empire? Le 29 mai 1808, c'est-à-dire, cinq jours après le sénatus-consulte qui venait de réunir à l'empire même les ci-devant Etats de Parme et de Plaisance, qui venait d'en former un département, celui du Taro.

» Ainsi, le chef de l'Etat qui, avant la réunion de ces Etats, y avait fait publier le Code civil dès le 14 prairial an 13; qui y avait, dès le 20 du même mois, organisé la justice civile et criminelle à l'instar des autres parties de l'empire; qui avait ensuite tout fait pour effacer, entre les autres parties de l'empire et ces Etats, toute espèce de différence, aurait, depuis la réunion, autorisé dans ces Etats un mode de payement réprouvé par le droit commun! Non : cette supposition est inadmissible, parce qu'elle est absurde.

» Disons donc que, du décret du 29 mai 1808, il résulte à la fois, et la preuve que, depuis les arrêtés des 19 nivôse an 4 et 18 vendémiaire an 6, les particuliers ont joui entre eux, comme le gouvernement a joui envers eux-mêmes, comme ils ont joui envers le gouvernement de la faculté de faire entrer un quarantième de *monnaie de cuivre* et de *monnaie grise* dans les payemens; et la preuve que le décret du 21 février 1808 n'a dérogé à cette faculté que pour les pièces de deux centimes fabriquées en exécution de la loi du 15 septembre 1807.

» Mais, par le jugement que l'exposant dénonce à la cour, le tribunal de commerce de Lorient a été beaucoup plus loin : il a condamné les sieurs Ansault et Terrien à recevoir en monnaie de billon, non pas le quarantième, mais le dixième de la somme qui leur était due.

» Et comment a-t-il pu se permettre de rendre un pareil jugement? Il en a donné deux raisons.

» D'abord, a-t-il dit, il n'existe point *de réglement par l'autorité compétente, pour fixer la quotité de billon à donner dans les payemens;* comme si l'arrêt du conseil du 1.er août 1738, comme si les arrêtés du gouvernement directorial des 14 nivôse an 4 et 18 vendémiaire an 6, n'étaient pas des réglemens émanés d'une autorité compétente pour déterminer cette quotité.

» Ensuite, a dit le tribunal de commerce, *il est justifié que, depuis quelques mois, l'usage de la place de Lorient est de donner le dixième.*

» Mais que peut signifier ici l'usage particulier de la place de Lorient? Non seulement cet usage est en opposition avec la volonté bien constante et bien prononcée du gouvernement; mais par cela seul qu'il est particulier à la place de Lorient, il ne peut mériter aucune espèce de considération.

» Il n'y a en effet qu'un usage général qui puisse faire cesser l'empire d'une loi commune à tout un Etat.... (1).

» Ce considéré, il plaise à la cour, vu l'art. 88 de la loi du 27 ventôse an 8; les lettres-patentes du 11 décembre 1774, enregistrées à la cour des monnaies le 6 février 1775; les arrêts du conseil des 1.er août 1738 et 21 janvier 1781; les arrêtés du directoire exécutif des 14 nivôse an 4 et 18 vendémiaire an 6; et les décrets des 21 février et 29 mai 1808, casser et annuller, pour l'intérêt de la loi, et sans préjudice de son exécution entre les parties intéressées, le jugement en dernier ressort du tribunal de commerce de Lorient, du 8 août 1809, dont expédition est ci-jointe; et ordonner qu'à la diligence de l'exposant, l'arrêt à intervenir sera imprimé et transcrit sur les registres dudit tribunal.

» Fait au parquet, le 22 janvier 1810. *Signé* Merlin.

(1) *V.* l'article *Opposition aux jugemens par défaut*, §. 7.

» Vu le réquisitoire et les pièces y jointes,

» Ouï le rapport de M. Carnot, et les conclusions de M. Lecoutour, avocat-général;

» Vu les arrêts du conseil des 1.er août 1738, et 22 août 1771; les arrêtés du directoire exécutif des 14 nivôse an 4 et 18 vendémiaire an 6; et le décret du 29 mai 1808.....;

» Et attendu qu'il résulte des dispositions desdites lois, qu'il ne peut entrer plus d'un quarantième de monnaie de billon dans les payemens, outre les appoints;

» Que, si les arrêtés du directoire exécutif ne parlent que des versemens à faire dans les caisses publiques, et si le décret du 26 mai 1808 n'a été rendu que pour les Etats de Parme et de Plaisance, ils n'en confirment pas moins le principe général établi par les arrêts du conseil de 1738 et de 1771;

» Que c'est ainsi que lesdits arrêts et décrets ont été constamment entendus et exécutés dans tout l'empire, tant sous le rapport des caisses publiques, que sous celui des payemens entre particuliers; que tout autre mode en effet, serait incompatible avec l'uniformité si nécessaire au maintien dans les valeurs et dans la circulation des monnaies;

» Qu'il est résulté de là, que les lettres-patentes des 11 décembre 1774 et 21 janvier 1781, qui n'admettaient la monnaie de billon dans les payemens que pour les appoints, ont dû être considérées comme non-avenues; la modification qu'elles apportaient aux arrêts du conseil de 1738 et de 1771 ayant été révoquée implicitement par les arrêtés et décret dont il s'agit, et par l'usage général qui s'est établi en conséquence;

» Qu'il demeure, dès-lors, bien constant que, dans l'état actuel de la législation, les particuliers comme les caisses publiques, peuvent faire entrer dans leurs payemens un quarantième de monnaie de billon, outre les appoints; mais sans qu'il leur soit permis d'y en faire entrer pour une plus forte somme contre le gré des créanciers;

» Que cependant le tribunal de commerce de Lorient, par son jugement en dernier ressort du 8 août 1809, a autorisé un débiteur, contre la volonté de son créancier, à faire entrer dans ses payemens un dixième en monnaie de billon, au lieu seulement du quarantième que les lois et l'usage généralement observés l'autorisaient à y employer;

» Que le tribunal de commerce de Lorient s'est vainement fondé, pour le juger de la sorte, sur l'usage local de cette ville qu'il a déclaré s'y être établi depuis plusieurs mois; qu'en effet, l'usage d'une place ne peut déroger à une loi générale et d'ordre public;

» Qu'une loi ne peut être considérée comme abrogée par l'usage, que quand cet usage est l'expression et le résultat de la volonté de tous, et non pas lorsqu'il se trouve concentré dans une partie quelconque du territoire qui s'y trouve soumis; que la loi est en effet réputée la volonté de tous; d'où il suit que ce ne peut être également que par la volonté de tous qu'elle peut être abrogée;

» Qu'en faisant donc prévaloir l'usage local de la place de Lorient, à l'usage général établi dans tout le reste de l'empire, sur la manière d'entendre et d'appliquer les lois de la matière, le tribunal de commerce de Lorient a, non-seulement violé lesdites lois, mais commis un excès de pouvoir;

» Par ces motifs, la cour, faisant droit au réquisitoire de M. le procureur-général, casse et annulle, mais dans l'intérêt de la loi seulement, le jugement rendu par le tribunal de commerce de Lorient, le 8 août 1809....

» Ainsi jugé et prononcé à l'audience publique de la cour de cassation, section civile, le 28 mai 1810 ».

V. l'art. 2 du décret du 18 août 1810, relatif à la monnaie de cuivre et de billon.

§. IV. *Celui qui, par erreur de droit, a payé ce qu'il ne devait pas, est-il recevable à le répéter?*

V. les articles *Contribution foncière*, §. 1, et *Monnaie décimale.*

§. V. *Une loi interprétative qui survient après un payement effectué en vertu des lois existantes, peut-elle donner lieu à la répétition de ce payement?*

V. l'article *Chose jugée*, §. 8.

§. VI. *En quel lieu doivent être payés les arrérages et fourni le titre nouveau d'une rente foncière? Est-ce au domicile du créancier? Est-ce à celui du débiteur?*

V. l'article *Rente foncière*, §. 2.

Au surplus, *V.* les articles *Compte courant*, *Emigrés*, *Indication de payement*, *Inscription sur le grand livre*, *Lettres de ratification*, §. 1, et *Papier-monnaie*.

PAYS RÉUNIS. — §. I. *Quel est, dans l'art. 2 de la loi du 24 brumaire an 7, le sens de la disposition qui déclare obligatoires, du jour de l'arrivée de la loi du 12 vendémiaire an 4 au chef-lieu de chacun des départemens réunis par la loi du 9 du même mois, les lois dont la publication avait été ordonnée dans ces départemens?*

Le 7 frimaire an 4, décès de Philippe-Norbert Vandermeer, domicilié à Bruxelles.

Il laissait un testament en date du 2 octobre 1788, par lequel il avait institué pour héritier universel de ses biens libres, Ferdinand-Charles Beeckmann, son neveu, l'un de ses plus proches parens; et dans sa succession se trouvait un majorat, espèce de fidéicommis, auquel était appelé, par le titre qui l'avait fondé en 1730, Charles-Aimé-Emmanuel Vandermeer.

De là, deux contestations de la part d'Isidore-Marie Deladeuze, au nom de Jeanne-Louise Vanderstegen, son épouse.

Il a soutenu, d'abord, contre Ferdinand Beeckmann, son co-successible, que le testament avait été annullé par la loi du 17 nivôse an 2; ensuite, contre Charles Vandermeer, que le majorat avait été aboli, avant le 7 frimaire an 4, par la loi du 14 novembre 1792; et qu'en conséquence, les biens qui y avaient été soumis, étaient devenus libres dans la personne du défunt.

Pour repousser la première prétention, Ferdinand Beeckmann a dit que la loi du 17 nivôse an 2 n'avait été publiée à Bruxelles, que postérieurement au 7 frimaire an 4; qu'à la vérité, la publication en avait été ordonnée dès le 28 brumaire précédent, par les représentans du peuple Perez et Portiez, en leur qualité de commissaires du gouvernement dans la ci-devant Belgique; mais qu'elle n'avait été effectuée que le 22 frimaire de la même année.

Isidore Deladeuze a répondu que la loi du 14 novembre 1792, et l'arrêté portant ordre de la publier, étaient parvenus aux administrations des départemens de la Dyle, de la Lys et de l'Escaut, lieux de la situation des biens, avant la loi du 12 vendémiaire an 4; que cette dernière loi elle-même y était parvenue avant le 7 frimaire suivant, jour de la mort du défunt; qu'ainsi, aux termes de l'art. 12 de celle-ci, la loi du 14 novembre 1792 était devenue obligatoire dans ces trois départemens, du vivant du testateur.

Le 24 thermidor an 4, jugement du tribunal civil du département de la Dyle, qui prononce en faveur d'Isidore Deladeuze.

Appel de la part de Ferdinand Beeckmann; et le 4 vendémiaire an 5, jugement du tribunal civil du département de la Meuse inférieure, qui réforme le premier.

Le 9 messidor an 7, sur le recours en cassation d'Isidore Deladeuze, arrêt par défaut, qui, d'après les art. 11 et 12 de la loi du 12 vendémiaire an 4, et les art. 1 et 2 de celle du 24 brumaire an 7, annulle celui du 4 vendémiaire an 5, « attendu que la loi du 12 vendémiaire an 4 a été distribuée au chef-lieu du département de la Dyle, le 5 frimaire suivant; que, lors de cette distribution officielle, la publication de la loi du 17 nivôse an 2 dans ce département, avait été ordonnée d'une manière légale; que cette dernière loi était donc devenue obligatoire dans l'étendue dudit département de la Dyle, depuis le 5 frimaire an 4; que par conséquent elle devait régler la succession dont il s'agit, ouverte le 7 du même mois : d'où il suit que le tribunal civil du département de la Meuse inférieure, en écartant la demande de Deladeuze, sous prétexte que la loi du 17 nivôse an 2, sur laquelle elle était fondée, n'avait point été publiée, a violé les art. 11 et 12 de la loi du 12 vendémiaire an 4, interprétée par celle du 24 brumaire an 7 ».

Le 1.er brumaire an 8, Ferdinand Beeckmann est restitué contre cet arrêt; et la dame Deladeuze étant décédée dans l'intervalle, l'instance est reprise par deux parties différentes, par Isidore Deladeuze, comme héritier et usufruitier des immeubles de sa femme, et par le sieur Vandernoot-Duras, au nom de son épouse, fille d'un premier lit de la dame Deladeuze, et son héritière immobilière. Bientôt après, la dame Vandernoot-Duras meurt, et son mari reprend l'instance, comme tuteur de leur fille Josephe-Louise.

La cause portée à l'audience contradictoire de la section civile, Ferdinand Beeckmann observe que la requête en cassation du jugement du 4 vendémiaire an 5 a été présentée par Isidore Deladeuze, en sa qualité de mari de Jeanne-Marie Vanderstegen; que l'arrêt d'admission n'a été signifié qu'après le décès de celle-ci; qu'il l'a bien été dans le terme fatal, mais à la requête d'Isidore Deladeuze seul, et sans expression d'aucune qualité; que, dès-là, la mineure Vandernoot-Duras est déchue du bénéfice de cet arrêt; et que sa déchéance doit entraîner celle d'Isidore Deladeuze, qui ne paraît dans la cause que comme héritier mobilier et usufruitier des biens de son épouse.

Le 2 thermidor an 9, au rapport de M. Audier-Massillon, arrêt qui déclare en effet la mineure Vandernoot-Duras déchue de l'arrêt d'admission; mais,

« Attendu que ce jugement a été signifié à Beeckmann, à la requête de Deladeuze, dans le délai porté par le réglement, et que Deladeuze avait, par son contrat de mariage et par la coutume de Bruxelles, titre et qualité pour suivre en son nom, après le décès de sa femme, la demande en cassation qu'il avait formée du vivant d'icelle, en qualité de mari;

» Rejette la fin de non-recevoir proposée par Beeckmann contre Deladeuze;

» Et statuant sur la demande en cassation;

» Vu la loi du 17 nivôse an 2, art. 1.er, §. 3; la loi du 12 vendémiaire an 4, art. 11; la loi du 24 brumaire an 7, art. 1 et 2;

» Attendu que Philippe-Norbert Vandermeer, de la succession duquel il s'agit, est mort à Bruxelles, le 7 frimaire an 4; — Que la loi du 17 nivôse an 2, qui a établi un nouveau mode de succession, et a supprimé les dispositions universelles à cause de mort, était arrivée officiellement au département de la Dyle, le 28 brumaire précédent; et que celle du 12 vendémiaire an 4, qui supprime les anciennes formes de publication des lois, avait été distribuée officiellement au chef-lieu de ce même département, le 5 frimaire de la même année, deux jours avant l'ouverture de la succession dont il s'agit; — Et que la loi du 24 brumaire an 7 a fait cesser tous les doutes qui avaient pu se former sur l'époque à laquelle les lois envoyées dans les départemens réunis, et qui n'y avaient pas été publiées dans l'ancienne forme, étaient devenues obligatoires;

» Attendu qu'il résulte des lois ci-dessus rapportées, que la succession de Philippe-Norbert Vandermeer devait être partagée entre ses plus proches parens, en conformité de la loi du 17 nivôse an 2; et que le jugement du tribunal civil du département de la Meuse inférieure, du 4 vendémiaire an 5, qui a écarté la demande de Deladeuze, sous prétexte que la loi du 17 nivôse an 2, sur laquelle elle était fondée, n'avait pas été publiée, a violé les art. 11 et 12 de la loi du 12 vendémiaire an 4, interprétés par celle du 24 brumaire an 7;

» Casse et annulle le jugement rendu par le tribunal civil du département de la Meuse inférieure.... ».

La cause renvoyée en conséquence à la cour d'appel de Bruxelles, arrêt du 15 nivôse an 10 qui déclare constant en fait, que la loi du 17 nivôse an 2 et celle du 12 vendémiaire an 4 sont parvenues à l'administration du département de la Dyle avant la mort de Philippe-Norbert Vandermeer; mais qu'elles ne sont parvenues qu'après aux administrations des départemens de l'Escaut et de la Lys; et en conséquence, rejette la demande d'Isidore Deladeuze quant aux biens situés dans ceux-ci, mais la lui adjuge quant aux biens situés dans celui-là.

Isidore Deladeuze acquiesce à cet arrêt; mais Ferdinand Beeckmann se pourvoit en cassation.

Le 28 nivôse an 11, arrêt, au rapport de M. Zangiacomi, qui rejette la requête de Ferdinand Beeckmann, « attendu que la disposition du jugement attaqué, relative à l'arrivée officielle des deux lois du 12 vendémiaire et du 17 nivôse, ne prononçant que sur une question de fait, ne peut donner lieu à aucune ouverture de cassation ».

Ainsi s'est terminée la contestation entre Isidore Deladeuze et Ferdinand Beeckmann. Voici maintenant comment s'est formée l'autre, et quelle en a été l'issue.

Immédiatement après la mort de Philippe-Norbert Vandermeer, Charles-Aimé-Emmanuel Vandermeer, son substitué, avait obtenu de Ferdinand Beeckmann la délivrance du majorat; et il en jouissait paisiblement, lorsqu'en l'an 10, il fut actionné devant le tribunal de première instance de Bruxelles par la mineure Vandernoot-Duras, épouse de Louis-Eugène-Lamoral Deligne, pour la propriété, et par Isidore Deladeuze, pour l'usufruit de la moitié des biens compris dans cette substitution fidéicommissaire.

Ceux-ci conclurent à ce qu'il fût dit que la substitution avait été éteinte dans la personne de Philippe-Norbert Vandermeer, par l'effet de la loi du 14 novembre 1792, devenue obligatoire, de son vivant, par l'arrêté des représentans du peuple, Pérez et Portiez, du 29 brumaire an 4, qui en avait ordonné la publication, et par l'arrivée de la loi du 12 vendémiaire suivant au chef-lieu du département de la Dyle, avant la mort de Philippe-Norbert Vandermeer. Cependant ils furent obligés de convenir que la loi du 12 vendémiaire n'était parvenue qu'après cette époque, aux administrations des départemens de la Lys et de l'Escaut; mais ils ne passèrent pas pour cela condamnation, relativement aux biens situés dans ces deux départemens; ils soutinrent que, pour décider si la substitution avait subsisté jusqu'à la mort du grevé, ou si elle avait été éteinte antérieurement à son décès, il ne fallait s'arrêter qu'à la loi qui régissait son domicile au moment de son décès même.

Le 13 prairial an 10, jugement du tribunal de première instance de Bruxelles, qui prononce en faveur de la dame Deligne et d'Isidore Deladeuze, quant aux biens du département de la Dyle, et les déboute, quant aux biens des départemens de la Lys et de l'Escaut.

Charles Vandermeer appelle du premier chef de ce jugement. La dame Deligne et Isidore Deladeuze appellent incidemment du second.

Le 9 messidor an 11,

» Considérant, en point de droit, que celui qui invoque l'exécution d'une loi nouvelle, en ce qu'elle fait cesser les dispositions des lois antérieures, doit prouver que cette nouvelle loi était exécutoire au moment où elle prétend qu'elle doit être appliquée;

» Que cette question, *à quel instant la loi du 14 novembre 1792 a-t-elle dû recevoir son exécution dans les départemens réunis*, est subordonnée à celle de fait, relative au moment de l'arrivée de la loi du 12 vendémiaire an 4, aux administrations, soit d'arrondissement, soit de département, dans les lieux de la situation des biens substitués, ou subordonnée au fait de la publication dans les formes anciennes, antérieurement au décès de Philippe Norbert Vandermeer;

» Considérant, en point de fait, quant à l'arrivée de la loi du 12 vendémiaire an 4, qu'il résulte des actes ou pièces employées en la cause, même des aveux judiciaires de Louis-Lamoral Deligne et Deladeuze, que cette loi, avec l'ordre de la publication du 5 frimaire, n'est arrivée aux administrations centrales des départemens de l'Escaut et de la Lys, que postérieurement au décès de Philippe-Norbert Vandermeer;

» Que celle du 14 novembre 1792, avec l'ordonnance de leur publication du 29 brumaire, n'est arrivée aux mêmes administrations centrales que plusieurs jours après celle du 12 vendémiaire an 4, et après ledit décès; d'où il suit en droit, d'après le texte de la loi du 24 brumaire an 7, qu'aucune de ces deux lois des 12 vendémiaire et 14 novembre 1792, n'était devenue obligatoire dans lesdits départemens de l'Escaut et de la Lys, avant le décès;

» Et par une conséquence ultérieure, que l'appel incident est mal fondé;

» Considérant, de plus, dans le point de fait, quant à l'arrivée officielle de la loi du 12 vendémiaire an 4, à l'administration du ci-devant Brabant ou de la Dyle, que l'ordre y donné de sa publication, le 5 frimaire an 4, par les représentans du peuple, n'en constate pas plus l'envoi et l'arrivée à cette administration qu'aux autres administrations centrales des autres départemens réunis, avant le décès de Philippe-Norbert Vandermeer;

» Que les autres faits ou circonstances de fait d'où Louis-Lamoral Deligne et Deladeuze ont prétendu inférer la preuve, en première et seconde instance, de l'arrivée de cette loi à l'administration centrale de la Dyle, avant le décès, soit qu'on les examine isolément, soit qu'on les considère dans leur ensemble, rendraient cette preuve purement conjecturale, et par là non-concluante;

» Que s'arrêter à l'attestation tardive des administrateurs du département de la Dyle, du 12 fructidor an 4, serait rendre cette preuve purement testimoniale;

» Considérant que cette attestation et les conséquences tirées de ces autres faits, se trouvent même formellement contredites par une preuve écrite, prise dans les actes de cette administration, et y consignée dans un temps non suspect et au moment de l'arrivée de la loi;

» Que cette preuve réside au premier registre de cette administration, dans lequel se trouvent successivement consignées les dates d'arrivée, tant de la loi du 12 vendémiaire an 4, que d'autres subséquentes non consignées au bulletin, leur distribution, leur envoi aux administrations, etc., et où on lit : 1.° *Loi du 12 vendémiaire an 4, adressée aux administrateurs du département de la Dyle, le 8 frimaire an 4 : cette loi est relative à l'envoi et publication des lois ;*

» Considérant encore qu'au surplus, et dans la recherche, du moment où une loi est officiellement arrivée, à l'effet de la rendre obligatoire; s'il reste de l'incertitude sur ce moment, il est naturel et légal de se reporter à un instant au-delà duquel ce doute ne peut plus s'étendre; que cet instant, au cas actuel, serait le 12 du mois de frimaire, date où l'administration centrale du département de la Dyle a fait publier la loi du 12 vendémiaire an 4;

» Considérant enfin, que de ce que dessus il résulte que, non-seulement les intimés au principal n'ont point fait la preuve qui leur incombait de l'arrivée officielle de cette loi à l'administration centrale de la Dyle, avant le décès de Philippe-Norbert Vandermeer; mais de plus, et surabondamment, que l'appelant a établi celle de l'arrivée après le décès.

» D'où il suit ultérieurement que la loi du 14 novembre 1792, ne s'y trouvant pas publiée dans les formes anciennes, lors du décès, n'y a acquis ni pu acquérir d'exécution que postérieurement à ce décès;

» Considérant que ce défaut de publication de la loi du 14 novembre 1792, dans le département de la Dyle, est constaté par le registre de l'administration centrale de la Dyle, coté n.° 1.er, où il se trouve : *N. 2. Loi... du 14 novembre 1792, sur l'abolition des substitutions...., adressée aux administrateurs du département de la Dyle, du 22 frimaire an 4;*

» En sorte que, de droit, les lois antérieures et relatives aux fidéicommis et substitutions étaient encore en vigueur, soit dans ce département, soit dans ceux de la Lys et de l'Escaut, où sont situés les biens dont il s'agit, lors de ce décès; et que Charles Vandermeer a pu et dû les recueillir sur pied de ces anciennes lois, à l'exclusion de Louis-Lamoral Deligne, Deladeuze et de leurs auteurs;

» Le tribunal (d'appel de Bruxelles) dit avoir été mal jugé par le tribunal civil de l'arrondissement de Bruxelles, en ce qu'il a déclaré... la substitution..... éteinte et abolie du vivant de Philippe-Norbert Vandermeer, pour les biens.... situés dans le département de la Dyle..... ; et qu'en conséquence, l'appel incident vient à cesser.... ».

Isidore Deladeuze et la dame Deligne se pourvoient en cassation.

« Pour apprécier leurs moyens (ai-je dit à l'audience de la section des requêtes, le 3 floréal an 12), il est nécessaire de revenir sur quelques faits qui déjà vous ont été rappelés.

» Avant la réunion de la Belgique au territoire français, et pendant que cette contrée était gouvernée comme pays conquis, les représentans du peuple, près l'armée du Nord, avaient, par un arrêté du 6 brumaire an 3, créé une *administration centrale* dont ils avaient fixé le siége à Bruxelles.

» Par le même arrêté, ils avaient créé plusieurs *administrations d'arrondissement*, notamment une à Bruxelles pour le Brabant, une à Gand pour la Flandre, une à Mons pour le Hainaut, une à Liége pour le pays du même nom et le Limbourg, etc.

» Sous ces administrations d'arrondissement, existaient des municipalités qui faisaient publier et exécutaient les ordres qu'elles recevaient par leur intermédiaire.

» Quelque temps avant la réunion, les représentans du peuple établirent près d'eux un *conseil de gouvernement;* et par là, les pouvoirs se trouvèrent organisés dans la Belgique, à l'instar de ce qu'ils étaient en France.

» Les représentans du peuple prenaient des arrêtés qui avaient force de loi; ils étaient le corps législatif du pays.

» Le conseil de gouvernement, en sa qualité de *commission exécutive*, transmettait ces arrêtés à l'administration centrale et en surveillait l'exécution.

» L'administration centrale, investie de la même autorité qu'exerçaient, dans l'intérieur, les administrations de départemens, les adressait aux administrations des arrondissemens.

» Et celles-ci, remplissant les fonctions d'administrateurs de districts, les faisaient, à leur tour, passer aux municipalités.

» Après la réunion, et en attendant l'organisation constitutionnelle du pays, les représentans du peuple maintinrent le conseil de gouvernement; mais l'administration centrale fut supprimée, et les administrations d'arrondissement furent momentanément assimilées aux administrations départementales de l'intérieur.

» De là, l'arrêté du 21 vendémiaire an 4, par lequel, voulant établir un mode provisoire pour la publication des lois, les représentans du peuple ordonnèrent que, jusqu'à ce que *les administrations des départemens réunis fussent formées en conformité de ce qui* était *prescrit par la constitution, les lois et les arrêtés* seraient *envoyés aux administrations d'arrondissement, dont le ressort* constituait *ces neuf départemens.*

» Le 14 brumaire suivant, les représentans du peuple, « OUI LE CONSEIL DE GOUVERNEMENT, » ont arrêté ce qui suit : — *Art.* 1. Les lois » relatives à l'abolition des dixmes, des droits » féodaux, du retrait lignager, DES SUBSTITUTIONS, de l'action en rescision pour lésion » d'outre-moitié, des maîtrises et jurandes, de » même que *celles qui prescrivent un nouvel* » *ordre de succéder à l'avenir*, seront incessamment publiées, pour être exécutées dans » toute l'étendue des pays réunis à la république » française par le décret du 9 vendémiaire. — » 2. En attendant ladite publication, il est sursis » à toutes contestations, instances et procédures » relatives aux objets énoncés en l'art. 1.er — » 3. Le conseil de gouvernement est chargé de » faire imprimer, publier et afficher tant les-» dites lois que le présent arrêté, partout où » besoin sera, et d'en certifier les représentans » du peuple, commissaires du gouvernement, » dans le plus court délai ».

» Le 28 du même mois, autre arrêté qui ordonne que la loi du 17 nivôse an 2, celle du 5 floréal an 3 qui en suspend les dispositions rétroactives, et celles du 7 fructidor suivant qui les abroge définitivement, seront publiées dans les neuf départemens réunis.

» Le lendemain 29, troisième arrêté qui prescrit la même chose relativement à la loi du 14 novembre 1792, portant abolition des substitutions fidéicommissaires.

» Le lendemain 30, quatrième arrêté qui supprime le conseil du gouvernement, ainsi que les administrations d'arrondissement, et nomme les administrateurs constitutionnels des neuf départemens.

» Le même jour, en exécution de cet arrêté, l'administration centrale du département de la Dyle est installée dans le même édifice où le conseil de gouvernement avait jusqu'alors tenu ses séances.

» Le 5 frimaire suivant, les représentans du peuple ordonnent la publication de la loi du 12 vendémiaire concernant le nouveau mode de promulgation des lois.

» Le même jour, le secrétaire de l'administration du département de la Dyle ouvre, *en exécution de l'art.* 12 *de cette loi*, un registre contenant, ainsi qu'il l'atteste par sa signature, cent seize feuilles cotées et paraphées, *pour constater la réception des bulletins des lois envoyées au département par le ministre de la justice.*

» Le lendemain 6 frimaire, l'administration du département de la Dyle reçoit, du ministre de la justice, le 4.e numéro du Bulletin des lois, et arrête *qu'il sera ouvert* (ce qui était fait dès la veille), *un registre où ce numéro et ceux qui arriveront successivement, seront constatés par les administrateurs.*

» Le même jour, le cit. Durondeau, celui des administrateurs du département de la Dyle qui était chargé de l'impression et de la distribution des lois, accepte la soumission du cit. Huyghe, imprimeur à Bruxelles, d'imprimer à mille exemplaires la loi du 12 vendémiaire an 4, et de remettre, le 8 du même mois, ces mille exemplaires au *bureau d'envoi.*

» Le 8, le cit. Huyghe remet effectivement *au bureau d'envoi*, les mille exemplaires; et l'administrateur Durondeau le constate par une note qu'il écrit et signe au bas du marché.

» Le même jour, et ceci est prouvé par un extrait authentique du *premier registre aux expéditions des lois du département de la Dyle,* le bureau d'envoi de cette administration adresse des exemplaires imprimés de la loi du 12 vendémiaire aux représentans du peuple, aux administrateurs du département, au commissaire du pouvoir exécutif, au directeur des domaines, au directeur des douanes, etc.

» Enfin, le même registre prouve encore que, le 22 du même mois, des exemplaires de la loi du 14 octobre 1792 et de celle du 17 nivôse an 2 ont été adressés, par le même bureau, aux administrateurs du département de la Dyle et aux autres fonctionnaires publics de Bruxelles.

» Voilà des faits incontestables. Mais à quelles conséquences vont-elles nous conduire?

» Il en est une que le tribunal d'appel de Bruxelles a méconnue, et sur laquelle cependant il nous paraît impossible d'élever sérieusement le plus léger doute : c'est que la loi du 12 vendémiaire an 4 était arrivée à l'administration du département de la Dyle avant le 7 frimaire suivant, jour de la mort de Philippe-Norbert Vandermeer; et si la demande en cassation qui vous est soumise, ne dépendait que de ce seul point, nous ne balancerions pas à en requérir l'admission.

» Mais en regardant comme une vérité constante et prouvée par des actes administratifs en très-bonne forme, que la loi du 12 vendémiaire an 4 était parvenue, avant le 7 frimaire suivant, à l'administration du département de la Dyle, il nous reste à examiner deux questions fort importantes, l'une de droit, l'autre de fait.

» Et d'abord, dans le droit, suffit-il que la loi du 12 vendémiaire an 4 soit parvenue à l'administration du département de la Dyle avant le 7 frimaire, pour qu'avant la même époque, la loi du 14 novembre 1792 soit devenue obligatoire dans ce département?

» Les demandeurs soutiennent l'affirmative, et il faut convenir qu'au premier aspect, la loi du 24 brumaire an 7 semble la justifier complettement.

» Il est certain, en effet, que les représentans du peuple avaient ordonné la publication de la loi du 14 novembre 1792 dans la ci-devant Belgique, dès le 14 brumaire an 4; qu'ils avaient renouvelé cet ordre le 29 du même mois; et que conséquemment cet ordre avait devancé de plusieurs jours l'arrivée de la loi du 12 vendémiaire an 4 à l'administration centrale du département de la Dyle.

» Or, voici ce que porte l'art. 2 de la loi du 24 brumaire an 7 : « Les lois *envoyées dans les* » *anciens départemens* et celles *dont la publication avait été ordonnée dans les départemens* » *réunis* par la loi du 9 vendémiaire an 4, et qui » n'avaient pas été publiées suivant les formes » anciennes, lors de l'arrivée officielle de la loi » du 12 vendémiaire de la même année, au chef-» lieu de chaque département, sont devenues » obligatoires du jour de ladite arrivée ».

» Ainsi, disent les demandeurs, pour déterminer l'effet qu'a produit la loi du 12 vendémiaire an 4, sur les lois antérieures qui, au moment de son arrivée officielle, n'avaient pas encore été publiées dans l'ancienne forme, il faut bien distinguer les anciens départemens d'avec les départemens réunis par la loi du 9 du même mois. Dans les anciens départemens, la loi du 12 vendémiaire n'a rendu obligatoires que les lois qui avaient été *envoyées* avant qu'elle y arrivât elle-même; mais dans les départemens réunis, elle a rendu obligatoires toutes les lois à l'égard desquelles il existait, antérieurement à son arrivée, un simple ordre de publication, bien que cet ordre n'eût pas été suivi de leur envoi effectif, bien que, de fait, elles ne fussent pas parvenues officiellement aux chefs-lieux de ces départemens. Il importerait donc peu que la loi du 14 novembre 1792 n'eût point été adressée, avant le 7 frimaire an 4, à l'administration du département de la Dyle : cette circonstance n'empêcherait pas qu'elle ne fût devenue, avant le 7 frimaire, obligatoire dans ce département, puisque avant le 7 frimaire, les représentans du peuple avaient ordonné qu'elle y fût publiée; et qu'avant le 7 frimaire, la loi du 12 vendémiaire précédent était arrivée officiellement dans les bureaux de cette administration.

» Mais prenons garde ici que la lettre de la loi du 24 brumaire an 7 ne nous égare. Prenons garde qu'entendue et appliquée dans son sens littéral, cette loi ne nous présente une disposition absurde.

» Oui, il serait absurde de supposer que la loi du 24 brumaire an 7 eût voulu donner à un simple ordre de publication qui serait resté dans le porte-feuille des représentans du peuple, l'effet de rendre obligatoires, les lois qui en auraient été l'objet. Une loi ne peut être obligatoire, qu'autant qu'elle est connue; et elle n'est pas connue, par cela seul que l'autorité chargée de la faire connaître, veut qu'elle le soit : il faut qu'à cette volonté se joigne un acte extérieur qui fasse réellement connaître la loi; il faut par conséquent que la loi soit matériellement déplacée, et que de la main de l'autorité qui en ordonne la notification, elle passe dans celle de l'autorité à qui la notification doit en être faite.

» Voilà le principe fondamental de l'obligation qui résulte des lois; et il ne faut pas croire que la loi du 24 brumaire an 7 y ait dérogé par la distinction qu'elle a faite entre les anciens et les nouveaux départemens : elle n'a fait cette distinction que par suite des mesures qui avaient été précédemment prises pour rendre les lois françaises obligatoires dans la ci-devant Belgique.

» Un arrêté du comité de salut public du 20 frimaire an 3 avait défendu aux autorités constituées de ce pays, d'y faire publier d'autres lois que celles qui leur seraient envoyées par les représentans du peuple en mission.

» Le 3 brumaire an 4, une loi rendue spécialement pour la même contrée, avait ordonné que les arrêtés du comité de salut public et ceux des représentans du peuple en mission, auxquels il n'avait pas été dérogé par le comité de salut public, continueraient d'y être exécutés *jusqu'à l'établissement qui s'y ferait successivement des lois françaises.*

» Par cette loi et par sa combinaison avec l'arrêté du comité de salut public du 20 frimaire an 3, les neuf départemens nouvellement réunis ont été placés, relativement aux lois qui leur parvenaient, dans une cathégorie toute particulière. Dans les anciens départemens, toutes les lois qui leur étaient adressées depuis la réception de celle du 12 vendémiaire an 4, devenaient de plein droit obligatoires, du jour de leur arrivée officielle à chaque chef-lieu : ainsi l'avait réglé l'art. 12 de la loi du 12 vendémiaire elle-même. Dans les neuf départemens réunis, il fallait quelque chose de plus : l'art. 12 de la loi du 12 vendémiaire y rendait bien obligatoires, de plein droit, les lois qui leur étaient envoyées avec l'ordre spécial de les faire publier dans ce pays; mais il n'avait, à leur égard, aucun effet sur les lois que ces départemens recevaient sans un ordre spécial de publication; les actes législatifs n'acquéraient pour eux le caractère de lois, que par le concours de l'ordre spécial de publication avec leur arrivée officielle au chef-lieu.

» C'est ce qu'ont parfaitement expliqué les art. 1, 3 et 4 de l'arrêté du directoire exécutif, du 18 pluviôse an 4. — « L'arrêté du comité de » salut public du 20 frimaire an 3 (portent-ils), » et l'art. 2 de la loi du 3 brumaire an 4 seront » exécutés suivant leur forme et teneur; en conséquence, jusqu'à ce qu'autrement soit statué » par le corps législatif, *il n'y a et il n'y aura* de » lois françaises obligatoires dans les pays réunis » à la république française.... par le décret du » 9 vendémiaire dernier, que celles non-abrogées *qui y ont été ou y seront envoyées* pour » y être observées, soit en exécution d'un arrêté » spécial du comité de salut public, des représentans du peuple en mission, du directoire » exécutif, des commissaires généraux du gou» vernement revêtus de ses pouvoirs, soit en » exécution d'une disposition spéciale d'un dé» cret, d'une loi, d'un acte émané de la représentation nationale. — Lorsque l'ordre spécial » d'envoi aura été donné et exécuté, les administrations départementales ou municipales » pourront user de la faculté que leur donne » l'art. 11 de la loi du 12 vendémiaire (de faire » afficher la loi ou de la faire proclamer à son » de trompe ou de tambour); mais la loi sera » obligatoire, du jour qu'elle leur aura été en» voyée par arrêté spécial : ce jour, conformément à l'art. 12, sera constaté par un registre » où les administrateurs de chaque département » certifieront *l'arrivée de la loi et de l'arrêté.* » Néanmoins le ministre de la justice continuera » de faire, dans les neuf départemens réunis, » l'envoi officiel du Bulletin des lois, conformément à la loi du 12 vendémiaire, afin d'en » faciliter l'étude et la connaissance, et de pré» parer les fonctionnaires publics et les citoyens » à leur exécution, au moment où il en serait » fait envoi par ordre spécial, conformément » aux articles ci-dessus ».

» Cet état des choses a continué jusqu'au 15 frimaire an 5, jour où le directoire exécutif a pris un arrêté ainsi conçu : « Les lois et les arrê» tés du directoire exécutif insérés dans les ca» hiers du bulletin des lois, qui, *à compter* » *de ce jour,* parviendront aux départemens » réunis, seront obligatoires pour ces départe» mens, comme pour les autres départemens de » la république, à dater de la distribution de » chaque cahier au chef-lieu de département, » s'il n'y a exception prononcée par des arrêtés » spéciaux à l'égard des lois ou d'arrêtés formel» lement désignés ».

» Vous voyez maintenant à quoi se réfèrent, dans la loi du 24 brumaire an 7, ces expressions, *et celles dont la publication avait été ordonnée dans les départemens réunis par la loi du 9 vendémiaire an 4* : elles se réfèrent, et à l'arrêté du comité de salut public du 20 frimaire an 3, et à la loi du 3 brumaire an 4, et à l'arrêté du directoire exécutif du 19 pluviôse de la même année, suivant lesquels le simple envoi, l'envoi matériel d'un décret, d'une loi, d'un arrêté du gouvernement, aux administrations des départemens réunis, ne suffisait pas pour les y rendre obligatoires, si à cet envoi n'était joint un ordre spécial d'y publier ce décret, cette loi, cet arrêté. Ces expressions n'ont donc pas été insérées dans la loi du 24 brumaire an 7, pour dire que les lois dont la publication avait été ordonnée, mais qui n'avaient pas été envoyées avant l'arrivée de celle du 12 vendémiaire an 4, ont été obligatoires du jour de cette arrivée; elles n'y ont été insérées que pour dire que, parmi les lois envoyées aux départemens réunis, avant la réception de celle du 12 vendémiaire, il n'y a eu d'obligatoires, que celles dont l'envoi avait été accompagné d'un ordre spécial de publication. En un mot, dans cette loi, le législateur parle de l'ordre spécial de publication, non comme de la seule chose requise pour rendre les lois obligatoires dans les départemens réunis, mais comme d'une forme additionnelle à l'envoi; et ce n'est pas pour dispenser de l'envoi, qu'il en parle : c'est au contraire pour déclarer que l'envoi seul ne suffit pas.

» La chose devient extrêmement sensible par le préambule de cette loi même : « Le conseil » des cinq-cents (y est-il dit), considérant qu'il » importe de faire cesser sans retard les doutes » qui se sont élevés sur le mode de publication » de la loi du 12 vendémiaire an 4, pour la » rendre obligatoire, et sur l'effet qu'elle a pro- » duit relativement aux lois *adressées* antérieu- » rement, soit dans les anciens départemens, » soit *dans ceux réunis* par la loi du 9 du même » mois, et non encore publiées dans l'ancienne » forme, déclare qu'il y a urgence ». Ainsi, ce n'est pas seulement des lois *adressées dans les anciens départemens*, avant la loi du 12 vendémiaire an 4, que va s'occuper la loi du 24 brumaire an 7; elle va s'occuper également des lois *adressées*, avant la même époque, *dans les départemens réunis*. Elle suppose donc que les unes et les autres ont été *adressées* aux administrations départementales, avant l'arrivée de la loi du 12 vendémiaire; elle reconnaît donc que, dans les nouveaux comme dans les anciens départemens, cette loi n'a pu agir que sur des lois déjà *adressées*.

» C'est aussi dans ce sens que le tribunal de cassation a entendu le dispositif de cette loi, lorsque, par son jugement du 2 thermidor an 9, rendu entre le cit. Deladeuze et le cit. Beekmann, il a dit : « Attendu que la loi du 24 bru- » maire an 7 a fait cesser tous les doutes qui » avaient pu se former sur l'époque à laquelle » les lois *envoyées dans les départemens réunis*, » et qui n'y avaient pas été publiées dans l'an- » cienne forme, étaient devenues obligatoires ».

» Nous devons donc tenir pour constant, en droit, que la loi du 14 novembre 1792 n'aurait pu devenir obligatoire dans le département de la Dyle, par le seul effet de l'envoi de la loi du 12 vendémiaire an 4 à l'administration centrale de ce département, qu'autant que la première eût été envoyée officiellement à la même administration avant la seconde.

» Or, et c'est ici que se présente notre question de fait, est-il prouvé qu'antérieurement à l'envoi de la loi du 12 vendémiaire an 4 à l'administration du département de la Dyle, la loi du 14 novembre 1792 eût été envoyée officiellement à cette administration?

» Sur ce point, les demandeurs sont d'abord forcés de reconnaître que, le jour même de l'envoi de la loi du 14 novembre 1792 au secrétariat de l'administration du département de la Dyle, on n'y a pas constaté cet envoi sur un registre.

» Nous savons bien que, si cet envoi avait été fait avant celui de la loi du 12 vendémiaire an 4, il l'aurait été par cela même à une époque où aucune loi n'avait encore prescrit l'ouverture d'un registre destiné à constater l'arrivée des lois nouvelles. Mais quelle conséquence peut-on tirer de là? Il n'y en a qu'une de raisonnable : c'est qu'à défaut de registre, l'antériorité de l'envoi de la loi du 14 novembre 1792 à celui de la loi du 12 vendémiaire an 4, pourrait être établie par d'autres preuves écrites. Il faudrait donc au moins, dans cette hypothèse, que des preuves écrites vinssent suppléer à l'inexistence des registres. Or, ces preuves, où sont-elles? Les demandeurs n'en produisent aucune, il n'en existe même pas la plus légère trace.

» A défaut de preuves directes, les demandeurs ont recours à des raisonnemens, et voici le premier.

» Il est prouvé par le *registre aux expéditions et envois* du département de la Dyle, que, le 22 frimaire an 4, des exemplaires imprimés de la loi du 14 novembre 1792 et de l'arrêté qui en ordonnait la publication, ont été distribués aux administrateurs et autres fonctionnaires publics de Bruxelles. Cette loi et cet arrêté n'auraient pas pu être imprimés et distribués le 22 frimaire, si l'envoi officiel n'en eût été fait précédemment. Donc cette loi et cet arrêté avaient été envoyés avant le 22 frimaire.

» Nous avouons cette conséquence. Mais de ce que la loi et l'arrêté avaient été envoyés avant le 22 frimaire, s'ensuit-il nécessairement qu'ils l'eussent été avant le 7 du même mois, jour du décès de Philippe Norbert-Vandermeer? Non certes, et il y a loin d'un pareil corollaire au principe d'où on le fait dériver.

» Et inutile de dire qu'alors le jour précis de l'arrivée de la loi et de l'arrêté restera inconnu. Oui, sans doute, il restera inconnu; mais est-ce une raison pour présumer l'envoi effectué avant plutôt qu'après le 7 frimaire? D'une part, c'est un principe général, que tout demandeur est tenu de prouver ce qu'on appelle en droit *fundamentum intentionis suæ*. Or, ici, la base fondamentale de la prétention du cit. Deladeuze et de la dame Deligne, c'est le fait que la loi du 14 novembre 1792 a été envoyée au département de la Dyle avant le 7 frimaire an 4. Il faut donc que le cit. Deladeuze et la dame Deligne rapportent la preuve légale et authentique de ce fait, ou qu'ils succombent : *actore non probante, reus absolvitur.* D'un autre côté, quoique le véritable jour de l'envoi officiel de cette loi ne soit pas connu, il existe pourtant un point fixe où elle a dû, par cette raison même, commencer d'être obligatoire; et ce point, c'est le 22 frimaire an 4, jour où elle s'est trouvée imprimée, et où les exemplaires en ont été distribués. Car, comme l'a très-bien dit le tribunal d'appel de Bruxelles, *dans la recherche du moment où une loi est officiellement arrivée, s'il reste de l'incertitude sur ce moment, il est naturel et légal de se reporter à un instant au-delà duquel ce doute ne peut plus s'étendre ;* instant qui, dans notre espèce, se confond avec celui où s'est faite la distribution des exemplaires imprimés de la loi dont il s'agit.

» Mais, disent encore les demandeurs, l'administration du département de la Dyle a certifié par un arrêté pris le 12 fructidor an 4, sur la pétition de notre adversaire, « qu'à l'égard de » la loi du 14 novembre 1792, sur l'abolition » des substitutions, les représentans du peuple » en ont ordonné la publication le 29 brumaire » an 4, dans la séance même du conseil de » gouvernement qui était présidé par eux, et » de l'avis duquel ils prenaient tous les arrêtés » de ce genre; qu'ainsi, la date de la réception » de cette loi au conseil de gouvernement, » n'est et ne peut être autre que celle même de » l'ordre de publication ».

» D'abord ce n'est point par des certificats donnés après coup, que peut être constaté le jour de l'arrivée officielle d'une loi; il doit l'être, aux termes de la loi du 12 vendémiaire an 4, par un registre uniquement destiné à cet objet, comme les naissances, les mariages et les décès doivent l'être par les registres de l'état civil. A la vérité, lorsqu'il n'a pas été tenu de registre pour constater l'arrivée des lois (et c'est l'espèce dans laquelle nous nous trouvons, par rapport au département de la Dyle, pour tout le temps qui a précédé le 5 frimaire an 4), il peut être suppléé par d'autres preuves par écrit, comme il peut être suppléé par d'autres preuves par écrit au défaut de registres de l'état civil, quand il s'agit de constater une naissance, un mariage ou un décès arrivés à une époque où ces registres n'existaient pas encore. Mais de même que, dans ce dernier cas, la preuve purement testimoniale ne suffit pas pour constater une naissance, un mariage ou un décès, de même aussi il ne peut pas suffire pour constater l'arrivée d'une loi. Or, quel est le genre de preuve que vous présente l'arrêté de l'administration du département de la Dyle, du 12 fructidor an 4? Bien évidemment il ne vous présente qu'une preuve testimoniale. Il ne peut donc pas plus servir à constater l'arrivée de la loi du 14 octobre 1792, que le certificat d'un officier public de l'état civil ne pourrait servir à constater une naissance, un mariage ou un décès.

» En second lieu, ajoutons, si l'on veut, une foi entière à l'arrêté du 12 fructidor an 4, qu'en résultera-t-il? Sans doute, il en résultera que la loi du 14 novembre 1792 et l'ordre de la publier, ont été remis au *conseil de gouvernement* le 29 brumaire précédent. Mais pour rendre cette loi obligatoire dans le département de la Dyle, il fallait quelque chose de plus que l'ordre donné et parvenu au conseil de gouvernement de la publier : il fallait que le conseil de gouvernement transmît cet ordre et la loi qui en était l'objet à l'autorité qui alors représentait l'administration du département de la Dyle, c'est-à dire, à l'administration de l'arrondissement du Brabant qui alors siégeait à Bruxelles, et qui alors, aux termes de l'arrêté du 21 vendémiaire an 4, remplissait, pour la publication des lois, les fonctions assignées par la loi du 12 du même mois, aux administrations départementales de la Dyle et des Deux-Nèthes. Or, nulle preuve que la loi du 14 novembre 1792 et l'ordre de la publier, fussent parvenus à l'administration de l'arrondissement du Brabant avant le 7 frimaire an 4; le certificat en forme d'arrêté, du 12 fructidor, n'en dit pas le mot, et il n'existe au procès aucun renseignement qui y soit relatif.

» Si le seul envoi d'une loi au conseil de gouvernement eût suffi pour la rendre obligatoire dans le département de la Dyle, il eût également suffi pour la rendre obligatoire dans les autres départemens de la ci-devant Belgique; car le département de la Dyle n'était pas plus immédiatement soumis au conseil de gouvernement, que ne l'étaient les départemens de l'Ourthe, de la Meuse inférieure, de la Lys, de l'Escaut, des Deux-Nèthes, de Jemmapes, de Sambre et Meuse et des Forêts. Le conseil de gouvernement était, pour tous, le pouvoir exécutif supérieur. Il était, pour tous, ce qu'était le directoire pour les départemens de l'intérieur de la république. Eh bien! le cit. Deladeuze et la dame Delingne ont reconnu, par leur acquiescement au jugement du tribunal d'appel de Bruxelles du 15 nivôse an 10, rendu entre eux et le cit. Beeckmann, que la loi du 17 nivôse an 2 n'avait pas été rendue obligatoire dans les départemens de la Lys et de l'Escaut en même temps que dans le département de la Dyle, quoique cette loi eût été adressée ou plutôt remise au conseil de gouvernement le 29 brumaire an 4. Pourquoi donc en serait-il autrement à l'égard de la loi du 14 novembre 1792? Pourquoi le seul envoi de la loi du 14 novembre 1792 au conseil de gouvernement eût-il suffi pour la rendre obligatoire dans toute la ci-devant Belgique, tandis que, bien constamment, la loi du 17 nivôse an 2 n'est pas devenue obligatoire dans toute la ci-devant Belgique par le seul effet de son envoi officiel au conseil de gouvernement? Et encore une fois, si la loi du 14 novembre 1792 n'est pas devenue obligatoire dans toute la ci-devant Belgique par le seul effet de son envoi officiel au conseil de gouvernement, comment aurait-elle pu, par cela seul, devenir obligatoire dans le département de la Dyle?

» Oh! mais, disent les demandeurs, il y a, à cet égard, une grande raison de différence entre le département de la Dyle et les autres départemens réunis. L'administration du département de la Dyle a été installée le 30 brumaire an 4, dans le local qu'avait jusqu'alors occupé le conseil de gouvernement; les bureaux du conseil de gouvernement ont été transformés, le 30 brumaire an 4, en bureaux de l'administration du département de la Dyle; et puisque, dès la veille, la loi du 14 novembre 1792 existait officiellement dans les bureaux du conseil de gouvernement, elle a nécessairement continué d'exister, avec le même caractère, dans les bureaux de l'administration départementale.

» Ainsi, à entendre les demandeurs, si, sous l'empire de la loi du 12 vendémiaire an 4, l'administration du département de la Seine eût été transférée dans le palais du gouvernement, et que, par un arrangement qui n'avait rien d'impossible, les anciens bureaux du gouvernement fussent devenus les siens, il n'en aurait pas fallu davantage pour rendre obligatoires dans le département de la Seine, toutes les lois qui, à l'époque de ce déplacement, se seraient trouvées dans le secrétariat du directoire exécutif. — Ce système est évidemment insoutenable. Pour qu'une loi soit censée adressée à l'administration à laquelle il faut qu'elle parvienne pour être obligatoire, il ne suffit pas qu'elle existe matériellement dans ses bureaux; il faut qu'elle lui soit envoyée officiellement et avec une intention directement relative à elle-même; il faut que cette administration la reçoive personnellement, il faut que les membres de cette administration soient informés de son envoi.

» Mais enfin, disent les demandeurs, il en doit être de la loi du 14 novembre 1792, comme de la loi du 17 nivôse an 2. Or, il a été jugé et par le tribunal de cassation et par le tribunal d'appel de Bruxelles, que la loi du 17 nivôse an 2 était parvenue à l'administration du département de la Dyle avant le 7 frimaire an 4. La loi du 14 novembre 1792 était donc aussi parvenue avant la même époque à cette administration.

» Quel est, dans la bouche des demandeurs, le sens et le but de cet argument?

» Les demandeurs entendent-ils établir que le jugement dont ils se plaignent, a contrevenu à l'autorité de la chose jugée? Mais ce qui a été décidé par le tribunal de cassation et par le tribunal d'appel de Bruxelles, relativement à la loi du 17 nivôse an 2, ne l'a pas été avec les mêmes parties entre lesquelles a été rendu le jugement attaqué aujourd'hui devant vous. L'objet de la contestation n'est pas non plus le même. Ainsi, point d'exception de chose jugée à faire valoir ici; et dès-là, point de contravention à la loi qui défend de rétracter sans lettres de requête civile, les jugemens rendus en dernier ressort.

» Les demandeurs entendent-ils soutenir que le jugement attaqué a embrassé une opinion que combattaient une autorité grave, celle du tribunal d'appel de Bruxelles, et une autre autorité bien plus imposante encore, celle du tribunal de cassation? Mais juger, sur un point de fait, le contraire de ce qu'a jugé un tribunal d'appel, le contraire, si l'on veut, de ce qu'a jugé le tribunal suprême, ce n'est pas juger contre la loi; et ce n'est qu'en jugeant contre la loi, que l'on peut donner prise à la cassation.

» Il y a plus. Le tribunal de cassation n'a jugé, ni le 9 messidor an 7, ni le 2 thermidor an 9, que la loi du 17 nivôse an 2 était parvenue à l'administration du département de la Dyle, avant le 7 frimaire an 4. C'était un point convenu entre le cit. Beeckmann, d'une part, et le cit. Deladeuze, de l'autre. Il a seulement jugé que la loi du 17 nivôse an 2, étant parvenue à l'administration du département de la Dyle avant le 7 frimaire an 4 et après la loi du 12 vendémiaire précédent, était, par la seule puissance de cette dernière loi, devenue obligatoire du moment où celle-ci avait été adressée à l'administration départementale.

» Et quant au tribunal d'appel de Bruxelles, s'il a jugé en fait, le 15 nivôse an 10, entre le cit. Beeckmann et le cit. Deladeuze, que la loi du 17 nivôse an 2 était parvenue, avant le 7 frimaire an 4, à l'administration du département de la Dyle, il s'y est déterminé par deux grandes considérations qui ne peuvent pas s'appliquer à la loi du 14 novembre 1792: la première, que le cit. Beeckmann avait reconnu ce fait en première instance, devant les juges d'appel, devant le tribunal de cassation, et qu'il n'avait rien dit ni produit qui atténuât la preuve qu'élevait contre lui son triple aveu judiciaire; la seconde, que ce même fait était fortement présumé d'après différentes circonstances détaillées dans le jugement même du 15 nivôse an 10, et qui toutes sont étrangères à la loi dont il est aujourd'hui question.

» Ainsi, non-seulement le tribunal d'appel de Bruxelles n'a violé aucune loi en prononçant comme il l'a fait, mais il n'a même pas mal jugé.

» Et par ces considérations, nous estimons qu'il y a lieu de rejeter la requête des demandeurs ».

Ces conclusions ont été adoptées par arrêt du 4 floréal an 12, sur délibéré, au rapport de M. Chasle,

« Attendu que, dans l'incertitude que présentaient les défenses respectives des parties sur l'époque précise où la loi de 1792, suppressive des substitutions, est devenue obligatoire dans le département de la Dyle et autres de la situation des biens substitués, le tribunal d'appel de Bruxelles a pu, sans contrevenir aux lois, ni anticiper sur l'autorité administrative, prendre pour règle de sa détermination, sur le point de difficulté qui divisait les parties, les époques où, d'après des registres de l'administration de la

Dyle, les lois de novembre 1792 et 12 vendémiaire an 4, paraissent avoir été adressées à cette administration ;

» Que ces époques s'y trouvent fixées : pour l'une, au 8 frimaire an 4; pour l'autre, au 22 dudit mois, temps ultérieur au décès de Philippo-Nobert Vandermeer ;

» D'où il suivait que la substitution dont il s'agit, ne s'était pas éteinte sur la tête de celui-ci, qui était décédé dès le 7 dudit mois de frimaire; et que l'appelé après lui avait seul droit aux biens substitués;

» Qu'en le jugeant ainsi, le tribunal d'appel de Bruxelles n'a contrevenu à aucune loi ».

§. II. *Les jugemens rendus en France contre des étrangers demandeurs, sont-ils devenus exécutoires dans les pays où ceux-ci ont leur domicile, par l'effet de la réunion de ces pays au territoire français ?*

V. l'article *Réunion*.

§. III. *Quelle est, dans la Belgique, l'autorité des arrêtés pris par les représentans du peuple en mission dans ces contrées, postérieurement au 4 brumaire an 4 ?*

V. l'article *Loi*, §. 2.

§. IV. *Quel est l'effet des testamens faits avant la réunion de Genève à la France, par des Genevois décédés depuis ?*

V. l'article *Testament*, §. 7.

§. V. *Le recours en cassation est-il ouvert contre les jugemens en dernier ressort rendus dans les pays réunis, avant leur réunion ?*

V. l'article *Cassation*, §. 2.

PÊCHE. — §. I. *Les ci-devant seigneurs qui avaient, avant 1789, la possession immémoriale du droit exclusif de la pêche dans les rivières non navigables, peuvent-ils encore y exercer ce droit, le long des héritages dont ils ne sont pas propriétaires ?*

Je m'étais proposé d'omettre ici cette question, comme inutile; et je la regardais comme inutile, parce qu'elle me paraissait résolue depuis long-temps pour la négative dans l'opinion de tous les jurisconsultes, et même de tous les Français; mais j'apprends qu'en ce moment même (1) elle fait encore la matière de plusieurs contestations que l'on dit sérieuses. Il faut donc la discuter à fond.

Le droit exclusif de la pêche ne peut être considéré, relativement aux ci-devant seigneurs, que sous deux aspects : ou comme une servitude exercée par eux sur les rivières non navigables, à l'instar du droit exclusif de la chasse qu'ils exerçaient ci-devant sur les terres à labour, les prairies, les bois, etc.; ou comme un fruit de la propriété foncière des rivières non navigables.

Or, 1.° Il est évident que, si ce droit ne peut être considéré que comme une servitude seigneuriale, il ne peut plus subsister; et que l'abolition en a été prononcée, même par les décrets de l'assemblée constituante.

Les seuls droits conservés par ces décrets, sont spécifiés dans le tit. 3 de la loi du 15 mars 1790 : ce sont ceux qui proviennent, ou sont présumés, jusqu'à preuve contraire, provenir de la concession primitive des fonds, et assurément, on n'osera pas prétendre que le droit de pêche soit dans la classe de ces droits.

Inutile de dire, dans cette hypothèse, que le droit de pêche aurait dû être aboli nommément par les décrets du 4 août 1789, avec le droit de chasse.

Les décrets du 4 août 1789 n'ont été qu'un canevas très-informe de l'abolition du régime féodal. Ce n'est donc pas à ces décrets qu'il faut s'arrêter, pour savoir si tels ou tels droits, ci-devant seigneuriaux, sont ou ne sont pas supprimés : c'est aux décrets postérieurs, notamment à ceux des 15 mars 1790 et 13 avril 1791; et c'est ce qu'annonce bien nettement le premier de ces décrets, lorsqu'il dit, dans son préambule, que l'assemblée nationale, en abolissant le régime féodal par ses décrets du 4 août 1789, *s'est réservé de développer, par une loi particulière, les effets de la destruction de ce régime, ainsi que la distinction des droits abolis d'avec les droits rachetables.*

La preuve, d'ailleurs, que le silence des décrets du 4 août 1789 sur certains droits, ne peut pas être tiré à conséquence, ni servir de préjugé pour leur conservation, c'est que les droits honorifiques, sur lesquels le procès-verbal de l'assemblée nationale atteste qu'elle n'a pas voulu s'expliquer à cette époque, ont été ensuite déclarés formellement, par l'art. 18 du tit. 1 de la loi du 13 avril 1791, avoir été compris dans l'abolition du régime féodal et des justices seigneuriales, prononcée par les décrets mêmes du 4 août 1789.

Le mot de l'énigme, si c'en est une, c'est que le 4 août 1789, l'assemblée nationale ne s'est occupée que de jeter en masse de grands principes, et qu'elle a cru devoir en remettre, à des temps ultérieurs, les détails, les développemens et les conséquences.

Rien donc à conclure ici, du silence des décrets du 4 août 1789, sur le droit exclusif de la pêche; et il ne reste plus qu'à examiner si les

(1) Ceci a été écrit en 1803.

dispositions des lois postérieures, notamment de celles des 15 mars 1790 et 13 avril 1791, permettent aux ci-devant seigneurs de conserver ce droit, envisagé ainsi que nous l'avons déjà dit, comme une servitude exercée dans les rivières non navigables.

A cet égard, de deux choses l'une : ou le droit de pêche, considéré sous cet aspect, est un droit de fief, ou c'est un droit de justice ; car les ci-devant seigneurs n'avaient pu se l'attribuer que, ou en vertu de la puissance que leur donnait le régime féodal, ou en vertu de celle qui résultait pour eux de la justice dont ils se disaient propriétaires, et qu'ils faisaient exercer comme tels.

Or, si c'est un droit de fief, la loi du 15 mars 1790 ne laisse aucun doute sur son abolition. Voyez-en les preuves à l'article *Cours d'eau*, §. 1.

2.° Si nous envisageons le droit de pêche sous le second aspect, c'est-à-dire, comme un fruit de la propriété foncière des rivières non navigables, propriété que les ci-devant seigneurs prétendaient assez généralement leur appartenir, l'abolition de ce droit ne sera pas moins facile à démontrer ; ou, pour mieux dire, elle est déjà démontrée dans l'article auquel je viens de renvoyer.

Un exemple frappant vient à l'appui de cette vérité. La même erreur qui, avant les décrets du 4 août 1789, faisait regarder les seigneurs comme propriétaires des rivières non navigables, les faisait aussi regarder comme propriétaires des chemins publics ou vicinaux. Les chemins et les rivières allaient toujours de pair à cet égard ; et les auteurs qui ont parlé des droits des seigneurs justiciers sur les uns, tenaient le même langage à l'égard des autres.

Ecoutons Loysel, dans ses *Règles de droit coutumier*, liv. 2, tit. 2, art. 5 et 6 : « Les grands chemins et les rivières navigables appartiennent au roi ; les petites rivières et chemins sont aux seigneurs ».

Gosson, sur l'art. 5 de la coutume d'Artois, après avoir développé la disposition de cet article qui donne au *seigneur vicomtier* le droit de justice sur les chemins, et avoir établi qu'elle ne doit pas être entendue de tous les chemins indistinctement, dit que la même différence qui est sur la terre quant aux chemins, se trouve sur les eaux : *similis quæ in terris, in aquis est varietas.* Il ajoute que les unes sont particulières et les autres publiques ; que les eaux particulières appartiennent aux propriétaires des fonds sur lequels elles existent ; et que, dans les eaux publiques, le seigneur a la seigneurie, comme sur les chemins et les voies publiques : *in publicis aquis dominicum jus habetur, ut in viis, itineribusque publicis.* Car (continue-t-il), de même que les voies et les chemins publics sont censés avoir été démembrés des héritages voisins, de même aussi les lits et les fonds des rivières sont réputés avoir été séparés des terres contiguës : *quemadmodum enim vicinales viæ publicæ itineraque publica censentur ex prædiis agrisve confiniis desumpta, ità et alvei fundique fluminum ex fundis conjunctis quasi abrepta videntur.* C'est pourquoi la coutume a voulu que ce droit de la justice vicomtière eût lieu sur les rivières de même que sur les voies et les chemins communs ; en sorte que les seigneurs des héritages des deux côtés, fussent seigneurs de tout le lit et de l'une et de l'autre rive : *Ideòque voluit consuetudo istud juris mediæ ditionis in publicis amnibus, perindè atque in viis itineribusque publicis observari, ut domini utrimquè prædiorum sint totius alveì et utriusquè ripæ domini.*

Maillart, sur le même article de la coutume d'Artois, dit que *le droit coutumier défère au vicomtier la justice et la seigneurie sur les chemins tant par eau que par terre.* Il considère donc les rivières comme des *chemins par eau.*

Si donc les seigneurs ne peuvent plus aujourd'hui se prétendre propriétaires des chemins, il ne doit plus, par la même raison, leur être permis de s'arroger la propriété des rivières ; car le principe est le même pour celles-ci que pour ceux-là.

Or, l'art. 1.er de la loi du 26 juillet 1790 porte que « le régime féodal et la justice seigneuriale étant abolis, nul ne pourra dorénavant, à l'un ou à l'autre de ces deux titres, prétendre aucun droit de propriété ni de voirie sur les chemins publics, rues et places des villages, bourgs ou villes ».

On objecterait inutilement qu'il n'y a pas de loi qui prononce formellement sur les rivières, ce que cet article prononce sur les chemins. Cette objection ne serait fondée, ni dans le droit, ni dans le fait.

Dans le droit, il suffit que la loi du 13 avril 1791 ait aboli généralement tous les droits dépendans de la justice seigneuriale, avec effet rétroactif jusqu'à la publication des décrets du 4 août 1789, pour que le privilége qu'avaient les seigneurs, avant ces décrets, de se regarder comme propriétaires des rivières, soit compris dans cette abolition ; et ce n'est pas comme une autorité nécessaire pour le prouver, mais comme un exemple frappant par son analogie avec notre objet, que nous avons cité la loi du 26 juillet 1790, concernant les chemins. Cette loi n'existerait pas, que, par la seule force des principes et d'après la disposition générale de l'art. 16 du tit. 1.er de la loi du 13 avril 1791, les rivières et les chemins eux-mêmes devraient être regardés comme n'appartenant plus qu'au public.

Dans le fait, l'objection suppose qu'il existe des lois anciennes qui ont attribué aux ci-devant seigneurs la propriété des rivières non navigables, comme il en existe qui leur ont attribué, à titre de justice, haute ou moyenne, la propriété des chemins non royaux. Dans cette supposition, en effet, il y aurait une sorte de raison à dire que l'abrogation des lois relatives aux chemins, n'emporte pas l'abrogation des lois relatives aux rivières; mais il est faux, absolument faux, qu'aucune loi générale eût jamais déclaré les seigneurs propriétaires des rivières non navigables. Les seigneurs ne sont parvenus à se faire regarder comme tels, dans la très-grande majorité des coutumes, que par l'analogie qu'ils ont su établir entre les chemins qu'elles leur attribuent et les rivières dont elles ne parlent pas.

Ils ont dit : « La coutume nous déclare, en notre qualité de seigneurs hauts ou moyens justiciers, propriétaires des chemins; nous le sommes donc aussi des rivières, car les rivières ne sont que des chemins par eau ».

Eh! pourquoi donc ne nous serait-il pas permis à notre tour de leur dire aujourd'hui : « La loi du 26 juillet 1790 déclare que vous ne pouvez plus prétendre la propriété des chemins; vous ne pouvez donc plus prétendre dorénavant la propriété des rivières, puisque les rivières ne sont que des chemins par eau » ?

Si cette manière d'argumenter par analogie a pu être employée par les seigneurs, lorsqu'il s'est agi d'usurper, pourquoi ne pourrait-elle être employée contre eux, à présent qu'il s'agit de faire cesser l'usurpation? Non-seulement elle peut l'être, mais elle le doit, d'après le principe, *unumquodcumque eodem generè dissolvitur quo colligatum est;* et il faut dire que, comme par l'analogie des rivières aux chemins, les seigneurs se sont arrogé la propriété de celles-là, en vertu des lois qui ne leur attribuaient que la propriété de ceux-ci; ils doivent, par la même analogie, perdre aujourd'hui la propriété des premières, d'après la loi qui leur ôte celle des seconds.

Quant aux coutumes muettes à la fois et sur les rivières et sur les chemins, les ci-devant seigneurs ont encore bien moins de moyens que dans les autres, pour s'y maintenir dans la propriété des rivières. Ils n'avaient pour eux, dans ces coutumes, aucun titre qui leur attribuât cette propriété; ils ne pouvaient invoquer, à cet égard, que des auteurs qui avaient écrit à leur avantage, et dont les opinions n'étaient sûrement pas des lois. Il a donc suffi, dans ces coutumes, pour faire cesser toutes leurs prétentions à la propriété des rivières, de détruire la base sur laquelle reposaient ces prétentions; et cette base était, comme on l'a déjà dit, leur qualité de seigneurs justiciers.

Mais nous raisonnons, nous discutons, comme s'il était bien reconnu que, hors les quatre ou cinq coutumes de France qui déclarent les seigneurs propriétaires, à titre de leur justice, des rivières non navigables, les seigneurs justiciers avaient eu réellement cette propriété avant les décrets du 4 août 1789; et il s'en faut beaucoup qu'il en soit ainsi; il s'en faut même tellement, que nous pourrions, en supposant la justice seigneuriale encore existante, ou ce qui est la même chose, en nous reportant au temps qui en a précédé l'abolition, soutenir que les rivières n'appartiennent pas aux seigneurs justiciers. Tel est en effet le résultat auquel conduit nécessairement un examen réfléchi des ordonnances, des coutumes, et même du plus grand nombre des auteurs qui ont écrit long-temps avant la révolution.

Si nous ouvrons les ordonnances, nous y verrons bien qu'elles attribuent à l'Etat la propriété des rivières navigables (1); mais nous n'y apercevrons pas qu'elles touchent aux droits de propriété que les lois naturelles et romaines donnent aux maîtres des terres adjacentes, sur les petites rivières qui, par elles-mêmes, ne sont ni navigables ni flottables.

Si nous consultons les coutumes, nous n'en trouverons que quatre (2) qui déclarent les seigneurs justiciers propriétaires de ces petites rivières; et sans doute, il n'est personne qui alors ne se dise à soi-même : « Il n'est pas possible qu'une disposition aussi contraire à la liberté naturelle, forme un droit commun. Son objet était trop intéressant pour qu'il échappât aux rédacteurs des autres coutumes de la consigner dans leurs cahiers, s'ils l'avaient regardée comme un droit général. Elle doit donc être restreinte dans le territoire des coutumes qui l'ont établie ».

A l'égard des auteurs, voici ce que disent les plus accrédités.

Bacquet, dans son *Traité des droits de justice*, ch. 30, n.° 25, enseigne que *le roi ni les seigneurs hauts-justiciers n'ont pas plus de droit sur les rivières non navigables, que sur un autre héritage appartenant à particuliers.*

C'est ce qu'établit aussi Boucheul, sur l'art. 40 de la coutume de Poitou, n.° 6 : *Les petites rivières ou ruisseaux*, dit-il, *appartiennent de droit aux propriétaires des héritages voisins et qui possèdent les rivages.*

Guy-Pape est du même sentiment : il demande, dans sa question 514, *utrùm barones possint prohibere in suis terris ne quis piscari habeat*

(1) Ordonnances de Charles VI, en 1407, art. 2; de Henri II, en 1554; de Charles IX, en 1572; de Louis XIV, en 1669, tit. 27, art. 41.

(2) Hainaut, chap. 134, art. 12; Troyes, art. 179; Vitry-le-Français, art. 121; Nivernais, tit. 16, art. 2 et 3.

in rivis labentibus in suis terris; et il renvoie à sa question 171, où il adopte la négative, avec cette seule restriction : s'il n'y a coutume au contraire.

Simon, sur l'ordonnance de 1669, tit. 17, art. 44, dit également que *les propriétaires des eaux qui ne sont ni navigables ni flottables, et ceux sur les fonds desquels elles coulent, peuvent les faire servir à tous leurs usages.*

Domat décide pareillement, contre les seigneurs, et à l'avantage des propriétaires riverains, la question de savoir à qui appartiennent les rivières non navigables; et il la décide ainsi en deux endroits différens, savoir, dans *ses Lois civiles*, liv. 2, tit. 6, sect. 1, n.° 6; et dans son *Droit public*, liv. 1.er, tit. 8, sect. 2, n.° 11.

Mais aucun jurisconsulte n'a mieux traité cette question que Souchet, dans son Commentaire sur la coutume d'Angoumois, imprimé en 1780. Voici comment il débute à cet égard, tom. 1.er, pag. 286.

« L'ordonnance de 1669 n'attribue au roi que la propriété des fleuves et des rivières portant bateaux de leurs fonds, c'est-à-dire, qui sont navigables. Elle ne touche point aux droits de propriété qu'exercent les seigneurs riverains sur les petites rivières, qui, par elles-mêmes, ne peuvent être navigables ou flottables.

» Il est des auteurs qui ont distingué les petites rivières des ruisseaux : d'autres ont mis les rivières dans la classe des ruisseaux. Guyot, dans son *Traité des fiefs*, dit que la distinction des rivières et des ruisseaux est tombée en désuétude. Cette distinction est réellement inutile au fond; les droits des riverains sont les mêmes sur les petites rivières que sur les ruisseaux.

» Guyot, Lebret et Chopin sont les seuls auteurs qui aient prétendu que les seigneurs étaient propriétaires des ruisseaux. Tous les autres auteurs conviennent qu'ils appartiennent en partie aux particuliers dont ils baignent les héritages, et qu'ils font partie de leurs propriétés : que tous ont le droit d'employer à l'arrosement de leurs champs et à rouir leurs chanvres, l'eau qu'emporte la pente de tous les courans d'eau.

» La loi romaine n'a mis à cette puissance qu'une restriction que l'équité naturelle dicte à tous les hommes : c'est qu'en tirant à eux ce trésor précieux, ils ne doivent nuire à l'intérêt de personne : *dùm tamen hoc sine incommodo cujusquam fiat.* .... ».

Que peut donc servir aux ci-devant seigneurs la prétention qu'ils affectent, de se maintenir dans tous les droits qu'ils avaient, disent-ils, sous l'ancien régime sur les rivières non-navigables, puisqu'il est démontré que, même sous l'ancien régime, ils n'avaient aucun droit à la propriété de ces rivières, au moins dans les coutumes qui ne la leur attribuaient pas expressément? Elle est assurément insoutenable cette prétention; mais elle le paraîtra bien plus encore, lorsqu'on la rapprochera des principes par lesquels nous avons établi ci-dessus, que même en supposant la propriété des rivières assurée par les lois de l'ancien régime aux seigneurs, elle ne pourrait plus être réclamée aujourd'hui par eux, parce qu'ils ont perdu la qualité de justiciers, qui formait à cet égard leur seul titre, ou, pour parler plus juste, leur seul prétexte.

Cela posé, il est tout simple qu'ils ne peuvent pas avoir dans les rivières le droit exclusif de la pêche. Ils l'auraient sans difficulté, si les rivières leur appartenaient, comme leurs étangs ou leurs eaux privées. Mais les rivières ne leur appartenant pas, à quel titre s'arrogeraient-ils le droit exclusif d'y pêcher ?

Ecoutons encore là-dessus Souchet :

« La pêche (dit-il), est un droit inséparable de la propriété; elle est, comme l'arrosement des terres, un usage particulier de la propriété. Sur ce fondement, Guy-Pape soutient que les seigneurs ne peuvent point empêcher leurs censitaires de pêcher dans les rivières qui coulent dans leurs héritages.

» La propriété de la rivière serait une illusion, sans la faculté de la pêche et de l'arrosement libre de ses possessions. Il est donc indubitable que les propriétaires riverains ont le droit de pêcher dans les rivières dont le cours traverse leurs possessions, et dont il arrose les bornes ».

Si c'est ainsi que pensaient, sous l'ancien régime, tous ceux qui savaient réduire à leur juste valeur les attributs des justices seigneuriales, quel est l'homme qui osât aujourd'hui penser et parler autrement, aujourd'hui que les justices seigneuriales sont détruites, et que les droits dépendans de ces justices sont supprimés? Concluons donc que, sous tous les rapports possibles, les ci-devant seigneurs sont actuellement sans qualité pour réclamer le droit exclusif de la pêche.

Et c'est ce que décide expressément un décret du 6 juillet 1793. « La Convention nationale (porte-t-il), après avoir entendu son comité de législation sur la pétition des cit. Cabaret, de là commune d'Orval, département de la Manche, du 8 du mois dernier, tendante à faire décréter l'abolition du droit exclusif de la pêche prétendu par des ci-devant seigneurs, et la permission à chacun de pêcher le long de ses héritages; *passe à l'ordre du jour,* motivé sur les art. 2 et 5 du décret du 25 août 1792 : le premier, portant que toute propriété foncière est réputée franche et libre de tous droits, tant féodaux que censuels, si ceux qui les réclament, ne prouvent le contraire, dans la forme qui sera prescrite ci-après ; l'autre, que généralement tous les droits seigneuriaux, tant féodaux que censuels, conservés ou déclarés rachetables par les lois antérieures, quelles que soient leur nature et leur dénomination, même ceux qui pourraient avoir été omis dans lesdites lois ou dans le présent décret...., sont abolis sans indemnité, à moins qu'ils ne soient justifiés avoir pour cause une concession primitive de fonds, laquelle cause ne pourra être établie qu'autant qu'elle se trouvera clairement énoncée dans l'acte primordial d'inféodation, d'acensement ou de bail à cens, qui devra être rapporté ».

Un autre décret, du 30 du même mois, porte également : « La Convention nationale, sur la proposition d'un membre, passe à l'ordre du jour, motivé sur ce que les droits exclusifs de pêche et de chasse étaient des droits féodaux, abolis par les lois précédentes, comme tous les autres ».

Enfin, un avis du conseil-d'état du 27 pluviôse an 13, approuvé le 30 du même mois, décide « que la pêche des rivières non-navigables ne peut, dans aucun cas, appartenir aux communes ; que les propriétaires riverains doivent en jouir, sans pouvoir cependant exercer ce droit qu'en se conformant aux lois générales ou réglemens locaux concernant la pêche, ni le conserver lorsque, par la suite, une rivière aujourd'hui réputée non-navigable, deviendrait navigable. »

§. II. *La disposition de l'art. 41 du tit. 23 de l'ordonnance des eaux et forêts de 1669, qui maintient les droits de pêche que des particuliers ont, par titre et possession légitimes, dans les rivières navigables, subsiste-t-elle encore ?*

Voici un avis du conseil d'Etat, du 30 messidor an 12, approuvé le 11 thermidor suivant, qui prononce sur cette question.

« Le conseil d'Etat, après avoir entendu le rapport de la section des finances sur le renvoi qui lui a été fait.... d'un projet de décret.... dont l'objet principal est de maintenir provisoirement les possesseurs de droits de pêche dans les fleuves et rivières navigables dont les titres sont antérieurs à l'édit de 1566....,

» Est d'avis qu'on ne peut adopter le projet..., attendu 1.° que la Convention nationale ayant, par son décret du 30 juillet 1793, rangé les droits exclusifs de pêche et de chasse dans la classe des droits féodaux supprimés sans indemnité, le droit de pêche s'est trouvé irrévocablement anéanti dans la main de ceux qui en jouissaient, soit patrimonialement, soit à titre d'engagistes ou d'échangistes ; 2.° et que le rétablissement du droit exclusif de pêche dans les fleuves et rivières navigables, ordonné en faveur de l'Etat par le tit. 5 de la loi du 14 floréal an 10, n'a apporté à l'égard des particuliers, aucun changement dans la législation établie par le décret du 30 juillet 1793 ».

De là, le décret suivant, qui a été rendu le 11 avril 1810 :

« Sur le rapport de notre ministre des finances, relatif à un arrêté du conseil de préfecture du département de l'Eure, du 16 juin 1807, qui a maintenu le sieur Leuffroy-Leroux dans la propriété et possession d'une pêcherie située en la rivière de Seine, sous une des arches du pont de Vernon, dite l'*arche du Saulx ;*

» Vu ledit arrêté, ensemble les observations du conseiller d'Etat, directeur général des eaux et forêts ;

» Vu la pétition du sieur André Leroy, adjudicataire du premier cantonnement de pêche établi sur la Seine, tendant à être maintenu dans la jouissance de la pêcherie dont il s'agit, laquelle est comprise dans son adjudication ;

» Vu pareillement l'avis de notre conseil d'Etat, approuvé par nous le 11 thermidor an 12, et les observations du conseiller d'Etat, directeur-général des forêts.

» Considérant que l'avis de notre conseil d'Etat, approuvé par nous le 11 thermidor an 12, a décidé que le droit de pêche dans les fleuves et rivières navigables, était irrévocablement anéanti par la loi du 30 juillet 1793, dans la main de ceux qui en jouissaient, soit patrimonialement, soit à titre d'engagiste ou d'échangiste, lors même que les titres de possession seraient antérieurs à 1566 ;

» Que l'arrêté du conseil de préfecture de l'Eure est contraire à cette disposition ;

» Que le droit de pêche, dont jouissait indûment le sieur Leuffroy-Leroux, étant compris dans l'adjudication faite au sieur Leroy, c'est à ce dernier à se pourvoir, s'il y a lieu, contre ledit sieur Leroux, pour raison de non-jouissance ;

» Notre conseil d'Etat entendu, nous avons décrété et décrétons ce qui suit :

» Art. 1. L'arrêté du conseil de préfecture du département de l'Eure, du 16 juin 1807, qui a maintenu le sieur Leuffroy-Leroux dans la propriété de la pêcherie située sous une des arches du pont de Vernon, dite l'*arche du Saulx,* est annullé.

» 2. Notre ministre des finances est chargé de l'exécution du présent décret ».

PEINE. — §. I. 1.° *La loi par laquelle une peine est infligée à tout crime, quel qu'il soit, qui est commis avec telle circonstance, est-elle censée exclure la peine plus forte qu'une autre loi prononce contre un crime plus grave que la même circonstance accompagne ?*

2.° *Après le rejet de la demande en cassation formée par des condamnés contre l'arrêt qui prononce contre eux des peines inférieures à celles qu'ils auraient dû subir, le procureur-général de la cour de cassation est-il encore recevable à requérir la cassation de cet arrêt, dans l'intérêt de la loi?*

« Le procureur-général expose que la cour de justice criminelle du département de Trasimène, séant à Pérouse, a rendu, le 20 octobre 1809, un arrêt contre lequel le ministère public a omis de se pourvoir dans le délai fatal, mais qui paraît devoir être annullé dans l'intérêt de la loi.

» Cet arrêt commence par déclarer Vincent Dainelli, Dominique Innocenzi et Jacques Bracciali, convaincus « de s'être introduits, sous le » nom de la justice (*sotto nome di corte*), le 18 » octobre 1808, sur les deux ou trois heures de » la nuit, armés de carabines, pistolets et cou» teaux, accompagnés d'une quatrième per» sonne qui, jusqu'à présent, n'a pu être con» nue, dans une maison de campagne à Ponte» le-Neze, arrondissement de Pérouse, canton » de Lafrata, habitée par Charles Séraphini; » d'en avoir lié les habitans, d'avoir usé envers » eux de coups et de violences personnelles, et » d'avoir volé, au préjudice dudit Séraphini et » de sa famille, de l'argent et d'autres objets » de la valeur de plus de 80 écus ».

» En conséquence, il les déclare *coupables de vol commis, de nuit, à main armée, à force ouverte et avec violences personnelles, dans une maison de campagne habitée, en réunion de plusieurs personnes et en employant le nom de la justice.*

» Passant ensuite à la question de savoir quelle peine est applicable à ce crime, la cour de justice criminelle considère que ce crime est prévu par les art. 9 et 29 de la loi du 18 pluviôse an 9, lesquels punissent de mort les *vols dans les campagnes et dans les habitations et bâtimens de campagne, lorsqu'il y aura effraction faite aux murs de clôture, au toit des maisons, portes et fenêtres extérieures, ou lorsque le crime aura été commis avec port d'armes et par une réunion de deux personnes au moins.*

» Mais elle ajoute que le crime dont il s'agit, ayant été commis avant la publication de cette loi dans le ci-devant Etat romain, la peine portée par cette loi, ne pourrait être appliquée aux coupables, qu'autant que les lois du temps où le crime a été commis, n'en prononceraient pas une moins sévère; et c'est effectivement ce qui résulte du dernier article du Code pénal du 25 septembre 1791.

» Partant de ce principe, la cour de justice criminelle s'arrête à l'art. 69 des bans généraux (*bandi generali*) du pape Benoît XIV, du 8 novembre 1754, lequel porte que « quiconque » se sera introduit, de jour ou de nuit, dans la » maison d'autrui, sous le nom de la justice, ne » fût-ce que par plaisanterie, sera condamné à » cinq ans de galères, s'il ne s'en est ensuivi au» cun mauvais traitement, et pourra être con» damné aux galères perpétuelles, et même à » perdre la vie, ainsi qu'il plaira à son éminence, » s'il s'en est ensuivi insulte, violence ou autre » mal ».

» Et forte de cette disposition, elle condamne Vincent Dainelli, Dominique Innocenzi et Jacques Bracciali, à vingt-quatre années de fers.

» Il n'y aurait rien à redire à cet arrêt, si les bans généraux du 8 novembre 1754 ne contenaient d'applicable au crime commis par les condamnés, que l'art. 69 sur lequel il se fonde.

» Mais, dans ces mêmes bans généraux, se trouve un article (c'est le 90.e), ainsi conçu: « Celui qui dérobera, avec menaces et violences » de quelque sorte, même sous le prétexte de » demander gracieusement ou en endormant » avec de l'opium, hors des chemins publics, » tant en campagne que dans les lieux murés, » de l'argent, des ferrures ou telle autre chose » de la valeur de plus de cinq écus, sera puni » de la peine de mort ».

» Or, par l'arrêt du 20 octobre 1809, Dainelli, Innocenzi et Bracciali étaient convaincus d'avoir *dérobé avec violences, des objets de la valeur de plus de cinq écus.*

» Ils étaient donc, d'après l'art. 90 des bans généraux, du 8 novembre 1754, passibles de la même peine dont les art. 9 et 29 de la loi du 18 pluviôse an 9 punissent les auteurs de vols commis *dans les habitations de campagne, avec port d'armes et par une réunion de deux personnes au moins.* Ce n'était donc pas la peine de vingt-quatre années de fers, mais la peine de mort qui devait leur être infligée.

» La cour de justice criminelle de Trasimène a sans doute pensé que l'art 69 des bans généraux renfermant une disposition spéciale pour les délits commis par suite d'introduction dans l'habitation d'autrui, en abusant du nom de la justice, cette disposition devait prévaloir, dans l'espèce, sur la disposition générale de l'art. 90; et que telle était la conséquence de la maxime établie par la loi 80, D. *de regulis juris: in toto jure generi per speciem derogatur, et illud potissimum habetur quod ad speciem directum est.*

» Mais en raisonnant ainsi, la cour de justice criminelle de Trasimène a oublié ce grand principe, que, dans toute loi pénale qui prévoit divers crimes, le législateur qui dispose spécialement pour un cas, est toujours censé ne le faire que pour ce cas isolé; et que toutes les fois qu'au crime prévu par sa disposition spéciale, viennent s'en rattacher d'autres plus graves, qui sont compris dans une disposition générale, c'est la disposition générale qui doit prédominer.

» Ainsi, quoique la concussion ne doive, d'après l'art. 14 de la sect. 5 du tit. 1 de la 2.e partie du Code pénal du 25 septembre 1791, être punie que de la peine de six années de fers, si cependant à ce crime venait se mêler celui de faux en écriture publique, auquel le même Code, part. 2, tit. 2, sect. 2, art. 44, inflige la peine de huit années de fers, il n'est pas douteux que la peine de huit années de fers ne dût être appliquée au coupable.

» S'il en était autrement, quelle raison y aurait-il d'appliquer l'une des deux peines plutôt que l'autre?

» Dans notre espèce, par exemple, s'il est vrai que Dainelli, Innocenzi et Bracciali sont convaincus du crime prévu par l'art. 69 des bans généraux, il l'est aussi, et il l'est incontestablement, qu'ils sont également convaincus du crime prévu par l'art. 90 de la même loi; et s'il est vrai que l'art. 69 permet d'infliger une peine inférieure à celle de mort, au crime quelconque qui est commis à l'aide de l'introduction du coupable dans la maison d'autrui, sous le nom de la justice, il l'est aussi, et il l'est incontestablement, que l'art. 90 punit de la peine de mort, et ne permet pas de punir moins sévèrement le vol d'objets au-dessus de la valeur de cinq écus, qui est commis avec menaces ou violences.

» Dira-t-on, pour cela, que les juges sont maîtres d'appliquer l'un ou l'autre article? Non assurément. Ces deux articles, par cela seul qu'ils font partie de la même loi, ne peuvent pas être censés se contrarier mutuellement. Il faut donc les modifier l'un par l'autre; il faut donc entendre l'art. 69 de manière à ne l'appliquer qu'au cas où le crime commis à l'aide de l'introduction dans la maison d'autrui, sous le nom de la justice, n'atteint pas le degré de gravité que détermine l'art. 90.

» Une dernière réflexion achèvera de mettre cette vérité dans tout son jour.

» Si, pour s'introduire dans la maison du sieur Séraphini, les nommés Dainelli, Innocenzi et Bracciali n'avaient pas emprunté le nom de la justice; s'ils s'étaient introduits dans cette maison par un moyen qui n'aurait en soi rien de répréhensible, quelle peine devrait-on appliquer au vol qu'ils ont commis *avec violences* dans cette maison?

» Sans contredit, on devrait leur appliquer la peine portée par l'art. 90; et il ne serait pas possible de leur en appliquer d'autre.

» Et on leur appliquera la peine portée par l'art. 69, c'est-à-dire, une peine moins sévère, parce qu'au crime de vol avec violences, ils ont joint le crime de supposition d'un ordre de la justice! La supposition d'un ordre de la justice qui, d'après l'art. 69, est une circonstance aggravante des délits même les plus légers, deviendra une circonstance atténuante de crimes que l'art. 90 punit de la peine capitale! Peut-on imaginer rien de plus absurde? et un arrêt qui consacre un système aussi étrange, peut-il échapper à la cassation?

» Il n'importe, au surplus, que déjà la cour ait maintenu cet arrêt, en rejetant, le 16 décembre 1809, la demande en cassation dont l'avaient frappé Dainelli, Innocenzi et Bracciali.

» La cour n'a maintenu cet arrêt que dans les rapports sous lesquels il était alors attaqué. Dainelli, Innocenzi et Bracciali ne l'attaquaient pas; ils n'auraient même pas pu l'attaquer, en tant qu'il leur avait fait grâce de la peine de mort; ils ne l'attaquaient et ils ne pouvaient l'attaquer, qu'en tant qu'il les avait condamnés à la peine de vingt-quatre années de fers. — Qu'a donc jugé la cour, en rejetant leur demande en cassation? Rien autre chose, si ce n'est qu'ils n'étaient pas fondés à se plaindre d'avoir été condamnés à la peine prononcée contre eux par l'arrêt du 20 octobre 1809, et que coupables du crime prévu par l'art. 69 des bans généraux, ils n'étaient pas lésés en subissant la peine portée par cet article.

» Mais très-certainement la cour n'a pas jugé, par là, qu'ils n'étaient point passibles d'une peine plus forte; elle n'a pas jugé, par là, que la société n'eût pas le droit de réclamer contre eux l'application de l'art. 90 des bans généraux; elle n'a pas jugé, par là, que l'arrêt du 20 octobre 1809 fût à l'abri de toute attaque de la part de l'exposant.

» Ce considéré, il plaise à la cour, vu l'art. 88 de la loi du 27 ventôse an 8, les art. 69 et 90 des bans généraux du pape Benoît XIV, du 8 novembre 1754, les art. 8 et 29 de la loi du 18 pluviôse an 9, et le dernier article du Code pénal du 25 septembre 1791, casser et annuller, dans l'intérêt de la loi seulement et sans préjudice de son exécution envers les condamnés, l'arrêt de la cour de justice criminelle du département de Trasimène, du 20 octobre 1809, dont expédition est ci-jointe; et ordonner qu'à la diligence de l'exposant, l'arrêt à intervenir sera imprimé et transcrit dans les registres de ladite cour.

» Fait au parquet, le 19 avril 1810. *Signé* Merlin.

» Ouï le rapport de M. Bataud, conseiller, et M. Lecoutour, avocat-général;

» Vu l'art. 88 de la loi du 27 ventôse an 8.... l'art. 90 des bans généraux du pape Benoît XIV, du 8 novembre 1754.....; les art. 9 et 29 de la loi du 18 pluviôse an 9.....; le dernier article du Code pénal du 25 septembre 1791....; vu enfin l'art. 456 du Code des délits et des peines.....;

» Et attendu que la cour de justice criminelle du département de Trasimène a, par son arrêt du 20 octobre 1809, déclaré les nommés Vincent Dainelli, Dominique Innocenzi et Jacques Bracciali, coupables de vol commis de nuit, à main armée, à force ouverte, et avec violences personnelles, dans une maison de campagne habitée en réunion de plusieurs personnes, et en employant le nom de la justice;

» Que ce crime rentrait évidemment dans les dispositions formelles de l'art. 90 des bans généraux du pape Benoît XIV et dans celles de la loi du 18 pluviôse an 9, et devait en conséquence être puni de mort;

» Que cependant la cour de justice criminelle, s'attachant à la circonstance que les coupables s'étaient introduits dans la maison dont il s'agit, sous le nom de la justice; et considérant que par l'art. 69 des mêmes bans généraux, il est statué que quiconque se sera introduit de jour et de nuit, dans la maison d'autrui, sous le nom de la justice, ne fût-ce que par plaisanterie, sera condamné à cinq ans de galères, s'il ne s'en est ensuivi aucun mauvais traitement, et pourra être condamné aux galères perpétuelles, et même à perdre la vie, s'il s'en est ensuivi insulte, violence ou autre mal, a cru pouvoir se permettre de ne prononcer contre les coupables que la peine de vingt-quatre années de fers; — Que cette condamnation ne présenterait rien d'irrégulier, si les bans généraux du 8 novembre 1754 ne contenaient d'applicable au crime dont il s'agit, que les dispositions dudit art. 69;

» Mais que ledit crime se trouvant formellement compris dans la disposition générale de l'art. 90, c'était évidemment et nécessairement cette disposition qui devait être appliquée;

» Qu'en effet, on ne peut supposer dans une même loi deux dispositions qui se contrarieraient, ni les interpréter dans un sens qui aurait l'effet de faire punir moins sévèrement un crime commis avec une circonstance qui, isolée et en elle-même, serait déjà plus ou moins punissable;

» Que l'art. 69 des bans généraux sur lequel s'est fondée la cour de justice criminelle du département de Trasimène, ne peut donc s'appliquer qu'aux cas où l'emploi fait du nom de la justice, ne serait accompagné d'aucun des faits déterminés et formellement prévus par l'art. 90; et qu'ainsi, il a été fait, dans l'espèce, une fausse application dudit art. 69;

» Qu'il n'importe que déjà la cour ait maintenu l'arrêt dénoncé, en rejetant, le 16 décembre dernier, le pourvoi desdits Dainelli, Innocenzi et Bracciali; qu'elle n'a jugé et pu juger que les moyens par eux présentés n'étaient pas fondés, et qu'ils n'auraient pas été recevables à se plaindre de n'avoir été condamnés qu'à une peine moindre que celle portée par la loi;

» Par ces motifs, la cour faisant droit sur le réquisitoire du procureur-général, casse et annulle, dans l'intérêt de la loi seulement, et sans préjudice de l'exécution à l'égard des condamnés, l'arrêt rendu par la cour de justice criminelle du département de Trasimène, le 20 octobre 1809...;

» Ainsi jugé... à l'audience de la... section criminelle, le 18 mai 1810 ».

§. II. *Les tribunaux sont-ils obligés d'appliquer les peines prononcées par les arrêtés des préfets et des maires ?*

V. les articles *Préfet*, §. 4; et *Tribunal de police*, §. 4.

PEINE COMPROMISSOIRE. — §. I. 1.° *Avant la loi du 24 août 1790, sur l'ordre judiciaire, les compromis qui ne contenaient point de peines, étaient-ils valables ?*

2.° *Etaient-ils du moins résolubles à volonté de la part d'un seul des signataires ?*

3.° *La partie condamnée par les arbitres, pouvait-elle, par le seul payement de la peine, rendre leur sentence comme non-avenue ?*

4.° *Quelles différences y avait il, sur ces trois points, entre la législation romaine et la jurisprudence, tant de l'ancien territoire français que de la Belgique ?*

5.° *Peut-on, dans un compromis, stipuler une peine au profit du fisc ou d'un établissement public ?*

Le 20 mars 1794, contrat passé devant notaires à Ostende, entre Frédéric Romberg et Jean-Pierre Schwarts, par lequel, *voulant abandonner la marche judiciaire* qu'ils avaient déjà prise respectivement pour faire statuer sur les différends élevés dans la liquidation d'une société de commerce qui avait existé entre eux à Ostende même, ils conviennent, 1.° *que chacune des parties nommera pour ses arbitres deux négocians établis en cette ville;* à l'effet de quoi sont tout de suite nommés W. J. Vansseghem et Jacques Decknuyt, par Frédéric Romberg; et Pierre Lohz et Auguste Wieland, par Schwarts, 2.° que ces quatre arbitres, dès leur première assemblée, et avant de prendre connaissance des objets soumis à leur décision, *choisiront entre eux; sous l'agréation cependant des deux parties, un cinquième arbitre qui jugera du premier moment avec les quatre autres ;* 3.° que ces cinq arbitres statueront sur toutes les prétentions respectives des parties à raison de la société dont il s'agit ; 4.° que les parties leur remettront tous les livres, papiers et documens qu'elles jugeront propres à établir et éclairer leurs droits ; 5.° qu'elles pourront également produire des témoins devant eux ; 6.° *qu'il dépendra des arbitres seuls de choisir et indiquer les jours de leurs séances, et d'accorder aux parties les délais qu'ils trouveront justes et équitables ;* 7.° qu'en cas d'absence, de maladie ou de mort *d'un ou plus d'un des arbitres ci-dessus nommés, les arbitres restans procéderont de suite au choix d'autres arbitres, parmi les négocians domiciliés à Ostende, pour remplacer ainsi le ou les arbitres absens, toujours sous l'agrégation des parties contractantes, et afin que cet arbitrage puisse se continuer sans interruption jusqu'à sentence définitive ;* 8.° qu'aucune des parties ne pourra, dès la signature du présent compromis jusqu'à la sentence définitive, soit le *rétracter ou traverser*, soit *entraver l'arbitrage, par acte judiciaire ou tout autre quelconque, ni sous quelque prétexte que ce soit, à peine d'encourir le payement du dédit stipulé ci-près à l'art.* 12, *auquel payement les parties s'obligent et se soumettent de la manière la plus solennelle, et aux mêmes termes dudit art.* 12, *et à la décision de MM. les arbitres susdits ;* 9.° qu'en conséquence, les parties seront tenues de *simplifier et accélérer*, de tout leur pouvoir, *la par-instruction et la marche de cet arbitrage ;* 10.° que les arbitres, aussitôt qu'ils trouveront leur religion suffisamment éclairée, *prononceront leur sentence définitive*, laquelle vaudra entre les parties *comme un jugement en dernier ressort rendu par une cour souveraine ;* 11.° que les parties ne pourront attaquer cette sentence ni en empêcher l'exécution par *appel, réduction, relièvement, révision, nullité, cassation ou tout autre remède quelconque ;* 12.° que, *si cependant, contre toute attente et malgré les stipulations ci-dessus, il restait encore un moyen non prévu, ou actuellement inconnu aux contractans*, dont l'un d'eux voulût user pour revenir contre la sentence arbitrale, *nonobstant la renonciation générale* qu'ils déclarent y faire, en ce cas, la partie qui adhérera à la décision des arbitres, ne pourra être contrainte de défendre au recours de son adversaire, qu'après que celui-ci *aura déposé et payé, à titre de dédit, une somme de* 20,000 *florins*, applicable, moitié à la construction d'un hôpital pour les marins à Ostende, moitié à la caisse militaire de l'empereur d'Allemagne ; *le tout à la poursuite des conseillers-fiscaux* de ce prince, et sans que jamais il *puisse revenir de ce chef contre l'autre partie, quand même il obtiendrait le redressement de la sentence* arbitrale, *la nature de ce contrat de compromis étant telle, que, sans les clauses ci-dessus et sans la certitude de l'exécution de la sentence des arbitres, il n'aurait point eu lieu ;* 13.° que dès-à-présent les deux parties acceptent le jugement à intervenir comme transaction, et qu'il aura entre elles le même effet que si elles l'avaient signé comme tel.

Des quatre arbitres désignés par ce compromis, il en meurt deux, Lohz et Decknuyt, sans avoir accepté leurs nominations. Wieland et Vansseghem choisissent, pour les remplacer, Solvyns et Vanmorseel. Les parties agréent ce remplacement.

Les quatre arbitres se réunissent et nomment pour cinquième arbitre Meynne, qui est également agréé par Romberg et Schwarts.

Le 16 thermidor an 10, les arbitres Wieland, Solvyns, Vanmorseel et Meynne étant assemblés, Schwarts demande qu'ils procèdent au remplacement, 1.° de Vanmorseel, l'un deux, attendu la disposition où il est de quitter très-prochainement Ostende ; 2.° de Vansseghem, attendu la maladie grave dont il est attaqué, le grand âge auquel il est parvenu, et sa déclaration de ne pouvoir, par ces motifs, continuer les fonctions d'arbitre.

Les quatre arbitres, statuant sur cette demande, nomment Frédéric Belroche et Georges Grégoire, négocians à Ostende, pour remplacer Vanmorseel (l'un d'eux), et Vausseghem ; et ordonnent aux parties de faire connaître dans deux décades, leur adhésion à ce choix, ou leurs motifs de récusation, si elles croient en avoir de fondés.

Le 8 brumaire an 11, Romberg fait assigner Schwarts au tribunal de première instance de Louvain, pour voir dire que le compromis passé entre les parties, le 20 mars 1794, vient a cesser, et que les parties sont libres de faire juger par les juges ordinaires les contestations qu'elles ont entre elles.

Il fonde ses conclusions sur trois moyens :

Le premier, que le pouvoir de remplacer des arbitres absens, malades ou morts, n'a été conféré par le compromis, qu'aux arbitres nommés directement par les parties ; que des arbitres nommés directement par les parties, il ne reste plus que Wieland, qui ne peut pas faire seul ce qui n'est attribué qu'*aux arbitres restans*, termes qui supposent qu'il en restera plusieurs ; qu'ainsi par le fait, le compromis est devenu inexécutable ;

Le second, que quand même le remplacement des arbitres Vansseghem et Vanmorseel serait encore possible, il ne pourrait avoir lieu, d'après le compromis, que *sous l'agréation des parties contractantes ;* que par conséquent on ne peut pas forcer Romberg de reconnaître pour arbitres, de prétendus remplaçans qu'il n'a pas agréés ;

Le troisième, qu'en demandant la résolution du compromis, Romberg ne fait qu'user du droit qui lui est attribué par le compromis même; qu'en effet, il résulte de l'art. 8, qu'en cas de rupture de l'arbitrage ou d'entrave apportée à son exécution, il n'y aura lieu qu'à la peine stipulée par l'art. 12; qu'il est donc libre à Romberg de renoncer au compromis, en se soumettant à cette peine, si elle est exigible; que de savoir si elle est exigible en effet, c'est une question à laquelle Schwarts n'a point d'intérêt, et qui ne peut être agitée qu'avec le gouvernement; que du reste, il serait facile d'établir que de pareilles clauses pénales n'ont jamais été considérées dans la ci-devant Belgique comme obligatoires. »

Le 26 brumaire an 11, jugement du tribunal de première instance de Louvain; et sur l'appel, arrêt de la cour de Bruxelles, du 23 germinal suivant, qui déclarent la demande de Romberg non-recevable et non fondée,

« Attendu qu'avant de donner sa forme, son organisation et sa marche au tribunal que les parties voulaient s'établir, elles sont convenues, de la manière la plus formelle et la plus expresse, d'abandonner la voie judiciaire et ordinaire pour faire vider leurs différends quelconques par des arbitres;

» Que cette convention est distincte et indépendante de telle ou telle forme de compromis; que l'une ne pouvant avoir lieu, la voie resterait encore ouverte à toute autre; que par conséquent l'impossibilité de l'exécution de l'une n'empêcherait pas et n'exempterait même pas de l'obligation de recourir à une autre;

» Que, bien qu'en s'attachant servilement à quelques mots de l'art. 7 dudit acte, il puisse naître des doutes sur le pouvoir qui compéterait à un seul restant des quatre arbitres premiers nommés pour s'adjoindre des remplaçans, et sur celui des remplaçans eux-mêmes pour nommer à leur tour à un remplacement; cependant en envisageant l'ensemble de l'acte, les précautions prises à l'infini pour que l'arbitrage puisse se continuer sans interruption jusqu'à sentence définitive, l'obligation que les parties se sont imposée de ne traverser ni entraver cet arbitrage, ni le faire traverser ou entraver par quelque acte judiciaire ou tout autre quelconque, sous quelque prétexte que ce soit, l'engagement contracté de simplifier et d'accélérer, autant qu'il dépendra d'elles, la par-instruction et la marche de l'arbitrage, la renonciation à l'appel et à tout autre recours ou remède quelconque; tout doute disparaît, et il devient évident que le but principal des parties ayant été d'assurer, par tous les moyens possibles, la continuation de l'arbitrage, il devait entrer dans leur intention que les restans nommés, à quelque nombre qu'ils fussent réduits, et fussent-ils eux-mêmes des remplaçans, dussent pouvoir opérer cette continuation, en se complettant jusqu'au nombre requis; que, de l'aveu de Romberg, il en reste deux de légalement nommés, et qu'il résulte du fait même des parties que des remplaçans peuvent concourir à d'ultérieures nominations, vu que les cit. Solvyus et Vanmorseel, quoique remplaçant deux des premiers nommés, et n'étant par conséquent eux-mêmes des *susdits nommés*, ont cependant, de l'agréation des parties, concouru à la nomination d'un cinquième arbitre qui a été aussi opérée;

» Enfin, que la bonne foi est la base de tout contrat; que, dans toute convention, il faut chercher quelle a été la commune intention des parties, plutôt que le sens grammatical des termes; que les clauses doivent s'interpréter les unes par les autres, et en donnant à chacune le sens que présente l'acte entier; que, d'après cela, dans l'acte actuel du compromis dont s'agit, rien n'empêche de lui donner suite ».

Frédéric Romberg se pourvoit en cassation.

« Deux moyens principaux (ai-je dit à l'audience de la section des requêtes, le 22 ventôse an 12), composent toute sa défense : violation de la loi du contrat, 1.° en ce que les jugemens attaqués attribuent à des arbitres nommés en remplacement, un pouvoir que le compromis ne conférait qu'aux arbitres du choix immédiat des parties; 2.° en ce que, par ces mêmes jugemens, le cit. Romberg est condamné à se soumettre à des arbitres qu'il n'a pas agréés; violation des lois romaines; 1.° en ce qu'au mépris de la défense qu'elles font aux arbitres, de rien entreprendre ni ordonner au-delà de leur mission, les juges de Louvain et de Bruxelles ont déclaré des arbitres remplaçans qui n'étaient institués que pour juger, compétens pour choisir d'autres arbitres; 2.° en ce qu'ils ont supposé valable un compromis qui était nul de deux chefs, savoir, à défaut de stipulation d'une peine exigible, et à défaut de détermination du délai dans lequel les arbitres devraient juger; 3.° en ce qu'ils ont jugé irrévocable un compromis qui, par sa nature, était essentiellement résoluble au gré de l'une ou l'autre des parties.

» Ces deux moyens rentrent, à quelques égards, l'un dans l'autre. Mais avant d'en entamer la discussion, il importe singulièrement de nous fixer sur les lois d'après lesquelles ils doivent être appréciés.

» S'ils devaient être appréciés d'après les dispositions de l'ordonnance du mois de mars 1673, qui soumettent à une sorte d'arbitrage forcé toutes les contestations entre négocians associés, peut-être ne serait-il pas difficile de prouver que le cit. Romberg est sans intérêt dans sa réclamation.

» Mais les dispositions de l'ordonnance de 1673 concernant la manière de juger les contestations entre négocians associés, ne peuvent être ici d'aucune considération, et il en existe deux raisons également tranchantes : la première, parce qu'elles n'étaient pas en vigueur dans la Belgique, à l'époque de la signature du compromis de l'exécution duquel il s'agit en ce moment; la seconde, parce qu'elles n'ont pas été publiées dans la Belgique, même depuis sa réunion à la France, et que même aujourd'hui elles n'y ont pas force de lois. L'arrêté du directoire exécutif du 7 pluviôse an 5 a bien ordonné la publication, dans la Belgique, des art. 1, 7 et 8 du titre *des sociétés* de l'ordonnance de 1673. Mais ces articles ne concernent que le fond du droit des associés. La forme de procéder entre associés pour fait de commerce, n'est réglée que par les art. 9, 10, 11, 12 et 13 du même titre; et ces derniers articles n'ont été publiés dans la Belgique, ni en vertu de l'arrêté du 7 pluviôse an 5 qui n'en parle point; ni en vertu d'aucun autre arrêté pris avant ou depuis.

» Ce ne serait pas avec plus de raison que l'on voudrait appliquer ici les dispositions du tit. 1 de la loi du 24 août 1790. A la vérité, elles ont été promulguées dans la Belgique, en frimaire an 4; mais là comme ailleurs, elles n'ont pu régler que les compromis postérieurs à leur publication; elles ne peuvent donc pas être consultées sur le mérite intrinsèque d'un compromis dont la signature a précédé leur publication de plus de vingt mois. Nous ne devons donc nous attacher ici qu'aux lois qui régissaient la Belgique le 20 mars 1794, c'est-à-dire, aux dispositions du droit romain non abrogées ni modifiées par les usages locaux.

» Cela posé, voyons d'abord si, comme le soutient Romberg, le compromis du 20 mars 1794 était nul dans son principe, soit à défaut de stipulation d'une peine exigible; soit à défaut de fixation précise d'un délai dans lequel les arbitres dussent prononcer définitivement.

» Et d'abord, est-il bien vrai que la peine stipulée dans le compromis du 20 mars 1794, ne fût pas exigible? Elle ne l'était certainement point de la part du fisc, quant aux 10,000 florins que le compromis adjugeait à la caisse militaire de l'empereur; car la loi 42, D. *de receptis qui arbitrium*, décide qu'en pareil cas, *nihil fisco acquiritur*. Mais la même loi ne semble-t-elle pas faire entendre que la peine, pour n'être pas acquise au fisc, n'en est pas moins due à la partie qui l'a stipulée? *Arbiter*, porte-t-elle, *intrà certum diem servos restitui jussit; quibus non restitutis, pœnæ causâ fisco, secundùm formam compromissi, condemnavit. Ob eam sententiam fisco nihil acquiritur; sed nihilominùs stipulationis pœna committitur quod ab arbitro statuto non sit obtemperatum.* —Dire, comme le fait cette loi, que la peine n'est pas due au fisc, et que cependant elle est encourue n'est-ce point dire qu'elle est encourue au profit de la partie qui l'a stipulée et que celle-ci peut l'exiger pour son compte personnel? Non, répond Cujas (dans son *Commentaire sur le deuxième livre des réponses de Papinien*, duquel est tiré ce texte); car la loi suppose qu'il a été stipulé deux peines, l'une de cent écus, par exemple, au profit du fisc, l'autre de cinquante écus en faveur de la partie: *Utrimque promissæ pœnæ aureorum quinquaginta, si quis sententiæ arbitri non staret; et in compromisso præterea cautum est, ut cum qui arbitri sententiæ non staret, arbiter condemnaret centum pœnæ nomine fisco inferre.* —Ainsi, tout ce qui résulte de la loi citée, c'est que l'inutilité de la stipulation par rapport au fisc, n'empêche pas la partie d'exiger les 50 écus qu'elle a stipulés pour elle-même: *Sed pœna quinquaginta inter eos promissa qui compromiserunt, ex stipulatu peti et exigi potest.*

» A l'égard des 10,000 florins que le compromis stipule devoir être pris sur la peine compromissoire pour la construction d'un hôpital des marins à Ostende, on ne voit pas pourquoi ils seraient plus exigibles que les 10,000 florins stipulés au profit du fisc. Il n'y a, en effet, aucune raison pour que cette partie de la peine compromissoire ne suive pas le sort de l'autre; et de ce que le gouvernement est sans qualité pour exiger la première, il suit nécessairement qu'il n'a aucune action pour exiger la seconde.

» Nous devons donc regarder comme absolument nulle, comme non écrite, la stipulation que contient l'acte du 20 mars 1794, d'une peine compromissoire. Mais est-ce là une cause suffisante pour que le compromis ne soit pas obligatoire contre les contractans qui l'ont signé? Oui, dit le cit. Romberg, et la preuve en est que la loi 34, §. 1, D. *de receptis qui arbitrium*, déclare le compromis dissous, du moment que la peine est encourue: *Semel commissâ pœnâ, solvi compromissum rectiùs placet.*

» Mais qu'est-ce qu'entend cette loi par les mots, *solvi compromissum*? Rien autre chose, si ce n'est que l'arbitre nommé par le compromis, ne peut plus, après que la peine est encourue, être contraint de rendre sa sentence; et c'est ce qu'explique parfaitement la loi 32, §. 1, du même titre: *Non cogetur arbiter sententiam dicere, si pœna commissa sit.* C'est dans le même sens que la loi 11, §. 4, dit que l'arbitre n'est pas tenu de prononcer, s'il n'y a de peine promise que de la part de l'un des signataires du compromis: *Non cogendum arbitrum sententiam dicere, si alter (pœnam) promiserit, alter non.* Du reste, ajoute la loi 27, §. 7, si l'arbitre veut bien prononcer, quoiqu'il n'y ait aucune stipulation de peine, mais seulement une promesse de s'en tenir à son jugement, son jugement n'en sera pas moins valable; et c'est ce que prouve encore bien clairement la loi 5, C. *de receptis arbitris.*

» Par cette loi, Justinien rappelle d'abord les dispositions de l'ancien droit sur l'effet d'une sentence rendue par des arbitres, d'après un compromis qui ne contenait aucune stipulation pénale, mais seulement la promesse de s'en tenir à leur décision : *Cùm anteà sancitum fuerat in arbitris eligendis, quos pœna compromissi* (*non*) *vallabat..., sed communis electio ut eorum sententiæ staretur, procreabat.* Si cette sentence, dit-il, était favorable au défendeur, elle opérait pour lui une exception *pacti conventi*; si, au contraire, c'était le demandeur qui obtenait gain de cause, la décision arbitrale ne lui était d'aucun secours : *Si quidem pro parte pulsatâ forma arbitralis procederet, exceptionem ei veluti pacti generari; sin autem pro actore calculus poneretur, nihil ex eo procedere præsidii.* Mais nous voulons qu'à l'avenir une pareille sentence, lorsqu'après sa prononciation, elle aura été expressément approuvée par les deux parties, produise à la fois une exception au profit du défendeur et une action au profit du demandeur; et qu'en conséquence, le demandeur puisse la faire mettre à exécution par le juge ordinaire du défendeur : *Sancimus in eos arbitros quos prædiximus et quos talis consensus elegerit...., si quidem subscripserint, postquàm definitio processerit, quòd non displiceat ambabus partibus eorum sententia, non solùm reo exceptionem veluti pacti generari, sed etiam actori ex nostro numine in factum actionem, quatenùs possit sententia ejus executioni mandari...... per judices quorum regimen pars pertimescit pulsata.* Et il en sera de même, continue Justinien, si les parties, au lieu d'approuver formellement la sentence après sa prononciation, laissent écouler dix jours sans déclarer qu'elles ne l'approuvent pas : *Sin autem post sententiam minimè quidem subscripserint se arbitri formam amplecti, sed silentio eam roboraverint, et non intrà decem dies proximos attestatio missa fuerit judici vel adversario ab alterutrâ parte, per quam manifestum fiat definitionem non esse amplectendam : tunc silentio partium sententiam roboratam esse, et fugienti exceptionem et agenti memoratam actionem competere.* Mais si, dans dix jours, l'une des parties manifeste son improbation ou son refus d'acquiescer, alors la sentence demeurera sans effet, et il n'en résultera ni action pour le demandeur, ni exception pour le défendeur : *alterâ autem parte recusante secundùm præfatum modum et implere statuta minimè cupiente, nihil fieri præjudicii, neque vel exceptionem reo parari vel actori actionem.*

» Ainsi, dans le dernier état de la législation romaine, non-seulement le défaut de stipulation de peine n'annullait pas le compromis, mais la sentence qui intervenait sur un compromis dénué de stipulation pénale, passait en chose jugée par le seul effet du silence des deux parties pendant les dix jours qui en suivaient la prononciation.

» Il est vrai que, si l'une des parties réclamait dans les dix jours, sa seule réclamation rendait la sentence comme non-avenue, et que, dans ce cas, on s'en tenait à l'ancien droit rappelé dans la loi 1.re du titre cité, au Code, suivant laquelle les décisions des arbitres n'ayant point l'autorité de la chose jugée, les parties gagnantes étaient réduites, pour toute ressource, à se faire payer la peine compromissoire, lorsqu'il en avait été stipulé une : *Ex sententiâ arbitri ex compromisso jure perfecto aditi, appellari non posse sæpè rescriptum est : quia nec judicati actio indè præstari potest; et ob id invicem pœna promittitur, ut metu ejus à placitis non recedatur.*

» Mais depuis long-temps, nos usages ont, sur ce point, dérogé même au dernier état du droit romain. Avant la loi du 24 août 1790, il ne suffisait pas, dans l'ancien territoire français, d'improuver une sentence arbitrale après sa prononciation, pour lui ôter toute sa force; il fallait en appeler. En Belgique, ce n'était pas, à proprement parler, la voie d'appel qu'il fallait prendre, c'était celle de la *réduction*; mais ces deux voies ne différaient presque pas de nom. Et cela est si vrai, comme l'observe Voët, sur le digeste, liv. 4, tit. 8, n. 25, que l'art. 258 de l'ordonnance sur la forme de procéder au conseil provincial de Flandre, séant à Gand, assujettissait expressément la réduction aux mêmes délais et aux mêmes amendes que l'appel : *Tanta reductionis et appellationis affinitas nunc est, ut et apud nos ac variis aliis in regionibus temerè petitæ reductionis mulctæ propositæ sint æquè ac appellationis, et eadem fatalia (ut loquuntur) et idem litigandi modus observari debeant; quod uti in praxi constat, ità et in instructione curiæ Flandricæ nominatim cautum.* Nous remarquons le même esprit dans l'ordonnance des archiducs Albert et Isabelle, du 13 avril 1604, sur la forme de procéder au conseil de Brabant; elle considérait tellement les sentences arbitrales comme investies de l'autorité de la chose jugée, qu'elle déclarait, art. 488, qu'*aucune matière de réduction* n'aurait *effet de suspension, ne fût que la réduction eût été requise en dedans les vingt-quatre jours après la prononciation faite; et qu'aucune réduction ne serait reçue ou admise après l'année que la prononciation* aurait *été faite*, c'est-à-dire, après le terme que la même loi accordait pour l'appel des sentences des juges ordinaires. — Ainsi, bien différente du droit romain qui donnait à la réclamation de la partie condamnée par des arbitres, l'effet d'anéantir absolument leur sentence, sauf le payement de la peine, quand il en avait été stipulé une, cette loi ne lui attribuait que l'effet d'en suspendre l'exécution; et encore ne le lui attribuait-elle que dans le cas où le réclamant se pourvoyait en réduction dans les vingt-quatre jours.

» Il résulte clairement de tous ces détails, que, dans le dernier état de la législation romaine, et à plus forte raison dans la jurisprudence qui avait lieu dans la Belgique avant la publication de la loi du 24 août 1790, les stipulations de peines n'étaient pas de l'essence des compromis, et par conséquent, que le compromis du 20 mars 1794, même considéré comme ne contenant aucune stipulation de cette nature, n'en est pas moins obligatoire pour le cit. Romberg.

» Et non-seulement il l'est pour le cit. Romberg, mais il l'est même pour les arbitres : les arbitres qui l'ont accepté, ne peuvent pas se dispenser de juger, sous le prétexte qu'aucune peine n'a été stipulée entre les parties. Pourquoi en effet, dans ce cas, l'ancien droit romain dispensait-il les arbitres de juger? Uniquement parce que leur sentence ne produisant, par elle-même, aucune action, on ne pouvait pas raisonnablement, à défaut de stipulation pénale, exiger d'eux qu'ils rendissent une décision illusoire. Mais aujourd'hui que leur sentence a, par elle-même, l'autorité de la chose jugée, aujourd'hui que leur sentence n'a besoin que de l'homologation du juge pour être pleinement exécutoire, le motif de l'ancien droit romain cesse absolument; et la cessation de ce motif entraîne nécessairement celle de la disposition à laquelle il servait d'appui. C'est la remarque de Groenewegheu, dans son Traité *de legibus abrogatis*, sur les lois 11 et 13, *de receptis qui arbitrium*, au digeste: *Hodie*, dit-il, *ex sententiâ arbitri datur actio; ideòque sive pœna compromisso adjecta sit, sive non, arbiter officio quod suscepit perfungi debet.* — *Cæterùm*, dit également Voët, sur le même titre, n. 22, *hodie ex compromisso sine pœnâ concepto, et arbitrio ita recepto, arbitros ad judicandum cogi posse non ambigitur.*

» Mais le compromis du 20 mars 1794 n'est-il point nul par le défaut de détermination du délai dans lequel les arbitres doivent prononcer?

» Si nous devions nous en rapporter à la loi du 24 août 1790, il serait valable nonobstant ce défaut, et cependant chacune des parties pourrait le révoquer; ce qui, pour le cit. Romberg, reviendrait à peu près au même que s'il était nul. Mais nous l'avons déjà dit, ce n'est point la loi du 24 août 1790 qui doit ici nous servir de règle; cette loi ne peut régir que les compromis passés depuis sa publication, et sa publication ne date, pour la ci-devant Belgique, que de frimaire an 4.

» C'est donc encore au droit romain et aux usages de la Belgique, que nous devons recourir, pour savoir si le défaut de terme a vicié, dans son principe, le compromis du 20 mars 1794.

» Le cit. Romberg vous a cité, pour l'affirmative, la loi 32, §. 1, et la loi 14, D. *de receptis qui arbitrium*. Mais que disent ces lois?

» La première porte qu'un arbitre ne peut rien faire au-delà de ce à quoi il est autorisé par le compromis; et que, par cette raison, il est nécessaire, si l'on veut qu'il puisse proroger le terme de l'arbitrage, de lui en attribuer expressément la faculté; qu'autrement, on lui désobéirait sans courir aucun risque : *Arbiter nihil extrà compromissum facere potest; et ideò necessarium est adjici de die compromissi proferendâ : cæterùm impunè jubenti non parebitur.* Voilà un texte qui évidemment est étranger à notre question.

» La seconde loi y a un rapport plus marqué; mais le cit. Romberg ne vous l'a retracée qu'en partie, et il est de notre devoir de vous la présenter toute entière. Si, dit-elle, un compromis a été fait sans terme, c'est à l'arbitre à fixer, du consentement des parties, les jours où il entendra la discussion de la cause; et s'il ne le fait pas, on peut en tout temps le contraindre de juger : *Si compromissum sine die confectum est, necesse est arbitro omni modo dies statuere, partibus scilicet consentientibus, et ità causam disceptari; quod si hoc prætermiserit, omni tempore cogendus est sententiam dicere.*

» Ceci, comme vous le voyez, suppose bien clairement que le défaut de terme n'annulle pas le compromis. — Mais, dit le cit. Romberg, au moins il en résulte qu'en cas de silence du compromis sur le jour où l'arbitre doit prononcer, il faut que toutes les parties consentent à celui que l'arbitre déterminera lui-même. Donc l'opposition d'une seule des parties à ce que l'arbitre prononce tel ou tel jour, suffit pour lui lier les mains. Donc une seule des parties peut alors rendre le compromis sans effet.

» Cette conséquence ne vous paraîtra sûrement pas exacte; elle est même détruite par la seconde partie de la loi : *Quod si hoc prætermiserit, omni tempore cogendus est sententiam dicere.* Il suit en effet de cette disposition, que, dans le cas où, soit par sa négligence, soit par suite du dissentiment de quelqu'une des parties, l'arbitre n'a pas fixé un jour précis pour rendre sa sentence, il peut en tout temps être contraint de juger. Et à la requête de qui peut-il être contraint? La loi ne le dit pas: mais sans doute elle entend que c'est à la requête de la partie la plus diligente; car s'il ne pouvait y être contraint qu'à la requête de toutes les parties, la loi le dirait : une explication de cette importance ne s'oublie pas. C'est au surplus dans ce sens que la jurisprudence de la Belgique a interprété la loi. Lorsque les arbitres, dit Voët, n. 11, traînent en longueur le procès qui leur est soumis, le conseil provincial peut, sur la demande de l'une des parties, leur enjoindre de le juger dans un délai fixe, passé lequel, s'ils ne l'ont pas fait, l'arbitrage sera rompu et le procès repris selon ses derniers erremens devant le conseil : *Sed et cùm arbitri fortè litem diutiùs videntur protelare*, ALTERO COMPROMITTENTIUM DESIDERANTE, *decerni potest à curiâ ac arbitris injungi ut intrà certum tempus litem dirimant; aut, si neglexerint, fore ut lis ad curiam devolvatur, ibique litigantes eam persequantur, novissimis actis continuatis.* Et il est à remarquer que Néostade, dans son Recueil intitulé *Decisiones curiæ Hollandiæ*, §. 40, rapporte un jugement du conseil provincial de Hollande, du 26 octobre 1581, qui consacre expressément cette doctrine.

» A la vérité, on trouve dans le *Journal des audiences*, tom. 1, liv. 2, chap. 1, un arrêt du parlement de Paris du 10 décembre 1627, qui juge le contraire. Mais cet arrêt est lui-même contrarié par un autre du parlement de Dijon, du 19 décembre 1686, rapporté par Raviot sur Perier, qu. 328, n. 15; et d'ailleurs ce n'est pas à la jurisprudence des anciens tribunaux français, que nous devons ici nous attacher; il ne peut être ici question que de l'usage de la ci-devant Belgique, et cet usage est bien constamment en faveur de notre opinion.

» Après tout, il n'est pas vrai que, dans notre espèce, le compromis soit muet sur le terme dans lequel les arbitres doivent prononcer, puisqu'au contraire, l'art. 6 de l'acte du 20 mars 1794 laisse absolument ce terme à leur discrétion : *Il dépendra*, porte-t-il, *de MM. les arbitres seuls de choisir et indiquer les jours de leurs séances.* Assurément une pareille clause revient, quant à l'effet, au même que celle qui désignerait un terme précis, en laissant aux arbitres le pouvoir de le proroger à volonté. Or, nul doute qu'une clause de cette dernière espèce ne soit valable: *Arbiter ita sumptus ex compromisso ut et diem proferre possit, hoc quidem facere potest*, dit la loi 33, D. *de receptis qui arbitrium.*

» Ainsi disparaissent les deux moyens de nullité que le cit. Romberg fait valoir contre le compromis du 20 mars 1794; et il demeure bien démontré que ce compromis ne peut être annulé, ni pour défaut prétendu de stipulation de peine, ni pour défaut prétendu de fixation du terme dans lequel les arbitres doivent juger.

» Mais si ce compromis n'est point nul dans son principe, n'est-il pas révocable au gré de l'une ou de l'autre des parties qui l'ont signé?

» Il le serait incontestablement, si nous ne devions ici consulter que le droit romain. La loi 30, D. *de receptis qui arbitrium*, porte qu'en payant la peine à laquelle il s'est engagé, chacun des signataires du compromis peut le rompre, et porter en justice réglée la cause qu'il avait d'abord consenti de soumettre à des arbitres : *Si quis rem de quâ compromissum sit, in judicium deducat, quidam dicunt prætorem non intervenire ad cogendum arbitrum sententiam dicere, quia jam pœna non potest esse, atque si solutum est compromissum. Sed si hoc obtinuerit, futurum est ut in potestate ejus quem pœnitet compromisisse, sit compromissum eludere. Ergò adversùs eum pœna committenda est, lite apud judicem suo ordine peragendâ.* Et c'est de là que tous les interprètes ont tiré la maxime, qu'un compromis ne peut jamais donner lieu à l'exception de litispendance : *Ex eo quod*, dit Voët, n. 21, *apud arbitrum lis ventilari cœpta est, non inducitur litispendentia.*

» Mais sur ce point, comme sur beaucoup d'autres, l'usage de la Belgique a dérogé au droit romain.

» Lambert Goris, dans son quatrième Traité *adversariorum juris subcisivorum*, §. 2, rapporte un arrêt rendu à Nimègue en 1538, par lequel, sur la requête d'un plaideur qui demandait que son adversaire avec lequel il avait fait un compromis, fût tenu de procéder en justice ordinaire, il fut prononcé en ces termes : *Quoniam constat compromissum inter eos factum esse, ad quod sese uterque disertè refert, visum fuit delegatis hanc causam hasque ipsas partes maturè et unanimiter remittere et ablegare ad præmemoratum compromissum;* par où il a été jugé, dit Voët à l'endroit cité, *litispendentiam compromisso induci, ac ad arbitros remittendum esse eum qui, invitâ parte adversâ, voluerit, his derelictis, ad judicem ire.*

» Voët ajoute que telle est également la disposition de l'art. 10 de l'ordonnance sur la forme de procéder en Hollande, du 21 décembre 1579; de l'art. 9 de l'ordonnance sur la forme de procéder en Zélande, du 3 août 1587; et de l'art. 301 de l'ordonnance sur la forme de procéder au conseil provincial de Flandre, c'est-à-dire, au tribunal dans le ressort duquel a été passé le compromis dont il est ici question. Il observe enfin, que les compromis, dans la jurisprudence belgique, sont tellement irrévocables de leur nature, que ce n'est que par la voie de la restitution en entier pour cause juste ou du moins probable, que l'on peut les faire rétracter et obtenir le renvoi de la cause devant les juges ordinaires : *Alteruter compromittentium, ex justâ aut saltem probabili causâ, restitutionem in integrum petere potest adversùs compromissum, atque ita efficere ut, infirmato compromisso ac ademptâ arbitris judicandi potestate, controversia apud ordinarium judicem deinceps agitetur.*

» Enfin, Groeneweghen, sur la loi 30, D. *de receptis qui arbitrium*, dit que, *siquis rem de quâ compromissum est, in judicium deducat, moribus nostris lis apud judicem suo ordine non peragitur, sed propositâ compromissi exceptione, à limine judicii repellitur actor.*

» Et il ne faut pas s'étonner qu'en cette matière, les Belges n'aient pas cru devoir embrasser les subtilités du droit romain. Cela tient à l'espèce du culte religieux qu'ils ont toujours rendu aux conventions : *Majores nostri* (ce sont encore les termes de Groenewcghen, sur la loi 15, *de pactis*, au Code) *nihil prius, nihil antiquius existimaverunt, quàm fidem datam servare.*

» Mais, dit le cit. Romberg, l'art. 8 du compromis du 20 mars 1794 porte qu'aucune des parties ne pourra *rétracter* le compromis, ou *entraver l'arbitrage, par acte judiciaire ou tout autre, à peine d'encourir le dédit stipulé par l'art.* 12. — Donc, en payant le dédit stipulé par l'art. 12, si ce dédit est exigible, je puis rétracter le compromis. Donc, au moins, les tribunaux de Louvain et de Bruxelles ont violé la loi du contrat à mon préjudice.

» Ce raisonnement serait juste d'après le droit romain, qui ne mettait point le compromis au rang des contrats proprement dits, et suivant lequel la stipulation de la peine était, dans ces sortes d'actes, la seule chose qu'il y eût d'obligatoire. Mais aujourd'hui que, par la jurisprudence de la Belgique, il règne la plus parfaite similitude entre les contrats ordinaires et les compromis; aujourd'hui qu'il n'est pas plus permis de se départir des uns que des autres, nous devons également assimiler les stipulations de peine insérées dans les compromis, aux stipulations de peine insérées dans les contrats ordinaires. Or, quel est, dans un contrat ordinaire, l'objet de la stipulation d'une peine? Ce n'est pas d'éteindre, ce n'est pas de résoudre l'obligation principale : c'est, au contraire, d'assurer d'autant mieux son accomplissement. On ne peut donc pas présumer que l'intention des parties contractantes ait été de fondre l'obligation principale dans la stipulation de la peine; l'une des parties ne peut donc pas, en payant la peine, s'affranchir de l'obligation principale; et c'est ce que décide expressément la loi 122, §. 2, D. *de verborum obligationibus.*

» A la vérité, le créancier ne peut régulièrement exiger à la fois la peine et l'exécution de l'obligation principale; il faut qu'il choisisse entre l'une et l'autre : ainsi l'ont réglé les lois 41 et 42, *pro socio*, et 28, *de actionibus empti*, au digeste.

» Mais, 1.° dans notre espèce, on n'a pas prétendu que le cit. Romberg dût à la fois payer le *dédit* convenu, et entretenir le compromis. L'exécution du compromis est la seule chose qu'on lui ait demandée, et la seule à laquelle l'aient condamné les jugemens dont il se plaint.

» 2.° La règle que nous venons de rappeler, admet deux exceptions : la première, lorsqu'il a été convenu par le contrat, qu'en cas d'infraction de la part de l'obligé à ses engagemens, la peine sera encourue et exigible, sans préjudice de l'obligation principale, *rato manente pacto*, comme s'exprime la loi 16, D. *de transactionibus*; la seconde, lorsqu'il paraît que la peine est stipulée pour réparation des dommages intérêts que doit souffrir le créancier, non de l'inexécution absolue de l'obligation, mais du simple retard de son accomplissement. Dans ces deux cas, dit Pothier, *Traité des obligations*, n. 344, le payement de la peine ne dispense pas la partie qui l'a encourue, de la nécessité de remplir ses engagemens.

» Or, ces deux exceptions se rencontrent précisément dans notre espèce; et la preuve en résulte de l'article même du compromis du 20 mars 1794, dans lequel se retranche le cit. Romberg. Cet article, en effet, déclare que celui des contractans qui tentera de rétracter le compromis, ou d'entraver l'arbitrage, encourra le payement du dédit stipulé par l'art. 12; que les parties se soumettent à cette peine, *de la manière la plus solennelle, à la décision de MM. les arbitres, et aux termes dudit art.* 12.

» Pesons bien ces expressions : *à la décision de MM. les arbitres, et aux termes dudit art.* 12.

» D'abord, de ce que les arbitres sont appelés à décider si la peine est encourue, il suit évidemment que la peine peut être encourue, sans que le compromis soit dissous. Car, si le compromis était dissous par le seul fait des tentatives qui auraient pour but de le rétracter, ou d'en entraver l'exécution, c'est-à-dire, par le seul fait qui donnerait ouverture à la peine; les arbitres seraient, par cela seul, dépouillés de toute espèce de pouvoir; et par une conséquence nécessaire, ce ne serait plus à eux qu'il appartiendrait de décider si la peine est encourue ou non.

» Ensuite, par ces mots, *aux termes dudit art.* 12, les parties contractantes veulent qu'il en soit de la peine stipulée par l'art. 8, comme de la peine stipulée par l'art. 12, et conséquemment que l'une ait, à la vérité, les mêmes effets que l'autre, mais aussi, que celle-là n'ait point plus d'effets que celle-ci. — Or, quel est, d'après l'art. 12, l'effet de la peine qui y est stipulée? En déclarant par l'art. 12, que la partie qui attaquera la sentence arbitrale, encourra une peine de 20,000 florins, les parties ont-elles entendu que le payement de cette peine anéantira de plein droit la décision des arbitres? Non, certainement.

» Il est bien vrai que, dans le droit romain, la partie qui avait succombé devant les arbitres, pouvait, en payant la peine convenue, renouveler son action devant les juges ordinaires. Mais, nous l'avons déjà dit, elle n'avait cette faculté que parce que, dans le droit romain, les sentences arbitrales ne donnaient point ce qu'on appelle l'action *judicati;* que parce que, dans le droit romain, ces sentences n'avaient point l'autorité de la chose jugée.

» Or, il en est autrement en France et dans la Belgique, depuis qu'on y attribue l'autorité de la chose jugée aux sentences arbitrales; depuis que ces sentences ne peuvent plus être réformées en France, que par la voie de l'appel, et dans la Belgique, que par la voie de la *réduction*. Depuis lors, la peine compromissoire n'est plus considérée que comme un dédommagement accordé à la partie gagnante, des embarras et des frais que lui cause la nouvelle instance dans laquelle l'entraîne son adversaire; et la chose est tellement constante, que, si quelquefois les tribunaux supérieurs ont admis un appel ou une *réduction*, sans consignation préalable de la peine, jamais du moins ils n'ont fait difficulté de condamner en définitive au payement de la peine, soit l'appelant, soit le demandeur en réduction, qu'ils jugeaient mal fondé.

» C'est aussi dans ce sens qu'est stipulée une peine de 20,000 florins, par l'art. 12 du compromis du 20 mars 1794. Ce qui le prouve, c'est qu'il y est dit que la partie gagnante ne pourra être contrainte de défendre au recours de son adversaire, qu'après que celui-ci aura *déposé et payé*, *à titre de dédit*, *une somme de* 20,000 *florins*. Pourquoi défendre à ce recours, si le payement de la peine anéantissait *ipso facto* la sentence arbitrale? Il est évident, par cela seul, que la sentence arbitrale doit conserver toute son autorité, quoique les 20,000 florins *soient déposés et payés*.

» Ce n'est pas tout. L'art. 12 ajoute que le réclamant ne pourra jamais *revenir de ce chef contre la partie* gagnante, *quand même il obtiendrait le redressement de la sentence arbitrale :* donc la sentence arbitrale doit subsister, nonobstant le payement de la peine, jusqu'à ce qu'elle soit redressée par le juge supérieur : donc le réclamant n'a point le choix entre le payement de la peine et l'anéantissement de la sentence arbitrale : donc pareillement, d'après l'art. 8, il ne dépend pas de la partie mécontente du compromis, de s'en dégager en payant la peine: donc, à tous égards, le cit. Romberg est mal fondé à soutenir que le compromis du 20 mars 1794 était, dans son principe, ou radicalement nul ou essentiellement révocable.

» Mais, à présent qu'il est bien démontré que vous ne devez pas vous arrêter au moyen de cassation que le cit. Romberg cherche à tirer des dispositions des lois romaines concernant les compromis, un autre moyen nous reste à examiner, c'est celui que le cit. Romberg fait résulter de ce qu'il appelle *la violation de la loi du contrat*.

» Ce moyen, comme vous le savez, se divise en deux branches.—D'une part, dit le cit. Romberg, les tribunaux de Louvain et de Bruxelles ont jugé que des arbitres nommés en remplacement par les arbitres du choix immédiat des parties, avaient pu nommer de nouveaux arbitres pour remplacer ceux qui, par maladie ou absence, se trouvaient hors d'état de procéder à l'arbitrage; cependant le compromis n'attribuait ce droit de nomination qu'aux arbitres dont les parties avaient elles-mêmes fait le choix : donc, première infraction au contrat. — D'un autre côté, les arbitres que ceux du choix immédiat des parties sont autorisés par le compromis à nommer en remplacement, ne peuvent entrer en fonctions qu'après avoir été agréés par les parties mêmes; cependant les tribunaux de Louvain et de Bruxelles ont jugé que des arbitres de remplacement, à la nomination desquels je n'avais pas souscrit, étaient valablement nommés : donc, seconde infraction au compromis : — Reprenons séparément chacune des deux branches de ce moyen.

» Sur la première, il y a deux choses à distinguer : la lettre du compromis, l'esprit du compromis.

» Et d'abord, est-il bien clair que, par la lettre du compromis, la faculté de nommer de nouveaux arbitres ne soit attribuée qu'à ceux que les parties ont elles-mêmes choisis immédiatement? non, et il s'en faut beaucoup.

» Par l'art. 1 du compromis, chacune des parties nomme deux arbitres : le cit. Romberg nomme Vansseghen et Decknuit; le cit. Schwarts nomme Lohr et Wieland. Mais les parties ne se bornent point là; elles autorisent les quatre arbitres qu'elles viennent de choisir, à en nommer un cinquième.

» Que font-elles ensuite? par l'art. 7, elles prévoient le cas d'absence, de maladie ou de mort *d'un ou de plus d'un des arbitres ci-dessus nommés;* et elles veulent qu'alors *les arbitres restans procèdent de suite au choix d'autres arbitres*. Ici, deux expressions sont à remarquer.

» 1.° Quels sont les *arbitres ci-dessus nommés*, dont parle cet article? Sont-ce, comme le prétend le cit. Romberg, les arbitres que les parties ont choisis elles-mêmes, les arbitres que l'art. 1 désigne individuellement; en un mot, Vansseghen et Decknuit d'une part, Lohr et Wieland de l'autre? La chose est assez probable; cependant elle n'est pas sans difficulté; et il est bien possible que, par les *arbitres ci-dessus nommés*, les parties aient entendu tous les arbitres dont il est question dans le premier article, et par conséquent, non-seulement les quatre arbitres que les parties ont nommés personnellement, mais encore le cinquième arbitre dont le premier article leur délègue la nomination.

» 2.° Quels sont les *arbitres restans*, auxquels l'art. 7 confie le soin du remplacement des *arbitres ci-dessus nommés*, que l'absence, la maladie ou la mort empêchera de vaquer à l'arbitrage? A coup sûr, ce sont et les arbitres que les parties ont choisis elles-mêmes, et le cinquième arbitre que ceux-ci se seront adjoint : car l'article ne distingue pas; il comprend dans sa disposition tous les *arbitres restans;* et si le cinquième arbitre est du nombre des *restans*, il n'y a nulle raison de l'exclure d'une fonction à laquelle tous les *arbitres restans* sont appelés. Donc, il n'est pas vrai que cette fonction soit uniquement déférée aux arbitres du choix immédiat des parties. Donc, la lettre du compromis n'est pas aussi favorable au système du cit. Romberg, qu'il paraît le croire.

» On dira, sans doute, que du moins le cas du remplacement des arbitres remplaçans n'a pas été expressément prévu par l'art. 7, et nous en conviendrons. Mais c'est ici que l'esprit du contrat doit aider à sa lettre; et à cet égard, il est une considération bien frappante : c'est que toutes les clauses du compromis annoncent, de la part du cit. Romberg et du cit. Schwarts, la volonté la plus formelle de parvenir à l'arbitrage qu'ils ont en vue, d'écarter tous les obstacles qui pourraient l'empêcher, le traverser ou l'entraver, d'ouvrir toutes les voies qui pourront le conduire à sa fin. De là, en effet, résulte une sorte d'impossibilité morale de douter qu'elles n'aient entendu que les arbitres de remplacement pourraient eux-mêmes être remplacés, s'ils venaient à s'absenter, à tomber malades ou à mourir. Or, si telle a été leur intention, quelle difficulté peut-il rester sur le point de savoir à qui elles ont confié le soin du remplacement de ces arbitres? Déjà nous avons vu qu'elles l'ont confié, non pas seulement aux arbitres de leur choix immédiat, mais à tous les *arbitres restans*, par conséquent aux arbitres qu'elles n'auraient pas choisis elles-mêmes; et ceci tranche la question.

» C'est donc ici, ou ce ne sera jamais, le cas de la maxime établie dans la loi 219, *de verborum significatione*, au digeste : *in conventionibus contrahentium voluntatem potiùs quàm verba spectari placuit.* Mais il est encore deux autres règles de droit qui doivent nous mener au même résultat.

» La première est consignée dans la loi 80, D. *de verborum obligationibus.* Toutes les fois, dit-elle, qu'il y a quelque obscurité ou ambiguïté dans les clauses d'un contrat, on doit toujours les interpréter dans le sens le plus propre à assurer l'exécution du contrat même : *quoties in stipulationibus ambigua oratio est, commodissimum est id accipi quo res de quâ agitur in tuto sit.* Ici, quelle est la chose *de quâ agitur?* C'est l'arbitrage. Que faut-il faire pour que l'arbitrage puisse arriver à sa fin, *quo res in tuto sit?* il faut entendre l'art. 7 dans le sens que l'ont entendu les tribunaux de Louvain et de Bruxelles. Les tribunaux de Louvain et de Bruxelles n'ont donc pas violé l'art. 7; ils l'ont, au contraire, interprété comme ils le devaient.

» La seconde règle est que, pour juger de l'intention qu'ont eue les parties en contractant, il faut se reporter à la manière dont elles ont exécuté leur contrat, immédiatement après l'avoir passé. *Talis enim*, dit Dumoulin, *præsumitur præcessisse titulus, qualis apparet usus et possessio.* Or, qu'est-il arrivé, et qu'ont fait les parties, immédiatement après la signature du compromis du 20 mars 1794? Vous vous rappelez, C. M., que, par l'art. 1.er de cet acte, elles avaient donné aux quatre arbitres qu'elles venaient de nommer elles-mêmes, le droit de choisir le cinquième arbitre. Eh bien! des quatre arbitres qu'elles avaient nommés elles-mêmes, deux, savoir Lohr et Decknuit, sont morts sans avoir accepté leurs nominations. Il ne restait donc plus que Vansseghem et Wieland. Qu'ont fait ceux-ci? ils ont usé du pouvoir que leur attribuait l'art. 7, ils ont nommé en remplacement des arbitres décédés, Solvyns et Vanmorseel. Et par qui a été ensuite nommé le cinquième arbitre? A suivre littéralement l'art. 1.er, il n'aurait pu l'être que par Wieland et Vansseghem, puisqu'eux seuls avaient été nommés directement par les parties. Mais d'un autre côté, il ne pouvait l'être que par quatre arbitres réunis. Il a donc fallu abandonner la lettre de l'art. 1.er, et s'en tenir à son esprit. En conséquence, Solvyns et Vanmorseel se sont réunis à Vansseghem et Wieland, pour nommer le cinquième arbitre; et leur opération a été agréée par les deux parties. Donc, les deux parties ont reconnu, par leur propre fait, avoir donné aux arbitres qui seraient nommés en remplacement, le droit de concourir au choix de nouveaux arbitres qui ne seraient, comme eux, que des remplaçans. Donc les deux parties ont, à l'avance, interprété leur compromis dans le sens adopté par les tribunaux de Louvain et de Bruxelles.

» Et après tout, il ne s'agit pas ici de savoir si les tribunaux de Louvain et de Bruxelles ont bien jugé : ce n'est pas comme tribunal d'appel que vous devez examiner leur jugement; vous ne devez l'examiner que comme tribunal de cassation. Ainsi, dès qu'en interprétant le compromis comme ils l'ont fait, ils n'ont violé aucune loi; dès qu'en jugeant la question de volonté qui leur était soumise, ils n'ont pas été contre l'intention manifeste des parties contractantes; dès que, dans le concours des probabilités qui s'entrechoquaient devant eux, ils ont fait un choix assez plausible, la cassation ne peut pas atteindre leur jugement; et, juste ou non, il doit être maintenu.

» Inutilement, au surplus, le cit. Romberg vient-il observer que du moins l'arbitre Vanmorseel n'avait pas pu, le 16 thermidor an 10, prendre part à une délibération dont l'objet était de le remplacer lui-même. — L'observation est parfaitement exacte, mais elle est étrangère aux jugemens attaqués. Les jugemens attaqués n'ont dû et n'ont pu prononcer que sur les conclusions prises par le cit. Romberg; or, le cit. Romberg n'avait pas conclu à la nullité de la délibération du 16 thermidor an 10; il s'était borné à demander la résolution du compromis. Les tribunaux de Louvain et de Bruxelles n'ont donc eu à statuer que sur cette seule question : le compromis est-il ou n'est-il pas résolu? Ils n'ont donc pas dû s'occuper de la validité ou de l'invalidité des remplacemens opérés dans la séance des arbitres du 16 thermidor an 10. Encore une fois, ces remplacemens n'ont été, devant les deux tribunaux, l'objet d'aucune demande; et s'ils sont nuls, le cit. Romberg est encore à temps pour en requérir l'annullation.

» Par là tombe également la seconde branche du moyen de cassation qui tire le cit. Romberg de la prétendue violation du compromis; et c'est une vérité facile à saisir.

» Le cit. Romberg se plaignait bien, devant les tribunaux de Louvain et de Bruxelles, de ce que les arbitres, par leur délibération du 16 thermidor an 10, lui avaient ordonné d'adhérer aux remplacemens qu'ils venaient de faire, sinon de déduire ses motifs de récusation; il prétendait bien que, par cette manière de prononcer, ils avaient porté atteinte au droit que le compromis lui réservait, d'agréer ou de ne pas agréer les arbitres qui seraient nommés par remplacement; il faisait bien remarquer la différence qu'il y avait pour lui, entre le droit de ne pas agréer des arbitres remplaçans, et la faculté de proposer contre eux des récusations motivées. Mais il ne disait tout cela que par forme d'observations *digressoires;* il n'en faisait point l'objet d'une demande directe et positive; et il se retranchait toujours dans ses conclusions qui tendaient uniquement à ce qu'il fût dit *que le compromis passé entre les parties le 20 mars 1794, venait à cesser, et que les parties étaient libres de faire juger par les juges ordinaires les contestations qu'elles avaient entre elles.*

» De là, la conséquence que le cit. Romberg n'a pas soumis aux tribunaux de Louvain et de Bruxelles la question de savoir si l'agrément à donner, de sa part, aux nominations d'arbitres remplaçans, devait être absolument libre et volontaire, ou s'il ne devait en résulter pour lui qu'une récusation facultative. Mais, s'il ne leur a pas soumis cette question, bien évidemment ils n'ont pas pu la juger en sa faveur, comme ils n'auraient pas pu la juger à son préjudice; aussi n'en ont-ils point parlé. C'est cependant pour l'avoir décidée à son préjudice, que le cit. Romberg vous dénonce leurs jugemens; mais c'est de sa part une supposition absolument fausse; et dès-là, comment pourriez-vous accueillir un moyen de cassation qui ne porte que sur un être de raison?

» Mais nous n'allons pas assez loin, quand nous disons que le cit. Romberg n'a pas soumis aux tribunaux de Louvain et de Bruxelles, la question de savoir quel est le caractère de l'agrément dont les arbitres remplaçans ont besoin de sa part pour entrer en fonctions. Non-seulement il ne la leur a pas soumise, mais il ne pouvait même pas la leur soumettre dans l'état où l'affaire se présentait devant eux.

» En effet, il n'aurait pu leur soumettre cette question, qu'en attaquant la délibération du 16 thermidor an 10, qui l'avait décidée à son désavantage. Or, cette délibération, il n'en disait pas le mot dans ses conclusions, il la passait absolument sous silence; et il n'était, à cet égard, ni appelant, ni demandeur en nullité.

» On sent d'ailleurs qu'avant de faire juger si on peut le forcer d'agréer les arbitres remplaçans, nommés par la délibération du 16 thermidor an 10, il faut indispensablement qu'il fasse juger si la nomination de ces arbitres est valable.

» Sans doute, il parviendra facilement à faire annuller cette nomination, à raison de la part qu'y a prise le cit. Vanmorseel. Mais une fois cette nomination annullée, qui sait si celle qui interviendra à la suite, ne conviendra pas mieux au cit. Romberg? Et alors que deviendra la question sur le genre d'agrément qu'il sera dans le cas de donner aux nouveaux arbitres?

» Ainsi, non-seulement cette question n'a pas *dû,* mais elle n'a même pas *pu* être agitée devant les tribunaux de Louvain et de Bruxelles. Non-seulement elle était étrangère aux conclusions prises devant eux, mais elle était encore prématurée.

» Par ces considérations, nous estimons qu'il y a lieu de rejeter la requête du demandeur et de le condamner à l'amende ».

Sur ces conclusions, arrêt du 22 ventôse an 12, au rapport de M. Sieyes, qui,

« Attendu qu'il n'a été cité aucune loi en vigueur dans la Belgique, à l'époque du 20 mars 1794, qui annullât les compromis, soit à défaut d'y avoir stipulé une peine exigible, soit à défaut d'avoir déterminé un délai fixe, dans lequel les arbitres seraient tenus de prononcer;

» Attendu qu'il n'a été également cité aucune loi alors en vigueur dans la Belgique, qui eût permis aux signataires d'un compromis de le rétracter à volonté, soit en payant la peine valablement convenue, soit à défaut de stipulation valable d'une peine;

» Attendu que le jugement dénoncé n'a point contrevenu à la loi du contrat, en décidant que, d'après l'intention des parties, les arbitres nommés en remplacement, et agréés par les parties, avaient pu, conjointement avec ceux ou celui des arbitres restans, originairement nommés, concourir aux remplacemens à faire des arbitres manquans;

» Rejette le pourvoi..... ».

§. II. *Quel est aujourd'hui l'effet des stipulations pénales dans les compromis? La clause d'un compromis portant que l'une des parties ne pourra appeler du jugement arbitral, sans payer préalablement telle peine, est-elle obligatoire? La peine payée en exécution d'une pareille clause, peut-elle être répétée en cas de réformation du jugement arbitral?*

L'ordonnance du roi François II, du mois d'avril 1560, avait établi, sur tout cela, des règles positives et conformes au droit naturel; elle avait, non-seulement déclaré valables les stipulations de peines compromissoires, mais même voulu que nul ne fût reçu appelant d'une sentence arbitrale, à moins qu'il n'eût préalablement payé *la peine, sans espérance d'icelle peine recouvrer.*

Mais cette ordonnance n'était pas, à beaucoup près, exécutée dans tous les parlemens: il y en avait même qui ne l'avaient pas enregistrée, et qui ne se faisaient aucun scrupule de ne tenir aucun compte des peines compromissoires (1).

Ce ne serait donc pas répondre aux questions proposées en tête de ce paragraphe, que d'établir, comme M. Toullier cherche à le faire dans son *droit civil français*, tom. 6, pag. 970, que l'ordonnance de 1560 fait encore loi aujourd'hui; car tout ce qu'on pourrait inférer de là, ce serait que cette ordonnance n'eût pas pu être abrogée par un usage contraire dans les parties de la France où elle avait été enregistrée (2); et nos questions resteraient entières pour les départemens où elle n'avait reçu aucune espèce de publication.

Mais d'ailleurs comment cette ordonnance pourrait-elle avoir encore aujourd'hui force de loi, tandis que la loi du 30 ventôse an 12 déclare nettement que *toutes les ordonnances, coutumes, etc.*, sont abrogées *dans les matières qui sont l'objet des lois comprises dans le Code civil?*

C'est, dit M. Toullier, parce que le Code civil ne contient aucune disposition relative aux compromis, et que le Code de procédure qui en renferme plusieurs, n'abroge, art. 1041, que les précédentes lois *relatives à la procédure civile.*

Mais les stipulations pénales ne sont pas de l'essence des compromis: elles appartiennent à la classe générale des obligations, et plus spécialement à celle des *obligations avec clauses pénales*, qui sont l'objet des art. 1226 à 1233 du Code civil.

Et c'est assez dire, que l'ordonnance de 1560 n'a plus, par elle-même, force de loi.

Mais (ce qui revient au même pour les départemens où elle avait été publiée, et mieux encore pour ceux où elle ne l'avait pas été), elle est remplacée par la règle écrite en termes généraux dans l'art. 1134 du Code civil, que *les conventions légalement formées tiennent lieu de loi à ceux qui les ont faites.*

PERCIÈRE. *V.* l'article *Terrage*, §. 1, n.° 2.

PÉREMPTION. — §. I. *Avant le Code de procédure civile, la péremption d'instance établie par l'art. 7 de la loi du 14-26 octobre 1790, relative à la forme de procéder dans les justices de paix, pouvait-elle être couverte par le silence ou par le fait des parties?*

Ce que j'ai dit sur cette question, à l'article *Appel*, §. 9, est confirmé par un arrêt de la cour de cassation, section civile, du 16 germinal an 11, rendu au rapport de M. Vergès, entre le sieur Jouenne et les frères Lecœur-Lachenaye.

Le sieur Jouenne soutenait que la péremption, déclarée acquise contre lui par un jugement du tribunal civil d'Argentan dont il demandait la cassation, n'avait eu lieu que par l'effet des retards astucieusement apportés par ses adversaires à l'instruction et au jugement de la cause, dans les quatre mois déterminés par la loi du 14-26 octobre 1790; il concluait de là, et c'était son deuxième moyen de cassation, que les juges d'Argentan avaient fait une fausse application de cette loi.

L'arrêt cité rejette la demande en cassation, « attendu, sur le second moyen, que le tribunal, dont le jugement est attaqué, a été fondé à reconnaître que c'était par le fait du demandeur que la cause n'avait pas été jugée dans le délai de quatre mois; que d'ailleurs ce tribunal, en déclarant que, d'après l'art. 7 de la loi du 26 octobre 1790, ni les parties ni les juges n'avaient le droit d'étendre ce délai, a fait

(1) *V.* le *Répertoire de jurisprudence*, au mot *Arbitrage*, n. 42.

(2) *V.* l'article *Opposition aux jugemens par défaut*, §. 7.

une application exacte des dispositions de cette loi ».

§. II. *Avant le Code de procédure civile, l'appel non relevé était-il sujet à péremption?*

Le sieur Sacquépée attaquait devant la cour de cassation le jugement du tribunal civil du département de l'Oise, du 5 fructidor an 4, dont j'ai parlé à l'article *Exécution des jugemens en matière civile*, §. 1; et entre autres moyens, il soutenait que ce jugement avait violé l'autorité de la chose jugée.

Il l'a violé en effet, disait-il, puisqu'il a déclaré valable une consignation qu'un précédent jugement rendu en première instance, le 25 floréal an 4, par le tribunal civil du département de la Seine inférieure, avait jugé ne pas exister aux yeux de la loi.

Il est vrai que les mineurs Leroi ont appelé de ce jugement, par acte du 21 fructidor an 4; mais leur appel est tombé en péremption par le laps de plus de trois ans.

« Il est bien difficile de penser (ai-je dit en portant la parole sur cette affaire), que le cit. Sacquépée vous ait proposé sérieusement un pareil moyen.

» D'abord, l'appel du jugement du 25 floréal an 4 ne pouvait pas être tombé en péremption, lors du jugement du tribunal de l'Oise; et il y en a une raison sans réplique: c'est qu'à cette époque il n'était pas même encore interjeté.

» Ensuite, devant le tribunal de l'Oise, le cit. Sacquépée n'a nullement excipé du jugement du 25 floréal an 4; il n'en a même point parlé; et c'est devant vous qu'il en parle pour la première fois.

» Enfin, il est impossible que l'appel du jugement du 25 floréal an 4 soit tombé en péremption; et en effet, il n'a jamais été relevé ni anticipé; jamais aucun tribunal n'en a été saisi; jamais il n'a fait la matière d'une instance; jamais par conséquent il n'a pu être atteint par l'art. 15 de l'ordonnance de Roussillon, qui ne frappe de péremption que les *instances* laissées sans poursuites pendant trois ans.

Dès que l'appel, dit Theveneau sur l'ordonnance de Roussillon elle-même, *dès que l'appel n'est ni revelé ni anticipé à la cour, il n'y est pas pendant; ainsi, il ne peut s'y périmer; car il faudrait qu'il y fût attaché par une assignation, pour que la péremption contre cet appel pût y prendre son cours.*

» Menelet, dans son *Traité des péremptions*, pag. 120, établit le même principe: « Un appel, quoique interjeté, ne se peut périmer, » s'il n'est point attaché à la cour, soit par une » assignation du côté de l'appelant qui le relève, » soit de la part de l'intimé qui l'anticipe; et » la raison de cela est que, suivant l'édit de Roussillon, il n'y a que l'instance qui se périme: » or, un appel émis et non anticipé ne fait pas » une cause d'appel, il dure trente ans en cet » état ». Le même auteur ajoute, pag. 121: « Le » parlement de Dijon a jugé, le 13 mars 1699, » qu'un appel n'était pas périmé par une discontinuation de douze années, n'ayant été relevé ni exécuté; cette décision fut même portée sur le registre des délibérations secrètes du » palais ».

» Même doctrine dans Brodeau sur Louet, lettre P., §. 14, n.° 5: « Un appel (dit-il), n'est » point sujet à péremption, sinon lorsque sur » icelui il y a instance, laquelle se forme quand » le juge supérieur en est saisi, soit par relief » ou par lettres d'anticipation: quoi cessant, » l'appel peut bien être désert, mais il ne périt » point: et outre ce, il faut que les parties se » présentent respectivement par procureur; car » c'est proprement la présentation qui saisit et » forme l'instance; et n'y ayant point de procureur, il n'y a point d'instance, conséquemment » point de péremption ».

» C'est ce qu'enseignent Leprêtre, cent. 2, ch. 66, n.° 4; Ayrault, dans son *Traité de la procédure civile*, pag. 541; Vrevin, ch. 29, page 525, et une foule d'autres auteurs qu'il serait aussi long qu'inutile de vous citer.

» Par ces considérations, nous estimons qu'il y a lieu de rejeter la demande du cit. Sacquépée, en cassation du jugement du tribunal de l'Oise, du 5 fructidor an 4.... ».

Ces conclusions ont été adoptées par arrêt de la section civile du 20 floréal an 10, au rapport de M. Coffinhal, « attendu, sur la contravention à l'autorité de la chose jugée par le jugement du 25 floréal an 4, que, non-seulement ce jugement n'a point été opposé devant le tribunal du département de l'Oise; mais qu'il en a été interjeté appel par les mineurs Leroi, *et que, cet appel n'ayant pas été relevé, il n'a pu être éteint par la péremption d'instance*, qui d'ailleurs, aurait dû faire la matière d'une action principale devant les tribunaux ordinaires ».

§. III. *Avant le Code de procédure civile, la péremption d'instance pouvait-elle être opposée par exception; ou, au contraire, celui contre lequel la péremption avait couru, pouvait-il la couvrir par un acte quelconque de procédure, tant que sa partie adverse n'avait pas formé sa demande en déclaration d'instance périmée?*

En 1726, décès de Pierre Faulquier, architecte à Nevers, laissant quatre héritiers.

En 1741, Thérèse-Françoise Faulquier, femme

de Pierre Drounereau, réclame ses droits dans la succession de Pierre Faulquier.

Le 9 décembre de la même année, sentence du bailliage de Nevers, sur un appointement en droit, qui condamne Louis Faulquier, héritier pour un quart de son père, à rendre compte à ses co-héritiers, de tous les ouvrages qui avaient été adjugés au défunt, et dont il avait reçu le montant, ainsi que de la régie des biens de la succession depuis 1728.

En exécution de cette sentence, Louis Faulquier signifie son compte le 22 juin 1742. Il meurt en 1743.

Sa veuve, Jeanne Muranda, est assignée en reprise d'instance, tant en son nom, comme commune en biens, que comme tutrice de leurs enfans mineurs, Jean-Louis Faulquier, Jeanne Faulquier, depuis femme Limosin, et Marie-Jeanne Faulquier, depuis femme Gousseau; elle constitue procureur, et l'instance reprend son cours.

Le 2 avril 1745, sentence qui appointe *sur les débats et soutenemens*, et nomme un rapporteur.

Dans le cours de la même année, le procureur de Jeanne Muranda prend en communication les contredits fournis par Thérèse Françoise Faulquier, et les garde plusieurs années, malgré les sommations qui lui sont faites de les rétablir au greffe.

Dans ces entrefaites, le rapporteur vient à mourir. Sa mort est suivie de celle de Thérèse-Françoise Faulquier, qui laisse deux filles, Anne-Pierrette Drounereau et Anne-Françoise Drounereau. Celles-ci reprennent l'instance le 23 août 1764.

L'année suivante, nomination d'un nouveau rapporteur; les filles Drounereau produisent, et plusieurs sommations sont faites de leur part au procureur de Jeanne Muranda de produire.

Le 7 juillet 1767, nouvelle sentence qui appointe les parties en droit. Depuis, Marie-Jeanne Faulquier, l'une des filles de Jeanne Muranda, et qui plaidait sous le nom de celle-ci, épouse le nommé Gousseau qui reprend l'instance.

Le 21 mai 1776, les filles Drounereau font assigner en reprise d'instance Jean-Louis Faulquier, devenu majeur, et qui jusqu'alors avait également plaidé sous le nom de Jeanne Muranda, sa mère et tutrice. Le même jour, même demande contre Jeanne Faulquier, sa sœur, qui venait d'épouser le nommé Limosin.

Le 24 du même mois, les filles Drounereau font signifier une requête à leurs adversaires.

Le 3 avril 1782, elles obtiennent un jugement par défaut.

Le 15 du même mois, elles somment leurs adversaires de répondre à la requête du 24 mai 1776.

En janvier 1785, décès de l'une des filles Drounereau, femme Moisy. Elle laisse cinq enfans, dont trois majeurs et deux en minorité.

La même année, le procureur de Jean-Louis Faulquier et de ses deux sœurs, femmes Gousseau et Limosin, vend son office, et le rapporteur abdique ses fonctions de juge.

En 1786, décès de la seconde fille Drounereau, femme Rouderon.

En 1790, le bailliage de Nevers est supprimé.

En 1791, décès de François Moisy, l'un des fils et héritier de l'aînée des filles Drounereau.

En 1792, décès de Jeanne Muranda, veuve de Louis-François Faulquier.

En nivôse an 4, Marie-Anne Faulquier, femme Gousseau, décède également.

Le 8 ventôse an 8, Etienne-François Moisy et consorts, héritiers des femmes Moisy et Rouderon, font assigner en reprise d'instance, au tribunal civil du département de la Nièvre, Jean-Louis Faulquier, la femme Limosin, et les représentans de la femme Gousseau.

Ceux-ci leur opposent la péremption d'instance. Moisy et consorts répondent que la péremption d'instance ne peut jamais être opposée par voie d'exception; qu'ils en ont devancé la demande, par leur assignation en reprise d'instance; et que, par là, ils l'ont couverte.

Le 5 floréal an 8, jugement par lequel,

« Considérant 1.° que la péremption d'instance est une sorte de prescription, et qu'il est de principe que la prescription n'a pas besoin d'être requise par une demande principale, mais peut être proposée par exception; que d'ailleurs celui qui fait usage d'une exception, est demandeur dans son exception;

» Considérant, 2.° que, suivant l'art. 15 de l'ordonnance de Roussillon, la péremption d'instance s'acquiert, de plein droit, par cessation de procédures pendant trois ans; d'où il suit qu'il n'est pas nécessaire d'en former une demande précise, et qu'on peut l'opposer par exception;

» Considérant, dans le fait, qu'à l'époque du défaut pris le 3 avril 1782, *il y avait plus de trois ans qu'aucune des parties n'avait fait aucun acte de procédure, et que, dans l'intervalle des trois années qui ont précédé ce défaut, il n'y a ni décès des parties ou des rapporteurs, ni démission des procureurs*; qu'ainsi, si ces parties n'ont fait aucune procédure depuis, elles n'ont point couvert le moyen de péremption par elles opposé; et qu'on n'articule pas qu'elles aient rien fait signifier dans l'instance; qu'on oppose vainement que l'instance était appointée, et conséquemment que la cessation des procédures pendant trois ans, n'a pu acquérir la prescription depuis la prononciation de l'appointement; car si l'appointement d'une instance met obstacle à la péremption dans les cours souveraines, où la loi n'ouvrait nulle voie aux parties pour obliger les rapporteurs à faire le rapport de leurs causes, il n'en est pas de même dans les tribunaux inférieurs, où l'ordonnance de 1667 donnait aux parties la faculté de faire des sommations aux rapporteurs et d'appeler de déni de justice; que par conséquent, la circonstance d'un appointement dans la cause, n'a pu mettre obstacle à la péremption;

» Le tribunal, faisant droit sur l'exception proposée, déclare l'instance périmée; en conséquence, renvoie Jean-Louis Faulquier et consorts de la demande en reprise d'instance ».

Etienne-François Moisy et consorts appellent de ce jugement à la cour d'appel de Bourges, qui rend, le 16 prairial an 9, un arrêt ainsi conçu :

« Considérant que l'ordonnance de Roussillon, en établissant la péremption d'instance, ne s'est pas expliquée sur la question de savoir si elle serait couverte par les procédures faites ou le changement des parties arrivé avant qu'on la demandât; mais que l'affirmative se trouve décidée par le concert unanime de tous les tribunaux; et que c'est une maxime certaine au palais, que le moindre acte la couvre, tant qu'elle n'a pas été demandée; et que, dans l'espèce, on trouve un défaut pris au greffe, le 3 avril 1782, contenant la reprise d'instance faite par quelques-unes des parties, et une sommation de fournir des moyens, du 15 du même mois;

» Qu'il est également certain que le changement des parties ou de leurs procureurs, empêche la péremption; qu'il a été articulé et non dénié que, dans l'espèce, cinq des parties sont décédées depuis 1785 jusqu'en l'an 4; que le procureur des intimés avait vendu sa charge; qu'enfin, le rapporteur avait abdiqué les fonctions de juge;

» Le tribunal, vu le défaut pris et levé au greffe, le 14 floréal dernier, contre le cit. Limosin et sa femme, lequel défaut est déclaré bien et valablement obtenu, adjugeant le profit d'icelui, et statuant sur le tout, dit qu'il a été mal jugé par le jugement dont est appel, bien appelé, émendant, et sans avoir égard à l'exception proposée, tient l'instance pour reprise, ordonne que les parties procéderont suivant les derniers erremens ».

Jean-Louis Faulquier et consorts se pourvoient en cassation contre cet arrêt.

« Ils l'attaquent (ai-je dit à l'audience de la section des requêtes, le 12 brumaire an 11), comme contraire à l'art. 15 de l'ordonnance de Roussillon; et ils commencent par établir, en s'appuyant sur un jugement de la section civile, du 23 nivôse an 8, rendu entre les cit. Rougier et Michaud, que cet article a conservé toute son autorité dans les tribunaux subrogés aux anciens parlemens qui avaient enregistré l'ordonnance de Roussillon; proposition incontestable et sur laquelle il n'a été élevé aucun doute, soit en première instance, soit en cause d'appel.

» Ils soutiennent ensuite que, d'après ce même article, la péremption s'opère de plein droit, par la cessation de toute procédure pendant trois ans; que, pour qu'elle soit encourue, il n'est point nécessaire qu'elle soit demandée; et qu'une fois acquise, elle ne peut pas être couverte par le fait de la partie intéressée à ce qu'elle n'ait pas lieu.

» Du reste, ils paraissent entièrement rassurés sur les circonstances particulières dont on a cherché à se prévaloir contre eux devant le tribunal d'appel de Bourges; et, en effet, il est certain qu'aucune de ces circonstances n'aurait pu faire juger la question à leur désavantage, si, en thèse générale, elle devait l'être en leur faveur.

» Qu'importe, en effet, que cinq des parties soient décédées dans l'intervalle de l'année 1785 au mois de nivôse an 4? Qu'importe que, dans le même intervalle, le rapporteur de l'instance ait quitté le bailliage de Nevers, et que le procureur de l'une des parties ait vendu son office? Qu'importe même que le défaut pris au greffe, le 3 avril 1782, n'ait jamais été signifié, et qu'il n'ait d'ailleurs été obtenu que contre Limosin et sa femme? Qu'importe enfin que les sommations de produire du 15 du même mois, soient des actes inutiles, des actes frustratoires, des actes défendus par l'ordonnance de 1667?

» Rien de tout cela ne pourrait empêcher l'effet de la péremption, s'il était vrai que la péremption ne pût pas être couverte par les procédures faites *rebus integris*, par la partie contre laquelle elle est encourue.

» Car il est reconnu, et par le jugement de première instance et par celui du tribunal d'appel, que du 24 mai 1776 au 3 avril 1782, il y avait eu discontinuation absolue de procédures.

» Ainsi, en faisant abstraction de tout ce qui s'est fait et de tous les changemens survenus depuis le 3 avril 1782 jusqu'au 8 ventôse an 8, jour de l'assignation en reprise d'instance, on trouve toujours un interstice de plus de trois ans, c'est-à-dire, un espace de temps plus que suffisant pour opérer la péremption.

» La question se réduit donc véritablement au seul point de savoir si Etienne-François Moisy et consorts ont couvert la péremption qui avait couru contre eux le 3 avril 1785, par leur assignation en reprise d'instance du 8 ventôse an 8; ou en d'autres termes, si, pour recueillir le bénéfice de la péremption, Jean-Louis

Faulquier et consorts ont dû se pourvoir en justice, à l'effet de la faire déclarer acquise, avant que Moisy et consorts eussent fait des procédures comme si elle n'eût pas existé; ou en d'autres termes encore, si la péremption peut être opposée par exception, comme elle peut l'être par action.

» Dans l'examen de cette question, le premier pas à faire est de bien connaître toutes les lois qui ont été rendues sur la péremption d'instance.

» Quelques auteurs placent à la tête de ces lois, celle qui est la treizième en ordre dans le titre *de judiciis*, au Code de Justinien, et qui est vulgairement connue sous le nom de loi *Properandum*.

» Mais c'est une méprise qu'ont fort bien relevée Hévin, dans ses *Remarques sur la péremption*, à la fin du premier volume des plaidoyers de Frain, n. 12, 13 et 14; et Menelet, dans son *Traité des péremptions*, pag. 3, 4 et 5.

» Ces deux jurisconsultes prouvent, par des développemens qu'il serait trop long de rappeler ici, que le droit romain ne fournit pas même d'exemples de la péremption connue en France; ils font voir que la loi *Properandum* parle de toute autre chose, et n'a rien de commun avec cette manière d'anéantir une instance. Passant ensuite en revue les autres dispositions du droit romain, dont le but était de punir les plaideurs qui laissaient languir leurs poursuites, ils démontrent qu'il n'y en avait pas une seule qui, en conservant l'action, fît périr l'instance par la cessation des procédures pendant quelques années; et ils finissent par dire « qu'il faut poser pour principe, que la péremption qui est admise en France, ne tire » pas son origine des Romains, mais que c'est » une introduction des jurisconsultes français, » *jus verè gallicum* ».

» Au surplus, on ne connaît pas l'époque précise de cette *introduction*. Brodeau sur Louet, lettre P, §. 17, remarque bien qu'il est parlé de la péremption d'instance dans une ordonnance de Philippe-le-Bel, rapportée dans l'ancien style du parlement de Paris; mais cette ordonnance ne peut pas être regardée comme la loi introductive de la péremption en France, puisqu'elle la suppose établie et dès lors en usage.

» L'ordonnance de 1539 est, après celle de Philippe-le-Bel, la première dans laquelle il soit fait mention de la péremption d'instance. Voici ce qu'elle porte, art. 120 : « Il ne sera » dorénavant baillé aucunes lettres de relièvement de désertion ni péremption d'instance, » pour quelque cause et matière que ce soit; et » si elles étaient baillées, défendons d'y avoir » aucun égard; ains les instances desdites » être jugées, tout ainsi que si lesdites lettres » n'avaient été obtenues ni impétrées ».

» Cette loi, comme vous le voyez, ne définit ni ne caractérise la péremption; le législateur suppose que l'on sait parfaitement en quoi elle consiste et comment elle s'acquiert; il se borne à déclarer qu'à l'avenir, on ne pourra plus en faire cesser l'effet par des lettres de chancellerie.

» Les auteurs de ce temps-là nous apprennent qu'alors, comme aujourd'hui, il fallait trois ans de cessation de procédures, pour qu'une instance fût périmée.

» Mais on prétendait, d'une part, qu'une fois la contestation en cause engagée, il ne pouvait plus y avoir lieu à la péremption; et de l'autre, que l'instance périmée devait encore avoir l'effet d'interrompre la prescription.

» C'est pour condamner ces deux systêmes, qu'a été fait l'art. 15 de l'ordonnance de Roussillon du mois de janvier 1563 : « L'instance intentée (porte-t-il), ores qu'elle soit contestée, » si par laps de trois ans elle est discontinuée, » n'aura aucun effet de perpétuer ou proroger » l'action, ains aura la prescription son cours, » comme si ladite instance n'avait été formée ni » introduite, et sans qu'on puisse prétendre » ladite prescription avoir été interrompue ».

» A l'ordonnance de Roussillon a succédé, sur la péremption d'instance, celle du mois de janvier 1629, dont l'art. 91 est ainsi conçu : « L'art. 15 » de l'ordonnance de Roussillon, pour la péremption d'instance, sera gardé par tout notre » royaume, même en nos cours de parlement » et autres juridictions où elle n'a été jusqu'ici » observée; et voulons que toutes instances de » criées périssent par la discontinuation de trois » ans, nonobstant l'établissement de commissaires; comme encore toutes saisies et arrêts » de deniers, encore qu'il n'y eût assignation » donnée en conséquence d'iceux; pareillement » que les causes mises aux rôles soient sujettes à » péremption, à compter du jour que l'on » cesse de plaider desdits rôles, soit que le réglement au conseil soit levé ou non ».

» Jusqu'à présent, nous ne voyons le législateur occupé, par rapport à la péremption, que du soin de déterminer les cas où elle a lieu, et l'effet qu'elle produit relativement à la prescription. Mais s'acquiert-elle de plein droit par le seul laps de trois ans, ou faut-il, après ce temps, que le juge la déclare acquise? C'est ce qu'aucune loi ne décide encore.

» Avançons, et nous trouverons là-dessus quelques lumières dans l'art. 27 du tit. 5 de l'ordonnance de 1667 : « Les sentences et les jugemens qui doivent passer en force de chose » jugée, sont ceux rendus en dernier ressort, et » dont il n'y a appel, ou dont l'appel n'est pas » recevable, soit que les parties y eussent formellement acquiescé, ou qu'elles n'en eussent

» interjeté appel dans le temps, *ou que l'appel* » *ait été déclaré péri* ».

» *Ou que l'appel ait été déclaré péri!* Il faut donc que la péremption soit déclarée par un jugement. Il faut donc un jugement déclaratif de la péremption, pour qu'elle puisse avoir lieu. La péremption n'est donc pas acquise de plein droit par le seul laps de trois ans. Et c'est aussi ce qu'enseigne Pothier, dans son *Traité des obligations*, partie 4, n. 16 : « Quoique ce temps » soit accompli (dit-il), la péremption de » l'appel n'est pas acquise, jusqu'à ce qu'il » soit intervenu un jugement qui l'ait déclarée » acquise ».

» Menelet soutient pourtant le contraire, dans son *Traité des péremptions*, pag. 143 et 144. Il avoue que l'ordonnance de 1667 suppose la nécessité d'une sentence déclarative que l'appel est périmé; mais, continue-t-il, « le réglement » fait au parlement de Paris le 28 mars 1692, » dit que les instances discontinuées pendant » trois ans, sont périmées de plein droit, et cela » est véritable. A la vérité, dès qu'une partie » dénie être dans le cas, il faut qu'un jugement » déclare que la péremption est acquise; la sen- » tence ne la produit pas; elle dit seulement que » la discontinuation l'a produite, et que, dans » une telle hypothèse, il n'est rien arrivé qui » l'ait empêchée ».

» Qui ne croirait, sur la foi de cet auteur, que telle est, en effet, la disposition du réglement du parlement de Paris du 28 mars 1692? Rien n'est cependant plus faux. Ce réglement, loin d'établir que la péremption s'acquiert de plein droit, suppose formellement qu'elle doit être déclarée, non-seulement dans les causes d'appel, mais encore dans toutes les instances possibles : « Les instances intentées, bien qu'elles » ne soient contestées, ni les assignations suivies » de constitution et présentation du procureur » par aucune des parties, *seront déclarées* » *péries*, en cas que l'on ait cessé et discontinué » les procédures pendant trois ans; et n'auront » aucun effet de perpétuer ni proroger l'ac- » tion, ni d'interrompre la prescription ». Tels sont les propres termes de l'art. 1.er de ce réglement.

» L'art. 2 ajoute, il est vrai, « que les appel- » lations tomberont en péremption, et *empor-* » *teront*, DE PLEIN DROIT, *la confirmation des* » *sentences*; si ce n'est qu'en la cour, les appel- » lations soient conclues ou appointées au con- » seil ».

» Mais ces mots, *de plein droit*, ne tombent que sur *la confirmation des sentences* opérée par la péremption des instances d'appel; et le seul sens de cet article est évidemment que, par cela seul qu'un appel est déclaré péri, la sentence se trouve confirmée de plein droit, quoique le jugement déclaratif de la péremption de l'appel ne prononce pas expressément cette confirmation.

» Nous ne sommes cependant pas encore arrivés à la solution complette de la difficulté qui nous occupe.

» Car de ce qu'un jugement est indispensable pour déclarer la péremption acquise, il ne s'ensuit pas nécessairement que la partie à laquelle la péremption est dans le cas d'être opposée, puisse la couvrir par un acte de procédure quelconque, tant que ce jugement n'est pas rendu. Il est possible, sans doute, que tel soit l'effet du principe qui exige un jugement déclaratif de la péremption; mais il est possible aussi que ce principe ne doive pas aller aussi loin, et que l'on en limite l'influence dans le sens de Menelet, c'est-à-dire, que « dès qu'une partie dénie » être dans le cas (de la péremption), il faut » bien qu'un jugement déclare que la péremption » est acquise; que la sentence ne la produit pas, » qu'elle dit seulement que la discontinuation l'a » produite, et que, dans une telle hypothèse, il » n'est rien arrivé qui l'ait empêchée ».

» Voilà donc deux opinions également plausibles, et susceptibles, l'une comme l'autre, d'être defendues de bonne foi.

» Mais pour prononcer entre ces deux opinions, quel est l'oracle que le juge doit consulter? Le législateur, nous l'avons déjà observé, s'est renfermé là-dessus dans un profond silence. Il ne peut donc pas y avoir là-dessus d'autre règle que l'usage.

» L'usage est, en effet, le père, le créateur de la péremption. C'est des mains de l'usage que la loi l'a prise; elle en a réglé quelques attributs, elle a fixé quelques-uns des cas où l'on peut s'en prévaloir, elle a marqué quelques-unes des circonstances où on ne le peut pas. Mais sur tous les points à l'égard desquels la loi est demeurée muette, l'usage a conservé sur la péremption tout son empire primitif, et il peut la modifier, l'étendre, la resserrer à son gré.

» Qui est-ce qui a mis en principe que la péremption est empêchée par le changement arrivé dans l'état de l'une des parties, avant le laps des trois ans? c'est l'usage. Qui est-ce qui a fait recevoir partout comme maxime incontestable, que le décès du procureur de l'une des parties dans les trois ans, empêche également la péremption? c'est l'usage. Qui est-ce qui a fait partout attribuer le même effet, soit à la démission, soit à la mort du rapporteur, dans cet intervalle? c'est encore l'usage.

» C'est donc aussi par l'usage que doit être décidée la question de savoir si la nécessité d'un jugement déclaratif de la péremption, entraîne ou n'entraîne pas, pour la partie à laquelle on peut l'opposer, la faculté de la couvrir, avant que le juge l'ait déclarée acquise; ou, ce qui revient au même, si la péremption peut être opposée par exception, comme elle peut l'être par action.

» Or, sur ce point, voici les renseignemens que nous trouvons dans nos livres.

» Menelet, pag. 145, avance comme une chose au-dessus de toute contradiction, que, « si un demandeur ayant intenté un procès qu'il » a laissé trois ans sans poursuite, le veut re» prendre, et qu'à cet effet, il s'adresse au pro» cureur du défendeur...., celui-ci (peut) pro» poser pour défenses qu'il y a péremption ». Et il paraît que telle était la jurisprudence du parlement de Dijon, dans et pour le ressort duquel écrivait Menelet; car son annotateur observe, page 91, « qu'il y a eu arrêt à l'audience de rele» vée (du parlement de Dijon), du 26 janvier » 1694, par lequel il a été jugé que le lieutenant » au bailliage avait pu déclarer la péremption » d'une instance pendante à la cour, qu'on pro» posait pour exception déclinatoire ». Il ajoute, à la vérité, que cet arrêt fut rendu *multis contradicentibus*.

» Mais nous n'avons pas ici à nous enquérir de la jurisprudence du parlement de Dijon. L'affaire qui nous occupe, a pris naissance dans l'ancien ressort du parlement de Paris; et ce n'est conséquemment que par la jurisprudence du parlement de Paris qu'elle doit être décidée.

» Or, que jugeait là-dessus le parlement de Paris? Il paraît qu'à l'époque du réglement du 28 mars 1692, on n'avait pas encore pensé à notre question, ou plutôt qu'on la regardait comme impropósable; car, non-seulement ce réglement ne la prévoit pas, mais en déterminant les conditions nécessaires pour que les procédures faites par la partie à laquelle la péremption est acquise, puissent la couvrir et empêcher cette partie de la faire valoir, il suppose manifestement qu'il n'est aucun cas où l'on puisse attribuer le même effet aux procédures faites par la partie contre laquelle la péremption a couru.

» Si donc nous en étions encore, sur cette matière, au même point qu'en 1692, nul doute que notre question ne dût être résolue contre la possibilité de couvrir la péremption par le fait de la partie intéressée à ce qu'elle n'ait pas lieu.

» Mais si l'usage n'avait pas été jusques-là en 1692, il a pu y aller depuis; et si effectivement, il a ainsi étendu ses progrès, nous devons respecter cette extension, parce qu'encore une fois, l'usage est le seul régulateur de la péremption dans tous les cas que la loi n'a pas jugé à propos de la régler elle-même.

» Or, voici ce que nous lisons là-dessus dans la *Jurisprudence civile* de Rousseaud de la Combe, au mot *Péremption*, n. 17 : « Toute procé» dure concernant le fond ou la forme, et non » frustratoire, faite (avant la demande en pé» remption) *par l'une ou par l'autre des parties* » après les trois ans, empêche la péremption; » c'est conforme aux nouveaux arrêts de la » grand'chambre : il y en a un entre autres, » du 12 août 1737, sur les conclusions de M. Joly » de Fleury, avocat-général, entre le sieur » François de Barbançois, et le sieur Etienne » Chardon de Chaumeblanche ».

» Nous trouvons la même doctrine dans Denizart, au mot *Péremption*. Voici les termes de cet auteur : « La signification d'un simple » avenir, ou d'une sommation faite même après » trois ans de silence, couvre et fait cesser la » péremption, *si elle n'a pas été auparavant* » *demandée*. C'est ce que la cour a jugé par plu» sieurs arrêts modernes, et singulièrement par » celui qui est intervenu en la grand'chambre » sur les conclusions de M. Joly de Fleury, » avocat-général, le 12 août 1737, entre les sieurs » de Barbançois et Chardon de Chaumeblanche. » Cette jurisprudence du parlement de Paris a » eu quelque peine à s'introduire au grand con» seil; mais elle y est actuellement suivie. Voici » l'espèce d'un arrêt qui prouve ma proposition. » — Le sieur de Sacre qui était en instance au » grand conseil, sur l'appel qu'il avait interjeté » de deux sentences obtenues contre lui par le » sieur Girardot, ne fit aucune procédure contre » son adversaire pendant quatre ans et quelques » mois. Au bout de ce temps, il fit signifier un » avenir le 12 octobre 1742; et sept jours après, » le sieur Girardot, pensant que celui qui avait » laissé acquérir la péremption, ne pouvait pas » la couvrir, donna sa requête en péremption. » — De Sacre se défendit sur le fondement que » son avenir avait précédé la demande en pé» remption. Par arrêt rendu le 9 décembre 1742, » la cause fut mise en délibéré; et depuis, autre » arrêt sur délibéré est intervenu le 15 du même » mois, qui débouta Girardot de sa demande » en péremption ». — Plus bas, le même auteur dit encore : « Le 17 juin 1750, la cour a rendu » un arrêt au rapport de M. l'abbé Boucher, » conseiller en la grand'chambre, par lequel il » a été, entre autres choses, décidé que toute » procédure faite avant la demande en péremp» tion, empêche l'effet de la péremption; ce » qui confirme ce que j'ai déjà dit ».

» Ajoutons encore que telle était également la jurisprudence du parlement de Rouen. Témoin Houard, en son *Dictionnaire de droit normand*, article *Péremption* : « Tant que celui (dit-il), » au bénéfice duquel la péremption pourrait » avoir lieu, n'en a pas formé la demande, sa » partie lui fait utilement des diligences; elles » empêchent la péremption ». Et il rapporte un arrêt du parlement de Rouen, du 22 mai 1767, qui l'a ainsi jugé, en confirmant une sentence de la juridiction de Pacy.

» L'auteur de la *Gazette des tribunaux*, tom. 7, pag. 37, cite, comme contraire à cette jurisprudence, un arrêt du même tribunal, du 17 février

1778, rendu sur la plaidoirie du célèbre Thouret, mais cet écrivain se trompe visiblement. Dans l'espèce de l'arrêt dont il s'agit, la partie au bénéfice de laquelle la péremption avait couru, en avait formé la demande avant que son adversaire eût fait aucune diligence pour la couvrir; et la question se réduisait à savoir si celui-ci pouvait la couvrir après la demande qui en était faite, sous prétexte que, n'étant pas encore déclarée par le juge, elle n'était pas encore acquise.

» Cet arrêt n'a donc porté aucune atteinte, même à la jurisprudence du parlement de Rouen sur cette matière. A plus forte raison a-t-il laissé intacte celle du parlement de Paris; et nous devons répéter que, dans l'espèce, le tribunal de Bourges n'a dû s'attacher qu'à la jurisprudence reçue dans le ressort de cette dernière cour, à l'époque de sa suppression.

» Mais le jugement du tribunal de cassation, du 23 nivôse an 8, n'a-t-il pas renversé cette jurisprudence? N'a-t-il pas décidé que les trois ans fixés pour la péremption, étant une fois écoulés, il ne dépend pas de la partie à laquelle la péremption peut être opposée, de la couvrir par un acte de procédure antérieur à la demande de son adversaire en déclaration d'instance périmée?

» L'affirmative ne serait pas douteuse, s'il fallait nous en rapporter au compte que les demandeurs vous rendent de ce jugement, sur la foi de l'ouvrage périodique intitulé : *Journal du palais*, an 9, n. 25. Voici de quelle manière ils retracent le fait. « Il avait été rendu une » sentence au mois de février 1788, entre les » cit. Rougier et Michaud. Les embarras de la » révolution détournèrent sans doute Michaud » du projet qu'il avait de faire réformer cette » sentence : ce ne fut qu'au 28 février 1792, » qu'il en interjeta appel. Le 5 janvier 1793, » Michaud fit notifier un avenir à l'avoué de » Rougier, pour plaider. La cause ne fut point » appelée; elle fut même oubliée pendant la » plus forte tourmente révolutionnaire; car » Michaud ne renouvela ses poursuites que le 12 » février 1796 (30 pluviose an 4), c'est-à-dire, » après trois ans, un mois et sept jours de surséance. Rougier opposa devant le tribunal » d'appel, la péremption d'instance fondée sur » l'interruption de toutes les procédures pendant » trois ans. Le tribunal civil du département de » la Vienne débouta Rougier de sa prétention; » et il se fonda sur ce que, dans l'intervalle de » la dernière poursuite à la reprise de l'instance, » il y avait eu changement de tribunaux et suppression d'avoués ».

» C'est ce jugement qui a été cassé par le tribunal de cassation, le 23 nivôse an 8, comme ayant fait une fausse application de la loi du 3 brumaire an 2, et comme ayant enfreint l'art. 15 de l'ordonnance de 1563.

» Si l'espèce en est exactement rapportée par les demandeurs, nul doute que ce jugement n'ait, au moins implicitement, prononcé en faveur de leur système.

» Car, dans cette hypothèse, Rougier aurait été jugé bien fondé à demander que la péremption lui était acquise, quoique avant qu'il eût formé cette demande par exception, Michaud l'eût fait citer en reprise d'instance.

» Mais c'est précisément sur ce dernier point de fait que les demandeurs se trompent.

» Nous tenons à la main la minute du jugement de la section civile du 23 nivôse an 8, et nous y voyons que, le 30 pluviôse an 4, il avait été effectivement fait un acte de procédure; mais par qui? Par Michaud, à l'effet de reprendre l'instance? Non, mais bien par Rougier, à l'effet de faire déclarer l'instance périmée.

» C'était donc Rougier et non Michaud qui avait fait ses diligences, et ces diligences ayant pour objet de faire déclarer la péremption acquise, il est évident qu'elles ne pouvaient pas la couvrir.

» Par ces considérations, nous estimons qu'il y a lieu de rejeter la requête en cassation, et de condamner les demandeurs à l'amende ».

Ces conclusions ont été adoptées par arrêt du 12 brumaire an 11, au rapport de M. Muraire,

« Attendu que l'usage est l'interprète le plus sûr des anciennes ordonnances, et que surtout la péremption des instances a essentiellement son principe dans l'usage;

» Attendu que, suivant la jurisprudence constante du parlement de Paris, dans le ressort duquel s'était élevé le procès actuel, la péremption est couverte par tout acte de procédure utile, tant qu'elle n'a pas été requise par celui qui aurait pu s'en prévaloir, et déclarée par jugement;

» Attendu que l'ordonnance de Roussillon, art. 15, qui ne parle de la péremption que dans son rapport avec le cours de la prescription, ne dit rien de contraire à ce qui est établi par la jurisprudence du parlement de Paris; et qu'en jugeant conformément à cette jurisprudence, le tribunal d'appel de Bourges n'a commis aucune contravention à la loi ».

§. IV. *Lorsqu'une action a été intentée devant une juridiction qui a été supprimée avant qu'il y eût été fait droit, et que, sur la demande en péremption formée contre le demandeur originaire devant le tribunal subrogé par la loi à cette juridiction, il intervient un jugement qui, sans s'arrêter à cette demande, ordonne que les parties instruiront au fond, la discontinuation de poursuites pendant les trois années qui suivent ce jugement, périme-t-elle l'instance? ou peut-on dire qu'il n'y a point encore d'instance engagée, et par conséquent point lieu à la péremption?*

V. le plaidoyer et l'arrêt du 10 janvier 1810, rapportés au mot *Commune*, §. 5, n. 3.

§. V. *Avant le Code de procédure civile, les actions annales étaient-elles périmées et éteintes de plein droit par une discontinuation de procédures pendant un an?*

L'affirmative n'est pas douteuse, pour le cas où il n'y avait pas eu contestation en cause; et c'est ce que j'ai établi dans un plaidoyer du 22 messidor an 11, c'est même ce qu'a jugé l'arrêt de la cour de cassation du même jour, qui sont rapportés à l'article *Bureau de paix*, §. 6.

Mais lorsqu'il y avait eu contestation en cause, la péremption des actions annales rentrait dans le droit commun, et par conséquent ne pouvait être demandée, ni avant qu'il y eût interruption de procédures pendant trois ans, ni après que la partie qui l'avait encourue, avait repris l'instance.

C'est ce qu'a décidé, en cassant un arrêt de la cour de Lyon du 8 mai 1813, un arrêt de la cour de cassation du 22 janvier 1816, dont on peut voir l'espèce et le dispositif dans le *Journal des audiences* de cette cour 1816, page 140.

§. VI. 1.° *La péremption est-elle divisible, lorsqu'il y a plusieurs consorts dans une instance? En d'autres termes, les poursuites faites par l'un des consorts, forment-elles obstacle à ce que la péremption soit prononcée contre les autres qui n'en ont point fait?*

2.° *Les lois sur la péremption sont-elles applicables aux instances qui, ayant été commencées avant la publication de ces lois, dans des tribunaux où la péremption n'était pas admise, ont été depuis interrompues pendant trois ans?*

I. La première de ces questions s'était présentée sous l'ancienne jurisprudence, au parlement de Toulouse; et un arrêt du 6 mars 1755, rapporté par Rhodier, dans ses *Questions sur l'ordonnance* de 1667, page 200, avait jugé qu'il n'y avait pas lieu, en ce cas, à la péremption.

Menelet, dans son *Traité des Péremptions*, et son annotateur, pages 158 et 164, citent des arrêts semblables du parlement de Dijon, des 14 juillet 1733, 3 février 1755, et 11 février 1784, tous rendus, comme celui du parlement de Toulouse, dans des espèces où l'objet de l'action était divisible de sa nature.

C'est ce qu'a également jugé un arrêt de la cour d'appel de Bruxelles, du 5 ventôse an 12. Il s'agissait de savoir si le décès de l'une des parties qui, à cette époque, formait un obstacle indéfini à la péremption, devait profiter, pour cet effet, à ses consorts; et l'affirmative a été adoptée, « attendu qu'il n'a existé qu'une seule » et même instance commune à toutes les par» ties, qu'il ne s'agit point des droits individuels » résultant de leurs titres particuliers, mais de » l'instance même, et que cette instance étant in» terrompue, l'est pour toutes les parties entre » lesquelles elle avait été liée ».

Cet arrêt a été frappé d'un recours en cassation, qui d'abord a été admis par la section des requêtes; mais l'affaire discutée contradictoirement à la section civile, arrêt y est intervenu, le 27 germinal an 13, au rapport de M. Zangiacomi, par lequel, « attendu que Martine Mûs, » veuve Moris, l'une des parties en l'instance, » était décédée le 1.er nivôse an 7, avant l'expi» ration des trois années exigées par l'ordonnance » de Roussillon, pour que la péremption fût » acquise, et que, par ce décès, l'instance étant » demeurée suspendue, n'a plus été sujette à la » péremption avant d'être reprise.... ; la cour » rejette le pourvoi.... ».

La question s'est représentée depuis la publication du Code de procédure civile, et a encore été résolue dans le même sens.

Le 3 août 1781, le sieur Mahy forme, devant le conseil provincial de Namur, une demande en délaissement d'hérédité contre les légataires universels de Pierre-Nicolas Vandemberg. Ceux-ci se défendent en commun.

Le 18 août 1786, sentence qui, accueillant cette demande, déclare nuls les testamens de Pierre-Nicolas Vandemberg.

Appel au grand conseil de Malines, où, par arrêt du 23 janvier 1793, les parties sont respectivement appointées à faire preuve de certains faits.

En exécution de cet arrêt, les parties font procéder à leurs enquêtes. Mais les événemens de la guerre, et la réunion de la Belgique à la France, suspendent le cours du procès.

Au mois de janvier 1811, plus de quatre ans après la mise en activité du Code de procédure civile, les héritiers du sieur Mahy font assigner ceux de leurs adversaires devant la cour d'appel de Liége, pour voir prononcer la péremption de l'instance. Mais ils en oublient un, et n'en font assigner un autre que par un exploit nul. Ceux-ci se réunissent et forment, de concert, une demande en reprise d'instance.

Le 11 juillet suivant, arrêt de la cour d'appel de Liége qui déclare qu'il n'y a pas lieu à la péremption, même contre les parties contre lesquelles la demande en a été formée régulièrement,

« Attendu que, dans l'espèce, Léopold-Gervais

de Renette n'avait pas été assigné sur la demande en péremption, en sa qualité d'héritier légal des biens de son épouse prédécédée, et qu'il n'y avait pas eu non plus d'assignation valablement donnée à l'épouse de Gaillard de Fassignies; qu'ils avaient formé une demande en reprise d'instance, et que cet acte de procédure avait eu l'effet de couvrir la péremption, tant pour eux que pour leurs co-intéressés;

» Attendu qu'il faut considérer l'instance comme une chose indivisible, alors même que l'action ou l'objet du procès serait, de sa nature, divisible; que l'instance et l'action sont deux choses différentes; que, d'après l'ancienne jurisprudence, lorsqu'il y avait un changement d'état quelconque parmi l'un des demandeurs ou des défendeurs, le cours de la péremption était interrompu pour tous;

» Attendu qu'une instance et une procédure sont la même chose; et qu'il résulte des art. 344, 397 et autres du Code de procédure, que le législateur a considéré la procédure ou l'instance comme une chose indivisible; et que c'est pour cette raison que les changemens d'état, la prorogation et les actes formant interruption, profitent à une partie comme à tous les autres co-intéressés; enfin, qu'en admettant la divisibilité de l'instance, il s'ensuivrait que la péremption pourrait être acquise contre l'une des parties et non contre l'autre; d'où la conséquence que la partie contre laquelle la péremption serait acquise, pourrait intenter une nouvelle action, ou interjetter un nouvel appel, si elle se trouvait encore dans le délai utile; ce qui serait en opposition directe avec l'intention du législateur, qui, en établissant la péremption, a eu pour but d'anéantir les procédures, et non de les multiplier inutilement, et au grand préjudice des plaideurs ».

Recours en cassation contre cet arrêt, comme violant l'art. 397 du Code de procédure civile.

La section des requêtes admet encore ce recours; mais par arrêt contradictoire de la section civile, du 8 juin 1813, au rapport de M. Gandon,

« Attendu que la péremption n'a été établie que pour éteindre les instances auxquelles elle peut être appliquée, et qu'elle ne peut avoir lieu que dans le cas où l'instance peut être déclarée éteinte en entier;

» Attendu que, dans l'espèce, il était impossible de déclarer l'instance éteinte, puisqu'elle était conservée au profit de Julie Marbaix de Graty, femme de Fassignies; et qu'ainsi, l'arrêt n'a point contrevenu à l'art. 397 du Code de procédure;

» La cour rejette le pourvoi.... ».

La cour d'appel de Bruxelles avait rendu, le 23 août 1810, un arrêt semblable qui n'avait été suivi d'aucun recours en cassation. Mais on verra au n.° suivant qu'elle s'est depuis écartée momentanément de cette jurisprudence.

II. La même question s'est représentée, avec la seconde, dans une espèce fort compliquée.

Pierre Desmet, curé de Moen, avait laissé divers immeubles et rentes que se disputèrent les nommés Jacques-Paul Desmet, et Charles Vanhullenberghe, chacun d'eux prétendant y succéder à l'exclusion de l'autre.

En 1732, transaction par laquelle le tuteur de la fille de Vanhullenberghe consent à la maintenue de Jacques-Paul Desmet, dans la possession de ces biens.

Cette fille épouse François Verspieren, et meurt laissant plusieurs enfans en bas âge.

François Verspieren, en qualité de tuteur de ses enfans, se pourvoit, en 1771, contre la transaction de 1732, demande qu'elle soit rescindée, et conclut à ce que Jean-Baptiste Desmet et consorts, détenteurs actuels des biens abandonnés par cet acte à Jacques-Paul Desmet, leur auteur, soient condamnés à les lui restituer *avec fruits et intérêts.*

Après de longues procédures, sentence du conseil provincial de Gand, du 10 mars 1790, qui adjuge aux enfans Verspieren les conclusions prises en leur nom par leur père.

Jean-Baptiste Desmet et consorts appellent de cette sentence au grand conseil de Malines. Les enfans Verspieren répondent à leurs griefs par un écrit du 24 août 1793.

Depuis, plus de 17 ans s'écoulent sans qu'il soit fait, de part ni d'autre, aucun acte de procédure.

Dans l'intervalle, l'un des consorts Desmet meurt le 26 octobre 1802.

Le 28 août 1811, Anne-Martine Dubois, épouse d'un autre de ces consorts, nommé Jacques Desmet, meurt aussi, laissant six enfans.

Le 15 et le 16 novembre suivant, les Verspieren font assigner les Desmet, au nombre de treize, devant la cour d'appel de Bruxelles, pour voir déclarer la péremption acquise; et ils comprennent dans ce nombre, non-seulement Jacques Desmet, mais encore ses six enfans, *en qualité d'héritiers d'Anne-Martine Dubois, leur mère.*

Le 14 décembre de la même année, les Desmet font, à leur tour, assigner les Verspieren en reprise d'instance.

Les Verspieren regrettant alors d'avoir dirigé leur demande en péremption contre les six enfans de Jacques Desmet et d'Anne-Martine Dubois, leur font signifier un exploit de désistement de leur assignation, attendu (disent-ils) qu'Anne-Martine Dubois, leur mère, n'a jamais été ni dû être partie dans l'instance, les biens dont il s'agit ayant été possédés par son mari comme propres de communauté.

» Mais ces enfans déclarent ne point accepter ce désistement, et soutiennent que, si leur mère n'a point été nommément partie au procès, elle l'a du moins été dans la personne de son mari, en ce que la restitution des fruits à laquelle il avait été condamné par la sentence de Gand, formait une dette de communauté; qu'ainsi, ils ont dû être compris dans l'assignation donnée à leur père et à ses consorts, comme ils ont eu droit de se joindre à leur père et à ses consorts, pour reprendre l'instance; et qu'à leur égard, la demande en péremption est évidemment prématurée, puisque leur mère n'étant morte que le 28 août 1811, il ne s'était pas encore écoulé six mois depuis son décès, lorsque cette demande avait été formée.

D'un autre côté, trois des consorts de leur père, savoir : Justin Desmet, Ferdinandine Desmet et Thérèse-Dorothée Desmet représentent les copies qui leur ont été signifiées de l'exploit d'assignation en péremption, et prouvent que cet exploit est nul en ce qui les concerne, parce qu'il ne contient pas la mention du véritable domicile de l'un des demandeurs; d'où ils concluent que l'assignation en péremption a été précédée, et, par conséquent, couverte par leur demande en reprise d'instance du 14 décembre 1811.

Ainsi, des treize consorts Desmet, il s'en trouvait neuf qui paraissaient indubitablement fondés à repousser la demande en péremption.

Quant aux quatre autres, ils opposaient à cette demande, 1.° que la péremption était inconnue dans la Belgique avant la publication qui n'y avait été faite qu'en 1797, de l'ordonnance de Roussillon; et que, par conséquent elle ne pouvait atteindre, sans effet rétroactif, une procédure qui avait été commencée longtemps avant cette époque; 2.° qu'en tout cas, la péremption n'était pas divisible, et que n'étant pas acquise contre leurs consorts, elle ne pouvait pas l'être contre eux-mêmes.

Le 25 mai 1813, arrêt ainsi conçu :

« Attendu que le dernier acte de procédure dans l'instance d'appel, dont la péremption est demandée, est du 24 août 1793;

» Attendu néanmoins que, dans les exploits d'ajournement sur ladite demande, signifiés le 16 novembre 1811, à Justin Desmet, Ferdinandine Desmet et Thérèse-Dorothée Desmet, il est énoncé que Jeanne-Lucie Verspieren, l'une des parties demanderesses, est domiciliée à Audenarde, tandis qu'il est constant et reconnu qu'elle est domiciliée à Leupeghem; d'où il suit que ces exploits, ne contenant pas le véritable domicile de Jeanne-Lucie Verspieren, sont nuls, aux termes de l'art. 61 du Code de procédure; et que, par une conséquence ultérieure, la demande en reprise d'instance, formée par ces trois individus, le 14 décembre suivant, est valable vis-à-vis de ladite Jeanne-Lucie Verspieren;

» Attendu que, bien que le même vice se rencontre dans l'exploit d'ajournement signifié à Hubert-Eugène Desmet, celui-ci ne s'en est pas plaint;

» Attendu qu'il ne suffit pas que l'instance doive être reprise entre Jeanne-Lucie Verspieren et Justin, Ferdinandine et Thérèse-Dorothée Desmet, pour qu'elle doive l'être également entre toutes les autres parties en cause;

» Qu'en effet, cela ne pourrait avoir lieu que dans le cas où l'instance dont on poursuit, d'un côté, la péremption, et d'un autre côté, la reprise, serait indivisible;

» Attendu que cette instance ne pourrait être indivisible qu'autant que l'action originaire aurait eu pour cause un objet indivisible;

» Attendu que, dans l'espèce, il s'agissait d'une demande en revendication de biens et restitution de fruits, formée par plusieurs; que chacun des demandeurs ne pouvait prétendre de droit, que pour la part seulement qui pouvait lui appartenir; que chacun des défendeurs ne pouvait être tenu qu'à raison du bien déterminé ou de la part indivise qu'il possédait; que l'objet du procès était donc divisible;

» Que conséquemment rien n'empêche que, dans l'espèce, l'instance puisse être reprise entre quelques-unes des parties, sans qu'il en résulte qu'elle doive l'être entre toutes les autres;

» En ce qui concerne l'exception que les défendeurs à la demande en péremption, veulent tirer du décès de Jean-Baptiste Desmet, curé de Heert-Velde, arrivé le 26 octobre 1802, et relaté dans leurs conclusions signifiées le 29 janvier dernier;

» Attendu que ce décès, arrivé postérieurement aux trois années d'interruption de procédure, n'a pu empêcher la péremption, qui demeure acquise en ce sens qu'elle ne pouvait plus être rouverte que par une demande en reprise, ou par un acte régulier de procédure fait avant la demande en péremption;

» En ce qui concerne les assignations données à Joseph Desmet, Louis Desmet, Eugène Desmet, Sophie Desmet, Natalie Desmet et Jean Devin, en sa qualité d'époux de Dorothée Desmet, tous six enfans de Jacques Desmet et d'Anne-Martine Dubois;

» Attendu que les demandeurs en péremption ont reconnu que c'était par erreur que, sur cette demande, ils avaient fait assigner les six enfans ci-dessus dénommés, et qu'en conséquence, ils ont déclaré qu'ils se désistaient de leur demande vis-à-vis d'eux, en offrant d'en supporter les dépens;

» Attendu que, ni lesdits assignés, ni les

autres défendeurs n'ont aucun droit de s'opposer à ce désistement;

» Qu'en effet, Jacques Desmet, père desdits cités, était nominativement en cause depuis 1771, date de la demande originaire;

» Qu'il est personnellement assigné sur la demande en péremption;

» Qu'ayant continuellement plaidé sans le concours de son épouse, celle-ci, si elle vivait encore, n'aurait pas dû être assignée sur ladite demande; qu'il n'était donc pas nécessaire que les enfans le fussent; qu'enfin, de même que ces enfans auraient pu conclure à la *non-recevabilité* de la demande en péremption intentée contre eux, en objectant qu'on ne pouvait pas, du vivant de leur père, demander contre eux la péremption d'une instance dans laquelle ni leur mère ni eux n'avaient jamais figuré, de même les demandeurs peuvent se désister d'une demande superflue, en se chargeant des frais qu'elle a occasionnés; qu'ainsi, les six enfans de Jacques Desmet et d'Anne-Martine Dubois ne doivent pas rester en cause sur la demande en péremption;

» En ce qui concerne leur propre demande en reprise d'instance,

» Attendu que les biens dont on demandait originairement à leur père, Jacques Desmet, la revendication, et par suite la restitution des fruits, provenaient de son chef;

» Que, si, depuis cette demande, il s'est marié, et si les fruits desdits biens sont tombés dans la société conjugale, ces circonstances sont aussi étrangères aux demandeurs originaires, que si ledit Jacques Desmet avait fait entrer ces fruits dans une autre société quelconque;

» Qu'en ce dernier cas, ni son associé, ni les héritiers de cet associé, ne seraient recevables à reprendre une instance dans laquelle ils n'avaient pas été parties;

» Que de même, ni Anne-Martine Dubois, épouse de Jacques Desmet, ni ses enfans, ne peuvent être recevables à reprendre une instance qui ne concernait que Jacques Desmet, lequel existe et a demandé lui-même la reprise de ladite instance;

» Attendu que les assignations données aux six enfans de Jacques Desmet, étant retirées, il n'échoit plus d'examiner si elles ont pu ou non être données dans le cours des six mois qui ont immédiatement suivi le décès d'Anne-Martine Dubois, leur mère, ni si cette circonstance aurait rendu valable leur demande en reprise d'instance, qui, par elle-même, n'est pas recevable, ni enfin si l'instance, dans le cas où elle devrait être reprise avec eux, devrait aussi l'être avec les autres demandeurs en reprise, sous prétexte de son indivisibilité, question qui d'ailleurs a été résolue plus haut;

» En ce qui concerne la demande en reprise d'instance des autres demandeurs en reprise, à l'exception de Justin, Ferdinandine et Thérèse-Dorothée Desmet,

» Attendu qu'ils n'ont formé cette demande, que près d'un mois après avoir été assignés en péremption de ladite instance; qu'ainsi, ils n'y sont plus recevables;

» Et quant auxdits Justin, Ferdinandine et Thérèse-Dorothée Desmet,

» Attendu que la nullité qui vicie les exploits d'ajournement qui leur ont été signifiés, n'étant relative qu'à Jeanne-Lucie Verspieren, et ne touchant en rien les autres demandeurs à la requête desquels ces mêmes exploits leur ont été donnés, il en résulte que leur demande en reprise d'instance ne peut avoir d'effet que contre ladite Jeanne-Lucie Verspieren; et qu'ainsi, les autres demandeurs ont droit à la péremption contre eux, aussi bien que contre les cinq autres défendeurs en péremption, savoir, Hubert-Eugène Desmet, Philippine Desmet, veuve Castrique, Jacques Desmet, Pierre Desmet et Chrétien-Joseph Desmet;

» Attendu finalement que les exploits signifiés aux quatre derniers défendeurs en péremption, portent que Jeanne Lucie Verspieren est domiciliée à Leupeghem; qu'étant, dès-lors, à l'abri de tout reproche, ils lui conservent son droit à la péremption contre lesdits quatre derniers défendeurs; et qu'il en doit être de même de l'exploit signifié à Hubert-Eugène Desmet, qui ne s'est pas plaint d'une nullité qui n'était que relative;

» Par ces motifs, la cour, ouï l'avocat-général Destoop, et de son avis, statuant sur la demande en péremption d'instance formée par requête et exploits des 15 et 16 novembre 1811, donne acte aux demandeurs de la déclaration qu'ils ont faite à l'audience et par leurs conclusions jointes aux pièces, de se désister de ladite demande contre Joseph, Louis, Eugène, Sophie, Nathalie Desmet et Jean Devin, en qualité d'époux de Dorothée Desmet, tous enfans de Jacques Desmet et d'Anne-Martine Dubois; décrète ledit désistement, et condamne les demandeurs, envers lesdits six enfans de Jacques Desmet, aux dépens occasionnés par ladite demande;

» Déclare nuls les exploits d'ajournement signifiés, le 16 novembre 1811, à Justin, Ferdinandine et Thérèse-Dorothée Desmet, et ce respectivement seulement à Jeanne-Lucie Verspieren; condamne cette dernière aux dépens de cette demande, en ce qui peut la concerner envers lesdits Justin, Ferdinandine et Thérèse-Dorothée Desmet;

» Déclare périmée, au profit de ladite Jeanne-Lucie Verspieren, mais seulement contre Hubert, Eugène, Philippine Desmet, veuve Castrique, Jacques, Pierre-Joseph Desmet et Chrétien-Joseph Desmet, l'instance d'appel ayant existé au grand conseil de Malines, en vertu des lettres de relief d'appel du 11 octobre 1791 ; déclare que la sentence rendue par le conseil en Flandre le 10 mars 1790, est en faveur de ladite Jeanne-Lucie Verspieren, passée en force de chose jugée, et sera exécutée selon sa forme et teneur vis-à-vis des cinq défendeurs derniers nommés ;

» Déclare ladite instance périmée au profit de tous les autres demandeurs, tant contre Justin, Ferdinandine et Thérèse-Dorothée Desmet, que contre Hubert-Eugène, Philippide, Jacques, Pierre-Joseph et Chrétien-Joseph Desmet ; déclare qu'à leur égard, ladite sentence du 10 mars 1790 est passée en force de chose jugée, et sera exécutée selon sa forme et teneur vis-à-vis des huit défendeurs ci-dessus rappelés ;

» Statuant sur la demande en reprise d'instance formée par exploit d'ajournement sus-résumé du 14 décembre 1811, à la requête tant des huit défendeurs ci-devant mentionnés, qu'à celle des six enfans de Jacques Desmet, les déclare non-recevables dans ladite demande, à l'exception de Justin, Ferdinandine et Thérèse-Dorothée Desmet, lesquels y sont déclarés recevables vis-à-vis seulement de Jeanne-Lucie Verspieren ; ordonne en conséquence que ladite instance sera reprise entre ladite Jeanne-Lucie Verspieren seulement, et lesdits Justin, Ferdinandine et Thérèse-Dorothée Desmet, suivant les derniers erremens .... ».

On voit que cet arrêt jugeait,

Què la péremption était acquise à huit de ceux qui en avaient formé la demande ;

Mais qu'elle ne l'était pas à Jeanne-Lucie Verspieren, à l'égard de laquelle l'instance avait été valablement reprise par Justin, Ferdinandine et Thérèse-Dorothée Desmet ;

Que cependant les consorts de ceux-ci ne pouvaient en tirer aucun avantage ;

Que les six enfans de Jacques Desmet et d'Anne-Martine Dubois, d'après le désistement qui leur avait été signifié de la demande en péremption, ne devaient pas rester en cause sur cette demande ;

Et qu'ils étaient non-recevables à reprendre l'instance.

Tous les Desmet se sont pourvus en cassation contre cet arrêt ; et la Belgique ayant été détachée de la France avant que la cour de cassation eût statué sur leur demande, elle a été reportée, conformément à un arrêté du gouvernement des Pays-Bas de 1814, devant deux chambres réunies de la cour supérieure de justice de Bruxelles.

Les moyens sur lesquels elle était fondée, se réduisaient à ces quatre propositions :

1.° L'instance a été introduite par la voie d'appel, devant le grand conseil de Malines où la péremption était inconnue ; on ne pouvait donc pas appliquer la péremption à cette instance, sans violer l'art. 2281 du Code civil, d'après lequel les prescriptions commencées doivent continuer leur cours suivant les anciennes lois ;

2.° Il n'existait, à l'époque de la publication du Code de procédure civile, aucune instance liée entre les parties. On a donc fait rétroagir ce Code, en l'appliquant à l'espèce.

3.° Les six enfans d'Anne-Martine Dubois avaient valablement repris l'instance, comme héritiers de leur mère. La disposition de l'arrêt qui juge le contraire, est donc en contravention ouverte aux dispositions du tit. 17 du liv. 2 du Code de procédure civile.

4.° La péremption n'est jamais susceptible de division : ou l'instance est périmée dans l'intérêt de toutes les parties, ou elle ne l'est pas du tout. La juger périmée à l'égard de quelques consorts, et valablement reprise par d'autres, c'est violer manifestement les art. 397 et 399 du même Code.

M. le procureur général Daniels a discuté ces quatre moyens avec la sagacité et la profondeur qu'il avait précédemment déployées dans un aussi grand nombre d'affaires majeures à l'audience de la cour de cassation de France ; et il a commencé par poser les questions qu'ils présentaient à juger.

« La première (a-t-il dit), est de savoir si l'arrêt attaqué a donné un effet rétroactif aux lois sur la péremption, en les appliquant à l'instance dont il s'agit ; la seconde, si, en jugeant la péremption divisible, cet arrêt a violé les lois qui la concernent ; la troisième, si, en mettant hors de cause sur la demande en péremption, les six enfans d'Anne-Martine Dubois, ce même arrêt a violé quelqu'autre loi.

» Voyons d'abord (a-t-il continué) si les lois sur la péremption étaient applicables à l'espèce.

» Pour établir la négative, les demandeurs en cassation invoquent deux principes qui sont constans l'un et l'autre : le premier, que la loi n'a point d'effet rétroactif ; le second, que les prescriptions commencées à l'époque de la publication de la loi nouvelle, doivent se régler encore aujourd'hui conformément aux lois anciennes. De là, ils concluent à la non application du Code de procédure civile aux procès qui, en 1793 et 1794, étaient pendans devant le grand-conseil de Malines, et dans lesquels il n'y a pas eu de reprise d'instance depuis cette époque.

» Mais d'abord, on ne fait rétroagir la loi, que lorsqu'en l'appliquant à un événement antérieur, on ôte à l'une des parties un droit qui lui était irrévocablement acquis. Mais ici, la péremption n'était point acquise, avant que l'ordonnance de Roussillon et le Code de procédure eussent été publiés. L'arrêt dénoncé décide seulement que, du jour où ces dispositions législatives sont devenues obligatoires dans les

Pays-Bas, le temps requis pour la péremption a commencé son cours; et ce n'était pas là porter atteinte à un droit irrévocablement acquis.

» Le principe de non-rétroactivité est inséparable d'un autre, portant que tout droit résultant uniquement et immédiatement de la loi, peut être anéanti par une loi postérieure, pour l'avenir seulement; ce qui n'emporte nullement une dérogation à l'art. 2 du Code civil; car, de même que le passé n'est pas sous l'empire d'une loi nouvelle, de même une loi abolie ne peut plus régir les actions ou omissions qui sont postérieures à son abolition. Nous en avons des exemples dans la législation actuelle, sur l'état des personnes, sur les inscriptions hypothécaires, et sur d'autres cas qui ne souffrent point de contestation.

» Si nous sommes redevables à la volonté du législateur de telle ou telle faculté, une volonté contraire peut sans doute nous en priver pour le futur; ce n'est point là certainement porter infraction à l'irrévocabilité du droit acquis. Autant vaudrait-il prétendre que la loi régit encore nos actions après qu'elle est abrogée; qu'elle doit être perpétuelle pour ceux qui existaient lors de sa publication!

» Ce n'est ni d'une convention ni de l'autorité de la chose jugée que dérive le droit qu'avaient les Desmet et consorts, en 1793 et 1794, de poursuivre ou de ne pas poursuivre l'instance qui était alors pendante au grand conseil de Malines. Ce droit n'était nullement cont. actuel; c'était une faculté ayant sa source et son appui unique dans la volonté du législateur; une volonté contraire la fait rentrer dans le néant. Si, avant la publication de l'ordonnance de Roussillon, le laps de temps n'opérait point la péremption, eh bien! ce temps là qui s'est écoulé antérieurement, n'entrera point dans la computation de l'espace déterminé d'après la loi nouvelle, pour acquérir la péremption; en effet, comment les demandeurs pourraient-ils dire, avec quelqu'apparence de plausibilité : «Nous » avons fait le relief de notre appel en 1763; » alors, la péremption d'instance était inconnue; » aucun laps de temps ne suffira donc plus à » l'avenir pour la faire valoir contre nous, » quelle que soit l'intention du législateur sur les » poursuites des procédures»?

Mais, dit-on, les affaires qui sont pendantes lors de la publication d'une loi nouvelle, ne doivent-elles pas être assimilées aux affaires passées? Les unes et les autres ne doivent-elles pas être placées sur la même ligne? et la loi 7, C. *de legibus*, ne porte-t-elle point : *Leges et consuetudines futuris certum est dare formam negotiis, non ad facta præterita revocari; nisi nominatim et de præterito tempore et adhùc pendentibus negotiis cautum sit?*

» Ce serait évidemment abuser du principe de la non-rétroactivité, si l'on fermait les yeux sur la grande différence qui existe entre les lois qui régissent le *fond* d'une affaire, et celles qui ne s'occupent que de statuer sur les *formes* à observer dans les procédures.

» Certes, la loi nouvelle ne peut exercer aucune influence sur le droit des parties, qui fait la base de leur action ou exception; mais rien ne les empêche de s'y conformer, en ce qui concerne la forme des procédures; et lorsqu'elle établit la péremption contre les demandeurs ou contre les appelans qui discontinueront les poursuites pendant trois ans ou trois ans et demi, pour les parties qui sont déjà en instance, seraient-elles plus dispensées de se conformer à la loi nouvelle, que ceux qui formeront à l'avenir une demande ou qui interjetteront appel d'un jugement? N'est-ce pas régler leur conduite future, que de leur prescrire de ne plus interrompre la poursuite de leur affaire pendant un terme indiqué?

» C'est en vain que les demandeurs en cassation invoquent l'art. 2281 du Code civil, portant que les prescriptions commencées à l'époque de la publication du titre 20 du livre 3 seront réglées conformément aux lois anciennes; car il ne s'agit point, dans l'espèce, de la prescription, moins encore d'une prescription déjà commencée avant la publication du titre précité. Il est notoire qu'au grand-conseil de Malines la prescription de la litispendance n'était pas même admise.

» On a encore invoqué la maxime de droit qu'un acte est régi par les lois qui étaient en vigueur au moment où il a été passé. Mais il ne s'agit pas non plus ici de la forme d'un acte; tout se réduit à l'obligation de ne pas discontinuer une instance au-delà de trois ans ou de trois ans et demi; et pour juger si la discontinuation a pu opérer la péremption, ce ne sont que les lois sous l'empire desquelles l'instance a été discontinuée, qu'il faut consulter : la cour de Bruxelles et celle de cassation à Paris ont consacré cette jurisprudence.

» On a dit encore pour les demandeurs qu'au moins, d'après l'ordonnance de Roussillon, le cours de la péremption est interrompu par le décès de quelqu'une des parties; et que, dans l'espèce, l'un des appelans est décédé le 26 octobre 1802, un autre le 18 août 1811. Cette observation doit céder à la force des principes qui viennent d'être développés; elle eût été aussi décisive avant la publication du Code de procédure, qu'elle est devenue insignifiante depuis, lorsqu'il s'est écoulé trois ans et demi pendant lesquels une instance a été discontinuée après cette publication.

» Cette première question, qui correspond aux premier et deuxième moyens sur lesquels les demandeurs étayent leur pourvoi, ne semble donc guère propre à leur en garantir un heureux succès, s'ils ne sont pas mieux fondés par d'autres considérations; c'est ce qui nous conduit à l'examen de la deuxième question.

» L'instance valablement reprise par quelques-uns des appelans, doit-elle, par cela seul, échapper à la péremption à l'égard de tous les autres qui personnellement ne se sont pas mis en règle...??

» Personne n'ignore la différence qui existe entre l'*action* et l'*instance*. Le droit que nous avons de poursuivre devant les tribunaux ce qui nous est dû, c'est l'*action*. L'exercice actuel de ce droit, c'est ce qui constitue l'*instance*.

» En thèse générale, les actions sont divisibles; elles sont même divisées de plein droit entre co-héritiers. Lorsque nous avons une action contre plusieurs, résultant d'un seul et même fait, nous pouvons ordinairement l'intenter contre tous au même tribunal. Mais, nous pouvons aussi l'intenter séparément et à différentes époques, ou à la fois, devant différens tribunaux contre chacun de nos débiteurs : c'est ce que nous enseigne la loi 1, C. *de consortibus ejusdem litis*. Les demandeurs en cassation, pour établir le contraire, invoquent les lois 1 et 2, D. *de quibus rebus ad eumdem judicem eatur*; mais la science de la législation romaine ne laisse aucun doute que les mots *judex, judicem postulare, ad judicem mittere, judicem sumere*, ne signifient point le magistrat, le préteur ou autre fonctionnaire revêtu de la *juridiction*. Ces expressions indiquent simplement le juge commis pour vérifier les faits; on le nommait *judex pedaneus*.

» Lorsque plusieurs exercent à la fois leur action contre plusieurs devant le même tribunal, il n'y a là réellement qu'une seule et unique instance; autrement, il faudrait dire qu'il existe autant d'instances qu'il y a possibilité d'imaginer de poursuites de la part de chacun des défendeurs; mais cette observation ne résoud pas encore la difficulté, qui revient toujours à ceci : la péremption est-elle divisible ?

» L'instance est souvent divisée : elle est donc divisible, quoique ce ne soit ni à volonté ni dans tous les cas. Il faut convenir qu'une seule et même instance ne finit pas toujours de la même manière à l'égard de toutes les parties. L'une d'elles fait appel d'un jugement interlocutoire, tandis que l'autre y donne son adhésion. L'acte d'appel notifié à plusieurs, peut être valable à l'égard des uns, et nul à l'égard des autres. L'un des consorts transige avec quelques uns ou avec tous ses adversaires, tandis que l'instance se poursuit contre ceux qui n'entendent point entrer en arrangement. Ainsi, voilà des cas où l'instance est divisée, elle est donc divisible. Mais peut-on en tirer la conséquence que la péremption d'instance est également divisible? Si l'on prétend qu'au moins il y a là un argument à former par analogie de la divisibilité de l'instance à celle de la péremption, on répondra qu'en parlant d'exemples, les art. 151, 153 et 175 du Code de procédure s'opposent à ce qu'une instance soit divisée par une demande en péremption valable pour les uns et nulle pour les autres : Ainsi, les dispositions de ces trois articles, ayant voulu conserver l'unité de l'instance, ne sont ni plus analogues ni plus étrangères à la péremption que les exemples que l'on vient de rappeler.

» L'argumentation par analogie n'est admissible que quand les exemples cités pour base de notre décision, entrent dans la même catégorie, qu'ils présentent des questions semblables, et que les décisions de la loi ne cessent pas d'être uniformes : C'est donc méconnaître ces deux règles, soit que, d'après les premiers exemples, on se prononce pour la divisibilité de la demande en péremption, soit qu'on entreprenne de prouver le contraire par les articles 151, 153 et 175. L'exemple de la prescription ne peut pas même donner assez d'appaisement; elle peut être acquise à l'égard des uns, sans qu'elle le soit à l'égard des autres; la loi n'en excepte que les obligations solidaires (art. 1206 du Code civil). Mais la prescription n'a pas le même objet que la péremption : l'une est un moyen d'acquérir ou de se libérer; par l'autre, on parvient seulement à éteindre une instance, ce qui n'entraîne pas toujours la prescription.

» Mais voyons *quels sont le texte et l'esprit de la loi en cette matière de péremption*.

» En se bornant uniquement à examiner les lois sur la péremption, elles nous fourniront sans doute le moyen de résoudre la difficulté d'une manière satisfaisante : mais, pour cela, il faut ne pas négliger de mettre de côté toutes les dispositions dans lesquelles il ne s'agit ni de la péremption ni de la reprise d'une instance. C'est par cette méthode que l'on pourra en conclure avec plus de certitude, que le texte et l'esprit de la loi s'opposent aux péremptions partielles, et que, surtout, dans les circonstances particulières de la cause, la péremption est inadmissible.

» En effet, l'art. 397 du Code de procédure civile déclare que l'instance sera éteinte par discontinuation de poursuites pendant trois ans. Le mot *discontinuation* ne s'applique proprement qu'au cas où aucune poursuite n'a été faite, où il y a absence totale et universelle de tout acte de procédure; et par conséquent un seul acte valable, qui a pour objet la reprise de l'instance, suffit pour couvrir la péremption dans l'intérêt de toutes les parties et de tous leurs consorts; l'instance étant une fois liée, aucune des parties ne peut en sortir qu'en payant les frais, et si c'est le défendeur, en acquittant ce qui avait été demandé à sa charge.

» Et si l'on médite avec attention la deuxième partie de l'art. 397, elle semble fournir un second argument à l'appui de cette doctrine. Il arrive que, parmi les demandeurs ou les appelans, il s'en trouve un ou deux contre lesquels la péremption ne peut être acquise qu'après trois ans et demi, tandis qu'à l'égard des autres, s'ils étaient seuls, une interruption totale pendant trois ans serait suffisante. Si on admettait en principe qu'un seul procès se compose d'autant d'instances qu'il y a de parties en litige, il faudrait dire que, dans ce cas, la péremption peut être demandée contre les uns après trois ans, et contre les autres après trois ans et demi seulement : cette conséquence serait infaillible ; on aurait plusieurs instances, dont chacune serait régie par le principe qui lui est propre, et envisagée comme un procès tout-à-fait distinct. Cependant la cour de Bruxelles a déjà décidé le contraire dans les termes les plus positifs. Son arrêt, comme on vient de le voir, a été maintenu par la cour de cassation de Paris, et le texte même de l'art. 397 ne laisse subsister aucun doute sur la question. Il porte, sans distinction aucune : *le délai sera augmenté de six mois, dans tous les cas où il y aura lieu à demande en reprise d'instance ou constitution de nouvel avoué*; et cette demande a lieu lors même que, parmi les demandeurs ou appelans, un seul est décédé. Il paraît donc certain que la loi rejette toute péremption partielle.

» D'après l'art. 401, la péremption emporte l'extinction de la procédure, et le mot *extinction* exprime un anéantissement total. Ainsi, quand le feu embrase les quatre coins d'un édifice, on ne dira pas qu'on est parvenu à son extinction, aussitôt qu'on en a arrêté le progrès dans une seule partie : pareillement une instance ne sera point éteinte, par la mise hors de cause de quelques-unes des parties seulement.

» Le même art. 401 veut encore que, lorsque la péremption sera acquise, *on ne puisse, dans aucun cas, opposer aucun des actes de la procédure éteinte, ni s'en prévaloir*. Mais dès l'instant qu'on imagine des péremptions partielles, on sera réduit à la nécessité de dire que tous les actes ont conservé leur effet entre les autres parties, et qu'elles peuvent encore s'en prévaloir.

» On peut encore se convaincre aisément des *absurdités de la péremption partielle dans ses effets*.

» Le but de l'art. 401 serait visiblement manqué, si, après le jugement qui aurait prononcé la péremption partielle, aucune des parties ne sortait du procès, et qu'on dût, après comme avant la péremption, employer tous les actes de la procédure.

» Que l'on se rappelle encore que les Verspieren, défendeurs en cassation, ont formé originairement une demande en revendication de quelques immeubles délaissés par Pierre Desmet, curé de la paroisse de Moen, et que cette action fut dirigée contre les héritiers de Jacques-Paul Desmet, auteur des demandeurs ; que les fruits de ces biens revendiqués sont un accessoire de la demande.

» Ces héritiers sont aujourd'hui au nombre de treize. Ou ils possèdent par indivis les biens revendiqués, ou ils en ont fait le partage. — Si l'on suppose la péremption prononcée contre douze, il ne s'ensuivra pas encore qu'un seul sera sorti de cette procédure ; tous les co-héritiers ne seront pas moins intéressés à la conservation du 13.e de ces biens litigieux encore indivis, qu'ils l'étaient à la conservation de la totalité. Et, dans le cas contraire de partage, les cohéritiers seront, après comme avant la péremption, parties au procès, à raison des fruits perçus, ou comme garans les uns des autres ; et la procédure, au lieu de toucher à son terme, n'en deviendra que plus compliquée.

» Enfin, si, pour établir que, dans un procès entre plusieurs individus, il peut y avoir lieu à la péremption à l'égard des uns, sans préjudice du droit des autres, il faudra dire aussi que, dans une demande en reddition de compte, il y a autant d'instances qu'il y a d'objets ; et que, pour en connaître le nombre exact, on doit d'abord multiplier le nombre des demandeurs par celui des défendeurs, et ensuite le produit par le nombre des articles contestés ; et si, pendant trois ans et demi, les parties se sont seulement occupées de deux objets, comment échapper à la conséquence que l'instance est périmée pour tout le reste ? Et quelque bizarre que soit cette opinion, elle découlera du même principe de la péremption partielle.

» Ces considérations doivent donc suffire pour proscrire le principe même qui est aussi directement et manifestement en opposition avec les articles 397 et 401 du Code de procédure civile.

» Il ne nous reste, après cela, qu'une seule question à examiner, et c'est la troisième : La cour, en mettant hors de cause les six enfans de Jacques Desmet et d'Anne-Martine Dubois, qu'on avait assignés en péremption, comme héritiers de leur mère, a-t-elle contrevenu aux lois qui permettent la reprise d'instance, à celles sur les droits des époux, ou à une loi quelconque de la matière ?

» Pour la résoudre, il est important de connaître que, selon l'arrêt attaqué, Jacques Desmet, père de ces six enfans, était en cause depuis 1771 ; qu'il a continuellement plaidé sans le concours de son épouse ; et que, sur la demande en péremption, il a été assigné personnellement.

» Jacques Desmet est donc aussi du nombre de ceux qui, par jugement du 10 mars 1790, ont été condamnés au délaissement de plusieurs immeubles corporels et rentes, avec les fruits et intérêts qu'ils ont perçus et qu'ils auraient pu percevoir, avec tous les dommages soufferts et à souffrir.

» Si ce jugement passe en force de chose jugée (et c'est-là le grand avantage de la péremption de l'instance d'appel), il peut indubitablement entraîner la ruine des enfans de Jacques Desmet, non-seulement comme héritiers présumés et futurs de leur père, mais comme héritiers de leur mère décédée pendant l'instance, puisque la dette qu'aurait contractée Jacques Desmet relativement à la perception des fruits et intérêts qui n'auraient pas été les siens, entrerait dans le passif de la communauté. — Elle était par conséquent à la charge de la femme; elle s'augmentait tous les ans au fur et à mesure que Jacques Desmet continuait à percevoir et les fruits et les intérêts qui ne lui appartenaient pas.

» Tant que la femme de Jacques Desmet était en vie, sa mise en cause eût été inutile; l'objet principal de la demande ne pouvait, dans aucun cas, entrer dans l'actif de la communauté, et le mari avait, comme chef de cette communauté, le droit de représenter la femme sous le rapport de l'intérêt qu'elle pouvait avoir dans cette affaire. — Mais la femme étant décédée, Jacques Desmet ne pouvait plus représenter ses enfans, qu'autant qu'il en eût été le tuteur; et rien ne prouve ni qu'il ait été assigné en cette qualité, ni que les enfans fussent encore mineurs, lorsque la demande en péremption a été formée.

» C'est comme héritiers de leur mère, Anne-Martine Dubois, que les Verspieren les ont fait assigner en péremption. Les Verspieren ont renoncé depuis à cette assignation : mais les assignés en péremption ont déclaré qu'ils entendaient poursuivre leurs droits.

» La circonstance que le père était encore vivant, est-elle exclusive de la présence de ses enfans au procès ?

» L'existence de leur père ne pouvait produire, à leur égard, plus d'effet que si, après son décès, ils eussent renoncé à sa succession.

» Or, dans cette supposition, il n'y aurait pas eu d'obstacle à la reprise de l'instance dans leur propre intérêt, qui aurait eu pour objet de s'opposer à la restitution des fruits perçus. On ne pouvait donc pas les écarter davantage, sous le prétexte de l'existence de leur père.

» A la vérité, la condamnation à la restitution des fruits perçus n'était qu'un accessoire; elle dépendait de l'issue de la demande principale, en ce sens que, si les demandeurs originaires succombaient dans la revendication, ils ne pouvaient plus obtenir la restitution des fruits perçus; mais la condamnation au chef principal de la demande n'emportait pas nécessairement la condamnation aux fruits perçus, et les enfans avaient toujours intérêt d'empêcher qu'un jugement qu'on pouvait un jour faire exécuter sur leurs biens, ne passât en force de chose jugée.

» L'intérêt des héritiers d'Anne-Martine Dubois est donc bien établi; les dispositions de la coutume d'Alost, sous l'empire de laquelle Jacques Desmet s'est marié, et où il a en constamment son domicile, sont positives à cet égard (art. 4, 5 et 10, rubrique 17, et 3, rubrique 20).

» De là une disparité bien saillante entre l'exemple invoqué dans l'un des motifs de l'arrêt attaqué, où Jacques Desmet aurait versé le montant des fruits perçus dans la caisse commune d'une société ordinaire et purement conventionnelle, et le cas présent dans lequel il s'agit d'une association légale ou communauté de biens entre époux.

» Dans la première supposition, les demandeurs en péremption n'auraient aucune action, soit principale, soit subsidiaire, contre les associés de Jacques Desmet; ils prendraient la part échue à leur débiteur dans le partage de la société; ils pourraient invoquer en leur faveur l'art. 1166 du Code civil, et exercer les droits de leur débiteur; mais c'est là que se bornerait tout leur droit.

» Dans l'espèce actuelle, au contraire, on épuisera d'abord, pour obtenir le payement des fruits et intérêts perçus, la part que Jacques Desmet a eue dans le partage du mobilier entre lui et ses six enfans; on discutera ensuite les biens immeubles qui resteront à Jacques Desmet après que ceux revendiqués auront été restitués, comme ne lui appartenant nullement; et s'il existe encore un reliquat des fruits et des intérêts non acquittés, les enfans seront tenus subsidiairement, mais directement, de le payer aux créanciers de leur père, parce qu'ils sont héritiers de leur mère, laquelle était co-débitrice en vertu de la communauté de biens.

» Si, d'après la loi 5, D. *de appellationibus*, la caution qui est obligée de payer subsidiairement les dettes d'autrui, peut appeler d'un jugement rendu contre le débiteur principal, et en demander la réformation dans son intérêt, quoique purement éventuel, par conséquent aussi empêcher la péremption du moins dans son propre intérêt, comment pourrait-on refuser de pareils moyens aux six enfans de Jacques Desmet, comme étant soumis aux dettes en qualité d'héritiers de leur mère?

» En ce qui concerne le désistement donné par les Verspieren, de l'assignation en péremption, il faut d'abord observer que le désistement est tantôt l'abandon pur et simple de la demande, et tantôt il contient la renonciation à l'action.

» Dans le premier cas, il ne produit d'autre effet que celui de remettre les choses, de part et d'autre, au même état où elles étaient avant la demande; et l'action peut être intentée de nouveau. Aussi, pour la validité d'un pareil désistement, il est nécessaire qu'il soit accepté par l'adversaire, aux termes des art. 402 et 403 du Code de procédure civile.

» Mais on peut renoncer à ses droits, en remboursant les frais, de la procédure, même contre le gré de l'autre partie.

» Il n'est point difficile de saisir cette différence. La contestation en cause emporte la convention tacite de continuer, de part et d'autre, la procédure jusqu'à la fin. Aucune des parties ne peut donc, en se réservant le droit de reproduire sa demande dans une autre forme, se désister de la première, sans le consentement de la partie adverse, puisque ce serait la priver arbitrairement d'un droit légalement acquis par la contestation en cause, que le droit romain a assimilée aux contrats.

» Il n'en est pas de même de la renonciation à tous nos droits. Leur exercice n'est que facultatif; la partie adverse n'a ni droit ni intérêt de nous contraindre à les faire valoir : il suffit donc de l'indemniser à raison des frais de la procédure.

» Mais dans l'espèce, les Verspieren, demandeurs en péremption, n'ont jamais déclaré qu'ils renonçaient à tous les droits qu'ils pourraient avoir contre les six enfans de Jacques Desmet; ils se sont seulement désistés de l'assignation; jamais ce désistement n'a été accepté par les parties assignées : il n'était par conséquent d'aucun effet. L'assignation ne cessait de subsister; elle donnait aux parties assignées la faculté de répondre, d'intervenir et de reprendre l'instance.

» En vain les défendeurs en cassation cherchent-ils à établir que la cour d'appel, en jugeant les six enfans Desmet sans intérêt, a seulement décidé une question de fait. Cette décision du fait ne repose que sur une erreur du droit, sur une violation de la coutume, et sur une contravention aux art. 402 et 403 du Code de procédure civile.

» Un tribunal qui prononce sur la preuve testimoniale que tel ou tel fait est légalement établi, juge incontestablement une question de fait; mais si, à raison de l'objet de la cause, la preuve testimoniale était inadmissible et que la non-existence d'un commencement de preuve par écrit eût été reconnue par le tribunal, pareil jugement ne saurait échapper à la cassation.

» Il doit en être de même dans la cause actuelle : la cour d'appel a jugé que les six enfans de Jacques Desmet n'avaient aucun intérêt dans la cause; cependant déjà les Verspieren eux-mêmes soutenaient le contraire, puisqu'ils ne renonçaient point à leur recours contre ces enfans; et la cour, en motivant son arrêt, a dû partir de principes contraires à la coutume d'Alost et aux art. 402 et 403 du Code de procédure civile; en dernière analyse, elle a, par la décision du fait de non-intérêt, décidé un point de droit ».

Sur ces conclusions, arrêt du 19 août 1814, par lequel,

« Attendu que Desmet, père, étant en instance, tant de son propre chef que comme chef de la communauté entre lui et son épouse, à raison des fruits perçus tant antérieurement que pendant la communauté, l'épouse même, à cause de l'intérêt qu'elle avait dans la communauté, était implicitement en cause; que cette communauté étant dissoute par la mort de son épouse, les enfans, héritiers de leur mère, ont remplacé celle-ci dans l'instance dont il s'agit, à raison des fruits dont on demandait la restitution à la communauté; que d'ailleurs au décès de l'épouse Desmet, indépendamment de l'intérêt qu'elle avait dans le procès à l'occasion de la dissolution de la communauté, l'intérêt des enfans exigeait qu'ils pussent faire partie du procès dans lequel leur intérêt était compromis; que, si l'on supposait qu'ils n'étaient point primitivement en cause, il était nécessaire qu'ils pussent reprendre et faire vivre ainsi le procès; la reprise étant ici l'équivalent de l'intervention; d'où il suit que l'arrêt attaqué a contrevenu aux lois sur la reprise d'instance en écartant les enfans Desmet;

» Attendu que les enfans Desmet ayant droit d'être au procès par la volonté qu'ils avaient manifestée en temps utile d'en faire partie, il existe un acte de procédure de la part d'une des parties litigantes, avant que la demande en péremption ait été légalement faite contre tous; que pareils actes existaient encore de la part d'autres consorts;

» Attendu qu'il résulte de la combinaison des art. 397 et 401 du Code de procédure civile, que le but de la péremption est d'éteindre toute la procédure; que ce but n'est pas atteint aussi long-temps que la procédure telle qu'elle est intentée, peut être censée existante;

» Que, dans le cas, l'action tendait, de la part de tous les demandeurs, à revendiquer de tous les défendeurs, comme détenteurs de tout ou partie des biens délaissés par le curé de Moen, l'universalité des biens-fonds dépendans de cette succession; que l'instance doit être censée durer aussi long-temps que l'on ne s'est pas désisté, ou qu'il n'est fait droit sur cette demande en revendication; d'où il suit que l'arrêt attaqué a contrevenu aux articles précités, en écartant une partie des demandeurs de l'instance, tandis que cette instance devait continuer d'exister;

» La cour casse et annulle l'arrêt de la ci-devant cour d'appel de Bruxelles du 25 mai 1813; ordonne la restitution de l'amende; condamne les demandeurs aux dépens ».

Fin de la Table du quatrième Volume.

TABLE

DES ARTICLES CONTENUS DANS CE VOLUME.

§. VII. *La péremption d'instance a-t-elle lieu dans les affaires qui sont portées devant les tribunaux de commerce?*

V. l'article *Tribunal de commerce*, §. 10.

PERSIÈRE. *V.* l'article *Terrage*, §. 1, n. 2.

PETITE-PIERRE. *Origine et autorité de la coutume de la Petite-Pierre.*

V. l'article *Femme*, §. 1.

PÉTITION D'HÉRÉDITÉ. *La demande en restitution d'une somme que le défendeur a touchée en qualité d'héritier, et que le demandeur soutient lui appartenir, sur le fondement que c'est lui qui est héritier, doit-elle être considérée comme une pétition d'hérédité? Le jugement qui intervient sur cette demande, a-t-il l'autorité de la chose jugée pour le surplus de la succession? Un pareil jugement peut-il être rendu en dernier ressort par un tribunal de première instance?*

V. l'article *Héritier*, §. 8.

FIN DU TOME QUATRIÈME.

www.ingramcontent.com/pod-product-compliance
Lightning Source LLC
Chambersburg PA
CBHW031539210326
41599CB00015B/1948
* 9 7 8 2 0 1 2 7 6 6 0 0 6 *